Sprachphilosophie
Philosophy of Language
La philosophie du langage

HSK 7.2

Handbücher zur Sprach- und Kommunikations-wissenschaft

Handbooks of Linguistics
and Communication Science

Manuels de linguistique et
des sciences de communication

Mitbegründet von
Gerold Ungeheuer

Herausgegeben von / Edited by / Edités par
Hugo Steger
Herbert Ernst Wiegand

Band 7.2

Walter de Gruyter · Berlin · New York
1996

Sprachphilosophie
Philosophy of Language
La philosophie du langage

Ein internationales Handbuch zeitgenössischer Forschung
An International Handbook of Contemporary Research
Manuel international des recherches contemporaines

Herausgegeben von / Edited by / Edité par
Marcelo Dascal · Dietfried Gerhardus
Kuno Lorenz · Georg Meggle

2. Halbband / Volume 2 / Tome 2

Walter de Gruyter · Berlin · New York
1996

∞ Gedruckt auf säurefreiem Papier, das die
US-ANSI-Norm über Haltbarkeit erfüllt.

Die Deutsche Bibliothek — CIP-Einheitsaufnahme

Handbücher zur Sprach- und Kommunikationswissenschaft /
mitbegr. von Gerold Ungeheuer. Hrsg. von Hugo Steger ;
Herbert Ernst Wiegand. — Berlin ; New York : de Gruyter.
   Früher hrsg. von Gerold Ungeheuer und Herbert Ernst Wiegand. —
   Teilw. mit Parallelt.: Handbooks of linguistics and communication
   science. — Teilw. mit Nebent.: HSK
NE: Ungeheuer, Gerold [Begr.]; Steger, Hugo [Hrsg.]; Handbooks of
   linguistics and communication science; HSK
Bd. 7. Sprachphilosophie.
   Halbbd. 2 (1995)

Sprachphilosophie = Philosophie of language / hrsg. von
Marcelo Dascal ... — Berlin ; New York : de Gruyter.
   (Handbücher zur Sprach- und Kommunikationswissenschaft ; Bd. 7)
   NE: Dascal, Marcelo [Hrsg.]; Philosophy of language

Halbbd. 2 (1995)
   ISBN 3-11-013991-X

Printed in Germany
Satz und Druck: Arthur Collignon GmbH, Berlin
Buchbinderische Verarbeitung: Lüderitz & Bauer, Berlin

Inhalt/Contents/Table des matières

2. Halbband/Volume 2/Tome 2

IV. Kontroversen
Disputes
Controverses

V. Begriffe
Concepts
Concepts

VI. Sprachphilosophische Aspekte in anderen Bereichen
Aspects of philosophy of language in other fields
Aspects de la philosophie du langage dans d'autres domaines

Bibliographischer Anhang und Register
Bibliographic appendix and indexes
Annexe bibliographique et index

1. Halbband/Volume 1/Tome 1

I.   Raumzeitliche Übersichten
Spatio-temporal surveys
Aperçus spatio-temporels

II.   Personen
       Persons
       Personnes

III.   Positionen
Positions
Doctrines

IV. Kontroversen
Disputes
Controverses

61. For and against universals

1. Universals and predication

One cannot *point to* that which does not exist. Can we, at least, *think* or *say* what is not? For Parmenides, who holds that "it is the same thing that can be thought and can be", as Nuchelmans (1973, 9) puts it, the answer is ›No‹. Protagoras goes further and contends that it is impossible to assert something false. These counterintuitive claims were rejected by Plato to whom we owe the first account of negative statements and false assertions (s. art. 14).

Plato drew a distinction between saying (λέγειν) and naming (ὀνομάζειν). For him, saying that which is not does not consist in *referring* to the non-being, but in *attributing* a property to an individual, which does not possess it. The technical terminology of 'subject' and 'predicate' goes back to Aristotle, not to Plato, but Plato can be credited with the recognition of the subject-predicate structure of truths and falsehoods, a recognition which, according to Gilbert Ryle, occurred when Plato was trying to "diagnose the ills from which the Theory of Forms had proved to be suffering" (Ryle 1967, 322). — Plato spoke of things ›participating‹ in independently existing entities which he called 'Ideas'

(εἴδη) or 'Forms'. In his theory, the square box on my desk shares the Form squareness with every square object. The Form in this example happens to be also a geometric form, but this need not be the case. There are Forms of Justice, of Equality etc.. Though they play a crucial rôle in the theory of predication, Forms were first introduced for another purpose, i. e. for the purpose of explaining what knowledge is about.

2. Universals and generality

The first branch of learning to have grown into positive science during Antiquity is mathematics and geometry in particular. Geometers are not interested in individual objects but rather in types of objects. They want to know, for example, how to calculate the area of squares in general, not just of one particular square. This may have led the Greeks to believe that the object of science has to be general: the mathematician studies one particular square only in so far as it exemplifies squareness which is a *universal*. The biologist studies one particular dog only in so far as it exemplifies doghood. Universals are the proper object of science. — Two questions arise at this stage: first, what sort of things are universals. Are wisdom and doghood the same sort of thing, ontologically speaking, as Socrates and Fido, even if they are known only by the intellect? Second, what is the relation between universals and the entities which exemplify them? At a certain stage of his philosophical development, Plato treated universals, or more precisely Forms, as independent things related to their instances by the converse of the relation of participation already mentioned. But he soon realized that positing these immutable and timeless *things* to explain generality leads to a *regressus ad infinitum*. This is the famous argument known as the third man argument.

3. The third man argument

On the standard theory of Forms, one explains the unity (largeness) underlying multiplicity (the many things which are large) by treating largeness as an abstract object (a Form) in which all large things participate. If, however, largeness is a thing on a par with large things, we are justified in judging all large things including the new entity to be large, only by referring back to a second form of largeness by virtue of which all the members of the increased set are large, and so on *ad infinitum.* – Plato's third man argument is of momentous importance. Its devastating power also jeopardizes modern treatments. As John Passmore (1961, 23) observes, the substitution of "being called by the same name" or "coming under the same concept" for "being related to the same form" leaves the force of the infinite regress unaffected. The argument shows, according to Passmore, that, in a certain sense, it is impossible to *explain* predication, i. e. to explain how several things can share the same property.

Plato's third man argument shows that if we construe Forms as things, we are launched into an infinite regress. Francis Herbert Bradley spelt out an argument which is connected with, but different from, Plato's argument:

„from terms taken as in themselves unrelated, and from a relation not taken as itself their relation, there is no logical way to the union present in, and required for, the relational fact [...] And while we keep to our terms and relation as external, no introduction of a third factor could help us to anything better than an endless renewal of our failure" (Bradley 1935, 643).

Bradley's argument takes us further than Plato's argument. It shows that the risk of regress exists even if we do not make the crude mistake of allocating individuals and relations to the same ontological category, i. e., even if we refrain from treating them as things on a par with their terms. To account for the fact that Romeo loves Juliet, it is not enough to have the ordered pair ⟨Romeo, Juliet⟩ and the set of all the pairs whose first member loves the second. We need something more: the pair has to be a member of the set, i. e. Romeo and Juliet in that order have to exemplify the relation of loving. – Bradley's argument teaches us that the *exemplification tie* or logical copula should not be construed as a relation, on pain of entering the fatal regress. Peter Strawson (1959, 168) agrees and stops the regress by construing the exemplification tie as a ›non relational tie‹. This is an *ad hoc* solution which lacks explanatory power. Moreover the claim that we need a tie at all is highly questionable. Relations can be understood as relations in extension or as relations in intension. A relation in extension is a set of pairs. If Romeo loves Juliet, the ordered pair ⟨Romeo, Juliet⟩ is *in* the set. No other tie is needed to relate the pair to the set which contains it but the one being established by stating this relation. Most of the time, however, we do not know what the extension of our predicates is. For instance, we do not know which of the ordered pairs of individuals are members of the set which makes up the relation of loving. But we know their intension, i. e. we know the possible extensions of the predicate 'loves'.

To make a statement, we have to *tie* the predicate to the subject either by using a copula or simply by concatenating the predicate and the subject or by inserting terms in the open places of the predicate. This reflects the way we *think* and *know*, but from this it does not follow that this is also the way *things are*. We should be wary of projecting onto the world a feature which might belong only to the structure of our knowledge or to the structure of our language. We can put an end to our worry concerning the exemplification tie by construing the copula as a *syncategorematic expression* bereft of independent meaning (Hubien 1982; Gochet 1980, 85).

4. Predication and generality revisited

We have seen that Plato appealed to universals for two purposes: first, to account for generality and, second, to account for predication. These are two different but closely connected issues which should be carefully distinguished. There are two oppositions involved, that of general as opposed to singular and that of predicate as opposed to subject. These two oppositions do not coincide. – To grasp the difference between general and singular, it is better to stay at the level of language. Singular terms are terms which *purport to refer* to just one object. The name 'Pegasus' is a singular term. General terms do not purport to refer to one object, but are *true of* each, severally, of any number of objects (Quine 1960, 90 ff). 'Wise' and 'man' are general terms, but so is 'natural satellite of the earth'. The latter happens to be true of, or satisfied by, only one object but it does not purport to refer to or denote just one; hence it is general. — Universals play a part in the semantic account of the singular term 'wisdom' and in that of the general term 'wise', but not the same part in both cases. We can say that the abstract singular term 'wisdom' denotes the universal ›Wisdom‹ just as the name 'Fido' denotes the individual dog Fido. But the general term 'wise' does not *denote* wisdom. It is *true of* all the individuals which share the universal ›Wisdom‹. — Let us now turn to the opposition between subject and predicate. A name like 'Brutus' or 'Cassius' or a verb like 'killed' does not express a *complete thought* when taken separately. Only whole sentences such as 'Brutus killed Brutus', 'Cassius killed Cassius' or 'Brutus killed Cassius' do. To that extent, the lexical items 'Brutus', 'killed' and 'Cassius' can be said to be incomplete. But Gottlob Frege discovered units of discourse whose incompleteness is deeper: namely predicates. — Consider again the former two sentences. They have something in common which the third does not share, namely the form 'x killed x'. Frege dubbed it 'predicate'. As opposed to the verb 'killed' which is simply a part of the whole sentence and which can be removed from the sentence and stand by itself, the predicate 'x killed x' is not a word or a sequence of words, but, as Michael Dummett puts it,

"The occurrence within sentences of such a sequence standing in a certain uniform relation to terms occurring in those sentences" (Dummett 1973, 31).

Hence a predicate is intrinsically incomplete in a sense in which a name is not. — The logical opposition between names and predicates can be used to characterize universals in a new way. For some authors, as Nino Cocchiarella notes, universals differ from individuals precisely by their predicable nature. They cannot be individuals because "having a predicable nature amounts to being what in some sense is only an unsaturated structure" (Cocchiarella 1986, 13).

5. Predicables versus properties and sets

If we characterize universals by their predicable nature, we are forced to say that neither properties, such as wisdom or humanity nor sets, such as mankind or the empty set, are universals. What kind of distinction can we make between sets and properties? If we have the 'extensional-intensional'-distinction at our disposal, we can say that both sets and properties derive by abstraction from predicates. Abstraction from one-place predicates extensionally yields sets and intensionally yields properties. Abstraction from two- or more-place predicates yields relations-in-extension or relations-in-intension. Abstraction from zero-place predicates extensionally yields truth-values and intensionally yields propositions. Abstraction from singular terms extensionally yields individuals and intensionally yields individual concepts (abstract individuals).

What kind of objects, then, are properties or sets? We cannot say that they are abstract individuals like zero. Yet they are akin to individuals in so far as they are not ›predicable‹ entities. They differ, however, from individuals and wholes made out of individuals. The difference rests on the way they are individuated (s. art. 83). — Nelson Goodman supplied a way of distinguishing sets from individuals: these two sorts of entities obey different principles of individuation. Two composite individuals, which Goodman calls 'sums' only differ when one of their constituent atoms differ. The part-whole relation alone cannot generate new sums. Two sets are identical if and only if they have the same members, but the set-membership relation, as opposed to the part-whole relation, can generate new totalities. For instance, the set comprising the country Argentina and the set of countries {Brazil, Chile}, differs from the set comprising Argentina, Brazil and Chile, but there is just one composite individual out of Argentina, Brazil and Chile, their mereological sum. A consequence of this is that there is no such thing as an empty individual, in the way that there is an empty set. From n atomic elements, only $2^n - 1$ composite individuals can be built, but infinitely many sets.

The contrast between individuals, sets and universals cuts across the distinction between concrete and abstract (s. art. 82). On the one hand there are *abstract individuals* on the other hand there are concrete general terms such as 'mammal' as opposed to 'isomorphic' and, in the postkantian tradition, there are also *concrete universals*. For Georg Wilhelm Friedrich Hegel and Bradley (Ewing 1957, 150), a society is a concrete universal. It is a universal to the extent to which it brings diversity into unity, but it is at the same time an individual.

6. The relation between individuals and universals

In Leonard's and Goodman's *Calculus of Individuals*, the part-whole relation between individuals accounts for predication. The sentence 'Socrates is white' would be paraphrased into 'The *quale White* is part of the particular *Socrates*'. The part-whole relation is defined in terms of the primitive predicate 'overlaps' which is introduced as a primitive term in an axiomatic system. Plato (*Phaedo* 102 c, d; *Parmenides* 144 a) stressed that Forms were not related to their instances in the same way as parts of a whole were related to the whole. His argument was that the more parts there are in a whole, the smaller they are, whereas largeness does not become smaller by being exemplified. Goodman can do justice to Plato's insight. His distinction between two kinds of individuals — *particulars* and *qualia* — plays the same rôle as the distinction between individuals and Forms. The trouble with the calculus of individuals lies elsewhere. It does not suffice as a foundation for the construction of classical mathematics. — In set theory, the set-membership relation between an individual and a set accounts for predication in atomic statements. The set-membership predicate $\in$ is a primitive term whose meaning is given by the axioms of set theory. Although ordinary predicates have a set as their extension, this is not the case for the set-membership predicate. B. Taylor — in conversation — sees this as a reason for construing the set-membership predicate as a syncategorematic expression which is devoid of independent meaning and which is part and parcel of the mechanism of predication (s. art. 77) (for an account of the received view of set-membership, cf. Gribomont/Gochet 1993).

Predication can also be seen as the linguistic expression of the relation holding between a property and one of its instances. Richard Montague shows that set theory enlarged by the introduction of possible worlds (s. art. 88) can cater for this case. The enlarged model theory built along these lines enables us to define properties as functions from possible worlds into extensions of general terms (i. e. sets or sets of *n*-tuples). As we said before, two sets are identical if and only if they have the same members. For instance, the predicates 'passengers of the Mayflower' and 'founders of Plymouth, Massachusetts' have one and the same set as their extension. The criterion of individuation for properties is more restrictive. Two properties are identical if and only if they correspond to the same set in all possible worlds. The two afore-mentioned predicates are not synonymous, i. e. they do not express the same property since in some possible worlds they do not have the same extension. Montague defines individuals as sets of properties. He also reduces an individual's possession of a property to that property being a member of the set which makes up the individual. On that account, 'Socrates is white' is paraphrased into 'Whiteness is a member of the set of properties which makes up Socrates'. Montague's distinction between sets and properties, however, cannot capture the difference in meaning between mathematical predicates such as '$x = 2 + 2$' and '$x = 2 \cdot 2$' which are coextensional across all possible worlds.

7. The alleged need of universals to explain the use of general terms

According to the traditional view, the things to which we apply the same general term have something in common over and above their being given the same common noun. In a well-known passage of the *Philosophische Untersuchungen*, Ludwig Wittgenstein questioned that view:

"Consider for example the proceedings that we call "games". I mean board-games, card games, ball-games, Olympic games and so on. What is common to them all? [...] If you look at them you will not see something that is common to *all*/Betrachte z. B. einmal die Vorgänge, die wir "Spiele" nennen. Ich meine Brettspiele, Kartenspiele, Ballspiele, Kampfspiele, usw. Was ist allen diesen gemeinsam? [...] Wenn du sie anschaust, wirst du [...] nicht etwas sehen, was *allen* gemeinsam wäre" (Wittgenstein 1953, § 66).

The first three share the feature of being good fun, which is missing from the fourth, at least for the exhausted competitors. There is winning and losing in the first two and the fourth one, but rarely in the third type of games. If we collect the features instantiated by each sort of game, we see that, as Goodman puts it, "[...] although every pair of things has a quality in common, no quality is common to all the things in the set" (Goodman 1966, 163 f). It follows that the conditions for a number of games having a quality in common are not fulfilled if we adopt Rudolf Carnap's criterion of a quality as rendered by Goodman:

"a quality is a class of erlebs [i. e. Elementarerlebnisse] such that every two members are similar and such that no erleb outside the class is similar to every member of the class" (Goodman 1966, 205).

Goodman coined the phrase 'difficulty of imperfect community' to refer to this kind of difficulty. — Let us return to Wittgenstein's famous example. What is common to all the proceedings to which we apply the common noun 'game'? Instead of there being a common property or set of properties shared by all games, there is, as Wittgenstein puts it,

"a complicated network of similarities overlapping and criss-crossing/ein kompliziertes Netz von Ähnlichkeiten, die einander übergreifen und kreuzen" which can be described as "family resemblances/Familienähnlichkeiten" (Wittgenstein 1953, § 66 f).

Common sense teaches us that two sparrows resemble one another far more than a sparrow resembles a rose. Hence one expects that one could define the predicate 'resemble one another' as ›have many predicates in common‹. Satosi Watanabe, however, proved a theorem which establishes that this is not the case. Watanabe's impossibility theorems read as follows (Watanabe 1965, 48 ff):

1. "The number of predicates $\bar{y}_j$ of $\bar{Y}$ which two non identical objects x_i and x_k satisfy is a fixed number which is independent of these two objects".
2. "The number of predicates considered in the [former] theorem is equal to the number of predicates which neither x_i nor x_k satisfy, and also equal to the number of predicates which one of x_i and x_k satisfies while the other does not".

Therefore, as Watanabe says,

"it is impossible to speak of the similarity and dissimilarity between objects as long as one tries to define these notions on the basis of the number of all the possible predicates which the objects satisfy or fail to satisfy" (Watanabe 1965, 49).

To sum up, "any objects, in so far as they are distinguishable, are equally similar" (Watanabe 1986, 7; Theorem of the Ugly Duckling). — It does not follow from Watanabe's important findings that the distinction between genuine classifications which mirror the structure of the world and arbitrary groupings has become obsolete. We should rather say that it has been given another place.

Unquestionably, there are natural kinds as opposed to arbitrary collections, but, as Willard Van Orman Quine observes, the sort of similarity which relates the members of a natural kind is no longer the general similarity which philosophers discussed but a technical notion of similarity which varies with the branch of learning we are considering. For instance, the notion of similarity which suits chemistry is not the same as that which suits zoology. In chemistry

"we might get at the comparative similarity of objects a and b by considering how many pairs of matching molecules there are ... and how many unmatching pairs" (Quine 1969 a, 135).

Molecules match "if they contain atoms of the same elements in the same topological combinations" (Quine 1969 a, 35). In zoology, a concept of degree of similarity of two animals can be devised in terms of a function that "depends on proximity and frequency of their common ancestors" (Quine 1969 a, 137) or even in terms of genes. — Having reached that stage, one should, however, note that the very general notion of similarity has lost its bite and that it has been superseded by technical notions which are eliminable in terms of more fundamental concepts. As Quine puts it,

"it is a mark of maturity of a branch of science that the notion of similarity or kind finally dissolves, so far as it is relevant to that branch of science" (Quine 1969 a, 121).

Though similarity is an *objective relation* in the world and not simply the outcome of our linguistic conventions, we have to consult the scientist to sort out resemblances which are significant in physics from those which only have a survival value for an animal species and which matter in that sense, such as — to borrow an example from Watanabe — the resemblance between things which are edible. The point was made by Peter Gärdenfors recently: If our innate quality space depends upon the ecological circumstances under which human beings have evolved,

"we cannot expect our intuitions about which properties are projectible to be successful in environment that are wildly diverging from those present during our evolutionary history" (Gärdenfors, unpublished).

Here, however, science enters the scene:

"By introducing theoretically precise, non-psychological quality dimensions, a scientific theory may help us find new inductive inferences that would not be possible on the basis of our subjective conceptual spaces alone" (Gärdenfors, unpublished).

Newton's distinction between weight and mass is an example. The distinction between temperature and amount of heat is another one mentioned by Gärdenfors. — The same policy — consulting the scientist — should be adopted for other kinds of universals. We should tolerate universals in our ontology if and only if scientific laws and theories which we hold true commit us to them and cannot be expressed in a less committing way without losing some of their predictive or explanatory power. In this vein, Mortensen argues that physics is committed not only to pure numbers but also to physical quantities (impure numbers) in so far as the reduction of the latter to the former would weaken the explanatory power of physics:

"One might begin to make sense of why x accelerates the way it does if told that x's mass = 5 grams, because the mass 5 grams is an entity the instantiation of which confers differential causal activity on x in accordance with physical law. But what contribution could the *number* 5 make to x's behaviour, different from the contribution the number 6 makes?" (Mortensen 1987, 107).

Quine (1976 a, 218) claims that 'x's mass = 5' which commits us to, let say grams, can be reconstructed as 'x's mass-in-grams = 5' which commits one only to pure numbers. That claim is open to the following objection. If we follow Quine here we cannot answer the question which Chris Mortensen formulates in these terms:

"[...] how could some *function*, mass-in-grams, serve to relate x differently to 5 from x's relation to 6, and in such a way as to confer differential causal capacity on x?" (Mortensen 1987, 107).

To sum up, the right question to raise is not 'are there universals?' but 'what sort of universals, if any, are we committed to by adopting the scientific theory T which we have good grounds to accept as true?' If this is the proper question to raise, we cannot hope to make any progress before having a neat criterion of ontological commitment at our disposal.

8. The criterion of ontological commitment

Alonzo Church (1958, 1012) said that no discussion of the issue nominalism versus realism can be regarded as intelligible in the absence of a criterion of ontological commitment. Quine supplied one by stating that

"*an entity is assumed by a theory if and only if it must be counted among the values of the variables in order that the statements affirmed in the theory be true*" (Quine 1953, 103).

Unfortunately, Quine's criterion is open to several objections. First, it fails to distinguish moderate realism from platonism or hard realism. Moderate realists try to circumvent the third man argument by denying to universals the status of things. Properties and relations are not independent entities existing *per se*,

but only accidents of things. They exist *in* things and can only be separated from their bearer by an operation of abstraction. Rainer Trapp (1976, 111) rightly complained that Quine's criterion cannot help us handle this theory and Josef Maria Bocheński (Bocheński/Church/Goodman 1956, 49) modified the criterion accordingly: to be, for a property, is "*to qualify the value of a variable*". — Second, Jules Vuillemin (1971, 46) observes that with Quine's criterion it is not possible to detect all ontological commitments. Following Bertrand Russell in *The Principles of Mathematics*, he claims that statements such as $\wedge_x \vee_y x > y$ carry ontological commitment to relations in spite of the fact that the 2-place predicate '$>$' is in attributive and not in subject position. To support Vuillemin's claim, one could argue that the subjects of the above-mentioned proposition which, according to Quine himself, carry ontological commitment are not the bound variables x and y alone, but both variables *in that order* (Gochet 1980, 83).

9. A new formalism to express the rival positions on the problem of universals

Quine (1952, 225) claims that when we quantify over general terms we alter their status and turn them into abstract singular terms. For him, quantifying *is* nominalizing. Assuming universals by quantifying over general terms amounts to reifying the former. If we quantify over individuals only, we are nominalists. If we quantify over classes or properties, we are realists. As we have just seen, moderate realists who think that universals are needed to account for individuals being similar in some respects, but who refrain from quantifying over them, are left out of the picture. Bocheński's remedy, however, is neither neutral nor systematic (cf. Gochet 1986).

Cocchiarella (1986) worked out a formalism free of this shortcoming. The neutral medium which he uses to express the conflicting positions on the problem of universals is a second order logic in which the bound predicate variables are understood not as referring to abstract particulars but as *indicating* universals. Hence for Cocchiarella, quantification over predicates does not deprive the latter of the capacity to express universals, i. e. unsaturated entities — to borrow Frege's expression — as opposed to abstract individuals. — The difference between nominalism, conceptualism, moderate realism, and hard realism emerges by referring to the strength of the comprehension principles added to Cocchiarella's second order logic which, as it stands, is neutral. Nominalism does not exclude universals but reduces them to linguistic entities: predicate expressions do not represent any universals beyond themselves. In conceptualism, on the contrary, they represent concepts. In the former theory, the unrestricted principle of abstraction leads to Russell's paradox. In the latter it simply shows that the class-membership predicate cannot represent a predicative binary concept, i. e. it shows the the following statement is provable: $\neg \bigvee_R \bigwedge_x \bigwedge_y (R(x, y) \leftrightarrow x \in y)$. As to realism, it posits universals (properties, relations and the class corresponding to them) which depend neither on the existence of the intellect nor on language: in logical realism, the number of universals can be of any transfinite cardinality (Cocchiarella 1986, 109).

10. Moderate realism

According to Cocchiarella, realism should be divided into two general and exclusive types: natural and logical realism. In natural realism, properties and relations are integral components of the causal structure of the world. They cannot exist independently of the latter, in contradistinction with what is claimed in logical realism. — Moderate realism is a variant of natural realism. It claims that natural properties and relations exist only as components of facts or existing states of affairs (Cocchiarella 1980, 116). The claim that every universal is realized in some particular in nature can be expressed by the statement: $\bigwedge_{F^n} \bigvee_{x_1} \ldots \bigvee_{x_n} F(x_1 \ldots x_n)$. The claim can be weakened by the insertion of a modal operator of possibility between the universal quantifier over universals and the series of existential quantifiers ranging over particulars. The modalized version is an improvement. It caters for those properties of elements which are not instantiated in nature today but which are causally accessible, and even sometimes technically accessible (by the persevering use of particle accelerators, for instance). Moreover, the modal version can meet Quine's demand for identification criteria (›No entity without identity‹). Natural properties and relations can be declared identical when and only when it is causally necessary for them to have the same instantiations.

11. The problem of universals revisited

Natural realism, and especially the modalized version of moderate realism is attractive. We believe that similar causes had similar effects long before living beings endowed with an intellect came into existence. Henri Bergson even contended that

"the process by which similarity is discovered and genera are constituted/l'opération par laquelle se dégagent les ressemblances et se constituent les genres" is not "an effort of a psychological nature which here disengages similarity/un effort de nature psychologique qui dégage ici la ressemblance". He holds that "this similarity acts objectively like a force, and provokes reactions that are identical in virtue of the purely physical law which requires that the same general effects should follow the same profound causes/cette ressemblance agit objectivement comme une force, et provoque des réactions identiques en vertu de la loi toute physique qui veut que les mêmes effets d'ensemble suivent les mêmes causes profondes". His example is neat: "Hydrochloric acid always acts in the same way upon carbonate of lime — whether in the form of marble or of chalk — yet we do not say that the acid perceives in the various species the characteristic features of the genus/Parce que l'acide chlorhydrique agit toujours de la même manière sur le carbonate de chaux — qu'il soit marbre ou craie, — dira-t-on que l'acide démêle entre les espèces les traits caractéristiques d'un genre?" (Bergson 1911, 206 f/1963, Œuvres, 299 [= Matière et Mémoire, 177]).

A careful study of ordinary language, however, reveals that the universals expressed in our language are closely connected with conceptual skills as conceptualists think. Strawson (1959, 168; 206 f) shows that we have to recognize at least three types of universals: feature-universals, sortal universals and characterizing universals. — Mass terms such as 'coal' or 'snow' can occur in sentences which do not bring any particular into discourse. The sentence 'There is snow here' expresses the incidence of a feature it introduces. Sortal universals such as the one expressed by the count term 'cat' supply a principle for counting instances, i. e. for distinguishing the case in which the same individual appears, disappears and reappears and the case in which two specimens of the same species appear. Characterizing universals ('wise') supply principles of grouping and counting particulars already distinguished. Science brings in new and more sophisticated criteria for the identification of sortal universals. Zoologists, for instance, group "kangaroos, opossums and marsupial mice in a single kind, marsupials, while excluding ordinary mice" (Quine 1969, 128). A combination of moderate realism and conceptualism seems to be called for to account for the rôle of the intellect in shaping the conceptual framework of natural science which aims at describing what there is in an illuminating way.

Hilary Putnam (1971, 54 ff) advocated realism in mathematics on the ground that the truth of mathematical statements quantifying over rational numbers is necessary to physics. Charles Chihara (1986, unpublished) replied that the truth of mathematics can be acknowledged without making any ontological commitment. In Chihara's system, the statements which, in classical theories, state that such and such concept exist are replaced by statements which state that it is possible to construct such and such open sentence. — Chihara's system has the same logical power as the simple theory of types which is a realist theory, but, on the other hand, it does not make any assertions about mathematical objects. It only contains claims to the effect that it is possible to construct open sentences of such and such a sort. To that extent, it could be described as nominalistic. As long as a nominalistic semantics has not been constructed Chihara's contention remains questionable. — Another highly significant result is Cocchiarella's discovery that there are two kinds of conceptualism: a *constructive* sort of conceptualism which does not allow the construction of impredicative concepts, i. e. of concepts the construction of which involves or presupposes a totality to which they belong, and a *holistic* sort of conceptualism which removes that prohibition and can, for that reason, account for the fact that we master impredicative concepts such as the concept of a limit as a converging sequence of rational numbers (for an account of predicativity *vs* unpredicativity, cf. Gochet/Gribomont 1993).

12. Selected references

Armstrong 1978, *Nominalism and Realism* (I), *A Theory of Universals* (II).

Bocheński/Church/Goodman 1956, *The Problem of Universals*.

Cocchiarella 1986, *Logical Investigations of Predication Theory and the Problem of Universals*.

Eberle 1970, *Nominalistic Systems*.

Gochet 1980, *Outline of a Nominalist Theory of Propositions*.

Gochet 1986, *Ascent to Truth*.

Gochet/Gribomont 1993, *Logique* II.

Mortensen 1987, Arguing for universals, in *Revue internationale de Philosophie* 160.

Nuchelmans 1973, *Theories of the Proposition. Ancient and Medieval Conceptions of the Bearers of Truth and Falsity*.

Quine 1953 a, *From a Logical Point of View*.

Quine 1969 a, *Ontological Relativity and Other Essays*.

Stegmüller (ed.) 1978, *Das Universalienproblem*.

Vuillemin 1971, *La logique et le monde sensible*.

Paul Gochet, Liège (Belgium)

62. Der φύσει-θέσει-Streit/
Are words and things connected by nature or by convention?

1. Der φύσει-θέσει-Streit. Die Argumente der europäischen Tradition

1.1. Einleitung

Der sprachtheoretische Gegensatz φύσει-θέσει ist in zweifacher Hinsicht kulturgeschichtlich bedingt. Er entsteht zu einer bestimmten Zeit und in einem bestimmten historisch gegebenen Rahmen im Laufe der Entwicklung der altgriechischen Kultur und entspricht einer dieser Kultur eigenen Denkweise. Einerseits hängt dieser Gegensatz mit dem viel allgemeineren theoretischen φύσει-νόμῳ-Gegensatz hinsichtlich der Grundlagen des menschlichen Wissens und Verhaltens zusammen, und zwar als die auf die Sprache bezogene Form sowohl dieses als übrigens auch des Gegensatzes φύσις-τέχνη (natura-ars). Andererseits ist der Gegensatz typisch ›griechisch‹, und deswegen auch ›abendländisch‹ oder ›europäisch‹, in dem Maße, in dem die europäische Kultur eine Fortsetzung und Weiterentwicklung der altgriechischen ist. Im Zusammenhang mit der Frage nach Grundlagen, Sinn und Wert des menschlichen Wissens und im Rahmen der entsprechenden vorplatonischen Diskussion haben nämlich die Griechen auch in der Tatsache, daß die Wörter in ihrer lautlichen oder schriftlichen Gestalt jeweils eine bestimmte, in der Sprache schon gegebene Bedeutung ›haben‹ und dadurch ›Namen‹ (ὀνόματα) für bestimmte ›Sachen‹ (πράγματα) sind, ein besonderes Problem gesehen und sich, etwa seit der Zeit der Sophisten und dann immer wieder, nach Grund und Sinn des Verhältnisses von Name und Sache gefragt.

Bei der historischen Behandlung der φύσει-θέσει-Problematik muß von Anfang an folgendes festgehalten werden. Erstens, daß der nur vorläufig durch φύσει-θέσει [von Natur — durch Festsetzung] wiedergegebene Gegensatz kein einfacher und in der Geschichte gleichbleibender Gegensatz ist, wie oft angenommen, sondern daß er mehrere Wandlungen durchmacht. Man kann dies an den verschiedenen dafür verwendeten Termini ablesen, viel eher aber noch dem Sinn der jeweiligen Termini entnehmen. Denn selbst dort, wo die Termini beibehalten werden, ist durchaus keine Identität der Fragestellungen und erst recht nicht der entsprechenden Lösungen gewährleistet. In Wirklichkeit verbergen sich hinter den Formulierungen wenigstens schwerpunktmäßig verschiedene, bisweilen sogar radikal verschiedene, wenn auch historisch miteinander zusammenhängende Fragestellungen und Lösungen, so daß 'φύσει-θέσει' nur als eine konventionelle Bezeichnung für die ganze Problematik gelten kann.

Zweitens, daß es gar nicht leicht ist, die entsprechende Auseinandersetzung in ihrer ersten und entscheidenden vorplatonischen Phase genau zu rekonstruieren. Die einzige umfangreichere und dabei verläßliche Quelle

dafür ist Platons *Cratylus* (s. Art. 14). Sonst sind wir weitgehend auf die späten Scholiasten Proclos und seinen Schüler Ammonios (ca. 445—520) angewiesen, bei denen es sich oft um eine Projizierung des Gegenwärtigen in die Vergangenheit handelt, und zwar, sowohl was den Sinn der Fragestellungen, als auch was die jeweiligen Lösungen und sogar die dafür verwendeten Termini betrifft.

Drittens, daß der sprachtheoretische Gegensatz sich darin nicht erschöpft, sondern daß er — und zwar nicht nur in der vorplatonischen Zeit, sondern auch danach und bis viel später — oft mit allgemeineren Auffassungen zusammenhängt, die aber in der Geschichte der Sprachphilosophie und der Sprachwissenschaft, wenn man von einigen wenigen monographischen Untersuchungen absieht, selten berücksichtigt wurden.

Deshalb werden auch wir hier die verschiedenen Fragestellungen und Lösungen nur so, wie sie sich aus der bisherigen Forschung ergeben, darstellen und historisch ordnen können, wobei die weiteren Zusammenhänge weitgehend außer acht gelassen beziehungsweise als bekannt vorausgesetzt werden müssen.

1.2. Die drei Gestalten des Gegensatzes

1.2.1. In der Geschichte der Sprachwissenschaft spricht man oft undifferenziert von einem Gegensatz φύσει-θέσει hinsichtlich des Wesens der sprachlichen Zeichen von der Antike bis mindestens zur Zeit der Renaissance, und man will feststellen, daß sich die neuere Sprachtheorie — wie schon mancher Denker in der Antike — für die θέσει-Auffassung, also für die ›Konventionalität‹ beziehungsweise für den ›willkürlichen Charakter‹ der Namen entschieden habe. In Wirklichkeit gehört aber der Gegensatz in dieser Form — mit 'θέσει' als zweitem Terminus des Gegensatzes — zu einer späten Phase der Streitfrage. Man muß nämlich schon in Bezug auf die verwendeten Termini drei Phasen unterscheiden:

(1) φύσει-νόμῳ, ἔθει, ὁμολογίᾳ, ξυνθήκῃ [von Natur aus — durch Gesetz, Usus, Übereinstimmung, Übereinkunft]; so in der vorplatonischen Sprachtheorie und bei Platon, der im *Cratylus* für das Gegenteil von φύσει diese vier Termini verwendet; auch nach Platon gibt es diese Phase noch in dem Maße, in dem der vorplatonische Gegensatz in seiner ursprünglichen Form weiterlebt;

(2) φύσει-κατὰ συνθήκην [von Natur aus — als eingerichtet]; so bei Aristoteles und seinen Nachfolgern (s. Art. 15);

(3) φύσει-θέσει [von Natur aus — durch Setzen beziehungsweise Festsetzung]; so erst in der alexandrinischen Zeit, wenngleich auch Demokrit die θέσει-Lösung (jedoch von einem viel späteren Standpunkt aus, nämlich erst durch Proclos) zugeschrieben wird.

Der eine Terminus des Gegensatzpaars bleibt also stets der gleiche, nur der andere ändert sich, was natürlich auch für den Sinn des Gegensatzes selbst von Bedeutung ist. Gleichwohl ist auch der Sinn von 'φύσει' trotz beibehaltenem Ausdruck in den drei Gestalten des Gegensatzes verschieden. — Beim ersten Gegensatz bezieht sich 'φύσει' auf die Natur der bezeichneten Sachen und dadurch auf die Frage, ob diese eine bestimmte abbildende beziehungsweise beschreibende Bezeichnung erfordert oder nicht, zumindest aber ob für die ›Urnamen‹ eine auf das Material bezogene Analogie zwischen der Beschaffenheit der Sachen und der Beschaffenheit der sie bezeichnenden Wörter anzunehmen ist oder nicht. — Beim zweiten Gegensatz bezieht sich 'φύσει' auf die Natur der Laute und dadurch auf die Frage, ob ein Laut ›von Natur aus‹ als Name gelten kann, was gerade geleugnet wird. Hier ist eine eventuelle Analogie zwischen Wortlaut und bezeichneter Sache in jedem Fall für den funktionellen Status der Namen belanglos, auch wenn sie zur etymologischen Motivation eines Wortes gehört. — Beim dritten Gegensatz bezieht sich 'φύσει' wiederum auf die ursprüngliche analoge Beschaffenheit von Name und Sache; diese eventuelle Analogie kann aber bei Annahme der θέσει-Lösung nur als Motivation der Namengebung, nicht als Grund der Namensfunktion gelten: Auch nachahmende Wörter wären ›Namen‹ durch θέσις, nicht von Natur aus.

Ferner kann sich 'φύσει' auch auf die ›Natur‹ der Menschen beziehen, wie bei Epikur. In diesem Fall handelt es sich jedoch grundsätzlich um den Gegensatz φύσις-τέχνη (natura-ars), nicht um den die Motivation der sprachlichen Zeichen betreffenden Gegensatz. Zwar *kann* 'φύσει' dabei zugleich im Gegensatz zu 'νόμῳ' beziehungsweise 'θέσει' stehen, wenn nämlich auch die Verschiedenheit der Sprachen auf die ›natürliche‹ Verschiedenheit der Völker zurückgeführt wird, wie eben bei Epikur, muß es aber nicht. Vielmehr kann auch nur die Sprache im allgemeinen, also das Sprachvermögen, dabei angesprochen

sein und nicht die Einzelsprachen samt der Beschaffenheit ihrer Zeichen.

1.2.2. Viel wichtiger ist es jedoch, daß der Gegenstand der Fragestellung jeweils verschieden ist. Bei der ersten Fragestellung geht es um die ὀρθότης τῶν ὀνομάτων [Richtigkeit der Namen], nicht etwa als formale oder semantische Korrektheit in einer Sprache, sondern als ausreichende, aktuelle oder ursprüngliche, Adäquatheit des Verhältnisses Name — Benanntes, Wort — bezeichnete Sache. Bei der zweiten Fragestellung geht es um die Funktion als Wesen der sprachlichen Zeichen und folglich um die Bestimmung des entsprechenden Begriffs durch Abgrenzung von ›Namen‹ und ›Nicht-Namen‹, zweifelsfrei so nur bei Aristoteles. Bei der dritten Fragestellung schließlich geht es in erster Linie weder um die Entsprechung Name — Sache, noch um den Funktionsstatus der sprachlichen Zeichen, sondern vielmehr um die Genese der Namen, und dadurch in gewisser Hinsicht um die Entstehung der Einzelsprachen, so z. B. bei Ammonios.

Erste Anzeichen dieser Differenzierung finden sich schon bei den Scholiasten Proclos und Ammonios, obgleich sie dabei eher die Lösungen als die Fragestellungen im Auge hatten. Proclos unterscheidet vier Arten der φύσει-These: Gemäß der ersten seien die Namen φύσει ›wie die Dinge des Tier- und Pflanzenreiches‹; gemäß der zweiten (die Heraklit und Kratylos zugeschrieben wird) seien sie ›die Tätigkeiten und Eigenschaften der Dinge‹, jedoch keine selbständigen Dinge, keine οὐσίαι; nach der dritten seien die Namen ›wie Schatten und Spiegelbilder‹ der Dinge; und nach der vierten ›wie künstlich gemachte Bilder, welche ihren Urbildern gleichen‹. Und Ammonios unterscheidet seinerseits vier Ansichten, zwei vom Typ φύσει und zwei vom Typ θέσει, wobei strenggenommen nur drei Ansichten unterscheidbar sind. Nach den beiden φύσει-Ansichten ›sei der Name entweder von der Natur gebildet, oder er sei zwar von den Menschen gebildet, jedoch der Natur der bezeichneten Dinge gemäß‹, und nach den beiden θέσει-Ansichten sei er ›von den Menschen entweder völlig willkürlich oder mit Rücksicht auf das Wesen der Dinge gegeben‹ (vgl. Steinthal 1971 a II, 169 ff).

1.2.3. Was die Chronologie der Streitfrage hinsichtlich ihres Entstehens und ihrer Herausbildung betrifft, so kommt dafür nur die Zeit der Sophisten in Frage, für die sie auch (von Xenophon) ausdrücklich als beliebtes Diskussionsthema belegt ist. Man hat zwar später Pythagoras und Heraklit die φύσει-Lehre, dem Parmenides die νόμῳ-Lehre zugeschrieben (s. Art. 1). Von Pythagoras' Ansichten über die Sprache läßt sich aber nichts mit Sicherheit sagen. Von Heraklit nur soviel, daß er den Parallelismus von Sein, Denken und Sprache behauptet, von Parmenides, daß er diesen Parallelismus geleugnet hat. In beiden Fällen handelte es sich aber um die Sprache schlechthin, noch ohne Differenzierung in Sprache, Sprechen, Aussage und Wort, und daher nicht um das Verhältnis Wort — bezeichnete Sache, und auch nicht um die ὀρθότης τῶν ὀνομάτων im eigentlichen Sinne, und zwar obwohl bei Parmenides als Beispiel für die Nicht-Übereinstimmung zwischen Sein und Sprache einzelne Wörter angeführt werden. Man kann also aufgrund des Zeugnisses von Platon nur behaupten, daß sich die späteren Herakliteer für φύσει, die Parmenideer hingegen eher für νόμῳ aussprachen, so daß die Auffassungen von Heraklit und Parmenides sich als Hintergrund der späteren Diskussion eigneten. Auch die radikale sprach- und erkenntnistheoretische Skepsis von Gorgias läßt sich nicht ohne weiteres als Stellungnahme zugunsten der νόμῳ-These einstufen. Mit etwas mehr Sicherheit dürfen Protagoras, Prodikos und Antisthenes als Vertreter der νόμῳ-Lehre angeführt werden, obwohl Protagoras auch Heraklitismus zugeschrieben wird. Wenn man der Sache streng philologisch nachgeht, sind lediglich Kratylos und Hermogenes Personen mit eindeutig zugeschriebenen Positionen im fraglichen Streit; allerdings erscheinen sie in Platons *Cratylus* eher als Symbolfiguren für die entgegengesetzten Lehren, zumal Hermogenes sonst nicht als Philosoph, sondern nur als treuer Schüler von Sokrates bekannt ist.

Fraglich bleibt weiterhin die genaue Einstufung der Ansichten von Demokrit, der von Proclos als entschiedener Vertreter der θέσει-Lehre angegeben wird. Demokrit hätte seine Auffassung durch die *Homonymie* (gleiche Benennung verschiedener ›Sachen‹), die *Polyonymie* (Vielheit der Namen für dieselbe Sache), die *Veränderlichkeit* der Namen beim Gleichbleiben der Sachen und die *fehlende Analogie* in der Wortbildung begründet (s. Art. 1). Die Sprachen seien nach ihm aus nicht-artikulierten Lauten durch zufällige Festsetzung eines Verhältnisses Laut — Sache entstanden, das jeweils Tradition geworden sei. Dies alles klingt tatsächlich demokritisch;

es ist aber unmöglich, darin das, was auf Demokrit, wenn auch freilich ohne den Terminus 'θέσει' und bei einer nicht auf die Genesis der Namen bezogenen Fragestellung, zurückgehen könnte, von dem abzusondern, was von Proclos hinzugefügt oder uminterpretiert wurde. Wir müssen uns also an das halten, was bei Platon steht.

1.2.4. Schließlich brauchen wir zum Zwecke einer sinnvollen Auseinandersetzung mit dem φύσει-θέσει-Streit noch die heute vor allem dank Ferdinand de Saussure (s. Art. 36) allgemein übliche, in der Antike aber vor Platon nicht bekannte oder nicht beachtete, ausdrücklich in dieser Form erst von den Stoikern (s. Art. 2) und dann, den Stoikern folgend, von Aurelius Augustinus (s. Art. 16) gemachte Unterscheidung zwischen der materialen Seite des sprachlichen Zeichens und dessen mentalem Inhalt. Im ganzen φύσει-νόμῳ/θέσει-Streit werden nämlich die sprachlichen Zeichen als Namen (ὀνόματα) undifferenziert (in der Regel aber als nur materiale Zeichen) direkt auf die bezeichneten Sachen (πράγματα) bezogen. Demgegenüber muß man mit den Stoikern, Augustinus und Saussure in den sprachlichen Zeichen selbst (σῆμα oder σημεῖον; bei Augustinus: dictio; bei Saussure: signe) zwischen dem Ausdruck oder ›Wortlaut‹ (σημαῖνον, verbum, signifiant) und dem Inhalt oder der Bedeutung (σημαινόμενον oder λέκτον, dicibile, signifié) unterscheiden. Zwischen dem σημαῖνον und der bezeichneten Sache (πρᾶγμα oder τυγχάνον, res, chose) gibt es demnach überhaupt keine direkte Relation. Auf die Sachen bezieht sich das sprachliche Zeichen als ein Ganzes, und zwar mittels seiner Bedeutung.

1.3. Die ursprüngliche Behandlung des Streits durch Platon

1.3.1. Die beiden entgegengesetzten Annahmen φύσει und νόμῳ (beziehungsweise θέσει) werden traditionell als Thesen hinsichtlich der Motivation der so gut wie ausschließlich stofflich verstandenen sprachlichen Zeichen interpretiert, was sie eigentlich erst bei der dritten Gestalt des Gegensatzes, oder doch erst nach Aristoteles sind: Die φύσει-Annahme sei die Annahme einer objektiven (›natürlichen‹) Motivation des σημαῖνον (signifiant) von der bezeichneten Sache (πρᾶγμα) her; die νόμῳ-beziehungsweise θέσει-Lehre zu vertreten bedeute hingegen die natürliche Motivation des ›signifiant‹ von der Sache her zu leugnen und nur eine subjektive Motivation (beim Namengeber) beziehungsweise nur eine ›soziale‹, durch den gemeinschaftlichen Sprachgebrauch zustande gekommene Motivation anzunehmen.

Bei der ursprünglichen Form des Gegensatzes, so wie dieser in Platons *Cratylus* dargestellt wird, sind jedoch die beiden Thesen viel anspruchsvoller, und sie betreffen eigentlich die Bedeutung, also das σημαινόμενον, auch wenn dieses im σημαῖνον gesucht wird. Insbesondere ist die φύσει-These durch die Postulate, die sie einschließt, auch viel komplexer als üblicherweise angenommen. Es geht nämlich dabei um den Erkenntniswert der Namen, um die den Namen innewohnende ›Wahrheit‹. Die Vertreter der φύσει-These behaupten, die Vertreter der νόμῳ-These ignorieren diesen Erkenntniswert. — Für die Vertreter der φύσει-Lehre spiegelt der Name die ›Wahrheit‹ der bezeichneten Sache wider; „Wer die Namen kennt, kennt auch die Sachen" (*Crat.* 435 d); er zeigt (›sagt‹) durch seine Beschaffenheit das Wesen der Sache, und zwar deshalb, weil das Verhältnis Name — Sache ein naturnotwendiges und objektiv gegebenes sei. Der Name hafte an der Sache, wenigstens als Form, als ›ideenbezogene Nennbarkeit‹, wenn auch nicht als Stoff. Mehr noch: die (richtigen) Namen seien Abbild des in den Sachen als ›Formen‹ gegebenen Namens, d. h. verschiedenartige Realisierungen der jeweiligen ideenbezogenen Nennbarkeit der Sachen. Da schließlich Wahrheit der Namen und Kenntnis der Sachen zusammenfallen, erfordere auch die Namengebung genaue Erfassung des Wesens der Sachen und könne deshalb nicht Sache eines jeden Menschen sein. Die (richtigen) Namen müssen das Werk von besonders begabten und inspirierten Gesetzgebern sein.

Weit weniger komplex ist in formaler Hinsicht die νόμῳ-Lehre. Gemäß dieser Lehre ist das objektive Verhältnis Name — Sache für die bezeichnende δύναμις (σημαινόμενον als ›Bedeutung‹) der Namen ein gleichgültiges oder willkürliches. Wichtig ist nur, daß der Name im Sprachverkehr als Benennung einer bestimmten Sache funktioniert. Seine einzige Berechtigung ist es, daß er durch die Sprecher akzeptiert und verstanden wird. Maßgebend für die ›Richtigkeit‹ (Angemessenheit) der Namen sind folglich die Namengebung und der Sprachgebrauch. Da nun alle Namen schon dadurch, daß sie gegeben und verwendet werden, in bezug auf ihre Funktion ›richtig‹ sind, kann für die Vertreter der νόμῳ-Lehre auch jeder Mensch Namengeber sein.

Sie sprechen aber nicht von denselben Namen, die die Vertreter der φύσει-Lehre 'Namen' nennen. Die Fragestellung hinsichtlich der Namen im Rahmen der radikalen φύσει-Lehre ist nämlich eine ›deontische‹: der Name *muß* ›richtig‹ (›wahr‹) sein, um Name zu sein; sonst ist er kein Name, sondern nur ein sinnloser Laut. Kennzeichnend ist hierfür, z. B., daß für Kratylos 'Hermogenes' nicht der Name von Hermogenes sein kann, und zwar trotz der Tatsache, daß ihn alle so nennen, da er ja nicht zur Sippe von Hermes gehört. Daß dabei die funktionsbezogene Angemessenheit mit der Wahrheit der Namen gleichgesetzt wird, ist nicht etwa eine ungewollte Verwechslung, sondern wird ausdrücklich angenommen: Alle Namen, die Namen sind, seien auch wahr, und es sei unmöglich etwas anderes als die Wahrheit zu sagen, wenn man Namen verwendet; sonst, wenn man Nicht-Namen verwendet, sage man nichts. Das Gegenteil der Wahrheit sei in diesem Fall nicht die Falschheit, sondern das Nichts-Sagen. Im Rahmen der νόμῳ-Lehre ist hingegen die die Namen (und das ›Name-sein‹) betreffende Fragestellung eine ›faktische‹. Die Vertreter dieser Lehre begnügen sich deshalb damit, die φύσει-Lehre grundsätzlich abzulehnen oder von den entsprechenden Fragen einfach abzusehen und mit Hilfe von im Grunde tautologischen Hinweisen wie νόμῳ, ἔθει usw. das tatsächliche Verhalten der gewöhnlichen Sprecher, das übrigens von den Vertretern der φύσει-Lehre gar nicht geleugnet wird, festzustellen, ohne es weiter zu begründen. Für sie ist Name alles, was für die Sprecher Name ist.

1.3.2. Der Gegensatz φύσει-νόμῳ wird eindeutig von Hermogenes am Anfang des *Cratylus* dargelegt.

Zur φύσει-These:

„Kratylos [...] behauptet, daß es eine naturgemäße Richtigkeit des Namens gibt, für alles, was ist; der Name sei nicht das, was gewisse Leute in Übereinstimmung miteinander (συνθέμενοι) als solchen verwenden [...], sondern es gebe eine naturgemäße Richtigkeit der Namen, sowohl für die Griechen, als auch für die Barbaren, und zwar dieselbe für alle" (383 a – b).

Man vergleiche dazu auch die von Sokrates (im Namen von Kratylos) gebotene Formulierung: „Die Richtigkeit des Namens besteht darin, daß er zeigt, welches die Sache ist" (428 e).

Zur νόμῳ-These:
„Ich kann mich nicht davon überzeugen, daß
die Richtigkeit des Namens etwas anderes sei
als ξυνθήκη [Übereinkunft, Vereinbarung]
und ὁμολογία [Übereinstimmung, Konvention, Einverständnis, Eintracht]. Es scheint
mir nämlich, daß derjenige Name, den man
einer Sache gibt, auch der richtige ist; und
wenn man nachher einen anderen setzt und
den früheren nicht mehr benutzt, so ist der
spätere nicht weniger richtig als der frühere
[…] denn nicht φύσει [von Natur aus] ist ein
Name einer jeden Sache eigen, sondern νόμῳ
[durch den Usus] und ἔθει [durch die Ge-
wohnheit] derer, die die Namen als ihnen geläufig verwenden" (384 c – d).

Im Laufe der darauffolgenden, von Sokrates
zuerst im Namen von Kratylos, dann eher in
Eintracht mit Hermogenes geführten Diskussion erfährt man, wie die Namen φύσει ›richtig‹ sind (oder sein sollen), weniger jedoch,
wie die ›Übereinkunft‹ zustande kommt.

Die Namen sollen nach der φύσει-Lehre
die Wahrheit der Sachen widerspiegeln, d. h.
durch ihre Beschaffenheit die Beschaffenheit
oder sogar das Wesen der bezeichneten Sachen wiedergeben und somit auch ihre
(eigentliche) Bedeutung offenbaren. Dies
könnten sie in gewissen Fällen direkt, in den
meisten anderen Fällen nur indirekt leisten:
direkt, indem sie durch ihre materiale Beschaffenheit die Sachen als solche wiedergeben; indirekt, indem sie auf irgendeine Weise
das Wesen (die ›Wahrheit‹) der Sachen kundgeben (›sagen‹). Eine direkte Wiedergabe
könne ihrerseits in zweifacher Weise erfolgen:
entweder dadurch, daß der materiale Name
die Sache selbst vorweist, oder dadurch, daß
der Name akustisch oder artikulatorisch die
bezeichnete Sache nachbildet. So sei ›βῆτα‹
ein richtiger Name, der den Gegenstand, den
er nennt (den Buchstaben ›β‹), auch enthält.
Und ein Wort wie ›ῥοή‹ [Strom], sei als Nachahmung durch Artikulation zu erklären.
Schwieriger erweist sich die Feststellung des
angenommenen Wahrheitsgehalts im Falle
der indirekten Wiedergabe des Wesens der
Sachen, die für die nicht-reproduzierenden
und nicht-nachahmenden Wörter postuliert
wird. Da nur die Aussage, nicht aber das Wort
als solches, wahr oder falsch sein kann (was
die vorplatonische Philosophie nur intuitiv
weiß und ausdrücklich oft leugnet), müssen
die Namen als implizite Aussagen angesehen
werden. Sie müssen als durch materiale Ähnlichkeit (Anklang) mit anderen Namen zusammenhängend (auf ›natürliche‹ Weise as-

soziiert) oder als zusammengesetzt und deshalb analysierbar, in kleinere Teile mit Wort-
status zerlegbar betrachtet werden, damit sie
als implizite oder konzentrierte Sätze erscheinen, die als Charakterisierungen oder Definitionen der jeweils bezeichneten Sachen gelten können. So hänge Ἕκτωρ (auch Eigennamen müssen ihre ›Wahrheit‹ ausdrücken)
mit ἔχει [(er) hat; (er) hält] zusammen und
sei deshalb ›der Halter‹, ›der, der etwas (die
Polis) hält‹; Ὀρέστης sei ›wild, den Bergen
eigen‹ (ὀρεινός); und der Körper (σῶμα) sei
›Grab‹ (σῆμα), ›Zeichen‹ (σῆμα) und ›Kerker‹
(σῶμα) der Seele zugleich. Die Analyse ist
ihrerseits ziemlich einfach und bietet sich unmittelbar im Falle der tatsächlich abgeleiteten
und zusammengesetzten Namen (wie 'Hermogenes') an; sonst muß man bei der Zerlegung in sinnvolle kleinere Teile ebenfalls auf
die (partielle) materiale Ähnlichkeit zurückgreifen, um die im Namen versteckte definitorische Aussage zu entdecken. Aufgrund solcher Zerlegung erweise sich z. B. τέχνη als
ἕξις, ›Besitz‹ + νοῦς [Verstand], weshalb man
es zu einem neuen Wort ἐχονόη, [Besitz des
Verstandes] umbilden dürfe; und der Mensch
(ἄνθρωπος) sei ›der Prüfende dessen, was er
gesehen hat‹ (ἀναθρῶν ἃ ὄπωπε). Mit Hilfe
der beiden Verfahren, Assoziation und Zerlegung, könne man ferner auch bis zu der
Namensidee, der ›Bedeutungsform‹, die die
richtigen Namen abbilden, vordringen. In dieser Hinsicht seien z. B. Ἕκτωρ und Ἀστυά-
ναξ derselbe formale Name, wenn auch mit
verschiedenem Stoff realisiert; dieselbe Form
(etwa: ›König‹) erscheine darin einmal als
›Halter‹ und das andere Mal als ›Herr, Leiter‹
(ἄναξ) der ›Stadt‹ (ἄστυ).

Die mit einem untersuchten Namen assoziierten und die durch Zerlegung gewonnenen
Wörter müssen natürlich jeweils auch ihrerseits mit anderen Wörtern assoziiert oder in
andere Wörter zerlegt und nach *ihrer* ›Wahrheit‹ befragt werden, und zwar so lange bis
man zu den ›Urnamen‹ (τὰ πρῶτα ὀνόματα)
kommt, die weder mit anderen Wörtern assoziiert noch weiter zerlegt werden können.
Diese könne man nur noch als direkte Wiedergabe des Wesens (οὐσία) der Sachen durch
akustische und artikulatorische Nachbildung
mittels ihrer ›Buchstaben‹ (d. h., in diesem
Fall, Phoneme oder Laute) erklären. Diesen
minimalen Bestandteilen (στοιχεῖα) der Sprache wohne nämlich jeweils eine besondere
phonosymbolische Kraft inne; so sei ρ für die
Nachahmung von Bewegung, Beweglichkeit
und zugleich von Härte geeignet, λ sei un-

mittelbarer Ausdruck für das Weiche und das Rutschende usw.

Alle diese Angaben sollen allerdings für ihren Urheber Sokrates nur als Vorschläge und als oft unverbindliche Beispiele dafür dienen, wie man die Interpretation der Namen im Sinne ihrer ›Wahrheit‹ vornehmen könnte. Denn es sei kein geringfügiges Unternehmen und keine leichte Aufgabe, „das Wesen der Sache, so wie es sich in dem Namen zeigt" (ἡ οὐσία τοῦ πράγματος δηλουμένη ἐν τῷ ὀνόματν, *Crat.* 393 d 4 f) aufzudecken. So wie die Namengebung eine besondere Kunst darstellt und einen νομοθέτης erfordert, so erfordere auch die Interpretation der Namen im φύσει-Sinne eine besondere, schwierige Kunst. Diese Kunst ist die (noch nicht so genannte) Etymologie; nicht die Etymologie im modernen Sinn, als Geschichte der semantischen und phonetischen Entwicklung der Wörter, und auch nicht die traditionelle Etymologie, als Erforschung der Herkunft oder des Entstehens der Wörter einer Sprache, sondern eine willkürliche ›panchronische‹ oder ›achronische‹ Etymologie als Suche nach der Art und Weise der im voraus angenommenen Widerspiegelung der ›Wahrheit‹ der Dinge in den Wörtern als ›signifiants‹.

Dieser Fülle von anregenden, wenn auch weitgehend abwegigen Ideen kann die νόμῳ-Lehre nur den gesunden Menschenverstand und die übliche Erfahrung mit der Sprache entgegensetzen. In der Diskussion mit Kratylos widmet sich Sokrates in der Tat viel mehr der Kritik der von ihm selbst in der Diskussion mit Hermogenes vertretenen Annahmen der φύσει-Lehre und seiner eigenen, schon im ersten Teil des Dialogs mit Ironie behandelten ›etymologischen‹ Methode als der Begründung der νόμῳ-Lehre. Diese Begründung erfolgt nur indirekt: Da die φύσει-Erklärung oft fraglich oder sogar ausgeschlossen ist und für den gesamten tatsächlichen Sprachgebrauch nicht gelten kann, muß man zur Rechtfertigung der (jeweils *aktuellen*) ὀρθότης τῶν ὀνομάτων *im üblichen Sprachverkehr* die ξυνθήκη annehmen. Es wird nämlich festgestellt, daß *alle* Namen (Benennungen) – die den bezeichneten Sachen ähnlichen, d. h. die φύσει ›richtigen‹, und die nicht-ähnlichen (›nicht-richtigen‹) – von den Sprechern unterschiedslos als gleichwertig verwendet und verstanden werden, d. h. daß dieser Unterschied für den normalen Sprachverkehr gleichgültig ist. Da nun für die den Sachen nicht ähnlichen Namen keine andere Begründung als die ξυνθήκη gegeben werden

kann, muß diese für *alle* Namen angenommen werden, d. h. auch für die den Sachen ähnlichen, die ja von den Sprechern nicht anders als die nicht-ähnlichen verwendet werden. Der Usus (ἔθος) und die ξυνθήκη müssen also notwendigerweise zur Rechtfertigung der Namen beitragen. Mehr noch: gewisse Namen, wie die der Zahlen, die kaum eine φύσει-Erklärung zulassen, zeigen, daß die ὁμολογία und die ξυνθήκη für die ὀρθότης das Entscheidende sind. Das Zurückgreifen auf die ξυνθήκη sei allerdings ein φορτικόν, eine lästige, vulgäre Notlösung (cf. *Crat.* 435 a – c).

Die Begriffe ἔθος, ὁμολογία, ξυνθήκη werden für sich selbst nicht gerechtfertigt noch weiter erörtert. Man hat aber gute Gründe anzunehmen, daß Platon mit ξυνθήκη eine stillschweigend zustandegekommene Übereinstimmung meint, d. h. daß es sich dabei eher um 'Zustimmung, Einverständnis, Eintracht' als um '(ausdrückliche) Übereinkunft' oder 'Konvention' handelt. Denn einerseits wird die ξυνθήκη als die Übereinstimmung in der Interpretation der Namen von seiten des Sprechers und des Hörers dargestellt, als die Tatsache, daß der Sprecher beim Aussprechen eines Namens eine bestimmte Sache meint und daß der Hörer durch den Wortlaut des Namens erkennt, daß der Sprecher eben diese bestimmte Sache meint (434 e). Und andererseits wird ξυνθήκη mit dem Possessivpronomen gebraucht, und zwar in Verbindung mit ὁμολογία, einem Begriff, der keine vorherige Vereinbarung voraussetzt (τὴν σὺν ὁμολογίαν καὶ ξυνθήκην, 435 e). An einer anderen Stelle (433 e), wo von der Meinung von ›Hermogenes und vieler anderer‹ die Rede ist, scheint es sich jedoch um eine ausdrückliche Vereinbarung zu handeln: Die Namen seien für diese Vertreter der νόμῳ-Lehre ›Vereinbartes‹, ›vereinbarte Fakten‹ (συνθήματα) und würden für diejenigen, die sie vereinbart haben, die ihnen im voraus bekannten Sachen bezeichnen.

1.3.3. Es ist mittlerweile deutlich, daß die beiden Lehren keine genau entgegengesetzten sind, und zwar nicht deshalb, weil sie die ὀρθότης unterschiedlich auffassen (dies gehört zur ›sachlichen‹ Substanz des Gegensatzes), sondern deshalb, weil sie nicht von denselben Namen (beziehungsweise Bedeutungen) sprechen und damit auch nicht dieselbe Ebene der Sprache betreffen. Die φύσει-Lehre bezieht sich auf die sprachlichen Zeichen (›Namen‹) und auf die entsprechenden Bedeutungen als *universelle* sprachliche Funktionen

(›die gleichen für die Griechen und die Barbaren‹) und will die Bedeutung schlechthin durch eine naturgegebene Entsprechung ὄνομα — πρᾶγμα rechtfertigen. Sie betrifft folglich die Ebene der ›Sprache im allgemeinen‹. Die νόμῳ-Lehre bezieht sich hingegen auf *diese oder jene* sprachlichen Zeichen (›Namen‹), auf *diese oder jene* Bedeutungen in einer bestimmten Sprachgemeinschaft und will die Verwendung gerade dieser oder jener historisch gegebenen sprachlichen Zeichen durch den Usus und die ξυνθήκη rechtfertigen. Sie betrifft also die Ebene der Einzelsprachen. Deshalb kann man das Dilemma nicht durch die Option für eine der beiden Lehren lösen, noch kann man die beiden Lehren in dem, was sie an Wahrheitsgehalt besitzen, auf derselben Ebene der Sprache vereinbaren.

Den beiden Lehren gemeinsam sind hingegen die Verwechslung zwischen den Sprachebenen, das unzulängliche Verständnis der Beschaffenheit der sprachlichen Zeichen und die sowohl in logischer als auch in ›sachlicher‹ Hinsicht verkehrte Fragestellung. Die hauptsächlichen Unzulänglichkeiten der beiden Lehren sind in dieser Hinsicht folgende:

(a) Bei beiden Lehren ist die Fragestellung kausal ausgerichtet. Man fragt nach dem Warum der Bedeutung oder man verwechselt das Wozu mit dem Warum. Die φύσει-Lehre sieht die ›Ursache‹ ihrer Bedeutungen in den Sachen selbst, die durch ihr Wesen bestimmte Zeichen erfordern, und versteht die Bedeutung als Widerspiegelung der Sachen in den Lautungen der Namen. Die νόμῳ-Lehre, die die Bedeutung als Norm der Verwendung der Zeichen in der Bezeichnung versteht, rechtfertigt *ihre* Bedeutungen tautologisch durch den ›Usus‹ (d. h. sieht den Grund der Verwendung in der Verwendung selbst) oder, um aus dem Zirkel herauszukommen, durch entsprechende Vereinbarungen hinsichtlich der Namengebung.

(b) Wortlaut und Wortbedeutung einerseits, Bedeutung (mentaler Inhalt des Zeichens) und Bezeichnung (außersprachlicher Bezug) andererseits werden nicht eindeutig und folgerichtig unterschieden, beziehungsweise sie werden miteinander verwechselt. Der Name wird deshalb meist als bloßer Wortlaut aufgefaßt, der direkt auf die bezeichnete Sache bezogen wird. Die Bedeutung ist zwar stets gemeint, sie wird aber entweder in der materialen Beschaffenheit des Wortes gesucht oder auf die Bezeichnung reduziert.

(c) Es wird kein Unterschied zwischen Wort und Aussage, also zwischen *Benennen* und *Sagen (Aussagen)* gemacht. Die Vertreter der φύσει-Lehre suchen nach einer ›Wahrheit des Wortes‹, die der ›Wahrheit der Sache‹ entsprechen sollte; sie betrachten also das Wort als wenigstens implizite Beschreibung oder Aussage. Die Vertreter der νόμῳ-Lehre leugnen zwar diese ›Wahrheit des Wortes‹, nicht aber deshalb, weil das Wort als solches weder wahr noch falsch sein kann, sondern weil das Wort grundsätzlich dem Wesen der Sache nicht zu entsprechen brauche und seine Richtigkeit nur aus dem Gebrauch schöpfe.

(d) Vor allem aber werden die Sachen von beiden Lehren als schon *vor* der Sprache mit ihrem jeweiligen ›Sein‹ gegeben (wie im Falle der Fachsprachen und der Eigennamen), nicht als erst durch die Namengebung in ihrem ›Sein‹ abgegrenzt betrachtet. Beide Lehren betrachten also die Sprache (den Wortschatz) als Nomenklatur für schon im voraus gegebene (Klassen von) Sachen: eine sinnvolle Nomenklatur, die dem Wesen der Sachen entsprechen soll, im Falle der φύσει-Lehre; eine konventionelle Nomenklatur im Falle der νόμῳ-Lehre.

1.3.4. Nicht zuletzt deshalb wurde in der Geschichte der Sprachphilosophie und der Sprachwissenschaft der Gegensatz φύσει — νόμῳ, auch in dieser seiner ursprünglichen Form, oft als naiv, die φύσει-Lehre insbesondere (vor allem wegen ihrer ›etymologischen‹ Argumente) sogar als absurd angesehen. Die νόμῳ-Lehre wurde ihrerseits als in ihren Absichten im Grunde vernünftig, zugleich aber als dürftig und schwach begründet eingestuft. Die φύσει-Lehre, so wie sie von Platon dargestellt wird, ist nun tatsächlich im ganzen und im einzelnen sophistisch; und die νόμῳ-Lehre ist sicherlich dürftig, schwach begründet und teilweise ebenfalls sophistisch. Trotzdem bergen beide Lehren, die ›absurde‹ wie die ›vernünftige‹ (und die ›absurde‹ noch mehr als die ›vernünftige‹) tiefe Einsichten, oder wenigstens eine tiefsinnige intuitive Motivation, da der naive Gegensatz φύσει — νόμῳ eine sehr komplexe Problematik samt so gewichtigen Fragen wie die Frage nach dem Verhältnis Sprache — Sein, und somit nach der Leistung der Sprache für die Erkenntnis, und der Frage nach der Historizität und Verschiedenheit der Sprachen einschließt.

Die φύσει-Lösung der Frage nach der ὀρθότης verbirgt nämlich, zunächst in rein semiotischer Hinsicht, die Intuition der Notwendigkeit der Verknüpfung Ausdruck — Inhalt, ohne die kein sprachliches Zeichen als solches bestehen kann (ein ›Wort‹, das keine Bedeutung hat, ist auch kein Wort, sondern nur ein sinnloser Laut), und, in allgemeinerer, sprachphilosophischer Hinsicht, die Intuition, daß die sprachlichen Bedeutungen dem ›Sein der Sachen‹ entsprechen und dieses Sein darstellen und vertreten. Die νόμῳ-Lösung verbirgt ihrerseits die Intuition, daß die Sprache eine Grundform der schöpferischen Freiheit des Menschen ist, und, unter der Idee der ›Übereinkunft‹ hinsichtlich der Bedeutungen, die Intuition der ›Alterität‹ der Sprache, also der Tatsache, daß die Sprache ursprünglich schon auf einen ›Anderen‹ ausgerichtet ist und als auch ›Anderen‹ gehörend angesehen wird, sowie der daraus resultierenden Historizität (Einzelsprachlichkeit) der Bedeutungen und der Sprache überhaupt.

Nur wird in der φύσει-Lehre die konstituierende Zeichenrelation Ausdruck — bezeichnete Sache als von der Sache her determiniert verstanden, so daß die Vertretung des Seins als lautliche Widerspiegelung der Sache im Wort oder als Aussage über das Sein der Sachen es verlangt, das Sein als *vor* der Sprache gegeben und nicht als erst durch die Sprache gesetzt (abgegrenzt) und damit nicht als ein Werk des Menschen zu verstehen. In der νόμῳ-Lehre wiederum wird die schöpferische Freiheit als subjektive Willkür interpretiert, was im übrigen nicht einmal der üblichen Erfahrung mit der Sprache entspricht und sogar im Widerspruch zur νόμῳ-Idee selbst steht, so daß die Alterität als Resultat des Sprachgebrauchs oder einer Übereinkunft darüber verstanden wird und nicht als Voraussetzung dafür; und die stillschweigende, durch die ursprüngliche Alterität der Sprache im voraus gegebene und den gemeinschaftlichen Sprachgebrauch fundierende Übereinstimmung wird als bloß gelegentliche Übereinkunft oder Konvention, bisweilen sogar als im nachhinein vorgenommene explizite Vereinbarung (wie etwa bei den sprachlich sekundären Fachtermini) verstanden.

Anders gesagt erweisen sich die Hauptannahmen der beiden Lehren durchaus nicht als naiv, wenn man sie auf die ihnen zugrunde liegenden Intuitionen zurückführt und von der häufig irreführenden Entfaltung dieser Intuitionen absieht. Und zwar ist in dieser Hinsicht die ›absurde‹ φύσει-Lehre nicht nur viel mutiger, sondern auch viel ›vernünftiger‹ als die ›vernünftige‹ aber wenig sagende νόμῳ-Lehre. Dies zeigt sich insbesondere im Falle

des Stellenwertes, den die sprachliche Bedeutung in der einen und in der anderen Lehre einnimmt. Die Annahme einer aufgrund der ideenbezogenen Nennbarkeit der Sachen die ›Wahrheit der Dinge‹ reproduzierenden ›Wahrheit des Wortes‹ entspricht nämlich im Grunde, wie schon angedeutet, der Intuition vom tatsächlichen Status der Bedeutung (und der Namengebung) als ›Erfassung des Seins der Dinge‹ und somit vom tatsächlichen Erkenntniswert der Sprache. Die φύσει-Lehre sieht aber bei der Entfaltung dieser Intuition nicht, daß diese ›Erfassung des Seins‹ eigentlich Zuordnung oder Verleihung von Sein, ein Erschaffen und nicht bloß eine Feststellung von Spezies ist, noch daß die Bedeutung eine primäre, intuitive, ›speziesabgrenzende‹ (d. h. ›spezieserschaffende‹) Erkenntnis, und damit keine analytische Erkenntnis hinsichtlich schon abgegrenzter Spezies darstellt. Vielmehr versteht sie die Bedeutung als im Wort verschlüsselte Erkenntnis und beschreibt sie in dieser Form auch als Bestätigung dieser falschen Annahme an falscher Stelle: in der Beschaffenheit der materialen Zeichen einer bestimmten historischen Sprache. Daher das unsinnige Etymologisieren, das den Wahrheitskern der φύσει-Lehre nicht bestätigen, sondern nur kompromittieren kann. Die νόμῳ-Lehre leugnet nun mit Hilfe von Gegenbeispielen, also Namen, die nicht als Wiedergabe der Sachen erklärt werden können, den *unmittelbaren* Erkenntniswert der Namen und damit auch die ganze diesbezügliche φύσει-These. D. h., sie lehnt ein in zweifacher Hinsicht falsches Argument der φύσει-Lehre ab und hält die ganze entsprechende Frage für dadurch in negativem Sinne gelöst. Sie liefert auch sonst keine eigenen Etymologien und irrt wenigstens in dieser Hinsicht nicht. Dies aber nicht deshalb, weil sie die Frage nach dem Erkenntniswert der Sprache anders (und richtig) stellen würde, sondern nur deshalb, weil sie die Frage nach dem Verhältnis Sprache/Bedeutung — Sein ausklammert. Sie kann auch nicht feststellen, ob und, wenn ja, in welcher Hinsicht, die Namengebung ein Erkenntnisakt ist, weil sie die Frage nach dem Entstehen und damit nach dem Erschaffen von Bedeutungen überhaupt nicht stellt: Auf der Ebene der Sprache, auf die sich die νόμῳ-Lehre bezieht, finde man die Bedeutungen als schon durch den Usus gegeben, und die Sachen kenne man ja als solche noch vor der Namengebung.

Auch für die Auseinandersetzung mit dem Problem der semantischen Verschiedenheit der

Sprachen, das eigentlich zur Thematik der νόμῳ-Lehre gehören würde, ist die φύσει-Lehre besser ausgerüstet. Sie kann diese Frage nämlich in einen Zusammenhang mit ihrer Annahme von zwei Ebenen der Bedeutung (›Bedeutungsform‹ und ›Bedeutungsstoff‹) bringen: Die unmittelbar der ›Nennbarkeit‹ der Sachen entsprechende Bedeutungsform wäre grundsätzlich für alle Sprachen gleich, der Bedeutungsstoff könnte hingegen in verschiedenen Sprachen verschieden sein. Natürlich wird dadurch das Problem nicht gelöst, ja nicht einmal richtig gestellt. Denn die hier angenommene Einheitlichkeit ist Einheitlichkeit der außersprachlichen ›Welt‹. Es ist aber wahrscheinlich das Äußerste, was man von einer universalen Sprachebene her tun kann, die ›Sachen‹ als schon vor der Sprache eingeteilt und die ›Namen‹ als durch die Sachen determiniert anzusehen. Von ihrer eigenen, einzelsprachlichen Ebene her allerdings kann die νόμῳ-Lehre weit weniger leisten. Für sie ist die semantische Verschiedenheit der Sprachen und die innere Verschiedenheit ein und derselben historischen Sprache kein Problem, sondern nur ein Datum und eine Bestätigung dafür, daß die ›Richtigkeit der Namen‹ vom Usus herrührt. Das Allgemeine darin sieht sie nicht.

Schließlich erkennt die φύσει-Lehre irgendwie auch die Berechtigung des Sprachgebrauchs. Kratylos gibt zu, nicht nur, daß alle den Hermogenes 'Hermogenes' nennen und dabei tatsächlich den Hermogenes meinen, sondern auch, daß er selbst φύσει unrichtige Namen ἔθει, dank des Usus, versteht. Dadurch vermag er allerdings nicht, die von ihm angenommene Universalität mit den historischen Gegebenheiten zu vereinbaren. Denn entweder sind die Namen des üblichen Sprachverkehrs alle φύσει, und dadurch alle ›richtig‹, oder sie sind, wenn sie ›unrichtig‹ sind, auch keine Namen und können deshalb auch nicht verstanden werden. Der widersprüchliche Versuch ist trotzdem bemerkenswert, zumal die νόμῳ-Lehre keinen ähnlichen Versuch in der entgegengesetzten Richtung unternimmt.

Dieser im vorhinein gescheiterte Versuch zeigt auch deutlich, warum sich die beiden Lehren als einander entgegengesetzt verstehen und warum der Gegensatz unangetastet weiterbesteht. Vor allem deshalb, weil hier die universale und die historische Ebene der Sprache nicht unterschieden und deshalb miteinander verwechselt werden. Auf seinen sinnvollen Kern reduziert, und abgesehen von den irreführenden Begründungen, würde nämlich

der Gegensatz folgendermaßen lauten: 'Die Sprache ist universal, und die Bedeutungen sind Erfassung des Seins der Sachen' (φύσει-Lehre) versus 'Nein, die Sprache ist historisch und die Bedeutungen sind Verwendungsnormen im jeweiligen Sprachgebrauch' (νόμῳ-Lehre). Es fällt anscheinend niemandem vor Platon und Aristoteles ein, daß es sich dabei nicht um ein Entweder-oder, sondern nur um ein Sowohl-als-auch handeln kann, wenn auch nicht auf derselben Sprachebene und nicht hinsichtlich derselben Zeichenrelation.

1.3.5. Gerade deshalb stellen für die Entwicklung des Streits die beiden Schriften, Platons *Cratylus* und Aristoteles' *De Interpretatione*, zwei entscheidende Momente dar, insofern sie die im Gegensatz φύσει-νόμῳ enthaltenen Fragen aufdecken und differenzieren, und damit die ganze Problematik erst ins rechte Licht rücken. — Zugleich aber wird gerade infolge der Stellungnahmen von Platon und Aristoteles der Gegensatz in der Folge verharmlost. Ein hinter irreführenden Formulierungen verborgenes sprachphilosophisches Problem höchsten Ranges degeneriert zu einem bescheidenen wissenschaftlichen Problem der Zeichenlehre. Man fragt in diesem Zusammenhang nicht mehr nach dem Verhältnis von Sprache und Welt oder von Sprache und Wahrheit und auch nicht mehr nach der Vernunft des Sprachgebrauchs (den universalen Zügen der individuellen Sprachhandlungen) und der Historizität der Bedeutungen (den individuellen Ausprägungen der universalen sprachlichen Formen), sondern nur noch nach der Art des Verhältnisses von Ausdruck oder Wortlaut und bezeichneter Sache, wenn auch nunmehr meist vermittelt über entsprechende ›Vorstellungen‹. Die vom alten Gegensatz implizierten Probleme treten, soweit sie sich überhaupt behandelt finden, künftig in anderen Zusammenhängen der Sprachtheorie auf. Damit hängt auch die Verschiebung des φύσει-νόμῳ-Streits in den Streit um die Genesis der Sprache zusammen (s. Art. 65, 66).

1.4. Die Veränderung der Fragestellung durch Aristoteles

1.4.1. Platon wurde später oft als Zeuge für die φύσει-Lehre, insbesondere im Bereich der Phonosymbolik angeführt, wobei er nicht selten mit dem von ihm kritisierten Kratylos identifiziert wurde, und wenigstens einmal, nämlich von Heymann Steinthal (1871), ist er sogar als Vertreter der νόμῳ-Lehre, allerdings einer besser fundierten und überzeugenderen νόμῳ-Lehre, hingestellt worden.

Die richtige Interpretation in rein philologischer Hinsicht ist — wenigstens, was den Dialog *Cratylus* betrifft — sicherlich die geläufige: daß nämlich Platon den Gegensatz φύσει-νόμῳ zwar ausführlich und kritisch darstellt, aber keine Lösung für ihn anbietet, weil er sich weder für die eine noch für die andere These entscheidet. Gerade in diesem Sich-nicht-entscheiden-wollen besteht aber meines Erachtens Platons eindeutige philosophische Stellungnahme. Er lehnt den Gegensatz in der von ihm behandelten Lesart als unangebracht und sinnlos ab — die Argumente der φύσει-Lehre sind Gegenstand seiner beißenden Ironie, und die ξυνθήκη betrachtet er als φορτικόν — und fordert dadurch indirekt zu einer radikalen Änderung der Fragestellung auf. Dabei hebt Platon auch die von der ›Richtigkeit der Namen‹ implizierte Identifizierung von Angemessenheit und Wahrheit der Namen dadurch auf, daß er im *Sophistes* die beiden Grundfunktionen der Sprache, Benennen (ὀνομάζειν) und Sagen (λέγειν), ausdrücklich unterscheidet und die Eigenschaften 'wahr' und 'falsch' im eigentlichen Sinne nur dem Sagen zuschreibt. Außerdem weist Platon im *Cratylus* auf die doppelte Funktion der Namen hin: sie sind einerseits ›Abgrenzung des Seins‹ (διακριτικὸν τῆς οὐσίας, 388 c), andererseits ›Offenbarung‹ (δήλωσις) eines mentalen Inhalts (434 e, 435 b). Daraus folgt, daß Platon den Namen nicht als Wortlaut allein ansieht und die Bedeutung keineswegs mit der Verwendung in der Bezeichnung gleichsetzt.

1.4.2. Von Aristoteles wurde oft, und zwar schon seit der Antike, behauptet, er habe im alten φύσει-νόμῳ-Streit für die νόμῳ- (beziehungsweise θέσει-)Lehre Partei ergriffen. Dies geht meines Erachtens auf Mißverständnisse und Verwechslungen insbesondere bezüglich des von ihm verwendeten Ausdrucks 'κατὰ συνθήκην' zurück. Denn in Wirklichkeit unternimmt Aristoteles (cf. *De int.* 16 a — 17 a) die von Platon indirekt geforderte radikale Änderung der Fragestellung, indem er (a) die Motivation der sprachlichen Zeichen vom ›Warum‹ zum ›Wozu‹, vom Bereich der Kausalität in den Bereich der Finalität, verlagert (kein Laut ist von sich selbst aus, φύσει, ›Name‹, er ist es nur, wenn er absichtlich zu einem Symbol gemacht wird), und (b) Wortinhalt oder Bedeutung, Bezeichnung und Wahrheitswert streng unterscheidet. Letzteres dadurch, daß er an der Stelle der Relation

zwischen Wortlaut und Sache drei verschiedene Relationen setzt:

(1) die rein *sprachliche* (semiotische) Relation *Wortlaut — Wortinhalt* (φωνή — πάθημα τῆς ψυχῆς);
(2) die *ontische* Relation *Name* (ὄνομα, d. h. Wortlaut und Wortinhalt zusammen als φωνὴ σημαντική) — *bezeichnete Sache* (πρᾶγμα); und
(3) die *logische* Relation *Subjekt — Prädikat*,

was am besten vielleicht mittels eines Schemas verdeutlicht werden kann:

Damit wird auch der Gegensatz φύσει — νόμῳ hinsichtlich der ihm zugrundeliegenden richtigen Intuitionen aufgehoben. Der Name *ist* Erfassung des ›Seins‹ und *ist* im Sprachgebrauch traditionell gegeben. Die erste Relation, d. h. die dem Zeichen interne Relation zwischen *significans* und *significatum*, durch die das Zeichen als solches entsteht, ist nämlich eine ausdrücklich frei gesetzte, man könnte für dieselben Inhalte auch andere Laute wählen (cf. *Met.* 1006 b1 — 11). Hinsichtlich dieser Relation ist das Zeichen weder ›wahr‹ noch ›falsch‹, da es keine Analyse (διαίρεσις) und keine Synthese (σύνθεσις) einschließt, sondern nur eine ›einheitliche und ganzheitliche Erfassung‹ einer Art von Sein (eine νόησις τῶν ἀδιαρέτων, *De anima* 430 a; cf. auch *Met.* 1006 a29 ff) darstellt, wobei dies wohl dem Wahrheitskern der φύσει-Lehre entspricht. Mehr noch: das Zeichen als solches setzt nicht einmal die Existenz der zu bezeichnenden ›Sachen‹ voraus, weder für Zeichen wie 'τραγέλαφος' [Bockhirsch], noch für Zeichen wie 'ἄνθρωπος' [Mensch]. Auch kann hier eine Bestimmung des Wortlautes von der bezeichneten Sache her nicht angenommen werden, da sich der Wortlaut überhaupt nicht direkt auf die ›Sache‹, sondern auf eine ›Affektion der Seele‹ (πάθημα τῆς ψυχῆς), d. h., in neuzeitlicher Terminologie, auf einen Inhalt des Bewußtseins, bezieht (Ἔστι μὲν οὖν τὰ ἐν τῇ φωνῇ τῶν ἐν τῇ ψυχῇ παθημάτων σύμβολα, *De int.* 16 a), und in dieser Beziehung ist jeder Wortlaut adäquat, wenn er einem bestimmten πάθημα entspricht. Andernfalls ist er gar kein Symbol, kein ›Wortlaut‹, sondern bloßer Laut (cf. *Met.* 1006 b7). In der zweiten Relation bezieht sich zwar das Zeichen als ein bestimmtes ὄνομα, und zwar als Laut vereinigt mit Bedeutung, auf eine Sache, ist aber auch in dieser Relation nicht von der Sache her motiviert und auch nicht ›wahr‹ oder ›falsch‹, sondern es gilt einfach — und dies entspricht dem Wahrheitskern der νόμῳ-Lehre — κατὰ συνθήκην, d. h. ›als (traditionell) eingerichtet‹, *secundum institutionem humanam*; dafür würde man heute ›historisch motiviert‹ sagen. Erst bei der dritten Relation — die allerdings nicht einmal für jedes Sagen, sondern nur für den λόγος ἀποφαντικός, die bejahende oder verneinende Aussage, gilt — kommt ein Wahrheitswert in Frage. Wahr oder falsch ist aber auch hier nicht der Name, und auch nicht die Sprache schlechthin (λόγος σημαντικός), sondern die Aussage, und zwar ihr Inhalt, die durch die Prädikation erfolgte ›Analyse‹ und ›Synthese‹ der Sache selbst (s. Art. 77).

1.5. Die Behandlung des Streits in der nacharistotelischen Tradition

1.5.1. Die Entwicklung des φύσει-νόμῳ-Streits zu seiner dritten und letzten Phase hängt sicherlich — soweit er nicht einfach in der vorplatonischen Form fortgeführt wird, was bei mangelnder historischer Kenntnis bis heute geschieht — mit dieser Klärung der Problematik durch Platon und Aristoteles zusammen, und zwar obwohl sich dabei der Gegensatz nicht auflöst, wie man es nach Aristoteles erwarten würde, sondern er für eine lange Zeit auf neue Irrwege geschickt wird. Der Gegensatz φύσει – νόμῳ wird nämlich zum φύσει – θέσει-Gegensatz. Da für beide Lehren nunmehr feststeht, daß der Sprachgebrauch und die Namengebung durch den Menschen geschehen, wobei ebenfalls für beide Lehren die ›natürlichen‹ Laute und die Namen verschiedene Arten von Gegenständen sind und von keiner der beiden Lehren die Frage nach der Bedeutung grundsätzlich gestellt wird, so tritt jetzt, wie schon angedeutet, eine Verschiebung der Fragestellung hin zur Frage nach der Genesis der sprachlichen Zeichen auf. Es wird das Problem der Entstehung der sprachlichen Zeichen und des entsprechenden νόμος behandelt, was teilweise schon in der vorplatonischen Fragestellung im Zusammenhang mit der ursprünglichen ὀρθότης der πρῶτα ὀνόματα geschehen war, sogar unter den Aristotelikern, da der eigentliche Sinn der aristotelischen Lehre weitgehend mißverstanden worden war. Die θέσει-Lehre behauptet demnach, daß die Namen von den Sprechern in freier Wahl gesetzt, die φύσει-Lehre, daß sie unter Berücksichtigung von Eigenschaften der zu bezeichnenden Sachen gebildet werden. Auch der Terminus ›θέσει‹ anstelle der früheren ›νόμῳ‹, ›ἔθει‹, ›ξυνθήκῃ‹ und ›ὁμολογίᾳ‹, hängt wahrscheinlich seinem Sinn nach mit der aristotelischen Lehre zusammen, und zwar mit der von Aristoteles hinsichtlich des Verhältnisses von Laut und Name verwendeten Formel: ein Laut ist erst dann ein Name, wenn er ›zu einem Symbol (gemacht) wird‹, d. h. wenn er absichtlich als Name gesetzt wird. Daher auch die Gleichsetzung von ›θέσει‹ mit dem von Aristoteles in demselben Zusammenhang verwendeten, leider aber nicht weiter begründeten noch erklärten ›κατὰ συνθήκην‹. Man weiß übrigens nicht, wann und von wem der Terminus ›θέσει‹ eingeführt wurde, noch wie er sich verallgemeinert hat. Wahrscheinlich ist er in der frühen alexandrinischen Zeit entstanden, vielleicht unter den Grammatikern. Von Aulus Gellius erfahren wir, daß dieser Terminus zu seiner Zeit (2. Jh. n. Chr.) in der Formel ›φύσει – θέσει‹ schon allgemein üblich und traditionell war: „Quaeri enim solitum apud philosophos, φύσει τὰ ὀνόματα sint ἢ θέσει" (*Noctes Atticae* X,4).

Gewichtiger aber als die Verlagerung der Frage ist in hermeneutischer Hinsicht die schon erwähnte philosophische Trivialisierung des Gegenstandes, die auch eine Erklärung für die Verlagerung der Fragestellung ist. Zwar wird die Frage ›φύσει oder θέσει‹ auch im Rahmen der Philosophie gestellt (die Stoiker sind im allgemeinen Vertreter der φύσει-Lehre, die Skeptiker vertreten die θέσει-Lehre), sie stellt aber vor allem ein Diskussionsthema unter Grammatikern, Philologen und Gelehrten dar und gehört zu einer diffusen, meist unverbindlichen und oberflächlichen ›Ideologie‹ von Gebildeten und Dilettanten. Deshalb gehört auch ihre Geschichte nicht eigentlich zur Geschichte der Sprachphilosophie, sondern eher zur Geschichte der Sprachwissenschaft in ihrer ›vorwissenschaftlichen‹ Phase.

Es handelt sich dabei übrigens, bis zur Wiederaufnahme der aristotelischen Fragestellung, um eine Geschichte ohne Entwicklung: Dieselben Thesen werden in verschiedenen Formen immer wieder, gleichzeitig und nacheinander, mit denselben Argumenten vertreten, ohne daß sachlich ein Fortschritt bemerkbar wäre. Wir werden sie hier daher nicht weiter behandeln.

1.5.2. Aber auch im philosophischen Zusammenhang sind die φύσει-Lehre und die θέσει-Lehre keine einander genau entgegengesetzten; zumindest nicht in jeder Hinsicht. So steht für beide Lehren fest, daß die Laute nicht φύσει, d. h. ihrer eigenen Natur nach, sondern erst durch die Namengebung Namen sind: Namen sind keine ›signa naturalia‹. Es geht nur noch darum, *wie* die Menschen die Zeichen, die sie gebrauchen, bilden beziehungsweise gebildet haben. Was festgestellt oder beschrieben werden soll, ist daher das menschliche Verhalten bei der Bildung der Namen, der Namengebung. Es muß dabei zwischen (1) der Namengebung oder ›Setzung‹ als solcher, (2) dem Willen des Namengebers, der ›subjektiven‹ Motivation, und (3) der ›objektiven‹ Motiviertheit der Zeichen durch Eigenschaften der bezeichneten Sachen unterschieden werden.

In Hinsicht auf (1) stimmen die beiden Lehren überein. Deshalb konnten gewisse Ausleger behaupten, daß die φύσει-Lehre, insbesondere die der Stoiker, eigentlich eine θέσει-Lehre sei. Sie ist θέσει hinsichtlich des ›Warum‹ der Zeichen, jedoch φύσει hinsichtlich des ›Wie‹ derselben. Andererseits wiederum gehört für beide Lehren die Fähigkeit zur Benennung zur φύσις des Menschen, weshalb man sogar die These vertreten könnte, auch die θέσει-Lehre selbst — und jede andere Lehre, die dem Menschen die Sprachfähigkeit zuspricht — sei zugleich eine φύσει-Lehre. Es kommt eben darauf an, worauf man φύσει oder θέσει bezieht; diesem Bezug muß stets Rechnung getragen werden. Im Falle des Gegensatzes φύσει – θέσει bezieht sich φύσει auf die φύσις der bezeichneten Sachen beziehungsweise der entsprechenden Vorstellungen, θέσει hingegen auf die Art der subjektiven Motivation der Benennung. Zwar wird einfach von θέσις gesprochen, aber damit ist eine willkürliche und keine objektiv fundierte θέσις gemeint. Der Unterschied zwischen den beiden Lehren betrifft folglich nur die Einschätzung des Verhältnisses zwischen der subjektiven und der objektiven Motivation der Namengebung. Für die θέσει-Lehre ist allein der Wille des Namengebers, seine subjektive Motivation, maßgebend; diese *kann*, muß aber nicht mit der objektiven Motivation zusammenfallen; für die φύσει-Lehre hingegen ist die subjektive Motivation grundsätzlich durch die objektive Motivation fundiert.

Die θέσει-Lehre, auf das Prinzip der frei gewählten Setzung der sprachlichen Zeichen bei subjektiver Motivation reduziert, ist allerdings zu vage und läßt Kombinationen mit der φύσει-Lehre in verschiedenem Ausmaß zu. Das führt dazu, daß sie dann, wenn die Möglichkeit einer Motivation φύσει, und sei es auch nur einer subjektiv bedingten, für die meisten oder gar für alle Zeichen grundsätzlich eingeräumt wird, zu einer Variante der φύσει-Lehre degeneriert oder gar mit ihr zusammenfällt, wie z. B. bei der ›Typologie‹ von Ammonios. Will sie dann die gemeinschaftliche Geltung der willkürlich gesetzten Zeichen rechtfertigen, so muß sie auf Übereinkunft zurückgreifen, die dann sogar als ausdrückliche Vereinbarung verstanden werden kann, wenn sie nicht wie die ältere φύσει-Lehre, zu νομοθέται [Gesetzgeber] Zuflucht nimmt. Im übrigen sind keine besonderen Leistungen dieser Lehre bekannt, hat sie sich selbst doch in der Regel nur negativ, durch Skepsis gegenüber der φύσει-Lehre oder auch nur als Relativierung derselben verstanden.

Die φύσει-Lehre hingegen versucht die Gemeinsamkeit der Zeichen in einer Sprachgemeinschaft durch eine ›natürliche‹, grundsätzlich allen Sprechern zugängliche Motivation zu erklären. Das läßt sie viel radikaler und unversöhnlicher auftreten als die θέσει-Lehre. Obwohl sie den nicht unmittelbar φύσει motivierbaren Zeichen — im Gegensatz zur älteren φύσει-Lehre — den Zeichenstatus nicht aberkennt und bisweilen sogar zugibt, daß nur die *meisten* Zeichen φύσει sind und es auch willkürlich gesetzte Zeichen gibt, neigt sie stillschweigend doch dazu, für alle Zeichen eine direkte oder indirekte φύσει-Motivation anzunehmen. Daher die Rechtfertigung der Etymologie, die die ursprüngliche, von den Sprechern nicht mehr beachtete φύσει-Motivation der Zeichen — sie ist durch den Sprachwandel unerkennbar geworden oder in Vergessenheit geraten — aufdecken soll. Und die Etymologie ist auch ihre besondere Leistung, nicht nur ihre dialektische Waffe. Die Etymologien der neuen φύσει-Lehre sind denjenigen der alten in vielen Fällen analog, sie haben aber einen völlig anderen Sinn. Die Namen werden auch von der neuen Lehre als ›Nachbildungen‹ der Sachen — allerdings über die entsprechenden ›Vorstellungen‹ — angesehen, indem man sie als Ableitungen oder Komposita (auch wenn sie es nicht sind) interpretiert oder in kleinere Teile zerlegt und durch Assoziationen mit anderen Wörtern (und den entsprechenden Sachen und Vorstellungen) erklärt. Dabei geht es aber nicht mehr um die sich im Wort widerspiegelnde

›Wahrheit‹ der bezeichneten Sache, sondern um eine ›Wahrheit des Wortes‹. Die Etymologie sucht jetzt nach dem ἔτυμον [wahr, wirklich, leibhaftig], dem ursprünglichen Sinn der Wörter, eben deshalb der Terminus 'Etymologie'. Nicht danach, 'was die Sachen eigentlich sind' wird gefragt, sondern 'warum die Sachen so oder so heißen' will man wissen. Auch ist der Grund der Benennung nicht mehr das Wesen der Sachen, sondern diejenige Eigenschaft oder Wirkung, der ›charakteristische Zug‹, der Sache, die jene Vorstellung beim Namengeber hervorgerufen hat, die bei der ursprünglichen Benennung leitend war. Dabei kann es sich auch um nebensächliche Eigenschaften oder gar — wie im Falle der Etymologien κατ' ἐναντίωσιν [ex contrario] — um das Fehlen einer bestimmten Eigenschaft handeln: der Stein heiße im Lateinischen 'lapis' ›a laedere pedem‹ [weil er den Fuß verletzt], der Hund heiße 'canis' ›a non canendo‹ [weil er nicht singt] und der Krieg 'bellum' ›quod res bella non sit‹ [weil er keine schöne Sache ist]. Damit soll auch dem Einwand begegnet werden, daß die Namen für dieselben Sachen, sollten sie tatsächlich durch die Sachen bestimmt sein, in verschiedenen Sprachen formal (d. h. begrifflich, in Definitionen festgehalten) oder auch material (d. h. ihrer Laut- oder Schriftgestalt nach) die gleichen sein müßten, was das Hauptargument der νόμῳ-Lehre gegen die φύσει-Lehre war. Die Namen können verschieden und gleichwohl φύσει sein, weil sie verschiedenen Eigenschaften der Sachen entsprechen.

1.5.3. Das Verfahren der Etymologiebestimmung ist das klarste Charakteristikum des neuen Gegensatzes φύσει-θέσει gegenüber dem alten Gegensatz φύσει-νόμῳ. Auch die Hauptthesen der beiden neuen Lehren werden grundsätzlich für alle Sprachen und somit für die Sprache schlechthin angenommen. Da es aber bei den beiden Lehren weder um die universale Funktion noch um die universale Gültigkeit der Namen geht, und auch nicht um eine ›universale Wahrheit‹ der Sachen, sondern nur um das ἔτυμον der Wörter, d. h. um die Motivation für die jeweiligen ›signifiants‹, betreffen die beiden Lehren in ihrer Anwendung ausdrücklich jeweils eine bestimmte Einzelsprache. Die Sprache schlechthin ist dabei ohnehin nur eine Menge von Sprachsystemen auf derselben historischen Ebene der Einzelsprachen und nicht etwa ein Gegenstand auf einer logisch höheren Ebene der Universalsprache (s. Art. 64). Die Idee

von einem gemeinsamen Ursprung aller Sprachen ist beiden Lehren fremd. Dies mag für die θέσει-Lehre belanglos sein, da sie für ihre Anliegen die Einzelsprachlichkeit der ›signifiants‹ nur festzustellen braucht, und deshalb ist sie in dieser Hinsicht immer noch diejenige von Hermogenes, der sich ausdrücklich auf die Namengebung bezog und diese als willkürlich hinstellte. Anders verhält es sich mit der φύσει-Lehre, die nach einer sachbezogenen ›Wahrheit der Wörter‹, nämlich der objektiven Motivation für sie, sucht und sie nachweisen muß. Diese ›Wahrheit‹ kann nun, wie die ›signifiants‹, nur auf der Ebene der Einzelsprachen liegen; dasselbe gilt für den jeweils dafür zu erbringenden Nachweis, insbesondere im Falle der nicht direkt nachahmenden Wörter. Aber auch im Falle der nachahmenden Wörter muß wegen der Synästhesie der Sinne in verschiedenen Sprachen mit verschiedenen Nachbildungsverfahren gerechnet werden; es könnten sogar Namen, die in einer Sprache als nachahmend erklärbar sind, in einer anderen Sprache zu den nicht-nachahmenden gehören. Die Stoiker, die sich zur Begründung ihrer φύσει-Lehre intensiv mit der Etymologie befassen, entwickeln deshalb dafür auch eine Art Instrumentarium. Sie unterscheiden Typen von Assoziationsverfahren, die im sprachlichen Bereich als Typen von Bedeutungswandel und damit zugleich von Motivation für Namengebung gelten können. Es sind nach Augustinus: ›similitudo‹ [Ähnlichkeit], ›vicinitas‹ [Nachbarschaft], ›abusio‹ [Mißbrauch] und ›contradictio‹ (ἐναντίωσις) [Gegensatz].

Die dadurch von den Stoikern und ihren Nachfolgern ermittelten Etymologien können in wissenschaftlicher Hinsicht oft so absurd wie die im *Cratylus* sein, bisweilen — wie im Falle der Etymologien ›ex contrario‹ — sogar noch absurder. Ihr wissenschaftlicher Stellenwert ist gleichwohl ein völlig anderer: sie sind zwar sehr oft ›falsch‹, aber nicht grundsätzlich ›sinnlos‹. Denn es handelt sich dabei nicht mehr um eine universale, panchronische oder achronische (und deshalb in historischer Hinsicht sinnlose) Etymologie der historisch vorliegenden ›signifiants‹, sondern schon um eine einzelsprachliche, ihrer Absicht nach historische Etymologie. Es geht um eine objektive Motivation für das Entstehen der Namen und damit der historischen Bildung der ›signifiants‹ in einer Sprache, nicht anders als in der späteren wissenschaftlichen Etymologie, der man ebenfalls die Suche nach einer derartigen Motivation zuschreiben kann. Damit ist diese Etymologie, obwohl methodisch noch völlig inadäquat und damit theoretisch wertlos, schon eine Vorform der wissenschaftlichen Etymologie. Durch sie wird das einer Einzelsprache angehörende Wort als Ergebnis einer geistigen Leistung zum ersten Mal ein eigenständiger Gegenstand der Forschung. Und im Rahmen des φύσει-θέσει-Streits liefert eben diese φύσει-Forschung auf ihre Weise, wenigstens für den Ursprung der Benennungen in einer gegebenen Sprache, einen Teil derjenigen ›historischen Motiviertheit‹ der Zeichen, die von der θέσει-Lehre zwar *de facto* behauptet wird, die sie jedoch *in concreto* nicht nachweisen kann.

Die Vertreter der φύσει-Lehre verstehen allerdings weder, daß der ursprüngliche Benennungsgrund nur den ›signifiant‹, nicht auch das ›signifié‹ motivieren kann, noch daß ihre ›Wahrheit des Wortes‹, selbst wenn sie richtig ermittelt wäre, keineswegs mit der Bedeutung eines Zeichens zusammenfällt und für die Bezeichnungsfunktion des Zeichens gleichgültig ist. Im Gegenteil: die meisten von ihnen nehmen an, daß die ›etymologische Bedeutung‹ irgendwie als verborgene ›eigentliche‹ Bedeutung weiterlebt, oder sogar, daß sie die ›Wahrheit der Sache‹ darstellt, wenn auch aus einer bestimmten einzelsprachlichen Perspektive, wie z. B. im Falle der Behauptung 'Für die Römer war der Stein, ›lapis‹, ›das den Fuß Verletzende‹'. Peinlich naive Schlußfolgerungen der Art, daß es ›wahrere‹ und ›weniger wahre‹ Wörter oder sogar mehr oder weniger wahre Sprachen gebe, liegen auf der Hand. Die einzige ›Wahrheit‹ des Wortes 'lapis' ist, will man so schon reden, seine durch eben dieses Wort dargestellte Bedeutung. Es ist die auf der reflexiven Sprachebene dargestellte Tatsache, daß das Wort eine bestimmte Art von Sein schematisch erfaßt und dadurch alle Steine, alle Gegenstände dieser Art, bezeichnen kann (s. Art. 77).

Darauf kann jedoch die neue φύσει-Lehre von ihrer Fragestellung her nicht kommen. Trotzdem ist es durchaus zutreffend, daß die ›etymologische Bedeutung‹, sei sie richtig oder auch falsch, in der Rede aktualisiert werden kann, wobei sie sowohl auf der Ebene der Bezeichnung, als auch auf der Ebene des Sinnes oder des besonderen Textinhalts eine wichtige Rolle spielen kann. Aber danach wird im Rahmen der φύσει-Lehre nicht gefragt. Mit solchen Fragen befassen sich eher die Rhetorik (s. Art. 112) und die Poetik (s. Art. 106).

1.5.4. Im übrigen weist auch die neue φύσει-Lehre keine besondere Entwicklung und keinen wesentlichen theoretischen oder methodischen Fortschritt auf. Sie lebt Jahrhunderte lang so gut wie unverändert weiter. Sie erfährt keinen besonderen Aufschwung durch die φύσει-Lehre von Epikur, und ebensowenig durch Sprachauffassungen, die einen göttlichen Ursprung der Sprache annehmen. Epikurs Lehre betrifft an erster Stelle nicht unmittelbar das Verhältnis Name—Sache, und auch nicht die konkrete Motivation für die Namengebung, sondern die Sprachfähigkeit des Menschen. Dabei ist für Epikur das Sprechen eine physiologische Funktion wie das Atmen und das Sehen. Soweit seine φύσει-Lehre sich aber tatsächlich mit Motivationen für die Verschiedenheit der Namen in verschiedenen Sprachen befaßt, bietet sie nur Allgemeines und Grundsätzliches, etwa zur ursprünglichen konstitutionellen Verschiedenheit der Völker, zum Habitat, usw., und sie schließt bei der historischen Umsetzung der Sprachfähigkeit die Wirkung des Sprachgebrauchs und somit θέσει-Annahmen keineswegs aus. Außerdem bleibt Epikurs Lehre im Rahmen der φύσει-θέσει-Diskussion weitgehend isoliert; nur von Lukrez wird sie im ganzen übernommen. Die Theorien vom göttlichen Ursprung der Sprache wiederum betreffen ihrerseits ebenfalls die Sprachfähigkeit, die dem Menschen aberkannt wird; was aber das Verhältnis Name—Sache angeht, fallen sie eher mit der alten φύσει-Lehre zusammen und führen nicht zur wissenschaftlichen Erforschung, sondern eher zu einer Mystik der Namen. Noch im 7. Jahrhundert n. Chr. vertritt deshalb Isidor von Sevilla in seinen *Etymologiae* die φύσει-Lehre in nur leicht veränderter Form. Er sieht nämlich nicht *alle*, sondern nur die meisten Namen als φύσει gesetzt, manche Namen aber seien nicht φύσει motiviert: „Non autem omnia nomina a veteribus secundum naturam imposita sunt, sed quaedam et secundum placitum" (*Etym.* I,29). Er liefert im übrigen Etymologien wie die der Stoiker. In trivialisierter Form lebt dieselbe Lehre sogar ohne Abstriche im ganzen Mittelalter und darüber hinaus weiter, bis sie zu einem Diskussionsthema sogar unter ungebildeten Laien wird.

1.5.5. Inzwischen setzt sich allmählich im lateinischen Mittelalter die ursprüngliche aristotelische Fragestellung nach der Funktion der Namen, ihrem τέλος, durch. Dies zugleich *dank* und *trotz* Boethius' Übersetzung von *De*

Interpretatione, durch die gerade bei der Darstellung der θέσει-Lehre die Lesart einer Frage nach der Genesis der Namen begünstigt wird. Boethius übersetzt den Ausdruck 'κατὰ συνθήκην' zwar nicht falsch mit 'secundum placitum'; 'placitum' kann nämlich durch 'Einverständnis', 'Einvernehmen' wiedergegeben werden und 'secundum placitum' oder 'ad placitum' entsprechend durch 'beliebig':

„Nomen ergo est vox significativa secundum placitum [...] Secundum placitum vero, quoniam naturaliter nominum nihil est, sed quando fit nota" (Boethius, *Ad categoricos syllogismos, Opera omnia*, 308).

Im Kommentar interpretiert er aber 'secundum placitum' ›nach Gefallen‹, ›nach Willkür‹ des Namengebers:

„Secundum placitum vero adiunctum est, quoniam nullum nomen natura significat, sed secundum placitum ponentis constituentisque voluntatem [...] secundum placitum vero est, quod secundum ponentes optatur" (Boethius, *Ad categoricos syllogismos, Opera omnia*, 558).

In der späteren Überlieferung und in den verschiedenen stillschweigenden oder ausdrücklichen Auslegungen derselben Theorie bleibt dann diese Doppeldeutigkeit des 'secundum placitum' als Bestimmung des sprachlichen Zeichens erhalten. Einerseits steht der Ausdruck, als negative (aber funktionale) Bestimmung, für 'nicht natürlich motiviert', beinahe wie eine Erklärung von 'non natura', andererseits, als positive (aber genetische) Bestimmung, für 'intentional gesetzt', 'nach Gefallen des Namengebers'. Bald erscheint in der Scholastik statt (oder neben) 'secundum placitum' auch eine bessere weil eindeutigere Übersetzung, nämlich 'secundum institutionem humanam' oder 'ex institutione' beziehungsweise 'ex instituto', die wenigstens die subjektive Willkür bei der Namengebung schwächt oder aufhebt. So verwendet Abaelard (s. Art. 20) mit Bezug auf die Namen 'institutio', bei Thomas von Aquin erscheinen 'ex institutione' und 'secundum institutionem humanam'. Der bei weitem üblichere Ausdruck ist jedoch in der Scholastik, auch in der Spätscholastik, 'secundum placitum' oder 'ad placitum' mit seiner Doppeldeutigkeit. Im ersten, negativen Fall sind 'non naturā' und 'secundum placitum' eine einzige Bestimmung; im zweiten, positiven Fall handelt es sich um zwei verschiedene Bestimmungen. So noch im 17. Jahrhundert in der aus-

führlichen Theorie des Zeichens von Johannes a Sancto Thoma (João de São Tomás), in der die Deutung von Boethius noch klar durchscheint. Das Wort wird nämlich in dieser Theorie als ›vox significativa ad placitum‹ definiert, was einerseits die natürliche Motiviertheit ausschließt — „Dicitur ad placitum ad excludendas voces significativas naturaliter, ut gemitus" —, andererseits aber auf die Intentionalität dessen, der das Zeichen gesetzt hat, verweist: „signum ad placitum, quod repraesentat aliud ex impositione voluntatis [...] voces significant ex concepto imponentis, ut a quo suscipiunt significationem et impositionem" (Ioannis a Sancto Thoma 1930, Kap. II, 10 a; 107 a). Es ist offensichtlich, daß bei diesem Gegensatz von einem Verhältnis zwischen Zeichen und bezeichneter Sache, wie bei Aristoteles, nie die Rede ist: die ›natura‹, auf die sich der Gegensatz bezieht, ist stets die Natur der Laute, nicht die Natur der Sachen.

Dieselbe Zweideutigkeit besteht auch bei den Ausdrücken 'ad arbitrium', 'ex arbitrio' oder, adjektivisch, 'arbitrarius' (frz. 'arbitraire', engl. 'arbitrary', dt. 'willkürlich'), die sich seit der Renaissance, vor allem außerhalb der Scholastik, anstelle von 'secundum placitum' und 'ad placitum' verbreitet haben und bald die in diesem Zusammenhang allgemein üblichen werden.

1.5.6. In der heutigen Sprachwissenschaft wird das Prinzip vom ›arbitraire du signe‹ [vom willkürlichen Charakter des sprachlichen Zeichens] oft Saussure zugeschrieben und als besondere Saussure'sche Leistung bewertet, was in Wirklichkeit nur für die von Saussure angenommene Tragweite der Anwendungen des Prinzips, nicht aber für das Prinzip als solches stimmt. Saussure selbst stellt das Prinzip als allgemein angenommen dar: „Le principe de l'arbitraire du signe n'est contesté par personne" (Saussure 1916, 102) und bezieht sich dafür ausdrücklich auf William Dwight Whitney: „Whitney a fort justement insisté sur le caractère arbitraire des signes" (Saussure 1916, 112).

In der Tat findet man den Begriff und den Terminus 'willkürlich' (arbitraire) auf die Sprache angewandt, nach Whitney (1867; 1875) und vor Saussure (1916), auch in der Sprachwissenschaft recht häufig, und zwar stets als etwas Bekanntes und Geläufiges. So bei Hermann Paul (1880), bei V. Henry (1896), bei Wilhelm Wundt (1900), (s. Art. 31), bei Adolf Noreen (1903), bei Anton Marty (1908) (s. Art. 33). Und ohne den Ter-

minus begegnet man der These vom ›arbitraire‹ in derselben Zeit bei Baudouin de
Courtenay (1893), bei Filip F. Fortunatov
(1901) und bei Porzeziński (1907). Auch vor
Whitney, und zwar zurück bis ins 16. Jahrhundert, sind Begriff und Terminus in der
Diskussion über die Sprache nicht weniger
häufig.

Was schließlich den auf 'arbitrarius' zurückgehenden Terminus 'arbitraire' selbst betrifft, so gehört 'arbitrarius' als ein altes lateinisches Synonym von θέσει zu einer sekundären Überlieferungslinie des Gegensatzes
φύσει – θέσει. Man findet 'arbitrarius' in der
Spätantike, z. B. bei Aulus Gellius: „In eam
rem multa argumenta dicit, cur videri possint
verba esse naturalia magis quam arbitraria"
(*Noctes Atticae* X, 4), später in einer anderen
Variante bei Isidor von Sevilla: „Hinc est
quod omnium nominum etymologiae non re-
periuntur, quia quaedam non secundum qua-
litatem qua genita sunt, sed iuxta arbitrium
humanae voluntatis vocabula acceperunt"
(*Etym.* I, 29), und noch später bei Bovillus
(1533), der vom ›arbitrium‹ unseres Vaters
Adam, des ersten Namengebers, spricht.
Nach 1540 verbreitet sich der Terminus anstelle von 'ad placitum' ziemlich schnell. —
Im allgemeinen wird jedoch die alte κατὰ συν-
θήκην/ad placitum-These — die jetzt wohl
'These vom ›arbitraire‹' genannt werden darf
— in dieser oder jener Form jeweils unabhängig von der älteren Tradition aufgenommen und fortgeführt, wobei der Zusammenhang mit Aristoteles entweder nicht mehr bekannt ist oder aber nicht erwähnt wird.
Gleichwohl entspricht der Terminus 'willkürlich', auf die Sprache bezogen, in historischer
Hinsicht genau dem aristotelischen Ausdruck
κατὰ συνθήκην.

Innerhalb der historisch sehr differenziert
verlaufenden Entwicklungen, für deren Darstellung hier nicht der Raum ist, versteht sich
nun die Weiterführung der funktionalen Fragestellung, ob mit oder ohne ausführlichen
Bezug auf Aristoteles, als Überwindung des
φύσει – θέσει-Gegensatzes; sie ist nämlich einerseits eine Weder-noch- und andererseits
eine Sowohl-als-auch-Lösung. Bei kausaler
Fragestellung wird nämlich Namenfunktion
und Namengebung verwechselt, wohl auch
deshalb, weil ausdrücklich oder stillschweigend eine einmalige Namengebung angenommen wird. Die φύσει-Lehre deduziert aus der
Motiviertheit der Namengebung die Motiviertheit der Namenfunktion und sucht oft
die Bedeutung im ›signifiant‹. Die νόμῳ/θέ-
σει-Lehre deduziert aus der Unmotiviertheit
der Namenfunktion die Unmotiviertheit der
Namengebung und hält die stillschweigende
ὁμολογία im Sprachgebrauch für das Ergebnis einer Übereinkunft bei der Namengebung.
Bei der funktionalen Fragestellung hingegen
sind beide Argumentationen hinfällig, weil
Namenfunktion und Namengebung strikt
voneinander getrennt sind. Gegenüber der
φύσει-Lehre wird in ihr festgehalten, daß die
Motivation der Namengebung nur das ›signifiant‹ betrifft, nicht auch die Namenfunktion; daß also die Bedeutung nicht im ›signifiant‹ zu suchen ist; gegenüber der νόμῳ/θέ-
σει-Lehre, daß die Unmotiviertheit der Namenfunktion keine Unmotiviertheit der Namengebung einschließt, da das ›signifiant‹
sehr wohl objektiv motiviert sein kann, daß
also auch die ὁμολογία durch eine unbegrün-
dete Übereinkunft bei der Namengebung
nicht zufriedenstellend erklärt wird. — Andererseits baut die neue funktionale Fragestellung in ihre Lösung Elemente beider Lehren in deren älterer und neuerer Form ein,
zusätzlich zu der schon von Aristoteles vorgenommenen Vermittlung. Es wird, erstens
und im allgemeinen, die Sprachfähigkeit als
beim Menschen naturgegeben verstanden, die
historische Umsetzung der Sprachfähigkeit in
den Sprachen hingegen, im Einklang mit der
allgemeinen (auch aristotelischen) νόμῳ-
Lehre, als Werk des Menschen, als ›Kunst‹
(ars humana). Demnach ist die Sprache funktional gesehen sowohl φύσει als auch νόμῳ
oder τέχνῃ: das Sprechen ist ›natürlich‹, die
Sprachen hingegen sind ›künstlich‹; alle
sprachlichen Zeichen sind ›signa artificialia‹.
— Ganz eindeutig wird dieses Prinzip von
Dante Alighieri formuliert: „Opera naturale
è ch'uom favella; / ma così o così, natura
lascia / poi fare a voi, secondo che v'abbella"
[Werk der Natur ist, daß die Menschen sprechen, / Doch hat sie, ob auf die und jene
Weise, / Euch selber nach Belieben überlassen]
(*La Divina Commedia, Parad.* 26, 130). Zweitens und im besonderen wird, im Zusammenhang mit der Trennung von Namenfunktion
und Namengebung und im Einklang mit der
späten φύσει-Lehre, die objektive Motivation
des Zeichens bei der Namengebung angenommen, während im Einklang mit der θέσει-
Lehre wiederum festgestellt wird, daß auch
ein objektives Motiviertsein des ›signifiant‹
für die eigentliche Zeichenfunktion gleichgültig ist. — In diesem Sinne führt die funktionale und damit teleologische Fragestellung
tatsächlich zu einer Lösung, die den alten

Gegensatz φύσει — νόμῳ/θέσει auflöst und so überwindet.

1.5.7. Überraschenderweise findet sich die vollkommen richtige Deutung der funktionalen, aristotelischen Fragestellung und der entsprechenden Lösung, einschließlich der Überwindung der Gegensätze φύσει — νόμῳ und φύσει — θέσει, schon bei Thomas von Aquin in seinem Kommentar *In libros Peri Hermeneias exposita* (Lectiones II — IV). Er behält zwar in der lateinischen Übersetzung des kommentierten aristotelischen Textes 'secundum placitum' bei, erklärt diesen Ausdruck aber im unmittelbar folgenden Kommentar mit 'secundum institutionem humanam'; und an jeder Stelle, wo er selbst spricht, verwendet er dafür 'ex institutione' und ähnliche Ausdrücke, wie 'ex institutione humana' oder 'ab hominibus institutum'. Auch spricht er nicht, wie Boethius, vom Willen des jeweiligen Namengebers, sondern nur von einem ›beneplacitum‹ des Menschen im allgemeinen: „Secundum placitum, id est secundum institutionem humanam, a beneplacito hominis procedentem" (§ 41). Er trennt 'significans' und 'significatum' und beim ›significatum‹ die Bedeutung (conceptio intellectus) von der bezeichneten Sache (res), wobei er Aristoteles' παθήματα τῆς ψυχῆς eben als ›conceptiones intellectus‹ interpretiert. Thomas unterscheidet also Bedeutung und Bezeichnung (s. Art. 81), wenn auch unter Verwendung desselben Verbs 'significare', indem er bei den Namen, wie Aristoteles, einen doppelten Bedeutungsbezug feststellt. Die Namen als ›significantia‹ (voces) beziehen sich nicht unmittelbar auf die Sachen, sondern zuerst auf die ›conceptiones intellectus‹ und vermittelst dieser auf die außersprachlichen ›res‹: „voces significant intellectus conceptiones immediate et eis mediantibus res" (§ 15).

Die Namengebung ist für Thomas, wie für Aristoteles, ein teleologischer Akt des Menschen. Ein Name (significans) ist Name nur dadurch, daß er etwas (ein Etwas: eine quidditas) bedeutet, er bedeutet aber nicht φύσει, sondern erst dadurch, daß er vom Menschen zum Zwecke des Bedeutens mit einer bestimmten Bedeutung gesetzt wird: „Ex hoc enim est nomen, quod significat; non enim significat naturaliter, sed ex institutione [...] id est quando imponitur ad significandum" (§ 46). — Die ›etymologische Bedeutung‹ — die objektive Motivation der Namengebung — sei nicht zu leugnen, sie ist aber nur das *Kriterium* der Namengebung bei der Wahl des

›significans‹, nicht die *Funktion* des dadurch entstehenden Namens, und ist deshalb im Hinblick auf die vom Namen benannte ›quidditas‹ belanglos. So kann 'lapis' wohl von 'a laesione pedis' herkommen, was Thomas tatsächlich anzunehmen scheint, es bedeutet aber nur die ›conceptio simplex‹ 'Stein', nicht 'Fußverletzung' (cf. § 44). — Thomas betrachtet den Gegensatz φύσει — νόμῳ/θέσει ausdrücklich als überwunden und damit der Vergangenheit angehörend:

> „Sciendum tamen est quod circa hoc fuit diversa quorum dam opinio. *Quidam* enim dixerunt quod nomina nullo modo naturaliter significant: nec differt quae res quo nomine significentur. *Alii* vero dixerunt quod nomina omnino naturaliter significant, quasi nomina sint naturales similitudines rerum. *Quidam* vero dixerunt quod nomina non naturaliter significant quantum ad hoc, quod eorum significatio non est a natura, ut Aristoteles hic intendit; quantum vero ad hoc naturaliter significant quod eorum significatio congruit naturis rerum, ut Plato dixit" (§ 47).

So kommt eigentlich schon mit Thomas der ›klassische‹ φύσει — νόμῳ/θέσει-Streit zu seinem Ende, so wie mit ihm die Sprachphilosophie der Alten zu ihrem Abschluß kommt. Bei der späteren Diskussion handelt es sich meist um Fortsetzung, Bestätigung und Präzisierung der zu ›Lehre‹ gewordenen funktionalen Fragestellung und ihrer Lösung. Wenn aber die eine oder die andere These des klassischen Gegensatzes noch vertreten wird, so handelt es sich — soweit es nicht bloß um verspätete ›Ausläufer‹ oder um Abweichungen einzelner Autoren geht — *nicht* mehr um denselben Gegensatz und auch nicht um dieselben alten Lehren, sondern grundsätzlich um dessen genetische Umdeutung. — Jedoch bleiben die beiden hauptsächlichen Unzulänglichkeiten der funktionalen Fragestellung und ihrer Lösung auch nach Thomas noch lange bestehen. Es sind dies: (a) die eigentlich fehlende philosophische Begründung für das κατὰ συνθήκην, nämlich für die ursprüngliche Gemeinschaftlichkeit der sprachlichen Zeichen und der diesbezüglichen stillschweigenden ὁμολογία, (b) die Beschränkung der Setzung auf die ›signifiants‹, obwohl doch auch die Bedeutungen ›secundum institutionem humanam‹ gesetzt sind und deshalb in verschiedenen Sprachen verschieden ausfallen. Tatsächlich werden die παθήματα τῆς ψυχῆς, die ›conceptiones intellectus‹ ebenso wie die entsprechenden Sachen ausdrücklich als ›für alle Menschen gleich‹ angesehen. Beides gehört jedoch zu anderen Bereichen der

Geschichte der Sprachphilosophie (s. Art. 44; 64), nicht unmittelbar zur Geschichte des φύσει — θέσει — Streits.

2. The word-object relation in Indian philosophy

2.1. The Grammarians and the Mīmāṃsakas

According to *Vaiśeṣika sūtra* (7.2.24), the relation between word and meaning is a matter of convention (samaya). This is the general view of the Nyāya as well as the Vaiśeṣika (s. art. 5). This is held in opposition to the other view generally maintained by the Grammarians and the Mīmāṃsakas. Patañjali in the beginning of his *Mahābhāṣya* raises the question, whether the word is permanent or not. He then goes on to say that in the book called *Saṃgraha* which is lost to us and is usually ascribed to Vyāḍi according to Nāgeśa in his *Uddyota*, this topic has been elaborately examined. The general solution is that although the word is eternal, that is, permanent, we have to treat it, sometimes, as non-eternal, as being produced by the vocal organ. This was the solution in *Saṃgraha*. Then Patañjali raises a more relevant question in order to introduce Kātyāyana's *vārttika* (on Pāṇini's *Aṣṭādhyāyī*), which states that the word—meaning relation is eternal (siddha), given to us, not created by us.

It is usual to think of either a general property, a universal or a particular, a thing, as the meaning of the word. Hence Patañjali asks: if the word—meaning relation is eternal, then the meaning has to be eternal also, and therefore we can see that it is the universal (an eternal entity) which must be the meaning of the word. Most particulars, as we know, are non-eternal. However, this view, or this solution, is not tenable. For, Patañjali continues, even the thing, the substance can be regarded as permanent while the ›form‹ of it undergoes changes. The word 'ākṛti' is ambiguous, it can mean the universal or the form of an object. From a lump of gold, one can make different ornaments by changing the form or the shape, but the substance, gold, remains undestroyed, hence it is ›permanent‹.

Patañjali's next question is more significant. How do we know that the word — meaning relationship is eternal or non-derived, i. e. not created or conventional? The answer is: we learn it from the behaviour of the people. How? People are seen to be using words to convey meanings, but they do not make effort to manufacture words. A pot, for example, is non-eternal, a product, and hence in order that we may use it, we go to the potter and ask him to manufacture pots for our use. The same is not true of the words. We do not usually approach the Grammarians and ask them to manufacture words for our use.

Jaimini in his *Mīmāṃsāsūtra* (1.1.5) says that the relation between word and meaning is ›non-derived‹ or ›uncreated‹ (anpathika). Both Jaimini and Kātyāyana used two rather difficult words, 'autpattika' and 'siddha', which do not have any transparent sense. Both are, however, explained by their respective commentators, Śabara and Patañjali, in the sense of eternality or permanence. Śabara states clearly that 'autpattika' means that it is not created by human convention (cf. apauruṣeya).

Śabara sets up the position of his opponent as follows. The word being a mere collection of letters, is located in our vocal chord, and the object it refers to is located on the floor, a pot, for example. We identify the word 'pot' as soon as it is uttered, but we identify the pot when we see it on the floor. The two are distinct realities, and whenever two distinct realities are connected or brought together, the connection is seen to be man-made, not ›natural‹, nor eternal. For example, a pot may be tied with a rope. Besides, if the said connection is admitted to be a variety of such physical contact, then utterance of the word 'sweet' will sweeten the mouth and that of 'a knife' would cut it. The connection cannot also be one of cause-and-effect, not one of locus-and-locatee. We have to settle for such semantic connection as exists between the object of cognition and the causal factor of that cognition (cf. pratyāyya — pratyāyaka). Let us call it connection C.

Now the question arises, according to Śabara, if there is C between a word and its object, why is it that the word does not cause the cognition of the object when it is heard for the first time by the hearer who has not learnt the language? If C is uncreated and eternal, then the first utterance would generate a cognition of its object in such a hearer. If it is man-made and conventionally acquired, then such cognition would depend upon the hearer's learning of that convention.

Śabara, however, answers it through an ingenious device. We cannot see a pot in darkness even when there is the required contact of the eye with the object, for we need the presence of light. Similarly, we need to learn the language by watching the linguistic and other behaviour of the other older members of the community, so that the word being heard can generate cognition of the pot.

Certain other arguments are given by Jaimini and Śabara in support of the non-derived nature of C.

(a) For example, it is pointed out that it is the ›form‹ (ākṛti) of the material items, such as a pot or a table (which are destructible) that is meant by the word 'pot', not the individual destructible items. Thus, the ›form‹ is the proper object of the word. Hence the non-created nature of such word — object relation can be easily vindicated.

(b) Besides, we cannot find, nor can we remember (nor can we know from any other source), the person or persons who created the convention for C. For example, we learn from our traditional sources of knowledge that Pāṇini created the connection C between the word 'vṛddhi' and the letters 'ā', 'ai', 'au', for the sake of his grammar, and Piṅgala, writing a book on metrics, created a connection C between the letter 'm' and the set of three long vowels. These are technical terms, one is to be found in Pāṇini's metrics, and in both cases we know their originator. However, for the majority of language words, no such originator can be discovered. Hence the connection C cannot be conventional. It is natural and uncreated.

(c) Further, when a child learns a language from her parent or teacher, to recognize the connection between the word and its object, she must implicitly know, also, the connection. Otherwise she would not learn anything. In other words, teaching of language supposes connection C, which proves the uncreatedness, i. e. nonconventionality of connection C.

Śabara explains as follows: There cannot be any period in time when not a single word was connected by C to any of its objects. Why? For in that case, the act of connecting cannot take place. To make the required connection, one must use some word which already has such a connection. What created the second connection? If it is by another such word, what created the third or the fourth connection? This will lead to infinite regress. Therefore, even when we admit that some connections are created, we must admit that there are words which are well entrenched in our usage, and for which the connection C is uncreated.

2.2. The Nyāya-Vaiśeṣika School

The Nyāya-Vaiśeṣika School opposes the Mīmāṃsā School, and argues that the word — object connection is created by a convention. Just as Pāṇini has created a convention for his grammar, in which the word 'vṛddhi' denotes the three vowels, 'ā', 'ai', 'au', similarly, in ordinary language, a convention is created by the first user of language in the following manner: From the word X, the object Y should be cognized; Let the word X designate the object Y. This usually takes the form of a will on the part of the first user of language. Language learning involves learning this convention. Here, of course, the tricky question is: Who was the first user of language? It is not improbable to conceive that at different periods of history in the development of a language, there was a consensus regarding certain words to denote certain objects and convey certain meanings. The community usually remembers the convention, but not the originators of such conventions. In some cases, we do remember the originators such as Pāṇini and Piṅgala. However, some Naiyāyikas resort to the theory of the origin of language from God the creator. Thus, in the beginning of creation, God created the convention and taught men the use of language. This has a resonance of the Biblical account of the origin of language (s. art. 65).

It seems that both theories contain some grains of truth. If we believe in conventionalism, then, on an extreme interpretation, language becomes entirely dependent on the whims of the language user. In that case, we may end up with a ›Humpty Dumpty‹-ish theory of meaning. Introduction of God as the first creator of convention is meant to avoid such absurd consequences. The Eternalist has also made one important point regarding the givenness of the language and the word — object connection. Within a given linguistic community, the connection C cannot be easily tampered with. The debate between the Eternalist and the Conventionalist may well reveal the point that there is some justification for accepting a theory like the sphoṭa theory of language (s. art. 43), according to which the word and its linguistic meaning both remain undistinguished in the mind of the competent speaker as well as the competent hearer.

3. Literatur in Auswahl/ Selected references

3.1. Zur europäischen Tradition

Brandt 1965, *Die Aristotelische Urteilslehre. Untersuchungen zur 'Hermeneutik'.*

Corcoran (ed.) 1974, *Ancient Logic and its Modern Interpretation.*

Coseriu 1968, L'arbitraire du signe. Zur Spätgeschichte eines aristotelischen Begriffes, in *Archiv für das Studium der neueren Sprache und Literatur* 204.

Coseriu ²1975, *Die Geschichte der Sprachphilosophie von der Antike bis zur Gegenwart. Teil I: Von der Antike bis Leibniz.*

Derbolav 1972, *Platons Sprachphilosophie im* Kratylos *und in den späteren Schriften.*

Gaiser 1974, *Name und Sache in Platons* Kratylos.

Gambarara 1984, *Alle fonti della filosofia del linguaggio. ›Lingua‹ e ›nomi‹ nella cultura greca arcaica.*

Heinimann 1965, *Nomos und Physis. Herkunft und Bedeutung einer Antithese im griechischen Denken des 5. Jahrhunderts.* [1945]

Henningfeld 1994, *Geschichte der Sprachphilosophie. Antike und Mittelalter.*

Kraus 1987, *Name und Sache. Ein Problem im frühgriechischen Denken.*

Mojsisch (Hg.) 1986, *Sprachphilosophie in Antike und Mittelalter.*

Steinthal 1971, *Geschichte der Sprachwissenschaft bei den Griechen und Römern mit besonderer Rücksicht auf die Logik.* [²1890/91]

Verburg 1952, *Taal en functionaliteit.*

3.2. Concerning the Indian tradition

Bilimoria 1988, *Śabdapramāṇa: Word and Knowledge.*

Filliozat (transl.) 1975—1980, *Le Mahābhāṣya de Patañjali avec le Pradīpa de Kaiyaṭa et l'Uddyota de Nāgeśa I—IV.*

Matilal 1985, *Logic, Language and Reality. An Introduction to Indian Philosophical Studies.*

Mazumdar 1977, *The Philosophy of Language in the Light of Pāṇinian and the Mīmāṃsaka Schools of Indian Philosophy.*

Sarma 1954, *Die Theorien der alten indischen Philosophie über Wort und Bedeutung, ihre Wechselbeziehung, sowie über syntaktische Verbindung.*

Eugenio Coseriu, Tübingen (Deutschland)
Bimal K. Matilal, Oxford (Great Britain)

63. La controverse sur la primauté du mot ou de la phrase/ The dispute on the primacy of word or sentence

1. La querelle des investitures

1.1. Précautions terminologiques et autres métaphores

Pour le profane, la primauté du mot ou de la phrase n'est pas une ›problématique‹ plus séduisante que la primauté de la note ou de la mélodie. Elle le serait plutôt moins, car la phrase évoque moins la mélodie entière qu'une simple mesure. En deçà de la phrase, il y a le mot; au-delà, le discours. Réduire la phrase à une portion du discours, c'est sans doute méconnaître les droits de la proposition et les pouvoirs du discours, lequel — réduit à l'occasion à une phrase, voire à un mot — est toujours présent, comme dans les traités antiques de la procréation: *et sol.* Cela, d'entrée de jeu, le mot 'précautions' le rappelle tout autant que le titre, qui profite du pluriel rituel de cette Querelle des Investitures pour glisser de la rivalité du Pape et de l'Empereur à la coexistence parfois tumultueuse des trois Pouvoirs que les philosophes voudraient plus séparés qu'ils ne sont. S'était présentée à l'imagination une autre métaphore: le caillou qui ébrèche les ciseaux qui coupent la feuille qui enveloppe le caillou qui ébrèche ..., mais s'agissant du mot, de la phrase et du discours, il n'est pas impensable que les ciseaux taillent le caillou et que le caillou déchire la feuille. *Cave verbum ...*

Si les phrases se composent généralement de plusieurs mots, ceux-ci peuvent être dits des *composants* de la phrase. A un moment ou un autre, ces composants ont tous été des néologismes. Or les néologismes sont des *produits* de phrases. Cela peut s'entendre de deux façons, à savoir que le mot *résume* sa définition et que le mot *surgit* dans le mouvement de cet ensemble de phrases que l'on peut appeler au choix le *discours*, en songeant plutôt à l'activité de production, ou le *texte*, en insistant davantage sur la réception du produit achevé. — Lorsque l'habitude et l'expérience critique ont enlevé son caractère néologique au mot, celui-ci est intronisé dans le lexique *personnel* où il demeure plus ou moins disponible selon que d'une part il est fréquemment employé et que d'autre part ses connotations sont riches ou particulièrement intéressantes. Ce lexique, que personne n'a sans doute jamais cherché à fixer dans sa totalité au fur et à mesure de son acquisition (en le faisant radier par l'oubli — ce qui paraît encore plus improbable, car son évocation réveillerait le plus assoupi) est à distinguer du lexique collectif ou *social*, codifié, stocké dans des supports de la mémoire aisément accessibles — mais dont les entrées, les mots comme les locutions, ne sont connues dans leur totalité par aucun membre de la communauté linguistique. La Querelle des Investitures, ou, si l'on préfère une formulation apparemment plus irénique, mais finalement moins anodine, le problème du primat ou de la primauté du mot ou de la phrase, ne concerne pas les mots du lexique collectif, mais ceux des lexiques personnels, même si ceux-ci représentent pour l'essentiel des sous-ensembles de l'autre et si le lexique social est virtuellement, ou finalement, du lexique personnel. Cette première précaution terminologique ne consiste pas à limiter l'horizon à quelque vocabulaire *actuel*, car le lexique personnel est lui aussi en grande partie *virtuel*. Cela n'a rien de paradoxal, car on pourrait opérer la même distinction pour l'ensemble du savoir: la masse du savoir accumulé jusqu'à présent par l'humanité ou la somme des connaissances individuelles. Celle-ci est modeste, celle-là est incommensurable. Mais seul l'individu connaît, comprend. L'humanité ne sait rien, ne connaît rien et ne comprend rien. Certes, mais dans un autre sens du mot, le savoir de l'individu le plus savant ne repré-sente qu'une fraction infinitésimale du savoir de l'espèce. Il faut toutefois reconnaître qu'en matière de langue et notamment de vocabulaire, cette disproportion n'est pas aussi flagrante. — Une seconde précaution consiste à ne pas se contenter des virtualités ou disponibilités de la mémoire personnelle, mais à s'obstiner à privilégier l'intelligence actuelle, laquelle ne se réduit pas à l'actualisation de la mémoire, même si l'imprudence inverse, qui consisterait à vouloir s'affranchir de la mémoire au bénéfice de quelque acte cognitif instantané pur, serait fatale. La mémoire n'est pas exactement la boîte noire, car on en connaît assez bien le fonctionnement, mais lorsque son champ s'ouvre à l'observation réfléchie, ce n'est pas le *contenant* que l'on perçoit, mais directement, fût-ce sous caution, le *contenu*, la réalité perçue, même si ce contenu est, sauf état d'exception, temporellement indexé.

Ce qui se passe lors de la naissance d'un mot, sa création ou sa première apparition, se rejoue fréquemment au cours de l'examen de pertinence auquel sont soumis ses réemplois. Si vous entendez dire que quelqu'un ›cherche une phrase‹, vous comprendrez qu'il s'agit d'une opération de seconde parole: retrouver une information contenue dans une note, examiner le contexte d'une déposition, contrôler la ponctuation d'un aphorisme que n'avait retenu que la mémoire auditive, ›vérifier‹ en temps utile ses ›citations‹. Mais si quelqu'un vous dit qu'il ›cherche un mot‹, vous vous mettrez volontiers à chercher avec lui, en laissant balayer votre mémoire par votre imagination, en vous aidant le cas échéant d'un dictionnaire des synonymes ou, mieux, d'un de ces recueils analogiques, à la vérité diablement (le dictionnaire donne comme synonymes de cet adverbe 'diantrement' et 'fameusement') empiriques, qui ont pour ambitions presque simultanées d'aller des idées aux mots et de conduire des mots aux idées. Déterminée quant à elle d'une manière plus générale et moins péremptoire par le contexte, la stratégie et la situation, la phrase appelle les mots et les contrôle étroitement et sévèrement, autant sémantiquement que grammaticalement. Même l'anacoluthe y est réglementée. — Lorsqu'en cours de production d'un texte un mot est écarté d'une phrase qui est en train de naître, de se constituer, d'être composée, c'est très souvent parce qu'un autre mot est déjà installé qui ne supporte pas le nouveau, à moins que l'ancien ne fasse les frais de cette incompatibilité. Dans les deux cas de figure, on conviendra qu'il s'agit plutôt de la ›relation entre les mots‹ que de la phrase dans son intégralité et que les contraintes grammaticales ne devraient y jouer qu'un second rôle, proprement ancillaire. Qui donc, parmi les auteurs qui relisent leur copie, mécontent de tel complément d'objet qui certes anime et orne tel verbe, mais dessert en même temps l'idée que celui-ci devait transmettre, ne s'inquiète pas, dès lors que tel autre nom plus juste l'a séduit, de vérifier les conditions de la relation transitive, pour choisir le cas échéant un verbe plus approprié, quitte à donner la préférence à un intransitif moyennant quelques diathèses? Un mot en appelle un autre, dans un autre sens que celui de l'aphorisme désabusé du juge de paix. Au moins dans la contradiction *in terminis*, un mot peut aussi en refuser un autre. Dans les polémiques feutrées, un mot peut même en cacher un autre. — La phénoménologie du choix des mots, de la quête du fameux ›mot juste‹, ne se départira certes jamais de la subjectivité de l'Exercice de style, mais elle ne demeure pas moins le fondement implicite de cette autre discipline chroniquement négligée qu'est l'Explication de texte. L'herméneute risque évidemment de trop faire dire à un texte, de le sur-interpréter, mais pour trouver le bon équilibre, il préférera la réinterprétation, c'est-à-dire la poursuite de la lecture critique, à une sous-interprétation initiale: «Lis tes ratures», proclame l'enseigne d'une librairie parisienne qui m'a toujours semblé viser davantage les auteurs que les lecteurs.

Que certains manuscrits ne portent aucune trace de corrections, tandis que d'autres — généralement pas de la même main — demeurent à peine déchiffrables tant ils sont surchargés d'audaces éphémères et de repentirs désavoués, ne prouve rien ou en tout cas pas grand-chose sur les automatismes plus ou moins spontanés de l'écriture. Il suffit peut-être à certains de se triturer la cervelle sans avoir besoin à chaque essai de voir ce que cela donnerait, à la manière du photographe portraitiste. On peut néanmoins considérer comme hautement vraisemblable que les récents progrès techniques du ›traitement de texte‹ favorisent les procédures de la suppression, de l'insertion, du remplacement et du déplacement, soumettant inlassablement à l'auteur devenu presque instantanément lecteur le produit de son activité. Contre bien des avis chagrins, le clavier se révèle plus humain que la plume, plus soumis, plus pré-

venant, plus patient. Ainsi, la précaution essentielle du présent texte, qui avait commencé par être une page blanche sous le titre bientôt remplacé de 'la discussion sur la préséance du mot ou de la phrase' ou plus exactement 'der Streit über den Primat von Wort oder Satz', consistera dans une sorte d'avertissement: l'innocence est têtue; la phénoménologie qui allie dans un va-et-vient constant introspection et réflexion s'instruira volontiers auprès des grammairiens et des épistémologues sur les tenants et les aboutissants, sur les moteurs et les rouages, mais elle ne laissera jamais prescrire que l'œuf n'a pas été pondu ou que la poule n'est pas sortie de l'œuf.

1.2. Observations linguistiques sur le *mot* et la *phrase*

1.2.1. D'instinct autant que par méthode, le grammairien refusera d'opposer simplement le mot et la phrase sans autre précision d'acception et de niveau. Il y a mot et mot, on s'en doute, et il y a, cette distinction est moins courante, phrase et phrase.

1.2.2. On parle plus aisément des espèces ou classes de mots que du mot en général, lequel paraît difficile à définir autrement que par convention, en associant différemment, pour des raisons pratiques, des propriétés différentes telles que l'autonomie, la stabilité et la mobilité, quitte à n'accorder le statut plein de *signifiants* qu'aux mots relevant des espèces principales, à savoir aux verbes, aux noms et aux adjectifs, pour reléguer parmi les purs *instruments*, bien qu'à des titres très différents, les pronoms, les articles, les prépositions, les conjonctions. A propos de ces espèces secondaires, la question philosophique du primat du mot ou de la phrase ne paraît pas se poser, sauf bien sûr pour les interjections dans la mesure où celles-ci semblent assurer l'émergence de variantes de cris originels peu domestiqués par les systèmes.

Mais le philosophe aurait tort de croire le grammairien disposé à réduire la querelle au nom et au verbe ou, pour réactualiser le débat classique, au verbe et au nom, en considérant comme réglé le problème de l'adverbe et du nom adjectif puisque l'on ne saurait ajouter quelque chose à rien et que l'emploi de mots relevant d'espèces adjointes suppose que soit donné un mot auquel on en ajoutera un autre. En effet, partant d'un nom donné on peut ajouter tel ou tel verbe, comme on peut, partant d'un verbe donné, saturer telle ou telle de ses valences. Tout auteur sait par expérience qu'on peut fort bien chercher le nom qui s'accommodera de l'adjectif sur lequel on a jeté son dévolu. Serait bien naïf quelqu'un qui croirait qu'un mot de *liaison* ne se choisit qu'en dernier lieu. On peut préférer un 'car' à un 'puisque', et plus encore à un 'parce que', ou un 'avec' à un 'sans', tout en voulant exprimer des contenus équipollents. La cuisinière fait la différence entre d'une part le bouillon et les légumes et d'autre part la marmite et son couvercle. Le grammairien classificateur peut faire la différence entre d'une part les nominaux et les verbaux et d'autre part les déicteurs et les connecteurs. Mais il ne prétend nullement que les mots, du moins ceux de première catégorie, les fameux mots ›pleins‹, sont des ›atomes‹ de sens et que l'étymologie pourra au mieux y discerner des ›particules‹, la métaphore des ›molécules‹ étant à réserver aux phrases, ou du moins au premier niveau de regroupement des mots, à celui des ›groupes‹.`Comment pourrait-on réserver à des groupes tels que 'mettre ensemble' et 'vue cavalière' une analyse en ›lexèmes‹ en admettant tout au plus, pour des complexes tels que 'contredire' et 'révision', un discernement de ›sèmes‹? Dès lors que l'enjeu est la découverte de ce qui est premier, et que par convention on appelle, dans cette version épistémologique de la Querelle des Investitures — qui ne préjuge cependant pas de la distribution des allusions au pouvoir temporel et au pouvoir spirituel — le *mot* et la *phrase*, être regardant serait être myope. Le directeur de l'*Encyclopédie philosophique universelle*, André Jacob, présentait naguère son programme dans un texte dont je reproduis ici les deux dernières phrases sans la moindre malice. Même ceux qui préfèrent les coutures aux coupures — je n'abolirai pas ce jeu de mots et de rimes, bien qu'il soit vulnérable, mais sa fragilité et son outrecuidance ne sont pas étrangères à notre Querelle ou du moins au Procès qui devrait vouloir pouvoir la vider — admettront que la formulation de l'annonce a permis de dire quelque chose: «[...] Mais si le langage s'est éloigné du ›logos‹, pratiquement les langues demeurent centrées sur les êtres relatifs que sont les hommes. C'est pour et en eux que le langage est agent de décentration, autant que de communication. A l'hypothèse cosmologique de l'Univers en expansion ne répond-il pas anthropologiquement celle d'un langage en expansion, dont la puissance expressive fait partie de toute insertion dans le monde?» Cette complexité intérieure du mot n'est pas l'apa-

nage de certains mots pleins, on la retrouve dans bien des mots-outils, par exemple 'sinon' et 'pourvu que'. Faudrait-il en appeler à l'étymologie savante, réservée aux initiés et absente de la pratique commune, et condamner l'étymologie dite populaire pour proscrire toute référence à l'articulation sémantique? Un prix Nobel rappelait récemment qu'on ne comprend pas la chimie en l'opposant à l'alchimie. L'expression 'loin des yeux' serait plus parlante que l'adjectif 'aveugle', dont l'origine, 'ab oculis', calquée sur 'ἀπ'ὀμμάτων', s'est estompée. Semblablement, le composé allemand 'farbenblind' est plus transparent que le dérivé français 'daltonien'. Certes, les langues diffèrent quant au niveau d'articulation resté transparent. Traduire en français des ouvrages philosophiques allemands est souvent très difficile, du moins quand on cherche la solution dans le mot-à-mot, et cela commence dès les expressions les plus triviales: mais ni 'l'être-là' ni, *horresco referens*, 'le là-être' n'approcheront le simple et rustique 'das Dasein', et ne parlons pas d'"Inwendigkeit' ou de 'Grundbefindlichkeit'. Comme en toutes choses, l'excès est contestable, même lorsqu'il sert de bonnes intentions, ce qui est le cas dans les exhortations hégéliennes à voir dans 'reinigen' la synthèse d'un rassemblement unifiant de l'âme religieuse (rein = *re-ein, wieder einig mit sich). Mais en la matière, les connaisseurs en conviendront, les excès sont rares, de sorte que la thèse qui veut que la langue allemande soit particulièrement apte à exprimer la pensée philosophique, au stade de la création comme à celui de la lecture, n'est pas à taxer de vantardise ou de sottise pure et simple. Mais à examiner sans passion cette opinion tantôt flatteuse tantôt irritante, mais finalement assez répandue, on se demande si, dès lors qu'est abandonné le postulat qui fait coïncider ›intégrité‹ et ›intégralité‹ des mots, l'allemand n'est pas davantage implicite qu'explicite dans la mesure où il se contente de rapprocher des composants sans préciser autrement la nature de leur assemblage. De ce fait, la notion de ›mot‹ devient fragile: faut-il vraiment parler de ›mots‹, fût-ce de ›mots composés‹, et non de ›(bouts de) phrases‹ pour désigner des séquences qui comprennent par exemple en première place 'auf' — que des grammairiens appellent manifestement sans sourciller ›particules séparables‹ et dont ils ne considèrent pas comme digne du moindre intérêt la fonction propre, notamment celle d'attribut du sujet et celle, plus fréquente, d'attribut de l'objet — par exemple, pour n'en citer que vingt-cinq parmi plus de mille, dans:

aufbleiben, auffahren, auffallen, auferstehen, aufgehen, aufkeimen, aufkommen, aufscheinen, aufsein, aufstehen; aufbauen, aufbrauchen, aufbrechen, aufgeben, aufnehmen, aufrufen, aufschrauben, aufsetzen, aufzeichnen, aufziehen,

ou, en plus énigmatique ou laconique

auflassen, aufpassen, aufsagen, aufwenden et aufhören

qui rendent aussi pensif qu'un haïku: dresser l'oreille, lever (auf) la tête pour écouter (hören), cela fait interrompre toute (autre) activité, d'où la signification très abstraite de 'cesser' et dont le schéma n'interdirait pas d'associer à ce verbe les compléments 'gehorchen' [obéir], 'gehören' [appartenir], 'horchen' [écouter] et même 'hören' [entendre]. Quiconque aurait décidé de se passer de tout recours à l'ellipse ne pourrait pas ne pas critiquer aussi tout recours à l'unité du mot dès lors que les constituants de ces ›composés‹ sont bien pourvus de leur accent et de leur place propre. Les partisans de l'ellipse, qui ne sont pas plus naïfs que ses détracteurs, ne seraient pas tellement mieux armés que ceux-ci pour trancher la question de la préséance du mot ou de la phrase: on ne peut pas omettre de l'inexistant et on ne peut enlever quoi que ce soit de rien. Mais le doute que devait susciter et fonder cette incursion dans le domaine des rapports entre la syntaxe et la sémantique est totalement indépendant de l'estime en laquelle on pourrait tenir l'ellipse et d'autres figures. Ces fameux mots que l'on oppose tantôt aux choses et tantôt aux phrases ne sont peut-être pas des données premières, ou ultimes, dont la décomposition serait réservée à la mise en œuvre de cette méta-langue à laquelle personne ne semble avoir songé d'associer quelque méta-pensée.

Quand on examine les traductions françaises des verbes allemands composés avec 'auf-', on est frappé de l'abondance des ›locutions‹:

remettre à neuf, reprendre haleine, mettre en bière, faire la synthèse, prendre en dépôt, rester debout, lever les yeux, jeter une lumière vive, entrer en effervescence, ouvrir en brisant, mettre en vogue, prendre position, se faire remarquer, s'envoler en battant des ailes, garder sur soi, dresser l'oreille, acheter en masse, tirer le loquet, éclater de rire, se coincer, se rebiffer, donner congé, mettre par écrit, lever les yeux, être sur pied, se dresser sur son séant, ouvrir tout grand, se mettre à jouer, faire sauter, frapper du pied, mettre en œuvre, s'élever en tourbillons, arracher du sol, imposer de force.

Bien que composées de mots, ces locutions peuvent elles-même être considérées comme des mots, car leurs composants n'ont pas l'autonomie qui permettrait une reprise anaphorique:

'lorsqu'elle leva les yeux, on vit qu'ils étaient bleus'
ou
'le faisan touché s'envola en battant des ailes, bien qu'elles fussent dégarnies'.

Ces rhèmes (prédicats) ne sont pas les seules expressions complexes qui invitent à choisir, pour l'enjeu du débat, le ›mot‹, une acception plus large qu'une suite de caractères entre deux blancs. Les ›membres de phrase‹ ou ›groupes syntaxiques‹, qu'ils soient lexicalisés — comme le sont d'ailleurs ces deux dénominations elles-mêmes — tels que 'pomme de terre', 'rapport de masse', 'rapport écrit' (sans oublier les ligatures: 'porte-fenêtre', 'belle-fille' et 'arc-en-ciel', si l'on s'en tient aux formes orales) ou occasionnels — comme ici ces deux dénominations elles-mêmes — tels que 'la terre entière', 'plusieurs exemples superfétatoires' et autres ce qu'on ferait mieux de passer sous silence. On le voit, pour des raisons analogues à celles qui invitent à choisir pour le ›mot‹ de la philosophie du langage une unité plus fine que le ›mot‹ du lexicographe, les arguments ne manquent pas en faveur d'une unité plus large, syntaxiquement plus ample et sémantiquement plus généreuse.

Avant de se décider, en fonction de sa portée, pour un ›mot réel‹ plus petit ou plus grand que le ›mot apparent‹, en fonction de sa portée, il convient de s'assurer de la réalité de ce mot, de son identité à travers ses occurrences. La démarche traditionnelle qui trace le chemin de l'univocité — et de l'analogie — entre (?) la synonymie et l'homonymie n'est pas seulement le passage obligé d'une philosophie qui vénère ses classes, elle a rang de méthode. L'allusion aux équivalences fournies par les traducteurs dispense de revenir ici sur les synonymes, même si un écrivain exigeant n'admet pas volontiers qu'il puisse exister plusieurs mots pour un seul sens. Est-il d'ailleurs nécessaire de s'attarder sur le fait que le mot 'mot' n'a pas (tout à fait) le même sens dans les deux volets de l'opposition classique ›plusieurs mots pour un seul sens‹ vs. ›plusieurs sens pour un seul mot‹. — Confrontés à la multiplicité des sens, les lexicographes ont le choix entre des niveaux de numérotation. Ainsi, le Lexis accorde à 'dame' cinq entrées pour distinguer cinq emplois sous les deux premières et deux sous la troisième et mentionne sous la quatrième le composé 'dame-ronde', alors que 'dame-blanche', 'dame-d'onze-heures' et 'dame-jeanne' ont droit à des entrées autonomes:

(1) Dame (du *latin* 'domina', *'maîtresse'*):
(a) titre donné aux femmes mariées
(b) titre donné, à diverses époques, aux femmes de haut rang
(c) nom sous lequel on désigne toutes les personnes du sexe féminin, par opposition aux hommes
(d) titre porté par certaines religieuses
(e) divers:
   — dame de charité
   — dame de petite vertu
   — Notre-Dame
(2) (de 'dame' (1)):
(a) figure du jeu de cartes
(b) pièce du jeu d'échecs (synon. reine)
(c) pion doublé au jeu de dames
(d) nom d'un jeu qui se joue sur un damier
(e) nom des pions qui servent à jouer au jacquet
(3) (de 'dame' (1)):
(a) outil qui sert à enforcer les pavés ou à fouler le sol
(b) appareil destiné à servir de point d'appui à l'aviron pendant la nage (dame de nage)
(4) Dame (du *moyen néerlandais* 'dam', *'digue'*):
(a) digue aménagée pendant le creusement d'un canal pour retenir l'eau
(b) eminence de terre laissée pour marquer la profondeur d'une tranchée
(5) Dame! (ellipse du juron 'par Notre-Dame!'):
   A une valeur de conclusion, synonyme de 'bien sûr!' et de 'parbleu!'

L'entrée autonome de ce dernier mot, en (5) et non en (1e), tient à son traitement comme interjection, et non comme nom, dame!

Il arrive que l'homonymie ne concerne pas qu'une seule entrée, comme la quatrième de 'dame'. Les cinq entrées qui figurent sous le mot (?) 'rame' fournissent un exemple extrême de cette diversité généralement inconsciente à laquelle l'imagination substitue avec plus ou moins de bonheur, de malice ou d'artifice un genre de famille de sens par mariage:

(1) Rame (du *latin* 'remus'):
   longue barre de bois aplatie à une extrémité, dont on se sert pour faire avancer et diriger une embarcation
(2) Rame (*espagnol* 'resma', de *l'arabe* 'rizma', *'ballot'*):
(a) ensemble de vingt mains de papier
(b) ensemble de vingt rouleaux de papier de tenture
(c) groupe de wagons ou de voitures manœuvrant ensemble
(d) assemblage de deux ou trois tiges de forage

(3) Rame (du *néerlandais* 'rame', *'châssis'*):
   machine essentiellement constituée de deux chaînes parallèles sans fin, portant des pinces ou des picots, utilisée dans les apprêts des tissus
(4) Rame (*ancien français* 'raim', du *latin* 'ramus', *'rameau'*):
   petite perche qu'on plante en terre pour soutenir des plantes grimpantes
(5) Rame (origine obscure, peut-être de 'ramée'):
   familier: ne pas en fiche une rame = ne rien faire

Les dictionnaires bilingues nous apprennent à ne pas nous satisfaire de la distinction trop approximative entre les familles de mots et les familles de sens, bien que ces deux types d'organisation du vocabulaire correspondent à des propriétés différentes des mots ou, si l'on préfère, à des dimensions différentes du lexique au sein de chaque langue. Mais lorsqu'on passe d'une langue à l'autre, par exemple de l'allemand au français, il faut pour chaque emploi de 'aufgeben', 'aufheben' et 'aufnehmen' vérifier l'environnement. Partant, on a l'impression de prouver en traduisant que le sens du mot dépend de la phrase dans laquelle il apparaît.

aufgehen:
die Sonne geht auf — le soleil se lève
der Teig geht auf — la pâte lève
die Naht geht auf — la couture se défait
die Jagd geht auf — la chasse est ouverte
ihm gehen die Augen auf — ses yeux se dessillent
in Schall und Rauch aufgehen — s'en aller en fumée
vier geht in zwölf auf — douze est divisible par quatre
aufheben:
das Kind vom Boden aufheben — soulever l'enfant du sol
einen Stein aufheben — ramasser une pierre
die Augen aufheben — lever les yeux au ciel
die Sitzung aufheben — lever la séance
die Tafel aufheben — se lever de table
einen Vertrag aufheben — résilier un contrat
ein Gesetz aufheben — abroger une loi
besser aufgeschoben als aufgehoben — mieux vaut tard que jamais
Geld aufheben — conserver de l'argent
er ist gut aufgehoben — on prend soin de lui
einen Bruch aufheben — réduire, simplifier une fraction
aufnehmen:
den Handschuh aufnehmen — relever le gant
in ein Krankenhaus aufnehmen — admettre à l'hôpital
jemanden bei sich aufnehmen — accueillir quelqu'un chez soi
den Kampf wieder aufnehmen — reprendre le combat
er nahm es mit dem Drachen auf — il affronta le dragon

Verhandlungen aufnehmen — engager des négociations
ein Protokoll aufnehmen — dresser (un) procès-verbal
ein Testament aufnehmen — recueillir un testament
eine Anleihe aufnehmen — contracter un emprunt
einen Film aufnehmen — tourner un film
ein Konzert aufnehmen — enregistrer un concert
Hitze aufnehmen — absorber de la chaleur
in sich aufnehmen — assimiler
eine Masche wieder aufnehmen — reprendre une maille

1.2.3 C'est dans un autre sens que, pour aborder la polysémie du second terme, il faudrait commencer par reprendre une maille ou deux. En effet, les expressions évoquées plus haut ('auf' + verbe) peuvent être considérées comme des *mots-phrases* ou comme des *phrases-mots*. Pirouette de chauvesouris? Que non, car, comme la ›phraséologie‹, la ›phrase‹ n'est pas nécessairement un message élémentaire complet, une ›proposition‹. On notera d'ailleurs avec intérêt les tergiversations consciencieuses des lexicographes à cet égard qui notent qu'au pluriel — *pluraletantum* — 'des phrases' signifient un discours creux et vide, des paroles vaines et prétentieuses, fréquemment ›toutes faites‹ et banales. Comment dire cela ›sans phrases‹, c'est-à-dire sans commentaire, sans prendre de détour, sinon en disant qu'au sens grammatical habituel de 'proposition', la *phrase* n'est pas du tout ce que la philosophie du langage peut être tentée d'opposer au *mot*.

En effet, une proposition qui serait inndépendante de la capacité d'être *assertée* ne serait qu'un groupe parmi d'autres, qui, au lieu de réunir par exemple un article et un nom ou un verbe et un adverbe, réunirait un sujet et un verbe, ce qui permettrait de compter autant de propositions que de sujets, ou de verbes — chacune le sien, ou plutôt chacun la sienne — tout en admettant, selon une structure-gigogne, une proposition en guise de sujet d'une proposition (et ainsi de suite). Un argument irréfutable dispense d'en examiner des brassées et des flopées: *la proposition principale*, celle que permettrait de préparer l'ablation des subordonnées, par exemple de 'que cette question ne soit pas approfondie' et 'que l'auteur en redoute les conséquences' dans 'que cette question ne soit pas approfondie prouve que l'auteur en redoute les conséquences', soit 'prouve', *n'est pas une proposition*.

La confusion fatale du sujet avec le thème a eu quant à elle des conséquences fâcheuses

à la fois, si l'on peut parler ainsi sans pâtir de ce vocabulaire, *internes* et *externes*. En effet, y mettre fin permet à la fois de découvrir la nature de la proposition comme liaison (phématique) des données ›réelles‹ (thème) et de schémas ›conceptuels‹ (rhème) et de déceler les manières et les raisons de l'intégration de ces *lieux de vérité* dans les divers types de mouvement de l'esprit (discours, texte).

La structure logique (statutaire) des énoncés n'est pas opposable à leur structure grammaticale. Loin de se limiter aux faits morpho-syntaxiques (casuels), le grammairien ne peut pas ne pas examiner les dimensions statutaires — qui sont d'ailleurs classiques, même si elles étaient en passe de ne plus être traditionnelles — en dépit de l'immensité et de la complexité des champs épistémique et ontique s'il veut appréhender et formaliser des phénomènes tels que la deixis, l'anaphore ou la diathèse, ou tout simplement concourir au débat sur la préséance (relative ou respective) du mot, de la phrase, ou, *last not least*, du discours. — L'analyse statutaire dégage, sous le titre hérité de l'antiquité de ›ce de quoi il est dit quelque chose‹, un ensemble de données, parmi lesquelles la priorité semble revenir au Temps, omniprésent si l'on ose dire, et souvent simplement greffé sur le verbe. Cet ensemble réunit de manière parataxique des données de manière à découper dans la Réalité une portion en la dénommant adéquatement (tel instant, telle longitude, telle latitude, l'état de la mer, un chalutier en perdition), à telle enseigne qu'on peut se demander si cet ensemble parataxique forme le ›nom‹ au sens où lui sera attribué un rhème ou si pour des raisons de commodité on parlera de ›phrase‹ pour désigner l'ensemble de ces données thématiques auxquelles on accordera individuellement le titre de nom, quitte à choisir une nomenclature adaptée pour décrire les différentes catégories ou espèces de constituants, comme le faisaient, sans la prétention épistémologique dont elles furent affublées, les ›parties du discours‹. Dans les deux cas, le thème sera, au sens de l'opposition classique ›Wort-Satz‹ ('Satz' ne signifiant pas 'phrase', ce qui justifie l'insistance, dans le présent examen, sur les problèmes de la traduction), ›Wort‹ et non ›Satz‹. — Dans la proposition, le thème ou *Nom-de-réalité* n'est pas le seul ›Wort‹. Le rhème ou prédicat, ›ce qui est dit de ce dont on parle‹, souvent fort complexe lui aussi, mais bien intégré, comme un ›verbe composé‹ dont toutes les articulations sont hypotaxiques, y

compris celles qui concernent les fameux
›auxiliaires‹ (ou plutôt les ›bases auxiliaires‹),
ne désigne rien, il signifie. Il est *Nom-de-
concept*. — La proposition contient, outre le
mot *désignant*, le Nom-de-réalité, et le mot
signifiant, le Nom-de-concept, un autre signe,
marque positionnelle pure, simple morphème
ou expression nuancée et riche de la modalité,
mettons, pour réhabiliter une fonction aussi
méconnue que moquée, le *Nom-de-copule*. La
fonction de ce ›mot‹ étant d'indexer la valeur
du jugement énoncé, à savoir du rapport —
qui peut être hypothétique, ou négatif — entre
le Nom-de-réalité et le Nom-de-concept, le
linguiste n'invitera jamais le grammairien à
reconnaître à ce Nom-de-copule quelque droit
d'aînesse. Voilà au moins un mot qui ne
semble pas installé avant les autres, même si
la notation polonaise en place le symbole en
tête de l'expression bien formée d'une proposition. — Quant au quatrième type de mot
que l'on relève dans les phrases-propositions,
les conjonctions — il faut entendre par là les
›conjonctions de coordination‹ de la nomenclature scolaire, car des ›conjonctions de subordination‹ seraient intrinsèquement contradictoires —, connecteurs et autres em-
brayeurs, il est facile de voir, même quand ils
ne sont pas placés entre deux propositions ou
en tête d'une proposition, qu'ils appartiennent proprement sinon au discours dans
son ensemble, du moins à une instance de
discours supérieure à la proposition. Ces mots
ne sont pas des constituants de la phrase.
Néanmoins, ils y occupent beaucoup de place.
En outre, ils ne sont pas les seuls à assurer ce
qu'on peut appeler, d'une expression qui n'est
paradoxale qu'à première vue, *la présence du
discours dans la proposition*, dont des témoignages particulièrement patents sont fournis
par l'anaphore et la cataphore. Cette présence
du discours dans la proposition est au demeurant parfaitement compatible avec la présence des propositions dans le discours. Le
constater, c'est déjà presque philosopher.

Du *mot* seront retenues ici les acceptions
de ›signes désignant la réalité‹ et de ›signes
signifiant les concepts‹, les autres acceptions
n'entretenant aucune rivalité de préséance,
phylogénique ou ontogénique, avec les
phrases, entendues quant à elles comme des
propositions ou des discours.

1.3. Réflexions philosophiques sur le *concept* et le *jugement*

Une première escarmouche, mais à fleuret
moucheté, ne dépasse pas l'exercice de routine, à savoir la définition du syllogisme ca-

tégorique comme d'un système constitué *de
trois termes*, à savoir le grand, le moyen et le
petit, ou *de trois propositions*, à savoir la majeure, la mineure et la conclusion. Mais
comme les prémisses sont des protases
conjointes, c'est en vérité l'ensemble qui
forme une seule proposition, soit pour la première figure, parfaite et ›directe‹: si T appartient (universellement ou non, affirmativement ou non) à M, et M (universellement ou
non, affirmativement ou non) à t, T appartient (universellement ou non, affirmativement ou non) à t, cette disposition relative
des termes autorisant des conclusions en A,
E, I et O, alors que les dispositions relatives
des termes conduisent exclusivement à des
conclusions négatives, en E et O, dans la
seconde figure, où M est prédiqué de T et de
t, et seulement à des conclusions particulières,
en I et O, dans la seconde figure, où c'est de
M que sont prédiqués T et t. Les techniques
de l'*inventio medii* pourraient être invoquées
en faveur de la priorité de la phrase, puisqu'on cherche le mot ou terme qui fera qu'il
y aura ou non syllogisme; elles pourraient
servir la thèse inverse, car c'est à partir des
propriétés sémantiques des extrêmes, bien
mises en évidence, que l'on cherche à découvrir le moyen, celui qui fournira effectivement
le ›moyen‹ de conclure: démontrer par voie
de syllogisme, sur scène comme en ville, n'est-
ce pas montrer, voire rappeler, ce que chacun
est sensé savoir s'il connaît vraiment T et t,
leurs tenants et leurs aboutissants?

Il peut sembler plus prometteur d'étudier
un terrain où *antériorité* ne signifie pas *a
priori*, à savoir le développement du langage
et (?) de la pensée chez l'enfant. Il se trouve
que la psychologie génétique est constitution-
nellement dans l'incapacité de trancher une
question qui ne se pose que quand elle est
posée par cette méta-noèse qu'aucun mépris
ultérieur ne pourra cependant disqualifier. Ni
le concept ni le jugement ne sont objets d'observation.

En revanche, ils sont objets de réflexion,
qu'on les appelle ainsi ou autrement. N'est
évoquée que pour mémoire la distinction
entre les jugements analytiques, où le mot
précéderait la phrase, et les jugements syn-
thétiques, où la phrase enrichit le mot. Le
domaine le plus éclairant est sans doute celui
des concepts *premiers*: la Querelle des Universaux (v. art. 61) n'est pas si éloignée de la
Querelle des Investitures. — Faut-il établir
avec Immanuel Kant la Table des concepts
premiers en la déduisant, en quatre fois trois

temps, de la Table des jugements, ou faut-il ne pas le suivre et ne pas s'offusquer de la quête empirique qui aurait conduit Aristote à dégager une dizaine de catégories irréductibles sans lesquelles nul jugement ne pourrait s'effectuer? A moins de considérer que la philosophie du langage n'est pas aussi et nécessairement la philosophie du langage *et de la pensée*, on doit, en conviant le grammairien au Banquet, constater que les principes que devait dégager le balayage empirique des opérations de questionnement étaient les axes d'intelligibilité, les dimensions sémantiques, les *rhèmes* génériques, en une phrase plus courte le Mot, alors que les principes que devait mettre en évidence l'analyse des jugements étaient ceux qui commandaient le *phème*, l'opération, en un mot la Phrase. La fallacieuse impression d'opposition entre ces deux théories de ce qui est premier, en droit comme en fait, tient surtout à des dogmes d'écoles et à un recouvrement partiel des vocabulaires, dès les emplois inconciliables de *prédicament*. Que tout phème suppose du rhématique attribuable et que tout rhème suppose son attribuabilité, cela n'a rien du raisonnement qui se mord la queue, mais relève de ce qu'est l'*a priori*, justement: quand on tient *A*, on tient aussi, *déjà*, B, et quand on tient *B*, on tient déjà, *aussi*, A. — Dès lors qu'on a compris que croire ne pas avoir encore B, ou A, serait ne pas tenir A, ou B, on n'en est que plus à l'aise pour s'interroger sur le lien entre le Nom-de-réalité et le Nom-de-concept. Le second naît du premier par *abstraction*, enseignait la tradition. Dans quelle mesure cette abstraction était-elle plus active, inventive, constructive, ou plus passive, attentive, intuitive? La discussion se rouvre sans cesse, plus souvent il est vrai dans la philosophie de la mathématique que dans la philosophie du langage. Tantôt elle dégénère en querelle, tantôt elle conduit à une interprétation profitable des erreurs et à l'élaboration de *Regulae ad directionem ingenii*.

Le saisi et le conçu, le thème et le rhème, sont des constituants hétérogènes de la proposition. Les traiter comme ›mots‹ somme toute comparables et semblablement opposables à la ›phrase‹ ne présente d'avantages ni pour la grammaire ni pour la philosophie. Ne traiter les propositions comme des bouts de discours, c'est méconnaître que le mouvement n'est pas réductible à une série d'arrêts, ou que l'esprit ne peut juger qu'arrêté, comme l'œil humain ne perçoit qu'au repos. Cette fausse Querelle du Mot et de la Phrase a

cependant un Enjeu véritable, à savoir la démarcation critique de la perception de l'existentiel, sûr mais opaque, et parfois erronée, de la conception de l'universel, cohérent et transparent, et parfois vide. L'inévitable problème métaphysique, hégélien si l'on veut, consistera à se demander si cette intelligibilité (n') est vraiment (qu') humaine. La source qui jaillit de la montagne prend son eau quelque part.

Cave errorem, et même *errores*, car l'erreur peut s'attacher aux mots, se glisser dans les phrases, guider les discours, à la production; et dans la réception, ou reproduction, coller aux mots, être gobée avec les phrases ou créer l'accoutumance au sein d'idéologies plus complexes. La pierre de touche la plus fiable de toute théorie de la connaissance, y compris des sciences cognitives, restera leur Traité de l'Erreur.

1.4. L'armistice et la paix

L'indécidabilité prouve-t-elle qu'une question est mal posée, voire qu'elle n'a aucun sens? Une question mal posée n'est sans doute pas convenablement décidable, cela ne fait guère de doute. Mais il ne suffit pas de bien poser une question pour trouver la réponse. Le philosophe, et pas seulement lorsqu'il se préoccupe du langage, *y compris du sien*, ne doit pas avoir la naïveté de croire qu'une question ouverte ne peut être qu'une fausse question ou une question mal posée, car certaines questions indécidables éclairent par leur indécidabilité même des pans entiers de la maison. Aussi bien ne trouvera-t-on pas ici des indications bibliographiques spécifiques, par exemple sur la révolution des tables des matières des grammaires, qui commencent aujourd'hui plus volontiers par le verbe (et ses valences) que par le nom. Le sentiment d'avoir résolu ou aboli le problème de la priorité du percept ou du concept serait fallacieux, mais on s'en débarrasserait efficacement en relisant les classiques, le *Gorgias* et le *Sophista* (v. art. 14), tout l'*Organon* (v. art. 15), les ›Gloses‹ de Pierre Abélard, le *Tahāfut al Tahāfut* d'Averroès, la *Summa grammatica* de Roger Bacon, la *Logica* d'Albert de Saxe, les *Modi significandi* de Boèce de Dacie (v. art. 41), le *De ente et essentia* de Thomas d'Aquin, les deux livres du *De intellectu et intelligibili* d'Albert le Grand, sans oublier les *Questiones Alberti de modis significandi* du pseudo-Albert, la *Summa totius logicae* de Guillaume d'Ockham (v. art. 21), les ›Remarques sur le Placard‹ de René Descartes

(*Œuvres* VIII 2, 340—369), *A Treatise Of Human Nature* de David Hume, *An Essay Concerning Human Understanding* de John Locke (v. art. 22), les *Meditationes de cognitione, veritate et ideis* de Gottfried Wilhelm Leibniz (v. art. 23), les réflexions de Nicolas Malebranche sur l'erreur dans ses *Eclaircissements (De la recherche de la verité III)*, les deux éditions de la *Kritik der reinen Vernunft* ainsi que la *Kritik der praktischen Vernunft*, à commencer par les titres dans toute leur ampleur, les versions successives de la *Wissenschaftslehre* de Johann Gottlieb Fichte, les *Philosophische Briefe über Dogmatismus und Kritizismus* de Friedrich Wilhelm Joseph Schelling, l'introduction par Wilhelm von Humboldt (v. art. 27) à son *Kawi-Werk (Ueber die Verschiedenheit des menschlichen Sprachbaues und ihren Einfluss auf die geistige Entwicklung des Menschengeschlechts)*, au moins les deux livres des *Logische Untersuchungen* d'Edmund Husserl (v. art. 46), sans négliger, après la *Begriffsschrift* de Gottlob Frege (v. art. 34), ses *Funktion und Begriff, Über Sinn und Bedeutung* et *Über Begriff und Gegenstand*, et sans croire devoir défendre le *Tractatus logico-philosophicus* et la *Philosophische Grammatik* de Ludwig Wittgenstein (v. art. 39) contre les derniers des fragments *Über Gewißheit*, et sans doute presque tous les articles du présent volume.

2. Indian disputes about the primary units of meaning

2.1. The holistic position of Bhartṛhari and its challenge by the Mīmāṃsaka

2.1.1. In *Vākyapadīya* (Bhartṛhari 1965), chapter 2, the Indian philosopher of language Bhartṛhari (ca. 450—510) (s. art. 17) notes that regarding the notion of sentence (vākya) und sentence-meaning (vākyārtha) there are two principal philosophical theses: one is called the ›indivisibility‹ thesis (akhaṇḍa-pakṣa) and the other is the ›divisibility‹ thesis (khaṇḍa-pakṣa). The first thesis, ›holism‹, is what Bhartṛhari himself maintains while the second, ›atomism‹, is held by his opponents, the Mīmāṃsakas. They had two main questions before them: what is a sentence, and what constitutes the sentence-meaning? More specifically: how a sentence is constituted, and how the meaning of a whole sentence is cognized by the hearer after the utterance is made? According to holism, sentences are wholes and they are the unanalysable units of meaningful discourse. Similarly, the meanings of sentences themselves are wholes. In fact they are also timeless. For destruction is usually believed to be dissolution into parts. We reach words (pada) as parts of the sentence, and word-meanings (padārtha) as parts of the sentence-meaning through ›analysis, synthesis and abstraction‹ (a method that is called 'apoddhāra'). This method is only instrumental in facilitating our language-learning, a convenient way of making explicit our implicit linguistic competence. The words are no less abstractions than the letters are. The meaning of a word in isolation is an imaginary construct. In fact words are as much devoid of meaning as the letters or some syllables in a word, like 'rat' in 'Socrates'. The meaning of a complete sentence is given to us as a whole block of reality, bearing in mind that for the Mīmāṃsakas, the universals are also real (s. art. 61). We chip this whole and correlate such abstracted (extracted) bits and pieces of meaning with words and particles which are also reached by such a process of breaking apart the whole sentence. On this theory, a sentence cannot be a composite entity with words as constituent elements, and the meaning of a sentence likewise cannot be given by the computation of word-meanings individually considered. The whole meaning though expressed by a sentence can share a common structure, and have common ›parts‹ but such parts would not be capable of existing in isolation from the rest. In this sense, they could be just our own ›abstractions‹. A weaker implication may be that in ontological terms, the wholes (whether sentences or other wholes) may have parts but such parts lose their significance (perhaps *ontic* significance) as soon as they lose their contextuality in the whole. The opponent would have to say that there may be wholes which have parts but the latter will not lose any ontic significance if they lose contextuality. This holistic solution of Bhartṛhari was seriously challenged by the Mīmāṃsakas in the Indian tradition.

2.1.2. There are two main Mīmāṃsā sub-schools, the Bhāṭṭa, founded by Kumārila (ca. 620—680), and the Prābhākara, founded by Prabhākara (ca. 650—720), which both hold atomistic views with regard to the issue in question. They recognized that the sentence is a composite entity composed of elements which we call words, particles, etc. These elements are meaningful units of expression. The sentence-meaning must be connected with these units. The hearer grasps the meaning of a sentence or what is spoken, provided he has what we may call linguistic competence, i. e. knowledge of the meanings of words and particles as well as of how that particular language works. On this view, it will be unreasonable to take sentences as the smallest meaningful units, for sentences are virtually countless and we certainly cannot learn a language by learning these countless sentences and their meanings. It is only by learning a few (a finite number of) words and seeing how that language works that we gain the linguistic competence described above.

What has been stated so far is the common position of both the Bhāṭṭa and the Prābhākara, who reject Bhartṛhari's view. But internal difference between these two sub-schools led to great controversies for several centuries. This becomes clear as soon as we ask the following question: How does the competent hearer recognize sentence-meaning as a whole from hearing, in bits and pieces, the constituent words in sequence? Does he first cognize or recognize the meaning of each constituent word and then join these bits and pieces of meaning together to cognize a connected whole — the sentence meaning? If our answer is yes, then we are talking from the Bhāṭṭa point of view. Designation by words first, then the designata are connected to form a unity (abhihitānvaya). Alternatively, the Prābhākara say that a person recognizes the meaning of the whole sentence by hearing simply the constituent words put together syntactically: ›connected designation (by any word)‹ (anvitābhidhāna).

2.1.3. On the first (Bhāṭṭa) view, the hearer recognizes the meaning of the whole sentence by figuring out first the meanings of individual words whereas on the second (Prābhākara) view, he recognizes the meaning of the sentences directly from the words themselves skipping the intermediate step of grasping singly the individual word-meanings. Phrased in this way the distinction may seem trivial, but it is not really so. A little reflection shows that on the first view meanings of words are assumed to be independent units, as *complete* objects. In recognizing the meaning of a sentence (i. e., interpreting a sentence made of several words), we as hearers must first obtain these self-subsistent building blocks (meanings) and then cement these blocks to obtain the connected meaning of the sentence. This implies that the distinction between word-meanings and sentence-meaning is one of building blocks and the building itself. Here we move close to the intuition which prompted the modern ›composition‹ principle as introduced by Gottlob Frege (s. art. 34).

Further, the word 'directly' in the second view, that we recognize or obtain the sentence-meaning directly from the words themselves, means that there is no intervening event such as that of our getting hold first of the so-called word-meanings as building blocks, between our knowledge of the words (through hearing) and our knowledge of the meaning of the sentences made of such words. This has the implication that the meanings of the words are not, in some sense, context-free, independent objects. Whatever a word designates, it is always related or connected (anvita) with the designation of other words in the sentence. Notice that it comes very close to saying that a word gains its proper meaning *only* in a context, i. e., in the context of a sentence. In fact, the second view expressly advocates that we know or learn the meaning of a word only by considering the sentential context in which it occurs. Apart from this, we must note that the main point in the dispute is epistemological. The question is how we come to *know* — and not merely to understand — as we invariably do, the complete and connected meaning of the sentence simply on the basis of our knowledge of the constituent elements, the words? It is clear that we derive our knowledge of such distinct (constituent) elements through hearing (or seeing) the words as well as their interconnections.

2.2. Primacy of word with the Bhāṭṭa (abhihitānvaya)

2.2.1. Both sides in the dispute appeal to a general theory about language acquisition. We learn a language invariably by acquiring knowledge of word-meanings given in the context of sentences whose meanings are also known or given. A child learns his language in this way by observing the linguistic and other behaviours of the adults. The older adult (uttamavṛddha) commands something to the younger adult (madhyamavṛddha) who acts to obey. 'Bring a horse', and a horse is brought. 'Bring a dog and tie the horse', and so it is done. It is a pragmatic context similar to the famous language game in § 2 of Ludwig Wittgenstein's (s. art. 39) *Philosophische Untersuchungen* which is used as an explanatory model of how our acquisition of the meanings of individual words works. The Bhāṭṭas now say that it is the denotative power in the individual words which gives us isolated things (dravya), actions (kriyā), qualities (guṇa), and relations (saṃbhanda). Hence given any newly formed sentence we can derive its meanings following the ›expected‹ syntactic pattern (ākāṃkṣā) by computing and manipulating such individual meanings to construct a whole. But the Prābhākara disagrees. He says that since individual word-meanings are derived only in the context of some sentence or other and therefore from words already syntactically connected with other words, we learn such word-meanings along with their possible (semantic) connections with other word-meanings. The denotative power of a word gives us not simply the object, or action, or quality or relation but also each item's possible connection with other items. Hence being presented with a sentence we do not waste time by first computing meanings from words and syntax and then manipulating such meanings into a whole, but straight away: we derive the connective meaning whole, objects with action, quality with the qualified and a relation with a relatum. We shall first discuss one of the arguments usually given in support of the Bhāṭṭa view.

Sentences are innumerable, but the word-lexicon has a manageable size. The logic of parsimony demands that it is the word that should be endowed with the denotative power (śakti), not the sentence. Consider the following four sentences: 'Bring (a) cow', 'Bring (a) horse', 'Tie (a) cow', 'Tie (a) horse'. The child's ability to learn the language is facilitated by learning the four *words* (Sanskrit does not use articles) and their corresponding meanings (real elements of the world) as opposed to learning the four sentences and their corresponding meanings. Add the word 'black' to each of the four sentences and see that by learning five words we can interpret eight more combinations. We can also better explain our ability to interpret new combinations which we have never heard before, such as new poetical compositions by a poet. Moreover, if there are several unfamiliar words in a sentence, we cannot cognize the sentential meaning. Using such and other arguments, the Bhāṭṭa repudiates Bhartṛhari's holism.

Against the Prābhākara, however, the Bhāṭṭa argues as follows. If isolated, atomic word-meanings are like the discrete points of distinct iron pins (ayaḥśalākā), how could they constitute a continuous line representing the unity of the sentential meaning? For obviously the separate elements being independent of each other, cannot naturally merge into each other to form a continuous line. The Bhāṭṭa's answer is that it is done through ›ākṣepa‹, i. e. an extrapolative judgement (when word-meanings are individually cognized), or a sort of suggestive inference (arthāpatti) on the part of the hearer.

When what is presented seems incomplete to us we are forced to imagine some suitable additional (unrepresented) element for completion. This is called 'ākṣepa'. By looking at a baby in a cradle one may imagine by ›ākṣepa‹ that there is a mother who is around. 'Arthāpatti' has a slightly different meaning. It is a proper inference from the given data provided certain undisputed general assumptions are used. If I see that my desk is no longer in this room, I can easily infer that it has been removed (because it is correct to assume that under the circumstances furniture disappears only by being carried to some other place). It is argued that our knowledge of the missing connectors between two word-meanings is suggested by such ›extrapolation‹ or ›arthāpatti‹. Each of the words gives some independent *object* as its *complete* meaning and then since they are in a sentence together (āsatti) along with syntactic expectancy (ākāṃkṣā) and semantic fitness (yogyatā), we infer these appropriate connections to obtain the connected meaning of the sentence. Notice that the Bhāṭṭa plays down the logical role of ›ākāṃkṣā‹ or synthetic expectancy. Or, he might have regarded it as simply a psychological factor. The Naiyāyika, adherents of the other Indian school of epistemological realism with an atomistic view of the issue in question, is the third party in the controversy. They emphasize that the interconnection between word-meanings is derived from the ›syntax‹ i. e., from ›ākāṃkṣā‹, which is defined (non-psychologistically) as the interconnectedness, order, etc., of the elements of representation.

Here the basic issue seems to touch the well-entrenched disputed area where we sometimes talk about interdependence or one way dependence between different elements or constituents (subject and predicate, proper name and general term, noun and verb) that seem to form a unity in a proposition. The Bhāṭṭa says that the designata of words are unrelated objects and hence to connect them we need a presumptive judgement (inspired by the psychological factor ›expectancy‹). On the second (Prābhākara) view the word's denotative power extends to a designatum *plus* possible linkages with others. The word means the related item. Here the same underplaying the importance of syntax is noticeable. The unity of the sentential meaning is guaranteed here by the semantic contribution (an object plus possible relation) of the words themselves. There is no need for additional suggestive inference or extrapolative judgement to cognize this unity. The Bhāṭṭa argues in reply that on the Prābhākara theory we cannot explain satisfactorily our prompt understanding of the meaning of many new sentences which we have never heard during our days of language-learning. We may note that due to similar misgivings the ›composition‹ principle is thought to have some edge over the ›context‹ principle.

2.2.2. It has been suggested that the Prābhākara theory of ›related designation‹ is an extreme form of syncategorematism (Staal 1969). The question is: does the strong context principle 'words have meanings only in the context of a sentence' necessarily entail syncategorematism? Usual examples of syncategorematic words are grammatical particles, adverbs, prepositions, etc., 'sake' in 'for the sake of', to take a typical case.

Recently Paul Gochet (1985) has argued that Willard Van Orman Quine (1960) on the whole prefers a syncategorematic treatment of predicates or general terms. And even if we deny this generally, we have to admit that some (at least one) predicates are syncategorematic (examples: '$\in$' and '$=$'). An extreme form of syncategorematism, it appears, would have to be a claim that all words are like this. On a milder interpretation, syncategorematism may be a vague way of underscoring the later Wittgensteinian claim that the meaning of a word is the use it has in language. Does the Prābhākara view come somewhat close to such a position? There is an obvious difficulty here. It is important to see the contrast. Wittgenstein's motivation was to move away from the idea that our talk of the meaning of a word is a talk of the object it stands for, or the entity with which it is somehow correlated. The Prābhākara's main concern was to account for how the constituent word-meanings, if they are given in isolated forms, could be linked up, hooked up, with one another in order to form a unity. In fact, one way to

describe the Prābhākara view is to say that for him such word's semantic value is ›an object with a hook (to pick out another object)‹ so that two or several of them in a sentence can naturally cling together to form a whole. Besides, if admission of syncategorematic words in language presupposes presence of categorematic words in combination with which they would form meaningful units, then this is not the view of the Prābhākara. For him, each word needs another to form a meaningful unit. In fact, this general point can be used as a criticism of the strong context principle, if it is construed wholly in the syncategorematic way. We must note that while both the Prābhākara view and at least some version of the context principle may tell us that the meaning of a word is the contribution it makes to the meaning of a sentence in which it occurs, the ›context‹ principle (s. art. 92) requires that a word unconnected with other words cannot have a meaning while the Prābhākara requires that a word cannot have such a meaning as is unconnected with the meanings of other words.

2.3. Primacy of sentence with the Prābhākara (anvitābhidhāna)

2.3.1. We shall now present the argument of the Prābhākara in defence of his theory. The Bhāṭṭa argues that the Prābhākara by making all word-meanings ›context-sensitive‹ faces a dilemma. Consider a two-word sentence: 'XY' meaning a structured unit. If we ask what meaning is conveyed by 'X' we have to answer that if it conveys any meaning at all then it conveys the unitary meaning of 'XY' itself. And the same is the case with 'Y'. This is so because the Prābhākara has claimed that the meaning of the word of a sentence contains within itself, though implicitly, the whole sentence-meaning, i. e., the connected meaning. This seems to amount to holism. But the Prābhākara maintains that sentences are made of parts which are words and if the meaning of one part contains the meaning of the whole, the other part becomes redundant. Hence the dilemma before the Prābhākara: either redundancy or holism.

The Prābhākara answers that the word 'cow' in the sentence 'Bring a cow' or 'The cow is white' designates a cow along with the possibility of its linkage with all other possible objects, or a cow with all the possible qualities, modalities and actions, and the second element in the sentence is necessary only to help us determine which particular linkage to the exclusion of all other possible linkages is to be taken into account. − But this is not enough. For one thing, if by the utterance of the word 'cow' one becomes aware of the cow linked up with all the possibilities (but no specific linkage is given) one is in effect aware of specifically nothing at all. It is an incomplete, and hence a very vague, awareness of meaning. For a thirsty person a salty ocean is no better than a dry dreary desert. This analogy is from Jayanta (s. art. 18). Knowledge of the object with all possible linkages is equal to no knowledge at all. A dilemma arises again: a) if the second word is necessary is it so by its mere presence? If so, we again embrace holism; b) is it necessary because it contributes its own meaning to the whole? If so, it resolves into the Bhāṭṭa view: words give their meanings first and then the sentential meaning is derived from them.

2.3.2. To escape the horns of this dilemma, the Prābhākara proceeds as follows: first he concedes that the expression 'a cow' means the object cow with infinite possibilities of linkage, and the function of the other phrase 'bring' or 'is white' is to exclude to other possibilities except the particularly intended one. The second phrase performs this function by its mere presence, not by contributing its own meaning. This is not holism. For holism demands that the combination as a whole has the combined (whole) meaning where contributions of individual elements are not recognized at all, save through an artificial analysis. But the Prābhākara theory recognizes that the second element's contribution lies only in excluding all other possible combinations save one that is intended by the sentence. Jayanta in *Nyāyamañjarī* (1934) explains the point with the help of several analogies. Cooking is the result of many factors: burning of wood, a pan holding water etc. They all individually contribute to the combined effect, cooking, by performing their own functions which can be individually recognized. Similarly the unitary knowledge of the meaning of a sentence is the result of the inter-related but separately recognizable functions of its constituent words.

A waggon moves and each part is also moving. We can only recognize separately the mutually connected function of each part but all such parts jointly produce the motion of the waggon as a whole. The functions of such parts (or their motion) are not separable in reality. Similarly our knowledge of the meaning of a sentence is *produced* by the inter-related function of the constituent words. We can of course recognize the unconnected ›own‹ meaning of each constituent word just as we can observe the individual functions of all parts of the moving waggon, which cause it to move. But such functions do not have separate existence outside the context. We may be reminded here of a comment by Michael Dummett (1981): in the order of *recognition*, the sense of the word is primary. But the point here straddles between both epistemic and ontological concern. Unconnected word-meanings can be recognized but it would be wrong to construe them as separate entities. Each of them can play a role only in combination with others. The Bhāṭṭa makes a mistake of construing them as separate reals and identifies them with the (material and immaterial) objects such as a pot, blue colour and action.

2.3.3. More generally, combination of factors produces a combined effect, and each factor in combination produces its own effect, which is discernible only in that combined effect. The denotative power of a word becomes manifest only in combination with other words or only when it is placed in its ›natural home‹, a sentence (one word sentences being allowed). A word may *remind* us of an isolated independent object, but to contribute to the sentence-meaning it must *mean* directly an object with a linkage. To put it bluntly, on the view we are considering, a word does not mean an isolated object, although it may remind us of such an object through associative psychological connection, while what it means is what it contributes to the sentence-meaning, i. e., an object with linkage with others. In Jayanta's languages:

"A word does not *mean* a pure object. For we cannot find pure (isolated) words which are not functioning in combination with others. These words are not employed separately to give their ›own meanings‹ and then the meaning they have in combination with others. They are always used to give their meaning in combination with others. But when they are used in this way it is not that we cannot *recognize* their *own* function (or *own* meaning). therefore the sentence cannot be a partless whole (nor can its meaning be so either), for the individual functions of the parts are recognized" (Jayanta 1934 [= *Nyāyamañjarī*]).

Thus, the Prābhākara believes that the perils of holism can be avoided, and drift towards extreme atomism can be stopped.

2.4. The context principle

2.4.1. The context principle may be taken to be a very general thesis about meaning, and as a general thesis it would oppose what has been called 'epistemological atomism' (Dummett). This is the view that at least some objects are ›given‹ to us in sense perception or intuition − and hence our knowledge is in the first instance knowledge of isolated objects (and their properties). This view would then construct the meaning (sense or reference, s. art. 81) of complex expressions (sentences etc.) in terms of those sense-perceptible ›givens‹ or the isolated objects. The context principle, viewed as a general thesis of meaning, would also oppose such atomism. This undoubtedly offers some insight into our discussion of the Prābhākara theory which opposes a similar sort of epistemological atomism of the Bhāṭṭa school.

2.4.2. Kumārila in *Ślokavārttika* (1978) cited the case of a perceptual judgement constructed out of the bits and pieces of the sense-given. We can take this to be another version of epistemological atomism, which is then extended to the philosophy of language to explain our knowledge of the connected meaning of sentences. Here is the example. Seeing a white flash moving swiftly and hearing the noise of the hoofs and neighing, one judges perceptually 'a white horse runs'. Here the bits of the sense-given are white flash, hoof-noise and neighing, but a judgement that connects these bits together is reached through the operation of the mind. Similarly there is the operation of the mind which connects the bits and pieces of isolated meanings, to obtain the connected sentential meaning.

The Bhāṭṭa's point seems to be this. The bits and pieces of the objective world, i. e. the isolated objects themselves, possess the capacity (power) in themselves to stimulate the observer enough first to grasp the isolated objects and then to formulate a judgement that connects them together. There are presumably three constituent items in the resulting judgement. They are separable as (1) the white flash presented visually, (2) the notion of horsehood presented by the instant inference from hearing of the neighing, and (3) the notion of running presented by the inference from the noise of the hoofs. These three are presented in three different ways (through three different avenues of knowledge, ›pramāṇas‹) and hence presumably they are

grasped as unconnected bits of objects. Having been grasped they can by themselves evoke a judgement which unites them. This shows that a judgemental knowledge is possible simply on the basis of the presentation of the isolated object-atoms themselves. Similarly let each word in the sentence present the individual unconnected meaning (objects, properties, actions etc.). When such isolated meanings are grasped, there will automatically arise the judgement of the connected sentential meaning.

The Prābhākara disagrees. The example, he says, is wrongly construed. There is no doubt that the three bits of object are separately presented in the given example, their sources being different in each case. But a connected judgement automatically arises in the person, as soon as he can locate all these three bits into one spatial location or in one particular substance, the horse. The Prābhākara Śālikanātha (8th century) explicitly argues in *Prakaraṇapañcikā* (1961) that if the person is simply unaware or uncertain of the connectedness of the three bits, he would have three disconnected awarenesses: 'There is a horse there, something is white, and somebody is running'. But from the bits and pieces of the given the required judgement, 'A white horse is running' arises since he can recognize both neighing and the action of running as belonging to the (same) substratum where the white flash belonged. Or, if he is unaware of the lack of the connection of these objects he would have the required judgement. The judgement may finally be based upon knowledge of connected facts or, even lack of knowledge of the *dis*-connection of isolated bits. In the case of a sentence, the words themselves as constituents provide, by way of presenting their meanings, such connected facts, but since such connected facts and the sentential meaning are not different from each other, we know the sentential meaning directly from the knowledge of the words and need not go through the collection of (word-) meaning-atoms.

2.4.3. Śālikanātha was concerned with the epistemological question: How do we as hearers know the sentence-meaning with our usual linguistic competence (vyutpatti)? But it is by no means clear whether an ontology of connected facts is conceded here by the Prābhākara. Perhaps not. What is asserted is rather that word-meanings properly understood are connected facts, not isolated, unconnected bits of object. For otherwise it would be impossible to derive knowledge of the connected sentential meaning from unconnected bits. To imagine any additional device as the Bhāṭṭa does, for providing the required connection between isolated objects would be going against the principle of parsimony.

The Prābhākara points out that the Bhāṭṭa may be violating the principle of parsimony in more than one way. The Bhāṭṭa imagines first that the words have one kind of dispositional property, that of being able to produce in the hearer the cognition of their ›own‹ (individual) meanings. Second the word-meanings themselves (objects, properties, actions) should then have the disposition to generate the hearer's cognition of the linkages among themselves. Moreover, the words must have another dispositional property for producing in the word-meanings such a (second) dispositional property as would be capable of generating the cognition of the linkages. So the Bhāṭṭa view implies that there should be in all three dispositional properties, two in the word itself and one in the word-meaning, in order that we can account for the verbal cognition of the whole sentence meaning satisfactorily. If, however, we agree, along with the Prābhākara, that words themselves have a dispositional property — that of producing in the hearer a cognition of their ›own‹ meanings plus linkages — then we can practice the desired economy of dispositional properties, i. e. one instead of three. Besides, when we deal with language we can never find a word that is *only* a word being completely isolated from other words, for at the end some sort of word such as 'is' or 'exists' will be understood always when one word is uttered or heard. Hence a cognition of its meaning will necessarily bring in the linkage, its connection with the meaning of the other word through association.

2.4.4. The dispute between the two groups rolled on for several centuries. Their arguments and counter-arguments became increasingly subtle and technical. At some point, the exponent of the Prābhākara conceded that the isolated meaning of the word without the linkage can very well be *recollected* by the hearer as soon as the word is heard. And this facilitates our language learning procedure. The Prābhākara confirmed: the isolated meaning, the object cow, from the word 'cow', is quickly recollected because of intensity and recurrence. But this recollec-

tion simply facilitates our awareness of the proper meaning of the word in the context; we become aware of the object cow plus its possible relation, and the second awareness yields the knowledge of the connected sentence-meaning. With this concession, it was claimed that it became a more defensible theory about meaning, which avoided the problem of holism as well as that of ›unconnectedness‹ which the extreme forms of atomism might imply.

If connected facts are not admitted as real entities ›out there‹ but at the same time it is claimed that the words in a sentence designate connected items, i. e., objects with linkage, and not objects as such, then this ›designation‹ relation of words is supposed to pick out what we may call 'epistemic' objects, not the actual items of objects in the domain of the reals. It is our knowledge of such a ›designation‹ relation of words that gives us the knowledge of the sentence-meaning as a whole. This seems to call for a tentative distinction to be made between the isolated objects, the *ontological* domain, and what we call a *semantic* domain which will include designata of words, such connected facts, the epistemic objects, i. e., objects with linkage. We are not however sure whether the Prābhākara would be accepting this consequence, but this seems to follow from his view.

Dummett (1981) repeatedly says that the context principle as applied to reference (as applied to sense, the principle seems to him unproblematic) created a tension in the kind of realism that informs Frege's whole philosophy. The Prābhākara view is an attempt to avoid a crude theory of meaning, which demands that the meanings of our words be construed as independent and isolated pieces of reality. We have shown that the Prābhākara can avoid this construal and still maintain realism in his ontology by confining his doctrine of meaning to the epistemological level; it becomes an epistemological thesis about the origin of our knowledge of sentence-meaning. The moral seems to be this. If we flout the context principle, as well as the Prābhākara view of connected facts as word-meanings, we are hard put to explain how we recognize the connectedness of these individual atoms in our judgements. In fact, this will be a general problem for any form of atomism, epistemological or ontological.

2.4.5. To conclude: it is obvious that the context principle was formulated to answer presumably a different set of questions, but some of the philosophical issues raised by it were not entirely different from the issues raised by the age-old controversy between the Bhāṭṭa and the Prābhākara about how we grasp the (whole) meaning of the sentence. The Prābhākaras differ from the Bhāṭṭas, and make an epistemological point about how we grasp the sentence-meaning. By positing such semantic or epistemic objects as things, properties or actions with possible linkages, constituting the domain of the meaning of words in a sentence, the Prābhākara steers clear of the two extremes: the Scylla of crude realism implicit in the extreme atomism of the Bhāṭṭa and the Charybdis of a sort of idealism implied by Bhartṛhari's holism.

3. Bibliographie sélective/ Selected references

3.1. La querelle des investitures

Aristoteles 1844–1846, *Organon*, Waitz (éd.) [= *De interpretatione, Categoriae, Analytica Priora, Analytica Posteriora, Topica, Sophistici elenchi*, par ex. in *The Works of Aristotle* I–XII, Ross/Smith (éds.)].

Bacon 1940, *Summa grammatica*, Steele (éd.).

Humboldt 1830–1835, *Ueber die Verschiedenheit des menschlichen Sprachbaues und ihren Einfluss auf die geistige Entwicklung des Menschengeschlechts* [= Humboldt 1960 ff, *Werke* III h].

Husserl ⁴1968, *Logische Untersuchungen*. [1900/01]

Locke 1975, *An Essay Concerning Human Understanding*, Nidditch (éd.). [⁵1706]

Wittgenstein 1921, *Tractatus logico-philosophicus*.

3.2. Indian disputes about the primary units of meaning

Dummett ²1981, *Frege. Philosophy of Language*. [1973]

Gochet 1985, The syncategorematic treatment of predicates, in *Analytical Philosophy in Comparative Perspective*, Matilal/Shaw (eds.).

Jayanta 1934, *Nyāyamañjarī*, Pt. Surya Narayana Sukla (ed.).

Quine 1960, *Word and Object*.

Śālikanātha 1961, *Prakaraṇa-Pañcikā*, Subramanya Sastri (ed.).

Jean-Marie Zemb, Paris (France)
Bimal K. Matilal, Oxford (Great Britain)

64. The universal language problem

1. Introduction: terminology

The problem of universal language is that, desirable as it would be, no really successful form has ever been invented; even Esperanto, which has won greatest support, is designed chiefly for the benefit of European speakers, while the knowledge of Latin, once regarded as an international auxiliary language, has been restricted to an élite group of speakers since it ceased to be a living vernacular. Controversies concerning universal language are the differences of opinion, mainly in the seventeenth century, about the most satisfactory method of devising one, and its primary function once created. For nearly half a century, interest in the origins and development of the so-called universal language movement has been steadily growing; and it is now generally acknowledged that attempts to improve international communication have manifested themselves, since the beginning of the seventeenth century, in three ways. First, and simplest, were attempts to create a universal writing system in which the *characters* (in the same way as numerals) represented objects, and not the words of any specific language. Such characters were known as real, from Latin 'res' [thing] (cf. Bacon 1905, 121 f), and their spoken form is the speaker's own vernacular. Secondly, and most frequently in the nineteenth and twentieth centuries, there are attempts at *universal language*, with spoken and written forms, like Esperanto, modelled on the European vernaculars. Thirdly, of greatest interest to philosophers and linguists, there is *universal philosophical language*, which depends on an attempted scientific organisation and classification of reality and its representation by iconic words, equal in number to concepts, and revealing in their form the qualities of the referent and its place in the hierarchy. The two most sophisticated forms of philosophical language, by George Dalgarno (1661) and John Wilkins (1668), also included attempts at discovering a *philosophical grammar* in which the structure of sentences would reflect the universal structure of thought; but it should be noted that many seventeenth and eighteenth-century philosopher-linguists, such as Antoine Arnauld and Claude Lancelot (1660), aimed at writing universal grammars without also attempting to create a philosophical language, (cf. Robins 1990, 129) and their works will not be discussed here (s. art. 44). Universal philosophical language is often designated, for the sake of brevity, 'universal language', and the term will sometimes be used here to refer to philosophical language where the context makes the correct meaning clear.

2. Latin as a universal language in the seventeenth century

2.1. The rejection of Latin

The need for an international means of communication began to be felt early in the seventeenth century, as a result of the decline of mediaeval Latin as a spoken auxiliary language. Protestant Europe rejected the Latin liturgy in favour of the vernacular; Renaissance Europe rejected mediaeval Latin as a form of spoken and written communication in favour of the classical form, in spite of the serious grammatical difficulties which it presented to the non-native speaker. Everywhere, large numbers of people were now literate, but were ignorant of Latin. In England, where ideas on universal language found fullest expression in Wilkins's *Essay* (1668), the use of

Latin as a spoken language was particularly problematic. As one commentator points out (Simpson 1669, 232) Englishmen do not — even in the universities — frequently ›manage‹ familiar discourse in Latin, and this was no doubt partly due to the difficulties of learning a highly inflected language for speakers of a minimally inflected one like English, and partly due to the difficulties of making themselves understood in Europe because of the changes in pronunciation in English long vowels during the fifteenth and sixteenth centuries. These changes, known as the Great Vowel Shift, entailed major divergences between English and other European vernaculars in the pronunciation of the same orthographic vowel symbols (cf. English 'sign' and French 'signe'), and these developments were carried over into the English pronunciation of Latin. In addition, the Puritan attitudes of seventeenth-century England were strongly critical of the length of time involved in the study of Latin which could more profitably be devoted to the acquisition of scientific knowledge.

2.2. The need for an alternative to Latin

Native speakers of English had, therefore, more reason than most to question the validity of Latin as a medium of international communication; and by the seventeenth century there were good reasons for their anxiety to replace it by something more acceptable. First, there was the growth of missionary activity in the Americas and China, where missionaries were hampered by the difficulties of communicating in exotic languages based on totally different grammatical systems; secondly, there was a great increase in exploration and commercial activity in the Baltic and the Levant, where again, the native languages were, even though more familiar, extremely difficult to learn. Thirdly, there was the explosive growth of scientific knowledge which characterised the seventeenth century, and which required a more satisfactory medium than Latin for record and communication. In all these areas, Englishmen played a prominent part, especially as Protestant missionaries in Ireland and North America, as merchants in the Levant Company, founded in 1604, and as early Fellows of the Royal Society (founded 1660). Perhaps for these reasons, the most complete and most sophisticated achievements in the construction of universal and philosophical languages were those of English-speaking scholars.

3. Seventeenth-century philosophers and their proposals for universal language

3.1. The philosophers concerned with universal language

The problem of universal language was attended by controversies about the manner in which one could be devised; these were sometimes silent ones, where one solution was preferred to another without public debate, and sometimes more open ones, where differences of opinion both existed, and were occasionally recorded by the language inventors themselves. Both types of controversy, however, can be traced to views expressed by those philosopher-scientists of the earlier seventeenth century who proposed the creation of universal languages. In England, Francis Bacon was a source of inspiration; in France, René Descartes, Marin Mersenne and Tomaso Campanella; and in Germany, the Herborn School of Encyclopædists, including Johannes Alsted and Johannes Bisterfeld, and — later in the century — Jan Amos Comenius. Before we examine the controversies partly generated by their views, it will be appropriate to describe the ideas themselves and their potential influence on practical developments in the field of universal language.

3.2. Francis Bacon

Bacon's interest was prompted by his desire to contribute to what he called ›the advancement of learning‹ (cf. Bacon 1905), an aim which involved the recording and transmission of scientific knowledge based on the observation and classification of natural phenomena. Bacon was disturbed by the ambiguity of the vocabulary of natural languages, which he discussed in a well-known passage describing "the Idols of the Market Place" (1905, 518). He argues that the fallacies to which men are prone arise because words do not reflect reality accurately, and they fail to do so because names had been assigned by "the vulgar" (1905, 518), who were ignorant of the correct classification of reality; once inaccurate classification had been institutionalised in the vocabulary of natural languages, it was very difficult to bring about any reform. Yet lexical ambiguity created multitudes of "empty controversies" (1905, 264), and he cites as an example the semantic problems associated with the term 'humid' (1905, 269). He points out, however, that degrees of

ambiguity vary; least ambiguous were names of simple substances, like 'chalk'; most ambiguous were names of qualities, except for those immediately perceptible to the sense (cf. Salmon 1972, 76 ff). Bacon makes various proposals for correcting lexical ambiguity; his earliest (1905, 120) was to provide definitions, in line with the practice of mathematicians; but he admits that even definitions are inadequate because they themselves consist of words (1905, 269). Later, he argues that an entirely new solution to the problem of ambiguity is required, and, in discussing methods of communication, refers to the possibility of devising a written form which should denote not words, which stand in the way and obstruct the understanding, but objects or concepts. The lexical items of this new written form could bear an *ad placitum* (i. e. conventional) relationship to the object denoted, although there could also be a *congruent* (i. e. a natural) relationship between the two (1905, 121; 522) (s. art. 62). Such a script could be based on whatever is capable of sufficient differences, provided they were "perceptible to the sense" (1905, 521). One of the examples of such a script which he quotes is Chinese, which, he argues, represents things, and not words (1905, 121). He then turns to the question of grammar, which he describes as either *popular*, for the purpose of language-learning (1905, 122), or *philosophical*, which would examine the relationship between words and reason (1905, 122). In brief, what language-inventors found inspiring in his comments was his insistence on the inadequacy of natural language, his suggestion of Chinese as a model for a natural writing system, and his view that words should be the ›footsteps and prints‹ of reason (cf. Salmon 1972, 13 ff and Brekle 1975, 645).

3.3. René Descartes

What Bacon failed to do, at least explicitly, was to suggest any structured arrangement of the concepts and objects denoted by his proposed ›real‹ characters, and it was the proposal for such an ordering by Descartes which has led some scholars to regard him, rather than Bacon, as the inspiration of attempts to construct genuinely *philosophical* languages. Descartes seems not to have interested himself in the topic before Mersenne sent him a published proposal for a universal *character* on the 20th November 1629, but his response is of major importance (his letter, summarized below, is printed in Mersenne 1937, 323 —

329). The proposal was in Latin and consisted of six propositions, each of which Descartes comments on in turn. His remarks reveal that this was not a genuine language but a form of universal writing system comprising a set of *primitive words* or symbols to be read off in any vernacular; all that was needed was a dictionary of symbols and of the affixes which extended their lexical and grammatical meanings, and parallel dictionaries of the vernaculars. The grammar of the language was to be as simple as possible, with no irregularities of inflection. The only interesting feature of the project was that the author claimed to regard each symbol as the true definition of the concept denoted, and of ›les pensées des Anciens‹, a claim which Descartes finds quite inexplicable. Nevertheless, Descartes commends the idea of creating a new form of language, but he foresees two problems; the possibly inharmonious juxtaposition of sounds, acceptable in one language but not necessarily in others, and secondly, the difficulty of learning the lexicon of such a language. Moreover, if everyone were to express the written form in his own spoken vernacular, he would not be understood by speakers of another language; on the other hand, if new spoken words are created for this language, no-one will take the pains to learn them — it is just as easy for all to learn Latin, or to agree to learn a single vernacular. — Descartes, however, proposes an improvement. Such a language would soon be learnt quickly given an organised structure of reality. It would be necessary to establish an order among all the thoughts (pensées) which can enter into the human mind, in the same way as there is a natural order among numbers. Just as one can learn to number up to infinity in a day, so one could easily learn to express all ideas which come to men's minds. But such an achievement would depend on the existence of ›true science‹; one would first have to discover what were the ideas (idées) of which every concept was composed, or which we can imagine. These ideas must be both clear and simple (claires et simples). If such ideas could be clearly expressed and ordered, then a universal language could be created by combining symbols for the simple ideas so as to create more complex ideas in the same way as one creates numbers by combinations of zero and the numerals 1 − 9. Such combinations would assist reasoning, representing everything so clearly that it would be impossible to be mistaken. Such a language would

enable peasants to judge values as easily as scientists, but it would be found only in an earthly paradise. Descartes' contribution to the development of universal language projects was, therefore, his proposal for the determination of all possible ›clear and simple ideas‹, and their arrangement in an order which would be as easy to learn as that of numerals. He could have made a greater contribution to the concept of a universal, scientific language than Bacon did; but the letter in which he set out these ideas was not published until 1657, so that knowledge of his proposals before then could have come only via personal contact or correspondence. It is not surprising, therefore, that the English language inventors (or ›projectors‹ as they are sometimes known) appeared to regard Bacon as their inspiration, rather than Descartes.

3.4. Marin Mersenne

Descartes' views, however, may have been transmitted to English language projectors via Mersenne, who continued to be interested in the topic of universal and philosophical language after his exchange of letters with Descartes. Mersenne's views became known outside Paris through proposals made in his *Harmonie Universelle* (1636), and through his private correspondence with scholars abroad, particularly with Theodore Haak in London, who acted as an intermediary between Mersenne and Comenius and many other scholars (Salmon 1979, 149 f). Mersenne's contribution to the creation of a universal language as set out in the *Harmonie Universelle*, (1963, 12 f; 65 − 77) was to calculate the possibilities of providing a suitable lexicon by various combinations of vowels and consonants, of numbers, and of musical notes. He believed that the best form of universal language would be one in which a small number of simple notions, or basic elements, would be combined so as to produce complex symbols, which would display in their form the characteristics of the objects denoted. Mersenne produced tables of permutations which would enable a language-inventor to discover how many potential ›words‹ were at his command, but he did not make any specific proposals about how the resulting vocabulary was to be ordered, although he certainly intended that there should be some sort of structured classification, perhaps by genus and species (1963, 73 f), which could be easily recognized and memorized. He also discusses, though dismisses, the possibility of creating a language in which the phonetic symbols would bear some natural or congruent relationship to the object denoted (1963, 65; 75 ff) — a possibility considered by later scholars e. g. Sir Thomas Urquhart (1653, 2) and Comenius (1938, 186). Mersenne's contribution to the development of ideas on universal language was, therefore, first to propose a means of constructing a comprehensive lexicon, by the permutation of vowels and consonants; and secondly to suggest — though not very enthusiastically — the concept of a language based on sound symbolism (cf. Salmon 1979, 147 ff and Knowlson 1975, 66 — 72).

3.5. Tomaso Campanella

Also in Paris in the mid-1630s was the Italian philosopher Campanella. Possibly inspired by Mersenne, he put forward, in his *Philosophiae rationalis partes quinque* (1638, 152) a formula for constructing a universal language. If anyone, he says, wishes to construct a new language ›philosophice‹ he must, for example, base his nomenclature on the nature and properties of objects, the exclusion of synonyms and homonyms, and a grammatical system based on the most generally acceptable features. That Campanella's views were known to those who actually constructed such a language is clear from Wilkins's *Essay*, where Campanella is cited as one of only six of Wilkins's predecessors (one of the others being Bacon) who had treated the topic of universal grammar (Wilkins 1668, 297). Campanella's contribution therefore was comparable with Mersenne's i. e. to propose the idea of an iconic system of vocabulary denoting the properties of the object or concept named.

3.6. The Herborn Encyclopædists and Comenius

Finally, among early seventeenth-century philosophers who provided a foundation for the theories of later language planners, are the Encyclopædists of the Academy of Herborn in Hessen, Wolfgang Ratke, Bisterfeld, Christopher Helwig and Alsted. Comenius, a student at Herborn in 1611, was strongly influenced by his mentors' ideas on what was known as ›Pansophia‹, i. e. the fundamental unity of all knowledge, and the possibility of organising it into an easily comprehended and harmonious structure. They also believed in the existence of a universal grammatical system which could be discovered in all languages (Padley 1985 a, 50; Juntune 1985). Bisterfeld scouted the possibility of constructing

a universal language where there would be a consistent and ordered association between object and name; in the year when Campanella published his formula for a universal language, Bisterfeld wrote to Samuel Hartlib, centre of a Protestant pseudo-scientific group in London, asking why a new language should not be created in which there should be a true analogy between objects and their component parts, and the related name (Salmon 1979, 152); while the colleague and assistant of Comenius, Cyprian Kinner, proposed two forms of written characters which should be fully iconic (DeMott 1958, 11 ff). At this date (1648) Comenius himself was more interested, it appears, in devising the most efficient method of teaching Latin. Since this method involved arranging a basic (as in Comenius 1631) vocabulary in conceptual classes his methods may have had some influence on the later language-inventors who were also attempting to arrange natural phenomena in conceptual classes as a preliminary to assigning to each item a unique and iconic symbol. But his final aim was more sophisticated; in *Via Lucis*, written in 1641 but not published until 1668, after Wilkins's *Essay*, he put forward a proposal for a universal and philosophical language (Comenius 1938, chap. 19). His plan for one, in *Panglottia*, was apparently written in 1665 — 66 but, remaining unfinished, was not published until 1966 (cf. Miškovská 1959). The extent of his influence on Wilkins, believed by Benjamin DeMott (1955; 1958) to be considerable, has been seriously questioned (Salmon 1979, 129 — 156 and Asbach-Schnitker 1983, xvi); and it is highly unlikely that Wilkins had seen the manuscript of *Via Lucis* before its publication. Comenius and the Herborn Encyclopædists may, however, have influenced Gottfried Wilhelm Leibniz's ideas on philosophical language (as argued by Loemker 1961) (s. art. 23).

4. Published universal character and language projects in the seventeenth century

Although many projects were begun, or even completed but not published (cf. Salmon 1983) the only ones which actually appeared in print were the following: (1) universal character (a) England: Lodwick (1647), Beck (1657), Dalgarno (1657), (b) Germany: Becher (1661) (c) Italy: Kircher (1663) (2) universal language: France: Labbé (1663) (3) universal philosophical language (a) England: Lodwick (1652), Dalgarno (1661), Wilkins (1668) (b) Italy: Bermudo (1654) (c) The Netherlands: Kircher (1669) (d) Ireland: Chamberlain (c. 1679).

5. Controversies relating to universal language

5.1. Chinese script as a model for universal character

In the course of such a wide-ranging and unprecedented undertaking, it would not be surprising to discover much controversy about the best method of achieving the target, though unfortunately few of the debates survive in print. Looking first at attempts to create a universal writing system, one finds that the major issue was the choice of model. Although many possibilities were suggested, the most popular, at first, was Chinese character, a model which was mentioned as early as Bacon (1905, 121), and finally disposed of as late as Wilkins (1668, 450 ff). It became known in the West through reports from Jesuit missionaries who visited China after it was opened up to the Portuguese in 1560. Among the first influential works discussing Chinese character was Joseph de Acosta's *The morall and naturall historie of the [...] Indies*, published in Spanish in 1588 and translated into English in 1604. From this source, Europeans learnt that the Chinese did not make use of letters of the alphabet, but communicated in writing by means of characters similar to those used by astronomers to denote Mars, Jupiter, etc. The characters were representations of objects, such as sun, fire, sea and man, and just as speakers of different languages in Europe could read Arabic numerals, so could speakers of different dialects in China read off the characters into their own vernaculars. There was also one form of the spoken language, Mandarin, which was learnt by the educated, as Latin and Greek were learned in Europe. Nevertheless, all who could read could understand Chinese script, even though it suffered from the disadvantage of containing an enormous number of characters, of which, Acosta points out, there are many thousands. While the characters represented objects, grammatical features were denoted by points and strokes disposed round each character, and special arrangements were made to denote proper names (Acosta 1604, bk 6, chap. 5).

5.2. Early views on Chinese script: Bacon, Hugo, Vossius, Wilkins

Not surprisingly, this account of a universal means of written communication attracted much interest. Bacon refers (1905, 121) to the Chinese custom of writing in *real Characters*, which expressed neither letters nor words, but ›Things or Notions‹. They are thus, he says, comprehensible throughout regions with different vernaculars, although they depend on a ›vast multitude‹ of characters, exactly equal to the number of ›radical‹ words. What little Bacon has to say is hardly contentious; more interesting was the information provided in a fuller treatment of Chinese script by the Italian Matthew Ricci, a Jesuit missionary in China for some thirty years, and published in a Latin version in 1615. Having read Ricci, a fellow Jesuit, the Dutch scholar, Hermannus Hugo, attempted to justify the introduction of a real character in Europe by arguing that since objects and their concepts are the same in the minds of all men (the Hebrews, the Spanish and the French, for example, all have the same concept of a dog or a horse), if signs denoted, not words but objects, and if all men agreed to use the same signs, then such a character could provide a universal means of communication which would have the advantage of being so unambiguous that no disputes could arise. Hugo dismissed the problem of the large number of characters which would need to be memorized, arguing that Europeans were already able to memorize the equally large numbers of words in their own languages (1617, 60 ff). His optimistic view was shared by his compatriot Gerardus Joannes Vossius (1635, 152), who also proposed a universal language in the light of his knowledge of Chinese characters; he did not regard it as an insuperable difficulty that there would have to be the same number of symbols as of classes of objects in the world. This favourable view was also shared by Wilkins, in his essay *Concerning an Universal Character* (1641, chap. XIII). Although Latin, he believed, was at present the best general remedy against ›the Confusion of Tongues‹, a universal character, such as that described by Ricci, would be far better. Like Hugo, he argues that men of all nations possess the same concepts, e. g. of 'world', even though they differed in the "*Expression*" of things" (Wilkins 1641, 58). A universal written form would provide for as many characters as *primitive* or *radical* words, with distinguishing marks for grammatical inflexions; and the character would be no more difficult to learn than any instituted language, since the number of characters would not exceed that of words. In China, he remarked casually, there are said to be seven or eight thousand.

5.3. Later views: Kircher

Before constructing his real character and philosophical language, Wilkins had changed his opinion on the validity of Chinese script as a model, even though — or perhaps because, as Cornelius notes (1965, 68) — the 1650's, 1660's and 1670's were >high-water years< for speculation about the Chinese language. One of the most important publications in this field was by Athanasius Kircher (1652 – 54), and the most influential of the items of information he provided about Chinese (discussed by Cornelius 1965, 73 ff) were: first, that the character was originally based on a representation of objects in the real world; secondly, that it was possible to combine two or more characters to denote complex objects or concepts: thirdly, although in the course of time, the character had changed, some natural links still survived between the character and the object represented. In illustration Kircher comments on the character meaning >afflicted<. This consisted of the character for >heart< and that for >door<, the combination of the two meaning that the door of the heart was closed, and therefore, that one was sad. — Kircher's description of Chinese, repeated in his *China Monumentis* (1667), must have been known to scholars throughout Europe. Nevertheless, suspicion was developing of the viability of Chinese script as a model. In Oxford, Dalgarno pointed out the >ill consequences< that could follow from devising a script without regard to principle or to analogy (1661, 34 f). In Ipswich, Cave Beck found Chinese script inferior to his *Universal Character* (1657, sig. A8v.). Wilkins examined the question very carefully (1668, 450 ff), having read Alvarez Semmedo (1655). There he found a description of the manner in which precious stones were represented by a single character, to which were attached other characters indicating species. He thought at first that Chinese script offered what he was seeking — a natural and iconic expression of objects and their properties — but then reflected on its defects, i. e. that there were no rules which provided a constant analogy between symbol and object. He therefore rejected its complicated

construction, its excessive number of characters, and the consequent difficulty of memorization. It was the problem of those >monstrous< six thousand characters which deterred Comenius, as he explained in his *Via Lucis* (1938, 187), and Leibniz, who at first was attracted, and then repelled, by the language (Walker 1972, 297); and the discovery that there was in fact no congruent relationship between the character and the object denoted meant that Chinese characters had no advantage to offer over the Roman alphabet. The controversy then, was a question of a change in attitude towards Chinese script as a model for universal character, rather than any public debate on the question. Beginning with a benevolent neutrality on Bacon's part, attitudes changed to sympathetic interest in Hugo (1617, 60 ff), Wilkins (1641, chap. XIII) and Kircher, but eventually, total rejection as a model for international communication by Wilkins, Comenius and Leibniz (cf. Lach 1945, 437 f).

6.   The >Language of Adam< as a model

6.1. Sixteenth- and seventeenth-century speculation on the original language

A second subject of controversy in the seventeenth century was the possibility of discovering the original language of mankind as an alternative to inventing a new universal language. It was generally accepted that the original language spoken by Adam and Eve in Eden — variously known as the Adamic language, the language of nature, or the *lingua humana*, was Hebrew. As the Bible related, this language was replaced by numerous other tongues at the confusion of Babel, but some scholars argued that it persisted, though in altered form, either as a contemporary living language, perhaps as yet undiscovered, or in the form of individual elements in some living language. In the previous century the Dutch linguist, Goropius Becanus, claimed that his own language was closest to the original, and Adrianus Schriekius argued in favour of Celtic (Cornelius 1965, 20). But the consensus was that the original language was Hebrew in an earlier form (cf. Salmon 1972, 86). One argument in favour of Hebrew was that it was assumed that the original language would contain a large number of *primitive* words, with the simplicity of monosyllables, and Hebrew was particularly characterised by such forms, triliteral in structure. What was of greatest importance, as far as universal language inventors were concerned, was the fact that the vocabulary of the Adamic language was thought to bear a natural relationship to the objects which it denoted. Speculation about the continuing existence and the nature of the language of Adam characterised the writings of various mystical sects, including the Cabbalists, the Rosicrucians and the followers of Jakob Böhme; their views are summarised in Vivian Salmon (1972, 90−98); Allison Coudert (1978, 56−91).

6.2. The debate about the ›Language of Adam‹: the views of John Webster

A specific instance of the controversy in so far as it related to universal language schemes may be cited here. On the one hand was John Webster, author of *Academiarum Examen* (1654) and on the other hand the Oxford scholar Seth Ward, who published a reply, *Vindiciae Academiarum*, in the same year. Webster, a puritan minister, was concerned with the proper education of the clergy at the universities. He argued that they should be taught to study God's creation rather than the books of classical authors, who knew nothing of God's revelation to man. Even the conventional study of the Latin language, he argued, was of little value. Rather than waste time learning a language of such great difficulty as Latin, he asked why students should not learn a universal language or character − and it was the duty of the universities to try to produce one. Webster refers specifically to Böhme (Webster 1654, 26) and his understanding of the ›wonderful secret‹ of the language of nature. In this language, as G. Arthur Padley explains (1985 a, 88), the individual letters of the written form are direct indications of the essences of things. All naming therefore involves, for Boehme, the unveiling of mysteries, most probably in five divinely inspired languages (including Hebrew, Greek and Latin, which have their origins in the ›Natursprache‹. All phenomena of the outer world are ›signatures‹ or symbols of the inner one, and by naming them appropriately, it is possible to participate in the natural language of God. Adam had been able to name them all correctly, because when God paraded the animals before him, he also inspired him to devise a nomenclature for them according to their properties (Salmon 1972, 88). Moreover, Webster argues, according to Psalm 19 all

Creation − except mankind − still knew the language of nature; the heavens, according to the Psalm, declared the glory of God, and everything that breathed praised the Lord. This was the language which should be recreated, according to Webster, in the universities (1654, 27).

6.3. The debate about the ›Language of Adam‹: the views of Seth Ward

In answer to his complaint that the universities were not studying the language of nature in order to provide a universal character or language, Ward, Professor of Astronomy, published a satirical reply, the preface being written by his Oxford colleague, Wilkins. Ward denies that there is any such thing as a language of nature (1654, 22) and he dismisses the notion in an ironically rhapsodic piece of near-nonsense, in reply to Webster's own mystical effusions. Ward accepts that the use of symbols applied to the nature of things is recommended in the writings of Cabbalists, Lullists and the Pythagoreans (Ward 1654, 19) and he also accepts that a universal character might remove the necessity of learning foreign languages. But he points out that what is needed is a shorter and clearer ›cutt to the understanding‹, than either a mystical language of nature, or the proposed universal character. He then goes on to suggest how this ›short cutt‹ could be made. Ward's proposal was that a philosophical language should be created by postulating a limited set of ›simple notions‹ which, like prime numbers, could not be resolved into smaller components; these simple notions could then be combined to denote more complex ones. Ward was, in fact, replying on the principle of ›Ockham's razor‹ already cited by Francis Lodwick (Salmon 1972, 210) as "What with les can be don more is needlesse".

7. Models for a philosophical language

7.1. The controversy over the taxonomic vs. atomistic models

The desirability of reliance on this principle emerged as a fundamental source of conflict between the two most successful language-inventors, Dalgarno and Wilkins, and after Wilkins's death, between members of an unofficial ›committee‹ which was set up by several of Wilkins's friends to attempt to improve and complete his *Essay* (1668). The record of the debate survives in unpublished letters (discussed in Salmon 1979, 191–206) and in Dalgarno's private papers (analyzed by Cram 1980); and it illustrates the crucial problem which lay at the heart of the universal language movement: whether the purpose of a philosophical language was to provide a structured encyclopædia of knowledge, in which every individual object was assigned a single unambiguous name or symbol; or whether it was to offer a means of symbolizing, accurately and concisely, a set of basic concepts which could then be combined, both to produce a larger set of complex symbols, and to construct arguments with mathematical precision.

7.2. The taxonomic model

Those who supported the former or taxonomic function of universal language proposed two different approaches to classification. The simpler method was to imitate the nomenclatures which already existed for the purpose of teaching foreign language vocabularies. Such nomenclatures provided (with little theoretical foundation) lists of items belonging to the same lexical field e. g. nouns denoting parts of the body. Each class would then be assigned a symbol, and each item within the class a number. A system of this type was adopted by the Spanish language-projector Pedro Bermudo in 1654. Secondly, the contents of the universe could be classified in accordance with some theoretical view of nature, based on, for example, Aristotle's categories of substance and accident. This was the method hinted at by Lodwick (1652, 10), who regarded the construction of a ›significant‹ nomenclature, reflecting the order of objects in nature, as a task for a ›sound Philosopher‹. Lodwick's ideas were put into practice by Wilkins, who divided all abstract concepts and concrete objects of which he was aware into forty major ›genuses‹ (sic); six were of a general nature, the remaining thirty-four grouped into the five Aristotelean ›predicaments‹, of (1) substance, and (2) the four ›accidents‹ of quantity, quality, action and relation. Each genus was subdivided into differences, and each difference was subdivided into species. A single symbol (written and spoken) was assigned to genus, difference, and species, and anyone who was cognisant of the arrangement of items in Wilkins's taxonomy would immediately recognize the meaning of symbols, since the genus was indicated by an initial consonant plus vowel,

the difference by another consonant, and the species by a final vowel. The object was therefore denoted either by a name composed of iconic combinations of letters of the alphabet, or, in written form only, by characters in which a horizontal line represented the genus, to which various short strokes and circles were attached to denote the various sub-categories. Proper names, which could not be characterized in this way, were denoted by one of two phonetic alphabets which Wilkins devised. The greater part of Wilkins's *Essay* was occupied by tables setting out the forty ›genuses‹ and their sub-categories. Dalgarno also provided for a number of primary categories, subdivided into differences and species; but because he was not aiming at a complete taxonomy of nature, he restricted his categories to seventeen ›simple notions‹ and, as David Cram (1985 a, 252) points out, adopts a trichotomous, rather than a dichotomous method of classification, which he also applied to the analysis of sounds.

7.3. The atomistic model

Notwithstanding his provision of a partial taxonomy, Dalgarno's philosophical language was based on quite different premises from those of Wilkins, and the difference in their approach led to a somewhat heated controversy between them which was recorded by Robert Plot (1677, 282–285). Dalgarno, a schoolmaster in Oxford where Wilkins was Warden of Wadham, started working on a universal language project in the mid-1650's (Salmon 1979, 157–175). After being apprised of Dalgarno's initiative, Wilkins set to work as well, offering his assistance by providing ›tables of substance‹ i. e. sets of natural phenomena. Dalgarno, having now progressed beyond his first attempt — which was little more than a shorthand, or universal writing system — rejected Wilkins's proposal because he had another method in mind, which was, in fact, very similar to that of his Oxford acquaintance, Ward. As Dalgarno explains (cf. Cram 1980) what he intended to do was to draw up a list of basic concepts limited to ›the common notions of familiar and [...] dayly use‹, which, when combined, would provide a symbolism for complex ideas, whether components of individual terms, or of propositions. An example quoted by Cram (1980, 28) is of the concept of ›purging‹. Dalgarno points out that all the terms for bodily excretion contain one common component of ›purging‹ together with another component for what is ›purged‹. Hence terms like 'vomit' would be denoted by two symbols, each of which was a *primitive term* which could also be used in other combinations. Looking for origins, we can see that Dalgarno could have been influenced not only by Ward, but by a wide variety of sources, for example, by Bacon's view of scientific method as the discovery of simple notions such as ›colour‹, ›motion‹, and ›weight‹ (Coudert 1978, 94) and his belief that all the phenomena of the universe could be reduced to combinations of simple elements (Salmon 1972, 109); by Descartes' quest for ›simple ideas‹ or ›naturæ simplices‹ (1957, 31) as set out in his *Rules for the Direction of the Mind* (MS c. 1628); and by Lodwick's analysis of ›moisten‹, ›wet‹, ›wash‹, ›dip‹ as containing a common component, ›moisture‹ (1647, 2). Wilkins, therefore, wanted a structured encyclopædia; Dalgarno wanted a set of basic concepts, which could be combined to create more complex ones and to act as a logical instrument. The debate between the supporters of both aims was carried on after Wilkins's death in 1672 but reached no final conclusion. Leibniz, however, knew both Descartes' views on simple notions and Dalgarno's *Ars Signorum*, and he too attempted to determine a set of *primitives* to which both syllabic and numerical values could be assigned, and which could be combined to form complex notions (cf. Couturat 1901, chap. III).

7.4. The ›Lullian‹ model

But Leibniz's search for primitives did not originate only in the views of Bacon and Descartes. He was subject to another kind of influence, i. e. the ideas of Ramón Lull, to a large extent as transmitted by Kircher (1660, 1669) (cf. McCracken 1948; Salmon 1972, 28). Lull, a thirteenth-century Spanish monk, had invented a logical system known as the *Ars Combinatoria*, which was intended as an instrument for reasoning and, in particular, for converting the Jews to Christianity by the power of the resulting arguments. It depended on the arrangement of elementary notions in ›trees‹ or inscribed on concentric circles, which could be rotated to provide combinations of different subjects and predicates, thus, in theory, leading to all conceivable truths. Lull proposed a set of 54 basic concepts, arranged in six sets of nine; each concept was treated as a genus from which species were derived. The genus ›goodness‹, for example, included the species ›permanent good‹

and ›transient good‹. The concepts, denoted by letters of the alphabet, could be combined to function as an elementary symbolic logic (Salmon 1972, 118 ff). At first, Leibniz was greatly impressed by Kircher's version of Lull, and at the age of only twenty he published his own Lullian *De Arte Combinatoria* (1666). His later opinions were no more enthusiastic than those of most seventeenth-century English philosophers; Bacon, for example, described Lull's method as an "imposture" and nothing but a mass and heap of "terms of all arts" (Bacon 1905, 533; on Lull cf. Rossi 1960; Yates 1954).

8. Philosophical language and grammar

8.1. Grammar for ›real character‹

While the most important element in the creation of a ›philosophical‹ language was, of course, the method by which the essential items in its lexicon were to be discovered and symbolized, the manner in which concepts should be linked in sentences, i. e. the morphology and syntax of the invented language, also led to differences of opinion. On one hand were the creators of universal characters like Lodwick (1647), Johann Joachim Becher (1661) and Beck (1657), who aimed only at the maximum simplicity of inflection and a ›natural‹ word-order to express grammatical relationships; it was assumed that the syntax of the universal character would be based on a Latin-type concord (of number, gender, and case) and government (i. e. the assignment of special case-forms after prepositions and verbs). These grammatical inflections, simplified as far as possible, would be indicated by placing short strokes and points at various positions round the lexical character, or radix, or by numerals.

8.2. Philosophical grammar and literary grammar

Inventors of philosophical languages were far more sophisticated, drawing on a grammatico-philosophical tradition with roots in mediaeval *speculative* grammar i. e. grammar which would, like a *speculum*, or ›mirror‹, reflect accurately the processes of thought. Seventeenth-century language-inventors were aware of the custom, known at least since Bacon, of distinguishing between two types of grammar, ›general‹ or ›philosophical‹ on one hand and ›literary‹ or ›civil‹ on the other

(Bacon 1905, 523 f). ›Literary‹ or ›civil‹ grammar was the grammar of any vernacular, and was associated with the kind of grammatical analysis which would in more recent times have been described as taxonomic, concerned only with the enumeration and classification of elements of surface structure. ›Philosophical‹ grammar was the kind of linguistic enquiry which attempted to discover linguistic universals, i. e. the underlying grammatical principles common to all languages. The distinction between the two kinds of grammar was made by a number of Renaissance and seventeenth-century grammarians, e. g. Sanctius, Vossius, Campanella and Juan Caramuel y Lobkowitz, all of whom are cited by Wilkins (1668, 297). He also refers in this context to the mediaeval ›speculative‹ grammar of Duns Scotus — whose real author is known to be Thomas of Erfurt. Various other seventeenth-century scholars make a similar distinction; Alexander Richardson, for example, the Cambridge logician, claims that all the languages in the world are but so many idioms of the same grammar, and not different grammars (Salmon 1972, 122). Such views were based on the idea, deriving ultimately from Aristotle (Salmon 1979, 107), that all men share the same mental concepts, although they are expressed differently in each language.

8.3. Philosophical grammar and logic

8.3.1. Some early seventeenth-century views

Some seventeenth-century scholars, therefore, believed in a thought-structure common to all men; others, more explicitly, equated it with traditional logic. For example, Bacon himself claimed that words are the ›footsteps‹ or ›prints‹ of reason, thus finding a close relationship between logic and language without, however, unequivocally claiming their identity (1905, 122; 523); and one of his contemporaries, Godfrey Goodman, in discussing the language of Adam (1616, 300 ff) argued that a natural language must exhibit an affinity between logic and grammar, the one ›directing‹ our understanding and the other ›framing‹ speech. In the light of such views on the existence of a grammatical structure underlying all languages, which might be equated with logic, it is not surprising that those who attempted to compose anything more sophisticated than a written character or simple universal language should realize the relevance of logic or philosophical gram-

mar to their own projects. Even the relatively unsophisticated Lodwick adopted something like a logical approach to grammar when he argued that participles, in his philosophical language, should be "converted" into finite verbs (Salmon 1972, 176).

8.3.2. Dalgarno and Wilkins

But the language inventor who was most closely concerned with creating a logical basis for his grammar was Dalgarno, who argued in 1657 (cf. Cram 1980) that the grammatical rules of his projected language should be ›grounded upon Nature and Reason‹, while in *Ars Signorum* he warned against the separation of logic and language. While both he and Wilkins made use of the Aristotelean categories of genus and species to classify the concepts provided for in their lexicons, the most obvious influences of logic on syntax are in the resolution of the verb into copula and adjective, and in the equation of sentences with propositions. Both Dalgarno (1661, 63) and Wilkins (1668, 303), rejected the class of verb from their respective philosophical languages; they argued that the primary function of the verb was to affirm (or deny) and that every verb should be resolved into the copula plus an adjective or participle (cf. Aristotle 1938, 157). Secondly, for Wilkins the sentence consisted of a ›subject‹ and a ›predicate‹, terms which he may have borrowed from Vossius (Padley 1985, 374). For Dalgarno, as Padley explains (1985, 361), grammar and logic differed only as does the sign from the signified, and are complementary facets of the same science. Lodwick, Dalgarno and Wilkins therefore agree in postulating a universal thought-structure, or logic, underlying the grammars of all languages, though they disagreed among themselves on the nature and type of word-class to be allowed for in the versions of universal grammar which they constructed. Dalgarno argues that there is only one class of word, which is in fact a set of ›roots‹ which, when functioning alone, act as grammatical particles, and when provided with an appropriate affix function as nouns or adjectives; for example, 'because' is characterized by the ›radical‹ for 'cause' without affix (1661, 62; 83). Wilkins argues for two basic word-classes, integrals and particles (the latter being either grammatical or ›transcendental‹ i. e., roughly speaking, derivative affixes); but, as with Dalgarno, the grammatical and semantic potentialities of ›roots‹ are to be varied in a multitude of ways by the addition of affixes.

8.3.3. Leibniz and grammar

Although Leibniz never completed a universal language, it should be noted that universal language and grammar were two of his major interests. He believed that before constructing a universal language it was necessary to construct a universal grammar (Cornelius 1965, 127), and he attempted to do so by selecting from a variety of existing languages all the advantages and resources of their grammars — as Bacon (1905, 524) had suggested — to produce the perfect philosophical grammar. His aim was to eliminate all unnecessary grammatical distinctions, such as gender, and to use particles rather than case inflections in the interests of simplicity (Couturat 1901, 67). In brief, he regarded the rules of his grammar as a ›preface‹ to the rules of logic, and therefore, as Paul Cornelius remarks (1965, 129) to the laws of thought. The importance of his ideas is demonstrated by Jonathan Cohen (1954, 60) who argues that he was an innovator in regarding universal language as a logical calculus whose function is to elicit implications; he does, however, point out Leibniz's debt to Thomas Hobbes, whose view of words as coins or counters with which we calculate proved a source of inspiration to Leibniz (Couturat 1901, 457 ff) though in spite of an analogue in Bacon (1905, 122), it was largely ignored by the English language-projectors.

9. Universal language and the art of memory

A further aspect of Wilkins's *Essay* generated much controversy at the time, albeit of a muted kind. Yates (1966, chap. xvii) has argued, citing among others Lull and Giordano Bruno, that universal language schemes grew out of a mystic memory tradition; and it is certainly the case that in an age of mainly oral culture, the cultivation of memory, and devices to improve it, were well recognized preoccupations of philosophers. Bacon, for example, described it as a part of the "custody of knowledge" which needed improvement (1905, 120 f; 518 ff). Again and again, those who considered the problem of inventing universal languages returned to the difficulties of memorization; Urquhart, for example, proposed that his intended universal language should be arranged in such a way as to include the kind of visual mnemonic devices already familiar to his contemporaries (1653, 16).

Dalgarno frequently referred to the "mnemonic helps" in his proposals (cf. Salmon 1972, 112 f) and Plot (1677, 285) described the *Ars Signorum* as "a perfect artificial memory". Leibniz was also greatly interested in the topic (Yates 1966, 367); it is not therefore surprising that Wilkins should bear in mind the problems of memorization arising from his detailed system of classification. But it was precisely his desire to provide for ease of memorization which led to a controversy with a contemporary scientist, John Ray, whom Wilkins had invited to assist him with the ›Tables of Natural History‹ in the *Essay*. We know Ray's views from his private correspondence with a friend, which has been described in detail by DeMott (1957). Writing to him in 1669, Ray complained that Wilkins imposed on him a system which reflected, not a correct taxonomy of nature, but a means of assisting the memory. Plants had to be divided into three sections, each section into nine sub-sections, and had then to be joined in pairs in the same way as grammarians arranged vocabulary in pairs of opposites as a mnemonic aid. Ray complained in a further letter that it was impossible to provide accurate tables when he was forced to ›strain Things‹ to serve a design required by the exigencies of Wilkins's character. Although Wilkins is not known to have replied to these complaints, it should be noted that the desire to record nature accurately, and the desire to assist memory, were fundamental sources of conflict in nearly all the language projects. As Urquhart pointed out (1653, 2), if words are arranged in alphabetical order the objects denoted will belong to several ›predicaments‹; if they are arranged in conceptual categories, the alphabetical (and mnemonic) order will be lost.

10. Universal language projects after Wilkins's Essay

10.1. Changing linguistic interests in the eighteenth to twentieth centuries

Wilkins's *Essay* had no immediate successor except for a brief treatise (1679) by a physician, Nathaniel Chamberlain (described in Salmon 1983), although a group of friends, after Wilkins's death in 1672, attempted to revise and improve his work. They proved unable to resolve the conflict between the two potential aims of a philosophical language, and their efforts were abortive (cf. Salmon

1979, 191—206). But by 1700, according to James Knowlson (1975, 140 f), French had established itself as the international language of culture and diplomacy, and interest in the construction of philosophical languages was superseded by concern with the principles of natural (i. e. general) grammar, the origin of language, and the relationship of language and thought — topics discussed in Knowlson (1975, chaps. 5—8) and Andrew Large (1985, chap. 3) (s. art. 44, 71, 65). The few attempts that were made to construct universal character or language had little new to offer; they are well described by Brigitte Asbach-Schnitker (1982). It was not until the end of the eighteenth century that a relatively successful attempt — at a universal writing-system — was published. This was *Pasigraphie* (1797) by Joseph de Maimieux, and it was based on some sort of classificatory principle. Thereafter, attention was directed mainly to the construction of *a posteriori* languages i. e. languages based on those features of existing vernaculars regarded as simplest for all speakers to learn. The best-known of these are Volapük, Ido (supported by the eminent philologist Otto Jespersen) and Esperanto. As a result of his editorship of some of Leibniz's writings, Louis Couturat became interested in the possibility of creating a new philosophical language; to that end he collaborated in writing a history of universal language (1903) and established an organisation to foster its study.

10.2. The desirability and possibility of a universal language

While inventors will no doubt continue to devise *a posteriori* languages, the advance of English as a world language, with a vast existing literature, will probably inhibit their general acceptance. But it is highly unlikely that anyone will ever again try to create a philosophical language like Wilkins's *Essay*. In the first place, we cannot classify all natural phenomena because they are not yet known; the language would constantly have to be updated to include new discoveries. Secondly, even if scientific knowledge were adequate, it would be beyond the ability of human memory to recall the iconic names of so many millions of natural phenomena; it would be comparable to memorizing millions of chemical formulae. Thirdly, natural language has an irremediable propensity, both

to vagueness (one name applies to a large number of slightly different concepts) and to semantic change. Only a dead language can be preserved without mutation; if such a language were to be used by living speakers, nothing could prevent its gradual alteration.

10.3. Proposals for further research

Cram is currently editing Dalgarno's manuscripts, and many other texts also deserve modern editions. One of the most interesting of these promises to be a monograph, noticed only very recently, by Edmonds (1855), which is closely related to the ideas of both Wilkins and Dalgarno.

11. Selected references

Asbach-Schnitker 1984, Introduction to facs. reprint of John Wilkins' *Mercury*.
An excellent, comprehensive yet concise account of the universal language movement (before 1800) in England, France and Germany.

Cornelius 1965, *Languages in Seventeenth- and Early Eighteenth-Century Imaginary Voyages*.
Particularly useful for its treatment of the influence of Chinese.

Knowlson 1975, *Universal Language Schemes in England and France 1600—1800*.
Includes a discussion of universal languages in imaginary voyages and a brief account of the philosophical context in the eighteenth century.

Large 1985, *The Artificial Language Movement*.
A useful survey, especially on ›The Enlightenment and After‹ and on nineteenth and twentieth-century artificial languages.

Padley 1985, Universal grammar, in *Grammatical Theory in Western Europe*.

Salmon 1972, *The Works of Francis Lodwick*.
The introduction (3—156) provides the first comprehensive account of the sources and development of seventeenth-century universal language projects.

Salmon 1979, *The Study of Language in Seventeenth-Century England*.
Reprints four essays (129—206) on seventeenth-century universal language.

Slaughter 1982, *Universal Languages and Scientific Taxonomy in the Seventeenth Century*.
Is indebted to existing scholarship on universal language, but makes an important contribution on the scientific context.

Subbiondo (ed.) 1992, *John Wilkins and 17th-Century British Linguistics*.

Vivian Salmon, Oxford (England)

65. Disputes on the origin of language

1. Ancient and traditional ideas

Ideas about language origin occur in ancient myths and folklore, but real disputes on the matter did not arise until the emergence of philosophical schools. In most cultures the question of how mankind acquired language depended on traditional beliefs which were seldom a subject for debate. Commonly, speech was used by gods and other supernatural beings, by animals, and by the first people. In a few myths, there was said to have been a time ›before anything had names‹ or that a god or culture-hero had instituted language in the first human beings. Sometimes the diversity of language was mythically accounted for. Glottogonic myths and tales are rather less frequent than might be supposed. Their importance lies in the fact that certain primitive stories about the origin of language have affected philosophical and even scientific thinking, even though glottogenesis as such was seldom of great concern to members of traditional societies. In ancient Mesopotamian belief the problem of language origin was inconsequential. Although the ancient Egyptians attributed man's first speech to Ptah, or to Thoth, the Greek Herodotus reported that an Egyptian king, Psammetichus I (died 610 B. C.) sought to determine which language was the oldest. He ordered two peasant infants to be reared without any opportunity to hear speech, with shegoats as nurses. When they reached the age when babies begin to speak their first utterances were carefully noted: 'bekos, bekos'. This word, meaning nothing in Egyptian, turned out to be the Phrygian word for 'bread'. Modern skeptics have observed that the word sounds something like the bleating of goats; others have suggested that the original story was not even Egyptian, but possibly from somewhere in Asia Minor.

1.1. In ancient India, the invading Aryans regarded their own Sanskrit tongue as the language of the gods and of the Cosmos. Prajāpati's first word created the Earth, and his second, the Sky. The indigenous Dravidians were at first referred to as ›speechless‹. After the rise of sophisticated linguistic thought (s. art. 5) the Mīmāṃsā School held that Sanskrit was uncreated and eternal, whereas Nyāya School considered it and all language as the outcome of social convention (s. art. 62). Buddhist linguistic thought generally followed the latter view.

1.2. The Chinese saw language as a natural human attribute, sometimes credited to one of the Sage Rulers of Antiquity. Appropriate names for things where considered extremely important by the Confucians, notably Hsün Tzu (ca. 315−236 B. C.), but words were said by him to result from convention. There was no significant ›language origin controversy‹ in China (s. art. 6).

2. Classical antiquity

Greek and Roman Gods spoke among themselves. Hermes (identified with Mercury by the Romans) and sometimes Prometheus brought language to mortals. Pythagoras said language had been created by the gods or the wisest of men. Aesop's fables are full of talking animals. The heterogeneity of myths and legends, and the early formation of contentious philosophical schools helped to promote differences of opinion even over matters as commonplace as language (Cole 1967; Arens 1969; Fano 1962). Aeschylus refers to speech as godgiven, whereas Sophocles regarded it as man-made. Democritus agreed that it was a human invention, for if divinely created it would be more perfect. Plato's *Cratylus* is a dialogue about naturalist (φύσει) explanations for words, against their conventional (θέσει) origin. The disputants were Socrates and Cratylus, who favoured the onomatopoeic or naturalist position, and Hermogenes who supported the conventional origin of words. Important as it was, the *Cratylus* did not examine the ultimate origins of language, but etymologies (s. art. 14, 62). Aristotle upheld conventionalism, without explaining how speechless people could have come to agree on naming (s. art. 15). Epicurus also held that speech was man-made and that it did not come from a ›namegiver‹, but at the same time, it was natural, arising from the nature of things, such that the human vocal organs responded with appropriate sounds. Diodorus Siculus (1st c. B. C.) saw speech as a natural result of the human intellect, but also the result of human tool-making, which freed the mouth for speaking. He saw language progressing from confused to conventionalized sounds, and considered fear to be the source of primordial warning calls. He also mentioned that Hermes (Thoth) gave language to the Egyptians.

2.1. Lucretius (ca. 98 – 55 B. C.), an Epicurean (Janson 1979), and Varro (116 – 27 B. C.), who favoured conventional origins for words, both rejected supernatural sources of language. Quintilian (ca. 35 – 96) in a lengthy treatise on oratory and gesture, regarded the latter as the common medium for understanding, transcending speech. Lactantius (ca. 240 – 320), a Christian apologist, saw speech as both god-given and the product of gestures and alarm cries, with later elaboration from convention.

3.   Early Christian, Jewish, and Islamic ideas

3.1. By the 5th century A. D., Christian writers, reexamining the *Genesis* account (*Gen.* 2: 19 – 20 and 11: 1 – 9) could disagree on whether Adam's language was entirely god-given, or invented by Adam thanks to his god-implanted reason. Another question was whether Hebrew was Adam's tongue, or only one of the new ones formed after Babel. Jewish scholars analyzing the same texts generally concluded that the ›Ursprache‹ was Hebrew, although a few suggested that it might have been Aramaic (s. art. 3). Origen (ca. 185 – 254) and Eunomius (ca. 335 – 394) held that language was directly god-given, but Gregory of Nyssa (ca. 335 – 394) contended that God had only provided Adam with the power to create it. Gregory of Nyssa, despite his orthodoxy, expressed many ideas about the nature of mankind (in Περὶ κατασκευῆς ἀνθρώπου/ *De hominis opificio*) which to a modern reader seem remarkably evolutionist. He is explicit about the importance of the human hands in making language possible, and the relation of language to upright posture. He also doubted the primal character of Hebrew. Augustine

advanced no new glottogonic theory, but in his *Confessiones* described how a baby begins to acquire language — from his parents' gestures, especially pointing, gaze, tone of voice, and associating things with spoken words (s. art. 16). Isidore of Sevilla (ca. 560 – 636), in addition to his many very dubious etymologies, remarked that it would be impossible now to determine in what language God had said 'let there be light'.

3.2. The Muslims were familiar with the main features of the Biblical Creation story, as seen in the Qur'an references to it, particularly in Sura 2: *The Cow*. Additional details in Islamic tradition include the inability of the Angels to name the animals as Adam had just done, their being ordered to bow down to Adam, and the refusal of Iblis to do so, resulting in his expulsion from Heaven and his subsequent evil career. The words of Islamic prayers came directly from God, not from Adam. Hebrew was rejected as Adam's and mankind's first language, usually in favour of a pure form of Arabic. Adam in Muslim commentaries was said to have known 700 languages. There was no counterpart in the Qur'an to the Tower of Babel confusion of tongues (s. art. 3). Later Islamic writers mention onomatopoeia and word-formation by agreement, in addition to the original Adamic lexicon. Henri Loucel (1963 – 64) and Bernard G. Weiss (1974) provide good surveys of Islamic theories of language origin.

4.   Medieval and Renaissance ideas

4.1. The Hohenstaufen Emperor Friedrich II (1194 – 1250) supposedly replicated the Psammetichus experiment reported by Herodotus, in the second royal recorded effort to determine the ›Ursprache‹. The chronicler Salimbene of Parma (died 1290) reported in his *Chronicon* that the isolated children died, probably because they lacked the loving gestures and touch of natural parents. Albertus Magnus (ca. 1200 – 1280) referred to the language of ›apes‹ ('simia' meant 'monkeys', not 'anthropoid apes'), but did not deviate from the received theological wisdom regarding Adam and naming, to which later convention provided more words. In 1319 Iohannes Glykys, later Patriarch of Constantinople, discussed language origin in a work on syntax. Medieval grammarians, who were developing a fairly sophisticated theory of syntax, did not mention it in connection with Adam's language, where the traditional emphasis had been on lexical origins. Arno Borst (1957 – 1963) provides an exhaustive account of Medieval ideas about language origins, although a substantial part of the interest at the time was in the Babel episode and the 70 or 72 languages resulting from the Confusion of Tongues, rather than the precise nature of Adam's taxonomic ability.

4.2. Dante Alighieri (1265 – 1321) wrote about primordial language in *De vulgari eloquentia*. Adam's natural speech consisted not only of Hebrew words, but followed the rules of Hebrew grammar. After Babel, languages developed by convention. Lorenzo Valla (1407 – 1457) also combined a god-given natural beginning of language with subsequent conventional accretions. Nicolaus de Cusa (1401 – 1464) believed that the language of Eden had been broken up at Babel, to survive in fragmentary roots in all subsequent languages. Around 1493 the third royal language experiment, if we count that attributed to Psammetichus as the first, took place in Scotland, on the order of James IV. When released from isolation, the children were said to have spoken perfect Hebrew. — Van Gorp (Johannes Goropius called Becanus, 1518 – 1572), determined that Flemish was the ›Ursprache‹ because Herodotus reported that the Egyptian children had shouted 'bekos' after their confinement. Herodotus said the word meant 'bread' in Phrygian, but van Gorp knew that it meant 'becker' [cup] in Flemish. The Mughal Emperor Akbar (1542 – 1605) carried out a fourth such experiment, and on a grand scale, with 20 to 30 infant subjects; after 4 years of mute isolation, they were found to be without any language at all. Claude Gilbert Dubois (1971) observes that the fascination with such problems in 16th century Europe, at least, was part of a broader genealogical mania, which extended to the problem of the origins of peoples, and of laws and customs generally, arising from the expanding voyage and travel literature of the time (Hodgen 1964). — Gaspar Sànchez (Sanctius, 1554 – 1628) reconciled naturalism (φύσει) and conventionalism (ϑέσει) in respect to glottogenesis by the now common argument that the earliest words were created naturally or divinely given, whereas later vocabulary was formed by agreement. Michel de Montaigne (1533 – 1592) said that isolated infants might create their own speech. In the growing ›man — beast‹ debate, Montaigne was

on the animalist side; he said that both men and animals could understand natural signs. Fausto Sozzini (1538 – 1604) rejected supernatural sources for language, saying that Adam hat no need for divine authority to make the first language. For orthodox theologians disagreement was essentially restricted to whether Adam received language as an already formed system, or used his immense intelligence to invent it, and whether the Hebrew spoken by Adam had degenerated after Babel, or had maintained its purity (s. art. 66).

5. The seventeenth century

5.1. The 17th century saw a rising tide of skepticism in general, partly stimulated by the ›Battle of the Ancients versus the Moderns‹, in view of the impressive attainments in technology and science, and the discoveries of lands and peoples completely unknown to the most esteemed ancient authorities. Heterodoxy grew steadily in the wake of the struggle between the Catholics and the Protestants. Francis Bacon (1561 – 1626), a champion of the new experimental science, was interested in the nature of signs and gestures, to be investigated experimentally, as well as in the possibility of creating a purely logical system of signs which could be superior to natural language. The relation between such ideas and language origins speculation lay in the notion that Adam's language must have been a perfect vehicle for the expression of rational thought. The effect of the confusion of tongues at Babel was to corrupt this pristine and universal idiom, replacing it with inferior, error-producing vernaculars which inhibit human understanding. The deliberate creation of a modern counterpart of Adam's tongue would in effect tell us what language was like at its beginning in Eden. Such a demonstration of the primordial character of language was not, however, the basis for the seventeenth-century interest in logically perfect replacements for the supposedly inadequate existing natural languages. That interest was shared by Bacon, Descartes, Mersenne, Wilkins (cf. 5.4.), and Leibniz (cf. 6.1.), and was directed toward the possibility of significantly improving the medium of philosophical discourse. John Bulwer (died 1654) and George Dalgarno (1626 – 1687) both wrote about manual sign languages of the deaf. Although their efforts were primarily practical, to aid in the education of the deaf, they also claimed that the topic of such sign-languages was of philosophical significance, as indicating an underlying ›universal grammatical‹ competence in mankind, transcending a merely vocal capability. The work of Bulwer and Dalgarno was utilized during the 18th century language-origin debates, to support the view that language in its earliest manifestation might have consisted of manual gestures rather than vocal sounds. Géraud de Cordemoy (1620—1684) claimed that gestural communication preceded speech.

5.2. Marin Mersenne (1588—1648) in a commentary on *Genesis* argued for the conventional formation of words. He was a strong opponent of mysticism, and in his long correspondence with René Descartes (1596—1650), agreed with him on the artificial or conventional character of words (e.g., Letter of Descartes to Mersenne, 22 July, 1641). Descartes asked him about the feasibility of devising a logically perfect language similar to that of Adam. In his *Discours de la méthode*, Descartes insisted on an unbridgeable gap between rational humans and animals which were mere automats (Altehenger 1979). A corollary was that language could not therefore have arisen from the cries or expressions of animals, but was a unique property of humans alone. Pierre Gassendi (1592—1655) disagreed on the ground that it was obvious that animals had feelings and some intelligence. Cartesian notions about animals and mankind were to reverberate into the 20th century. — The problem of the Adamic language attracted not only rationalists, but various mystical thinkers, such as Robert Fludd (1574—1637) and Jakob Böhme (1575—1624). Böhme's work on the supposed ›language of nature‹ was widely appreciated. Recovery of this ›Natur-Sprache‹ would lead directly to comprehension of the underlying nature of things. — Both Leibniz (cf. 6.1.) and Locke (cf. 5.5.) disagreed with Thomas Hobbes (1588—1679) on the point that mankind was naturally sociable (and despite much similarity between Hobbes and Locke). Hobbes was in the tradition going back to Quintilian that words were merely counters or tokens with conventional values. However, Hobbes' conception of primordial mankind as non-sociable and bestial could not serve to derive the birth of language from man's social propensities, a favourite formula of 18th century glottonic speculation.

5.3. Hugo Grotius (1583—1655) believed that traces of Adamic language could be found in existing tongues. Inigo Jones (1573—1652) thought Chinese might have been the ›Ursprache‹. John Webb (1611—1672), pupil of Inigo Jones, agreed (in 1669), adding that Noah's Ark had landed in China, and that the Bible itself was a translation from Chinese. Ideas about the Chinese language were spread at this time through the reports of the Jesuit missionaries. Chinese was (erroneously) assumed to be entirely monosyllabic, and with a script representing ideas rather than arbitrary sounds. The idea of such a writing system fitted the view that Nature itself was filled with ›natural signatures‹ decipherable by the learned.

5.4. Antoine Arnauld (1612—1694) and Claude Lancelot (1615—1695) compiled, at the Abbey of Port-Royal near Paris, a ›general grammar‹ (1660), based on the earlier theory that all languages rest on universal principles stemming from innate reason, which had been implanted in Adam. John Wilkins (1614—1672) actually devised a universal logical language or ›real character‹, with both an ingenious written form, and phonetic values which would permit it to be spoken. Although Wilkins' work attracted wide European attention, the language was not adopted by scientists and philosophers as its author had intended. — In 1660 the diarist Samuel Pepys (1633—1703) recorded his encounter on a ship just arrived from West Africa, with a ›great baboon‹ (probably a chimpanzee), which he thought might be taught to speak, or least to communicate by signs. Baruch Spinoza (1632—1677) questioned the priority of Hebrew, and Isaak Peyrère (1597—1677) doubted that all mankind had descended from Adam. Spinoza wondered if the primordial language might have been Chinese. Anders Pedersson Kempe (1622—1689) may have been joking in his statement that God spoke Spanish, Adam Danish, and the Serpent French. More seriously, the Biblical scholar Richard Simon (1638—1712) asserted that the tri-consonantal roots of Hebrew were proof of its primordial status. Franciscus Mercurius van Helmont (1614—1699) saw the positions of the mouth parts during articulation represented in the letter-forms of the Hebrew alphabet.

5.5. John Locke (1632—1704) (s. art. 22) was a powerful influence on much 18th century thought, although his writing on signs (semiotic) and language included no original theory, and he said that it was now impossible to recover the beginnings of speech. For Locke, as with Descartes, sounds have no natural connection with ideas, they are merely arbitrary signs. Locke attributed the origins of language to ›ignorant and illiterate people‹, rather than Adamic genius or philosophically-minded inventors. However, on the empirical side, the anatomist Edward Tyson was able to dissect a chimpanzee, leading him to wonder why an animal with such a manlike brain and larynx could not learn to speak (1699).

6. Eigteenth century ideas

6.1. The 18th century ›debate‹ on language origins basically divided those who held that language was a divinely packaged gift of mankind, requiring no special exercise of will or reason on the human side, from those who held that its existence was a human creation resting on divinely implanted reason. The former view attributed a perfect language to Adam, subsequently degraded after Babel. The latter, while agreeing that language began with Adam, suggested that it might be reinvented, as in the case of isolated infants. An extension of this notion also popular in the Enlightenment century was that language had arisen naturally out of emotional cries and gestures to further human social life. The essence of the 18th century debate was not about the specific steps which might have been taken by early humans in the creation or invention of language, much less on the organs or psychological processes which might be required to produce or understand language. Rather it focussed on the question of whether language was an instrument of such perfection that only God could have bestowed it, or a system which could have arisen from human social needs and human reason. In any case, with very rare exceptions (such as Erasmus Darwin), mankind, along with the rest of Creation was seen to be part of a divinely ordained plan or Great Chain of Being, no more than a few millenia old. On such a short timescale, the appearance of language was generally seen as an ›event‹, something which might have occurred within a single lifetime, like the invention of the telescope. Thus conceived, the event might have been the outcome of a collective agreement or social contract, or the work of one or more genius-like teachers, if not of a divinely inspired individual ancestor. — To pose the question of glottogenesis in a materialistic

zoological framework was practically heretical, although de la Mettrie did not shrink from this approach. Only toward the end of the 18th century, with the spread of the ideas of Erasmus Darwin (1731—1802), Jean Lamarck (1744—1829), Johann Wolfgang Goethe (1749—1832), Kant (cf. 7.2.), did such ideas achieve some respectability, initiating a process which was to culminate in the natural selectionism of Charles Darwin (1809—1882), Alfred Russel Wallace (1823—1913), and Herbert Spencer (1820—1903) a half-century later, and its reverberation in linguistics. In any case, opinions about language origins in the 18th century finally became the subject of genuine debate, in the sense that contemporaries actually argued with one another (Aarsleff 1982; Stam 1976), giving rise to a voluminous literature. Gottfried Wilhelm Leibniz (1646—1716) (s. art. 23) found the roots of speech in interjections and to some extent, in onomatopoeia and random accretions. Leibniz took a vigorous part in the ongoing debate over the original nature of language, and its possible mystic ramifications. Chinese writing, now well described by the Jesuit missionaries, was another topic which Leibniz saw as relevant to the problem of the linguistic sign. — Bernard de Mandeville (1670—1733) imagined two isolated infants reinventing language from natural cries and gestures. Giambattista Vico (1668—1744) (s. art. 24) included language in his elaborate schema of cultural stages. After the Adamic language, there followed (at Babel) a period of rapid degeneration into muteness, and then an age of onomatopoeia and gesture, with interjections, and then an age of poetry, and a final era of prose. Vico's startling theories were hardly read outside Italy, and had little or no influence on the Enlightenment ›debate‹. Discoveries of supposed feral humans such as Wild Peter (1724), and the Sogny girl, helped to make the hypotheses about language-isolated children plausible. Etienne Bonnot de Condillac (1714—1780) also discussed the glottogonic capacities of isolated infants (Schreyer 1978). He saw the roots of speech in emotional cries, expressive gestures, and mimicry, and his ideas in turn persuaded Maupertuis, and twenty other 18th century writers on language and cognition. Julien Offray de La Mettrie (1709—1751) attached Cartesianism from the unusual position that like animals, man too was an automaton. However, in *L'homme machine* he also proposed that a young ape might be taught to speak. William Warburton (1698–1779), accepting the *Genesis* account, admitted that if it were not true, the ideas of Diodorus and Vitruvius might be plausible.

6.2. Pierre Louis Moreau de Maupertuis (1698–1759), Claude Adrien Helvétius (1715–1771) and Jean-Jacques Rousseau (1712–1778) generally followed Condillac's glottogonic approach (Formigari 1971). Rousseau outlined a culture-historical narrative, in Lucretian style, in his essay on the origin of human inequality, but in 1772 wrote explicitly on language origin, emphasing the emotional basis of speech, rather than its communicative usefulness (Knowlson 1965). Jean Henri Samuel Formey (1711–1797) called for another Psammetichus experiment, but doubted that even after two generations any kind of language would come forth from it. Johann Peter Süßmilch (1707–1767) upheld the divine origin of language doctrine, and in arguing for it said that the complexities and grammatical regularities of even the so-called primitive languages showed the impossibility of their being derived from merely human inventions. It was Süßmilch's views which were the target of Johann Gottfried Herder's (1744–1803) prize essay of 1770, set by the Berlin Academy, in which Herder repeated the by now almost standard Enlightenment scenario (Merker and Formigari 1973; s. art. 26). Herder, along with Rousseau, enjoys a 20th century reputation in connection with the 18th century language origin debate which may not be wholly deserved. Herder's repetition of the ›by now almost standard Enlightenment argument‹ was that language arose from the natural emotional cries and gestures already present in man, stimulated by human social needs. He simply rejected Süßmilch, et al., who still held to a divine source and divine design, and those who, like Hamann, thought there had been primordial language-givers. – Herder and Rousseau, however important as Enlightenment figures, did not advance any powerful *new* glottogonic arguments, certainly nothing beyond what had already been stated by Condillac and Maupertuis. A major critic of Herder, Johann Georg Hamann (1730–1788) (s. art. 25) imagined that there had been primordial language-givers, divinely inspired. Detailed information on this phase of the 18th century glottogonic debate is provided in James Henry Stam (1976) and Megill (1974). – Charles de Brosses (1709–1777) wrote a huge work on etymologies; he found that consonantal roots indicated semantic domains, favoured onomatopoeia, and rejected gestural origins. Rowland Jones (1722–1774) argued that Welsh was the ›Ursprache‹, as a part of a fantastic language-origin scenario published in five books between 1764 and 1773.

6.3. Adam Smith (1723–1790) wrote on language origins in 1759, but chiefly in connection with the order of the emergence of the parts of speech, beginning with substantive nouns. Smith used the situation of two isolated infants, as had Condillac and Maupertuis. Much more important, perhaps in many ways the most impressive single contribution on the origin of language problem was the 6-volume work of another Scot, Lord Monboddo (James Burnett, 1714–1799), who held to the topic (rather than using it as the vehicle for some other philosophical agenda), covered most of the ideas of his predecessors, and in a sense had the ›last word‹ on the issue in the 18th century. He saw language originating in gesture and natural cries, later moving from monosyllables to polysyllables (Monboddo 1773). His voluminous work covered practically everything that had been said about the topic up to his time, and concentrated on the subject matter of its title (which cannot be said of Adam Smith's 1759 treatise). His contribution can be said in hindsight to have been diminished by his naïve supposition that ›orang-outans‹ (i. e. any anthropoid ape, in 18th century parlance) might have once had speech. We cannot blame him for not knowing more about these animals; only a few had reached Europe alive, much less to survive long enough for careful behavioral study. Monboddo's contemporaries, such as Samuel Johnson, regarded him as a crank; his work was rarely cited during the 19th century revival of the language origin debate. Petrus Camper (1722–1789), a Dutch anatomist and painter, based his refutation of Monboddo's claim of language-capable apes by dissection of an orang from the East Indies, which was not a definitive test.

7. Nineteenth century ideas

7.1. Around 1800, an intellectual clique in Paris known as the Idéologues, sought to revive the views of Condillac, and founded a short-lived *Société des Observateurs de l'Homme*, with an ambitious research program which was to include worldwide studies of gesture, another Psammetichus experiment, and fieldwork with ›savages‹ in systematic fashion. The members included Jean-Marc-Gaspard Itard (1775—1838), who had tried to teach language to Victor (the wild boy of Aveyron), Georges Cabanis (1757—1808), Sicard (Roch Ambroise Cucurron, 1742—1822), Joseph-Marie de Gérando (1772—1842) and François Péron (1775—1810). They developed some remarkably modern research programs, which unfortunately mostly were abortive. Their only lasting contributions lay in the area of education of the deaf, and to some extent, in the amelioration of the treatment of the insane. Had the *Société des Observateurs de l'Homme* survived, cultural anthropology would have almost 40 more years of history as an organized scientific undertaking. As it was, it was not until the 1830's and 1840's that efforts to create such societies were successful in Paris, London and New York.

7.2. These plans were quickly forgotten, and with respect to linguistic research projects, chiefly because their focus moved to comparative philology — a ›paradigm shift‹ in Kuhn's terms, triggered by William Jones's (1746—1794) demonstration of the relationships between Sanskrit and the major languages of Europe (Riley 1979; Formigari 1985). Alongside philology there was a growing reaction against the ideas of the Enlightenment, represented in France by Joseph de Maistre (1753—1821), Louis de Bonald (1754—1840), and Félicité Robert de Lamennais (1782—1854), all of whom opposed naturalistic views of glottogenesis. The output of language origin writings dropped off markedly after 1800, in favour either of philology or a romantic and metaphysical approach to language. — Immanuel Kant (1724—1804), who had been interested in early mankind in his course on Anthropology at Königsberg, was little concerned with language origins. Georg Wilhelm Friedrich Hegel (1770—1831) regarded efforts to determine how language began as beyond present scientific capabilities. On the other hand, Johann Arnold Kanne (1773—1824) looked for Adamic roots in Indo-European and Semitic stems, and John Borthwick Gilchrist (1759—1841), like van Helmont, discerned traces of the ›Ursprache‹ in the letter-forms of the alphabet. — Friedrich Schlegel (1772—1829) and his

brother August Wilhelm (1767—1845) were leaders in comparative studies, but believed that a language as perfect as Sanskrit could not have been generated by primitive folk, and must have had some underlying sublime principles. Friedrich Wilhelm Joseph Schelling (1775—1854) saw language as the revelation to mankind of the Absolute, as did Franz Wüllner (1798—1842). Wilhelm von Humboldt (1767—1835) (s. art. 26) also thought that the fundamental sources of language precluded any empirical determination. Alexander Murray (1775—1813) claimed that all languages had arisen from nine primordial roots, derived from gestures, all of them relating to striking or pressing movements. His theory resembled Marr's in the early 20th century (cf. 8.3.). Other glottogonic fantasies included Jean-Baptiste-Joseph Barrois' (1784—1855) hypothesis that God had communicated to the ancient Hebrews in manual signs (1850), Gotthilf Heinrich von Schubert's (1780—1860) notion that early man had sung his language in tune with the music of the spheres (1859), and Hornay's (1858) argument that speech-sounds were dialectic, with diphthongs expressing the unity of opposites.

7.3. In contrast, there was solid empirical work going on in neurology, by Jean Bouillaud (1796—1881), Marc Dax (1771—1837), Charles Bell (1774—1842), and François Magendie (1783—1855). Franz Joseph Gall (1758—1828), the founder of phrenology, argued that mental faculties were specifically located in the cerebral cortex, including centers for speech. By *solid* I mean that data based on clinical cases, autopsies, dissections, comparative work on animals, etc. was going on in neurology, by Bouillaud, Dax, Bell, and Magendie. These researches were in marked contrast to ideas about the ›mind‹ persisting in philosophy and theology. Gall's phrenological ideas were, to be sure, not well founded on empirical evidence, but they stimulated the search for specific cortical control areas. — Ernest Renan (1823—1892) wrote on language origin in 1858, a high point in the Romantic mystification of the subject. For him, language capacities were innate, but it had exhibited progress from a system lacking parts of speech to its present complex condition. August Friedrich Pott (1802—1887) questioned all such metaphysical views of language, later drawing the enmity of Franz Philipp Kaulen (1827—1907) who still upheld the *Genesis* story and the notion of

Hebrew as the ›Ursprache‹. Jacob Grimm (1785–1863) generally agreed with Pott's scientific approach. He thought that primordial speech would have resembled Chinese, but over time, the more advanced tongues would develop inflections and richer syntax. The notion of Grimm, et al., that Chinese might resemble primordial language was based on several points. In Chinese writing, each character corresponds to a morpheme (in modern parlance) which has one or more statable ›meanings‹. — The meanings or morphemes in Indoeuropean languages are not reflected in their graphic representation (not at least since Hittite writing). In spoken Chinese, ›roots‹ are no more self-evidently meaningful than those in any other spoken language. Second, Chinese syntax is genuinely less complex than that of highly inflective languages. This point could be used, by those who relate primitivity to simplicity, to argue that Chinese had a more ›primitive‹ structure. Further, Chinese morphemes contain very few consonant clusters, another seemingly primitive trait. Nineteenth century European philologists were generally convinced that languages like Latin, Greek, Sanskrit, and Hebrew were vehicles of the most sublime human thought, and that their grammatical complexities were positively related to the profundity of the ideas which had been expressed in them. Therefore, Chinese must resemble the earlier languages, which could not have been complex. English presumably escaped being labelled primitive because it does retain complex consonant clusters, and sufficient traces of its older inflectional system to quality as a degenerate rather than an archaic tongue.

7.4. The Neandertal skeletal discovery of 1856 provoked debate over whether such a primitive human form could have had language; some experts, like Rudolf Virchow (1821–1902), said the specimen was only a modern imbecile. Nevertheless, a growing segment of the educated public was being prepared by certain writers to entertain the possibility of the transformation of species, in the light of the new sciences of geology and paleontology. C. Darwin's *Origin of species* (1859) touched off a monumental public controversy, starting in Great Britain, even though Darwin had prudently avoided more than a passing mention of its possible bearing on mankind. In 1863 August Schleicher (1821–1868) addressed an open letter to Ernst Haeckel (1834–1919) on possible applications of nat-

ural selection to the study of language. Schleicher argued that a strictly scientific reconstruction of the origin of speech should be feasible, if it were the outcome of natural changes in the brain and vocal organs. He believed that onomatopoeia and gestures had initiated the process. The *Société Linguistique de Paris*, confronted with the prospect of a flood of glottogonic speculations, incorporated in its by-laws a rule against accepting any papers dealing with language origins, in 1866. This ban did little to stem the tide, except perhaps in France. It certainly did not stop the Germans.

7.5. Max Müller (1823–1900), a German philologist by this time settled at Oxford, was a major defender of the transcendental status of language, against the materialist implications of Darwinism, and any who would find the roots of speech in some continuity with the vocalizations and other utterances of animals. He rejected gestural origins, onomatopoeia, work-songs, and interjections as possible pathways to speech, preferring an immanent natural harmony between things and their symbols. He defended the Cartesian dogma that without language there could be no thought. However, gesturalist theories of language origin abounded in the writings of Gustav Jäger (1832–1917), Lazarus Geiger (1829–1870), and Edward Burnett Tylor (1832–1917). Jäger thought that monkeys possessed a well developed gesture-system; Geiger argued that language preceded the use of tools. Tylor was more cautious, although he discussed mouth-gesture, and felt that a gestural origin of speech ›could be plausibly explained‹. Wallace reviewing one of Tylor's books, picked up the mouth-gesture-theory, first advanced by John Rae (1813–1893) in 1862, and embraced it, even though he never agreed with the more materialistic Darwinians that man's mind was simply the outcome of natural selection, without some spiritual infusion. Darwin made some brief remarks about the origin of language in *The descent of man* (1871), without much originality, and added little in his otherwise very important *Expression of the emotions in man and animals* (1872), except that speech might have arisen through natural selection to attract sexual partners. Thomas Huxley (1825–1895) strongly assailed the Cartesian doctrine of discontinuity between man and other animals, but did not propose a glottogonic theory. Haeckel postulated a ›Pithecanthropus alalus‹

(speechless ape-man) the generic name of which was attached in 1894 to a fossil hominid, now included in Homo erectus, found in Java. Haeckel's cousin Wilhelm Bleek (1827−1875), working in South Africa on Bushman (San) and Hottentot languages, reported that they represented a very early stage of language evolution. − Frederic William Farrar (1831−1903) wrote a short but very reasonable survey of language origin theories (Farrar 1873), restating and reinforcing the gestural origin theory, supplemented by onomatopoeia, along with observations on Darwin and Schleicher in later editions. Jean Rambosson (1863) and Yves Léonard Remi Valade (1866), both familiar with the sign language of the deaf in France, wrote on the role of gesture in the original formation of speech, a view also supported in America by John Fiske (1863).

7.6. Between 1860 and 1878, Paul Broca (1824−1880), Hughlings Jackson (1835−1911), and Carl Wernicke (1848−1905) worked out the basic localizations of language controls in the left cerebral hemisphere, building on the earlier research of Dax, Bell, and Magendie. It was to be almost a century before neurology would have much impact on the thinking of most linguistics. Heymann Steinthal (1823−1899) emphasized onomatopoeia in his book on language origins (1851), though he believed that the ultimate basis of man's language capacity rested on innate spiritual factors, which had generated the primordial roots. The earliest sentences were holophrastic noun-phrases. In his later writings he was less positive. His colleague Moritz Lazarus (1824−1903) derived speech-sounds from mouth-gestures which imitated the movements of the sources of natural sounds. The American linguist William Dwight Whitney (1827−1894) was already critical of Müller and of Steinthal in 1867; he saw languages as cultural institutions. Whitney did not see them as systems formed directly ›by Nature‹ (or by God), nor as the outcome or expression of transcendent forces. By the mid-19th century, some anthropologists believed that cultural institutions arose out of pragmatic discoveries or solutions to problems of everyday human existence, such as the making of shelters or of tools, or at a more advanced level, the formation of kinship systems or legal norms. At the time, cultural progress was usually seen as inevitable and predictable, much as biological change was viewed by the mid-19th century evolutionists. Archibald Henry Sayce (1845−1933) voiced similar opinions in his main work on language origins around 1875 to 1880. The earliest languages were interjectional, then onomatopoeic, and preceded by gestural signs. Anton Marty (1847−1914) (s. art. 33) rejected most previous glottogonic speculation; he held that the development of language had been a deliberate, conscious activity, even when onomatopoeic. − Rudolf Kleinpaul (1845−1918) and Garrick Mallery (1831−1894) favoured a gestural basis for language; Mallery had a first hand knowledge of the North American Indian sign language. He thought that there had never been a time when language consisted only of gestures, unaccompanied by the voice.

7.7. Karl Marx (1818−1883) was not much concerned with language origin, but Friedrich Engels (1820−1895) was explicit, if brief, in his unfinished *Anteil der Arbeit an der Menschwerdung des Affen* (1876) and in his *Der Ursprung der Familie, des Privateigenthums und des Staats* (1884) with its stages of cultural evolution. He saw speech as the outcome of group-labours, made possible by the capable human hands. Engels postulated a selective improvement of the vocal organs as early humans had something to say to one another. For recent views on this theory, see Nessa Wolfson (1982) and Fluehr-Lobban (1986). Ludwig Noiré (1829−1889) in books evidently unknown to Marx and Engels, advanced a ›workchant‹ theory of language origin, much more detailed than that of Engels; Noiré had some surprisingly modern notions about the role of tools in prehistoric cultural evolution.

7.8. George John Romanes (1848−1894), a staunch Darwinist, in a major work on human cognitive faculties argued that gesture preceded spoken language, although it later became only ancillary. Romanes saw the ›germ of sign-making‹ in apes and other higher animals, including dogs. Richard Lynch Garner (1848−1920) undertook the study of the ›language of apes and monkeys‹ in West Africa, from an observation cage he set up in the forest, using the phonograph to record the sounds of primate calls. His findings were meagre (1892, 1900), and had no significant scientific impact. Donovan in two articles (1893, 1899) proposed the ›festal origin of speech‹, in dance and mime. Raoul de la Grasserie (1839—1914) in 1895 imagined a process similar to mouth-gesture, but in which movements of the vocal organs paralleled not actions of the message transmitter, but movements of external objects in the environment to which the message referred. Hermann Paul (1846—1921) attributed the original creation of language to gestures (1891), and later stated that the date of language formation was indeterminate; he rejected the idea that language arose from collective, unconscious sources.

8. The twentieth century

8.1. By 1900—1910, few academic linguists seemed even interested in criticizing language-origin speculations. The Junggrammatiker or Neogrammarians, starting about 1875, asserted that the various ›sound-laws‹ (mainly discovered in Indo-European) had no exceptions; seeming exceptions to Grimm's Law, for example, were explained by Karl Verner (1846—1896) as due to changes in accentuation, and further explanations of seeming irregularities followed. These principles appeared to make language a thoroughly rule-governed body of phenomena, approximating the subject-matter of mathematics and physics. The undocumented and probably scientifically untidy origins of language, untidy in the sense that they may have involved interactions of phenomena in such fields as neurology, genetics, the geographic environment, social behaviour of animals, etc., were disturbing and unattractive, much in the way that the physics of subatomic particles and radiation were to those accustomed to the neatness of Newtonian mechanics. The Neogrammarian approach was now predominant, and in agreement with Ferdinand de Saussure's (1857—1913) (s. art. 36) dogma of the arbitrariness of the linguistic sign, which left little leverage for any of the proposed glottogonic mechanisms. Exceptions to the general neglect of the question included Alfredo Trombetti (1866—1929), who massed data supporting the theory of the monogenetic origin of language in *L'unità d'origine del linguaggio* (1905) and Wilhelm Schmidt (1868—1954) who attempted to fit language into the worldwide culture-historical ›Kulturkreislehre‹ schema (1926). The psychologist Wilhelm Wundt (1832—1920) (s. art. 31) turned to the problem of language origins in his monumental *Völkerpsychologie* begun in 1900, in which he upheld the gestural pathway

to speech, after a thorough review of existing origin theories. Otto Jespersen (1860—1943), who had started to write about language origin in 1894, insisted later that the question could not be indefinitely avoided by his fellow-linguists. For Jespersen, languages evolved in the direction of analytic systems now represented by English and Chinese, rather than toward syntactic elaboration of the type found in Sanskrit and other highly inflective languages. The isolated lower jaw of Heidelberg man, found in 1907, aroused some glottogonic interest because it combined a rather ape-like, rounded, prognathic chin, with genial tubercles on the inner surface of the mental symphysis, thought to indicate a tongue with articulate capability. Later studies have shown that individuals lacking such tubercles were known to have exhibited no speech defects during their lives. Greater excitement was generated by the 1912 find of Piltdown ›man‹ in England, in which a fragmentary but essentially modern cranium was associated with an apelike mandible. Forty years later it was shown to be an ingenious fake (J. S. Weiner 1955), in which the lower jaw was indeed that of a modern orang-utan. The perpetrator of the hoax has not been firmly identified, nor is the motive for the hoax clear. For many years, however, leading physical anthropologists and anatomists had accepted it as proof that the prime-mover of hominid evolution was the brain, with implications for the precocity of language and advanced cognitive capacities.

8.2. The climate of scientific opinion changed radically after the research slow-down between 1914 and 1918 in fields unrelated to the War. Ideas about language origins were affected by behaviourism, psychoanalysis, cultural relativism, and logical positivism — obviously not in a consistent direction, but away from many earlier presuppositions. Localization of cortical functions was seen as obsolete in some psychological circles (though not by neurologists). Cognitive psychology virtually disappeared except among the minority of Gestalt theorists; references to innate or instinctive bases for human behaviour were regarded increasingly as potentially racist, except by psychoanalysts. American linguistics became thoroughly behaviourist. There was little interest in why human infants acquire language, and other young animals do not, and for many practicing psychologists, with or without interests in language, the brain became a black box, to be investigated, if at all, by some other discipline. — Nevertheless, it was during this period that Robert Mearns Yerkes (1876—1956) suggested that chimpanzees might be able to learn a manual sign-language (1925), and that the experiments of Wolfgang Köhler (1887—1967) on the mentality of apes attracted a wide readership. Yerkes began to plan a research facility for the psychological study of apes, and in Moscow, Nadežda Nikolaevna Kots (1890—1963) began her research on cognition in a young chimpanzee. These studies were to have a later impact on language origin theories (cf. 8.6.). Yerkes' work, in particular, led to the ongoing program of psychological research with anthropoid apes which in recent years has come to include explicitly linguistic or language-like behavioural capabilities in these animals.

8.3. Richard Arthur Surtees Paget (1869—1955) started his 30-year investigation of language origins focussing on gesture, in the course of which he devised a manual sign-language for the deaf. He believed that regular speech did not develop until the Middle or Upper Paleolithic, and that it arose out of mouth-gesture. In Iceland, Alexander Jóhannesson came to similar conclusions, independently of Paget. Karl Bühler (1879—1963) (s. art. 38) wrote on work and rhythm, finding (like Noiré) language roots in workchants and expressive cries, between 1928 and 1965. Georg Schwidetzky (1875—ca. 1948) issued several semi-popular works on supposed similarities between ape and monkey vocalizations and various human language families, from 1921 onward. Edward Sapir (1884—1939), who had written on Herder's language origin essay in 1909, and who had become a leading American linguist, supported, against the grain of Americanist linguistics of the time, long-distance connections between American Indian and Old World language families, as well as the notion, which goes back to von Humboldt, that language exercises a powerful influence on human modes of thought, now known as the Sapir-Whorf hypothesis. In 1933 Sapir suggested that work with apes might shed light on the genesis of speech. Oehl, from 1917 to 1930's, studied child-language, then regarded as a peripheral topic for linguistics, concluding that mouth-movements in articulation represented external referents. — Nikolaj Jakovlevič Marr (1864—1934) began in 1924 to

adapt his theory of primordial syllabic roots to Marxist doctrine concerning the ›superstructure‹, in which language ought to reflect class-structural outcomes of the mode of production. For years he was hailed as a leading Soviet linguist, master of the Japhetic School (named after one of Noah's sons), until his fellow Georgian, Iosif Vissarionovič Stalin (1879—1953), who considered himself equally expert in linguistics, demolished the Marrist system in a signed lead article in Pravda, 4 July, 1950. Stalin's authority in all matters could not be safely challenged in the USSR at the time, but certainly also in this case, Stalin happened to be right about the absurdities in Marr's theories. Unfortunately, Stalin had sounder ideas about linguistics than he did in the field of genetics. Marcel Jousse achieved a parallel fame, in much more limited French circles, from around 1925 to 1936, for his bizarre glottogonic theories based in part on Semitic roots.

Cautious and unspectacular approaches to language origins were expressed by Franz Boas (1858—1942) in 1938, Alf Sommerfeldt in 1930 and 1944, Albert Drexel in 1952, and William James Entwistle in 1949. The American Behaviourist Edward Lee Thorndike (1874—1949) proposed a ›babbleluck‹ theory of glottogenesis in which random infant babblings were selectively reinforced to form early words, not untenable with respect to nursery terms for parents and other close kin, and other terms closely connected with the environments of human infancy. Arno Bussenius (1950) linked early language to the supposed effects of the visual aspects of fire on the human imagination. — Géza Révész produced a widely read book on language origins (1939; 1954) containing both a comprehensive review and critique of past ideas about the problem and his own ›contact theory‹ (Révész 1946) which is disappointingly inexplicit and lacking in suggestions for testing it. His book signalled a revival of serious concern with the problem, however, judging by the numerous reviews it received, as did the bulky (5-volume) *Psychologie der Sprache* by Friedrich Kainz (1897—1965) which included material on glottogonic theories, signlanguage, and the ›primitivity‹ of so-called primitive languages. Language origins were also the subject of work by Antonino Pagliaro, Felice Bruni, Giorgio Fano, and Oddone Assirelli, between 1940 and 1962 (cf. Fano 1962) reviewing the history of language-origins speculation, as well as presenting some new theories. Gestural sources were notably favoured, as in Fano; Assirelli was a disciple of Trombetti. Striking new ideas were not characteristic of this Italian efflorescence. John Scott Haldane (1860—1936), the British biologist, however, put forward the charming theory that the domestication of the dog contributed to the predominance of spoken rather than gestural language because dogs were less responsive to visual than audible stimuli. — In 1931 the Kelloggs (Winthrop Niles and Luella Agger) raised a young chimpanzee with their infant son, for a couple of years, and the ape at first outpaced his human counterpart in most areas of behavioural growth, quickly dropping behind when the child started to talk. The experiment was not undertaken with any language-origin implications (Kellogg/Kellogg 1933). However, if a chimpanzee could acquire spoken language simply by being reared in a human cultural environment, then no major biological restructuring of the vocal tract would have been required for speech to appear. Since speech did not emerge in the ape, whereas it did in the human child, where both were living in essentially the same learning environment, the Kellog experiment was an important step in directing investigators away from a simplistic behaviourist explanation for spoken language. The Hayes' experiment (cf. 8.6.) was a further critical test of behaviourist ideas about the nature of human speech. Meanwhile, in the later 1930's, discoveries were made in southern Africa of additional australopithecine fossils — of so-called ›man-apes‹, helping to stimulate interest in the reconstruction of their general way of life, but also in their possible tool-making and language-using capabilities. Raymond Arthur Dart (*1893), who had described the first australopithecine fossil in 1925 now opined that these early hominids may have used gesture-language. Leslie A. White (d. 1975) was a proponent of cultural evolution, at a time when almost the only supporters of it in anthropology were Marxists. He asserted that mankind possessed a species-specific ›symbolling capacity‹, essential for the development of culture, but in a 1946 chapter entitled *On the origin and nature of speech* he advanced no coherent glottogonic scenario.

8.4. Burrhus Frederic Skinner (1904—1990), a dedicated behaviourist with much work in comparative psychology, regarded human language as no more than a particularly complex set of conditioned responses, which a human child is able to acquire and manipulate under appropriate stimuli, but essentially in the same way that target-pecking behaviours can be instilled in pigeons. — As a behaviourist he was forced to deny or dismiss as irrelevant the possibility that in addition to having a much larger brain, with far more neuronal connections, human beings might owe some of their language capacity to cortical features which had evolved uniquely in the hominid line. Skinner had actually discussed some language-origin theories, such as Paget's mouth-gesture model, but it was not glottogenesis as such which drew the fire of Noam Chomsky's (*1928) attack on behaviourism in American linguistics. In subsequent work, Chomsky pursued linguistics in what he called a Neo-Cartesian framework; with respect to language origins he blandly dismissed the topic with the suggestion that the ›language acquisition device‹ present in human infants had got there by some mutation or other. That there was somewhat more to the problem was made clear in Eric H. Lenneberg's *Biological foundations of language* (1967) to which Chomsky contributed an appendix. Lenneberg carefully covered the neurological aspects of language but offered no specific model for its evolutionary emergence in the light of hominid paleontology or prehistory archaeology. To be sure, the book appeared at the very start of impressive new empirical findings, and just before the start of the ape-language experiments.

8.5. Charles F. Hockett, in a series of papers starting in 1959, advanced the idea of design features of language, many of which occur in species besides mankind. In a 1964 paper with Robert Ascher, a glottogonic scenario was proposed in which the opening up of the primate call-system was attributed to a process of blending previously distinctive signals, forming new wordlike signs. Hockett also laid heavy emphasis on the importance for language of ›duality of patterning‹, or phonemes. In 1973 he lent support to a gestural precursor of speech, reinforced in a later paper (Hockett 1978). — Three valuable books on language origins appeared in the 1960's — by Arthur Sigismund Diamond, Bernhard Rosenkranz, and Eduard Rossi, with a fourth by Morris Swadesh, published in 1971. Swadesh's work combined notions of sound-symbolism with far-reaching and long-distance relationships of language stocks of the kind advanced earlier by Sapir. Swadesh also was heavily involved in the development of glottochronology (based on lexico-statistics). He sought to show the remote common roots of spoken languages, using traditional comparative linguistic methods. His goal, which he also pursued with some highly original techniques such as lexico-statistics, was to demonstrate that all the world's language families were interrelated at a time several millennia ago, richly rooted in sound-symbolism. He did not attempt to account for the ultimate beginnings of speech. His approach has been revived in the 1980's.

8.6. In 1950 – 51 Keith and Catherine Hayes tried to teach a chimpanzee to speak, but with very limited success (about four to six poorly whispered words). A far more promising direction of such research began in the late 1960's, independently by Beatrice and R. Allen Gardner and by David Premack – psychologists working without the preconceptions and skepticism of linguistics regarding such enterprises. Since then additional experiments have been undertaken, some continuing to the present (1987); Savage-Rumbaugh (1986) provides detailed information on some of the latest findings. – As indicated above (cf. 8.3.) psychological research on anthropoid apes, originally concerned with problem-solving behaviour and learning theory, unexpectedly led to work related to what many linguists and philosophers considered a purely human topic, the capacity for language. It was expectable that direct experiments with apes should be carried out mainly by psychologists with training and experience in animal behaviour including management of laboratory animals. From the pioneer studies of the Gardners and Premack, this special subfield has produced a large literature, and much controversy. – The issue in the ape-language experiments goes beyond the question of whether, under suitable conditions, an ape can be provided with a learning environment, in which language-like communication can be elicited. The major breakthrough came when, nearly simultaneously, Premack and the Gardners turned away from the seemingly, hopeless task of getting apes to speak, and to employ, instead, a non-vocal language (or language analogue) in the visual mode. Encouraging results followed quite quickly. However, it is quite clear that neither the Gardners nor Premack initially sought to shed light on the origin and evolution of language, but only on whether apes possess the requisite intelligence (or learning and other mental abilities, such as symbol recognition and memory) to exhibit at least some rudimentary language-handling capacity. Some of the later ape language experiments have acknowledged the enormous interest their work holds for anthropologists, prehistorians, and at least some linguists and philosophers of language. – From an evolutionary standpoint, the relevance of the ape language experiments is that, if the results reported are valid (which not everyone familiar with the research accepts), the earliest hominids, not different in most respects from living chimpanzees, except in their locomotor adaptations, probably had the capacity to handle a rudimentary language-like communication system in the visual mode similar to what has been recently inculcated in captive apes. – Nothing approximating the conditions of modern ape-language laboratory experiments could have existed to foster language in the early hominids. Likewise, artificial selection carried out by human plant and animal breeders is drastically different from what Darwin perceived as its analogue, ›natural selection‹: The task of the Darwinian evolutionists was to show how undirected natural processes could, in time, achieve (and indeed, greatly surpass!) what breeders of domesticated species have accomplished.

In 1967 Roger Wescott had called for the reopening of the long closed question of language origin, and Jane Lancaster had likewise reopened the question in her 1968 dissertation. The efforts of paleoanthropologists to reconstruct the biogram of the australopithecines were intensified as more fossil specimens came to light. In 1972 there were conferences on the topic of language origins at the Centre Royaumont and in Toronto (Wescott 1974), in 1975 at Munich by the Teilhard de Chardin Society, and in New York. The New York meeting was sponsored by the New York Academy of Sciences, and attracted 80 speakers and discussants whose papers fill a 914-page volume (Harnad/Steklis/Lancaster 1976). By this time there were new or recently founded journals ranging in scope from human evolution, primatology, brain and behaviour, child language, and sign language, affording greatly increased space for publication on matters of glottogenesis. The ape-language experiments have been broadened to include gorillas and orang-utans, as well as the pygmy chimpanzee (*Pan paniscus*).

Brain-related research came to involve not only studies of fossil endocasts, but of live human subjects using non-invasive techniques for monitoring cortical activity. Changes in the hominid basiscranial morphology (Lieberman 1984) have suggested a relatively late prehistoric modification in the position of the larynx, to permit a wider range of vocal sounds. But it should be obvious — as Dascal (1978 a) has pointed out in an essay on Rousseau — that no amount of anatomical or paleontological evidence bearing on the physical capacities of australopithecines or later hominids to produce speech-sounds is necessarily related to the question of the ultimate origins of *language*. Several books on glottogenesis have appeared between 1980 and this writing, by Derek Bickerton (1981), focussing on the characteristics of creole languages as possible models for early languages, Jaynes on the possible very late, emergence of consciousness, Eric Gans, and Martin Hildebrand-Nilshon (1980). A lengthy bibliography of works on language origins was compiled by Gordon W. Hewes (1975), and supplemented by William Orr Dingwall (1987) on the neurology of language. — In 1981 a colloquium on language origins was convened in Paris, sponsored by the Social Science Council of UNESCO, papers of which constituted a volume edited by Eric de Grolier (1983). At the international anthropological congress in Vancouver, Canada, in 1983, there was another symposium on language origins, where plans were made for a language origins society. That society held its first international meeting in Kraków in 1985, and its second gathering in Oxford in 1986. A third conference of this society was held in Nashville, Tennessee, USA, in 1987. A large meeting of the Language Origins Society, sponsored by the NATO Advanced Science Institute, was held at Cortona, Italy, in 1988, with papers presented by 32 participants, and annual meetings of the same society have followed in Volendam, Netherlands, De Kalb, Illinois and Richmond, Kentucky, USA, in Cambridge, England, and St. Petersburg, Russia. There was also a conference at the Santa Fe Institute, New Mexico, USA (1989). Books by individual authors, some presenting important new theories of glottogenesis, have also appeared in this period.

Roman Stopa, Mary LeCron Foster, R. Allott, et al. continued the approach of Paget, Jóhannesson, and Swadesh, to reconstruct roots based on sound-symbolism or mouth-gesture. Similar efforts by Mary Ritchie Key, a group of linguists in the so-called ›Nostratic‹ school, and Joseph Greenberg, have all proposed far-reaching lumpings of language families formerly regarded as unrelated, linking New World languages to major Old World stocks, and the like, in recent years. These efforts are not directed toward discovery of the initial phases of glottogenesis, possibly among the early hominids, but are at least attempting to push the evidence about spoken language back into the Upper Paleolithic, when, depending on the views of the various reconstructionists, all or most spoken languages were much more closely related if not from a single common stock twenty or thirty thousand years ago. — These approaches have in common the implication that either all human speech forms arose in a limited region and population, somewhere in the Old World, or that late Paleolithic humans shared, to a remarkable extent, a psycholinguistic or neurolinguistic substrate capable of generating substantially identical vocal signals for basic semantic items. Either way, since the fossil evidence for tool-making hominids with fairly large brains goes back much farther in time than the Upper Paleolithic, demonstration that all or nearly all existing language families go back to a common ›ancestral‹ stock would raise some extraordinary questions.

9. The status of the problem toward the end of the twentieth century

In the late 20th century the study of language origins became impressively interdisciplinary. It has engaged serious investigation by psychologists — experimental, cognitive, psycholinguistic, and child —, by primatologists, physical anthropologists, prehistorians, neurologists, anatomists, as well as historiographers of linguistics; workers in artifical intelligence and philosophy. A determined bibliographer can now count on turning up three to four relevant titles per week, mostly in the journal literature, although not all the authors so noted may be aware of the glottogonic implications of their contributions. — The long pre-modern glottogonic debate, while carried on with little or no scientific evidence for any position, at least generated some testable hypothesis once substantial data became available from evolutionary biology, neurology, psycholinguistics, etc., as well as from comparative linguistics. To take an extreme example, the notion that the ›Ursprache‹ was Hebrew became increasingly untenable simply in the light of mid-19th century linguistics. Geology and paleontology made it unlikely that a model for glottogenesis would or could conform to the received Old Testament chronology and belief in the Deluge, in Ham, Shem, and Japheth, or the Tower of Babel story. From the standpoint of current scientific thinking, nearly all of the conceptual bases of pre-modern language-origins thought have turned out to be far too simple, much in the way that other areas of modern science have found it impossible to operate with the Ptolemaic model in astronomy, the five elements in chemistry, the four humours in medicine, or fiat creation and fixity of species in biology. — It is finally fair to describe the language origins ideas, which we have traced back to the *Cratylus* and earlier, as now constituting a genuine intellectual debate, in which the participants, now numbering some hundred of individuals around the world, come to the problem armed with substantive scientific data.

10. Selected references

Aarsleff 1982 a, *From Locke to Saussure.*

Arens ²1969, *Sprachwissenschaft: der Gang ihrer Entwicklung von der Antike bis zur Gegenwart.*

Borst 1957—1963, *Der Turmbau von Babel: Geschichte der Meinungen über Ursprung und Vielfalt der Sprachen und Völker.*

de Grolier (ed.) 1983, *Glossogenetics: The Origin and Evolution of Language.*

Harnad/Steklis/Lancaster (eds.) 1976, *Origins and Evolution of Language and Speech.*

Hewes 1975, *Language Origins: A Bibliography.*

Stam 1976, *Inquiries into the Origin of Language: The Fate of a Question.*

Wells 1987, *The Origin of Language: Aspects of the Discussion from Condillac to Wundt.*

Gordon W. Hewes, Boulder, Col. (USA)

66. Der arisch-semitische Streit zu Beginn der modernen Sprachwissenschaft

1. Einleitung

Der Streit über die Herkunft der ältesten europäischen Sprache führte im historischen Verlauf häufig zu Spekulationen über die erste Sprache der Menschheit. Man war uneinig, ob es sich um eine orientalische oder westliche, südländische oder nordische Sprache handelte, und disputierte darüber, ob im Garten Eden Hebräisch oder Flämisch gesprochen wurde. Innerhalb dieser Kontroversen, die während der Renaissance wiederaufgeflammt waren, sprach sich Gottfried Wilhelm Leibniz (s. Art. 23) unter Berufung auf Jan van Gorp (Goropius Becanus, 1518—1572) zugunsten des Flämischen aus: „[L]a langue Germanique, que [Becanus] appelle Cim-brique, a autant et plus de marques de quelque chose de primitif que l'Hebraïque même" (*NE* III, 2 § 1). Bis heute bestimmen die alten Streitfragen Wissensstand und Vorurteile über eine mögliche gemeinsame Herkunft der europäischen Sprachen. — Grundlage aller Spekulationen bilden dabei die alten Schriften, die auf vielfältige Weise die Fragen und Antworten der Gelehrten beeinflußten. Sie berichten von einem Gott, der die Welt in sechs Tagen schuf, indem er Wörter einer Sprache aussprach, die das Ur-Chaos beseitigt. Gott stattete ein einziges seiner Geschöpfe, den Menschen, mit dieser wirksamen Sprache aus, der Mensch wiederum verwendete sie, um den anderen Kreaturen Namen zu geben. Diese Sprache Adams und Evas ist nicht überliefert, da Gott die Menschheit in Babel mit einer großen Amnesie heimsuchte: Indem er die Laute und Bedeutungen verwirrte, vergaßen die Menschen die ersten Wörter. Durch dieses Ereignis hat sich die Situation des Menschen grundlegend verändert. Die Einheit einer unmittelbaren und klaren Sprache wurde von einer Vielzahl unklarer Einzelsprachen abgelöst, und die der Verwirrung ausgelieferten Sterblichen müssen sich seither ständig darum bemühen, gemeinsame Worte zu finden, um sich zu verständigen.

2. Europa als Erbe Japhets

Zwischen der Sintflut und dem Turmbau zu Babel bildete sich ein neues Menschengeschlecht, das auf Noah und dessen drei Söhne, von denen alle Menschen auf Erden herkommen (vgl. *1. Mos.* 9,19), zurückgeht. Der in 1. angesprochenen Vervielfachung der Sprachen entspricht die im *1. Buch Mose* erwähnte Aufteilung der Menschen „nach ihren Geschlechtern, Sprachen, Ländern und Völkern" (*1. Mos.* 10,20; vgl. auch *1. Mos.* 10,5; 10,32). Die regionale Verteilung dieser großen Diaspora der Menschheit hing von Flüchen und Segnungen Noahs ab, die in Zusammenhang mit seiner unziemlichen Trunkenheit stehen. Nach einigen christlichen Exegeten, die sich auf Philon von Alexandreia stützen (vgl. Philon von Alexandreia 1979 II, 71; 1962 I, 6; 32; Harl 1986, 142 f), machte es Noahs Sohn Cham nichts aus, die Anstößigkeit seines Vaters in aller Öffentlichkeit preiszugeben. Dabei habe er gelacht und sich über die Nacktheit des Vaters lustig gemacht. Zur Strafe verdammte Noah Chams Sohn Kanaan dazu, „seinen Brüdern ein Knecht aller Knechte [zu sein]" (*1. Mos.* 9,25); in Anlehnung an Flavius Josephus (1. Jh. n. Chr.) (Flavius Josephus 1900 I, vi, 2 f; Amselle 1991) identifizierten die Kirchenväter später das Siedlungsgebiet von Chams Nachkommen mit Afrika. Chams Brüdern, die rückwärts gehend den Vater mit einem Kleid bedeckten und sich dabei abwandten, um dessen Blöße nicht zu sehen (vgl. *1. Mos.* 9,23), ordnete die Tradition zwei andere Kontinente zu. Sem, der im *1. Buch Mose* durch eine besonders enge Bindung zu Jahwe charakterisiert wird, erhielt Asien. Japhet, in dessen hebräischem Namen 'Schönheit', 'Offenheit' und 'Weiträumigkeit' im Sinne von 'expansiver Herkunft' anklingen, wurde zum Vater Europas. Den Lesern der *Septuaginta*, der griechischen Übersetzung des Alten Testaments, konnte die etymologische Fiktion einer ›εὐρύ-οπα‹ dann sogar einen Beleg dafür liefern, daß Europa, als der Kontinent, der ›weit blickt‹ (εὐρύς, ὤψ), von der ›Vor-sehung‹ auserwählt sei (vgl. Treidler 1979, 446—449). Seit Hekataios von Milet (6. Jh. v. Chr.) unterteilten die Griechen die Welt in drei Teile: Afrika, Asien und Europa. Diese antike Geo-

graphie wurde später verchristlicht, indem die neuen, biblischen Ahnherren der Menschheit ins Spiel gebracht wurden (vgl. Augustinus *Civ. Dei* XVI, i—iii; *PL* XXIII, ii, 824; 828; 998 f; Mangenot 1920, 1212 f).

2.1. In ihrem Bestreben, Aneignung der alten biblischen Botschaften und Integration heidnischer Kenntnisse und Mythen zu verknüpfen, um diese leichter assimilieren zu können, erkannte die frühe Kirche in Kronos, Titan und Iapetos die drei Söhne Noahs — Sem, Cham und Japhet — wieder (Geffcken (Hg.) 1903 III, 105 ff). Iapetos, der kriegerischste Sohn von Uranos (Himmel) und Gaia (Erde) und Vorfahr einer Sippe von Rebellen, hat sich seinen Ruf als kraftvoller Vorkämpfer durch die Jahrhunderte bewahrt. Er taucht beispielsweise im christlichen Europa des letzten Jahrhunderts wieder auf, wo er an der Spitze einer Kultur mit zweifacher, nämlich ›semitischer‹ und ›arischer‹ Tradition steht. Als Symbol des Fortschritts trägt er hier den Sieg gegenüber der Vorsehung davon: „Les religions de l'Orient disent à l'homme: 'Souffre le mal'. La religion européenne se résume en ce mot: 'Combats le mal'. Cette race est bien fille de Japet: elle est hardie contre Dieu" (Renan 1947 ff III, 753). — Laut Flavius Josephus siedelten die Nachkommen Sems zwischen Euphrat und Indischem Ozean in Asien und Japhets Söhne „von den Bergen Taurus und Amanus in Asien bis zum Flusse Tanaïs [= Don], in Europa bis nach Gadira [= Cádiz]" (Flavius Josephus 1900 I, vi, 1). In der ausführlichen Fassung der ›kleinen Genesis‹, dem *Jubiläenbuch*, das wahrscheinlich zwei Jahrhunderte vor der christlichen Zeitrechnung entstand, gehört Japhet alles, was nördlich des Don liegt, und Sem alles im Süden davon (*Jub.* 8,12). Japhets Erbe, das zwar „fünf große Inseln und ein großes Land im Norden" (*Jub.* 8,29) umfaßt, ist kalt, „das Land des Ham aber ist Hitze, das Land Sems aber ist weder Hitze noch Kälte, sondern es ist gemischt aus Kälte und Wärme" (*Jub.* 8,30; vgl. auch Schmidt 1988).

2.2. Dieser an den Sprachunterschieden orientierten Geographie, der sich die Kirchenväter bedient hatten, fügten die *Historia Gothorum* von Flavius Magnus Aurelius Cassiodorus (ca. 485—580), die nur im Auszug des Iordanes (6. Jh. n. Chr.) erhalten ist (vgl. Momigliano 1955), und die Schriften des Isidoros von Sevilla (ca. 600—636) eine nationale Dimension hinzu, die in Utopien über die Ursprünge Europas ihren Ausdruck fand. Es war nun von der großen, sagenumwobenen Insel Scandza die Rede, „[e]x hac [...] quasi officina gentium aut certe velut vagina nationum [...] Gothi quondam memorantur egressi" (Iordanes 1882, 60). Iordanes berichtet von der Nation der Goten ferner, daß sie von dieser Insel „velut examen apium erumpens in terram Europe advinit" (Iordanes 1882, 56; vgl. auch Svennung 1967; Dagron/ Marin 1971). — Einige Jahrzehnte später faßte auch Isidoros die Goten als eine der ersten ›Nationen‹ auf, da sie unmittelbar aus der ersten Völkertrennung nach der Sintflut hervorgegangen seien. Er behauptete, daß Skythen und Goten von Magog, dem zweiten der namentlich erwähnten Söhne Japhets, abstammten (traxisse originem) und betonte, daß Japhets Nachkommen „mediam partem Asiae et omnem Europam, usque ad Oceanum Britannicum" (*PL* LXXXII, 331) besäßen. — Diese nationalen Überlieferungen über die Völker und deren Sprachen, insbesondere die Hochstilisierung der Goten zu einer Art biblischem Urgeschlecht, haben vermutlich eine ganze Reihe mittelalterlicher und neuzeitlicher Sprachtheorien hervorgebracht.

3. Die Auseinandersetzung um das Flämische oder Hebräische als Ursprache

Von nun an wurde die genealogische Suche nach den Vorfahren durch ein bestimmtes Verständnis der Sprachgeschichte ergänzt. Die Ausarbeitung sprachhistorischer Kriterien, die der Vorstellung von einem gemeinsamen Ursprung der europäischen Einzelsprachen Vorschub leisteten, verleitete einige Gelehrte dazu, den absoluten Vorrang des Hebräischen in Frage zu stellen (s. Art. 65). Man versuchte, die verschiedenen Sprachen in ›Familien‹ einzuteilen und war lebhaft bemüht, die Gesetzmäßigkeiten der Sprachentwicklung, -verzweigung und -veränderung bloßzulegen. Mit diesem Projekt glaubte man, einem bereits von Dante Alighieri (1265– 1321) in *De Vulgari eloquentia* gehegten Wunsch endlich in systematischer Weise entsprechen zu können. Dante hatte schon zu Beginn des 14. Jahrhunderts gefordert, ›die Veränderung, die in der anfangs einheitlichen Sprache vor sich gegangen ist‹, zu untersuchen (inquirere) (Dante 1960 I, ix, 1; vgl. auch I, ix, 7). Bei vielen Gelehrten wurden die neuartigen sprachhistorischen Untersuchun-

gen jedoch von spekulativen Tendenzen, in diesem oder jenem Dialekt die erhabene *prima lingua* zu erkennen, begleitet. Eine derartige Anmaßung hatte Dante selbst zutiefst verachtet und diejenigen verspottet, die glaubten, ihre Muttersprache sei mit derjenigen Adams identisch (Dante 1960 I, vi, 2).

3.1. Fast drei Jahrhunderte später schlug der Schwede Anders P. Kempe (1622–1689) mit seiner Satire *Die Sprachen des Paradieses* in dieselbe Kerbe (Olender 1989, 14). Er zog sogar alle Gelehrtenkontroversen darüber, in welcher Sprache sich Gott, Adam, Eva und die Schlange im Paradies unterhalten hätten, ins Lächerliche. Die von Kempe karikierten Spekulationen verbanden sich häufig mit peinlich genauen Analysen von Ursprung und Aussprache einzelner Wörter. Die Gelehrten des 16. und 17. Jahrhunderts fixierten phonetische Ähnlichkeiten und Unterschiede, manipulierten die Wörter durch Auseinandernehmen und Zusammensetzen und bedrängten sie so lange mit etymologischen Sophistereien bis sie endlich ewige Wahrheiten preisgaben. Mit Hilfe dieser ›Ethno-Linguistik‹ gelang es ihnen, ein Bild von der Ursprungsgeschichte des sprechenden Menschen zu zeichnen, das den Erwartungen eines in die Zukunft gerichteten Kontinents entgegenkam. Jede Gegend Europas konnte damals mit Doktoren ›für die Sprache des Paradieses‹ oder für einige ihrer babylonischen Filiationen aufwarten (vgl. Borst 1957–1963). Die flämische Keimzelle dieser autochthonen Linguistik reifte dabei allerdings zu besonderer Blüte.

3.2. In den Niederlanden konnte der europäische Heros Japhet in van Gorps *Origines Antwerpianae* seinen geheimnisvollen Bann weiterausüben (zu van Gorp vgl. Frederickx 1973; Metcalf 1974; Droixhe 1978; Grafton 1991, 99 ff), da die aufkeimende Sprachwissenschaft hier aus zwei Gründen auf fruchtbaren Boden fiel. Zum einen war das Land durch die Spannungen zwischen Katholiken und Protestanten gespalten, zum anderen bedeutete der Gebrauch des Flämischen angesichts der Vorherrschaft des Französischen und Spanischen eine Form des politischen Widerstands. Theologische und nationale Motive bestimmten dementsprechend gleichermaßen van Gorps radikale These, daß der Vorläufer des Niederländischen, das ›Kimbrische‹, die erste Sprache sei, aus der sich das Hebräische erst später entwickelt hätte. Obwohl nur wenige Gelehrte bereit waren, van Gorp in diesem Punkt zu folgen, und die meisten seine gewagten etymologischen Herleitungen anzweifelten, genoß van Gorp, wie Leibniz' wohlwollende Stellungnahme noch zu Beginn des 18. Jahrhunderts bezeugt, ein gewisses Ansehen. Dies ist wohl in erster Linie darauf zurückzuführen, daß seine Wortspielereien dazu beitrugen, eine Form der lexikalischen Betrachtung hervorzubringen, die einer komparativen Linguistik neue Wege eröffnete. — Ein anschauliches Beispiel für van Gorps Vorgehensweise bietet seine Analyse des Namens 'Gomer', der Japhets zweiten erwähnten Sohn bezeichnet. Van Gorp versuchte, einen möglichst engen Zusammenhang zwischen Gomer und den Kimbern und Kimmeriern, die er als Vorfahren der Äduer (den Gründern Antwerpens) betrachtete, nachzuweisen. Er nahm deshalb an, daß der erste Buchstabe von 'Gomer', das hebräische Gimel, früher genauso wie das griechische Kappa ausgesprochen wurde. Auf der Grundlage gewisser Permutationsregeln für verwandte Buchstaben — den *cognatae litterae* von M. Terentius Varro (116—27 v. Chr.) (Varro 1985, 3 ff; vgl. auch Diderichsen 1974, 280 f; 288 ff) — gelangte van Gorp dann zu Ähnlichkeiten, die ihn auf eine enge sprachgeschichtliche Verbindung zwischen den Wörtern 'Gomer' und 'Cimbri' schließen ließen. Letztlich wies er noch darauf hin, daß 'gimer' eine konjugierte Form des hebräischen Verbs 'gomer' sei, das ›beenden‹ beziehungsweise ›vollenden‹ bedeute. Das Fazit dieser Gedankenkette lautete dann folgerichtig; „Gimer, id est perfecit" (van Gorp 1569, 375). Diese Idee der perfekten Vollendung paßte hervorragend zur Funktion Gomers, des kimmerischen Sohns Japhets, als Begründer einer sich ausbreitenden Tradition. Über derartige biblisch-mythische ›Leitfäden der Vorfahren Europas‹, die bald Hochkonjunktur feierten, schrieb 1756 Anne Robert Jacques Turgot (1727—1781) im Artikel 'Etymologie' der *Encyclopédie*: „L'un voit tous les patriarches de l'ancien Testament, & leur histoire suivie, où l'autre ne voit que des héros Suédois ou Celtes" (Diderot/d'Alembert (Hg.) 1751 ff VI, 100). — Je nach erwünschtem Resultat konnten van Gorps Argumentationsweisen ganz unterschiedlich ausfallen. Er entdeckte beispielsweise im phrygischen 'bekos' das flämische 'becker' [Bäcker]. Diese Etymologie verwendete er, um Herodotos' (5. Jh. v. Chr.) Bericht über Psammetichos' Suche nach den Ursprüngen der Menschheit (vgl.

Herodotos II, 2) eine unerwartete Pointe zu verleihen. Herodotos berichtet, daß der Pharao befahl, zwei neugeborene Kinder in Isolation aufwachsen zu lassen. Er habe dem Hirten, der für die Ernährung der Kinder sorgen sollte, eingeschärft, kein Wort an die beiden zu richten. Im Alter von zwei Jahren hätten die Kinder trotzdem 'bekos', das phrygische Wort für 'Brot', ausgesprochen. Psammetichos habe daraus geschlossen, daß die Phrygier eine längere Vergangenheit als die Ägypter besäßen; vorher habe er die Ägypter für ›die ersten Menschen‹ (Herodotos II, 2) gehalten. Van Gorp kam nun seinerseits zu dem Ergebnis, daß die Flamen noch älter seien, da sie die Menschen, die ihr Brot bakken, 'becker' nennen (van Gorp 1569, 551 f). — Van Gorp stellte die Sprache seiner eigenen Vorfahren und das Phrygische auf etwa dieselbe Stufe, das Hebräische begriff er dagegen als abgeleitete Sprache. Diese Auffassung illustrierte er an dem hebräischen Wort 'iain', das den Wein, der Noah betrunken machte, bezeichnet und das van Gorp als abgeleitete Form des flämischen Ausdrucks für Wein ('wain') ansah (van Gorp 1569, 555). Aus van Gorps Thesen ergab sich die heikle Frage, warum, wenn das Hebräische nicht die älteste Sprache sei, die Bibel in dieser Sprache anstatt in der Sprache seiner Vorfahren abgefaßt wurde, über die van Gorp schreibt: „Nostra lingua hactenus dicimus Thouts vel Thuyts, vel media littera Douts vel Duyts, Douts autem idem est quod maximus natu [...]" (van Gorp 1569, 460). Van Gorps Antwort war einfach: Es bestand für die Bibel genausowenig die Notwendigkeit, in der erhabenen ersten Sprache geschrieben zu werden, wie für Christus, Sohn reicher Eltern zu sein (van Gorp 1569, 537). — Gleichgültig, ob man das Hebräische oder das Flämische für die erste Sprache hält, ist es unklar, wie es sich bei dieser ersten Sprache trotz der babylonischen Sprachverwirrung um eine noch lebende handeln kann. Wie hat sie sich trotz der bekannten Strafe für die „überhebliche Gottlosigkeit" (Augustinus *Civ. Dei* XVI, xxi, 1) der Völker erhalten können? Hieronymus (345 – ca. 419) und Aurelius Augustinus (s. Art. 16) berichten, daß Sems Urenkel Heber die Sprache, die früher von allen gesprochen wurde, rettete, indem er sie in seiner Familie bewahrte, und daß diese Sprache seitdem die ›hebräische‹ heiße (vgl. *PL* XXIII, ii, 1004; *Civ. Dei* XVI, xxi, 1 f). Auch Dante schrieb über die Sprache Hebers und seiner Söhne, den Hebräern: „Ihnen allein blieb sie auch nach der Verwirrung, damit unser Erlöser, der von ihnen abstammen sollte, soweit er Mensch war, nicht der Sprache der Verwirrung, sondern der der Gnade genösse. Es war also die hebräische Sprache, welche von den Lippen des ersten Sprechenden geformt wurde / Hiis solis post confusionem remansit, ut Redemptor noster, qui ex illis oriturus erat secundum humanitatem, non lingua confusionis, sed gratie, frueretur. Fuit ergo hebraicum ydioma illud quod primi loquentis labia fabricarunt" (Dante 1960 I, vi, 6 f). — Van Gorp rettete die adamitische Sprache mit einer anderen Erklärung vor Babel (van Gorp 1569, 532 ff): Er ersetzte den Vater der orientalischen Sprachen, Sem, durch Japhet, den Urahn der nordischen. Diese Umdeutung begründete er mit Noahs Vorliebe für Japhet, den europäischsten der biblischen Helden. Als die anderen Mitglieder seiner riesigen Familie sich daranmachten, den unheilvollen Turm zu bauen, habe Noah seinen Lieblingssohn und dessen Familie bei sich behalten. Seither besäßen die Nachkommen von Japhets Sohn und Noahs Enkel Gomer, die Kimmerier, Kimbern und Skythen, zusammen mit den anderen Angehörigen der ›germanischen Familie‹, das Geheimnis der ersten von Gott gegebenen Sprache. Van Gorp wies darauf hin, daß die Erinnerung an das Schicksal derjenigen, die sich in Babel verirrt hätten, in der niederländischen Sprache bewahrt worden sei. Als Japhets Nachkommen ihre Vettern auf der Rückkehr von Babel trafen und nicht verstanden, hätten sie deren Gestammel nämlich mit dem Verb 'babelen' belegt, das im Flämischen jede Form von radebrechen bedeute (van Gorp 1569, 551; 572).

3.3. Trotz heftiger Widerstände von theologischer Seite zog der Bedeutungsverlust der hebräischen Sprache im 17. Jahrhundert weite Kreise (vgl. Demonet-Launay 1985; 1992, 154 f; Droixhe 1992 b, 65 f). Um die nichtorientalischen Ursprünge Europas hervorzuheben, bedienten sich die Gelehrten etymologischer Beweisgänge, geographischer, historischer und linguistischer Argumente. Da sie aber im allgemeinen die radikalen Standpunkte van Gorps ablehnten, verzichteten sie darauf, den Stellenwert des Hebräischen als erster Sprache des denkenden Menschen und damit seine enge Verwobenheit mit den Quellen der biblischen Offenbarung in Frage zu stellen. In seinem Werk *Van t'beghin der eerster Volcken van Europen, in-sonderheyt vanden oorspronck ende Saecken der Neder-Lan-*

dren hält beispielsweise der aus Brügge stammende Adriaen van Scrieck (1560 – 1621) das Hebräische noch für die *primogenia*. Er stellt ihr aber die *lingua Iaphetica* als zweite Ursprache an die Seite und identifiziert diese Sprache mit dem Skythischen, Keltischen, Teutonischen, Belgischen, Dänischen und Septentrionalen (van Scrieck 1615, 4; Olender 1993, 114). Sie sei genauso klar wie die adamitische Sprache selbst. Mit einem Wortschatz, der das Wesen der Dinge ausspreche, sei sie älter als das Griechische und das Latein, und „alle de Griecken hebben gheloghen" (van Scrieck 1614, 550), als sie sich für älter als die Skythen erklärten. Diese, die zusammen mit den Kelten schließlich ganz Europa einnahmen, hätten in den besiegten Ländern die skythischen Namen der von ihnen überquerten Meere, Flüsse und Gebirge hinterlassen. Seiner Bewunderung für die großen Eroberer verlieh van Scrieck unverhohlen Ausdruck: „Gheen Natien des Weerelts en hebben oyt ghedaen sulcke Velt-tochten als de Noordersche volcken, altijts opclimmende naer de Sonne" [Keine Nation der Welt hat an so vielen Feldzügen teilgenommen wie die nordischen Völker, die immer zur Sonne hinaufstiegen] (van Scrieck 1614, 15). In ihrem Eroberungsrausch hätten diese Völker oft ausgerufen 'over, op, an' ['über, auf, zu'], was van Scrieck mit 'Oultre, plus oultre' übersetzte. Dieser Heroenschrei ('euver-op, uber-op, over-op', das schließlich 'eur-op' ergibt) hätte sich auf ihrem Weg über Flüsse, Berge und Täler verbreitet und sei seither bei allen Völkern unter dem Namen 'Europa' bekannt. Die Botschaft dieser Vokabel ist unmißverständlich: „Europen is een Veldegen ende mannelicken naem" [Europa ist ein belgischer und männlicher Name] (van Scrieck 1614, 15; vgl. auch van Gorp 1569, 1045; Swiggers 1984, 17 ff).

4. Die indogermanische Hypothese

Zusammen mit Abraham van der Mylius (1563 – 1637), Claude de Saumaise (1588 – 1653), Joannes de Laet (1593 – 1649), Marcus Zuerius Boxhorn (1612 – 1653), Georg Stiernhielm (1598 – 1672), Andreas Jäger (gest. 1730) und vielen anderen begründete van Scrieck eine neue Forschungstradition. Aufgrund ihrer Überlegungen kamen die Gelehrten des 17. Jahrhunderts dazu, eine gemeinsame sprachliche Wurzel Europas anzunehmen (vgl. Metcalf 1974, 233 – 249; Droixhe 1978; 1989, 359 ff; Gliozzi 1976, 454 – 478).

Japhet fungierte gleichzeitig als mythischer Garant und konzeptuelles Werkzeug dieser Bewegung, er gestattete es nämlich, dank der babylonischen Sprachverwirrung, die Geschichte einer Ursprache, die sich mit der Zeit in unzählige Dialekte verzweigt, verständlich zu machen. Für diejenigen, die ihren Ehrgeiz daransetzen, diese Einzelsprachen zu vergleichen, zu analysieren und ihre gemeinsame Struktur nachzuweisen, gehören diese von nun an zur selben Sprachfamilie. Sie besitzen alle das Merkmal des ›Japhetitischen‹, das später das ›Skythische‹ genannt wurde und unter diesem Namen noch weit in unser Jahrhundert hinein umherspukte. Die skythische Sprache soll mit dem Altiranischen verwandt sein, ansonsten weiß man so gut wie gar nichts von ihr, schon Herodotos kannte die Skythen als barbarisches Volk am Rande der Zivilisation nur vom Hörensagen (Herodotos IV, 16; vgl. auch Hartog 1980, 48–51; Christol 1986). In der Gestalt von Nomaden, denen die Grenzen zwischen den ›japhetitischen‹ Kontinenten Asien und Europa fremd sind, wurden die Skythen von einigen auch in den kaukasischen Provinzen um den Berg Ararat, auf dem einst die Arche gestrandet war (vgl. *1. Mos.* 8,4), angesiedelt. Griechische und hebräische Mythen teilen sich diesen Schauplatz und eröffnen damit der Vorstellungskraft weiten Raum: Ist nicht einer von Iapetos' Söhnen der kaukasische Prometheus (vgl. Charachidzé 1986), und ist dieser nicht wiederum der Vater von Deucalion, dem ›griechischen Noah‹, der auch vor einer Sintflut gerettet wurde (vgl. Philon von Alexandreia 1961, 53)? In den Augen derjenigen jedenfalls, die sich auf der Suche nach einer europäischen Sprachgemeinschaft befanden, gehörte diese Sintflut fraglos in dasselbe antike Szenarium wie die skythischen Legenden. – Als Kunstprodukt spekulativen Forschergeistes konnte das ›Skythische‹ zukünftig beliebige begründungstheoretische Aufgaben erfüllen – der bloße Name genügte mehreren Wissenschaftlergenerationen als Rechtfertigung dafür, eine gemeinsame Wurzel der griechischen, lateinischen, germanischen und persischen Sprache annehmen zu dürfen. Selbst jene indischen Sprachen, aus denen van Gorp den Einfluß der ›Indoskythen‹ herausgelesen hatte (van Gorp 1569, 449–557), wurden bald problemlos in diesen Reigen integriert.

4.1. Obwohl Joseph Juste Scaliger (1540–1609) die Existenz des Skythischen und damit die Idee eines gemeinsamen Ursprungs der

europäischen Sprachen in seinem Pamphlet *Diatriba de Europaeorum linguis* scharf angriff (Scaliger 1640, 332 f; 336), gingen die Auseinandersetzungen allerorts unverändert weiter: in Frankreich und England, in Spanien, Skandinavien und den Niederlanden, in den Regionen des späteren Italien und Deutschland und so fort. Man lotete Ähnlichkeiten und Unterschiede zwischen den europäischen Sprachen aus und versuchte, Überreste des ursprünglichen Hebräisch in den ›nachbabylonischen Dialekten‹ ausfindig zu machen. Louis Thomassin (1619–1695) rechtfertigte beispielsweise die von ihm hervorgehobenen Parallelen zwischen den vom Skythischen abstammenden Sprachen, indem er alle Sprachen auf das Hebräische zurückführte. In seinem 1690 erschienenen Werk *La Méthode d'étudier et d'enseigner chrestiennement et utilement la Grammaire, ou les Langues par rapport à l'Ecriture sainte en les réduisant toutes à l'Hébreu* wollte er zeigen, daß die Verwandtschaft zwischen Hebräischem und Französischem so eng sei, daß man mit Recht sagen könne: „[C]e n'est au fond qu'une mesme langue" (Thomassin 1693, 12). Eine ähnliche Richtung schlug Nicolas Beauzée (1717–1789) in Anlehnung an Thomassin im Artikel 'Langue' der *Encyclopédie* ein, indem er 1765 schrieb: „[...] les langues modernes de l'Europe qui ont adopté la construction analytique, tiennent à la langue primitive de bien plus près que n'y tenoient le grec & le latin [...] Voilà donc notre langue moderne [le français], l'espagnol & l'anglois, liés par le celtique avec l'hébreu" (Diderot/d'Alembert (Hg.) 1751 ff IX, 259; vgl. auch Auroux 1973 b, 49 f). Hier verbanden sich die historischen Methoden des Sprachvergleichs mit der geschichtslosen Heiligkeit des Hebräischen, diese Verknüpfung sprachwissenschaftlicher Anforderungen mit der Unfehlbarkeit der Heiligen Schrift war für Beauzée selbstverständlich, da er annahm: „[L]a raison & la révélation sont, pour ainsi dire, deux canaux différens qui nous transmettent les eaux d'une même source" (Diderot/d'Alembert (Hg.) 1751 ff IX, 250).

4.2. Als Leibniz zu Beginn des 18. Jahrhunderts den Stand der sprachwissenschaftlichen Forschung begutachtete, entging ihm nichts: weder die europäische ›gentium vagina‹ (Leibniz 1768 IV, 196) aus Cassiodorus' *Historia Gothorum*, nach van Gorps ›étymologies étranges‹ (*NE* III, 2 § 1), die ihn zur Erfindung der Vokabel 'goropiser' inspirierten (vgl.

Aarsleff 1982 c, 84 ff). Auch mit den neueren Ideen von Saumaise, Boxhorn und Stiernhielm war er natürlich vertraut. Er akzeptierte ihre Theorien über die Skythen, da sie die gemeinsamen Ursprünge der keltischen, lateinischen und griechischen Sprache erklärten: „[...] en remontant d'avantage pour y comprendre les origines tant du Celtique et du Latin que du Grec, qui ont beaucoup de racines communes avec les langues Germaniques ou Celtiques, on peut conjecturer que cela vient de l'origine commune de tous ces peuples descendus des Scythes" (*NE* III, 2 § 1). Ebenso wie der befreundete Semitist Hiob Ludolf (1624—1704) glaubte Leibniz nicht, daß das Hebräische der Ursprung aller Sprachen sei. Angesichts der *lingua japhetica*, dem Vorläufer der europäischen Sprachen, müsse man vielmehr annehmen, das Hebräische gehöre, zusammen mit dem Arabischen, Chaldäischen, Syrischen und Äthiopischen, zu einem eigenen Sprachzweig, den aramäischen Sprachen (Leibniz 1768 IV, 188). Auch für Leibniz, der in dieser Hinsicht in einer mehr als hundertjährigen Tradition steht, erfüllte also das ›Japhetitische‹ die Funktion eines abstrakten Erklärungsmodells, das die Ähnlichkeiten zwischen den in Zeit und Raum verstreuten europäischen Sprachen verstehbar machen konnte. Leibniz schreibt zwar einerseits, daß der Ausdruck 'Skythen' nichts als ein *vocabulum generale* für ›barbari illi remotiores‹ (Leibniz 1768 IV, 191) sei; andererseits ließ selbst er, der berühmte ›Kosmopolit‹, sich von seiner Leidenschaft für die eigene Muttersprache dazu hinreißen, den „Ursprung der Europäischen Völker und Sprachen" mit der „Teutschen uralten Sprache" (Leibniz 1838/1840 I, 465) gleichzusetzen.

4.3. Die immer systematischeren Vergleiche zwischen germanischen und persischen Ausdrücken sowie das Entdecken von Entsprechungen zwischen den indischen Sprachen, dem Griechischen und dem Latein hatten sich bereits im 16. Jahrhundert im Fahrwasser des Gewürzhandels und des jesuitischen Missionierungseifers herausgebildet (vgl. Schurhammer 1957, 67 ff; Muller 1974, 38 ff; Streitberg 1915, 182 ff; Droixhe 1978, 76 ff; Halbfass 1981, 52 ff; Droit 1989). Der Jesuitenpater Gaston Cœurdoux (1691—1715), der sich mit Strukturanalogien zwischen dem Griechischen, dem Latein und dem Sanskrit beschäftigte, postulierte eine gemeinsame ›japhetitische‹ Herkunft dieser Sprachen und etablierte

damit eine besondere Verbindung zwischen Europa und dem neuen Orient (vgl. Murr 1987). In einer 1767 angefertigten Abhandlung für die Académie Royale des Inscriptions et Belles-Lettres, die erst 1808 veröffentlicht wurde, schreibt Cœurdoux: „Japhet, fils aîné de Noé, partit des plaines de Sennaar, emmenant avec lui le tiers des hommes vers l'occident, qui lui étoit échu en partage. Ses sept enfants etoient sans doute chefs d'autant de grandes familles, dont chacune devoit parler une des nouvelles langues originales, comme le latin, le grec, le sclavon, etc. Qu'il me soit permis d'y joindre le *samskroutam*; il mérite autant qu'aucune autre langue, vu son étendue, d'être mis au nombre des langues primitives. La supposition que je fais à présent, deviendra peut-être dans la suite une réalité [...]" (Cœurdoux 1808, 664). Am 2. Februar 1786 äußerte sich auch William Jones (1746—1794) begeistert über die enge Verwandtschaft zwischen Sanskrit, Griechisch und Latein: „The *Sanscrit* language, whatever be its antiquity, is of a wonderful structure; more perfect than the *Greek*, more copious than the *Latin* and more exquisitely refined than either; yet bearing to both of them a stronger affinity, both in the roots of verbs, and in the forms of grammar, than could possibly have been produced by accident; so strong indeed, that no philologer could examine them all three, without believing them to have sprung from some common source, which, perhaps, no longer exists" (Jones 1799, 422 f; vgl. auch Olender 1989, 20 f; Cannon 1990). Die Geschichtsschreibung nahm dieses Datum zum Anlaß, Cœurdoux' Mutmaßungen den Status der Wissenschaftlichkeit zu verleihen, und schuf die Bezeichnung 'indogermanische Hypothese'.

5. Die Indogermanen und der ›arische Mythos‹

An die Stelle des Skythischen, das den Gelehrten des 16. und 17. Jahrhunderts als Erklärung für Ursprung und Entwicklung der europäischen Sprachen gedient hatte (Bonfante 1954, 691; Droixhe 1978, 97 ff; 1989, 359 ff), war nun das ›Indogermanische‹ getreten, das als eng verwandt, ja sogar als identisch mit der heiligen indischen Sprache, dem Sanskrit, betrachtet wurde. Repräsentativ für die orthodoxe Wissenschaftsauffassung seiner Zeit schreibt beispielsweise der Iranist James Darmesteter (1849—1894) 1890 über den

Veda, daß man mit seiner Hilfe das ursprüngliche religiöse Gedankengut der ›race indoeuropéenne‹ nachvollziehen könne: „Les Védas étaient devenus par là comme le livre sacré des origines religieuses de la race, la Bible aryenne" (Darmesteter 1890, 25).

5.1. Von Jones bis Georges Dumézil (1898–1986) über Franz Bopp (1791–1867) und Ferdinand de Saussure (1857–1913) (s. Art. 36) hat es demgegenüber auch nicht an großen Gestalten der Linguistik gemangelt, die ständig darum bemüht waren, die tatsächliche theoretische Funktion des Begriffs 'indogermanisch' klarzustellen: Der Ausdruck bezeichne ein Erklärungskonstrukt und nicht die auserwählte Sprache irgendwelcher europäischen Urahnen (vgl. Olender 1989, 29–33; 1991; Eribon 1992; Malamoud 1991). In seiner Antrittsvorlesung am Collège de France (1. Dezember 1949) hat Dumézil in diesem Zusammenhang daran erinnert, daß die Linguisten und anderen Indogermanistik-Experten wüßten (er hätte vielleicht besser gesagt 'wissen sollten'), „que la reconstruction vivante, dramatique de ce qu'était la langue ou la civilisation des ancêtres communs est impossible, puisqu'on ne remplace par rien les documents, et qu'il n'y a pas de documents" (Dumézil 1950, 6 f). Rechnet man die ausgewogene Formulierung von Jones mit ein, werden derartige Appelle an die fundamentalen Gebote historischer Rechtschaffenheit mittlerweile seit über zweihundert Jahren vergeblich wiederholt. Nach wie vor widmen sich Archäologen und Linguisten mit indogermanischem Sendungsbewußtsein einer oft fanatischen Suche nach den ›arischen‹ Ursprüngen Europas. Ihr Wunsch nach eigenständigen religiösen, sprachlichen, ethnischen und politischen Prinzipien der westlichen Zivilisation — losgelöst von jedem hebräischen Erbe — verrät sich in Ernest Renans (1823–1892) Diktum ›Jésus n'a rien de juif‹ (Olender 1989, 96) auf besonders prägnante Weise. Trotz der mit ihr verbundenen antihebräischen Haltung wird derartige nostalgische Besessenheit von den eigenen Ursprüngen nur auf dem Hintergrund des biblischen Paradigmas und der lange Zeit ausgeübten Faszination des Hebräischen als adamitischer Sprache verständlich. Schon zu Beginn des 20. Jahrhunderts hatte der bedeutende Indologe Sylvain Lévi (1863–1935) darauf hingewiesen, daß die Theoriebildung über die ›enfance des langues aryennes‹ (Lévi 1885–1902 IV, 46; vgl. auch Olender 1989, 180) in starkem

Maße von den alten biblischen Vorbildern beeinflußt worden sei.

5.2. Im Hintergrund der akademischen Erscheinungsphase des ›arischen Mythos‹ steht also eine paradoxale aber nicht notwendig widersprüchliche Entwicklungstendenz des christlichen Abendlandes im 19. und 20. Jahrhundert. Die Verfechter der absoluten Überlegenheit der westlichen Kultur suchten in einem von allem Semitischen befreiten Orient nach edlen Vorfahren, verstanden sich aber nichtsdestoweniger als Agenten einer Tradition nach biblischen Maßstäben (vgl. Olender 1989, 127 ff). — Die Geschichte des 20. Jahrhunderts ist von einem anderen Gebrauch des ›arischen Mythos‹ überschattet (vgl. Poliakov 1971; Gliozzi 1986). Während der Besetzung Europas durch die Nazis erhielten die Wörter 'Arier' und 'Semit' eine ›juristische‹ Bedeutung; die Zuordnung zur einen oder anderen dieser beiden Kategorien bedeutete für Millionen von Europäern eine Entscheidung über Leben und Tod. Die organisierte Massenvernichtung von Juden und Zigeunern (deren Sprache übrigens eng mit dem Sanskrit verwandt ist!) konnte so durch Rückgriff auf alte rassistische Theorien, die sich aus den Schriften der Indogermanistik speisten, ›gerechtfertigt‹ werden. — In Europa und den Vereinigten Staaten gibt es auch heute noch Linguisten, Mythologen, Frühgeschichtler, Archäologen und Anthropologen, die derartige Spekulationen fortsetzen und in den Medien und an den Universitäten verbreiten (Informationen über die Situation in Frankreich finden sich in Olender 1991, 191 ff; 1993).

5.3. Aus dem alten ›arischen Mythos‹, der die romantische Suche nach einem verlorenen Paradies begleitete, hatte sich eine programmatische Vision für die Zukunft des Westens entwickelt, die sich bis in unsere Tage erhalten hat. In diesem Zusammenhang gehört beispielsweise Michel Poniatowskis Verherrlichung von Vernunft, Wissenschaft und Technik, die darin gipfelt, den Indogermanen diejenigen geistigen, ontologischen und genetischen Fähigkeiten und Eigenschaften vorzubehalten, ohne die die umwälzenden Leistungen des menschlichen Intellekts nicht möglich gewesen wären. In *L'Avenir n'est écrit nulle part* schreibt er 1978 über die Indogermanen: „Là, pourtant, sont nos véritables sources, communes à toute l'Europe. Là, est notre culture primitive. Ces hommes, qui nous ont directement précédés, sont à travers nous à l'origine des civilisations et de la science les plus avancées, de l'art et de la culture les plus raffinés. L'esprit d'invention, de création, les a conduits, en 4500 ans, par une longue marche progressive, des bords de la Baltique jusqu'à la Lune" (Poniatowski 1979, 149). Wir werden außerdem darüber aufgeklärt, „[que] les études linguistiques ont mis en évidence que les langues des Indo-Européens constituaient un outil incomparable, parfaitement adapté au raisonnement abstrait et au développement des sciences" (Poniatowski 1979, 153). In Anlehnung an den Titel seines Buches verläßt auch Poniatowski selbst die Schauplätze des Historikers, indem er die Indogermanen schließlich in die ›race blanche‹ verwandelt (Poniatowski 1979, 149 f)!

5.4. Ähnlich wie Poniatowski glaubt der Universitätsprofessor Jean Haudry, daß die Fähigkeit, ihr politisches Leben zu organisieren, zu den Charakteristika der Indogermanen gehörte (Haudry 1981, 11; vgl. dazu Sergent 1982; Olender 1983; 1991, 208—213). Hinsichtlich der Frühgeschichte, auf deren Quellenlage Dumézil so emphatisch hingewiesen hatte, gesteht er zwar ein: „il est difficile de tracer un portrait moral des Indo-Européens, c'est-à-dire de déterminer les constantes de leur caractère" (Haudry 1981, 8). Dennoch entwirft er ein Bild von den Eigenarten der Indogermanen und dichtet ihnen ein ›Schicksal‹ an, das sie „à l'action, à l'éffort, au dépassement de soi" (Haudry 1981, 68) geführt habe. Haudry bedient sich ähnlicher rhetorischer Manöver, um die Verwendung des Begriffs ›race‹ gleichzeitig zu kritisieren und zu rechtfertigen: „si l'expression de 'race indo-européenne' est impropre, il est en revanche légitime de chercher à déterminer les types physiques représentés parmi les locuteurs" (Haudry 1981, 122). Im selben *Que sais-je?*-Bändchen über die Indogermanen kann man dann schließlich sieben Zeilen weiter lesen: „Or, ces témoignages concordent pour désigner la race nordique, sinon comme celle de l'ensemble du peuple, au moins comme celle de sa couche supérieure". Nach einem Zitat aus Tacitus' berühmter *Germania* beruft sich Haudry an der gleichen Stelle auch auf die Schriften von Hans F. K. Günther, einem der offiziellen Rassenideologen des Dritten Reichs mit dem Titel 'Begründer des deutschen Rassegedankens' (dieses Attribut zierte die Hinweisanzeigen auf Günthers Bücher). Haudry, der übrigens Mitglied des ›Conseil scientifique du Front National‹, eines 1989

zur Belehrung seines Präsidenten Jean-Marie Le Pen gegründeten Gremiums, ist, hatte schon 1979 in einem *Que sais-je?* über die indogermanische Sprache, im Widerspruch zu allen sprachwissenschaftlichen Befunden, zu zeigen versucht, daß „le vocabulaire [indoeuropéen] du commerce est à peu près inexistant, ce qui est naturel étant donné le peu de développement de cette activité chez les Indo-Européens" (Haudry 1979, 120; vgl. dazu Perpillou 1981). Davon abgeleitete Behauptungen darüber, daß der Handel bestimmten Völkern ›par nature‹ vorbehalten sei, können nur als Ergebnis ethnischer Vorurteile und nicht als Resultat wissenschaftlicher beziehungsweise historischer Forschung gewertet werden. Ziel derartiger Unterstellungen ist es wohl, jegliche Geschäftstätigkeit von den illustren Vorfahren fernzuhalten, die imstande ist, ihre Zivilisation zu beschmutzen und das Bild vom europäischen Goldenen Zeitalter zu trüben. — Im Einklang mit der Suche nach einem arischen Paradies kann man dann — wie es schon im 19. Jahrhundert geschehen ist (vgl. Olender 1989, 91) — den Indogermanen und denen, die man zu ihren Nachkommen erklärt, das Monopol über Zukunftsressourcen wie ›Abstraktionsvermögen‹, ›Metaphysik‹, ›Reflexion‹, ›Wissenschaft‹, ›Technik‹ und die aus diesen Ressourcen resultierende globale (oder sogar transglobale) Vormachtstellung zuerkennen (vgl. Olender 1991, 206 ff).

Der junge Saussure irrte nicht, als er 1878 schrieb: „[...] il y a certainement, au fond des recherches sur les Aryas, dans ce peuple de l'âge d'or revu par la pensée, le rêve presque conscient d'une humanité idéale [...]" (Saussure 1878, 3). Mehr als ein Jahrhundert nach der Abfassung dieses Satzes setzen die von Saussure ins Auge gefaßten ›Forschungen‹ ihren Weg unbeirrt fort. Einige ihrer Vertreter gehen heute sogar so weit, die Existenz der Gaskammern und den Massenmord in den Konzentrationslagern zu leugnen.

6. Literatur in Auswahl

Borst 1957—1963, *Der Turmbau von Babel. Geschichte der Meinungen über Ursprung und Vielfalt der Sprachen und Völker.* 4 Bde.

Demonet-Launay 1992, La désacralisation de l'hébreu au XVIème siècle, in *L'hébreu au temps de la Renaissance*, Zinguer (Hg.).

Droixhe 1978, *La linguistique et l'appel de l'histoire (1600—1800). Rationalisme et révolutions positivistes.*

Dumézil 1950, *Leçon inaugurale à la chaire de civilisation indo-européenne du Collège de France.*

Gliozzi 1976, *Adamo e il nuovo mondo.*

van Gorp 1569, *Origines Antwerpianae.*

Jones 1799, On the Hindus. The third discourse, in *Asiatic Researches I.* [1788]

Kempe 1688, *Die Sprachen des Paradieses.*

Metcalf 1974, The Indo-European hypothesis in the sixteenth and seventeenth centuries, in *Studies in the History of Linguistics*, Hymes (Hg.).

Olender 1989, *Les langues du Paradis. Aryens et Sémites: un couple providentiel* (dt. 1994, *Die Sprachen des Paradieses*).

Olender 1991, Georges Dumézil et les usages 'politiques' de la préhistoire indoeuropéenne, in *Les Grecs, les Romains et nous*, Droit (Hg.).

Poliakov 1971, *Le Mythe aryen* (dt. 1993, *Der arische Mythos*).

Scaliger 1640, *Diatriba de Europeaorum linguis.*

van Scrieck 1614, *Van t'beghin der eerster Volcken van Europen, in-sonderheyt vanden oorspronck ende Saecken der Neder-Landren.*

Maurice Olender, Paris (France)
(Übersetzung aus dem Französischen
von K. Buchholz)

67. Sprache als System versus Sprache als Handlung

1.   Vorbegriff und Verfahren

Die Überschrift stellt notwendig eine Abbreviatur dar. In ihr wird prägnant eine theoretisch-analytische Kontroverse zusammengefaßt, die sich in den letzten dreißig Jahren voll entfaltet hat. Von den beiden in der Überschrift benannten Aspekten von Sprache kann dabei nur der erste auf eine verallgemeinerte Akzeptanz rechnen, wenn auch der Ausdruck 'System' in sich sicher nicht einfach selbstverständlich ist (vgl. 3.3.). Das Reden von Sprache als System aber hat sich im 20. Jahrhundert zu einer Selbstverständlichkeit entwickelt, die auch wissenschaftsinstitutionell ihren Niederschlag gefunden hat. Die Sprachwissenschaft versteht sich weithin als ›Systemlinguistik‹ und erhebt darin Anspruch auf den Systemcharakter ihres Objektes. — Ganz anders der Aspekt, der Sprache mit Handlung in Verbindung setzt. Er ist selbst erst in einer kritischen Gegenbewegung gegen landläufige Selbstverständlichkeiten des verallgemeinerten Sprachkonzepts thematisiert worden. Es kann gegenwärtig nicht die Rede davon sein, daß diese Bewegung schon zu ihrem Abschluß gekommen wäre. Vielmehr läuft die Kontroverse weiter, wobei die wissenschaftsinstitutionellen Verfestigungen der Interpretation von Sprache als System eine offene Diskussion eher erschweren. — Die Kontroverse 'Sprache als System vs. Sprache als Handlung' ist also nicht einfach eine beliebige Kontroverse um die genaue Qualifizierung der sprachlichen Objekte und/oder um die für deren Erfassung erforderliche Methodik. Sie betrifft vielmehr in grundsätzlicher Weise das Sprachverständnis selbst — und zwar nicht nur in seinen jeweiligen wissenschaftlichen Oberflächenmanifestationen, sondern vielmehr auch und vor allem in den präsuppositionellen Wissensbeständen der europäischen Grundkonzeptualisierungen von Sprache, die stillschweigend und nachhaltig die verschiedenen, zum Teil durchaus kontroversen Sprachkonzeptionen der neueren Linguistik bestimmen und zugleich die Sprache, mit der über Sprache geredet wird, determinieren. Die Behandlung dieser Kontroverse verlangt also eine Erörterung auch ihrer expliziten und vor allem ihrer impliziten Voraussetzungen, der wissenschaftsinstitutionellen Implikationen sowie der Wissenschaftssprache, in der diese Kontroverse geführt, aber auch jede alltägliche wissenschaftliche Detailarbeit geleistet wird. Die Darstellungsweise wird im folgenden also historisch-systematisch zu sein haben, weil die Kontroverse selbst nur als geschichtliche verstehbar und im Aufweis ihrer Geschichtlichkeit zugänglich ist. Zugleich erfolgt die Darstellung sprachkritisch, indem die Vorentscheidungen, die die herrschende Sprache über das Objekt Sprache immer schon enthält, wenigstens ansatzweise thematisiert werden. Beides zusammennehmend, ist die Darstellung selbst in doppelter Weise ›anfänglicher‹, indem sie sich nicht einfach auf die Vorgängigkeit des über Sprache vermeintlich immer schon Bekannten einläßt, sondern dieses in seiner systematischen Konstituierung zu verstehen sucht. — Dabei sind die im folgenden vorgetragenen Überlegungen lediglich ein Versuch, in bezug auf ein wenig bearbeitetes Forschungsgebiet einige Aspekte zu thematisieren, deren zukünftige Bearbeitung — insbesondere in der Gestalt einer systematischen Geschichte der Linguistik — vielleicht in der Lage wäre, jenes schwer durchschaubare Geflecht wechselseitiger Bedingtheit analytisch schärfer zu erfassen.

2. Sprache und Reflexion

Die Beschäftigung mit Sprache beschäftigt notgedrungen Sprache. Die Beschäftigungen der Philosophie sind — jedenfalls in ihrer okzidentalen Form — immer zugleich Beschäftigungen mit Sprache. Erstaunlich gering ist demgegenüber die Aufmerksamkeit, die dieser elementare Zusammenhang in der Philosophie selbst gefunden hat. In aller Radikalität hat erst die ›ordinary language philosophy‹ (s. Art. 60) die unumgängliche Sprachlichkeit von Philosophie als eine transzendentale Bestimmung dieser selbst thematisiert — zu wesentlichen Teilen freilich so, daß, was als transzendentale Bestimmung zu erörtern wäre, in eine materielle philosophische Position umgesetzt wurde. Dieser Umschlag aktualisiert ein Grunddilemma, das sich aus der Sprachlichkeit ergibt und das im Aufweis der Umgangssprache als letzter Metasprache von Karl-Otto Apel (1973a) in seiner hermeneutischen Rekonstruktion der ›ordinary language philosophy‹ am schärfsten herausgearbeitet wurde. Die Bearbeitung die-

ses Dilemmas geschah weithin — zu den partiellen Ausnahmen gehören die Stoa und selbstverständlich Kant — durch Reflexionsentzug, also durch die Sprachvergessenheit der philosophischen Praxis.

Wenn Sprachlichkeit transzendentale Bestimmung von Philosophie ist, so ist andererseits die wissenschaftliche Beschäftigung mit Sprache perspektivisch ohne deren Reflexion schwerlich möglich. Die tatsächliche Beschäftigung freilich ist weithin gerade durch eine ebensolche Philosophie-Vergessenheit der Linguistik gekennzeichnet. In ihr wird alles das, was an direkt oder indirekt philosophisch gewonnenen Grundbestimmungen für Sprache überkommen ist, auf diffuse Weise und unter Tilgung der Herkunft selbstverständlich in Anspruch genommen. Wie also die theoretische Befassung mit Sprache der Sprachlichkeit nicht entbehren kann, so ist die Linguistik auf Theorie substantiell angewiesen. Dies gilt selbst noch für die positivistisch ins Detail versessene Philologie, die sich von ihrer Begründung soweit entfernt glaubt, daß sie sich in der Reproduktion ihrer bloßen Praxis genügen zu können scheint. — Gerade in der Grundbestimmung dessen, was Sprache sei, macht sich diese doppelte Problematik bemerkbar. Sie zu bearbeiten verlangt eine Analysepraxis, die die Aufdeckung der insgeheim in Anspruch genommenen, aber in ihrer Herstellung undurchschaubar gemachten theoretischen, insbesondere konzeptionellen Voraussetzungen zum notwendigen Gegenstand hat. Die Analyse ist also immer zugleich Analyse der Formen und Kennzeichen wissenschaftlicher Kommunikation, in der jene Konzepte gebildet, unterhalten und verändert werden. Wissenschaftliche Kommunikation und ihre Ergebnisse sind aber linguistisch erst seit kurzem zum Analysegegenstand gemacht worden (vgl. den Überblick zum Forschungsstand in Kretzenbacher 1992).

3. System und Struktur

3.1. Zum Stellenwert der Ausdrücke 'System' und 'Struktur'

Es scheint zu den Selbstverständlichkeiten gegenwärtiger wissenschaftlicher Beschäftigung mit Sprache zu gehören, daß es sich beim Objekt dieser Beschäftigung um eine — günstigenfalls abgegrenzte — Struktur oder Kombination von Strukturen handelt. Für diese ist der Ausdruck 'System' zu einer allgemeinen Bezeichnung geworden. Die Intension dieser Bezeichnung ist im allgemeinen eher vage, so daß der Ausdruck 'System' sich in seiner Verwendung häufig kaum vom Ausdruck 'Struktur' unterscheidet. ›Systemlinguistik‹ ist insofern ›strukturelle Linguistik‹ oder ›strukturalistische Linguistik‹, und ›strukturalistische Linguistik‹ wird als ›Systemlinguistik‹ charakterisiert. — Mit der Verwendung beider Ausdrücke wird im allgemeinen implizit ein theoretischer Anspruch erhoben. Deshalb ist es sinnvoll, dem Stellenwert der Ausdrücke weiter nachzugehen. Der Ausdruck 'Struktur' ist dabei weniger durch vorgängige theoretische Konfigurationen spezifiziert als der Ausdruck 'System', der insbesondere durch die klassische idealistische Tradition zu einer philosophischen Grundkategorie erhoben wurde.

3.2. Wissenschaftliche Alltagssprache

Betrachten wir diese Zusammenhänge genauer. Der Ausdruck 'Struktur', aber auch der Ausdruck 'System' in seiner heutigen Verwendung gehören offensichtlich zu jener Gruppe von Ausdrücken, mittels derer wissenschaftliche Verständigung jenseits oder vor aller fachwissenschaftlichen Spezifizierung erfolgt, ähnlich wie 'Form', 'Konsequenz', 'Kategorie' usw. Diese Ausdrücke bilden eine spezifische Varietät der Wissenschaftssprache, die — unter Verwendung des Terminus 'Alltag' der ›ordinary language philosophy‹ — vielleicht am besten als 'alltägliche Wissenschaftssprache' oder als 'wissenschaftliche Alltagssprache' bezeichnet werden kann. Um zu verstehen, was die Qualifizierung eines Objektbereichs mit einem Ausdruck aus dieser spezifischen Sprachvarietät bedeutet, ist es sinnvoll, nach ihrer sprachlichen Leistungsfähigkeit zu fragen. — Die Formulierung 'wissenschaftliche Alltagssprache' scheint paradox zu sein: Die Qualifizierung einer Varietät von Wissenschaftssprache als Alltagssprache scheint gerade der Opposition zu widersprechen, die dem Reden von Wissenschaftssprache zugrundeliegt. Insofern mag sie als unangemessen erscheinen. Wissenschaftssprache unterscheidet sich ja gerade dadurch von der alltäglichen Sprache, daß sie — insbesondere in ihren lexikalischen Elementen — grundlegende Bestimmungen aufgegeben hat, die die alltägliche Sprache kennzeichnen: deren Vagheit einerseits, andererseits aber auch ihre Flexibilität und schließlich eine weitgehende Undurchsichtigkeit der kommunikativen Strukturen im Prozeß ihrer Aktualisierung. Bezogen auf die lexikalischen Elemente

bedeutet letztere, daß deren semantische Potentiale viel von ihrer Geschichte enthalten, daß diese jedoch im allgemeinen im Modus bloßer Potentialität verbleibt.

Im semantischen Potential des Ausdrucks 'Terminus' ist insbesondere die Reduktion semantischer Flexibilität eingeschrieben. Der Ausdruck empfahl sich für die Bezeichnung des heute mit ihm Gemeinten gerade durch den Bezug auf Verfahren des Begrenzens und Einschränkens — semantische Aspekte, die in anderen Elementen aus dem Umfeld von 'Terminus' auch im gegenwärtigen Sprachgebrauch noch präsent sind, z. B. 'terminieren'. Termini sind ›Grenzzeichen‹, ›Schranken‹ (Georges [8]1913, 3075). Auch der zweite Aspekt des lateinischen semantischen Ausgangspotentials, das ›Ende‹, ist in der wissenschaftlichen Inanspruchnahme aufgehoben. Die fixierte ›Bedeutung‹ der Termini ist das Ergebnis eines jeweiligen Prozesses des Ab- und Ausgrenzens, dessen — im Prinzip reversibles, aber für den erreichten Stand abschließendes — Resultat der Terminus faßt und für die weitere wissenschaftliche Kommunikation gegenwärtig hält. — Dies tut er im Modus der Perspikuität. Die Terminologiebildung bindet die aktuell verwendeten Grundelemente der wissenschaftlichen Kommunikation in den Prozeß der systematisierten Wissensgewinnung ein, als der sich die neuzeitliche Wissenschaft versteht. Eben diese Perspikuität ist die Voraussetzung möglicher Revisionen. Die Termini haben insoweit geradezu den Charakter von Katalysatoren für die Veränderung der institutionalisierten Wissensgewinnung. Insofern fallen im Terminus der wissenschaftliche Prozeß und sein Resultat zusammen.

Im Gedanken der alltäglichen Wissenschaftssprache wird demgegenüber die wissenschaftliche Kommunikation als eine spezifische sprachliche Veranstaltung ernstgenommen. Sie hat teil an jenen in der Terminologiebildung eliminierten Kennzeichen alltäglicher Kommunikation, die für deren Gelingen offenbar unabdingbar sind. Für die Wissenschaftssprache bedeutet dies, daß in ihr drei Aspekte ungeschieden ineinander liegen, die auch sprachanalytisch schwer zu unterscheiden sind: Elemente der alltäglichen Sprache, Elemente der alltäglichen Wissenschaftssprache und terminologische Elemente. Der spezifische Stellenwert der Elemente alltäglicher Wissenschaftssprache besteht dabei darin, daß sie ihrer historischen Genese und ihrer systematischen Veranke-

rung nach der eigentlichen Wissenschaftssprache zugehören, daß ihre Verwendung
beim sprachlichen Handeln hingegen den Gesetzen alltäglicher Sprache folgt. Hinsichtlich
der oben beschriebenen Kennzeichen von Terminologien bedeutet dies insbesondere einen
Verlust der Perspikuität. Gegenüber den Termini vergrößert sich ihre Vagheit; komplementär dazu gewinnen die Elemente alltäglicher Wissenschaftssprache an Flexibilität. —
Der Verlust an Perspikuität erreicht seinen
Höhepunkt dann, wenn das in den sprachlichen Elementen eingebundene Wissen zum
allgemeinen Präsuppositionsbestand derer gehört, die Wissenschaft betreiben und dadurch
eo ipso (vgl. Weinrich 1989; 1993) als deren
Teilnehmer in die Wissenschaftskommunikation hineingestellt sind, um so die der neuzeitlichen Wissenschaft inhärente Öffentlich-
keitsforderung zu erfüllen. Dem allgemeinen
Präsuppositionsbestand zugehörige sprachliche Elemente sind in einem erheblichen Umfang gegen Revisionen geschützt. Diese Bestimmung widerspricht substantiell dem, was
Wissenschaftssprache der Anforderung nach
kennzeichnet. Mangel an Durchschaubarkeit
ist aber zugleich die notwendige Voraussetzung wie der konkrete Ausdruck für die prä-
suppositive Inanspruchnahme. Der paradoxe
Charakter der Bezeichnung 'wissenschaftliche
Alltagssprache' markiert also eine Wider-
sprüchlichkeit im Bereich von Wissenschaftskommunikation selbst, die irritierend die Praxis der Wissenschaftskommunikation unumgänglich begleitet. Alltagssprache ist daher
nicht nur letzte Metasprache. Sie setzt sich
vielmehr auch pragmatisch in wesentlichen
Bestimmungen für die Wissenschaftskommunikation durch. — Der Doppelcharakter
alltäglicher Wissenschaftssprache erlaubt es,
in Zweifelsfällen immer wieder auf ihre wissenschaftliche Dignität zu rekurrieren. Ob
freilich das, was wissenschaftliche Dignität
ausmacht und sprachlich am Beispiel des Terminus näher verdeutlicht wurde, in bezug auf
die einzelnen Elemente wissenschaftlicher Alltagssprache tatsächlich vorliegt, bedürfte der
einzelnen Überprüfung — und damit genau
jener Reflexion, die die präsuppositionellen
Selbstverständlichkeiten in Frage stellt, ja sie
tendenziell auflöst. Diese Kennzeichen wissenschaftlicher Alltagskommunikation machen sie zu einer problematischen Struktur,
die sich als linguistische ›Zwickmühle‹ im wissenschaftlichen Betrieb selbst Geltung verschafft. Zwickmühlen für das menschliche

Handeln werden kommunikativ und wissens-
mäßig nicht zuletzt dadurch bearbeitet, daß
sie ›vergessen‹ werden.

3.3. System

Worauf zielt die Qualifizierung von Sprache
als ›System‹ oder als ›Struktur‹? Wie in 3.1.
dargestellt, fallen im Ausdruck 'System' Sach-
und Theoriestruktur auch für das heutige all-
tags-wissenschaftssprachliche Bewußtsein ineinander. Dieser Zusammenhang ist freilich
lediglich im objektiven Idealismus auch tatsächlich entwickelt worden (vgl. Hegel 1830,
§ 15 ff). Ohne diese Entwicklung bringt lediglich der sprachliche Ausdruck zusammen, was
in seinen spezifischen Verhältnissen allererst
bestimmt werden müßte. Es ist also nicht die
strenge Definition Kants (*KrV* B 860 ff), die
explizit in Anspruch genommen würde: „Ich
verstehe […] unter einem Systeme die Einheit
der mannigfaltigen Erkenntnisse unter einer
Idee. Diese ist der Vernunftbegriff von der
Form eines Ganzen, sofern durch denselben
der Umfang des Mannigfaltigen sowohl, als
die Stelle der Teile untereinander, a priori
bestimmt wird".
    Gleichwohl sind es Nachklänge der Hoff-
nung auf derartige Erkenntnis, die auch im
alltäglich-wissenschaftlichen Reden von 'System' eine Rolle spielen. Dort wird primär mit
'System' „das in sich geschlossene Ganze, wie
es in der Natur selbst gegeben ist" (Hoffmeister 1955, 598), bezeichnet. Der zweite
Aspekt, nämlich System als „das Ganze von
zusammengehörigen Lehrsätzen, das Ganze
einer Wissenschaft", wird hingegen gleichsam
nur *per associationem* mit aufgerufen. Im Versuch der Gleichsetzung von Sache und ihrer
Erkenntnis, wie sie die mangelnde Unterscheidung von 'sprachlich' und 'sprachwissenschaftlich' im englischen Ausdruck 'linguistic'
nahelegt, wird freilich in der generativen
Grammatik just dieser Zusammenhang emphatisch in Anspruch genommen — wenngleich auch hier keineswegs wirklich entwikkelt. Vielmehr wird durch die Biologisierung
des ›Language Acquisition Device‹ die fehlende Ableitungsstruktur durch Hypostasierung ontologisch gesetzt und so dogmatisch
verbindlich gemacht. — Ähnlich wie 'System'
bezieht sich auch 'Struktur' (zur linguistischen Nutzung vgl. Wunderlich 1972) auf ein
einer inneren Architektonik verpflichtetes
Ganzes. Beide Qualifizierungen heben also
einerseits auf die innere Form, andererseits
auf das ›Ganze‹, also auf eine — jedenfalls in
sich — abgeschlossene Wirklichkeitsstruktur
ab.

3.4. Form und Regel

›Struktur‹ und ›System‹ ersetzen zwei ältere Redeweisen über Sprache, die von der Sprache als ›Form‹ einerseits, die von der ›Regel‹ andererseits. Beide Redeweisen gehören zu ältesten Konzeptualisierungen von Sprache im europäischen Kontext, und beide haben ihre spezifischen Ansatzpunkte an der Sprache selbst. — Die Geformtheit von Sprache gehört zu den charakteristischen Merkmalen jener Sprachen, die der primäre Gegenstand der europäischen Linguistik gewesen sind, nämlich der griechischen und der lateinischen. Beide sind hochflektierende Sprachen, Sprachen also, die — etwa im Unterschied zu einer ›isolierenden‹ Sprache wie der chinesischen — durch eine extreme morphologische Differenzierung gekennzeichnet sind. Diese ins Auge springenden Strukturen bilden den Ausgangspunkt für die professionelle Beschäftigung mit Sprache in der Antike; ihre Beschreibungen sind es auch, die im wesentlichen das Ergebnis jener Art von Linguistik ausmachen. Fast die ganze Deskription der älteren Grammatiken wie auch ihre Zusammenfassung zur Einteilung in Redeteile (μέρη λόγου, partes orationis) beziehen sich auf diese formalen Merkmale der untersuchten Sprache. — Auch das Reden von den ›Regeln‹ verdankt sich diesem Zusammenhang. In der Beobachtung der Verteilungen einzelner formaler Elemente und in der Beobachtung ihres Wiederauftretens wurde Regelmäßigkeit sichtbar, die als Regel zunächst deskriptiv, dann aber auch präskriptiv gefaßt wurde. Beide Verfahren blieben jedoch im wesentlichen aufzählend. Sie ordneten das Vorfindliche nicht ›unter einer Idee‹ oder auch nur unter einem leitenden Gesichtspunkt. Vielmehr beschränkten sie sich auf das Konstatieren und Reproduzieren des als faktisch bereits Bekannten oder gegebenenfalls neu Erkannten.

3.5. Wissenschaftssystematische Hintergründe des Übergangs von ›Form‹ und ›Regel‹ in ›System‹ und ›Struktur‹

Demgegenüber insistiert die Qualifizierung von Sprache als ›System‹ (a) auf einer inneren Geordnetheit des bloß Vorfindlichen und (b) auf der Gesamtheit und damit Abgeschlossenheit des Phänomenbereichs. — Die Forderung, beidem analytisch nachzugehen, ergibt sich — sieht man von dem bei den Modisten erreichten Reflexionsstand ab (s. Art. 41) — als eine Folge des verschärften Theo-

rieanspruchs der sich entfaltenden Linguistik, wie sie seit dem beginnenden 19. Jahrhundert, besonders aber im 20. Jahrhundert betrieben wurde. Bei immer neuen im wesentlichen positivistisch orientierten Gegenbewegungen, zum Beispiel der der Junggrammatiker, läßt sich die Entfaltung der Linguistik in diesem Sinn auch als eine Bewegung zur Verwissenschaftlichung bestimmen. Diese gewann — nach und in Abkehr von den breit reflektierenden Anfängen bei Wilhelm von Humboldt (s. Art. 27) — im 20. Jahrhundert ihre Dynamik vor allem aus der Erwartung der Rekonstruktion von Sprache als eines formalen Systems.

Dabei sind es drei andere wissenschaftliche Disziplinen, die das Leitmodell abgeben, die Biologie, die Physik und die Mathematik. Die Biologisierung, in August Schleichers Darwinismus zunächst *ad absurdum* geführt, im Behaviorismus jedoch neu und anders methodologisch entfaltet und vom Generativismus kritisiert, erfährt in der jüngsten Phase der generativen Linguistik ihre Wiedereinsetzung. Dabei werden unterschiedliche Analogisierungen des Objekts vorgenommen. — Das Leitmodell der Physik, insbesondere der Mechanik, wirkt hingegen vor allem methodologisch. Die Reduktion einer vielfältigen Gegenstandswelt auf einige wenige Grundelemente (res extensa) und die Rekonstruktion ihrer Veränderungen als Gesetzmäßigkeiten wirkten in der ganzen neuzeitlichen Wissenschaftsgeschichte erkenntnisstiftend oder doch jedenfalls Erkenntnis stimulierend. Als Sprache, in der diese Gesetzmäßigkeiten zu erfassen sind, gilt die der Mathematik. Dieser kommt für Sprache darüber hinaus ein weiterer Stellenwert über eine vermutete und zum Erkenntnisziel gemachte Ähnlichkeit in der Sache zu. So wurden Mathematik und Sprache theoretisch miteinander verzahnt: „Jede erweist sich als die geeignetste Metasprache für die strukturale Analyse der anderen" (Jakobson 1988, 437) — wenngleich die Ausarbeitung des Programms die „irgendwie ähnliche(n) Ergebnisse", die nach Jakobson bereits Baudouin de Courtenay für die Sprachwissenschaft durch den Bezug auf die Mathematik erwartete, weithin noch immer nur als Zukunftshoffnung enthält.

3.6. Objektmanipulation und Systemkonstruktion

Besonders die Mathematisierung wird auch methodologisch in die Pflicht genommen, um die wissenschaftliche Analyse von Sprache zu betreiben. Damit ist eine der wichtigsten Antriebskräfte für die Entwicklung der Sprachals Systemwissenschaft benannt. Seit dem *Cours de linguistique générale* (1916) Ferdinand de Saussures (s. Art. 36) sind es vor allem methodologisch motivierte Manipulationen am Objekt Sprache selbst, die den Systemcharakter von Sprache zu erfassen gestatten, aber vor allem auch zu erfassen erforderlich machen sollen. Diese methodologisch motivierten Bestimmungen dessen, was als legitimes Objekt der Sprachwissenschaft zu gelten habe, setzen zentral auf das sprachliche System als eigentlichen linguistischen Gegenstand. Sie modernisieren darin das naturwüchsige Sprachverständnis, das in der wissenschaftlichen Alltagssprache als Ergebnis der antiken Sprachkonzeptualisierungen immer schon präsent ist. Sprache wird als ein in sich abgeschlossenes Objekt proklamiert. Dieses erfährt seine konkrete Fassung je nach den herangezogenen Bezugswissenschaften und vor allem je nach den damit verbundenen wissenschaftstheoretischen Anforderungen. Im Ergebnis ist das Objekt dermaßen zerlegt, daß sich die einzelnen Konzepte kaum noch überlappen. Der Prozeß als ganzer aber kann beschrieben werden als ein Prozeß der Exklusion:

Aus dem Bereich der Sprache (langage) wird zunächst das System der ›langue‹ herausgelöst und zum eigentlichen Objekt der Linguistik erklärt. Damit fallen große Teile nicht nur der bis dahin betriebenen Linguistik weg, sondern auch große Teile des Objekts verlieren ihr theoretisches Interesse. Aus anderen, nämlich sensualistisch motivierten methodologischen Gründen (vgl. Watson 1913; Bloomfield 1935) wird dann im behavioristisch-linguistischen Modell der Bloomfield-Nachfolger die ›Bedeutung‹ aus der Sprache eliminiert. Schließlich erfolgt die Restriktion der Syntax auf einen Algorithmenkomplex. — Dieser methodologische Rigorismus erst gestattet die — je andere — Rekonstruktion der inneren Struktur oder eben des Systems. Mit dem Systemcharakter steht und fällt daher auch der Wissenschaftsanspruch der Disziplin — sicherlich eines der stärksten, weil für die Wissenschaftler existentiellen Argumente für die Absicherung des jeweiligen Paradigmas von Sprache als System.

3.7. Aristoteles' Konzentration auf die Assertion und ihre Folgen

Mit den verschiedenen Objektreduktionen der Linguistik dieses Jahrhunderts wird ein Programm zum Abschluß gebracht, das sich sehr

frühen Festlegungen des Sprachkonzeptes am Anfang der griechisch-lateinischen Tradition verdankt. Die Beschäftigung mit Sprache, die vor allem aus philologischen Bedürfnissen hervorgegangen ist, wurde frühzeitig dadurch bestimmt, daß ein nicht-philologisches Interesse interferierend wirksam wurde, nämlich ein philosophisches. Aristoteles (s. Art. 15) praktizierte bereits das Verfahren der Objektreduktion. In seiner grundlegenden Schrift *De Interpretatione* geht es ihm lediglich um einen Teilbereich dessen, was in der Rede (λόγος) geschieht, nämlich um den λόγος ἀποφαντικός, die Aussage. Alles andere läßt er auf sich beruhen. Diese bei Aristoteles von seiner Fragestellung her sehr gut motivierte Reduktion hat sich verselbständigt. Es ging ihm darum, die Kennzeichen von Bejahung und Verneinung zu erarbeiten, was er entwickeln wollte, war eine Theorie der Assertion. Die Delegierung anderer Redefunktionen an andere Disziplinen (Rhetorik, Poetik) wirkte sich praktisch als eine Aufsplitterung des linguistischen Objektes aus. Erst mit J. L. Austins Arbeiten (vgl. Austin 1962 a; 4.4.) erfolgte eine systematische Wiederzusammenführung des seit damals Getrennten. Die Abspaltung von Teilbereichen des Objekts Sprache koppelte diese mit der Disziplinentwicklung und -geschichte anderer Wissenschaftsbereiche zusammen. Insbesondere die mehrfachen Umbrüche in der Geschichte der Rhetorik wirkten sich fatal aus (s. Art. 112). Der Funktionsverlust der Rhetorik bereits seit der hellenistischen Zeit, ihre zunehmende Literarisierung und damit ihre vollständige Funktionalisierung für die Produktion ›schöner Literatur‹, schließlich ihr weitgehender Untergang nach dem Ende der Barockzeit verhinderten einerseits, daß diejenigen sprachlichen Bereiche, die die aristotelische Arbeitsteilung der Rhetorik zugewiesen hatte, umfassend behandelt worden wären. Andererseits bedeutete der Verlust an wissenschaftlicher Dignität und gesellschaftlicher Relevanz, daß das wissenschaftliche Schicksal der der Rhetorik zugewiesenen Aspekte von Sprache für mehrere Jahrhunderte besiegelt schien. Das Ausgegrenzte verlor auch noch den ihm zugewiesenen Ort ›extra muros‹ der Sprachwissenschaft und damit jegliche wissenschaftliche Aufmerksamkeit. — So stabilisierte sich ein Konzept von Sprache, das lediglich noch der Assertion beziehungsweise dem — wie es dann hieß — ›Satz‹ und seinen Elementen verpflichtet war. Diese Bewegung gerann zu einem unhinterfragbaren Präsuppositionsgefüge dadurch, daß sie sich mit der in ihrer Bedeutung wachsenden Schriftlichkeit verband. Aufgrund der Umsetzung der textuellen Überlieferungsbestände in das Tradierungsmittel Schrift wurde einer Verdinglichung von Sprache sichtbar Vorschub geleistet. In mehreren Schritten einer Radikalisierung — die bedeutendsten unter ihnen waren der reformatorisch-humanistische (›sola scriptura‹) im 15. und 16. Jahrhundert und der neophilologische seit dem 17. Jahrhundert — wurde dieser Prozeß soweit vorangetrieben, daß sich eine faktische Gleichsetzung von Sprache, Schrift und Satz (im Sinne von Assertion oder Urteil) stabilisierte. Diese bildet die stillschweigende Grundlage auch der Linguistikgeschichte im engeren Sinne während des 20. Jahrhunderts, und zwar auch noch dort, wo theoretisch die Voreingenommenheit der Linguistik zugunsten der Schrift bereits kritisiert wurde (vgl. Linell 1982). Die in 3.6. beschriebene Entwicklung bediente sich selbstredend des so herausgebildeten Sprachkonzepts und reproduzierte es, indem es die reduktionistische Grundbewegung erneut verschärfte und so die verschiedenen linguistischen Sprachsystem-Konzepte entfaltete.

3.8. Gegenbewegungen

Im Ergebnis dieser Entwicklung zeigt sich eine Theorieerwartung, die vor allem verspricht, den — je anders — wissenschaftstheoretischen Anforderungen unterschiedlicher Bezugsdisziplinen zu entsprechen. Zugleich schränkt sie das Objekt immer mehr ein. Anders als etwa in der Mechanik steht dadurch die eigentliche analytische Arbeit in der Gefahr, sich zu verflüchtigen. Das stillschweigend methodologisch Abgespaltene wird zunächst zum Objekt anderer Disziplinen (z. B. Soziologie, Ethnologie, Psychologie, Jurisprudenz), deren Beschäftigung damit jedoch sofort in den Verdacht des Dilettantismus gerät. Im Versuch der Bearbeitung des von der Linguistik Vernachlässigten verfestigt sich so gerade jene Arbeitsteilung, deren Überwindung sie dienen sollte. Eine systematische Infragestellung der — in ihren Grundbestimmungen kaum durchschauten — Reduktionen findet nicht statt. Auf diese Weise aktualisiert sich ein Immunisierungszusammenhang des Konzeptes 'Sprache als System', der sich bis heute bewährt.

4. Sprache als Handlung

Außer bei den Thematisierungen von Sprache in den unterschiedlichen Disziplinen, die für ihre eigene Arbeit auf eine umfassende Sprachkonzeption und -theorie angewiesen sind (z. B. in der Völkerkunde beziehungsweise der Ethnologie und Sozialanthropologie, vgl. Malinowski 1923; Hymes 1977), zeigen sich auch in linguistischen und linguistiknahen Zusammenhängen immer neue und theoretisch ebenso unterschiedlich verankerte Ansätze, wie sie sich für die reduktionistischen Sprachkonzepte beobachten lassen, die seit dem Ausgang des letzten Jahrhunderts Gegenbewegungen hervorbringen, in denen Sprache in ihren Handlungszusammenhängen zunehmend zum Gegenstand wird. Insbesondere in engem Zusammenhang mit der sich sprunghaft entfaltenden Psychologie entwickelte sich eine linguistische Beschäftigung mit Sprache, in der das Thema 'Sprache als Handlung' einen zentralen Stellenwert einnahm.

4.1. Wegener: Handlung und Verstehen

Die Untersuchung Philipp Wegeners (1885) über *Die Grundfragen des Sprachlebens* hat in ihrem zweiten Teil, einem ursprünglich selbständigen Vortrag 'Zur Frage: Wie verstehen wir Sprache?', ein mehr als die Hälfte des gesamten Textes ausmachendes Kapitel über 'Die Handlung'. In den vergleichsweise wenigen grundsätzlich und theoretisch vorgehenden Arbeiten der Junggrammatiker, insbesondere in den Vorbemerkungen der großen philologisch-positivistischen Grammatiken — so besonders bei Karl Brugmann (1904) — wird die Bedeutung dieses Werkes hervorgehoben (s. Art. 9). — Dennoch stellte sich keine Kontinuität in der Entfaltung der Fragestellung ein. Vielmehr verlief die Hauptentwicklung mit Saussures nachgelassenem *Cours* und seiner Rezeption in der in 3.6. angegebenen anderen Richtung. Gleichwohl wurden die bei Wegener entfalteten Gedanken an verschiedenen Stellen aufgenommen, nicht zuletzt im Werk eines bedeutenden britischen Ägyptologen, Allen Henderson Gardiner, dessen Buch *The Theory of Speech and Language* (1932) zu einem der einflußreichsten Werke wurde, in denen der Handlungscharakter von Sprache thematisiert ist. Auch John Rupert Firth, der den Grund jener englischen Linguistenschule legte, die sich bis zur heutigen Halliday-Linguistik fortsetzt, war, wie er selbst verschiedentlich bezeugte, von Wegener beeinflußt (vgl. Körner 1991, VI).

4.2. Bühler: Deixis, Handlung, Zeichen

Vor allem aber war es einer der bedeutendsten Psychologen in der nach-Wundtschen Psychologie, nämlich Karl Bühler (s. Art. 38), der in einer Reihe von Arbeiten den Handlungscharakter von Sprache wiederentdeckte. Bühler bemühte sich darum, im Rückgriff auf Wegener und Brugmann und in kritischer Auseinandersetzung unter anderem mit Saussure das Verhältnis von Sprache und Handlung als grundlegend für jede Sprachtheorie zu entfalten. Dies blieb bei ihm nicht nur — eine Axiomatik prätendierendes — Programm (1933), sondern wurde in seinem linguistisch-sprachpsychologischen Hauptwerk, der *Sprachtheorie* (1934), analytisch-kritisch produktiv gemacht. Insbesondere die erste systematische Behandlung der deiktischen sprachlichen Phänomene war das Ergebnis der neuen Grundorientierung. Der zweite Teil der *Sprachtheorie* ist gänzlich diesem Themenbereich gewidmet. Bühler gelingt es hier, vorgängige, eher zerstreute Bemerkungen durch den Handlungsbezug derart zu systematisieren, daß eine bis dahin weitgehend verkannte Sprachstruktur ersichtlich wurde. Hatte bereits Hegel unter dem Titel 'Die sinnliche Gewißheit; oder das *Diese* und das *Meinen*' in seiner *Phänomenologie des Geistes* (1807) auf die philosophische Vertracktheit deiktischer Ausdrücke aufmerksam gemacht, so gelang es Bühler nunmehr, solche Beobachtungen in eine konsistente Darstellung umzusetzen. Die semantische Bestimmung wird erst möglich, wenn man den inneren Aufbau der sprachlichen Handlung begreift und sich bewußt hält, daß die Sprechsituation selbst für das Fungieren der deiktischen Ausdrücke wesentlich ist (s. Art. 79). Seine neuen Erkenntnisse wurden von Bühler in ihrer grundlegenden Konsequenz auch tatsächlich ernst genommen, was bei ihm dazu führte, daß er gegenüber der überkommen Wortarteneinteilung zu einer grundsätzlichen Dichotomisierung der sprachlichen Ausdrucksmittel kam, die er mittels seines Konzeptes der sprachlichen ›Felder‹ begründete. Gegenüber der traditionellen Klassifikation in Redeteile, die nichts weiter als die Aufzählung prinzipiell gleichartiger Objekte darstellt, ergibt sich nunmehr eine in ihrer inneren Systematik durchschaubare Strukturbeschreibung für einen bis dahin weitgehend theorieresistenten Teil des sprachlichen Gesamtzusammenhangs.

Während Bühler für die deiktischen Ausdrücke die Radikalität seiner neuen handlungstheoretischen Bestimmungen bis in die explikativen Einzelheiten seiner Analyse verfolgte und umsetzte, gilt Vergleichbares nicht für alle Teile seines Werkes. Vielmehr ist dieses

weithin von einem theoretischen Schwanken zwischen der beginnenden Handlungsorientierung einerseits und einer noch weitgehenden Zeichenorientierung andererseits gekennzeichnet, in der er das Präsuppositionssystem der überkommen Sprachwissenschaft und -philosophie einfach fortschreibt. So ist sein Werk von einer doppelten Ausrichtung geprägt, die nicht miteinander vermittelt ist. — Die tragischen Ereignisse der wissenschaftlichen Biographie Bühlers, seine Vertreibung aus Wien und die Emigration in die USA, wo er keine geeignete Wirkungsstätte mehr fand, hinderten ihn an der weiteren Entfaltung seiner Überlegungen. Eine Rezeption der *Sprachtheorie* fand zunächst nicht statt. Erst die zweite Auflage des Werkes (1965) stieß auf günstigere Umstände. Gleichwohl war auch diese Rezeption geprägt von der Doppelstruktur, die dem Werk eignet: Zunächst wurde der erste Teil und daraus das Zeichenmodell breit zur Kenntnis genommen; erst danach setzte eine mähliche Rezeption der Deixis-Untersuchungen Bühlers ein. Der innere Widerspruch blieb verdeckt, und eine systematische Einbeziehung der etwa im Zeichenmodell enthaltenen pragmatischen Bestimmungen unterblieb ebenso wie eine Weiterentwicklung des im Konzept des ›Zeigfeldes‹ enthaltenen kritischen Potentials. Eine englische Übersetzung des Bühlerschen Werks erschien erst Ende der achtziger Jahre. Sie leidet zudem unter einer großen Zahl kategorial-terminologischer Probleme, die es weiterhin unwahrscheinlich erscheinen lassen, daß eine englischsprachige Rezeption in Gang kommt. — Während Gardiner und Bühler in einem gewissen Kontakt zueinander standen, hat die Wissenschaftsentwicklung Bühlers Beitrag in doppelter Weise um seine Bedeutung gebracht. Für die Entwicklung einer Handlungstheorie von Sprache bedeutete dies eine erhebliche Unterbrechung.

4.3. Wittgensteins ›Sprachspiel‹

Aus einer ganz anderen Perspektive legt das Werk Ludwig Wittgensteins (s. Art. 39) von der Erfahrung der Notwendigkeit Zeugnis ab, die überkommen Kategorien der Sprachanalyse zu überwinden. Die Bewegung von der radikal auf die Assertion zentrierten Behandlung, deren Möglichkeiten im *Tractatus* (1921) bis an die Grenze des Sagbaren getestet werden, hin zu den *Philosophischen Untersuchungen* (1953) dokumentiert die Erfahrung eines wachsenden Zweifels an der Verläßlichkeit und der präsuppositiven Sicherheit des bei Aristoteles und der ihm folgenden Tradition eingeschlagenen Weges von Sprachanalyse. In einer Metapher, nämlich der des ›Sprachspiels‹ (s. Art. 96), versuchte Wittgenstein, der von ihm gesehenen anderen Qualität von Sprache analytisch habhaft zu werden. Diese Bemühungen blieben fragmentarisch. In immer neuen Ansätzen näherte sich Wittgenstein der Infragestellung jener Selbstverständlichkeiten an, auf deren Grundlage die europäische Beschäftigung mit Sprache ruht. Die Metapher des Spiels hat den Handlungscharakter zum zentralen Vergleichsgegenstand. Zugleich aber transportiert sie das, was es zu kritisieren gälte, unberührt weiter. In ihrer Anwendung verhindert sie so, daß die erforderliche Kritik sich konsequent entfalten kann. Denn die Metapher des Spiels ist genau jenem Zusammenhang verpflichtet, der die Isolierung auch des sprachlichen Handelns gegen seine gesellschaftliche Einbindung perpetuiert. So konnte sie bereits bei Saussure zur Grundkategorie eben jenes Sprachkonzeptes werden, in dem Sprache als handlungsentbundenes System charakterisiert wurde. Daß dabei die Metapher selbst in einem Prozeß der Verdinglichung an die Stelle der zu untersuchenden Sache tritt (vgl. Ehlich 1984), erstaunt in diesem Zusammenhang nicht. Wittgensteins Inanspruchnahme des Bildes, dazu dienend, den Handlungscharakter von Sprache herauszuheben, erwies sich in der Vereitelung von dessen angemessener Konzeptualisierung als konsequenter Ausdruck der Aporetik, in der sein Versuch, die Handlungsqualität von Sprache zu erfassen, sich entfaltete.

Gerade der Umstand, daß Wittgensteins Versuch einer Handlungsorientierung der sprachlichen Analyse in immer neuen Ansätzen zwar das Desiderat deutlich machte, die Entwicklung der erforderlichen Konzepte jedoch schuldig blieb, wirkte im Umkreis seiner Schüler motivierend, die Fragestellung neu aufzugreifen. Georg Henrik von Wright gehört zu denen, die in der Kontinuität des Wittgensteinschen Denkens wesentliche Beiträge zu einem Handlungskonzept von Sprache entwickelt haben. Dabei hat von Wright logische Formate für die Entwicklungen seiner Handlungstheorie gewählt und so eine Diskussion mit den logisch und wissenschaftstheoretisch orientierten Disziplinen ermöglicht (von Wright 1967; 1974; 1977). Die Einbringung post-neukantianischer sowie ansatzweise hermeneutischer Fragestellungen beförderte zudem deren Selbstreflexion.

4.4. Austin: Theorie der Sprechakte

Nur sehr indirekt verbunden mit den ansatzweise handlungstheoretischen Konzeptualisierungen von Sprache im Wittgenstein-Kreis entwickelte sich in Großbritannien ein weiterer, für die Folgezeit entscheidender Beitrag zu einer handlungsbezogenen Sprachtheorie. Die Konzentration britischer Philosophie auf die Alltagssprache als eine alles Philosophieren immer schon bestimmende Struktur führte zu einem wachsenden Interesse für deren analytische Aufarbeitung. Dabei gelangte John L. Austin in Verfolgung seiner Explorationen auf dem Gebiet der gewöhnlichen (Alltags-)Sprache zu einer Bewußtmachung und kritischen Reflexion eben jener stillschweigenden Voraussetzungen, die die europäische Sprachwissenschaft seit dem aristotelischen Abweg bestimmten. Die provozierende Formulierung, die die Überschrift zu seinem nachgelassenen Hauptwerk wurde — *How to Do Things with Words* —, markiert sowohl das Erstaunen darüber, daß man mit Sprache handelt, wie auch die Programmatik, eben diesen Aspekt analytisch in den Mittelpunkt zu stellen. Interessant ist in der Ausführung dieses Programms, wie Austin mit den überkommenen Sprachkonzepten umgeht. Er faßt sie als einen eigenständigen Bereich, den ›lokutiven‹, zusammen und erweitert ihn um die Analyse jenes ›Nicht-Lokutiven‹, des ›Illokutiven‹, in dem er die eigentliche Handlungsqualität von Sprache lokalisiert sah (s. Art. 95). Austins Argumentation ist vorläufig und vorsichtig. Der Umstand, daß es sich um die Wiedergabe von Vorlesungen handelt, scheint mir hier ebensowenig zufällig wie die Zettelstruktur der *Philosophischen Untersuchungen* Wittgensteins. Das sich von Beispiel zu Beispiel sozusagen ›vortastende‹ Verfahren der Austinschen Überlegungen führt die Leser dazu, sich aus den vertrauten Präsuppositionen immer mehr zu lösen. Was bei Aristoteles abgespalten und der rhetorischen Analyse zugeordnet wurde, wird jetzt in seiner inneren Charakteristik thematisiert. Die unterschiedlichen Formen sprachlichen Handelns, die, um dieses Handeln insgesamt gelingen oder glücken zu lassen, realisiert werden müssen, ermöglichen es dem Sprecher, seine Absichten in der Kommunikation zu verwirklichen. — Austin war zu seinen Überlegungen angestoßen worden durch die Erfahrung der Unmöglichkeit, bestimmte sprachliche Formen mit den traditionellen analytischen sprachlichen Methoden zu behandeln. Die von ihm sogenannte ›performative Formel‹, insgesamt die Unterscheidung zwischen dem ›performativen‹ und dem ›konstativen‹ Gebrauch sprechhandlungsbezeichnender Verben, wurde zum Ausgangspunkt der Revision einer nur auf das ›Konstative‹, die Assertion, beschränkten Linguistik.

4.5. Searle: Theorie der Sprechakte

Auch Austins Ansatz zu einer handlungstheoretischen Grundlegung der Sprachanalyse blieb partiell und dem verpflichtet, was er kritisierte. Dies wurde besonders deutlich in der Zusammenfassung John R. Searles, der die Untersuchungen Austins in den USA verbreitete. In seinem Werk mit dem anspruchsvollen Titel *Speech Acts* (1969) machte er deutlich, wie stark er dem überkommenen Satzbegriff verpflichtet blieb. Die Reduktion des Sprechakts auf den Äußerungs-, den propositionalen und den illokutiven Akt stellt zwar eine Systematisierung und Konsolidierung des bei Austin Erreichten dar. Doch die Expansion des ›act‹-Konzeptes bis hin zu einer Umwandlung in Akte auch von Referenz (s. Art. 78) und Prädikation (s. Art. 77) bedeutet eine eher mechanistische und sich auf die sprachlichen Verfahren wenig einlassende Änderung der Nomenklatur in bezug auf ein ansonsten unverändert übernommenes, von der Logik vorgegebenes Thema. Die Wirklichkeit der gesprochenen Sprache erhielt für das analytische Bemühen allenfalls durch den Filter des traditionellen Beispielsatzes, der — wie eh und je — aus dem Sprachwissen des Analytikers ›erzeugt‹ wurde, Zutritt. Ohne empirische Fundierung wurde in der Folgezeit (vgl. Searle/Vanderveken 1985) der Versuch einer logifizierten Sprechakttypologie entwickelt. Erst in jüngster Zeit findet auch die Wirklichkeit institutioneller Kommunikation Eingang in diese Ausprägung einer handlungstheoretischen Sprachanalyse.

4.6. Linguistische Pragmatik

Jeder der bisher genannten Versuche einer Theorie des sprachlichen Handelns war eigenen theoretischen Voraussetzungen geschuldet, entwickelte sich in anderen disziplinären Kontexten, thematisierte andere Aspekte der Handlungsqualität von Sprache und isolierte sich so zugleich gegen die anderen Ansätze. Zu einer Zusammenführung und kritischen Konfrontation dieser Denktraditionen kam es seit den siebziger Jahren insbesondere in der zunächst stark rezeptiven deutschen linguistischen Theoriebildung, die sich sowohl auf die Bühlerschen Ergebnisse wie auf die angelsächsische Sprechakttheorie (vgl. Wunderlich 1976) bezog. Unter Aufnahme eines aus der Semiotik und der Tradition der ›Unified Theory of Science‹ (Morris 1938 a) entnommenen Ausdrucks wurde für die Handlungstheorie ein eigener Terminus, 'Pragmatik', entwickelt und für das Konzept 'Sprache als Handlung' in der Bezeichnung 'Linguistische Pragmatik' genutzt. Diese zunächst nur terminologische Festlegung wurde zunehmend als Forderung nach einer integrativen theoretischen Entwicklung erkannt. Das sprachliche Handeln als eine Ausprägung komplexen Handelns (vgl. Rehbein 1977) erfordert nicht einfach eine partielle Ergänzung anderweitig verfügbarer linguistischer Theoriebestände, wie sie aus der ›Systemlinguistik‹ bekannt sind, sondern verlangt nach einer rekonstruktiv-hermeneutischen Theorie, zu deren Aufgaben auch eine kritische Rekonstruktion der überkommenen sprachbezogenen Theoriebestände und die Stellenwertbestimmung der in ihr gewonnenen Erkenntnisse wie der durch sie bedingten Objektverkürzungen gehört (vgl. zu diesem Theorienkonzept Rehbein 1994). Im Unterschied zu einer lediglich additiv ergänzenden Form linguistischer Pragmatik (›Pragmalinguistik‹, in der — ähnlich, wie in der Soziolinguistik soziale Parameter dem systemkonzeptuell festgelegten Objekt hinzugefügt werden — die Addition von Handlungsfaktoren als Grundverfahren schon im Terminus niedergelegt ist) verweigert sich Linguistische Pragmatik als Grundlagenreflexion von Objekt und Methode den wissenschaftsdisziplinär probaten ›Modularisierungen‹. Vielmehr insistiert sie darauf, die Handlungsqualität von Sprache umfassend zu rekonstruieren und auch in die sprachlichen Formen hinein zu verfolgen, indem sie deren pragmatische Vermittlungen im einzelnen aufweist. — Wichtige Teildesiderate einer Handlungstheorie von Sprache sind neben der Entfaltung des Handlungskonzeptes (vgl. Lumer 1990 a; 1990 b) das Empirischwerden der Analyse durch den Bezug auf authentische sprachliche Daten sowie auf den reflektierenden Umgang mit einer kritischen Methodologie von deren Aufzeichnung und Analyse; die Vermittlung von sprachlichem und institutionellem Handeln (vgl. Ehlich/Rehbein 1986; Koerfer 1993) und insbesondere die Entwicklung von Kategorien, die den Zusammenhang von sprachlichen Formen und Funktionen erfassen (vgl. Redder 1990).

Anders als es die unterschiedlichen theoretischen Ansätze nahelegen und anders als es deren Ergebnisse und ihre bloße Kombinatorik überall dort praktizieren, wo die grundsätzliche Infragestellung überkommener — häufig nicht einmal mehr bewußter — Kategorienbildungen nicht ernstgenommen und nicht aufgenommen wird, bedeutet dies, daß die Frage nach den ›Zellformen‹ des sprachlichen Handelns und ihrer konkreten gesellschaftlichen wie individuellen Entfaltung als zentrale Aufgabe erkannt wird. — Analytisch-kategorial wichtige Teilaspekte dieser Forschungsaufgabe betreffen die präzise Bestimmung des Verhältnisses von Handlung und Akt; die Herausarbeitung von Tätigkeitseinheiten, die determinierend in die Akte eingehen, also Prozeduren (vgl. Ehlich 1991), und deren Vermittlung mit den unterschiedlichen Typen des menschlichen ›Sprachbaus‹; die Entfaltung von Kategorien, die die innere Struktur einzelner sprachlicher Handlungen und ihrer charakteristischen Kombinatorik, der sprachlichen Handlungsmuster, betreffen; die Entwicklung eines Diskurskonzeptes, das sowohl handlungstheoretisch wohlbegründet wie für die linguistische Empirie nutzbar ist; die systematische Entwicklung des Textbegriffs und die Bestimmung des Ortes der Schrift in der Gesamtheit des sprachlichen Handelns. — Eine Theorie sprachlichen Handelns ist dabei keineswegs inkompatibel mit formalisierten Formaten, wie es sich aus der Sicht der ›Systemlinguistik‹ oft darzustellen scheint. Die Ausarbeitung formaler Handlungstheorien, bei von Wright programmatisch begonnen und besonders in der angelsächsischen Theorie einerseits, bestimmten deutschen Arbeiten (insbesondere Meggle 1977; 1987; 1993) andererseits entfaltet, leistet hierzu wichtige Beiträge, die freilich auch deutlich machen, daß die formalen Formate selbst der Erweiterung bedürfen, um der Komplexität sprachlichen Handelns gerecht zu werden. Insofern ist das Wittgensteinsche Bemühen, auch die ›Sprachspiele‹ der Mathematik und einzelner ihrer Subdisziplinen als spezifische Erscheinungsformen sprachlichen Handelns zu rekonstruieren, als reflexives Erfordernis in diese Formalisierungen immer mit involviert. Der explizite Versuch, die Einführungssituation von Sprache zur konstruktiven Leitlinie für eine derartig immer auch reflexive Verfahrensweise der Entwicklung einer Handlungstheorie von Sprache zu nut-

zen (Lorenz 1970), stellt einen der interessantesten Lösungsversuche für diesen Problemkomplex dar.

4.7. Handlung und Zweck

Eine Kernfrage für die Entwicklung einer Handlungstheorie von Sprache ist die nach kategorialen Bestimmungen, die geeignet sind, Handlung selbst — distinktiv etwa zu Verhalten und Ereignis — zu erfassen. Als hierfür zentral erweist sich die Kategorie des Zwecks. Der Zweck — gesellschaftlicher, nicht in seiner individuell als Ziel übernommenen Form (Intention) (s. Art. 93) — bestimmt die Strukturen der sprachlichen Handlungsmuster. Diese sind gesellschaftlich ausgearbeitete Bearbeitungsformen für repetitive gesellschaftliche Konstellationen. Der Zweck organisiert die Handlungsstrukturen der einzelnen Handlungen und ihrer Kombinationen. Über die Rekonstruktion der Zwecke wird die Analyse der sprachlichen Handlungen möglich. In bezug auf die Sprache ist zwischen zwei grundsätzlich unterschiedlichen Zwecktypen zu unterscheiden, den sprachexternen (Illokutionen) und den sprachinternen Zwecken, die es mit der Bearbeitung von sprachlicher Kommunikation selbst zu tun haben. Diese sprachinternen Zwecke, wie die Serialisierung von kopräsenten Gedanken, die Bearbeitung von Wissensstrukturen des Hörers, die Umsetzung gedanklicher Formen in akustische Strukturen usw., sind bisher in der neueren linguistischen Literatur — trotz interessanter Vorarbeiten im ersten Drittel dieses Jahrhunderts — kaum im Rahmen einer Handlungstheorie von Sprache thematisiert worden.

Während noch in der philosophischen Reflexion des frühen 19. Jahrhunderts der Zweckbegriff in seiner zentralen Bedeutung erkannt und aus der naiven Teleologie des 18. Jahrhunderts herausgelöst war (vgl. Hegel 1830, § 57 ff; § 360), ist durch die Psychologisierung und Individualisierung der Zwecke und schließlich durch die fulminanten Verdikte über die Kategorie selbst, die sich insbesondere bei Nietzsche finden, eine Ausarbeitung der Handlungstheorie von Sprache durch Festlegungen im allgemeinen Vorurteil erheblich behindert. Nietzsches Reduktion „Alle ›Zwecke‹, ›Ziele‹, ›Sinne‹ sind nur Ausdrucksweisen und Metamorphosen des Einen Willens, der allem Geschehen inhärirt: des Willens zur Macht" (1926, § 675) steht im Zusammenhang mit dem Versuch, den Zweckbegriff zu diskreditieren und analytisch zu eliminieren — einem Versuch, der ange-

sichts der propagierten angeblichen Zwecksetzungen einer mit sich selbst zerfallenden
bürgerlichen Welt verständlich ist, deren Bedingungen und Folgen jedoch nicht zu identifizieren vermag. — Die gegenwärtigen Be-
arbeitungschancen einer Handlungstheorie
von Sprache angesichts dieser von Nietzsche
artikulierten und im Denken des 20. Jahrhunderts häufig praktizierten Zweckvergessenheit
abzuschätzen fällt schwer. Gleichwohl wären
erst die Wiederaufnahme der Kategorie des
Zweckes, ihre theoretische Restituierung und
ihre analytische Entfaltung geeignet, die Dichotomie 'Sprache als System versus Sprache
als Handlung' aufzuheben — denn: wie eine
Handlungstheorie von Sprache in der Kategorie des Zwecks ihr organisierendes Zentrum
hat, so auch das System. Dies macht Kant
deutlich. Er leitete die bereits in 3.3. zitierte
Systemcharakterisierung mit den Worten ein:
„Unter der Regierung der Vernunft dürfen
unsere Erkenntnisse überhaupt keine Rhap-
sodie, sondern sie müssen ein System ausmachen, in welchem sie allein die wesentlichen
Zwecke derselben unterstützen und befördern
können". Nach der in 3.3. zitierten Bestimmung fährt er fort: „Der szientifische Vernunftbegriff erhält also den Zweck und die
Form des Ganzen, das mit demselben kon-
gruiert. Die Einheit des Zwecks, worauf sich
alle Teile und in der Idee desselben auch untereinander beziehen, macht, daß ein jeder
Teil bei der Kenntnis der übrigen vermißt
werden kann, und keine zufällige Hinzuset-
zung, oder unbestimmte Größe der Vollkommenheit, die nicht ihre a priori bestimmten
Grenzen habe, stattfindet" (Kant, *KrV* B
860 f). Die Rekonstruktion von Sprache als
Handlung ließe sich so zugleich als Rekonstruktion von Sprache als System vorstellen,
indem deren ›Gliederung‹ erfaßt würde. Denn
„das Ganze ist [...] gegliedert (*articulatio*) und
nicht gehäuft (*coacervatio*)" (Kant, *KrV* B
861); nicht die Theorien-Addition oder Theo-
rien-Konglomeration, sondern erst der Aufweis jener inneren Gliederung würde die Aufgabe, Sprache und Sprechen zu verstehen,
erfüllen.

5. Literatur in Auswahl

Apel 1973 a, *Transformation der Philosophie*, 2 Bde.

Austin 1962 a, *How to Do Things with Words.*

Bloomfield 1973, *Language.* [rev. ed. 1935]

Bühler 1965, *Sprachtheorie.* [1934]

Ehlich 1991, Funktionalpragmatische Kommunikationsanalyse — Ziele und Verfahren, in *Verbale
Interaktion*, Flader (Hg.).

Ehlich/Rehbein 1986, *Muster und Institution.*

Gardiner 1932, *The Theory of Speech and Language.*

Hymes 1977, *Foundations in Sociolinguistics.* [1974]

Jakobson 1988, *Semiotik. Ausgewählte Texte
1919 — 1982*, Holenstein (Hg.).

Knobloch 1984 a, *Sprachpsychologie: Ein Beitrag
zur Problemgeschichte und Theoriebildung.*

Linell 1982, *The Written Language Bias in Linguistics.*

Lorenz 1970, *Elemente der Sprachkritik.*

Malinowski 1923, The problem of meaning in primitive languages, in: Ogden/Richards, *The Meaning
of Meaning.*

Meggle 1993, Kommunikation, Bedeutung und Implikatur — Eine Skizze, in *Handlung, Kommunikation, Bedeutung*, Meggle (Hg.).

Poser (Hg.) 1982, *Philosophische Probleme der
Handlungstheorie.*

Redder 1990, *Grammatiktheorie und sprachliches
Handeln.*

Rehbein 1977, *Komplexes Handeln.*

Searle 1969, *Speech Acts.*

Wegener 1991, *Untersuchungen über die Grundfragen des Sprachlebens.* Knobloch/Koerner (Hg.).
[1885]

Weinrich 1993, Wissenschaftssprache, Sprachkultur und die Einheit der Wissenschaft, in *Einheit der
Wissenschaft*, Mainusch/Toellner (Hg.).

Wittgenstein 1953, *Philosophische Untersuchungen.*

Wright 1974, *Erklären und Verstehen.* [1971]

Konrad Ehlich, München (Deutschland)

68. Der Streit um Bedeutungstheorien

1.   Orientierung

Der durch den Titel 'Bedeutungstheorie(n)'
aufgerufene Themenkreis läßt sich in erster
Näherung durch folgende Fragen umreißen:
Von welchen Gebilden kann man (im primären oder abgeleiteten Sinne) sagen, daß sie
Bedeutung ›besitzen‹ oder ›tragen‹? Worin besteht die Bedeutung eines x beziehungsweise
wie ist der Bedeutungsbegriff oder wie sind
die Bedeutungsbegriffe material adäquat und
formal korrekt zu explizieren? Was heißt es,
die Bedeutung eines x zu verstehen und woran
ist gelingendes und mißlingendes Verstehen
zu erkennen? Nach welchen Verfahren läßt
sich die Bedeutung von x-Gebilden feststellen
beziehungsweise festsetzen? Auf welchen Wegen erhalten x-Gebilde ihre Bedeutung, wenn
diese nicht ausdrücklich festgesetzt worden
ist? Zu welchem Typus von Entitäten sind
Bedeutungen zu rechnen? Lassen sich brauchbare Identitätskriterien namhaft machen?
Sind Bedeutungen historische Gebilde oder
bevölkern sie, unabhängig von ihren Trägern,
das Reich atemporaler Abstrakta? — Kommt
(jedenfalls auch) Ausdrücken Bedeutung zu,
dann stellen sich unter anderem folgende Probleme: Wie hängt die im sprachlichen Handeln stattfindende Verwendung von Ausdrük-
ken mit ihrer Bedeutung zusammen? Ist zwischen Bedeutung und Bezug von Ausdrücken
(aller beziehungsweise einiger grammatischer
Kategorien) zu unterscheiden, und wie ist zu-
treffendenfalls die Relation von Bezug und
Bedeutung zu fassen? Welche Rolle spielen

Bedeutungen im Verhältnis von Sprache und
Welt? Wie verhält sich die Bedeutung von
zusammengesetzten Ausdrücken zur Bedeutung ihrer Teilausdrücke? In welcher Weise ist
das Verhältnis von Wahrheit und Bedeutung
zu gestalten? — Die Fragekollektion läßt
trotz ihrer Unvollständigkeit und ihres fehlenden Arrangements erkennen, daß das Be-
deutungsthema nur im Rahmen eines sprachphilosophischen Gesamtansatzes erfolgreich
behandelbar ist.

Obgleich die hier aufgeführten und weitere
damit zusammenhängende Fragen die Philosophie seit ihren Anfängen und vornehmlich
in Phasen nachhaltiger Methodenreflexion
beschäftigen (vgl. Haller 1959; 1962), erhalten
sie mit der das analytische Philosophieren
auszeichnenden Wende zur Sprache (›linguistic turn‹) eine überragende Dringlichkeit: Da
— so die hiermit empfohlene methodische
Lesart des ›linguistic turn‹ — jedes Thema der
Philosophie (unter Einschluß von Rede und
Sprache) nur redend erschlossen werden
kann, stellt die Entfaltung von Rede und
Sprache die ›erste Philosophie‹ dar. Da ferner
Ereignisse und sinnenfällige Gegebenheiten
nur insofern und dadurch zu Redehandlungen
und sprachlichen Gebilden werden, als sie
Bedeutungen besitzen, gewinnt ein Dringlich-
keitskataster Plausibilität, das die Entwicklung einer Bedeutungstheorie als „the most
pressing task of contemporary analytical philosophy" (Dummett 1991 b, 18) verzeichnet.
— Nach den philosophischen Üblichkeiten
differieren Bedeutungstheorien nicht nur in
den Antworten auf die einzelnen Fragen, sondern auch in der Problemorganisation und in
den faktisch benutzten und prinzipiell als zulässig erachteten Bearbeitungsverfahren; und
nicht einmal die vorgelegten Frage(provi-
sorie)n werden von allen Parteien akzeptiert.
— Die weiteren Ausführungen zielen nicht
darauf, die Gesamtkontroverse durch Nach-
zeichnung ihrer Genese im einzelnen verständlich zu machen, um dann die aktuellen
Positionen gegeneinander abzuwägen (s. Art.
65, 75, 76, 77, 79, 80, 81, 88). Angestrebt ist
vielmehr, zwei pragmatisch (antirealistisch)
ausgerichtete Konzeptionen, die verifikationistische (3.) und die intentionalistische (4.),
so zu präsentieren, daß ihre Konkurrenzfä-
higkeit mit antipragmatischen (realistischen)
Ansätzen nicht nur auf intuitiver Ebene, son-

dern auch vom Ausarbeitungsniveau her deutlich wird. Die einleitende Kritik der realistischen Gegenposition (2.) fördert das Verständnis der favorisierten Bedeutungskonzeption(en).

2. Realistische Bedeutungstheorie(n)

Die Bemühungen zur Erfassung der Phänomene Sprache, Rede und Bedeutung lassen sich grob, aber für den grundsätzlichen Überblick hilfreich, in zwei Großfraktionen unterteilen: Das *realistische* (antipragmatische, korrelationistische, repräsentationistische, korrespondistische, referentielle, ...) Lager sieht Sprachen zunächst und vorherrschend als abstrakte Zeichensysteme, deren Mitglieder dadurch Bedeutung erhalten/besitzen, daß ihnen (so oder so bestimmte) Entitäten zugeordnet werden/sind, die umgekehrt von den Zeichen abgebildet, repräsentiert, dargestellt, ... werden. Dem sprachlichen Handeln kommt, wo überhaupt, eine nachgeordnete Rolle zu, die sich aus der Entitätenzuordnung ergibt. Die *antirealistische* (pragmatische, operationale, gebrauchsorientierte, ...) Partei stellt demgegenüber gerade das sprachliche Handeln in den Mittelpunkt und charakterisiert sprachliche Zeichen als Mittel zur Ausführung desselben; ihre Bedeutung ergibt sich nicht über die Repräsentationsfunktion, sondern aus ihrer regelbestimmten und zweckgerichteten Rolle im sprachlichen Handeln. Der von allem realistischen, atomistischen und fundamentalistischen Beiwerk befreiten Idee der Entitätenzuordnung wird im Rahmen ostensiver Einführung, Erläuterung und Aneignung der hierfür einschlägigen Redeteile eine Berechtigung zugestanden, die sich jedoch ausschließlich ihrem Verwendungsbeitrag verdankt. — Die sich damit abzeichnende Großkontroverse läßt sich nicht durch Territoriumszuweisung schlichten: Der Vorschlag, den realistischen Ansatz auf formale, ausdrücklich konstituierte Sprachen zu beschränken, um dem antirealistischen die normalen, sich naturwüchsig und in freiem Ausgriff entwickelnden Sprachen zuzuordnen, verkennt den umfassenden Anspruch beider Parteien und übersieht zudem, daß beide Programme für beide Sprachsorten entfaltet worden sind.

In terminologischer Hinsicht sind zwei prophylaktische Hinweise am Platze: Zum einen wird das Adjektiv 'antirealistisch' lediglich in Opposition zu 'realistisch' verwendet. Ein antirealistischer Bedeutungstheoretiker ge-

hört also nicht damit schon der von Michael Dummett, Dag Prawitz und Per Martin-Löf initiierten Tradition an, obgleich diese umgekehrt als eine (intuitionistisch inspirierte) materiale Ausprägung antirealistischer Bedeutungstheorie zu gelten hat. Zum anderen wird der bestimmte Artikel in Wendungen wie 'die (anti)realistische Semantik' oder 'die (anti)pragmatische Bedeutungstheorie' meist generisch verwendet; die Arten und Exemplare weisen keineswegs nur akzidentelle Unterschiede auf.

2.1. Die realistische Beispielsprache

Um die für die Kritik ausschlaggebenden Charakteristika der realistischen Bedeutungskonzeption differenziert studieren zu können und damit ritualisierte Disputverläufe durch höhere begriffliche Prägnanz aufzubrechen, wird eine *r*ealistischem Geiste entspringende *a*rithmetische Miniatursprache $\mathfrak{AR}$ vorgestellt und in repräsentativer Absicht untersucht:

(1)   Inventar

Individuenkonstanten α	: 0
1-stellige Funktoren ϕ^1	: nf(..)
2-stellige Funktoren ϕ^2	: ..+..
2-stellige Prädikatoren Φ^2	: ..=..
1-stellige Junktoren π^1	: ¬__
2-stellige Junktoren π^2	: __∨__

Das Inventar von $\mathfrak{AR}$ kann als Viertupel notiert werden:

(2) INV $\simeq \langle \{'0'\}, \{'nf(..)', '..+..'\}, \{'..=..'\}, \{'¬__', '__∨__'\}\rangle$

Für die atomaren Ausdrücke werden die Bezeichnungen 'das Nullzeichen', 'der Nachfolgerfunktor', 'der Additionsfunktor', 'der Identitätsprädikator', 'der Negator', 'der Adjunktor' verwendet. — Die Klasse der *Terme* θ ergibt sich wie üblich: (i) Individuenkonstanten α sind Terme θ. (ii) Wenn $\theta_1, ..., \theta_n$ Terme sind und ϕ^n n-stelliger Funktor ist, dann ist $\phi^n(\theta_1, ..., \theta_n)$, das Ergebnis der Anwendung von ϕ^n auf $\theta_1, ..., \theta_n$, ebenfalls Term θ. (iii) Sonst ist kein Gebilde Term. Individuenkonstanten sind *atomare Terme*, die übrigen Terme sind *molekular*. Wie mit der Notation des Additionsfunktors schon angedeutet, soll auch die übliche Schreibweise zulässig sein. — Aus der Anwendung eines n-stelligen Prädikators Φ^n auf n Terme $\theta_1, ..., \theta_n$ resultieren *Elementaraussagen* $\Phi^n(\theta_1, ..., \theta_n)$; auch hier ist die übliche Schreibweise erlaubt. Die Menge der *Aussagen* ergibt sich dann ebenfalls aus drei Festlegungen: (i) Elementaraussagen $\Phi^n(\theta_1, ..., \theta_n)$ sind Aussagen Γ. (ii) Wenn $\Gamma_1, ..., \Gamma_n$ Aussagen sind, dann ist $\pi^n(\Gamma_1, ..., \Gamma_n)$, das Ergebnis der Anwendung des n-stelligen Junktors π^n auf $\Gamma_1, ..., \Gamma_n$, auch eine Aussage Γ. (iii) Sonst ist kein Gebilde Aussage. *Molekulare Aussagen* sind Aussagen, die keine Elementaraussagen sind; zu unterscheiden sind dabei *Negationen* und *Adjunktionen*. — Die Syntaktik der projektierten Sprache enthält die Menge der Terme und die Menge der Aussagen, die Grammatik umfaßt Inventar und Syntaktik:

(3) SYN $\simeq$ $\langle\{\theta\,|\,\theta$ ist Term$\}, \{\Gamma\,|\,\Gamma$ ist Aussage$\}\rangle$

(4) GRAM $\simeq$ $\langle$INV, SYN$\rangle$

Mit GRAM ist ein ›abstraktes Zeichensystem‹ gegeben. Nunmehr muß den Zeichen die intendierte Bedeutung verliehen werden. Das geschieht in zwei Bestimmungsschritten. Die Interpretationsfunktion *Int* ordnet den deskriptiven Termen unter Einschluß des Identitätsprädikators Gegenstände zu, in diesem Falle Zahlen oder Mengen.

(5) (i) *Int'* '0' $\simeq$ Null

    (ii) Wenn *Int'* $\theta \simeq$ y, dann ist *Int'* (nf (θ)) $\simeq$ der Nachfolger von y

    (iii) Wenn *Int'* $\theta_1 \simeq$ x und *Int'* $\theta_2 \simeq$ y, dann ist *Int'* ($\theta_1 + \theta_2$) $\simeq$ x plus y

    (iv) *Int'* '. . = .' $\simeq$ $\{\langle$x, y$\rangle\,|\,$x gleich y$\}$

Die Wahrheitsdefinition legt die Bedeutung der Junktoren und im Zusammenwirken mit *Int* die Bedeutung der Aussagen fest, indem sie spezifiziert, wann eine Aussage welchen Typs wahr ist:

(6) Γ ist wahr

    genau dann, wenn (gdw)

    (i) Γ ist Elementaraussage $\Phi^n(\theta_1, ... \theta_n)$ und $\langle$*Int'* $\theta_1, ...,$ *Int'* $\theta_n\rangle \in$ *Int'* Φ^n

    (ii) Γ ist Negation $\neg\Delta$ und Δ ist nicht wahr

    (iii) Γ ist Adjunktion A $\vee$ B und: A ist wahr oder B ist wahr

(6) folgt dem induktiven Formelaufbau: Die Wahrheit der molekularen Aussagen wird jeweils auf die Wahrheit ihrer Teilaussagen zurückgespielt. Zu klären ist dann nur noch, wann Elementaraussagen wahr sind; und hier greift die Interpretationsfunktion. Da (6) oder ähnliche Bestimmungen in der realistischen Auffassung eine Schlüsselrolle spielen, wird auch verständlich, warum gelegentlich der Titel 'Semantik der Wahrheitsbedingungen' gewählt wird. — Die Bestimmungen (5) und (6) bilden zusammen die Semantik der projektierten Sprache:

(7) SEM $\simeq$ $\{(5), (6)\}$

Der Ausdruck 'Semantik' beziehungsweise 'SEM' wird hier für eine Klasse von Festlegungen, nicht aber als Disziplinentitel verwendet. Abschließend läßt sich $\mathfrak{AR}$ so fixieren:

(8) $\mathfrak{AR}$ $\simeq$ $\langle$GRAM, SEM$\rangle$

2.2. Das pragmatische Defizit

Wenn ein Gebilde als Sprache präsentiert wird, dann ist es durch robuste und auch von keinem Realisten diskreditierte Intuitionen gedeckt, nach dem *Gebrauch* der Sprache zu fragen, nach den für diese Sprache typischen *Redehandlungen*. Die arithmetische Umgangssprache wird zum Beispiel gebraucht, indem Behauptungen aufgestellt, Beweise durchgeführt, Fragen aufgeworfen, Definitionen gesetzt werden usf., und der vorliegende Text ist das Produkt des Gebrauchs der (sprach)philosophischen Fachsprache. Inspiziert man hingegen $\mathfrak{AR}$ unter dieser Rücksicht, so kommt man auf die schlichte Feststellung, daß *keine Gebrauchsmöglichkeiten vorgesehen sind*: Die betrachtete Sprache enthält im Inventar weder Ausdrücke, die der Signalisierung von sprachlichen Handlungen dienen, noch bietet die Semantik Regeln, die den Vollzug potentieller Sprachbenutzer anzuleiten imstande wären.

Dieses pragmatische Defizit könnte rigorose pragmatische Parteigänger veranlassen, $\mathfrak{AR}$ und andere in realistischem Geiste konzipierte Gebilde im Stile einer Des-Kaisers-neue-Kleider-Entlarvung nicht weiter als Sprachen zu betrachten und die dahinterstehende Auffassung jedenfalls als Sprachphilosophie und als Beitrag zum Bedeutungsproblem zu verabschieden. — Dem Angriff wäre jedoch von realistischer Seite in (wenigstens) zweifacher Weise zu begegnen: Zum einen wäre geltend zu machen, daß realistisch konzipierte Sprachen sich unschwer in eine pragmatisierte Form überführen lassen. Damit, so eine offensive Ergänzung, wird zugleich klar, daß durch die Handlungsdimension dem semantischen Apparat nichts Wesentliches hinzugefügt wird; der Gebrauch ›folgt‹ nur der Bedeutung. Zum anderen könnte man eher defensiv konzedieren, daß die realistische Auffassung dem (aktiven) sprachlichen Handeln zwar keine Aufmerksamkeit zuwendet; zugleich könnte man aber die ›vornehmen‹ Themen wie Bedeutung, Wahrheit und Verstehen unter realistischer Obhut sehen. — Pragmatisierungsstrategie wie Rückzugsstrategie verdienen gesonderte Betrachtung.

2.3. Die Pragmatisierungsstrategie

Da für 𝔄𝔐 mit (6) eine Wahrheitsbestimmung vorliegt, die unschwer durch eine Falschheitsdefinition ergänzbar ist:

(9) Γ ist falsch gdw Γ ist nicht wahr,

da das Behaupten und das Verwerfen sich ferner im Einklang mit einem starken Strang unserer Intuitionen als ein Wahr- bzw. Falschklassifizieren von Aussagen auffassen lassen, soll 𝔄𝔐 durch Hinzufügung der Behauptens- und Verwerfensmöglichkeit in die pragmatische Sprache 𝔄𝔐𝔓 überführt werden: Das Inventar von 𝔄𝔐𝔓 wird durch *Performatoren*, den Behauptungsperformator 'B__' und den Verwerfungsperformator 'V__', erweitert. Das Ergebnis der Anwendung von Performatoren Ξ auf Aussagen Γ sollen *Sätze* sein, die entsprechend der Syntaktik von 𝔄𝔐𝔓 als eigene Klasse hinzuzufügen sind. Performatoren sind demnach einstellige, aussagenbestimmende und satzerzeugende Operatoren. Wer die Sätze:

(10) (i) B ¬0 + nf (0) = 0
    (ii) V 0 + nf (0) = 0

äußert, der behauptet beziehungsweise verwirft die Aussagen '¬0 + nf (0) = 0' beziehungsweise '0 + nf (0) = 0', der vollzieht in 𝔄𝔐𝔓 sprachliche Handlungen. Die Gestaltung der das Behaupten und Verwerfen leitenden Regeln liegt auf der Hand:

(11) Wenn Γ wahr ist, dann darf man Γ behaupten

(12) Wenn Γ falsch ist, dann darf man Γ verwerfen

Die Behauptungs- und die Verwerfungsregel stellen gemeinsam mit (5) und (6) die Semantik von 𝔄𝔐𝔓 dar. — Will ein Benutzer von 𝔄𝔐𝔓 die unter (10) notierten Äußerungen regelgemäß vollziehen, dann hat er es zunächst mit folgenden Instanzen der Behauptungs- beziehungsweise Verwerfungsregel zu tun:

(13) Wenn '¬0 + nf (0) = 0' wahr ist, dann darf man '¬0 + nf (0) = 0' behaupten

(14) Wenn '0 + nf (0) = 0' falsch ist, dann darf man '0 + nf (0) = 0' verwerfen

Um zu zeigen, daß die Antezedentia der Regelinstanzen (13) und (14) erfüllt sind, muß man folgende Überlegung anstellen:

(15) (a) Es gilt '¬0 + nf (0) = 0' ist wahr

(b) Da   Wenn: Γ ist eine Negation ¬B, dann: Γ ist wahr gdw B ist nicht wahr

(c) Also   '¬0 + nf (0) = 0' ist wahr gdw '0 + nf (0) = 0' ist nicht wahr

(d) Da   Wenn: Γ ist eine Elementaraussage $\Phi^n(\theta_1, ..., \theta_n)$, dann: $\Phi^n(\theta_1, ..., \theta_n)$ ist wahr gdw $\langle Int'\,\theta_1, ..., Int'\,\theta_n \rangle \in Int'\,\Phi^n$

(e) Also   '0 + nf (0) = 0' ist wahr gdw $\langle Int'\,'0 + nf\,(0)', Int'\,'0' \rangle \in Int'\,'..=..'$

(f) Da $Int'\,'0 + nf (0)' \simeq$ Eins, $Int'\,'0' \simeq$ Null, $Int'\,'..=..' \simeq \{\langle x, y \rangle \mid x$ gleich $y\}$

(g) Also   '0 + nf (0) = 0' ist wahr gdw $\langle$ Eins, Null $\rangle \in \{\langle x, y \rangle \mid x$ gleich $y\}$

(h) Also   '0 + nf (0) = 0' ist wahr gdw Eins gleich Null

(i) Da   nicht: Eins gleich Null

(j) Also   '0 + nf (0) = 0' ist nicht wahr

(k) Also   '¬0 + nf (0) = 0' ist wahr

In (b) wird die Wahrheitsdefinition für den interessierenden Fall der Negationen aufbereitet. (c) ergibt sich aus (b) und der Tatsache, daß die betrachtete Aussage eine Negation ist. Die weitere, erst in (j) abgeschlossene Überlegung sucht über das (Nicht)Zutreffen des Linksgliedes der gewonnenen Bisubjunktion zu befinden. Da die betrachtete Aussage elementar ist, wird in (d) die Wahrheitsdefinition entsprechend nutzbar gemacht. Der Zeile (e) ist die neue Aufgabenstellung zu entnehmen, die abgearbeitet wird, indem in (f) die Ergebnisse der Ausrechnung der Interpretationsfunktion notiert werden; (g) entsteht durch die entsprechenden Substitutionen in (e), der Übergang zu (h) ist mengensprachlicher Natur. In (i) wird ein Ergebnis aus der Arithmetik eingespeist, das mit (h) *modo tollendo tollente* in (j) zu der Erkenntnis führt, daß '0 + nf (0) = 0' nicht wahr ist. Aus (c) und (j) ergibt sich dann in (k) die unter (a) aufgeschriebene Eingangsbehauptung. — Mit der Äußerung von (10) (i) wird in 𝔄𝔐𝔓 mithin eine korrekte Behauptung vollzogen. Schritt (j) legitimiert gemeinsam mit der Definition der Falschheit auch die Äußerung von (10) (ii): Wer den Satz 'V 0 + nf (0) = 0' äußert, verwirft in 𝔄𝔐𝔓 die Aussage '0 + nf (0) = 0' korrekt.

Damit ist gezeigt, daß sich die Sprache 𝔄𝔐 zur Sprache 𝔄𝔐𝔓 ›pragmatisieren‹ läßt. Die Kosten dieser Überführung liegen jedoch auf der Hand: Um in 𝔄ℜ𝔓 sprachlich handeln zu können, muß man, wie unter (15) vorgeführt, in einer anderen Sprache, der Metasprache zu 𝔄ℜ𝔓 sprachlich handeln, indem man einerseits in den Schritten (b) bis (h) und (j) und (k) mit der Wahrheitsdefinition und der Interpretationsfunktion umgeht und andererseits in (i) auf eine Wahrheit der arithmetischen Umgangssprache rekurriert. Verallgemeinert: Die Pragmatisierung einer realistischen Sprache ist nur dann erfolgreich, wenn man auf eine weitere Sprache zurückgreifen kann, die bereits über geeignete Gebrauchsmöglichkeiten verfügt.

Mit diesem Ergebnis tritt die Folgefrage auf den Plan, wie das Gebrauchsprogramm in der Rekurssprache gesichert wird. Letztere umfaßt die Umgangsmöglichkeiten mit der Wahrheits-/Falschheitsdefinition und der Interpretationsfunktion sowie die arithmetische Umgangssprache als die interpretierende Sprache. Beschränkt man die Frage auf letztere, stellt man ferner in Rechnung, daß die Regelinstanzen (13) und (14) sich bei Voraussetzung der Semantik von 𝔄ℜ𝔓 so notieren lassen:

(13*) Wenn nicht: Eins gleich Null ist, dann darf man '$\neg 0 + \mathrm{nf}(0) = 0$' behaupten

(14*) Wenn nicht: Eins gleich Null ist, dann darf man '$0 + \mathrm{nf}(0) = 0$' verwerfen,

dann hängt die Möglichkeit des Behauptens und Verwerfens in 𝔄ℜ𝔓 davon ab, ob in der arithmetischen Umgangssprache die Aussage 'nicht: Eins gleich Null' behauptet werden darf. – Wie aber ist die Handlung(sform) des Behauptens in der interpretierenden Sprache zu sichern? Natürlich nicht wiederum im realistischen Stil; denn das liefert, einen Interpretationsschritt weiter, nur eine Neuauflage der Frage. Ein Fingerzeig ist der arithmetischen Redepraxis zu entnehmen: Die Lizenz, die Aussage 'nicht: Eins gleich Null' zu behaupten, ergibt sich aus der Vorlage eines Beweises, also *aus dem Vollzug weiterer Handlungen in der arithmetischen Umgangssprache selbst*. Die Behauptungsregel müßte also die Korrektheit des Behauptens an die Vorlage eines Beweises binden. Da Beweise Sequenzen von Annahmen, Anziehungen und Folgerungen sind, wären weitere Handlungen (in nichtrealistischer Weise) einzurichten. – Wenn man insgesamt mit Rückgriff auf die realistische Bedeutungszuweisung nicht zu einem Gebrauchsprogramm gelangt, stellt sich die später aufgenommene Umkehrfrage, ob man mit einem (direkten) Gebrauchsprogramm das Problem der Bedeutungsverleihung lösen und unter Rückgriff auf die korrekte Ausdrucksverwendung den Bedeutungsbegriff explizieren kann.

2.4. Die Rückzugsstrategie

Der realistische Ansatz, so die zweite Replik auf die Anzeige des pragmatischen Defizits, trägt zwar zur Gestaltung und Erfassung des Gebrauchs einer Sprache nichts bei, kommt aber bei Bearbeitung der Pretiosa Bedeutung, Wahrheit und Verstehen zum Tragen. – Zum ersten Thema: Was ist zum Beispiel die Bedeutung des Nullzeichens oder des molekularen Terms 'nf(0)'? Die Antwortsuche führt auf die Interpretationsfunktion *Int*. Diese ordnet dem Nullzeichen die Zahl Null und dem Term 'nf(0)' die durch 'der Nachfolger von Null' bezeichnete Zahl zu. Will man nicht eine unplausible Identifikation der jeweils bezeichneten Zahl mit der Bedeutung des interpretierten Zeichens vornehmen, dann liefert die Interpretationsfunktion nur die Information, daß '0' bedeutungsgleich 'Null' und 'nf(0)' bedeutungsgleich 'der Nachfolger von Null' ist. Was aber ist die Bedeutung von 'Null' und 'der Nachfolger von Null'? Generell führt die Frage nach der Bedeutung eines Terms auf die Frage nach der Bedeutung des korrespondierenden Ausdrucks in der interpretierenden Sprache; und nur wer bereits den interpretierenden Ausdruck verstanden hat, wird dessen Pendant in 𝔄ℜ verstehen. Wiederum liegt auf der Hand, daß die damit geforderten Auskünfte bei Strafe des Regresses nicht in realistischer Manier zu geben sind.

Da die Behandlung von Prädikatoren keine anderslautenden Auskünfte erbringt, soll gleich die Bedeutungsfrage für Aussagen erörtert werden. Es gilt als Erkennungszeichen der hier repräsentativ behandelten realistischen Semantik, „that the meaning of a sentence is its truth conditions (or that its meaning is determined by its truth-conditions)" (Baker/Hacker 1984 b, 190). Und unter dem Gesichtspunkt der Bedeutungsverleihung gilt: „[...] to give truth-conditions [i. e. necessary and sufficient conditions for the truth of a sentence] is a way of giving the meaning of a sentence" (Davidson 1967 a, 310). In Beurteilung dieser Verlautbarungen ist das Beispiel einer zusammengesetzten Aussage mit Blick auf die offerierten Wahrheitsbedingungen zu notieren:

(16) '$0 + \mathrm{nf}(0) = 0 \vee 0 = 0$' ist wahr gdw

'0 + nf(0) = 0' ist wahr oder '0 = 0' ist
wahr
gdw
$\langle Int'$ '0 + nf(0)', Int' '0' $\rangle \in Int'$ '. $_{.}=_{.}$'
oder $\langle Int'$ '0', Int' '0' $\rangle \in Int'$ '. $_{.}=_{.}$'
gdw
$\langle$Eins, Null$\rangle \in \{\langle x, y \rangle \mid x$ gleich $y\}$ oder
$\langle$Null, Null$\rangle \in \{\langle x, y \rangle \mid x$ gleich $y\}$
gdw
Eins gleich Null oder Null gleich Null

Löscht man die Zwischenschritte, so erhält
man eine Instanz der Tarskischen Konvention
𝔚, eine Bisubjunktion, deren Linksglied einer
Aussage Wahrheit zuschreibt, deren Rechts-
glied die via Interpretationsfunktion und
Wahrheitsdefinition hergestellte Übersetzung
in die interpretierende Sprache ist:

(17) '0 + nf(0) = 0 $\vee$ 0 = 0' ist wahr gdw
Eins gleich Null oder Null gleich Null

Läßt man Spekulationen um Transparenz,
Erwähnungstilgung und Redundanz beiseite,
so ergibt sich für die hier leitende Frage wiederum eine Variante des ungünstigen Altbe-
funds: 'Eins gleich Null oder Null gleich Null'
soll bedeutungsgleich sein mit '0 + nf(0) = 0
$\vee$ 0 = 0'; und nur wer bereits die Bedeutung
der Aussage der interpretierenden Sprache
versteht, erfaßt auch die Bedeutung der Aussage der zu interpretierenden Sprache. Die —
nun schon zum Stereotyp geratene — Folgefrage lautet: Was ist die Bedeutung der Aussage der interpretierenden Sprache und wie
versteht beziehungsweise erfaßt man diese?
Und eine befriedigende Antwort wird sich
nicht auf realistischen Pfaden finden lassen.

Die Untersuchung beider Entkräftungs-
strategien hat strukturell zu demselben Ergebnis geführt: Die an 𝔄𝔐 exemplifizierte realistische Semantik liefert sowohl unter dem
Gebrauchsaspekt wie auch unter den Gesichtspunkten Bedeutung, Wahrheit und Verstehen lediglich eine Verschiebung in eine interpretierende Sprache. Sollen Fragen des Gebrauchs, der Bedeutung, der Wahrheit und
des Verstehens substantiell beziehungsweise
direkt geklärt werden, dann muß eine nicht-
realistische Strategie gewählt werden.

2.5. Weiterungen und Ergänzungen

Das kritische Ergebnis wurde zwar an 𝔄𝔐
gewonnen, bedarf aber auch dann keiner substantiellen Modifikation, wenn die betrachteten Sprachen grammatisch komplexer werden, die Interpretationsfunktionen oder ähnliche Funktionen neben extensionalen auch

verschiedene Sorten intensionaler Entitäten
einbeziehen, wenn die Mengensprechweise im
Interpretationsapparat durch andere strukturelle Terminologien ersetzt wird, wenn die
jeweiligen Bedeutungen ontologisch mit Epi-
theta wie 'physisch', 'mental', 'abstrakt',
'konkret' usf. versehen auftreten oder als (von
irgendeinem X bezüglich irgendeiner Relation
R) unabhängig existierend charakterisiert
werden, oder wenn eine gerade hoch repu-
tierte Sprache, zum Beispiel ein Fragment der
physikalischen, als letzte interpretierende
Sprache ausgezeichnet wird (vgl. zu Varianten
realistischer Bedeutungstheorie Gamut 1991,
II Kap. 1). — Die vorgetragenen Einwände
machen auch deutlich, warum die kritisierte
Position das Etikett 'antipragmatisch' auf
sich zieht: Die realistische Konzeption faßt
die Gebrauchsdimension von Sprachen nicht
in den Blick, sie vermag weder zu ihrer Gestaltung noch zu ihrer Analyse einen nicht-
parasitären, d. h. vom Rückgriff auf eine interpretierende Sprache freien Beitrag vorzu-
legen. Das Attribut des Antipragmatischen
soll hingegen nicht suggerieren, daß realistische Ansätze nicht imstande seien, den ›pragmatischen Faktoren‹ (Kontext, Situation,
Autor, Adressat usf.) und den an die Äuße-
rungsumgebung gebundenen indikatoriellen
Redemitteln auf ihre Weise Rechnung zu tragen.

Anbei geredet: Die vornehmlich von Charles W. Morris entwickelte und von Rudolf
Carnap für formale Sprachen verfeinerte und
durchgesetzte thematische und disziplinäre
›Zauberformel‹ 'Syntaktik — Semantik —
Pragmatik' (vgl. Morris 1938a, §§ 3 ff; Carnap 1942, §§ 4 ff) ist durch und durch realistisch imprägniert: Wenn alle die Bedeutung
und den Bezug betreffenden Fragen geklärt
sind (Semantik), wobei Einteilungen und
Kombinierbarkeiten der Ausdrücke voran-
zustellen sind (Syntaktik), kann man im Anhang auch noch das Agieren der Sprachbenutzer betreffende Fragen in den Blick nehmen. Die Zauberformel gehört deshalb nicht
— wie etwa die Unterscheidung von Objekt-
und Metasprache — in die für das Referat
des prädiskursiven Einverständnisses reser-
vierten Einleitungskapitel von Einführungen
und Lehrbüchern der Semiotik und Sprachphilosophie. Die suggestive Kraft der Drei-
gliederung — die diesbezüglich bedeutungs-
theoretisch ähnlich beirrt wie die eng verbundenen Korrespondenzformeln auf wahrheits-
theoretischem Boden — dokumentiert sich bis
hinein in den (auch hier gelegentlich für das

antirealistische Positionenensemble verwendeten) Titel 'pragmatische Semantik'.

Realistische wie antirealistische Konzeptionen kommen darin überein, daß Bedeutungsfragen relativ auf eine Grammatik beziehungsweise Syntax gestellt werden. Im vorliegenden Text wird das in der Regel eine Standardgrammatik für Sprachen erster Stufe oder — wie bei 𝔄ℜ — eine Abschwächung dieser Grammatik sein. Es ist allerdings zu betonen, daß unerachtet dieses Oberflächenkonsenses auch die Gestaltung und Verankerung der grammatischen Kategorialität in zweierlei Hinsicht differiert: Zum ersten enthalten, wie schon die Pragmatisierung von 𝔄ℜ zeigt, Sprachen pragmatischen Geistes stets handlungsanzeigende *Performatoren*, die in Anwendung auf Aussagen *Sätze* ergeben; die atomare Kategorie der Performatoren und die molekulare Kategorie der Sätze ist hingegen in antipragmatischen Sprachen nicht vorgesehen. Zum zweiten wird die grammatische Kategorialität ganz verschieden gedeutet beziehungsweise ›hergeleitet‹: Während Realisten davon ausgehen, daß der Bereich des Repräsentierten vor und unabhängig von jedem sprachlichen Zugriff zum Beispiel in Dinge und ein- oder mehrstellige Attribute portioniert ist, daß demzufolge eine repräsentierende Instanz entsprechende Ausdruckskategorien wie Nominatoren und ein- oder mehrstellige Prädikatoren bereitzuhalten hat, sucht die Gegenpartei die grammatischen Kategorien als Organisationsmomente sprachlichen Handelns zu gewinnen; die Rede von Dingen und Attributen und vom Bezug zwischen Ausdrücken und Entitäten wird erst etabliert, wenn man von Nominatoren und Prädikatoren invariant bezüglich Bezeichnungsgleichheit zu sprechen beabsichtigt (vgl. Siegwart 1994, § 7). — Schließlich ist ein Mißverständnis abzuwehren: Wer der vorgetragenen Kritik an der realistischen Sprachauffassung beitritt, ist nicht gehalten, die vielfache sonstige Verwendbarkeit des Interpretationsgedankens in Abrede zu stellen (vgl. Hinst 1978, 54—62; 65—69; Martin-Löf 1987, 408).

3. Verifikationistische Bedeutungstheorie

Der für jede Spielart pragmatischer Bedeutungstheorie vorgezeichnete Weg vom Gebrauch zur Bedeutung wird konkretisiert durch Bestimmung der Ausdrucksbedeutung als Abstraktum unter Verwendungsgleichheit. Diese Äquivalenz gründet in der korrekten Ausdrucksverwendung, die ihrerseits im Vollzug von Redehandlungen erfolgt; deren Korrektheit bemißt sich an Regeln, die mit Blick auf redend verfolgte Zwecke Rechtfertigung finden. Bei der Festsetzung/Feststellung der Bedeutung spielen die Regeln für die wahrheitsqualifizierenden Redehandlungen eine hervorragende Rolle. — Dieses Telegramm ist in eine prüfwürdige Botschaft zu überführen!

3.1. Der Ansatz

Durch den Vollzug geeigneter Redehandlungen kann man eine These aufstellen, um eine Gefälligkeit bitten, von einer Maßnahme abraten, bislang in Abrede Gestelltes einräumen, jemanden zu etwas ernennen, den Weltenlauf beklagen — und anderes mehr. An derartigen Handlungen lassen sich ein *performatives* und ein *propositionales* Moment unterscheiden (s. Art. 95). Entsprechend sind *Sätze* Σ, das in Redehandlungen Geäußerte, in den *Performator* Ξ und die *Aussage* Δ zerlegbar. Mit der Äußerung der Sätze

(18) (i) Es gilt, daß niemand sein eigener Vater ist
    (ii) Ich empfehle die Beendigung der Lektüre dieses Beitrags

wird bei passender Umgebung eine *Behauptung* aufgestellt beziehungsweise eine *Empfehlung* ausgesprochen (performatives Moment). Der Autor behauptet, daß niemand sein eigener Vater ist, beziehungsweise er empfiehlt dem Adressaten die Beendigung der Lektüre dieses Beitrags (propositionales Moment). Zum Ausdruck des performativen Moments verwendet er die Performatoren 'Es gilt' beziehungsweise 'Ich empfehle' und zur Übermittlung des propositionalen Moments die Aussagen 'daß niemand sein eigener Vater ist' beziehungsweise 'die Beendigung der Lektüre dieses Werks'.

Um fortan nicht an Zufälligkeiten der gebrauchssprachlichen Realisierung von performativem und propositionalem Moment gebunden zu sein, ist eine Standardform zu etablieren: Der Satz Σ, aus grammatischer Perspektive das Resultat der Anwendung des Performators Ξ auf die Aussage Δ, wird so dargestellt, daß links der Performator Ξ und rechts in Form einer Daß-Phrase die Aussage Δ notiert wird:

(19)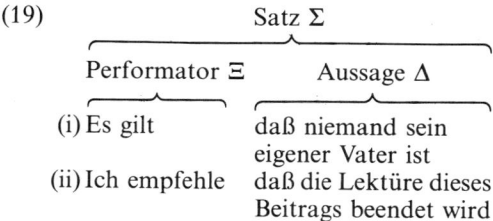

Redehandlungen können ihrerseits eingehen in *Rede(handlungs)sequenzen*: Dispute, Verkaufsgespräche, häusliche Streitereien, Gebete und Beweise sind Beispiele. Bilden ausschließlich kognitive Redehandlungen die Glieder der Sequenz, dann hat man es mit *Diskursen* zu tun. Umgekehrt kann die Verwendung der Teilausdrücke eines Satzes als *(Rede)Teilhandlung* der mit der Satzäußerung gegebenen Redehandlung angesprochen werden. Teilhandlungen, die mit jeder Redehandlung vollzogen werden, sind die Verwendung des Performators (Performation) und die Verwendung der Aussage (Proposition); weitere Teilhandlungen bestehen z. B. in der Verwendung des Nominators (Nomination) und in der Verwendung des Prädikators (Prädikation) (s. Art. 77). Redehandlungen, Redesequenzen und Teilhandlungen sind *Redehandlungen im weiten Sinne*:

(20)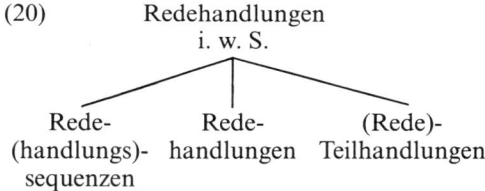

Performatives und propositionales Moment verhalten sich so, daß einerseits derselbe propositionale Gehalt performativ verschieden qualifizierbar ist, andererseits derselbe performative Modus verschiedene propositionale Gehalte aufnehmen kann, ohne daß jedoch beliebige Kombinierbarkeit vorliegt. Damit erhebt sich die Frage, mit welcher performativen Qualifikation dürfen / sollen / ... welche Aussagen versehen werden beziehungsweise — in globalem Zugriff — welche Redehandlungen dürfen / sollen / ... Autoren unter welchen Bedingungen vollziehen? Dieses Problem verlangt für die einzelnen Arten von Redehandlungen gesonderte Bearbeitung. Gleichwohl läßt sich für die materialen Antwortangebote die allgemeine Form der *Regel* vorsehen: Wenn das und das der Fall ist, dann darf / soll / ... ein Autor die und die Redehandlung vollziehen. Beispiele:

(21) (i) Wenn es eine Begründung für eine Aussage Δ gibt, dann darf man Δ behaupten
   (ii) Wenn H eine durchführbare und im wohlverstandenen Interesse von S liegende Handlung ist, dann darf man S die Ausführung von H empfehlen

Faßt man *Sprachen* als Systeme der Redehandlungsorganisation, dann sind Redehandlungsregeln die wesentlichen Stücke dieser Systeme. Da sie in Antezedens und Sukzedens auf Aussagen, Aussagenmengen, Aussagenteile und Ausdrucksoperationen Bezug nehmen, umfassen Sprachen neben den Regeln, der *Performatorik*, auch eine vorgeschaltete *Grammatik*. Diese zerfällt in zwei Teile: Dem *Inventar* ist zu entnehmen, welches die (relativ auf den kategorialen Rahmen) atomaren Gebilde der jeweiligen Sprache sein sollen. Die *Syntax* legt fest, wie sich aus den atomaren Gebilden die molekularen Verbindungen ergeben, und fixiert weitere grammatische Begriffe. Insgesamt lassen sich Sprachen als Einheiten aus Grammatik und Performatorik charakterisieren, wobei die Grammatik ihrerseits in Inventar und Syntax zerfällt.

Für die folgenden (und auch andere) Überlegungen ist es unerläßlich, zwischen Gebrauch, Erwerb, Konstitution, Erschließung, Analyse und Rechtfertigung von Sprachen zu unterscheiden. — Ein Autor *gebraucht* eine Sprache (korrekt oder inkorrekt), wenn er in dieser Sprache vorgesehene Redehandlungen vollzieht, indem er entsprechende Sätze äußert (die den einschlägigen Regeln genügen oder nicht). Wenn ein Autor eine (korrekte oder inkorrekte) Redehandlung durch Äußerung eines Satzes vollzieht, *verwendet* er sämtliche Teilausdrücke dieses Satzes (korrekt oder inkorrekt). — Wer eine Sprache *erwirbt*, bildet die Fertigkeit zum korrekten Gebrauch der Sprache aus; dabei *eignet* er sich die korrekte Verwendung der einzelnen Ausdrücke *an*. Bei vielen Sprachen, man denke etwa an die handwerklichen und laborwissenschaftlichen Fachsprachen, stehen der Erwerb sprachlicher und nichtsprachlicher Fertigkeiten in wechselseitigem Forderungs- und Förderungszusammenhang.

Sprachen werden *konstituiert* durch Herstellung ihrer Grammatik und Performatorik. Anzugeben ist, welche Gebilde Ausdrücke der Sprache sind und unter welchen Umständen sie im Vollzug von Redehandlungen korrekt verwendet werden. Im Zuge der Konstitution werden die (atomaren) Ausdrücke *eingeführt*. Zur Konstitution wird eine Konstitutionssprache benötigt. Will man dem infiniten Regress entgehen, dann hat man eine nicht-konstitutionelle Form der Genese anzunehmen: Sprachen kommen nicht nur durch ausdrückliche Anfertigung zustande, sondern auch so, daß sich die verschiedenen Redemöglichkeiten allmählich unter kooperierenden Agenten einspielen. — Da die meisten Gebrauchssprachen vollständig oder größtenteils über nichtkonstitutionelle Genese zustande (ge)kommen (sind), müssen sie im Bedarfsfall *erschlossen* werden, indem man den Spuren ihres Gebrauchs eine Grammatik und eine Performatorik zuordnet. Im Zuge der Erschließung wird die Verwendung der als atomar angesetzten Ausdrücke *ermittelt*.

Eine durch Konstitution oder Erschließung gegebene Sprache läßt sich zum Gegenstand der *Analyse* machen. Dazu benötigt man eine Analysesprache, die sich in weiten Teilen mit der Konstitutions- bzw. Erschließungssprache überschneidet. Die Explikation eines Bedeutungs- oder eines Wahrheitsbegriffs für eine Sprache zählt zu ihrer Analyse. — Da Autoren redend Zwecke verfolgen, können die gesamte Sprache oder ihre Faktoren (Grammatik und Performatorik) oder einzelne Regeln oder Ausdrücke zum Gegenstand der *Rechtfertigung* gemacht werden; diese erfolgt nach den Üblichkeiten der Zweck-Mittel-Rationalität. Wer für eine gebrauchsorientierte Bedeutungskonzeption eintritt, propagiert also keineswegs Beliebigkeit in der Verwendungsreglementierung. Rechtfertigungsfragen (jedenfalls bezüglich der hier bevorzugt betrachteten kognitiven Sprachen) stehen im Brennpunkt erkenntnisphilosophischer Bemühungen, werden aber im folgenden nur gelegentlich berührt: Bedeutungsfragen stellen sich unabhängig davon, wie im einzelnen die Sprache gerechtfertigt ist (vgl. zum Ansatz Gethmann/Siegwart 1991, 3.13.2).

3.2. Die pragmatische Beispielsprache

Durch Konstitution und Gebrauch der pragmatisch orientierten arithmetischen Sprache 𝔄𝔓, beides durch einen Kommentar begleitet, soll gezeigt werden, daß die soeben freigiebig ausgebreiteten Intuitionen auch wirklich ›arbeiten‹. Die gewählte Sprache eignet sich aus mehreren Gründen zur Demonstration: Ihre ›Inhalte‹ sind jedermann geläufig, sie ist ausgiebig analysiert, nicht trivial und bleibt schließlich dennoch hinreichend einfach und überschaubar; beispielbedingte Einseitigkei-

·ten werden später (teilweise) behoben. Die Konstitution der Grammatik erfolgt im Schnellverfahren, die Performatorik wird detaillierter konstituiert (vgl. für Details Siegwart 1994, § 5).

Die projektierte Sprache soll vier Redehandlung(styp)en umfassen: das durch den Setzungsperformator 'S__' signalisierte axiomatische Setzen, das durch den Annahmeperformator 'A__' mitgeteilte Annehmen, das durch den Folgerungsperformator 'F__' ausgedrückte Folgern und das durch den Behauptungsperformator 'B__' übermittelte Behaupten. An (Individuen)Konstanten α enthält 𝔄𝔓 nur das Nullzeichen '0'. Da das Quantifizieren (als Teilhandlung einer Redehandlung) möglich sein soll, ist eine (abzählbar unendliche Menge) an Variablen ω — 'x', 'y', 'z', 'x_1', ..., 'z_n' — und Parametern β — '**x**', '**y**', '**z**', '**x**$_1$', ..., '**z**$_n$' — vorzusehen. Das Identitätszeichen '..=.' ist der einzige Prädikator Φ^2. An Funktoren ϕ^n werden der einstellige Nachfolgerfunktor 'nf(..)', der zweistellige Additionsfunktor '..+.' und der ebenfalls zweistellige Multiplikationsfunktor '..∘.' vorgesehen. Der Negator '¬__', der Subjunktor '__→__', der Adjunktor '__∨__', der Konjunktor '__∧__', der Bisubjunktor '__↔__', der Universalquantifikator '∧.', der Partikularquantifikator '∨.' bilden die logischen Zeichen, die beiden letztgenannten sind die Quantifikatoren Π, die übrigen die Junktoren π:

(22)   Inventar

Atomare Kategorien	Atomare Ausdrücke
Performatoren Ξ	S__, A__, F__, B__,
Konstanten α	0
Parameter β	**x**, **y**, **z**, **x**$_1$, ..., **z**$_n$
Variablen ω	x, y, z, x_1, ..., z_n
Prädikatoren Φ^2	..=..
Funktoren ϕ^1	nf(..)
Funktoren ϕ^2	..+.., ..∘..
Junktoren π^1	¬__
Junktoren π^2	__→__, __∨__, __∧__, __↔__
Quantifikatoren Π	∧.., ∨..
Hilfszeichen ϱ	(,)

𝔄𝔓 soll eine Standardsprache erster Stufe sein. Die Konstitution der Syntax — erste Schritte wurden bei der Betrachtung von 𝔄ℜ (vgl. 2.1.) vollzogen — ist die übliche mit der Ausnahme, daß als weitere (von der Klasse der Aussagen verschiedene!) molekulare Kategorie die Sätze hinzukommen. Den vier Redehandlung(styp)en von $\mathfrak{AP}$ entsprechen vier Satzarten: Durch Äußerung eines Annahme- / Setzungs- / Folgerungs- / Behauptungssatzes nimmt man eine Aussage Γ an/setzt/folgert/ behauptet man eine Aussage Γ. — Mit dem Ausdruck 'A$^\xi$' wird in den Folgerungsregeln und der Regel des axiomatischen Setzens auf eine Formel Bezug genommen, in der genau die Variable ξ frei ist; mit dem Ausdruck '[θ_1, θ_2, A]' wird auf eine Formel Bezug genommen, die durch Substitution des Terms θ_1 für den Term θ_2 in der Formel A entsteht. — Die Konstitution der Performatorik erfolgt dadurch, daß Regeln als (Handlungsanleitung) für beliebige Autoren von $\mathfrak{AP}$ gesetzt werden. Jeweils eine Regel ›regiert‹ Annehmen, Setzen und Behaupten, eine Regelgruppe organisiert das Folgern. — Das Institut des Annehmens dient dem Zweck, *jede* Aussage in einen Beweis einspeisen zu können, auch solche, die im Beweisgang negiert werden. Zweckdienlich (und damit gerechtfertigt) ist als Annahmeregel (= AR):

(23) Es wird als Handlungsanleitung gesetzt: Wenn Γ eine Aussage ist, dann darf man Γ annehmen.

Die unten notierte Bestimmung (25) macht klar, daß man durch das Annehmen einer Aussage ›belastet‹ ist. Einige Folgerungsregeln, z. B. die Negations- und die Subjunktionseinführung, haben ›entlastende‹ Wirkung, indem sie das Folgern mit der Annahmebefreiung verkoppeln. — Das Institut des axiomatischen Setzens dient dem Zweck, Beweisanfänge zu schaffen. Die Konturierung dieses Zwecks und der damit verknüpfte Rechtfertigungsstreit brauchen hier nicht zu interessieren. Die Regel des axiomatischen Setzens (= SR) lautet:

(24) Es wird als Handlungsanleitung gesetzt: Wenn ω, ξ distinkte Variablen sind und ω nicht Teilterm von A$^\xi$ ist und eine Aussage Γ eine Instanz der Formen
 (a) ['0', ξ, A$^\xi$] $\wedge$ $\wedge\omega$ ([ω, ξ, A$^\xi$] $\rightarrow$ [nf (ω), ξ, A$^\xi$]) $\rightarrow$ $\wedge\xi$ A$^\xi$
 (b) $\wedge\zeta\wedge\xi$ (nf (ζ) = nf (ξ) $\rightarrow$ ζ = ξ)
 (c) $\wedge\xi$ ¬ nf (ξ) = 0
 (d) $\wedge\zeta\wedge\xi\wedge\omega$ (ζ = ξ $\rightarrow$ (ζ = ω $\rightarrow$ ξ = ω))
 (e) $\wedge\zeta\wedge\xi$(ζ = ξ $\rightarrow$ nf (ζ) = nf (ξ))
 (f) $\wedge\xi$ ξ + 0 = ξ
 (g) $\wedge\zeta\wedge\xi$ ζ + nf (ξ) = nf (ζ + ξ)
 (h) $\wedge\xi$ $\xi\circ 0$ = 0
 (i) $\wedge\xi\wedge\zeta$ $\xi\circ$nf (ζ) = ($\xi\circ\zeta$) + ξ

darstellt, dann darf man Γ axiomatisch setzen.

In Vorbereitung der Formulierung der Folgerungsregeln sowie der Behauptungsregel sind einige Vereinbarungen zu treffen; (27) nimmt mit 'NE, ..., PB' Bezug auf die im Anschluß notierten Folgerungsregeln:

(25) Wenn man eine Aussage Γ annimmt, dann hat man Γ gewonnen und Γ hängt von {Γ} ab (kurz: man hat Γ in Abhängigkeit von {Γ} gewonnen).
(26) Wenn man Γ gemäß SR axiomatisch setzt, dann hat man Γ gewonnen und Γ hängt von $\emptyset$ ab (kurz: man hat Γ in Abhängigkeit von $\emptyset$ gewonnen).
(27) Wenn man eine Aussage gemäß NE, ..., PB gefolgert hat und dabei Γ von der Aussagenmenge X abhängt, dann hat man Γ gewonnen und Γ hängt von X ab (kurz: man hat Γ in Abhängigkeit von X gewonnen).

Das Institut des Folgerns dient dem Zweck, aus schon gewonnenen, d. h. gesetzten, angenommenen oder gefolgerten Aussagen weitere Aussagen zu gewinnen und so die Beweisanfänge auszubeuten. Ebenso wie die Basislieferung kann dieser Zweck über verschiedene materiale und formale Prinzipien ausgestaltet werden; daraus resultieren verschiedene Logiken. Im folgenden wird die klassische Quantorenlogik vorgegeben, indem für die logischen Operatoren eine Einführungs- und eine Beseitigungsregel gesetzt wird:

(28) Wenn man in Abhängigkeit von einer Aussagenmenge X eine Aussage Γ und in Abhängigkeit von einer Aussagenmenge Y die Negation von Γ gewonnen hat mit einer Aussage A $\in$ X $\cup$ Y, dann darf man die Negation von A in Abhängigkeit von (X $\cup$ Y)\{A} folgern (Negatoreinführung (= NE)).
(29) Wenn man in Abhängigkeit von einer Aussagenmenge X die Negation der Negation einer Aussage Γ gewonnen hat, dann darf man Γ in Abhängigkeit von X folgern (Negatorbeseitigung (= NB)).
(30) Wenn man eine Aussage Γ in Abhängigkeit von einer Aussagenmenge X und eine Aussage B in Abhängigkeit von einer Aussagenmenge Y gewonnen hat, dann darf man die Konjunktion von Γ und B in Abhängigkeit von X $\cup$ Y folgern (Konjunktoreinführung (= KE)).

(31) Wenn man die Konjunktion von einer Aussage Γ und einer Aussage B in Abhängigkeit von einer Aussagenmenge X gewonnen hat, dann darf man sowohl Γ wie auch B in Abhängigkeit von X folgern (Konjunktorbeseitigung (= KB)).

Die Regeln der Adjunktoreinführung und -beseitigung (= AE, AB), der Subjunktor- und Bisubjunktoreinführung und -beseitigung (= SE, SB, BE, BB) sind die üblichen in der an NE bis KB ablesbaren Form. — Zwei Beispiele für Quantorenregeln:

(32) Wenn man das Ergebnis der Substitution eines Parameters β für eine Variable ξ in einer Formel B, in der genau ξ frei ist, in Abhängigkeit von einer Aussagenmenge X gewonnen hat, wobei β weder Teilterm von B noch Teilterm einer Aussage Γ ∈ X ist, dann darf man die Universalquantifikation von B bezüglich ξ in Abhängigkeit von X folgern (Universalquantoreinführung (= UE)).

(33) Wenn man in Abhängigkeit von einer Aussagenmenge X die Universalquantifikation einer Formel B bezüglich ω gewonnen hat und θ Nominator ist, dann darf man das Ergebnis der Substitution von θ für ω in B in Abhängigkeit von X folgern (Universalquantorbeseitigung (= UB)).

Die Regeln für die Partikularquantoreinführung und -beseitigung (= PE, PB) sind die üblichen im Stil von UE und UB. Streicht man NB, dann erhält man eine Arithmetik mit minimaler Logik, ersetzt man NB durch das *Ex-falso-quodlibet*, dann resultiert eine Arithmetik mit intuitionistischer Logik. — Das Institut des Behauptens dient dem Zweck, die Aussagen, die Konsequenzen der Basis sind, ebenfalls als zu akzeptierende hinzustellen. In Vorbereitung der Behauptungsregel ist ein Hilfsbegriff zu etablieren:

(34) *A* ist ein Beweis für Γ
gdw
A ist eine endliche Folge, so daß für jedes A_i gilt: A_i ist ein Annahmesatz oder A_i ist ein Setzungssatz, wobei die Aussage Instanz der in SR spezifizierten Formen ist, oder A_i ist Folgerungssatz, wobei die Aussage gemäß NE ... PB gefolgert wurde, und das letzte Glied von *A* ist ein Folgerungssatz, wobei Γ die gefolgerte Aussage ist und von φ abhängt.

Der Beweisbegriff trägt alle Lasten im Antezedens der Behauptungsregel (= BR):

(35) Es wird als Handlungsanleitung gesetzt: Wenn es einen Beweis *A* für eine Aussage Γ gibt, dann darf man Γ behaupten.

Ein *Beweistotal* entsteht aus der Verkettung des Eintupels aus dem Behauptungssatz und dem Beweis der behaupteten Aussage. Die *Logik* von 𝔄𝔓 ist die Menge der Regeln {NE, ..., PB}. Ergänzt man die Annahme-, die Setzungs- und die Behauptungsregel, dann erhält man die *Performatorik* von 𝔄𝔓. Die Sprache 𝔄𝔓 insgesamt ist das Zweitupel aus ihrer Grammatik und ihrer Performatorik.

Nun wird 𝔄𝔓 *gebraucht* durch Führen eines Beweises für die (Total)Reflexivität der Identität:

(36) (a) B $\wedge x \; x = x$
(b) S $\wedge x \wedge y \wedge z \, (x = y \rightarrow (x = z \rightarrow y = z))$
(c) F $\wedge y \wedge z \, (\mathbf{x} + 0 = y \rightarrow (\mathbf{x} + 0 = z \rightarrow y = z))$
(d) F $\wedge z \, (\mathbf{x} + 0 = \mathbf{x} \rightarrow (\mathbf{x} + 0 = z \rightarrow \mathbf{x} = z))$
(e) F $\mathbf{x} + 0 = \mathbf{x} \rightarrow (\mathbf{x} + 0 = \mathbf{x} \rightarrow \mathbf{x} = \mathbf{x})$
(f) S $\wedge x \; x + 0 = x$
(g) F $\mathbf{x} + 0 = \mathbf{x}$
(h) F $\mathbf{x} + 0 = \mathbf{x} \rightarrow \mathbf{x} = \mathbf{x}$
(i) F $\mathbf{x} = \mathbf{x}$
(j) F $\wedge x \; x = x$

Die in der ersten Zeile vollzogene Behauptung ist korrekt gemäß BR, weil es einen in den Zeilen (b) bis (j) ausgeführten Beweis für die behauptete Aussage gibt. Die in (b) vollzogene Setzung ist korrekt gemäß SR(d). Die in den Zeilen (c) bis (e) vorgelegten Folgerungen sind jeweils durch UB abgedeckt. Schritt (f) erhält seine Legitimation durch SR(f), Schritt (g) wird wiederum durch UB, angewandt auf das Axiom von Zeile (f), legitimiert. SB, angewendet auf (e) und (g), führt zu Zeile (h). Nochmalige Anwendung von SB, in diesem Falle auf (g) und (h), ergibt die Aussage von Zeile (i). Mit UE, angewendet auf (i), resultiert das Gewünschte. — Der kommentierten Rede(handlungs)sequenz läßt sich zugleich entnehmen, daß und wie die Redehandlungsregeln *kooperieren*. — Wer zum Beispiel, wie in (f) geschehen, 'S ∧x x+0=x' äußert, vollzieht in 𝔄𝔓 eine korrekte Redehandlung, während durch Verlautbarung von 'S ∧x x + 0 = 0' eine inkorrekte Redehandlung statt hat, weil die Aussage '∧x x+0=0' durch SR nicht als Axiom ausgewiesen wird.

Wer eine Redehandlung (korrekt oder inkorrekt) vollzieht, *gebraucht* die jeweilige Sprache (korrekt oder inkorrekt). In (36) wird also die Sprache $\mathfrak{A}\mathfrak{P}$ korrekt gebraucht. Wenn ferner ein Autor durch Äußerung eines Satzes eine Redehandlung (korrekt oder inkorrekt) vollzieht, *verwendet* er sämtliche Teilausdrücke dieses Satzes (korrekt oder inkorrekt). Mit der Äußerung von 'S $\wedge x\, x+0 = x$' und 'S $\wedge x\, x+0 = 0$' werden die atomaren Ausdrücke 'S__', '..+..', '..=..', '$\wedge$..', '0', 'x' und die aus ihnen aufgebauten molekularen Ausdrücke unter Einschluß der Sätze selbst korrekt beziehungsweise inkorrekt verwendet. Da Ausdrücke stets in Sätzen verwendet werden, also im Vollzug von Redehandlungen, *sind die Redehandlungsregeln zugleich Maßstab (in)korrekter Ausdrucksverwendung und damit auch (in)korrekten Teilhandelns.*

$\mathfrak{A}\mathfrak{P}$ läßt sich unschwer zu einer praxisnäheren Sprache $\mathfrak{A}\mathfrak{P}^*$ erweitern: Zunächst ist das Folgerungsreglement um zulässige Regeln zu ergänzen; dazu soll auch die Regel der Identitätsbeseitigung gehören. Sodann ist das Institut des Definierens (von Individuenkonstanten und Prädikatoren) einzurichten; als Performator fungiert 'D__', die Klasse der Sätze werden um die Definitionssätze erweitert, und die Definitorik umfaßt zwei Definitionsregeln (= DR$_1$, DR$_2$):

(37) Wenn
  (a) α eine noch nicht eingeführte Individuenkonstante ist,
  (b) θ ein geschlossener Term ist,
  (c) θ nur bereits eingeführte Ausdrücke enthält,
  dann darf man eine Aussage der Form $\alpha = \theta$ definitorisch setzen.
(38) Wenn
  (a) Φ^n ein noch nicht eingeführter n-stelliger Prädikator ist,
  (b) ω_1, ..., ω_n paarweise verschiedene Variablen sind,
  (c) B eine Formel ist, in der genau ω_1, ..., ω_n frei vorkommen,
  (d) in B ferner nur schon eingeführte Ausdrücke vorkommen,
  dann darf man eine Aussage der Form $\wedge \omega_1$, ..., $\wedge \omega_n$ (Φ^n (ω_1, ..., ω_n) $\leftrightarrow$ B$^{\omega_1, ..., \omega_n}$) definitorisch setzen.

Um drittens Aussagen, die schon bewiesen worden sind, in einen Beweisgang einzufügen, ohne nochmals den gesamten Beweis wiederholen zu müssen, wird die Möglichkeit der Berufung auf Gründe, das Institut des Anziehens, vorgesehen. Diese Handlung soll es, wie praxisüblich, auch gestatten, Definitionen und Axiome in Beweise einzubringen:

(39) Wenn es einen Beweis A für eine Aussage Γ gibt oder wenn Γ Definition gemäß DR$_1$ oder DR$_2$ ist oder Axiom nach SR, dann darf man Γ anziehen (Anziehungsregel (= ZR)).

Das Anziehen soll durch den Performator 'Z__' ausgedrückt werden. Da man aus angezogenen Aussagen selbstredend Konsequenzen ziehen will, muß man angezogene Aussagen als gewonnene betrachten und die Abhängigkeitsverhältnisse regeln:

(40) Wenn man eine Aussage Γ anzieht, hat man Γ in Abhängigkeit von $\emptyset$ gewonnen.

Der *Gebrauch* von $\mathfrak{A}\mathfrak{P}^*$ setzt ein mit Definitionen nach DR$_1$ und DR$_2$, die der Einführung der Individuenkonstanten '1', '2' und der Einführung der Prädikatoren '..<..', '.. : ..', 'Primzahl (..)' gelten:

(41) (a) D $1 = \mathrm{nf}(0)$
     (b) D $2 = \mathrm{nf}(1)$
(42) (a) D $\wedge x \wedge y$ ($x < y \leftrightarrow \vee z\, \mathrm{nf}(z) + x = y$)
     (b) D $\wedge x \wedge y$ ($x : y \leftrightarrow \vee z\, x \circ z = y$)
     (c) D $\wedge x$ (Primzahl (x) $\leftrightarrow 1 < x \wedge \neg \vee y$ ($1 < y \wedge y < x \wedge y : x$))

Das nächste Beispiel verdeutlicht den Unterschied der pragmatischen Sprache $\mathfrak{A}\mathfrak{P}^*$ zur nur pragmatisierten Sprache $\mathfrak{A}\mathfrak{R}\mathfrak{P}$ (vgl. 2.3.), indem dieselbe Aussage behauptet und begründet wird:

(43) B $\neg 0 + \mathrm{nf}(0) = 0$
     A $0 + \mathrm{nf}(0) = 0$
     Z $\wedge x$ ($x + 1 = \mathrm{nf}(x)$)
     F $0 + 1 = \mathrm{nf}(0)$
     Z $1 = \mathrm{nf}(0)$
     F $0 + 1 = 0$
     F $0 = \mathrm{nf}(0)$
     Z $\neg \mathrm{nf}(0) = 0$
     F $\neg 0 + \mathrm{nf}(0) = 0$

Jedweder Rekurs auf eine interpretierende Sprache unterbleibt. Die Behauptung ist korrekt, weil es einen Beweis für sie gibt. Ein solcher wird *in* $\mathfrak{A}\mathfrak{P}^*$ vorgetragen, indem passende, d. h. sowohl korrekte wie auch zielführende Annahmen, Anziehungen und Folgerungen ausgeführt werden. Die Behauptungsregel wäre grob mißverstanden, wenn man in der Analysesprache zu $\mathfrak{A}\mathfrak{P}^*$ für die Aussage

'Es gibt einen Beweis für '¬0 + nf(0) = 0'' argumentieren wollte; damit deutete sich bei Beibehaltung der Strategie nur ein neuer infiniter Regreß an. Um (43) vorlegen zu können, benötigt man lediglich ein 𝔄𝔓*-*know-how*; und dieses ist ein *rekursfreies Können*, für das die Fertigkeit zur Formulierung der einschlägigen Regeln erläßlich ist.

Die arithmetische Redepraxis und der Gebrauch von 𝔄𝔓* unterscheiden sich, wie der Vorführung weiterer Beispiele unmittelbar zu entnehmen, lediglich darin, daß erstere weitere, für die Heuristik typische Redehandlungen wie Fragen, Zweifeln, Vermuten usf. enthält, sämtliche Routineschritte schenkt und sich alle Formen metasprachlicher Abkürzung und Markierung zunutze macht. — Es ist ein nur auf realistischem Boden wachsendes Mißverständnis, für eine Sprache mit vollem Gebrauchsprogramm zusätzlich nach einer Interpretation im früher skizzierten Sinn (vgl. 2.1.) zu verlangen:

„Eine Theorie der Bedeutung zu akzeptieren, nach der einer Sprache, deren gesamter Gebrauch bestimmt ist, immer noch etwas fehlt — nämlich ihre ›Interpretation‹ — bedeutet ein Problem zu akzeptieren, das nur verrückte Lösungen haben kann. So zu tun, als ob *das* mein Problem wäre, ‚Ich weiß, wie ich meine Sprache benutzen soll, aber wie soll ich jetzt eine Interpretation auszeichnen?', bedeutet Unsinn zu reden. Entweder fixiert *schon* der Gebrauch die ›Interpretation‹, oder *nichts* kann das" (Putnam 1982, 29).

Auf der Grundlage der über eine Beispielsprache faßlichen Leitintuitionen ist die Bedeutungstheorie zu skizzieren, der Ausdruck 'Theorie' im Sinne von 'Konzeption' beziehungsweise 'approach' gelesen. Zwei Fragen verlangen eine Antwort: Worin besteht und wie erfolgt die Festsetzung/Feststellung der Bedeutung von Ausdrücken? Wie kann der Bedeutungsbegriff formal korrekt und material adäquat expliziert werden? Beide Projekte sind *im Einklang* zu halten: Wer etwa eine realistische Bedeutungsexplikation mit verwendungsorientierten Festsetzungs- oder Feststellungsprozeduren verbindet, zieht den Unverträglichkeitsvorwurf auf sich.

3.3. Bedeutungsfestsetzung/ Bedeutungsfeststellung

Die Bedeutung eines (atomaren) Ausdrucks μ einer Sprache L wird festgesetzt/festgestellt, indem μ in L eingeführt/ermittelt wird. Da die Analyse von Festsetzung beziehungsweise Einführung einerseits, von Feststellung beziehungsweise Ermittlung andererseits auf die

gleichen Verfahren führt, ist die Beschränkung auf eine Seite, im folgenden auf die Festsetzungs- beziehungsweise Einführungsseite, statthaft. In eine Sprache L eingeführt wird ein Ausdruck μ durch Angabe seiner korrekten Verwendung. Korrekte Verwendung eines Ausdrucks ist genau dann gegeben, wenn er Teilausdruck eines Satzes ist, mit dessen Äußerung eine korrekte Redehandlung der unterlegten Sprache erfolgt. Da die Redehandlungen durch Regeln geleitet und in ihrer Korrektheit bemessen werden, erfolgt die Bedeutungsfestsetzung eines Ausdrucks im Rahmen der Setzung von Redehandlungsregeln oder durch leistungsgleiche Maßnahmen. Soll eine Prozedur der Bedeutungsfestsetzung dienen, dann muß erkennbar sein, daß und wie sie zum Vollzug von Redehandlungen beiträgt, in denen das einzuführende Zeichen Teilausdruck ist. — Die Bedeutungsfestsetzung beziehungsweise die Einführung im Sinne der Spezifizierung korrekter Verwendung sollte nicht verwechselt werden mit der didaktischen Einführung: Bei dieser wird ein potentieller Benutzer mit der (schon feststehenden) korrekten Verwendung eines Ausdrucks vertraut gemacht.

Diese Intuitionen zur Bedeutungsfestsetzung gewinnen auf dem Hintergrund der Beispielsprache(n) Kontur: So läßt sich z. B. den Folgerungsregeln (vgl. (28)−(33)) entnehmen, unter welchen Bedingungen man folgern darf, d. h. wann man korrekt Folgerungssätze äußern darf, d. h. unter welchen Umständen man den Folgerungsperformator korrekt verwendet. Durch Vorgabe der Folgerungsregeln wird demnach die Bedeutung des Folgerungsperformators festgesetzt; analog arbeiten die übrigen Regeln bezüglich der für sie einschlägigen Performatoren. Allgemein gilt: Alle Redehandlungsregeln, also auch solche für nicht-kognitive Akte wie das Empfehlen (vgl. (21)(ii)), versorgen ihren (oder in den Gebrauchssprachen: ihre) Performator(en) mit Bedeutung. Die Bedeutung von Performatoren kann *nur* über entsprechende Regeln fixiert werden; und mit der Bedeutungsverleihung für Performatoren wird zugleich der durch den Performator signalisierte Redehandlungstyp eingerichtet.

Damit ist die Frage nach Verfahren der Bedeutungsfestsetzung zwar für Performatoren beantwortet — aber auch nur für Mitglieder dieser Kategorie. Wie steht es um die Einführung der atomaren Ausdrücke, aus deren Zusammensetzung sich die Aussagen, das performativ so und so Qualifizierte, ergeben?

Diese Problemstellung markiert keineswegs die Einbruchstelle für eine ›Zwei-Abteilungen-Semantik‹, derzufolge die Performatoren im Sinne des Gebrauchsansatzes, die Aussagenteile jedoch in realistischem Geiste mit Bedeutung ausgestattet werden; sie gibt vielmehr willkommene Gelegenheit, die Leistung *simultan etablierender* Regeln zu erläutern. Indem — um bei derselben Regelgruppe zu bleiben — die Folgerungsregeln spezifizieren, Aussagen welcher Art aus Aussagen welcher Art gefolgert werden dürfen, wobei die Aussagenart sich aus dem jeweiligen Hauptoperator ergibt, wird zugleich mit der Bedeutung des Folgerungsperformators auch die Bedeutung des Hauptoperators fixiert. So erlaubt etwa die Regel NE, die Negatoreinführung (vgl. (28)), die Negation einer Aussage zu folgern, falls diese, informell geredet, am Zustandekommen einer inkonsistenten Diskurslage beteiligt ist. Durch diese Redehandlungserlaubnis wird die Bedeutung sowohl des Folgerungsperformators als auch des Negators (partiell) fixiert. Mittels der Folgerungsregeln erhalten die Junktoren und die Quantoren der Beispielsprache Bedeutung. Im Zuge der Quantoreneinführung wird auch die Verwendung der Variablen und Parameter festgeschrieben. — Ein Blick in das Inventar von 𝔄𝔓 (vgl. (22)) zeigt, daß die Frage nach der Bedeutungsfestsetzung für die Eigenterme der Sprache noch offen ist. Sie wird beantwortet durch Verweis auf die Regel des axiomatischen Setzens (vgl. (24)), die simultan den Setzungsperformator einerseits, das Nullzeichen, die drei Funktoren und den Identitätsprädikator andererseits mit Bedeutung versieht. — Anders als die Folgerungsregeln und die Setzungsregel fixieren Behauptungs- und Annahmeregel, in 𝔄𝔓* auch Anziehungs- und Definitionsregel, ausschließlich die Bedeutung des zugeordneten Performators.

Die erweiterte Sprache 𝔄𝔓* bietet mit dem Institut des Definierens gegenüber der Ausgangssprache ein Novum. Die Definitionsregeln für Individuenkonstanten und Prädikatoren (vgl. (37), (38)) fixieren die Bedeutung des Definitionsperformators und schaffen die Möglichkeit der *innersprachlichen* Bedeutungsfixierung: Der zu definierende Ausdruck wird nicht erwähnt, sondern in der Definitionsaussage verwendet. Die Weiterverwendung, d. h. die Verwendung in nicht-definitorischen Kontexten, ist dadurch gesichert, daß man Definitionsaussagen anziehen und so in Beweise oder in anderen Sprachen in andere Diskurse einbringen kann (vgl. für die

Regel (39) und für die Praxis (43)). Das definitorische Verfahren der Bedeutungsfestsetzung stellt insofern eine ›späte‹ Prozedur dar, als jeweils durch andere, *konstitutionssprachliche* Verfahren bereitgestelltes definierendes Vokabular verfügbar sein muß. Die Sprache hat einen Zustand erreicht, in dem sie die Einführungsaufgaben für bestimmte grammatische Kategorien ›aus eigenen Kräften‹ bewältigen kann. — Während, anbei bemerkt, der hartnäckigen Bedeutungs(nach)fragen häufig entgegengestellte Hinweis, nicht alle Ausdrücke seien definierbar, als solcher korrekt ist, entbindet er — entgegen dem mit ihm verknüpften Entlastungswunsch — nicht von einer Verwendungsauskunft, die dann nicht-definitorische Gestalt annehmen wird.

Die systematische Darstellung von Verfahren der Bedeutungsfestsetzung (vgl. Siegwart 1994, Teil E.) liegt ebensowenig in der Absicht dieser Skizze wie die Aufnahme von Rechtfertigungsfragen. Einige Hinweise sollen das Verständnis sichern und Bezüge zu laufenden Debatten herstellen:

(i) Die Beispielsprachen sind analytischer Natur. Für synthetische Sprachen sind zusätzliche Verfahren, insbesondere die *ostensive* und die *operationale* Einführung zu berücksichtigen. Letztere läßt sich am schon klassisch gewordenen Exempel des Prädikators '... ist schwerer als ...' erläutern. Dieser kann (partiell) durch eine *Konstatierungsregel* eingeführt werden:

(44) Wenn zwei Körper θ_1, θ_2 auf je eine Waagschale einer Balkenwaage gelegt werden und die θ_1-Waagschale tiefer sinkt als die θ_2-Waagschale, dann darf man eine Aussage der Art 'θ_1 ist schwerer als θ_2' konstatieren.

Mit dem Prädikator simultan (und bei Vorhandensein weiterer Prädikatoren ebenfalls partiell) eingeführt wird dabei der zuzuordnende Konstatierungsperformator. Die Regel bindet den korrekten Redevollzug und damit die Bedeutung des Prädikators an ein Szenarium, das ein vorbereitendes Operieren, das Hantieren mit Körpern und Geräten ebenso wie eine entsprechende Wahrnehmungshandlung einschließt. Allgemein umfassen solche *Zubringeroperationen* schlichte und instrumentierte Wahrnehmungsakte optischer, haptischer, akustischer, ... Art, Herstellungsprozeduren wie Schleifen, Drehen, Schneiden usf., Meß- und Wiegehandlungen, Experimentalverfahren usf. — Die Konstatierungsregeln einer Sprache bilden deren *Empirik*;

gemäß einer solchen Regel konstatierbare Aussagen sind *Empireme*, die so eingeführten Redemittel sind *operationale* oder *empirische* Prädikatoren.

(ii) Nur partiell eingeführt ist der betrachtete Redeteil deshalb, weil die Konstatierungsregel nicht die ebenfalls erwünschten Eigenschaften der Irreflexivität, Asymmetrie und Transitivität erzwingt. Zu diesem Zweck kann man die einschlägigen Aussagen kategorisch setzen, wobei 'S___' und die logischen Zeichen aus 𝔄𝔅 in die zum Beispielzweck fingierte physikalische Sprache übernommen werden:

(45) S $\land x \land y$ (x ist schwerer als $y \rightarrow \neg y$ ist schwerer als x)

S $\land x \land y \land z$ (x ist schwerer als $y \land y$ ist schwerer als $z \rightarrow x$ ist schwerer als z)

Die Irreflexivität wird aufgrund der Asymmetrie beweisbar. Ebenfalls über eine Konstatierungsregel und über Strukturpostulate läßt sich der Gleichheitsprädikator '... ist ebenso schwer wie ...' etablieren. Auf dieser Grundlage sind dann '... ist schwerer als oder gleichschwer wie ...' und der Funktor 'das Gewicht von ...' definierbar; mit diesem Ordnungsszenarium steht die eine Hälfte für Metrisierungsschritte und damit für weitere Bedeutungsfixierungen bereit. Die diskutierten Prädikatoren besitzen demnach neben den empirischen/operationalen auch rationale/strukturelle Bedeutungsanteile. Strukturelle und operationale Anteile müssen miteinander verträglich sein!

(iii) Wenn ein Ausdruck über eine notwendigerweise einen bestimmten Redehandlungstyp gestaltende Regel eingeführt wird, hat das ersichtlich nicht die Konsequenz, daß er nur in den zugeordneten Sätzen vorkommen kann. Gesichert wird die Verwendbarkeit in anderen Redehandlungstypen durch das Zusammenwirken der einführenden Regel mit den übrigen Regeln. Das Wie der Kooperation läßt sich unschwer an den vorgeführten Gebrauchsbeispielen (vgl. (36), (43)) ablesen.

(iv) Angehörige *einer* grammatischen Kategorie, z. B. Prädikatoren oder Junktoren, können über *verschiedene* Typen von Redehandlungen, z. B. über Folgerungsregeln oder dialogische Akte, eingeführt werden. Ein (für enttäuschte ebenso wie für unerschütterte Kenner des Erlanger Konstruktivismus Nostalgie hervorrufendes) Beispiel für eine Folgerungsregel für Prädikatoren:

(46) Wenn man in Abhängigkeit von einer Aussagenmenge X eine Aussage der Form 'θ ist ein Fagott' gewonnen hat, dann darf man mit der gleichen Abhängigkeit eine Aussage der Form 'θ ist ein Blasinstrument' folgern.

(v) Ferner lassen sich Angehörige *verschiedener* Kategorien über *einen* Rede(handlungs)typus mit Bedeutung versorgen, z. B. Junktoren, Quantifikatoren, Variablen, Parameter und Prädikatoren mit Folgerungsregeln.

(vi) Leistungsgleiche, d. h. identische Theoremklassen erzeugende Einführungen können mit verschiedenen Verfahren erwirkt werden. Statt etwa die Prädikatoren '.. ist ein Fagott' und '.. ist ein Blasinstrument' wie soeben über eine Prädikatorenregel mit Bedeutung auszustatten, hätte man auch die Universalaussage 'alle Fagotte sind Blasinstrumente' axiomatisch setzen können.

(vii) Die einzelnen Redehandlungssorten sind in dem Sinne ›ideologiefrei‹, als nicht zum Beispiel schon mit der Wahl der Folgerungshandlung als Einführungstypus für die logischen Operatoren der (materiale) Logiktypus präjudiziert wird; dieser verdankt sich den je unterlegten Rechtfertigungsideen.

(viii) Wenn früher (vgl. 3.1.) (Rede)Teilhandlungen von Redehandlungen unterschieden wurden, dann dürfte über die Betrachtung der bedeutungsfixierenden Leistung der simultan etablierenden Regeln deutlich geworden sein, daß, wie aufgrund des begrifflichen Zusammenhangs nicht anders erwartbar, beide Handlungssorten nicht separat, sondern simultan reglementiert werden. Die Konstatierungsregel für '.. ist schwerer als ..' spezifiziert, unter welchen Umständen die Redehandlung des Konstatierens erlaubt ist (vgl. (44)); und da das Konstatieren das Beilegen eines *n*-stelligen Prädikators einschließt, wird simultan die entsprechende Teilhandlung der Prädikation reglementiert. Ganz analog: Indem die Regel UE der Universalquantoreinführung spezifiziert, wann man eine Universalquantifikation folgern darf (vgl. (32)), wird die Redehandlung des Folgerns und mit ihr die Teilhandlung des Universalquantifizierens reglementiert. Aber auch dann, wenn, wie etwa im Behauptungsfalle, die Regel nicht zur simultan etablierenden Sorte gehört, bedarf es keiner von der regierenden Redehandlungsregel verschiedenen Regel für Teilhandlungen. Die Teilhandlung der Prädikation in der durch Äußerung von 'B Primzahl (3)' in 𝔄𝔅* vollzogenen Behauptung ist nicht durch eine eigene Prädikationsregel, sondern im Rückgriff auf die Behauptungsregel als korrekt ausweisbar. — Diesem Hinweis kommt insofern ein kritischer Nebeneffekt zu, als nicht selten (in meist sorgfältig beispielfrei gehaltenen Erörterungen) der Eindruck erweckt wird, die Teilhandlungen und die vollständige Redehandlung seien je für sich zu reglementieren (vgl. z. B. Runggaldier 1990, 60—81).

(ix) Der Kontext bietet Gelegenheit, die in der Literatur kursierenden *vielfachen Regeltitel* in die leitende Gesamtperspektive einzuordnen; das soll am Beispiel der Regel (46) geschehen. Diese Redehandlungsregel ist zunächst eine *Folgerungsregel* (beziehungsweise wegen Synonymie eine Schluß- oder Deduktionsregel); insoweit Folgerungen wesentlich in Beweisen, Argumentationen, Begründungen, damit in Diskursen vorkommen, kann sie auch als *Beweis-, Argumentations-, Begründungs-,* damit als *Diskursregel* angesprochen werden. Diesen Titeln ›nach oben‹ stehen jene ›nach unten‹ entgegen: *Prädikations-* und, vom Redeteil her gesehen, *Prädikatorenregel;* und insofern die Verwendung geregelt und damit die Bedeutung fixiert wird, sind auch die Bezeichnungen als *Verwendungs-* und *Bedeutungsregel* berechtigt.

(x) Obgleich jeder atomare Ausdruck durch eine oder mehrere wohlabgegrenzte Maßnahmen eingeführt wird, findet doch eine ›Mitreglementierung‹, ein ›Affiziertwerden‹ durch Einführungen für andere Ausdrücke statt. Das liegt — erstens — auf der Hand bei kreativen Einführungen. Fügt man z. B. einer Sprache mit intuitionistischer Logik die Regel der doppelten Negationsbeseitigung hinzu, dann wird mit dem Gesetz von Peirce eine Aussage behauptbar, die zuvor nicht beweisbar war. Obwohl die Einführungsmaßnahme den Negator betrifft, wird eine neue Verwendungsmöglichkeit für den Subjunktor erzeugt. Unspezifisch mitreglementierende Effekte besitzen — zweitens — zum Beispiel Behauptungs- oder Annahmeregel: Jeder Ausdruck, gleich welcher grammatischen Spezies, ausgenommen der Performatoren, kann in angenommenen Aussagen vorkommen und, falls beweisbar, auch in behaupteten. Von einer spezifischen Affizierung kann — drittens — die Rede sein im Verhältnis zwischen Individuenkonstanten und Quantoren: Mit der Setzung der Regel der Universalquantorbeseitigung UB (vgl. (33)) wird einerseits die Bedeutung von jedem Nominator und damit von jeder Individuenkonstanten

insoweit betroffen, als mit der Folgerbarkeit einer spezialisierten Aussage die Verwendung der spezialisierenden Individuenkonstante geregelt wird. Mit der Einführung einer Individuenkonstante wird andererseits die Bedeutung des Partikularquantors insofern betroffen, als mit der Folgerbarkeit einer Partikularquantifikation (aus einer diese Individuenkonstanten enthaltenden Aussage) die Verwendung des Partikularquantors ›erweitert‹ wird. — Wer für (die Ausarbeitung) diese(r) Position den Titel ›Holismus‹ vorschlägt, sollte unter anderem beachten, daß hier keineswegs einer Sicht von Sprache als einem nicht entwirrbaren und handhabbaren Ganzen das Wort geredet wird.

(xi) Mit dem Stichwort 'Holismus' sind zwei weitere Abgrenzungen angesagt: (xi-i) Auch wenn atomare Ausdrücke die Kandidaten der Bedeutungsversorgung beziehungsweise Einführung sind, bewegt sich das Einführungskonzept — Spezifikation der korrekten Verwendung in Sätzen — außerhalb der atomistischen Vorstellung einer Bedeutungszuweisung ›in Vereinzelung‹. (xi-ii) Die soeben ausgesprochene Nähe zur molekularistischen Idee endet jedoch schon deshalb nicht in einer Mystifizierung der Größe ›Satz‹, die die soeben befürworteten holistischen und atomistischen Elemente verdrängt, weil der gewählte Pfad nicht von der Wahrheit zur Bedeutung führt (vgl. 3.4.). — Insgesamt: Da *atomare* Ausdrücke in *Sprachen* eingeführt werden, indem ihre Verwendung in *Sätzen* reglementiert wird, umfaßt der skizzierte Ansatz atomistische, holistische und molekularistische Elemente. Insofern die Bedeutungsversorgung nicht in Vereinzelung erfolgt, insoweit kein unentwirrbares Sprachganzes entsteht, insofern schließlich die Bedeutungsetablierung nicht erst nach und aufgrund der Wahrheitsdefinition erfolgt, sind zugleich atomismus-, holismus- und molekularismuseinschränkende Kräfte am Werk.

3.4. Wahrheit und Bedeutung

Als Ausgangspunkt zur Bestimmung des Bezugs von Wahrheit und Bedeutung empfiehlt sich eine Kartierung der kognitiven Redehandlungen (Erkenntnishandlungen). Diese lassen sich zerlegen in *interrogative* und *nichtinterrogative.* Ob-, Warum- und Wozu-Fragen exemplifizieren die erste Gruppe. Die nichtinterrogativen können in *subsidiäre* und *substantielle* Akte gegliedert werden. Beispiele für subsidiäre Akte sind das Folgern, das Annehmen und das Anziehen, das Dahinstellen und das Revozieren. Die *substantiellen* oder *epistemisch qualifizierenden* Handlungen umfassen *schwach* und *stark qualifizierende, Vor-* und *Vollformen* des Erkennens. Beide Klassen zerfallen in eine *affirmative* und eine *negative* Untergruppe. Zu den affirmativen Vorformen zählen Vermuten, Prognostizieren, Retrodizieren und Setzen-als-Hypothese, zu den negativen das schwache Zweifeln und das hypothetische Verwerfen. Redehandlungen wie das Setzen-als-Axiom, das Konstatieren, das Behaupten exemplifizieren die positiven Vollformen, das kategorische Verwerfen und das Bestreiten sind Beispiele für negative Vollformen. Auf einen Blick:

(47) Kognitive
       Redehandlungen

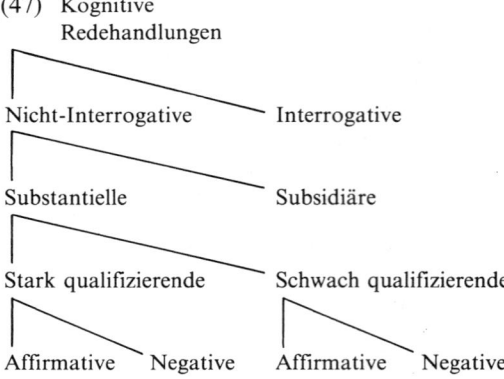

Kognitive Sprachen erhalten unter anderem ein Profil über die in ihnen vollziehbaren Redehandlungen. Die Beispielsprache 𝔄𝔓 umfaßt mit Folgern und Annehmen zwei subsidiäre Akte und mit Behaupten und Setzen-als-Axiom zwei positive Vollformen. In 𝔄𝔓* kommt mit dem Anziehen ein subsidiärer Akt und mit dem Definieren eine positive Vollform hinzu. — Anbei geredet: Eine prägnante Analyse der sprachlichen Arbeitsteilung müßte unter anderem auf die verschiedenen Redehandlungstypen abstellen: Während es — um das Standardbeispiel aufzugreifen — auch für den botanischen Laien möglich ist, den Prädikator '.. ist eine Ulme' in interrogativen, subsidiären, vielleicht auch schwach qualifizierenden Redehandlungen korrekt zu verwenden, dürfte die korrekte Verwendung in Konstatierungen in vielen und insbesondere in kritischen Fällen dem Fachmann vorbehalten sein. Der Grad der Beherrschung von Ausdrücken zeigt sich darin, in welchen Redehandlungstypen ein Autor den Ausdruck korrekt zu verwenden vermag.

Redehandlungen, in denen Aussagen als wahr/falsch qualifiziert werden, sind *Wahr-/*

Falschperformationen. Indem der Arithmetiker z. B. die Sätze 'B $\wedge x$ $x = x$' oder 'S $\wedge x$ $x + 0 = x$' äußert, qualifiziert er die Aussagen '$\wedge x$ $x = x$' und '$\wedge x$ $x + 0 = x$' in der Beispielsprache als wahr; die jeweiligen Aussagen werden dabei verwendet. Allgemein sind Wahr- beziehungsweise Falschperformationen mit den positiven beziehungsweise negativen Vollformen des Erkennens zu identifizieren; von der Falschdimension wird im folgenden abgesehen. — Über die vorgenommene Identifizierung lassen sich die Regeln für die epistemisch stark qualifizierenden positiven Redehandlungen als *Wahrheitsregeln* ansprechen. Diese — man denke an die Regeln des Behauptens, des Setzens-als-Axiom, des Konstatierens — spezifizieren direkt oder indirekt die Prozeduren der Wahrklassifikation und beantworten damit die Frage, wie wir Wahrheiten erkennen können; sie fungieren zugleich als Maßstäbe für die Beurteilung der Korrektheit von schon vollzogenen Wahrperformationen. Nimmt man hinzu, daß die Wahrheitsregeln vielfältig und ressortvariant sind — man führe sich insbesondere die Konstatierungsregeln vor Augen —, stellt man ferner in Rechnung, daß das regelgemäße Agieren nicht von Regelkenntnis begleitet sein muß, dann hat man insgesamt einen Anforderungskatalog vor sich, der in einer breiten Strömung neuzeitlicher Erkenntnisphilosophie für *Wahrheitskriterien* präsentiert worden ist (s. Art. 69). Die — hiermit vorgenommene — Gleichsetzung von Regeln und Kriterien der Wahrheit dient auch dazu, bei der Debatte um die materiale Gestaltung der Wahrheitsregeln/-kriterien von der erwähnten Tradition zu profitieren.

Um Wahrperformationen zu vollziehen, wird neben der Aussage nur ein Wahrheitsperformator benötigt, in 𝔄𝔓 die Ausdrücke 'S_' und 'B_'. In den Gebrauchssprachen stehen für jede Wahrperformation wie auch für jede andere Redehandlung viele Performatoren zur Verfügung. Behauptungen können etwa durch geeignete Verwendung von Zeichenverbindungen wie ‚Ich behaupte_', 'Es gilt_', 'Es ist wahr_', 'Theorem_', 'Es trifft zu_', 'Es ist richtig_' und andere Varianten vollzogen werden. Um Wahrperformationen vollziehen zu können, ist man also nicht auf die buchstäbliche Wahrheitsrede angewiesen — und schon gar nicht auf einen Wahrheitsprädikator.

Wer daraus schließt, der Wahrheitsprädikator und damit die ganze Wahrheitstheorie seien überflüssig (redundant), begeht ein *non-*

sequitur: Dem Nachweis, daß eine Gegeben-
heit für die Herbeiführung eines Zwecks nicht
benötigt wird, läßt sich nicht entnehmen, daß
es keinen Zweck gibt, zu dessen Realisierung
sie unverzichtbar ist. Benötigt werden Wahr-
heitsprädikatoren dann, wenn man über die
Gebilde räsonieren will, die kriteriengemäß
wahr sind; und dann steht die definitorische
oder sonstwie erfolgende Einführung eines
Wahrheitsprädikators in der Analysesprache
auf dem Plan. Eine Parallelbetrachtung ist
hilfreich: Zum Vollzug von Folgerungen
benötigt man nicht die buchstäbliche
Folgerungsrede; auch 'Also__', 'Mithin__',
'Dann__' erfüllen diese Aufgabe; verzichtbar
ist dazu der analysesprachliche Folgerungsprädikator '... folgt aus ...' beziehungsweise
die Konverse '..⊢.'. Daraus folgt aber nicht,
daß dieser Prädikator und die um ihn gebaute
analysesprachliche Disziplin der Logik überflüssig ist im Hinblick auf jeden ehrenwerten
Zweck. — Auf die Anschlußfrage, wozu überhaupt das den Folgerungsprädikator, den
Wahrheitsprädikator und andere analysesprachliche Prädikatoren verwendende Rä-
sonnement gut sein könnte, existiert auch vor
dem Rekurs auf rein kognitive Interessen eine
bedenkenswerte Antwort: Wie alle Vollzüge
weist auch die Erkenntnisdimension (unter
Einschluß der Wahrperformation) in der
Rechtfertigung kontroverse und im Vollzug
störungsanfällige und optimierbare Zonen
auf. Die Analyse ist unverzichtbar zur Behe-
bung dieser Defekte.

Die den Wahrheitsprädikator und damit die Wahrheitsprädikationen betreffende
Wahrheitsdefinition und die die Wahrheits-
performatoren und damit die Wahrheitsper-
formationen betreffenden Wahrheitskriterien
sind so miteinander verbunden, daß alle
(schärfer: und nur) die Aussagen, die die Kriterien erfüllen, auch definitionsgemäß wahr
sind. Die Antezedentia der Wahrheitsregeln
werden direkt oder mittelbar zum Definiens
des Wahrheitsprädikators. Insoweit die Wahr-
heitskriterien/-regeln die wahrheitsqualifizierenden Verfahren, die Verifikationsprozeduren, spezifizieren, könnte in materialer Redeweise von einer ›Abhängigkeit‹ der Wahrheit von den (Wahrheits)Erkenntnisverfahren
— wenn auch nicht von deren faktischer Exekution — gesprochen werden. — Wahrheitsprädikationen sind wie alle Prädikationen un-
selbständige Teilhandlungen von Redehandlungen. Wer zum Beispiel den Satz 'Es trifft
zu, daß '∧x x+0 = x' in 𝔄𝔓 wahr ist' äußert,
vollzieht in der Analysesprache zu 𝔄𝔓 (mit

der Behauptung) eine Wahrperformation, in
die eine (elementare) Wahrprädikation als
Teilhandlung eingebettet ist.

Die Wahrheitstheorie verfolgt — gemäß
den Stellungen zu einer Sprache (vgl. 3.1.) —
vier Projekte: Als *erschließende* sucht sie aus
den Spuren der Wahrperformation die Regeln
zu gewinnen; als *konstituierende* setzt sie Regeln für die Wahrperformation; als *analysierende* expliziert sie einen Wahrheitsprädikator
und artikuliert Zusammenhänge zu anderen
Eigenschaften; als *rechtfertigende* weist die
Wahrheitstheorie die vorgeschlagenen Regeln
als zielführend aus. — Da Erkenntnishandlungen und ihr Regelwerk, wie betont, ein
kooperatives Ensemble bilden, ist die Behandlung der Wahr- und Falschperformationen unauflöslich mit der Behandlung der
übrigen Vollzüge vernetzt (vgl. ausführlicher
zu den Vorfragen zur Wahrheit Siegwart 1994,
Teil F. und G.).

Stellt man auf diesem Hintergrund die
Frage nach dem Verhältnis von Wahrheit und
Bedeutung, dann ist in negativer Näherung
klar, daß eine Ordnung nach Prior und Po-
sterior ausscheidet: Weder stellt sich die
Wahrheitsfrage dann, wenn alle Bedeutungs-
probleme gelöst sind, noch lösen sich alle
Bedeutungsfragen, wenn zuvor eine Wahrheitsdefinition vorliegt. Vielmehr gilt: Indem
man Ausdrücken Bedeutung verleiht, richtet
man (direkt oder indirekt) die Formen der
Wahrperformation, die Verifikationsprozeduren ein; und indem man die Wahrperformation gestaltet, setzt man die Bedeutung von
Ausdrücken fest. Exemplarisch: Wer die Konstatierungsregel resp. das Wahrheitskriterium
(44) setzt, verleiht dem Konstatierungsperformator und dem Prädikator '.. ist schwerer als
...' Bedeutung; *eodem actu* wird damit eine
Möglichkeit der Wahrperformation, eine
Verifikationsprozedur, geschaffen; analog fixiert die Setzungsregel (24) die Bedeutungen
der Eigenterme von 𝔄𝔓 und richtet mit dem
axiomatischen Setzen ein Verfahren der
Wahrperformation ein. Nicht bei allen Regeln
ist der Zusammenhang so direkt: Die Folgerungsregeln — sie stellen ersichtlich keine
Wahrheitskriterien dar — tragen mit ihren
Bedeutungsfixierungen insofern mittelbar zur
Wahrperformation bei, als sie das Beweisen
und damit das Behaupten ermöglichen. Die
— hier nur aufgeworfene — Hauptfrage der
Bedeutungs-/Wahrheitstheorie lautet demnach: Wie sollen wir gegebene Bedeutungsfixierungen und damit *ipso facto* Verifikationsprozeduren beurteilen und gegebenenfalls re-

formieren, wie sollen wir neu vorzunehmende organisieren und rechtfertigen?

Wiederum sind Mißverständnisse abzuwehren und Grenzen zu ziehen:

(i) Durch die Differenzierung zwischen wahrheitsqualifizierenden Prozeduren und ihrer Exekution, damit zwischen Aussagen, die verifizierbar (beweisbar, konstatierbar usf.) sind, und solchen, die seit einem bestimmten Zeitpunkt *de facto* verifiziert (bewiesen, konstatiert) worden sind, verläuft eine scharfe Trennlinie zu einem ›aktualistischen‹ oder ›finitistischen‹ Verifikationismus. Dieser Auffassung ist schon deshalb entgegenzutreten, weil sie die Geschlossenheit von Wahrheit unter Konsequenzschaft ausschließt und elementare Redemöglichkeiten bezüglich der Erkenntnisentwicklung wie die, daß es zu einem bestimmten Zeitpunkt unentdeckte oder unbewiesene Wahrheiten gibt, als falsch hinstellt (vgl. Rabinowicz 1985, 191 f).

(ii) Der Wahrheitsprädikator '..ist wahr (in..)' und seine Definientia wie etwa '..ist beweisbar/Theorem (in..)', '..ist konstatierbar/Empirem (in..)' sind *atemporale* Redeteile: für Zeitbestimmungen ist keine Stelle vorgesehen. Zur Formulierung von Fragen und Thesen um Omni- oder Punctotemporalität von Wahrheit — 'Wenn eine Aussage wahr ist, ist sie zu jeden Zeitpunkt wahr', 'Aussagen sind erst ab dem Zeitpunkt ihrer Wahrklassifikation wahr' — benötigt man *temporale* Redeteile wie '..ist wahr zu..', '..ist wahr ab..' und so fort. Auch wenn solche bereitstünden, gäbe es immer noch die auch aus anderen Bereichen geläufige Interesse, unabhängig von Zeitaspekten über Aussagen nachzudenken, die bestimmten Prozeduren genügen oder nicht. Die Atemporalität des (üblichen) Wahrheitsprädikators und seiner Definientia genügt einem Redeinteresse — und ist kein Ausdruck der ›Überzeitlichkeit‹ der Wahrheit. Wer sich die atemporale Betrachtungsrücksicht zu eigen macht, stellt nicht in Abrede, daß die Verifikationsprozeduren, und damit die Bedeutungsfixierungsverfahren, und ihre Benutzung temporaler Bestimmung zugänglich sind (vgl. Stenlund 1989, 71 ff).

(iii) Jede Wahrperformation ist an die Ausübung von Prozeduren gebunden; Unterschiede ergeben sich erst aus der Materialität der Prozedur. Während in analytischen Sprachen ausschließlich diskursive Prozeduren ausgeführt werden, kommen in den synthetischen die Operationen hinzu. Das Konzept der Konstatierungsregeln bindet Wahrneh-

mungen in Verifikations- resp. Bedeutungsfixierungsprozeduren ein. Wahrnehmen wird eine ›innersprachliche‹ Zubringeroperation einer Redehandlung und verliert damit den Status der paradigmatischen (und oft vorsprachlich angesetzten) Erkenntnis. Damit entfällt auch die in einer einflußreichen kontemplationistischen Tradition durch Extrapolation des Wahrnehmungsmodells geleistete Dramatisierung der kognitiven Zugänglichkeit ›abstrakter Gegenstände‹; und die im Windschatten mittransportierten Existenzfragen werden trivialisiert (vgl. 3.5.; Tait 1986, passim; Art. 82).

3.5. Das Bedeutungskonzept

Wer, wie vorstehend ausgiebig praktiziert, Ausdrücke wie 'die Bedeutung von ...', '... ist Bedeutung von ...' und so fort verwendet, darf (jedenfalls in philosophischen Zusammenhängen) Fragen nach ihrer korrekten Verwendung nicht ausweichen. Verwendungskredite sind durch geeignete Einführungsmaßnahmen zu tilgen. Da bezüglich der erwähnten Redeteile bereits Verwendungsgepflogenheiten bestehen, denen zumindest teilweise Rechnung zu tragen ist, sind *explikative* Einführungen angesagt. — Der Wunsch, über Redemittel aus der Bedeutungsfamilie zu verfügen, entsteht vor allem bei der Analyse sowohl der *zwischensprachlichen* als auch der *innersprachlichen Synonymie*. Innersprachlich synonym, gleichbedeutend oder verwendungsgleich sind in der mathematischen Umgangssprache zum Beispiel die Performatoren 'Also__', 'Folglich__', 'Dann__', im französischen Degustationsjargon die Beurteilungsprädikatoren '.. est âpre' und '.. est astringent' und in einigen sprachphilosophischen Terminologien die Prädikatoren '.. ist synonym .', '.. ist gleichbedeutend .' und '.. ist verwendungsgleich .'. Einige Leitintuitionen bezüglich der Bedeutungsrede lassen sich so wiedergeben: (i) Jeder Ausdruck besitzt wenigstens und höchstens eine Bedeutung. (ii) Ausdrücke sind bedeutungsgleich, wenn und nur wenn ihre Bedeutungen identisch sind. (iii) Ausdrücke sind wohlunterschieden von ihren Bedeutungen. Ferner soll die Möglichkeit geschaffen werden, die bezüglich der Bedeutungsgleichheit invariante Rede über Ausdrücke mit abkürzendem Effekt auf die Bedeutungen zu übertragen. — Damit zeichnet sich das Programm ab: Einführung des Prädikators '.. ist synonym .' (und damit seiner Varianten, s. Art. 86), Modellierung der Bedeutungsrelation, Explikation des Funktors 'die Bedeutung von ..' und Entwicklung verwandter Begriffe.

Um das Beispielobjekt nahe an das Auslöserphänomen der Synonymie zu rücken und so den ›natürlichen‹ (wenn auch für die begriffliche Entwicklung verzichtbaren) Ansatzpunkt zur Entwicklung der Bedeutungsrede zu simulieren, ist $\mathfrak{AP}^*$ um Varianten zu erweitern: Alle und nur die in der folgenden Liste auf der gleichen Zeile stehenden Ausdrücke sollen voneinander *Varianten* sein:

(48) S__, Axiom__
    B__, Theorem__, Satz__
    F__, Also__
    0, Zero
    2, Π, $/\!/$
    .. < .., .. kleiner ..
    .. + .., .. plus ..
    __ $\wedge$ __, __and__, __et__
    $\wedge$ .., Für alle ..

Alle Varianten sind atomare Ausdrücke. Varianten werden mit der gleichen Einführungsmaßnahme eingeführt. So erlaubt in der um Varianten angereicherten Sprache etwa die Regel der Konjunktionseinführung (vgl. (30)) die Äußerung von Instanzen folgender Satzschemata:

(49) F   A $\wedge$ B
    F   A and B
    F   A et B
    Also A $\wedge$ B
    Also A and B
    Also A et B

Und in den Definitionen (vgl. (41) (b) und (42) (a)) werden jeweils '2', 'Π', '$/\!/$' resp. '.. < ..' und '.. kleiner ..' zugleich — eben als terminologische Varianten — definiert. Die um Varianten angereicherte Sprache verzeichnet gegenüber der Ausgangssprache weder eine zusätzliche Einführungsmaßnahme, noch wird an einer Einführung eine substantielle, d. h. über die Beifügung der Varianten hinausgehende, Änderung vorgenommen. Wird ein Ausdruck μ in Σ korrekt verwendet, dann findet auch jede seiner Varianten in entsprechenden Ersetzungsergebnissen korrekte Verwendung.

Die Explikation der Synonymie (für $\mathfrak{AP}^*$ und in ihrer Grammatik ähnlich verfaßte Sprachen) kann (wenigstens) *zwei Wege* beschreiten: Der *erste* geht aus von den Varianten, damit von den atomaren Ausdrücken, und hangelt sich über Terme und Formeln zu den Sätzen, den grammatisch ›größten‹ Gebilden. Der *zweite* erhebt die Idee der korrek-

ten Ausdrucksverwendung direkt zum Explikans: Verwendungsgleich sind Ausdrücke μ_1, μ_2 genau dann, wenn sie im später erläuterten Sinne strukturgleich sind und mit der korrekten Verwendung von μ_1 in einem beliebigen Satz Σ auch μ_2 in allen Ersetzungen von μ_1 durch μ_2 in Σ korrekt verwendet wird. Korrekt verwendet wird ein Ausdruck μ in Σ, wenn μ Teilausdruck von Σ ist und Σ ein korrekter Satz ist. Letzteres ist gegeben, falls: (a) Σ ist Annahmesatz, oder (b) Σ ist Behauptungssatz und die behauptete Aussage ist beweisbar, oder (c) Σ ist axiomatischer Satz und die gesetzte Aussage ist Axiom nach der Setzungsregel SR, oder (d) Σ ist Folgerungssatz und die gefolgerte Aussage genügt einer Folgerungsregel NE, ..., PB oder einer zulässigen Folgerungsregel, oder (e) Σ ist Definitionssatz und die definitorisch gesetzte Aussage genügt einer Definitionsregel DR_1, DR_2, oder (f) Σ ist Anziehungssatz und die angezogene Aussage ist beweisbar, Definition oder Axiom. Die Antezedentia der Regeln sind also letztes Definiens der korrekten Ausdrucksverwendung; in Sprachen mit anderer Performatorik ist sinngemäß zu verfahren. Der ›Hauptsatz der Synonymie‹ stellt die Äquivalenz beider Wege fest.

Im folgenden wird nur die erste Variante näher skizziert: Ausdrücke μ_1, μ_2 sollen genau dann *synonym* resp. *bedeutungsgleich* resp. *verwendungsgleich* sein, wenn einer der folgenden sieben Fälle gegeben ist: (1) μ_1, μ_2 sind atomare Ausdrücke und μ_1 ist identisch mit μ_2 oder μ_1 ist Variante von μ_2, oder (2) μ_1 resp. μ_2 sind molekulare Terme $\phi^n (\theta_1, ..., \theta_n)$ resp. $\phi^{*n} (\theta^*_1, ..., \theta^*_n)$ und ϕ^n synonym ϕ^{*n} und für alle i mit $1 \leq i \leq n$: θ_i synonym θ^*_i, oder (3) μ_1 resp. μ_2 sind Elementarformeln $\Phi^n (\theta_1, ..., \theta_n)$ resp. $\Phi^{*n} (\theta^*_1, ..., \theta^*_n)$ und Φ^n synonym Φ^{*n} und für alle i mit $1 \leq i \leq n$: θ_i synonym θ^*_i, oder (4) μ_1 resp. μ_2 sind Junktorformeln $\pi^n (\Gamma_1, ..., \Gamma_n)$ resp. $\pi^{*n} (\Gamma^*_1, ..., \Gamma^*_n)$ und π^n synonym π^{*n} und für alle i mit $1 \leq i \leq n$: Γ_i synonym Γ^*_i, oder (5) μ_1 resp. μ_2 sind Quantoren $\Pi\omega$ resp. $\Pi^*\xi$ und Π synonym Π^* und ω synonym ξ, oder (6) μ_1 resp. μ_2 sind Quantorformeln $\Pi\omega$ Γ resp. $\Pi^*\xi$ B und Π synonym Π^* und Γ synonym B, oder (7) μ_1 resp. μ_2 sind Sätze Ξ Γ resp. Ξ^* B und Ξ synonym Ξ^* und Γ synonym B.

Man vergegenwärtigt sich die Arbeitsweise der Definition, indem man zum Beispiel zeigt, daß 'S Für alle x x + Zero = x' und 'Axiom $\wedge x$ x plus 0 = x' bedeutungsgleich sind. Die Definition garantiert, daß Ausdrücke verschiedener Kategorien nicht synonym sind.

Auch die Möglichkeit, daß ein n- und ein $n + 1$-stelliger Operator verwendungsgleich sind, wird ausgeschlossen. Positiv formuliert: Synonymie schließt Strukturgleichheit ein, und Strukturverschiedenheit ist hinreichend für Bedeutungsverschiedenheit. Dabei ist μ_1 *strukturgleich* μ_2 genau dann, wenn (a) μ_1, μ_2 beide Performatoren oder beide Konstanten oder beide Parameter oder beide Variablen oder beide jeweils n-stellige Prädikatoren oder beide jeweils n-stellige Funktoren oder beide Quantifikatoren sind, oder (b) μ_1, μ_2 beide Quantoren sind, oder (c) μ_1 resp. μ_2 molekulare Terme ϕ^n $(\theta_1, ..., \theta_n)$ resp. ϕ^{*n} $(\theta^*_1, ..., \theta^*_n)$ sind und für alle i mit $1 \leq i \leq n$ gilt: θ_i strukturgleich θ^*_i, oder (d) μ_1, μ_2 Elementarformeln Φ^n $(\theta_1, ..., \theta_n)$ resp. Φ^{*n} $(\theta^*_1, ..., \theta^*_n)$ sind und für alle i mit $1 \leq i \leq n$ gilt: θ_i strukturgleich θ^*_i, oder (e) μ_1, μ_2 Junktorformeln π^n $(\Gamma_1, ..., \Gamma_n)$ resp. π^{*n} $(\Gamma^*_1, ..., \Gamma^*_n)$ sind und für alle i mit $1 \leq i \leq n$ gilt: Γ_i strukturgleich Γ^*_i, oder (f) μ_1, μ_2 Quantorformeln $\Pi\omega$ A und $\Pi^*\xi$ B sind und A strukturgleich B, oder (g) μ_1, μ_2 sind Sätze Ξ A und Ξ^* B und A strukturgleich B. — Die Synonymie ist ferner eine Gleichheit: Alle Ausdrücke sind zu sich synonym. Verwendungsgleiche Gebilde sind Ausdrücke, und mit der Synonymie zwischen μ_1 und μ_2 sowie zwischen μ_1 und μ_3 liegt auch Synonymie zwischen μ_2 und μ_3 vor. Schließlich gilt: Ist μ_1 synonym μ_2 und μ_1 Teilausdruck von μ, dann ist μ synonym zu jedem Ausdruck μ^*, der durch Ersetzung von μ_1 durch μ_2 in μ entsteht.

Der skizzierte Zugriff gilt allein der innersprachlichen Synonymie und beschränkt sich zudem auf eine einfache Sprache. Auf dem Hintergrund der andauernden lebhaften Explikationskontroverse um Synonymie sind abfedernde Kommentare am Platze: (i) Das für die Beispielsprache praktizierte Vorgehen verbindet sich mit der Hoffnung auf Ausdehnbarkeit auf ›interessante‹ Fragmente von Gebrauchssprachen, für die man entsprechende Erschließungen vorgenommen hat; nur relativ auf erschlossene Sprachfragmente lassen sich auch Synonymiebehauptungen bezüglich zweier Ausdrücke begründen. (ii) Die Explikation der zwischensprachlichen Synonymie scheint eine ungleich schwierigere Aufgabe darzustellen, jedenfalls dann, wenn die ins Auge gefaßten Sprachen Nationalsprachen wie Deutsch, Französisch und so fort sind. Andererseits besteht zwischen diesen Sprachen jedoch eine bewährte und fortdauernd überprüfte Wörterbuchverbindung, die für eine große Klasse von atomaren Aus-

drücken Synonymiefeststellungen erlaubt. Die weiteren Explikationsanstrengungen gelten demnach den molekularen Ausdrücken. Ist der Gleichheitscharakter der Synonymie garantiert, dann kann die Bedeutungsrede analog dem unten praktizierten Vorgehen erfolgen. (iii) Endlich ist zu beachten, daß über Ausdrücken (einiger oder aller Kategorien) unter vielerlei Rücksichten Gleichheitsrelationen errichtet werden können (vgl. Simons 1993), von denen sich einige in erforschenswerter Nähe zur Synonymie befinden und gelegentlich auch unter dem gleichen Titel verhandelt werden. Die hier vorgenommene Explikation schließt nicht aus, weitere Gleichheiten, etwa emotive, rhetorische, perlokutionäre, intentionale, ferner Äquivalenzen der Information, Deskription, Kognition und so fort zu betrachten und (möglicherweise auf Agenten zu relativierende) Konzepte wie die emotive, rhetorische, perlokutionäre, intentionale Bedeutung oder den informativen, deskriptiven, kognitiven Gehalt einzurichten und ihre Zusammenhänge zu untersuchen.

Die *Bedeutungsrelation* wird durch drei Folgerungen modelliert: Zufolge des *Existenzpostulats* gilt für jeden Ausdruck μ, daß es ein σ gibt, so daß μ σ bedeutet. Das *Korrelationspostulat* hält fest: Wenn μ_1 σ_1 bedeutet, und μ_2 σ_2 bedeutet, dann ist μ_1 synonym μ_2 dann und nur dann, wenn σ_1 und σ_2 identisch sind. Nach dem *Differenzpostulat* sind Vor- und Nachbereich der Bedeutensrelation disjunkt. Der Prädikator '..ist Bedeutung von..' ist die Konverse zu '..bedeutet..', und der einstellige Prädikator '..ist Bedeutung' ergibt sich durch Wegbinden der zweiten Stelle. Aus Existenz- und Korrelationspostulat resultiert Einzigkeit: Wenn μ ein Ausdruck ist, dann gibt es genau ein σ, so daß μ σ bedeutet. Dieser Umstand rechtfertigt es, von *dem* von μ Bedeuteten beziehungsweise *der* Bedeutung von μ zu sprechen. Genauer: Wenn μ ein Ausdruck ist, dann: *die Bedeutung von* μ ist identisch mit σ genau dann, wenn μ σ bedeutet. Aus Definition und Postulaten resultiert ein Identitätskriterium für Bedeutungen. Wenn μ_1 ein Ausdruck ist, dann gilt: die Bedeutung von μ_1 ist genau dann mit der Bedeutung von μ_2 identisch, wenn μ_1 synonym μ_2 ist. Überdies: Wird ein Ausdruck μ_1 durch einen verwendungsgleichen μ_2 in einem Ausdruck μ an einer oder mehreren Stellen ersetzt, dann ist die Bedeutung von μ identisch mit den Bedeutungen der Ersetzungsresultate.

Die vorgeschlagene Explikation überdeckt alle grammatischen Kategorien, garantiert aber zugleich die Strukturgleichheit bedeutungsidentischer Ausdrücke. Nicht zuletzt in rekonstruktiver Absicht wird man für die Bedeutungen einzelner Kategorien über gesonderte Titel verfügen wollen. So kann man zum Beispiel die Bedeutungen von Performatoren als *Modi* (›Kräfte‹), die Bedeutungen von Prädikatoren als *Begriffe* und die Bedeutungen von Aussagen als *Propositionen* ansprechen (s. Art. 77). Genauer für den letzten Fall: Wenn μ Ausdruck ist, dann: *die Proposition von* μ ist identisch mit σ genau dann, wenn μ eine Aussage ist, die σ bedeutet. Mithin: Wenn μ eine Aussage ist, dann fällt die Bedeutung von μ mit der Proposition von μ zusammen. Auch für Propositionen und die übrigen ›Abstrakta‹ stehen damit Identitätskriterien bereit.

Was kann man von Bedeutungen mehr sagen als das, was Konsequenz aus den Postulaten und der Definition ist? Diese Frage führt zurück auf das mit der Synonymie verbundene Redeinteresse, das am Beispiel der Proposition erläutert werden soll: Wenn eine Aussage der Beispielsprache (oder einer anderen Sprache) wahr/falsch ist, dann sind diese Eigenschaften insofern bezüglich Synonymie invariant, als sie auf alle jeweils synonymen Aussagen ebenfalls zutreffen. Definiert man nun: σ *ist gültig/ungültig* genau dann, wenn es eine Aussage Γ gibt, so daß σ die Proposition von Γ ist und Γ wahr/falsch ist, dann hat man den Wahrheits-/Falschheitsprädikator auf Propositionen übertragen. Dann aber läßt sich zeigen: Die Proposition zu einer Aussage Γ ist gültig/ungültig genau dann, wenn alle Aussagen B, die zu Γ synonym sind, wahr/falsch sind. Statt zu formulieren: Diese Aussage und alle zu ihr synonymen sind wahr/falsch, kann man kurz sagen: Die Proposition zu Γ ist gültig/ungültig. Ebenso läßt sich die früher häufig verwendete Festsetzungsvokabel als Adjustierung der Einführungsrede verständlich machen: σ wird festgesetzt genau dann, wenn es einen atomaren Ausdruck μ gibt, so daß σ die Bedeutung von μ ist, und μ wird eingeführt. — Insgesamt: Das Räsonieren über Bedeutungen ist als adjustiertes, bezüglich Synonymie invariantes Reden über Ausdrücke konzipiert. Die einzige ›materiale Quelle‹ der Rede über die Bedeutung von Ausdrücken ist damit — via Synonymie — das Antezedens der Redehandlungsregeln —, insbesondere der Wahrheitsregeln.

Am Rande vermerkt: Unterstellt, der Funktor 'der Sachverhalt von . .' wäre im Rückgriff auf die Relationen der Beschreibungsgleichheit und des Beschreibens eingeführt, wobei Beschreibungsgleichheit schwächer beziehungsweise gröber als Synonymie ist, gesetzt ferner, der Prädikator '. . besteht' wäre der bezüglich Beschreibungsgleichheit adjustierte Redeteil zu '. . ist wahr', dann wäre insgesamt begründbar: Eine Aussage Γ ist genau dann wahr, wenn die Proposition von Γ gültig ist, was wiederum dann und nur dann der Fall ist, wenn der Sachverhalt von Γ besteht. Diese Ergebnisse weisen nicht nur den Weg zur Befriedung einer Subkontroverse im Wahrheitsträgerdisput; sie verhelfen auch den in Fundierungszusammenhängen zurückgewiesenen realistischen Auffassungen im antirealistischen Rahmen zu ihrem lemmatischen Recht.

Besondere oder gar besonders sperrige Probleme einer Bedeutungs-, Begriffs- oder Propositionenontologie entfallen: Unmittelbar aus den Definitionen folgen ›Truismen‹ wie 'Nur wenn ein Ausdruck μ ein σ bedeutet, ist σ eine Bedeutung' oder — informeller — 'Ohne Aussagen existieren keine Propositionen', 'Ohne Prädikatoren gibt es keine Begriffe', 'Ohne Performatoren existieren keine Modi' und so fort, jedenfalls dann, wenn Existenzrede im Sinne des Partikularquantors unterlegt ist. — Analog lassen sich keine Probleme zur kognitiven Zugänglichkeit im Sinne einer besonderen Bedeutungs-, Propositionen-, Begriffsepistemologie ausmachen. Bedeutungen sind zugänglich, weil das Bedeutungsvokabular so organisiert ist, daß sich korrekte Erkenntnishandlungen, insbesondere Wahrperformationen, ausführen lassen, in deren Sätzen diese Ausdrücke vorkommen; und was sonst sollte man unter kognitiver Zugänglichkeit verstehen?

4. Intentionalistische Bedeutungstheorie

Sprache ist wesentlich ein *soziales Phänomen*. Für realistische Semantiker ist dies allenfalls eine empirische Tatsache, die als solche für den Aufbau einer allgemeinen Bedeutungstheorie folgenlos bleibt; für den pragmatischen Semantiker ist es hingegen das begriffliche Faktum, aus dem in seiner Semantik alles weitere folgt. Eine Sprache *L* ist stets die Sprache einer bestimmten Population (Sprachgemeinschaft) P; und Bedeutungen in *L* (sprachliche Bedeutungen) sind stets Bedeutungen von Verwendungsweisen von *L*-

Ausdrücken in P. Grundlage aller Bedeutungen in L ist die von den Mitgliedern von P befolgte *Kommunikationspraxis*.

Die im folgenden skizzierte *intentionalistische Semantik* trägt dieser Sprachauffassung in zwei Schritten Rechnung.

I. Man expliziere zunächst mit Hilfe von Begriffen des intentionalen Handelns einen allgemeinen Kommunikationsbegriff, der noch nicht auf Begriffe der regulären, konventionellen beziehungsweise der sprachlichen Bedeutung zurückgreift (intentionalistische Begründung der Kommunikationstheorie, s. Art. 94).

II. Man zeige dann, wie sich eben diese Bedeutungsbegriffe mit Hilfe des eingeführten Kommunikationsbegriffs und damit letztlich wiederum intentionalistisch bestimmen lassen (kommunikationstheoretische Begründung der Semantik).

Schritt I wird in 4.1. rekapituliert; es folgt in 4.2. und 4.3. eine Explikation von Schritt II. Diese Explikation ist eine Weiterentwicklung entsprechender Vorschläge von Paul Grice, Stephen Schiffer, Jonathan Bennett und David Lewis (zu einer detaillierteren Rekonstruktion vgl. Meggle 1995).

4.1. Die kommunikationstheoretische Basis

Kommunikatives Handeln ist ein Handeln, das aus der Sicht des Handelnden sein Ziel genau dann erreicht, wenn es (vom intendierten Adressaten) verstanden wird. Schreiben wir

$T(X, f)$　für:　X tut f

$G(X, A)$　für:　X glaubt, daß A

$W(X, A)$　für:　X weiß, daß A — wobei
$\qquad\qquad\qquad W(X, A) \leftrightharpoons G(X, A) \wedge A$

$P(X, A)$　für:　X will, daß A

und definieren wir

D1:　$I(X, f, A) \leftrightharpoons T(X, f) \wedge P(X, A) \wedge G(X, A \leftrightarrow T(X, f))$
d. h. X intendiert damit, daß er f tut, zu erreichen, daß A gdw. X f tut, will, daß A, und glaubt, daß A erst und gerade dadurch eintritt, daß er f tut,

so läßt sich diese Idee zu dem Adäquatheitskriterium (AK-I) präzisieren:

(AK-I)　$KV(S, H, f, r) \leftrightarrow I(S, f, T'(H, r)) \wedge G(S, T'(H, r) \leftrightarrow W'(H, KV(S, H, f, r))$
f-Tun von S (Sprecher) ist ein an H (Hörer) gerichteter Kommunikationsversuch des Inhalts, daß H (S zufolge) r tun soll gdw. S mit f-Tun

zu erreichen beabsichtigt, daß H r tut, und S glaubt, daß er das erst und gerade dadurch erreicht, daß H erkennt, daß f-Tun von S ein solcher Kommunikationsversuch ist.

(AK-I) ist erfüllt, wenn wir die (vom S intendierte) *absolute Offenheit* der kommunikativen Absichten fordern, d. h. insbesondere außer (1) $I(S, f, T'(H, r))$ auch (2) $I(S, f, G'(H, (1)))$ und (3) $I(S, f, G'(H, (2)))$ usw.

Kommunikationsversuche im Sinne von $KV(S, H, f, r)$ sind *Aufforderungshandlungen*; ihr primäres kommunikatives Ziel ist, daß H etwas tut. *Informationshandlungen* sind völlig analog zu bestimmen; ihr primäres kommunikatives Ziel ist nur, daß H etwas *glaubt*, symbolisch: $G'(H, p)$. Für Kommunikationsversuche dieses Typs schreiben wir kurz $KV(S, H, f, p)$ für: f-Tun von S ist ein an H gerichteter Kommunikationsversuch des Inhalts, daß p.

4.2. Intersubjektive Bedeutung

Kommunikative Handlungen im eben erklärten Sinne sind *konkrete* (d. h. von einer bestimmten Person zu einem bestimmten Zeitpunkt vollzogene) *Handlungen*. Ihr *kommunikativer Sinn*, d. h. $KV(S, H, f, r)$ beziehungsweise $KV(S, H, f, p)$ selbst, ist eine Funktion der mit der betreffenden konkreten Handlung verknüpften Sprecher-Intentionen, also ein spezieller Fall eines lediglich (auf ein bestimmtes Subjekt S bezogenen und insofern) *subjektiven Sinnes*.

Beim Schritt II des Programms der intentionalistischen Semantik geht es hingegen um die *intersubjektive Bedeutung* von *Handlungstypen* beziehungsweise Handlungsweisen. Die intentionalistische Semantik ist zunächst eine Semantik für Handlungsweisen. Die primären Bedeutungsträger sind in ihr nicht, wie in den realistischen Semantiken, Ausdrücke, sondern Handlungen.

Wir unterscheiden allgemein:

	Handlung	Produkt
Typ	Handlungsweise	Handlungsprodukt-Form
Vorkommnis	konkrete Handlung	konkretes Handlungsprodukt

beziehungsweise speziell bei sprachlichen Handlungen:

	Äußerungs-handlung	Äußerungs-produkt
Typ	Äußerungs-form	Ausdruck
Vorkommnis	Äußerung (Sprechakt)	konkreter Ausdruck

Zu erklären ist, was es heißen soll, daß eine Handlungsweise f in einer Population (Gruppe) P in Situationen der Art Σ Bedeutung hat. Genauer: was es heißt, daß sie die-und-die Bedeutung hat. f-Tun bedeutet in P in Σ-Situationen soviel wie (daß man als f-Tuender zu verstehen gibt, daß gilt: 'p ist der Fall' — für dieses Explikandum schreiben wir kurz: $B(\text{P}, \Sigma, f, p)$.

Von intersubjektiven Bedeutungen, das heißt von Bedeutungen in einer Gruppe, kann man nun aber nur dann reden, wenn diese in der betreffenden Gruppe auch bekannt sind. Genau dies postuliert das folgende Adäquatheits-Kriterium:

(AK-II) $B(\text{P}, \Sigma, f, p) \rightarrow \wedge x (x \varepsilon \text{P} \rightarrow W(x, B(\text{P}, \Sigma, f, p)))$

Dies führt dann direkt (per Selbstanwendung) zu

(AK-II*) $B(\text{P}, \Sigma, f, p) \rightarrow GW(\text{P}, B(\text{P}, \Sigma, f, p))$ — nur dann, wenn es in P *gemeinsames Wissen* ist, daß $B(\text{P}, \Sigma, f, p)$.

— wobei dieser letztere Ausdruck in zwei Schritten wie folgt zu erklären ist: Erster Schritt: Wenn (1) alle Mitglieder von P glauben, daß A, (2) alle aus P glauben, daß (1), (3) alle aus P glauben, daß (2), usw. — so kann man dafür auch kurz sagen: Es ist *gemeinsamer Glaube* in P, daß A; symbolisch: $GG(\text{P}, A)$. Zweiter Schritt: $GW(\text{P}, A) \leftrightharpoons GG(\text{P}, A) \wedge A$.

Gesucht ist also: Eine nicht-zirkuläre Explikation, die das Adäquatheits-Kriterium (AK-II*) erfüllt.

Nun kann man aber von der *Bedeutung einer Handlungsweise* nur dann reden, wenn diese (in der betreffenden Gruppe und in den betreffenden Situationen) *immer* (beziehungsweise meistens oder zumindest hinreichend oft) mit *derselben Bedeutung* verwendet wird, d. h., wenn Sprecher mit einer Realisierung dieser Handlung immer (meistens beziehungsweise hinreichend oft) *dasselbe zu verstehen geben* möchten. Stehe nun

$S(X, s)$ für: X ist in s in der Sprecherrolle
$H(Y, s)$ für: Y ist in s in der Hörerrolle,

so besagt dies genauer:

D2: $B_{\text{o}}(\text{P}, \Sigma, f, p) \leftrightharpoons \wedge s XY (s \varepsilon \Sigma \wedge X \varepsilon \text{P} \wedge Y \varepsilon \text{P} \wedge S(X, s) \wedge H(Y, s) \rightarrow (T(X, f) \rightarrow KV(X, Y, f, p)))$

Die Handlungsweise f hat in P in Σ-Situationen die Bedeutung, daß (man als f-Tuender zu verstehen geben will, daß) p gdw. jeder aus P, der in einer Σ-Situation f tut, damit seinem (ebenfalls zu P gehörenden) Adressaten zu verstehen geben will, daß p

$B_{\text{o}}(\text{P}, \Sigma, f, p)$ können wir auch als die *reguläre (kommunikative) Bedeutung* der f-Handlungsweise bezeichnen.

Definieren wir nun:

D3: $B(\text{P}, \Sigma, f, p) \leftrightharpoons GW(\text{P}, B_{\text{o}}(\text{P}, \Sigma f, p))$,

so wird von dieser Bestimmung das Adäquatheits-Kriterium (AK-II*) nachweislich erfüllt.

Auch von B_{o} allein ausgehend, käme man zu der Forderung (AK-II*) wie folgt: In jeder Σ-Situation, in der $S f$ tut, hat S die bereits in $KV(S, H, f, p)$ selbst enthaltene sogenannte *Verstehens-Erwartung* (s. Art. 94), d. h. die Erwartung, daß

(VE) $W'(H, T(S, f)) \rightarrow W'(H, KV(S, H, f, p))$

Wenn H erkennt, daß $S f$ tut, dann versteht H dieses f-Tun von S auch als einen an ihn gerichteten Kommunikationsversuch des Inhalts, daß p.

Diese Glaubensregularität und damit auch B_{o} selbst werden aber nur dann halten, wenn dieser Glaube in den meisten (hinreichend vielen) derartigen Situationen auch richtig ist, H das f-Tun des Sprechers also tatsächlich in der von S erwarteten Weise verstehen wird. Diese Verstehensregularität ist aber nicht anders als durch die Bekanntheit von B_{o} in P zu erklären. Kurz: Die Verstehens-Erwartungs-Regularität führt zu dem Kriterium (AK-II) — und aus diesem folgt bereits (AK-II*).

Welche Gründe ein Sprecher in einem einzelnen Fall für seine Verstehenserwartung hat (beziehungsweise welche Gründe wir haben, ihm eben diese Erwartung zuzuschreiben) und wann diese Gründe gute Gründe sind, darüber mußte bei der Entwicklung eines möglichst allgemeinen Begriffs des kommunikativen Handelns (also in Schritt I der intentionalistischen Semantik) noch nichts gesagt werden. Klar ist aber, welcher derartige Grund der beste wäre: des S (beziehungsweise unsere) Kenntnis von $B(\mathrm{P}, \Sigma, f, p)$.

Außer der Verstehens-Erwartung wird in jeder Situation nach B_0 beim jeweiligen Sprecher S aber auch die *Erfolgs-Erwartung* gegeben sein, d. h. die Erwartung von S, daß gilt:

(EE) $W'(H, KV(S, H, f, p)) \rightarrow G'(H, p)$

> H wird, wenn er des S Kommunikationsversuch des Inhalts, daß p, versteht, daraufhin auch tatsächlich glauben, daß p.

Und auch diese Glaubensregularität wird sich nur dann halten, wenn (EE) oft genug richtig ist. Das wird aber nur dann der Fall sein, wenn H oft genug annehmen wird, daß S die sogenannten *kommunikativen Normalbedingungen* der Aufrichtigkeit und der Kompetenz erfüllt, S ihn also weder täuschen will, noch sich selbst täuscht. Und auch diese Erwartungsregularität auf Seiten des Hörers wird sich nur dann halten, wenn bei S diese Bedingungen wiederum oft genug tatsächlich erfüllt sind.

Kurz: S und H müssen, damit die in $B(\mathrm{P}, \Sigma, f, p)$ involvierten Regularitäten stabil bleiben, oft genug ihren wechselseitigen Erwartungsregularitäten tatsächlich entsprechen. Dies besagt aber: Sie müssen oft genug einer *gemeinsamen Strategie* folgen. Also zum Beispiel (wieder stark idealisiert formuliert) der, in der Rolle des Sprechers der S-Strategie und in der Rolle des Hörers der H-Strategie zu folgen:

S-Strategie: $T(S, f) \leftrightarrow p$

H-Strategie: $G'(H, p) \leftrightarrow T(S, f)$ $\Big\}$ $G'(H, p) \leftrightarrow p$

Eine gemeinsame Befolgung gemeinsamer Strategien wird wiederum im allgemeinen nur dann garantiert sein, wenn hinter dieser Gemeinsamkeit *gemeinsame Interessen* stehen; bei den Informationshandlungsweisen also etwa die, daß beide (S und H) wollen, daß H (in den einschlägigen Situationen) genau dann glaubt, daß p, wenn p auch tatsächlich der Fall ist, das heißt, wenn beide wollen, daß $G'(H, p) \leftrightarrow p$.

Regularität in der Befolgung gemeinsamer Strategien, die ihre Stabilität einer solchen gemeinsamen Interessenlage verdanken, sind *Konventionen* im Sinne von Lewis (1969). Eine regulär befolgte S/H-Strategie kann man mit Lewis auch als *Signalkonvention* bezeichnen. Ist die in $B(\mathrm{P}, \Sigma, f, p)$ involvierte kommunikative Regularität eine Signalkonvention, so

ist diese Bedeutung eine *konventionale Bedeutung*.

4.3. Sprachliche Bedeutung

Besteht zwischen Handlungsprodukt-Formen und den Bedeutungen der entsprechenden Produkt-Handlungsweisen ein systematischer Zusammenhang, so stellen die betreffenden Handlungsprodukt-Formen *Ausdrücke* dar. Die Bedeutungen dieser Ausdrücke können dann mit den jeweiligen konventionalen Bedeutungen der ihnen entsprechenden Produkt-Handlungsweisen identifiziert werden. Ist f zum Beispiel die Handlungsweise ›f-Äußern‹, so darf man daher statt $B(\mathrm{P}, \Sigma, f, p)$ jetzt auch $B(\mathrm{P}, \Sigma, x, p)$ verwenden.

Ist p der Sachverhalt, dessen Bestehen mit f-Handlungen beziehungsweise mit x-Äußerungen in Σ-Situationen auf kommunikativem Wege zu verstehen gegeben wird, so kann man p auch als die *deskriptive Bedeutung* dieser Handlungsweise beziehungsweise Äußerung bezeichnen. Entsprechend wäre die deskriptive Bedeutung von Aufforderungshandlungsweisen der Sachverhalt, zu dessen Realisierung mit Äußerungen der betreffenden Form der einschlägigen Signalkonvention zufolge aufgefordert wird.

Ausdrücke — damit sind bislang freilich nur sogenannte vollständige Ausdrücke (Gesten, Flaggensignale etc. beziehungsweise Sätze als noch unstrukturierte Einheiten) gemeint. Wie sich die Bedeutung strukturierter Ausdrücke im Rahmen der intentionalistischen Semantik behandeln läßt, sei nunmehr skizziert.

Sei L eine zunächst rein syntaktisch definierte Sprache (etwa der Prädikatenlogik 1. Stufe) mit *Indexausdrücken* für Sprecher und Hörer. Erweitern wir L um die *performativen Operatoren* $\mathfrak{I}$ (für Informationshandlungen) und $\mathfrak{A}$ (für Aufforderungen) zu der Sprache L', wobei, wenn A ein Satz von L ist, auch $\mathfrak{I}(A)$ und $\mathfrak{A}(A)$ Sätze von L' sind. Dann entsprechen die Konventionen für den Gebrauch von $\mathfrak{I}(A)$-Sätzen und von $\mathfrak{A}(A)$-Sätzen genau den in 4.2. oben formulierten Schemata für die gemeinsamen S/H-Strategien.

Deskriptive Bedeutungsregeln für L selbst lassen sich dann in drei Schritten so einführen: Als erstes wird der Bezug von *Gegenstandskonstanten* festgelegt, wobei diese — was zumindest für konkrete Dinge unproblematisch ist — als Ersatz für hinweisende Gesten aufzufassen sind. Konventionen für (Äußerungen von) *Elementarsätze(n)* — und so auch für den Gebrauch der in ihnen enthaltenen *Prädikatoren* — werden im Sinne der

gemeinsamen Strategie für Informations-
handlungen eingeführt. Und schließlich führt
man *logische Konventionen* ein, wonach zum
Beispiel eine Äußerung von $\Im(\text{non-}A)$ in einer
Situation *s* korrekt (wahr) ist gdw. in *s* eine
Äußerung von $\Im(A)$ inkorrekt (falsch) ist.

Damit sind die Sätze von *L* (die *Satzradi-
kale* von *L'*) für den Fall behauptender Rede
semantisch bestimmt. Um auch den Auffor-
derungssätzen Bedeutung zu verleihen, muß
nur noch der $\mathfrak{A}$-Operator interpretiert werden. Das einschlägige Bedeutungspostulat ist
aber (in Analogie zur gemeinsamen Strategie
für Informationshandlungen) unschwer zu
finden. Ihm entspräche die gemeinsame *S/H*-
Strategie:

S-Strategie:
$$T(S,f) \leftrightarrow P(S, T'(H,r))$$
$$\left.\begin{array}{l} \\ \\ \end{array}\right\} T'(H,r) \leftrightarrow P(S, T'(H,r))$$
H-Strategie:
$$T'(H,r) \leftrightarrow T(S,f)$$

In dieser Weise läßt sich schließlich die
Interpretationsfunktion der realistischen Semantik (zumindest für den angegebenen Bereich) intentionalistisch rekonstruieren und
somit auch auf nicht-realistisch-semantischer
Basis rechtfertigen.

Systematische Vergleiche zwischen der verifikationistischen und der intentionalistischen
Bedeutungstheorie — sowie zwischen diesen
und weiteren pragmatisch-semantischen Ansätzen wie zum Beispiel der *regeltheoretischen
Bedeutungstheorie* von Eike von Savigny
(1983) und dem sich dezidiert an Wittgensteins Sprachspielkonzeption orientierenden
dialogtheoretischen Ansatz von Kuno Lorenz
(s. Art. 77) — definieren das Feld, um dessen

Bearbeitung es in der zukünftigen pragmatischen Semantik-Debatte zuvörderst zu gehen
hätte. Bislang freilich hat diese Debatte noch
nicht einmal begonnen.

5. Literatur in Auswahl

Bennett 1976, *Linguistic Behaviour*.

Dummett 1991 b, *The Logical Basis of Metaphysics*.

Grice 1957, Meaning, in *The Philosophical Review*
66.

Grice 1968, Utterer's meaning, sentence meaning,
and word meaning, in *Foundations of Language* 4.

Hinst 1974, *Wahrheit und Bedeutung* [Habil.-
Schrift, unveröffentlicht].

Lewis 1969, *Convention. A Philosophical Study*.

Lorenz 1970, *Elemente der Sprachkritik. Eine Alternative zum Dogmatismus und Skeptizismus in der
Analytischen Philosophie*.

Meggle (Hg.) 1979, *Handlung, Kommunikation, Bedeutung*.

Meggle 1995, *Handlungstheoretische Semantik*.

Moore (Hg.) 1993, *The Theory of Meaning*.

von Savigny 1983, *Zum Begriff der Sprache*.

Schiffer 1972, *Meaning*.

Siegwart 1994, *Vorfragen zur Wahrheit. Ein Traktat
über kognitive Sprachen*.

Tait 1986, Truth and proof. The Platonism of mathematics, in *Synthese* 69.

Tennant 1987 a, *Antirealism and Logic. Truth as
Eternal*.

Wittgenstein 1984, *Werkausgabe 1 — 8*.

Wright 1986 a, *Realism, Meaning, and Truth*.

Georg Meggle, Leipzig (Deutschland)
Geo Siegwart, Greifswald (Deutschland)

69. Der Streit um Wahrheitstheorien

1. Zur philosophischen Analyse des Wahrheitsbegriffs

1.1. Das Problem

Die Wissenschaften pflegen sich weitgehend
als Unternehmungen zur Erforschung sogenannter objektiver Wahrheiten zu verstehen:
In den Naturwissenschaften geht es dabei um
die richtigen (wahren) Beschreibungen und
Erklärungen von Tatsachen, die historischen
Wissenschaften streben nach einer möglichst

wahren Darstellung von Geschehnissen und
Taten, die Sozialwissenschaften nach wahren
Theorien des menschlichen Verhaltens und
Handelns; und auch die Mathematik beschäf-
tigt sich damit, die Wahrheit gewisser mathe-
matischer Sätze zu beweisen. Ohne einen
Wahrheitsbegriff gäbe es, so scheint es, weder
Wissen noch Irrtum. Dieser Vorstellung, eine
Erkenntnis bestehe in der Wiedergabe einer
vorgegebenen Wahrheit, steht allerdings fol-
gende Überlegung entgegen, wie sie etwa bei
Immanuel Kant zu finden ist:

„Die Namenerklärung der Wahrheit, daß sie nämlich die Übereinstimmung der Erkenntnis mit ihrem
Gegenstande sei, wird hier geschenkt, und vorausgesetzt; man verlangt aber zu wissen, welches das
allgemeine und sichere Kriterium der Wahrheit
einer jeden Erkenntnis sei" (Kant 1787 *KrV A 58/
B 82*).

Dieser Kommentar ist keineswegs ein Zu-
geständnis an eine Korrespondenztheorie der
Wahrheit, sondern eine Kritik an ihrer Unzulänglichkeit; er fragt, was es heißt, von einer
›Wirklichkeit‹ zu sprechen, welche in der
Sprache oder im Denken ›richtig‹ oder ›falsch‹
abgebildet werden könnte. Die Korrespondenztheorie gibt bloß ›analytische Namener-
klärungen‹ ab: Sie sagt letzten Endes nur, wie
wir ohne wesentliche Bedeutungsänderung
Sätze, in denen das Wort 'wahr' vorkommt,
umformen können in Sätze, in denen etwa die
Wörter 'Gegenstand' und 'Eigenschaft',
'Wirklichkeit' und 'Abbildung' und das Wort
'Übereinstimmung' vorkommen mögen. —
Andererseits gebrauchen die Wissenschaften
in ihrem normalen Gang schon gewisse Kriterien bei der Beurteilung der Richtigkeit oder
Wahrheit einer Aussage oder Theorie, auch
wenn dies immer unter einem gewissen Vorbehalt der Vorläufigkeit geschieht. Diese Kriterien bilden eine Art festes Gerüst für die
Behandlung von Problemen und kritischen
Einwänden auf der ›Objekt-Ebene‹ einer wissenschaftlichen Diskussion. Daher kann Kant
an anderer Stelle die Frage 'Was ist Wahrheit?' wie folgt kommentieren:

„Dieser Satz ist nur durch solche Regeln be-
antwortlich, die schon voraussetzen, daß ich das
Wahre vom Falschen unterscheiden kann" (Kant
1914, 244).

Während aber die Wissenschaften derartige
Präsuppositionen ihrer Rede von Wahrheit
und ihrer Praxis der Forschung und Begründung in aller Regel nicht weiter hinterfragen,
tritt die Philosophie aus diesem ›normalen
Gang‹ heraus und versucht, die dabei faktisch
benutzten Kriterien zu bedenken, und zwar

insofern von einer ›höheren‹ Warte aus, als
sie auch metastufige Beschreibungen und Bewertungen der ›normalen‹ Praxis explizit zuläßt bzw. fordert. Allerdings verfügen wir hier
keineswegs über einen ›archimedischen Standpunkt‹. Philosophische Reflexion wird sich
vielmehr immer auf die funktionsfähigen Teile
der bedachten Praxis (der Rede und des Handelns) selbst stützen müssen. Daher können
philosophische Überlegungen zum Begriff der
Wahrheit und des Wissens in der Regel nur
Einzelheiten einer im Ganzen als weitgehend
funktionstüchtig unterstellten Rede- und Urteilspraxis kritisieren und zurechtrücken.
Wenn etwa Ludwig Wittgensteins Spätphilosophie darauf verzichtet, eine globale Theorie
der Sprache, des Wissens oder der Wahrheit
zu entwerfen, so ist dies mehr als eine Attitüde
sokratischer Bescheidenheit. Es ist die Folge
der Einsicht in die begrenzten Möglichkeiten
metastufiger Rede, die immer ›lokal‹ auf konkrete Problemstellungen zu beziehen ist. Konstruktionen von allgemein gemeinten Theorien der Sprache, der Wahrheit oder der Begründung verlieren allzu leicht die Strenge des
Problembezugs und werden beliebig oder
dogmatisch. Eine philosophische Reflexion
auf unseren Gebrauch zentraler Wörter wie
etwa des Wortes 'Wahrheit' ist daher im Hinblick auf das verfolgte Ziel der Aufklärung
konkreter Verständnisprobleme zu verstehen
und zu bewerten. Woran sollten wir andernfalls eine allgemeine Theorie der Wahrheit
oder der Begründung messen, womit vergleichen? Es ist ja weder möglich, einfach den
faktischen Sprachgebrauch (etwa der Wissenschaften) als Kriterium heranzuziehen, da dieser bekanntlich immer auch verworren und
partiell undurchschaut sein kann, noch sollten
wir diesen, wo er funktionstüchtig ist, willkürlich verändern. — Wahrheitstheorien sind
demnach, wie begriffliche Analysen generell,
nicht einfach wahr oder falsch. Außerhalb der
Klärung von Verständnisproblemen ist keineswegs klar, was es heißt, eine solche Analyse für richtig zu halten oder für ausreichend
begründet. Und doch mögen Entwürfe mo-
dellartiger Theorien dabei helfen, unsere Aufmerksamkeit auf wichtige Aspekte unseres
normalen Urteilens zu lenken und sie dadurch
einer bewußten, d. h. metastufig reflektierenden Beurteilung allererst zugänglich zu machen. Denjenigen, die an die geregelten Bahnen normaler wissenschaftlicher Forschung
und Begründung gewöhnt sind, mögen dann
allerdings schon Urteile dieser eher bescheidenen Art als willkürlich und daher als an-

maßend erscheinen, weil diese sich nicht einfach auf vorgegebene, geschweige denn schematische Kriterien stützen können. Dies liegt insbesondere daran, daß die Klärung dessen, was es (praktisch) bedeutet, einer Analyse den Vorzug vor einer anderen zu geben, Teil der Analyse selbst ist — oder dies wenigstens sein sollte. Trotz dieser methodischen Beschränkung gilt es, die Bedeutsamkeit metasprachlicher und metawissenschaftlicher Urteile auf verschiedenen Stufen der Reflexion einzusehen: Nur dann werden wir die gerade im ›normalen‹ Gebrauch der Sprache und im ›normalen‹ Wissenschaftsbetrieb latent angelegte Gefahr erkennen, die darin besteht, daß wir zunächst gängige Methoden, Redeweisen, Ansichten oder auch nur Fragestellungen schlicht lernen und als vorgegebene Konventionen zu übernehmen pflegen. Eine Analyse des Wahrheitsbegriffes ist daher Teil der Unternehmung der kritischen Philosophie, deren Ziel eine möglichst autonome, nicht konventionelle und nicht dogmatische Beurteilung einer vorgegebenen Praxis des Redens und Handelns ist.

1.2. Überblick

Für die folgende Betrachtung verschiedener Wahrheitstheorien werden vor diesem Hintergrund die folgenden Fragen zu berücksichtigen sein: Wie verstehen sich die vorgebrachten Ansätze einer Analyse des Begriffs der Wahrheit selbst? Arbeiten sie etwa einen einsichtigen gemeinsamen Bedeutungskern aller sinnvollen Gebräuche der Wörter 'wahr' bzw. 'Wahrheit' heraus? Bezogen auf welche Probleme weisen sie auf wichtige Aspekte dieses Gebrauchs hin? — Wir werden also die verschiedenen Wahrheitstheorien nicht bloß deskriptiv vorstellen, sondern unter Gesichtspunkten der genannten Art auch beurteilen. Manche auftretenden Differenzen mögen sich dann bei einer hinreichend sorgfältigen Vergegenwärtigung der Zielsetzung der jeweiligen Wahrheitstheorie auflösen. Dabei werden wir mit der *Korrespondenz-* oder *Abbildtheorie* der Wahrheit beginnen, und zwar weil sie gewissermaßen die naheliegendsten Urteile zum Wahrheitsbegriff artikuliert. Der *formalsemantische Wahrheitsbegriff* der mathematischen Modelltheorie zeigt dann, wie man sich eine konstitutive Definition der Wahrheit für quantorenlogisch komplexe Aussagen über eine Zuordnung von Wahrheitswerten zu entsprechenden Sätzen denken kann. Dazu unterstellt die Korrespondenztheorie der Wahrheit, es seien die Begriffe 'Gegenstand' und

'Eigenschaft' bzw. der Begriff der Wahrheit für die elementaren Sätze und der eines Gegenstandsbereiches schon bekannt, während die unterschiedlichen Versionen einer *pragmatischen Wahrheitstheorie* diese noch weiter klären wollen und die Abbildtheorie als unverstandene, ja nicht zu verstehende ›Ontologie‹ oder ›Metaphysik‹ zurückweisen. — Z. B. zeigt die (logisch-empiristische) Wahrheitsbedingungen-Semantik für Konstatierungen in Wittgensteins *Tractatus*, daß wir die erfahrbare Welt gemeinsam sprachlich gliedern und in der Sprache Wahrheitskriterien festlegen. Zuvor hatte man aber schon im Amerikanischen Pragmatismus erkannt, daß sich ein allgemeiner Wahrheitsbegriff nicht einseitig an bloßen Konstatierungen ausrichten darf. Denn der besonders wichtige Fall des praktisch relevanten Wissens, und dabei besonders auch die theoretischen Erklärungen, wie sie etwa in den Naturwissenschaften gegeben werden, lassen sich so nicht verstehen. Nach Charles Sanders Peirce (s. Art. 32) geben wir hier vielmehr komplexen handlungsleitenden Überzeugungen, welche sich in der Erfahrung bewährt haben und weiter bewähren müssen, eine theoretische Darstellung. Daher sind diese Theorien zweckorientiert, was dann auch bei ihrer Beurteilung nach ›richtig‹ oder ›falsch‹ berücksichtigt werden sollte. Erst in zweiter Linie konstituieren wir hier durch eine fiktive sprachliche Vorwegnahme eines ›rationalen‹ Fortgangs unseres menschlichen Forschungsprozesses einen idealisierenden ›Grenzbegriff‹, den Begriff der von unserem je begrenzten Wissen und unseren je begrenzten Zwecken unabhängigen ›absoluten‹ Wahrheit. — Diese Wahrheitstheorie des Pragmatismus läßt allerdings an manchen Stellen den begrifflichen Unterschied zwischen Wahrheit und Nützlichkeit zu sehr in der Schwebe. Sie bedarf daher selbst der Ergänzung durch Überlegungen, wie sie in der *Redundanz-* oder *Performanztheorie* und besonders in der formalsemantischen Theorie der Wahrheit angestellt werden. — Auf einen besonderen Zusammenhang unserer Rede von der Wahrheit einer Aussage oder ›Theorie‹ in gewissen humanwissenschaftlichen ›Erklärungen‹ weist dann noch Jürgen Habermas' *Konsensustheorie* der Wahrheit hin, deren Schwäche allerdings darin besteht, einen allgemeinen Begriff der Wahrheit statt einer differenzierten Analyse der Vielfalt wichtiger Gebräuche der Wörter 'wahr' und 'Wahrheit' anzustreben. Schließlich lassen sich auch die wesentlichen Inten-

tionen einer *phänomenologischen* ›Theorie‹ der
Wahrheit auch in ihrer *existentialphilosophi-
schen* Weiterführung im Rahmen einer allgemeinen Kritik der Korrespondenztheorie und
damit einer metaphysischen Ontologie verstehen.

2. Die Korrespondenztheorie der Wahrheit

2.1. Verschiedene Deutungen

'Wahr ist', so sind wir geneigt zu sagen, 'was
mit den Tatsachen übereinstimmt.' Etwas genauer könnten wir auch sagen: 'Aussagen (Behauptungen, Feststellungen) sind wahr, wenn
sie ›richtig‹ wiedergeben, was der Fall ist'.
Und: '(Sinnvolle) Aussagen sind wahr oder
falsch; wenn sie wahr sind, artikulieren sie
Tatsachen, wenn sie falsch sind, bestehen die
durch sie zunächst bloß als Möglichkeiten
ausgedrückten Sachverhalte nicht'. — Als erste Antworten auf die Frage, was wir mit den
Wörtern 'wahr' und 'Wahrheit' meinen, werden derartige Auskünfte in aller Regel anerkannt und mögen auch als solche akzeptabel
sein. Was aber ist mit ihnen überhaupt gesagt?
Nun, bei genauerer Betrachtung handelt es
sich in allen Fällen um begriffliche Kommentare, welche gewisse Zusammenhänge unseres
Gebrauchs der Wörter 'Aussage', '(möglicher)
Sachverhalt', 'wahre Aussage' und 'Tatsache'
vergegenwärtigen. Sie sind analytische, quasi
definitorische Aussagen, die allerdings noch
offen lassen, welche Wörter durch welche zu
erläutern sind. D. h. sie lassen sich grundsätzlich in zwei Richtungen lesen: Nach der
einen Lesart ›gibt‹ es Tatsachen auch unabhängig davon, ob sie von uns Menschen je
erfahren oder artikuliert werden, ja sogar unabhängig davon, ob sie erfahr- oder artikulierbar sind oder sein werden. Daß die Erde
ein Sonnenplanet ist, oder daß es möglicherweise neben den Menschen noch andere intelligente Wesen geben könnte, etwa im Welt-
raum oder auch in den zukünftigen Labors
der Computerindustrie, scheint z. B. *prima facie* wahr oder falsch zu sein, unabhängig davon, ob diese Tatsachen oder Möglichkeiten
von uns Menschen (an)erkannt oder auch nur
erwogen wurden oder werden. Auf analoge
Weise pflegen wir dann auch andere Fragen
zu verstehen, z. B. ob es so etwas wie einen
Gott oder ein Leben nach dem Tode gibt: Es
scheint so, als handle es sich auch hier einfach
um Fragen nach der Wahrheit oder Falschheit
von Aussagen, nach dem Bestehen oder

Nicht-Bestehen von (möglichen) Sachverhalten. Die Frage, in welchem Sinne derartige
Sätze überhaupt *zu verstehen* sind, ob sie tatsächlich mögliche Sachverhalte artikulieren,
tritt dabei gar nicht in den Blick, auch nicht,
was es praktisch bedeutet, sie als wahr oder
als falsch zu bewerten. — Theorien, die gemäß der ersten Lesart nur erklären wollen,
wie wir uns eine (nachträgliche) ›Abbildung‹
oder ›Darstellung‹ vorgegebener ›Tatsachen‹
in der Sprache zu denken haben, wie es möglich wird, daß durch Sätze artikulierte Aussagen die Wirklichkeit wahr oder falsch wiedergeben, wollen wir '(realistische) Abbild-
oder Korrespondenz-Theorien' der Wahrheit
nennen, da sie eine (›vorstrukturierte‹) Realität als gegeben voraussetzen. Nach der anderen Lesart ist, was wir 'Tatsache' nennen,
als dasjenige bestimmt, was eine wahre Aussage besagt, ein möglicher Sachverhalt — der
bestehen kann oder nicht — das, was wir
wenigstens grundsätzlich mit einer sinnvollen
Aussage zum Ausdruck bringen könnten. Der
Begriff des möglichen Sachverhalts bzw. der
Tatsache wäre demnach über den Begriff der
sinnvollen bzw. der wahren Aussage zu
(er)klären und nicht umgekehrt. Diese ›pragmatische‹ Perspektive verlangt dann eine
Sprachanalyse, welche die Vielfalt unseres
Umgangs mit Sätzen, die wir syntaktisch als
Aussagesätze ansehen, ferner die Vielfalt
unseres Umgangs mit den Wörtern 'wahr',
'Tatsache', 'möglicher Sachverhalt' oder auch
'mögliche Welt' berücksichtigt.

2.2. Die Alltagsintuition von Wahrheit

Wörter, die wir im normalen Reden oder auch
in den Wissenschaften unablässig gebrauchen,
scheinen uns in ihren Bedeutungen völlig bekannt zu sein. *Prima facie* scheint sich
daher die Frage, wie wir in der Sprache Wirklichkeit ›abbilden‹, auf folgende einfache
Weise beantworten zu lassen: Dingnamen benennen (sofern sie nicht bloße Wörter, sondern bedeutungsvoll sind) singuläre Gegenstände, so wie die Wörter 'Eiffelturm' den
Eiffelturm oder 'Napoleon I' Napoleon Bo-
naparte benennen. Sinnvolle Eigenschafts-
und Relationswörter ›benennen‹ oder ›beschreiben‹ dann ›reale‹ Dingeigenschaften und
Dingrelationen, etwa die Eigenschaft, aus Eisen zu sein, oder die Relation, räumlich zwischen zwei anderen Dingen zu stehen (vgl.
Prior 1967, 224; 227 f). In der formalen Logik
gibt man mit Hilfe schematischer Buchstaben
eine Art ›Grundform‹ der logisch elementa-

ren, d. h. nicht schon funktional zusammengesetzten Sätze an, nämlich die Satzformen: (a) ^1R_i (N) bzw. ^nR_i ($N_1, \ldots N_n$), wobei der oben durch '1' und unten durch irgendein Zahlsymbol 'i' indizierte Buchstabe '^1R_i' schematisch für einen einstelligen Prädikatausdruck, während '^nR_i' für einen n-stelligen Relationsausdruck (einen n-stelligen Prädikator) steht. Die Zeichen 'N' bzw. 'N_i' stehen für Namen. Es liegt dann nahe, die Wahrheitsbedingungen für elementare Aussagen auf folgende Weise (schematisch) anzugeben: (b) Eine Aussage, ausgedrückt durch einen Satz der Form '^nR_i ($N_1, \ldots N_n$)', ist wahr, genau wenn der durch N benannte Gegenstand die durch ^1R_i zum Ausdruck gebrachte Eigenschaft hat bzw. die durch die Namen '$N_1, \ldots N_n$' benannten Gegenstände in der durch ^nR_i benannten Relation stehen, falsch sonst. — Im Lichte der pragmatischen Kritik gesehen, besteht dann der ›Realismus‹ der Korrespondenztheorie darin, daß sie Formulierungen wie (b) als *Definition* der Wahrheitsbedingungen der durch Sätze der Form (a) zum Ausdruck gebrachten Aussagen deutet. Schon die (pragmatische) *Redundanztheorie* der Wahrheit macht dagegen geltend, daß die rechte Seite der Äquivalenzaussage (b) nur als metastufige Übersetzung der linken (also von (a)) anzusehen ist, daß nicht etwa die Wahrheitsbedingungen von (a) durch (b), sondern die der rechten Seite von (b) durch den als schon bekannt unterstellten Gebrauch der Sätze der Form (a) festgelegt werden. Wenn wir etwa sagen, eine Eigenschaft, etwa die Sterblichkeit, komme einem irgendwie benannten ›Gegenstand‹, z. B. dem Sokrates, zu, so haben wir den Satz 'Sokrates ist sterblich' nur anders formuliert. Wir haben damit nicht gesagt, was es heißt, daß Sokrates sterblich ist. Daß und wie dieser Satz eine wahre oder falsche Aussage artikuliert, zeigt sich, so lautet die Auskunft des pragmatischen Ansatzes, nur in seinem Gebrauch, und das heißt letztlich darin, wie wir auf der Grundlage unserer Erfahrungen zwischen wahren und falschen Aussagen praktisch unterscheiden. — Der pragmatische Standpunkt kritisiert damit die Korrespondenztheorie mit dem Argument, daß bloße Gewohnheit im Umgang mit Wörtern wie 'Sachverhalt', 'Tatsache', 'Gegenstand', 'Eigenschaft' den Schein erzeugt, es bedürfe keiner eingehenderen, expliziten Reflexion auf diesen Gebrauch. In der Tat verzichtet eine realistische ›Metaphysik‹ in der Regel auf einen wichtigen Reflexionsschritt, indem sie unterstellt, es sei unabhängig von

unserem Gebrauch objektsprachlicher Namen und Sätze und unseren metastufigen Kommentaren zu diesem Gebrauch klar, was es heißt, von Gegenständen oder Sachverhalten zu sprechen, diese zu benennen oder in Aussagesätzen zum Ausdruck zu bringen.

2.3. ›Platonistische‹ und ›physikalistische‹ Theorien

Wenn in einer Korrespondenztheorie der Wahrheit nicht bloß physische Dinge, sondern etwa auch Zahlen und transfinite Mengen und vielleicht auch Gott oder die menschliche Seele als real existent oder wenigstens als ›möglicherweise real‹ angesehen werden (was auch immer das letztere heißen mag), wollen wir sie — einem nicht unüblichen Sprachgebrauch folgend — ›*platonistisch*‹ nennen, obwohl Platon selbst vielleicht kein Platonist in diesem Sinne war und der Ausdruck ›pythagoräistisch‹ geeigneter wäre. Der Platonismus stützt seine Überzeugungskraft darauf, daß wir auch für abstrakte Dinge Namen haben und allem Anschein nach wenigstens einiges Wahre oder Falsche über sie aussagen können. Demgegenüber nimmt eine andere Version der Korrespondenztheorie der Wahrheit, die wir die ›*physikalistische*‹ nennen wollen, an, daß es zu einer gegebenen Zeit letztlich immer nur eine gewisse Verteilung von physischen Dingen (Partikeln) im Raum gibt. Die ›richtige‹ Beschreibung derartiger ›objektiver Weltzustände‹ zu einem gewissen Zeitpunkt definiert nach dieser Vorstellung der ›wissenschaftlichen Weltanschauung‹ den Begriff der wahren Feststellung (Konstatierung), die gesetzesartig oder wenigstens stochastisch beschriebenen Weisen ihrer Veränderungen in der Zeit den (einzig sinnvollen) Begriff der realen (kausalen) Erklärung. Ersichtlich unterstellt man dabei, daß die Rede über physische Partikel in Raum und Zeit schon verstanden ist. — Physikalismus und Pragmatismus stimmen allerdings darin überein, daß eine platonistische Theorie der Wahrheit auf einen unkritischen Umgang mit Sprache zurückgeht, der deswegen zu dogmatischen Vor-Urteilen zu führen pflegt, weil man der bloßen Form der Wörter (der Namen und Sätze) nicht entnehmen kann, ob sie wirkliche oder wenigstens mögliche Dinge oder Sachverhalte oder bloß fingierte oder abstrakte benennen. Das Problem liegt darin, daß unsere Unterscheidung zwischen ›wahren‹ und ›falschen‹ Aussagen vielfach eine bloß formale Unterscheidung ist, deren inhaltlicher Sinn sich keineswegs von selbst versteht. Es ist z. B. wahr, daß die Zahl 2 kleiner als die Zahl 5 ist, aber auch, daß Rübezahl ein Berggeist im Riesengebirge ist. Und es ist in einem Sinne wahr, in einem anderen falsch zu sagen, Sherlock Holmes habe gegen Ende des letzten Jahrhunderts in London gelebt. Es wäre hier offenbar kaum hilfreich zu sagen, keine Aussage über fingierte und abstrakte Gegenstände sei ›eigentlich‹ wahr, weil es diese gar nicht gebe – da dazu erläutert werden müßte, was ein ›eigentlicher‹ und was ein ›uneigentlicher‹ Gebrauch des Wortes 'wahr' sein sollte. – In der formalen Ebene kann die Bewertung von Aussagen als ›wahr‹ oder ›falsch‹ etwa auf einen vorliegenden Textkorpus oder auf zu lernende konventionelle Festsetzungen zurückgehen – so daß die Frage zunächst offen ist, ob überhaupt und gegebenenfalls wie derartige Aussagen (mögliche) Erfahrungstatsachen ausdrücken können. Der grundsätzliche Irrtum des Platonismus besteht dann darin, vorschnell formale, konventionelle und begriffliche Aussagen als ›inhaltliche‹ Wahrheiten oder Möglichkeiten zu deuten. Zumindest im Bereich der Rede über ideale und abstrakte (etwa mathematische) Gegenstände und Wahrheiten wird daher der Physikalismus eine ›gebrauchstheoretische‹ Klärung dieser Reden anstreben: Abstrakte Gegenstände und ihre Eigenschaften ›gibt‹ es demnach nicht in der Welt oder gar ›an sich‹, sondern nur als *façon de parler* über unseren (formalen) Gebrauch von abstrakten Namen (etwa von Zahlnamen), Eigenschaftswörtern und vielleicht dann auch von Variablen und Quantoren. Damit rückt der Physikalismus zumindest bei einer Analyse der Rede über abstrakte Gegenstände von einer Korrespondenztheorie ab: Wenigstens hier muß er den pragmatischen und sprachanalytischen Standpunkt anerkennen und übernehmen. – Eine pragmatische Theorie der Wahrheit fragt dann im Unterschied zum Physikalismus weiter danach, wie denn ein Bezug zu ›wirklichen Dingen‹ hergestellt wird, wie denn unsere Rede von ›realen‹ (Bezugs-)Gegenständen und ihren ›realen Eigenschaften‹ und besonders auch von den erfahrbaren Wirkungen dieser realen Dinge (etwa auch auf unseren Wahrnehmungsapparat) zu verstehen ist. Da dies eine begriffliche Frage nach der Bedeutung der Rede vom Realitätsbezug (auch der Wissenschaften) und nach dem rechten Verständnis von Wissensansprüchen ist, läßt sie sich nicht durch inhaltliche Naturforschung beantworten.

3. Die formalsemantische Theorie der Wahrheit

3.1. Tarskis Wahrheitswertsemantik

Wie hat man sich nun vorzustellen, daß die Rede von ›abstrakten‹ Gegenständen und Wahrheiten, etwa der Mathematik, durch formale Prinzipien des Sprachgebrauchs konstituiert sein könnte? Für mathematische Sprachen hat dazu bekanntlich Alfred Tarski (zunächst am Beispiel des einfachen Klassenkalküls) gezeigt, wie wir eine formale Definition der Wahrheit bzw. eines metastufigen formalen Wahrheitsprädikates für aussagen- und quantorenlogisch zusammengesetzte Sätze erhalten – wenn wir voraussetzen, daß für die elementaren Sätze ein Erfüllungsbegriff bezogen auf einen ›Individuenbereich‹ schon definiert ist (vgl. Tarski 1935, 21, 51, 70 und Anm. 57). – Für die folgende kurze aber doch möglichst genaue Erläuterung dieser für die Sprachanalyse wichtigen ›Modelltheorie‹ oder ›Wahrheitswertsemantik‹ nehmen wir zunächst an, es sei ein Bereich G von Gegenständen irgendwie gegeben. Wir nennen dann die durch Zahlworte unten indizierten Buchstaben y_1, y_2, y_3 … ›(freie) Variablen‹, und verstehen unter einer schematisch durch Buchstaben b, b', b'' … unbestimmt angedeuteten ›Variablenbelegung‹ eine ›Abbildung‹, welche jeder dieser Variablen einen Gegenstand in G zuordnet. Die Ausdrücke '$b(y_i)$' sind damit offenbar als unbestimmt angedeutete (›metastufige‹) Benennungen von Gegenständen in G zu verstehen. Wir nehmen dann weiter an, daß für eine gewisse Klasse K von (ein- oder mehrstelligen) Prädikatwörtern ^nR_j auf folgende Weise ein ›Wahrheits-‹ oder ›Erfüllungsbegriff‹ in G definiert sei: Ist b irgendeine Variablenbelegung, so soll jedem ›Satz‹ der Form '$^nR_j (b(y_{i_1}), …, b(y_{i_n}))$' in G genau einer der beiden Wahrheitswerte, das Wahre oder das Falsche, zugeordnet sein. Das System dieser ›Sätze‹ braucht sich dabei nicht in der Form einer Liste, etwa über rein syntaktische Erzeugungsregeln, angeben zu lassen und die in den Formeln und Sätzen vorkommenden n Variablen $y_{i_1}, …, y_{i_n}$ nicht verschieden zu sein. (Die Buchstaben 'n', 'i', 'j', 'i_1', …, 'i_n' sind hier offenbar ›Platzhalter‹ (schematische Variable) für Namen natürlicher Zahlen.) Wie in der Modelltheorie üblich schreiben wir dann auch '$(\mathbf{G}, {}^n\mathbf{R}_j) \vDash_b {}^nR_j (y_{i_1}, …, y_{i_n})$', um schematisch auszudrücken, daß die ›Struktur‹ $(\mathbf{G}, {}^n\mathbf{R}_j)$, bestehend aus der

›Menge‹ **G** und den ›Relationen‹ $^n\mathbf{R}_j$ die elementare Formel ^nR_j $(y_{i_1}, ..., y_{i_n})$ unter der Variablenbelegung b ›erfüllt‹ oder wahr macht. Ein einfaches Beispiel einer solchen Struktur '($\mathbf{G}, {}^n\mathbf{R}_i$)' wäre etwa der Bereich der natürlichen Zahlen zusammen mit folgender ›Interpretation‹ zweier zweistelliger Relationskonstanten $^2R_0$ und $^2R_1$: Ist b irgendeine Variablenbelegung in den Zahlen, so sei dem Satz '$^2R_0$ $(b(y_i), b(y_j))$' der Wahrheitswert das Wahre zugeordnet, genau wenn die Zahlen $b(y_i)$ und $b(y_j)$ gleich sind, das Falsche sonst; dem Satz '$^2R_1$ $(b(y_i), b(y_j))$' sei der Wert das Wahre zugeordnet, genau wenn die Zahl $b(y_j)$ echt größer ist als die Zahl $b(y_i)$. Offenbar ist dann die Relationsbenennung '$^2R_0$' nur ein anderer Name für die Zahlgleichheit, die Relation $^2R_1$ ist die Zahlordnung. Das Zeichen '$^2R_0$' wird also dadurch interpretiert, daß man es als andere Schreibweise (Namenvarianz) des Zeichens '$=$' auffaßt. In der Tat wird in dieser Interpretation stillschweigend vorausgesetzt, daß die Wahrheitswerte der analogen Sätze der Form '$b(y_i) = b(y_j)$' und '$b(y_i) < b(y_j)$' für Belegungen in den natürlichen Zahlen schon bekannt sind. Daher ist es letztlich zirkulär anzunehmen, eine Struktur ($\mathbf{G}, {}^n\mathbf{R}_i$) (für eine Klasse K von Relationen $^n\mathbf{R}_i$) gäbe es schon vor einer hinreichenden Erläuterung der Wahrheitsbedingungen für elementare ›Sätze‹ der beschriebenen Form — wenn man einmal von Namenvarianzen absieht. Die Rede von den ›Relationen‹ $^n\mathbf{R}_j$ auf **G**, welche durch die Prädikatoren $^n\mathbf{R}_i$ der Klasse K (vermöge einer ›Interpretation‹) ›benannt‹ werden, ist vielmehr dann und nur dann bedeutungsvoll, wenn es Sinn macht anzunehmen, daß für jede Variablenbelegung b jedem der ›Sätze‹ $^n\mathbf{R}_i$ $(b(y_{i_1}), ..., b(y_{i_n}))$ genau einer der beiden Wahrheitswerte schon zugeordnet ist.

3.2. Rekursive Wahrheitsdefinition

Für eine gegebene Klasse K von Prädikatoren $^n\mathbf{R}_i$ läßt sich nun die zugehörige ›formale Sprache‹ L, also die Klasse der logisch komplexen Formeln (der ›ersten Stufe‹), auf folgende Weise syntaktisch definieren: Formeln von L seien erstens die elementaren Formeln der Form '$^n\mathbf{R}_i$ $(y_{i_1}, ..., y_{i_n})$'. Sind dann S, S_1, und S_2 schon Formeln und schreiben wir $S[t/t']$, um auszudrücken, daß das in S vorkommende Zeichen 't' durch das Zeichen 't'' an allen Vorkommensstellen ersetzt werden soll, dann seien auch die Ausdrücke der Formen '$\neg S$' (lies: 'nicht-S'), '$(S_1 \wedge S_2)$' (Lies: 'S_1 und S_2') und '$\wedge_{x_j} (S[y_i/x_j])$' (lies: 'für alle x_j: $S(x_j)$') (wohlgebildete) Formeln. Für den letzten Fall verlangen wir (zum Zwecke einer einfachen Artikulation der semantischen Regeln), daß die ›gebundene Variable‹ x_j nicht schon in S vorkommen möge. — Für Formeln dieser Art läßt sich dann auf folgende rekursive Weise ein Wahrheits- bzw. ein Erfüllungsbegriff in einer ›Struktur‹ ($\mathbf{G}, {}^n\mathbf{R}_i$) definieren: Ist der Wahrheitswert der durch b belegten Formel 'S' das Wahre (das Falsche), so sei der Wahrheitswert der durch b belegten Formel '$\neg S$' das Falsche (das Wahre). Genau wenn die Wahrheitswerte der durch b belegten Formeln S_1 und S_2 beide das Wahre sind, sei der Wahrheitswert der durch b belegten Formel '$S_1 \wedge S_2$' das Wahre, sonst sei er das Falsche. Es sei der Wahrheitswert der durch b belegten Formel '$\wedge_{x_j}. S[y_i/x_j].$' das Wahre genau dann, wenn für alle Belegungen b', die sich von b höchstens in der Belegung der Variablen y_i unterscheiden, der Wahrheitswert von S unter der Belegung b' das Wahre ist. Auf der Basis dieser rekursiven Wahrheitswertfestlegung können wir die (schematischen) Ausdrücke '$\mathbf{G} \vDash_b S$' auch für logisch komplexe Formeln S als Ausdrücke für wahre oder falsche Aussagen (mögliche Behauptungen) auffassen. Wir können auch sagen, die Formeln würden in der Struktur ($\mathbf{G}, {}^n\mathbf{R}_i$) (mit Hilfe der Variablenbelegungen) *interpretiert*. Es ist dabei nicht schwer zu sehen, daß die Wahrheitswerte sogenannter geschlossener Formeln, in denen keine freie Variable y_i mehr vorkommt und alle Variablen x_i im Klammer- oder Wirkungsbereich eines Quantors '$\wedge_{x_i}$' stehen, nicht von der Belegung b der freien Variablen abhängen.

3.3. Nicht-platonistische Wahrheitstheorie

Um nun aber das Problem einer nicht-platonistischen Wahrheitstheorie für mathematisch-formale Sprachen wirklich zu lösen, reicht die geschilderte Tarski-Semantik deswegen noch nicht aus, weil dazu konkret anzugeben wäre, was es heißt, einen Bereich G von (konkreten oder abstrakten) ›Gegenständen‹ und auf G einen Wahrheitsbegriff für die elementaren ›Sätze‹ (belegten elementaren Formeln) als ›gegeben‹ anzunehmen. Üblicherweise antwortet man auf diese Frage mit einem Hinweis auf die Mengenlehre und sagt, **G** sei eben irgendeine Menge und die Relationen $^n\mathbf{R}_i$ auf **G** seien irgendwelche Teilmengen des n-stelligen cartesischen Produktes $\mathbf{G} \times \mathbf{G} \times ... \times \mathbf{G}$ (bzw. von **G**, falls n $=$ 1 ist). Damit verschiebt man das Problem allerdings nur auf die Frage, wie denn eine solche Menge von Gegenständen und wie die Relationen auf ihr ›gegeben‹ werden können. Der ›Platonismus‹ der ›Naiven Mengenlehre‹ besteht dann darin, daß man diese Frage nicht wirklich ernst nimmt. Will man stattdessen eine Struktur $(\mathbf{G}, {}^n\mathbf{R}_j)$ konkret beschreiben, so wäre offenbar zuallererst der Gegenstands- oder Variablenbereich (die ›Menge‹) $\mathbf{G}$ anzugeben und zwar als Bereich möglicher Gegenstandsbenennungen $b(y_i)$, oder, was dasselbe ist, als Schilderung der möglichen Variablenbelegungen b. Dazu reicht es ja nicht, auf der Metastufe einfach von ›allen Abbildungen‹ b der Menge der Variablen nach G zu reden. Zweitens benötigen wir eine konkrete Angabe der Wahrheitswerte der elementaren ›Sätze‹ ${}^nR_i(b(y_{i_1}), \ldots, b(y_{i_n}))$, da ja die Verwendung eines anderen schematischen Namens ${}^nR_i$ für die zu betrachtenden Relationen nicht ausreicht, um die ›Aussagen‹ $G \vDash_b {}^nR_i\,(y_{i_1}, \ldots, y_{i_n})$ als wahr oder falsch zu definieren. Eine pragmatische Konstitutionsanalyse der mengentheoretischen Rede von einer ›Struktur‹ (oder einem ›Modell‹ für gewisse Formeln) führt uns dahin, daß eine solche nicht etwa die Wahrheits- oder Erfüllungsbedingungen von elementaren Sätzen definiert, sondern ihrerseits durch die Festlegung derartiger Wahrheitsbedingungen zu definieren ist. Für das Beispiel der natürlichen Zahlen bedeutet dies: Die Festsetzung dessen, was alles als Benennung einer natürlichen Zahl (als Zahlterm t) zählt, und die Festlegung der Wahrheitswerte für Sätze etwa der Formen '$t = t'$', '$t < t'$', '$t + t' = t''$' und '$t \cdot t' = t''$' definieren den Begriff der natürlichen Zahl gleichzeitig mit dem Begriff der elementaren arithmetischen Wahrheiten. D. h. indem wir sagen, daß zwei Terme t und t' die gleiche Zahl benennen, wenn nach unseren Festlegungen dem Satz '$t = t'$' der Wert das Wahre zugeordnet ist, schaffen wir sprachlich einen Bereich abstrakter Gegenstände (vgl. Lorenzen 1975, 181 ff; 194 ff) und zwar als eine *façon de parler* nicht etwa einfach über die Zahlterme (Figuren), sondern *über ihren Gebrauch im System* der festgesetzten arithmetischen Wahrheiten, welche insbesondere die Zahlgleichheit und Zahlordnung festlegen.

3.4. Unscharfe Gegenstandsbereiche

In all den Fällen, in denen der Gegenstandsbereich G und die auf ihm definierten Prädikate recht allgemein charakterisiert sind, etwa durch mehr oder minder umrißhafte Beschreibung möglicher ›Benennungen‹ eines Gegenstandes in G und der ›möglichen Eigenschaften‹, überträgt sich der ›Grad an Klarheit‹ (oder ›Vagheit‹) dieser Schilderung natürlich auf die Klarheit oder Vagheit des ›Wahrheitsbegriffs‹ bzw. der Bedeutung der quantorenlogisch zusammengesetzten Sätze. Z. B. ist die Wahrheit von Aussagen wie 'Alle Raben sind schwarz' in den Grenzen vage, als es noch begriffliche Unschärfen geben mag, was wir alles als Rabe zählen wollen. Ebenso ist (heute oder in Zukunft) eine Aussage wie: 'Es gibt Maschinen, die selbständig denken können' nicht unabhängig davon wahr oder falsch, was wir Menschen als ›Maschine‹ bezeichnen und welche Anforderungen wir stellen wollen, um einem Wesen die Fähigkeit des selbständigen Denkens zuzusprechen. — Bemerkenswerterweise treten schon bei der Charakterisierung mathematischer Gegenstandsbereiche, etwa des Bereiches der reellen Zahlen, derartige Unschärfen auf: In der klassischen Mathematik bleibt z. B. weitgehend offen, was man über die Beschreibung einer rekursiven Zahlenfolge hinaus als Benennung einer Folge rationaler Zahlen und dann auch einer reellen Zahl ansehen möchte. Daher ist keineswegs jedem quantorenlogischen Satz, der ›über reelle Zahlen spricht‹, ohne allen Zweifel genau ein Wahrheitswert zugeordnet. Trotzdem benutzen wir hier so etwas wie eine generalpräventive *Ideation* oder *Fiktion*: Wir tun so, als sei ein für allemal, unabhängig von weiteren Entwicklungen der Mathematik, festgelegt, was als ›mögliche Benennung‹ einer solchen Folge anzusehen ist (oder sein wird) und was nicht. Diese Ideation der klassischen Mathematik ist ein rede- und beweistechnisch äußerst bedeutsamer Schachzug. Er ›begründet‹ nämlich das Prinzip 'Tertium non datur', das unterstellt, daß jedem quantorenlogischen Satz genau einer der beiden Wahrheitswerte zugeordnet sei. Dieses Prinzip, auf das sich die schematischen Deduktions- oder Schlußregeln des ›klassischen Prädikatenkalküls‹ (der ersten Stufe) stützen, wäre nicht erfüllt, wenn der Bereich der G-Benennungen und die Wahrheitswerte der elementaren Sätze (und dabei besonders die der Gleichungen) nicht wenigstens idealiter als hinreichend bestimmt vorausgesetzt werden könnten. — Natürlich ist es etwas anderes, zu wissen oder auch nur anzunehmen, daß ein Wahrheitswert (auf hinreichend klare Weise) einem gegebenen Satz — etwa der Arithmetik oder im Bereich der reellen Zahlen — schon zugeordnet ist, und den Wahrheitswert eines solchen Satzes faktisch zu bestimmen — oder etwa nach einem (›Entscheidungs-‹)Verfahren zu suchen, das für Sätze einer gewissen Klasse nach endlich vielen Schritten den Wahrheitswert berechnet. In diesem Sinne transzendiert der Wahrheitsbegriff der logisch zusammengesetzten Sätze den Begriff der (faktisch möglichen) Beweise bei weitem. Eine Wahrheitswertfestlegung sagt nämlich in der Regel nicht, wie der Wert faktisch bestimmt werden kann, sondern schildert dazu nur einen allgemeinen Rahmen: Um die Wahrheit eines vorgegebenen Satzes zu beweisen, muß nur irgendwie gezeigt werden, daß sie sich auf der Basis einer gegebenen oder unterstellten Schilderung des Gegenstandsbereiches und der Wahrheitswerte der elementaren Sätze und der Erläuterungen der Wahrheitsbedingungen komplexer Sätze ergibt.

Um die Berechtigung oder auch nur das rechte Verständnis der geschilderten fiktiven Ideation geht der Streit zwischen der klassischen wahrheitssemantischen Mathematik einerseits, den intuitionistischen und konstruktivistischen Forderungen nach einer Revision des mathematischen Wahrheits- und Beweisbegriffes andererseits. Folgt man unserer ›pragmatischen‹ Deutung des Wahrheitsbegriffs, so löst sich aber zumindest der gegen die klassische Mathematik vorgebrachte Vorwurf eines unkritischen Platonismus auf, selbst wenn damit noch keineswegs alle Streitpunkte um die richtige Methode der Wahrheitswertzuordnung für elementare und komplexe Sätze ausgeräumt sind. Man kann ja unterschiedlich strenge Anforderungen daran stellen, was als ›hinreichende Schilderung‹ eines Gegenstandsbereiches und der Relationen auf ihm zählen soll.

3.5. Regeltheoretische Ansätze

Solange man nicht sieht, daß eine Wahrheitswertsemantik für sich genommen keineswegs einem platonistischen Wahrheitsbegriff Vorschub leistet, scheinen regeltheoretische, etwa axiomatizistische, Deutungen der logischen Worte nötig zu sein. In der Tat gibt es derartige alternative Deutungsregeln für logische Zusammensetzungen, etwa solche, bei denen der Begriff der Wahrheit der komplexen Aussage nicht über eine Zuordnung eines Wahrheitswertes zu den sie artikulierenden Sätzen definiert ist, sondern direkt über die ›Begründbarkeit‹ der Aussage, z. B. in einem System des ›natürlichen Schließens‹ (Gentzen 1934/35, 183 ff), wie es Prawitz (1965, 7 f) deutet, oder auch in einem ›Dialog‹, der geregelt wird durch Spielregelsysteme wie in (Lorenzen/Lorenz 1978, 31−40) oder auch in (Hintikka 1973, 63 ff) (s. Art. 96). Derartige

›Argumentationsspiele‹ definieren auf der Metastufe ein (in der Regel unentscheidbares) wahrheitssemantisches Prädikat, das der ›Begründbarkeit‹ oder ›Vertretbarkeit‹, ähnlich wie in einem axiomatisch-deduktiven System der Begriff der ›Ableitbarkeit‹ auf der Metastufe definiert ist: Hier wie dort lassen sich bestenfalls die einzelnen faktisch durchgeführten Spiele oder Ableitungen schematisch daraufhin kontrollieren, ob sie den angegebenen Regeln folgen. Unklar aber bleibt, warum wir den Wahrheitsbegriff generell ›regeltheoretisch‹ oder ›dialogisch‹ oder ›axiomatisch‹ verstehen sollten − zumal da auch Intuitionisten und Konstruktivisten bei metastufigen Beweisen der ›Existenz‹ von Ableitungen oder Beweisen oder Gewinnstrategien in Dialogen auf wertsemantische Argumente kaum verzichten können.

4. Die Redundanztheorie der Wahrheit

4.1. Erläuterung

Wie wir schon an mehreren Stellen gesehen haben, macht die Redundanztheorie der Wahrheit darauf aufmerksam, daß wir jede Aussage, artikuliert durch einen Satz S, auch durch Sätze der folgenden Art ausdrücken können: 'S' ist wahr' oder: 'der Sachverhalt, den 'S' zum Ausdruck bringt, besteht (oder auch: ist eine Tatsache)'. In den genannten Fällen lassen sich die Wörter 'Sachverhalt', 'Tatsache' und 'wahr' direkt und ohne wesentliche Verluste ersetzen, sie sind redundant, sie ermöglichen nur − wie etwa auch die grammatische Form des Passivs − eine gewisse Vielfalt von im Grunde gleichwertigen syntaktischen Ausdrucksmöglichkeiten. Dabei ›benennen‹ wir metastufig mit der Schreibweise 'A' den Ausdruck A, mit '$-A$' die zum Ausdruck gebrachte Aussage oder 'Proposition' − so daß ein Satz wie: '$-S$' ist wahr' so zu lesen ist: 'Die durch 'S' zum Ausdruck gebrachte Aussage ist wahr'. Die einfachen Anführungszeichen haben hier also eine ähnliche Funktion wie die Wörter 'Aussage' und 'Sachverhalt': Sie nominalisieren die Aussagesätze so, wie dies auch durch deren Verwandlung in daß-Sätze geschehen könnte. Daraufhin können wir dann mit den Worten 'ist eine Tatsache' oder 'ist wahr' unsere Zustimmung zum ›Inhalt der Sätze‹, eben den durch die daß-Sätze ›benannten‹ Aussagen oder Propositionen, zum Ausdruck bringen. (Wir pflegen übrigens mit einfachen Anführungszeichen auch gewissermaßen im Vorbeigehen auf den Inhalt eines Ausdrucks aufmerksam machen.) Während wir zwar sagen können, daß einem Satz ein Wahrheitswert zugeordnet sei, lassen sich nur Aussagen, nicht etwa ihre Ausdrücke, die Sätze, sinnvollerweise als ›wahr‹ oder ›falsch‹ bezeichnen. Sprechen wir über Aussagen oder den Inhalt von daß-Sätzen, so unterstellen (präsupponieren) wir in der Regel, daß der Satz eine sinnvolle Aussage zum Ausdruck bringt; zugleich trennen wir diesen ›Inhalt‹ vom performativen Akt der Zustimmung (vgl. die Darstellung von Strawsons ›performative theory of truth‹ in Ezorsky 1967, 88 ff; Tugendhat 1976, 65 f). Vergleichen wir nun mit Ramsey (1927, 16 f) Ausdrucksvarianten wie: 'Cäsar wurde ermordet', 'Es ist wahr, daß Cäsar ermordet wurde' und etwa auch: 'Die Person mit Namen Cäsar wurde ermordet', so unterscheiden sie sich des weiteren darin, daß in der ersten, ›objektstufigen‹, Formulierung im Unterschied zu den beiden anderen ›metastufigen‹ Formulierungen weder auf das Verhältnis Satz — Aussage noch auf die Beziehung Name — benannter Gegenstand explizit aufmerksam gemacht wird. In der Objektstufe werden die Wörter und Sätze (bloß) gebraucht, in den metastufigen Formulierungen als solche zugleich auch erwähnt, es wird gewissermaßen auf ihren Gebrauch ›reflektiert‹. Allerdings verstehen wir die metasprachlichen Versionen nur auf der Basis unserer Kenntnis des objektstufigen Sprachgebrauchs; es läßt sich dieser metasprachlich bloß kommentieren und dadurch gegebenenfalls verändern, nicht aber als ganzer ›konstituieren‹ oder definieren.

4.2. Satz versus Aussage

Nichts anderes als diese uns aus der Normalsprache vertraute sprachliche Operation der Trennung des ›Inhalts‹ eines Aussagesatzes vom performativen Akt der Behauptung dieses Inhalts, der Aussage oder Proposition, hatte schon Gottlob Frege (1879, 2 ff) in seiner formalen Notation durch einen ›Performator‹, den ›Urteilsstrich‹ '⊢', wiedergegeben. In Ausdrücken der Form '⊢ S' stehen die Ausdrücke, welche hier durch den Buchstaben 'S' schematisch vertreten sind, für eine Benennung eines Satzinhaltes (einer Aussage oder eines ›Gedankens‹), während das vorangesetzte performative Zeichen '⊢' zum Ausdruck bringen soll, daß der Schreiber die Aussage für wahr hält. In der Tat ist in Freges formalsprachlichem System (s. Art. 34) ein ›Satz‹, vor dem noch kein Urteilsstrich steht, eher einem ›daß-Satz‹, oder auch einem Aus-

druck wie 'die durch den Satz … zum Ausdruck gebrachte Aussage' analog, wohingegen normalsprachliche Aussagesätze, wenn sie gesagt oder hingeschrieben werden, jedenfalls häufig gleich einen ganzen Sprechakt, etwa eine ›Behauptung‹ artikulieren — wobei wir allerdings auch Zeichen, nämlich den Satzschlußpunkt oder das Beenden des Satzes durch Senken der Stimme, als Performatoren gebrauchen. In der Unterscheidung zwischen einer wirklichen (oder möglichen) Behauptung (als performativem Akt) und dem Inhalt der Behauptung, der behaupteten Aussage, liegt also der Grund, warum Frege ›Sätze‹ als ›Namen‹ betrachtet. — Nach dem Gesagten ist klar, warum Frege (1976 a, 31 ff) der Redundanz- (bzw. Performanz-)theorie zustimmt: Der Meta-Satz '‹⊢ S' ist wahr' besagt ja wirklich nichts anderes als der Satz '⊢ S' oder '‹S' ist wahr', wobei dann der Ausdruck 'ist wahr' gerade die gleiche Funktion hat wie der Ausdruck '⊢'.

Die sich ergebende weitere Frage, wann zwei Sätze ›die gleiche Aussage‹ zum Ausdruck bringen, hat Frege zu Recht vom Redekontext und dem leitenden Interesse einer Analyse abhängig gemacht (vgl. Mendonça/Stekeler 1987, 165 f). In der Tat ›gibt‹ es Aussagen oder Propositionen nur in der — weitgehend situationsabhängigen — Art und Weise, wie wir ihre Artikulationen als gleich (oder verschieden) bewerten. Für Freges Zwecke einer formalen Semantik logischer Zusammensetzungen mathematischer Sätze reichte es z. B., zwei situationsunabhängig formulierte Sätze als ›gleichwertig‹ anzusehen, wenn ihnen der gleiche Wahrheitswert zugeordnet ist — woraus sich Freges spätere *façon de parler* erklärt, daß Sätze Namen von Wahrheitswerten (statt etwa von Gedanken oder Aussagen) sind, diese als ihre ›Bedeutung‹ (im speziellen Fregeschen Sinn) haben.

4.3. Frege versus Tarski

Offenbar bedeutet das Zeichen der modelltheoretischen Semantik '⊨' im wesentlichen das gleiche wie Freges Behauptungszeichen '⊢': Beide besagen, daß dem darauffolgenden Satz der Wert das Wahre zugeordnet ist. Die Unterschiede zwischen Freges und Tarskis Semantik der logischen Wörter bestehen bloß darin, daß Frege die Quantifikation nicht auf einen Gegenstandsbereich *G* relativiert, da er noch glaubte, es ließe sich jeder solche Bereich durch prädikative Aussonderung aus ›dem‹ Bereich aller Gegenstände, also einem ›universe of discourse‹, gewinnen. Tarskis Semantik entwickelt Freges System auch darin weiter, daß sie die Wahrheitsbedingungen nichtnamensubstitutioneller Quantifikationen metasprachlich unter Verwendung der Variablenbelegungen erläutert. Dabei sollten wir aber die von Frege betonte Tatsache nie vergessen, daß wir derartige in der normalen Sprache gegebenen Erläuterungen schon verstehen müssen. — Jetzt sehen wir auch, warum die Kritik an Tarskis und Freges formalsemantischer Theorie der Wahrheit, etwa die von Michael Dummett (1959 b, 141 ff), sie fasse Sätze als Namen auf und ordne ihnen Wahrheitswerte zu, statt daß sie einen Wahrheitsbegriff für Aussagen definiere, in einem Sinne unangebracht ist: Aussagen besagen hier ja, daß dem Satz hinter dem Performationszeichen nach den definitorisch festgelegten Kriterien (gegebenenfalls abhängig von der Bezugssituation) der Wert das Wahre und nicht der Wert das Falsche zugeordnet ist. Mit anderen Worten, die vorgängige kriteriale Zuordnung der Wahrheitswerte für die Sätze definiert hier allererst, was eine (wahre oder falsche) Aussage ist. Trotzdem ist die Tarski-Formel: 'Der Satz p' ist wahr genau dann, wenn p' irreführend, und zwar weil in der Tat nicht *Sätze*, sondern *Aussagen* wahr bzw. falsch sind und weil für eine Erläuterung der Bestimmung des Wahrheitswertes des Satzes 'p' (gegebenenfalls in Abhängigkeit von einer Bezugssituation) nicht schon vorausgesetzt werden darf, daß p schematisch für eine sinnvolle Aussage steht. Diese Kritik greift allerdings nicht, wenn man die Formel so liest, wie sie von Tarski wohl gemeint ist: Dem Satz 'p' werde (oder: ist) der Wert das Wahre zugeordnet genau dann, wenn Q — wo jetzt Q irgendeine Erläuterung repräsentiert, die in der Normalsprache gegeben wird, wobei wir durch praktische Einübungen in das Verständnis derartiger Erläuterungen eingeführt werden.

4.4. Nichtreduzierbarkeit

Nun lassen sich die Gebrauchsweisen der Wörter 'wahr' und 'falsch' keineswegs auf die bisher betrachteten Fälle beschränken, in denen die Sinn- und Wahrheitsbedingungen der metasprachlichen Aussagen über allgemeine Konventionen direkt auf ihre objektstufigen Rückübersetzungen reduzierbar sind. Bei Umformungen von Ausdrucksweisen der Art: 'Die Tatsache, daß p, führte zu …' gelangen wir z. B. bestenfalls zu Sätzen wie: 'Die Aussage p ist wahr, und diese Tatsache führte zu …', in denen wir auf den (anaphorischen) Ausdruck 'diese Tatsache' nicht einfach verzichten können. Außerdem können wir auch von noch nicht artikulierten (›möglichen‹) Aussagen und Tatsachen sprechen und über diese quantifizieren. Derartige metastufige Quantifikationen lassen sich nicht in einer einfachen Redundanz- oder Performanztheorie erklären. Dazu müssen wir vielmehr die objektsprachlichen Ausdrucksweisen metastufig erweitern, etwa durch Einführung von Prädikatoren wie: 'X ist wahr', 'X bedeutet Y' oder auch 'X ist wahr (bzw. ›erfüllt‹) in der Interpretation Γ'. Dies geschieht, indem man — wie in der Tarski-Semantik — die Zeichen '⊢' bzw. '⊩' nicht bloß, wie bisher, als Performatoren, sondern als (ein- bzw. zweistellige) Prädikate behandelt bzw. in solche umwandelt. Damit werden sie zur Basis eines höherstufigen Redebereiches, welche Quantifikationen zunächst über Sätze, dann aber auch, vermöge einer je zu konkretisierenden Relation der Sinngleichheit, über durch Sätze zum Ausdruck gebrachte Aussagen (Propositionen) formal darstellbar macht. Man denke etwa an Aussagen der Formen: 'Jeder Satz der Form … wird wahr [in der Struktur ($\mathbf{G}$, $^n\mathbf{R}_i$)]' oder: 'Es gibt eine wahre Aussage [über die Struktur …] mit der Eigenschaft …'.

Es lassen sich dann auch Modelle für diverse Arten der Quantifikation in den natürlichen Sprachen entwickeln, z. B. solche der Modallogik, bei denen über Propositionen (mögliche Aussagen), mögliche Situationen bzw. mögliche ›Welten‹ quantifiziert wird. Richard Montague und seine Nachfolger haben dazu Systeme vorgeschlagen, in denen die Bedeutungen metastufiger Benennungen und Prädikatoren ›extensionalisiert‹ und damit als mathematische Funktionen auffaßbar werden, indem man sie im Rahmen einer mengentheoretischen Hierarchie modelltheoretisch interpretiert. Dabei mögen einige formale (›technische‹) Aspekte der Bedeutungskomposition klarer werden. Doch wie schon die Tarski-Semantik spart eine solche rein formale Wahrheitsbedingungen-Semantik sowohl die Frage nach dem Wahrheitsbegriff der elementaren Sätze als auch nach dem Begriff der Proposition bzw. der möglichen Situation oder Welt aus. Daher kann dem formalen Semantikmodell sowohl eine pragmatische als auch eine ›metaphysische‹ Interpretation (etwa eine physikalistische) gegeben werden — je nachdem, ob man die ›Gegenstands-‹ (und das heißt: die Variablen-) Bereiche der ›möglichen‹ und ›wirklichen‹ Dinge

und Welten in ihrer sprachlichen Konstitution
als noch klärungsbedürftig ansieht oder in
einer formalistischen oder platonistischen
›Ontologie‹ als geklärt voraussetzt.

5. Wahrheitsbedingungen reiner Konstatierungen

5.1. Die Wahrheitstheorie des *Tractatus*

Eine, wenn auch nur modellhafte, Übertragung der Grundeinsichten der Fregeschen Semantik auf eine Analyse unserer ›normalen‹
Rede über die Welt, über Erfahrungstatsachen und mögliche Sachverhalte hat wohl als
erster Wittgenstein in seinem *Tractatus* versucht. Die Bedeutung dieser ›Wahrheitstheorie‹ liegt vornehmlich im propagierten ›linguistic turn‹ philosophischer Analyse, darin
also, daß er die sinnkonstitutiven Leistungen
der sprachlichen Ausdrucksform bei der Konstitution der Erfüllungs- oder Wahrheitsbedingungen von Konstatierungen in den
Brennpunkt der Betrachtung rückt. — Für
die folgende, die Grundidee etwas pointierter
formulierende Erläuterung der Wahrheitsbedingungensemantik des *Tractatus*, die in manchen Punkten der von Kuno Lorenz (1970,
64 ff) angegebenen ähnelt, sagen wir, daß (elementare) Aussagesätze einfache Konstatierungen artikulieren, falls diese direkt als wahr
bzw. falsch beurteilbar sind, wenn (und nur
wenn) wir die Aussagen (die Sätze!) am Be-
zugsort und zur Bezugszeit mit unseren Wahrnehmungen ›vergleichen‹. Dieser Vergleich ist
geleitet durch (weitgehend implizit gelernte)
Kriterien oder ›Normen‹ des ›richtigen
Sprachgebrauchs‹, die in einer Sprachgemeinschaft in Geltung gesetzt und in der Deixis,
durch Vor- und Nachreden, tradiert oder
auch explizit vergegenwärtigt werden können.
Als Beispiel denke man etwa an Äußerungen
der Art: 'Das da ... ist ein *Hund*' oder auch:
'Schau, es steht der Stuhl dort *zwischen* Tisch
und Bett'. — Solche einfachen Konstatierungen, deren Wahrheitsbedingungen quasi definitorisch, in gewissem Sinne konventionell,
mit der Bezugssituation verbunden sind,
drücken, wie wir sagen, einfache Sachverhalte
aus, die wir 'Tatsachen' nennen, wenn wir die
Konstatierungen zu Recht (d. h. den Ge-
brauchskriterien folgend) als wahr bewerten.
Diese Perspektive übernimmt etwa auch John
L. Austin (1950, § 3 b). Welche Sätze in unserem Sinne semantisch elementar sind, braucht
nicht allgemein festgelegt zu sein, dies kann
in einem gewissen Grade sogar von Sprecher

zu Sprecher variieren, insbesondere da es
nicht so wichtig ist, ob der Einzelne den Gebrauch der Sätze direkt oder mit Hilfe gewisser semantischer Zusammensetzungsregeln
lernt. Wichtig ist nur, wie Wittgenstein (1974,
342 f) später noch energischer betont, daß es
eine hinreichend große Klasse von Sätzen
gibt, in deren Wahrheitsbewertung wir aufgrund unserer Einführung in die Sprachgemeinschaft einerseits und unserer Erfahrungen andererseits mit einiger Sicherheit übereinstimmen: Wer in ›normalen‹ Fällen einfacher Konstatierungen nicht mit uns übereinstimmt, obwohl er bei Sinnen scheint, von
dem nehmen wir an, daß er wohl nicht unsere
Sprache spricht. — Wir können nun mit unseren Namen und Sätzen typische Bezugssituationen skizzieren, ohne daß wir aktual auf sie
›zeigen‹ müßten. Damit werden auch elementare Aussagen unabhängig von der Äußerungssituation wahr oder falsch, sofern nur
festgelegt ist, wie der entsprechende Satz als
begleitender Kommentar einer aktualen ›An-
schauungssituation‹ zu beurteilen wäre. Ähnlich wie schon in Kants Axiomen der Anschauung und Antizipationen der Wahrnehmung in der *Kritik der reinen Vernunft* wird
damit sachhaltige Wahrheit auf der Basis des
Begriffs der ›aktual möglichen Erfahrung‹ erläutert. Ersichtlich macht man dabei in doppelter Weise von einem irrealen Konditionalis
Gebrauch: Im ersten Fall wird von einer bloßen Potentialität gesprochen, mit der man
(zunächst) zu rechnen hat, die sich dann aber
auch als irreal herausstellen könnte, im zweiten dagegen von einer aktualen Möglichkeit.
Dieser Unterschied läßt sich vielleicht durch
folgendes Beispiel erläutern: Es könnte sein,
daß in Paris die Seine zwischen Eiffelturm
und Trocadero liegt. Wer aber dorthin fährt,
wird sehen, daß dies aktual nicht der Fall ist.
Dabei haben wir offenbar immer erst darüber
zu befinden, ob ein Satz wirklich eine ›reale
Möglichkeit‹ artikuliert, ob und wie wir ihm
also (in passenden Bezugssituationen) einen
Wahrheitswert auf der Basis ›möglicher Erfahrungen‹ zugeordnet haben. Erst wenn
diese Voraussetzung erfüllt ist, können wir
sinnvoll fragen, ob die Wahrheitsbedingungen
aktual erfüllt sind oder nicht (s. Art. 34). —
Die reale und damit *a fortiori* erfahrbare Welt
ist im *Tractatus* die Gesamtheit schon bis zu
einem gewissen Grade sprachlich artikulier-
barer Tatsachen, also 'alles, was der Fall ist',
nicht etwa eine Gesamtheit von ›Dingen‹. Dabei sollte uns nicht irritieren, daß der Bereich
der möglichen Aussagen wesentlich umfang-

reicher ist als der des je faktisch Ausgesagten:
Man hat ja auch in der philosophischen Tradition gefordert, daß mögliche Sachverhalte
zumindest ›prinzipiell denkbar‹ sein sollen,
wobei, was wir 'Gedanken' nennen, entweder
der (still sich vorgesagte) sinnvolle (Aus-
sage-)Satz selbst ist, oder aber sein Inhalt oder
Sinn, also die durch den Satz ausgedrückte
›Aussage‹. Möglicherweise erfahrbare Sachverhalte oder Tatsachen brauchen also keineswegs vollständig sprachlich artikuliert zu
sein, wohl aber müssen sie wenigstens in Umrissen beschrieben oder ›repräsentiert‹ (›vorgestellt‹) werden können. Wie anders könnten
wir den Ausdruck 'mögliche Erfahrung' verstehen, auf unsere faktische (Lebens-)Erfah-
rung beziehen?

5.2. Isomorphie von Sachverhalten und Sätzen

In den Sätzen, welche einfache Konstatierungen artikulieren und daher zunächst semantisch nicht als zusammengesetzt zu werten
sind, können nun Wörter schon in einer Konfiguration auftreten, die Sätze also schon syntaktisch gegliedert sein, obwohl ihr Gebrauch
(d. h. die Wahrheitsbedingungen der Äußerungen) noch ›holistisch‹, d. h. im Vergleich
des ganzen Satzes mit einer ganzen Situation,
festgelegt ist. In der Tat lernen wir immer den
Gebrauch ganzer Sätze, die zu Beginn zwar
›Einwortsätze‹ einer Art Kindersprache sein
mögen, bald aber — zunächst aus der Sicht
eines erfahrenen Sprechers, später aber auch
vom Spracherwerber selbst — als syntaktisch
gegliederte Sätze erkennbar sind. Wir lernen
also die ›Bedeutung‹ der Wörter und Satzteile,
unter anderem auch synkategorematisch, im
Zusammenhang ihres Gebrauchs in Sätzen.
Daß dem so ist, sieht man wohl am deutlich-
sten bei Relationsworten (wie 'zwischen'),
aber auch bei den logischen Wörtern. Erst
wenn wir metasprachliche Kommentare über
einen solchen Gebrauch abgeben und verstehen können, nachdem wir etwa Sprachregeln
formulieren und gebrauchen lernen, lassen
sich die Bedeutungen derartiger Wörter explizit beschreiben oder angeben. Nachdem
wir auf die syntaktische Gliederung unserer
Sätze aufmerksam (gemacht) werden, können
wir die (Gebrauchs-)Bedeutung eines Satzes
entlang dieser Gliederung nach gewissen Regeln ›zusammensetzen‹. — In einer grammatischen Gliederung unterscheiden wir dann
›Eigenschaftswörter‹ und ›Gegenstandsna-
men‹ (gewisser Sorten) — und parallel zu
ihrem Gebrauch in Sätzen auch ›Aspekte‹

unserer Erfahrungen (zunächst vielleicht: der
Wahrnehmungen): Die Differenzierung zwischen Dingen, Eigenschaften und Relationen
auf der ›Objektebene‹ der (einfachen) Sachverhalte ist also wesentlich durch unseren
sprachlichen Umgang mit (nominalen oder
pronominalen) ›Benennungen‹ und ›Relationsworten‹ (mit)bestimmt (vgl. Quine 1960,
§ 19), wenn auch nicht so total wie bei der
›rein begrifflichen‹ Konstitution abstrakter
mathematischer Gegenstände und Prädikate.
Wir bilden demnach in der Sprache Welt nicht
einfach so ab, daß Namen vorgegebene Dinge
und Eigenschaften benennen und wir dann
die Konfiguration der Namen mit einer
sprachunabhängig bestehenden Dingkonstel-
lation vergleichen, sondern in der gemeinsamen Bewertung der durch gegliederte Sätze
artikulierten elementaren Konstatierungen
nach wahr und falsch zeigt sich, wie wir die
(Erfahrungs-)Welt gliedern und ›abbilden‹.
Einfache Sachverhalte und die sie ausdrückenden Aussagesätze sind dabei, wie der
Tractatus sagt, von vornherein von der gleichen Form (isomorph); daher nennt Wittgenstein die Logik, die Gesamtheit der logischen
Formen, ›transzendental‹. Diese können am
Sprachgebrauch nur rekonstruktiv aufgewiesen werden. Zuzugeben ist allerdings, daß zu
den (gewissermaßen vorgegebenen) Grundlagen dieser Gliederung der Erfahrungswelt die
nicht ganz selbstverständliche ›objektive‹ Tatsache einer intersubjektiv hinreichend stabilen
(Wieder-)Erkennbarkeit von Dingen und
Formen, von typischen ›physischen Erscheinungen‹ und die Möglichkeit ihrer intersubjektiven raum-zeitlichen Ordnung gehören.

5.3. Sätze als Ausdruck von Sachverhalten

Betrachten wir nun alle Wörter, die bloß eine
funktionale Rolle bei der Zusammensetzung
eines Satzes spielen, als logische Wörter, und
nennen alle nicht-logischen, also insbesondere
alle in elementaren Sätzen vorkommenden
Wörter 'Namen', dann liegt die *façon de parler* nahe, daß alle diese Namen ›Gegenstände‹
vertreten und daß die Konfigurationen der
›Namen‹ in elementaren Sätzen gewisse Konstellationen von ›Gegenständen‹ zum Ausdruck bringen — wobei man dann allerdings
zu den benennbaren Gegenständen offenbar
auch (erfahrbare) ›Eigenschaften‹ oder ›Relationen‹ zu zählen hat. Es ist dann vielleicht
eine der tiefsten Einsichten des *Tractatus*, daß
die syntaktische Komplexität semantisch ›einfacher‹ Elementarsätze die für die menschliche Sprache so bedeutsame explizite quanti-

fikationelle Komposition von Sätzen erst ermöglicht, und zwar dadurch, daß wir in Satzformen an gewissen Stellen die Benennungen
variieren oder auch Variable ersetzen können.
Die (letztlich konsensuellen) Wahrheitsbedingungen für elementare Aussagesätze bilden
dann die Basis des Wahrheitsbegriffes für logisch zusammengesetzte ›reine‹ Konstatierungen. Dabei braucht die quantifikationelle
oder kennzeichnungslogische Komplexität
eines Satzes nicht immer ganz einfach an seiner äußeren Gestalt ablesbar zu sein. Daher
bedarf es immer auch einer Analyse der ›logischen Tiefenstruktur‹ eines Satzes, um zu
sehen, wie sich seine Wahrheitsbedingungen
wahrheitsfunktional auf die Wahrheitsbedingungen elementarer Konstatierungen zurückführen lassen. Um eine logisch zusammengesetzte Aussage schrittweise zu analysieren,
müssen wir in dieser Konzeption ›nur‹ die
Wahrheitsfunktion und die Klasse der Aussagen kennen, die als Argument der Funktion
zu betrachten ist. Junktoren und Quantoren
zeigen dabei die Funktion an, während die
Teilsätze bzw. die Aussageformen die Argu-
mentklasse angeben. Dabei spielen Sortierun-
gen (Kategorisierungen) von Namen und Variablen (Pronomen) gemäß ihren ›Stellungen‹
im Satz, also die logische Form des Satzes,
eine gewichtige Rolle.

Komplexe Sätze, die weder rein begrifflich
(tautologisch) wahr, noch kontradiktorisch
sind, deren Wahrheitswert funktional von einfachen Aussagen und einer (meist nicht im
Satz sondern im Sprechakt angezeigten) ›Bezugssituation‹ abhängt, drücken, so sagen wir
dann auch, komplexe Sachverhalte aus, die
›bestehen‹ oder ›Tatsachen sind‹, wenn die
Konstatierung wahr ist. Besonders wegen der
Quantifikationen über Situationen werden
wir häufig nicht genau oder gar nie wissen,
ob eine komplexe Konstatierung wahr ist oder
nicht. Man denke dabei etwa an historische
Aussagen, bei denen wir vielfach nie ›endgültig‹ herausfinden können, ob sie wahr oder
falsch sind, obwohl wir wissen, daß sie wahr
oder falsch sind. Die schon am Beispiel formaler Sprachen erläuterte Unterscheidung
zwischen einer wertsemantischen Definition
der Wahrheit und der Angabe einer Klasse
von Verifikationsmethoden macht dabei
auf nicht-platonistische (›nichtontologische‹)
Weise verständlich, warum die Rede über die
›wirkliche Welt‹ unser faktisch je mögliches
Wissen immer ›transzendiert‹. Wie man etwa
an den Ausführungen von Carl Gustav Hempel in (Skirbekk 1977, 96 ff) sieht, scheinen

einige Mitglieder des Wiener Kreises gerade
diese Idee der Unterscheidung zwischen
Wahrheit und Verifikation vernachlässigt zu
haben, wenn sie Wittgenstein einerseits als
Verifikationisten, andererseits als korrespon-
denz-theoretischen Metaphysiker kritisieren.
Stattdessen ist es gerade eine Kernthese des
Tractatus, daß unsere Reden über ›mögliche‹
und dann auch über ›wirkliche‹ Sachverhalte
oder Welten nicht unabhängig von unserem
Umgang mit Sätzen und unseren faktischen
Erfahrungen verstanden werden können: Um
überhaupt davon sprechen zu können, daß
ein Satz eine (möglicherweise wahre) Aussage
zum Ausdruck bringt, oder, was dasselbe ist,
um ihn (objektstufig) zum Zwecke der Artikulation auch nur einer sinnvollen Annahme
gebrauchen zu können, muß für den Satz
zuvor ein Wahrheitsbegriff, also eine Ver-
gleichsmethode mit möglichen Erfahrungen,
von uns festgelegt sein. Das ist der Inhalt
eines ›logisch-empiristischen‹ Sinnkriteriums
der Sachhaltigkeit. Für religiöse Sätze, z. B.
solche, welche die Existenz eines Gottes oder
einer unsterblichen Seele behaupten, sind
keine Wahrheitsbedingungen auf Erfahrungs-
basis festgelegt, daher artikulieren sie keine
auch nur als möglich zu erwägenden Sachverhalte — es sei denn, man glaubt, wie
im Platonismus, die metaphorisch-fiktionale
Rede von einer möglichen Erfahrung außerhalb unseres Lebens zu verstehen. Wittgenstein sieht allerdings schon im *Tractatus*, daß
auch alle sprachanalytischen Urteile nach diesem Kriterium in einem gewissen Sinne als
›sinnlos‹, nämlich nicht als ›sachhaltig‹ anzusehen sind — ähnlich wie die rein begrifflichen
mathematischen Urteile. Ebenso könnten
Aussagen über die menschliche Seele als *façon
de parler* über einen sinnvollen Gebrauch des
Wortes 'Seele' verstanden werden — den es
dann allerdings zu analysieren gilt. Derartige
Analysen sind aber keine einfachen Feststellungen über den faktischen Sprachgebrauch,
sondern zugleich Schilderungen möglicher
(Meta-)Beurteilungen. Hierin ähneln sie ethischer und ästhetischer Rede. Wäre immer hinreichend klar, was der ›Sinn‹ unserer Reden
im handelnden Leben ist, so wären derartige
Reflexionen weitgehend überflüssig, ›eigentlich‹ wären dann sachhaltige Konstatierungen
genug. Zwar gibt es nach Wittgenstein auch
für die metastufigen Urteile eine ›richtige‹,
also auch manche ›falsche‹, Sicht der Dinge.
Doch da es für derartige Urteile keine vorab
festgesetzten Wahrheitsbedingungen gibt, läßt
sich ihre ›Richtigkeit‹ nicht ›beweisen‹, sie
muß ›sich zeigen‹.

5.4. Das Problem falscher Sätze

Die ›Wahrheitstheorie‹ des *Tractatus* setzt also nicht, wie die Korrespondenztheorien der Wahrheit, die Rede von einer ›Abbildung‹ der Welt (der Tatsachen) in der Sprache als schon verstanden voraus, sondern versucht sie zu analysieren und zwar als *façon de parler* über das Verhältnis von (syntaktischer) Satzform und dem Sinn (Gebrauch) der Sätze im System der (erfahrungsbezogenen) Wahrheitswertzuordnungen. Damit wird an einem idealen Modell vorgeführt, wie man die uns allen geläufigen Reden, daß Namen Gegenstände ›vertreten‹ und Sätze Sachverhalte ›abbilden‹, eigentlich zu verstehen hat. Daß dies die Zielsetzung des *Tractatus* zumindest im wesentlichen richtig wiedergibt, könnte auch daran deutlich werden, daß nach Wittgenstein Sätze auch bloß mögliche, also vielleicht gar nicht bestehende, Sachverhalte ›abbilden‹ können. Wie sollte dies möglich sein, wenn man an die Ursprungsbedeutung der Metapher ›Abbildung‹ denkt? Bilden manche Sätze die Wirklichkeit etwa ›falsch‹ ab? Oder bilden sie, wie etwa David Lewis (1986 a, 1—4; 97 ff) behauptet, so etwas wie mögliche Alternativwelten ab? Was aber soll das heißen? Der *Tractatus* gibt uns dabei eine zwar grobe, aber im Grundsatz befriedigende Antwort: (Mögliche) komplexe Sachverhalte oder Sachlagen sind diejenigen Bedingungen, die in einer möglichen Erfahrung als erfüllt aufgewiesen sein müßten, damit wir die entsprechenden komplexen Sätze gemäß unseren eigenen funktionalen Regeln als ›wahr‹ bewerten könnten: Sie sind also nichts anderes als Klassen (möglicher) elementarer Sachverhalte, die ihrerseits wenigstens prinzipiell durch elementare Sätze artikulierbar sein sollten. — Rudolf Carnaps *Logischer Aufbau der Welt* und der zugehörige Wahrheitsbegriff unterscheidet sich dann von dem des *Tractatus* erstens in seiner sensualistischen statt gebrauchstheoretischen Deutung der Basisurteile als ›Ähnlichkeitsaussagen‹ über ‹Sinnesdaten›, zweitens darin, daß er mit einer axiomatisierten Deduktions-Logik, also mit David Hilberts Begriff der ›impliziten Definition‹ (und damit einer Art formalistischer Kohärenztheorie der Wahrheit) arbeitet, während Wittgenstein in der Nachfolge Freges und lange vor Tarski eine wahrheitsfunktionale Semantik verwendet. Später ändert auch Carnap seine Auffassung zur semantischen Komposition und den Wahrnehmungssätzen in die vom *Tractatus* gewiesene Richtung, wobei dann allerdings

logisch-empiristische, pragmatisch-kohärenztheoretische und physikalistische Auffassungen auf schwer durchschaubare Weise miteinander verwoben werden — was eine der Ursachen dafür ist, daß man heute auch physikalistische Theorien als ›empiristisch‹ bezeichnet.

6. Die Kohärenztheorie der Wahrheit im Pragmatismus

6.1. Richtigkeit und Erfolg

Wenn wir nicht die idealsprachliche (Re)-Konstruktion des Begriffes reiner Konstatierungen und ihrer ›empirischen‹ Wahrheitsbedingungen, sondern unseren tatsächlichen Umgang mit dem Wort 'wahr' betrachten, so mögen wir bemerken, daß wir vielfach, jedenfalls in gewissen Redebereichen (Kontexten), dieses Wort im Sinne von 'richtig' und das Wort 'falsch' im Sinne von 'unrichtig' gebrauchen, wobei auch die Komparativ-Form 'richtiger' einen sinnvollen Gebrauch hat. Die Verwendung der Positiv-Form 'richtig' setzt dabei einen ›Vergleichsstandard‹ stillschweigend als bekannt voraus, relativ zu welchem etwas 'richtig' genannt wird, nicht anders als wir dies auch bei anderen Wörtern kennen, etwa den Wörtern 'groß' oder 'gut'. In der Tat sehen wir Aussagen oder ganze Theorien vielfach nur im Vergleich mit dem zu einer Zeit ›möglichen Wissen‹ als ›richtig‹ oder ›wahr‹ an, wenn sie also die jeweiligen Wissensstandards hinreichend erfüllen. Dies ist die Grundeinsicht der ›Wahrheitstheorie des Pragmatismus‹, wie sie besonders William James in Fortführung der Überlegungen von Peirce (1877, 283 ff) vehement vertreten hat: Die (metaphorische) Rede von einer ›Abbildung‹ oder ›Korrespondenz‹ bringt demnach nur vage zum Ausdruck, daß es irgendein *tertium comparationis*, und das heißt irgendwelche, nach Möglichkeit intersubjektive, (Erfüllungs-)Kriterien geben muß, wenn wir Aussagen als wahr oder falsch beurteilen. — Die (metastufige) Bewertung faktischer oder möglicher Urteile oder Überzeugungen nach ›richtig‹ und ›falsch‹ kann darüber hinaus vielfach nicht getrennt werden von einer Einschätzung der Chancen des Erfolgs oder Mißerfolgs, der Erwartungshaltungen und der mit ihnen begrifflich auf vielfältige Weise verbundenen Handlungsanleitungen. Dies illustrieren Urteile besonders deutlich, welche sagen, daß gewisse (erwünschte) Ereignisse oder Ergebnisse einer gewissen Handlungsweise in einer gewissen Wahrscheinlichkeit oder auch mit einiger Gewißheit zu erwarten (oder eben nicht zu erwarten) sind. Man denke etwa an Urteile über die Sicherheit von Atomkraftwerken (eines bestimmten Typs). — Für James als Psychologen war in diesem Zusammenhang die Einsicht in die Funktionsweise sogenannter ›self-fulfilling (oder auch: self-defying) prophecies‹ von Bedeutung, die er besonders auch in der Wirkungsweise religiöser Überzeugungen analysiert: Er erkennt dabei einerseits die Bedeutsamkeit einer grundsätzlich ›optimistischen‹ Einstellung bzw. des entschlossenen Glaubens an den Erfolg für das Handeln selbst, andererseits die Rolle des ›Denkens‹ und Redens bei der (Selbst-)Steuerung des Handelnden. Logisch ähnliche Verhältnisse zeigen sich übrigens auch in den (gesellschafts-)politischen Folgen von sozial- und wirtschaftswissenschaftlichen Überzeugungen. Und sogar Kausalerklärungen in der Naturwissenschaft sind weitgehend handlungsleitend und unterscheiden sich gerade in diesem prognostisch-technischen Charakter von einer bloß darstellenden Naturgeschichte: Erklärungen und Prognosen sind keineswegs auf die gleiche Weise wie reine Konstatierungen ›wahr‹ oder ›falsch‹.

6.2. Futurische Aussagen

Zur näheren Verdeutlichung der letzten These betrachten wir zunächst die philosophische Grundsatzfrage, ob und wie weit unser menschliches Leben ›vorherbestimmt‹ ist: Bekanntlich hat schon Aristoteles in der berühmten Überlegung zu einer zukünftigen Seeschlacht (*De interpretatione* Kap. 9) gesehen, daß ein ›kategorischer‹ Wahrheitsbegriff für futurische Aussagen, nach welchem jetzt schon wahr oder falsch ist, daß dieses oder jenes geschehen wird, je nachdem, ob es im Verlaufe der Zeit geschehen wird, zumindest nahelegt, daß die (gesamte) Zukunft *vorhergesehen werden könnte*. Damit wäre sie allem Anschein nach als schon *vorherbestimmt* aufzufassen, und es wäre ›eigentlich‹ kein Geschehnis verhinderbar (vgl. White 1970, 41 ff). Ein derartig folgenreiches inhaltliches Urteil aber läßt sich doch wohl nicht einfach dadurch begründen, daß wir rückwirkend eine Prognose als wahr oder falsch bewerten, und dann auch vorgreifend-überzeitlich von ihrer Wahrheit oder Falschheit reden, je nachdem, ob sie eintreten wird oder nicht. Wenn wir hier behutsamer mit der Sprache umgehen wollen, ist es wohl angemessener, zumindest zu unterscheiden zwischen dem, was ohne ir-

gendeine Einflußmöglichkeit durch uns Menschen geschehen wird, daher grundsätzlich als ›naturnotwendiges‹ Ereignis beschrieben und gegebenenfalls erklärt werden könnte, und dem, was als Folge menschlicher Überzeugungen und menschlichen Handelns (auf der Grundlage mehr oder minder bewußter Entscheidungen von Einzelnen oder Gruppen von Menschen) verstanden werden muß und daher nicht, jedenfalls nicht gänzlich, als ›naturkausale‹ Folge bloß ›natürlicher‹ Ereignisse verstanden werden kann. Dazu ist zu unterscheiden zwischen den Wahrheits- bzw. *Erfüllungsbedingungen* einer Prognose, die ihren *Inhalt* charakterisieren, also sagen, *was vorhergesagt* wird, und unserer Praxis ihrer ›*Begründung*‹ als (gute, verläßliche) Prognose. Parallel dazu ist zu unterscheiden zwischen der (nicht unsinnigen) Fiktion eines idealen Beobachters, der über gegenwärtige und vergangene Ereignisse ›alles‹ weiß, und der (sehr problematischen) Fiktion eines überzeitlichen Beobachters, der auch die gesamte Zukunft überblicken kann. Es handelt sich dabei nämlich gerade um die Unterscheidung zwischen dem, was jetzt schon wahr oder falsch ist, dem, was (mehr oder weniger sicher) jetzt schon vorhergesagt werden kann oder ›könnte‹, und schließlich dem, was sich vielleicht grundsätzlich nicht vorhersagen läßt. Daß es den letzten Fall nicht gäbe, läßt sich natürlich nicht dadurch a priori ›beweisen‹, daß man eine Fiktion oder Sprachform wählt, in welcher er nicht eigens artikuliert werden kann.

Nun berücksichtigen unsere Entscheidungen und Handlungen allerlei Zielsetzungen, Hoffnungen und Erwartungen und dabei (idealiter) möglichst alles verfügbare Vor(her)wissen, gerade auch das der Naturwissenschaft. Alles was wir vorhersagen können (oder könnten), kann (oder könnte) daher auch dazu dienen, unser Handeln zu leiten, z. B. ein gewohntes Verhalten zu ändern — es sei denn, wir denken an Fälle, in denen zwar andere, nicht aber wir selbst, die Verfügungsgewalt über das prognostische Wissen besitzen. Wenn aber andere vorhersagen könnten, wie wir uns in gewissen Fällen verhalten werden, und uns dieses Wissen nicht zugänglich machen, reden wir zu Recht von Manipulation; machen sie es uns aber zugänglich, so können wir zumindest versuchen, es in unseren Handlungen zu berücksichtigen. Vor diesem begrifflichen Hintergrund wird die mit einem kategorialen und ›absoluten‹ Wahrheitsbegriff für alle futurischen Aussagen ver-

bundene Fiktion der generellen Vorhersag-
barkeit unseres Handelns ungereimt — es sei
denn, wir hypostasieren den Fall äußerer Manipulation zur metaphysischen Fiktion eines
Gottes, der alles weiß und leitet. Die Thesen
des Determinismus stützen sich in der Tat
immer auf eine solche metaphysische Annahme einer hinter unserem Rücken walten-
den göttlichen Vorsehung oder eines ›wirklichen‹ oder ›wahren‹ Naturgesetzes. Dabei
spielt es offenbar keine Rolle, ob man im
zweiten Fall die Gesetze als streng funktionale
oder ›bloß‹ als stochastische versteht; daher
kann etwa die Quantenphysik das hier bestehende begriffliche Problem nicht lösen.

6.3. Satzpräsuppositionen

Nun ist doch aber auch gemäß der Wahrheitstheorie des *Tractatus* für prognostische
Konstatierungen ein Wahrheitsbegriff festgelegt — woraus sich das ›Induktionsproblem‹
David Humes ergibt, ob es gerechtfertigte
Verfahren gibt, aus den bisherigen Erfahrungen auf die ›Wahrheit‹ von Prognosen zu
schließen. Nach pragmatischer Auffassung ist
jedes prognostische Wissen grundsätzlich von
der Art einer (praktisch hinreichend begründeten) Gewißheit, daher im Grundsatz falli-
bel. Um auf den besonderen Charakter derartiger Überzeugungen aufmerksam zu machen, kann man, wenn man will, von ihrer
bloß ›hypothetischen‹ oder wahrscheinlich-si-
cheren Geltung sprechen, oder von einer
›Verisimilitudo‹ oder ›Wahrheitsähnlichkeit‹,
wie dies etwa Karl Popper (1963, 231 ff) vorschlägt. Und doch erwarten wir auf Grund
unserer Erfahrungen mit völlig ruhiger Gewißheit, etwa daß morgen die Sonne wieder
aufgehen wird, und wir bewerten es (praktisch) als sinnlos, daran (auch nur ›theoretisch‹) zu zweifeln. Wo es aber keinen sinnvollen Zweifel gibt, gibt es weder einen Bedarf
noch die Möglichkeit für eine Begründung —
es sei denn, man nennt hier den Hinweis auf
die Tatsache der Gewißheit eine ›Begründung‹. Hierin stimmen übrigens Peirce und
Wittgenstein weitgehend überein. — Nun
werden allerdings die von uns festgesetzten
Erfüllungsbedingungen von Prognosen, welche die Inhalte unserer Erwartungen bestimmen, in der Regel selbst auf der Basis von
Gewißheiten formuliert, da, was wir als ›Tatsachen‹ und als ›reale Möglichkeiten‹ bewerten, nicht unabhängig von solchen Überzeugungen ist. Damit werden die Prognosen
selbst in dem Rahmen unscharf, in dem sich
die präsupponierten Gewißheiten auch als

trügerisch herausstellen können. In der Tat
entwickeln sich mit unseren Grundüberzeu-
gungen auch unsere Begriffe im Laufe der
Zeit: Sie gehören eben immer auch in ›lokale‹
Kontexte unseres Wissens, oder besser: unserer Überzeugungen. Daher verweisen auch
Nomina und Begriffswörter in der Regel auf
faktische Erfahrungen und Gewißheiten oder
etablierte und bewährte Handlungsweisen, so
daß nicht bloß bei Gebrauch ›indexikalischer‹
Wörter wie demonstrativer Pronomina der
Sinn unserer Sätze und damit ihr Wahrheitsbegriff in einem mehr oder weniger engen
Rahmen situationsabhängig bleibt. Daher
lassen sich in der Regel Erfahrungsurteile
nicht durch sogenannte ›standing sentences‹
mit absoluten, von unserem (historischen)
Wissen und unseren Überzeugungen unabhängigen Wahrheitsbedingungen artikulieren.
Die Sprachoberfläche ›verbirgt‹ diese präsup-
positionslogische Struktur unserer Sätze und
Urteile, da man einem Satz ja die inhaltlichen
Voraussetzungen seines sinnvollen, verständlichen Gebrauchs nicht ansieht. Deswegen reichen rein formale Analysen nicht hin, bedarf
es der besonderen Anstrengung pragmatischer Sinnanalysen.

6.4. Interne Konstitution vs. Anwendung

Die (Meta-)Beurteilung einer wissenschaftlichen Erklärung als richtig oder wahr bedeutet
also für den Pragmatismus im allgemeinen
nur, daß sie sich in das (bestmögliche) Wissen
›kohärent‹ einpassen läßt. Dabei ist unter
›Kohärenz‹ nicht die bloß formallogische
Konsistenz (Widerspruchsfreiheit) von Satz-
systemen, sondern die faktische Aufweisbar-
keit der relevanten ›ambulatorischen‹ (Ver-
weisungs-)Zusammenhänge zwischen den zugehörigen Aussagen, Ideen, Vorstellungen,
Theorien und unseren wirklichen Erfahrungen in Wahrnehmungen und Handlungen zu
verstehen. Von besonderer Wichtigkeit für ein
nicht einseitiges (etwa krude utilitaristisches)
Verständnis einer pragmatischen Theorie der
Wahrheit (natur)wissenschaftlicher Erklärungen ist dabei die Unterscheidung zwischen
den zur Darstellung unserer Erfahrung benutzten (idealen) mathematischen Konstruktionen und den Projektionsverfahren derartiger sprachlich konstituierter ›Strukturen‹
auf die faktische Erfahrung. Wissenschaftliche Theorien bestehen in aller Regel untrennbar aus beidem, aus Modellen und der
je zugehörigen Erfahrungspraxis. Der Reali-
tätsgehalt einer Theorie ›zeigt sich‹ letztlich
im technisch-praktischen Erfolg ihrer exter-

nen Anwendungen, zu welchen etwa auch richtig prognostizierte Ausgänge von Experimenten zu zählen sind. Dabei entsprechen den modellintern konstituierten (›idealen‹) Gegenständen und Struktureigenschaften nicht immer Gegenstände, Eigenschaften oder Sachverhalte direkter Erfahrungen, wenn man sich letztere etwa als durch reine empirische Konstatierungen im Sinne von Abschnitt 5 ausgedrückt denkt. Wohl aber muß es — das ist das Sinnkriterium des Pragmatismus — eine Analyse geben, welche einen ›gangbaren Weg‹ aufweist, der von der Theorie und ihren theoretischen Begriffen zur (praktischen) Erfahrung führt. Z. B. ›gibt‹ es Atome und Elektronen zunächst nur im Darstellungsmodell: Für die Aussagen über diese Gegenstände ist über gewisse lernbare Regeln ein interner Wahrheitsbegriff festgelegt, ähnlich wie in der Mathematik für Aussagen über Zahlen, Mengen und geometrische Formen. Zugleich aber wird das Modell als Ganzes auf unsere Erfahrungen und unsere Praxis bezogen, es werden die (intern und formal) als ›wahr‹ bewerteten Sätze des Modells auf spezifische Weise zur Grundlage unseres Handelns gemacht — und im ›Erfolg‹ des betreffenden Handelns überprüft.

6.5. Reduktionismus

Wer theoretische Erklärungen nicht bloß so, durch Erfahrung und Handlungen vermittelt, als ›real‹ ansieht, sondern als direkte Beschreibung einer (letztlich pythagoräistischen) ›Wirklichkeit‹, welche ihrerseits unsere Wahrnehmungen und Erfahrungen bewirke, den trifft die Kritik jeder wirklich pragmatischen (oder auch: wirklich empiristischen) Analyse des Begriffes der Wahrheit und des Wissens, wie sie im *Tractatus* auf die Formel gebracht wird: 'Der Glaube an den Kausalnexus ist der Aberglaube'. An dieser Formel entscheidet sich, ob ein Begriff der Wahrheit im Grunde doch noch metaphysisch (physikalistisch) verfaßt ist. Ein Zeichen des genannten Aberglaubens, der die empirisch-pragmatischen Konstitutionsbedingungen physikalischer Theorien und ihres Wahrheitsbegriffes übersieht, wäre z. B. die Annahme der Übersetzbarkeit aller sachhaltigen Aussagen in die Form physikalistischer Aussagen: Dieser ›Reduktionismus‹ unterstellt, daß, was ›eigentlich‹ existiert, immer nur eine gewisse Verteilung und Bewegung physikalischer Dinge in Raum und Zeit sei. Im Pragmatismus und im Empirismus würde man hier nicht vergessen, zurückzufragen, was denn die Rede von derartigen

Dingen ohne Bezugnahme auf unsere Methoden ihrer Benennung und Identifizierung bedeuten soll, ob es sich hier nicht doch nur um eine bloße Vorstellung, ein letztlich mathematisches Bild handelt. Außerdem wäre die Angabe von ›Projektionsregeln‹ der mathematischen Rede von Raum und Zeit auf unsere tatsächlichen Methoden der raumzeitlichen Ordnung beobachtbarer Phänomene einzufordern.

6.6. Glaube, Gewißheit und Wissen

Vertreter einer Korrespondenztheorie der Wahrheit werfen nun dem Pragmatismus dessen angeblichen ›Anthropomorphismus‹, ja sogar ›Utilitarismus‹ vor und behaupten, er wolle im Erfolg von Handlungen, welche ausgeführt werden auf der Grundlage bewährter Überzeugungen, ein Wahrheitskriterium für letztere sehen. Damit werde der Begriff der Wahrheit unzulässigerweise mit dem der Nützlichkeit und Bewährtheit vermengt. Nun gibt es in der Tat zumindest einige Redekontexte, in welchen Wissen im strengen Sinne heißt, die (überzeitliche) Wahrheit (von komplexen, etwa auch futurischen, Konstatierungen) zu kennen (Carnap 1936, 89 ff). Was zum Beispiel auch immer von Historikern als ›gesichertes Wissen‹ angesehen werden mag, hinreichend klar formulierte historische Urteile sind in einem Sinne unabhängig von unserem Wissen und seiner Erweiterung in der Zukunft wahr oder falsch, insbesondere unabhängig davon, welche Konsequenzen der Glaube an ihre Wahrheit bzw. Falschheit (etwa in der Politik) haben mag. Der damit angesprochene begriffliche Unterschied zwischen Glauben, Gewißheiten und Wissen scheint im Falle mathematischer Aussagen noch deutlicher zu sein. Außerdem pflegen gerade Logiker zu betonen, daß die Verwendung des Wortes 'wahr' im vagen Sinne des Wortes 'richtig' faktisch zwar üblich sei, daß eine solche laxe Redeweise aber den ›eigentlichen‹ kategorischen Gebrauch des Wortes 'wahr' nicht treffe, nach welchem wir annehmen, daß eine Aussage immer nur eines ist, nämlich wahr oder falsch — es sei denn, ihre Äußerung ist nicht hinreichend klar formuliert und daher nicht eigentlich eine Aussage. Nun hat der (Amerikanische) Pragmatismus in der Tat weder die formale Konstitution eines internen Wahrheitsbegriffs in einer mathematisierten Theorie noch die externen Erfüllungsbedingungen von Konstatierungen hinreichend analysiert — was zur Folge hat, daß die Redeweisen von Peirce und James inkonsequent werden, wenn sie neben ihrem pragmatischen Wissensbegriff eine Korrespondenztheorie der Wahrheit zu akzeptieren scheinen. Dann könnten wir nicht von einem pragmatischen Wahrheitsbegriff sprechen; es würden nur die Wahrheitsfindung und die dabei benutzten Kriterien pragmatisch gedeutet. Das hätte dann auch zur Folge, daß etwa James in seiner Auseinandersetzung mit Bertrand Russell (vgl. Skirbekk 1977, 35−58; 59−71; James 1909, Kap. XIV) den Kürzeren zöge. Denn zu sagen, daß Urteile (Aussagen, Propositionen) wahr seien, wenn der Glaube, sie seien wahr, praktisch irgendwie erfolgreich ist, wäre in der Tat eine ›Eselei‹, wie sich James selbst ausdrückt. Keineswegs absurd aber ist die Feststellung, daß sich die scheinbar zeitlose Rede von der Wahrheit in aller Regel selbst nur auf der Grundlage unserer menschlichen Praxis des Urteilens verstehen läßt. Was es etwa heißt, von einer physikalischen Aussage oder Theorie zu sagen, sie sei richtig (oder falsch), läßt sich am Ende nur im Zusammenhang dessen verstehen, wie wir unser Handeln auf derartige Theorien stützen und wie wir in der faktischen physikalischen Forschungs- und Urteilspraxis mit ihnen umgehen. Dabei orientieren wir uns an bewährten Methoden und Standards, bewerten die Verläßlichkeit von Prognosen auf der Basis gemachter Erfahrungen, wozu uns besonders die geordneten und ausgeklügelten Experimente und Beobachtungen, also die wissenschaftlichen Kontrollen der Verläßlichkeit beitragen. Eine wissenschaftliche Theorie erweist sich zumeist als System von handlungsleitenden Überzeugungen, auch wenn sie als (mathematische) ›Struktur‹ oder als Klasse komplexer Konstatierungen auftritt, die u. a. dazu dienen mag, Erwartungen in Form von ›Basissätzen‹ zu deduzieren. Die Behauptung der ›Wahrheit‹ einer derartigen Theorie ist demnach zunächst nichts anderes als die Behauptung ihrer praktischen Bewährtheit oder Kohärenz mit unseren bisherigen Erfahrungen im Rahmen der zugeordneten Zielsetzungen. Die Überzeugung, daß, was sich bisher in der Erfahrung und Praxis (gelegentlich glänzend) bewährt hat, auch weiterhin bewähren wird, ist selbst die nicht weiter begründbare Basis der hier benutzten Begründungen, dessen also, was wir faktisch als richtig oder unrichtig bewerten.

6.7. Wissen als Grenzbegriff

Dabei kann es natürlich immer geschehen, daß eine spätere ›Theorie‹ oder ›Erkenntnis‹ umfassender ist oder sich besser bewährt und

daher als ›richtiger‹ erscheint — wobei sie sich natürlich immer auch an der alten zu messen hat. Gerade eine solche historisch bewußte vergleichende Bewertung der Theorien, wie wir sie aus der Geschichte der Naturwissenschaft kennen, läßt uns dann mit einigem Grund einen gewissen, wenigstens ›technischen‹, Fortschritt der Wissenschaften erhoffen. In der Tat versteht der Pragmatismus menschliches Wissen nicht statisch, sondern als dynamischen Wissensfortschritt. Wenn sich in dieser Entwicklung unseres Wissens später etwas als partieller Irrtum herausstellt, was vordem als Gewißheit galt (und etwas lax als ›Wissen‹ bezeichnet wurde), so sagen wir — aus der Perspektive des späteren ›besseren Wissens‹ — es habe sich vorher nur um ein vermeintliches Wissen gehandelt. Wenn wir dann das Wort 'wahr' kategorisch in einer fiktiv-zeitlosen Bewertung wissenschaftlicher Theorien gebrauchen, so geschieht dies offenbar in der grammatischen Form der vollendeten Zukunft auf der Basis einer ›Extrapolation‹ eines angenommenen Wissensfortschritts (Peirce 1967, 349; 1970, 397; 403; 410). Damit wird unser Wissen *per definitionem* (durch die Art unseres Redens) zu einem immer nur relativen Annäherungsversuch an ein (immer unendlich entferntes) Ideal, einen Grenzbegriff. Der so entstehende Wahrheitsbegriff unterscheidet sich vom Wahrheitsbegriff für Konstatierungen darin, daß er auch in der Idealisierung verbunden bleibt mit dem faktischen Erkenntnisprozeß und dessen (fortschreitender) Formulierung und Erfüllung von Zielsetzungen durch geeignete Handlungen. Die Wahrheitstheorie des Pragmatismus deckt damit eine gewisse ›Dialektik‹ unseres Gebrauchs der Wörter 'Wissen' und 'Wahrheit' auf, nach welchem wir das, was wir ›Wissen‹ (etwa über die Natur oder Welt) nennen, in großen Teilen nicht verstehen können als Kenntnis wahrer Konstatierungen, daß vielmehr unsere Rede von naturwissenschaftlichen Wahrheiten zu verstehen ist als idealisierende Extrapolation dessen, was wir (mehr oder weniger zu Recht) als funktionsfähiges Erfahrungswissen anerkennen.

6.8. Pragmatische Rationalitätskriterien

Dem im Pragmatismus unterstellten Fortschritt der Wissenschaft scheint nun allerdings Thomas Kuhns relativistische These entgegenzustehen, es gäbe wegen einer angeblichen hermetischen Abgeschlossenheit bzw. Unübersetzbarkeit der Sprachen theoretischer ›Paradigmen‹ keine kontinuierliche Entwicklung des Wissens, sondern es entstünden in wissenschaftshistorischen ›Revolutionen‹ untereinander inkommensurable Theorien. Nun mag es häufig so sein, daß sich Theorien, die verschiedene Zwecke verfolgen, nicht ineinander ›übersetzen‹ lassen. Auch mag es schwierig sein, eine Aussage zu verstehen, wenn man deren Präsuppositionen nicht kennt. In beiden Fällen können wir aber zumindest versuchen, die unterschiedlichen Zwecke und Voraussetzungen zu analysieren und dadurch die Theorien verständlich und (extern!) beurteilbar zu machen. Dabei sind zwei zugleich ethische und semantische Rationalitätsmaximen zu beherzigen, nämlich das Prinzip größtmöglicher Intersubjektivität (vgl. Peirce 1967, 315) und das von Willard Van Orman Quine (1960, 59) bekanntgemachte ›principle of charity‹ bei Wilson (1959, 521 ff). Nach dem Intersubjektivitätsprinzip sollten wir erstens in jedem Redekontext unsere Sprachform so einrichten, daß sie möglichst zugänglich ist für jeden, der sich hinreichend ernsthaft um das betreffende Thema bemüht. Es ist dies die Forderung nach größtmöglicher Klarheit und Einfachheit der Theoriesprache. Zweitens sollten wir immer bereit sein, bisher als selbstverständlich unterstellte Überzeugungen wenigstens dann in Frage zu stellen und zu überprüfen, wenn ihnen auf nicht willkürliche Weise widersprochen wird. Das ›principle of charity‹ sagt dann, daß wir erstens versuchen sollten, die Reden anderer so ›kohärent wie möglich‹ zu interpretieren, also weder vorschnell deren Unverständlichkeit noch auch nur einen Dissens zu unseren Ansichten anzunehmen, und daß wir zweitens gelegentlich auch unsere Sprachform zur Disposition zu stellen haben, also auch andere Ausdrucksweisen lernen müssen, um sie dann auf der Metastufe der Reflexion mit der uns gewohnten vergleichen zu können. Diese Prinzipien sind natürlich noch keine Garantie für eine Verständigung. Aber sie zeigen, warum es kaum gelingen wird, ihre Unmöglichkeit zu ›beweisen‹ — es sei denn, man folgt schon der (natürlich nicht ›widerlegbaren‹, aber sehr wohl kritisierbaren) dogmatischen Methode des beharrlichen Festhaltens an einer fixierten Überzeugung oder Sprachform. Wichtig für eine pragmatische Theorie der Wahrheit ist nun, daß sich der Historismus und Relativismus, der sich scheinbar aus einer Kohärenztheorie ergibt, durch derartige pragmatische Rationalitätsprinzipien abwehren läßt, ohne daß man auf

eine nicht näher analysierte emphatische Rede von einer objektiven Wahrheit angewiesen wäre.

6.9. Basissätze

Gerade auch in der Debatte um die ›Protokoll-‹ oder ›Basissätze‹ wissenschaftlicher Theorien hat sich bestätigt, daß eine Modifikation der reinen Lehre des logischen Empirismus in Richtung einer pragmatischen Kohärenztheorie nötig ist. Bekanntlich können wir nämlich eine Theorie selten durch einzelne in ihr falsch prognostizierte Basissätze falsifizieren. Wir haben vielmehr abzuwägen, ob etwa den Einzelerfahrungen zu mißtrauen ist. Außerdem beinhalten Theorien schon wegen ihrer (etwa mathematisierten) Sprachform allerlei Idealisierungen, für deren angemessene Anwendung immer auch Urteilskraft und Erfahrung nötig ist, etwa wenn eine Klasse von ›Störungen‹ zu berücksichtigen ist. Erfahrungen, die ein bisher als funktionstüchtig erscheinendes System von Überzeugungen in Frage stellen, müssen daher selbst erst gemeinsam überprüft werden und zu einem theorieartigen System von ›allgemeinen‹ Aussagen geformt werden. Die erste Aufgabe ist dann, die Theorien befriedigend miteinander zu verbinden oder in bezug auf typische Situationen oder Zwecke voneinander abzugrenzen. Erst wenn wir dabei auf grundsätzliche Schwierigkeiten stoßen, mag es angebracht sein, den Theorierahmen zu verändern, was meist bedeutet, daß man andere Formen der (mathematischen) Darstellung unserer Erfahrungen zu suchen hat, wie dies die Entwicklung der relativistischen Raum-Zeit-Lehre exemplarisch zeigt.

6.10. Apriorische Wahrheiten?

Die logisch-empiristische und im übrigen auch konstruktivistische Annahme, es ließen sich die ›apriorischen Wahrheiten‹ letztlich als Folge reiner Sprach-Konventionen oder Konstruktionen deuten und scharf von inhaltlichen Erfahrungsurteilen separieren, erweisen sich angesichts der pragmatischen Verwobenheit von Erfahrung, Darstellungsform und Zwecksetzung als allzu idealistisch (vgl. Quine 1953 a, Kap. 2). Insbesondere müssen wir immer unsere sprachlichen Darstellungsformen an den inhaltlichen Problemkontext anpassen und sollten nicht umgekehrt eine oder mehrere apriorische Darstellungsformen (eine mathematisch-logische Semantik) einer bestimmten Art generell vorschreiben, um dann etwa zu sagen, alles sinnvoll Beredbare müsse sich in dieser Form wiedergeben (also in sie ›pressen‹) lassen. Daher greift eine bloße ›Toleranz‹ gegenüber verschiedenen formalen Darstellungsformen oder alternativen ›Wortgebrauchsvorschlägen‹ zu kurz, da für diese vielfach problembezogene Rechtfertigungen nötig werden. Daher gibt es keine ›wahre‹ oder ›universale‹ Logik, sondern nur eine Vielfalt von (theoriesprachlich-formal oder auch normalsprachlich verfaßten) ›Sprachspielen‹ mit ihren internen Regelungen und externen Anwendungen, was bekanntlich Wittgenstein in seiner Spätphilosophie betont. Gerade diese Vielfalt von teils formalen, teils inhaltlichen Gebrauchsregelungen, mit welchen wir die ›Grammatik‹ der Sprache an lokale Wissenskontexte und Erfahrungen angepaßt haben und weiter anpassen, können durch eine flächendeckende Bedeutungstheorie nicht angemessen wiedergegeben werden, auch wenn für sie, wie in Davidson (1967 a, 308 ff), scheinbar nur die Form, nämlich die der (Wahrheits-) Funktionalität vorgeschrieben wird.

7. Zur Konsensustheorie der Wahrheit

7.1. Wahrheit und Wertungen

Sachverhalte einer ›objektiven Natur‹, auf die wir (nach allen unseren Erfahrungen) handelnd keinen Einfluß haben, die vielmehr die (instrumentelle) Grundlage aller unserer sinnvollen Handlungsversuche und Handlungen bilden, mögen in einem gewissen Sinn und Ausmaß ›wertneutral beschreibbar‹ sein, zumal wenn wir den weicheren pragmatischen Wahrheitsbegriff der ›Bewährtheit‹ gebrauchen. Auch instrumentelles Wissen benötigt nicht unbedingt eine explizite Bewertung der mit ihm möglicherweise verfolgten Zwecke, jedenfalls wenn sich das Wissen selbst von seiner Anwendung hinreichend deutlich trennen läßt. Dies gilt in einem gewissen Maß auch noch für ein Wissen um kulturelle ›Tat‹sachen, auch wenn hier schon die Beschreibungen zumeist auf Kategorien des Verstehens, der (fiktiven) Nachvollziehbarkeit der Handlungen, angewiesen sind. Dies gilt aber nicht mehr für ›Erklärungen‹ von Handlungen, sofern diese wirklich Handlungen, also nicht bloß ›natürliche‹, historisch-kontingente oder auch von Menschen manipulierte Verhaltensweisen sind. Die Unterstellung nämlich, es gäbe wenigstens im Idealfall ›wahre‹ Kausalerklärungen von Handlungen trotz oder gar neben unserer (vielfach auch im Selbstgespräch realisierten) Teilnahme an

einer gemeinsamen Praxis ihrer diskursiven Begründungen, beruht auf einer allzu oberflächlichen Verwendung des Wortes 'Kausalerklärung', welche die hier angesprochene Differenz nivelliert. Die Anerkennung der kategorialen Unterscheidbarkeit zwischen einer ›wahren‹ prognostischen (Kausal-)Erklärung typischer Verhaltungen und einer Darstellung und Bewertung von möglichen Gründen für autonome Handlungen (die man leider auch ›Erklärung‹ zu nennen pflegt) hat erhebliche Folgen für die Methode einer Humanwissenschaft, wenn diese an der Erweiterung der Autonomie der Menschen und nicht nur an der instrumentellen Vorhersehbarkeit und Beeinflußbarkeit ihrer (individuellen oder durchschnittlichen) Verhaltungen interessiert ist: Sie wird dann nämlich in teilnehmender, nicht bloß beobachtender, Perspektive Gründe für Handlungen, und nicht bloß Vorbedingungen, Anlässe und Ursachen, zu untersuchen und zu bewerten haben. Die These von einer allgemeinen ›Wertfreiheit‹ derartiger Urteile besonders in den Human- oder Sozialwissenschaften übersieht eben dieses: daß sie tatsächlich, wenn sie sich nicht ›positivistisch‹ auf bloße Berichte (rein historische Konstatierungen) beschränken, (direkt oder indirekt) gewisse Gründe und Handlungsweisen als ›gute‹ empfehlen.

7.2. Wahrheit und diskursive Begründbarkeit

Hier wird die vom Pragmatismus erkannte Tatsache bedeutsam, daß der Inhalt einer ›Überzeugung‹ oder ›Theorie‹ z. B. des menschlichen Verhaltens und Handelns nicht zu trennen ist von den möglichen praktischen Folgen des (wenn auch nur hypothetischen) Glaubens an die ›Richtigkeit‹ der Theorie. Der Einwand, daß nach unserem Sprachgebrauch (wirkliches) Wissen ›objektive‹ Wahrheit impliziere und daß die Folgen des Glaubens, daß p wahr ist, nicht Teil der Bedeutung von p sein könne, wird damit als unzutreffend zurückgewiesen. Es wäre in der Tat erst zu bedenken, wann diese Formeln angemessen und wie sie richtig zu gebrauchen sind. Daß der Inhalt eines Glaubens kaum trennbar ist von seinen lebensweltlichen Folgen, hat James besonders in seinen logisch-psychologischen Untersuchungen zu religiösen ›Erfahrungen‹ und Überzeugungen aufgewiesen. Hier sind die logischen Verhältnisse sogar besonders subtil: So kann z. B. schon der Glaube an die bloße ›Möglichkeit‹ der Wahrheit einer religiösen Lehre praktische Folgen zeitigen, etwa wenn einer auf eine besondere Weise lebt und handelt, ›weil es ja sein könnte‹, daß die betreffende Lehre ›wahr‹ ist. Dies zeigt, daß der pragmatische Gehalt einer religiösen ›Glaubens-Wahrheit‹ letztlich in ihren praktisch-ethischen Folgen (unter Einschluß persönlicher Lebenseinstellungen) besteht, so daß es nur konsequent (vernünftig) wäre, sie ausschließlich als bildhafte *façon de parler* für derartige Überzeugungen darzustellen — was bekanntlich neben Kant und James auch andere Philosophen so sehen, etwa Wittgenstein oder Martin Heidegger.

Könnte es nun nicht auch sein, daß der eigentliche Sinn etwa einer psychologischen Theorie und ihr Geltungsanspruch im Wesentlichen im erwarteten und bestätigten Erfolg ihrer Anwendung bei der Behandlung von Patienten oder daß der Inhalt einer soziopolitischen Theorie in nichts anderem als den explizit oder implizit vorgeschlagenen Maßnahmen zur erhofften Verbesserung einer sozialen oder politischen Situation besteht? Zumindest dann wäre es durchaus angemessen, wenn man mit Habermas (1974, 220 f; 233; 238 ff) die Rede von der (auch normativen) Richtigkeit und der hier kaum von ihr zu trennenden ›Wahrheit‹ einer derartigen Theorie über ihre diskursive Begründbarkeit definiert. Derartige Begründungen zielen dann nicht auf eine Wahrheit ab, die unabhängig von der Übereinstimmung unseres Wollens, den Zwecksetzungen der ›Theorie‹ und ihrer Tauglichkeit wäre. Falsch allerdings wäre es, diese Feststellung zu einer allgemeinen ›Konsensus-‹ oder ›Begründungstheorie‹ der Wahrheit erweitern zu wollen, als gäbe es nicht auch die wichtigen Fälle, in denen wir zwischen vorab kritieral festgelegten Wahrheitsbedingungen und der Suche nach einer Verifikation (Begründung) einer Aussage unterscheiden müssen. Die Konsensustheorie berücksichtigt z. B. nicht, daß der formalsemantische Wahrheitsbegriff für viele Fälle wichtig und angemessen ist, der durch die idealpragmatische unbeschränkte Bewährtheit und Kohärenz und dann auch die konsensustheoretische ideale Begründbarkeit nur ergänzt, nicht ersetzt wird. Sowohl im formalsemantischen als auch im idealpragmatischen Fall ist der Wahrheitsbegriff weitgehend unabhängig von unseren faktischen Überzeugungen und unseren Methoden der Verifikation, insbesondere unabhängig von den Methoden der Gesprächsführung festgelegt. Natürlich kann man sagen, in allen idealen Diskursen seien alle derartigen ›objektiven‹ Wahrheiten oder ›Geltungsansprüche‹ zu berücksichtigen — doch damit ist ihr besonderer logischer Status nicht aufgeklärt. Zwar weist uns die pragmatische Einsicht in die ›ethischen‹ Grundlagen sprachlicher Verständigung, zu denen etwa die ›konsensustheoretischen‹ Maximen der Intersubjektivität und des ›principle of charity‹ gehören, auf Zusammenhänge zwischen ›theoretischen‹ und ›praktischen‹ Rationalitätsprinzipien hin. Daraus läßt sich aber weder eine allgemeine Konsensustheorie der Wahrheit noch eine transzendental-pragmatische Begründung einer ›universalistischen‹ Ethik des ›kommunikativen Handelns‹ herleiten (s. Art. 53).

8. Zu transzendentalen und phänomenologischen Theorien der Wahrheit

8.1. Wahrnehmungen

Eine physikalistische Korrespondenztheorie der Wahrheit wird zumindest das folgende zugeben müssen: Unsere Wörter können nur dann ›reale‹ Dinge oder Eigenschaften ›benennen‹, wenn wir Menschen sie ihnen zuvor — in einer Art Tauf- oder Benennungsakt — zugeordnet haben, etwa durch deiktische ›Prädikationen‹. Wenn wir etwa auf eine Person weisen und sagen, sie heiße N. N., oder auf einen Gegenstand zeigen und sagen, er sei ein Fagott, dann geben wir den Dingen oder Dingklassen, die es offenbar schon vorher, unabhängig von uns ›geben muß‹, Namen, oder wir erinnern daran, daß in einem faktischen Sprachgebrauch (einer Sprachgemeinschaft) derartige Zuordnungen zwischen Wörtern und (in der Erfahrung aufweisbaren) Dingen und Eigenschaften schon etabliert sind. Dazu müssen nun diese Dinge und Eigenschaften irgendwie von uns erfahren, etwa wahrgenommen, werden, andernfalls wäre gar keine ›Projektionsregel‹ der Bedeutung der Wörter und Sätze auf die Erfahrung definiert. Dies ist der gemeinsame Ausgangspunkt einer empiristischen und einer transzendentalphilosophischen Kritik am Physikalismus.

Wie steht es dann aber mit der Möglichkeit, die Erfahrungen, etwa Wahrnehmungen, selbst als rein physikalische Ereignisse zu beschreiben und zu erklären? Verfängt man sich dabei nicht in einem (methodo)logischen Zirkel, indem man nämlich die Geltungs- oder Wahrheitsbedingungen schon voraussetzt für die sprachlichen Beschreibungen dessen, was bei der Sinneswahrnehmung geschieht oder gar was wir tun, wenn wir handelnd Erfahrungen machen und artikulieren? Es muß ja einer ›Theorie‹ über den (menschlichen) Wahrnehmungs- oder gar Erfahrungs-›apparat‹ etwas Erfahrbares korrespondieren, wenn sie nicht bloß eine Metapher, bloßes Gerede sein soll. Nach welchen Kriterien können, sollen und wollen wir dann aber eine derartige Theorie nach richtig und unrichtig beurteilen? Vernünftig wären etwa pragmatische Kriterien, nach denen eine derartige Theorie wenigstens in gewissen Fällen nützliche Prognosen über das Verhalten und die Fähigkeiten einer Person bzw. deren Vorbedingungen ermöglichen sollte. Eine solche Erklärung präsupponiert dann aber schon die normale Kompetenz des Wahrnehmens und Urteilens, und sie ist zweckorientiert. Schon die Einwände George Berkeleys und Humes und in deren Nachfolge auch die Kants gegen den Physikalismus John Lockes, den dieser unter seine bloß scheinbar empiristische Erkenntnislehre geschoben hatte, haben auf diese Tatsache hingewiesen. Besonders bedeutsam ist hier, daß bloßes Wahrnehmen noch keine *Wahrnehmung von etwas* ist: Im zweiten Fall verlangen wir ja, daß das Wahrgenommene auf irgendeine Weise sprachlich artikuliert (oder wenigstens artikulierbar) sein sollte. Wir können zum Beispiel im Halbschlaf oder beim Aufwachen diffuse optische Eindrücke wahrnehmen, ohne daß dies schon eine Wahrnehmung eines Gegenstands wäre, etwa der Nachttischlampe, oder eines Sachverhalts, etwa daß auf ihr eine Fliege sitzt. Täuschungen und Illusionen kann es offenbar nur im zweiten Falle geben.

8.2. Sprachgebrauch und Lebenspraxis

Kantianismus, Pragmatismus, die philosophische Phänomenologie und der Existentialismus, aber auch der logische Empirismus (soweit dieser nicht in einen physikalistischen Materialismus zurückfällt) (an)erkennen im Grundsatz alle diesen Unterschied. Heidegger weist z. B. darauf hin, daß Dinge den Menschen in der Wahrnehmung und Erfahrung primär und zumeist schon als für gewisse Zwecke dienliche, jedenfalls als ›ausgelegte‹ (interpretierte) ›zuhanden‹ und nicht einfach ›vorhanden‹ sind. Zuvor hatte schon Edmund Husserl (1900—01 II, 115 ff) den Wahrheitsbegriff als Erfüllung von ›Intentionen‹ (d. i. von vorgegebenen Kriterien) durch ›Evidenzen‹ zu erläutern versucht (s. Art. 46). Unklar bleibt bei Husserl allerdings erstens, daß so-

wohl die (scheinbaren oder wirklichen) Selbstverständlichkeiten unserer Lebenswelt, die Basisevidenzen, als auch die zugehörigen ›intentionalen‹ Erfüllungsbedingungen in der Regel selbst schon sprachlich und damit intersubjektiv geformt sein müssen. Zweitens behandelt Husserl ebensowenig wie später Heidegger das Problem der Erfüllungsbedingungen logisch komplexer Sätze. In dieser philosophischen Tradition wird damit (übrigens ähnlich wie später in der Philosophie der normalen Sprache) die klärende Rolle formaler Modelle (etwa eines solchen wie es im *Tractatus* zu finden ist) bei der expliziten (metasprachlichen) Thematisierung formaler Züge unserer Begrifflichkeiten unterschätzt. Ein weiteres Problem ist der überzogene Anspruch der Husserlschen Theorie. Es ist nämlich ein bodenloses Programm, ›alle‹ (wirklichen oder scheinbaren?) Basisevidenzen quasi wissenschaftlich erarbeiten zu wollen, noch dazu auf der Basis der problematischen Methode der ›Introspektion‹. Die irreführende Unterstellung, es ließen sich rein subjektive Basisgewißheiten überhaupt beschreiben, macht die Phänomenologie sogar unvermerkt zu einer Spielart des sensualistischen Empirismus. Gegen den Sinnesdaten-Empirismus hat dann besonders Wittgenstein die vorgängige Formung auch unserer individuellen Erfahrung durch die menschliche Lebensgemeinschaft betont, vermittelt durch die Sprache. Heideggers Kritik an Husserl weist auf Ähnliches hin, obwohl er dessen phänomenologische Wahrheitstheorie im Grundsatz übernimmt, wenn er die Rede von der Wahrheit als ›Unverborgenheit‹ deutet: Nach Heidegger ist eine (elementare!) Aussage (zumindest vorderhand) ›richtig‹ oder ›wahr‹, wenn sie ›offenkundig‹ ist, wenn es also keinen sinnvollen Grund gibt, an ihrer Richtigkeit (etwa Funktionstüchtigkeit) zu zweifeln. Heideggers Kritik an der Selbstvergessenheit der Meinungen des ›Man‹ ist dann, recht verstanden, nur ein Aufruf zur autonomen und kritischen Reflexion darüber, was das alltägliche Reden ›eigentlich‹ besagt, wie wir es sinnvoll verstehen und von bloßem Gerede unterscheiden könn(t)en und soll(t)en. Wie schon Kant und später Wittgenstein oder etwa auch Austin bemerkt er dabei die genuine Schwierigkeit, nämlich die ›hermeneutische Zirkularität‹ kritischer Analysen unserer (sprachlichen oder existentiellen) Selbstverständnisse: der faktische Sprachgebrauch und die faktische Lebenspraxis haben nämlich immer das erste, wenn auch nicht das letzte Wort in einer solche Reflexion (s. Art. 45). Auch scheint Heidegger später (1969, 77) den Unterschied zwischen der normalen Rede über (objektsprachliche) Wahrheiten und seiner emphatisch-reflexiven Deutung der ἀ-λήθεια als ›Lichtung‹, als analytische Aufhellung des Sinnes derartiger Reden bemerkt zu haben (Heidegger 1927, § 44). Wie verwandt trotz der verschiedenen Sprachen zumindest die Zielsetzungen der Analysen des Existentialismus, des Pragmatismus, und dann der logisch-pragmatischen Sprachanalyse sind, zeigt sich gerade an ihrem gemeinsamen ›humanistischen‹, von Gegnern daher als anthropozentrisch kritisierten Grundsatz, ›den Barwert der Wahrheit‹, wie James (1907, 125) sich bildhaft ausdrückt, ›in Erfahrungsmünze umzurechnen‹. Es ist dies nur eine andere Formulierung des phänomenologisch-hermeneutischen Anspruchs, unser Reden, besonders über ›objektive‹ Dinge und Wahrheiten, streng auf unsere existentielle Grundsituation als Menschen zu beziehen, auf ihren ›Sitz im Leben‹ (Kambartel 1978, 13).

9. Literatur in Auswahl

Austin 1950, Truth, in *Proceedings of the Aristotelian Society*, Suppl. Bd. 24.

Ayer 1936, *Language, Truth and Logic*.

Davidson 1984 a, *Inquiries into Truth and Interpretation*.

Dummett 1978 a, *Truth and Other Enigmas*.

Feigl/Sellars (Hg.) 1949, *Readings in Philosophical Analysis*.

Frege 1976 a, *Logische Untersuchungen*.

Habermas 1973, Wahrheitstheorien, in *Wirklichkeit und Reflexion*. Walter Schulz zum 60. Geburtstag, Fahrenbach (Hg.).

Heckmann 1981, *Was ist Wahrheit?* Eine systematisch-kritische Untersuchung philosophischer Wahrheitsmodelle.

Heidegger 1943, *Vom Wesen der Wahrheit*.

James 1909, *The Meaning of Truth*.

Kamlah/Lorenzen 1967, *Logische Propädeutik* oder Vorschule des vernünftigen Redens.

Lorenz 1972 a, Der dialogische Wahrheitsbegriff, in *Neue Hefte für Philosophie* 2/3.

O'Connor 1975, *The Correspondence Theory of Truth*.

Pitcher (ed.) 1964, *Truth*.

Puntel 1978, *Wahrheitstheorien in der neueren Philosophie*.

Rescher 1973, *The Coherence Theory of Truth*.

Skirbekk (Hg.) 1977, *Wahrheitstheorien*.

Stegmüller 1957, *Das Wahrheitsproblem und die Idee der Semantik*. Eine Einführung in die Theorien von A. Tarski und R. Carnap.

Tarski 1935, *Der Wahrheitsbegriff in den formalisierten Sprachen*.

White 1970, *Truth*.

Williams 1976, *What is Truth?*

Wittgenstein 1921, Logisch-philosophische Abhandlung [Tractatus logico-philosophicus], in *Annalen der Naturphilosophie* 14.

Pirmin Stekeler-Weithofer, Leipzig (Deutschland)

70. The dispute on the primacy of the notion of truth in the philosophy of language

1.   Overview
2.   The core truth theory
3.   The distance between truth and meaning
4.   The understanding user of the language
5.   Pure and applied semantics
6.   Realism and anti-realism
7.   Local issues
8.   Selected references

1.   Overview

One of the most central and most difficult disputes in analytical philosophy for (at least) the last twenty five years has been over the role of truth and ›truth-conditions‹ in the theory of language (s. art. 69). Some have written as if a proper view of the way sentences of a language have their ›truth-condition‹ is all that we need to know to understand everything we need about language (Davidson 1967 a; 1969; Evans/McDowell 1976). The focus here is upon the connection of language with the world: the connection effected because words such as names refer to things, predicates delimit sets of things, and sentences are true or false in determinate circumstances. To others this has seemed a way of turning our backs on many issues, or even worse, a way of turning back the clock to a time when the connection of meaning with use, with experience, activity, and with the responses and purposes of human beings in their societies went relatively unnoticed (Baker/Hacker 1984 b). To others still there is no worthwhile focus of debate here: of course we must emphasise the role of sentences — their use in human circumstances — in creating meaning, but that is part of doing what the theorists of truth wanted: it provides a way of seeing how sentences connect with the world and have the truth-conditions that they do (Blackburn 1984). The issue for this third position is to locate the priorities: the notions capable of bearing the most explanatory weight in the theory of language. A final position — or more usually a stopping point on the way to one of the others — is a scepticism about the existence of any contentful notion of truth at all (Frege 1956; Ayer 1936; Quine 1970 c; Leeds 1978). — The debates have had slightly different shapes in the United States and in England. In England there is a tradition of stressing the use of sentences which derives from the later Ludwig Wittgenstein, and has surfaced most prominently in Michael Dummett (1973; 1978 a). It is the opposition between this and a ›realistic‹ semantics that has occupied the centre of the stage. In the United States because of the influence of Willard V. O. Quine, there has been much more respect for scepticism about any real concept of truth, or of meaning (Quine 1970 c; Field 1974). But truth-conditional semantic theory — most forcefully championed by Donald Davidson (1984 a) who does not see himself as in real opposition, but rather developing Quine's thought, and his followers — has also flourished there. It has met opposition from ›conceptual role‹ semantics, advocated by Gilbert Harman (1974; 1982). In the United States there has also been a close association between the discussion of meaning and truth, on the one hand, and the issue of scientific realism on the other hand. The instigator of many of these debates has been Hilary Putnam (1975 b; 1981; see also Fodor 1980; McGinn 1982). In both countries some of the extreme claims on behalf of truth-conditional semantics have met opposition from theorists influenced by work on intention and convention, who seek to place meaning in the same family as other psychological concepts (Grice 1957; 1959; Bennett 1973; Lewis 1969; 1974). — In addition to these global issues concerning our descriptions of language, there are local skirmishes. Theorists who are happy with a ›truth-conditional‹ account of some sentences — perhaps straightforward ones describing relatively clear matters of decidable fact — might want a different account of others. Sentences expressing values and norms are frequently denied truth-conditions, and conditionals, universal generalisations, even the highly theoretical components of science and psychology, have all been thought better treated in terms of non-descriptive, non truth-conditional uses (Ayer 1936; Adams 1975; Stevenson 1944; Kripke 1982). In the eyes of some theorists, evaluations express attitudes rather than describe some state of affairs which may or may not obtain, conditionals endorse routes of belief-change, and theoretical commitments serve as ›black boxes‹ to mediate inferences amongst observations. If this is the fundamental thing to say about such commitments, then either they should be denied a ›truth-condition‹ outright, or the notion is merely a courtesy, just providing another way of saying that they have a meaning.

2. The core truth theory

The classic way into the debates sketched above is by way of the work of Alfred Tarski on the formal description of languages. Tarski (1956, 152−278) provided a way of describing formal languages which to logicians sets the standards for semantic understanding. The standard is that you can consistently and completely characterise the truth-predicate for the language. This entails that for any sentence S that the language is capable of forming we can provide a statement, or ›T-sentence‹ of the following form:

(T) S in L is true if and only if ...

where the blank is filled by a sentence in the language we are using to describe L (the ›meta-language‹) which is a correct translation of S. Further conditions can be put on the sentence filling the gap (for instance, that it should itself contain no semantic terms), depending on the precise task in hand. — Tarski's own concern was with completeness and consistency. One of the main problems with the formal semantics of natural languages is that paradoxes of the liar family seem to force us to say of some sentences: S is true in L if and only if not-S. Trying to ensure that a formal language is consistent led Tarski to forbid using a language as its own meta-language. However if we allowed a language to function as its own meta-language (for there is nothing outrageous about describing English in English, as a dictionary or grammar book does) any speaker of the language could produce sentences of the T form for any intelligible sentence S of the language. What the competent speaker lacks however is a systematic account of the way in which this can be done. Similarly, a bilingual in German and English could translate any English sentence into German. But he need have no understanding of the rules or norms making it correct to give the translation that he does. So if the goal is to provide a systematic way of producing true T-sentences, more needs to be done. The structures of the language need identification, and their effect on the T-sentences in arbitrarily large, complex constructions needs reducing to rule. — For the simplest kinds of language of interest to formal logicians, this can be done. Classically such languages contain a stock of names, of predicates, and of connectives and operators such as 'and' 'not', 'if ... then ...', or the quantifiers 'some ...' and 'all ...'. Rules can be written down determining exactly the effect any of these things has on any sentence in which it occurs in a proper position. Thus clauses for truth functors such as negation and conjunction provide that

'$S \wedge R$' is true in English iff S is true and R is true

'$\neg S$' is true in English iff S is not true.

Quantification is handled in a slightly more complex fashion and a variety of styles are possible (Dummett 1973, 519; Evans 1977; Kripke 1976; Tennant 1978). — It is well known that a formal theory can be written which enables us to derive, for any sentence of a first order language, a theorem of the (T) form. For natural languages there are complexities, due to the context dependence of content, and the ambiguity of terms in doing this. But these do not affect us for the moment. Our present concern is with understanding exactly what this achievement, were it carried out, would amount to. For the debates over the theory of truth are often infected by either overestimating, or underestimating, what is achieved by the provision of such a theory.

3. The distance between truth and meaning

3.1. If our goal is to provide a systematic theory of meaning for a language, it may seem strange that ›truth-conditions‹ occupy the centre of the stage. It would be possible to aim directly at a specification of what any sentence means, or a theory yielding theorems of the form:

(M) 'Snow is white' means in English that snow is white.

Truth-conditional theorists have objected to this on two different kinds of ground, each hoping to show that 'is T iff ...' stands at a sufficient distance from 'means that ...' to illuminate it, whilst at the same time is close enough to it for theorems of the Tarski kind, arrived at in the right way, to serve as genuine specifications of meaning. The first ground is there are technical difficulties, due to the presence of intensional idiom in natural language, in using the stronger relation (Taylor 1982; Davies 1984). The more important claim is that it accords with (extensional) philosophical priorities. It is to think purely in terms of truth value, and let any stronger notions enter either into the way in which the T-sentence is proven in the theory, or into the way in which the entire theory is certified as giving the *actual* language of a given population (Davidson 1967 a; Platts 1979; Davies 1981). But it is doubtful whether these arguments compel particular respect for the (T) form of theorem. In particular the technical intensionality argument cuts both ways. Since sentences which are equivalent in truth value can yield outputs with different values when combined with operators such as 'John believes that ...' some stronger truth about a sentence than any given by a T-sentence is needed to serve as input to a theory hoping to cope with such contexts (Baldwin 1982; Blackburn 1984, 287 ff). This problem survives even if the attractive compromise of invoking truth in different possible worlds is allowed (Stalnaker 1985). For on the face of it S and R may be related not only by the very weak, truth functional 'S is true iff R', but may be true in just the same possible worlds, or logically equivalent, yet still mean something different. Truth-conditional theorists sensitive to the problem tend to see the concept of meaning as involving not only the truth-condition, but an element concerning how the condition is derived or specified, dictating the form a derivation of the truth-condition would take in a theory which models the competence of users of the language. Then even if, for example, the sentence '$S \vee R$' and the sentence '$\neg(\neg S \wedge \neg R)$' have the same truth-condition they can be allowed to have different meanings, since the truth-condition is computed from different elements in each case. Meaning becomes an amalgam of truth-condition and syntactic route to it. – Tarski called the production of a systematic semantics of this kind a characterisation of the truth predicate for a language. Such theories are often called theories of truth. This makes it sound as though the theory explains something we needed to know about truth – hence justifying the ›truth-conditional‹ direction of theorising. But this is unclear. Theories issuing in T-sentences are properly thought of as theories of the structure of the language. But the most they tell us about truth is that it is connected with such things as reference and the satisfaction of predicates. This is perhaps most obvious with sentences which appear to be marginal candidates for truth – ethical sentences are an example. The structural theory is quite happy to treat these like any other ('X is good' is true iff X is good) and any special difficulty about seeing such remarks as capable of truth or falsehood must be approached elsewhere. – Nor does the connexion of truth with reference necessarily show us a way of understanding truth itself. For ever since Gottlob Frege stressed the priority of the full sentence in the theory of language, it has been at least as plausible to see our concept of truth as serving to explain our concept of reference, words refer to whatever is needed to best explain the truth of the assertions in which they figure.

3.2. The property of truth that best justifies its fundamental place is its ›disquotational‹ power (Davidson 1967a; 1969). If we hear a speaker say 'Es schneit' what is the minimum we need to know in order to pick up the information the words contain? Just that (in the language of the speaker) 'Es schneit' is true if and only if it is snowing (in the vicinity). Since the use of language to communicate information is surely fundamental, and knowing this kind of fact seems sufficient to enable us to understand communication, this kind of fact is arguably the basis from which any richer notion of meaning must be constructed (Lepore 1986, 6f). It is not, however, clear how well this argument works, or whether it trades on forgetting the weakness of the truth functional relationship. If it *is* snowing, then 'Es schneit' is true if and only if 2 + 2 = 4, for each share the same truth value, yet a hearer knowing this is in a poor position to acquire the right information from the utterance. – Some writers (Quine 1970; Leeds 1978) see the philosophical content of truth as exhausted by its powers as a device of disquotation. On this account we have the notion because we cannot list all truths of this kind: S has the truth-condition that p, and p. – We cannot do this because language is infinite, so truth becomes a device for signalling infinite conjunction or disjunction. For instance, 'John said something true' would amount to an infinite disjunction of statements of the form 'John said that p, and p'. This purely disquotational concept of truth which Tarski himself seemed to favour, although seeing it as containing all that was interesting in the classical correspondence theory unfits the notion for any explanatory work. However, the full deflation that Tarski proposed is highly counter-intuitive. According to this there is no more to the concept of truth-in-English than would be given in a full recursive specification of all the T-sentences capable of being formed in the language. But it is not plausible that such a list (or recipe for finding a list) tells us anything at all about truth, or succeeds in specifying any concept of truth. If it does then entail that truth-in-English is a quite different concept from truth-in-French, for example, and if a language changes by dropping or adopting terms, the concept of truth its speakers use also changes. – If the deflationary account of truth is right, then any substantial attack on problems of meaning has to come from elsewhere. For the entire problem shifts to what it is for S to ›have the truth-condition‹ that p. Truth itself is not to be an element in the solution, since it is not a concept capable of doing any explanatory work. Instead, some other way of identifying meaning needs to be provided. As an example, for the verificationists, the use of a sentence in terms of its responsibility to evidence succeeds any mention of its truth-conditions in providing a theory of meaning. – But others have sought a more full blooded explication of what truth is, to be sought in traditional terms of reference or correspondence, or perhaps coherence or even pragmatic success (Devitt 1984; Forbes 1986). If the notion of truth possesses such a content, then we may indeed gain an understanding of meaning by concentrating upon it. But the disquotational property would then not be trivial, for it is a difficult matter both to inject some content into the truth predicate, and to protect the equivalence between 'S is true' and 'p', when S says that *p*. This difficulty was first brought out by Frege (1918), and issues in the demand that any account protect the strong equivalence between a sentence '...' and the sentence formed by prefixing it with 'it is true that'. Certain conceptions of what truth is evidently make that equivalence fail — for example, the idea that truth is what is fated to be agreed upon by scientific inquiry, or membership of some maximally coherent set. For on the face of it, it is one thing to say that *p*, and another thing to say that the belief that *p* is fated to be agreed upon, or belongs to any set specified by some independent condition.

4.   The understanding user of the language

Some writers defending a ›use‹ approach have made much of the apparent triviality of T-sentences, especially in the ›homophonic form‹:

(TH) 'Snow is white' is true in English if and only if snow is white.

To write down such a sentence only requires knowing the trick of disquoting, or in other words knowing that a sentence will be true if what it says is the case is the case. And what it says is easily specified, using the sentence itself. Thus Harman has said:

"If you know the meaning in your language of the sentence S, and you know what the word 'true' means, then you also know something of the form 'S is true iff ...' ... But this is a trivial point about the meaning of 'true' not a deep point about meaning" (Harman 1982, 247).

If Harman intended a print against truth-conditional theories, it can be criticised on two counts. Firstly, if we consider knowing *that* 'snow is white' is true in English if and only if snow is white, then something more is needed. Only people who know what this sentence means know that. Compare ' '78' refers to 78'. It might be thought that anyone who knows the disquotational property of 'refers to' knows this. But that is not so: only people who understand the arabic numeral system know that '78' refers to 78. The difference here is between 'knowing that ...', where the dots are filled out with a sentence, and 'knowing that the sentence ...' expresses a truth (Lewy 1976). Not knowing the Roman numeral system I can yet know that the sentence ''LXIV' indicat LXIV" is true (I need to understand its syntax, and know what 'indicat' means, but that is all). But I do not know that 'LXIV' indicates LXIV (i. e. that 'LXIV' refers to 64) unless I understand the system. Thus a sentence like (TH) expresses a substantial piece of knowledge, which is possessed by those who understand a language, and not by others. But the production of such a sentence can be non-trivial in a second sense. Given the desire for system, it is not at all a trivial matter to produce a sentence of this form. Again, compare a systematic description of the way the Roman numerals work. This would answer the question *why* 'LXIV' refers to 64, and would entail showing the effect of different components of the numeral in different places. This is not a completely trivial thing to do. — There has been dispute over the relation between a systematic theory of this kind and the understanding of a native speaker of the language (Quine 1972 a; Dummett 1976 b; Foster 1976; Davies 1981). Clearly the speaker does not use such a theory in ›calculating‹ the meaning of sentences. But equally clearly the theory might somehow model or represent his understanding, by focussing upon the features of sub-sentential elements (the words, their order, the syntax) which themselves determine his understanding (whether he knows it or not). The weakest claim is that the truth theory should provide statements such that *if* anyone were to know them, and to know that the theory as a whole characterised the language of a population, he could interpret the sayings of the population. The strongest position would be that the theory must aim to characterise what the users of the language actually do: it must represent the practical abilities of the users in terms of a set of propositions which they implicitly know (Dummett 1976 b). Knowledge of meanings and syntax, which in some sense users certainly have, is represented in the Davidson-Tarski scheme by knowledge of axioms and derivations. So since it is knowledge of meaning which explains competence with language, it must be implicit knowledge of axioms and derivations which explains competence on this account. Problems arise: because of the extreme technicality of truth theories for even quite modest fragments of language, it becomes relatively implausible to say that users even implicitly know the clauses required. Yet we understand such things as quantifiers, tenses, and adverbs perfectly well. If users do not implicitly know the axioms for the truth theory, it may be queried whether production of the theory in fact casts any light on the ways in which we do understand our language (Baker/Hacker 1984 b, 324). The structures and derivations of a truth theory will not explain linguistic creativity or the indefinite extensibility of our understandings unless they correspond to some real fact about the users. — An attractive possibility is that the theory has a structure isomorphic with causal-explanatory truth about the structure of a user's competence: thus if the theorem for a sentence is derived partly from an axiom governing a certain term, it must be because of the presence of that term with that meaning that users understand the sentence as they do. This would not require even implicit knowledge, on their part, that this is so. On the other hand our capacity with language is not purely passive, or due to sub-personal and sub-cognitive processing systems. It is we who make the meanings of sentences depend upon the presence and order of constituents. Since we can actively form and transform sentences in response to our intentions, we ought to be describable, in a full-blooded sense, as knowing enough to know how to do this. If the facts described in a truth theory do not locate pieces of knowledge that we actually have, it will then seem right to search for others. — But it is not as if there is any obvious way to do this. The technical devices which a formal semantic theory introduces are not readily dispensed with. If the constraint that a structural semantics have some ›psychological reality‹ rules out technical description, then explaining creativity will require a non-technical version of the truth theory. But nobody has suggested how any such thing might be provided (Wright 1986 a).

5. Pure and applied semantics

There are other difficulties with the relation between a language, characterised by a formal truth theory, and a population. A systematic theory for a language would not by itself tell us what makes it correct *as* a theory of the language of some population. This is the difference between pure and applied semantics. In a pure semantics we specify a language as containing certain elements doing certain things, and the specification is formally adequate if it meets Tarski's standard. But in thinking about the application of semantic theory to an empirically given language we need to understand *what makes it correct* to describe the elements in one way or another. — Again, the point can be made using the numeral system as an example. ›Referring to a number‹ is here parallel to ›having such and such a truth-condition‹. Then the point is that the question: what makes it correct to say that we use the arabic numeral notation specified in this way ... (and here follows a formal theory enabling us to deduce the reference for any arbitrarily large numeral) is not answered merely by producing the theory. We could in principle have used a slightly different system (e. g. with two digits transposed, or a slightly different result of concatenating large numerals): so the question arises what makes it true that we use one and not the other? Two different kinds of supplement are standardly offered. Following Herbert Paul Grice and David Lewis, many would see this as the point at which to invoke the intentions of speakers, and the conventions governing their communication which exist in the community. Others fear that this places too great a stress on psychological powers which may themselves depend upon language and meaning for their very existence. The other supplement hopes that a functional story paying due attention to the causal ancestry of utterances, the behaviour which they are part of, and the success-conditions of such behaviour in the life of speakers, explains in parallel the emergence of meaning and truth. This supplement has been more admired in the United States, where the legacy of behaviourist psychology, notably in Quine, has made it seem a large task to explain and justify any role for the notions of meaning and truth at all.

5.1. The Gricean direction

Grice (1957) attempted to locate a notion of ›non-natural‹ meaning whereby an action means something because it is somehow intended to do so. Concentrating upon transmission of belief, he located special cases where an utterer does this by relying on a mechanism of getting the audience to realize that this is his intention. Call a ›one-off‹ predicament a case in which we must communicate but have no known or practised way of doing so. In a ›one-off‹ predicament getting the audience to recognize your intention is often the only way to succeed. A linguistic community might then be seen as a group with a systematic and reliable way of using these intentions to transmit information. This particular aspect of Grice's approach can be criticised (Blackburn 1984, 113). Although a self-reflecting intention may be needed to succeed in the one-off case, it is plausible to see linguistic regularities as *supplanting* it rather than *supplementing* it. We understand each other more because of a background training than because of an ability to detect relatively complex higher-order intentions. – Grice's work can be developed by invoking the notion of a convention (Lewis 1969). When a group has a problem of ordination, a regularity in their behaviour which solves it may gain the status of a convention. In this case part of the explanation of why any individual conforms to it is that he expects the others to do so as well. This opens up various ways to characterise groups sharing the same language in terms of conventions that bind them. A first approximation would be: *S* means that *p* in a linguistic group if it embodies the convention that you only utter some sentence *S* assertively if you intend to transmit the information that *p*. This approach needs to make room for a number of complexities: two important ones are the dependence of meaning upon structure, and the possibility of different forces behind utterances (for example, not all sentences are uttered assertively, and not all assertions are made with the intention to transmit information (Chomsky 1980, 83; Platts 1979)). – Structure can be accommodated by noticing how the presence of various features of an utterance can correlate with different features of the intention (Bennett 1973). And difference of force and intention behind assertion could in principle be handled if it is possible to see one particular use as fundamental. It is doubtful whether the problems here are different for Gricean theories and for truth theories. This approach anchors a language in a population through reference to their intentions and conventions. Davidson avoids the need to mention such things by considering the enterprise of radical interpretation, or the epistemology of attributing a particular language to a population. The two approaches can be seen as compatible, until issues of priority are raised. For Davidson truth has priority over meaning and equally over convention and intention because in the situation of the radical interpreter the primary datum is the fact that such-and-such a sentence is ›held true‹ in particular circumstances. It is from data of this kind (pertaining to many sentences, making the method holistic) that the interpreter solves for meaning, and for that matter for the intentions with which the sentences are uttered. – This particular bid for the priority of truth has not impressed everyone (Bennett 1985). Even learning which

sentences a native holds true is imputing a certain belief, and if this belief is detectable before a language is interpreted, it seems fair to suppose that others can be as well, so that even in epistemological terms detecting psychological states plays a role in knowing meaning.

5.2. Causation and explanation

The debate over the methods of the radical interpreter affects what we say about the priority of truth over meaning. But it is infected by different and apparently equally proper ways of conceiving of the interpreter. However, a more fundamental threat is in the offing. Whilst we stick with the problem of interpretation we are, in Lewis's words, wondering how *we* determine the facts. But this is not necessarily solving the ontological problem of how the facts determine the facts (Lewis 1974). Grice's approach solves this by allowing us to incorporate psychological facts. But to many writers this has seemed too soft. What they want is nothing short of a causal, perhaps functional, account of what it is in the production of behaviour that allows it to be possessed equally of meaning or truth. If we consider the human being as a functioning animal, amongst whose behaviour is a repertoire of noises, it is not evident why we need to attribute content, or truth-conditions, to any of his productions. Some productions may be caused in determinate ways, or have determinate effects, but it is not apparent how that invests them with content. So the problem becomes one of reconciling the existence of meaning and truth on the one hand, with a thoroughly naturalistic or biological perspective on the other hand (Fodor 1980; Lycan 1984; Stich 1985). – Thoughts (beliefs and desires) are attributed to people mainly to explain their behaviour. So it is natural to hope that it is because of their semantic powers – because a thought is about a particular thing or involves a particular property – that they play this explanatory role. Unfortunately there is an obstacle to this. We can contemplate so-called ›Twin Earth‹ or ›Doppelgänger‹ possibilities in which everything is the same from the subject's point of view, yet the object of his thought is different. Thus a different historical reference or basic chemical substance might have been responsible for a train of events leading to my thinking exactly as I now am, in which case it is not the fact that it is about one reference or one substance that explains why my thought has any influence on my behaviour (Putnam 1975 b; Fodor 1980; Stich 1983). If this line of thought is accepted, only internal or solipsistic aspects of thoughts play a role in generating their causal properties. But in that case truth-conditions, which are essentially a matter of a sentence's connection with the world, seem irrelevant to identifying the *meaning* of a sentence, where this is tied to its explanatory, psychological role. — There are two natural responses to this problem. One is to allow that the solipsistic aspect has a proper role, but to rehabilitate truth-conditions as important when we think of the public aspects of language. This sees the user of language in the light of a reliable instrument for first detecting, and then passing on information about, states of the world. ›Possessing truth-conditions‹ is simply the property, whatever it is, which enables his remarks to function in this public role (Field 1972; Lepore 1982; Loewer 1982; Devitt 1984). Assigning truth-conditions is in effect interpreting so as to maximize imputed reliability (this is one version amongst many of the ›Principle of Charity‹). The other, not necessarily incompatible, approach is to see the agent as a successful animal, adapted through selection for communal life: since this life involves treating others as potential extensions of our own senses in providing information for us, truth can be seen as whatever it is that utterances are *for*, where this is understood in an adaptive, teleological way. In any case, it is not clear that the retreat to solipsistic semantics is well motivated by the twin earth cases (Evans 1982). The intentionality of thoughts and beliefs implies that they do not have intrinsic properties apart from being directed upon particular objects. Although some account must be given of twin earth and empty possibilities, where there are different objects or no objects, it seems possible to see these problems as parasitic upon the public, truth-conditional identification of thought. In the same way in the philosophy of perception the phenomena of illusion and hallucination do not force us to think of states of ›sense-data‹ or ›the visual field‹ as other than objectively identified.

6. Realism and anti-realism

6.1. Although it is probably now common ground that if we are to avoid scepticism about meaning and truth, mention of a clas-

sical truth theory needs some kind of supplement connecting it with the ›use‹ of terms in the lives and psychologies of speakers, this by no means settles the question of priorities. The main options divide into two: — (i) The use in question can be described *without* invoking the semantic notions. In this case an illuminating description of the use might underpin or justify the ascription of reference or of truth-condition. For example, one might say that it is because we use the numeral '5' in some specific counting operations that it is correct to allow that it refers to the number 5. At its most ambitious this would introduce a reductive account of what it is to refer to a number. Similarly one might say that it is because we place some sentence in a particular context of verification or proof that it has the meaning or truth-condition that it does. These options do not make it incorrect to talk of reference, or of truth-conditions, but they rob the notion of any priority. This can be called the ›anti-realist‹ option. It is visible in the work of the mathematical intuitionists, the later Wittgenstein, and English writers such as Dummett (1978) and Crispin Wright (1986 a). In connexion with local disputes, for example over conditionals or evaluations, it is the view that the use of these devices is not to describe alleged hypothetical or moral facts, but is (for example) expressive of a different kind of disposition or sentiment. Obviously it then needs explaining why we have even a derivative notion of truth which we seem to apply to these commitments. Here the need for a mere disquotational predicate might be cited: we can call these things true, the anti-realist says, because truth is not a grand enough property for it to introduce a problem. It merely serves to repeat or emphasise commitments, but leaves their nature blank. — (ii) The use may be inexplicable without some prior conception of the ›fact‹ or truth-condition associated with the sentence. In this case our understanding of the verification procedures, criteria, or consequences of a sentence is derivative from our knowledge of which fact it represents. If this is so there is no understanding the ›use‹ of the sentence independently of understanding its truth-condition, and the notion retains a philosophical priority. Thus it could be argued that we can only explain our practice of taking various traces as evidence for some past fact — the different reactions we have to such things as losses and gains of evidence — if we understand the one fact to which all these different accumulations of data are supposed to testify. If it is only in the light of this grasp that the evidential practices can be explained, then truth-conditions retain their priority. Similarly, it might be urged, it is only in the light of some conception of right or wrong that we are capable of feeling the moral emotions we do; the fundamental moral datum becomes our awareness of a thing being right or wrong (or possessing some other evaluative property) and it is in the light of this we feel the sentiments we do. This kind of position can be called the 'realist' option. — There have been general attempts to argue the anti-realist case on grounds derived from the theory of meaning. Dummett (1978 a) argues from the fact that we can frame hypotheses for which we may have no evidence either for or against: ›undetectable‹ hypotheses. It is then urged that the fundamental facts about the meaning and use of a sentence expressing such an hypothesis cannot be identified by associating it with an undetectable fact or truth-condition. There are three reasons for this. Firstly, consider acquisition of understanding. A learner could not gain his understanding of the meaning of such a sentence by being shown *what* makes it true or false, since no such showing can be carried out. Thus a learner cannot be shown what it means to say that another person is in pain by being shown the other's pain, or what it means to say that James I weighed 70 kilos on his 30th birthday by being shown the fact that he did so (for if he did, the fact is long lost in history). — Secondly, consider manifestation of understanding. A speaker cannot show that he understands the sentence correctly by displaying abilities which in any sense centre upon the undetectable truth-condition. All he can do is to use available evidence in reasoning for or against the hypothesis, or make various adjustments in his system of belief as a consequence of these evidences. His abilities can only be manifested in connexion with the ›assertibility conditions‹ of the hypothesis. Finally, it is impossible that the undetectable truth-condition should provide a norm for assertion. A statement is true just in case its truth-condition is met, and we aim to say what is true. But what sense can be made of an undetectable goal or target dictating the correctness of saying anything? For, it is argued, norms and targets must be verifiable — something must count as success in judgement, and success needs an operational measure or criterion. The truth-condition appears incapable of providing one. — If these ar-

guments are accepted, the undetectable truth-condition becomes like Wittgenstein's beetle-in-the-box: something whose role vanishes, leaving the practice of communication to be understood without reference to it (Wittgenstein 1953). Instead, the right approach is to understand the practice by concentrating on the detectable circumstances licensing assertions: the ›assertibility conditions‹. For we can know in ordinary empirical ways what these are: the norm for assertion must be a detectable norm, for then we can acquire understanding of what it is, show that we have it, and aim to meet it. — Wittgenstein's doctrine that meaning is use here shows some teeth: it must at least imply that meaning is detectable use. In this way assertibility-conditions usurp the central place of truth-conditions in classical semantic theory. — The argument is not as it stands a verificationist argument. On the contrary, rather than urging that we do not really make sense of sentences with undetectable truth-conditions, Dummett is using the fact that we do make sense of them to argue that it cannot be by means of classical truth-conditions that we do so. Nevertheless, the case has affinities with verificationism. It is the undetectability of the truth-condition that supposedly damns it as a proper theoretical concept in semantics. And critics have charged that, just as with positivism, there is neglect of the synthetic, concept forming powers of the mind. Our conception of the world is essentially one which allows it to have remote spatial and temporal parts, to contain facts which lie beyond our immediate acquaintance, and of whose truth or falsity we may for a variety of reasons, be condemned to ignorance (Strawson 1977).

6.2. To many onlookers it has proved baffling to see why truth-conditions for undecidable statements arouse suspicion, when their meaning does not (Craig 1982; Blackburn 1984; Devitt 1984). Dummett (1978 a) and Wright (1986 a) present it as though a truth-condition is something to be recognized, manifested, displayed, available, grasped. The ›undetectable truth-condition‹ of realist semantics is then made to seem to lack essential qualities, like an invisible photograph. It is, fatally, something ›of which‹ we could not have knowledge, nor therefore can we aim to grasp it or show ourselves to have grasped it. But does this problem depend on a covert reification, treating a truth-condition as a kind of surrogate thing? Consider the undetectable fact of the weight of James I. The fact that James weighed what he did has perhaps gone forever without trace. But does this make it unavailable, incapable of being grasped? The natural reply is that there is no space between grasping the truth-condition and understanding the sentence. Someone who knows what it would have been for James I to weigh so much can be described as doing either. The challenge issued by anti-realists is to show that there is a distinctive ability which could serve as a display of this alleged knowledge, and a good deal of their writing is taken up with rebutting various suggestions, including those linking past to present, or particular propositions to others with some of the same concepts in them, and so on. Even when this appears successful, it still remains obscure why it is easier to suppose that there are abilities which display an understanding of the meaning, than that there are any which display ›knowledge of the truth-condition‹. The former would include sensitivity to the right kind of evidence, awareness of the potential defeasibility of evidence, and awareness of the kinds of contingency that prevent evidence from being available, culminating sometimes in a preparedness to realize that we might never be able to know the truth on such a matter. Why shouldn't these simply display what grasp of the truth-condition involves? By triangulation we get an adequate fix on the beetle in its box. — The anti-realist will charge that this is already moving in the direction (i) and away from allocating an explanatory role to truth-conditions. For it is in effect using the accessible facts — ones about available evidence and the correct reactions to it — as our primary fix on meaning. Truth-conditions sneak in under the door once meaning is allowed to enter, but they played no part in opening the door. — At this point it will be unclear how to determine the priorities. If the anti-realist is allowed a certain neutral view of our practices, he will be able to maintain his ground. This neutral view simply sees us giving a meaning to p by various patterns of reasoning surrounding it. If, as in the case of other minds or the remote past, the patterns of reasoning can be described as ones of responding to evidence for p, and not to the fact that p itself, then the anti-realist direction of explanation may be acceptable. The realist will complain that this neutral view of our practices is a theoretician's invention. From the inside it seems as if our practices with

evidence are derivative from a prior conception of what it is we are inquiring about, or in other words from a conception of the fact which we are hoping to establish. It feels as if it is *because* we know what it would be for another to be (say) in pain, that we know how to adjust our thoughts in the face of various symptoms of it. In turn the anti-realist will deny that the immediate, felt perspective is appropriate. Once the practices have formed our conception of the facts, it may feel as if that conception is simple and to some extent independent of them, but this will be an illusion, parallel to the illusion that it is a simple matter just to perceive colours or spatial distances or boundaries, when in fact a great deal of pre-cognitive processing may have been needed to do such things. — One difficult aspect of this debate is to agree whether either direction of theorising carries implications for our logic and inferential patterns. One motive for anti-realism is the avoidance of scepticism. By tying our conception of the facts to our practices with evidence, anti-realism seeks to block wholesale possibilities of error. We would be allowed no conception of (for example) another's pain that makes it possible that all our practices of detecting it or reacting to it are mistaken. Whereas for the realist the real fact, the beetle in the box, might in principle be absent in any or even all cases where the symptoms are shown. — This might seem to be a gain for anti-realism. But there is a concomitant loss, which is that anti-realism may be unable to validate quite common patterns of reasoning. This is a generalisation of the intuitionist rejection of classical logic. Classically if we ignore problems of vagueness of content, we can assert 'Tp ∨ Fp' (the law of bivalence) unrestrictedly. If however our conception of what it is for p to be true is the possibility of evidence, and our conception of what it is for p to be false is the possibility of evidence for that, then this law will fail if there are undetectable propositions. For they will be ones for which there is no possibility of evidence, and no possibility of contrary evidence, sufficient to warrant either disjunct. It is not in general true that ›it is warrantedly assertible that p or it is warrantedly assertible that not-p‹. If the evidence does not compel us to accept p, nor its negation, and one never has a guarantee that one has exhausted all the sources of evidence (this is the mathematical situation), then one cannot guarantee, of any arbitrary proposition, that it is neither true nor false. One is in no position to deny this possibility. Yet we seem intuitively quite committed to subjecting some propositions about which we might be tempted to anti-realism to bivalence: either it is true that you are in pain, or false; either James I weighed such-and-such, in which case it is true that he did, or he did not, in which case it is false that he did. –

6.3. Amongst anti-realists the intuitionist response is to accept the change of logic. There is another, possibly ›Wittgensteinian‹ response which is less direct. This queries the formula that substitutes possibility of available evidence for truth. It denies that the truth of a contested proposition should be thought of as ›consisting in‹ the possibility of evidence. It insists against a reduction of this kind, and this will seem natural in the light of the thin, disquotational theory of truth, here meaning that the only thing to say about what the truth of 'you are in pain' consists in is just your being in pain. (The thin theory of truth can quite well allow that some contents, are reducible, but reducibility never comes from the *truth* end of '*p* is true'). Nevertheless, the Wittgensteinian can consistently maintain, it is still true that our conception of this fact is formed by our evidential practices. Only now we need to remember that amongst those practices – amongst the ›use‹ which a speaker will have been taught to recognize as correct and which he will himself display – will be commitment to bivalence. This implies a strict separation of *explanation* from *reduction*; the content of the proposition is not reduced, but our conception of it is supposedly explained by our practices with evidence. – It does not require much scepticism to be doubtful whether this offers a real explanation of the content we give the proposition. Both the intuitionistically inclined anti-realist and the realist will be apt to see the Wittgensteinian compromise as a cheat. The former will complain that the adherence to classical forms is unjustifiable, and the latter to complain that it needs his justification, and must arise from a genuine conception of the fact to which the judgement is intended to correspond. Dummett associates the Wittgensteinian line with ›holism‹ in the theory of meaning: the view that it is only its place in a whole theory, or here a whole network of logical and evidential practices, that locates the meaning of a sentence. Certainly there is an impression of a ›black box‹ theory of content: the content of

a judgement is identified just as *whatever it is which* is argued for this way, has these consequences, permits unrestricted bivalence, and so on. It will remain unclear why anything ought to have that role, nor why we have a propensity for working in terms of a content at just that point. In terms of the pain example, if ›another's pain‹ is just whatever it is which is evidenced by such and such behaviour or injury, justifies sympathy, and most certainly either exists or does not, then it will remain unclear why it is a natural kind for us to work in terms of: why, for instance, we find something similar in cases where a leg is injured and a finger, or someone turns pale and someone groans. It is here that the realist insists upon a unifying, and explanatory, role for our concept of fact. Once again, however, other reactions are possible (Wittgenstein 1953). It could be a fundamental, natural fact about us that we are apt to group evidence and reactions into certain kinds. We react in a substantially similar way to different symptoms of pain, and this unified reaction may afford an alternative to the extra conception – the truth-condition – which the realist believes necessary. Unfortunately, although this may look plausible for a case such as another's pain, where belief typically generates a particular kind of reaction, it is not at all clear that it could generalise either to other mental states, or to other areas.

7. Local issues

7.1. The conditional

In addition to the global debates described, there are issues concerning the priority of truth for particular kinds of commitment. Perhaps the most sharply focussed has been the case of the indicative conditional. The simplest, classical account of this is to see it as equivalent to the truth functional material conditional, $(\neg p \lor q)$. This accords well with the role naturally accorded to the conditional in deductive systems, which is to divide the alternatives in exactly this way. But the paradoxes of material implication make this interpretation uncomfortable. Some writers urge that the material account gives the right truth-conditions, and the paradoxes arise because of violations of Gricean co-operative principles (Lewis 1976; Jackson 1979). But Brian Ellis (1979) points out that there is no coherent way to extend this view to cover the probability of conditionals. Whatever the probability of q, the probabilities of $p \rightarrow q$ and that of $\neg p \rightarrow q$ must sum to 1 when '$\rightarrow$' is the truth functor. Yet it seems not just a violation of a conversational maxim, but something worse, to attribute probabilities to the English conditional so that one of these must be equal to or greater than $1/2$. — In contrast to the truth-conditional approach, Ernest Adams (1975) treats the conditional as an expression of conditional probability. Assent to the conditional then voices a disposition to attribute high probability to q upon learning p (Stalnaker 1970 a). This is directly a >use< theory: the conditional is identified as expressing a certain cognitive tendency, and it is irrelevant to this role that it should be capable of truth value. On the other hand there are surface indications that we treat conditionals as true or false. Here again a thin theory of truth is useful, suggesting that in applying the truth-predicate we do no more than repeat the original commitment. The neatest suggestion would be that the conditional is a proposition, albeit one with the assertibility conditions that Robert Stalnaker and Adams suggest. This suggestion was powerfully attacked in Lewis (1976) who showed that this amalgam ought to imply that conditionals themselves have probabilities, but that given natural assumptions there is no consistent way of assigning them probabilities, given the Adams view. Other results confirm this problem (Carlstrom/Hill 1978, Appiah 1985), although the nature of the assumptions about probability which are needed has been queried (Blackburn 1986).

7.2. Assertibility conditions and functionalism

The debate illustrated by the theory of conditionals goes back to Frank Plumpton Ramsey (1931). Ramsey held that our attachment to many propositions — general propositions, statements of causation and those of probability — was to be explained not by thinking of their truth-conditions, but by thinking of their role in our cognitive economy. A causal commitment, for example, would typically arise because of certain kinds of evidence, and then once held be responsible for various kinds of output — ways of reacting to the world or of reacting to such things as changes of evidence, thought about non-actual possibilities, and so on. It is unnecessary, to the theory of such functioning, to see the commitment as answering to any special >causal< facts. But the view does not imply that there

is any reduction or analysis of the content of these commitments in terms of the evidence (regularities) that would typically produce them. In denying this Ramsey was almost certainly following Hume's *Treatise of Human Nature*. One large advantage of this kind of theory is its freedom from ontological and epistemological problems. Probabilities and causes become things of which we talk but not aspects of the world in their own right, whose dependence on other aspects, or connexion with our senses and knowledge is then mysterious. It has however been argued (Geach 1965) that even if such a theory can say what we are doing when we assert a commitment of the relevant kind, it meets problems in our treatment of them as propositional objects capable of other roles. Thus we not only assent to probabilities, but debate them, make them into the content of subordinate clauses, and treat them as objects of knowledge, probability, doubt, truth. A functional theory either has to dismiss these phenomena, or to explain them. The former course seems unattractively revisionary, and the latter threatens to produce an endless string of possibly *ad hoc* additions. — The other major areas where functional theories oppose truth-conditional approaches include the theory of value, and that of the modal judgements (Stevenson 1944; Hare 1950). Here too there have been doubts whether the proposals can account for the aspects of our thought which tempt people to realistic, truth-conditional theorising (Wiggins 1976; Mackie 1977; McDowell 1981). The great advantage of such theories is that there seems to be no functional role to be played by the truth-condition of a moral judgement. It cannot be explained why we should have evolved to be aware of any such thing, or to care about it. Whereas a fully naturalistic picture of human life can explain why we have evolved to function with the attitudes and sentiments distinctive of ethics. — Again, the outstanding problem for these >use< theories is to explain the propositional appearance of our discourse. This is in fact a problem which goes back at least as far as Immanuel Kant's antinomy of judgement in his *Kritik der Urteilskraft* (Mothersill 1984): how to reconcile the fact that moral and aesthetic judgements are properly made as avowals of felt sentiment, with the fact that they function as judgements, capable of correctness and error, truth and falsity. Some suppose this can be done (Blackburn 1984, 181 ff) but others dissent (Sturgeon 1986).

7.3. Horizons

Although these local debates may appear self-contained, it is easily seen that they threaten to expand. If causal and lawlike propositions are given a non-truth-conditional treatment, then it will be natural to extend it to dispositions, and it is plausible that nearly all properties allow a dispositional treatment. Again, if values have such a treatment, we face the problem that nearly all judgements can be seen as somehow dependent upon the intellectual and cognitive values we hold (Putnam 1981). In recent years (Wittgenstein 1953; Kripke 1982) the attribution of rule-following to ourselves and others, which underlies our right to attribute thought at all, has been given an anti-realist direction. On this account there is no way of finding a fact, or truth-condition, underwriting the truth that in making the responses we do we are exercising judgement. Instead, allowing that we are so doing is more like taking up a stance or attitude, incorporating the subject into our community. In this approach there is no breaking out of the circle of intentionality, not because it involves a strange kind of fact or ontology, but because attributing intentionality is voicing a special kind of reaction. The way in which these local issues threaten to incorporate whole areas of apparently ›fact stating‹ discourse is comfortable for the general philosophy which puts ›use‹ as prior to truth-conditions. However, the comfort may be short-lived. For in particular ethical and modal propositions, as well as those attributing normativity or rule guidedness to our linguistic behaviour, attract attention precisely by contrast with other, naturalistically explicable judgements. So there will be a tension in trying to extend results gained in the local areas to a more general philosophy of truth and meaning.

8. Selected references

Blackburn 1984, *Spreading the Word.*

Davies 1981, *Meaning, Quantification and Necessity.*

Davidson 1984 a, *Inquiries into Truth and Interpretation.*

Devitt 1984, *Realism and Truth.*

Dummett 1978 a, *Truth and Other Enigmas.*

Evans/McDowell (eds.) 1976, *Truth and Meaning.*

Foster 1976, Meaning and truth theory, in *Truth and Meaning*, Evans/McDowell (eds.).

Leeds 1978, Theories of reference and truth, in *Erkenntnis* 13.

Quine 1970 c, *Philosophy of Logic.*

Tarski 1956 a, The concept of truth in formalized languages, in *Logic, Semantics, Metamathematics.* Papers from 1923 to 1938. [1931]

Wright 1986 a, *Realism, Meaning and Truth.*

Simon Blackburn, Oxford (England)

---

71. The dispute on the primacy of thinking or speaking

1. Introduction

Ever since the Greek language conflated in a single word, λόγος, thought and language, Western thought has been engaged in an endless dispute about the relationships between these two fundamental components of human life. The purpose of this article is to chart the logical space of this dispute. There will be no attempt to provide a systematic account of the historical evolution of the dispute, though some historical episodes — past and present — will be discussed in some detail in order to illustrate the logically possible positions. I will argue that, historically, attention has been focused on a limited number of possible alternatives, thus narrowing down the logical space of the debate. I will conclude by suggesting that by focusing on language use rather than exclusively on language structure it may be possible to find a way out of the apparently irresolvable conflict between the entrenched views.

2.   The logical space of the dispute

I will begin by restricting the domain of my analysis. For this purpose, I will interpret the term 'primacy' as referring to ›conceptual priority‹. This in turn refers here to questions of logical and/or explanatory dependence between the concepts ›language‹ and ›thought‹. Is it possible or not to conceive the one without the other? Is it possible to explain any of them in terms of the other? Is it necessary to proceed in such a way? Or is any attempt to do so doomed to circularity?

2.1. Ontological, epistemic, and genetic primacy

It should be noted that these are questions formulated in epistemic terms ('explanation', 'conceptualization'). Though they are related, on the one hand, to ontological questions and, on the other, to empirical questions, they should be kept distinct from both. Consider for example the issue of whether thought can be *reduced* to language or vice-versa. A reductionistic thesis of the type '*A*'s aren't but (manifestations, sets, combinations of) *B*'s' is typically ontological. For it contends that entities of the type *A do not in fact exist* in some basic ontological sense. A case in point is the peripheralist thesis, according to which thinking is *nothing but* subvocal speech or laryngeal movement: "thinking is restrained speaking or acting" (cf. Bain 1864, 346); John B. Watson, with whose name this thesis is usually associated, has later repudiated it (cf. Watson/ McDougall 1928). Often the only justification for a reductionistic thesis is a corresponding epistemic thesis. In the above example, the corresponding epistemic thesis is that the phenomenon usually called 'thinking' *can be fully explained* in terms of subvocal speech. But the derivation of an ontological thesis from its epistemological counterpart is in general invalid and should be resisted. Nor is the opposite inference in general valid. It is perfectly possible that, although entities of type *A* are in fact reducible to entities of type *B*, the regularities or laws that explain the behavior of the former cannot be properly captured in a vocabulary referring only to the latter's properties (cf. Putnam 1973 a; Pylyshyn 1984).

Analogously, our epistemic questions should not be simply equated with empirical questions, though they are of course related to them. Very often the issue of the ›primacy‹ of thought or language is understood in either onto- or phylogenetic terms. For instance, if the acquisition of language always precedes the development of thinking in infants, this seems to be a proof of the dependence of the latter upon the former. Or if a speechless animal, that evolved prior to man, were found to have man's higher cognitive abilities, this would seem to prove that thinking is independent of language. Similarly, data about the historical development of human languages and thought might be taken to support or refute some theory about their dependence relations. — Although empirical findings like these are relevant to the primacy dispute, one should be careful to avoid logical mistakes in appealing to them. One such mistake is the so-called 'genetic fallacy' , that seeks to solve questions of evaluation in terms of temporal or psychological anteriority. Just as the latest stage in the history of any domain is not, pace Georg Wilhelm Friedrich Hegel or Auguste Comte, necessarily the best (so far), so too, pace Jean-Jacques Rousseau's idealization of the savage condition or the Biblical account of paradise, the earliest stage is not necessarily the most perfect. Explanatory primacy, which has to do with the adequacy of explanations, is an evaluative matter. In our case, an adequate explanation of the relationship between language and thought has to account for the temporal order in their development, but it should not take for granted that what developed later is also logically dependent upon what developed earlier. For history or evolution are not linear and/or teleological processes ruled by logical necessity. — Another logical flaw in the appeal to genetic evidence is circularity. Many traditional discussions of the origin of language (s. art. 65) are flawed by circularity. When, for instance, Thomas Stackhouse (1731, 14) contends that "it cannot be explained to us, how Men that knew not how to speak as yet, could ever agree upon a set form of words to express their Thoughts in" and concludes in favor of the divine origin of language, he is simply assuming a certain conceptual relationship between thought and language (as well as the contractual nature of language), rather than proving it. A similar circularity is at work in some accounts — past and present — of the acquisition of language in terms of innate ideas (s. art. 72).

2.2. A thought experiment

Having thus narrowed down and specified the domain of our inquiry, let us pursue it by means of a thought experiment. As fit for armchair philosophical anthropologists at the end of this century, let us embark in a trip to the space of possible worlds, in search for two tribes, Prattlers (P) and Telepaths (T), defined by the following conditions: (a) members of P have language but not thought; (b) members of T have thought but not language; (c) in all the other respects of their lives, not directly linked to their having language or thought, P's and T's do not differ significantly from ourselves, the tribe of normals (N), who possess both language and thought. Let us overlook for the time being the many difficulties involved in the mission's description, notably the lack of a clear definition of the terms 'thought' and 'language'. As disciplined explorers, we have to overcome these difficulties and perform our task as best we can. The following table lists the four possible outcomes of our search.

Are there P's?

yes	no	
1	3	yes
2	4	no

Are there T's?

1 = There are both P's and T's
2 = There are P's but not T's
3 = There are T's but not P's
4 = There aren't neither P's nor T's

Table 71.1: The logical possibilities

How to interpret these results? Existence in the space of logical possibilities is a matter of compatibility between the complex predicates defining each of the tribes. Thus, if Prattlers exist, this means that the predicate 'having language' is compatible with the predicate 'not having thought'. That is to say, having language does not necessarily require having thought. Positive answers to either question, then, indicate logical independence between the possession of language and thought, while negative answers indicate their logical dependence. The different combinations of these answers provide, further, indications as to the direction of dependence. Result 2, for example, amounts to claiming that language is independent of thought, while thought is dependent on language. This means that language has some sort of logical primacy over thought. As such, this result is not sufficient to support the claim that thought can be *explained* in terms of language. But the result shows that an explanation in the opposite direction, namely of language in terms of thought will be circular. This is already a modest achievement, for it constrains possible solutions to the question of explanatory primacy. What has been said of result 2 applies, *mutatis mutandis*, to result 3. As for results 1 and 4, they show that neither language nor thought have logical primacy over each other. But they differ significantly. Result 1 shows mutual independence, while result 4 shows mutual dependence. The former allows for the discovery of empirical connections or disconnections between these two conceptually independent notions. The latter, on the other hand, establishes an *a priori* conceptual linkage between them: they seem to function as polar concepts, each one necessarily relying on the other, so that no theory entirely disconnecting them may be satisfactory.

The interest of the results of this simplistic thought experiment lie not in its ability to solve the question of primacy once and for all. In fact, the four possible positions have been defended, and none can be said to have been definitively knocked out. What the location of any given position in our table reveals is the kind of conceptual presuppositions about language, thought, and related concepts, that its defenders hold. In this spirit, let us examine some of the reports given by previous explorers that have undertaken this mission.

3. The seventeenth-century debate

The seventeenth century was strongly interested in the question of the relationship between language and thought. The foremost concern of the founders of modern philosophy was to provide solid foundations for the newly established forms of scientific knowledge. As a rule, they were aware of the fact that language — be it natural or artificial — and other semiotic systems (e.g., mathematical notation) had a powerful influence on the acquisition and transmission of knowledge. Their views on the nature of the thought/language relationship underlying this influence depended to a large extent on whether they experienced it as basically negative or positive. Those that experienced it as negative tended, as a rule, to adopt a critical attitude towards language and to characterize thought so as to make it independent of language's malign influence. Those that experienced it as essentially positive tended to extol language's virtues and to argue that, at least when purged from its most obvious defects, it plays a constructive and essential role in thought. Let us examine the views of some representatives of each of these attitudes.

3.1. The primacy of thought

The negative attitude towards assigning to language any substantive role in thinking is best illustrated by René Descartes and, to some extent, by Francis Bacon.

3.1.1. For Descartes, language is essentially a communicative tool, whereby thoughts independently formed by a thinking subject are conveyed to other subjects. In the thinking process itself, reliance on language (or other signs) must be avoided by all means, the ›pure‹ stuff of thought being ›ideas‹ and not their sensible signs. Ideas must be directly accessible to the mind's eye, without any need for intermediaries. And complex ideas or sustained reasoning must be captured by the understanding at one glance (*uno intuitu*), if their truth or validity is to be properly assessed. This is achieved not by the use of signs, but rather by a sort of purely mental gymnastics (cf. *Œuvres Complètes* X, 387 f [= *Regula* 7, *The Philosophical Works of Descartes* I 19 f]). To be sure, Descartes considers the possibility of employing abriding signs in order to render the reasoning process more efficient. Such signs, preferably written, should be short, so that, after having distinctly examined each thing, one would be able to "omnia celerrimo cogitationis motu percurrere & quamplurima simul intueri" [traverse them all with an extremely rapid movement of our thought and include as many as possible in a single intuitive glance] (*Œuvres Complètes* X, 455 [= *Regula* 16; *The Philosophical Works of Descartes* I, 67]). But this use of signs is confined to a purely mnemonic function. They are useful only to evoke ideas, i. e., to place them before the mind's eye. The task of verifying the validity of a deduction or of actually drawing a conclusion from the premises of an argument is entirely left to the understanding itself. Signs or imagination (which is the ability to manipulate signs and images) do not play any direct role in such higher cognitive processes. — The idea of letting the manipulation of signs play a more central role in reasoning is alien to the Cartesian frame of mind. Descartes is suspicious of any attempt to formalize reasoning, for he does not trust the "Dialecticorum præcepta, quibus rationem humanam regere se putant" [precepts of the dialecticians, by which they think to control the human reason] (*Œuvres Complètes* X, 405 [= *Regula* 10; *The Philosophical Works of Descartes* I, 32]). In order to avoid the danger represented by blind obedience to such formal precepts, the only means is, for him, to employ at each step the watching eye of the understanding. — Descartes certainly had several reasons for his negative attitude towards language, signs and logic. One of them, alluded to in the passage just quoted, was his opposition to what he considered to be the empty verbalism/formalism of the ›dialecticians‹ — both those of the Renaissance (such as Petrus Ramus) and of the School. Another was his campaign against scepticism: linguistic signs, depending both on the senses and on memory, were easy prey to sceptical attacks (s. art. 10). But, whatever his circumstantial reasons for such an attitude, disowning language as a candidate for cognitive function fits very well his metaphysical dualism. Linguistic signs are bodily phenomena, whereas thinking is a purely mental process. There cannot be, consequently, any interference of the former in the latter. Language is necessary for communication because we are not pure minds, like the angels. In order to transmit our thoughts to other humans we need to dress them in material clothing. But such a clothing is completely external to the thoughts themselves, and it would be a serious mistake to take them for anything more than that. — It is true that, as has been overemphasized by Noam Chomsky (1966; 1968), language plays an important role in Descartes' argumentation: it provides the proof that humans, unlike animals, are not bodily automata, but have a mind. It thereby also solves the problem of ›other minds‹: we know that other human subjects have a mind because of their ability to use language in a ›free‹ way, i. e., in a way which is "both unbounded in scope and stimulus-free" (Chomsky 1966, 5). However, it is essential to note that Descartes' arguments to this effect (in the *Discours de la Méthode* part V, = *Œuvres Complètes* VI, 56 f; and in the letter to Henry

More of 5 february 1649, = *Œuvres Complètes* V, 278) do not imply that language has a cognitive function. For they rely on, and to some extent even support, the Cartesian view that language-use can only be an external indication − a ›signe‹ − of mental activity. It is a *non-sequitur* to conclude from such passages as these that, for Descartes, "language can serve as an instrument of thought" (Chomsky 1968, 11). For Descartes, every truly human use of language presupposes thought (both in reception and in production), but not the other way around: thought is completely independent of language.

Descartes' answer to the question 'Are there Prattlers?' is an unequivocal 'No!'. Thoughtless speech − of the sort produced by certain machines and animals − is, for him, no speech at all, but only a poor imitation thereof, easily unmasked by its lack of adaptability to varying conditions. As for Telepaths, beings that think but not talk, Descartes (and many of his followers) would be all too pleased to join their ranks, if they could. At any rate, their existence is presupposed in a theory − such as Descartes' − that draws a wedge between thinking and communication: if, for some reason, a solitary human remains speechless, he will not be hampered in his thinking ability, but only in his communicative skills. Some of Descartes' followers did in fact speculate about speechless beings. Géraud de Cordemoy, for example, distinguishes between three kinds of properties: those pertaining only to the mind, those pertaining only to the body, those pertaining to the union of mind and body. In the first group he includes everything that is referred to by the term 'thought': perception, attention, memory, intelligence, imagination, judgment, doubt, will, love, desires, etc. Language, in turn, belongs to the third group. Consequently, pure minds or souls without bodies are able to engage in the complete range of thinking activities without having language. Even their communication is ›direct‹, i. e., non-linguistic: "dans la manifestation que deux Esprits se font de leurs pensées, il n'est besoin que de la volonté de les communiquer" [in the manifestation two Minds make of their thoughts, all that is needed is the will to communicate them; my transl.] (Cordemoy 1677, 177).

3.1.2. Mistrust of language was a widespread attitude in the seventeenth century. It was shared by empiricists (s. art. 11; 22) and rationalists (s. art. 12), albeit on different grounds. The empiricist critique of language was first articulated by Francis Bacon. Logic, according to Bacon, comprises four parts: the arts of discovery, of judgment, of storage, and of transmission of scientific truths. Among the subdivisions of the art of judgment, he includes the art of detection of fallacies, one of whose types are the well-known ›idols‹. For Bacon logic should supply to the intellect the tools necessary for overcoming the difficulties that endanger its endeavor to acquire and develop scientific knowledge. The art of detecting fallacies is one of such tools. The dangerous idols it helps to identify are ›false notions‹ which, being deeply entrenched in our thinking habits, distort our understanding of the "nature of things" (*Novum Organum* (Burtt, ed.) I, 38; 41). Thereby they create a barrier for the formation of correct judgments. Among the idols, those of the ›marketplace‹ are "the most troublesome of all" (*Novum Organum* (Burtt, ed.) I, 59). They are the "false appearances imposed upon us by words, which are framed and applied according to the conceit and capacities of the vulgar sort" (*The Works of Francis Bacon* III, 396), and thus "follow those lines of division which are most obvious to the vulgar understanding" (*Novum Organum* (Burtt, ed.) I, 59). Therefore, they obstruct the way to scientific knowledge, for "whenever an understanding of greater acuteness or a more diligent observation would alter those lines to suit the true divisions of nature, words stand in the way and resist the change" (*Novum Organum* (Burtt, ed.) I, 59). − One might think that the strict compliance with the maxim "Loquendum ut vulgus, sentiendum ut sapientes" [One should speak like the vulgar, but think like the knowing; my transl.] (*The Works of Francis Bacon* III, 396) would overcome the troubles caused by words, since scientific understanding is a matter of thinking, not of speaking. But Bacon warns us that this is a dangerous illusion. Precisely in the belief that we can govern our words provided our thinking is clear lies the greatest danger of the idols of the market-place: even the wisest are not free from their effect, for "words, as a Tartar's bow, do shoot back upon the understanding of the wisest, and mightily entangle and pervert the judgment" (*The Works of Francis Bacon* III, 396). − Even the practice of defining one's terms has a very limited usefulness. Definitions only serve to reduce the number of verbal disputes among scholars, for they are conceived by Bacon as having a purely communicative function. The wisdom of the mathematicians, that he advises us to emulate, consists "in setting down in the very beginning the definitions of our words and terms, that others may know how we accept and understand them and whether they concur with us or not" (*The Works of Francis Bacon* III, 396). Thus, definitions may be useful for improving the ways of transmitting knowledge; but they are not the kind of help needed to take care of the idols of the marketplace, since the latter concern not the transmission, but the very acquisition of knowledge (*The Works of Francis Bacon* III, 599). The use of definitions may transform language — the organ of transmission — into a more orderly and reliable instrument of scientific communication. But "since definitions themselves consist of words, and those words beget others", they are of no help "in dealing with natural and material things" (*Novum Organum* (Burtt, ed.) I, 59). As long as one remains on the purely linguistic level, one does not "come nearer to the things" (*The Works of Francis Bacon* III, 582). To obtain knowledge, one must get rid of language altogether; one must seek non-linguistic methods, some "better and new remedy" (*The Works of Francis Bacon* I, 646), which is — obviously — Bacon's inductive method (*Novum Organum* (Burtt, ed.) I, 59).

Bacon's attitude towards language, in its relationship to knowledge, is thus clearly negative. In the central part of his theory of knowledge, i. e., in the arts of discovery and judgment, language appears mainly as an obstacle. Like Descartes, Bacon despised the dialecticians' art of ›discovering‹ arguments, for he considered it to be a purely verbal exercise, which should not be allowed to take the place of ›real invention‹ (Jardine 1974, 170 f). Whenever he indulges in evaluating positively language or other semiotic systems, he confines such an evaluation either to the communicative function of such signs or else, at most, to their mnemonic function (cf. *The Works of Francis Bacon* III, 399 f). That is to say, even at its best, i. e., when purged of ambiguity and vacuousness through the proper use of definitions and when some of the "analogy between words and reason" (*The Works of Francis Bacon* III, 401) has been restored by a satisfactory ›philosophical grammar‹, language and other semiotic systems have only a very marginal, auxiliary role to play in Bacon's scheme of knowledge. The primacy is unequivocally retained by languageless methodical thought. — Nevertheless, Bacon's critique of language, unlike Descartes', leaves room for linguistic improvement, and paves the way for an array of attempts to create ›philosophical‹ and ›universal‹ languages for the benefit of science (cf. Knowlson 1975; Cram 1985).

3.2. The indispensability of language

While position 3 in our table, occupied by both Descartes and Bacon, was dominant at the time, the seventeenth century also produced thinkers that occupy the opposite extreme, namely position 2, according to which without language there is no thought. The typical representative of this position is Thomas Hobbes. Gottfried Wilhelm Leibniz (s. art. 23) can also be said to come close to it.

3.2.1. In an atmosphere of prevalent mistrust towards language, there is a philosopher that dares to claim that language has, in addition to its communicative function, not only some minor cognitive function, but also the highest possible such function. Language, says Hobbes in a well-known passage, is the stuff out of which judgment, reasoning and science are made. It is so important that it serves to define the highest faculty of the mind, namely reason: "[...] reason, in this sense, is nothing but reckoning, that is adding and subtracting, of the consequences of general names agreed upon for the marking and signifying of our thoughts" (*Leviathan* I, 5). Consistently with this overall cognitive importance assigned to language, Hobbes does not refrain from making truth itself dependent upon words: "truth consisteth in the right ordering of names in our affirmations" (*Leviathan* I, 4). — Metaphysically, the thesis of the linguistic nature of thought fits quite naturally Hobbes' materialism: the mental is not a separate substance; the senses and the imagination — both continuous with the understanding — are also continuous with material movement. Hence, the sounds or written marks of language are, essentially, of the same stuff as the components of our mental life — ideas, judgments, beliefs, and desires. Unlike what happens within Cartesian dualism, it is not only unproblematic, but also advantageous for Hobbesian materialistic monism to make thought depend on language (cf. Hobbes' Fourth Objection to Descartes' *Meditationes*: Descartes, *Œuvres Complètes* IX — 1, 138).

Hobbes is well aware of the fact that words are often ambiguous, vague, and otherwise prone to engender confusion rather than clarity. In a Baconian spirit, he lists the abuses of language that beset ordinary, and especially philosophical discourse. But, unlike Bacon, he believes that discourse that begins with careful definitions and proceeds by connections of words in judgments and of judgments in syllogisms yields science (*Leviathan* I, 7). Abuses can thus be set aside by the judicious use of definitions, and language remains intimately connected to reason as its most reliable and indispensable tool: "To conclude, the light of human minds is perspicuous words, but by exact definitions first snuffed, and purged from ambiguity" (*Leviathan* I, 5). — It is important to observe that, on Hobbes' computational account, thinking is not merely a kind of ›inner speech‹ analogous to outer speech — a view to which even Aristotle (s. art. 15) would not object —, but it is actually conducted by mentally manipulating *linguistic* signs (see, however, *Leviathan* I, 4). On this view, then, thought is explained in terms of linguistic processes; language clearly has the primacy over thought. — To claim that the ›light of the mind‹ is linguistic is deeply offensive to those who, like Descartes, believe that the ›natural light‹ of reason is a pure intellectual intuition, uncontaminated by the senses and, *a fortiori*, by words. In his replies to Hobbes' objections, Descartes denounces the epistemological consequences of Hobbes' thesis: to admit that linguistic conventions play any role in reasoning and thought is to open the door for arbitrariness, and thereby to the possibility of advancing any claim with equal justification (Descartes, *Œuvres Complètes* IX–1, 139). Descartes thus calls attention to two difficult problems raised by Hobbes' thesis: (a) how to account for the fact that speakers of different languages can and often do have the same thoughts?; (b) how to avoid the conclusion that any judgment whatsoever has an equal claim to validity? — Antoine Arnauld undertakes to provide a more thorough response to Hobbes' challenge in the first chapter of the *Logique* (Arnauld/Nicole 1683, 68 f). He offers three arguments against Hobbes: (1) The circularity of the conventionalist approach: conventions link sounds with ideas; if we had only sounds in our minds, no convention could be established. (2) The universality of thought contents (identical to Descartes' point (a) above). (3) The equivocal

use, by Hobbes, of 'arbitrary', leading to its application to a realm (that of ideas) where it cannot belong: an idea can be linked arbitrarily to any sound; but (clear and distinct) ideas themselves are not arbitrary. Yet, Hobbes' unorthodox proposal is not so easy to dispose of. Hobbes could accomodate argument (1) by admitting that we get some first ideas through the senses and the imagination, and then attach sounds or other signs to them. But he would also point out that these ideas, just as the words attached to them, are the result of each man's or each group's contingent experience. Hence, there is no guarantee of their universality, hence no guarantee of non-arbitrariness if you view ideas in this way, rather than presupposing, in the Cartesian way, their objectivity and universality. A radical Hobbesian could go a step further and turn all of Arnauld's arguments upside down, by questioning the status of ideas. As against argument (2), he could ask: how do you know that Arabs and Frenchmen have the same ideas or express the same judgments? As against argument (3), he could claim that arbitrariness obtains both at the level of words and at the level of ideas, clearness and distinctiveness being no less subjective criteria than the use of fantasy in the choice of sounds. And as against argument (1), he could suggest that the conventions he refers to do not attach sounds to ideas, but only sounds to other sounds (after all, definitions — which express such conventions — connect words to other words).

Beyond the question of whether it can be defended in detail, Hobbes' linguistic conception of thought is deeply unsettling for Descartes and most of his contemporaries because it raises the question of how do ›ideas‹ — the basic blocks of cognition for all philosophical schools at the time — represent their objects. Nobody — including Descartes — was satisfied with viewing ideas as images of things and occasionally there were suggestions that ideas represented objects in the same way as words or other signs do (cf. Descartes, *Œuvres Complètes* VIII, 406 [= *Le Monde ou Traité de la Lumière*]; Locke 1690, 4.21.1). Hobbes' merit was to take the linguistic model of mental representation seriously and to force everybody else to face its consequences, which were far-reaching. Among others: (i) since words do not represent ›naturally‹, ideas don't either; (ii) this entails the conventionality or relativization of ideas; (iii) consequently, criteria of validity or truth of an idea become public, not private; (iv) it is no longer possible to explain the meaning of words by saying that they represent or refer to ideas, on pain of circularity; (v) consequently, a completely different semantics becomes necessary. – By suggesting that language has a substantive role in cognition, Hobbes thus calls into question the most fundamental assumptions of Cartesianism, and sets up an agenda that is still with us. The main questions in this agenda are: (I) Does language (or another semiotic system) play a significant role in cognition? (II) If yes, how to avoid arbitrariness, contingency, historicity and other forms of relativism, and preserve the objectivity of (scientific) cognition? (III) If not, how to explain the non-linguistic nature of cognition, and how to account for its manifestation in language?

3.2.2. Leibniz's answer to question one is an enthusiastic 'Yes!'. Among the seventeenth century philosophers, he is the one who devoted more attention to linguistic and semiotic matters. Much of his work is motivated by his views on the essential cognitive role of language. I will highlight here this aspect of his philosophy of language and signs (for a broader treatment, cf. art. 23; Dascal 1978; 1987 a). Leibniz's most important theoretical step towards the ›semiotization‹ of thought is systematically presented in his 1684 essay *De Cognitione, Veritate et Ideis* (*GP* IV, 422–426), that summarizes his theory of knowledge. Leibniz points out the insufficiency of Cartesian intellectual intuition, due to the limited capacity of our mind to capture ›in one glance‹ (*uno obtutu*) more than a small number of elements. This implies that only relatively simple ideas and reasonings can satisfy Descartes' criterion of clarity and distinction. We supplement this insufficiency through the use of signs in thinking. Most – if not all – of our cognition is, therefore, ›symbolic‹ or ›blind‹ (a term that has no pejorative connotation for Leibniz): "[…] si characteres abessent, nunquam quicquam distincte cogitaremus, neque ratiocinaremur" [If there were no characters, we would never think distinctly of anything, nor reason; my transl.] (*GP* VII, 19). The term 'character' refers to all sorts of signs: "Omnis Ratiocinatio nostra nihil aliud est quam characterum connexio et substitutio, sive illi characteres sint verba sive notae, sive denique imagines" [Every one of our reasonings is nothing but the connection and substitution of characters,

whether these are words, signs, or images; my transl.] (*GP* VII, 31). Consequently, for Leibniz, there is a direct relation between the excellence of the language used by a people and its thought: "Es ist bekandt dass die Sprach ein Spiegel des Verstandes [ist], und dass die Völcker, wenn sie den Verstand hoch schwingen, auch zugleich die sprache wohl ausüben" [It is well-known that language is a mirror of the understanding, and that those peoples that leap high in their understanding also perform well in their language; my transl.] (*Collectanea Etymologica*, 255). – Having acknowledged that language and other signs are essential for cognition, the problem for a rationalist like Leibniz is to cope with question two, i. e., to avoid what he dubbed Hobbes' 'super-nominalism', namely the thesis that truth, being dependent on arbitrary or conventional signs, is itself conventional. Leibniz, on the contrary, endeavors to show that neither natural languages nor constructed symbolisms are in fact ›arbitrary‹: "Certam quandam et determinatam inter Res et verba connexionem esse dici nequit; neque tamen res pure arbitraria est, sed causas subesse oportet, cur certae voces certis rebus sint assignatae" [It is impossible to say that there is a sure and determinate connection between things and words. But neither is the connection purely arbitrary. There ought to be a reason why certain words are assgined to certain things; my transl.] (*C*, 151). If the non-arbitrariness of natural languages is difficult to establish, though careful comparative studies of many languages – Leibniz believed – are likely to yield this result (cf. Dascal 1990 b), constructed semiotic systems (as Leibniz's project of a *characteristica universalis*) can be designed – he believed – so as to be ›expressive‹, i. e., so as to represent ›transparently‹ their denotata. This transparency is ensured not at the level of isolated symbols, but at the level of their composition rules, for it is the relational structure of a thing that – according to Leibniz's metaphysics – defines its essence: "Nam etsi characteres sint arbitrarii, eorum tamen usus et connexio habet quiddam quod non est arbitrarium, scilicet proportionem quandam inter characteres et res, et diversorum characterum easdem res exprimentium relationes inter se. Et haec proportio sive relatio est fundamentum veritatis" [Although characters are arbitrary, their use and connection have something which is not arbitrary, namely a definite analogy between characters and things, and the relations which different characters expressing the same thing have to each other. This analogy or relation is the basis for truth] (*GP* VII, 192 — *Philosophical Papers and Letters*, 184).

It is immaterial for our purposes here to assess the success of Leibniz's enterprise. What is important is to observe that, once the Cartesian view of the irrelevance of language and signs to thought is rejected, new ways of conceptualizing both thought and language as well as the precise nature of their mutual relations are not only required, but also possible.

4. A look at the eighteenth-century aftermath

A glimpse at another historical period reveals a favorable reception of (versions of) Hobbes' and Leibniz's positions, previously belonging to a minority. In the second half of the eighteenth century, interest in the question of the role of language and signs in thought was particularly intense (s. art. 8). Prizes were offered by several academies for the best essay on various aspects of this question (often presented as a genetic question about the origin of language) (s. art. 65). Winners of the most prestigious prizes include Johann Gottfried Herder's (s. art. 26) *Abhandlung über den Ursprung der Sprache* (1770) and Joseph-Marie de Gérando's *Des Signes ou de l'Art de Penser Considérés dans leurs Rapports Mutuels* (1800). Both argue for a close relationship between language and thought, but their position in the table is closer to 4 than to 2. — The influence of Etienne Bonnot de Condillac, who argued — echoing Leibniz — for an even closer dependence of thoughts on language, is particularly strong at the time, especially (but not only) among the so-called ›Idéologues‹, who sought to produce a scientific theory of ideas at the time of the French Revolution (Dascal 1983 a; Busse/ Trabant 1986) (s. art. 13; 6.). Condillac's view that ›science is nothing but a well made language‹ was influential in Antoine Laurent Lavoisier's reform of chemical nomenclature (cf. Crosland 1978). — In spite of the widespread recognition of the role of language in thought, Immanuel Kant persisted in the Cartesian attitude of assigning to language only a marginal role. This can be inferred from the absence of any significant discussion of language in his work. Kant's silence, however, already noted by his contemporaries, e. g., Johann Georg Hamann (s. art. 25) is a puzzle that still defies interpretation (De Mauro 1966; Dascal/Senderowitcz 1992).

5. The twentieth-century debate

The twentieth-century's ›linguistic turn‹ in philosophy has raised language to center stage, both as a topic of analysis and as a key to the solution or dissolution of traditional philosophical problems (s. art. 59; 60). The primacy dispute could not remain untouched by this shift. The view previously belonging to a minority which assigned primacy to language has become widely held, if not predominant. Yet, contemporary philosophers do not uniformly tend to assign primacy to language over thought. In fact, all the four positions in our table are well and alive in contemporary thought. — If compared to the seventeenth century, the current debate presents some clear differences, but also striking similarities. The seventeenth century assumed that ›ideas‹ were the basic components of mental activity. Much of the debate on the primacy issue was in fact a debate about the precise nature of ideas (cf. Dascal 1990 c). The linguistically oriented twentieth-century focuses, instead, on the notion of ›meaning‹ (cf. Hacking 1975 a). Much of the primacy debate in this century revolves around the issue of how best to account for meaning. In spite of this major difference, the reader will easily note the parallels in the questions raised and solutions proposed. It will become apparent, especially, that the main unsolved question, up to this day, is that of the nature of mental representations. The current debate, however, unfolds against a background of empirical research directly relevant to the primacy issue that has to be taken into account. Furthermore, there is — in the philosophical literature on the subject — a slight difference in the burden of proof: whereas in the seventeenth century it fell on those that wished to prove the linguistic nature of thought, in the wake of the linguistic turn, it falls now on those that defend the primacy of thought. Accordingly, I invert the order of presentation of examples of these two positions.

5.1. The primacy of language

The method of ›linguistic analysis‹ in its positivistic, Oxfordian, and other versions in this century's philosophy scrutinizes philosophical problems and concepts in terms of the ›logical grammar‹ of the expressions employed to refer to them. Its advantage, it is argued, lies in the relatively uncontroversial character of observations about what expressions can or cannot be sensibly combined, as opposed to the inaccessibility and consequent controversiality of the notions they refer to. By charting the logical grammar of a word and its cognates, then, one is supposed to gain insight into key concepts, and to solve the puzzles they raise; e. g., by observing which verbs can and which cannot be modified by the adverb 'voluntarily', one may solve traditional puzzles about, say, the freedom of the will. This methodological role of language might seem to pre-empt the possibility of attributing primacy to thought, within this framework. But this need not be the case, as the examples discussed in section 5.2. will make clear. For it may well turn out that the evidence provided by linguistic analysis supports the view that mental concepts (or words) are necessary for the analysis of linguistic concepts (or words) but not vice-versa. The *methodological primacy* of language does not, therefore, entail its *epistemic primacy*, though it may predispose practitioners of linguistic analysis towards holding the latter view. Such as predisposition, however, does not obviate the need for additional argument to justify this position. In what follows, I will examine some of the arguments that have been adduced to this effect.

5.1.1. The first step in undermining the traditional belief in the primacy of thought is to drag thought away from the private recesses of the mind into the public arena of observable behavior. Gilbert Ryle's all-out attack on the Cartesian myth of the ›ghost in the machine‹ purports to do so (Ryle 1949). But neither philosophical nor psychological behaviorism (s. art. 50) *per se* entail the primacy of language over thought. For, even if they manage to show that mental concepts are to be accounted for in terms of, say, behavioral dispositions, this is still no reason to assume that such dispositions are primarily or exclusively those pertaining to linguistic behavior. At best it shows that linguistic and mental behavior are both equally ›public‹. In fact, Ryle rejects the view that thinking can be equated with any one kind of ingredient, for he views it as ›polymorphous‹ (Ryle 1951 b). Furthermore, it may turn out to be quite difficult to provide a satisfactory behavioristic account of verbal behavior — as has been

forcefully argued by Chomsky (1959) against Burrhus Frederic Skinner (1957). If this is the case, then nothing has been gained — by way of proving the primacy of language — by just making the mind public. Further argument will be needed to show (a) that linguistic behavior can be accounted for without recourse to mental constructs and (b) that mental concepts can be explained in terms of linguistic behavior.

5.1.2. Ludwig Wittgenstein's (s. art. 39) well-known identification of meaning with use is supposed to satisfy the first requirement (a). It is in the public participation in ›language games‹ (s. art. 96) that linguistic expressions acquire their meaning and reference; and this is all the meaning they have. This is true also of mental terms: their meaning is to be gathered, without residue, from public behavior. — Consider the problem of how we can refer (in thought) to individuals. In the *Philosophische Untersuchungen*, Wittgenstein asks "Was macht meine Vorstellung von ihm zu einer Vorstellung von *ihm*?" [What makes my image of him an image of *him*?] (Wittgenstein 1953, 177). The difficulty he has in mind is somewhat more explicitly stated in the *Blue Book*: "We think about things, but how do these things enter into our thoughts? We think about Mr. Smith; but Mr. Smith need not be present. A picture of him won't do; for how are we to know whom it represents? In fact no substitute of him will do. Then how can he himself be an object of our thoughts?" (Wittgenstein 1958, 38). — At this transitional point in his career, Wittgenstein is satisfied with pointing out the mysterious character of this (and similar) mental acts: "The mental act seems to perform in a miraculous way what would not be performed by any act of manipulating symbols" (Wittgenstein 1958, 42). But this mystery must be solved, for "the idea of thought as an unexplained process in the human mind makes it possible to imagine it turned into a persistent amorphous condition/Die Vorstellung, daß der Gedanke ein unerklärter Vorgang im menschlichen Geist sei macht es möglich, sich ihn in einen amorphen Dauerzustand verwandelt zu denken" (Wittgenstein 1969 a, 141). This, for Wittgenstein, is surely wrong. Thought is neither amorphous nor mysterious: it "can only be something common-or-garden and *ordinary*/ kann nur etwas ganz hausbackenes, *gewöhnliches*, sein" (Wittgenstein 1969 a, 108). To think otherwise is to be misled by grammar into feeling ›the lack of a tangible substance to correspond to the substantive‹. — If the ordinariness of mental predicates excludes, then, their apparent reference to inner episodes that supposedly accompany behavior, to what do they refer? The obvious candidate is linguistic behavior. Wittgenstein considers the possibility that ›thinking is operating with symbols‹ or ›thinking is operating with language‹ (Wittgenstein 1969 a, 106), but rejects these formulations on the grounds that both 'thinking' and 'language' are ›fluid concepts‹. Besides, these statements might suggest the view — that Wittgenstein rejects — that thinking is performed in some sort of ›medium‹ (e. g., a ›language of thought‹). Furthermore, thought is connected not only to linguistic behavior, but to other forms of behavior as well (e. g., expecting someone may involve walking restlessly up and down, looking at one's watch, etc., without saying anything). — Nevertheless, Wittgenstein does claim that, at least in some cases (the simplest and clearest ones), one can say that "the expectation of its happening that *p* should consist in the expectant person *saying* 'I expect it to happen that *p*'/die Erwartung des Eintreffens von *p* darin besteht, daß der Erwartende *sagt*: 'Ich erwarte, daß *p* geschieht'" (Wittgenstein 1969 a, 140). He is also willing to generalize this claim to other (most?, all?) uses of mental terms by affirming that "it is *in language* that it's all done/*In der Sprache* wird alles getan" (Wittgenstein 1969 a, 143) or that ›the connection of thought with things is that of language‹. Though his tendency towards explaining thought in linguistic terms is quite clear, one can hardly say that Wittgenstein provides a systematic account satisfying requirement (b) above. — In contrast to Wittgenstein, Wilfred Sellars offers an elaborate — non-behavioristic — account of the primacy of language, designed to satisfy requirement (b). He describes a community of Prattlers (whom he calls 'Ryleans'), where the initial notions pertaining to rationality and mental life relate to observable linguistic behavior (Sellars 1967, 108 ff). For the members of this community, to think is to think-out-loud. In this sense, their thinking is not what we, members of a normal community, take it to be, namely, a sequence of covert events. This difference is marked by the hyphenation in ›thinking-out-loud‹: this is not a composite, but rather a single, primitive concept, for the Ryleans. As such, it does not fall under our concept 'thinking'. Nor does it

squarely fall under our concept 'speaking'. For it is a kind of speaking devoid of communicative intentions, whose purpose is not to convey ideas or messages to someone else. In fact, this cannot be the case because in this kind of behavior speaking is of a piece with thinking, so that the former cannot presuppose the latter. Each of the utterances in this speaking/thinking is a spontaneous piece of behavior, not designed to signify something else (Sellars 1974 b, 104). (I can testify to having observed this kind of behavior among the Pirahã people of the Amazonian rain forest. In the middle of the night, regardless of whether there is anyone listening, they ›dream-out-loud‹. Since they are fully awake, this is not like sleep talk, but neither it is dream reporting. It seems to be a genuine piece of the kind of behavior that foregoes the distinction between a covert mental process and its overt expression). — According to Sellars, it is possible to show how, starting with this minimal equipment, the Ryleans can develop our notion of thinking and the full range of concepts through which we conceive the mental. We shall return to his arguments to this effect later. Here, let us only notice that, if persuasive, such arguments would provide indeed a justification of the explanatory primacy of language (or at least of one of its forms, thinking-out-loud) over thought. — Sellars is satisfied with having found Prattlers in his expedition, possibly relying upon his partners (such as Aune 1967; or Rosenberg 1974) to complete the defense of position 2, by proving the inexistence of Telepaths. He might also rely — for this purpose only — on opponents that hold position 4. Donald Davidson is a case in point. Assuming as obvious the dependence of speaking upon thinking, he purports to show, however, that the latter is also dependent upon the former, so that "neither language nor thinking can be fully explained in terms of the other, and neither has conceptual priority" (Davidson 1975, 8). Davidson's main thesis is that "a creature cannot have thoughts unless it is an interpreter of the speech of another" (Davidson 1975, 9). His argument comprises two main steps. First, he contends that in all kinds of thought (e. g., wanting, supposing, believing, deciding, fearing, etc.), the concept of belief plays a crucial role (if John wants, supposes, or fears that the glass is full, he must believe that there is such a thing as a glass, that it can be full or empty, etc.). The second step argues for the inextricable interdependence between holding a sentence true, having a belief, and assigning a meaning to a sentence, and relies on Davidson's version of meaning holism, which we cannot discuss here. — It should be noted that, unlike other defenders of the dependence of thought on language, Davidson views this dependence as due to a capacity (interpreting) we acquire not qua producers, but qua addressees of speech.

Many other analytic philosophers have developed quite elaborate theories that belong to boxes 2 or 4 in our table. They range from full-fledged defenses of the linguistic nature of thought (e. g., Field 1978) to versions of ›externalism‹, according to which the identity of a concept depends on factors external to the mind (e. g., its reference), some of which are linguistic or social (e. g., Burge 1979 b; Putnam 1975). Unfortunately, these contributions cannot be discussed here. Nor can we examine the many defenders of positions 2 and 4 outside the analytic tradition, such as in Marxism (s. art. 48) (e. g., Schaff 1973), in phenomenology (s. art. 46) (e. g., Merleau-Ponty 1945) or in the philosophy of action (s. art. 52) (e. g., Mead 1938). As for the thesis of linguistic relativism (associated with the names of Humboldt, Sapir, and Whorf), whose strong version belongs to box 2, it is discussed in detail in another article (s. art. 74). Let us proceed now to the other side of the fence.

5.2. The primacy of thought

Whereas the representatives of position 2 discussed in the preceding section have to provide an account of language that does not presuppose thought, representatives of position 3 must be able to produce an explanation of thought that does not rely on linguistic elements. They must be especially careful — if they are to satisfy this requirement — not to make use of linguistically-tainted notions such as 'proposition', 'meaning', 'reference', etc., unless they are previously purged from their language-dependence. Let us examine some attempts along these lines.

5.2.1. The term 'intention' is used by philosophers to denote both the purpose underlying an action and the fact that something is ›directed to‹ or ›about‹ something else. In this second sense, both language and thought are ›intentional‹, i. e., they *refer* to or are *about* things. Since it would be unparsimonious to have completely separate accounts of the in-

tentionality of thought and of language, many philosophers think it natural to assume that linguistic intentionality is somehow derived from mental intentionality. Notice that this assumption relies upon — rather than justifies — the primacy of thought. On grounds of theoretical economy one might just as well take linguistic intentionality as primary and mental intentionality as derivative, a position we have already encountered. — Roderick Chisholm undertakes to show that it is possible to give a satisfactory and parsimonious account of the intentionality of thought, with no reference to "any concept that is essentially linguistic" (Chisholm 1977 b, 167). The key elements in his account are propositions and properties, understood as mental — not linguistic — entities. On the basis of this account, Chisholm shows how many of the puzzles of intentionality — notably Wittgenstein's question about referring in thought to individuals — can be solved without any appeal to language, communication, or other social constructs. He concludes that "It is *not* the case that, in order for there to be reference there must be speech-acts or other such linguistic events. Linguistic activity presupposes thought, but not conversely" (Chisholm 1977 b, 172). — Zeno Vendler, just as eager as Chisholm to defend the primacy of thought over language, takes a somewhat different course. He concedes that reference is a matter of communication, "an element of speech-acts" (Vendler 1976, 36), i. e., that it involves a speaker's communicative intention to refer, some overt sign conveying this intention, and the addressee's uptake. None of this — he argues — is needed in thought: "I do not need means of any kind — public or private — to make myself understand whom or what I have in mind" (Vendler 1976, 37). That is to say, I have some sort of direct or privileged access to the alleged referents of my thoughts, which — unlike linguistic reference — is immune to mistakes. For Vendler, it does not make sense to speak of a ›medium‹ of thought: "Concerning speech, which involves encoding [...] it makes sense to speak of what somebody wanted to say but could not, because, for example, he did not know the language or was affected by aphasia. What would it be, on the other hand, to want to think something yet being unable to do so because of some malfunctioning of the mental ›medium‹ or because of one's deficient command over the same?" (Vendler 1972, 44). Now, if it is not reference that makes my thought of x a thought of x, what does? Vendler's answer, which resembles Saul Kripke's (1980) account of proper names, relies heavily on memory: "In thinking about an individual, person, thing or event, one must recall (or actually experience) an introduction of that individual into one's life history, either by itself, or by means of a token (picture, name, description, etc.), which at that time was understood to be linked to that individual via a historical causal chain" (Vendler 1976, 44). — Chisholm's parsimony excludes even intentions in the other sense of the term, particularly communicative intentions, from his account of thought, conceived as entirely free from any social orientation. But the reliance upon such psychological entities in certain theories of meaning — such as Paul Grice's — puts them in the same camp as Chisholm's theory as far as the primacy of thought is concerned. Grice's intentionalist program in semantics endeavors to give an account of the meaning of linguistic expressions (sentence meaning) and of their meanings as used in a given context (utterance meaning) in terms of the more basic notion of 'speaker's meaning'. The latter is conceived as a complex intention involving the speaker's intention to convey a propositional attitude (s. art. 80) and a thought content by way of intending the addressee to recognize the speaker's utterance as having the former intention (cf. Grice 1957a; 1968; 1989a; Schiffer 1988). In order to avoid circularity, Grice must assume that at least some communicative intentions of this sort can exist in the absence of any established means of communication. According to this assumption, strangers that do not share a language, a situation which Simon Blackburn (1984, 112) has dubbed "the one-off predicament", may succeed — if they are lucky — in conveying to each other their communicative intentions. For Grice, it is repeated success in such situations that leads to the crystallization of conventional meanings. But even when these are established and a shared language is available, Grice attributes the primacy in the communicative process to the prelinguistic intention: it is this intention that underlies the speaker's communicative act and it is towards its identification that the addressee's interpretative efforts are oriented. The linguistic meanings (and expressions) are nothing but subsidiary tools in this process. — A similar primacy of the mental is characteristic of John Roger Searle's account of speech acts (s.

art. 54). They are conceived as a special kind of intentional action which, in general, involves — according to Searle — the mental representation of its ›satisfaction conditions‹ (s. art. 93) (cf. Searle 1979a, 1981). It is these mental representations that account for the directedness (i. e., intentionality in the sense of aboutness) of any action, speech acts included. Since they are invoked in order to account for the intentionality (in both senses) of language, they cannot be linguistic in nature; otherwise the account would be circular. Searle indeed does not hesitate to defend the existence of communities of Telepaths, endowed with the full range of mental life even though they do not possess language: "Beings without language and without language-like systems of representation can have beliefs, intentions, desires, and expectations. Only those in the grip of a philosophical theory would deny that dogs and small children can, say, desire bones and milk respectively" (Searle 1979a, 190).

It should be clear by now that the success of all the accounts — such as those surveyed in this section — that assign primacy to thought over language depend on how well they fare in providing a convincing non-linguistic theory of propositional attitudes and thought contents. Chisholm's appeal to propositions, Vendler's appeal to pictures, names and descriptions, Grice's appeal to complex communicative intentions, and Searle's appeal to structured mental representations — all describe the mental in terms suspiciously reminiscent of the linguistic. As pointed out by Gilbert Harman (1977), for example, the propositions relevant for describing the aboutness of thought cannot be just abstract Fregean (s. art. 34) entities, for they must be actually entertained by the thinker; that is to say, they must — at least — be tokens of their abstract counterparts, much like utterances are tokens of sentences. Furthermore, mental propositions must be structured much like sentences: a mental proposition about John must somehow contain a ›mental name‹ or some other mental symbol of John. If so, however, Chisholm's account (as well as the other accounts here surveyed) seems to require the postulation of a ›language of thought‹ that replicates the main features of public languages. No doubt a strange way of defending the primacy of thought over language.

5.2.2. Jerry Fodor has attempted to both justify and develop to its ultimate consequences the hypothesis of a ›language of thought‹. Like Hobbes, he claims that "mental processes [are] computational", i. e., they are "formal operations defined on representations", and the mind is, "inter alia, a kind of computer [...] carrying out whatever symbol manipulations are constitutive of the hypothesized computational processes"(Fodor 1980, 230). Unlike Hobbes, however, Fodor does not assume that the symbols or representations that are the medium of cognitive operations are those of any public language. The reason is that the acquisition of a public language is itself a complex cognitive operation that must be performed in some pre-linguistic symbol system, namely the language of thought. Following Chomsky and Descartes — rather than Hobbes — Fodor does not hesitate to consider the language of thought as innate (s. art. 72) and as endowed with a semantic and syntactic power at least equivalent to that of any learnable public language (Fodor 1975, passim). The language of thought differs from public languages in that its syntax (or compositional structure) reflects ›transparently‹ the content of mental representations and determines their causal powers in accordance with this content (Fodor 1987, 18 f). The symbols of the language of thought are, thus, non-arbitrary, not in need of interpretation (as public language utterances are), innate, causally effective in mental processes by virtue of their form alone, independent of communication or other external factors — Fodor has coined the term 'methodological solipsism' to describe this key component of his research programme (Fodor 1980) — and they constitute the medium where meanings (i. e., the contents of public language symbols) are represented.

The language of thought clearly holds, then, absolute primacy over public languages and is sufficiently different from them to raise doubts about whether it is appropriate to call it a 'language'. But the language of thought hypothesis as a whole as well as each of its components has been severely criticized. Searle (1980) has argued that manipulations of symbols, however sophisticated and transparent, cannot be equated with content, for symbols lack intrinsic intentionality; Hilary Putnam (1975 b) has argued that meaning cannot be accounted for solipsistically; connectionists (s. art. 117) have developed computational systems able to perform ›intelligent‹ tasks without the use of ›representations‹ of the kind postulated by Fodor, and

have argued that these systems are better models of human thinking because they are based on principles analogous to those of the neural system. These, and many other criticisms (to which, it should be pointed out, Fodor and his supporters reply in kind) cast some shadow on what is perhaps the most sustained contemporary philosophical effort to defend the primacy of thought over language.

5.3. The independence thesis

Whereas philosophers are prone to find relations of logical dependence one way or another, logical independence (position 1) seems to be favored by empirical researches in several fields (e. g., primatology, developmental psychology, paleontology, speech pathology, etc.). Lev Semenovič Vygotsky's (1962) early work exemplifies this. He replies positively to our two questions, without wandering across possible worlds. The real world — as it was known in the thirties — provides plenty of evidence. Thus, the observations of Wolfgang Köhler, R. M. Yerkes and others about ape behavior permit, according to Vygotsky, to discern in them both a pre-linguistic phase in the development of thought and a pre-thinking phase in the development of language. The former illustrates a community of Telepaths and the latter, of Prattlers. Evidence for the existence of the former is the use of primitive tools by chimpanzees, whereby they demonstrate intelligent behavior comparable (in this respect) to that of humans; such behavior, furthermore, is not — as a rule — accompanied by or dependent upon linguistic/semiotic behavior. Evidence for the latter is the existence of primitive ›linguistic‹ behavior in some apes, that resembles man's in that it employs voice, serves to express emotions, and has a few social functions, but differs from human linguistic behavior in that it does not display any of the intellectual aspects of language use (for more up-to-date research into animal language and thought see Walker 1985; Premack 1986; see also art. 116). — Vygotsky draws similar conclusions from his own studies of the linguistic and intellectual development of children. His general conclusions are far-reaching. He believes that language and thought are independent of each other not only conceptually, but also phylo- and ontogenetically: "1. Thought and speech have different genetic roots; 2. The two functions develop along different lines and independently of each other; 3. There is no clear-cut and constant correlation between them"

(Vygotsky 1962, 41). − In spite of these categorical statements, Vygotsky admits that the different lines of intellectual and linguistic development in children meet at a certain point, "whereupon thought becomes verbal and speech rational" (Vygotsky 1962, 44). This intersection engenders phenomena such as ›inner speech‹ (widely studied by Russian psychologists; cf. Sokolov 1972) and is crucial for the formation of higher cognitive abilities. − Vygotsky seems to hold, then, both the independence and the interdependence theses, albeit referring to different developmental stages. This puzzling fact, as well as the peculiar meanings he grants to the terms 'thought' and 'language' in his interpretation of ape and children data, suggest shortcomings of the framework we have so far employed, which can no longer be overlooked.

6. Beyond the primacy issue

We have launched our thought experiment, it will be recalled, without defining the crucial terms 'language' and 'thought'. We have relied on the explorers' common understanding of these terms. But, in the light of the controversial results obtained, we begin to doubt whether it was not a grave mistake − as Bacon would have put it − to rely on the vulgar senses of words. Even worse, our careless procedure may have been interpreted by the explorers as granting them leeway to fit the meanings of these terms to their own preferred theories, thus vitiating the results of the experiment. − In fact, in the reports we have so far examined, there is ground to fear that 'thought' and 'language' are conceived in a wide variety of ways. Maybe Wittgenstein is right and both are fluid concepts, incapable of precise definitions, in which case a solution to the primacy dispute, in the terms it has been set so far, would be impossible? Or perhaps, instead of giving up, we should try to refine our conceptual tools so as to make them more fit to handle the fluidity of the concepts involved?

6.1. Language and thought as cluster concepts

Philosophers of science (e. g. Achinstein 1968) and psychologists (e. g. Rosch 1978; Smith 1990) have called attention to the fact that ›natural kind‹ concepts are not best characterized by necessary and sufficient conditions, but rather in terms of clusters of predicates, none of which is *per se* necessary for the application of the concept. Some of these predicates are more salient or central than others, so that individuals displaying them are more easily recognized as falling under the concept, while the application of the concept to individuals lacking these salient predicates is more problematic, although they possess a sufficient number of relevant predicates that qualify them as belonging to the class. For example, a robin is a ›prototypical‹ bird, given its ability to fly, whereas a penguin, lacking such an ability but nevertheless belonging to the class of birds by virtue of its other predicates, is more of a borderline case. − Regardless of whether language and thought are natural kind concepts, they should perhaps be conceived as cluster concepts, too. In fact, most of the examples often used in the primacy dispute − apes, children raised among animals, philosophical dogs, infants at the pre-linguistic stages of development − are borderline cases as far as both language and thought are concerned. They may possess a few of the predicates characterizing each of these concepts, but neither the central ones nor a sufficient number of them. − When faced with borderline cases, philosophers (but not only them) tend to legislate, thereby indicating which predicates they consider essential for possession of thought or language. In consonance with the idea of cluster concepts, however, their legislation should rather be interpreted as an attempt to structure the cluster through the selection of some predicates as more central than others. For example, Davidson's contention that having beliefs is necessary for having fears and desires might be interpreted as structuring the cluster concept 'thought' so as to grant to the predicate 'having beliefs' a more central position than to the predicates 'having fears' and 'having desires'. If someone opposes this contention by claiming that his dog has a desire for water, even though he has no beliefs whatsoever, Davidson might refine his claim by including in the cluster concept 'thought' a distinction between, say, desires proper and needs. The latter would be so to speak generic in nature, while the former would be liable to a large degree of specification (e. g., the desire to stretch out in the beach drinking a certain brand of beer). Dogs might be granted the former, but not the latter. Only the latter, however, require, according to Davidson, the linguistic ability to formulate and interpret one's desires. Hence, the dog in question is no longer an example of a speechless creature that thinks, because his desires (rather, needs) occupy a relatively low rank — if any — in the cluster of predicates that form the concept ›thought‹.

6.2. Other strategies of connection

Even if improved by employing structured cluster concepts, the primacy issue may still prove to be too narrowly conceived. For two kinds of phenomena, domains of research or concepts may be connected in ways other than those enclosed in the four boxes in our initial table. Suppose, for example, you wonder about the connections between political philosophy and epistemology. Though *prima facie* distant, these two domains are often quite closely related, especially in the work of systematic philosophers. But even in these cases, the relationship is hardly reducible to logical deduction (either way) or to any other simple logical relation. It may be a matter of a common core shared by the two domains (e. g., a shared source, basic feature, function, precondition, or the like); or of subordinating one of the domains to the other; or the two domains may be linked via a third, intermediate domain; or they may simply stand in an analogical relation of some sort; etc. Ora Gruengard and myself have proposed the term 'strategy' to refer to the rationale behind these modes of connection (cf. Dascal/Gruengard 1989). — A fresh look at the primacy dispute regarding language and thought might benefit from this ›strategical‹ approach. For example, it is quite clear that many seventeenth-century defenders of the primacy of thought in fact adopt this position as part of a ›subordinating strategy‹. The issue of the relationship thought/language is handled in the context of a struggle against epistemological scepticism in an attempt to uphold the possibility and universality of human knowledge. This struggle rests on a commitment to the fundamental status of thinking as a universal human characteristic, with the consequent subordination of grammar to logic and of language use to the expression of thought. On the other hand, some twentieth-century holders of the primacy of thought are not committed — on the face of it — to these goals. This difference in rationale is important because it indicates what kind of arguments and counter-arguments are considered decisive in each case. Whereas, say, for Chisholm the main concern is explanatory parsimony, Cartesian dualists largely forego this requirement, attributing more weight to what they take to be the negative epistemological consequences of admitting the primacy of language. — Another example of different strategies underlying what seems to be the same position is provided by the recent dispute (mainly carried through electronic mail networks) around the term 'cognitive linguistics'. East Coast partisans of Chomskyan linguistics have argued that West Coast linguists — notably George Lakoff — had unduly appropriated this term as an earmark for their kind of linguistics, on the grounds that the Chomskyan approach is no less ›cognitive‹. All things considered, it turns out that both approaches do indeed have a claim to the label 'cognitive linguistics', but the relationship they envisage between language and cognition stems from opposite strategies. While Chomsky has often claimed that linguistics is a part of (cognitive) psychology, his commitment to the ›modularity‹ of the language ability has led him to defend also the thesis of the ›autonomy‹ of the linguistic system (notably of syntax), and consequently the autonomy of linguistics. Lakoff and his colleagues, on the other hand, reject both the modularity and the autonomy theses and seek to show that the linguistic and cognitive systems are intimately enmeshed at all levels (e. g., in Lakoff/ Turner 1989). Lakoff's strategy is better described, then, as of the ›common core‹ type, while Chomsky's seems to be only nominally of the ›subordinating‹ type.

The ›analogy‹ strategy of connection has been one of the traditional ways of conceiving thinking as ›inner speech‹ (thus employing speech as the explanatory model for thinking), while at the same time preserving the primacy of thinking. Aristotle (s. art. 15) and Thomas Aquinas (cf. Geach 1957), as well as Fodor, exemplify this. But the same analogy can be put to use in the opposite direction. Sellars is a case in point. By assuming the basic status of thinking-out-loud and imposing the methodological requirement that new theoretical predicates can only be introduced if strictly analogical with already given predicates, he purports to prove the thesis that high-ranking mental predicates (e. g., self-consciousness, intentionality) can be derived from the non-mental predicates that characterize thinking-out-loud. Success in this enterprise depends upon the reliability of each step in the analogical reasoning chain, rather than on a vague feeling that the analogy holds globally. In a sense, these steps are more interesting than the purported result, for they contribute to clarify the predicates involved. — One example is the need to distinguish between two types of rules, namely those that require the recognition of the conditions that call for the application of the rule and those that don't. Sellars (1967, 111; 1974, 93 – 101) calls the former 'ought-to-do' and the latter 'ought-to-be' rules (cf. the parallel distinction of Quine 1972 a between ›guiding‹ and ›fitting‹ rules). While ought-to-do rules require cognitive abilities such as belief formation in order to be followed, ought-to-be rules (of the kind ›followed‹ by a clock that rings its bell every day at noon) don't. With the help of this distinction it is possible to investigate of what kind are the rules involved in thinking-out-loud and in normal linguistic behavior and higher forms of thinking, and to try to determine how (if at all) the former (presumably of the ought-to-be kind) may evolve into the latter (of the ought-to-do kind) through a sequence of analogical extensions.

6.3. The psychopragmatic option

One kind of connection that has been underestimated due to the exclusive focus on primacy is that of instrumentality. Many of the claims about the primacy of language can be more modestly presented as claims about the uses or the usefulness of language or other semiotic systems in different mental processes. Alfred North Whitehead, for example, who cannot be suspected of defending the primacy of language, says: "By relieving the brain of all unnecessary work, a good notation sets it free to concentrate on more advanced problems, and in effect increases the mental power of the race"(Whitehead 1964, 211). Who in his sane mind could disagree with this, were it not for fear that admitting such a role for language would pave the way for reducing thinking to a linguistic or semiotic affair? Perhaps the reason for overlooking instrumentality or use as the relation *par excellence* between language and thought lies in the fact that no theoretical framework for the systematic study of language use was available. The discipline of pragmatics fills this gap. Unfortunately, the majority of pragmaticists have devoted their efforts to the study of the social uses of language. In so doing, they have implicitly accepted one of the positions in the primacy dispute, the one that conceives of language exclusively as a tool for the communication of thought. But, as our exploration has made clear, there is nothing particularly self-evident, uncontro-

versial or well confirmed about this position (nor about the others). Once this is acknowledged, pragmatics' aim of studying the uses of language — all of them — can no longer overlook the fact that language has many significant roles in a variety of mental processes, as wide apart as emotion and reasoning or dreaming and decision-making (for some examples, cf. Dascal 1985 b; 1987 b). I have proposed to call the branch of pragmatics that investigates the mental uses of language 'psychopragmatics' (Dascal 1984). What characterizes the psychopragmatic point of view is that it refuses to take a stand on the primacy dispute. As a result it allows for a study of the relationship between language and thought that is not bound by the conceptual strings imposed by the framework of that dispute. Its commitment is to the working hypotheses (a) that it is possible and fruitful to distinguish between a theory of language use and a theory of language structure (a hypothesis it shares with its twin discipline, ›sociopragmatics‹), and (b) that language plays a role in mental processes that are not (at least *prima facie*) subordinated to communicative goals. It is also committed to the assumption that these mental uses of language display regularities that can be systematically accounted for in terms of pragmatic principles. — No doubt those in the grip of any of the four positions in our box may view these commitments as an implicit adoption of one or another of these positions. Yet, as I have stressed, they are explicitly adopted as working hypotheses. That is to say, empirical research might lead to their rejection. To be sure, this means that, by embarking in the psychopragmatic ship, we are abandoning the safe ground of armchair conceptual analysis. But then, isn't this move towards the empirical arena mandatory in the light of the inability of the philosophical discussion so far to resolve the problem within its confines? Viewed positively, such a conclusion would prove that the conceptual exploration of the issue of primacy has not been useless. In fact, it would be a mistake to believe that empirical research *per se* will be able to settle the matter in a straightforward way. Nor will it be free from conceptual muddle, in need of conceptual clarification. As suggested by Jürgen Habermas (1987), and as confirmed by the inclusion of philosophy as one of the components of ›cognitive science‹, philosophers will continue to play a role — albeit not that of haughty surveyors of epistemological soundness — in the joint effort to understand the workings and interrelations of the two most important human activities.

7. Selected references

Cohen/Morgan/Pollack (eds.) 1989, *Intentions in Communication*.
An anthology that examines intentionalism from an interdisciplinary perspective

Dascal 1987a, *Leibniz. Language, Signs and Thought*.
Discusses the issue in Leibniz and other seventeenth-century philosophers

Guttenplan 1975, *Mind and Language*.
A still useful anthology of basic philosophical contributions to the topic

McGuigan 1966, *Thinking — Studies of Covert Language Processes*.
A thought-provoking collection of the behaviorist classics on the subject

Putnam 1988, *Representation and Reality*.
Permits to understand the rationale behind the various versions of Putnam's critique of mentalism

Pylyshyn 1984, *Computation and Cognition*.
A sustained defense of the representational theory of mind

There are a number of journals entirely or partially devoted to the relationship mind/language. Among them: *Mind and Language, Cognitive Linguistics, Pragmatics & Cognition, Language and Cognitive Processes*.

Marcelo Dascal, Tel-Aviv (Israel)

72. The dispute over innate ideas

1. Introduction
2. What the argument is an argument for
3. Laying the groundwork for the argument
4. The argument from the poverty of the stimulus
5. Alternatives to the empiricist conception of the mind
6. An objection and some conclusions
7. Selected references

1. Introduction

The dispute over the existence of innate ideas and innate knowledge is coeval, near enough, with Western philosophy itself. The debate has not, however, been restricted to the sort of largely *a priori* arguments that predominate in the Western philosophical tradition. From Plato onward, a rich and varied collection of empirical observations and hypotheses have been marshaled on both sides. So it is not surprising that the most recent attempt to establish the existence of innate knowledge, by Noam Chomsky and his followers, is based on findings in empirical linguistics. The Chomskian argument is a complex fabric in which linguistic, psychological and philosophical theorizing are woven tightly together. — About twenty five years have passed since Chomsky first formulated his case for innate knowledge, and during this time the sort of actively interdisciplinary approach to the study of the mind that his argument exemplifies has been increasingly

common. A growing number of philosophers, linguists, psychologists and computer scientists have come to view themselves as engaged in a collaborative effort that has come to be known as cognitive science. There can be little doubt that the Chomskian argument for innateness or ›nativism‹ played a major role in galvanizing the cognitive science movement. According to Jerry Fodor, himself a central figure in cognitive science,

"Chomsky's demonstration that there is serious evidence for the innateness of [...] 'General Linguistic Theory' is *the* existence proof for the possibility of cognitive science; indeed, it is quite possibly the only important result in the field to date" (Fodor 1981 b, 258).

Actually, it is a bit misleading to talk of *the* Chomskian argument, since both Chomsky and his followers have offered a variety of related arguments differing both in the premises they invoke and in the conclusions they try to establish. Such changes in view are commonplace in cognitive science, and they are, by and large, a sign of intellectual vitality. Arguments that make substantive use of empirical theories can be expected to evolve as the theories themselves develop. In this essay I propose to reconstruct what I take to be the most plausible version of the Chomskian argument, paying particular attention to the ways in which empirical theorizing and philosophical argument are interwoven.

2. What the argument is an argument for

2.1. Empiricist, non-empiricist and rationalist conceptions of the mind

Chomsky and his followers often claim their argument is aimed at showing that the Rationalist conception of the human mind is the correct one, and that the Empiricist picture of the mind is mistaken. Formulating the conclusion in this way prompts an obvious question: What, precisely, are the ›Rationalist‹ and ›Empiricist‹ conceptions of the mind to which the conclusion alludes? In the remainder of this section I propose to give half the answer by sketching some central elements of the Empiricist picture. I begin in this way because the version of the Chomskian argument I shall develop only attempts to establish the negative half of the Chomskian conclusion — the thesis that the Empiricist picture is mistaken. If this is right then the correct conception of the mind must be located somewhere in the domain of non-Empiricist theories. Chomsky and his followers typically suppose that any non-Empiricist theory will bear a significant family resemblance to the sorts of theories of the mind advocated by the Classical Rationalists (s. art. 12). I am not convinced, though I will not argue the point here (see Adams 1975; Chomsky 1966; Stich 1978; 1979).

2.2. Some characteristic features of empiricist theories of the mind

There are, of course, deep and important differences among the theories of the mind developed by various Classical Empiricist authors (s. art. 11). The accounts developed by these 18th century writers differ even more markedly from the sort of 20th century psychological theorizing that Chomsky and his followers label 'Empiricist'. However, despite these differences, there are important family resemblances shared, to a greater or lesser degree, by a wide range of authors, including figures as superficially different as David Hume and Burrhus Frederic Skinner. Six prototypical features of Empiricist accounts of the mind are sketched briefly below (for further details, see Chomsky 1965; 1975; 1980; Braken 1967; 1970).

2.2.1. Learning mechanisms are few and simple

Any account of the mind will have to posit some inborn mechanisms or processes that enable us to learn. On Empiricist accounts these mechanisms are typically simple in structure. Thus, for example, Hume thought that learning consisted in joining simple ideas together in increasingly complex patterns of association. According to Hume, the mind is naturally disposed to join ideas together into beliefs when the ideas are related by ›resemblance‹, ›contiguity‹ or ›constant conjunction‹. These three principles alone account for the formation of all our basic beliefs (Hume 1955). For Skinner, learning is the forging of associative links between stimuli and responses, rather than between mentalistic entities like ideas. But Skinner's principles of association are equally few and equally simple. Some $S - R$ links are the result of innate reflexes. The rest are to be traced either to ›operant conditioning‹ or to ›classical Pavlovian conditioning‹ (Skinner 1974).

2.2.2. Complexity arises from iteration of simple processes

It is obvious that we are capable of learning very complex things. Since Empiricist theories of the mind take the basic mechanisms of learning to be few and simple, they typically explain the learning of complex structures or patterns by appeal to the repeated operation of very simple processes.

2.2.3. Learning mechanisms not domain specific

Since they take the basic principles or processes of learning to be few in number, Empiricists could hardly hold that these processes are domain specific. Rather, they claim, the very same mental mechanisms that underlie the learning of language also subserve learning in a host of very different domains ranging from social skills to physics.

2.2.4. Learning mechanisms not species specific

Empiricists see little in learning that is species specific. Both Hume and Skinner hold that the basic principles governing human learning apply in the domain of animal learning as well (Hume 1975, section IX).

2.2.5. Environment determines what is learned

If the Empiricists are right about the relative simplicity of the mechanisms responsible for learning, it would be plausible to suppose that the environment is the major factor in determining what is learned. Empiricist accounts typically maintain that the mind itself imposes little by way of substance or structure on the output of the learning process.

2.2.6. The malleability of the contents of the mind

Since it is experience that is principally responsible for what is learned, Empiricists expect that very different sorts of experiential inputs will result in the outputs of the learning process being very different. Thus Empiricists typically take the contents of the mind to be very malleable, and they are often sanguine about the prospects for improving society by engineering the experiential environment in which people learn (see, for example, Skinner 1962).

3. Laying the groundwork for the argument

3.1. Strategy: comparing the input and output of the language acquisition process

Chomsky's argument tries to establish that Empiricists, Classical and modern, are wrong about the mind. Thus any account of the mind embracing the six inter-related theses set out above must be mistaken. Central to Chomsky's strategy is the idea that we can think of the mental mechanism subserving the normal child's acquisition of language as a sort of black box. By studying the input to the acquisition process and the output from it, and comparing the two, we can try to learn something about the nature of the black box. Chomsky contends that no Empiricist learning mechanism could possibly underlie what the child actually does. No Empiricist mechanism could learn what the child actually learns, given only the input the child has available.

3.2. The output: what does the child learn?

What changes occur when a child acquires a language? The answer, of course, is that there are many changes. The most conspicuous is that the child is able to understand the language, to communicate with it, and to use it for all sorts of purposes. There are also some less obvious changes. Once a child has mastered a language, he is capable of making (or quickly learning to make) a wide range of judgments about the properties and relations of expressions in the language. Thus, for example, speakers of English are normally capable of judging whether any arbitrary sound sequence constitutes a grammatical sentence of English, and if it does, they are capable of judging whether or not it is ambiguous; they are also capable of judging whether two arbitrary sentences are related as active and passive, whether they are related as declarative and yes-no question, whether one is a paraphrase of another, whether one entails the other, and so on far a number of additional linguistic properties and relations. These sorts of judgments, or 'linguistic intuitions' as they are more typically called, have played a central role in generative linguistics since its inception.

3.2.1. The psychological reality of grammar

Early on, Chomsky proposed that a goal for the linguistic analysis of a language should be the discovery of a fully explicit system of generative rules along with a suitable set of definitions which together would entail most or all of the clear intuitions speakers have about their language. Such a system of rules and definitions is called a 'generative grammar' (Chomsky 1957). Some writers have urged that capturing linguistic intuitions is the only legitimate empirical goal for a generative grammar. If this proposal were accepted, there would be many equally good grammars for any given language, since any set of linguistic intuitions (even an infinite set) can be generated by many different sets of rules (Stich 1972). But Chomsky and his followers have urged that grammarians should aspire to a very much more demanding goal — the goal of ›psychological reality‹. It is, Chomskians maintains, a perfectly astounding fact that ordinary speakers of a language can make a practically infinite number of judgments about the grammatical properties and relations of expressions in their language. The most plausible explanation of this ability is the hypothesis that speakers have a generative grammar of their language — an explicit system of rules and definitions — stored somewhere in their mind or brain. If there is a system of internally represented rules, it could be used to guide the complex and prolific linguistic judgments that the speaker is capable of making. It might also be used, in various ways, in the more ordinary processes of language production and comprehension. If, on the other hand, there is no internally represented grammar then, these authors urge, it is something of a mystery how speakers are capable of having the linguistic intuitions they have. The mentally stored grammar that Chomskians posit is not, of course, accessible to consciousness; speakers cannot tell us the rules of the grammar represented in their brains, any more than they can tell us how they go about recognizing faces or recovering salient information from memory. If speakers of a language do indeed have an internally represented grammar, then a natural goal for the generative grammarian would be to discover that grammar − the grammar that is ›psychologically real‹. − The argument for the thesis that speakers have an internally represented generative grammar of their language has the form of an inference to the best explanation. And there is a large literature debating whether the hypothesis of an internally represented grammar is indeed the best explanation of the facts (Chomsky/ Katz 1974; Stich 1971; 1975 b; Fodor 1981 c; Graves et. al. 1973; Searle 1972; Stabler 1983; Matthews 1984 b; Devitt/Sterelny 1987). For the moment, I will assume that Chomsky and his followers are right in maintaining that speakers have a mentally stored grammar of their language, and I will develop the anti-Empiricist argument against the background of this assumption. In 6.2. I will explore how the argument would have to be restructured if the assumption were abandoned. Once we make this ›psychological reality‹ assumption, we have a useful way of characterizing the output of the language acquisition processes (s. art. 110). Part of what happens when a child learns a language is that he comes to have a grammar of that language internally represented in his brain. So the mechanism subserving language acquisition must be able to produce the grammar that the child comes to internally represent. And it must be able to do this given only the sort of data that children typically have available.

3.3. The input: three features of primary linguistic data

In the literature, the data that children learning a language typically have available have been given the label 'primary linguistic data'. What do we know about these data? Since normal children's mastery of the grammar of their native dialect is achieved well before puberty, a first pass at an answer would be that the learner has available about a decade of exposure to the language spoken by the surrounding community. A number of investigators in recent years have claimed that the language to which very young children are

exposed is not just a random sampling of the language of the adult community. Rather, they maintain, youngsters are exposed to a systematically simplified form of speech, sometimes referred to as 'baby talk' or 'motherese'. The motherese hypothesis is the subject of considerable controversy, though fortunately it is a controversy we can avoid (see Snow 1972; Newport et al. 1977; Wexler/Culicover 1980, 66 ff). The Chomskian argument against Empiricism exploits three claims about the data available to children that are independent of the motherese hypothesis, and overwhelmingly plausible on the basis of common experience.

3.3.1. Data include only a limited fragment of the language

Obviously different children are exposed to different samples of the language they ultimately learn. However, within wide limits, this seems to make very little difference. Children in a given linguistic community all end up having learned essentially the same grammar, and manifest this by offering essentially the same linguistic intuitions. Moreover, and this is the essential point, the set of sentences which a competent speaker of a language can use, comprehend, and offer linguistic intuitions about, is vastly larger than the idiosyncratic set of sentences to which the speaker was exposed in the course of learning the language.

3.3.2. The data are noisy

Speakers can distinguish grammatical sentences in their language from non-sentences with impressive consistency. However, in the course of learning their language, the speech children hear does not consist exclusively of complete grammatical sentences. Rather, they are typically exposed to a large assortment of non-sentences, including slips of the tongue and incomplete thoughts, samples of foreign languages, and even intentional nonsense. Thus the data the child has available on the basis of which he learns to tell sentences from non-sentences are remarkably messy.

3.3.3. Many sorts of data are lacking

In the course of attempting to write a grammar of a given language, the working linguist will often find it necessary to probe speakers' intuitions about complex or unusual sequences of words. The information that such a sequence is not a grammatical sentence can often be of great value in deciding between competing grammars. As noted earlier, the linguist will also make use of speakers' intuitions about linguistic properties and relations, including ambiguity, paraphrase, and a host of others. However, in the process of learning the language, the child has access to little or no data of this sort. Children, unlike linguists, are rarely given any indication that certain queer and complex sentences are ungrammatical, that certain pairs of sentences are paraphrases of one another, and so on.

4. The argument from the poverty of the stimulus

We have now assembled the foundation on which Chomsky builds his argument against Empiricism. We are supposing that when a child has mastered the language spoken around him he has acquired an internal representation of a grammar of that language, and that this grammar entails the vast range of linguistic intuitions the now competent speaker might provide to an inquiring linguist. We have also seen that the data available to the child are limited in a variety of ways. What Chomsky proposes to argue is that *no Empiricist mind could reliably discover the grammar that comes to be internally represented given only the sort of data available to the child*. If this is right, then the Empiricist picture of the mind must be mistaken, since at least part of the human mind — that part that subserves the acquisition of language — could not conform to the Empiricist account.

4.1. The rational scientist gambit

At first blush, it might be thought that it would be all but impossible to argue for Chomsky a conclusion. For, though one might show that one or another specific Empiricist theory of the mind — be it John Locke's or Hume's or Skinner's — could not reliably produce the right grammar on the basis of the primary linguistic data a child has available, it would always be open to the resourceful Empiricist to construct another theory, still adhering to Empiricist principles, though differing in one way or another from the particular Empiricist theory that has been refuted. However, there is in Chomsky's writings an ingenious idea for circumventing this problem and refuting all Empiricist theories on one fell swoop. In the remainder of this section I will develop and elaborate this idea, an idea that I'll call 'the Rational Scientist Gambit'. — Suppose that we were to pose for a hypothetical rational scientist the task that the child's mind is so adept at. We will give the rational scientist a typical set of primary linguistic data drawn from some actual human language. Her job will be to discover the grammar of that language — the grammar that children exposed to those data will come to internally represent. In going about the business of constructing and testing hypotheses about the grammar she is trying to discover, the scientist may, of course, exploit any inferential strategy that would be permitted by any account of the mind compatible with Empiricist strictures. (Indeed, it is likely that she would exploit all sorts of strategies that out-run what many Empiricists will allow, though we need not argue this point here.) It follows that if the rational scientist is not up to the task — if she cannot do what the normal child does — then *no* learning mechanism compatible with Empiricist principles will be adequate to the task of language acquisition. It is Chomsky's contention that the antecedent of this conditional is true. A rational scientist, according to Chomsky, could not reliably do what the child does. If this is right, then the Empiricist account of the mind has been refuted.

4.1.1. What the rational scientist is, and is not, allowed to do

Before developing the argument, we should elaborate a bit on what the imagined rational scientist is, and is not allowed to do. The guiding idea is that the scientist is welcome to exploit any and every strategy that she has available in virtue of being a rational, creative scientist. She can record data, do sophisticated data analysis, think up imaginative hypotheses (or mundane ones) and test those hypotheses against the data available to her. There is, however, one thing that the rational scientist is *not* allowed to do. She is not allowed to learn the language from which the primary linguistic data are drawn. There is, of course, no reason to think that the scientist *could* not learn the language on the basis of that data. She is a normal human, and we are providing her with just the sort of data that generally suffices for normal humans to learn a language. The point of the prohibition is simply that if she were to learn the language, she would then have access to data that the child does not have. Once she has become a fluent speaker, she could probe her own intuitions about the grammaticality of sentences that never occurred in the primary linguistic data, as well as her intuitions about ambiguities, about paraphrase, and so on. These data would be of great use to her in her job as a linguist. But if her challenge is to try to do what the child does, then it is obviously unfair for her to use them. For it is clearly absurd to suppose that in order to learn his language the child must first learn it, and then generate the data necessary for him to learn it.

4.1.2. Why the rational scientist can't do what the child does

It is important to be as clear as possible about what exactly is being claimed when Chomsky says that the rational scientist cannot do what the child does. We are supposing that after exposure to a decade or so of primary linguistic data from any natural language, a child ends up with an internal representation of the grammar of that language. The grammar will generate a huge class of sentences that the child has never heard, and will entail vast amounts of information about ambiguities, paraphrases, and the rest — information that is not contained in the primary linguistic data. Thus, the child succeeds in constructing a grammar that projects well beyond his data, and does so correctly, where the standard of correctness is set by the senior members of the child's linguistic community. The correct grammar is the one that others in the community have internally represented. If the scientist is to match the child's feat, she too must make a monumental projection from the data available to her, and come up with the grammar that has been internalized by those who are producing the data. But to say that the scientist must ›come up with‹ the correct grammar is ambiguous in an important way. For when Chomsky denies that the scientist can do what the child does, he is not denying that the scientist could *think up* the right grammar. Of course she could. *Ex hypothesis* she is intelligent, creative and resourceful, so if she couldn't think up the right grammar, no one could. However, it is this very intelligence and creativity that underlies the scientist's undoing. For just as there is every reason to believe she can think up the *right* grammar — the one the child actually ends up with — so too there is every reason to believe she can think up an endless variety of *wrong* grammars — grammars that do not project from the data in the way that the child's grammar does. But having thought up

a wide range of grammars that might account for the data available to her, the rational scientist is plagued by an embarrassment of riches. All of the alternatives will be compatible with all of the data she has available, though they will project beyond that data in different ways. In saying that the scientist would be incapable of ›coming up with‹ the right grammar, what is really meant is that the scientist will have no reliable way of locating the right grammar from among the endlessly many grammars that are compatible with the limited data she has available. — Actually, this understates the difficulty that the scientist confronts. I have been writing as though she can at least restrict her attention to that large class of grammars which are fully compatible with the primary linguistic data. But in fact this would be a disastrous strategy. For as we noted in 3.3.2., the primary linguistic data will typically be messy data, containing all sorts of sentences and sentence fragments that the correct grammar will not generate. So the task the scientist confronts is to locate the correct grammar from the enormous class of grammars that are largely (though not necessarily entirely) compatible with the primary linguistic data. And this is a job that she simply cannot do.

4.1.3. An objection and two replies

At this point one often hears the objection that the problem confronting the rational scientist is simply a special case of the general phenomenon of the underdetermination of theory by data, and that the way out of the difficulty is the same here as it is elsewhere in science. When a scientist can think up a variety of theories that will explain all her data, she chooses among the theories by appealing to methodological considerations. Among these methodological considerations, simplicity looms large. So if our rational scientist can think up lots of grammars that are compatible with all the primary linguistic data, she can choose among them in a principled way by choosing the simplest. — Chomsky and his followers sometimes reply to this objection by claiming that no one has ever explicated a notion of simplicity capable of guiding the sort of theory choices that would confront the rational scientist. This is certainly true, though it is not clear that it does much to meet the objection. There is, after all, no well explicated notion of simplicity capable of guiding theory choice in physics or chemistry either. But underdetermination is just not a serious problem in those domains, so tacit methodological principles must be at work. And if physics can get by using tacit methodological principles, it is certainly plausible to suppose that our rational scientist could do the same. — There is, however, another reply to this objection in the Chomskian literature, a reply that is much stronger. The strategy of this second reply is to assemble actual examples of cases where the working generative linguist can choose between competing grammars for a given language only by looking at evidence that is not likely to be available in the primary linguistic data. In the most persuasive of these cases there will be two or more very different grammars under consideration, each capable of capturing all of the relatively simple and straightforward data — the sort of data that is likely to be available to a child. Moreover, on methodological grounds, all the competitors are on a par. None stands out as intuitively simpler or more natural than the others. Confronted with such a situation, the working linguist will try to decide among the alternatives by hunting for relatively exotic data compatible with one of the alternatives but not with the others. For example, Norbert Hornstein and David Lightfoot (1981 b) sketch a case in which the choice between two very different though comparably simple grammars turned on the paraphrase relations among sentences like (1)−(3).

(1) She told me three funny stories, but I didn't like the one about Max.

(2) She told me three funny stories, but I didn't like the story about Max.

(3) She told me three funny stories, but I didn't like the funny story about Max.

On one of the grammars under consideration, (2) would be considered a paraphrase of (1), though (3) would not. The other grammars correctly entails that both (2) and (3) might be paraphrases of (1). It is, Hornstein and Lightfoot maintain, very unlikely that every child who successfully learns English will have been exposed to primary linguistic data containing evidence about these sorts of relatively abstruse facts concerning paraphrase (see also Hornstein 1984, chap. 1). If this is right, and if all the sorts of evidence that would suffice to distinguish between the two grammars in question are comparably abstruse, then the rational scientist is in trouble. Since she is an intelligent and resourceful scientist, she will be able to think up both grammars. Since neither is methodologically

superior to the other, she will not be able to appeal to simplicity or other methodological considerations in deciding between them. And, unlike the real linguists who actually did worry about the choice between these two grammars, she does not have and cannot get the kind of data that would enable her to make the right choice. — The reply just sketched is, of course, very much hostage to the linguistic facts. For the reply to be persuasive there must be a substantial number of examples in which the choice between two equally simple and natural ways of writing the grammar of a language can be made only by appealing to the sort of abstruse evidence that is unlikely to be found in the primary linguistic data. There is by now a substantial collection of plausible cases in the literature (see, for example, Chomsky 1968, chap. 2; Chomsky 1975, chap. 3; the essays in Hornstein/Lightfoot 1981 a; Lightfoot 1982, 50 ff). If these cases survive the sort of active critical scrutiny to which they are currently being subjected, Chomsky and his followers will have gone a long way toward making their case against the Empiricist conception of the mind.

5. Alternatives to the empiricist conception of the mind

5.1. The homunculus scientist hypothesis

If the Empiricist conception of the mind cannot account for the facts of language learning, what sorts of accounts of the mind can? One way of approaching this question is to focus on exactly why it was that the rational scientist could not do what the child does. The problem, recall, was not that the rational scientist could not think up the correct grammar. Quite the opposite, it was her creativity that was her undoing, since in addition to thinking up the right grammar, she could also think up lots and lots of wrong grammars — grammars which were compatible with the primary linguistic data but which projected beyond it in ways that competent speakers of the language don't. So to enable the rational scientist to duplicate the child's accomplishment some way would have to be found to reign in her creativity. One way of doing this would be to provide her at the outset with some information about which grammars to consider and which to ignore. Suppose it were the case that all the correct grammars of human languages — all the ones that speakers actually have represented in their brains — shared certain properties. If this were the case, then our scientist's work would be greatly facilitated if she were informed about these properties at the outset. For then she would never have to consider any of the grammars that do not share the ›universal‹ features of all human grammars. The richer the collection of universal features, the stronger the constraints they will impose on the class of grammars that the scientist need consider; and the stronger the constraints, the easier her task will become. — What does all of this suggest about the child's mind? Chomsky sometimes writes as though the analogy between the child's task and the scientist's should be taken very seriously indeed. When this mood is upon him, the picture he conjures would have the child coming into the world with a language acquisition device that has all the investigative skills of a mature scientist, along with a detailed innate knowledge of the universal features of human languages. The child's language acquisition mechanism then proceeds just as the scientist would, constructing and testing hypotheses within the domain of those compatible with the innate linguistic universals. This theory — I'll call it the 'homunculus scientist hypothesis' — is certainly a (logically) possible story about language acquisition. Moreover, of the various possible alternatives to Empiricism, it is the one which is most clearly and unambiguously committed to the existence of innate knowledge.

5.2. Constraint nativism

It has never been clear just how seriously Chomsky takes the homunculus scientist hypothesis. What is clear is that substantial parts of that hypothesis are both implausible and gratuitous. There is no reason to suppose that the child comes into the world with a mental sub-component having all the investigative skills of a mature scientist. Nor is there any reason to think that the process of language acquisition is similar in detail to the process of scientific theory testing. A more modest and plausible moral to extract from the analogy between the child's task and the scientist's is that the class of outputs of the child's language acquisition mechanism is likely to be innately constrained in a fairly severe way. If we hypothesize that the mental mechanism responsible for the child coming to have a grammar internally represented is built in such a way that the grammars it can produce are only a very limited subset of the

logically possible grammars, then we will have the beginnings of a theory which might explain how the child succeeds in learning a language despite the poverty of the stimulus. I'll call this hypothesis 'constraint nativism'. Despite his occasional bouts of metaphorical exuberance, I am inclined to think that constraint nativism is Chomsky's considered view. — Unlike the more fanciful homunculus scientist story, constraint nativism does not directly endorse the thesis that we have innate knowledge. It does, however, lend a sort of indirect support to this thesis. For according to constraint nativism, some of the features manifested by the grammar we actually acquire will be attributable to the innate structure of the language acquisition device, rather than to any information contained in the primary linguistic data. And if it is plausible to claim that a speaker has ›tacit knowledge‹ of his grammar, then it may also be plausible to say that the features of the grammar attributable to the language acquisition device are ›innately known‹. (On the plausibility of saying that speakers ›tacitly know‹ their grammar, see Nagel 1969; Schwartz 1969, Stich 1971; Chomsky 1980, chap. 2; Cooper 1975.) — Another important difference between constraint nativism and the homunculus scientist hypothesis is that the former is only the beginning of a full blown account of how children acquire a grammar. It indicates how it is possible for the child to do what he does on the basis of limited data, but it does not even begin to tell us how the language acquisition mechanism *uses* the data as a guide in finding the right grammar from the limited space of alternatives innately available. I'll return to this point briefly below.

5.2.1. Nativism and linguistic universals

In 5.1. we allowed ourselves to suppose the existence of ›linguistic universals‹ — features manifested by the internally represented grammars of every natural language. If there are such universals, it would be plausible to hypothesize that their existence could be traced to the constraints innately imposed on the language acquisition mechanism. Conversely, if we wanted to learn something about the innate constraints on the language acquisition mechanism, searching for linguistic universals might be an inviting research program. In the 1960s and early 1970s a significant number of linguists pursued this research program, and for a while prospects looked good. However, as an increasing number of languages were subjected to increasingly sophisticated grammatical analysis, it became clear that the early optimism was unwarranted. If a linguistic universal is a feature that is present in the grammar of *every* natural language, then the data suggest that there may be very few linguistic universals (Sampson 1978). — A number of authors viewed the failure to find any substantial number of linguistic universals as a thoroughgoing refutation of Chomskian nativism. This was a mistake, however. For the essential thesis of nativism is that there are innate constraints on the output of the language acquisition mechanism. The nativist is committed to the claim that the class of grammars that human children can learn is a very small subset of the logically possible grammars. But the nativist need not claim that there is any single property or collection of properties that every member of this learnable class must share. Thus, though the discovery of a rich set of linguistic universals would have provided impressive support for nativism, the failure to find a substantial number of true linguistic universals does not show that the nativist hypothesis is mistaken. — How might it be the case that the class of innately available grammars is limited without there being many (or any!) linguistic universals? There are lots of ways. Here's one. The class of learnable grammars might be divided into two or more sub-classes whose members share few or no features in common. These sub-classes might themselves be divided into sub-classes, and these in turn might be divided into sub-classes. This picture, with the division into sub-classes iterated a dozen times or more, is pretty much the one that Chomsky has been advocating in recent years. On this account, the role of experience in language acquisition is to guide the acquisition mechanism as it searches its way through the innately specified branching tree of possibilities. This theory is not committed to any feature being universal, though it does predict that we should find features clustered together in the sorts of patterns that a hierarchy of divisions and subdivisions would generate.

6.   An objection and some conclusions

6.1. Conclusions

It's time for an objection and some conclusions. I'll start with the conclusions. The property of the stimulus argument, developed in 4., purports to show that no Empiricist mental mechanism could succeed in doing what the child does, and thus Empiricism must be wrong about at least one component of the mind. The argument was certainly not purely *a priori*; empirical hypotheses were exploited at various junctures. One of those empirical hypotheses — the one that claimed speakers actually have an internally represented grammar — is particularly controversial. In the objection to follow, I'll try to show how it can be avoided. On current evidence, I am inclined to think that all the remaining empirical claims exploited in the argument from the poverty of the stimulus look pretty plausible, though of course further research might change this. So I am prepared to conclude, tentatively to be sure, that the argument is sound, and that the Empiricist conception of the mind is mistaken. — If Empiricsm is mistaken about language acquisition, then the right theory will be non-Empiricist. But the domain of non-Empiricist theories is both large and largely unexplored. Thus it is, I think, too early to say with any assurance what the right non-Empiricist theory will be. One of the two we looked at, the homunculus scientist hypothesis, is wildly implausible. The other, Chomsky's elaboration of constraint nativism, is more promising, though the evidence for it is fragmentary at best. (For some discussion of other non-Empiricist theories, see Stich 1975a; 1978).

6.2. Objection and reply: the property of the stimulus argument without the psychological reality assumption

Finally, the objection and a reply. In 3.2.1. I assumed that grammars are psychologically real, and I made free use of that assumption in setting out the argument from the poverty of the stimulus. But I also noted that the psychological reality assumption is a very controversial one. What if it should turn out to be wrong? Would this not undermine the argument against Empiricism? The answer is that it would not. For, although the assumption of the psychological reality of grammar is a useful expository device, the role it plays in the argument is very non-essential. Competent speakers of a language have the ability to make judgments about the grammatical properties and relations of endlessly many sentences in that language. This is an acquired ability that pre-linguistic children and monolingual speakers of other languages don't have. Obviously, there must be some psychological mechanism underlying this ability; it doesn't work by magic. If we assume that grammars are psychologically real, then it is natural to suppose that the mechanism underlying the ability exploits an internally represented grammar. But the argument from the poverty of the stimulus doesn't require that we make this assumption. We could just as well treat the mechanism underlying the ability as a black box. What is important is that it is an acquired black box, and one which enables its possessor to project vastly beyond the primary linguistic data on the basis of which the box was acquired. The rational scientist in 4. would then have the job of discovering some mechanism — any mechanism, it need not be a grammar — capable of making the judgments that the competent speaker can make. Her downfall will be that she can think of endlessly many mechanisms — endlessly many hypotheses about the internal workings of the black box — that are compatible with the primary linguistic data, but diverge in the way they project from that data. Neither the data available nor methodological considerations will enable her to make the right choice. Moreover, her downfall is the downfall of the Empiricist conception of the mind. No Empiricist learning mechanism can do better.

7.   Selected references

Chomsky 1965, *Aspects of the Theory of Syntax*. Contains Chomsky's first detailed statement of the argument for nativism.

Fodor 1981 b, The present status of the innateness controversy, in: Fodor 1981 a.
Extends Chomsky's arguments for nativism to concepts.

Fodor 1981 c, Some notes on what linguistics is about, in *Readings in Philosophy of Psychology*, vol. 2, Block (ed.).
An important discussion of the psychological reality of grammars. See 3.2.1.

Hornstein/Lightfoot 1981 a, *Explanation in Linguistics*.
A collection of essays offering empirical evidence for nativism. See 4.1.3.

Piatelli-Palmarini (ed.) 1980, *Language and Learning: The Debate between Jean Piaget and Noam Chomsky*.
A collection of essays in which Chomsky and his followers set out their position and respond to critics.

Stabler 1983, How are grammars represented?, in *Behavioral and Brain Sciences* 6.
Another discussion of psychological reality. See 3.2.1.

Stich 1975 b, *Innate Ideas*.
A collection of readings on the innate ideas controversy from both historical and contemporary sources. See sections 2.2., 3., 4.

Wexler/Culicover 1980, *Formal Principles of Language Acquisition*.
A thorough introduction to formal work on learnability.

Stephen P. Stich, San Diego, Cal. (USA)

73. The dispute on the indeterminacy of translation

1.   Quine's project

The thesis of the indeterminacy of translation (henceforth: the indeterminacy thesis) was advanced by Willard Van Orman Quine in 1960 as an outcome of his investigations of

"how much of language can be made sense of in terms of its stimulus conditions, and what scope this leaves for empirically unconditioned variation in one's conceptual scheme" (1960, 26).

This project of investigating the epistemological limits of empirical linguistic studies, in turn, was itself a natural outgrowth of Quine's earlier critique (1950) of analyticity and necessity. There Quine had argued that philosophers' notions of necessity, analyticity, and sameness of meaning formed an ungrounded definitional circle. What was needed to break out of this circle, to ›make satisfactory sense‹ of these notions, was an *epistemological* clarification of at least one of them, and the notion of ›sameness of meaning‹ or ›synonymy‹ recommended itself as the appropriate point of purchase for such a clarification, if for no other reason, then at least by virtue of its falling within the investigative purview of field linguists and lexicographers as well as philosophers. Already in 1950, then, Quine had envisioned an investigation directed at determining, ›presumably in terms related to linguistic behavior‹, what interconnections were necessary and sufficient in order that two linguistic forms be properly describable as synonymous. The indeterminacy thesis *inter alia* records Quine's conclusion that the philosophers' notions of ›meaning‹ and ›synonymy‹ — and, with them, those of ›analyticity‹ and ›necessity‹ as well — in the end *cannot* be rendered epistemologically respectable (s. art. 86).

2. Mentalistic considerations

From the outset, Quine's investigations of translation have also had a fundamentally *anti-mentalistic* motivation. His chief philosophical target here has been a variety of what he terms 'uncritical semantics', "the myth of a [mental] museum in which the exhibits are meanings and the words are labels. To switch languages is to change the labels" (Quine 1969, 186). Semantics succumbs to a ›pernicious mentalism‹, he proposed, whenever it entertains the hypothesis that semantic meaning is somehow determinate in a speaker's mind in a way that goes beyond what is implicit in his behavior and dispositions to behavior. — In its original formulation, the indeterminacy thesis tells us that

"[...] manuals for translating one language into another can be set up in divergent ways, all compatible with the totality of speech dispositions, yet incompatible with one another. In countless places they will diverge in giving as their respective translations of a sentence of one language, sentences of the other language which stand to each other in no plausible sort of equivalence however loose" (Quine 1960, 27).

One early strand of discussion of this indeterminacy thesis concentrates on its specifically anti-mentalistic consequences. Viewed from this interpretive perspective, the salient difference between Quine and his opponents lies in their respective treatments of *propositional* attitudes (s. art. 80; see Harman 1969). Quine argues that there is nothing more fundamental to the constitution and understanding of language than the behavioral propensities of individuals *vis-à-vis* sentences themselves, while his opponents view such ›sentential attitudes‹ as expressions or manifestations

of more basic and underlying *psychological* attitudes (e. g., belief) toward propositions. Curiously, although some critics regarded this Quinean outlook as issuing in the paradoxical consequence that no-one can ever, in any sense, know what he means when he deploys language, others concluded that it in fact entailed the possibility of the very sort of private languages against which a Wittgensteinian critique could be brought to bear (Bradley 1969; Davis 1967). — In any event, although Quine evidently assimilates the tasks, it is far from obvious that the project of translating an individual speaker's utterances as significant syntactically-admissible productions of a shared public language even requires, much less is equivalent to, advancing hypotheses regarding that individual's specific situational intentions or beliefs. This presupposition, characteristic of ›agent-semantics‹, is roughly equivalent to the view that such semantic terms as 'refers', 'designates', 'asserts', and 'states' are, in their primary senses, verbs of human action, taking terms denoting linguistic agents (speakers), rather than linguistic expressions (words, sentences), as their proper subjects. The overarching motivation for such agent-semantics, in turn, can be traced to a desire to account for language in its role as a vehicle of *communication*. Written or spoken language is thought of in the first instance as a tool for modifying the convictions and intentions of an audience (reader or hearer), and the analysis of such semantic notions as ›referring‹ and ›stating‹ as therefore necessarily making reference to such beliefs and desires as both causes and effects of specific dateable usings of bits of language. — But while it is doubtless true to say that bits of language do not *per se* express beliefs or intentions but, rather, that it is people who use bits of language to convey their convictions or desires, it is also true that language could not function in this way as a vehicle of communication unless it were also essentially a system of *representation*, and it is here that the presupposition of the primacy of the mental in the analysis of semantic notions can in fact be challenged. For it can be effectively argued that any ontologically-intelligible understanding of the representational role of thoughts presupposes an independent understanding of the representational role of bits of language. While reference to the activities of persons must indeed enter into the story of such presupposed linguistic representations, on pain of infinite regress, the activities at issue here cannot themselves be such ›private‹ (mental) representational actions as meaning, intending, or believing, intentionally conceived and described, but must instead be concrete public activites (e. g., utterings and inscribings), thought of and described in extension. A more extensive discussion can be found in Rosenberg (1974).

3. Term inscrutability

3.1. Quine's own defense of his indeterminacy thesis was conducted along two main fronts. Initially, his advocacy of the thesis proceeded primarily from considerations regarding the "inscrutability of terms" (Quine 1960; 1968). Later, his emphasis shifted to supporting arguments derived from observations regarding the "underdetermination of (physical) theory" (Quine 1970 a; 1970 b). — Quine has offered three examples of ›term inscrutability‹, one artificial and two natural. The original, contrived, example turns on an imagined native term 'gavagai'. Quine began by supposing the one-word native ›occasion sentence‹ 'Gavagai' to be ›stimulus synonymous‹ with the one-word English occasion sentence 'Rabbit', that is, roughly, to elicit assent from speakers of the respective tongues on all and only the same prompting stimuli (e. g., glimpses of rabbits). Such stimulus synonymy of occasion sentences, however, does not guarantee even the coextensiveness of the terms 'rabbit' and 'gavagai':

"For, consider 'gavagai'. Who knows but what the objects to which this term applies are not rabbits after all, but mere stages or brief temporal segments, of rabbits? In either event the stimulus situations that prompt assent to 'Gavagai' would be the same as for 'Rabbit' " (Quine 1960, 51 f).

A linguist can therefore pass beyond sentence-sentence translations to term translations, Quine proposed, only by making tacit or explicit use of analytical hypotheses, conjectural segmentations of native utterances into lexical units (›words‹) and correlations of such units with words or phrases of the target language, subject to the constraints imposed by the sentence-sentence translations already independently established. The indeterminacy thesis, Quine initially suggested, was simply a direct consequence of the holistic character of these unavoidable analytical hypotheses. Our parochial apparatus of divided reference (pronouns and articles, singulars and plurals, copulae and identity predicates) admits of being *variously* mapped onto hypothesized lexical units of the native tongue:

"If by analytical hypothesis we take 'are the same' as translation of some construction in the jungle language, we may proceed on that basis to question our informant about sameness of gavagais from occasion to occasion and so conclude that gavagais are rabbits and not stages. But if instead we take 'are stages of the same animal' as translation of that jungle construction, we will conclude from the same subsequent questioning ... that gavagais are rabbit stages. Both analytical hypotheses may be presumed possible. Both could doubtless be accommodated by compensatory variations in analytical hypotheses concerning other locutions, so as to conform equally to all independently discoverable translations of whole sentences and indeed all speech dispositions of all speakers concerned. And yet countless native sentences admitting no independent check ... may be expected to receive radically unlike and incompatible English renderings under the two systems" (Quine 1960, 72).

Quine's two ›natural‹ examples are the French expression 'ne...rien' and certain Japanese classifiers. As a whole, of course, 'ne...rien' translates into English as 'nothing'. But, Quine proposes, there is nothing to choose between treating 'ne' as pleonastic and 'rien' as 'nothing' (the 'pas' of 'ne...pas' thereby translating as 'not') or treating 'ne' as 'not' with 'rien' mapping onto 'anything' (and 'pas' becoming a null particle). Similarly, Quine claimed, there is a three-word Japanese expression, as a whole safely translatable as ›five oxen‹, the middle word of which can be treated either as an inflection of the ›neutral‹ numeral '5' (transforming it into a ›declined numeral‹ in the ›animal gender‹) or as a mass-term individuator equivalent to the English 'head' (e. g., of cattle). Again, Quine suggests, no objective considerations are available to dictate a choice of interpretation.

3.2. One dramatic effect of this thesis of term inscrutability is to extend Quinean epistemological strictures from the idioms of meaning to the idioms of reference. If our apparatus of divided reference can be mapped onto elements of a phonetically alien language in infinitely-many equally-acceptable inequivalent ways, there appears to be nothing to prevent us from also mapping it onto elements of our own language in infinitely-many equally-acceptable inequivalent ways. What holds for *inter*-linguistic translation would thus hold as well for the synchronic *intra*-linguistic interpretation of two idiolects and even diachronically for a single speaker's homophonic idiolects at different times in her history. The correlative semantic thesis is the inscrutability of reference *per se*:

"It is meaningless to ask whether, in general, our terms 'rabbit', 'rabbit part', 'number', etc. really refer respectively to rabbits, rabbit parts, numbers etc., rather than to some ingeniously permuted denotations. It is meaningless to ask this absolutely; we can meaningfully ask it only relative to some background language" (Quine 1969 a, 48).

Early critical thrusts saw such spreading inscrutability as undermining Quine's ability to articulate and defend his indeterminacy thesis. Some critics, for example, argued along these lines that the thesis is either meaningless or inconsistent; others, that although logically consistent, it is irremediably self-refuting (see, e. g., Davis 1967; Rosenberg 1967; 1974). The central thrust of all of these critiques was that Quine needed to use the presupposition that the translator's home language itself has a determinate categorial structure and referential apparatus in formulating and arguing for the indeterminacy thesis. The thesis itself, however, has among its consequences the rejection of such intralinguistic semantic determinacy in favor of an ultimate (individual, idiolectic) ›referential solipsism of the present moment‹. But now from this it follows, the critics concluded, that Quine is no longer able consistently or coherently to specify what it is that the radical translator necessarily fails to accomplish. — Quine has remained untroubled by this line of criticism, suggesting only that, when it comes to interpreting the same-language utterances of our neighbors (or ourselves), it is altogether methodologically proper to do what we in fact do in practice: ›acquiesce in our mother tongue and take its words at face value‹. Yet if, as Quine insists, the inscrutability of reference is not the inscrutability of a fact, it is difficult to locate a ›face value‹ at which to take the words of ›our mother tongue ‹ — or, indeed, to pick out ›our mother tongue‹ in any more interesting way than by the sort of phonological account which results in identifying some parrots and some relatively unsophisticated automata as speakers of it. — Noting that the considerations adduced by Quine in support of term inscrutability were, at best, plausibility arguments, other critics argued that the indeterminacy thesis (as formulated in Quine 1960) was simply false, on the grounds that Quine had in fact failed to take into account all relevant aspects of the behaviorally-accessible data base. Implausibility arguments — parallel to,

but contrasting with, Quine's own plausibility arguments — were also advanced. It was suggested, for example, that, when a language (like our own) sufficiently sophisticated to contain resources for contrasting rabbits, rabbit parts, and rabbit stages, and for philosophically dissecting its own referential apparatus and categorial structure, was considered in place of Quine's hypothetical primitive native tongue, the possibility of there being global permutations which left all speech dispositions invariant appeared highly unlikely (e. g., Rosenberg 1967). — More concretely, it was proposed that, since no analytical hypotheses would be required to discover the intelligibility of sentences or the idioms of quotation, conflicting translations would entail conflicting speech dispositions within the home language at the level of indirect quotation. The constraint of intelligibility has the effect of extending the observational data base, although in a manner consistent with Quine's behavioristic strictures, since a listener's blank incomprehension of an utterance is at least as behaviorally salient as his assent to it or dissent from it. The idioms of direct quotation, on the other hand, provide a general mechanism for importing expressions of one language into another *verbatim*. Since, however, the same remark can be quoted both directly and indirectly — I said that ...; my actual words were '...' — it turns out that two effectively bilingual speakers, supposedly operating with distinct, incompatible, and behavioristically indistinguishable Quinean analytical hypotheses governing the translation of one of their shared languages into the other, will arguably inevitably arrive at situations of mutual unintelligibility when operating in such mixed indirect and direct quoting contexts. (For details, see Wilson 1965; Kirk 1969). — Quine in fact acceded to these observations and accepted the criticism, although by modifying rather than withdrawing his thesis.

"[My] indeterminacy thesis was that two translators could disagree on a translation and still agree in all speech dispositions, in both languages, except translation. Kirk's reflection, to the contrary, is that the conflicting translations would entail conflicting speech dispositions also within the home language, at the level of indirect quotation. [...] I grant Kirk his critical point: the phrase "except translation" in my statement of the indeterminacy of translation needs to be elaborated so as to except also indirect quotation and related idioms of propositional attitude" (Quine 1969 c, 267).

4. Theoretical underdetermination

Since 1970, the primary focus of most critical discussion of the indeterminacy thesis has shifted from considerations directed to this argument ›from below‹, regarding the inscrutability of terms, to those directed to the argument ›from above‹, based upon the underdetermination of theories in general. This thesis of theoretical underdetermination itself turns on a rough distinction between observational and theoretical sentences, and derives from the Duhemian reflection that any theory admits of being variously revised in the light of anomalous or recalcitrant observations through modification or revocation of different subsets of its (purely theoretical) component sentences. The truth of a physical theory is ›underdetermined by observables‹, then, in the sense that there will always be distinct and mutually incompatible, or perhaps even incommensurable, systems of theoretical sentences that ›fit‹ any finite collection of true observational sentences, i. e., are compatible with them, and permit their inferential recovery. — Considered collectively, a field linguist's accumulation of analytical hypotheses appears to constitute a theory of the native language epistemologically on a par with micro-theories of the sort exemplified by genetic theories of inherited characteristics or molecular theories of chemical substances. The totality of determinable dispositions to observable speech behavior — or, if we follow Quine even more precisely, the totality of determinable dispositions to assent or dissent upon linguistic prompting in various circumstances of stimulation — constitutes the (maximal) ›data base‹ of the theory, its external subject matter. Corresponding to the postulated micro-entities and micro-properties of a physical theory — its internal subject matter — are the categorial structures, collections of term translations, and referential apparatus projected for the native language by the set of analytical hypotheses. On the face of it, then, the indeterminacy thesis for translation appears to be nothing but a special case of the underdetermination thesis for theories *per se*: For any collection of observable (physical or linguistic) phenomena, one can in principle construct at least a pair of *equally good*, yet incompatible or incommensurable, (postulational ›micro-structural‹) theoretizations. — Quine has steadfastly rejected this assimilation. The indeterminacy of translation, he has always insisted, is an indeterminacy over and

above the general underdetermination of theory by observational evidence. His original formulation of this claim was, to be sure, less than fully perspicuous:

"May we conclude that translation synonymy at its worst is no worse off than truth in physics? To be thus reassured is to misjudge the parallel" (Quine 1960, 75 f).

By 1969, however, Quine was being much less tentative. The point, he insisted, was not simply that the linguist's choice of analytical hypotheses was underdetermined by intersubjectively available behavioral evidences, but that there was in the case of translation ›no real question of right choice‹ at all, no ›fact of the matter‹. The indeterminacy of translation would remain even if we were to know the whole truth about nature, observable *and* unobservable (Quine 1969 b, 275). — Gilbert Harman (1969) has supplied a vivid model of this indeterminacy thesis by calling attention to a task, analogous to translation, for which there indeed may plausibly be said to be ›no real question of right choice‹ and ›no fact of the matter‹ — the set-theoretic formalization of elementary number theory. Both John von Neumann and Ernst Zermelo begin by mapping zero onto the null set, but von Neumann's strategy proceeds to map each positive integer onto the set of numbers smaller than it, whereas Zermelo's maps each positive integer onto the unit set of its predecessor. On each resulting systematization, determinately true or false number-theoretic sentences will correspond respectively to true or false set-theoretic sentences, but there will also be sentences — 'Three is a member of five', for example — assigned no pre-systematic truth value within elementary number theory, which will be mapped by the distinct strategies onto set-theoretic sentences *differing* in truth value. Here, Harman suggests, although one or the other scheme may prove more convenient in specific contexts, it makes no sense to ask which strategy for the set-theoretic systematization of elementary number theory is the correct one. Regarding the ›correct‹ set-theoretic mapping of 'Three is a member of five', that is, there is literally ›no fact of the matter‹. — One should not try to make too much of Harman's illustrative model. While Harman perhaps succeeds in giving a sense to the notion of a well-defined epistemic task for which there is ›no fact of the matter‹ regarding the correctness of a range of its possible outcomes, such mathematical formalization in the end is *not* translation. The only epistemic constraint on ›reductive‹ mathematical formalizations of this sort is self-consciously extensional, i. e., that their mappings take determinate number-theoretic truths and falsehoods into (respectively) set-theoretic truths and falsehoods. But such ›indeterminate‹ cases as 'Three is a member of five' are, after all, not sentences of elementary number theory to begin with. They are ›hybrid‹ sentences whose very intelligibility depends crucially on the possibility of successfully completing a project of set-theoretic systematization, and so it is not surprising to find that the constraints laid down for devising such a systematization imply no criteria of correctness for those hybrids.

5. Indeterminacy and theory-construction

5.1. Critical discussion of Quine's indeterminacy thesis regarding the (radical) translation of natural languages, now specifically understood as a thesis regarding theory-construction in the absence of any ›fact of the matter‹, rapidly branches out into discussions of broad themes and central theses of epistemology and the philosophy of science in general. One focus, for example, has been on the austerity of Quine's ›data base‹. On this approach, the indeterminacy thesis is acknowledged to indeed be a consequence of Quine's behaviorist strictures, but what we are to see in this result, it is further suggested, is only a *reductio ad absurdum* of Quine's strong behaviorism. In his most recent word on the subject, Quine has sharply disagreed:

"In psychology one may or may not be a behaviorist, but in linguistics one has no choice. Each of us learns his language by observing other people's verbal behavior and having his own faltering verbal behavior observed and reinforced or corrected by others. We depend strictly on overt behavior in observable situations. [...] There is nothing in linguistic meaning, then, beyond what is to be gleaned from overt behavior in observable circumstances" (Quine 1987, 5).

But this move from indisputably accurate observations regarding language learning — echoing the famous opening remark of Quine's preface to *Word and Object*, "Language is a social art" (1960, ix) — to conclusions regarding the epistemic constraints on linguistic theorizing may well be too facile. For even granting, as good empiricists, that the data base of any epistemically responsible scientific inquiry must be confined to what it

is possible to experience or observe, the limitation of what is potentially relevant for linguistic inquiry to speakers' ›overt behavior in observable circumstances‹ imposes an additional restriction on the admissible data base for linguistic theory, a restriction which rules out *a priori* and in advance, for example, any possible bearing of in-principle observable neuro-physiological states of speakers on the choice of theoretical translational hypotheses. While it may indeed be, as Quine evidently believes, that truths about such neuro-physiological states can have no bearing on matters of translation, until this conviction has been established by sufficient argument, his claim that observational data empirically relevant to linguistic theory must be limited to speakers' overt behavior in observable situations, rather than being a settled consequence of any reasonable empiricism *per se*, remains a disputable posit of Quine's particular behaviorism. — A second and complementary critical approach focuses, not on Quine's behaviorist restriction of available empirical data, but rather on his methodological presuppositions regarding the role of postulations in empirical inquiry in general. In particular, viewing the overall aim of physical theorizing as "systematizing such general truths as can be said in common-sense terms about ordinary physical things" (Quine 1960, 21), Quine evidently hews to the essentially positivist conviction that (hypothetico-deductive) ›fit‹ with observable phenomena, i. e., the inferential recoverability of true observation sentences, is the sole substantive constraint on the epistemic adequacy of theoretical postulations. Such other ›quasi-aesthetic‹ theoretical desiderata as elegance, simplicity, manageability, and fruitfulness are ›merely pragmatic‹ considerations, affairs of convenience only, and any further choice among systems of theoretical posits implying identical sets of observation sentences is consequently ›arbitrary‹, a matter purely of practical expediency, and lacking any substantive epistemic import.

5.2. In the specific case of linguistic theorizing, Quine quite explicitly adheres to this separation of substantive and pragmatic considerations:

"In order [...] to construe the foreigner's theoretical sentences, we have to project analytical hypotheses, whose ultimate justification is substantially just that the implied observation sentences match up" (Quine 1970 a, 179).

The reasoning which supplies what Quine calls the ›real ground‹ of the indeterminacy doctrine in fact depends precisely on enforcing this distinction. Since the truth of any physical theory is underdetermined by observations, argues Quine, when we undertake the (radical) translation of a foreign speaker's physics, the ›same old empirical slack [...] recurs in second intension‹.

"The point is not just that linguistics, being a part of behavioral science and hence ultimately of physics, shares the empirically underdetermined character of physics. On the contrary, the indeterminacy of translation is additional. Where physical theories *A* and *B* are both compatible with all possible data, we might adopt *A* for ourselves and still remain free to translate the foreigner either as believing *A* or as believing *B*" (Quine 1970 a, 180).

What is not clear about this line of argument is whether Quine is in fact consistent in his treatment of such ›quasi-aesthetic‹ grounds for theory selection and espousal as simplicity, elegance, fruitfulness, and manageability. For, although he explicitly dismisses the substantive epistemic relevance of such considerations to a linguist's choice of theories to attribute to the foreigner, concluding that there is ›no fact of the matter‹, Quine has always been, and remains, a realist with regard to the outcomes of physical theorizing.

"In the case of natural science, [...] there is a fact of the matter, even if all possible observations are insufficient to reveal it uniquely" (Quine 1987, 10).

For Quine, such realism is explicitly a matter of bivalence:

"We declare that it is either true or false that there was an odd number of blades of grass in Harvard yard at the dawn of Commencement Day, 1903. The matter is undecidable, but we maintain that there is a fact of the matter. [...] Similarly for more extravagant undecidables, such as whether there was a hydrogen atom within a meter of some remote point that we may specify by space-time coordinates" (1981 b, 32).

There being (theoretical) ›facts of the matter‹, in other words, is equivalent to the sentences formulating the corresponding (theoretical) hypotheses having determinate truth values. More significantly, however, Quine has invariably argued that it is the scientific method itself — which, whatever its details, eventuates in the theories we actually adopt and espouse — that is the last arbiter of this (or any) truth. — The crucial point for our present discussion is that, although Quine denies that there can be any final and definitive formal methodological organon for sci-

entific inquiry, what we have been calling the ›quasi-aesthetic‹ considerations of simplicity and the like turn out on his own view to be ineliminable aspects of this sole truth-determinative method, complementary to and in a sense equipollent with its adherence to observationality. "Whatever simplicity is, it is no casual hobby" (Quine 1960, 20).

"Theoretical terms should be subject to observable criteria, the more the better, and the more directly the better, other things being equal; and they should lend themselves to systematic laws, the simpler the better, other things being equal. If either of these drives were unchecked by the other, it would issue in something unworthy of the name of scientific theory [...]" (Quine 1981 b, 31).

This being so, however, it is difficult to see why, if simplicity, elegance, and so on are guides toward the truth in natural science — in particular, considerations substantively and epistemically relevant for our choice between two competing physical theories, *A* and *B* — they are not equally guides toward the truth in translation — in particular, considerations substantively and epistemically relevant for a linguist's choice between analytical hypotheses attributing theory *A* or theory *B* to the foreign speaker. Yet it is only by *dismissing* such ›quasi-aesthetic‹ considerations as epistemically irrelevant to linguistic theory choice that Quine can arrive at his strong thesis of the indeterminacy of translation — that there is ›no fact of the matter‹ — by following the route from an uncontentious thesis regarding the underdetermination of any theory by observables alone into the ›second intension‹ (see here, in particular, Lycan 1984).

For the sake of completeness, it should be mentioned that Quine's global understanding of sound empiricist methodology can itself be, and has been, directly indicted on various grounds. Some ›anti-realists‹, for example, suggest that those same considerations which make it reasonable for Quine to frame his adherence to realism in terms of a commitment to bivalence for statements of physical theories — e. g., his theses of referential inscrutability and ontological relativity — ultimately also require, given his positive epistemology of observational fit and systematic simplicity, that he come out in the end on the anti-realist side of the corresponding metaphysical debates (s. art. 74; in this connection, see further Rorty 1972 a; Gardner 1973). Analogously, certain ›scientific realists‹ have also argued that Quine is not entitled to his realism, but not on the grounds that he has produced a correct methodological analysis of empiricism which can then be shown to lack sufficient resources to validate a commitment to bivalence. The charge here is rather that Quine's methodological posits ignore additional substantive epistemic constraints on theory acceptability, explanatory constraints whose satisfaction is required if theoretical postulations are to have ontological import at all (see, e. g., Rosenberg 1974). While the epistemological upshot of either of these critical thrusts is fully to assimilate linguistic to physical theorizing and thereby, contra Quine, to assimilate translational indeterminacy to (mere) theoretical underdetermination by observables, further pursuit of either critical strategy here would necessarily take us beyond the proper limits of this study (s. art. 100). Instead, therefore, let us turn to a brief summing up.

6.   Concluding remarks

Apart from Quine himself and a few close disciples, the strong thesis of translational indeterminacy — i. e., the view that there can be *no* substantive epistemic grounds for choice among competing translational hypotheses and, hence, that there is no ›fact of the matter‹ — today finds few adherents. So too, however, with the style of ›uncritical semantics‹ which it has been Quine's original and continuing aim to challenge.

"The point of my thought experiment in radical translations was philosophical: a critique of the uncritical notion of meanings and, therewith, of introspective semantics" (Quine 1987, 9).

As classical Cartesian mentalism has steadily given way to a variety of increasingly sophisticated functionalist views of human cognitive capacities, so too have the parameters of traditional aprioristic introspective semantics — the myth of the ›mental museum‹ — given way to an increasingly sophisticated appreciation of semantic theory as itself an empirical discipline, regarded as falling epistemologically on a continuum with psychology, biology, neuro-anatomy, biochemistry, and, ultimately, physics. For these salutary developments Quine's critique is in no small measure responsible. Although the dispute continues, that is perhaps the best and lasting legacy of the thesis of the indeterminacy of translation.

7.   Selected references

Davidson/Hintikka (eds.) 1969, *Words and Objections: Essays on the Work of W. V. Quine.*

Davis 1976, *Philosophy and Language.*

Lycan 1984, *Logical Form in Natural Language.*

Quine 1960, *Word and Object.*

Quine 1969 a, *Ontological Relativity and Other Essays.*

Rosenberg 1974, *Linguistic Representation.*

Jay F. Rosenberg, Chapel Hill, NC (USA)

74. Pro and contra linguistic relativism

1.   What is linguistic relativism?

Linguistic relativism is basically a metaphysical theory but one which also involves questions of epistemology and logic. According to Benjamin Lee Whorf (1940, 213), "the world is a kalaedoscopic flux of impressions" which is organized mainly by our language. Since

this claim is backed by a further claim that the organizing categories used vary from language to language, or at the very least they vary from language family to language family, speakers of different languages or different language families perceive a different world. The world perceived is relative to the structure of the language spoken. In the terminology of the philosophical arguments which develop around this theory, the organizing structure of a language is known as a conceptual scheme, and if there is any language with a different conceptual scheme to ours it would be spoken of as having an alternative conceptual scheme. — Whorf was not a philosopher but was a linguist who studied the language of the Hopi Indians of northern Arizona. Hopi is by all accounts a most difficult language for speakers of European languages to learn, and one account estimates that fewer than 20 non-Indians have succeeded. According to Whorf, while in English the most important words are nouns, in Hopi the honour goes to verbs. Whorf sees English and other European languages as reflecting a Newtonian universe of space and time. In contrast, the Hopi language is seen to have no words or grammatical forms which relate directly to time but instead revolve around a category of what may be called 'process-things'. Peter Frederick Strawson (1959, 56), in his courageous and interesting attempt to revive metaphysics after its near death at the hands of the logical positivists, specifically denies that we do make use of the category of process-things but agrees with Whorf that we do use what Strawson calls 'a spatio-temporal framework' as our organizing category. The distinction as explained by Strawson is between a cliff seen as an object undergoing erosion and a cliff as an eroding process, or a person seen as a material object undergoing change through time or as a continually changing process. Strawson emphatically says: "[...] the category of process-things is one we neither have nor need. We do in fact distinguish between a thing and its history [...]" (1959, 56). Were it not for the fact that Strawson is here using 'we' not to refer to speakers of European languages with the same structure as English but to the totality of mankind, Strawson and Whorf would have been in agreement. It is not uncommon in this debate to find that linguists or anthropologists tend to favour the linguistic relativity thesis while philosophers tend to be opposed (see for example Hollis/Lukes 1982).

2.   Linguistic evidence

2.1. At first sight it would appear that disagreements such as this should be easily resolved because it would appear that crucial empirical evidence should be obtainable, especially as philosophers claim to be no less impressed by empirical evidence than social scientists. If Whorf's description not just of the Hopi's language but more importantly, their conceptual scheme, is correct then Strawson's claim on behalf of the totality of mankind is false. Is Whorf's account correct? There are two questions here. The first, 'is Whorf's account of the Hopi language correct?' has attracted much less attention than the second which concerns the correctness of Whorf's description of the conceptual scheme of the Hopi Indians. There seems to have been no refutation of his descriptions of Hopi by other linguists, but this may be merely a function of the admitted shortage of persons who have mastered the Hopi language, and some at least of these may be not trained linguists but enthusiastic amateurs as Whorf himself may be described. However, there have been many attempts not tied specifically to Hopi to check out or question Whorf's more philosophical views that there is a relationship between the structure of a language and the thinking of it's speakers, that consequently one can discover the way people think from their language, and that it is not the case that reality is the same for all people, but that the reality perceived varies from language-type to language-type. Only a brief description of some of the relevant authors and their thinking is here provided. An examination of these works will lead to the work of many others. — Since at least some thinkers point to colour-words for evidence of linguistic relativity, researchers have examined this field. R. W. Brown and E. H. Lenneberg (1954) tested English speaking subjects and Brent Berlin and Paul Kay (1969) tested individuals from many different language groups, (but all of whom lived in the USA and spoke at least enough English for instructions to be given in English). Subjects were asked to select colours from a colour chart indicating the centre and the periphery of colours for their native language. Although experiments such as these show that there are marked differences in colour naming between a European language such as English and other languages (Latin and Ancient Greek included) with other languages having no words for colours named in English, there is marked disagreement over the correctness or otherwise of thereby concluding that those who speak colour deficient languages are also deficient in their ability to discriminate colours. John B. Carroll (1964, 108) thinks that experiments such as these lend strong support to the linguistic relativity thesis, "although in the limited area of color perception". Berlin and Kay (1969, 2) deny that the experiments lend such support to what they call the extreme linguistic relativity thesis which is the thesis that each language codes experience in a unique manner and that the search for semantic universals is fruitless. In relation to Whorf's more general theses, Roger Brown (1958, especially 229 – 263), after pointing out that literal, uncomprehending translations between any two languages will yield quaint and comical results, takes Whorf to task for allowing liberalized translations between European languages but not allowing such liberality between Indian languages and English. He suggests that consistency may require that Whorf should suggest extensive cognitive differences between say, English and German speakers. Brown allows that whereas Europeans share a culture and social customs different from that of the Indians, still one cannot infer distinct cognitive processes from differing cultures. Brown says we just do not have the basic knowledge of psychology and language to decide intelligently concerning languages and differing cognitive processes. Further, for at least some issues raised by Whorf, the matter cannot be decided with linguistic data alone, but that extralinguistic psychological data we do not have is required.

2.2. Similar issues are raised by Carroll (1964). Carroll cites just one of Whorf's many claims. According to Whorf, the Shawnee perceive the situations expressed by the sentences 'I push his head back' and 'I dropped it in the water and it floated (bobbed back)' as being very similar because the sentences use the same basic verb form and are consequently very similar, while the English speaker perceives no similarity in either the sentences or the situations they record. Carroll asks whether the English phrases given by Whorf are adequate translations of the Shawnee expressions. The point is that another English expression with much the same meaning may present a similarity. Although Carroll does not allude to it the point he is making can be seen by examining Whorf when he tells us (1940, 216) that, unlike us, the Hopi language has one noun that covers every thing that flies, except for birds which class is denoted by another noun, so the Hopi call insect, airplane, and aviator by the same word and feel no difficulty about it. "This class seems to us to be too large and inclusive [...]" (Whorf 1940, 216). However, against Whorf it can be pointed out that we do have the additional terms 'flyer' or 'flying object' which we could use in different contexts to refer to all of these ›and feel no difficulty about it‹. Thus the distinction being made by Whorf between the Hopi and us fades when a more careful search of English is made and another noun substituted for the ones chosen by Whorf. The question which now also arises

is whether Whorf's analysis of Hopi is as incomplete as his analysis of English, in this case at least, appears to be. Carroll also asks whether it is the case that just because the Shawnee language has two similar expressions the mental processes experienced with respect to each are similar. He cites the English examples of 'breaking a fast' and 'breaking a stick' which have the same form yet the force of the 'breaking' do not seem to be perceived the same way. Carroll's conclusions (1964, 109 f) are that there is as yet no convincing evidence that language imposes different world-views. He says that what research has shown is that there are differences among languages with respect to the categories that their speakers must attend to but that the similarities among languages seem to outweigh the differences. While it may be the case that language can have an influence on thinking processes, it is unlikely that speakers of different languages have, by virtue of the languages they speak, different world-views. In his introduction to Adam Schaff (1973, viii), Noam Chomsky complains that Whorf provides no evidence for a difference in cognitive modes corresponding to the differences between the Hopi language and Standard Average European languages but begs the issue by postulating cognitive differences on the basis of linguistic differences. Additionally he claims that while Whorf's analysis of the European's concept of time is correct, Whorf cannot reach such a result from the analysis of language, and that such an analysis, if carried out would lead to an incorrect description. Finally, reference must be made to Harry Hoijer (1954), who presents the results of a conference held to discuss the issues raised by Whorf.

3. Philosophical arguments

3.1. That empirical evidence gathered from natural languages would not affect the outcome of the debate about linguistic relativity became evident in the clash between Tsu-Lin Mei (cf. 1961, 153—175) and Robert Price (cf. 1964, 106—110). Complaining about the linguistic imperialism he detected in the work of Strawson and the other Oxford philosophers, Mei attempted to demonstrate that Strawson's general theses in descriptive metaphysics are false by showing that the Chinese language does not have a particular feature (the subject-predicate form) that Strawson, working from English, claimed that all linguistic groups must possess. In brief, Price, claiming that his refutation of Mei's thesis is a rejection of a paradigm of a whole class of language-based attacks on descriptive metaphysics and its claims that others must think of the world in the manner prescribed, rejects as irrelevant the facts of Chinese grammar. He claims that Strawson's philosophical points, while admittedly arising from English grammar, are concerned not with expressions but with the uses of expressions. The distinction marks the difference in the activities of the grammarian and the philosopher. Whether Chinese does or does not have a certain grammatical structure (here the subject-predicate form) is irrelevant because all that is relevant is information as to whether Chinese can be used in the ways Strawson says is universal to all languages (in this case to make the subject-predicate distinction). According to Price, the only sense in which Strawson may be holding English to be paradigmatic is that the uses to which English may be put are paradigmatic of the uses to which other languages may be put. The question then, is not whether Chinese possesses the subject-predicate grammatical form as found in English but whether the Chinese are able to use the same conceptual categories as the English speakers do and make the subject-predicate distinction. Price says that Mei provides no evidence concerning this question. At the very end of his article Price makes the interesting admission that it may be the case that English speakers are in some sense psychologically more attracted to the Strawsonian analysis than others. Venusians, given the overcast skies of that planet, would find a Newtonian analysis of the physical world unattractive because of their unfamiliarity with astronomical bodies, yet this would not make the Newtonian analysis wrong, so too the descriptions of Chinese by Mei and Hopi by Whorf do not make the Strawsonian analysis wrong. ›We ought to be grateful for our clear skies (and) [...] for our English language‹ which presumably makes the discernment of the categories necessary for communication easier. Price concludes that we are faced not with the tyranny of English words but with ›the tyranny of Aristotelian and Kantian concepts‹. The point that Price is making against Mei can be expressed in a more general way. When a linguist or anthropologist begins to discuss the conceptual scheme embodied in a language and is making claims as to the way the speakers of that language view the world, he has gone beyond describing the language *per se*, but is instead making comments about

the metaphysical scheme embedded in the language, and this is, it might be argued, a philosophical enterprise. Philosophers mark the distinction involved here by distinguishing between ›surface‹ and ›depth grammar‹. Surface grammar is the grammar of grammarians and linguists. Depth grammar is variously said to be concerned with the structure of the language, or the conceptual scheme, or the world view embodied in that language. It is to be noted that the area of agreement between Strawson and Whorf extends to this distinction, hence Whorf is not guilty of the error Price attributes to Mei. While Strawson would consider that the distinction marks the boundary between the work of the linguist and the philosopher, Whorf (1956, 207–232) specifically noting the distinction, claims that the contemporary, scientific, linguist is concerned with the ›background phenomena‹, "the automatic, involuntary patterns of language" which constitutes a language's "[...] ›grammar‹, a term that includes much more than the grammar we learned in the textbooks of our school days" (1956, 221). Whorf uses the metaphorical term 'background phenomena' because the phenomena of language he is referring to are aspects of the language of which the speakers are unaware, or at best of which they are only dimly aware. One example offered by Whorf as to what he has referring to by this term is:

"The familiar saying that the exception proves the rule contains a good deal of wisdom, though from the standpoint of formal logic it became an absurdity as soon as 'prove' no longer meant 'put on trial'. The old saw began to be profound psychology from the time it ceased to have standing in logic. What it might suggest to us today is that, if a rule has absolutely no exceptions, it is not recognized as a rule or as anything else; it is then part of the background of experience of which we tend to remain unconscious. Never having experienced anything in contrast to it, we cannot isolate it and formulate it as a rule until we so enlarge and expand our base of reference that we encounter an interruption of its regularity. The situation is somewhat analogous to that of not missing the water till the well runs dry, or not realizing that we need air till we are choking" (Whorf 1956, 209).

So whether it is the linguist or the philosopher who is to provide the expertise, both Strawson and Whorf agree that expertise is required to discern the conceptual scheme from the clues of language. This enterprise is notoriously resistent to general agreement simply because the claims made go beyond the empirically discernible. Evidence culled from a language to support the view that a certain conceptual scheme is embedded in that language can be countered by contrary arguments.

3.2. The linguistic evidence must also run the gauntlet of the fact that most of the philosophical positions we will examine do not say that so and so is the case but that so and so must be the case. Perhaps the temptation is to say that when, necessarily, something must be so, seemingly opposed evidence is somehow mistaken. But it is not as simple as this. For example, Strawson not only claimed, contradicting Whorf, that for mankind, all mankind, past, present and future, it is an empirical fact that we do use language, but given this fact, it is a necessary condition for our using language that we have a conceptual scheme embodying a Newtonian universe or, in Strawson's terminology, we must possess a spatio-temporal framework in which material objects (and persons) are basic. Strawson says that in the absence of this scheme we would be unable to communicate. William Berriman (1967, 288) points out that Strawson and Whorf, both seemingly working from linguistic facts, come to opposing conclusions. Strawson asserts that all languages possess a spatio-temporal framework while Whorf insists that at least one (the Hopi language) does not possess such a framework. Since Whorf has not been refuted, the possibility must be entertained that Whorf could be right (which is not, of course, to say that he *is* right). But Strawson's claim of necessity for his position is a claim that Whorf cannot possibly be right. It is true that Strawson's work is different in kind from Whorf's in that Strawson offers extensive arguments for his conclusions, except for his claim (1959, 56) that the category of process-things is one we neither have nor need. This seems to be merely an assertion (backed of course by Strawson's extensive analysis that leads to the view that our conceptual scheme is a spatio-temporal scheme in which material objects are central). Allowing the possibility that it may be the case that some languages are not as Strawson describes, Berriman accounts for the necessity we feel is inherent in Strawson's descriptive metaphysics by pointing to a concealed circularity in Strawson's account. Strawson is right in his description of our conceptual scheme, we do have such a scheme. But to whom does the 'our' and 'we' refer? Of whom is Strawson's descriptive metaphysics correct? It is correct for all those who possess a conceptual scheme as described in Strawson's book, (this leaves it open whether the Hopi are included or not, i. e. whether Whorf is right or wrong). Thus, as Strawson says, it necessarily is the case that 'we' possess such a scheme. Necessarily it is the case that all of us who possess a scheme as described in Strawson's *Individuals* (which is a scheme with a spatio-temporal framework in which material bodies are basic) possess a conceptual scheme with a spatio-temporal framework in which material bodies are basic.

4. Translation

4.1. Indeterminacy of translation

Another reason why linguistic evidence may not resolve the issue of linguistic relativism results from the well known thesis of indeterminacy of translation of Willard Van Orman Quine (1960) which not only appears to close off the possibility that the work of linguists will solve our problem but also has resulted in a new area of philosophical argumentation (s. art. 73). Philosophers commonly thought that the bedrock of philosophical activity is to be found in the act of naming in the close vicinity of the object named. This is known as ostensive definition. It was thought by many that in the act of ostensive definition, language is connected with reality (s. art. 77). Even after Ludwig Wittgenstein (1953, §§ 1 – 38; especially §§ 26 – 38) (s. art. 39), while many philosophers had given up believing that all words get their meaning from being ostensibly defined, special (almost subliminal) significance was still accorded to the act of naming an object in its presence as an act of giving the meaning of a word. Quine's book is concerned with this relationship between word and object. Quine (1960, 26 – 79) asks us to consider the case of a linguist in the presence of natives whose language is completely unknown. He observes a rabbit and hears the native(s) use the sound 'gavagai'. The linguist provisionally links 'gavagai' and the English word 'rabbit'. His hypothesis is, 'rabbit' and 'gavagai' mean the same. He can test this hypothesis by using 'gavagai' in the presence of both rabbits and the natives. If the natives give a sign of assent then indeed his hypothesis is confirmed. He follows the same procedure for all (most?) other words in their language. But, Quine thinks this is all wrong. Firstly, there is the problem that many words cannot be learned this way, for example, the words for denial or assent cannot since there is no corresponding object and because they must be determined prior to the determination that the natives are assenting or dissenting from our test-use of these words. Worse, the linguist, in matching 'gavagai' and 'rabbit' (as well as for the multiplicity of other synonymies between the languages he must make) is using an analytic hypothesis. This hypothesis, which Quine (1960, 70) says "is a way of catapulting oneself into the jungle language by momentum of the home language", is simply that 'gavagai' means the same as the English word 'rabbit'. He assigns 'gavagai' the same meaning as 'rabbit' because that is what he and others of his linguistic group (we assume it is English) would say in the same circumstances. But what English speakers would say is not only not germane to what the natives are saying but in making this correspondence one is importing the theoretical structure of English and the world-view of English speakers. Now when he assents to the hypothesis checking question of the linguist who asks 'gavagai?' when he spots a rabbit, the native is assenting not to rabbits but to stimulations. In the presence of the same stimulations the native and the English speaker say 'gavagai' and 'rabbit' respectively. It is the stimulations which are the same but the linguist concludes that the language usage is the same. We may not even be correct in saying that the stimulations are the same for it may be that the native is responding to a local rabbit fly which is always present with rabbits but is not even perceived by the linguist. But even if we ignore that possibility and stick with the rabbit, 'gavagai' could equally well be synonymous with what Quine calls 'attached rabbit parts' or 'rabbit stages', which are brief temporal segments of rabbits or ›rabbithood‹, wherein 'gavagai' is a singular term naming a recurring universal, or further possibilities. Asking natives in the presence of what we call 'rabbits' will not provide objective evidence in favour of any one of these alternative translation possibilities. Quine says (1960, 69) that since for "translation theory banal messages are the breath of life" the encouragement is to give some English platitude as a translation of a native sentence and the translation of an exotic sentence such as "'All rabbits are men reincarnate'" would be "a bold departure, to be adopted only if its avoidance would seem to call for much more complicated analytical hypotheses". Analytical moves, such as "'gavagai' means the same as 'rabbit'" remain as hypotheses not just for 'gavagai' but for most

claims of synonymy between the languages. Thus Quine speaks of the indeterminacy of translation because in theory there are an infinitude of possible translation hypotheses between languages. Perhaps it occurs to us that one possible way out of this reliance upon the analytical hypotheses of translation would be to have our linguist learn the language as a native child would. Surely this would eliminate problems such as knowing to what aspects of rabbits 'gavagai' referred. However, Quine (1960, 71) considers and rejects this possibility. He thinks that even if one unrealistically supposes that he could keep his knowledge of languages out of his learning, he would still have recourse to analytical hypotheses when he comes to compile his jungle to English manual. Of course, he would be better off than the non-bilingual linguist in that he would not have to have recourse to native respondents to check word meanings but could within himself function in these two roles. Although it goes beyond our present topic it should be mentioned that Quine (1969a, 47) thinks that analytical hypotheses and hence the indeterminacy of translation are present in communication even within languages since according to Quine we use analytic hypotheses in understanding the meanings of others. Even for an English speaker it remains an analytic hypothesis that the word 'rabbit' as used by others refers to the whole of a long-eared, furry creature (s. art. 86). Consequently, in Quine's view, it is impossible for even a bilingual linguist to escape the use of observationally uncheckable analytical hypotheses. If Quine is correct then it follows that no linguistic endeavour is going to resolve the question whether there are alternative conceptual schemes because no linguist can be held to have a definitive account of the target language. On the other hand the linguistic relativist can take heart from Quine's account for again if Quine is correct, then the very act of attempting to understand the target language involves distorting it so that it reflects the conceptual scheme of the linguist's own native language. Thus it may be that some of the already known languages (Hopi?) contain alternative conceptual schemes but this fact has been concealed in the mere act of translating them. Indeed Quine has been criticised for having given comfort to the alternativist. However the alternativist cannot rejoice because multifarious attacks were now mounted on the very concept of alternative conceptual schemes.

4.2. The very idea of
alternative conceptual schemes

4.2.1. When Strawson talks of ›frameworks‹ and ›conceptual schemes‹ he acknowledges that he is indebted to Immanuel Kant. Richard Rorty (1972, 649 f), points out that it was Kant who developed the two distinctions necessary for the idea of an alternative conceptual scheme. These distinctions are between receptivity and spontaneity and between the necessary and the contingent.

"Since Kant, we find it almost impossible not to think of the mind as divided into active and passive faculties, the former using concepts to ›interpret‹ what ›the world‹ imposes on the latter" (Rorty 1972, 649 f).

It also is almost impossible for us to avoid distinguishing between those concepts the mind could not get along without and those which it can. The former concepts we then think of as necessary and the constituents of our conceptual framework. But then it is but a short step to thinking about what it would be like were these ›a priori‹ ideas different, what it would be like with ›an alternative conceptual scheme‹. Somewhat paralleling Rorty's already very compressed summary of the arguments of Quine and Gilbert Harman (1967), Rorty (1972 a, 651 f) presents the argument that the very notion of an alternative conceptual scheme contains the roots of its own destruction because one can only start to think of alternative conceptual schemes if one has already undermined the whole idea of a conceptual scheme through an argument perhaps similar to that following. One accepts the coalescing of 'necessary', 'analytic' and 'a priori' on the one hand and 'contingent', 'synthetic' and 'a posteriori' on the other. Quine (1953 b) argues that these distinctions are in fact nothing more than that between that which is relatively hard to give up as opposed to that which is relatively easy. Our conceptual scheme, which starts out with a necessary framework which orders the way we view the world, now appears as something which is hard to change but nevertheless changeable. Indeed taking into account Quine's indeterminacy of translation it appears that there are as many conceptual schemes available as there are translation manuals. But now the whole point of introducing talk about conceptual schemes is lost because initially 'conceptual scheme' referred to the necessary structure which we needed to make sense of the world. This paradoxical result is but a harbinger of other attacks on the very idea of a conceptual scheme. Barry Stroud (1968, 94), denying sense to the idea of an alternative conceptual scheme, argues that any attempt by an alternativist to demonstrate the existence of an alternative scheme by stating some of its alternative forms is doomed to failure because any such demonstration can only occur if, contrary to the hypothesis, the stated form is already available to us. If it cannot be stated we cannot give content to something which is claimed to be a genuine alternative scheme. But Stroud's conclusion is not that we cannot know of any alternative scheme but that ways of thought and speech not presently intelligible to us and any real novelty in human thought are impossible. The weakness of this argument by Stroud is that the alternativist might well agree with him that any attempt to state an alternative form is doomed to failure, and consequently not try to demonstrate the existence of an alternative scheme by stating some of it's alternative forms (there may be other ways to show that other schemes exist). In this event the alternativist position is not vulnerable to Stroud's attack. Reinforcing Stroud's contention that any real novelty in human thinking is impossible, Jerry A. Fodor (cf. 1975, 86), argues that there must be an internal code present in all language learners (which includes first, as well as later, language learning). This code precedes, and makes possible, the language learning. Since the code is the same for all (since it exists prior to any language learning), there cannot be much variation between languages, certainly not enough to make translation impossible, or even difficult. Further, Fodor denies that it is possible for anyone to learn any language whose expressive power is greater than one's own or "[…] whose predicates express extensions not expressible by those of a previously available representational system" (1975, 86). If Fodor's universalist claim is correct, then it is the case both that there are in fact no alternative conceptual schemes, and that even if, impossibly, there were, no one could hope to learn of them.

4.2.2. Donald Davidson (cf. 1974 a, 5—20) finds common to all talk of different conceptual schemes the view that speakers of different languages share a common conceptual scheme provided one language may be translated into the other. Partial or complete failure of translation is discerned as a necessary condition for difference of conceptual schemes. Studying the criteria of translation is seen by Davidson as a way of focusing on criteria of identity for conceptual schemes. Davidson's conclusion that we cannot make sense of total failure of translation between languages is an echo of Wittgenstein (1953, §§ 206 f). Wittgenstein, after saying that the common behaviour of mankind is a system of reference which enables us to interpret an unknown language, goes on to say that in a case in which although it appears obvious that the sounds made by natives make a difference to their behaviour, if we find it impossible to learn their apparent language, there is insufficient regularity for us to call it a language. This denial by Wittgenstein perhaps ranks with some of the most puzzling of his utterances for it is unclear whether Wittgenstein is denying that the natives in fact possess a language or whether they in fact possess a language but we cannot so call it in the absence of observed regularity. Davidson might well be referring to Wittgenstein's comments when he says that a statement to the effect that we cannot make sense of complete failure of translation between two languages should appear as the conclusion of an argument, for Wittgenstein does not present an argument for his conclusion. Davidson presents an argument against the possibility that two language speakers could inhabit the same world and yet possess languages which suffer complete failure of translation. Davidson finds that attempts to imagine two languages which completely fail to be intertranslatable have recourse to two sets of images or metaphors. Conceptual schemes are seen either to organize something or to fit it. Each of these metaphorical clusters is found wanting. Either it is the world (or nature), or experience which is said to be organized. But Davidson claims that no sense can be made of organizing a single object. If one were asked to organize a closet, for example, one would organize the things in it but if one were asked to organize the closet itself one would be bewildered. Much the same difficulties occur with experience as the organized object since with it too the notion of organization involves pluralities, but Davidson says that whatever plurality we take experience to consist in we will have to individuate according to principles familiar to English speakers and a language that organizes in such a manner must be very similar to our own. Secondly, something is not going to count as a language

which deals only in experiences, sensations, surface irritations or sense-data. "Surely objects such as knives, forks, railroads and [...] kingdoms also need organizing" (Davidson 1974 a, 15). The metaphor of fitting is also found wanting by Davidson in that he claims that the notion of fitting experience or the facts adds nothing intelligible to the simple concept of being true. Davidson points out that experience or facts do not make a sentence true because no *thing* makes a sentence true. We acknowledge that a sentence like 'Snow is white' is true if and only if snow is white (s. art. 69). Davidson's analysis concludes that the notion of fitting comes down to saying that an alternative scheme is largely true (it being likely that like ours it contains some, but not too much, error) but not translatable. Davidson immediately attacks this possibility saying that we do not understand the notion of truth as applied to language independently of the notion of translation. Davidson says (1974 a, 16 f):

"We recognize sentences like ''Snow is white' is true if and only if snow is white' to be trivially true. Yet the totality of such English sentences uniquely determines the extension of the concept of truth for English. Tarski generalized this observation and made it a test of theories of truth: according to Tarski's Convention T, a satisfactory theory of truth for a language L must entail, for every sentence s of L, a theorem of the form 's is true if and only if p' where 's' is replaced by a description of s and 'p' by s itself if L is English, and by a translation of s into English if L is not English. This isn't, of course, a definition of truth, and it doesn't hint that there is a single definition or theory that applies to languages generally. Nevertheless, Convention T suggests, though it cannot state, an important feature common to all the specialized concepts of truth. It succeeds in doing this by making essential use of the notion of translation into a language we know. Since Convention T embodies our best intuition as to how the concept of truth is used, there does not seem to be much hope for a test that a conceptual scheme is radically different from ours if that test depends on the assumption that we can divorce the notion of truth from that of translation".

This having been said, Davidson turns his attention to the claim that there exists partial failure of translation between alternative schemes. According to Davidson partial failure fares no better than the cases of complete failure. In order for the partial failure cases to work what is needed, Davidson thinks, is a theory of translation which makes no assumptions about shared meanings, concepts or beliefs. But in actuality, when faced by someone whose language is not our own, we cannot make even the first step towards interpretation without knowing or assuming a great deal about his beliefs or attitudes. One must assume that most of what the speaker says, he believes to be true, and one works to enlarge the areas of agreement between us because theories of belief and meaning can only be begun by assuming general agreement on beliefs between us and the speakers of the target language (s. art. 68). The greater the apparent agreement between us on beliefs, the better the basis for the theory. But when differences in thinking do occur, no general principle, or appeal to evidence will enable us to determine that such differences are due to concepts and hence conceptual scheme rather than beliefs. To clarify, Davidson thinks that when faced with a group to whom we might wish to attribute an alternative scheme, we could not on principle decide whether we should attribute to them an alternative scheme or merely a series of false beliefs. Davidson's final conclusion (1974a, 20) is that given the underlying methodology of interpretation, we cannot be in a position to judge that others have concepts or beliefs radically different from our own and on the basis of his analysis no intelligible basis has been found by which it can be said that schemes are different but neither can it be intelligibly said that mankind shares a common scheme and ontology (s. art. 119). Both Davidson and Stroud find the concept of an alternative conceptual scheme unintelligible.

5. Alternativist responses

5.1. Translation unnecessary

An attempt to show that Davidson's arguments, to the extent that they are based on the need for translation, are not damaging to the alternativist cause has been made by Berriman (1978). Berriman maintains that the kind of ›depth‹ grammatical information offered by Whorf is relevant to decisions concerning alternative conceptual schemes. Whorf, working from grammatical and linguistic facts not only denies that the Hopi possess the scheme that Strawson seemingly correctly attributes to speakers of English but also describes a very different linguistic structure. Given these differences, it seems to make sense to speak of the Hopi possessing an alternative conceptual scheme to that possessed by English speakers. In order that ›we‹

can make such a scheme intelligible it is only necessary that at least one speaker of English come to understand the target language. In order to learn a radically different language, it is again unnecessary to be able to translate into one's own native language in order to learn. Even when learning languages which are not radically different, the technique of learning via translation is known to be less satisfactory than immersion learning. Humans routinely learn a language without translating the target language, most children learn their native tongue this way and there seems to be no theoretical reason why an adult linguist could not learn the target language the same way. In order to make such a scheme intelligible it is not necessary that one translate what the speakers say into English. Indeed since our interest is their alternative scheme, such a move would be futile because it would only inform us of the structure of the language the speakers would use were they to speak English and this we already know. It is sufficient that the linguist describes (makes intelligible) not the content but the structure of the target language, using whatever technical language is necessary and as is normal in technical discussions. New terms may be developed and defined. Since translation is concerned with content, Davidson's demand for translatability as being essential to intelligibility is a demand for more than is needed to make an alternative *scheme* intelligible. It is to be noted that Strawson *does* manage to give us some idea what a process-thing is, enough for us to agree that this is a category we do not have. Whorf's account is much more technical. Anyone who masters this will certainly be not able to speak Hopi but will be given a sufficiently extensive glimpse of the structure of Hopi to be able to determine that it possesses a linguistic framework and ontology alien to that employed by English speakers. For reasons such as these Berriman concludes that contrary to Davidson and Stroud, the idea of an alternative conceptual scheme not only is intelligible but is useful in marking marked structural differences or similarities between languages. Additionally, in referring to alternative schemes one need not be doing as Rorty (1979, 304) thinks, that is thinking of the target language as having a central core whose ostension is different from ours. That way of looking at things does, of course, commit one to a point of view thoroughly discredited by Wittgenstein and those who follow him. The position advocated by Berriman is one based upon a comparison of differences in structures of languages. Of course, given this way of looking at linguistic relativity, in admitting the possibility, of what may be better called alternative languages, one is admitting the possibility of ›cutting up the world differently‹ but only in the sense of contemplating the possibility of different ways of talking about the things people talk about. Of course, in adopting his position Berriman may be accepting that which the alternativist might not want to accept, namely that what we, the speakers of Standard Average European, could know nothing more of a truly alternative scheme than that it exists and whatever else we could glean from a study of the linguist's technical explanation. Much of the metaphysically and philosophically exciting aspects of the thesis described at the beginning of this article seem lost. But this seems to be the place to which the alternativist is driven by counter arguments. However, the alternativist position may be nourished, if not restored, by the thesis of the social relativity of truth discussed at the end of this article.

5.2. Translation attacked

Another course open to the alternativist is to attack the translation based arguments head on. As is typical in philosophical arguments, this will have the effect of moving us into deeper issues which are relevant to many philosophical problems. The point of departure for the argument is in the following words of William Newton-Smith (1982, 107 f) who is arguing for ›the incoherence of relativism‹ in a manner quite similar to Davidson:

"Schematically expressed the relativist thesis is: 'something, s, is true for α and s is false for β. But what is this something?'. […] Suppose we encounter some social group, call them the Herns, who produce a sentence s in a context in which we would hold a sentence s' to be true. We may be saying the same thing as the Herns or we may be saying different but complementary things or we may be saying incompatible things. We cannot adjudicate between these alternatives without a translation of s into our language. That is, we have to find a sentence of English which has the same meaning that s has in Hernish. It is a necessary (but not sufficient) condition of two sentences having the same meaning that they have the same truth-conditions. If s'', is a sentence which we hold to be the translation of s then, ex hypothesi we are committed to saying that s has for them whatever truth-value s'' has for us. If we hold s'' to be false and they hold that s is true we are committed to saying that they are just plain mistaken. There is no question

of coherently saying that s is true for them and its translation, s'', is false for us. Assuming that it is legitimate to employ a traditional concept of meaning and translation, what the relativist maintains as a possibility with regard to truth is no such a thing. It is just incoherent" (Newton-Smith 1982, 107 f).

Undergirding the thinking of Newton-Smith and Davidson are assumptions which are quite pervasive in philosophy. These are: (i) that the truth or falsity of a sentence or proposition is given by its correspondence or lack of correspondence with the world, that since (ii) the world is the same for all, (iii) there is available to all the same stock of propositions even although the sentences which are their bearers can differ from language to language. It is but a small step from these to thinking (iv) that translation is always possible since at least some overlap is expected between what is actually utilized from the common stock of propositions by different languages. But this whole line of thinking, formulated as it is in our thinking about languages which share our conceptual scheme, begs the question when radically different languages are involved, because the alternativist (perhaps as a purely theoretical exercise which is in itself an unexceptional philosophical enterprise) is calling one or more of these into question. We will examine these in reverse order since that course takes us from the less radical possible stances for the alternativist to the more radical. (iv) As Davidson (1974 a, 11 ff) is at pains to point out the *defining* characteristic of radically different schemes is a partial or complete failure of intertranslatability. (iii) The basic reason for this failure of translatability is not that the alternativist is claiming that there is something which is true in one language but false in another but that the way locutions are expressed in the one language makes it impossible for them to be stated in the other. That is, that expressions which could be labelled as true in one language make no sense at all in the other. Since they cannot even be stated they cannot even qualify for the label 'false'. If one thinks that in stating a true sentence one is thereby also expressing a proposition, then the situation being claimed is that some propositions can be stated in some languages but not others. Thus it is denied that there is a common stock of available propositions. Consequently, what Newton-Smith says about the Herns is irrelevant because, as their language is such that they

›produce a sentence s in a context in which we would hold a sentence s' to be true‹, they do not possess a radically different language. This is so because, if they do possess a radically different language, and s is being cited as evidence for their having such a language, we could not produce an equivalent sentence at all in that context, because, according to the hypothesis, we have no situation quite like it. Newton-Smith has also drawn comment from F. C. White (1986, 331—334). Among other things White reminds Newton-Smith that the relativist position is not incoherent because a relativist is not committed to claiming that the alternative language contains propositions which have a different truth value to that which they possess in another language. Rather, if he talks about truth or falsity at all, it is not truth simpliciter, but it is a truth (or falsity) which is relevant to that language, much like the way the propositions of Euclidean geometry are true relative to that system while those of Riemannian geometry are true relative to it. One feels no problem about asserting that a proposition is true in Euclidean geometry but not true in Riemannian geometry. But the major problem White sees in dealing with Newton-Smith is that he forces one into the position of regarding relativism as a semantic theory whereas, says White, it is also epistemological and ontological, that is, a doctrine about the nature of knowledge and reality. (ii) In adopting his position the alternativist need not be forced into saying that the ›others‹ live in a different world. He can hold that, of course, since the Hopi people live in a part of Arizona which is not notably different from the rest of that state the Hopi live in the same world as we do but they make something different of it in their linguistic categories. There could be others like this. Although not forced to make the step that the ›others‹ live in a different world, the alternativist may make that step and argue somewhat as follows.

5.3. Non humanoids

There is imprecision in the philosopher's use of the word 'world'. Usually it is taken to mean the whole of what exists, but it may also mean the whole of what appears to one individual, roughly the content of his mind plus what he senses. The imprecision generated by the gap between these two meanings may have important consequences. In one sense of the term, dolphins, whom some think to have a language which so far researchers

have failed to ›speak‹ or translate, live in the same world as we do, but in another sense of the term they do not. Although they inhabit the same planet as we do, it is not difficult to think of their largely featureless aquatic environment combined with their physiology and their consequent ability to use higher sound frequencies in a better conducting medium as being the kind of place in which the Strawsonian language with relocatable basic particulars existing in a spatio-temporal framework might not be useful. Of course, it may be that the dolphins rely more heavily than we do on the other important basic particular in the Strawsonian linguistic universe, namely persons, for it appears that dolphins might be unable to survive without other dolphins (assuming, of course, that dolphins merit the word 'person'). But the other persons are not relatively stable in the way the Strawsonian analysis requires. So the alternativist may speculate that the failure to understand inter-dolphin communications is a result of their possession of a conceptual scheme different from that of the researchers. Similarly, the alternativist may speculate that one day when statistically possible language-using (non humanoid?) inhabitants of another distant planet are encountered they may also inhabit a different world both physically and linguistically. Perhaps Rorty has had the last word and reduced the consideration of dolphins, extraterrestrials, etc., to absurdity. For all we know, says Rorty (1972 a, 657) our world is filled with unrecognizable persons.

"Why should we ignore the possibility that the trees and the bats and the butterflies and the stars all have their various untranslatable languages in which they are busily expressing their beliefs and desires to one another?" (Rorty 1972 a, 657).

Rorty doesn't care if this move is made. He thinks that no matter how complex one makes the concept of a person in the attempt to rule out butterflies, the concept of a person will not come unstuck from that of a complex interlocked set of beliefs, and the latter cannot be separated from that of the potentiality for translatable speech. In considering what he calls ›the global case‹ where *ex hypothesi* translation is impossible, Rorty doubts (1972 a, 659) that we will ever be able to create general answers to questions such as 'Is it a conceptual framework very different from our own, or is it not a language at all?' or 'Is it a person with utterly different organs, responses, and beliefs, with whom communication is thus forever impossible, or rather just a complexly behaving thing?'. Instead in such borderline cases we will have to continue to grapple with particular hard questions such as 'Are they holding beliefs or merely responding to stimuli?' or 'Is that an utterance to which they assign sense or are they just making noises?'. The comfort that the alternativist can take from this is that his position is such that according to Rorty it can never be argued away as Davidson and Stroud wish and that attention can be focused upon specific questions which will be partially answered by empirical observations. A priori attempts to rule out the alternativist position are therefore turned back. The introduction of dolphins into our discussion was partly motivated by the desire to demonstrate that contrary to the a priori efforts of philosophers such as Strawson, Davidson and Stroud, the alternativist position need not be motivated purely by philosophical speculation but also by empirical data such as dolphins and the Hopi. Are the anti-alternativists not only willing to argue that Whorf is wrong, necessarily wrong, that is, regardless of any empirical evidence past or future, but that either the dolphins do not possess a language or that that language must also have the same structure as English (and of course, on this view, all other languages)? Any philosophical technique capable of ruling out possible results of research this way and capable of the prior ruling out of the possibility that we are forced on behavioural grounds to think that dolphins do have a language but that the language does not have the structure of English, because of continuing failure to understand or translate the language, is indeed a powerful instrument. The alternativist response is that all philosophy can rule out are logical impossibilities or incoherencies (the term preferred by Davidson and Stroud) and in the area of linguistic relativity these attempts have not been successful.

5.4. Truth as correspondence

The most fertile area for future argument may show up when attending to contemporary arguments in other areas of philosophy against the first proposition earlier identified as undergirding the thinking of Newton-Smith and Davidson, viz, the view that the truth or falsity of a proposition is given by its correspondence or non-correspondence with reality. Paradoxically, although Rorty (1972a, 659–665) denies that, in anything

more than a trivial sense, truth is correspondence with reality, and uses this denial to take the alternativist to task, the alternativist's greatest contemporary ally in the argument concerning the nature of truth may well turn out to be Rorty (1979). Rorty and others are rejecting the whole correspondence theory versus coherence theory of truth argument in favour of a view which makes truth that which is accepted without further argument in one's social group and certainty a matter of victory for one's arguments (s. art. 69). This view, if adopted, completely undercuts Newton-Smith's position by allowing the alternativist to ask why, if truth is relative to a social group, it is expected that all the different social groups should independently agree to a central core of translatable truths? As well, the alternativist can ask the question which has been embedded in much of our discussion, namely, why it is thought that all languages have the same structure as English? As we have seen, the answer given to these questions is that if it were not the case that all languages have at least much the same structure as English and at least some truths are held in common consequently making translation possible, the speakers of English (and languages with the same structure as English) could not understand, or come to know of, the existence of alternative schemes. These contentions the alternativist is still able to deny. The linguistic relativity thesis has not been laid to rest.

6. Selected references

Berriman 1967, Strawson's *Individuals* are descriptive metaphysics, in *Australasian Journal of Philosophy* 45.

Davidson 1974a, On the very idea of a conceptual scheme, in *Proceedings of the American Philosophical Association*.

Newton-Smith 1982, Relativism and the possibility of interpretation, in *Rationality and Relativism*, Hollis/Lukes (eds.).

Quine 1960, *Word and Object*.

Rorty 1972a, The world well lost, in *The Journal of Philosophy* 69.

Strawson 1959, *Individuals. An Essay in Descriptive Metaphysics*.

Whorf 1956, *Language, Thought and Reality*.

William Berriman, Regina, Saskatchewan
(Canada)

75. One or many logics?
Arguments relevant to the philosophy of language

1. Introduction

The philosophy of language is centrally concerned with meaning, truth and reference. Truth arises from referential connections and the way things are; and meaning is intimately tied to conditions of truth and of reference. Logic is the study of how truth is preserved regardless of how changes in referential connections may be rung. A correct philosophy of language in general, or of any one (kind of) language in particular must, therefore, have something to say about ›the‹ logic (should there be one) of language in general, or of any one (kind of) language in particular. But is there just one correct logic?

Given the variety of logical systems developed in the twentieth century, or even in the last decade, a philosopher or logician trying to make a case for one logic over all others is in danger of looking like a knight searching for the Holy Grail. One or many logics? — of course there *are* many, and the descriptive task of surveying them is not trivial. But which among them is the right one? — here we encounter controversies right from the start, and the normative task of settling them is at best contentious, at worst impossible. In this paper I try first (2.) to give a map of the ways in which classical logic can be varied or expanded so as to get other systems, and then (3.) sketch the general issues surrounding one's choice of logic. Next (4.) I discuss, with the necessary background, some of the most important innovations that have occurred in logical research over the past decade or so. I say a good deal about the differences between classical and intuitionistic logic, and describe other departures from classical logic of a more radical kind, such as relevance logic. I also describe recent work on the modal logic of provability, as an example of increasingly focussed constraints on the interpretation of the modal operator. In 5. I mention briefly other important recent developments that lack of space prevents me from discussing. But by mentioning them, I believe, the present survey can aspire to a degree of qualitative completeness as far as developments in the last two decades or so are concerned. In 6. I discuss the most important criteria that I believe should be involved in the choice of a logic. I try to make the reader aware of the many other developments that I do not have space here to discuss. The point of a survey paper is also to suggest directions for further research. I accomplish this last task, if at all, only from a biased perspective (7.). Readers will of course make the corrections necessary from their own. My suggested directions are ones that have not yet developed much momentum in current work, but which I believe it would be fruitful and rewarding to explore.

2. The most notable supplementations of, and deviations from, classical logic

2.1. 'Logic' is a vague term of art. But logicians tend to associate with it a cluster concept that helps one to classify logics along different dimensions of variation. I shall first describe these dimensions of variation that go to make up the cluster. The best way to start is by describing the origin, so to speak — the system of classical first order logic. Logics tend to be mapped by the ways in which they differ, in various dimensions, from the classical case. The dimensions, their sub-dimensions, and so on, are listed below by catchwords and phrases. In italics are the options conventionally collected under the rubric 'classical first-order logic'. In distributing the emphases in italics I have assumed a countable language, and, for definiteness of illustrative purpose, have assumed also that the system is one of natural deduction, as done by me (Tennant 1978), for a universally free logic with the description operator primitive.

Language
semantically open/semantically closed
first order/higher order/type-theoretic/combinatory
Logical vocabulary
Connectives: *negation, disjunction, conjunction, implication*
Quantifiers: *universal, existential*
Combinators
Variables
Extra-logical vocabulary
finite/*countable*/uncountable
Names
Predicates
Functions
Rules of sentence formation
finitary/infinitary
allowing variable binding to form terms? *Yes*/No
linear/branching quantifier prefixes
Semantic interpretation
Space of truth values:
$\{t,f\}$; some other Boolean algebra; a finite matrix; an infinite matrix (e. g. a Lindenbaum algebra); the rational interval [0,1]; the real interval [0,1]; a topological space
Extensional
Domain D
Unitary
Admitting an inner/outer (non-existent; fictional) distinction
Extensions for extra-logical primitives
Denotations for names:
everywhere defined/*not everywhere defined*
For function signs:
total functions/*partial functions*
For predicates:
partitions of D^n
extensions and anti-extensions within D^n
Method of evaluation of expressions:
Truth tables for connectives
Satisfaction method for quantifiers
Supervaluation? Yes/*No*
Intensional:
Proof-based (constructions)
Possible worlds semantics (frames)
kind of accessibility relations?
domain relations?
kind of indices?
Other: Game theoretic
material game
dialogical games
Truth-value semantics
Probabilistic semantics *(all possible if desired)*
Transfinite iterations of stages of evaluation (especially for semantically closed languages)
Semantic notions:
satisfiability/finite satisfiability (finite models property)
logical consequence: *single conclusions* or multiple conclusions?

closure properties of the Cn relation (double turnstile):
compactness
dilution on left
dilution on right
reflexivity
transitivity (cut)
interpolation
Mathematical properties to be investigated:
algebras of propositions (equivalence classes of sentences)
models: elementary extensions; prime models; ultraproducts

Proof theoretic considerations
What kind of proof-system?:
Hilbert-style proofs
Natural deductions
normalization techniques
extraction techniques
Sequent proofs
cut-elimination
dilution-elimination
Tableau (tree)/resolution method
Axiomatizability of Cn or Completeness (strong vs weak) of the proof system with respect to the chosen semantics
Important meta-properties of the logic
Logical consequence compact? *Yes*/No
Theoremhood and deducibility from finite sets of premises
decidable? Yes/*No*
Countable models theorem (Löwenheim-Skolem): *Yes*/No
Joint consistency property (Robinson): *Yes*/No
Definability property (Beth): *Yes*/No
(Important meta-properties of theories: completeness, decidability, categoricity, model completeness, stability, finite axiomatizability, mutual interpretability)

2.2. Dimensions of variation for the classification of logics I

Within the conceptual space spanned by these dimensions of variation, classical logic lies at the origin. Some of the variation envisaged in the list above may turn out not to be essential or intrinsic to the location of a logic in the space of possibilities. For example, a great many logics admit of proof-theoretic formulations of all the kinds listed as alternatives above. Indeed, as soon as one has identified in some way a new system of, say, modal logic, the search will be on to find as many different possible syntactic presentations of it as one and the same logic. Logics are most broadly individuated as their deducibility relations: a logic is a set of ordered pairs $\langle \Delta, \Gamma \rangle$ for which Δ provably implies Γ (or, equivalently, Γ is deducible from Δ). On the single-conclusion construal of a logic, Γ

is restricted to be a singleton. On a multiple-conclusion construal of a logic, Γ may in general have more than one member (see Smiley/Shoesmith 1978 for an investigation of multiple-conclusion counterparts of single-conclusion calculi; see also Boričic 1985 for interesting results about multiple-conclusion versions of systems of natural deduction). Provided only that the ›output‹ of a proof system is the right collection of ordered pairs $\langle \Delta, \Gamma \rangle$, that proof system has captured the logic concerned. Thus the choice of any particular style of proof could be regarded as inessential to the identity of the logic concerned, even though it may affect the ease with which we acquire insights into the system and prove results about it. Despite all this, however, it *could* turn out that a logic with a presentation as a Hilbert system, say, could not be provided with an exactly co-extensive Gentzen sequent formulation for which cut-elimination would be provable. An example of this may be Anderson and Belnap's system R of relevance logic, which was originally presented as a Hilbert system. R. K. Meyer (1966) was able to Gentzenise only a proper subsystem of R, now called 'LR'; LR needs the distributivity axiom added to it to yield R. — Similarly, the various kinds of semantic treatments that have been invented for different logics could turn out not to be essential or intrinsic to the location of a logic in the space of possibilities. A semantics has traditionally served two purposes. One is to encapsulate, in formal or algebraic form, a philosophical analysis of how language connects with the world, and how its sentences, under interpretation, make true or false claims about the world. Thus, in the classical or realist case we assign denotations to names and extensions to predicates within some fixed domain of discourse. This is the way we ›hook language onto‹ the world. Then, using the truth tables for the connectives, and the method of satisfaction by assignments of individuals to free variables of open sentences, we account for the truth and falsity of more complex sentences built up from that logical and extra-logical vocabulary. By appealing to the preservation of truth (so analysed) from premises to conclusion, one attains a notion of logical consequence, which it is the task of soundness and completeness theorems to match with the deducibility relation generated by a chosen system of proof. And here one encounters the second aim of semantics. This is to provide countermodels to any arguments

that are not provable within the logic. To this end it matters not if the formal semantics that delivers the models provides no good philosophical schematism for the connection between language and the world. All that matters is that should any argument 'Δ, therefore Γ' not be provable, there be a ›model‹ that ›verifies‹ Δ but does not ›verify‹ Γ. The model need not, in Susan Haack's words (Haack 1978, chap. 10), provide any "philosophical patter" on the language of the logic. Despite this more technically mundane aim of formal semantics, the fact remains that for almost all the semantics so far offered for classical and intuitionistic logics at least, some sort of philosophical insight or illumination can be claimed for the way in which sentences are rendered true or false (or ›valued‹ in some other way). For more on this point, see 3.; see also H. C. M. de Swart's interesting comparison of the main kinds of semantics for intuitionistic logic in his (1977). — The remarks just made about the variety of proof systems and semantic treatments make it appropriate — to continue the geometric metaphor — to regard these respects less like ›dimensions‹ in which variation of a logic can occur, and more like ›choices of coordinate system‹ against which the real variation can be measured.

2.3. Dimensions of variation for the classification of logics II

Now in Haack's familiar terminology, logics can display real variation from classical logic (that is, be *rivals* to classical logic) either by *supplementing* it, or by *deviating* from it. When devising a *supplementary* logic, one retains classical logic as a subsystem while expanding one's expressive resources. That is to say, the deducibility relation of the supplementary logic, when restricted to the language of classical logic, contains the deducibility relation of the latter. This can occur, for example, when we introduce quantifiers of higher order, or new cardinality quantifiers; when we introduce modal operators (necessity, possibility etc.); or when we introduce new connectives (such as the counterfactual conditional). When devising a *deviant* logic, however, one usually cuts back on the axioms and/or rules of inference of classical logic so as to obtain a proper subsystem of it. That is, every pair $\langle \Delta, \Gamma \rangle$ in the deducibility relation of the deviant logic is in that of classical logic, but not *vice versa*. Devising a deviant logic involves, first, identifying objectionable theorems or inferences of classical logic that are thought not to be generally valid (either on one's preferred pre-theoretical understanding of the language, or because of wider scientific considerations — see the list below); then, secondly, framing a subsystem that excludes what is objectionable in the deducibility relation of classical logic but that retains what is not. The project is both philosophical and technical: philosophical in grounding one's objections to the classical features that are to be excluded, and in providing the rationale for the subsystem that is retained; and technical in showing precisely what the properties of the new subsystem are. — I said above that this is the *usual* way to obtain a deviant logic. But there is a further development made possible by cutting down to a subsystem of classical logic. This is to expand again, but with principles that are *rejected* in classical logic. Provided this expansion takes place on a small enough subsystem of classical logic, one does not necessarily collapse the resulting system into a Post-inconsistent one (that is, one in which every sentence is a theorem). An example of this technique is the expansion of a relevant subsystem of classical logic with Aristotle's thesis $\sim(A{\rightarrow}\sim A)$, to get the variety of logics known as connexive logics (see Routley 1978). Another is the expansion of the subsystem $R-W$ with the ›principle of relativity‹ $((A{\rightarrow}B){\rightarrow}B){\rightarrow}A$ (see Meyer/Slaney 1979), which generalises the double negation axiom $((A{\rightarrow}\bot){\rightarrow}\bot){\rightarrow}A$.

Once one has a well-established deviant logic as a subsystem of classical logic, questions immediately arise concerning systems intermediate between the two. Indeed, the term 'intermediate logic', used without qualification, has come to have the entrenched meaning of 'intermediate between intuitionistic and classical logic'. There are continuum-many of these systems, and a large literature has developed around them. One of the better-known of these systems is Michael Dummett's *LC*, obtained by adding to the usual axiomatic formulation of intuitionistic logic the axiom schema $(A\supset B)\vee(B\supset A)$. It has no finite characteristic matrix, but does have a denumerable one. — Below is a list of classical theorems and inferences that have caused controversy. I use the single arrow '→' instead of the material conditional '⊃' to bring out the point that the controversy has to do with whether '⊃' adequately represents our pre-theoretic notion of 'implication' or 'entail-

ment'. The double arrow '⇒' is the sign of deducibility.

Controversial for intuitionists:
$\sim\sim A\Rightarrow A$ law of double negation
$\Rightarrow A\vee\sim A$ law of excluded middle

Controversial for relevantists in general:
$A,\sim A\Rightarrow B$ Lewis's first paradox (*ex falso quodlibet*)
$B\Rightarrow A\vee\sim A$ Lewis' second paradox

Controversial for some, but not all relevantists:
$A\vee B,\sim A\Rightarrow B$ Disjunctive syllogism
$\Rightarrow B{\rightarrow}(A{\rightarrow}B)$
$A{\rightarrow}(A{\rightarrow}B)\Rightarrow A{\rightarrow}B$ Contraction
$\Rightarrow(A{\rightarrow}B)\vee(B{\rightarrow}A)$

Controversial for quantum logicians:
$A{\rightarrow}(B\vee C)\Rightarrow$ Distributivity
$(A{\rightarrow}B)\vee(A{\rightarrow}C)$

Controversial for counterfactual theorists:
$A{\rightarrow}C\Rightarrow(A\&B){\rightarrow}C$ Strengthening the antecedent

2.4. Controversial classical theorems and inferences

In some cases of logical ›reform‹ by an erstwhile deviant logician, a controversial principle may end by not being controversial in the new system. In retrospect, it proves to have served merely as a schema that provided initial inspiration for the search for a suitable *supplementation* of classical logic, rather than a deviation from it. Thus, for example, the counterfactual theorist can point to the principle of strengthening the antecedent, and say, 'This does not hold if the arrow is read as counterfactual implication'. The classicist can reply, 'Very well then, read the arrow as material implication and introduce a different arrow for counterfactual implication. You may then avoid committing yourself to the principle of strengthening the antecedent for counterfactual implication, but retain it for material implication'. And this is what counterfactual theorists — most notably, David K. Lewis (1973 a) — have now done. Similarly, Clarence Irving Lewis had earlier found the so-called 'paradoxes of material implication' objectionable as principles governing what he understood (pre-theoretically) as *implication*. This prompted him to search for a new connective (the so-called fishhook of *strict implication*) which would be governed by the 'correct' principles. That the paradoxes of material implication then ›re-arose‹ as paradoxes of strict implication was, of course, unfortunate; but the point in the present context is that C. I. Lewis was following a policy of supplementation rather than reform. — But can one always deal with objections to classical principles by thus turning deviation into supplementation? Is ›the‹ correct system — should there be one — to be discovered by adding layer upon layer of new items of logical vocabulary (modal operators, connectives for relevant implication, strict implication, counterfactual implication and the like), and making the principles of each successive fresh layer capture the intended pre-theoretic meanings assigned to the new logical symbols? This strategy raises the worry that as layers are added, the earliest symbols dealt with — material implication, say — appear more and more to be devoid of any satisfactorily accurately apprehended pre-theoretical meaning. One is left, say, with the diverse implication connectives of the outer layers — relevant, indicative, counterfactual — invested now with satisfactorily systematised specific meanings. The original ›implication‹ connective (material implication) of the innermost core turns out to be but a first crude approximation to a general but inchoate idea of implication. The latter has now broken down upon closer analysis, and proliferated into a variety of distinct (and unitary) types of implication, at last, supposedly, severally and properly understood. One is left contemplating the conclusion that there is no such implication as material implication, except in an artificial, overly simple system invented by logicians. Alternatively, one might try retrospectively to isolate a new ›core‹ notion of implication, as done by B. F. Chellas (1975), whose ›notion of conditionality likely corresponds to no actual notion, its logic to that of no actual conditional‹. But it may, as he claims, provide ›nonetheless a foundational setting for and unifying approach to the study of the subject‹.

3. Which logic is the right logic? — Is there an answer?

If there *is* only one correct logic, containing exactly the right principles governing each ultimately unitary notion, then perhaps only the strategy of proliferation and supplementation just sketched will enable us to attain it. In that event the difficulties are enormous: for there is an extraordinary variety of competing logics, even for such apparently unitary notions as relevant implication, or alethic necessity. Are these notions not yet unitary enough? Do we have to refine and split them further — allow them to ›speciate‹ some

more? Or have we at last reached a point where we can say that a *choice* now has to be made, from within such-and-such a variety of logical systems, of exactly one of them as the (sub)system of correct principles governing the unitary notion that we believe we now have — a notion that will resist further ›speciation‹, as it were? — Historically, the ›speciation‹ of logical notions that has occurred has been *a priori*. That is, it has resulted from conceptual analysis, reflection upon meaning, and intuitions about logical connections among sentences of our natural language. The English locution 'if ... then ...', for example, has long been a target for this sort of analysis. Occasionally the investigations have seemed to be somewhat *a posteriori*, or empirical, when theorists have offered data about what people normally say; but even this can be understood as analytic reflection by proxy, as it were. The real challenge, however, to the *a priori* method has come, predictably, from those philosophers of science and logic who, with Willard V. O. Quine, reject the 'analytic/synthetic' distinction (and with it the 'a priori/a posteriori' distinction) (s. art. 86). There is now a serious body of opinion to the effect that one's choice of logic could depend on how we discover the world to be. On this view, logic is no longer a system of *a priori* principles governing thought as expressed in language. No longer may we take our language to be understood (its meanings to be grasped) in such a way as to deliver its logical structure without any particular experiences of the world. Rather, even the most fundamental ›logical‹ connections between sentences of our language can turn out to be *a posteriori* — based on experiences whose simplest and most explanatory and economical systematisation could call for the revision of various classical logical principles. The best-known example of such a view is Hilary Putnam's, to the effect that the phenomena of quantum mechanics (in particular, the two-slit experiment) are best accomodated by rejecting the classical principle of distributivity. Another is the view of D. H. Mellor (1974) that one's choice of a correct temporal logic is affected by whether relativity theory is true. — One who holds the Quinean view cannot find much of interest in the question 'Which logic is the right logic?' For it is now on a par with the question 'What is the correct theory about the world?'; and none of us can pretend to anticipate that Peircean endpoint of inquiry at which one could venture, for the first time, a definite answer. The answer could at best be approached piecemeal. One could plump tentatively for the best ›local logic‹ in the case of each important notion or family of notions: one logic for counterfactuals, one for descriptions of quantum phenomena, one for time and tense, one for mathematical necessity, one for obligation, and so on. The provisional ›right logic‹ would then presumably be a blend of all the best ›local logics‹ chosen in this way. The assumption would be that a sufficient measure of compositionality obtains: the various ›local‹ logics will be capable of being blended for the language that results from pooling all the respective ›logical vocabularies‹. But a word of caution is called for here: one has to exercise care, for example, when accounting for how modal and temporal notions interact. — This approach would allow a pluralism of sorts within a view which is really globally partisan. I take it that a *partisan* is one who believes that there is a fact of the matter as to which logic is the right logic, even if *a posteriori* investigation is needed to identify it. A *pluralist* is one who believes that there are different logics for different purposes, applications or fields of discourse. A *relativist* is one who believes that there can be no final answer as to which logic is the right logic. Relativism and partisanship can come in degrees: one could be partisan about the logic of mathematics, say, while being a relativist about temporal logic. — Both deviance from, and supplementation of classical logic can be either pluralist or partisan in motivation (or both: remember the pluralist who is globally partisan!). Likewise, both deviance from, and supplementation of classical logic can be motivated with allegiance to a purely *a priori* method, or with allegiance to the Quinean *a posteriori* viewpoint. One can welcome a proliferation of logical systems with any one of a number of different *mélanges* of philosophical leanings and logical inclinations.

4. Recent developments in the main areas of rivalry to classical logic

I promised in the *Introduction* that in this section I would "discuss, with the necessary background, some of the most important innovations that have occurred in logical research over the past decade or so". To a certain extent I have already begun that task in 3. I shall continue to use the map of 2.1.

to locate points of departure from classical logic — be they deviant or supplementary. The ›axes‹ or ›dimensions‹ (and of course ›choice of coordinates‹) of the map given are ones along which there has been variation for at least some systems of logic in the past. But of course not every historical departure from classical logic was conceived in such a way as to make every dimension immediately relevant in locating the resulting system. As further research was subsequently carried out, however, the picture was filled in, so to speak, with the use of more varied coordinate systems, and by fixing coordinates on more and more of the characterising dimensions.

4.1. Intuitionistic logic

Thus, for example, when Arend Heyting (1930) first formulated intuitionistic logic it was by selecting certain axioms in a Hilbert-style presentation, and commenting rather loosely on how they captured what was essential to the notion of mathematical construction. Only much later did Saul Kripke (1963) provide an intensional (possible worlds based) semantics that allowed the first completeness proofs (s. art. 88). In the period in between, various logicians investigated the relationship between intuitionistic logic and classical logic, with such results as the Gödel-Glivenko theorem (see Glivenko 1929) to the effect that one can embed classical logic into intuitionistic logic upon a suitable translation (the so-called 'double negation interpretation'). There have since been numerous other interpretations that allow similar embeddings (see Minc/Orevkov 1963, Prawitz/Malmnäs 1968, Friedman 1973, Leivant 1985; and for a full survey, see Tennant 1989.) Some of these also concern set theory as developed using intuitionistic or classical logic. Two of the main by-products of such embedding results are relative consistency proofs and the transfer of undecidability results (such as Church's theorem for first order classical logic) from the classical to the intuitionistic case. — Soon after Heyting's purely syntactic characterisation of intuitionistic logic, S. Jaśkowski (1936) provided an infinite sequence of ever larger finite matrices with the property that every non-theorem of intuitionistic logic would be falsified by some matrix in the sequence; Kurt Gödel (1932) had earlier shown that it is impossible to provide a characteristic finite matrix for intuitionistic logic. Matrix methods sufficed, however, for showing that all the intuitionistic connectives were independent of one another (Wajsberg 1938). Gerhard Gentzen (1934/35) provided his now justly famous analysis of intuitionistic and classical reasoning by means of the systems of natural deduction and sequent proof. In this setting the difference between classical and intuitionistic logic turned out to consist in the so-called classical rules of negation (in natural deduction), or the use of multiple succedents (in sequent proofs). The new formulations were important for the development of a general theory of the structure of proofs, and attempts to provide consistency proofs for arithmetic and real analysis. Gentzen proved the cut-elimination theorem for his sequent system, and subsequently Dag Prawitz (1965) proved its ›analogue‹, the normalization theorem, for the system of natural deduction. The latter, however, holds in the classical case only if '∃' and '∨' are omitted from the language. The natural question concerning the eliminability of dilutions in sequent proofs was raised and settled by Tennant (1984), with ramifications for an analysis of the notion of 'relevance' of premises to conclusions of (intuitionistically or classically) valid arguments. Corresponding to dilution elimination in sequent proofs is the extraction theorem (Tennant 1980; 1987a; 1987b) for natural deduction, stating that applications of the absurdity rule can be eliminated in a particular way in order to ›relevantise‹ the deduction. — Other developments in our understanding of intuitionistic logic could perhaps be cited, but those above are sufficient to make my general point. It is that we are now historically placed in a position from which we can survey the accumulated differences between the two systems, without regard for the order of historical discovery, and trace the variations along each of several dimensions in the map above. Indeed, the features on which I have already focussed virtually exhaust the variations. Although intuitionistic logic is, both historically and philosophically, one of classical logic's most formidable rivals, the variations are confined to just a few philosophically contentious features. These have, by and large, to do with classical negation and the concomitant dualities and interdefinabilities that it induces. There are still many features that the two systems have in common. Both are based on semantically open languages. Both have formulations at first order, higher order, within type theory, and as combinatory logics. Both have the logical vocabulary listed above, with

the difference now that in intuitionistic logic the smallest expressively complete set of operators consists of all those mentioned. At higher order, however, just '→' and '∀' are enough, and are required (see Ballard 1985). The systems do not differ in restrictions or allowances in respect of extra-logical vocabulary, and they enjoy the same rules of sentence formation. Sentences are finitary and linear, and one is free to choose whether to have variable-binding term-forming operators (such as the definite description operator). — The first major difference between the two systems non-chronologically encountered on the map above concerns semantic interpretation. In this respect intuitionistic logic has a semantics best characterised as proof-based or intensional. The latter is based on an accessibility relation among possible worlds that is reflexive and transitive. Within worlds, primitive predicates do not in general form partitions of the appropriate Cartesian product of the domain; rather, each primitive predicate is assigned a positive extension, and its negative extension at any world consists of just those individuals that do not find their way into its positive extension in any accessible world. In this way bivalence fails for primitive predication; and its failure on propositional variables is similar. Its failure for complex formulae is further guaranteed by the evaluation rules for the conditional and the universal quantifier. Both of these involve ›forward looking‹ search down the accessibility relations; so that what is held to be true at any given world depends at least in part on what is true at other worlds accessible from the given world. — When we consider the other varieties of semantic interpretation that are to be found in the literature, it turns out that both classical and intuitionistic logic can be equally served. Both have game-theoretic semantics: Jaakko Hintikka (1973) provided material game semantics for classical logic, Tennant (1979) for intuitionistic logic. The major difference for intuitionistic logic is that the winning strategies have to be effective. Paul Lorenzen and Kuno Lorenz (1978) provided dialogue game semantics for both systems. The major difference for intuitionistic logic has to do with permitted repetitions of defence moves. Hughes Leblanc et al. (1971) have provided truth-value semantics for both systems. H. Field (1977) provided probabilistic semantics for classical logic; C. G. Morgan and Leblanc (1983) and J. A. Paulos (1981) its analogue for the intuitionistic case. In addition there have been other special developments in our understanding of intuitionistic logic. I have not so far mentioned Evert W. Beth's tree semantics and tableau method of proof (the latter nicely presented in Fitting 1979); or the more recent development of intuitionistically acceptable notions of model, and completeness proofs for intuitionistic logic carried out in an intuitionistic metalanguage. W. Veldman (1976) and de Swart (1976) were the first to succeed in this regard. Lately, J. T. Kearns (1978) has proposed a ›justification value‹ semantics for intuitionistic logic, and J. P. Burgess (1981 a/b) has shown intuitionistic logic to be correct on the interpretation according to which any theorem φ is such that one should find intuitively correct any mathematical sentence that results by uniformly substituting mathematical sentences for propositional variables in φ.

It may seem that the discrepancy over double negation has done little more than force one (in the intuitionistic case) to intensionalise the semantics, help oneself to a bigger stock of independent logical operators, and be more frugal in one's proof methods. Results about completeness and undecidability appear to run parallel (with the exception that monadic intuitionistic logic is undecidable), and we have numerous equiconsistency results concerning theories based on the two logics (for a good survey of which, see Sieg 1984; 1985). Both logics have the compactness property, the joint consistency property (Robinson), the interpolation property (Craig) and the definability property (Beth). — But recently some exciting results have been proved concerning what happens when one is rigorously intuitionistic *in the metalanguage*. Exploiting a general interpretation that he has developed between classical recursive mathematics and intuitionistic set theory, D. C. McCarty (1984; 1987; 1988) has been able to prove some notable results about intuitionistic model theory. The main ones are that the countable models theorem (also known as the downward Löwenheim-Skolem theorem) fails in any intuitionistic set theory, no matter how strong (see McCarty/Tennant 1987); and that intuitionistic first order arithmetic is countably categorical! These results seem to show, for the first time, that there are pronounced foundational and philosophical benefits to be had from intuitionism quite apart from the motivation to confine oneself to intuitionism that is provided by an anti-

realistically acceptable theory of meaning for the logical operators. The benefits are that in theorising about the real numbers the intuitionist is no longer bedevilled by Skolem's paradox that the intended model, in all its uncountable riches, is ineffable; and in theorising about the natural numbers one is no longer bedevilled by the possibility of nonstandard interpretations of what one is saying. It is as though there is a trade-off to be had between deductive and expressive power. By foregoing some of the (illicit?) deductive manœuvres of classical logic, the intuitionist is thereby placed in a position from which the natural numbers and the continuum can be better apprehended and described. In the remainder of this section I turn to other logics that deviate from classical logic, and some logics that supplement it.

4.2. Relevance logics: the Anderson-Belnap approach

After intuitionistic logic, perhaps the best known and most extensively investigated kind of deviant logic are the logics of relevance and entailment. These have been given encyclopaedic coverage in Anderson and Belnap's volume (1968). Systems of propositional logic have received more attention than first order logic. The main systems are E (of entailment) and R (for relevance), and proximate restrictions and extensions of these, such as T (ticket entailment), R-Mingle, and R-W. All have the characteristic feature that entailment or relevant implication is represented by a connective arrow '$\rightarrow$' which is construed as distinct from material implication '$\supset$'. They are systems for which the principle of transitivity of deduction holds unrestrictedly, but disjunctive syllogism fails. They all lack the Lewis paradoxes. They are also based on the guiding ideal that relevance of premises to conclusion of a correct argument involves variable-sharing. Intensional analogues of conjunction and disjunction, called fusion and fission, can be introduced by definition or by expansion of primitive vocabulary, and the interplay among these operators, their standard extensional analogues, and the new arrow of relevant implication or entailment are a matter of delicate detail. Despite the decidability of various subsystems $E_\rightarrow$ and $R_\rightarrow$ (Kripke 1959), $E_{\rightarrow, \sim}$ and $R_{\rightarrow, \sim}$ (Belnap/Wallace 1965), RM and LR (Meyer 1966), TW_+ and RW_+ (Giambrone 1985), giving rise, perhaps, to the overly optimistic publication (Vojshvillo 1983), the systems R, E and T are all undecidable (Urquhart 1984). They can, however, be given possible worlds semantics based on a ternary accessibility relation and a so-called ›star operator‹ on worlds. $\sim A$ is true at a world w just in case A is true at w^*; $A{\rightarrow}B$ is true at world w just in case for all worlds u, v such that $Rwuv$, if A is true at world u then B is true at world v. Just as in the case of standard modal logics, differences among systems can be registered as differences in the algebraic conditions governing the (two-place) accessibility relation among possible worlds, so too in the case of relevance logic the differences among the various systems can be registered as differences in the algebraic conditions governing the new three-place relation and the star operation. It is controversial at least how illuminating such ternary world (or ›set-up‹) semantics is from a philosophical point of view. Some writers, such as Copeland (1979; 1980), are unimpressed by the supposed philosophical clarification it affords; others, such as Routley/Routley/Meyer/Martin (1982), have disagreed.

4.3. A new approach to relevance logic

One other criticism that can be made of relevance logics in this style is that they conceive of the problem and its solution as having to do with the choice of a connective arrow in the object language. A different approach (favoured by the present writer) is to try to solve the problem of relevance as one concerned first and foremost with the deducibility relation, even in a language restricted, say, to the connectives '$\sim$', '$\vee$' and '&'. This way it can reasonably be expected that when we come to characterise a relevant conditional '$\rightarrow$' in the object language by means of some sort of rule of conditional proof, the prior analysis of relevant deducibility will ensure that the new connective will have relevance as an ingredient of the meaning conferred on it by that rule. To this end the natural deduction and sequent formulations of intuitionistic and classical logic have proved especially natural in providing background motivation for various restrictions and reformulations of rules (governing the usual logical operators) when in pursuit of relevance. This new approach, based on an analysis of those features of *proof* that ensure relevance, has led to systems of relevance logic markedly different from R and its cousins. It has turned out to be especially fruitful to give up insistence on unrestricted transitivity of deduction (thereby enabling one to recover disjunctive syllogism as a valid mode of relevant reasoning). One does this in

the sequent system by not having cut or dilution as structural rules. Thus apart from the rule $A{:}A$ of initial sequents, the only other rules are those for introducing logical operators on the right and the left of sequents. Corresponding to these measures in the natural deduction formulation, one basically requires all proofs to be in normal form, to have no applications of the absurdity rule, and to contain no vacuous applications of certain discharge rules. A vacuous application is one for which there are no assumptions of the indicated form actually to be discharged by that application. — The failure of transitivity of deduction that results from these restrictions is confined to cases where the newly combined premisses are inconsistent, or the sought conclusion is a logical truth. Thus when transitivity fails we have net epistemic gain rather than logical loss. On consistent sets of premisses and conclusions that are not logically true the new relevant deducibility relation coincides with that of the parent ›non-relevant‹ logic (classical or intuitionistic, as the case may be). Moreover, all inconsistencies and all logical truths of the parent logic remain provable in the relevant fragments just described. Another comparative virtue that this approach to relevance can claim is that one can define a natural semantic notion of entailment with respect to which the proof system is adequate. For the classical system based on '$\sim$', '$\vee$' and '&', an *entailment* is defined as any substitution instance of a *perfectly valid* sequent — that is, a valid sequent that has no valid proper subsequents. Thus for example the sequent $A, \sim A{:}B$ is *not* an entailment because every valid sequent of which it might be a substitution instance has a valid proper subsequent, and so is not perfectly valid. The sequent $A, \sim A{:}B$ itself has a valid proper subsequent in $A, \sim A{:}\emptyset$ — taking care of the identity substitution; and the only other valid sequents that we have to consider in which substitution would yield $A, \sim A{:}B$ are those that would produce $A, \sim A{:}B$ by reletterings of atoms, and to these sequents the same consideration applies. On the other hand, $A \vee B, \sim A{:}B$ *is* an entailment, because it (is a substitution instance of itself and) is perfectly valid (that is, it has no valid proper subsequents). As a final example, $A\& \sim A{:}A$ is an entailment, because it is a substitution instance of $A\&B{:}A$, which is perfectly valid. This semantic notion of entailment involves no new interpretation of the logical operators themselves. It turns solely on considerations of ›tightness of connection‹ between premisses and conclusion, and the idea (of long standing) that any good notion of validity or deducibility should be preserved under uniform substitutions.

4.4. Paraconsistent logics

Relevance logics involve variable-sharing, and do not have the Lewis paradoxes. The absence of the first Lewis paradox means that one cannot, in a relevance logic, deduce B from the premisses $A, \sim A$. This allows for the possibility of inconsistent but non-trivial theories. Theories are sets of sentences closed under deducibility. In standard systems (such as classical or intuitionistic logic) there is only one inconsistent theory, namely the whole language. This is because the Lewis paradox ›blows up‹ any inconsistent set so that its logical closure contains every sentence. Not so in relevance logic, however: here the absence of the Lewis paradox raises the interesting possibility that inconsistencies in theories need not be ›infectious‹. We may be able to contain or localise them, and work with parts of the theory that are ›quarantined off‹ from the source of the trouble — exactly how being an interesting further topic in the development of a theory sensitive to the fine structure of proofs in the system.

This prospect of *paraconsistent* theorising has appealed in particular to those who would like to retain the naive formulation of set theory, in which the only axiom schema is that of comprehension (abstraction). It has also been suggested by G. Priest (1984 a; 1984 b) that the bold approach to the semantic paradoxes is the best: that is to regard semantic paradoxes, such as the Liar, as both true and false, and to be paraconsistent in one's reasoning with them. The logics to be investigated in these applications have been called 'paraconsistent'. The result is that we have now two labels — 'paraconsistent' and 'relevant' — that need to be distinguished. A paraconsistent logic simply allows there to be non-trivial inconsistent theories, where theories are sets of sentences closed under the deducibility relation of the logic. Thus all relevance logics are paraconsistent. But not all paraconsistent logics are relevant; for it is possible to avoid Lewis's first paradox, while admitting the second ($A:B \vee \sim B$), or admitting other ›fallacies of relevance‹. — In pursuit of paraconsistent naive set theory, much attention was paid to relevance logics in which contraction fails. This is because even

though Russell's paradox can be ›contained‹ by the paraconsistency of the logic, nevertheless a ›Curry-type‹ instance of naive comprehension renders every sentence p provable. The proof, set out below, shows the role played by contraction — here, in the ability to discharge two occurrences of an assumption for conditional proof. The naive comprehension schema, for a language in which all set abstracts are taken to denote, is

$$\forall y \, [y \in \{x | Fx\} \leftrightarrow Fy]$$

which has the ›Curry instance‹

$$\forall y \, [y \in \{x | x \in x \rightarrow p\} \leftrightarrow (y \in y \rightarrow p)]$$

Let C abbreviate the set abstract $\{x | x \in x \rightarrow p\}$. By instantiation we get

$$C \in C \leftrightarrow (C \in C \rightarrow p)$$

which we abbreviate further to

$$A \leftrightarrow (A \rightarrow p)$$

We now show that this implies A, by means of a proof in which contraction is conspicuous:

$$
\begin{array}{c}
(1)- \\
(1)-\dfrac{A \quad A \leftrightarrow (A \rightarrow p)}{A \quad A \rightarrow p} \\
\dfrac{p}{}(1) \\
\dfrac{A \rightarrow p \quad A \leftrightarrow (A \rightarrow p)}{A}
\end{array}
$$

Call this proof Π. Two more steps yield p:

$$
\dfrac{\Pi \quad \dfrac{\Pi \quad A \quad A \leftrightarrow (A \rightarrow p)}{A \quad A \rightarrow p}}{p}
$$

Getting rid of contraction, however, has not succeeded in avoiding this sort of result. Naive set theories based on relevance logics without contraction have been shown not to be ›Curry paraconsistent‹. The most central case, for R without (the axiom W of) contraction but with the law of excluded middle added, was established by Slaney (forthcoming a). It is an open problem whether the presence of excluded middle is necessary for this result — that is, whether naive set theory based on the logic R-W is Curry paraconsistent. (R-W, though it contains the law of double negation $\sim \sim A \rightarrow A$, does not contain the law of excluded middle $A \vee \sim A$.) R. T. Brady (1983) shows that the logic CSQ (an ›intensionalized Łukasiewicz three-valued predicate logic‹) allows one to develop a simply consistent naive set theory; Brady (1984; 1988) shows the same for the system T-W of ticket entailment without contraction. Thus, even though the usual proof of Russell's paradox delivers a conclusion of the form $A \leftrightarrow \sim A$, the logic T-W is too weak to allow one to derive from this an explicit contradiction of the form $B \& \sim B$. The difference between R and T (the system of ticket entailment) consists mainly in the presence or absence respectively of the permutation axiom $(A \rightarrow (B \rightarrow C)) \rightarrow (B \rightarrow (A \rightarrow C))$. It is questionable, however, whether the simple consistency of naive set theory based on T-W or on CSQ will be fully satisfying to the paraconsistent theorist who wishes to recover most of the strength of ordinary ZF while yet employing some method of blocking derivations of arbitrary sentences. T-W and CSQ may simply be too weak to develop enough set theory, naive though it may be. — There are nonetheless other paraconsistent logicians who have hoped, by truncating logic in still different ways, to realise the dream of a paraconsistent naive set theory. Yet other systems — most prominently, those of N. C. A. da Costa (1982) and A. J. Arruda (1980); but also, the anti- or dual-intuitionistic system of N. D. Goodman (1981) — have been devised, in which, it is hoped, the Curry-style trivialisation will be blocked. Some of these systems are unusual in that they contain the law of double negation ($\sim \sim A \Rightarrow A$) but lack its intuitionistically unexceptionable converse ($A \Rightarrow \sim \sim A$). They also achieve paraconsistency without the full strictures of relevance.

4.5. Modal logics

Turning now to logics that *supplement* classical logic, rather than deviate from it, I shall single out only one type — modal logic — for comments on recent developments. When C. I. Lewis and Langford (1959) first invented their modal logics, they were set up by means of axioms and rules of inference. They eluded interpretations by means of finitely many truth values; and indeed J. Dugundji (1940) proved that no Lewis system has a characteristic finite matrix. Only recently (Kearns 1981) has a ›Jaskowski style‹ method of valuation by infinitely many finitary matrices which yielded soundness and completeness proofs for the well-known systems T, $S4$ and $S5$. The first uniformly successful method of semantic interpretation employed possible worlds ordered by an accessibility relation (Kripke 1963). Corresponding to this approach was

the ›syntactic-looking‹ method of saturated model sets, due to Hintikka (1961) and Stig Kanger (1957b). Possible worlds semantics has now become the dominant paradigm with only relatively minor variation, such as that of J. L. Humberstone (1981) and Barwise/ Perry (1983), in which incompletely specified possible worlds are used. In possible worlds semantics, the various distinctions between extant modal systems were found to correspond to different conditions on the accessibility relation among possible worlds. Only recently have the limitations of this method become apparent, for those aspiring to complete generality of treatment of all modal logics. It has been shown that some modal systems cannot be characterised by any possible worlds semantics employing first-order conditions on their accessibility relations (Goldblatt 1975; van Benthem 1984c). There is even a finitely axiomatized normal modal propositional logic which is not characterised by *any* class of frames (Cresswell 1984). The vast majority of philosophically interesting modal logics, however, are now much better understood in terms of the characteristic frames of worlds that have been supplied for them. The paradigm prevails, despite these minor anomalies. It has also, recently, started to yield interesting modal *theories* designed to characterise various essentialist ontologies; the papers by Kit Fine (1978a; 1978b; 1980; 1981; 1982c) are a prodigious pioneering effort in this connection. — Before the possible worlds paradigm, attempts had been made to show that certain ›modalities‹ were well captured by certain of the Lewis systems. In particular, the system $S5$ seemed to correspond nicely to a reading of the modal operator '$\Box$' as 'It is analytically true that'; while $S4$ seemed to correspond to the reading 'It is mathematically provable that'. Recently, however, attempts have been made to render the latter interpretation much more precise, with respect to provability within some formal system such as Peano arithmetic. Two readings for '$\Box$' have been suggested. Each is relativised to a *translation* φ of the language of the propositional modal logic into the language of first order arithmetic. φ maps sentence letters of the propositional modal logic to sentences of arithmetic, and is extended to complex sentences in the obvious way. The only step at which care is needed is with the φ-translation of sentences of the form $\Box A$: here, for what is known as the ›provability translation‹ we set $\varphi(\Box A) = \mathrm{Prov}(\varphi(A))$, where 'Prov' is the provability predicate for arithmetic, and $\varphi(A)$ is the numeral for the Gödel number of the φ-translate of A; while for what is known as the ›truth interpretation‹, we set $\varphi(\Box A) = \text{Prov}(\varphi(A))$ & $\varphi(A)$. Four questions now arise, with the answers indicated after each:

(1) Which modal logic Λ is such that for all translations φ, A is a theorem of Λ iff the provability-translate of A is provable?
[The system G, Solovay 1976]

(2) Which modal logic Λ is such that for all translations φ, A is a theorem of Λ iff the provability-translate of A is true (in the standard model)?
[The system G^*, Solovay 1976]

(3) Which modal logic Λ is such that for all translations φ, A is a theorem of Λ iff the truth-translate of A is provable?
[The system $S4Grz$, Goldblatt 1978; Boolos 1980 a]

(4) Which modal logic Λ is such that for all translations φ, A is a theorem of Λ iff the truth-translate of A is true (in the standard model)?
[The same system $S4Grz$, Boolos 1980 b]

G and $S4Grz$ are both normal modal systems: that is, they contain as axioms all tautologies, all sentences of the form $\Box(A \supset B) \supset (\Box A \supset \Box B)$, and are closed under the rules of *modus ponens*, necessitation and substitution. K is the smallest normal system thus defined. The axioms of G are those of K plus all sentences of the form $\Box(\Box A \supset A) \supset \Box A$. The axioms of $S4Grz$ are those of $S4$ plus all sentences of the form $\Box(\Box(A \supset \Box A) \supset A) \supset A$. The system G^* is *not* normal, however, as it is not closed under necessitation. G^* is the closure, under *modus ponens*, of G plus all sentences of the form $\Box A \supset A$. G is sound and complete with respect to the class of finite frames whose accessibility relations are transitive and irreflexive. $S4Grz$ is sound and complete with respect to the class of finite frames whose accessibility relations are transitive, reflexive and anti-symmetric. The new modal systems are located in the partial ordering by inclusion with respect to the other well-known systems as follows:

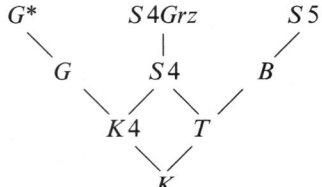

We therefore see how the original philosophical claim that the system $S4$ captures for '$\Box$' the modal reading 'It is mathematically provable that' has been modified and refined by the study of G and related systems.

5. Important developments not discussed in this paper

In 4. I have been able to cover briefly only some of the most important recent developments in logic; lack of space prevents me from covering more. I have, however, concentrated on the three areas that I believe are central, concerned as they are with the nature of proof and provability: intuitionism, relevance and the modal logic of provability. I have said nothing about recent developments in the following areas listed below. On those marked with an asterisk, however, I shall make some remarks in the remaining sections of this paper. These omissions could be remedied only by writing several books. I therefore confine myself here to giving selected references to what I take to be the most significant or informative recent sources on these topics:

(1) Logic of non-existent objects
(Lambert 1981; Parsons 1980 a; Routley 1980)

(2) Logic of demonstratives
(Kaplan 1979 b; Stalnaker 1981)

(3) Propositional dynamic logic (the logic of programs)
(Csirmaz 1985; Davis 1980; Hájek 1983; Manders/Daley 1982; McDermott/Doyle 1980; Meyer et al. 1981; Mirkowska 1981; Parikh 1981; Pratt 1979; 1980; Segerberg 1980; Stolboushkin/Taitslin 1983; Street 1982)

(4) Quantum logic
(Cutland/Gibbins 1982; dalla Chiara 1986; Erwin 1978; Goldblatt 1974; Holdsworth/ Hooker 1983; Nishimura 1980; Stachow 1976)

(5) Logic of vagueness (fuzzy logic)
(Baldwin 1979; Baldwin/Guild 1980; von Kutschera 1984)

(6) Deontic logic
(Hilpinen 1971; Jackson 1985)

(7) Logic of counterfactuals
(Burgess 1981; van Benthem 1984 a)

(8) Logic of various problematic constructions in natural languages: attributive adjectives, plurality quantifiers, mass terms, adverbs, verbs of propositional attitude, comparatives, branching quantifiers
(Kamp 1981; ter Meulen 1981; van Benthem 1984 b)

(9) Intensional logic of properties, relation and propositions
(Bealer 1983)

(10) Many-valued logics
(Belnap 1977; Urquhart 1986)

(11) Theory of ›arbitrary objects‹ as a new form of semantics
(Fine 1985)

(*12) Dynamics of theory change (Alchourrón et al. 1985; Alchourrón/Makinson 1985; Gärdenfors 1982; 1984; 1985 a; 1985 b; 1986; Makinson 1985)

(*13) Attempts to characterise the notion of verisimilitude
(Miller 1974 a; 1974 b; 1976; Oddie 1986; Pearce/Rantala 1983; Tichy 1974; 1976)

(*14) ›Fixed point‹ semantics, ›stability‹ semantics and ›stage‹ semantics for semantically closed languages
(Fitting 1986; Gupta 1982; Gupta/Martin 1984; Gupta/Martin 1985; Herzberger 1982 a; 1982 b; Kripke 1975; Martin/Woodruff 1975; Woodruff 1984; Yablo 1982; 1985)

(15) ›Conservative extension‹ arguments for anti-Platonism in science
(Field 1980; Shapiro 1983)

(16) Use of definability theorems in the debate about reductionism in the sciences
(Bealer 1978; Hellman/Thompson 1975; Tennant 1985)

(*17) Unification of proof methods, and the study of highly general forms of inference rules; advances in providing sequent formulations for interesting logics
(Belnap 1982; Schroeder-Heister 1984; 1987; Slaney forthcoming b)

(18) Denotational semantics for lambda calculus
(Barendregt 1981; 1984; Hindley 1983 a; 1983 b; Hindley/Longo 1980; Meyer 1982; Scott 1973; 1975; 1976)

(19) Theory of stability in classical model theory
(Baldwin 1979; Cherlin 1979; Cherlin et al. 1985; Pillay 1983; Shelah 1978; 1982 a; 1982 b; 1985; Shelah et al. 1984)

(20) Results in ›soft model theory‹ concerning extensions of first order classical logic: especially failure of the Beth property and the Craig property
(Barwise 1974; Barwise/Feferman 1985; Cowles 1979; Friedman 1976; Gregory 1974; Lindström 1973; Makowsky/Shelah 1979; Malitz 1971; Mundici 1981 a; 1981 b; 1982 a; 1982 b; 1983 a)

(21) Finitary consistency proofs for relevant arithmetic (so-called R #)
(Dunn 1979 a; 1979 b; Meyer/Mortensen 1984; Meyer/Urbas 1986)

(22) Largely negative results about feasible decidability (i. e. decidability in polynomial time) of mathematical theories
(Ferrante/Rackoff 1979; Lewis 1980; Manders 1980; Mundici 1983 b; Wohl 1979; Young 1985)

(23) Exploration of the expressive limitations of first-order logic for mathematical practice; exploitation of the resources of second-order logic, both for greater expressive power and for proof ›speed-up‹
(Boolos 1975; Shapiro 1985)

(24) Reverse mathematics: the study of the equivalence *modulo* a given system of second order arithmetic, of stronger set existence assumptions with important theorems of ordinary mathematics
(Brown/Simpson 1986; Friedman 1974; 1975; Friedman et al. 1983; 1985; Harnik 1985; Simpson 1984; 1985 a; 1985 b)

(25) Equivalence of classical recursive mathematics and intuitionistic mathematics
(McCarty 1984; 1987; 1988)

6. What criteria should be involved in the choice of a logic?

My tentative answer to this question is neutral between the *a priorist* and *a posteriorist* views discussed in 2. It is that logic should be based largely (if not wholly) on considerations of *meaning* of the logical operators or of whatever other logico-linguistic constructions are in question. The reason why this answer is neutral between the two positions mentioned is that it is a matter of further debate whether the theory of meaning is itself a purely *a priori* discipline. In its fullest development it could be based not only on educated speakers' intuitions about normative connections, criteria for assertion and so forth, but also on empirical theories of language acquisition, in which the importance of the *molecularity* of meaning for learnability was stressed. Meaning, according to anti-realists, features most accessibly in the theoretical notion '*X* knows the meaning of *E*'; and knowledge of meaning (understanding) is a psychological state that must be exhaustively manifestable (cf. Dummett 1975; 1976; Prawitz 1977; Tennant 1987 a) (s. art. 68). The requirements of molecularity and manifestability can be regarded as quasi-methodological constraints on the construction of any theory of meaning (and of knowledge of meaning), without making that theory cease to be sensitive to empirical facts about language in use. My own view is that these requirements, on a theory of meaning for mathematical discourse at least, go a long way to force a choice of correct logic in the neighbourhood of as constrained a system as *intuitionistic relevant logic* (for details of which, see Tennant 1987 a, Part II). — But what, it may be asked, about areas of meaning (such as tensed verbs and temporal discourse) where speakers' intuitions may be in precise agreement, ›logical‹ principles apparently unassailable, grasp of meaning fully manifested in their use of temporal language, meaning-contribution of temporal vocabulary wholly molecular, but the resulting logic actually *wrong* — because, say, it is based on an incorrect physics (or metaphysics) of space and time? Which is *the* correct temporal logic in such a case? Folk tense logic? or scientific tense logic? In the face of such a challenge I have considerable sympathy for the sophisticated view: that one may have to turn to science to put our ›logic‹ right. But that is because the word 'logic' is rightly in scare quotes here. Temporal operators may well be equipped with logical-looking axioms and rules in a deductive system; they may well be furnished with Tarskian or Kripkean clauses in a definition of ›truth-at-an-index‹ in some ›possible worlds‹ or ›possible histories‹ model; they may well bear a strong family resemblance in this fashion to the usual logical and modal operators; but it is a deceptive similarity, and one that should not necessarily lead us to believe that we are dealing with a *logic* of *logical* notions. For, deeply embedded in the structure of the model, and ultimately reflected in the ›deductive‹ relationships among sentences on which speakers agree, is a nest of assumptions about the *topology and geometry of time*. As J. P. Burgess (1979) has put it, even for a ›simple, purely propositional tense logic, which inferences are to be recognised as valid depends on one's cosmology‹. — I would rather take the view that the valid formulae or inferences of a tense logic are really theoretical statements about the structure of time (or of space-time) in the syntactic guise of sentences containing logical-looking operators. These cosmological assumptions are (or should be) drawn from the best current physical theory about the behaviour of matter in space and time. Not that temporal logicians have been lazy; to quote Burgess again, ›The question of time's local structure is as old as Zeno, but still unsettled. Tense logicians have surveyed all the alternatives‹. The resulting systems deal with tense operators such as ›it will always be the case that‹, ›it has always been the case that‹, and ›it is necessary, given the past and present, that it will be the case that‹. Time can be taken as having various structures. Conceiving of time as a set of instants ordered by the 'earlier than' relation, one can consider time with or without beginning, with or without end, dense or discrete, Dedekind-continuous, forward or backward convergent, and homogeneous metrizable. By contrast, conceiving of time as a set of branches (histories) in a tree-structure (a ›garden of forking paths‹), one can formulate an indeterministic ›Ockhamist‹ tense logic, exploiting the multiplicity of possible paths into the future. All the propositional tense logics obtained in these ways are axiomatizable, and, in all cases but the last, finitely so. All are decidable (see Burgess 1980 for the last case). Conceiving of time, finally, as bound up with space in a Minkowskian frame of point-events, one can distinguish two senses of ›it will be the case that‹: either ›there is some absolutely future point from here/now at which it is the case that‹, or ›to every inertial observer there is a point in his/her future at which it is the case that‹; where ›future‹ here means ›in the forward light cone‹. Axiomatizability of the resulting logic is an open problem. — If tense ›logic‹ is really only cosmology in syntactic guise, what parts of logic are logic proper? The straightforward answer is that it is those parts (i.e. sentences and inferences) that count as valid by virtue only of the meanings of the *logical* operators. Circularity threatens unless we can isolate the logical operators by means of some independent criterion. One criterion that has been proposed is proof-theoretic: a logical operator is one governed by inference rules that deal with *it alone*. In the statement of the rules one is not allowed to mention explicitly any other operator. One is allowed to mention only the schematic constituents (of the appropriate syntactic categories) that are contained in the conclusion (or major premiss) of the rule, or that are placeholders for items of cognate categories (such as parameters in the statement of quantifier rules). It is difficult to make more precise the constraints on what sorts of rules may thus count; but a good attempt to characterise the most general possible form of such a rule in a natural deduction setting is by Peter Schroeder-Heister (1984). In general, out of respect for the molecularity of meaning expected of a logical operator, a proof-theoretic approach to the meanings of logical operators would be searching for *either* (i) a natural deduction formulation for which a normalization theorem holds, or for which a principle of harmony between introduction and elimination rules can be formulated; *or* (ii) a sequent formulation for which a cut-elimination theorem holds. Whether, and, if so, how the alethic modal operators of necessity and possibility can be accommodated within this general format is a controversial problem (see

Hacking 1976; Došen 1985). I am inclined to count them, like tense operators, as non-logical in character, even if only because modal logical relations are determined at least in part by a *theory* (albeit a metaphysical one) as to the structure of alternative possibilities, or ways things might be. — If the proof-theoretic constraints mentioned afford a principled distinction between logical operators on the one hand, and merely quasi-logical operators (such as alethic modalities) or straightforwardly non-logical operators (such as tenses) on the other hand, then one can press the question with its presupposition of partisanship: which logic is the right logic? The answer has to satisfy certain demands of adequacy. First, there are the philosophical demands, as mentioned above, of molecularity of meaning and manifestability of grasp of meaning; and exactly how these translate into preferred formats for logical rules is a difficult question. Secondly, there is the demand of what might be called 'instrumental adequacy': is the logic strong enough to deliver what is needed for the hypothetico-deductive method in science, for truth theory, for (at least constructive or intuitionistic) mathematics, and for any other purpose for which one believes that logic is essential? For the hypothetico-deductive method, all one really needs is the logical strength to prove inconsistencies wherever they are; and for intuitionistic mathematics all one needs, in addition, is the strength to prove those non-logical truths that follow logically from consistent sets of axioms. I have argued at book length (Tennant 1987 a) that intuitionistic relevance logic meets the philosophical demands, and also proved that it meets the instrumental demands. But whether and how it should be supplemented by various modalities, implications and other logico-linguistic constructions is a question that has yet to be pursued. The final position might well be one of overly deviant partisanship on the logical core, surrounded by theoretical alternatives (systems of modality, tense etc.) whose peripheral adoption as ›logics‹ of these notions may undergo continual revision.

7. Some promising and important areas of future research

I turn finally to the task of indicating what I believe are some promising and important areas of future research. With increased proliferation of logics comes the need to consolidate our understanding of them. Understanding is often improved by finding a fundamental theme on which the different systems are variations. Thus, for example, we have the basic idea of possible worlds and accessibility relations, with different systems corresponding to variations in conditions on the accessibility relation. Alternatively, on the proof-theoretic side, we have the basic format of natural deduction, with different systems corresponding to variations in conditions on discharge of assumptions, constraints on subordinate deductions etc. There has been interesting work recently (Slaney 1985 and forthcoming; Schroeder-Heister 1987; Belnap 1982) on uniform proof-theoretic formats within which variations produce different deductive systems. It is to be hoped that these will be perfected to the point where we have a scheme of comparison that will permit us to translate philosophical arguments for and against the choice of a particular system into adequacy conditions on variations within the format, variations that will focus the technical choice on the philosophically preferred system. This need is especially pressing with quantum logic. Ian Hacking once remarked that if there were a Nobel Prize for logic, it should go to the first person to provide a sequent formulation of quantum logic that admitted cut-elimination. A sequent formulation is available (Nishimura 1980); but it does not admit cut-elimination. — Change of logic brings change of metatheory; and cutting down on classical logic to a highly constrained fragment brings with it the prospect of connecting two fascinating areas of current metalogical research: the *theory of verisimilitude*, and the logic of belief change, or *theory dynamics*. I shall digress at some length about verisimilitude, before reaching a point where I can bring the two areas into contact. The basic relation that needs to be explicated in the theory of verisimilitude is 'Theory U is closer than theory V to theory T' (abbreviated as $[U,V,T]$). In the traditional setting, theories U and V are false but consistent classical theories, and theory T is the complete (hence classical) theory describing some subject matter. T is the ›target theory‹, the ›aim of inquiry‹ about that subject matter. The falsity of a theory such as U (or V) consists in its containing sentences not contained in T. Intuitively, the progress doctrine (cf. Oddie 1986) has it that U and V can be interestingly distinct, while yet $[U,V,T]$. Notoriously, no formal characterisation of verisimilitude has yet vindicated the intuition (see Miller 1974 a; 1974 b; 1976; Tichy 1974; 1976). But as soon as one poses the problem formally, one sees various degrees of freedom in attacking it. Why should U,V and T be classical? Why not take them more generally as closed under the deducibility (or consequence) relations of various non-classical logics? Indeed, if one does this in a relevantist setting, one can even consider relaxing the requirement of consistency on U and V before entertaining statements of the form $[U,V,T]$. I would urge other relaxations than relevantist ones. As an anti-realist, or intuitionist, I claim to believe in the truth doctrine that "the aim of an inquiry, as an inquiry, is the truth of some matter" (cf. Oddie, 1986, ix). *Of course* the aim of an inquiry is to find out the truth! But who is to say that truth must be bivalent? and that the target theory must be complete? As an anti-realist I may also believe in the progress doctrine. Theories that have been refuted in the past have been superseded by apparently better theories (that is, ones closer to the ideal theory) which have themselves subsequently been refuted. Moreover, my intuitions as to which theories (or hypotheses or propositions) are advances on which others in this respect may largely coincide with those of a classicist such as Oddie. So we could start off with the same intuitive raw materials for our explication, but with very different philosophical presuppositions. I am also intrigued by the prospect that an adequate explication of verisimilitude might turn out to be possible *only when the theories involved are intuitionistic*. A theory is intuitionistic only if it consists only of warrantedly assertable sentences relative to some basis. Suppose it turns out that $[U,V,T]$ holds only when U, V and T are intuitionistic, but that, for some strange reason, the classical added extra of excluded middle that yields their classical closures so messes up matters that the explicated notion cannot coherently extend to those classical closures. What would the classicist make of this? Would allegiance to the progress doctrine force him seriously to re-consider his realism? — So much for verisimilitude. Now in theory dynamics, the basic problem is to explicate notions of contraction and revision of a theory T by a sentence S. If T contains S then the *contraction* of T with respect to S is a new theory $(T$-$S)$ ›as much like T as is possible‹ except insofar as it does not contain S. If T contains $\sim S$, then the *revision* of T

with respect to S is a new theory $(T*S)$ ›as much like T as is possible‹ except insofar as it ›replaces‹ $\sim S$ by S. It turns out that it is no simple matter to characterise contraction and revision functions (see Alchourrón/Makinson 1980; 1982; 1985; Alchourrón/Gärdenfors/Makinson 1985; Gärdenfors 1982; 1984; 1985a; 1986; 1988; Makinson 1985). How does this connect with verisimilitude?

Suppose T is the true theory aimed at, and that U is a false theory containing a sentence S not in T. One would expect $[U$-$S, U, T]$ to hold. Suppose further that $\sim S$ is in T. One would expect $[U* \sim S, U, T]$ to hold. That is, contractions and revisions are undertaken in order to *improve* one's theory: in order better to approximate the target theory. It would seem reasonable, then, to impose *simultaneous adequacy constraints* on sought explications of contraction, revision and verisimilitude, like the two just given above. One is bound to learn something about verisimilitude from the study of contraction and revision, and *vice versa*. — Verisimilitude and theory change connect also with considerations of paraconsistency. Suppose one is aiming at theory T, but one holds at present the faulty theory U (faulty in that the union T,U is inconsistent). Suppose the sentence S is in T but U,S is inconsistent. Now in a classical (indeed any non-paraconsistent) setting, the theory U,S would be trivial — the whole language. It would therefore be otiose to require that U-S or $U* \sim S$ be contained in U,S. But in a paraconsistent setting these requirements would be non-trivial. The deductive closures would now be with respect to a paraconsistent logic. The theory U,S would therefore not necessarily be the whole language. So the requirements just stated would, in effect, prevent inadvertent ›blow-up‹ of (contractions and) revisions. Paraconsistency provides a link with yet another area of foundational concern for at least a century — the logical and semantical paradoxes. The new transfinite inductive semantics of (Martin/Woodruff 1975; Kripke 1975; Herzberger 1982 a; Woodruff 1984; Gupta 1982; Yablo 1982; 1985) have thrown new *semantic* light on the phenomenon of paradox. But there is no corresponding syntactic grip on the notion, akin to that afforded by soundness and completeness results for ordinary validity. In (Tennant 1982) I proposed a proof-theoretic criterion of paradox, which amounts to an axiomatization of some notion that I conjecture to coincide with that specified by one of the transfinite inductive semantic notions just mentioned. The criterion is this: to tell whether a set Δ of sentences in a semantically closed language is paradoxical, write down the proof of $\perp$ (absurdity) corresponding to the intuitive derivation of paradox using Δ. The proof will not be in normal form. Try to normalize it by means of the well-known reduction steps for the logical operators. One finds that the reduction sequence does not terminate, but enters into a loop after finitely many reduction steps. Thus paradoxes can be ›axiomatized‹ by enumerating proofs, applying reductions, and listing those (finite) Δ for which a proof of $\perp$ has a finitely looping reduction sequence. Conjecture: There is a transfinite inductive semantics such that Δ is thus paradoxical-on-the-basis-of-a-proof-the-oretically-identified-vicious-circle if and only if Δ is paradoxical according to the semantics.

List of logical symbols

$\rightarrow$	implication arrow
$\leftrightarrow$	two-way implication arrow
$\sim$	negation tilde ($\neg$ elsewhere)
$\vee$	'vel' for disjunction
$\&$	ampersand for conjunction ($\wedge$ elsewhere)
$\perp$	›bottom‹ symbol for falsity
$\emptyset$	empty set
$\in$	epsilon of membership
$\supset$	hook for material implication ($\rightarrow$ elsewhere)
$\Rightarrow$	double arrow for deducibility ($\vdash$ elsewhere)
$\forall$	universal quantifier ($\wedge$ elsewhere)
$\exists$	existential quantifier ($\vee$ elsewhere)
$\square$	modal operator for necessity

8.   Selected references

Anderson/Belnap 1968, *Entailment*, Vol. 1.
This is the standard encyclopaedia for relevance and entailment logicians.

Boolos 1979, *The Unprovability of Consistency: An Essay in Modal Logic*.
This is an elegant presentation of the link between arithmetical self-reference and modal theoremhood discussed above.

Burgess 1979, Logic and time, in *Journal of Symbolic Logic* 44.
This is an excellent article covering recent developments in temporal logic.

Gabbay/Guenthner (eds.) 1986, *Handbook of Philosophical Logic, Volume III: Alternatives to Classical Logic*.
This survey volume contains essays on many-valued logic, relevance and entailment logic, intuitionistic logic, free logic and quantum logic, with good bibliographies.

Gärdenfors 1988, *Knowledge in Flux: Modelling the Dynamics of Epistemic States*.
This book consolidates a wealth of recent literature on theory dynamics.

Lewis, D. K. 1973, *Counterfactuals*.
This is the *locus classicus* for possible worlds semantics for counterfactuals.

Smiley/Shoesmith 1978, *Multiple Conclusion Logic*.
This book breaks impressive new ground in metalogic, and gives a new perspective on a great variety of logical systems, including systems of many-valued logic.

Tennant 1987 a, *Anti-Realism and Logic*.
This book gives a detailed account of *intuitionistic relevance logic*, and argues a philosophical case for its being the right logic.

Neil Tennant, Canberra (Australia)

76. Mereology and set theory as competing methodological tools within philosophy of language

1.   Introduction

Nothing would seem more natural than that the formal concept 'part' and its cognates should play a key role in the description and theory of language. At all levels of language we come across part-whole relations: the phoneme /p/ is part of the spoken word 'part' as the grapheme 'p' is part of the written word; the morpheme 'logy' is part of the word 'mereology' and the word 'Teil' is part of the sentence 'Der Teil ist kleiner als das Ganze'. The meaning ›male‹ is a common part of the meanings of 'roi', 'Vater', 'toro' and 'him'.

This article is divided into several parts, and so on. The Latin word for a basic part, 'elementum', probably derives from the letters LMN, and early philosophers like Plato (s. art. 14) and Aristotle (s. art. 15) frequently employ linguistic examples as paradigms of part-whole relations. Yet the concepts of mereology (part-whole theory) today find almost no systematic use among philosophers of language, whereas the concepts of set theory, which *prima facie* appear more remote from linguistic application, are widely used. This article considers why this is so and whether it should be so. To anticipate the conclusion: it is so mainly, though not exclusively, for historical reasons, not all of which still hold good, and it is an unbalanced state of affairs: mereology can and should be used in some places where set theory is now used, and we shall consider places where such use is or may be appropriate. So this paper is less a report on an existing controversy, since the supremacy of set theory is virtually unchallenged, than itself a challenge to the extent of this supremacy. The polemic is however muted, both because there are areas where mereology cannot and would not aspire to replace set theory, and because there are signs in recent literature that some concepts of mereology are finding use in conjunction with set-theoretical methods, which indicates that the ideal of peaceful cooperation is attainable, an ideal better promoted by gentle reminders than fierce accusations.

2. Historical

2.1. The divergence of mereology and set theory

Our controversy could not have arisen until this century, because the conceptual distinctions necessary to distinguish set theory and mereology did not emerge until the late nineteenth century. Until then, the subsumption relation among classes was regarded, not without reason, as just one part-whole relation among others. The divergence came about because mathematicians, above all Georg Cantor, developed set theory from a simple algebra of classes into a much more powerful theory capable of encompassing most of mathematics. The difference can best be explained using the idea of types, although most set theories are type-free. If we envisage sets of individuals (urelements) as being of type one higher than individuals, sets of sets

of individuals as being two types higher, and so on, we see that set formation may proceed up the types to infinity. In a type-free set theory with the axiom of foundation, the notion of type may be replaced by that of the rank of a set. In mereology, however, the wholes formed by the summing together of individuals are themselves individuals, and we do not thus get a type or rank hierarchy. Just this explains the appeal of mereology to those of nominalist persuasion, who use it with an eye to ontological economy. Two of the most notable mereologists, Stanisław Leśniewski and Nelson Goodman, developed their mereologies expressly as nominalistically acceptable alternatives to set theory (Leśniewski 1916, 1 ff; Leonard/Goodman 1940, 45 ff; Goodman 1977, 33 ff). Consequently, mereology is not only ontologically more modest and ideologically less powerful than set theory; it is widely associated with extreme nominalism and extensionalism in logic and ontology, and is thus thought not to be of use to philosophers not sharing these predilections. This historical perspective is partly incorrect, as there have been mereologists, such as Edmund Husserl, Alfred North Whitehead, and Roderick M. Chisholm, who do not fit the standard picture. More importantly, Platonism and intensionalism are consistent with the use of mereology.

2.2. History of mereology

There is no connected account of the history of uses of 'part' and related words, though they found discussion both in Aristotle and the Scholastics. Late nineteenth century discussion derives from two sources: positively, the investigation of partial contents among psychologists such as Carl Stumpf (for an account of this tradition see Smith/Mulligan 1982, 15 ff), negatively, the expulsion of mereology from the garden of logic by Gottlob Frege (s. art. 34) in his critical review of Ernst Schröder's algebra of logic (Frege 1967, 193 ff). Stumpf's work on partial contents was refined and generalized by Husserl, who envisaged and sketched a few results of a theory of parts and wholes (Husserl 1984, 227 ff). Husserl's theory lacked the nominalistic motivation of later theories and was developed by him in conjunction with the theory of ontological dependence. Not only did Husserl immediately apply his theory to language (Husserl 1984, 301 ff), but his views also influenced Prague structuralists, especially Roman Jakobson (Jakobson 1973 a, 13 ff;

Holenstein 1973, 563; 1975, 12). Apart from this, Husserl's views remained largely unnoticed. Independently of one another and at about the same time, Leśniewski and Whitehead developed formal mereologies, Leśniewski as a partial substitute for Cantorian set theory in the foundations of mathematics, Whitehead as a formal tool for the analysis of space and time (Leśniewski 1916, 1 ff; 1983, 24 ff; Whitehead 1919, 101 ff). Leśniewski's work is formally considerably more exact than Whitehead's (Sinisi 1966, 323 ff) and can be seen as a realization of the idea sketched by Frege (Sinisi 1969, 239 ff). In his Harvard dissertation (Leonard 1930, 1 ff), Henry Leonard reinvented much of this work and it came to general notice in his joint paper with Goodman (Leonard/Goodman 1940, 45 ff), where the system developed, based on *Principia Mathematica* logic with sets of first rank only, was called 'calculus of individuals'. Most later developments remain within this ambit: Leśniewski's work was continued by his students, and the calculus of individuals has found sporadic interest. Applications to linguistics have been virtually nonexistent, until very recently. Recent work in mereology falling outside this paradigm includes Chisholm (1976, 148 ff), Sharvy (1980, 607 ff; 1983, 227 ff), Bostock (1979, ch. 2, § 4) and Simons (1987, 1 ff), which last contains a summary of previous efforts and suggestions for modal and temporal extensions.

2.3. Why set theory?

Set theory as a methodological tool in linguistics is an import from logic, more particularly, from metalogic, especially model theory. Set theory developed to serve mathematics, and was found a suitable medium for the mathematics of formal systems and their models, developed above all by Alfred Tarski. Tarski, who was a student of Leśniewski, soon abandoned the latter's stringent nominalism as too cramping for metalogical studies. Sometimes he employed simple type theory as his metalanguage, but its mathematical inconvenience pushed him towards set theory. Once the objections of early and middle analytical philosophy to the mathematically exact treatment of natural languages were overcome, it was natural that linguistically interested logicians should use the mathematical *lingua franca* of set theory. The most important figure in this development is undoubtedly Richard Montague. The development of model-theoretic semantics in various forms

uses the set-theoretical framework without question. — There are many philosophical questions which may be raised about the suitability of set theory as a metalinguistic tool. One concerns the Platonistic ontology thereby accepted. Another is whether model theory deserves to be called 'semantics', since it studies not the language/world relationship but the language/model relationship. Set theory is not uniquely fitted as a metalinguistic tool: a type theory, Leśniewski's Ontology, or a homogeneous logic (cf. Martin 1943) would probably do as well. Set theory is in part popular just because it is familiar.

3.   Brief exposition of mereology

Since mereology is less familiar, it is worth outlining a few basic ideas. It is not widely realized that most mereologies make assumptions going well beyond a pure analysis of the word 'part' and its cognates, which are there because most mereologists were interested not in such an analysis but in a tool serving to partially replace set theory. If we expose these assumptions, we see that mereology can be more versatile than usually thought. A number of concepts may be taken as primitive in a formal mereology: we choose ›overlapping‹, i. e., ›having a common part‹, symbolized 'o'. It is expedient to base mereology, as Leśniewski did, on a free logic. We choose not Leśniewski's own unfamiliar system, but a free predicate logic with identity, with distinct runs of letters for parameters ($a, b, c, \ldots$) and bound variables ($x, y, z, \ldots$). We use the signs $\sim \land \supset \equiv \forall \exists =$ in their usual meaning and define singular existence E! via

(1) $E!a =_{Df} \exists x(x = a)$

Minimal mereology can be based on the single axiom

(2) $a \circ b \equiv (E!a \land E!b \land \exists x \forall y(y \circ x \supset (y \circ a \land y \circ b)))$

Defining 'proper or improper part' ($\leq$)

(3) $a \leq b =_{Df} (E!a \land \forall x(x \circ a \supset x \circ b))$

we get as an immediate theorem

(4) $a \circ b \equiv \exists x(x \leq a \land x \leq b)$

which confirms our understanding of 'o'. The intuitive concept of a proper part ($<$) is defined as

(5) $a < b =_{Df} a \leq b \land \sim (b \leq a)$

The structure defined by this axiom is a kind of pre-ordering: $\leq$ is reflexive on existents and transitive, but not necessarily antisymmetric. In other words, minimal mereology leaves it open whether distinct things may have the same parts. I call this further assumption the principle of 'mereological extensionality':

(6) $(a \leq b \wedge b \leq a) \supset a = b$

and mereologies which fulfil it 'extensional mereologies'. In ontology the principle may be doubted: for instance a person and her body or a golden sphere and the gold comprising it may (at a time) have the same parts without being identical (for a discussion of the issues involved, cf. Simons 1987, chap. 3). In linguistic applications however, extensionality is probably a harmless assumption. Most mereologies add further assumptions for Boolean operators. These can be of various strengths (Eberle 1970, chap. 2; Simons 1987, chap. 1), but the most usual one is also the strongest possible: I call it the 'strong sum principle':

(7) $\exists x Fx \supset \exists x \forall y (y \circ x \equiv \exists z (Fz \wedge z \circ y))$

Using a definite description operator ι we may define a mereological sum operator σ, binding one individual variable, as

(8) $\sigma x(Fx) =_{\mathrm{Df}} \iota x(\forall y(y \circ x \equiv$
     $\exists z(Fz \wedge z \circ y)))$

and (6) then amounts to

(9) $\exists x Fx \supset E!(\sigma x(Fx))$

Extensional mereologies satisfying the axiom scheme (6) I call 'classical extensional mereologies'. Those of Leśniewski and Leonard/Goodman are (up to the underlying logic) both classical. In terms of σ all the usual Boolean and extended Boolean operators may be defined, and the algebraic structure of a classical extensional mereology differs from that of an extended Boolean algebra solely by the absence of a Boolean zero (Tarski 1983, 333). Some treatments of part-whole add the zero back in for algebraic convenience, but this move is philosophically unjustified. — The strong sum principle has been fairly widely felt to be counterintuitive, and several mereologists (Whitehead, Chisholm, Bostock, Sharvy, Simons) have weakened it or done without it altogether. It is not analytically contained in the concept ›part‹ and was introduced for the reasons stated above. When needed for particular applications it can always be expressly assumed, so we shall not assume it below. — Further — as yet embryonic — development of mereology considers the possibility of temporally modifiable or tensed part-whole relations (Thomson 1983, 214 ff; Simons 1987, chap. 5), which capture the idea of one thing's being part of another at a certain time or over an interval. This kind of talk applies to continuants such as artefacts and organisms, but not to occur-

rents like events, processes and states, which may have — what continuants lack — temporal parts. This view is contentious: many ontologists (Carnap, Quine, Smart, et al.) view continuants as temporally extended processes. I think this is, as Thomson says, "a crazy metaphysic" (Thomson 1983, 210), but the point cannot be argued here (see Simons 1987, chap. 3, § 4, for arguments). For linguistic applications it is well to keep an open mind on the issue. Another possible extension is to modal mereology. Husserl's mereology is probably best seen as modal, in that he is mainly interested in essential parts. The view that all parts are essential, mereological essentialism, goes back to some medievals and to Gottfried Wilhelm Leibniz (s. art. 23), but is mainly associated with Chisholm (see his 1973, 581 ff and 1976, 148 ff). The most extended discussion of modal mereology is mine (Simons 1987, chap. 7), which includes criticisms of Chisholm. — This brief account I hope makes clear that mereology as it has usually been practised is in a straitjacket, and that when freed from the encumbrances of the logico-ontological programmes with which it has hitherto been associated, it promises greater flexibility and interest. So we now turn to likely areas of application in the philosophy of language, some of which already exist, others of which seem to me to offer good prospects.

4. Areas of application for mereology

4.1. The ontology of language

We are able to communicate because we produce and perceive physical linguistic objects, mainly events involving sound on the one hand and more or less enduring patterns of marks on a surface on the other. Such perceptible physical objects of course have perceptible parts, and it is the characteristics and arrangement of parts which differentiate the objects into signs having different communicative values. As we mentioned, linguistic complexes served the ancients as paradigmatic complex units with an articulation known to speakers, so at this level of description there is no escaping mereological concepts, although mereology alone is far from sufficient as a descriptive basis for phonology, morphology, syntax etc. — There has however been surprisingly little discussion of the ontological status of linguistic entities as such. A respectable but now weakly defended tradition among nominalistically-inclined logicians (Leśniewski, Carnap, Goodman, Martin) is *inscriptionalism*, according to which the prime entities of language are such concrete inscriptions (spoken, written, etc). To accommodate more theoretical talk of expression-types it is not uncommon to regard types as classes of tokens which are relevantly alike. This is fraught with difficulties, for the identity conditions of classes are extensional, while those of types are not (a type could have had different tokens, a class could not have had different members). For another thing,

"We have in the world not a realm of inscriptions neatly sorted into clearly separate classes but, rather, a bewildering miscellany of marks differing from each other in all ways and degrees" (Goodman 1976, 133).

Logicians tend to ignore the problem by taking signs to be Platonic entities of some kind from the start, but this attitude, while it may serve a logician, cannot serve the study of language as an empirical phenomenon, where the messy nature of the token/type relationship needs to be toiled through rather than by-passed. Perhaps some abstract entities are needed for the ontology of language (not just syntactic units, but meanings have to be found a home, or else shown to be dispensable), but whether these are classes or abstract patterns (see Simons 1982 a, 195 ff) needs further argument (see also Friedman 1975, 73 ff). The application of mereological concepts to abstracta is untried and not without its difficulties (Simons 1982 a, 196 f), whereas set theory is at home among abstracta. But to reduce Goodman's ›bewildering miscellany‹ and their ways of differing from one another to objects whose relationships are all based on the single one of set-membership strikes me as unrealistic. At the level of inscriptions, on the other hand, set theory is an alien intruder, while the part-concept is indispensable.

4.2. The ontogenesis of reference and its division

Willard Van Orman Quine (1960, 80 ff; 1974 a, 52 ff) and Peter Frederick Strawson (1959, 202 ff) have made it clear that the conceptual scheme of individuals, properties and relations which we adults apply without effort and which is taken for granted by predicate logic in fact rests on a considerable body of linguistic and non-linguistic skills. Individuation is an intellectual feat and everyone must

master it to attain conceptual and linguistic maturity (s. art. 83). There is good reason to think that while set theory is at best scarcely relevant to a description of what goes on here, mereological concepts are indispensable. — The primordial form of utterance is that of an expression in the perceived presence of some salient chunk of reality. This is neutral as between our sophisticated categories of subject and predicate, noun and verb, term and sentence, particular and general, mass and count. If the word sounds like 'Mama' and the child utters it in its mother's presence, it is natural for her and us to take it as a name for her. But both the observable and presumably the hidden neural facts fall short of supporting this erroneous, albeit supportive, assumption. Quine's assimilation of 'Mama' at this stage rather to 'red' or 'water' underlines the relatively alien (to us) nature of early word-use, but the assimilation is unfair both to proto-utterances and to mass terms. Early 'Mama' is too diffuse to be a mass term, which in general goes along with the idea of enduring stuff and of greater or lesser amounts (ter Meulen 1980, 7). The clear opposition to count terms is also missing. The step to mass as distinct from count still lies ahead. Bald qualitative recognition ('Mama' — 'again Mama') even falls between our concepts of enduring continuant objects (be they stuffs, individuals or groups) and occurrent processes or events. A process or event has stages, temporal parts, while continuants are such that the notion of temporal part does not apply to them. The continuant/occurrent divide which is inherent in the folk-ontology of Indo-European languages at least can only bite for the child when repeated exposure to qualitatively similar chunks of reality diverges into two kinds: those (like 'crying' and 'dancing') where what is later is more of the same but is added on to the earlier, which gets left behind in the past, versus those (like 'Mama' and 'cat' and 'milk') where what was before does not get left behind, but (barring accidents, dissolution etc.) manages to make the present as a whole. The distinction between what does and what does not sustain the concept of temporal part is as fundamental as the mass/count distinction, and indeed crosses it. It also lines up very roughly with the noun/verb distinction in familiar languages. — Quine's well-known account of the division of reference (Quine 1960, 90 ff) is applied primarily to continuant particulars, especially bodies. In fact, individuation among occurrents is rather less involved. Staccato or well-delimited events like claps, touches and falls need only be marked off in space and time from a neighbour of like kind to be apt for counting. Not for nothing do we manufacture events (pointings, finger-foldings, apple-movings) to help us count non-events, both as children and later. The event being gone by the time we are ready to count it, and not confusingly lingering, like a continuant, we can match our numbers to events with marked temporal gaps. Processes like the splashing of a waterfall fail to provide such natural breaks. Individuating continuants is more complex because we have both diachronic and synchronic aspects to master. As Quine emphasizes, spatial spread must also be coped with. Again, nature may co-operate by providing neat outlines and per-ceptual/material discontinuities, but we need to know to follow these. In the face of bunched multiplicity, we need to know which parts of the presented bunch belong to which individuals. Synchronic individuation is thus largely a mereological concern. In pointing to anything but the smallest things, we point more exactly to a proper part, so successive or simultaneous multiple pointings, compre-hensive sweeps round a boundary or osten-tatious separatings of the thing from its sur-roundings are all available to show which parts are co-objectual, making up a single dog, apple or whatever. Only with this syn-chronic fix on what count as parts of the same dog can we then go on to trace the same dog through his successive appearances and antics. — Of course Quine and others (Car-nap, Woodger, Smart etc.) go on to assimilate continuants like bodies to processes. But firstly, this is conceptual and linguistic revi-sion, hence not descriptive of the scheme we grow up into, and secondly, its attractiveness as an ontology is, I think, overrated (Wiggins 1980, 25, 194 ff; Simons 1987, 121 ff). One deep motivation for the four-dimensional scheme is the desire to avoid having to deal with the problem of the identity of objects in mereological flux, those whose change of parts over time does not impugn their iden-tity. By switching to processes we gain tem-poral parts, can untense the part-predicate, and find it easier to preserve mereological extensionality (Simons 1987, 117 ff). The se-mantics of part-whole relationships among continuants however must recognise both temporal indexing and flux: after a haircut or an appendictomy one lacks parts one had

before. There is nothing mysterious about this provided one approaches it without prejudice. — In retrospect then Mama is assigned to the category of continuant individuals, but she had to acquire this privilege in the mind of her offspring.

4.3. Mass terms

4.3.1. It was again principally Quine who highlighted the importance of mass terms in natural language (Quine 1960, 91 ff). The clas-sical source is Otto Jespersen (1924, 198 ff). Quine's view of mass terms as an "archaic category" (1960, 95) must be rejected: it is not that mass terms do not have deep roots, but that they are in their way at least as sophisticated as count terms (ter Meulen 1980, 3 f; a reconstruction using the genetic approach of dialogical constructivism is found in Lorenz 1970, 204 ff). But Quine is right that they seem not to fit easily into the singular/general dichotomy. The ›seem‹ should be noted here: things are complicated (cf. Lorenz 1981). — The presence of mass terms in natural language seeming to be an embarrassment for the usual singular/general semantics enshrined in the common under-standing of predicate logic, logicians, ontol-ogists and linguists have scrambled to try and assimilate them to existing forms as painlessly as possible (see the variety of approaches tried in the anthology of Francis J. Pelletier (1979, 1 ff). Subsequent history has been largely one of trying to alleviate the pain, and has led to increasingly radical questioning of the origi-nal framework of assumptions. — There are abstract nouns such as 'patience' and 'cour-age' which pass the syntactic tests for mass nouns ('A little patience is worth much cour-age') and nominalizations for states and proc-esses do so too ('There was more hiking than sleep on our holiday'). The latter will be dealt with in a later sub-section, but abstract mass nouns will be left on one side. They have been little researched and in advance of more con-sensus on concrete mass terms detailed sug-gestions would be very conjectural. — A the-ory of the logic and semantics of mass terms must take into account their roles in singular predications, both before and after the cop-ula, generalizations, generic predications, identity predications, sentences about the makings of material objects and much more. There is a choice as to whether they have a single basic use in terms of which all others are to be explained, or else more than one basic role. Quine opted for two roles (1960,

97 ff): a mass term like 'water' in subject position is a singular term, but after the copula it is a general term. Quine's semantics here employs mereological concepts. Mass terms refer cumulatively: "any sum of parts which are water is water" (Quine 1960, 91). So while 'is water' is variously true of all quantities of water, 'water' in subject position is a singular term designating the unique mereological sum of all water. Gratifyingly mereological though this is, it is wrong. 'Water is an oxide' is not about all the world's water (now, or over all time, whichever we decide is the right interpretation) since it would be true even if there were no water. The sum of all the world's water at a given time has a certain mass, but water does not. Used in this way, 'water' is *generic*: it likens to 'The horse is an ungulate', which is not about the class of all horses. The lack of a definite article is parochial: in German, the translations of these generic sentences are more alike: 'Das Wasser ist ein Oxid', 'Das Pferd ist ein Huftier'. If a referent for 'water' in subject position is required, something abstract rather than a concrete mereological sum is worth considering (Cocchiarella 1978, 358; ter Meulen 1980, 18; 1981, 106). With this, the analysis of such ›nominal mass terms‹ (ter Meulen's terminology) passes beyond the obvious reach of mereology. The problem remains of the relationship between nominal mass terms and what they apparently designate and whatever it is that falls under the mass term predicatively used. We shall come back to this. — Most commentators have preferred not to follow Quine but to regard only one kind of use of mass terms as primary. Most writers would endorse Terence Parsons' statement that

"with few exceptions we can assume our background ›logically perspicuous notation‹ simply is the first-order predicate calculus" (Parsons 1979, 138).

Since words like 'gold' and 'water' are common nouns, not fitting the predicate-logical dichotomy of singular terms vs. predicates, this means that mass nouns are forced into being seen as au fond either singular terms (Parsons 1979, 137 ff; Bealer 1979, 279 ff) or predicates (Grandy 1979, 219 ff; Burge 1979 a, 199 ff). Rather than accept the framework, and force the linguistic facts (*per impossibile*) to fit it, we should accept the syntactic category of common nouns and consider how they fit together with terms and predicates. In a Montague grammar for mass terms, Alice ter Meulen (1980, 163 ff) indeed goes a step further and assigns count common nouns like 'table' to a different basic category from mass nouns like 'water'. This means that nouns which, like 'apple' or 'cake', have both mass and count uses (indeed, if Pelletier's "universal grinder" is taken seriously, all nouns have the potentiality for both kinds of use — Pelletier 1979, 5 ff) must be seen as syntactically ambiguous. Are they? — Clearly we cannot hope in a short article to examine every facet of mass predication or of all the proposed solutions, so we shall restrict attention to two areas: firstly the nature of the items to which mass nouns truly apply and the associated differences between the compliants of mass and count nouns, and secondly quantification involving mass nouns. In each case the role of mereological concepts will be highlighted.

4.3.2. It is helpful to define first some concepts often applied in this area. A predicate is *dissective* iff it applies to all parts of anything to which it applies:

(10) $\text{diss}(F) =_{\text{Df}} \forall x(Fx \supset \forall y(y \leq x \supset Fy))$

and *expansive* iff it applies to all containers of whatever it applies to:

(11) $\exp(F) =_{\text{Df}} \forall x(Fx \supset \forall y(x \leq y \supset Fy))$

(cf. Goodman 1977, 38). A predicate is *cumulative* (in Quine's, not in Goodman's sense) iff any sum of objects satisfying it also satisfies it. To express this we use set-theoretical notation, but note that a first-order predicate schema or a second-order monadic predicate-logical alternative could be offered (as can a Leśniewskian alternative using plural terms):

(12) $\text{cum}(F) =_{\text{Df}} \forall A(\forall x(x \in A \supset Fx) \supset F(\sigma x(x \in A)))$

These formulae look a little more familiar than they really are: one of the things to be decided is what the variables 'x', 'y' range over. Note that expansivity and cumulativity are not coextensional: 'is water' is cumulative but not expansive; for instance, some water is part of the mud in the yard, but the mud in the yard is not water. Expansivity only entails cumulativity under the assumption that all the relevant sums exist. — It is sometimes said that mass terms (used predicatively) are dissective (e. g. ter Meulen 1980, 159; 1981, 123; indeed for ter Meulen predicative mass terms are both dissective and expansive). This is wrong. Quine points out (1960, 98) that some parts of items of which 'water' or 'sugar' is true are too small to count. But not just parts which are too small may be excluded. The components of mixtures and compounds may be appreciable in amount and still fail to qualify:

"The water in my whisky-and-water is part of the world's whisky-and-water, and is enough stuff to be whisky-and-water, but it is not whisky-and-water" (Sharvy 1983, 234).

The oxygen in this glass of water even accounts for almost ninety per cent of its mass, but no part of this oxygen is water. There are predicates true of items falling under mass terms which are neither expansive nor dissective: 'weighs exactly 1 gram', for instance. – It is also said that count nouns are such that no part of an individual falling under one can itself fall under the same noun (ter Meulen 1980, 67; 1985, 549). This too is wrong. The lines on graph paper mark out square areas, some of which are parts of others (Laycock 1979, 99). An early paper by Tarski (1983, 24 ff) formulates an atomless mereological solid geometry using the idea that spheres may overlap and contain other spheres. Admittedly these cases are exceptional: most count nouns are such that neither a proper part nor a proper container of something falling under the noun falls under the noun. But even in ordinary cases, watch out for counterexamples: the Pope's crown is made of crowns (Wiggins 1980, 73). – What, then are the items falling under mass terms, e. g. what items are 'is gold' and 'is string' true of in the most basic sense? We can eliminate some answers quickly, 'is gold' is not true of the substance gold unless we take the 'is' to mean identity rather than predication (s. art. 77). Many items fall under 'is gold': only one item is the substance gold. Intuition tells us the items are particular rather than general. So are they individuals or non-individual particulars? The latter option is, to say the least, unfamiliar, so let us come back to it later. If individuals, then concrete or abstract? The obvious candidate for abstract individuals would be sets, for example sets of gold atoms. But a set of gold molecules cannot be gold, because sets are not in space or time and are causally inert, whatever the case with their members. Gold-diggers do not dig up sets, and gold coins are not made of sets. Could we however substitute concrete aggregates (Burge 1977 a, 97 ff), manifolds (Simons 1982 b, 160 ff) or pluralities (Simons 1987, 144 ff) for sets? A plurality of gold molecules is as spatio-temporal and causally effective as its individual members, so the previous objections drop away. A gold coin is made of many gold molecules, and prospectors do dig

up gold molecules, though not singly. Two objections stand in the way of identification. The first is that a plurality is many, while that of which 'is gold' in a particular case is true is not many, but one. But while a plurality is many molecules, it is also one plurality of molecules: 'one' transcends the type-difference (Simons 1983, 175; 1987, 156): it is, if one will, analogous in meaning (s. art. 85). The second objection is more severe: it is that the semantics of mass terms have no business in deciding whether there are minimal parts of the items falling under mass terms also falling under these terms. This is a matter of physics, not semantics: for all the user of mass terms has to know, gold or water might be a homogeneous atomless stuff, divisible indefinitely into stuff of the same kind (Bunt 1979, 255; ter Meulen 1980, 5; 1981, 111). This point is correct, so the semantics of at least standard mass terms (there may be exceptions, cf. 4.4.1.) must be independent of physical facts about the microstructure of stuffs. Nevertheless, the fact remains that any portion of gold is, as a matter of fact, made up of so many gold atoms, which lends support to the idea that, again as a matter of fact, 'is gold' is true of concrete pluralities of gold atoms, albeit that this is not something to be reflected in the semantics. Since concrete pluralities are, on the face of it, non-individual particulars, this would entail admitting such particulars into one's ontology alongside individuals.

4.3.3. The drive to interpret 'is gold' as true of individuals is nevertheless so strong that many favour concrete individuals like statues, coins, puddles, chunks and lumps as what mass predicates are true of. So we identify the statue with the gold in it. But this is wrong because the gold is much older than the statue and differs from it in many other respects (Wiggins 1980, 30 ff; Fine 1982 a, 97; Doepke 1982, 45 ff). A way out is to say that the 'is' in 'is gold' is not an 'is' of predication but an 'is' of constitution, tantamount to 'is made of' (Wiggins 1980, 30; Griffin 1977, chap. 9; Burge 1979 a, 202). In some cases, 'is gold' indeed does signify 'is made of gold': 'The statue is gold' is a case in point. Ontologically we should prefer 'The statue is golden', as even Aristotle pointed out. However 'is gold' cannot always mean 'is made of gold', since the gold in the statue is gold but is not made of gold, unless we wish to embark on a nasty infinite regress. For another thing, most of the items of which 'is gold' is true do not make up anything (Laycock 1972, 30 ff). — The obvious individuals failing to do the job, we may then question whether 'is gold' in its primary predicative use is true of individuals at all. Helen M. Cartwright (1963, 248 ff; 1970, 25 ff) calls the items in question 'quantities', and is followed by ter Meulen (1980, 66; 1981, 106). To avoid the connotations of amount in 'quantity' I have called them 'masses' (Simons 1983, 170 ff; 1987, 153 ff). This has its unsuitable connotations too, and because 'a quantity of string' is more neutral than 'a mass of string' and much more akin to 'a number of men' (contrast 'a collection of men', which connotes togetherness), I shall stick here with Cartwright's term. Are quantities individuals? The question needs making more precise. If by 'individual' we mean entities of lowest logical type, then the answer is 'yes', since quantities are not, we have argued, sets or universals. If we mean entities which can — at least under favourable circumstances — be individuated and counted, then the answer is again 'yes', since under especially favourable circumstances we can individuate and count quantities: the wine in this bottle is one quantity of wine, the wine in that bottle another, so they are two quantities of wine. Here we see incidentally the use of 'quantity' as a singularizer: were we to say 'they are two wines' this would mean (perhaps wrongly) that they are unlike in origin or vintage, two kinds of wine. Singularizers occur with plurals too: 'class' is just such. If there are six men in this room there are 63 classes of men in this room: *'there are 63 mens in this room' is ungrammatical. The syntactic device of singularization carries no ontological force however: just because we form a singular term doesn't mean we have a new entity. This shows the weakness of the sense of 'individual' according to which it is correct to say quantities are individuals: the same can be said of pluralities. In a stronger sense, in which a horse or a town is an individual, quantities are not individuals. For such individuals fall under singular, non-collective count nouns which are not just dummies, and which import criteria of identity. To master a count noun like 'horse' entails knowing, in a way which suffices for normal circumstances even though it may fall foul of hard cases, what counts as one horse, and when horse A is identical with horse B (Wiggins 1980, chap. 2). We saw in the last section that such mastery has a mereological dimen-

sion. But mastery of a mass noun like 'water' requires no such knowledge enabling the speaker to individuate, identify and reidentify quantities of water (Laycock 1979, 112 ff). That we are on occasion able (by virtue of packaging or separation) to isolate a quantity, and that physical theory offers us a way to reidentify in terms of the identity of atoms, are both adventitious to the use of mass nouns in general. There are indeed some mass nouns, such as 'furniture' and 'footwear', where the competent speaker must know what counts as an item of the stuff in question (a chair, a boot, etc.), but these are exceptional. In general, the difference between mass nouns and count nouns is that the former are, while the latter are not, indifferent as to individuation and identification. This rough distinction fits the facts better than an attempt (in terms of meaning postulates or otherwise) to provide exceptionless (mereo-)logical criteria. — To reply to our question then, quantities are non-individual particulars. They may on occasion be pluralities, as we suggested above, but pluralities are likewise not individuals, although they presuppose individuals. Personally I should prefer to keep the two — the quantity of gold, the plurality of its atoms — distinct, and say the atoms constitute or make up the quantity. This illustrates incidentally the ontological promiscuity of constitution: as all good cooks know, not just stuff makes up individuals, but individuals, pluralities, and masses of stuff can go to make up more stuff, one or more individuals, and so on (Simons 1987, 232). This is far removed from a neat logical connection between quantities and individuals such as is found in Burge (1979 a, 202), or in my (1983, 176; 1987, 163). — If this is right, then, mass predication forces us to recognise the existence of concrete particulars which are not, in any strong sense, individuals. This view involves a radical break with the ontological prejudices of most of western philosophy (see Laycock 1979, 90; Sharvy 1980, 621). It also underlines the irony of the appellation 'calculus of individuals', since the strong principles of classical extensional mereology are plausible not in application to individuals but rather to quantities or pluralities (cf. Sharvy 1983, 236; Simons 1987, 158 f). — We must accordingly allow the variables of predicate logic to range over quantities as well as individuals, and — to answer a question posed a while back — the relation between quantities of gold and the substance gold is the same as that between individual protons and the kind proton.

4.4. Mereology and quantification

4.4.1. At first sight, this result would seem to indicate that we can simply apply predicate logic as it stands to quantities and mass terms. The predicate-logical translations of the English sentences 'Whatever is water is wet' and 'Whatever is a man is mortal' would both be of the form '$\forall x(Fx \supset Gx)$'. However the apparently smooth extension is illusory: if one concentrates on the traditional quantifiers 'all', 'some', 'no' the differences between mass terms and count terms are minimized because the presupposition of individuation for the domain of variables in the count case is left implicit. A glance at definite descriptions discloses the disparity. For descriptions with count nouns, like 'the cat in this box', denotation requires existence and uniqueness of individuals falling under 'cat in this box'. A description using a mass noun, like 'the coffee in this box', may nevertheless denote although there is more than one quantity of coffee in this box. For denotation we require the existence of a *supremum*, a uniquely maximal sum of coffee in the box. So the Russellian logical decomposition of a simple sentence with a description is required to replace the identity predicate by the part-predicate (Sharvy 1980, 615). A model-theoretic account of the semantics of mass descriptions has to impose some mereological requirements on quantities to account for the validity of inferences involving mass descriptions (Lønning 1987, 3 f). When ter Meulen writes (1980, 87),

"there is no need to appeal to mereological notions, since the natural relation of *part of*, which occurs also in natural language, suffices to express the interpretation of the definite description in predicative mass terms",

this is doubly strange: firstly, the part-of relation is *the* mereological relation, and secondly, though I agree with ter Meulen that the uncritical acceptance of the full strength of classical extensional mereology with its often counterintuitive sums is to be avoided, in this case the interpretation of definite descriptions does require that quantities satisfying a mass term be closed under summation. Ter Meulen's natural part-predicate being not subject to axiomatic determination in her semantics, she is unable to guarantee such sums and so account for the validity of certain

arguments (Lønning 1987, 4). The recognition that quantities must be subject to mereological constraints just as individuals must respect the logic of identity informs the otherwise varied approaches of Burge (1972, 263 ff), Bunt (1979, 249 ff), Hoepelman/Rohrer (1980, 85 ff), Sharvy (1980, 607 ff), Link (1983, 302 ff), Roeper (1983, 251 ff), and Lønning (1987, 1 ff). These approaches offer the promise that mereological and set-theoretical methods can be fruitfully applied in tandem, although the details may be disputed. For instance both Roeper and Lønning treat mass terms as being dissective and expansive without exception, and ignore predicates (like 'weighs 1 gram') which are neither. Harry C. Bunt proposes a formal theory of "ensembles", which in its partial mimicry of Zermelo-Fraenkel set theory (Bunt 1979, 260 f) (null ensemble, power ensembles) is further removed from intuitive justification than desirable. Bunt also assumes mass terms are dissective, and dismisses the facts about minimal parts as irrelevant. One may agree that

"A mass noun refers in such a way that no particular articulation of the referent into parts is presupposed, nor the existence of minimal parts" (Bunt 1979, 256),

but to regard the physical facts as completely irrelevant is to divorce semantics from reality. That there are minimal parts of e. g. water is a fact about the referent of 'water' which may not be reflected in the semantics but should not be contradicted by the semantics either. Link deals with a wider range of issues, including the nature of constitution of individuals by quantities of stuff, the distinction between 'part of' among quantities and 'a part of' among individuals, and the many notable parallels between mass and plural reference. The parallels have often been noted (e. g. Laycock 1972, 35; Griffin 1977, 32 f; Sharvy 1980, 615 ff; Simons 1983, 171 ff). The issues surrounding plural reference have been omitted in this article not just because they in part recapitulate those of mass reference but also because models of mereology provided by plural terms are easy to accommodate within set theory, the associated Boolean algebra being atomic. — Attention to a wider range of determiners shows up other areas where mass terms diverge from count terms. For instance the majoritative quantifier 'most' in use with count terms has an obvious interpretation (at least among finite sets!): 'Most As are Bs' is true iff there are more As which are Bs than As which are not Bs, 'more' being handled in the usual second-order way in terms of injective mappings. But the truth-conditions of 'Most gold is yellow' cannot be determined in advance of fixing a *measure*: is it most gold by weight, by volume, by number of lumps? The answers under these different measures need not coincide. Whereas simple counting delivers a ready-made measure for count terms, it has to be imposed on mass terms, and there is more than possibility. Indeed Jon Barwise and Robin Cooper (1981, 162 ff) suggest that for infinite sets there is also a choice of measures (counting according to Cantor's criterion still seems to me to enjoy a certain priority, but the independence of the continuum hypothesis shows that Cantorian intuitions stop short of determining a measure beyond the denumerable).

4.4.2. With plural and mass terms 'part of' looks rather like a binary (partitive − cf. Cartwright 1984, 257) quantifier. 'The men in Auckland are part of the people in Auckland' (Sharvy 1980, 618) and 'The gold in Zurich is part of the gold in Switzerland' differ with respect to grammatical number, but in each case 'part' is replaceable *salva significate* by the stressed 'some' (not the unstressed 'some' or 'sm', which acts like an indefinite article for mass and plural uses). In each case the truth-conditions are clear: for the mass case they are that there is some (sm) gold in Zurich, that all gold in Zurich is gold in Switzerland, and that there is sm gold in Switzerland which is not gold in Zurich (equivalently, that not all gold in Switzerland is gold in Zurich). 'Part of' may thus be investigated as a candidate binary determiner (cf. Zwarts 1983, 37 ff; van Benthem 1986, 5 ff). Two points are of obvious note here. Firstly, research to date on generalized quantifiers (in the wake of Barwise/Cooper 1981, 159 ff; cf. e. g. van Benthem/ter Meulen 1985, 1 ff) has concentrated on the count case. An extension of this research to mass predication is desirable and, in view of our remarks above, it will need to incorporate some mereology. Secondly, the compound functor 'The ... is/are part of the ...', if viewed as a binary quantifier, would be a counterexample to a putative universal of natural language determiners, namely their conservativity (cf. van Benthem 1986, 8). A binary quantifier Q is *conservative* on a domain E iff (Qab iff $Qa(a$ and b)), where a, b range over subsets of the domain. This means, roughly speaking, that the first term of the quantifier ›sets the scene‹ for the

interpretation, and anything outside its extension is irrelevant to the truth of the sentence. Consider the plural case, which fits in with the set-theoretic interpretations employed to date: 'the men in Auckland are part of the people in Auckland' is true, there being people (women and children) who are not men in Auckland. But 'the men in Auckland are part of the men in Auckland' (the intersection of the men in Auckland and the people in Auckland being just the men in Auckland) is false, since the men are not part of but all of the men. Now the functor in question is complex, so its claims to be a determiner of English are thin. However the equivalence of 'the A is/are part of the B' with 'there is/are A and all but not only A is/are B' diverts attention to 'only', which has been suggested as a possible counterexample to the conservativity thesis. The status of 'only' as a determiner of English has nevertheless been questioned (Thijsse 1983, 24 f). What the example shows at least is that the logically definable quantifiers outrun the naturally occurring quantifiers (by how many, see van Benthem, 1986, 9). Whether 'part of' or some closely related functor is a quantifier may be debated, but there is no denying its naturalness, whatever its status. At any rate, there is room for further research on the boundaries between mereology and generalized quantifier theory.

4.5. Processes and events

Extensional mereology and a process ontology have often gone hand in hand (Whitehead, Quine), although there is no necessity in this. Nevertheless, an ontology which takes occurrents (processes, events, states) seriously must consider the application of mereological principles to them. Philosophy of language provides a motive for considering this issue: the classification of verbs. The study of the different features of verbs with respect to aspect goes back to Aristotle, and a number of informal studies in ordinary language philosophy (Ryle 1949, 143 ff; Kenny 1963, chap. 8) include the more systematic study by Zeno Vendler (1957, 143 ff; 1967, 97 ff) which served as the starting point for most later research, although again the issue was touched on much earlier by Jespersen (1924, 272 f), who referred to precursors in the nineteenth century. The interest of the area for our purposes is twofold: firstly, a number of semantic parallels have been broached between the count/mass distinction as applied to continuants (individuals vs. stuff) and as applied to occurrents (events vs. processes) – (cf. Leech 1969, 135; Lorenz 1970, 203 ff and 226 ff on the relation between things (here: continuants) and actions (here: occurrents); Mourelatos 1978, 415 ff; ter Meulen 1984, 259 ff; Bach 1986, 5 ff).

This suggests that similar methodological tools are appropriate in each case. Secondly, and more directly, the tense and aspect behaviour of verbs of achievement, accomplishment, performance and state calls for an analysis which considers how far properties of the referents of these verbs distribute to their proper parts. That 'run a mile' is an accomplishment verb is coeval with the observation that no proper part of any event of running a mile is itself an event of running a mile (the property is *antidissective*), whereas an activity verb like 'swim' refers to processes such that proper temporal parts of any process of swimming (of sufficient duration and connectedness) are themselves swimmings. The mereological properties of the occurrents which fall under the nominalizations of the verb-phrases in question correspond to the tense/aspect behaviour of the verbs and verb-phrases (Simons 1987, 137 ff) at least in a rough and ready manner. While this evidence falls short of justifying a revival of process ontology (as in ter Meulen 1986, 550 ff), it does serve to underline the general utility of mereology, especially as it is plausible to think that the relevant distinctions generalize beyond action verbs (Gabbay/Moravcsik 1980, 59 ff), and that the mass/count distinction crosses the continuant/occurrent (linguistically, the noun/verb) distinction. These few remarks have to suffice to sketch an area of general interest for philosophy as well as just philosophy of language.

4.6. Time and space

The categories of time and space are of interest to semanticists as well as to philosophers of nature. The semantics of tense, aspect, indexicals, and spatial and temporal prepositions all raise the question of the structure of space and time both in itself and as reflected in language. The perceptual inaccessibility and consequent ontological questionability of dimensionless points and instants leads to consideration of divisible portions of space and time as affording the basis for semantical interpretation of such expressions. The pioneering work of Whitehead and Bertrand Russell has been taken up again in recent years by logicians and philosophers of

language (cf. van Benthem 1980, 39 ff; 1982, 1 ff; Kamp, 1979, 376 ff; 1980, 135 ff; ter Meulen 1983, 177 ff). All of these use mereological concepts as applied to periods of time, usually in conjunction with concepts pertaining to temporal ordering (though not always – cf. Needham 1981, 49 ff).

4.7. Bits and pieces

Apart from these areas of interest, which we have been forced to cover in uneven depth, a number of other likely areas of application for mereology have cropped up here and there, and we mention just a couple of these. – Barwise and John Perry (1981, 55) define a part relation among states of affairs. Although the relation they give is not necessarily intended to coincide with pre-theoretical intuitions on part-whole relations among states of affairs or other situations, it is likely (in view of their inclusion of courses of events among situations) that mereological relations may be discerned among situations in general. Such considerations have a prehistory in the work of Russell and Ludwig Wittgenstein (s. art. 39) on logical atomism. Husserl's mereology was supplemented by a theory of dependence relations which were intended, among other things, to solve the problem of how a complex unit is unified (Husserl 1984, 283 ff). Among the possible applications of this idea is to answer the old logician's question (cf. Wittgenstein 1921, 4.221), "wie kommt der Satzverband zustande[?]", a problem for which Frege could only offer the metaphor of ›unsaturatedness‹ as an unsatisfactory solution. The influence of Husserl on Jakobson has already been noted: it is a more speculative question as to how far a general theory of distinctive features may rest on a conceptual basis including some mereology, as Husserl himself suggested.

5. Conclusion

It has not been my intention in this article to criticise or undermine the applications of set theory in the philosophy of language, although I confess to having reservations about the propriety and naturalness of set-theoretical tools. Rather I have been concerned to show that a complete neglect of mereology is unhealthy in various areas. Although mereological concepts can always be modelled a type or two higher in set theory, this is often unnatural. Mereology certainly needs supplementing: one likely area of supplementation in ontology is general topology, and it may be considered how far such topological considerations (which need not be set-based) may be relevant not only to philosophical issues such as naive physics or the representation of common-sense knowledge, but also to philosophy of language. In short, I plead *against* not set theory but its monopoly, and *for* a diversification of which mereology is a part.

List of logical symbols

~	negation ($\neg$ elsewhere)
$\wedge$	conjunction
$\supset$	(material) implication ($\rightarrow$ elsewhere)
$\equiv$	(material) equivalence ($\leftrightarrow$ elsewhere)
$\forall$	universal quantifier ($\wedge$ elsewhere)
$\exists$	existential quantifier ($\vee$ elsewhere)
$=$	identity
E!	singular existence
$\circ$	mereological overlapping
$\leq$	part (or $\leqslant$)
$<$	proper part
ι	definite description operator
σ	mereological sum

6.   Selected references

Goodman ³1977, *The Structure of Appearance*.

Link 1983, The logical analysis of plurals and mass terms: a lattice-theoretical approach, in *Meaning, Use, and Interpretation of Language*, Bäuerle/Schwarze/Stechow (eds.).

Pelletier (ed.) 1979, *Mass Terms: Some Philosophical Problems*.

Quine 1960, *Word and Object*.

Sharvy 1983, Mixtures, in *Philosophy and Phenomenological Research* 44.

Simons 1987, *Parts. A Study in Ontology*.

ter Meulen 1980, *Substances, Quantities and Individuals. A Study in the Formal Semantics of Mass Terms*.

Peter M. Simons, Leeds (Great Britain)

V. Begriffe
Concepts
Concepts

77. Artikulation und Prädikation

1. Problemstellung

Artikulation bildet Einheiten als ein Ganzes, ›gegliedert‹ in Teile (cf. z. B. Kant, *KrV* B 861), mit einer Prädikation werden ›Eigenschaften‹ von einer als unteilbares ›Individuum‹ auftretenden Einheit, unter Umständen relativ zu anderen Individuen, ›ausgesagt‹ (cf. z. B. Diogenes Laertius, *FDS* 696). Die Tätigkeiten des Gliederns und Aussagens sind von jeher Gegenstand des auf Sprechen und Sprache gerichteten Nachdenkens gewesen, auch wenn bis heute über die Natur dieser Tätigkeiten — ihr Material, ihren Zweck, ihren Erwerb, also ganz allgemein ihren Kontext — viele Auffassungen im Streit miteinander liegen, die sich naturgemäß nach keiner schon vorab bereitliegenden Methode entwickeln lassen. — So wird gewöhnlich Artikulation allein auf die Sprachebene, lautlich oder schriftlich, bezogen, gehört also zu den Charakteristika von Handlungen, wenn sie als *Zeichen*handlungen auftreten (cf. die Definition von 'articulate' durch 'finitely differentiated' in bezug auf Notationssysteme bei Goodman 1976, 153), während Prädikation ausdrücklich den Zusammenhang von Zeichen und Gegenständen betrifft, wobei die Gegenstände bereits (sprachlich) artikuliert vorliegen. Hinzukommt gewöhnlich ein Bereich ›geistiger‹ Tätigkeiten mit ›abstrakten‹ Gegenständen, etwa den auf Begriffe bezogenen Vorstellungen, die nur vermöge der Zeichenhandlungen mit der Welt der ›konkreten‹ Gegenstände in Verbindung stehen. So spiegelt sich, oder sollte es doch nach Meinung von Wilhelm von Humboldt (cf. *Werke* IIIa, 3; s. Art. 27), die ›geistige‹ Gliederung kraft Reflexion in der ›körperlichen‹ Gliederung kraft Artikulation, mithin der begriffliche Gehalt der Sprache in ihrer sinnlichen Gestalt, und Gottlob Frege (s. Art. 34) verankert die elementare Prädikation in der prädikativen Natur der Begriffe, den ›Bedeutungen‹ prädikativer Ausdrücke beziehungsweise grammatischer Prädikate (cf. Frege 1967 a, 168), vermöge der Gegenstände ›unter einen Begriff fallen‹ können.

Ohne eine Klärung, aus welchem Grund und auf welche Weise Zeichenhandlungen als Zeichen ›geistige‹ Gegenstände, seien sie subjektiv als Kognitionen (Vorstellungen, Urteile) oder objektiv als Begriffe beziehungsweise Propositionen bestimmt, bezeichnen müssen, um sich auf beliebige Gegenstände beziehen zu können, also der Herkunft des ›semiotischen Dreiecks‹, ist kein zureichendes Verständnis weder der Artikulation noch der Prädikation und damit auch kein Verständnis der Welt-Sprache-Differenz zu gewinnen. Einerseits nämlich werden die geistigen Gegenstände oder die Handlungen, die sich auf sie richten oder die sie erzeugen, für die unentbehrliche Brücke zwischen Welt und Sprache gehalten, sie haben den Charakter eines sowohl empirischen, d. i. psychologischen, als auch rationalen, d. i. logischen, Hilfsmittels, dessen es bedarf, um die Zeichenfunktion der Sprache ausüben zu können, andererseits aber müssen sie natürlich selbst als ein Teil sowohl der Welt — dann als ›innere‹, mentale Welt der ›äußeren‹, corporalen Welt gegenübergestellt — als auch der Sprache, die sie subjektiv ausdrückt und objektiv darstellt, betrachtet werden. Ohne Behandlung des eigentümlichen Statuswechsels von Mittel zu Gegenstand und umgekehrt — er steckt auch in der vertrauten Unterscheidung zwischen Verwenden (use) und Erwähnen (mention) speziell von Sprachzeichen — wird ein uneingeschränkter Zugang zum Phänomen Sprache, insbesondere zu den elementaren Sprachhandlungen des Artikulierens und Prädizierens, ausgeschlossen bleiben. — Die reflexiven Verfahren der Sprachphilosophie zeichnen sich vor den teils empirischen, teils rationalen Verfahren der Sprachwissenschaft — in ihrem empirischen Teil stehen sie stets in der Gefahr einer Reduktion auf die Untersuchung psychosozialer oder physiologischer Tatbestände (cf. für ein typisches Beispiel Chomskys mentalistischen Ansatz mit seinem empirischen Fundament auch für rationale Methoden, s. Art. 57), in ihrem rationalen Teil laufen sie ganz entsprechend Gefahr, auf rationale Konstruktionen der Logik oder Argumentationstheorie reduziert zu werden (cf. für ein typisches Beispiel Apels Transzendentalpragmatik mit ihren rationalen Rechtfertigungen auch für die empirische Ausdifferenzierung von Phänomenen, s. Art. 53) — dadurch aus, daß der Zusammenhang des Erzeugens von Sprache mit ihrer Beschreibung seinerseits thematisiert wird. Zu den Folgen gehört es, daß Sprachhandlungen stets zugleich Gegenstand *und* Mittel sowohl der Forschung als auch der Darstellung sind: sie werden ›nachschaffend erzeugt‹. — In dieser systematisch-genetischen Rekonstruktion als der Aufgabe der Sprachphilosophie genügt es nun nicht, gleich mit Sprachhandlungen zu beginnen. Die Differenz von Sprache und Welt wäre bloß unterstellt und nicht ihrerseits systematisch-genetisch rekonstruiert. Erst durch eine Naturalisierung von Sprache auf der einen Seite, eine Radikalisierung der naturalisierten Erkenntnistheorie von Willard Van Orman Quine (s. Art. 59) — Sprachhandlungen sind ›Bestandteile‹ der Gegenstände, von denen geredet wird (cf. Wittgenstein, *PU* § 23) — und durch eine Symbolisierung von Welt auf der anderen Seite, eine Radikalisierung der Theorie der symbolischen Formen von Ernst Cassirer (s. Art. 37) — Handlungen ›bezeichnen‹ die Gegenstände, mit denen handelnd umgegangen wird — wird ein Bereich sichtbar, der Bereich der Handlungen, von dem sich zeigen läßt, daß er unter dem Gesichtspunkt, einerseits als Mittel und andererseits als Gegenstand auf-

treten zu können, Anteil an Sprache wie an Welt hat. — Charles Sanders Peirce (s. Art. 32) ist der erste gewesen, der diese Einsicht dazu benutzt hat, eine als Semiotik verallgemeinerte Sprachphilosophie aus einer Pragmatik heraus zu entwickeln, wobei er, anders als Ludwig Wittgenstein (s. Art. 39) mit seinem aus derselben Einsicht hervorgegangenen Verfahren der Sprachspiele, sich primär um die Einbeziehung des empirischen Teils sprachwissenschaftlichen Zugriffs, diesen dabei in gewissem Umfang rational machend, in die Semiotik kümmert, während Wittgensteins Sprachspiele vor allem als Alternative zu den als rationale Konstruktionen auftretenden Anteilen der Sprachwissenschaft, diese dadurch ein Stück weit empirisch wendend, entworfen sind.

Im folgenden sollen beide Akzentsetzungen zum einen in konsequent reflexiver Einstellung verschärft und zum anderen in der geplanten systematisch-genetischen Rekonstruktion von Sprache auf der reflexiven Ebene als miteinander verbunden vorgestellt werden. Die dank der Handlungs- und Sprachkompetenz bereits mitgebrachte Erfahrung zu *verstehen* erfordert nämlich eine *phänomenologische Reduktion* durch Abblenden der vorliegenden Gliederungen vermöge eines Eingriffs und damit einer ausdrücklich hervorgehobenen Gliederung dieser Erfahrung mithilfe zunächst einfacher Handlungen und Sprachhandlungen *als Mittel* — praktisch geht die Erfahrung ihrer Rekonstruktion voraus —, was bei Peirce von den daraufhin möglichen Konstruktionen (in den erklärenden Sequenzen von Interpretanten, cf. *CP* 2.230) noch nicht geschieden wird, während dieselbe Erfahrung zu *machen* erst durch eine *dialogische Konstruktion* gelingt, in der eine Genese der Handlungs- und Sprachkompetenz in Gestalt zunächst einfacher und dann immer differenzierterer Handlungen und Sprachhandlungen *als Gegenstand* die Orientierung für mögliche Erfahrung bildet — theoretisch wird Erfahrung erst durch ihre Konstruktion möglich —, was bei Wittgenstein durch die Erklärung, seine Sprachspiel-Konstruktionen seien bloße Beschreibungen (cf. *PU* § 124), mit der Reduktion bereits identifiziert wird. Gleichwohl dürfen sowohl Peirces Insistenz auf dem begrifflichen Charakter seiner Reduktionen — eine absteigende Interpretantensequenz kommt durch ›Gedankenexperimente‹ zustande — als auch Wittgensteins wiederholte Verwendung der Metapher vom ›Maßstab‹ für die Funktion der Sprachspiele (cf. *PU* § 131) als Indiz dafür gelesen werden, daß beide Autoren das gegenseitige Angewiesensein von phänomenologischer Reduktion und dialogischer Konstruktion zwar gewußt haben, es aber wegen mangelnder begrifflicher Trennung des Wegs zurück und des Wegs voran — für den Weg zurück werden genau die Handlungen und Sprachhandlungen als Mittel eingesetzt, die im Weg voran jeweils vom Ende eines Wegs zurück als Gegenstände gewonnen werden — nicht wirklich artikulieren konnten. Wer eine Erfahrung macht (und nicht nur erleidet), beschreibt nicht eine ihm gegebene Erfahrung, sondern ist mit der (theoretischen) Handlung der Wiedergabe einer dialogischen Konstruktion befaßt, und zwar eben derjenigen, die für die phänomenologische Reduktion als Mittel eingesetzt wurde; entsprechend steckt jemand, der eine Erfahrung versteht (und nicht nur um sie weiß), nicht in der Vermittlung einer von ihm erzeugten Erfahrung, sondern übt die (praktische) Handlung der Weitergabe einer phänomenologischen Reduktion aus, und zwar diejenige, die bei der dialogischen Konstruktion als Gegenstand gewonnen wurde.

2. Die dialogische Elementarsituation

2.1. Handlung — Zeichenhandlung

Unter den gegenwärtigen Forschungen zur Sprachkompetenz und Sprachperformanz auf dem Hintergrund vorausgesetzter menschlicher Fähigkeiten lassen sich insbesondere zwei gegenläufige Strategien unterscheiden, die man mit den Wendungen 'Semantisierung der Pragmatik' und 'Pragmatisierung der Semantik' charakterisieren kann. Im ersten Fall wird von einem semantischen Ansatz ausgegangen, der die Sprache (langage) als ein *System* sprachlicher Einheiten (langue) auffaßt, dessen Binnenstruktur sowohl seiner lautlichen und schriftlichen Gestalt nach (Oberflächenstruktur) als auch seiner logischen Form nach (Tiefenstruktur) — wobei streitig ist, ob die Tiefenstruktur als universal angesehen werden darf (s. Art. 44) — durch eine satzorientierte *Grammatik* zunächst adäquat beschrieben und schließlich mithilfe geeigneter psychologischer, soziologischer und physiologischer Theorien auch noch adäquat erklärt werden soll. Insofern es sich bei den sprachlichen Einheiten grundsätzlich um Zeichen handelt, also Zeichenträger von Sprechern und Hörern *als Zeichen* verwendet werden,

muß Grammatik auf mehreren Ebenen, der syntaktischen auf der Ebene der Zeichenträger, der semantischen auf der Ebene der Zeichen und der pragmatischen auf der Ebene der Zeichenverwendung betrieben werden. Der Primat der semantischen Ebene zeigt sich dabei in Versuchen, die Syntax zumindest grundsätzlich, in der Tiefenstruktur, als von der Semantik bestimmt zu erweisen, und die Pragmatik ebenso grundsätzlich durch Hinzufügung von Beschreibungen des Kontextes von Zeichenverwendung, eine Erzeugung von ›Superzeichen‹, in die Semantik einzubetten. — Im zweiten Fall wird von einem pragmatischen Ansatz ausgegangen, der die Sprache als Zusammenhang sprachlicher *Handlungen* und damit grundsätzlich als Rede (parole) auffaßt, deren Aufbau zwar ebenfalls von einer, hier allerdings äußerungsorientierten Grammatik beschrieben werden soll — dazu gehört dann die Sprechakttheorie (s. Art. 54) —, aber nie ohne dabei auch die äußeren (sozialen) und inneren (psychischen) Bedingungen für ihr Auftreten zu berücksichtigen. Sprache besteht aus Äußerungen, und die Semantik ist grundsätzlich auf Handlungseigenschaften, allen voran die Intentionalität (s. Art. 93), zu gründen. Als besondere Eigenschaft von Rede aber gilt ihre Eignung zur Kommunikation: kommunikatives Handeln ist (zeichen)sprachliches Handeln (s. Art. 94). Und auch die Eigenschaften von Sprache(n) als System sollten sich als ›historisch sedimentierte‹ Eigenschaften kommunikativer Handlungen deuten lassen, Eigenschaften, deren Konservierung in der Sprache Gründe haben muß, die sich sprachgeschichtlich unter Beiziehung weiterer historischer Disziplinen erforschen lassen; dazu gehören dann so verschiedenartige Phänomene wie die Subjekt-Prädikat-Struktur von (einfachen) Sätzen in ganzen Sprachfamilien und die für die meisten europäischen Sprachen auffällige Familienähnlichkeit zwischen Ausdrücken des Bereichs Wissen und Ausdrücken des Bereichs Sehen. — Der Streit zwischen den in ihren Verfahren systemtheoretisch orientierten ›Semantikern‹ und den unter Bezug auf ihre Gegenstände verhaltenstheoretisch orientierten ›Pragmatikern‹ sieht aus wie ein territorialer Konflikt: Lassen sich sprachliche Phänomene, seien es *prima facie* Eigenschaften der ›langue‹ oder der ›parole‹, wenn es nicht ohnehin feststeht, ob sie zur Sprachstruktur, gleichgültig welchen Abstraktionsniveaus, gehören, oder ob sie von nichtsprachlichen Kontextbedingungen ihrer Verwendung abhängen, der einen oder der anderen Domäne zuschlagen? Am Beispiel von Höflichkeitsregeln (cf. Kasher 1980) läßt sich diese Frage verdeutlichen: Gehört es zur Bedeutung des Ausdrucks 'mögen' in einer Äußerung des Typs 'ich möchte dir sagen, daß ...', also bei Hinzufügung zu Verben in grundsätzlich performativer Rolle, daß er in ›Höflichkeitssituationen‹ auftritt, ist also die fragliche Äußerung bei ihrer Verwendung ein *Index* für eine Höflichkeit erfordernde Situation, oder sind solche Situationen *Bedingungen* für eine Äußerung solchen Typs? Handelt es sich vielleicht um einander gar nicht ausschließende Möglichkeiten, weil auf verschiedenen Ebenen argumentiert wird, im semantischen Fall auf der Ebene der Äußerungen und Situationen als *Typen*, im pragmatischen Fall auf der Ebene der Äußerungen und Situationen als *Tokens*? Der gegenwärtige, auf einer grundsätzlichen Arbeitsteilung beruhende ›Waffenstillstand‹ zwischen den Konfliktparteien, wobei die Pragmatiker jetzt in der Regel als Kommunikationswissenschaftler und die Semantiker meist als Kognitionswissenschaftler auftreten, spricht für diesen Verdacht: Satzstrukturen sind das Feld für semantische Untersuchungen mit Alfred Tarskis für formale Sprachen entwickelter Wahrheitstheorie als Paradigma (s. Art. 55), die Rollen von Satzäußerungen (forces of utterances) hingegen bilden den Bereich für pragmatische Untersuchungen, wobei Argumentationstheorie paradigmatische Funktion hat. An die Stelle einer Alternative von Sprache als System oder Sprache als Handlung (s. Art. 67) hätte deren gegenseitige Ergänzung zu treten; das aber läuft auf nichts anderes hinaus, als Sprachhandlungen im ersten Fall *als Zeichen* und im zweiten Fall *als Handlungen* zu untersuchen. — Hat man sich diese Perspektive zu eigen gemacht, so fällt es nicht schwer, auch schon innerhalb der kommunikationsorientierten Ansätze — Entsprechendes ließe sich unter den kognitionsorientierten Ansätzen herauspräparieren — beide Akzentsetzungen unter den Titeln 'Primat des Verstehens' und 'Primat des Handelns' wiederzufinden. Der Primat des Verstehens wird zum Beispiel im *hermeneutischen* Ansatz Hans-Georg Gadamers ausgearbeitet (s. Art. 45), ebenso im *analytischen* Ansatz zum Beispiel bei Georg Meggle (s. Art. 94); beides zu vereinigen ist Absicht des *transzendentalpragmatischen* Ansatzes von Apel (s. Art. 53) beziehungsweise seiner universalpragmatischen Variante bei Jürgen Habermas (cf. Apel 1976). Der Primat des Handelns wiederum

findet sich zum Beispiel im *interaktionistischen* Ansatz von George Herbert Mead (s. Art. 52) und im *evolutionistischen* Vorgehen zum Beispiel von Eric H. Lenneberg (1967); beide gehen der Sache nach ein zum Beispiel in die *naturalistischen* Theorien Willard Van Orman Quines (1960) und Jean Piagets (1950). Die Komplementarität von Handeln und Verstehen selbst gehört dabei zum kommunikationsorientierten Ansatz zum Beispiel von Georg Henrik von Wright (1971). Aber erst die *dialogischen* Ansätze von Peirce und Wittgenstein erlauben es bei ihrer Radikalisierung und Vereinigung, dasjenige Verständnis von Sprachhandlungen in ihrer Funktion als Zeichen *und* als Handlung derart auf zwei durch die beiden Dialogpartner ausdrückbare Rollen beim Handeln im allgemeinen, die *Schematisierung* und die *Aktualisierung*, zu gründen, das sowohl ihre kognitive Struktur, ihren Wissensaspekt, als auch ihre interaktive Funktion, ihren Wollensaspekt, im Erwerb eines Könnens sichtbar macht.

Wir beginnen mit einer *dialogischen Elementarsituation*, in der zwei Akteure ein Können, z. B. Schwimmen oder Bausteinebringen, durch Vor- und Nachmachen, also repetierend und imitierend, ausbilden. Dabei ist es wichtig, sich klarzumachen, daß mit dieser Beschreibung einerseits ein Verfahren, das wie eine Folie auf die gegebene Erfahrung schon vorliegenden Könnens gelegt wird, um einen ersten Ausschnitt von ihr zu verstehen, und andererseits ein Verfahren zur Erzeugung einer elementaren Erfahrung, wiederum nur dargestellt sind, daher ohne Eintritt in eine solche dialogische Elementarsituation ihre gerade beschriebene Aufgabe unerfüllbar bleibt. Insbesondere wird nur so auch deutlich, daß die zwei Personen in der Beschreibung der dialogischen Elementarsituation in der dialogischen Elementarsituation selbst nur als zwei dialogische Rollen, gebunden in einer ›Ich-Du-Dyade‹, vorkommen, beim ›Tun‹ (im Vor- und Nachmachen; dabei entsprechen Repetition und Imitation auf der empirischen Ebene gegebener Erfahrung Piagets ›assimilation‹ und ›accomodation‹, sofern zugleich von der Interaktion zweier Person(roll)en zur Interaktion zwischen Mensch und Umwelt übergegangen wird, cf. Ros 1983) und beim ›Erleiden‹ (die Rolle des jeweils gerade nicht Tätigen), um schon hier die beiden grundlegenden Kategorien ἄγειν und πάσχειν von Aristoteles (s. Art. 15) zu benützen, die erst von John Dewey in ähnlich zentraler Rolle mit 'doing' und 'suffering' wieder aufgegriffen worden sind (cf. Dewey 1921, 86). Die dialogische Elementarsituation ist der an einem Wittgensteinschen Sprachspiel in stilisierter Form herauspräparierte Handlungsanteil, ein ›Handlungsspiel‹, werden doch von Wittgenstein nichtsprachliche Handlungskompetenzen nur zusammen mit Sprachhandlungskompetenzen mithilfe von Sprachspielen ›gemessen‹ (s. Art. 96). Aber nicht nur die Personen, auch alle weiteren, in der Beschreibung nicht ausdrücklich aufgetretenen Situationsbestandteile, z. B. das Wasser beim Schwimmen, die Orte beim Bausteinebringen oder gar dessen Gliederung in Dinge, die gebracht werden, gehören nicht etwa zur dialogischen Elementarsituation, sondern zu den ihr ›unterliegenden‹, von den Akteuren mitgebrachten Situationen, deren Gliederungen bis auf die von der dialogischen Elementarsituation hervorgehobenen Züge dadurch ›abgeblendet‹ werden. Eine dialogische Elementarsituation liefert einen erleuchteten ›Vordergrund‹ vor einem noch dunklen ›Hintergrund‹. Das durch eine dialogische Elementarsituation im ständigen Rollenwechsel von *aktivem* Tun und *passivem* Erleiden erzeugte geteilte Können kann sowohl als Ausbilden einer Handlungskompetenz bezeichnet werden — man muß sich nur klar vor Augen halten, daß es hier noch niemanden gibt, dem eine solche Handlungskompetenz zugesprochen werden kann, auch Personen müssen erst noch ›gebildet‹ werden — als auch als das Gewinnen einer Handlungssituation: Schwimmhandlungen und Schwimmsituationen (also Schwimmhandlungen unter Einschluß eines Kontexts) sind noch ununterscheidbar. Das ist auch der Grund, warum das durch dialogische Elementarsituationen systematisch-genetisch rekonstruierte Können als Gewinnen beziehungsweise Ausbilden von *Prähandlungen* und nicht schon von Handlungen bezeichnet werden soll. — Immer gibt es in diesem Prozeß zwei dialogische Rollen, die des jeweils Tätigen und die des jeweils dabei gerade nicht Tätigen: der *Ausführende* und die *Anführende*. Der Ausführende aktualisiert die Prähandlung, die Anführende schematisiert sie; daher sind die verkürzten Wendungen ‘eine Aktualisierung ausführen’ (= ‘eine Aktualisierung schematisieren’) und ‘ein Schema anführen’ (= ‘ein Schema aktualisieren’) auf dieser Grundstufe streng synonym und nur von verschiedenen Rollen her formuliert. In einer *Aktualisierung* (performance) ist die Prähandlung *singular* (bei Peirce: it exists, cf. *CP* 6.335), in einer *Schematisierung* (recognition)

hingegen *universal* (bei Peirce: it is real, cf. *CP* 5.430). Von beiden ›rationalen‹ Gesichtspunkten aus kann eine ›empirische‹, also in den Hintergrund der dialogischen Elementarsituation bereits mitgebrachte Handlung gesehen werden; und insofern sind Prähandlungen als Mittel *und* als Gegenstand, beides noch ungeschieden, gewonnen worden. Es ist daher nur eine mißverständliche ›ontologisierende‹ Redeweise, wenn man sagt, daß eine Prähandlung in der dialogischen Elementarsituation als offene Folge von Aktualisierungen eines Schemas vorliegt; weder Aktualisierungen (Singularia) noch Schemata (Universalia) sind ihrerseits Gegenstände, vielmehr Verfahren, über Prähandlungen zu verfügen. Trotzdem ist die Redeweise nützlich, weil die Untrennbarkeit beider Gesichtspunkte klar ausgedrückt ist: Aktualisierungen sind nur im Blick auf ihr Schema ›verstanden‹, und ein Schema ist nur in seinen Aktualisierungen ›vorhanden‹. Der Ausführende baut vom Singularen her das Universale auf, die Anführende versteht vom Universalen her das Singulare. Diese Janusköpfigkeit der Prähandlungen, ohne die es ›geteiltes‹ Können überhaupt nicht gäbe, ist zugleich der Ansatzpunkt für eine Wiederholung des Verfahrens dialogischer Elementarsituationen durch Selbstanwendung, haben wir doch in den beiden Seiten die Keimzellen für die Ebene der Handlungen (ein ›Reich des Seins‹) — auf der Seite des Ausführenden — und für die Ebene des Wissens (ein ›Reich des Erkennens‹) — auf der Seite der Anführenden — vor uns, deren Zusammenhang in der Tradition so notorische Schwierigkeiten gemacht hat. Peirce wußte allerdings, daß Ontologie und Epistemologie nur zwei Seiten derselben Medaille sind (cf. *CP* 5.257), und wir können daher auch sagen: jede Prähandlung hat eine *pragmatische* und eine *semiotische* Seite. Erst nach weiteren Rekonstruktionsschritten endet die für dialogische Elementarsituationen des Ausbildens von Prähandlungskompetenz charakteristische Gleichwertigkeit der drei Ausdruckspaare für die beiden dialogischen Rollen: ‘aktiv—passiv’, ‘singular—universal’, ‘pragmatisch—semiotisch’.

Wir setzen jetzt die Rekonstruktion fort mit dialogischen Elementarsituationen, in der die beiden Seiten einer Prähandlung, die pragmatische und die semiotische, und damit die beiden dialogischen Rollen, ihrerseits mithilfe eigenständiger *sekundärer Prähandlungen* ausdrücklich bereitgestellt werden. Erst mit diesem Schritt, bei dem in dialogischen Elementarsituationen 2. Ordnung die Ausführrolle in viele mögliche Ausführungsprähandlungen und in einer dialogischen Elementarsituation 2. Stufe die Anführrolle in viele mögliche Anführungsprähandlungen zerfällt, ergeben sich Gliederungen — aber auch diese wiederum noch nicht nach Mittel und Gegenstand geschieden, wie es erst in einem weiteren Schritt unter dem Titel 'Artikulation' geschehen wird — einer Prähandlung, die pragmatisch als *Phasengliederung* durch Ausführungsprähandlungen oder ›Ich-Perspektiven‹ und semiotisch als *Aspektegliederung* durch Anführungsprähandlungen oder ›Du-Perspektiven‹ auftritt und es erlaubt, Prähandlungen in *Präobjekte* und *Präsubjekte* zu überführen und so Unabhängigkeit von den ursprünglichen dialogischen Elementarsituationen, also der Ausführung und Anführung einer Prähandlung zu erreichen. Zunächst nämlich sind zwei dialogische Elementarsituationen unvergleichbar: Erwirbt eine Person A_1 mit zwei verschiedenen Personen B_1 und B_2 eine Prähandlung, so ist zwar die Übereinstimmung der Prähandlung für die Dyade $A_1 - B_1$ mit der Prähandlung für die Dyade $A_1 - B_2$ durch Hintereinanderschalten beider Elementarsituationen in eine dritte zu erreichen, für die B_1 und B_2 nur als Stadien *einer* Person B_3 auftreten, es gibt aber keine Möglichkeit, auch für die Dyade $B_1 - B_2$ eine Übereinstimmung des Prähandlungserwerbs mit $A_1 - B_1$ oder $A_1 - B_2$ zu sichern; der Prähandlungserwerb ist *nicht komparativ*. Es bedarf der ausdrücklichen Heranziehung Dritter zu den dialogischen Elementarsituationen, einer Überführung des ›Beobachters‹ in einen ›Teilnehmer‹, so daß Kompetenzerwerb durch ›Zuschauen‹ dem durch ›Mitmachen‹ angeglichen wird, um Vergleichbarkeit zwischen ihnen durchzusetzen. Am Beispiel Schwimmen etwa geht es darum, auch Prähandlungen wie Arme-eines-Schwimmers-Beobachten neben Schwimmen-Hören und anderen Prähandlungen eines der dialogischen Elementarsituation zum Erwerb der Schwimmkompetenz Gegenüberstehenden in die dialogische Elementarsituation mitaufzunehmen, eben als die in eine eigenständige Anführungsprähandlung überführte Anführrolle der Prähandlung Schwimmen. Das läuft auf nichts anderes hinaus, als die dialogische Elementarsituation in bezug auf die beiden dialogischen Rollen zu *schematisieren*, also eine dialogische Elementarsituation 2. Stufe mit der Konsequenz des Zerfallens der Anführrolle in viele Anführungsprähandlungen, die Aspekte der Prä-

handlung, aufzusuchen. — Ganz entsprechend wird es erst durch die Auffassung der dialogischen Elementarsituation als Schematisierung von dialogischen Elementarsituationen 2. Ordnung in bezug auf (Teil-)Prähandlungen möglich, die Ausführrolle in viele Ausführungsprähandlungen zu zerlegen, also etwa Schwimmen in Bewegen-der-Arme-beim-Schwimmen, Bewegen-der-Beine-beim-Schwimmen usw., natürlich unter Einschluß auch suprasegmentaler Gliederungen, um neben der Vergleichbarkeit von dialogischen Elementarsituationen auch ihre Zusammensetzbarkeit durchzusetzen. Der Übergang von vielen dialogischen Elementarsituationen zu einer dialogischen Elementarsituation 2. Stufe und von einer dialogischen Elementarsituation zu dialogischen Elementarsituationen 2. Ordnung sind die reflexiven Entsprechungen zu den sonst allein auf der Sprachebene abgehandelten Verfahren der Abstraktion und der Konkretion (s. Art. 82); sie können als Verfahren der *Distanzierung* (›detachment‹, durch ›Objektivierung‹) und der *Aneignung* (›involvement‹, durch ›Symbolisierung‹) bezeichnet werden. — Wir erhalten daher Präobjekte auf der semiotischen Seite durch *Identifizierung* der Anführungsprähandlungen und auf der pragmatischen Seite durch *Summierung* der Ausführungsprähandlungen: die Anführungsprähandlungen *bezeichnen* das Präobjekt und sind insofern *Zeichenprähandlungen*, die Ausführungsprähandlungen hingegen *zerlegen* das Präobjekt und sind insofern *Teilprähandlungen*, beide zusammen *konstituieren* es durch seine Perspektiven. Die Identifizierung macht Präobjekte zu semiotischen Invarianten, die Summierung macht sie zu pragmatischen Ganzheiten: Präobjekte haben stets eine semiotische und eine pragmatische Seite, sie sowohl zu *erkennen* als auch zu *kennen* heißt über (mindestens) eine Zugangsweise in einem Aspekt und über (mindestens) eine Hervorbringungsweise mit einer Phase zu verfügen. — Präsubjekte wiederum sind auf der pragmatischen Seite das Ergebnis einer *Differenzierung* von Ausführungsprähandlungen und auf der semiotischen Seite das Ergebnis einer *Fixierung* von Anführungsprähandlungen. Die Differenzierung läßt Präsubjekte auf der pragmatischen Seite *individuell* als Bündel hinreichend differenzierter Ausführungsprähandlungen, durch einen *Stil*, auftreten, während die Fixierung sie auf der semiotischen Seite *sozial* durch ein System hinreichend, nämlich kraft Konventionen, stabilisierter Anführungsprähandlungen, ihre (gemeinsame) *Sprache*, charakterisiert. Die Objektivierung einer Prähandlung bei einer Distanzierung bedient sich daher einer Sprache, ihre Symbolisierung bei einer Aneignung geschieht durch einen Stil (cf. Lorenz 1990 a, 3.4).

2.2. Zeichen — Sprachzeichen

Mit der Verselbständigung von Ausführung und Anführung in eigenen Ausführungs- und Anführungshandlungen, die als Teilprähandlungen und Zeichenprähandlungen die Phasen und Aspekte eines Präobjekts bilden, sind wir auf dem Wege zu einer Rekonstruktion sowohl der *Gegenstandsgemeinschaft*, also der Teilhabe an einer ein Stück weit gemeinsamen Welt (von Objekten), als auch der *Sprachgemeinschaft*, also der Verfügung über einen Bereich gemeinsamer Zeichen (für Objekte), aber eben nur auf dem Weg. Für die Bildung zunächst der Präobjekte und dann der Objekte sind weder das Verfahren der Identifikation von Anführungsprähandlungen, die dazu ihrerseits erst zu Anführungspräobjekten, eben den *Zeichenhandlungen*, gemacht werden müssen, noch das Verfahren der Summierung von Ausführungsprähandlungen, ebenfalls von ihrer vorherigen Verselbständigung in *Teilhandlungen* abhängig, bisher selbst systematisch-genetisch rekonstruiert worden. Gleiches gilt für die beiden Verfahren der Ausbildung zunächst der Präsubjekte und dann der Subjekte, nämlich die Differenzierung der Ausführungsprähandlungen in einem Stil und die Fixierung der Anführungsprähandlungen in einer Sprache. Erst dann können wir sagen, daß Zeichenhandlungen *als Handlungen* Subjekte *ausdrücken* und *als Zeichen* Objekte *bezeichnen* und außerdem Teilhandlungen *als Handlungen* Objekte (vermöge der Summierung) *anwesend* und *als Zeichen* Subjekte (vermöge der Differenzierung) *gegenwärtig* sein lassen.

Zur Vorbereitung des Schrittes von den Präobjekten und Präsubjekten zu den Objekten und Subjekten, also Einheiten zunächst relativ zu Situationen und dann zu situationsunabhängig bestimmten Einheiten — auf der Ebene der Präobjekte (und Präsubjekte) gibt es wegen der für dialogische Elementarsituationen noch nicht rekonstruierten Unterscheidung von gegenständlichem Vordergrund und situativem Hintergrund keine Gliederung in einzelne identifizierbare Einheiten, erst recht nicht eine Aufspaltung der Ich-Du-Dyaden durch Einbettung von Du in Ich (in der klassischen Gegenüberstellung von ›Ich als Subjekt‹ und ›Ich als Objekt‹ unzulässig verkürzt)

— werden wiederum mithilfe dialogischer Elementarsituationen der nächst höheren Ordnung beziehungsweise Stufe zum einen die Ausführrolle und Anführrolle der Anführungsprähandlungen in eigenen Prähandlungen verselbständigt, die auf der pragmatischen Seite (bezüglich des Präobjekts) *Vermittlungen* und auf der semiotischen Seite (bezüglich des Präobjekts) *Wahrnehmungen* zu heißen verdienen; zum anderen führt die Verselbständigung der Ausführrolle und Anführrolle der Ausführungsprähandlungen zu Prähandlungen, die (bezüglich des Präobjekts) auf der pragmatischen Seite *Hervorbringungen* und auf der semiotischen Seite *Artikulationen* genannt werden sollten. — Hier nun ist zu beachten, daß die Verselbständigung auch unter Bezug auf die allein der pragmatischen Ebene zugehörigen dialogischen Rollen ›aktiv — passiv‹ sowie die allein der semiotischen Ebene zugehörigen dialogischen Rollen ›singular — universal‹ formuliert werden kann. Im ersten Fall nämlich wird auf der *pragmatischen* Seite die zu einer Du-Perspektive entwickelte Anführrolle (i. e. die Anführende als Du) als eine Ich-Perspektive der Anführenden und deshalb als ›passiv‹ dargestellt (ich erleide deine Aktualisierung), auf der *semiotischen* Seite hingegen die zu einer Ich-Perspektive entwickelte Ausführrolle (i. e. der Ausführende als Ich) als eine ›aktive‹ Du-Perspektive des Gegenübers (i. e. des Ausführenden als Du) behandelt (ich schematisiere dir); die Ausführrolle auf der pragmatischen Seite und die Anführrolle auf der semiotischen Seite aber bleiben weiter aktiv beziehungsweise passiv: die Zeichen(prä)handlungen und Teil(prä)handlungen treten nur *als Handlungen* auf. Im zweiten Fall wiederum werden auf der *semiotischen* Seite die zu einer Du-Perspektive entwickelte Anführrolle (i. e. die Anführende als Du) als eine Ich-Perspektive der Anführenden und deshalb als ›universal‹ angesehen (ich verstehe dein Schema), während auf der *pragmatischen* Seite die zu einer Ich-Perspektive entwickelte Ausführrolle (i. e. der Ausführende als Ich) als eine ›singulare‹ Du-Perspektive behandelt wird (ich aktualisiere dir gegenüber); die Anführrolle auf der pragmatischen Seite und die Ausführrolle auf der semiotischen Seite hingegen bleiben weiter universal beziehungsweise singular: die Zeichen(prä)handlungen und Teil(prä)handlungen treten nur *als Zeichen* auf.

Aus Abb. 77.1 geht hervor, daß in Vermittlungen ein Präobjekt auf seiner pragma-

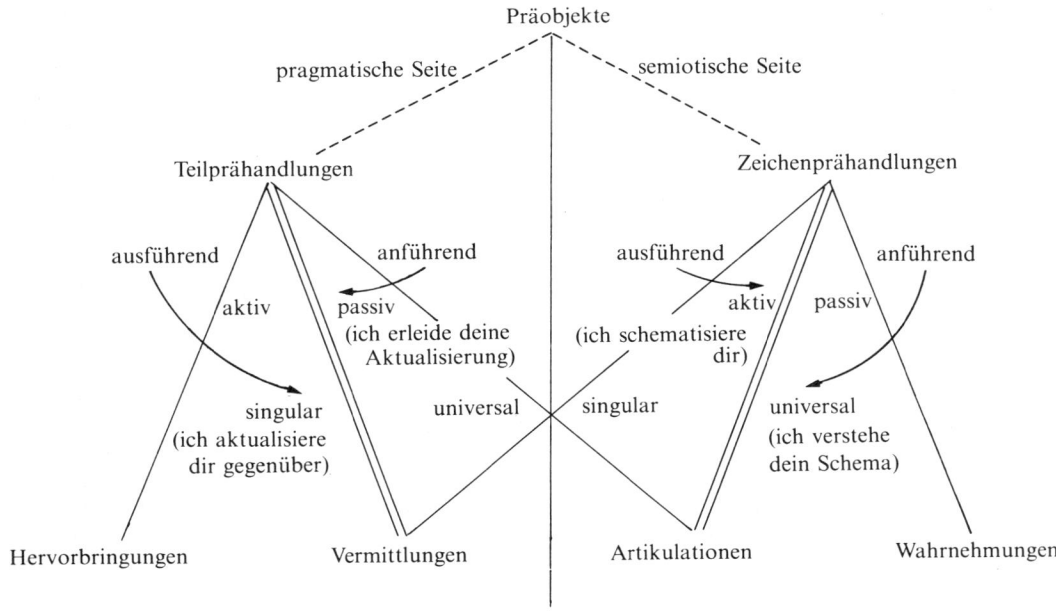

Abb. 77.1

tischen Seite, also vermöge der Phasengliederung, unter einem Aspekt, d. i. der Ausführung einer Zeichenhandlung, von Ich an Du ›weitergegeben‹ wird (ich aktualisiere dir gegenüber + ich erleide deine Aktualisierungen), während in Artikulationen einem Präobjekt auf seiner semiotischen Seite, also vermöge der Aspektegliederung, unter Bezug auf eine Phase, d. i. der Anführung einer Teilhandlung, für eine Ich-Du-Dyade ein Zeichen gegeben wird (ich verstehe dein Schema + ich schematisiere dir). Der Aspekt, unter dem die Vermittlung im ersten Fall geschieht, garantiert ebenso wie der Bezug auf die Phase, vermöge der die Artikulation im zweiten Fall erfolgt, die Ich-Du-Rollen-Invarianz von Vermittlung und Artikulation. Denn die allein Ich-bezogene singulare Vermittlung mit einer Teilhandlung als Zeichen wird erst durch die singulare Vermittlung mit einer Zeichenhandlung als Zeichen Ich-Du-invariant (das ›ich beabsichtige‹, das mit dem Aktualisieren dir gegenüber auf der varianten ›sinnlichen‹ Ebene geschieht, wird erst durch den Übergang zur ›geistigen‹ Ebene invariant), und entsprechend bedarf die allein Ich-bezogene universale Artikulation mit einer Zeichenhandlung als Zeichen der universalen Artikulation durch eine Teilhandlung als Zeichen, um Ich-Du-invariant zu werden (das ›ich verstehe‹ bezüglich einer ›begrifflichen‹ Schematisie

rung muß zum Zwecke der Verständigung ›veranschaulicht‹ werden). Neben diesen ›intersubjektiven‹ Anteilen eines Präobjekts, die zusammengenommen für Ich-Du zum ›Erkennen‹ führen, bleiben Hervorbringungen und Wahrnehmungen seine ›subjektiven‹, gemeinsam die Grundlage für das ›Kennen‹ seitens Ich ausmachenden Anteile.

Ehe wir nun das Gleichsetzen von Zeichen(prä)handlungen und das Zusammensetzen von Teil(prä)handlungen ausdrücklich rekonstruieren, ist es dringlich, noch auf einen weiteren Punkt kurz einzugehen. Bisher sind Präobjekte verselbständigte Prähandlungen, die in Aspekten semiotisch und in Phasen pragmatisch zugänglich sind; es scheint aber unter ihnen noch keine Gegenstände zu geben, die sich als Vorstufen einer Rekonstruktion von Dingen, Ereignissen oder anderen Gegenstandsarten eignen, welche man nicht ohne weiteres in Gestalt an- und ausführbarer Handlungen begreifen kann — dazu gehören auch die für Menschen nicht direkt ausführbaren ›Handlungen‹, wie z. B. Fliegen. Wie also läßt sich der Unterschied von zum Beispiel Schwimmen und Fliegen methodisch rekonstruiert charakterisieren? Die schlichte Antwort lautet: Schwimmen läßt sich *vorführen*, Fliegen nicht. Hier wird unter Vorführen ein Anführen *durch* Ausführen verstanden, eine Ausdrucksweise dafür, daß Präobjekte nur noch in Perspektiven und nicht mehr ›im Ganzen‹ an- und ausführbar sind. – Um daher beliebige Gegenstandsarten als Präobjekte zu gewinnen, ist der radikale Schritt erforderlich, sie aus der Prähandlung Umgehen-mit-der-Gegenstandsart hervorgehen zu lassen, ganz in Übereinstimmung mit der schon bei Platon (s. Art. 14) anzutreffenden Charakterisierung der ὄντα als πράγματα (und πράξεις). Auch das Präobjekt Schwimmen ist dann mit der verselbständigten Prähandlung Umgehen-mit-Schwimmen zu identifizieren. Dinge, z. B. Wasser oder Pfeifen, und Ereignisse, z. B. Verkehr oder Fallen-eines-Herbstblatts, sind nur in Phasen, z. B. Wasser-abfüllen, Pfeifen-schnitzen, Verkehr-regeln, Fallen-eines-Herbstblatts-unterbrechen, pragmatisch und in Aspekten, z. B. Wasserrauschen-hören, Pfeifen-malen, Verkehr-zählen, Auf-Fallen-eines-Herbstblatts-aufmerksam-machen, semiotisch zugänglich (die umgangssprachliche Wiedergabe der Teilhandlungen und Zeichenhandlungen bei diesen Beispielen ist natürlich *cum grano salis* zu nehmen, bedürfte es doch einer auf dieser Stufe noch nicht verfügbaren Rekonstruktion der hochdifferenzierten Struktur einer schon in Gebrauch befindlichen natürlichen Sprache; als Kriterium für die Unterscheidung der pragmatischen von der semiotischen Perspektive dient dabei die Beteiligung am Entstehen, Vergehen und Aufrechterhalten des Präobjekts).

Mit der Verselbständigung nun der Phasengliederung zu Teilhandlungen und der Aspektegliederung zu Zeichenhandlungen wird es möglich, die Identifikation der Zeichenhandlungen und die Summierung der Teilhandlungen auf folgende Weise zu bewerkstelligen: Eine ausgewählte Zeichenhandlung im aktiven Aspekt, also eine Artikulation, übernimmt die Funktion der Vertretung beliebiger Zeichenhandlungen, d. h. in einer dialogischen Elementarsituation 3. Stufe, der Schematisierung (der dialogischen Rollen) von Zeichenhandlungen, läßt sich die Variation der Elementarsituationen 2. Stufe zu einer Trennung von konstantem Vordergrund vor variablem Hintergrund einer Situation (zu der als Elementarsituation 2. Stufe die Interaktionspartner jetzt auch als Glieder der Situation und nicht nur als situationsgliedernd gehören) heranziehen, und dabei zerfällt ein Präobjekt kraft der jeweils verschiedenen Situationen, zu denen es gehört, in ›situationsspezifische‹ Einheiten, die (semiotisch bestimmten) *Objekte in einer (angeführ-*

ten) Situation. Ganz entsprechend werden die (pragmatisch bestimmten) *Objekte in einer (ausgeführten) Situation* aufgrund einer dialogischen Elementarsituation 3. Ordnung, deren Schematisierung also zu Teilhandlungen führt, als Einheiten eines variablen Vordergrundes vor konstantem Hintergrund einer Elementarsituation 2. Ordnung gewonnen; jede Teilhandlung im passiven Aspekt, also eine Vermittlung, übernimmt die Funktion einer Erweiterung durch beliebige Teilhandlungen. Gegenständlicher Vordergrund und situativer Hintergrund, semiotisch als konstanter Vordergrund vor variablem Hintergrund und pragmatisch als variabler Vordergrund vor konstantem Hintergrund, also ein Objekt zusammen mit seiner Umgebung, machen eine Situationseinheit aus. – Geht es zum Beispiel um das Präobjekt Schwimmen und beschränken wir uns auf das Umgehen-mit-Schwimmen in Gestalt der beiden Handlungen Im-Wasser-Schwimmen und Mit-den-Armen-Schwimmbewegungen-machen, so sind diese, hinsichtlich ihrer pragmatischen und semiotischen Seite noch ungegliederten, Handlungen als Zeichenhandlungen eine Aspektegliederung und als Teilhandlungen eine Phasengliederung von Schwimmen. In der mittlerweile dreifach gegliederten dialogischen Elementarsituation zum Erwerb der Schwimmkompetenz übernehmen Ich ebenso wie Du pragmatisch sowohl eine aktive als auch eine passive Rolle, und semiotisch zeigen sie sowohl die singulare als auch die universale Seite eines Präobjekts. In aktiver Rolle von Ich, bei der Vermittlung von Schwimmen durch Ausführung der Zeichenhandlungen, ist die Anführung von Schwimmen mit Im-Wasser-Schwimmen und Mit-den-Armen-Schwimmbewegungen-machen die Artikulation von Schwimmen (ein ›Schemaabschnitt‹: die Aktualisierungen sind gleich) im Vordergrund der Schwimmsituation, in passiver Rolle von Ich hingegen die Wahrnehmung von Wasser und Armbewegung (eine ›Aktualisierungsvariation‹: die Aktualisierungen gehören zu verschiedenen Wahrnehmungsschemata und sind insofern verschieden) im Hintergrund der Schwimmsituation. Dem entspricht, daß in passiver Rolle von Du die Anführung von Schwimmen mit den beiden Zeichenhandlungen beidemal als Schwimmen (ein Universale) im Vordergrund der Schwimmsituation wahrgenommen sind, während in aktiver Rolle von Du im Hintergrund der Schwimmsituation jeweils die verschiedenen Umgebungen Wasser und Armbewegung artikuliert werden. Komplementär dazu ist in aktiver Rolle von Ich die Ausführung von Schwimmen mit Im-Wasser-Schwimmen und Mit-den-Armen-Schwimmbewegungen-machen das Hervorbringen von Schwimmen, nämlich jeweils verschiedener (natürlich nicht ›disjunkter‹) Teile im Vordergrund der Schwimmsituation, während sie in passiver Rolle von Ich für den gleichen Hintergrund der Schwimmsituation bei der Vermittlung von Schwimmen sorgen. Wiederum entsprechend ist in passiver Rolle von Du, bei der Artikulation von Schwimmen durch Anführung der Teilhandlungen, die Ausführung von Schwimmen mit Im-Wasser-Schwimmen und Mit-den-Armen-Schwimmbewegungen-machen die Vermittlung von Schwimmen (durch ›Phasenvielfalt‹: die Schemata sind verschieden) im Vordergrund der Schwimmsituation, hingegen wird in aktiver Rolle von Du ein konstanter Hintergrund der Schwimmsituation, eben Schwimmen (Einbettung der Phasen in dasselbe Schema) hervorgebracht. — Am Beispiel sieht man, daß auf der semiotischen Seite die Variation zur Umgebung des Objekts, also ›nach außen‹, gehört, während sie auf der pragmatischen Seite ›nach innen‹ gewendet ist: die semiotische Aspektegliederung der Objekte ist eine Außengliederung, ihre pragmatische Phasengliederung eine Binnengliederung; beide zusammen erst, und dabei werden Transformationen von Außengliederungen in Binnengliederungen und umgekehrt, sogenannte *Involutionen*, eine wichtige Rolle spielen (cf. 3.2.), bestimmen ein Objekt in einer Situation, und zwar invariant gegenüber einer Vertauschung von Ich und Du.

Eine dialogische Elementarsituation 3. Stufe kann daher selbst als Artikulation der Identifikation und damit als *symbolische Artikulation* von Objekten aufgefaßt werden, während eine dialogische Elementarsituation 3. Ordnung die Vermittlung der Summierung bildet und daher als *komprehensive Vermittlung* von Objekten bezeichnet werden kann. Es ist üblich zu sagen, daß die Objekte in einer Situation als Einheiten eines *Objekttyps* auftreten, wobei strenggenommen nur ›unterste‹ Einheiten auch 'Individuen' heißen. Die in der symbolischen Artikulation enthaltenen Übersetzungsregeln von einer Zeichenhandlung in eine andere bewirken eine Dekontextualisierung der Objektbestimmung im Unterschied zu ihrer Kontextualisierung vermöge der mit der komprehensiven Vermittlung gesetzten Aufbauregeln. Noch etwas genauer und zugleich suggestiver kann die doppelte, nämlich semiotische *und* pragmatische Bestimmung der Objekte so ausgedrückt werden, daß ein Objekt als *Kern der Schemata* der Zeichenhandlungen ein *logisch-semiotisches Abstraktum*, hingegen als *Hülle der Aktualisierungen* der Teilhandlungen ein *logisch-pragmatisches Konkretum* bildet. Die ›individuellen‹ Objekte in einer Situation sind sowohl abstrakte Invarianten als auch konkrete Ganzheiten. Dabei dienen die (verselbständigten) Aktualisierungen einer Zeichenhandlung, die Artikulationen, der Bezeichnung des abstrakten Objekts; mit den (verselbständigten) Schemata einer Teilhandlung, den Vermittlungen hingegen, wird am konkreten Objekt partizipiert. Sowohl die Relationen zwischen den Singularia (den Zeichenhandlungsvollzügen) und den Universalia (des logisch-semiotischen Abstraktums) als auch die Relationen zwischen den (universalen) Teilen und dem Ganzen (des logisch-pragmatischen Konkretums) sind *intern* und können nicht als externe Relationen zwischen zuvor schon verfügbaren Gegenständen aufgefaßt werden; vielmehr sind es die (raum-zeitlich charakterisierbaren) ›individuellen‹ Objekteinheiten selbst, die *Partikularia*, an denen die Rekonstruktion *die internen Relationen der Bezeichnung und der Partizipation* sichtbar zu machen imstande ist (cf. 3.2.).

Was die komplementäre, in diesem Zusammenhang aber nicht en detail auseinanderzusetzende Subjektbestimmung betrifft, so genügt es festzuhalten, daß die Artikulation eines Präsubjekts (gen. subj.!) mit der (durch Konvention gewonnenen) symbolischen Artikulation, und damit durch Fixierung, zur Artikulation eines sozialen Subjekts wird, während die Vermittlung innerhalb eines dyadischen Subjekts (des Präsubjekts einer Ich-Du-Dyade) durch Differenzierung, also Eigenständig-werden bei der komprehensiven Vermittlung, eine Vermittlung zwischen individuellen Subjekten entstehen läßt. Im Zeichencharakter der Ausführhandlungen zusammen mit dem Handlungscharakter der Anführhandlungen (›was man tut‹ + ›wie man spricht‹) haben wir die Lebensweisen (ways of life) von Subjekten, im Zeichencharakter der Anführhandlungen zusammen mit dem Handlungscharakter der Ausführhandlungen (›was man sagt‹ + ›wie man handelt‹) ihre Weltansichten (world views) vor uns. — Mit der symbolischen Artikulation sind wir bei (verselbständigten) *sprachlichen* Zeichenhandlungen im engeren Sinne angekommen, die wegen der Gleichsetzung von Umgehen-mit-Sprachzeichen und Sprachzeichen von Sprachzeichen systematisch nicht mehr unterschieden zu werden brauchen. Sie artikulieren die Kompetenz der Gleichbehandlung aller Zeichenhandlungen in bezug auf ein Objekt, also die Kompetenz, mit der Ausführung einer bestimmten Zeichenhandlung zugleich eine beliebige andere Zeichenhandlung in bezug auf dasselbe Objekt anzuführen. Allerdings ist es dabei wichtig, sich klar zu machen, daß mit der Charakterisierung 'sprachlich' noch keine Festlegung auf das *verbal*sprachliche Medium erfolgt ist, symbolische Artikulation könnte durchaus auch zum Beispiel gestisch oder pictural erfolgen (s. Art. 108). Es gehört zu den Fakten der Entwicklungsgeschichte von *homo sapiens*, daß grundsätzlich ›vokale Gesten‹ (s. Art. 52, 2.2.2.) die Rolle symbolischer Artikulation übernommen haben. Und auch umgekehrt ist zu beachten, daß 'sprachlich' durchaus auch in einem weiteren Sinn zur Charakterisierung von Zeichenhandlungen dann verwendet wird, wenn sie durch lautliche oder schriftliche Äußerungen aktualisiert werden. Es ist daher damit zu rechnen, daß lautlich oder schriftlich geäußerte Zeichenhandlungen im weiteren *und* im engeren Sinne eine Sprachhandlung und damit Artikulationen auf zwei verschiedenen logischen Stufen sind, was dazu führt, daß ihre Ausführung dann zugleich sich selbst anführt.

3. Die signifikative und die kommunikative Seite der Artikulation

3.1. Ostension und Prädikation, Gegebenheitsweise und Modus

Auch wenn symbolische Artikulation nicht lautlich (oder schriftlich), also verbalsprachlich, vorzuliegen braucht und darüber hinaus von Sprachzeichenhandlungen auch bei einfachen Artikulationen die Rede ist, so sollen im folgenden Schreibmarken, in der Regel Buchstaben, als Notation für grundsätzlich symbolisch gemeinte Artikulationen verwendet werden. Damit ist vorausgesetzt, daß eine Artikulation ihrerseits zu einem Objekttyp verselbständigt worden ist, der *Artikulator* heißen möge (und in erster Näherung als Rekonstruktion eines hier noch unzusammengesetzten ›signifiant‹ im Sinne de Saussures aufgefaßt werden kann, s. Art. 36). Er ist damit auf der semiotischen Seite — ein Artikulator als Zeichen(-Handlung) — im übli-

chen Sinne ›artikuliert‹, nämlich gegliedert, obwohl diese Gliederung auch bei zusammengesetzten Artikulatoren nur in einem beschränkten Umfang als morphematische Binnengliederung die zu jedem (symbolischen) Artikulator gehörige Übersetzungsregel von einer Zeichenhandlung in eine andere explizit wiedergibt; zugleich ist er auf der pragmatischen Seite — ein Artikulator als (Zeichen-) Handlung — phonematisch (oder graphematisch) gegliedert, so daß sich die übliche Charakterisierung der Sprachebene durch ›doppelte Artikulation‹ jedenfalls für (symbolische) Artikulatoren auf eine ganz natürliche Weise ergibt (cf. Martinet 1960). Im übrigen wird von der pragmatischen Seite eines Artikulators in diesem Beitrag nicht weiter gehandelt werden. — Für einen Artikulator als Zeichen gilt jede Artikulatoreinheit als austauschbar mit jeder anderen, so daß Artikulatoren in semiotischer Hinsicht stets als Typen zu gelten haben, die in *Sprechsituationen* geäußert werden. Will man gleichwohl auf Artikulatoreinheiten (in einer Sprechsituation) zurückgreifen, so genügt es, das Paar (P, s) mit einem Artikulator(typ) 'P' und einer Sprechsituationseinheit s als Notation für die Artikulatoreinheit in der Sprechsituation s, also die *Äußerung* von 'P' in s, zu nehmen.

Wie für jede Handlung, ist auch für Artikulationen als Zeichen in ihrer systematisch-genetischen Rekonstruktion durch dialogische Elementarsituationen eine pragmatische und eine semiotische Seite zu berücksichtigen, die wiederum verselbständigt werden können und dann unter Bezug auf das *von sozialen Subjekten artikulierte Objekt in einer Situation* mit *Kommunikation* und *Signifikation* wiederzugeben sind. Es läßt sich hier sehr deutlich der mit der Differenz von pragmatischer und semiotischer Seite einer Artikulation (als Zeichen) verbundene Statuswechsel einer Handlung als Gegenstand und als Mittel ablesen, liegt doch Signifikation, ein Nennen, nur im Vollzug einer Kommunikation, einem Sagen, vor, und deshalb ist Signifikation das Mittel für Kommunikation: was genannt wird, ist ein Gegenstand, der, in ein Mittel verwandelt (d. i. das Umgehen mit ihm), als etwas gesagt (d. i. vermittelt und artikuliert) wird. — Unter Berücksichtigung dieser bereits von Platon eingeführten Unterscheidung von ›Sagen‹ (λέγειν) und ›Nennen‹ (ὀνομάζειν) als Titel für zwei ausgezeichnete Funktionen von Sprachhandlungen beziehungsweise ›Wörtern‹ (ὀνόματα), die er mit διδάσκειν τι ἀλλήλους [etwas einander beibringen] und διακρίνειν τὰ πράγματα [die Sachen unterscheiden] erläutert hat (*Crat.* 388 b; allerdings mit der Erklärung, ὀνομάζειν sei ein Teil von λέγειν, cf. 387 c), soll unter Kommunikation der *Personbezug* und unter Signifikation der *Sachbezug* einer Artikulation als Zeichen verstanden werden. Signifikation kann nur innerhalb einer Kommunikation erfolgen, und Verständigung über ein Objekt ist nur unter Verwendung einer Benennung möglich. Unter erneuter Anwendung des Verselbständigungsschrittes zerfällt Kommunikation in ihre semiotische Seite *Prädikation* und ihre pragmatische Seite *Modus*: die Anführung einer Kommunikation geschieht durch eine Prädikation, und die Ausführung einer Kommunikation durch einen Modus. Daher in knapper Formulierung: jede Prädikation findet in einem Modus statt. — Ganz entsprechend zerfällt Signifikation in ihre pragmatische Seite *Ostension* und ihre semiotische Seite *Gegebenheitsweise*: nur unter Verwendung einer Gegebenheitsweise kann die Ostension auf ein Objekt erfolgen. Werden diese Verhältnisse nicht beachtet und einerseits Prädikation selbst bereits als pragmatisch, andererseits Ostension selbst bereits als semiotisch betrachtet, so entstehen methodisch unlösbare Streitfragen, zum Beispiel um den Status der Prädikation — Ist Prädikation ein eigenständiger Sprechakt oder der ›propositionale Kern‹ beliebiger Sprechakte? — oder um die Entbehrlichkeit von Intensionen — Muß das Hilfsmittel für eine Ostension, die Gegebenheitsweise, in einer Kommunikation zur artikulierten Situation gezählt werden, oder sind Gegebenheitsweisen grundsätzlich extern? — Im hier vorgeschlagenen Aufbau treten Prädikationen ausschließlich als semiotisches Gegenüber zu ›Satzradikalen‹ auf, und Intensionen werden als zweckmäßiges Instrument zur Unterscheidung des durch Distanzierung gewonnenen gegenständlichen Charakters eines Objekts (extensionaler Gegenstand) und des durch Aneignung gewonnenen intensionalen Charakters eines Objekts (intensionales Mittel) eingesetzt.

Berücksichtigt man nun, daß in symbolischer Artikulation ein Artikulator als Übersetzungsregel zur Durchsetzung der Gleichwertigkeit der Aspekte und damit der Invarianz eines Objekts gegenüber seinen Aspekten auftritt (abstrakte Bestimmung), wobei jede Aspektgliederung unter Bezug auf eine Phase vorliegt, so sind durch einen Artikulator einerseits beliebige Zeichenhandlungen, sowohl Artikulationen als auch Wahrneh-

mungen, vertreten und andererseits dabei beliebige Phasen als Zeichen eingeschlossen. — Wer etwa 'Wasser' äußert — ein durch hier nicht näher zu untersuchende Umstände in symbolischer Funktion auftretendes Lautschema als Artikulator —, hat auf der pragmatischen Seite das Lautschema aktualisiert, und auf der semiotischen Seite identifiziert er die Sprechsituation als eine Wassersituation mit einer Wassereinheit im Vordergrund (und u. a. 'Wasser' im Hintergrund, während in der 'Wasser'-Situation die Äußerung 'Wasser' den Vordergrund bildet), die den (abstrakten) Kern eines offenen Bereichs von Zeichenhandlungen, hervorgegangen durch Distanzierung aus der semiotischen Seite des Umgehens-mit-Wasser, bildet: die Artikulation 'Wasser' auf der semiotischen Seite artikuliert *als Zeichen* und damit für Ich eine (Zeichen-)Handlung — Ich ist in der Sprechsituation und in der besprochenen Situation, einer 'Wasser'-Situation und einer Wassersituation. Zugleich wird mit 'Wasser' ein offener Bereich von Teilhandlungen artikuliert, die an der Wassereinheit im Vordergrund, hervorgegangen durch Aneignung aus der pragmatischen Seite des Umgehens-mit-Wasser in Gestalt der (konkreten) Hülle der Teilhandlungen, partizipieren: Ich ist in der besprochenen Wassersituation auch noch durch Artikulation einer (Teil-)Handlung. — Gegenüber dem Partner in der Sprechsituation nun wird mit der Äußerung 'Wasser', also der semiotischen Seite der Artikulation mit 'Wasser' *als Handlung* und damit für Du, *gesagt, daß* die Sprechsituationseinheit (ihres Schemas für Du und einer Aktualisierung für Ich) eine Wassersituation ›ist‹, nämlich ›war‹ aufgrund einer Zeichenhandlung, z. B. Wassersehen, oder ›sein wird‹ aufgrund einer Teilhandlung, z. B. Ins-Wasser-gehen. Mit dieser Sprechweise ist die Differenz der Rollen von Ich und Du in der besprochenen Situation zum Ausdruck gebracht: äußert Ich 'Wasser' etwa im Zusammenhang der Zeichenhandlung Wasser-sehen, so ist es Du, der Wassersehen ausführt, auf den Ich mit 'Wasser' ›antwortet‹ — da auf der Stufe symbolischer Artikulation bereits Dialogrolleninvarianz, also Ich-Du-Invarianz vorliegt, agieren Ich und Du beide als Subjekte und damit Ich auch als Du und Du auch als Ich (vgl. dazu Meads Konstitution des ›Self‹ aus ›I‹ und ›Me‹, s. Art. 52) —, und ganz entsprechend wird dann, wenn Ich 'Wasser' etwa im Zusammenhang der Teilhandlung Ins-Wasser-gehen äußert, Du mit der Ausführung von Ins-Wasser-gehen auf diese Äußerung ›antworten‹. Mit den beiden ›Reihenfolgen‹ von Äußerung und Ausführung der Zeichenhandlung beziehungsweise Teilhandlung, von John Searle unter der Bezeichnung ›directional fit‹ eingeführt (Searle 1979, chap. 1), sind die beiden fundamentalen Arten von Modi einer Äußerung in kommunikativer Funktion bestimmt, nämlich *Mitteilen* und *Auffordern*, Mitteilen auf der semiotischen Seite des Modus und Auffordern auf seiner pragmatischen Seite. Die Ostension wiederum, also die pragmatische Seite einer Äußerung in signifikativer Funktion, wird vollzogen unter Verwendung der Gegebenheitsweisen auf der semiotischen Seite, im Beispiel durch eine Zeichenhandlung, ein *Beobachten*, und eine Teilhandlung, ein *Selbertun*, die beiden fundamentalen Arten von Gegebenheitsweisen, wobei Beobachten auf die semiotische Seite der Gegebenheitsweise und Selbertun auf deren pragmatische Seite gehört. — Symbolische Artikulation auf der semiotischen Seite hat dialogrolleninvariant als (Zeichen-)Handlung die Funktion der Kommunikation und als Zeichen(-Handlung) die Funktion der Signifikation. Die zugehörigen Artikulationen auf der pragmatischen Seite sind die ›Einwortsätze‹, schlichte Äußerungen von Artikulatoren ‚P‘ (s. Abb. 77.2).

Die Artikulatoren entbehren bisher noch jeder semantischen Komplexität; zwar sind sie auf der pragmatischen Seite explizit gegliedert, aber auf der semiotischen Seite nur implizit, eben dadurch, daß die Kompetenz symbolischer Artikulation die Kompetenz eines offenen Bereichs von Zeichenhandlungen und Teilhandlungen (auf deren semiotischer Seite) einschließt. Um diese implizite semiotische Gliederung schrittweise in eine explizite und dann *semantisch* zu nennende Gliederung überführen zu können, sollen in einem ersten Schritt die beiden Funktionen, die ein Artikulator ‚P‘ auf der semiotischen Seite hat, auf unterschiedliche Weise notiert werden. Das heißt, wir führen zwei Operatoren δ und ε ein, die jeweils eine der beiden Funktionen abblenden — der δ-Operator oder der *Demonstrator* neutralisiert die kommunikative Funktion eines Artikulators, und der ε-Operator oder die *Kopula* (systematisch besser *Attributor* genannt) seine signifikative Funktion —, was zur Folge hat, daß ‚δP‘ nichts mehr besagt, nur noch benennt, und ‚εP‘ nur noch etwas besagt, nicht mehr benennt, also mit ‚δP‘ eine Verselbständigung der Signifikation und mit ‚εP‘ eine Verselbständigung

der Kommunikation artikuliert ist. In der Terminologie von Peirce müssen die ‚δP‘ ebenso wie der Demonstrator selbst jeweils zusammen mit der Sprechsituation als (genuine) *Indices* für P-Ausführungen gelten (cf. Scherer 1984, 76 f). — Da nun, wie stets, die semiotische Seite nur im pragmatischen Vollzug verselbständigt, also auf Mittel für die korrespondierende pragmatische Seite, auftritt, werden wir unter Bezug auf die dialogischen Rollen singular-universal eine andere Darstellung der signifikativen und kommunikativen Funktion erhalten als unter Bezug auf die dialogischen Rollen aktiv—passiv. Im ersten Fall ergibt sich eine prädikationsbezogene Darstellung unter dem Titel *Aussagen*, im zweiten Fall eine ostensionsbezogene Darstellung unter dem Titel *Anzeigen*. Und die beiden Operatoren δ und ε gehören, wie sofort klar wird, zur prädikationsbezogenen Darstellung. Die terminologische Festlegung ist damit so erfolgt, daß Sagen das Aussagen *und* seinen Modus und Nennen das Anzeigen *und* seine Gegebenheitsweise einschließt. Es wird sich zudem herausstellen, daß mit den beiden Notationen ‚δP‘ und ‚εP‘ nicht schlicht prädikationsbezogene Verselbständigungen von Signifikation und Kommunikation zum Ausdruck gebracht sind, sondern nur ein erster Schritt auf dem Wege zur Aufspaltung von Signifikation in Gegebenheitsweise und Ostension sowie von Kommunikation in Modus und Prädikation markiert ist.

Bei dieser Gelegenheit ist der Hinweis angebracht, daß durchaus verschiedene ‚Feinheitsgrade‘ dialogischer Konstruktion vor dem Hintergrund phänomenologischer Reduktion möglich und auch bei früheren Gelegenheiten gewählt worden sind. So lassen sich etwa die einfachen Wittgensteinschen Sprachspiele zu Beginn der *Philosophischen Untersuchungen* als solche systematisch-genetischen Rekonstruktionen der Handlungs- und Sprachkompetenz verstehen, bei denen schon im ersten Schritt der Zusammenhang (und die Zerlegung) von Handlungs-Performanz und -Kompetenz auf der einen Seite und der Kommunikation und Signifikation von Sprachhandlungen auf der anderen Seite, und zwar unter ausdrücklicher Berücksichtigung des Modus, ›rekonstruiert‹, nämlich für sie ein Maßstab bereitgestellt, sind (s. Art. 96). Auch die Lehr- und Lernsituationen meiner eigenen *Elemente der Sprachkritik* (cf. Lorenz 1970, II.2.) setzen gleich mit dem Erwerb der Sprachkompetenz auf der Basis einer Handlungskompetenz ein, behandeln also die semiotischen Teile der Vermittlung und der Artikulation als nachträgliche Objektivierung einer pragmatischen Basis des Gegenübers von lehren/ lernen und sprechen/hören. Schon die Peirceschen Rekonstruktionen hingegen waren, wie Bernd-Mi-

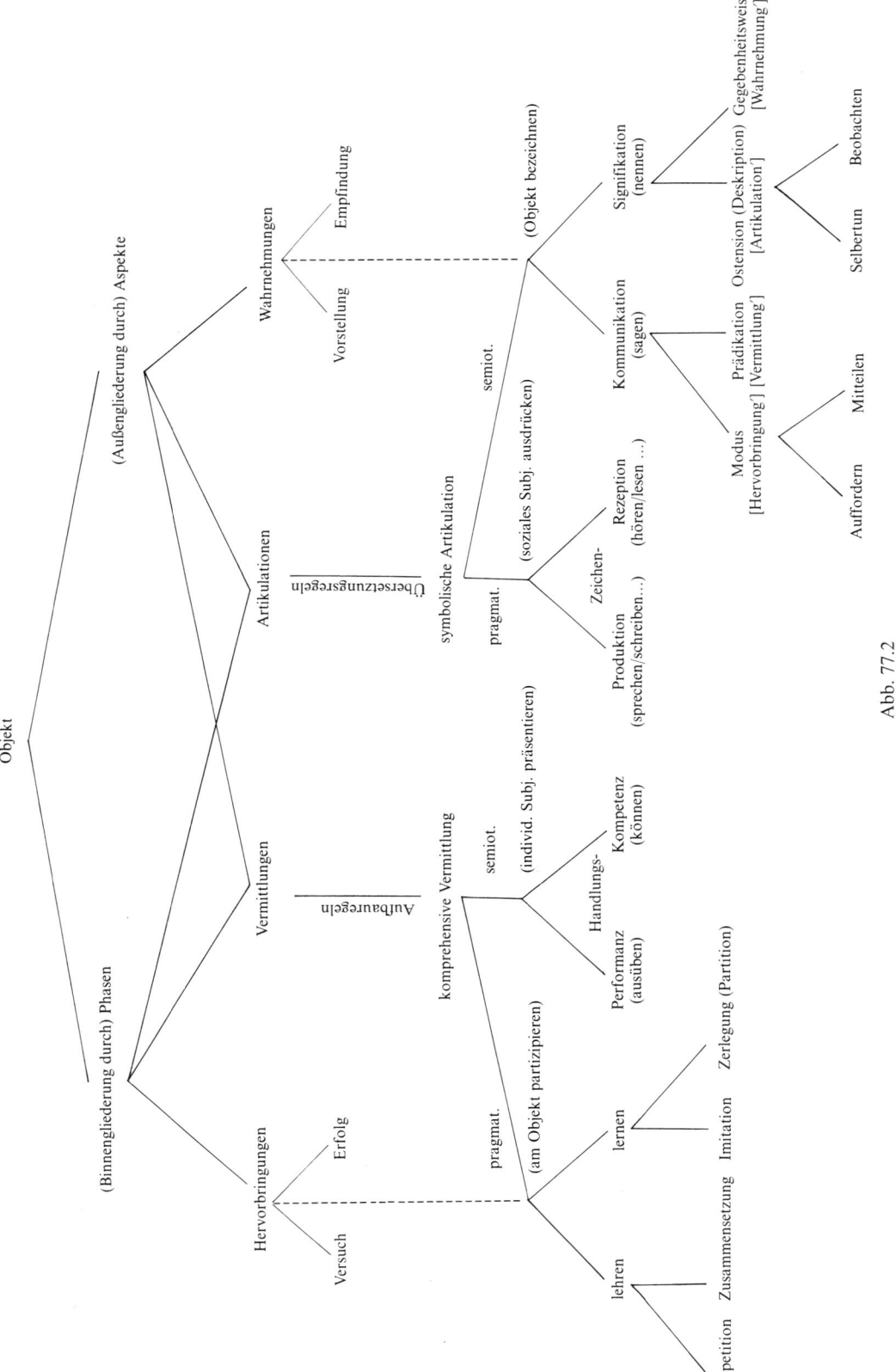

Abb. 77.2

chael Scherer in seinen *Prolegomena zu einer ein-heitlichen Zeichentheorie* (cf. Scherer 1984, 2.) nach-weisen konnte, durch ihre iterierten Triaden von erheblich größerer Feinheit.

Die prädikationsbezogene Darstellung von signifikativer und kommunikativer Funktion eines Artikulators 'P' auf der Basis der Tren-nung beider Funktionen erfolgt durch Neben-einanderschreiben (bzw. Nacheinanderspre-chen): 'δPεP', gelesen: 'dies P ist P'. So wird deutlich, daß in dieser Darstellung die P-Ein-heit im Vordergrund der besprochenen Situa-tion nur singular auftritt, durch Ausführung einer Zeichenhandlung auf der semiotischen Seite von Umgehen-mit-P; natürlich hätten wir ohne Schwierigkeiten auch dual verfahren und mit zwei Operatoren, dem *Universalisator* σ zur Neutralisierung der kommunikativen Funktion und dem *Präsentator* π zur Neutra-lisierung der signifikativen Funktion, die be-züglich der P-Einheit im Vordergrund der be-sprochenen Situation universal auftretende Darstellung 'σPπP' (gelesen: 'Schema P ist P-vollzogen') wählen können. Erst, wenn es um die explizite Darstellung auch der Modi Mit-teilen und Auffordern geht, lassen sich die relativen Vorzüge beider prädikationsbezo-genen Darstellungen, der ›singularen‹ für das Mitteilen und der ›universalen‹ für das Auf-fordern, angemessen beurteilen. Das kann im Zusammenhang dieses Beitrags nicht näher erörtert werden. Hingegen wird jetzt die auf einer Kombination beider Prädikationsdar-stellungen beruhende traditionelle Formulie-rung 'das Universale/das Allgemeine σP wird durch 'εP' von einer P-Einheit ausgesagt' — es handelt sich um eine Artikulation des Voll-zugs des Aussagens — durchaus verständlich, obwohl sie die irreführende Behandlung des 'P' in 'εP' als ›Namen‹ für σP nahelegt. In der mittelalterlichen Sprachlogik allerdings wird dieser Irreführung durch die Unterscheidung „nominantur singularia, sed universalia sig-nificantur" begegnet (Johannes von Salisbury 1929, *Metalogicus* II, Kap. XX).

Für die ostensionsbezogene Darstellung von signifikativer und kommunikativer Funktion eines Artikulators 'P' auf der Basis einer Trennung beider Funktionen sind die beiden Operatorenpaare δ, ε und σ, π, weil auf die dialogischen Rollen singular-universal bezogen, nicht brauchbar. Statt dessen wäh-len wir unter Bezug auf die dialogischen Rol-len aktiv — passiv einmal den Demonstrator und einen Operator ζ, den *Partitor*, analog zu δ und ε, und dual dazu machen wir von einem Operator κ, dem *Totalisator*, und einem

Operator ξ, dem *Exemplifikator*, Gebrauch, diese beiden analog zu σ und π. Als Osten-sionsdarstellung ergibt sich dann: 'δPζP', ge-lesen: 'dies P gehört zu P'. Tatsächlich tritt in dieser Darstellung die P-Einheit im Vorder-grund der besprochenen Situation nur aktiv auf, nämlich durch Ausführung einer Teil-handlung auf der pragmatischen Seite von Umgehen-mit-P; die duale Darstellung wie-derum, die bezüglich der P-Einheit im Vor-dergrund der besprochenen Situation passiv ist, lautet 'κPξP' (gelesen: 'das Ganze P ist P-exemplifiziert'). So erhält man eine ähnlich suggestive, beide Darstellungen kombinie-rende und daher auch zu Mißverständnissen einladende Formulierung, nämlich 'das Ganze κP wird durch 'δP' an einer P-Einheit angezeigt', eine Artikulation des Vollzugs des Anzeigens.

Damit haben wir die Grundlage für die in 3.2. legitimierte und dabei zugleich Wittgen-steins Sagen-(Sich)Zeigen-Differenz im *Trac-tatus* (cf. 4.022 ff und 4.12 ff) in einem grö-ßeren Rahmen rekonstruierende Erklärung: Die interne Relation der Bezeichnung (eines Objekts hinsichtlich seines semiotisch-ab-strakten Anteils) wird im Aussagen angezeigt, die ebenso interne Relation der Partizipation (eines universalen Teils an einem Ganzen als pragmatisch-konkretem Anteil eines Objekts) wird im Anzeigen ausgesagt. Allerdings ist trotz der Trennung von signifikativer und kommunikativer Funktion eines Artikulators die Stufe der Einwortsätze und damit die Übereinstimmung von Sprechsituation und besprochener Situation, Vertauschung von Vordergrund und Hintergrund unberücksich-tigt lassend, weder mit 'δPεP' noch mit den drei anderen Versionen verlassen worden. Es bedarf der ausdrücklichen Hervorbringung komplexer Artikulatoren entweder durch Zu-sammensetzung aus Artikulatoren oder durch ihre Zerlegung in Artikulatoren, sichtbar dann an der grammatischen Struktur, um den Schritt zu Elementaraussagen machen zu können, also diejenige Stufe zu entwickeln, auf der in der Regel das Prädizieren, ›etwas über etwas sagen‹, als Sprachhandlung auf-gesucht und untersucht wird.

3.2. Partikularia — ihre Phasen und Aspekte

In der bisherigen Darstellung waren die sym-bolischen Artikulationen, gleichgültig ob die Trennung ihrer beiden Funktionen, der kom-munikativen und der signifikativen, prädika-tionsbezogen als Aussagen oder ostensionsbezogen als Anzeigen artikuliert wurden, streng situationsabhängig. Sprechsituation mit der Äußerung eines Artikulators 'P' im Vordergrund und besprochene Situation mit einer P-Einheit im Vordergrund stimmen unter Vertauschung von Vordergrund und Hintergrund, einer Vertauschung der Dialogrollen von Ich und Du, der pragmatischen auf der Gegenstandsebene (Lehrender — Lernender) und der semiotischen auf der Sprachebene (Sprecher — Hörer), überein. Aussagen des Typs $\delta Q \varepsilon P$ oder Anzeigen des Typs $\delta P \zeta Q$ können nach Konstruktion nicht vorkommen. Andererseits wissen wir, daß ein Artikulator 'P' in einer Sprechsituation eine P-Einheit, d. i. ein P-Objekt, in einer P-Situation dialogrolleninvariant artikuliert, ein P-Objekt aber aus zwei Seiten, einer abstrakten Invarianten und einer konkreten Ganzheit, als Kern der Schemata von Zeichenhandlungen (Handlungen auf der semiotischen Seite von Umgehen-mit-P) und als Hülle der Aktualisierungen von Teilhandlungen (Handlungen auf der pragmatischen Seite von Umgehen-mit-P), besteht mit der Folge, daß 'P' beliebige Zeichenhandlungen und beliebige Schemata von Teilhandlungen in bezug auf das P-Objekt vertritt. Der Jotaoperator ι soll, die übliche Rolle als Kennzeichnungsoperator erweiternd, von nun an dazu benutzt werden, solche zunächst sprechsituationsabhängige Einheiten, die *Partikularia*, zu artikulieren. Erst ein weiterer Prozeß, der schrittweise zur Unabhängigkeit der Partikularia von der Sprechsituation durch dialogisch konstruierte Trennung von Sprechsituation und besprochener Situation führt, wird den Jotaoperator auch in seiner Funktion als Kennzeichnungsoperator auftreten lassen; dieser Prozeß führt unter signifikativer Perspektive daher von den deiktischen Kennzeichnungen zu den bestimmten Kennzeichnungen. — Die *Individuatoren* 'ιP' artikulieren entsprechend zwei Seiten, die abstrakte Invariante $\sigma(\iota P)$ — ein ›Zwischenschema‹ von P (bzw. σP), den semiotischen Anteil von ιP — und die konkrete Ganzheit $\kappa(\iota P)$ — ein ›Teilganzes‹ von P (bzw. κP), den pragmatischen Anteil von ιP —, wodurch deutlich wird, daß Partikularia aus ›halb Denken, halb Handeln‹, in Schematisierung *und* in Aktualisierung, bestehen: schematisiert durch Zeichenhandlungen, ihre Aspekte, und aktualisiert durch Teilhandlungen, ihre Phasen; Partikularia sind dialogrolleninvariant — Ich auch als Du und Du auch als Ich — bestimmt. Wir haben eine systematische Rekonstruktion des traditionellen,

auf Aristoteles zurückgehenden, Lehrstücks vor uns, daß Partikularia (bei Aristoteles: ἕκαστα), darunter die Einzeldinge, aus ›Form‹ (εἶδος, i. e. $\sigma(\iota P)$, obwohl klassisch dabei meistens auf das allgemeinere σP zurückgegriffen wird) und ›Stoff‹ (ὕλη, i. e. $\kappa(\iota P)$) bestehen (bei Alexander von Aphrodisias in seinem Kommentar zu den aristotelischen *Metaphysica* ausdrücklich ein *mixtum compositum*, σύνθετον ἐξ ὕλης καὶ εἴδους, cf. *CAG* I, 545, Z. 30 ff; 497, Z. 4 ff), wobei sich zwanglos jeweils κP als ›primäre Substanz‹ und die $\kappa(\iota P)$ als ›sekundäre Substanzen‹ auszeichnen lassen und darüber hinaus die Lehre von den Partikularia als *infima species* zurückweisen läßt. — In einer Aussage '$\iota P \varepsilon P$', wie wir jetzt statt '$\delta P \varepsilon P$' schreiben können, wird das Universale σP durch 'εP' von $\kappa(\iota P)$ ausgesagt, und umgekehrt wird in der Anzeige '$\delta P \zeta \iota P$' durch 'δP' das Ganze κP an $\sigma(\iota P)$ angezeigt; durch beide Darstellungen, der prädikationsbezogenen mit einer Handlung auf der Sprachebene und des ostensionsbezogenen mit einer Handlung auf der Gegenstandsebene, ist die Doppelnatur der Partikularia artikuliert worden. Natürlich gilt Gleiches für die Situationen. Auch sie sind ihrer Dialogrolleninvarianz wegen *mixta composita* — und hier ist eine Situationseinheit wörtlich ein ›Kompositum‹ aus Ich-Perspektive (Vordergrund) *und* aus Du-Perspektive (Hintergrund), statt ›komponiert‹ durch Rollenübernahme.

Diese Überlegungen eignen sich, um zum Beispiel Wittgensteins in eine dialogische Situation eingebettete Betrachtung zum Unterschied von Meldung und Ausruf (*PU* II, XI) am Beispiel eines Hasen in der Landschaft, also einer Hasensituation, besser zu verstehen: „Ich schaue auf ein Tier; man fragt mich: 'Was siehst du?' Ich antworte: 'Einen Hasen.' — Ich sehe eine Landschaft; plötzlich läuft ein Hase vorbei. Ich rufe aus: 'Ein Hase!' Beides, die Meldung und der Ausruf, ist ein Ausdruck der Wahrnehmung und des Seherlebnisses. Aber der Ausdruck ist es in anderem Sinne, als die Meldung. Er entringt sich uns. — Er verhält sich zum Erlebnis ähnlich, wie der Schrei zum Schmerz.

Aber da er die Beschreibung einer Wahrnehmung ist, kann man ihn auch Gedankenausdruck nennen. — Wer den Gegenstand anschaut, muß nicht an ihn denken; wer aber das Seherlebnis hat, dessen Ausdruck der Ausruf ist, der *denkt* auch an das, was er sieht.

Und darum erscheint das Aufleuchten des Aspekts halb Seherlebnis, halb ein Denken." Hier vertritt Wahrnehmung eine Zeichenhandlung bezüglich Hase (im Schemaaspekt) und Seherlebnis eine (aktualisierte) Teilhandlung bezüglich Hase. Im Fall des Ausrufs gehört 'Hase' auch zum Seherlebnis, im Fall der Meldung liegt nur eine die

Wahrnehmung vertretende Zeichenhandlung vor. Im Seherlebnis ist ein semiotischer *und* ein pragmatischer Anteil ›des Hasen‹ enthalten.

Die Aussage 'ιPεP' übrigens kann sowohl als explizite Version von 'δεP' — der Demonstrator ist zusammen mit der Sprechsituation ein Index für ein P-Objekt ('dies ist (ein) Hase') — als auch von 'κξP' — hier ist der (P-exemplifizierte) Totalisator in der Sprechsituation ein Ikon für eine P-Situation ('es [das Ganze hier] ist (eine) Hasensituation', mit der Kopula formuliert, entspricht dem mit dem Exemplifikator formulierten 'das Hasenganze [die ›Hasenheit‹] ist Hase-exemplifiziert') — gelesen werden, im ersten Fall (dies ist ...) wird von einem P-Objekt, im zweiten Fall (es ist ...) von einer P-Situation geredet; ohne Artikulatoren fungiert der Demonstrator als reiner Vollzugsindex (τόδε τι) und der Totalisator als reines Ikon für ›die Welt im Ganzen‹ (ὅλον).

Die Trennung von Sprechsituation und besprochener Situation und damit die Verfügung über zunehmend situationsunabhängiger bestimmte Partikularia wird möglich mit der Einführung komplexer Artikulatoren, im einfachsten Fall aus zwei Artikulatoren 'P' und 'Q'. Wir setzen also voraus, daß P-Objekte in P-Situationen und Q-Objekte in Q-Situationen artikuliert werden können und nehmen als Beispiele: P ⇋ Holz, Q ⇋ Stuhl und P ⇋ Rauchen, Q ⇋ Mensch. Was soll es jetzt heißen, in einer Q-Situation 'P' zu äußern — im Beispiel: in einer Stuhlsituation 'Holz' oder in einer Menschsituation 'Rauchen'? Nach Voraussetzung ist die Sprechsituation, eine 'P'-Situation, zugleich eine Q-Situation. Da sich der Hörer (Du) in der Sprechsituation und der Sprecher (Ich) dabei in der besprochenen Situation befindet, wegen der Dialogrolleninvarianz aber beide — unter Vertauschung von Vordergrund und Hintergrund — in bezug auf P übereinstimmen, ist für Ich ein P-Objekt im Vordergrund der Q-Situation und die Äußerung 'P' in ihrem Hintergrund, umgekehrt für Du. Darüber hinaus gehört wegen der gemeinsamen Q-Situation auch ein Q-Objekt für Ich *und* für Du in den Vordergrund der Q-Situation, Sprechsituation und besprochene Situationen stimmen also nicht überein. — Im Vordergrund der besprochenen Situation, artikuliert durch 'P', befinden sich jetzt zwei Partikularia, die als ein komplexes Partikulare begriffen werden müssen. Dafür gibt es zwei Möglichkeiten: ein Aspekt von P, eine Zeichenhandlung aus σ(ιP), stimmt mit einer Phase von Q, einer Teil-

handlung aus κ(ιQ), überein (im Beispiel: Auf-dem-Stuhl-aus-Holz-sitzen als ›Teilhandlung von Stuhl‹ ist zugleich die ›Zeichenhandlung für Holz‹ Auf-dem-Holz-des-Stuhls-sitzen), prädikativ artikuliert durch 'εP$_{ιQ}$' (im Beispiel: 'ist ein Holz dieses Stuhls' bzw. 'ist ein Rauchen dieses Menschen'), oder eine Phase von P, eine Teilhandlung aus κ(ιP), stimmt mit einem Aspekt von Q, einer Zeichenhandlung aus σ(ιQ) überein, ostensiv artikuliert durch 'δ(QP)' (im Beispiel: 'dieses stuhlförmige Holz' bzw. 'dieses ›menschliche‹ [zu einem Menschen gehörende] Rauchen'). — Anstelle von 'δP$_{ιQ}$ ε P$_{ιQ}$' schreiben wir 'ιQεP' und anstelle von 'δ(QP)ζ(QP)' entsprechend 'δPζιQ' (im Beispiel: unter einem Aspekt von Holz/Rauchen und in einer Phase von Stuhl/Mensch ist dieser Stuhl hölzern bzw. dieser Mensch rauchend; in einer Phase von Holz/Rauchen und unter einem Aspekt von Stuhl/Mensch gehört ein Vollzug des Umgehens-mit-Holz zu diesem Stuhl bzw. ein Vollzug des Umgehens-mit-Rauchen zu diesem Menschen). Anschaulich gesprochen wird mit der *Elementaraussage* 'ιQεP' ausgesagt, daß Vollzüge aus κ(ιQ) zugleich das Schema σP aktualisieren, d. h. δQεP, und κ(ιQ) ist *Träger des Universale* σP und damit der *Eigenschaft* σP; hingegen wird mit 'δPζιQ' angezeigt, daß Schemata aus σ(ιQ) zugleich das Ganze κP exemplifizieren, d. h. δPζQ, und σ(ιQ) ist *Erscheinung des Ganzen* κP und damit der *Substanz* κP. Etwas sorgfältiger geredet wird im ersten Fall dem κ(ιQ) *P-attribuiert*, das Partikulare auf der Seite der konkreten Ganzheit durch 'εP' als eine *P-Instanz* und *damit* als Träger einer Eigenschaft ausgesagt — deshalb in der Tradition die Charakterisierung der ›Beziehung‹ zwischen Eigenschaft σP und Substanz κ(ιQ) in wahren Elementaraussagen durch *Inhärenz*, derjenigen zwischen Substanz und Eigenschaft, also der konversen, durch *Subsistenz* (cf. z. B. Ziehen 1920, §§ 110 f) — im zweiten Fall hingegen wird σ(ιQ) *P-partitioniert*, das Partikulare auf der Seite der abstrakten Invarianten durch 'δP' als mit einem *P-Teil* ausgestattet und *damit* als Erscheinung einer Substanz angezeigt — deshalb in der Tradition die konkurrierende Charakterisierung der ›Beziehung‹ zwischen σ(ιQ) und κ(ιP) durch *Identität*, eine pars-pro-toto-Beziehung (cf. z. B. Henry 1972, 53 ff). Der mittelalterliche Streit zwischen einer Inhärenztheorie der Prädikation und einer Identitätstheorie der Prädikation (cf. Moody 1953; Pinborg 1972) findet so eine einsichtige Erklärung und zugleich seine Auflösung. — Das läßt sich noch besser sichtbar machen, indem die bisherige Darstellung der Partikularia ιQ aus Phasen — die Hülle ihrer Aktualisierungen ist $\kappa(\iota Q)$ — und Aspekten — der Kern ihrer Schemata ist $\sigma(\iota Q)$ —, die es möglich gemacht hat, eine ›innere‹ Phase durch Attribution einer Eigenschaft und einen ›äußeren‹ Aspekt durch Partition, Ausstattung mit einem Teil, und damit die ›Vereinigung‹ zweier Partikularia wiederzugeben, als explizite Konstruktion einer Transformation von Binnengliederung in Außengliederung und umgekehrt, eine *Involution*, aufgefaßt wird, bei der ein Teil eines Partikulare in eine seiner Eigenschaften und eine Eigenschaft in einen Teil von ihm umgewandelt werden (im Beispiel: eine ›Teilhandlung von Stuhl‹, eigentlich die verselbständigte pragmatische Seite eines Umgehens-mit-Stuhl, in eine ›Zeichenhandlung für Holz‹, eigentlich die verselbständigte semiotische Seite eines Umgehens-mit-Holz, und umgekehrt). Der Hintergrund einer Q-Situation kann stets als Eigenschaft des Q-Objekts im Vordergrund angesehen oder aber in den Vordergrund als Teil des Q-Objekts übernommen werden (zum Nachweis der Eineindeutigkeit dieser Transformation cf. Lorenz 1977 b). Schließlich kann die Anzeige ‘$\delta P \zeta \iota Q$’ aus Symmetriegründen — Vertauschung von Aspekt und Phase — auch prädikationsbezogen wiedergegeben werden durch ‘$\iota P \varepsilon Q$’ (im Beispiel: ‘dieses Holz ist stuhlförmig’ bzw. ‘dieses Rauchen ist ›menschlich‹ [zu einem Menschen gehörend]’) und entsprechend die Aussage ‘$\iota Q \varepsilon P$’ ostensionsbezogen durch ‘$\delta Q \zeta \iota P$’ (im Beispiel ‘dies [Umgehen mit] Stuhl gehört zu diesem Holz’ bzw. ‘dies [Umgehen mit] Mensch gehört zu diesem Rauchen’). Aber wir werden noch sehen, daß es unvernünftig wäre, auf diese Weise die Vordergrund-Hintergrund-Differenzierung wieder rückgängig zu machen, die Identifizierung von Objekten, zum Beispiel Menschen (vor variablem Hintergrund, z. B. Rauchen, Essen), bei gleichzeitiger Berücksichtigung ihres Wandels, zum Beispiel rauchend, essend (vor konstantem Hintergrund, z. B. einer Menschsituation), bliebe situationsgebunden und ließe sich nicht situationsinvariant machen.

Eigenschaft σP und Substanz κP sollen nun zusammengenommen die *Referenz* eines Artikulators ‘P’ bilden, wobei unter Eigenschaft die *intensionale Referenz* und unter Substanz die *extensionale Referenz* zu verstehen ist. In entsprechender Weise — und damit werden

auch diese terminologischen Vorschläge im Lichte des bisherigen Sprachgebrauchs, der an Freges nur einfach vorgenommener, aber für alle Sorten sprachlicher Ausdrücke durchgesetzten, Trennung von Sinn und Referenz (s. Art. 81) orientiert bleibt, besser verständlich — kann dann von der Referenz der Individuatoren ‘ιP’ gesprochen werden: $\kappa(\iota P)$ und damit das Partikulare als konkrete Ganzheit — aufgebaut ›von unten‹ — ist die extensionale Referenz, $\sigma(\iota P)$ hingegen und damit das Partikulare als abstrakte Invariante — aufgebaut ›von oben‹ — die intensionale Referenz. — Gottfried Wilhelm Leibniz (s. Art. 23) verfügt mit seiner Monadologie über beide Möglichkeiten, allerdings nicht miteinander verschränkt: eine einfache oder individuelle Substanz (das ist die ›Monade‹ $\sigma(\iota P)$ und nicht $\kappa(\iota P)$, ihr ›Körper‹!) ist ein ›vollständiges Seiendes‹ (Estre complet), das einen so ›vollständigen Begriff‹ (notion si accomplie) hat, „qu'elle soit suffisante à comprendre et à en faire déduire tous les prédicats du sujet à qui cette notion est attribuée“ (*Discours de Métaphysique*, § 8), eben die zu $\sigma(\iota P)$ gehörenden Aspekte des Partikulare; erst die Ersetzung des ›Phänomens‹ $\kappa(\iota P)$ durch sein ›Fundament‹ $\sigma(\iota P)$ an Subjetstelle verwandelt ein (empirisch) synthetisches Urteil in ein (rational) analytisches Urteil und begründet es damit nach Leibniz.

Der Übergang von ‘$\delta P_{\iota Q} \varepsilon P_{\iota Q}$’ zu ‘$\iota Q \varepsilon P$’, also die Einführung der (einstelligen) Elementaraussage, verdankt sich der Umkehrung und Präzisierung einer Idee von Hans Reichenbach (1947, § 48), die übliche ›Dingsprache‹ in eine ›Ereignissprache‹ dadurch zu übersetzen, daß alle prädikativen Anteile des Subjektterms einer einstelligen Elementaraussage in den Prädikatterm überführt werden. Reichenbach benutzt dafür einen ›Sternoperator‹ und verwandelt so, zum Beispiel, ‘dieser Mensch raucht’ in ‘dies ist Rauchen dieses Menschen’ beziehungsweise ‘dieser Stuhl ist hölzern’ in ‘dies ist Holz dieses Stuhls’, also $(\iota Q \varepsilon P)^* = P_{\iota Q}$. Jede Elementaraussage — und dann auch jede logisch zusammengesetzte Aussage (s. Art. 96, 3.) — kann auf diese Weise auf einen (komplexen) Artikulator zurückgeführt werden, der als Adressat all jener semantischen Erörterungen aufzufassen ist, die bisher unter dem Titel ‘Satzsemantik’ den Aussagen gegolten haben. Aussagen gehören wieder ganz ins Gebiet einer Untersuchung von Zeichen*gebrauch* und nicht von Zeichen*bedeutung*; sie sind zusammen mit ihren Modi der Gegenstand einer Sprachpragmatik, und nur die Artikulatoren lassen sich sowohl hinsichtlich ihrer kommunikativen als auch ihrer signifikativen Funktion untersuchen. Gleichwohl werden auch weiterhin signifikationsbezogene Erörterungen zu komplexen Artikulatoren schon deshalb nicht unabhängig von kommunikationsbezogenen ablaufen können, weil im Prozeß selbst der Zusammensetzung die auf die signifikative Funktion bezogene Komposition nur unter Bezug auf die kommunikative Funktion bestimmbar ist, wie es in den Fällen 'P$_\iota$Q' und 'QP' deutlich geworden ist. — Die oberflächengrammatische Realisierung beider Zusammensetzungen ist natürlich vom grammatischen Repertoire natürlicher Sprach(famili)en abhängig; sie erfolgt in indoeuropäischen Sprachen im Fall 'P$_\iota$Q' durch eine Possessivkonstruktion, die *Relativierung* von 'P' etwa zu 'P von', einem zweistelligen Artikulator (von P-Objekten in Q-Situationen), und anschließende Einsetzung eines Q-Individuators 'ιQ' an der zweiten Stelle. Dabei muß man sich klar machen, daß bei dem Übergang von 'P' zu 'P von ιQ' die Artikulationsfunktion von 'P' *restringiert* wird, nämlich von der Artikulation von P-Objekten schlechthin auf P-Objekte in Q-Situationen: der ursprünglich zu P gehörende Q-Anteil ist in 'P von ιQ' aus P ausgegliedert worden. Im übrigen dient diese grammatische Konstruktion selbstverständlich auch noch anderen Zwecken, zum Beispiel dort, wo sich 'P' von Haus aus einer Variablenbindung in 'P von' verdankt (z. B. 'Holz dieses Stuhls' vs. 'Vater dieses Menschen'), mit 'P' daher nicht P-Objekte artikuliert, sondern bereits artikulierte Objekte *klassifiziert* werden; die Unterscheidung von P-Instanzen aufgrund einer P-Attribution und aufgrund einer P-Klassifikation geht auf die weiter unten behandelte (s. 3.3.) Unterscheidung apprädikativer und eigenprädikativer Verwendung von Prädikatoren zurück. — Der hier eingeschlagene Weg einer systematisch-genetischen Rekonstruktion von Sprache bis zu den elementaren Sprachhandlungen Artikulation und Prädikation — und darin ist er der Sprachauffassung von, zum Beispiel, Aristoteles und Leibniz verwandt — verläuft zwischen zwei nur formal möglichen Extremen, die sich wie folgt charakterisieren lassen: (a) bei sämtlichen Artikulatoren 'P' einschließlich ihrer Zusammensetzungen bleibt die Artikulation der Objekte auf ihren semiotischen Anteil beschränkt, es werden ausschließlich P-Attribute von der ›Welt im Ganzen‹ κ ausgesagt — es gibt nur eine ›Substanz‹ mit internen

Eigenschaften, die Position zum Beispiel von Spinoza, (b) sämtliche Artikulatoren 'P' werden auf den Artikulator 'Gegenstand' zur Artikulation des ›Universalschemas‹ σ (in der Tradition die oberste Gattung ›Sein‹ mit ihren Einheiten ›Seiendes‹) zurückgeführt, von dessen ›einfachen‹ Einheiten sich nur noch ihre relationale Struktur, etwa ihre ›Konfiguration‹, aussagen läßt — es gibt viele ›Substanzen‹ mit externen Beziehungen, im Grundsatz die Position des logischen Atomismus, zum Beispiel bei Bertrand Russell während der Diskussionen mit dem jungen Wittgenstein (cf. Russell 1918). Interne und externe Strukturierung, radikalisiert entweder durch Beschränkung auf Vordergrund oder durch Verzicht auf jede Binnenstruktur des Vordergrunds, sollten jedoch nicht einander konkurrierend sondern einander ergänzend verstanden werden.

Die oberflächengrammatische Realisierung der Zusammensetzung 'PQ', einer *Spezialisierung* von 'Q', erfolgt durch Modifikation mithilfe eines attributiv hinzugefügten 'P' und verdankt sich der Überführung des Prädikatterms einer einstelligen Elementaraussage 'ιQεP' in den Subjektterm, diesen dabei näher bestimmend. — Sowohl Relativierung als auch Spezialisierung lassen sich iterieren: 'Rauchen dieses Menschen dieser Stadt' beziehungsweise 'Pfeife rauchender Mensch' etc. Deshalb ist es, systematisch gesehen, also innerhalb einer ›logischen‹ Grammatik, unsinnig, obgleich praktisch, für empirische Grammatiken oder auch nur Grammatikformen natürlicher Sprachen, durchführbar, vorab durch Einführung genügend vieler Variablen zu jedem Artikulator die Anzahl der in Anwendungen nötig werdenden Relativierungsschritte festlegen zu wollen. Aber auch in empirischen Grammatiktheorien wäre es im Lichte des hier vorgetragenen Aufbaus angemessener, Dingartikulatoren von vornherein mit mindestens einer freien Variablen für Handlungen des Umgehens mit Dingen auszustatten — Dingartikulatoren sind ja nichts anderes als eben solche Formen —, statt regelmäßig für Handlungsartikulatoren bereits Variable für Handlungsobjekte vorzusehen (cf. z. B. Rescher 1967).

Wir waren ausgegangen von der Äußerung 'P' in einer Q-Situation und hatten bisher allein die besprochene Situation, also die des Sprechers, erörtert, in der sich der Hörer *nicht* befindet, von der wir aber sagen wollen, daß er sie, wie der Sprecher natürlich auch, weil nach Voraussetzung über die Artikulationen mit 'P' und 'Q' und damit auch über die komplexe Artikulation mit 'P$_{\iota Q}$' verfügend, ›sich vorstellen‹ kann. Es soll sinnvoll sein zu sagen, daß auch der Hörer ›weiß, wovon die Rede ist‹. Wie läßt sich diese Redeweise einlösen? An dieser Stelle hilft es weiter, wenn man sich vergegenwärtigt, daß der Artikulator 'P' als symbolischer Artikulator die Vertretung beliebiger Zeichenhandlungen, gegebenenfalls unter Einschluß seiner selbst, also von Aspekten in bezug auf P und auch von Schemata von Teilhandlungen von P übernimmt. Mit der Äußerung von 'P' in einer Q-Situation werden mindestens eine Zeichenhandlung bezüglich P durch den Sprecher vollzogen und mindestens eine Zeichenhandlung bezüglich P, aber nicht unbedingt dieselben, vom Hörer verstanden (z. B. vollzieht der Sprecher mit 'P' zugleich Hinsehen-auf-das-Rauchen in der Menschsituation, der Hörer aber versteht neben dem Schema 'P' nur noch Rauchen-skizzieren in derselben Menschsituation). Das Verfügen über die schematische Seite oder ›Schemaverstehen‹ eines Aspekts (oder auch eines Phasenschemas) von einem Objekt soll das *Sich-vorstellen des Objekts in einer Situation unter einer Perspektive* heißen; dem steht mit der Aktualisierung eines Aspekts (oder auch eines Phasenschemas) das *Präsentieren des Objekts in einer Situation unter einer Perspektive* gegenüber. Für Sprecher und Hörer braucht beides nicht zusammenzupassen. Die Äußerung 'P' in einer Q-Situation tritt dem Hörer gegenüber, also in ihrer kommunikativen Funktion, als ein durch den Modus der Äußerung ausgedrückter *Anspruch* auf, die Übereinstimmung von Sprechsituation und besprochener Situation erzeugen zu können. Im Modus der Kommunikation findet sich auf der Ebene sprachlichen Handelns die ursprünglich auf der Handlungsebene entwickelte Aufgabe wieder, die für die Bestimmung von P$_{\iota Q}$ erforderliche Phasengliederung (erneut) vorzunehmen, ganz entsprechend der in der Gegebenheitsweise der Ostension δP$_{\iota Q}$ auf der Ebene sprachlichen Handelns wiederkehrenden Erfahrung, die sich ursprünglich in der Aspektegliederung von P$_{\iota Q}$ auf der Zeichenebene niedergeschlagen hat. — Der Forderung nach ontologischer Bestimmung der Objekte wird durch die Phasengliederung entsprochen, derjenigen nach ihrer epistemologischen Bestimmung durch ihre Aspektegliederung. In den Gegebenheitsweisen einer Ostension zeigt sich (auf der Metastufe) die Aneignung der objektivierten Aspekte, sie (und damit die

Gegebenheitsweise) wird in *Perzeptionen* — soweit es Wahrnehmungsaspekte betrifft sind das die *Wahrnehmungsurteile* der Tradition — auf der kommunikativen Seite artikuliert; mit den Modi einer Prädikation hingegen wird die Distanzierung der symbolisierten Phasen (auf der Metastufe) ausgesagt, sie (und damit der Modus) ist durch *Performatoren* — darunter die in der Sprechakttheorie geläufigen (s. Art. 95) — auf der signifikativen Ebene artikuliert.

Der Modus entscheidet über die Art der Einlösung des Anspruchs auf übereinstimmende Situationsgliederung. Der Grenzfall, daß mit der Äußerung 'P' in einer Q-Situation allein schon 'P$_{\iota Q}$' als vom Sprecher vollzogene und vom Hörer verstandene Zeichenhandlung auftritt, unter dieser Perspektive also Sprechsituation und besprochene Situation übereinstimmen — nichts anderes besagt die gemeinsame Verfügbarkeit der komplexen Artikulation mit 'P$_{\iota Q}$' — ist als *Verständlichkeit* der Äußerung 'P' in der Q-Situation und damit als Verständlichkeit der geäußerten Aussage 'ιQεP' ein in jedem Modus enthaltener und mit der Äußerung unter der genannten Voraussetzung bereits eingelöster Anspruch. — Übereinstimmende Situationsgliederung und damit *Anerkennung der Aussage 'ιQεP in bezug auf ihren Modus* kann im übrigen nur so erreicht werden, daß man nach Regeln, die den jeweiligen Modus charakterisieren, solche Perspektiven sucht, unter denen Vorstellung und Präsentation einander entsprechen. Im wichtigen Modus des Behauptens, der zur Modusart des Mitteilens gehört, bedeutet Anerkennung die *Wahrheit* der Aussage. In diesem Fall muß Übereinstimmung unter Perspektiven aller vier Sorten: Hervorbringung, Vermittlung, Artikulation und Wahrnehmung, gelingen. Anschaulich gesprochen geschieht das, indem mit einer Variation der Q-Situation die Phasengliederung von ιQ — die Präsentation — und mit der dadurch hervorgerufenen Variation der P-Situation auch die Aspektegliederung von P ('ιP darf hier nicht stehen, das P-Objekt ist abhängig von ιQ bestimmt!) — die Vorstellung — soweit einander angeglichen werden, daß ein P$_{\iota Q}$-Objekt pars-pro-toto die Aussage 'ιQεP' wahr macht. — Für andere Modi hingegen, zum Beispiel den Modus des Erzählens, der ebenfalls zur Modusart Mitteilen gehört, genügt Übereinstimmung allein unter semiotischen Perspektiven, also Artikulationen und (wohl nicht für alle Erzählarten erforderlichen) Wahrnehmungen. Hierbei geht es nicht um Wahrheit sondern um Authentizität. Jeder Geltungsanspruch läßt sich nur unter Bezug auf einen Modus erheben. Daher macht es auch keinen Sinn, von der Wahrheit von Aussagen unabhängig vom Behauptungsmodus ihrer Äußerung zu reden. Der sich aus dem hier vorgetragenen Aufbau ergebende Wahrheitsbegriff ist ein pragmatischer und kein semantischer: „Die Form des Behauptungssatzes ist also eigentlich das, womit wir die Wahrheit aussagen, und wir bedürfen dazu des Wortes ‘wahr’ nicht" (Frege 1969, 139; cf. Lorenz 1980, 9 f; s. Art. 69). Die besondere Bedeutung der Behauptungen ergibt sich aus den Regeln zur Einlösung des mit ihnen erhobenen Wahrheitsanspruchs: es wird Übereinstimmung von Sprechsituation und besprochener Situation unter allen vier Sorten Perspektiven verlangt. Auf der einen Seite gewinnen wir eine gemeinsame Welt aufgrund einer in begrenztem Umfang übereinstimmenden Sprache: ›Objektivität‹ ist ein Ergebnis symbolischer Artikulation; auf der anderen Seite wird die Verwendbarkeit sprachlicher Äußerungen durch die in begrenztem Umfang tradierbare Dauerhaftigkeit der Gegenstandstypen garantiert: ›Stabilität‹ ist ein Ergebnis komprehensiver Vermittlung.

Der Abb. 77.3 läßt sich entnehmen, daß es zu der für den letzten Abschnitt vorgesehenen Untersuchung der Elementaraussagen gehört, noch zwei weitere, auf Formbildung beruhende Abstraktionsprozesse zu behandeln, die es erlauben, zum einen Eigenschaften zu Begriffen zusammenzufassen und zum anderen Substanzen in Elemente einer Klasse zu zerlegen. Erst dann werden wir die systematisch-genetische Rekonstruktion bis zu derjenigen Stufe wenigstens grundsätzlich vorangetrieben haben, auf der die gegenwärtig verbreiteten mengentheoretischen und mereologischen Modellbildungen einsetzen (s. Art. 76).

3.3. Die Elementaraussage:
Prädikatoren und Nominatoren

Die Elementaraussagen ‘ιQεP’ und ‘ιPεQ’, die wir als zwei mögliche prädikative Darstellungen einer P-Artikulation in einer Q-Situation erhalten haben, ‘ιQεP’ aus ‘δP$_{ιQ}$εP$_{ιQ}$’ und ‘ιPεQ’ aus ‘δ(QP)ζ(QP)’, und die sich im ersten Fall dem ›Zusammenpassen‹ von σ(ιP) und κ(ιQ) (eine ›Zeichenhandlung für Holz‹ ist zugleich eine ›Teilhandlung von Stuhl‹) und im zweiten Fall dem ›Zusammenpassen‹ von σ(ιQ) und κ(ιP) (eine ›Zeichenhandlung für Stuhl‹ ist zugleich eine ›Teilhandlung

Holz‹) verdanken — sie gehen durch Involution auseinander hervor und können daher auch als prädikative Darstellung einer Q-Artikulation in einer P-Situation aufgefaßt werden — erlauben zwar jetzt die Redeweise ‘die Eigenschaft σP wird von κ(ιQ) ausgesagt’ oder ‘κ(ιQ) ist eine P-Instanz’ beziehungsweise ‘die Substanz κP wird an σ(ιQ) angezeigt’ oder ‘σ(ιQ) hat einen P-Teil’, aber noch immer sind situationsunabhängige Identifizierungen der Partikularia, also Identitätsaussagen auf der Basis der Individuatoren allein nicht möglich. Die jetzt auch artikulierten Perspektiven der Partikularia, seien sie Aspekte oder Phasen, müssen eingesetzt werden, um Partikularia entweder durch Eigenschaften oder durch Teile zu charakterisieren. Als Kandidaten können dabei die *wesentlichen* Eigenschaften beziehungsweise Substanzen von Q-Partikularia, die sich dadurch auszeichnen lassen, daß sie an *allen* Q-Partikularia auftreten, als ungeeignet ausgeschieden werden, es sei denn, man möchte sie als Charakteristika des Grenzfalls ›Gesamt-Q‹, bestehend aus seinen zwei Seiten, der einheitlichen Substanz κQ aller Q-Partikularia und der universellen Eigenschaft σQ aller Q-Partikularia, auffassen (im Falle von ‘Wasser’ für ‘Q’, z. B., wäre κQ das konkrete Ganze allen Wassers und σQ das abstrakte Wasserschema; cf. die Behandlung von ›mass-terms‹ als ›singular terms‹ bei Quine 1960, § 19). — Alle übrigen Artikulatoren für Aspekte beziehungsweise Phasen von Q charakterisieren je nach Auswahl die ›Feinheit‹ der Q-Individuation in Partikularia als Einheiten aus Invarianten und Ganzheiten (zu spezielleren Problemen der Individuation s. Art. 83). Die üblichen Verfahren sind entweder Kennzeichnung der Invarianten oder kennzeichnende Teile der Ganzheiten (cf. Lorenz 1977 b; s. Art. 78).

Genau genommen ist Substanz eine ›Form‹ — κP wird durch Handlungsvollzüge δP an Partikularia ιQ angezeigt, ist also die streng pragmatische Fassung einer traditionellen ›Anschauungsform‹, eben der ›Anzeigeform‹ ‘κPx’ mit einer Variablen x für Partikularia ιQ — und das P-Teil von ιQ ist eine ihrer Realisierungen, nämlich ein Element einer durch Individuation aus der Substanz hervorgegangenen *Klasse* εP: κ(ιQP) als ein Element von εP *partizipiert* an ιQ (‘dies stuhlförmige Holz’, nämlich ein Holz mit ›aufgeprägter‹ Stuhlform — die Q-Attribution aus ‘ιPεQ’ ist in ›attributive‹ Stellung von ‘Q’ relativ zu ‘P’ verwandelt, der Fall der Spezia-

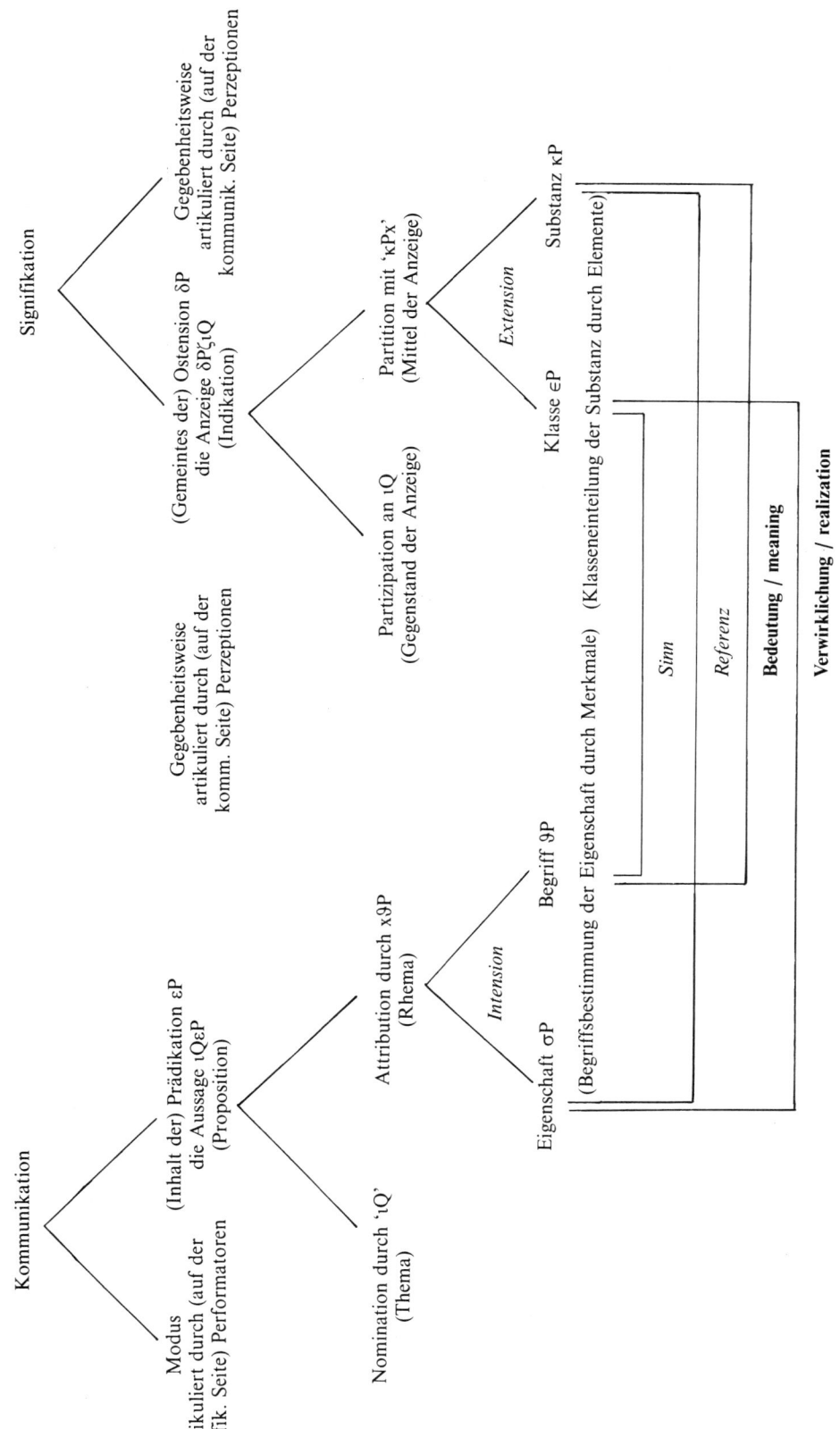

Abb. 77.3

lisierung von 'P' —, ist ein Element der Klasse von ›Holzstücken‹, die als Teile beliebiger ιQ auftreten). — Ersichtlich können Substanzen auf viele Weisen als Klassen von (nicht notwendig disjunkten!) Einheiten auftreten, und in natürlichen Sprachen, den verschiedenen, durch Fachsprachen aufgrund besonderer Handlungskompetenzen angereicherten Umgangssprachen, werden auch verschiedene Normierungen nebeneinander auftreten, z. B. Wasser als Klasse der Wassermoleküle neben Wasser als Klasse von Einheiten, die jeweils durch die Situationen, in denen Wasser auftritt, bestimmt sind.

Auf der anderen Seite nun ist es wichtig, sich zu vergegenwärtigen, daß im Aussagen einer Eigenschaft σP von ιQ natürlich ein Aspekt von P als Gegebenheitsweise von ιQ identifiziert wird — wenn etwa von der Eigenschaft Hölzernsein geredet wird, so vertritt 'hölzern' eine Tonqualität beim Draufschlagen auf Holz und ein Durchsägenkönnen und eine Maserung und andere ›sinnliche‹ Aspekte von Holz, mithin ist mit ›hölzern‹ die Eigenschaft nur *intersensuell* charakterisiert, und statt 'hölzern' könnte ebensogut 'durchsägbar', 'gemasert' oder Ähnliches stehen, d. h. Artikulatoren, die ihrerseits eine intersensuelle Rolle spielen —, es daher einer ›begrifflichen‹ Zusammenfassung aller von 'P' vertretenen Eigenschaften bedarf, die jeweils an einem ιQ auftreten können. Die P-Attribution erfüllt die als *Begriff* 9P auftretende ›Aussageform‹ 'x9P', und die in 'ιQεP' von ιQ ausgesagten Eigenschaften realisieren die *Merkmale* des Begriffs 9P, also die ›Teilbegriffe‹: κ(ιQ) fällt unter den Begriff 9P, ein *interinguales* Abstraktum, realisiert durch die in seinen Merkmalen begrifflich gefaßten Eigenschaften. Das macht deutlich, daß es nur eine einzige begriffliche Charakterisierung von Eigenschaften σP geben kann, diejenige nämlich, deren Merkmale von den wesentlichen Eigenschaften von P-Partikularia realisiert werden. — Die Anzeigeform ist als Substanz ein Konkretum, die Aussageform als Begriff — hier liegt die semiotische Fassung der traditionellen ›Denkformen‹ vor — ein Abstraktum; ihre Realisierungen durch Elemente einer Einheitengliederung der Substanz bildenden Klasse — zweckmäßigerweise ebenfalls als *Exemplifikation eines Konkretums* bezeichnet — beziehungsweise durch Eigenschaften, die den Merkmalen des Begriffs gehorchen — hier sollte man von der *Repräsentation eines Abstraktums* reden —, führen zu speziellen Fassungen der schon früher (s.

2.2.) erläuterten beiden internen Relationen der, durch Partition ermöglichten, Partizipation und der, durch Attribution ermöglichten, Bezeichnung, diese jetzt unter dem Titel 'Nomination' weitergeführt. Damit ist auch der Anschluß an die seit Frege geläufige Redeweise, nach der Begriffe, unter die ein Gegenstand fällt, als dessen Eigenschaften bezeichnen werden (cf. Frege 1967a, 175), bis auf die Differenz der logischen Stufe von 'Begriff' und 'Eigenschaft' erreicht worden.

Klasse εP und Begriff 9P zusammengenommen sollen nun wegen ihres prädikativen und damit ›ungesättigten‹ Charakters den *Sinn* eines Artikulators 'P' bilden, und zwar eine Klasse den *extensionalen Sinn* und der Begriff den *intensionalen Sinn*. Daraus folgt, daß für die P-Partikularia — sie sind sowohl P-Instanzen als auch P-Elemente — der Begriff 9P dazu verwendet wird, um Eigenschaften σP aussagen zu können, und auf die Anzeige der Substanz κP zurückgegriffen werden muß, um eine Klasse εP zu bilden. Intensional ist der Sinn für die Referenzbestimmung erforderlich — wir befinden uns in der Bewegung vom Zeichen, einer ›mentalen Größe‹, zum Zeichen bezüglich Gegenstand (›Aussagenmachen‹) —, extensional bedarf es der Referenz, um einen Sinn zu bekommen — hier liegt die umgekehrte Bewegung vom Gegenstand, einer ›corporalen Größe‹, zum Gegenstand mit Zeichen vor (›Namengebung‹) — zwei Bewegungen, die, wie der gesamte Aufbau zeigt, nicht unabhängig voneinander vollzogen werden können.

Als *Bedeutung [meaning]* eines Artikulators 'P' sollen jetzt Anzeigeform und Aussageform zusammen, Substanz κP und Begriff 9P, angesehen werden; ihr gegenüber steht, mit einer Eigenschaft σP und einer Klasse εP zusammen, die *Verwirklichung [realization]* eines Artikulators 'P' (s. Abb. 77.3). — Werden, wie bisher üblich, einerseits intensionale Referenz und intensionaler Sinn als Intension (oder Sinn) und andererseits extensionale Referenz und extensionaler Sinn als Extension (oder Referenz) jeweils miteinander identifiziert, und auf diese Weise die ontologischen (und deshalb referenzbezogenen) Begriffsbildungen 'Eigenschaft-Substanz' von den epistemologischen (und deshalb sinnbezogenen) Begriffsbildungen 'Begriff-Klasse' nicht unterschieden, so besteht die ständige, in den sprachphilosophischen Diskussionen nahezu jeder Thematik bis heute virulente Gefahr entweder eines Lingualismus (oder Mentalismus), wenn Eigenschaften als Begriffsbildungen aufgefaßt und in ihrem Gefolge die Identität zwischen Gegenständen durch Coextensionalität von Begriffen erklärt, oder eines Ontologismus (oder Naturalismus), wenn die Einteilung einer Substanz in Einheiten für mitgegeben gehalten werden. − Zum ›Handlungsanteil‹ einer Artikulation, wiedergegeben mithilfe des Demonstrators 'δ', in signifikativer Funktion als 'δP', oder des Exemplifikators 'ξ', in kommunikativer Funktion als 'ξP', gehören ›Denkanteile‹ stets in zweierlei Gestalt, der Gestalt eines begrifflichen, Merkmale von ϑP repräsentierenden Denkanteils σ in Prädikationen (korrespondierend zu 'δP' als Zeichen einer sinnlichen Aktualisierung), und der Gestalt eines sinnlichen, in Elementen von $\in$P exemplifizierten Denkanteils κ in Ostensionen (korrespondierend zu 'ξP' als begrifflichem Zeichen für das Vollziehen einer Aktualisierung). Und wenn die P-Artikulation in einer Q-Situation auftritt, spielen sich diese Differenzierungen, wie dargestellt, an einem Q-Objekt ab. Das ist die Ausgangsposition für die übliche Behandlung der Prädikation. In einer (einstelligen) Elementaraussage wird von einem Q-Objekt, benannt durch einen *Nominator* 'n' − bisher eine deiktische Kennzeichnung 'ιQ', die aber durch hinreichende Spezialisierung von 'Q', in eine bestimmte Kennzeichnung 'ιRQ' umgeformt werden kann (die besonderen Probleme bei Eigennamen als Nominatoren, insbesondere im Zusammenhang der heftigen Debatte zwischen den ›Kausaltheoretikern‹ und den ›Kennzeichnungstheoretikern‹, können hier nicht einbezogen werden, cf. für die Verbindung dieser Debatte mit der Prädikationstheorie z. B. die beiden Sammelbände: French/Uehling/Wettstein 1989; *Grazer Philosophische Studien* 25/26, 1985/86) − durch '$\in$P' eine Eigenschaft σP ausgesagt, indem n der (einstellige) *Prädikator* 'P' zugesprochen wird: n$\in$P. Hier ist ein Gegenstandsbereich Q mit Einheiten ιQ als Prädikationsbereich für 'P' zugrundegelegt, der in dem Sinne ›hinreichend groß‹ bezüglich 'P' sein soll, daß für mindestens ein ιQ die Aussage 'ιQ$\in$P' im Modus der Behauptung wahr (und im übrigen verständlich) ist. − In 'n$\in$P' mit einem Q-Objekt n ist n eine P-Instanz, und dabei kann n zugleich als mit einem P-Teil ausgestattet begriffen werden. Insofern ιP dabei, außer im Fall P = Q, ein echter Teil ist, wird 'P' zwar von ιQ im Ganzen prädiziert, aber gleichwohl ist ιQ keines der P-Objekte. Wir wollen daher sagen, daß in der Aussage 'ιQ$\in$P' der Prädikator 'P' *apprädikativ* verwendet wird. Dem-

gegenüber tritt 'P' in einer Aussage 'ιP$\in$P' an der prädikativen Stelle *eigenprädikativ* auf, ebenso in Aussagen 'ιQP$\in$P', weil auch ιQP zu den P-Einheiten ιP gehört und damit ein *P-Beispiel* ist. Da 'ιQP$\in$P' aufgrund der bisherigen Konstruktionen gleichwertig ist mit 'ιP$\in$QP', wird hier auch 'QP', im Unterschied zum apprädikativ verwendeten 'Q', eigenprädikativ verwendet. Wir wollen sagen, daß 'QP' als *Klassifikator* auf dem Bereich der P-Objekte auftritt und diesen in QP-Beispiele und QP-Gegenbeispiele einteilt (bei Strawson treten die Substanzen κP als ›feature-universals‹ und die Substanzen κ(QP) bezüglich einer Klasse $\in$P als ›sortal universals‹ mit den Eigenschaften σQ dabei als ›characterizing universals‹ auf; cf. 1959, 202; 168). Der für die Spezialisierung von 'P' verwendete *Modifikator* 'Q' ist der für die Klassifikation herangezogene, einer Unterscheidung dienende, Gesichtspunkt. Wenn daher von Prädikatoren gesagt wird, daß sie relativ zu ihrem Prädikationsbereich der *Unterscheidung* dienen, statt wie Nominatoren der *Benennung* (cf. z. B. Kamlah/Lorenzen 1967), so sind die Prädikatoren grundsätzlich als Klassifikatoren, also eigenprädikativ verwendet, zu verstehen. In Aussagen 'ιQ$\in$P' ist stets erst der Übergang von 'P' zu 'PQ' auszuführen, damit man sagen kann, daß im Bereich der Q-Objekte mit 'PQ' eine Unterscheidung getroffen und damit eine Klassifikation vorgenommen worden ist. An diese Stelle gehört die vertraute Redeweise, daß Prädikatoren durch Beispiele und Gegenbeispiele ›exemplarisch bestimmt‹ [ostensively defined] werden können, zumal sich Artikulatoren durchaus auch erst auf dieser Stufe, also klassifikatorisch, auf schon verfügbaren Objektbereichen und damit ›unselbständig‹ einführen lassen (cf. Kamlah/Lorenzen 1967, 29). In ihnen drückt sich *Metakompetenz* (knowledge by description), ein Beschreibenkönnen von schon auf andere Weise artikulierten Objektbereichen, aus, im Unterschied zu der mit der eigenständigen Artikulation von Objekten, dem sie Konstituierenkönnen, einhergehenden *Objektkompetenz* (knowledge by acquaintance) (cf. Lorenz 1986 b). − In einer Prädikation ist bei einer Attribution ebenso wie bei einer Klassifikation eine Nomination unterstellt, die aufgrund der Prädikation − durch Überführung des apprädikativ verwendeten Prädikators (bei einem Klassifikator ist er erst als Modifikator ›herauszuziehen‹) in attributive Stellung bezüglich des zur Nomination verwendeten Artikulators − in eine bestimmtere Nomination umgewandelt werden kann: 'dieser Stuhl ist hölzern' in 'dieser hölzerne Stuhl ist ...'; umgekehrt wird bei einer Nomination in einer Prädikation eine Attribution oder Klassifikation, das *Rhema* (le conçu) offengehalten, während eine andere Attribution, das *Thema* (le saisi), dabei bereits als vollzogen unterstellt oder ›präsupponiert‹ ist: mit 'dieser Holzstuhl ...' ist 'dieser Stuhl ist aus Holz' präsupponiert (s. Art. 97).

Der letzte Schritt zu einer Vergegenständlichung auch der internen Relationen der Exemplifikation eines Konkretums und der Repräsentation eines Abstraktums ist jetzt vorbereitet. Die Exemplifikation wird externalisiert, indem die Partition durch die Teil-Ganzes-Relation ' $<$ ' ihrerseits artikuliert wird, also ' $\iota P < \iota Q$ ' anstelle von ' κP ist durch ' δP ' an ιQ angezeigt', und die Repräsentation wird gleich zweifach, der eigenprädikativen und der apprädikativen Verwendung von Prädikatoren entsprechend, externalisiert, indem entweder die Klassifikation durch die Element-Klasse-Relation ' ϵ ' oder die Attribution durch die Instanz-Begriff-Relation ' ϑ ' artikuliert wird, also ' $\iota Q \epsilon \ \epsilon P$ ' beziehungsweise ' $\iota Q \vartheta \ \vartheta P$ ' anstelle von ' σP ist durch ' ϵP ' von ιQ ausgesagt'. Aufgrund der Involution zwischen Eigenschaften und Teilen eines Partikulare kann natürlich die Instanz-Begriff-Relation durch die Teil-Ganzes-Relation ersetzt werden; mit mereologischer und mengentheoretischer Beschreibung, wobei die Mereologie auch noch in die Mengenlehre einbettbar ist (cf. Goodman/Leonard 1940), läßt sich nach hinreichend vielen Distanzierungsschritten der hier vorliegende Aufbau durchaus ausdrücken. In allen drei Fällen wird die Externalisierung der betroffenen internen Relationen aber nur um den Preis einer Verlagerung des Attributors (der Kopula) beziehungsweise des Partitors auf die Metaebene bewerkstelligt, ablesbar an der Standardnotation: ' ιP , $\iota Q \ \epsilon <$ ', ' ιQ , $\epsilon P \ \epsilon \ \epsilon$ ' und ' ιQ , $\iota P \ \epsilon \ \vartheta$ ' beziehungsweise ihren ostensionsbezogenen Äquivalenten; eliminieren lassen sich die internen Relationen niemals.

Nun kann über die Externalisierung des Anzeigens durch ' $<$ ' und des Aussagens durch ' ϵ ' hinaus anstelle einer Einbettung der Mereologie in die Mengenlehre auch umgekehrt durch eine mereologische, nämlich ›termlogische‹ Fassung der Mengenlehre eine logische Stufen übergreifende Darstellung im Rahmen der Argument-Funktion-Terminologie gegeben werden — Freges Weg —, bei der unter Benutzung von Gleichungen ' $t(x) = y$ ' mit einer ›Objektform‹ ' $t(x)$ ' als Repräsentation einer Funktion sowohl die Element-Klasse-Relation als auch die Teil-Ganzes-Relation als Spezialfälle behandelt werden: $t_1\ (a, P) \leftrightharpoons a \epsilon P$ und $t_2\ (a, b) \leftrightharpoons a < b$. Aussagen und damit die Kopula treten nur noch ›ganz oben‹ in Gestalt von Gleichheitsaussagen auf; der systematische Aufbau ist einer größtmöglichen Einheitlichkeit, nämlich außer bei den Gleichheitsaussagen ausschließlich bezeichnungsorientierten Darstellung geopfert worden. Die grundlegende Rolle der Sprachhandlung Artikulation mit ihrer kommunikativen Funktion, inhaltlich in Prädikationen dargestellt, und ihrer signifikativen Funktion, inhaltlich in Ostensionen dargestellt, läßt sich aber selbst in diesem Gewand einer mathematischen Sprache nicht verleugnen. Es bleibt bei der alten Einsicht Platons im *Sophistes*, daß in einem λόγος ›eine Sache mit einer Handlung vereinigt‹ (συνθεὶς πρᾶγμα πράξει, *Soph.* 262 e 12) wird.

4. Literatur in Auswahl

Bogen/McGuire (Hg.) 1985, *How Things Are. Studies in Predication and the History of Philosophy and Science*.

Frege 1967 a, *Kleine Schriften*, Angelelli (Hg.).

Geach 1950, Subject and predicate, in *Mind* 59.

Hegselmann 1979, Klassische und konstruktive Theorie des Elementarsatzes, in *Zeitschrift für philosophische Forschung* 33.

Kamlah/Lorenzen 1967, *Logische Propädeutik*.

Körner 1959, *Conceptual Thinking*.

Lorenz 1970, *Elemente der Sprachkritik*.

Lorenz 1980, Sprachphilosophie, in *Lexikon der Germanistischen Linguistik*, Althaus/Henne/Wiegand (Hg.).

Quine 1960, *Word and Object*.

Schneider 1979, Ist die Prädikation eine Sprechhandlung? in *Konstruktionen versus Positionen* II, Lorenz (Hg.).

Searle 1969, *Speech Acts*.

Strawson 1974, *Subject and Predicate in Logic and Grammar*.

Weidemann 1989, Prädikation I, in *Historisches Wörterbuch der Philosophie* 7, Ritter/Gründer (Hg.).

Kuno Lorenz, Saarbrücken (Deutschland)

78. Reference: names, descriptions, and variables

1. Reference and information content

Language is primarily a medium of communication, particularly the communication of information. (Of course, language is more than just a device for communication). Declarative sentences are the primary vehicles for the communication of information. Declarative sentences have various semantic attributes. They have truth-value, either truth or falsehood. They have semantic *intensions*, i. e., correlated functions from possible worlds to truth-values, and so on. But the fundamental semantic role of a declarative sentence is to encode a piece of information. The term 'information' is used here in a broad sense to include misinformation and even pieces of information that may be neither true nor false. Throughout this article we shall be concerned with discrete units of information that are specifiable by means of a 'that'-clause, e. g., the information that Frege is ingenious. These discrete units are *pieces of information.* I use the mass noun 'information' as if it were shorthand for the count noun phrase 'piece of information', i. e., as a general term whose extension is the class of pieces of information. I use the verb 'encode' in such a way that an unambiguous declarative sentence encodes (with respect to a given possible context c) a *single* piece of information. This piece of information is referred to (with respect to c) by the result of prefixing 'the information that' to the sentence, and is to be called 'the information content' of the sentence (with respect to c). A declarative sentence may encode (with respect to a given context) two or more pieces of information, but if it does so, it is ambiguous. Pieces of information encoded by the proper logical consequences of an unambiguous sentence are not themselves encoded, in this sense, by the sentence. This

constitutes a departure from at least one standard usage, according to which the information content of a sentence is perhaps something like a class of pieces of information, closed under logical consequence. The fundamental semantic role of encoding information lies behind many of the other semantic and pragmatic characteristics of declarative sentences. For example, since declarative sentences encode information, they may be used not only to communicate information to others, but also to record information for possible future use, and perhaps even to register information with no anticipation of any future use. A declarative sentence may be said to *contain* the piece of information it encodes, and that piece of information may be described as the *information content* or *cognitive content* of the sentence. The piece of information encoded by a sentence is what philosophers generally mean when they speak of the ›proposition‹ expressed by the sentence. — Some of the central and most puzzling questions in the philosophy of language arise from these simple observations. To begin with, what is the nature of information, and what is the nature of the semantic connection between a declarative sentence and its information content? — A preliminary philosophical investigation reveals that pieces of information are ontologically complex; they have components. This is apparent from consideration of distinct pieces of information having components in common. The information that Gottlob Frege is ingenious has some component in common with the information that Gottlob Frege is ingenuous since both of these are directly about Frege, and some other component again in common with the information that Bertrand Russell is ingenious, since both of these directly ascribe ingenuity. These two components of the information that Frege is ingenious are separately semantically correlated with the two components that make up the sentence 'Gottlob Frege is ingenious' — the name 'Gottlob Frege' and the predicate 'is ingenious'. Together, these two information components exhaust the information encoded by the sentence. — Let us call the information component semantically correlated with an expression the *information value* of the expression. The information value of the name 'Frege' is that which the name contributes to the information encoded by such sentences as 'Frege is ingenious' and 'Frege is ingenuous', and similarly the information value of the predicate 'is ingenious' is that entity which the predicate contributes to the information encoded by such sentences as 'Frege is ingenious' and 'Russell is ingenious'. The systematic method by which it is secured which information is semantically encoded by which sentence is, very roughly, that a sentence semantically encodes that piece of information whose components are the information values of the sentence parts, with these information values combined in a manner parallel to that in which the sentence parts are themselves combined to form the sentence. The latter clause is needed in order to distinguish 'John loves Marsha' from 'Marsha loves John', where the sequential order of composition is crucial. This succinct statement of the rule connecting sentences and their information contents is only an approximation to the truth. A complicated difficulty arises in connection with the latter clause of the rule and with such quantificational locutions as 'someone' in 'Someone is ingenious'. Whereas grammatically 'someone' is combined with 'is ingenious' to form this sentence in just the same way that 'Frege' is combined with 'is ingenious' to form the sentence 'Frege is ingenious', the information values of 'someone' and 'is ingenious' are combined very differently from the way the information values of 'Frege' and 'is ingenious' are combined. A perhaps more important qualification to the general rule arises in connection with quotation marks and similar devices — since the information value of the numeral '7' is no part of the information content of the sentence 'The numeral '7' is a singular term'. Yet another important qualification concerns overlaid quantifiers (for details, see Salmon 1986, 143 ff). In order to analyze the information encoded by a sentence into its components, one simply decomposes the sentence into its information-valued parts, and the information values thereof are the components of the encoded information. In this way, declarative sentences not only encode, but also codify, information. — For simplicity of exposition we may suppose that the meaningful expressions that make up a language — for example English, or some rich fragment thereof — are of the following logical categories:

Singular terms, that is, expressions that, when used in a particular context, are to be taken as *referring* (with respect to such semantic parameters as an assignment of values to variables, a context of utterance, a possible world, or a time) to, i. e. as standing for, a single individual or thing. This category includes individual constants (including proper names, demonstratives, and certain other single-word indexicals and pronouns such as 'you', 'he', etc.) and individual variables. Usually regarded as singular terms are singular definite descriptions, i. e., singular noun phrases formed from the definite article 'the' or from a possessive adjective (such as 'the oldest living American', 'John's first wife', etc.). Also included may be abstract nouns (such as 'happiness') and 'that'-clauses (such as 'that all men are created equal'). The *extension* of a singular term (with respect to semantic parameters) is just its referent (with respect to those parameters).

(First-order) n-place predicates ($n > 0$), which *attach to* an n-ary sequence of singular terms to form a sentence. A *monadic* predicate is one-place, e. g., 'is ingenious'; a *dyadic* predicate is two-place, e. g., 'is more ingenious than'. A *polyadic* predicate is an n-place predicate where $n > 1$, e. g., '__ gives __ to __'. An n-place predicate *applies to*, or fails to apply to, an n-ary sequence of objects. Thus, the predicate 'is more ingenious than' applies to an ordered pair $\langle x, y \rangle$ if and only if x's ingenuity is greater than y's. The *extension* of a (typical) n-place predicate (with respect to semantic parameters) is the class of n-ary sequences to which the predicate applies (with respect to those parameters).

n-place sentential connectives ($n > 0$), which combine with an n-ary sequence of sentences to form a sentence, e. g., 'if and only if'. The *extension* of a truth-functional n-ary connective is an n-ary function from truth-values to truth-values.

(First-order) n-place quantifiers ($n > 0$), which attach to an n-ary sequence of (first-order) predicates (or to a pair consisting of a variable together with an n-ary sequence of open sentences) to form a sentence, e. g., 'some', 'something', 'for everyone', 'a man', 'there are three books which', etc. A quantifier may be *restricted*, e. g., 'some man', or *unrestricted*, e. g., 'something'. A monadic (one-place) quantifier of the form ⌜every φ⌝, ⌜each φ⌝, ⌜any φ⌝, etc. is *universal*, whereas ⌜a φ⌝, ⌜some φ⌝, ⌜at least one φ⌝, ⌜there is a φ which⌝, etc. are *existential*. Quantifiers may be regarded as *second-order predicates*, i. e., predicates attachable to (sequences of) first-

order predicates (or variable/sentence pairs) rather than to (sequences of) singular terms.

Other *operators*, which attach to (sequences of) singular terms, predicates, or sentences, to form singular terms, predicates, or sentences, e. g., 'necessarily', tense, and possibly adverbs. This category includes the *definite description operator*, i. e., the definite article 'the' in the sense of 'the one and only', which attaches to a monadic predicate (or to a variable together with an open or closed sentence) to form a singular term, and the 'that'-operator, which attaches to a sentence to form a singular term referring to the information content of the sentence.

Sentences. We consider here only *declarative sentences*, open or closed, where an *open* sentence is an expression of the grammatical form of a sentence but for the presence of a free variable, e. g., '*x* is ingenious'. Sentences are the encoders of information, and when used in a particular context, are to be taken as being either true or false (with respect to semantic parameters). The *extension* of a sentence (with respect to semantic parameters) is just its truth-value (with respect to those parameters).

The central philosophical questions concerning information content can now be articulated as follows: What is the information value of a singular term, such as 'Gottlob Frege'? What is the information value of a predicate, such as 'is ingenious'? What is the information value of a sentential connective? Similarly for the remaining categories. The present article is concerned primarily with the question of the information value of singular terms, particularly proper names, individual variables, and singular definite descriptions.

2. The naive theory

One natural and elegantly simple theory of information value identifies the information value of a singular term, as used in particular context, with its *referent* in that context, that is, the object or individual which the term refers to with respect to that context. Gilbert Ryle called this *the 'Fido'-Fido theory*. Elements of this theory can be traced to ancient times. Likewise, the information value of a predicate, as used in a particular context, might be identified with the semantically associated attribute with respect to that context (or something similar) — that is, with the corresponding property in the case of a monadic predicate, or the corresponding *n*-ary

relation in the case of an *n*-place predicate. Thus for example, the information value of the predicate 'is short' might be identified with the property of being short and the information value of the predicate 'is shorter than' might be identified with the binary relation of being shorter than. A sophisticated version of this theory identifies the information value of a predicate, as used on a particular occasion, with a corresponding temporally indexed (and spatially indexed, if necessary) attribute, for example the property of being short at *t*, where *t* is the time of the utterance. This yields a more plausible notion of information (for further details, see Salmon 1986, 24—43). On this theory, the information encoded by a simple atomic subject-predicate sentence such as 'Frege is ingenious', as used in a particular context, is what David Kaplan has called a *singular proposition* — a complex abstract entity consisting partly of things like properties, relations, and concepts, and partly of individuals, such as the man Frege. By contrast, a (*purely*) *general proposition* is made up entirely of the former sorts of entities (in a certain way). On this theory, a sentence is a means for referring to its information content, by specifying the components that make it up. A sentential connective may be construed on the model of a predicate. The information value of a connective would thus be an attribute (property if monadic, relation if polyadic) — not an attribute of individuals such as Frege, but an attribute of pieces of information, or propositions. For example, the information value of the connective 'if and only if' might be identified with the binary equivalence relation between propositions having the same truth-value. Similarly, the information value of a quantifier might be identified with a property of properties of individuals. For example, the information value of the unrestricted universal quantifier 'everything' may be the second-order property of being a universal first-order property, i. e., the property of being a property possessed by every individual. The information value of a sentence, as used in a particular context, is simply its information content, the proposition made up of the information values of the information-valued sentence components. — This may be called *the naive theory* of information value. Its central theses may be listed as follows:

(I) (Declarative) sentences encode pieces of information, called *propositions*. The proposition encoded by a sentence, with respect to a given context, is its *information content* with respect to that context.

(II) The information content, with respect to a given context, of a sentence is a complex, ordered entity (something like a sequence) whose constituents are semantically correlated systematically with expressions making up the sentence, typically the simple (noncompound) component expressions. Exceptions arise with quotation marks and similar devices.

(III) The information value (contribution to information content), with respect to a given context c, of any singular term is its referent with respect to c (and the time of c and the possible world of c).

(IV) Any expression may be thought of as *referring*, with respect to a given context, time, and possible world, to its information value with respect to that context (and time).

(V) The information value, with respect to a given context, of a first-order n-place predicate is an n-place attribute (a property if $n = 1$, an n-ary relation if $n > 1$) — ordinarily an attribute ascribed to the referents of the attached singular terms. Exceptions arise in connection with quotation marks and similar devices.

(VI) The information value, with respect to a given context, of an n-place sentential connective is an attribute, ordinarily of the sorts of things that serve as referents for the operand sentences.

(VII) The information value, with respect to a given context, of an n-place quantifier or second-order predicate is an n-ary attribute, ordinarily of the sorts of things that serve as the referents for the operand first-order predicates.

(VIII) The information value, with respect to a given context, of an operator other than a predicate, a connective, or a quantifier is an appropriate attribute (for sentence-forming operators), or operation (for other types of operators), ordinarily an attribute of or operation on the sorts of things that serve as referents for its appropriate operands.

(IX) The information value, with respect to a given context, of a sentence is its information content, the encoded proposition.

For all its naiveté, the naive theory is a powerful and extremely compelling theory. It is a natural result, perhaps *the* natural result, of a preliminary investigation into the nature and structure of information. Both of the two greatest figures in the philosophy of language, Gottlob Frege and Bertrand Russell, came to the subject with an initial presupposition of some rudimentary form of the naive theory. The theory yields a plausible rendering of the observation that the information that Frege is ingenious is information *about* or *concerning* Frege: the proposition is about Frege in the straightforward sense that Frege is an individual constituent of it. The naive theory gives substance to the oft-repeated slogan that to give (or to know, etc.) the semantic content or ›meaning‹ of a sentence or statement is to give (know, etc.) its truth conditions. Its notion of information content is exemplary of the kind of notion of proposition that is needed in connection with questions of so-called *de re* modality: If I utter the sentence 'Frege is ingenious', I assert something such that it is true if and only if the individual, Frege, has the property, ingenuity. Moreover, what I assert is such that it is true with respect to an arbitrary possible world w if and only if that same condition, the very individual Frege having ingenuity, obtains *in w*. It is not enough, for instance, that someone in w who resembles or represents the actual Frege in a certain way be ingenious in w, or that someone in w who fits a certain conceptual representation of the actual Frege be ingenious in w. It must be the very individual Frege. The naive theory also yields a straightforward notion of *de re* belief, and other *de re* propositional attitudes: to believe p is to believe the proposition p. So to believe *of* or *about* Frege that *he* is ingenious is to believe the proposition *of* or *about* Frege that *he* is ingenious, that is, the piece of information consisting of Frege and ingenuity. Perhaps the most important thing to be said for the naive theory is its cogency and intuitive appeal as a theory of assertion. When I utter 'Frege is ingenious', my speech act divides into two parts: I pick someone out, Frege, and I ascribe something to him, ingenuity (at t). These two component speech acts — reference and ascription — correspond to two components of *what I assert* when I assert that Frege is ingenious. My asserting that Frege is ingenious consists in my referring to Frege and my ascribing ingenuity (at t) to him; so too, that Frege is ingenious (at t), what I assert, consists of Frege, what I refer to, and ingenuity (at t), what I ascribe to him (s. art. 80).

3. The modified naive theory

The naive theory rests upon two central ideas. The first is the identification of the information value of a singular term with its referent, i. e., the 'Fido'-Fido theory. By analogy, the referent of a predicate, connective, quantifier, etc. is identified with its information value. The second major idea is that the information value of a sentence, as uttered on a particular occasion, is made up of the information values of its information-valued parts. Unfortunately, these two ideas come into conflict in special cases, specifically the case of definite descriptions. According to the naive theory, the information value of a definite description such as 'the individual who wrote *Begriffsschrift*' is simply its referent, Frege. Consequently, the information encoded by such a sentence as 'The individual who wrote *Begriffsschrift* is ingenious' is to be the singular proposition about Frege that he is ingenious. But the definite description is a phrase which, like a sentence, has parts with identifiable information values − for example the dyadic predicate 'wrote' and the singular term (work title) *'Begriffsschrift'*, as well as the monadic predicate 'wrote *Begriffsschrift*'. These information-valued components of the definite description are *ipso facto* information-valued components of the containing sentence. If the information value (= information content) of a sentence is made up of the information values of its information-valued parts, the information values of these description components must also go in to make up part of the information that the author of *Begriffsschrift* is ingenious. And if the information value of a sentence is something made up of the information values of its information-valued parts, it stands to reason that the information value of a definite description, which is like a sentence at least in having information-valued parts, should also be something made up of the information values of those parts. Thus, instead of identifying the information value of 'the individual who wrote *Begriffsschrift*' with its referent, one should look instead for some complex entity made up partly of something like the rela-

tional property of having written *Begriffsschrift* at some time earlier than t (which in turn is made up of the relation of *having written earlier than* t, and the work *Begriffsschrift*), where t is the time of utterance, and partly of whatever serves as the information value of the definite description operator 'the'. On this modified version of the naive theory, the information that the author of *Begriffsschrift* is ingenious is not the singular proposition about Frege that he is ingenious, but a different piece of information, one that does not have Frege as a component and has in his place something involving the property of authorship of *Begriffsschrift*. − One extremely important wrinkle in the modified naive theory is that a definite description ⌜the ɸ⌝, unlike other sorts of singular terms, is seen as having a two-tiered semantics. On the one hand, there is the description's referent. This is the individual to which the description's constitutive monadic predicate ɸ applies, if there is only one such individual, and is nothing otherwise. On the other hand, there is the description's information value. This is a complex made up, in part, of the information value of the predicate ɸ. By contrast, a proper name or other simple singular term is seen as having a one-tiered semantics: its information value (with respect to a particular context) is just its referent (with respect to that context). From the point of view of the modified naive theory, the original naive theory errs by treating definite descriptions on the model of a simple individual constant (proper name). Definite descriptions are not single words but phrases, and therefore have a richer semantic structure. − Given the modification of the naive theory considered thus far, any expression other than a simple singular term is, at least in principle, capable of having a two-tiered semantics. For example, though the information value of a sentence is its information content, sentences might be regarded as referring to their truth-values, or to facts, or to states of affairs, etc. An extremely compelling argument, due to Alonzo Church and independently to Kurt Gödel, however, seems to show that if a notion of reference is to be extended to expressions other than singular terms, then an expression of any variety is best regarded as referring to its semantic extension. From the following three assumptions a proof may be given that if an expression of any variety is a referring expression, then any two co-extensional such expressions are also co-referential:

(*i*) a definite description ⌜the ϕ⌝ refers to the unique individual to which the constitutive predicate (or open formula) ϕ applies, if there is exactly one such individual; (*ii*) trivially logically equivalent referring expressions are co-referential; and (*iii*) barring such devices as quotation marks, the referent of a compound referring expression is preserved when a component singular term is replaced by one that is co-referential with it. Since each of these assumptions represents a fundamental feature of singular term reference, any attempt to extend the notion of reference to other sorts of expressions ought to respect these assumptions (see Church 1956 b, 24 f; Salmon 1981, 48 – 52; 1986, 22 f). Thus, an *n*-ary predicate is best regarded as referring to the set of *n*-tuples to which it applies, a truth-functional sentential connective to its associated function from truth-values to truth-values, a quantifier or other second-order predicate to the class of classes of individuals to which it applies, a sentence to its truth-value, etc. – Accordingly, the central theses of the modified naive theory may be given as follows:

(I) (Declarative) sentences encode pieces of information, called *propositions*. The proposition encoded by a sentence, with respect to a given context, is its *information content* with respect to that context.

(II) The information content, with respect to a given context, of a sentence is a complex, ordered entity (something like a sequence) whose constituents are semantically correlated systematically with expressions making up the sentence, typically the simple (noncompound) component expressions. Exceptions arise in connection with quotation marks and similar devices.

(III′) The information value (contribution to information content), with respect to a given context *c*, of any simple singular term is its referent with respect to *c* (and the time of *c* and the world of *c*).

(IV′) Any expression may be thought of as *referring*, with respect to a given context, time, and possible world, to its extension with respect to that context, time, and possible world.

(V′) The information value, with respect to a given context *c*, of a simple first-order *n*-place predicate is an *n*-place attribute (a property if $n = 1$, an *n*-ary relation if $n > 1$) – ordinarily an attribute ascribed to the referents of the attached singular terms. Exceptions arise in connection with quotation marks and similar devices.

(VI′) The information value, with respect to a given context, of a simple *n*-place sentential connective is an attribute, ordinarily of the sorts of things that serve as referents for the operand sentences.

(VII′) The information value, with respect to a given context, of a simple *n*-place quantifier or second-order predicate is an *n*-ary attribute, ordinarily of the sorts of things that serve as referents for the operand first-order predicates.

(VIII′) The information value, with respect to a given context, of a simple operator other than a predicate, a connective, or a quantifier is an appropriate attribute (for sentence-forming operators), or operation (for other types of operators), ordinarily an attribute of or an operation on the sorts of things that serve as referents for its appropriate operands.

(IX′) The information value, with respect to a given context, of a typical compound expression, if any, is a complex, ordered entity (something like a sequence) whose constituents are semantically correlated systematically with expressions making up the compound expression, typically the simple (noncompound) component expressions. Exceptions arise in connection with quotation marks, and similar devices. A further exception arises in connection with compound predicates formed by abstraction. The information values of these are best regarded as something like attributes or Russellian propositional functions, rather than as complexes made from the information values of the parts. The information value, with respect to a given context, of a sentence is its information content, the encoded proposition.

Theses (IV′) and (V′) involve a significant departure from the original naive theory with regard to simple predicates, such as 'is a dog'. This is in addition to the departures in theses (III′) and (IX′) concerning definite descriptions. The naive theory identifies the information value of 'is a dog' with its referent, and both with the property of being a dog (at *t*). Instead, the modified naive theory casts the class of all dogs as the analogue in the case of 'is a dog' to reference in the case of singular terms, and reserves the property of being a dog for the separate role of information value. Thus the modified naive theory attributes a two-tiered semantics to simple predicates as well as to definite descriptions. The theory retains the principle that the information value of a complex expression is typically made up of the information values of its information-valued parts, but by attributing a two-tiered semantics to simple predicates, this involves abandoning the original naive-theoretical principle that the information value of a complex expression is made up of the referents of its simple components. The information value of the definite description 'the largest dog' involves the property of being a dog larger than any other, but this property, according to the modified naive theory, is not constructed from what 'is a dog' refers to, i.e., the class of Rover, Fido, Spot, etc. Thus, while the modified naive theory resembles the original naive theory as regards simple (noncompound) singular terms, it departs significantly from the original naive theory as regards simple predicates, and as a consequence it abandons some of the spirit of the naive theory as regards multi-worded phrases built from predicates (including definite descriptions).

4.   The puzzles (including Frege's early theory and Mill's theory)

There are at least four well-known puzzles that arise on both the original and the modified naive theories. Most of the philosophical literature in the theory of meaning is concerned in one way or another with one or more of the four puzzles. Each of the puzzles has been put forward as a refutation of the theory on which it arises. — First there is Frege's puzzle about the informativeness of identity sentences (Frege 1984c, 157) (s. art. 34). The sentence 'Hesperus is Phosphorus' (or 'The Evening Star is The Morning Star') is informative; its information content apparently extends knowledge. The sentence 'Hesperus is Hesperus' (or 'The Evening Star is The Evening Star') is uninformative; its information content is a ›given‹. According to both the original and the modified naive theories, the information content of 'Hesperus is

Hesperus' consists of the planet Venus, taken twice, and the relation of identity (or the relation of identity-at-*t*, where *t* is the time of utterance). Yet the information content of 'Hesperus is Phosphorus', according to these theories, is made of precisely the same components, and apparently in precisely the same way (but see Putnam 1954; Salmon 1986, 164 f). Assuming a plausible principle of compositionality for pieces of information, according to which different pieces of information having the same structure and mode of composition must differ in some components, the original and modified naive theories ascribe precisely the same information content to both sentences. This seems to fly in the face of the fact that the two sentences differ dramatically in their informativeness. — The second puzzle is, from one point of view, simply a generalization of the first, though it can arise on any of a wide variety of semantic theories. This is the apparent failure of substitutivity of co-referential names or other (simple) singular terms in certain contexts, especially in propositional-attitude contexts. If Jones has learned the names 'Hesperus' and 'Phosphorus' but remains unaware that they refer to the same heavenly body, he may sincerely and reflectively assent to the sentence 'Hesperus appears in the evening' and sincerely and reflectively dissent from the sentence 'Phosphorus appears in the evening', while understanding both sentences perfectly, i.e., while fully grasping their information content. It seems, then, that Jones believes the information encoded by the first sentence — i.e., Jones believes that Hesperus appears in the evening — but does not believe the information encoded by the second — i.e., Jones does not believe that Phosphorus appears in the evening. This presents a serious problem for any semantic theory, since it appears to violate a classical logical rule of inference, commonly called *the Substitutivity of Equality* or *Leibniz's Law*. This inference rule permits the substitution of an occurrence of any singular term *b* for an occurrence of any singular term *a* in a sentence, given ⌜*a* = *b*⌝. The sentences 'Jones believes that Hesperus appears in the evening' and 'Hesperus is Phosphorus' are both true, yet we seem prohibited from substituting 'Phosphorus' for 'Hesperus' in the first sentence. Of course, classical Substitutivity of Equality is subject to certain well-known restrictions. Most notably, the inference rule does not extend to contexts involving quotation marks and similar devices: the sentences 'The expression 'Paris' is a five-letter word' and 'Paris is the capital of France' are both true, whereas the sentence 'The expression 'the capital of France' is a five-letter word' is false. Failure of substitutivity in propositional-attitude contexts, however, poses an especially pressing difficulty for the original and modified naive theories. These theories are unable to accommodate the apparent fact about Jones that he believes the information encoded by the sentence 'Hesperus appears in the evening' but does not believe the information encoded by the sentence 'Phosphorus appears in the evening', since the theories ascribe precisely the same information content to both sentences. Hence, the original naive theory requires the validity of Substitutivity of Equality in propositional-attitude contexts, and the modified naive theory requires the validity of a restricted, but apparently equally objectionable, version of the same. — Failure of substitutivity involving definite descriptions in temporal and modal contexts presents a similar difficulty. For example, although the sentences 'In 1978, Ronald Reagan was a Republican' and 'Ronald Reagan is the U.S. President' are both true, the sentence 'In 1978, the U.S. President was a Republican' is false, since in 1978 Jimmy Carter was U.S. President, and a Democrat. An analogous example involving modality, due to Willard Van Orman Quine, effectively refutes the original naive theory: The sentences 'It is necessary that 9 is odd' and 'The number of planets is 9' are both true, but the sentence 'It is necessary that the number of planets is odd' is false, since there might have been 10 planets rather than 9. Though the singular terms '9' and 'the number of planets' refer to the same number, the sentence '9 is odd' encodes a mathematically necessary truth, whereas the sentence 'The number of planets is odd' encodes information which, though true, is not necessarily so. Modality creates no like difficulty for the modified naive theory, which requires the validity of substitutivity of co-referential names and other simple singular terms in modal contexts (e.g., 'It is a necessary truth that ...'), but does not require the validity of substitutivity of all co-referential singular terms, including definite descriptions, in such contexts. — Thirdly, there is the puzzle of true negative existentials, such as 'The present king of France does not exist' (Russell) and 'Hamlet does not exist'. These sentences are

true if and only if the singular term in subject position does not refer to anything. Yet on any of a variety of semantic theories, a sentence involving a singular term can be true only if the term has a referent. This appears to be a consequence of the naive theory in particular, since on that theory a sentence involving a singular term is true if and only if the individual referred to by the term has the property semantically correlated with the monadic predicate formed by the remainder of the sentence. In the case of a negative existential, the correlated property is that of nonexistence (at t). This property is such that it is impossible that there should exist something (at t) that has it. A similar problem arises on the modified naive theory in connection with such negative existentials as 'Hamlet does not exist' that involve a nonreferring proper name or other simple singular term. — In fact, on the (modified) naive theory the information content of any sentence involving a (simple) singular term will lack a necessary component if any contained (simple) singular term lacks a referent. This presents a fourth and more general puzzle for the theory concerning any meaningful sentence involving nonreferring singular terms, such as Russell's problematic sentence 'The present king of France is bald' and sentences from fiction, e. g., 'Hamlet killed Polonius'. The theory seems to require that such sentences have no content, yet they clearly seem to have content. How is it, then, that a sentence involving a nonreferring (simple) singular term can have content? It seems clear, moreover, that such a sentence as 'The present king of France is bald' cannot be counted true. Should it then be counted false? If so, one should be able to say that the present king of France is *not* bald, yet this is no better than saying that he is bald. There seems to be a violation of the classical Law of Excluded Middle: either p or not-p. We may not assert 'Either the present king of France is bald, or the present king of France is not bald' ("Hegelians, who love a synthesis, will probably conclude that he wears a wig", Russell 1905). — Each of the puzzles is easily transformed into an argument against the original or modified naive theory, by turning certain implicit assumptions into explicit premises. Thus, for example, the argument corresponding to Frege's puzzle about the differing informativeness of identity-statements involves several premises. The major premise, which may be called 'Frege's Law', connects the concept of informativeness (or that, in Frege's words, of ›containing a vary valuable extension of our knowledge‹) with that of cognitive information content (what Frege called *'Erkenntniswert'* [cognitive value]):

> If a declarative sentence S has the very same cognitive information content as a declarative sentence S', then S is informative if and only if S' is.

A second premise is, of course, the very plausible compositionality principle that if p and q are propositions that involve the very same constituents arranged in the very same way, then p and q are the very same proposition. A third critical premise consists in the simple observation that whereas 'Hesperus is Phosphorus' is informative, 'Hesperus is Hesperus' is not. Assuming that the information contents of 'Hesperus is Phosphorus' and 'Hesperus is Hesperus' do not differ at all in structure or mode of composition, it follows that they differ in their constituents. This points to a difference in information value between the names 'Hesperus' and 'Phosphorus'. Since these names are co-referential, it cannot be that the information value of each is simply its referent.

4.1. Frege's early theory

In his early work *Begriffsschrift* (§ 8), Gottlob Frege proposed to solve his puzzle about the informativeness of identity sentences by reading the identity predicate, ' = ' or the 'is' of identity ('is' in the sense of 'is one and the very same object as'), as covertly metalinguistic: It was held that the sentence 'Hesperus is Phosphorus' encodes information not about the referent of the names 'Hesperus' and 'Phosphorus' (i. e., the planet Venus), but about the very names 'Hesperus' and 'Phosphorus' themselves, to the effect that they are co-referential. It is, of course, trivial that 'Hesperus' is co-referential with itself, but then this is transparently different information from the information that 'Hesperus' is co-referential with 'Phosphorus', since the latter concerns the name 'Phosphorus'. It is no wonder, therefore, that the sentences 'Hesperus is Hesperus' and 'Hesperus is Phosphorus' differ in informativeness. − There are a number of serious difficulties with this account, taken as an account of identity sentences in ordinary language, and Frege himself later came to reject it (s. art. 83). Frege's ground for later rejecting the account was that it misrepresents the information encoded

by the sentence 'Hesperus is Phosphorus' as something which, if true, is made so entirely by virtue of arbitrary linguistic convention or decision, whereas the information that Hesperus is Phosphorus is actually made true by virtue of a certain celestial state of affairs, quite independently of human convention. There are also technical difficulties with the account. It renders the identity predicate a quotational device, similar to quotation marks. This makes quantification in (as for example in 'For every x and every y, if x and y are both natural satellites of the Earth, then $x = y$') impossible, or at least highly problematic. Moreover, the account fails to solve the general problem of which Frege's puzzle is only a special case: whereas we are told how the sentence 'Hesperus is Hesperus' can differ in informativeness from the sentence 'Hesperus is Phosphorus', unless the theory is only part of a much more sweeping proposal concerning the information values of all expressions, as is the theory of John Stuart Mill, and not just that of the identity predicate, we are given no explanation for the analogous difference in informativeness between such pairs of sentences as 'Hesperus is a planet if Hesperus is' and 'Hesperus is a planet if Phosphorus is'. In any event, the account does not even address the remaining problems of the apparent failure of substitutivity and of nonreferring singular terms.

4.2. Mill's theory

The theory proffered by John Stuart Mill in (Mill 1843, bk. I, chap. II, 14−28; V, 55−69 [= 1981, 24−46; 87−109]) has several points of contact with the modified naive theory outlined above. Mill drew a distinction between what he called 'concrete general names' and 'singular names' or 'individual names' (s. art. 30). The former are generally monadic predicates, or more accurately, common nouns (such as 'man'), adjectives (such as 'ingenious'), and perhaps intransitive verbs (such as 'flies'). The latter are what are here called singular terms, and include definite descriptions. Mill also distinguished two semantic attributes of a term, which he called 'denotation' and 'connotation', though not all terms which have one, according to Mill, have the other as well. In the case of singular terms, Mill's use of 'denotation' corresponds with the term 'referent', as used here. In addition, a ›general name‹ is said to ›denote‹ the various individuals to which the term applies, or alternatively the single class thereof, i. e., the extension of the term. The connotation of a term, on the other hand, consists of attributes or properties, and forms part of the information value of the term. In effect, Mill uses the term 'connotation' for a special kind of information value, namely one involving attributes. All concrete general names were held by Mill to have connotation. For example, 'man' was held to connote the properties of "corporeity, animal life, rationality, and a certain external form, which for distinction we call the human" (Mill 1981, 31). Thus general names have both denotation and connotation. Among singular terms, according to Mill, proper names, such as 'Frege', (typically) have denotation but never connotation, whereas definite descriptions, such as 'the author of *Begriffsschrift*', have connotation, and (typically) denotation as well. A definite description connotes "some attribute, or some union of attributes, which being possessed by no object but one, determines the name exclusively to that individual" (Mill 1981, 33). This contrasts sharply with Mill's account of proper names. As if forestalling Russell's theory that ordinary proper names are semantically equivalent to definite descriptions, as well as Frege's later theory, Mill argued on the contrary that ordinary proper names "are simply marks used to enable ... individuals to be made subjects of discourse. ... Proper names are attached to the objects themselves, and are not dependent upon ... any attribute of the object. A proper name [is] a word which answers the purpose of showing what thing it is we are talking about, but not of telling anything about it" (Mill 1981, 33). He adds, "[w]hen we predicate of anything its proper name; when we say, pointing to a man, this is Brown or Smith, or pointing to a city, that it is York, we do not, merely by so doing, convey to the hearer any information about them, except that those are their names" (Mill 1981, 35). — As regards singular terms, Mill's theory resembles the modified naive theory in according definite descriptions and simple predicates a disjointness between referent and information value that is denied to proper names. There is an essential difference, however. Mill did not identify the information value of a proper name simply with its referent or denotation. Rather, he held a complex theory of information value, according to which the information encoded by such a sentence as 'Frege is ingenious' has at least two components: the proposition about Frege that he has the property of ingenuity, and the metalinguistic proposition about the expressions 'Frege' and 'ingenious' that the individual denoted by the former has the property connoted by the latter, and is therefore among the things denoted by the latter. This means that any term itself forms part of its own information value. In the special case of an identity sentence, such as 'Hesperus is Phosphorus', Mill held that the first component was null, so that the information encoded reduces to the metalinguistic truth that the name 'Hesperus' denotes the same thing as the name 'Phosphorus'. Thus Mill solved Frege's puzzle in a manner similar to Frege's early theory. Mill went beyond the early Frege, though, generalizing the metalinguistic solution to Frege's puzzle in such a way as to make a similar solution available for the other three puzzles. (It is doubtful that this was part of Mill's motivation in propounding his dual-component theory of information value, though it doubtless would have been seen as lending independent support to the theory.) By the same token, the objections to Frege's early view apply *a fortiori* to the metalinguistic component of Mill's theory of information value. — Even ignoring its metalinguistic component, Mill's theory involves the same significant departures from the original naive theory as those of the modified naive theory. These departures constitute an important anticipation of Frege's later theory of meaning. Mill's theory of singular terms, on the other hand — especially his semantic distinction between proper names and definite descriptions — constitutes an important anticipation of a theory diametrically opposed to Frege's later theory, the theory of direct reference.

5. The orthodox theory (including Russell's theory and Frege's theory of sense and reference)

5.1. Russell's theory

Inspired by his new theory of logical analysis, Bertrand Russell's theory of information value *post* 1904 was explicitly promoted in (Russell 1905) on the grounds of its alleged ability to handle the four puzzles. Russell's theory more or less retains (and augments) the central theses of the original naive theory. The primary departure from the central theses of the naive theory is the replacement of attributes with *propositional functions*; Russell took the information value of a predicate, a connective, or a quantifier to be a function that assigns to any object(s) in its domain, a singular proposition concerning that (those) object(s). For example, the propositional function *ingenuity*, which is alleged to be the information value of the predicate 'is ingenious', assigns to any person x the singular proposition that x is ingenious. — Russell handled the apparent inconsistency of the naive theory in the case of definite descriptions and other such phrases (which he called 'denoting phrases') by supplementing the naive theory with his so-called Theory of Descriptions. Russell's Theory of Descriptions has both a special and general form. — The General Theory of Descriptions concerns the logico-semantic status of restricted universal or existential quantifier phrases such as 'every man', 'some mathematician', 'an anthropologist', etc.. We consider first restricted universal sentences of the form $\ulcorner\pi(..., \text{every } \phi, ...)\urcorner$ (or $\ulcorner\pi(..., \text{any } \phi, ...)\urcorner$, $\ulcorner\pi(..., \text{each } \phi, ...)\urcorner$, $\ulcorner\pi(..., \text{all } \phi, ...)\urcorner$, etc.) built from an n-place predicate π together with the quantifier phrase $\ulcorner\text{every } \phi\urcorner$ instead of a singular term in one or more of the n singular-term positions. On the General Theory, such a sentence is analyzed as

(β) [$\phi_\beta \supset \pi(..., \beta, ...)$] (For every β, if β is ϕ, then $\pi(..., \beta, ...)$).

(We may let β be the first variable, in some ordering of the variables, that does not occur in $\ulcorner\pi(..., \text{every } \phi, ...)\urcorner$.) Likewise, a restricted existential sentence of the form $\ulcorner\pi(..., \text{some } \phi, ...)\urcorner$ (or $\ulcorner\pi(..., \text{a } \phi, ...)\urcorner$) built from an n-place predicate together with the quantifier phrase $\ulcorner\text{some } \phi\urcorner$ instead of a singular term in one or more of the n singular-term positions is analyzed as

($\exists\beta$) [ϕ_β & $(..., \beta, ...)$] (For something β, β is ϕ and $\pi(..., \beta, ...)$).

One important aspect of Russell's General Theory of Descriptions concerns the matter of *scope*. Quantificational constructions generally, such as 'every man', 'some mathematician', etc., often yield syntactic scope ambiguities in surface structure when properly coupled with predicates and embedded within any sentential operator or connective, as for example 'Every man is not an island' or 'Some treasurer must be found'. The two readings of the latter sentence correspond to two ways of extending the Russellian analysis of $\ulcorner\pi(..., \text{some } \phi, ...)\urcorner$ to $\ulcorner O\pi(..., \text{some } \phi, ...)\urcorner$, where

O creates a sentential context (as for example by a sentential operator or connective). One way is simply to embed the analysis of $\ulcorner\pi(..., \text{some } \phi, ...)\urcorner$ within the context O, as in

$O(\exists\beta)$ [ϕ_β & $\pi(..., \beta, ...)$],

for example, 'It must be that: some treasurer is found'. On this reading the indefinite description 'some treasurer' is given *narrow scope*, and is said to have its *secondary occurrence*. The other way of extending the Russellian analysis is to imitate the treatment for the atomic case, treating the extended singular term context $\ulcorner O\pi(..., \_\_, ...)\urcorner$ as if it were a simple, unstructured unit (monadic predicate):

$(\exists\beta)$ [ϕ_β & $O\pi(..., \beta, ...)$],

for example, 'Some treasurer is such that he or she must be found'. On this reading the indefinite description 'some treasurer' is given *wide scope*, and is said to have its *primary occurrence*. Further embeddings within sentential contexts yield further scope ambiguities, one additional reading for each additional context-embedding. For example, the sentence 'Some treasurer must not be needy' will have three readings: 'It must not be that: some treasurer is needy' (narrow scope); 'It must be that: some treasurer is such that he or she is not needy' (intermediate scope); 'Some treasurer is such that he or she must not be needy' (wide scope). — Russell's General Theory of Descriptions is relatively uncontroversial — though its consequences for the theory of information value should render the theory more controversial than it is. Construing second-order predicates (or quantifiers) on the model of a first-order predicate, the original naive theory may take the information value of the indefinite description 'some logician' to be the second-order property of being a first-order property possessed by at least one logician. Using Russell's preferred notion of a propositional function, the description 'some logician' might be regarded as having as its information value the second-order propositional function f that assigns to any one-place first-order propositional function F the proposition that at least one logician instantiates F (where an individual x is said to *instantiate* a one-place propositional function F if the proposition obtained by applying F to x is true). The proposition that some logician is ingenious would then be regarded as made up of the second-order propositional function f and the first-order propositional function *being ingenious*. Alternatively, the determiner 'some' is plausibly regarded as a two-place quantifier, so that the phrase 'some logician' would be seen as an incomplete string that is formed by attaching a two-place quantifier to a single first-order predicate, and that stands in need of completion by a second first-order predicate. The General Theory of Descriptions also conflicts with this extremely plausible theory concerning the logico-semantic status of 'some logician'. Russell did not identify the information value of an indefinite description with its corresponding second-order propositional function, however. Instead, he claimed that definite descriptions, and restricted quantificational constructions generally (›denoting phrases‹), ›have no meaning in isolation‹. This claim may seem puzzling, since for any such quantificational construction, Russell's theory of higher-order propositional functions presents clearly identifiable entities (such as the function f) that could serve as the contribution of the construction to the information encoded by the sentences in which it figures. — There is a very good reason for Russell to have denied that restricted quantifier phrases have information value. On the General Theory of Descriptions, the phrase 'some logician' in the sentence 'Some logician is ingenious' corresponds to the result of deleting the first-order predicate 'is ingenious' from the sentence 'For something x, x is a logician and x is ingenious'. The phrase 'some logician' thus corresponds to the essentially incomplete string 'For something x, x is a logician and x __', or more formally, '$(\exists x)$ [x is a logician & x __]'. Indeed, Russell called restricted quantifier phrases ›incomplete symbols‹. It is natural and plausible on this theory to regard the simple quantifier 'for something' as a second-order predicate, while regarding the remainder of the sentence 'x, x is a logician and x is ingenious' as a closed compound first-order predicate, synonymous with 'is both a logician and ingenious', or roughly synonymous with 'is an ingenious logician'. The sentence 'Some logician is ingenious' would thus be construed as having the logical form of 'Something is both a logician and ingenious', whose information content is made up of the second-order propositional function that is the information value of the unrestricted quantifier 'something' and the first-order propositional function that is the

information value of the compound first-order predicate 'is both a logician and ingenious'. There is no place in this proposition for the second-order propositional function f described above. Hence, there is nothing that the phrase 'some logician' contributes on its own to the proposition that some logician is ingenious, i.e., the proposition that something is both a logician and ingenious — although the determiner 'some' may be regarded as contributing its information value and the information value of 'logician' figures indirectly in the construction of the information value of 'is both a logician and ingenious'. Exactly analogous results obtain in connection with restricted universal quantifier phrases such as 'every logician'. On the General Theory of Descriptions, the determiner component of a quantifier phrase — the word 'every' or 'some', etc. — may be regarded as making a separate contribution to the information content of the sentence in which the description occurs. The rest of the description makes no contribution of its own but joins with the surrounding sentential context to yield something that does. In this way, quantifier phrases are justifiably regarded on the General Theory of Descriptions as not forming semantically self-contained, information-valued units. Instead, they form part of a larger construction whose information-valued components overlap with the description. — Russell's Special Theory of Descriptions concerns singular definite descriptions, treating them as indefinite descriptions of a particular kind in accordance with the General Theory of Descriptions, rather than as semantically self-contained singular terms. A sentence having the surface structure of a subject-predicate sentence $\ulcorner\pi(..., \text{ɪ}\alpha\phi_\alpha, ...)\urcorner$ consisting of an n-place predicate and containing a complete definite description $\ulcorner\text{ɪ}\alpha\phi_\alpha\urcorner$ among its n occurrences of singular terms, is analyzed into a conjunction of three sentences:

(*i*) $(\exists\alpha)\phi_\alpha$

(*The existence condition*: There is at least one ϕ);

(*ii*) (α) (β) $[\phi_\alpha \mathbin{\&} \phi_\beta \supset \alpha = \beta]$

(*The uniqueness condition*: There is at most one ϕ); and

(*iii*) (β) $[\phi_\beta \supset \pi(..., \beta, ...)]$

(*The subsumption condition*: $\pi(..., \text{every } \phi, ...)$).

(We may let β be the first variable, in some ordering of the variables, that does not occur in $\ulcorner\pi(\ldots, \imath\alpha\phi_\alpha, \ldots)\urcorner$. ϕ_β is the same formula as ϕ_α except for having (free) occurrences of β wherever ϕ_α has free occurrences of α. $\ulcorner\pi(\ldots, \beta, \ldots)\urcorner$ is the same formula as $\ulcorner\pi(\ldots, \imath\alpha\phi_\alpha, \ldots)\urcorner$ except for having occurrences of β wherever $\ulcorner\pi(\ldots, \imath\alpha\phi_\alpha, \ldots)\urcorner$ has occurrences of $\ulcorner\imath\alpha\phi_\alpha\urcorner$. If $\ulcorner\pi(\ldots, \imath\alpha\phi_\alpha, \ldots)\urcorner$ is constructed from a polyadic predicate and contains a further definite description $\ulcorner\imath\gamma\psi_\gamma\urcorner$ — so that $\ulcorner\pi(\ldots, \imath\alpha\phi_\alpha, \ldots)\urcorner$ is of the form $\ulcorner\pi'(\ldots, \imath\alpha\phi_\alpha, \ldots, \imath\gamma\psi_\gamma, \ldots)\urcorner$ — sentence (iii) is to be analyzed further by iteration of the method just given, treating the string $\ulcorner(\beta) [\phi_\beta \supset \pi'(\ldots, \beta, \ldots, \_\_, \ldots)]\urcorner$ as if it were a simple and unstructured monadic predicate. The new subsumption condition is $\ulcorner(\delta) (\psi_\delta \supset (\beta) [\phi_\beta \supset \pi'(\ldots, \beta, \ldots, \delta, \ldots)])\urcorner$. The process is to be repeated until all definite descriptions have undergone an application of the procedure.) A definite description $\ulcorner\imath\alpha\phi_\alpha\urcorner$ is said to be *proper* if conditions (i) and (ii) both obtain (i. e., if there is exactly one individual that answers to it), and is said to be *improper* otherwise. Thus, according to the Special Theory of Descriptions, the propriety of a definite description $\ulcorner\imath\alpha\phi_\alpha\urcorner$ is a necessary condition for the truth of $\ulcorner\pi(\ldots, \imath\alpha\phi_\alpha, \ldots)\urcorner$. The only other requirement is that whatever satisfies ϕ_β also satisfies $\ulcorner\pi(\ldots, \beta, \ldots)\urcorner$. — None of the sentences making up the analysans is logically subject-predicate; each is a quantificational generalization containing no definite descriptions. The Russellian analysis is thus said to be a method of ›eliminating‹ definite descriptions, replacing an apparently subject-predicate sentence by a conjunction of quantificational generalizations. — Equivalently, $\ulcorner\pi(\ldots, \imath\alpha\phi_\alpha, \ldots)\urcorner$ may be analyzed by means of a single complex generalization:

$$(\exists\beta) [(\alpha) (\phi_\alpha \equiv \alpha = \beta) \,\&\, \pi(\ldots, \beta, \ldots)],$$

or less formally, $\ulcorner$For something β, β and only β is ϕ and $\pi(\ldots, \beta, \ldots)\urcorner$. This version of the analysis illustrates the central tenet of the Special Theory of Descriptions: A complete definite description such as 'the author of *Begriffsschrift*' is regarded as semantically equivalent to the corresponding uniqueness-restricted existential quantifier, 'some unique author of *Begriffsschrift*' or 'a unique author of *Begriffsschrift*', which falls under the purview of the General Theory of Descriptions. This central tenet of the Special Theory of Descriptions has several important consequences. — First, the Special Theory of Descriptions predicts scope ambiguities in cases where definite descriptions are embedded within sentential contexts, one additional reading for each additional embedding. For example, the three predicted readings of the sentence 'The U.S. Treasurer must not be needy' correspond exactly to those of the sentence 'Some unique U.S. Treasurer must not be needy' on the General Theory of Descriptions: 'It must not be that: some unique U.S. Treasurer is needy' (narrow scope); 'It must be that: some unique U.S. Treasurer is such that he or she is not needy' (intermediate scope); 'Some unique U.S. Treasurer is such that he or she must not be needy' (wide scope). — Most important for present purposes are the consequences of conjoining the Special Theory of Descriptions with the naive theory of information value. The central tenet of the Special Theory of Descriptions distinguishes it from semantic theories that accord definite descriptions the logico-semantic status of singular terms rather than that of restricted quantifiers. The Special Theory of Descriptions conflicts with the first assumption used in the Church-Gödel argument for the replacement of thesis (IV) of the naive theory by thesis (IV') of the modified naive theory, thus enabling Russell to maintain both of the original naive-theoretical theses (III) and (IV). This distinguishing characteristic of Russell's theory is obscured by the fact that he misleadingly and artificially extended Mill's term 'denotation' to the semantic relation that obtains between a uniqueness-restricted existential quantifier $\ulcorner$some unique $\phi\urcorner$ (which the theory regards as not forming a semantically self-contained unit) and the individual, if any, to which ϕ uniquely applies (i. e., the individual that uniquely satisfies ϕ). For example, although the definite description 'the author of *Begriffsschrift*' does not refer on Russell's theory, and indeed is not any kind of referring expression on Russell's theory, it is nevertheless said by Russell to ›denote‹ Frege. Thus Russell verbally mimics Mill's version of the modified naive theory, while retaining the term 'meaning' for the semantic notion here called 'information value'. — Although the Theory of Descriptions was put forward by Russell as a supplement to the original naive theory, its consequences concerning the information contents of sentences involving definite descriptions are very similar to those of what is here called 'the modified naive theory' — the chief difference being that the Special Theory of Descriptions regards definite descriptions as incomplete symbols, whereas the modified naive theory (which is strictly silent concerning the logico-semantic status of definite descriptions) may be coupled with a treatment of definite descriptions as semantically self-contained singular terms. On both theories, a definite description such as 'the author of *Begriffsschrift*' is regarded as not contributing the author of *Begriffsschrift*, i.e. , Frege, as its information value. As with the modified naive theory, on Russell's theory such a sentence as 'The author of *Begriffsschrift* is ingenious' does not encode the singular proposition about Frege that he is ingenious. Frege does not ›occur as a constituent‹ of the encoded proposition; the sentence is only indirectly about him. Rather, the sentence is regarded as being directly about the propositional function (or property), *being both a unique author of Begriffsschrift and ingenious*, to the effect that it is instantiated. Thus, the sentence does not directly concern any individual, but only a certain propositional function. This is critical to Russell's solutions to the four puzzles that arise in connection with the naive theory. — The four puzzles arise primarily from the identification of the information value of a singular term with the term's referent. Since the modified naive theory and the Special Theory of Descriptions do not identify the information value of a definite description with the individual that uniquely answers to it, they are able to solve the puzzles in the special case where the singular terms involved are all definite descriptions, but the problems remain in the case where the terms involved are proper names, demonstratives, or other single-word indexicals. Russell handled these remaining difficulties by combining his Special Theory of Descriptions with the thesis that terms ordinarily regarded as proper names or indexicals are ordinarily used not as ›genuine names‹ (singular terms) for individuals, but as ›disguised‹, ›concealed‹, ›truncated‹, or ›abbreviated‹ definite descriptions. This thesis has the effect of reducing to the previous case the special problems that arise in connection with proper names and indexicals. — For example, let 'ES' be an abbreviation for the descriptive conditions associated with the name 'Hesperus', and let 'MS' abbreviate the descriptive conditions associated with the name 'Phosphorus'. Then the sentence 'Hesperus is Hesperus' is a truncated formulation of 'The ES is the ES', which, according to the Special

Theory of Descriptions, analyzes into (something logically equivalent to) 'There is a unique ES'. The sentence 'Hesperus is Phosphorus', on the other hand, abbreviates 'The ES is the MS', which analyzes into (something logically equivalent to) 'Something is both a unique ES and a unique MS'. Thus Russell solves Frege's puzzle by reading the sentence 'Hesperus is Hesperus' as encoding the simple proposition about the propositional function that is the information value of 'ES' that it is uniquely instantiated, while reading the sentence 'Hesperus is Phosphorus' as encoding the much richer proposition about the two propositional functions that are the information values of 'ES' and 'MS' to the effect that they are each uniquely instantiated, and in addition co-instantiated. — Russell's treatment of the puzzle of the failure of substitutivity in propositional-attitude contexts is complicated by the fact that on Russell's theory, a propositional-attitude attribution such as 'Jones believes that Hesperus appears in the evening' is ambiguous. It has a narrow-scope reading, 'Jones believes: that some unique ES appears in the evening'. It also has a wide-scope reading, 'Some unique ES is such that Jones believes: that it appears in the evening'. On the wide-scope reading, the sentence attributes to Jones a belief of the singular proposition about the planet Venus that it appears in the evening. Given the further premise 'The ES is the MS' — i.e., given that something is both a unique ES and a unique MS — it does indeed follow that a unique MS is such that Jones believes: that it appears in the evening. This is the wide-scope reading of the sentence 'Jones believes that Phosphorus appears in the evening'. Thus on the wide-scope reading of propositional-attitude attributions, Substitutivity of Equality is valid. It is only on the narrow-scope reading that the inference fails. Russell's theory solves the puzzle of failure of substitutivity in narrow-scope propositional-attitude contexts by reading the embedded 'that'-clause, 'that Hesperus appears in the evening', as referring to a proposition about the propositional function that is the information value of 'ES', while reading the other 'that'-clause, 'that Phosphorus appears in the evening', as referring to the corresponding proposition about the propositional function that is the information value of 'MS'. Since these are distinct pieces of information concerning different propositional functions, it is to be expected that one may be believed without the other. It is consonant with Russell's theory not to extend the Substitutivity of Equality to substitutions involving a definite description. Substitutivity of Equality licenses the substitution of co-referential genuine singular terms, including individual variables. According to Russell's theory, definite descriptions, concealed or not, have the logical status of restricted quantifiers rather than that of singular terms, and hence the traditional rule of Substitutivity of Equality does not apply to them. However, when it is given that two propositional function expressions (predicates) ϕ and ψ apply to (are satisfied by) exactly the same individuals, restricted quantifiers of the same sort constructed from ϕ and ψ, such as $\ulcorner$some $\phi\urcorner$ and $\ulcorner$some $\psi\urcorner$, will usually be interchangeable on other logical grounds. In the special case where it is given that there is something that uniquely satisfies ϕ and also uniquely satisfies ψ, the uniqueness-restricted existential quantifiers $\ulcorner$some unique $\phi\urcorner$ and $\ulcorner$some unique $\psi\urcorner$, and hence the definite descriptions $\ulcorner$the $\phi\urcorner$ and $\ulcorner$the $\psi\urcorner$, will be interchangeable in most contexts on logical grounds (which include the Substitutivity of Equality as applied to individual variables). It is for this reason that Substitutivity is upheld in the wide-scope reading of propositional-attitude attributions. But since $\ulcorner$some unique $\phi\urcorner$ and $\ulcorner$some unique $\psi\urcorner$ may still contribute differently to the information contents of sentences in which they occur, they need not be interchangeable when occurring within the scope of operators, such as those of propositional attitude, that are sensitive to information value. Exactly analogous solutions to the problems of failure of substitutivity in modal and temporal contexts are available. — The remaining two puzzles are solved in a similar manner, by reading sentences involving improper definite descriptions as encoding propositions about the corresponding propositional functions. In particular, the negative existential 'The present king of France does not exist' is ambiguous on the Special Theory of Descriptions. It has a true narrow-scope reading, 'There is no unique present king of France', and a contradictory wide-scope reading, 'There exists a unique present king of France who does not exist'. An unmodified sentence involving an improper definite description (concealed or not), such as 'The present king of France is bald', will in general be false, since part of what it asserts is that there is a unique present king of France. Its apparent negation, 'The present king of France is not bald', is ambiguous on the Special Theory of Descriptions. Its narrow-scope reading yields the genuine negation of the original sentence, i. e., 'There is no unique present king of France who is bald'. On this reading the sentence is true. Its wide-scope reading, 'Some unique present king of France is such that he is not bald', is perhaps the more natural reading, but on this reading the sentence is false, as is the original sentence. The Law of Excluded Middle is preserved in the case of 'Either the present king of France is bald, or the present king of France is not bald', provided both occurrences of the description 'the present king of France' are given narrow scope. Other readings of this ambiguous sentence are not proper instances of the law. — Russell's thesis that proper names and indexicals are ordinarily used as disguised definite descriptions, together with his Special Theory of Descriptions, has the effect of purging (closed) simple singular terms from the language, and replacing them with restricted quantifiers. It might seem, therefore, that Russell ultimately solves the philosophical problems that beset the naive theory by denying the existence of all singular terms other than individual variables. However, Russell acknowledged the possibility of (closed) ›genuine names‹ or ›proper names in the strict, logical sense‹, which are semantically simple and unstructured, and which therefore function semantically in accordance with the naive theory. The class of possible information values for genuine names was severely limited by Russell's Principle of Acquaintance: Every proposition that one can grasp must be composed entirely of constituents with respect to which one has a special sort of intimate and direct epistemic access, ›direct acquaintance‹. Predicates, connectives, and quantifiers contribute the right sort of entities to propositions, since their information values are propositional functions, and these were held by Russell to be directly epistemically accessible. Because the information value of a genuine name is to be its referent, the only genuine names of individuals that one could grasp, according to Russell, were generally the demonstrative 'this', used deictically by a speaker to refer to mental items presently (or at least very recently) contained in his or her consciousness, and perhaps the first-person pronoun 'I' used with introspective deictic reference to oneself. Uses of genuine names for oneself or one's own mental items, however, were held to be rare, since the singular proposition encoded by a sentence involving such a name would be apprehended by the speaker of the sentence only very briefly, and never by anyone else. Even if a speaker were to use a genuine name, his or her audience would be forced to understand the name as a disguised definite description for the intended referent. Since communication using genuine names must be circumvented in this way, even when speaking about oneself or one's own present experiences one might typically employ definite descriptions, disguised or not, in lieu of genuine names. Genuine names of individuals are expedient only when conversing with oneself about oneself. − Though Russell acknowledged the possibility of genuine names, for which information value coincides with reference, his restriction on admissible referents seems sufficient to prevent the four puzzles from arising. True identity sentences involving genuine names for an item of direct acquaintance are all equally uninformative, and all co-referential genuine names are validly intersubstitutable in propositional-attitude contexts. Russell did not countenance genuine names lacking a referent; thus the remaining two puzzles are also blocked. Russell claimed that singular existential or negative existential statements involving genuine names are without content, in part, because the information value of the unrestricted existential quantifier, 'there exists something that', is seen to be a higher-order propositional function that applies only to propositional functions of individuals, and not to the individuals themselves. This observation overlooks the fact that the unrestricted existential quantifier together with the identity predicate defines (something equivalent to) a first-order existence predicate, 'there exists something identical with', whose information value would be the corresponding universally true propositional function of individuals. It would have been better to say that singular existentials and negative existentials involving genuine names have content, but are always trivially true and trivially false, respectively.

5.2. Frege's theory of sense and reference

Frege's later theory of meaning, though superficially similar to Russell's in certain respects, is fundamentally different. In his *Begriffsschrift* (1879), Frege was generally sympathetic to something like the naive theory, proposing an *ad hoc* reinterpretation of the identity predicate to avoid the problem of differing informativeness among true identity

sentences concerning the same individual. By the time he wrote his classic *Über Sinn und Bedeutung* (1892a), Frege no longer advocated any version of the naive theory. Posing the problem of the informativeness of identity sentences as a refutation of the naive theory, Frege now proposed abandoning that theory in favour of a different and richly elegant philosophy of semantics. Whereas the modified naive theory and the theory of Mill attribute a two-tiered semantics to definite descriptions and predicates (›concrete general names‹), Frege further extended two-tiered semantics across the board, to include all singular terms, predicates, connectives, quantifiers, operators, and even sentences. Frege distinguished between the *Bedeutung* of an expression and its *Sinn*. The former corresponds in the case of singular terms to what is here called the 'referent'. The latter, standardly translated by the English 'sense', is the expression's information value. Frege's conception of sense is similar to Mill's notion of connotation, except that all meaningful expressions, including proper names, are held to have a sense. Frege explained his notion of the sense of an expression as something "worin die Art des Gegebenseins enthalten ist/[wherein the mode of presentation is contained]" and that "von jedem erfaßt [wird,] der die Sprache oder das Ganze von Bezeichnungen hinreichend kennt, der er angehört; damit ist die Bedeutung aber, falls sie vorhanden ist, doch immer nur einseitig beleuchtet/[is grasped by anybody who is sufficiently familiar with the language or the totality of designations to which it [the expression] belongs; but with this the *Bedeutung*, in case it is available, is only one-sidedly illuminated]" (Frege 1975a, 39f/1984a, 158). The sense of an expression is something like a purely conceptual representation, by means of which a referent for the expression is secured. (In characterizing the sense of an expression as a purely conceptual entity, I intend the word 'concept' with a more or less ordinary meaning and not with that of Frege's special use of 'Begriff'. Senses are neither empirically observed (as are external, concrete objects) nor ›had‹ in the way that sensations or other private experiences are had, but are abstract entities that are ›grasped‹ or ›apprehended‹ by the mind. In addition, I intend the term 'pure' to exclude concepts that include nonconceptual elements as constituents. A genuine sense may involve reference to an object, but it must do so by including a conceptual representation of the object in place of the object itself.) An expression's sense is a conception of something, and the expression's referent is whoever or whatever uniquely fits the concept. Since the sense of a singular term secures the term's referent, *strictly synonymous* expressions (i. e., expressions having the very same sense) must have the same referent — although different expressions having the same referent may differ in sense. An expression is said to *express* its sense, and its sense, in turn, (typically) determines an object. The reference relation is simply the relative product of the relation of *expressing* between an expression and its sense, and the relation of *determining* between a sense and the object that uniquely fits it. An expression ›*expresses* its *Sinn*, designates its *Bedeutung*. By means of a sign we express its *Sinn* and designate its *Bedeutung*.‹ In the special case of a sentence, Frege called its sense a ›thought‹ (*Gedanke*). — The clearest examples of expressions exhibiting something like Frege's distinction between sense and referent are certain definite descriptions. (Like Mill and unlike Russell, Frege counted definite descriptions as genuine singular terms.) One of Frege's illustrations involves descriptions in the language of geometry: if a, b, and c are the three medians of a triangle, then the expressions 'the point of intersection of a and b' and 'the point of intersection of b and c' both refer to the centroid of the triangle, but they do so by presenting that point to the mind's grasp in different ways, by means of different aspects of the point. The descriptions thus share a common referent, but differ in sense. These senses are the information values of the two expressions, and it is in virtue of this difference in sense that the sentence 'The point of intersection of a and b is the point of intersection of b and c' encodes different, and more valuable, information than that encoded by the sentence 'The point of intersection of a and b is the point of intersection of a and b'. — Anticipating (though perhaps not advocating) Russell's thesis that ordinary proper names are concealed definite descriptions, Frege wrote:

"As concerns an actual proper name such as 'Aristotle' opinions as to the sense may differ. One could take as such, for example: the pupil of Plato and teacher of Alexander the Great. Anybody who does this will attach to the sentence 'Aristotle was born in Stagira' a different sense than will one who takes as the sense of this name: the teacher of Alexander the Great who was born in Stagira / Bei

einem eigentlichen Eigennamen wie „Aristoteles" können freilich die Meinungen über den Sinn auseinandergehen. Man könnte z. B. als solchen annehmen: der Schüler Platos und Lehrer Alexanders des Großen. Wer dies tut, wird mit dem Satze „Aristoteles war aus Stagira gebürtig" einen anderen Sinn verbinden als einer, der als Sinn dieses Namens annähme: der aus Stagira gebürtige Lehrer Alexanders des Großen" (Frege 1984c, 158 $n4$/ 1975a, Anm. 2).

Here and elsewhere, Frege illustrates what the sense of a proper name is by means of carefully chosen definite descriptions. The observation that proper names have this sort of conceptual content as well as a referent, together with Frege's doctrine that this conceptual content and not the referent serves the role of information value, immediately solves the puzzle about the informativeness of identity sentences involving two names for the same individual. The distinction between sense and referent also immediately solves the problem of how sentences involving nonreferring singular terms can have content. Since a singular term contributes its sense, rather than its referent, to the information content of any sentence containing the term, lack of a referent will not matter as regards a containing sentence's capacity to encode information. — Crucial to Frege's theory are a pair of principles concerning the referent and sense of complex expressions. These are the *Principle of Compositionality* (*Interchange, Extensionality*) *of Reference* and the analogous *Principle of Compositionality* (*Interchange*) *of Sense*. They hold that the referent or sense of a complex expression is a function only of the referents or senses, respectively, of the constituent expressions. In the latter case Frege often spoke (explicitly metaphorically) of the sense of a constituent expression as a *part* of the sense of the complex expression. Thus, if a constituent expression is replaced by one having the same referent but differing in sense, the referent of the whole is preserved, but not the sense. If a constituent expression is replaced by something strictly synonymous, both the sense and the referent of the whole are preserved. In particular, Frege held as a special case of the Compositionality of Reference that a compound expression having a nonreferring part (as for example 'the wife of the present king of France') must itself be nonreferring. Relying on the Compositionality of Reference, Frege argued that what he called the ›cognitive value‹ (*Erkenntniswert*) of a sentence, i. e., its encoded information, is not the referent of the sentence, but its sense or ›thought‹ content, and that the referent of a sentence is simply its truth-value, either truth or falsehood (›the True‹ or ›the False‹). (The Church-Gödel argument mentioned in an earlier section was inspired by Frege's arguments, and was offered independently by both Church and Gödel on Frege's behalf.) — The Compositionality of Reference thus solves the problem of the truth-value of sentences involving nonreferring singular terms. Since a sentence refers to its truth-value, either truth or falsehood, and a sentence involving a nonreferring singular term itself refers to nothing, such a sentence as 'The present king of France is bald' is neither true nor false. It lacks truth-value. The same holds for its negation, 'The present king of France is not bald'. Frege held that (the ›thoughts‹ expressed by) these sentences do not assert, but merely *presuppose*, that there is a unique present king of France and that the expression 'the present king of France' has a referent. Thus Frege's theory does not preserve an unrestricted Law of Excluded Middle, nor any other law of logic. The laws of logic must be restricted to sentences whose presuppositions are fulfilled. — Whereas the Compositionality of Reference solves one of the puzzles, it also issues in the problems of failure of substitutivity and of true negative existentials. Since on Frege's theory sentences refer to their truth-values, and the referent of a sentence is a function of the referents of its constituents, the theory requires the universal validity of Substitutivity of Equality — an inference pattern apparently violated in quotational, propositional-attitude, temporal, and modal contexts. Furthermore, since on Frege's theory sentences involving nonreferring singular terms are neither true nor false, the theory appears unable to accommodate the truth of the negative existential 'The present king of France does not exist'. — Frege explicitly considered the problems of failure of substitutivity in quotational and propositional-attitude contexts, treating both in a like manner. Quotation marks and the sentential operator 'that' associated with propositional-attitude operators (e. g., 'Jones believes that'), according to Frege, create a *context*, in which expressions take on a different referent from their customary referent. Whereas the expression 'Hesperus' customarily refers to the planet Venus, when occurring within quotation marks, as in the sentence 'The expression 'Hesperus' is a sequence of eight letters', it instead refers to itself. Such is the case when someone's remarks are quoted in ›direct discourse‹, that is, when reporting the very words used by the speaker, as in 'Jones said 'Hesperus appears in the evening''. Analogously, when occurring in a 'that'-clause in a propositional-attitude attribution, as in 'Jones believes that Hesperus appears in the evening', the name 'Hesperus' refers neither to its customary referent nor to itself, but to its customary sense. Similarly, the entire embedded sentence 'Hesperus appears in the evening', when occurring within the 'that'-operator refers to its customary sense rather than to its customary referent. Such is the case when someone's remarks are quoted in ›indirect discourse‹, that is, when reporting the content of his or her remarks rather than the very words used, as in 'Jones said that Hesperus appears in the evening'. It is not the truth-value of the sentence 'Hesperus appears in the evening' that Jones is said to believe or to have asserted, but its information or ›thought‹ content, the information that Hesperus appears in the evening. The principle of Compositionality of Reference is to be understood as requiring the validity of substituting for the name 'Hesperus' in such a position any expression having the same referent as 'Hesperus' *in that position*. This validates the substitution of any expression having the same customary sense as 'Hesperus' (e. g., perhaps 'Eveningstar'); it does not validate the substitution of an expression merely having the same customary referent. Similarly, the Compositionality of Reference does not validate any substitution within quotation marks. Thus Frege's theory gives central importance to a relativized semantic notion of an expression *e* referring to an object *o* (or expressing a sense *s*) as occurring in a particular position *p* within a sentence — or equivalently, to a notion of an expression *occurrence* (within a sentence) referring to an object or expressing a sense — rather than the more standard notion in contemporary semantics of an expression referring to (denoting) an object (›in isolation‹). The latter is what Frege called ›customary‹ reference, and might be defined in Fregean theory as reference in a particular favored position (for example as one of the terms of an identity sentence). — Since all reference on Frege's theory is mediated by sense, an occurrence of an expression standing within a single occurrence of a propositional-attitude operator (e. g., the occurrence of 'Hesperus' in 'Jones believes that Hesperus appears in the evening') must refer to its customary sense by expressing some further sense that is also associated with the expression and that determines the expression's customary sense in the usual way that sense determines reference. This Frege called the ›indirect sense‹ of the expression. He explained his notion of indirect sense by observing that the indirect sense of a sentence such as 'Socrates is wise' is just the customary sense of the phrase 'the thought that Socrates is wise'. Unfortunately, this device cannot be extended to other varieties of expressions, since the 'that'-operator attaches only to sentences. In order to give the indirect sense of an arbitrary expression, a device less restrictive than the 'that'-operator must first be introduced into the language. For example, we may decide to use the lower case italic letter 's' in the manner of a quotation mark, to quote not an expression but its customary sense. Thus, the expression ''Socrates'', is a singular term that refers to the customary sense of the name 'Socrates'. (These sense-quotation marks, when applied to a complete sentence, function in exactly the same way as the 'that'-operator.) Then the indirect sense of 'Socrates' is just the customary sense of ''Socrates'', i. e., ^{ss}Socrates^{ss}. Just as an occurrence of a single propositional-attitude operator induces a shift in the reference of expression occurrences standing within its scope from customary referent to customary sense, so it stands to reason that an occurrence of an expression standing within the embedding of one occurrence of a propositional-attitude operator within another (e. g., the occurrence of 'Hesperus' in 'Smith doubts that Jones believes that Hesperus appears in the evening') refers not to its customary sense but to its indirect sense. This would have to be accomplished by means of some yet third sense associated with the expression — a doubly indirect sense — which determines the expression's (singly) indirect sense. Since there is no limit in principle to the number of allowable embeddings of operators ('Brown realizes that Smith doubts that Jones believes that …'), Frege admitted the existence of an infinite hierarchy of senses associated with each meaningful expression. The doubly indirect sense of 'Socrates' is the customary sense of ''^{ss}Socrates^{ss}'', the triply indirect sense the customary sense of ''^{sss}Socrates^{sss}'', etc. Using such a device as sense-quotation marks, one

may formulate a simple rule for computing the n-fold indirect sense of an expression, for arbitrary n. — Frege did not explicitly consider the problem of failure of substitutivity in modal contexts, nor that of true negative existentials. It is in the spirit of Frege's theory, though, to regard modal operators as creating further ›oblique contexts‹ in which expressions refer to their customary sense, as in the sentence 'It is necessary that 9 is odd', since it is not the truth-value of the embedded sentence '9 is odd' that is said to be necessary, but rather its information or ›thought‹ content, the information that 9 is odd. Similarly, Frege could regard the predicate 'exists' as creating an oblique context in which a singular term refers to its customary sense (in which case the sentence 'The present king of France does not exist' means the same as '^{s}the present king of France^s determines nothing'), or perhaps itself ('''the present king of France' refers to nothing'). — Frege explicitly considered certain temporal contexts — specifically the phenomenon of tense as well as such temporal indexicals as 'yesterday'. From his treatment of these it is possible to extract a solution to the problem of failure of substitutivity in temporal contexts. A tensed or temporally indexical sentence, according to Frege, is incomplete and must be supplemented by a time-specification before it can properly express a thought and refer to a truth-value. Whenever such a sentence is uttered, the very time of utterance is relied upon as the needed time-specification, a specification of itself. ›The time of utterance is part of the expression of the thought.‹ Presumably, the tensed sentence itself has the logico-semantic status of a monadic predicate that attaches to a singular term referring to a time, and the time of utterance serves as a singular term referring to itself. Analogously, a definite description whose referent may vary with the time of utterance may be regarded as an operator that forms a complete singular term only when joined with a time-specification, as may be provided by the time of the utterance itself. Thus, although the definite description 'the U.S. President', supplemented by the time of the writing of the present article, refers to the same individual as the name 'Ronald Reagan', the description 'the U.S. President' cannot be substituted for the name 'Ronald Reagan' in the sentence 'In 1978, Ronald Reagan was a Republican', since this sentence already includes a verbal time-specification, 'in 1978', which supersedes the time of utterance in completing any expressions occurring within its scope in need of completion by a time-specification. A similar solution is possible for such complex constructions as 'When I lived in Princeton, Ronald Reagan was a Republican' and for quantificational temporal operators, such as 'always', in place of specific time-indicators. The solution here is significantly different from that for quotational and propositional-attitude contexts. The time-specification 'in 1978' is seen not as creating an oblique context inducing a reference shift, but as providing a component needed to complete the singular term so that it may properly refer to an individual, relative to its position in the sentence. Once completed by the time-specification, its referent, as occurring in that position, is just its customary referent. — The present article concerns singular terms. A full account of Frege's theory of meaning, not undertaken here, would require consideration of Frege's further doctrines concerning functions and their role in the semantics of predicates, connectives, quantifiers, and operators.

5.3. The orthodox theory

The theories of Russell and Frege have been extremely influential in contemporary philosophy. Although they are significantly dissimilar in that Russell's is essentially a supplement to the naive theory whereas Frege's involves a total abandonment of the naive theory (and any modification thereof), there is considerable common ground concerning singular terms, especially in regard to ordinary proper names. This area of agreement between the two theories has ascended to the status of orthodoxy. The orthodox theory can be explained as follows. Let us say that an expression e, as used in a particular possible context, is *descriptional* if there is a set of properties semantically associated with e in such a way as to generate a semantic relation, which may be called ›denotation‹ or ›reference‹, and which correlates with e (with respect to such semantic parameters as a possible world w and a time t) whoever or whatever uniquely has all (or at least sufficiently many) of these properties (in w at t), if there is a unique such individual, and nothing otherwise. Frege and Russell wrote before the advent of modern intensional semantics, and consequently neither spoke of reference or truth *with respect to a possible world* or *with respect to a time*, but only of reference (›meaning‹) or truth (in a language) *simpliciter*. The parenthetical phrase 'with respect to a possible world and a time' indicates the natural and usual extensions of their account to modal and temporal semantics. However, both Frege and Russell treated the phenomenon of tense and other temporal operators differently from the usual treatment today, and neither clearly distinguished tense from the distinct phenomenon of indexicality. A descriptional term is one that denotes by way of properties. It is a term that expresses a way of conceiving something, and its ›denotation‹ (with respect to a possible world and a time) is secured indirectly by means of this conceptual content. Definite descriptions, such as 'the author of *Begriffsschrift*', are descriptional. A nondescriptional singular term is one whose reference is not semantically mediated by associated conceptual content. The paradigm of a nondescriptional singular term is the individual variable. An individual variable is a singular term that refers (or ›denotes‹) *under an assignment of values to individual variables*. The referent or ›denotation‹ (with respect to a possible world and a time) of a variable under such an assignment is semantically determined directly by the assignment, and not by extracting a conceptual ›mode of presentation‹ from the variable. — The descriptional theory of proper names is the theory that an ordinary proper name, as used in a particular context, is not like an individual variable with an assigned value, but is instead descriptional. — Frege and Russell held a strong version of this theory. On their view, if a name such as 'St. Anne' is analyzable as 'the mother of Mary', it must be in some sense analyzable even further, since the name 'Mary' is also supposed to be descriptional. But even 'the mother of the mother of Jesus' must be in this sense further analyzable, in view of the occurrence of the name 'Jesus', and so on. Let α be a nondescriptional singular term referring to Socrates. Then the definite description ⌜the wife of α⌝, though descriptional, is not thoroughly so. The property expressed is not one like that of being married to the philosopher who held that such-and-such. Rather, it is an intrinsically relational property directly involving Socrates, the property of being *his* wife. We may say that the description is only *relationally descriptional*, and that it is *descriptional relative to* Socrates. A *thoroughly descriptional* term, then, is one that is descriptional but not relationally descriptional (see Salmon 1981, 14–21, 43 f, 54 f, for a more detailed discussion of these notions). — The orthodox theory is the theory that individual constants — that is, proper names, demonstratives, and such indexical terms as 'you', 'here', etc. — as used in a particular possible context, are either thoroughly descriptional or descriptional relative only to items of ›direct acquaintance‹, such as sensations, visual images, and the like. — Frege held the very strong version of this theory that individual constants, as used in a particular context, are all thoroughly descriptional. Only if a term is thoroughly descriptional can there be something that counts as a genuine Fregean sense for the term. The reason for this is that the Fregean conception of sense is a compilation or conflation of at least three distinct linguistic attributes. First, the sense of an expression is a purely conceptual mode of presentation. Individuals that are not themselves senses, such as persons and their sensations, cannot form part of a genuine Fregean sense. Second, the sense of a singular term is the mechanism by which its referent is secured and semantically determined. Third, the sense of an expression is its information value. Nothing counts as the sense of a term, as Frege intended the notion, unless it is all three all at once. Frege supposed that the purely conceptual content of any singular term is also its information value, which also secures its referent. This three-way identification constitutes a very strong theoretical claim. A descriptional singular term is precisely one whose mode of securing a referent is its descriptive content, which also serves as its information value. Only if the term is thoroughly descriptional, however, can this be identified with a *purely* conceptual (or a *purely qualitatively* descriptive) content. Strictly speaking, even a Russellian term descriptional relative only to items of direct acquaintance (if there exists any such term) does not have a genuine Fregean sense. Some contemporary orthodox theorists (such as Michael Dummett, Leonard Linsky, and John Searle) have proposed various refinements of Frege's original doctrines concerning the senses of proper names, but typically these do not involve a departure from the thesis that names are thoroughly descriptional. Any departure from this thesis would constitute a rejection of fundamental Fregean theory.

6. The theory of direct reference (including the arguments and contextual factors in reference)

In the 1960's and 1970's the orthodox theory was forcefully challenged by some philosophers, most notably by Keith Donnellan, David Kaplan, Saul Kripke, and Hilary Putnam. Instead they held the opposing theory that ordinary proper names and single-word indexical singular terms are nondescriptional. Since they deny that the reference of names and single-word indexicals is mediated by a descriptive concept, their view has come to be called 'the theory of direct reference'. This title may be misleading, however, since it suggests the obviously false thesis that reference is entirely unmediated. Also misleading, though literally correct, is the characterization of the direct-reference theory as the doctrine that names and indexicals have reference but not sense. In denying that proper names are descriptional, the direct-reference theory is not denying that a use of a particular proper name may exhibit any or all of the three aspects of a Fregean sense mentioned in the previous section. It is not denied that a use of a name typically evokes certain concepts in the minds of those who have learned the name, perhaps even purely conceptual or purely qualitative concepts. Nor is it denied that there is some means by which a referent for the name is secured. Nor is it necessarily denied that individual constants are unlike individual variables in that there is something other than the constant's referent that serves as its information value. What the direct-reference theory denies is that the conceptual content associated with an individual constant is what secures the referent. Since a genuine Fregean sense would have to be, in addition to the information value, both the conceptual content and what secures the referent, it follows that proper names and single-word indexicals, when used on a particular occasion, do not have Fregean sense. It is clearer and more direct, however, to state the central thesis by saying that names are nondescriptional, in the sense used here. Thus, for example, the direct-reference theory would hold that a proper name such as 'Shakespeare' is not shorthand for any description or cluster of descriptions, such as 'England's greatest bard', 'the author of *Romeo and Juliet*', etc. But the central thesis of the direct reference theory is significantly stronger than a simple denial of Russell's doctrine that ordinary names are concealed definite descriptions. It has been argued that, despite his illustrations, even Frege did not endorse this Russellian doctrine. The direct-reference theory holds that ordinary names are not only not synonymous with definite descriptions, they are not even similar. According to the orthodox theory, ordinary names are either thoroughly descriptional or descriptional relative only to private sensations and other items of ›direct acquaintance‹. Against this, the direct-reference theorists argue that names and single-word indexical singular terms, as ordinarily used, are not descriptional at all. An immediate consequence is that a great many definite descriptions fail to be thoroughly descriptional, or descriptional relative only to items of direct acquaintance, since so many contain proper names or indexicals referring to ordinary individuals.

6.1. The arguments

A number of arguments have been advanced in favor of the central thesis of the direct-reference theory. Although the arguments are many and varied, most of them may be seen as falling under one of three main kinds: modal arguments, epistemological arguments, and semantic arguments. — The modal arguments are due chiefly to Kripke. Consider the name 'Shakespeare' as used to refer to the famous English dramatist. Consider now the properties that someone might associate with the name as forming its conceptual content on a particular occasion. These properties might include Shakespeare's distinguishing characteristics, or the criteria by which we identify Shakespeare — such properties as that of being a famous English poet and playwright of the late 16th and early 17th centuries; authorship of several classic plays including *Hamlet*, *Macbeth*, and *Romeo and Juliet*; partnership in the Globe Theatre; and so on. Suppose then that the name 'Shakespeare' simply means ›the person, whoever he or she may be, having these properties‹, or for simplicity, ›the English playwright who wrote *Hamlet*, *Macbeth* and *Romeo and Juliet*‹. Consider now the following sentences:
Shakespeare, if he exists, wrote *Hamlet*, *Macbeth*, and *Romeo and Juliet*.
If anyone is an English playwright who is sole author of *Hamlet*, *Macbeth*, and *Romeo and Juliet*, then he is Shakespeare.

If the orthodox theory of names is correct, then by substituting for the name its longhand

synonym we find that these two sentences taken together simply mean: Someone is the English playwright who wrote *Hamlet*, *Macbeth*, and *Romeo and Juliet* if and only if he is the English playwright who wrote *Hamlet*, *Macbeth*, and *Romeo and Juliet*. That is, if the orthodox theory is correct, the sentences displayed above should express *logical truths* — indeed they should be *analytic* sentences in the traditional sense — and should therefore express necessary truths, propositions true with respect to all possible worlds. But surely, the argument continues, it is not at all necessary that someone is Shakespeare if and only if he is an English playwright who wrote *Hamlet*, *Macbeth*, and *Romeo and Juliet*. In the first place, it might have come to pass that Shakespeare elected to enter a profession in law instead of becoming a writer and dramatist. Hence, the first sentence displayed above does not express a necessary truth. Furthermore, assuming Shakespeare had gone into law instead of drama, it could have come to pass that some Englishman other than Shakespeare — say, Francis Bacon — should go on to write these plays. That is, it is not impossible that someone other than Shakespeare should write these plays. Hence even the second sentence displayed above expresses only a contingent truth. It follows that the name 'Shakespeare' is not descriptional in terms of the properties mentioned. — The intuition that the two sentences displayed above are false with respect to certain possible worlds supports and is supported by a complementary intuition concerning reference: that the name 'Shakespeare' continues to refer to the same person even with respect to counterfactual situations in which this individual lacks all of the distinguishing characteristics that we actually use to identify him. In particular, the name 'Shakespeare' continues to refer to the same individual even in discourse about a counterfactual situation in which not he but some other Englishman wrote *Hamlet*, *Macbeth*, and *Romeo and Juliet*, whereas the definite description 'the English playwright who wrote *Hamlet*, *Macbeth*, and *Romeo and Juliet*' will refer in such discourse to the other Englishmen. Consequently, the two sentences displayed above must be false in such discourse. Thus the main intuition behind the modal arguments is intimately connected with a related linguistic intuition concerning the reference of proper names and indexical singular terms, in contrast to definite descriptions, with respect to other possible worlds.

The orthodox theory comes into conflict with this intuition; the direct-reference theorists offer an alternative that conforms with this intuition. One important consequence of the theory of direct reference is that such expressions as proper names and single-word indexical singular terms are *rigid designators* (Kripke). An expression is a rigid designator if it designates the same thing with respect to every possible world in which that thing exists. — The epistemological arguments against the orthodox theory — also due chiefly to Kripke — are similar to the modal arguments. Consider again the two sentences displayed above. Assuming that the orthodox theory is correct, these sentences are analytic in the traditional sense, and hence they should encode information that is knowable *a priori*, i. e., knowable solely by reflection on the concepts involved and without recourse to sensory or introspective experience. But it is not difficult to imagine circumstances in which it is discovered that, contrary to popular belief, Shakespeare did not write *Hamlet, Macbeth, Romeo and Juliet*, or any other work commonly attributed to him. Since this possibility is not automatically precluded by reflection on the concepts involved, it follows that the first sentence displayed above encodes information that is knowable only *a posteriori*, i. e., knowable only by recourse to experience. One can even imagine circumstances in which it is discovered that we have been the victims of a massive hoax, and that, though Shakespeare is not responsible for any of these great works, some other Englishman (say, Bacon) wrote every one of the plays and sonnets commonly attributed to Shakespeare. This means that even the second sentence displayed above is not analytic or true by definition, as alleged, but encodes genuine *a posteriori* information. — The most direct and persuasive of the three kinds of arguments for the direct-reference theory are the semantic arguments offered by Donnellan, Kaplan, Kripke, and Putnam. One example is Donnellan's argument concerning Thales. Consider the set of properties that might be associated with the name 'Thales' according to the orthodox theory. Suppose, for example, that the sense or conceptual content of 'Thales' is determined by the description 'the Greek philosopher who held that all is water'. On the orthodox view, the name refers to whoever happens to satisfy this description. Suppose now that, owing to some error or fraud, the man referred to by writers such as

Aristotle and Herodotus, from whom our use of the name 'Thales' derives, never genuinely believed that all is water. Suppose further that by a very strange coincidence there was indeed a Greek hermit-philosopher who did in fact hold this bizarre view, though he was unknown to them and bears no historical connection to us. To which of these two philosophers would our name 'Thales' refer? This is a clear semantic question with a clear answer: The name would refer to the first of the two. Our use of the name would bear no significant connection to the second character whatsoever. It is only by way of a comical accident that he enters into the story at all. He happens to satisfy the misdescription associated with the name 'Thales', and no one else does. — This example is not to be confused with the corresponding modal or epistemological arguments (›Thales might not have been the Greek philosopher who held that all is water‹). In the modal and epistemological arguments, the main question is what the truth-value of such a sentence as 'Thales is the Greek philosopher who held that all is water', which is alleged to be analytic, becomes when the sentence is evaluated with respect to certain imagined circumstances that are possible, in either a metaphysical or an epistemic sense. The strategy in the semantic arguments is more direct. The issue here is not whom the name *actually* refers to *with respect to* the imagined circumstances; the issue is whom the name *would have* referred to if the circumstances described above *had* obtained. The modal arguments are indirectly related to the question of what a particular term refers to *with respect to another possible world*; the semantic arguments are directly concerned with the nonmodal question of reference *simpliciter*. The key phrase in the definition of a descriptional singular term is not 'correlate with respect to a possible world', but 'whoever or whatever uniquely has the properties'. On any descriptional theory of names, precisely whom a name refers to or ›denotes‹ depends entirely on whoever happens to have certain properties uniquely. The theory predicts that, if these circumstances were to obtain, the name would refer to or denote the hermit instead of Thales. But here the theory is simply mistaken. The existence of the hermit-philosopher would be irrelevant to the reference or denotation associated with our use of the name 'Thales'.

6.2. Contextual factors in reference

The theory that proper names and single-word indexical singular terms are entirely nondescriptional should not be understood as involving the thesis that no descriptive concepts or properties are ever semantically associated with names or indexicals. Indeed, proponents of the direct-reference theory allow that some nondescriptional terms may be introduced into a language or idiolect by way of descriptional expressions. In this special kind of definition the descriptional expression serves only to assign a referent to the term being introduced, and does not simultaneously bequeath its descriptionality to the new term. To use Kripke's apt phrase, the descriptional expression is used only to ›fix the reference‹ of the nondescriptional term. It does not supply the term with a Fregean sense. — This admission that there are sometimes descriptional elements at work in fixing the referent of a term of the sort in question is generally coupled with the observation that there are almost always nondescriptional contextual elements at work as well. The semantic arguments reveal something about the nature of what secures the referent of a name. The way its referent is determined is not a purely conceptual matter; external factors enter into it. The surrounding settings in which speakers find themselves are crucial to determining the referents of the names and other terms they use. This is true not only of the extralinguistic setting in which the referent is to be found, but also of the linguistic setting in which the term is used or was learned by the speaker, i. e., the history of the use of the name leading up to the speaker's learning it. In a word, the securing of a referent for a proper name is a *contextual* phenomenon. Donnellan and Kripke have provided accounts of the securing of a referent for a proper name by means of such historical chains of communication. Putnam has given a similar account of certain terms designating something by means of a ›division of linguistic labor‹ and a ›structured cooperation between experts and nonexperts‹. In virtue of these accounts the theory of direct reference is often called the ›causal‹ theory of reference. But causal factors are not the only external factors involved in securing a referent — or at any rate, it is an independent philosophical thesis that all of these external factors in reference are reducible to causal phenomena. It would be better to call the theory the *contextual* theory of reference, thereby including standard accounts of such indexicals as 'I' and 'now'. The contextual accounts provided by direct-reference theorists are usually sketchy and incomplete. Though there have been attempts to work out the details of how the referent of a proper name or demonstrative, as used in a particular context, is secured, there is much that remains to be done in this area.

7. The modified naive theory reconsidered

The direct-reference theory is concerned primarily to distinguish two of the three aspects of a name conflated by the Fregean conception of sense: the conceptual content and what secures the referent. As noted above, if the conceptual representation associated with a use of a particular name is not what secures the name's referent, it follows that the name lacks genuine Fregean sense. We are still left, then, with the question concerning the third aspect of sense with which the present article began: What is the information value of a proper name? If the direct-reference theory is correct, it cannot be the sense of the name, for there is none. What then is the information value? — A tempting answer is that the information value of a name is simply its associated conceptual content, its ›mode of presentation‹ of its referent. The identification of information value with associated conceptual or descriptive content does not require the further identification of this with the manner of securing a referent. Thus, this idea preserves a good deal, but not all, of Frege's point of view concerning information value without positing full-blown Fregean senses for names. — The theory that the information value of a name is simply its conceptual or descriptive content misrepresents the information content of sentences involving a name. Many of the considerations that count against the orthodox theory — the modal arguments for example — extend also to this simpler theory. Or to use a variant of the semantic argument, there could be two distinct individuals, A and B, such that the descriptive content individual C associates with A's name is exactly the same as that associated by individual D with B's name. This could happen for any number of reasons. Perhaps A and B are very much like one another, or one or both of C and D is mistaken, etc.. Hence according to the proposed theory, A's name has the same information value for C that B's name has for D. This conflicts with the fact that when C uses A's name to ascribe something to A — say, that he weighs exactly 165 pounds — and D uses B's name to ascribe the very same thing to B, C asserts information concerning A (and does not assert any information concerning B) whereas D asserts information concerning B (and does not assert any information concerning A). Indeed, the two assertions may even differ in truth-value. — This suggests that conceptual content cannot be the whole of information value for proper names. It might be proposed, then, that the information value of a name is constituted partly by associated descriptive or conceptual content, and partly by something else, say the context that secures the referent, or perhaps the referent itself. But any proposal that identifies the information value of a name even only partly with descriptive or conceptual associations faces some of the same difficulties as the orthodox theory. Suppose, for example, that the descriptive content associated with the name 'Shakespeare' — one's concept of Shakespeare — includes some particular property as a central or critical element, say being a playwright. If the proposed theory of information value is correct, the information encoded by the sentence 'If Shakespeare exists, then he was a playwright' must be knowable *a priori*. But as should be obvious from the epistemological arguments against the orthodox theory, the information content of this sentence is *a posteriori*. There is always a possibility of error and inaccuracy in conceptual or descriptive associations. The descriptive content one associates with the name 'Frege' may be riddled with misattribution and misdescription, enough so as to befit someone else, say Russell, far better than Frege. Nevertheless, the sentence 'Frege wrote *Begriffsschrift*' encodes information that is entirely accurate and error-free. Hence, the descriptive associations that attach to the name cannot be even only a part of the name's information value (for further difficulties with this and other proposed alternatives to the modified naive theory, see Salmon 1986, 63–75). — There is a more general difficulty with these and other alternatives to the original and modified naive theories. Recall the argument against the naive and modified naive theories that was constructed from Frege's puzzle about the informativeness of identity statements. An exactly similar argument can be mounted

against any of a wide variety of theories of information value, including Frege's own. Consider again Frege's theory that the information value of a term consists in an associated purely conceptual representation. It happens that I do not have the slightest idea what characteristics differentiate beech trees from elm trees, other than the fact that the English term for beeches is 'beech' and the English term for elms is 'elm'. (This particular example is due to Hilary Putnam, whose botanical ignorance cannot exceed my own.) The purely conceptual content that I attach to the term 'beech' is the same that I attach to the term 'elm', and it is a pretty meager one at that. My concept of elm wood is no different from my concept of beech wood. Nevertheless, an utterance of the sentence 'Elm wood is beech wood' would (under the right circumstances) be highly informative for me. In fact, I know that elm wood is not beech wood. At the same time, of course, I know that elm wood is elm wood. By an argument exactly analogous to the one constructed from Frege's 'Hesperus'-'Phosphorus' puzzle, we should conclude that the information value of 'elm' or 'beech' is not the conceptual content. (It may be objected that my concept of elm trees includes the concept of being called 'elms' in English, and perhaps even the concept of being a different genus from the things called 'beeches' in English, making the purely conceptual contents different after all. There are compelling reasons, however, for denying that any concept like that of being called such-and-such in English can be part of the information value of terms like 'elm' and 'beech'. See (Kripke 1980, 68 ff; 274 *n*12; Salmon 1986, 163 *f*n2).) — This argument is a modification of the original Fregean argument in connection with 'Hesperus' and 'Phosphorus', employing the same general strategy and mostly the same premises (including Frege's Law and the compositionality principle for propositions). This generalized Fregean strategy may be applied against virtually any minimally plausible and substantive theory of information value. In this particular application of the generalized strategy, the relevant informative identity statement is not even true, but that does not matter to the general strategy. The truth of an informative identity statement is required only in the application of the general argument against theories that locate information value, at least in part, in reference. In the general case, only informativeness is required. False identity statements are always informative — so informative, in fact, as to be misinformative. Thus, virtually any substantive theory of information value imaginable reintroduces a variant of Frege's puzzle, or else it is untenable on independent grounds (modal arguments, epistemological arguments, the argument from error, and so on). — The sheer range of applicability of the generalized Fregean strategy — the fact that, if sound, it is applicable against virtually any substantive theory of information value — would seem to indicate that the strategy involves some error. The fact that the generalized strategy does indeed involve some error might be demonstrated through an application of the generalized strategy to a situation involving straightforward (strict) synonyms for which it is uncontroversial that information value is preserved. Suppose that foreign-born Sasha learns the words 'ketchup' and 'catsup' not by being taught that they are perfect synonyms, but by actually consuming the condiment and reading the labels on the bottles. Suppose further that, in Sasha's idiosyncratic experience, people typically have the condiment called 'catsup' with their eggs and hash browns at breakfast, whereas they routinely have the condiment called 'ketchup' with their hamburgers at lunch. This naturally leads Sasha to conclude, erroneously, that ketchup and catsup are different condiments that happen to share a similar taste, color, consistency, and name. He thinks to himself, "Ketchup is a sandwich condiment; but no one in his right mind would eat a sandwich condiment with eggs at breakfast, so catsup is not a sandwich condiment." Whereas the sentence 'Ketchup is ketchup' is uninformative for Sasha, the sentence 'Catsup is ketchup' is every bit as informative as 'Hesperus is Phosphorus'. Applying the generalized Fregean strategy, we would conclude that the terms 'catsup' and 'ketchup' differ in information value for Sasha. But this is clearly wrong. The terms 'ketchup' and 'catsup' are perfect synonyms in English. Some would argue that they are merely two different spellings of the very same English word. Most of us who have learned these words (or these spellings of the single word) probably learned one of them in an ostensive definition of some sort, and the other as a strict synonym (or as an alternative spelling) of the first. Some of us learned 'ketchup' first and 'catsup' second; for others the order was the reverse. Obviously, it does not matter which is learned first and which second. Either word (spelling) may be learned by ostensive definition. If either may be learned by ostensive definition, then both may be. Indeed, Sasha has learned both words (spellings) in much the same way that nearly everyone else has learned at least one of them: by means of a sort of ostensive definition. This manner of acquiring the two words (spellings) is unusual, but not impossible. Sasha's acquisition of these words (spellings) prevented him from learning at the outset that they are perfect synonyms, but the claim that he therefore has not learned both is highly implausible. Each word (spelling) was learned by Sasha in much the same way that some of us learned it. Even in Sasha's idiolect, then, the two words (spellings) are perfectly synonymous, and therefore share the same information value. Since this contradicts the finding generated by the generalized Fregean strategy, the generalized Fregean strategy must involve some error. This discredits the original Fregean argument against the original and modified naive theories in connection with 'Hesperus' and 'Phosphorus'. — What is the error? It is tempting to place the blame on Frege's Law. In Sasha's case, the sentences 'Catsup is ketchup' and 'Ketchup is ketchup' have the very same information content, yet it seems that the first is informative and the second is not. This would be a mistake. A sentence is *informative* in the sense invoked in Frege's Law only insofar as its information content is a ›valuable extension of our knowledge‹, or is knowable only *a posteriori*, or is not already ›given‹, or is nontrivial, etc.. There is some such property P of propositions such that a declarative sentence S is informative in the only sense relevant to Frege's Law if and only if its information content has P. Once the informativeness or uninformativeness of a sentence is properly seen as a derivative semantic property of the sentence, one that the sentence has only in virtue of encoding the information that it does, Frege's Law may be seen as a special instance of Leibniz's Law that things that are the same have the same properties: if the information content of S is the information content of S′, then the information content of S has the informative-making property P if and only if the information content of S′ does. Since Frege's Law is a logical truth, it is unassailable. — By the same token, the sentence 'Catsup is ketchup' is definitely not informative *in this sense*. The proposition it semantically encodes is just the information that ketchup is ketchup, a proposition that clearly lacks the relevant informative-making property P. The sentence 'Catsup is ketchup', unlike the sentences 'Ketchup is ketchup' and 'Catsup is catsup', is ›informative‹ in various other senses. If uttered under the right circumstances, the former can convey to someone like Sasha that the sentence itself is true, and hence that the words (or spellings) 'ketchup' and 'catsup' are English synonyms, or at least co-referential. To someone who already understands 'ketchup' but not 'catsup', an utterance of the sentence can convey what 'catsup' means. These pieces of linguistic information about English do have the informative-making property P, but in order for a sentence to be informative in the relevant sense its very information content itself must have the informative-making property P. It is not sufficient that utterances of the sentence typically impart information that has P, if that imparted information is not included in the semantic information content of the sentence. The question of information value concerns semantically encoded information, not pragmatically imparted information. − Exactly analogously, once the word 'informative' is taken in the relevant sense, thereby rendering Frege's Law a truth of logic, one of the other crucial premises of the original Fregean argument against the original and modified naive theories is rendered moot. Specifically, with the word 'informative' so understood, and with a sharp distinction between semantically encoded information and pragmatically imparted information kept in mind, the assumption that the sentence 'Hesperus is Phosphorus' is informative *in the relevant sense* requires special justification. To be sure, an utterance of the sentence typically imparts information that is more valuable than that typically imparted by an utterance of 'Hesperus is Hesperus'. For example, it may impart the nontrivial linguistic information about the sentence 'Hesperus is Phosphorus' itself that it is true, and hence that the names 'Hesperus' and 'Phosphorus' are co-referential. But presumably this is not semantically encoded information. The observation that 'Hesperus is Phosphorus' can be used to convey information that has the informative-making property P does nothing to show that the sentence's semantic content itself has the property P. It is by no means obvious that this sentence, stripped naked of its pragmatic impartations and with only its properly semantic information content left, is

any more informative in the relevant sense than 'Hesperus is Hesperus'. The original and modified naive theories claim that the information content of 'Hesperus is Phosphorus' is the trivial proposition about the planet Venus that it is it − a piece of information that clearly lacks the informative-making property P. It is by no means certain, as the original Fregean argument maintains, that the difference in ›cognitive value‹ we seem to hear between 'Hesperus is Hesperus' and 'Hesperus is Phosphorus' is not due entirely to a difference in pragmatically imparted information. Yet, until we can be certain of this, Frege's Law cannot be applied and the argument does not get off the ground. In effect, then, the original Fregean argument begs the question against the original and modified naive theories, by assuming that the typical impartations of 'Hesperus is Phosphorus' that have the informative-making property P are included in the very information content. Of course, if one fails to draw the distinction between semantically encoded and pragmatically imparted information (as so many philosophers have), it is small wonder that information pragmatically imparted by 'Hesperus is Phosphorus' may be mistaken for semantically encoded information. If the strategy of the original Fregean argument is ultimately to succeed, a further argument must be given to show that the information imparted by 'Hesperus is Phosphorus' that makes it seem informative is, in fact, semantically encoded. In the meantime, Frege's 'Hesperus'-'Phosphorus' puzzle is certainly not the conclusive refutation of the modified naive theory that the orthodox theorists have taken it to be. For all that the Fregean strategy achieves, the modified naive theory remains the best and most plausible theory available concerning the nature and structure of the information encoded by declarative sentences. Extensive use is made of the distinction between semantically encoded information and pragmatically imparted information in defending the modified naive theory in (Salmon 1986). − This debunking of the original Fregean argument about the differing informativeness of identity statements does not prove the modified naive theory, but it does expose the need for further argumentation if the modified naive theory is to be properly assessed. One important consideration favoring the modified naive theory over the orthodox theory comes by way of the paradigms of nondescriptional singular terms, individual variables. A related consideration involves pronouns. Consider the following so-called *de re* (as opposed to *de dicto*), or *relational* (as opposed to *notional*), propositional-attitude attribution:

(1) Jones believes of the planet Venus that it is a star.

Such a *de re* locution may be expressed in the formal mode by way of quantification into the oblique context created by the nonextensional operator 'believes that', as follows:

(2) $(\exists x)\ [x =$ Venus & Jones believes that x is a star].

What is characteristic of these *de re* locutions is that they do not specify how Jones conceives of the planet Venus in believing it to be a star. It is left open whether he is thinking of Venus as the first heavenly body visible at dusk, or as the last heavenly body visible at dawn, or instead as the heavenly body he sees at time t, or none of the above. The orthodox theorist contends that this lack of specificity is precisely a result of the fact that the (allegedly descriptional) name 'Venus' is positioned outside of the scope of the oblique context created by the nonextensional operator 'believes that', where it is open to substitution of co-referential singular terms and to existential generalization. What is more significant, however, is that another, nondescriptional singular term is positioned within the scope of the nonextensional context: the pronoun 'it' in (1), the last occurrence of the variable 'x' in (2). Consider first the quasi-formal sentence (2). It follows by the principles of conventional formal semantics that (2) is true if and only if its component open sentence

(3) Jones believes that x is a star

is true under the assignment of the planet Venus as value for the variable 'x' — or in the terminology of Tarski, if and only if Venus *satisfies* (3). Similarly, (1) is true if and only if its component sentence

(4) Jones believes that it is a star

is true under the anaphoric assignment of Venus as referent for the pronoun 'it'. The open sentence (3) is true under the assignment of Venus as value of 'x' if and only if Jones believes the proposition that is the information content of the complement open sentence

(5) x is a star

under the same assignment of Venus as the value of 'x'. Likewise, sentence (4) is true under the assignment of Venus as the referent of 'it' if and only if Jones believes the information content of

(6) It is a star

under this same assignment. Now, the fundamental characteristic of a variable with an assigned value, or of a pronoun with a particular referent, is precisely that its information value is just its referent. There is nothing else for it to contribute to the information content of sentences like (5) or (6) in which it figures. In fact, this is precisely the point of using a variable or a pronoun rather than a definite description (like 'the first heavenly body visible at dusk') within the scope of an attitude verb in a *de re* attribution. A variable with an assigned value, or a pronoun with a particular referent cannot have, in addition to its referent, a Fregean sense — a conceptual representation that it contributes to semantic content. If it did, (5) and (6) would encode specific general propositions, under these assignments, and (3) and (4) would thus be *de dicto* rather than *de re*, notional rather than relational. If (3) and (4) are to be *de re* rather than *de dicto*, the content of (5) or (6) under the assignment of Venus to 'x' or 'it' can only be the singular proposition about Venus that it is a star — the sort of proposition postulated by the modified naive theory — and this means that the information value of either the variable or the pronoun must be its referent. — What is good for the individual variable under an assigned value is good for the individual constant. Indeed, the only difference between a variable and a constant is that the variable varies where the constant stands fast. The semantics for a given language fixes the reference of its individual constants. It happens that some particularly useful operators, included in the usual mathematical languages, operate simultaneously on a certain kind of simple singular term and a formula, by surveying the various truth-values that the operand formula takes on when the operand singular term is assigned different referents (and the rest of the sentence remains fixed), and then assigning an appropriate extensional value to the whole formed from the operator and its two operands. If a given language includes operators of this sort, it will also require the presence of special singular terms that are not coupled with a particular referent to which they remain faithful, and are instead allowed to take on any value from a particular domain of discourse as temporary referent. These special singular terms are the individual variables, and the operators that require their presence are the variable-binding operators. Individual variables are singular terms that would be individual constants but for their promiscuity. Conversely, then, individual constants are singular terms that would be variables but for their monogamy. The variability of a variable has nothing whatsoever to do with the separate feature that the variable's information value, under an assignment of a referent, is just the assigned referent. It is the simplicity of the variable that gives it the latter feature; the variability only guarantees that the information value also varies. Once the variable is assigned a particular value, the variable becomes, for all intents and purposes pertaining to that assignment, a constant. Hence, if the open sentence (5), under the assignment of Venus as the value of 'x', encodes the singular proposition about Venus that it is a star, then the closed sentence

a is a star,

where 'a' is an individual constant that refers to Venus, encodes this same proposition. Assuming that the individual constants of natural language are the proper names, pronouns, single-word indexical singular terms, and other simple singular terms, the considerations raised here support the modified naive theory. — There is a great deal more to be said both against and in favor of the modified naive theory. In particular, there are the arguments that derive from the remaining three puzzles. It is important to note in this connection that at least some aspects of these puzzles would arise even in a language for which it was stipulated — say, by an authoritative linguistic committee that legislates the grammar and semantics of the language, and to which all speakers of the language give their cooperation and consent — that the modified naive theory is correct. Suppose, for example, that such a committee decreed that individual names are to function exactly like the mathematician's variables 'x', 'y', and 'z', except that they are to remain constant. Almost certainly, ordinary speakers would continue to regard co-referential names as not always interchangeable in propositional-attitude attributions. English speakers who use 'ketchup' and 'catsup' as exact synonyms but who do not reflect philosophically on the matter, and even some who do reflect philosophically, may be inclined to assent to the sentence 'Sasha believes that ketchup is a sandwich condiment, but he does not believe that catsup is'. On reflection, however, it emerges that this sentence expresses a logical impossibility, since the proposition that catsup is a sandwich condiment just is the proposition that ketchup is a sandwich condiment. Similarly, speakers who agree to abide by the legislative committee's decree about proper names and variables, especially if they do not reflect philosophically on the implications of the decree in connection with such constructions as (1), might for independent pragmatic reasons be led to utter or assent to such sentences as 'Jones believes that Hesperus appears in the evening, but he does not believe that Phosphorus does'. Perhaps speakers would be led to utter this sentence, for example, in order to convey the complex fact that Jones agrees to the proposition about Venus that it appears in the evening when he takes it in the way it is presented to him by the sentence 'Hesperus appears in the evening' but not when he takes it in the way it is presented to him by the sentence 'Phosphorus appears in the evening'. (Such a position is sketched in some detail in (Salmon 1986).) Insofar as the same phenomena that give rise to the puzzles would arise even in the case of a language for which the modified naive theory was true by fiat and unanimous consent (and do in fact arise with respect to such straightforward strict synonyms as 'ketchup' and 'catsup'), the puzzles cannot be taken as evidence against the modified naive theory. — The puzzles arising from nonreferring names involve a complex nest of further issues that cannot be discussed here. A deeper understanding is needed of all four of the puzzles that gave rise to the present situation in the theory of reference, as well as a re-examination of the modified naive theory in light of this deeper understanding. Until this is achieved, it is premature to reject the modified naive theory solely on the basis of the puzzles. — (Portions of my books *Reference and Essence* (1981) and *Frege's Puzzle* (1986) and of my article 'Reference and Information Content: Names and Descriptions' have been incorporated into the present article by permission of Princeton University Press/Basil Blackwell, the MIT Press, and D. Reidel, respectively.)

List of logical symbols

⊃   conditional (→ elsewhere)
&   conjunction (∧ elsewhere)
∨   disjunction
≡   biconditional (↔ elsewhere)
( )   universal quantifier (∧ elsewhere)
∃   existential quantifier (∨ elsewhere)
ɿ   definite description operator (ɩ elsewhere)

8. Selected references

Church 1954, Intensional isomorphism and identity of belief, in *Philosophical Studies* 5.

Church 1956 b, Introduction, in *Introduction to Mathematical Logic* I.

Donnellan 1972, Proper names and identifying descriptions, in *Semantics of Natural Language*, Davidson/Harman (eds.).

Frege 1975 a, Über Sinn und Bedeutung, in *Funktion, Begriff, Bedeutung*, Patzig (ed.).

Kaplan 1989, Demonstratives, in *Themes from David Kaplan*, Almog/Perry/Wettstein (eds.).

Kripke 1972, Naming and necessity, in *Semantics of Natural Language*, Davidson/Harman (eds.).

Kripke 1979 a, A puzzle about belief, in *Meaning and Use*, Margalit (ed.).

Mill 1843, Of names, in *A System of Logic*, Book I, Chapter II.

Mill 1981, *Collected Works* VII.

Putnam 1954, Synonymy and the analysis of belief sentences, in *Analysis* 14.

Putnam 1975 b, The meaning of 'meaning', in *Philosophical Papers* II. *Mind, Language and Reality*.

Russell 1905, On denoting, in *Mind* 14.

Russell 1910 a, Knowledge by acquaintance and knowledge by description, in *Proceedings of the Aristotelian Society* 11.

Salmon 1981, *Reference and Essence*.

Salmon 1986, *Frege's Puzzle*.

Salmon 1990, A Millian heir rejects the wages of *Sinn*, in *Propositional Attitudes*, Anderson/Owens (eds.).

Salmon/Soames (eds.) 1989, *Propositions and Attitudes*. [Contains Church 1954; Kripke 1979 a; Putnam 1954; Russell 1910 a]

Schwartz (ed.) 1977, *Naming, Necessity, and Natural Kinds*.

Nathan Salmon, Santa Barbara, Cal. (USA)

79. Deixis und Selbstbezug/Deixis and self-reference

1. Deixis

1.1. Einführung

1.1.1. Satzelemente mit konstantem Sinn und variablem Sachbezug

Angenommen, wir hören eine Stimme auf einem Tonband sagen:

(1)   Ich habe Blutgruppe A
(2)   Heute ist Freitag,

und wir wissen nicht, wer das Band wann besprochen hat. Unter diesen Umständen verstehen wir das, was wir hören, und wir verstehen es auch wieder nicht … Wir verstehen es insofern, als wir über eine gewisse lexikalisch-grammatische Kompetenz verfügen: wir wissen, welchen Sinn die geäußerten Sätze in der deutschen Sprache haben, — wir erfassen ihren *sprachlichen Sinn*.

Dieser Sinn-Begriff geht in viele semantische Kategorien ein. Sagt man von den Sätzen (1) und 'I have blood-type A', sie seien synonym (s. Art. 86), so schreibt man ihnen denselben sprachlichen Sinn zu. Nennt man einen Satz wie 'In manchen Straßen gibt es mehr als eine Bank' äquivok, so schreibt man ihm mehr als einen sprachlichen Sinn zu. Sprachlich sinnlos in einer Sprache L sind Gebilde, die in L ungrammatisch sind ('Dieses und ist oder' in unserer Sprache) oder mindestens ein Wort enthalten, für das es in L keine korrekte — rein verbale oder hinweisende — Erklärung gibt ('Die rote Fingur plaustert').

Indem wir den sprachlichen Sinn von (1) kennen, wissen wir unter anderem: Von allen Sprechern und Schreibern S gilt, daß das Wort 'ich' in den Äußerungen von S und nur in ihnen S bezeichnet. Und unsere Kenntnis des sprachlichen Sinns von (2) besteht unter anderem darin, daß wir wissen: Für alle Tage T gilt, daß das Wort 'heute' am Tage T und nur an ihm T bezeichnet. — In einer anderen Hinsicht verstehen wir jene Äußerungen nicht. Wir wissen nicht, von welcher Person, von welchem Tag die Rede ist. Wir wissen insofern nicht, was mit den Sätzen (1) und (2) gesagt wird (von der Identität des Gesagten wird der Abschnitt 1.6. handeln). Wir erfassen unter den angegebenen Umständen nicht das mit den Sätzen Gesagte, weil der Sprecher auf sich und den Tag seiner Äußerung mit *deiktischen Satzelementen*, insbesondere mit *Indikatoren* Bezug nimmt. Satzelemente wie 'ich', 'du', 'dies', 'hier', 'dort', 'jetzt', 'heute', 'gestern' oder die tempusdifferenzierenden Umlautungen und Endungen der Verben — solche Satzelemente haben miteinander gemeinsam, daß ihr Sachbezug in unserer Welt systematisch mit bestimmten Komponenten des Äußerungskontextes (s. Art. 92) variiert. In dieser Variation bleibt ihr sprachlicher Sinn konstant: Die Antwort auf die Frage, was 'heute' im Deutschen bedeutet, muß nicht alle 24 Stunden revidiert werden. Und das Wort 'ich' bekommt nicht mit jedem neuen 'Ich'-Sager einen zusätzlichen sprachlichen Sinn. Der konstante sprachliche Sinn des Indikators bestimmt zusammen mit gewissen Zügen der Äußerungssituation, was der Indikator in der Äußerung bezeichnet. Edmund Husserl (1968, II/1, 82) nennt den sprachlichen Sinn der Indikatoren ihre ›allgemeine Bedeutungsfunktion‹, von der er ihre ›jeweilige Bedeutung‹ unterscheidet (s. 6.2.). David Kaplan (1977, 19—27; 1979 b, 403) hebt den sprachlichen Sinn der Indikatoren als ›character‹ von ihrem mit der Äußerungssituation schwankenden ›content‹ ab; John Perry (1977,

479) unterscheidet ganz entsprechend ›role‹ und ›value‹ der deiktischen Satzelemente. — Gottlob Frege (1976 a, 38) kann mit 'Sinn' (s. Art. 34; 81) nicht sprachlichen Sinn meinen, wenn er schreibt: Äußert man an aufeinanderfolgenden Tagen einen Satz (2), so findet eine „Änderung des Sinnes" statt, die „durch den Zeitunterschied des Sprechens bewirkt" wird. Den ›Sinn‹, den ein Aussagesatz in einer Äußerung hat, bezeichnet Frege auch als den ausgedrückten ›Gedanken‹:

„Der gleiche das Wort 'ich' enthaltende Wortlaut wird im Munde verschiedener Menschen verschiedene Gedanken ausdrücken, von denen einige wahr, andere falsch sein können" (Frege 1976 a, 38).

Der mit dem Satz ausgedrückte ›Gedanke‹ scheint dem zu entsprechen, was oben 'das mit dem Satz Gesagte' genannt wurde (s. 1.6.). Für das, was in diesem Essay als 'sprachlicher Sinn' bezeichnet wird, gibt es in Freges Theorie keinen eigenen Terminus.

1.2. Indikatoren in hinweisenden Erklärungen

Ein Satz wie
(3) Die Farbe dieses Minerals ist Indigoblau
kann verwendet werden, um jemandem mitzuteilen, welche Farbe etwas hat. Diese Rolle kann (3) nur dann erfolgreich spielen, wenn der Adressat den Ausdruck 'Indigoblau' bereits versteht. Man kann mit demselben Satz aber auch der Bitte um eine Erklärung dieses Ausdrucks nachkommen. Für solche Erklärungen hat W. E. Johnson (1921, I, vi, § 7) den Terminus 'ostensive definition' eingeführt; bei Ludwig Wittgenstein (1953, §§ 27—38; 50) heißen sie 'hinweisende Erklärungen' (zum Begriff Hinweisen vgl. 1.5.). Gebraucht man (3) in einer hinweisenden Erklärung, so spielt auch der Gegenstand, der durch den Indikator bezeichnet wird, eine besondere Rolle: Er ist dann wie der Wortlaut (3) ein Vehikel der Erklärung und dient in ihr als Muster für die Anwendung von 'Indigoblau'. Wie rein verbale Erklärungen ('Abstinenz ist Enthaltsamkeit') sind auch hinweisende Erklärungen Substitutionsregeln. Wird mit dem Satz (3) zur Zeit t eine korrekte ostensive Definition gegeben, dann könnte man in t statt 'Karls Lieblingsfarbe ist Indigoblau' auch sagen 'Karls Lieblingsfarbe ist die Farbe dieses Minerals', wenn der Indikator in beiden Äußerungen denselben Gegenstand bezeichnet. Der Zusatz 'in t' ist wichtig; denn die Muster, die wir verwenden, sind veränderlich und vergänglich. (Plato scheint Ideen als Muster (παραδείγματα) zu konzipieren, die

diesem Schicksal nicht unterworfen sind und auf die (gewissermaßen) blickend man Ausdrücke (gewissermaßen) ostensiv definieren kann.) Durch eine rein verbale Erklärung erfährt man, was das Definiendum bedeutet, wenn man den sprachlichen Sinn des Definiens kennt. Eine hinweisende Erklärung von 'Indigoblau' mit Hilfe von (3) hingegen nützt demjenigen nichts, der zwar den sprachlichen Sinn von 'die Farbe dieses Minerals' kennt, aber den deiktisch bezeichneten Gegenstand nicht wahrnimmt.

1.1.3. Indikatoren in Glaubenszuschreibungen

Weitere Gemeinsamkeiten der deiktischen Ausdrücke werden sichtbar, wenn man ihre Rolle bei der Fremdzuschreibung propositionaler Einstellungen (wie: Glauben, daß) oder Akte (wie: Urteilen, daß) betrachtet (s. Art. 80). Verwendet man z. B. bei der Spezifikation dessen, was ein anderer glaubt, Indikatoren, so gilt: (A) Man legt sich auf gewisse Existenz-Annahmen fest, auf die man sich nicht einließe, wenn man anstelle der Indikatoren Eigennamen oder (indikatorenfreie) Kennzeichnungen (s. Art. 78) mit demselben Sachbezug verwenden würde. Wer mit behauptender Kraft sagt:

(4) 'Anna glaubt, daß ich dies mag',

der muß akzeptieren, was er im selben Kontext mit den folgenden Sätzen sagen würde: 'Es gibt jemanden, von dem Anna glaubt, daß er dies mag'; 'es gibt etwas, von dem Anna glaubt, daß ich es mag' (vgl. Prior 1971, 156 f). — (B) Der Sprecher läßt mit einer derartigen Zuschreibung offen, wie sich die deiktisch bezeichneten Gegenstände dem Subjekt der Einstellung oder des Aktes darstellen. Er unterstellt nicht, daß sie sich diesem Subjekt so darstellen, wie er sie in seiner Zuschreibung darstellt. In (4) nimmt der Sprecher auf die Person, von der Annas Glaube handelt, so Bezug, wie Anna es gar nicht könnte (vgl. Castañeda 1980, 784; 788 über die ›propositional opacity‹ deiktischer Spezifikationen dessen, was einer glaubt). Mit Eigenschaft (B) ist freilich keine hinreichende Bedingung für das Vorliegen eines Indikators erfaßt. Auch bei einer behauptenden Äußerung von 'Karl glaubt, daß Renoirs kitschigstes Bild ein Meisterwerk ist' unterstellt der Sprecher mit der von ihm gebrauchten Kennzeichnung gewiß nicht, daß Karl das, was er für ein Meisterwerk hält, als kitschigstes Bild Renoirs denkt. Immerhin gilt von den Indikatoren in Glaubenszuschreibungen immer, was dort auf

Kennzeichnungen nur manchmal zutrifft: daß der Sprecher mit ihnen keine Auskunft darüber gibt, wie sich der bezeichnete Gegenstand in dem mit ihrer Hilfe zugeschriebenen Glauben dem Subjekt darstellt.

1.2. Terminologischer Überblick

1.2.1. Nomenklatur

Für deiktische Satzelemente oder Indikatoren gibt es in der Literatur eine Vielzahl von Titeln: 'okkasionelle Ausdrücke' (Husserl 1968, II/1, 79 ff; II/2, 17 ff), 'Zeigwörter' (Bühler 1978, 79 ff), 'indexical signs' (Peirce 1932, §§ 248; 265, 283 ff; 305), 'shifters' (Jespersen 1922, 123 f), 'mots déictiques' (Bally 1965, 85), 'egocentric particulars' (Russell 1940, Kap. 7; 1948, T. II, Kap. 4), 'token-reflexive words' (Reichenbach 1947, § 50), 'indicators' (Castañeda) oder 'demonstratives' (Kaplan). — Manche dieser Termini stehen in der Tradition der antiken Grammatik, in der Indikatoren oft δεικτικά (von griech. δείκνυμι, zeigen) genannt werden. Andere spielen darauf an, daß der Sachbezug eines Indikators sich mit der Gelegenheit (›occasio‹) seiner Äußerung verschieben (›shift‹) kann. Gegen manche Termini ist einzuwenden, daß Indikatoren nicht immer Wörter sind: Im lateinischen 'ambulo' erfolgt die deiktische Bezugnahme auf eine Zeit und eine Person mit Hilfe der Endung '-o'.

1.2.2. Russells und Reichenbachs Reduktionsversuche

Manchmal steht hinter der gewählten Bezeichnung eine reduktionistische These. Nach Bertrand Russell (1940, 108; 114) bezeichnet der Indikator 'dies' im Munde eines Sprechers S zur Zeit t stets ein Sinnesdatum, das S in t gegeben ist, und alle anderen Indikatoren sollen im Rekurs auf das so verstandene 'dies' definierbar sein. 'Ich' beispielsweise soll soviel heißen wie 'die Person, zu deren Sinnesdaten dies gehört'. Diese semantische Konzeption steht und fällt mit Russells fragwürdiger Epistemologie. — Plausibler und einflußreicher war die Konzeption, die in Hans Reichenbachs terminologischem Vorschlag zum Ausdruck kommt:

„The words under consideration are words which refer to the corresponding token used in an individual act of speech, or writing; they may therefore be called token-reflexive. It is easily seen that all these words can be defined in terms of the phrase 'this token'. The word 'I', for instance, means the same as 'the person who utters this token'; 'now' means the same as 'the time at which this token is uttered'; 'this table' means the same as 'the table pointed to by a gesture accompanying this token'. We therefore need inquire only into the meaning of the phrase 'this token'" (Reichenbach 1947, 284).

Mit dem deiktischen Bestandteil der Kennzeichnungen, die nach Reichenbachs Analyse denselben Sinn wie die reduzierbaren Indikatoren haben, wird auf ein mündliches oder schriftliches Vorkommnis (token) eines Indikators Bezug genommen, — nicht auf den Akt, in dem dieses Vorkommnis verwendet wird. Dabei scheint Reichenbach zu übersehen, daß ein und dieselbe Indikator-Inskription nacheinander der Bezugnahme auf verschiedene Gegenstände dienen kann. Wenn eine Schülerin sich bei verschiedenen Fragen meldet, indem sie ein Schild mit der Aufschrift 'Nehmen Sie mich jetzt dran!' hochhält, so bezeichnet das 'jetzt' auf ihrem Schild jedesmal einen anderen Zeitpunkt. Das von Reichenbach vorgeschlagene Definiens aber — 'the time at which this token is uttered' — würde in diesem Kontext entweder den falschen Zeitpunkt, den der Beschriftung des Schildes, bezeichnen, oder die Einzigkeitsunterstellung (*the* time …) ist inkorrekt, da das Schild ja zu verschiedenen Zeiten verwendet wird. Aber auch wenn wir die deiktische Komponente in Reichenbachs Kennzeichnungen nicht auf Zeichenvorkommnisse, sondern auch Akte der Zeichenverwendung, kurz: auf Äußerungen beziehen (Roberts 1984, 112 f), bleibt Reichenbachs Reduktionsversuch fragwürdig. Bedeutet 'ich' z. B. wirklich dasselbe wie 'die Person, die diese Äußerung macht', wenn man den Indikator in dieser Kennzeichnung äußerungsreflexiv versteht? Vergleichen wir einmal die Äußerungen (X) 'Es ist denkbar, daß ich jetzt keine Äußerung mache' und (Y) 'Es ist denkbar, daß die Person, die diese Äußerung macht, jetzt keine Äußerung macht'. Für (X) gibt es in unserer Sprache keine Lesart, unter der das Gesagte falsch ist. Für (Y) hingegen gibt es zwei Interpretationen, *de re* und *de dicto*: (Y^r) 'Was die Person angeht, die diese Äußerung macht, so ist es denkbar, daß sie jetzt keine Äußerung macht' und (Y^d) 'Folgendes ist denkbar: Die Person, die diese Äußerung macht, macht jetzt keine Äußerung', und im Sinne von (Y^d) verstanden wird mit (Y) etwas Falsches gesagt. Ist diese Differenz nicht Grund genug, Reichenbachs Definition zu verwerfen? Ein analoges Argument ließe sich gegen Russells Versuch, 'ich' zu definieren, ins Feld führen.

1.2.3. Quines okkasionelle Sätze

Okkasionell sind die Indikatoren, weil ihr Sachbezug von der Gelegenheit abhängig ist, in der sie geäußert werden. Enthält ein Satz nun einen Indikator, so wird oft auch der Wahrheitswert des mit ihm Gesagten von der Äußerungssituation abhängig sein. Wegen der Variabilität des Wahrheitswertes nennt Willard Van Orman Quine Sätze wie (1) etc. 'occasion sentences' (Quine 1960, § 9). Variabilität des Sachbezugs impliziert aber nicht, wie oft unterstellt wird (Quine 1960, 194; Davidson 1984, 35), Variabilität des Wahrheitswertes. Gleichgültig, in welcher Situation gesagt wird: 'Ich bin mit mir identisch' oder 'Wenn heute Montag ist, dann ist morgen Dienstag' — es wird mit diesen Sätzen jedesmal etwas Wahres gesagt. Nicht alle Sätze, die Indikatoren (okkasionelle Ausdrücke) enthalten, sind okkasionelle Sätze im Sinne Quines.

1.2.4. Freges hybride Symbole

Bei Frege findet sich kein besonderer Titel für die Indikatoren; aber nimmt man seine Charakterisierung des deiktischen Sachbezugs wörtlich, so ergibt sich eine Konzeption, die schon im Ansatz sehr idiosynkratisch zu sein scheint. Wenn jemand unter Verwendung eines Satzes, der ein deiktisches Element enthält, einen ›Gedanken‹ ausdrückt, so ist das, womit er das tut, nicht der geäußerte Wortlaut allein, sondern ein *mixtum compositum*, dessen Teile dieser Wortlaut und ›gewisse das Sprechen begleitende Umstände‹ sind, zu denen ›auch Fingerzeige, Handbewegungen, Blicke gehören‹ können. Frege gibt unter anderem das folgende Beispiel:

„Wenn mit dem Tempus Praesens eine Zeitangabe gemacht werden soll, muß man wissen, wann der Satz ausgesprochen worden ist, um den Gedanken richtig aufzufassen. Dann ist also die Zeit des Sprechens Teil des Gedankenausdrucks" (Frege 1976 a, 38).

Äußert *S* in *t* den Satz (1), dann ist laut Frege dasjenige, was *S* bezeichnet, nicht das Zeichen 'ich', sondern ein komplexes Symbol, dessen Teile das von *S* in *t* produzierte Vorkommnis dieses Zeichens und *S* selber sind. Dieses Symbol bezeichnet einen Teil seiner selbst, nämlich *S*. Der Sachbezug dieses Symbols ist konstant. Und wenn *S* in *t* den Satz (2) äußert, dann ist laut Frege dasjenige, was den Tag der Äußerung bezeichnet, nicht das Zeichen 'heute', sondern ein komplexes Symbol, das aus einem Vorkommnis dieses Zeichens und *t* besteht. Auch dieses Symbol hat keinen variablen Sachbezug (vgl. Frege 1969, 230). — Diese Charakterisierung der Fregeschen Konzeption bedient sich der Terminologie Ludwig Wittgensteins, der in den dreißiger Jahren derartige Komplexe, die aus einem Wortlaut und einem Ausschnitt der nicht-verbalen Realität bestehen, 'Symbole' und ihre verbalen Komponenten 'Zeichen' genannt hat (vgl. Künne 1984, 252 f; 256). — Bei näherem Zusehen erweist sich Freges Abweichung freilich als weniger radikal, als es zunächst den Anschein hat. Er verwendet 'bezeichnen' ('bedeuten') als zweistelliges Prädikat: 'x bezeichnet y' und muß deshalb dem Vorderglied dieser Relation in den hier zur Diskussion stehenden Fällen eine beträchtliche Komplexität zuschreiben. Stattdessen wird in diesem Essay ein komplexeres, nämlich vierstelliges Prädikat verwendet: 'x bezeichnet im Munde von S in t y'; dafür kann dann das erste Glied dieser Relation ein schlichtes Zeichen sein. Die eine Redeweise kann mühelos in die andere transformiert werden. — Nur im Falle der hinweisenden Erklärung (s. 1.1.2.) scheint die Rede von Symbolen, die nicht-verbale Teile enthalten, mehr zu sein als eine alternative *façon de parler*. Denn bei der hinweisenden Erklärung spielt der gezeigte Gegenstand ja eine besondere Rolle, die durch seine Beschreibung als Bestandteil der Erklärung hervorgehoben wird.

1.3. Abgrenzung: Deixis, Anapher und Deixis-Zuschreibung

1.3.1. Anapher

Daß der Sachbezug eines Satzelements in unserer Welt auch bei konstantem sprachlichem Sinn mit der Äußerungssituation variieren kann, ist für manche Autoren (so Husserl und Karl Bühler) nicht nur eine notwendige, sondern auch eine hinreichende Bedingung dafür, daß es sich um ein deiktisches Satzelement handelt. Eine Konsequenz dieser terminologischen Entscheidung ist, daß man dann auch anaphorisch (rück- oder vorverweisend) gebrauchte Ausdrücke wie 'sie' und 'das' in

(5) 'Die Zahl 13 ist eine Primzahl, denn sie ist nur durch 1 und sich selber teilbar',
(6) 'Die Zahl 13 ist eine Primzahl. Das weiß Fritzchen seit gestern'.

als Indikatoren bezeichnen muß. Nun sind diese anaphorisch verwendeten Ausdrücke Substitute für andere, die aus dem vorangegangenen oder nachfolgenden Text zu ermitteln sind. (Nicht immer ist das Substituendum wie in (5) einfach ein Fragment des umgebenden Textes: In (6) ist es die Nominalisierung dessen, was vor 'das' steht.) Daher kann man das, was in (5) beziehungsweise (6) mit dem Satz, der ein anaphorisches Element enthält, gesagt wird, auch mit einem Satz sagen, der kein solches Element enthält. Was mit Sätzen wie (1) bis (4) gesagt wird, kann hingegen, wie wir in 1.6.2. sehen werden, nicht indikatorenfrei ausgedrückt werden. Deshalb wird in diesem Essay der Titel 'Deixis' so gebraucht, daß die Anapher nicht unter ihn fällt.

1.3.2. Deixis-Zuschreibung

Gewissermaßen zwischen Anapher und Deixis angesiedelt ist der durch den folgenden Satz exemplifizierte Gebrauch von Pronomina in Fremdzuschreibungen von propositionalen Einstellungen oder Akten:

(7) 'Anna glaubt, daß sie (selbst) Blutgruppe A hat.'

Um den Sachbezug von 'sie' in einer Äußerung von (7) zu ermitteln, muß man — wie in (5) — den sprachlichen ›Vorgänger‹ dieses Ausdrucks suchen. Und doch ist das 'sie' in (7) kein anaphorisches Substitut für 'Anna'. Denn sonst müßte (7) soviel bedeuten wie:

(7 a) 'Anna glaubt, daß Anna Blutgruppe A hat.'

(7) und (7 a) sind aber nicht synonym. Es sind Umstände denkbar, in denen man zwar mit (7), nicht aber mit (7 a) etwas Wahres sagt. In Kleists *Amphitryon* wird Sosias vom Gott Merkur so malträtiert, daß er schließlich ausruft: „[...] sage mir, da ich Sosias nicht bin, wer ich bin. Denn etwas gibst du zu, muß ich doch sein". Wäre es Anna ähnlich ergangen, so würde man mit (7 a) auch dann eine unzutreffende Glaubenszuschreibung formulieren, wenn (7) zutreffend wäre. Das Wort 'sie' wird in (7) also nicht anaphorisch verwendet. Es fungiert hier aber auch nicht als Indikator (vgl. 1.1.3.): Einerseits (A') legt sich der Sprecher mit dem Pronomen nicht auf die Annahme fest, es gebe einen Gegenstand, der durch dieses Wort in seinem Munde bezeichnet wird — es sei denn, er täte es bereits mit dem Antezedens 'Anna'. Andererseits (B') macht der Sprecher mit einer derartigen Glaubenszuschreibung offenbar, wie dem Subjekt der bezeichnete Gegenstand gegeben ist. Er schreibt Anna mit (7) nämlich einen Glauben zu, den sie selbst unter Verwendung des Indikators 'ich' (oder eines synonymen Ausdrucks) müßte kundgeben können. Prono

mina, die zwar nicht der Deixis, aber der *Deixis-Zuschreibung* dienen, nennt Hector-Neri Castañeda (1967, 85) 'quasi-indicators'. Elizabeth Anscombe (1975, 46) bezeichnet so fungierende Ausdrücke als 'indirect reflexives'.

1.4. Ein Sonderfall: textinterne Deixis

Ein anaphorisch gebrauchter Ausdruck bezeichnet nicht das Textstück, aus dem sein Substituendum zu ermitteln ist. In der textinternen Deixis hingegen bezeichnet der Indikator ein Stück des Textes, in dem er vorkommt. Welches Stück das ist, wird durch seinen sprachlichen Sinn und seine Position im Text bestimmt. Dieser Indikatorengebrauch begegnet uns in Wendungen wie

(8) 'vgl. unten, Abschnitt 1.1.'
(9) ''α' ist ein Buchstabe, mit dem viele griechische Wörter beginnen'.

Daß die den ersten Buchstaben des griechischen Alphabets anführende Bezeichnung eine deiktische Komponente enthält, impliziert, daß sie eine semantisch relevante Binnenstruktur hat. Im Gegensatz zu 'Alpha', dem Namen jenes Buchstabens, enthält seine Anführung ja einen Teil, dessen Verständnis uns bei der Bestimmung ihres Sachbezugs leitet: die Anführungszeichen (gegen Tarski 1971, 456; und Quine 1960, 190). Durch den Besitz einer semantisch relevanten Binnenstruktur gleicht die anführende Bezeichnung des Alpha der Kennzeichnung 'der erste Buchstabe des griechischen Alphabets'. Die Besonderheit der Rolle der Anführungszeichen wird deutlicher, wenn wir (9) folgendermaßen paraphrasieren:

(9 a) α : Das Zeichen, von dem dies ein Vorkommnis ist, ist ein Buchstabe, mit dem viele griechische Wörter beginnen.

Die Leistung der Anführungszeichen in (9) wird in (9 a) durch eine Kennzeichnung erbracht, die einen Indikator und das schriftliche Substitut einer Zeigehandlung enthält. Das, was der Indikator bezeichnet, kommt nicht in vielen Wörtern vor: Es ist nicht das, was die anführende Bezeichnung als ganze bezeichnet. Dafür, daß man manchmal, um auf einen abstrakten Gegenstand Bezug zu nehmen, auf einen konkreten zeigt, war schon (3) in 1.1.2. ein Beleg (vgl. Quine 1969 a, 40 über 'deferred ostension'). Eine anführende Bezeichnung wie die in (9) zu verstehen, heißt gar nichts anderes als zu wissen, daß sie dasjenige Zeichen bezeichnet, von dem ein Vor-

kommnis zwischen den Anführungszeichen steht. Gemäß den redaktionellen Richtlinien der Herausgeber dienen in diesem Buch kursiv gedruckte Inskriptionen der Anführung von Werken. Das Vehikel der Deixis ist dann nicht ein abtrennbares Stück der anführenden Bezeichnung, sondern ihre Form. Eine solche Bezeichnung verstehen, heißt: wissen, daß sie dasjenige Zeichen bezeichnet, von dem sie selbst ein Vorkommnis ist (vgl. Carnap 1934, §§ 42; 64 über ›autonymen‹ Zeichengebrauch). — Anapher und textinterne Deixis können auch zusammenwirken wie in dem berühmten Beispiel Quines (1961 a, 139):

(10) 'Giorgione wurde wegen seiner Größe so genannt.'

Anders als das 'so' in einer Äußerung von 'Ich würde es so machen', die begleitet wird von einer als Muster dienenden Handlung, fungiert das 'so' in (10) nicht deiktisch, sondern anaphorisch. Das aus dem Kontext zu ermittelnde Substituendum ist nun nicht der Name 'Giorgione', der dort steht, sondern die Anführung dieses Namens: ''Giorgione''. Hier sieht man übrigens einen Vorteil der Anführungszeichen gegenüber der Kursivierung: sie sind iterierbar. Mit (10) wird dasselbe gesagt wie mit

(10 a) 'Giorgione wurde wegen seiner Größe 'Giorgione' genannt.'

Das Substituendum des anaphorischen 'so' enthält hier ein deiktisches Element.

1.5. Deiktisches Bezeichnen

1.5.1. Bezeichnen und Hinweisen-auf

Manchmal ist der deiktisch bezeichnete Gegenstand durch den sprachlichen Sinn des Indikators und die Tatsache, daß *S* ihn in *t* äußert, eindeutig bestimmt: Im Munde von *S* in *t* bezeichnet 'ich' *S* und 'heute' den Tag, zu dem *t* gehört. Für andere Indikatoren gilt das nicht. Bei 'dies' z. B. und bei 'du' hängt der Sachbezug noch von einer unter Verwendung des Indikators ausgeführten Handlung ab: Im Munde von *S* in *t* bezeichnet 'dies' nur dann einen bestimmten Gegenstand, wenn *S* in *t* auf ihn hinweist, und 'du' nur dann eine bestimmte Person, wenn *S* sie in *t* anredet. Der Sprecher kann die Handlung des Hinweisens auf *X* (des *X* Anredens) unter anderem dadurch vollziehen, daß er 'dies' ('du') äußert und dabei auf *X* zeigt, *X* anblickt oder *X* auf die Schulter tippt. Die Teilhandlung, welche die Äußerung des Indikators zum Akte des Hinweisens (Anredens) ergänzt, kann auch selber eine verbale sein: So kann 'dies' in einer Äußerung einen gleichzeitig hörbaren Ton bezeichnen, wenn der Sprecher fortfährt: '... ist ein hohes C'. Manchmal machen auch Äußerungsumstände, die keine ergänzenden Handlungen sind, eine Äußerung von 'du' zur Handlung des eine-bestimmte-Person-Anredens: z. B. wenn der Sprecher zur Zeit seiner Äußerung mit dieser Person allein auf weiter Flur ist.

Nicht immer muß man, um auf mehrere Gegenstände deiktisch Bezug zu nehmen, mehrere Indikator-Äußerungen machen (vgl. Taylor 1980, 185 f). Wenn S in einer Telefonzelle in Anwesenheit von A mit B telefoniert und dabei hört, wie es in der Leitung knackt und vor der Zelle kracht, dann kann er mit Hilfe der Indikatoren in 'Das hast du bestimmt auch gehört' gleichzeitig zwei Personen anreden und auf zwei Geräusche hinweisen — und infolgedessen sowohl etwas Wahres als auch etwas Falsches sagen. Hier ist ein und dieselbe Äußerung von 'das' ('du') Komponente von zwei Hinweis- (Anrede-)Handlungen — etwa so wie ein und dieselbe Buchstabeninskription in einem Kreuzworträtsel Bestandteil von zwei Wortinskriptionen ist. — Einige Indikatoren können sowohl hinweisunabhängig als auch hinweisabhängig verwendet werden. Mit dem Satz 'Hier habe ich heftige Schmerzen' macht S in t bei hinweisunabhängiger Verwendung genau dann eine wahre Aussage, wenn S da, wo er sich in t befindet, heftige Schmerzen hat. (Vielleicht würde ihm ein Ortswechsel gut tun.) Bei hinweisabhängiger Verwendung macht S in t mit jenem Satz eine wahre Aussage, wenn S da, wo er in t hinzeigt, heftige Schmerzen hat. (Vielleicht sollte er sich den Zahn ziehen lassen.) Wegen dieser zweifachen Verwendbarkeit des Indikators 'hier' bedarf die These, daß man mit dem Satz 'Ich bin hier' allein kraft seines sprachlichen Sinnes stets etwas Wahres sagt (Kaplan 1979 b, 402), einer Einschränkung: Zeigt jemand während seines ersten Aufenthaltes in einer fremden Stadt auf eine Karte und sagt 'Ich bin hier', so ist es natürlich keineswegs ausgeschlossen, daß er etwas Falsches sagt.

1.5.2. Bezeichnen und Achten-auf

Nach Russells Auffassung wird der Sachbezug von 'dies' durch einen mentalen Akt fixiert: 'Dies' bezeichnet im Munde von S in t (wenn überhaupt etwas, so) denjenigen Gegenstand, auf den S in t achtet (Russell 1940, 109; 1966, 168). — Diese These ist auch dann nicht zu halten, wenn man sie (wie in der

Klammer geschehen) aus dem Zusammenhang mit Russells Sinnesdaten-Theorie (1.2.2.) herauslöst. In doppelter Hinsicht fragwürdig ist schon der Singularitätsanspruch, der mit der Kennzeichnung

(a) 'der Gegenstand, auf den S in t achtet'

erhoben wird: Einerseits kann, wie wir in 1.5.1. sahen, in einer einzigen 'dies'-Äußerung auf mehr als einen Gegenstand Bezug genommen werden, und andererseits kann man doch wohl auf zwei Gegenstände gleichzeitig achten, obwohl man nur auf einen von ihnen mit 'dies' Bezug nimmt. — Aber unterstellen wir einmal, daß (a) genau einen Gegenstand bezeichnet und daß 'dies' im Munde von S in t genau einen Gegenstand bezeichnet. Muß es ein und derselbe Gegenstand sein? Angenommen, ein Gast öffnet, nichts Böses ahnend, eine Hotelzimmertür und sieht sich plötzlich einem zähnefletschenden Raubtier gegenüber; wenn er nun murmelt: 'Dies ist kein Hotel, das man weiterempfehlen kann', so bezeichnet der Indikator in seinem Munde nicht die Bestie — die doch gewiß im Zentrum seiner Aufmerksamkeit steht (vgl. Roberts 1984, 117).

Varianten der Russelschen Konzeption, die die ›private‹ Bestimmung (a) ersetzen durch kommunikationsorientierte wie

(b) 'der Gegenstand, auf den S in t den Adressaten seiner Äußerung aufmerksam macht'

oder

(c) 'der Gegenstand, auf den S in t den Adressaten seiner Äußerung aufmerksam zu machen versucht'

(vgl. Chisholm 1981, 46 f), sind ebenfalls nicht überzeugend: (b) schon deshalb nicht, weil 'dies' auch dann in einer Äußerung einen Gegenstand bezeichnen kann, wenn die Bemühungen des Sprechers um die Aufmerksamkeit seiner Hörer scheitern; und (b) und (c) deshalb nicht, weil 'dies' auch in monologischen Äußerungen etwas bezeichnen kann.

1.5.3. Bezeichnen und Meinen

Was ein Indikator im Munde von S in t bezeichnet, kann auch ein anderer Gegenstand sein als derjenige, den S in t mit dem Indikator meint (als derjenige, über den er etwas sagen will). Wen 'du' im Munde von S in t bezeichnet, hängt davon ab, wen S in t mit 'du' anredet, und es ist natürlich möglich, aufgrund einer Verwechslung jemanden so anzureden, zu dem man gar nicht sprechen wollte. Und wenn S in t hinter sich auf einen Platz an der Wand zeigt, an dem seines Wissens immer noch sein Lieblingsbild hängt, und dabei sagt: 'Das mag ich sehr', so bezeichnet der Indikator 'das' auch dann das Bild, auf das *S* hinweist, wenn es ohne sein Wissen durch ein anderes ersetzt worden ist, das er verabscheut (Kaplan 1979 a, 396). Entsprechendes gilt auch für hinweis*un*abhängige Indikatoren: Wer fälschlicherweise glaubt, es sei noch kurz vor Mitternacht, und kurz nach Mitternacht murmelt: 'Heute habe ich viel geschafft', der meint mit dem Wort 'heute' nicht den Tag der Äußerung, den es doch bezeichnet. Insofern ist der Sachbezug, den ein Indikator in einer Äußerung hat, unabhängig von den Intentionen des Sprechers. Wenn der deiktisch bezeichnete Gegenstand vom gemeinten verschieden ist, sagt der Sprecher etwas, was er nicht sagen wollte. Unter diesen Umständen glaubt er das, was er sagt, auch dann nicht, wenn er aufrichtig und mit behauptender Kraft redet.

1.6. Deixis und die Identität des Gesagten

1.6.1. Die Frage

A sei ein Aussagesatz, der einen oder mehrere Indikatoren enthält. Unter welchen Bedingungen würde Sprecher *S* zur Zeit *t* mit *B* dasselbe sagen wie mit *A*? — Wegen der Unschärfe von 'dasselbe sagen' bedarf diese Frage der Präzisierung. In einem Schulvortrag mit dem Titel Δισσοὶ λόγοι, dessen anonymen Autor man zu den Sophisten zu zählen pflegt, heißt es: „Wenn wir hier der Reihe nach, wie wir dasitzen, sagen würden: 'Ich bin ein Myste', so würden wir alle dasselbe sagen (τὸ αὐτὸ πάντες ἐροῦμεν), aber nur ich die Wahrheit" (Diels-Kranz 1964, 2, 412). Diese Verwendungsweise des Ausdrucks 'dasselbe sagen' steht in scharfem Kontrast zu derjenigen, die in unserer Fragestellung intendiert ist. Er soll hier so verstanden werden, daß nur dann mehrmals dasselbe gesagt wird, wenn der Wahrheitswert jedesmal derselbe ist.

1.6.2. Die deskriptivistische Antwort

Deskriptivistisch sind die Anworten auf unsere Frage, die sich beim frühen Husserl und bei Quine finden (vgl. Künne 1983, 281–285). Oft wird auch Frege eine solche Konzeption zugeschrieben (Kaplan 1975, 725; Perry 1977, 485) (s. Art. 34).
Betrachten wir zunächst die folgende Fassung der deskriptivistischen Antwort: *S* würde in *t* mit *B* dasselbe sagen wie mit *A*, wenn *B* dadurch aus *A* erzeugt werden kann, daß man die Indikatoren in *A* durch ko-re-ferentielle und referentiell stabile Kennzeichnungen ersetzt, d. h. durch Kennzeichnungen, die denselben Sachbezug wie die Indikatoren in der fraglichen Äußerung haben und deren Sachbezug in unserer Welt konstant ist.

Quine glaubt überdies, ein temporaler Indikator wie 'heute' könne unbeschadet des Gesagten stets durch das Datum der Äußerung ersetzt werden, in der er vorkommt. Gegen diese Zusatzthese kann man folgendes geltend machen: Wenn am 1. 1. 2000 mit dem Satz 'Karl bezweifelt, daß heute der 1. 1. 2000 ist' etwas Wahres gesagt wird, so wird sich bei der Ersetzung von 'heute' durch das Datum der Äußerung der Wahrheitswert gewiß ändern. Aber die referentiell stabile Kennzeichnung des Tages der Äußerung muß ja nicht unbedingt eine kalendarische Angabe sein. Die deskriptivistische Antwort auf unsere Frage ist also unabhängig von Quines Zusatzthese, — weshalb diese hier auch so genannt wurde.

Nun bezeichnen aber viele referentiell stabile Kennzeichnungen das, worauf in einer Äußerung deiktisch Bezug genommen wird. Von den meisten gilt jedoch: der Sprecher ist weit davon entfernt, den Gegenstand, den der Indikator in seinem Munde bezeichnet, für den Träger der durch die Kennzeichnung ausgedrückten Eigenschaft zu halten. (Die durch die Kennzeichnung 'dasjenige *x*, das *F* ist' ausgedrückte Eigenschaft ist die Eigenschaft, *F* zu sein.) Liegt eine Kennzeichnung *k* einem Sprecher *S* in diesem Sinne fern, so wird eine wahre Aussage der Form '*S* glaubt, daß ... *i* ...' in eine falsche transformiert, wenn man den Indikator '*i*' durch die ko-referentielle Kennzeichnung *k* ersetzt. — Von daher empfiehlt es sich, nicht faktische, sondern vom Sprecher unterstellte Ko-referentialität zu fordern und die deskriptivistische Antwort auf unsere Frage folgendermaßen zu modifizieren: *S* würde in *t* mit *B* dasselbe sagen wie mit *A*, wenn *B* dadurch aus *A* erzeugt werden kann, daß man die Indikatoren in *A* durch referentiell stabile Kennzeichnungen ersetzt, von denen gilt: *S* denkt in *t* die Gegenstände, die durch die Indikatoren in seiner Äußerung bezeichnet werden, als Träger der durch die Kennzeichnungen ausgedrückten Eigenschaften. — Aber auch in dieser Fassung ist die deskriptivistische Antwort auf unsere Frage nicht zu halten (Perry 1977, 486 f; 1979, 8). Angenommen, Rip van Winkle (in Irvings gleichnamiger Erzählung) sagt am 2. 1. 1790, dem Tag, an dem er aus zwanzigjährigem

Dornröschenschlaf erwacht ist: 'Gestern abend habe ich zu viel getrunken'. Was er sagt, ist auch dann falsch, wenn er felsenfest davon überzeugt ist, daß der Tag, auf den er mit 'gestern' Bezug nimmt, der 1. 1. 1770 ist, an dem er tatsächlich zu viel getrunken hat. — Der Sachbezug eines Indikators ist insofern autonom gegenüber den Meinungen des Sprechers. Er ist es übrigens auch insofern, als ein solches *B* nicht immer verfügbar sein wird: Auch wenn es keine referentiell stabile Kennzeichnung gibt, welche die angegebene Bedingung erfüllt, bezeichnet 'gestern' im Munde von *S* in *t* den Tag vor dieser Äußerung.

Frege war kein Anhänger der deskriptivistischen Antwort. In dem in 1.1.1. zitierten Text betont er, daß der Zeitunterschied des Sprechens manchmal eine Änderung des ausgedrückten ›Gedankens‹ bewirkt. Wie sollte das angehen, wenn ein temporaler Indikator unter Wahrung des Gesagten durch eine referentiell stabile Kennzeichnung ersetzbar wäre? Vollends unverträglich mit einer deskriptivistischen Position ist der folgende Passus:

Jeder ist

„sich selbst in einer besonderen und ursprünglichen Weise gegeben, wie er keinem anderen gegeben ist" (Frege 1976 a, 39).

Könnte der Indikator 'ich' in einer Äußerung unbeschadet des in ihr Gesagten durch eine referentiell stabile Kennzeichnung des Sprechers ersetzt werden, so wäre die Art und Weise, wie der Sprecher sich selbst gegeben ist, wenn er 'ich' sagt, gewiß nicht für andere unverfügbar (Evans 1981 b, 295 f) (s. 2.).

1.6.3. Die Russellsche Antwort

Wenn die Rolle der Indikatoren in *A* nicht von referentiell stabilen Kennzeichnungen übernommen werden kann, muß auch *B* ein Satz mit deiktischen Komponenten sein. Eine zweite Antwort auf unsere Frage lautet: *S* würde in *t* mit *B* dasselbe wie mit *A* sagen, wenn die indikatorenfreien Fragmente von *A* und *B* synonym sind und die Indikatoren in *B* im Munde von *S* in *t* denselben Sachbezug hätten wie die entsprechenden Indikatoren in *A* (Donnellan 1974, 11 f). Diese Antwort geht letztlich auf Russell zurück: „If one thing has two names, you make exactly the same assertion whichever of the two names you use" (Russell 1956 a, 245). Für Russell waren nur Indikatoren Namen *in sensu stricto*; was zwei Namen hat, ist demnach etwas, was durch zwei Indikatoren bezeichnet wird. Wir kön-

nen die zweite Antwort daher die Russellsche Antwort nennen. Das, was ihr zufolge mit einem Indikatoren enthaltenden Satz gesagt wird, heißt bei Kaplan (1979 a, 387) 'singular proposition', bei John Perry (1970, 10) 'de re proposition'. Die Identität einer singularen Proposition wird durch die deiktisch bezeichneten Gegenstände (res) selber bestimmt — und nicht durch die Art und Weise, wie sie sich dem Sprecher darstellen. Darin unterscheidet sich eine singulare Proposition fundamental von einem Fregeschen ›Gedanken‹.

Auch die Russellsche Antwort auf unsere Frage ist nicht haltbar. Man kann sich das anhand des folgenden Beispiels klarmachen (vgl. Kaplan 1977, 64): *S* sieht zur Zeit *t*, in einem Schaufenster verschwommen reflektiert, die Gestalt eines Mannes, auf dessen Kopf ein Gewehr gerichtet ist. *S* sagt in *t* zu Recht von sich:

(11) 'Ich glaube, daß er in Gefahr ist.'

Aber *S* könnte in *t* nicht zu Recht von sich sagen:

(12) 'Ich glaube, daß ich in Gefahr bin.'

Dabei ist der Mann, dessen verschwommenes Spiegelbild *S* sieht, kein anderer als *S* selber! — (11) und (12) unterscheiden sich nur durch im gegebenen Kontext ko-referentielle Indikatoren. Nun fällt der Wahrheitswert des unter den angegebenen Umständen mit (11) Gesagten nicht zusammen mit dem Wahrheitswert des unter denselben Umständen mit (12) Gesagten. Also ist die Russellsche Antwort auf unsere Frage nicht richtig.

1.6.4. Eine dritte Antwort und ihre Ergänzung

Nun unterscheiden sich die Sätze (11) und (12) dadurch, daß sie Indikatoren mit verschiedenem sprachlichem Sinn enthalten. Diesem Unterschied trägt die dritte Antwort auf unsere Frage Rechnung: *S* würde in *t* mit *B* genau dann dasselbe sagen wie mit *A*, wenn die Sätze *A* und *B* als ganze synonym sind und die Indikatoren in *B* im Munde von *S* und *t* denselben Sachbezug hätten wie die entsprechenden Indikatoren in *A*. Diese Bedingung ist bei Perry (1977, 492 f; 1979, 19) die Bedingung dafür, daß *S* in *t* mit *B* einen Glauben ausdrücken könnte, in dem dasselbe auf dieselbe Weise geglaubt wird wie in dem Glauben, den *S* in *t* mit *A* ausdrücken könnte. — Auch diese Antwort hätte nicht Freges Zustimmung gefunden; denn er unterstellt, daß man auch mit nicht-synonymen Sätzen dasselbe sagen (denselben ›Gedanken‹ ausdrücken) kann:

„Wenn jemand heute dasselbe sagen will, was er gestern das Wort 'heute' gebrauchend ausgedrückt hat, so wird er dieses Wort durch 'gestern' ersetzen" (Frege 1976 a, 38).

Es ist freilich unklar, warum Frege zum Wort 'heute' nicht eine analoge Überlegung anstellt wie zum Wort 'ich' (vgl. 1.6.2.): Auf die Weise, wie einem der Tag T am Tage T gegeben ist, ist er einem an keinem anderen Tage gegeben.

Die dritte Antwort auf unsere Frage erweist sich als ergänzungsbedürftig, wenn die Indikatoren in A und B hinweisabhängig sind. Angenommen, Sprecher S telefoniert mit jemandem, schaut dabei aus dem Fenster und erblickt in einer Telefonzelle seinen Gesprächspartner, ohne daß ihm dabei klar würde, daß es sich um seinen Gesprächspartner handelt. Und nun sieht S, daß sich ein führerloser Lastwagen auf die Telefonzelle zubewegt. In diesem Moment sagt S mit
(11) 'Ich glaube, daß er in Gefahr ist.'
etwas Wahres, wenn er bei seiner Äußerung aus dem Fenster zeigt, während er mit eben diesem Satz etwas Falsches sagen würde, wenn er bei seiner Äußerung den Telefonhörer hochhielte (vgl. Peacocke 1981, 188). Und das, obwohl die Indikatoren in beiden Äußerungen denselben Sachbezug haben und der in der einen Äußerung verwendete Satz gewiß synonym ist mit dem, der in der anderen Äußerung verwendet wird. Das Gesagte ist also, wenn es unter Verwendung eines hinweisabhängigen Indikators gesagt wird, noch feiner individuiert, als die dritte Antwort unterstellt: Über die Identität des Sachbezugs und des sprachlichen Sinnes hinaus ist dann auch noch die Identität der perzeptiven Gegebenheitsweise der Sachen, auf die hingewiesen wird, erforderlich.

1.6.5. Deixis ins Leere

Wer 'ich', 'jetzt' oder 'hier' (hinweisunabhängig) verwendet, kann sicher sein, daß es etwas gibt, was diese Wörter in seinem Munde bezeichnen. Anders als bei solchen ›Cartesischen‹ Indikatoren kann es dem Sprecher bei hinweisabhängigen Indikatoren durchaus widerfahren, daß das Zeichen in seinem Munde nichts bezeichnet: Ein Kind ruft, überzeugt davon, hinter dem großen Baum endlich den Spielgefährten wiederzufinden: 'Ich weiß, daß du da bist.' Aber das Kind ist schon lange ganz allein im Wald. — Macbeth schreit: 'Das da ist ein blutiger Dolch'. Aber er halluziniert; es gibt nichts, von dem man zu Recht sagen könnte, Macbeth habe es einen blutigen

Dolch genannt. — Von den oben besprochenen Antworten auf die in 1.6.1. gestellte Frage implizieren sowohl die dritte, für deren erweiterte Fassung wir plädiert haben, als auch die zweite, daß in der Äußerung eines Satzes, der einen Indikator enthält, nichts gesagt wird, wenn die Deixis ins Leere geht:

„Nothing is said by someone who utters a sentence containing such a term unless the term has a referent [...] To say that nothing has been said in a particular utterance is, quite generally, to say that nothing constitutes understanding the utterance" (Evans 1982, 71).

Diese Konsequenz scheint bizarr zu sein: Haben die eben zitierten Sprecher etwa nichts gesagt? Außerdem ist an ihren Äußerungen sehr wohl etwas zu verstehen. Oder sind die geäußerten Sätze etwa sprachlich sinnlos? — Nun stand in unserer Fragestellung der Titel 'das Gesagte' nicht für den geäußerten Satz. Demgemäß soll das Verdikt, es sei in einer Äußerung nichts gesagt worden, natürlich nicht ausschließen, daß man das Geäußerte zitieren kann und daß das Zitierte sprachlich sinnvoll und insofern verstehbar ist. Was bestritten wird, ist vielmehr, daß eine höhere Stufe des Verstehens erklommen werden kann (vgl. 1.1.1.), auf der man nicht nur den sprachlichen Sinn der geäußerten Sätze kennt, sondern auch weiß, wer in jenen Äußerungen mit 'du' angeredet, auf was mit 'das da' hingewiesen wird. Auf diese Fragen gibt es in den oben beschriebenen Äußerungssituationen aber keine (positiven) Antworten, und insofern wird in jenen Äußerungen nichts gesagt. Ein Sprecher kann also nicht nur etwas anderes sagen, als er sagen wollte (vgl. 1.5.) — er kann auch nichts sagen, obwohl er fest davon überzeugt ist, etwas zu sagen.

2. Self-reference

2.1. Propositions

The stream of consciousness is mostly the flow of *propositional attitudes* (s. art. 80) surfacing and submerging; of desires and aversions, hopes and fears, judgments and denials, beliefs, surmises, doubts, make-believe, and so on. Propositional attitudes are so-called because they are attitudes with respect to propositions, to atoms and molecules of logical space that are true or false and bear to one another such relations as entailment, equivalence, and inconsistency. When S A's (e. g., believes or knows) that-p, S is a subject of consciousness, that-p is a proposition, and

A'ing is a propositional attitude (such as believing or knowing). Propositions are thus the contents of propositional attitudes. We begin by considering such contents. — There are varieties of propositions. Propositions differ in form. Each positive one is matched by its negative counterpart. Each conjunctive one is matched by its disjunctive correlate. For any two propositions (that-*p*, that-*q*), there is a conditional with the first as antecedent and the second as consequent (that-if-*p*-then-*q*). And so on. Propositions also come in kinds, and in kinds of different kinds. Some, for example, are ontologically necessary; others contingent. Some are epistemically *a priori*; others *a posteriori*. Even those that are true only contingently and *a posteriori* — like the proposition that there is snow — exist necessarily. It is only a contingent fact discovered through observation that H_2O ever assumes the form of snow. But if that had not been a fact then it would have been *false* that there is snow. *What* would have been false? A proposition: the proposition that there is snow. And if it had been false, then in order to be so much as false, it must still have *been*. And not only might it never have been true, such a proposition might never have been thought of or conceived. But even before it was ever conceived it was conceivable, just as there must now be conceivable propositions that no one has yet conceived. Propositions are expressed by sentences. If a Frenchman affirms 'Il pleut' and a nearby Englishman says 'It does not rain', they disagree. The Frenchman affirms the proposition that it rains there then, while the Englishman denies that same proposition by affirming its negation. Often when we think of something we pick it out in thought ›under some description or name‹. Thus I might think of someone as 'the speaker' or as 'Professor Sayer', and I might think of the time when he speaks next as 'a week from today'. My consciousness of a certain person and of a certain time may then take the form of my conscious acceptance of a certain proposition: e. g., the proposition that Professor Sayer, the speaker, will speak again a week from today. It is my acceptance of such a proposition that constitutes my expecting the specified speaker to speak again at the specified time. For the propositional view of thought, therefore, to think about something is to entertain in thought a proposition about that thing, a proposition constituted in part by some individual concept for that thing, either descriptive ('the speaker

here') or nominative ('Professor Sayer'), or perhaps of some other sort. Finally, propositions are either true or false objectively and absolutely. If a proposition is ever anywhere true, then it is always everywhere true. — We have touched on three main assumptions about propositions. The great defender of such propositions in modern times is, of course, Gottlob Frege, though he called them 'thoughts'. Propositions are commonly assumed to be

(Pa) true or false, objectively and absolutely,

(Pb) the fundamental objects of belief and knowledge (and of psychological attitudes generally), and

(Pc) abstract structures that exist necessarily or in every possible world.

These three assumptions lead to the problem of one's consciousness of the self and of the present (see Castañeda 1966; 1977; criticism of Castañeda may be found in Boër/Lycan 1980 and in Pendlebury 1982).

2.2. The problem

Consider someone who believes of himself as himself that he is wise. What is the true or false content of his belief such that it is in virtue of holding a belief with such a content that he believes of himself as himself that he is wise? For someone, *S*, to think of himself as himself that he is wise it is not enough that he accept a proposition @*X* is wise@ involving *any* individual concept, *X*, uniquely satisfied by *S*. ('*S* believes @α is *F*@' is short for '*S* has a belief (in a proposition) that, given normal circumstances, he could correctly express in our language by asserting the sentence composed of α followed by 'is' followed by '*F* '.) *S* might fail to realize that he is indeed the one who satisfies *X* and might then think @*X* is such-and-such@ without thereby thinking of himself *as himself* that he is such-and-such. This clearly holds good if *X* is a descriptive individual concept — 'the speaker', 'the one who looks a certain way', 'who undergoes experiences of certain sorts', 'who has such-and-such a past', etc. And it also holds good if *X* is a nominative individual concept, since Professor Sayer may suffer amnesia and forget that he is himself Professor Sayer. — If not just any individual concept under which one happens to fall will do, then perhaps what we need is a special individual concept that one has for oneself. Perhaps each person *S* has a corresponding idiosyncratic individual concept *S** such that

(a) nothing else falls under that concept, and
(b) for S to believe of himself as himself that he is such-and-such is for him to believe a singular proposition predicating being such-and-such with respect to $S*$.

Each person must then be provided with his own special self-concept. Each person's self-concept must be different from that of anyone else. Such a leap of faith multiplies properties with exuberant bizarreness in the philosophy of self-consciousness. It leads, moreover, to the following: Each time t has a corresponding and idiosyncratic individual concept $t*$ such that

(a') no other time falls under that concept, and
(b') for S to believe of a given time as the time then present that it is a time when so-and-so is for S to believe a singular proposition predicating being a time when so-and-so with respect to $t*$.

The reasoning above that leads to the postulation of an idiosyncratic individual concept $S*$ for each subject S leads *mutatis mutandis* to the postulation of an idiosyncratic individual concept $t*$ for each time t. The reasoning in terms of 'I' can be reproduced for 'now'. Each moment of time would then have its very own individual concept, whose essential content could not possibly be constituted by such ordinary, shareable properties as being a time when the sun is directly overhead, or being a time when the clock strikes twelve, or any combination of these. No moment of time could share any other moment's special concept. Recall that the introduction of such special individual concepts for individuals or times is meant to support the view of propositions as objectively true or false, necessarily existing abstract structures that serve as objects of belief and knowledge. Is it successful? In addition to the problems above, special individual concepts give rise to further problems.

When a subject S at a time t thinks of himself S (as himself) and of the time t (as the then present time), that he is then seated, he accepts the proposition that $S*$ is seated at $t*$, constituted by $S*$ and $t*$, the special individual concepts of S and t respectively — or so we are told. But if the proposition that $S*$ is seated at $t*$ is to exist necessarily, then presumably the concept $S*$ must exist necessarily, unlike the subject S, who exists contingently. Presumably the special individual concepts of those yet unborn exist unconceived even now, and there may even be infinitely

many special individual concepts that never become satisfied and remain undreamed of forever. Nor does it seem likely that a special but unactualized individual concept *could* be dreamed of unless someone eventually exemplified it and were thus enabled to conceive it. — With respect to times what is surprising is not that there may be infinitely many unactualized individual concepts, graspable only when actualized; for moments of time must all exist necessarily and there must hence be no possible ones that are not actual. The problem with time is rather one of discernibility. To believe of time t as the present time that it is a time when it rains is to accept the proposition that $t*$ is a time when it rains. Such a proposition involves a special concept $t*$ corresponding to t, one that contains no ›extrinsic‹ individuating properties of t — such as being the time today when the sun is straight overhead or the time today when the clock strikes twelve. For I might be ignorant of all such extrinsic properties of the present time while *still* believing that it rains now. But then we must be able to distinguish between t_1* and t_2* without appealing to a difference in extrinsic properties, simply by reference to some ›intrinsic‹ features of t_1 and t_2 (›intrinsic‹ in a broad sense that might include some of a time's relations to oneself at that time as among its ›intrinsic‹ features for one at that time, so long as these special relations did not include reference to other contingent beings at that time, such as the sun, or a certain clock, or the like). Unable to distinguish moments of time by reference to any such supposed intrinsic features, I find moments indiscernible on the basis of such features.

Our threefold account of propositions has led us to special, necessarily existing individual concepts, one apiece for each historical individual (and perhaps many others besides) such that no one S can fail to know that he alone satisfies his own special concept $S*$ (since no one can fail to know that he alone is himself). Such concepts are therefore special in not being ordinary descriptive concepts (like 'the speaker in this room') or nominative (like 'Professor Sayer'). And our threefold account of propositions has also led us to the consequence that times must be ›intrinsically‹ discernible, in a sense in which they seem to be *not* thus discernible. We have thus reached some implausible consequences of the threefold account of propositions as (Pa) true or false, objectively and absolutely, (Pb) the fundamental objects of belief and knowledge, and (Pc) abstract structures that exist necessarily or in every possible world.

2.3. First solution: concrete propositions

In light of the foregoing difficulties one might try rejecting one or another of (Pa) – (Pc). Thus one might try identifying S with S^* by holding that to believe of S as himself that he is wise is to believe a proposition in which S himself figures as subject. The subject of such a proposition would be S himself rather than any individual concept for S, descriptive or nominative. Thus to believe of Professor Sayer as himself that he is standing is to believe a proposition in which Sayer himself figures in *propria persona* and not through any representative no matter how descriptive and remote − e. g., 'the speaker' − or how nominative and close − e. g., 'Professor Sayer'. Such a proposition can be thought of as an ordered couple of the form ⟨being such-and-such, S⟩, which is true if and only if its second member exemplifies its first member. Such an ordered couple can exist only if each of its members exist, however, and since S exists contingently it follows that ⟨being such-and-such, S⟩ exists contingently. This amounts to the rejection of our assumption (Pc). Some propositions, we are now told, do exist contingently; others necessarily. Let us call the former 'concrete propositions'. − Consider the concrete proposition whose second member is the Church of Saint-Germain-des-Prés *in propria persona* and whose first member is the property of being a Romanesque structure. How can I gain access to such a proposition in order to entertain it in thought? It appears that I cannot do so merely by use of any sort of individuating concept of that church, such as 'the oldest church in Paris', or 'the church in which Descartes is buried', or the like. No such individuating concepts can give us access in thought to the thing itself which is the subject of a concrete proposition. For if one could so easily have access to the subject itself, then on the present view one could have beliefs about oneself as oneself via mere individuators of oneself. According to the present view, recall ›[…] to believe of S as himself that he is wise is to believe a [concrete] proposition in which S himself figures as subject‹. How then does one gain access in thought to such concrete propositions and in particular to their subjects? If one does ever have such access to any concrete thing other than oneself it is presumably through perception. When Saint-Germain-des-Prés actually looms before me in plain sight, then perhaps I do grasp it directly in a way that enables me to entertain in perception-aided thought the concrete proposition ⟨being a Romanesque structure, Saint-Germain-des-Prés⟩. But then if I perceive someone in a cafe mirror and think him disheveled *not knowing it is really myself*, I do accept the concrete proposition ⟨being disheveled, myself⟩. But in that case I still may not believe of myself *as myself* that I am disheveled.

Rejecting assumption (Pc) in favor of concrete propositions that exist contingently is thus not enough on its own to solve the problem of consciousness of the self and of the present. It must be supplemented with a fuller account of just how one can manage to grasp in thought any such concrete proposition. Some notion of *direct grasp* or acquaintance is required and demands explication. We have tried rejecting the third of the three assumptions in our threefold account of propositions: assumption (Pc), which attributes to propositions a purely abstract and necessary nature. This enabled us to avoid the postulation of a special, necessary concept S^* for each person S. But we need now a concept of direct access or acquaintance and an account of when one has such access to or acquaintance with something.

2.4. Second solution: self-attribution

An alternative way of revising our threefold account so as to avoid its difficulties is to give up the idea that psychological attitudes such as belief and knowledge are always fundamentally propositional. Thus one might reject part (Pb) of our account by holding self-consciousness to be fundamentally non-propositional. ›To believe oneself wise‹, it might be added, ›is to self-attribute a property, the property of being wise. And there is no need for any more fundamental basis of such self-attribution. In particular, to believe oneself wise there is no need of any underlying propositional belief of a proposition in which one figures either *in propria persona* or through a suitable representative concept‹. Many of our psychological attitudes are essentially forms of self-consciousness, and according to the present suggestion they would not have propositions as objects. Thus if I believe or fear or hope that I will never be a dean, this involves self-consciousness, which according to the proposal under review has no propositional object. But if one's belief that one will never be a dean is not to be understood in accordance with the usual subject/proposition model, then how is it to be understood? Our present proposal would conceive of such first-person beliefs as self-attributions of properties. Thus for S to believe of himself as himself that he is in pain is simply for S to self-attribute the property of being in pain. And for S to believe that he will never be a dean is simply for S to self-attribute the property of being such as never to be a dean. S might of course believe that he himself is (or was or will be) F without believing this of himself *as himself*. Suppose S is one of a group filmed dancing at a masked ball and when later shown the film thinks the clown the worst, having forgot that he himself was the clown. It seems true to say that unknown to him, S now thinks that he himself was the worst. But he does not believe this of himself *as himself*. — A similar distinction can also be drawn with respect to the present time. Thus if S believes that a plane is due to arrive at 3 p. m. and *unknown to S* it is now 3 p. m., then unknown to S he believes of the present time that it is the time when the plane is due to arrive. S does not believe of the present time *as the present time*, however, that it is the time when the plane is due to arrive.

The question of how best to conceive of self-consciousness seems quite analogous to that of how best to conceive of our consciousness of the present. If so, it seems reasonable to require parallel solutions. The solution before us to the question of self-consciousness replaces supposed first-person propositions with *self-attribution* of corresponding properties of persons. A parallel solution for our consciousness of the present would replace supposed present-tense propositions with *present-attribution* of corresponding properties of times. The two parallel solutions would have to be combined, moreover, in order to deal with supposed first-person, present-tense propositions such as the supposed proposition that I am now sitting. This would be replaced with a *joint* self-cum-present-attribution of the relation (- - - sitting at time ...). And perhaps we would need one of these for every possible indexical parameter (space, addressee, etc.). But maybe other parameters could be reduced to the self and the present (s. 1.). — The present approach has the following features:

(a) It enables us to preserve the platonist status of properties and propositions as necessarily existing abstract entities that can be grasped in common by different minds.

(b) It allows us to keep also the absolute objectivity of such entities. For any given item and any given property, the item absolutely and objectively either does or does not exemplify the property. For any given proposition it is absolutely and objectively either true or false.

(c) It yields (a) and (b) above without requiring the introduction of special *haecceities* or obscure distinguished individual concepts, one apiece for all persons and times. And this last it manages to accomplish precisely because it excludes propositions from the account of reference to oneself.

The present approach also appears to involve considerable complications. The loss of uniform propositional objects of psychological attitudes seems a heavy price with undesirable consequences. Consider the following examples. Suppose S believes that at least two people are wise on a basis provided jointly by his beliefs that he and the Dalai Lama are different people and that the Dalai Lama is wise, and his belief of himself as himself that he is wise. According to a propositional view, S then believes four propositions and bases his belief of the first on his beliefs of the remaining three, where the four propositions are of the following four respective forms (where X and Y are variables):

(a′) That at least two people are wise,
(b′) That X and Y are distinct people,
(c′) That X is wise,
(d′) That Y is wise.

S's belief of sort (a′) is epistemically justified at a time t by being based on his then justified beliefs of sorts (b′), (c′), and (d′), partly in virtue of the fact that (b′), (c′), and (d′) jointly entail (a′). — Once S's belief of himself *as himself* that he is wise cannot be brought under the subject/propositional model, the foregoing account of his justified belief that at least two people are wise must be relinquished, since entailment is normally defined over propositions. An alternative account must be devised, and such an alternative account is liable to bring with it considerable complexities, and would have to be extended over wide areas of the philosophy of mind, epistemology, and ethics. — It may be argued in response that the alternative account of S's justification for accepting (a′) above would not really be any more complex in any im-

portant respect than the propositional account. Where the propositional account has
the subject believing a proposition, the self-
attributional account has the subject self-attributing a corresponding property. Thus consider S's belief of himself as himself that he
is wise. For the propositionalist that amounts
to S's belief of the proposition expressed by
'I am wise'. For the self-attributionalist it
amounts rather to S's self-attributing the
property of being wise. Consider next S's
belief that at least two people are wise. For
the propositionalist that amounts to S's belief
of the proposition that at least two people
are wise. For the self-attributionalist it
amounts rather to S's self-attributing the
property of being such that at least two people
are wise. Extending our comparison beyond
the bounds of this particular example, wherever the propositionalist has a proposition as
object of belief, the self-attributionalist has a
property of persons as object of self-attribution, and vice versa. So the two theories appear to be on a par with respect to ontological, ideological, and logical parsimony.

The propositionalist may persist by urging
that he has a simpler account of S's inferential
justification for believing (a′) above on the
basis of (b′), (c′), and (d′). For he can appeal
to the fact that proposition (a′) is necessarily
entailed by propositions (b′), (c′), and (d′)
acting jointly; whereas the self-attributionalist
in giving up propositions as objects of belief
must also relinquish such justificational basis
for inference as is provided by logical relations among propositions believed. But even
so, the self-attributionalist need not be si-
lenced, since he can now substitute necessary
relations among self-attributed properties for
necessary logical relations among believed
propositions. Consider our full common-
sense theory of persons as subjects of beliefs,
desires, hopes, fears, etc.; as perceivers who
acquire information through their senses; as
agents who make decisions and acquire intentions; as thinkers who engage in theoretical
and practical inference; and so on. Perhaps
this theory can as easily be formulated in
terms of self-attribution, self-desire, self-hope,
etc., of properties as in terms of belief, desire,
hope, etc., having as contents propositions or
propositional outcomes. Even if that should
turn out to be so, the self-attributionalist faces
a remaining increment of complexity. For the
logic that underlies the entailment of (a′) by
(b′)−(d′) is familiar and already worked-out.
But the logic for the ›entailment‹ of self-at-

tributed properties remains to be developed.
− This theory of self-attribution has an advantage over the theory of acquaintance with
concrete propositions in which one figures *in
propria persona*. For it permits a more uniform account of propositions as all abstract
and necessary, and it side-steps the need for
an account of direct access or acquaintance.
But the theory of acquaintance with concrete
propositions has a corresponding advantage
of its own. For it permits a more uniform
account of psychological attitudes as all being
fundamentally propositional, and it side-steps
the need for an account of self-attribution as
anything other than acceptance of a certain
sort of proposition, one that attributes something to oneself (for fuller exposition and
defense of the theory of self-attribution see
Chisholm 1981; Lewis 1979).

2.5. Interim summary

Concerning propositions and psychological
attitudes, we have taken note of three widespread assumptions: (Pa) that propositions
are objectively and absolutely true or false;
(Pb) that propositions are the objects of psychological attitudes; and (Pc) that propositions are abstract structures that exist necessarily or in every possible world. We have
tried to square these assumptions with the
notion that thinkers sometimes have thoughts
of themselves *as themselves*, as when one
thinks thus that one is wise. This raised the
question of what proposition it is that then
forms the object of our thinker's thought.
And we saw that retaining all three assumptions (Pa)−(Pc) leads to the postulation of a
plethora of properties including a special
property of ›being then(t)-present‹ for each
time t ever, and a special property of ›being
himself(S)‹ for each person S ever. Accordingly, we tried abandoning assumption (Pc)
by accepting as objects of psychological attitudes so-called propositions that include concrete objects as constituents. These propositions could be thought of as ordered couples
with n-tuples of individuals as first members,
and n-term properties as second members.
The mere introduction of such propositions
as objects of belief does not solve our problems concerning self-consciousness and consciousness of the present, however, since it
would seem that one can believe the proposition that has oneself and wisdom as sole
constituents without believing of oneself as
oneself that one is wise. Beyond the introduction of such propositions it seems that we

need a notion of direct access to or acquaintance with them. Let us extend the theory, moreover, by bringing in a notion of acquaintance with constituents of such propositions. That makes room for the ›principle of acquaintance‹: the principle that direct access to a proposition requires acquaintance with every one of its constituents, which amounts to an axiom of Bertrand Russell's theory of acquaintance. — The theory of acquaintance with concrete propositions (the 'theory of acquaintance', for short) may turn out to differ only terminologically from the self-attributional present-attributional theory (the 'attribution theory' for short), which rejects assumption (Pb). The acquaintance theorist postulates ›propositions‹ within which he himself enters as a constituent along with a property. But we have seen that each of these can be thought of as an ordered pair $\langle S, F \rangle$ whose first member is S himself (more generally, an n-tuple of which S is a member), while its second member is the property F in question; where the truth of such a proposition can be defined as the exemplification of its second member by its first member. And presumably there is nothing so far that the attribution theorist would find unacceptable. The attribution theorist, on the other hand, postulates ›properties‹ like being such that P is true, which by definition is exemplified by someone S iff S exists and P is true. And there would seem to be little here for the acquaintance theorist to complain about. The acquaintance theorist introduces a notion of direct access to his postulated propositions containing himself *in propria persona* as a constituent. S is then said to consider of himself as himself that he is wise iff he then has direct access to the proposition $\langle S, \text{wisdom} \rangle$, iff he considers or accesses that proposition directly. And the attribution theorist introduces something to very much the same effect when he speaks of self-attribution of properties. Consider the following two locutions:

(a) S directly considers or accesses $\langle S, \text{wisdom} \rangle$

(b) S self-attributes wisdom.

Each of these locutions seems as clear or obscure as the other (considering the fragment of each with no emphasis), and indeed each can perhaps be understood in terms of the other. — We have found little basis in ontology or ideology for a choice between the acquaintance and the attributional approaches to understanding consciousness of oneself or of the temporal present. So far as

we have been able to determine, these are on a par. Richard Potter has pointed out to me a difficulty for the theory of attribution that may work in favor of the theory of acquaintance. For how is the attributionist to understand the belief that one is not a self-exemplifier? It presumably cannot be as self-attribution of the property of being a non-self-exemplifier, for intolerable paradox speaks strongly against admission of any such property. But if not thus, then how? The issue is complicated even further by the appearance of yet another alternative.

2.6. Third solution perspectives

The theory of acquaintance with concrete propositions rejects the status of propositions as without exception necessarily abstract structures — part (Pc) of the threefold account. The theory of self-attribution rejects the status of propositions as without exception the fundamental objects of psychological attitudes like belief and knowledge — part (Pb) of the threefold account. But there is a further component of the threefold account, and that is of course part (Pa), the assumption that propositions are objectively and absolutely true or false. The theory of perspectives, unlike the theory of acquaintance, accepts (Pc); unlike the theory of self-attribution, accepts (Pb); and unlike both, rejects (Pa). According to the theory of perspectives, only some propositions are true or false independently of any perspective (objectively, absolutely). In addition to such unperspectival propositions, there are also perspectival propositions, and these may be true in one perspective while false in another. Thus the proposition expressed by the English sentence 'I am sitting now' may be true in the perspective defined by you and noon today yet false in the perspective defined by me and midnight tonight. — What is a perspectival proposition? What is a perspective? What is it for a perspectival proposition to be true in a perspective? According to logical perspectivism, every property has a correlated first-person present-tense proposition. More can be said about such propositions and their peculiarities, but first we need two closely related concepts. A perspective is simply an ordered couple whose first member is a being (usually for our purposes a person or at least a subject of thought), and whose second member is a time. The first-person present-tense proposition for a property F is true in a perspective $\langle x, t \rangle$ if and only if x has F at t. Note that belief is always someone's belief at a certain time. The perspective of a belief B is given by the believer S and the time of belief t. A belief B of a first-person present-tense proposition is true if and only if that proposition P is true in the perspective of belief B. To believe of oneself as oneself and of the time of belief as the then present time that one is then such-and-such is to believe at that time the first-person present-tense proposition for the property of being such-and-such. — Perspectivism will be defended here as a solution to our problem. There is an argument that perspectivism provides no such solution in (Perry 1979, 13 f). But that argument depends essentially on the assumption that S believes the first person proposition for the property F (and thus self-attributes that property) if and only if S believes that the first person proposition for the property F ›is true at some context of evaluation‹, at the context provided by S at that time, presumably. And this assumption seems clearly false: I can believe that the first person proposition for the property of being in danger is true at the context provided by the F now, while unknown to me I am myself the F now, even though I do not now believe myself to be in danger and (hence) do not now believe the first person proposition *itself*, i. e., the one I would express in English with the words 'I am now in danger'. Compare the discussion of John Perry's argument in Feldman (1980). Compare also David Kaplan's distinction between character and content in (Kaplan 1979 a), and again Feldman's discussion (1980).

2.7. Frege on perspectivism

Gottlob Frege rejects perspectivism unequivocally as part of his emphatic allegiance to the threefold account (see, for instance, Frege 1918). But so far as I can determine he never argues for the absoluteness of truth, unless the following counts as an argument.

"Wie aber, wenn sogar Wesen gefunden würden, deren Denkgesetze den unsern geradezu widersprächen und also auch in der Anwendung vielfach zu entgegengesetzten Ergebnissen führten? Der psychologische Logiker könnte das nur einfach anerkennen und sagen: Bei denen gelten jene Gesetze, bei uns diese. Ich würde sagen: Da haben wir eine bisher unbekannte Art der Verrücktheit. Wer unter logischen Gesetzen solche versteht, die vorschreiben, wie gedacht werden soll, oder Gesetze des Wahrseins, nicht Naturgesetze des menschlichen Fürwahrhaltens, der wird fragen: wer hat Recht? wessen Gesetze des Fürwahrhaltens sind im Einklange mit den Gesetzen des Wahrseins? Der psy-

chologische Logiker kann nicht so fragen; denn er erkennte damit Gesetze des Wahrseins an, die nicht psychologisch wären. Kann man ärger den Sinn des Wortes „wahr" fälschen, als wenn man eine Beziehung auf den Urtheilenden einschliessen will! Man wirft mir doch nicht etwa ein, dass der Satz „ich bin hungrig" für den Einen wahr und für den Andern falsch sein könne? Der Satz wohl, aber der Gedanke nicht; denn das Wort „ich" bedeutet in dem Munde des Andern einen andern Menschen, und daher drückt auch der Satz, von dem Andern ausgesprochen, einen andern Gedanken aus. Alle Bestimmungen des Orts, der Zeit u. s. w. gehören zu dem Gedanken, um dessen Wahrheit es sich handelt; das Wahrsein selbst ist ort- und zeitlos. Wie lautet nun eigentlich der Grundsatz der Identität? etwa so: „Den Menschen ist es im Jahre 1893 unmöglich, einen Gegenstand als von ihm selbst verschieden anzuerkennen" oder so: „Jeder Gegenstand ist mit sich selbst identisch"? Jenes Gesetz handelt von Menschen und enthält eine Zeitbestimmung, in diesem ist weder von Menschen noch von einer Zeit die Rede. Dieses ist ein Gesetz des Wahrseins, jenes eines des menschlichen Fürwahrhaltens. Ihr Inhalt ist ganz verschieden, und sie sind von einander unabhängig, so dass keins von beiden aus dem andern gefolgert werden kann. Darum ist es sehr verwirrend, beide mit demselben Namen des Grundgesetzes der Identität zu bezeichnen. Solche Vermischungen grundverschiedener Dinge sind Schuld an der gräulichen Unklarheit, die wir bei den psychologischen Logikern antreffen." [What if beings were even found whose laws of thought flatly contradicted ours and therefore frequently led to contrary results even in practice? The psychological logician could only acknowledge the fact and say simply: those laws hold for them, these laws hold for us. I should say: we have a hitherto unknown type of madness. Anyone who understands laws of logic to be laws that prescribe the way in which one ought to think — to be laws of truth, and not natural laws of human beings' taking a thing to be true — will ask, who is right? Whose laws of taking-to-be-true are in accord with the laws of truth? The psychological logician cannot ask this question; if he did he would be recognizing laws of truth that were not laws of psychology. One could scarcely falsify the sense of the word 'true' more mischievously than by including in it a reference to the subjects who judge. Someone will now no doubt object that the sentence 'I am hungry' can be true for one person and false for another. The sentence, certainly — but not the thought; for the word 'I' in the mouth of the other person denotes a different man, and hence the sentence uttered by the other person expresses a different thought. All determinations of the place, the time, and the like, belong to the thought whose truth is in point; its truth itself is independent of place or time. How, then, is the Principle of Identity really to be read? Like this, for instance: 'It is impossible for people in the year 1893 to acknowledge an object as being different from itself'? Or like this: 'Every object is identical with itself'? The former law concerns human beings and contains a temporal reference; in the latter there is no talk either of human beings or of time. The latter is a law of truth, the former a law of people's taking-to-be-true. The content of the two is wholly different and they are independent of one another; neither can be inferred from the other. Hence it is extremely confusing to designate both by the same name, 'Principle of Identity'. These mixings-together of wholly different things are to blame for the frightful unclarity that we encounter among the psychological logicians] (Frege 1893, XVI f [1964, 14 f]).

One way of reading this passage has Frege arguing in effect that perspectivism involves psychologism and must be rejected for that reason (see Acero 1980, 148). Although this reading seems to me strained, the passage does suggest that Frege may have convicted perspectivism because he saw it as too closely associated with abominable psychologism. But it is far from clear that the two are too closely associated. In fact the thought that they are may just conceivably derive from a confusing ambiguity in

(i) X is true for S at t

between

(ii) At t, S takes X to be true

and

(iii) X is true in the perspective $\langle S, t \rangle$.

Only (ii) is directly relevant to Frege's hated psychologism. But since (ii) and (iii) are logically quite independent − neither entails the other − it is hard to see what significant connection can be found here between psychologism and perspectivism. − Frege's objectivism is not an unargued dogma. His detailed critique of subjectivist psychologism is famous for its subtlety and power. But Frege's objectivism rejects not only psychologism but also perspectivism. And the only guilt he pins on the latter is its association in his mind with the former. But it is not only Frege who has assumed without argument the absolutism of truth. Nearly all who postulate propositions as objects of attitudes share such an assumption. Not that it is inevitably a shame to make an unargued assumption, so long as there is no specific reason to suspect it, and so long as it coheres well and is simple by comparison with equally coherent possible alternatives. But unlike Frege we have now seen how our consciousness of the self and the present gives reason to question absolutism. And I know of no countervailing and compelling argument to prefer absolutism to perspectivism (concerning Frege on sense, reference, and demonstratives, see Burge 1979 c; Perry 1977).

2.8. Comparing the three solutions

Just as it was hard to choose between the theory of acquaintance and the theory of self-attribution, so it is hard to choose between either of these and the theory of perspectives. Let us compare the three theories. For the theory of acquaintance, a belief by a subject S at a time t − by S of himself as himself and of that time t as the then present time, that he is then such-and-such − is constituted by S's acceptance through acquaintance of a concrete proposition $\langle$being such-and-such, $\langle S, t \rangle \rangle$ in which S and t enter *in propria persona*. For the theory of attribution, such a belief is constituted rather by S's then self-attributing-cum-present-attributing the property of being such-and-such. For the theory of perspectives, finally, such a belief is constituted by S's accepting the first-person present-tense proposition for the property of being such-and-such, which can be true in a perspective $\langle S, t \rangle$, though false in another perspective $\langle S', t \rangle$. The three theories agree, of course, on the truth-conditions of S's belief at t of himself as himself and of the then present time as the time then present that he is then such-and-such. All of them agree in holding that belief true if and only if S *is* such-and-such at t. Note further the agreement of the three in requiring a special relation between S, being such-and-such, and t for there to be the belief in question at t on the part of S. A special relation is required by each of the three theories in order for S to believe at t of himself as himself and of t as the time then present that he is then such-and-such. The theory of acquaintance requires that S accept *through acquaintance* $\langle$being such-and-such, $\langle S, t \rangle \rangle$. The theory of attribution requires that S at t *self-attribute-cum-present-attribute* the property of being such-and-such. The theory of perspectives requires that S at t accept the *first-person present-tense proposition* for the property of being such-and-such (the proposition that in English is expressed by 'I am now such-and-such'). − It is not easy to choose among these three proposals on any very solid grounds. Nevertheless, the theory of perspectives does have some grounds in its favor. Relative to an assumed arbitrary constant perspective, the machinery of logic as hitherto developed applies without intolerable complications to perspectival as well as unperspectival propositions. Truth would be replaced by truth in a given perspective, and similarly for exemplification (satisfaction) of a property (predicate) by an *n*-tuple. Our common-sense psychology of propositional attitudes will also apply smoothly to attitudes directed upon such perspectival propositions. And the same holds true of epistemological or ethical principles concerning the conditions within which one can acquire justified beliefs or intentions through inference. Some such principles would be principles of deductively acquired justification. And these can now cover the many important cases in which the proposition at which one justifiably arrives through deductive inference is perspectival, as when one discovers something about oneself as oneself or when one arrives at a decision concerning oneself as oneself.

2.9. A problem for perspectivism

There is, however, a problem for the theory of perspectives, the problem of agreement. Surely two people can agree on a certain matter without realizing that they agree and without either so much as knowing that the other exists. In fact, it seems clear that most if not all of humanity — past, present, and future — will have agreed that $2 + 2 = 4$, and will have agreed on many other facts. And what could be simpler as a way of understanding such agreement than the view that to agree is to accept the same proposition? Thus S and S' agree on whether $2 + 2 = 4$ if and only if each of S and S' believes that $2 + 2 = 4$. But this way of understanding agreement is demonstrably closed to the theory of perspectives. Take the first-person proposition for the property of being the wisest of the wise. That is, of course, the proposition that one would express in English by the sentence 'I am the wisest of the wise', and the proposition that anyone would have to believe in order to believe of himself as himself that he is the wisest of the wise. Clearly, S and S' would be far from agreement if they each believed that very proposition. Hence, for logical perspectivism agreement cannot be constituted by acceptance of the same proposition. The problem for the perspectivist is then to explain to us what does by his lights constitute such agreement. The following sketches a proposed solution:

S at t agrees with S' at t' if and only if either

(a) S at t accepts an unperspectival proposition that S' accepts at t', or

(b) S accepts at t a (perspectival or not) proposition P and S' accepts at t' a (perspectival or not) proposition P' such that, by so doing, S' and S attribute the same property to the same things in the same order, where the attribution can be direct or indirect.

As an example of clause (a) take acceptance by S' at t' of the proposition that $2 + 2 = 4$, and acceptance by S at t of the same proposition. As for clause (b), if I say 'I am standing' and you, addressing me, say 'You are standing', we agree, but only by accepting different perspectival propositions. I accept the first-person proposition for the property of standing, whereas you accept the first-person proposition for some such property as this: being someone whose unique addressee is standing. But in accepting our respective perspectival propositions we coincide in attributing one and the same property — standing — to one and the same thing — me. — This seems to me to be the right way for the perspectivist to understand agreement. But it does require some explication both of direct and of indirect attribution. Direct attribution is easy enough to explicate, since S directly attributes a property F to himself relative to a time t if and only if at that time t he believes the first-person present-tense proposition for that property F — the proposition that would be expressed in English by the sentence 'I now have the property F'. Indirect attribution can be nominative or descriptive, although I mean to leave open the possibility of a Russellian reduction of ordinary nominative attribution to descriptive attribution. The reduction I favor is broadly Russellian and is defended in Sosa (1970; 1971; 1981; also relevant are Chisholm 1981; Blackburn 1979; Schiffer 1978; Pollock 1980; Ackerman 1980).

2.10. Perspectivism and concrete propositions

There is of course no need for perspectivism to reject concrete propositions each composed of a couple $\langle F, n \rangle$ whose first member is an *n*-ary property F and whose second member in an *n*-tuple n. Perspectivism can indeed welcome recourse to such propositions for a more general account of the kind of agreement that is possible through perspectival propositions. A perspectival proposition P_i directly determines a concrete proposition $C(P_i, p_j)$ relative to a perspective p_j. More specifically, the first-person present-tense proposition for the property G directly determines the concrete proposition $\langle G, \langle S, t \rangle \rangle$ *relative to the perspective* $\langle S, t \rangle$. Thus, when one believes perspectival proposition P_i in perspective p_j, the immediate object of belief is P_i but a directly determined mediate object of belief is $C(P_{P_i}, p_j)$. — We can now say more generally that persons S_1 and S_2 agree at t if either (i) they both immediately accept the same unperspectival proposition, or (ii) the same concrete proposition is directly determined by a perspectival proposition accepted by S_1, relative to $\langle S_1, t \rangle$, and by a perspectival proposition accepted by S_2, relative to $\langle S_2, t \rangle$. In other words, agreement of kind (ii) obtains when a perspectival proposition P_1 is accepted in a perspective p_1 and perspectival proposition P_2 is accepted in a perspective p_2, where $C(P_1, p_1) = C(P_2, p_2)$.

Besides concrete propositions directly determined, there are other concrete propositions that also flow from a perspectival proposition relative to a perspective. If property G is of the sort ›bearing R to the F thing‹, then if one takes the first-person present-tense proposition for the property G as one's (immediate) content of belief on some occasion t and on that occasion x is the F, then one has as (mediate) object of belief on that occasion t not only the concrete proposition $\langle G, \langle S, t \rangle\rangle$ but also the concrete proposition $\langle R, \langle S, x, t \rangle\rangle$. And so on. And if property G is of the sort ›bearing R to one thing only, a thing that is F‹, then if one takes the first-person present-tense proposition for the property G as one's (immediate) content of belief on some occasion t and on that occasion x is the one thing to which one does bear R, then one has as (mediate) object of belief on that occasion not only $\langle G, \langle S, t \rangle\rangle$, and not only also $\langle R, \langle S, x, t \rangle\rangle$, but in addition $\langle F, \langle x, t \rangle\rangle$. And so on. — Thus if I now believe that the pencil in my hand is yellow, then the following are among the concrete propositions that figure as (mediate) objects of my belief:

(i) $\langle$Being something x such that x has a unique pencil in his hand while that pencil is yellow, $\langle$Myself, now$\rangle\rangle$

(ii) $\langle x$ having y in the hand of x while y is a pencil and there is no other pencil in the hand of x, $\langle$Myself, the pencil, now$\rangle\rangle$

(iii) $\langle$Being yellow, $\langle$the pencil, now$\rangle\rangle$

We can now say somewhat more generally that persons S_1 and S_2 agree if either (i) a single unperspectival proposition serves as (immediate) content of two beliefs, one S_1's and one S_2's, or (ii) at least one concrete proposition serves as (mediate) object of two beliefs, one S_1's and one S_2's.

2.11. Perspectival propositions

Indirect reference has been made repeatedly to the first-person present-tense proposition for a given property: being F. But if there is indeed such a proposition which one need believe at a given time in order to believe that one is then F, we must surely be able to encounter that proposition *in propria persona*. Consider, for instance, the first-person present-tense proposition for the property of being seated. According to perspectivism, each of us who now believes of himself as himself that he is seated does so by believing that very proposition. According to perspectivism, therefore, I now believe that very proposition. What is more, I now believe it consciously, explicitly. That very proposition must therefore lie before my mind right now *in propria persona*. And I should be able to say just what proposition it is. The apparently obvious thing to say is that it is the proposition that I am seated. That apparently is the perspectival proposition by accepting which I believe of myself as myself that I am seated. But that is surely wrong. For the proposition that I am seated is *not* the proposition by accepting which *you* believe of yourself as yourself that you are seated. And yet for perspectivism there is a *single* first-person present-tense proposition which is the one proposition any of us must believe in order to succeed in believing of himself as himself that he is seated. — A general problem that arises thus for perspectivism may be viewed as follows. For every unperspectival proposition P expressible in English there is an ›objective text‹ $T(P)$ of it in English such that, for anyone S who believes P, both (i) S can express in English his belief of P by uttering $T(P)$ — if he knows English, etc. — and (ii) in English one ›directly attributes‹ belief of P by uttering @X believes that $T(P)$@ for some X that denotes S. There is no corresponding principle for perspectival propositions. These have no such ›objective texts‹. That is why S's belief of a subject-perspectival proposition cannot be ›directly attributed‹ to S by anyone other than S. A proposition can be subject-perspectival, time-perspectival, or fully perspectival. Thus if you believe the first-person present-tense proposition for the property of being seated, then you could attribute belief of that proposition to yourself by saying 'I believe that I am seated' but I could not attribute such belief to you by saying 'He believes that I am seated'. I would have to say instead something like 'He believes that he is seated' or, better, 'He believes of himself as himself that he is seated'. It seems clear then that the proposition I accept in thinking myself to be seated is not the proposition that I am seated. And if in general the proposition I accept in thinking myself to be *F* is *not* the proposition that I am *F*, then there is no apparent reason to think that there *is* any such proposition of the form: that I am *F*. But then our question remains: What *is* the first-person present-tense proposition for the property of being seated? — At first it is not quite clear just what the question is. After all, we have already been told a number of things of the form 'It is ...' that might constitute answers to the question pressed. For example, 'It is the proposition that anyone must believe to believe of himself as himself that he is seated'. On reflection, however, what is clearly demanded of the perspectivist is an answer of the form @It is the proposition that *T(P)*@ where *T(P)* is an ›objective text‹ of English for the first-person present-tense proposition in question. But, as we have seen, that demand is perhaps impossible to meet. That is why in the discussion of perspectivism above no perspectival proposition has been presented in English as 'the proposition that ...'. Instead, the perspectival propositions introduced were referred to as 'the first-person present-tense proposition' for a property of being *F*, e. g., the property of being seated. The absence of obvious objective texts for perspectival propositions must simply be faced by perspectivism. Needless to say, we do not in ordinary life fall back on the kind of indirect attribution used above: 'He accepts the first-person present-tense proposition for the property of being seated'. Rather, we say 'He thinks he is seated' or the like, and that suffices in the absence of some special reason for greater caution. But in special circumstances 'He thinks of himself *as himself* that he is seated' may be needed to forestall the interpretation that he thinks it of himself only as the man whose reflection he sees in the mirror or the like. If, however, it is thought important to have objective texts for perspectival propositions, why not stretch English a bit and quasi-stipulate them into being? Thus we might propose

(a) Self *is F*

as such an objective text for the first-person present-tense proposition for the property of being *F*. In keeping with this stipulation, it is then the proposition that self is seated which must be accepted by anyone who believes himself as himself to be seated at the time of belief as the time then present. But we must be careful to read the 'is' of (a) not as the present tense of the verb 'to be', but rather as a tenseless 'is' such as is used in a documentary when we are told: 'During 1953 — 61 Eisenhower is President of the USA'.

The foregoing ideas reflect the fact that, paradoxical as it may seem, perspectival propositions do not carry special first-person or present-tense content. They do not contain John McTaggart's so-called A-characteristics: being past, being present, being future, or any correlate elements. Nor do they contain any similar elements with all the features of the grammatical persons of our speech. What makes them perspectival is rather that they are eligible for acceptance in (or from) a perspective in such a way that their truth value need not remain constant from perspective to perspective. Having banished full-fledged person and tense from the contents of our thought, from the perspectival propositions that constitute such contents, we might consider them aspects rather of the *form* of our thought. Thus if one now accepts that self is seated, one might think of one's acceptance of that proposition as acceptance of it *as present for one*. Thereby in a sense the form of our thought would ›absorb‹ the present-tense, first-person elements that erroneously have been placed in the perspectival proposition which is the object or content of our thought (I argue for such ›absorption‹ of present-tense elements in Sosa 1979). — Banishing person and tense from the contents or objects of our thought does not remove all tinge of subjectivity from our world view. For the world view itself is now true or false only relative to a subject and a time. Our outlook is thus objectivist on the contents or objects of thought, which are conceived free of person, tense, or privacy. But it is subjectivist on the truth status of such contents or objects of thought. For these, when perspectival, are now always true or false only relative to a subject and a time. This subjectivism is, however, quite free of any pernicious psychologism, conventionalism, or solipsism. For neither the truth status nor the logic of such perspectival propositions need be determined by any intention or thought or any pattern of intentions or thoughts on the part of any person or group. Van Benthem (1977) argues that there is insufficient philosophical motivation for the perspectivism of tense logic, but does not take into account our line of reasoning here (cf. Sosa 1983 a; 1983 b).

2.12. Bibliographical appendix

During the classical period of 20th century analytical philosophy, the principal concern with regard to first-person thoughts was whether, in having a first-person thought, the subject is aware of herself immediately or whether the awareness of or reference to herself had in virtue of that thought is mediated by some distinct component of the content of the thought. Frege apparently held that first-person reference in thought is mediated by a special descriptive sense, unique and private for the subject, but he did not give any satisfying account of that sense (1967, 25 f). Recent commentators have argued that no adequate sense for 'I' can be found within the general constraints of a Fregean theory of thought (see, e. g., Perry 1977; compare Evans 1982; McDowell 1984 for contrary views). Russell at one time held, with explicit hesitation, that the having of a first-person thought involves the subject's being acquainted with or directly aware of herself (1912, 50 f). Russell's hesitation may have been due to uncertainty either about the possibility that the subject knows herself only by description or about the proper response to David Hume's claim that he, at least, was never directly aware of himself. Russell eventually acknowledged the force of the Humean claim, and came to hold that the subject knows herself only by description: 'I' means 'the subject attending to this', where 'this' denotes a directly-experienced occurrent mental state of the subject (1956, 164 f; compare Reichenbach 1947, 284 ff), McTaggart, on the other hand, granted to Hume only that "the 'I' is much more illusive than those other existent realities of which we are aware by perception" (1927, 76), and believed himself to have given conclusive arguments for the thesis that "'I' cannot be known by description, and [...] must be known by acquaintance" (75). Seeing that the case on each side of the question whether first-person awareness or reference is direct or mediated consists primarily of considerations against the other side, one might question the assumption common to both sides that first-person thoughts do involve an awareness of or reference to the subject. Rejection of this assumption might have been Ludwig Wittgenstein's intention when he said "When I say 'I am in pain',

I do not point to a person who is in pain, since in a certain sense I have no idea *who* is/ Wenn ich sage 'ich habe Schmerzen', weise ich nicht auf eine Person, die die Schmerzen hat, da ich in gewissem Sinne gar nicht weiß, *wer* sie hat" (1953, § 404). A critical study of the classical literature can be found in Shoemaker (1963).

Contemporary accounts of the nature of first-person thoughts can be categorized, with the classical accounts, into those on which first-person thoughts involve no reference, unmediated reference, or mediated reference to the subject. No-reference views are advanced in Anscombe (1975) and Chisholm (1978). On Anscombe's view, "'I' is neither a name nor another kind of expression whose logical role is to make a reference, at all", for the contents of first-person thoughts "do not involve the connection of what is understood by a predicate with a distinctly conceived subject" (60; 65). On Chisholm's view, "the referent of the first-person expression 'I' in English is the speaker herself, but to say that a subject believes, in the first-person, that she is *F* is to say that she believes, with empirical certainty, that there is someone who is believed to be *F*" (410, emphasis added); so there is no singular referent of the attributed first-person *thought*. Unmediated-reference views are presented in Lewis (1979), Chisholm (1981), Castañeda (1983; 1986), and Perry (1979). On the Lewis and Chisholm views, my first-person thought that I am *F* consists of me bearing a certain special two-place relation (... self attributes ---) to the property of being *F*. The thought refers to its subject, but not in virtue of any constituent of thought-content distinct from myself. Castañeda's writings often are difficult and his views complex, but his position seems to be that my first-person thought that I am *F* refers ›syntactico-pragmatically‹ to the time-slice-of-me-now (an ›I-guise‹) which figures *in propria persona* in the content of the thought (1983, 314 f; 325; 1986, 107; 109). Perry's view (which draws on the influential work of Kaplan 1977 on the formal semantics of indexical sentences) is that, while no component of the thought's content mediates the reference of a first-person thought to its subject, there nevertheless is a third aspect of every thought, in addition to the thought's subject and content, and first-person thoughts are unique in the particular character of this third aspect. Many contemporary accounts are mediated-reference views. Of these, some impute special descriptional content to first-person thoughts. In Nozick (1980), the description refers directly to the subject's mental states. In Chisholm (1976), the subject's individual essence is said to mediate self-reference. Still other contemporary mediated-reference views break out of the Frege — Russell mold by denying the assumption that only descriptive senses can be reference-mediating conceptual constituents of content, if 'descriptive' is understood to entail having qualitative content and 'sense' is understood to entail intra-possible-world fixity of extension. Work exploring ways in which non-descriptive conceptual content might be found for first-person and other indexical and demonstrative thoughts has been motivated in two ways. Some writers argue that the Kaplan/Perry version of the unmediated-reference position can be simplified and becomes a version of the mediated-reference position if the assumption in question is jettisoned, the content/character distinction collapsed, and context-sensitive components of content are recognized (see Feldman 1980; Pendlebury 1982; Sosa 1983 a; 1983 b; compare Sosa 1979). Other writers argue that the assumption in question never was a commitment of the mediated-reference tradition, or at least of the Fregean branch of that tradition, and that non-descriptive senses have always been an implicit commitment of that tradition (see Evans 1982; McDowell 1984; compare McGinn 1983; Peacocke 1983).

A principal motivation for contemporary work on the nature of first-person thoughts has been the observation, made independently in Geach (1957 a) and in a more influential cluster of articles by Castañeda (beginning with Castañeda 1966), that sentences typically used to express and attribute first-person thoughts appear to have certain semantical pecularities. The observation has been challenged (see Boër/Lycan 1980 for an influential critique; Boër/Lycan 1986 for a reconsideration). Nevertheless, it has received wide acceptance and the general presumption is that the semantical peculiarities are related to peculiarities of the first-person thoughts expressed or attributed by those sentences. A particular emphasis on the relation between first-person thought and language has been a resulting characteristic of contemporary theorizing about first-person thoughts. Other salient characteristics of recent work include a willingness, earlier mentioned, to explore beyond the bounds of the classical Russellian

and Fregean theories of thought, and a strong awareness of the need to account for the relationship between first-person thought and intentional action (see Castañeda 1975; 1986; Evans 1982; Peacocke 1983; Perry 1979; compare Hampshire 1960, chap. 3, for a classical study of self-consciousness in action). Epistemological and metaphysical matters of concern to the classical writers also continue to be investigated vigorously, including the epistemic status of first-person mental-state reports, the epistemic relevance of having a first-person perspective on the world, the relationship between the nature of first-person thought and the nature of personal identity, and the ontological significance of first-person perspectives on the world. The aim is to give an account of first-person thoughts that will yield satisfying explanations on all these many fronts. (This section has been compiled by D. Martens.)

3. Literatur in Auswahl/ Selected references

3.1. Deixis

Baker/Hacker 1980, *Wittgenstein: Understanding and Meaning*. S. 168—205, zu 1.1.2.

Burge 1979 c, Sinning against Frege, in *Philosophical Review* 88.

Castañeda 1967, Indicators and quasi-indicators, in *American Philosophical Quarterly* 4.

Castañeda 1980, Reference, reality, and perceptual fields, in *Proceedings and Addresses of the American Philosophical Association* 53.

Conte 1981, Textdeixis und Anapher, in *Kodikas/ Code* 3.

Davidson 1984 a, *Inquiries into Truth and Interpretation*.

Evans 1981 a, Understanding demonstratives, in *Meaning and Understanding*, Parret/Bouveresse (Hg.).

Evans 1982, *The Varieties of Reference*.

Kaplan 1977, *Demonstratives*.

Kaplan 1979 a, Dthat, in *Contemporary Perspectives in the Philosophy of Language*, French/Uehling/Wettstein (Hg.).

Kaplan 1979 b, On the logic of demonstratives, in *Contemporary Perspectives in the Philosophy of Language*, French/Uehling/Wettstein (Hg.).

Künne 1983, *Abstrakte Gegenstände. Semantik und Ontologie*. S. 186—196; S. 281—285.

Künne 1984, Hybride Eigennamen: Frege und Wittgenstein über indexikalische Ausdrücke, in *Zeichen und Realität*, Oehler (Hg.).

Lewis 1979 b, Attitudes de dicto and de se, in *Philosophical Review* 88.

Perry 1977, Frege on demonstratives, *Philosophical Review* 86.

Perry 1979, The problem of the essential indexical, in *Noûs* 13.

Roberts 1984, Russell on the semantics and pragmatics of indexicals, in *Philosophia* (Israel) 14.

3.2. Self-reference

Boër/Lycan 1986, *Knowing Who*.

Castañeda 1986, Self, thinking, and reality, in *Hector-Neri Castañeda*, Tomberlin (ed.).

Chisholm 1976, *Person and Object. A Metaphysical Study*.

Chisholm 1981, *The First Person. An Essay on Reference and Intentionality*.

Kaplan 1979 b, On the logic of demonstratives, in *Contemporary Perspectives in the Philosophy of Language*, French/Uehling/Wettstein (eds.).

Russell 1910 a, Knowledge by acquaintance and knowledge by description, in *Proceedings of the Aristotelian Society* 11.

Shoemaker 1963, *Self-Knowledge and Self-Identity*.

Sosa 1983 b, Consciousness of the self and of the present, in *Agent, Language, and the Structure of the World*, Tomberlin (ed.).

Wolfgang Künne, Hamburg (Deutschland)
Ernest Sosa, Providence, RI (USA)

80. Propositionale Einstellung

1.   Einleitung

Eine propositionale Einstellung im weiteren Sinn (i. w. S.) ist eine Einstellung, die ein gewisses (in der Regel menschliches) Subjekt a gegenüber einer oder mehreren Propositionen (Aussagen) p, q, ... (bzw. gegenüber den hierdurch ausgedrückten Sachverhalten) einnehmen kann. Die Menge der propositionalen Einstellungen i. w. S. läßt sich nach *formalen* und nach *inhaltlichen* Gesichtspunkten näher einteilen. Im Sinne der üblichen methodologischen Klassifizierung (vgl. Kutschera 1972, 16 ff) kann man die propositionalen Einstellungen zunächst formal dahingehend unterteilen, ob die ihnen entsprechenden Begriffe
— rein qualitative (klassifikatorische)
— komparative   oder
— quantitative (metrische)
Begriffe sind. Im folgenden konzentrieren wir uns ausschließlich auf propositionale Einstellungen im engeren Sinn (i. e. S.), d. h. auf qualitative Begriffe wie z. B.: 'a wünscht sich, daß p'. Die umgangssprachlich ohnehin seltenen

komparativen Begriffe — etwa: 'a fürchtet, daß p, eher denn, daß q' — ebenso wie die noch selteneren quantitativen Begriffe — z. B.: 'a hält es im Grade 0,78 für wahrscheinlich, daß p' — bleiben also außer Betracht.

Die propositionalen Einstellungen i. e. S. lassen sich also generell in der Form 'a ϕ-t, daß p' bzw. symbolisch

(1) $\phi\,(a,\,p)$

darstellen, wobei ϕ das jeweilige Einstellungsverb abkürzt.

Die *inhaltliche* Untergliederung dieser propositionalen Einstellungen i. e. S. erfolgt unter dem Gesichtspunkt, ob es sich dabei um
— (rein) kognitive   oder
— nicht (rein) kognitive
Einstellungen handelt. Zu den ersteren gehören insbesondere die in der Erkenntnistheorie seit Plato (s. Art. 14) diskutierten Begriffe des Glaubens und Wissens:

(2) $G\,(a,\,p)$ — a glaubt, daß p
(3) $W\,(a,\,p)$ — a weiß, daß p.

Dieses ›klassische‹ Begriffspaar (›ἐπιστήμη‹ und ›δόξα‹; ›knowledge‹ und ›belief‹) steht ungefähr seit Mitte dieses Jahrhunderts im Brennpunkt der sogenannten epistemischen Logik (vgl. Hintikka 1962, 5 ff). Neuere Untersuchungen (z. B. Lenzen 1978, 35—41) haben jedoch gezeigt, daß außer dem ›schwachen‹ Glaubensbegriff $G\,(a,\,p)$ im Sinne eines bloßen Für-wahrscheinlich-haltens noch der Sonderfall ›starken‹ Glaubens bzw. maximaler Sicherheit oder größtmöglicher subjektiver

Wahrscheinlichkeit betrachtet werden sollte, wie er durch

(4) $\ddot{U}(a, p)$ — a ist davon überzeugt, daß p

ausgedrückt wird. Alle übrigen rein kognitiven Einstellungen i. e. S. (wie 'für möglich halten', 'vermuten', 'bezweifeln', 'für unwahrscheinlich halten', etc.) lassen sich mit Hilfe von (2)—(4) rein logisch definieren (vgl. Lenzen 1980, 10 ff).

Im Bereich der nicht-kognitiven Einstellungen i. e. S. spielen die voluntativen, d. h. mit 'wollen', 'wünschen', 'beabsichtigen' u. ä. zusammenhängenden Begriffe systematisch die größte Rolle. Im Gegensatz zur epistemischen Logik steckt aber eine Wollens- bzw. Wertlogik noch arg in den Kinderschuhen, obwohl deren Bedeutung für eine (ebenfalls weitgehend erst noch zu entwickelnde) Handlungslogik bzw. eine Theorie der Kommunikation klar gesehen wurde (vgl. Kutschera 1980, 67 f; Meggle 1981 a, 118 ff). Im folgenden werden zwei Varianten eines (›schwachen‹ bzw. ›starken‹) Wollensbegriffs:

(5) $P(a, p)$ — a präferiert, daß p

und

(6) $O(a, p)$ — a will, daß p

untersucht, die sich semantisch besonders einfach charakterisieren lassen: $P(a, p)$ soll dann und nur dann gelten, wenn der durch die Proposition p ausgedrückte Sachverhalt für a gut oder positiv ist; und $O(a, p)$ soll speziell besagen, daß p für a in einem noch zu präzisierenden Sinne optimal ist.

Im Bereiche der nicht-kognitiven Einstellungen ließe sich weiterhin die Klasse der emotiven, d. h. mit (ablehnenden oder zustimmenden) Gefühlen verbundenen Einstellungen ausgrenzen. Als zentrale Begriffe kämen dabei etwa

(7) $F(a, p)$ — a befürchtet, daß p

und

(8) $H(a, p)$ — a hofft, daß p

in Betracht. Eine logische Untersuchung solcher ›gemischter‹ (d. h. kognitive und valuative Momente vereinender) propositionaler Einstellungen hat aber offenbar noch überhaupt nicht begonnen und muß deshalb auch hier unterbleiben. Es genüge der Hinweis, daß allem Anschein nach die fundamentalen Gesetze für $F(a, p)$ und $H(a, p)$ aus den Prinzipien einer kombinierten epistemisch-voluntativen Logik abgeleitet werden können.

Denn a befürchtet, daß p, dann und nur dann, wenn a zwar will, daß $\neg p$, aber glaubt, daß p; und $H(a, p)$ kann man entsprechend auf die Konjunktion von $P(a, p)$ (oder $O(a, p)$) einerseits und $G(a, p)$ (bzw. $\neg G(a, \neg p)$ oder noch schwächer $\neg \ddot{U}(a, \neg p)$) andererseits reduzieren.

Eine ausführliche Liste weiterer kognitiver, voluntativer und emotiver Einstellungen findet sich z. B. bei Hans Ineichen (1987, 39). Die meisten der dort zusammengestellten ›Verben des Fühlens‹ wie 'achten', 'schätzen', 'lieben', 'verehren', 'vertrauen', 'bemitleiden', 'treu sein' sind allerdings gar keine propositionalen Einstellungen, sondern drücken nur Einstellungen oder Beziehungen eines Subjekts a zu einem anderen Subjekt b aus. Entsprechendes gilt für einige von Ineichens ›Verben des Wollens‹ wie 'streben' oder 'beharren', die sich wohl kaum in die Normalform (1) einer propositionalen Einstellung transformieren lassen.

2. Logik kognitiver Einstellungen

Aufgabe einer *semantischen* Untersuchung der kognitiven Einstellungsverben ist es, die verschiedenen ›logisch‹ wahren, d. h. analytisch geltenden Beziehungen herauszuarbeiten, wie sie für die (bzw. zwischen den) drei wichtigsten epistemischen Modalitäten $G(a, p)$, $W(a, p)$ und $\ddot{U}(a, p)$ bestehen. Die erst im nächsten Abschnitt erfolgende *pragmatische* Untersuchung hat statt dessen die spezifischen Bedingungen für die Äußerung (oder rationale Äußerbarkeit) von epistemischen Aussagen, speziell in der Form von Erste-Person-Singular-Behauptungen zu analysieren.

2.1. Logik der Überzeugung

Daß eine Person a davon überzeugt ist, daß p, bedeutet, daß a der Proposition p bzw. dem dadurch zum Ausdruck gebrachten Sachverhalt maximale Sicherheit beimißt; mit anderen Worten: daß p für a absolut sicher ist, d. h. eine (subjektive) Wahrscheinlichkeit 1 besitzt. Aus dieser Definition (plus einfachen Theoremen der Wahrscheinlichkeitslehre) ergibt sich direkt die Gültigkeit des Konjunktionsprinzips

(9) $\ddot{U}(a, p) \& \ddot{U}(a, q) \rightarrow \ddot{U}(a, p \& q)$.

Denn wenn sowohl p als auch q maximal wahrscheinlich sind, so auch deren Konjunktion p & q. Ferner gilt trivialerweise das folgende Widerspruchsfreiheitsgesetz

(10) $\ddot{U}(a, p) \rightarrow \neg \ddot{U}(a, \neg p)$.

Wenn nämlich p für a maximal wahrscheinlich ist, dann hat die Negation $\neg p$ aufgrund elementarer probabilistischer Gesetzmäßigkeiten minimale Wahrscheinlichkeit, so daß a niemals zugleich von p und von $\neg p$ überzeugt sein kann.

In Analogie zu den alethischen Modalitäten *notwendig* und *möglich*, die durch das bekannte Gesetz verknüpft sind, demzufolge p dann und nur dann möglich ist, wenn $\neg p$ nicht notwendig ist, kann man auch im Bereich der epistemischen bzw. doxastischen Modalitäten den weiteren Begriff

(11) $M(a, p)$ — a hält es für möglich, daß p

gemäß der Äquivalenz

(12) $M(a, p) \leftrightarrow \neg \ddot{U}(a, \neg p)$

einführen. Dabei bedeutet $M(a, p)$ wahrscheinlichkeitstheoretisch analysiert, daß a dem Ereignis p eine Wahrscheinlichkeit größer als 0 beimißt. Am Rande sei vermerkt, daß man natürlich auch umgekehrt den Begriff des Für-möglich-haltens als undefinierten Grundbegriff wählen und mit seiner Hilfe den der Überzeugung gemäß dem Gesetz

(13) $\ddot{U}(a, p) \leftrightarrow \neg M(a, \neg p)$

definieren könnte.

Aufgrund der Beziehungen (12) und (13) läßt sich der Gehalt des Widerspruchsfreiheitsprinzips (10) alternativ durch die Formeln

(14) $\ddot{U}(a, p) \rightarrow M(a, p)$
(15) $M(a, p) \vee M(a, \neg p)$

ausdrücken, die besagen, daß jede Überzeugung *a fortiori* ein Für-möglich-halten impliziert bzw. daß zumindest einer der konträren Sachverhalte p und $\neg p$ für möglich gehalten wird. Dabei ist es selbstverständlich denkbar, daß a sowohl p als auch $\neg p$ für möglich hält — dies ist immer dann der Fall, wenn die Bezugsperson bezüglich des betroffenen Sachverhalts keine feste Überzeugung hat. Eine solche Situation, $M(a, p) \& M(a, \neg p)$, macht zugleich deutlich, daß für den Möglichkeitsbegriff kein Konjunktionsprinzip der Form (9), d. h. $M(a, p) \& M(a, q) \rightarrow M(a, p \& q)$ gelten kann. Wer es für möglich hält, daß es nächstes Jahr Weihnachten im Bayerischen Wald schneit, es aber auch für möglich hält, daß es dann dort nicht schneit, wird deshalb keineswegs den kontradiktorischen Sachverhalt für möglich halten, daß es

nächstes Jahr Weihnachten im Bayerischen Wald schneit und zugleich nicht schneit.

Wer allerdings $p \& q$ für möglich hält, der muß erst recht die einzelnen Sachverhalte p bzw. q für möglich halten:

(16) $M(a, p \& q) \rightarrow M(a, p) \& M(a, q)$.

Die Gültigkeit dieses Gesetzes, ebenso wie seines Pendants im Falle von Überzeugungen:

(17) $\ddot{U}(a, p \& q) \rightarrow \ddot{U}(a, p) \& \ddot{U}(a, q)$,

liegt darin verankert, daß die Wahrscheinlichkeit von p bzw. von q mindestens so groß ist wie die des konjunktiven Ereignisses $p \& q$. Und weil entsprechend die Wahrscheinlichkeit eines disjunktiven Ereignisses $p \vee q$ mindestens so hoch ist wie die der Einzelereignisse p bzw. q, lassen sich die korrespondierenden Disjunktionsgesetze beweisen

(18) $\ddot{U}(a, p) \rightarrow \ddot{U}(a, p \vee q)$
(19) $M(a, p) \rightarrow M(a, p \vee q)$.

Mit derartigen probabilistischen ›Beweisen‹ doxastisch-logischer Prinzipien ist jedoch ein nicht zu unterschätzendes Problem verbunden. Die Theorie subjektiver Wahrscheinlichkeit wird, seit ihrer Begründung durch Bruno de Finetti (1964, 93 ff), für einen zugrundegelegten Bereich von *Ereignissen* formuliert, während die epistemische Logik Einstellungen wie $\ddot{U}(a, p)$ und $M(a, q)$ zunächst für entsprechende *Sätze* p bzw. q untersucht. Die Übertragung der wahrscheinlichkeitstheoretischen Gesetze auf das Gebiet der kognitiven Einstellungen setzt deshalb voraus, daß jedem Ereignis genau eine Proposition entspricht und daß die doxastischen Einstellungen in dem Sinne propositionale Einstellungen sind, als ihr Zutreffen nicht von der spezifischen sprachlichen Repräsentation der Proposition abhängt. Das heißt: wenn immer zwei Sätze p und q logisch äquivalent sind und also das gleiche Ereignis beschreiben, dann muß $\phi(a, p)$ dann und nur dann gelten, wenn auch $\phi(a, q)$. Im Rahmen eines axiomatischen Kalküls doxastischer Logik läuft dies auf die Geltung der folgenden Deduktionsregel hinaus:

(20) $p \leftrightarrow q \vdash \ddot{U}(a, p) \leftrightarrow \ddot{U}(a, q)$.

Hieraus ergibt sich aber weiterhin, daß jedermann von sämtlichen logischen Folgerungen seiner Überzeugungen überzeugt ist:

(21) $p \rightarrow q \vdash \ddot{U}(a, p) \rightarrow \ddot{U}(a, q)$.

Denn wenn p logisch q impliziert, so ist p mit $p \& q$ logisch äquivalent; deshalb gilt mit

$\ddot{U}(a, p)$ gemäß (20) $\ddot{U}$ $(a, p$ & $q)$ und angesichts von (17) endlich $\ddot{U}$ (a, q). In der einschlägigen Literatur wurde und wird immer noch heftig diskutiert (vgl. Lenzen 1978, 53 ff), ob bzw. in welchem Grade kognitive Einstellungen deduktiv abgeschlossen sind. Angesichts der menschlichen Fehlbarkeit *in puncto* logisches Schließen haben verschiedene Autoren dafür plädiert, die Geltung von (21) auf besonders einfache Sonderfälle wie (17) und (18) oder auf sogenannte ›surface tautologies‹ (vgl. Hintikka 1970 a, 40 ff) einzuschränken. Eine solche Entscheidung hängt stark von der methodologischen Rolle ab, die man der doxastischen Logik zuweist. Faßt man sie als ein deskriptives System der faktischen Glaubensannahmen auf, so scheint nicht einmal gesichert, daß so simple Prinzipien wie (17) oder (18) für beliebige Individuen uneingeschränkt gelten. Betrachtet man die doxastische Logik hingegen als ein normatives System rationaler Glaubensannahmen, so scheint sogar die starke Version der Abgeschlossenheitsbedingung (21) vollkommen akzeptierbar. Aus ihr ergibt sich übrigens die weitere, abgeleitete Regel

(22) $p \vdash \ddot{U}$ (a, p),

derzufolge jede Person a von jedem tautologischen Sachverhalt p überzeugt ist.

Zur Abrundung der Logik der Überzeugung betrachten wir einige Gesetze für iterierte doxastische Einstellungen. Gemäß der These des ›privilegierten Zugangs‹ zu den ›inneren‹ (eigenpsychischen) Zuständen sollte auf jeden Fall gelten, daß wenn immer eine Person a von einem Sachverhalt p überzeugt oder nicht überzeugt ist, sie dann jeweils *weiß*, daß sie (bzw. daß sie nicht) von p überzeugt ist:

(23) $\ddot{U}$ $(a, p) \rightarrow W$ $(a, \ddot{U}$ $(a, p))$
(24) $\neg \ddot{U}$ $(a, p) \rightarrow W$ $(a, \neg \ddot{U}$ $(a, p))$.

(Zum anderen Teil der Privilegiertheitsthese, derzufolge kein anderes Individuum b wissen kann, ob $\ddot{U}$ (a, p), vgl. z. B. Wittgensteins kritische Bemerkungen in (1960, 533 ff).) Doch wenn jemand weiß, daß etwas der Fall ist, muß er davon erst recht überzeugt sein:

(25) W $(a, p) \rightarrow \ddot{U}$ (a, p).

Wenn also a von p überzeugt ist, ist a zugleich davon überzeugt, daß sie von p überzeugt ist:

(26) $\ddot{U}$ $(a, p) \rightarrow \ddot{U}$ $(a, \ddot{U}$ $(a, p))$;

und ist a umgekehrt nicht von p überzeugt, hält a also gemäß (12) $\neg p$ für möglich, so ist

a jedenfalls davon überzeugt, daß sie $\neg p$ für möglich hält:

(27) M $(a, p) \rightarrow \ddot{U}$ $(a, M$ $(a, p))$.

Wie man sich leicht klarmacht, lassen sich nicht nur Gesetze wie (26) und (27) zu Äquivalenzen verstärken, sondern generell sämtliche iterierte doxastische Einstellungen auf nicht-iterierte reduzieren. Technisch gesprochen ist die Logik der Überzeugungen somit isomorph zum alethischen Modalsystem DE4 (vgl. Lemmon 1977, 50 ff), das sich von dem bekannteren ›klassischen‹ Kalkül S5 nur darin unterscheidet, daß eine ›notwendige‹ Aussage auch falsch sein kann. Bei der hier zur Debatte stehenden doxastischen Interpretation ist dies überhaupt nicht paradox: wenn jemand von p überzeugt ist, bedeutet dies noch lange nicht, daß er damit auch Recht hat, d. h. daß p wirklich der Fall ist. Menschen sind halt fehlbar.

2.2. Logik des Wissens

Während also a's noch so feste Überzeugung, daß p, die Wahrheit von p nicht sicherstellen kann, so steht doch seit den frühesten erkenntnistheoretischen Analysen bei Plato fest, daß a nur dann wirklich weiß, daß p, wenn p tatsächlich der Fall ist:

(28) W $(a, p) \rightarrow p$.

Neben dieser ersten, objektiven Bedingung für a's Wissen, daß p, muß gemäß (25) als zweite, subjektive Bedingung erfüllt sein, daß a davon überzeugt ist, daß p — dies ist die Präzisierung der Platonischen Einsicht, daß jedes Wissen einen entsprechenden Glauben (nämlich der stärkstmöglichen Form) voraussetzt. Schwieriger zu präzisieren ist die dritte, von Plato diskutierte Bedingung, derzufolge, um wirklich zu wissen, daß p, a ›hinreichende Gründe‹ für ihre Überzeugung, daß p, besitzen muß. Dieser Gedanke könnte zunächst durch die Forderung der Existenz begründender Propositionen $q_1, ..., q_n$ expliziert werden, die die Wahrheit der fraglichen Aussage p sicherstellen, d. h. logisch implizieren. Doch es stellt sich die Frage, welchen epistemischen Status diese Gründe selber haben müssen.

Wenn man von den begründenden Sätzen q_i lediglich postuliert, daß sie wahr sind und daß a von ihrer Wahrheit überzeugt ist, dann erweist sich die ›dritte‹ Bedingung fürs Wissen als redundant: jede wahre Überzeugung wäre im Sinne dieser Definition automatisch ›begründet‹. Andererseits darf man nicht verlangen, daß a weiß, daß die Gründe q_i wahr sind

— sonst würde die Platonische Definition des Wissens als wahre, begründete Überzeugung zirkulär. Man wird deshalb entweder den Wissensbegriff als logisch primitiven, undefinierbaren Begriff ansehen, der durch die notwendigen Bedingungen (25) und (28) nur partiell charakterisiert ist. Oder man entscheidet sich (wie z. B. Kutschera 1982, 16 ff), die Konjunktion der beiden Bedingungen schon als hinreichend für a's Wissen, daß p, anzuerkennen, also Wissen mit wahrer Überzeugung gleichzusetzen.

Letzteres Vorgehen hätte den großen Vorteil, daß sich sämtliche Gesetze der Wissenslogik aus der Überzeugungslogik ableiten ließen. So könnte man zunächst mit Hilfe von (9) leicht das korrespondierende Konjunktionsprinzip

(29) $W(a, p) \& W(a, q) \rightarrow W(a, p \& q)$

beweisen, das allerdings auch für die strengere Konzeption von Wissen als wahrer, begründeter Überzeugung zu gelten scheint. Denn man wird annehmen dürfen, daß hinreichende Gründe für p zusammen mit hinreichenden Gründen für q zugleich die Konjunktion $p \& q$ hinreichend begründen.

Zweitens könnte man mittels der Deduktionsregeln (20)—(22) sofort die entsprechenden Prinzipien der logischen Abgeschlossenheit im Falle des Wissens beweisen:

(30) $p \leftrightarrow q \vdash W(a, p) \leftrightarrow W(a, q)$
(31) $p \rightarrow q \vdash W(a, p) \rightarrow W(a, q)$
(32) $p \vdash W(a, p)$.

Als normative Prinzipien rationalen Wissens erscheinen diese Regeln aber wiederum auch dann gerechtfertigt, wenn man einen engeren Wissensbegriff als den der bloß wahren Überzeugung vertritt. Denn es ist — mit Blick z. B. auf (32) — klar, daß es für a's Überzeugung, daß p, keine ›hinreichenderen‹ Gründe geben kann, als daß p selber tautologisch ist!

Drittens könnte man bei vorausgesetzter Definition von $W(a, p)$ als $p \& \ddot{U}(a, p)$ aus dem Iterationsgesetz (23) bzw. (26) ableiten, daß, wenn immer a weiß, daß p, a zugleich weiß, daß a weiß, daß p:

(33) $W(a, p) \rightarrow W(a, W(a, p))$.

In der (zumeist angelsächsischen) Literatur wurden zur Widerlegung von (33) eine Reihe von Beispielen eines ›Wissens‹ konstruiert, das ohne entsprechendes Wissen-daß-man-weiß einhergeht. So kann etwa ein Prüfling auf die Frage nach dem Geburtsjahr von G. W. Leibniz glücklich ratend '1646' ant-

worten und hierdurch zeigen, daß er die richtige Antwort ›wußte‹, ohne im geringsten gewußt, d. h. nicht einmal geglaubt zu haben, daß er die richtige Antwort wußte. Doch solche Beispiele (die sich typischerweise die Ambiguität von 'to know' als 'kennen' einerseits und als 'wissen' andererseits zu Nutzen machen) betreffen überhaupt nicht das Iterationsprinzip (33), in dessen Antezedens ja eine propositionale Einstellung vorausgesetzt wird. Wenn aber ein Prüfling wirklich weiß (und das heißt gemäß (25) insbesondere: davon überzeugt ist), daß Leibniz 1646 geboren wurde, dann kann er nicht glauben (ja, nicht einmal für möglich halten), daß er nicht weiß, daß Leibniz 1646 geboren wurde.

Das im letzteren Halbsatz angewandte Prinzip besagt allgemein, daß, wenn eine Person a davon überzeugt ist, daß p, sie dann auch glaubt — und zwar im höchsten Grade glaubt, d. h. davon überzeugt ist — daß sie weiß, daß p:

(34) $\ddot{U}(a, p) \rightarrow G(a, W(a, p))$
(35) $\ddot{U}(a, p) \rightarrow \ddot{U}(a, W(a, p))$.

Beide Implikationen können übrigens zu Äquivalenzen verstärkt werden (vgl. Lenzen 1980, 74), wobei die analytische Gleichwertigkeit von 'überzeugt sein' und 'glauben, daß man weiß' durch den umgangssprachlichen Gebrauch dieser Wendungen bestens bestätigt wird:

(36) $\ddot{U}(a, p) \leftrightarrow G(a, W(a, p))$.

Das auf den ersten Blick etwas stärker erscheinende (35) bzw.

(37) $\ddot{U}(a, p) \leftrightarrow \ddot{U}(a, W(a, p))$

folgt übrigens epistemisch-logisch aus (34) (vgl. Lenzen 1980, 72 ff) und ließe sich schließlich noch in der Variante

(38) $\ddot{U}(a, \ddot{U}(a, p) \leftrightarrow W(a, p))$

formulieren, die zum Ausdruck bringt, daß ein echtes Wissen und eine entsprechende Überzeugung subjektiv ununterscheidbar sind: ein jeder ist davon überzeugt, daß er all die Sachverhalte, von deren Wahrheit er überzeugt ist, tatsächlich weiß. Der objektive Unterschied zwischen $\ddot{U}(a, p)$ und $W(a, p)$ wird dadurch natürlich nicht aufgehoben. Nur aus dem Wissen, nicht aber aus der Überzeugung, daß p, folgt allgemein die Wahrheit von p. Deshalb ist es objektiv möglich, daß $\ddot{U}(a, p)$, obwohl p falsch ist und also nicht gilt $W(a, p)$. Doch die Bezugsperson a kann in keinem Einzelfall $\ddot{U}(a, p)$ & $\neg p$ bzw. $\ddot{U}(a, p)$ & $\neg W(a, p)$ (subjektiv) für möglich halten.

Wie man sich leicht klar macht, ist deshalb auch das zu (24) bzw. (26) korrespondierende Iterationsprinzip,

$$\neg W(a, p) \rightarrow W(a, \neg W(a, p)),$$

für den Wissensbegriff ungültig. Jemand, der nicht weiß, daß p, weiß nicht automatisch, daß er nicht weiß, daß p. Denn wenn a irrtümlicherweise davon überzeugt ist, daß p — d. h. wenn gilt: $\ddot{U}(a, p)$ & $\neg p$ — weiß a angesichts von (28) natürlich nicht, daß p; weiß aber auch nichts von diesem Irrtum, d. h. wegen (37) ist a davon überzeugt, zu wissen, daß p, und deshalb ist a meilenweit davon entfernt, zu wissen, daß er nicht weiß, daß p.

Technisch gesprochen erfüllt die Logik des Wissens somit alle Gesetze des Modalkalküls S4, nicht jedoch das charakteristische Axiom von S5. Damit allein ist ihre Struktur allerdings noch nicht hinreichend genau bestimmt, denn es gibt unendlich viele Kalküle ›zwischen‹ S4 und S5. Der sogenannte Kalkül S4.2 wird z. B. durch ein Axiom festgelegt, das bei epistemischer Interpretation besagt:

(39) $\neg W(a, \neg W(a, p)) \rightarrow$ $W(a \neg W(a, \neg W(a, p)))$;

und der weitere Kalkül S4.4 läßt sich entsprechend durch

(40)* p & $\neg W(a, \neg W(a, p)) \rightarrow W(a, p)$

charakterisieren (vgl. Lenzen 1979, 35 ff). Über die Gültigkeit dieser Prinzipien läßt sich freilich allein vom common-sense Standpunkt aus wenig sagen. Man beachte jedoch, daß aus den bislang herausgearbeiteten epistemisch-logischen Gesetzen über (36) und (37) hinaus noch die folgende Äquivalenz beweisbar wird:

(41) $\ddot{U}(a, p) \leftrightarrow \neg W(a, \neg W(a, p))$.

Zum einen gilt ja mit $\ddot{U}(a, p)$ gemäß (35) $\ddot{U}(a, W(a, p))$, also nach (10) erst recht $\ddot{U}(a, \neg W(a, p))$ und deshalb wegen (25) *a fortiori* $\neg W(a, \neg W(a, p))$. Zum anderen folgt aus $\neg \ddot{U}(a, p)$ gemäß (24) $W(a, \neg \ddot{U}(a, p))$ und weiterhin $W(a, \neg W(a, p))$, weil für das gemäß (25) beweisbare $\neg \ddot{U}(a, p) \rightarrow \neg W(a, p)$ mit der Deduktionsregel (31) auch $W(a, \neg \ddot{U}(a, p)) \rightarrow W(a, \neg W(a, p))$ beweisbar wird.

Angesichts von (41) besagt nun aber (39) nicht mehr, als daß $\ddot{U}(a, p)$ stets $W(a, \ddot{U}(a, p))$ impliziert — ein Gesetz, das

bereits als Folgerung aus der These von der (privilegierten) Zugänglichkeit zu unseren inneren Zuständen, (23), anerkannt wurde.

Dagegen besagt wegen der Äquivalenz (41) das S4.4-Axiom (40)* so viel wie

(42)* p & $\ddot{U}(a, p) \rightarrow W(a, p)$,

d. h. es charakterisiert genau den Begriff des Wissens als wahrer Überzeugung. Die Kennzeichnung durch * soll signalisieren, daß diese Prinzipien nur für diese enge, nicht aber für die etwas anspruchsvollere Platonische Konzeption von Wissen als wahrer, begründeter Überzeugung gültig sind.

2.3. Logik des Glaubens

Während der Begriff der Überzeugung in dem speziellen und strikten Sinn einer absoluten Gewißheit bzw. maximaler Wahrscheinlichkeit eingeführt wurde, reichen für die allgemeinere kognitive Einstellung des Glaubens schwächere Bedingungen aus. Daß a glaubt, daß p, heißt nur, daß a p für wahrscheinlich, nicht aber unbedingt für sicher hält. Die untere (wahrscheinlichkeitstheoretische) Schranke für einen derartigen Glauben, daß p, besteht darin, daß die Bezugsperson a das Ereignis p für wahrscheinlicher hält als das konträre Ereignis $\neg p$. Anders formuliert: a glaubt, daß p, *nur dann*, wenn die Wahrscheinlichkeit von p (für a) größer ist als ½.

Aus dieser notwendigen Bedingung folgt unmittelbar das Widerspruchsfreiheitsgesetz

(43) $G(a, p) \rightarrow \neg G(a, \neg p)$.

Denn wenn p eine Wahrscheinlichkeit größer als ½ besitzt, so muß $\neg p$ entsprechend eine Wahrscheinlichkeit *kleiner* als ½ haben.

Würde man einen noch schwächeren Glaubensbegriff in Betracht ziehen, wo für $G(a, p)$ eine Wahrscheinlichkeit größer oder gleich ½ ausreicht, so würde nicht mehr (43) gelten, sondern stattdessen das Prinzip, daß mindestens eines der Ereignisse p bzw. $\neg p$ stets ›geglaubt‹ wird: $G(a, p) \vee G(a, \neg p)$. Dies entspricht aber nicht dem umgangssprachlichen Gebrauch von 'glauben'; denn es ist durchaus möglich, bezüglich einem Sachverhalt p ›keine Meinung‹ in dem Sinne zu haben, daß man weder glaubt, daß p, noch glaubt, daß $\neg p$.

Für die hier zugrundegelegte, untere Wahrscheinlichkeitsschranke läßt sich allerdings das verwandte Gesetz

(44) $M(a, q) \rightarrow G(a, p \vee q) \vee$ $G(a, \neg p \vee q)$

beweisen, demzufolge zumindest einer der Sachverhalte $p \vee q$ bzw. $\neg p \vee q$ geglaubt wird, sofern q selber für möglich gehalten wird. Die Geltung von (44) ist darin verankert, daß mit $M(a, q)$ q selber eine Wahrscheinlichkeit größer als 0 besitzt und dadurch den Wert mindestens eines der disjunktiven Ereignisse $p \vee q$ bzw. $\neg p \vee q$ auf *mehr* als ½ erhöht.

Darüber hinaus scheint es wenig sinnvoll, für $G(a, p)$ auch eine *obere* Wahrscheinlichkeitsschranke einrichten zu wollen. Erstens wäre die genaue Wahl einer solchen Zahl (wie 0,87 oder 0,92 oder ...) willkürlich. Zweitens steht es durchaus im Einklang mit dem normalen Gebrauch der Ausdrücke 'glauben' und 'überzeugt sein', die Überzeugung als eine Sonderform des Glaubens, eben des stärkstmöglichen Glaubens anzusehen. Es gilt also das weitere Gesetz

(45) $\ddot{U}(a, p) \rightarrow G(a, p),$

das den semantischen Sachverhalt zum Ausdruck bringt, daß eine Wahrscheinlichkeit von 1 jedenfalls zugleich eine Wahrscheinlichkeit größer als ½ darstellt. Wie weiter unten gezeigt wird, widerspricht dies überhaupt nicht dem pragmatischen Befund, daß eine Person a, die behauptet, daß sie glaubt, daß p, dadurch zu erkennen gibt, daß sie nicht davon überzeugt ist, daß p.

Anders als der strenge Überzeugungsbegriff erfüllt der schwächere Glaubensbegriff kein Konjunktionsgesetz der Art (9). Auch wenn Ereignisse p und q einzeln jeweils eine Wahrscheinlichkeit größer als ½ besitzen, so kann doch deren Konjunktion $p \& q$ weniger wahrscheinlich als ½ sein, wie das folgende Beispiel verdeutlicht. In einer Urne befinden sich zwei schwarze Kugeln und eine weiße Kugel, wobei eine der schwarzen Kugeln aus Kunststoff gefertigt ist, während die weiße und die andere schwarze aus Holz bestehen. Wird dann zufällig eine Kugel aus der Urne gezogen, so ist die Wahrscheinlichkeit für p, daß die gezogene Kugel schwarz ist, ⅔, also größer als ½; ebenso ist es im Grade ⅔ wahrscheinlich, daß die Aussage q, daß die gezogene Kugel aus Holz besteht, wahr ist. Doch die Konjunktion $p \& q$ ist weniger wahrscheinlich als ½, weil die Wahrscheinlichkeit dafür, daß die schwarze, hölzerne Kugel gezogen wurde, nur ⅓ beträgt.

Als Ersatz für das somit widerlegte Konjunktionsprinzip läßt sich lediglich das verwandte Gesetz

(46) $G(a, p) \& \ddot{U}(a, q) \rightarrow G(a, p \& q)$

sowie auch das auf den ersten Blick merkwürdige

(47) $G(a, p) \& G(a, q) \rightarrow G(a, p \& G(a, q))$

als probabilistisch gültig nachweisen. Dabei folgt (47) aus (46) wegen der Tatsache, daß mit $G(a, q)$ gemäß der These der Zugänglichkeit zu den eigenen kognitiven Zuständen $W(a, G(a, q))$, also angesichts von (25) auch $\ddot{U}(a, G(a, q))$ gilt. Die Begründung für dieses Iterationsgesetz

(48) $G(a, p) \rightarrow W(a, G(a, p))$

samt seines Pendants

(49) $\neg G(a, p) \rightarrow W(a, \neg G(a, p))$

ergibt sich ganz wie im Fall der Überzeugungen. Die weiteren Korollare

(50) $G(a, p) \rightarrow G(a, G(a, p))$
(51) $\neg G(a, p) \rightarrow G(a, \neg G(a, p))$

sind angesichts von (25) und (45) trivial. Schließlich lassen sich auch die Regeln der deduktiven Abgeschlossenheit unserer (›schwachen‹) Glaubensannahmen

(52) $p \leftrightarrow q \vdash G(a, p) \leftrightarrow G(a, q)$
(53) $p \rightarrow q \vdash G(a, p) \rightarrow G(a, q)$
(54) $p \vdash G(a, p)$

in strikter Analogie zum Fall des ›starken Glaubens‹, $\ddot{U}(a, p)$, rechtfertigen.

Um zu einer vollständigen Axiomatisierung der ›schwachen‹ Glaubenslogik zu gelangen, muß bloß noch die Regel (53) in passender Weise verallgemeinert werden. Dazu ist es zunächst erforderlich, den Gedanken der logischen Implikation zwischen einzelnen Sätzen auf *Satzmengen* $\{p_1, ..., p_n\}$ bzw. $\{q_1, ..., q_n\}$ zu übertragen. Wir wollen sagen, daß die erste Satzmenge die zweite summativ impliziert, formal:

(55) $\{p_1, ..., p_n\} \overset{\Sigma}{\longrightarrow} \{q_1, ..., q_n\},$

wenn aus logischen Gründen mindestens so viele Sätze aus $\{q_1, ..., q_n\}$ wahr sind wie Sätze in $\{p_1, ..., p_n\}$ wahr sind. Das bedeutet zum Beispiel, für $n = 2$: $\{p_1, p_2\}$ impliziert summativ $\{q_1, q_2\}$, wenn (i) im Falle, daß beide Sätze aus $\{p_1, p_2\}$ wahr sind, dann aus logischen Gründen auch beide Sätze aus $\{q_1, q_2\}$ wahr sind; m. a. W.: $p_1 \& p_2$ muß logisch $q_1 \& q_2$ implizieren; und (ii) wenn *einer* der p_i-Sätze wahr ist, so muß aus logischen Gründen mindestens einer der q_i-Sätze wahr sein; m. a. W.: p_1 muß logisch $q_1 \vee q_2$ implizieren, und ebenso muß aus p_2 logisch $q_1 \vee q_2$ folgen, d. h. insgesamt muß die Implikation $(p_1 \vee p_2) \rightarrow (q_1 \vee q_2)$ tautologisch sein.

Wie der Leser leicht nachprüft, läuft im Falle $n = 3$: $\{p_1, p_2, p_3\} \Sigma\!\rightarrow\! \{q_1, q_2, q_3\}$ darauf hinaus, daß (i) $p_1 \& p_2 \& p_3 \rightarrow q_1 \& q_2 \& q_3$ (ii) $p_1 \& p_2 \vee p_1 \& p_3 \vee p_2 \& p_3 \rightarrow q_1 \& q_2 \vee q_1 \& q_3 \vee q_2 \& q_3$ sowie (iii) $p_1 \vee p_2 \vee p_3 \rightarrow q_1 \vee q_2 \vee q_3$ logisch wahre Implikationen sind. Die weitere Übertragung auf größere Zahlen $n = 4, 5, \ldots$ ist bloße Routine; und es ist leicht einzusehen, daß für $n = 1$: $\{p_1\} \Sigma\!\rightarrow\! \{q_1\}$ dann und nur dann gilt, wenn $p_1 \rightarrow q_1$ eine Tautologie ist — deshalb kann man hier wirklich von einer Verallgemeinerung des Begriffs der logischen Implikation sprechen.

Aus der Theorie der (subjektiven) Wahrscheinlichkeit läßt sich nun ableiten, daß unter Voraussetzung von $\{p_1, \ldots, p_n\} \Sigma\!\rightarrow\! \{q_1, \ldots, q_n\}$ die Summe der Wahrscheinlichkeiten der letzteren Satzmenge mindestens so groß ist wie die der ersteren. Sind also speziell alle p_i wahrscheinlicher als $\frac{1}{2}$, so muß die Summe der Wahrscheinlichkeiten der q_i größer als $n \cdot \frac{1}{2}$ sein. Und obgleich letzteres keineswegs bedeutet, daß alle q_i selber mindestens im Maße $\frac{1}{2}$ wahrscheinlich sind, so kann man doch folgern, daß wenigstens einer der Sätze q_i eine Wahrscheinlichkeit höher als $\frac{1}{2}$ besitzt. Damit ist die probabilistische Geltung des Prinzips gewährleistet, daß unter Voraussetzung von $\{p_1, \ldots, p_n\} \Sigma\!\rightarrow\! \{q_1, \ldots, q_n\}$ mindestens eines der q_i geglaubt wird — $G(a, q_1) \vee \ldots \vee G(a, q_n)$ — wenn sämtliche der p_i geglaubt werden: $G(a, p_1) \& \ldots \& G(a, p_n)$. Diese Prämisse läßt sich übrigens noch geringfügig abschwächen. Da $G(a, p)$ dann und nur dann gelten soll, wenn die Wahrscheinlichkeit von p größer als $\frac{1}{2}$ ist, ergibt sich aus dem Wahrscheinlichkeitskalkül, daß $\neg G(a, \neg p)$ dann und nur dann gilt, wenn die Wahrscheinlichkeit von p größer oder gleich $\frac{1}{2}$ ist. Besitzt nun mindestens einer der Sätze aus $\{p_1, \ldots, p_n\}$ eine Wahrscheinlichkeit größer als $\frac{1}{2}$, während die übrigen eine Wahrscheinlichkeit von mindestens $\frac{1}{2}$ besitzen, so ist insgesamt die Summe der Wahrscheinlichkeiten der p_i größer als $n \cdot \frac{1}{2}$, so daß die oben erläuterte Schlußfolgerung schlüssig bleibt. Damit ist das nachstehende Schema von Deduktionsregeln (für jede natürliche Zahl n) begründet:

$$(56.\text{n})\ \{p_1, \ldots, p_n\} \Sigma\!\rightarrow\! \{q_1, \ldots, q_n\} \vdash$$
$$\vdash G(a, p_1) \& \neg G(a, \neg p_2)$$
$$\& \ldots \& \neg G(a, \neg p_n) \rightarrow$$
$$\rightarrow G(a, q_1) \vee \ldots \vee G(a, q_n)$$

3. Pragmatik kognitiver Einstellungen

Während in den vorangegangenen Abschnitten die (semantischen) Wahrheitsbedingungen für das Vorliegen einer propositionalen Einstellung wie $W(a, p)$, $\ddot{U}(a, p)$, $G(a, p)$ oder $M(a, p)$ analysiert wurden, sollen nun in Kürze die (pragmatischen) Äußerungsbedingungen für die entsprechenden epistemischen Sätze erarbeitet werden. Ziel dieser Untersuchung ist es, zu erklären, wieso gewisse Sätze der Art 'b glaubt irrtümlicherweise, daß p' oder 'b glaubt zu wissen, daß p, weiß es aber nicht' nur von einem Sprecher $a \neq b$ behauptet werden dürfen; und (ii) wieso man mit Behauptungen der Art 'Ich halte es für möglich, daß p' oder 'Ich glaube, daß p' über das wörtlich Gesagte hinaus mitteilt, daß man — im ersten Fall — nicht glaubt bzw. — im zweiten Fall — nicht davon überzeugt ist, daß p.

Solche Erklärungen müssen nicht nur auf die oben entwickelten Gesetze der epistemischen Logik zurückgreifen, sondern auch auf einige allgemeine Prinzipien oder Maximen (rationaler) menschlicher Kommunikation bzw. Konversation (s. Art. 94). Eine erste, sehr elementare Forderung aus H. Paul Grice' ›klassischer‹ Arbeit (1975a, 46) lautet: „Do not say what you believe to be false". Diese ›Maxime der Qualität‹ ist jedoch in mehrfacher Hinsicht revisionsbedürftig. Zum einen sollte man statt 'Sage nichts, was Du für falsch hältst' besser sagen 'Behaupte nichts, was Du für falsch hältst'; denn es ist ein häufig angewandtes, legitimes Mittel speziell des ironischen Sprachgebrauchs, $\neg p$ zu sagen, um p zu behaupten. Zweitens scheint es wesentlich adäquater, die doppelte Verneinung in eine Bejahung der Form 'Behaupte nur, was Du für wahr hältst' zu transformieren. Denn andernfalls wäre es ›rational‹, unmittelbar nacheinander erst p und dann $\neg p$ zu behaupten, wenn man nämlich die Aussage p (z. B. des Inhalts, daß ein gewisser Münzwurf Wappen zeigen wird) weder für wahr noch für falsch hält. Drittens schließt sich die Frage an, für ›wie wahr‹, d. h. wie wahrscheinlich man p halten muß, damit man es rationalerweise behaupten darf. Reicht es aus, daß man im normalen, ›schwachen‹ Sinn glaubt, daß p; oder muß man von p überzeugt sein; oder sollte man gar wissen, daß p?

Im ersteren Fall dürfte ich hier und heute, von meinem Schreibtisch im kühlen Osnabrück aus, behaupten: 'Heute wird es in Hawaii mindestens 25°C warm'. Zwar weiß ich das nicht: ich habe weder gerade mit meinem Kollegen in Honolulu telefoniert, noch einschlägige Wettervorhersagen gelesen. Aber aufgrund meiner allgemeinen Kenntnis des hawaiischen Klimas halte ich es für wahrscheinlich, daß an einem Tag Mitte April die Mittagstemperaturen dort über 25°C steigen. Kurzum, ich glaube, daß p; bin mir aber keineswegs sicher; ich weiß es nicht.

Die normale Reaktion auf die obige Behauptung würde allerdings so ausschauen: 'Wie, bist Du sicher? Woher weißt Du das?' Beziehungsweise: 'Woher willst Du das wissen?' Und dies zeigt, daß der Adressat einer Behauptung im allgemeinen davon ausgeht, daß der Behauptende das Behauptete nicht bloß für wahrscheinlich, sondern für sicher hält, d. h. zu wissen glaubt. Der Kern der Griceschen Maxime ist also zumindest im Sinne von 'Behaupte nur, was Du für sicher hältst' zu verschärfen. Gerald Gazdar hat in (1979, 46) dafür plädiert, noch strenger zu fordern „Say only that which you know". Dies scheint aber zu weit zu gehen. Zum einen würde Gazdars Maxime die Möglichkeit einer rationalen Kontroverse um die Frage, ob p, in dem Sinne unterbinden, als niemals ein Sprecher behaupten dürfte, daß p, während sein Gegner behauptet, daß $\neg p$. Denn auch wenn a davon überzeugt ist, daß p, während b vom Gegenteil überzeugt ist, gilt doch niemals $W\,(a,\,p)\,\&\,W\,(b,\,\neg p)$. Zweitens erscheint eine Konversationsmaxime grundsätzlich nur dann als sinnvoll, wenn der Sprecher allgemein weiß, ob er der Maxime genügt oder nicht. Niemand weiß aber generell, ob er das, was er behaupten möchte, wirklich weiß oder nur zu wissen glaubt. Deshalb stützen wir uns im folgenden auf die ›mittlere‹ Version der Qualitätsmaxime, die sich wie folgt formalisieren und von einem Imperativ in eine Konditionalaussage transformieren läßt:

(57) $B\,(a,\,p)$ K$\rightarrow$ $\ddot{U}\,(a,\,p)$.

Dabei kürzt $B\,(a,\,p)$ die Bedingung 'a behauptet, daß p' ab, und das neue Symbol K$\rightarrow$ soll im Gegensatz zur logischen Implikation eine pragmatische Folgerungsbeziehung bezeichnen, die sich u. a. wie folgt paraphrasieren läßt: wenn a behauptet, daß p, *so gibt er dadurch zu erkennen, daß er davon überzeugt ist, daß p*; oder: $B\,(a,\,p)$ *berechtigt den Hörer zu der Annahme, daß* $\ddot{U}\,(a,\,p)$; $B\,(a,\,p)$ *ist konversationell erlaubt, nur wenn* $\ddot{U}\,(a,\,p)$; etc.

Eine zweite, hier einschlägige Maxime lautet im Original (Grice 1975 a, 45): „Make your contribution as informative as is required (for the current purposes of the exchange)." Diese ›Maxime der Quantität‹ bedarf ebenfalls einiger Revidierung und Präzisierung. Zunächst ist zu beachten, daß im Einklang mit der früheren Qualitätsmaxime eine Forderung der Art 'Mache deinen Beitrag so informativ wie nötig' um den unausgesprochenen Nachsatz zu ergänzen wäre: 'sofern du kannst'. Leider wird uns in vielen Situationen peinlich klar, daß wir mehr sagen sollten, als wir sagen können, d. h. als wir wissen (bzw. genauer: zu wissen glauben). Zweitens ließe sich fragen, *wie* informativ unsere Behauptungen denn sein müssen, vorausgesetzt, wir haben überhaupt etwas zu behaupten. Nun gibt es offenbar keinen sinnvollen quantitativen Begriff der Informativität; und anders als im Falle der Wahrscheinlichkeiten existieren nicht einmal klassifikatorische Informativitätsbegriffe in Analogie zu 'p ist wahrscheinlich' oder 'p ist sicher'. Der einzige plausible Informativitätsbegriff ist komparativer Natur:

(58) $p > q$ — p ist informativer als q.

Dabei wird man davon ausgehen dürfen, daß p nur dann informativer als q ist, wenn p logisch q impliziert; daß jedoch nicht umgekehrt schon p in einschlägiger, d. h. für die Zwecke der Konversation relevanter Weise informativer als q ist, wenn p logisch stärker ist als q.

Mit Hilfe der Relation $p > q$ läßt sich der Grundgedanke der Quantitätsmaxime nun wie folgt präzisieren. Wenn ein Sprecher die Wahl zwischen zwei Behauptungen p und q hat, wobei p in relevanter Weise informativer ist als q, dann ›sollte‹ S p behaupten, sofern dies mit der Qualitätsmaxime verträglich ist, d. h. S darf das weniger informative q lediglich dann behaupten, wenn er von p nicht überzeugt ist

(59) $p > q \vdash B\,(a,\,q)\bullet$K$\rightarrow \neg\,\ddot{U}\,(a,\,p)$.

In Kombination mit (57) ergibt sich so das pragmatische Hauptgesetz

(60) $p > q \vdash B\,(a,\,q)$ K$\rightarrow (\ddot{U}\,(a,\,q)\,\&\,\neg\,\ddot{U}\,(a,\,p))$,

demzufolge ein Sprecher mit seiner Behauptung, daß q, zu erkennen gibt, daß er zwar von q, nicht jedoch von dem in relevanter Weise informativeren p überzeugt ist.

Um die pragmatischen Implikationen von epistemischen Aussagen der Art $W\,(b,\,p)$, $\ddot{U}\,(b,\,p)$, $G\,(b,\,p)$ bzw. $M\,(b,\,p)$ zu ermitteln, setzen wir im folgenden voraus, daß aufgrund der einschlägigen epistemisch-logischen Ge-setze eine Behauptung (durch die Person a) von $W(b, p)$ relevant informativer ist als eine von $\ddot{U}(b, p)$, jene jedoch informativer als $G(b, p)$, etc.:

(61) $W(b, p) > \ddot{U}(b, p) > G(b, p) >$
$\quad M(b, p)$.

Mittels der Regel (60) ergibt sich dann:

(62) $B(a, M(b, p))$ K$\longrightarrow$ $\ddot{U}(a, M(b, p))$ &
$\quad \neg\ddot{U}(a, G(b, p))$

(63) $B(a, G(b, p))$ K$\longrightarrow$ $\ddot{U}(a, G(b, p))$ &
$\quad \neg\ddot{U}(a, \ddot{U}(b, p))$

(64) $B(a, \ddot{U}(b, p))$ K$\longrightarrow$ $\ddot{U}(a, \ddot{U}(b, p))$ &
$\quad \neg\ddot{U}(a, W(b, p))$.

Im Spezialfall von Behauptungen über die eigenen epistemischen Einstellungen, d. h. für $b = a$, erhält man insbesondere: die Behaup-tung 'Ich halte es für möglich, daß p', im-pliziert pragmatisch $\ddot{U}(a, M(a, p))$ & $\neg\ddot{U}(a, G(a, p))$, also vereinfacht (aufgrund von (27) und (48)) $M(a, p)$ & $\neg G(a, p)$:

(65) $B(a, M(a, p))$ K$\longrightarrow$ $M(a, p)$ &
$\quad \neg G(a, p)$.

Entsprechend folgt aufgrund der einschlägi-gen Iterationsprinzipien

(66) $B(a, G(a, p))$ K$\longrightarrow$ $G(a, p)$ & $\neg\ddot{U}(a, p)$.

Während also semantisch der Sachverhalt $M(a, p)$ keineswegs $\neg G(a, p)$ impliziert, son-dern sogar mit $\ddot{U}(a, p)$ verträglich ist, impli-ziert die Behauptung, daß man p für möglich hält, pragmatisch, daß man *nicht* glaubt, daß p! Ebenso läßt man mit der Behauptung, daß man glaube, daß p, zugleich erkennen, daß man von p nicht überzeugt ist, obgleich se-mantisch $G(a, p)$ nicht $\neg\ddot{U}(a, p)$ impliziert. Würde man entsprechend in (64) $b = a$ setzen, ergäbe sich hingegen der intuitiv unhaltbare Schluß, daß man mit der Behauptung 'Ich bin davon überzeugt, daß p', nicht nur $\ddot{U}(a, \ddot{U}(a, p))$ d. h. $\ddot{U}(a, p)$, sondern zugleich pragmatisch $\neg\ddot{U}(a, W(a, p))$ implizieren würde. Da gemäß (37) die mangelnde Über-zeugung, daß man weiß, daß p, nichts anderes als eine mangelnde Überzeugung, daß p, be-inhaltet, würde die fragliche Äußerung somit einerseits $\ddot{U}(a, p)$ und andererseits $\neg\ddot{U}(a, p)$, also einen Widerspruch pragmatisch nach sich ziehen.

Zur Lösung dieser Schwierigkeit ist zu be-achten, daß zwar im allgemeinen, d. h. für $b \neq a$, die Aussage $W(b, p)$ informativer ist als $\ddot{U}(b, p)$, weil sie im Gegensatz zur letzteren (semantisch) p impliziert (und deshalb über

$\ddot{U}(a, \ddot{U}(b, p))$ hinaus pragmatisch auch $\ddot{U}(a, p)$ selber signalisiert). Doch die entspre-chende Behauptung in der ersten Person Sin-gular 'Ich weiß, daß p', ist gerade nicht mehr in relevanter Weise informativer als 'Ich bin davon überzeugt, daß p', weil jeder Hörer weiß, daß ein Sprecher a mit seiner Behaup-tung von $W(a, p)$ ebenso wie mit der Be-hauptung von $\ddot{U}(a, p)$ (und, nebenbei be-merkt, auch mit der schlichten Behauptung von p selber) nur eins zum Ausdruck bringen kann: daß a von p überzeugt ist, d. h. p zu wissen glaubt; daß diese Überzeugung aber nicht die Wahrheit von p garantieren kann. Aus der Maxime der Qualität allein ergibt sich, daß a's Behauptungen von $W(a, p)$ und von $\ddot{U}(a, p)$ (wie auch vom einfachen p) pragmatisch äquivalent sind, denn die auf-grund von (57) bestehenden pragmatischen Implikationen dieser Äußerungen,

(67) $B(a, W(a, p))$ K$\longrightarrow$ $\ddot{U}(a, W(a, p))$
(68) $B(a, \ddot{U}(a, p))$ K$\longrightarrow$ $\ddot{U}(a, \ddot{U}(a, p))$
(69) $B(a, p)$ K$\longrightarrow$ $\ddot{U}(a, p)$,

d. h. die Sätze $\ddot{U}(a, W(a, p))$, $\ddot{U}(a, \ddot{U}(a, p))$ und $\ddot{U}(a, p)$ sind selber nach den Gesetzen der epistemischen Logik beweisbar äquiva-lent. Deshalb ist eine Behauptung der Art 'Ich weiß, daß p' nicht informativer als 'Ich bin davon überzeugt, daß p' (und auch nicht in-formativer als die kategorische Behauptung p), so daß hier die Maxime der Quantität keine Anwendung findet.

Mit den abgeleiteten pragmatischen Geset-zen lassen sich eine Reihe weiterer pragmati-scher Phänomene epistemischer Äußerungen erklären. Die sog. Mooresche Paradoxie be-steht z. B. in der Beobachtung, daß man nicht sinnvollerweise behaupten darf 'Es regnet, aber ich glaube es nicht'. Der Grund für die pragmatische Inkonsistenz dieser ›an sich‹ konsistenten Aussage liegt auf der Hand: Gemäß (57) impliziert die Behauptung nämlich pragmatisch $\ddot{U}(a, p \& \neg G(a, p))$, was epistemisch-logisch auf $\ddot{U}(a, p)$ & $\ddot{U}(a, \neg G(a, p))$ bzw. vereinfacht auf $\ddot{U}(a, p)$ & $\neg G(a, p)$ hinausläuft, also mit dem Gesetz (45) in Widerspruch steht (zur Lösung ver-wandter ›Paradoxien‹ vgl. Lenzen 1980, Kap. 5).

4. Voluntative Einstellungen

So wie die Logik der kognitiven Einstellungen $G(a, p)$ und $\ddot{U}(a, p)$ aus der Theorie der subjektiven Wahrscheinlichkeit abgeleitet wurde, so wird man versuchen, die Logik der voluntativen Einstellungen aus der Theorie der Präferenzen bzw. der subjektiven Nutzensfunktionen herzuleiten. In Analogie zum ›schwachen‹ Glaubensbegriff, $G(a, p)$, kann man zunächst einen ›schwachen‹ Wollensbegriff

(5) $P(a, p)$ — a präferiert, daß p

durch die Minimalbedingung definieren, daß p für a besser ist als $\neg p$ bzw. daß p für a einen positiven Wert besitzt. Gegen diesen Ansatz hat Franz von Kutschera eingewandt: „Ein Satz der Form 's will, daß p' besagt etwas anderes, als daß der Sachverhalt p für s einen positiven Wert hat. Verschiedene, miteinander unverträgliche Sachverhalte können für uns positiven Wert haben, d. h. wünschenswert sein, wir können aber rationalerweise nicht Unverträgliches wollen. Das, was wir wollen, ist mögliches Ziel von Handlungen, und wir werden in jeder Situation versuchen, das für uns Bestmögliche zu erreichen, nicht nur etwas Positives" (Kutschera 1980, 100).

Dem letzteren Bedenken wird hier dadurch Rechnung getragen, daß neben $P(a, p)$ noch ein ›starker‹ Wollensbegriff

(6) $O(a, p)$ — p ist optimal für a

berücksichtigt wird, der allerdings nicht mehr in direkter Entsprechung zum doxastischen $\ddot{U}(a, p)$ definiert werden kann. Denn im Gegensatz zum Bereich subjektiver Wahrscheinlichkeiten ist die Skala der möglichen subjektiven Nutzenswerte nach oben und unten unbegrenzt. Es gibt also streng genommen nichts ›Optimales‹, und es bleibt in 4.2. zu untersuchen, welche der verschiedenen denkbaren Verstärkungen von $P(a, p)$ am ehesten das ›starke Wollen‹ charakterisiert. Der andere Einwand von Kutscheras erweist sich dagegen als hinfällig, denn bereits für den ›schwachen‹ Wollensbegriff gilt ein Widerspruchsfreiheitsprinzip der Art, daß dann, wenn ein Sachverhalt p positiven Wert hat und somit wünschenswert ist, nicht zugleich auch $\neg p$ wünschenswert sein kann.

4.1. Logik des ›schwachen‹ Wollens

Im Rahmen einer quantitativen Theorie subjektiver Werte geht man davon aus, daß für die jeweilige Bezugsperson a eine Wahrscheinlichkeitsfunktion w_a und eine Nutzensfunktion u_a so definiert sind, daß das folgende Mittelwertprinzip gilt

(70) $u_a(p \vee q) = \dfrac{u_a(p)\, w_a(p) + u_a(q)\, w_a(q)}{w_a(p) + w_a(q)}$

Außerdem wird vorausgesetzt, daß die Nutzens- (ebenso wie die Wahrscheinlichkeits-) werte unabhängig sind von der jeweiligen Repräsentation der Proposition, d. h. für logisch äquivalente Sätze p, q ist $u_a(p) = u_a(q)$:

(71) $p \leftrightarrow q \vdash u_a(p) = u_a(q)$.

Definiert man nun den ›schwachen‹ Wollensbegriff wie angekündigt durch

(72) $P(a, p) := u_a(p) > u_a(\neg p)$,

so ergibt sich unmittelbar die Geltung des Widerspruchsfreiheitsprinzips

(73) $P(a, p) \rightarrow \neg P(a, \neg p)$.

Denn aus $P(a, p)$ & $P(a, \neg p)$, d. h. $u_a(p) > u_a(\neg p)$ & $u_a(\neg p) > u_a(\neg\neg p)$ würde der Widerspruch $u_a(p) > u_a(\neg p) = u_a(p)$ folgen. Ähnlich wie im Fall des ›schwachen‹ Glaubens ist übrigens die Beziehung (73) nicht umkehrbar: Im allgemeinen gibt es Sachverhalte p, die für a neutral sind in dem Sinne, daß a weder p $\neg p$ vorzieht, noch umgekehrt:

(74) $N(a, p) \leftrightarrow \neg P(a, p)$ & $\neg P(a, \neg p)$.

Wenn man annimmt, daß die Bezugsperson nicht-triviale Präferenzen hat, d. h. irgendetwas positiv und irgendetwas negativ beurteilt, dann hat für sie jedes tautologische Ereignis den Wert 0:

(75) $u_a(p \vee \neg p) = 0$.

In diesem Fall lassen sich die neutralen Ereignisse prägnant durch die numerische Bedingung

(76) $N(a, p) \leftrightarrow u_a(p) = 0$

auszeichnen, während $P(a, p)$ alternativ zu (72) durch Positivität charakterisiert werden kann:

(77) $P(a, p) \leftrightarrow u_a(p) > 0$.

Wie man sich leicht klar macht, sind übrigens nicht nur die logisch sicheren Ereignisse wertmäßig neutral, sondern allgemeiner jedes p, das für die Bezugsperson a sicher ist:

(78) $\ddot{U}(a, p) \rightarrow N(a, p)$.

Denn aus dem Mittelwertprinzip (70) folgt für $q = \neg p$, daß mit $\ddot{U}(a, p)$, d. h. $w_a(p) = 1$ stets $u_a(p) = u_a(p \vee \neg p)$ ist. Als Korollar von (78) ergibt sich des weiteren, daß auch all jene Ereignisse für a neutral sind, die a für ausgeschlossen hält:

(79) $\ddot{U}(a, \neg p) \rightarrow N(a, p)$.

Ebenso wie die eigenen Glaubensannahmen sind auch die eigenen Präferenzen etwas, bezüglich dessen man sich nicht irren kann: wenn *a* will, daß *p*, dann weiß er dies, speziell also

(80) $P(a, p) \rightarrow \ddot{U}(a, P(a, p))$.

Und wenn *a* nicht will, daß *p*, weiß er dies ebenfalls

(81) $\neg P(a, p) \rightarrow \ddot{U}(a, \neg P(a, p))$.

Wegen (78) und (79) sind dann die Sachverhalte, daß *a* will bzw. nicht will, daß *p*, selber für *a* neutral. Aus $P(a, p)$ folgt also nicht $P(a, P(a, p))$, wie überhaupt Iterationen von valuativen bzw. voluntativen Einstellungen wenig sinnvoll erscheinen.

Aus dem Substitutionsprinzip (71) folgt unmittelbar, daß für logisch äquivalente *p* und *q* der eine Satz positiven Wert für *a* genau dann hat, wenn auch der andere präferiert wird

(82) $p \leftrightarrow q \vdash P(a, p) \leftrightarrow P(a, q)$.

Anders als bei den doxastischen Einstellungen werden jedoch die logischen Folgerungen positiver Ereignisse nicht zwangsläufig selber präferiert. Denn insbesondere gilt mit $P(a, p)$ für die tautologische Folgerung $p \vee \neg p$ gemäß (78) eben $N(a, p \vee \neg p)$, also nicht $P(a, p \vee \neg p)$. Man kann somit von $P(a, p)$ nicht generell auf $P(a, p \vee q)$ schließen, und auch nicht von $P(a, p \& q)$ auf $P(a, p)$. Weiterhin verletzt der ›schwache‹ Wollensbegriff $P(a, p)$ wie sein doxastisches Pendant $G(a, p)$ ein umgekehrtes Konjunktionsprinzip des Inhalts: $P(a, p) \& P(a, q)$ impliziert $P(a, p \& q)$. Doch in partieller Analogie zu (46) läßt sich zumindest beweisen, daß dann, wenn *a* davon überzeugt ist, daß *p*, und *a* präferiert, daß *q*, *a* auch *p* & *q* präferiert, bzw. genauer:

(83) $\ddot{U}(a, p) \rightarrow (P(a, q) \leftrightarrow P(a, p \& q))$.

Aufgrund des Mittelwertprinzips fällt nämlich für $\ddot{U}(a, p)$, d. h. $w_a(p) = 1$, der Wert $u_a(p \& q)$ mit $u_a(q)$ zusammen.

Etwas schwieriger einzusehen ist die Gültigkeit der beiden folgenden Ersatzprinzipien für Disjunktions- bzw. Konjunktionsgesetze:

(84) $P(a, p) \rightarrow P(a, q \& q) \vee P(a, p \& \neg q)$
(85) $P(a, p) \rightarrow P(a, p \vee q) \vee P(a, p \vee \neg q)$.

Wie in Lenzen (1981, 169) gezeigt wird, handelt es sich dabei um Spezialfälle des nachstehenden, komplexen Regelschemas, das weitgehend analog zum Prinzip (56.n) der Glaubenslogik gebildet wurde:

(86.nm) $\{p_1, ..., p_n\} \leftarrow\Sigma\rightarrow \{q_1, ..., q_m\} \vdash$
$P(a, p_1) \& \neg P(a, \neg p_2) \& ... \&$
$\neg P(a, \neg p_n) \rightarrow P(a, q_1) \vee ...$
$\vee P(a, q_m)$.

Die Prämisse $\{p_1, ..., p_n\} \leftarrow\Sigma\rightarrow \{q_1, ..., q_m\}$ besagt dabei, daß die Satzmengen (die durchaus unterschiedlich viele Elemente besitzen dürfen) summativ äquivalent sind, d. h. sich im Sinne der früheren Definition wechselseitig summativ implizieren. Obwohl durch diese Voraussetzung nicht sichergestellt werden kann, daß die Summe der $u_a(p_i)$ mit der Summe der $u_a(q_j)$ übereinstimmt (vgl. Lenzen 1983, 364 f), so folgt doch aufgrund des Mittelwertprinzips, daß mindestens eins der q_j positiv ist, wenn eines der p_i positiv und kein anderes p_j negativ ist.

4.2. Logik des ›starken‹ Wollens

Im Prinzip gibt es für jede Person *a* zu beliebigem positiven Ereignis *p* ein noch besseres Ereignis *q*, also (außer über endlichen Bereichen) nichts wirklich Bestes oder Optimales. Als stärkstmögliche Form einer valuativen Einstellung könnte man somit lediglich definieren, daß *p* ›optimal‹ dann und nur dann ist, wenn es nichts Besseres als *p* gibt, wenn also für alle *q* gilt $u_a(q) \leq u_a(p)$. Bei der Untersuchung der logischen Struktur dieses Begriffes zeigte sich (vgl. Lenzen 1983, 352 ff), daß mit ›optimalem‹ *p* zugleich jede Konjunktion *p* & *q* beweisbar ›optimal‹ ist, vorausgesetzt, *a* hält *p* & *q* für möglich. Für ein an sich schlechtes *q*, d. h. $P(a, \neg q)$, wird jedoch in der Regel *p* & *q* schlechter sein als *p* & ¬*q*, also keineswegs ›optimal‹, so daß auch nicht gelten kann $M(a, p \& q)$. Mit anderen Worten: *p* ist nur dann ›optimal‹ für *a*, wenn es (nach Meinung von *a*) jedes schlechte *q* ausschließt, also (nach *a*'s Überzeugung) *p* äquivalent ist mit der äußerst komplexen Konjunktion $p \& \neg q_1 \& \neg q_2 \& ...$ für alle q_i mit $P(a, \neg q_i)$.

Dieser sehr exklusive ›Optimalitäts‹begriff eignet sich aber kaum als Explikation des umgangssprachlichen Wollensbegriffs, demzufolge wir einen Sachverhalt *p* auch dann wollen können, wenn für ein gewisses mögliches (aber nicht sehr wahrscheinliches) *q* gelten sollte $u_a(p \& q) < u_a(p \& \neg q)$. Ein wesentlich plausiblerer Ansatz zur Definition eines ›starken‹ Wollensbegriffs besteht darin, daß man von *p* erwartet, daß dieses Ereignis nicht nur für sich betrachtet gut ist, sondern unter allen Umständen q positiven Wert hat: d. h. für jedes q (das mit p und mit $\neg p$ verträglich ist) sollte $p \,\&\, q$ besser sein als $\neg p \,\&\, q$:

(87) $O\,(a, p) \leftrightarrow u_a\,(p \,\&\, q) > u_a\,(\neg p \,\&\, q)$
für alle q mit $w_a\,(p \,\&\, q) \neq 0$ und
$w_a\,(\neg p \,\&\, q) \neq 0$.

Für tautologisches q ergibt sich sofort das Gesetz

(88) $O\,(a, p) \rightarrow P\,(a, p)$,

das zeigt, daß mit $O\,(a, p)$ wirklich ein stärkerer Präferenz- bzw. Wollensbegriff erfaßt wird als mit $P\,(a, p)$. Trivialerweise erfüllt der ›starke‹ Wollensbegriff die Substitutionsbedingung für logisch äquivalente Sätze,

(89) $p \leftrightarrow q \vdash O\,(a, p) \leftrightarrow O\,(a, q)$,

dagegen nicht die Regeln der logischen Abgeschlossenheit gegenüber Implikationen bzw. Tautologien.

An axiomatischen Prinzipien erhält man in Analogie zum ›schwachen‹ Wollensbegriff das Widerspruchsfreiheitsgesetz

(90) $O\,(a, p) \rightarrow \neg O\,(a, \neg p)$,

sowie zwei Prinzipien über den Zusammenhang von Werten und Wahrscheinlichkeiten:

(91) $O\,(a, p) \rightarrow M\,(a, p) \,\&\, M\,(a, \neg p)$
(92) $\ddot{U}\,(a, p) \rightarrow (O\,(a, q) \leftrightarrow O\,(a, p \,\&\, q))$

die unmittelbar den früheren Gesetzen (78) und (79) bzw. (83) entsprechen. Darüber hinaus läßt sich nun das folgende, für den ›starken‹ Begriff charakteristische Gesetz beweisen.

(93) $O\,(a, p) \,\&\, O\,(a, q) \rightarrow \ddot{U}\,(a, p \rightarrow q) \,\vee$
$\ddot{U}\,(a, q \rightarrow p)$.

Immer wenn zwei verschiedene Ereignisse für a unter allen Umständen gut sind, so ist a davon überzeugt, daß eines von beiden das andere nach sich zieht.

Aus (93) folgt dann mit (92) sowohl das Konjunktionsprinzip

(94) $O\,(a, p) \,\&\, O\,(a, q) \rightarrow O\,(a, p \,\&\, q)$

als auch ein Disjunktionsprinzip der Form

(95) $O\,(a, p) \,\&\, O\,(a, q) \rightarrow O\,(a, p \,\vee\, q)$

(vgl. Lenzen 1983, 355 ff). Schließlich erhält man noch an Stelle der strikten Iterationsprinzipien die Gesetze

(96) $O\,(a, p) \rightarrow \ddot{U}\,(a, O\,(a, p))$
(97) $\neg O\,(a, p) \rightarrow \ddot{U}\,(a, \neg O\,(a, p))$,

die sich aus der Annahme ableiten, daß wir einen privilegierten Zugang nicht nur zu den eigenen doxastischen, sondern auch zu den eigenen voluntativen Einstellungen besitzen.

Verzeichnis der logischen Symbole

$\neg$	Negation (nicht)
$\&$	Konjunktion (und)
$\vee$	Disjunktion (oder)
$\rightarrow$	Implikation (wenn − dann)
$\leftrightarrow$	Äquivalenz (genau dann, wenn)
$K\rightarrow$	konversationelle (pragmatische) Implikation
$\Sigma\rightarrow$	summative Implikation
$\leftarrow\Sigma\rightarrow$	summative Äquivalenz
$w_a\,(p)$	subjektive Wahrscheinlichkeit von p für a
$u_a(p)$	Nutzen (subjektiver Wert) von p für a

5. Literatur in Auswahl

Hintikka 1962, *Knowledge and Belief*.

Ineichen 1987, *Einstellungssätze*.

Kutschera 1982, *Grundfragen der Erkenntnistheorie*.

Lenzen 1980, *Glauben, Wissen und Wahrscheinlichkeit*.

Wolfgang Lenzen, Osnabrück (Deutschland)

81. Sense and reference

1. Introduction

Reference is a relation between a word or phrase, or, more exactly, the use of that word or phrase on a particular occasion, on the one hand, and an object, in general a non-linguistic object, on the other; the relation of reference is that which obtains when the word or phrase is used in order to talk about the object, and, in being so used, is used correctly. The least controversial case is that of a word or phrase which, on any specific occasion of its use, refers to some one particular object: the archetypal example of reference is therefore the relation between a proper name and its bearer (s. art. 78). Even this illustration gives rise to problems. Philosophers frequently discuss how proper names function in a language without stopping to specify what they count as a proper name. 'Skat' is undoubtedly the name of a card game: does that make it a proper name? Is 'mannerism' the proper name of an art style, 'the waltz' the proper name of a dance, 'Marxism' the proper name of an ideology, 'quantum mechanics' the proper name of a physical theory, 'February' the proper name of a month? What should we take as deciding these questions? We cannot even modify the foregoing specification of the archetypal example of reference by restricting the proper names to those of concrete objects like people, animals, ships, planets and mountains: for place-names of all kinds, including, for instance, 'Europe', 'the South Pole' and 'the Pacific Ocean' are unquestionably proper names, whereas many of the places named by them are not concrete objects in any ordinary sense. — These difficulties are characteristic of those that arise as soon as the topic of reference is touched upon. For all that, it is central to the philosophy of language; and its correlative notion, that of thinking *about* an object, is likewise central to the philosophy of thought — a branch of philosophy often not clearly distinguished from the philosophy of language in the writings of philosophers before the present century. The centrality of the notion of reference is due to its being perceived as the point at which language makes contact with extra-linguistic reality. A thorough historical account would therefore have to begin no later than Aristotle (s. art. 15), and review the scholastic theory of *suppositio* (s. art. 4). Here we shall confine ourselves to more modern writers. — That some such notion as that of reference is required is not in doubt. The concept is not a philosophers' invention: it is one embedded in the everyday use of language, itself an instrument of discourse. Every mature speaker is accustomed to enquire, 'Whom are you speaking about?' or 'What are you speaking about?', to ask what an unfamiliar name is the name of, to speak of a person or thing as having a certain name, and to ask, 'Which one do you mean?': we bring the concept of reference with us when we first engage in the theoretical study of language. The philosophical problems concerning reference fall under five heads:

(1)   Do expressions used to refer to objects have any other semantic property?
(2)   Which forms of expression should be regarded as used to refer to objects?
(3)   Which things are possible objects of reference?
(4)   Can an expression, on a particular occasion of use, be said to refer to many distinct objects, or is reference always a relation to a single object?
(5)   Do all meaningful expressions have some variety of reference, or is reference a specialised linguistic function?

These questions are interconnected. Reference to a single object is usually considered the defining role of a singular term; so question (2) can be re rephrased as: 'Which forms of expression should be classified as singular terms?' The prototype of a singular term is a proper name: uncertainties about what is to count as a proper name are to be resolved by finding the answer to question (3). That is, if the Equator, say, is to be ranked as a possible object of reference, then 'the Equator' ought to be recognised as a proper name, but if not, not. Now we are concerned with reference to a single object on any particular occasion of utterance: so we should include among singular terms the first- and second-person singular pronouns. We should also include those uses of third-person singular pronouns which allow of replacement by a proper name without change of content. 'Napoleon could go to sleep at any moment he chose' exemplifies such a use, since the content remains the same in 'Napoleon could go to sleep at any moment Napoleon chose'; but in 'Everyone would like to be able to go to sleep at any moment he chose', the pronoun 'he' cannot be replaced without change of content by a proper name (or by the word 'everyone', either). A further category consists of many uses of singular demonstrative pronouns, typically accompanied by a pointing gesture.

2. Definite descriptions

The most problematic candidates for the status of singular terms are those complex singular noun-phrases made famous by Bertrand Russell as ›definite descriptions‹, such as 'King David's first wife' and 'the longest river on the American continent' (s. art. 78); to these we may add singular noun-phrases with demonstrative adjectives, such as 'that woman down there' (s. art. 79). It is plain that, if these expressions are to count as singular terms, an affirmative answer must be given to question (1). Some contemporary writers, such as Saul Kripke and David Kaplan, maintain that proper names have no other semantic property than that of referring to particular objects: this thesis is often attributed to John Stuart Mill (s. art. 30), although what Mill actually said was that a proper name is a label for the *idea* of the object. Now to say that an expression has no semantic property other than that of referring to a particular object is to say that its meaning, or its contribution to the meaning of any sentence containing it, is exhausted by its referring to that object. Whatever plausibility such a thesis may have when applied to proper names, it is plainly untenable as applied to definite descriptions. — Now Russell wished to return a negative answer to question (1); it was therefore essential for him to argue that definite descriptions are not singular terms. This he did by means of his celebrated ›Theory of Descriptions‹, according to which definite descriptions are ›incomplete symbols‹. An incomplete symbol, in Russell's terminology, is an expression which is not meaningless, but gives a false appearance of being unitary. It looks as though it formed a component unit of a sentence in

which it occurs; but, when we subject such a sentence to logical analysis, the logical form of the sentence which we then expose contains no unitary component corresponding to the incomplete symbol. Before Russell, Gottlob Frege had had a similar idea, concerning expressions of other kinds. For instance, in the sentence 'The Emperor's carriage is drawn by four horses', the phrase 'four horses' forms a grammatical unit; but it is an illusion than it forms a logical unit. Logical analysis exposes the true form of the sentence as 'There are four | horses which draw the Emperor's carriage', with the principal division between the semantic components indicated by the caesura: there is then no component of the analysed sentence corresponding to the grammatical phrase. In a similar way, Russell declared that such a sentence as 'The harp that Gabriel plays has twelve strings' should be analysed as 'There is something which has twelve strings, and is such that it, and it alone, is a harp played by Gabriel'; and in this analysed form, no unitary component corresponds to the definite description 'the harp that Gabriel plays'.

What are philosophers doing when they offer ›logical analyses‹ of this kind? They take it as evident that the understanding that one who knows the language has of a sentence in that language must comprise a grasp of what is required to determine the statement made by uttering it on any given occasion as true or as false (s. art. 120). An ordinary speaker cannot give a clear account of how he derives his grasp of this from the way the sentence is formed out of its constituent words, because his knowledge is not explicit knowledge; what logical analysis attempts to do is to render explicit the mechanism of whose working we, as speakers of the language, have a tacit understanding. One means of doing this is to display the sentence being subjected to analysis as equivalent to another which, however clumsy, is perspicuous in a specific sense: namely that the contribution made by each of its constituents to fixing the condition for the statement to be true or false is explicable by some very simple principle. — By thus expelling definite descriptions from the category of singular terms, Russell rebutted the most obvious objection to a negative answer to question (1): indeed, he used his negative answer to that question as an *argument* for the Theory of Descriptions. In our day, Kripke has drawn attention to a feature of definite descriptions which provides a better ground than any Russell advanced for not considering them to be singular terms, namely their behaviour in modal, and, it may be added, temporal, contexts. Proper names behave differently from definite descriptions in these contexts, even when they have been introduced by means of some definite description. Let us adopt the name 'Krishnaraja' for whoever first invented the game of chess. Then we are bound to admit that, had things gone differently, Krishnaraja might never have invented chess, and would not then have been the inventor of chess; but there are no possible circumstances in which he would not have been Krishnaraja. (He probably was not in actual fact *called* 'Krishnaraja' in his lifetime; but that is a different matter.) In a similar way, there was a time when Neil Armstrong had not yet become the first man to walk on the Moon: but there was never a time when he had not yet become Neil Armstrong. In Kripke's terminology, proper names are ›rigid designators‹, definite descriptions ›flexible designators‹. It would take us around too long a detour to decide whether this difference between proper names and definite descriptions is a conclusive ground for not regarding the latter as singular terms: but it is certainly a marked difference.

3. The description theory of proper names

If a singular term has no semantic property other than possessing the reference that it does, then an expression purporting to be a singular term but devoid of reference can have no semantic content; and hence a sentence containing it can express no genuine thought. It can easily happen, however, that someone uses a definite description, wrongly supposing that some person or thing answers to it; it would violate common sense to declare that he expressed no thought. That appeared to Russell a ground for supposing his Theory of Descriptions correct. But it took him further: for he perceived that the conclusion can hardly be pressed even for a sentence containing what would ordinarily be classed as a proper name, when the name in fact lacked a bearer. Frege, at the start of his career, was happy to embrace the conclusion:

"der Satz 'Leo Sachse ist ein Mensch' ist nur dann Ausdruck eines Gedankens, wenn 'Leo Sachse' etwas bezeichnet" (Frege 1969 d, 189),

he wrote. Russell drew a different conclusion, namely that what we ordinarily call 'proper names' are not proper names at all in the logical sense, but disguised definite descriptions. He nevertheless thought it essential for a language to contain *some* ›logically proper names‹: we need not here follow him in his identification of these. — Russell's view that ordinary proper names are definite descriptions in disguise has been vehemently attacked by Kripke under the title 'the description theory of proper names', which he also wrongly ascribes to Frege: as applied to Russell, it should properly be called 'the description theory of *ordinary* proper names'. Kripke's criticism has two quite different grounds. One is the distinction, already noted, between the behaviour of proper names and definite descriptions in modal contexts: this indeed shows that a proper name cannot be strictly equivalent to a definite description, but does not show that they may not be related as 'Krishnaraja' and 'the inventor of chess' in the above example; and in fact Kripke does not deny the existence of such ›descriptive‹ proper names. The other ground is that, for any description, however naturally used in explaining to someone to whom or what a proper name refers, it will always make sense to question whether the description applies to the bearer of the name: we shall not lose our grip on the name if we learn that it does not. Kripke's chief example is the name 'Kurt Gödel', which one might well explain as denoting the man who proved the incompleteness of arithmetic: yet if someone alleged that Gödel plagiarised the result from its real discoverer, we should understand him perfectly well. The decisive objection to a description theory of *all* proper names is that it would entail that, for every object we could refer to otherwise than demonstratively, we could cite a unique characterisation of it couched in purely descriptive terms; such a characterisation could not assume a restriction to this planet, for example, but must be independent of our location in the universe. It is obviously implausible that we could give any such characterisations, let alone know that they were unique. Russell's theory escapes this objection, because he believed that there are logically proper names not equivalent to any description; but, if Kripke were right in attributing the description theory to Frege, no such defence would have been available. Kripke extends his attack to what he calls the ›cluster theory‹, which he has attrib-

uted to John Searle and to Ludwig Wittgenstein: the latter attribution has been contested, but seems to accord with what Wittgenstein says concerning the name 'Moses'.
According to the cluster theory, the sense of
a proper name is given, not by a single definite
description, but by a range of such descriptions: the bearer of the name is the unique
individual (if any) to whom or which a large
number of those descriptions apply. This
makes it intelligible to assert, for any one of
the descriptions, that the bearer of the name
does not satisfy it: it would still be unintelligible to assert that he or it satisfied none of
them.

4.   The causal theory of proper names

To this Kripke oppposes the thesis that it is
necessary and sufficient, for the use of a name
on any particular occasion to refer to a certain
individual person or thing, that that use be
connected, through a chain of other utterances of the name, to the original conferment
of the name on that individual, provided that
each speaker intended to preserve the reference of the name. It is on the basis of this
theory that Kripke gives a negative answer to
question (1): for him, the sole linguistic function of a proper name is to refer to a particular object. As Gareth Evans pointed out,
Krikpe's account leaves no place for what
sometimes occurs, the unintended transfer-
ence of a name from one object to another:
his example was the name 'Madagascar',
which he claimed originally denoted part of
the African mainland, and was transferred to
the island as the result of a misapprehension
about its use. Kripke's theory has no account
to give of what it is to use the name 'Madagascar' *as* the name of the island; by the same
token, it offers no account of what it is to
confer the name upon someone or something
— the original use from which all subsequent
uses are supposed to derive. In fact, the theory
purports to explain only the secondary or
derivative uses. By concentrating upon names
of historical personages, it highlights examples in which the secondary uses preponderate
over the primary ones: but the secondary uses
could not exist unless there had been primary
ones. As for the secondary uses, it is at least
arguable, as the theory would require us to
say, that they achieve genuine reference even
when the speaker is completely ignorant
about the object. If my secretary, never having
previously heard of Kripke, takes a telephone

call and later reports to me, 'Professor Kripke
wants you to meet him at the airport', it is
arguably right to say that she genuinely referred to Professor Kripke. It would certainly
be wrong, on the other hand, to attribute to
her the belief that Professor Kripke wants to
be met at the airport: all she can be said to
believe is that someone called 'Professor
Kripke' wants to be met there. Without some
sense to attach to the name — some principle
for identifying its bearer — she cannot, in
Frege's terminology, have a thought about
Kripke, and hence cannot believe any such
thought to be true. A careful account of the
rather complicated linguistic practice that
constitutes our use of proper names is given
by Evans in his posthumous book, *Varieties
of Reference*.

5.   Sense as distinguished from reference

Edmund Husserl gave a clear affirmative answer to question (1): for him, it is essential to
distinguish the reference (*Beziehung*) of a
name to an object from its meaning (*Bedeutung*) or sense (*Sinn*) (terms treated by Husserl as equivalent.) Frege, from 1891 onwards,
developed a well-known theory which likewise involved answering question (1) affir-
matively (s. art. 34). He made the potentially
confusing choice of using the verb 'bedeuten'
for 'refer to' and the noun 'Bedeutung' for
the thing referred to; but he sharply distinguished an expression's ›Bedeutung‹ from its
sense (*Sinn*). The sense of an expression determines its ›Bedeutung‹, but not conversely:
two expressions may have the same ›Bedeutung‹ but different senses. In the case of a
singular term, this distinction exactly parallels
that of Husserl between the object and the
meaning. Since Frege had no qualms about
regarding definite descriptions as singular
terms, labelling all, indifferently, 'Eigennamen', he could hardly have avoided acknowl-
edging that some singular terms possess
senses not exhausted by their reference: but
he insisted on the distinction for proper
names in the restricted sense, too. His exceedingly well-known example of two proper
names with different senses but the same ›Bedeutung‹ was the pair 'Abendstern' and 'Morgenstern': a less hackneyed, though imaginary, example also due to him was a pair of
names, 'Afla' and 'Ateb', each introduced by

a different explorer as a name of a mountain, without its being realised that the two explorers had actually seen the same mountain from different positions. The fact that two names, although in fact referring to the same object, have distinct senses is demonstrated, according to Frege, by the fact that it is possible to understand both names without knowing that they have the same reference. — The convention, in English translations of Frege, was, until recently, to translate 'Bedeutung' as 'reference' (though lately there has been a vogue for rendering it as 'meaning'). Since the term 'meaning' is needed in its more ordinary use, we may here follow the earlier English tradition, speaking of 'reference' for the relation for which Frege used the verb 'bedeuten', and of the 'referent' for the second term of this relation. Frege's fundamental reason for distinguishing between the sense of a term and its having the reference that it does may be explained in the following way. If the meaning of an expression consisted solely in its having a certain reference, then an understanding of the term would consist in knowing, of the referent, that the term referred to it; for instance, in knowing, of the planet Venus, that the name 'Abendstern' referred to it. But when someone knows that some particular thing holds good of a certain object, the knowledge that he has can never be completely characterised by saying that he knows, concerning that object, that the thing in question holds good of it: for he must, in thinking of the object, conceive of it as picked out or identified in one rather than another particular way. Using Kantian terminology, Frege says that the object must be *given* to him in a particular way: and the way in which it is given, when, in virtue of his understanding of the language, he knows it to be the referent of the term, constitutes the sense he attaches to the term. — It is because two singular terms can have the same reference but different senses that a true statement of identity can be informative, Frege argued; and it is because a term can have sense, yet lack a referent, that a sentence containing it may still express a thought. It may have a sense, in that it provides a means for identifying an object as its referent; but there is no object capable of being so identified. We may see Frege's admission of terms with sense but without reference as the underlying motive for Russell's rejection of a 'sense/reference' distinction for genuine singular terms in favour of the view that the meaning of a singular term just is its reference: for, if we can never be assured, from the meaningfulness of a singular term, that there is anything it refers to, we cannot know that there is any reality beyond our own thoughts. The Theory of Descriptions thus appears as a bulwark to defend realism. Frege believed, however, that the capacity for framing singular terms having a sense but no referent was a defect of natural language, and both could and should be avoided in a language ideally adapted for scientific purposes, to which he regarded his own symbolic language as being a close approximation. In such a language, the senses of all singular terms would be such as to guarantee them a reference.

The most far-reaching study of the subject to date is Evans's book, published after his early death and referred to above. In this, he argued that Russell was wrong both in denying senses to singular terms and in holding of all singular terms that they could be meaningful only if they had a referent. He held, however, that there are some singular terms, which he labelled 'Russellian', of which this is true, while other singular terms are non-Russellian. The former class includes all demonstrative phrases; the latter such a descriptive name as 'Krishnaraja', as explained above. The thesis that certain singular terms are Russellian differs significantly from Frege's idea that some senses guarantee a reference. A demonstrative term like 'that woman with the green hat', for example, is Russellian, according to Evans: and hence, if the speaker has misperceived, and there is no such woman, or no-one at all, in the direction he is indicating, he fails to express any genuine thought when he says, 'That woman with the green hat is Italian'. This thesis involves the difficulty that, as Evans is compelled to concede, such a speaker certainly *believes* himself to be expressing a thought, a belief which mere reflection or an attempt to explain himself will not dispel. Evans has, therefore, to maintain that one may mistakenly suppose oneself to be having a thought without being in a state of mental confusion; and this is a possibility that Frege would not have envisaged. Evans's Russellian terms are no bulwark for realism: the doubt whether the thought one has is really about anything is simply replaced by a doubt whether one is really having a thought.

6. Understanding a sentence and understanding an utterance

Thoughts, for Frege, have two important roles: they are the senses of sentences, as uttered on particular occasions; and they are the contents of the ›propositional attitudes‹ − of belief, knowledge, hope and so forth (s. art. 80). The sense of a word or phrase is a constituent of the thought expressed by the sentence of which it is part. Certain sentences, for instance those containing indexical expressions like 'I' or 'here', or verbs with tenses other than what he called ›the tense of timelessness‹ (exemplified by 'Whales are larger than elephants'), express different thoughts on different occasions of utterance: certain of their constituents must therefore likewise express different senses on those different occasions. There is one sense in which someone may be said to understand an utterance if he knows the meanings of its constituent words and comprehends the constructions involved; but there is another sense, closer to that of everyday use, exemplified by George Edward Moore's comment on an utterance involving the demonstrative phrase 'that thing': "the proposition is not understood unless the thing in question is seen" (Moore 1962, 158). Frege's notion of ›grasping the thought‹ expressed by an utterance corresponds with Moore's notion of ›understanding the proposition‹. We thus cannot, in general, identify the sense of an expression, as uttered on any one occasion, with its significance in the language, considered as an expression capable of distinct occurrences: its sense always constitutes the way its specific referent is given to one who grasps the thought expressed by the utterance. − It was, in part, a neglect of this second sense of 'understand' which vitiated Peter Frederick Strawson's attack, in his celebrated article *On Referring* of 1950, on the Theory of Descriptions, despite the widespread acceptance of it at the time as having been successful. Strawson attempted to neutralise Russell's argument that, if definite descriptions were genuinely singular terms, one to which no object corresponded would be meaningless, by distinguishing that to which we assign reference or truth-value from that to which we assign meaning. On his view, it is particular utterances of terms that are to be said to have or lack a reference, and particular utterances of sentences that are to be said to make true or false statements: but it

is only to an expression considered as a general type, to be used in different sentences, that we should ascribe a sense or meaning. Any term, including a definite description, with an explicit or tacit indexical component might well therefore be meaningful, although certain utterances of it would have one referent, others another, and yet others none at all (s. art. 79). An utterance of a sentence containing a term which (on that occasion) lacked a reference would fail to make a statement either true or false: but, considered as *types*, both sentence and term would be meaningful. Hence, when a speaker uses a singular term in a sentence which he utters, it is a *presupposition* of his statement that the condition for it to have a referent is fulfilled, not part of what he *says* (not part of his statement); and, if the presupposition fails, he has failed to make any statement at all. − A superficial resemblance to the doctrine advocated by Frege from 1891 onwards conceals a deep difference (s. art. 34). Strawson's distinction is significant only when there is an indexical component: when applied, for example, to 'the carpet in this room' or 'the (present) Rector of Bologna University', rather than to 'smallest number divisible by two distinct primes' or 'the first man ever to spend a week on the Moon'; but it is precisely when there is an indexical component that Frege's notion of sense comes apart from that of linguistic meaning. Frege's thoughts are like Strawson's statements: the same sentence may serve to express different thoughts on different occasions; and to understand an utterance, in the second of the two senses of 'understand', is to grasp the thought expressed. Given his refusal to accord singular terms a sense distinct from their reference, Russell was concerned to avoid the conclusion that, in uttering a sentence containing an empty definite description, a speaker would fail to *say* anything − would ›express no proposition‹, in his terminology, or ›no thought‹, in Frege's, or ›make no statement‹, in Strawson's. In rejecting this implausible conclusion, he and Frege were, surely rightly, on the same side: in embracing it, Strawson offered no argument to show Russell wrong. − It was a constant theme of Frege's that thoughts can be communicated: since I can convey to you the thought that I am now entertaining, it is not *my* thought in the sense in which a pain that I experience is mine (s. art. 94). For all that, his concern is primarily with the individual hearer or speaker: with the thought that he personally grasps or wishes to convey. That is why, in certain passages, he appears ready to envisage that different speakers may attach different senses, all determining the same referent, to some given proper name. It is evident that the argument given above for ascribing sense as well as reference to any singular term yields only the conclusion that each individual speaker or hearer must attach some sense or other to it: it by no means follows that it is a feature of its use in the language that all should attach any one particular sense. Frege declared that, in an ideal language, everyone would attach the same sense to any one word in all its occurrences: but he expected much less of natural languages.

7. Do expressions other than singular terms have reference?

7.1. Husserl and Frege were agreed that, although, for all expressions whatever, their senses are to be distinguished from whatever reference they possess, yet the answer to question (5) is indeed that all meaningful expressions have some variety of reference. Wittgenstein's *Philosophische Untersuchungen* (s. art. 39) contains a vehement attack upon this thesis, for which, on the basis of a passage from the *Confessiones*, he uses the name of St. Augustine as a label. He illustrates the differences in the use of distinct types of word by the example of a customer asking a shopkeeper for 'three red apples', and mocks the idea that all words refer to something by comparing it with someone's saying, of all the tools in a carpenter's tool-box, 'they all serve to modify something', justifying this, in the case of a foot-rule, by saying that it modifies our knowledge of a thing's length. — In the illustration, the notion of modification is completely idle: but it cannot be presumed that, in a theory that ascribes a reference to all significant unitary expressions, the notion of reference will be similarly idle. Naturally, the wide differences between expressions of different types must be accommodated in such a theory; but, again, it cannot be presumed that this cannot be done. Husserl did not elaborate a theory of this kind; he was convinced that a distinction between meaning and objectual reference (gegenständliche Beziehung) could be drawn for expressions of all types, and was little concerned with the correct identification of the referents of those

other than singular terms. He was, indeed, drawn to the bad tradition which assimilated general terms like 'tree' to singular terms (the tradition from which the phrases 'general term' and 'singular term' derive) (s. art. 77). According to this tradition, general terms differ from singular terms solely in referring simultaneously to many objects, as proposed in question (4). — Frege, by contrast, vehemently opposed this tradition: for him, no (unambiguous) expression can have more than one referent, and general terms function in an entirely different way from what he called generically 'Eigennamen'. The old tradition to which Husserl inclined regarded the copula as a distinct logically significant constituent of a sentence, but Frege rejected this: for him the copula is simply a device of language to supply a verb when the content is expressed without one, just as the word 'thing', in one of its uses, serves to supply a contentless noun. He held that our sentences are made up out of pre-existing building-blocks, but thought that the proper way of discerning their logical constituents was to start with the sentence and decompose it, rather than to assume that our words represent the constituents and to consider how they are put together. His conception of the right method of decomposition was very precise. Given that we know how to recognise a singular term within a sentence, the most fundamental type of decomposition consists in removing from a sentence one or more occurrences of some one singular term. The result is, in general, an incomplete or ›unsaturated‹ expression, with one or more gaps in it, understood as requiring to be filled by some singular term, the same term in each of the gaps. So regarded, no explanation is needed of how the incomplete expression fits together with, say, a proper name to form a sentence, nor is any glue required to fasten one to the other: they are literally made for each other. A general term like 'tree' is not, of itself, an incomplete expression attainable in this way, but only part of one, most obviously of '... is a tree'.

7.2. Frege regarded any incomplete expression so arrived at as referring to what he, perhaps unhappily, called a ›concept‹ (Begriff). A concept was, for him, an entity of a wholly different kind from an object: like the expression whose referent it is, it is incomplete, its whole being consisting in certain objects' falling under it and others' not doing so. Hence no expression could refer, in some occurrences, to an object, in others to a concept, nor could what could meaningfully be said of an object be said meaningfully of a concept, or conversely. The term 'concept' might well suggest an intensional entity, but Frege's logic was fundamentally extensional. He thought that, strictly speaking, we ought not to speak of one expression as referring to the same concept as another, identity being a relation between objects; but the analogue would be to say that just the same objects fall under the concept referred to by one expression as under that referred to by the other. Co-extensionality is to concepts what identity is to objects. If, in the same way, we remove from a sentence one or more occurrences of each of two singular terms, we obtain an incomplete expression for a relation between objects. In fact, the only complete expressions recognised by Frege are singular terms and sentences: all other genuine logical constituents of sentences are incomplete expressions obtainable by decomposition. But the process of decomposition can be iterated to obtain expressions for concepts and relations of higher level. If we remove from a sentence (one or more occurrences of) an expression for a (first-level) concept, we obtain one for a second-level concept — a concept under which first-level concepts fall; the quantifiers are essentially such expressions. If we remove one or more occurrences of each of two expressions for first-level concepts, we obtain an expression for a relation between concepts, for example that of being co-extensive or of being equinumerous; and the process may be continued as long as it serves any useful purpose. — The extensionality of Frege's conception of concepts and relations guarantees that there is always room for a distinction between sense and reference: but what is the point of thus extending the notion of reference to expressions of all logical types? Does it not deserve Wittgenstein's criticism? In extending the notion of reference, Frege was going by analogy; but the analogy was a rigorous one, supplying a sharp point to the extension, which thereby escapes Wittgenstein's strictures. It is by appeal to the sense of a singular term that we determine which object is its referent; but determining the referent is one step on the way of determining the truth-value of a sentence in which the term occurs. Strictly, in order to allow for indexical features, we should here speak of the truth-value of the thought expressed by a

particular utterance of the sentence; for brevity, we may follow Frege in speaking of the sentence as being true or being false. Once we have identified the object referred to by the singular term, whether simple or complex, no further feature of that term — its sense or its composition — is relevant to whether the sentence is true or false. It is this characteristic of reference, or of what he called 'Bedeutung', which is constant from one type of expression to another; it was on this basis that Frege decided what ought to count as the referent of an expression of any given type. For each expression, we must ask what constitutes its contribution to determining the truth-value of any sentence containing it: that will be its referent or ›Bedeutung‹, on Frege's theory. Of course, the reference of the expression, or certain features of its reference, will be irrelevant to the truth or falsity of certain sentences in which it occurs; for instance, we do not need to know the entire extension of the concept to which '... is a philosopher' refers in order to determine the truth of 'Socrates is a philosopher'. But the referent of the concept-expression must be the same here as in 'Anyone who is a philosopher can see the fallacy in that': and to the truth or falsity of this sentence the entire extension is relevant.

7.3. In discussing Frege's extension of what he called 'Bedeutung' to expressions other than singular terms, it becomes somewhat strained to continue to call it 'reference'; we may therefore use his own term 'Bedeutung', always in pointed brackets to indicate that it has a specialised technical sense. The essential connection between truth-value and ›Bedeutung‹ guarantees that the replacement, in any sentence, of one expression by another having the same ›Bedeutung‹ will leave the truth-value of the whole unaltered; conversely, if two expressions are interchangeable, in every context, without change of truth-value, they must have the same ›Bedeutung‹. Frege's theory of ›Bedeutung‹ is thus a theory of the way in which a sentence is determined as true or false in accordance with its composition. The truth-value of a sentence of course in general depends jointly upon its sense and the way things are in the world, and the ›Bedeutung‹ of each of its constituents likewise in general depends jointly upon these two things. What a speaker knows, in virtue of understanding an expression, is its *sense*: its ›Bedeutung‹ is a constituent of reality, not an item of knowledge at all. — The basis of the theory might appear unsound: for it is only in a completely extensional language that co-referential singular terms can be exchanged for one another without change of truth-value. In an intensional context, such as a clause in indirect speech after a verb like 'assert' or 'believe', this is no longer so: 'Emil believes that the Morning-Star is inhabited' may be true, and 'Emil believes that the Evening-Star is inhabited' false, if Emil does not know that the Morning-Star is the same heavenly body as the Evening-Star. Having at the outset explained the ›Bedeutung‹ of a singular term as being the object we are using it to talk about, Frege does not go back on this, but argues that, in such sentences, we are *not* talking about the ordinary referent of the name: if we were, what we said would have to be true or false independently of how we referred to it. Rather, since the object of a belief is a thought, the whole clause in indirect speech must refer to a thought, that, namely, which the clause on its own would ordinarily express: and so the proper name occurring in it must here refer to the corresponding constituent of that thought, namely the sense which normally attaches to that name. — The identification of the ›Bedeutung‹ of a singular term with its referent or bearer, taken in conjunction with the link between ›Bedeutung‹ and truth-value, places a certain strain on the thesis that singular terms are not, in general, Russellian, in Evans's terminology. Although Frege, in his post-1890 writings, maintained that a sentence will still express a thought when it contains a term which has a sense, though it lacks a referent, he felt constrained to hold that the thought so expressed will be devoid of truth-value. This is because he identified the ›Bedeutung‹ of a sentence with its truth-value (in an extensional language, subsentences are combined with one another only truth-functionally), and because he held that, if a part lacks ›Bedeutung‹, so must the whole; this is by analogy with the principle that, if there is no such country as Ruritania, there can be no such city as the capital of Ruritania. From these principles it follows that, if the name 'Odysseus' lacks a bearer, and the definite description 'the first man to prove Goldbach's conjecture' a referent, no thought expressed by a sentence containing either can have a truth-value: not even a truth-value intermediate between truth and falsity. It is obscure what it can mean to say that a thought has, not a third truth-value, but none at all; it comes close to saying that, by uttering

such a sentence, one says nothing, and thereby blurs the clarity of Frege's view that a sentence of this kind does express a thought. For the thought expressed by any sentence is the thought that the conditions for the sentence to be true obtain; and, if the sentence contains a singular term, then these conditions include the condition for the term to have a referent. To allow that, if that condition is unfulfilled, the thought is neither true nor false, is to make falsity a semantic notion partly independent of truth, and with equal rights, since it allows for the existence of a distinct thought having the same conditions for its truth, but false whenever those conditions fail. If the ›Bedeutung‹ of an expression is that which goes to determine the truth-value of any sentence containing it, then any expression not defective in sense, including an empty singular term, ought to be allowed to have a ›Bedeutung‹, even if only the same one as every other empty term. To allow this, however, would be to sever the theoretical notion of ›Bedeutung‹, as extended to all expressions, from its origin in the notion of the reference of singular terms: and this Frege was never prepared to do.

7.4. Frege had a poor opinion of natural language, as an instrument for the pursuit of truth, and believed, as a serious practical proposition, that an improved symbolic language should be constructed for scientific purposes: his logical symbolism was intended by him for use, not as an object of study. Words of natural language may bear different senses in different contexts; and different speakers may attach different senses to them in all contexts. In an ideal language, however, the need to be assured of the validity of inferences carries the demand that to each word all speakers should attach the same sense in every context. Logical laws are primarily laws in the realm of ›Bedeutungen‹, Frege says: a modern way of putting this would be to say that the model-theoretic definition of logical consequence is given in terms of a notion of an interpretation consisting essentially in an assignment of what Frege called ›Bedeutungen‹ to the non-logical symbols. But, unless we agree on the senses of expressions, we cannot know whether their ›Bedeutungen‹ are the same, and hence whether inferences involving them are valid. Inferential reasoning does not depend exclusively on logical laws: we have, for instance, to appeal to the definitions of some of the terms involved. More generally, while the truth-value of a statement is determined by the ›Bedeutungen‹ of its constituent expressions, what should be acknowledged as a *justification* of it — as a ground for recognising it as true — depends upon its sense. — Frege says little in detail about the senses borne by words and expressions — an omission which Evans, in his book, strives to rectify, though only in respect of singular terms. Frege, on the other hand, does not even discuss how, if at all, it can be stated what the sense of an expression is. In his view, we do not in practice attempt to state this. Rather, we state what the ›Bedeutung‹ of a word is, or stipulate what it is to be: even a definition is only a stipulation that the ›Bedeutung‹ of the word being defined is to be the same as that of a certain other expression. But we can refer to the ›Bedeutung‹ in a variety of non-equivalent ways; and the way we choose *shows*, though it does not *state*, what the sense of the word is. Nevertheless, his theory circumscribed rather narrowly what can constitute the sense of an expression. The sense of a word is what is grasped by anyone who understands it: it must, therefore, be something we are capable of grasping, and cannot involve anything that we do not know, or that we know, but not in virtue of knowing the language. Moreover, since thoughts are intrinsically communicable, a sense must be something that anyone can grasp (although in one celebrated passage, Frege allows that some senses may be accessible only to particular individuals). The thought expressed by a sentence is the thought that the condition for it to be true is satisfied, and the sense of any constituent word is its contribution to the expression of that thought. But its contribution consists in a particular manner of picking out its ›Bedeutung‹: the sense of an expression therefore always consists in the way in which its ›Bedeutung‹ is given to one who understands it. The theory of ›Bedeutung‹ thus does not yet amount to a theory of sense: but it is the indispensable foundation on which such a theory is to be built. — In this way, starting from the apparently narrow topic of the reference of singular terms, Frege developed a far-reaching theory, and thereby came far closer than any previous philosopher to explaining what sense is. To explain what sense is is to accomplish a double philosophical feat: on the one hand, to say what it is for a word to have a meaning; and, on the other, to say that it is to have a thought. That is why all modern philosophy of language and of thought, however far it departs from him in detail, is obliged to build upon his work.

8. Selected references

Evans 1982, *The Varieties of Reference*, McDowell (ed.).

Evans 1985 b, The causal theory of names, in *Collected Papers*. [1973]

Frege 1966 b, Darlegung der Begriffsschrift, in *Die Grundgesetze der Arithmetik* I. [1893]

Frege 1967 d, Über Sinn und Bedeutung, in *Kleine Schriften*, Angelelli (ed.). [1892]

Frege 1967 b, Der Gedanke, in *Kleine Schriften*, Angelelli (ed.). [1918]

Frege 1969 a, Ausführungen über Sinn und Bedeutung, in *Nachgelassene Schriften*, Hermes/Kambartel/Kaulbach (eds.). [1892—95]

Frege 1969 b, Logik, in *Nachgelassene Schriften*, Hermes/Kambartel/Kaulbach (eds.). [1897]

Frege 1969 c, Einleitung in die Logik, in *Nachgelassene Schriften*, Hermes/Kambartel/Kaulbach (eds.). [1906]

Frege 1976 c, Draft of a letter to P. E. B. Jourdain, in *Wissenschaftlicher Briefwechsel*, Gabriel et al. (eds.). [1914]

Husserl 1901, Ausdruck und Bedeutung, in *Logische Untersuchungen* II.

Kripke 1972, Naming and necessity, in *Semantics of Natural Language*, Davidson/Harman (eds.).

Kripke 1979 a, A puzzle about belief, in *Meaning and Use*, Margalit (ed.).

Meinong 1914 b, Über Gegenstandstheorie, in *Gesammelte Abhandlungen* II. [1904]

Mill 1843, *A System of Logic*, Book I.

Russell 1917 b, Knowledge by acquaintance and knowledge by description, in *Mysticism and Logic*.

Russell 1956 b, On denoting, in *Logic and Knowledge*, Marsh (ed.). [1905]

Strawson 1971 b, On referring, in *Logico-Linguistic Papers*. [1950]

Michael Dummett, Oxford (Great Britain)

82. Abstraction et concrétisation

1. Définition de l'abstraction

Un procédé abstractif suppose qu'un ensemble en extension soit *donné*, de quelque manière que l'on conçoive l'accès à ce donné et le type d'extension requis, et que ce donné soit clos par rapport à une certaine relation ayant les trois propriétés fondamentales l'habilitant à constituer une *relation d'équivalence*: la réflexivité, la symétrie et la transitivité. L'abstraction proprement dite consiste à produire un ›abstrait‹, attribut ou propriété qu'ont en commun les éléments de chacune des classes d'équivalence déterminées par la relation. A la suite d'Aristote, les philosophes ont fait de l'abstraction un concept central dans l'explication de l'acquisition ou du classement des connaissances. A partir d'Aristote, tout progrès intensif du savoir sera interprété comme passage de l'espèce au genre. Ce sont les empiristes anglais, et en particulier John Locke (v. art. 22), qui accorderont à l'abstraction une place éminente dans la construction des concepts. Gottfried Wilhelm Leibniz (v. art. 23), Immanuel Kant, Bernard Bolzano (v. art. 28) et Gottlob Frege (v. art. 34) contribueront à affiner la doctrine aristotélicienne tout en mettant en évidence les limites de l'abstraction comme mécanisme de formation de concepts. C'est en particulier dans l'effort des logicistes en vue de clarifier le statut des objets mathématiques que sont apparus les problèmes généraux de la mise en œuvre de l'abstraction, et plus précisément les difficultés relatives au donné préalable et au produit de l'abstraction. L'application de l'abstraction au donné d'expérience par les théories de la constitution a ultérieurement mis en évidence les problèmes formels posés par le passage des concrets aux abstraits et suggéré des traitements alternatifs. La mise à l'épreuve technique de l'abstraction dans ces dernières théories permet de compléter le bilan des présupposés nécessaires à la conduite de l'abstraction et de la concrétisation.

2. L'abstraction naturelle

2.1. Généralités

L'abstraction naturelle est la construction de propriétés à partir de l'observation d'individus ou *concreta* manifestant tel ou tel trait. Ce n'est pas un hasard si l'analyse de l'abstraction s'est historiquement étroitement inspirée des schémas dominants d'analyse de l'énoncé prédicatif. Abstraction et concrétisation sont en effet des opérateurs linguistiques permettant respectivement de former des noms de concepts communs (jadis nommés 'universaux') à partir des attributs de concrets, et de désigner des collections d'individus à partir de leurs propriétés. Outre ces considérations issues de l'analyse de la prédication (v. art. 77), telle en particulier que celle que propose Aristote, d'autres motivations ont orienté la réflexion sur la construction de concepts d'abstraction croissante et sur le caractère originaire ou dérivé des *concreta* et des *abstracta*. En particulier la question de la légitimité de l'abstraction dépend de deux présupposés fondamentaux et largement interdépendants. Le premier est ontologique: les nominalistes soutiennent que seuls existent des individus, le réel étant identifié au sensible, tandis que les réalistes admettent que les universaux ont une forme d'être, la réalité étant un reflet des essences (v. art. 61). Le second est d'ordre épistémologique: la question est de savoir si la récognition de traits sensibles récurrents préside à la construction de concepts, c'est-à-dire si une genèse des concepts en termes de concrets est à l'origine de la connaissance, ou si réciproquement les concrets sont connus par la médiation de concepts. Dans le premier cas, l'abstraction, dans le second cas, la concrétisation, jouent le rôle déterminant dans la cognition.

2.2. L'abstraction aristotélicienne et les deux types de prédication

Aristote distingue en tête des *Categoriae* deux types de fonctions de la copule 'être' dans la prédication (v. art. 15). Dans le premier cas, celui de la prédication *essentielle*, quelque chose est dit d'un sujet (dicitur de subiecto): dans 'Socrate est un homme', on prédique une ›substance seconde‹, l'espèce, d'une ›substance première‹, l'individu Socrate. Le singulier est donc en position de sujet, l'universel en position d'attribut. On peut aussi mettre en position de sujet une ›substance seconde‹, telle que 'l'homme' et lui prédiquer une autre substance seconde, comme dans 'l'homme est un animal'. Dans le second cas, celui de la prédication *accidentelle*, la copule a le sens d'"être dans un sujet' (in subiecto esse): la prédication unit alors un abstrait à un concret, un attribut à ce qui possède cet attribut, ou bien un abstrait à un autre abstrait. On en donnera pour exemples, 'ce cheval est blanc' et 'la sagesse est rare'. — Une question importante que pose l'exposé d'Aristote est de savoir s'il est légitime de considérer comme analogues les deux types d'énoncés de la prédication essentielle:

(1) Socrate est un homme
(2) L'homme est un animal.

Ce qui fonde le parallèle pour Aristote est que, dans les deux cas, la prédication est synonyme, en ce sens qu'on peut attribuer au sujet la définition du prédicat. Ce parallèle conduit à une conception linéaire de l'abstraction, en tant que celle-ci engendre à partir d'un individu concret une suite d'attributs hiérarchisés par la relation binaire espèce-genre. Par exemple, le vivant est à l'animal ce que celui est à l'homme, et ce que ce dernier est à Socrate. — Ce parallèle est pourtant à certains égards trompeur. En effet, la substance première est un concret, qui, comme tel, contient une obscurité irréductible liée à son eccéité. S'il n'y a jamais de connaissance ›distincte‹ de l'individuel, comme Aristote lui-même l'admet, on doit supposer que l'abstraction ne s'opère jamais à partir des substances premières, mais toujours des substances secondes ou des accidents.

Pour mieux comprendre le problème, il est intéressant de revenir à la discussion par Leibniz des thèses de Locke dans les *Nouveaux Essais sur l'Entendement Humain*. Locke défend l'idée que les essences ne sont rien d'autre que le produit de l'activité de l'entendement par laquelle une idée individuelle se voit dégagée des «circumstances of Time, and Place, and any other *Ideas*, that may determine them to this or that particular Existence» (1975, III, 3.6). Or, comme le remarque Leibniz, cette conception de l'abstraction permet peut-être de comprendre comment l'on monte des espèces aux genres, mais non de comprendre comment l'on passe des individus aux espèces. Il y a en effet une détermination propre au concept abstrait que l'on ne retrouve pas dans la notion de l'individu concret: si un enfant peut former le concept d'homme à partir de l'observation de ses père, mère, nourrice, il peut en revanche se tromper, sous l'effet d'une ressemblance physique, dans l'identification de tel ou tel personnage familier. Si cette erreur est possible, c'est en vertu de l'incapacité où nous sommes de «*déterminer* exactement l'individualité d'aucune chose à moins de la garder elle-même» (Leibniz 1923 ff, *Sämtl. Schr. u. Briefe* R6 VI, III, 3.6). — En outre, la ressemblance entre les concrets sur laquelle repose l'abstraction doit, sous peine de circularité, être «une réalité», comme le dit Leibniz (1923 ff, *Sämtl. Schr. u. Briefe* R6 VI, III, 3.12). Si elle n'est pas réelle mais purement abstraite, comment l'esprit peut-il passer du singulier au général? Comment l'abstraction peut-elle se développer? On reviendra sur cette question (cf. 2.5.). L'argument de Leibniz ne fait que radicaliser l'idée aristotélicienne selon laquelle la substance première, composée de forme et de matière, comporte une obscurité irrémédiable. Seul un entendement infini serait, aux yeux de Leibniz, capable de saisir le principe d'individuation, l'essence dont tel individu est la manifestation sensible. Il faut en outre rappeler que, chez Aristote, la substance première a un statut ambigu, dans la mesure où, quoique séparable, par soi et individuelle, elle est en un sens postérieure à l'universel, ce qui fonde le réalisme des universaux: l'espèce ›homme‹ est une forme non séparable des individus qui la constituent, mais unique et reproductible indépendamment du devenir des individus. En tant qu'intervient en elle de la matière, la substance se dérobe à la connaissance distincte. Toute la question est donc de savoir jusqu'où une connaissance de l'individuel peut aller, c'est-à-dire de savoir s'il existe des essences individuelles et si celles-ci peuvent être saisies par l'esprit humain. — Faut-il alors proposer une autre analyse des énoncés (1) et (2) susceptible de mettre en évidence la spécificité de l'abstraction conceptuelle relativement à l'attribution d'une propriété à un individu? Il est intéressant à ce sujet de comparer les réponses respectives de Bolzano et de Frege.

2.3. Abstraction et concrétisation chez Bolzano

Bolzano (1837) étudie les rapports entre concrets et abstraits à partir d'une analyse générale de la structure de la proposition. La prédication unit en effet deux représentations nécessairement hétérogènes, un *concretum* et un *abstractum*. Le *concretum* est une représentation composée à partir du concept simple ›quelque chose‹ et, éventuellement, d'un abstrait qui en spécifie le sens (Bolzano 1837, I, 262). Du point de vue de Bolzano, les abstraits peuvent être dits ›précéder‹ les concrets dans la mesure où ceux-ci contiennent ceux-là à titre de composantes. Contrairement à la *Logique de Port-Royal* qui fait des *concreta* les termes primitifs, en tant qu'ils sont directement donnés à l'intuition, Bolzano considère que l'abstrait est antérieur au concret; ce sont des considérations pragmatiques qui ont fait proliférer dans la langue les termes concrets. A l'encontre des Cartésiens, qui considèrent le terme 'homme' comme antérieur à (et plus simple que) l'abstrait 'humanité', Bolzano revient à un point de vue essentialiste en analysant le concret comme le complexe: 'quelque chose qui a l'humanité'. C'est donc une procédure de concrétisation et non une procédure d'abstraction qui tient le rôle fondamental dans l'élaboration d'entités sémantiques complexes. Cette procédure consiste à construire à partir d'une représentation d'abstrait la représentation concrète correspondante, en complétant la représentation ›la propriété *b*‹ par la représentation d'un ›quelque chose qui a‹ la propriété *b*. Nous reviendrons sur le parallèle entre les procédures d'abstraction et de concrétisation (cf. 4.2. sq.). — C'est probablement afin de souligner l'intervention distinctive dans la prédication des termes du sujet et du prédicat, respectivement représentation d'objet et de propriété, que Bolzano prend comme copule le verbe 'avoir' de préférence au verbe 'être'. En vertu de la structure propositionnelle ainsi analysée, il est impossible qu'un abstrait soit mis en position de sujet: seule une manœuvre de concrétisation permet à un terme originairement abstrait de devenir sujet. Par exemple, les énoncés (1) et (2) mentionnés plus haut s'analysent de la manière suivante:

(1′) Socrate a l'humanité
(2′) Ce qui a l'humanité a l'animalité.

On constate donc que la prédication essentielle du second type chez Aristote doit, du point de vue de l'analyse qu'en fait Bolzano, être considérée comme une proposition incluant à titre de composante une proposition du premier type.

2.4. La syntaxe frégéenne de l'abstraction et de la concrétisation

Quoique Bolzano ait apporté ainsi une clarification importante concernant la structure logique de (1) et de (2), il reste que, en cela fidèle à Aristote, il considère que les deux énoncés ne peuvent être vrais que si leur sujet est réalisé, c'est-à-dire respectivement: si Socrate existe, et s'il existe au moins un individu qui est un homme. Or il existe une différence importante entre les deux types d'énoncés, qui tient au fait que dans (1), il est essentiel à la vérité de la proposition que Socrate existe, tandis que dans (2) l'implication peut rester vérifiée même si la classe des objets obtenus par concrétisation à partir de l'abstrait 'humanité' est vide. Cette différence est mise en évidence par l'analyse frégéenne de la proposition. Frege (1879) construit une idéographie qui, se fondant sur une analyse duale de l'énoncé prédicatif, distingue avec la plus grande netteté trois cas bien distincts, que l'abstraction classique issue d'Aristote a généralement tendance à confondre. Pour Frege en effet, tout énoncé contient non pas trois parties comme le concevait la logique classique (sujet-copule-prédicat), mais deux parties, comportant d'une part une expression fonctionnelle (ou un prédicat) non saturée, et d'autre part un (ou plusieurs) nom(s) propre(s) d'argument. Chaque partie dénote respectivement un concept, (c'est-à-dire une fonction dont les valeurs sont le vrai ou le faux) et un objet. Partant de cette analyse de la proposition, Frege montre qu'il convient de distinguer trois types de relations entre expressions.

(i) Une proposition peut dire d'un *objet* qu'il tombe sous un concept (de premier ordre). C'est le cas de l'énoncé (1) évoqué dans 2.2., énoncé appelé *subsomption* (Frege 1983 I, 210). En langage idéographique, (1) serait noté $f(a)$.

(ii) Une proposition peut énoncer une relation entre deux concepts, comme dans (2) où l'on affirme que le concept d'homme est subordonné au concept de mortel, relation qui est idéographiquement représentée par un lien de ›condition‹: $\wedge_x. f(x) \rightarrow g(x)$.. L'énoncé (2) est donc analysable comme l'affirmation d'une *subordination* entre concepts de même ordre. On peut le reformuler en disant: «Si quelque chose est un homme, il est mortel». (Frege 1983 I, 231). La subordination entre concepts est dans cette analyse une affirmation plus complexe que la subsomption, puisque celle-ci intervient à la fois dans la prémisse et dans la conclusion de la condition. Elle peut être vraie même si les concepts subordonnés ont une extension vide.

(iii) Enfin, une proposition peut encore énoncer la propriété d'un concept; mais dans ce cas la propriété qui est attribuée au concept est un concept d'ordre supérieur. On dira pour distinguer ce cas du cas de la subsomption que le concept d'ordre inférieur tombe non pas *sous*, mais *dans* le concept supérieur (Frege 1983 I, 121). C'est par exemple le cas de la proposition 'Il existe au moins un homme', qui attribue au concept d'"homme" la propriété de subsumer au moins un objet.

Lorsqu'on invoque l'abstraction comme mécanisme d'acquisition de concepts, on estime généralement que l'on peut tirer *de l'objet* les caractéristiques composant les concepts qui le subsument. Frege est résolument opposé à cette conception de l'abstraction, du fait que c'est du concept subsumant et de lui seul que tout objet à ses yeux tient sa détermination (sur ce point, cf. 3.5.). Il retrouve ainsi l'une des intuitions aristotéliciennes évoquées plus haut, mais lui associe une analyse formelle des types d'expressions et des constructions qui peuvent être effectuées à partir de chacun d'eux. Il reste qu'il est possible, à partir des expressions de concepts, de dériver par abstraction de nouveaux termes conceptuels, en particulier en montrant *a priori* quelles propriétés appartiennent aux concepts en question, c'est-à-dire en recourant à la construction d'expressions de concepts de second ordre (cf. 3.4.). Quant à l'expression des termes concrets, l'idéographie frégéenne offre comme chez Bolzano la possibilité de construire les extensions de concepts à partir des concepts grâce au signe «˘» (esprit doux). Un opérateur d'individualité noté «\», équivalant à l'article défini de la langue naturelle, permet en outre de désigner l'unique individu entrant dans l'extension d'un concept donné (v. art. 78).

2.5. L'abstractionnisme comme thèse cognitive

On vient de voir que c'est dans le cadre de la logique aristotélicienne, appuyée sur une ontologie d'abstraits hiérarchisés, qu'on a pu faire de l'abstraction naïve individu-espèce-genre le mécanisme fondamental de la construction de concepts. Le travail de clarification formulaire, dû à Bolzano et à Frege, permet de dissiper l'illusion de continuité entre l'attribution prédicative de premier

ordre, la subordination entre concepts, et la prédication de second ordre. Les ressources syntactico-sémantiques de l'abstraction sont donc plus variées que ce que peut offrir le domaine préorganisé des universaux. On peut néanmoins évaluer la doctrine de l'abstraction en se plaçant à un point de vue plus général, quoique finalement solidaire du précédent, c'est-à-dire en la considérant comme une thèse sur l'acquisition des connaissances. — *L'abstractionnisme* est la théorie selon laquelle on acquiert des concepts en isolant au moyen de l'attention une caractéristique donnée dans l'expérience en négligeant les autres caractéristiques présentes dans cette expérience. Cette théorie est dérivée de la maxime scolastique, d'après laquelle ›nihil est in intellectu quod non prius in sensu fuerit‹. Ce qui est caractéristique de cette théorie est de minimiser le rôle du langage dans la formation de concepts au profit de l'expérience immédiate préverbale. — Nous reviendrons sur les objections de Frege à cette théorie dans le contexte de la définition du concept de nombre (cf. 3.1.). Comme le remarque Peter Geach (1957, 19), c'est particulièrement pour expliquer la formation des concepts empiriques, et plus particulièrement, des concepts de qualités sensibles et des concepts psychologiques que l'on invoque cette thèse. Comme on ne peut obtenir que des impressions sensibles d'*accidents*, telles que la couleur, l'odeur, la dureté etc., on ne peut, en vertu de la maxime citée plus haut, avoir de concept adéquat ni des types de substance, tels que l'eau, l'or etc., ni de la substance comme support de propriétés. En ce qui concerne les concepts psychologiques, on suppose qu'ils sont dérivés par abstraction exercée sur l'expérience interne: de même que l'on forme le concept de 'rouge' en faisant abstraction des autres propriétés d'un objet rouge, de même on forme le concept de 'juger' ou 'désirer' en privilégiant dans l'introspection un certain trait des occurrences psychiques. — On peut adresser deux types d'objections à la théorie abstractionniste de l'acquisition des concepts sensibles. En premier lieu, on doit reconnaître que les aveugles manipulent correctement les concepts de couleur, qu'ils n'ont pu obtenir par abstraction à partir de la perception des objets colorés. En second lieu, un concept comme celui de 'couleur chromatique' (i. e., autre que le noir, le gris et le blanc) n'a pu être obtenu par abstraction de la même expérience qui m'a permis d'abstraire la couleur rouge: l'expérience de rouge n'est pas décomposable en un genre ›couleur chromatique‹ et une différence ›rouge‹: on ne peut donc espérer obtenir la couleur chromatique en se concentrant sur elle et en faisant abstraction de la couleur rouge (Geach 1957, 37). En ce qui concerne les concepts psychologiques, Geach montre que l'abstractionnisme ne parvient pas à lui seul à justifier leur construction. La doctrine abstractionniste la plus courante pose en effet que ces concepts sont construits par analogie à partir d'une composante abstraite de l'expérience sensible. Par exemple, le concept de 'jugement' est interprété comme extension analogique de l'énoncé. Geach (1957, 21) montre que cette théorie analogique ne peut s'appliquer si l'on ne dispose pas déjà, indépendamment de l'analogie, du concept mental mis en analogie avec la composante sensible. Elle contraint donc à sortir des limites de l'abstractionnisme. De façon générale, les abstractionnistes ont le tort de négliger le rôle du langage dans la formation de concepts, et de prêter aux attributs le statut d'objets identifiables, tandis qu'ils ont plutôt celui que Frege attribuait aux fonctions mathématiques. Posséder un concept ne veut pas dire que l'on ait d'abord dû *reconnaître* un trait présent dans l'expérience directe; c'est l'esprit (mind) qui forme (makes) les concepts, puis les applique à l'expérience.

3. L'abstraction mathématique

3.1. Le problème du donné

C'est en se proposant de définir le nombre en termes purement logiques que Frege (1884) montre l'inadéquation des procédures abstractives ›classiques‹ qui tentent de tirer le concept de 'nombre' d'une collection d'*objets*. Georg Cantor par exemple invoque ce type de procédé pour définir le concept de 'nombre'. Il définit d'abord le concept d'ensemble comme «[eine] Zusammenfassung *M* von bestimmten wohlunterschiedenen Objekten *m* unsrer Anschauung oder unseres Denkens (welche die 'Elemente' von *M* genannt werden) zu einem Ganzen» [une collection en un tout d'objets distincts définis de notre perception ou de notre pensée, qu'on appelle les éléments de l'ensemble] (1895, 481). Cantor pense ensuite pouvoir définir le nombre en opérant une double abstraction à partir de cet ensemble, c'est-à-dire en négligeant la nature des éléments et l'ordre dans lequel ils sont donnés. Le nombre cardinal est ainsi

représenté par Cantor par un signe affecté d'un double trait correspondant à ces deux abstractions. Cette façon de délimiter le donné dont l'abstraction doit partir condamne celle-ci à une indétermination radicale, comme le montre Frege (1983 I, 80). L'erreur consiste à chercher dans le *porteur* du concept, tel ou tel ›concret‹, le caractère qui l'habilite à appartenir à un ensemble. Ainsi dans l'usage que fait Cantor de l'abstraction, les ensembles sur lesquels l'abstraction est censée s'exercer ne sont donnés que de manière extensionnelle, ce qui laisse dans l'indétermination le rapport des éléments au ›tout‹ qu'ils forment. Or l'abstrait ne peut être ›tiré‹ des objets par l'abstraction: ceux-ci n'ont *entre eux* aucune relation déterminant leur appartenance à la classe. Ce qui détermine cette appartenance, c'est uniquement le *concept* qui énonce la propriété que les objets doivent avoir pour tomber sous ce concept. Frege se sent fondé à voir dans la classe — extension de concept ou parcours de valeur d'une fonction — un objet logique distinct précisément parce que la classe *n'est pas* déterminée par les objets qui lui appartiennent, mais par le concept dont elle est l'extension. Le donné préalable à l'abstraction doit donc être formé par des concepts.

3.2. De la définition par abstraction au principe d'abstraction

Giuseppe Peano (1894, 45) est le premier à avoir explicitement introduit en logique et en mathématiques la notion de définition par abstraction. Pour Peano, elle doit intervenir en mathématiques quand on ne peut pas avoir recours à la définition ordinaire, c'est-à-dire quand on ne peut pas former l'équation '$x = a$', où 'x' est le signe à définir, et 'a' «un groupe de signes ayant une signification connue». La démarche que Peano recommande dans ce cas est la suivante:

Soit u un objet; par abstraction, on déduit un nouvel objet φu; on ne peut pas former une égalité φu = expression connue
car φu est un objet de nature différente de tous ceux qu'on a jusqu'à présent considérés. Alors on définit l'égalité, et l'on pose
$h_{u,v} . \supset : \varphi u = \varphi v . = . P_{u,v}$ def.
où $h_{u,v}$ est l'hypothèse sur les objets u et v; $\varphi u = \varphi v$ est l'égalité qu'on définit; elle siginifie la même chose que $P_{u,v}$, qui est une condition ou relation entre u et v ayant une signification bien connue. Cette relation doit satisfaire aux trois conditions de l'égalité (Peano 1894, 45).

Dans l'abstraction peanienne, c'est l'hypothèse sur les objects u et v qui en fait les arguments appropriés d'une fonction. Par exemple, la définition par abstraction du *vecteur* posera comme hypothèse que u et v sont des couples de points. La relation connue est la coïncidence par translation appliquée à chaque couple de points. On peut alors définir: 'vecteur de A à B = vecteur de A' à B'' grâce au *definiens*: 'coïncidence des deux couples A, B et A', B' par un mouvement de translation'. La manière dont Peano présente la définition par abstraction est elle aussi victime de l'indétermination propre aux procédures qui prennent un ensemble d'objets comme base de l'abstraction. Dans ce cas, le produit de l'abstraction recouvre, de manière ambiguë, tous les modes qui, dans l'objet, sont considérés comme ›les mêmes‹. En effet, l'objet désigné par 'φu' est «ce que l'on obtient en considérant dans u toutes les propriétés et seulement celles qu'il a communes avec les autres objets v tels que $\varphi u = \varphi v$» (Peano 1894, 46). Si donc l'on prend pour objet u ›la droite a‹ et pour objet v ›la droite b‹, les deux droites a et b étant parallèles, on espère pouvoir déterminer l'abstrait ›direction de la droite a‹ à l'aide de φu. — Bertrand Russell a montré que cette définition souffrait d'un ›défaut formel absolument fatal‹ lié à la nature indéterminée de son *produit* (1903, § 110): a-t-on en fait, dans l'exemple précédent, défini le *vecteur*, ou bien seulement écrit une relation d'équivalence entre des objets dont l'interprétation intensionnelle reste ambiguë? Pour Russell, il ne fait pas de doute que la définition ne convient pas au seul défini. Russell propose de remédier à cette indétermination propre au résultat de l'abstraction peanienne par son ›principe d'abstraction‹ (cf. 3.4.), lequel précise que l'abstrait que l'on a défini se trouve, relativement aux termes qui possèdent cette propriété, ›dans une relation telle que rien d'autre n'a cette relation avec ces termes‹ (1903, § 210), et avec ceux-là seulement. Lorsqu'il définit le nombre qui appartient au concept F comme «der Umfang des Begriffs „gleichzahlig dem Begriffe F"»[l'extension du concept 'équinumérique à F'], Frege (1884, 79 f) anticipe les réquisits posés par le principe d'abstraction russellien.

3.3. L'interprétation des divergences: réalisme et nominalisme

Un second défaut de la définition par abstraction de Peano consiste aux yeux de Frege dans la difficulté qu'il y aurait à en généraliser l'application, en abandonnant l'hypothèse portant sur les objets comparés u et v. On ne

peut pas appliquer la définition à ›tous les autres objets‹ sans tomber dans un cercle vicieux. Soit par exemple un objet q. On ne peut pas savoir si q a la propriété commune à a et à b sans encore savoir quelle est la définition de φu (cf. Frege 1884, 78). — Enfin, une troisième difficulté de la définition de Peano relevée par Frege réside dans le fait qu'elle introduit deux signes d'égalité à valeur différente. Le premier désigne une congruence spécifique démontrable dans une théorie donnée. Le second en revanche appartient au métalangage: l'égalité signifie que deux groupes de signes ont le même référent. Contre cette multiplicité d'emplois, Frege fait valoir en réaliste un principe d'univocité sémantique, selon lequel le signe d'égalité doit toujours désigner une seule et même fonction, dans laquelle il propose de reconnaître une identité, c'est-à-dire une substituabilité *sans restriction*.

Les objections de Frege et de Russell à Peano doivent être restituées dans le cadre de la portée réaliste qu'ils veulent obtenir pour les définitions par abstraction. Ce qui à leurs yeux fait l'intérêt de la reconstruction logique de l'arithmétique consiste dans le fait que chaque terme primitif ait un sens univoque déterminé une fois pour toutes et que le domaine de variation de chaque fonction soit universel, ce qui est censé garantir le caractère ›absolu‹ des constructions. Or Peano, nominaliste, ne vise pas à isoler une entité séparable; il s'accommode au contraire du caractère relatif et révisable des définitions. La question de l'unicité du défini et celle de la non-restriction du domaine des variables n'ont donc pas pour lui la même pertinence qu'elles ont aux yeux des réalistes.

3.4. Le principe d'abstraction

Le principe d'abstraction (Russell 1903, § 111), qui est en fait un théorème de la théorie des relations (Russell/Whitehead 1910−1913 I, *72.66), établit que (1) toute relation transitive symétrique S dont il existe au moins une instance, peut être interprétée comme ›la possession conjointe‹ d'une nouvelle relation R à un nouveau terme; (2) la nouvelle relation R est telle que chaque terme est en relation avec un terme au plus, tandis que beaucoup de termes peuvent être dans la relation converse à un terme donné. Par exemple, l'appartenance à la classe des classes équinumériques à une classe donnée constitue la propriété commune à toutes les classes équinumériques à une classe donnée et leur appartient exclusivement; en outre, chaque classe de l'ensemble des classes équinumériques à une classe donnée a avec l'ensemble de ces classes une relation qu'elle n'a avec rien d'autre, mais chaque classe de l'ensemble a cette relation avec lui. Le principe d'abstraction permet donc d'obtenir l'univocité recherchée pour les définitions par abstraction, et a le mérite de remplacer une notion vague de propriété commune par la notion précise d'une classe de termes ayant la relation donnée à un terme donné.

3.5. Les difficultés du principe d'abstraction

Les exigences d'inspiration réaliste dont il a été question plus haut ne sont pas étrangères à l'apparition d'une antinomie dans les systèmes de Frege et de Russell. En effet, étant soumises au principe de l'universalité du domaine de variation des expressions fonctionnelles, les règles de construction du système de Frege dans *Grundgesetze der Arithmetik* (1893–1903) autorisent, comme l'a découvert Russell en 1902, la dérivation de certains prédicats auxquels ne correspond aucune extension: si on appelle w le prédicat qui appartient à un prédicat qui ne peut être prédiqué de sa propre extension, on peut montrer à la fois que w peut être prédiqué de sa propre extension et qu'il ne peut pas l'être: «Daraus schliesse ich dass unter gewissen Umständen eine definierbare Menge kein Ganzes bildet», écrit Russell (Frege 1983 II, 211). Cet exemple montre qu'on ne peut pas toujours considérer comme équivalentes les deux propositions:

(1) Les fonctions $\Phi(\xi)$ et $\Psi(\xi)$ ont les mêmes valeurs pour les mêmes arguments.
(2) Les fonctions $\Phi(\xi)$ et $\Psi(\xi)$ ont la même extension

parce qu'il y a des cas où la notion d'extension d'une fonction n'a pas d'application, contrairement à ce que postulait la loi V des *Grundgesetze* selon laquelle on peut toujours transformer une égalité entre deux fonctions en une égalité entre leurs extensions, et réciproquement. — Frege propose de remédier à l'antinomie en retenant la validité du concept d'extension dans sa généralité, tout en apportant une restriction à l'énoncé de la loi V. Cet amendement s'est néanmoins avéré insuffisant à interdire la dérivation de formules contradictoires. Willard Van Orman Quine montre que ce qui est défaillant c'est plus radicalement le principe d'abstraction que la loi V illustre:

$$\vee_z \wedge_x (x \in z \equiv \varphi x).$$

C'est sur le principe d'abstraction que doit porter la restriction, de manière à ce que certaines classes ne puissent plus être prises comme éléments d'une classe surordonnée. Si on appelle à la suite de John von Neumann 'éléments' les entités du système qui sont susceptibles d'êtres membres d'une classe, l'abstrait d'une formule à une variable libre x sera la classe des individus satisfaisant la double condition d'être éléments et d'être un x tel que φx. Comme ne peuvent entre autres fonctionner comme éléments la classe de tous les éléments tels que $\neg (x \in x)$, la classe de tous les éléments tels que $\wedge_y \neg (x \in y \wedge y \in x)$, la classe de tous les éléments tels que $\wedge_y \wedge_z \neg (x \in y \wedge y \in z \wedge z \in x)$ etc. (Quine 1940, 24), il ne correspond pas d'abstrait à ces classes.

3.6. Problème de la séparabilité des abstraits

La solution apportée aux difficultés ›techniques‹ rencontrées par le principe d'abstraction conduit à réviser la question du statut des objets obtenus par abstraction, et en particulier de la notion de classe. Alors que Frege considérait l'extension de concepts — c'est-à-dire la classe — (ainsi que le parcours de valeurs de fonctions) comme un ›objet‹ autonome déterminé et de même catégorie ontologique que les individus concrets, on reconnaît désormais qu'un signe de classe ne peut être mis dans tous les cas en position d'argument de l'expression fonctionnelle d'où la classe est abstraite. Dès lors que l'on refuse d'admettre que la classe possède le même statut ontologique que ses éléments, les symboles de classe se voient attribuer le statut de symboles incomplets, lesquels ne désignent pas un objet, mais «dien[en] nur dazu, Aussagen über die Elemente dieser Klasse zu machen […], ohne diese aufzählen zu müssen »[servent à faire des énoncés sur les éléments de la classe sans avoir à les énumérer un par un] (Carnap 1928). Les classes sont dites dès lors des ›quasi-objets‹, ou des ›objets incomplets‹. — Après avoir servi une ambition réaliste, c'est-à-dire servi une ontologie de type platonicien, dans la mesure où les entités abstraites se voient un temps reconnaître l'indépendance et la séparabilité propres aux substances, l'abstraction mathématique paraît déboucher finalement sur une interprétation nominaliste du nombre, et, plus généralement, des classes, comme simples façons de parler à propos de leurs éléments. Nous allons toutefois voir que l'examen des règles formelles qui sont mises en œuvre dans l'abstraction naturelle conduit à pousser plus loin l'exigence nominaliste, en substituant à la théorie des ensembles, laquelle s'appuie sur la construction d'objets idéaux, un autre type de calcul, le calcul des individus (cf. 4.1.).

4. Abstraction et concrétisation dans les systèmes de constitution

4.1. L'idée de système de constitution

L'idée de départ qui a donné lieu à ce qu'on appelle une ›théorie de la constitution‹ est qu'il doit être possible d'exprimer de manière exacte la formation des concepts en termes de données sensorielles immédiates telle qu'elle s'effectue au cours de l'abstraction naturelle. Cette théorie, dont l'idée remonte à Russell (1913), suppose que l'on admette au moins les deux hypothèses suivantes, respectivement appelées réductionnisme et extensionalisme: (1) le donné sensoriel originaire livre les éléments constitutifs de l'ensemble de l'expérience, c'est-à-dire les matériaux à l'aide desquels les objets du sens commun aussi bien que les concepts scientifiques sont élaborés. Il doit donc être possible d'exprimer tout état de choses physique comme une fonction des données sensorielles, c'est-à-dire de le réduire. (2) Réduire un concept a aux concepts b, c, ... suppose que l'on produise une règle de traduction — une ›définition constructionnelle‹ — permettant d'éliminer le concept a au profit des concepts b et c, formant ainsi une sorte d'arbre généalogique des concepts. La possibilité de réduire les concepts exige que soit reconnue la thèse de l'extensionalité, laquelle postule l'équivalence entre le langage de la classe et celui de la propriété.

On doit à Nelson Goodman (1951) une classification des différents types de systèmes de constitution selon le type de base choisi — critères (i) et (ii) — et le type d'ontologie admis.

(i) Un système peut être particulariste ou réaliste. C'est, on va le voir, la nature des éléments de la base, selon qu'ils sont particuliers ou universels, non répétables ou répétables, qui implique la nature du problème constitutionnel, selon que la construction vise à abstraire ou à concrétiser.

(ii) Un système peut être physicaliste ou phénoménaliste, selon que l'on choisit comme unités de base des éléments du monde physique — tels que des choses, des processus, etc. — ou des éléments du monde visuel, —

tels que des expériences élémentaires ou des *qualia*. On appelle 'quale' une qualité présente dans la présentation d'une chose. On en donnera pour exemple le quale ›bleu-marine‹ dans l'énoncé: 'il y a du bleu-marine dans l'angle droit du tableau'.

(iii) La décision quant à l'ontologie du système dépend du type de formalisme employé: un système ›platonicien‹ utilise la théorie des ensembles, tandis qu'un système ›nominaliste‹ n'admet que des individus, qu'il traite au moyen d'un calcul des individus. Le choix du formalisme, on le verra, est crucial quant à la façon d'interpréter et de résoudre certaines difficultés rencontrées tant dans l'abstraction que dans la concrétisation (cf. 5.5.).

Ces trois traits des systèmes de constitution, particularisme/réalisme, phénoménalisme/physicalisme, platonisme/nominalisme, sont théoriquement indépendants les uns des autres. Le problème de l'abstraction est directement dépendant du critère (i), et indirectement du critère (iii). Quoiqu'il soit illustré de manière différente dans le cas d'une constitution phénoménaliste et dans celui d'une constitution physicaliste, il se pose dans ses grandes lignes de la même façon quelle que soit l'interprétation que l'on donne des particuliers primitifs.

4.2. Enoncé du problème de l'abstraction

On appelle 'particulariste' un système dont la base (c'est-à-dire le domaine de la relation primitive) est formée par des individus concrets (concrete particulars). Dans ce type de système, le problème est de savoir comment définir '... est une qualité' à partir des unités indécomposables que sont les vécus à l'aide d'une relation de ressemblance entre particuliers. Le problème que les systèmes particularistes ont à résoudre est donc celui de l'abstraction; en d'autres termes, il leur incombe de construire «repeatable ›universal‹, ›abstract‹ qualities from concrete particulars» (Goodman 1951, IV, 6). La solution de Carnap (1928) consiste à prendre pour base des vécus (Erlebnisse) globaux, instantanés et indécomposables: ce sont les éléments d'une relation fondamentale unique, la ressemblance mémorielle (Ähnlichkeitserinnerung, recollection of similarity). — Cette construction semble à première vue tomber sous le coup de deux objections de principe. D'une part, il paraît contradictoire de tenter d'analyser les données immédiates que sont les vécus en diverses composantes (Bestandteile) telles que la couleur, dans la mesure où les

éléments de base sont considérés comme in-
divisibles. Carnap surmonte cette difficulté en
opposant à l'analyse intensionnelle ou absolue qui procède par décomposition d'un
concept en composantes une conception extensionnelle de l'analyse des vécus — qu'il
appelle 'quasi-analyse' —, laquelle permet
d'obtenir des ›quasi-composantes‹ sans
compromettre l'indivisibilité des éléments de
base. En second lieu, ce type de définition
peut paraître contenir une circularité. Si l'on
définit une qualité comme la classe des éléments qui ont une certaine qualité en
commun, on ne parvient pas à éliminer la
notion de qualité qu'il s'agit de définir. On
va voir pourtant que cette circularité n'est
qu'apparente, les ›classes de qualité‹ étant déterminées sur la seule base d'une relation de
ressemblance, sans appel autre qu'heuristique
à l'objet présystématique correspondant.

4.3. Enoncé du problème de la concrétisation

Goodman appelle 'système réaliste' un système dont la base est formée d'éléments qualitatifs non concrets, comme des *qualia*, traités
comme des individus non particuliers, c'est-
à-dire répétables. Un exemple d'un tel système
est donné par celui que propose Goodman
dans *The Structure of Appearance* (1951). Le
problème qui se pose dans un système réaliste
consiste à définir des concrets à partir des
abstraits, c'est-à-dire à construire des particuliers concrets non répétables à partir des
éléments non concrets donnés au moyen
d'une relation de concomitance. C'est donc
un problème de concrétisation (1951 IV, 6).
Dans *The Structure of Appearance*, une entité
sera dite 'complètement concrète' (fully
concrete) — ou *concretum* — si elle compte
au nombre de ses qualités au moins un
membre de chaque catégorie dans un domaine
sensoriel donné. Si l'on prend le cas du domaine visuel, une tache de couleur occupant
au temps *t* un certain emplacement constitue
un concretum. La relation fondamentale qui
unit les éléments de base d'un système réaliste
doit permettre de distinguer de manière systématique les classes de *qualia* qui forment
des *concreta* de celles qui n'en forment pas.
La relation d'›être ensemble‹ (togetherness),
unissant des qualia, est la relation qui, dans
un système réaliste, correspond à la relation
de ressemblance des systèmes particularistes.
Elle s'applique aux qualia atomiques (c'est-à-
dire primitifs) d'un même concretum. Elle est
symétrique, irréflexive et non transitive. — Le

problème de l'indivisibilité de la base ne se
pose pas dans le cas des systèmes réalistes
puisque l'on part d'éléments répétables, d'universels. En revanche, la menace de circularité
relevée plus haut à propos des systèmes particularistes se présente en termes analogues
dans le cas des systèmes réalistes: il faut en
effet définir un concretum en termes de qualia
appartenant au même concretum. Mais la
circularité ici encore n'est qu'apparente,
puisque la notion de *concretum* n'apparaît pas
dans le definiens constructionnel.

4.4. Proposition de solution du problème de l'abstraction et de la concrétisation

La quasi-analyse (Carnap 1928, § 71) s'effectue à partir d'une relation symétrique, réflexive, et non transitive, c'est-à-dire une ressemblance. Elle peut s'effectuer, beaucoup
plus aisément, sur la base d'une relation symétrique, réflexive et transitive, puisque dans
ce cas on dérive immédiatement des classes
d'équivalence les quasi-constituants communs à chaque classe, en vertu du principe
d'abstraction. Par définition, une ressemblance entre les objets *x, y,* et *z* implique qu'ils
se ressemblent deux à deux, mais pas toujours
sur les mêmes aspects. On ne peut donc pas
dériver directement le quasi-constituant
commun à partir des classes de ressemblance,
parce que la ressemblance n'est pas transitive,
tandis que la relation 'avoir un quasi-constituant commun' l'est. Pour obtenir un quasi-
constituant à partir de l'extension de la relation de ressemblance, on doit déterminer une
classe telle que:
(i) chaque paire d'éléments de la classe est
    dans la relation de ressemblance *R*
(ii) il n'y a pas d'élément extérieur à la classe
    qui ait la relation *R* avec tous les éléments
    de la classe.
Supposons par exemple qu'un accord musical, perçu comme une totalité sonore indé-
composable, soit obtenu en frappant au piano
les touches do, mi, sol, d'une octave donnée,
ce fait étant caché à l'agent de la quasi-analyse. Pour procéder à la quasi-analyse de l'expérience correspondante, l'agent devra comparer sa perception à un ensemble d'autres
accords et de notes isolées déjà expérimentés;
il parviendra de cette manière, à condition
que son expérience sonore passée soit suffisamment riche, à former les classes de vécus
qui remplissent les deux conditions indiquées.
On appelle 'cercle de ressemblance' (Ähnlich-
keitskreis) ces classes d'éléments semblables
entre eux; ces classes sont destinées à *figurer*

ce que leurs éléments ›ont en commun‹, à savoir un certain ›quasi-constituant‹. De même, on peut définir dans le formalisme ensembliste un *concretum* comme une classe de *qualia* telle que:

(i) deux quelconques de ses membres sont ensemble;

(ii) aucun quale extérieur à la classe n'est ensemble avec chacun de ses membres.

Par exemple, un concretum visuel sera la classe dont les membres sont une couleur, un emplacement et un temps, telle que la couleur soit visible à un certain emplacement, à un certain temps, et que l'emplacement soit visible à un certain temps; en d'autres termes, telle que couleur, emplacement et temps soient ensemble, et que rien d'autre que ces éléments ne soit ensemble avec eux trois. Cependant les deux solutions présentées soulèvent certains problèmes relevés respectivement par Carnap (1923) et par Goodman (1951).

5. Le problème de la complétude constitutionnelle

5.1. Position du problème: les ›circonstances défavorables‹

On peut imaginer certaines caractéristiques du donné extensionnel soumis à la construction, qu'il s'agisse d'abstraction par quasi-analyse ou de concrétisation par une relation de concomitance, telles qu'elles interdisent à ces procédures de parvenir à des résultats ›exacts‹. Nous distinguerons deux types de cas, en les illustrant sur l'exemple de la quasi-analyse: nous montrerons ultérieurement qu'ils apparaissent de la même façon dans les procédures de type concrétisant.

5.2. La difficulté du compagnonnage

Il peut tout d'abord arriver que tout vécu qui comprend un quasi-constituant donné *A* en comporte aussi un autre, *B*. Supposons que, tandis que *B* intervient dans d'autres vécus que ceux où *A* intervient, *A* n'intervienne qu'en association avec *B*, c'est-à-dire uniquement dans les vécus où *B* figure. Ce que la quasi-analyse met alors en évidence, c'est le quasi-constituant en quelque sorte le plus ›social‹, c'est-à-dire celui qui est présent dans les vécus les plus nombreux. Le quasi-constituant ›accompagnant‹ *A*, au contraire, n'aura pas de critère *extensionnellement* distinctif, et par conséquent sera confondu avec *B*.

5.3. La difficulté de la communauté imparfaite

Une seconde variété de circonstances défavorables à l'application de la quasi-analyse est formée par celles qui conduisent au contraire à mettre en évidence des quasi-constituants inexistants, c'est-à-dire ne correspondant à aucune ressemblance ›objective‹. Ce cas se présente chaque fois que, dans un univers composé de *n* particuliers, tout élément primitif est dans la relation de ressemblance (c'est-à-dire, dans une relation intransitive: un élément peut ressembler à un autre sous un certain aspect, mais en différer sous l'aspect par lequel ce dernier ressemble à un troisième) avec chacun des autres *n*-1 éléments de l'ensemble: la structure des extensions de la relation fait alors apparaître une classe de qualité bien que les éléments n'aient en fait aucune qualité *commune*. Supposons par exemple, dans un univers réaliste, que la couleur *c* soit concomitante avec l'emplacement *d*, que *c* soit concomitant avec le temps *t* et que l'emplacement *d* soit concomitant avec le temps *t*. De cette extension de la relation de concomitance, je peux dériver que *c, d* et *t* appartiennent à un concretum donné. Or il peut se produire que les trois qualia *c, d* et *t* ne soient pas ›tous ensemble‹, mais que, par exemple, *c* soit en *d* à un temps différent de *t* mais absent de *d* en *t*. Théoriquement, ce problème de la communauté imparfaite affecte indifféremment les systèmes particularistes et réalistes. En fait, dans la mesure où les éléments d'un système particulariste sont beaucoup plus nombreux que ceux d'un système réaliste et de ce fait moins susceptibles d'être affectés par une distribution systématique défavorable des extensions de relation, c'est surtout ce dernier qui se trouve menacé par la difficulté de la communauté imparfaite.

5.4. La solution de Carnap (1923) au problème du compagnonnage

Dans un manuscrit inédit daté de 1923, *Die Quasizerlegung*, Carnap expose la difficulté du compagnonnage et présente une solution formelle susceptible de la résoudre. La clé de la solution repose sur la claire distinction entre les conditions dans lesquelles s'effectuent respectivement une analyse et une quasi-analyse. On distingue classiquement deux types d'analyse. L'analyse absolue fournit les constituants ou caractères qui définissent un terme. Un exemple en est donné par l'analyse lexicale fournie par les dictionnaires. L'analyse relationnelle caractérise en revanche les objets de l'ensemble à décrire par leurs relations réciproques, c'est-à-dire de manière purement extensionnelle. Analyse absolue et analyse relationnelle sont des procédures complémentaires, en ce sens qu'on peut toujours vérifier les résultats de l'une au moyen de l'autre. — La quasi-analyse s'effectue comme l'analyse extensionnelle à partir de données de type extensionnel: on dispose dans les deux cas de l'extension d'une relation (symétrique, réflexive, transitive ou non) ayant pour champ les objets du domaine à (quasi-)analyser. La différence entre ces deux procédures, dont on va voir qu'elle n'est pas dépourvue de conséquences formelles, consiste dans le rapport respectif de l'abstraction à l'objet représenté. Les composantes que l'analyse permet d'abstraire ont une existence indépendante de l'analyse. La composition de l'objet peut donc être contrôlée au moyen de l'analyse absolue. En revanche, la quasi-analyse, de même d'ailleurs que la procédure concrétisante correspondante des systèmes réalistes, ne peut pas soumettre le produit de l'abstraction à l'épreuve des faits. Plus exactement encore, les faits que manifeste l'abstraction par quasi-analyse (ou la concrétisation correspondante) sont ceux-là mêmes que nous livre la connaissance spontanée qui prend pour point de départ les mêmes données. Car c'est l'hypothèse du système de constitution que la connaissance n'a pas d'autres moyens formels, pour abstraire des classes de qualités à partir des vécus parcourus par la relation de ressemblance mémorielle, que ceux que la quasi-analyse met en œuvre. L'incomplétude qui apparaît dans la difficulté du compagnonnage n'affecte donc pas la quasi-analyse au même titre que l'analyse. Afin de mettre en évidence de façon formelle cette différence, Carnap propose dans le manuscrit de 1923 une axiomatique spécifique de la quasi-analyse. Cette axiomatique ajoute aux principes permettant de définir les cercles de similarité (cf. 4.4., (i) et (ii)) un axiome ayant le rôle d'un principe d'économie, en vertu duquel ›il n'existe pas de quasi-constituant dont l'omission laisse inchangée la satisfaction des réquisits précédents‹. De cet axiome, il est possible de déduire qu'il n'existe pas de quasi-constituant qui soit le ›compagnon‹ d'un autre.

5.5. La solution apportée par Goodman à la difficulté de la communauté imparfaite

Goodman (1951) propose de doter son système, lequel est réaliste et nominaliste — il repose sur le calcul des individus et non sur la théorie des ensembles (cf. 4.1. (iii)) — des moyens d'écarter la menace de la communauté imparfaite d'une part en élargissant la notion d'individu et d'autre part en redéfinissant la relation de concomitance. Il admet en effet au nombre des individus, outre les qualia primitifs, des sommes de deux ou plusieurs qualia atomiques — dans le calcul des individus, la somme de deux individus est l'individu qui recouvre (overlaps) les individus (et seulement ceux-là) qui recouvrent au moins l'un des deux; elle est l'équivalent dans ce calcul de la classe dans le langage ensembliste. La nouvelle relation de concomitance, 'être avec' (notée 'W') unit non plus, comme le faisait la relation 'être ensemble', deux qualia atomiques quelconques d'un même concretum; mais deux parties discrètes quelconques d'un concretum. Par exemple, on pourra maintenant dire qu'un emplacement/couleur est avec un temps t, ou qu'un moment/couleur est avec un point d, ou qu'un emplacement/temps est avec une couleur c. Cette nouvelle relation est non réflexive, symétrique et non transitive.

On vérifie aisément que la relation W permet d'éviter la communauté imparfaite. En effet, $W(c,d,t)$ n'est vrai que si la couleur c est présente en d au temps t et si c est présente au temps t en d. C'est parce que la relation W n'est plus restreinte dans son application aux seuls qualia, mais s'applique aux sommes de qualia que l'on est en mesure d'exclure le cas indésirable de la communauté imparfaite. La solution retenue par Goodman suppose donc que l'on utilise le calcul des individus; il montre que si l'on reformule de manière correspondante le problème de l'abstraction, en sorte que l'on définisse un segment de qualité (quality stretch) comme tout individu dont chaque couple de parties discrètes soit dans la relation R, on interdit de la même façon l'apparition du cas de la communauté imparfaite. Il existe néanmoins une variante platonicienne de cette solution (Goodman 1951, VI,7). On peut construire de façon ensembliste les *concreta*, la relation de concomitance (notée 'Wt') s'appliquant ici à chaque couple de sous-ensembles distincts d'un concretum. Un complexe est alors défini comme l'ensemble tel que tout couple de sous-ensembles distincts soit dans la relation Wt. Cette solution a l'inconvénient de faire intervenir à titre de relation primitive une relation entre ensembles, soit une relation imposant d'emblée un engagement ontologique fort et intuitivement peu clair. En outre, elle est d'une plus grande complexité que la solution nominaliste précédemment évoquée. — Que vaut la solution de Goodman pour le problème du compagnonnage? Le recours au calcul des individus ne suffit pas à mettre en évidence le constituant ›compagnon‹ dans la mesure où les données extensionnelles restent insuffisantes pour le mettre en évidence. Goodman considère néanmoins que la difficulté du compagnonnage touche plus sévèrement les systèmes particularistes. En effet, dans un système réaliste, deux concreta distincts n'ont pas exactement les mêmes qualités, le nombre des qualia appartenant à un concretum donné étant égal au nombre des catégories qualitatives dans le domaine sensoriel concerné; il ne peut donc arriver, comme c'est le cas dans un système particulariste — dont l'élément est comme on l'a vu l'expérience élémentaire multiqualitative — qu'un concret ait presque toutes les qualités d'un autre concret (voire toutes les qualités, au moment près), et donc qu'un certain complexe de qualités soit caché par un autre. Notons pourtant que cette solution n'en est une que parce que l'agent de la constitution se donne le droit de délimiter conventionnellement la notion de concret comme constitué d'autant de qualités qu'il y a de domaines sensoriels; rien n'interdirait formellement, sans cette précision conventionnelle, que certaines classes (ou complexes) de qualités concomitantes restent masquées par des classes plus larges, et qu'ainsi certains concrets échappent à la détection.

5.6. Discussion de ces solutions

On remarque que Carnap et Goodman ont respectivement abordé chacun des deux problèmes: la solution de Carnap répond à la difficulté du compagnonnage et non à celle de la communauté imparfaite, tandis que la modification apportée par Goodman permet mieux de résoudre le problème de la communauté imparfaite que celui du compagnonnage; ce dernier est évité simplement par la spécialisation sensorielle des concreta, ce qui du point de vue de la théorie de la constitution représente une perte de généralité et de radicalité. En second lieu, il existe une solution philosophique du problème de la complétude, solution qui est implicite dans l'axiomatique de la quasi-analyse (Carnap 1923). Cette solution consiste à exploiter la différence de statut entre analyse et quasi-analyse, c'est-à-dire entre une méthode d'analyse relationnelle dont les procédures d'abstraction peuvent être recoupées par une vérification indépendante (par exemple, par l'observation empirique) et une méthode qui est constitutive de ses objets. Or lorsque l'on diagnostique une insuffisance de la quasi-analyse, on prend implicitement le point de vue extra-systématique qu'autorise l'analyse. On dispose, en d'autres termes, de connaissances supplémentaires qui permettent de récuser les résultats d'une abstraction donnée. Les objections de Goodman, par exemple, supposent qu'un contrôle indépendant des résultats obtenus est possible, c'est-à-dire postulent que l'on puisse obtenir sans construction, c'est-à-dire par des moyens extra-systématique, la connaissance des ›bons‹ quasi-constituants. Mais si l'on prend au sérieux le projet constitutionnel, il faut en tirer sur ce point les conséquences. Si le sujet percevant n'a aucun autre moyen d'accéder aux concepts que par quasi-analyse de ses propres vécus, ses concepts garderont l'empreinte de leur origine expérientielle. Il n'est pas exclu que son expérience soit telle qu'elle interdise une bonne conduite de l'abstraction. Il peut bien se faire que des distorsions systématiques de la conduite de l'abstraction soient produites en vertu de la nature des données. Mais il n'entre pas dans la responsabilité de la quasi-analyse de sélectionner l'univers qui en garantit l'efficacité représentative maximale. Goodman a reproché à la quasi-analyse mise en œuvre par Carnap (1928) de reposer sur des contraintes empiriques. Il faut au contraire retourner l'objection de Goodman et dire: c'est parce que la quasi-analyse ne fait aucune hypothèse empirique sur l'organisation présystématique du donné qu'elle n'a pas à se prononcer sur le caractère ›normal‹ ou ›anormal‹ de ses résultats.. Il y aura des bases extensionnellement trop pauvres, trop peu diversifiées. Mais un sujet percevant ne peut-il être mis en état de privation sensorielle, n'a-t-on pas l'exemple de sujets incapables par suite de catégoriser le monde adéquatement? C'est l'expérience, et non la logique, qui est à mettre en cause. — Même s'il n'entre pas dans la responsabilité de la quasi-analyse de parvenir à des résultats complets quelque lacunaires que soient les données primitives, on peut néanmoins conjecturer rationnellement que la complétude est généralement atteinte. Cette conjecture est fondée sur la réalité de la communication intersubjective. Il s'agit alors seulement d'une garantie *a parte post*. C'est parce que les sciences ont déjà développé leurs concepts, parce que l'expérience collective parvient à identifier des invariants, qu'une entreprise de constitution a un sens. L'existence des sciences, celle du monde du sens commun, montrent *de facto* la possibilité d'une expérience extensionnellement diversifiée. La quasi-analyse n'attend rien d'autre pour fonder sa propre possibilité que cette garantie offerte par l'existence et le succès de l'abstraction naturelle.

6. Conclusion: abstraction et concrétisation sont-elles des procédures parallèles?

Quoique Goodman présente les problèmes de l'abstraction et de la concrétisation comme parallèles, et le choix entre les deux procédures comme étant affaire de préférence, il y a de bonnes raisons de penser que le parallèle ne vaut que sur un plan formel assez général, mais ne tient plus si l'on se place sur le terrain de l'épistémologie, sans parler évidemment de la divergence ontologique que reflète l'alternative entre les procédures. Nous avons vu plus haut (4.2. et 4.3.) que la construction de particuliers concrets comme classes de qualités est exactement la converse de la construction d'universaux abstraits, c'est-à-dire de qualités comme classes de particuliers concrets (cf. Goodman 1951, VI, 3). Abstraction et concrétisation paraissent donc former des démarches exactement parallèles, devant résoudre les mêmes difficultés et disposant des mêmes alternatives quant au choix des relations et du type de calcul (théorie des ensembles ou calcul des individus). Il existe toutefois une limite à cette analogie, comme le souligne Jules Vuillemin (1969, 342). Car si une classe d'éléments singuliers non répétables permet de dériver dans la majorité des cas (cf. 3.5.) un abstrait répétable (un universel) qui représente ce que les éléments de la classe ont en commun, il n'est pas garanti

qu'une classe d'abstraits répétables permette de dériver un authentique concret, c'est-à-dire un élément singulier non répétable. Rien ne dit en effet que l'on soit en mesure de caractériser univoquement un individu et un seul en termes de qualités (v. art. 83). En d'autres termes, la constitution d'authentiques concrets paraît menacée par l'absence d'une science de l'individuel. Une seconde limite de l'analogie est que, tandis que l'abstraction peut se poursuivre indéfiniment, faute de l'existence d'une ›butée‹ comme pourrait l'être la reconnaissance d'un genre suprême, la concrétisation aboutit nécessairement à un point d'arrêt. Il résulte de cette différence que l'abstraction paraît mieux que la concrétisation se prêter à la représentation des systèmes de concepts ouverts, en étant plus conforme à l'aspect dynamique, rectifiable, de l'élaboration conceptuelle.

Que l'abstraction soit, comme on l'a vu, insuffisante pour rendre compte de la *genèse* des concepts naturels n'interdit pas qu'elle puisse être féconde dans le cadre d'un certain système de constitution. L'objectif de ce type de système est en effet non pas de décrire la manière dont nous parvenons effectivement à tel ou tel concept, mais de fournir une reconstruction rationnelle de l'arsenal notionnel d'une ou plusieurs théories, voire de l'ensemble des sciences.

7. Bibliographie sélective

Bolzano 1837, *Wissenschaftslehre*.

Carnap 1928, *Der logische Aufbau der Welt*.

Frege 1884, *Die Grundlagen der Arithmetik*.

Goodman 1951, *The Structure of Appearance*.

Proust 1986, *Questions de forme. Logique et proposition analytique de Kant à Carnap*.

Joëlle Proust, Paris (France)

83. Identity and individuation

1. Introduction

This topic does not belong especially to the philosophy of language, and books in the field often make few references to it, unlike, say, naming, meaning, predication and descriptions. Nevertheless, identity is so intimately linked with, e. g., those four topics, that it can hardly be excluded from the purview of the philosophy of language; and a general discussion of identity will of necessity reveal so many connections with those questions more central to the philosophy of language proper, that a philosopher charged with the responsibility of writing about it has a distinctly unenviable task. The reasons for this are two: one obvious, the other less so. The obvious reason is that identity and individuation are notions which penetrate not only every branch of philosophy but every discipline. The problems of, e. g., providing synchronic or diachronic identity conditions for things of a given kind involve one immediately in the specialized disputes of other theorists concerning their crucial notions: events, properties, material objects, possible individuals, in metaphysics, e. g.; actions, mental states, persons, in philosophy of mind; words, sentences, propositions and other intensional entities, in the philosophy of logic and language; institutions (e. g. the State) in social and political theory; works of art, in aesthetics. Outside philosophy proper, but nevertheless relevant to it, come things like species and organisms in biology; electrons and other particles in physics; particular states in politics; and so on. The less obvious reason is that the adoption and defence of a stance on some question central to the subject of identity involves one in holding views on many other topics: e. g., the interpretation of the quantifiers in the predicate calculus; the interpretation of possible world semantics for modal logic; whether our ontology should be one of three-dimensional continuants with spatial, but not temporal, parts, or one of four-dimensional things with temporal and spatial parts, or one of infinitely thin ›time-slices‹ of what are ordinarily regarded as continuing objects; theories of proper names and definite descriptions; the relation of predicates to properties; the interpretation of equations; the proper handling of intentional contexts; whether identity is relative or absolute; whether identities are necessary or contingent; and so on. How some of these connections are to be made out will become clearer as we continue.

2. Identity statements and identity puzzles

2.1. Nature of identity statements

Philosophers have usually regarded the paradigm form of identity statement in ordinary English as consisting of two names flanking the verb 'is' (and the equivalent for other natural languages), and have distinguished between the so-called 'is' of identity and 'is' of predication. An extension of this paradigm allows the substitution of definite descriptions for one or more of the names, so that 'Jones is the last man to have died of smallpox' could count as an identity statement. But there have always been difficulties with this simple classification, and many of them are related to the philosophical problems which identity is believed to pose. Some philosophers have taken extreme views: Francis Herbert Bradley regarded the 'is' of predication as fundamentally unintelligible, but was less unhappy with the 'is' of identity; others have rejected the 'is' of identity, regarding putative identity statements as being really predicative. More recently, Willard Van Orman Quine, in perhaps the most influential paper on identity since Gottlob Frege, has suggested that because of the eliminability of names via an application of Bertrand Russell's Theory of Descriptions, the fundamental identity statements will involve variables of quantification and not names or definite descriptions (1961 a, 144 f). In that paper, Quine insists that unless singular terms genuinely refer to their objects in a given context, illegitimate inferences will apparently be licensed by true identity statements involving those terms. Subsequently, Peter Geach (1962, secs. 36; 75) has asserted that definite descriptions have both referential and attributive uses, and where we have the latter we cannot have an identity statement but only a predication. David Wiggins, similarly, has claimed that an identity statement requires two noun-phrases which serve, independently of one another, to make genuine references (1965, 42); but in the face of the difficulties of explaining ›genuine reference‹ one ends up putting strong constraints on what could count as an identity statement. Under such constraints, many philosophers would still refuse to regard, say, 'Aphrodite is Venus' as an identity statement, not because of serious difficulties over relating different cultural traditions, but simply because they think it impossible to refer to nonentities — e. g. (Geach 1973, 288): "Nonentities are not there to be the same or different". An exception here is Richard Routley (1980, 52 – 62).

2.2. Informativeness

The idea that the central case of an identity statement consists of two names linked by the 'is' of identity or its equivalent, has thrown up another problem which has exercised philosophers since Frege. It concerns the informativeness of identity statements. Clearly many such statements are informative; and it is often assumed that in consequence they cannot be necessarily true. A constantly cited example is that it was an astronomical discovery that (the planet) Hesperus is in fact (the planet) Phosphorus, and that the facts could have turned out otherwise. On the other hand, it is possible to form identity statements by simply repeating the same name on either side of the identity sign, and here the result is something visibly uninformative and necessarily true. But if it is true of, say, Hesperus that it is necessarily identical with Hesperus, and Phosphorus is Hesperus, then it seems to follow that Phosphorus is necessarily identical with Hesperus (since otherwise something would be true of Hesperus which was not true of Phosphorus), and hence that the identity of Hesperus and Phosphorus could never have been news to an astronomer. But this result seems to conflict both with the historical facts and with what we just observed about identity statements linking diverse names. Reactions to this problem have been various. Ludwig Wittgenstein thought that identity of object should be expressed only by identity of sign, and that the identity sign itself could never appear between two logically proper names, i. e. names which, unlike mere grammatically proper names, could not fail to have a bearer (1921, 4.242; 5.53). Others, like Russell in the early twentieth century, thought that the identity sign could never figure *informatively* between two real (or logically proper) names; where it did figure in such a way as to convey empirical, non-linguistic information, at least one of the names had to be, not logically, but merely grammatically a proper name, something whose logical function was standing for a denoting concept, or abbreviating a description — in either case, introducing its bearer only via something which might have no corresponding object, and thus not standing directly for that bearer in the way that a real name is supposed to do. Subsequent philosophers have been heavily influenced by these doctrines. For a time, the idea of real names which introduce their bearers unmediated by descriptions was commonly rejected (e. g. Wittgenstein 1953, § 79; Searle 1958 a, 166 – 173), although the relationship to any given description was thought to be looser than Russell and Frege had supposed. But, though

the informativeness of an identity statement could not now be explained by its lacking a real name, that informativeness was, at bottom, still explained in the same way, as stemming from associations of different names with different descriptions of one object. And, as already noted, philosophers linked the informativeness of a statement with the supposed contingency of its truth (e. g. Wiggins 1965, 41), usually via the admitted contingency of the exemplification of the descriptions explicit or implicit in that statement. More recently, the idea that names designate objects directly rather than via mediating descriptions has been resuscitated by Saul Kripke (1971, 44 ff; 1980, 3 – 15), but without some of the historically associated doctrines: e. g., Kripke has allowed that a genuine identity statement employing such direct (›rigid‹ as he calls them) designators can be informative, while denying that it can ever be merely contingently true (1980, 100 – 105). The appearance of contingency arises from our failure to distinguish it from the *a posteriori*. Extending his argument from this basis he has attempted to show that the recently defended view that the mind is contingently identical with the brain (Armstrong 1968, 91) is false. Further, Wiggins has argued (1980 a, 109 ff) that even if, contrary to Kripke, necessity and a prioricity of truths are coextensive, the Kripkean conclusion of the necessity of identity can legitimately be reinterpreted as saying, not that true identity statements are necessary truths, but that they are just true statements of *de re* necessities.

2.3. Identity and change

A further well known problem concerning identity has close connections with the question of what an identity statement is, though these are not as obvious as in the case described in 2.2. The problem is gestured at by Quine at the start of another influential paper (1961 e, 65) when he says, "Identity is a popular source of philosophical perplexity. Undergoing change as I do, how can I be said to continue to be myself?" It is, however, not obvious from these remarks just what the difficulty is supposed to be. On the face of it, we can easily distinguish between alteration, a kind of change in a thing where the thing goes on existing, and destruction, the drastic kind of change which results in a thing's ceasing to exist, perhaps being replaced by something else. Acquiring a suntan would be an example of the first kind of change; being burned to ashes would exemplify the second kind. Quine seems to be suggesting that the former kind of change is impossible: or, putting it differently, that any alteration amounts to destruction.

But why should anybody think this? The most likely reason can be summed up in the slogan: dissimilarity implies diversity. In some applications the slogan seems obviously true. Thus, if I know that your dog is pure black, and that your spouse's dog is pale brown, then I can, purely on this basis, legitimately infer that your dog and your spouse's dog are diverse, non-identical, i. e., that there are two dogs in your family and not one. The temptation then is to suppose that the slogan is equally applicable to a case where different times are in question. If I know (at one time) that your dog is black and (later) that your spouse's dog is brown, then, it may seem, the dissimilarity must in this case too imply diversity: things with different properties must be different things, so again, there must be two dogs in question. Now it may of course reasonably be doubted whether the legitimacy of the inference in the second case can be based solely on the truth of the slogan rather than on, say, our knowledge of the relative constancy of canine colouring; the point here is merely that an uncritical adherence to the slogan, which after all makes no explicit exceptions concerning different times, might lead us to suppose that there can be no identity whenever any case of dissimilarity is found. What is clear from this kind of case is that the proper interpretation of the slogan is a matter of some concern: it seems obviously true — for how could incompatible things be true of one object? — and yet, if it prohibits change, just as obviously false. There are various possible reactions here, and some of them may alter drastically our conception of what an identity statement is. One reaction may be to embrace the falsehood of the slogan. This would, most uncompromisingly, pose the question of what an identity statement is, if it is not something which licenses us in each and every case to regard difference in properties as sufficient for the diversity of the possessors of those properties. Another reaction would be to deny that the slogan prohibits change. This will mean radical revision: either, of the notion of a property so that it now becomes true that the brown leaf of autumn has, timelessly, all the same properties as the green leaf of summer; or, of our natural understanding of what the referring expressions in an identity statement can stand for, so that they are taken, e. g., to stand for momentary individuals whose properties cannot alter — change consisting in the succession of these individuals. (Both alternatives in fact look like ways of surreptitiously undermining the reality of change.) Another reaction yet would be to concede openly that the principle prohibits change and then: either, deny the reality of change and explain away the appearances; or, maintain that most identity judgments ordinarily held true are really false, or true only if interpreted in terms of some weaker notion invented especially to cope with temporal persistence, such as Kurt Lewin's ›genidentity‹ — a notion now often mistakenly attributed to Rudolf Carnap, who merely adopted it. Finally, another reaction would be to maintain both the slogan and the reality of change, and embrace the Hegelian idea that the fact of change involves inconsistency. This last reaction may well become more widespread than most readers imagine. See the references to paraconsistent logics in 3.3.1.

2.4. Constitution and relative identity

Some philosophers have claimed that the contrast between the 'is' of identity and that of predication is over-simple. For example, Tyler Burge (1975, 74) and Wiggins (1968, 90—95; 1980 a, 30—33) argue that yet a third sense of 'is' — a constitutive sense — needs to be postulated in order, e. g., to account for the fact that an object is a certain collection of material bits but may have a different life history and duration from that collection of bits and hence differ in properties. The issue is connected with that mentioned in 2.3. And indeed Quine elaborates the problem gestured at in the passage quoted there by immediately going on, "Considering that a complete replacement of my material substance takes place every few years, how can I be said to continue to be I for more than such a period at best?" (1963 a, 65 f). — A further problem with the classification arises in part from rejecting the adequacy of the postulated constitutive 'is' for its proposed job (Griffin 1977, 162—185): it has even been suggested that what was offered in 2.1. as the paradigm form of identity statement is no such thing, since it is either incomplete or "a vague expression of a half-formed thought" (Geach 1972, 238). Instead of a single absolute 'is' of identity, Geach (1972, 249) postulates a large range of relative identities whose proper expression requires a general term as well as an 'is' — we may say that Tully is the same man as Cicero, but not, unless it is regarded as an incomplete version of the former, that Tully is Cicero. Relative identity is distinguished further by abandoning the slogan of 2.3., that dissimilarity implies diversity, for as Geach puts it (1962, 157), "On my own view of identity I could not object in principle to different A's being one and the same B" (for some qualifications cf. Noonan 1980, 3). Nicholas Griffin (1977, 162—185), e. g., argues that the introduction of the notion of relative identity will allow simpler and more natural solutions to the problems raised by Wiggins, particularly the old problem of the Ship of Theseus. This involves a ship whose parts are replaced piecemeal so that eventually no old parts remain *in situ*. But the old parts, having been retained, are then re-assembled. We now have two ships, clearly non-identical with each other, one spatio-temporally continuous with the original, the other consisting of the same matter as the original. Which ship is identical with the original? Either answer is problematic: Griffin's solution is to say that one of the later ships is the same collection of planks as the earlier, but is not the same ship as the earlier, while the other later ship is the same ship as the earlier but not the same collection of planks (for amusing and penetrating discussions of the example, see Smart 1972, 145—148; 1973, 24—27. For his response to Griffin, see Wiggins 1980 a, 94—99). Harold Noonan (1980, 82—128), in a long discussion, eventually rejects relative identity, but feels obliged in consequence to embrace a Quinean ontology in which continuants are treated as aggregates of momentary ›time-slices‹.

2.5. Personal identity

When the terms figuring in identity statements putatively refer to persons then there are, as well as the kinds of problems already mentioned, further special complications, e. g. concerning psychological continuity. This topic has a vast literature of its own (see, e. g., Perry 1975; Rorty 1976; Noonan 1980, 129—171; Wiggins 1980 a, 149—189; Madell 1981; Parfit 1984, 199—347) and I shall not discuss it separately here.

3.   Identity as congruence

3.1. Explication of congruence

The slogan of 2.3. above, the diversity of the dissimilar, is one expression of a principle known also as the indiscernibility of identicals

— an often used name derived by symmetry with the traditional name for the converse principle described later in this section; the name is unhappy, because of its suggestion of two things' being indiscernible in consequence of really being only one thing after all — the congruence of sameness, and as ›Leibniz's Law‹. This last appellation, though, is exceedingly confusing and best avoided, since Gottfried Wilhelm Leibniz is notorious for adhering to the converse principle; with more historical justification, but adding further to the possibilities of confusion, Dummett (1973, 543) calls the *conjunction* of the principles 'Leibniz's Law'. Expressed formally in terms of second order logic, it can be written '$\bigwedge_{x,y} . x \equiv y \rightarrow \bigwedge_{P} . P(x) \leftrightarrow P(y) .$' and says that if a thing x is identical with a thing y then every property of x is a property of y and vice versa, or, putting it more as we considered it above, if x and y have different properties then they are different things. Its converse, the dissimilarity of the diverse or the identity of indiscernibles, can be expressed thus '$\bigwedge_{x,y} . \bigwedge_{P} . P(x) \leftrightarrow P(y) . \rightarrow x \equiv y .$' and says that if every property of a thing x is a property of a thing y and vice versa, then x and y are the same thing, i. e., if x and y are different things then they have different properties. These principles are often thought (e. g. Brody 1980, chap. 1) jointly to govern and exhaust the notion of identity. More careful attempts at stating such principles can be found in Richard Cartwright (1971, 119 f; 1979, 293 ff). It is the holding of one or other of the above principles that is supposed to distinguish identity from other equivalence relations, i. e. relations like 'being the same size as' which are reflexive, symmetrical and transitive. I shall not dispute this. Even those most opposed to the above absolute conception of identity, the believers in relative identity, must concede that there is no possibility of counter-examples to these principles (Noonan 1980, 3). But often, philosophers have treated them as though they themselves somehow explained how they are to be applied. I shall argue that the problems sometimes alleged to infect them are always problems of their application, and that the principles themselves settle no substantive philosophical issue.

3.2. Identity of indiscernibles

3.2.1. The identity of indiscernibles, or, as it is less commonly but better termed, the dissimilarity of the diverse (since there is then no suggestion of two things' having congruent properties and thus in consequence being really only one thing after all), is not as frequently defended as its converse, but still has its adherents (e. g. Dummett 1973, 54 f; Geach 1979, 47 f; Brody 1980, chap. 1; Katz 1983, 37 ff). It offers, apparently, a sufficient condition for identity (and a necessary one for diversity); and it can also usefully be seen as the most extreme form of rejection of what has been called haecceitism, the doctrine that identity is not supervenient upon (other) properties, that there are non-qualitative determinants of identity. An extreme version of haecceitism concerning personal identity can be found in René Descartes's view that he would still be himself even though the Evil Demon had deceived him about all his properties (for a similar view, cf. Shoemaker/Swinburne 1984, 1 − 66). It has been thought that a convenient classification of philosophers' treatments of identity can be arrived at by ranging them along some continuum of possible views between Cartesian haecceitism and the Leibnizian identity of indiscernibles. Kripke's (1980, 53) view of identity across possible worlds seems, e. g., clearly somewhere up the Cartesian end of the scale, whereas David Lewis's (1968, 113 ff) counterpart view seems to be near the Leibnizian end. But Lewis now argues that, even though he previously held this opinion himself, it is false (1986 a, chap. IV sec. 4); in the light of his discussion it would seem better here to approach the question of the principle's status, not via its relation to the vexed question of transworld identity, but directly. Is it, e. g., supposed to be a necessary or a contingent truth? Is it thought to be an epistemological (or practical) truth, expressing a condition which, after we find it fulfilled, enables us to conclude that we have an identity when previously the matter had been in doubt? Is it thought to be (perhaps along with the indiscernibility of identicals) a truth somehow explicative or constitutive of the notion of identity? And (a connected matter) what are the ranges of the variables in the formula expressing the principle? Is it indeed defensible in any of these forms?

3.2.2. Although the principle looks a plausible candidate for contingent truth, I doubt whether it has ever been offered merely as such, as it would then be largely devoid of philosophical interest. Some of the objections to it, however, have presupposed that it is so

offered. The idea that the principle might be an epistemological one is just as unpromising. How could we establish the fulfilment of the condition of congruence of properties, when there are indefinitely (even infinitely) many to be considered? And even if we imagine that this difficulty could be circumvented by some inductive method, how could we even apply the principle to the case of the continued identity of an object whose properties change over time? (I assume, for the moment and for the sake of argument, that the common-sense notion of diachronic identity is a proper one, and that the Quinean problems of 2.3. and 2.4. can be temporarily regarded as spurious or soluble.) For here, where there is admitted *prima facie* diversity of properties, we can conclude that there is, after all, congruence of properties, only on the prior basis of discovering identity, not vice versa; only then would we be led, e. g., to introduce some derivative notion of ›property‹ according to which in these circumstances there has been no change of properties, as suggested in 2.3. above. That is, what justification, other than an affirmation of diachronic identity itself, could be offered for the claim that there is congruence of properties in the case of a changing object? Yet, on the view that the identity of indiscernibles is a practical principle, this latter claim ought to be offered as evidence for the former. In other words, interpreting the principle as a practical one deprives us of the justification of some of our paradigm identity-judgments, those which attribute identity through change.

3.2.3. Is the principle, then, while having no practical role to play, nevertheless a necessary truth, and perhaps (in conjunction with its converse) explicative or constitutive of the notion of identity? Here the question of the range of the variable 'P' becomes critical: for on one understanding of that range, the principle is undoubtedly a necessary truth, yet not constitutive of the notion of identity; while on another, the principle would be a candidate for such constitutivity, and yet is undoubtedly not a necessary truth. The point can be introduced through another matter. Since Frege first discussed it, the question whether identity is a genuine relation of an object to itself (or, perhaps, only some relation between designations of objects) has occasionally exercised philosophers (s. art. 34). It is now often assumed that the question is unanswerable or meaningless if it is regarded as different from the question whether identity functions as a relation in the predicate calculus (as of course it does, since '... $\equiv a$' is as good a context for a name as any other therein). If this treatment of the question is allowed to be adequate — and some philosophers, e. g. Bernard Katz (1983, 37 f), think it so — the identity of indiscernibles is immediately rendered circular, since the expression '... $\equiv x$' cannot be excluded from the range of 'P' in the expression '$\bigwedge_P . P(x) \leftrightarrow P(y)$.'. Thus the principle in this form cannot be even partially constitutive of identity in general. Baruch Brody (1980, 12) objects to this sort of argument that in order to understand the antecedent of the principle, one would need merely to understand what a relation is, what it is for a relation to hold between x and y, and what it is for x and y to have all properties in common; and that since one could know all this without knowing what relation identity is, someone could learn on its basis what identity is. But, even leaving aside the question how one could know this last without knowing what identity is when congruence of properties is supposed to define identity, the suggestion is in any case absurd. How could one acquire the notion of ›object‹ at all without acquiring the notions of identity and difference? And Brody himself concedes that possessing a notion does not require the ability to explain it. The point is even clearer when one considers the application of the principle to particular cases. If we allow 'P' to range over predicates containing embedded proper names or definite descriptions (or, objectually speaking, non-genuine properties of objects, like ›being exactly 100 metres north of the South Pole at 0° longitude‹) then the principle may well be a necessary truth; but any application of it will involve circularity, since the understanding of the properties to whose congruence appeal is being made involves the previous understanding of the identities of things, times or places (in this example, the South Pole, obviously, and less obviously, the meridian through Greenwich). And the making explicit of this previous understanding will involve the stating of uniqueness-conditions, conditions whose statement will require the occurrence of the identity-sign between names of, or variables ranging over, such items. Suppose, then, we restrict the range of 'P' to cover only pure predicates (or genuine properties) and assume that there is no problem about the application of this restriction. We will in this way obtain a principle which could be significantly constitutive of the notion of identity were it necessarily true; but it seems not to be necessarily true. There are two independent arguments for the failure of necessary truth.

3.2.4. The first (Candlish 1971, sec. V) relies upon the idea that a genuine property is intrinsically sharable, i. e., it is at least possible that different objects exhibit it. This idea is, in this context, indisputable, since we have already restricted our discussion to genuine properties, and those which may seem to be unsharable, like ›omnipotence‹, or ›being the oldest man in the world (at time t)‹, are precisely those already excluded on independent grounds. The next step is to observe that the having of two or more properties by an object allows us to frame the idea of a conjunctive property, analysable in terms of non-conjunctive properties. Again, and with just as little effect on the argument, it may be doubted that a conjunctive property is a genuine property; the point here is that nothing in the predicate calculus can dictate this doubt — rather the reverse. The third step is to suppose, for the sake of argument, that there is some function framed in terms of genuine properties which does express a sufficient condition for identity. Obviously the congruence of properties expressed in the identity of indiscernibles itself would be the most promising candidate for such a function. It will now follow that this condition is itself a genuine property, and is thus sharable, contrary to the supposition that it is a sufficient condition for identity, and hence for uniqueness. In other words, no sufficient condition for the holding of an identity can be framed in terms which do not themselves presuppose the holding of another identity between items of the same or relevantly similar category. The proviso about categories is brought in to exclude another version of this argument, that identity of properties already has to be understood before such a condition could even be framed. This is true, and may well be significant, but the present argument is independent of it. The problem with this argument lies in its restriction of the notion of property. The argument makes it explicit that not all predicative expressions are to be counted as specifying genuine properties. There is something intuitively correct about this: one naturally thinks of a material object's properties,

e. g., as including mass, colour, shape and so on; and feels doubtful about ›properties‹ like ›worrying Aunt Lucy‹, ›lasting about ten years‹, ›being such that it would have lasted ten years if only there hadn't been such a bad winter‹, ›having once been tall‹, ›not being ugly‹, etc. But if we start to exclude these latter for whatever reasons, it then becomes very difficult not to exclude ›being dangerous‹, ›belonging to the Solar System‹, ›being durable‹, ›being vulnerable‹, ›being faded‹, ›being neutral‹, and so on. And here we are starting to exclude even those properties recognised in the natural and biological sciences. The problem is, perhaps, that the notion of ›property‹ is simply too vague to carry such theoretical weight; it is safer not to work with it at all, or to expand it liberally so that, say, any predicate which determines a set determines a property. But each of these procedures deprives one of recourse to the first argument (s. art. 77).

The second argument is that the identity of indiscernibles is incompatible with apparently coherent descriptions of possible worlds which are in some way symmetrical or repetitive (Strawson 1959, chap. 4; Wittgenstein 1921, 5.5302). Such a possible world might consist solely of, say, a chessboard, or two exactly similar spheres, or an infinite number of chequered squares or similar and equidistant spheres, etc. — This argument invites us to imagine a case in which, *ex hypothesi*, individuals are supposed to be in some sense indiscernible while clearly *not* being numerically identical. But in *what* sense indiscernible, given that we can, say, visualise the discernibly different objects? As it is contrary to the hypothesis to suppose that the visualiser can distinguish them by reference to the different relations they bear to himself (as, e. g., 'the nearest on the left'), since this violates the requirement of pure predication and inserts him illegitimately into the imagined world, the sense in question is presumably that nothing can truly be said of one of them that cannot also be truly said of at least one other. But (if we give up as vain the hope of working solely with pure predicates) we can reasonably question the truth of this claim. If we imagine, say, an arbitrary pair of squares on the chessboard being designated 's$_1$' and 's$_2$' respectively, then predicates employing these designations could be constructed, which would serve to differentiate uniquely each remaining square on the board. The obvious objection to this suggestion is that to suppose such a

designation is again to import the designating agent into the imagined universe; but reflection on the subject of imagination shows this to be false (cf. Williams 1973, 26—45). A better objection is this: that such designations and subsequent predications are unusable, since from outside such an imagined universe it is impossible to guarantee consistency of use of the designating terms. How, e. g., could we ensure that we called the same squares 's$_1$' and 's$_2$' the next time we wanted to use these expressions? The answer is that these are the same squares purely by virtue of the uses of the expressions (as when a geometer begins a proof by saying 'Let *c* be a chord of the circle'; there is then no further application of the question 'Is the chord you mention at the end of the proof the same chord as you mention at the beginning?' beyond the application of the question 'Is the same designating symbol being used?'). This objection, though, does force a recognition of the artificial nature of the supposed designation which is to give rise to the distinguishing properties; and when we approach the limits of the application of a notion we should be hesitant about the reliance we place on it in argument. Who, e. g., would be convinced by this accusation concerning Julia, who is the possible child you the reader might have had last year had she only been conceived: 'By failing to conceive Julia you have done her the worst injury one can do to anybody. You have deprived her of all the benefits that life can offer.'? This discussion is inconclusive concerning the question of necessary truth. But it does show that even if the identity of indiscernibles *is* a necessary truth, it is not significantly constitutive of identity since the necessity can be guaranteed only by predicates explicitly or implicitly invoking the identity-sign. Identity thus cannot be reduced to predication; it is a primitive notion.

3.3. Indiscernibility of identicals

3.3.1. Remarks parallel to those made in section 3.2. concerning the status of the identity of indiscernibles may be made here, so I shall offer no separate treatment of the matter but proceed directly to considering the arguments in favour of its acceptance as a necessary truth. This principle, unlike its converse, is only rarely questioned (Lemmon 1963, 98; Prior 1968 b, 87; Candlish 1971, 34 ff; Routley 1980, 96—117), and most of today's eminent writers on identity find such questioning so ›bizarre‹ (Kripke 1980, 3) that little direct argument is given. For example Wiggins says merely,

"How if *a* is *b* could there be something true of *the object a* which was untrue of *the object b*? After all, *they are the same object*. The counter-examples to Leibniz's Law are scarcely more impressive than the counter-examples to the Law of Non-Contradiction" (1980, 21).

Kripke endorses this view, remarking that both laws are equally ›self-evident‹ (1980, 3); and Cartwright, in a constantly cited paper, takes much the same line (1971, 126; 133). It is perhaps unfortunate, given the recent rise of what are variously called dialetheic and paraconsistent logics, to attempt to justify the indiscernibility of identicals by comparison with the unquestionable status of the law of non-contradiction, for these are, precisely, logics in which that law (or its significance) is brought into question (see, e. g., Priest/Routley 1984, 3—16; Priest/Routley/Norman 1987). And, just as Wiggins, in the passage quoted in 3.3.1., falls into the trap of defending the principle simply by appealing to the principle itself, so too have classical logicians, on the rare occasions when they have felt a defence to be needed, typically defended the principle of non-contradiction in similarly question-begging fashion; and likewise with the law of excluded middle. Interestingly enough, one of the motives for questioning both principles arises from the difficulties encountered in attempting to apply them to cases of change (Priest 1982, 249—268; 1985, 339—346). Marxists have often alleged that formal logic cannot deal with change because change has a contradictory character (e. g. Novack 1978, 40—45); dialetheic logics have shown that what they really should have attacked was not formal logic as such, but classical logic. It should, after all, not be surprising that formal systems designed for the representation of arithmetic encounter problems when applied to biological and other temporal phenomena.

3.3.2. The possibilities of direct argument in its favour being so limited, the principle is usually argued for indirectly. Wiggins, e. g., suggests that nothing else will underpin intuitively satisfactory inferences. To this it suffices to ask, taking inspiration from Bradley (1922, 618) and Cartwright (1979, 239 f), why these inferences should need underpinning at all. But this sort of dispute brings too much else into question to be worth pursuing in this limited context, and the usual sort of indirect

argument functions by attempting to explain away apparent counter-examples to the principle. For example, Cartwright (1971, 119—126) distinguishes the principle from what might be thought to be merely a linguistic version of it ('For all expressions a and β, '$a = \beta$' expresses a true proposition only if substitution of β for a is truth-preserving'), and argues that there are counter-examples to the latter but that these do not falsify the indiscernibility of identicals, while bringing an opponent of indiscernibility to recognition of this fact may show him that his opposition is based on confusion. Cartwright recognises, however, that this is not enough on its own, for there may be objections to the principle which are not based on this confusion, and goes on to explain away one frequently alleged counter-example to indiscernibility ('9 is the number of the planets, but 9 is necessarily greater than 7 while the number of the planets is not'). Presumably this explaining away is meant to serve as a prototype for dealing with other alleged counter-examples. Both parts of Cartwright's argument work in the same way, by suggesting that the contexts in which substitution is not truth-preserving are contexts which do not succeed in specifying a property and hence do not falsify the indiscernibility of identicals which is, after all, framed in terms of properties. The same device is employed by Alvin Plantinga to prevent the principle from producing the conclusion, unwelcome to some possible worlds theorists, that no one individual can exist in another possible world where it has a different property from the properties it has in the actual world (s. art. 88). Other attempts to explain away apparent counter-examples concentrate not upon the question of whether a property has been specified in the sentence in question but upon whether an object has been referred to. These are, by and large, less convincing. One of the best known is that of Quine, who says that breakdown of substitutivity occurs in contexts where we have failure of reference; but the circularity of the explanation becomes transparently clear when we read these two remarks from adjacent pages of Quine (1972 b, 490f):

"The principle of identity [is] the schema '$(x)\,(y)\,(x = y\,.Fx. \supset Fy)$', whose validity rests on the incoherence of bound variables in any but referential position [...] The test of purely referential position is substitutivity of identity *salva veritate*; for a true identity does remain true when one side is supplanted by another term designating the same thing".

Similar circularity tends to infect explanations of breakdown of substitutivity in terms of non-extensional contexts (Candlish 1971, 35—38).

The anxiety to explain away apparent counter-examples is diagnosed by Routley (1980, 97) as stemming from uncritical adherence to the idea that truth is solely a function of reference; he points out, legitimately enough, that if truth depends not just on reference but on some other factor as well, then the identity of *a* and *b* may not guarantee inter-substitutivity of names thereof in true sentences (1980, 98). This much, so phrased (for I have translated Routley's own expression of the idea into an idiom which does not invite accusations of use/mention confusion), even Cartwright could accept; the question is then going to become, e. g., one of how far the idea that truth is solely a function of reference is going to be adequate in its application to the full range of discourse, and whether direct and indirect quotational, modal, and intentional discourse can legitimately be regarded as somehow deviant from a central referential norm. But as even Routley agrees that some sort of restricted indiscernibility principle is going to have to be formulable, and as even Cartwright would have to agree that such a principle must have some corresponding linguistic version (more limited than the principle he has already been shown to reject), then it seems that some common ground may be found, and a common question asked, even if it is hard to get everyone to agree on its precise formulation. I shall put it this way: given that the indiscernibility of identicals expresses some sort of regulative truth about identity, how are we to decide in particular cases how it should be applied? Is it, e. g., as straightforward to use the Cartwright strategy when dealing with identity through time and change as it was when dealing with his own examples where time did not come into the issue?

4. Identity over time

4.1. Change and ontology

In 2.3. above I pointed out that the indiscernibility of identicals can lead us to believe that the attribution of identity through change is illegitimate. A clear example of the sort of reasoning that can seem to force this

conclusion is provided by David Armstrong, who claims that the identity of an object over time must be analysed in terms of relations between phases of the object. His argument is simple. Distinguish two non-overlapping phases in the life of a given particular object. These phases may have different, even incompatible, properties — e. g. if the object's temperature alters. Armstrong goes on, "Things which differ in their properties are different things" (1980, 68 f), and asserts that the argument shows that non-overlapping phases of the same particular are themselves distinct particulars. The argument is used, in a more subtle and restricted form, by Lewis (1986 a, chap. IV sec. 2), who points out the parallel with his own developed counterpart theory of identity across possible worlds. — The remark just quoted is an expression of the indiscernibility of identicals; but, as we have seen, that principle does not determine its own application, and here the application is controversial. Suppose that the object in question is *a* and that it at first has, and later lacks, the property *Q*. The Armstrong argument is, in effect, that the open sentences '*Q*(...)' and '¬*Q*(...)' are then both going to express truths when properly completed, and that the indiscernibility of identicals (here best thought of under its alternative title, the diversity of the dissimilar) shows that these sentences must be completed with names of different things: thus we have, say, '*Q*(*b*)' and '¬*Q*(*c*)', from whose truth it follows that $b \neq c$. It is hard to resist, though Armstrong tries, going on to let this argument cast doubt upon its own starting point, that a single object *a* has changed: '*Q*(*a*) ∧ ¬*Q*(*a*)', which is all that is available to us, in the vocabulary so far employed, to represent the change in *a*, looks like a contradiction. Here we see the lure of the idea that identity cannot survive change, and that identity over time cannot be genuine but must be some ersatz like genidentity. But whatever one thinks about this, the truth of '*Q*(*b*)' and '¬*Q*(*c*)' will not render the idea of *a*'s (even ersatz) identity through change unless supplemented with an account of the relations among *b*, *c* and *a* which will show the first two to be phases of the third rather than utterly independent objects. The usual appeal is to some kind of causality, or continuity, here. — This argument might be held to show instead (as canvassed in 3.3.1.) that the indiscernibility of identicals is simply false because incompatible with change. But in fact the principle's application is too problematic for the argument to prove any conclusion at all. One can, e. g., use the devices of tenses and tense logic to formulate sentences concerning change which do not force one into the position of either rejecting the principle or admitting temporal phases. Thus '$Q(a)$' and '$F \neg Q(a)$' (read as 'It will be the case that $\neg Q(a)$') capture the idea of change without either attributing incompatible properties to one object or finding different objects to carry them. Were one to insist that even this notation reveals that a has different properties, the tense operator not being itself part of the property-specification, then the response will be that the different properties mentioned in, e. g., Armstrong's version of the principle were meant to be different properties at the same time, for otherwise the principle would be false! Clearly the dispute is starting to move in a circle, and as the principle does not explicitly mention times, it is perhaps better to canvass another possible conclusion of the argument: that time appears in the principle surreptitiously, being concealed somehow in the notion of property itself. Either properties are to be thought of as themselves time-indexed and then timelessly possessed, so that, e. g., a ripening fruit does not change its properties but has (timelessly) the properties of being-green-at-t_1 and being-red-at-t_2; or one might think that such properties are disguised relations which a thing bears to times, so that the logical form of a statement attributing a property to an object is not '$\Phi(x)$' but '$\Phi(x,t)$'. The crucial feature of the solution is common to both proposals: it revises the notion of property so that it is possible to preserve the indiscernibility of identicals without distinguishing different things in the lifetime of one thing.

The tense-logic and property-modification responses to Armstrong's argument have very different consequences. The former allows logic to reflect both the forms of natural languages and the ordinary ontology of continuants, objects which persist through time; but it forgoes the simplicity of classical logic, throws doubt on the possibility of making statements about continuants whose truth is independent of the time of utterance, and still leaves the indiscernibility of identicals doubtful. The latter (which is of a style that we saw in 3.3.2. worked well on examples not involving change) requires the sacrifice of the natural reading of the indiscernibility of identicals; and brings with it an ontology no less

strange than Armstrong's ontology of phases, for since its objects possess their properties eternally, they cannot change them. The most favoured candidates for unchanging things among modern philosophers influenced by relativistic physics are four-dimensional space/time ›worms‹. But what are we to say on such a theory of the change that we undeniably experience? – Despite their problematic nature, the availability of these other responses to Armstrong's argument shows that his own conclusion of the reality and objecthood of phases is unproven. The impression of a proof is given only by begging the question: phases, rather than, say, times, are introduced as subjects of predication at the outset of the argument. And the indiscernibility of identicals, unsupplemented with principles governing its application, does not determine a choice of response. Nevertheless, the argument reminds us of the metaphysical problems involved in the conception of identity over time (problems merely brushed aside by Wiggins, e. g.), and the difficulties met by the other responses may help us find fresh sympathy with the way that Armstrong and Lewis apply the indiscernibility of identicals, such that the principle is allowed to revise our conception of a thing: an ordinary thing is to be understood to consist of temporal parts each of which has itself the status of a particular thing. But this view has its problems too. It is usually justified by alleging that temporal parts are just like spatial parts (a thing can have incompatible properties provided these inhere in different spatial parts of the thing; likewise with temporal parts: so the argument goes). The analogy usually depends, though, on a quite uncritical mereological notion of spatial part, so that, e. g., a radio and a plank of wood are treated as having parts in just the same sense. But in fact the parts involved are of quite different status. No one sells bags of sawdust as 'Planks in kit form' as a radio may be sold in kit form. The parts of a plank are parts only in a mathematical sense, and it cannot be said to survive disassembly as a radio can. That is, when the ›parts‹ of a plank all unquestionably attain the status of object, by separation, the original, of which they were parts, loses its objecthood (s. art. 76). The temporal parts of a thing seem similarly to be only mathematically parts, and not to deserve full recognition as objects; thus they cannot be regarded as somehow ontologically more basic than the thing of which they are parts. A different but perhaps more serious problem is this: just as the ontology of four-dimensional worms seems to undermine the reality of change, so does this one (though not so dramatically). On both views, nothing changes. But on one view this is because there is no change; on the other, it is because nothing survives change. It should be said, however, that the adherents of both these views maintain their ontologies to be compatible with the ordinary one rather than its rivals (cf. Smart 1972, 3–20; Armstrong 1980, 67). And sometimes the two views themselves are presented as really one, differing only over whether the ›worm‹ supervenes on its parts, or the parts on the whole. I shall not here try to adjudicate these matters; my concern is merely to point out the role of the indiscernibility of identicals in the production of such metaphysics, and its ultimate neutrality.

4.2. Identity and fission

4.2.1. In view of this claim of lack of rivalry, and of the fact that even someone who rejected an ontology of temporal parts might still want to say that identity over time is a notion analysable in terms of causal relations (the existence of something at time t normally being a causally necessary condition of its existence at time t' with $t' > t$), I want to discuss now an apparent problem for such an account of identity — indeed a case which is anyway puzzling in its own right. It is that of the amoeba, which reproduces by fission. The problem is posed by the fact that the sort of causal relations which seem plausible — that is, some sort of continuity and connectedness relations, perhaps involving overlapping quantities of matter (I deliberately leave this vague and open to revision) — appear to be of a one-many rather than a one-one form. I ignore the many-one possibility, as there is no space to discuss the parallel problem of fusion. Such relations seem in principle inadequate for an account of identity over time, for identity is a one-one relation. The amoeba illustrates the point. After fission, neither of the two resulting amoebae — call them, following Parfit (1984, 299), to whom my discussion of this case is much indebted, 'Secundus' and 'Tertius' — can be identical with Unus, the pre-division amoeba: it would be absurd to maintain that just one of them is Unus, for there is nothing to choose between them; yet we can say that they are both Unus only at the price of sacrificing the transitivity of identity, for since they are two they are

not identical with each other. But whatever continuity and connectedness relations hold in the case of Unus's identity over time seem also to hold between Unus and Secundus and between Unus and Tertius. The causal account of identity over time thus seems to lead us into contradiction in the case of fissioning objects. Yet there are other considerations, independent of that account, which lead us in the same direction. Imagine Unus immediately before fission, wondering what sort of future he has. If Unus is indeed identical with neither Secundus nor Tertius, then Unus does not survive fission. But if Unus does not survive, then he has no future. That seems to equate fission with death. But how can that be? If you were facing fission, and (there being an extra factor in your case) there were full psychological as well as physical connectedness between you and the two resultant people, how could you look forward to no future? It seems rather that you could look forward to a double future, in which you got extra years of life but had them running concurrently rather than consecutively. The case of personal identity is not essential to the point: one can divide a plant into two in order to save it from death; so fission can hardly be equivalent to death.

There is, then, independent reason for regarding fission as a general puzzle concerning identity over time rather than as a refutation of the causal account of it. How might the puzzle be solved? One proposed solution (Prior 1968 b, 83–87) is to abandon the transitivity of identity, and, in consequence, the indiscernibility of identicals. And one can imagine other cases where identity seems vague or partial, which might tempt one in the same direction — as when a club over the years changes its membership, rules and purpose, leading one to speak of partial identities among the successive stages of development, or when we ask whether modern Austria is the same nation as that whose capital was Vienna before the first World War (cf. Broome 1983, 6–12). Another seeming solution would be to regard the whole sequence of successively dividing amoebae as itself the one true amoeba, so that there is only ever one for each sequence. Some writers on horticulture say this kind of thing about plants that are propagated by, e. g., cuttings. But this only changes the problem's vocabulary so that it becomes one about amoeba-parts (genuine, not merely mathematical, parts, which are separated by natural divisions). A third possibility is offered and defended in detail by Denis Robinson (1985, 299–319). It is that Unus was, despite appearances, always two amoebae, and so there is no threat to the transitivity of identity since there is no question of one thing's becoming two. This solution involves claiming that two things can be in the same place at the same time, an idea to which there is some natural resistance: material things seem to compete for space. But the constitution relation (see 2.4.) shows that this rule of competition needs modification if it is to be held true, in some such way as this: No two material things of the same kind can occupy the same volume at the same time (cf. Wiggins 1968, 93). Robinson's response, however, commits him to denying even this version of the rule; and indeed on his view there may be indefinitely many amoebae in the same place at the same time, since further divisions may show Tertius to be a concealed pair, etc. etc. Moreover, it will turn out that Unus still does not survive fission, for Unus does not exist. Rather than criticise alternatives, however, here I shall merely sketch a different solution to the problem of fission; it will turn out that doing justice to the difference between fission and death shows the causal account of identity over time not to be refuted by the case of the amoeba.

4.2.2. The solution I propose is simple. It is that some version of the causal relation view of identity over time is correct when supplemented with the condition that there be no fission. This solution looks arbitrary, and seems not to do justice to the distinction between fission and death, so I must explain why the appearance is misleading. The explanation is this: the suggestion is that identity over time consists of a certain sort of causal relation governed by a one-one condition that the relation hold uniquely. This looks circular, but in fact merely appeals to synchronic in analysing diachronic identity. Normally, such continuity and uniqueness go together; the possibility of fission is accordingly overlooked; and this leads us to assume that the interesting and important matter in cases of identity is identity itself. Whereas in fact it is the causality/continuity relation alone. Now the identity over time of amoebae is not in general of interest or importance to us, so the account does not look so natural in this case; but when we apply it to other cases of fission, we find it borne out and can let this reflect back upon the original example. Thus if it is

I, a human being, who is facing a fission whose products will be two replicas, both psychologically and physiologically, of me now; then while we cannot say that I have survived, for the reasons already mentioned, it is clear that I can look forward to something better than death. What I can look forward to, in fact, is continuity, but continuity without uniqueness — for my memories, plans, wants, hopes, skills, strength, character traits and my living matter will be carried by both successors. This makes continuity without uniqueness look like multiple survival. What we find worthwhile about ordinary survival is just these matters, and such ›multiple survival‹ might be rationally preferred to genuine (unique) survival where there are fewer such ingredients in the continuity (e. g. survival as a permanently enfeebled or unconscious organism). Thus we see that we would have, for ourselves, progressively less interest in a future that held uniqueness constant but involved progressively less continuity; and thus continuity rather than uniqueness is the valued factor in our own lives. In this way we can distinguish fission from death and understand that one way of not surviving might even be preferable to ordinary survival (I could get more done, e. g.).

It may be thought illegitimate to appeal to the hypothetical case of the fission of a person in order to justify a general claim about actual cases of physical fission, for personal identity involves psychological features. But the point of my appeal is an explanatory, not a justifying, one. The view I present here is, though easier to understand, in fact less plausible for persons than in general, because of the apparent intelligibility of the rival view that a person's identity is borne by an immaterial and indivisible soul which could follow only one of the diverging tracks in a case of fission; whereas there is no easily intelligible alternative to the causal view in other cases (cf. Armstrong 1980, 69 f). To show that the appeal is unnecessary I shall now sketch how naturally my account fits the case of Theseus' ship (see 2.4.). Call the original ship, before any replacement of parts, 'Una'. Call the ship which results from gradual replacement of Una's parts, 'Secunda'. Call the ship built from Una's discarded parts, 'Tertia'. Is Secunda, or is Tertia, Una? Most writers argue for one or the other; I say that neither is. This answer is more plausible, and the pressure of the problem eased, if again we separate the question of what matters about identity from the question of identity itself. Suppose that before replacement begins we, her contemporaries, are concerned about Una's future. This concern could be projected down two tracks even though it would normally be projected down only one. If we are both mariners and archaeologists we shall look to Secunda for continuing Una's nautical functions but to Tertia for Una's possible role as a suitable exhibit in our museum devoted to the exploits of Theseus. It might be objected that the causal relations between Una and Secunda and between Una and Tertia are different. But these differences are unimportant. In both cases the relations are in more normal cases sufficient to support an identity judgment, e. g. where the gradually replaced parts are destroyed, or where the ship is disassembled and reassembled. (For the view that personal identity is radically different from artefact identity in being strict and unanalysable, cf. Chisholm 1976, 89−113).

4.2.3. This solution of the problem of Theseus' ship has an unexpectedly appealing feature which most others (e. g. Griffin's in 2.4.) lack. It is that it does not come down in favour of one candidate or the other − and in particular does not come down quickly and easily − as really being Una. That is, it does not artificially remove the sense of puzzlement we all feel − and that even God might feel, if he worked with our notion of identity − about the case. On the contrary, without, unlike Arthur Prior, discarding the logic of identity it respects the comparable strengths of the claims of the two candidates and does not try to pretend that one of them is in the end clearly greater than the other. Similarly, while it does deny that the original ship survives, it still does justice to the contrary intuition, in allowing that our normal interests in a thing's survival can be carried by a relation which is somewhat less than survival. Thus Prior's concern, to distinguish x's becoming y and z, from x's just ceasing to exist and y and z's starting to exist, is also taken into account. Furthermore, we obtain (unlike Wiggins and Robinson) a unified treatment of the identity over time of both artefacts and organisms, and, moreover, one which recognises that organisms *reproduce* by fission and do not merely continue (cf. Chandler 1983, 55−58). This joint treatment suggests that in both cases gradual replacement of matter can be irrelevant to the maintenance of identity,

a phenomenon already well known of organisms, which maintain their identities by engorging parts of their environments and expelling waste products. Thus the problem posed by Quine in 2.4. is merely a special case of the widespread problem posed in 2.3. Lastly, it should be noted that the account offered here is not intended to deal with all the puzzling intermediate cases of doubtful identity, e. g. questions of when the rate of replacement of matter ceases to be too gradual to affect identity, or at what point a plant survives separation when instead of an equal division we have divisions of gradually increasing inequality of independently viable parts. But such Sorites problems are too general to be conclusive difficulties for this account of identity over time; and they can be accommodated by allowing, as we have just seen, that identities are not always determinate.

My treatment of the case of Theseus' ship conflicts with Wiggins's thesis $D(x)$ (1980 a, 96; defended also by Noonan 1985, 4−8) to the effect that some other object c cannot be relevant to the question of whether a is identical with b. Wiggins's principal argument (for refutations of the others, see Gale 1984, 239−245) for this thesis is that its denial commits one to the absurd possibility of saying that, had it not been for the existence of Tertia (i. e. had the discarded parts not been reassembled), Secunda would have been identical with Una. But it is easy to see the dubiety of the alleged commitment when one notices that such a counterfactual reflection concerning Secunda could equally have been made concerning Tertia: 'Had the parts not been replaced as they were removed and reassembled, then...'. What this symmetry brings out is that it would be fallacious to suppose that either Secunda or Tertia would exist at all in the absence of the other, and so there could be no question of either's being identical with Una. When there is no division, Una simply goes on existing. If there is no good argument in favour of $D(x)$, then its conflict with our otherwise plausible account of diachronic identity condemns $D(x)$ itself (for further points consonant with these, see Garrett 1985, 212−215).

4.3. Identity and growth

I have suggested that one can maintain an ontology of continuants together with a causal relation account of diachronic identity, and that the indiscernibility of identicals does not on its own force any metaphysically interesting conclusions. I want now to consider an apparent counter-example to this conjunction of claims. Imagine a plant which, like a daffodil, spends parts of its life as simply a bulb or root between periods of having a stem and leaves. Before the stem develops, the bulb weighs 50 grams; after, the total plant including stem and leaves weighs 80 grams, the bulb's share remaining at 50. At the later stage, bulb and total plant are different things, for (by the indiscernibility of identicals) this follows from their different weights. But what are we to say of the relation between root and plant before development of the stem? Adherents of the indiscernibility of identicals, without deeming it necessary to take botanical advice first, are likely to say that they were different things even at that stage, for they still had different properties: the plant, but not the bulb, was going to weigh 80 grams (cf. Wiggins 1980 a, 24). Now suppose that the plant is harvested for food before development of the stem. A striking conclusion may seem to emerge: since it is now not true that root and plant have different futures, then they may be identical, and by the identity of indiscernibles seemingly will be. But this identity is utterly contingent and, moreover, has nothing to do with kinds, since another plant of the same species may turn out not to be identical with its root (cf. the persons/bodies example in Peter Frederick Strawson (1976, 209); but Strawson seems to forget the distinction between live and dead bodies). Many philosophers, including Kripke and Wiggins, are committed to rejecting contingent identity; and again, the indiscernibility of identicals is there to help them: different things still remain true of bulb and plant, e. g. the plant, but not the bulb, would have weighed 80 grams had it been left alone. The indiscernibility of identicals fuels both sides of this dialectic quite impartially. The initial conclusion of difference between plant and bulb, which led to the possibility of their contingent identity, was produced only by supposing that future tenses of verbs count in specifying properties (when one might naturally imagine that there were not yet such properties to consider), an application of indiscernibility not determined by the indiscernibility of identicals itself. Similarly, the final conclusion of difference was produced only by a similar supposition about clauses in the subjunctive mood, when one might naturally imagine that there were never

even going to be such properties to consider. Appeals to the schematic version of the indiscernibility of identicals make no difference to these points, as may be seen by checking its supposed advantages in Quine (1972 b, 490). And again, the weight of controversy is carried by the principles of application. Thus, one might defend the basing of properties upon subjunctive clauses by appeal to the use of potentials as properties in science; but in this context such an appeal is highly questionable, since biological potentials are settled roughly at the level of species, and are properties of abstracted ›normal‹ individuals, or of biological structures, not determined for actual individuals by their contingent futures.

The kinds of arguments I have just sketched are avoidable if one allows the possibility of making time-dependent identity judgements. For the problem arises from the idea that if there is a time when the plant is not identical with the bulb, then the plant can never have been identical with the bulb. But this looks like an instance of the error of supposing that only the adult creature is a real exemplar of that creature's kind, the juvenile form being somehow imperfect. Why should we not say that the plant *was* identical with the bulb but is so no longer? Certainly it is open to us to say (as Wiggins presumably would like) that formerly the bulb constituted the plant but is always different from it. Why, though, should the 'is' of constitution be tensed but not the 'is' of identity? Further, there arise problems with such a multiplication of co-located entities. First, they require an unintuitively free interpretation of Wiggins's modified rule of competition for space among material objects (see 4.2.1.); for one would not naturally think bulb and plant to be of relevantly different kinds. Secondly, it seems that there is no reason to restrict co-location to two objects. Nothing can stop us forming arbitrarily many different sortal concepts with different identity-conditions attached such that any change in a given spatial region can count as the ceasing to be of some object while the other co-located objects survive. And perhaps it is the sortals themselves which mislead us here: few would be inclined to think that there must be two co-located objects at a point occupied by an insect which later grows wings, simply because at the later stage the insect's legs and body (minus the wings) are different from the (whole) insect. It is better, rather, to abandon Wiggins's unnecessarily strong life-histories principle, that if *a* and *b* are identical then their life-histories must be the same. Wiggins's own objection to such ideas

"We surely cannot give a sense to the supposition that Hesperus might be the same planet as Phosphorus for a bit and then stop being Phosphorus" (1980a, 33 n. 6)

is irrelevant here since it does not deal with growth. Wiggins, unlike most philosophers whose thinking is determined by classical logic and identity theory, does make a vigorous attempt to cover biological phenomena; but the attempt is hamstrung from the start by its origins. Classical logic cannot cope with *becoming* (cf. Sluga 1984, 350–354).

5. Identity and necessity

The indiscernibility of identicals is explicitly invoked in Kripke's (1971, 136) argument for his claim that all true identity statements involving only rigid designators are necessarily true, as it is in the original proof of the necessity of identity given by Ruth Barcan (1947, 12–15) and in Wiggins's modified version employing predicate rather than sentential necessity operators (1980a, 109f). All these proofs work in the same way (if we neglect, as for present purposes we may, the question of the preferability of predicate over sentential operators — to save space I shall let one form of expression do duty for both): by allowing an expression such as '$\Delta a \equiv ...$' to be a legitimate substitution instance for 'P' in the principle as given in 3.1. above. This expression is derived by instantiation from the universally accepted reflexivity of identity, '$\bigwedge_x \Delta x \equiv x$', which is uncontroversially read as 'Everything is necessarily identical with itself (or self-identical)'. But the problem with the proof lies precisely here, with the legitimacy of the substitution and with the reading of the derived expression as attributing, say, a property of ›necessarily being identical with *a*‹ to something or other, illustrating once again how the applicability of the indiscernibility of identicals is always controversial whenever a substantive metaphysical conclusion emerges. In the original Barcan proof employing a sentential necessity operator, it is open to a believer in contingent identity to adopt the Cartwright strategy of arguing that the property alleged to be determined by such a context as 'Necessarily (... Hesperus)' is not in fact so determined since the necessity is plausibly only *de dicto*. In Wiggins's revised version, the argument uses an alleged predicate modifier of *de re* necessity, such that the Cartwright manœuvre cannot be deployed against it. But a similar problem arises. Why should we allow that there is any such property at all as ›being necessarily identical with Hesperus‹? Wiggins (1979, 36f; 45ff) deprives himself of the one answer which might convince a sceptic, that it derives from the property of self-identity which everything has. Yet if he did avail himself of that answer, he would have to explain how the derivation is achieved when the most that the universally quantified modal statement of reflexivity seems to justify is merely that there is a property of necessary self-identity which Hesperus has and which Phosphorus has too, but which cannot be interpreted as the property of necessarily being Hesperus. But without this latter interpretation, the claim to prove that Phosphorus is necessarily Hesperus, etc., is baseless. The universal statement of the necessity of self-identity contains two variables; and it is not clear that we can instantiate them separately. The problems of interpreting reflexive statements were pointed out years ago by Geach (1962, 135–143). Detailed discussions of these problems are provided by Thomas Baldwin (1979, 15–19) and E. J. Lowe (1982, 579–584).

But not only is the proof of the necessity of identity doubtful; so is the meaning of its conclusion (Lowe 1982, 584), at least, once we abandon the conception of a rigid designator, which arguably delivers that conclusion purely from its own definition in terms of possible worlds. Reverting to the example of 4.2.1.: we can, on Wiggins's view, attribute to Secundus the property of necessarily being Secundus. One thing that this might mean is that Secundus is necessarily self-identical, and with that it would be hard to disagree. It is not much easier to disagree with the claim that Secundus and Secundus cannot be different things (whatever one thinks about Hesperus and Phosphorus), though it is not obvious that this means the same as the former. But does the necessity of identity also rule out the possibility of Secundus's becoming a different amoeba from the one he now is (e. g. through a further split), or the possibility that he might have been a different amoeba from the one he now is, or the possibility that he might even survive to become something that is not an amoeba at all? Perhaps these possibilities are fraudulent: but it would be strange if they could be ruled out *a priori* by a brief argument in modal logic which employs a single sign for necessity to cover the subtle modalities captured in natural language. Yet of what interest could the conclusion of necessity be if it blurs such distinctions as these?

6.   Sortals and substances

The account of diachronic identity sketched in 4.2.2. relied on causal relations of a kind I left unspecified, for the good reason that I do not know what they are. But it is clear that there are limits on what they can be. If Una had been burnt to ashes, e. g., the resulting ashes would have had some sort of causal relations, and unequivocal spatio-temporal continuity, with the original ship, without this guaranteeing its survival. What is needed is relations which guarantee existence-as-a-ship. That mere continuity is insufficient is even clearer when one reflects that, since material things can move and change, any continuous path from one place to another will give us the identity at different times of ›objects‹ at each end of it. Nor is continuity unqualifiedly necessary — leaving aside controversy about objects whose existence is interrupted, everyone recognises the reality of survival through discontinuous change, e. g. when bits fall off an object. Thus the causal relations which normally guarantee continuity can be at best only part of the story, and a crucial extra ingredient is a sortal predicate, something which specifies the kind of object we are dealing with; and, further, we need the special kind of sortal predicate by reference to which we can decide whether any individual begins, survives or ceases. A predicate of this special kind, according to Wiggins, stands for a substance concept, and in his theory such a concept has many significant properties. Perhaps the most important of these, by which the notion is introduced, is its connection with survival and cessation: if 'x is no longer f' entails 'x is no longer' then 'f' stands for a substance concept (Wiggins 1980 a, 64). There is something intuitively correct about this: without some such principle it seems that we must allow the implausible possibility of Protean change, where some one thing could become anything at all and yet survive, as Proteus himself was supposed to have become fire. Nevertheless, the principle can be difficult to apply: e. g., it suggests that the term 'nobleman' is a substance predicate (reflect upon the difference between the German

'Fürst' and 'Prinz'); but this might have surprised even Aristotle, whose ideas are supposed to have been captured here (s. art. 15). Further, it appears to rule out *prima facie* possibilities rather more plausible than full Protean change (if we take, as Wiggins is inclined to do, 'human being' as a substance predicate): first, lycanthropy and other such fairy story transformations, which might suggest that 'animal' and not 'human being' is the appropriate substance predicate; and secondly, survival after death, which might suggest that 'person' rather than 'animal' is the appropriate predicate. Wiggins himself would be unmoved by these ideas, arguing that possibility is restricted to natural possibility, that only by empirical investigation, not armchair reflection, do we understand what an individual's possibilities are, and that natural living objects are defined not nominally but by reference to actual exemplars whose real essence awaits discovery but of whose freedom from supernatural possibilities we can be sure. This reply does not, however, serve to remove all such difficulties, e. g. the possibility that whole animals, including human beings, may be subject to gradual but complete or near-complete replacement of their parts by inorganic substitutes while continuing to function more or less as before. This suggests, disconcertingly, that no natural kind concept is the substance concept, and a conclusion that Wiggins might draw is that such replacement will turn out to be practically impossible. But this looks like an act of faith, just as his defence (against the charge of mere legislation) of the principle he uses to guarantee an amoeba's demise during fission turns on an act of faith concerning what will be discovered about amoebae (Wiggins 1980 a, 71; 83; cf. Robinson 1985, 311). It is an intrinsic weakness of such views that they always leave a hostage to fortune. But it cannot be said that recent philosophical writing has anything superior to Wiggins's pioneering work in this area: instead, the literature abounds with half-explained phrases like 'criterion of identity' and 'principle of individuation' (e. g. Woods 1965, 120−130), which are relied upon to do enormous philosophical work but remain desperately obscure in their significance. Further work on this topic might well concentrate on this area.

7.   Selected references

Cartwright 1971, Identity and substitutivity, in: Munitz (ed.) 1971.

A clear and compelling defence of neo-Quinean views on identity.

Kripke 1971, Identity and necessity, in: Munitz (ed.) 1971.
Perhaps the most striking recent short work on identity; defends the view that true identity statements are necessary.

Kripke 1980, *Naming and Necessity*.
An outline of the views associated with the position sketched in Kripke 1971.

Lorenz (ed.) 1982, *Identität und Individuation*.
An excellent collection of German translations of recent work originally in English.

Munitz (ed.) 1971, *Identity and Individuation*.
A good collection which contains the influential papers by Cartwright and Kripke.

Noonan 1980, *Object and Identity*.
A thorough but obscure examination of Geach's thesis of relative identity.

Parfit 1984, *Reasons and Persons*.
Contains a long and fascinating examination of the notion of personal identity.

Quine 1961 a, *From A Logical Point of View*.
Contains discussions of identity whose influence has been very powerful.

Wiggins 1980 a, *Sameness and Substance*.
A full length account of a neo-Aristotelian theory which draws on the most recent work in modal logic and philosophy of science.

Stewart Candlish, Perth (Australia)

84. A survey of semantic relations

1. The concept of a semantic relation
2. Meaningfulness
3. Synonymy
4. Ingredients of meaning: sense, reference, force, tone, character
5. Truth values
6. Understanding and communication
7. Logical relations: logical consequence, entailment, implication
8. Selected references

1. The concept of a semantic relation

1.1. Syntax, semantics, pragmatics

The idea of providing a survey of a field seems to presuppose some conception of what the field is. There is, however, no generally acknowledged account of the concept of a semantic relation; hence the very first thing to be done here is to isolate some characterization of it. I propose to begin with an account of the property of being semantic, by reference to a division of the philosophy of language into three principal sub-fields: syntax, semantics, and pragmatics.

1.1.1. *Syntax* deals with the notion of ›linguistic expression‹. Its principal concept is perhaps the distinction between the ›type‹ and the ›tokens‹ of linguistic expressions. Although this distinction should not be taken to be philosophically uncontentious (cf. Kaplan 1990, 91 — 98), given its familiarity I take it as given. What concerns us in the following are the types of linguistic expressions, which

from now on I denote by 'linguistic expression'. — Syntax attempts to give a general characterization of the notion of linguistic expression for each particular language. Such a characterization is usually recursive, perhaps necessarily so. The base of the recursion is the identification of a ›lexicon‹, divided into various lexical categories; e. g., noun, verb, etc., or singular term, predicate, logical constant, etc.. I will use in this article the second set of categories just mentioned. What in general counts as a linguistic expression of a language is then defined in terms of features of sequences of types that are already identified as expressions of the language.

1.1.2. *Semantics* deals with the notion of ›meaning‹ and attempts to give an account of the meanings possessed by the linguistic expressions of a language. Thus it seems to presuppose a prior account of the notion of a linguistic expression given by syntax. But this last claim is disputable. For, there are positions on which what determines that an expression belongs to a particular lexical category is its meaning. An example is the thesis that what makes an expression a singular term is its role in the determination of the senses of sentences containing it (cf. Dummett 1973, 471 — 512; Dummett 1991 a, 155 — 167; 223 — 240; Wright 1987 b, 64 — 83).

1.1.3. *Pragmatics* deals with the ›use‹ of language, i. e., the use of linguistic expressions with meanings delimited by the semantics of

the language. It attempts to give a characterization of, e. g., the various actions that can be performed or effected by using the linguistic expressions of a language.

1.2. Definition of a semantic relation

Given the above account of semantics, I propose the following definition of a semantic relation. As a preliminary to the definition, note that I take the relata of a relation to be the entities occurring in the ordered sequences that are members of the extension of the relation. This is not to identify the relation with its extension; I remain neutral on whether relations should be extensionally or intensionally understood. Now the definition itself is this: a *relation* is *semantic* just in case (a) at least one relatum in each ordered sequence contained in its extension is a linguistic expression, and (b) that a given sequence is a member of the extension *depends on* the meaning(s) of the linguistic expression(s) that occur in the sequence, or on the fact that it (they) has (have) a meaning (meanings). – The notion of dependence that clause (b) invokes is difficult to explain satisfactorily, or with any complete precision. One might, however, put it in the following ways: (*i*) whether the relation holds among its relata is determined by the meanings of the expressions that are among the relata; (*ii*) the relation holds among the relata in virtue of the meanings of the expressions among the relata; (*iii*) if the relata didn't have the meanings that they do, then the relation wouldn't hold among them. – The intuitive idea underlying this definition is that a relation counts as semantic if its holding depends essentially on the meanings of its relata.

1.3. Examples

The following are examples of relations satisfying this definition. First, the one-place relation or property of meaningfulness, or having a meaning. Each (unit) sequence in the extension of this relation is a linguistic expression. Also, the fact that some expression type E is in the extension of this relation depends on E's having a meaning. Second, the two-place relation of synonymy, i. e., identity of meaning. Again, each member of the pairs that are in the extension are linguistic expressions; and, that they belong to the extension depends on their meanings. Finally, the one-place relation of having a truth value. What the members of its extension are, and why it is semantic, are discussed in 5.

1.4. Amendment of definition

From the perspective of certain positions in the philosophy of language, the definition of a semantic relation that was given in 1.2. is too narrow. For, the basic idea underlying this definition, as mentioned, is that a relation counts as semantic if it has essentially to do with the notion of meaning; but, one might think that certain relations have essentially to do with the notion of meaning, and yet are such that their holding depends on features, not of linguistic expressions, but of linguistic actions. For example, one might think that the property of being an assertion, which holds of speech acts, is a property that depends on meaning. For, one might hold a conception of meaning on which it is what a subject has to know, in order to count as knowing a language (cf. Dummett 1975, 99 f). And it is plausible that a subject wouldn't count as knowing a language if she didn't know what has to be *done* to make an assertion. Thus, in order to remain neutral on the issue of whether the view just sketched is the right characterization of the notion of meaning, I amend the definition of a semantic relation. This amendment requires first a distinction applying to speech acts and linguistic actions (s. art. 95, for a detailed account of these notions). Two utterances of tokens of a linguistic expression type can both be assertions. Yet there is also a sense in which the two utterances are distinct actions. I capture this distinction by saying that these utterances are different tokens of the same type of a particular assertion. This notion of a ›particular linguistic action type‹ must be distinguished from the notion of a ›kind‹ of linguistic action. E. g., two utterances of tokens of a sentence could be used to perform an assertion in the one case and a supposition in the other. These utterances are not only distinct actions, but are also tokens of different kinds of speech acts. – With this distinction in place, the definition of a semantic relation is as follows: a *relation* is *semantic* just in case (a) at least one relatum in each ordered sequence contained in its extension is a linguistic expression or a particular linguistic action type, and (b) that a given sequence is a member of the extension depends on the meaning(s) of the linguistic expression(s), or particular linguistic action type(s), that occur(s) in the sequence, or on the fact that it (they) has (have) a meaning (meanings). On this definition, it is clear that the property of being

an assertion, the property of being a supposition, as well as the examples of 1.3., are
semantic relations.

1.5. Whether meanings exist

Given our definition of a semantic relation,
whether there are such relations depends on
whether there are such things as meanings.
The notion of meaning is, of course, one of
the most controversial notions in the philosophy of language (s. art. 68). Without going
into these issues, I want to note here that,
since a possible position is that there are no
such things as meanings, the present article is
not neutral with respect to this position. But,
I note further, it is not clear that this position
has been held seriously by anyone. It might
be thought that Willard Van Orman Quine
and Ludwig Wittgenstein (s. art. 39) are
counter-examples to this last claim. However,
I note here that it is unclear whether Quine
is committed to holding that there is no such
thing as meaning. After all, he defines (Quine
1960, 32−36) the notion of stimulus meaning
as an ersatz for the usual notion of meaning.
Of course, one might hold that the ›usual‹
notion of meaning is the only genuine concept
of meaning. However, this seems dogmatic
without an argument against the claim of
Quine's reconstruction of meaning to be an
analysis of that notion. − Similarly, it is also
unclear whether Saul Kripke's reconstruction
of Wittgenstein on rule-following constitutes
a denial of the existence of meanings. Kripke's
arguments are intended to show that the notion of knowing the meaning of an expression
has certain normative features that fail to
hold if knowledge of meaning is analyzed in
terms of dispositional facts about the individual subject (Kripke 1982, 7−55). But this
does not imply that there are no such things
as meanings. For, the argument is compatible
with, e. g., the position, which Kripke attributes to Wittgenstein, that knowledge of meaning is analyzable in terms of relations between
an individual subject and the ›community‹ to
which it ›belongs‹.

1.6. Interconnected philosophical issues

Given our definition, nearly every other article in chapters IV and V of the present
Handbook can be taken as concerned with
semantic relations. In the present survey, I
will be concerned primarily with providing an
overview of some semantic relations that are
of salient interest in the philosophy of language, referring the reader to the specific ar-

ticles for more detailed information. The relations surveyed are denoted by the headings
of 2.−7. The philosophical issues that arise
concerning these relations are interconnected.
For example, one position in the philosophy
of language takes a constraint on the appropriate philosophical analysis of the property
of meaningfulness, that the analysis yield an
account of communication (cf. 6.). Another
example is the position that takes the relation
of logical consequence to be analyzed in terms
of the relation of having the truth value 'true'
and having the truth value 'false' (cf. 7.).

2. Meaningfulness

It is plausible that the most fundamental semantic relation is the property of having a
meaning, or meaningfulness. I survey two sets
of philosophical issues that arise concerning
this relation.

2.1. Necessary conditions of meaningfulness

By the very definition of a semantic relation,
it is clear that it is linguistic expressions that
have meanings. So one issue is, what are the
necessary conditions under which linguistic
expressions have meanings? I consider two
questions that arise here. First, can linguistic
expressions have meanings apart from their
relation to a language? Second, can linguistic
expressions have meanings apart from their
relation to language users?

2.1.1. The answer to the first question naturally depends on some conception of what is
a language. Certainly no account of this notion can fail to take a language to include a
potentially infinite set of linguistic expressions. So, what properties must such a set
have, in order for it to be a language or a
part of a language? Two positions here are:
(a) The property of meaningfulness applies
    to an expression independently of any
    relations that that expression stands to
    other expressions; and, a language con-
    sists of any set of expressions that have
    meanings. That is, the only property of a
    potentially infinite set of expressions that
    qualifies it to be a language is the mean-
    ingfulness of the members of that set.
(b) In order for a set of expressions to con-
    stitute a language, its members must
    stand in certain relations to one another.
    For example, one might hold that some
    variety of systematic inter-connection
    among expressions is required. This is

done, e. g., in Ferdinand de Saussure's (s. art. 36) account of language as requiring binary oppositions of terms (cf. Saussure 1962, 160 f).

2.1.2. In contemporary philosophy of language, a positive answer to the second question, i. e., the thesis that meaningfulness is a relation that can hold independently of language users, is rarely held. Most discussions focus on the kinds of relation(s) to language users necessary for meaningfulness. — I note, however, one point about the thesis just mentioned. Its status is at issue when considering the relation between words and things because this is a semantic relation (s. art. 62). Indeed, there is a position which holds that the meaningfulness of certain expressions (proper names and natural kind terms, s. art. 78) consists in their being related to certain entities, their ›referents‹. If this relation is taken to be conventional, then it cannot hold independently of subjects that can make conventions. This does not imply that it cannot hold independently of language users, for there may be subjects who make or create conventions without being able to use language. But the customary position is that language is a system of conventions and hence the conventionality of the relation between words and things implies that meaningfulness is dependent on a relation between linguistic expressions and language users. — The thesis that meaningfulness requires some relation of linguistic expressions to language users, which I call the subject-dependent analysis of meaningfulness, can be developed in a number of directions:

(a) One position is that meaningfulness requires some relation of linguistic expressions to a single subject. This position is often adopted by those who believe in the possibility of a private language. Here I define the notion as follows: a language L is *private to a subject* S just in case (a) S either knows the meanings of (some subset) of expressions of L, or takes these expressions to have certain meanings, and (b) it is in principle impossible for any other subject to know the meaning of the expressions of L, or to know what S takes these expressions to mean. — The reason why the thesis that private languages can exist seems to go with the subject-dependent analysis of meaningfulness is this. The definition of a private language requires that the subject to which the language is private have sole epistemic access to the meanings, or to what it takes to be the meanings, of linguistic expressions of a language. And this seems relatively simple to explain if the meaningfulness, and meanings of the expressions of a language depend on their relation to the subject, in the sense that it ›associates‹ these meanings with these expressions. For, the epistemic asymmetry of S and other subjects with respect to the meanings of L can now be based on the asymmetry of S and other subjects with respect to the analysis of the property of meaningfulness of expressions of L. But note two points. First, the definition of private language does not exclude the claim that meaningfulness is a property independent of language users. If that thesis is adopted, the epistemic asymmetry necessary for privacy must be explained differently. Second, the notion of a private language and the notion of an idiolect seem, on the face of it, to be distinct. One might define the latter notion thus: a language L is an *idiolect* for a subject S just in case (a) S takes some expressions of L to have certain meanings, and (b) other subjects take some subset of those expressions to have meanings different from those that S takes them to have. From this definition nothing follows about the epistemic accessibility of facts about what meanings S takes expressions of L to have.

(b) Another way of developing the thesis that meaningfulness depends on a relation to language users is that that relation is to a linguistic community. This is frequently associated with a Wittgensteinian view of language. An example is Kripke's interpretation of Wittgenstein, mentioned in 1.5.

2.1.3. It is a question whether the issues of 2.1.1. and 2.1.2. should be separated in the way in which I have done so. For, one might question whether there is a coherent position in which the property of meaningfulness is analyzable in terms of the relation of linguistic expressions to language users, and yet can also hold of these expressions independently of other expressions of the language.

2.2. The ontology of meaning

The main issue here is the question whether the property of meaningfulness involves ineliminable or irreducible ontological commitment to meanings as entities. The main division over this issue defines two sets of positions.

2.2.1. One set contains the single position frequently attributed to Gottlob Frege (s. art. 34), that meanings are ontologically independent of both language users and linguistic expressions, constituting a ›third realm‹ (Frege 1967a, 353; Frege 1984a, 363). Language users and linguistic expressions stand in the following relations to meanings: language users ›grasp‹ meanings, they ›associate‹ meanings with linguistic expressions, linguistic expressions are also perhaps associated with meanings independently of language users, or, possibly, of any particular language user. This kind of platonism about meaning is generally taken to be motivated by an attempt to insure that meaning is objective, i. e., that there is a fact of the matter, independently of human subjects, about what meanings are associated with linguistic expressions. I call this position absolute anti-reductionism about meaning. Note the relation of meaning platonism with 2.1.2.: this position requires that meaningfulness be independent of the existence of language users.

2.2.2. Opposed to absolute anti-reductionism is a set of reductionist positions about meaning of various strengths. Two of these are *meaning mentalism* and *meaning physicalism*. — Meaning mentalism, in contrast to meaning platonism, holds that meanings are properties of the minds of language users, in particular, that they are mental entities (cf. Loar 1981, 210ff, for a survey of meaning mentalist positions). Note the relation of this position with 2.1.2.: it clearly requires taking meaningfulness to depend on a relation between linguistic expressions and language users. — Meaning physicalism is the view that the meaning of an expression for a subject consists of a set of physical facts about that subject. One could be led to this ontological position from meaning mentalism by subscribing to a reductionist thesis about mental states. If this is the case, one might take this position to be a relatively stronger form of reductionism. Quine's view of meaning seems to be an instance of meaning physicalism. For, he takes the only scientifically legitimate account of meaning to have to be based on speakers' dispositions to verbal behavior, where this behavior is described physicalistically. Another variety of meaning physicalism

is a common interpretation of Michael Dummett's anti-realist account of meaning. Here again the meaning of an expression for a speaker is taken to consist in its dispositions to verbal behavior, described physicalistically. However, the justification for this view is not scientific legitimacy but a certain epistemology (cf. 6.2.).

3. Synonymy

The definition of this relation is given in 1.3. Its significance lies in the well-known fact that there is a long tradition of explaining a species of necessary truth, i. e., sentences that are necessarily true in virtue of their meaning, in terms of synonymy. This issue is treated in detail elsewhere (s. art. 86), and I will say no more about it.

4. Ingredients of meaning: sense, reference, force, tone, character

I have so far discussed the property of meaningfulness without analyzing it. The basic scheme of analysis of this property derives from the work of Frege. Frege's account of meaning is an area of tremendous controversy; indeed, it is even controversial whether Frege had an account of meaning at all (cf. Sluga 1980, 19ff; Ricketts 1987, 76). I here only indicate two interpretations of Frege's characterization of meaningfulness.

4.1. Frege's analysis of meaning

The starting point of this analysis is one of the most famous doctrines attributed to Frege: the distinction between sense and reference (s. art. 81). — An interpretation of this distinction so pervasive that it could be counted as a central point of reference of analytic philosophy takes it to be based on the difference in cognitive significance between true statements of the form $\ulcorner a = a \urcorner$ and those of the form $\ulcorner a = b \urcorner$, where a and b are distinct singular terms. This difference in cognitive significance consists in the fact that a subject could believe that one of these statements, $\ulcorner a = b \urcorner$, is false, while also, at the same time, believing that the other, $\ulcorner a = a \urcorner$, is true. — The basis of the sense-reference distinction is that, on any intuitive understanding of these identity statements, if they are both true, the terms a and b must have something in common: this feature of the terms is usually called their standing for, or referring to, the same thing. Hence the difference in cognitive significance of these statements must be explained in terms of a different feature of these terms. — I want here to emphasize two points about it. First, it takes the notion of sense to arise, in the first place, from features of the meanings of the lexical category of singular terms. Second, in order for this account to justify the claim that these identity statements differ in meaning, one has to argue that there cannot be a difference in cognitive significance without a difference in meaning. — Another interpretation of Frege's account of meaning is due to Dummett. Perhaps the fundamental difference between this interpretation and the one just sketched is that Dummett takes Frege's notion of sense to be based fundamentally on features of the lexical category of sentences. On Dummett's view, the starting point of Frege's account of meaning is this thesis: the notion of meaning is justified by what is required to give an explanation of the capacity of language users to perform speech acts. When this is combined with the claim that any account of speech acts must start with speech acts performed with sentences, we get the claim that the notion of meaning is justified by what is required to give an explanation of the capacity of language users to perform acts with sentences. Specifically, the explanation of this capacity consists of attributing to a speaker knowledge of three things: (a) the conditions in which sentences are true, which Dummett takes to be Frege's basic conception of sense (cf. Dummett 1978a, 117f), (b) the conventions determining the conditions in which the utterance of a sentence has the significance of the performance of a kind of speech act, which Dummett takes to be Frege's conception of the force of a speech act (Dummett 1973, 295 – 298; 1978a, 117ff), and (c) those aspects of the significance of a speech act that are independent of (a), aspects Dummett calls 'tone' (Dummett 1973, 1 – 8). — Now, what about the notion of reference? Dummett's account here is quite complex: reference incorporates several (conflicting) philosophical considerations in Frege's theory of meaning. The most important one is this. Reference is that feature of a linguistic expression that it must have in order for all sentences containing it to be determined as true or false in accordance with their compositions. Hence, reference in this sense is a notion justified on the basis of the notion of sense: the general idea of truth conditions determine what sorts

of references must be assigned to linguistic expressions. — One final point about this account of reference. Although the notion here is explained fundamentally in terms of the truth conditions of sentences, nevertheless the phenomenon of cognitive significance is also taken by Dummett to justify the application of the notion of sense to sub-sentential expressions. The relation between these notions is the following: the truth conditions of sentences are determined by the senses of sub-sentential expressions, but the general notion of the sense of a sub-sentential expression is defined as the difference that the occurrence of the expression in a sentence makes to the latter's truth condition.

4.2. Departures from Frege

I mention two significant recent criticisms and revisions of the Fregean scheme of analysis. Recent work in the philosophy of language by Kripke, Hilary Putnam, and David Kaplan, work grouped together as *the new theory of reference*, rejects a distinction between sense and reference for certain categories of sub-sentential expressions: proper names, variables, indexical expressions, demonstratives, and natural kind terms (Kripke 1980, 30 ff; 48 – 53; Putnam 1975a, 223 – 234; Kaplan 1989, 489 – 499). For these expressions it is claimed that the notion of sense does not apply, so that their meanings consist in their referring to something. — Kaplan has proposed that the meanings of indexical expressions should be identified with something that he calls 'character'. The motivation for this notion is as follows. Kaplan operates with a notion of the proposition expressed by a sentence, its truth condition. Now the point is that a sentence containing an indexical can have different truth conditions in different contexts of utterance. Similarly, the same truth condition or proposition can be expressed by sentences containing different indexicals, when uttered in different contexts. Now, on the assumption that an indexical expression has a unitary meaning, these phenomena seem to indicate that different propositions can be expressed by an unambiguous sentence, and the same proposition can be expressed by sentences with different meanings. Hence Kaplan distinguishes between the meaning of a sentence, determined by the characters of the sub-sentential expressions it contains, and its sense, determined by the characters *and* a context of utterance (Kaplan 1989, 505 f).

5. Truth values

The properties of *being true* and *being false* are semantic relations if the meaning of a sentence is taken to include its truth condition. For then one can take the sentence to be true if this condition holds, obtains, or is satisfied. And one can take the sentence to be false otherwise. In fact, the property of being false is more complicated. A well-known complication is the truth value of sentences containing singular terms with no reference. Should we say that the truth condition of such a sentence is not satisfied, and therefore that it is false? Or that the notion of the truth conditions of sentences presupposes that all singular terms occurring in a sentence have references, and therefore that the sentence has no truth value (cf. Strawson 1971, 4 f)? Another complication comes from the verificationist view of truth: a sentence's truth condition obtains (fails to obtain) only if we can, in principle, know that it does (fails to). Then, if we don't know whether we can in principle know that the truth condition of a sentence obtains or not, it is argued that we are then not justified in ascribing it a truth value.

6. Understanding and communication

These relations have to do with the epistemology of meaning. The relation of understanding may be taken as a relation that holds between a subject and a (set of) linguistic expression(s), or among two or more subjects and a (set of) linguistic expression(s). In the first instance, we have: A subject S *understands* an expression E just in case S knows the meaning of E. In the second case, we have: S understands what $S_1 \ldots S_n$ mean by E just in case S knows the meaning that $S_1 \ldots S_n$ associate with E (s. art. 94). − It seems difficult to maintain that it would be possible for linguistic communication to take place if the receiver did not (at least partially) understand the linguistic expressions used. Hence the relation of communication is (partially) analyzed in terms of that of understanding: $S_1 \ldots S_n$ *communicates* something to $T_1 \ldots T_n$, by using expressions E only if each of $T_1 \ldots T_n$ understands what $S_1 \ldots S_n$ mean by E. − The relation of communication has been taken to be central to a philosophical account of meaning. Dummett, e. g., takes meaning to be something essentially communicable, and seems to base his anti-realist account of

meaning on constraints that communicability imposes on the notion of meaning. More specifically, according to the common interpretation of anti-realism mentioned in 2., the constraint is imposed through the fact that communication requires knowledge of meaning. Moreover, Dummett is taken to adopt a variety of infallibilist foundationalist epistemology, with the given element in knowledge of what a subject means consisting of physicalistically described dispositions to verbal behavior. Infallibilism and this account of the given leads to the conclusion that knowledge of meaning is possible only if meaning is ontologically reducible to these verbal dispositions (cf. McDowell 1981, 227).

7. Logical relations: logical consequence, entailment, implication

The relations of implication, entailment, and logical consequence are used in characterizing the notion of deductive inference.

7.1. The concept of deductive inference

It seems uncontroversial that deductive inference is that aspect of linguistic practices that consists in drawing conclusions from premises, where the premises and conclusions are statements. Two further features seem uncontroversially features of the practice of deductive inference. First, there is an essential normative dimension to this practice, in the sense that there is a distinction between correct and incorrect conclusions to reach from a given set of premises. Second, there are two ways of specifying the standards of correctness applying to this practice. One is given by what I call 'logical principles'. These are of two sorts: logical laws and rules of inference. A logical law licenses, at any point in deductive reasoning, drawing a conclusion, of a certain logical form, without the support of any premises. A rule of inference licenses drawing a conclusion, of a certain logical form, on the basis of a set of statements, of certain logical forms. The notion of logical form is explained in terms of the occurrence of elements of the lexical category of logical constants in the sentences that express the premises and conclusions. The second is given by the relations that are the focus of this section: logical consequence, implication, and entailment. Thus, a statement A is correctly inferred from a set of statements S just in case A is a logical consequence of the statements of S, or is implied by the statements of S, or is entailed by the statements of S. — One of the most basic issues for a philosophical account of deductive inference concerns the relations between these two ways of specifying the standards of correctness of deductive reasoning. The issue is: is one of these specifications conceptually more fundamental than the other? And, if so, which? In order to understand the intuitive basis of this issue, consider the fact that we do accept certain logical principles as standards of correctness in deductive inference. The question is this. Is the notion of correctness given by these logical principles primitive, or do we accept this notion of correctness *because* we take the premises and conclusions specified by these logical principles to stand in the relation of logical consequence, implication and entailment? If our acceptance of the logical principles we do accept is taken as primitive, then the extension of the relations of logical consequence, implication and entailment would be determined by the logical principles that we accept. If, on the other hand, our conception of the former relations is conceptually more fundamental than our acceptance of the latter principles, then whether a given logical principle is genuinely acceptable, genuinely to be taken as a standard of correctness in deductive inference, is determined by the extension of these relations. — The resolution of this issue has implications for two further issues in a philosophical account of deductive inference. The first is the issue that Dummett calls the justification of deduction. This, as he puts it (Dummett 1978 a, 215−228), is not a matter of convincing someone to use deductive inference, but to clarify the conceptual basis of our acceptance of certain forms of deductive inference, i. e., of certain logical principles. For a justification, in this sense, to be possible, logical principles have to be analyzable in terms of something else. The second is the issue of the criticism of logical principles. In order for such criticism to be rationally compelling we must have, again, a criterion for the acceptability of logical principles in terms of which the criticism is made.

7.2. Logical consequence and entailment

These relations may be defined by a near truism. A statement S is a logical consequence of statements $S_1 \ldots S_n$ just in case, for any statements S', $S_1' \ldots S_n'$, such that (a) S' has the same logical form as S, and S_i' has the same logical form as S_i for each i, (b) the logical forms of $S_1' \ldots S_n'$ stand in the same relation to the logical form of S' as do the logical forms of $S_1 \ldots S_n$ to S, if all of $S_1' \ldots S_n'$ are true, then S' is, in some sense, necessarily true as well. Entailment can be defined from logical consequence as follows: S is entailed by $S_1 \ldots S_n$ just in case S is a logical consequence of $S_1 \ldots S_n$. From now on I do not distinguish these relations. — This near truism suggests an analysis of the relation of entailment that I call 'the truth value analysis of entailment': the relation of entailment depends ultimately on a relation holding among the truth values of the statements. Clearly this, given the thesis that the property of having a truth value is a semantic relation, implies that entailment and logical consequence are also semantic relations (cf. 5.). — The truth value analysis of logical consequence can be taken as the conceptual basis of the definition of *semantic consequence* or *semantic implication* that is more or less standard in mathematical logic, and that stems from the work of Alfred Tarski. The details of this definition can be gleaned from any standard text in logic (cf., e. g., Chang/Keisler 1990, 27−33). The basic idea of the definition might be taken to be this. The truism about logical consequence requires some necessary connection between the truth of the premises and that of the conclusion if the latter is a logical consequence of the former. The idea is to explain this necessity in the following terms: the truth of the conclusion, given the premises, depends only on the meanings of the logical constants occurring in these statements. The connection of truth values is necessary in the sense that it abstracts from the specific meanings contingently assigned to the non-logical expressions in these statements. The abstraction from the meanings of the non-logical expressions is achieved by the notion of *interpretation*: logical consequence holds if, no matter how the non-logical expressions are interpreted, the connection of truth values between premises and conclusion holds. Whether this definition succeeds as an analysis of logical consequence is controversial (cf. Etchemendy 1991, 93 ff, for a detailed criticism). — It should be noted that it is not clear whether the truistic definition of entailment should be identified with the truth value analysis. What that analysis claims is that whether the relation of entailment holds of the instances of a form of inference depends on the truth values of these instances, which is to say that these truth values are determined independently of accepting the correctness of this form of inference. But the truism can be taken in another way, namely, that the acceptance of a principle of inference as correct is independent of what statements are true, and constrains what statements may be true; that is, the truth values of statements depend, at least in part, on the validity of logical principles.

7.3. The varieties of implication

There is no standard account of the relation of implication, nor of the relation of this relation to that of logical consequence. In this section I survey four analyses of this relation.

(i) *Material implication* is defined thus: S_1 ... S_n materially implies S just in case the conditional statement ⌜If S_1 and ... S_n, then S⌝ is true. — This definition gives rise to what Clarence Irving Lewis calls the 'paradoxes of material implication': a true statement is materially implied by any statement whatsoever, a false statement materially implies any statement whatsoever, and of any two statements whatsoever, one implies the other (Lewis 1970, 357 f).

(ii) These paradoxes of material implication vanish if implication is construed as *semantic implication*, the relation mentioned in 7.2.; e. g., that a statement is false under some interpretation does not imply that in any interpretation in which any statement is true it is also true. But claims similar to Lewis' paradoxes can be generated for semantic implication. A valid statement is semantically implied by any statement; a contradictory statement semantically implies any statement. It is unclear that these claims are counterintuitive in the same way as the paradoxes of material implication.

(iii) Because of these alleged counterintuitive consequences of defining implication in terms of the material conditional, Lewis proposes a definition of implication called *strict implication*: S_1 ... S_n strictly implies S just in case the statement ⌜Necessarily, if S_1 and ... S_n, then S⌝ is true (Lewis 1970, 352; 355 – 359). The inclusion of the modal operator here is of course motivated by the truistic definition of entailment: the truth of the conclusion entailed by a set of premises is necessitated by the truth of the premises. Strict implication has its own ⟩paradoxes⟨: a necessary statement is strictly implied by any statement whatsoever, and an impossible statement strictly implies any statement whatsoever.

(iv) These ⟩paradoxes⟨ of strict implication lead to certain allegedly counterintuitive consequences. For example, suppose we take the truths of mathematics to be necessarily true, and mathematical falsehoods to be necessarily false. Then, given an arbitrary mathematical conjecture, one can correctly claim that if it is true, then first order quantification theory is complete; if it is false, then it implies that Fermat's last theorem is correct. Alan Anderson and Nuel Belnap take the intuitive response to these claims to be that they are false because the antecedent of a conditional statement must be relevant to the consequent (Anderson/Belnap 1968, 17 f). Anderson and Belnap thus propose an analysis of implication such that, given statements A and B, A implies B only if A's truth is *relevant to* B's truth. And the notion of relevance is (at least partially) explained by this idea: A's truth is relevant to B's truth if B is deduced by an argument that genuinely uses A as a premise. The notion of genuinely using a statement is specified by a set of axioms involving a connective that replaces the truth-functional conditional, say, '⇒'. So A relevantly implies B just in case ⌜$A \Rightarrow B$⌝ is derivable using these axioms and the rules of inference for '⇒' (Anderson/Belnap 1975, 79). — It should be noted, however, that Anderson and Belnap don't take the relation of relevant implication to be an analysis of the notion of entailment. They also propose an analysis of entailment, motivated similarly to Lewis' notion of strict implication, involving the idea of necessity. But, instead of defining entailment in terms of necessity of relevant implication, they define it axiomatically, using another connective to replace the conditional.

The definition of implication in terms of the truth of some sort of conditional statement has been criticized by Quine (cf. 1976 a, 165 – 169). The criticism has been taken by relevance logicians to rest on a grammatical distinction: the expressions for conditionals are sentential connectives, while implication is a transitive verb, hence the latter demands nouns to make a sentence (Quine 1976 a, 165 f). But the real basis of Quine's objections seems to be a distinction between use and mention. A claim about implication mentions the statements involved; it is a metalinguistic claim. A claim involving a conditional, on the other hand, is a claim in the object language: the statements in question are (as parts of a com-

plex statement) used (Quine 1976, 166−169).
It is not clear, however, what exactly the significance of this use-mention distinction is. −
There are two ways in which one might motivate a distinction between implication and
the truth of conditionals. First, if implication
is a relation having to do with the correctness
of deductive inferences, then its holding ought
to be independent of the truth values of statements. For we take the assessment of the
correctness of drawing a conclusion from a
set of premises to be possible without determining the truth values of these statements.
But if implication is defined in terms of the
truth of conditionals, this seems to fail;
whether or not the conditional is truth functional, its truth value depends on the truth
values of the antecedent and consequent. Second, the root of the notion of implication is
the relation of logical deducibility, a notion
that seems required to make sense of, e. g.,
Anderson and Belnap's notion of implication.
For, on their definition, the relation of implication holds if an appropriate conditional
is deducible. But then, if deducibility is explained in terms of the relation of implication,
the definition of the latter would involve an
infinite regress.

8.   Selected references

Almog/Perry/Wettstein (eds.) 1989, *Themes from Kaplan*.

Anderson/Belnap 1968, *Entailment*.

Chang/Keisler ³1990, *Model Theory*.

Dummett 1973, *Frege: Philosophy of Language*.

Dummett 1978 a, *Truth and other Enigmas*.

Dummett 1991 a, *Frege: Philosophy of Mathematics*.

Etchemendy 1990, *The Concept of Logical Consequence*.

Frege 1984 a, *Collected Papers*, McGuiness (ed.).

Haaparanta/Hintikka (eds.) 1986, *Frege Synthesized*.

Kripke 1980, *Naming and Necessity*.

Kripke 1982, *Wittgenstein on Rules and Private Language*.

Lewis 1970, *Collected Papers*, Goheen/Mothershead (eds.).

Parret/Bouveresse (eds.) 1981, *Meaning and Understanding*.

Putnam 1975 a, *Mind, Language, and Reality. Philosophical Papers*.

Quine 1960, *Word and Object*.

Strawson 1971 b, *Logico-linguistic Papers*.

Sanford Shieh, Cambridge, Mass. (USA)

85. Analogie

1.   ›Analogie‹: Hintergründe

Man könnte die Analogie mit Aristoteles' (s.
Art. 15) Ausdruck als ›das Zusammensehen
des Ähnlichen‹ kennzeichnen (τὰ ὅμοια συνορᾶν, *Topica* 108 a 14), etwa so (108 a 11;
108 b 26): Was die Glätte des Wassers im
Meere, ist die Windstille in der Luft, nämlich
Ruhe. Dieses Beispiel, nach dem Kommentar
von Thomas von Aquin ein gleiches Verhältnis zweier Terme zu verschiedenen Termen
(eadem proportio duorum ad diversa; *In Metaph.* V lect. 8, n. 879), wurde von Aristoteles
dem Archytas von Tarent zugeschrieben (*Metaph.* 1043 a 21 ff) Und nicht nur dieses. So
sagt er noch (*Rhetorica* 1412 a 11 ff):

„In der Philosophie braucht es Scharfsinn, um in
weit voneinander stehenden Dingen das Ähnliche
zu sehen. So sagte Archytas, ein Schiedsrichter und
ein Altar seien dasselbe, denn wer Unrecht leidet,
nimmt zu beiden seine Zuflucht".

Nun aber hatte Archytas verschiedene Arten solcher Verhältnisgleichheiten aufgestellt
und diese als erster (soweit wir wissen) mit
dem Namen 'Analogie' (ἀναλογία) belegt (*VS*

I, 435 f, Fragment 2; vgl. Kluxen 1971, 214).
Es geht dabei um Größen, die ›je nach Verhältnis‹ (ἀνὰ λόγον) gleich sind. Dies ist der
Fall bei — wie er sie nennt — der arithmetischen Analogie (10 − 6 = 6 − 2, wo der ›Abstand‹ in beiden Verhältnissen 4 ist), aber auch
bei der geometrischen Analogie (8 : 4 = 4 : 2,
nämlich das Doppelte). Dieser Gestalt wegen,
und weil Archytas Mathematiker war, erklärt
man den Begriff 'Analogie' als aus der Mathematik stammend. Aber man sollte dabei
nicht vergessen, daß Archytas zur pythago-
reischen Schule gehörte, wo man der Mathematik eine kosmologische Tragweite zu-
sprach. Er selber hatte die Analogie im Kontext der Musik eingeführt (es handelte sich
um Tonabstände), und sein Freund Platon (s.
Art. 14) benützte die Analogie (auch terminologisch, vgl. *Tim.* 31 C) als kosmisches
Strukturprinzip, um zwischen den extremen
Elementen Feuer und Erde ein zusammenfü-
gendes ›Band in der Mitte‹, nämlich Luft und
Wasser, aufzufinden. Auch Archytas ging es
darum, die ›Mitte‹ (μέσον, μεσότης) zu bestimmen, die den Abstand zwischen den
Außengliedern überbrückt und sie in eine
Reihe bindet. Bekanntlich hat Aristoteles die
Analogie in der Ethik benützt, um die gerechte Mitte für die Verteilung von Gütern
unter Menschen von verschiedenem Alter,
Stand oder Verdienst zu finden, wobei er die
Analogie als eine Verhältnisgleichheit definierte (ἰσότης ἐστὶ λόγων, *Eth. Nic.* 1130 a
31). Wo er dies tut, fügt er aber gleich hinzu,
daß sie mindestens vier Glieder voraussetzt
(denn auch bei der kontinuierlichen Verhältnisgleichheit gibt es diese Struktur, weil ein
Glied für zwei gebraucht und zweimal gesetzt
wird). Und so ist die Gestalt der Analogie für
Aristoteles: „Wie sich das Glied *A* zu *B* verhält, so *C* zu *D*. Und folglich mit Vertauschung der Stellen: wie *A* zu *C*, so verhält
sich *B* zu *D*" (*Eth. Nic.* 1131 b 5 ff, vgl. 8 : 6
= 4 : 3 und 8 : 4 = 6 : 3). Dies ist die bekannteste (und für Aristoteles einzige) Form
der Analogie. Man findet sie auch bei Platon,
der in (*Politeia* 534 A f) die Entsprechung von
Sein und Werden einerseits, Verstehen und
Meinen andererseits 'Analogie' nannte. Und
wie bei Archytas die Analogie nicht nur als
heuristisches Mittel zur Auffindung der Mitte,
sondern auch konstruktiv als Prinzip der Reihenbildung betrachtet werden kann (nämlich
wenn man von der kleinsten Zahl ausgehend
in gleichen Abständen oder Verhältnissen
fortschreitet), so kann man nach Platon (*Politeia* 508 B ff) von der sinnlichen Welt ausgehend mittels der Sonne — „welche das Gute
als ihm selbst analog gezeugt hat" — zur Idee
des Guten aufsteigen (die Sonne ist für die
sinnliche Welt, was das Gute für das Ideen-
reich ist). — Der systematische Gebrauch der
Analogie ist aber erst bei Aristoteles belegt,
wobei besonders ihre hermeneutische Funktion auffällt. So läßt sich, was ein Akt ist,
kaum definieren (er gehört keiner Gattung
an); daher muß man sich mit einem Zusammensehen des Analogen (*Metaph.* 1048 a 37:
τῷ ἀνάλογον συνορᾶν) zufriedengeben, indem man den Sachverhalt durch Beispiele erhellt. Der Akt entspricht dann dem Bauenden
im Verhältnis zu jemandem, der bauen kann,
oder jemandem, der wach ist, im Verhältnis
zum Schlafenden (*Metaph.* 1048 b 1 f). Ebenso
wird die sonst unerkennbare (weil noch nicht
näher bestimmte) erste Materie „durch Analogie erkannt. Denn so wie sich die Bronze
zur Statue verhält […], so verhält sich die
zugrundeliegende Natur [d. h. die Materie]
zur Substanz" (*Physica* 191 a 7 ff). Bekanntlich hat Aristoteles in seiner Biologie, die Gat-
tungsgrenzen durchbrechend, Tiere nach dem
Muster 'Was dem Vogel der Flügel, ist dem
Fisch die Flosse' beschrieben, obwohl er es
grundsätzlich vorzog, innerhalb einer Gattung zu bleiben. Denn innerhalb einer Gattung sind die Tierarten nur etwa durch ihre
Größe (z. B. kleine statt große Flügel), Gattung sprengend aber durch das Analoge (*De
part. an.* 644 a 21: τῷ ἀνάλογον) verschieden.
Immerhin hat Aristoteles die Untersuchung
der Ähnlichkeit (wo das Erste zum Zweiten
steht wie das Dritte zum Vierten, oder wie
das Erste im Zweiten ist, so das Dritte im
Vierten, *Topica* 108 a 7 ff) als ›Instrument‹ (zu
diesem Begriff vgl. De Pater 1965, 151 ff) seiner Dialektik vorangeschickt; sie ist nützlich,
wie er sagt (*Topica* 108 b 7 ff), für die Induktion (wo man aus ähnlichen Fällen das Allgemeine ableitet) und für ›hypothetische
Schlüsse‹, wo die Hypothese die *communis
opinio* ist, nämlich daß das, was für einen Fall
gilt, auch für die Ähnlichen gilt. Diese Hypothese fungiert als Gemeinplatz in der Dialektik (*Topica* 114 b 28); in der Syllogistik begründet sie das Verfahren des ›Paradigmas‹
(*Anal. priora* 68 b 38 ff), seit Theophrast als
Analogieschluß bekannt (zu dessen Gültigkeit
vgl. Bocheński 1959, 121 ff). Man kennt auch
die modernen Anwendungen der Analogie,
z. B. für die Rechtsfindung, wenn das Gesetz
nicht alle möglichen Fälle aufführt, oder für
die Beschreibung einer neu entdeckten Sprache von einer ihr ähnlich erachteten Sprache
her. In der Baukunst gelten Analogie und

Metapher als Inspirationsquellen zur Erneuerung in Kontinuität, sei es mit älteren Stilen oder mit bestimmten Lebensbereichen (etwa Säulen als Bäume, einen Wald bildend, oder als je eine Verkörperung der menschlichen Gestalt; vgl. Faux 1981, 177). Seit kurzem wird wissenschaftliche Erneuerung als eine Sache des Metaphorisierens gesehen (Schön 1967; vgl. Achinstein 1964; Leatherdale 1974; Secretan 1984, 89 ff). Sogar in der für gewöhnlich als rein univok betrachteten Logik kommt man ohne Analogie nicht aus. Denn hier wurde sie von Bertrand Russell und Alfred North Whitehead (Russell/Whitehead 1927, I, 55) als „systematic ambiguity" — was eine Definition für die Analogie sein könnte — wiederentdeckt. Tatsächlich macht es einen großen Unterschied, ob man, statt etwa über Individuen, über Eigenschaften quantifiziert; und wiederum ist es doch nicht etwas völlig Verschiedenes. Ähnliches gilt für Identitäten und andere Beziehungen, je nachdem was durch sie verbunden wird. Der Versuch, durch Benützung von je verschiedenen Symbolen die ›Univozität‹ beizubehalten, würde zu einer nicht übersehbaren Proliferation der Zeichen führen. Aber mit dieser Bemerkung über die Logik sind wir bereits zur Sprachphilosophie übergegangen, wo es, im Gegensatz zum Vorhergehenden, wichtig ist, daß die Analogie Wort- oder Zeichenidentität mit sich führt.

2. Sprachphilosophische Gestalten der Analogie

2.1. Univozität und die ›analogia inaequalitatis‹

Die von Aristoteles gegebenen Umschreibungen von Synonymie und Homonymie, oder, wie die spätere Tradition sie nannte, Univozität und Äquivozität (zu dieser Gleichsetzung vgl. Leszl 1970, 91 ff), bilden den allgemeinen Bezugsrahmen für die Semantik der Analogie; sie seien also zuerst behandelt.

„συνώνυμα δὲ λέγεται ὧν τό τε ὄνομα κοινὸν καὶ ὁ κατὰ τοὔνομα λόγος τῆς οὐσίας ὁ αὐτός" [Synonym heißen Dinge, wovon der Name (oder: wofür das Wort) gemeinsam und die dem Namen entsprechende Definition der Sache dieselbe ist] (Cat. 1 a 6 f; für die Übersetzung von λόγος durch 'Definition', vgl. Cat. 1 a 4 — 6 und Metaph. 1012 a 23 f; so auch bei Thomas, Summa theologiae I 13, a 1; 'ratio' ist die gängige Übersetzung von λόγος).

Aristoteles' Beispiel für das Synonyme ist ›Lebewesen‹ (ζῷον), gesagt von Mensch und Rind. Nun könnte man aber einwenden, daß ›Lebewesen‹ im Menschen doch anders realisiert sei als im Rind (denn die Rationalität durchdringt, modifiziert also, das Animalische). Deswegen hat Thomas de Vio Caietanus (1907, 249 f) den Ausdruck 'analogia inaequalitatis' eingeführt, welchen er wie folgt definierte:

„quorum nomen est commune, et ratio secundum illud nomen est omnino eadem, inaequaliter tamen participata" [Wovon der Namen gemeinsam und die dem Namen entsprechende Definition dieselbe ist, welche aber auf ungleiche Weise partizipiert wird].

Thomas hatte diese ›Analogie‹ in einer jetzt nicht mehr üblichen Terminologie „analogia secundum esse et non secundum intentionem" genannt (In Libros Sententiarum I, d. 19, q. 5, a. 2 ad 1). Auch Aristoteles hatte gezweifelt, ob weit voneinander stehende Arten einer Gattung nicht eher homonym seien, entschied sich aber für die Synonymie (Physica 249 a 21 ff). Die Tradition ist ihm darin gefolgt (s. Art. 4). Denn obwohl der Mensch auf andere Weise Lebewesen ist als das Rind (oder andere Tiere), bleibt die Definition von 'Lebewesen' — eine vegetativ und sensitiv lebende Substanz — die gleiche; die Unterschiede kommen durch etwas anderes zustande, das in bezug auf diese Definition ›von außenher‹ zugefügt wird; für den Menschen die Rationalität. Weil sich die ›Analogie der Ungleichheit‹ auf die Univozität zurückführen läßt, werden wir uns nicht weiter mit ihr befassen.

2.2. Das zufällig Äquivoke

Die Homonymie wurde von Aristoteles (Cat. 1 a 1 f) wie folgt definiert: „Wovon nur der Name gemeinsam, aber die dem Namen entsprechende Definition der Sache verschieden ist". Sein Beispiel: ζῷον in bezug auf den Menschen und auf τὸ γεγραμμένον [das 'Gezeichnete' oder 'Gemalte']. Die Tradition hat dies als die Anwendung von 'Lebewesen' auf einen echten und auf einen nur gemalten Menschen verstanden. Das wäre zwar nicht unorthodox, denn in De anima (412 b 22) hat Aristoteles ein steinernes oder gemaltes Auge ein Auge im homonymen Sinn genannt (es gehört zur Definition von 'Auge', daß man mit ihm sehen kann). Aber Thomas (Summa theologiae I 13, a 10 ad 4) hat mit Recht dazu bemerkt, daß 'Lebewesen' nicht auf bloß homonyme Weise (pure aequivoce) vom echten und vom gemalten Lebewesen gesagt wird. Tatsächlich meinte Aristoteles mit 'das Gemalte' (man beachte das Neutrum) nicht einen gemalten Menschen. Denn ζῷον konnte im Griechischen auch einfach 'Gemälde' oder 'Bild' (und das nicht nur von Lebewesen) bedeuten (vgl. Oehler 1984, 158; ebenso bedeutete ζωγράφος anfänglich den lebensecht, dann aber jeden Malenden). Aristoteles' Beispiel läßt sich also gar nicht übersetzen, die hier gemeinte bloße Homonymie ist sprachspezifisch. Deutsche Beispiele wären 'Kiefer' für Baum und Körperteil, und 'Ton' für Laut und Erde (französisch: 'louer' für Preisen und Mieten; englisch: 'date' für Datum und Dattel). Weil es sich hier um linguistische Zufälligkeiten handelt, hat Aristoteles diese Äquivozität ἀπὸ τύχης [zufällige Homonymie] (*Eth. Nic.* 1096 b 26; lateinisch: aequivocum a casu) genannt, ohne jedoch immer diese Präzisierung anzugeben. Dadurch entstand die Zweideutigkeit in bezug auf die Analogie als homonym oder nicht homonym. Weil bei der zufälligen Äquivozität kein inhaltlicher Grund für die gleiche Namensgebung vorliegt ('louer' hat seine zwei Bedeutungen nur deshalb, weil es sowohl von 'laudare' als auch von 'locare' stammt), ist auch die zufällige Homonymie sprachphilosophisch nicht interessant.

2.3. Die nicht-zufällige Äquivozität: Analogie und Metapher

2.3.1. Allgemeine Definition der Analogie

Aristoteles kannte auch eine nicht-zufällige Homonymie, seit Porphyrios (ἀπὸ διανοίας) und Boethius (*In Cat.* 1) ›absichtliche Äquivozität‹ (aequivocum a consilio) genannt. Als Beleg dafür wurde oben schon das steinerne oder gemalte Auge aufgeführt. Noch aufschlußreicher ist folgender Text (*Eth. Nic.* 1096 b 23 ff):

„Aber bei Ehre, Erkenntnis und Genuß sind die Definitionen gerade sofern sie Güter sind, verschieden. Das Gute ist also nicht etwas Gemeinsames im Sinne von einer Idee. [Dies wird als Verneinung der Synonymie gemeint sein.] Aber wie wird es dann gesagt? Es ist nicht wie bei zufällig Homonymen. Werden die guten Sachen vielleicht 'gut' genannt, weil sie von einem einzigen Gut stammen oder auf ein Einziges ausgerichtet sind, oder eher nach Analogie? Denn wie das Sehvermögen im Leibe, so die Vernunft in der Seele [nämlich das, wodurch wir ›sehen‹ als ein körperliches, bzw. geistiges Gut]".

Aristoteles hat keine Antwort auf seine Frage gegeben, aber der Text ist wichtig, weil er die Analogie zur Homonymie rechnet (denn die Definitionen der Güter als Güter sind verschieden), diese jedoch als ›nicht zu-

fällig‹ bezeichnet und der Analogie das ›von Einem her/auf Eines hin‹ zur Seite stellt. Weil auch Letzteres (ab uno/ad unum) später 'Analogie' genannt wurde, sei zuerst eine allgemeine Definition der Analogie gegeben. Man findet sie nicht bei Aristoteles, weil er nur eine ihrer Arten, nämlich die Proportionalität, als Analogie bezeichnet hat. Eine der Tradition treue Definition wäre etwa: „quorum nomen est commune, ratio vero secundum illud nomen partim diversa et partim eadem" [Wovon der Name gemeinsam, aber die dem Namen entsprechende Definition der Sache teilweise verschieden, teilweise dieselbe ist] (vgl. Thomas, *In IV Metaph.* lectio 1, nr. 535). Über das Maß der Gleichheit und Verschiedenheit war man sich nicht immer einig. In der thomistischen Tradition wurde diese ›ratio‹ als ›einfachhin verschieden, aber in einer bestimmten Hinsicht die Gleiche‹ betrachtet (simpliciter diversa, sed eadem secundum quid; vgl. Mascall 1966, 100; Gredt 1926, 135); die Suaresianer jedoch hätten das Verhältnis gerade umgekehrt (Mascall 1966, 100). Tatsächlich sprach Francisco Suárez bei der „analogia entis" [Analogie des Seienden] (*Disputationes metaphysicae*, Disp. II sectio 2, nr. 1 u. ö.) von „eadem ratio" (nr. 34). Die von mir darauf befragten Jesuiten erklärten jedoch, sie hätten diesen Optimismus schon längst hinter sich gelassen. Tatsächlich geht es bei der Analogie um eine Einheit in der Verschiedenheit, wobei die Verschiedenheit das Grundlegendere ist. Die Substanz ist ›Empfänglichkeit‹ für das Akzidens so, wie die ›erste Materie‹ Empfänglichkeit für die substantielle Form ist; deswegen wird die Substanz 'zweite Materie' genannt. Aber 'Materie' (oder 'Stoff') bedeutet in diesen Fällen etwas Verschiedenes: Die zweite Materie ist schon etwas (ein Ding), die erste nicht, denn sie ist *nur* ein Seinsprinzip. Und der Unterschied ist nicht (wie es bei 'Lebewesen' als von Mensch und Rind gesagt der Fall ist) etwas Hinzugefügtes, sondern er liegt in der Materie selbst. So ist es auch beim Seienden: Daß die Substanz ein anderes Seiendes (ens) ist als das Akzidens, kommt — wie Thomas (*De Veritate* 1, a 1) sagt — nicht von etwas dem Seienden Hinzugefügten (denn außerhalb des Seienden ist Nichts), sondern weil die Substanz eine andere Seinsweise (specialis modus essendi), nämlich das ›an sich Seiende‹ (per se ens) ist, während das Akzidens nur ein ›in-Seiendes‹ ist. Beim univok Ausgesagten kommt die Gleichheit von der Gattung ('Lebewesen') und der Unterschied von der spezifischen Differenz ('mit/ohne Vernunft'). In der Analogie aber ist das Gemeinsame selbst verschieden. Man kann sich fragen, inwiefern man dann noch von einem Gemeinsamen reden kann. Das eben ist die Frage. Die Unterschiede bei ihrer Beantwortung bestimmen die Arten der Analogie.

2.3.2. Die aristotelische Analogie: Proportionalität

In der von Aristoteles als solche anerkannten Analogie ist das Gemeinsame die Ähnlichkeit der Verhältnisse: Was die erste Materie ist für die Substanz, ist die Substanz (die zweite Materie) für das Akzidens ('Ähnlichkeit' scheint besser zu treffen als 'Gleichheit', weil die Verhältnisse nicht identisch sind). Diese Analogie wird seit Boethius (vgl. Secretan 1984, 39) 'proportionalitas' genannt und von der Analogie der einfachen Proportion (d. h. das von Einem her oder auf Eines hin Gesagte) unterschieden. Caietanus (1907, 255) definierte die Proportionalitätsanalogie als

„quorum nomen est commune, et ratio secundum illud nomen est proportionaliter eadem" [wovon der Name gemeinsam und die dem Namen entsprechende ›ratio‹ proportionell die gleiche ist].

Man könnte auch in der allgemeinen Definition der Analogie das 'secundum quid' durch 'secundum similitudinem proportionum' [einer Verhältnisähnlichkeit nach] ersetzen. Die Struktur dieser Analogie könnte man modern als eine Homomorphie von Verhältnissen kennzeichnen (vgl. Hubbeling 1987, 199). Sie läßt sich graphisch als ein Viereck darstellen, wo die Glieder oder Termini der Verhältnisse je an einer Ecke stehen, oder auch als zwei (oder mehr) parallele Linien, die durch eine Beziehung (nämlich der Ähnlichkeit) verbunden sind. Um auszudrücken, daß es nur um eine Ähnlichkeit der Verhältnisse geht, mögen statt des Identitätszeichens etwa vier Punkte stehen, also $A : B :: C : D$. Hier befinden sich A und C in keiner direkten Beziehung; weil sie aber Glieder von ähnlichen Verhältnissen sind, können sie durchaus mit dem gleichen Worte angedeutet werden (z. B. 'Materie'). Das Gleiche gilt von B und D. — Den von Caietanus betonten Unterschied zwischen eigentlicher und uneigentlicher (d. h. metaphorischer) Proportionalitätsanalogie findet man als solchen nicht bei Aristoteles. Bei ihm wäre schon 'Hier steht mein Schiff' (wo die Gattung statt der Art, nämlich ›vor Anker liegen‹, gebraucht wird) eine Metapher (*Poetica* 1457 b 8 ff), weil ein ›fremder Name‹ übertragen wird, ohne daß eine Ho-

monymie vorläge. Überhaupt macht Aristoteles sich nicht viel aus dem Unterschied zwischen einem Vergleich ('Wie ein Löwe tritt Achilles hervor') und einer Metapher ('Der Löwe tritt hervor'): sie sind nur durch ihre Darstellungsweise verschieden (*Rhet.* 1406 b 25 f). Wo er sagt (*Rhet.* 1410 b 30 ff), daß von den Arten der Metapher diejenige nach Analogie die gebräuchlichste ist, gibt er als Beispiel einen Vergleich ('die durch den Krieg ums Leben gekommene Jugend ist dem Staat verloren gegangen, als ob jemand dem Jahre seinen Frühling genommen hätte'). Offensichtlich ist er mehr an ihrer hermeneutischen Funktion interessiert. Beide, Metapher und Vergleich, lehren uns etwas; nur ist letzterer

„etwas länger und deswegen weniger angenehm, und der Vergleich sagt nicht, daß etwas dies *ist*, so daß der Geist dies nicht einmal untersucht" (*Rhet.* 1410 b 10 ff; man denke an eine wissenschaftliche Erneuerung durch ›Metaphorisierung‹).

Immerhin wäre 'Achilles ist ein Löwe', wenn 'Löwe' univok verstanden wird, falsch; und dies im Gegensatz zu 'Achilles ist wie ein Löwe'. Tatsächlich ist die analogisch strukturierte Metapher eine (nicht zufällige) Homonymie (s. Art. 91). So sagt Aristoteles, daß 'scharf', vom Tastsinn auf das Gehör übertragen (vom Messer auf Töne), metaphorisch (*De anima* 420 a 29 ff) und homonym (*Topica* 106 a 9 ff) verwandt wird. Man könnte bei diesem Beispiel sagen, daß hier ein Erstes vorliegt ('scharf' vom Messer); auf diese Frage geht Aristoteles aber nicht ein. Die Struktur einer Proportionalität als solche führt nämlich kein ›erstes Analogatum‹ mit sich (›analogata‹ sind die analogen Terme, ›analogon‹ ist das, worin sie übereinstimmen); liegt ein solches doch vor, dann kommt es von einer einfachen Proportion etwa bei der Benennung des unteren Teiles des Berges vom menschlichen Fuß. In solchen Fällen spricht die Tradition von einer gemischten Analogie (analogia mixta). — Obwohl die ›analogia proportionalitatis‹ (oder aristotelisch: Analogie schlechthin) nach Suárez (*Disputationes metaphysicae*, Disp. XXVIII, sect. III, nr. 11) immer etwas Metaphorisches an sich hat, ist sie doch von der Metapher verschieden. Aristoteles begründet mit ihrer Hilfe die Möglichkeit der Metaphysik, wenn er sagt (*Metaph.* 1070 a 31 f; 1071 a 29 ff), daß Materie, Form und Ursache quer durch die Kategorien Substanz, Quantität, Qualität usw. hindurch etwas andeuten, das, obwohl je nach Kategorie verschieden, den Proportionen nach

hingegen identisch ist. In der *Ethica Nico-
machea* hatte er (vgl. 2.3.1.) die Möglichkeit
offengelassen, daß 'gut' analog ausgesagt
wird. Demnach könnte die Ehre ein Gut für
den Menschen, insofern er Anerkennung
braucht, genannt werden, so wie die Erkenntnis ein Gut für den Menschen als sich orien-
tierendes Wesen ist. 'Gut' dürfte in diesem
Zusammenhang kaum als eine poetische Namensübertragung angesehen werden, 'gut' gilt
hier ›buchstäblich‹ oder ›im eigentlichen
Sinne‹ von Ehre und Erkenntnis. Wer sich
darüber wundert, wie das möglich sei, weil
nach Aristoteles die Definitionen dieser Güter
doch verschieden sind, identifiziert zu Unrecht Buchstäblichkeit mit Univozität (vgl.
Klubertanz 1960, 129 ff; 145; Burrell 1979,
57; 63). Daher wurde diese Gestalt der Analogie als ›analogia proportionalitatis pro-
priae‹ der Metapher als uneigentlicher Proportionalitätsanalogie gegenübergestellt (Caietanus 1907, 255). Damit war gemeint, daß
im ersten Fall das im Prädikat Enthaltene
innerlich und formal (d. h. seinem Wesen
nach, auch wenn das Wesen je anders realisiert und modifiziert wird) im Subjekt anwesend ist. In Achilles hingegen könnte schon
„aliquid leoninum" [etwas Löwenhaftes]
(Thomas, *Summa Theologiae* I 13 a 9) innerlich anwesend sein; formal, d. h. seinem Wesen nach, ist das Löwe-Sein nur im Tier. Wie
mit 'gut' aber, so ist es auch mit 'Form':
Obwohl Substanz und Qualität verschiedene
Kategorien sind, wird 'Form' in den Ausdrücken 'substantielle Form' und 'qualitative
Form' nicht nur metaphorisch genommen.
Die Form ist in den zwei Fällen den Proportionen nach identisch, nämlich das, wodurch
etwas ist, was es ist, so wie 'gut' in den zitierten Beispielen jeweils eine Perfektion des
Subjektes bedeutet. Durch die so verstandene
Analogie ist die Welt keine Ansammlung von
voneinander getrennten Seinsbereichen, weil
sie das metaphysische, d. h. transkategoriale
Sprechen erst möglich macht. In diesem Sinne
hat Aristoteles die Einheit des Seins (Parmenides) mit seiner Vielheit (Heraklit) versöhnt
und eine wenigstens horizontale Seinsordnung begründet (s. Art. 1). In Richtung einer
vertikalen Ordnung hingegen geht die Einheit
der Seienden, wenn Aristoteles bemerkt (*Metaph.* 1071 a 33 ff; 1070 b 35), daß die Einheit
der Ursachen (wie Materie, Form und bewir-
kende Ursache) nicht nur auf Analogie beruht. Sie geht zudem darauf zurück, daß die
Ursachen der Substanz als die Ursachen von
allem anderen gesehen werden können, weil

es ohne sie Quantität, Qualität usw. nicht
geben würde; ja letzten Endes gibt es nur die
eine Ursache [Gott], die alles bewegt. Aber
mit dieser Betrachtung verlagert sich die Perspektive auf das ›von Einem her‹.

2.3.3. Die einfache Proportion (Attribution)
oder das ›von Einem her‹

Wie in 2.3.1. auseinandergesetzt, könnten
nach Aristoteles Ehre und Erkenntnis 'gut'
genannt werden, nicht nur gemäß Analogie
(Proportionalität), sondern auch gemäß einer
Benennung ›von Einem her‹ oder ›auf Eines
hin‹. Der folgende Text gibt dazu genauere
Erläuterungen:

„Das Seiende wird in vielfachem Sinn ausgesagt,
aber immer auf Eines hin, nämlich auf eine Natur
hin, und auf nicht-homonyme Weise. Aber wie alles
was 'gesund' [heißt] sich auf die Gesundheit bezieht
− das eine, weil es sie im Stande erhält, das andere,
weil es sie verursacht, ein drittes, weil es ein Zeichen
von ihr ist −, [...] so wird auch das Seiende zwar
in vielfachem Sinne ausgesagt, aber immer in Bezug
auf *ein* Prinzip. Denn einige werden 'Seiende' genannt, weil sie Substanzen sind, andere weil sie
Eigenschaften einer Substanz sind, wieder andere,
weil sie ein Weg zur Substanz sind [Materie und
Form] [...]. Nun aber, so wie es nur *eine* Wissenschaft gibt von allem, was 'gesund' heißt, so ist es
auch in den anderen Fällen. Denn es kommt *einer*
Wissenschaft zu, nicht nur was synonym, sondern
auch, was auf *eine* Natur hin gesagt wird, zu studieren; denn auch Letzteres wird irgendwie synonym ausgesagt (λέγεται καθ'ἕν). Es ist also deutlich, daß es *einer* Wissenschaft zukommt, die Seienden als Seiende zu studieren. Nun aber ist das
Hauptobjekt einer Wissenschaft immer das, was
das Erste ist, d. h. wovon das Übrige abhängt und
wonach dies benannt wird. Wenn nun das Erste die
Substanz ist, dann muß der Philosoph deren Prinzipien und Ursachen erfassen" (*Metaph.* 1003 a
33 ff).

Die Seinsordnung beschränkt sich bei Aristoteles also auf eine nicht weiter reduzierte
Vielheit von Substanzen, deren Prinzipien
auch diejenige der nicht-substanziell Seienden
sind (vgl. *Metaph.* 1071 a 33 ff); daß es für
alle letzten Endes nur einen einzigen Beweger
gibt (1070 b 35), scheint daran nicht viel zu
ändern. Die vertikale Einheit der Seienden
(nämlich von Gott her) wäre vielleicht deutlicher geworden, wenn Aristoteles sein soeben
erwähntes Beispiel des Guten ausgearbeitet
hätte. Aber diese Ausarbeitung, die in der
späteren theologischen Entwicklung vollzogen wurde, ist im Ansatz in seiner Strategie
des ›von Einem her‹ Sein und Benanntwerden
gegeben; tatsächlich ist das „nicht-zufällig
homonym [...] von Einem her oder auf Eines

hin Sein/ἀφ'ἑνὸς εἶναι ἢ πρὸς ἕν" (*Eth. Nic.* 1096 b 27) später die theologisch bedeutsame ›Proportion‹ oder „analogia attributionis" [Attributionsanalogie] (Caietanus 1907, 251; die lateinische Übersetzung von Averroës hatte schon 'per attributionem', vgl. Owens 1963, 91) geworden. Weil es sich jetzt um ein einfaches Verhältnis zwischen zwei Gliedern handelt, wird das 'ab uno' nicht durch parallele, sondern durch zu einem gemeinsamen Punkt hingehende Linien dargestellt. Es geht um ein ›Erstes‹, das beliebig viele ›Zweite‹ haben kann. Gwil Owen (1960 a, 169) hat dies treffend mit 'focal meaning' ausgedrückt. Der intendierte Bezugspunkt — und dies ist für den theologischen Gebrauch der Analogie wichtig geworden — ist zudem ein Konkretes. Die Qualität zum Beispiel ist Eigenschaft, nicht des Begriffs ›Substanz‹, sondern der konkreten, realen Substanz. Ebenso ist ein Medikament nicht auf ein Abstractum bezogen, sondern auf die Gesundheit eines Individuums. Caietanus (1907, 251) definierte die Attributionsanalogie als

„quorum nomen est commune, ratio autem secundum illud nomen est eadem secundum terminum, et diversa secundum habitudines ad illum" [wovon der Name gemeinsam ist; aber die dem Namen entsprechende ›ratio‹ ist die gleiche dem Terminus und eine verschiedene den Verhältnissen nach].

Offensichtlich gibt es bei dieser (von Aristoteles nicht so genannten) Analogie im Gegensatz zur Proportionalität ein ›Erstes‹. Wenn also ›der Fuß des Berges‹ metaphorisch vom menschlichen Fuß her benannt wird, wird die Proportionalität durch eine Proportion durchkreuzt; man hat dann die später so genannte ›gemischte Analogie‹; dies ist für Metaphern übrigens ziemlich geläufig. Man kann eine Proportion immer in eine Proportionalität einbauen: Was die Ursache für ihre Wirkung, ist die Arznei für die Gesundheit; umgekehrt kann eine Proportionalität oft, besonders bei einer Metapher, auf eine Proportion reduziert werden. Das Beispiel 'gesund' ist klassisch geworden, etwa wenn die Farbe 'gesund' genannt wird als Zeichen der Gesundheit, usw. Caietanus (1907, 252) betonte, daß die Proportion nur eine äußerliche, also uneigentliche Benennung abgebe. Denn das gesunde Medikament hat keinen Anteil an der organischen Gesundheit, auf die es gerichtet ist und woher es benannt wird. Demnach wird ein Apfel auf zwei Weisen gesund genannt: Im eigentlichen Sinne, wenn er nicht faul ist (man meint dann den gesunden Organismus des Apfels), und im uneigentlichen

Sinne, wenn er in seiner Beziehung zur Gesundheit der Lebewesen gesehen wird (in Italien spricht man sogar von ›medizinischen Äpfeln‹). Aber dies würde beim Beispiel des Seienden zu der Ungereimtheit führen, daß eine Qualität — die ja doch von der Substanz her 'seiend' genannt wird — nur in uneigentlichem Sinne ein Seiendes wäre; dann aber würde sie nicht existieren. Gibt es also auch eine Attribution mit eigentlicher Benennung (per denominationem intrinsecam)? Hampus Lyttkens (1952, 264 f) kommt zögernd zu dieser Folgerung, weil die Texte von Thomas sich nicht als Proportionalität auslegen lassen, womit der Ausweg für die Cajetaner versperrt ist. Petrus Kreling (1941, 42 ff) hatte bereits darauf hingewiesen, daß das in eigentlichem Sinn Zu- oder Nichtzukommen eines Prädikats als solches außerhalb der Analogie als Struktur steht; wenn Caietanus also eine eigentliche und uneigentliche Proportionalität unterscheidet (letztere ist die Metapher), darf man das gleiche bei der Proportion tun. Edward Schillebeeckx (1952, 256) hat den Unterschied bei Thomas, wenn auch in einer nicht mehr üblichen Terminologie, nachgewiesen. Tatsächlich betonte Thomas (*Summa theologiae* I 13 a 2), daß bestimmte Namen, wie 'gut', „mehr als andere Namen von Gott ausgesagt werden". Wäre 'Seiendes' oder 'gut' wie 'gesund' zu behandeln, so wäre er nur deren Urheber, ohne selber seiend oder gut zu sein. Oder umgekehrt, wenn man Gott nur 'gut' nennt, insofern er Ursache des Guten ist — so wie die Arznei es ist in Bezug auf die Gesundheit —, könnte man ihn auch 'Körper' nennen. Und, so fügt er noch hinzu, eine solche Auffassung der Benennung ist gegen die Intention der von Gott Redenden. Denn wenn sie Gott 'lebend' nennen, meinen sie etwas anderes, als daß er nur Ursache des Lebens sei. 'Lebend' wird also, in der Terminologie des Titels, den Thomas diesem Artikel gab, ›substantialiter‹ von Gott ausgesagt, im Gegensatz zu 'gesund' oder 'Körper' (vgl. auch De Vries 1980, 28 f). Dementsprechend wird die Proportion nicht mehr nur eine Analogie „secundum denominationem extrinsecam tantum" [äußere Benennung] (Caietanus 1907, 251) genannt — so wie die Luft ›gesund‹ genannt wird, insofern sie die Gesundheit instand erhält —, es gibt auch eine ›analogia attributionis per denominationem intrinsecam‹ (vgl. Owens 1963, 91). Der Ausdruck 'per denominationem extrinsecam' ist übrigens weniger glücklich, denn was vom Subjekt gesagt wird, ist im Subjekt; nur ist in unserem Beispiel (der Luft) nicht die eigene und eigentliche ›ratio‹ (man könnte sagen ›die Natur‹) von 'Gesundheit' im Subjekt anwesend. Schließlich sei noch bemerkt, daß das ›Erste‹, wonach ein ›Zweites‹ attributiv benannt wird, zur Definition des Letzteren gehört (beim Medikament gilt dies ohne weiteres, bei der Luft nur, insofern sie 'gesund' genannt wird). So kann das Akzidens nur von seiner Beziehung auf die Substanz hin verstanden werden (vgl. Thomas, *Summa theologiae* I 13 a 10). Dies bedeutet aber nicht, daß alle Geschöpfe, es sei denn, sie werden *als* Geschöpfe genommen, von Gott her definiert werden müssen. Denn das wäre eine Definition durch das weniger Gekannte: Gottes Natur an sich (prout in se est) ist uns unbekannt. – Obwohl die Analogie, wie unter 1. ausgeführt, in vielen Bereichen benützt wird, gibt es doch zwei Gebiete, wo ihre Anwendung besonders wichtig ist: Wissenschaft und Theologie. Zum Beispiel führt die *Encyclopedia of Philosophy* statt 'Analogy' nur 'Analogy in Science' (wobei auf 'Models' verwiesen wird; hier geht es besonders um die Proportionalität) und 'Analogy in Theology' (wo die Proportion den ersten Platz errungen zu haben scheint) auf. Weil aber die theologische Verwendung von 'Analogie' die sprachphilosophisch wahrscheinlich interessantere ist, sei hier nur auf sie eingegangen (s. Art. 103).

3. Analogie in der Theologie

3.1. Von der Proportionalität zur Proportion (Attribution)

Wer von Gott reden will, braucht die Analogie. Andernfalls ist er folgendem Dilemma ausgesetzt: Entweder behalten die von den Geschöpfen her auf Gott angewandten Prädikate ihre uns vertraute Verwendung (Univozität), sind dann aber nicht geeignet für Gott als den grundsätzlich Anderen (Transzendenz), oder sie werden Gott gerecht, aber dann wissen wir nicht, was sie bedeuten (bloße Äquivozität). Es ist dies das Dilemma von Anthropomorphismus und Agnostizismus. Die Analogie versucht einen Mittelweg, allerdings ohne daß sie Äquivozität vermeiden könnte: sie ist eine absichtliche Äquivozität. Die Lage ist daher zweideutig – als gäbe es zwischen 'eindeutig' (univok) und 'mehrdeutig' (äquivok) einen Mittelweg –; Aristoteles selbst hat zu dieser Entwicklung beigetragen. Er hat nämlich in seinen *Cate-*

goriae (1 a 12 ff) neben Synonymie und Homonymie die Paronymie als etwas Drittes (und letztes) aufgezählt (s. Art. 15). Mit ihr sind Namensableitungen wie 'Grammatiker' von 'Grammatik' her gemeint, oder (*Cat.* 10 a 27) – was man nicht erwarten würde (vgl. aber *Topica* 116 b 10 ff) – 'weiß' (λευκός) von 'Weiße' (λευκότης), also auch 'gesund' von 'Gesundheit'. Weil es sich auch hier um eine Benennung ›von Einem her‹ handelt, wurde die Paronymie (Denominierung) schon bald mit der Proportion (als ›von Einem her‹) identifiziert, jetzt aber mit der Konnotation, daß das ›Zweite‹ auf schwächere Weise am Sein des ›Ersten‹ teilhat. Diese Auffassung wurde noch begünstigt durch die Neuplatoniker, die ihre Partizipationslehre mit der Analogie als einer abnehmenden, aber strukturähnlichen Seinszuteilung in den je niedrigeren Stufen der Emanation verbanden. Zwar faßten sie die Analogie noch als vier- oder mehrgliedrig auf, aber bereits Varro (*De lingua latina* 10, 37) hatte diese ›Analogie‹ als „ratio pro portione" erläutert und (*De lingua latina* 10, 42) auf ihren Nutzen als ›Ähnlichkeit‹ zur Erklärung grammatischer Erscheinungen hingewiesen. So wurde die Proportion – in der Rückübersetzung als ›Analogie‹ – ein Kunstgriff, der es erlauben sollte, von den ›Zweiten‹ ausgehend etwas von der Natur des ›Ersten‹ (für die Neuplatoniker: des ›Einen‹) ahnen zu können (für die komplexe Geschichte vgl. Kluxen 1971; Secretan 1984). Bloß ein Ahnen ist es, weil Gott seine Vollkommenheiten *ist* (und nicht nur hat), an denen die Geschöpfe, wesensverschieden von ihm, nur durch „participatio secundum aliqualem analogiam" [eine ›gebrechliche‹ Partizipation] (Thomas, *Summa contra Gentiles* I 29 Nr. 273; vgl. *Summa theologiae* I 4 a 3) Anteil haben. Damit wurde für die inzwischen ›vertikalisierte‹ Analogie die Negativität wesentlich. Jeder Theologe kennt in diesem Kontext den Namen des Neuplatonikers Dionysios Pseudo-Areopagita. Für ihn ist Gott der ganz Andere. Aber mit 'Gott ist weise' würden wir ihn auf unsere Seite stellen. Also müssen wir verneinen daß Gott weise ist, ohne damit zu meinen, er sei etwa unvernünftig; Gott ist nur nicht weise, so wie wir es sind. Diese notwendige Phase der Negation können wir nur transzendieren, indem wir sagen, daß Gott ›eminenter‹ weise ist. Damit ist der theologische Gebrauch der Analogie für das Mittelalter festgelegt worden: von Affirmation durch die Negation hindurch zur Aussage im eminenten Modus. In der Sprache von Gott kann man den ›negativen Weg‹ ('via negativa' oder auch 'via remotionis') nie verlassen: Gott bleibt unvergleichbar und letzten Endes unbenennbar. Oder, wie es die berühmte Definition von Lateranense IV (dem Konzil von 1215; Denzinger 1955, Nr. 432) ausdrückt: „[I]nter creatorem et creaturam non potest tanta similitudo notari, quin inter eos maior sit dissimilitudo notanda" [Zwischen Schöpfer und Geschöpf kann keine so große Ähnlichkeit angedeutet werden, ohne daß eine noch größere Unähnlichkeit zu verzeichnen wäre]. Man kann also höchstens eine Logik des theologischen Stammelns erwarten. Und bezüglich der Frage, welches Sprachmittel sich noch am besten für eine solche Logik eignet, nämlich die Proportion oder die Proportionalität, gab es zwar einiges Zögern, z. B. bei Bonaventura; aber die Proportion scheint wohl das bevorzugte Instrument gewesen zu sein (vgl. Walgrave 1974, 398 ff). Für Thomas ist die Analogie jedenfalls eindeutig die Proportion: „[H]uiusmodi nomina dicuntur de Deo et creaturis secundum analogiam, idest proportionem" [Solche Namen werden von Gott und Geschöpfen der Analogie, d. h. der Proportion nach, gesagt] (*Summa theologiae* I q 13 a 5). Oder, wie er es schon ganz früh (vgl. De Vries 1980, 28), nämlich in *De principiis naturae* (§ 6), gesagt hat:

„[T]ripliciter aliquid praedicatur de pluribus: scilicet univoce, aequivoce et analogice [...]. Analogice dicitur praedicari, quod praedicatur de pluribus quorum rationes et definitiones sunt diversae, sed attribuuntur uni alicui eidem" [In dreifacher Weise wird etwas von mehreren ausgesagt: eindeutig, mehrdeutig, analogisch [...]. Analogisch wird etwas ausgesagt von mehreren, deren ›ratio‹ und Definition verschieden sind, die aber auf ein und dasselbe hingeordnet sind].

Wenn Caietanus trotzdem meinte, Thomas habe für die Sprache von Gott hauptsächlich die Analogie im Sinne der Proportionalität verwendet, so stützte er sich dafür besonders auf Texte aus den Jahren 1256/57, wo Thomas tatsächlich von Proportionalität sprach, womit er aber die Proportion als eine nicht meßbare meinte (der Abstand zwischen Gott und Geschöpf ist unendlich). Wenn Thomas sonst von der 'analogia proportionalitatis' spricht, versteht er darunter die metaphorische Rede, nicht die ›eigentliche Proportionalitätsanalogie‹ von Caietanus (vgl. Schillebeeckx 1952, 242 ff; Mondin 1975, 120 ff). Es kann auch nicht anders sein. Zwar ist es informativ, Gott 'unsren Vater' zu nennen — im Sinne von

'Was ein Vater für seine Kinder ist, ist Gott für uns' —, gleichwohl aber kann die Proportionalität das Sprechen über Gott nicht begründen. Denn wenn nicht aus anderen Gründen bereits sinnvoll von Gott geredet werden kann, bleibt die Proportionalität eine Gleichung mit zwei Unbekannten (Gott und sein Verhalten), die sich nicht lösen läßt. Aber selbst, wenn das Reden von Gott schon auf andere Weise (namentlich durch Attribution) als sinnvoll erwiesen wäre, könnte die Proportionalität, wenn man vom Metaphorischen absieht, nur formale Eigenschaften aufdecken (Bocheński 1965, 115 ff). Wenn Gott uns liebhat, wird seine Liebe, wie die menschliche, eine reflexive und transitive Beziehung sein. Das heißt, er liebt auch sich selbst, und er liebt diejenigen, die von seinen Geliebten geliebt werden. Aber für diese Eigenschaften müßte erst noch geklärt werden, ob sie tatsächlich zutreffen —, und Proportionalität allein wird dazu nicht ausreichen. Formale Eigenschaften sind eben nur formal, nicht inhaltlich. Gelten z. B. diejenigen der Liebe nicht auch für die Bewunderung? Zudem scheinen diese Eigenschaften wieder verneint werden zu müssen, wenn der Gläubige sagt, daß Gott uns liebt wie ein Vater seine Kinder, denn die Vater-Beziehung ist weder reflexiv noch transitiv. Auch das in der (philosophischen) Theologie am meisten verwendete Beispiel 'Wie Gott sich zu seiner Existenz verhält, so der Mensch zu der seinen' — in beiden Fällen ist das Subjekt aufgrund der Existenz mehr als nur etwas Gedachtes — bleibt von der Inhaltsleere des nur Formalen betroffen, denn es sagt kaum mehr, als daß Gott sich zu seinen Sachen, wie der Mensch sich zu den seinen verhält. Die Proportionalitätsanalogie scheint also sehr wenig zu leisten, obwohl sie unter dem Einfluß des Thomaskommentators Caietanus, der 1498 die grundsätzlich erste Systematisierung der Analogie veröffentlichte, bis vor kurzem (Bocheński 1959; Hubbeling 1987) als die wichtigste betrachtet wurde. Anders liegen die Verhältnisse, wenn ein Vater uns eine Ahnung geben kann, was Gott (für uns) ist. Man benennt dann aber ›von Einem her‹ (vgl. *Eph.* 3, 15: von Gott her „wird alle Vaterschaft [...] genannt").

3.2. Die Dynamik der Analogie bei Thomas von Aquin

Weil Caietanus' Interpretation die vorherrschende wurde, mußte die Analogielehre von Thomas (vgl. 3.1.) wieder neu entdeckt werden; wir verdanken dies den bereits zitierten

Autoren Kreling, Schillebeeckx und Lyttkens. Sie ist übrigens mehr eine Strategie als eine Lehre. Die von Bernard Montagnes (1963, 67 ff) aufgestellte These einer chronologischen Entwicklung in Thomas' Auffassung bezüglich der Analogie wurde von Battista Mondin (1975, 120 ff) widerlegt. Einer Theorie am nächsten kommt noch die *Summa theologiae* I *quaestio* 13, der ausführlichste und reifste der vielen Texte, in denen Thomas sich zur Analogie geäußert hat (man findet sie aufgeführt in Klubertanz 1960). Es heißt dort (*Summa theologiae* I 13 a 5):

„[A]liqua dicuntur de Deo et creaturis analogice, et non aequivoce pure, neque univoce. Non enim possumus nominare Deum nisi ex creaturis [...]. Et sic, quidquid dicitur de Deo et creaturis, dicitur secundum quod est aliquis ordo creaturae ad Deum, ut ad principium et causam, in qua praeexistunt excellenter omnes rerum perfectiones" [Einiges wird von Gott und Geschöpfen analog und nicht bloß äquivok oder univok ausgesagt. Denn wir können Gott nur von den Geschöpfen her benennen. [...] Und so wird, was von Gott und Geschöpfen gesagt wird, gesagt, insofern es eine Ordnung gibt vom Geschöpf zu Gott wie zu seinem Prinzip und Ursache, in der alle Vollkommenheiten der Dinge ›excellenter‹ vorbestehen].

Jedoch haben wir nach Thomas keinen Begriff von Gott (Klubertanz 1960, 151), denn was Gott ist, bleibt uns unbekannt, weil er alles, was von uns gekannt wird, übersteigt. Daß wir Weisheit nur als von Gutheit und Gerechtigkeit unterschieden denken können, kommt von der Beschränktheit unserer Begriffe. In Gott, Fülle des Seins, sind alle Vollkommenheiten aber identisch. Wenn wir Gott ‘weise’ nennen, ist dies keine Abstraktion aus menschlicher Weisheit, sondern die Weisheit, der wir begegnen, wird als ein Hinweis gesehen auf etwas, dessen begriffliche Bestimmung uns entgeht. Wenn Thomas schreibt: „Wir kennen Gott [...] als Ursache und durch Exzeß und durch Verneinung" (*Summa theologiae* I 84 a 7 ad 3), so sind die zwei letztgenannten ›Wege‹ bloß Hinzufügungen und keine Abstraktionsmittel für positive Erkenntnis. Offensichtlich identifiziert Thomas den Weg der Affirmation mit Kenntnis aus der Wirkung, weil das Geschöpf sein Sein nur hat, insofern es von Gott herkommt. Aber gerade am Worte ‘Ursache’, womit wir Gott aus diesem Grunde bezeichnen, wird deutlich, wie wenig unsere Begriffe das Intendierte erreichen. Denn Gott als Schöpfer ist die ›universelle‹ Ursache aller Seienden. Was das bedeutet, können wir nicht begrifflich fassen. Den Grund sieht Thomas darin (*Summa theo-*

logiae I 45 a 2 ad 2; vgl. I 13 a 1), daß Schöpfung nur unserer Verstehensweise nach ein etwas Ändern ist. Ändern aber heißt, daß etwas Identisches (das Subjekt) zu etwas Anderem wird als vorher, während doch bei der Schöpfung auch ihr Subjekt erst hervorgebracht wird. Nun kennen wir in der Wirklichkeit Ursächlichkeit nur im Sinn von etwas Ändern. Also sagen wir, weil das Sprechen dem Verstehen folgt, daß Gott bei der Schöpfung ›etwas aus dem Nichts macht‹. So weit Thomas. Aus dem bis jetzt Zitierten geht deutlich hervor, daß für ihn die Analogie, auf Gott angewandt, keine begriffliche Angelegenheit ist, sondern nur Dinge und Wörter betrifft. Wenn man dies nicht bedenkt, setzt man sich unnötig einer Kritik, wie etwa der von Humphrey Palmer (1973), aus, daß ein Begriff im Übergang von einem Ding zu dessen Analogat ein anderer Begriff wird. Thomas kannte keine Begriffsanalogie. Man sollte, modern, besser sagen: 'Gott liebt uns' und 'Ich liebe meine Frau' haben bestimmte Wahrheitsbedingungen gemeinsam; in beiden Fällen wird für den Geliebten das Gute gewollt. Begriffe aber treffen nur das Geschöpfliche: „[S]ignificationes illorum nominum notae [sunt] nobis solum secundum quod de creaturis dicuntur" [Die Bedeutungen solcher Namen sind uns nur bekannt, insofern sie von den Geschöpfen gesagt werden] (*Summa contra Gentiles* I 33 Nr. 295). Gemeint sind hier die ›einfachen‹, d. h. keine Beschränkung einschließenden Vollkommenheiten, wie ›seiend‹, ›gut‹, ›schön‹, ›wahr‹, ›Akt‹ usw. Man könnte auch ›wirkendes Prinzip‹ (auf Gott als Ursache oder Urgrund angewandt) zu ihnen rechnen. Insofern das Geschöpf an solchen Eigenschaften teilhat, ist es ein Verweis auf Gott, von dem sie primär (per prius) gelten. In eben diesem Sinne ›ontologisch‹ wird auch alle Vaterschaft 'von Gott her' genannt, obwohl ›epistemologisch‹ die Benennung vom Geschöpfe her geschieht. Zwar handelt es sich hier um eine nur sehr schwache Imitation (*Summa theologiae* I 4 a 3; 13 a 2), aber das Geschöpf kann durch sie gleichwohl Anhaltspunkt für eine Dynamik auf Gott hin sein: Es weist über sich selbst hinaus. Wenn wir diese Transzendenz mit Worten nachvollziehen, geht der Akt des Bedeutens weiter als die gegebene Bedeutung, und zwar in die durch sie angegebene ›Richtung‹. Es scheint hier also eher eine bestimmte Weise der Verwendung der Wörter als eine Änderung von deren Bedeutung vorzuliegen (vgl. Davidson 1978). Genau wie Ludwig Wittgenstein (1922,

6.522) (s. Art. 39), spricht auch Thomas hier von 'zeigen'; er schreibt (*In epist. ad Eph.* c. 3, 1. 4):

„[N]omen alicuius rei nominatae a nobis dupliciter potest accipi, quia vel est expressivum, aut significativum conceptus intellectus […], aut inquantum est manifestativum quidditatis rei nominatae exterius, et sic est prius in Deo" [Entweder drückt ein Name Begriffe der Vernunft aus […] oder er zeigt eine Wesenheit, die außerhalb des Benannten liegt. In diesem Falle gilt er zuerst von Gott].

Unsere Begriffe können nicht zutreffend auf Gott angewandt werden, auch nicht, wenn es sich um die ›trancendentalia‹, die einfachen Vollkommenheiten, handelt.

„[C]um hoc nomen *sapiens* de homine dicitur, quodammodo circumscribit et comprehendit rem significatam: non autem cum dicitur de Deo, sed relinquit rem significatam ut incomprehensam, et excedentem nominis significationem. Unde patet quod non secundum eandem rationem hoc nomen *sapiens* de Deo et de homine dicitur. Et eadem ratio est de aliis" [Wenn 'weise' von einem Menschen gesagt wird, umschreibt und umfaßt es die bedeutete Sache einigermaßen, nicht aber wenn es von Gott gesagt wird: Dann läßt es die bedeutete Sache unbegriffen und als die Bedeutung des Wortes übersteigend [denn nun geht es nicht mehr um eine Eigenschaft, sondern um Gottes Wesen]. Es ist daher deutlich, daß dies Wort 'weise' nicht der gleichen Definition nach von Gott und Mensch gesagt wird. Und das Gleiche gilt von den anderen Wörtern] (*Summa theologiae* I 13 a 5).

Mehr noch gilt dies bei Vollkommenheiten, die eine Beschränkung wie z. B. Materialität einschließen. Diese werden im eigentlichen Sinn vom Geschöpf gesagt und auf Gott nur metaphorisch übertragen ('Gottes starker Arm'). In beiden Fällen aber müssen wir über unsere Wörter hinaus ›weitergreifen‹ (Kreling 1941, 37); mit ihnen intendieren wir Gott in der ›Richtung‹, die durch ihren Inhalt angegeben wird. Und so meint Schillebeeckx (1952, 260) sagen zu dürfen:

„Als we blijven vasthouden aan de term „analogie" moeten we zeggen, dat al onze Godsaffirmaties analoog zijn, omdat we God slechts kennen *vanuit het schepsel*: omdat nl. het schepsel ons God *toont* in het verlengde van (maar binnen) de „transcendentalia". De basis van de realiteit onzer Godskennis is dan ook […] de *objectieve* dynamiek van de zijnsinhoud […], welke door de geest in een intellectueel tenderende of projectieve akt beamend wordt gevolgd. Dit lijkt ons de meest preciese uitdrukking van Thomas' intiemste gedachte over onze Godskennis" [Wenn wir an dem Worte 'Analogie' festhalten, müssen wir sagen, daß all unsere Gottesaussagen analog sind, weil wir Gott nur *vom Geschöpf her* kennen: weil uns nämlich das Ge-

schöpf Gott auf der Linie (aber innerhalb) der ›transcendentalia‹ *zeigt*. Die Grundlage der Realität unserer Gotteserkenntnis ist […] die *objektive* Dynamik des Seinsinhaltes […], welcher der Geist in einem intellektuell tendierenden oder projektiven Akt bejahend folgt. Das scheint uns der präziseste Ausdruck für den tiefsten Gedanken des heiligen Thomas über unsere Gotteserkenntnis zu sein].

Demnach ist die Welt in unterschiedlichem Grade eine Epiphanie Gottes, und die Benennungen Gottes beruhen auf Evokation, in der die drei ›Wege‹ der Theologie zusammenkommen. Zum Beispiel haben wir schon einen Begriff von Ursächlichkeit. Aber dieser Begriff muß, wenn es sich um Gott als Schöpfer handelt, ›überstiegen‹ werden. Die Idee wäre dann, daß man, von nur oberflächlich — z. B. nur Positionsänderung mit sich führenden — eingreifenden Ursachen ausgehend, entlang immer tiefer gehenden Ursachen — etwa von qualitativer bis zu substantieller Änderung — in eine Richtung geht, an deren Ende, allerdings durch Sprung über einen logischen Abgrund, Gott als die ›All-Ursache‹ steht. Diese Präzisierung der Analogie als Proportion läßt sich bei Thomas schon vermuten: „[Q]uanto aliquae creaturae sunt sublimiores, tanto magis ad divinam similitudinem accedunt" [Je erhabener bestimmte Geschöpfe sind, um so näher kommen sie der göttlichen Ähnlichkeit] (*Summa theologiae* I 1 a 9 tertio); sie tritt deutlich hervor bei Meister Eckart, wo das Geschaffene als Hinweis auf das Absolute begriffen ist (vgl. Mojsisch 1983, 56) und wird klar ausgesprochen von Ian T. Ramsey (s. Art. 103), ohne daß er sie unter 'Analogie' abhandelt. Und vielleicht zurecht, denn außerhalb unseres Kontextes wird gegenwärtig wie bei Aristoteles mit 'Analogie' immer nur Proportionalität oder die mit ihr gegebene Ähnlichkeit, eventuell auch die Metapher gemeint. Man sollte also besser ausdrücklich von 'Attributionsanalogie' oder 'Denominierung' sprechen, auch wenn im Folgenden der Kürze halber das Wort 'Analogie' beibehalten wird.

4. Der Stellenwert der Analogie

4.1. Die Aufwertung der metaphorischen Sprache

Seit kurzem (vgl. Müller 1983, 235 ff) ist man sich dessen bewußt, daß Thomas, obwohl er sich eher negativ zur Metapher äußerte (*Summa theologiae* I 1 a 9), in seiner Praxis dem metaphorischen Reden über Gott den Vorrang gegeben hat. Die Bibel tut das übrigens auch. Die Metapher ist für die Theologie nicht nur notwendig (*Summa theologiae* I 1 a 9 ad 1), sondern sogar der Normalfall: „Non igitur omnia nomina dicuntur de Deo metaphorice, sed aliqua dicuntur proprie" [Also werden nicht alle Namen metaphorisch von Gott gesagt, sondern einige werden im eigentlichen Sinn [d. h. analog] verwendet] (*Summa theologiae* I 13 a 3). Andererseits hat sich jetzt die Auffassung durchgesetzt, daß die Welt immer nur unter einer bestimmten Beschreibung gegeben (Black 1979, 39 f) und daher immer nur unter einer bestimmten Perspektive erkannt wird. Und Metaphern sind Verkörperungen solcher Perspektiven, nützliche Formen des von Aristoteles empfohlenen ›Zusammensehens‹: Kognitivität fällt nicht mit Buchstäblichkeit zusammen. Eine Metapher kann unter Umständen die geeignetste Ausdrucksweise sein. So etwa 'Der Herr ist mein Hirt' (vgl. Black 1979, 22). Denn „Das ganze Gewicht kann im Bilde sein" (Wittgenstein 1966, 72). — Immerhin wäre es bestimmt nicht biblisch, Gott auf nur metaphorische Weise 'gut' zu nennen. Und was man mittels der Analogie zu vermeiden versucht, nämlich den Anthropomorphismus, kehrt gerade durch die Metapher, die ihre eigene, durchaus anthropomorphe Weltsicht mit sich führt, zurück (Wicker 1975, 2 ff). Zwar ist die rein analoge Sprache über Gott — Gott als ›gut‹, ›seiend‹, ›lebend‹, ›Ursache‹ usw. — recht dürftig (vgl. aber Hubbeling 1987, 131 f), während das metaphorische Sprechen den Vorteil hat, besser ausdrücken zu können, was Gott für uns bedeutet, aber wenn es auf die Begründung des Redens über Gott ankommt, wird man ohne Analogie nicht auskommen. Metaphorische Prädikation hat nur Sinn, wenn das Subjekt bereits durch buchstäblich zu nehmende Beschreibungen umrissen ist. Denn sonst entsteht die von William Alston (1980, 133 f) geschilderte Lage, daß man Gott beliebige, auch einander widersprechende Prädikate zuschreiben kann. Bei Metaphern geht es nämlich um Ähnlichkeiten, und die gibt es zwischen beliebigen Entitäten. Oder, wie Thomas es ausdrückte (*In Libros Sententiarum* I d 22, q 1 a 2 ad 3):

„[S]apientia creata magis differt a sapientia increata quantum ad esse [...] quam floritio prati a risu hominis: sed quantum ad rationem a qua imponitur nomen, magis conveniunt; quia illa ratio est una secundum analogiam, per prius in Deo, per posterius in creaturis existens" [Seinsmäßig ist die geschaffene Weisheit mehr von der ungeschaffenen verschieden [...] als eine Blumenwiese vom Lächeln

eines Menschen. Aber in bezug auf die ›ratio‹, von der her der Name gegeben wird, stimmen sie mehr überein. Denn jene ›ratio‹ ist eins nach Analogie, an erster Stelle in Gott und sekundär in den Geschöpfen bestehend] (zum Verhältnis 'Blumenwiese-Lächeln' vgl. *Summa theologiae* I 13 a 6: Was dem Aussehen einer Wiese die Blumenpracht, ist dem Antlitz das Lächeln).

›Weisheit‹ macht uns Gott weniger bekannt als das ›Lächeln‹ der Wiese den Menschen; der bedeuteten Sache nach aber werden mit 'Weisheit', von Gott gesagt, „die Wahrheit und Eigentlichkeit des Sprechens mehr beibehalten/magis attenditur veritas et proprietas locutionis" (*In Libros Sententiarum* I d 22, q 1 a 2 ad 3). Eben, weil Gott nur metaphorisch lächelt (vgl. *Psalmen* 2,4), aber buchstäblich weise ist.

4.2. Analogie kein Sonderfall

Nach James Ross (1981, 33 u. öfter) ist Analogie nur die Form eines allgemeineren sprachlichen Gesetzes. In den folgenden Beispielen hat 'fallen lassen' jeweils eine andere Bedeutung: 'Sie ließ ihr Buch fallen', 'Sie ließ ihren Freund fallen' und 'Sie ließ eine Masche fallen'. Er erklärt diese Beispiele als Differenzierung von Wortbedeutung durch eine von den anderen Wörtern im Satz ausgehende ›Dominierung‹ (dominance), von Harald Weinrich (1976, 311) 'Determination' genannt. Das Komplement von 'fallen lassen' übt eine jeweils verschiedene ›linguistische Kraft‹ (force, dominance) auf das Verb aus. Die textuelle Bedeutung ist das Ergebnis einer Anpassung (fit) zur jeweils wechselnden Umgebung, also zum Kontext (s. Art. 92). Nicht jeder Wechsel des Kontextes führt eine Differenzierung mit sich. Sie findet z. B. nicht statt, wenn in 'Sie ließ ihr Buch fallen' das Wort 'Buch' durch 'Bleistift' ersetzt wird: Differenzierung, auch „semantische Ansteckung" genannt (Ross 1981, 32), gibt es nur bei relevanten Kontrasten. Der Mechanismus dahinter ist, daß wir beim Verstehen von Sätzen dazu tendieren, ihnen einen akzeptablen Sinn zu geben, wann immer es möglich ist. Auch die Analogie ist ein jeweils verschieden strukturierter Fall einer überall wirksamen Differenzierung. Auf ihre Analyse bei Ross sei hier nicht näher eingegangen, weil es dazu zwingen würde, die von ihm nicht sehr klar ausgearbeiteten Begriffe ›near synonyms‹ und ›predicate scheme‹ zu behandeln. — Ross' rein sprachliche Behandlungsweise hat allerdings den Vorteil, die Analogie als eine ganz normale Erscheinung, auch außerhalb von

Theologie und Metaphysik, dargestellt zu haben. Sogar die logischen Empiristen verwenden das Prinzip der Analogie bzw. ihre Hauptvoraussetzung, nämlich die Differenzierung, wenn sie behaupten, daß 'ist weise' eine wohlbestimmte Bedeutung hat, wenn es von Sokrates gesagt wird, eine andere hingegen, wenn vom Fasten, und keine, wenn von Gott ausgesagt; schließlich hat hier nur Subjektwechsel stattgefunden (Ross 1981, 176 ff). So ist die Analogie aus einer semantisch-ontologischen Strategie in eine syntaktisch-semantische Theorie der Differenzierung umgebildet worden. Diese vermag auch die Bedeutungsänderungen von z. B. 'ist ein Spiel' zu erklären, ohne daß dabei von 'Analogie' geredet werden müßte (es gibt kein ›Erstes‹, und Proportionalität würde nur zu Leerformeln führen). Es genügt für die Analogie nicht, bei ihrer Erläuterung von Familienähnlichkeiten zu sprechen, so wie man dies seit Wittgensteins *Philosophischen Untersuchungen* bei 'Spiel' tut. Andernfalls hätte etwa 'Treue', einmal von Gott und einmal von einem Menschen gesagt, soviel gemein wie Rugby und ein Patiencespiel. In Wirklichkeit braucht auch eine rein linguistische Theorie der Analogie wenigstens die Hilfe einer Pragmatik, um zu erklären, wieso bestimmte Prädikate Gott zugesprochen werden können und andere nicht. Ross (1981, 186) beruft sich für den Sinn religiöser Rede auf ›benchmark occurrences‹ (soviel wie ›paradigmatische Fälle‹), d. h. auf Sätze, die Schlüssel-Ereignisse wiedergeben und als solche bedeutungsbestimmend sind (s. Art. 103, 2.2.2.). Sprachphilosophisch ist dagegen wenig einzuwenden. Wenn jedoch Bibel und kirchliche Tradition zudem die Wahrheit der Rede von Gott begründen sollen, so hielt man dazu eine ›Theologie‹ für erforderlich. Historisch allerdings war die Analogie der Versuch einer semantisch-ontologischen Begründung der Rede von Gott. Ist mit einer solchen Reduktion auf das rein Sprachliche nicht etwas Wesentliches verlorengegangen?

4.3. Analogie metaphysisch behaftet

Die Analogie im Sinne von Thomas als ontologische Fundierung der Rede von Gott wird von zwei Grundbegriffen, nämlich Partizipation und Ursächlichkeit, getragen. Man könnte mit Cornelio Fabro (1961, 634) die Analogie sogar die „sémantique de la participation" nennen. Denn nach Thomas ›fließen (manant) die Vollkommenheiten aus Gott in die Geschöpfe hinein‹ (*Summa theologiae* I 13

a 6) und ›das Geschöpf hat das Sein nur, insofern es vom ersten Seienden abstammt (descendit)‹ (*In Libros Sentiarum* I, *Prol.* q 1 a 2 ad 2). Denn was endlich ist, hat Sein, und ist deswegen durch Teilhabe Seiendes (*Summa theologiae* I 3 a 4). Je nachdem, ob die Geschöpfe mehr oder weniger am Sein teilhaben, stehen sie höher oder niedriger in der Hierarchie der Seinsstufen. Daher die in 3.2. beschriebene Dynamik der Analogie auf Gott hin: „[Q]uanto aliquae creaturae sunt sublimiores, tanto magis ad divinam similitudinem accedunt‚ [Je erhabener bestimmte Geschöpfe sind, um so näher kommen sie der Ähnlichkeit Gottes] (*Summa theologiae* I 1 a 9); diese Dynamik beruht also auf einer durch Partizipation gegebenen und graduell verschiedenen geschöpflichen ›imitatio Dei‹. Eine Theorie der Teilhabe steht jedoch in der Gefahr, ein Pantheismus zu sein. Deswegen betonte Thomas:

„[C]reaturae non dicuntur divinam bonitatem participare quasi partem essentiae suae, sed quia similitudine divinae bonitatis in esse constituuntur, secundum quam non perfecte divinam bonitatem imitantur, sed ex parte" [Von den Geschöpfen sagt man eine Teilhabe an der göttlichen Gutheit nicht aus, als ob sie einen Teil des göttlichen Wesens hätten, sondern weil sie durch eine Ähnlichkeit mit der göttlichen Gutheit konstituiert werden, die nicht eine vollkommene, sondern nur eine teilweise Nachahmung der göttlichen Gutheit ist] (*In Libros Sentiarum* II d. 17 q 1, a 1, ad 6).

Der Partizipationsgedanke bei Thomas besagt, daß nur Gott durch sein Wesen existiert (*Summa theologiae* I 3 a 4) und daher die Fülle des Seins ist, Quelle aller Vollkommenheiten, die in verschiedenen Abstufungen in der Welt realisiert sind. Nun läßt sich dieser Gedanke aber auf Gott als Ursache reduzieren. Daher ist die Kausalität der Grundpfeiler der Lehre von der Analogie bei Thomas. Die Existenz eines Kausalnexus jedoch unterliegt seit David Hume heftiger Kritik und ist oft als eine bloße zeitliche Aufeinanderfolge von Ereignissen verstanden worden; hinzu kommt, daß Thomas' These, ein Wirkendes produziere eine ihm ähnliche Wirkung (*Summa contra Gentiles* I 29, Nr. 270 f; III 69, Nr. 2452), vielen gegenwärtig zurecht unglaubhaft vorkommt. Auch wenn es stimmt, daß niemand gibt, was er nicht hat, und daß eine Wirkung völlig aus ihren Ursachen erklärt werden muß, so kann man daraus nicht auf eine immer anwesende Ähnlichkeit schließen. Ein Medikament kann gesund machen, dumme Eltern können intelligente Kinder erzeugen, häßliche Künstler schöne Werke hervorbringen – wo ist die Ähnlichkeit (vgl. Sherry 1977, 163)? Oder gibt es Ähnlichkeit nur bei den von Gott verursachten ›einfachen‹ Vollkommenheiten? Denn auch Thomas gibt zu, daß die Existenz von Steinen noch nicht etwas Steinartiges in Gott impliziert; der Stein führt nur zu Gott, insofern er ein Seiendes und also etwas Gutes, usw., ist (*Summa contra Gentiles* I 31, Nr. 280). Trotzdem geht er zuweilen weiter, etwa wenn er erklärt (*De veritate* q 2 a 11), daß der Urin eine gewisse Ähnlichkeit zur körperlichen Gesundheit hat. Aber vielleicht geht er da doch nicht zu weit, wenn wir dies so verstehen, daß Ärzte den Urin untersuchen, *um* etwas über die Gesundheit des Patienten zu entdecken. Zudem war für Thomas (vgl. 3.2.) das negative Moment im Aufstieg zu Gott wesentlich: Es gehört zur Theorie, daß wir nicht wissen, *wie* Gott Ursache alles Seienden ist. Demnach wird auch die Ähnlichkeit zwischen Geschöpf und Schöpfer nicht ›buchstäblich‹ aufzufassen sein. Vielleicht geht es eher darum, aus unserer totalen Abhängigkeit und der zugehörigen uneingeschränkten Selbständigkeit Gottes auf seine (mit seinem Wesen identischen) Eigenschaften zu schließen, so wie etwa Hubertus Hubbeling (1987, 131 f) dies getan hat: Wenn Gott sein Sein ist, ist er ein notwendiges Wesen, daher auch ewig und ein Grund derart, daß seine Effekte nicht *mehr* Schöpferisches enthalten können als er selbst. Und so könnte man aus der Tatsache, daß Güte, Wissen, Können, Persönlichkeit usw. schöpferischer sind als ihr Gegenteil, auf deren Anwesenheit in Gott schließen. Eine derartige ›Metaphysik der Analogie‹ kann hier aber nicht durchgeführt werden (vgl. dazu Fabro 1961, 625 ff; Mondin 1968, 93 ff).

Weil eine als Ähnlichkeit verstandene Analogie eine Kontinuität zwischen Geschöpf und Gott zu setzen scheint, hat Karl Barth sich ihr mit religiöser Empörung widersetzt. Sie ist für ihn „*die* Erfindung des Antichrist" (1932, Vorrede). Gott ist der ganz Andere. Die Kluft könne nur von Gott aus überbrückt werden. Dies sei in der Menschwerdung Gottes in Jesus Christus geschehen. Nur durch diesen freien Gnadenakt sei ein legitimes Reden von Gott und Mensch möglich geworden. Dieses sich notwendigerweise auf Gottes Offenbarung stützende Reden ist zwar analog, aber kraft einer ›analogia fidei‹ (womit in *Röm.* 12, 6 die Glaubensregel für die Prophezeiung angedeutet wurde), die eine Analogie der Gnade (analogia gratiae) ist. Sie beruhe

nicht auf einer der menschlichen Sprache innewohnenden Kraft, sondern auf dem, was Gott mit ihr tue: Er mache sie zu einer ihm nach Sinn und Wahrheit geeigneten Sprache. Barth verneint also nicht die Notwendigkeit einer (insbesondere attributiven) Analogie sondern daß der Mensch von sich aus, ohne Initiative Gottes, durch sie zur Erkenntnis Gottes kommen könne (vgl. Mondin 1968, 147 ff). Die Diskussion geht in diesem Zusammenhang um das Verhältnis zwischen Natur und Gnade; sie kann hier nicht weitergeführt werden. Insbesondere wird der Vorwurf, Thomas lehre eine nur endliche Differenz zwischen Gott und Geschöpf schon durch das unter 3.1. Gesagte widerlegt. Weil die Kirchenväter bereits die ›Glaubensanalogie‹ als Bezeichnung für die Kohärenz der Offenbarung als Prinzip theologischer Methodik benützten (vgl. Höfer/Rahner 1957, 475), konnte auch ein Gegner Barths wie Erich Przywara die ›analogia fidei‹ als Aufruf zur Agape zwischen streitenden Schulen im Namen der katholischen Lehre als oberster Norm in seine Theologie integrieren (Höfer/ Rahner 1957, 476). Er selber wurde aber bekannt durch seine ›analogia entis‹ [Analogie des Seienden]. Als Jesuit hat Przywara diesen Ausdruck wahrscheinlich von Suárez (vgl. 2.3.1.) übernommen. Schon Caietanus (1907, 273) hatte von Substanz und Qualität als „entis analogata" gesprochen; frühere Belege scheint es nicht zu geben (vgl. Secretan 1934, 47 f). Mit dieser Analogie sind sowohl die Verhältnisse im Sein wie die ihnen entsprechende Erkenntnis des Seins gemeint, wobei Przywara unter Einfluß seines Studiums der deutschen Mystiker sowie des Dionysios Pseudo-Areopagita und unter Berufung auf die bereits zitierte (vgl. 3.1.) Formel des IV. Laterankonzils das Element der Unähnlichkeit der Analogate betonte, und dies als Gegengewicht gegen Georg Wilhelm Friedrich Hegels Unendlichkeitsdynamik des menschlichen Denkens. Durch die Diskussion Przywaras mit Barth erhielt die ›analogia entis‹ eine theologische Dimension, obwohl sie gewöhnlich als eine metaphysisch begründete, die aristotelisch-thomistische Tradition umfassende Analogielehre der ›analogia fidei‹ Barths gegenübergestellt wird. Es gehört zu den Merkwürdigkeiten dieser Entwicklung, daß 'Seinsanalogie' jetzt Gottes Distanz und 'Glaubensanalogie' seine Nähe in Christus betont (vgl. Secretan 1984, 81). Die Diskussion hierüber hat unterdessen an Schärfe verloren (vgl. Hubbeling 1956, 67 f), aber es gilt noch immer, was Erhardt Güttgemanns (1978, 90) gesagt hat: „Die Krise der theologischen Sprache heute ist eine Krise des Analogieproblems, welches das zentrale hermeneutische Problem überhaupt ist". Es wurde auch auf die Wichtigkeit der ›analogia entis‹ für den interkonfessionellen Dialog hingewiesen (Nielsen 1987). Denn es geht noch immer um das Dilemma von Einheit und Verschiedenheit des Seins, von Anthropomorphismus und Agnostizismus, von Gottes Immanenz und Transzendenz. Vielen mögen solche Fragen und ihre Lösungsversuche mit Hilfe der Analogie zu ›metaphysisch‹ sein. Aber gerade sprachphilosophisch enthält die Analogie wichtige Einsichten, die es zu retten gilt. Zu diesem Zwecke hatte I. T. Ramsey, sich dabei von der traditionellen Metaphysik distanzierend und einer moderneren Epistemologie zuwendend, seine ›disclosure-Theorie‹ aufgestellt (s. Art. 103). Denn ohne Verwendung

der Analogie oder von etwas Ähnlichem werden viele Sprecharten — z. B. diejenigen der Kunstkritik, Ethik, Religion, Metaphysik — unzugänglich bleiben.

5. Literatur in Auswahl

Kluxen 1971, Analogie, in *Historisches Wörterbuch der Philosophie Band 1*, Ritter (Hg.).

Lyttkens 1952, *The Analogy between God and the World*.

Müller 1983, *Thomas von Aquins Theorie und Praxis der Analogie*.

Schillebeeckx 1952, Het niet-begrippelijk kenmoment in onze Godskennis volgens Thomas van Aquino, in *Tijdschrift voor Filosofie* 14.

Secretan 1984, *L'analogie*.

Wim A. de Pater, Leuven (België)

86. Synonymy and analyticity

1. Aims
2. Meaning and analyticity
3. Analyticity in context
4. Meaning and referential semantics
5. Concluding suggestions
6. Selected references

1. Aims

The chief aims here are to disentangle the analytic-synthetic distinction from the notions of linguistic meaning and synonymy, and then to explore the prospects of an empirically based notion of synonymy in linguistics. It will be argued that well supported synonymy claims do not serve to establish analytic truths in any strong rendering of the notion of analyticity. This conclusion is essentially fallibilistic. Arguments concerning it fall into epistemology or the theory of scientific methods. Only on certain out-moded epistemic views, it will be urged, does the notion of the analytic belong to semantics at all. In contrast synonymy, sameness of linguistic meaning, if viable, is clearly semantic. One therefore expects that synonymy claims regarding specific expressions and the attempt to define or characterize the notion are part of the task of empirical semantics. Moreover, the analytic-synthetic distinction is clearly

subject to greater controversy than is the notion of meaning. These points suggest an investigation into the theoretical advantages of cutting entirely the traditional link between analyticity and semantic theory. The notion of synonymy stands at the heart of the problems of semantic theory; both are in need of radical surgery. Cutting out the notion of analyticity is a necessary first step.

2. Meaning and analyticity

The *locus classicus* of contemporary debate on synonymy and analyticity is Willard Van Orman Quine's *Two Dogmas of Empiricism* (1951). This is a crucial source for understanding both the problems of the notion of analytic truth and the perspective which links together analyticity and synonymy. Quine assumes (along with the defenders of the analytic-synthetic distinction) that the notions of analyticity, synonymy and linguistic meaning must either stand or fall together. One can, therefore, look to Quine for an account of the nature of the supposed connections. — In *Two Dogmas*, Quine criticizes and rejects the analytic-synthetic distinction and a strongly related version of reductionism. His general target is the empiricism of the logical positivists. Still, empiricism is not to be rejected but rather reformed. There is to be "a shift toward *pragmatism*" and "a blurring of the supposed boundary between speculative metaphysics and natural science" (Quine 1951, 20). The criticism of the analytic-synthetic distinction is, then, an epistemological project, though Quine is quick to draw consequences for linguistic theory (cf. Quine 1953 c, 47). Ridding empiricism of the two dogmas, we arrive at a reformed theory of knowledge which will blur the boundaries of science to some degree. Quine takes brief notice of the kinships between the analytic-synthetic distinction in Immanuel Kant's work and other similar distinctions due to Gottfried Wilhelm Leibniz and David Hume, but the focus of attention is the version of the analytic-synthetic distinction among twentieth century logical empiricists. According to their view, then, and Kant's intent, "a statement is analytic when it is true by virtue of meanings and independent of fact" (Quine 1951, 21). This preliminary definition is crucial both for present purposes and for Quine's, since it sets Quine off on an examination of the presupposed notion of meaning. Quine's criticisms are well known. The focus for present purposes will be on Quine's exposition of the connections, in the positivists' view, between analyticity, meaning and synonymy. The objective is to show from the nature of these connections that the relevant notion of meaning, while suited to the positivists' epistemology, is unsuited to contemporary semantic theory.

2.1. Meaning and reference

Meaning, Quine urges, must be distinguished from reference or naming, on Fregean grounds. 'Morning star' and 'Evening star' differ in meaning though having the same reference (s. art. 81). Though they are quite important, it is worth noting here that such Fregean considerations do not, in themselves, force acceptance of the notion of meaning or sense. Quine himself only endorses Gottlob Frege's distinction hypothetically — which, in fact, is appropriate to the strength of Frege's argument. Frege shows that *if* we accept the notion of meaning, then meaning must be sharply distinguished from reference (s. art. 34). The identification of meaning and reference is subject to a *reductio* argument, as follows, given plausible traditional assumptions concerning meaning. It must be allowed, on any view, that there is usually a difference in informative value between sentences of the form $a = a$ and those of the form $a = b$. But then suppose, contrary to Frege's conclusion, that the meaning of a name is just the object named. Given this assumption, if $a = b$ is true, then a and b have the same meaning, since they do have the same reference. But, if a and b have the same meaning, then $a = b$ must be as trivial as $a = a$. This consequence is quite obviously false, and to avoid it, Frege urges, we must distinguish between sense, or meaning, and reference (cf. Frege 1952 b, 56 f and Callaway 1982 b, 2). Still, Frege's argument alone does not force acceptance of the notion of meaning. One remains free, e. g., to reject the notion of meaning in total (getting along with a behavioristic ›Ersatz‹), in this way avoiding the identification of meaning and reference. While Frege does point up the need for some explanation of the difference in informative value between $a = a$ and $a = b$, he does not show that there is no alternative explanation better than his own (Callaway 1982 a, 92 ff). — In taking notice of Frege's argument from identity, Quine merely characterizes, in part, the object of his criticism. We are already in a position to see that more is built into the notion of meaning by Frege's argument. This argument depends on what Michael Dummett (1978 a, 131) calls the ›transparency‹ of meaning. "If someone attaches a meaning to each of two words", Dummett claims, "he must know whether these meanings are the same". This assumption is usually in force in contemporary discussions. Dummett goes so far as to call it "an undeniable feature of the notion of meaning" (131). But in fact, universal attribution of this feature is merely definitive for a Fregean notion of meaning. It comes into Frege's argument, implicitly, near the conclusion. If a and b have the same meaning, the argument goes, then $a = b$ would be as trivial as $a = a$ — because, we must suppose, where a and b have the same meaning, this will be evident to anyone who knows the meaning of the two words. Thus, Frege, Quine, Dummett and the tradition generally all appear to presuppose that meaning is transparent.

In order to see the full range of alternatives open for a theory of meaning, it must be noticed that this presupposition can be questioned. It is rejected by Hilary Putnam in his influential paper *The meaning of meaning*. "A speaker", Putnam maintains, "can have two synonyms in his vocabulary and not know that they are synonyms" (Putnam 1975 b, 270). It is not, of course that Putnam thinks this is the normal situation. But it is important to Putnam's view of meaning that such a situation is possible. Putnam (1975 b, 269) maintains that *coreference* is a necessary condition for synonymy of two words, but he rejects the traditional Fregean view that sense or meaning determines reference. This radical departure from the Fregean tradition threatens to make the notion of meaning Quine criticized quite irrelevant to contemporary semantic theory. If a speaker's semantic competence — ›what is in the head‹, to use Putnam' phrase — does not determine reference, and yet coreference is a necessary condition of synonymy, then it follows that two words may be synonymous without competent speakers knowing that they are. The consequences of this view are quite devastating to the analytic-synthetic distinction and the traditional connection between synonymy, meaning and analyticity though Putnam has tended to resist this point (cf. Callaway 1985, 41 ff). For if speaker's semantic competence need not determine reference, then speaker's semantic competence will not necessarily determine truth — there will be no analytic truths. The reason for this is that truth is tied to reference or extension by Alfred Tarski's theory of truth.

2.1.1. Reference and purported reference

The best way to understand Putnam's view is to view it as an application — to the description of word meaning — of the distinction between reference and purported reference. The notion of purported reference, in turn, is best understood in connection with entire theories rather than particular words. Reading off the *ontological commitments* of a theory, we determine what the values of the variables of the theory are purported to be (s. art. 119). If the theory is true, then the values of the variables are as called for by the theory. Hence, the distinction between reference and purported reference is most clearly introduced by considering false theories. Any referential notion (e. g., 'names', 'denotes', 'is the extension of', etc.) is relational, and there can be no relation to the non-existent; leastwise not if a relation is to be interpreted as a set of ordered pairs (cf. Callaway 1979, 88 ff). Hence, we cannot regard false theories as involving objects as purported by the theory. To do so is to confuse the ontological commitments of the theory with its objects of reference. Likewise, one can understand the distinction between reference and purported

reference by considering a theory which is true as far as it goes but which leaves out something we are well aware of ourselves. A theory T, e. g., may involve ontological commitment to F's, when (as we know) all and only F's are G's. In such a case, T purports reference to F's but not to G's. (G may not even appear in the vocabulary of T.) Of course, T involves reference to G's ($= F$'s), that is G's ($= F$'s) are among the values of the variables of the theory T. But purported reference or ontological commitment is determined by considering just the existential implications of the theory. In contrast, no single theory is assumed to answer all questions about reference. We answer questions about reference and sameness of reference by considering all that we take to be true and relevant. But sameness of purported reference makes sense only relative to a theory or theories under consideration, e. g., the implicit theory of a language group under study. Questions regarding sameness of purported reference relative to a given T are answered by considering the logical implications of that theory. E. g., F and G have the same purported reference relative to T, iff T logically implies $(x)(Fx \equiv Gx)$. The view here is that word synonymy is best understood in terms of a selection of the semantic information available in an account of the purported reference of words as used in an implicit theory held by speakers in a particular language group (cf. Callaway 1981, 68 ff).

2.1.2. Word meaning and word reference

Truth is closely tied to reference and extension by Tarski's theory where 'truth' (relative to a language) is defined in terms of the basic semantic notion of satisfaction. The extension of 'water', for instance, is just that class of objects which satisfy 'x is water', i. e., the class of objects of which 'water' is true. What Putnam proposes is that an empirical hypothesis concerning the extension of a word, though required for an account of word meaning, cannot be identified with the account of semantic competence of speakers who use the word. The normal form description of the meaning of a word, for Putnam, is to be a ›vector‹ including (1) syntactic markers applying to the word, (2) semantic markers, e. g., 'animal', 'period of time', etc, (3) a description of the additional features of the stereotype, if any, and (4) a description of the extension (Putnam 1975 b, 269). Each of the components of the vector ›represents a hypothesis about the individual speaker's competence, except the extension‹. Rather, if we say that the extension of 'water' is H_2O,

"this does *not* mean that knowledge of the fact that water is H_2O is being imputed to the individual speakers or even to the society". Instead, "it means that (*we* say) the extension of the term 'water' as *they* (the speakers in question) use it is *in fact* H_2O" (Putnam 1975 b, 269).

Consider what we must say regarding the meaning of 'water' as used by a pre-scientific society. The extension of their word is H_2O. Yet a lexical analysis must aim to capture the semantic competence of speakers who know no chemistry. Thus it would be a mistake, in such a situation if our description of speaker's semantic competence (the stereotype in Putnam's terminology) served to determine the extension of the word as H_2O. Speaker's semantic competence, that is, need not determine extension. But since truth goes together with extension, it follows that semantic competence *need not* determine truth. The case for analyticity, necessary truth in virtue of semantic competence alone is seriously weakened. — Putnam's notion of semantic competence is strongly akin to the notion of purported reference, or more strictly sameness of purported reference, as sketched in 2.1.1. Not only does the stereotype associated with a word fail to necessarily determine extension, but it need not even be true of the elements of the extension of the word. Though a feature F is part of the meaning of a word X, it does not follow, for Putnam, that 'All X's are Fs' is analytic — or even true. In giving a lexical analysis of a word, on Putnam's view, the focus of interest is not on what is true of the extension of the word (by our lights). Rather, the stereotype serves to characterize the purported extension of the word — as the speakers in question use it. The need to relativize the lexical analysis to an implicit theory held by a given language group becomes evident when one reflects that different speakers or groups of speakers, though using the same language, syntactically identified, may yet evidence very significant semantic differences in their usage of a word. Thus, imagine two groups of speakers, one holding to the Copernican astronomy, the second holding to a version of Ptolemaic astronomy. Surely a lexical analysis of the word 'earth', as used by the second group, must reflect their belief that the earth is unmoving and is the center of the universe, while similar characterizations of the word as used by the first group

would be quite mistaken (cf. Callaway 1981, 64 ff). — To return, briefly, to the theme of synonymy and analyticity, it is clear that in principle Putnam rejects the notion of the transparency of meaning and the notion of the *a priori* (Putnam 1975 a, xvii). As for the notion of analyticity, on Putnam's view, this is denied very much epistemic import even in his earlier work on the topic (Putnam 1975 f, 36). Much later, he claims that the idea of "absolutely unrevisable truth [is an] idealization [and an] unattainable limit" (Putnam 1978 b, 138). Both for Putnam, and where semantic competence is thought of in terms of purported reference and coreference, assignment of referential hypotheses concerning particular words, though certainly influenced by what a linguist discovers by study of the relevant speakers, is not solely determined by these linguistic facts. Hypotheses concerning reference will also depend upon our entire evolving theory of nature — upon our beliefs concerning what there is to refer to in the world. Given this point, there is little room indeed for the notion of truth in virtue of meaning (speaker's semantic competence) alone.

2.2. Meaning and epistemology

On the kind of view Quine attacked in *Two Dogmas*, the "primary business of the theory of meaning [is] simply the synonymy of linguistic forms and the analyticity of statements" (Quine 1951, 22). This is the constant presupposition of *Two Dogmas* and is reiterated through most of Quine's work. But we have already seen that accounts of the synonymy of linguistic forms may lead to no account of analyticity, and thus one may also begin to take exception here to the notion of meaning as Quine characterizes it and criticizes it. Quine is right in holding that there is no viable notion of meaning or synonymy which will serve to support the analytic-synthetic distinction. But this surely suggests that the need to support a theory of analytic truth is not a proper constraint on theories of meaning. The circularity Quine demonstrates among the notions of analyticity, synonymy, meaning and necessary truth — and the consequent difficulty in independent definitions for any of them — serves to indicate that in traditional accounts, the notion of meaning had come to fill a role required of it by epistemic theories tied to the analytic-synthetic distinction. Where there is no need for a linguistic theory to explain *a priori* knowledge, and no felt need for the analytic-synthetic distinction, there is also no need to warp empirical semantics in the service of such goals and conceptions.

3.   Analyticity in context

The chief role of the analytic-synthetic distinction in twentieth century analytic philosophy has been in linguistic versions of classical modern epistemology. The subsequent rejection of the distinction has depended on new developments — linked with Quine's rejection of ›reductionism‹ which have rendered this classical modern epistemology increasingly obsolete. To understand the decline of the notion of analyticity in contemporary philosophy, one must understand the general approach to problems which sought to employ this traditional notion of analytic truth, and something of why this approach has declined. — The first great advocate of the analytic-synthetic distinction is Kant. However, Kant's use of the distinction parallels the role of other similar distinctions: most importantly Leibniz' distinction between truths of reason and truths of fact, and Hume's distinction between relations of ideas and matters of fact. The crucial similarity is that each of these philosophers presupposes, in the strongest sense, a classification of truths or truth claims in their epistemological systems (s. art. 69). If we set out to give an account of what knowledge is and substantial answers to the question 'How do we know?', it is extremely plausible to start out from some classification of truth claims in terms of their relations to criteria of acceptance or the methods of the sciences. Questions about mathematical knowledge, scientific laws and empirical observations may seem so different as to require totally different answers. Anything which appears to be neither a matter of fact nor a consequence of the relations of ideas, does not count as knowledge at all for Hume. Thus he uses the division between the two categories as a great skeptical hammer in his assault on traditional theology and metaphysics. The great problem, in classical modern epistemology is the quest for methods to justify, with certainty, scientific and common sense knowledge. The common theme, bridging the gap between empiricism and rationalism, is that we must have some certain and unalterable foundation for knowledge — an *a priori* scheme of inference principles together with basic sensory reports — which will together

suffice to build up our common sense or scientific picture of the world (s. art. 11, 12). Everything we claim to know must fit neatly into a presupposed classification of an epistemic sort, or be built up from the basis of what can be so classified. Lacking this, the road is open for the skeptic. In attacking reductionism, Quine rejected the last thoroughgoing and systematic version of this modern foundationalist epistemology. In attacking the analytic-synthetic distinction, Quine rejected the fundamental presupposition of this version of foundationalist epistemology. But his viewpoint would never have been sustained except that a new, ›fallibilistic‹ picture of scientific method had begun to emerge (cf. e g., Quine/ Ullian 1978, chap. IV).

3.1. Analyticity in Kant

The analytic-synthetic distinction as a classification of linguistic expressions derives fairly directly from the classical version of the distinction found in Kant. By looking briefly at the fundamental role the distinction plays in Kant's work, we can get a firmer picture of the need that has been felt for such a distinction. Kant agrees with Hume that universal generalization with necessity cannot be assured by empirical evidence alone, but he tries to show that we can have certain knowledge with reference to philosophically crucial questions. His attempt to delimit the appropriate sphere of knowledge claims begins with and depends upon an explanation of the analytic-synthetic distinction, and the central epistemic task he defines for himself — ›how is synthetic knowledge possible *a priori*?‹ — is already formulated in the terminology of this distinction. — A judgment is analytic, for Kant, if it is "bloß erläuternd [...], und zum Inhalte der Erkenntnis nichts hinzutu[t]/ merely explicative, adding nothing to the content of knowledge". An analytic judgment "sag[t] im Prädikate nichts, als das, was im Begriffe des Subjekts schon wirklich [...] gedacht war/ expresses nothing in the predicate but what is actually thought in the concept of the subject" (Kant, *Prolegomena zu einer jeden künftigen Metaphysik, die als Wissenschaft wird auftreten können* [1783], § 2/ Kant 1950, 14). Analytic judgments are certain, but empty, and "beruhen gänzlich auf dem Satze des Widerspruchs/ depend wholly on the law of contradiction". A judgment is synthetic if it is not analytic; the concept of the predicate cannot be analyzed out of the concept of the subject. Synthetic judgments cannot be based on the law of contradiction alone, and do not, in general, share the certainty of analytic judgments. All judgments, on Kant's view are either analytic or synthetic, and no judgment is both. He also makes another exhaustive and mutually exclusive distinction between judgments made *a priori*, which are universal, necessary and not dependent on sensory evidence, and judgments made *a posteriori* which are based on the evidence of sensory experience. All analytic judgments, says Kant, are known *a priori*.

"Denn es wäre ungereimt, ein analytisches Urteil auf Erfahrung zu gründen, da ich doch aus meinem Begriffe gar nicht hinausgehen darf, um das Urteil abzufassen, und also kein Zeugnis der Erfahrung dazu nötig habe/ For it would be absurd to base an analytic judgment on experience, as our concept suffices for the purpose without requiring any testimony from experience". Regarding analytic judgments, we are always conscious "der *Notwendigkeit* des Urteils [...], welche mir Erfahrung nicht einmal lehren würde/ of the necessity of the judgment which experience could not in the least teach us" (*Prolegomena*, § 2/ Kant 1950, 15).

Thus, for Kant, no judgment can be both analytic and known *a posteriori*. This point leaves him with the three familiar cross-classifications of judgments. First, there are analytic judgments *a priori* which provide certain knowledge, independent of experience, but which are empty or uninformative. Secondly, there are synthetic judgments made *a posteriori*, based on sense experience and uncertain, since ever open to revision in the light of further sense experience. Finally, Kant claims that there are synthetic judgments made *a priori*. This third class of judgments consists of certain knowledge which is not merely analytic but genuinely informative concerning the course of all possible experience. One should notice that the central claims of Kant's system stand or fall with the cogency of his question concerning how synthetic judgments are possible *a priori*. Moreover, he arrives at this crucial question by means of the presupposed system for the classification of judgments. Yet the question as to whether there are, in fact, any analytic judgments in the intended sense is hardly entertained by Kant. Rather, it is implicitly answered merely by means of ›self-evident‹ examples.

Systems of epistemic classifications basically similar to Kant's or Hume's continued to play an important role in contemporary philosophy, wherever the typical tasks of modern philosophy — providing certain foundations for knowledge — were seen as cogent and crucial. However, the tendency in the present century has been to transform them into systems of linguistic classifications. At base, however, the analytic-synthetic distinction viewed as a classification of linguistic expressions, is no more cogent and compelling than the associated *foundationalist epistemology*. Something quite similar to the conviction that examples of analytic truths are self-evident is perhaps the philosophical intuition at the very base of the entire business. Such examples are perhaps the very standard of certainty which modern philosophers have sought to achieve, although it is extremely unreasonable to expect such certainty across the board, and the epistemic significance of such apparent self-evidence was misconceived from the start. This point is evident, in the fact that contemporary thinkers, under the influence of quite different methodological canons, have taught us how to doubt and question the paradigmatic examples of supposed analytic truths (cf. e. g. Putnam 1975 f, 42 ff, and Harman 1973, 104 ff). Where the quest for certain knowledge is given up as a lost and misguided cause, there is no need for an explanation of the *a priori* and no need for indubitable principles with which to build up the edifice of knowledge. The analytic-synthetic distinction is then seen as pointless and misleading. The theory of meaning, in consequence, is freed of the requirement of explaining and detailing supposed analytic truths (s. art. 68).

3.2. Analyticity and reductionism

The epistemic concerns and presuppositions of classical modern philosophy found their way into twentieth century positivism in the form of versions of the doctrine of reductionism. Thus, in *Two Dogmas* Quine devotes considerable attention to criticisms of Carnap's *Der logische Aufbau der Welt*.

"Radical reductionism set itself the task of specifying a sense-datum language and showing how to translate the rest of significant discourse, statement by statement into it" (Quine 1951, 39).

In Carnap's *Aufbau*, the role of the *a priori* is taken over by the apparatus of modern logic and set theory, and we are to construct, and thus justify, our picture of the world using this apparatus to operate upon reports formulated in a sense-datum language. The analytic-synthetic distinction is substantially presupposed in Carnap's project. In Quine's famous formulation, "the two dogmas are, indeed, at root identical" (Quine 1951, 41). — But it is not merely reduction to a sense-datum language which is problematic, for

"the dogma of reductionism survives in the supposition that each statement, taken in isolation from its fellows, can admit of confirmation or infirmation at all" (Quine 1951, 41).

If this were so, then each theoretical sentence, for example, must be analytically equivalent to some construction upon observation sentences. This consequence amounts to ›verificationism‹: all significant discourse must amount to constructions upon reports of observation. The motive is to preserve the epistemically privileged status of observation reports and transfer this status to all significant discourse. To reject reductionism is simply to hold that there is no cogent notion of necessary meaning equivalence suited to play the desired epistemic role. But contrary to the overall course of Quine's argument, to reject *necessary* meaning equivalence does not require the rejection of the notion of meaning equivalence or ›synonymy‹. It is rather the supposed *necessity* of synonymy claims that needs to be rejected. This, of course renders the notion of synonymy unsuitable for the reductionist's purposes. But this is just to say that the notion of meaning is liberated from the analytic-synthetic distinction.

Scientific theory and common sense belief are not simply analytic equivalents of any range of evidence. Word meanings are crucial to science as it strives for clarity, but when definition is put forward, it cannot be viewed as merely stipulative linguistic rule. Defenders of the analytic-synthetic distinction have claimed that all the logic and mathematics, plus crucial definitions in the other sciences are analytic and true by stipulation or convention. But the crucial problem with any such view is to clearly distinguish conventions, as intended by this view, from scientific postulation. *Conventionalism* purports to explain why certain sentences are true. Analytic sentences are true, the conventionalist claims, because their analyticity is an implication of our having adopted certain definitions or criteria of application for words used in these sentences. This is problematic because there are definitions which appear as postulates in false theories. Obviously, postulation is not sufficient for truth, and if conventional definition cannot be distinguished from postulation, then neither is conventional definition sufficient for truth (cf. Harman 1967, 103 ff).

— Thus, to return to the example of the changes which came with the establishment of Copernican astronomy, 'the earth moves' is true according to current belief and the best scientific theory. However, before Nicolaus Copernicus, it was a postulate of Ptolemaic-Aristotelian astronomy that the earth, being at the center of the universe, could not move. Part of the problem of the new astronomy was that prior scientific theory and common sense united in maintaining the absurdity of the notion of the earth as a moving body. It had been part of the meaning of the word 'earth' that the earth is the unmoving center around which the heavens turned. Thus, the establishment of modern astronomy required a revision — a fundamental change in the conventions governing the use of the word 'earth'. Postulates of theories, however fundamental and however honored, may still be found false. So, if conventions cannot be distinguished from such postulates, then conventions cannot guarantee truth, let alone analyticity and necessary truth.

3.3. Analyticity and logical truth

Quine argues early and late that the conventionalist or linguistic theory of logical truth tells us little more than that the logical truths are obvious — exactly what it purports to explain. That they are true by convention, or ›true because accepted as true‹, by no means follows from their obviousness or from the fact that they can be checked for by linguistic criteria. Nor is there much reason to regard the conventionalist theory of logical truth as the best explanation of the obviousness of logical truths. Quine argues that there is an infinite regress involved in the notion that we could get

"even the most elementary part of logic exclusively by the explicit application of conventions stated in advance". Since the logical truths are infinite in number, they "must be given by general conventions rather than singly; and logic is needed then to begin with, in the metatheory, in order to apply the general conventions to individual cases" (Quine 1976 a, 115).

Following the apparent proposal, the validity of the logical truths must be presupposed in order to connect them with the very conventions which are supposed to render them true! It is perhaps when we think of ourselves so, trying to find a way to accept or affirm all the logical truths, that the very idea of truth by convention begins to look implausible. — The alternative is to simply drop the notion of absolutely *a priori* knowledge and truth. The notion of the *a priori* is problematic and serves no demonstrable purpose, save a felt need to give absolute irrefutable foundations for knowledge. But this felt need is perhaps feudatory — the security of knowledge rests on the right to make mistakes and the right to find them, not on absolute allegiance to ›self-evident‹ exemplars. We may view the logical truths as playing an especially crucial role throughout scientific theory and discourse generally, so that an especially vigilant conservatism is advisable when we come to consider possible revisions. Quine (1951, 43) remarks that "revision even of the logical law of the excluded middle has been proposed as a means of simplifying quantum mechanics". But, the mere cogency of such a proposal, while emphasizing Quine's rejection of analyticity, does not imply its acceptability. A logician will, of course, want to look very long and hard before accepting any such proposal — regardless of his view of the notion of analyticity. This is to regard the logical truths as differing in degree from other crucial scientific principles (for instance the various conservation laws in theoretical physics), since they play a role in all theory. But this does not amount to absolute unrevisability. The doctrine or theory of the linguistic nature of the logical truths is certainly not needed to protect the certainty of the logical truths. The logical truths, though open to revision, are already as certain as anything could get — even if we have no explanation of this fact! Once this point is clearly understood, the entire notion of the *a priori*, in application to the logical truths becomes pointless. The logician, like other theorists, is restrained by methodological canons of conservatism, simplicity and comprehension (cf. Quine 1970 c, 100). The revisability of logic is an historical fact evidenced by the rejection, in modern formal logic, of the traditional modes of syllogism dependent upon existential import of universally quantified sentences (for a general discussion of the relevant issues, cf. Haack 1978, 221 ff).

4. Meaning and referential semantics

In *Notes on the Theory of Reference* (Quine 1953 b), it is urged that if the distinction between meaning and reference is ›properly heeded‹, then

"the problems of what is loosely called semantics become separated into two provinces so fundamentally distinct as not to deserve a joint appellation at all".

Quine thus sharply distinguished the ›theory of meaning‹ from the ›theory of reference‹. Tarski's semantic work belongs to the theory of reference, on this account, along with the concepts 'naming', 'truth', 'denotation', 'extension', 'values of variables' and 'ontological commitment'. Clearly, the standard semantics of logical theory also belongs to the theory of reference so conceived. In contrast, the chief concepts of the theory of meaning are 'meaning', 'synonymy', 'significance', 'analyticity' and 'entailment' (or 'analyticity of the conditional'). The burdens of the notion of analyticity, then, belong to the theory of meaning. Further, since the theory of meaning ›is in a worse state‹ and is thus ›the more serious of the two presuppositions‹, Quine suggests that any concepts compounded from the two fields would likely be attributed to the theory of meaning. The notion of purported reference (definable in terms of ontological commitment) belongs to the theory of reference. For, to say of an expression of a theory T that it purports reference to F's or a is simply to say that the values of the variables of T include F's or a, if T is true. — A crucial question for contemporary semantics is whether or not Quine's sharp distinction between theory of meaning and theory of reference can be sustained. Recent work has questioned the distinction. Thus, for example, Donald Davidson argues in *Truth and Meaning* that "a Tarski-type truth definition supplies all we have asked so far of a theory of meaning", although "such a theory falls comfortably within what Quine terms theory of reference" (Davidson 1984 a [1967 a], 24). This is not, of course, to identify the meanings of expressions with their referents. But, it does suggest the simulation or replacement of the theory of meaning by some construction clearly within referential semantics. "A theory of meaning for a language L shows how the meanings of sentences depend upon the meanings of words", Davidson (1984 a [1967 a], 23) says, "if it contains a (recursive) definition of truth-in-L". Put in other words, to give the meaning of every sentence of a language L, is to provide a formal theory which generates a T-sentence stating truth-conditions for every sentence of L. Davidson aims to be descriptive. A truth-theory for a natural language L is to bring out something already there, including the logical form of sentences of L. It does so by systematically generating a T-sentence for every sentence of the language under consideration. Thus, since 'Schnee ist weiß', is a sentence of German, a truth-theory for German, given in English, must generate a T-sentence which gives truth-conditions for the German sentence: 'Schnee ist weiß' is true-in-German iff Snow is white. Davidson emphasizes, however, that it is not enough to merely generate the T-sentences. Rather,

"the work of the theory is in relating the known truth conditions of each sentence to those aspects ('words') of the sentence that recur in other sentences, and can be assigned identical roles in other sentences" (Davidson 1984 a [1967 a], 25).

In order to generate all the T-sentences, from a finite base, a truth-theory must also assign a semantic analysis or logical form to each sentence of the language considered. Whether a theory of meaning can be had within referential semantics is the central question raised by Davidson's work in this field.

4.1. Description and paraphrase

It is crucial to ask if a relatively good fit may be expected between Davidson's semantic program and formal semantics in linguistics. Davidson's intent is clear. He writes optimistically, e. g., of finding clear tests, using the ›method of truth‹ for when a truth-theory ›corresponds to a speaker's intuitions‹. He does not aim "to change, improve or reform [...] language", but to "describe and understand it" (Davidson 1984 g [1970], 63 f). But can we reasonably expect that the notion of a truth-theory for a language, depending as it does upon the syntax of formal languages, will have genuine and interesting application to natural languages? As Davidson emphasizes, we must expect a truth-theory

"to rely on something very like Tarski's sort of recursive characterization of satisfaction, and to describe sentences of the object language in terms of familiar patterns created by quantification and cross-reference, predication, truth-functional connections, and so on" (Davidson 1984 d [1974 a], 151).

But, we must surely ask whether there are, in natural language, such semantic structures to be described. Davidson's proposal to "take [Chomskian] deep structure to be logical form" (Davidson 1984 g [1970], 63), finds some apparent agreement where Noam Chomsky uses the expression 'logical form' "to designate a level of linguistic representation incorporating all semantic properties strictly determined by linguistic rules" (Chomsky 1977, 145). A perhaps more significant agreement comes from the central argument of *The Language of Thought* where Jerry Fodor invokes the assumption that "one understands a predicate only if one knows the conditions under which sentences containing it would be true" (Fodor 1979, 59). Fodor goes on to recommend reading Davidson "for a useful introduction to the general program of analyzing meaning in terms of truth" (1979, 60, note 5). Davidson, like Chomsky, emphasizes the psychological character of semantics. He claims, regarding an interpretation theory for an alien language that it may "be used to describe an aspect of an interpreter's competence at understanding what is said" (Davidson 1984 d [1974 a], 141). He even maintains that "there is a mechanism in the interpreter that corresponds to the theory". According to Davidson, this adds no testable weight to the theory. While Davidson does not adopt a fully Chomskian conception of semantic competence, there is certainly enough similarity to invite further research into the relationship. — Now, though Chomskian formalisms are specifically designed for the task of describing natural language, even taking necessary idealizations into consideration, many a theorist has gasped at the prospect of attributing Chomskian linguistic descriptions to language in the mouth of the native speaker (cf. Quine 1972 a, 442 ff). It may seem even more implausible, then, to hold that what counts as proper logical form, by the lights of contemporary logic (and further results of Davidson's program!) depending as this does upon the syntax of formal languages, has been there all along ›in the head‹ or otherwise. Can we really expect to describe the semantic features of natural language in such terms? Could the logical tradition have really been so wrong in thinking it was revising natural language for logical purposes? We have what appears to be a dilemma for Davidson's program. It appears that Davidsonian semantics for natural language must be either formal and not genuinely descriptive or descriptive and not fully formal. — While this problem can be answered, focusing on it serves to underline the radical character of Davidson's program and opens the way for further discussion. Davidson holds, in answer to Tarski's similar doubts concerning formal semantics for natural language, that we need only consider fragments of natural language where formal difficulties do not arise. We are not to reform natural language where it is incapable of formal treatment, (because it contains its own truth-predicate, for example, and thus generates the semantic paradoxes) but rather we are only to deal with a language so far as a formal treatment is possible.

"Much of what is called for", says Davidson, "is just to mechanize as far as possible what we do by art when we put ordinary English into one or another canonical notation" (Davidson 1984 e [1967 a], 29).

Of course, the logician's paraphrase to canonical notation will often ignore much of what it sets out to paraphrase. Still, Davidson insists that

"if we know what idiom the canonical notation is canonical *for*, we have as good a theory for the idiom as for its kept companion" (1984 e [1967 a], 29).

This is just to say, then, that for Davidson ›adequate‹ paraphrase into canonical notation preserves meaning. There is room for systematic adjustments on Davidson's view, since what counts as adequate paraphrase and even what counts as correct canonical notation is open to review. Still, in the end Davidson must evoke or reiterate the fact that he is attempting to revise and explicate the notion of linguistic meaning. It will be objected that not all of natural language can be put into canonical notation, and this is exactly what leads us to say that the logician's paraphrase constitutes a reform of natural language. But Davidson's reform is not a reform of natural language. Rather, he reforms the theoretic notion of linguistic meaning. Where natural language appears not to come over into canonical notation − even with Davidson's expansions, e. g., his analysis of adverbs or indirect discourse (cf. Davidson 1980 a [1967 b], 105 ff; 1984 f [1968], 79 ff) − then this merely shows the extent of reform implied in Davidson's construal of meaning. Whether we regard a Davidsonian semantics as descriptive thus comes to depend upon the acceptability, in overall terms, of Davidson's conceptions of meaning and logical form. This result is to be expected and welcomed, since to know if we have an adequate semantic description we must also know what meaning is.

4.2. The problem of synonymy

"To give truth conditions is a way of giving the meaning of a sentence" (Davidson 1984 e [1967 a], 24). Given this claim, one naturally expects a T-sentence to provide a translation of a given sentence. If S represents a sentence of a language L, then in a T-sentence

S is true-in-L iff p

we are lead to expect that p will give the meaning of S. Yet Davidson (1984 [1967 a], 26) says, regarding the right-hand side of a T-sentence that "it plays its role in determining the meaning of S not by pretending synonymy but by adding one more brush-stroke to the picture". This picture, contained in the truth-theory for L, "taken as a whole, tells what there is to know of the meaning of S" (Davidson 1984 e [1967 a], 26). The contrast between the two passages cited here serves to suggest the difficulties centered on synonymy in Davidson's approach to meaning. The overall question, put somewhat imprecisely at first, is how close to an intuitive notion of meaning we can approach, making use of the resources of the theory of reference. Once the distinction between matters of meaning and matters of fact or belief is no longer in force, one comes to expect some significant adjustments in whatever theory of meaning might survive. In Davidson's work, the problem takes the form of finding appropriate constraints on a truth-theory viewed as a theory of interpretation for a language. Approaching the problem of synonymy from this perspective, the conclusion here will be to suggest that it is possible to get closer to an intuitive notion of synonymy than Davidson has so far indicated. The suggestion arises from consideration of some important objections to Davidson's views.

4.2.1. "For many words an extensionally correct truth-definition can be given which is in no sense a theory of the meaning of the word" (Putnam 1975 b, 259). Consider the following, for instance, which might appear as part of the finite base of a Davidsonian truth-theory:

'water' is true of x iff x is H_2O

Putnam argues that if we are giving a truth-theory for a pre-scientific community, "most people don't know that water is H_2O". Thus, he concludes, "this formula in no way tells us anything about the meaning of the word" (Putnam 1975 b, 259). If the speakers cannot be said to know that water is H_2O, then surely we misinterpret them if we make use of 'H_2O' in our T-sentences or translations. If, for instance, we claim to understand a language L when we have a mass of T-sentences such as the following:

'Lakes are full of water' is true-in-L iff Lakes are full of H_2O

and supposing no speaker in the community knows that water is H_2O, then surely a mistake has been made. This is something akin to anachronism. Still, Davidson can be found to say that if, in our truth-theory, the object language predicates and the metalanguage predicates "have the same extensions, this might be enough" (Davidson 1984 d [1974 a], 151). But that this is not enough is fairly evident in Davidson's own work. Davidson aims to find ›adequate constraints‹ on a truth-theory.

"If the constraints are adequate, the range of acceptable theories will be such that any of them yields some correct interpretation for each potential utterance" (Davidson 1984 b [1973 a], 139).

It is not enough, in short, for a theory of interpretation to generate true T-sentences. Rather, at least, we except that these true T-sentences will include what is crucial and informative regarding native speaker's semantic competence. An account of native speaker's semantic competence, moreover, has almost always been thought to require uncovering and exhibiting the native conceptual system in some fashion (contrast Davidson 1984 h [1974 b], 183 ff). If the native community knows no chemistry, then it is a mistake to equate their 'water' with our 'H_2O', for the latter word does indeed involve some chemistry. Indicating the reference of native expressions from the standpoint of our own ontology, or our own best theory may well be part of what we want from a theory of meaning, as Putnam stipulates. However, it is certainly not all that we want. So, apparently, giving truth-conditions for all the sentences of a language is not all there is to giving a theory of meaning or interpretation for that language. Davidson's awareness of this problem is evident in his concern to find "further reasonable and non-question-begging constraints" on the acceptability of T-sentences (cf. Davidson 1984 d [1974 a], 152). What constraints on the acceptability of T-sentences is going to lead the theorist to include intuitively interesting, informative and non-anachronistic correlations of object language expressions and metalanguage expressions? One suspects, immediately, that appropriate constraints will be empirical rather than formal.

4.2.2. A somewhat similar problem arises in J. A. Foster's contribution to *Truth and Meaning*. For present purposes, the more concise formulation provided by Quine's review

of the book will be useful. Consider again the general form of a T-sentence:

S is true-in-L iff p.

The trouble, as Quine puts Foster's point,

"is that a true T-sentence remains true when the translation represented by p is augmented by conjoining any irrelevant but true sentence to it; and this corruption can be worked into the finite axioms themselves". We thus produce "a T-theory which fails the translation requirement" (Quine 1977 b, 226; cf. Foster 1976, 11).

In his *Reply to Foster*, Davidson does not explain how to select the proper truth-theory. However, it is clear that Davidson aims to impose empirical constraints on the acceptability of T-sentences, so that they will pass the ›translation requirement‹. "A theory that passes the empirical tests is one that in fact can be projected to unobserved and counterfactual cases" (Davidson 1984 i [1976], 174). Unfortunately, Davidson does not tell us enough about the sought for empirical tests. Without this, his view is seriously incomplete. Still, in spite of this his aim for empirical constraints on the acceptability of T-sentences is clear, and he does say much of great interest on empirical constraints.

The present suggestion is that it is misleading to think one can interpret a language in quite the way Davidson suggests (cf. Callaway 1981, 64 ff). He appears to be concerned with the interpretation of a language considered as a syntactically specified whole. Yet, in the standard referential semantics, no interpretation of the non-logical vocabulary is neutral between all theories expressible in the syntactically specified language. Thus, let Σ represent a theory, a set of sentences closed under deduction. If two predicates F and G are interpreted, the interpretation will serve to indicate the relations of the purported extensions of the two expressions, providing directly that sentences such as '$(x)\ (Fx \supset Gx)$', '$(x)\ (Gx \supset Fx)$' and '$(x)\ (Fx \equiv Gx)$' either are or are not members of Σ. Similar points hold regarding other sorts of expressions. The point is that an interpretation is always an interpretation of a *theory* expressed in the syntactically specified language. In the absence of the possibility of something quite similar to this kind of interpretation, it is difficult to see how quantificational structure could be attributed to sentences of a language at all. For, in general terms, the deductive relationships between sentences of a language depend upon such interpretation of the non-logical vocabulary. Though Davidson claims to interpret a language, it is better to think of the project as that of interpreting a "language-theory" (Føllesdal 1973, 291). Since Davidson seeks to attribute quantificational structure to sentences of a language under interpretation, he appears to be implicitly committed to interpreting theories in a language. — If we must always interpret theories, in something like the logician's sense of theory, then it follows that what we want in interpreting a given linguistic community (after breaking into the language by interpreting observation sentences held true) is to match theory in the object language with theory in the metalanguage. This is to say that the logical relations among sentences of the object language, as used by the natives, are of the first importance to the task of providing a proper truth-theory. Indeed, when we consider native sentences which are non-observational in the least, it becomes clear that no evidence for their interpretation will be available except by first detecting the logical relationships of such sentences among themselves and to sentences which are more or less straightforwardly observational.

Thus, returning to Putnam's problem, if we match the native 'water', with our own 'H$_2$O', this is a mistake because 'H$_2$O', but not the native 'water', is enmeshed in sophisticated chemical theory. The importance of capturing native theory can also be seen in Foster's objection. Foster points up the need for constraints on the acceptability of T-sentences which will avoid the introduction of irrelevant material in the statement of truth-conditions for a given native sentence. This is what marks the cases which fail the translation test. How do we know, then, what is relevant to what here? If not every true T-sentence provides a proper interpretation of a given native sentence, how do we decide between such alternatives? The answer to the question lies again in the native theory, or more properly in the empirical constraints which allow us to detect the native theory. Sentences are intuitively relevant to each other when related by some more or less viable theory. — After accumulating a fund of relatively observational T-sentences, by checking on what the native holds true in observable circumstances, the next step must be to identify the native equivalent of our standard logical apparatus — in order to systematize what we can get of the native belief system. An essential part of this will consist of identifying non-observational axioms and

relating them, so far as possible, to those observational sentences the truth-conditions of which have already been identified. Such axioms will be marked by being standing sentences, by the fact that it is counter-intuitive to the native to question them, and by the fact that they are used as suppressed premises or ›inference tickets‹. Once it becomes clear that it is necessary to identify native theory in order to correctly interpret the speech of a given linguistic community, then it also becomes clear that in giving truth-conditions for native sentences the appropriate standard of relevance is the native theory itself, and the finite base of the truth-theory must be arranged so as to generate T-sentences as dictated by the logical relations detected among native sentences. The object must be to simulate native theory using our own idiom in the metalanguage.

5. Concluding suggestions

Suppose, then, substantial evidence for translation of an object language sentence by 'The earth is always motionless'. This suggests something like Ptolemaic astronomy in the native belief system. The sentence is not a logical truth, and though speakers treat it as unquestionable this does not require us to hold it true, let alone analytic. Surely, in any language community there will be such sentences, unquestioned or virtually unquestioned. They are constants of all relevant speech and thought. One does not learn a natural language without learning, simultaneously, some such system of beliefs. Such axioms of the generally held belief system will certainly include what one might be tempted to regard as analytic together with much that we (given our own beliefs) could never regard as analytic. Truth-conditional semantics will certainly be defective if it cannot capture such elements of the native conceptual system. The finite base of a truth-theory must, in some fashion, reflect what is unquestioned by native speakers — and this is especially crucial when the relevant sentences are non-observational. — It remains, then, to briefly consider doubts about the prospects for a viable notion of synonymy arising from Quine's thesis of ›indeterminacy of translation‹ (s. art. 73). These doubts deserve to be taken quite seriously, but a great deal of work has already been done toward meeting them (cf. Lycan 1984, 207 ff; Gochet 1986, chap. 2;

Callaway 1985, 48; 50). Davidson has certainly made inroads on this problem.

"On my approach, the degree of indeterminacy will [...] be less than Quine contemplates". The reasons are "partly because I advocate adoption of the principle of charity on an across-the-board basis, and partly because the uniqueness of quantificational structure is apparently assured if Convention T is satisfied" (Davidson 1984 d [1974 a], 153).

Davidson defames the indeterminacy thesis: "If there is indeterminacy, it is because when all the evidence is in, alternative ways of stating the facts remain open" (Davidson 1984 d [1974 a], 154). Quine, meanwhile, approves of John McDowell's characterization of the indeterminacy thesis "as a version [...] of the strong verificationist objection to realism in a theory of meaning" (Quine 1977 b, 228). For Quine, that is, there is no fact to the matter if we impute quantificational structure when translating. Thus, in *Word and Object* (1960), he objects to a test for synonymy of two predicates *F* and *G* — a test depending on whether the native is willing to assent to "All *F*'s are *G*'s, and vice versa'; "following any stimulation that might be imposed at *t*" (Quine 1960, 54). The objection is that to test for synonymy of terms we must assume the translation of the logical apparatus, but since the latter is subject to indeterminacy so is the former. Davidson holds, on the contrary, that we can discover native equivalents of our standard logical system (cf. 4.1.). If so, we should also be able to provide reasonable correlations of non-logical vocabulary in the finite axioms of our truth-theory, thus meeting reasonable standards of translation. Translation of the logical apparatus is thus the basis for the translation of terms, and this in turn is necessary for the correlation of theory in the object language with theory in the metalanguage. — Quine himself makes good and important use of the concepts of truth and reference. "Within our own total evolving doctrine we can judge truth as earnestly and absolutely as can be" (Quine 1960, 25). Yet, he argues for ›inscrutability of reference‹, and this doctrine provides the basis for one important argument supporting the indeterminacy of translation (cf. Quine 1981 d, 19 f). But if we take truth and reference seriously within our own evolving viewpoint, then obviously inscrutability of reference does not forbid earnest judgments of

truth and reference. Whatever there is to the doctrine of inscrutability of reference seems to come down to the fact that we can only make judgments of reference, or assign referents, given the perspective of a theory we take to be true. But, however this may be, it is surely a pointless exercise to merely imagine possible reinterpretations of our own theory, or distinctions we do not make, and on such grounds remain agnostic concerning the reference of our words. Davidson's program seems to attempt to carry this point over into the general case where we interpret the words of others.

"Translation arrests the free-floating reference of the alien terms only relative to the free-floating reference of our own terms, by linking the two" (Quine 1981 d, 20).

But, if we can and must ›judge truth earnestly and absolutely as can be‹, and reference and truth go together as in Tarski's work, then ›the free-floating reference of the alien terms‹ is sufficiently arrested by relating the alien terms to our own. If we can grasp the alien's equivalent of our standard logic, as Davidson maintains, and thus his conceptual system, then surely this holds out some hope of progress in linguistic theory: a closer simulation of native semantic competence within truth-conditional semantics.

6. Selected references

Callaway 1982 a, Sense, reference and purported reference, in *Logique et Analyse* 97.

Carnap 1928, *Der logische Aufbau der Welt.*

Davidson 1980, *Essays on Actions and Events.*

Davidson 1984 a, *Inquiries into Truth and Interpretation.*

Davidson/Harman (eds.) 1972, *Semantics of Natural Language.*

Foster 1976, Meaning and truth theory, in *Meaning and Truth: Essays in Semantics.* Evans/McDowell (eds.).

Kempson 1977, *Semantic Theory.*

Putnam 1978 a, *Meaning and the Moral Sciences.*

Quine 1953 a, *From a Logical Point of View.*

Quine 1960, *Word and Object.*

Quine 1970 c, *Philosophy of Logic.*

Quine 1981 a, *Theories and Things.*

Howard Callaway, Erlangen (Deutschland)

87. Äußerung – Satz – Aussage – Urteil

1. Der philosophische Ort der Titelbegriffe

Die Begriffsgruppe *Äußerung – Satz – Aussage – Urteil* steht traditionell im Mittelpunkt der allgemeinen philosophischen Frage nach dem Ort der Wahrheit: Wer oder was ist es, von dem man sagen kann, daß es wahr oder falsch ist? oder im Anschluß an eine seit Gottlob Frege (1892) gängige Ausdrucksweise: Wer oder was ist der Träger der Wahrheitswerte des Wahren und des Falschen? Mit Platon (vgl. den Dialog *Sophistes*) (s. Art. 14) und Aristoteles (*De Interpretatione*) (s. Art. 15) wird bis auf den heutigen Tag als Ort der Wahrheit die Aussage, der Satz oder das Urteil bestimmt (vgl. zum historischen Hintergrund Kapp 1965, 53 ff; und zur historischen Entwicklung Nuchelmans 1973). Die Kandidatenliste der Wahrheitswertträger ist damit aber nicht abgeschlossen. Sie ist zu ergänzen durch *Behauptung, Gedanke, Proposition* u. a. Diesem Umstand wird im folgenden dadurch Rechnung getragen, daß über den durch die Titelbegriffe gesteckten Rahmen hinausgegangen wird. Wenn die Terminologie auch weitverzweigt und keineswegs einheitlich ist, allen genannten Wahrheitswertträgern ist eines gemeinsam, daß sie grammatisch am Typ des Aussagesatzes ausgerichtet sind. Allgemein läßt sich dies so formulieren, daß alle in Betracht gezogenen Gebilde aussageartig oder propositionaler Art sind. – Die durch Platon und Aristoteles vorgegebene Orientierung hat in der Folgezeit verschiedene Engführungen hervorgebracht. In der Erkenntnistheorie hat die einseitige Ausrichtung an der Aussage in Verbindung mit einer Gleichsetzung von Wahrheit und Erkenntnis zu einer Reduktion von Erkenntnis auf Aussagenwahrheit oder propositionale Wahrheit geführt. Dieser Gleichsetzung ist in der Geschichte der Philosophie zwar immer wieder, insbesondere von Seiten der Ästhetik widersprochen worden, ohne allerdings bis heute überwunden zu sein. Die hier notwendige Erweiterung des Erkenntnisbegriffs im

Rahmen einer Verteidigung nicht-propositionaler Erkenntnis erscheint insbesondere als geeignetes Mittel gegen den Versuch einer postmodernen dekonstruktiven Auflösung des Erkenntnisbegriffs durch eine Kritik des Wahrheitsbegriffs; denn diese Kritik bezieht ihre Plausibilität einzig aus der einseitigen Orientierung großer Teile der Philosophie am logischen Begriff der propositionalen Wahrheit als Paradigma von Erkenntnis. Dem entspricht dann auf der Ebene der Sprache der Ausschluß anderer Ausdrucksformen als der des Aussagesatzes. Selbst innerhalb der Wissenschaften, dem natürlichen Ort der propositionalen Erkenntnis, führt diese Auffassung zu Schwierigkeiten, da z. B. Definitionen keine Aussagen, sondern Normen sind. In eigentümlicher Konsequenz hat man in der neueren Wissenschaftstheorie denn auch Definitionen jeden Erkenntniswert abgesprochen. – Die vorrangige Orientierung am Aussagesatz wird schon bei Aristoteles deutlich. Dieser unterscheidet zwischen bedeutungsvollem Satz (λόγος σημαντικός) im allgemeinen und Aussage- und Behauptungssatz (λόγος ἀποφαντικός) im besonderen, um dann die Sätze, die keinen Aussagecharakter haben, wie z. B. Bittsätze, mit der Begründung, daß sie nicht wahrheitsfähig sind, aus der Logik in die Rhetorik oder Poetik zu verweisen (*De Interpretatione* 4.16 f). So berechtigt diese Unterscheidung als solche ist, weniger einleuchtend ist die Zuweisung des Unterschiedenen zur Logik einerseits und zur Rhetorik andererseits. (Diese Trennung ist ja auch einer der Kritikpunkte des Dekonstruktivismus!) Innerhalb der Logik ist man hier erst in neuester Zeit über Aristoteles hinausgekommen, nachdem Ernst Mally im Anschluß an Überlegungen von Franz Brentano und Alexius Meinong der ›Logik des Urteilens‹ eine ›Logik des Willens‹ an die Seite gestellt hat. Diese Bemühungen sind inzwischen in der Imperativlogik und deontischen Logik zu einem eigenen Zweig der formalen Logik ausgearbeitet worden. Die Aristotelische Vorgabe hat aber nicht nur Beschränkungen in der Erkenntnistheorie (auf propositionale Erkenntnis) und in der Logik (auf propositionale Sätze) zur Folge gehabt, sondern auch in der Sprachphilosophie. – Die Sprachphilosophie ist ursprünglich in engem Zusammenhang mit oder gar in Abhängigkeit von Logik und Erkenntnistheorie entwickelt worden und folgte entsprechend deren Vorgaben. Gilt dies schon für die Sprachphilosophie der Antike, insbesondere der Stoa (s. Art. 2), so in noch stärkerem Maße für diejenige der Neuzeit. Das Interesse an der Sprache ist hier wesentlich durch ihre Betrachtung als „subservient to instruction and knowledge" bestimmt (Locke 1706, III, 1.6). Erkenntnis selbst galt dabei nur insofern als abhängig von der Sprache, als deren Unvollkommenheiten oder Mißbrauch auch die Erkenntnis trübe. Sprachphilosophie stand daher, trotz gelegentlicher Warnungen von philologischer Seite und von Autoren wie Johann Georg Hamann (s. Art. 25) und Johann Gottfried Herder (s. Art. 26), bis in das 20. Jahrhundert hinein im Zeichen kognitiver Ziele, d. h. der Verbesserung menschlicher Erkenntnis durch Verbesserung ihrer Ausdrucksmittel. Ganz in diesem Sinne nennt Frege, der Vater der modernen analytischen Sprachphilosophie, als Zweck seiner rein logischen Begriffsschrift, „die Herrschaft des Wortes über den menschlichen Geist zu brechen" (Frege 1879, VI). Sprachphilosophie in diesem Sinne ist dann eher Sprachkritik unter erkenntnislogischen Gesichtspunkten. Konsequent grenzt Frege daher auch alle nicht zur propositionalen Erkenntnis gehörenden Elemente, z. B. solche sprach-ästhetischer, emotiver und pragmatischer Art, aus seiner eigenen systematischen Betrachtung aus, ohne allerdings deren Wichtigkeit für Betrachtungen anderer, nicht-logischer Art zu leugnen. Soweit sind Freges Abgrenzungen durchaus vorbildlich zu nennen. Er hat niemals beansprucht, das Ganze der Sprache erfassen zu wollen, und er hat sich selbst auch nicht als Sprachphilosophen, sondern als Logiker verstanden. Die Inanspruchnahme von Frege als Sprachphilosophen (Dummett 1973) verdankt sich einer späteren Entwicklung innerhalb der Analytischen Philosophie. Hier gilt Frege dann vor allem als Begründer des sogenannten Idealsprachenprogramms (s. Art. 59) im Unterschied zu dem Normalsprachenprogramm (s. Art. 60) im Anschluß insbesondere an den späten Ludwig Wittgenstein (s. Art. 39) und John Langshaw Austin. Für den hier in Frage stehenden Themenbereich ist hervorzuheben, daß es Philosophen der zweiten Gruppe gewesen sind, denen die neuere Sprachphilosophie das Hinausgehen über Sprachgebilde des propositionalen Typs verdankt. Weniger strittig zwischen Vertretern der beiden Gruppen ist die Anerkennung des sogenannten Kontextprinzips. Damit unterscheiden sie sich von früheren sprachphilosophischen Positionen wie z. B. der Lockes. Dieses Prinzip besagt, in der klassischen Formulierung Freges, daß nach der Bedeutung der Wörter „im Satzzusammenhange, nicht in ihrer Vereinzelung" gefragt werden müsse (Frege 1884, X). Darunter versteht man, daß der Satz (unter Einschluß von Ein-Wort-Sätzen) die kleinste für sich verständliche (in sich abgeschlossene) semantische Einheit (im Unterschied zu den kleinsten bedeutungstragenden Teilen einer solchen Einheit) darstellt, wobei die Bedeutung der Wörter als deren Beitrag zur Bedeutung des ganzen Satzes zu verstehen ist. Während aber in der an der Logik orientierten Sprachphilosophie der Aussagesatz der Prototyp des Satzes ist, gilt diese Beschränkung in der Philosophie der normalen Sprache gerade nicht, ja, ein großer Teil von deren Arbeiten darf geradezu als Bemühen gewertet werden, diese als verhängnisvoll angesehene Beschränkung zu überwinden. Eine wichtige Rolle hat dabei der Begriff der Äußerung gespielt. Ausgehend von der Einsicht des Kontextprinzips wird er im folgenden vorwiegend unter dem Gesichtspunkt der Äußerung von ganzen Sätzen Berücksichtigung finden. — Betrachten wir unsere Ausgangsgruppe von Begriffen, so läßt sich fürs erste festhalten, daß eine Auszeichnung der Begriffe der Aussage und des Urteils für eine Orientierung am Wahrheitsbegriff spricht, während die Begriffe der Äußerung und des Satzes demgegenüber neutraler sind und eine allgemeinere Orientierung ermöglichen. Zumindest für die neuere Entwicklung innerhalb unseres Begriffsfeldes gilt dabei, daß sich unter historischem Gesichtspunkt die alphabetische Ordnung der Titelbegriffe in etwa umkehrt: An eine erkenntnistheoretische Theorie des Urteils schließt eine logisch-grammatische des Satzes an, gefolgt von einer sprechakttheoretischen der Äußerung. Wenn diese Abfolge faktisch auch nicht immer rein durchgehalten wurde, so gibt sie für die Darstellung doch ein brauchbares Schema an die Hand. Begleitend oder quer zu dieser Abfolge steht die Diskussion um die Anerkennung von Aussagen oder Propositionen, die den genannten Gebilden eigentlich zugrunde liegen sollen. Dieser Diskussion ist der abschließende Teil gewidmet.

2. Urteil: Erkenntnistheorie

Obwohl 'Urteil' ursprünglich ein Terminus der Logik ist, wird er in der modernen formalen Logik kaum noch verwendet. In gleichem Maße wie diese sich von der traditionellen Logik (Syllogistik) zu unterscheiden suchte, verbannte sie auch deren Terminologie aus ihrem Vokabular. Im Falle von 'Urteil' sind hier zwei Gründe maßgeblich: Erstens schwankt der Gebrauch des Terminus zwischen logischem und psychologischem Verständnis. Deshalb unterscheiden spätere Lehrbücher ausdrücklich zwischen einer logischen und einer psychologischen Urteilstheorie (z. B. Erdmann 1907), ohne damit aber schon den Gefahren des Psychologismus, der Vermengung von logischen und psychologischen Fragen, entgangen zu sein. Im Zuge der entschiedenen Psychologismuskritik um die Jahrhundertwende hat die Einsicht, daß psychische Gebilde nicht als Träger von Wahrheitswerten in Frage kommen, schließlich dazu geführt, Urteile gänzlich aus der Logik auszugrenzen. Zweitens ist mit dem Begriff des Urteils traditionellerweise eine ganz bestimmte Auffassung von logischer Form, nämlich als Subjekt-Prädikat-Struktur verbunden. Da diese von der modernen Logik als zu speziell durch eine Argument-Funktion-Struktur ersetzt worden ist, um insbesondere Relationen und mehrfache Quantifizierungen angemessen darstellen zu können, beschleunigte diese Entwicklung noch die Ablösung der Urteilsterminologie. In beiden Fällen sind die Analysen Freges von entscheidender Bedeutung gewesen, die deshalb im folgenden besondere Berücksichtigung finden werden. In der traditionellen Urteilstheorie wird zwischen der ›Materie‹ (d. h. dem *Inhalt*) und der ›Form‹ des Urteils unterschieden, wobei die Materie aus Begriffen besteht und die Formen die Weisen sind, wie diese Begriffe miteinander zur Einheit des Urteils verbunden werden (vgl. Kant 1800, § 18). Die Einteilung der Urteilsformen ist im Laufe der Logikgeschichte allerdings nicht einheitlich gehandhabt worden. Ursprünglich unterschied man nur Kombinationen der Formen der Quantität (universal, partikular) und der Qualität (bejahend, verneinend), indem als mögliche Prämissen und Konklusionen im Syllogismus lediglich universal bejahende (alle *S* sind *P*), partikular bejahende (einige *S* sind *P*), universal verneinende (kein *S* ist *P*) und partikular verneinende (einige *S* sind nicht *P*) Urteile zugelassen waren. ('*S*' und '*P*' sind dabei Variable für Begriffe als Materie des Urteils, '*S*' für den Subjektbegriff, '*P*' für den Prädikatbegriff). Die vollständigste Einteilung findet sich bei Immanuel Kant (1781, 70 ff), der nicht nur die Ergänzung der

Quantität um die singularen Urteile und der Qualität um die unendlichen Urteile (bei verneintem Prädikatbegriff) übernimmt, sondern neben der Relation (kategorisch, hypothetisch, disjunktiv) auch die Modalität (problematisch, assertorisch, apodiktisch) als weiteren Einteilungsgrund anführt. Am umstrittensten ist von diesen Ergänzungen in der Folgezeit neben den unendlichen Urteilen (wegen der Einführung einer eigenen Prädikatnegation) die Modalität gewesen. Von ihr sagt Kant selbst, daß sie „das Verhältnis des ganzen Urteils zum Erkenntnisvermögen bestimmt" (Kant 1800, § 30), womit sie eher ein erkenntnistheoretisches denn ein logisches Moment wäre. Wie die neuere epistemische Logik zeigt, schließt eine solche Unterscheidung allerdings nicht eine formal-logische Darstellung erkenntnistheoretischer Begriffe aus. Diese Entwicklung, wie überhaupt der Ausbau der Modallogik zu einem eigenen Zweig der formalen Logik, beginnt erst richtig im 20. Jahrhundert, verstärkt seit den fünfziger Jahren. Am Anfang der modernen formalen Logik steht jedoch eine konsequente Reduktion der Urteilsformen, die in der nichtformalen nachkantischen Logik (bei Hermann Lotze u. a.) vorbereitet wird. In Freges Aufbau finden die modallogischen Unterscheidungen aus den genannten Gründen keinen Platz mehr und die anderen Urteilsformen werden nicht als Urteils-, sondern als Inhaltsformen repräsentiert, und zwar, modern gesprochen, durch die Form des Elementarsatzes und im Rahmen der Junktoren- und Quantorenlogik. Das unendliche Urteil, die Prädikatnegation, entfällt, und das ausschließende 'oder' des disjunktiven Urteils wird durch das nicht-ausschließende 'oder' ersetzt (vgl. Frege 1879, §§ 1—12). — Wesentlich für Freges Neufassung der Logik ist die Unterscheidung von Urteilsakt und Urteilsinhalt (s. Art. 34). In der traditionellen Logik hatte die Kopula zwei, erst im Laufe des 19. Jahrhunderts unterschiedene Funktionen, nämlich erstens, Subjekt- und Prädikatbegriff zu einem wahrheitsfähigen Urteilsinhalt zu verbinden, und zweitens, den so gebildeten Inhalt als wahr bzw. als falsch hinzustellen, d. h. zu beurteilen (vgl. zur Geschichte dieser Unterscheidung innerhalb der traditionellen Logik Windelband 1915, 32). Unterschied man so bereits Bejahen und Verneinen als zwei Akte des Urteilens von den Urteilen selbst als den Inhalten, so ging Frege noch einen Schritt weiter. Unter Voraussetzung des Zweiwertigkeitsprinzips der klassi-

schen Logik führte er die Verneinung eines
positiven Inhalts auf die Bejahung eines negativen Inhalts zurück. So behielt er als einzige Form des Urteils (genauer: des Urteilens)
den schlichten Akt, einen beurteilbaren Inhalt
als wahr anzuerkennen (Frege 1879, §§ 2 ff).
Im Rahmen der traditionellen Unterscheidungen entspricht dem das (bejahende) asserto-
rische Urteil. — Die Unterscheidung von Akt
und Inhalt des Urteils ist in der modernen
Logik zunächst insoweit wieder in Vergessenheit geraten, als man überhaupt nur noch die
Inhaltsseite berücksichtigt hat. Während
Frege noch den Urteilsakt durch ein eigenes
Zeichen, den Urteilsstrich, in seiner logischen
Symbolik repräsentiert, haben spätere Autoren dem lediglich psychologische, aber keine
logische Bedeutung beimessen wollen (Wittgenstein 1921, 4.442). Für Frege war der Urteilsstrich jedoch unverzichtbar, da die Logik
es seiner Auffassung nach nicht mit der Untersuchung gültiger Implikationen, sondern
mit der Handlung des Schließens aus als wahr
anerkannten Prämissen zu tun hat (Frege
1976 b, 126 f). Auch sonst war Frege bemüht,
die Einsichten der traditionellen Urteilstheorie in seiner Neudarstellung kritisch zu bewahren. So unterscheidet er als drei aufeinander aufbauende Handlungen: das Denken
als ›Fassen des Gedankens‹, das Urteilen als
›die Anerkennung der Wahrheit des Gedankens‹, der damit Träger des Wahrheitswertes
ist, und das Behaupten als die ›Kundgebung‹,
d. h. Äußerung des Urteils (Frege 1918, 62).
Zu diesen Akten kommt schließlich noch der
Satz, in begriffsschriftlicher Darstellung
durch den Urteilsstrich kenntlich gemacht
(Frege 1893, 9), als schriftlicher Ausdruck der
Behauptung hinzu. In der Folgezeit wird vielfach durch den ganzen wohlbegründeten
nicht-formalen Vorspann der Fregeschen Logik gekürzt und ausschließlich von Sätzen
gehandelt. Erst im Rahmen der Sprechakttheorie sind Freges Einsichten wieder zur Geltung gekommen. Die Urteilstradition wurde
ansonsten in einer vom Psychologismus weitgehend gereinigten Form in der späteren Phänomenologie (Edmund Husserl, Adolf Rei-
nach) (s. Art. 46) und im Neukantianismus
(Heinrich Rickert, Emil Lask) fortgeführt und
vertieft.

3.   Satz: Logische Grammatik

Die Hinwendung bzw. Rückwendung (vgl. 1.)
der Logik zum Satz geht einher mit ihrer
Orientierung an der Sprache. Diese geht teil-

weise so weit, daß im weiteren Verlauf der
Entwicklung die Linguistik die frühere Rolle
der Psychologie als vermeintlicher Grundla-
genwissenschaft übernimmt (s. Art. 110, 113).
Entsprechend kommt es zu ähnlichen Streitfragen und Abgrenzungsproblemen, nämlich,
wie seinerzeit zwischen Logik und Psychologie im Zwischenbereich Erkenntnistheorie,
nunmehr zwischen Logik und Linguistik im
Zwischenbereich Sprachphilosophie. — Es ist
allerdings zu betonen, daß in der neuzeitlichen
Logik die ältere, im Anschluß an Aristoteles
gebildete Satz-Terminologie niemals ganz verschwindet. So heißen grundlegende Urteile
(Prinzipien) in Verkürzung von 'Grundsatz'
auch einfach 'Sätze': Satz vom ausgeschlossenen Dritten, Satz vom Widerspruch, Satz
vom Grunde. Die beiden Prämissen und die
Konklusion im Syllogismus werden 'Ober-
satz' bzw. 'Untersatz' und 'Schlußsatz' genannt (vgl. Kant 1800, § 58). Dieser Gebrauch
geht auf Christian Wolffs Übersetzung von
lat. 'propositio' als 'Satz' zurück (vgl. Wolff
1965, 4.6) und meint daher weniger den linguistischen Begriff als vielmehr die ältere Bedeutung 'Setzung'. In Übereinstimmung damit steht Kants Unterscheidung von Urteil
und Satz. Die gegenwärtig so viel betonte
Sprachlichkeit des Denkens wird von ihm zunächst insoweit für selbstverständlich gehalten, als man ohne Worte ohnehin nicht urteilen könne, um dann das assertorisch setzende,
d. h. behauptende und nicht bloß problematisch erwägende Urteil als Satz zu bestimmen
(Kant 1800, § 30, Anm. 3). Dies bedeutet, daß
Kants Begriff des Urteils als Freges Begriff
des beurteilbaren Inhalts und Kants Begriff
des Satzes als Freges Begriff des Urteils gefaßt
werden könnte. Damit wäre dieselbe, systematisch wesentliche Unterscheidung in lediglich anderer Terminologie bereits von Kant
intendiert gewesen. — Trotz der Orientierung
am Satz übernimmt die moderne Logik und
Sprachphilosophie die Grammatik des Satzes
letztlich nicht von der Linguistik. Selbst dort,
wo Philosophen der Normalsprache von der
tatsächlichen Verwendung von Sätzen ausgehen, um Philosophen der Idealsprache zu kritisieren, unterscheiden sie zumindest implizit
zwischen linguistischer und logischer Grammatik (vgl. z. B. die Kritik von Strawson in
On Referring, 1950, an der idealsprachlichen
Kennzeichnungstheorie von Russell in *On Denoting*, 1905). Und wenn Wittgenstein (1953,
§ 109) Beschreibung an die Stelle von Erklärung treten lassen will, so ist damit keine
erfahrungswissenschaftliche Beschreibung der

Sprache gemeint, sondern eine Klärung von deren sinnvollem Gebrauch. Die auf solche Weise kritisierten Sätze der Philosophie werden von den Sprechern natürlicher Sprachen denn ja auch in der Regel als grammatikalisch wohlgeformte Sätze akzeptiert. Zwischen den beiden Parteien der Sprachphilosophie besteht insofern Einigkeit, als man von vornherein eine logische Grammatik (Syntax) im Auge hat. Uneinigkeit herrscht nur darüber, was hier ›logisch‹ zu heißen verdient. — Die Orientierung am Satz ist, bedingt durch die zentrale Stellung des Wahrheitsbegriffs (vgl. 1.), ursprünglich auf den Aussagesatz beschränkt und gilt zum Teil bis heute. Soweit diese Beschränkung philosophisch begründet und nicht einfach aus einer bestimmten Themenstellung erwachsen ist (vgl. Kutschera 1971, 24), geht sie auf die Idee Wittgensteins (1921, 4.024) zurück, den Bedeutungsbegriff in Abhängigkeit vom Wahrheitsbegriff zu bestimmen. Die Bedeutung eines Satzes zu verstehen, heißt dann: verstehen, unter welchen Bedingungen er wahr ist (Tugendhat/Wolf 1983, 87). Der Vorzug eines solchen Ansatzes ist darin zu sehen, daß der Bedeutungsbegriff so ohne Rückgriff auf psychische Entitäten gefaßt werden kann. Antipsychologismus ist denn auch die negative Gemeinsamkeit vieler Autoren, die vom Satz ausgehen. In positiver Hinsicht unterscheiden sich die Ansichten jedoch sehr, vor allem hinsichtlich der Frage, wer oder was der eigentliche Träger des Wahrheitswertes ist. Als dieser wird angesehen: (1) der Satz selbst (Quine 1960, 191 ff; Mates 1965; Quine 1970 c), (2) das mit dem Satz verbundene bzw. durch den Satz ausgedrückte Sinngebilde als Gedanke, Aussage oder Proposition (Frege 1918), (3) der Gebrauch des Satzes (Wittgenstein 1953). Bei (1) ist zusätzlich zu unterscheiden zwischen dem Satz als einzelnem Vorkommnis (engl. *token*) und als Schema (engl. *type*). Wer von beiden als Wahrheitswertträger anzusehen ist, sollte nach Willard Van Orman Quine aus praktischen Erwägungen davon abhängig gemacht werden, ob man es mit situationsabhängigen oder situationsunabhängigen, zeitlosen Sätzen zu tun hat (Quine 1970 c, 13 f), wobei ein zeitloser Satz ein solcher ist, dessen sämtliche Vorkommnisse denselben Wahrheitswert haben. Obwohl (1) nicht notwendig extensionalistisch ausgerichtet ist (vgl. Mates 1965, 8 f), ist zumindest Quines Entscheidung für Sätze durch seinen Anti-Intensionalismus bestimmt — er leugnet die Möglichkeit einer wissenschaftlichen Behandlung intensionaler

Zusammenhänge — und daher direkt gegen (2) gerichtet. Diese Auffassung und Quines Gegenargumente werden im Zusammenhang mit der Darstellung des Begriffs der Aussage als Proposition Berücksichtigung finden (siehe unter 5.). Bei (3) haben wir es mit einer Position zwischen (1) und (2) zu tun. Sie ist nicht extensionalistisch; denn an die Stelle des kritisierten psychologischen Intensionsbegriffs tritt wie in (2) ein semantischer Intensionsbegriff, d. h. Sinnbegriff. Dieser wird aber von vornherein in Verbindung gebracht mit einer Gebrauchstheorie der Sprache, um einer Hypostasierung von Sinngebilden zu platonistischen Entitäten vorzubeugen: Der Gedanke ist der sinnvolle Gebrauch des Satzes. Aus substantivisch ›Sinn‹ wird tendenziell adjektivisch ›sinnvoll‹ (vgl. schon Wittgenstein 1921, 4.). — Es ist insbesondere die Gebrauchstheorie, der die Sprachphilosophie auch eine Kritik der einseitigen Vorrangstellung des Aussagesatzes und eine Ausdehnung von Bedeutungsanalysen auf andere Satzarten verdankt (Wittgenstein 1953, § 23; Waismann 1976, 432 ff). Von hier aus ergeben sich auch Bedenken grundsätzlicher Art gegen Bedeutungstheorien, die den Wahrheitsbegriff zugrunde legen (s. Art. 68). Es wird aber meistens übersehen, daß dieser Ansatz sogar innerhalb des Bereichs der Aussagesätze zu Schwierigkeiten führt, nämlich bei der Analyse fiktionaler Rede, z. B. in der Dichtung. In der Dichtung werden u. a. Aussagesätze verwendet, die singulare Ausdrücke oder Nominatoren (Eigennamen, Kennzeichnungen) ohne Referenz (Bedeutung im Fregeschen Sinne) enthalten. Hier ist zu fragen, ob mit Blick auf den Begriff des Verstehens der Begriff der intensionalen Bedeutung (Freges Sinn) gegenüber dem der extensionalen Bedeutung (Freges Bedeutung) nicht einfach primär ist, so daß es eine unzulässige Umkehrung der Verhältnisse darstellt, von dem extensionalen Begriff der Wahrheit auszugehen (s. Art. 81). Man scheint zu unterstellen, daß Aussagen, Gedanken oder Propositionen von vornherein als wahrheitswertfähig zu denken sind, d. h. die Referenzbedingung (Existenzpräsupposition) für Nominatoren erfüllen. Frege (1892, 32 f) hat jedoch bereits gesehen, daß auch fiktionale Sätze Gedanken ausdrücken, obwohl sie weder wahr noch falsch sind. Allgemein läßt sich sagen: Wir können zwar das Verstehen der Wahrheitsbedingungen als *hinreichende* Bedingung des Bedeutungsverstehens anerkennen, nicht aber als *notwendige* Bedingung, und das heißt hier, daß es Fälle gibt (angesichts der Vielfalt von Satzarten sehr viele), in denen der Begriff der Wahrheitsbedingungen fehl am Platze sein dürfte (zur systematischen Trennung von Bedeutungsbestimmung einerseits und Geltungsbestimmung andererseits vgl. Lorenz 1988).

4.   Äußerung: Sprechakttheorie

Der Terminus 'Äußerung' (engl. *utterance*) ist ursprünglich in der Linguistik angesiedelt (vgl. z. B. Bloomfield 1926). Hier benennt er die einzelnen sprachlichen Befunde des tatsächlichen, später auch möglichen (Chomsky 1957, 15) Ausgangsmaterials (Corpus) für die empirische Beschreibung oder Theorienbildung. Eine Auszeichnung in syntaktischer Hinsicht über die Angabe von Anfang und Ende der Äußerung hinaus besteht dabei meistens nicht. Die Aufnahme des Terminus durch die Sprachphilosophie erfolgte in den fünfziger Jahren. Durch die Gebrauchstheorie der Sprache im Anschluß an den späten Wittgenstein gefördert, gingen die wesentlichen Impulse von Austin und der Oxforder Philosophie der normalen Sprache aus. Daneben dürften auf den Sprachgebrauch übertragene akttheoretische Einsichten der phänomenologischen Tradition Pate gestanden haben. Dies wird insbesondere im Rahmen der systematisierten Darstellung der Sprechakttheorie (Searle 1969) deutlich. Sprechakte werden dabei als solche Handlungen verstanden, die im Vollzug sprachlicher Äußerungen vollzogen werden: Kein Sprechakt ohne Äußerungsakt; die Umkehrung gilt nicht (Searle 1969, 24). In dieser Formulierung sind Äußerungen selbst wiederum als Handlungen gefaßt, nämlich als Handlungen des Aussprechens oder Hinschreibens sprachlicher Zeichen. Der Begriff der Äußerung wird allerdings auch anders verstanden. Zu unterscheiden sind mit Kutschera (1971, 16 ff) die folgenden Auffassungen: (1) Äußerung als Handlungsvollzug, d. i. Äußerungsvollzug mündlicher oder schriftlicher Art, (2) Äußerung als Handlungsergebnis, d. i. Äußerungsergebnis mündlicher oder schriftlicher Art. Analog zu der bei Sätzen getroffenen Unterscheidung (vgl. 3.) ist auch in (1) und (2), jeweils nach mündlicher und schriftlicher Äußerung getrennt, zwischen Vorkommnissen und Schemata von Äußerungen zu unterscheiden. Somit ergeben sich rein rechnerisch acht Möglichkeiten des Verständnisses. Eine Entscheidung für eine dieser Varianten ist jedoch nicht grundsätzlich zu fällen, sondern vom Kontext des Einzel-

falls abhängig zu machen. — Anders als in der Linguistik sind Äußerungen in der Sprechakttheorie mit einem logisch-syntaktischen Verständnis der verwendeten (geäußerten) Zeichen verbunden, so daß hier, trotz der grundsätzlichen Einbeziehung aller Satzarten, eine Abhängigkeit von den Vorgaben der logischen Grammatik (vgl. unter 3.) besteht. Ansätze, diese Vorgabe als zirkulär auszuschalten, sind im Rahmen der konstruktivistischen Sprachphilosophie (Friedrich Kambartel, Kuno Lorenz, Hans Julius Schneider) entwickelt worden. Das Verdienst der Sprechakttheorie besteht denn auch weniger in einer Neufundierung der Sprachphilosophie, etwa auf pragmatischer Grundlage, sondern in einer grundsätzlichen Erweiterung des philosophischen Blicks auf alles das, was man mit Worten machen kann (vgl. Austin 1962 a). Ausdrücklich bestritten wird in diesem Sinne, daß es Wörter oder Sätze (bzw. deren Vorkommnisse) selbst sind, die die Basiseinheiten sprachlicher Kommunikation ausmachen. In Frage kämen hier nur die vollständigen Sprechakte (illokutionären Akte) als „the production of the sentence token under certain conditions" (Searle 1971 a, 39). Die Bedingungen dieser Produktion gelten als wesentlich durch Regeln (Konventionen) der Kommunikationsgemeinschaft und durch Intentionen der Sprecher bestimmt, wobei es bei einzelnen Autoren (Paul Grice, Peter Frederick Strawson, John Searle) zu unterschiedlichen Akzentsetzungen kommt (s. Art. 54, 67). — Wenn Sprechakte die kleinsten Kommunikationseinheiten sind, dann beantwortet sich die spezielle Frage nach dem Träger des Wahrheitswertes dahingehend, daß nicht der Aussagesatz, sondern dessen mit der illokutionären Kraft, z. B. des Behauptens, vollzogene Äußerung, d. h. der Sprechakt des Behauptens, diese Rolle übernimmt (vgl. Austin 1970, 120 f; Strawson 1950). Eine weitergehende Frage ist dann, inwieweit sich wahrheitswertfähige Sprechakte unterschiedlicher illokutionärer Kraft auf Grund der von ihnen zu erfüllenden Bedingungen unterscheiden lassen. Disziplinen wie die Logik werden auf solche Unterscheidungen verzichten können — denken ließe sich allerdings eine modale Repräsentation der Stärke der illokutionären Kraft — und damit auch auf den Begriff der Äußerung (vgl. aber Quine 1959, XI). Für die Analyse des vielfältigen Gebrauchs sprachlicher Zeichen bis hin zur Analyse fiktionaler Rede hat sich dieser Begriff aber als sehr nützlich erwiesen.

5. Aussage als Proposition

Wenn es verschiedene Arten wahrheitsfähiger Sprechakte gibt, so stellt sich die Frage, ob es nicht einen diesen Sprechakten gemeinsamen Kernbestandteil als Träger des Wahrheitswertes gibt, und weiter, ob sich ein solcher Kernbestandteil nicht außerdem in anderen Sprechakten ganz anderer illokutionärer Kraft ausfindig machen läßt (s. Art. 95). Diese Überlegung geht abermals auf Frege (1918, 62) zurück, der bei Behauptungen (vgl. 2.) zwischen der ›behauptenden Kraft‹ und dem behaupteten Gedanken unterscheidet und betont, daß derselbe Gedanke in der entsprechenden Satzfrage enthalten sei. Die illokutionäre Kraft der (nicht bloß rhetorischen) Satzfrage wird als ›Aufforderung‹ bestimmt, die Frage zu beantworten. Was Frege 'Gedanke' nennt, heißt heute 'Aussage' (im Sinne des ausgesagten Inhalts, nicht des Sprechaktes), 'propositionaler Inhalt' oder 'Proposition'. In der Logikliteratur steht 'Proposition' häufig auch für den Aussagesatz als Satzzeichen. Mit der Auszeichnung eines solchen Kernbestandteils ergäbe sich die Möglichkeit, für die hier vorgeführten erkenntnistheoretischen, logisch-grammatischen und sprechakttheoretischen Ansätze einen gemeinsamen Nenner anzugeben (oder vielleicht angemessener: einen kleinsten gemeinsamen Teiler). In der Tat finden sich solche Gemeinsamkeiten von alters her in ganz unterschiedlichen Traditionen und Terminologien (vgl. Kneale/Kneale 1971, 49 ff; 150 ff; 360 ff). Außer Freges 'Gedanke' sind zu nennen: ἀξίωμα (Stoa) (s. Art. 2), 'complexe significabile' (Scholastik) (s. Art. 4), 'Urteilsinhalt' (vgl. 2.), 'Satz an sich' (Bolzano) (s. Art. 28), 'Satzradikal' (Wittgenstein) (s. Art. 39). Auch 'Sachverhalt' wird gelegentlich als Kandidat angeführt (z. B. in Kamlah/Lorenzen 1967, 131). Dagegen spricht allerdings, daß Sachverhalte zwar bestehen oder nicht bestehen können, aber nur sprachwidrig 'wahr' oder 'falsch' genannt werden können. Zudem scheint die Identität von Sachverhalten auch rein extensional faßbar zu sein, so daß dann derselbe Sachverhalt durch intensional verschiedene Propositionen dargestellt werden kann (vgl. Weidemann 1982 a). Um diese Unterscheidungsmöglichkeit zu nutzen, liegt es nahe, den Begriff der Proposition im Anschluß an Carnap (1956 a, 25 ff) rein intensional zu fassen. — Spricht sich nun aber in der genannten Einheitlichkeit nicht gerade das aus, was die Sprechakttheoretiker als ›des-criptive fallacy‹ (Austin 1970, 131) der wahrheitsorientierten Tradition kritisiert haben? Searle sucht diesem Einwand dadurch Rechnung zu tragen, daß er die Propositionen ebenfalls akttheoretisch deutet, als aufeinanderfolgende Vollzüge propositionaler Akte des Bezugnehmens und Prädizierens. Die so verstandenen Propositionen können dann niemals isoliert ausgedrückt werden, sondern werden stets in Abhängigkeit von illokutionären Akten als vollständigen Sprechakten vollzogen (Searle 1969, 29). Damit bliebe deren Vorrangstellung im Rahmen sprachlicher Kommunikation gewahrt (s. Art. 77). Isoliert wird die Proposition von der illokutionären Kraft nur zum Zwecke der Analyse (Searle 1969, 31). Da diese unabhängig von der Analyse der Arten illokutionärer Akte möglich sein soll — selbst Austin (1962, 20) läßt Propositionen als ›logische Konstruktionen‹ aus Sprechakten zu —, ist damit auch den Zwecken des Aussagen-Logikers Genüge getan, der ja nicht darauf beharren wird, daß seine Beispielsätze, wie 'Sokrates ist sterblich', auch Musterbeispiele alltäglicher Kommunikation sind. Die hier skizzierte Einigkeit ergäbe sich somit schlicht unter dem Gesichtspunkt der Arbeitsteilung. — Zur akttheoretischen Deutung der Propositionen ist noch zu bemerken, daß auch sie nicht dem Umstand gerecht wird, daß wir propositionale Inhalte verstehen, die weder wahr noch falsch sind (vgl. 3.). Die fiktionale Verwendung eines Nominators kann nicht auf den Vollzug einer Referenzhandlung zurückgeführt werden. Und ist die Existenzpräsupposition nicht erfüllt, kann auch nicht mehr von einer Prädikationshandlung die Rede sein; denn welchem Gegenstand sollte das Prädikat zugesprochen werden, wenn es gar keinen gibt? Man müßte denn fiktive Gegenstände einführen, was Searle (1969, 78 f) paradoxerweise schließlich auch tut (vgl. dagegen Gabriel 1975, 33 ff; 79 f). — Unabhängig davon, wie man sich zur Frage der fiktiven Gegenstände stellt, ist nach dem Gesagten jedenfalls zwischen zwei Auffassungen von Propositionen zu unterscheiden, und zwar danach, ob die zugehörigen Existenzpräsuppositionen als erfüllt gedacht werden oder nicht. Im ersteren Fall sind Propositionen von vornherein wahrheitswertfähig und daher keine rein intensionalen Sinngebilde mehr. Sie könnten als Sachverhalten entsprechende Wahrheitswertträger gefaßt werden. Eine Identifikation mit Sachverhalten verbietet sich wegen der bereits genannten Sprachwidrigkeit von 'wahrer Sachverhalt'. Charakteristischerweise herrscht diese Auffassung in der Wahrheitsbedingungen-Semantik vor (vgl. z. B. Tugendhat/Wolf 1983, 26 ff). Geht man dagegen vom Primat des Sinns aus, so wird man sich am zweiten Fall orientieren und erst in einem weiteren Schritt zu den wahrheitswertfähigen Propositionen kommen. In Analogie zu Freges Einteilung der Gedanken in eigentliche Gedanken und Scheingedanken (Frege 1969, 141 f) können wir dann die Propositionen einteilen in solche, die Sachverhalte darstellen und solche, die das nicht tun und also bloße Propositionen sind. — Verzichtet man auf die akttheoretische Deutung der Propositionen, so läuft der Unterschied zwischen Satztheoretikern und Gebrauchs- bzw. Sprechakttheoretikern auf die allerdings wichtige Nuance hinaus, daß nicht Sätze selbst, sondern Sprecher in ihren Äußerungen Propositionen zum Ausdruck bringen. Geschieht dieses situationsunabhängig (unabhängig von Sprecher, Zeit und Ort der Äußerung), d. h. mit Hilfe von Sätzen, die keine indexikalischen Ausdrücke (s. Art. 79) enthalten, so wird auch nichts gegen die (vereinfachende) Redeweise einzuwenden sein, daß Sätze Propositionen ausdrücken, da die intensionale Bedeutung in solchen Fällen ja wesentlich vom Lexikon der Sprache abhängig ist. Hilfreich dürfte hier eine Unterscheidung zwischen der lexikalischen Bedeutung und der ›Auskunft‹ (Frege 1892 a, 196, Anm.) oder dem Informationsgehalt (s. Art. 78) einer sprachlichen Äußerung sein. So hat die Äußerung 'ich habe Schmerzen' zwar stets dieselbe konventionalisierte lexikalische Bedeutung, sie gibt aber je nach Sprecher unterschiedliche Informationen. Und die Äußerung 'er hat Schmerzen' hat zwar eine von der ersten Äußerung verschiedene lexikalische Bedeutung, sie kann aber in bestimmten Situationen einer dritten Person dieselbe Information geben. Aufgrund solcher Überlegungen hat bereits Frege (1918, 64) betont, daß zum vollständigen Ausdruck des Gedankens eines indexikalischen Satzes auch „das Sprechen begleitende Umstände" gehören (vgl. ausführlich Dummett 1973, 382 ff). Freges Begriff des Sinns entspricht also zumindest in diesen Fällen nicht dem Begriff der lexikalischen Bedeutung, sondern dem des Informationsgehaltes. — Allgemein läßt sich nun die Proposition einer Äußerung bestimmen als eine Funktion von zwei Faktoren: die lexikalische Bedeutung des geäußerten Satzes

und die Situation der Äußerung (Tugendhat/Wolf 1983, 28 f, wo allerdings die hier 'lexikalisch' genannte Bedeutung mit dem Fregeschen Sinn gleichgesetzt wird). Daß Sätze, und nicht erst Äußerungen, Propositionen ausdrücken, ist entsprechend dann eine angemessene Ausdrucksweise, wenn der Situationsfaktor vernachlässigbar ist, d. h., wenn der Informationsgehalt mit der lexikalischen Bedeutung zusammenfällt. — Abschließend ist darauf hinzuweisen, daß die Rede von Propositionen, d. h. die Verwendung des Terminus 'Proposition' keineswegs die Anerkennung intensionaler Entitäten in einem außersprachlichen, ontologischen Sinne impliziert. Es gibt zwar sowohl Befürworter (Alonzo Church) als auch Kritiker (Quine), die sich darin einig wissen, daß eine solche Rede auf einen intensionalen Platonismus hinausläuft. Dem kann man jedoch begegnen, indem mit Rudolf Carnap (1956 a, 206 ff) zwischen internen und externen Fragen unterschieden wird: Propositionen können zum Gegenstand der Rede im Rahmen einer Thematisierung von Verständnissen gemacht werden, z. B. in Fragen der Art, ob zwei Äußerungen dasselbe behaupten (fragen, bezweifeln, voraussetzen, implizieren usw.). Verständnisse sind dabei als durch den sinnvollen Gebrauch von Sätzen repräsentiert zu denken. Dies entspricht einer Vermittlung der Positionen (2) und (3) in 3. Eine solche interne Thematisierung ist nicht schon eine externe Hypostasierung, Sinngebilde sind nicht *eo ipso* Seinsgebilde (vgl. Dummett 1975, 106; Gabriel 1987, 68 f; 75). — Ein zweites, grundsätzlicheres Argument gegen die Anerkennung von Propositionen hat Quine (1960, 200 ff; 1970, 17 ff) im Rahmen seiner gegen den Intensionsbegriff überhaupt gerichteten Argumentation vorgetragen. Danach setze der Begriff der Proposition den wissenschaftlich unhaltbaren Begriff der Synonymität voraus (s. Art. 86). Die Voraussetzung als solche ergibt sich wie folgt: Gehen wir von Aussagesätzen bzw. deren Äußerungen aus, so wird üblicherweise die Identität von Propositionen mit Hilfe der Äquivalenzrelation der Synonymität für diese Sätze bzw. Äußerungen definiert. Zwei Äußerungen zweier verschiedener Aussagesätze drücken genau dann dieselbe Proposition aus, wenn sie synonym sind. Eine Proposition ist entsprechend dasjenige, was dasselbe ist, wenn zwei solche Äußerungen synonym sind. Damit ist der Begriff der Proposition abhängig vom jeweiligen Begriff der Synonymität. Daß hier verschiedene Varianten möglich sind, ist nicht das Problem. Quine bestreitet aber, daß auch nur eine dieser Varianten haltbar sei. Es genügt hier festzuhalten: Selbst wenn Quine damit recht hätte, daß es keine wissenschaftlichen Kriterien für Synonymität in den natürlichen Sprachen und damit auch nicht für die Identität von Propositionen gibt, wobei es hier ersichtlich entscheidend auf das Kriterium für Wissenschaftlichkeit selbst ankommt, so wird auch er nicht Fragen wie die folgende ausschließen wollen: Meint Quine (1960) dasselbe wie Quine (1970 c), oder hat er seine Ansicht geändert? Es ist nicht zu sehen, wie eine solche Frage ohne Anerkennung eines zumindest intuitiven Synonymitätsbegriffs als Bedingung der Möglichkeit einer wissenschaftlichen (oder nichtwissenschaftlichen) Diskussion beantwortet werden könnte.

6. Literatur in Auswahl

Dummett 1973, *Frege. Philosophy of Language.* Kap. 10 und 11.

Frege 1918, *Der Gedanke,* in *Beiträge zur Philosophie des deutschen Idealismus* 1.

Hoche 1990, *Einführung in das sprachanalytische Philosophieren.* Kap. III. b.

Kneale, W./Kneale, M. ²1971, *The Development of Logic.*

Quine 1970 c, *Philosophy of Logic.* Kap. 1.

Searle 1969, *Speech Acts.*

Tugendhat/Wolf 1983, *Logisch-semantische Propädeutik.* Kap. 2.

Waismann 1976, *Logik, Sprache und Philosophie.* Kap. XIV.

Gottfried Gabriel, Bochum (Deutschland)

88. Possible worlds — possible individuals

1. Description or explanation?
2. Possible-worlds semantics as an analytic framework and as a general meaning theory
3. Montague semantics
4. The problem of logical omniscience
5. Cross-identification
6. Informational independence and related phenomena
7. Richer structures
8. Selected references

1. Description or explanation?

Possible-worlds semantics has played an important role in recent discussions both in philosophy and in linguistics, often under other titles, such as 'Montague semantics'. It is not very clear, however, what the rationale of this overall approach is supposed to be. There are in fact two different ways of looking at the enterprise of possible-worlds semantics, which admittedly are not very sharply contrasted to each other in the literature, but which nevertheless pull us to distinctly different directions. On the one hand, one can use possible-worlds semantics simply as a framework for representing natural-language phenomena and our alleged intuitions about them. On the other hand, we can think of possible-worlds semantics as a genuine explanatory (theoretical) model. The difference between these viewpoints shows up, among other places, in that on the explanatory model view the different features of the model need not be obtained directly as generalizations from examples or from our linguistic ›intuitions‹. In my judgment, the cumulative experienced codified in the literature on possible-worlds semantics overwhelmingly shows the superiority of the explanatory model approach. For this reason, a survey of recent literature is less useful than a survey of the theoretical problems and other issues into which the explanatory model idea gives rise. In fact, the most interesting developments in possible-worlds semantics can be viewed as responses to such theoretical challenges. These challenges accordingly form the guiding principle of this survey, which is a survey of problems rather than of the literature (s. art. 111).

2. Possible-worlds semantics as an analytic framework and as a general meaning theory

The origins of possible-worlds semantics can be traced to the observation that the truth-conditions of many important notions involve several different states of affairs or courses of events, usually but misleadingly labelled 'possible worlds'. For instance, 'necessarily S' is true if and only if S is true in each possible world, 'a knows that S' is true in a world w_o if and only if S is true in each epistemic a-alternative to w_o, i.e., in each world compatible with everything a knows in w_o, and so on. Different notions analyzable in this way involve different kinds of alternativeness (= accessibility) relations between possible worlds. In addition to this idea of possible-worlds semantics as a way of analyzing a number of particular concepts, there is the project of using possible-worlds semantics as a framework of a general meaning theory. On this view, meanings of primitive nonlogical terms are functions from possible worlds to extensions. For instance, the meaning of 'lion' is the function which, given a possible world w_o as its argument, yields as its value the class of lions in w_o. — These two projects impose different requirements on the possible-worlds semantics framework. If one's aim is to analyze particular intensional concepts, the alternatives may on different occasions be ›small worlds‹, i.e., alternative states of limited affairs or short courses of small-scale events. In this sense, at least one kind of possible-worlds semantics has always been intended to be ›situation semantics‹ (s. art. 111). The recent theory flaunting this name is in fact distinguished from possible-worlds semantics mainly in employing a more elaborate set of intersituational relations (cf. Barwise/Perry 1983; Hintikka 1983 a). In such applications, the traditional term 'possible world' is not very happy. A neutral term, e.g., 'scenario' might therefore be preferable to this term. On the other hand, in order for the intended general analysis of meanings to be feasible, the possible worlds have to be worthy of their name, for the reference (extension) of a term in a possible world may depend on the situation in this entire world. Moreover, the set of alternatives to each world must comprise all conceptually possible ones, for otherwise the meaning function would not tell everything there is to be told about the meaning of the term in question.

Thus we obtain two different varieties of possible-worlds semantics. In the one — usually but misleadingly called 'Kripke semantics' —, the set of alternatives to a given world is an arbitrary set of worlds. In the other, instantiated by Montague semantics, the relevant alternatives must comprise all conceptually (logically) possible worlds. The latter approach is, among others, represented by

(Kanger 1957 b). Of these two, the so-called Kripke semantics has dominated the literature. However, there is a sprinkling of papers where the need of a Kanger-type semantics is pointed out (cf. Kanger 1957 b; Kaplan 1964; Montague 1974, chap. 1; Cocchiarella 1974; 1975; Hintikka 1980; 1982 b). — Conceptual possibility must be interpreted as logical possibility when what is being treated are logical necessity and logical possibility, which historically speaking constitute the first and foremost intended application of possible-worlds semantics. It can be shown that in this case possible-worlds semantics runs into serious trouble either by allowing too large a set of possible worlds or else by arbitrarily and unnaturally restricting the set of available individuals, called 'possible individuals' (cf. Hintikka 1980; 1982 b). Hence the idea of possible-worlds semantics as a general meaning theory (s. art. 68) has not yet been given a firm theoretical foundation, e.g., in the form of a theory of conceptual as distinguished from purely logical necessity. Perhaps for this reason, possible-worlds semantics has not been given a run for its money in the analysis of extensional concepts in general, for instance, for the analysis of such nonliteral types of meaning as metaphor (s. art. 91) or metonymy, in spite of the obvious promise of possible-worlds semantics in this direction.

3. Montague semantics

The best known version of possible-worlds semantics is the one known as Montague semantics (cf. Montague 1974; Dowty/Wall/Peters 1981, with a bibliography; Partee 1976; Davis/Mithun 1979; Link 1979), which has been successfully applied to various linguistic phenomena, e.g., to questions (Karttunen 1977) (s. art. 111). It focuses among other things on the representation of Gottlob Frege's (s. art. 34) 'sense'-'reference' distinction and its semantics (s. art. 81). Among the limitations of Montague semantics, there are its commitment to a Kripke-type rather than a Kanger-type approach (cf. 2.), the assumption of a constant domain of possible individuals (Hintikka 1974 c), and the adherence of most Montague semanticists to the principle of compositionality, which has made it impossible for Montague semantics to handle phenomena involving semantical context-dependence (Hintikka/Kulas, 1983, chap. 10).

4. The problem of logical omniscience

Perhaps the most frequently voiced objection to the possible-worlds semantics analysis of intensional concepts is that it gives rise to the problem of ›logical omniscience‹: it apparently leads to the conclusion that everybody knows all the logical consequences of what he or she knows, and analogously for other intensional notions (cf. e. g. Chomsky 1982 a, 91). Moreover, this problem might seem to be endemic to the possible-worlds semantics idea of explicating knowledge in terms of a set of epistemic alternatives, combined with the usual analysis of logical consequence in terms of the worlds in which the promise and the conclusion are true (s. art. 80). This problem has nevertheless been solved as fully as any conceptual problem is ever solved. On the level of deductive and axiomatic treatment, an interesting restriction as the crucial rule of inference from

(1) $\vdash (S_1 \supset S_2)$

to

(2) $\vdash (a$ knows that $S_1 \supset a$ knows that $S_2)$

was formulated a long time ago by Hintikka (1973; 1975 c, chap. 9) in a way that turns out to have close connections with several classical philosophical problems. What is more directly relevant here, this treatment was given a model-theoretical backing by Veikko Rantala (1975) and Hintikka (1975 a). The crucial idea is to admit epistemically possible but logically impossible worlds. Such worlds can be taken to be a subset of the urn models of Rantala (1975), viz. those that cannot be seen to be logically inconsistent without adding to their depth in the sense defined in (Hintikka 1973, 142). Urn models have a realistic pragmatic interpretation: they are worlds which may change when one investigates them. Logics based on urn models are the only ›paraconsistent logics‹ which have ever been given a satisfactory theoretical motivation.

5. Cross-identification

5.1. Classical problems solved by possible-worlds semantics

Possible-worlds semantics solves at once the two problems which have been instrumental in prompting and guiding the study of the logic of intensional concepts, viz. the prob-

lems of explaining why the substitutivity of identity (s. art. 83) and existential generalization fail in intensional contexts. The inference from $a = b$ and $S[a]$ to $S[b]$ fails when $S[a]$ contains intensional concepts because 'a' and 'b' may pick out different individuals in some alternative possible worlds. The inference from $S[a]$ to $\vee_x S[x]$ fails in such circumstances because 'a' may pick out different individuals in different alternative worlds. It may also fail because 'a' does not pick out any individual in the given world. Even though the latter contingency has claimed the lion's share of philosophers' attention, it is the less important of the two. Moreover, in this way we obtain conditions on which substitutivity of identity or existential generalisation is valid. For instance, an inference from

(3) a knows that $S[b]$

(where $S[b]$ is extensional) to

(4) $\vee_x a$ knows that $S[x]$

requires an additional premise

(5) $\vee_x a$ knows that $(b = x)$.

These observations have important applications. First, (4) and (5) are rough formal equivalents to

(6) a knows who [say x, is such that] $S[x]$

and, respectively,

(7) a knows who b is.

Instead of 'who' we may have here 'what', 'where', 'when', etc., depending on the intended range of 'x' in (4)−(5). This illustrates the treatment of wh-constructions with an intensional verb in possible-worlds semantics. This treatment of subordinate wh-questions can in turn be put to important use in the theory of (direct) questions (Hintikka 1976).

5.2. Cross-identification and world lines

This approach to existential generalization and to wh-constructions presupposes that identification across the boundaries of possible worlds makes sense, i. e., that a set of ›world lines‹ connecting the counterparts (embodiments) of one and the same individual in different worlds exists. This problem of cross-identification is one of the central theoretical issues in possible-worlds semantics. It is claimed by Willard Van Orman Quine (1972 b, 249) that the vagaries of cross-identification vindicate his criticism of quantified modal logic. There is a tendency among some practioners of possible-worlds semantics to take cross-identification for granted or to be a merely epistemological problem. This is totally unwarranted. Cross-world identities are not determined by any absolute god-given or logic-given principles (cf. 5.5.). The real question is how individuals are constituted in our conceptual system by the principles which govern the drawing of the world lines. — For the same reason, Saul Kripke's concept of rigid designator (Kripke 1980) is without any explanatory value in connection with the problems of cross-identification, for it assumes that it is already been established how the world lines of one's individuals are drawn. Indeed, by embodying this assumption the concept of rigid designator has directed philosophers' attention away from the most crucial problems in possible-worlds semantics. It is not correct, either, to conceptualize the problem as one of comparing ready-made ›world-bound‹ individuals with each other so as to see which is the ›counterpart‹ of which. For this presupposes that each world can be articulated categorially independently of our methods of cross-identification.

5.3. Cross-identification, re-identification and continuity

The apparent difficulty of the problem of cross-identification is due to thinking of other possible worlds as somehow totally isolated islands in the sea of ontology. In reality, as emphasized, e.g., by Hintikka (1975 b, chap. 6), in most actual applications the different alternative worlds (scenarios) share a common part. Then the identity of two individuals in two different worlds can be tested for identity by following them in space-time to the common part and by seeing if they coincide there. This reduces at least a part of the task of cross-identification to re-identification (identification within one and the same space-time). Consistent with their respective positions, Quine (1976 d) and Kripke (1979 c) have reacted to this reduction differently, Kripke proposing simply to postulate persistent physical objects and Quine by alleging that an interesting account of re-identification is impossible. — An account of the re-identification of physical objects is sketched in (Hintikka/Hintikka 1982). If the entities to be re-identified were a continuous world of mass points and if at each time the velocity vector of each mass point is given as a function of its location, then world lines of re-identification will be solutions of the differ-

ential equations giving the components of these vectors. Physical objects are defined by their surfaces, which are stable sets of singularities of solutions to the differential equations, and the theory of the constitution of physical objects is therefore a part of the stability theory of systems of differential equations. This brings possible-worlds semantics close to approaches to semantics inspired by René Thom's ›catastrophe theory‹ (Thom 1970; 1973; Wildgen 1982, with further references).

If this is the direction in which to seek the solution to the re-identification problem, several interesting conclusions ensue. For instance, since the re-identification of individuals presupposes a spatio-temporal framework where all possible individuals must share this one and the same framework, the terminology of different ›worlds‹ is made somewhat awkward.

5.4. The basic role of world lines

From what has been said, it is seen that the truth-conditions of *wh*-constructions with intensional verbs are determined as soon as the system of world lines is given. Since these truth-conditions define the semantics of the language (or language fragment) in question, all interpretational problems of quantified intensional logic can be disposed of as soon as the set of world lines is given. For this purpose, the branching of world lines need not be ruled out, which renders totally irrelevant (for the general theoretical problem of understanding the semantics of the interplay of quantification and modality) the extensive discussion on the alleged necessity of identity (cf. Kripke 1971; Loux 1979). The necessity of identity is of course tantamount to forbidding the branching of world lines in moving from a world to its alternatives. — Other aspects of the behavior of world lines are nevertheless relevant here. In order to do justice to the behavior of our actual idea of ›knowing who‹ and other parallel ideas, it turns out (Hintikka, forthcoming e) that two different kinds of breakdown of world lines must be recognized. A world line of an individual, say x, may not be extendible to a world w_1 because x does not exist there. However, a more severe form of failure occurs when it does not even make sense to ask whether x exists in w_1 or not. The former kind of failure means the falsity of $\bigvee_y (x = y)$; the latter kind, the falsity of $x = x$.

5.5. Description versus acquaintance

One of the most important facets of the problem of cross-identification is the fact that in our own conceptual system we operate with two different types of cross-identification. Following a historical precedent, they may be called 'descriptive' (public, physical) and 'acquaintance-based' (contextual, perspectival, in special cases perceptual or visual) methods of cross-identification, respectively. The contrast has been almost completely neglected in the literature, undoubtedly because it is not reflected systematically in the surface phenomena of natural languages and because linguists and philosophers do not have uneducated ›intuitions‹ about the distinction, even though it is very easy to appreciate the distinction by means of the possible-worlds semantics framework, thought of as a genuine theoretical model and not just a systematization of speakers' sundry ›intuitions‹. The distinction is seen most clearly in the case of visual perception. There the relevant scenarios (›possible worlds‹) are compatible with what someone, say b, sees at a certain time. Then

(8) $\bigvee_x b$ sees that $(d = x)$

means that b sees who d is, if cross-identification takes place by means of the usual public (›who's who‹) criteria. But there is an obvious sense in which, e. g., the person occupying the same slot in b's visual space in all the relevant scenarios has to be treated as one and the same person. In other words, we must use another warp of world lines which are drawn by means of the coordinates of b's visual space. This gives rise to another pair of quantifiers, say '(Ex)' and '(Ax)'. Then

(9)   (Ex) b sees that $(d = x)$

means that b visually recognizes d and

(10) (Ex) $(x = d \land b$ sees that $(x = x))$

means that b sees d. In other cases, a person's first-hand cognitive relations to persons, places, things and events span a framework that can be used for cross-identification in the same way as b's visual space in (9)−(10). In this way, we obtain an analysis of the direct-object construction with many intensional verbs in analogy with (10). − In spite of being neglected in the literature, this duality of methods of cross-identification is probably the most interesting aspect of possible-worlds semantics. It underlies, according to (Hintikka 1970), Bertrand Russell's theory of

knowledge by acquaintance versus knowledge by description (Russell 1912, chap. 5; 1917 chap. 10; 1984) as well as to some extent Russell's and George Edward Moore's concept of sense-datum. It is also the tacit basis of such contrasts as Tulving's distinction between episodic and semantical memory (Tulving 1983) and a recent distinction between two systems of visual as well as higher-level cognition studied in (Vaina, forthcoming). The distinction also throws unexpected light on the conditions of coreference in English (cf. Hintikka/Kulas 1985). The duality of methods of cross-identification can also be used to understand the interplay of intensional concepts with indexicals (s. art. 79) which has been studied by other means in (Kaplan 1977; 1978; Soames, 1985; etc.).

6. Informational independence and related phenomena

6.1. Informational independence in possible-worlds semantics

Another natural, not to say inevitable development in possible-worlds semantics is the following: The basic idea of possible-worlds semantics is that intensional concepts are in effect quantifiers ranging over suitable sets of alternative possible worlds (scenarios). This observation of the analogous behavior of quantifiers and intensional concepts can be said to have been the starting-point of contemporary study of different intensional logics (cf. von Wright 1951). From this it follows that intensional operators will be subject to the same dependence and independence phenomena as quantifiers. These dependencies play a central role in game-theoretical semantics which among other observations has led to the discovery of informational independence in natural languages. The simplest form of this independence is constituted by nonlinear (e. g., branching) arrays of initial quantifiers (Hintikka 1974 c). The presence of informational independence between quantifiers and intensional operators was pointed out in (Carlson/ter Meulen 1979). Informational independence has since turned out to be one of the most prevalent phenomena in possible-worlds semantics. In the simplest cases, sentences with informationally independent operators have linear equivalents. Let's assume that the independence of a concept of an operator is expressed by appending this operator as a subscript to the concept. Then we can for instance characterize the two readings of subordinate *wh*-questions with 'knows' as follows:

(11) $K_a (\vee_x)_K (A_K(x) \wedge A(x))$

and

(12) $K_a (\wedge_x)_K (A_K(x) \supset A(x))$

respectively. Here 'K_a' is a shorthand for '*a* knows that' and 'A' is a primitive one-place predicate. These can be expressed in the linear notation as

(13) $\vee_x K_a A(x)$

and as

(14) $\wedge_x (A(x) \supset \vee_y (x = y \wedge K_a A(y)))$,

respectively, which destroys the parallelism of the two and leaves the need of an extra quantifier unexplained.

6.2. Informational independence and the *de dicto* versus *de re* distinction

Likewise, the notorious distinction between *de dicto* and *de re* readings can be explained as an independence phenomenon. For instance, 'Sherlock knows that the murderer is left-handed' can be construed (using self-explanatory abbreviations) either as

(15) $K_{\text{Sherlock}} L(m)$

or as

(16) $K_{\text{Sherlock}} L(m_K)$.

The former is the *de dicto* reading, the latter the *de re* one. Of course, (16) can also be written

(17) $\vee_x (x = m \wedge K_{\text{Sherlock}} L(x))$

However, this hides the simplicity and the true nature of the relation between (15) and (16). — When generalized, these observations go a long way toward explaining what the *de dicto* versus *de re* contrast really amounts to and how it applies to different cases. Some such cases are quite tricky, and even impossible to represent in the customary linear notation; witness, e. g., the following:

(18) $K_{\text{Tom}} K_{\text{Dick}}$ (Harry$_K$ is the murderer)

Here Tom fails to know something about a definite individual, no matter what his name is. However, Dick's knowledge of that individual has to be couched in terms of the name 'Harry'.

6.3. Semantical ›memory‹ as an independence phenomenon

The discussions of the *de dicto* versus *de re* contrast are often thoroughly confused (cf., e. g. Plantinga 1969; 1974; Schwartz 1977). In the same way, we can understand the phenomena which Esa Saarinen has tried to account for by means of his ›backwards-looking operators‹ (for his own contributions, cf. Saarinen 1979). They, too, can be understood much more naturally as independence phenomena. Another way of trying to account for the same phenomena is the two-dimensional or, more generally, the multi-dimensional versions of possible-worlds semantics, discussed at various places (Kamp 1971; Segerberg 1973; Vlach 1973; Gabbay 1976). A comparison between the three competing explanatory strategies is here particularly instructive. If we think of the semantical evaluation of a sentence as proceeding (syntactically speaking) from the outside, in traditional modal logic we often have to move from a possible world to its alternatives, but we can never return to the possible worlds we visited earlier. Yet several natural-languages phenomena clearly presuppose such a ›memory‹ of earlier possible worlds. Saarinen proposes explicit ›backwards-looking operators‹ in the object-language which mandate return trips. Unfortunately, these operators do not seem to have any independent syntactical reality. Multidimensional semantics try to handle the same phenomena by making the entire semantical process relative to the starting-point world (or otherwise building into the metalogical apparatus a ›memory‹ of worlds considered earlier). The independence explanation does not complicate the metatheoretical apparatus but replaces in effect the ›memory‹ of earlier worlds by the assumption that they are considered independently of the worlds to which the evaluation process has taken us. The absence of explicit backwards-looking operators then becomes merely an instance of the general fact that independence is not usually indicated explicitly in natural languages.

6.4. Irreducible independence

In general, the main reason why independence phenomena have largely escaped philosophers' and linguists' attention is that independence is normally not indicated in natural language by any systematic grammatical device. Another reason is that often a sentence containing informationally independent operators can be ›linearized‹, i. e., has a logically equivalent translation to a notation without independent operators, as (12) is equivalent with (14). However, this is not always the case. An important example is constituted by indirect *wh*-questions with an outside quantifier, especially those with ›knows‹ as the main verb. Such indirect questions play a major role in the theory of direct questions (cf. Hintikka 1976 b). An example is

(19) Sigmund knows whom everybody secretly hates.

On one of its readings, undoubtedly the most natural one, (19) has the form

(20) $K_{Sigmund} \wedge_x (\vee_y)_K$ (x secretely hates y)

This does not admit of a first-order equivalent without the independence notation. However, it can be expressed by the second-order sentence

(21) $\vee_f K_{Sigmund} \wedge_x (x$ secretely hates $f(x))$

(cf. Hintikka 1982 a). This explains the logical structure of function-answer subordinate questions like (19) and their prevalence in natural languages, explored in (Engdahl 1986). It also explains how an apparently first-order sentence like (19) can in a sense have an irreducibly second-order structure, in that they involve a function quantifier. − Thus the phenomenon of informational independence turns out to be extremely rich in explanatory potential, even though it does not figure prominently in language users' uneducated intuitions.

7. Richer structures

In other developments of possible-worlds semantics, some further structure is imposed on the space of possible worlds. In fact, the usual Kolmogorov construal of probability theory can be viewed as a development in this direction, with the space of possible worlds now being called the 'sample space' and with a sigma-additive measure defined on this space (cf. Kolmogorov 1956; Savage 1954). For this reason, analogues to the conceptual problems of possible-worlds semantics occasionally crop up in the foundations of probability theory. For instance, Leonard J. Savage emphasized the need of eliminating the probabilistic counterpart to ›logical omniscience‹ (cf. Savage 1967). There are also connections between the possible-worlds semantics theory

of conditionals and conditional probabilities (cf. Stalnaker 1970 a) (s. art. 89). Parallelisms between possible-worlds semantics and probability theory can in fact illuminate both parties, but by the same token neither one can be used to offer an independent conceptual analysis of the other. − Another idea has been to assume that a distance metric has been defined on the space of possible worlds, and to try to use this metric for purposes of conceptual analysis. For instance, it has been suggested that the truth of the counterfactual

(22) If S_1, then S_2

in a world w_o could be defined as the truth of S_2 in the world w_1 closest to w_o in which S_1 is true (cf. Lewis 1973 b). Overviews of work on conditionals within possible-worlds semantics can be obtained from (Harper/Stalnaker/Pearce 1981; Veltman 1985). It is not very easy to see, however, what a realistic distance metric will look like either on the spaces of ›small worlds‹ involved in small-scale applications or on the space of all possible (large-scale) worlds. − In contrast, it is not very hard to see one semantical phenomenon which plays a major role in natural languages. For several different kinds of notions which involve a set of alternative ›worlds‹ or scenarios to a given one, say w_o. Often, such an alternative, say w_1, is assumed to differ from w_o only in certain specific respects. For instance, consider the different senses of a *why*-question, say

(23) Why did Tom fly to New York on Thursday?

where the emphasis can be either 'Tom' (in contradistinction to 'Dick', 'Harry', etc), 'fly' (in contradistinction to 'drive', 'take the train', etc.). 'New York' (in contradistinction to 'Boston', 'Philadelphia', etc.), or 'Thursday' (in contradistinction to the other days of the week). Clearly on the different readings of (23) the actual course of events runs with a different class of alternative scenarios. − Such limited-variation possible-worlds semantics has not been studied very much in the literature (cf., nevertheless, Hilpinen 1969). The reason is implicit in what has been said. The dimensions of variation are not indicated systematically in natural language, and hence cannot be studied by means of our linguistic ›intuitions‹. This is characteristic of informational independence phenomena in general, which limited-variation alternativeness can be taken to illustrate (cf. 6.4.). Some of the most promising unused potentialities of possible-worlds semantics seem to lie in this direction of limited-variation models.

8. Selected references

Barwise/Perry 1983, *Situations and Attitudes*.

Cocchiarella 1975, On the primary and secondary semantics of logical necessity, in *Journal of Philosophical Logic* 4.

Davis/Mithun (eds.) 1979, *Linguistics, Philosophy, and Montague Grammar*.

Dowty/Wall/Peters 1981, *Introduction to Montague Semantics*.

Harper/Stalnaker/Pearce (eds.) 1981, *Ifs: Conditionals, Belief, Decision, Chance and Time*.

Hintikka 1970 b, Knowledge by acquaintance — individuation by acquaintance, in *Bertrand Russell: A Collection of Critical Essays*, Pears (ed.).

Hintikka 1975 b, *The Intentions of Intentionality*.

Hintikka 1980, Standard vs. nonstandard logic, in *Modern Logic: A Survey*, Agazzi (ed.).

Hintikka/Hintikka 1982, Towards a general theory of individuation and identification, in *Language and Ontology. Proceedings of the Sixth International Wittgenstein Symposium*, Leinfellner et al. (eds.).

Hintikka 1983 a, Situations, possible worlds, and attitudes, in *Synthese* 54.

Hintikka/Kulas 1983, *The Game of Language*.

Hintikka, 1992, Independence-friendly logic as a medium of information representation and reasoning about knowledge, in *Information Modelling and Knowledge Bases* III, Ohsuga et al. (eds.).

Kanger 1957 b, *Provability in Logic*.

Kasher (ed.) 1976, *Language in Focus*.

Kripke 1980, *Naming and Necessity*.

Kripke 1971, Identity and necessity, in *Identity and Individuation*, Munitz (ed.).

Lewis 1973 b, Counterfactuals and comparative possibility, in *Journal of Philosophical Logic* 2.

Link 1979, *Montague-Grammatik*.

Loux (ed.) 1979, *The Possible and the Actual*.

Montague 1974, *Formal Philosophy*, Thomason (ed.).

Rantala 1975, Urn models, in *Journal of Philosophical Logic* 4.

Saarinen (ed.) 1979, *Game-theoretical Semantics*.

Schwartz (ed.) 1977, *Naming, Necessity, and Natural Kinds*.

Tulving 1983, *Elements of Episodic Memory*.

Vaina 1990, 'What' and 'where' in the human visual system, in *Synthese* 83.

Wildgen 1982, *Catastrophe Theoretical Semantics: An Elaboration and Application of René Thom's Theory*.

Jaakko Hintikka, Boston, Mass. (USA)

89. Conditionals

1. Introduction

Conditionals are sentences synonymous with some 'if'- sentence of the form 'If *A* (then) *B*', and they are used to express important relationships between the antecedent *A* and the consequent *B*, e. g., that *A* logically implies *B*: 'If two triangles are congruent, then their angles are respectively identical', that the speech-act of asking *B* is qualified by the condition that *A*: 'If you are wearing a sweater, what is its color?', and more examples will be given below. — Classical bivalent logic represents indicative conditionals as ›material conditionals‹, which are true in all cases except those in which the antecedent is true and the consequent is false. The study of conditionals in modern times started with questioning the applicability of this account to natural language conditionals and to the study of practical reasoning, mathematical and scientific reasoning, and to formal pragmatics and dialogue theories.

In 2.—6. of this survey we will be mainly concerned with ›the problem of the conditional‹, which arises because current logical orthodoxy represents 'if-then'-statements as material conditionals and this accounts poorly for much real life reasoning involving them. These sections will discuss the main approaches to the problem in recent literature. The remaining sections will discuss other issues, including the relations of conditionals to decision-making and to belief-change, the special problem of subjunctives, more general conditional forms and speech-acts (s. art. 54; 95), and pragmatic considerations relating to them.

The ›problem of the conditional‹ in its modern form arises largely because of unhappiness concerning certain implications of the material conditional analysis of 'if-then'-statements, and in particular with the fact that it leads to ›paradoxes‹. For instance, according to the orthodox analysis both of the following inferences are valid: 'Today isn't Tuesday; therefore, if today is Tuesday then tomorrow is Friday' and 'Tomorrow is Friday; therefore, if today is Tuesday then tomorrow is Friday'. Experience shows that native English speakers unversed in logic and students first introduced to it tend to find this reasoning puzzling if not absurd.

In 2. – 6. we will examine three approaches to the problem, which can be roughly described as: (1) defense of orthodoxy, (2) revision of orthodoxy, especially within the framework of modal logic, and (3) rejection of orthodoxy and the replacement of truth conditions by probabilities. It should be said that our survey does not purport to be exhaustive, and these are by no means the only recent approaches to conditionals. The reader interested in others may wish to consult Donald Nute's recent survey (1984), and, especially for linguists' views on the subject, the collection Traugott/ter Meulen/Reilly/Ferguson (1986). In 2. – 6. we will be mostly concerned with conditionals in the indicative mood like 'If today is Tuesday then tomorrow is Friday', which are customarily contrasted with so-called 'counterfactuals' or subjunctives like 'If today were Tuesday then tomorrow would be Friday'. These are usually supposed to present special problems (though the distinction has been challenged on logical grounds by Ayers, 1965, and on linguistic ones by Dudman, 1984), and they will be discussed separately in 9..

1962, 128 – 138), and over the years there have been numerous attempts to justify it. Many introductory logic texts offer brief justifications, though they are nearly as various as their authors. A representative one, perhaps more forthright than most, is

"Where the antecedent is false, on the other hand, the adoption of a truth value for the conditional becomes rather more arbitrary; but the decision which proves most convenient is to regard all conditionals with false antecedents as true" (Quine 1959, 12).

Among elaborate defenses of orthodoxy the one that is currently most in vogue derives from Paul Grice's *Logic and Conversation* (Grice 1967 a; 1975 a; 1989, chaps. 2 – 4). The basic idea is to explain the ›oddity‹ of the questionable inferences not as a matter of invalidity, but rather as being due to the violation of ›conversational maxims‹ to the effect that persons should not *assert* the inferences' conclusions in the situations in question. The maxim that would be violated by a person who asserted 'If today is Tuesday then tomorrow is Friday' just on the knowledge that today isn't Tuesday is that of *quality*, roughly to the effect that one should not make a weak statement like a conditional when one is in a position to assert a stronger one that entails it. To do that would not be to utter a falsehood, but rather to mislead by ›conversationally implying‹ that one is not in a position to make a stronger statement.

This approach has found wide favor, though Grice's original formulation encountered difficulties in accounting for other paradoxes that are related to those noted above. One such is that according to orthodoxy the inference 'It is not the case that if today is Tuesday, then tomorrow is Friday; therefore, today is Tuesday' is also valid. Interesting variations on the Gricean approach formulate ›rules of assertibility‹ rather than of truth in probabilistic terms, in order to account for the apparent conformity of conditionals to the laws of conditional probability that will be discussed in 4.. Different versions are due to David Lewis (1976) and to Frank Jackson, and the latter argues in an important appendix to his recent book (Jackson 1988) that he is able to deal with the inference just noted and related paradoxes in this way (see 6.).

2. Defense of the material conditional

The representation of the ordinary language conditional by the material conditional dates from Greek times (cf. W. Kneale/M. Kneale

3. Modal theories

While the theories with which we will be mainly concerned are all closely related to that of Robert Stalnaker (1968), which will

be described below, there is a way in which
Stalnaker's theory can itself be regarded as a
logical descendant of a theory of *strict implication* due to Clarence Irving Lewis (Lewis/
Langford 1932). C. I. Lewis' guiding idea was
that conditionals may be used to express logical relations among propositions, and specifically that of logical consequence, which is
a stricter relation than material implication.
Making this idea precise requires the introduction of a *logical necessity* operator, whose
properties were analyzed in the spectacular
work of Saul Kripke (1963; 1965), on which
Stalnaker's and many other recent theories of
conditionals have built. Most of these theories
have found it necessary to add further primitives to the modal theory, largely in order to
avoid the so called 'paradoxes of strict implication', which are transcriptions into modal
form of the paradoxes of material implication
(Haack 1978). Indeed, D. Lewis, whose theory closely parallels Stalnaker's, avoids the
paradoxes by modeling the ordinary language
conditional on a generalized ›variably strict‹
conditional (Lewis 1973 a). Before turning to
this type of approach, though, something may
be said about *relevance logic* (s. art. 75).

The ›logic of entailment‹ (Anderson/Bel-
nap 1975) can be regarded as another descendant of C. I. Lewis's work, which applies to
conditionals when they express logical implication. One of its key ideas is that the antecedent must in some way be *relevant* to the
consequent. This results in rejecting the principle that a contradiction entails any proposition whatsoever. Translated into conditional
terms, this means that, unlike most theories
considered here, not every conditional of the
form 'If $\neg$ A and A, then B' may be affirmed.
It may not be entirely coincidental that pursuing this idea leads to ›para-consistent‹,
›non-monotonic‹, and ›dynamic‹ logics that
may allow that previously deduced statements
may no longer be deducible when new information is acquired (see 8.).

But let us now turn to Stalnaker's theory
and its variants. As noted, Stalnaker's idea is
to base an analysis of conditionals on modal
logic supplemented with a new primitive, and
this has been the approach of variants and
generalizations including ones by Stalnaker
and Richmond Thomason (1970), D. Lewis
(1973 a), John Pollock (1976), Igal Kvart
(1982), Nute (1976), and other theories that
are discussed in Nute's survey (1984). Also,
because of the close connections between conditionals and decision making, a number of

recent papers have applied these ideas to decision theory (see 7.). — Stalnaker's idea is
simple, and presupposes only a slight acquaintance with concepts of modal logic.
Roughly stated, the fundamental semantic
rule of ›basic conditional logic‹ (Chellas 1975)
is that 'If A then B' is true in a possible world
(s. art. 88) if and only if B is true in the nearest
world to it in which A is true. Stalnaker gave
a formal characterization of the ›nearness‹
involved in this rule (variants on the approach
are largely variants on this), but since it
closely resembles nearness of worlds in physical space we can bypass this and consider
directly the way in which the approach deals
with the paradoxes. To show that the inference 'not A; therefore if A then B' is not valid
we only have to describe a possible world in
which 'not A' is true but 'If A then B' is false,
because B is *not* true in the nearest world in
which A is true. Here are two such worlds: A
is false and B is true in world 1, while A is
true and B is false in world 2; which, moreover, is the nearest world to world 1. Then
'not A' is true in world 1, while 'If A then B'
is false in it because B is false in the nearest
world in which A is true, which is world 2.
The same example shows the invalidity of
both the inference 'B; therefore if A then B'
and 'It is not the case that if A then B;
therefore A', as the reader can easily verify.

The foregoing makes it clear that the logic
of the ›Stalnaker conditional‹ differs significantly from that of the material conditional,
and moreover in a way that appears to offer
a satisfactory resolution of the paradoxes.
The theory also has some unexpected consequences when applied to other inferences, for
instance in implying that inferences of the
form 'Either A or B; therefore, if not A then
B' are not always valid. A ›Stalnaker counterexample‹ to this involves world 1 in which
A and B are both true and nearest world 2 in
which they are both false. On Stalnaker semantics 'A or B' is true but 'If not A then B'
is false in world 1, and therefore the inference
is invalid, which could lead one to wonder
whether the theory is right after all.

There are three other things to note about
the nearest-worlds approach. One is that certain very fundamental inference patterns including *modus ponens* and *modus tollens* are
valid in the theory, and D. Lewis has given
complete axiomatizations of Stalnaker's theory and a large number of its variants, as well
as decision procedures for them (Lewis
1973 a). — The second point is that there has

been a lively controversy on the relative merits of different variants. Some of this has centered on the validity of the *law of the conditional excluded middle*, that disjunctions of the form 'If *A* then *B*, or, if *A* then not *B*' are necessarily true, which follows from Stalnaker's theory but not from D. Lewis's (putting aside the fact that Lewis does not consider that his theory applies to indicative conditionals). An exchange concerning this between these authors is reprinted (Harper/Stalnaker/Pearce 1981), and it is additionally significant for the fact that it concerns conditionals *embedded* in larger sentences. This is the arena of conflict for most of the Stalnaker-type approaches, since most of them agree on the logic of unembedded conditionals (though Nute's theory, 1976, is an important exception), and embedded conditionals also pose problems for the probabilistic approach (see 6.).

Finally, the *truth-functionality* of the material conditional should be contrasted with the *truth-conditionality* of the Stalnaker conditional. While the former's truth value is uniquely determined by the truth values of its components (truth-functionality), the latter's is not because it is possible for both the antecedent and consequent of two Stalnaker conditionals to be false, yet for one of them to be true and the other false. On the other hand the Stalnaker conditional is *truth conditional* because precise truth conditions are formulated for it. Significantly, that is not possible with the probabilistic conditionals to which we now turn, and this entails a much more radical revision in their ›logic‹ than just a change in their truth conditions.

4. Probabilistic theories

The basic idea of most attempts to base logics of conditionals on probabilities is the thesis that the probability of a conditional is measured by a conditional probability. This idea, which will be explained below, was advanced independently and almost simultaneously by Brian D. Ellis (1969), R. Jeffrey (1964) and Ernest W. Adams (1965) — some hold that Frank Ramsey (1929), was a forerunner, but that depends on one's interpretation of the theory. Ellis and Adams have since elaborated their approaches in books, Ellis (1979) and Adams (1975), and recent books by Anthony Appiah (1985) and Jackson (1988) discuss and elaborate these ideas still farther. — The approach can be illustrated in application to the

inference 'Today isn't Tuesday; therefore, if today is Tuesday then tomorrow is Friday'. The probabilities involved can be pictured in something like a Venn diagram in which 'Today is Tuesday' and 'Tomorrow is Friday' are represented by circles T and F, whose areas correspond to their probabilities, while the probability of 'If today is Tuesday then tomorrow is Friday' is represented by the proportion of circle T that lies inside circle F.

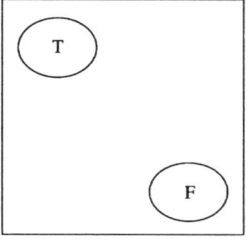

Tab. 89.1.

Table 89.1. depicts 'Today isn't Tuesday' as very probable hence 'Today is Tuesday' is very improbable, but 'If today is Tuesday then tomorrow is Friday' is shown as having zero probability since none of circle T lies inside circle F. — The same technique can be used to demonstrate that 'Tomorrow is Friday' can be very probable while 'If today is Tuesday, then tomorrow is Friday' is improbable, simply by enlarging region F so that it nearly fills the picture and squeezing region T into the remainder, as in Table 89.2. Therefore if reasoners start from probable premises and aim to arrive at probable conclusions they will not always succeed if they reason by these principles.

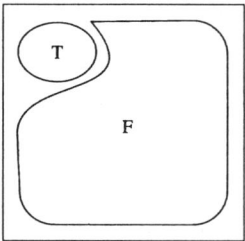

Tab. 89.2.

One may conjecture that the intuitive recognition of this fact is what creates the widely felt unhappiness with theories that declare these inferences to be valid, and the point to stress is that this unhappiness is not due to the failure to satisfy the criterion of validity of orthodox logic, i. e., that it should not be possible for premises to be true and conclusions to be false. Rather, it is due to the failure to satisfy another criterion which has hitherto gone unrecognized: that it should not be possible for premises to be *probable* while conclusions are *improbable*. It is this change in criteria that more than anything else marks the radicalness of the departure that the probabilistic approach makes. Nothing like this was involved in the switch from the truth-functional to the nearest-worlds approach, as can be seen by considering the way in which Stalnaker counter-examples were used to demonstrate the invalidity of the fallacious principles. Some far-reaching implications of the change in validity criteria will be sketched later on, but less ›profound‹ matters will be commented on first.

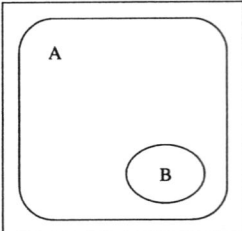

Tab. 89.3.

As with the nearest-worlds approach, one wants to apply the probabilistic one to other patterns of inference. In fact, Table 89.3. shows that it also calls into question the inference 'Either *A* or *B*; therefore, if not *A* then *B*', since it represents 'Either *A* or *B*' as highly probable because *A* alone is, while 'If not *A* then *B*' has zero probability because everything outside *A* is also outside *B*. Perhaps surprisingly, there is a *general* coincidence between the nearest-worlds and probabilistic theories, because Adams (1977) and A. Gibbard (1981) have shown that in application to inferences without embedded conditionals they yield the same validities. Given that they both hold that some normally accepted patterns of inference are invalid, one must ask whether it is the *theories* that are invalid. This will again be postponed, pending comments on how one might choose between theories that yield the same validities. – In fact the two theories don't have exactly the same implications even when applied to unembedded conditionals, and one way they diverge involves the explanation of why persons are *normally* willing to infer 'If not *A* then *B*' when they are ›given‹ 'Either *A* or *B*', in spite of the supposed invalidity of this

inference. Probabilities can explain this on the ground that any situation in which 'Either *A* or *B*' is probable but 'If not *A* then *B*' is not must be one in which the first disjunct of 'Either *A* or *B*' must be *independently probable*, as shown in Table 89.3. For instance, if 'Either *A* or *B*' is 99% probable then either *A* or 'If not *A* then *B*' must be at least 90% probable, hence if *A* is not independently probable then 'If *A* then *B*' must be probable. Given that one does not normally assert a disjunction when one of its disjuncts is independently probable, we can explain why persons are normally entitled to infer conditionals from them. But there are exceptions, since one would *not* infer 'If it is not Tuesday, then it is Tuesday' from the ›Hobson's Choice‹: 'Either it is Tuesday or it is Tuesday'.

The existence of exceptions to the rule of inferring conditionals from disjunctions vindicates both the nearest-worlds and probabilistic theories, but the latter explains why the rule is normally valid in a way that the former theory does not. That is because the nearest-worlds theory implies only that when 'Either *A* or *B*' is 99% probable at least one of *A* or 'If not *A* then *B*' must be 49,5% probable, and not at least one must be 99% probable. This suggests the desirability of further study of normally but not universally valid inference patterns, which so far have been neglected (except, see Adams 1983). That these ›probabilistic enthymemes‹ have been neglected reflects the fact that work on non-orthodox conditionals has so far tended to follow the example of orthodox logic in developing elegant and often elaborate mathematical theories, with correspondingly scant attention to the messy realities of human reasoning. This will be returned to in 7. and 8., but now we will turn to perhaps the most striking theoretical results pertaining to the probabilistic view.

5. Triviality results and their consequences

These are due to D. Lewis (1976; 1986 b), and they concern the question of whether the probabilistic theory can be reduced to a truth-conditional one. The ›validity equivalence‹ of the probabilistic and nearest-worlds theories yields a partial reduction that breaks down in the case of enthymemes, but Lewis' results suggest that there is a more profound limit to reducibility. – Roughly interpreted, and leaving aside certain technical assumptions that cannot be entered into, the ›triviality results‹ show that no matter how one might try to define bivalent truth-conditions for conditionals, their probabilities of being true cannot be conditional probabilities. The basic thesis of the probabilistic approach is therefore inconsistent with bivalence, and furthermore this implies that it is also inconsistent with the assumption that conditionals conform to Alfred Tarski's Convention T (Tarski 1944). That is, assuming the basic thesis, equivalences of the form

'If A then B' is true if, and only if, if A then B

should not be necessary truths (cf. Adams 1981; 1984). This clearly has very radical implications, some of which are as follows.

First, if a Tarski-style truth definition (s. art. 69) cannot apply to conditionals then the meanings of ›truth-functional compounds‹ containing them, like negations and disjunctions, cannot be given in the usual way. Hence the probabilistic theory must have difficulties with embedded conditionals, and the following section will comment on some attempts to deal with them. — Second, if ›orthodox‹ truth-conditions don't apply to conditionals then logical concepts such as entailment, logical truth, logical consistency, and so on cannot be applied to them in standard ways. For instance, if we aren't clear about the meanings of conjunctions and denials when they involve conditionals, we cannot say that an inference is valid if the conjunction of its premises is inconsistent with the denial of its conclusion. ›Unorthodox‹ criteria of inferential validity have been proposed, like the probabilistic one noted in 4., and Adams (1988) proposes a criterion of probabilistic consistency, but these suggestions must be justified independently. — Third, if conditionals don't have truth conditions then the meanings of even unembedded conditional sentences cannot be ›given‹ in a Davidson-style theory of truth (Davidson 1967 a). Adams (1987) sketches an alternative theory partly along the lines of Grice (1957), to the effect that the assertive utterance of a conditional signals the user's intention that the hearer should come to have a high degree of confidence in an object of belief; the *best* degree of confidence in it is a conditional probability (it is arguable that best degrees of confidence are important in the analysis of causal claims). — Finally, epistemological concepts cannot apply to conditionals in commonly assumed ways (s.

art. 80). For instance, 'Knowledge is justified true belief' cannot even be approximately right in application to a claim like 'If today is Tuesday then tomorrow is Wednesday'. Probabilistic modifications suggest ways of accounting for the application of words like 'know' to conditionals in ordinary life (surely one can rightfully claim to know that if today is Tuesday then tomorrow is Wednesday) but these and their implications cannot be discussed here.

Given the reexamination that the probabilistic approach calls for one may be pardoned for resisting it, and that is probably why the approach currently has few adherents. As D. Lewis wrote:

"I have no objection to the hypothesis that indicative conditionals are non-truth-valued sentences, governed by a special rule of assertability that does not involve their non-existent probabilities of truth. I have an inconclusive objection, however: the hypothesis requires too much of a fresh start. It burdens us with too much work to be done, and wastes too much that has been done already" (Lewis 1976, 305).

But this isn't really a good objection. If the probabilistic theory is right then what has already been done has not been wasted; it has only been misused in application to conditionals. Moreover the work with which we are burdened is there to *be* done, and it is important to recognize this.

6. The problem of embedded conditionals

This is an especially troublesome subject both because it is the arena of disagreement between ›Stalnaker variants‹ and because it is a special problem for the probabilists. Thus, we saw that much of the controversy between Stalnaker himself and D. Lewis centered on the status of disjunctions of the form 'If A then B, or, if A then not B', Stalnaker maintaining and Lewis denying their validity. Probabilists have the more serious problem of reconciling the fact that we obviously *use* sentences with conditionals embedded in them, like 'It is not the case that if today is Tuesday then tomorrow is Friday', with the fact that their theory implies that probabilities satisfying the usual laws cannot be attached to them. We will now briefly sketch three ways that have been tried to meet this difficulty.

One way that has not won much favor to date is to reject certain of the technical assumptions required to prove the ›triviality results‹ that entail that probabilities satisfying the usual laws cannot attach to embedded conditionals. In fact, Ellis (1969) attempted this prior to learning of ›triviality‹, and Bas van Fraassen (1976) has shown how to carry this out if one discards the assumption that probabilities change by conditionalization, which Lewis' triviality proofs assume. – Another approach is to assume probability change by conditionalization but use it in conjunction with ›probabilities of probabilities‹ to deal with conditionals that contain other conditionals as parts (cf. Skyrms 1980 b; Cooper 1978). We will return to these approaches in 8.. – The third and probably most popular approach is to deal on a case-by-case basis with special classes of embedded conditionals, and a few of these may be noted. Conjunctions of conditionals cause no problems for, as Michael Dummett (1958) and others have observed, they can be treated as joint assertions. Denials of the form 'It is not the case that if A then B' are plausibly treated as equivalent to 'If A then not B' (Pearl 1988). This affords an immediate resolution of the paradox 'It is not the case that if A then B; therefore A', and it has the added advantage that conditionals' denials are reduced to simple conditionals, to which probabilities can be attached.

Appiah (1985) argues that disjunctions of conditionals are generally meaningless, and Jackson (1988) seconds him in this. However, Jackson suggests special analyses of the forms 'Either, if A then B, or if A then C' and 'Either, if A then C, or, if B then C', the former being equivalent to 'If A then either B or C' and the latter to 'If A then C, *and*, if B then C'. The former supports the validity of the *conditional excluded middle*, since 'Either, if A then B, or, if A then not B' would translate to 'If A then B or not B', which is valid in all of the logics of conditionals considered here. The latter, if correct, would be a striking case of a grammatically disjunctive sentence being analyzed as logically conjunctive, and it is also interesting because of the connection between 'If A then C, and, if B then C' and 'If either A or B, then C', which Nute (1976) holds to be a logical equivalence, but which is not one in either the nearest-worlds or the probabilistic theories. The 'If A then C, and, if B then C' form is also interesting because of its connection with 'only-if'-sentences. Thus 'Jones will win only if he gets an ace' is plausibly interpreted as 'If Jones gets a 2 he won't win, and, if he gets

a 3 he won't win, and, ...', which only on Nute's view is equivalent to 'If Jones gets a 2 or a 3 or ..., he won't win'. This is only one among many interesting issues that arise in analyzing ›conditional-related connectors‹ like 'only if', 'unless', and 'even if', which can only be noted in passing here (see, e. g., Bennett 1982 a).

We conclude this section by noting an interesting recent controversy involving conditionals of the form 'If A, then if B then C'. *Prima facie* it is plausible that these are equivalent to 'If A and B, then C' (the combined laws of exportation and importation), but Adams (1975) points out that combining this with the conditional probability approach would entail the invalidity of *modus ponens*. Recognizing this, Appiah (1987) proposes a generalized probabilistic analysis of these conditionals that rejects importation – exportation but saves *modus ponens*. The controversial thing is that Vann McGee (1985) has found apparent counter-examples to *modus ponens* involving these forms and in McGee (1989) he has developed a theory which rejects that rule but saves importation – exportation. A simple version of one of McGee's examples involves two persons starting into a lake, who see two rather large ›fishlike shapes‹ moving in its depths. One says to the other 'If those are fish, then if they have lungs they are lungfish'. The other replies 'Yes, and they are fish', but he doesn't conclude by *modus ponens* 'If they have lungs they are lungfish' because he thinks 'If they have lungs they are men, not fish'. – The jury is still out in the debate over what this example proves (shades of what the Tortoise said to Achilles!), and recent papers by Sinnott-Armstrong, Moor, and Fogelin (1986) and Appiah (1987) have argued that it doesn't really conflict with *modus ponens*. This issue is clearly of great importance in view of the fact that *modus ponens* is often regarded as one of the most fundamental and secure of all logical principles.

7. Conditionals and decisions

The close connection between conditionals and actions and decisions is manifest in practical syllogisms of the form: 'I want C, and if I do A then C will follow; therefore ...', where '...' is the act of doing A. This sort of reasoning issues in *actions* rather than in conclusions expressible as propositions, but the conditional that it involves also figures in inferences leading to propositional conclusions. A general logic of conditionals should therefore encompass both types of reasoning. — Modern theory quantifies the practical syllogism by introducing *degrees* both of ›wanting‹ and ›credibility‹. This involves ranges of *possible acts* $A_1, ..., A_m$, and of *possible consequences* of these acts, $C_1, ..., C_m$. The consequences C_j have *desirabilities* measured by real numbers $u(C_j)$, and for each act A_i there is a corresponding *credibility value, $c(A_i, C_j)$,* representing the chance of act A_i having consequence C_j. Given this, the rational agent will choose that action, A_i, whose consequences have the highest *expected utility*. That is, she chooses that act A_i for which the sum $u(C_1)c(A_i,C_1) + ... + u(C_n)c(A_i,C_n)$ is greatest. Conditional logic becomes involved if $c(A_i,C_j)$ is interpreted as the probability of a conditional 'If A_i is done then C_j will follow'. The theory itself does not require this, but the interpretation is necessary if it is to be regarded as a generalization of the practical syllogism described above. Assuming this, controversy concerning conditionals obviously carries over into decision theory, and important recent papers have been concerned with this.

Note first that $c(A_i,C_j)$ cannot be interpreted as the probability of a material conditional, because the expected utility formula requires that for any fixed A_i the sum $c(A_i,C_1) + ... c(A_i, C_n)$ must equal 1, and that is almost never the case with material conditionals' probabilities. That does not mean that the material conditional analysis is inconsistent with quantitative decision theory, but it does mean that it cannot account for qualitative practical syllogistic reasoning in any straightforward way. On the other hand, both the probabilistic and nearest-worlds analyses can do this, and this affords another way of comparing them. — Coupling the idea that $c(A_i,C_j)$ is the probability of 'If A_i is done then C_j will follow' with the thesis that conditionals' probabilities are conditional probabilities entails that $c(A_i,C_j)$ is a conditional probability, which is the central thesis of Jeffrey's *The Logic of Decision* (^{2}1983). Jeffrey does not claim that the conditional probabilities that figure in his theory are the probabilities of conditionals, or of any other form of statement, but we have seen that the connection is a natural one, and it is not surprising that critics of the probabilistic theory of conditionals also tend to question Jeffrey's theory, and to suggest that the $c(A_i,C_j)$s should instead be interpreted as the proba-

bilities of nearest-worlds conditionals. Perhaps the best known of the non-Jeffreyan theories are those of William Harper and A. Gibbard (Gibbard/Harper 1981) and Brian Skyrms (1980 a; 1984), though there are many variants such as that of H. Sobel (1979). Much of the debate centers on ›Newcomb's paradox‹ (Nozick 1969) and the ›prisoner's dilemma‹ (cf. Lewis 1979 c) since critics of the Jeffrey theory argue that it yields irrational prescriptions in these situations, whereas actions based on probabilities of ›causal‹, nearest-worlds conditionals are rational. Not all are convinced by these arguments, and Ellery Eells (1982) gives a noteworthy defense of the Jeffrey theory.

We would argue that it is a serious neglect in current theory to ›ignore the practical‹ and concentrate exclusively on the theoretical ›pure reason‹ side of logic, and now we will turn to what we regard as another fundamental neglect in this theory.

8. Inference, probability change, and conditionals

Probabilities change with circumstances and inference is a process that leads to such changes. Moreover, to a first approximation we can suppose that *probabilities change by conditionalization* as will be explained below, and assuming this, conditionals become intimately involved in these processes. We will discuss some aspects of this thesis here, and especially its implications for the question of when it is reasonable to infer logical consequences from accepted premises. Logic textbooks tend to intimate that this is always permissible (otherwise, why speak of ›rules of inference‹?), though careful writers warn against this. But now we are going to argue that the question when conclusions can be inferred can only be properly addressed when we take probability change systematically into account.

The rule of probability change by conditionalization is simply that the probability that a conclusion C ought to have *after* new information I is acquired equals the conditional probability C had *given I, before I* was learned. Combining this with the thesis that conditional probabilities are probabilities of conditionals leads to the following: the probability of C after I is learned should equal the probability of 'If I then C' before I was learned. This rule can be called a 'dynamic modus ponens', since it says that C can be inferred from 'If I then C and I' because the probability of the conclusion after the second premise is learned should equal the probability of the first premise before it was learned. – As already hinted, the principles of probability change by conditionalization and of dynamic *modus ponens* are only first approximations. Jackson has given a clear counterexample to the latter in his recent book (Jackson 1988, 15), which involves a partner in a firm who originally believes 'If my partner is cheating me I will never know it' and then learns that his partner *is* cheating him, but who does not and should not infer that he will never know it. This transforms directly into a counterexample to probability change by conditionalization, since after learning that his partner was cheating him the person would not attach to 'I will never know it' the conditional probability that previously attached to this proposition *given* that his partner was cheating him (note that this is also a counterexample to the so-called ›Ramsey test‹ theory of conditionals (Ramsey 1929, 143) which has often been confused with the conditional probability view (cf. Harper/Stalnaker/Pearce 1981, 14)). Nonetheless, the fact that the conditionalization rule has dominated probabilistic thinking at least since the time of Pierre Simon Marquis de Laplace justifies us in exploring its implications for the dynamics of inference.

Suppose now that C is a logical consequence of accepted premises $P, Q, ..., I$, and the question is whether it is rational to infer it. Premises are not usually learned all at once, and we can assume that the last one learned was I. Given probability change by conditionalization the probability that C should have after I is learned should equal the probability of 'If I then C' before it was learned, hence we must ask whether the fact that C is a logical consequence of $P, Q, ..., I$ guarantees that 'If I then C' should have been accepted before I was learned. Assuming the principle of ›conditional proof‹ it might seem so, but like so many other orthodox principles this principle also admits exceptions in the probabilistic theory. An obvious one involves inconsistent premises. Thus, if there is only one prior premise and that is $\neg I$, then, though C is a logical consequence of $\neg I$ and I, it does *not* follow that 'If I then C' follows from $\neg I$, or that C should be inferred after I is learned; that is one of the fallacies that the non-orthodox theories were evolved to avoid. This

partially explains the widely felt absurdity in the old saw 'Anything follows from a contradiction', but it is only the most obvious exception to the rule that it is rational to infer logical consequences. – We cannot enter in more detail into the inference dynamics here (generalizations are discussed in sec. IV.9 of Adams 1975), but we may note a use to which generalized conditionalization rules might be put. Skyrms (1980 a) and others have suggested using such a rule to approach the problem of conditionals occurring in the antecedents of other conditionals. For instance, a statement like 'If it is the case that if Jones passed the final he passed the course, then he passed the course' might be analyzed as having a probability equal to that which 'Jones passed the course' would have after learning 'If he passed the final he passed the course'. The problem is to state how probabilities should change when information of *conditional* form is acquired, such as that if Jones passed the final he passed the course. The original rule only applied to unconditional information, and it is an open problem how to generalize it to conditionals.

A final observation on the dynamics of inference is that studying it from the probabilistic point of view requires taking into account not only *adding* premises but *giving them up* – a kind of *non-monotonicity* that has interesting parallels with that noted in 3.. Classical logic only allows for *increases* in knowledge, and that is the basis of its mistaken ›reduction‹ of the dynamics of inference to the statics of logical consistency, as when it holds that any conclusion can be inferred from a contradiction because its denial is inconsistent with the contradiction. That is why it cannot distinguish between logical consequence and rational inference. We suggest that this can only be done if probability and non-monotonicity are taken systematically into account.

9. Counterfactuals

9.1. Logicians satisfied with the material analysis of indicative conditionals have generally disclaimed its applicability to counterfactual or subjunctive conditionals, while nevertheless believing that an analysis of the latter would help to elucidate important scientific concepts. These include *dispositionals* – e. g., 'x is soluble', which might be explicated as 'If x were immersed in water it would dissolve' –, *natural laws* – e. g., Nelson Goodman's

(1947) thesis, that they are distinguished from accidental generalizations by the fact that they support counterfactuals —, and *natural kinds*, whose analysis could contribute in turn to the problem of confirmation. Given this it is not surprising that since the advent of material conditional orthodoxy more attention has been paid to counterfactuals than to indicatives, and that from the mid-1940s on a remarkable number of papers has been devoted to this subject. Perhaps the best known of these is Goodman (1947) (reprinted in Goodman 1955), but other important contributions include Roderick Chisholm (1946), Hans Reichenbach (1954), and more recently the works of Stalnaker, D. Lewis, Kvart, J. Pollock, Nute and others mentioned previously. As noted in 3., C. I. Lewis can be regarded as a forerunner both in stressing the importance of the non-material conditional in epistemology (cf. Lewis 1929; 1946) and in proposing strict implication as an analysis of it. We can only point out general trends in the literature on counterfactuals. The most significant of these trends should be noted immediately: that since Stalnaker the most prominent contributions have employed Kripkean modal logic with additional primitives, such as a nearness relation between possible worlds, as a general framework of analysis. Nute's (1984) survey concentrates largely on these approaches. Here we will comment mainly on the *data* that theories of counterfactuals must account for, and then very briefly on the theories and how well they account for it.

The first datum is that subjunctive conditionals often differ in sense from their corresponding indicative (and both differ from the material conditional), although they do not always do so. For instance, 'If Oswald did not shoot Kennedy in Dallas then someone else did' is not synonymous with 'If Oswald had not shot Kennedy in Dallas someone else would have' (Adams 1970), though 'If Jones passes the final he will pass the course' seems to be synonymous with 'If Jones should pass the final he would pass the course'. — The second observation is that in spite of the occasional non-synonymy of subjunctives and indicatives, there are close logical parallels between the two forms. For instance, exceptions to usually valid inference rules for indicatives often transform to exceptions to counterfactual rules by a simple change of mood. Thus, it is invalid to contrapose the indicative 'If it rained it didn't rain hard' to

'If it rained hard it didn't rain', and it is equally invalid to contrapose the subjunctive 'If it had rained it wouldn't have rained hard' to 'If it had rained hard it wouldn't have rained'. — The third datum involves a kind of ›slide from the indicative to the subjunctive‹, that can take place when information comes to hand that renders an indicative conditional that *was* accepted previously no longer acceptable. For example, a person who asserted 'If the power is on the lights will be on' before coming home and finding the lights off, might assert 'If the power were on the lights would be on' afterwards. In this connection, it is significant that slides into the subjunctive are also likely to be accompanied by *modus tollens* inferences. For instance, after finding that the lights were not on in the example above the person would be apt to infer 'The power is not on'. Since empirical observation indicates that the mood of the conditional premises of *modus tollens* inferences is more commonly subjunctive than indicative, it follows that logical theories of material or of non-material *indicative* conditionals cannot validate typical *modus tollens* reasoning. — The final datum is that what was said about *modus tollens* reasoning applies to most indirect reasoning, and especially to *reductio ad absurdum* which is typically expressed in the subjunctive. Reasoning that begins with 'Suppose that there were a highest prime number' is plausibly construed as generalized *modus tollens* argumentation involving premises like 'If there were a highest prime number then …'. Assuming this, it is *prima facie* doubtful that this sort of argumentation, which includes a great deal of abstract scientific reasoning, should be assessed by criteria appropriate to non-subjunctives. Thus, there are grounds for questioning Quine's claim: "Mathematics makes no use of the subjunctive conditional; the indicative form suffices" (Quine 1947, 16). Now we will comment briefly on how current theory accommodates these data.

By common consensus the material conditional is a non-starter as an analysis of the subjunctive. Among current non-material theories of the subjunctive, modal theories are by far the most prominent; in fact most of the Stalnaker variants such as those of D. Lewis, Pollock, Kvart and Nute have been put forth as theories of counterfactuals. Stalnaker himself holds that his formalism applies to both subjunctives and indicatives, which explains the parallel between the logics of subjunctives and indicatives that was already commented on, and which will be returned to below. However, there are also close parallels between nearest-worlds and probabilistic theories, as we have seen in the case of logical validity, and these suggest probabilistic approaches to the counterfactual such as those of Adams (1976) and Skyrms (1980 b; 1984). Because of these parallels it will be convenient to discuss the nearest-worlds and the probabilistic approaches together in their application to the data, since they account or fail to account for it in similar ways.

9.2. Both approaches account for the logical parallelism but non-synonymy of the subjunctive and the indicative on the assumption that the nearness relations among possible worlds or the probability distributions over them that are appropriate to indicatives are not appropriate to subjunctives. Thus, Stalnaker has argued essentially that the reason we say 'If Oswald had not shot Kennedy then someone else did' is true but 'If Oswald had not shot Kennedy someone else would have' is false is because in the 'indicative nearest world' where Oswald did not shoot Kennedy someone else did, but in the nearest subjunctive world in which Oswald did not shoot Kennedy no one else did (Stalnaker 1975; it should be said that Stalnaker later, 1984, modifies this in important ways). The probabilist can argue in similar fashion that we say these things because in the ›indicative distribution‹ it is probable that Kennedy was shot by someone else, given that he wasn't shot by Oswald, but not in the subjunctive probability distribution. On the other hand subjunctives stand to other subjunctives in the same logical relations as indicatives do to other indicatives because the indicative and subjunctive nearness orderings conform to the same laws, and the same holds for the corresponding probability distributions. Therefore the internal logical relations among subjunctives are the same as those that hold among indicatives.

The slide into the subjunctive involves belief changes, since what was originally affirmed in the indicative — e. g., 'If the power is on the lights will be on' — is later given up and replaced by the corresponding subjunctive. Giving up the indicative can be explained on the assumption that the probabilities of conditionals are conditional probabilities and that probabilities change by conditionalization, since these entail that the probability

attached to 'If the power is on then the lights will be on' after it is learned that the lights are not on should equal that which had previously attached to 'If the power is on and the lights are not, then the lights will be on', which clearly should have been zero. That the indicative is replaced by the subjunctive suggests the *epistemic past tense* theory proposed in Adams (1976), to the effect that the probabilities of presently affirmed subjunctives equal those of previously affirmed indicatives. This accounts for replacing the indicative by the subjunctive and also for the ambiguity of the subjunctive, but it does not account for a rather complicated counterexample described in Adams (1975, sec. IV.8). To deal with that Skyrms (1980 b; 1984) proposed a *prior propensity* theory, according to which the probability of a subjunctive 'If A were the case then B would be' is an expectation of propensity probabilities of B given A weighted by different ›causal factors‹. He has also shown that this theory is a generalization that has both the epistemic past tense and nearest-worlds models as special cases, which again shows how the latter can accommodate the substitution-of-mood-phenomenon. Of all of the theories so far proposed this seems the most promising, since it seems to combine the advantages of both approaches.

By way of conclusion, however, we must say that none of the nearest-worlds, probabilistic, or prior propensity approaches seems to deal very well with the subjunctive in mathematical reasoning, and for essentially the same reason. None of them applies happily to conditionals with impossible antecedents such as might begin 'If there were a highest prime number then ...'. Stalnaker's original theory declared all 'vacuous conditionals' whatsoever to be true, which is counterintuitive and very close to so-called ›paradoxes of strict implication‹ remarked on in 3.. Probabilities and propensities don't apply because conditional probabilities are not defined in the standard way when the probabilities of their antecedents are zero, as in the case of 'If there were a highest prime number then ...'. Some suggestions have been proposed for dealing with impossible antecedents, but so far none has won wide acceptance and we cannot enter here into the complex and technical issues involved.

10. Other conditional forms

10.1. It appears that theories of indicative conditionals that aim at providing ›the correct‹ interpretation of conditionals assume that there is a unique basic structure of indicative conditionals which can be represented by a possible-world, probabilistic, or some other approach. But, as we have seen, these theories seem to fail to account successfully for certain uses of 'if'-sentences, which may suggest dropping the uniqueness assumption and providing separate accounts for different types of conditionals. Possibly entailments, subjunctives, and maybe other types have no satisfactory common account. The theoretical disadvantage in relativizing the meanings of 'if'-sentences according to their use is balanced by considering also conditionals in non-indicative moods. Indeed, an appropriate account should compare indicative and non-indicative conditionals. Concerning interrogatives for example, a theory of conditionals should either explain how it applies to them or explain why it does not. 'If'-interrogatives may provide some insight into conditionals. Here are a few.

First, though we often say that a given question implies something (e. g., that 'Who killed Mrs. Jones?' implies that Mrs. Jones was killed) we cannot express this by an 'if'-sentence having the corresponding (unquoted) interrogative as its antecedent. Moreover, though we do use 'if'-sentences with interrogative consequents, these conditionals do not express logical implications. This suggests that not all 'if'-sentences express logical implication. Second, 'if'-interrogatives are often used to ask hypothetical questions like 'If it rains, will you take an umbrella?', which call for a conditional as its complete direct answer, e. g., 'If it rains, I will not take an umbrella'. Since questions can be described in terms of their direct answers, we may describe this question in terms of its conditional direct answers. But the direct answers to the above question could not be analyzed in terms of the theories we have considered because the answers express the respondent's intentions to act, rather than describing a future state of affairs. These answers are closer to promises than to assertions, and it is very questionable whether truth-conditions or probabilistic theories can be used to represent promises.

Finally, note that we can use 'if'-interrogatives to *conditionally ask* questions as in 'If you are married, what is your wife's name?', which may appear on official forms. In contrast to the hypothetical question 'If it rains, will you take an umbrella?', this conditional may ask a question and call for an answer, or it may not. When it does, its complete direct answers are the direct answers of the question expressed by the consequent, e. g., 'My wife's name is Mary' and they are not conditional, e. g., 'If I'm married, then my wife's name is Mary'. The main feature of this interrogative is that it calls for an answer only when the antecedent is true. This use is common to many moods.

Consider the speech-acts typically performed in uttering '$z/y = x$ iff $x \cdot y = z$' (definition), 'Tell John to call me!'(command), and 'I'll buy you an ice cream' (promise). By prefixing the above sentences by an If-clause we obtain the corresponding *conditional speech acts*: conditional definition: 'Given that $y \neq O$, $z/y = x$ iff $x \cdot y = z$'; conditional command: 'If you see John tonight, tell him to call me!', and conditional promise: 'If you are a good boy, I'll buy you an ice cream'. — The use of the conditional in these cases is to qualify the speech-act performed. Thus, for $y = O$, the conditional definition above fails to define the division 'z/y', while otherwise, the operation is defined in terms of the consequent alone. These examples suggest that indicative conditionals may also be used as conditional assertions, e. g., 'If John says that Mary is sick, then she's sick'. To assert is to express one's commitment to the truth of the proposition asserted. The conditional 'If John said that Mary is sick, then she is thick', is used to qualify the speech-act of expressing one's commitment to 'Mary is sick'. The speaker does not assert a conditional, but his asserting that Mary is sick is conditional upon John's saying so.

10.2. Additional arguments for the existence of this use of conditionals will be outlined in 11.. We will now consider the representation of these conditional forms, focusing on a semantic possible-world with truth-value-gaps analysis of the conditional (cf. Belnap 1970; Manor 1971; 1974a; 1979). Michael Dunn (1975), and van Fraassen (1975) provided axiomatizations and proved completeness of Nuel Belnap's analysis, which are mentioned here. A pragmatic analysis in terms of speech-act and dialogue representation theories (cf. Manor 1974 b; 1975; 1981; 1982) will be discussed in 11..

Ruth Manor (1971) provided a possible-worlds analysis of various conditional forms: assertion, necessity, obligation, and commands, and the approach was applied to conditional questions in Manor (1979). Concerning assertion, the main idea is that a sentence uttered in a certain situation (or world), may or may not express a proposition. If it does not, then it is ›unassertive‹ and it does not have a truth value. Otherwise, it is assertive and expresses a proposition (a set of possible worlds). Thus, a conditional assertion uttered in a situation in which the antecedent is true asserts the consequent. A conditional assertion uttered in a situation in which the antecedent is untrue is unassertive.

Two things should be pointed out. First, that the resulting system has several applications. In particular, by considering universal claims such as 'All ravens are black' as quantified conditionals (rather than as quantified material conditionals), a generalized form of Belnap's ›restricted quantification‹ theorem is provable, namely that the universal claim above asserts the same proposition as 'Everything is black' asserts, when the quantification domain is restricted to ravens. Similar results are provable with respect to conditional necessity. Thus, this truth-conditional analysis of conditional assertion and conditional necessity provides a basis for the analysis of subjunctives similar to Stalnaker's theory. Second, the above semantics admits other sentences as unassertive in certain situations. In particular, sentences containing non-designating definite descriptions such as 'The present king of France is bald' will also be unassertive (s. art. 78).

Since both the conditional reading of declarative 'if'-sentences and their comparison with other conditional forms is unorthodox, the semantic analysis of conditional assertion, necessity, obligation, commands, and questions within a traditional possible-world semantics may render it more acceptable, as it suggests how we can provide a semantic analysis of different moods within a rather traditional framework. — One may argue however, that *any* semantic analysis of this type of conditionals is inappropriate, since it employs semantic means in order to account for what are basically pragmatic phenomena. Though it succeeds in showing the structural similarity between different conditional forms, it fails to fully capture the role of conditionalization as a mechanism by which speakers can qualify their speech-acts. While in the semantic analysis a conditional assertion is viewed as a special type of assertion and a conditional question is viewed as a special type of question, etc., a pragmatic analysis of conditionals represents them all uniformly as complex speech-acts which under certain conditions amount to making an assertion or asking a question, etc.

11. Conditional speech-acts and their pragmatic representation

Within a theory of speech-acts which characterizes them in terms of the uttering of certain sentences in given contexts, we can define 'conditional speech-act':

Given that in uttering a sentence *S* one typically performs a speech-act *s*, then in uttering 'If *C, S*' the act performed is as follow: if *C* is true in the situation in which the conditional is uttered, then the speech-act performed is *s*. If *C* is untrue, then the speaker's act is one of refraining from performing any other speech-act.

A pragmatic representation of speech-acts may be provided in terms of a dialogical game, in which different kinds of speech-acts are characterized as moves in the game, while different types of dialogues are described in terms of different game rules (Manor 1981) (s. art. 96). For instance, a question-answer dialogue can be described in terms of a gambling game in which participants place bets and challenge others to place bets on the truth of certain propositions. We assume a body of facts, which the dialogue is about. The background assumptions shared by all the participants in the game describe some of these facts. The truth values of assertions made in the dialogue depend on their correspondence to these facts, and they may or may not be known by the participants in the dialogue. Asserting a proposition is then represented in a ›betting game‹ as placing an amount of money on the truth of the proposition. The amounts gambled correspond to the expressed degree of confidence in the proposition asserted. Asking a question is represented as a challenge that the opponent place a bet on one of its direct answers. — Dialogical models like this are useful in describing conversational rules and complex speech-acts such as assuming and presupposing, but we cannot go into that here. Given any such game model for speech-acts, uttering a conditional involves the following move: if the antecedent is true the move is equivalent to the act involved in uttering the consequent, and if the antecedent is untrue, the move amounts to non-action, or a ›pass‹.

The main advantage of the pragmatic representation of conditionals over the semantic one described earlier is its generality. Rather than explaining the different moods of conditional sentences in terms of the mere *similarity* of their meaning constructions, it describes all conditionals as playing *the same* role, of qualifying the speech-act typically performed by uttering the consequent. — The second advantage of this approach is that it provides a theoretical justification for many of our intuitions concerning pragmatic presuppositions (s. art. 97). Without going into a detailed discussion, we note that in uttering certain sentences we presuppose some proposition, and that presupposing also involves expressing a commitment to that which is presupposed. Thus, in uttering any of the following sentences we are presupposing that there is a unique king of France. 'The present king of France is bald', 'Is the present king of France bald?', 'Shave the present king of France!', and 'I promise to shave the present king of France'.

Now, unlike asserting a falsehood, which can be denied and corrected, presupposing a falsehood is pragmatically unacceptable and conversationally uncooperative. In terms of the betting game we can say that a person asserting something is challenging the opponents to deny the assertion and place a counterbet. In presupposing we act as if the presupposition is among the shared assumptions already accepted as true, which violates the rules of the game if it is in fact untrue. Hence, if there is a chance that a proposition is false, and we wish to act cooperatively, we should not presuppose that proposition. — This yields a strange consequence: either we utter only those sentences whose presuppositions we *know* are true or we risk being uncooperative. However, there is a linguistic device which prevents this dilemma. If P is presupposed in uttering S, then we can avoid presupposing P just in case it is untrue by uttering the conditional 'If P then S'. This completes the pragmatic argument for the existence of conditional speech-acts: conditional speech-acts are necessary tools for achieving dialogical cooperation between non-omniscient participants.

12. Selected references

Adams 1975, *The Logic of Conditionals: An Application of Probability to Deductive Logic*.
This book provides a classic exposition of the probabilistic approach to conditionals.

Anderson/Belnap 1968/92, *Entailment: The Logic of Relevance and Necessity* I/II.
These books provide a classic exposition of relevance logic as arising from the criticism of material implication as an implication relation.

Appiah 1985, *Assertion and Conditionals*.
Provides a more recent study of conditionals focusing on the probabilistic approach.

Belnap 1970, Conditional assertion and restricted quantification, in *Nous* 4.
The article provides a possible-worlds semantic for the conditional reading of assertions.

Harper/Stalnaker/Pierce (eds.) 1981, *Ifs*.
This book concentrates on Stalnaker's approach to conditionals and its application to decision theory.

Jackson 1988, *Conditionals*.
Provides a more recent study of conditionals focusing on the probabilistic approach.

Lewis 1973 a, *Counterfactuals*.
This book provides a classic exposition of the nearest-worlds approaches to conditionals, especially R. C. Stalnaker's and D. Lewis's.

Manor 1981, Dialogues and the logics of questions and of answers, in *Linguistische Berichte* 73.
Provides a pragmatic analysis of conditional speech-acts.

Nute 1984, Conditional logic, in *Handbook of Philosophical Logic* II. Gabbay/Guenthner (eds.).
This article provides a survey, concentrating largely on mathematical developments in conditional logic.

Traugott/ter Meulen/Reilly/Ferguson (eds.) 1986, *On Conditionals*.
The book provides a collection of papers on conditionals, primarily from linguists' points of view.

Ernest Adams, Berkeley, Calif. (USA)
Ruth Manor, San Jose, Calif. (USA)/
Tel-Aviv (Israel)

90. 'Symptom' and 'symbol' in language

1. Assumptions and introductory remarks

The following analysis of the notions of symptom and symbol rests on my views on sign and semiosis. I have tried to justify these views elsewhere, and here I merely list them as assumptions adopted in the present article.

(i) I believe it convenient to adopt a general concept of sign recognizing indications, indices, symptoms, signals, icons, symbols, etc. as individual kinds of signs, each of which may in turn be further subdivided into separate species. Thus, in particular, I disagree with those who claim that indications are not signs. I also reject the idea identifying indications with signs as well as that identifying symbols with signs.

(ii) When I speak of the sign, of its kinds or species, I have in mind the *use* of each of these. There is no sign outside the use of something by someone in such-and-such a place and time as a sign of something else. Also, there is no sign use without an awareness on the part of the sign interpreter. Hence, I treat expressions of the kind 'Sign S_1 refers to an entity E_1' as personifications which are to be understood as follows: 'Sign user U_1 in the place P_1 and at the moment T_1 uses S_1 and by means of S_1 refers to E_1 different from S_1'. Bearing this in mind I will nevertheless continue using formulations with personification such as the one above since they are elliptic and thus convenient (Pelc 1981, 45 ff).

(iii) The aforementioned sign user, and in particular the sign interpreter, does not have to be a human being, and especially an individual person: the interpreter is sometimes a group of people, an individual animal or a group of animals. In general, sign users are beings capable of carrying out so called semiotic inference, not necessarily verbalized (Pelc 1984, 322 ff).

(iv) An entity of any kind may be used as a sign: (a) a concrete individual thing, (b) a set in the set-theoretical sense, (c) a property of an individual, or of a set, or a property of another property, (d) an event, (e) a state of affairs, (f) a phenomenon.

(v) Sign-use, or indication-use, index-use, symptom-use, signal-use, icon-use, symbol-use, etc. are all of gradable and relative character. I mean by this that when someone uses something at a certain time and place as a sign of something else, then with regard to C_1 this use may be to such-and-such a degree indicational, and at the same time with respect to C_2 it will be of signal character to such-and-such a degree, and with respect to C_3 it will be symbolic to such-and-such a degree, etc. There are no pure uses of any one kind (Pelc 1986, 7 ff). Thus, when we say that in a given case we have to do with e. g. a symbol and not a symptom, all we are saying is that in the given use symbolic elements dominate over the symptomatic ones. Remembering about this we will, however, be using names like 'symbol' or 'symptom' as convenient abbreviations in lieu of cumbersome expressions such as 'use to such-and-such a degree symbolic with respect to C_1'.

(vi) The above observation remains valid for the opposition 'natural-conventional' with reference to signs, or, more precisely, with reference to use of signs. There are no purely natural uses, as there are no purely conventional ones. Each use is to a certain degree natural in some respect or respects, and at the same time, in some other respect or respects, to a certain degree conventional. This must be kept in mind, the more so since many authors believe that the opposition 'natural-conventional' makes it possible to distinguish symptoms as natural signs from symbols as conventional signs. In using the natural vs. conventional opposition (s. art. 62), one must also take into consideration the polysemy and vagueness of both these adjectives. For example 'natural' in reference to objects may either mean that (I) they are products of nature and that at the same time they are not processed, transformed or in any other way used by man, or only that (II) they are products of nature. When applied to actions or behaviours, 'natural' may be tantamount to (a) ›unconditioned reflex‹, or may only indicate (b) autonomous behaviours which also include, among others, conditioned reflexes, or (c) involuntary behaviours and actions as distinct from intentional ones; by natural behaviour or natural action one may also mean

(d) only unpremeditated but conscious ones, or (e) only unconscious actions or behaviours, or, finally, (f) only voluntary actions and behaviours as opposed to forced ones. − In fact the polysemy of the expression 'natural sign' is more profound considering that the adjective 'natural' may refer not only to entities acting as signs but also to the relation occurring between the sign and the entity of which it is a sign. The expression 'conventional sign' is no less vague and fuzzy.

(vii) The words 'sign', 'indication', 'index', 'symptom', 'signal', 'icon', 'symbol', etc. are also polysemic, vague and fuzzy (s. art. 98). The divergent use of these words by different authors and sometimes by one and the same person has all the features of terminological chaos.

2. Indication

2.1. On different notions of symptom: indication versus symptom

The word 'symptom' occurs either in the broad sense or in one of the narrower senses, and in each of these senses it is vague and fuzzy. (i) In the broad sense the word 'symptom' stands for kinds of signs such as: symptom proper, index and signal and also mark, token, note, manifestation, evidence etc. (ii) In the narrower sense, or rather in one of the narrower senses, the word 'symptom' refers (a) only to symptoms proper, and in the other narrower senses (b) only to index, or (c) only to signal, or (d) only to index and symptom proper, or (e) to symptom proper and signal, etc., but not to all sign kinds combined. In what follows we will apply the term 'symptom' to symptoms proper only, and in other cases we shall be using the name 'indication', always explaining the meaning of 'indication' in the particular instance, saying for example 'indication as index' or 'indication as signal'. Some authors, e. g. Georg Herbert Mead, in referring to indication use the name 'sign' (Langer 1957, 57) while others tend to regard signs as signals and to call them signals; as already mentioned, I am not in favour of this terminological practice.

2.2. Indication: a natural or conventional sign?

It turns out that the word 'indication' is used in various meanings. Some regard the indication as basically different from signs. For one of the proponents of this view, Husserl (1928, 13 ff), indications (Anzeigen) and signs, and in his terminology expressions (Ausdrücke), are not kinds of a joint superior notion of sign (s. art. 46). Indications are objects or states of affairs such that someone's conviction about their existence motivates this someone to become convinced or to suppose that some other thing or state of affairs that is indicated exists as well. A sign on the other hand is an object generating in the receiver an act of meaning intention directed towards an object or state of affairs different from this sign-object; signs are produced by humans in order to inform the receiver about the thoughts and emotions of the speaker as sender of the sign and about that what the sign refers to. − Proponents of another view see the indication as one of two − in addition to signs in the narrower sense − kinds of signs in the broad sense, still others go as far as to regard signs in the narrow sense as constituents of indications. Some equate indications with indices, others with symptoms, still others claim that both indices and symptoms are indications. Finally, there are some who include among indications not only indices and symptoms but also signals, certain iconic signs and even certain symbols. − Among examples of indications we have: clouds, or more precisely the fact that clouds cover the sky, as the indication of approaching rain; lightning, or rather the fact of its flashing, as the indication preceding thunder or, strictly speaking, the sound of thunder; limping as, putting it briefly, the indication of having just cut one's foot; the cutting of one's foot as an indication allowing to anticipate limping; the breaking out of the characteristic exanthemata as an indication of several-days old measles; finally, the sound of a kettle whistle as the indication of water boiling inside the vessel (Mulder/Hervey 1971, 327 ff).

We see that numerous kinds of relations are taken as the basis of the connection between indication and that which it refers to. Thus the presence of clouds is a condition necessary but not sufficient for the occurrence of precipitation; on the other hand, the cutting of one's foot is not a necessary condition of limping but, depending on the localization of the wound and the intensity of pain, it may be a sufficient condition; the fact that one has measles is both a necessary and sufficient condition for the presence of the characteristic eruptions; finally, neither the flash of lightning is the cause of the roll of thunder, nor the roll of thunder is the cause of lightning but both are the result of one event that is their cause. — Despite all these differences it is easy to point out in all the examples a *natural* connection between the given indication and that which is indicated. It is of no consequence whether we will regard that indication as an index in any of its meanings, or as a symptom, or whether that which it signifies or indicates is its cause or result, or whether it shares with it a common cause — we must admit that we are dealing with a natural dependence understood in one way or another. This is not a rule however.

2.3. The ontological status of indication

The presence of a natural connection between the indication and the object, event or phenomenon that is indicated depends on what we regard as indication, on how the notion of indication is defined, and although the majority of definitions assert that indications are natural signs, there nevertheless exist definitions that state otherwise. According to these, the indication is not always naturally connected with its indicated: for example some say that the indication does not differ from other signs by being of a natural character but by never being a thing — it is always either an *event* or a *phenomenon* (Dąmbska 1973, 41; Kotarbińska 1957, 104), and this event or phenomenon is sometimes naturally connected with that of which it is an indication — e. g. the fact that marmalade is covered by a white coating is a natural indication of the fact that mildew has set in — while in other cases the connection is conventional — e. g. a wedding ring on someone's finger is a conventional indication of the fact that this person is married — or formal — e. g. the fact that the sum of all figures of a given number is divisible by three with no remainder is a formal indication of the fact that this number is divisible by three with no remainder. Thus it would be the event- or phenomenon-character of the indication rather than the kind of relation between the indication and its indicated that determines the former's inclusion in its category. Contrary to indications, say the proponents of this view, signs are things, and their connection with that of which they are signs is also various: according to some it is sometimes natural, e. g. when mildew acts as sign, and sometimes non-natural, e. g. conventional, e. g. when the sign is a wedding ring, while others see it as being conventional or based on similarity, e. g.

when the sign is a photograph. — Some adherents to this ontological distinction between indications and signs believe that both belong to a common superior range, namely to *signs in the broad sense*, i. e. all objects, events and phenomena which, being perceived, enable one to think about that which they indicate or signify. This means that among sings we have both indications, i. e. states of affairs, events, phenomena, processes, and signs proper (signs in the narrow sense of the word), i. e. things. The indications point to the occurrence of certain states of affairs or processes, or postulate their occurrence. Such an indication is an informing configuration composed of signs proper, i. e. either of conventional denoting signs, namely symbols and iconic signs, or of unconventional denoting signs, namely object elements, referred to in this theory as ›manifestations‹, such as an individual tear as an element of crying. All these things: symbols, iconic signs and the unconventional elements are embedded in a situational and/or verbal context. But symbols and iconic signs occur as components on the preconceived conventional configurations, i. e. in indications having a sender, called also 'messages', e. g. in signals or language expressions. On the other hand, the just mentioned manifestations, i. e. unconventional object elements, form a part in another kind of informing configurations, namely of symptoms, i. e. indications that are not based on convention, that are not preconceived and which do not have a sender, such as for example spontaneous weeping (Dąmbska 1973, 35 ff). — Another theory has it that the sign is not a thing but an abstract unit composed of a class of signals (›signifiant‹) and of a class of messages (›signifié‹), whereas some signals, i. e. indications of a certain kind, are things, namely tools produced by man in order to transmit messages (Prieto 1966, chap. 3) (s. art. 36). This view only seemingly opposes the previous one: it must be noted that here the words 'sign', 'signal' and 'message' are used in a different meaning than in the former case. — According to yet another view, indications are states of affairs or events, while the role of sign may be performed by states of affairs or events as well as things. This opinion denies the status of signs to some of the indications, namely to symptoms, that is to unconventional, unpreconceived information without a sender, such as exanthema, and also to their objective elements such as its individual constituent — a single skin eruption. On the other hand, it includes among signs the messages, i. e. conventional, preconceived information with both a sender and a receiver, such as a ring of a bell, together with their objective constituents such as the separate strikes of the gong by the clapper, or, precisely, since we are talking of individual things, the bell, that is the gong and the clapper, vibrating from a single strike. Distinguished among such signs-information are conventional ones, e. g. sentence utterances, and unconventional ones, e. g. the behaviour of a dog demanding food or a walk outdoors (Dąmbska 1973, 43).

2.4. Indication as index

According to one fairly widespread opinion, the indication is identical with the *index*. For Charles Sanders Peirce (s. art. 32), who in one of his triadic classifications distinguished the likeness, or icon, from the general sign, i. e. symbol, and the index, the latter was a sign "determined by its object [...] by being really and in its individual existence connected with the individual object" just like, for example, a given footprint in the sand — an indexical sign — is connected with the person who has left it in passing the spot (Peirce *CP* 4.531). — A similar but not identical concept is found in Charles William Morris who opposes *indexical signs* and *characterizing signs*. According to him, the latter, e. g the word 'man', denote a set of things, while indices, e. g. the act of pointing, may refer to single objects (Morris 1971, 31).

Indices are taken to be concrete objects which are contiguous with what they indicate or which are physical samples thereof, e. g. a swatch of cloth as an index of a colour; the relation between a sample and what it refers to is called 'exemplification'. However, both the physical character of the indices themselves and their contiguousness with that which they indicate, must be treated as merely a starting point in defining indices. It so happens that also included in this category is, among others, a certain category of expressions, the so called *indexical expressions*, deictics, shifters, e. g. the words 'now', 'here', 'I', 'this', which serve to replace an indicating gesture (cf. Weinreich 1968, 166) (s. art. 79), all of the so called *token-reflexive expressions*, viz. inverted-commas names of expressions isomorphic with that which they denote, metalinguistic names occurring in material supposition, and finally characteristic features, especially of some individual. Indexical char-

acter is also being ascribed to some of the indications being on the one hand a presage or portent, and on the other a vestige of something. The ratio or the formula expressing the ratio also occur in the role of index. — Examples of indications serving the indexical function include: (i) *marks* such as visible traces left upon a body or thing — e. g. a scar, a label, an ex libris — or typical features such as behaviour betraying a professional soldier; (ii) *tokens* such as flowers laid on a grave as proof of remembrance of the dead; (iii) *notes* such as a calm emanating from someone's behaviour; (iv) *badges* such as the metal identification plate worn by a policeman.

Although the imprecise formulation and the fact that the word 'index' is polysemic and vague often prevent categorical statements about the kinds of relations of the index to that which it indicates, we may nevertheless observe that the relation between this here particular footprint and the man responsible for its impression certainly is not conventional, while the relation between the word 'now' and a certain moment or stretch of time definitely is not natural. In view of these differences in the understanding of the notion of index, only some indices, and therefore indications, may be included in the category of natural signs on the basis of their relation to that which they indicate. Similarly, not all indices may be called natural signs in view of the kind of entity the particular sign happens to be. The ambiguity of the word 'natural' must be kept in mind in both these cases. — Also, it cannot be maintained that all indices, i. e. indications of some kind, are states of affairs or events and not things: among them there are entities belonging to various ontological categories, including also properties. Thus, material character too may not be assigned to the index in all instances. Similarly, neither spatial nor temporal contiguousness of the indication with that which it indicates are necessary conditions for its indexical character; something that is made apparent by indices anticipating forthcoming events, far removed in both space and time. — The same may be said of the individuality of the index: e. g. a badge of a given organization indicates every one of its members, and the shoe imprint in the sand indicates every shoe of the given style and size; on the other hand, a fingerprint or a photograph of some person are individual indices. Hence, if by indices we mean certain objects, then some of them turn out to be, as Morris describes them, characterizing signs, and others — indexical signs. However, the entirety of the situation in which the object referred to as index occurs has individual character: e. g. a badge of an organization pinned to the lapel of some person univocally indicates the person carrying it. But the same is true of proper names or common nouns: the word 'chair' when used in a concrete situation indicates a certain concrete chair. For this reason it seems more justified to refrain from speaking about indices and talk instead of indexical use, in this and this respect and to such-and-such a degree.

2.5. Indication as symptom

Let us now pass to the notion of *symptom*, recalling that according to one view the indication and the symptom are one and the same thing. The word 'symptom' occurs in either one of the narrow uses or in the extended use. Let us first examine the former case. It is said that the word 'symptom' originally denoted the *diagnostic* of disease, i. e. any perceptible physical or mental change from the normal in the body or its function, such as bleeding of the gums suggesting pathological changes in the organism, scurvy in this case. We often arrive at the conclusion that *A* is a symptom of *B* with the use of John Stuart Mill's method of concomitant variations or the method of difference within reference, called induction by elimination. Both the symptom and that of which it is a symptom are in this case *causally* connected events, most often regarded as unwelcome. The latter, however, is not a rule. For example a symptom of incipient sexual arousal in people is increased secretion of tear glands which gives the eyes a shining look. In this case neither the change that is the symptom nor the change in the organism indicated by it deserves a negative evaluation. — Symptoms are often described as signs connected in a *natural* manner with that of which they are signs. The naturalness of this connection springs from the fact that it is, to quote some descriptions, compulsive, automatic, as, for example, in the case of tail raising in many mammals resulting from nervous stimulation due to excitement, anger or fear, entirely independent of the animal's will or, in the case of man, sweating from pain or nervousness. It is also said that the symptom's signified is also its cause, or, as some put it colloquially, its source. In connection with this it is being

said that the symptom, i. e. natural sign "is a part of a greater event or of a complex condition, and [...] it signifies the rest of that situation of which it is a notable feature", and on this basis the symptom is being distinguished from the indication which "may be one part of a total condition, which we associate with another separate part" as when a ring around the moon signifies rain and both the ring and the moon are proper parts of low pressure weather (Langer 1957, 57).

Extensions of the use of the word 'symptom' sometimes consist in a departure from naturalness, as described above, without abandoning the causal link between that which is indicated and the symptom as the result of the former. An example here may be the resignation of a minister as a symptom of his party's loss of political influence. In this category of cases we still have to do with changes which from a certain viewpoint may be considered disadvantageous. — However, a further extension of the use of the word 'symptom' leads to the disappearance of this property of changes indicated by the symptom or of states of affairs resulting from these changes. In such cases every *outward change* pointing to its cause or indicating the condition of its appearance in the form of some other, this time *inner change*, not necessarily negative in some respect, becomes a symptom. Extending the use of the word 'symptom' still further, the change character of the symptom and of that which is indicated by it becomes obliterated — e. g. ostentatious excessive self-confidence as a symptom of actual shyness; the 'outward-inner' opposition also vanishes when, for example, we treat one of our own psychic states as a symptom of another of our psychic states. — Finally, in its most extended use, the word 'symptom' begins referring to that which indicates the existence or, more generally, the occurrence, appearance, presence of something else. It is here that the similarity between indication and symptom is the greatest. In saying this we must bear in mind that both 'indication' and 'symptom' are polysemic words, and that moreover they are vague in each of their meanings. — The same applies to the word 'syndrome' as the name of a set of symptoms having one designatum, e. g. the set of symptoms of a given illness. It is occasionally pointed out that although the separate symptoms constituting the given syndrome are related to that which they reveal in a manner independent of anybody's will — and in this sense naturally — their joint treatment as a distinct whole and their configuration within the syndrome are governed by rules which bring with them the element of conventionality. Considering that the extensions of the words 'indication', 'index' and 'symptom', in each of the meanings of these expressions, are fuzzy sets, the borders between them are ill-defined and, consequently, the respective extensions partly overlap.

Accordingly, it should not come as a surprise that in addition to the two foregoing views, the one equating indications with indices and the other with symptoms, there exists also a third opinion, appearing in three variants at that. All three approaches agree as to the fact that both indices and symptoms are indications. The first version has it that symptom and index are the same things: they depend on the sender whose internal experiences they express (Bühler 1934, 28 ff). The second variant claims that indications are indices, and some of the indices (namely those unwitting or unintended, ones that are not preconceived configurations), informing naturally, e. g. causally, are symptoms (Jakobson 1970, 10: Dąmbska 1973, 35 ff). Finally, the third variant divides indications into two species: indices and symptoms. This means, simply (cf. 1., remark (v)) that using some A as — in some respect and to a certain degree — an index indicating some B, different from A, we simultaneously treat this A — in some other respect and to a certain degree — as a symptom of this B.

2.6. Indication as signal

2.6.1. Some researchers are of the opinion that both the symptom and the signal are indications, and indication is here understood as an ordered set composed of two states of affairs: the first, perceivable one, and the second state of affairs, indicated by the first for someone who perceived the state of affairs and who believes that there is a certain ordering relation between the two states of affairs. If this ordering relation is based on a real relation between these states of affairs, such as the cause-effect relation, then we have to do with a symptom. If there is no such ontic basis, we have to do with a signal. Hence, when the indication is connected with that which it indicates in a *natural* manner then it is a symptom, while when the connection is *conventional* it is a signal. A symptom is thus a motivated indication, whereas a signal is an arbitrary one. The symptom indi-

cates the occurrence of a state of affairs, event or process other than itself in a *non-deliberate* way; it has no sender. The signal, on the other hand, is a kind of *message*; it has its *sender* and informs in a preconceived manner, as for example in the case of a language expression (Dąmbska 1973, 35 ff). — We thus have two criteria of distinguishing between symptoms and signals: (i) natural character of the former vs. conventional character of the latter, and (ii) absence of the sender in the former vs. presence of the sender in the latter. The two classifications intersect, and the most commonly encountered admissible combinations are the following two: symptoms are natural signs without a sender, and signals are conventional signs having a sender. There is, however, a third criterion of distinguishing signals from among other kinds of signs: the relation of the signal users, i. e. sender and the receiver, to the signal. The employment of this criterion leads to the distinction of two categories of notions of signal, namely of those notions that are defined chiefly with respect to the relation between the sender and the signal, and of those which, conversely, are defined with regard to the relation between the signal and its receiver.

In the first category belongs Morris' notion of signal. Morris regarded it as the opposite of the notion of symbol (Morris 1971, 99 ff; 125 ff; 366). A signal, he claims, is no more than a *non-symbol*, namely, firstly, it is not a creation of the interpreter and, secondly, it does not replace another sign, synonymous with it. For example, the pulse is a signal while the word 'pulse' is a symbol. The signal is not, therefore, of conventional character and is, according to Morris, connected with the circumstances of its appearance more closely than the symbol, thus being more reliable as an indication. The word 'pulse' (a symbol) may appear in all circumstances, even when there is no pulse, e. g. over a corpse — the symbol, as we recall, is the product of the user. Pulse itself, on the other hand — being a signal — depends on blood circulation and on whether the person or animal is alive; moreover, it may be used in the capacity of signal only when it is within the reach of one's powers of perception. However, continues Morris, the signal and the symbol are similar in that, being signs, they elicit from us the same responses. We behave in the same way when we hear raindrops pattering on the windowsill as when we hear the words 'It is raining': we either decide to stay indoors or reach for an umbrella when going out. Thus, according to Morris, signals are signs produced without any conscious effort on the part of the sender. Some other researchers, while agreeing with Morris that the signal is of natural indication character, are inclined to believe that it differs from other natural indications called symptoms by the presence of some sort of *signalling instrument* or apparatus installed by man. Jan Mulder and Sándor Hervey (1971, 329) discuss the example of a kettle equipped with a whistle: on the one hand, the cause of the whistling is something natural — the boiling of the water, but on the other, there is an artificial element present — the kettle will produce a whistling noise as a result of the water boiling only when we first provide it with a whistle. The authors resolve this dilemma calling on the fact that the relation between the boiling of the water and the sounding of the whistle is natural, namely causal. It is the naturalness of the relation, according to them, and not the naturalness of the constituent being the sign that determines the sign's naturalness. For this reason the considered signalling apparatus was included by them among natural indications. A kettle, they say, once fitted with a whistle, which was the only artificial element in the whole matter, cannot signal anything but water boiling inside it, unless we additionally introduce some special convention. Moreover, they point out, in order to deduce that the water is boiling we do not have to know any convention but only the empirical fact that steam produced by boiling water and forcing its way through the slit in the whistle produces sound. — This is no place to discuss detailed examples but let us note in the above case the presence of conscious effort on the part of the signal sender. By sender we mean here not only the manufacturers who provided the kettle with a whistle, but also the person who purchased this kettle and now makes use of its signalling device. The incorporation of the sender in the description of the notion of signal is important insofar as the *intentional* character of the signalling function is usually noted, namely it is repeatedly observed that the signal is often a foreshadowing of a future event, or an initial cause or impulse which incites a certain concerted *action*, as e. g. when a previously agreed-upon password is given. — The presence of conscious interference of the signal sender was taken into consideration e. g. in the conception of signal according to which a signal is an *artificially produced* phenomenon whose perception — initially in conjunction with a remembered convention and afterwards on its own — induces a person familiar with the convention to infer the occurrence of another phenomenon or to make a decision. The relevant convention consists in the undertaking given by other persons that they will produce the phenomenon intended to be a signal only if the signalized phenomenon (which may also be a command) has occurred (Ajdukiewicz 1978, 1). This description of signals is particularly apt in such cases as the sounding of bells for Angelus when a certain hour strikes on the clock, or the beating of a gong on cue from the stage manager. As we see, the signal here is a conventional sign, produced artificially and having a specific sender.

2.6.2. The characteristics of the notion of signal offered in the sciences of man usually refer to the sender-sign relation. On the other hand, in natural and partly also in technical sciences it turns out useful to define this notion with regard to relations between the signal and its *receiver* and vice versa. The signals in this group are signals eliciting a response and behaviour in those who see, hear or otherwise perceive them. For example, in biological sciences the signalling behaviour is sometimes seen as a particular case of condensed stimulus produced by a given organism. It seems that we are dealing here with signalling behaviours or, putting it briefly, with signals which, in some cases at least, are not deliberately or even consciously produced by the signalling organism, e. g. the erection of dermal appendages in some mammals, the reddening of buttock callus in certain species of apes, or feather fluffing in birds. — Ivan Petrovič Pavlov links the notion of signal with that of stimulus and this in a twofold manner at that, namely (a) *conditioned stimuli* are signals of unconditioned ones and vice versa; and (b) signals are stimuli conditioned by that which they signal. Thus, if for a period of time the serving of food to a dog is accompanied by the striking of a gong, then after a number of experiments the sound of the gong, which in this case is the conditioned stimulus, becomes a signal of the unconditioned stimulus — of the food with its aroma and appearance. At the same time, however, that signal — the sound of the gong — is a stimulus conditioned by the stimulus in the form of the appearance of food. According to this view, an object of certain type, *A*, becomes for the given individual after a given time a signal of another object, *B*, if and only if *B* provokes an unconditioned reflex in the individual, while *A*, which so far has not caused such a reflex, begins to cause it after a period of training which consists in the organism responding to simultaneously *A* and *B* for a number of times. — It appears that a consequence of some of the sign conceptions based on the sign-receiver and receiver-sign relations is the opinion that every sign token received by someone or, more generally, by some organism, acts as a signal, since by being received it has evoked some sort of reaction in the receiver. When the receiver is a man or an animal this reaction would consist in at least perceiving the sign. When a plant organism is a receiver — and it depends on the conception of sign whether a plant can be regarded as a receiver or not — the reaction would be an enhancement, acceleration, inhibition or arrest of some process occurring in that organism. It is only in the case of machines as receivers that we may cause, through their suitable design, that certain manipulations belonging to the category of signs do not act as signals. Such is the case when we try to perform division by zero on an electronic calculator, zero being a perfectly legitimate sign of the given system. It may be disputed whether in this particular instance the number occurs as a sign, and it may be argued that ›for the calculator‹ a sign is only that which is a signal, i. e. something which makes it perform a computation. — This opinion does not lead to the conclusion that all signs are signals but that every use of the sign by the receiver includes, among others, elements which in some respect and to a certain degree are of signalling character, in the meaning of the expression 'signalling character' adopted in this conception. However, such an approach requires the abandoning of distinctions between various kinds of signs in favour of distinguishing the *signalling function* performed by a sign in such and such a use of it from another kind of sign functions also performed by this sign in this same use. An example here is the view of Karl Bühler (s. art. 38), the Austrian linguist, philosopher and psychologist, who ascribes (1934) three functions to the linguistic sign, namely those of signal, symptom and symbol. As a signal the expression appeals to the listener and directs his internal responses and behaviours just like traffic lights direct pedestrian and

vehicle traffic at street intersections. Being a symptom it reveals the experiences of the speaker, and as a symbol it is related to certain objects and states of events. Note that the signalling function is ascribed here to language expressions which in normal communicational situations have a conscious sender. Thus for Bühler, unlike for Morris or Mulder and Hervey, signals are conventional signs produced consciously and being symbols capable of replacing other expressions, and producing in the receiver the same responses as they do. This view thus belongs to yet another, already third category embodying the characterization of different kinds of signs or, as in this particular case, of sign functions. This characterization is performed with regard to *sender-sign, sign-sender* as well as *sign-receiver* and *receiver-sign* relations. — The inclusion in the characterization of the signal or signalling function of the receiver in addition to the sender — especially when this receiver is the addressee of the signalled information, order or warning — becomes important if not downright indispensable in communication theory or linguistic considerations. In these disciplines, in addition to taking into account the participation of sign users, it is equally important or possibly even imperative to consider the *situational context*, i. e. the circumstances in which the sender's act of signalling takes place and is justified, in which it is comprehensible to the receiver, and in which the receiver's behaviour or activity which the signal is to elicit may be realized. An example of signal characterization from the viewpoint of communication theory is provided by Luis J. Prieto (1966, chap. 3) who, as previously mentioned, described signal as a man-made tool for transmitting messages, e. g. the switching on of a car's direction indicators by the driver-sender addressed to receivers travelling along the same road, or the delivery of a linguistic utterance by the speaker-sender addressed to the listener-receiver present at the given time and place. It is stressed here that the signal is an indication which is both *artificial* and *intentional* (Buyssens 1967, § 33), occurring not in isolation but against the background of circumstances accompanying its generation, and that the signal is something *concrete*, not necessarily a thing but also perhaps an individual event occurring here and now.

2.6.3. There is thus considerable discrepancy between the various notions of signal. Some see signals as being natural in character, others say that they are conventional; according to some views they do not have a sender, according to others they are deliberately produced by someone; the fact that something is a signal once depends on its relation to the receivers, sometimes on the relation sender-signal, and in other cases on both these relations. Which of the meanings of the word 'signal', putting aside specialized meanings employed in e. g. neurophysiology or tele-communication, is recognized most frequently? Perhaps most people most often tend to regard as signals signs satisfying two conditions at the same time: the fact of being deliberately and consciously produced by someone, and the fact of triggering someone's action or behaviour. Putting it more precisely, the use of something in the capacity of signal, the signalling use, is the use of something by someone to make the receiver behave in such-and-such a way or act in this or that manner. Thus, among others, the act of speaking is usually an instance of using expressions as signals, namely as signals meant to elicit a specific reaction in the listener: the comprehension of the expression, a reflection about what the sender has in mind, certain linguistic behaviours (e. g. giving an answer) and also extralinguistic behaviours (e. g. granting consent, refraining from or undertaking an action). — Although the signals themselves can be both natural phenomena, e. g. the falling of darkness as a signal for switching on the lights, as well as non-natural events, among others conventional, such as the raising of a white flag as a sign of surrender and as a signal for the enemy to hold fire, or the laying out of coloured sheets on a field to signal to the allied plane the spot where a parachute drop of arms, food and medicine supplies is to be made, the relation between the signal and the signalled state of affairs is — in the case of this most frequent meaning of the notion of signal — nevertheless conventional. — In view of this, natural phenomena used as signals are natural in only one sense of the word, namely as far as their origin is concerned, and non-natural in that man has consciously and purposely made them elements of conventions he had himself established. Both the sunrise as a signal for attack, and the falling of darkness in the above example are natural in the first sense — no man has produced or provoked them. But by using them as signals man has, in a way, become their author: he has not made the sunrise but

has caused that sunrise appeared in the capacity of signal; he has not made darkness fall but he is responsible for the falling of darkness playing the role of signal. This kind of authorship amounts to serving as sender and this role remains the same regardless of whether we take a creation of nature and use it for a signal or whether we take a product of other men and also make a signal of it. In both instances we make use of products that are not ours: we are the sender but not the author. Sometimes we are the author, the creator of the signal we are sending, as when we smile or nod our head in a sign of agreement.

3. Symbol

3.1. On two types of symbol

3.1.1. It remains for us to discuss the various notions of *symbol*. The word 'symbol' itself is ambiguous vague and fuzzy: we speak of symbols in art and religion, in poetry and prose, in social sciences, psychology and psychiatry, in logic and in mathematics, in chemistry and physics; there is the symbolic penny in law suits, the fasces were a symbol of the authority of Roman officials. Man is sometimes regarded as *animal symbolicum*, distinct from other creatures in that he uses symbols (Cassirer 1923—1929; 1944). — Allegory and emblem, attribute and type, etiquette, coat of arms, insignia and trade mark, medal, order and badge, a priest's tonsure and a slave's brand, written and spoken expressions of natural ethnic language, signs of algebra and logic — all these diverse things are at times being classified as kinds of symbol. In addition to them the status of symbol is bestowed on astral bodies, the four directions of the compass, natural phenomena, plants and animals, minerals and precious stones, fantastic creations, colours, sounds, scents, numbers and geometric figures — represented by the arts, used in lithurgy, present in the world of myth and legend.

"Symbols of Satan were the viper, snake, whale, billy-goat, bat, dog, frog, toad, crocodile, hedgehog, leopard, bear, fox, wild boar, monkey, dragon, basilisk, sfinx, centaur, satyr, mermaid [...] The pearl could be a symbol of the Word of God, the Kingdom of Heaven, Christ, the host, the Mother of God, the soul [...] The painting or bas-relief depicting a winged lion was in literal interpretation a likeness of a winged lion, in allegorical interpretation the emblem of St. Mark, in moral interpretation the symbol of power, and in mystical interpretation the symbol of Christ Crucified [...] In scenes of Annunciation [...] a wash-bowl and a towel [...] are symbols of Mary's moral purity. On Jan van Eyck's *Wedding of the Arnolfinis* the single candle burning in the chandelier symbolizes Christ. The opposition of Romance and Gothic buildings depicted on religious canvasses symbolized the antithesis of Judaism and Christianity [...] In 17th century Flemish and Dutch still lifes [...] a buquet of flowers symbolized the transition of things. A bird or a butterfly — the soul. The apple was a symbol of the original sin; bread — of the flesh of Christ; wine — of the blood Christ spilled on the cross; a glass decanter — of the source of life. A caterpillar symbolized man's life on earth, a chrysalis — death, the emergence of a butterfly from its pupa — resurrection. The laurel leaf symbolized fame, the evergreen ivy — immortality" (Wallis 1977, 97 ff).

It is no wonder that such a diverse multitude of symbols could not be embraced by one notion. The emergence of various tendencies was inevitable. One of these consists in using the word 'symbol' as covering: letters, words, texts, pictures, diagrams, maps, models, gestures, etc., i. e. all kinds of signs in the broad sense of this term adopted here: 'symbol' is used instead of 'sign' (Goodman 1976, XI). According to other conceptions each symbol is a sign but only some signs are symbols; in other words, the symbol is one of the kinds of signs. However, in this approach the symbol is being variously characterized. — Most views on the notion of symbol are in agreement with what Peirce wrote on the subject. He described the symbol as

"a sign which is constituted a sign merely or mainly by the fact that it is used and understood as such" (*CP* 2.307),

or as a sign

"determined by its object [...] by more or less approximate certainty that it will be interpreted as denoting the object in consequence of habit (which term I use as including a natural disposition)" (*CP* 4.431).

Or, in other words, the symbol is a sign "whose representative character consists precisely in its being a rule that will determine its interpretant", i. e. meaning. Peirce added that "all words, sentences, books and other conventional signs are symbols" (Peirce *CP* 2.292). He also pointed out that symbols expand, evolve from signs of other kinds, especially from iconic and mixed, iconic-symbolic ones. He believed that thought is of sign character: "We think only with signs. These mental signs are of mixed nature, the symbol-

parts of them are called concepts" (Peirce *CP* 2.300).

3.1.2. In these formulations we may discern allusions to two aspects of the notion of symbol: on the one hand conventional or arbitrary, and on the other natural, arising from the genetical relation of the symbol with icons and indices which — as we know — Peirce lists along-side the symbol as kinds of signs in one of his triadic divisions. Similar observations are made in more recent descriptions of the notion of symbol listing the following of its features: (i) *Ontological* character: originally the symbol was a material object, in particular a part thereof representing its entirety and thereby serving as an identification sign, e. g. half of a coin or ring. Subsequently, real events, states of affairs, phenomena and features took on the role of symbols, as did ideas, especially images, and finally — the contents of dreams. However, some other kinds of signs are of similar ontological character, in particular indications. Hence, this is not a characteristic feature of symbols. (ii) *Gnoseological* character: it is believed that a symbol is something perceptible; incidentally, this perceptibility is sometimes so understood that it is also a feature of some ideas and of that which is seen in dreams. However, this too is not a characteristic feature of symbols since a similar gnoseological character is exhibited by some other kinds of signs, in particular icons, symptoms and signals. (iii) *Semantic* character: there are also opinions that a symbol stands for something. But this is a feature of every sign. It is also claimed that the symbol does not point to our actual surroundings, does not direct our eyes to the symbolized, but it is used to talk about it, to remind of it, and not to announce it; the symbol ist not a proxy for its object, but a vehicle for the conception of its object: it is the conception, not object that symbol means (Langer 1957, 31; 60 ff). However, these features — even if they indeed belong to all symbols — apparently also belong to certain other kinds of signs as well. For example, some symptoms, indices and icons remind of things but do not announce them; some signals do not point to our actual surroundings and are not proxies for their objects but are vehicles for conception of the objects. Accordingly, it is doubtful whether the enumerated features are characteristic of symbols. Some authors have it that, unlike in the case of symbol, that which is symbolized is often, albeit not always, immaterial, e. g. spiritual, invisible. However, the symbol shares this feature with some symptoms and signals. Moreover, it does not belong to all symbols, some of which refer to visible things. Another semantic feature of the symbol that is being listed is the relation between the symbol and the symbolized. This relation is regarded by some as conventional (Hamburg 1964, 710), by others as conventional, i. e. determined by rules, rather than natural, i. e. causal (Runes 1942), still others see it as without contiguity or similarity between the vehicle of the symbol and its denotata (Weinreich 1968, XVI; 166). However, none of these features are characteristic of symbols: similar relations occur, for example between some signals and that which is signalled. Moreover, not all authors agree that relations of this kind actually occur between the symbol and the symbolized, believing that the symbol differs from the so-called substitutional signs in that the symbolized is not ascribed to it arbitrarily, on the basis of convention alone (Cassirer 1923—1929), but also, or even mainly, as a result of a certain kind of similarity, e. g. analogy, between the symbol and the symbolized, or as a result of association (Fromm 1952, 23) (s. art. 85). As we know, however, similarity is also a feature of the relation between, for example, an icon and that which this icon represents, and accordingly it is not a feature characteristic of the symbol. (iv) *Pragmatic* character: attention is being drawn to the intentionality of symbol, to the fact that it involves its sender's intention to communicate (Hamburg 1964, 710; Ogden/Richards 1956, 23; Wheelright 1954, 20). But this feature too is not characteristic: it is ascribed not only to symbols but also to some icons and signals. It is also pointed out that the response to a symbol does and must involve consciousness (Mead 1934, 122). But this in turn is a feature shared by the use of all signs. According to another opinion symbol invites consideration rather than overt action (Langer 1957, 31; Wheelright 1954, 20), something, however, that may be said of, for instance, many a symptom. Finally, it is being stressed that the symbol is usually regarded as not important or valuable in itself compared with the symbolized (Jung 1943; Sapir 1957, XIV; 492 ff). Putting aside the relative character of notions such as importance or positive value, we may note that a similar situation occurs in the case of e. g. symptoms and signals: the former, unimportant in themselves, may reveal, say, a terminal illness, and the latter may bring about or announce a nuclear attack and annihilation.

As we can see none of the features ascribed to the symbol is its characteristic feature when taken individually; it is not even a feature shared by all symbols. In addition, it is impossible to combine all the mentioned features into a characteristic set of uncharacteristic features since some of these features are contradictory or contrary. Finally, if one were to pick two or three of them, it would turn out that, taken together, they either fail to belong to all symbols, or that they do in fact belong to all symbols but to certain other kinds of signs as well. — A course of action more promising than efforts to formulate a single notion of symbol is apparently the distinction of two symbol types, although it is doubtful whether this distinction will serve to set apart two classes of symbols. One of the symbol types is illustrated by the addition symbol '+', and the other by the symbol of Christianity '+'. The former is being termed 'referential symbol', 'conventional symbol', 'steno-symbol', 'formal symbol', and the other 'expressive symbol', 'depth symbol', 'condensation symbol', 'universal symbol'. In the considerations below we shall be referring to these types as 'A-symbol' and 'B-symbol', respectively, since some of the names listed above are misleading in that A-symbols include expressions of ethnic languages which are not formal symbols and are not devoid of expressive elements. On the other hand, B-symbols are not without conventional elements, and all refer to something, in this sense being referential. One must bear in mind that adjectives such as 'conventional' or 'expressive' are typological and not classificational, and are thus gradable. Given this, and also in view of their polysemy, vagueness and fuzziness, the distinction of the abovementioned two notions of symbols is not sharp. A large number of symbols belong to the fairly wide intermediate zone and exhibit — in various degrees — features typical of the former alongside others belonging to the latter category of symbols.

3.2. A-symbol

3.2.1. The category of A-symbols includes logical constants and variables, i. e. *logical symbols* and *algebraic symbols* — all of which are formal — and *arithmetical symbols*. Some of the latter, e. g. '3', appear to be more arbitrary or conventional than others, e. g.

'III', since in the inscription '3' specific sensory qualities are irrelevant, whereas in the inscription 'III' the iconical element, namely the similarity to three objects, suggests a motivation that is not purely arbitrary. It often happens that the symbolized of an A-symbol is itself an A-symbol different from the former. Some authors (Cassirer 1923–1929, III, 375) refuse to apply the name 'symbol' to logical or algebraic symbols, claiming that they are only *substitutional signs* i. e. so called operational signs, and not symbols. — The second sub-set of A-symbols is believed to comprise, among others, *expressions of ethnic language*, sometimes described as designative or denotative (Urban 1951, 407). These are less arbitrary than the former, and the iconical, indexical and symptomatic elements that are present in them give them a shade of naturalness. They are sometimes divided into three categories (Mulder/Hervey 1971, 324 ff). The first is represented by the white flag as a symbol of capitulation, or by any ethnic language expression such as the name 'table' or the sentence 'Summer is approaching' as symbols of objects or events and states of affairs. The relation between the symbol and that which is symbolized is, according to this conception, totally dependent on the fixed conventions adopted in the system to which the given symbol belongs. — The second category of A-symbols in this sub-set is represented by those whose relation to the symbolized is determined partly by the abovementioned fixed conventions and partly by conventions adopted for the sake of only one particular case or one set of cases. An example of such a symbol is the use of the proper name 'John' with reference to this here particular man. The fixed convention of the English language decides that 'John' is in general a masculine name, and a separate convention pronounces the name a symbol referring to this particular John. These symbols are sometimes called, for the sake of distinction, symbols proper. — The third category of A-symbols of the discussed sub-set consists of the so called nonce symbols, that is those based on a convention adopted *ad hoc* and not suggested by any generally recognized convention, e. g. the naming of a mineral water spring or a coal mine in Silesia 'John'. — To the second and third of the above categories of symbols belong proper names. Some describe them as signs related to that which they name in an altogether arbitrary fashion, that is to say — regardless of the features of objects, events or

phenomena that are being named (Mill 1911, 19 ff). As a result the objects, events of phenomena carrying the same name have no significant features in common, as can be seen in the case of the man named John, the cologne 'John', the mineral water 'John', the coal mine 'John' and the rest house 'John'.

3.2.2. A-symbols, and especially expressions of ethnic language, is what Morris (1971, 37 ff) had in mind when — probably inspired by Peirce — he characterized the notion of symbol as merely a *non-iconic sign*, including both, i. e. the symbols together with iconic signs, in the category of characterizing signs which he opposed to indexical signs. The characterizing signs, he explained, perform their function in two ways: they characterize the things or events to which they refer by resembling them in appearance, structure or sound, thus manifesting their attributes, or through definition. In the first instance the signs are iconic and in the second they are symbols, examples of the latter being linguistic expressions. — Morris stressed the conventional character of symbols, thus probably having in mind A-symbols, if not always then most of the time. He also wrote that "symbols ultimately involve icons, and icons indices" (Morris 1971, 38). What he means here is that in order to formulate a semantic rule of using an A-symbol we may use other A-symbols, as is the usual practice with nominal definitions, e. g. 'the word 'conjecture' means the same as the words 'the reconstruction of missing fragments of a damaged text' '. The meaning of the word in the *definiendum* is rendered in the total meaning of expressions constituting the *definiens*. Sometimes, however, it is also possible to show the meaning of the A-symbol to be defined by pointing to one of the objects to which the symbol refers, that is in a deictic or ostensive manner. In such a case the indicated object becomes an iconic sign of objects similar to itself, while the indicating gesture plays the role of index. — In Morris' later works we find a slightly different notion of symbol, related to the previous one but not identical. The symbol is now placed in opposition to the signal and not, as before, to the iconic sign. What is more, iconic signs may be treated as a subset of symbols, being called in such a case 'iconic symbols'. Language expressions remain, however, as the principle examples of symbols and it is still stressed that the symbol is ›synonymous‹ with other signs. In view of the above — and this is a novel observation — the *substitutive* character of the symbol is mentioned: it is said to replace the signs which are *synonymous* with it. But replace for whom? Morris, who by then firmly stood on the grounds of the biological theory of sign, answered: for an organism. It is thus an organism, not necessarily human, which produces symbols, that is signs which direct its behaviour that is useful from the biological point of view. In governing this behaviour, the symbol stands for other signs which have the same meaning as that symbol. For example, a sign-board over a shop entrance carrying inscriptions may direct the behaviour of the prospective buyer just as well as merchandise, the name of which is the inscription (symbol) on the sign-board, laid out on display. The name of foodstuffs put up on the shop window will persuade the client to enter if the clients' organism strives to satisfy its biological needs, in this case hunger. The name is an A-symbol. The foodstuff, e. g. a ham, were it to be displayed in the shop window, would be a sign equivalent to the A-symbol, viz. an iconic sign of the hams filling the shelves in the shop. Both the word 'ham', i. e. an A-symbol, and the ham itself lying on display, its visible presence, which is an iconic sign of the hams on sale inside the shop, will have the same effect on the client's behaviour or on the reaction of his organism. Regardless of whether he reads the word 'ham' or whether he sees a ham in the shop window, his salivation and digestive secretion will be enhanced equally well in both cases. — The sign replaced by the symbol does not have to be iconic. For example, a written report of a conversation supersedes the equivalent expressions constituting that conversation, these in turn being symbolic signs. Both the written report and the conversation itself evoke identical, within a certain scope, behaviours in the receiver, e. g. his thoughts, or his resolve to proceed with some course of action, or the refrain from doing something. But then again the A-symbol, i. e. the substituting sign, may be of iconic character. For example, an uttered onomatopoeic expression is an iconic symbol because with regard to acoustics it is to some degree similar to its referent, and at the same time replaces a sign synonymous with it. — Not all signs produced by their interpreter may be granted the status of A-symbol. For example, according to Morris, a cat does not produce a symbol when, subjected to a Pavlov-style experiment, it depresses with its paw a switch lighting a lamp, the shining lamp usually being a sign of waiting food for the animal. No symbol is produced because in this case the lighted lamp does not substitute another sign. — In all the foregoing examples we see the A-symbol as being a sign produced by its interpreter or, in Morris' words, a sign requiring actions or states of some organism providing that organism with a sign being a substitute for another sign, synonymous with the symbol, and thus having an analogous bearing on the organism's behaviour. This is the first difference between A-symbol and signal: the latter — according to Morris — is not produced by its interpreter. The second discrepancy is that the signal is not a substitute for a sign synonymous with it. Hence the symbol, being a product of its interpreter is, Morris observes, more autonomous and conventional than the signal since it depends less on external circumstances. Moreover, the use of something as a symbol is an arbitrary act, depending to a great extent on the will of the sender: the sender or, as Morris calls him, the interpreter is not restricted in his choice of signs that are to replace other signs (Morris 1971, 100 ff; 367).

3.2.3. We see that among A-symbols there are distinguished two types. The first embraces *non-iconic* signs such as, for example, a multiplication sign in arithmetic. The other type includes the symbols which ›in addition to their conventionally imposed semantic function of symbolizing also represent something themselves‹, e. g. an iconic sign used in atlasses representing an airplane but at the same time being a symbol of airport, or the image of a cigarette crossed over as a symbol of a ban on smoking. Non-iconic symbols, thus, among others, language words and logical symbols, symbolize notionally, while iconic symbols — demonstratively. Both, however, perform their function by virtue of *convention*. Both are usually

"emotionally neutral, introduced to augment certain cognitive processes, to improve communication of information, and to facilitate inference" (Dąmbska 1973, 37 ff),

especially in texts dealing with science, technology or industry. — Among border cases one can mention such convention-based symbols as black vestments and flags lowered to half mast as signs of mourning. Although semiotic functions were bestowed on these objects or events by convention — according to a different convention the colour of mourning is white — these symbols are not emotionally neutral. They might be included among conventional symbols in view of the former circumstance, and to expressive symbols in view of the latter. They may be termed 'A/B-symbols'. The neutral or axiological character of symbols does not have to be related to the kind of object which plays their part. A good example here is the symbol of early Christians — the fish: its depiction is an iconic sign, being a likeness of a fish; the convention which makes this sign a symbol of Christianity is as follows: the Greek word for fish, ἰχθύς, is an acronym of the expression Ἰησοῦς Χριστὸς Θεοῦ Υἱὸς Σωτήρ meaning ›Jesus Christ, Son of God, Saviour‹; the symbol at last expresses beliefs and evokes axiological experiences. If we regard as symbol something arbitrarily designed or selected to serve the semantic function of denoting, then we have to do with an A-symbol. If, on the other hand, we regard as symbol an object which — apart from denoting objects — "by means of its attributes reveals or actualizes for the subject some existential sphere valuable in some specific way" as well as "evokes a suitable axiological emotion" (Dąmbska 1973, 37 ff), then we have to do with the second notion of symbol, the notion of B-symbol. — According to exponents of the views of Carl Gustav Jung and Ernst Cassirer (s. art. 37), A-symbols have reportedly developed from B-symbols. Jung distinguished the personal subconscious containing suppressed ideas, and the collective unconscious composed of the so called archetypes, i. e. primordial images, *sui generis* symbols, namely feeling- and thought-patterns (Jung 1943) reproduced in myth symbols. In his turn, Cassirer wrote that language evolved in three stages: the mimical-imitational, the analogical-metaphorical and the symbolic, and that language is one of the symbolic forms (Cassirer 1923—1929, VIII; 16). In anthropology and philosophy of language the view emerged that

"it is likely that non-referential symbolisms go back to unconsciously evolved symbolisms saturated with emotional quality [...] Language may have had its ultimate root in [...] dissociated and emotionally denuded cries, which originally released emotional tension" (Sapir 1957, 492 ff).

Symbols occurring in dreams are supposed to have evolved from the advantageous use of indications (Langer 1957, 37);

"the material furnished by the senses is constantly wrought into symbols, which are our elementary ideas"; symbolic forms are articulations of fantasy, "the step from mere sign-using to symbol-using marked the crossing line between animal and man: This initiated the natural growth of language" (Langer 1957, 200).

These ideas, even if not arising from hypotheses advanced by Jung and from certain ideas in Sigmund Freud's psychoanalysis, nevertheless supported them on the grounds of the so called ›science of symbolism‹ in the first half of the twentieth century.

3.3. B-symbol

3.3.1. When the notion of B-symbol is characterized, no stress is put on the conventional nature of the relation between the symbol and the symbolized. Quite the contrary, this relation is seen as a vestige of natural character, so much so that, for example Ferdinand de Saussure (s. art. 36) was prompted to call language expressions signs instead of symbols, since language expressions refer to the signified objects in an arbitrary way lacking the natural motivation typical for symbols — B-symbols in this case (Saussure 1972). As we see, naturalness was here opposed to arbitrariness. — The B-symbols themselves may be either natural entities, in any sense of the word 'natural' distinguished here, for example as when the sunrise or the full moon become symbols of moral renewal marking the beginning of a new age, of the appearance of new values or of a surge of revitalizing power of youth; or they may be non-natural entities, as in the case of the flawless mirror as a symbol of Madonna. On the other hand, the relation of the B-symbol to the symbolized is different from the relation of the conventional sign to its referent. The B-symbol is at times being characterized as something

"which brings to the mind of the receiver an object different from itself — an object perceptible completely, partly or not at all by means of the senses — physical or psychical, real or fantastic, concrete or abstract, empirical or transcendental — not through similarity in appearance, as is the case with iconic signs, and not on the basis of custom or convention as it is with conventional signs, but through still another, often intangible connection between it and the object symbolized" (Wallis 1977, 91).

According to this view, the connection is sometimes of the nature of analogy, sometimes it is founded on metonymy, sometimes on metaphor, and finally "a symbol of a feature is for us an object possessing this feature in a decidedly marked way" (Wallis 1977, 92). An example of B-symbol based on *analogy* is the clashing of light and darkness representing the struggle of Good and Evil. A B-symbol based on *metonymy* is the gear wheel representing the world of technology of which it is a part. A *metaphorical* B-symbol is, for example, a rusty typewriter in one of Eisenstein's films meant to represent bureaucracy. At last, the lion is a B-symbol of power since this *feature* is very much *pronounced* in the animal. The rusty typewriter on film or a picture or sculpture depicting the lion are iconic signs while the typewriter or lion themselves are B-symbols. What we have here is a case of two-stage representation: the iconic B_1-symbol refers to the metonymic or metaphoric B_2-symbol, while the B_2-symbol in its turn symbolizes some thing, event or phenomenon. Thus, in instances of this kind the B-symbol consists of a B_1-symbol and a B_2-symbol: the B_1-symbol stands for the B_2-symbol which in turn refers to the symbolized. The B_1-symbol may be of the character of A-symbol when it is, for example, an expression of ethnic language; it may also be an icon, e. g. a photograph of B_2 or its index. The B_2-symbol on the other hand — or B-symbol in the single-stage symbolization — may have indexical or iconic elements, as for example David's star in which the upper tip indicates the sky, the bottom tip indicates the earth, and the superimposition of two triangles symbolizes the interaction of heavenly and mundane elements, while with regard to shape the entire figure is to a certain degree an iconic sign. However, the B_2-symbol — or B-symbol in single-stage symbolization — does not have to feature indexical or iconic elements; the four-leaf clover for instance does not have them, and we adopt a two-fold attitude towards it: an asemiosic one, i. e. we do not treat it as a sign, and then a semiosic one — we treat it as symbol of good luck. In complex symbolization there may be more stages as for example when a description or image refers to a concrete object, the object represents a universal, and the universal symbolizes a value. Moreover, the symbolized may itself be a symbol.

3.3.2. There is a division of B-symbols into the intrinsic or descriptive ones (e. g. the lion as a symbol of power) and into insight symbols based on metaphor (such as the albatros in Coleridge's *The Rime of the Ancient Mariner*). The observation that the symbolized is usually *more profound* than the symbolized object applies to both these kinds of B-symbols: e. g. justice surmounts in importance the scales which symbolize it. In view of this the B-symbol is marked by concentration or condensation of content and by a dualistic or even antithetic character of this content: on the one hand, it often refers to the conscious and the real and on the other to the unconscious, fictitious, unreal (Urban 1951, 418 ff). The creation of such a B-symbol marked by expression requires intention, and hence in order for something to become a symbol, one has to make it a symbol in one's mind, just as Henrik Ibsen in his drama made the wounded wild duck a symbol of abandonment of lofty aims in life. — Sometimes a symbol remains *monosubjective*, i. e. it remains the spiritual property of the sole individual who created it. An example in hand are the so called accidental symbols, e. g. a vision in a dream of the name or of a view of a city in which we have had a saddening experience. The picture in the dream represents for the given person the mood evoked by that saddening experience (Fromm 1952, 23). According to some opinions (Wheelright 1954, 22) these are not B-symbols but only so called associative stimuli. — Sometimes B-symbols are *intersubjective*, that is they are taken by a smaller or bigger group of users. This is what happens with religious, national or — in Erich Fromm's terms — universal symbols (Fromm 1952, 24), such as fire which — through the representation of sensory experience of fire — symbolizes the mood of energy, lightness, movement, grace, gaiety. Among B-symbols being the property of a community — e. g. the dove as B-symbol of peace — are, according to Wallis (1977, 93), those B-symbols which are nearest to A-symbols. It is noticed, however, that a given A-symbol may be replaced by any other synonymous sign, e. g. the multiplication sign 'x' by a dot '·', whereas in the case of intersubjective B-symbols this is not so. Instead of the dove we may use for a symbol of peace a ringdove or a lamb; it would be much more difficult to employ in this capacity the Parabellum pistol, notwithstanding the Latin saying 'Si vis pacem, para bellum' [if you wish peace, make ready for war]. The reason for this non-interchangeability of B-symbols is the fact that such a B-symbol is usually context-dependent, and that even within the given context it is vague and ambiguous. This ambiguity is of a peculiar kind. It consists in such oscillation and interaction between the literal and the metaphorical meaning of the symbol, its cognitive and emotive meaning, that its total meaning is not a sum of these components but a function of these factors. It is precisely B-symbols which occur in art, poetry, myth and religion, i. e. in spheres where man emotionally expresses his subjective perceptions of the world, doing this either consciously or, as in dreams, subconsciously. B-symbols are based not only — and not mainly — on an arbitrary convention but also on other relations. But those other relations — analogy, metaphor, metonymy, operations regarded as foundations of a symbol — have something in common. Analogy is being described as similarity of function or relations. Metaphor is defined as a shortened or condensed comparison which is in turn based on the so called *tertium comparationis*, i. e. the similarity, the shared feature with relation to which we compare two objects (s. art. 91). A metonymy is a relation of expression substitution used in cases where those to which the expressions refer are related as a part is to a whole; and the part and the whole are similar in being spatially and structurally connected within the same entity, to mention but one reason. In each case, therefore, there is a sharing of some important feature, some crucial property occurring in both the B-symbol and the symbolized. This of course also applies to B-symbols such as Niobe, the personification of maternal grief, which owe their function to the fact that in them a certain feature is condensed, amplified and vividly manifested.

3.3.3. One of the disciplines in which B-symbols occur is *psychoanalysis* (s. art. 109). The B-symbols denote in dreams certain objects, events or experiences, and our association of a given dream B-symbol with that which it symbolizes may be due to either a similar appearance or function of the two, or due to the similarity of our emotional reaction to each of them. In addition to subconscious denoting, these B-symbols perform the dream function of subconscious expression, usually of some primitive instinctual desires. The things and events occurring as dream B-symbols possess features which we never ascribe to them consciously. For example, as Freud believes, umbrellas, pencils or axes symbolize the male genital. We encounter here the so called condensation-symbols. For example, according to Susanne K. Langer (1957, 191) the moon, in view of its inferiority to the sun, its apparent nearness to clouds and its time-cycle supposedly symbolizes "the whole mystery of womankind". There also occurs un-

conscious displacement of emotional values from some objects to others thanks to which process one attains in dream the fulfilment of a repressed tendency or make-believe satisfaction of our hidden wishes (Freud 1953). — The hidden desires may also be unconsciously fulfilled in this manner in conscious state. The B-symbol is in this case either a day-dream or an emotionally charged behaviour. These B-symbols as well as the dream B-symbols originate in the subconscious: none of them have a sender who puts them to intentional use in order to communicate. They thus resemble a certain kind of indications, especially symptoms and indices, and may therefore be regarded as a border case between symbol and indication. — Similarly as the B-symbols just discussed, those occurring in *rituals, myths* and in *liturgy* also express certain inner, often unconscious psychic experiences or states. However, the mythological, magical, ritual or liturgical B-symbols themselves are concrete things — e. g. the pascal lamb as a so called type prefiguring the advent of Christ — or actions performed consciously: they — or at least their outward elements — are perceived intersubjectively, differing in this from dream B-symbols. But both the senders and the receivers of the non-dream B-symbols are often unaware of the psychic states which motivated the use of some object as a B-symbol of this kind or the performance of such B-symbolic magical or ritual action, and are ignorant of the exact content of such a B-symbol (frequent exceptions here being religious, and especially liturgical symbols). In this respect the magical, ritual and mythological B-symbols are similar to dream B-symbols, although the meaning of the former — and in their number especially of the so called ›cosmic symbols‹ — is more interpersonal than the meaning of dream B-symbols: the former refer to the most important features of the world and of human nature. Even more abstract are metaphysical B-symbols: the symbolized of these is the entirety of existence and cognition (cf. Cassirer 1923–1929; Fromm 1952, 206; Jung 1953; Langer 1957, 49; 181 ff).

Religious, ritual or magical practices do not exhaust the set of social behaviours described as symbolic. Many other *expressive actions* are of B-symbolic character, e. g. some *political actions and accessories*, especially emblems, i. e. pictorial representations of an abstraction (e.g. state emblem), or attributes, i. e. objects conventionally associated with a person or abstract entity, e. g. the balance as an attribute of Justice. All such objects and actions are assumed to be of symbolic character because it is neither the objects themselves nor the material outcome of the actions that are important; what does matter is their significance understood as their function and value within relations between individuals and groups in society. Political symbols occur in influence and power practices. Together with other social symbols they function by helping to increase solidarity, e. g. by eliciting similar responses, either of acceptance or of repulsion. — The other *social symbols* include for instance symbols of etiquette, ceremony, belonging to social strata and classes, education, professional hierarchy, etc. Not all of these are of definitely B-symbolic character. They include collective symbols which — as for example units of economic exchange — are A-symbolic, and others — as the so called theological or academic precedence: the order in which persons are positioned in a procession — which are to some degree A-symbolic and also to some extent B-symbolic (cf. Laswell/Kaplan 1950, 53; Lindesmith/Strauss 1949, 54; Ross/Van den Haag 1962, 167 ff; Sapir 1957, 493 ff).

3.4. A-symbols versus B-symbols

3.4.1. If we take a symbol of formal logic as a typical A-symbol and a symbol from a literary work of art from the period of symbolism as a typical B-symbol, it might appear that the difference between the two consists in the fact that the former is: (a) *arbitrary*, in particular not motivated by the sender's conviction that there is a causal connection or similarity between the symbol-vehicle and the symbolized, and in this sense conventional and semantically transparent to a high degree; (b) *emotionally neutral*, (c) *axiologically neutral*, (d) *univocal*, (e) *well-defined*, while the latter is: (a') *motivated* by the sender's conviction that there is a causal connection or similarity between the symbol-vehicle and the symbolized, and for this reason being less semantically transparent; (b') *emotionally expressive*, (c') *axiologically non-neutral*, (d') *ambiguous*, in particular sometimes having a metaphorical meaning in addition to the literal meaning, (e') *vague*. — However, counterexamples are easy to come by: certain road signs, included in the category of A-symbols, such as those informing that a filling station is nearby, are not purely arbitrary in view of the fact that in designing them their authors

were partly guided by similarity between the appearance of the symbol-vehicle and the symbolized object. Another A-symbol, the sign warning against radioactivity is not neutral emotionally since it evokes thoughts of danger together with the corresponding emotions. Among expressions of ethnic language, i. e. A-symbols, there are onomatopoeic expressions (which, phonically, are partly similar to the symbolized), exclamations, i. e. utterances loaded with emotional expression, pejorative expressions which are not neutral axiologically, and finally many polysemic and vague expressions. On the other hand, certain B-symbols, e. g. precious stones: heliotrope as the symbol of courage, or the emerald as the symbol of good fortune in love, have been chosen arbitrarily, hence in a manner peculiar of A-symbols. The examples suggest that instead of talking about A-symbols as opposed to B-symbols, it would perhaps be advisable to speak of the above-enumerated individual features or *functions* which — in some respect and to a certain degree — belong simultaneously to the use of some thing, feature, event or activity in the role of, among others (in some respect and to a certain degree), a symbol of something else. This approach seems justified because in nearly all cases of actual usage the arbitrary, conventional and natural qualities are jointly present: certain features of A-symbol and certain features of B-symbol are blended. A-symbols on the one hand and B-symbols on the other form separate *ecclectic groups*, such as are formed by vegetables for example, and not well-defined sets such as the set of natural numbers. Nonetheless, it appears that in each of these ecclectic groups it was possible to indicate *typical features*, if not characteristic ones, which makes it possible to capture the difference between typical A-symbols and typical B-symbols. — The difficulties in formulating a so called adequate theory of A-symbol and an adequate theory of B-symbol lead to the occasional use of a single, often undefined, notion of symbol covering both these types without distinguishing between the two. For example, according to one opinion uphead in the cultural sciences, all culture and all personal behaviours are heavily charged with *symbolism*: forms of behaviour are of symbolic character (Sapir 1957, 494) and all cultural objects, ideas, beliefs — so far as they are treated as situational objects by ego — are identical with symbolic elements of a cultural tradition, whereas the social system consists in a plurality of actors whose relation to their situations and to each other is defined and mediated in terms of a system of culturally structured and shared symbols (Parsons 1951, 4). Symbols of both types are involved here: articulate speech or logical symbols as well as poetic and religious symbols. Signs of both these categories are sometimes jointly referred to as 'symbolates', a name denoting things and events that are dependent upon symbolling (White 1949), with symbolling described as bestowing meaning — in an undefined sense of the word 'meaning' — freely and arbitrarily, upon things, events, objects and acts (Tylor 1958). — Also in philosophy, especially in philosophical anthropology, known also as philosophy of man, embracing philosophy of culture, as well as in hermeneutics (cf. Heidegger 1927; Ricœur 1975) there occurs a very comprehensive notion of symbol encompassing the notions of A-symbol and B-symbol together with like-wise very comprehensive notions of *symbolic forms* and *symbolic functions* (Cassirer 1923—1925; 1946). It is maintained that as far as thinking is concerned, our mental life is a symbolic process since the essential act of thought is symbolization. Sense data are wrought into symbols; this process of translating impressions and experiences into symbols is being called ideation since these symbols are our elementary ideas. Each symbol conveys a concept which we grasp through some particular presentation of it, arriving at our own personal conception which becomes fixed when it is embodied in another symbol, e. g. in a proposition which is a complex symbol, namely a picture of a structure of a state of affairs. Every picture is in fact a symbol; when it is as schematic as a diagram it becomes the picture of form only, i. e. of the relations between parts. Symbol-ideas are used in various ways: some in reasoning, others in conscious fantasy; still others in religion, and the remaining ones appear in dreams. These are all different symbolic forms of the expression of our ideas: verbal, artistic or mathematical, speech, laughter, crying, superstition, magic, myth, ritual, science — simply: all kinds of modes of expression (Langer 1946, VIII ff; 1957, 21 ff; 26; 42 ff; 70 ff).

3.4.2. As we see, the views on the nature and function of the symbol are divergent: According to some, symbols are things (Dąmbska), according to others they are events or events and things (Morris), still others (Bühler) re-

gard the function of symbolizing as one of the three functions of a linguistic sign. The symbol is once regarded as the opposite of iconic sign (Morris' earlier view), and once as the opposite of signal (Morris' later view). Sometimes it is said that iconic signs are a kind of symbol called iconic symbol (Morris and Dąmbska). In other places it is claimed that iconic signs, together with all the other ones, e. g. conventional signs, may only represent symbols, and in this case we are dealing with two-stage representation: some sign, iconic or conventional, refers to a symbol, and the symbol — to the symbolized thing or feature (Wallis). For some the symbol is a conventional sign (Morris, Mulder and Hervey), others prefer to distinguish symbols from conventional signs, for a variety of reasons: they say that, for example, a symbol is not a conventional sign since between the symbol and the symbolized there is a vestige of natural connection, and a conventional sign is entirely arbitrary (Saussure); or they say that a conventional sign may be replaced by any other sign which is not so in the case of symbols (Wallis); finally — "the symbol may be a natural phenomenon not created by a living being" while "a sign is an object physically produced or at least used in a certain specified situation by some living being" (Wallis 1973, 93). Others disagree with the latter opinion: it is the signal and not the symbol that can be a natural phenomenon; the symbol is always a creation of its interpreter and for this reason it is conventional (Morris' later view). But not necessarily conventional — retort others (Dąmbska) — though always predesigned and having a sender. It is conventional when it constitutes an emotionally indifferent component of a message performing a semantic function — the symbols of logic, speech expressions, or a likeness of a cow on a road sign are examples of this kind of symbols; but when it calls to mind and expounds positive or negative values of some sort, then it is based on metaphor (Dąmbska). But not only on metaphor — we hear voices — also on analogy, metonymy or an intensification of a feature through presenting it in an exceptionally representative object or event (Wallis). — Responsible for this divergence of opinion — to a degree greater than the differences in the held views — is the ambiguity of words such as 'conventional', 'natural', 'iconic' or 'signal', and also the fact that some authors use the word 'symbol' only for B-symbols and not for A-symbols, with others distinguishing the two types of symbol (e. g. Dąmbska), and with yet others using a superordinate notion of symbol embracing both A-symbols and B-symbols (e. g. Morris' later view, Cassirer, Langer). If we were to point to the tendencies which dominate in the various uses of the notion of symbol we could, it seems, state the following: if indeed not all symbols are based entirely on convention, there are no symbols which lack conventional elements: even if not every symbol is a product of man, each (not excepting natural phenomena) has to be *used as a symbol by someone*; even if not all symbols are sensorially perceptible, most of them nevertheless are; even if in many symbols iconic features do not play a part, they nonetheless do so in many other cases and there natural elements may appear since, as we know, iconicity is connected with similarity and some similarities have their source in the nature of things; finally, although in a certain kind of symbols, e. g. those used in formal sciences, no emotions come into play, there is nevertheless a host of other symbols that are expressive and emotionally loaded, e. g. in art, religion and dreams.

4. Indicative and symbolic functions of language

4.1. On different notions of language

Before proceeding to discuss the indicative and symbolic functions of language it is necessary to establish what is meant by the word 'language'. The word is polysemic, i. e. there are various notions of language, namely, artificial language is being contrasted with natural language, and there is also a third category, the general notion of language embracing the previous two categories.

(A) The *general notion of language* occurs in several varieties: (A₁) *Every system of signs*, such as all the so called codes and natural and artificial languages, e. g. verbal ethnic language, mental language, language of gestures, languages of art, animal language, language of chemical reactions, language of physiological processes, language of mechanisms, formal language of symbolic logic, language of road signs, etc.; this is the most general and least precise notion of language, occurring among others in informal uses outside science; (A₂) any *system of transmitting information* between people, or between parts of a living organism, or between fragments

of a machine, composed of an infinite set of sounds or inscriptions, each of which is a combination of a finite numer of symbols belonging to a specific *alphabet* and of a *set of rules of constructing* well-formed wholes; this notion occurs in information theory; (A₃) a system of signs which, unlike the one in A₂, has not only the so called *first articulation* — e. g. segmentation of a text into morphemes, or monemes, i. e. the smallest meaningful abstract units — but also the *second articulation*, e. g. segmentation of a morpheme into phonemes; (A₄) a so-called ›two-class‹ system of signs (Bühler 1934), i. e. one that is composed of two basic semiotic categories, e. g. words and sentences; some systems of A₁, A₂ and A₃ satisfy this condition. — (B) *Artificial language* may be: (B₁) a formal system, or *symbolic language*, in particular a deductive system; (B₂) Gottfried Wilhelm Leibniz's so called ›characteristica universalis‹ which is an abstract ideal language patterned after symbolic notation of mathematics, intended to reflect the structure of the empirical world and of possible worlds, and to serve the purposes of heuristics (s. art. 23); (B₃) *universal languages* such as René Descartes' *a priori* language intended to serve clarity of thinking, or Descartes' semi-artificial *a posteriori* language with a simplified vocabulary and syntax intended as a means of easy international communication. (C) *Natural language* (non-human languages are left out of consideration): (C₁) *mental language* or mental speech; (C₂) Etienne Bonnot de Condillac's *innate language*, the ›language of actions‹ the elements of which are natural and spontaneous organic emotions, capable of conversion into conventional signs; (C₃) Wilhelm von Humboldt's language as ›energeia‹, a dynamic system, in each language equipped with a different internal form (s. art. 27), i. e. a set of grammatical categories analogous to Immanuel Kant's aprioric forms and mental categories; (C₄) *ethnic language*, variously characterized, e. g. by Saussure as a system of signs expressing ideas and composed of *parole*, i. e. concrete acts of speaking combining to form a set called language from which the langue, or language system, may be deduced, comparable with systems of signs used by deaf-mutes, or occurring in ritual and social forms; by Edward Sapir and Benjamin Lee Whorf as serving not only to express and communicate ideas but also to define and shape emotions; by Langer as verbal discursive symbolism equipped with general reference and aided by nonverbal acts which make possible individual reference, containing synonymic, polysemic and vague expressions; by Roman Jakobson as performing at least one of the following functions: referential, emotive, imperative, phatic, metalinguistic, poetic; by Noam Chomsky (1979 b, 33 ff) as involving an infinity of functionally distinct expressions, having a finite system of structure-dependent rules determining the hierarchy of phrases and generation of new phrases, mainly by recursive embedding; moreover as allowing for modality, propositional attitude, description, presupposition, aspect, anaphora and quantification, as serving the most generally understood communication in society; finally, as something acquired effortlessly. — It is obvious that the characteristics or indicative and symbolic elements in language will depend on the adopted conception of language. In what follows we shall consider the group of notions in C_4 since they satisfy some of the conditions formulated for $A_2 - A_4$, B_3 and $C_1 - C_3$.

4.2. Indicative-symbolic versus pragmatic-semantic and emotive-cognitive

4.2.1. In the foregoing considerations we have already given examples from ethnic language and made comments about them. This clearly demonstrates that one should not expect some expressions of natural language to be indices, others to be signals, or symptoms or icons and still others to be symbols. We have stressed repeatedly that a concrete use of a sign has at once the character of indication, icon and symbol, and that with the use of this sign we perform activities which are in certain respects and to a certain degree indicative, in other respects and to a certain degree iconic and representative, and in yet other respects and to a certain degree symbolic. — The question is whether a clear-cut opposition of the various activities or functions — in this case the opposition of indicative and symbolic activities or functions — is possible. As already mentioned, this seems to be unfeasible, if only because we have to do with several rather than just one notion of indication and of its various species, and with several rather than one notion of symbol and various species thereof. The same is true of the iconic signs discussed here. Moreover, these notions — as actually occurring in texts — are usually ill-defined: the respective words — 'sign', 'indication', 'index', 'symptom', 'signal', 'symbol', 'icon' — are not only polysemic but also

vague in each of their meanings. A frequent result of this is that, say, a certain notion of symptom and a certain notion of symbol are more congruous than for instance two different notions of symbol. The remedy for polysemy and vagueness is well known: a definition. It would not be difficult to formulate correct stipulating and regulatory definitions of each of these words. One must consider, however, that every such definition ought to be adapted to the concrete research task in hand. In this case the task is the reporting of the actually existing state of affairs and not the formulation of norms governing the use of these words. Every such norm, by its very nature, brings about a departure from the (chaotic in this case) practice of using the considered notions. Accordingly, instead of formulating their definitions, especially identity definitions (based on synonymy), it seems more prudent in this situation to indicate dominating tendencies discernible in the application of adjectives like 'indicative', 'indexical', 'symptomatic', 'signal' or 'symbolic' to ethnic language expressions. It must be kept in mind that these adjectives are *typological* and not classificatory, and hence they make it possible to order objects according to, say, the ›more symbolic‹ relation, but do not make it possible to divide the set into mutually exclusive sub-sets of symbolic and non-symbolic elements. In addition, each of these adjectives is *doubly relativized*: with respect to something, i. e. with respect to some feature or features of the object, and also for someone, i. e. with respect to some feature or features of the subject, e. g. such-and-such an interpretation, such-and-such an opinion of the interpreter. The indication of such dominating tendencies, taking into consideration the just mentioned double relativization boils down to a description of *typical features*, in this case typically indicative or typically symbolic ones. And by typical feature in the given set and in the given respect we mean here the feature most often represented in this respect in this set. A description of this kind may turn out useful in formulating recursive definitions of the respective terms.

4.2.2. It seems that the opposition 'indicative-symbolic' roughly corresponds to, on the one hand, the opposition 'pragmatic-semantic' and, on the other, to the opposition 'emotive-cognitive'. In these oppositions 'pragmatic' refers to relations between the sign and its sender and vice versa, 'semantic' — to the relations between the sign and its meaning, referent, denotation and truth values; 'emotive' covers not only the emotional but also the volitional and wishful; 'cognitive' — refers to the mental the intellectual. In speaking of this rough correspondence, we do not mean exception-less parallelism but at most a situation whereby e. g. in the occurrence of a typical A-symbol the semantic and cognitive features of its use often gain precedence over pragmatic and emotive features, or a situation whereby in, say, a cry of fear, pain or joy the pragmatic and emotive features of its use exceed in importance the semantic and cognitive features. A highly diverse set of mixed cases occupies the ground between these two poles; for example the indexical aspect of the use of a sign is semantic-pragmatic; B-symbols are of similar mixed character. When speaking of mixed, semantic-pragmatic character we have in mind *dominant* elements. There is no need to remind the reader that every ethnic language expression is of syntactic-semantic-pragmatic, and hence mixed character in the sense that it is constructed in such-and-such a way, it refers to something and is used by someone. — The individual semantic relations are not symbolic to the same degree; similarly, the individual pragmatic relations are not indicative to the same degree. For example, the semantic relation between a common noun and its denotation, i. e. extension — occurring through its intension, i. e. meaning — is more A-symbolic than the semantic relation of a proper name to its nominatum since the latter is to some degree of indexical character. In turn, the pragmatic relation between the shout 'It hurts!' and the emotions of the speaker is more symptomatic than the pragmatic relation occurring between the sentence '2 · 2 = 4' and the speaker's thought expressed by it, because in the latter case we pay no attention to the individual thought of the speaker but to the proposition that 2 · 2 = 4, i. e. to the semantic function of the sentence. — In language we encounter expressions which are spoken of as if they were e. g. only indices, or only symptoms, or only signals, or only A-symbols or B-symbols. A frequently given example of expressions of the first kind are the already mentioned deictic expressions, or shifters such as 'I', 'here', 'now', 'this' and meta-linguistic inverted-comma names of expressions, isomorphic with their referent, e. g. "dog" as the name of the token 'dog'. Examples of symptoms include exclamations, such as 'Oh!', ex-

clamatory sentences, e. g. 'It burns!', and also certain psychological sentences based on introspection, such as 'I am afraid', 'I feel sad'. Signals are being exemplified by sentences commanding the performance or discontinuation of some action, e. g. 'Catch!', 'Halt!', as well as by interrogatory sentences as ones demanding an answer. The character of A-symbol is being discerned in, among others, pronouns acting as variables, e. g. in the word 'someone' in the sentence 'Will someone please answer this question' uttered by a teacher in class. Certain metaphors are sometimes regarded as B-symbols. Finally, onomatopoeic expressions, such as 'cuckoo', or the repetition of the sign vehicle as a device representing the plurality of its referents, e. g. 'crowds, crowds and crowds of people', are regarded as iconic signs. — In fact, however, once we examine such examples in detail, we reach the conclusion that in none of them we have to do with a use of one kind only, and that in classifying them to a single category the function dominating in a given situation and context was taken into account. It is also apparent that more than one function is sometimes ascribed to a single semiotic feature of an expression. For example the syntactic feature of word order in a sentence serves, firstly, a semantic function, namely it represents an analogous configuration of elements in the situation to which this sentence refers in view of its meaning and in virtue of the rules of a given language, and to this extent it is to some degree A-symbolic (since it denotes conventionally), to some degree iconical (since it represents a configuration) and to some degree indexical (since it points to a situation). This was already observed by Ludwig Wittgenstein (1921, 3.21) who wrote that the configuration of simple signs in a sentence sign is reflected in a configuration of objects in a situation (s. art. 39), and by Kazimierz Ajdukiewicz (1978, 320 ff) who regarded the proposition as the connotation of a sentence, and defined the connotation of a sentence as the function which establishes a one-to-one correspondence between the ultimate syntactic positions of each of the words in the sentence and their denotations. Secondly, however, this same word order serves pragmatic functions, namely it expresses the thought of the speaker as one constructed in such-and-such a way, and to this extent it is to a certain degree symptomatic, and to a certain degree iconic; moreover, since a thought, i. e. a cognitive element, is involved, there additionally appears a symbolic tint; this word-order also contributes to the evocation of an analogously formed receiver's thought, and to this extent it is to a certain degree of signal-iconic character, and, given the cognitive character of the result, it is also of symbolic character. And this is not all: this same syntactic feature, word-order, aided by nonlinear and nondiscoursive features such as sentence stress and intonation, performs functions of symptom and signal also in the emotive sphere, i. e. in the sphere reserved for indicative rather than symbolic factors. And every such sentence, as in fact every expression, has many other semiotic features in addition to word-order, features either independent of the linguistic context and extralinguistic situation, and ones that depend on these factors. To each of these features there are connected indicative, iconic and symbolic functions of the expression, or, strictly speaking, of such-and-such a use of this expression (s. art. 114). It may thus be said that every expression is — in the sense described here — at once an indication, an icon and a symbol.

5. Selected references

Ajdukiewicz 1978, *The Scientific World-Perspective and Other Essays 1931—1963*.

Bühler 1934 a, *Sprachtheorie. Die Darstellungsfunktion der Sprache*.

Chomsky 1979 b, Human language and other semiotic systems, in *Semiotica* 25.

Goodman 1976, *Languages of Art. An Approach to a Theory of Symbols*.

Husserl 1928, *Logische Untersuchungen* II, 1.

Jung 1943, *Über die Psychologie des Unbewußten*.

Langer 1957, *Philosophy in a New Key. A Study in the Symbolism of Reason, Rite, and Art*. [1941]

Morris 1971, *Writings on the General Theory of Signs*.

Mulder/Hervey 1971, Index and signum, in *Semiotica* 4.

Ogden/Richards 1956, *The Meaning of Meaning. A Study of the Influence of Language upon Thought and of the Science of Symbolism*. [1923]

Peirce 1965/66, *Collected Papers of Charles Sanders Peirce*, Hartshorne/Weiss/Burks (eds.), 6 vols. [References are to volumes and paragraphs of *CP*, not pages]

Prieto 1966, *Messages et signaux*.

Sapir 1957, Symbolism, in *Encyclopedia of the Social Sciences* XIV, Seligman (ed.).

Wheelright 1954, *The Burning Fountain. A Study in the Language of Symbolism*.

Jerzy Pelc, Warsaw (Poland)

91. Metaphor

1. Introductory remarks

1.1. In this article, rather than revisiting the history of the concept of metaphor (for a historical review cf. Ricœur 1975, 13—62; Eco 1984, chap. 3). I shall take into account the most interesting contemporary approaches in order to outline a list of problems concerning a semiotic approach to verbal metaphor (for a semiotics of visual metaphors cf. Barthes 1964; Bonsiepe 1965). — I shall not deal with the subjective processes by which an empirical interpreter can understand a metaphor, but rather with the ideal process by which an ideal interpreter or a ›model reader‹ (cf. Eco 1979 b, 7 ff) is supposed to meet the requirements of a textual strategy. A textual strategy postulates one or more possible interpretations on the basis of a recorded collective competence represented by the encyclopedia of a given culture (cf. 5.2.). In such an encyclopedia the alleged properties of the objects of the real world and the semantic properties of the lexical items are recorded as ›interpretants‹, that is, as other semiotic expressions that interpret the meanings of the lexical items — every interpretant being in turn the object of a new interpretation, through a process of "unlimited semiosis" (cf. Peirce *CP* 1.339; 2.12 f; 2.230; 2.300) (s. art. 32). Thus, in this perspective, an expression like 'he is a pig' can be collectively recognized as an acceptable metaphor for 'he is a filthy person' in so far as certain common interpretants are assigned (or could be assigned) both to swine and to vicious and contemptible human individuals. This does not mean that a semiotic approach is uninterested in the linguistic behavior of empirical senders and addressees. On one side, the empirical behavior of the users of a language can be justified and authorized only through an approach in terms of interpretants; on the other side the encyclopedic competence is historically restructured by the empirical activity of linguistic subjects that increasingly produce new interpretants and collectively recognize them as legitimate (cf. 6.3.).

1.2. It is extremely difficult to propose a generative theory of metaphor except in very general terms. In fact, as with every other textual phenomenon, what we are confronted with is always an already produced text, that is, a Textual Linear Manifestation. It is difficult to produce an original metaphor and therefore every attempt to produce one *in vitro* always ends up with a dead metaphor. It is equally difficult to say which procedure has been followed in order to create a new metaphor. The mechanisms of invention are in large part unknown and sometimes a speaker produces new metaphors by chance, by quick association of ideas, or even by mistake. It is instead easier to take the opposite way, that is to say, to follow the procedures through which metaphors can be interpreted. From the steps of the interpretative procedure it is possible to infer the steps that the speaker would ideally have followed to produce the metaphor.

1.3. In order to interpret a metaphor as such an ideal interpreter must put himself before it as if hearing or reading it for the first time (Henry 1971, 9). Only, by considering the catachresis 'the table's leg' as produced for the first time one can understand why one has chosen 'leg' instead of 'arm'. In this way even a trivial catachresis leads one to look at the table as if it was a living creature. One must approach a metaphorical sentence by hypothesizing a zero degree of language. The fact that a metaphor is dead or frozen certainly concerns its socio-linguistic destiny, but not its semiosic structure, its genesis and its possible re-interpretation.

1.4. As for the terms involved in metaphorical relationship, I shall use the following terminology: 'vehicle' for the semiotic entity which stands *in praesentia* for the content of the expression that it allegedly replaces; 'tenor' for the semiotic entity for which the vehicle stands (cf. Richards 1936, chap. 5); 'sign-function' (composed of an expression and a content plane — both subdivided in substance and form) for the semiotic unit (cf. Hjelmslev 1943, 114 ff); 'content' for lexical meaning; 'referent' (of an uttered sign-function) for the objects, the classes of objects and the states of the world that the utterance is able to designate in an act of reference (or of mentioning) (s. art. 78, 81).

I shall use the following four texts as a corpus of examples:
(met i)
"Nel mezzo del cammin di nostra vita mi ritrovai per una selva oscura, che la diritta via era smarrita" [Midway in the journey of our life, I found myself in a dark wood, for the straight way was lost] (Dante Alighieri, *Divina Commedia*, 1.1. English tr. Singleton)
(met ii)
"The teeth are as a flock of sheep which go up from the washing" (King Solomon in *Shir ha-shirim* 1.9)
(met iii)
"Ce toit tranquille, où marchent des colombes,
entre les pins palpite, entre les tombes;
midi le juste y compose des feux la mer, la mer, toujours recommencée!" (Paul Valéry, *Le cimetière marin*, 1—4)
(met iv)
"I will show you fear in a handful of dust" (T. S. Eliot, *The Waste Land*, 1, 84).

2. Metaphor, referents, worlds

2.1. Metaphor does not regard the referents
Metaphor doesn't establish a relationship between the referents, but first of all between the contents of expressions, and can only indirectly concern the way in which we consider the referents. The attempts to apply to metaphor a formal truth-conditional logic (van Dijk 1975, 173—198; Günthner 1975, 199—220) doesn't explain its semiotic mechanism (cf. Eco 1984, 109 ff). If the metaphoric substitution regarded some relationship of similarity between objects in the world, we couldn't understand (met ii): the smile of a beautiful young girl doesn't seem similar to a

flock of shaggy, dripping, bleating and smelly creatures. In (met i) and (met iv) life and fear are not objects with easily perceptible properties and in the second case it would be difficult to say in what sense the fear that I feel or that I could have felt is similar to a handful of dust.

2.2. Metaphor does not represent possible worlds

It has sometimes been suggested that metaphors picture a possible world (s. art. 88). S. Levin (1979, 131 ff) challenges the standard approaches to metaphor — where the vehicle is taken as deviant, it is construed in terms of its alleged tenor and the latter is mapped onto the actual world — and proposes on the contrary to take the vehicle literally and to map it onto a possible world — whose image represents the tenor. According to this view, in (met ii) the resulting construal would outline a possible visionary world where the teeth of the girl are really a flock of sheep. — It must be objected that metaphors neither play on any counterfactual conditional (s. art. 89) nor impose any fictional pact. Solomon neither says 'if the teeth of the girl were like a flock of sheep...' nor 'once upon a time there was a girl so and so'. He says that the teeth of the girl actually have some of the properties of a flock, and his claim should be taken seriously. Naturally the discovery was made within the framework of a given textual experience, but the statement aimed at being true for the real girl. Certainly, the selected properties were not those of a flock of sheep that Solomon could find in his actual world, but those that his culture had attributed to them. Rather than directing us to other possible worlds, "some metaphors enable us to see aspects of reality that the metaphor production helps to constitute. But that is no longer surprising if one believes that the world is necessarily a world under a certain description — or a world seen from a certain perspective. Some metaphors can create such a perspective" (Black 1979, 39 f).

2.3. Metaphor and psychological experience

In this way, even though not directly concerned with referents, metaphor has to do with our experience of the world, and not only of the external one, but also of our emotive processes. S. Briosi (1979/80 b, 89 ff) argues against a mere semiotic approach to metaphor on the grounds that creative metaphors are born out of a perceptive shock, or

are due to an intentionality (in the phenomenological sense of the term) which comes before language. It is certain that often one creates new metaphors just to account for a new experience of the world. But, especially for poetic metaphors, it isn't the task of a semiotic theory of metaphor to say whether the poet first had a psychological experience and then translated it into language, or first had a linguistic experience and then inferred from it a different disposition to see the world. That which the theory is confronted with is always a textual material, and it is sufficient that the theory demonstrate through which textual strategies the presumed experiences are semiosically recorded — and therefore are made available for further cognitive elaboration.

3. Literal and metaphorical meaning

A clear-cut distinction between literal and figurative meaning is today more and more challenged (cf. for a survey of the most recent debates Dascal 1987 b, 259 – 269), but it is still possible to assume a statistical notion of literal meaning as zero-degree relative to contexts (Cohen 1966, 22; Ricœur 1975, 180 ff) artificially constructed (Genette 1966, 211; Groupe 1970, 30 ff). This zero degree would be that meaning accepted in technical and scientific contexts. If one asks an electrician what he means by 'dark' he would probably answer 'without light, obscure'. Webster (at the item 'dark' as adjective) provides first the same technical definition, and records 'sinister' and 'evil' as secondary definitions. — M. C. Beardsley (1958, 138 ff), Mary Hesse (1966, 157 ff), Levin (1977, 1 – 13), John Searle (1979, 114), and others, suggest that in order to interpret a sentence metaphorically the addressee must recognize its absurdity or defectiveness: if it was taken in a literal sense it would either be a case of semantic anomaly ('the rose melted'), a self-contradiction ('man is a wolf'), a violation of the pragmatic rule of quality and therefore a false statement ('this man is a wolf'). However many metaphorical expressions are neither absurd nor defective. It is true that (met iv) looks absurd, but according to Max Black (1979, 35) its negation ('you did not show me a handful of dust') can remain metaphorical without looking defective. In (met iii) Valéry introduces in the first verse a sentence that could be understood literally, since there is no semantic anomaly in the description of a roof on which pigeons walk. It is true that the second verse says that this roof ›palpitates‹, but the expression might suggest only that the movement of the birds gives the impression of movement of the roof. It is only in the fourth verse, when the poet explicitly mentions the sea, that the first verse becomes metaphorical; the still roof is the sea and the pigeons are the sails of the boats. In the second verse of (met i) it is said that Dante finds himself in a wood where there is no light. This sentence is well-formed and non self-contradictory, it could be true, and can be read literally.

Nevertheless, the critical tradition says that the story narrated by Dante was meant in an allegorical sense, and that even the panther, the lion and the wolf that Dante encounters later are allegorical figures: Dante finds himself immersed in sin and subject to various temptations. The difference between metaphor and allegory is that an allegory can always be taken in its literal sense (and so we do with many allegories of which the interpretative key is lost); but one decides to interpret it allegorically for a pragmatic reason. It is true that many classical allegories describe a possible world different from our one, thus asserting something false. But this semantic reason is not sufficient to suggest a figurative reading, since even fairy tales represent possible fictional worlds, frequently rather absurd, but ask for a suspension of disbelief and aim at being taken ›seriously‹ as literal statements. However the ideal reader of an allegorical description should detect a sort of literal waste, as if spending so many textual energies in order to say a scarcely relevant story were uneconomic. The ideal reader is supposed to detect a violation of the conversational maxim of relation (cf. Grice 1975 a, 46) and, by implicature (s. art. 97), to look for a figurative sense. This principle was already proposed by Aurelius Augustinus (*De doctrina christiana*, chap. 3) (s. art. 16): in the Holy Scriptures a second sense must be detected when the text — even though making sense from a literal point of view — insists on exaggeratedly long descriptions and irrelevant lists of objects, numbers or proper names. — As soon as Dante's text is understood as allegorical, one assigns metaphoric value also to expressions literally acceptable like 'I found myself in a dark wood'. As a result also in the third verse 'way' is understood as ›moral law‹ and 'straight' as ›legally correct‹.

4. Metaphor and connotation

4.1. Sentence meaning and speaker's meaning

According to Searle (1979, 93 ff) metaphor does not depend on the sentence meaning, but on the speaker's meaning (s. art. 54). The sentence meaning of 'journey of our life' could be semantically anomalous because 'travel' has a spatial feature and 'life' as a temporal one. Nevertheless Webster, after having defined 'journey' as ›a day's work or travel, a travel from one place to another‹, also adds the figurative meaning ›passage through life‹. If the figurative sense is registered in the vocabulary and if for the Medievals the average length of human life was 70 years (cf. also Dante, *Convivio* IV, xii, 6 — 10) — could it not then be that the sentence meaning of the first two verses is literally ›at the age of 35 years I found myself in a dark wood‹? Thus metaphors do not necessarily depend on the speaker's utterance meaning: they are rather special kinds of statements that can undergo two or more literal interpretations. The difference between 'John is a pig' and 'Percival was a bachelor' (in so far as both sentences support a double interpretation) does not rest on the speaker's intention but rather on the fact that the first sentence instantiates a complex case of connotation while the second instantiates a simple case of homonymy (s. art. 84).

4.2. Connotation

According to Louis Hjelmslev (1943, 127 ff) a connotative semiotics is a semiotics whose expression plane is given by another semiotics:

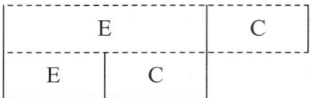

Table 91.1: Expression plane

In Dante the sign-function 'journey' — 'travel from one place to another' becomes in turn the expression of the content ›passage through life‹. It is irrelevant for the purposes of the present discussion whether connotations depend on the system or on the context. Certainly there are contexts in which an allegedly coded (systematic) connotation can and must be disregarded (for example 'I made a nice journey from London to Paris'), as well as contexts where uncoded and open-ended connotations are established for the first time, as in Eliot (cf. Bonfantini 1987 b, 103 – 108) (s. art. 92). In any case in every connotative relationship the first sense does not disappear in order to produce the second one; on the contrary, the second sense must be understood on the grounds of the first one. In order to understand metaphorically the first of Dante's verses it is not sufficient to substitute 'time' for 'space', space and time must be seen simultaneously. Life acquires a feature of spatiality and space a feature of temporality. — Even in cases of systematically coded connotations, the interpretation of a sentence like 'John is a pig' presupposes a knowledge of the literal meaning of 'pig' as ›animal so and so‹ (and even of the feature of ›impurity‹ recorded by certain cultures). Moreover, the connotative use of the term contributes to charge the literal content of 'pig' — as ›animal so and so‹ — with negative features, as it is shown by this fragment from Philippus Theophrastus Paracelsus:

"the Hebrew names indicate at the same time virtues, powers and properties of a given thing. For example, when we say 'he is a pig' we mean by this name an animal filthy and impure" (*De natura rerum*, 2. *De signatura rerum, Opera* 2).

It seems that Paracelsus was so influenced by the normal (coded) connotative use of 'pig' to think that God called the animal as pig just because the same name was used for despicable persons. — To say that figurative meanings presuppose the literal one does not mean that the actual addressee of a connotative expression ought to realize its literal meaning in order to understand the figurative one. An actual speaker can use the ready-made expression 'what a mess' to designate a confused situation without thinking of the original culinary meaning of 'mess' (a portion of food that, when composed of different pieces of meat and vegetables, can be a hodgepodge). But in order to explain why the empirical speaker was entitled to intend what he actually intended to mean by his utterance, a theory of connotation presupposes a complex semantic representation of 'mess' which, first of all, take into account the properties that compose its literal meaning. Only so it is possible to justify why 'mess' can also connote a confused collection or mass of things and events, a muddle, a jumble.

A metaphorical vehicle conveys its tenor independently of the speaker's intention. It happens that usually the actual maker of a metaphor really intends to speak figuratively, but metaphor is not necessarily an intentional phenomenon. It is possible to conceive of a computer that, randomly combining syntagms of a language, produces expressions like 'the journey of our life', to which then an interpreter will assign a metaphorical interpretation. If instead the same computer produces the syntagm 'the hamburger of life' we could not give it an adequate metaphorical interpretation because — in the actual state of our linguistic knowledge — it seems difficult to find significant relationships between a hamburger and life. A metaphorical interpretation certainly depends on the interaction between an interpreter and a metaphorical text, but the result of this interpretation — allowed both by the nature of the text and by the background knowledge of the interpreter presupposed by the textual strategy — does not depend on the speaker's intentions. An interpreter can decide to consider any proposition as metaphorical, as long as his encyclopedic competence (cf. 6.2.) allows him to do so. Therefore one can always interpret 'John eats an apple every morning' as 'John is committing Adam's sin every day'. In order to avoid irresponsible practices of deconstruction, the interpretation must be obviously legitimate by the general context in which the sentence appears. If the topic is the description of a lunch or a series of examples for a diet, the metaphorical interpretation cannot hold. Nevertheless any sentence can have, in an appropriate context, a metaphorical meaning.

5.   Content and encyclopedia

5.1.   Metaphor concerns contents

While classical rhetoric spoke of metaphor as a mutual substitution of words (›transfertur autem nomen aut verbum‹), Groupe (1970) has classified metaphors as ›metasememes‹, that is, figures of content, distinct from the figures of expression — such as ›metaplasms‹ (which concern morphological alterations, as in metatheses) and ›metataxes‹ (which concern syntactic inversions, as in hipallage or hyperbaton). — Metaphors do not substitute expressions because they often juxtapose the vehicle and the alleged tenor in the text-linear-manifestation. The first verse of (met i) and (met iv) are almost similes: life is like a journey and fear is like a handful of dust. Valéry with his fourth verse transforms the metaphor of the first two verses into a simile: the sea covered by sails is like a roof covered by moving pigeons.

When vehicle and tenor are not both *in praesentia*, then the vehicle is certainly a compact sign-function (expression plus content) but it sends back to another content which can be representable by another expression, or by none, as it happens with catachresis. A catachresis, e. g., 'the table's leg', provides a whole sign-function that expresses a further content for which the language has not provided a corresponding expression (otherwise one would have to express it by tiring paraphrases, or chains of technical instructions, or visual representations, or ostensions). — By implying an interaction between two contents, metaphors can be semiotically justified only by a content representation in terms of semantic components. 'The journey of life' is a metaphor because 'life' contains a temporal feature while 'journey' contains a spatial feature. Owing to the fact that both lexemes contain a feature of ›process‹ or of ›transition from *x* to *y*‹ (be they points in space or moments in time) the metaphor is made possible by the transfer of a feature (cf. Weinreich 1966, 429 ff) or a category-mistake (cf. Goodman 1968, 73) (s. art. 60). The expression midway would not be a metaphor if 'journey' were meant in a spatial sense. But the textual co-occurrence of 'of our life' imposes the transfer of a spatial feature to the framework of the category of temporality. Only so time becomes similar to a straight line.

5.2. Encyclopedia

The semiotic justification of metaphor postulates an encyclopedia in place of a dictionary. A dictionary-like semantic representation records only analytic properties, and excludes those synthetic properties that imply a world knowledge (s. art. 86). Groupe (1970) distinguishes between an endocentric series of conceptual properties and an exocentric series of empirical properties. Therefore 'life' will be defined in a semantic dictionary as ›process consisting in a temporal transition‹ (irrespective of the fact that it can be rich with joy or full of pain), and 'journey' as ›process consisting in a spatial translation‹ (irrespective of the fact that it can be adventurous or risky):

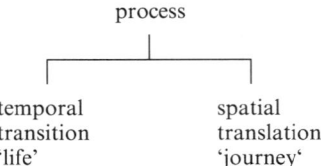

Table 91.2: Model of a semantic dictionary

A dictionary can record only relationships between hyponyms and hyperonyms (s. art. 84), or relationships from genus to species that permit inferences by entailment: if temporal transition, then process. Unfortunately, on the basis of this model one can generate only synecdoches (*pars pro toto* or *totum pro parte*). — The case of the metaphors that Aristotle (*Poet.* 1457 b 1 – 1458 a 17) (s. art. 15) called of the third type would seem different, since there we have a transfer from species to species (or from hyponym to hyponym) through the mediation of the genus (or of the hyperonymous term): life stands for journey since both are kinds of process. But, in terms of a rigorous dictionary-like representation, such a substitution would not add anything new to our treasury of knowledge. In effect the metaphor becomes interesting if one thinks that for Medieval culture the concept of journey was always associated with that of a long hard adventure, and of mortal risk. But these are synthetic, exocentric or encyclopedic features. In the current literature the examples of this kind of metaphor are a little more exciting: e. g., 'the tooth of the mountain', where 'peak' and 'tooth' partake of the genus ›sharpened from‹. But it is clear that this example does not rest on a simple dictionary-like representation. In going from 'tooth' to 'peak' there is something more than a passage through a common genus. In dictionary terms 'tooth' and 'peak' have no common genus, and the property ›sharpened‹ is not at all a dictionary property of these words. The metaphor works because it singles out, among the peripheral properties of both tooth and peak, a common feature that is taken as generic only *ad hoc* — for the sake of that particular context. — The same happens with Aristotle's four-terms-metaphors. In the classical examples of the shield as 'the cup of Ares' and of the cup as 'the shield of Dionysus', cup and shield would become interchangeable — in terms of a dictionary — only in so far as both are species of the genus ›object‹ — which cannot explain the force of these metaphors. Instead one has to consider that — under a certain description — both are concave objects. But the interest of the two metaphors does not reside in the fact that 'shield' and 'cup' possess a common feature but in the fact that, in spite of this, one is struck by their differences. From the point of view of an imputed similarity one discovers a contradiction between the properties of Ares, God of war, and those of

Dionysus, God of peace and of joy (as well as a contradiction between the shield, an instrument of battle and of defense, and the cup, an instrument of pleasure). But in order to trigger all these inferences the metaphor must rely upon background knowledge, i. e., not on a dictionary, but on an encyclopedia. According to Black (1962 a, 40) in the metaphor 'man is a wolf' what is needed is not so much that the reader shall know the standard dictionary definition of 'wolf' as that he shall know ›the system of associated commonplaces‹. — In (met i) Dante doesn't say only that life is like a journey, but also that he is 35 years old. The metaphor assumes that our encyclopedic thesaurus records information about the average length of human life. Manfred Bierwisch and Ferenc Kiefer (1970, 69 ff) suggest that an encyclopedia-like lexical entry should record both a ›core‹ and ›periphery‹. In the peripheral representation of 'hamburger' an encyclopedia should also record its average size. Note that only in this way is it possible to recognize that a sentence like 'he is eating an hamburger as big as an elephant' is (probably) literally false and must read as a hyperbole. With regard to (met iii) if we mean by 'sheep' only ›ovine mammal‹ we will never understand the beauty of the metaphor. In order to understand it we have to make some very complex inferences: (a) to decide that 'flock' is a mass-noun that must contain a feature like ›plurality of equal individuals‹; (b) to recall that for ancient aesthetics one of the criteria of beauty was the unity of variety (*aequalitas numerosa*); (c) to assign to 'sheep' the property ›white‹; (d) to assign to 'teeth' the property of being damp. Only at this point does the dampness of the teeth, white and sparkling with saliva, interact with the dampness of the sheep emerging from the water. In order to obtain this interpretative result it was necessary to activate only some properties (among the more peripheral) while all the others (for example the more than important fact that sheep are ovine and the young girl is human, rational and two-footed) were narcotized (on these processes of magnification and narcotization of properties in every process of interpretative cooperation, cf. Eco 1979 a, 23 ff). Given the context, the interpreter is supposed to select, emphasize, suppress and organize "features of the principal subject by implying statements about it that usually apply to the subsidiary object" (Black 1962 a, 44 f). — As for the most adequate format of an encyclopedia-

like representation see Eco (1976, chap. 2; 1984, chap. 3). Probably the most useful formats are those that do not record only atomic features but also stereotypes, frames or scripts and systems of instructions, organized according to contextual selections, as well as items of expert knowledge (such as technical and historical information). For instance F. Neubauer and János Petöfi (1981, 367) propose a representation of 'chlorine' which records — along with elements of commonsense knowledge like color or smell — also information about chemical symbol, valence, atomic weight, effects on living organism, instructions for production, use and storage. A satisfactory interpretation of (met i) requires that the content of lexical entries like 'journey', 'wood' and 'life' be represented also in terms of historical, philological and theological information. In the Middle Ages, in a territory still largely covered by forests, to travel always meant the crossing of a wood. 'Wood' in Italian is 'selva', 'selva' translates the Latin 'silva', and all the patristical and scholastic tradition thought of the ›silva‹ as of a labyrinth, a dangerous place inhabited by diabolic monsters and by outlaws, from which it was difficult to exit without mortal risk. By the principle of contextual interaction 'life' (once it is connected to 'journey') persuasively becomes an adventure leading to death, as well as a 'journey' becomes a reduced model of earthly existence, an ordeal. Moreover 'selva' can be a good metaphor for sin because 'silva' also translated the Greek ὕλη, that is, primordial matter. Thus sin becomes also similar to death because it is a return to the primeval chaos which preceded the creation of life and will follow the death of our world. — Naturally a ›satisfactory‹ interpretation remains merely virtual. There are readers who perform a less dense reading of (met i) and others who could go further in establishing possible contextual interactions, on the basis of a more complex encyclopedic competence. Since an encyclopedic competence is potentially unlimited — and since the idea of encyclopedia itself is a theoretical postulate — in order to interpret a metaphor an ideal reader is supposed to single out (and to organize in an *ad hoc* format) only the features that the context suggests as the most relevant for the metaphorical interaction. Thus (1) metaphor is above all the effect of a process of interpretation; (2) this interpretation concerns above all the choice of a certain encyclopedic representation in which certain entries are focused on and others by-passed; (3) this choice is determined by contextual hypotheses.

6. Interpretation as abduction

6.1. Metaphors and models

Aristotle (*Rhet.* iii, 10, 1410) observed that through metaphors we come to know something more: to say that old age is like stubbles means to know through the genus, since both things are withered. But what persuaded Aristotle to identify ›to be withered‹ as a genus common to both entities? Aristotle was thinking not like one who had to create a metaphor, but like one who had to interpret it. Undoubtedly to find a connection, still obscure, between old age and stubbles implies a very complex kind of inferential effort. Charles Sanders Peirce called it abduction (s. art. 32, 5.2.). We perform an abduction when "we find some very curious circumstances, which would be explained by the supposition that it was a case of a general rule, and thereupon adopt that supposition" (Peirce *CP* 2. 264). For Peirce, given a curious result, one is encouraged to look for a Law that comes from a different domain but such that if the Result were considered as a Case of that Law it would be fully explained. Abduction searches in another domain for a model in order to be able to describe a phenomenon otherwise inexplicable (for the logic of abduction, cf. the various essays in Eco/Sebeok 1983). — The concept of abduction, the principle of a logic of discovery, is similar to the concept of model proposed by Black (1962 a, 218 — 243) and Hesse (1966, chap. 5). In both cases the logic of scientific discovery displays aspects present also in the logic of metaphorical interpretation. Both scientific models and metaphors select certain pertinent features. In this perspective metaphorical interpretation, scientific discovery and theological discussion are all examples of reasoning by analogy (cf. also Ricœur 1975, 344 — 356; Eco 1984, 103 ff) (s. art. 85). Metaphors play an essential role in establishing links between scientific language and the world:

"those links are not, however, given once and for all. Theory change, in particular, is accompanied by a change in some of the relevant metaphors and in the corresponding parts of the network of similarities through which terms attach to nature" (Kuhn 1979, 415 ff).

If there is a common root for metaphors and scientific models, more satisfactory studies are expected on their differences. One can say that scientific abduction figures out a Law as a frame of reference that could explain a given phenomenon only if, by further experiments, the entertained hypothesis proves to be able to explain also other phenomena of the same kind. A metaphoric interpretation, on the other hand, discovers the frame of reference that allows for the interpretation of a given sentence but does not purport to find out a universal law valid for every possible sentence of the same kind. Nevertheless even a metaphorical interpretation ought to be recognized as valid only if the general context in which the metaphorical sentence appears does not contradict it (i. e., the general context should act as the universe in which the Law figured out by abduction cannot be falsified). Metaphorical interpretations figure out laws holding for textual universes while scientific discovery figures out laws holding for physical worlds. This grants metaphorical interpretation a greater flexibility than scientific hypotheses. If one accepts Niels Bohr's analogy one is always obliged to see atoms as a solar system; if instead one accepts the analogy proposed by the *Shir ha-shirim* one is obliged to see the smile of the girl as a flock of sheep only within that context. In spite of these differences in epistemological cogency, both processes are however interestingly and non trivially similar. It is one of the salient characteristics of many contemporary theories of metaphor to have insisted, more than on the relationship between metaphor and poetic imagination, on that between metaphor and scientific discovery and, in general, between metaphor and cognitive processes.

6.2. The principle of contextuality

Metaphor is a lexical phenomenon but does not depend exclusively on the lexicon. No term is metaphorical in itself. Metaphor is a function of the context (s. art. 92), and on this point all contemporary authors seem to agree. A term becomes a metaphorical vehicle when it is included in a minimal syntagm: in this sense, although a semantic phenomenon, the metaphor has a syntactic basis (cf. the study of verbal and adjectival syntagms in Brooke-Rose 1958, 206 — 249). Moreover, only a whole text as a coherent and consistent sequence of sentences enables the interpreter to infer topics and isotopies (cf. Greimas 1966, 69 — 98; Eco 1979 a, 189 — 202) as the right framework for trying interpretative decisions. — Only a reference to the text as a whole helps on to settle the controversial question as to whether the metaphorical relationship is reversible or not (cf. for example, Mininni 1986, 79—89). If morning is to the day as youth is to life, it is permissible to say both that the morning is the youth of the day, and that youth is the morning of life. Why then, since journey stands to space as life to time, does it seem allowable to say that life is a journey in time, but less allowable to say that a journey is a life in space? The answer is that youth and morning belong to the same categorial universe (time), or rather they make a homogeneous isotopy, while journey and life refer to different categorial universes. Now (cf. Lakoff/Johnson 1980, chap. 4 on orientational metaphors) our conceptual system encourages spatial metaphors for temporal duration and not the opposite. In a culture that accepted as a matter of common knowledge the paradox of Paul Langevin (according to which if one makes a short trip in the outer space at the speed of light one will return home after a terrestrial lifetime), a journey could be a life. This means that the principle of contextuality should also be viewed as a principle of intertextuality: there are metaphors that can function only in a given cultural universe and that presuppose — as their encyclopedical background — a confederation of previous texts. They become inconceivable in a different cultural tradition. Metaphor compels us to question the whole universe of intertextuality making the context ambiguous and multi-interpretable. Levin (1977, 24) notes that it is a characteristic of deviant expressions that their construal can take more than one form:

"In 'the rose melted' one can construe 'rose' as comprising a feature (+ liquid) transferred from 'melted' yielding a reading, say, of its dew evaporating, or one can construe 'melted' as comprising a feature (+ plant) transferred from 'rose', and yielding a reading in which the rose is losing its leaves or petals".

Dante's metaphors have by now become commonplace; they are recorded in dictionaries. What can be said of the Eliotian 'handful of dust'? The attempt to find common properties between dust and fear obliges the interpreters to a true and proper intertextual journey, at the end of which they will always find themselves facing a multiplicity of interpretations. One could speak in this case of open-ended metaphors, if this would not lead one to consider as ›closed‹ or dead those that can be in some way paraphrased — as it happens with Dante's. But we have seen that it depends on the ability of the interpreter to keep active an inferential game such that also the most frozen metaphor can display at any moment a born-again freshness. Metaphors do not make two ideas interact, but two systems of ideas (Black 1979, 28).

6.3. Similarity revisited

The above remarks also permit to answer the question as to whether a metaphor discovers or not a similarity between objects or concepts (for a criticism of the naïve concept of similarity, cf. Eco 1976, 191—216). By comparing encyclopedic representations the interpretation works on interpretants, in Peirce's sense, that is to say on sign-functions that describe the contents of other sign-functions. It is obvious that teeth are not white in the sense in which sheep are white, but it is sufficient that a given culture interprets both through the predicate expressed by the word 'white'. In comparing teeth with sheep a metaphor works on the similarity between two interpretants. It is a similarity between the properties of two models, not of empirical similarity (s. art. 32, 3.1.2.). In this sense metaphorical interpretation — in so far as one builds up tentative encyclopedic descriptions and makes some predicated properties more pertinent than others — does not discover but rather posits or produces similarities.

"It would be more illuminating [...] to say that metaphor creates the similarity than to say that it formulates some similarities antecedently existing" (Black 1962 a, 37).
"La ressemblance [...] doit être entre un caractère de l'attribution des prédicats et non de la substitution des mots" (Ricœur 1975, 246).
"Similarities do exist, but they cannot be based on ›inherent‹ properties. The similarities arise as a ›result‹ of conceptual metaphor" (Lakoff/Johnson 1980, 215).

Only after a metaphor has obliged us to search for it, some similarity between fear and the handful of dust is realized. Before Eliot there was no resemblance linking such incommensurable entities.

7. Metaphor and paraphrase

The open-ended nature of the interpretative process can suggest that metaphors are not paraphrasable. This is a very controversial point (cf. Black 1979, 237; Searle 1980, 121). If, as contemporary theories unanimously agree, metaphors have cognitive value, they must be paraphrasable. It seems that Dante's metaphors can be individually paraphrased ('at the age of 35', 'I was living as a sinner' and so on), while it is more difficult to spell out the virtual meaning which can be extrapolated from their contextual interaction. It seems that the ease of finding a suitable paraphrase shows whether a metaphor is creative or dead. It is easy to paraphrase 'John is a pig' as 'John is a filthy person' while it seems impossible to paraphrase the verses of Valéry without producing a text longer than his poem, and basically awkward ('the sea is like the roof of a temple of the profundity of the sea that palpitates beneath the light of the sun that illuminates the waves, while the wind ripples the sails of the boats, and so on and so forth'). One could say that the more a metaphor is creative, the more it offers resistance to paraphrase. This does not mean, however, that highly creative metaphors remain inexpressible. They can be interpreted by a ›critical paraphrase‹, that is, by the narration of the interpretative steps (or of the series of co-textual inferences) that an ideal reader is compelled to implement in order to understand their possible meaning. — Harald Weinrich (1976, chap. XXII) critically analyzed in this way a text (*Möwen*) where Walter Benjamin tells of a trip by sea: the author represents the seagulls as a people of winged creatures divided into two rows, one black, vanishing westwards into thin air, the other row white, pulling toward the east, still present and ›to be resolved‹ — while the mast of the ship describes in the air a pendular movement. Each of these metaphors can be easily paraphrased (for instance, similar and dissimilar properties can be found between mast and pendulum), but their interaction produces what Weinrich calls a ›metaphorics of the context‹, that is, the result of an interconnection of ›metaphorical fields‹. The final stage of this critical reading is given by a ›metaphorics of the text‹, a sort of allegorical third level which supports a political interpretation of the whole story (namely, the crisis of the Weimar Republic, the contradictory situation of German intellectuals obsessed by the polarization of the ideological contrast, and oscillating between neutrality and a dogmatic surrender to one of the parties). By his

very long but impeccable analysis Weinrich says what Benjamin's unheard-of metaphorical network means (or could mean). — In many cases highly creative metaphors require critical paraphrases that show how the metaphor could (and should) support multiple interpretations. With respect to this there exists (Eco 1984, 118—123) an attempt to provide a componential analysis of ›open‹ metaphors. Highly creative metaphors seem to be inexpressible because their interpretation can be satisfactorily expressed only by critical paraphrases, which describe step by step what the ideal reader is supposed to do, perhaps confusedly, by an intuitive ›short circuit‹. But that which we call intuition is nothing other than the rapid movement of the mind, which a semiotic (or cognitive) theory must be able to divide into a sequence of discrete steps (cf. Eco 1971 b, 106 ff).

8.   Metaphor and aesthetics

If for some rhetorical theories metaphor was only an exterior and superficial embellishment superimposed on the literal surface of linguistic expressions, for other glottogonic theories (cf. Vico 1968 [1744]) language would instead first of all be born in a metaphorical form (s. art. 24). The very phenomenon of the catachresis was attributed to an original *penuria nominum*; the roots being very few, the language expanded through similarities and relations. This production of similarities was considered the paramount instance of a poetic use of language. On these grounds many romantic and idealistic aesthetic theories have identified art and poetry with metaphor. As a consequence it was assumed that a linguistic theory of metaphor, in order to acquire a theoretical dignity, must first of all explain why metaphors are beautiful. — Since metaphor does not concern a substitution between two expressions (cf. 5.1.) it is difficult to establish, on the grounds of a semiotic theory of metaphor, why a given metaphor is more poetic than another. From the metaphorical point of view Dante's verse could be reformulated as 'nel mezzo del cammin di vita nostra', while from the poetic point of view this syntactic inversion — that touches the expression, not the content — would be a poetic disaster. In so far as metaphors render sentences multi-interpretable, and prompt their addressees to focus their attention on the semantic device that allows for and stimulates such polysemy, they seem thus to exhibit, at least in minimal form, the two characteristics that Roman Jakobson assigns to poetic texts:

"The set (Einstellung) toward the *message* as such, focus on the message for its own sake, is the *poetic* function of language [...] ambiguity is an intrinsic inalienable character of any self-focused message, briefly a corollary feature of poetry" (Jakobson 1964, 356; 370).

But a poetic effect is also produced by phenomena which are typical of the expression plane, like rhyme, rhythm, phono-symbolical values and so on (s. art. 106). From the metaphorical point of view there are not many differences between the verses of Dante and their translation by Singleton, but from the poetic point of view they are certainly different (for example, the translation renounces rhyme and moves from verse to prose). The most interesting feature of most contemporary theories is that they have rather stressed the cognitive value of metaphor, as well as the fact that metaphor "is pervasive in everyday life, not just in language but in thought and action" (Lakoff/Johnson 1980, 3). — A semiotic approach to metaphor — even when finding its most challenging examples in literary texts — can explain the difference between creative and frozen metaphors, but can hardly decide on mere theoretical grounds why a metaphor is more beautiful than another. Such a task requires the implementation of an applied semiotics able to work out texts at different levels — comprehending the analysis of the expression plane and the interaction between its formal structure and the phonetic (or graphic) substances in which poetic utterances are embodied (s. art. 114). By giving up with the utopic claim

to account for the whole of aesthetic phenomena, a semiotic approach to metaphor can in turn say something more about many other cases of metaphoric discourse in language, thought and action. Only by doing so it can also provide many fruitful clues for a study of metaphors in poetry.

9. Selected references

Eco 1984, Metaphor, in *Semiotics and the Philosophy of Language*.
An attempt to find out encyclopedical representations for metaphors. It also contains a historical introduction.

Groupe 1970, *Rhétorique générale*.
The most organic theory of rhetorical figures from the point of view of structural semantics.

Ortony (ed.) 1979, *Metaphor and Thought*.
Texts of many relevant scholars from various disciplines, frequently updating their former views and debating each other. It provides a consistent state of the art in the anglo-saxon academic milieu.

Richards 1936, *The Philosophy of Rhetoric*.
Even though outdated under many respects, it remains a seminal work which still influences many contemporary scholars.

Ricœur 1975, *La métaphore vive*.
The most complete philosophical survey of the last decades: after a consistent historical discussion the whole of the literature on this subject is widely discussed, from the point of view of philosophy, semiotics, hermeneutics.

Vico 1744, *La scienza nuova*.
A seminal glottogonic theory which has profoundly influenced the philosophy of history, language and art during the XIX and XX centuries. The Second Book on the ›poetic logic‹ of our ancestors is of paramount interest.

Umberto Eco, Milano (Italia)

92. Kontext und Kotext

1. Zur Einführung: Thema und Variation

›Was ist [also] der Kontext? Wenn mich niemand darüber fragt, so weiß ich es; wenn ich es aber jemandem auf seine Frage erklären möchte, so weiß ich es nicht. Das kann ich jedoch zuversichtlich sagen: Ich weiß, daß es keinen Kontext gäbe, wenn da kein Text wäre, und keinen Text, er hätte denn einen Kontext. Wie sind aber nun jene beiden Dinge, Text und Kontext, da ja doch der Text aus dem Kontext, der Kontext aber aus dem Text hervorgeht?‹

(nach Augustinus, *Confessiones* XI)

2. Die Zweiteilung der Welt in Text und Kontext

Text erscheint immer in einem Kontext. Kontext gibt es nur, wo Text ist. Alles, was nicht Text ist, kann Kontext sein.

2.1. 'Kontext' ist dem Begriff 'Text' zugeordnet, aber nicht als gleichrangiger sondern als abgeleiteter Begriff: Kon-Text: was mit einem Text mit-kommt. Umgangssprachlich gebrauchen wir die Wörter 'Zusammenhang' und 'Umgebung' oft mehr oder weniger gleichbedeutend, zum Beispiel 'In welchem Zusammenhang wurde das gesagt?' oder 'In dieser Umgebung hat diese Anzeige keine Wirkung.' — Die häufigste Verwendung von 'Kontext' ist so etwas wie: 'Die Bedeutung dieses Ausdrucks kann ich dir nicht erklären, ohne zu wissen, in welchem Kontext er steht.' Die Übernahme eines Textes in einen anderen Kontext führt oft zu Protesten: 'Das ist aus dem Zusammenhang gerissen!', mit der Implikation, daß die Äußerung durch den Wechsel des Kontextes einen anderen Sinn bekommen hat, auch wenn der Wortlaut unverändert blieb. Ein neuer Kontext kann also die Wahrheit oder Vertretbarkeit einer Aussage radikal ändern.

'Aus dem Zusammenhang gerissen': der Ausdruck zeigt uns ein Bild: Der Text hat seine Wurzeln im Kontext. Jedenfalls gibt es ein Zusammenhängen von Text und Kontext, das verhindert, daß der Text unbeschadet seiner Bedeutung aus dem Kontext herausgenommen werden kann. — Ein Kontext ist *per definitionem* einem Text zugeordnet, Texte scheinen sich aber ihrerseits von einem bestimmten Kontext emanzipieren zu können. Wenn der Kontext etwas anderes ist als ›Welt minus Text‹ — und das müssen wir annehmen, soll der Begriff nicht nichtssagend werden —, dann muß die Art ihrer Beziehung näher geklärt werden. Es muß eine komplexe wechselseitige Beziehung sein, denn es bestimmt ja nicht nur der Kontext mit, was der Text bedeute, der Text schafft ja erst den Kontext, d. h. er bestimmt, was als textrele-

vanter Umstand gelten darf. Überspitzt formuliert: der Text ist ein Mechanismus oder Organismus, der Kontext herstellt — als Teil seiner Bedeutung oder seiner Wirkung. Er eignet sich sozusagen Teile seiner Umgebung als Teil oder Extension seiner selbst an. Wenn wir so formulieren, hantieren wir aber eine einseitig vom Text ausgehende Perspektive. Aber auch die unproblematisch erscheinende Aussage, daß Text und Kontext zusammen die Textbedeutung ausmachen, verdeckt die Frage, wie denn der Text von seiner Bedeutung und vom Kontext zu trennen sei.

2.2. Im allgemeinen denken wir an etwas Geschriebenes, wenn die Rede von einem Text ist. Ich gebrauche 'Text' hier jedoch meistens in einem allgemeineren Sinn: einfach als Komplement zu 'Kontext': für dasjenige, zu dem der Kontext Kontext ist. Das können einzelne Wörter, Wörter, Sätze und Satzfolgen sein, Monologe oder Dialoge, mündliche oder schriftliche Äußerungen jeglicher Art. — Daß wir unwillkürlich eher an schriftliche Texte denken, bleibt für unseren Kontextbegriff, ja, für jedes Nachdenken über sprachliche Phänomene nicht folgenlos. Vielleicht ist der Text-Kontextbegriff sogar irreparabel von dieser Orientierung am Schriftlichen geprägt. Weil der Text etwas relativ Greifbares zu sein scheint, mag sich dies in gewissem Maß auf den Kontext übertragen, vor allem dann, wenn man Kontext primär wiederum als Text auffaßt, d. h. den schriftlichen Kontext, der den jeweils betrachteten Text(-teil) umgibt. Erst im Laufe der Entwicklung der Textlinguistik wurde für diese textuelle Umgebung der Terminus 'Kotext' geprägt, in Unterscheidung vom allgemeineren Kontextbegriff, der den außersprachlichen, situativen Kontext umfaßt. Diese Unterscheidung hat sich jedoch nicht allgemein durchgesetzt. Auch ich gebrauche 'Kontext' hier, wenn nicht anders angegeben, im ursprünglichen, den Kotext nicht ausgrenzenden Sinn (vgl. 2.3.) — Schriftliche Texte stellen sich materiell so gesondert dar, daß sie aus dem einen Kontext in einen anderen ›transportiert‹ werden können. Eben dadurch wird ja der Kontext bzw. die Kontextabhängigkeit erst zum Problem. Allerdings gibt es in mündlicher Rede ein verwandtes Problem, nämlich das des Kontextwechsels durch Zitat und Reportage anderer (an anderer Stelle bzw. zu anderer Zeit gemachter) Äußerungen. Daher werde ich Mündliches und Schriftliches zunächst einmal ungetrennt behandeln. Text, wie er hier verstanden werden soll, ist jedenfalls etwas Sprachliches; der Kontext hat sprachliche wie auch nicht-sprachliche Züge: die Umgebung des Textes, erfaßt im Hinblick auf ihre Relevanz für das Textverständnis.

Die erste (und oft als einzige ins Auge gefaßte) Art des Kontextes, die am innigsten mit dem Text verbunden ist, ist sein Entstehungskontext: Aspekte der Situation, aus der heraus er entstanden ist. Er wird meist für die Interpretation eines Textes für wesentlich erachtet, auch — oder gerade wenn der Text in anderem Kontext erscheint. Er ist dann nicht mehr als solcher gleichzeitig mit der Textverlautung erfahrbar, sondern muß aus ›Spuren‹ im Text, oder, intertextuell, aus anderen, damit zusammenhängenden Texten erschlossen werden. Einen Text auf seinen Entstehungskontext hin zu befragen, darf als eine der wichtigsten Methoden der Textinterpretation bezeichnet werden. — Dem Entstehungskontext kann man den Rezeptionskontext gegenüberstellen, d. h. den Kontext, in dem der betreffende Text (wieder) zur Kenntnis genommen wird. Bei mündlicher Kommunikation fallen Entstehungs- und Rezeptionskontext im allgemeinen zusammen, wenn wir von Medien und (Video-/Audio-)Aufnahmen absehen.

2.3. Wie und wo ziehen wir die Grenze zwischen Text und Kontext? Um den Bereich des Sprachlichen kurz zu verlassen: Wenn wir zum Beispiel hinsichtlich eines Konzerts in Text und Kontext unterscheiden müßten: rechnen wir das Stimmen der Instrumente zum Konzert-Text oder zum Kontext? Wir sehen, daß diese Unterscheidung keine der Sache beziehungsweise dem Text inhärente ist. Sie beruht einerseits auf kulturellem Wissen, auf welche Weise etwas ›gilt‹ und kann zudem vom jeweiligen Rezipienten auf eigene Weise getroffen werden (wenn z. B. einem Zuhörer das Stimmen besser gefällt als die programmierte Musik). Entscheidend ist offensichtlich, daß in der Text-Kontext-Unterscheidung der Text den Ort kodierter Relevanz oder jedenfalls den Fokus der Aufmerksamkeit darstellt. — Da Aufmerksamkeit sich in der Zeit abspielt, haben wir die Begriffe 'Text' und 'Kontext' hiermit in einen zeitlichen Rahmen eingebracht (vgl. 3.1. und 3.2.). Der Text setzt einen/seinen Kontext voraus. Heißt das auch, daß er so etwas wie eine zeitliche Präzedenz des Kontextes etabliert? In der gängigen Vorstellung setzt der Text sich in einen schon gegebenen und daher voraus-gesetzten

Kontext hinein: das Bild eines Models, einer Negativform, in die der Text hineingegossen wird und die den Text entsprechend prägt. Eine ähnliche Vorstellung liegt der Auffassung vom Kontext als Ausgangspunkt des Texts zugrunde: der Kontext steht für die Situation, auf die der Text oder der Sprechakt (vgl. 2.4.) reagiert und die er ändert. Technischer ausgedrückt ist der Kontext hier das semantische Universum, worin der Text interpretiert wird und das seinerseits durch den Text auf einen neuen Standt gebracht wird. Die meisten Textlinguisten insbesondere der siebziger Jahre gingen von einem solchen dynamischen Textmodell aus, in dem ein (zusammengesetzter) Text Einheit für Einheit (Satz für Satz) durchlaufen wird und der Effekt des einen Textschrittes zum Kontext und Ausgangspunkt des nächsten wird. — Diese Bilder und Modelle, so evident und erhellend sie auch erscheinen mögen, simplifizieren das Verhältnis 'Text–Kontext' in unbefriedigender Weise. So suggeriert der Begriff der Voraussetzung, der hier fast gleichbedeutend mit 'Kontext' gebraucht wird, ein unabhängiges Vorgegebensein des Kontextes, das vergessen läßt, daß es nicht nur darum geht, ob ein Umstand objektiv gegeben, sondern ob er auch wahrgenommen und beachtet ist. Die Beachtung von Gegebenem wird ja z. T. erst durch den Text bewirkt. Insofern ist der vorausgesetzte Kontext auch eine Konsequenz des Textes.

3. Funktionen des Kontextes

Was ist die allgemeinste Funktion des Kontextes? Wann ›ziehen wir ihn heran‹? Wir ziehen ihn heran bei der Interpretation des Textes, indem wir den Text mittels des Kontextes *ergänzen*. In dem Maß, wie der Text einen Kontext voraussetzt, muß er in der Interpretation durch den Kontext ergänzt werden. Interessanterweise brauchen wir uns der Voraussetzungen, soweit sie selbstverständlich und stillschweigend sind, nicht bewußt zu werden. — Inwieweit ist ein Text aber überhaupt ergänzungsbedürftig? Das hängt natürlich mit davon ab, wie der Text sich zum Kontext in Beziehung setzt. Ich möchte die vier wichtigsten Arten des Ergänzens wie folgt benennen: Verweisen, Verdeutlichen, Verweben, Voraussetzen.

3.1. *Verweisen*: In der logisch-semantischen Rekonstruktion von Sätzen der natürlichen Sprache beziehungsweise der damit ausgedrückten Propositionen stieß man auf Ausdrücke, die auf den Kontext verweisen, ohne ihn zu benennen: die sogenannten indexikalischen oder deiktischen Ausdrücke ('ich', 'du', 'hier', 'jetzt', 'dieses' usw.) (s. Art. 79). Deixis oder Indexikalität wurde als eine Art semantischer Lücke behandelt, die man schließen kann, wenn man die indexikalischen Ausdrücke durch rein deskriptive beziehungsweise prädikative ersetzt. Weil diese Substitution nur in Kenntnis des Kontextes vorgenommen werden kann, gelten die indexikalischen Ausdrücke als Beispiel par excellence für Kontextabhängigkeit. Sätze mit deskriptiven Ausdrücken sind logisch gesehen wahrheitswertfähig unabhängig vom Kontext und daher denen mit indexikalischen Ausdrücken überlegen.

Helmut Schnelle (1973, 236 f) gibt eine zusammenfassende Darstellung des Zusammenhangs Deixis-Kontext-Pragmatik in der logischen Sprachanalyse. Einflußreich waren insbesondere die Analysen der Deixis von Bertrand Russell (u. a. Russell 1940), Rudolf Carnap (1934), Hans Reichenbach (1947), Yehoshua Bar-Hillel (1970), sowie Richard Montague (1959), David Kaplan (1978) und Keith Donellan (1978).

Abhängig von der Art der benötigten Ergänzung fing man an, den Kontext in verschiedene Kategorien zu fassen: Identität von Sprecher und Hörer/Adressat, Zeit und Ort der Äußerung, Eigenschaften der unmittelbaren Umgebung, auf die deiktisch verwiesen werden kann, also Dinge, die sowohl der Sprecher wie auch der Adressat der Äußerung im Moment wahrnehmen können (vgl. u. a. van Dijk 1977, 191). — Der indexikalische Ausdruck verweist auf Aspekte des Äußerungskontextes; das heißt, er setzt sie nicht nur voraus, sondern macht sie dem Hörer bewußt, so daß die Ergänzung zielgerichtet in Gang gesetzt wird (Parret 1980). — Dies war die erste wichtige Konzession an den Kontext im Rahmen der Bestrebungen, die Systematik der Sprache auf der Ordnungsebene der Semantik kontextfrei zu erfassen. Auch in der Syntax stieß man gelegentlich auf Schwierigkeiten, die Wohlgeformtheit von Sätzen kontextunabhängig festzustellen; man denke nur an elliptische Sätze wie 'die ja' oder 'ich denke, dem Kleinsten', die in einem Frage-Antwort-Kontext ganz korrekt sein können, zum Beispiel nach: 'Hast du diese Marmelade schon probiert?' bzw. 'Welchem Kaninchen hast du schon Futter gegeben?'.

3.2. Von diesen speziellen Klassen von Ausdrücken und Konstruktionen, der Deixis und den elliptischen Sätzen, abgesehen, blieb die Rolle des Kontextes in Syntax und Semantik prinzipiell marginal. Die systematische Zuwendung wird in den Bereich der Pragmatik verwiesen. Zur Semantik gehört allerdings auch die Heranziehung des Kontextes zum Zwecke der *Verdeutlichung*, der Auflösung störender Mehrdeutigkeiten durch Vagheit oder Ambiguität des Ausdrucks (s. Art. 98). Auch soziale Kategorien wie Beziehung und soziale Rolle der Kommunikationsteilnehmer können, z. B. bei Anredeformen, schon in der Semantik eine Rolle spielen. — Die Einbeziehung des Kontextes, die zunächst nur wenige wohldefinierte Parameter zu betreffen schien, weitete sich unversehens zu einem unübersichtlichen und vielleicht unübersehbaren Feld möglicher Interferenzen zwischen Text und Kontext. Dies motivierte die systematische Entwicklung einer logischen und (sozio-) linguistischen Pragmatik (s. Art. 56) sowie, als zeitweilige Überbrückungsdiszplin zwischen Semantik und Pragmatik, der Textlinguistik (s. Art. 67).

3.3. Die Textlinguistik untersuchte satzübergreifende Ordnungsstrukturen auf Textebene ('Text' hier im engeren Sinne kohärenter Sequenzen von Sätzen), beschränkte sich aber zunächst auch auf die semantische und syntaktische Ebene. Die Textlinguistik rechtfertigte ihr Bestehen als eigene Disziplin durch den Hinweis auf die Regelhaftigkeit des Zusammenhangs zwischen den Teilen eines Textes beziehungsweise dem einzelnen Satz im Textverband, dem sogenannten *Kotext*. Die Textlinguistik beschäftigte sich daher vor allem mit dem Phänomen satzübergreifender Kohärenz, d. h. sie untersucht, wie der Satz mit anderen Sätzen seiner sprachlichen Umgebung *verwoben* ist. Auf der Ausdrucksseite stehen hier z. B. anaphorische und kataphorische Formen und viele andere Ausdrucksmittel, die referentielle, narrative oder sonstige Kohärenz stiften (vgl. hierzu u. a. Ballmer 1972).

3.4. Radikalere Folgen für den Kontextbegriff hatte die Hinwendung zur Pragmatik, die zunächst weitgehend zusammenfiel mit einer linguistisch assimilierten Sprechhandlungstheorie (s. Art. 54). Die Sprechhandlungstheorie betrachtet Sprechen unter dem Aspekt der Handlung und analysiert Sätze/Ausdrücke im Hinblick auf ihr Handlungspotential. Insofern schafft sie einen neuen Kontextbegriff, nämlich einen, der auf Handlungszusammenhänge, Handlungsbedingungen und Handlungsfolgen abzielt. Kontext tritt hier vor allem in Erscheinung in der Form von Vorbedingungen für die Möglichkeit des Gelingens der betreffenden Sprechhandlung.

Den entscheidenden Anstoß gab John L. Austin (1962 a). Einflußreich wurde aber vor allem John R. Searle (1969). Die linguistische Pragmatik, d. h. eine linguistische Sprechakttheorie, wurde im deutschen Sprachraum vor allem von Dieter Wunderlich (u. a. Wunderlich 1976) entwickelt. In der amerikanischen Linguistik ging die Integration der Pragmatik in die Linguistik vor allem von der sogenannten generativen Semantik aus, mit der man insbesondere die Namen von George Lakoff, John R. Ross, James D. McCawley, Jerrold M. Saddock und Charles Fillmore verbindet (vgl. u. a. die Sammelbände Cole/Morgan 1975; Cole 1978).

Dadurch, daß Searle und viele mit ihm den Handlungsaspekt durch eine definite Sprechhandlungstaxonomie zu erfassen suchten, wurde der Einfluß des Kontextes weitgehend auf eine Desambiguisierungsfunktion der Illokution, d. h. des sprachlich angezeigten Handlungspotentials, reduziert (s. Art. 95). Allerdings erlaubte die Searlsche Theorie der indirekten Sprechhandlungen auch Schlüsse auf eine von der wörtlichen Bedeutung abweichende Illokution, die entscheidend vom Kontext bestimmt sein konnte (vgl. Searle 1975).

Einen weiteren Beitrag zur Differenzierung des linguistischen Kontextbegriffes lieferte die Satzadverbial-, Modal(verb)- und Modalpartikelsemantik (vgl. u. a. Bartsch 1972; Ducrot 1980; Groenendijk/Stokhof 1975; zu den Modalpartikeln u. a. Weydt 1979 und Franck 1980). Das Spektrum der Arten des Bezugs auf den Kontext und der Verwobenheit mit ihm wurde mehr und mehr erweitert, wobei auch die Abhängigkeit vom jeweiligen Interaktionszusammenhang Beachtung fand.

Der Leser bedenke, als Beispiel, einmal, in welch komplexer Weise sich das Wörtchen 'doch' in seinen verschiedenen Bedeutungen und Verwendungsformen zum Kontext in Beziehung setzt.

In diesem Forschungszusammenhang entstand auch die Redeweise von ›Kontextualisierungshinweisen‹: damit sind Bedeutungsaspekte gemeint, die weder deiktisch auf den Kontext verweisen noch ihn durch explizite Präsuppositionen (vgl. 2.5.) beschreiben aber dennoch eine spezifische Abhängigkeit von bestimmten Kontextfaktoren andeuten (vgl. hierzu Franck 1980, 79 ff).

3.5. Eine Schlüsselrolle als Verbindungsglied zwischen Text und Kontext beziehungsweise

zwischen Semantik und Pragmatik spielt der Begriff der Präsupposition (s. Art. 97). Präsuppositionen sind sprachlich angezeigte Voraussetzungen, die Teil der Satzbedeutung sind und sich meist auf den Kontext beziehen. Umgekehrt ausgedrückt: das Vorausgesetzte wird als Teil des Kontextes betrachtet. Präsuppositionen spezifizieren Bedingungen, die der Kontext erfüllen muß, damit der entsprechende Satz/Ausdruck sinnvoll verwendet werden kann. Präsuppositionen setzen aber nicht nur bestimmte Kontextgegebenheiten voraus, sie sind vielmehr selbst kontextbildend. Denn, wie wir bereits festgestellt haben, kann der Kontext ja nicht identisch sein mit der unendlichen Menge der gleichzeitig mit dem Text gegebenen Fakten; es genügt auch nicht zu sagen, daß es sich nur um das von den Kommunikationspartnern Gewußte dreht: als Kontext wirksam werden kann nur das, was auch ›bedacht‹ wird: nur der Ausschnitt des Wissens oder Annehmens, der aktuell dem Bewußtsein gegenwärtig ist. Präsuppositionen lenken die Aufmerksamkeit gleichsam unmerklich auf Vorausgesetztes, das jedoch im Hintergrund bleibt und keinerlei Neuigkeitswert beansprucht. Oft geht ihre Funktion dabei über das Verweisen auf Selbstverständlichkeiten hinaus: Sie können aktiv einen hypothetischen Kontext einführen, d. h. sie stellen bisweilen eine Art ›Phantom-Kontext‹ her, wobei der Kontext dann ausschließlich das Produkt des Textes ist (eine Übersicht zur Präsuppositionsdiskussion wird in Franck 1973 gegeben).

3.6. Der Begriff des Kontextes ist aufs engste verbunden mit dem der *Pragmatik*. Ganz gleich wie die verschiedenen Definitionen von Semantik und Pragmatik das eine gegen das andere abgrenzen, gilt doch allgemein, daß die Einbeziehung des Kontextes symptomatisch ist für den Übergang von einer syntaktisch-semantischen Sprachanalyse zu einer breiteren, die pragmatische Dimension einschließenden Sprachtheorie. Dabei verschiebt sich das Kriterium der Wohlgeformtheit von der Wahrheit beziehungsweise der Wahrheitswertfähigkeit einer Aussage zur Möglichkeit des Gelingens im Handlungskontext beziehungsweise von der Wohlgeformtheit des Ausdrucks zur situativen Angemessenheit des Gebrauchs.

Zur Abgrenzung von Semantik und Pragmatik (s. Art. 77) in der logischen Sprachanalyse macht z. B. Gerald Gazdar (1979) einen Vorschlag. Er diskutiert verschiedene Möglichkeiten ›how to cut the cake of meaning‹. Seine eigene Definition läuft darauf hinaus, daß unter Pragmatik alles fällt, was nicht wahrheitsfunktional beschrieben werden kann. Äußerungen werden als Satz-Kontext-Paare beschrieben. Jede Äußerung überführt den gegebenen Kontext in einen anderen. Somit wird die Bedeutung der Äußerung beschrieben als Unterschied zwischen dem vorherigen und dem folgenden Kontext (Gazdar 1979, Kap. 1, 1 ff).

3.7. Parallel zur Entwicklung pragmatischer Sprachtheorien verstärkte sich die Einbeziehung der sozialen Dimension des Sprechens und begegneten sich die Sprachwissenschaft und die sozialen Wissenschaften in der Soziolinguistik (s. Art. 56) und der Ethnographie des Sprechens (s. Art. 116). Der Kontext manifestiert sich hier primär in der Form sozialer Variablen, die Sprecher und Hörer betreffen (Herkunft, Alter, Status, Geschlecht) sowie die Rollen und Situationsdefinitionen der gegebenen Kommunikationssituation. Der Kontext wird hier nicht nur als Ressource bei der Textinterpretation herangezogen, er wird vielmehr zur (kausalen) Erklärungsbasis für formale Eigenschaften des Textes wie z. B. schicht- oder geschlechtsspezifische Formvarianten und Ausdruckspräferenzen. Hier wird also der Text durch den Kontext determiniert, entsprechend der Determinierung des Individuums durch die Gesellschaft (vgl. hierzu u. a. Labov 1970; Gumperz/Hymes 1972).

3.8. Ein ganz anderer Umgang mit dem Kontext entstand Ende der sechziger Jahre in der sogenannten *Ethnomethodologie* und der von ihr geprägten *Konversationsanalyse* (›conversational analysis‹). Entscheidend für diesen aus der Soziologie stammenden phänomenologischen Ansatz (s. Art. 46) ist, daß hier im Vergleich zur ›deterministischen‹ Soziolinguistik die Richtung der Determination gleichsam umgedreht ist: das Handeln der Gesellschaftsmitglieder wird nicht in seiner Bestimmtheit von vorgegebenen sozialen Faktoren, d. h. von einer fest vorgegebenen ›Gesellschaft‹ her gesehen. Vielmehr wird die Herstellung sozialer Wirklichkeit selbst als Prozeß beobachtet, und es wird *en détail* analysiert, wie die Mitglieder durch ihr Verhalten ausmachen und aushandeln, was als geteilte Wirklichkeit gelten darf.

Begründer der Ethnomethodologie ist Harold Garfinkel (1967). Die Konversationsanalyse geht auf die Arbeiten von Harvey Sacks und seiner Mitarbeiter zurück (siehe insbesondere Sacks/Schegloff/Jefferson 1974; Schegloff/Sacks 1973; Schegloff 1968).

In der Ethnomethodologie spielt der Begriff der Reflexivität eine zentrale Rolle: die Reflexivität der Beziehung zwischen individueller und sozialer Realität oder, anders gesagt, zwischen Text und Kontext. — In der Konversationsanalyse wurde diese Interdependenz technisch operationalisiert, oder eher verkürzt, auf eine Art Kotextualität: man strebte nach einer Kombination von Kontextsensitivität und Kontextfreiheit, ähnlich der textimmanenten Interpretation in der Literaturwissenschaft (s. Art. 106), indem man nur solche Kontextmerkmale als relevant zuließ, die nachweislich von den Gesprächsteilnehmern in Rechnung gestellt werden und aus ›indexikalischen‹ Hinweisen im Gespräch rekonstruierbar sind. Garfinkel und Sacks gebrauchen 'indexikalisch' nicht nur für deiktische Ausdrücke, sondern für alle sprachlichen Hinweise oder Indizien im Text, die Rückschlüsse auf den Kontext zulassen. — Andererseits wurde der konversationelle Ko(n)text in systematischer Weise einbezogen; die sequentielle Ordnung im Gesprächsverlauf zu entdecken, wurde ausdrückliches und fast ausschließliches Forschungsziel. Jeder Gesprächsbeitrag reagiert auf den vorangegangenen und etabliert seinerseits eine Konstellation von mehr oder weniger präferierten oder erwartbaren Fortsetzungen. Wenn ich zum Beispiel eine Frage stelle, mache ich eine Antwort darauf ›kontextuell relevant‹. Um diese sequentielle Kontextsensitivität möglichst streng erfassen zu können, ließ man nur den ›lokalen‹ Kontext, d. h. die Bezüge von einem Gesprächsbeitrag zum unmittelbar nächsten gelten, womit man natürlich einen guten Teil möglicher Kontexteinflüsse von vornherein ausschließt.

Interessant finde ich an diesem Ansatz, daß hier der Kontext sozusagen ›das Laufen gelernt‹ hat. Gespräche/Texte werden nicht als Ganze vorgegeben betrachtet, in der streng sequentiellen Analyse wird eine Art rudimentäre Zeitperspektive eingeführt, in der sich der Beobachter/Wissenschaftler mit der Teilnehmerperspektive zu identifizieren sucht. Er tut nämlich so, als wäre ihm nur die jeweils betrachtete Äußerung und was davor gesagt wurde zugänglich und — genau wie den Teilnehmern — noch nicht der darauf folgende Verlauf des Gesprächs. Wie künstlich und in der Praxis unausführbar diese freiwillige Beschränkung auch sein mag — der Analysierende hört die Gesprächsaufnahme ja mehrmals und kennt so den Fortgang im voraus —, so bringt sie theoretisch jedenfalls eine

Neuerung: aus einem statischen Gegenstand wird ein Prozeß, dessen Ordnung aus dem sequentiellen Verwobensein der einzelnen Schritte entspringt und der den Analysierenden zwingt, sich in ein — wie auch immer idealisiertes — Verhältnis zu setzen zur Zeitperspektive der Gesprächsteilnehmer.

3.9. Die meisten linguistisch-pragmatischen und soziolinguistischen Theorien berücksichtigen gegenwärtig mehrere der genannten Kontextfunktionen und teilen den Kontext ein in verschiedene Schichten, angefangen vom unmittelbaren Kotext bis hin zum institutionellen und kulturellen Rahmen der Äußerung. Von Renate Bartsch und Theo Vennemann wird beispielsweise unterschieden zwischen textuellem, situativem und kulturellem Kontext (Bartsch/Vennemann 1973, 9—20). Martha Komter (1987) studiert den Zusammenhang zwischen drei Kontextniveaus: einem lokalen (d. h. dem konversationellen Kotext), einem institutionellen sowie einem weiteren Kontext allgemeinerer gesellschaftlicher Strukturen (Kap. 3.5.). Man kann den Kontext auch unterscheiden in einen endogenen oder abhängigen und einen exogenen oder unabhängigen Kontext: ersterer ist aus dem Text selbst rekonstruierbar aus den sprachlichen Kontextverweisen; letzterer umfaßt dann all die Umstände, von denen der Text allein nicht direkt Kunde gibt, die jedoch zum richtigen Verständnis des Textes herangezogen werden müssen (u. a. auch in Komter 1987, Kap. 3.5.). Eine philosophisch-epistemische Typologie des Kontextes gibt Herman Parret (1980), der zwischen transzendentalen, interaktionalen und referentiellen Umständen unterscheidet.

4. Der Kontext als Gegenstand: Bilder, Vergleiche, Perspektiven

Was ist der Kontext nun eigentlich? Als Gegenstand scheint er noch weniger faßbar und fixierbar als der Text. Der Kontext erscheint als eine Art Halo des Textes: als Randzone oder Unschärfe des Textes und der Textbedeutung gegenüber dem, was nicht dazugehört. Begrifflich kann man sich damit herausreden, daß man den Kontext als Relation auffaßt, nämlich als die zwischen Text und Welt (minus Text?). Wir könnten auch, praktischer orientiert, aus den verschiedenen Implementationen und Operationalisierungen des Kontextes in der sprachwissenschaftlichen

und logisch-philosophischen Praxis eine Art ›Phantombild‹ des Kontextes synthetisieren aus all den Parametern der Welt, auf die jemals als Kontext Bezug genommen wurde. Dieses Phantombild aus Kontextmerkmalen würde vermutlich dem Modell einer Zwiebel gleichen. Die Schalen ordnen sich von außen nach innen nach dem Grad ihrer Ablösbarkeit unbeschadet der Interpretierbarkeit des Textes. Das könnte, von innen nach außen gehend, vom lokalen Kontext über die Sprechsituation bis hin zur jeweiligen kulturgeschichtlichen Epoche gehen. Das Zwiebelmodell erweist sich jedoch schnell als zu einfach. Die räumliche Metapher reifiziert und generalisiert den Kontextbegriff in irreführender Weise, denn wir müssen ja bedenken, daß jeder Text seine eigene Auswahl trifft unter den jeweiligen Umständen. Dabei müssen Aspekte der inneren Schalen nicht unbedingt relevanter sein als weiter außen liegende. So könnten wir zum Beispiel bei einem Gedicht außer Betracht lassen, daß es einen ganz bestimmten Adressaten hatte, aber politische und kulturelle Ereignisse des Entstehungsjahrzehnts als relevanten Kontext miteinbeziehen. — 'Miteinbeziehen': in diesem Wort deutet sich schon an, wie sehr der Kontext ein Konstrukt des Interpreten ist. Damit gäbe es aber zu einem Text ebensoviele Kontexte, wie es Interpreten beziehungsweise Interpretationsereignisse gibt. Und bleibt denn dann der Text der gleiche, wenn er jeweils anders aufgefaßt wird? Wir sehen, daß mit der Relativierung des Kontextes auch die Gegenständlichkeit und Fixierbarkeit des Textes in Gefahr zu kommen scheint, es sei denn, wir reduzieren ihn auf seinen materiellen oder formalen ›signifikant‹-Aspekt (s. Art. 36). Ist die Bedeutung des Textes nicht verschwunden wie die Zwiebel, wenn wir alle (Kontext-)Hüllen entfernt haben? Durch ein simples Aufaddieren aller möglichen Kontextmerkmale, ob in Kontextschichten geordnet oder nicht, kommen wir aber auch nicht zu einem generalisierbaren Kontextbegriff, jedenfalls nicht zu einem extensionalen. Denn da alles in der Welt irgendwann einmal relevanter Kontext zu irgendeinem anderen Element sein kann, fällt extensional der Kontext mit der Welt beziehungsweise mit dem jeweiligen Universum, in dem gesprochen wird, zusammen. Lassen wir also die Definitionsversuche und schauen wir, was der Begriff im Gebrauch leistet, was mit ihm vorausgesetzt wird und welche Bilder er unserer Vorstellung nahelegt.

4.1. Zunächst einmal stellen wir fest, daß die Text-Kontext-Unterscheidung bei schriftlichen Texten am wenigsten problematisch erscheint. Die begriffliche Trennung ist da in der Praxis schon vorgezeichnet, weil man den Text ja materiell aus seinem ursprünglichen Kontext, dem Entstehungskontext, herausheben kann; er ist ja geradezu dazu gemacht, den Augenblick zu überdauern und in andere Situationen hineingetragen zu werden. Die Wiederverwendbarkeit schriftlicher Texte wird geradezu zu einer Bedeutungsressource: die Vagheit des Textes und die Diskrepanz der Kontexte können bewußt ausgeschöpft werden, wie zum Beispiel bei der immer wieder neuen Interpretation kulturell kanonisierter (sakraler oder literarischer) Texte.

Komplizierter stellt sich die Sache dar bei mündlicher Sprache. Nicht nur, daß die indexikalische und voraussetzende Einbettung in die gemeinsam erlebte Sprechsituation das Gesagte unlösbar im Kontext verankert. Genau wie der Text ist der Kontext hier kein statisch Gegebenes sondern ein Prozeß; die Konstitution des Kontextes ist untrennbarer Bestandteil des Prozesses der Kommunikation (s. Art. 94). — Was aber scheidet Text und Kontext in Prozeß des Verstehens? Die Unterscheidung ist Resultat einer kognitiven und emotionalen Fokussierungsoperation: Text ist dasjenige, worauf die Aufmerksamkeit unmittelbar gerichtet wird. Dieser Fokus ist aber ein beweglicher; jeder Text wird ja schrittweise erschlossen. Der Fokus wandert aber nicht gleichförmig linear. Leistung sprachlicher Struktur ist es gerade, das Miteinander hierarchischer Ordnung und zeitlicher Abfolge zu organisieren. Die Zeitlichkeit des sprachlichen Ablaufs ist daher nicht homogen. Die sprachlichen Einheiten bis hin zum Satzniveau errichten eine Art fiktiver Gleichzeitigkeit der Teileelemente, indem die Anordnung dieser Elemente (der Wörter) innerhalb der Gesamteinheit (des Satzes) in ihrer Abfolge nicht als zeitlich sondern strukturell geordnet aufgefaßt wird. Ohne eine solche Stabilisierung wäre der Aufbau komplexer Formen unmöglich. Das sollte uns jedoch nicht dazu verführen, die zeitliche Dimension im Sprachgeschehen zu übersehen. Die genaue Beobachtung unseres Umgangs mit ihr, insbesondere wie wir im Rahmen eines Textes gleichsam ein- und aussteigen aus ihr, zeigt einen wesentlichen Aspekt unserer Wirklichkeitskonstitution durch Sprache: im Sprechen lockert sich sozusagen das Verhältnis der objektiven, chronologischen Zeit und der im Wort- und Satzrhythmus schreitenden Zeit unseres Bewußtseins. Der Kontext bildet, weil er außerhalb des beweglichen Fokus der Aufmerksamkeit bleibt, einen momentanen, scheinbar stabilen Rahmen. Er ändert sich aber ›heimlich‹ mit: er absorbiert natürlich alle Veränderungen, die der Text introduziert; er enthält alles, was der Text jeweils voraussetzt, und zwar so, als hätte er es ›schon immer‹, von vornherein, mitgeführt. Der Kontext spannt also einerseits einen kognitiven Rahmen auf, innerhalb dessen der Text sich bewegen und entfalten kann. Andererseits ist er als Randzone, in der Text und Außertextliches sich verweben, zu einem wesentlichen Teil auch Produkt dieses Textes, nämlich das, was der Text in seine Umgebung projiziert und in das Dämmerlicht der Voraussetzung stellt (zur hier angedeuteten Mehrdimensionalität der Zeit vgl. G. Franck 1989; zu Verhältnis von Zeit, Aufmerksamkeit und Sprachstruktur siehe Franck/Franck 1986).

4.2. Der Widerstand, den der Kontextbegriff seiner Analyse entgegensetzt, rührt einerseits daher, daß er als das schlechthin Unproblematische erscheint und als nicht erklärungsbedürftig im Hintergrund bleibt. Die Text-Kontext-Unterscheidung fällt in kognitiver Hinsicht weitgehend zusammen mit der Unterscheidung von Vordergrund und Hintergrund. Andererseits läßt er sich auch nicht durch Konkretisierung, d. h. durch eine Aufzählung seiner Merkmale, genauer umreißen, weil, wie bereits erwähnt, Kontext nur als relationaler Begriff gefaßt werden kann, die Aufzählung möglicher Kontexteigenschaften würde die Aufzählung aller Eigenschaften der Welt — oder, wenn man will, aller möglichen Aussagen — bedeuten. Es ist, als wehrte sich der Begriff, aus seinem marginalen Dasein als Umgebung, Hintergrund und Begleiterscheinung herauszutreten in den Fokus unserer Aufmerksamkeit, der ja *per definitionem* dem Text zukommt. Er nimmt sozusagen sein bescheidenes Schattendasein mit auf die Metaebene der Begriffsanalyse. In Wittgensteinscher Manier könnte man sagen, daß der Kontextbegriff erst problematisch wird, wenn man ihn aus seinem ›normalen‹ Kontext herausnimmt. Zwar ist es gut möglich, gezielt auf einzelne Kontextfaktoren, die indexikalisch beleuchtet werden, zu schauen. Insofern bleibt der Kontext auch nicht immer im Hintergrund. Aber als Ganzes scheint der Begriff unscharf zu werden, sobald man die Linse auf ihn einstellt. Deshalb erscheint es legitim, sich ihm indirekt, gleichsam aus den Augenwinkeln heraus, zu nähern, indem wir den Metaphern nachgehen, die einige Konnotationen des Begriffs bewußt machen (s. Art. 91).

Von den bereits angeführten Bildern des Kontextes als Hintergrund oder auch als Schatten des Textes ist es nur ein kleiner Schritt zum Bild der Schale um den Kern des Textes: der Kontext als Einfassung oder Hülle des Textes, eine Art Durchgangsphase zum Text hin, Schwelle zum Text hin wie auch aus ihm heraus. Ein Begriff wie 'Rahmen', der oft weitgehend synonym mit 'Kontext' gebraucht wird, kann als zweidimensionale Abwandlung des Bildes der Hülle gesehen werden, nur daß er nicht die Konnotation des Verhüllens sondern die des Zeigens mit sich bringt. Diese Bilder konkretisieren die Situiertheit des Textes in einer ihn umfassenden Umgebung und durchbrechen damit die Vorstellung der isolierten Dinglichkeit des Textes. Wenn der Kontext selbst beziehungsweise das komplementäre Paar Text — Kontext als ganz in sich abgeschlossene, kontextunabhängige Einheit gesehen wird, verschiebt sich die Illusion der Isolierbarkeit aber nur auf die nächste Ebene. — Die Bündigkeit des Kontextbegriffs ist noch stärker eine vom Begriff fingierte als die des Textes. Damit ist die Nützlichkeit, ja Notwendigkeit einer solchen operationalen Idealisierung nicht bestritten. Der Kontext spiegelt auf theoretischer Ebene eine praktische, idealisierende und normierende Operation des Wahrnehmens, die im Zusammenhang praktischen und insbesondere symbolischen Handelns eine notwendige ist: die Heraushebung einer Gestalt (des Textes) aus der unendlichen Verwobenheit mit der Umgebung und letztlich allem und jedem zum Zwecke der Manipulierbarkeit der Gestalt als Gegenstand. Die ›Einrahmung‹ dessen, was dann als Text erscheint, ist selbst konstituierender Bestandteil der Kommunikation. Der Text ›ruht‹ nicht in einem einmal bestimmten Rahmen, er schafft, durchbricht, erneuert, verschachtelt und vervielfältigt diesen Rahmen beständig.

An dieser Stelle müssen die Arbeiten von Gregory Bateson und Erving Goffman genannt werden. Goffman zeigt einige der Konstruktionsprinzipien der Rahmen oder ›frames/frameworks‹, die uns erlauben, in sozialen Situationen erfassen zu können, was ›los ist‹. Dabei wird insbesondere auch die Verletzlichkeit dieser Rahmen aufgezeigt und die Mühe, die es kostet, Peinlichkeiten und Mißverständnisse zu vermeiden.

„I start with the fact that from an individual's particular point of view, while one thing may momentarily appear to be what is really going on, in fact what is actually happening is plainly a joke, or a dream, or an accident, or a mistake, or a misunderstanding, or a deception, or a theoretical performance, and so forth" (Goffman 1974 b, 6).

Goffman hat den Begriff des ›frame‹ und des ›bracketing‹, das man wohl am besten mit ›in Klammern oder zwischen Anführungszeichen setzen‹ übertragen kann, von Bateson übernommen, der vor allem durch seine ›double-bind‹ Theorie bekannt wurde und später mehr von ›context‹ als von ›frame‹ sprach.

„The weaving of contexts and messages which propose contexts — but which, like all messages whatsoever, have ›meaning‹ only by virtue of context — is the subject matter of the socalled double bind theory" (Bateson 1972, 275).

Bateson sieht den Kontext als ein ökologisches Subsystem, innerhalb dessen Bedeutung geschaffen wird. Im Prinzip kann es einen unendlichen Regreß von Kontexteinbettungen geben (also z. B. Theater im Theater), faktisch sind der Einbettungstiefe natürlich Grenzen gesetzt. Kontext und Metakontext können auch inkongruent und widersprüchlich sein. Jedenfalls erlaubt die Einführung der metakontextuellen Perspektive dem Handelnden oder Sprechenden Einsicht in die Bedingungen der Bedeutungskonstitution, in deren Widersprüchen man sich möglicherweise verstrickt hat. ›Double bind‹-Situationen, die durch undurchschaute Widersprüche in Text und Kontext(en) entstehen, können durch den Schritt zur Metaperspektive durchbrochen werden. Ein Beispiel für eine solche Situation wäre, wenn ein Sprecher verbal den Wunsch nach Nähe ausdrückt aber nonverbal Ironie und Distanz zeigt (Bateson 1972; 1979).

5. Grice und Wittgenstein

5.1. In der analytischen Sprachphilosophie lieferte Paul Grice mit dem Begriff des *Kooperationsprinzips* eine theoretische Grundlage für die gezielte Einbeziehung des Kontextes in den Interpretationsprozeß. Dieses Prinzip beschreibt sozusagen die Motivation für Sprecher und Hörer, die Ressource des Kontextes für den jeweiligen Redezweck optimal zu nutzen (vgl. Grice 1975 a).

Menschliches Handeln ist, wenn es rational ist, ökonomisch. Welche Ziele und Werte wir in der Kommunikation verfolgen, ist natürlich höchst variabel. 'Rational' braucht hier nur soviel zu heißen, daß wir die begrenzten Ressourcen unserer Zeit und Aufmerksamkeit nicht willkürlich verschwenden und im Gespräch mit anderen deren Wohlwollen und Bereitwilligkeit, mit uns zu reden und sinnvolle Äußerungen von uns zu erwarten, nicht mutwillig mit sinnlosen Äußerungen aufs Spiel setzen. Das bedeutet zum Beispiel, daß der Sprecher Redundanzen und irreführende Topikalisierungen vermeidet, indem er den Text auf ökonomische Weise mit dem Kontext verzahnt, wie einen Puzzlestein, in dessen Form die umliegenden Stücke ausgespart sind. Illustrativ ist hier auch der Vergleich mit einem Spielzug, z. B. im Schachspiel, bei dem die Figur ihre Bedeutung nur erhält auf dem Hintergrund des Spielstandes. Anders als beim eindeutigen Stand der Schachfiguren gilt aber bei sprachlicher Kommunikation, daß der Spielstand/Kontext ganz unterschiedlich gesehen werden kann. – Die Regeln der Grammatik reichen nicht aus, um beispielsweise zu erklären, warum ein 'ja' keine befriedigende Antwort ist auf die Frage 'Kannst du mir sagen, wie spät es ist?'. Wir brauchen offensichtlich zusätzliche Prinzipien, die eine Verbindung herstellen zwischen der rein sprachlich-grammatikalischen Ebene und der praktischen Bedeutung, die eine Äußerung in der Äußerungssituation erhält. Und zunächst einmal muß es ein Prinzip geben, das erklärbar macht, wieso und wie sich Sprecher und Hörer überhaupt am Kontext orientieren bei der Formulierung beziehungsweise der Interpretation der Äußerung.

Das Gricesche Kooperationsprinzip postuliert eine grundsätzliche Berücksichtigung des Kontextes, indem es Situationsadäquatheit zum Kriterium rationalen kooperativen sprachlichen Handelns macht:

„Make your conversational contribution such as is required, at the stage at which it occurs, by the accepted purpose or direction of the talk exchange in which you are engaged" (Grice 1975a, 45).

Um sinnvolle, interpretierbare Äußerungen zu machen, muß sich der Sprecher also immer am Stand des Gesprächs sowie am gemeinsam akzeptierten Rahmen und Zweck des Gesprächs orientieren. Grund der Einführung dieses Prinzips war die Beobachtung, daß ein großer Teil dessen, was gemeint ist, aus der wörtlichen Bedeutung allein nicht abgeleitet werden kann. Diese Interferenzen, die über die konventionelle Bedeutung der Äußerung hinausgehen, nennt Grice ›konversationelle Implikaturen‹. Um sie erschließen zu können, muß der Hörer nicht nur die Regeln der Spra-

che kennen, sondern er muß sich selbst an das Kooperationsprinzip halten, indem er annimmt, daß der Sprecher sich daran gehalten hat, und kann so die entsprechenden Inferenzen nachvollziehen (s. Art. 97).

Wenn wir das Kooperationsprinzip von der interpretativen Seite her betrachten, können wir es auch umschreiben als einen widerrufbaren Vertrauensvorschuß, den der Hörer dem Sprecher gönnt, indem er prinzipiell etwas kontextuell Relevantes und Sinnvolles zu hören erwartet. Diese Erwartung motiviert ihn, alle erdenklichen interpretativen Anstrengungen zu unternehmen, um in der dürftigen und vielleicht zunächst unsinnigen wörtlichen Bedeutung der Äußerung mittels Einbeziehung des Kontextes und gemeinsamen Wissens einen sinnvollen Beitrag im Gesagten zu erkennen. Das Ausmaß dieses Vorschusses liegt letztlich im Ermessen des Interpretierenden und findet nur durch die Grenzen seiner Ingenuität beziehungsweise der Ingenuität, die er dem Sprecher unterstellen will, seine natürliche Begrenzung. Umgekehrt gilt für den Sprecher, daß die Befolgung des Kooperationsprinzips einschließt, daß er die Interpretationsmöglichkeit des Hörers einschätzen können muß. Je besser die für gemeinsam gehaltene Einschätzung des Gesprächsstandes und die gegenseitig unterstellten Interpretationsmöglichkeiten übereinstimmen, um so effizienter und befriedigender kann natürlich die Verständigung verlaufen. Der Grad des Vertrauens und die Art der Erwartungen an den Kommunikationspartner sind selbstverständlich auch wieder kontextabhängig. So sucht man hinter den Worten der einen Person mehr Hintersinn, Tiefe oder Schlagfertigkeit als hinter denen einer anderen. Gesellschaftliche Institutionen tragen das ihre bei zur Regulierung dieser Erwartungshaltung. Die Kanonisierung literarischer oder sakraler, kultischer Texte hat nicht zuletzt den Sinn, daß sie bei den Hörern/Lesern fast unbegrenzte Vertrauensreserven mobilisieren; dadurch können diese Texte zu einem unerschöpflichen Reservoir von neuen Interpretationen und Sinngebungen werden. – Philosophisch ist das Kooperationsprinzip, aufgefaßt als kommunikativer Vertrauensvorschuß, auch deshalb interessant, weil sich darin – ganz rudimentär und praxisbezogen – der Punkt andeutet, in dem sich Ethik und Ästhetik treffen: was im zwischenmenschlichen Bereich zu einer Optimierung des Verstehens führt, kann zum Beispiel in der Kunst die Erschütterung oder den Genuß vertiefen.

Es versteht sich, daß das Prinzip auch in kritischer Absicht oder in paranoider Unterstellung böswilliger Intelligenz ins Extrem gezogen werden kann: man hört bekanntlich, was man hören will.

5.2. Zu einem radikaleren Umdenken bringen uns Ludwig Wittgensteins Überlegungen zum sprachlichen Handeln in seinen *Philosophischen Untersuchungen* (Wittgenstein 1953) (s. Art. 39). Der Gricesche Ansatz ist trotz aller Kontextbezogenheit doch ein isolierender und bleibt text- bzw. äußerungszentriert: Ausgangspunkt ist eine feste und explizierbare wörtliche Bedeutung, die dann gezielt durch Kontextinformationen ergänzt oder weiterentwickelt wird. Wittgenstein gesteht der sprachlichen Form kein isoliertes Dasein zu, sondern betont die Integrität sprachlichen Handelns, das nicht aus dem Zusammenhang mit der Lebenswelt, aus der es hervorgeht, gelöst werden kann. Gerade dieser Zusammenhang ist es, der dem Sprechen überhaupt erst Sinn verleiht. Wittgenstein spricht meines Wissens nie ausdrücklich vom Kontext, sondern problematisiert — indirekt — die Text-Kontextunterscheidung, indem er im Begriff des *Sprachspiels* (s. Art. 96) die beiden zu einer praxisorientierten Einheit verschmilzt bzw. erst gar nicht voneinander trennt. Diese Einheit ist nicht im üblichen Sinn idealsprachlich, sie geht vielmehr von einer alltäglichen Sprachpraxis aus, die ›ideal‹ ist im Sinne von: weder hintergehbar noch verbesserbar. Die Radikalität dieser Position hängt mit der Einsicht zusammen, daß die — in der logischen und linguistischen Semantik vorausgesetzte — Definitheit der Bedeutung sprachlicher Ausdrücke eine Illusion ist. Sprachliche Bedeutung bleibt — auch bei Berücksichtigung des Kontextes — immer zu einem gewissen Grad unbestimmt und vage: Meinungsverschiedenheiten über die Bedeutung und Mißverständnisse können nie von vornherein mit Sicherheit ausgeschlossen werden. Gerade durch diese Offenheit und Flexibilität, die ›unscharfen Ränder‹ der Begriffe kann die Sprache im täglichen Gebrauch funktionieren: „[...] kann man ein unscharfes Bild immer mit Vorteil durch ein scharfes ersetzen? Ist das unscharfe nicht oft gerade das, was wir brauchen?" (Wittgenstein 1953, § 71). Wie sehr gilt dies gerade für den Kontextbegriff! — Wittgenstein läßt einerseits ein Bild von der Sprache vor uns erstehen, das von unendlicher Komplexität und unerschöpflicher Deutbarkeit geprägt ist, andererseits führt er

uns aus diesem Labyrinth wieder hinaus, indem er unermüdlich auf die Lebenspraxis verweist, wo uns die Verständigung ja meistens — recht und schlecht — gelingt; der Blick darauf ist uns durch die Künstlichkeit unserer Fragestellung verstellt: das Einfachste und Naheliegendste ist am schwersten zu sehen. Seine Sicht auf Sprache im Alltag des Gebrauchs und in Situationen des Spracherwerbs hebt das Bild der Sprache aus den mechanistischen Metaphern heraus, denen die logischen und linguistischen Theorien verhaftet bleiben. Er zeigt uns die Sprache als etwas Lebendiges, und dieses Lebendige kommt darin zum Vorschein, daß ein Ausdruck bei jedem Gebrauch, d. h. in jedem neuen Kontext, etwas zeigt, das mit anderen Fällen des Gebrauchs übereinstimmt, aber auch etwas sehen läßt, das diese Verwendung einmalig macht. „Jedes Zeichen scheint *allein* tot. *Was gibt ihm Leben?* — Im Gebrauch *lebt* es" (1953, § 432).

6. Der Umgang mit dem Kontextbegriff

Wir sehen an den genannten Beispielen, daß die Art, wie die Text-Kontext-Beziehung aufgefaßt wird, Aufschluß gibt über philosophische Prämissen des jeweiligen Ansatzes, gleichgültig, ob diese ausdrücklich zur Diskussion gestellt werden oder nicht. Der Umgang mit dem Kontextbegriff enthüllt unter anderem, wie die jeweilige Disziplin das menschliche (Sprach-)Verhalten zwischen den Polen des Determinierens und Determiniertwerdens ansiedelt. Es wird damit unvermeidlich Stellung bezogen zur Frage nach der Möglichkeit gestaltender Freiheit im sprachlichen und damit im menschlichen Verhalten schlechthin. Doch ist dies nicht die einzige Grundsatzfrage, die der Umgang mit dem Kontextbegriff auslöst. Wir wollen uns daher abschließend der Frage zuwenden, was dieses Wort über seine Benutzer aussagt, welche Erfahrungen mit Sprache es umreißt und für welche Zusammenhänge es uns sensibilisiert (vgl. Bateson 1972).

6.1. Der Begriff 'Kontext' stand in der Linguistik und der Sprachphilosophie immer an einer markanten Stelle: entweder als Stein des Anstoßes und der Grenzziehung zwischen dem Gegenstandsbereich der Theorie und irrelevanten Koinzidenzen; oder als Zeichen der Auflösung von Gegenstandsfixierungen, die sich als zu eng erweisen, und der Erweiterung der Sprachtheorie um neue Teilbereiche und Querverbindungen zwischen den verschiedenen Gliederungsebenen. Wo der Kontext zum Gegenstand der Reflexion wird, steht er als Inbegriff für eine Emanzipation aus einer isolierenden Betrachtungsweise sprachlicher Formen hin zu einer Klärung der vielfältigen Verflechtung sprachlichen und nichtsprachlichen Geschehens. Damit geht meist eine Dynamisierung des Textbegriffs einher, die eine schrittweise Verwandlung von Kotext in Text und Text in Kotext vornimmt. — Andererseits ist der Kontextbegriff selbst wieder ein Produkt isolierenden Vorgehens, indem es den Text in ähnlicher Weise als vorgegeben voraussetzt, wie die nach Kontextfreiheit strebende Position. Ganz abgesehen davon, daß sich der Kontext ja nicht nur gegen den Text abgrenzen muß, sondern auch gegen den ›Kontext des Kontextes‹: ein unendlicher Regreß?

6.2. In den meisten logischen und linguistischen Theorien spielt der Kontext eine remediale Rolle. 'Remedial' bedeutet, daß die Offenheit und Abhängigkeit des Zeichens beziehungsweise des Textes von seiner Umgebung als ein Manko gesehen wird, dem durch die Einführung des Kontextes abgeholfen werden soll. Diese Auffassung hängt mit der Präferenz des Expliziten vor dem Impliziten, des Ablösbaren vor dem Verwobenen, des Sagens vor dem Zeigen zusammen, das die Wissenschaft, und weite Bereiche unserer Kultur, kennzeichnet. In der Praxis ist dies eher umgekehrt: Wenn ich in der Straßenbahn zu meinem Begleiter sage 'Wir müssen jetzt gleich raus', wäre niemandem mit einer expliziten Paraphrase dieser Äußerung gedient; sie wäre nicht einmal verständlich. Verbale Explizitheit auf dem Wege einer Ersetzung der indexikalischen Ausdrücke durch deskriptive, die der Perspektive eines unbeteiligten Dritten entspricht, bedeutet Unabhängigkeit von allen nichtverbalisierten Wahrnehmungen, was größere Intersubjektivität zu sichern scheint. Es manifestiert sich darin aber auch eine wertende Tendenz, die dem Wort, und zwar am besten dem schriftlichen, eine grundsätzliche Überlegenheit gegenüber anderen Arten des Wahrnehmens und Mitteilens zubilligt. — Wenn Linguistik und logische Sprachanalyse in einem naiven Verständigungsoptimismus auf Intersubjektivität als Voraussetzung der Möglichkeit von Kommunikation beharren, setzen sie damit nicht gerade dasjenige vor-

aus, was der Erklärung bedürfte: daß wir uns nämlich allem Anschein nach verständigen, obwohl unsere Erfahrungen und unsere Bedeutungszuweisungen nur partiell übereinstimmen? Finden wir in der Suche nach der allen gemeinsamen Textbedeutung nicht einen Widerschein des ›Dings-an-sich‹? In der Text-Kontext-Trennung ein Echo der Subjekt-Objekt-Problematik? (s. Art. 77) Aber, so fragen wir erschreckt, was bleibt uns denn als Gegenstand der Theorie, wenn wir keinen vom Beobachter unabhängigen Text/Kontext mehr vor uns haben.

6.3. Wenn Text und Kontext zusammen die Bedeutung des Gesagten bestimmen, so setzt dies eine wahrnehmende Instanz voraus, die Zeichen/Text und Kontext in sinnvolle Beziehung setzt. Die besondere Schwierigkeit bei der Rekonstruktion dieser Wechselwirkung liegt darin, daß es im allgemeinen keine aus dem Text allein ableitbaren Kriterien gibt dafür, wann ein Text ausreichend interpretiert ist. Dies wird zum Beispiel daraus deutlich, daß nicht einmal die Feststellung semantischer Inkonsistenz zum Abbruch der Interpretation beziehungsweise zur Ablehnung des betreffenden Ausdrucks zu führen braucht, sondern die Bemühung, Sinn in der Äußerung zu finden, erst richtig entfacht, zum Beispiel bei einer Antwort wie 'Ja und nein.'.

Offensichtlich kommen wir um die theoretische Einbeziehung eines verstehenden Subjekts nicht herum. Dieses kann nicht mechanischer Vollstrecker unabänderlicher Interpretationsregeln sein, wir müssen ihm vielmehr einen Ermessensspielraum zugestehen. Schließlich ist der Kontext selbst ja noch weniger eine intersubjektiv festgelegte Größe, sondern wird erst interpretativ erschlossen, wobei Einstellungsfragen, zum Beispiel der in 5.1. behandelte Vertrauensvorschuß, eine entscheidende Rolle spielen können. Was theoretisch wie ein Teufelskreis aussieht — der Text bestimmt den Kontext, aber der Kontext bestimmt auch den Text —, konstituiert in der Praxis genau den Ermessensspielraum des Interpretierenden (vgl. auch Varela 1984).

Der Zusammenhang zwischen Text und Kontext kann charakterisiert werden als ein Prozeß der Steuerung der Aufmerksamkeit. Der Text organisiert sozusagen die kognitive Verdrängung all dessen, was bei der Verarbeitung des Textes keine Rolle spielen soll, gleichzeitig mobilisiert er die Aufmerksamkeit für Wahrnehmungen und Erinnerungen, die in die Interpretation mit eingehen sollen. Vieles wird aber stillschweigend vorausgesetzt, d. h. der Text verläßt sich auch auf die umgekehrte Richtung der Wechselwirkung Text — Kontext. Der Kontext ist seinerseits Organisator der Textwahrnehmung und steuert weitgehend auch die Einstellungen und Erwartungshaltungen, die die Hörer/Leser zu mehr oder weniger tiefgreifenden, wörtlichen oder übertragenen, gut- oder böswilligen, vielschichtigen oder simplifizierenden Interpretationen kommen lassen. Wo jeweils das Niveau einer befriedigenden Interpretation erreicht ist, läßt sich kaum verallgemeinernd erfassen, sondern beruht auf einer je spezifischen Kombination von ›common sense‹, Fingerspitzengefühl, persönlichen Fähigkeiten und Einstellungen. — Da die wechselseitige determinierende Wirkung vom Text auf den Kontext und vom Kontext auf den Text nur eine partielle und eine je spezifische ist, brauchen wir darin keinen vitiösen Zirkel zu sehen sondern eher eine gutartige ›Henne-oder-Ei‹-Problematik, die sich auflöst, wenn wir den Prozeß der Kommunikation in den praktischen lebensweltlichen Zusammenhang eingebettet sehen.

6.4. Wir haben gesehen, daß auch im wissenschaftlichen Zusammenhang der Gebrauch des Begriffs, also hier der des Kontextes, seine Bedeutung mitbestimmt. Der Umgang mit diesem Begriff wird beeinflußt von Einstellungen und Voraussetzungen des Benutzers zu den unterschiedlichsten philosophischen Fragestellungen wie zum Beispiel der Einstellung zum Problem des Determinismus, d. h. zur Möglichkeit menschlicher Freiheit; zum Umgang mit Komplexität und der Wahl zwischen offenen und geschlossenen Erklärungssystemen; zur Einführung oder Ausklammerung subjektiver Perspektiven; zur Berücksichtigung beziehungsweise Abstraktion von der Dimension der Zeit in der Erklärung sprachlicher Strukturen und Prozesse sowie der Orientierung der Sprachrekonstruktion an künstlichen Idealsprachen beziehungsweise der Idealisierung der natürlichsprachlichen Praxis.

6.5. Die bewußte und ausdrückliche Zuwendung zum Kontext spiegelt vielleicht eine für unsere Zeit bezeichnende Sensibilität gegenüber der Verflochtenheit und den komplexen Wechselwirkungen zwischen sprachlichen und nichtsprachlichen Faktoren, zwischen einem einzelnen Phänomen und seinem Umfeld. Man möchte beinahe von einer Art sprachlichen ›Umweltbewußtseins‹ reden und vom paradigmatischen Wechsel vom Ideal des geschlossenen Systems zu dem des offenen. — Andererseits kann der Kontextbegriff auch zur remedialen Abdichtung geschlossener Systeme benutzt werden, indem er zur verdinglichten Restkategorie, zum ›Gummiparagraphen‹ der Semantik wird, ähnlich wie die Pragmatik anfangs als ›Papierkorb‹ der Geschlossenheit von Syntax und Semantik systemerhaltende Dienste erwies. Wenn die unter dem Kontextbegriff zusammengefaßten Prozesse der Sinnkonstitution jedoch näher untersucht werden und die offenen, kontextsensitiven Systeme sich als die differenzierteren und reflektierteren Modelle sprachlicher Wirklichkeit durchsetzen, kann es paradoxerweise geschehen, daß sich der Kontextbegriff selbst überflüssig macht und sich auflöst in andere Begriffe, die ihn enthalten oder spezifizieren wie etwa im Wittgensteinschen ›Sprachspiel‹. Wenn wir uns dem Text so zuwenden, daß wir die ursprüngliche Bedeutung des Gewebes, d. h. des Verwobenen, Zusammenhängenden neu mit Sinn erfüllen, so wird sich zeigen, daß Text und Kontext das Verwobene schlechthin sind.

7. Literatur in Auswahl

Austin 1962 a, *How to Do Things with Words*.

Ballmer 1972, *A Pilot Study in Text Grammar*.

Bateson 1972, *Steps to an Ecology of Mind*.

Garfinkel 1967, *Studies in Ethnomethodology*.

Gazdar 1979, *Pragmatics*.

Grice 1975 a, Logic and conversation, in *Syntax and Semantics* III. *Speech Acts*. Cole/Morgan (Hg.).

Schnelle 1973, *Sprachphilosophie und Linguistik*.

Wittgenstein 1953, *Philosophische Untersuchungen*.

Wunderlich 1976, *Studien zur Sprechakttheorie*.

Dorothea Franck, Amsterdam (Niederlande)

93. Intentionality

1.   Introduction

Intentionality, as the notion is traditionally used, is simply that property of the mind by which it is directed at or about or of objects and states of affairs in the world. So construed the subject of intentionality is normally thought to be a branch of the philosophy of mind, rather than part of the philosophy of language. Nonetheless since many of the representational properties of the mind are shared by language, intentionality is properly a subject for both the study of mind and the study of language. On our preliminary definition (one we will have to refine further subsequently) intentionality is a feature of mental phenomena by which at least certain of them are directed at things in the world. But now so defined, it is easy to see that this feature of directedness is also shared by linguistic entities such as words, sentences, and speech acts. Thus, for example, my belief that Caesar crossed the Rubicon is an intentional state, and its intentionality consists in the fact that it represents a certain state of affairs, truly or falsely, namely, the state of affairs that Caesar crossed the Rubicon. But similarly, my speech act of asserting that Caesar crossed the Rubicon also is a representation, and it represents the very same state of affairs as the belief that Caesar crossed the Rubicon. — In many languages, there is a special word or set of words for describing the special form of intentionality that is possessed by linguistic entities. In English, this word is 'meaning'. Both sentences and beliefs can be used to represent the same state of affairs, but only the sentence strictly speaking, can be said to be meaningful. Meaningfulness is a form of derived intentionality: Biologically speaking, the intentionality of the mind is prior, the intentionality of language is derivative from the intentionality of the mind. We will explain the derivative character of meaning from the more biologically fundamental intentionality of the mind in more detail later. In order to prepare the way for that, however, it is important first to explain the nature of the intentionality of the mind.

2.   The intentionality of the mental

Not everyone uses the notion of intentionality as we have defined it. Sometimes it is used to refer only to phenomena having to do with *intending* in the ordinary English sense of the notion of intending; whereas on our account intending is just one kind of intentionality, on all fours with believing, desiring, etc. Furthermore, in addition to the notion of 'intentionality-with-a-t', which we are discussing, there is a separate notion of 'intensionality-with-an-s'. These notions are sometimes confused, and we will attempt to sort out these confusions in section 6. However, most philosophers adhere to something like our preliminary definition, and we will now explore some further features of intentionality so defined. If we define intentionality as directedness or aboutness; then, for example, if a person has a belief that it is raining, or is afraid of snakes, or wishes to go on a vacation, or hopes there will be a decline in interest rates, the belief, fear, wish or hope are all intentional states. On this usage, some but not all mental phenomena are intentional. Thus, for example, a person might have a sudden sense of elation or a mood of anxiety without being elated *at* anything or anxious *about* anything. Such states of elation and anxiety are mental states, but they are not intentional states. Furthermore, the concept of intentionality overlaps with the concept of consciousness, but it is not co-extensive with it. Thus, many of one's belief and desires are unconscious at any given point in one's life; and many conscious states are not intentional states, as, for example, is the case with the states of anxiety and elation mentioned earlier. In short, on this conception of intentionality, mental states can be either intentional or non-intentional, and mental states of both types can be either conscious or unconscious. — A central problem which has occupied philosophers concerned with the topic of intentionality has been the proper characterization of intentional states (s. art. 46). What exactly is meant by saying intentional states are directed at or about objects and states of affairs in the world, and how can one analyze this directedness or aboutness? Many attempts have been made to eliminate intentionality or analyze it away in terms of some simpler notions. Thus, in the *behaviorist* period of the philosophy of mind, many philosophers felt that having a state of belief or desire was simply a question of being disposed to behave in certain ways, given certain stimuli. Subsequent *functional* analyses try to analyze intentionality in terms of causal relations. For example, on this account, having a belief would be analyzed as being in a certain functional state which is caused by external stimuli, and which, in conjunction with desires, would cause certain sorts of external behavior. More recent versions of functionalism have tried to analyze intentional states in terms of computational states. The idea here is that being in a mental state is just being in a certain state of a computer program, and the mind is construed as a computer program running in the wetware of the brain. On this view, called 'computer functionalism' or 'strong artificial intelligence', the mind is to the brain as the program is to the hardware (s. art. 117). — All of these attempts to analyze intentionality fail for the reason that they try to reduce intentionality to something else. As soon as one recognizes the existence of intentionality as a genuine phenomenon, then one is committed to rejecting any reductive or eliminative account of intentionality; for such accounts deny implicitly the existence of the phenomenon as a genuine feature of the world.

In our present investigation we will not attempt to establish the existence of intentional states, such as beliefs and desires, but simply take their existence for granted and explore their logical properties. — An easy way to explore the character of intentionality as manifested in, for example, beliefs, desires, intentions, hopes, fears, etc. is to explore certain similarities and relations between mental states and the expression of those mental states in the performance of speech acts, such as making statements, asking questions, giving orders, making promises, etc. There are several important formal similarities between the structure of intentional states and the structure of speech acts.

2.1. The distinction familiar in the theory of speech acts between the force or type of the speech act and the propositional content of the speech act carries over exactly into the distinction in intentional states between the type of the intentional state and its propositional content.

In the theory of speech acts (s. art. 54), there is a familiar distinction between illocutionary force and propositional content. A speaker can perform three different types of speech act in uttering the three different sentences:

Leave the room!
You will leave the room.
Will you leave the room?

even though there is something common to all three utterances. In each utterance, the propositional content, that you will leave the room, is expressed, but it is expressed in speech acts with different illocutionary forces (s. art. 95). The first has the force of an order or request; the second has the force of the prediction; and the third has the force of a question. The general structure of the speech act as exemplified by these three cases is $F(p)$, where 'F' marks the illocutionary force of an order, question, statement, etc.; and 'p' marks the propositional content, that you will leave the room. Now these distinctions carry over exactly to mental states. Just as one can assert, query, or order that you leave the room, so one can hope that you will leave the room, fear you will leave the room, believe you will leave the room, wish you would leave the room, etc. In each case, we find the same propositional content — that you will leave the room — but presented in a different psychological mode — the psychological mode of hope, fear, belief, etc. The structure of such intentional states is $S(p)$.

2.2. The distinction between different directions of fit, also familiar from the theory of speech acts, carries over more or less exactly to intentional states.

Statements, for example, are supposed to represent an independently existing reality, and insofar as they succeed or fail in representing it accurately, they are said to be true or false. Thus, for example, if one makes the statement that John has left the room, one's statement will be true or false depending on whether or not John has left the room. But orders, commands, promises are not like statements in that they are not supposed to match an independently existing reality, but rather, they are supposed to bring about changes in reality so that the world comes to match the propositional content of the order, command, or promise. Thus, if an order is given to John, 'John, please leave the room!', then the order is not said to be true or false, but is said to be obeyed or disobeyed, depending on whether or not John's subsequent behavior comes to match the propositional content of the order.

In the first sort of case — statements, assertions, descriptions, etc. — we say that the utterance has the word-to-world direction of fit; it is true or false depending on whether or not the words match the world. But in the second sort of case — orders, commands, promises, etc. — the utterance has the world-to-word direction of fit; and the utterance is said to be obeyed, fulfilled, kept, etc. depending on whether or not the world changes to match the propositional content of the utterance. — Some utterances with a propositional content do not have a direction of fit of either word-to-world or world-to-word. These are cases where the propositional content is simply taken for granted as a presupposition. Thus, for example, if I apologize for stepping on your foot, or congratulate you on winning the race, or thank you for giving me the present, in each case there is a propositional content — that you stepped on my foot, that you won the race, that you gave me the present — but the aim of utterance is neither to assert that propositional content nor to try to change the world by getting the world to match the propositional content. In all three cases, the propositional content is simply taken for granted. — We could represent these three types of direction of fit — word-to-world, world-to-word, and null — by certain symbols, but there is no use for them here. These distinctions carry over exactly into the theory of intentionality. Beliefs, like statements, have the mind-to-world direction of fit, and like statements, they can be said to be true or false. Desires and intentions have the world-to-mind direction of fit, and like orders and promises, they can be said to be carried out or fulfilled, but cannot be said to be true or false. Some mental states, such as your feeling glad that you won the race or my feeling sorry that I stepped on your foot or my feeling grateful that you gave me the present, also have propositional contents, but like expressive speech acts, they have the null direction of fit.

2.3. The notion of conditions of satisfaction applies generally to both speech acts and to intentional states.

Statements are said to be true or false; orders are said to be obeyed or disobeyed; promises are said to be kept or broken. What stands to the statement's being true is what stands to the order's being obeyed is what stands to the promise's being kept. In each case we can say quite generally that the speech act will be satisfied or not satisfied depending on whether or not the propositional content comes to match the world with the appropriate direction of fit. For all such cases we can say that the speech act represents its conditions of satisfaction, and the illocutionary force determines the direction of fit with which it represents its conditions of satisfaction.

Now, exactly analogously in the structure of intentional states, what stands to the belief's being true is what stands to the desire's being fulfilled is what stands to the intention's being carried out. In each case the intentional state with a direction of fit has conditions of satisfaction, and we can say that the intentional state is a representation of its conditions of satisfaction, and the psychological mode determines the direction of fit with which the intentional state represents its condition of satisfaction. — On this account, then, the key to understanding intentionality is representation in a special sense of that word that we can explain from our theory of speech acts. Every intentional state with a direction of fit is a representation of its conditions of satisfaction. Intentional states in general have both a propositional content and a psychological mode, and the psychological mode will determine the direction of fit with which the intentional state represents its conditions of satisfaction. — This account of intentionality is quite general, but it still does not so far account for two sorts of phenomena. First, what about those intentional states that have the null direction of fit — in what sense do they have conditions of satisfaction? And secondly, what about those intentional states that do not have an entire propositional content, such as admiring Beethoven or hating Genghis Khan?

If we consider such intentional states which do not have a direction of fit — as being glad that the Republicans won the election, or feeling sorry that the value of the dollar has declined in international markets — we find that each of these contains both beliefs and desires, and that while the state in its pristine form does not have a direction of fit, the component beliefs and desires do have a direction of fit. In general one can say, for example, that in order to be glad that *p,* one must believe it to be the case that *p* and to want it to be the case that *p.* In order to be sorry that *p,* one must believe it to be the case that *p* and want it not to be the case that *p.* I suggest that this phenomenon is characteristic of all of those intentional states with a propositional content which do not have a mind-to-world or world-to-mind direction of fit: all of these contain beliefs and desires, and the component beliefs and desires do have a direction of fit. — This suggests a pattern of analysis for the emotions which in the compass of this article I can only suggest. Emotions such as love and hate, envy, greed, jealousy, anger, and lust all have certain features which are somewhat unusual among intentional states. They all matter to us in ways that many of our beliefs and desires are regarded with relative indifference. I believe it is raining somewhere in the world right now, but I don't care much about it. And I wish that fewer of my students used dangling participles and split infinitives, but once again I don't care very much about it. When it comes to our emotions, however, of love and hatred, envy, greed, etc., we do care desperately about these. Why? In general, emotions are very strong agitated forms of desire. It is because the emotion is itself a form of desire, often a desire caused by a component belief, that one cares so strongly about one's emotions. Often the desire component of an emotion may be somewhat vague, and a typical strong emotion will involve a whole package of desires. Lovers, for example, notoriously have varied and complex desires toward the beloved. But for most of what philosophers have called 'the emotions' — love, hate, anger, jealousy, envy, etc. — an essential component of the emotion is a strong form of desire. — This discussion naturally suggests an answer to our remaining question: how do we analyze those intentional states which only make reference to a single object and do not contain an entire propositional content, such as loving Sally, admiring President Reagan, or hating Genghis Khan? Though none of these can be completely analyzed into propositional contents that have directions of fit, nonetheless, in general, they require the presence of beliefs and desires, and the beliefs and desires do have a direction of fit.

3. The intentionality of perception

It is customary in philosophy to think of the typical case of intentionality as being intentional mental states, such as belief and desire, and to distinguish intentionality so construed from the actual experiences of perceiving, acting, or experiencing sensations. But if we take seriously the apparatus that we have developed in discussing intentional states — an apparatus that includes propositional content, direction of fit, conditions of satisfaction, and psychological mode — we can see that all of these apply to perceptions and actions, and indeed to our experiences generally. — The application of intentionality to experience is most obvious in the case of perceptions, and I will begin this part of the discussion by considering visual perceptions. Suppose I now look out of my window and see a car driving past. In so doing, I will have certain conscious visual experiences. I am visually aware of the presence of the car. Notice, however, that the visual experiences have certain features which are strikingly like the features of beliefs. In having the visual experiences, it will, at the very least, seem to me exactly as if there is a car driving past. But to say this is to say already that the visual experience has conditions of satisfaction. The visual experience will be satisfied only if there is a car driving past. If there is no car driving past, if I am having a hallucination, though the visual experience will retain all of its properties, it will nonetheless be unsatisfied. In the first case, philosophers like to say that the visual experience is 'veridical'; in the second case, they say it is 'not veridical'. — Notice further that visual experiences, like beliefs, have the mind-to-world direction of fit. The visual experience gives me information about how the world is independently of my experience of it. Furthermore the visual experience, like the belief, has an entire propositional content. This way of expressing the point might be misleading if it suggests that there is something verbal about the content of the visual experience. That, of course, is not the case. To say that the visual experience has a propositional content is just to say that there is a whole state of affairs that constitutes its conditions of satisfaction. We would normally, in order to describe this state of affairs, have to resort to a verbal locution; though, of course, there is nothing verbal about the visual experience itself. In the example under consideration, part of the specification of the propositional content of the visual experience — its conditions of satisfaction — would be the fact that there is a car passing in front of my eyes; and that the car has such and such visual features — it is of a certain color, moving at a certain velocity, etc. — When we consider the contrast between the visual experience and beliefs, we discover that there is an additional feature possessed by visual experiences which is not shared by beliefs. My visual experience will be satisfied, and hence veridical, only if the visual experience itself is caused by the state of affairs in the world that would constitute the condition under which the visual experience is satisfied. Thus, I really see the car passing before me, only if the fact that the car is passing before me causes me to have a visual experience of that very state of affairs. The visual experience, then, we might say has a ›causally self-referential feature‹ in its conditions of satisfaction; ›causal‹, in the sense that there is a causal condition in the conditions of satisfaction, and ›self-referential‹, in that the conditions of satisfaction make reference to the very intentional experience of which they are the conditions of satisfaction. If we were to write it out in words, we might say that the particular form that the $S(p)$ structure takes where visual experiences are concerned is the following form:

Visual experience (there is a car there in front of me with such-and-such features, and the fact that there is a car there in front of me with those features is causing this very visual experience).

The addition of causal self-referentiality, which emerges naturally in the discussion of visual experience, will prove to be a crucial analytical device in the analysis of other forms of intentionality, as we will shortly see. Notice, incidentally, that causal self-referentiality, which we found in visual experiences, is also present in speech acts. If I command someone to leave the room, then my command will be obeyed, and thus satisfied, only if it is both the case that the person so commanded leaves the room, and secondly, that he or she leaves the room *because* I gave the command. That is, the obedience conditions of the command, like the veridical conditions of the visual experience, are both causal and self-referential; they require that the rest of the conditions of satisfaction be causally related to the intentional phenomenon of which they are the conditions of satisfaction. Similar remarks apply to promises. — Another cognitive phenomenon having the feature of causal self-referentiality is memory. If I remember an event that occurred in my childhood, then it must not only be the case that my memory matches an independently exist-

ing event, but that the event in question must have caused the memory. With the introduction of the discussion of perceptual experiences, such as visual experiences, we have introduced an element into the discussion of intentionality which was not there before, namely occurrent experiences. Beliefs and desires, hopes, fears, and memories may be thought contents, but it is not essential to the presence of these phenomena that they should be experienced during the period when they are present. Thus, for example, a man who is asleep can be said to have certain beliefs, memories, fears, hopes, etc., but he cannot then and there be said to be having any visual experiences. Grammatically, 'belief', 'desire', etc. name mental states, whereas visual experiences are mental events, normally consciously experienced. Such mental events have a kind of immediacy that inclines me to want to call them 'presentations' rather than mere 'representations'. Of course, we saw that representations are defined in terms of their logical properties, and these are shared by visual experiences, so strictly speaking we should say that the visual experiences as presentations are a subclass of representations.

4. Intentions and actions

With this apparatus in hand, we can now turn our attention to one of the most fascinating topics within the theory of intentionality: the subject of intention and action. The first thing to notice is that we must distinguish between two different types of intentions: 1) *prior intentions*, which are intentions formed prior to the performance of an action, 2) *intentions-in-action*, which are the intentions we have that are co-extensive with the performance of an action. Perhaps the easiest way to see the distinction is to see that it is possible to have one type of intention without having the other type. So for example, one can form a prior intention without ever actually carrying out or even trying to carry out that intention. And one can perform a spontaneous action where one simply does something spontaneously without ever having formed some prior intention, plan, or decision to perform that action. An example of a prior intention without an intention-in-action would be the case of a man who forms the intention to vote for the Democrats in the next election, but then simply forgets to go to the polls on polling day. An example of an intention-in-action without a prior intention would be a man who is pondering a difficult philosophical problem while sitting in a chair and suddenly and spontaneously gets up and starts pacing around the room. The pacing is done intentionally, but it is not done by way of carrying out a prior intention, because there was no prior intention. The causal self-referentiality which we discover to be a feature of perception and memory pervades both prior intentions and intentions-in-action. We can illustrate this by considering a simple physical action such as raising one's arm. If someone orders me to raise my arm, then in order to carry out the order, if I form the prior intention to raise my arm, the conditions of satisfaction of the prior intention will be that I perform the action of raising may arm and that this action is caused by the prior intention whose conditions of satisfaction it is. Thus, the structure is:

Prior intention (that this prior intention cause that I perform the action)

The prior intention, thus, has the whole action as its condition of satisfaction. The intention-in-action, on the other hand, is itself a component of the action, and thus does not have the whole action as its condition of satisfaction, but only the bodily movement. Thus, if I am performing the intentional action of raising my arm, the conditions of satisfaction of the intention-in-action are simply that my arm go up and that the intention-in-action should cause it to be the case that my arm go up. Since the second clause in these conditions of satisfaction entails the first, we can represent the whole intention-in-action using our notation as follows:

Intention-in-action (this intention-in-action causes that my arm go up)

Since the conditions of satisfaction of the intention-in-action are so different from the condition of satisfaction of the prior intention, it might seem puzzling that there should be such a close relation between them. The puzzle is removed when we see that the prior intention makes reference to a whole action, but the intention-in-action is itself a component of a whole action. Thus, if we consider actions for which there is a prior intention, the pattern of the analysis is as follows:

The prior intention causes the action, but the action consists of two components — an intention-in-action and a bodily movement. Thus, the prior intention causes the intention-in-action which causes the bodily movement.

For many, but not all, uses of the word 'try', whenever a person has an intention-in-action, we can say that he is trying to do something. Roughly speaking, the English concept that best approximates an intention-in-action is simply the concept of trying. — It is customary in contemporary action theory to distinguish within the action between 'basic actions' and 'the accordion effect'. Intuitively, the idea of a basic action is the idea of an action one can perform without doing anything else by way of which one performs that action. Thus, for example, raising one's arm is contrasted with killing one's enemy. One might kill one's enemy by shooting him, but one does not in that way normally have to do anything by way of which one raises one's arm. One just raises it. Raising one's arm is a basic action; killing one's enemy is not a basic action. Characteristically, any complex action can be given an expanded or contracted series of descriptions, and this possibility of expansion and contraction leads to the metaphor of the accordion in the 'accordion effect'. Thus, if Jones kills Smith, one can say that Jones shot Smith, that Jones pulled the trigger on the gun, that Jones wounded Smith, that Jones avenged the death of his murdered brother, etc. — Given the analysis of intentional action proposed so far, we can now analyze the notion of the accordion effect and the notion of a basic action within the theory of intentionality. As far as intentional actions are concerned, the accordion effect is simply a consequence of the fact that a complex intention may have a series of conditions of satisfaction that are related to each other in systematic ways. Thus, when Jones pulls the trigger, he may have the intention to fire the gun, wound his enemy, kill his enemy, avenge his brother's death. In the case of the accordion of intentional action, the representation of the complex intention-in-action would be as follows:

Intention-in-action (this intention-in-action causes that the trigger is pulled which causes that the gun fires which causes that the victim is wounded which causes that the victim dies which constitutes that the crime is avenged)

The notion of a basic action is simply the notion of the intentional component at the extreme left-hand side of these conditions of satisfaction. A basic action is thus simply any action that one can perform without intending to do anything by way of which one performs it. — These definitions of a basic action and the accordion effect have the consequence that what is basic for one agent may not be basic for another. The level of the basic will rise to the level of the agent's background skills. Thus, for a good skier, turning left can simply be a basic action. For the beginning skier, such a maneuver requires a series of movements by way of which he turns left. These other movements will be the basic actions, not the left turn.

5.   The network and the background

All intentional states only function in relation to other intentional states, and thus, in any case of intentionality, the intentional state only functions within a network of intentionality. For example, if I form the intention to go to Europe, I can only have that intention within a network of other beliefs, desires, and intentions. I must believe that Europe is a certain distance away, that it can be reached by airplane, that the cities I wish to visit are located within Europe, etc. I must desire that the plane I am on will go to Europe and not to Asia, that it will be able to take off, etc. I must intend to buy a plane ticket, to pack my bags, to go to the airport, to get on the plane, etc. One intentional state automatically refers to an indefinite number of intentional states. — Furthermore, if we follow out the threads in the network, we soon reach a series of mental capacities that are not themselves further intentional states. There is a large bedrock of cognitive phenomena that are simply taken for granted or presupposed, but do not themselves form the structure of the intentional network. Thus for example, I presuppose the solidity of objects and the traversability of three-dimensional space. I presuppose the persistence of continents such as Europe and America, and that most of the life in Europe and America goes on at or near the surface of the earth. All of this forms a pre-intentional background to my forming the intention to go to Europe, but it is not itself a matter of further intentional contents. Part of this background of intentionality will consist in the various abilities, skills, and competences that I have for engaging in various physical and social activities. I know how to walk across the room, to buy a plane ticket, to get on an airplane, to sit in a seat, etc. In general where intentional action is concerned, one may say that an agent's abilities rise to the level of the background skill, but for that very reason, they reach to the bottom of the physical exercise of that skill. Let us consider each of these points in turn.

The man who has the ability to walk from his home to his office does not have to form a separate intention for each leg movement. He simply forms the intention to walk to his office, and then he simply does it. His intentionality rises to the level of his background abilities. Nonetheless, each of the subsidiary voluntary movements within the execution of his intention is performed intentionally. Thus, each leg movement is intentional, though there is no separate intention determining the leg movements. How can this be? The answer is simply that the top level intention, by invoking the background ability, by deriving its conditions of satisfaction from the background ability, governs each of the voluntary movements within the execution of the skill determined by the background ability. The only intention is the intention to walk to his office. But the foot and leg movements are not thereby rendered unintentional. They are intentionally performed as part of the higher level intentional act.

6.   Intentionality-with-a-t and intensionality-with-an-s

Traditionally, the discussion of intentionality is often combined with a discussion of intensionality. Indeed, in some authors, there is alleged to be an identity or at least some kind of necessary connection between intentionality and intensionality. Many authors have sought to make the intensionality of reports of intentional states into some sort of criterion of the presence of intentionality. Much of the discussion of these matters in the philosophical literature is hopelessly confused, but the confusions can be fairly easily sorted out if we keep in mind a few absolutely fundamental principles.

Principle I. Intentionality-with-a-t is simply that property of the mind by which mental states are directed at or about or of objects and states of affairs in the world.

Principle II. Intensionality-with-an-s is that property of linguistic entities, such as sentences and statements, by which they fail to satisfy certain tests for extensionality.

In previous sections we have discussed, in some detail, the character of intentionality-with-a-t. It is now time to explain the notion of intensionality-with-an-s. Statements and other linguistic entities can satisfy or fail to satisfy certain tests for extensionality. A sentence or other expression can only meaningfully be said to be ›extensional‹ or ›intensional‹ with respect to specific tests for extensionality. There are many such tests, but the two most important and most commonly referred to in the philosophical and logical literature are substitutability of coreferring expressions sometimes called 'Leibniz's Law' (s. art. 83) and existential inference or existential generalization (s. art. 86). Let us consider each of these in turn.

Suppose

(1) Henri believes that Berlin is the capital of Austria.

whereas in fact

(2) Berlin is the capital of Germany.

Now it is a standard law of logic that anything true of an object is true of anything identical with that object. And thus, that if two expressions refer to the same object, they can be substituted for each other in any sentence in which one occurs without any change in the truth value of the resulting sentence. Substitutions can be made *salva veritate*. This is the test of substitutability. However, sentence (1) fails that test. For in sentence (1) we cannot substitute the expression 'the capital of Germany' for the expression 'Berlin' and derive 'Henri believes that the capital of Germany is the capital of Austria'. A sentence such as (1) is said to be intensional with respect to the test for the substitutability of identicals.

Now consider the statement

(3) Bobby desires that Santa Claus come on Christmas eve.

From the truth of such a statement, we cannot infer that there is an entity, Santa Claus, such that Bobby desires that that entity comes on Christmas eve. That is, we cannot make the inference from (3) to

$\vee_x$ (Bobby desires that x comes on Christmas eve)

Statement (3) can be true even if Santa Claus does not exist. Such a statement is said to fail the test for existential generalization, and thus is said to be intensional with respect to that test for extensionality. — These are typical cases of intensional contexts; and it is important to reemphasize that a linguistic entity can only be said to be intensional with respect to some specific test for extensionality. What then exactly is the connection between intentionality-with-a-t and intensionality-with-an-s? Notice that both of these statements, (1) and (3), describe states that are intentional-with-a-t. This is a characteristic source of intensionality-with-an-s. Descriptions of in-

tentional-with-a-t states are characteristically intensional-with-an-s descriptions. Why? Notice that on our account of intentionality-with-a-t, intentional states are all representations; they are representations of their conditions of satisfaction. But like any representation, they can fail to be satisfied. An agent can therefore be said to have the representation, even though it is unsatisfiable. Thus in (1), Henri has a false belief about Berlin, and in (3), the child has an unsatisfiable desire concerning the events of Christmas eve, for the object of his desire does not even exist. In short, since intentional-with-a-t states are representations, and since the content of the representation can be reported independently of whether or not it is satisfied, or even independently of whether or not the objects purportedly referred to by the representation exist, the report of the intentional state does not commit the person making the report to the existence of the objects referred to by the original representation (existential generalization); nor does the report necessarily remain true under substitution of coreferring expressions in the report (substitutability). — In short, the ground floor intentional state is a representation, but its report in language is a representation of a representation. The truth of the representation of the representation depends not on how things are in the real world represented by the original intentional representation (the original intentional state), but rather, how they are in the mental world of the intentional representation. And that mental representation can be reported accurately even though the objects purportedly referred to by that representation do not exist. This accounts for the failure of existential generalization. And the expressions occurring in the report, since they are not used to refer to any such objects, but only to express the content of a representation, are not subject to the law of the substitutability of coreferring expressions *salva veritate*. The substitution of any such expression may fail to preserve the mental content of the original intentional state being reported, and thus such substitutions cannot guarantee sameness of truth value. — On this account, intentionality-with-a-t and intensionality-with-an-s are quite distinct phenomena. They are not even remotely in the same line of business. Intentionality-with-a-t is the directedness of the mind. Intensionality-with-an-s is a logical property of a certain class of statements and other linguistic phenomena whereby they fail to satisfy certain tests for extensionality. The only connection is that characteristically reports of intentional-with-a-t states are intensional-with-an-s reports for the reason I have just given (s. art. 80).

A very common mistake is to infer from the fact that the *report* of an intentional state will characteristically be intensional-with-an-s that therefore the *state itself* is somehow intensional-with-an-s. But nothing could be further from the truth. The sentence 'Caesar crossed the Rubicon' is completely extensional. It will be true if and only if there is a unique object x such that x is identical with Caesar, and a unique object y such that y is identical with the Rubicon, and any object identical with x crossed any object identical with y. You cannot get more extensional than that, since the sentence satisfies both our tests of existential generalization and substitutability of identicals. But now consider the statement 'Sam believes that Caesar crossed the Rubicon'. That statement is intensional with respect to our two tests, since the context surrounding the referring expressions does not guarantee substitutability *salva veritate* and it does not admit of existential generalization. The statement can be true, for example, even if it turned out that Caesar never existed, as long as Sam exists and actually has that belief. But now consider Sam's *belief* that Caesar crossed the Rubicon. Consider the actual *belief* itself and not the *sentence* reporting the belief. Is Sam's actual belief extensional or intensional? Well, obviously on the two tests presented, the belief itself, as opposed to the report of the belief, is completely extensional. That belief, like sentence (1) that expresses the belief, will be true if and only if there is a unique x such that x is identical with Caesar and a unique y such that y is identical with the Rubicon and anything identical with x crossed anything identical with y. — Now if Bill believes that Sam believes that Caesar crossed the Rubicon, then though Sam's *ground floor belief* is extensional, Bill's *belief about the belief* will itself be an intensional belief. His belief, like the sentence which reports Sam's original belief, will admit of neither existential generalization nor of the substitutability of coreferring expressions. It is always crucial in these discussions to distinguish between features of the phenomena being reported and features of the reports. From the fact that reports of intentional-with-a-t states are characteristically intensional-with-an-s, it simply does not

follow that the states themselves are intensional-with-an-s. It is a variation of a use-mention confusion to suppose that it does follow. There were many attempts in the past to try to get a criterion or definition of intentionality-with-a-t in terms of the logical properties of intensionality-with-an-s. All of these failed for the obvious reason that there is no interesting connection between intensionality-with-an-s and intentionality-with-a-t other than the fact that reports of intentional-with-a-t states are characteristically intensional-with-an-s reports.

7.   The intentionality of meaning

We said earlier that linguistic meaning was a derived form of intentionality (s. art. 68). It is now time to answer the questions: From what is it derived and how is it derived? — We can best answer these questions by exploring an example. Suppose I now believe that it is raining and I intend to communicate this belief to someone else. My belief that it is raining is intrinsically intentional. There is no way that it could be that belief, no way that it could be the thing that it is, without being the belief that it is raining. Similarly with the intention of communication. There is no way that it could be that very thing without having its conditions of satisfaction, direction of fit, and other intentional properties. But now suppose that in carrying out my intention to communicate I utter the sentence, 'Es regnet'. That sentence is also intentional since it means that it is raining, and the utterance is intentional since it constitutes the performance of the speech act of stating that it is raining. However the intentionality of the sentence and the intentionality of the utterance have levels of description in which they are not intrinsically intentional: that very sentence might have meant something else or might have meant nothing at all and I might have made sounds indistinguishable from the sounds I did make without meaning that it is raining and indeed I might have made those sounds without meaning anything at all. The intentionality of the sentence, the sentence meaning, is a matter of the conventions of German, and the intentionality of the utterance, the utterance meaning, is a matter of the intentions of the speaker in uttering the sentence (s. art. 87).

In both cases, sentence meaning and utterance meaning, the intentionality is derived from the intrinsic intentionality of speakers.

How? Let us consider speaker's utterance meaning first. When I utter the sentence, I do not just intend to make certain sounds, but I intend to perform a speech act by uttering those sounds. Now the intention to perform a speech act normally includes a lot of subsidiary intentions and it is the task of the theory of speech acts to make them fully explicit. For our present purposes we are interested only in those subsidiary intentions having to do with meaning and communication (s. art. 94). As far as meaning is concerned, when I utter the sentence I intend by the utterance to represent a certain state of affairs, the state of affairs that it is raining. Thus I intend that my utterance has conditions of satisfaction, the very same conditions of satisfaction that my belief has. Now since the utterance has the same conditions of satisfaction (with the same direction of fit) as the belief, the utterance will necessarily be an expression of the belief. If I make the statement that it is raining I necessarily express the belief that it is raining; and this condition holds even if I do not in fact have the belief I express, even if I am lying. So there will be a double level of intentionality in the performance of the speech act, the level of the intention to perform the speech act and the level of the intentional state expressed in its performance. The intention to perform the speech act will determine the intentional state expressed in its performance, and we are now in a position to see exactly how: the intention to perform the speech act involves the intention to represent, but that intention is the intention that the utterance should have conditions of satisfaction. Now since the production of the utterance is itself part of the conditions of satisfaction of the intention, and since the utterance is intended to have further conditions of satisfaction, we can now say that the essence of speaker's utterance meaning is the intentional imposition of conditions of satisfaction on conditions of satisfaction. Speaker's utterance meaning occurs when the sounds that *intentionally* come out of the speakers mouth (or the marks on paper, etc.) are *intended* to represent something, when they are intended to have conditions of satisfaction. So speaker's utterance meaning is a matter of derived intentionality, meaning is derived from the speaker's intention in making the utterance. — In order for the speech act to be successfully performed its meaning must be communicated to the hearer, and this is achieved if the hearer recognizes the meaning intentions of the speaker. In the example above the hearer will have understood me if he recognizes that I intend to represent assertively, with the word-to-world direction of fit, that it is raining. The intention to communicate, therefore, is in large part the intention that the representing intention should be recognized by the hearer. — The meaning of the sentence is also a matter of derived intentionality, only in this case it is a matter of the conventions of the language. The sentence, 'Es regnet', means that it is raining as a matter of the conventions of German. But those conventions are precisely the conventions that determine that a literal utterance of the sentence will be one in which the speaker's meaning determines that the conditions of satisfaction of the utterance are that it is raining at the time of the utterance. The literal (i. e. conventional) meaning of the sentence is just the standing possibility of the intentional performance of a certain type of speech act, and in that sense speaker's meaning is more basic than sentence meaning. To specify the conventional meaning of the sentence is just to specify the speech acts which could be performed in its literal utterance; and this point holds even though, of course, there is an infinite number of meaningful sentences that have never been and never will be uttered to perform a speech act. The sentence is an instrument to talk with.

8. Selected references

Austin 1962 b, *Sense and Sensibilia*.

Grice 1957, Meaning, in *The Philosophical Review* 66.

Lehrer (ed.) 1966, *Freedom and Determinism*.

Linsky (ed.) 1971, *Reference and Modality*.

Searle 1969, *Speech Acts*.

Searle 1983, *Intentionality*.

von Wright 1971, *Explanation and Understanding*.

John R. Searle, Berkeley, Cal. (USA)

94. Kommunikation und Verstehen

1. Einleitung

Unter *Kommunikation* läuft derzeit sehr vieles. Das Spektrum reicht von den kommunizierenden (ihren flüssigen Inhalt austauschenden) Röhren über die sich zunehmend miniaturisierende Bürokommunikation (Datenaustausch zwischen diversen Datenspeichern) bis hin zur (auf Verständigung im Sinne eines allseitigen Interessenausgleichs abzielenden) kommunikativen Vernunft. Auch ein *Verstehen von Kommunikation* kann folglich sehr vieles heißen: So zum Beispiel, daß man die physikalischen Prinzipien hinter dem durch Druckausgleich bewirkten Flüssigkeitsaustausch kennt oder die informationstheoretischen Prinzipien, die die betreffende Bürosoftware steuern, oder eben die Prinzipien, die erklären, weshalb gewisse gesellschaftliche Prozeduren konsensfördernd sein sollen.

Demgegenüber steht Kommunikation im folgenden ausschließlich für kommunikatives Handeln im Sinne von sogenannten *Kommunikationsversuchen*. Musterbeispiele für solche Handlungen wären etwa: *S* steht auf, um seinem Besucher *H* damit zu verstehen zu geben, daß er das Gespräch als beendet betrachtet; *S* hebt seinen rechten Arm, um dem Autofahrer *H* vor ihm, der ihn abschleppen soll, damit zu signalisieren, daß dieser jetzt starten kann; *S* zieht seine Stirn in Falten, um seiner Frau *H* damit anzuzeigen, daß ihm die Art, wie der Pianist das Fortissimo spielt, überhaupt nicht gefällt. '*S*' und '*H*' verwenden wir im folgenden auch als Kennzeichnungen für den *kommunikativ Handelnden* (Sprecher) beziehungsweise den *Kommunikationsadressaten* (Hörer), wobei jedoch zu beachten ist, daß die betreffenden Kommunikationsversuche durchaus nicht auditiver Art zu sein brauchen.

Ein *kommunikatives Handeln* wird hier also als spezieller Fall eines Handelns erklärt — und so auch der Erfolg beziehungsweise das *Verstehen einer kommunikativen Handlung* als spezieller Fall des Erfolgs beziehungsweise des Verstehens einer Handlung.

Dieser Begriff von Kommunikation ist in mehrfacher Hinsicht der wichtigste. Er kommt ohnehin unvermeidlich dann ins Spiel, wenn wir am kommunikativen Verhalten von solchen relativ weit entwickelten Lebewesen wie uns Menschen interessiert sind; von ihm ausgehend läßt sich in recht zwangloser Weise ein elementarer Begriff der regulären, konventionalen und sprachlichen Bedeutung von Handlungsweisen beziehungsweise Ausdrücken gewinnen (s. Art. 68); und nur über ihn wird sich auch das Phänomen der sogenannten ›Kommunikation zwischen den Zeilen‹ (Implikaturen) adäquat erfassen lassen (s. Art. 97).

2. Eine Handlung verstehen

Man kann in einem ganz alltäglichen Sinne sagen, daß wir eine von einer Person *X* vollzogene Handlung dann verstehen, wenn wir wissen, mit welcher Absicht (Intention) *X* diese Handlung getan hat.

2.1. Schreiben wir

$T(X, f)$ für: X tut f
$G(X, A)$ für: X glaubt, daß A
$P(X, A)$ für: X will, daß A,

so können wir diesen Begriff des *intentionalen Handelns* (genauer: des Handelns mit einer Absicht) grob so präzisieren:

D1 $I(X, f, A) \leftharpoondown T(X, f) \wedge P(X, A) \wedge G(X, A \leftrightarrow T(X, f))$

   X intendiert damit, daß er *f* tut, zu erreichen, daß *A* gdw. *X f* tut, will, daß *A*, und glaubt, daß *A* genau dann eintritt, wenn er *f* tut.

Dabei stehe $G(X, A)$ für einen starken rationalen Glauben (für feste Überzeugungen also im Gegensatz zu bloßen Vermutungen) und $P(X, A)$ besage, daß alle von *X* für optimal (und möglich) gehaltenen Zustände solche sind, in denen *A* gilt. Den Sachverhalt *A* in $I(X, f, A)$ kann man auch als *Ziel* beziehungsweise *Zweck* der betreffenden *f*-Handlung von *X* bezeichnen; *A* ist also ein vom Zeitpunkt des Vollzugs der *f*-Handlung aus betrachtet zukünftiger Sachverhalt. Diese diversen Zeitbezüge wären natürlich bei einer genaueren Explikation durch eigene Zeitindizes kenntlich zu machen. Für die vom Zeitpunkt t, zu dem X f tut, aus betrachteten zukünftigen Ziel-Sachverhalte A zum Zeitpunkt t' tun wir das im folgenden, indem wir diese durch A' wiedergeben; daß H zu t' r tut beziehungsweise p glaubt, geben wir also durch $T'(H, r)$ beziehungsweise $G'(H, p)$ wieder (zu diesen und zahlreichen weiteren notwendigen Verfeinerungen s. Meggle 1981 a). Das f-Tun selbst ist aus der Sicht von X ein für das Erreichen seines Zieles A notwendiges und hinreichendes *Mittel* (Instrument). Ein Handeln im Sinne von $I(X, f, A)$ kann man daher auch als ein *instrumentelles Handeln* bezeichnen. Oder, wie man auch sagen kann: Bei $I(X, f, A)$ geht es um einen *Versuch* von X, mit f-Tun A zu erreichen.

Allgemeiner:

D1.1 $I(X, f) \leftrightharpoons \vee_A (I(X, f, A))$

Eine Handlung f von X ist eine intentionale Handlung (im Sinne von: eine Handlung, mit der X eine Absicht verfolgt) gdw. es einen Sachverhalt A gibt derart, daß X mit f-Tun A zu erreichen versucht.

2.2. *Erfolgreich* ist ein solcher Versuch gdw. er sein Ziel in der vom Handelnden selbst erwarteten Art und Weise auch tatsächlich erreicht, der Handelnde mit seinen diesbezüglichen Erwartungen also recht hat. Präziser:

D2 $IE(X, f A) \leftrightharpoons I(X, f, A) \wedge (A \leftrightarrow T(X, f))$

Des X mit f-Tun unternommener Versuch, zu erreichen, daß A, ist erfolgreich gdw. X diesen Versuch unternimmt und X sein Ziel erst und gerade damit erreicht, daß er f tut.

Es reicht für einen Erfolg einer $I(X, f, A)$-Handlung also nicht hin, daß A tatsächlich eintritt; das Eintreten von A muß vielmehr durch das f-Tun von X bewirkt worden sein. Und das zeigt schon, daß wir in den Definitionen D1 und D2 — und in den entsprechenden späteren Kommunikationsanaloga — anstelle der materialen Äquivalenzen sehr viel stärkere Konditionalbegriffe zu verwenden hätten. Jede intentionale Handlung dieser Art zielt auf ihren eigenen Erfolg ab. Es gilt mit anderen Worten:

T1 $I(X, f, A) \leftrightarrow I(X, f, IE(X, f, A))$

2.3. Sei A^* das Gesamt-Ziel einer von X vollzogenen f-Handlung, d. h. die Gesamtheit der Sachverhalte A, für die $I(X, f, A)$ gilt. Und schreiben wir

$W(X, A)$ für: X weiß, daß A — wobei

$$W(X, A) \leftrightharpoons G(X, A) \wedge A$$

so kann man den (auf $I(X, f)$-Handlungen zugeschnittenen) Verstehensbegriff so erklären:

D3 $V(Y, I(X, f)) \leftrightharpoons W(Y, I(X, f, A^*))$

Eine Person Y versteht die f-Handlung von X gdw. Y weiß, was X mit seinem f-Tun (alles) zu erreichen beabsichtigt.

Mit anderen Worten: Y versteht das f-Tun von X, wenn Y weiß, welches (Gesamt-)Ziel X mit seinem f-Tun verfolgt und welche Rolle der Vollzug von f den Überzeugungen von X zufolge bei der Realisierung dieses Ziels spielt.

2.4. Verstehen ist ein *Wissen*, impliziert also die Richtigkeit der betreffenden Überzeugung. Das unterscheidet ein Verstehen von einem bloßen Etwas-als-etwas-Verstehen beziehungsweise einem, wie man dafür auch sagt, Etwas-so-und-so-Verstehen. Letzteres heißt nichts weiter als: das betreffende Objekt des Verstehens wird als das und das aufgefaßt, für das und das gehalten beziehungsweise so und so interpretiert — wobei es offen ist, ob das Verstehensobjekt auch tatsächlich das ist, als was es aufgefaßt wird. Trifft letzteres zu, so kann man sagen, daß das Verstehensobjekt zu Recht — andernfalls, daß es fälschlicherweise — als das und das verstanden worden ist.

Ein Verstehen ist also stets auch ein Etwas-so-und-so-Verstehen. Aber nur ein Zu-Recht-etwas-so-und-so-Verstehen ist auch ein Verstehen. Insbesondere gilt: Wir verstehen eine Handlung, wenn wir sie zu Recht als eine Handlung mit dem und dem Gesamtziel verstehen.

2.5. Wie generell zwischen einem Wissen und einem bloßen Zu-wissen-Glauben zu unterscheiden ist, so auch speziell zwischen einem Verstehen und einem bloßen Zu-verstehen-Glauben. Diese Parallelisierung gilt jedoch nicht uneingeschränkt. Denn obgleich gilt:

T2 $W(X, A) \rightarrow G(X, W(X, A))$

Wer etwas weiß, der glaubt es auch zu wissen

gilt andererseits

(i) Versteht $(Y, Z) \rightarrow G(Y, \text{Versteht } (Y, Z))$

Wer etwas versteht, der glaubt es auch zu verstehen

gerade nicht generell — wie sich im Falle eines Handlungsverstehens im Sinne von 2.2. oben leicht deutlich machen läßt. Es kann sein, daß Y ein f-Tun von X zwar versteht (Y alle Ziele kennt, die X mit seinem f-Tun verfolgt), Y aber fälschlicherweise glaubt, daß X mit seinem f-Tun noch weitere Ziele verfolgt, die er (Y) noch nicht kennt — in welchem Fall dann Y die f-Handlung von X zwar versteht, fälschlicherweise aber sogar überzeugt sein wird, daß er die f-Handlung von X (noch) nicht (ganz) verstanden hat.

2.6. Der explizierte Verstehensbegriff fordert die Kenntnis des Gesamtziels. Diese Forderung ist sehr stark. Demgegenüber könnte man auch mit einem auf die Kenntnis von Teilzielen relativierten Verstehensbegriff beginnen und etwa sagen: Y versteht das f-Tun von X bezüglich des Ziels A gdw. $W(Y, I(X, f, A))$ gilt.

Daß dem Y das f-Tun von X verständlich ist, heißt: Es gibt mindestens ein Ziel A, bezüglich dessen Y das f-Tun von X versteht. Daß das f-Tun von X dem Y ganz unverständlich ist, heißt entsprechend: Es gibt kein einziges Ziel A bezüglich dessen Y das f-Tun von X versteht.

2.7. Welche Absichten X mit seinem f-Tun (im Sinne von D1) verfolgt, ist dem X selbst bekannt. Und da sich X hinsichtlich seiner eigenen Absichten auch nicht irren wird, gilt somit:

T3 $I(X, f, A) \leftrightarrow T(X, f) \land G(X, I(X, f, A))$

Ein Tun ist ein Tun mit einer bestimmten Absicht gdw. der Handelnde selbst mit seinem Tun diese Absicht verbindet.

Wegen T3 kann man daher auch sagen: Wir verstehen eine Handlung, wenn wir wissen, wie sie der Handelnde selbst versteht. Wie das Handlungssubjekt seine Handlung selbst versteht (welche Absichten es selber damit verbindet), das nennt Max Weber auch den *subjektiven Sinn* der Handlung. In dessen Redeweise können wir also auch sagen: Wir verstehen eine Handlung, wenn wir deren subjektiven Sinn kennen.

2.8. Dem subjektiven Sinn einer Handlung mit dem (Gesamt-)Ziel A entsprechen die beiden letzten D1-Bedingungen

(I) $P(X, A)$
(II) $G(X, A \leftrightarrow T(X, f))$

Diese Bedingungen geben genau die Gründe wieder, die X selber für sein f-Tun hat, und aufgrund derer er dann, wenn er rational ist, tatsächlich f tun wird. Denn das für solche Situationen (von sogenannten Entscheidungen unter Sicherheit) einschlägige Rationalitätskriterium besagt: Vollziehe diejenige Handlung, die mit Sicherheit zu einem optimalen Ergebnis führt. Das ist bei (I) und (II) aber genau $T(X, f)$ selbst. D. h., mit besagtem Kriterium folgt aus (I) und (II) direkt die *Rationalität* von $T(X, f)$.

Allgemeiner, weil nicht nur auf intentionale Handlungen in dem starken Sinne von $I(X, f, A)$ und damit nicht nur auf Situationen einer Entscheidung unter Sicherheit abhebend, können wir also sagen:

D2 Man versteht eine Handlung gdw. man deren *Rationalitätsgründe* kennt, d. h., gdw. man weiß, daß und aus welchen Gründen es für den Handelnden rational war, sie zu tun.

Die einschlägigen Rationalitätsgründe sind also, allgemeiner gesagt, diejenigen Glaubensannahmen (subjektiven Wahrscheinlichkeiten) und Präferenzen, aufgrund deren es nach dem für den jeweiligen Typ von Entscheidungssituation einschlägigen Rationalitätskriterium für den Handelnden rational war, das zu tun, was er tat.

Rational heißt hier also nichts anderes als: rational in Hinblick auf die Präferenzen und Glaubensannahmen, die der Handelnde nun einmal hat. Wiederum mit Max Weber könnte man daher treffend auch von der *subjektiven Richtigkeit* der betreffenden Handlung sprechen. Den subjektiven Sinn einer Handlung kennen und diese somit verstehen, heißt also dasselbe wie: Die Gründe kennen, aufgrund deren die Handlung subjektiv (d. h. aus der Sicht des betreffenden Subjekts) richtig ist.

2.9. Der Einfachheit wegen werden wir uns weiterhin auf den Spezialfall einer Entscheidung unter Sicherheit beschränken. Für diesen Fall deckt sich dann der in D2 definierte Verstehensbegriff mit der von Georg Henrik von Wright (1971) vertretenen Auffassung, wonach eine Handlung zu verstehen heißt, sie als Konklusion eines *praktischen Schlusses* zu verstehen — falls die Konklusion dieses Schlusses die Behauptung der Rationalität von $T(X, f)$ ist (und nicht, wie bei von Wright selber, nur einfach $T(X, f)$), die beiden Prämissen (I) und (II) wahr sind, und der Sachverhalt A dem Gesamtziel der Handlung entspricht.

2.10. Dieser auf die Kenntnis der relevanten Absicht, und damit auf die Kenntnis des *voluntativ-kognitiven Komplexes* (I) und (II) abhebende Verstehensbegriff ist höchst allgemein. Daß wir eine Handlung verstehen, heißt ihm zufolge nicht, daß wir auch wissen, wie es kommt, daß der Handelnde die Absichten hat, die er hat. Es kann also durchaus sein, daß wir eine Handlung von jemandem verstehen, es uns aber dennoch absolut unbegreiflich ist, wie der Betreffende zu seinen entsprechenden Überzeugungen und Präferenzen kommen konnte. Ein, wie man sagen könnte, tieferes Verstehen der Handlung würde auch noch ein solches weiteres Wissen umfassen. — Zu beachten ist, daß es bei dem explizierten Begriff ausschließlich um das Verstehen einer *konkreten* (von einer bestimmten Person zu einem bestimmten Zeitpunkt vollzogenen) *Handlung* im Unterschied zu dem durch sie realisierten *Handlungstyp* geht. Damit Y eine von X vollzogene Handlung vom Typ f versteht, muß Y lediglich wissen, welche Absichten die Person X zu dem Zeitpunkt, zu dem sie f tut, mit diesem Tun verbindet. Ob X selber auch sonst und ob auch andere Leute irgendwann mit f-Tun die gleichen Absichten verbinden wie X zu dem betreffenden Zeitpunkt, auch darüber sagt die Behauptung, daß Y die fragliche Handlung von X versteht, überhaupt nichts. — Mit der Behauptung, daß Y eine konkrete Handlung verstanden hat, ist auch nichts darüber gesagt, wie Y selber zu den Überzeugungen gekommen ist, die er haben muß, damit man sagen kann, daß er die betreffende Handlung verstanden hat. Und schließlich darf ein Verstehen nicht mit einem Akzeptieren verwechselt werden: Daß ich jemandes Handlung verstehe, heißt noch lange nicht, daß ich seine hinter der betreffenden Handlung stehenden Präferenzen beziehungsweise Überzeugungen billige oder gar teile.

3. Kommunikatives Handeln

Handlungen können im allgemeinen die Handlungen sein, die sie sind, auch wenn sie, außer vom Handelnden selber, von niemandem verstanden werden. Bei kommunikativen Handlungen ist das anders. Sie sind auf ein Verstandenwerden hin angelegt. Kommunikationsversuche zielen darauf ab, verstanden zu werden. Genau dies ist die *differentia spe-*

cifica von Kommunikation. Diese gilt es nunmehr unter Rückgriff auf die in 2. explizierten allgemeineren Begriffe eines Erfolgs und des Verstehens eines intentionalen Handelns zu erklären.

3.1. Einen von S mit f-Tun an H gerichteten Kommunikationsversuch (eine Aufforderungshandlung) des Inhalts, daß H (S zufolge) r tun soll, geben wir im folgenden durch $KV(S, H, f, r)$ wieder und einen Kommunikationsversuch (eine sogenannte Informationshandlung) des Inhalts, daß p der Fall ist, durch $KV(S, H, f, p)$ — und die entsprechenden erfolgreichen Kommunikationsversuche durch $KE(S, H, f, r)$ beziehungsweise $KE(S, H, f, p)$.

Das *primäre kommunikative Ziel* einer Aufforderungshandlung $KV(S, H, f, r)$ ist, daß der Adressat das tut, wozu er aufgefordert wird, d. h. also $T'(H, r)$; das primäre kommunikative Ziel einer Informationshandlung $KV(S, H, f, p)$ ist, daß H glaubt, daß p — symbolisch: $G'(H, p)$. Mit anderen Worten: Wir fordern

T4 $KV(S, H, f, r) \rightarrow I(S, f, T'(H, r))$
T5 $KV(S, H, f, p) \rightarrow I(S, f, G'(H, p))$

Erfolgreich werden diese kommunikativen Handlungen folglich nur dann sein, wenn diese primären kommunikativen Ziele auch tatsächlich erreicht sind:

T6 $KE(S, H, f, r) \rightarrow T'(H, r)$
T7 $KE(S, H, f, p) \rightarrow G'(H, p)$

Daß H tatsächlich r tun beziehungsweise H tatsächlich glauben wird, daß p, ist freilich für einen Erfolg der betreffenden Kommunikationsversuche wiederum nicht hinreichend. Es wäre, wie in 2.2. oben schon betont, nicht einmal für den Erfolg von $I(S, f, T'(H, r))$ beziehungsweise $I(S, f, G'(H, p))$ hinreichend. Auch diese primären kommunikativen Ziele müssen dazu in der von S erwarteten Weise — i. e. über das Verstandenwerden der betreffenden Kommunikationsversuche — zustandekommen. Eben dies besagt (für Aufforderungshandlungen) die folgende für ein kommunikatives Handeln notwendige Bedingung, die Bedingung der *Erfolgs-Erwartung*:

(EE) $G(S, T'(H, r) \leftrightarrow W'(H, KV(S, H, f, r)))$

S erwartet, daß sein mit f-Tun an H gerichteter Kommunikationsversuch des Inhalts, daß H r tun soll, genau dann erfolgreich sein wird, wenn H das *f*-Tun von *S* als einen solchen Kommunikationsversuch versteht.

3.2. Die Bestimmung des primären kommunikativen Ziels und die Bedingung der Erfolgs-Erwartung führen zusammen zu dem folgenden Adäquatheitskriterium:

(AK) $KV(S, H, f, r) \leftrightarrow$
    (1) $I(S, f, T'(H, r)) \land$
    (2) $G(S, T'(H, r) \leftrightarrow$
        $W'(H, KV(S, H, f, r)))$

> *f*-Tun von *S* ist ein an *H* gerichteter Kommunikationsversuch des Inhalts, daß *p*, gdw. (1) *S* mit *f*-Tun zu erreichen beabsichtigt, daß *H* *r* tut, und (2) *S* dies erst und gerade dadurch erreichen zu können glaubt, daß *H* sein Tun (zu Recht) als einen solchen Kommunikationsversuch versteht.

Bereits mit dem bei Immanuel Kant zu findenden Prinzip

(KANT) $P(X, A) \land G(X, A \rightarrow B) \rightarrow P(X, B)$

> „Wer den Zweck will, will (sofern die Vernunft auf seine Handlungen entscheidenden Einfluß hat) auch das dazu [seiner Meinung nach, G. M.] unentbehrliche notwendige Mittel" (*Grundlegung zur Metaphysik der Sitten*, B 44 f)

folgt daraus dann die *Reflexivitäts-Bedingung*:

(RB) $KV(S, H, f, r) \rightarrow$
    $I(S, f, W'(H, KV(S, H, f, r)))$

> *f*-Tun von *S* ist nur dann ein an *H* gerichteter Kommunikationsversuch (eine Informationshandlung) des Inhalts, daß *H* (*S* zufolge) *r* tun soll, wenn *S* mit seinem *f*-Tun zu erreichen beabsichtigt, daß *H* das *f*-Tun von *S* als einen solchen Kommunikationsversuch versteht, i. e. erkennt, daß das *f*-Tun von *S* ein solcher Versuch ist.

Die Bedingungen (AK) und (RB) sind, wie schon betont, Adäquatheits-Bedingungen, Bedingungen also, die eine jede Definition kommunikativen Handelns, um adäquat zu sein, zu erfüllen hat. Als definierende Bedingungen freilich wären sie ihrer Zirkularität wegen schlicht unbrauchbar. Die zentrale Aufgabe einer explikativen Theorie des kommunikativen Handelns besteht also darin, Kommunikationsbegriffe in nicht-zirkulärer Weise so zu erklären, daß die Bedingungen

(RB) beziehungsweise, stärker, (AB) erfüllt sind.

In der in (RB) geforderten Bedingung ist bereits nach D1 des weiteren die folgende (notwendige) Bedingung der *Verstehens-Erwartung* enthalten:

(VE) $G(S, W'(H, KV(S, H, f, r)) \leftrightarrow T(S, f))$

> *S* erwartet, daß *H* seinen mit *f*-Tun unternommenen Kommunikationsversuch (als einen solchen) verstehen wird.

3.3. Die Reflexivitäts-Bedingung (RB) hat auch noch andere sehr weitreichende Konsequenzen. Denn welche Bedingung auch immer für das Vorliegen eines Kommunikationsversuchs der und der Art notwendig sein mag, *H* wird diese Bedingung für gegeben halten müssen, wenn er denn der Absicht von *S* zufolge erkennen soll, daß ein derartiger Kommunikationsversuch vorliegt. Wieder präziser:

(RB-1) Gilt $KV(S, H, f, r) \rightarrow B$, so auch
          $KV(S, H, f, r) \rightarrow I(S, f, W'(H, B))$

Sei *B* eine solche für einen Kommunikationsversuch *KV* notwendige Bedingung; dann ist nach (RB-1) auch $I(S, f, W'(H, B))$ eine für *KV* notwendige Bedingung. Dann gilt aber (RB-1) auch für diese weitere notwendige Bedingung selbst. Das heißt aber: Mit *B* ist nach (RB-1) außer

(I.1) $I(S, f, W'(H, B))$

auch

(I.2) $I(S, f, W'(H, (I.1)))$, d. h.
      $I(S, f, W'(H, I(S, f, W'(H, B))))$

als notwendig erwiesen; damit aber auch

(I.3) $I(S, f, W'(H, (I.2)))$

usw. Generell gilt also: Ist mit *B* auch die Bedingung (I.n) für einen Kommunikationsversuch notwendig, dann auch die Bedingung (I.n + 1) (d. h. $I(S, f, W'(H, (I.n)))$). Schreiben wir für die sich so ergebende Intentionenkette kurz $I^*(S, f, W'(H, B))$, so ergibt sich aus (RB) also mit anderen Worten direkt die Forderung der *absoluten Offenheit* (aller notwendigen Bedingungen) von Kommunikation:

(RB*) Gilt $KV(S, H, f, r) \rightarrow B$, so auch
        $KV(S, H, f, r) \rightarrow I^*(S, f, W'(H, B))$

> Ein *f*-Tun von *S* ist nur dann ein Kommunikationsversuch, wenn *S* mit seinem *f*-Tun dem Adressaten absolut of-

fen zu erkennen zu geben beabsichtigt, daß sein *f*-Tun die für einen Kommunikationsversuch notwendigen Bedingungen erfüllt.

3.4. Auch ein kommunikatives Handeln hat Ziele. Da die mit ihnen verfolgten Ziele zumindest gelegentlich aber auch auf nicht-kommunikativem Wege verfolgt und erreicht werden können, kann der Unterschied zwischen kommunikativem und nicht-kommunikativem Handeln nicht in diesen Zielen allein liegen. Der Unterschied ergibt sich aus anderem. Nämlich allein daraus, *wie* diese Ziele im kommunikativen Fall erreicht werden sollen und können, nämlich durch das Zuerkennengeben beziehungsweise Erkanntwerden dieser Ziele.

Die ersten Vorschläge zu einer diesem Ansatz folgenden Bestimmung eines Begriffs des kommunikativen Handelns stammen von Paul Grice, wobei bei diesem selbst freilich nicht von Kommunikationsversuchen, sondern davon die Rede ist, daß *S* etwas meint (›speaker's meaning‹). Dies hat zu starken und leider auch sehr weit verbreiteten Verwirrungen geführt. Grice selbst formuliert seinen Vorschlag so:

„'*S* meant something by *x*' is (roughly) equivalent to '*S* intended the utterance of *x* to produce some effect in an audience by means of the recognition of this intention'" (Grice 1957, 385).

Später ersetzt er diesen Vorschlag (für Aufforderungshandlungen) durch die explizitere Formulierung:

„'*S* meant something by uttering *x*' is true iff, for some audience *H*, *S* uttered *x* intending (a) *H* to produce a particular response *r* (b) *H* to think (recognize) that *S* intends (1) (c) *H* to fulfill (a) on the basis of his fulfillment of (b)'" (Grice 1969, 151).

3.5. In die oben eingeführte Terminologie übersetzt und damit bereits präzisiert besagt dieses sogenannte Gricesche Grundmodell:

(GGM) $KV(S, H, f, r) \leftrightharpoons$
  (1) $I(S, f, T'(H, r)) \wedge$
  (2) $G(S, T'(H, r) \leftrightarrow W'(H, (1)))$

f-Tun von S ist ein an *H* gerichteter Kommunikationsversuch des Inhalts, daß *H r* tun soll, gdw. (1) *S* mit *f*-Tun zu erreichen beabsichtigt, daß *H r* tut, und (2) glaubt, daß er dies erst und gerade dadurch erreicht, daß *H* erkennt, daß *S* diese Absicht hat.

Für Informationshandlungen würde das Grundmodell demnach fordern:

(GGM-I) $KV(S, H, f, p) \leftrightharpoons$
  (1) $I(S, f, G'(H, p)) \wedge$
  (2) $G(S, G'(H, p) \leftrightarrow W'(H, (1)))$

f-Tun von *S* ist ein an *H* gerichteter Kommunikationsversuch des Inhalts, daß *p*, gdw. (1) *S* mit *f*-Tun zu erreichen beabsichtigt, daß *H* glaubt, daß *p*, und (2) *S* glaubt, daß *H* erst und gerade glauben wird, daß *p*, wenn *H* erkennt, daß *S* eben diese Absicht hat.

Wie diese Präzisierungen zeigen, ist die Gricesche Bedingung (b) in seinem Grundmodell redundant: Sie folgt aus den Bedingungen (1) und (2). Die Griceschen Bedingungen (1) und (2) bezeichnen wir im folgenden auch kurz als *M-Intention* ('M' zur Erinnerung an Grices ›meaning-intention‹) und schreiben dafür (bei Aufforderungshandlungen) auch kurz $MI(S, H, f, r)$ beziehungsweise (bei Informationshandlungen) $MI(S, H, f, p)$.

3.6. Das Gricesche Grundmodell ist in zweifacher Hinsicht inadäquat. Zum einen sind dessen Bedingungen viel zu schwach. *S* zielt den GGM-Bedingungen zufolge nicht darauf ab, verstanden zu werden; ja nicht einmal die Verstehens-Erwartung (VE) ist in ihnen enthalten. Das Grundmodell erfüllt also nicht die sogenannte Reflexivitäts-Bedingung; bei Grice fehlt, wie bereits von Peter F. Strawson (1964) bemerkt worden war, die Dimension der absoluten Offenheit von Kommunikation. Zum anderen ist das Grundmodell, wie ein Vergleich zwischen der Erfolgs-Erwartung (EE) und der GGM-Bedingung (2) zeigt, aber auch viel zu stark. Nach (2) glaubt *S*, sein primäres Kommunikationsziel schon damit zu erreichen, daß *H* erkennt, daß *S* dieses Ziel hat; nach (EE) hingegen glaubt *S*, daß erst die Erkenntnis von *H*, daß *S* ihn auf kommunikativem Wege — das heißt wegen der Reflexivitäts-Bedingungen also wiederum: mit absoluter Offenheit — zum Tun von *r* beziehungsweise zum Glauben, daß *p*, bringen will, hinreichend ist, um zu erreichen, daß *H* tatsächlich *r* tut beziehungsweise *p* glaubt.

3.7. Zwar ist das Gricesche Grundmodell inadäquat; aber um den Gedanken der absoluten Offenheit ergänzt, stellt dieses Modell doch die *via regia* zu einer adäquaten Explikation des kommunikativen Handelns dar. Der Weg ist dieser: Wir wählen als Ausgangspunkt Grice' M-Intention und definieren davon ausgehend deren absolute Offenheit:

D4 a) $MI_1 (S, H, f, r) \leftrightharpoons MI(S, H, f, r)$,
    i. e. (1) $\wedge$ (2) von (GGM-A)
   b) $MI_{1+n} (S, H, f, r) \leftrightharpoons$
      $MI_1 (S, H, f, MI_n (S, H, f, r))$
   c) $MI^* (S, H, f, r) \leftrightharpoons$
      Für alle n: $MI_n (S, H, f, r)$
      S M-beabsichtigt mit f-Tun absolut offen, daß H r tut.

Mit diesem Schritt sind wir bereits am Ziel: Ein kommunikatives Handeln ist nichts anderes als ein Handeln mit absolut offenen M-Intentionen. Ganz grob gesagt: Kommunikation = Grice plus dessen absolute Offenheit. Genauer:

D5 a) $KV(S, H, f, r) \leftrightharpoons MI^*(S, H, f, r)$
   b) $KV(S, H, f, p) \leftrightharpoons MI^*(S, H, f, p)$

Diese Definition erfüllt erwiesenermaßen (Meggle 1981 a) das Adäquatheitskriterium (AK) und damit auch die Reflexivitäts-Bedingung (RB). Es gelten also (mal für Aufforderungshandlungen, mal für Informationshandlungen formuliert) insbesondere die folgenden Theoreme:

T8 $KV(S, H, f, r) \leftrightarrow I(S, f, T'(H, r)) \wedge$
   $G(S, T'(H, r) \leftrightarrow W'(H, MI^*(S, H, f, r)))$

   f-Tun von S ist ein an H gerichteter Kommunikationsversuch des Inhalts, daß H r tun soll gdw. S mit f-Tun zu erreichen beabsichtigt, daß H r tut, und S glaubt, daß er dies erst und gerade dadurch erreicht, daß H erkennt, daß diese Absicht von S eine absolut offene M-Absicht ist.

Und somit wiederum mit (KANT):

T9 $KV(S, H, f, p) \rightarrow I(S, f, W'(H, MI^*(S, H, f, p)))$

   f-Tun von S ist nur dann ein an H gerichteter Kommunikationsversuch des Inhalts, daß p, wenn S mit f-Tun zu erreichen beabsichtigt, daß H erkennt, daß S absolut offen M-beabsichtigt, daß H glaubt, daß p.

Allgemeiner können wir wieder festlegen:

D5.1 $KV_A(S H, f) \leftrightharpoons VrKV(S, H, f, r)$

   f-Tun von S ist ein an H gerichteter Kommunikationsversuch (vom Aufforderungstyp) gdw. es eine Handlung r gibt, zu deren Tun S den H mit seinem f-Tun aufzufordern versucht.

D5.2 $KV_I(S, H, f) \leftrightharpoons VpKV(S, H, f, p)$

   Ein Tun von S ist ein an H gerichteter Kommunikationsversuch (eine Informationshandlung im weiteren Sinne) gdw. es einen Sachverhalt p gibt, dessen Bestehen S dem H mit seinem f-Tun anzuzeigen versucht.

Bei $KV_I(S, H, f)$ lassen wir, so es keine Verwechslungen geben kann, den I-Index auch weg.

3.8. Noch ein Wort zur absoluten Offenheit. Daß ein kommunikatives Handeln absolut offen ist, schließt Lügen als spezielle Fälle eines solchen Handelns keineswegs aus. Die absolute Offenheit ist lediglich für diejenigen Ziele gefordert, die ein Handeln ohnehin haben muß, damit es ein kommunikatives Handeln der und der Art sein kann (kurz: für kommunikative Ziele). Daß der Hörer erkennt oder auch nur glaubt, daß der Sprecher das, was er den Hörer glauben machen möchte, selbst glaubt, ist kein kommunikatives Ziel. Auch Aufrichtigkeit selbst ist keine notwendige Kommunikationsbedingung. Das heißt, es gilt zwar, wie oben schon postuliert:

T5 $KV(S, H, f, p) \rightarrow I(S, f, G'(H, p))$,

aber es gelten weder

(ii) $KV(S, H, f, p) \rightarrow G(S, p)$

noch auch nur

(iii) $KV(S, H, f, p) \rightarrow I(S, f, G'(H, G(S, p)))$.

3.9. Aufforderungshandlungen sind immer *auch* Informationshandlungen. Denn es gilt:

T10 $KV(S, H, f, r) \rightarrow KV(S, H, f, KV(S, H, f, r))$

   $KV(S, H, f, r)$ nur dann, wenn S mit seinem f-Tun dem H anzuzeigen versucht, daß sein f-Tun ein Kommunikationsversuch des Inhalts ist, daß H r tun soll.

Dies führt zu der Frage, ob sich nicht Aufforderungshandlungen als spezielle Arten von Informationshandlungen bestimmen lassen. Die positive Antwort ist diese:

T11 $KV(S, H, f, r) \leftrightarrow KV(S, H, f, MI(S, H, f, r)) \wedge MI(S, H, f, r)$

Und da, wie für Intentionen im allgemeinen, auch für M-Intentionen gilt:

T12 $MI(S, H, f, r) \leftrightarrow T(S, f) \wedge G(S, MI(S, H, f, r))$

können wir T11 somit auch so lesen:

T13 $KV(S, H, f, r) \leftrightarrow KV(S, H, f, MI(S, H, f, r)) \land G(S, MI(S, H, f, r))$

Aufforderungshandlungen des Inhalts, daß H r tun soll, sind aufrichtige Informationshandlungen des Inhalts, daß S M-intendiert, daß H r tun soll, d. h. derartige Informationshandlungen, bei denen S tatsächlich M-intendiert, daß H r tut.

4. Eine kommunikative Handlung verstehen

Wir verstehen eine Handlung, wenn wir deren Rationalitätsgründe beziehungsweise ihren subjektiven Sinn — in dem hier zugrundegelegten einfachen Fall von Situationen einer Entscheidung unter Sicherheit also: die mit ihr verknüpfte Absicht beziehungsweise das mit ihr verfolgte (Gesamt-)Ziel — kennen. Und wir verstehen eine kommunikative Handlung, wenn wir deren kommunikativen Sinn, d. h. die mit ihr verknüpfte kommunikative Absicht kennen. Was dies heißt, läßt sich nach den obigen Explikationen nun leicht genauer erklären.

4.1. Sei r^* die Gesamtheit dessen, was H einem von S an ihn gerichteten Kommunikationsversuch zufolge alles tun soll und p^* der (Gesamt-)Inhalt dessen, was H einer entsprechenden Informationshandlung von S zufolge glauben soll. Dann können wir in direkter Analogie zu 2.3. oben einen entsprechend starken Begriff des Verstehens einer kommunikativen Handlung so bestimmen:

D6 (a) $V(Y, KV_A(S, H, f)) \leftrightharpoons W(Y, KV(S, H, f, r^*))$
     (b) $V(Y, KV_I(S, H, f)) \leftrightharpoons W(Y, KV(S, H, f, p^*))$

Y versteht den von S mit f-Tun an H gerichteten Kommunikationsversuch gdw. Y weiß, (a) was H dem mit f-Tun von S an ihn gerichteten Kommunikationsversuch zufolge alles tun beziehungsweise (b) was H dem mit f-Tun unternommenen Informationsversuch von S zufolge alles glauben soll.

Zur Erinnerung: $T'(H, r)$ und $G'(H, p)$ haben wir (in 3.1.) als die primären kommunikativen Ziele der Kommunikationshandlungen $KV(S, H, f, r)$ beziehungsweise $KV(S, H, f, p)$ bezeichnet. Daher können wir nach D6 auch

sagen: Y versteht einen Kommunikationsversuch gdw. Y weiß, daß die betreffende Handlung ein Kommunikationsversuch ist (Y also die betreffende Handlung zu Recht als einen Kommunikationsversuch versteht) und Y das primäre kommunikative Ziel dieser Handlung kennt.

4.2. Dieser Verstehensbegriff fordert die Kenntnis der Gesamtheit dessen, was H dem S zufolge tun beziehungsweise glauben soll. Alternativ dazu könnten wir wiederum mit einem auf die Kenntnis von kommunikativen Teilzielen relativierten Verstehensbegriff anfangen und etwa sagen: Y versteht den mit f-Tun unternommenen Kommunikationsversuch bezüglich des kommunikativen Ziels A gdw. $W(Y, KV(S, H, f, A))$ gilt. Daß dem Y ein mit f-Tun unternommener Kommunikationsversuch (als ein solcher) verständlich ist, heißt dann: Es gibt mindestens ein kommunikatives Ziel bezüglich dessen Y den Kommunikationsversuch von S versteht. Und daß ein Kommunikationsversuch von S dem Y (als ein solcher) ganz unverständlich ist, heißt entsprechend: Es gibt kein einziges kommunikatives Ziel bezüglich dessen Y den Kommunikationsversuch von S versteht.

4.3. Alle in 2.4.–2.5. erwähnten generellen Unterscheidungen sind auch für das kommunikative Verstehen relevant. Zu unterscheiden ist also wieder das Verstehen einer kommunikativen Handlung und das eine Handlung (zu Recht oder zu Unrecht) als eine kommunikative Handlung (der und der Art) Verstehen; ebenso das Verstehen einer kommunikativen Handlung und das eine solche Handlung (bloß) zu verstehen Glauben; sowie das Verstehen einer kommunikativen Handlung und das Wissen, daß man sie versteht. Und wiederum ist zu beachten, daß zwar auch das Verstehen einer kommunikativen Handlung ein Wissen ist, und ein Wissen generell ein zu-Wissen-Glauben impliziert, aber trotzdem *nicht* gilt:

(iv) $V(Y, KV(S, H, f)) \rightarrow G(Y, V(Y, KV(S, H, f)))$

Wer einen Kommunikationsversuch versteht, der weiß beziehungsweise glaubt auch, daß er ihn versteht.

4.4. Kommunikative Handlungen sind intentionale Handlungen. Wer eine kommunikative Handlung versteht, wird diese daher auch als eine intentionale Handlung verstehen.

Trotzdem gilt *nicht*: Wer eine kommunikative Handlung versteht, versteht auch die betreffende intentionale Handlung. Das heißt, es gelten zwar:

T14 $KV(S, H, f) \rightarrow I(S, f)$
T15 $V(Y, KV(S, H, f)) \rightarrow G(Y, I(S, f))$,

aber es gilt nicht generell:

(v) $V(Y, KV(S, H, f)) \rightarrow V(Y, I(S, f))$.

Der Grund dafür ist dieser: Nicht alle Ziele, die mit einem Kommunikationsversuch verfolgt werden (kurz: nicht alle Kommunikationsziele), sind kommunikative Ziele, d. h. solche, die vom Hörer erkannt werden sollen. Im Gegenteil: Mitunter verbinden sich mit Kommunikationsversuchen auch noch Absichten, die, damit sie ihr Ziel erreichen, vom Hörer gerade nicht erkannt werden dürfen. Ein Beispiel: Der kleine Fritz (S) möchte an Mutters (Hs) Marmeladetopf ran — was er nur dann kann, wenn H mal eben kurz die Küche verläßt. S weiß, daß H — es ist später Vormittag — auf den Briefträger wartet; und um H glauben zu machen, daß dieser gerade gekommen sei und um so seinem Marmelade-Ziel näher zu kommen, sagt S (vielleicht ja sogar wahrheitsgemäß): 'Da ist gerade jemand am Gartentor'. Primäres Kommunikationsziel (d. h. dasjenige Ziel, dessentwegen S seinen ganzen Kommunikationsversuch überhaupt startet) ist hier, daß H rausgeht und S so an die Marmelade rankann. Das primäre kommunikative Ziel hingegen ist, daß H glaubt, daß jemand am Gartentor war. Eventuell auch noch — je nachdem, ob S glaubt, daß es zwischen ihm und H gemeinsames Wissen ist, daß H auf den Briefträger wartet —, daß H glaubt, daß dieser Jemand der Briefträger ist. Den Kommunikationsversuch (als solchen) hat verstanden, wer eben dieses primäre kommunikative Ziel kennt. Die mit der betreffenden kommunikativen Handlung vollzogene umfassendere intentionale Handlung hat verstanden, wer auch noch die über die kommunikativen Ziele hinausgehenden Kommunikationsziele von S kennt. Es ist klar, daß H eben diese weiteren Ziele natürlich gerade nicht erkennen soll. Es gilt also, trotz der Reflexivitäts-Bedingung

(RB) $KV(S, H, f) \rightarrow I(S, f, V'(H, KV(S, H, f)))$

auch nicht:

(vi) $KV(S, H, f) \rightarrow I(S, f, V'(Y, I(S, f)))$

Ist f-Tun von S ein an H gerichteter Kommunikationsversuch, so beabsichtigt S mit seinem f-Tun, daß H auch die mit dem f-Tun von S vollzogene intentionale Handlung versteht.

4.5. Analog zu dem in 2. explizierten Begriff des Verstehens einer intentionalen Handlung ist auch dieser Begriff des Verstehens einer kommunikativen Handlung sehr allgemein. Er beinhaltet nicht, daß der Verstehende auch weiß, wie der Sprecher zu seinen Verstehens- beziehungsweise Erfolgserwartungen kommt. Es kann also sein, daß man eine kommunikative Handlung versteht, einem aber ganz und gar unbegreiflich ist, wie S zu seinen Verstehens- und Erfolgserwartungen kommen konnte. Zudem: Es geht wiederum um das Verstehen einer konkreten Handlung. Ob S selber auch sonst und ob auch andere Leute irgendwann mit f-Tun die gleichen kommunikativen Absichten verbinden wie S zu dem betreffenden Zeitpunkt, darüber sagt die Behauptung, daß uns ein mittels f-Tun unternommener Kommunikationsversuch von S verständlich ist, gar nichts. Und schließlich impliziert die Behauptung, wir hätten einen Kommunikationsversuch verstanden, auch nichts darüber, wie wir selbst zu den Überzeugungen gekommen sind, die wir haben müssen, damit wirklich ein Verstehen vorliegt.

4.6. Normalerweise freilich sind die Gründe, die ein Sprecher für seine Verstehenserwartung hat, die gleichen wie die, auf die sich unsere eigenen Verstehensannahmen stützen. Die von S realisierte Handlungsweise f selbst hat (wie S bzw. wir selbst wissen werden) für uns bereits eine reguläre kommunikative Bedeutung in dem Sinne, daß gilt: Wer von uns auch immer (in Situationen der einschlägigen Art) f tut, der unternimmt damit einen Kommunikationsversuch der und der Art — und daß dem so ist, ist unter uns gemeinsames Wissen (d. h.: jeder von uns weiß es, weiß, daß es jeder von uns weiß, usw.). Hat eine Handlungsweise bereits eine reguläre kommunikative Bedeutung in diesem Sinne, dann resultiert die Verstehenserwartung und entsprechend auch das Verstehen selbst bereits aus dem Wissen um diese reguläre Bedeutung.

5. Kommunikationserfolg und Verstehen

Erfolgreich sind intentionale Handlungen genau dann, wenn sie ihr Ziel in der vom Handelnden erwarteten Weise erreichen. Dies gilt auch für kommunikative Handlungen: Erfolgreich sind diese gdw. sie ihr primäres kommunikatives Ziel in der vom Sprecher erwarteten Weise, d. h. über das Verstandenwerden, erreichen.

5.1. Genauer: Ein Kommunikationsversuch $KV(S, H, f, p)$ ist erfolgreich gdw. S mit seiner für diesen Kommunikationsversuch charakteristischen Erfolgs-Erwartung.

(EE) $G(S, G'(H, p) \leftrightarrow W'(H, KV(S, H, f, p)))$

recht hat.

D7.1 $KE(S, H, f, p) \leftrightharpoons KV(S, H, f, p) \wedge (G'(H, p) \leftrightarrow W'(H, KV(S, H, f, p)))$

Ein von S mit f-Tun an H gerichteter Kommunikationsversuch des Inhalts, daß p, ist erfolgreich gdw. f-Tun von S ein solcher Kommunikationsversuch ist und H erst und gerade auf sein Verstehen dieses Kommunikationsversuchs (als einen solchen) hin tatsächlich glaubt, daß p.

Entsprechend für Aufforderungshandlungen:

D7.2 $KE(S, H, f, r) \leftrightharpoons KV(S, H, f, r) \wedge (T'(H, r) \leftrightarrow W'(H, KV(S, H, f, r)))$

Ein von S mit f-Tun an H gerichteter Kommunikationsversuch des Inhalts, daß H r tun soll, ist erfolgreich gdw. f-Tun von S ein solcher Kommunikationsversuchs ist und H erst und gerade auf sein Verstehen dieses Kommunikationsversuchs hin tatsächlich r tut.

5.2. Kommunikationsversuche sind intentionale Handlungen und, wie intentionale Handlungen generell, zielen auch kommunikative Handlungen auf ihren eigenen Erfolg ab. Genauer: In direkter Analogie zu dem obigen Theorem

T1 $I(X, f, A) \leftrightarrow I(X, f, IE(X, f, A))$

gilt auch:

T16 $KV(S, H, f, p) \leftrightarrow I(S, f, KE(S, H, f, p))$

5.3. Die Gründe, die S für seine Erfolgs-Erwartung (EE) hat, d. h. die Überzeugungen von S, auf die sich (EE) selbst stützt, können, je nachdem, was S eben so alles glaubt, die verschiedensten und die verrücktesten sein. Ebenso die Gründe, aus denen heraus H, wenn er den Kommunikationsversuch von S verstanden hat, daraufhin tatsächlich zu dem

Glauben kommt, zu dem er S zufolge kommen soll. D7.1 fordert nicht, daß sich diese Gründe bei S und bei H decken. Im Normalfall erfolgreicher Kommunikation werden sie das aber tun. — Genauer: Erfolgreich sind Kommunikationsversuche (vom Typ der Informationshandlungen) normalerweise genau dann, wenn S glaubt, daß H unterstellt, daß die *kommunikativen Normalbedingungen* erfüllt sind — und S damit recht hat, d. h. H diese Unterstellung tatsächlich macht. Die kommunikativen Normalbedingungen sind die der *Aufrichtigkeit* und der *Irrtumsfreiheit*:

(N-1) $KV(S, H, f, p) \rightarrow G(S, p)$

Es ist nicht der Fall, daß S dem H zwar anzuzeigen versucht, daß p, S aber selbst nicht glaubt, daß p.

(N-2) $G(S, p) \rightarrow p$

Es ist nicht der Fall, daß S zwar glaubt, daß p, p aber in Wirklichkeit nicht der Fall ist.

Hat H den Glauben, daß p, nicht ohnehin schon (d. h. auch ohne ein Verstehen des Kommunikationsversuchs von S), so wird H, sobald er erkennt, daß $KV(S, H, f, p)$ gilt, unter der Voraussetzung, daß S die Bedingungen (N-1) und (N-2) erfüllt, auch selbst glauben, daß p. Und daß dem so sein wird, davon kann auch S ausgehen. Daß H die kommunikativen Normalbedingungen unterstellt, garantiert den Kommunikationserfolg; und genau dies liefert dem S im Normalfall auch einen hinreichenden Grund für die Erwartung dieses Erfolgs. — Aufrichtigkeit und Irrtumsfreiheit unterstellen wir einem Sprecher nicht immer. Dann werden also an uns gerichtete Kommunikationsversuche, selbst wenn wir diese verstehen, (in der Regel) auch nicht erfolgreich sein. S hat in diesem Fall also nicht alle seine kommunikativen Ziele erreicht, insbesondere nicht sein primäres.

5.4. Erfolgreiche Kommunikation im Sinne eines erfolgreichen kommunikativen Handelns liegt genau dann vor, wenn (a) der Adressat die kommunikative Handlung versteht, und (b) er aufgrund dieses Verstehens auch tut beziehungsweise glaubt, was er dem an ihn gerichteten Kommunikationsversuch zufolge tun beziehungsweise glauben soll. — Genau in diesem zweiten Punkt (b) unterscheidet sich nun der hier explizierte Begriff erfolgreichen Kommunizierens von dem üblichen, demzufolge schon (a) allein für eine

›erfolgreiche‹ Kommunikation hinreichend ist.

5.5. Diese übliche weite Verwendung von 'Erfolg' hat zu tiefen Verwirrungen Anlaß gegeben. Diese lassen sich am treffendsten anhand der folgenden These von Max Black lokalisieren:

(B) Die über den Kommunikationserfolg hinausgehenden Ziele „sind von praktischer Bedeutung, aber für eine [...] Analyse des Begriffs der Kommunikation [...] gegenstandslos" (Black 1972/73).

Was ist von dieser These zu halten? Das hängt ersichtlich ganz davon ab, was in ihr Kommunikationserfolg heißen und folglich, was ein über einen solchen Erfolg hinausgehendes Ziel sein soll. — Richtig ist (der hier entwickelten Explikation zufolge) die These (B) genau dann, wenn Kommunikationserfolg, in dem engen Sinne von $KE(S, H, f, p)$ verstanden, die darüber hinausgehenden Ziele, also zwar Kommunikationsziele, aber keine kommunikativen Ziele sind. In der Tat sind schon *per definitionem* ausschließlich die letzteren für eine Bestimmung eines Begriffs des kommunikativen Handelns relevant. — Black selber versteht seine These (B) jedoch eindeutig im Sinne der weiten Bedeutung von Kommunikationserfolg, also so:

(B*) Die über das Verstehen hinausgehenden Ziele sind für eine Erklärung des Begriffs der Kommunikation irrelevant.

5.6. Man kann den Unterschied zwischen den beiden Auffassungen auch so darstellen: Der hier explizierten Konzeption zufolge gilt für ein kommunikatives Handeln zwar die schon mehrfach erwähnte Erfolgs-Erwartung

(EE) $G(S, KE(S, H, f, p) \leftrightarrow V'(H, KV(S, H, f, p)))$

S glaubt, daß sein Kommunikationsversuch erfolgreich sein wird gdw. H diesen Kommunikationsversuch versteht,

nicht jedoch, wie (B*) postuliert, auch die Bedingung (E) selbst:

(E) $KE(S, H, f, p) \leftrightarrow V'(H, KV(S, H, f, p))$.

Zwar gilt auch nach der hier vertretenen Auffassung, daß dann, wenn ein Kommunikationsversuch erfolgreich ist, dies insbesondere impliziert, daß auch die Erfolgserwartung (EE) richtig ist, d. h. (E) gelten wird. Aber

diese Geltung ist dann lediglich eine faktische, nicht, wie von (B*) postuliert, bereits eine analytische.

5.7. Welche Konsequenz hätte es, wenn man das Verstandenwerden durch den Adressaten tatsächlich bereits begrifflich mit dem Kommunikationserfolg, und zwar in dem engen Sinne von $KE(S, H, f, p)$, identifizieren, das Verstandenwerden also, wie es (B*) nahelegt, als das primäre kommunikative Ziel ansetzen würde? Die (absurde) Folge wäre die, daß jeder Kommunikationsversuch denselben Inhalt hätte, nämlich den, daß die betreffende Handlung ein Kommunikationsversuch ist — nichts weiter (vgl. hierzu Meggle 1981a, 7.10.4.).

5.8. Verstandenwerden ist *das* kommunikative Ziel. Dies ist richtig, wenn damit nicht mehr gemeint sein sollte als: Das Verstandenwerden durch den Adressaten ist das Ziel, das *alle* Kommunikationsversuche, egal welchen Inhalts, gemeinsam haben. Diese Feststellung läßt sich freilich, anders als (B*), als Einwand gegen die obigen Explikationen nicht einmal auch nur ins Feld führen. Sie ist vielmehr selbst eine nachweisbare Folge derselben.

6. Alternative Ansätze

Der hier explizierte Ansatz faßt kommunikatives Handeln als speziellen Fall eines instrumentellen Handelns auf. Das intendierte Verstandenwerden durch den Hörer ist, so die Grundthese dieses Ansatzes, aus der Sicht des Kommunizierenden nur ein Mittel zur Erreichung eines weiteren Zweckes; und dieser Zweck legt den jeweiligen Kommunikationsinhalt fest. Alternative Ansätze bestreiten diese Grundthese.

6.1. Die bekannteste und einflußreichste Alternative stellt die von John Langshaw Austin begründete und dann vor allem durch John Roger Searle weiter entwickelte Sprechakttheorie dar (s. Art. 54). Kommunikative Handlungen werden in dieser Theorie als illokutionäre Akte aufgefaßt; und letztere werden in einer Weise von den perlokutionären Akten abgegrenzt, die genau der Negation der instrumentalistischen Grundthese entsprechen soll (s. Art. 95).

Perlokutionäre Akte sind Akte des Mit-einer-Äußerung-etwas-Bewirkens. Perlokutionäre Effekte heißen die so bewirkten Sachverhalte. Was illokutionäre Akte sind, wird weder bei Austin noch bei Searle explizit definiert, vielmehr durch Beispiele erläutert. Illokutionäre Akte sind Akte, die man vollzieht, wenn man so etwas tut wie

(R) befehlen, fragen, bitten, danken, drohen, warnen, abraten, sich entschuldigen, empfehlen, versprechen, auffordern, behaupten usw.

(R) ist eine Liste möglicher *illokutionärer Rollen* von Äußerungen. Welche derartigen Rollen eine Äußerung hat, das hängt nach Austin an bestimmten auf die diversen Äußerungsumstände Bezug nehmenden Regeln beziehungsweise Konventionen. Insofern sind, so Austin, illokutionäre Akte wesentlich regelgeleitet beziehungsweise konventional.

6.2. Zum erfolgreichen Vollzug eines illokutionären Aktes gehört auch nach Austin, daß man verstanden wird. Verstandenwerden ist somit auch für ihn etwas, was man als Sprecher zu bewirken beabsichtigt. Dieser Effekt ist bei jedem illokutionären Akt intendiert und zählt daher als illokutionärer Effekt. — Um einen illokutionären Akt zu verstehen, muß man nach Austin zweierlei kennen: den illokutionären Aspekt (die illokutionäre Rolle) der Äußerung und deren lokutionären Aspekt. Um diesen zu kennen und so zu wissen, welcher *lokutionäre Akt* vorliegt, muß man wissen, welche Laute geäußert worden sind, welche Bedeutung diese in der betreffenden Sprache haben, und was der Sprecher mit seiner Äußerung meint. Allgemeiner: Man muß außer der illokutionären Rolle auch noch den Inhalt (bei Searle: den propositionalen Gehalt) der Äußerung kennen. Man muß also zum Beispiel nicht nur wissen, daß die Äußerung eine Behauptung beziehungsweise eine Aufforderung ist; man muß auch wissen, *was* behauptet wird beziehungsweise *wozu* (zur Realisierung welchen Sachverhalts) aufgefordert wird.

6.3. Diese allgemeinere Charakterisierung scheint sich mit dem hier explizierten instrumentalistischen Kommunikationsansatz voll und ganz zu decken. Und in der Tat: Falls sich der illokutionäre Aspekt einer Äußerung als Bestimmung des kommunikativen Aspekts auffassen läßt, so liegt der Unterschied ausschließlich in der Art des sprechakttheoretischen Rekurses auf den lokutionären Akt oder den propositionalen Gehalt. Während der instrumentalistische Ansatz den Kommunikationsinhalt über das jeweilige (i. e. für

den konkreten Kommunikationsakt charakteristische) primäre kommunikative Ziel — also über ein *per*lokutionäres Ziel — identifiziert, geschieht dies in der Sprechakttheorie durch Bezug auf den lokutionären Akt, also bereits durch Bezug auf die sprachliche Bedeutung der geäußerten Ausdrücke, und zwar bei Austin generell, bei Searle zumindest bei den Nicht-Direktiven. — Dies macht eine wesentliche Beschränkung der Austin/Searleschen Sprechakttheorie deutlich. Deren zentrale Frage ist nicht die, unter welchen Bedingungen eine (wie auch immer geartete) Handlung einen Kommunikationsversuch des und des Inhalts darstellt, sondern die sehr viel speziellere, welche (kommunikativen) Rollen eine Äußerung haben kann, falls deren Sprecher wirklich *meint*, was er *sagt*. Daß etwas gesagt (d. h., etwas, was bereits eine sprachliche Bedeutung hat, geäußert) wird, wird dabei stets schon unterstellt. Die Sprechakttheorie ist nicht an Kommunikation generell, sondern von Anfang an bereits an sprachlicher Kommunikation interessiert (s. auch Art. 77).

6.4. Wer einen illokutionären Akt verstehen will, muß nach sprechakttheoretischer Auffassung zwei Arten von Regeln kennen: Die sprachinvarianten Regeln, die die Bedingungen festlegen, die eine Äußerung erfüllen muß, damit sie eine Äußerung mit der und der Rolle ist. Und die sprachrelativen Bedeutungs-Regeln, kraft derer die Äußerung von bestimmten Ausdrücken (im Falle wörtlich gemeinter Rede) den Vollzug eines illokutionären Aktes des und des Inhalts darstellt. Nach Austin nehmen erstere Regeln generell auf konventionale Folgen von Handlungen Bezug, setzen also das Bestehen einschlägiger Konventionen beziehungsweise Institutionen voraus. Das mag für seine Musterbeispiele, die Handlungen des Heiratens und des Taufens, gelten — aber wohl kaum für die für eine Kommunikationstheorie zentralen illokutionären Handlungsweisen des Aufforderns und des Informierens (Strawson 1964 a). — Austins These von der Bedeutungsirrelevanz der perlokutionären Dimension ist für seine Musterbeispiele völlig plausibel (Heiraten hat keinen die Bedeutung des Heiratens bestimmenden Zweck). Da solche Handlungsweisen Musterbeispiele für illokutionäre Akte sein sollen, gilt somit natürlich: Zur Erklärung (wie auch zum Verstehen) illokutionärer Akte muß nicht generell auf Perlokutionäres zurückgegriffen werden. Aber das heißt nicht, daß damit schon die stärkere

These Austins bewiesen wäre, wonach zur Erklärung (und beim Verstehen) von illokutionären Akten generell nicht auf Perlokutionen rekurriert werden darf.

6.5. Bach/Harnish (1979) haben den naheliegenden Vorschlag gemacht, zwischen konventionalen und kommunikativen illokutionären Akten zu unterscheiden. Austins Illokutionskonzept paßt zu den ersteren, nicht zu den letzteren. Den meisten sprechakttheoretischen Einwänden gegen eine instrumentalistische Explikation der letzteren ist schon damit der Boden entzogen. — Die ersten ernsthaften Schritte zu einer kommunikationstheoretischen Rekonstruktion der auf die kommunikativen illokutionären Akte zugeschnittenen sprechakttheoretischen Begrifflichkeiten finden sich bei Maria Ulkan (1992). Deren radikaler Vorschlag lautet, 'illokutionär' mit 'kommunikativ' gleichzusetzen, wobei 'kommunikativ' im übrigen exakt wie oben instrumentalistisch bestimmt wird. Illokutionäre Akte werden also als spezielle Fälle von perlokutionären erklärt, nämlich als solche, zu deren Erreichen die absolute Offenheit der entsprechenden Intentionen gehört. Die Sprechakttheorie stellt danach keinen alternativen Ansatz dar, fällt vielmehr mit dem oben explizierten zusammen. — Eine wirklich systematische (d. h. insbesondere auch: alle kommunikations- und bedeutungstheoretischen Vor- und Nachteile abwägende) Auseinandersetzung zwischen dem inzwischen vor allem durch Eike von Savigny (1983) weiter ausgebauten regeltheoretischen und dem instrumentalistischen Konzept der Sprechakttheorie steht freilich noch aus.

6.6. Einer der in der sprechakttheoretischen Diskussion einflußreichsten Einwände gegen den Instrumentalismus ist der von William Alston (1964, 41): (a) Angenommen, ich weiß, daß eine bestimmte Tür bereits zu ist; dann kann ich ihr Zusein nicht mehr bewirken wollen. Was immer ich auch tue beziehungsweise sage, es wird daher, so der Instrumentalismus recht hat, keine Aufforderung sein können, die Tür zuzumachen. (b) Trotzdem gilt: Wenn ich in der betreffenden Situation zu jemandem sage 'Bitte mach die Tür zu!', so wird man das, wie ich auch selbst wissen werde, nicht anders als eine Aufforderung zum Zumachen der Türe verstehen können. (c) Also ist der Instrumentalismus falsch. — Die beiden Prämissen (a) und (b) mögen richtig sein. Aber aus ihnen folgt (c) trotzdem nicht. Denn diese

Argumentation sitzt einer Verwechslung von zwei verschiedenen Verwendungsweisen von 'Aufforderung' auf. Nur in (a) ist von Aufforderungen im einzig relevanten Sinne, d. h. von konkreten $KV(S, H, f, r)$-Handlungen die Rede. In (b) hingegen bezieht sich 'Aufforderung' auf die sprachliche Form der gemachten Äußerung. Der geäußerte Satz ist schon vom Satztyp her keine Frage, auch keine Behauptung, sondern eine Aufforderung (spezieller: eine Bitte) — und zwar, auch das ist richtig, eine solche zum Zumachen einer Tür. Aber das heißt nicht, daß jede Äußerung dieses Aufforderungs-Satzes auch tatsächlich eine Aufforderungshandlung des Inhalts ist, daß H die Tür zumachen soll. (i) In dem in (a) erwähnten Fall ist sie es nicht. Es kann sein, daß S einfach will, daß H mal kurz rausgeht. Dann will S zwar, daß H diese Äußerung *als* eine Aufforderung, die Tür zuzumachen, versteht; aber sie ist keine solche. (ii) Des weiteren wäre sie es zum Beispiel auch dann nicht, wenn S wüßte, daß H bereits seinerseits weiß, daß die betreffende Tür schon zu ist. Etwa wenn S und H mit einem Dritten D zusammen sind und S dem H — zwischen den beiden offen, gegenüber D aber verdeckt — zu verstehen geben möchte, daß H den S doch mal kurz mit D allein lassen soll. Im Fall (ii) wäre die Prämisse (b) falsch; im Fall (i) ist sie richtig. — Es ist also zwischen konkreten Aufforderungen einerseits und Aufforderungen im Sinne von Sätzen, die üblicherweise (wenngleich nicht in jedem Fall) zum Auffordern verwendet werden, strikt zu unterscheiden. Tut man das, ist das Argument von Alston gegenstandslos.

6.7. Weitere ähnliche Einwände gegen eine instrumentalistische Kommunikationstheorie finden sich auch bei Karl Otto Apel und ausführlich bei Jürgen Habermas (vgl. Apel 1980; Habermas 1983; 1984 b). Die dort formulierte Theorie des kommunikativen Handelns zielt freilich auf Kommunikation in einem sehr viel engeren Sinne als dem hier erklärten ab. Es geht dort um eine Theorie der Verständigung im Sinne einer sozialen Konsensfindung. Der hier explizierte instrumentalistische Ansatz liefert zu einer solchen engeren Theorie in der Tat nur ein hilfreiches Teilstück.

7. Literatur in Auswahl

Austin 1962 a, *How to Do Things With Words*.

Grice 1957, Meaning, in *The Philosophical Review* 66.

Grice 1969, Utterer's meaning and intentions, in *The Philosophical Review* 78.

Kemmerling 1986, Utterer's meaning revisited, in *Philosophical Grounds of Rationality*, Grandy/Warner (Hg.).

Meggle 1981 a, *Grundbegriffe der Kommunikation*.

Meggle (Hg.) 1979, *Handlung, Kommunikation, Bedeutung*.

Schiffer 1972, *Meaning*.

Strawson 1964 a, Intention and convention in speech acts, in *The Philosophical Review* 73.

von Savigny 1983, *Der Begriff der Sprache*.

Ulkan 1992, *Zur Klassifikation von Sprechakten. Eine grundlagentheoretische Fallstudie*.

Georg Meggle, Leipzig (Deutschland)

95. Illocutionary force

1. Introduction
2. Speech act theory and illocutionary logic
3. Speech act theory and semantics
4. Pragmatics
5. Selected references

1. Introduction

As Ludwig Wittgenstein (s. art. 39) pointed out, meaning and use are related in language. One cannot understand the meaning of linguistic expressions without knowing how they can be used in the course of conversations and other language games. Influenced by Wittgenstein, John Langshaw Austin (1956) later analyzed various types of speech acts that are performed in the use of language. By uttering sentences under appropriate conditions, speakers characteristically perform illocutionary acts like assertions, promises, orders, and apologies. Moreover, when their utterances have intended effects on the audience, speakers also occasionally perform perlocutionary acts like acts of convincing, pleasing or embarrassing the hearer. — Austin discovered illocutionary acts by noticing that successful literal utterances of sentences like 'I hereby promise to come' and 'I hereby order you to leave the room' are ›performative‹ in the sense that they constitute the performance by the speaker of the speech act named by their main verb. Such sentences were called derivatively by Austin 'performative sentences'. — At first, illocutionary acts were introduced by Austin (1962 a) in order to analyze utterances of performative sentences in opposition with other types of sentences that he called 'constative sentences'. However, as Austin came soon to realize, illocutionary acts are important for the study of language in general and not only for the study of performative sentences. Indeed any

speaker who makes a meaningful utterance (whether performative or not) intends to perform an illocutionary act in the context of his utterance, and his intention to perform an illocutionary act is part of what he primarily means and intends to get the hearer to understand in that context. Thus, speech acts of the type called illocutionary acts are the primary units of speaker's meaning in the use and comprehension of natural languages. It is in the performance of such speech acts that speakers express and communicate their thoughts. From a logical point of view, most elementary illocutionary acts performed in actual utterances are of the form $F(P)$ and consist of an illocutionary force F and of a proposition P. Thus, for example, two utterances of the interrogative sentences 'Are you ill?' and 'Is he coming?' have the same illocutionary force of question but different propositional contents. On the other hand, two utterances in the same context of the sentences 'You will come' and 'Please, come' have the same propositional content but different illocutionary forces since the first utterance is an assertion and the second a request.

2. Speech act theory and illocutionary logic

2.1. In the past decades, speech act theory (s. art. 54) has become an important branch of the contemporary philosophy of language mainly under the influence of John Searle (1969) and of Paul Grice (1975 a). Simultaneously, Wittgenstein's anti-theoretic approach of language has been progressively abandoned. Thus, for example, Wittgenstein's claim that there are "countless different kinds of use of what we call 'symbols', 'words', 'sentences' " (1953, § 23) was strongly critized by Searle (1975) as being based on a very unclear and vague analysis of what constitutes a language game. Searle proposed instead to formulate a classification of the uses of language on the basis of the notion of illocutionary point. On Searle's view, there are only a very restricted number of basic ways in which language can be used to relate propositions to the world in the performance of speech acts. Utterances can have:

(i) *The assertive illocutionary point*
In the performance of assertive speech acts like conjectures, assertions, reports and predictions, speakers express propositions with the aim of representing how things are.

(ii) *The commissive point*
In the performance of commissive speech acts like promises, pledges and vows, speakers express propositions with the aim of committing themselves to doing future actions.

(iii) *The directive point*
In the performance of directive speech acts like requests, questions, orders, commands and supplications, speakers express propositions with the aim of trying to get their hearers to do future actions.

(iv) *The declarative point*
In the performance of declarations like resignations, nominations, endorsements, excommunications and abbreviations, speakers express propositions with the aim of bringing about states of affairs solely in virtue of the performance of their speech acts.

(v) *The expressive point*
Finally, in the performance of expressive speech acts like lamentations, congratulations and apologies, speakers express propositions with the aim of expressing their mental states about states of affairs.

This typology of possible illocutionary points enabled Searle to improve Austin's classification of performative verbs and to proceed to a classification of the illocutionary forces of utterances which was not as language-dependent as Austin's classification. This move was important in speech act theory for several reasons. First, there is no one-to-one correspondence between illocutionary forces and performative verbs or illocutionary force markers in natural languages.

"Illocutionary forces are, so to speak, natural kinds of use of language, but we can no more expect the vernacular expressions to correspond exactly to the natural kinds than we can expect vernacular names of plants and animals to correspond exactly to the natural kinds" (Searle/Vanderveken 1985, 179).

Thus some possible illocutionary forces are not named by performative verbs in English and conversely some performative verbs do not name an illocutionary force. Moreover some performative verbs like 'tell' are ambiguous between different illocutionary points, and non synonymous performative verbs like 'claim' and 'assert' can name the same illocutionary force. A second reason for distinguishinig sharply between illocutionary forces on the one hand and performative verbs and illocutionary force markers on the other hand is that natural languages are not perspicuous. Many performative verbs whose superficial syntactic behaviour is similar do not have the same logical form. For example, 'order' names a directive illocutionary force with a special mode of achievement. In issuing an order the speaker must invoke a position of power or of authority over the hearer. But 'forbid' does not name an illocutionary force at all since an act of forbidding something is just an order not to do it. A theoretical vocabulary including terms like 'illocutionary point' and 'conditions of success' is needed in speech act theory to analyze the logical forms of illocutionary acts.

2.2. While advances in the analysis of truth-conditions of propositions were largely related to advances in philosophical logic, analyzes of speech acts on the contrary remained largely informal in ordinary language philosophy until Vanderveken (1983, 1985) later joined by Searle (Searle/Vanderveken 1985) employed the resources of logic in order to formulate the basic laws governing speech acts in the world of discourse. In order to formalize speech act theory, Searle/Vanderveken (1985) adopted a few basic theoretical principles.

(a) *Illocutionary acts have conditions of success and of satisfaction.*
As is the case for human actions in general, attempts to perform speech acts can succeed or fail. For example, an utterance of the performative sentence 'I hereby appoint you chairman of the board' is not successful in a context where the speaker does not have the authority to make such a declaration. Moreover, illocutionary acts are directed at states of affairs, and, even when they are successful, they can still fail to be satisfied, in case for example the world does not fit their propo-

sitional content. For example, successful commands can be disobeyed. The *conditions of success* of an illocutionary act are the conditions that must obtain in a possible context of utterance in order that the speaker succeed in performing that act in that context. Thus, a condition of success of a promise is that the speaker commits himself to carrying out a future course of action. *Failure* to perform an illocutionary act is a special case of lack of success which occurs only in the contexts where the speaker makes an unsuccessful attempt to perform that illocutionary act. – The *conditions of satisfaction* of an illocutionary act are the conditions that must obtain in a possible context of utterance in order that the act be satisfied in the world of that context. For example, a condition of satisfaction of a promise is that the speaker carry out in the world the future course of action represented by the propositional content. The notion of a condition of satisfaction is an obvious generalization of the notion of a truth-condition which is necessary to quantify over all illocutionary forces. Just as an assertion is satisfied if and only if it is true, a command is satisfied if and only if it is obeyed, a promise is satisfied if and only if it is kept, a request is satisfied if and only if it is granted, and similarly for all other illocutionary forces.

(b) *Each illocutionary force can be divided into six types of components which serve to determine the conditions of success and of satisfaction of the illocutionary acts with that force.*

These six types of components are: an illocutionary point; a mode of achievement of illocutionary point; propositional content, preparatory and sincerity conditions; and a degree of strength. Two illocutionary forces F_1 and F_2 with the same components are identical because all illocutionary acts of the form $F_1(P)$ and $F_2(P)$ serve the same linguistic purposes in the use of language.

(1) *Illocutionary point*

Illocutionary point is the principal component of an illocutionary force because it determines the direction of fit of utterances with that force. There are four possible directions of fit in language use:

(1 a) *The words-to-world direction of fit*

In case the illocutionary act is satisfied, its propositional content fits a state of affairs existing (in general independently) in the world. Illocutionary acts with the assertive point have the words-to-world direction of fit. Their point is to represent how things are.

(1 b) *The world-to-words direction of fit*

In case the illocutionary act is satisfied, the world is transformed to fit the propositional content. Illocutionary acts with the commissive or directive point have the world-to-words direction of fit. Their point is to get the world to be transformed by the future course of action of the speaker (commissives) or of the hearer (directives) in order to match the propositional content of the utterance.

(1 c) *The double direction of fit*

In case the illocutionary act is satisfied, the world is transformed by an action of the speaker to fit the propositional content by the fact that the speaker represents it as being so transformed. Illocutionary acts with the declarative illocutionary point have the double direction of fit. Their point is to get the world to match the propositional content by saying that the propositional content matches the world.

(1 d) *The empty direction of fit*

For some illocutionary acts, there is no question of success or failure of fit and their propositional content is in general presupposed to be true. Such are the illocutionary acts with the expressive point which have the empty direction of fit. Their point is just to express a mental state of the speaker about the state of affairs represented by the propositional content.

(2) *Mode of achievement*

Illocutionary points, like most purposes of our actions, can be achieved in various ways. The mode of achievement of an illocutionary force determines how its point must be achieved on the propositional content in case of a successful performance of an act with that force. For example, in a command the speaker must invoke a position of authority over the hearer and in a request he must give option of refusal to the hearer.

(3) *Propositional content conditions*

Many illocutionary forces impose conditions on the set of propositions that can be taken as propositional contents of acts with that force in a context of utterance. For example, the propositional content of a prediction must represent a future state of affairs. Such conditions are called propositional content conditions. Some propositional content conditions are determined by illocutionary point. For example, all illocutionary forces with the commissive point have the condition that their propositional content must represent a future course of action of the speaker.

(4) *Preparatory conditions*

By performing an illocutionary act the speaker also presupposes that certain propositions are true in the world of the utterance. For example, a speaker who promises to do something presupposes that his future action is good for the hearer. The preparatory conditions of an illocutionary force determine which propositions the speaker would presuppose if he were performing acts with that force in a possible context of utterance. Many, but not all, preparatory conditions, are determined by illocutionary point.

(5) *Sincerity conditions*

By performing an illocutionary act, the speaker also expresses mental states of certain modes about the state of affairs represented by the propositional content. For example, a speaker who requests expresses a desire and a speaker who thanks expresses gratitude. The sincerity conditions of each illocutionary force F determine the modes of the mental states that the speaker would have if he were sincerely performing an illocutionary act with that force. Thus, a sincerity condition is just a set of modes of propositional attitudes.

(6) *Degree of strength*

The mental states which enter into sincerity conditions are expressed with different degrees of strength depending on the illocutionary force. For example, the degree of strength of the sincerity conditions of a promise is greater than that of an acceptance because a speaker who promises to do something expresses a stronger intention than a speaker who simply accepts to do it.

(c) *The set of illocutionary forces of possible utterances is recursive.*

There are five primitive illocutionary forces. These are the simplest possible illocutionary forces: they have an illocutionary point, no special mode of achievement of that point, a neutral degree of strength and only the propositional content, the preparatory and the sincerity conditions which are determined by their point. These primitive forces are (1) The *illocutionary force of assertion* which is named by the performative verb 'assert', (2) The *primitive commissive illocutionary force* which is named by the performative verb 'commit'; (3) The *primitive directive force* which is realized syntactically in the imperative sentential type; (4) The *illocutionary force of declaration* which is named by the performative verb 'declare' and (5) The *primitive expressive illocutionary force* which is realized syntactically in the type of exclamatory sentences. —

All other illocutionary forces are derived from the primitive forces by a finite number of applications of operations which consist in enriching the components of these forces. These operations consist in restricting the mode of achievement of the illocutionary point by imposing a new mode, in increasing or decreasing the degree of strength and in adding new propositional content, preparatory or sincerity conditions. Thus, for example, the illocutionary force of promise is obtained from the primitive commissive force by imposing a special mode of achievement of the commissive point involving the undertaking of an obligation. The illocutionary force of report is obtained from assertion by adding the propositional content condition that the propositional content represents a past or present state of affairs with respect to the time of the utterance. The illocutionary force of a pledge is obtained from the primitive commissive force by increasing the degree of strength of the sincerity conditions. The illocutionary force of a threat is obtained from the primitive commissive force by adding the preparatory condition that the future course of action represented by the propositional content is bad for the hearer. Similarly, the illocutionary force of a complaint is obtained from assertion by adding the sincerity condition that the speaker is dissatisfied (or unhappy) with the state of affairs represented by the propositional content.

(d) *The conditions of success of elementary illocutionary acts are uniquely determined by the components of their illocutionary force and by their propositional content.*

To put the point more precisely, an illocutionary act of the form $F(P)$ is *successfully performed* in the context of an utterance if and only if (1) in that context, the speaker achieves the illocutionary point of the force F on the proposition P with the mode of achievement of F, and P satisfies the propositional content conditions of F, (2) the speaker presupposes the propositions determined by the preparatory conditions of F and (3) he also expresses with the degree of strength of F the mental states of the modes determined by the sincerity conditions of F about the state of affairs represented by the propositional content P. — For example, a speaker makes a promise in a context of utterance if and only if: (1) the point of his utterance is to commit himself to doing an act A (illocutionary point), (2) in his utterance, the speaker puts himself under an obligation to do act *A* (mode of achievement), (3) the propositional content of the utterance is that the speaker will do act *A* (propositional content conditions), (4) the speaker presupposes that he is capable of doing act *A* and that act *A* is in the interest of the hearer (preparatory conditions) and finally, (5) he expresses with a strong degree of strength an intention to do that act (sincerity conditions and degree of strength). — Because a speaker can presuppose propositions which are false and express mental states which he does not have, successful performances of illocutionary acts can be defective. From a logical point of view, an illocutionary act is *non-defectively performed* in a context of utterance if and only if it is successfully performed and its preparatory and sincerity conditions are fulfilled in that context. Austin with his notion of felicity conditions failed to distinguish between utterances which are successful but defective and utterances which are not even successful and this is why Searle and I did not use his terminology (s. art. 60).

(e) *The conditions of satisfaction of elementary illocutionary acts of the form* F(P) *are a function of the truth-conditions of their propositional content and of the direction of fit of their illocutionary force.*

The semantic notion of a condition of satisfaction is based on the traditional correspondence semantic theory of truth for propositions. Whenever an elementary illocutionary act is satisfied in an actual context of utterance, there is a *success of fit* or correspondence between language and the world because to the propositional content of the illocutionary act corresponds an actual state of affairs in the world. Thus, an elementary illocutionary act of the form $F(P)$ is satisfied in an actual context of utterance *only if* its propositional content P is true. However, there is more to the notion of a condition of a satisfaction than to the notion of a truth-condition because in order to determine if an elementary illocutionary act is satisfied, one must take into consideration the direction of fit of its illocutionary force. — When an illocutionary act has the words-to-world direction of fit, it is *satisfied* in a context of utterance if and only if its propositional content is true in that context. In such a case, the success of fit between language and the world is achieved by the fact that its propositional content represents a state of affairs existing (in general independently) in the world. On the other hand, when an illocutionary act has

the world-to-words or the double direction of fit, it is *satisfied* in a context of utterance if and only if its propositional content P is true in that context *because of* his performance. Unlike assertive utterances, commissive and directive utterances have self-referential conditions of satisfaction. An assertive speech act is true if and only if its propositional content corresponds to an existing state of affairs no matter how that state got into existence. But strictly speaking, a pledge is kept or a command is obeyed only if the speaker or hearer carries out in the world a future course of action because of the pledge or of the command.

3. Speech act theory and semantics

3.1. Since the apparition of speech act theory on the philosophical scene, there has been much controversy about its role and place in the study of language. Following Charles Morris (1938 a), semiotics is now traditionally divided into three branches: syntax, semantics and pragmatics that are roughly characterized as follows: syntax deals with relations that exist only between linguistic expressions, semantics with relations that exist between linguistic expressions and their meanings (e. g. their senses or their denotations) and pragmatics with relations that exist between linguistic expressions and their meanings and uses in contexts of utterance. Because illocutionary acts are performed by using sentences in contexts, most philosophers and linguists following Rudolf Carnap (1956) have first tended to place speech act theory in pragmatics and to confine semantics to the study of senses and denotations. Thus, the contemporary philosophy of language has been largely divided until now into two trends (often in polemical terms). The logical trend, founded by Gottlob Frege (s. art. 34) and Carnap and later developed by Richard Montague, studies the relation of correspondence between language and the world and concentrates on the analysis of truth conditions of declarative sentences. The ordinary language trend, founded by Wittgenstein and Austin and later developed by Searle and Grice, studies language use and concentrates on speech acts that speakers perform by uttering sentences of all types. Using logical methods, philosophers of the logical trend have largely contributed to the logical syntax and semantics of natural languages. However, because they have only paid attention to truth-conditional aspects of sentence meaning, they have failed to analyze illocutionary force markers and performative verbs whose meaning contributes to determine the illocutionary forces of utterances. — Morris' division of semiotics was mainly programmatic and the need for a more precise characterization of the delimitations between semantics and pragmatics has now become very clear after the development of philosophical logics like the logic of demonstratives (s. art. 79) and illocutionary logic analyzing expressions whose linguistic meaning is systematically related to use. First, contexts of utterance were introduced in semantic interpretations in order to characterize the meanings of indexical expressions whose senses and denotations are systematically dependent on contextual features. Thus the study of indexical expressions which was first assigned by Yehoshua Bar-Hillel (1954) and Montague (1968) to pragmatics is now commonly assigned to semantics since David Kaplan (1979 b) developed a logic of demonstratives. — Similarly, the systematic analysis by Searle and the present author of English performative verbs and illocutionary force markers has shown that there are a large number of words and syntactic features whose meaning contributes systematically to the determination of the conditions of success of the utterances of sentences in which they occur. Thus, the identification of sentence meaning with truth conditions is now challenged in the philosophy of language.

Notice that linguists and grammarians had long acknowledged in their classification of sentential types that verb mood, word order and punctuation signs are illocutionarily significant. Using speech act theory, one can reformulate their analyses as follows. First, many sentential types express illocutionary point. Thus literal utterances of declarative and of imperative sentences serve respectively to represent how things are and to make an attempt to get the hearer to do something. Similarly literal utterances of exclamatory sentences serve to express the speaker's mental states. Certain sentential types like the interrogative and optative types express even entire illocutionary forces. Moreover, elementary sentences often contain in their illocutionary force markers words or syntactic features like adverbs and intonation which modify their sentential type. The meaning of such features contribute to determine the complete illocutionary forces of the utterances of the sentences in which they occur by expressing special components of illocutionary force. For example, the adverb 'please' expresses a special mode of achievement of the directive point which consists of giving option of refusal to the hearer. Thus, imperative sentences with 'please' serve to make requests. Similarly, the adverb 'alas' expresses the special sincerity condition that the speaker is very unhappy with the state of affairs represented by the propositional content. Thus a declarative sentence with 'alas' serves to make a complaint. Notice also that the degree of strength of sincerity conditions is often expressed by the intonation contour. — In addition to such an empiric linguistic evidence for studying speech acts in semantics, Searle (1983) and others (e. g. Vanderveken 1990/91) have also advocated a partial integration of speech act theory in semantics for theoretical reasons having to do with the very nature of language and of intentionality. One essential function of language is to enable human speakers to express and communicate their thoughts; and human thoughts are expressed or in principle expressible in the literal performance of illocutionary acts. Thus, meaning and speech acts are logically related in the deep structure of language (s. art. 68). — In this new approach, complete illocutionary acts (with success- and satisfaction-conditions) and not only propositions (with truth-conditions) are the primary units of sentence meaning in the literal use of language. Every actual sentence (whenever its logical form is completely analyzed) contains words or other syntactic features whose linguistic meaning contributes to determine in each possible context of use of a semantic interpretation the illocutionary acts that can be performed by its literal utterances. On this account, linguistic competence is not any more dissociated from performance. On the contrary, linguistic competence is the speaker's ability to perform and understand literal illocutionary acts.

3.2. From a linguistic point of view, an integration of speech act theory in semantics is useful for several reasons. First, it enables semantics to analyze illocutionary force markers and to interpret directly or after translation all types of sentences (whether declarative or not). Second, it also enables semantics to describe all sorts of entailment and of relative inconsistency that can exist between actual sentences expressing in the same contexts illocutionary acts with related conditions of success and of satisfaction. Many illocutionary types of entailment and of inconsistency have been completely ignored until now in formal semantics. For example, a sentence like 'I ask you if it is raining' *illocutionarily entails* the sentence 'Is it raining?' in the sense that it expresses in each context of use an illocutionary act that the speaker could not perform without also performing the illocutionary act expressed by the other sentence in that context. Similarly the two sentences 'How nice of you to come!' and 'I regret that you have come' are *relatively illocutionarily inconsistent* in the sense that they express in the same contexts speech acts that are not simultaneously performable. By assigning entire illocutionary acts as semantic values to sentences in contexts, semantics can analyze these illocutionary types of entailment and of inconsistency. It can also generalize the traditional truth-conditional notions of entailment and consistency so as to apply them to non declarative sentences. For example, the imperative sentence 'Please, come tomorrow morning' can be said to *entail truth-conditionally* the sentence 'You are able to come tomorrow' in the sense that it expresses in each context of use a request which cannot be satisfied unless the assertion expressed by the second sentence in the same context is true. Similarly the imperative sentence 'Come and do not come!' is *truth-conditionally inconsistent* in the sense that it expresses in all contexts a directive which is not satisfiable. These different illocutionary and truth-conditional notions of entailment and of inconsistency do not coincide in extension.

The inclusion of speech act theory in semantics requires of course theoretical decisions. Thus there are several relatively inconsistent semantic analyses of performative sentences in the contemporary philosophy of language and linguistics. First, according to Searle (1969), and the holders of the performative hypothesis (Ross 1970), the main feature of the illocutionary force marker of a performative sentence is the performative verb which functions semantically in that sentential context just as word order and verb mood do in non performative sentences. On this view, any successful literal utterance of a performative sentence constitutes primarily the performance by the speaker of the illocutionary act named by the performative verb. For example, by a literal utterance of (1) 'I hereby ask you if it is snowing', the speaker means primarily to ask the question

whether it is snowing just as when he uses the interrogative sentence (2) 'Is it snowing?'. These two sentences are then analyzed as synonymous. Second, according to G. J. Warnock (1973), David Lewis (1972) and others, performative sentences are declarative sentences like others. The main feature of their illocutionary force markers is not the performative verb but rather the indicative mood of that verb which expresses conventionally the assertive illocutionary point. On this view, a successful utterance of a performative sentence constitutes primarily a literal assertion by the speaker that he performs the illocutionary act named by the performative verb. Whenever this assertion is true, the utterance is performative. Thus by a literal utterance of (1), the speaker means primarily to assert that he is asking a question. — In opposition to these views, Searle/Vanderveken (1985) have adopted a third semantic analysis of performative sentences according to which their utterances serve to make a declaration that the speaker performs the illocutionary act named by the performative verb. On this view, any successful literal utterance of a performative sentence is performative because a successful declaration makes its propositional content true and the propositional content in this case is that the speaker performs the illocutionary act named by the performative verb. Thus by a successful literal utterance of (1), the speaker asks the question expressed by (2) by way of primarily declaring that he asks that question. This new semantic analysis of performative sentences has several advantages. First, it is consistent with the fact that performative sentences are declarative sentences whose indicative mood expresses the assertive point. What happens in the case of performative sentences is that their declarative sentential type is modified by other syntactic features which serve to express declaration. For example, in many performative sentences, the indicative mood is modified by the adverb 'hereby' which expresses the characteristic mode of achievement of a declaration. Second, this semantic analysis of performative sentences explains simply why a performative sentence like (1) illocutionarily entails the corresponding non performative sentence (2). Indeed, a successful declaration of performance of an illocutionary act strongly commits the speaker to performing that act. Finally, that semantic analysis also explains why not many verbs can have a performative use. There is indeed a very restricted range of human actions that one can perform in this world by declaration of performance.

3.3. Now, in order to develop a full general success- and truth-conditional formal semantics for natural languages on the basis of the preceding considerations on sentence meaning, it is necessary to adopt in speech act theory and in semantics theoretical principles like the following ones (for further explanation of these principles, cf. Vanderveken 1990/91):

(f) *There are two types of meaning.*

Many sentences can be used to perform literally different illocutionary acts in different contexts (when, for example, they contain demonstratives). The *linguistic meaning* of a sentence in a semantic interpretation is then a function from possible contexts of use into illocutionary acts. The *meaning* of a sentence *in* a *context* is the set of particular illocutionary acts that it expresses in that context. Thus, linguistic meanings apply to sentence types while illocutionary acts apply to sentences-in-contexts or sentence tokens.

(g) *Illocutionary act types and not tokens are the basic units of sentence meaning in the use of natural languages.*

The illocutionary act type expressed by a sentence in a context of utterance can be defined counterfactually as the primary illocutionary act that the speaker would mean to perform in that context if he were using that single sentence speaking literally. Such an illocutionary act type exists even if the speaker does not use that sentence in that context.

(h) *Two types of elementary illocutionary acts are identical if and only if they have the same propositional content and the same conditions of success.*

Illocutionary acts are natural kinds of use of language. They serve linguistic purposes in relating propositions to the world with a direction of fit. Now different illocutionary acts should have different linguistic purposes, and different linguistic purposes are either achievable under different conditions or directed at states of affairs representable or obtainable under different conditions.

(i) *Propositions have a content in addition to having truth-conditions.*

Because one can express a proposition with an illocutionary force without *eo ipso* having in mind all other propositions with the same truth-conditions, it is necessary to take into account cognitive aspects of meaning in the characterization of the logical form of prop-

ositions. — From a logical point of view, one can distinguish different features in the apprehension of the propositional content of an utterance (s. art. 78). A speaker who understands the proposition which is expressed in an utterance understands (1) the propositional constituents of that proposition, (2) the ways in which these propositional constituents relate in terms of predication in atomic propositions and (3) how the truth-conditions of that proposition are determined from the truth conditions of its atomic propositions. On this view, a proposition is a structured entity which is not reducible to its truth-conditions. Each proposition is composed out of a finite number of atomic propositions (where attributes are predicated of entities under senses) and has truth-conditions which are determined from these atomic propositions. The set of atomic propositions into which a proposition can be divided is what I call the 'content' of that proposition (what it is about and which predications are made in that proposition). Propositions with the same truth-conditions (e. g. the proposition that John is big or not big and the proposition that Jim is tall or not tall) can have a different content. Thus, two propositions are identical if and only if they have both the same content and the same truth conditions. — As Wittgenstein (1921) had anticipated, the logical operations on propositions do not transform the content, but simply rearrange the truth-conditions. For example, the negation of a proposition P is the proposition $\sim P$ which is composed out of the same atomic propositions as P and which is true in a context if and only if P is false in that context.

(j) *Competent speakers are rational.*

Rationality is built-in in the very use of language for at least two reasons. First, *speakers are minimally consistent.* They cannot perform or even mean to perform simultaneously two elementary illocutionary acts of the form $F_1(P)$ and $F_2(\sim P)$ with the aim of achieving a success of fit between language and the world from the same direction. Competent speakers know *a priori* that a proposition and its truth-functional negation cannot simultaneously be true and consequently that no success of fit could be achieved in the performance of two illocutionary acts having these propositions as content. It would not be rational for example for a speaker to order and forbid the same hearer to carry out the same action. — Second, *there is a restricted law of compatibility of strict implication with respect to illocutionary points with a non-empty direction of fit.* A speaker who expresses a proposition with the aim of achieving a success of fit from a certain direction also relates to the world with the same direction of fit all weaker propositions whose content and truth conditions are included in the content and truth conditions of that proposition. Indeed, competent speakers know *a priori* that the truth of these weaker propositions is a necessary condition for the success of fit of their utterances. Thus, a speaker cannot for example, promise that he will come tomorrow in the morning or in the afternoon, without also committing himself to coming tomorrow. As the present author (1990/91) has shown, a general success-and truth-conditional semantics based on the preceding principles (a — j) can explain and predict valid laws of inference that speakers are able to make with all types of sentences in virtue of their competence.

3.4. The view of semantics (s. art. 68) just exposed is in opposition with recent philosophical doctrines (e. g. Stalnaker (1972) and Davidson (1984 a)) which reduce meaning to sense or even denotation. However, it is consistent with a long philosophical tradition and is supported by the informal analyses that grammarians and philosophers have made for centuries of the classification of the different syntactic types of sentence on the basis of their theory of mood and of the modes of thought. The grammarians of Port Royal, for example, developed a theory of meaning based on similar consideration (s. art. 44). According to Arnauld/Lancelot (1966 [1660]), sentences serve in virtue of their literal meaning to perform judgements and other acts of thought having propositions as contents, and the various types of sentences that language distinguishes with verb mood and other syntactic features express conventionally in Port-Royal grammar the various types of acts of the mind that human beings can entertain for the purpose of communication. — More recently, Frege (1918) also recognized the existence of linguistic expressions whose meaning serves to determine the type of mental acts that speakers perform by uttering the sentences in which they occur. According to Frege, these expressions have a special mode of meaning (different from that of names and of variables) which contributes to determine what Frege called (before Austin) the 'force of utterances'. Frege did not formulate a gen-

eral theory of linguistic expressions whose meaning is related to force. However, these expressions were so indispensable to language that he felt the need to introduce some of them (the assertion sign and a sign for definitions) in the ideal object-language of logic. My view of semantics comes back to Frege's ideas and reintroduces the assertion sign and other illocutionary force markers in the ideal object-language of logic.

4.   Pragmatics

4.1. A semantic theory of natural language is exclusively concerned with literal meaning. It identifies speaker's meaning with sentence meaning by adopting the convention that whenever a speaker utters a sentence, he only means what the sentence that he uses means in the context of his utterance. Thus semantics tends to reduce linguistic competence to the speaker's ability to make and understand literal utterances. However, in ordinary conversations, the speaker's meaning is often not identical with the sentence meaning, because the primary illocutionary act is different from the literal speech act as in the cases of metaphor (s. art. 91), irony and indirect speech acts, or because the speaker means to perform a secondary non literal illocutionary act as in the cases of conversational implicatures (s. art. 97). For example, a speaker who utters the sentence 'John is sober' in a conversational background where both speaker and hearer mutually know that John is dead drunk means to assert ironically that John is not sober. The hearer's capacity of understanding the speaker's irony is part of his linguistic competence and exceeds the capacity of understanding the sentence meaning in the context of the utterance (s. art. 92). The study of non literal speech acts and of conversational implicatures is part of the task of pragmatics. A pragmatic theory of speaker's meaning deals with questions such as these:

(i)   How does a speaker succeed in getting the hearer to understand that what he means is different from what the sentence that he uses means in the context of his utterance?

(ii) Once the hearer has understood that, how does he succeed in identifying the primary non literal speech act and the conversational implicatures?

There has not been much advance until now in the development of a theoretical pragmatics capable of constructing the speaker's meaning in the case of non literal utterances. Grice (1975 a) later joined by Searle (1979), Emmon Bach/R. Harnish (1979) and others made some important progress in the analysis of non literal speech acts by exploring the idea that language use is governed by conversational maxims (like the maxims of quality: 'Speak the truth!', 'Be sincere!') on which the speaker relies in order to get the hearer to understand his non literal utterances. But their informal analyses of speaker meaning are partial, and lack a precise theoretical content. I will now show how the ressources of speech act theory can help to formulate general principles that are needed in a theory of speaker meaning in order to construct the ability that speakers have to understand non literal utterances. – For the sake of simplicity, I will be only concerned with the two following types of non literal speech acts that are basic for the purposes of pragmatics.

(1) *Utterances where the primary speech act is non literal.*

In the cases of indirect speech acts, irony and metaphor, speaker's meaning is different from sentence meaning because the primary speech act of the utterance is not the literal speech act expressed by the sentence used by the speaker in the context of that utterance. For example, whenever a speaker performs an indirect speech act, the literal speech act is secondary and is only a means to performing the indirect speech act which has stronger conditions of non-defective performance or of satisfaction. Thus, whenever by asking 'Can you pass the salt?' the speaker indirectly requests the hearer to pass the salt, the primary speech act of the utterance is the indirect request and not the literal question about the hearer's abilities. That indirect request is stronger than the literal question because it is not possible for the hearer to satisfy the request (e. g. to pass the salt) without at least implicitly answering the literal question.

(2) *Utterances where the speaker conversationally implicates something.*

In the case of conversational implicatures, speaker meaning exceeds sentence meaning. Indeed, the speaker, in addition to meaning to perform a certain primary illocutionary act, also means to get the hearer to understand by the fact that he performs that primary act in that context or that he uses a certain sentence to express it, that another relevant secondary non literal illocutionary act is successful, non defective and satisfied in that context. For example, a speaker who

says 'If you are nice, I will give you something', often implicates conversationally that he will not give anything to the hearer if he is not nice. In such contexts, the speaker makes a secondary non literal assertion in addition to his primary conditional promise.

As Searle pointed out, a speaker who means to perform non literal speech acts in a context of utterance intends to get the hearer to understand him by relying (1) on the hearer's knowledge of the meaning of the sentence that he uses and on his ability to understand the conditions of success and of satisfaction of the literal speech act, (2) on their mutual knowledge of certain facts of the conversational background, and (3) on the hearer's capacity to make inferences on the basis of the hypothesis that the speaker respects conversational maxims in the context of the utterance. On this account, it is not possible to understand the primary non literal speech act of an utterance without having first identified the literal speech act and without having understood that this literal act cannot be the primary speech act in the context of the utterance if the speaker respects the conversational maxims in that context. Thus, pragmatics conceived as the theory of speaker's meaning incorporates semantics conceived as the theory of sentence meaning as well as a theory of conversational maxims and a representation of the conversational backgrounds of utterances.

Two important conversational maxims that speakers respect in their use of language are the maxims of quality and of quantity. Using speech act theory, these conversational maxims can be generalized and explicated simply as follows:

(a) *the maxim of quality*

From a logical point of view, an illocutionary act is of perfect quality if and only if it is both non defectively performed and satisfied. Thus, one can formulate the maxim of quality as follows in illocutionary logic: 'Let the primary illocutionary act that you mean to perform in the context of an utterance be successful, non defective and satisfied *in that context!*'

(b) *The maxim of quantity*

Each illocutionary act is a natural kind of use of language which can serve to achieve linguistic purposes in the course of conversations. From a logical point of view, an illocutionary act is of perfect quantity in the context of an utterance if it is as strong as required to achieve the current linguistic purposes of the speaker in that context. Given their logical forms, certain speech acts are *stronger* than others, in the sense that they have more conditions of success, of non defective performance or of satisfaction. For example, a supplication to a hearer that he give a bottle of champagne is stronger than a simple request that he give a bottle. Similarly, an assertion that it is necessary that $2 + 2 = 4$ is stronger than an assertion that $2 + 2 = 4$. Stronger speech acts serve to achieve stronger linguistic purposes. Thus, a speaker who would like to supplicate the hearer to give a bottle of champagne but who simply requested that he give a bottle, would perform a speech act which is too weak to achieve his linguistic purpose.

On the basis of these considerations, I propose the following generalization of the maxim of quantity: 'Let your speech act be as strong as required (i. e. neither too strong nor too weak) to achieve your current linguistic purposes in the context of each utterance!' As there is an inductive definition of the conditions of success, of non defective performance and of satisfaction of speech acts in illocutionary logic, these generalizations of the maxims of quality and quantity make their theoretical content precise and enable pragmatics to apply them to all types of utterances (and not only as is the case in Grice's theory to assertive utterances). For example, there is a sub-maxim of quality for promises: 'Let your primary promise be successful and good for the hearer. Let it be a promise that you intend to keep and that you will actually keep'; a sub-maxim of quality for assertions: 'Let your primary assertion be successful, supported by evidence, sincere and true!'; and so on. On this account, Grice's formulation of the maxim of quality is just the particular case for assertions. — Because they concern the logical forms of illocutionary acts, the conversational maxims of quality and quantity are not relative to a particular human culture but are on the contrary pragmatic universals of language use. As Grice anticipated, one can easily demonstrate that they follow from the hypothesis that speakers are rational in the use of language (see Kasher 1976; Vanderveken 1991).

4.2. There are several ways in which a speaker can get the hearer to infer what he means on the basis of the hypothesis that he respects the conversational maxims in the context of his utterance. The two most important ways are what I call hereafter the 'exploitation' and the 'use of a maxim'.

(a) *The exploitation of a maxim.* A speaker exploits a conversational maxim in a context of utterance if and only if certain facts of the conversational background that he presumes to be mutually known by him and by the hearer are such that he intends that the hearer recognizes that (1) he cannot respect that conversational maxim in the context of the utterance if the primary speech act is the literal speech act, although (2) he wants to start or continue a conversation with the hearer, and if (3) the speaker moreover intends that the hearer believes that they both have a mutual knowledge of this. For example, in the case of an exploitation of the maxim of quality, the speaker intends the hearer to recognize that there are in the conversational background of the utterance certain facts which are relatively inconsistent with conditions of non-defective performance or of satisfaction of the literal speech act. And the speaker intends the recognition of his intention to be part of mutual background knowledge. Whenever the hearer recognizes all this, he understands that the speaker means to perform a primary illocutionary act with non literal conditions different from the literal conditions which are violated in the conversational background. Moreover he identifies these non literal conditions by drawing them out of his knowledge of facts of the conversation background that the speaker intends him to recognize. For example, in a context where the teacher says imperatively to his pupil 'Please, leave out the classroom immediately!' without giving him any option of refusal, he exploits the maxim of quality by the fact that he obviously does not achieve the directive illocutionary point with the literal mode of achievement of a request. In such a context, the hearer understands that the speaker means to perform a directive illocutionary act with an opposite mode of achievement (where no option of refusal is given to him). And he identifies that non literal mode of achievement from the background as that of a command since it is part of background mutual knowledge that the speaker invokes his position of authority over him in the utterance. Similarly, in the case of exploitation of the maxim of quantity, the speaker intends to get the hearer to recognize that the literal speech act is not as strong as required to achieve his current linguistic purposes in the context of the utterance. For example, a speaker who says 'that painting is not bad!' exploits the maxim of quantity in order to make an understatement in a context where it is part of background knowledge that he is obviously very impressed by that painting and where he believes 'that is very good!'. In such a context, the hearer concludes that the speaker means non literally to perform indirectly a primary speech act stronger than the literal one.

(b) *The use of a maxim*. A speaker uses a conversational maxim in a context of utterance if and only if certain facts of the conversational background that he presumes to be mutually known by him and the hearer are such that he intends that the hearer recognizes that, given the existence of these facts, he respects that maxim in performing the primary speech act in the context of the utterance only if a secondary non literal illocutionary act is non defective and satisfied. Moreover he intends that the hearer believes that this is the content of mutual knowledge. Thus, in the case of use of the maxim of quality, the speaker intends the hearer to recognize certain facts of the conversational background and to get him to make an inference on the basis of the assumption of existence of these facts and of the hypothesis that the primary illocutionary act of his utterance is successful, non defective and satisfied. From the premises of that inference, the hearer derives the conclusion that a secondary non literal illocutionary act which is relevant at that moment in the conversation is also performed in the context of the utterance. For example, in a conversational background where it is part of the mutual background knowledge of both speaker and hearer that the ecologists do not vote for the Conservative Party, if the speaker answers the question 'Did Jones vote conservative?' by saying 'He is an ecologist', he uses the maxim of quality in order to implicate conversationally that Jones did not vote conservative. Similarly, in the case of use of the maxim of quantity, the speaker intends the hearer to make an inference on the basis of the hypothesis that the primary speech act that he performs in the context of the utterance is actually the strongest illocutionary act that he can perform without violating any maxim in that context. Usually the conversational background is such that the speaker has performed that primary act instead of other stronger speech acts that were also relevant at that conversational moment in the context

of the utterance. The hearer comes to the conclusion that these non literal stronger illocutionary acts are not performed because they would be defective or not satisfied in that context. Thus, for example, a speaker who answers the question 'Where is Paul?' by saying 'He is in Texas or in Lousiana' in general uses the sub-maxim of quantity 'Be as informative as required!'. He relies on the fact of the conversational background that he did not answer 'Paul is in Texas' or 'Paul is in Lousiana' in order to implicate conversationally that he lacks evidence for making one of these two stronger assertions.

4.3. As Grice pointed out, non literal speech acts performed in actual utterances have two important properties. First, they are in general *contextually cancellable* in the sense that there are other possible contexts of utterance (with different backgrounds) where the same speaker could use the same sentence without having the intention of performing any non literal speech act. Moreover non literal speech acts are also in general *not detachable* in the sense that if the speaker had uttered another sentence expressing the same literal illocutionary act in the same conversational background, he would also have meant to perform them. — From a pragmatic point of view, these two properties of non literal speech acts are important for the following reasons: First, if non literal speech acts are cancellable, certain conditions must be necessary in order that a speaker who uses a sentence in a context with a certain conversational background can mean something else than what that sentence means in that context. When such conditions are not fulfilled in the conversational background, the speaker's meaning can only be literal in the context of an utterance. Second, if non literal speech acts are not detachable, certain conditions relative to the form of the literal speech act and to the conversational background must be sufficient in order that a speaker mean something else than the literal speech act in the context of an utterance. When these conditions are fulfilled in the conversational background, the speaker's meaning cannot be entirely literal in the context of an utterance. Part of the task of pragmatics is to state these necessary and sufficient conditions for non literal speaker meaning. On the basis of the preceding considerations about conversational maxims, one can say first that a speaker means to perform a primary non literal speech act if he exploits conversational maxims and second that he means to implicate conversationally something if he uses such maxims in the context of his utterance. — Notice that certain important figures of non literal meaning can be characterized precisely in this conception of pragmatics. Thus, all ironical speech acts are limit cases of exploitations of the maxims of quality. The primary speech act of an ironic utterance has conditions of success, of non defective performance or of satisfaction which are relatively inconsistent with conditions of the literal speech act. Moreover all indirect speech acts are cases of exploitation of the maxim of quantity. The indirect speech act of an utterance is always stronger than the literal speech act (see Vanderveken 1991). This explains why in the case of irony, speaker's meaning is in opposition to sentence meaning, while in the case of indirect speech acts, speaker's meaning is an extension of sentence meaning.

Many important questions are still in need of a theoretical answer in the present state of pragmatics. What is the nature of metaphor? (s. art. 91) What are the other conversational maxims? Grice (1975 a) also speaks of maxims of relevance and of manner (see Dascal 1977; Sperber/Wilson 1986 on relevance). How do hearers recognize the facts of the conversational background that are relevant for understanding non literal utterances? Is there a theoretical way to construct the backgrounds of utterance? Is there an algorithm which enables us to compute speaker's meaning from sentence meaning and conversational background with conversational maximes?

5. Selected references

Dummett 1979, What does the appeal to use do for the theory of meaning, in *Meaning and Use*, Margalit (ed.).

Holdcroft 1978, *Words and Deeds*.

Schiffer 1972, *Meaning*.

Searle 1983, *Intentionality*.

Zaefferer 1983, The semantics of sentence mood in typologically differing languages, in *Proceedings of the XIIIth International Congress of Linguists*, Hattori (ed.).

Daniel Vanderveken, Québec (Canada)

96. Jeux dans le langage
Games in language
Spiel in der Sprache

0.1. Un jeu trilingue à six mains

Aujourd'hui, toute tentative de déterminer le rôle logico-linguistique du mot 'jeu' doit commencer par des ›jeux de langage‹.

L'expression 'jeu de langage', introduite par Ludwig Wittgenstein (v. art. 39), est une métaphore (v. art. 91) qui a captivé l'imagination des philosophes du langage dans ce siècle. Comme toute métaphore créative, elle se prête à plusieurs interprétations. En conformité avec la vision du langage qu'il vise à promouvoir avec cette métaphore, Wittgenstein lui-même ne nous a pas donné une définition du concept ›jeu de langage‹. Il l'a plutôt introduit au moyen de plusieurs jeux de langage, dont l'exemplification abondante est peut-être tout ce qui en peut être dit, car ›jeu‹ est un de ces concepts qui, pour Wittgenstein, ne peuvent être saisis qu'au moyen de la ›ressemblance de famille‹ qui relie leurs exemples. En outre, comme tout autre terme prédicatif, 'jeu de langage' n'acquiert un sens qu'à travers ses applications, c'est-à-dire, dans les jeux qu'on joue avec lui. Si, pourtant, on admet avec Wittgenstein qu'il n'y a pas une seule façon ›correcte‹ de poursuivre une série finie quelconque, et si l'on envisage sa collection d'exemples de jeux de langage comme une série, il s'ensuit qu'on peut la poursuivre — c'est-à-dire, appliquer ce concept — de plusieurs manières tout à fait différentes, quoique également acceptables. C'est ce que chacune des trois parties du présent article fait, indépendemment des autres. L'article dans son ensemble, à son tour, illustre encore un autre type de jeu de langage, où — outre cette introduction artificieuse — il n'y a aucun effort de la part des joueurs/auteurs pour harmoniser leurs discours, la polyphonie dissonante en étant plutôt la seule ›règle‹. Que les joueurs/lecteurs puissent en jouir!

0.2. A trilingual game for six hands

Any attempt to determine the role of the concept 'game' in language has nowadays to start with a look at ›language games‹.

The expression 'language game', introduced by Ludwig Wittgenstein (s. art. 39), is a metaphor (s. art. 91) that has captivated the imagination of philosophers of language in this century. As all creative metaphors, it is prone to several interpretations. In consonance with the conception of language that he seeks to promote with the help of this metaphor, Wittgenstein himself did not provide a definition of the concept. He has introduced it through many examples of ›language games‹ — a procedure that fits his view that ›game‹ is one of those concepts that cannot be properly ›defined‹, but only grasped through the ›family resemblance‹ its examples share. Furthermore, as any other predicative expression 'language game' only acquires meaning through its application, i.e., in the language games one plays with it. If, however, one admits with Wittgenstein that there is no single ›correct‹ way of pursuing any given finite series of cases, and if one considers his collection of examples of language games as one such series, it follows that one can continue it — i.e., apply the concept — in several, quite different, but equally acceptable, ways.

This is what each of the three parts of the present article purports to do, independently of each other. The article as a whole, in turn, illustrates another kind of language game, where — except for this deceiving introduction — no effort has been made by the players/authors to harmonize their dis-

courses. It is a game where dissonant polyphony is the only ›rule‹. Let the players/readers enjoy it!

0.3. Ein dreisprachiges Spiel zu sechs Händen

Ein Versuch, die Rolle des Begriffs 'Spiel' in der Sprache zu bestimmen, muß sich gegenwärtig zuerst ›Sprachspielen‹ zuwenden. Der Ausdruck 'Sprachspiel', von Ludwig Wittgenstein (s. Art. 39) eingeführt, ist eine Metapher (s. Art. 91), von der die Phantasie der Sprachphilosophen dieses Jahrhunderts gefangen gehalten wird. Wie bei allen schöpferischen Metaphern kann sie auf verschiedene Weise verstanden werden.

In Übereinstimmung mit der von Wittgenstein gerade durch Verwendung der Metapher 'Sprachspiel' angezeigten Sprachauffassung gibt es bei ihm keine Definition des zugehörigen Begriffs. Er wird durch zahlreiche Beispiele von ›Sprachspielen‹ vorgestellt — ein Verfahren, das zu Wittgensteins Überzeugung paßt, ›Spiel‹ gehöre zu denjenigen Begriffen, die nicht ›definiert‹, sondern durch die ›Familienähnlichkeit‹ zwischen ihren Beispielen erfaßt werden können. Im übrigen bekommt 'Sprachspiel', wie bei jedem anderen prädikativen Ausdruck auch, eine Bedeutung erst durch seine Anwendung, also durch die Sprachspiele, die mit ihm gespielt werden. Wenn man jedoch mit Wittgenstein zugesteht, daß es nicht die eine ›richtige‹ Weise gibt, eine endliche Folge von Instanzen fortzusetzen, und wenn seine Sammlung von Beispielen für Sprachspiele als eine solche Folge gilt, so läßt sich auch diese Folge auf sehr verschiedene und dennoch zulässige Weise fortsetzen — also der Begriff 'Sprachspiel' anwenden.

Genau das geschieht unabhängig voneinander in den drei Abschnitten dieses Artikels. Der Artikel als Ganzes wiederum illustriert eine andere Art Sprachspiel, bei dem — abgesehen von dieser täuschenden Einleitung — keine Anstrengung der Spieler/Autoren unternommen wurde, ihre Ausführungen zu harmonisieren. Es ist ein Spiel, bei dem dissonante Polyphonie die einzige ›Regel‹ ist. Mögen die Spieler/Leser sich daran erfreuen!

1. Jeux de langage et pragmatique

1.1. Les jeux de l'exégèse

Plusieurs commentateurs de Wittgenstein ont noté que le concept ›jeu de langage‹ vient occuper dans sa dernière philosophie le rôle central que le concept de ›tableau‹ (Bild) occupait dans le *Tractatus*. Tandis que dans celui-ci le sens d'un énoncé est à trouver dans la structure logique du tableau qu'il offre de la réalité, dans les *Philosophische Untersuchungen* il est plutôt ancré dans l'ensemble des activités au sein desquelles l'énoncé s'insère. Une question clé à laquelle s'adresse l'exégèse est celle d'expliquer les raisons de ce changement dans la pensée de Wittgenstein. Examinons, à titre d'exemple, une de ces explications.

D'après Jaakko Hintikka (1989; cf. aussi Hintikka/Hintikka 1986) le concept ›jeu de langage‹ vient résoudre le problème posé par le passage du phénoménalisme au physicalisme, qui s'opère dans la pensée de Wittgenstein vers 1930. Wittgenstein aurait alors abandonné la conception phénoménaliste du langage du *Tractatus* (signification = tableau mental d'un état de choses) en faveur d'une conception physicaliste (la signification n'est pas une représentation du monde, mais elle doit être, en quelque sorte, directement ›dans le monde‹). Il entretient alors brièvement une version ›computationnelle‹ du physicalisme, à savoir l'idée que comprendre le langage et, en général, penser, ce n'est que manipuler des symboles, compris comme entités physiques. Très vite, pourtant, il se rend compte que cette version succombe au problème de l'interprétation (toute expression symbolique requiert une interprétation pour qu'elle puisse être appliquée), ce qui fait qu'il l'abandonne aussi. Ce qui vient alors ancrer le langage directement dans le monde c'est la ›pratique‹, c'est-à-dire, l'activité non-linguistique au sein de laquelle le langage s'insère (cf. le slogan wittgensteinien: sens = usage). Cette pratique, pourtant, n'est pas uniforme: elle se manifeste dans une multiplicité irréductible de ›jeux de langage‹: c'est pourquoi il ne peut pas y avoir de théorie générale de la signification, le slogan mentionné n'en étant certainement pas une. Le ›jeu‹ est donc prioritaire par rapport au sens, car c'est lui qui ›donne du sens‹. D'après Hintikka, il s'avère prioritaire aussi par rapport à ses règles: celles-ci ne peuvent pas être des préceptes mentaux suivis par les joueurs (ce qui nous renverrait au phénoménalisme), ni des formules qu'ils manipulent (ce qui nous ramènerait à la conception computationnelle); suivre une règle n'est donc ni ›posséder‹ une formule manipulable ni la ›comprendre‹ préalablement, mais simplement agir d'une certaine façon, cette façon

n'étant ›définie‹ que par la totalité des actions du joueur dans la pratique du jeu.

Tandis que Hintikka s'efforce de montrer le rôle explicatif que le concept ›jeu de langage‹ vient remplir dans la nouvelle conception du langage développée par Wittgenstein, d'autres commentateurs soulignent son rôle plutôt critique: tout usage du langage séparé d'une pratique non-linguistique concrète est dénué de sens; c'est un usage où « die Sprache *feiert* » (Wittgenstein 1953, § 38); la philosophie étant typiquement un usage de ce genre, car elle se sert des mots en dehors de leur contexte ordinaire, ce qu'il faut faire c'est curer les philosophes de cette maladie, en les ramenant à la pratique ordinaire qui, seule, donne du sens aux énoncés (cf. Lazerowitz/Ambrose 1984, 23 sqq).

Les deux interprétations mentionnées ne sont pas, bien sûr, incompatibles. Toutes les deux sont, en outre, bien fondées sur le texte de Wittgenstein, qui a été d'ailleurs l'objet de plusieurs autres lectures, pas toujours compatibles entre elles. Est-ce la faute des exégètes ou de l'application à ce texte d'un ›jeu d'exégèse‹ qu'il n'est pas censé comporter? En effet, d'après le texte wittgensteinien lui-même, il semble que ›faire l'exégèse‹ d'un texte, dans le sens d'en découvrir l'intention véritable ou la doctrine qu'il avance, est un de ces jeux de langage vides qu'il faut surtout éviter. Car il présuppose l'identification du sens du texte avec l'intention de son auteur, de son contenu avec quelque formule ou paraphrase que l'exégète peut en donner. Or, ce que Wittgenstein nous dit — ou plutôt nous montre — c'est que comprendre n'est ni reconnaître une intention préalable ni être capable de la reformuler convenablement. Un des buts de la métaphore ›jeu de langage‹ est sans doute de nous rappeler que le signe de la compréhension n'est que la capacité de poursuivre le jeu, après en avoir présencé un échantillon. ›Faire l'exégèse du texte de Wittgenstein d'après Wittgenstein‹ est donc un jeu tout à fait spécial, où l'exégète doit exhiber sa compréhension en poursuivant ›comme il faut‹ le jeu (ou les jeux?) exemplifié(s) dans le texte. Les jeux ordinaires de l'exégèse doivent faire place aux jeux d'application.

1.2. Les jeux de l'application

L'application peut suivre de près l'exégèse. On peut, par exemple, poursuivre le versant critique des *Philosophische Untersuchungen* en s'addressant à des thèmes philosophiques auxquels Wittgenstein ne s'est pas attaqué directement. Les analyses critiques qui abondent dans les *Philosophische Untersuchungen* — contre le mentalisme, la théorie augustinienne du nom, la possibilité d'un langage privé, etc. — fonctionneraient alors comme un ensemble d'exemples ›paradigmatiques‹ d'une certaine ›méthode‹ que l'extension analogique chercherait à épurer et appliquer ailleurs. A l'aide de cette méthode — que le courant connu par ›philosophie du langage ordinaire‹ (v. art. 60) a fait la sienne — on pourrait dissoudre la plupart des problèmes philosophiques en produisant des ›analyses‹ qui montreraient précisément où l'usage philosophique d'un concept s'égare en perdant contact avec sa ›grammaire ordinaire‹, celle qui détermine le jeu de langage légitime auquel ce concept appartient. L'exégèse explicative, d'autre part, peut mener à des applications philosophiques et linguistiques qui visent à réduire tout phénomène de langage à son aspect d'›activité‹. Elles donnent lieu à des théories centrées sur des concepts tels que ›dialogue‹, ›interaction‹, ›acte de parole‹, etc., dont la tendance générale est de mettre au premier plan la pragmatique, contre les théories qui privilégient soit la sémantique soit la syntaxe.

Dans l'un et l'autre cas, les applications proposées ne semblent pas conformes ni à l'esprit du texte wittgensteinien ni à sa lettre. Quant à l'esprit, il suffit de remarquer leur quête d'unité, soit-elle méthodique ou théorique — toute contraire à la pluralité irréductible de jeux de langage que Wittgenstein met en évidence. Quant à la lettre, il convient de se détenir un peu sur ce que le texte des *Philosophische Untersuchungen montre*, au delà ou en deçà de ce qu'il *dit*. Car *voir* est souvent plus important que *penser* ou *dire*: « Denk nicht, sondern schau » (Wittgenstein 1953, § 66), exige Wittgenstein de ses lecteurs lorsqu'il s'efforce de leur expliquer pourquoi la notion de ›jeu‹, quoique n'étant pas définissable par un ensemble de traits communs, n'est quand même pas denuée de sens. Si, mettant de côté nos préjugés théoriques, nous regardons une grande variété de jeux, dit-il, nous nous retrouvons devant la situation suivante:

« Wir sehen ein kompliziertes Netz von Ähnlichkeiten, die einander übergreifen und kreuzen. Ähnlichkeiten im Großen und Kleinen » (Wittgenstein 1953, § 66).

Le regard nous permet de saisir d'emblée ce réseau, avant même d'en comprendre les filigranes. Ce sont les exemples qui dirigent le regard ›dans un certain sens‹. Pourtant, se servir d'exemples n'est pas « ein *indirektes* Mittel der Erklärung, — in Ermangelung eines Bessern » (Wittgenstein 1953, § 71); c'est le seul moyen d'expliquer des concepts-réseau, tels que ›jeu‹; ou du moins, affirme Wittgenstein, le seul moyen de faire comprendre le jeu de langage que ›nous‹ jouons avec le mot 'jeu'. Quels sont les exemples qui doivent nous guider dans la compréhension/application du jeu de langage que Wittgenstein lui-même joue avec l'expression qu'il a inventée — 'jeu de langage'? On peut songer, bien sûr, aux exemples de jeux de langage *décrits* dans les *Philosophische Untersuchungen*. Mais, par le fait même qu'ils sont décrits, ils sont *dits*, pas *montrés*. Le jeu de langage qui se montre dans les *Philosophische Untersuchungen* n'est autre que ce texte même. Regardons donc de près ce texte, sans essayer de lui imposer une vision unificatrice préalable, dans l'espoir d'y voir un réseau d'analogies, d'ensemble et de détail, capable de nous guider dans notre jeu d'application.

Il y a d'abord le titre — toujours un indice important. Il s'agit d'un texte de ›philosophie‹, mais avec deux qualifications importantes: (a) le pluriel indique qu'il ne s'agit pas d'*une* philosophie (systematisée, unifiée); (b) le terme 'Untersuchungen' indique que cette philosophie n'est pas achevée ou complète, mais plutôt en cours de se faire, peut-être même en cours de se chercher elle-même. L'insouciance apparente de marquer clairement le fil argumentatif qui relie une remarque à l'autre est un autre indice, qui confirme ce qui est suggéré par le titre: il s'agirait d'une série de reflexions, d'annotations de travail, pas nécessairement représentant un seul point de vue cohérent. Mais l'indice le plus significatif du caractère pluriel de ce texte est sans doute sa structure exagérément ›polyphonique‹ (cf. Ducrot 1984). Je ne peux pas en examiner les détails ici. Il suffit de noter les points suivants: (a) La ›voix‹ de l'auteur rarement s'exprime par un 'je' ou un 'moi' emphatique; elle s'exprime plutôt par l'absence d'indications contraires; (b) les ›autres voix‹ — celles des oppositeurs réels ou imaginaires, par exemple — s'expriment par des guillemets, par l'usage de la particule 'mais', etc.; (c) ces autres voix ne sont presque jamais rapportées à des auteurs explicitement nommés; (d) il y a en outre une multitude de voix ›imaginaires‹, arbitrairement désignées ('A', 'B', 'un enfant', etc.) — ce sont des voix de ›participants‹ dans des jeux de langage inventés surtout par la voix de l'auteur; (e) une des rares voix explicitement nommées est celle d'un ›Wittgenstein antérieur‹, dont les doctrines sont présentées comme fausses.

Le contraste entre ce dernier point et les antérieurs nous conduit presque nécessairement à lire ce texte comme un dialogue ›intérieur‹ entre l'auteur et son moi antérieur, ce dernier soulevant des objections que le premier essaye de dissoudre, surtout au moyen de ›Gedankenexperimente‹. Toute indication contextuelle qui permettrait d'identifier aisément une source de ces objections autre que le ›Wittgenstein antérieur‹ étant supprimée, tout se passe comme si l'argumentation pouvait être parfaitement comprise par le lecteur sans aucune indication pragmatique supplémentaire, sans aucun rapport avec une activité concrète quelconque. C'est comme si la réflexion se déroulait dans ce Monde III poppérien, régi par la seule logique. La recherche philosophique nous est ici présentée, donc, comme un soliloque, où la pensée tourne sur elle-même sans aucun ancrage extérieur précis. C'est comme si Wittgenstein illustrait, par son texte même, la conception de philosophie que ce texte repousse. N'est-ce pas un piège, pourtant?

Plusieurs interprètes sont tombés dans ce piège. Car ils ont essayé d'interpréter le texte ›littéralement‹, comme étant vraiment l'expression d'un débat entre Wittgenstein et son moi antérieur, sans remarquer que cette interprétation littérale serait tout à fait contraire à la doctrine qu'ils entrevoient dans ce texte. Cette contradiction (ou du moins tension) entre le contenu supposé du texte et sa structure apparente fonctionne, du point de vue pragmatique, comme une indication du fait qu'une autre interprétation, cette fois-ci ›non littérale‹, doit être cherchée. Quelle pourrait être cette interprétation? Il est vrai qu'à un de ses niveaux le texte se présente comme un soliloque. Mais à un autre il se montre comme une conversation polyphonique. Une possibilité de lecture c'est donc d'interpréter la forme apparente du soliloque en tant que simple raccourci: il s'agirait d'un vrai dialogue avec d'autres positions — dont celle du premier Wittgenstein n'en est qu'une — assez repandues, donc reconnaissables même sans nommer leurs défenseurs. Le lecteur, familiarisé avec le contexte philosophique de son époque, serait à même de reconnaître d'où proviennent les objections et de mesurer leur poids ainsi que la fidélité de leur représentation dans le texte de Wittgenstein. Il pourrait donc juger de la pertinence des réponses de Wittgenstein, et finalement décider par lui même — en tant que ›juge de la controverse‹ — qui a raison. A la lumière de cette lecture, la recherche philosophique apparaît comme toute autre chose qu'un soliloque. Elle se dessine comme une vraie activité — une activité de débat, d'argumentation critique, de controverse, même si elle est conduite *in foro interno* — qui est donc un ›jeu de langage‹ parfaitement légitime. Il s'ensuivrait alors, contrairement à l'interprétation ›méthodique‹ mentionnée ci-dessus, que la philosophie n'est pas invariablement un ›tourner à vide du langage‹, ni même une simple pratique ›thérapeutique‹, pourvu qu'elle ne se présente pas comme ›parlant d'une seule voix‹, monolithiquement.

Est-ce que ce que je viens de dire vraiment se ›voit‹ dans le réseau d'analogies révélé par le texte? Ce qui rend si difficile l'exégèse ainsi que l'application dans le cas de Wittgenstein c'est le fait que le réseau dont il parle peut donner lieu à un très grand nombre de façons de l'étendre, appliquer ou poursuivre, toutes légitimes dans quelque mesure. Car, comme l'on sait, ›voir‹ c'est toujours ›voir comme‹ pour Wittgenstein, le ›comme‹ dépendant de la « Art der Anwendung [der] Muster » (Wittgenstein 1953, § 73), qui dépend, à son tour, de la totalité du contexte où cette utilisation a lieu. Le lecteur, exégète ou applicateur de Wittgenstein, suffisamment sensible à la richesse d'indices pragmatiques de son texte, doit donc faire face toujours à plusieurs interprétations, souvent contradictoires, chacune comportant en outre des tensions internes importantes. Il n'y aura jamais une seule interprétation véritable ou une seule application valable — le seul indicateur de la pertinence de toutes ces lectures étant finalement leur ressemblance de famille.

1.3. Les jeux de la pragmatique

Ces jeux de devinette auxquels nous nous sommes livrés en discutant soit l'exégèse soit l'application du texte de Wittgenstein illustrent à merveille le problème central de la pragmatique: comment extraire de ce qu'un discours quelconque ›dit‹ et de ce qu'il ›montre‹ celui de ses sens possibles auquel ce discours est censé nous ›diriger‹. Ce ›comment‹, nous l'avons vu, est loin d'être strictement méthodique; il se sert de l'analogie, ainsi que de toutes sortes d'autres indices; il n'élimine pas le doute au sujet des hypothèses interprétatives qu'il produit; il nous dirige vers un sens privilégié mais ne le détermine pas. La question que se pose la pragmatique est celle de savoir si, derrière l'incontestable opportunisme méthodologique de toute pratique interprétative et communicative, il y a quand même un certain nombre de régularités, de principes ou de normes — variables de culture à culture ou bien universels, peu importe — qui rendent possible l'exercice efficace de cette merveilleuse variété de jeux de communication dont toutes les cultures sont capables.

La tournure kantienne de cette question doit susciter immédiatement des objections wittgensteiniennes: voilà qu'on cherche encore un fondement commun à l'ensemble des jeux de langage; voilà qu'on persiste à être victime de ce besoin irrésistible d'une visée unificatrice, d'une explication des phénomènes qui va au delà de leur simple description. Mais faut-il interpréter ces objections comme une interdiction totale de tout effort de généralisation ou de construction théorique? Peut-il, en fait, y avoir une ›simple description‹ qui, en même temps, ne généralise et systématise pas ce qu'elle décrit, c'est-à-dire, qui ne ›voit‹ pas ce qu'elle décrit ›comme‹ appartenant à un certain pattern? Pour moi, les objections wittgensteiniennes doivent être prises, plutôt, pour une mise-en-garde contre la transcendantalization de la pragmatique, soit celle qui rattache ses principes directement aux catégories de la Raison, comme l'a suggéré Paul Grice (v. art. 97), soit celle qui en fait une condition nécessaire de la vie morale, à la façon de Jürgen Habermas. A mon avis, tout en demeurant descriptive, la pragmatique peut, sans danger, se permettre de chercher des éléments communs dans les mécanismes qui régissent plusieurs jeux communicatifs.

Un de ces éléments est sans doute la coopération. La communication est toujours un jeu qui engage plus d'un individu (v. art. 94). Jouer ce jeu c'est donc s'engager dans une activité conjointe, où les actions des participants se coordonnent réciproquement, ce qui se voit, par exemple, dans le fait que, dans n'importe quelle conversation, on prend tour à tour la parole, et on est censé respecter le tour des autres. Cette coordination est déjà, dans un sens faible, une forme de coopération. Chaque jeu communicatif a, en outre, des ›règles‹ qui lui sont propres et qui stipulent le genre de coopération exigé des participants. La délibération d'un comité exécutif, l'inter-

view, la table-ronde, la consultation psychanalytique, la conversation familiale au dîner — tous diffèrent énormément dans leurs règles. Celles-ci peuvent être formalisées explicitement, comme dans les tribunaux, mais en général elles demeurent implicites. Dans l'un et l'autre cas, il y a souvent du désaccord au sujet de leur nature et de la justesse de leur application, ce qui montre que les règles peuvent être perçues et obéies de plusieurs façons, comme l'a signalé Wittgenstein. Leur force, pourtant, est incontestable: elles imposent des contraintes — souvent floues, disputables, mais toujours supposées existantes — aux interventions des joueurs; leur violation est elle-même perçue comme ayant une valeur communicative, soit en tant que contribution indirecte au jeu (comme dans les ›implicatures conversationnelles‹, v. art. 97), soit en tant qu'indication que l'on quitte le jeu. Même les jeux communicatifs apparemment non-coopératifs, où les participants poursuivent des buts tout à fait opposés — comme dans l'interrogatoire policier d'un suspect — révèlent l'existence d'une présomption générale de coopération, par rapport à laquelle le refus de répondre, de même que la tricherie, le mensonge et d'autres comportements semblables, sont perçus comme des écarts significatifs. Lorsqu'on est en présence d'un autre être humain, il est très difficile, sinon impossible, de ne jouer aucun jeu communicatif, car, comme l'ont noté Watzlawick et al. (1967), ne pas communiquer c'est aussi communiquer.

La coopération semble être donc une propriété universelle des jeux communicatifs. Mais les formes concrètes qu'elle revêt ne le sont pas. Ces formes varient largement de jeu à jeu, de situation à situation, de culture à culture. Si, par exemple, dans les cultures où la coopération se mesure par la pertinence des remarques au cours d'une conversation, on tolère mal les gens qui ›do not get straight to the point‹, d'autres cultures privilégient justement ce ›parler en cercles‹ qui ne s'adresse jamais directement au thème central de l'échange communicatif. De telles différences culturelles sont responsables de plusieurs malentendus. Mais même au sein d'une même culture, puisqu'on n'y joue jamais un seul jeu communicatif tout le temps, la possibilité de malentendu est toujours présente. Car, pour pouvoir participer, de manière satisfaisante, à un jeu communicatif quelconque il faut d'abord se rendre compte du jeu dont il s'agit, ce qui n'est pas toujours assuré si la nature du jeu ou le passage d'un jeu à un autre ne sont pas bien marqués et perçus. Si on lit un texte satirique sans le reconnaître pour tel, on l'aura certainement mal lu. Si on poursuit une conversation dans le régistre du casuel lorsque notre interlocuteur s'est déplacé vers le régistre intime, ce qu'on dit risque d'être compris contrairement à nos intentions (cf. Dascal/Berenstein 1987). Ce qu'on a manqué de faire dans ces cas c'est reconnaître le jeu communicatif spécifique au sein duquel chaque activité communicative se déroule et acquiert son sens. La reconnaissance du jeu se fait au moyen de plusieurs indices, aussi bien linguistiques qu'extra-linguistiques ou ›contextuels‹, dont la maîtrise est une partie importante de la compétence pragmatique des communicateurs. Parfois ces indices sont délibérément masqués par un joueur, pour induire l'erreur chez les autres. Mais, là aussi, ce n'est que par rapport à la présomption de l'intérêt que les participants ont à coopérer pour l'identification correcte du jeu que de tels écarts sont compréhensibles.

La pluralité même de jeux de langage dont parle Wittgenstein, la succession rapide des jeux communicatifs que nous jouons d'ordinaire, et l'aisance surprenante avec laquelle nous effectuons ces passages sans nous confondre — tout cela exige une description pragmatique qui va au delà d'une simple juxtaposition de descriptions de chaque jeu. Autrement dit, la constatation de la pluralité soulève naturellement la question de la dynamique du rentrer/sortir/changer de jeu. D'après Wittgenstein, il faut bien sûr résister à la tentation de décrire cette dynamique comme si elle etait un ›métajeu‹, avec des ›méta-regles‹. Il dirait, peut-être, qu'elle appartient justement à ce qu'il appelle une ›forme de vie‹ — concept plus large (et plus vague) que celui de ›jeu de langage‹ —, ou bien qu'il faut se contenter de constater le mosaïque fragmentaire des jeux de langage que nous jouons, sans essayer de lui imposer une unité, même dynamique. Je suis tout à fait d'accord en ce qui concerne la restriction de la portée théorique de la notion ›jeu de langage‹. Elle n'est utile à la description pragmatique que si elle y occupe une niche précise. Celle que j'ai suggérée ci-dessus, très imprécisément, c'est d'en faire un des facteurs (pas le seul!) contextuels dont la reconnaissance par les communicateurs est nécessaire pour le succès de la communication.

Pas le seul car, une fois reconnu le jeu approprié, il faut encore savoir le jouer, ce qui requiert la maîtrise d'autres composantes de la compétence pragmatique, telles la capacité d'exploitation des règles sémantiques et syntaxiques et des différents niveaux du contexte (cf. Dascal/Weizman 1987). Dans ce cadre, il est fondamental de noter qu'il n'y a pas une seule voie à suivre, une seule pièce d'information à prendre en considération toujours de la même manière, voire une seule règle qui permette d'interpréter tout discours. La visée pragmatique, loin d'être unitaire ou réductrice, est donc doublement plurielle: d'une part, elle décrit et analyse la pluralité de jeux de langage que nous jouons ainsi que ce qui nous permet de passer de jeu à jeu; d'autre part, elle permet de reconnaître la multiplicité irréductible de stratégies nécessaires pour bien jouer chacun de ces jeux. Le joueur habile doit savoir se servir, au besoin, de toutes ces stratégies, comme il doit savoir aussi quand et comment changer de jeu.

2.   Game-theoretical semantics

Most of the earlier literature on game-theoretical semantics has been collected in two volumes (Saarinen 1979; Hintikka/Kulas 1983), where the latter contains a bibliography (cf. also Hintikka 1976 a; Carlson 1983; Hintikka/Kulas 1985; for a survey of game-theoretical semantics, see Hintikka/Kulas 1983, chap. 1).

2.1.   The basic idea

Game-theoretical semantics differs from other game-oriented approaches to language in a fundamental respect. The games game-theoretical semantics focuses on — called 'semantical games' — are certain activities which constitute the semantical relations between the language with whose sentences they are played and the world. In the case of descriptive (declarative) discourse, one of these relations is that of truth. In this same important case, the game $G(S)$ connected with a sentence S can be thought of as a game of attempted verification on the part of the player called 'Myself', or falsification on the part of the player called 'Nature'. Hence game-theoretical semantics is, as far as declarative sentences are concerned, at the same time a verificationist and a truth-conditional meaning theory (s. art. 70), thus showing that the alleged contrast between the two is mistaken (Hintikka 1987 b). — Most of the actual rules of semantical games can be anticipated on the basis of the idea that they are games of verification and falsification. For instance, if the game has reached a sentence (of a formal language) of the form $\bigvee_x S(x)$, then in order to verify this sentence Myself will have to choose a member b of the domain $\mathrm{do}(M)$ of the model M on which the game is played, and then continue the game as in $G(S(b))$. A sentence of the form $\bigwedge_x S(x)$ is handled similarly, except that Nature makes the choice. A disjunction $(S_1 \vee S_2)$ marks a move by Myself, i. e., a choice of S_i ($i = 1$ or 2), whereupon the game is continued as in $G(S_i)$. A conjunction marks a similar move by Nature, and a negation marks a change of roles by the two players. Myself wins the game if and only if it ends with a true atomic sentence, otherwise Nature wins. The truth of S means that there exists a winning strategy for Myself in $G(S)$, and the falsity of S means that there exists a winning strategy for Nature. This can be thought of as the true gist in the old and much-abused idea that a sentence is true if and only if it can in principle be verified. Notice that the principle of excluded middle becomes the assumption of determinacy for semantical games, and hence unlikely to be always valid.

Natural languages can be treated similarly, except that (in the absence of bindable variables) names of individuals chosen by the players have to be substituted for entire quantifier phrases of the form *quantifier word + NP + relative clause*, and the rest of the quantifier phrase taken into account by suitable added clauses. For instance, a choice by Myself of b may take the players from

X — some Y who Z — W

to

X — b — W, b Y, and b Z

where it is assumed that *who* occupies the subject position in *who Z*. — For other linguistic expressions, other game rules can be formulated. Furthermore, for more complicated sentences, for instance, for conditionals (s. art. 89) and for successive sentences in discourse, the overall game may have to split into subgames (cf. Hintikka and Carlson in Saarinen 1979; Hintikka/Kulas 1983, chap. 3). The strategies used in a subgame are partially known by the players in later subgames according to specific rules. The unmistakable success of this kind of explanation, for instance in accounting for the behavior of anaphoric pronouns (Hintikka/Kulas 1985), is especially interesting in that it

shows the relevance of strategies for understanding natural-language phenomena and hence the reality of semantical games in the semantics of natural languages.

2.2. The treatment of dependencies

There is an interesting theoretical reason for the success of game-theoretical semantics in dealing with quantifiers and quantifier-like operators, including modal and intensional notions, most temporal notions, some prepositional constructions, many adverbs, etc. (s. art. 111). As is brought out aptly by Warren Goldfarb (1979), the expressive force of quantifiers and quantifier-like operators is due largely to dependencies of nested quantifiers on the outer ones. Now game-theoretical semantics serves to bring out this dependence in the form of informational dependence of the moves associated with the quantifiers (or operators) in question. These dependencies show up in the strategies of the players. These strategies include in the case of Myself prominently the Skolem functions associated with existential quantifiers. — The ability of game-theoretical semantics to handle such dependencies is shown in a variety of ways. The simplest manifestation of dependence is the order in which the different game rules are applied. In natural languages, unlike formal ones, this order is not determined by the syntactical form of the sentence in question. Hence explicit ordering principles are needed. Much of the explanatory power of game-theoretical semantics lies in these ordering principles. They serve to characterize, over and above the precise meaning of a large number of English sentences, also the semantical difference between different quantifier words (every, any, each, etc.; some, a(n), etc.); the difference between the simple past tense and the present perfect; and a number of other interesting linguistic phenomena.

The game-theoretical treatment of 'any' leads to theoretically interesting developments (cf. Hintikka 1975 c; Hintikka in Saarinen 1979, chap. 4; Hintikka/Kulas 1983, chaps. 4; 9). First, a criterion for the acceptability of 'any' can be formulated in semantical rather than syntactical terms. This condition is called the 'any'-thesis. Roughly, it says that 'any' is acceptable in the context *X-any-Y* if and only if *X-every-Y* is acceptable but has a different meaning. Second, by means of the 'any'-thesis it can be argued that the set of acceptable (grammatical) sentences of English is not recursively enumerable, thus casting doubts on the prospects of generative grammars to yield an exhaustive account of grammatical acceptability. — The dependence of different quantifiers and/or operators on each other may be such that it cannot be represented by a linear array of expressions. In this way, game-theoretical semantics has led to the important discovery of nonlinear quantifier and operator structures in natural languages. The simplest case is that of branching quantifiers (cf. Hintikka on quantifiers vs. quantification theory in Saarinen 1979). It has been argued that all nonequivalent branching quantifier prefixes are instantiated in English. This result would be interesting, for it would show that the semantics of English is almost as strong logically as second-order logic. Branching quantifiers are nevertheless only the tip of the informational-independence iceberg. On closer examination, informational independence turns out to be one of the cornerstones of the semantics of modal and intensional notions, constituting a crucial ingredient in the explanation of such phenomena as the *de dicto* versus *de re* contrast, backwards-looking operators, *neg*-raising, the double-barrelled character of the construction *knows* + subordinate *wh*-question, etc. (cf. Carlson/ter Meulen 1979; Carlson 1982; Hintikka 1982 a; Hintikka 1992). In some cases, the network of partial interdependencies is such that it cannot be represented even by a partially ordered quantifier/operator structure (unless we use second-order quantifiers). Important examples are found in questions with outside universal quantifiers, e. g. 'Whom does everyone admire?'. — Dependencies of the kind Skolem functions codify are theoretically important for another reason. As John von Neumann in effect pointed out (von Neumann 1958), such dependencies are avoided in human information-processing. For this reason, it is unnatural to construe anaphoric pronouns as bound variables, for this would increase the nesting of functional dependencies. This motivates interpreting pronouns as being like definite descriptions ('he' = 'the male', 'she' = 'the female', etc.), for then they do not contribute to the pernicious kind of nesting. This motivates the theory of pronouns outlined by Jaakko Hintikka and Jack Kulas (Hintikka/Kulas 1985). This theory is much more deeply grounded theoretically than its rivals, for in it restrictions on coreference are consequences of the ordering principles which are part and parcel of the general theory of game-theoretical semantics.

In spite of its formal character, game-theoretical semantics thus leads to semantical structures quite different from the formulas of first-order logic. In fact, game-theoretical semantics leads to an argument against the theoretical cornerstone of the usual first-order logic as a representation of the ›logic‹ of natural languages, viz. against the Frege-Russell thesis that words for being like 'is' are ambiguous between the 'is' of identity, predication, existence, and class-inclusion (cf. Hintikka/Kulas 1983, chap. 7). Indeed, it turns out that the treatment of quantifier ranges in game-theoretical semantics is closely similar to Aristotle's (s. art. 15) doctrine of categories (cf. Hintikka/Kulas 1983, chap. 8; Hintikka 1986 b). In view of the widespread use of first-order logic as purported codification of logical form both by many philosophers and by several linguists (including Chomsky), this strong case against received first-order logic is highly significant.

2.3. Implications

Many concepts and results of game-theoretical semantics apply to discourse and not only to individual sentences taken one by one. This is, for instance, true of much of the theory of pronouns developed by Hintikka and Kulas (Hintikka/Kulas 1985). Usually, each of the several sentences in a discourse prompts a subgame which can be combined in a larger ›supergame‹. Lauri Carlson has in fact put game-theoretical semantics to use as an ingredient of a systematic theory of discourse (cf. Carlson 1983). — One of the characteristic features of game-theoretical semantics is the variety of theoretical insights and perspectives it yields. It is thus much more than a descriptively adequate account of certain features of natural languages. This is amply illustrated by the above sketch. Other examples can be cited. For instance, we obtain from game-theoretical semantics an argument against compositionality in natural languages (Hintikka/Kulas 1983, chap. 10). For another instance, game-theoretical semantics not only yields an account of which readings of multiple questions are acceptable; it also yields an argument to the effect that the structural ambiguity of such questions is not explainable generatively (Hintikka 1976 a). — Furthermore, it is important to realize that the characterization of truth given above is to be taken literally. Whoever utters *S* assertively is only claiming, when taken literally, that there exists a winning strategy in $G(S)$ for Myself, not that the speaker knows what this strategy is. Whatever information the hearer can garner concerning the winning strategy constitutes hence a kind of nonliteral meaning, called 'strategic meaning' (cf. Hintikka 1987 a). Such meaning must be distinguished from the literal meaning of S and is instantiated by more linguistic phenomena than is usually realized. A case in point is, e. g., the relation of an anaphoric pronoun to its head.

In a philosophical perspective, game-theoretical semantics is not only an heir of the (rightly interpreted) Wittgensteinian idea of language games as mediating semantical relationships (cf. Hintikka on language-games in Saarinen 1979; Hintikka/Hintikka 1986 b), but also an heir of the Kantian idea of a transcendental foundation of the method of mathematics (cf. Hintikka/Kulas 1983, chap. 2; Hintikka 1984).

3. Dialogspiele und Syntax

3.1. Logikkalküle und ihre Rechtfertigung

3.1.1. Nachdem durch Kurt Gödels Beweis der Unvollständigkeit hinreichend reicher formaler Systeme (Gödel 1931) das Programm adäquater syntaktischer Repräsentation inhaltlicher Theorien mithilfe von Kalkülen endgültig als undurchführbar erkannt war, stellte sich die Frage, ob die Idee der Formalisierung von Theorien zugunsten anderer Präzisierungen des Wahrheitsbegriffs inhaltlicher Theorien aufgegeben werden sollte. Das Programm war erstmals von Gottlob Frege (s. Art. 34) in voller Schärfe formuliert und in *Grundgesetze der Arithmetik* (I 1893, II 1903) dann — wenngleich um den Preis eines ableitbaren Widerspruchs — auch ausgeführt worden. Seither versteht man unter einer Formalisierung von Theorien die Zurückführung der Wahrheit einer einschlägigen Aussage auf die Ableitbarkeit ihres formalen Repräsentanten in einem Kalkül und damit die Einführung eines syntaktischen Wahrheitsbegriffs für Theorien.

Unter den zahlreichen Antworten auf die gestellte Frage nach möglichen anderen Präzisierungen des Wahrheitsbegriffs lassen sich drei Vorschläge auszeichnen, von denen jeder mit für ihn typischen Schwierigkeiten zu kämpfen hat. Der erste, von Alfred Tarski (1936) ohne Bezug auf verwandte Ideen bei Bernard Bolzano (1837, §§ 148–155) (s. Art.

28) vorgestellt, besteht in der Einführung eines semantischen Wahrheitsbegriffs für Aussagen eines formalen Systems, der von den Beschränkungen des syntaktischen Wahrheitsbegriffs frei ist. Dieser modelltheoretische Weg einer formalen Semantik bedient sich jedoch einer formalisierten Mengenlehre als Metasprache, ist also wesentlich ausdrucksstärker als das formale System der Objektsprache. Er führt daher mit der Verlagerung des ursprünglichen Problems von der Objektsprache in die Metasprache zu keiner Reduktion der Ausgangsfrage, und zwar unabhängig davon, wie man die Aussichten für einen adäquaten Wahrheitsbegriff formalisierter Mengenlehren beurteilt.

Beim zweiten Vorschlag, erstmals im Widerspruchsfreiheitsbeweis für die Peano-Arithmetik von Gerhard Gentzen (1935) verwendet, werden bestimmte, als zulässig unterstellte Beweismittel der inhaltlichen Mathematik, neben kombinatorischen insbesondere das Mittel der transfiniten Induktion, als Verfahren zur Ermittlung von Wahrheiten in der Metasprache über Formalismen eingesetzt. An die Stelle einer Wahrheitsdefinition für die Aussagen(schemata) des Formalismus tritt damit, wie im metamathematischen Programm David Hilberts vorgesehen, der inhaltliche Nachweis der Widerspruchsfreiheit des Formalismus. Dieser beweistheoretische Weg verzichtet gänzlich auf einen inhaltlichen Wahrheitsbegriff für die Objekttheorie, weil es ohnehin nur auf deren in möglicherweise verschiedenen Formalisierungen fixierte formale Strukturen ankomme, und diese sind genau dann nicht-trivial, d. h. erlauben unableitbare Aussagen(schemata), wenn der betreffende Formalismus widerspruchsfrei ist. Beide Vorschläge lassen sich kombinieren und führen zur gegenwärtig herrschenden ›strukturalistischen‹ Praxis in der Grundlagenforschung mathematischer Disziplinen, nach der „toute la mathématique se trouvera alors, en fait, fondée sur la logique seul" (Cartan 1943, 9). Ein dritter, ›konstruktivistischer‹ Vorschlag hat sich vom mathematischen Intuitionismus, wie er von Luitzen E. J. Brouwer begründet wurde, inspirieren lassen und die These Brouwers, daß Mathematik eine Theorie gedanklicher Konstruktionen sei (cf. Brouwer 1949), mit den Voraussetzungen des metamathematischen Programms Hilberts verknüpft. Die Theorie(n) von Kalkülen, also schematischer Herstellungsvorschriften für Zeichenketten, aber nicht beschränkt auf die Formalisierungen inhaltlicher Theorien, sind das Paradigma (inhaltlicher) Mathematik, nach Haskell B. Curry sogar die gesamte (reine) Mathematik: „Mathematics is the science of formal systems" (Curry 1951, 56). Sie lassen sich logikfrei – als ›Protologik‹ – ein Stück weit entwickeln und erlauben es, die formale Logik bei geeigneter Hinzufügung beziehungsweise Deutung der logischen Partikeln zu beziehungsweise in beliebigen Kalkülen als die für beliebige Kalküle gültige ›Kern‹-Theorie aufzubauen. Die so von Paul Lorenzen (1955) gewonnene *operative Logik*, die durch die Explikation logischer Wahrheit von Aussagen über Kalkülen als Allgemeinzulässigkeit geeignet ihnen zugeordneter Regeln (bzw. Metaregeln beliebiger Stufe) in diesen Kalkülen ausgezeichnet ist, hat sich mit der intuitionistischen Logik als gleichwertig erwiesen. Die Pointe dieses Aufbaus macht davon Gebrauch, daß eine Regel '$\alpha \Rightarrow \beta$' eines Kalküls K ›offensichtlich‹ als Rechtfertigung der Wenn-dann-Aussage '$\vdash_K \alpha \rightarrow \vdash_K \beta$' (wenn Figur α in K ableitbar ist, dann ist Figur β in K ableitbar) dienen kann, es also adäquat ist, die *Subjunktion* '$\vdash_K \alpha \rightarrow \vdash_K \beta$' durch die *Zulässigkeit* der Regel '$\alpha \Rightarrow \beta$' in K (Hinzufügung der Regel '$\alpha \Rightarrow \beta$' zu den Regeln des Kalküls K führt zu keiner Änderung des Bereichs der in K ableitbaren Figuren) zu *definieren*, wobei Zulässigkeitsaussagen grundsätzlich inhaltlich durch Eliminierbarkeit der fraglichen Regeln bewiesen werden. Solche Beweise der Ersetzbarkeit von Ableitungen in K unter zusätzlicher Benutzung einer Regel R durch Ableitungen in K ohne eine Anwendung von R verfahren nach den vier protologischen Prinzipien: Deduktionsprinzip, Induktionsprinzip, Inversionsprinzip und Unableitbarkeitsprinzip (cf. Lorenz 1980), setzen daher über den Begriff der Ableitbarkeit hinaus auch ein inhaltliches Verständnis des Begriffs der Zulässigkeit voraus. Eine genauere Analyse allerdings zeigt, daß beide Begriffe im operativen Aufbau *logisch* verknüpft sind, eben durch

($\alpha \Rightarrow \beta$) ε K-zulässig $\succ\!\!\prec \vdash_K \alpha \rightarrow \vdash_K \beta$;

die Definition der Subjunktion durch Zulässigkeit wird zirkelhaft.

Selbst wenn man daher beide Reduktionsprogramme als grundsätzlich durchführbar unterstellt, so daß im strukturalistischen Fall alle Aussagen (der Mathematik) als logische Zusammensetzungen aus (mengentheoretischen) Elementaraussagen der Form $\alpha \in \beta$ dargestellt sind und im konstruktivistischen Fall alle Aussagen (der Mathematik) durch logische Zusammensetzung aus (kalkültheoretischen) Elementaraussagen der Form $\vdash\alpha$ gewonnen werden, bleibt die Wahrheitsfrage weiter ungelöst, und zwar unabhängig davon, daß in der Mehrzahl der speziellen Fälle ein faktischer Konsens (über die Zuverlässigkeit eines Widerspruchsfreiheitsbeweises; über die Überzeugungskraft einer transfiniten Induktion; etc.) besteht. Was beantwortet werden muß, und zwar im strukturalistischen Fall auf der Metastufe und im konstruktivistischen Fall auf der Objektstufe, ist die Frage nach den Verfahren, wie (mathematische) Aussagen im allgemeinen aus Ableitbarkeitsaussagen ›synthetisiert‹ beziehungsweise als aus ihnen aufgebaut ›analysiert‹ werden können. Dabei darf es in diesem Zusammenhang offen bleiben, ob jede Art Binnenstruktur mathematischer Aussagen auf ›logischer Zusammensetzung‹ im engeren Sinne beruht oder auf sie zurückgeführt werden kann, zumal für den Fall einer Erweiterung der Betrachtung auf beliebige Aussagen mit Sicherheit auch Zusammensetzungen eine Rolle spielen, die nicht formal-logischer Natur sind, z. B. mit der ›Kausalpartikel‹ 'weil' oder der ›Konzessivpartikel‹ 'obwohl', und viele andere. In jedem Fall ist die übliche Zusammensetzung mit den logischen Partikeln, wie sie in der formalen Logik seit Frege geläufig ist, ein Verfahren der Herstellung logisch komplexer Aussagen, bei dem die Gründe für die Einordnung unter die Aussagen noch einmal analysiert zu werden verdienen. Man kann natürlich auch umgekehrt vorgehen und nach der Berechtigung einer logischen Analyse scheinbar einfacher Aussagen fragen, bei der eine solche Aussage sich als ›gleichwertig‹ mit einer logisch komplexen Aussage herausstellt.

3.1.2. Das seit Aristoteles (s. Art. 15) übliche Kriterium für die Einordnung einer Zeichenkette unter die Aussagen ist natürlich ihre Wahrheitsfähigkeit, also die ›Möglichkeit‹, ihr einen der beiden Wahrheitswerte Wahr (w) oder Falsch (f) zuzuordnen. Unter welchen Bedingungen dies geschieht, also ›wann‹ aus der Möglichkeit Wirklichkeit wird und ›warum‹ eine Aussage dann wahr oder falsch ›ist‹, beide Fragen sind damit natürlich noch nicht beantwortet. Bei logisch einfachen Aussagen führt der Versuch, Wahrheitsbedingungen für sie anzugeben, noch immer zu heftigem Streit (s. Art. 69), scheint doch die Differenz etwa zwischen einer Korrespondenztheorie der Wahrheit und einer Konsenstheorie für sie so grundsätzlich zu sein, daß es aussieht, als hätten Vermittlungsversuche keine Chance (cf. Lorenz 1972 a). Der Grund dafür liegt in einem noch immer unzureichenden Verständnis der *Prädikation*, die seit Frege grundsätzlich als eine Sprachhandlung aufgefaßt wird, die einem ›Argument‹ (oder mehreren Argumenten, den ›Objekten‹) einen ›Funktionswert‹, die (elementare) Aussage (beziehungsweise die von ihr dargestellten Abstrakta, die ›Proposition‹ oder gleich den ›Wahrheitswert‹) zuordnet. — Ganz abgesehen davon, daß bei dieser mathematischen Metaphorik Einwortsätze nur unter größten Schwierigkeiten verständlich zu machen sind, behindert die Selbstverständlichkeit, mit der von einer durchgehenden Dichotomie zwischen Objekten (Individuen, Attributen, Sachverhalten, etc.) und den sie artikulierenden sprachlichen Ausdrücken Gebrauch gemacht wird, die auf der sprachlichen Ebene einfach zugängliche Einsicht, daß in einem (affirmativen) Elementarsatz ein Zusammenhang zwischen dem für die Nennung (mithilfe des Subjektterms) erforderlichen Artikulator und dem für das Aussagen (mithilfe des Prädikatterms) erforderlichen Artikulator hergestellt wird, so daß sich komplexe Artikulatoren bilden lassen. Hat man daher umgekehrt ein Verfahren zur Verfügung, aus einfachen Artikulatoren, die zu Einwortsätzen Anlaß geben, komplexe Artikulatoren zu bilden, so steht einem Verständnis, wie es zu Elementarsätzen kommt, nichts mehr im Wege. — Es war Ludwig Wittgenstein (s. Art. 39), der seine im *Tractatus* vorgebrachte Kritik an der Fregeschen Referenztheorie der Wahrheit (cf. z. B. *T* 3.143) — Sätze und Namen sind kategorial streng zu trennen: (nur) Sätze haben einen Sinn und (nur) Namen haben, im Satz, eine Bedeutung (= Referenz) (*T* 3.3) — in den *Philosophischen Untersuchungen* mithilfe seiner als Vergleichsmaßstäbe für Weltansichten und Lebensweisen eingesetzten *Sprachspiele* auf eine neue Grundlage stellte und so einen überzeugenderen Zugang auch zur Prädikation eröffnete. Sprachspiele weisen den Weg zur Einführung nicht nur einfacher sondern auch komplexer Artikulation und damit zur Prädikation in Gestalt von Einwortsätzen und in Gestalt von Elementarsätzen (s. Art. 77).

Bei der Definition der Zusammensetzung ganzer Aussagen mit den logischen Partikeln nun scheinen dergleichen Schwierigkeiten keine Rolle zu spielen. Die Wahrheitsbedingungen für logisch zusammengesetzte Aussagen lassen sich mithilfe der üblichen Wahrheitstafeln in einer zunächst für den Fall endlicher Zusammensetzungen offenbar befriedigenden Weise angeben, vorausgesetzt, als logisch einfache Aussagen werden nur wahre oder falsche Aussagen zugelassen. Mit den Vollständigkeitssätzen für geeignete Kalkülisierungen des Bereichs logisch wahrer Aussagen unter der üblichen Definition 'A ε L-wahr $\leftrightharpoons$ A ε Instanz eines allgemeingültigen Schemas **A**' scheinen dann auch alle Rechtfertigungsprobleme für solche Logikkalküle gelöst zu sein. Logische Wahrheit ist im Unterschied zu inhaltlicher Wahrheit adäquat syntaktisch repräsentierbar. — Leider sind die Verhältnisse aber auch hier nicht so klar wie es den Anschein hat. Mindestens zwei Probleme sind bei dieser Verfahrensweise übergangen worden. Das eine betrifft die Wahrheitsbedingungen für unendliche Zusammensetzungen aus Instanzen einer Aussage*form* A(x) und das andere die Möglichkeit wahrer logisch zusammengesetzter Aussagen trotz unbestimmtem Wahrheitswert der Teilaussagen. Kann man bei endlicher Zusammensetzung den metasprachlichen Gebrauch der logischen Partikeln 'und' und 'oder' zur objektsprachlichen Definition aller Junktoren — z. B. $(A \wedge B)$ ε $\mathfrak{w}$ $\leftrightharpoons$ A ε $\mathfrak{w}$ $\bar{\wedge}$ B ε $\mathfrak{w}$ — noch zugunsten einer Verwendung des *praktischen* 'und' (im Sinne seiner operativen Deutung) eliminieren — im Beispiel mit der Regel A ε $\mathfrak{w}$; B ε $\mathfrak{w}$ $\Rightarrow (A \wedge B)$ ε $\mathfrak{w}$, i. e. der regeltheoretischen Fassung einer Zeile in der vierzeiligen Wahrheitstabelle für $\wedge$ — und damit ein Zirkelproblem vermeiden, so scheidet diese Möglichkeit bei unendlicher Zusammensetzung aus. Es sind ›halbformale‹ Regeln erforderlich, also Regeln mit unendlich vielen Prämissen, die sich nur unter Verwendung eines Allquantors der Metasprache notieren lassen, also $\bar{\Lambda}_n$ A(n) ε $\mathfrak{w}$ $\Rightarrow (\wedge_x$ A(x)) ε $\mathfrak{w}$ bzw. $\bar{\Lambda}_n$ A(n) ε $\mathfrak{f}$ $\Rightarrow (\vee_x$ A(x)) ε $\mathfrak{f}$. Folgerichtig sind auch Vollständigkeitsbeweise für entsprechende quantorenlogische Kalküle nur unter Einsatz mengentheoretischer Hilfsmittel zu führen. — Was das zweite Problem betrifft, so betrachte man einen unentscheidbaren Kalkül *K* und eine seiner Regeln '$\alpha \Rightarrow \beta$', dann ist die Aussage '$(\alpha \Rightarrow \beta)$ ε *K*-zulässig' trivialerweise wahr, also auch '$\vdash_K \alpha \rightarrow \vdash_K \beta$' bei jeder Ersetzung möglicherweise auftretender schematischer Buchstaben in α, β durch Figuren von *K* eine wahre subjunktiv zusammengesetzte Aussage, obwohl nach Voraussetzung nicht alle Instanzen von $\vdash_K \alpha$ und $\vdash_K \beta$ entscheidbare Aussagen sind. Es gibt daher wahre Subjunktionen A $\rightarrow$ B, auch wenn A oder B nicht ›wertdefinit‹ sind und deshalb dieser Fall in der Definition mithilfe der Wahrheitstafeln nicht erfaßt werden kann; mit dem umgekehrten Fall der nicht generell bestehenden Erblichkeit der Wertdefinitheit auf unendliche Zusammensetzungen, also etwa von A(n) für alle n auf $\wedge_x A(x)$ ist man natürlich schon lange vertraut. Offensichtlich kommt es darauf an, einen Begriff von Aussage zu entwickeln, der auch unabhängig von ihrer Wahrheit oder Falschheit zu entscheiden erlaubt, ob eine Zeichenkette eine Aussage ist oder nicht. Die Möglichkeit der Wahrheit einer Aussage, ihr ›Sinn‹, muß sich ohne Vorgriff auf die Wirklichkeit ihrer Wahrheit, ihre ›Geltung‹, bestimmen lassen (cf. Wittgensteins Tagebucheintrag vom 29.9.14: „Der Satz […] hat einen Sinn unabhängig von seiner Wahr- oder Falschheit"; 1961, 7).

3.2. Ein spieltheoretischer Begriff von Aussage

3.2.1. Seit Platon (s. Art. 14) erstmals die Sprachhandlungen Benennen · (ὀνομάζειν) und Aussagen (λέγειν) unterschied (cf. *Crat.* 387 b/c; *Soph.* 262 c/d) und damit die kategoriale Differenz von ›Name‹ (ὄνομα) und ›Aussage‹ (λόγος) vorbereitet hat, ohne schon die für die nachantike Tradition, z. B. im Universalienstreit (s. Art. 61) oder in der Auseinandersetzung zwischen Empirismus (s. Art. 11) und Rationalismus (s. Art. 12), bis in die Gegenwart hinein so wichtig gewordene Trennung in ›Eigennamen‹ und ›Gattungsnamen‹ zu machen, was es ihm erlaubt hat, Namen als einen Sonderfall von Aussagen beizubehalten (cf. Lorenz/Mittelstraß 1967, 8), ist eine eigentümliche Verschiedenheit beider Sorten sprachlicher Ausdrücke der Auslöser für zwei bis heute aktuelle Bereiche von Streitfragen geworden. Unterstellt man nämlich, daß sowohl Namen als auch Aussagen ›sinnvoll‹ sind, die fraglichen Zeichenketten also gewisse Bedingungen erfüllen, um ›Namen‹ beziehungsweise ›Aussagen‹ ›genannt‹ zu werden, so erlauben Namen, so scheint es, eine weitergehende Beurteilung danach, ob sie ›fiktive‹ oder ›reale‹ Objekte benennen ('Zentaur' und 'Pferd' etwa sollen Beispiele für einen ›fiktionalen‹ und einen ›echten‹ Namen sein), während Aussagen eine weitergehende Beurteilung hinsichtlich ihrer Geltung zu erfordern scheinen, also danach, ob sie ›wahr‹ sind oder ›falsch‹. Daraus haben sich die Streitfragen um den Status fiktiver Objekte und um den Status falscher Aussagen ergeben — „Die Frage 'Wie hältst Du es mit der fiktionalen

Rede?' wird […] zur dauernden Gretchenfrage an […] eine logisch orientierte Sprachphilosophie" (Gabriel 1991, 133), „any satisfactory theory of truth must be able to cope equally with falsity […] To be false is (not of course, to correspond to a non-fact, but) to miscorrespond with a fact. Some have not seen how […] this was because they thought of all linguistic conventions as descriptive" (Austin 1961, 129).

In welchem Sinne sind fiktive Objekte überhaupt Objekte, in welchem Sinne sind falsche Aussagen überhaupt Aussagen? Läßt sich die Rede von fiktiven Objekten so auf die Rede von fiktionalen Namen zurückführen, daß Namen ohne Bezug auf die Objekte, die sie benennen, in fiktionale und echte unterschieden werden können? Oder werden dann die Namen ihres Status als Namen wieder beraubt? Nur eine sorgfältige Analyse des mit der Sprachhandlung Benennen, der semiotischen Seite der *Artikulation*, artikulierten Zusammenhangs von Name und benanntem Objekt verspricht hier Aufklärung (s. Art. 77). — Die mit falschen Aussagen verbundenen Probleme hängen ersichtlich eng damit zusammen, zumal wenn man beachtet, daß schon bei Platon eine beliebige, also auch eine falsche Aussage (λόγος) — nicht hingegen ein falscher Name (cf. Lorenz/Mittelstraß 1967, 8) — etwas „kundmacht über Seiendes" (δηλοῖ […] περὶ τῶν ὄντων) (*Soph.* 262 d1; zur platonischen Lösung cf. Lorenz/Mittelstraß 1966; Art. 14,4.). Man muß also fragen, in welchem Sinne Aussagen *vor* ihrer Beurteilung als wahr oder falsch überhaupt zu den Aussagen gehören. Hat man sogar mit Aussagen zu rechnen, die ihre Geltung bereits mit sich führen, sich also gar keiner Beurteilung mehr unterziehen lassen? Ist die Berücksichtigung des *Modus* einer Aussage, also etwa der Modi Erzählung und Behauptung derart, daß nur im Behauptungsmodus Aussagen noch der Beurteilung auf wahr und falsch unterliegen und sie deshalb nicht über fiktive Objekte gemacht werden können, während im Erzählmodus Aussagen über beliebige Objekte vorkommen und sie deshalb keinen Wahrheitsanspruch (aber vielleicht andersartige Ansprüche) mit sich führen, ein Weg, beiden Problemfeldern innerhalb des gleichen begrifflichen Rahmens beizukommen?

Mit dem dialogisch-konstruktiven Aufbau der Sprachzeichenhandlungen Artikulation und Prädikation (s. Art. 77) ist vorgeführt, wie man verhindern kann, die sprachphilosophisch zentrale kategoriale Differenz zwischen Namen und Aussagen, also zwischen signifikativer und kommunikativer Funktion *jeder* Artikulationshandlung, zu verwischen — was zum Beispiel geschieht, wenn Aussagen ebenso wie Namen eine signifikative Funktion zugesprochen wird, oder wenn einstellige Elementaraussagen $n \; \varepsilon \; P$ als zweistellige mengentheoretische Aussagen $n \in \mathbf{P}$ mit einem Namen '$\mathbf{P}$' für eine Klasse gedeutet werden. — Dieser Aufbau bedient sich der Idee Hans Reichenbachs (1947, § 48), zur Überführung einer ›Dingsprache‹ in eine ›Ereignissprache‹ alle prädikativen Anteile des Subjektterms einer Elementaraussage in den Prädikatterm zu verlagern, also z. B. 'dieser Mensch raucht' in 'dies ist Rauchen dieses Menschen' unter Verwendung eines ›Sternoperators‹: ›Dingaussage‹ 'A' in ›Ereignisaussage‹ 'dies ist A*'. So wird es möglich, die Bedeutung von Aussagen — 'Bedeutung' hier als unspezifischer Terminus, insbesondere für Sinn und Bedeutung (= Referenz) im Sinne Freges —, die nach dem Kompositionalitätsprinzip Freges aus den Bedeutungen der einfachsten bedeutungstragenden Aussagenteile zusammengesetzt sind, als Bedeutung eines jeder Aussage A zugeordneten Artikulators A* zu verstehen. Zugleich stellt sich dabei heraus, daß die auf die signifikative Funktion von Artikulationshandlungen bezogene Komposition nur über deren kommunikative Funktion — *was* soll *worüber* gesagt werden — vorgenommen werden kann. In der nach Freges Vorbild für das Erzeugen komplexer Sprachhandlungen verwendeten (mathematischen) Funktionsterminologie wird weder auf der Ebene des Verfahrens noch auf der Ebene seines Resultats beziehungsweise seiner Quellen — der Funktionen und ihrer Argumente beziehungsweise Werte — das Zusammenspiel von (epistemologischem) Zugang zu einem Sprachzeichen und (ontologischem) Sprachzeichen selbst auf dem Wege über die signifikative und kommunikative Funktion der zugehörigen Artikulationshandlungen berücksichtigt, wie es insbesondere in Wittgensteins Beschreibungen seiner Sprachspiele geschieht, für die ›Verwendungsweise‹ und ›Bedeutung‹ nur zwei Seiten derselben Medaille sind. — Gerade weil auf der Ebene der Artikulationshandlungen weder ein (technischer) Zusammenhang auf der Objektebene noch ein (argumentativer) Zusammenhang auf der Ebene der Begründungen relativ zu einem Modus der zugeordneten Aussagen infrage steht, es vielmehr um einen (grammatischen) Zusammenhang *auf der Sprachebene* — und das ist

Syntax *unter Einschluß* der semantischen und pragmatischen Anteile — geht, ist jeder Versuch, entweder rein objektbezogen im Sinne einer ›logischen‹, auf ideale Bedeutungseinheiten angewiesenen Semantik die Binnengliederung von Artikulatoren einzuführen oder dies rein begründungsbezogen im Sinne einer ›psychologischen‹, auf propositionalen Einstellungen fußenden Pragmatik zu tun, irreführend. Sprachzeichenhandlungen unter dem Gesichtspunkt des Zusammenspiels ihres Zeichenaspekts und ihres Handlungsaspekts, also signifikativer und kommunikativer Funktion, zu untersuchen und in diesem Sinne eine ›Sprachsyntaktik‹ zu entwickeln, ist Voraussetzung sowohl für eine erfolgversprechende eingeschränkte Theorie bloß der Sprach*zeichen*, einer ›Sprachsemantik‹, wie gegenwärtig etwa unter *Idealisierung* der Sprache in der *formalen Semantik* betrieben (s. Art. 55), als auch für eine tragfähige eingeschränkte Theorie bloß der Sprach*handlungen*, einer ›Sprachpragmatik‹, wie sie gegenwärtig etwa unter *Kontextualisierung* der Sprache in der *Sprechakttheorie* vorliegt (s. Art. 54).

3.2.2. Geht man aus von einer (einstelligen) elementaren Aussage '$\iota P \; \varepsilon \; Q$' ('dies P ist Q', z. B. 'dieser Mensch raucht' oder 'dieses Haus hat einen Garten'), so verlangt die Einführung des komplexen Artikulators '$(\iota P \; \varepsilon \; Q)$*', also der *Relativierung* $Q_{\iota P}$ (s. Art. 77), die dazu dienen soll, die Aussage '$\iota P \; \varepsilon \; Q$' zurückzugewinnen, die Herstellung der Zusammensetzung von '$Q_{\iota P}$' ('Rauchen dieses Menschen' beziehungsweise 'Garten von diesem Haus') aus 'Q' ('Rauchen' beziehungsweise 'Garten') und 'P' ('Mensch' beziehungsweise 'Haus'), also der grammatischen Possessivkonstruktion durch Relativierung (mit Genitivobjekt) des Artikulators 'Q'. Dies einzuführen würde über Wahrheitsbedingungen, etwa der Art ' 'diesem Menschen sein Rauchen' ist erfüllt genau dann, wenn dieser Mensch raucht', das Verständnis der zu erklärenden Aussage bereits in Anspruch nehmen, es sei denn, man verstände unter der Angabe von Wahrheitsbedingungen auch noch das Verfahren der Verifikation, also der Erfüllung von '$Q_{\iota P}$'. So argumentiert auch Wittgenstein: „Die Frage nach Art und Möglichkeit der Verifikation eines Satzes ist nur eine besondere Form der Frage 'Wie meinst du das?' Die Antwort ist ein Beitrag zur Grammatik des Satzes" (Wittgenstein 1953, § 353). — Die Antwort wird denn auch über ein zwischen H_1 und H_2 verlaufendes Sprachspiel gegeben, um die „Verwendung in unserm Leben" (Wittgenstein 1953, § 520; cf. § 525) durch Regeln des Verlaufs der Verwendung von '$Q_\iota P$' sicherzustellen. Es kann unter der Voraussetzung, daß H_1 und H_2 über die Artikulationen P und Q bereits verfügen, etwa auf folgende Weise beschrieben werden (zu Details cf. Art. 77):

H_1 äußert '$Q_\iota P$' *in einer P-Situation* gegenüber H_2 und beansprucht damit, die *Sprechsituation*, d. i. eine für H_1 und H_2 gemeinsame '$Q_\iota P$'-Situation, erfolgreich zur Herstellung einer *besprochenen Situation*, d. i. einer $Q_\iota P$-Situation, zu verwenden (umgangssprachlich: ›mit der Äußerung beim Hörer ein Verständnis der Äußerung zu erzielen‹). Ein solcher Anspruch, der systematisch durch Verwendung eines Modus bezüglich der kommunikativen Funktion von '$Q_\iota P$' zustande kommt, beruht auf der Unterscheidbarkeit von Sprechsituation und besprochener Situation und damit auf der Verschiedenheit der Situationen, in denen sich H_1 und H_2 (trotz gemeinsamer Sprechsituation) befinden. Für H_1 ist mit der '$Q_\iota P$'-Situation auch die $Q_\iota P$-Situation erzeugt, weil H_1, mit der Äußerung von '$Q_\iota P$' im Hintergrund der P-Situation — sie gehört für H_2 in den Vordergrund —, eine Perspektive des Q-Schemas aktualisiert, aber jede Schematisierung Q des Hintergrunds einer P-Situation mit einem P-Objekt ιP im Vordergrund, und damit jede *Außengliederung*, zugleich als *Binnengliederung* des P-Objekts mit einem Q-Teil $\iota_P Q$, dem $Q_\iota P$-Objekt $\iota Q_\iota P$ ($= \iota_P Q$) im Vordergrund der $Q_\iota P$-Situation, auftritt (z. B. wird ›dieses, an diesem Menschen auftretende, Rauchen‹ mit der Artikulation 'Rauchen' als einer Schematisierung des Hintergrunds bzw. der Umgebung ›dieses Menschen‹ zu einem [Ereignis-]Teil dieses Menschen). — Für H_2 gibt es zunächst keine derartige Übereinstimmung von Sprechsituation und besprochener Situation, daher die Überführung des fraglichen Anspruchs gegenüber H_2 in mögliche Handlungssequenzen mit dem Ziel, solche Perspektiven von Q im Hintergrund der P-Situation aufzusuchen, die eine für H_1 und H_2 übereinstimmende Situationsgliederung ausmachen. Selbstverständlich wird der Weg zu einer positiven oder negativen Beurteilung des Resultats noch vom Modus des Anspruchs abhängen. Beschränkt man sich zum Beispiel bei der Suche nach den als Perspektiven von Q auftretenden Handlungen, wie etwa im Modus des Erzählens, auf ihren semiotischen Aspekt, so werden in diesem Sprachspiel semifiktive oder fiktive $Q_\iota P$-Objekte, je nachdem ob die P-Situationen real oder fiktiv sind, konstituiert; ohne solche Beschränkungen hingegen, wenn also, wie etwa im Modus des Behauptens, mit der Äußerung '$Q_\iota P$' von H_1, im Hintergrund der P-Situation, zugleich eine beliebige andere Perspektive von Q (z. B. Rauchen[-dieses-Menschen]-Riechen und nicht nur 'Rauchen-dieses-Menschen'-Sagen) vertreten ist (das läßt sich z. B. durch ›Rückfragen‹ ermitteln), wird es darauf ankommen, daß auch H_2 unter den ihm für Q nach Voraussetzung zur Verfügung stehenden Perspektiven solche finden kann, die im Hintergrund der P-Situation zu den von der Äußerung '$Q_\iota P$' von H_1 vertretenen gehört. — Werden jetzt, in Anlehnung an die umgangssprachliche Rede von gelungener oder mißlungener Verständigung, für die positive beziehungsweise negative Beurteilung der den Anspruch auf Übereinstimmung von Sprechsituation und besprochener Situation (›Reden‹ und ›Handeln‹) in Praxis überführenden modusabhängigen Handlungssequenz die Ausdrücke 'gelungen' beziehungsweise 'mißlungen' reserviert, so lassen sich mit passenden Termini auch die Äußerungen '$Q_\iota P$' in kommunikativer Funktion, also die auf die Sprechsituation bezogenen Aussagen '$\iota P \; \varepsilon \; Q$' relativ zur gelungenen oder mißlungenen Handlungssequenz des dabei verwendeten Modus als geeignet oder ungeeignet für Anerkennung und in diesem Sinne als ›gültig‹ oder ›ungültig‹ charakterisieren. — Eine Beurteilung einer (elementaren) Aussage A als gültig (oder ungültig) in einem Modus setzt daher ihre Verständlichkeit, also eine gemeinsam verfügbare Perspektive des von A* artikulierten Objektschemas und damit eine gelungene Handlungssequenz *in mindestens einem* Modus voraus. Anders als bei Einwortaussagen zieht Verständlichkeit von Elementaraussagen keineswegs schon ihre Geltung nach sich, weil bei Wegfall des Bezugs auf eine gelungene Handlungssequenz *Handlungsinvarianz* und damit im Regelfall für einen ganzen Bereich möglicher Handlungssequenzen Gelingen erforderlich ist. — Im Modus des Behauptens nun wird normalerweise 'Zustimmung' statt 'Anerkennung' verwendet und 'Geltung' speziell durch 'Wahrheit' wiedergegeben, während etwa im Modus des Erzählens häufig 'authentisch' das allgemeine 'gültig' vertritt, auch wenn 'wahr' traditionell einen sehr weiten Gebrauch hat und dann statt 'gültig' bei einem beliebigen Modus verwendet wird.

Die am Ende von 3.1.2. gestellte Aufgabe einer getrennten Bestimmung von ›Sinn‹ und ›Geltung‹ von Aussagen ist damit mit der nötigen Differenzierung, nämlich unter Berücksichtigung des Modus, und unter Beschränkung auf Elementaraussagen der Form 'ιP ε Q', im Rückgriff auf Wittgensteins Einfall, Sprachspiele als Maßstäbe für Sprachverwendung zu erfinden, gelöst worden. Signifikative Funktion einer Aussage A (= signifikative Funktion von A* unter Verwendung einer Gegebenheitsweise) und kommunikative Funktion von A (= kommunikative Funktion von A*, in einem Modus vollzogen) sind in ihrem gegenseitigen Zusammenhang bestimmt. — Insbesondere werden die angebotenen Überlegungen nicht mehr dazu verleiten, die immer wieder umstrittene Differenz zwischen *Verständigung* und *Anerkennung* oder zwischen Verständigung einerseits und Anerkennung oder Zurückweisung andererseits erneut einzuebnen. Es ist schließlich die erklärte Absicht dieser für die Einführung von Elementaraussagen der Form 'ιP ε Q' vorgeschlagenen Schritte gewesen, die Eigenständigkeit der Sprachebene zwischen Objektebene und Begründungsebene derart deutlich zu machen, daß erst im Wechselspiel zwischen semiotischen und pragmatischen Aspekten beliebiger und dann auch sprachlicher Handlungen — leider werden die pragmatischen Aspekte von *Sprach*handlungen als kommunikative gleich ausschließlich auf die Begründungsebene bezogen, ihre semiotischen Aspekte hingegen als signifikative ebenso ausschließlich gleich auf die Objektebene — die Scheidung beider Ebenen erzeugt und erfahren, also ›begriffen‹, werden kann. Deshalb ein Sprachspiel, also die in einer Beschreibung vorweggenommene Bereitstellung möglicher Handlungssequenzen mit Zielvorgabe im Anschluß an die Äußerung einer Elementaraussage in einem Modus, als Hilfsmittel für die ›Sinnbestimmung‹ dieser Aussage und ihre daraufhin mögliche ›Geltungssicherung‹.

3.2.3. Versucht man jetzt, dieses Verfahren zur Lösung der Aufgabe einer Zusammensetzung auch von Aussagen und nicht nur von Artikulatoren einzusetzen, so empfiehlt es sich, im Anschluß an die für die Kalkültheorie in 3.1.1. beobachtete Sonderrolle von Subjunktionen, Wenn-dann-Zusammensetzungen irgendwelcher elementarer Aussagen zu untersuchen. Im Beispiel A ⇋ ιM ε F (für: dieser Mensch geht fort) und B ⇋ ιM ε R (für: dieser Mensch stellt Rasensprenger ab) etwa

käme eine Regel 'F_{ιM} ⇒ R_{ιM}', mit der ein Wenn-dann-Zusammenhang *für Objekte* artikuliert ist, dafür in Frage, die subjunktive Aussage 'A → B' im Behauptungsmodus als zu Recht behauptet und damit als wahr zu begründen, und zwar unter Rückgriff weder auf eine zuvor bestimmte Verständlichkeit von 'A → B', also den Wenn-dann-Zusammenhang für *Aussagen*, noch auf Wahrheit oder Falschheit von 'A' und 'B'; andererseits ließe sich ein Wenn-dann-Zusammenhang *für Begründungen* mit der Regel ''A'-behaupten ⇒ 'B'-behaupten' artikulieren und damit eine metasprachliche Schlußregel 'A ⇒ B', die Kalkülisierung der Subjunktion 'A → B', begründen, und zwar bei diesem Weg unter stillschweigender Inanspruchnahme der Wahrheit von 'A → B'. In beiden Fällen ist die Konstruktion eines Wenn-dann-Zusammenhangs *auf der Sprachebene*, auf den sich Geltungsansprüche zu stützen hätten, unterblieben. — Wieder hilft an dieser Stelle das Verfahren der Sprachspiele weiter: das vom Artikulator '(A → B)*' artikulierte Objektschema ist ein *Interaktionsschema*, d. h. ein Schema für nach einer Spielregel noch festzulegende Dialogverläufe um die Anfangsaussage 'A → B'. Das Sprachspiel für Subjunktionen erfordert als situationsgliedernde Handlungen, die mit dem Äußern einer Subjunktion '(A → B)', also des ihr zugeordneten Artikulators '(A → B)*' in signifikativer Funktion, artikuliert sind, anders als im Fall einer Artikulation (ιP ε Q)*, bei der *keine* sprachlichen Anteile an den Interaktionen auftreten, ganze Sequenzen abwechselnder *Sprach*handlungen, die ein Schema von *Signifikations(spiel)regeln* aktualisieren. Die Artikulation (A → B)* ist in diesem Fall selbst Anfangsstück des von ihr artikulierten Schemas möglicher Fortsetzungen.

Eine Signifikationsregel für Wenn-dann-Aussagen, die insbesondere die Gleichwertigkeit von '(α ⇒ β) ε K-zulässig' mit '⊢_K α → ⊢_K β' im Sinne von 3.1.1. nach sich zieht, läßt sich wie folgt formulieren: *Wer eine Wenn-dann-Aussage äußert, verpflichtet sich zur ›Verteidigung‹ mit der Äußerung der Dann-Aussage auf den ›Angriff‹ mit der Äußerung der Wenn-Aussage; diese zunächst nur potentielle Verteidigungspflicht soll nicht eher aktuell werden, als die Wenn-Aussage ihrerseits auf endlich viele Gegenangriffe verteidigt worden ist.*

Die Wahrheit einer Wenn-dann-Aussage und damit ihre Gültigkeit im Modus der Behauptung — alle während der Interaktion

geäußerten Aussagen tragen dann den Modus der Behauptung — verlangt gelungene Handlungssequenzen für den die Wenn-dann-Aussage Behauptenden unabhängig von den Spielzügen des Dialogpartners, ist also mit schlichtem ›Gewinn‹ eines bestimmten Dialogverlaufs noch nicht nachgewiesen. — Wohl aber liegt es jetzt nahe, für jede Art Aussagen, die sich grammatischen Kompositionsverfahren verdanken, ein Schema von Signifikationsspielregeln zu fordern, die konstitutiv für eine Aussage als Aussage sind, wobei das Spiel folgende Bedingungen erfüllt:
(1) es ist dialogisch (d. h. ein Zweipersonenspiel zwischen einem *Proponenten* P und einem *Opponenten* O);
(2) es ist endlich (aber nicht unbedingt beschränkt, d. h. jede Partie besteht aus endlich vielen Zügen);
(3) es ist ein Mattspiel (d. h. jede Partie endet entscheidbar mit Gewinn oder Verlust für jeden der beiden Spieler; es gibt kein Unentschieden);
(4) es ist offen (d. h. jeder kennt die voraufgegangenen Züge des Partners; es gibt keine Zufallszüge).

Eine Aussage A ist *wahr* genau dann, wenn es eine *Gewinnstrategie für* A gibt und entsprechend *falsch*, wenn es eine *Gewinnstrategie gegen* A gibt. In der Theorie der Spiele wird bewiesen (cf. z. B. Berge 1957), daß für Spiele mit den Bedingungen (1)–(4) der Sattelpunktsatz gilt, d. h. es gibt für jede Anfangsstellung A entweder eine Gewinnstrategie für A oder eine gegen A, aber natürlich läßt es sich in der Regel nicht entscheiden, welche der beiden Alternativen besteht; andererseits garantieren die Bedingungen (1)–(4), daß es für jede Aussage A entscheidbar ist, ob sie im Dialog, d. h. in einer Partie Δ(A), gewonnen ist oder verloren: Aussagen sind *dialogdefinit*, aber in der Regel nicht wertdefinit. — Mit der Dialogdefinitheit liegt eine Verallgemeinerung sowohl der Beweisdefinitheit — z. B. in Rudolf Carnaps ursprünglichem Votum für ein Verifikationsprinzip: für jede (empirisch sinnvolle) Aussage gibt es ein Verfahren zur Erzeugung von Beweisversuchen, für die sich entscheiden läßt, ob es Beweise sind oder nicht (cf. Carnap 1928, § 7) — als auch der Widerlegungsdefinitheit vor — z. B. in Karl Poppers alternativem Votum für ein Falsifikationsprinzip: Für jede (empirisch relevante) Aussage gibt es ein Verfahren zur Erzeugung von Widerlegungsversuchen, für die sich entscheiden läßt, ob es Widerlegungen sind oder nicht (cf. Popper

1935, Kap. I.6.), die zwar beide die Wertdefinitheit, im ersten Fall mit Rücksicht auf Existenzaussagen, im zweiten Fall mit Rücksicht auf Allaussagen, abschwächen, aber gleichwohl, selbst in Alternative, den allgemeinen Fall mehrfach wechselnd mit Eins- und Allquantor quantifizierter Aussagen nicht erfassen können (cf. Krauth 1970, 78–88).

3.3. Dialogführungen

3.3.1. Die Eignung der spieltheoretischen Charakterisierung von Aussagen, wie sie am Beispiel der Subjunktionen entwickelt worden ist und die zu einer strikten Trennung partiebezogener von strategiebezogenen Überlegungen zwingt (davon verschieden wird z. B. im semantischen Spiel Hintikkas spieltheoretisch allein auf der Strategieebene, und damit in bezug auf den Zusammenhang von Objektebene und Begründungsebene ohne eigenständige Thematisierung der Sprachebene, mit den beiden Spielern ›Nature‹ und ›Myself‹ verfahren; cf. 2.1.), muß noch durch adäquate Signifikationsregeln auch für die übrigen logischen Zusammensetzungen nachgewiesen werden. — An einem zweiten Beispiel, dem der Konjunktionen, läßt sich ablesen, daß auch hier die *grammatische* Konstruktion der Zusammensetzung zugunsten entweder einer technischen (objektbezogenen) oder einer argumentativen (begründungsbezogenen) regelmäßig umgangen wird. Mit den Beispielaussagen A ⇋ ιM ε F und B ⇋ ιM ε R in 3.2.3. etwa wird gewöhnlich die Artikulation eines Und-Zusammenhangs für Objekte, ihrer ›Koexistenz‹, durch $F_{\iota M} + R_{\iota M}$ (Summenbildung in der Notation des ›calculus of individuals‹; Goodman 1966, 51) umweglos als Begründung für die Wahrheit der Behauptung 'A ∧ B' herangezogen oder alternativ die Koexistenz von Begründungen für 'A'-behaupten *und* für 'B'-behaupten mit 'A ∧ B' artikuliert, also die auch in der operativen Logik verwendete semantische Konjunktionsregel 'A; B ⇒ A ∧ B' zur kalkültheoretischen Notation der Reduktion der Wahrheit von 'A ∧ B' auf die Wahrheit von 'A' *und* die Wahrheit von 'B' eingesetzt. Die Einführung des Und-Zusammenhangs (A ∧ B)* auf der Sprachebene ist unterblieben. Sie kann durch eine Signifikationsregel für Konjunktionen erfolgen:

Wer eine Konjunktion A ∧ B äußert, verpflichtet sich zur ›Verteidigung‹ mit der Äußerung A auf den ›Angriff‹ mit der Aufforderung zur Äußerung des ersten Konjunktionsglieds

und zur ›Verteidigung‹ mit der Äußerung B auf den ›Angriff‹ mit der Aufforderung zur Äußerung des zweiten Konjunktionsglieds.

Entsprechende Überlegungen für die übrigen üblichen logischen Zusammensetzungen legen zur Formulierung der Signifikationsregeln einen Rahmen nahe, in dem Angriffsmöglichkeiten gegen zusammengesetzte Aussagen und Verteidigungsmöglichkeiten von zusammengesetzten Aussagen auf Angriffe vorkommen. Daraufhin bietet es sich an, *logische* Zusammensetzungen aus dialogdefiniten Teilaussagen einer Klasse *K* derart auszuzeichnen, daß im Schema der Angriffs- und Verteidigungsmöglichkeiten neben Aufforderungen zur Äußerung von Teilaussagen nur Teilaussagen aus *K* selbst auftreten dürfen, weil dann jeder Dialog um eine zusammengesetzte Aussage auf Dialoge um ihre Teilaussagen reduziert wird. Mit einfachen kombinatorischen Überlegungen läßt sich zeigen, daß für eine vollständige Übersicht endlicher und unendlicher logischer Zusammensetzung, wobei unendliche Klassen von Aussagen hier auf solche beschränkt sind, die durch Aussageformen $A(x)$, $B(x, y)$, ... mit Objektvariablen x, y, ... für unabhängig (z. B. durch Ableitbarkeit in einem Kalkül) definierte Objektklassen dargestellt sind, das folgende Schema von *Partikelregeln PR* ausreicht (cf. Lorenzen/Lorenz 1978, 109 – 120):

PR		Angriffe	Verteidigungen
(1) Negation (nicht)	$\neg A$	A	
(2) Konjunktion (und)	$A \wedge B$	1?	A
		2?	B
(3) Adjunktion (oder)	$A \vee B$	?	A
			B
(4) Subjunktion (wenn – dann)	$A \rightarrow B$	A	B
(5) Universalisierung (alle)	$\bigwedge_x A(x)$	?n	A(n)
(6) Partikularisierung (einige/ manche)	$\bigvee_x A(x)$	?	A(n)

Natürlich fehlen jetzt noch die den Rahmen definierenden globalen Spielregeln, die in Gestalt von *Strukturregeln SR* die Zugmöglichkeiten im Dialogspiel um eine Aussage festlegen, wobei sowohl die Bedingungen (1) – (4) in 3.2.3. als auch eine der Signifikationsregel für Wenn-dann-Aussagen in 3.2.3. abgelesene, ihrerseits mit Bedingung (2) verträgliche Verallgemeinerung des Verhältnisses von Angriffsrechten und Verteidigungspflichten, eine *Dialogbedingung*, zu erfüllen sind. Die Dialogbedingung lautet:

Kein Spieler muß sich auf einen Angriff verteidigen, ehe nicht dieser Angriff seinerseits auf endlich viele Angriffe verteidigt worden ist.

Dabei wird die Zahl der zulässigen Angriffe vom jeweiligen Angreifer vor seinem ersten Angriff festgelegt. Selbstverständlich sollen, wie alle Festlegungen bisher, auch die Strukturregeln in bezug auf die Rollen der Spieler als Opponent oder als Proponent *symmetrisch* sein; schließlich ist die von den Signifikationsregeln jeweils festgelegte ›Kernbedeutung‹ der logischen Partikeln (ihre ›lokale Bedeutung‹) ebenso wie ihre unter Hinzufügung der Strukturregeln auf der Partieebene definierte ›dialogische Bedeutung‹ (ihre ›globale Bedeutung‹) sprecherrollenunabhängig intendiert, auch wenn ihre erst auf der Strategieebene durch Wahrheit und Falschheit festgelegte ›strategische Bedeutung‹ — unter jeweils verschiedenen Bedingungen sind mit einer logischen Partikel zusammengesetzte Aussagen wahr bzw. falsch — natürlich rollenabhängig ist.

SR (1) Dialoge um Aussagen bestehen aus *abwechselnd* vom Opponenten O und Proponenten P gesetzten Zügen, die einer zur Dialogführung gehörigen lokalen Spielregel folgen, und enden mit *Gewinn* und *Verlust* für je einen der beiden Spieler.

(2) Die Züge, den von P gesetzten uneigentlichen Anfangszug ausgenommen, greifen vorhergegangene des Gegners an oder verteidigen eigene auf solche Angriffe, nicht aber beides zugleich: die eigentlichen Züge zerfallen in *Angriffe* und *Verteidigungen*.

(3) Jeder Zug *kann jederzeit* während eines Dialogs nach der lokalen Spielregel *angegriffen* werden (Rechte!).

(4) Jeder Zug *braucht* auf einen Angriff nach der lokalen Spielregel *erst verteidigt* zu werden, wenn nicht mehr angegriffen werden kann; dabei *muß* man den *zuletzt angegriffenen* Zug stets *zuerst verteidigen* (Pflichten!).

(5) Wer in einem Dialog nicht mehr ziehen kann oder aufgibt, hat diesen Dialog *verloren*, der andere ihn *gewonnen*.

(6) Im Verlauf eines Dialogs muß jede Angriffsfolge gegen einen bestimmten gesetzten Zug mit einer monoton fallenden Folge von (konstruktiven) Ordinalzahlen, $< \alpha$ seitens O und $< \beta$ seitens P, wobei α und β die von O und P vor Beginn seines Dialogs in dieser Reihenfolge gewählten *Angriffsschranken* sind, belegt werden, was die folgende Pflicht anzeigt: Ist z_n der n-te Angriff gegen einen Zug z derart, daß (a) die Ordinalzahl γ^* ($< \alpha$ bzw. $< \beta$) des (n − 1)-ten Angriffs z_{n-1} gegen z der Nachfolger einer Ordinalzahl γ ist, so soll z_n mit der Ordinalzahl γ belegt werden, (b) die Ordinalzahl λ ($< \alpha$ bzw. $< \beta$) von z_{n-1} eine Limeszahl ist, so soll z_n mit einer Ordinalzahl $\gamma < \lambda$ nach Wahl des Angreifers belegt werden.

Die Verwendung von Ordinalzahlen als Angriffsschranken ist eine rein notationsbezogene Folge der Zurückverlegung der Wahl der Angriffsschranken jeweils vor dem ersten Angriff gegen einen Zug an den Anfang des Dialogs. Weiter sollte bemerkt werden, daß für eine Dialogführung um logisch zusammengesetzte Aussagen relativ zu ihren Primaussagen als lokale Spielregel allein die Partikelregeln benötigt werden, wobei natürlich die Aufforderungen keine angreifbaren Züge sind. Die Angriffsrechte bestehen unabhängig von der jeweils in einem Dialog erreichten Stellung, während die Einlösung von Verteidigungspflichten solange aufgeschoben werden darf, bis keine Angriffsrechte mehr bestehen, wobei die Reihenfolgebedingung 'letzte Pflicht zuerst' eine Konsequenz der Dialogbedingung ist (über Alternativen bei der Wahl sowohl der Partikelregeln wie der Strukturregeln cf. Krabbe 1982; Lorenz 1981; Lorenzen/Schwemmer 1973; Kindt 1972; Drieschner 1963).

3.3.2. Versucht man auf dieser Grundlage eine Übersicht über die gewinnbaren Aussagen, also Aussagen, für die es eine Gewinnstrategie im so definierten Dialogspiel gibt, zu bekommen, so führt eine schrittweise Konstruktion von Gewinnstrategien für zusammengesetzte Aussagen aus solchen für einfachere Aussagen zu einen intuitionistischen

Halbformalismus für wahre Aussagen auf der Basis wahrer und falscher Primaussagen sowie wahrer Subjunktionen von Primaussagen, etwa der Arithmetik (cf. Lorenzen/Lorenz 1978, 196 ff). — Wesentlicher noch für den Aufbau der formalen Logik ist die Beobachtung, daß sich tatsächlich, wie erhofft, die Wahrheit einiger Aussagen sogar unabhängig von jedem Wissen über die Existenz von Gewinnstrategien für oder gegen ihre Primaussagen nachweisen läßt, z. B. für Subjunktionen A → A. In der Zugfolge braucht P, nachdem er sich auf den Angriff A seitens O mit A verteidigt hat, nur noch jede Zugwahl von O zu ›imitieren‹; nach endlich vielen Zügen ist der Dialog mit Gewinn für P beendet: Subjunktionen A → A sind *formal* wahr, nämlich für beliebige dialogdefinite — und nicht nur wertdefinite — Aussagen A. Diese Tatsache läßt sich benutzen, um *formale* Dialogführung zu definieren, die es erlaubt, entsprechend unter *formalen Gewinnstrategien* Gewinnstrategien bei ausschließlich formaler Dialogführung zu verstehen. Aussagen, für die es eine formale Gewinnstrategie gibt, heißen dann *formal wahr*. Die Regel für formale Dialogführung lautet:

FR Primaussagen sind stets formal unangreifbar; sie dürfen von O uneingeschränkt gesetzt werden, hingegen darf P eine Primaussage nur setzen, wenn sie zuvor von O gesetzt wurde.

Dann läßt sich beweisen, daß eine formale Gewinnstrategie in einem Dialogspiel mit den Angriffsschranken α, β in eine formale Gewinnstrategie in einem Dialogspiel mit den Angriffsschranken 1, *m* mit einer geeignet gewählten natürlichen Zahl *m* umgewandelt werden kann, vorausgesetzt, es handelt sich bei formaler Dialogführung um formal-logische Dialogführung, für die, in Übereinstimmung mit der üblichen Verfahrensweise in der Logik, alle Aussagen so in *Aussageschemata* überführt werden, daß Primaussagen a, ... durch Primaussagesymbole **a**, ..., Primaussageformen a(x), b(x, y), ... durch Primaussageformenschemata **a** (x), **b** (x, y), ... und Objektnamen (i. e. Konstanten) n, ... durch Objektsymbole **n**, ... ersetzt sind, wobei eine unendliche Klasse von Objektsymbolen den (universalen) Objektbereich für die Objektvariablen vertritt. — Wird diese Einschränkung nicht beachtet, also etwa formale Dialogführung bei gleichwohl inhaltlich gegebenem Objektbereich, etwa den natürlichen

Zahlen als ableitbaren Figuren im arithmetischen Kalkül

$$\Rightarrow \,|$$
$$n \Rightarrow n \,|,$$

vorgenommen, so gibt es z. B. formal gewinnbare arithmetische Aussageschemata, die nicht formal-logisch wahr sind, etwa die uneingeschränkte arithmetische Induktion $\bigwedge_x (\mathbf{A}(x) \rightarrow \mathbf{A}(x|)) \rightarrow (\mathbf{A}(|) \rightarrow \bigwedge_x \mathbf{A}(x))$. Logische formale Wahrheit und arithmetische formale Wahrheit — beide mit dem spieltheoretischen Verfahren zugänglich gewordenen Begriffsbildungen stehen im üblichen modelltheoretischen oder beweistheoretischen Aufbau nicht zur Verfügung — haben verschiedene Extension.

Wird jetzt wie üblich die *logische Implikation* einer These **A** aus Hypothesen $\mathbf{A}_1, \ldots, \mathbf{A}_n$ ($\mathbf{A}_1, \ldots, \mathbf{A}_n \prec \mathbf{A}$) durch formale Wahrheit der Subjunktion $\mathbf{A}_1 \wedge \ldots \wedge \mathbf{A}_n \rightarrow \mathbf{A}$ definiert, so läßt sich überprüfen, ob die folgenden beiden *Prinzipien des logischen Schließens* erfüllt sind, die man für die Eignung formaler Wahrheit als Hilfsmittel zur Gewinnung inhaltlicher Wahrheit braucht:

Substitutivität: Formale Wahrheit ist invariant gegen Substitution, d. h. wenn $\mathbf{A}(a_1, \ldots, a_n)\, \varepsilon$ formal wahr, dann $\mathbf{A}(\mathbf{A}_1, \ldots, \mathbf{A}_n)\, \varepsilon$ formal wahr.

Hereditarität: Inhaltliche Wahrheit wird bei logischer Implikation von den Hypothesen auf die These vererbt, d. h. für alle Interpretationen $\mathbf{A}_v$, A ($v = 1, \ldots, n$) von Schemata $\mathbf{A}_v$, $\mathbf{A}$ ($v = 1, \ldots,$ n): wenn $\mathbf{A}_1 \wedge \ldots \wedge \mathbf{A}_n \prec \mathbf{A}$ und $\mathbf{A}_v\, \varepsilon$ wahr ($v = 1, \ldots, n$), dann A ε wahr.

Um die Substitutivität zu sichern, muß Regel *FR* präzisiert werden zur folgenden Regel für formal-logische Dialogführung bei den Angriffsschranken 1, *m*:

FR$'_{1,m}$ Primaussageschemata sind stets formal unangreifbar; sie dürfen von O uneingeschränkt gesetzt werden, hingegen darf P ein Primaussageschema von O höchstens *m*-mal übernehmen, wenn *m* die P-Angriffsschranke ist.

Damit sind auch alle Aussagen, die durch Interpretation aus einem formal-logisch wahren Aussageschema hervorgehen, inhaltlich wahr. Die Hereditarität wiederum ist eine Folge der Schnittelimination für die Strate-

gien im Dialogspiel, die sich aus der O, P-Symmetrie der Spielregeln ableiten läßt. Ohne weitere Probleme ergibt sich daraus die Gleichwertigkeit von *Dialogäquivalenz* (zwei Schemata $\mathbf{A}_1$ und $\mathbf{A}_2$ lassen sich *überall* in einem Dialog um ein Anfangsschema **A** ohne Änderung der Gewinnchancen für und gegen **A** durcheinander ersetzen) und *logischer Äquivalenz* ($\mathbf{A}_1 \succ\!\prec \mathbf{A}_2$), die damit stärker ist als bloße *Anfangsäquivalenz* ($\mathbf{A}_1$ und $\mathbf{A}_2$ lassen sich ohne Änderung der Gewinnchancen als Anfangsschemata durcheinander ersetzen), die der modelltheoretisch definierten klassisch-logischen Äquivalenz entspricht. Erst die spieltheoretische Behandlung logischer Zusammensetzung erlaubt es überhaupt, zwischen (formal-)logischer Wahrheit und genereller inhaltlicher Wahrheit von Aussageschemata, wie sie sich insbesondere in der verschiedenen Reichweite von Dialogäquivalenz und Anfangsäquivalenz zeigt, zu unterscheiden. — Durch Kalkülisierung der Strategieebene bei formal-logischer Dialogführung — das geschieht unter Ausnutzen der Idee *semantischer Tableaux* von Evert W. Beth (1964 a, §§ 67 – 70; 92 ff; 145) — ergibt sich schließlich ein Logikkalkül, der genau diejenigen Aussageschemata beziehungsweise logischen Implikationen aufzählt, die in einem der bekannten Kalküle der intuitionistischen Logik ableitbar sind (cf. die Beweise in Lorenz 1968; Stegmüller 1964).

Die Ausgangsfrage in 3.1.2. nach der Möglichkeit eines weder strukturalistischen — sei es in seiner (objektbezogenen) modelltheoretischen oder in seiner (begründungsbezogenen) beweistheoretischen Fassung — noch konstruktivistischen Zugangs zum Wahrheitsbegriff inhaltlicher Theorien und nach der Rolle der formalen Logik in diesem Zusammenhang darf mit diesem eigenständig auf der Sprachebene, mit Berücksichtigung ihrer syntaktischen, semantischen und pragmatischen Aspekte verlaufenden spieltheoretischen Zugang als befriedigend beantwortet und dabei gleichzeitig die Idee der Sprachspiele Wittgensteins weiterführend gelten.

4.   Bibliographie sélective/ Selected references/ Literatur in Auswahl

4.1. Jeux de langage et pragmatique

Allwood 1987, *Linguistic Communication as Action and Cooperation* (= Gothenburg Monographs in Linguistics 2).

Bruner/Jolly/Sylva (éd.) 1976, *Play*.

Dascal 1983, *Pragmatics and the Philosophy of Mind, t. 1, Thought in Language*.

Dascal/Weizman 1987, Contextual exploitation of interpretation clues in text understanding: an integrated model, in *The Pragmatic Perspective*, Verschueren/Bertucelli-Papi (éd.).

Ducrot 1984, *Le dire et le dit*.

Dumoncel 1991, *Le jeu de Wittgenstein*.

Parret/Verschueren (éd.) 1992, *(On) Searle on Conversation*.

4.2. Game-theoretical semantics

Carlson 1983, *Dialogue Games: An Approach to Discourse Analysis*.

Hintikka/Hintikka 1986, *Investigating Wittgenstein*.

Hintikka/Kulas 1983, *The Game of Language. Studies in Game-Theoretical Semantics and Its Applications*.

Hintikka/Kulas 1985, *Anaphora and Definite Descriptions. Two Applications of Game-Theoretical Semantics*.

Saarinen (ed.) 1979, *Game-Theoretical Semantics. Essays on Semantics by Hintikka, Carlson, Peacocke, Rantala, and Saarinen*.

4.3. Dialogspiele und Syntax

van Bendegem (Hg.) 1985, Recent developments in dialogue logics, = *Philosophica* [Gent] 35, Heft 1.

Gethmann (Hg.) 1982, *Logik und Pragmatik. Zum Rechtfertigungsproblem logischer Sprachregeln*.

Krabbe 1982, *Studies in Dialogical Logic*.

Lorenz 1972 a, Der dialogische Wahrheitsbegriff, in *Neue Hefte für Philosophie* 2—3 (Dialog als Methode).

Lorenz 1981 a, Dialogic logic, in *Dictionary of Logic*, Marciszewski (Hg.).

Lorenzen/Lorenz 1978, *Dialogische Logik*.

Marcelo Dascal, Tel-Aviv (Israel)
Jaakko Hintikka, Boston, Mass. (USA)
Kuno Lorenz, Saarbrücken (Deutschland)

97. Präsupposition und Implikatur

1. Die allgemeine Verwendung der Termini in der sprachphilosophischen und linguistischen Literatur

Wenn man in einem Geschäft vergeblich nach einem selteneren Artikel fragt, muß man sich zuweilen mit einer Unhöflichkeit auseinandersetzen, die philosophisch interessant ist. Statt die Auskunft zu erhalten, der betreffende Artikel gehöre leider nicht zum Sortiment, wird man mit der Behauptung abgewiesen, etwas in dieser Art gebe es nicht. Der Verkäufer gibt dem Kunden nicht nur zu verstehen, daß er seinen Wunsch nicht erfüllen kann. Darüber hinaus unterstellt er ihm, daß seine Frage sinnlos war. Denn welches Geschäft könnte einen Artikel führen, der nicht existiert? Nun ist es nicht zwingend, an einen Verkäufer eine vielleicht sinnlose Frage zu richten. Statt ihn direkt um Auskunft zu bitten, hätte man sich in folgender Form an ihn wenden können: 'Es gibt X, und ich wüßte gern, ob Ihr Geschäft X führt.' Wenn der Verkäufer jetzt antwortet, etwas dieser Art gebe es nicht, so widerspricht er nur einer Behauptung und nennt den Grund, aus dem er sie für unberechtigt hält. Auch aus seiner Sicht hätte sich die Äußerung aber auf einen Bereich des Wirklichen bezogen, der ihren Inhalt beurteilbar macht — den der zunächst formulierte Wunsch nach Meinung des Verkäufers gar nicht getroffen hatte. — Diese Möglichkeit, sinnlose Fragen zu vermeiden, indem man sie in falsifizierbare Aussagen einbettet, ist für die Verständigung mit einem Verkäufer wertlos. Allerdings weist sie auf einen wesentlichen Aspekt sprachlicher Kommunikation hin: Die Form, in der wir uns miteinander verständigen, bestimmt, woran sich der Wert unserer Äußerungen entscheidet und welchen Wert wir selbst füreinander besitzen, sofern wir uns äußern. In der philosophischen Diskussion werden diese beiden aufeinander verweisenden Themenkreise unter dem Titel 'Präsupposition und Implikatur' erörtert.

Zu den Präsuppositionen einer Äußerung werden alle diejenigen ihrer notwendigen Voraussetzungen gerechnet, die gewährleisten, daß sie für einen Hörer oder Sprecher inhaltlichen Wert besitzt. Solche Bedingungen können erstens im Inhalt der Äußerungen selbst liegen. Wenn jemand z. B. behauptet, als Verkäufer von X wisse er schließlich, welche Sorten es davon gibt, so ist seine Äußerung für den vermeintlichen Käufer nur in dem Maße sinnvoll, wie er sein Gegenüber für einen Verkäufer von X halten kann. Voraussetzungen dieser Art werden 'semantische Präsuppositionen' genannt (vgl. z. B. Stalnaker 1970 b, 279; Gazdar 1979, 90 ff). — Zweitens kann diese Art notwendiger Bedingungen das Verhältnis zwischen dem Inhalt und den Handlungsmöglichkeiten der Personen betreffen, die den Satz äußern oder aufnehmen. So kann sich nur der Verkäufer mit den Worten 'Guten Tag, was hätten Sie gern?' an den Kunden wenden. In umgekehrter Richtung ist die Äußerung meines Erachtens sinnlos. Voraussetzungen dieser Art werden als ‚performative' oder 'pragmatische Präsuppositionen' bezeichnet. — Drittens kann auch das Verhältnis der Äußerungen zueinander darüber entscheiden, ob sie informativen Wert besitzen. Auf den Wunsch hin, 'Ich hätte gern ein Mittel gegen X', kann der Verkäufer in einem gewissen Sinne nicht fragen: 'Wozu wollen Sie es verwenden?' Die vorangehende Äußerung gibt *explizit* eine ›kontextuelle Präsupposition‹ vor. Sie muß in der sich anschließenden Äußerung berücksichtigt sein, wenn auch sie als ein sinnvolles Stadium der Kommunikation gelten soll. Ob eine Äußerung im Verhältnis zu ihren Vorgängern inhaltlich Wert besitzt, kann jedoch auch von *impliziten* Voraussetzungen abhängig sein. Der Verkäufer könnte dem Kunden z. B. antworten, daß ein Mittel gegen X schon seit langem nicht mehr hergestellt werde. Wenn diese Mitteilung zwar richtig ist, aber nicht begründet, daß er es ihm nicht verkaufen kann, so ist die Äußerung an dieser Stelle unpassend. Denn unter den normalen Bedingungen eines Verkaufsgesprächs werden vorrangig Informationen ausgetauscht, die den Verkauf betreffen, auf den das Gespräch hinzielt. Wie dieses zweite Beispiel zeigt, müssen kontextuelle Präsuppositionen nicht rein formaler Art sein. Gerade wenn es sich um implizite Kommunikationsvoraussetzungen handelt, kann diese Art von Präsuppositionen aus Normen resultieren, de-

nen ein Kommunikationsprozeß nicht aufgrund seiner logischen Ordnung, sondern als ökonomisch organisierter Austausch von Informationen gerecht werden muß.

Der Unterschied zwischen impliziten und expliziten kontextuellen Präsuppositionen weist auf eine Bedingung hin, unter der es überhaupt nur sinnvoll ist, eine Präsupposition als Moment einer Äußerung gelten zu lassen. Einleitend wurden einzelne Präsuppositionsarten durch exemplarische Situationen erläutert. In ihnen ist eine Äußerung zumindest dem Anschein nach sinnlos, weil die maßgebliche Präsupposition nicht erfüllt ist. Diese Beispiele sind als solche nur dann verständlich, wenn es für eine Antwort auf die Frage, welche Bedeutung die betreffenden Äußerungen in den beschriebenen Situationen jeweils haben, gleichgültig ist, ob die Beteiligten sie in einem speziellen Sinn verstehen oder verstanden wissen wollen. Die Bedeutung der Zeichen muß sich unabhängig von besonderen Kenntnissen über die Einstellungen und Absichten der betroffenen Personen bestimmen lassen. Wenn jemand z. B. ein Geschäft betritt und zum Verkäufer sagt: 'Guten Tag, was darf es sein?' — so beruht das Urteil, die Äußerung sei sinnlos, nicht zuletzt darauf, daß die hier verwendeten Wörter in der betreffenden Situation genau das bedeuten, was durch ihre Beschreibung unterstellt wird. Die Bedeutung der Lautfolge 'Guten Tag, was darf es sein?' soll in diesem Fall schon dadurch hinreichend festgelegt sein, daß irgendeine Person irgendein Geschäft betritt und sich dort an einen Verkäufer mit diesen, ihnen beiden gleichermaßen verständlichen Wörtern der deutschen Sprache wendet. Zu der Annahme, daß sie die Ausdrücke anders als in diesem regulären, durch die Unbestimmtheit der Beschreibung festgelegten Sinne verstünden, besteht kein Anlaß. Wenn aber unter diesen Umständen die betreffende Äußerung nur scheinbar nicht sinnvoll ist, man jedoch zu der Überzeugung Anlaß hat, daß die betreffende Person insbesondere in der vermeintlichen Situation keine sinnlosen Äußerungen von sich gibt, so kann eine revidierte Einschätzung und Beschreibung der betreffenden Situation zu einem anderen Resultat führen. Statt sich mit einer Frage der Form 'Führen Sie X?' an den Verkäufer zu wenden, könnte ein Kunde z. B. auch unmittelbar seinen Wunsch äußern: 'Ich hätte gern X'. Wenn der Verkäufer einmal mehr antwortet, etwas in dieser Art gebe es nicht, so kann er seinem Gegenüber in diesem Fall nicht unterstellen, eine semantische Präsupposition seiner Äußerung sei nicht erfüllt. Denn es ist möglich zu wünschen, was nicht existiert. In diesem Fall weist er zurück, was der Kunde gegenüber dem Verkäufer zweifellos unterstellt, wenn er das Geschäft betritt und sagt, was er wünscht. Angesichts des Zwecks, zu dem man ein Geschäft normalerweise betritt, wäre es ein Verstoß gegen die Regeln eines Verkaufsgesprächs, Wünsche zu äußern, die sich nicht durch einen Kauf erfüllen lassen. Die Unhöflichkeit des Verkäufers unterstellt in diesem Fall keine sinnlose Äußerung, sondern ein deplaziertes Verhalten. Er ignoriert, was der Kunde zwar nicht sagt, ihm durch die Äußerung seines Wunsches jedoch zu verstehen gibt: Er glaubt, in diesem Geschäft X kaufen zu können. — Diejenige Bedeutung eines sprachlichen Zeichens, die sich nicht aus einer situativen Differenzierung seiner lexikalischen Bedeutung ergibt, sondern aus einer an die Kommunikationsabsichten von Sprecher und Hörer gebundenen Verwendung desselben resultiert, wird als eine 'konversationelle Implikatur' bezeichnet.

Die logischen, formal semantischen und linguistischen Aspekte von Präsuppositionen und Implikaturen sind an anderer Stelle übersichtlich dokumentiert worden (vgl. z. B. Gazdar 1979; Max 1988; Soames 1989). Die Forschung hat sich von der Untersuchung semantischer Präsuppositionen zunehmend auf die Analyse pragmatischer und kontextueller Präsuppositionen und der ihnen komplementären Implikaturen verlagert. Der vorliegende Artikel wird sich deshalb darauf konzentrieren, die sprachphilosophischen Impulse darzulegen, die für diese Entwicklung maßgeblich waren. Auf eine historische Übersicht über antike und mittelalterliche Diskussionen zur hier angesprochenen Thematik muß leider verzichtet werden (vgl. Egli 1989 und die dort angegebene Literatur). Auch der metaphysische Präsuppositionsbegriff Robin George Collingwoods kann hier in seiner Bedeutung für die Arbeiten von Herbert Paul Grice und Peter Frederic Strawson nicht gewürdigt werden (vgl. Collingwood 1940, 21—48).

2. Semantische und pragmatische Präsuppositionen

In den vielfältigen Theorien symbolischer Logik, die in der zweiten Hälfte des 19. Jahrhunderts die Entstehung formaler Logiken

entscheidend vorbereitet haben, wurde die Frage nach dem logischen Stellenwert semantischer Präsuppositionen differenziert erörtert, ohne daß zu diesem Zweck der heute übliche Terminus schon verfügbar gewesen wäre. In ihren Auseinandersetzungen mit dem Kanon der traditionellen, syllogistischen Logik haben sie diese Thematik unter anderem in Diskussionen um eine symbolsprachliche Darstellung partikularer Aussagen und die Zulässigkeit von Subalternationsregeln behandelt. Des weiteren wurde das Problem bezüglich singularer Aussagen erörtert, die ihren vermeintlichen Gegenstand durch eine definite Kennzeichnung festlegen (s. Art. 78). In beiden Fällen ist eine Frage angesprochen, die für eine sprachphilosophische Einschätzung der entstehenden, formalen Logiken zentrale Bedeutung hat: Welches logische Verhältnis besteht zwischen Prädikation und Implikation?

2.1. Quantifikation und Existenz

Wenn der mehrfach wiederentdeckte, philonische Implikationsbegriff zur Rekonstruktion genereller Aussagen und ihrer Logik herangezogen wird, so übertragen sich die Paradoxien dieses Implikationsbegriffs zwangsläufig auf den traditionellen Begriff der quantifizierten Aussage — es sei denn, zusätzliche Annahmen vereiteln dies. — Ein genereller Satz der Form 'Alle X sind Y' wird in George Booles Algebra der Logik und Gottlob Freges (s. Art. 34) Begriffsschrift zumindest insoweit ähnlich rekonstruiert, als Aussagen dieser Form schon dann wahr sind, wenn es keine X gibt. Das Prädikationsverhältnis, in dem die beiden Terme traditionellerweise zueinander stehen, wird jeweils durch eine logische Beziehung dargestellt, die dem philonischen Implikationsbegriff äquivalent ist. Nach Maßgabe dieser Rekonstruktion sind weder die Subalternation 'Einige X sind Y' noch die Konversion 'Einige Y sind X' aus jener generellen Aussage allein aufgrund ihrer Form zu erschließen. Erst unter der zusätzlichen, inhaltlichen Voraussetzung, daß es X und a *forteriori* Y gibt, sind die entsprechenden Schlüsse berechtigt. Gerade weil in der Perspektive dieser Ansätze, die hier als wesentliche Beispiele der auch heute noch vorherrschenden Auffassung angeführt werden, eine generelle Aussage als solche auch dann sinnvoll bleibt, wenn ihr Subjektterm leer ist, können diese Rekonstruktionen traditioneller Syllogistik ihren präsuppositionalen Aspekt nicht adäquat, als ein Moment ihrer Form, wiedergeben.

2.1.1. McColls Begründung der Subalternation durch einen konnexen Implikationsbegriff

Eine bislang kaum erforschte Alternative zur dargelegten Position ist in den frühen Schriften von Hugh McColl zu finden (vgl. Astroh 1993). Im zweiten Teil seiner Abhandlung *The Calculus of Equivalent Statements* formuliert er eine Subalternationsregel, deren Berechtigung nicht von extralogischen Voraussetzungen abhängt, sondern im Gegenteil auf einem alternativen Implikationsbegriff, somit einer divergenten Rekonstruktion der generellen Prädikation beruht. — In McColls früher Logik wird eine Aussage der Form 'Alle X sind Y' durch das Schema

$$x : y$$

wiedergegeben. Der Doppelpunkt bezeichnet ein Implikationsverhältnis. Die kleinen Druckbuchstaben stehen für Teilsätze, in denen von einem ›repräsentativen Individuum‹, das heißt stellvertretend für den Bereich, den es repräsentiert, ausgesagt wird, daß es ein X, beziehungsweise ein Y sei. Eine partikulare Aussage der Form 'Einige X sind Y' wird von McColl als Negation einer generellen Aussage 'Kein X ist ein Y' aufgefaßt. Mit einem jeweils nachgestellten Apostroph als Negationszeichen ergibt sich unter Verwendung von Klammern das folgende Schema:

$$(x : y')'$$

Abkürzend schreibt McColl statt dessen $x \div y'$. Zur Rekonstruktion starker Syllogismen führt er außer Regeln der Kontraposition und Transitivität die folgende Bestimmung an:

$$x : y \Rightarrow x \div y'$$

Diese Regel, die offensichtlich die Subalternation rekonstruiert, ist nach McColl berechtigt, da sie die Voraussetzung artikuliert, daß der implizit gebundene Teilsatz x konsistent und der zugehörige Teilsatz y ein Faktor und deshalb eine notwendige Konsequenz desselben sei.

„The symbol $A \div B$ thus asserts that the truth of B is not a *necessary* consequence of the truth of A; in other words, it asserts that the statement A is consistent with B', but it makes no assertion as to whether A is consistent with B or not" (McColl 1878, 180). „[...] $(\alpha : \gamma)$ implies $(\alpha \div \gamma')$; This assumes that α is a *consistent* statement — i. e., one which *may* be true" (McColl 1878, 184). „The implication $a : b'$ asserts that a and b are inconsistent with each other; the non-implication $a \div b'$ asserts

that a and b are consistent with each other" (McColl 1878, 184).

Nach den obigen Zitaten und den übrigen Teilen seiner Abhandlung zu urteilen, versucht McColls frühe Logik nicht, den philonischen, sondern einen auf Chrysipp zurückgehenden, konnexen Implikationsbegriff wiederzugeben. Allem Anschein nach handelt es sich sogar um eine strikte Variante dieser Implikationsart (Bocheński 1956, 20.09–20.13). Denn aussagenlogisch gedeutet ist aufgrund der obigen Regel das Schema $A \div A'$ ableitbar, in dem die Konnexität von Bedingung und Bedingtem augenfällig wird. Es ist natürlich ausgeschlossen, einen klassischen, mithin maximal konsistenten Logikkalkül durch ein jener Subalternationsregel entsprechendes Axiomenschema zu erweitern. Das resultierende System wäre inkonsistent. — Es würde über das Ziel der gegenwärtigen, prinzipiellen Erwägungen zu weit hinausführen, einen Kalkül der konnexen Implikation hier im Detail zu entwickeln.

2.1.2. McColls Beschränkung eines logisch relevanten Existenzbegriffs

Eine zweite Antwort auf die Frage, welche semantischen Voraussetzungen den Schluß von einer generellen auf die ihr subalterne, partikulare Aussage berechtigen, hat McColl in seiner *Symbolic Logic* (1906) zusammenfassend dargestellt. In den drei Jahrzehnten, die sein Spätwerk von jenen frühen Veröffentlichungen trennen, entwickelt er einen Begriff der Prädikation, der ihr präsuppositionales Moment nicht mehr ausschließlich durch den maßgeblichen Implikationsbegriff erfaßt, sondern ihm einen eigenen, für die Methodologie seiner Logik zentralen Stellenwert zuweist. Die schematische Darstellung von Aussagen zeigt diesen Aspekt nun so an, daß sich die Semantik ihrer logischen Beziehungen zueinander auf eine Logik ihrer semantischen Präsuppositionen reduzieren läßt. Die Frage, in welchem Sinne eine Beziehung zwischen Aussagen ein logisches Verhältnis ist, findet ihre Antwort nicht nach Maßgabe einer außersprachlichen Wirklichkeit, sondern bezüglich eines symbolischen Universums, dessen formale, logisch maßgebliche Struktur sich satzimmanent, am Verhältnis zwischen Subjekt und Prädikat zeigt. Betrachten wir diesen Ansatz im Detail.

McColl bestimmt zunächst sehr allgemein den Gegenstand seiner logischen Forschung. Vollständige Sätze, die er ‚statements' nennt, sind die elementaren Bestandteile des logischen Denkens, die gegebenenfalls in Abhängigkeit von einem speziellen Kontext der Übermittlung von Information dienen (McColl 1906, §§ 1 f). Zum Objekt der logischen Analyse werden solche Zeichen, sofern sie sich aus mindestens zwei wiederum semiotischen Komponenten, einem Subjekt und einem Prädikat, zusammensetzen. Auf dem Hintergrund kultur- und sprachgeschichtlicher Überlegungen beschreibt McColl, wie sich einfache *statements* zu komplexen Einheiten verbinden, in denen sie die Rolle von Subjekten und Prädikaten übernehmen. Im Verhältnis zu einem gegebenenfalls selbst schon komplexen Term kann ein weiteres Zeichen einerseits als Prädikat dienen. Die resultierende Einheit ist, in McColls Terminologie gesprochen, eine vollständige ›Proposition‹. Sie kann nicht nur als Aussage, sondern ihrerseits wiederum als Subjektterm verwendet werden. Andererseits ist es möglich, ein Subjekt durch ein weiteres Zeichen zusätzlich zu qualifizieren, so daß die resultierende, noch unvollständige Einheit durch ein Prädikat zu ergänzen bleibt. Nach dem Vorbild einer traditionellen Grammatik natürlicher Sprachen unterscheidet McColl auf diese Art zwischen einer adjektivischen und einer prädikativen Rolle, in der ein Zeichen zur propositionalen Informationsvermittlung beitragen kann. Die entsprechenden Einheiten werden 'Attribute' und 'Prädikate' genannt. Um sie schematisch darzustellen, verwendet McColl große Druckbuchstaben. Ihre Funktion gegenüber einem Subjekt wird durch ihre Anordnung als Suffix, beziehungsweise als Exponent des Terms angezeigt. Wenn z. B. der Ausdruck 'das Pferd' schematisch durch den Buchstaben H und der Ausdruck 'ist gefangen' durch den Buchstaben C wiedergegeben wird, so steht das Schema H^C für den Satz 'das Pferd ist gefangen', während der Ausdruck H_C für die Bezeichnung 'das Pferd, das gefangen ist' oder 'das gefangene Pferd' steht. Wird der Ausdruck ‚ist verkauft worden' durch den Buchstaben W symbolisiert, dann artikuliert das Schema $(H_W)^C$, beziehungsweise dessen Abkürzung H_W^C den Satz 'das verkaufte Pferd ist gefangen worden'. Numerische Indices 1, 2, … werden analog als Terme in adjektivischer Funktion behandelt. — Wie schon in den frühen Schriften wird die Negation einer Proposition durch einen nachgestellten Apostroph symbolisiert. Die Negation eines Terms kommt durch ein ihm vorangestelltes Minuszeichen zum Ausdruck. Zusätzlich führt McColl eine Konstante 0 ein, die als

Attribut oder Prädikat zu verwenden ist und der je nach ihrer zusätzlichen, attributiven Differenzierung der Bereich derjenigen Gegenstände, beziehungsweise ein Teil derselben zugeordnet ist, die wir nicht als reale Objekte gelten lassen. — Einfache generelle und partikulare Aussagen werden nun wie folgt schematisiert: H_C^0, H_C^{-0}, H_{-C}^0, H_{-C}^{-0}. Diese Schemata lassen sich unter Vorbehalt den traditionellen Urteilsformen zuordnen: $Se\,P$, $Si\,P$, $Sa\,P$, $So\,P$. McColl erläutert die Form dieser Sätze einerseits durch quantifizierte, andererseits durch singulare oder indefinite Aussagen. Das erste und das dritte Schema werden z. B. durch die beiden folgenden Satzpaare erläutert: 'Das gefangene Pferd existiert nicht. Kein gefangenes Pferd existiert.'; 'Ein nicht gefangenes Pferd existiert nicht. Alle Pferde sind gefangen worden.'. — Auf die Frage, ob ein Ausdruck der Form A_B einen bestimmten oder einen beliebigen Gegenstand bezeichnet, auf den die Proposition A^B zutrifft, gibt der Text keine Antwort: „[...], when A is a class term, A_B denotes the individual (or an individual) of whom the proposition A^B is true" (McColl 1906, 4). Auch die weitere Differenzierung des Systems ermöglicht es nicht, darin einen logischen Unterschied zwischen singularen und indefiniten Aussagen zu artikulieren. Kennzeichnungen oder Eigennamen werden im Symbolismus McColls weder eigens berücksichtigt, noch wird eine logische Rekonstruktion dieser in natürlicher Sprache, somit in McColls methodischem Ausgangspunkt, vorgegebenen Differenz geboten. Die Äquivokation indiziert jedoch nicht einfach einen Mangel an theoretischer Präzision, sondern verweist auf ein grundlegendes, sprachphilosophisches Problem. Das Individuum, das ein Ausdruck der Form A_B, wie es wörtlich heißt, ›denotiert‹, wenn der Satz A^B wahr ist, braucht in McColls Logik offensichtlich kein *reales* Individuum zu sein. Ein Satz, z. B. der Form H_{-C}^0, würde andernfalls nicht wahr sein. Die Existenz, die einem Pferd, das nicht gefangen worden ist, in diesem Fall zugeschrieben wird, ist, um es mit McColls eigenen Worten zu sagen, ›symbolischer‹ Natur (McColl 1906, 42). Wenn Art und Existenz der Gegenstände, auf die eine Proposition bezogen ist, auch unabhängig von der Information, die ihr Subjekt vermittelt, bestimmt sind, so erschöpft sich die Beziehung des Zeichens zu diesem Gegenstandsbereich jedoch nicht mehr in einer Denotation, sondern verstärkt sich zu einem Verhältnis der Referenz: „[...] the symbol H_{-C}^0 may be read 'An un-caught horse does not exist', or 'Every horse has been caught'. The context would, of course, indicate the particular totality of horses referred to" (McColl 1906, 5 f). Wenn für die Existenz und Art eines Gegenstandes nur maßgeblich ist, daß und wie von ihm die Rede ist, kann auch seine Individualität nicht mehr als eine *façon de parler* sein. Ob ein Ausdruck der Form A_B den oder einen Gegenstand denotiert, auf den der Satz A^B zutrifft, ist so betrachtet eine müßige Frage. Die Einzigartigkeit eines symbolischen Individuums ist, um eine Wendung aus den frühen Schriften McColls zu gebrauchen, nur ›repräsentativ‹. „The statement 'All X is Y' may be denoted by the implication $x : y$ in which x denotes the statement that a certain representative individual belongs to the class X, and y denotes the statement that he belongs to the class Y" (McColl 1878, 181). Von einem bestimmten Gegenstand kann hier nur insoweit die Rede sein, als er seine Art exemplifiziert, und so betrachtet ist er nur einer unter denen, deren Bereich das Subjekt spezifiziert. — McColls späte Logik ist einer algebraisch formulierten Logik gewiß darin ähnlich, daß sie keinen Begriff singularer Aussagen entwikkelt. Es würde seiner Position jedoch nicht gerecht, auch in diesem Fall den Vorwurf zu erheben, Einerklasse und Individuum würden nicht unterschieden. — Eine Theorie der semantischen Präsuppositionen antwortet *sui generis* auf die sprachphilosophisch zentrale Frage, wovon sinnvoll die Rede sein kann. McColl hat seine Einführung von Subjekten der Form A_B durchaus als einen Beitrag zu dieser Thematik formuliert: „The symbol H_C ('The *caught horse*') *assumes* the statement H^C, which *asserts* that 'The *horse* has been *caught*'. Similarly H_{-C} assumes the statement H^{-C}" (McColl 1906, 5). Noch deutlicher heißt es von Propositionen, die als Gegenstände von Aussagen durch ein Attribut näher bestimmt werden: „[...] both A_x and its denial A'_x assume the truth of A^x [...]" (McColl 1906, 15). Der Ausdruck A'_x ist synonym mit $(A_x)'$. — Schon diese ersten Hinweise lassen erkennen, daß McColls Ansatz Strawsons bekannten Begriff der Präsupposition (Strawson 1952, 173 ff) nicht nur in einem anderen Wortlaut antizipiert, sondern ihn insbesondere in einem allgemeineren sprachphilosophischen Zusammenhang entwickelt. Der sich aufdrängende Vergleich der beiden Positionen wird jedoch erst dann vollends ertragreich sein, wenn McColls *modale* Rechtfertigung der Subalternationsregel vorgestellt wurde.

Um einschließende Disjunktion und Konjunktion zu symbolisieren, verwendet McColl zum einen ein Additions-, zum anderen ein Multiplikationszeichen, das der Kürze halber nicht geschrieben wird. Beide Zeichen binden schwächer als das Implikationszeichen. Unter anderem gelten die folgenden Schemata als selbstevidente Formeln (McColl 1906, 6):

$$(A^B + C^D)' = A^{-B}C^{-D}$$
$$(A^BC^D)' = A^{-B} + C^{-D}$$

Das Gleichheitszeichen wird als Ausdruck einer strikten Äquivalenz, aber auch als Regelzeichen verwendet. — Wie schon angedeutet, dürfen in McColls Logik auch Sätze als Subjekte von Aussagen gesetzt werden. Für ihre schematische Darstellung benutzt er wiederum große Druckbuchstaben. Zu ihrer Bewertung führt er eine Reihe von Termen ein. Sie werden durch kleine griechische Buchstaben symbolisiert und dürfen als Attribute und Prädikate, aber auch als Subjektterme eingesetzt werden. McColl verwendet die Ausdrücke τ, ι, ε, η und θ, um Aussagen respektive als *wahr, falsch, gewiß, unmöglich* und *variabel* zu qualifizieren. Die Bedeutung dieser Ausdrücke erläutert er quantitativ:

„The symbol A^τ only asserts that A is true in a particular case or instance. The symbol A^ε asserts more than this: it asserts that A is *certain*, that A is *always* true (or true in *every case*) within the limits of our data and definitions, that its probability is 1. The symbol A^ι only asserts that A is false in a particular case or instance; it says nothing as to the truth or falsehood of A in other instances. The symbol A^η asserts more than this; it asserts that A contradicts some datum or definition, that its probability is 0. Thus A^ι and A^ι are simply *assertive*; each refers only to one case, and raises no general question as to data or probability. The symbol A^θ (A is a *variable*) is equivalent to $A^{-\eta} A^{-\varepsilon}$; it asserts that A is neither *impossible* nor *certain*, that is, that A is *possible* but *uncertain*. In other words, A^θ asserts that the probability is neither 0 nor 1, but some proper fraction between the two" (McColl 1906, 6 f).

Diesen modalen, epistemisch gedeuteten Termini kommen je nach ihrer unterschiedlichen Stellung im Satz — sei es als Prädikat, Attribut oder Subjekt — unterschiedliche Aufgaben zu. Erstens wird mit Hilfe der Unmöglichkeit der *strikte* Implikationsbegriff des Systems definiert: „The symbol $A^B : C^D$ is called an *implication*, and means $(A^BC^{-D})^\eta$, or its synonym $(A^{-B} + C^D)^\varepsilon$" (McColl 1906, 7). Zweitens ermöglicht es die attributive Verwendung dieser Bewertungsterme, Bereiche von Aussagen mit Hinsicht auf die Art ihrer

Geltung zu präsupponieren. Es werden auf diesem Wege quasi schematische Zeichen für besondere Arten von Sätzen erzeugt, um von ihnen genau das auszusagen, was ihnen nach Voraussetzung zukommen muß. Eine Aussage, die z. B. von einem kontingenten Satz sagt, daß er kontingent sei, ist in jedem Fall wahr: $(A_\theta^\theta)^\varepsilon$. Drittens verwendet McColl Bewertungsterme deshalb auch unmittelbar als schematische Zeichen für Aussagen, auf die sie zutreffen. *A forteriori* lassen sie sich mithin als Subjektterme einsetzen. Anstelle des letzten Schemas kann z. B. abstrakter der einfache Ausdruck ε geschrieben werden. Die Identität von Attribut und Prädikat exemplifiziert lediglich, daß der Satz eine Notwendigkeit ist, d. h. einer der Gegenstände des Bereichs, den der Term ε spezifiziert.

Nach Maßgabe von Konventionen, die McColl zumindest in seiner eigenen natürlichen Sprache für gültig hält und die er schrittweise in einen Symbolismus übersetzt, gibt er eine Liste selbstevidenter Formeln insbesondere der Form $A = B$ an. Zum einen kodifizieren sie diejenigen Regeln, nach denen man einen Satz in einen anderen umformen darf. Diese Regeln sind in jedem Fall berechtigt. Denn in entsprechenden Übergängen ersetzen Zeichen einander nur in dem Maße und in der Weise, wie es allein durch die Art, wie man diese Sprache spricht, bestimmt wird — was und wozu man es in ihr sagt, mithin gleichgültig ist. Zum anderen artikulieren solche Schemata die Form genau derjenigen Sätze, die in jedem Fall berechtigt sind. Denn worüber man in ihnen spricht, hat zumindest symbolische Existenz — und was man darüber sagt, ist schon aufgrund der Form, in der man in dieser Sprache überhaupt etwas sagen kann, somit in jedem Fall berechtigt. Ist ein Schema A selbstevident, gilt daher stets: $A = \varepsilon$. — McColl hat seine Modallogik nicht axiomatisch formuliert. Welche Schemata selbstevident sind, wird lediglich exemplifiziert. Auch die Gleichungen, mit deren Hilfe er die Geltungsbedingungen eines Satzschemas oder auch dessen Allgemeingültigkeit induktiv ermittelt, hat er nicht detailliert aufgelistet. Die Bewertungsmethode, die er implizit verwendet, kann jedoch zumindest durch die nachfolgende Definition eines formal gültigen Aussageschemas, beziehungsweise einer entsprechenden Schlußregel, charakterisiert werden.

Ein Schema A ist in McColls Logik dann und nur dann formal gültig, wenn gilt: Für jedes Satzschema $\mathbf{A}$, das aus A hervorgeht, wenn darin sämtliche schematische Zeichen $A_1, \ldots, A_n$ jeweils durch eine der Bewertungskonstanten ε, η, θ ersetzt werden, ist die Gleichung $\mathbf{A} = \varepsilon$ ableitbar. — Die Anzahl möglicher Substitutionen ist aufgrund der endlichen Anzahl schematischer Zeichen, die im Satzschema vorkommen, berechenbar. Zur schrittweisen Realisierung der Bewertung sind nur modale Identitätsschlüsse erforderlich. Es würde angesichts der hier gegebenen Aufgabe zu weit führen, dieses Verfahren nun vollständig zu rekonstruieren. Für den gegenwärtigen Zusammenhang ist jedoch entscheidend, daß unter den selbstevidenten Bewertungsschemata, die McColl auflistet oder voraussetzt, insbesondere Formeln sind, deren Berechtigung *nicht* auf einer Anordnung logischer Konstanten, sondern auf dem Verhältnis zwischen dem Subjekt und dem Prädikat einer Proposition beruht. Zum Verständnis der modalen Rekonstruktion, die McColl für die Subalternationsregel vorschlägt, sind insbesondere die folgenden Bewertungsschemata zu berücksichtigen: $\eta' = \varepsilon$, $A\varepsilon = A$, $\varepsilon : A = A^\varepsilon$, $\varepsilon' = \eta$, $A\eta = \eta$, $A : \eta = A^\eta$. Mit schematischen Zeichen $\varDelta$ und $\varGamma$ für die Bewertungskonstanten θ, η und ε gelten ferner: $\varDelta^\varDelta = \varepsilon$ $\varDelta^\varGamma = \eta$.

McColls Darstellung syllogistischer Schlüsse entwickelt sich aus einer zweiten, nunmehr auf den strikten Implikationsbegriff bezogenen Darstellung der traditionellen Urteilsformen, die er für ›einfacher und symmetrischer‹ (McColl 1906, § 50) hält. Sie unterstellt ein symbolisches Universum gegebenenfalls nicht realer Objekte S_1, S_2, … Ein Subjektterm S denotiert irgendeinen dieser Gegenstände. Terme X und Y, beziehungsweise deren Negate $-X$ und $-Y$ werden in diesem zweiten Ansatz nicht mehr als Subjekte oder Attribute gegenüber einem Prädikat der Inexistenz verwendet, sondern von einem einzigen Subjekt S prädiziert und durch die resultierenden Teilsätze in ein formales Implikationsverhältnis oder dessen Negation eingebunden. Den traditionellen Urteilsformen

$$S\,aP,\ S\,eP,\ S\,iP,\ S\,oP$$

entsprechen jetzt die Schemata

$$S^X : S^Y,\ S^X : S^{-Y},\ (S^X : S^{-Y})',\ (S^X : S^Y)'.$$

Da sich in McColls Logik Termen X, Y, … ohnehin propositionale Funktionen x, y, … eindeutig zuordnen lassen, dürfen unter der Voraussetzung, daß beide Funktionen jeweils auf denselben Gegenstand des symbolischen

Universums bezogen sind, nun auch die folgenden Vereinfachungen geschrieben werden:

$$x:y,\; x:y',\; (x:y')',\; (x:y)'.$$

Ein Syllogismus ist dann und nur dann eine logisch gültige Schlußform, wenn sich die Allgemeingültigkeit des Schemas, das ihm in McColls Symbolismus genau entspricht, auf die des Schemas $(\alpha:\beta)\,(\beta:\gamma):(\alpha:\gamma)$ zurückführen läßt. In welchem Sinne sind nun auch diejenigen Entsprechungen traditioneller Figuren gültige Schemata, die extensional gedeutet präsupponieren, daß die den Termen zugehörigen Objektbereiche nicht leer sind — mithin Gegenstände, auf die sie zutreffen, existieren? Unter welchen Bedingungen sind anders gesagt $(x:y):(x:y')'$ und *a forteriori* $(x:y):(y:x')'$ gültige Schemata? — McColls Antwort ist vom Begriff eines symbolischen Universums abhängig, der dieser modalen Rekonstruktion zugrunde liegt. Unterwirft man diese Schemata dem dargelegten Bewertungsverfahren, so erweisen sie sich nur bedingt als formal gültige Formeln. Für den Fall einer unmöglichen propositionalen Funktion x ist das Pendant der Subalternationsregel wie folgt zu bewerten:

$$\begin{array}{c}(\eta:y):(\eta y)^{-\eta}\\ \varepsilon:\eta^{-\eta}\\ \varepsilon:\eta\\ \eta\end{array}$$

Nun wurde der Begriff eines symbolischen Universums allerdings so eingeführt, daß kein Bereich symbolischer Objekte, die ein einfacher Term spezifiziert, mit diesem Universum zusammenfällt. Es lassen sich stets Gegenstände angeben, auf die das entsprechende Prädikat *nicht* zutrifft. Der Wert eines solchen elementaren Prädikats ist *per definitionem* variabel. Das einer Sprache zugehörige symbolische Universum darf nicht als eine autonome, an sich vorgegebene Größe mißverstanden werden. Seine Grenzen werden im Gegenteil durch ihre einfachen, materialen Bausteine festgelegt. In der Bewertung einer Formel ist demnach von vornherein zu berücksichtigen, für welche Art Termini ihre schematischen Bestandteile stehen sollen. Werden jene Formeln in diesem Sinne verstanden, so ergibt sich ein neues Bild. Die Entsprechungen der Subalternations- und Konversionsregeln sind formal gültige Schemata, wenn nur der Wert der propositionalen Funktionen, die den Termen der Aussagen eindeutig zugeordnet sind, kontingent ist. Der Objektbereich, den sie spezifizieren, muß sich,

anders gesagt, stets als eine echte Teilmenge des symbolischen Universums deuten lassen:

„My convention for a ›Symbolic Universe‹ leads, [...], to the common-sense conclusion of the traditional logic that the two propositions 'All X is Y' and 'No X is Y' are *incompatible*. This may be proved formally as follows. Let ϕ denote the proposition to be proved. We have

$$\begin{aligned}\phi &= (x:y)(x:y'):\eta = (xy')^{\eta}(xy)^{\eta}:\eta\\ &= (xy'+xy:\eta):\eta = \{x(y'+y):\eta\}:\eta\\ &= (x\varepsilon:\eta):\eta = (x:\eta):\eta = (\theta:\eta):\eta\\ &= \eta:\eta = (\eta\eta')^{\eta} = \varepsilon.\end{aligned}$$

In this proof the statement x is assumed to be a variable [...] It will be noticed that ϕ, the proposition just proved, is equivalent to $(x:y):(x:y')'$, which asserts that 'All X is Y' implies 'Some X is Y'" (McColl 1906, 77 f).

Nach McColls Auffassung könnte z. B. aus dem Satz 'Alle runden Quadrate sind vollkommen' die Aussage, daß einige es seien, erschlossen werden. Denn der Subjektterm ist variabel. Doch der Satz, daß alle *wirklichen* runden Quadrate vollkommen seien, führt nicht zu demselben Ergebnis. In diesem Fall wäre für das Subjekt eine unmögliche propositionale Funktion zu setzen. Generelle Aussagen könnten für McColl nur dann gemeinsam wahr sein, wenn das ihnen gemeinsame Subjekt nicht von einer unmöglichen propositionalen Funktion repräsentiert wird. Das aber ist ausgeschlossen, wenn den Termen, deren Logik der Symbolismus darzustellen hat, nur kontingente propositionale Funktionen zugeordnet sein dürfen. Mit dieser Rekonstruktion einer Syllogistik, in der die Subalternationsregel gilt, wird nicht nur ein spezielles, logisches System, sondern überhaupt eine besondere Form sprachlicher Weltorientierung erfaßt. In McColls modaler Perspektive erweist sich die traditionelle Syllogistik als Logik derjenigen quantitativen Aussagen, in denen man über etwas spricht, sofern es so, aber auch anders sein kann. Gerade deshalb war es wesentlich, auch seine zweite Rekonstruktion der Subalternationsregel hier zu referieren. Denn die Logik, in der sie gelingt, ist nichts anderes als der formale Ausdruck einer besonderen präsuppositionalen Struktur. Offensichtlich ist diese zweite Lösung des Problems der ersten komplementär. Während in jenem Fall ein spezielles Implikationsverhältnis maßgeblich war, entscheidet in diesem Fall die Art der propositionalen Funktionen, welche Aussagen Bestandteil eines kategorischen Syllogismus sein können. Weder unterstellt die erste der vorgestellten Lösungen, daß man nicht sagen könne, wovon man nicht sprechen kann, noch erlaubt die zweite, von allem zu reden. Die absolute Konsistenz des Denotationsbegriffs wird in beiden Fällen gewahrt. Die modalen Prädikate, derer McColl sich bedient, beziehen sich stets auf die Ausdrücke, die zur Bezeichnung dienen sollen und nicht unmittelbar auf schon bezeichnete Objekte. Der Ausdruck 'wirkliches rundes Quadrat' ist unmöglich; er läßt sich nicht sinnvoll verwenden. Über einen Gegenstand, der symbolisch existiert, ist damit nichts gesagt. McColls zweiter Ansatz unterstellt nicht allein, daß man in der Sprache über ihre Grenzen sprechen kann. Im besonderen setzt er voraus, daß sich die Gegenstände möglicher Aussagen prinzipiell in wirkliche und nur symbolisch gegebene Objekte einteilen lassen. Selbst wenn es nicht allein sinnvoll ist, von Wirklichem zu reden, die Verwendung eines Zeichens nicht nur in dem Maße zulässig ist, wie es Referenz besitzt, so bestimmt die Unterscheidung zwischen Wirklichem und Unwirklichen doch auch im Fall bloßer Denotation die Grenzen möglicher Rede. Wie sich zeigte, entscheidet sie gleichermaßen über die Individualität logischer Subjekte (s. Art. 83). Hierin unterscheidet sich McColls modaler und insofern intensionaler Präsuppositionsbegriff grundlegend von extensionalen Alternativen. Wie allerdings zwischen wirklichen Objekten und solchen, die es nicht sind, zu unterscheiden ist, bleibt in McColls symbolischer Logik außer Acht.

2.2. Individuation und Existenz

Mit dieser Überlegung ist auch die zweite Problematik angesprochen, die in der neueren Sprachphilosophie und Logik zur Diskussion der semantischen Präsuppositionen sinnvoller Rede geführt hat. McColl entwickelt den Symbolismus seiner Logik zwar nach Maßgabe eines durch die natürliche Sprache exemplifizierten Prädikationsbegriffs (s. Art. 77). Dennoch ist der Anwendungsbereich dieser Logik nicht auf Sätze der natürlichen Sprache beschränkt, deren semantische Präsuppositionen ihren kommunikativen Einsatz bedingen. Eine singulare Aussage, deren Gegenstand nicht existiert oder nicht eindeutig individuierbar ist, verliert deshalb nicht ihre logische Relevanz. Das einer Aussage zugehörige symbolische Universum weist ihm auch dann einen Wert zu, wenn diese beiden Voraussetzungen nicht erfüllt sind. So ist der Satz 'Pegasus fliegt' für McColl auch dann kontingent, wenn keine geflügelten Pferde existieren

und zudem jedes von denen, die nur symbolisch vorhanden sind, Pegasus heißt. Erst wenn von einem Gegenstand als einem wirklichen Objekt die Rede ist, obwohl es nicht existiert, versagt die Bewertung. Ein Mangel an eindeutiger Beschreibung führt hingegen nur dann zu diesem Ergebnis, wenn die Einzigartigkeit des Objekts, von dem unterschiedliche Varianten existieren, expliziter Bestandteil seiner Beschreibung ist. Wenn es mehrere geflügelte Pferde gäbe, wäre es nach McColl noch nicht allein deshalb ausgeschlossen, den Satz 'Das geflügelte Pferd, das existiert, ist gefangen worden' zumindest als eine kontingente Aussage gelten zu lassen. Doch der Satz 'Das eine geflügelte Pferd, das existiert, ist gefangen worden' könnte unter solchen Umständen nicht mehr auf dieselbe Toleranz hoffen. Seine semantischen Voraussetzungen wären unerfüllbar. Denn der Satz 'Ein geflügeltes Pferd existiert, und es ist das einzige seiner Art' wäre in keinem Fall wahr. — Existenz und Eindeutigkeit sind nach McColl nur in dem Maße logisch relevant, wie es diese Begriffe ermöglichen, von den Grenzen des Logischen zu sprechen. Wenngleich es nach seiner Auffassung noch sinnvoll sein soll, über runde Quadrate oder schwarze Schimmel zu urteilen, weil sie aufgrund ihrer Beschreibung verschieden sind (vgl. 1906, § 47), kann dies jedoch nicht mehr für Ausdrücke wie 'Das Inexistente, das existiert' gelten. — Es sollte meines Erachtens deutlich geworden sein, daß McColls präsuppositionale Logik der Gegenstandstheorie Alexius Meinongs nur oberflächlich verwandt ist (vgl. Meinong 1904, 7 ff). Die Analogie ist rezeptionsgeschichtlich allerdings von erheblicher Bedeutung (vgl. Russell 1905, 491; siehe diesbezüglich auch Frege 1976 b, 20 f).

Der bestimmte Artikel ist nach McColl kein Ausdruck, dessen Verwendung *sui generis* Existenz und Eindeutigkeit des Bezeichneten voraussetzt. Er zeigt lediglich an, daß eine weitere, attributive Differenzierung des Bezeichneten im aktuellen Redekontext gleichgültig ist. Dementsprechend wird für sein System der Begriff des Wirklichen nur insofern maßgeblich, als er die Grenzen bestimmt, innerhalb derer sinnvoll zu reden ist. Als solcher bestimmt er jedoch nicht auch, worüber zu reden sinnvoll ist. Die Frage, welche Aussagen allein aufgrund ihrer Form wahr, welche Schlüsse logisch gültig sind, läßt sich in McColls System unabhängig von ontologischen Voraussetzungen beantworten. Denn es ist darin stets zulässig, die Bewertung von Aussagen auf den Bereich des Inexistenten zu beschränken. Desungeachtet bleibt es innerhalb des Systems möglich, Sätze anzugeben, deren semantische Präsuppositionen nicht erfüllt sind. Allerdings ist jedem von ihnen ein anderer Satz eindeutig zugeordnet, dessen Bewertung unproblematisch ist, da er anstelle wirklicher Objekte entsprechende inexistente Gegenstände betrifft. Die Schwierigkeit, eine Theorie des Logischen so zu entwerfen, daß sie sich unabhängig von ontologischen Voraussetzungen entfalten kann, wird somit gelöst, ohne daß sich auf diesem Wege das den Ansatz legitimierende Problem verflüchtigte. Die Differenz zwischen den existenten und den inexistenten Objekten eines symbolischen Universums markiert die Grenze zwischen der Darstellung des logischen Systems und den Repräsentationen seiner möglichen Anwendung. — McColls Logik kennt weder eine Kennzeichnungsfunktion noch bietet sie dafür einen prädikaten- und identitätslogisch formulierten Ersatz an. Auch eine Unterscheidung zwischen Eigennamen und generellen Termen ist ihr fremd. Es bleibt zu fragen, ob dieser Mangel einen Vorteil gegenüber alternativen Theorien zur eindeutigen Existenzvoraussetzung singularer Aussagen bietet.

2.2.1 Freges Differenzierung zwischen natürlicher Sprache und begriffsschriftlicher Logik

Freges Kennzeichnungsfunktion $\backslash \xi$ sichert die Autonomie seiner Logik, ohne den präsuppositionalen Charakter dieser Bedingungen aufzuheben. Schon eine Aussage der natürlichen Sprache, die genau einen wirklichen Gegenstand betrifft, behauptet nach Freges Ansicht weder die Singularität noch die Existenz des Objekts — und auch nicht, daß der betreffende nominale Ausdruck etwas bezeichne:

„Wenn man etwas behauptet, so ist immer die Voraussetzung selbstverständlich, daß die gebrauchten einfachen oder zusammengesetzten Eigennamen eine Bedeutung haben. [...] Daß der Name 'Kepler' etwas bezeichne, ist [...] Voraussetzung ebenso für die Behauptung 'Kepler starb im Elend' wie für die entgegengesetzte" (Frege 1892 a, 40).

Freges Kennzeichnungsfunktion $\backslash \xi$ wird in den *Grundgesetzen der Arithmetik* als Bestandteil einer solchermaßen idealen Sprache eingeführt. Sie ist ein „Ersatz für den bestimmten Artikel der Sprache" (Frege 1893, 19) und kein Mittel zur logischen Rekonstruktion seiner Verwendung. Ihre Werte sind

für jedes mögliche Argument wie folgt bestimmt: Ist das Argument der Umfang eines Begriffs, dem genau ein Objekt zugehört, so ist dieser Gegenstand der Wert der Funktion. In allen übrigen Fällen ist der Wert der Funktion mit ihrem Argument identisch. — Die Definition der Kennzeichnungsfunktion unterstellt, daß sämtliche einfachen und zusammengesetzten Ausdrücke, die an die Argumentstelle gesetzt werden können, etwas bezeichnen. Genau dies wird durch die sukzessive Konstruktion des begriffsschriftlichen Systems gewährleistet. Interessanterweise entwickelt es sich, ohne auf einfache Bezeichnungen für Argumente überhaupt angewiesen zu sein. Das Wahre, die maßgebliche Bedeutung aller begriffsschriftlichen Sinnartikulationen, ist durch die Funktion $\xi = (\xi = \xi)$ eindeutig bestimmt (Frege 1893, 16). — Es fragt sich allerdings, inwiefern diese Bestimmung unabhängig von Freges Theorie des Satzes verständlich werden kann, die ihn von vornherein als Namen für das Wahre oder das Falsche kennzeichnet. Die ideale Sprache, deren Konstruktion mit der Auszeichnung jenes Gegenstands einsetzt, erwächst aus formalen Begriffen. Es werden ausschließlich „Teile innerhalb des Wahrheitswertes unterschieden" (Frege 1892 a, 35). Über die Beschaffenheit der Objekte, auf die wir uns in ihrer Anwendung beziehen, sagt sie nichts. — Während sich in McColls System die Problematik dieses Bezugs artikulieren läßt — es unterstellt nicht, daß jeder korrekt gebildete Satz bewertbar ist — entzieht sich Freges Begriffsschrift dieser Schwierigkeit. Aussagen, deren Präsuppositionen nicht erfüllt sind, lassen sich darin nach Konstruktion nicht mehr formulieren. McColls System räumt ein, daß dieser Bezug problematisch sein kann. Denn eine Aussage, die Wirkliches zu beurteilen beansprucht, ohne jedoch zu behaupten, daß ihr Gegenstand wirklich sei, muß nicht bewertbar sein. Freges Aufbau der Begriffsschrift gewährleistet hingegen die uneingeschränkte Geltung des Bivalenzprinzips. Als logische Norm aufgefaßt schreibt Freges System vor, Ausdrücke nicht schon dann zu verwenden, wenn sie etwas zum Ausdruck bringen — einen Sinn haben. Jedes Zeichen soll darüber hinaus etwas bezeichnen — eine Bedeutung haben (s. Art. 81). Nicht nur anders, sondern auch von anderem zu reden, als es die natürliche Sprache nahelegt, ist jedoch nur in dem Maße geboten, wie der Gegenstand unserer Aussagen durch die Form seiner sprachlichen Darstellung bedingt ist. Da nun der Begriff des Wahren auf den der Identität reduzierbar ist, die ›Gesetze des Wahrseins‹ aber nur von seiner Bestimmung wie auch der des Falschen abhängig sind, ist die logizistische Position, etwa im Unterschied zu Bertrand Russells logischem Atomismus, nicht gezwungen, die prinzipielle Bewertbarkeit logisch gültiger Aussagen durch eine Theorie der Erkenntnis der Elemente zu sichern, die ihre einfachsten Bausteine bezeichnen.

2.2.2. Der Reduktionismus des logischen Atomismus

Wie Freges Argumentation für eine Unterscheidung zwischen Sinn und Bedeutung davon ausgeht, daß Sätze außer einem Wahrheits- auch einen Erkenntniswert besitzen, so kann auch Russell seine Kennzeichnungstheorie nur in einer gleichermaßen logischen wie epistemologischen Perspektive entwickeln. Denn für die quantorenlogischen Mittel, auf die sein Ansatz zurückgreift, müssen genau diejenigen Voraussetzungen prinzipiell gewährleistet sein, die eine natürliche Sprache nur teilweise erfüllen kann. Im Unterschied zu einer formalen Sprache, in der eine Theorie der exakten Wissenschaften zum Ausdruck kommt (s. Art. 59), hat sie nicht nur der Übermittlung faktischer Information, sondern unter anderem auch praktischen und ästhetischen Zwecken zu dienen. Für die einfachsten nominalen Ausdrücke, die in einer propositionalen Funktion an eine Argumentstelle gesetzt werden dürfen, soll zumindest gesichert sein, daß sie Einzelnes bezeichnen. Auch für jede Variable, die an ihre Stelle treten darf, muß entschieden sein, welcher Objektbereich ihr jeweils zugehört und was er enthält. Russell unterscheidet daher zwei Arten bezeichnender Ausdrücke, die festlegen, worüber in einer Sprache gesprochen werden kann. Zum einen sind uns Gegenstände, von denen wir sprechen, nur mittelbar, nach Maßgabe ihrer Beschreibung zugänglich; zum anderen beziehen sich Ausdrücke unserer Sprache auf Objekte, die uns unmittelbar bekannt sind (Russell 1905, 480 f). — Ein kennzeichnender Ausdruck in einer natürlichen Sprache, der die Existenz eines eindeutig beschriebenen Objekts voraussetzt, wird diese Aufgabe nicht für sich genommen erfüllen. In Anbetracht seiner Zusammensetzung können wir keine unmittelbare Kenntnis des so Bezeichneten besitzen. Die Frage, inwiefern solche Ausdrücke überhaupt bezeichnende Einheiten sind, muß daher mittels einer logischen Ana-

lyse ihrer Stellung im Satz beantwortet werden. Dieses Verfahren führt alle Aussagen, die Kennzeichnungen der natürlichen Sprache enthalten, ihrer Form nach auf Sätze zurück, die Existenz und Eindeutigkeit des Bezeichneten nicht voraussetzen, sondern behaupten (Russell 1905, 481 f).

Die logische Form einer vermeintlich singularen Aussage, die von einem Gegenstand nicht voraussetzt, sondern aussagt, daß eine gewisse Bestimmung *nur auf ihn* zutrifft, wird dementsprechend durch das Quantorenschema

$$\vee_x\{[f(x) \wedge \wedge_y(f(y) \to y = x)] \wedge g(x)\}$$

beziehungsweise

$$\vee_x[\wedge_y(f(y) \leftrightarrow y = x) \wedge g(x)]$$

wiedergegeben.

Ist der kennzeichnende Ausdruck, wie in diesen Schemata, Teil eines Satzes, der selbst nicht in einem Satz enthalten ist, so kommt er in primärer Stellung vor. Andernfalls ist die Stellung sekundär. Diese Differenzierung ermöglicht es Russell, mehrdeutige Sätze der natürlichen Sprache logisch eindeutig zu rekonstruieren. Die Unterscheidung der beiden Positionen erlaubt es für diesen Fall, den Satz 'Georg IV. möchte wissen, ob Scott der Autor von *Waverley* war', so wiederzugeben, daß dem ›first gentleman of Europe‹ nicht nur ein Interesse an der Frage zugeschrieben wird, ob es, wenn überhaupt, dann genau einen Autor von *Waverley* gab. — Nach Russells Kennzeichnungstheorie ist entgegen seiner ironischen Bemerkung das Interesse des Königs an der Frage, ob Scott Scott ist, kein Ausdruck einer formal-logischen Passion. Die Argumentstellen in einer propositionalen Funktion erster Ordnung können nur von *logischen* Eigennamen eingenommen werden. Für Zeichen, die eine unmittelbare Bekanntschaft mit dem Bezeichneten anzeigen, ist es jedoch *per definitionem* ausgeschlossen sich zu fragen, ob $\vee_{xy} x = y$. Die Schwierigkeit, die Russells Kennzeichnungstheorie aufzulösen beansprucht, läßt sich mit ihren Mitteln nicht mehr formulieren. — Im wesentlichen ist gegen Russells Ansatz jedoch einzuwenden, daß er die semantischen Präsuppositionen nur unterschiedlich quantifizierter Aussagen nicht einheitlich zu bestimmen vermag. Während alle singularen und partikularen Aussagen über fiktive Objekte falsch sind, werden entsprechende generelle Aussagen in jedem Fall wahr sein. Frege unterscheidet prinzipiell zwischen begriffsschriftlichen Sätzen, für die das Bivalenzprinzip uneingeschränkt gilt, und Sätzen der natürlichen Sprache, deren semantische Voraussetzungen über den Geltungsbereich des Prinzips entscheiden. Russell vernachlässigt diese methodisch wesentliche Differenz. — Logische Eigennamen, die in der Sprache der *Principia Mathematica* an die Stelle von Variablen niedrigsten Typs zu setzen sind, werden von Russell konsequent als Individuenkonstanten eingeführt, die *per definitionem* genau ein Individuum bezeichnen. Ohne diese Vorläufer starrer Designatoren hätte er auf nominale Zeichen niedrigsten Typs und daher auf die Möglichkeit der entsprechenden Art substitutioneller Quantifikation überhaupt verzichten müssen. Andernfalls wäre das Problem der Präsupposition doch nur von den Eigennamen und Kennzeichnungen der natürlichen Sprache auf die sprachlichen Mittel ihrer logischen Rekonstruktion verschoben worden. Was einen logischen Eigennamen als solchen auszeichnet, kann Russell allerdings nicht rein logisch erläutern. Von einem Objekt, das ein solcher Eigenname bezeichnet, kann aufgrund der logischen Form der ihn enthaltenden Sprache weder gesagt werden, daß es existiert, noch daß es nicht existiert (Russell/Whitehead 1962, 174 f). Russells positive Auszeichnung dieser logisch elementaren Zeichenart trägt der partiell erkenntnistheoretischen Motivation seiner Kennzeichnungstheorie Rechnung. Im Unterschied zu komplexen Zeichen soll das Denotat dieser Art Eigennamen den Benutzern der Sprache unmittelbar bekannt sein. Identitätsaussagen, in denen lediglich logische Eigennamen vorkommen, sind deshalb notwendigerweise wahr oder notwendigerweise falsch. Denn ein Objekt unmittelbar zu kennen besagt mindestens, daß es von allen übrigen unterscheidbar ist. Russell selbst räumt ein, daß es ausgeschlossen ist, eindeutige Beispiele für diese Art Zeichen anzugeben (Russell 1956 a, 201).

2.3.   Referenz und Sprachgebrauch

2.3.1. Strawsons Begriff eines sprachlichen Zeichens

Strawsons Kritik an Russells Kennzeichnungstheorie und die Theorie der Referenz, die er ihr entgegensetzt, betreffen genau diesen Hiatus von logischer Analyse und epistemischer Relevanz semantischer Präsuppositionen. Während Russells logischer Atomismus die referentielle Kompetenz von Sprecher und Hörer als Fähigkeit erläutert, eine bestimmte Art von Zeichen zu verwenden, wird sie in Strawsons Perspektive als eine bestimmte Art, ein Zeichen zu verwenden, be-

griffen. Methodisch betrachtet besteht seine Kritik im Vorwurf eines Kategorienfehlers. Die „troublesome mythology of the logically proper name" [läßliche Mythologie logischer Eigennamen] (Strawson 1950 b, 328), die weder von einer natürlichen Sprache exemplifiziert werden noch überhaupt als gemeinsam verfügbare Zeichen verbürgt sind, resultiert aus einer Qualifikation der Zeichen, wo eine Bestimmung ihres Gebrauchs maßgeblich ist. Strawson unterscheidet daher den *Typus* eines Sprachzeichens einerseits von seiner regulären, habituellen oder überhaupt konventionellen *Verwendung*, andererseits von dessen einmaliger *Äußerung* in dieser Praxis. Die ohnehin mehrdeutige Frage, was ein Zeichen bedeutet, beantwortet er daher nicht durch eine Bestimmung ihrer Denotation. Nach Strawsons Auffassung ist vielmehr die Rolle zu klären, die ein Zeichen in einem Kommunikationsprozeß jeweils spielt. Strawson selbst verwendet diesen Terminus, der aus der dramaturgischen Variante des symbolischen Interaktionismus (s. Art. 52) bekannt ist (vgl. Goffman 1959). Selbstverständlich beschränkt sich Strawsons Kritik nicht auf eine Ablehnung der Russellschen Kennzeichnungstheorie und des ihr komplementären Begriffs logischer Eigennamen. Sie führt im Gegenteil zu einer Neubestimmung zumindest jedes logisch relevanten Sprachgebrauchs. Insbesondere trennt Strawson zwischen Sätzen (sentences) und Behauptungen (statements). Während Zeichen jenes Typs in dem Maße Bedeutung (meaning) haben, wie sich die Möglichkeiten ihrer Verwendung überhaupt erläutern lassen, ist mit diesem Ausdruck eine besondere Art ihres Gebrauchs bezeichnet. Nicht schon Sätze, sondern erst die Behauptungen, die in ihrer Verwendung vollzogen werden, sind als *wahr* oder *falsch* zu beurteilen. Dieser Sprachgebrauch setzt nun einen anderen notwendig voraus. Nur wenn es gelingt, in der Verwendung insbesondere nominaler Zeichen den Gegenstand einer elementaren Aussage für Hörer und Sprecher gleichermaßen festzulegen, beziehungsweise die Objektbereiche quantifizierter Aussagen in diesem Sinne zu bestimmen, können auch die Aussagen selbst maßgeblich werden. Subalternation und Konversion genereller Aussagen sind genau dann zulässig, wenn diese pragmatischen Voraussetzungen erfüllt sind. Eigennamen und Kennzeichnungen der natürlichen Sprache leiten nur dann elementare Aussagen ein, wenn sie eine eindeutige Bezugnahme auf den Gegenstand der Aussage indizieren. Das Verhältnis zwischen dem, was eine Aussage behauptet, und dem, was sie zu diesem Zweck präsupponiert, ergibt sich mithin aus einer Beziehung zwischen zwei Arten des sprachlichen Zeichengebrauchs. Jenes semantische Verhältnis ist, anders gesagt, nach Maßgabe dieser pragmatischen Relation zu erörtern. Eine singulare oder generelle Aussage im Sinne Strawsons behauptet nicht, was sie präsupponiert, hat aber auch dann Bedeutung, wenn ihre Präsupposition nicht erfüllt, sie selbst demnach weder wahr noch falsch ist. Wie schon McColl favorisiert auch Strawson den traditionellen Begriff der Aussageform als einer Beziehung zwischen Subjekt und Prädikat gegenüber ihrer Zerlegung in Funktion und Argument. Dementsprechend berücksichtigen beide Autoren in ihrem Verständnis einer Behauptung (statement) das Verhältnis zwischen einem sprachlichen Ausdruck und den unterschiedlichen Möglichkeiten seiner Verwendung. Dem Fall, daß ein nominaler Ausdruck auch dann Bedeutung hat, wenn sein im engeren Sinne referentieller Gebrauch nicht möglich ist, entspricht McColls Begriff einer rein symbolischen Existenz, die nicht durch eine auch extralingual maßgebliche Form der Bezugnahme gewährleistet wird. Während er in diesen Fällen von der Denotation eines Zeichens spricht, damit aber nicht im Sinne von John Stuart Mill (s. Art. 30) oder Russells einen rein extensionalen Zeichenaspekt meinen kann, bezeichnet McColl die Bezugnahme auf Wirkliches als eine referentielle, kontextuell gebundene Leistung. Nicht erst Strawson bindet diese Art des Sprachgebrauchs an die ihn regelnden Konventionen, beziehungsweise an die Intentionen, mit denen ein Sprecher ihnen folgt oder sich über sie hinwegsetzt.

2.3.2. Die systematische Relevanz der Kritik an Strawsons Traditionalismus

Die hier aufgewiesene, historische Parallele macht eine prinzipielle Alternative deutlich. Die Voraussetzungen sinnvoller Rede können selbst dann als ein Moment der bezeichneten Gegenstände erörtert werden, wenn nicht die Art der verwendeten Zeichen, vielmehr die Art ihrer Verwendung maßgeblich ist. Wenngleich McColl zwischen einem symbolischen Universum und einer Welt realer Objekte bezüglich divergenter Arten des Zeichengebrauchs und nicht in einem ontologischen Sinne unterscheidet, so werden die präsuppositionalen Aspekte einer Aussage doch nur bezüglich dieser Gegenstandsbereiche erör-

tert. Russells logischer Atomismus teilt den Objektivismus dieser Analyse, ohne ihn jedoch als eine nur methodologisch begründete Position anzuerkennen. Seine erkenntnistheoretisch motivierte Beschränkung dieser Perspektive auf ein Universum aktueller Individuen wandelt sie daher von einem Verfahren der logischen Analyse zu einer metaphysischen Sicht. Umgekehrt ist es stets möglich und sinnvoll zu fragen, welche Leistungen es Kommunikationspartnern erlauben, mit- und füreinander einen Bezug ihrer Äußerungen auf aktuelle oder potentielle Objekte zu eröffnen und zu sichern. Strawsons Kritik an Russells Reduktionismus moniert zurecht, daß er diesen Gesichtspunkt der Vermittlung ausschließt und auf diesem Wege die Problemstellung verzerrt. Die weitere Diskussion des Präsuppositionsbegriffs wird im wesentlichen von dieser methodologischen Alternative und den philosophischen Optionen geprägt, die sie zu provozieren scheint.

Keith Donnellans Unterscheidung zwischen dem referentiellen und dem attributiven Gebrauch einer Kennzeichnung (1966) macht deutlich, daß Strawsons grundlegende Unterscheidung zwischen dem Typus eines Zeichens, den Regeln seines Gebrauchs und seiner konkreten Anwendung nicht zu einer hinreichend differenzierten Analyse präsuppositionaler Strukturen führt. Kennzeichnungen können nicht nur unabhängig von, sondern auch im Widerstreit zur individuierenden Information, die sie dem Adressaten anbieten, einen eindeutigen Gegenstandsbezug gewährleisten. – Max Black (1962 b) weist darauf hin, daß ein präsupponierter Sachverhalt entgegen Strawsons, aber auch McColls Formulierungen (1906, 15) weder wahr noch falsch ist, da er selbst gar nicht behauptet wird, vielmehr eine Behauptung ermöglicht. Aus seiner Sicht verlangt Strawsons Position jedoch nicht nur eine genauere Bestimmung des referentiellen Sprachgebrauchs selbst. Insbesondere bleibt in mehrfacher Hinsicht zu klären, in welchem Sinne Aussagen ihre Präsuppositionen implizieren. Die Frage nach dem Verhältnis zwischen dem, was eine Aussage behauptet, und dem, was sie zu diesem Zweck voraussetzt, stellt eine gleichermaßen logische wie semiotische und erkenntnistheoretische Aufgabe, die sich nicht in voneinander unabhängige Problemstellungen zerlegen läßt. Selbst wenn wir kein Prinzip angeben können, nach dem wir das, was ein Satz explizit sagt, von dem unterscheiden, was er zu diesem oder einem anderen Zweck anzeigt, so ist uns diese Unterscheidung aufgrund unseres natürlichen Sprachgebrauchs doch zumindest verständlich. Der semiotische Aspekt der leitenden Fragestellung betrifft genau diese von Strawson und Black in Übereinstimmung mit Frege anerkannte Differenz. Was ein Satz anzeigt, aber nicht explizit sagt, kann nicht zuletzt eine Voraussetzung einer Äußerung sein, die sie unabhängig davon impliziert, ob es in der Absicht des Sprechers liegt, zu verstehen zu geben, was sie anzeigt. — In diesem Sinne haben daher eine Reihe von Autoren entsprechende Logiken der Präsupposition entwickelt. In der Lösung dieser Aufgabe sind vornehmlich zwei Schwierigkeiten zu bewältigen. Zum einen läßt sich das, was eine Aussage präsupponiert, nicht unabhängig von dieser Aussage variieren (Black 1962 b). Da nun ferner eine Aussage und ihre Negation dasselbe präsupponieren, muß das zu bestimmende Verhältnis eine logische Beziehung sein, die weder dem Standardbegriff einer materialen, noch dem einer entsprechenden logischen Implikation äquivalent ist. — Einige Autoren haben versucht nachzuweisen, daß entgegen Strawsons Behauptung die Präsuppositionsbeziehung kein eigenständiges logisches Verhältnis ist, sie sich vielmehr als eine besondere Art von ›entailment‹ definieren läßt (Nerlich 1965; Montague 1969), die Bas C. van Fraassen auch als 'necessitation' bezeichnet. Prädikatenlogische Systeme, die semantische Präsuppositionen insofern explizit berücksichtigen, als ihre Interpretation leere Mengen als Individuenbereiche oder nichtbezeichnende Individuenkonstanten zulassen, werden nach Karel Lambert (1960) als freie, wenn beide Bedingungen erfüllt sind, auch als universell freie Logiken bezeichnet. Der hier in ihrer sprachphilosophischen Entwicklung nachgezeichneten Alternative zwischen einer uneingeschränkten und einer nur beschränkten Zulässigkeit des Bivalenzprinzips entsprechen unterschiedliche Typen freier Logik. Während in einer negativen oder positiven Logik dieser Art zumindest einige atomare Aussagen, die nichtbezeichnende Individuenkonstanten enthalten, als falsch beziehungsweise wahr gelten, wird ihnen in einer neutralen freien Logik kein Wahrheitswert zugeordnet. Wie van Fraassen nachgewiesen hat (1966), entspricht jener sprachphilosophischen Divergenz eine Alternative zwischen gleichermaßen adäquaten Interpretationen einer freien Logik. Unabhängig davon, ob der maßgebliche Modellbegriff ein Prinzip der Zweiwertigkeit einschließt oder, wie in van

Fraassens Methode der Superbewertungen (1968) nur eingeschränkt maßgeblich ist, für beide Fälle ergibt sich dieselbe Menge allgemeingültiger Ausdrücke. Die Herausforderung, Strawsons Position formal-logisch zu rekonstruieren, hat ferner die Diskussion um Sinn und Anwendbarkeit drei- und mehrwertiger Logiken neu belebt. Besondere Bedeutung hat in diesem Zusammenhang Gustav Bergmanns (1981; 1982) vierwertige Logik. Auf der Grundlage einer zweidimensionalen Semantik von Hans Herzberger (1973), die Aussagen zum einen Wahrheitswerte, zum anderen mit Hinblick auf ihre Präsuppositionen Korrektheitswerte zuordnet. Unter anderem ermöglicht es diese Methode, eine traditionelle, auf der Unterscheidung von Subjekt und Prädikat basierende Logik semantisch zu rekonstruieren. Auch in der Erforschung von Präsuppositionen modaler Aussagen haben sich ähnliche Verfahren bewährt (Karttunen 1973; Martin 1975). — Die Diskussion um die logische Rekonstruktion präsuppositionaler Strukturen läßt deutlich erkennen, daß schon eine formale Darstellung ihrer einfachsten Spielarten auf einen hinreichend präzisen Begriff des ›entailment‹ angewiesen ist. Auch zu diesem Zweck werden in jüngster Zeit wiederum mehrwertige Semantiken eingesetzt (Stelzner 1992). Die Frage, welche Möglichkeiten sich innerhalb der ursprünglich syntaktisch ausgerichteten relevanzlogischen Forschung bieten, um nicht zuletzt durch die Formalisierung konnexer Implikationsbegriffe Systeme präsuppositionaler Logik zu schaffen, ist bislang nicht untersucht worden (vgl. Astroh 1994, Belnap 1973 und die dort angegebene Literatur). — Wie dargelegt erörtert Strawsons sprachphilosophische Analyse die kognitiven und semantischen Voraussetzungen gültiger Rede nur in Einheit mit ihrer semiotischen Vermittlung. Die Invarianz von Redekontexten, die eine formale Analyse rein semantischer Präsuppositionen voraussetzt, kann auf dem Hintergrund des leitenden Zeichenbegriffs daher nur als eine geregelte Leistung der Kommunikationspartner gelten. An ihren situationsspezifisch variierten Äußerungen muß sich zeigen, daß und wie unter verschiedenen Umständen dennoch dasselbe zum Ausdruck kommt. In diesem Sinne verweisen deiktische Ausdrücke wie z. B. 'hier' und 'dort', aber auch die Personalpronomen 'ich' und 'du' auf Redesituationen, die durch ihr Verhältnis zueinander darüber mitentscheiden, was eine Äußerung besagt (s. Art. 79). Während Arnim von Stechow (1981) pragmatische und kontextuelle Präsuppositionen voneinander abgrenzt und für letztere eine intensionale Semantik möglicher Äußerungs- und Bewertungssituationen entwickelt, schlägt Robert C. Stalnaker (1970 b; 1976) eine wiederum mehrdimensionale Variante einer formalen Pragmatik vor, in der eine Trennung zwischen diesen Präsuppositionsarten fehlt. Die notwendigen Voraussetzungen gemeinsamen sprachlichen Handelns werden inklusive der kognitiven Dispositionen, die es anzeigt, als Bestandteile *eines* Kontextes anerkannt. Um die Bedeutung eines Satzes zu erfassen, sind demnach zunächst diejenigen seiner Komponenten zu erfassen, die einen von Sprecher und Hörer geteilten Kontext, mithin die ihnen gemeinsamen pragmatischen Präsuppositionen anzeigen. Er bestimmt nicht nur, welche Proposition die übrigen Bestandteile eines Satzes artikulieren, sondern auch die Menge möglicher Welten, bezüglich derer die betreffende Proposition zu bewerten ist (s. Art. 88). Sätze, deren Bestandteile sich einerseits als Indikatoren für einen Kontext (s. Art. 92) verstehen lassen, andererseits dem Ausdruck einer zu beurteilenden Proposition dienen können, sind nach Stalnaker pragmatisch mehrdeutig. Donnellans Unterscheidung zwischen dem referentiellen und dem attributiven Gebrauch einer Kennzeichnung exemplifiziert diese prinzipielle Unterscheidung.

3. Konventionelle und konversationelle Implikaturen

Strawsons Analyse präsuppositionaler Phänomene erkennt zwar an, daß sie aus einer geregelten, logisch relevanten Verwendung sprachlicher Zeichen resultieren. Wie sich schon in Wilfrid Sellars Verteidigung (1954) der Russellschen Position andeutet, entwickelt Strawson jedoch keinen Begriff kommunikativen Handelns, der systematisch die Aufgabe bestimmt, die der impliziten Verständigung für den Aufbau und die Erhaltung eines expliziten Austauschs von Informationen zukommt. Der sprachphilosophische Funktionalismus, den Grice auf der Grundlage eines intentionalen Bedeutungsbegriffs entwickelt hat, bietet hingegen ein begriffliches Instrumentarium, um diese Aufgabe in einer eher sozialpsychologisch als semiotisch bestimmten Perspektive in Angriff zu nehmen. Insbesondere erlaubt es dieser Ansatz, Präsuppositionsphänomene in einem über-

greifenden kommunikationstheoretischen Zusammenhang zu analysieren. Zu diesem Zweck bestimmt Grice erstens einige charakteristische Merkmale sprachlicher Kommunikation, ohne die sie nach seiner Auffassung nicht als eine rationale Form zweckgerichteter Interaktion gelten kann. Ein Austausch sprachlicher Zeichen ist zumindest in dem Maße ein kooperatives Bemühen, wie unsere Äußerungen nicht unverbindlich aufeinander folgen, sondern in jedem Stadium z. B. eines Gesprächs wechselseitig anerkannt ist, daß in Anbetracht des bisherigen Austauschs einige Möglichkeiten ihn fortzusetzen unangebracht, wenn nicht gar verboten sind. In jedem echten Kommunikationsstadium scheinen die Beteiligten zumindest das folgende regulative Prinzip der Kooperation anzuerkennen: „Make your conversational contribution such as is required, at the stage at which it occurs, by the accepted purpose or direction of the talk exchange in which you are engaged" (Grice 1989 a, 26). In einer zumindest heuristischen Anlehnung an Immanuel Kant unterscheidet Grice vier Kategorien untergeordneter Kommunikationsmaximen, deren Beachtung die Verwirklichung jenes regulativen Prinzips gewährleistet. Während die Maxime der Quantität verlangt, einem Adressaten nicht mehr, aber auch nicht weniger Information zu bieten als es der maßgebliche Kommunikationszweck erfordert, schreibt die Maxime der Qualität vor, sich stets um wahre Gesprächsbeiträge zu bemühen. Des weiteren verlangt die Maxime der Relation, nur Relevantes zu äußern. Die Maxime der Art und Weise fordert schließlich eine klare, eindeutige und geordnete Form des Ausdrucks (s. Art. 94). — Zweitens unterscheidet Grice zwischen dem, was eine Äußerung nach Maßgabe der konventionellen, das heißt lexikalischen Bedeutung ihrer Bestandteile situationsspezifisch sagt und dem, was sie unter diesen Bedingungen mit Hinsicht auf die Verständigungsabsichten der Kommunikationspartner impliziert. In diesem intentionalen Sinne impliziert eine Äußerung das, was sie zwar nicht sagt, was ihr Produzent gegenüber seinem Adressaten aber mit dem, was er sagt, und durch die Art, wie er es sagt, dennoch meint. Die Relation zwischen dem, was eine Äußerung sagt, und dem, was sie in diesem Sinne impliziert, bezeichnet Grice als eine *Implikatur*. — Was eine Äußerung impliziert, kann einerseits aus der lexikalischen Bedeutung ihrer Bestandteile resultieren. Die entsprechende konventionelle Implikatur ist gerade auch dann unvermeidbar, wenn das Implikatum aus dem, was gesagt wird, nicht schon logisch folgt. Wenn z. B. jemand sagt: 'Sie wurde schwanger, aber er freute sich', so impliziert die Äußerung konventionell, das heißt schon aufgrund der lexikalischen Bedeutung von 'aber', daß die Freude des Betreffenden unerwartet war (Gazdar 1979, 38).

In dem Maße wie Verhaltensregeln, unter anderem sozialer, moralischer oder ästhetischer Art, mitbestimmen, was wir einander zu verstehen geben und wie wir es artikulieren, können mit unseren Äußerungen andererseits nichtkonventionelle Implikaturen verbunden sein. Was z. B. mit höflichen Worten gesagt wird, muß nicht das sein, was mit ihnen gemeint ist. — Im Verhältnis zu den genannten Maximen des kooperativen Austauschs von Informationen lassen sich nun im besonderen konversationelle Implikaturen erzeugen. Sie prägen eine Äußerung genau dann, wenn für den Hörer hinreichend Anlaß besteht, seinem Gegenüber ein vorsätzlich kooperatives Gesprächsverhalten zu unterstellen, da seine Äußerung zwar mit dem, was sie besagt, oder durch die Art, in der sie es vermittelt, entsprechende Normen verletzt, ihnen durch das, was sie insofern konversationell impliziert, aber dennoch gerecht wird. Ein Mann z. B., der beim Abendessen zu seiner Frau sagt: 'Das Brot steht noch in der Küche', verletzt eine Maxime der Quantität, wenn für beide offensichtlich ist, daß das Brot nicht auf dem Tisch steht. Vorausgesetzt er beachtet das Kooperationsprinzip, wird seine Äußerung konversationell implizieren, seine Frau möge das Brot holen. Antwortet sie ihm jedoch statt dessen, daß er Recht habe, wird sie ihrerseits im selben Sinne implizieren, daß er es selbst holen möge. — Da Implikaturen dieses Typs an besondere personale oder situative Bedingungen gebunden sind, bezeichnet sie Grice genauer als partikularisierte konversationelle Implikaturen. Ist jedoch anzunehmen, daß mit einer Äußerung eine bestimmte Implikatur normalerweise einhergeht, so spricht er von einer generalisierten konversationellen, aber nicht konventionellen Implikatur. Zur Unterscheidung der beiden Bedeutungsrelationen führt Grice insbesondere zwei Kriterien an: Eine Implikatur ist nur dann konversationell, wenn sie sich zwar nicht durch Verwendung äquivalenter Ausdrücke beseitigen, sich jedoch explizit oder kontextuell annullieren läßt. Die konversationelle Implikatur des englischen Satzes 'John failed to win' wird z. B. nicht beseitigt, wenn

er durch äquivalente Formulierungen wie 'John didn't succeed in winning' oder 'John didn't manage to win' ersetzt wird. In der Äußerung 'John failed to win, but then he didn't even try' ist sie hingegen explizit beseitigt worden (Gazdar 1979, 40).

Wie für pragmatische und kontextuelle Präsuppositionen sind in der neueren Linguistik auch formale Theorien der Implikatur entwickelt worden. Gelegentlich werden erstere sogar durch letztere definiert (Thomason 1973). Für eine einheitliche Darstellung und systematische Unterscheidung zwischen Präsuppositionen und Implikaturen in einer mengentheoretisch formulierten Semantik ist von besonderer Bedeutung, daß auch Präsuppositionen kontextuell annullierbar sind. Der Satz 'Müller hat ein Kind und ist ein guter Vater' präsupponiert z. B. nicht, daß Müller ein Kind hat, obwohl sein zweiter Teilsatz es voraussetzt. Eine allgemeine Lösung für dieses schon einleitend illustrierte und durch Russells Kennzeichnungstheorie antizipierte Projektionsproblem gehört zu den wichtigsten Fragen der gegenwärtigen, linguistisch bestimmten Erforschung von Präsuppositionen und Implikaturen (vgl. Gazdar 1979; Kay 1992 und die dort angegebene Literatur). — Während Strawsons Revolte gegen Russells Theorie der Kennzeichnungen (Grice 1986, 269) den Eigenwert einer traditionellen Prädikationstheorie gegen den Reduktionismus mathematischer Logik wahren möchte — in genau dieser Hinsicht ist er ein Nachfolger McColls —, hat Grice seine sozialpsychologisch formulierte Bedeutungstheorie unter anderem als ein Mittel zur Verteidigung der modernen Position verstanden. Am Beispiel indikativer Konditionalsätze und definiter Kennzeichnungen hat er nachzuweisen versucht, daß die semantischen Divergenzen zwischen den logisch relevanten Ausdrücken einer natürlichen Sprache und ihren formallogischen Entsprechungen als generalisierte konversationelle Implikaturen aufzufassen sind. Die lexikalische Bedeutung z. B. einer singularen Affirmation, die eine Kennzeichnung einleitet, wird nach dieser Auffassung durch eine Konjunktion ihrer quantitativen Wahrheitsbedingungen erfaßt. Die Aussage 'Der König von Frankreich ist kahl' besagt somit genau dasselbe wie der Satz

$\overset{1}{\bigvee}_x$ x ist ein König von Frankreich $\wedge$

$\bigwedge_x \neg$ (x ist ein König von Frankreich $\wedge$ $\neg$ x ist kahl).

Grice unterstellt nun eine Konversationsmaxime, die vorschreibt, Äußerungen so zu formulieren, daß sie eine unter anderem logisch angemessene Antwort erleichtern. Wer unter dieser Voraussetzung jenen Satz der natürlichen Sprache anstelle seiner quantorenlogischen Entsprechung äußert, verletzt diese Maxime, da die Negation des Satzes ambivalent sein muß. Eine generalisierte konversationelle Implikatur beschränkt sich unter diesen Umständen auf den zweiten Teilsatz der Konjunktion, während sie den ersten als nicht kontroverse Wahrheitsbedingung neutralisiert, da er den Gegenstandsbereich der zweiten Komponente fixiert. Der Begriff einer semantischen Präsupposition wird in dieser Perspektive redundant. Gegen diese Strategie, die sich unter anderem auf *ad hoc*-Hypothesen stützt, sind zahlreiche Einwände zu formulieren. Es ist an dieser Stelle nicht möglich, sie zu diskutieren. Abschließend war lediglich darauf hinzuweisen, daß die Unterscheidung zwischen Präsuppositionen und Implikaturen nicht schon durch die sprachlichen Phänomene selbst verbürgt wird, vielmehr Widerschein unterschiedlicher theoretischer Positionen ist. — Präsuppositionale und implikative Strukturen werden gegenwärtig vor allem im Bereich der formalen Linguistik, aber auch der philosophischen Logik erforscht. Die hier nachgezeichnete philosophische Diskussion, die zur Differenzierung jener Begriffe geführt hat, wurde hingegen von elementaren Problemen geleitet, die das Verhältnis von Sprache, Wirklichkeit und Logik prinzipiell betreffen. Wenngleich die linguistische Forschung sich auf pragmatische und kontextuelle Voraussetzungen sinnvoller Rede konzentriert, bleibt die Frage nach der logischen Form semantischer Präsuppositionen philosophisch von grundlegender Bedeutung. Unabhängig von ihrer systematischen Bestimmung wird es nicht gelingen, die Einheit von Prädikation und Implikation, traditionell gesprochen: das Verhältnis zwischen Urteil und Schluß, systematisch zu begreifen, um es einer formalen Darstellung näher zu bringen.

4. Literatur in Auswahl

Franck/Petöfi (Hg.) 1973, *Präsuppositionen in Philosophie und Linguistik*.

Gazdar 1979, *Pragmatics*.

Grice 1989 a, *Studies in the Way of Words*.

Kreiser/Gottwald/Stelzner (Hg.) 1988, *Nichtklassische Logik*.

McColl 1906, *Symbolic Logic and its Applications*.

Soames 1989, Presupposition, in *Handbook of Philosophical Logic* IV, Gabbay/Guenthner (Hg.).

Strawson 1971, Intention and convention in speech acts, in *The Philosophy of Language*, Searle (Hg.).

Thomason 1973, *Semantics, Pragmatics, Conversation, and Presupposition*.

Michael Astroh, Saarbrücken (Deutschland)

98. Vagueness and ambiguity

1. Introduction

The terms 'vagueness', 'indefiniteness', 'unspecificity', 'ambiguity', and related terms like 'equivocation', 'homonymy' and 'polysemy' have been used in various senses to distinguish kinds of indeterminacy in ordinary discourse. Such notions of indeterminacy are sometimes construed as pragmatic concepts, sometimes as semantic ones. These terms are themselves used in different ways. In this article we distinguish 'pragmatic/semantic' roughly as Charles Morris and Rudolf Carnap did: 'pragmatic' refers to concepts and studies related to users and situations of use; 'semantic' refers to concepts and studies abstracting from actual use, taking language as a system of relations between expressions and meanings. — Commonly, an expression is said to be ambiguous in so far as it can be interpreted in several different ways, can be taken in several different senses; but it is said to be vague, *given* a definite sense of the term. An expression is said to be vague to the extent that there may arise doubts about its applicability in particular cases. There are recognized borderline cases where there is no right answer to the question whether the expression or its negation is applicable. E. g., 'bald' is a vague word; we cannot draw one definite sharp borderline between baldness and non-baldness. There will be a large ›fringe‹ of borderline cases where we cannot say definitely whether the person is 'bald' or 'non-bald'. — 'Bald' is not in this case an *ambiguous* word. It has a certain sense; but used in this sense we cannot draw a precise limit to its field of true or correct application — its extension. Vagueness, then, is recognized diffuse delimitation of the extension of an expression; an expression is vague, for a given sense, in so far as the limits of its extension are far from sharp, by virtue of the existence or possible existence of a large area of borderline cases. An ambiguous expression can be vague for one of its senses but not for another one. The word 'function' may be an example: used in the mathematical sense it is presumably not vague, whereas in non-mathematical uses it may be comparatively vague. — Ambiguity as well as vagueness are distinct from lack of specificity. The statement (T) 'There is a man at the door' does not specify characteristics of the man, whether he is tall or short, young or old, shabby or well dressed, what his nationality is, or his name, etc. The statement fails to specify such informations, and may be said to be correspondingly unspecific. But this is not to say that it is ambiguous. Nor is its lack of specificity the same as vagueness. The statement (U) 'There is a tall bald man at the door' is more specific than (T), but scarcely less vague. On the contrary, it might be said to be more vague, since it has at least a borderline case which is not a borderline case for (T); whereas any bor-

derline case for (T) would be one for (U). One borderline case for (U) but not for (T) would be a situation where we would be uncertain whether to describe a man at the door as bald or non-bald. — Discourse is sometimes described as 'unclear', 'indefinite', 'vague' etc., where these expressions do not refer to diffuseness of limitations of extensions of expressions, but rather to the lack of intelligibility of the discourse, or the superficiality or wanting perspicuity of the thoughts expressed in it. — From empirical studies of use, intuitions about acceptable and unacceptable expressions, and rules of use announced by users of a language, consistent systems of rules are formulated, e. g., grammars. If a system gains authority, usage violating that system is called incorrect. But persistent ›violations‹ among broad or influential groups of people motivate changes of the system or adoption of a new one as authoritative. Then the judgments of incorrectness change accordingly. This affects what is said to be ambiguous. Systems are always fragmentary in relation to the richness of variations of usage. Therefore what is said to be ambiguous in relation to a proposed system may not be ambiguous in (actual) use, and vice versa.

2. Ambiguity

2.1. Ambiguity, pragmatics and semantics

Ambiguity is sometimes defined as the *actual* use of an expression to express several different meanings, or else as the possibility for an expression to be used or understood in several different ways. When meaning variance in actual use in a definite context is stressed, ambiguity is construed as a pragmatic concept rather than a semantic one (s. art. 92). In other cases, ambiguity is construed as a semantic notion, so that a syntactical unit (a morpheme, word, sequence, sentence etc.), regarded as part of a linguistic system in abstraction from use, can be said to be ambiguous. The semantic property of ambiguity of an expression may then be taken to explain the actual occurrence of different ways of using or understanding the expression. E. g., the semantic ambiguity of the word 'refuse' may be supposed to contribute to explaining that the text 'Garbage service. We accept bottles and refuse paper' may be understood in two different ways. — Ambiguity is sometimes defined in a way that presupposes a concept of sense (in the Fregean way) as distinct from reference, or a concept of intension as distinct from extension (s. art. 81). Ambiguity consists in one expression's having several different senses or being interpretable as expressing several different senses. Arne Næss (1953, chap. I) developed a theory of ambiguity and interpretation as pragmatic concepts, a theory that does not presuppose a concept of ›sense‹ or ›meaning‹ but only concepts of ›synonymity‹ (meaning the same as) and ›non-synonymity‹, with substitutability in actual use as a criterion of synonymity (s. art. 86). A given pair of expressions may be synonymous in some situations but not in others, and for some persons but not all, being substitutable in some but not all cases. In terms of the concepts of synonymity and non-synonymity, concepts of ambiguity, interpretation, and preciseness (in Næss' sense) may be defined. Roughly, we may say that an expression (as a type) is ambiguous if and only if it has non-synonymous instances (tokens); one expression is an interpretation of another one if and only if both are (would be) synonymous for some person if used in some (type of) situation; one expression is a plausible or likely interpretation of another if and only if they are (would be) synonymous for many persons in many (types of) situations; hence, a plausible interpretation of a sentence may be said to indicate a frequent use of it. Finally, one expression is a precision of (more precise than) another if and only if the set of plausible interpretations of the former is a proper subset of the set of plausible interpretations of the latter. Hence, a precision of a sentence may be said to eliminate some of its ambiguities in ordinary usage without adding any new ones. Thus, we may note that 'more precise than', as here defined, means 'less ambiguous than'. This should be distinguished from the use of 'more precise than' to mean 'less vague than'; a notion to be discussed below.

2.2. Levels of ambiguity

In the following, we shall distinguish between semantic and pragmatic levels of ambiguity, in the sense of the possibility of understanding an expression or utterance in several different ways, each compatible with the rules of language. Ambiguity of an expression, on the semantic level, is construed as being rooted in the lexical or syntactical rules of the language: different, *prima facie* equally applicable, *rules* attribute different meanings to the expression.

2.2.1. Lexical ambiguity is ambiguity of single words: a word may express different meanings in different contexts, e. g. in different sentences, and in different situations. E. g., consider the word 'cape' in the sentences 'The ship passed the cape' and 'Mrs. McKinsey wore a cape'. In lexical ambiguity, the same sound (word) is associated with several different lexical, or semantic, rules, so that it may mean different things in different contexts or situations.

2.2.2. Constraints on ambiguity may be imposed by a context. The systematic or lexical ambiguity of a word considered in isolation may be eliminated when the word is used in a sentence, as in the above examples. One meaning of the word makes the sentence intelligible as a whole whereas others do not, or can be made to do so only with an effort of the imagination. In the sentence 'Mrs. McKinsey wore a cape', the sense 'promontory' of the word 'cape' would hardly contribute to an intelligible sentence meaning. We may suppose that the sentence, as a context for the word, imposes constraints on the interpretation of the word so as to exclude some, perhaps all but one, of its possible senses. Some of these constraints may have to do with the intelligibility or probability of the state of affairs described by the sentence.

2.2.3. Amphiboly and structural ambiguity

Since Aristotle (s. art. 15), 'amphiboly' (ἀμφιβολία) has often been used to denote ambiguity of whole sentences (cf. *De soph. el.*, 165 b 23—27; 166 a 6—14; 22). An example borrowed from Aristotle: 'I wish that you the enemy may capture'. Another example: 'The peasants are revolting'. Ambiguity of a sentence may be due to a residue of lexical ambiguities of one or more of the words in the sentence, as in 'The bank was the scene of the crime', or to the possibility of grouping the words together in different ways, i. e. structural ambiguity. Examples: 'The fat major's wife was fond of macaroni.' 'I heard about him at school.' 'The shooting of the hunters was terrible.' 'He had two adult sons and one daughter in a nunnery.' An important form of structural ambiguity is ambiguous cross reference, when an expression, e. g. a pronoun, refers to something mentioned before, but the context does not make clear which of several possible referents is intended. An example: 'When Napoleon ordered Marechal Ney to attack, he was very angry.' — The prophecies of ancient oracles were often structurally ambiguous, in such ways that the prophecy might be claimed to be true regardless of what turned out to happen. E. g., a reply of an oracle was 'Pyrrhus the Romans shall, I say, subdue'.

2.2.4. Ambiguity, surface structure and deep structure

The new paradigm of generative grammar that replaced taxonomic structuralism in linguistics conceives of grammatical analysis as the construction and testing of theories about the speaker's internalized linguistic competence (Chomsky 1965, 4; Bever/Katz 1976, 11). According to Noam Chomsky, a grammatical theory should throw light on such facts as that we can understand new sentences, can distinguish grammatical and ungrammatical sentences even when we have never heard them before, and that we have acquired a great number of intuitions about linguistic form. The fact that we can understand ambiguous sentences, recognize the ambiguities and disambiguate such sentences is among the facts to be accounted for by linguistic theory. The need to account for syntactic ambiguity and competent speakers' ability to disambiguate such ambiguity was emphasized. However, on the level of syntax there seem to be two types of ambiguity, a more superficial one and an underlying one. The existence of the latter, presumably exemplified by 'The shooting of the hunters was terrible.' led to the assumption of a deep structure level that grammars should account for. Chomsky's analysis seems implicitly to take account of ambiguities at three distinct linguistic levels (lexical, surface structure, and deep structure ambiguities). Deep structure ambiguities depend to a greater extent on underlying logical relationships between items in the sentence. Such ambiguities are assumed to arise from the fact that there are two different deep structure origins for the same surface structure sentence, as is supposedly the case with 'Visiting relatives can be a nuisance'. — Thus, ambiguity has been an important consideration in the development of modern generative grammatical theory. Adequate specification of the readings for ambiguous sentences was taken as a condition for the construction of wellformed grammars (cf. Kess/Hoppe 1981, 13 ff).

2.2.5. Pragmatic ambiguity

Semantically or syntactically ambiguous sentences may often be disambiguated by taking into account greater units of verbal context or nonverbal circumstances of situations of use. We may suppose that when pragmatic circumstances, such as users and wider contexts and situations of use are considered, more severe constraints are imposed on the interpretation so as to exclude some, perhaps all but one, or maybe even all, possible consistent or understandable meanings of the sentence or passage. But, an utterance or expression may remain ambiguous even when such pragmatic factors are taken account of. We may call this an ambiguity on the pragmatic level. A string of words, e. g. a sentence or passage, used by someone in some situation, may be interpreted in several different ways, because the meaning is underdetermined by linguistic (lexical and structural) rules *and* context or situation of use. For example, a passage in Spinoza's *Ethica* may be underdetermined, even if the rules of Latin and the whole verbal context and situation of use are taken into account, including general knowledge of Spinoza's life and philosophy; several different interpretations may be equally plausible. Different Spinoza-experts may defend different interpretations of the text, and no objective factor is found that would impose a further constraint so as to eliminate one of the contending interpretations. More trivial examples of pragmatically ambiguous expressions occur in newspaper articles, political speeches etc. Consider, e. g., the sentence 'Private initiative must be introduced into health care', occurring in a short newspaper review of a political debate which gives no further clues as to how the sentence is to be interpreted. — In the case of pragmatic ambiguity, we may distinguish between ambiguity with respect to the illocutionary force of an utterance, and ambiguity with regard to its content or meaning (s. art. 95). But in the case of the latter, we may also distinguish between ambiguity with respect to what the speaker wishes to express explicitly and ambiguity with respect to what transpires from the utterance by virtue of innuendo, pragmatic implicature, etc. (s. art. 97). — A leading idea of the preceding paragraphs is that the range of possible meanings of expressions or strings of expressions is narrowed down by constraints imposed by linguistic (lexical and structural) rules, pragmatic conventions, e. g. dialogue conventions, verbal contexts and situations of use, and perhaps considerations of intelligibility or probability of (described) situations. Such constraints may narrow the field of possible meanings down to one, for a wide set of interpreters. Ambiguity on any level, lexical, structural or pragmatic, may be construed as underdetermination of meaning by constraints imposed at (up to and including) that level: two or more different meaning-options are left open.

2.3. The ubiquity of ambiguity

How pervasive is ambiguity? The question itself is highly ambiguous. One answer would be: It depends on the list of possible meanings to which we refer. If the list is short and crude we may find a sentence unambiguous, for instance the sentence 'The Earth is surrounded by a field of gravitation'. But if we go into precisions of the word 'gravitation' the sentence may be said to permit different interpretations. When we construe an expression as *a part of a language* in the sense of a linguistic system, we may be inclined to conceive of the expression as having one and only one definite sense, unless it is associated with several different meaning-rules in the system, like 'bank' or 'band' or 'cape', or alternative structural rules. In the case of such expressions, we may be inclined to say that the *system* in question is such that the words or sentences are ambiguous. But ›language‹ may be construed as a kind of idealized abstraction from actual instances of use involving many kinds of variations of use, as done in the quotation: "A grammar of a language purports to be a description of the ideal speaker-hearer's intrinsic competence" (Chomsky 1965, 4) (s. art. 67). When we think about ›Language‹ or ›Grammar‹ we may disregard many kinds of variations of use. Such factors as we then overlook, may be the ones we have to take into account when we try to understand or interpret particular utterances or texts. In the linguistic community what is talked of as correct shows socially and politically interesting relations to class and social hierarchical relationships in general. The idea of correctness as a tool of domination has been extensively studied (s. art. 49). But in daily life we are normally more interested in what someone may actually have sought to express, or how some group of persons actually understand an utterance or text, than in finding out what is ›correct or incorrect use of language‹, or what characterizes ›the

ideal speaker-hearer's intrinsic competence‹. Normally we try to clarify *disturbing* ambiguities and vaguenesses, and we succeed. The utility of expressions is due to their having ›dictionary‹ as well as ›contextual‹ sense (that can vary in different situations); words must be recognizable to any person with linguistic competence, but each user seeks to express the particular nuance of meaning that fits into the context where he uses the word. That linguistic expressions can be used in many varying ways according to situations and needs has been called the "efficiency of language" (Barwise/Perry 1983, 5; 32−39). Ambiguity, according to Jon Barwise and John Perry (1983, 5, 40), is simply a species of efficiency of language. But when language is used in particular cases, there may arise insecurity and misunderstandings with respect to contextual meanings; and they cannot be eliminated simply by appealing to ›language‹ or ›correct usage‹. We may say, in short, that utterances and texts are often ambiguous in the sense that pragmatic ambiguity is present. However, ambiguous sentences are not necessarily perceived to be so. When ambiguities *are* obvious, this is often a source of humour, as in puns. Unnoticed ambiguities, on the other hand, may be sources of fallacies in reasoning, and of spurious agreement or disagreement in discussion.

2.4. Fallacies due to ambiguity

Aristotle in *De sophisticis elenchis* distinguished between fallacies dependent on language and fallacies ›outside language‹. The former kind are fallacies arising from ambiguity. The simplest of these are fallacies of equivocation, fallacies due to lexical ambiguity. Fallacies of amphiboly are fallacies arising from double-meaning of sentences. One version of the so-called ›four term fallacy‹ is a fallacy of equivocation of the middle term in a syllogism, violating the rule that every syllogism has three, and only three, terms. An example given by the late Sydney Herbert Mellone: 'All metals are elements. Brass is a metal. Therefore, brass is an element'. Mellone comments (1902, 166) that here, the middle term 'metal' is used in two different senses, in the one case about pure metals (which are elements), in the other, about pure metals or alloys. Clearly, this is a case of fallacy of equivocation; but such fallacies of equivocation of the middle term are often classified as cases of the four term fallacy. A possible justification for this might be the claim that if a term is used ambiguously, it is really *two* terms. But such a theory of ambiguity seems dubious since it would appear to have the consequence that there are really no ambiguous expressions, but more or less unsurveyable multitudes of like-sounding and similar-looking unambiguous expressions. A more acceptable justification might perhaps be that in a syllogism with ambiguous middle term, actually four rather than three *concepts* are involved. Charles Leonard Hamblin, however, criticizes the common classification of fallacy of equivocation of the middle term as the (formal) four term fallacy:

"The middle term cannot be equivocal unless it is *one* term with *two* meanings. If there are really four terms we have a formal fallacy, independently of whether any term is equivocal; if we have an essentially equivocal term there is a fallacy of the Aristotelian variety /depending on language/ whatever the formal shape of the argument" (Hamblin, 1970, 45.)

Fallacies may occur in ethical argumentation because key words used in such arguments may be ambiguous as between normative and descriptive senses. A famous example is found in John Stuart Mill's argument (s. art. 30) for the conclusion that "happiness is desirable, and the only thing desirable, as an end" (Mill 1962, 288), where he shifts between a descriptive and a normative sense of 'desirable'.

2.5. Pseudo-agreement and -disagreement

Ambiguities may give rise to pseudo-agreement or -disagreement, verbal agreement or disagreement that does not correspond to agreement or disagreement in fact. This kind of misunderstanding may be quite common; in any case a large part of daily personal discourse as well as political discussion is conducted without sufficient guarantee that the participants *really* are in accord or discord on what they believe they agree or disagree about. An example of a dialogue that shows symptoms of pseudo-disagreement at a certain stage: (1) *A*: 'A welfare society cannot exist without socialism.' — (2) *B*: 'I disagree. A number of European countries have been welfare societies even under non-socialist governments.' — (3) *A*: 'I did not mean that. I meant that a welfare society cannot be developed in a country unless a socialist ideology has a strong influence in that country.' — (4) *B*: 'Oh, I see. Well, if that was what you meant, I agree.' — At stage (2) in the dialogue, *B* declares his disagreement with *A*'s remark (1), i. e., there is ›verbal disagreement‹. But at stage (3), *A* rejects the interpretation of (1) on which *B* based his disagreement; and restates his opinion, presumably in a more unambiguous way, i. e. ›more precise‹, in Næss' sense (s. art. 47). In (4), *B* expresses his agreement with what he takes *A* to mean in (3). Levels (3) and (4), then, suggest that the disagreement in (2) was merely verbal and not real; hence a pseudo-disagreement. However, it is to be noted that if the dialogue continues, it may very well at later stages show symptoms that the agreement at level (4) was merely verbal and not real, hence a pseudo-agreement. Hence, any such judgment about real/pseudo agreement/disagreement must be provisional and tentative (for detailed analyses of pseudo-agreements and -disagreements, cf. Næss 1966, 83 ff; 1953, chap. III). — Dagfinn Føllesdal (Føllesdal/Walløe/Elster 1984, 200) suggests that Willard Van Orman Quine's rejection of the distinctions analytic/synthetic and meaning/belief may inspire doubts about the tenability of the distinction between verbal and real agreement/disagreement (s. art. 86).

2.6. Ambiguity as fault or virtue

Vagueness, unspecificity and indefiniteness are sometimes regarded as relatively harmless or, in the case of vagueness, unavoidable aspects of ordinary language and discourse. Ambiguity, on the other hand, is often described as undesirable and harmful but remediable; this is a tradition that goes back to Antiquity. Marcus Tullius Cicero was concerned with the fact that misunderstandings due to ambiguity may be utilized in dishonest ploys of persuasion. Use of ambiguous words should be avoided, or one ought to display their different meanings. A number of other philosophers and logicians in Antiquity and Medieval times regard ambiguity as harmful (s. art. 4). After the Renaissance this tradition has continued. E. g., Petrus Ramus (Ramus 1964 [1543], *Aristotelicae animadversiones*, 70) wrote that "the fault of ambiguity [...] is a common fault of all speech [...]", Blaise Pascal criticized the dishonest use of ambiguous expressions where one pretends to use them in a sense that is different from the meaning that one actually intends. Similar views have been expressed by more recent semanticists and philosophers of language. Some, e. g. Herman Tennessen, have pointed out that in debates one may sometimes hear a participant alternating between different interpretations of one of his statements, on the one hand interpretations which make it safe (but quite trivial and uninteresting), on the other hand interpretations which make the statement interesting and consequential (but uncertain or doubtful). In order to emphasize the importance of the statement, or draw consequences from it, the speaker takes recourse to the more daring interpretations; whereas when the statement is to be defended or justified, he swings towards the more safe and trivial interpretations. In this way, the speaker can create the impression that his statement is interesting as well as tenable. An example from a discussion between politicians about possible savings in the public health services: The politician *A* states: 'It should be permitted to reduce the offer of therapy to patients with chronic mental illness, since (T) this group cannot be cured anyway'. The expression 'patients with chronic mental illness' is ambiguous; it may mean either ›patients with incurable mental illness‹ or ›patients with mental illness of long duration‹. The former interpretation makes (T) synonymous with (U) 'the group of patients with incurable mental illness cannot be cured anyway', and hence trivial (or analytic, if one accepts the notion of analyticity). The other interpretation makes (T) synonymous with (V) 'the group of patients with mental illness of long duration cannot be cured anyway'. (V) is not trivial or analytic, but will be quite controversial and is quite likely false. In his speech, *A* draws a conclusion from (T) ('It should be permitted to reduce the offer of therapy to patients with chronic mental illness') and draws the further conclusion that considerable amounts can be saved on the health-budget by reducing the offer of therapy to the whole group of patients with mental illness of long duration. Here, he applies the non-trivial interpretation of (T). But when *A* is attacked by the politician *B* who says that *A*'s view is unreasonable and unacceptable in a modern welfare society, *A* defends himself by claiming that by 'patients with chronic mental illness' he merely meant ›patients with incurable mental illness‹, and the offer of therapy must obviously be wasted on incurable patients. — In spite of the possibility of abuse and harmfulness of ambiguity, some contemporary authors, however, emphasize that ambiguity is simply an aspect of the general ›efficiency‹ of language, the fact that linguistic expressions can serve many different purposes in different contexts and situations, and that it is precisely this

›efficiency‹ that makes language so immensely useful (Barwise/Perry 1983, 40). Ambiguity may be harmful, but it is not necessarily so under all circumstances. In poetry, multiple meanings of words may be an asset, they make for greater richness of associations (cf. Empson 1965, 3).

2.7. Intolerance of ambiguity

It has been suggested that linguistic ambiguity is related to ambiguity in a very wide sense, for instance emotional ambivalence, and reversibility in visual perception of figures like the duck-rabbit, the Necker cube, the Peter-Paul goblet, etc. It has been claimed that general mental rigidity (low ability to restructure the cognitive-perceptual field) is related to low ability to deal with emotional ambivalence as well as low ability to recognize and discriminate between different meanings of ambiguous linguistic expressions. Psycholinguistic research has shown individual differences in the ability to detect and resolve ambiguity (Kess/Hoppe 1981, 39). The notion of a connection between mental rigidity, low tolerance of ambivalence and low ability to handle ambiguity led to the assumption, in social psychology, of a general ›intolerance of ambiguity‹ as a character trait of ›authoritarian‹ persons (cf. Rokeach 1948; Frenkel-Brunswik 1949).

3. Vagueness

Vagueness is commonly defined in terms of the existence or possible existence of borderline cases, and a borderline case for an expression *P* is an object or state of affairs *x* such that the affirmation as well as the denial of *P* in relation to *x* is essentially doubtful. The notion of essential doubtfulness is distinguished from uncertainty due to lack of knowledge of facts. — A distinction is sometimes drawn between extensional and intensional vagueness. An expression is extensionally vague if it has some actually existing borderline case; but it is intensionally vague if it is logically possible that it could have some borderline case.

3.1. Vagueness as a pragmatic notion

Charles Sanders Peirce (s. art. 32) defined 'vague' as "indeterminate in intention" (Peirce 1902, 748), and thus seems to differ from those who construe vagueness as indeterminateness of extension. On one interpretation, Peirce characterizes what has sometimes been called indefiniteness of intention (cf. Næss 1953, 79 f) or low depth of intended meaning (Næss 1966, 34 f). Peirce says that

"a proposition is vague when there are possible states of things concerning which it is intrinsically uncertain whether, had they been contemplated by the speaker, he would have regarded them as excluded or allowed by the proposition. By intrinsically uncertain we mean not uncertain in consequence of any ignorance of the interpreter, but because the speaker's habits of language were indeterminate; so that one day he would regard the proposition as excluding, another as admitting, those states of things. Yet this must be understood to have reference to what might be *deduced* from a perfect knowledge of his state of mind; for it is precisely because these questions never did, or did not frequently, present themselves that his habits remained indeterminate" (Peirce 1902, 748).

Vagueness in this sense would be a pragmatic concept. Carl Gustav Hempel also construed vagueness as a pragmatic concept.

"[...] the vagueness of a symbol consists in the existence of a speaking habit among the users which involves the occurrence of [...] variations in the application of the symbol [...]" (1939, 170); "Vagueness is strictly semiotic: there is no analogue to it on the purely syntactico-semantical level [...]" (1939, 180).

Hempel's motivation for this view had to do with problems associated with applying logic to vague expressions — problems suggested, e. g., by Bertrand Russell.

3.2. Russell on vagueness

Russell, however, defined vagueness as a semantic concept. Russell opposed 'vagueness' to 'precision'. According to him, these are

"characteristics which can belong only to a representation, of which language is an example. They have to do with the relation between a representation and that which it represents" (Russell 1923, 85).

According to Russell,

"a representation is *vague* when the relation of the representing system to the represented system is not one-one, but one-many. For example, a photograph which is so smudged that it might equally represent Brown or Jones or Robinson is vague" (Russell 1923, 89 f).

As Bertil Rolf remarks (1981, 3), one problem with Russell's definition is that it seems to equate vagueness with generality. Further, as Rolf points out (1981, 4), it is doubtful, whether Russell's semantic framework contains the means necessary for effecting a distinction between vagueness and ambiguity. —

A third problem for Russell's definition is that vagueness as ordinarily conceived is intimately connected with the existence of borderline cases. Russell himself uses the existence of borderline cases as a criterion of vagueness (Russell 1923, 85), but his definition makes no mention of this (cf. Rolf 1981, 4 f).

3.3. Vagueness and logic

If, as Russell claimed, all language is vague, and if standard logic applies only to nonvague expressions, it is inappropriate to actual discourse and reasoning. Nevertheless standard logic seems applicable in many cases where we use vague expressions. But the problem of reconciling the requirements of standard logic with the vagueness of ordinary expressions or concepts has engaged many logicians and philosophers, and many have either denied or seriously doubted that the two are reconcilable, e. g. Gottlob Frege (s. art. 34), Peirce, Russell, Alfred Jules Ayer (1968, 115), Peter T. Geach (1972, 85) and Morris Raphael Cohen (1956, 85—89). Peirce wrote that the vague "might be defined as that to which the principle of contradiction does not apply" (*CP* 5.505) Others have doubted or denied the applicability of the principle of excluded middle to vague concepts.

3.3.1. Tertium non datur?

Frege (1903, 69) pointed out that the law of excluded middle is merely another version of the requirement that the concept (in extension) be sharply delimited, i. e. not vague. According to Frege, a concept-word stands for a concept if and only if it clearly determines an extension: for any object, a corresponding truth value for the word is determined with no uncertainty, hence there are no borderline cases. Clearly, Frege wanted to restrict the use of the expression 'concept-word' to nonvague terms since vague terms would seem to violate the requirements of logic. It is therefore not surprising that Russell held that vagueness causes problems for the law of excluded middle.

"The law of excluded middle is true when precise symbols are employed, but it is not true when symbols are vague, as, in fact, all symbols are" (Russell 1923, 85 f).

Since traditional logic presupposes the truth of the law of excluded middle, traditional logic does not apply to our language (cf. Russell 1923, 88 f). — Max Black and Hempel, in their papers on vagueness, tried in various ways to overcome what Black called Russell's 'sacrifice of logic'. Black tried to establish a logic taking account of the vagueness of symbols, with classical logic as a limiting case for nonvague symbols. Hempel tried to drive a wedge between vagueness and logic by construing vagueness as a pragmatic notion that cannot be incorporated into a syntactic-semantic system, where logic belongs (cf. Hempel 1939, 180). – William P. Alston (1967, 221) suggests that the problem of vagueness for the law of excluded middle can be handled by rejecting the law, by denying that in a case where truth or falsity cannot be pronounced we have a statement, or by taking the law to apply only to an ›ideal‹ language.

3.3.2. σωρίτης and φαλακρός

A number of paradoxes have been known by these names since Antiquity. Diogenes Laertius ascribes (1925, II, #108) them to Eubulides of the Megarian school, a contemporary of Aristotle. The σωρίτης, or ›heap‹, is the argument that there can be no such thing as a heap of sand since one grain is not a heap and adding one grain to something that is not a heap is never sufficient to turn it into a heap. The φαλακρός, or ›bald head‹, is a similar demonstration that no one can have a head full of hair. Such paradoxes can be generated by any process of gradual change associated with a dichotomy (e. g. 'heap/non-heap'). The problem with such a paradox is that we seem to have good reasons for accepting the premises as true and rejecting the conclusion as false; nevertheless, the argument seems valid. In recent discussions, various solutions to this quandary have been proposed in fuzzy logic, theories of supervaluations and proposals for metalanguages which take all positive ascriptions of vague predicates to be false (cf. Rolf 1981 116 ff).

3.3.3. Supervaluation

People's actual beliefs are in many cases neither simply true nor simply false. In such cases we have two possibilities. We may either regard them as entirely without a truth value, or we may ascribe unusual truth values to them when they do not have the usual truth or falsehood as values. In theories of supervaluation, the former alternative is developed; in fuzzy logic, the latter. Theories of supervaluation have been proposed, e. g., by Kit Fine (1975), Hans Kamp (1975) and Marian

Przełęcki (1969; 1976; 1977). Roughly, the idea in the supervaluation approach is that a vague belief's or proposition's truth value is its supervaluation, which is a function of the proposition's tentative ordinary (classical) truth valuations. A tentative valuation is the ordinary truth value the proposition would have if it were made precise (= nonvague) in some particular way, so as to rule out all borderline cases. For each way of making the proposition precise, we get a new tentative classical valuation for that proposition, indicating whether the proposition as thus made precise is true or false. If *every* way of making the proposition precise makes it (classically) true, all its tentative valuations will be true. If every precise version of the proposition is false, all the tentative classical valuations are false. Otherwise, we get a mixture of tentative valuations. The supervaluation of the vague proposition is truth if and only if all the tentative valuations are true; falsity if and only if they are all false; and undefined otherwise. On the theory of supervaluations, one of the premises of the version of Sorites mentioned above is false: 'Adding one grain to something that is not a heap is never sufficient to turn it into a heap'. This is false, since the following would be true for each way of making it precise: 'There are cases such that adding one grain of sand to something that was not a heap of sand before, would be sufficient to turn it into a heap' – One presumed advantage of the supervaluation approach is that the theorems of classical logic remain logically true on this interpretation, since the theorems will always be true on every tentative classical valuation. Kenton F. Machina (1975) questions this supposed advantage. He claims that although the supervaluation approach preserves all the classical tautologies, it does not preserve all the classical rules of inference. He suggests that the supervaluation approach runs afoul of what seem to be reasonable requirements on what can count as valid inferences.

3.3.4. Fuzzy logic

The basic ideas of fuzzy logic apparently stem from Black's paper (1937) on vagueness. In fuzzy logic, in cases where vague propositions are neither true nor false, they are assumed to take on ›unusual truth values‹ thought of as degrees of truth and falsehood. This approach has been advocated, e. g., by Lotfi Asker Zadeh, Joseph Amadee Goguen and Machina. The assumption is that there are infinitely many truth values which are generally represented by the unit interval from 0 to 1; where 0 represents complete falsity and 1 complete truth. Machina claims that Jan Łukasiewicz' system $Ł_\aleph$ is well suited to serve as a logic of vagueness. A quantification theory and a set-theoretic semantics is provided by means of a generalized set theory described by Zadeh and developed by Goguen. This set theory differs from ordinary set theory by allowing the set membership to admit of degrees, providing so-called 'fuzzy sets'. To each predicate letter in the calculus, a fuzzy set is assigned as its extension, so that some members of the domain of interpretation are ›in‹ the extension of a given predicate letter only to a limited extent. — Fuzzy logic claims to solve the sorites paradox by denying that the sorites argument is completely valid. Each step of the argument is slightly invalid, so the truth guarantee slowly leaks away as we try to carry it along the chain. But fuzzy logic also claims to explain the deceptiveness of the sorites argument. — Rolf (1981; 1984) claims that the theory of truth presented by fuzzy logic is seriously deficient.

3.4. Variability of application and borderline cases

Black took over from Peirce the idea that ›borderline case‹ for an expression is definable in terms of variations concerning the application (extension) of the expression. This idea recurs in many definitions of vagueness. Rolf (1981) argues against this that individual variations in applications of an expression are neither sufficient nor necessary for establishing borderline cases and vagueness of the expression (Rolf 1981, 35 f). A borderline case for an expression T is not one where approximately half of the speakers of the language in question affirm the expression and the rest deny it; rather, a borderline case for T is one where neither affirming nor denying T can be said to be ›correct‹, and where affirmation as well as denial of T would convey information that was misleading because too definite. The application of T as well as $\neg T$ is ›essentially doubtful‹ or arbitrary.

3.5. Vagueness and ignorance

As suggested (in 3.), this ›essential doubtfulness‹ of the applicability of a vague expression is supposedly distinct from uncertainty due to lack of knowledge of facts. On the traditional concept, vagueness is taken as a semantic property of expressions which is independent of the speaker's ignorance of facts. The indeterminacy is due to an aspect of the meaning of the term rather than to the current state of our knowledge (cf. Alston 1967, 218). — Quine's scepticism about a distinction between matters of meaning and matters of fact might inspire doubts about the traditional concept of vagueness. Such doubts are voiced by Israel Scheffler (1979, 75 f; cf. objections in Rolf 1981, 79).

3.6. Intolerance of vagueness

It might be surmised that vagueness, like ambiguity, may be connected with broader psychological and emotional phenomena. Actually, ›black-white thinking‹, suggested as a trait of the ›authoritarian personality‹ (Adorno/Frenkel-Brunswik/Levinson/Sanford 1950), might be regarded as a manifestation of a generalized intolerance of vagueness, the need for a yes-or-no-answer on any issue, the dread of intermediate ›grey zones‹ of uncertainty or undecidability, and the hostility towards any inclination to withhold judgment. This ›generalized intolerance of vagueness‹ may be related to the incapability of admitting intermediate cases such as those expressible in modal systems; e. g., the case where something is ›adiaforon‹ in the sense of neither obligatory nor prohibited, or where something is neither affirmed nor denied, or neither known to be true nor known to be false.

4. Selected references

Alston 1967, Vagueness, in *The Encyclopedia of Philosophy*, Edwards (ed.).

Black 1946 a, *Critical Thinking*.

Empson 1965, *Seven Types of Ambiguity*. [1930]
A classical discussion of the uses of ambiguity in poetry.

Fries 1980, *Ambiguität und Vagheit*. Einführung und kommentierte Bibliographie.
A survey of literature on ambiguity and vagueness, mainly linguistic.

Hamblin 1970, *Fallacies*.
Contains references to discussions of the role of ambiguity in fallacies, from Aristotle to recent times.

Hodges 1977, *Logic*.

Kess/Hoppe 1981, *Ambiguity in Psycholinguistics*.
A comprehensive survey of psycholinguistic research on the processing of ambiguous expressions.

Næss 1966, *Communication and Argument*.
Contains elementary discussions of ambiguity and interpretation, and an outline of the theory of pseudo-(dis)agreement.

Peirce 1902, Vague, in *Dictionary of Philosophy and Psychology*, Baldwin (ed.).

Rolf 1981, *Topics on Vagueness*.
A collection of articles with discussions of the main philosophical points of view on vagueness. The classical articles by Russell, Black and Hempel are reviewed and criticized. Sorites paradoxes are discussed, and also the solutions proposed in fuzzy logic and theories of supervaluations. A bibliography on vagueness is appended.

Salmon 1984, *Introduction to Logic and Critical Thinking*.

Ingemund Gullvåg, Trondheim (Norge)
Arne Næss, Oslo (Norge)

VI. Sprachphilosophische Aspekte in anderen Bereichen
Aspects of philosophy of language in other fields
Aspects de la philosophie du langage dans d'autres domaines

99. Sprachphilosophie in der Wissenschaftstheorie

1. Einleitung

Sprachphilosophische Betrachtungen in der Wissenschaftstheorie kreisen im allgemeinen um die Frage 'Wie bezieht sich Sprache auf die Welt?' (s. Art. 77) Dies ist, so könnte man sagen, die ›erste Hauptfrage‹ der Sprachphilosophie. Die ›zweite Hauptfrage‹ lautet: 'Worin besteht sprachliche Kommunikation?' (s. Art. 94) Sie spielt in der Wissenschaftstheorie nur insofern eine Rolle, als sie für die erste relevant ist. Folglich findet man in der Wissenschaftstheorie so gut wie nichts von denjenigen Richtungen der Sprachphilosophie, die hauptsächlich den kommunikativen Aspekt der Sprache betonen. — Im folgenden sollen sprachphilosophische Überlegungen des Wissenschaftstheoretikers behandelt werden, die für sein Fach spezifisch sind, wobei auf Sonderprobleme, die die Wissenschaftstheorie bestimmter Einzelwissenschaften betreffen, nicht eingegangen werden kann. Die Wissenschaftstheorie hat sich traditionell an den Naturwissenschaften orientiert, mit der Physik als Paradigma, und diese Orientierung soll hier beibehalten werden.

2. Von der Verifikationstheorie der Bedeutung zum Bedeutungsholismus

2.1. Zwei Sinnprinzipien

Die Wissenschaftstheorie erfuhr ihren größten Aufschwung unter den Logischen Empiristen, bei denen sie zugleich unter die strenge Herrschaft einer bestimmten sprachphilosophischen Konzeption geriet: der sogenannten ›Verifikationstheorie der Bedeutung‹. Deren Entfaltung aus einer einfachen Grundidee und deren Weiterentwicklung beeinflußte die Entfaltung und Weiterentwicklung des gesamten Logischen Empirismus, und die schließliche Einsicht in ihre Inadäquatheit trug wesentlich (wenn auch sicher nicht ausschließlich; vgl. Friedman 1987; 1991) zum Niedergang des Logischen Empirismus bei und ist eines der wichtigsten Ergebnisse der Philosophie des 20. Jahrhunderts (s. Art. 59). Sie wurde ersetzt durch holistische Auffassungen von Verifikation und Bedeutung, und die Ausarbeitung dieser Auffassungen gehört zu den wichtigsten Aufgaben der heutigen Wissenschafts- und Sprachphilosophie. — Die Verifikationstheorie der Bedeutung (s. Art. 68) läßt sich in zwei ›Prinzipien‹ untergliedern (vgl. Reichenbach 1951 b, 47): Das erste gibt die Bedingungen an, unter denen ein Satz (= Aussagesatz) sinnvoll ist (= einen Sinn hat, = eine Bedeutung hat), und das zweite die Bedingungen, unter denen zwei sinnvolle Sätze synonym sind (= denselben Sinn haben, = dieselbe Bedeutung haben). Die ehrgeizigste Methode, Synonymie-Bedingungen — also Bedingungen für Sinngleichheit — zu formulieren, besteht darin, direkt zu sagen, was der Sinn eines Satzes ist. Dies geschieht in der ursprünglichen Version der Verifikationstheorie der Bedeutung. Sie lautet: „Der Sinn eines Satzes ist die Methode seiner Verifikation" (Wittgenstein 1967 a, 79). Der ›Sinn‹, um den es dabei geht, ist ›kognitiver Sinn‹. Ein Satz ist kognitiv sinnvoll genau dann, wenn in Bezug auf ihn die Wahrheitsfrage gestellt werden kann. Hieraus folgt unmittelbar, daß alle analytischen Sätze, also alle Sätze, deren Wahrheitswerte allein durch die Bedeutungen ihrer Konstituenten bestimmt sind (was immer das heißen mag), kognitiv sinnvoll sind. Die Verifikationstheorie der Bedeutung betrifft nur synthetische, d. h. nichtanalytische Sätze, und sie läßt für diese Sätze nur eine Art von Sinn zu: empirischen Sinn. — Der Gebrauch, den die Logischen Empiristen von dieser Konzeption machten, war zunächst ein ikonoklastischer. Als Paradigmen verifizierbarer und damit sinnvoller Aussagen galten die Aussagen der Naturwissenschaft, und nichtverifizierbaren Aussagen, etwa denjenigen der Metaphysik oder Theologie, wurde jegliche kognitive Bedeutung abgesprochen, sie galten als Unsinn.

2.2. Das verifikationistische Schema

Es sollen nun nacheinander die beiden Prinzipien des Verifikationismus genauer besprochen werden. Das erste Prinzip — die, wenn man so will, ›Verifikationstheorie des Bedeutungsvoll-Seins‹ — hat im Laufe der Zeit immer komplexere Ausarbeitungen erfahren, die sich jedoch alle als inakzeptabel erwiesen haben. Die meisten Wissenschaftsphilosophen glauben heute, daß die Suche nach einem präzisen empiristischen Sinnkriterium aussichtslos ist. Um ihre Gründe einzusehen, ist es zweckmäßig, zunächst das allgemeine Schema zu skizzieren, das jeder Version der Verifikationstheorie der Bedeutung zugrunde liegt. Es läßt sich in drei Punkten darlegen:

(1) Die synthetischen Sätze unserer Sprache werden in zwei Arten unterteilt: *grundlegende* und *abgeleitete*. Dies kann dadurch geschehen, daß man zunächst bei den Wörtern zwischen grundlegenden und abgeleiteten unterscheidet und dann einen synthetischen Satz 'grundlegend' nennt, wenn er kein, und 'abgeleitet', wenn er mindestens ein abgeleitetes Wort enthält; es kann aber auch dadurch geschehen, daß man für die Sätze als Ganze Kriterien für das Grundlegend- und Abgeleitetsein formuliert.

(2) Die grundlegenden Wörter und Sätze betrachtet man als erkenntnistheoretisch privilegiert und als unmittelbar und vollkommen verständlich. Im allgemeinen stellt man sich unter den grundlegenden Sätzen Sätze vor, deren Wahrheit oder Falschheit durch einfaches Beobachten festgestellt werden kann, und man nennt sie deshalb 'Beobachtungssätze' (oder auch: 'Basissätze' oder 'Protokollsätze'); entsprechend nennt man die grundlegenden Wörter (= Terme) 'Beobachtungsterme' (oder auch: 'Basisterme'), und

derjenige Teilbereich unserer Sprache, der nur von den Beobachtungstermen Gebrauch macht, heißt 'Beobachtungssprache'. Die Beobachtungssätze fungieren als grundlegende Instanzen bei der Beurteilung von Theorien. Die empirische Adäquatheit einer Theorie ermißt sich daran, welche Wahrheitswerte sie den Beobachtungssätzen zuweist.

(3) Die abgeleiteten Sätze und Wörter erhalten ihre Bedeutung ausschließlich durch ihre Beziehungen zu den grundlegenden Sätzen und Wörtern. Sie sind ›abgeleitet‹ in einem semantischen Sinn. Da sie häufig charakteristisch für bestimmte Theorien sind, nennt man sie häufig 'theoretische Sätze' und 'theoretische Terme'. Im folgenden jedoch soll neutraler von *Nichtbeobachtungssätzen* und *Nichtbeobachtungstermen* gesprochen werden.

Die Pointe des verifikationistischen Schemas liegt in (3). Aber natürlich muß dieser Punkt ausgearbeitet werden. Das verifikationistische Programm steht und fällt mit seiner Fähigkeit, solche Beziehungen zwischen grundlegenden und abgeleiteten Sätzen (Wörtern) zu spezifizieren, die (3) plausibel erscheinen lassen und die insbesondere zu einer akzeptablen Unterscheidung zwischen sinnvollen und sinnlosen Sätzen führen.

2.3. Operationalismus

Beziehungen dieser Art scheint es jedoch nicht zu geben. Man hat jedenfalls, trotz langer Suche, keine gefunden, und dafür lassen sich Gründe geben. Betrachten wir einige der vielen gescheiterten Versuche. Am naheliegendsten ist vielleicht der Gedanke, sich auf einzelne Terme (Wörter) zu konzentrieren und die problematischen Nichtbeobachtungsterme einfach durch Beobachtungsterme zu *definieren*. Falls sich solch eine Definition als undurchführbar erweist, muß der Nichtbeobachtungsterm als sinnlos zurückgewiesen werden. Dies ist die Idee des *Operationalismus*, wobei Operationalisten üblicherweise die Vorstellung hatten, die gesuchte Definition müsse mit der Angabe einer bestimmten Operation, etwa eines Meßverfahrens, einhergehen. — Betrachten wir, als besonders einfaches Beispiel, die sogenannten ›Dispositionsprädikate‹. Eine Disposition, wie etwa Wasserlöslichkeit, ist nicht direkt beobachtbar. Was man beobachten kann, sind höchstens ihre Manifestationen, also das tatsächliche Sich-auflösen in Wasser. Deshalb werden Dispositionsprädikate, wie 'x ist wasserlöslich', im allgemeinen nicht dem Beobachtungsvokabular zugerechnet. Der Operationalist sieht sich dann jedoch vor die Aufgabe gestellt, sie mittels des Beobachtungsvokabulars, unter anderem mittels des Manifestationsprädikats 'x löst sich [soeben; oder: zum Zeitpunkt *t*] in Wasser auf', zu definieren. Diese Aufgabe scheint jedoch unlösbar zu sein. Das naheliegendste Definiens, nämlich: 'Wenn x in Wasser gegeben wird, dann löst es sich darin auf', ist aus verschiedenen Gründen inadäquat. Falls man etwa das in ihm vorkommende 'Wenn — dann' einfach als wahrheitsfunktionales Konditional deuten würde, müßte man jedes x, das nicht in Wasser gegeben wird, als 'wasserlöslich' klassifizieren; falls man es auf andere Weise deutet, etwa kausal oder mit einer kontrafaktischen Komponente, ist man mit dem Problem konfrontiert, diese ›andere Weise‹ in einem für den Operationalisten akzeptablen Sinn zu spezifizieren, und kommt dabei vom Regen in die Traufe (vgl. Goodman 1983, Kap. I und II). — Es würde außerdem nichts nützen, denn ein x, etwa ein Stück Zucker, kann wasserlöslich sein und sich trotzdem nicht auflösen, wenn man es in Wasser gibt oder gäbe; etwa dann, wenn das Wasser schon mit Zucker gesättigt ist, oder wenn das Wasser plötzlich gefriert, bevor der Auflösungsprozeß richtig in Gang kommen konnte, oder unter anderen Umständen, über die uns Chemiker und Physiker Auskunft geben können. Die gesuchte Formulierung unseres Definiens müßte offensichtlich alle diese störenden Umstände ausschließen. Wir haben jedoch keinen vollständigen Überblick über sie; ihre Vielfalt ist möglicherweise unüberschaubar. Dies ist das *Problem der Störungen*, das sich als allgegenwärtig erweist. Operationalisten scheitern an diesem Problem, weil nicht zu sehen ist, wie die störenden Umstände, die sie bei ihren Definitionen berücksichtigen müßten, mit den begrenzten Mitteln der Beobachtungssprache spezifizierbar sein sollten. — Operationalisten haben also schon Probleme mit einem so einfachen Begriff wie 'wasserlöslich'; um wieviel mehr dann mit komplizierteren Begriffen, wie sie in der Wissenschaft ständig vorkommen. Man muß die operationalistischen Ansprüche lockern, auch wenn sie vom empiristischen Standpunkt noch so wünschenswert sind. Von einem realistischen Standpunkt aus sind sie allerdings noch nicht einmal das, denn sie widersprechen realistischen Objektivitätsstandards. Betrachten wir etwa den Temperaturbegriff. Bei einer typisch operationalistischen Einführung dieses Begriffs (einmal angenommen, sie sei auf befriedigende Weise möglich) wird man einen bestimmten Typus von Thermometer wählen mit einer bestimmten Thermometersubstanz, z. B. Quecksilber, und man wird den Temperaturbegriff von diesem Thermometertypus und dieser Substanz abhängig machen. Man hat dann, genau genommen, nicht den Begriff 'Temperatur von x' eingeführt, sondern den Begriff 'Temperatur von x relativ zu Thermometertyp und -substanz soundso'. Wählt man als Thermometersubstanz z. B. Alkohol, so wird die entsprechende Skala leichte Verzerrungen gegenüber der Quecksilberskala aufweisen. Bei dem in der theoretischen Physik üblichen ›thermodynamischen Temperaturbegriff‹ dagegen, der vom operationalistischen Standpunkt inakzeptabel wäre, wird nur von allgemeinen Gesetzmäßigkeiten Gebrauch gemacht, und dieser Begriff ist ganz unabhängig von weiteren Parametern, wie etwa Thermometersubstanzen, die nicht den Gegenstand x betreffen (vgl. Mittelstaedt 1980, Anhang II). Der thermodynamische Temperaturbegriff ist also in dem Sinn objektiver als der operationalistische, als er dem Gegenstand x eine Eigenschaft zuschreibt, die unabhängig ist von Parametern, die mit x gar nichts zu tun haben (vgl. Mühlhölzer 1988, wo ein entsprechender Objektivitätsbegriff genauer expliziert und untersucht wird). Stünde man vor der Wahl zwischen dem thermodynamischen und einem operationalistischen Temperaturbegriff, so wäre ersterer schon aus Gründen der Objektivität vorzuziehen.

2.4. Zuordnungsregeln

Die operationalistischen Ansprüche müssen gelockert werden. Rudolf Carnap weichte die operationalen Definitionen zu sogenannten ›*Zuordnungsregeln*‹ auf. Zuordnungsregeln sind Sätze, in denen Nichtbeobachtungsterme mit Beobachtungstermen auf solche Weise zusammengebracht werden, daß, so könnte man sagen, Bedeutung von den Beobachtungstermen zu den Nichtbeobachtungstermen hinüberfließt. Ein Beispiel wäre der Satz 'Falls man x in Wasser gibt, dann gilt: x ist wasserlöslich genau dann, wenn es sich auflöst'. Dieser Satz löst das für die ursprüngliche operationale Definition verhängnisvolle Problem der nicht ins Wasser gegebenen Gegenstände einfach dadurch, daß er über diese Gegenstände nichts mehr aussagt. Carnap spricht deshalb von ›partieller Interpretation‹ des Dispositionsprädikats 'wasserlöslich'. Es zeigt sich jedoch, daß Zuordnungsregeln im Hinblick auf die immer wiederkehrenden

Störfaktoren mit den ursprünglichen operationalen Definitionsversuchen im selben Boot sitzen: Sie sind meistens einfach falsch. Ein Stück Zucker kann in Wasser gegeben werden, und trotzdem löst es sich, obwohl wasserlöslich, nicht auf, denn gewisse Störfaktoren hindern es daran. Die Interpretation der Nichtbeobachtungssätze mit Hilfe des Beobachtungsvokabulars scheint nicht auf dem Wege über bestimmte Sätze, 'Zuordnungsregeln' genannt, möglich zu sein.

Carnaps Versuche, Zuordnungsregeln zu finden, die ein plausibles Sinnkriterium ermöglichen, haben sich vornehmlich an erkenntnistheoretischen Prinzipien des Empirismus orientiert und so gut wie gar nicht an den tatsächlich vorliegenden Wissenschaften. Ihr Scheitern legt eine Umorientierung nahe. Wie wird in den Wissenschaften eine Beziehung zwischen den Nichtbeobachtungssätzen und den Beobachtungssätzen hergestellt? — Sie wird, auf zum Teil sehr verwickelte und indirekte Weise, durch Theorien hergestellt und durch die von Theorien geleitete Experimentierpraxis. Ein in Isolation betrachteter Nichtbeobachtungssatz — etwa, ganz typisch, das Grundgesetz der Newtonschen Mechanik: 'Kraft ist Masse mal Beschleunigung' — hat normalerweise überhaupt keine Beziehung zum Beobachtbaren. Diese Beziehung kommt erst zustande, wenn man ihn in eine Theorie einbettet — im Falle des Newtonschen Grundgesetzes etwa in eine Theorie, die unter anderem Aussagen darüber macht, in welchen Situationen welche speziellen Kraftgesetze gelten. Ändert man die Theorie, in die ein Nichtbeobachtungssatz eingebettet ist, so wird sich im allgemeinen auch seine Beziehung zum Beobachtbaren ändern. Wenn man sich die Bedeutung eines Nichtbeobachtungssatzes und der in ihm vorkommenden Nichtbeobachtungsterme als durch diese Beziehung konstituiert denkt, muß man den Schluß ziehen, daß Theorienbildung und Bedeutungs- oder Begriffsbildung nicht voneinander getrennt werden können (vgl. Hempel 1965, 112 f; Kuhn 1977 a, 253—261). — Läßt sich in dieser Situation noch ein Sinnkriterium formulieren? Es hat Versuche gegeben, wenn schon nicht für einzelne Sätze, so doch für ganze Theorien solche Kriterien zu finden, aber alle diese Versuche sind gescheitert. Wenn man sich das tatsächliche Verhalten der Wissenschaftler bei Fragen der Begriffs- und Theorienbewertung anschaut, muß man sich darüber nicht wundern. Die Debatten etwa um die Bewertung der Evolutionstheorie oder der Psychoanalyse oder um die Legitimität von Begriffen wie 'absoluter Raum', 'absolute Zeit', 'Entelechie', 'das Unbewußte' sind von solch einer Komplexität und Vielgestaltigkeit, daß sie die Suche nach einer einfachen Dichotomie 'sinnvoll — sinnlos' verfehlt erscheinen lassen. Das Beurteilen von Theorien und Begriffen besteht in einem Abwägen, bei dem die verschiedenartigsten Bewertungsmaßstäbe ins Spiel gebracht werden, und es führt höchstens zu einer Besser-schlechter-Abstufung, jedoch nicht zu einer scharfen Dichotomie.

2.5. Satzbedeutung

Das nach Hans Reichenbach ›zweite Prinzip‹ der Verifikationstheorie der Bedeutung, das Bedingungen für Bedeutungsgleichheit angeben soll, wird von Reichenbach als notwendige Ergänzung jeden Sinnkriteriums angesehen. Manchmal soll einem Satz die Sinnhaftigkeit nicht schlechthin abgesprochen werden, aber man möchte von ihm sagen: 'Er bedeutet nicht mehr als …', und um dies tun zu können, braucht man ein Kriterium der Bedeutungsgleichheit. Reichenbach will sagen können, daß der Satz 'Im Leiter L fließt Strom, und das Absolute ist vollkommen' dasselbe bedeutet wie 'Im Leiter L fließt Strom', oder daß Sätze über mystische Visionen oder moralische Werte dasselbe bedeuten wie gewisse Sätze über Halluzinationen oder subjektive Vorlieben einzelner Menschen; sie haben keine darüber hinausgehende Bedeutung (vgl. Reichenbach 1951 b, 47 f; 54 f). Aber natürlich hätte ein informatives Kriterium für Bedeutungsgleichheit neben dieser polemischen Funktion auch eigenständigen Wert, und es würde durchaus den Namen 'Bedeutungstheorie' verdienen. — Die verifikationistische Idee von Bedeutung ist die folgende: Die Bedeutung eines Satzes setzt sich aus zwei Komponenten zusammen. Die erste Komponente besteht aus sämtlichen empirischen Situationen, die den Satz bestätigen (die für ihn sprechen), und die zweite aus sämtlichen empirischen Situationen, die gegen ihn sprechen. Nennen wir die erste Komponente 'affirmative Bedeutung' und die zweite 'negative Bedeutung'. Es ergibt sich dann folgendes Synonymie-Kriterium: Zwei Sätze sind synonym genau dann, wenn die empirischen Situationen, die sie bestätigen bzw. gegen sie sprechen, bei beiden dieselben sind.

Um zu sehen, ob diese Konzeption akzeptabel ist, seien zwei Adäquatheits-Bedingungen formuliert, die jeder Bedeutungs-Begriff erfüllen sollte (vgl. Putnam 1987, 262—266).

I.   Der Bedeutungsbegriff sollte unseren
     landläufigen Intuitionen von Bedeu-
     tungsgleichheit und Bedeutungsverschie-
     denheit nicht allzu sehr widersprechen.

Um mit den kritischen Absichten der Verifikationisten verträglich sein zu können, muß
diese Bedingung sehr liberal gehandhabt werden. Die zweite Bedingung ist in gewisser
Weise ein Spezialfall der ersten, jedoch von
größerer theoretischer Wichtigkeit:

II. Bedeutungen sollten invariant sein unter
     normalen Vorgängen der Überzeugungs-
     bildung und Überzeugungsänderung.

Wenn jemand zunächst glaubt, der Satz 'Der
Mensch stammt vom Affen ab' sei falsch,
nach gründlicher Information und damit einhergehenden Überzeugungsänderungen jedoch zu dem Schluß kommt, er sei wahr, so
will er sich beide Male auf denselben Satz in
derselben Bedeutung beziehen. Wer nach
einer Theorie der Satz-Bedeutung sucht, will
einen Unterschied machen zwischen 'Die Meinung über die Wahrheit oder Falschheit eines
Satzes ändern' und 'Die Bedeutung eines Satzes ändern'. Es besteht sicher eine gegenseitige
Abhängigkeit zwischen unserem Überzeu-
gungssystem als Ganzem und den Bedeutungen unserer Äußerungen, aber bei einem akzeptablen Bedeutungsbegriff sollte sich diese
Abhängigkeit nicht als so groß erweisen, daß
normale, lokale Änderungen des Überzeugungssystems immer gleich mit Bedeutungsänderungen einhergehen. Andernfalls verlöre
der Bedeutungsbegriff seinen Witz (s. Art.
80). — Die verifikationistische Bedeutungskonzeption widerspricht diesen Bedingungen
in mehrerlei Hinsicht. Betrachten wir als erstes all jene Sätze, die man als 'analytisch' zu
bezeichnen geneigt sein könnte, etwa 'Alle
Junggesellen sind unverheiratet'. Sie scheinen
sich hinsichtlich empirischer Bestätigbarkeit
oder Widerlegbarkeit alle im selben Boot zu
befinden: Es scheint keine empirischen Situationen zu geben, die gegen sie sprechen, und
in gewissem Sinne auch keine, die sie ›bestätigen‹. Der Verifikationist müßte in ihrem Fall
entweder sagen, daß sie alle bedeutungsgleich
sind, was offensichtlich absurd ist — es widerspricht Bedingung I. —, oder daß seine
Theorie auf sie nicht angewendet werden darf.
Letzteres ist jedoch unbefriedigend. Erstens
ist die Theorie dann unvollständig, und zweitens kann man sagen, daß die analytischen
Sätze immerhin als Grenzfälle synthetischer
Sätze angesehen werden sollten — sie bilden

jene Grenze, wo die Klasse der empirischen
Test-Situationen zur leeren Klasse ge-
schrumpft ist — und daß eine Theorie auch
für ihre Grenzfälle zu akzeptablen Konsequenzen führen sollte.
    Betrachten wir als nächstes die syntheti-
schen Nichtbeobachtungssätze. Deren Beziehung zu Beobachtbarem hängt von der Theorie ab, in die man sie sich eingebettet denkt.
Entsprechend wird man annehmen müssen,
daß die empirischen Situationen, die einen
Satz bestätigen oder gegen ihn sprechen und
die nach verifikationistischer Auffassung die
Bedeutung des Satzes konstituieren, auf eine
Theorie relativiert werden müssen. Damit
läuft man jedoch Gefahr, ein und demselben
Satz (zunächst einfach als syntaktisches Gebilde aufgefaßt) allzu schnell verschiedene Bedeutungen zuordnen zu müssen, je nach theoretischem Kontext, in den man ihn sich eingebettet denkt. Insbesondere könnte es geschehen, daß man bei einer Aufeinanderfolge
immer besser werdender Theorien aus ein und
demselben Wissensgebiet zugleich eine ständige Bedeutungsänderung postulieren muß.
Da solch eine Theorienverbesserung einer
Überzeugungsänderung entspricht, könnte
dadurch allzu leicht Bedingung II. verletzt
sein. Jane English (1978) hat gezeigt, daß
sämtliche Bedeutungskonzeptionen Carnaps
Bedingung II. verletzen. Carnaps Denkweg
zeigt paradigmatisch, daß ein antagonisti-
sches Verhältnis besteht zwischen holistischen
Einsichten, die Theorien als Ganze ins Blick-
feld rücken, und verifikationistischen Bedeutungskonzeptionen, die Bedingung II. erfüllen
sollen. Daraus darf geschlossen werden, daß
letztere, zumindest für Nichtbeobachtungssätze, unmöglich sind, denn den holistischen
Einsichten kann man sich nicht verschließen.

2.6. Bedeutungsholismus

Die bisherigen Betrachtungen schließen aus,
daß einem Nichtbeobachtungssatz wohldefinierte Testsituationen zugeordnet werden
können, wenn man ihn für sich allein betrachtet, lassen dies jedoch noch zu, sobald man
den Satz im Kontext einer bestimmten Theorie sieht. Sie sind ›holistisch‹ lediglich in dem
schwachen Sinn, daß sie einfach die Abhängigkeit von einer Gesamtheit von Sätzen und
deren gegenseitigen Beziehungen betonen. Es
gibt jedoch eine weitergehende holistische
Einsicht, die auf Pierre Duhem zurückgeht
und von Willard Van Orman Quine ins Zentrum der Aufmerksamkeit gerückt wurde (vgl.
Quine 1961 a, 41 ff). Sie gesteht einem einzel-

nen Satz selbst dann keine wohldefinierten Testsituationen mehr zu, wenn man ihn in eine Theorie integriert. Duhem machte die Beobachtung, daß ein experimentelles Ergebnis, das einer bestimmten Theorie widerspricht und deren Korrektur erfordert, im allgemeinen nicht die Korrektur eines ganz bestimmten Satzes der Theorie erfordert. Man kann vor der Wahl stehen, entweder den Satz S_1 der Theorie oder den davon wesentlich verschiedenen Satz S_2 für falsch zu erklären und jeweils durch einen geeigneten anderen zu ersetzen. Der Verifikationist müßte im ersten Fall sagen, daß das betreffende experimentelle Ergebnis zur negativen Bedeutung von S_1, jedoch nicht von S_2, gehört, und im zweiten Fall genau das Umgekehrte. Aber damit ist gesagt, daß die Bedeutungen von S_1 und S_2 selbst im Kontext der betreffenden Theorie nicht wohldefiniert sind. — Die einem Nichtbeobachtungssatz zugeordneten empirischen Testsituationen sind also nicht nur theorienabhängig, sondern es gibt sie einfach nicht. Wohldefinierte Testsituationen lassen sich, wenn überhaupt, nur Theorien als Ganzen, jedoch im allgemeinen nicht isolierten Sätzen zuordnen. Für einen Verifikationisten, wie etwa Quine, der Bedeutungen mit Testsituationen gleichsetzt, bedeutet dies, daß höchstens Theorien als Ganze Bedeutung haben, jedoch im allgemeinen nicht isolierte Sätze (vgl. Quine 1981 a, 70 f). Diese Position heißt 'Bedeutungsholismus'. Wichtig an ihr ist der negative Teil: Isolierte Sätze haben im allgemeinen keine Bedeutung. Ihr positiver Teil dagegen — 'Theorien haben Bedeutung' — ist noch untersuchungsbedürftig. Man weiß nicht so recht, was unter der ›Bedeutung einer Theorie‹ verstanden werden sollte, zumal man auch nicht so recht weiß, wie das Wort 'Theorie' verstanden werden sollte. Quine benutzt es meistens im Sinne des Logikers — eine Theorie ist einfach eine Klasse von Sätzen —, und die Beziehung zwischen Theorie und Erfahrung ist für ihn eine logische: Es ist die logische Beziehung zwischen dieser Klasse und den (wahren) Sätzen der Beobachtungssprache. Die Frage, ob ein Beobachtungssatz (oder ein ›beobachtungskategorischer Satz‹; vgl. Quine 1981 a, 27; 1992, § 4) aus einer Theorie folgt oder nicht, hat für ihn eine eindeutige Antwort, und deshalb kann er einer Theorie eindeutig eine ›Bedeutung‹ zuordnen: Es ist einfach die Klasse aller aus der Theorie folgenden Beobachtungssätze.

Quines Auffassung von Theorien ist jedoch eine wissenschaftsphilosophische Fiktion, vergleichbar den operationalistischen Fiktionen von störungsfrei sich manifestierenden Dispositionen. Berücksichtigt man die möglichen, potentiell unüberschaubaren Störungen, so muß man sagen, daß unsere Theorien im allgemeinen überhaupt keine wahren Beobachtungssätze implizieren. Die implizierten Beobachtungssätze sind nur wahr unter Vorbehalten der Störungsfreiheit. Diese Vorbehalte jedoch lassen sich nicht vollständig theoretisch erfassen (vgl. Hempel 1988). Sobald man das Wort 'Theorie' benutzt, wie die Wissenschaftler es tun, wird die Beziehung zwischen Theorie und Erfahrung komplizierter. Eine Theorie ist dann nichts Starres und Abgeschlossenes mehr, sondern etwas Anpassungsfähiges, und die Beantwortung der Frage, ob zum Beispiel ein bestimmtes experimentelles Ergebnis einer Theorie widerspricht oder nicht, hängt davon ab, ob man, sowohl als Theoretiker als auch als Experimentator, einen geschickten oder ungeschickten Gebrauch von der Theorie macht. Ein wirklich guter Grund, die Theorie als widerlegt anzusehen, wird erst dann vorliegen, wenn eine neue, bessere Theorie zur Verfügung steht, die verstehen läßt, warum die alte Theorie an den betreffenden Experimenten gescheitert ist. Das heißt, einer isoliert betrachteten Theorie können gar keine wohldefinierten falsifizierenden Testsituationen zugeordnet werden; dies kann erst dann geschehen, wenn man sie in Beziehung zu einer geeigneten konkurrierenden Theorie setzt. Es sieht demnach so aus, als ob der Verifikationist im Hinblick auf Theorien in ähnliche Schwierigkeiten geriete wie im Hinblick auf Sätze: Sätze haben höchstens Bedeutung, wenn man sie auf Theorien relativiert, Theorien haben höchstens ›Bedeutung‹, wenn man sie auf andere Theorien relativiert. — Nun könnte es allerdings so scheinen, als hätte die zum Bedeutungsholismus führende verifikationistische Argumentation den Verifikationismus selbst ins Wanken gebracht und damit, sozusagen rückwirkend, auch wieder den Bedeutungsholismus. Dies ist jedoch nicht der Fall. Das verifikationistische Argumentationsschema zugunsten des Bedeutungsholismus kann leicht verallgemeinert werden. Es sieht so aus: Verifikation gibt es höchstens bei Theorien als Ganzen; Bedeutung ist Verifikation; also gibt es Bedeutung höchstens bei Theorien als Ganzen. Eines analogen Schemas können sich auch Wissenschaftsphilosophen bedienen, die, wie etwa Hilary Putnam, die Verifikationstheorie der Bedeutung von

Grund auf ablehnen (vgl. Putnam 1987, 251 ff). Putnam betrachtet nicht nur empirische Testverfahren, sondern allgemeiner sämtliche Prozesse der Überzeugungsbildung. Diese Prozesse sind zweifellos holistischer Natur: Unsere Überzeugungen bilden sich heraus durch ein vielfältiges (häufig nur unbewußtes) Abwägen, bei dem letztlich die Stimmigkeit des Überzeugungssystems als Ganzes den Ausschlag gibt. Weiterhin erscheint es plausibel, sich Bedeutung durch einen Interpretationsprozeß, etwa im Sinne von Donald Davidson, konstituiert zu denken. Ein Davidsonscher Interpretationsprozeß zielt auf eine Bedeutungstheorie für eine Sprache als Ganze ab, und solch eine Theorie ist untrennbar verbunden mit einer Theorie über die Überzeugungen der Sprecher dieser Sprache. Die Überzeugungen, die wir den Sprechern zuschreiben, hängen davon ab, wie wir ihre Äußerungen deuten, und unsere Deutung ihrer Äußerungen hängt davon ab, welche Überzeugungen wir ihnen zuschreiben (vgl. Davidson 1984 a, Essays 9 und 10). Dadurch wird die Bedeutungszuschreibung ebenfalls zu einem holistischen Unternehmen, und Bedeutung kann nichts mehr sein, das einem Satz in Isolation von anderen Sätzen zukommt (s. Art. 70). Ein nichtverifikationistisches Argumentations-Schema zugunsten des Bedeutungsholismus kann also so aussehen: Überzeugungsbildung ist ein holistischer Prozeß; Bedeutung wird durch Interpretationen konstituiert, die untrennbar auch Überzeugungen betreffen; also haben isolierte Sätze keine Bedeutung. — Der Bedeutungsholismus bleibt demnach eine gültige Einsicht (vgl. allerdings die in Fodor/Lepore 1992 geäußerten Zweifel). Er scheint zunächst allerdings nur Nichtbeobachtungssätze zu betreffen. Beobachtungssätze besitzen auch als einzelne, unabhängig von jeder Theorie, wohldefinierte bestätigende und gegen sie sprechende empirische Testsituationen und sind deshalb die Paradigmen jeder verifikationistischen Bedeutungstheorie.

3. Die Unterscheidung zwischen Beobachtungssprache und theoretischer Sprache

3.1. Sinnesdaten

Offensichtlich ist die verifikationistische Idee sprachlicher Bedeutung nichts anderes als die in semantischem Gewand auftretende erkenntnistheoretische Idee des Empirismus, daß all unser Wissen über die Welt letztlich auf nichts anderem als Sinneserfahrung beruht, und sie krankt deshalb an vielen Mängeln der empiristischen Erkenntnistheorie (s. Art. 11). Ein wesentlicher Mangel hat sich in 2. herauskristallisiert: Die Rolle theoretischer Konstruktionen wurde zu wenig berücksichtigt. Dies ändert jedoch nichts daran, daß die Sinneserfahrung eine wichtige Quelle unseres Wissens ist, und es könnte nun so scheinen, als wenn diejenigen Sätze, die nichts anderes als Sinneserfahrungen zum Ausdruck bringen, eine erkenntnistheoretisch bevorzugte Stellung einnehmen würden. Diese Sätze sind, zumindest gemäß der ursprünglichen verifikationistischen Konzeption, gerade die ›Beobachtungssätze‹. Sie drücken ein Wissen über die Welt aus, das sich durch besondere Unmittelbarkeit und Sicherheit auszeichnet, und nach ursprünglicher verifikationistischer Auffassung ist dieses Wissen identisch mit Bedeutungswissen. — Hinter dieser Auffassung scheint folgende anschauliche Idee zu stehen: Im Falle des sinnlich unmittelbar Gegebenen, der sogenannten ›Sinnesdaten‹, besteht ein nahtloser Kontakt zwischen Gegenstand und Wort und zwischen Tatsache und Satz; wenn ich jetzt zwei Flecken derselben Farbe vor mir sehe, dann ist diese ›wahrgenommene Tatsache‹ identisch mit der Bedeutung des jetzt geäußerten Beobachtungssatzes 'Zwei Flecken derselben Farbe sind jetzt vor mir'. Weiterhin hat man die Vorstellung, daß der nahtlose Kontakt nicht nur zwischen Gegenstand und Wort, sondern auch zwischen Gegenstand und Wissen besteht: Bei Sinnesdaten existiert kein Unterschied zwischen dem, was sie sind, und dem, was sie zu sein scheinen. Wesen und Erscheinung fallen bei ihnen zusammen. Dies erklärt die erkenntnistheoretische Sonderstellung der Beobachtungssätze. Sie drücken absolut sicheres Wissen aus.

Was jedoch hat dieser Sinnesdatenmythos (vgl. den ›Mythos vom Gegebenen‹ in Sellars 1963, 140 ff) mit Wissenschaft zu tun? Natürlich gibt es keine Erfahrungswissenschaft ohne Beobachtung, aber private Sinneseindrücke, mögen sie noch so gewiß sein, sind nicht das, was man braucht. Wissenschaft beruht auf intersubjektiver Übereinstimmung und zielt auf Objektivität ab. Was sie braucht, sind nicht private Wahrnehmungen, sondern öffentlich relevante Destillate aus den privaten Wahrnehmungen, die als objektive Überprüfungs- und Vergleichsinstanzen von Theorien dienen können. — Mit einem Problem dieser Art hat jede empiristisch orientierte Philosophie zu kämpfen. Die Grundbausteine unserer Welterkenntnis sind privat. Wir wollen jedoch von dieser privaten Sphäre in eine intersubjektive, eine objektive, gelangen. Wie kann das geschehen? Schon Immanuel Kant stand vor diesem Problem. Sein Bild war, daß die Sinnesdaten der Stoff sind, aus dem wir die materiellen Gegenstände konstruieren. Aber wieso sind diese Gegenstände dann nicht privat, wo doch der Stoff privat ist? Kant löste dieses Problem, indem er den Konstrukteur, nämlich den menschlichen Verstand, als eine intersubjektive Invariante ansah. Kant gesteht zu, daß die Sinnesdaten bei verschiedenen Menschen verschieden sein können; aber die Art, wie der Verstand aus diesen Daten die Gegenstände macht, ist bei allen Menschen dieselbe. In diesem Sinne sind dann die Gegenstände unabhängig von uns, und in diesem Sinne sind sie objektiv. — Diese Kantische Lösung wirft jedoch die Frage auf, warum es nur die Sinnesdaten sein sollen, die bei verschiedenen Menschen verschieden sein können, und nicht auch der Verstand. Vielleicht sollte man nach einem anderen, auf offensichtlichere Weise objektivierenden Medium suchen. Es liegt nahe, in der Sprache dieses Medium zu sehen. Die Einsicht in die objektivierende Funktion von Sprache bildet vielleicht die grundlegendste Rechtfertigung für den sogenannten ›linguistic turn‹ in der Philosophie des 20. Jahrhunderts (s. Art. 120). — Vor allem Quine hat deutlich herausgearbeitet (z. B. in Quine 1973, Kap. I und II), daß es der Prozeß des Sprach*lernens* ist, der die gewünschten intersubjektiven Destillate aus den privaten Wahrnehmungen liefert. Der Sprachlernprozeß ist ein Anpassungsprozeß, bei dem sich das Kind allmählich in die Sprachgemeinschaft der Erwachsenen einfügt. Auf diese Weise wird Intersubjektivität erzwungen.

3.2. Beobachtungsterme

Wie sehen die intersubjektiven sprachlichen Destillate des Privaten aus? Es liegt nahe, sie in einzelnen Wörtern zu sehen, den ›Beobachtungstermen‹. Carl Gustav Hempel (1965, 108) gibt folgende Definition:

„[W]e shall understand by an *observation term* any term which either (a) is an *observation predicate*, i.e., signifies some observable characteristic [...] or (b) names some physical object of macroscopic size [...]",

und Hempel betont, daß

„the terms included in the observational vocabulary must refer to features that are directly and publicly observable — that is, whose presence or absence can be ascertained, under suitable conditions, by direct observation, and with good agreement among different observers" (Hempel 1965, 127).

Man sieht auf den ersten Blick, daß diese Charakterisierung kein Muster an Klarheit ist. Hempel räumt ein, daß die Frage nach dem Beobachtbaren einen irreduzibel kontextabhängigen Charakter hat. Der späte Carnap (1969, 226) zieht daraus die Konsequenz und spricht nur noch von einem Kontinuum des Beobachtbaren, das bei direkten sinnlichen Wahrnehmungen beginnt und bis zu komplizierten indirekten Beobachtungsmethoden fortschreitet. Eine nichtwillkürliche Trennungslinie zwischen Beobachtbarem und Nichtbeobachtbarem scheint nicht zu existieren. — Selbst wenn man jedoch eine natürliche Trennungslinie zwischen beobachtbaren und nichtbeobachtbaren *Gegenständen* oder *Ereignissen* finden könnte, müßte dem noch lange keine sinnvolle Trennung des *Vokabulars* entsprechen. Putnam (1975 a, 217 f) hat darauf hingewiesen, daß vermutlich die meisten Wörter, mit denen wir uns normalerweise auf Beobachtbares (in welchem Sinn auch immer) beziehen, ganz natürlich auch auf Nichtbeobachtbares angewendet werden können. Jedes Kind versteht eine Geschichte über Leute, die so klein sind, daß man sie nicht sehen kann; Fledermäuse stoßen Töne aus, die so hoch sind, daß wir sie nicht hören können. Unsere Wörter scheinen sich um den Unterschied zwischen Beobachtbarem und Nichtbeobachtbarem kaum zu kümmern.

3.3. Die Theoriengeladenheit der Beobachtungssätze

An dieser Stelle, an der sich das Scheitern einer philosophischen Konzeption zeigt, ist es, wie auch schon an vergleichbaren früheren Stellen, zweckmäßig, sich einfach das faktische Vorgehen der Wissenschaftler anzuschauen. Wie protokollieren Wissenschaftler ihre Beobachtungen? Konrad Röntgen dürfte es auf folgende Weise getan haben: 'Als ich Kathodenstrahlen durch meine Crookes-Röhre schickte, leuchtete der in der Nähe stehende Szintillationsschirm auf.' Dieser Beobachtungssatz enthält offensichtlich hochtheoretische Terme: 'Kathodenstrahlen', 'Crookes-Röhre', 'Szintillationsschirm'. Er ist, um einen Ausdruck von Norwood Hanson zu benutzen (vgl. Hanson 1958, 19), ›theoriengeladen‹. — Wissenschaftler benutzen ihr vertrautes theoretisches Vokabular, um ihre Beobachtungen zu beschreiben. Daß dies unumgänglich ist, sieht man besonders deutlich bei der Beschreibung quantitativer Messungen. Eine Routine-Beobachtung etwa, bei der man feststellt, daß durch einen Leiter ein Strom von 5 Ampère fließt, stützt sich auf die Anzeige eines Ampèremeters; aber daß dieses Gerät tatsächlich ein Ampèremeter ist, d. h. daß es die Stromstärke mißt, kann uns nur eine Theorie sagen. Das heißt, in der so einfach klingenden Aussage 'Durch diesen Leiter fließt jetzt ein Strom von 5 Ampère', die aufgrund der Anzeige eines Ampèremeters gefällt wurde, verbirgt sich all das an Theorie, das man zur adäquaten Beschreibung und Erklärung des Ampèremeters braucht. Und es scheint nun, als müsse man das verifikationistische Bedeutungs-Bild umkehren: Bedeutung fließt nicht von der Beobachtungssprache zur Theorie, sondern von der Theorie zur Beobachtungssprache. In Wahrheit jedoch sollte die Lehre anders lauten: Bedeutung fließt in alle Richtungen; oder noch besser: Mit Metaphern dieser Art sollte man vorsichtig umgehen. — Eine ›reine‹, von allen Theorien unabhängige Beobachtungssprache scheint es nicht zu geben. Alle von Menschen gesprochenen Sprachen sind theoriengeladen. Sie sind nicht für alle möglichen Welten konzipiert, sondern nur für die unsrige. Ihre Begriffe enthalten theoretische Präsuppositionen, die wir in unserer Welt erfüllt glauben (s. Art. 97), und mit unserem Gebrauch dieser Begriffe drücken wir implizit die Anerkennung dieser Präsuppositionen aus (vgl. Kuhn 1977 b, 252 – 260).

3.4. Projizierbarkeit

Die wohl fundamentalste Präsupposition dieser Art betrifft die *Projizierbarkeit* unserer Prädikate (vgl. Goodman 1983, 57 f und Kap. IV). Es ist uns in Fleisch und Blut übergegangen, von beobachteten auf unbeobachtete Fälle zu schließen, d. h. uns Projektionen aus dem Beobachteten hinaus zu erlauben, und wir geben damit implizit zu verstehen, daß wir die dabei verwendeten Prädikate tatsächlich für projizierbar, d. h. zu richtigen Projektionen führend, halten. — Diese Projektionen sind Induktionsschlüsse von folgender Art: Wir schließen etwa von der (wahren) Prämisse 'Alle geprüften Smaragde sind grün' auf 'Alle Smaragde sind grün'; d. h. wir schließen von '$\wedge x\,(Px \,\wedge\, Sx \rightarrow Gx)$' auf '$\wedge x\,(Sx \rightarrow Gx)$', wobei P für 'geprüft' stehe und 'geprüft' bedeute: 'geprüft vor dem Zeitpunkt t' mit

einem t, das nicht in der Vergangenheit liegt. Auf welch schwankendem Boden dieses Schlußschema — nennen wir es 'Induktionsschema' — steht, zeigt Goodmans bekanntes ›grot‹-Beispiel. Definieren wir 'x ist grot' als '(x wurde geprüft und ist grün) oder (x wurde nicht geprüft und ist rot)'. Dann erfüllt der Schluß von der (wahren) Prämisse 'Alle geprüften Smaragde sind grot' auf 'Alle Smaragde sind grot' das Induktionsschema, aber wir werden ihn nicht akzeptieren. Wir halten 'grot' nicht für projizierbar.

Die projizierbaren Prädikate sind diejenigen, für die (in hinreichend vielen Fällen) das Induktionsschema gültig ist, und man ist nun mit dem Problem konfrontiert, Kriterien zu finden, die die projizierbaren von den nicht-projizierbaren Prädikaten unterscheiden. Dies ist Goodmans ›new riddle of induction‹ (Goodman 1983, Kap. III). Es hat viele Versuche gegeben, geeignete Charakterisierungen von 'projizierbar' zu finden, aber keiner konnte überzeugen. Der Eindruck drängt sich auf, daß eine Art Algorithmus existiert, der zu jeder vorgeschlagenen, einigermaßen präzisen Charakterisierung sofort ein 'grot'-artiges Gegenbeispiel erzeugt. Die daraus zu ziehende Lehre ist offensichtlich die, daß wir uns bei Induktionen letztlich auf unser bestehendes Vokabular und die sich darin niederschlagenden Präsuppositionen verlassen müssen. Man scheint auf eine Art von *Nichthintergehbarkeit der Sprache* gestoßen zu sein. — Die Allgemeinheit des Projizierbarkeitsproblems ist augenscheinlich. Es durchzieht fast die gesamte Wissenschaftsphilosophie. Bei Themen wie 'Dispositionsprädikate', 'irreale Konditionalsätze', 'Gesetzesartigkeit', 'Einfachheit', 'induktiver Schluß', 'Bestätigung', 'Erklärung', 'natürliche Art' etc. geht es wesentlich um Projektionen, die aus dem Beobachteten hinausführen. Weiterhin ist jede wissenschaftliche Theorie nichts anderes als eine große Projektion dieser Art. Die für die Wissenschaftsphilosophie wohl wichtigste Lehre aus Goodmans ›new riddle‹ lautet, daß man nicht, wie es die Logischen Empiristen häufig versuchten, nach rein syntaktischen, rein formalen Explikationen der jeweils thematisierten Begriffe suchen darf. — Das Projizierbarkeitsproblem betrifft nicht nur die induktive Vertrauenswürdigkeit des schon verwendeten Vokabulars, sondern auch den Prozeß des Erlernens eines Vokabulars und Lernprozesse im allgemeinen. Lernprozesse gehen typischerweise über das Beobachtete hinaus, das Erlernte ist typischerweise stark unterbestimmt durch die Daten, die dem Lernenden zur Verfügung stehen, und das Goodman-Problem weist uns darauf hin, daß im Lernenden schon vieles vorstrukturiert sein muß, damit der Lernprozeß zu bestimmten Ergebnissen führen kann. Dies trifft insbesondere auf alle Kandidaten für ›Beobachtungssprachen‹ zu. Auch eine Beobachtungssprache muß gelernt werden, auch sie setzt, um hinreichend bestimmt zu sein, Vorstrukturiertes voraus. Die von ihr entworfene Taxonomie des Beobachtbaren wird nicht einfach, wie Empiristen es sich wünschen, von der Welt ›abgelesen‹.

3.5. Quinesche Beobachtungssätze

Die verifikationistische Idee, Bedeutung würde von einer wohldefinierten Klasse von Beobachtungssätzen zu den restlichen Sätzen fließen, sieht im Lichte der durchgängigen Theoriengeladenheit von Sprachen verfehlt aus. Trotzdem kann sie so ganz falsch nicht sein, denn beim faktischen Erlernen der Muttersprache spielen Beobachtungen natürlich eine wesentliche Rolle. Läßt sich durch Ausnutzung dieser Tatsache vielleicht doch eine Konzeption von Beobachtungssätzen gewinnen, denen man die gewünschte semantische Funktion zuschreiben kann? Quine glaubt, solch eine Konzeption gefunden zu haben (Quine 1960, §§ 8 – 10; Quine/Ullian 1978, Kap. III; vgl. auch Feyerabend 1978, 4 – 33, wo ein dem Quineschen ganz ähnlicher Begriff des Beobachtungssatzes entwickelt wird). – Ein Beobachtungssatz im Quineschen Sinne ist (im Idealfall) ein Satz, der so direkt mit gewissen charakteristischen Reizungen unserer Sinnesorgane korreliert ist, daß wir ihn ausschließlich aufgrund des Vorliegens dieser Reizungen und ganz unabhängig von unseren sonstigen Überzeugungen bejahen bzw. verneinen. Solch ein Satz kann rein ostensiv gelernt werden. Er hat die charakteristische Eigenschaft, daß seine Wahrheit oder Falschheit wesentlich von der Situation abhängt, in der er geäußert wird. – Quinesche Beobachtungssätze handeln meistens von vertrauten Gegenständen der Außenwelt und nicht etwa von ›Sinnesdaten‹. Sie können auch hochtheoretisches Vokabular enthalten. Für Mediziner kann z. B. der Satz 'Dies ist ein Epileptiker' ein Beobachtungssatz sein. Mediziner erkennen Epilepsie an charakteristischen äußeren Symptomen. Trotz seiner möglichen Theoriengeladenheit wird über einen in einer bestimmten Situation geäußerten Beobachtungssatz im allgemeinen intersubjektive Übereinstimmung hinsichtlich seiner Wahrheit herrschen. Zwei Mediziner mögen noch so verschiedene Theorien über Epilepsie vertreten, in ihrem Urteil, ob *dies* ein Epileptiker ist, werden sie meistens übereinstimmen. Diese Eigenschaft der Beobachtungssätze rührt daher, daß wir sie unmittelbar als unzergliederte Ganzheiten lernen können. Wir korrelieren sie als Ganze mit charakteristischen Sinnesreizungen. Sie stehen mit der Wirklichkeit in *holophrastischem Kontakt*. Die dadurch ermöglichte intersubjektive Übereinstimmung macht sie zu idealen Überprüfungs- und Vergleichsinstanzen für wissenschaftliche Theorien.

4. Die Analytisch-synthetisch-Unterscheidung

4.1. Die Duhem-Quine-These

Einem Nichtbeobachtungssatz *S* lassen sich, wie sich in 2. gezeigt hat, höchstens im Kontext einer Theorie wohldefinierte Testsituationen zuordnen; und noch nicht einmal das darf man sagen, denn bei einem der Theorie widersprechenden Testergebnis kann man die Wahl haben, ob man nun Satz *S* oder den ganz anderen Satz *S'* als widerlegt betrachten soll. In seinem Aufsatz *Two dogmas of empiricism* (Quine 1961 b, 20 – 46) geht Quine noch einen Schritt weiter. Er behauptet dort, daß – erstens – bei empirischen Tests im Prinzip *jeder* Nichtbeobachtungssatz zur Disposition steht (Beobachtungssätze sowieso), daß aber auch – zweitens – jeder einzelne Nichtbeobachtungssatz, ganz gleich, wie die Testergebnisse aussehen, als unwiderlegt angesehen und beibehalten werden kann, wenn man nur an anderen Stellen der Theorie geeignete Änderungen vornimmt. Dies ist die *Duhem-Quine-These*. Ihr erster Teil sagt, daß kein Satz einer Theorie apriorisch ist, und ihr zweiter Teil sagt, daß jeder einzelne Nichtbeobachtungssatz einer Theorie quasi per Beschluß zu einem apriorischen gemacht werden kann. Die Konzeption eines apriorischen Satzes ist damit *ad absurdum* geführt. – Als Spezialfall der apriorischen Sätze werden üblicherweise die analytischen Sätze, also Sätze, die kein Tatsachenwissen, sondern nur Sprachwissen ausdrücken, angesehen. Die Duhem-Quine-These legt somit die Ablehnung der Analytisch-synthetisch-Unterscheidung nahe (s. Art. 86). Wer an der Analytisch-synthetisch-Unterscheidung festhalten möchte, wird allerdings sagen, daß die analytischen Sätze auf die Begrenztheit der Duhem-Quine-These verweisen. Die Duhem-Quine-These beträfe eben nur synthetische Sätze. Betrachten wir deshalb die Analytisch-synthetisch-Unterscheidung unabhängig von der Duhem-Quine-These.

4.2. Die Belanglosigkeit der Analytischsynthetisch-Unterscheidung

Der Analytisch-synthetisch-Unterscheidung liegt eine starke Intuition zugrunde: 'Alle Junggesellen sind unverheiratet' ist analytisch, 'Die Katze ist auf der Matte' synthetisch. Das sind die Paradigmen, an denen jeder den Unterschied spüren kann. Was jedoch hat dieser Unterschied mit Philosophie und insbesondere mit Wissenschaftsphilosophie zu tun? — Die Logischen Empiristen glaubten: eine ganze Menge. Analytische Sätze drücken *Sprachwissen* aus, und dies war die einzige Art von Wissen, die sie als Empiristen neben dem Erfahrungswissen akzeptieren konnten. Mit Hilfe der Analytizitäts-Konzeption sollten zwei für einen Empiristen problematische Wissensgebiete erklärt werden. Erstens Logik und Mathematik, die ja anscheinend nicht auf Erfahrung basieren. Zweitens überhaupt alles theoretische Wissen. Der Gedanke lag nahe, allen rein theoretischen Sätzen, die ja so weit weg von der Erfahrung angesiedelt sind, zunächst, wie den Sätzen der Metaphysik, jeglichen kognitiven Gehalt abzusprechen. Wenn man dann jedoch die ›Zuordnungsregeln‹ (vgl. 3.4.), die eine Verbindung zwischen der theoretischen Sprache und der empirisches Wissen ausdrückenden Beobachtungssprache herstellen, einfach als analytisch deklarierte, konnten die theoretischen Sätze legitimiert werden. Sie konnten dann einfach als Ausdruck von empirischem und Sprachwissen gelten und waren von jeglichem Metaphysikverdacht befreit.

Es zeigt sich jedoch, daß der Analytizitäts-Begriff von der Aufgabe, die ihm damit aufgebürdet wird, überfordert ist. Betrachten wir zunächst Logik und Mathematik. Die Sicherheit und Erfahrungsunabhängigkeit der Sätze der Logik und Mathematik wurde damit erklärt, daß sich in ihnen ausschließlich Bedeutungswissen niederschlage. Diese Erklärung klingt jedoch bedrohlich *ad hoc*. Warum die Sicherheit und Erfahrungsunabhängigkeit der Logik nicht einfach mit deren ›Evidenz‹ erklären (vgl. Quine 1976 a, 112 f)? Warum ist diese Erklärung schlechter als eine, die mit einem unexplizierten Begriff von Bedeutung oder Analytizität operiert? Im Falle der Ma

thematik ist die Analytizitäts-These zudem höchst unplausibel. Drückt der Fundamentalsatz der Algebra wirklich nur Sprachwissen aus? Weiterhin muß man sich fragen, wie es mit der vermeintlichen Erfahrungsunabhängigkeit von Logik und Mathematik tatsächlich bestellt ist. In 2. hat sich gezeigt, daß ein wohldefinierter empirischer Gehalt höchstens Theorien als Ganzen zugeordnet werden kann. Zu diesem Gehalt tragen jedoch auch die Sätze der Logik und Mathematik bei; sie werden bei der Ableitung empirischer Konsequenzen einer Theorie ebenso benutzt wie die anderen Sätze. Logik und Mathematik spielen sicher eine Sonderrolle in unseren wissenschaftlichen Theorien, ob diese Rolle jedoch mit dem Wort 'Erfahrungsunabhängigkeit' angemessen charakterisiert ist, erscheint zweifelhaft. Es gibt mittlerweile empiristische Konzeptionen von Logik und Mathematik, die ohne diese Charakterisierung auskommen wollen (siehe etwa Kitcher 1984) und die beanspruchen, plausible Alternativen zur linguistischen Konzeption der Logischen Empiristen darzustellen. — Wie steht es mit der Analytizität der Zuordnungsregeln? Die Zuordnungsregeln bilden die Kanäle zwischen Theorie und Erfahrung, und für einen Logischen Empiristen mußten diese Kanäle analytisch sein, weil er außer Sprach- und Erfahrungswissen kein weiteres Wissen anerkannte. Schaut man sich die Sätze, die Zusammenhänge zwischen Theoretischem und Beobachtbarem beschreiben, jedoch genauer an, so bemerkt man, daß sie meistens ganz anders aussehen als der Satz 'Alle Junggesellen sind unverheiratet'. Sie sind zum Beispiel oft statistische Aussagen. Es erscheint gewaltsam, sie als analytisch zu deklarieren. Außerdem haben diese Sätze in ihrer Gesamtheit Konsequenzen mit unbestreitbar empirischem Gehalt. Also können sie nicht alle *zugleich* als analytisch angesehen werden. Man muß eine Auswahl treffen. Es hat sich jedoch gezeigt, daß solch eine Wahl meistens willkürlich ist. Die Analytisch-synthetisch-Unterscheidung entpuppt sich damit selbst als eine willkürliche, wodurch sie weitgehend entwertet wird. — Bei einem Blick zurück auf die Entwicklung des Logischen Empirismus — und auf die Analytische Philosophie insgesamt — drängt sich der Eindruck auf, daß das Wort 'analytisch' häufig als Zauberwort benutzt wurde: Man deklariere gewisse Sätze als analytisch — und auf einen Schlag sind schwierige Probleme gelöst, ohne daß man sich noch der Mühe des Argumentierens unterziehen müßte. Man fragt sich, zu welchem Ergebnis die Logischen Empiristen wohl gekommen wären, wenn sie ihre Sinn-Kriterien auch auf ihre Analytizitäts-Behauptungen angewandt hätten. Was am Ende der ganzen Bemühungen um eine Klärung des Analytizitäts-Begriffs bleibt, ist nicht viel mehr als das, was schon am Anfang da war: ein vages Analytizitäts-Gefühl, das sich auf deutliche Weise vielleicht bei einem Satz wie 'Alle Junggesellen sind unverheiratet' bemerkbar macht, ansonsten jedoch nur noch bei sehr wenigen Sätzen. Wer will, kann diese wenigen Sätze 'analytisch' nennen und als Ausnahmefälle für den Duhem-Quine-Holismus ansehen. Sie sind jedoch philosophisch unerheblich.

5. Referenz

5.1. Der Begriff 'Referenz'

'Referenz' ist ein philosophischer *terminus technicus*, der mit dem Wort 'sprachlicher Wirklichkeitsbezug' nur unvollständig wiedergegeben wird. Erstens ist Referenz zu unterscheiden von dem, was in 3.5. 'Kontakt' genannt wurde. Wir haben Kontakt mit der Wirklichkeit durch unsere Sinnesorgane, und Sinneswahrnehmungen spielen beim Sprachlernprozeß und beim Äußern von Beobachtungssätzen eine entscheidende Rolle. Referenz dagegen hat es ganz allgemein mit Gegenständen zu tun — etwa mit Elektronen, auf die sich das Wort 'Elektron', oder mit der Zahl 5, auf die sich das Zahlwort 'Fünf' bezieht —, bei denen es sich normalerweise weder um Sinnesorgane oder -reizungen noch um Sinnesdaten handelt. Es spricht viel für Quines Auffassung, daß Kontakt nur von ganzen Sätzen hergestellt wird — Kontakt ist holophrastisch —, während es bei Referenz vor allem um Prädikate, Eigennamen und Variablen geht (s. Art. 78). Aber selbst wenn man auch Wörtern Kontakt zuschreibt, muß man ihre Referenz davon unterscheiden. Nur weil wir mit der Wirklichkeit über unsere Sinne in Kontakt stehen, beziehen sich unsere Wörter noch lange nicht auf Sinnesdaten (und im allgemeinen auch nicht auf Sinnesreizungen). Es war ein entscheidender Fehler des Phänomenalismus, Kontakt und Referenz nicht auseinanderzuhalten zu haben. — Zweitens sind für Referenz gewisse formale Schemata bindend. In seinem Aufsatz *Note on the theory of reference* (Quine 1961 d, 130—138) nennt Quine als Hauptbegriffe jeder Referenztheorie die Begriffe 'wahr', 'zutreffen

auf', 'bezeichnen', 'Extension' und 'Werte der Variablen', wobei die ersten drei den folgenden Schemata unterliegen:

(a) '...' ist *wahr* genau dann, wenn — — —.

(b) '...' *trifft auf* jedes — — — *zu* und auf sonst nichts.

(c) '...' *bezeichnet* — — — und sonst nichts.

Hierbei sind jeweils die drei Punkte durch einen Satz, ein Prädikat bzw. einen Eigennamen der Objektsprache (d. h. derjenigen Sprache, über deren Gegenstandsbezug wir etwas aussagen wollen) zu ersetzen und die drei Striche durch die entsprechende Übersetzung in der Metasprache (d. h. derjenigen Sprache, in der wir unsere Aussagen über die Objektsprache und deren Gegenstandsbezug formulieren; im vorliegenden Fall ist die Metasprache Deutsch). — Man kann, wie es etwa Quine und Davidson tun, Betrachtungen über Referenz auf formale Aspekte dieser Schemata beschränken. Eine Theorie der Referenz bemüht sich dann lediglich um eine systematische Darstellung formaler Beziehungen, die zwischen den Begriffen 'wahr', 'zutreffen auf' usw. bestehen. In der Wissenschaftsphilosophie jedoch, in der man sich mit schwierigen Wörtern wissenschaftlicher Theorien, wie 'elektromagnetisches Feld' oder 'Neutrino', befaßt, fällt es schwer, mit solch einer Askese zufrieden zu sein. Man möchte doch wissen, auf welche Weise wir diesen schwierigen Wörtern ihren Gegenstandsbezug verleihen, und vielleicht sogar, worin dieser Bezug besteht.

5.2. Deskriptionistische Referenztheorien

In den sogenannten ›deskriptionistischen‹ Referenztheorien wird angenommen, daß die Referenz eines Terms '*t*', der einer Theorie *T* angehört, durch notwendige und hinreichende Bedingungen festgelegt ist. Damit diese Bedingungen nicht zuviel Willkürelemente enthalten, sollten sie möglichst viele den Term '*t*' enthaltende Aussagen der Theorie *T* berücksichtigen. Carnap hat diese Idee auf folgende Weise ausgearbeitet (vgl. Carnap 1969, 262—270). — Sei *T* eine Theorie, aufgefaßt als eine Klasse von Sätzen. Seien t_1', ..., 't_n' die ›theoretischen‹ Terme von *T*, also diejenigen Terme, die uns schwierig erscheinen und für deren Gegenstandsbezug wir uns interessieren. Denken wir uns die Axiome der Theorie konjunktiv zu einem einzigen großen Satz '$T[t_1, ..., t_n]$' zusammengefaßt. Ersetzt man die 't_1', ..., 't_n' durch Variablen 'x_1', ..., 'x_n', so erhält man durch Existenzquantifikation den sogenannten *Ramsey-Satz* '$\vee x_1 ... x_n T[x_1, ..., x_n]$' von *T*. Carnap betrachtet dann den folgenden Satz — nennen wir ihn 'Carnapsche Zuordnungsdefinition für 't₁', ..., 'tₙ'':

(C) $\lor x_1 \ldots x_n T\,[x_1, \ldots, x_n] \rightarrow T\,[t_1, \ldots, t_n].$

(C) ist wie folgt zu lesen: 'Die t_1, ..., t_n sind gerade solche Gegenstände x_1, ..., x_n, für die $T\,[x_1, \ldots, x_n]$ gilt.' (C) kann als Versuch aufgefaßt werden, auf einen Schlag die Referenz sämtlicher Terme 't₁', ..., 'tₙ' festzulegen. Wer eine *eindeutige* Referenz-Festlegung wünscht, muß die Theorie T so stark machen, daß sie nur eine einzige Folge von x_1, ..., x_n, für die $T\,[x_1, \ldots, x_n]$ gilt, zuläßt (vgl. Lewis 1970). Weiterhin war (C) für Carnap analytisch. Der faktische (›synthetische‹) Gehalt der Theorie T wird dann allein durch ihren Ramsey-Satz, also das Vorderglied von (C), repräsentiert. — Diese Referenz-Theorie hat zwei fundamentale Mängel. Erstens macht sie von der Unterscheidung der Terme in ›theoretische‹ und ›nichttheoretische‹ einen zu ambitionierten Gebrauch. Angenommen nämlich, man hat zwei Theorien T_1 und T_2, die sich in ihren nichttheoretischen Konsequenzen nicht widersprechen. Dann kann man zeigen (vgl. English 1973, 460), daß sich auch ihre Ramsey-Sätze nicht widersprechen. Wenn man also den faktischen Gehalt von Theorien allein durch ihre Ramsey-Sätze repräsentiert sieht, schließt man damit aus, daß es rein theoretische Widersprüche geben kann. Sollten T_1 und T_2 gemeinsame theoretische Terme 't_i' und mit den 't_i' formulierte theoretische Aussagen enthalten, die einander widersprechen, so müssen diese Widersprüche als nur scheinbare gedeutet werden; in Wirklichkeit — so muß man sagen — liegt eine Äquivokation vor, da sich die 't_i' in T_1 und T_2 auf Verschiedenes beziehen. Diese Position wäre nur dann akzeptabel, wenn man eine ihren erkenntnistheoretischen Ambitionen angemessene Unterscheidung zwischen theoretischen und nichttheoretischen Termen besäße. Dies ist jedoch nicht der Fall. — Zweitens verstößt die Carnapsche Referenztheorie gegen die Bedeutungs-Bedingung II. von 2.5., die natürlich auch und vor allem für den Referenz-Begriff bestimmend sein sollte. Carnaps Deutung von (C) als einer Definition, die die Referenz der theoretischen Terme der Theorie T festlegt, impliziert, daß man im allgemeinen auch bei ganz geringfügigen Korrekturen an T, die *prima facie* nichts mit dem Vokabular von T zu tun haben, gleich von einer Änderung der Referenz der theoretischen Terme sprechen muß (vgl. English

1978). — Man kann diesen Punkt auch anders verdeutlichen: Wir werden wohl sagen müssen, daß viele unserer Theorien T, ausgedrückt durch den Satz '$T\,[t_1, \ldots, t_n]$', nicht ganz richtig sind. Dies kann daher rühren, daß der Ramsey-Satz '$\lor x_1 \ldots x_n T\,[x_1, \ldots, x_n]$' nicht ganz richtig ist, d. h. daß es keine Gegenstände x_i gibt, die den Satz $T\,[x_1, \ldots, x_n]$ in aller Strenge erfüllen; es kann aber, selbst wenn es solche erfüllenden x_i gibt, auch daher rühren, daß die Terme 't_i' sich nicht auf diese x_i beziehen, sondern auf Gegenstände t_i, die $T\,[x_1, \ldots, x_n]$ nicht erfüllen. Carnaps Referenztheorie setzt, wie alle deskriptionistischen Referenztheorien, *Referenz* mit *Erfüllung* gleich. Diese Gleichsetzung ist jedoch fragwürdig.

5.3. Kausale Referenztheorien

Wie jedoch können wir uns mit 't_i' auf t_i beziehen, ohne daß der wahre Satz '$T\,[t_1, \ldots, t_n]$' — oder zumindest irgendein von uns verwendeter wahrer Satz — die Beziehung herstellt? Wird andernfalls Referenz nicht zu etwas vollkommen Mysteriösem? Es scheint sich hier ein seltsames Dilemma aufzutun: Entweder man akzeptiert eine deskriptionistische Referenztheorie, wie sie soeben geschildert wurde, und handelt sich damit die soeben geschilderten Mängel ein, oder man macht Referenz zu einem Mysterium. Einen Ausweg aus diesem Dilemma versucht die sogenannte *kausale Referenztheorie* von Saul Kripke und Putnam zu finden (Kripke 1980; Putnam 1975 b, Aufsätze 11 bis 13). Sie entwirft ein Modell der Referenzbeziehung, oder des ›Mechanismus‹ der Referenz, das nicht auf sprachlich formulierbaren Definitionen beruht. — Angenommen, eine Person P gebraucht ein Wort, das eine natürliche Art bezeichnet, wie etwa das Wort 'Gold'. Angenommen weiterhin, P verbinde mit dem Wort 'Gold' zumindest die Vorstellung, daß es sich dabei um ein Metall handle, das normalerweise gelblich gefärbt ist — d. h. P verfüge, um Putnams Terminologie zu benutzen, über ein ›Stereotyp‹ von Gold —, und P sei auf irgendeine Weise kausal mit einem Ereignis verbunden — es heiße 'Anfangsereignis' —, bei dem jemand auf ein *paradigmatisches* Stück Gold hinwies und zu erkennen gab, daß es sich dabei tatsächlich um Gold handelt. In diesem Fall haben wir, gemäß der kausalen Referenztheorie, das Recht zu sagen, daß sich P mit dem Wort 'Gold' auf Gold bezieht; und zwar nicht nur auf dasjenige Stück Gold, auf das beim Anfangsereignis hingewiesen wurde, sondern auf alles Gold schlechthin, genauer: auf all diejenigen Gegenstände, die aus *dem gleichen Material* bestehen wie jenes paradigmatische Stück. — Besonders interessant an diesem Referenz-Modell sind jene Stellen, wo ein ›Wissen‹ eine Rolle spielt: beim Stereotyp, beim Hinweis auf ein paradigmatisches Stück Wirklichkeit und bei den Kriterien, die wir — um beim obigen Beispiel zu bleiben — für Materialgleichheit und die Identifikation von Gold zur Anwendung bringen. In all diesen Fällen wird eingeräumt, daß uns dabei Irrtümer unterlaufen können, daß es sich also keinesfalls um ›analytisches Wissen‹ handelt.

Das kausale Referenzmodell paßt besonders gut auf diejenigen Wörter, die natürliche Arten bezeichnen, deren Exemplare uns direkt zugänglich sind, so daß wir beim Anfangsereignis einfach auf sie zeigen können. Es läßt sich jedoch, mit gewissen Modifikationen, auch auf hochtheoretische Begriffe anwenden. Betrachten wir zum Beispiel den Begriff 'elektrische Ladung'. Hier sind, im Vergleich zu 'Gold', zwei Modifikationen nötig. Erstens kann beim Anfangsereignis nicht mehr einfach auf einen paradigmatischen Gegenstand hingewiesen werden; man muß sich vielmehr mit einer Beschreibung begnügen, die charakteristischerweise auf gewisse kausale Beziehungen Bezug nehmen wird; etwa: 'Elektrische Ladung ist diejenige physikalische Größe, welche unter den und den Umständen die und die Effekte verursacht.' Diese Beschreibung braucht natürlich nicht *ganz* richtig zu sein, und sie ist insbesondere nicht analytisch. Zweitens gibt es im Falle des Begriffs 'elektrische Ladung' natürlich keine Relation der Materialgleichheit mehr, für die Kriterien anzugeben wären, sondern man hat allgemeiner nach Gesetzmäßigkeiten zu suchen, denen die elektrische Ladung unterliegt und die zu Charakterisierungen führen, die besser und genauer sind als die im Anfangsereignis genannten. Nach diesen Charakterisierungen wird gesucht; auch sie konstituieren, wenn man sie gefunden hat, keine analytischen Aussagen. — Taugt das kausale Referenzmodell zur Umgehung des Referenz-Dilemmas, wie es oben geschildert wurde? Man sieht sofort, daß es nicht die charakteristischen Mängel der Carnapschen Zuordnungsdefinition aufweist. Dadurch, daß es nicht von Analytizität Gebrauch macht, reduziert es den konventionellen Anteil bei der Referenzrelation auf ein Minimum und macht dadurch Referenz relativ unempfindlich ge-

genüber Änderungen unseres Sprachverhaltens. Wenn sich das Wort 'Gold' auf *dies* [Zeigegeste auf ein Stück Gold] *und alles, was damit materialgleich ist* bezieht, ist große Konstanz gewährleistet, denn *dies* [Zeigegeste auf das Stück Gold] ist relativ sprachunabhängig, und die Konzeption der Materialgleichheit erscheint allgemein und offen genug, um von den meisten Theoriemodifikationen unberührt zu bleiben. Ist man damit jedoch auch wirklich der anderen Seite des Dilemmas — der Gefahr, Referenz zu etwas Mysteriösem zu machen — entgangen? Ein wenig wohl schon. Man sieht Referenz zwar nicht mehr als durch bestimmte wohlumrissene sprachliche Zuordnungsakte konstituiert, aber immer noch als Funktion unseres Sprachverhaltens, zugleich aber auch als Funktion der Umwelt, in die wir mit unserem Sprachverhalten kausal verwickelt sind. Das Bild vom Mechanismus der Referenz ist komplexer und etwas verschwommener geworden als bei Carnap, dafür aber wohl realistischer.

5.4. Referenzpotentiale

Philip Kitcher (1978; 1993, Kap. 4; 5) hat das kausale Referenzmodell etwas ausgebaut und liberalisiert, um Wörtern gerecht zu werden, die problematischer sind als 'Gold'. Solch ein Wort wäre etwa 'Phlogiston', wie es von Joseph Priestley und anderen Chemikern im 18. Jahrhundert verwendet wurde. Georg Ernst Stahl, der Erfinder des Wortes 'Phlogiston', definierte Phlogiston als ›diejenige Substanz, die beim Verbrennungsvorgang entweicht‹. Die Substanz Phlogiston diente den Phlogiston-Chemikern zur Erklärung von Verbrennungsvorgängen, aber auch zur Erklärung ›metallischer Eigenschaften‹ von Stoffen, des Entstehens von Säuren und anderer Dinge. — Was soll man über die Referenz des Wortes 'Phlogiston' sagen? Wie wir seit Antoine Laurent Lavoisier wissen, ist der Verbrennungsvorgang nicht durch das Entweichen einer Substanz gekennzeichnet, sondern umgekehrt durch das Anbinden von Sauerstoff. Wenn man sich allein an Stahls Definition hielte, müßte man sagen, daß sich das Wort 'Phlogiston' schlicht und einfach auf nichts bezieht. Aber damit würde man behaupten, daß die Aussagen der Phlogiston-Chemiker nur leeres Gerede waren, und das kann in dieser Allgemeinheit nicht stimmen. Kitcher hat sein Referenzmodell entwickelt, um den 'Phlogiston'-Fall auf differenziertere Weise behandeln zu können. Er ordnet ein Anfangsereignis nicht, wie in dem Modell von 5.3., dem sprachlichen Ausdruck selbst (als abstraktem Typ) zu, sondern einem konkreten Vorkommnis (token) des Ausdrucks, und er läßt zu, daß verschiedenen Vorkommnissen ein und desselben sprachlichen Ausdrucks verschiedene Anfangsereignisse entsprechen. Dem sprachlichen Ausdruck selbst entspricht dann, bei gegebener Sprachgemeinschaft *G* während der Zeitspanne *Z*, die Klasse aller Anfangsereignisse zu allen möglichen Vorkommnissen des Ausdrucks während der Zeitspanne *Z* in der Gemeinschaft *G*. Kitcher nennt diese Klasse das ›Referenzpotential des Ausdrucks (für G während Z)‹.

Das Referenzpotential eines Ausdrucks kann sehr groß sein. Im Referenzpotential des Wortes 'Sauerstoff' zum Beispiel können sowohl Ereignisse liegen, bei denen Sauerstoff auf die verschiedenartigsten Weisen hergestellt, als auch Ereignisse, bei denen Sauerstoff auf die verschiedenartigsten Weisen beschrieben wird. Was man sich jedoch erhofft und was man voraussetzt, ist, daß alle Ereignisse im Referenzpotential auf dasselbe Referenzobjekt verweisen; in unserem Beispiel eben Sauerstoff. Kitcher nennt diese Voraussetzungen — oder genauer: die entsprechenden Überzeugungen der Mitglieder der Sprachgemeinschaft — ›theoretische Präsuppositionen des Ausdrucks‹ (vgl. auch 3.3. und 3.4.). Sie müssen nicht unbedingt explizit formuliert sein, sie zeigen sich jedoch im Gebrauch ein und desselben Ausdrucks in Situationen, die kausal mit verschiedenen Anfangsereignissen verknüpft sind. Und natürlich müssen diese Präsuppositionen nicht immer erfüllt sein. — Wie finden wir heraus, wie das Referenzpotential eines Ausdrucks für eine Sprachgemeinschaft *G* während einer Zeitspanne *Z* aussieht? Wir finden es heraus, indem wir für jede in *Z* getane Äußerung eines Mitglieds *S* von *G*, in der der Ausdruck vorkommt, nach einer Erklärung dafür suchen, warum von *S* diese Äußerung kam. Solch eine Erklärung wird eine Verbindung herstellen zwischen einem Ereignis, das als Anfangsereignis für das Vorkommen des Ausdrucks in der betreffenden Äußerung in Frage kommt, und der Äußerung selbst. Das in der besten jener Erklärungen vorkommende Ereignis dieser Art wird dann als das wirkliche Anfangsereignis gelten und zum Referenzpotential gerechnet werden. — Kitchers Modell ist rein extensionalistisch. Es kommt ganz ohne ›Bedeutungen‹ im intensionalen Sinn aus. Es versucht, relativ handfeste Verbindungen herzustellen zwischen gewissen Gegen-

ständen und Ereignissen der materiellen Welt einerseits und der Produktion sprachlicher Äußerungen andererseits, und zwar Verbindungen, die erklären helfen, warum es zur Produktion der sprachlichen Äußerungen kommt. Kitcher verwendet sein Modell vor allem bei der Analyse des Theorienwandels.

6. Theorienwandel

6.1. Wissenschaftliche Revolutionen

Theorienwandel geht einher mit Änderungen der Überzeugungen der beteiligten Wissenschaftler, insbesondere mit Änderungen der theoretischen Präsuppositionen gewisser sprachlicher Ausdrücke, die die Wissenschaftler verwenden. Man stellt zum Beispiel fest, daß verschiedene Beschreibungen, von denen man glaubte, sie würden auf adäquate Weise ein und dieselbe Substanz charakterisieren, oder daß verschiedene Verfahren, von denen man glaubte, sie führten zu identischen Substanzen, dies nicht tun. Man wird daraufhin das Sprachverhalten entsprechend ändern: Gewisse Anfangsereignisse werden bei der Produktion der sprachlichen Ausdrücke keine Rolle mehr spielen, da man erkannt hat, daß sie nicht zum Rest passen. Mit anderen Worten: Die Referenzpotentiale sprachlicher Ausdrücke werden sich ändern. — Dies ist Philip Kitchers Bild vom Theorienwandel. In diesem Bild gibt es keinen Platz für revolutionäre Umbrüche, die sich radikal vom normalen Verlauf der Wissenschaften unterscheiden würden. Kitcher faßt seine Methode der Referenzbestimmung als eine Methode auf, wie wir etwa die ›Sprache der Phlogiston-Chemie‹ in die ›Sprache der heutigen Chemie‹ *übersetzen* oder wie wir zumindest die Äußerungen der Phlogiston-Chemiker *interpretieren* können. Wir stellen fest, daß sich z. B. das Wort 'Phlogiston' je nach Kontext, in dem es verwendet wird, auf Verschiedenes beziehen kann, und auf diese Weise erhalten die Aussagen der Phlogistontheoretiker für uns einen Tatsachengehalt. — Thomas S. Kuhn hält diese Sichtweise für verfehlt (Kuhn 1983). Kitchers Methode zerreißt von der Phlogistontheorie postulierte theoretische Zusammenhänge, die für das Verständnis der Äußerungen der Phlogistontheoretiker wesentlich sind. Kuhn denkt, daß es zwei grundlegend verschiedene Arten wissenschaftlicher Entwicklung gibt: die Entwicklung der *normalen Wissenschaft* und *wissenschaftliche Revolutionen* (Kuhn 1970). Ein paradigmatisches Beispiel einer wissenschaftlichen Revolution ist der Übergang von der Phlogiston-Chemie Priestleys zur Sauerstoff-Chemie Lavoisiers. In der Art, wie sie Stoffe in Elemente und Nichtelemente unterteilen, unterscheiden sich die Phlogiston-Chemiker so sehr von den Chemikern nach Lavoisier, daß man Probleme haben kann, das ›Wissen über chemische Elemente‹ der ersteren mit dem entsprechenden Wissen der letzteren zu vergleichen. Ähnliche Vergleichsprobleme tauchen etwa im Falle der Übergänge von der Aristotelischen zur Galilei-Newtonschen Physik, der kreationistischen zur Darwinschen Biologie, der vorrelativistischen zur relativistischen und der klassischen zur Quantenphysik auf. Das neue Wissen scheint in diesen Fällen nicht einfach eine Vermehrung, sondern in gewissem Sinn eine modifizierende Umorganisation des alten darzustellen. – Die Frage, die Kuhn sich stellt, lautet: Wie lassen sich diese wissenschaftlichen Revolutionen besser verstehen? Er sucht nach einer Begrifflichkeit und einer Sichtweise, die es erlauben, die wissenschaftlichen Revolutionen einfühlsam und zugleich präzise zu beschreiben. Er erhofft sich dadurch Einsichten über das Wesen eines Erkenntnisfortschritts, der sich nicht in einem ›mehr‹ erschöpft, sondern auch ein ›anders‹ und ein ›tiefer‹ beinhaltet.

6.2. Inkommensurabilität

Kuhn glaubt, das, was an wissenschaftlichen Revolutionen besonders tiefgreifend und philosophisch brisant ist, mit einer sprachphilosophischen Konzeption erfassen zu können: mit seiner Konzeption von ›Inkommensurabilität‹. Er nennt zwei Theorien, aufgefaßt als Klassen von Sätzen, 'inkommensurabel' genau dann, wenn es keine Sprache gibt, in die beide zugleich adäquat übersetzt werden können (vgl. Kuhn 1983; 1993). Aus dieser Definition folgt, daß zwei inkommensurable Theorien insbesondere nicht ineinander übersetzbar sind (s. Art. 73). Kuhn beeilt sich jedoch hinzuzufügen, daß diese Unmöglichkeit im allgemeinen nur eine eng umgrenzte ist. Inkommensurable Theorien haben im allgemeinen den Großteil des Vokabulars gemeinsam. Lediglich kleine Untergruppen von Wörtern widersetzen sich der Übersetzung. Die Inkommensurabilität zwischen zwei Theorien ist also im allgemeinen nur eine lokale. – Kuhns Inkommensurabilitäts-Konzeption hat zwei offenkundige Schwachstellen. Sie betreffen den Begriff der Sprache und den Begriff der Übersetzung. Was ist für

Kuhn ›eine Sprache‹? Welcher Grad von Bestimmtheit wird bei seinem Sprachbegriff verlangt? Wann hat man es mit einer Sprache zu tun und wann mit zweien? Man sieht sofort, daß Kuhns Inkommensurabilitäts-Konzeption von befriedigenden Antworten auf diese Fragen entscheidend abhängt. Könnte man zum Beispiel immer die Sprachen L_1 und L_2 zweier Theorien zu einer einzigen Sprache L zusammenpacken, die dann L_1 und L_2 enthält (so daß also L_1 und L_2 auf triviale Weise in die Sprache L ›übersetzbar‹ sind), so wäre nach Kuhns Definition Inkommensurabilität von vornherein unmöglich. – Kuhn schwebt jedoch folgendes Bild vor: Die Ausdrücke einer Sprache sind für ihn Knoten eines Begriffsnetzes. Die Identität des Begriffs, den ein Ausdruck repräsentiert, wird bestimmt durch das System relativer Abstände von Ausdrücken in seiner Umgebung. Kuhn ist, trotz ansonsten geäußerter Bedeutungsskepsis, geneigt, mit dieser Umgebung eines Ausdrucks im Begriffsnetz dessen Bedeutung, d. h. Intension, zu identifizieren. Neben der Intension gibt es noch die Extension, d. h. den Gegenstandsbezug (s. Art. 81). Er wird hergestellt durch die Art, wie wir das Netz in der Umgebung des Ausdrucks ›auf die Natur legen‹ (dies sind Kuhns Worte). Zwei Sprachen sind nun ineinander übersetzbar genau dann, wenn eine Zuordnung zwischen ihren Ausdrücken hergestellt werden kann, die die Begriffsnetze der beiden Sprachen zur Deckung bringt, und zwar so, daß auch der Gegenstandsbezug von zur Deckung gebrachten Netzteilen bei beiden Sprachen derselbe ist. Eine Übersetzung dieser Art ist unabhängig vom Äußerungskontext und unabhängig von zusätzlichen Erläuterungen des Übersetzers.

Inkommensurablen Theorien liegen also, grob gesprochen, Begriffsnetze zu Grunde, die nicht zur Deckung gebracht werden können. Theoretisch könnten ihnen zwar auch deckungsgleiche Netze zu Grunde liegen, die sich lediglich in ihrem Gegenstandsbezug unterscheiden (siehe das Twin-earth-Beispiel in Putnam 1975 b, Aufsatz 12) – mit solch einem Fall hat man jedoch in der Praxis, insbesondere bei Übergängen von einer wissenschaftlichen Theorie zur nächsten, nicht zu rechnen. Inkommensurabilität ist somit Inkongruenz von Begriffsnetzen. – Kuhns pauschales holistisches Bild vom Begriffsnetz erweist sich jedoch als untauglich, den Begriffen 'Sprache' und 'Übersetzung' die nötige Präzision zu geben. Daß das Bild dringend gewisser Ergänzungen bedarf, zeigt vor allem die folgende Überlegung: Wer sagt uns denn, daß nicht jede noch so geringfügige Änderung unserer Überzeugungen auch eine Änderung unseres Begriffsnetzes involviert, so daß ständig Inkommensurabilitäten entstünden? Was Kuhn braucht, sind gewisse Invarianten bei Überzeugungsänderungen, die es ihm zu sagen erlauben, daß nur deren Änderung zu inkongruenten Begriffsnetzen führt.

6.3. Paradigmen

Es lag für Kuhn zunächst nahe, ›Bedeutungen‹ als solche Invarianten anzusehen. Der Bedeutungs-Begriff ist jedoch zu vage für solch eine gewichtige Funktion. Es scheint vielmehr, als seien nicht ›Bedeutungen‹, sondern die Kuhnschen *Paradigmen* die gewünschten Invarianten. Paradigmen sind konkrete Problemlösungen, die beispielhaft zeigen, in welcher Weise die Begriffe, Aussagen oder Formalismen einer bestimmten Sprache oder Theorie mit der Wirklichkeit in Verbindung stehen. Jeder empirischen Theorie entsprechen gewisse Paradigmen, die für die Theorie charakteristisch sind und ihre Identität wesentlich mitbestimmen. Ein Student, der etwa die Newtonsche Mechanik und deren Grundbegriffe, vor allem 'Masse' und 'Kraft', lernt, muß deren Grundgesetz 'K = mb' — 'Kraft ist Masse mal Beschleunigung' — lernen und zugleich, wie sich der von diesem Gesetz behauptete Zusammenhang in der Wirklichkeit äußert. Letzteres lernt er anhand von Beispielen. Diese Beispiele sind die Paradigmen. Der Student lernt mit ihrer Hilfe, in gewissen Situationen bestimmte Zusammenhänge zu sehen — im Falle von 'K = mb' könnte man sagen: 'K = mb'-Zusammenhänge — und das, was er dort gesehen hat, dann in neuen Situationen zur Anwendung zu bringen. Die Aufgabe des Wissenschaftlers, der die Theorie schließlich beherrscht, besteht zu einem großen Teil darin, in neuen Situationen Zusammenhänge zu entdecken, die er von vertrauten Situationen her schon kennt. Diese Fähigkeit wird ihm durch die Paradigmen vermittelt, und der Prozeß der Vermittlung ist zum großen Teil ein elementarer: Man lernt durch Übung, etwas zu sehen, das man vorher nicht gesehen hat.

Lernprozesse dieser Art (sie werden in Kuhn 1977a, 308—318, im Detail beschrieben) mögen ›paradigmengeleitete Lernprozesse‹ heißen. Mehrerlei ist bemerkenswert an ihnen. Erstens wird bei ihnen nicht von Definitionen Gebrauch gemacht. Die angestrengten Versuche von Empiristen und Konstruktivisten aller Schattierungen, befriedigende Definitionen des Massen- und Kraftbegriffs zu geben, machen hinreichend deutlich, daß beim tatsächlichen Lernen dieser Begriffe Definitionen keine wesentliche Rolle spielen können. Man lernt vielmehr beispielhaft, wie das formale Schema 'K = mb' in bestimmten physikalischen Situationen ins Spiel zu bringen ist, und auf diese Weise lernt man die Begriffe 'Masse' und 'Kraft'. Kuhns Modell der paradigmengeleiteten Lernprozesse hat in dieser Hinsicht eine starke Ähnlichkeit mit dem kausalen Referenzmodell von 5.3. Letzterem steht Kuhn jedoch distanziert gegenüber (vgl. Kuhn 1989), und die Beziehung zwischen beiden wäre noch genauer zu untersuchen. Wichtig bei beiden ist, daß sie zeigen, wie eine kreative Erweiterung unseres Begriffsrepertoires möglich ist. Sie führen vor, wie bei der Bildung neuer Begriffe von Facetten der Wirklichkeit Gebrauch gemacht werden kann, zu denen das alte Begriffsrepertoire noch keine Verbindung hergestellt hatte. — Der zweite bemerkenswerte Zug an paradigmengeleiteten Lernprozessen ist deren holistischer Charakter. Der Prozeß des Begreifens, was 'K = mb'-Zusammenhänge ausmacht, konstituiert auf einen Schlag ein ganzes, wenn auch vielleicht nur kleines, Begriffsnetz samt Wirklichkeitsbezug. Vor allem die Wörter 'Masse' und 'Kraft' scheinen zusammen gelernt werden zu müssen. Drittens lernt man dabei nicht nur etwas rein Begriffliches (was immer das heißen mag), sondern auch gewisse Tatsachen über die Welt. Die paradigmatischen Problemlösungen der Newtonschen Mechanik zeigen, wie physikalischen Systemen bestimmter Art bestimmte spezielle Kraftgesetze zuzuordnen sind, und mittels 'K = mb' kann man dann erschließen, wie sich die Systeme verhalten. — Viertens — und dies ist der im vorliegenden Zusammenhang wichtigste Punkt — besitzen Begriffe, die durch paradigmengeleitete Lernprozesse erworben sind, ein hohes Maß an Invarianz unter Überzeugungsänderung. Modifikationen von Theorien gehen normalerweise nicht mit einer Änderung der Paradigmen einher; sie zeigen lediglich, daß man von den vorhandenen Paradigmen einen neuen Gebrauch machen möchte. Mit Hilfe des Begriffs des Paradigmas läßt sich somit die Gefahr, ständig Inkommensurabilitäten postulieren zu müssen, einfach dadurch bannen, daß man als notwendige Bedingung für Inkommensurabilität den Paradigmen*wechsel* fordert. — Es zeigt sich jedoch, daß diese Bedingung den Kuhnschen Inkommensurabilitäts-Intuitionen nicht immer gerecht wird. So lassen die bei vielen revolutionären Theorienübergängen, etwa dem Übergang von der Newtonschen zur relativistischen Mechanik, vorkommenden Approximationen, mit deren Hilfe man die Anwendungsfälle der neuen auf Anwendungsfälle der alten Theorie zurückführen kann, die Auffassung plausibel erscheinen, daß in diesen Fällen die Paradigmen der alten zugleich Paradigmen der neuen Theorie sind. Das Kriterium 'Paradigmenwechsel' würde dann nicht ausreichen, um Inkommensurabilität zu kennzeichnen.

Resümierend muß man sagen, daß es Kuhn wohl nicht gelungen ist, mit seiner sprachphilosophischen Konzeption von Inkommensurabilität dem Phänomen ›wissenschaftliche Revolution‹ gerecht zu werden. Kuhn ist im Metaphorischen steckengeblieben. Die Vorstellungen von ›Begriffsnetzen‹ und deren ›Inkongruenz‹, selbst wenn man sie mit dem Begriff des Paradigmas anreichert, taugen nicht als Ersatz für präzise Konzeptionen von Sprache und Übersetzung, die der Idee von Inkommensurabilität als Nichtübersetzbarkeit wirklich Substanz verleihen könnten. Es taucht der Verdacht auf, daß Inkommensurabilität vielleicht gar nichts ist, das auf der semantischen Ebene gesucht werden sollte. Ob Kuhns neuere Ideen, wie sie in Kuhn (1993) angedeutet werden, diesen Verdacht zerstreuen können, muß die weitere Debatte zeigen. — Dieser Verdacht wird zusätzlich erhärtet durch die Tatsache, daß ein und dieselbe wissenschaftliche Theorie häufig Formulierungsvarianten — sogenannte ›äquivalente Beschreibungen‹ — besitzt (wie etwa die Schrödingersche und die Heisenbergsche Formulierung der Quantenmechanik), die nicht in Kuhns strengem Sinn ineinander übersetzt werden können. Es wäre jedoch absurd, sie deshalb als ›inkommensurabel‹ zu bezeichnen, wenn Inkommensurabilität zugleich ein wesentliches Merkmal wissenschaftlicher Revolutionen sein soll.

6.4. Kontinuität bei Theorienwandel

Mit dem Begriff der Inkommensurabilität sollten tiefe Probleme angesprochen werden, die das Fortschreiten wissenschaftlicher Erkenntnis betreffen. Man möchte verstehen, worin genau der Erkenntnisfortschritt besteht, der trotz radikaler Einschnitte in der Theorienentwicklung verzeichnet werden kann. Dazu muß man den Blick jedoch nicht nur auf die Einschnitte selbst richten, sondern auch auf die Brücken, die über die Einschnitte führen und einen Theorienvergleich erlauben. — Von besonderer Wichtigkeit sind die folgenden beiden theorienverbindenden Brücken: erstens der empirische Wirklichkeitsbezug, der sich in Beobachtungssätzen niederschlägt, und zweitens der Gegenstandsbezug der Theorien. Es handelt sich dabei um Invarianten unter Überzeugungsänderung, die auch bei revolutionären Theorienänderungen in großem Maße erhalten bleiben.

Zunächst die Beobachtungssätze. Hier erweist sich die Quinesche Konzeption als zweckmäßig (vgl. 3.5.). Durch seine direkte Korrelation mit Sinnesreizungen ruft ein Beobachtungssatz (im Quineschen Sinne) auch bei Leuten mit gänzlich verschiedenen theoretischen Überzeugungen im allgemeinen übereinstimmende Zustimmungs- oder Ablehnungs-Reaktionen hervor. Dadurch bilden die Beobachtungssätze eine ideale Vergleichsbasis bei allen konkurrierenden Theorien. Mit ihrer Hilfe können empirische Prognosen formuliert und die Theorien in instrumenteller Hinsicht, d. h. im Hinblick auf richtigere oder in ökonomischerer Weise erzielte empirische Prognosen, verglichen werden. — Dabei spielen allerdings die Gegenstände, von denen die Theorien handeln, zunächst keine Rolle. Erkenntnisfortschritt in instrumenteller Hinsicht kann nicht automatisch als ein Fortschreiten der Gegenstandserkenntnis gedeutet werden. Dazu muß erst nachgewiesen werden, daß die aufeinander folgenden Theorien tatsächlich von denselben Gegenständen handeln. Kuhn hat nicht nur behauptet, daß mit Inkommensurabilität Bedeutungs- oder Begriffs-Unterschiede einhergingen, sondern auch Unterschiede im Gegenstandsbezug. So jedenfalls müssen seine Aussagen über die ›verschiedenen Welten‹ oder ›verschiedenen Ontologien‹, die bei inkommensurablen Theorien zu verzeichnen seien, wohl gedeutet werden (vgl. Kuhn 1970, insbes. Kap. X).

Kuhn widerspricht mit dieser Auffassung jedoch der wissenschaftlichen Praxis, die unter anderem eine Interpretationspraxis ist (vgl. Putnam 1988, Kap. 1 und 7). Vom Standpunkt der in instrumenteller Hinsicht besten Theorien interpretieren Wissenschaftler die Äußerungen früherer Theoretiker, und dabei unterstellen sie eine möglichst große Konstanz des Gegenstandsbezugs. Wenn ein heutiger Physiker die frühe Bohrsche Theorie des Atoms in Augenschein nimmt, wird er dem Bohrschen Wort 'Elektron' denselben Gegenstandsbezug zuerkennen wie seinem eigenen Wort 'Elektron', obwohl die Bohrschen Aussagen so ganz andere sind als seine eigenen. Diese Unterschiede in den Aussagen lassen sich jedoch erklären, ohne daß man zugleich eine Verschiedenheit des Gegenstandsbezugs postuliert. Die kausale Referenztheorie, die in 5.3. und 5.4. skizziert wurde, hat sich genau um solche Erklärungen bemüht. Vom Standpunkt der späteren Theorie können plausible Interpretationsgeschichten erzählt werden, die von den Äußerungen früherer Theoretiker handeln und die zeigen, daß sich diese Äußerungen in vielen Fällen auf dieselben Gegenstände beziehen, von denen auch in der späteren Theorie die Rede ist. Auf diese Weise kann unsere natürliche Vorstellung von der ›einen Welt‹, von der unsere aufeinander folgenden Theorien handeln, vielleicht Substanz erhalten.

7. Literatur in Auswahl

Coffa 1991, *The Semantic Tradition from Kant to Carnap*.
Beschreibt die Rolle semantischer Betrachtungen von Kant bis zum Logischen Empirismus.

Goodman [4]1983, *Fact, Fiction and Forecast*.
Enthält Goodmans ›new riddle of induction‹.

Hempel 1965, *Aspects of Scientific Explanation*.
Enthält Arbeiten zu den Themen 'empiristisches Sinnkriterium', 'Operationalismus', 'Zuordnungsregeln' und 'Beobachtungssprache'.

Kitcher 1993, *The Advancement of Science*.
Enthält eine Variante der kausalen Referenztheorie, die mit dem Begriff des Referenzpotentials arbeitet.

Kuhn 1977 b, Second thoughts on paradigms, in *The Essential Tension*.
Zeigt die sprachphilosophische Bedeutung des Begriffs 'Paradigma'.

Kuhn 1983, Commensurability, comparability, communicability, in *Philosophy of Science Association 1982*, II, Asquith/Nickles (Hg.).
Sprachphilosophische Konzeption von Inkommensurabilität.

Kuhn 1993, Afterwords, in *World Changes*, Horwich (Hg.).
Skizze von Kuhns neuesten sprachphilosophischen Ideen.

Putnam 1975 a, *Mind, Language and Reality. Philosophical Papers* II.
Enthält Arbeiten zum Verifikationismus, zur Analytisch-synthetisch-Unterscheidung und zur kausalen Referenztheorie.

Putnam 1987, Meaning holism and epistemic holism, in *Theorie der Subjektivität*, Cramer/Fulda/Horstmann/Pothast (Hg.).

Quine 1961 b, Two dogmas of empiricism, in *From a Logical Point of View*.
Klassischer Text über Verifikationismus, Holismus und die Analytisch-synthetisch-Unterscheidung.

Quine/Ullian [2]1978, *The Web of Belief*.
Wissenschaftstheorie vom Quineschen Standpunkt, u. a. mit Quines Konzeption des Beobachtungssatzes.

Stegmüller 1970, *Probleme und Resultate der Wissenschaftstheorie und Analytischen Philosophie* II, 1. *Theorie und Erfahrung*.
Darstellung der Debatten um das empiristische Sinnkriterium, die Konzeption der Zuordnungsregel und die Unterscheidung zwischen Beobachtungssprache und theoretischer Sprache.

Felix Mühlhölzer, Dresden (Deutschland)

100. La philosophie du langage dans les sciences exactes

1. Le statut de la pensée symbolique dans la connaissance scientifique

1.1. Science et systèmes symboliques

1.1.1. On se propose ici de présenter quelques problèmes philosophiques posés par l'utilisation de systèmes symboliques dans les sciences dites exactes. L'un des traits fondamentaux

qui guideront notre examen est que, dans ces sciences plus manifestement que dans d'autres, les systèmes symboliques apparaissent à la fois comme moyens de communication d'une pensée et comme aspect essentiel de cette pensée même. Leur interprétation philosophique conduit donc à les envisager en tant qu'ils sont instruments d'une connaissance scientifique, mais aussi en tant qu'ils en constituent partiellement en un certain sens le contenu. Dans cette perspective, nous mettrons en vedette deux questions qui apparaîtront de façon latente sous diverses formes au cours de cet examen:
(1) Quelle est la signification d'un ›empirisme‹ pour les modernes? Dans quelle mesure le symbolisme dont use la science — et particulièrement les sciences exactes — peut-il être considéré comme un échafaudage relativement arbitraire pour la mise en ordre et l'expression d'un savoir qui serait finalement réductible à la pure expérience? Dans quelle mesure le symbolisme apporte-t-il au contraire un élément *sui generis* à la connaissance?
(2) Le problème d'une *philosophie du concept*, par opposition à une *philosophie de la conscience*, selon la formule de Jean Cavaillès. Une détermination de la fonction du symbolisme dans la connaissance, et singulièrement du rôle du symbolisme dans les sciences exactes, devrait permettre de donner un sens assez précis à cette opposition, en évitant à la fois un nominalisme radical et une métaphysique ontologiste de la science. — Les questions plus techniques posées par les ›langages‹ des sciences exactes se trouveront ainsi constamment replacées dans le contexte philosophique d'une épistémologie générale.

1.1.2. Il n'y a de sciences que dans un système symbolique, dans un ›langage‹, au sens le plus large donné à ce terme. Du point de vue qui nous intéresse ici, il convient cependant de préciser ce que nous entendrons par de tels systèmes, afin de caractériser leur usage et leur fonction dans les sciences exactes, et dans le but même de donner à cette expression de 'sciences exactes' une signification non équivoque. Il convient tout d'abord de souligner une distinction assurément triviale mais dont la reconnaissane préliminaire est ici décisive: les signes dont use la science ne se ramènent jamais à des stimuli. C'est cette distinction qu'exprimait déjà à sa manière Guillaume d'Ockham (v. art. 21) lorsqu'il écartait de son

étude, dans la *Summa Logicae* le signe en tant:

«quod apprehensum aliquid aliud facit in mentem venire, quamvis non faciat mentem venire in primam cognitionem ejus [...] sed in actualem post habitualem ejusdem» [que la saisie de quelque chose fait venir à l'esprit quelque autre chose, quoique sans faire venir l'esprit à sa connaissance première ... mais à sa connaissance actuelle, et ultérieurement habituelle] (Ockham 1984, 1.p.6).

Le signe proprement dit, élément des systèmes symboliques utilisables par la science, est caractérisé d'abord par sa fonction de *renvoi*, ou si l'on préfère de représentation: non pas seulement au sens trop étroit de figuration, mais en ce sens que le signe ›tient lieu de‹, et rend possible des manipulations et des opérations effectuées en pensée qui seraient impraticables, le plus souvent, sur l'objet de son renvoi. En outre, de tels signes n'ont de valeur que par la position qu'ils occupent dans ce qu'on pourrait appeler un espace d'information, un canevas de repérage, qui, plus ou moins clairement, introduit la discontinuité dans l'univers auquel il renvoie. Le signe découpe, — et même le signe de type ›analogique‹ qui est censé imiter une forme continue, dans la mesure où son renvoi à des formes, qui peuvent être il est vrai partiellement indéterminées, n'est cependant efficace que par la netteté suffisante d'une distinction de traits discontinus. Le signe, enfin, ne fonctionne que comme élément d'un système. Et dans le cas des signes utilisables par la science, la nature de ce système est singulièrement restrictive.

1.1.3. Il s'agit alors de systèmes symboliques formels, ou du moins de systèmes qui tendent vers ce type comme vers un idéal dont ils imitent plus ou moins fidèlement la structure. Il semble que tout système symbolique puisse être situé par rapport aux deux pôles typiques que constituent les langues naturelles et les systèmes formels. Rappelons-en les caractéristiques afin de préciser le fonctionnement des symbolismes scientifiques tel qu'il se manifeste dans les sciences exactes. Ainsi, par opposition aux systèmes symboliques réalisés par les langues naturelles, un système formel (v. art. 59) se caractérise essentiellement par trois traits:
(1) Les aspects *pertinents* des signes qui le composent y sont délimités et distingués sans équivoque. La manière dont sont écrits les chiffres, par exemple, ne joue assurément aucun rôle quant à leur sens en tant que signes

de nombres. Il résulte de cette stricte détermination que la distinction entre diverses occurences du même signe ne peut dépendre que de sa position dans le syntagme, et jamais de quelque singularité intrinsèque. Il en résulte aussi que sont neutralisés pour ces signes tous les éléments pragmatiques que leur usage effectif peut faire apparaître comme étant attachés à des aspects non pertinents de la matière du signe.

(2) Les signes du système formel sont construits à partir d'un ensemble *fermé* de signes élémentaires. C'est à dire que ceux-ci sont donnés dans une liste close dont toute extension doit être déclarée.

(3) La construction de signes complexes est subordonnée à des contraintes sur la concaténation des composants, lesquelles sont complètement explicitées dans le système. La thèse de Church-Turing, qui donne un sens effectif et précis à l'idée intuitive et vague de calculabilité exprime en fin de compte ce caractère des systèmes symboliques formels. On observera bien entendu que cette exigence de détermination des expressions bien formées ne s'étend nullement ici au caractère de décidabilité du démontrable.

1.1.4. A l'autre pôle du champ où se déploient les systèmes symboliques, une langue naturelle pourrait être essentiellement caractérisée par deux traits majeurs (v. art. 77):

(1) Elle comporte toujours une *superposition d'articulations*, c'est à dire d'organisation de ses signifiants en systèmes symboliques plus simples, distincts, quoiqu'éventuellement interférents. L'une de ces articulations, servant pour ainsi dire de support aux autres, est, au moins approximativement, un système formel. C'est le cas de l'articulation phonologique, et de l'articulation graphique pour les versions écrites alphabétiquement (mais non point idéographiquement, car l'écriture peut constituer alors à elle seule une langue partiellement autonome, comme il arrive en Chinois classique).

(2) Une langue naturelle utilise des ressources *pragmatiques* qui en font un moyen de communication complet. J'entends par ressources pragmatiques essentiellement des symboles d'›ancrage‹ et des symboles à valeur illocutoire. Ce que je désigne par ce mot d'›ancrage‹ est la présence ès qualités, dans un énoncé, du sujet de l'énonciation. Ce que je nomme 'illocutoire', c'est ce qui, dans la langue, permet de donner à un énoncé des fonctions spécifiées de communication (v.

art. 94), ou de préciser les conditions de leur exercice; par exemple des marques de modalisation ou de performativité (v. art. 95). Cette richesse des langues naturelles, en tant que moyen de communication, justifie l'idée avancée par Alfred Tarski qu'elles peuvent fonctionner comme ›méta-langues universelles‹, avec, en contre-partie, leur incapacité à formuler pour elles-mêmes une définition libre de tout paradoxe de la vérité de leurs énoncés. La science est assurément un savoir communicable, et Aristote (v. art. 15), comme on sait, voyait même en ce trait l'une de ses propriétés essentielles: «toute science est communicable par enseignement, et toute connaissance scientifique peut s'apprendre» (*Eth.Nic.* vi. 1139 b 25). En tant que telle, la science se passerait donc difficilement d'user de la langue naturelle. Certes, dans le cas limite des mathématiques, la presque totalité des éléments pragmatiques du discours peuvent être élidés et sous-entendus à l'attention du récepteur compétent. Mais d'une manière générale, l'enseignement ou la présentation d'une connaissance scientifique ne peuvent être pleinement véhiculés que par des énoncés en langue naturelle complétant l'usage d'un symbolisme formel dont ils précisent en quelque manière le mode d'emploi. Il semble du reste que plus la communication d'une connaissance se rapproche de celle d'un savoir-faire technique, plus est important le rôle dévolu aux énoncés naturels. Certes, la notice d'utilisation d'un appareil, ou la description d'une procédure font appel à des notations *ad hoc*. Cependant le discours qui les accompagne est, dans son ensemble, fait d'énoncés en langue naturelle. C'est qu'un savoir-faire technique vise plus ou moins directement des actes et des objets singuliers, alors qu'un système formel ne s'oriente pas vers l'expression de l'individuel. La science, exprimant une structuration abstraite des phénomènes, privilégie au contraire l'usage de systèmes formels, privilégie même leur réalisation fixée dans une écriture.

1.2. Les systèmes symboliques de la science et les effets de style

1.2.1. Ce n'est pas dire, pour autant, que les modes d'expression scientifiques, y compris ceux des sciences exactes, soient eux-mêmes parfaitement neutres, et ne portent aucune marque d'individuation. Si l'on envisage les œuvres de science comme création de concepts et de structures conceptuelles, une individuation réapparaît, dans l'*usage* qu'elles font des systèmes symboliques formels. C'est alors qu'il convient, croyons-nous, d'introduire une notion généralisée de 'style'. — Nous appelons 'style' une propriété des *œuvres* humaines. Une œuvre, par opposition à ce qui n'est qu'un simple objet, est créée et reçue comme imposant l'opposition d'une forme à une matière. Non que la forme soit imposée de l'extérieur à une matière qui l'aurait précédée. C'est l'opposition elle-même qui est produite et suscitée dans un *travail*, partant d'un ›donné‹ qui ne peut être lui-même saisi qu'à la faveur d'une opposition antérieure de matière à forme. Ainsi l'acte du travail, même s'il laisse subsister intacte cette opposition primitive, en suscite sur un autre plan une nouvelle. — Un second trait essentiel de l'œuvre, c'est qu'elle *signifie*. Elle suppose une référence à quelque système symbolique, actuellement constitué ou seulement virtuel, publiquement connu et donné ou essentiellement à deviner et reconstruire. L'œuvre, fût-elle le produit modeste d'un artisan, propose d'abord une signification de premier degré dans ce système symbolique. L'ébéniste construit un objet en forme de ›chaise‹, c'est à dire que certains traits du rapport de cette forme à son matériau signifient qu'il s'agit d'un siège destiné aux membres d'une certaine société, dans une certaine culture. L'œuvre du romancier et du poète est de même composée de phrases qui possèdent dans leur langue un certain sens manifeste. Cependant, le fait que quelques artistes aient pu tenter de neutraliser complètement et même d'abolir cette signification de premier degré, qu'ils soient allés jusqu'à user de chaînes de lettres et de sons dépourvus de sens dans le système de la langue, donne à penser, qu'une signification de l'œuvre peut être produite sur un niveau second. Si improbable qu'apparaisse le plein succès d'entreprises aussi outrées, elles n'en justifient pas moins l'idée qu'un autre système symbolique latent, et non préalable à l'œuvre, est en principe suscité par l'acte de travail. C'est dans cette perspective que nous pensons pouvoir définir la notion de style (v. art. 107).

1.2.2. Dans une œuvre considérée comme produit signifiant d'un travail, un ensemble plus ou moins important de traits de l'opposition forme-matière n'ont aucune valeur *a priori* dans le système symbolique où, *prima facie*, l'œuvre s'insère. Le cas d'une œuvre de langage, si terre-à-terre qu'elle soit, en donne un exemple tout à fait obvie. A différents niveaux de l'organisation symbolique — phonétique, prosodique, syntaxique, sémantique — de tels traits apparaissent, quelques uns perçus de tout récepteur, d'autres seulement par quelques uns. Disponibles, pour ainsi dire, parce que non répertoriés dans un code *a parte ante*, ces traits peuvent être utilisés par le locuteur — et en général par l'agent qui produit une œuvre — pour surimposer au message de premier degré une signification secondaire. J'appelle alors 'style' l'organisation plus ou moins systématique de ces éléments non-pertinents. La signification ainsi véhiculée n'est pas déterminée par un codage public défini par avance, et qui pourrait être connu du récepteur. Ce *surcodage* est construit dans l'acte même de production et de réception du message constitué par l'œuvre. Il n'a donc pas, en général, d'existence explicite ni dans la conscience du producteur, ni dans celle du récepteur, bien que ses effets soient quelquefois plus évidents et plus saisissants que ceux qu'exerce le premier niveau de sens. Et c'est le plus souvent le critique, l'analyste, le philosophe interprétant qui en mettent au jour les ressorts. De cette situation paradoxale résultent deux conséquences intéressantes:

(1) On ne saurait le plus souvent s'attendre à pouvoir reconnaître une interprétation univoque de l'aspect stylistique d'une œuvre. Le surcodage qui lui donne un cadre n'est pas réductible à des règles nettement fixées. Il oriente plutôt qu'il ne détermine les significations surimposées. Au reste, l'acte de ›décoder‹ les effets de style est lui-même de la nature d'un travail et ouvre, par conséquent, de libres variantes relevant elles-mêmes d'un style. Nous pourrions invoquer *a contrario* l'exemple dégénéré de style fourni par les académismes: en ce cas, le surcodage, qui surimpose au contenu manifeste de l'œuvre des effets de style, est figé et par avance connu, tiré des effets vivants de style empruntés aux maîtres antérieurs; et mêmes si de tels effets peuvent être reproduits, ils ne sont plus alors reçus comme créations libres et extemporanées.

(2) Les effets stylistiques d'une œuvre, plus ils sont prégnants et vifs, sont ce par quoi se marque l'individuel. L'individuation, croyons-nous, n'est pas réductible à une description en concepts, mais pourrait être désignée comme le point limite de représentations structurales superposées, convergentes et emboîtées. Elle n'est pas, en fin de compte, affaire de savoir théorique, mais de pratique; une pratique l'atteint, une connaissance

conceptuelle ne saurait que l'approcher. C'est pourquoi l'aspect stylistique d'une œuvre, et tout spécialement d'une œuvre de connaissance, introduit dans l'univers conceptuel du savoir les signes de l'individuel. Le style, en ouvrant le message porté par l'œuvre sur des interprétations secondes et plurielles, lui confère une épaisseur individuelle au niveau même du savoir.

1.2.3. C'est évidemment dans une telle perspective que nous invoquons ici cette notion de style, dans la mesure où les œuvres de science, dans leur rapport à des systèmes symboliques, sont elles aussi marquées par des effets de style. Une analyse stylistique de ces œuvres devrait mettre en évidence différentes manières de déterminer le *pertinent* dans un symbolisme destiné à structurer une expérience. La comparaison historique, et la confrontation synchronique des états d'une théorie — ou plus exactement des essais qui se révèleront par après comme visant une même structure — montre que des choix distincts peuvent être faits, dont les différences et les oppositions découvrent, pour ainsi dire, la face cachée des concepts. Cette analyse devrait aussi mettre en lumière des manières très diverses de délimiter dans une structuration ce qui sera qualifié d'*intuitif*, et laissé comme résidu de l'articulation conceptuelle. Le choix de ce qui sera décrété non-formel est assurément un effet de style, et des plus significatifs, comme le montrerait en particulier l'histoire des mathématiques. L'analyse stylistique des systèmes symboliques dont use la science pourrait sembler secondaire, et ne se rapporter qu'à la distinction de qualités esthétiques, apparemment ici non essentielles. Mais, outre que ce que l'on nomme esthétique en ce domaine peut fort bien avoir une valeur intellectuelle intrinsèque et fort indépendante de la saisie sensible — comme beaucoup d'entre les mathématiciens l'ont assuré —, les différents styles sont propres à faire apparaître clairement la nature souvent cachée des obstacles internes rencontrés par le travail de conceptualisation. Complément et auxiliaire d'une analyse structurale des œuvres essentiellement synchronique, l'analyse stylistique offre des vues sur le travail de la pensée objectivante; elle ne saurait, se substituant à une histoire, en dessiner les étapes, mais elle en rend présent le schéma fondamental jusque dans l'œuvre achevée.

1.3. ›Dualité‹ et ›contenus formels‹

1.3.1. Si tout travail de conceptualisation se manifeste par le développement et la manipulation de systèmes symboliques qui réalisent la corrélation effective d'une matière et d'une forme, la conceptualisation scientifique, qui transpose l'expérience en modèles abstraits, dépend éminemment de ce que nous croyons être une condition fondamentale de tout symbolisme. C'est à savoir la dualité opération/objet. Par dualité, j'entends une relation de réciprocité, de correspondance mutuelle entre deux registres d'entités de pensée. Relation dont diverses réalisations paradigmatiques se rencontrent en mathématiques, depuis la ›dualité‹ des espaces vectoriels et des formes linéaires, d'abord saisie comme correspondance entre espèces concrètes de figures projectives, jusqu'à la ›dualité‹ très abstraite des catégories. Observons à ce propos que la notion même de catégorie peut bien être vue comme aspect opératoire de la construction des entités mathématiques, duale de l'aspect ›objectal‹ représenté par la construction ensembliste ... Dans tous les cas, le trait caractéristique est la codétermination de deux entités avec renversement des points de vue, qui apparaît bien sur l'exemple élémentaire de la dualité projective de la droite et du point: deux points définissent une droite, deux droites définissent un point; ou, dans un autre langage, les coefficients de l'équation cartésienne d'une droite peuvent être également considérés comme les coordonnées d'un ›point‹ dans un espace dual. Or l'efficacité de toute pensée qui se déploie dans un système symbolique et vise à décrire un ›monde‹ nous paraît reposer sur une telle dualité entre un système d'objets et un système d'opérations, qui se déterminent l'un l'autre. Dualité qui, plus ou moins parfaite, est du reste condition de possibilité même de toute pensée symbolique, dans la mesure où les symboles doivent cesser d'être adhérents aux impressions qui leur servent de support, et se prêter aux constructions d'une combinatoire.

1.3.2. Si cette dualité gouverne plus particulièrement la pensée conceptuelle des sciences, dans la mesure où, en ce cas, la notion d'"objet" prend son plein sens et une place privilégiée dans la connaissance, elle n'en présente pas moins des degrés. Le couplage opération: objet, dont nous essaierons de montrer que sa perfection caractérise *le logique*, ne se réalise pas en général comme codétermination réciproque complète. Si l'on se place du point de vue de la production d'objets par un système opératoire, on constate, dans le cas le plus clair qui est celui des mathématiques, que l'opératoire, apprenti sorcier, engendre des systèmes d'objets dont l'existence et les propriétés peuvent être établies sans que le système opératoire lui-même soit en état d'en achever l'exploration réglée. Il y a des énoncés vérifiables ni démontrables, ni réfutables, échappant donc à ce que nous appelons ici l'opératoire. Tel est le sens global des théorèmes de limitation, qui montrent que l'opératoire est à un certain niveau débordé par l'objectal, exprimant donc en effet les limitations de leur dualité. Nous donnons à ce résidu objectal apparemment irréductible à l'opératoire le nom de 'contenu formel'. Formel en effet, en tant qu'il apparaît au sein d'une théorie dont a été banni tout contenu empirique, et qu'il est loisible, en un sens large, d'axiomatiser. Surgissant, dans la perspective des logiciens, comme obstacle à une domination opératoire complète du système des objets mathématiques, ces contenus formels doivent cependant surtout être envisagés dans leur positivité. Presque tous les progrès décisifs des mathématiques correspondent à la rencontre — inattendue le plus souvent — d'un contenu formel faisant obstacle aux manipulations opératoires, et obligeant alors à restructurer ce système opératoire en étendant le champ des objets qu'il domine. Depuis l'énigme posé aux algébristes de la Renaissance par le cas irrédutible de l'équation cubique, jusqu'aux difficultés d'application de la notion d'intégration, conduisant aux conceptions modernes, les exemples en sont multiples. — Du point de vue en quelque sorte inverse, de la constitution d'un système opératoire à partir de la description d'objets empiriques, on constate à l'evidence le constant débordement de l'opératoire par des contenus empiriques. Les systèmes opératoires sont ici matériels autant que conceptuels, mais Gaston Bachelard a bien montré l'étroit enchevêtrement de ces deux aspects, en même temps qu'il décrivait le progrès de la science comme constitution toujours remise en chantier de types d'objets corrélatifs de systèmes opératoires: le corps pur en chimie, l'atome de Niels Bohr, les objets quantiques ... Il me semble permis de considérer alors que le progrès des sciences physiques — sinon des autres sciences empiriques — consiste essentiellement à substituer partiellement aux contenus empiriques des contenus formels. Le cas de la

mécanique, à cet égard, est à la fois exemplaire et exceptionnel. De bonne heure en effet, elle s'est constituée en système de connaissance dont les objets, au prix d'une abstraction radicale, étaient presque totalement déterminés par le système opératoire dual exprimé le plus souvent sous forme de principes. Et l'histoire de cette discipline, avec ses ramifications diverses, témoignerait sans doute des succès et des limites d'une tentative toujours plus audacieuse, mais aussi nécessairement toujours ajournée, de réduction des contenus empiriques. Tel serait en tous cas le sens de l'utilisation inéluctable des mathématiques, domaine par excellence des contenus formels, dans les diverses sciences empiriques.

1.4. L'idée de science ›exacte‹

1.4.1. Cette dernière remarque nous conduit à poser le problème d'une caractérisation des sciences dites exactes. En quel sens la mathématique mérite-t-elle le nom de science exacte, en quel sens peut-on parler de sciences exactes dans le domaine des connaissances empiriques? Nous essaierons de préciser une réponse à de telles questions en commentant certains concepts husserliens présentés dans les *Ideen*. — Tout d'abord, la notion de science ›éidétique‹ que le philosophe oppose à celle de science proprement empirique et descriptive. Dans le premier cas, la connaissance s'élève «*von Sachhaltigem in das rein-logisch Formale*» [du matériel à une généralité formelle de type purement logique] (Husserl 1913 a, 26). Sans prendre position sur la signification donnée par Edmund Husserl aux ›essences‹, il est permis de reconnaître en effet une différence radicale entre la généralisation, qui construit des notions tirées de l'expérience, et la ›formalisation‹, qui propose des concepts, peut-être inspirés par l'expérience et qui lui seraient éventuellement applicables, mais qui ne sont pas tirés d'elle par une induction au sens des Modernes. Le second caractère, qui délimite une variante de science éidétique, est celui d'exactitude. Les concepts ›inexacts‹ ou ›morphologiques‹, dont Husserl donne pour exemple 'gezackt' (dentelé), 'linsenförmig', 'doldenförmig' (entaillé en forme de lentille, d'ombelle) (cf. Husserl 1913 a, 138) s'opposeraient aux concepts exacts en ce que ces derniers seraient totalement déterminés par un système opératoire axiomatiquement formulé:

«[...] *eine endliche Anzahl* [...] [*von*] *Begriffe*[*n*] *und Sätze*[*n*] [*bestimmt eindeutig*] *die Gesamtheit aller möglichen Gestaltungen des Gebiets* […], so daß also in ihm *prinzipiell nichts mehr offen bleibt*» [Un nombre fini de concepts et de propositions détermine totalement et sans équivoque l'ensemble de toutes les configurations possibles du domaine. Il en résulte que, par principe, il n'existe plus rien d'ouvert dans ce domaine] (Husserl 1913 a, 135).

La conséquence serait, selon l'expression même du philosophe, qu'on peut alors poser l'équivalence de ces deux «*Begriffe 'wahr' und 'formallogische Folge der Axiome'*» [concepts 'vrai' et 'conséquence formelle des axiomes'] (Husserl 1913 a, 136). Mais nous savons aujourd'hui qu'un tel idéal de détermination n'est pas même réalisé par la mathématique usuellement pratiquée. Il faut pourtant y voir, croyons-nous, une indication positive de la direction dans laquelle il convient de chercher une caractérisation de l'exactitude; nous exprimant dans la perpective que nous avons ouverte sur l'idée de dualité opération-objet et de contenus formels, nous dirions alors qu'une science est exacte dans la mesure où elle formule une connaissance dans un système symbolique qui tend à ne donner droit de cité, *à la limite*, qu'à des contenus formels.

1.4.2. Un autre aspect de l'idée d'exactitude devrait aussi être considéré, tel qu'il ressort de la définition husserlienne. Les concepts morphologiques inexacts, portant sur «*vagen Gestalttypen, die auf Grund der sinnlichen Anschauung direkt erfaßt* […] *werden*» [des types vagues de forme, qui seraient directement saisis en se fondant sur l'intuition sensible] (Husserl 1913 a, 138), peuvent en effet apparaître comme essentiellement *qualitatifs*. Mais le qualitatif, on le sait, s'introduit de plus en plus explicitement dans les sciences et dans la mathématique elle-même, sous la forme de propriétés structurales qui relèvent de la connaissance en concepts. On n'aura donc garde d'exiger d'une science ›exacte‹ qu'elle soit nécessairement quantitative. Sans doute, l'introduction de grandeurs mesurables est-elle un moyen privilégié de discrimination des conséquences d'hypothèses et de description non équivoque des phénomènes; sans doute, permet-elle à une connaissance appliquée et aux techniques d'exercer tous leurs pouvoirs. Elle n'est cependant pas essentielle à l'attribution de l'exactitude. — Nous proposerons donc de considérer comme exactes les sciences dont les concepts *tendent* à ne comporter *à la limite* que des contenus formels. Il s'agit donc d'une visée et d'un mouvement plutôt que d'un état. Il est clair que

les mathématiques ont par excellence droit à ce qualificatif. Les sciences de la nature, au niveau de la description et de l'anticipation de l'expérience, demeurent nécessairement en ce sens ›inexactes‹, même si la merveilleuse justesse des approximations qu'elles atteignent nous confondent. Mais sur le plan de l'organisation théorique, ce sont assurément des sciences exactes au sens où nous l'entendons. Quant à la connaissance des faits humains, elle ne répond guère à la définition que nous proposons de l'exactitude. Non point seulement à cause de l'insuffisante adéquation de son rapport à l'empirie, mais plus profondément dans la mesure où il nous paraît impossible, de par la nature de son objet même, de présupposer qu'elle *tende* à *éliminer* tout contenu empirique.

2. La logique comme forme de langage

2.1. Logique et ontologie

2.1.1. Si l'on accepte la caractérisation que nous avons proposée pour les sciences exactes, il est clair que la discipline que l'on nomme aujourd'hui la logique ne saurait être tout à fait écartée de notre propos, bien qu'elle fasse assurément l'objet dans cet ouvrage de chapitres qui lui sont spécialement destinés selon d'autres points de vue. Nous l'envisagerons donc ici dans une perspective dont le choix découle assez naturellement de nos thèses générales, en nous demandant quel est le rapport du symbolisme logique à la présentation de contenus formels, et dans quelle mesure la logique n'est-elle que forme, et même peut-être forme de langage. — On sait que chez Aristote la logique, quel que soit le nom dont il se sert pour la désigner, n'est pas comptée au nombre des trois sciences théoriques, car il ne lui correspond point de genres ultimes de l'être qu'elle pourrait explorer comme font la philosophie première, la mathématique et la physique. Elle est, pour le Philosophe, forme du λόγος inférentiel, et c'est cette forme que décrivent, sous le nom de 'syllogismes' (mais aussi d'inférences immédiates plus ou moins ouvertement recensées) — les *Analytica Priora*. Pour comprendre le rapport de cette discipline, qui n'est donc pas une science théorique, avec celles qu'il nomme 'dialectique' et 'rhétorique', ainsi qu'avec le contenu des *Analytica Posteriora*, je propose pour ma part d'y voir, au sens d'Aristote lui-même, une *science poïétique* de la construction formelle du raisonnement. Les trois autres disciplines citées seraient alors, toujours au sens du Philosophe, des *arts* d'application: art de l'application du raisonnement à la discussion persuasive, art d'application du raisonnement à l'exposition visant à plaire, art enfin de l'application du raisonnement à la science démonstrative, qui doit partir de principes adéquats et assurés. Dans cette interprétation, on voit que la Syllogistique, partie essentielle de la logique, concerne un usage du langage reflétant une ontologie générale, mais trancendant les genres ultimes eux-mêmes qui constituent l'objet de chacune des sciences théoriques. La dialectique, qui est, en un sens radical, ontologiquement ›vide‹, ne se distinguerait de la logique que parce qu'elle use du raisonnement en le libérant de toute contrainte ontologique (v. art. 119). La théorie des syllogismes modaux, au contraire, ferait en quelque sorte transition entre une logique pure, mais se déployant dans le cadre d'une ontologie générale, et un art d'application au discours scientifique, car elle spécifie déjà — faiblement — l'ontologie, en y distinguant des réalisations diverses d'univers (cf. Granger 1976, chap. 7).

2.1.2. La position aristotélicienne ainsi entendue soulève donc la question du rapport de la logique à une ontologie. Nous n'avons pas à présenter ici la solution d'Aristote, qui dépend de sa théorie des *essences*. Mais nous sommes ainsi introduits au problème analogue que se sont posés les Modernes, surtout depuis Gottlob Frege (v. art. 34), et qu'on pourrait formuler de la façon suivante. C'est désormais dans le raisonnement mathématique que l'analyse de la forme du discours inférentiel trouve son prototype. Ce déplacement de l'interrogation aristotélicienne soulève alors le problème de savoir si le langage de cette science ne possèderait pas une forme spécifique, liée peut-être à une ontologie, sans doute encore formelle, mais cependant particulière. De quel langage la logique peut-elle être la forme, et n'est-elle que forme indépendante de toute espèce de contenu? Nous esquisserons cette problématique, en considérant à la fois le *discours de la logique* et la fonction *du logique* en tant qu'élément immanent à d'autres systèmes de symboles.

2.2. ›Expression‹ et ›communication‹

2.2.1. Nous introduirons tout d'abord une distinction qui permettra de souligner l'originalité du langage de la logique, en tant que système formel particulier. Nous faisons usage ici, faute de mieux, des mots 'expression' et 'communication'. Par 'expression', j'entendrai non pas la manifestation d'un état d'âme, mais *la création en symboles d'un objet de pensée*. En ce sens restrictif, le mot s'oppose alors à 'communication', qui met en vedette le rapport d'un émetteur à un récepteur de message (v. art. 94). Il va de soi que dans une activité symbolique concrète les deux aspects sont le plus souvent associés, et quelquefois confondus. Dans la communication, interviennent nécessairement des conditions de fonctionnement du ›jeu‹ qui relèvent de ce qu'on nomme aujourd'hui 'pragmatique' (v. art. 96). Dans le discours logique, de telles conditions de communication ne sont pas marquées. Le seul trait de nature illocutoire qui ait sa marque, depuis Frege et Bertrand Russell, est l'intimation d'inférence notée '⊢', et pourvue postérieurement, par abus de langage, d'un second sens pragmatique de position ›logiquement nécessaire‹, en vertu d'un passage à la limite, imité des mathématiques: le logiquement nécessaire est l'inféré à partir de rien:

$$\vdash p \Leftarrow \varnothing \vdash p \ ...$$

Il est intéressant d'observer que quelques tentatives éphémères ont cependant eu lieu pour introduire dans le symbolisme logique des marques de traits pragmatiques, notant par exemple l'interrogation, ou des opérations du locuteur — voir par exemple un essai manuscrit de Antoine, Marquis de Condorcet en ce sens (Granger 1956). Elles n'ont pas été poursuivies, mais on pourrait en voir la postérité, inattendue, dans les langages de programmation, intermédiaires pour ainsi dire entre un symbolisme logique et une langue naturelle. De tels langages ont en effet la fonction — étrange — de mettre en communication l'homme avec une machine. Le symbolisme proprement logique, au contraire, n'est point orienté vers la communication. Il ›exprime‹, en proposant et formulant comme objet de pensée un certain aspect réalisé *in actu* et de façon immanente dans d'autres discours, et en particulier dans ceux de la science.

2.2.2. Dans ce discours de pure ›expression‹, l'unité de base, la proposition pourvue de sens, ou ce que nous désignerons d'un terme moins chargé de connotations parasites, comme 'énoncé complet', est assurément d'une nature particulière. Disons en passant que cette notion d'énoncé complet en général nous paraît être une catégorie fondamentale de *toute espèce* de symbolisme, un ›universel‹ du langage, et par conséquent indéfinissable en toute rigueur. Mais dans chaque espèce déterminée de système la notion d'énoncé se particularise. Dans le cas du symbolisme logique, l'énoncé complet, à différents niveaux d'analyse, est toujours essentiellement ›locutoire‹ — par opposition à ›illocutoire‹ —, entendant par là qu'il n'est qu'un objet de pensée présenté purement et simplement comme tel (v. art. 87). L'opposition marquée conventionnellement par diverses langues: *'proposition /sentence'* en Anglais, *'Aussage/ Satz'* en Allemand, n'est pas en réalité essentielle, car un énoncé complet, en logique, est bien un signe (comme le souligneraient les mots de *'sentence'* et de *'Satz'*), mais il est pris comme entité indépendante de ses conditions d'énonciation, et possède par conséquent en tant que tel la consistance et la transcendance au signifiant que connoteraient les mots de *'proposition'* et d'*'Aussage'*, sans toutefois introduire l'idée d'un sujet situé ici, comme y insiste avec profondeur Ludwig Wittgenstein (v. art. 39) dans le *Tractatus*, en dehors du jeu de langage. — Pour caractériser et décrire le type spécifique d'énoncé complet du logicien on a pu tenter de donner des traits sémantiques (Aristote dit que le λόγος en question est susceptible d'être vrai ou faux), ou syntaxique (il lui assigne la forme canonique prédicative que l'on sait; Frege et Russell lui assignant une forme relationnelle, plus générale). Il apparaît cependant qu'un trait minimal de nature pragmatique soit l'accompagnement inséparable de son aspect locutoire essentiel: un énoncé complet est *posé* ou *non-posé*. Je ne dis pas, remarquez-le, vrai ou faux, démontré ou réfuté. Ce sont là des spécifications en quelque manière postérieures. Dans un discours logique — dans un ›calcul‹ — un énoncé est posé — ou non — comme hypothèse, vérité, nécessité, etc. A l'issue d'un calcul, il est posé — ou non — comme énoncé vrai ou faux, conséquence des prémisses, comme énoncé possible, nécessaire, impossible conséquence des prémisses, etc. Cette dichotomie du posé et du non-posé, que l'on pourrait dire 'méta-logique', est ce qui fonde le primat de la divalence, qui n'est point une restriction au ›vrai‹ et au ›faux‹ sur le plan du contenu du discours, mais une restriction obligée aux deux seules valeurs thétiques sur le plan du méta-discours.

2.2.3. Du point de vue où nous nous sommes placés, si le discours logique est bien un discours de pure expression, les énoncés modaux ne relèvent donc pas du logique au sens strict, dans la mesure où ils introduisent des moyens spécifiques de communication. Ils sont interprétables en effet comme marques pragmatiques, renvoyant à un état d'esprit du sujet émetteur. Certes, les contraintes proprement logiques s'appliquent à la position de tels états, mais à un méta-niveau d'organisation du discours, car les contraintes de nature modale n'appartiennent pas plus à la sphère du logique que les contraintes formulées par la géométrie, sinon que les contraintes imposées par notre nature empirique. Le discours de la logique au sens strict n'est pas un moyen de communication, parce que comme tel il élimine les marques pragmatiques, à l'exception de celle du posé et du non-posé, et de celle que marque le signe de Frege. Nous examinerons brièvement le sens que prend l'opposition du syntaxique au sémantique dans ce symbolisme singulier.

2.3. Syntaxe et sémantique du discours logique

2.3.1. D'une manière générale, l'opposition d'une organisation syntaxique et d'une organisation sémantique d'un système de symboles correspond à une répartition de l'information qu'il véhicule entre des renvois lexicaux, que nous dirions de nature ›objectale‹, et des renvois à des règles de concaténation, de nature opératoire. On peut assurément concevoir un spectre fictif de tels systèmes, allant d'une charge d'information purement lexicale (ce serait en somme le jeu de langage ›augustinien‹ imaginé par Wittgenstein), à une charge d'information totalement portée par la syntaxe. A première vue, il n'est pas douteux que les symbolismes de la logique tendent à réaliser d'assez près cette dernière figure idéale. En outre, la corrélation d'une organisation sémantique et d'une organisation syntaxique n'est autre qu'une manifestation concrète au niveau du symbolisme de la dualité opération-objet. C'est de ce point de vue que nous entendons proposer ici quelques remarques touchant la syntaxe des langages de la logique.

2.3.2. Il convient tout d'abord de rappeler une distinction essentielle qu'avait à bon droit soulignée Rudolf Carnap, entre *règles de formation* et *règles de calcul*. Les premières relèvent de la syntaxe au sens strict des Grammairiens. Elles sont constitutives du langage lui-même. On observera qu'elles sont largement arbitraires — et c'est en ce sens assez restrictif qu'il faudrait à mon sens interpréter la fameuse boutade de Carnap: ›En logique, il n'y a pas de morale‹. Il serait assurément intéressant pour le philosophe d'étudier comparativement les diverses solutions modernes, comme variantes stylistiques d'organisation syntaxique de la logique. A côté des symbolismes de Frege, de Russell et des Polonais, qui ne diffèrent pas de façon essentielle, bien que le premier utilise deux dimensions et que le troisième fasse élégamment l'économie des parenthèses, on devrait examiner, par exemple, le symbolisme des ›graphes‹ de Charles Sanders Peirce (cf. Thibaud 1975) (v. art. 32), et celui que proposait Wittgenstein dans les notes dictées à George Edward Moore et les lettres à Russell (Wittgenstein 1961 a, 112 ff; 126 ff; repris dans le *Tractatus* 6.1203 – 6.121). Dans le premier, l'aspect topologique de l'intuition spatiale fournit des traits pertinents au symbolisme: la négation, par exemple, est figurée par la fermeture d'une frontière autour d'un signe, et les opérations correspondant aux connecteurs propositionnels sont représentées par des positions de signes, des clôtures et des ouvertures d'espaces sur la ›feuille d'assertion‹. Dans les esquisses de ›notation $a - b$‹ de Wittgenstein, chaque symbole de proposition est assorti de deux ›pôles‹, et ce sont les connections entre ces pôles qui figurent les diverses combinaisons de foncteurs, transposant en un style encore topologique ce que présentent — en un style qu'on pourrait dire 'algébrique' — les ›tableaux de vérité‹. Le trait le plus original de cette notation est sans doute qu'elle fournit en une seule figure la représentation d'une tautologie et de sa contradiction duale, selon que l'on commute du vrai au faux l'interprétation des deux pôles propositionnels; propriété importante aux yeux de Wittgenstein, pour qui il n'y a pas de *propositions logiques*, mais seulement des schémas montrant les formes nécessaires du langage susceptible de décrire les faits. Cette diversité des choix possibles d'un symbolisme, dont une étude stylistique permettrait d'étudier le sens et la portée, ouvrirait en contrepartie le champ à une réflexion sur l'existence ou le non de contraintes générales auxquelles seraient soumises de façon latente les variantes effectivement réalisées. Nous ne pouvons ici que mentionner cette question, et suggérer que de telles contraintes sous-jacentes ne peuvent appartenir qu'au niveau le plus profond des conditions de tout symbo-

lisme objectivant. Niveau que nous nommerions le niveau 'proto-logique', parce qu'il concerne ce par quoi un système symbolique est apte à produire des énoncés décrivant la forme d'un monde.

2.3.3. La seconde espèce d'organisation syntaxique d'un symbolisme logique concerne les règles de calcul. Elle est, pour reprendre le vocabulaire kantien, ›régulatrice‹ plutôt que ›constitutive‹ comme était la précédente. On ne la confondra cependant pas avec les prescriptions stratégiques de nature non logiques qui visent à donner une orientation et un but au mouvement d'inférence dont les premières régissent seulement la *tactique*. Ici encore, l'organisation syntaxique de calcul a été réalisée par les logiciens modernes selon des variantes qui correspondent, pour l'essentiel, à différentes façons d'introduire l'opératoire dans son rapport à l'objectal. On pourrait classer ces variantes, de ce point de vue, en trois catégories principales:
(1) Dans le mode *axiomatique* de présentation du calcul l'élément opératoire est concentré généralement en une seule règle (comme le *modus ponens*), l'élément objectal étant alors, en un sens que nous préciserons tantôt, réparti dans les énoncés primitifs.
(2) Dans le mode *naturel* au contraire, il y a autant de règles opératoires qu'il y a de symboles formels à introduire ou éliminer au cours d'un calcul. L'objectal consiste alors en la position provisoire d'une hypothèse à démontrer, ou, dans la version de Gerhard Gentzen, en la position au départ d'un schéma trivial d'inférence: $\mathfrak{A} \to \mathfrak{A}$, $\mathfrak{B}$. C'est alors l'aspect opératoire qui se trouve manifestement privilégié.
(3) Le mode *dialogique* est particulièrement intéressant pour une philosophie du symbolisme logique, car il offre une espèce d'équilibre interne entre le moment objectal et le moment opératoire (v. art. 96). Les deux protagonistes du ›dialogue‹ proposent en effet des énoncés, et la démonstration est obtenue lorsque le même énoncé est posé de part et d'autre: aspect spécifiquement objectal du calcul. Mais en revanche l'essentiel de ce calcul consiste en opérations réglées des protagonistes, de sorte que chacun des symboles logiques de connection ou de quantification correspond à une règle tactique. On pourrait alors penser qu'une telle présentation réintroduit dans le langage logique — contrairement à notre affirmation précédente — une régulation stratégique (une stratégie de ›gain‹ pour

le joueur qui propose un énoncé à la démonstration); et —contrairement à notre affirmation dans 2.2. — un élément pragmatique, puisqu'il y a ici échange entre des locuteurs. Mais ces deux traits ne sont en vérité que des apparences. La ›stratégie‹ des interlocuteurs se confond avec une ›tactique‹, dans la mesure où tous les coups sont définis et réglés pas à pas. Quant à l'aspect pragmatique, en dépit de la personnification des deux adversaires, il n'intervient pas plus que dans les autres versions du calcul, où l'enchaînement des ›coups‹ apparaît comme une succession plutôt que comme une ›réponse‹. — De toute façon, la pluralité des présentations possibles des règles syntaxiques du calcul n'empêche aucunement l'unicité profonde de sa structure. Faut-il donc interpréter cette unicité comme dérivant d'un renvoi à une réalité sous-jacente, faut-il comprendre comme étant le reflet d'un *contenu* permanent une telle stabilité?

2.4. La logique,
degré zéro des contenus formels

2.4.1. A quoi renvoient donc les symboles du langage logique? Quel est leur usage dans le processus de la connaissance? La logique fixe une *forme* de langage constructeur et régulateur d'*objets de pensée*. En tant que telle, elle ne détermine pas elle-même des objets. C'est en ce sens que l'on peut réinterpréter la distinction du transcendantal et du logique. Non que le logique doive être considéré comme uniquement linguistique, car la constitution des objets au sens strict ne se peut faire que dans un système symbolique et requiert donc en fin de compte une régulation logique gouvernant ce système. Mais ce n'est pas à un monde que cette régulation directement s'applique. Elle est bien, en ce sens, méta-linguistique, comme le revendiquaient les Néo-positivistes, sans pourtant relever du seul arbitraire du signe. Il faudrait dire alors que l'organisation logique du langage est condition de possibilité de la manipulation d'objets de pensée, désignant par ce mot de 'manipulation' la position de ces objets dans le langage de la connaissance qui le décrit et l'explique. On évite ainsi, remarquons-le bien, d'attribuer aux objets mêmes, en tant qu'architectures complexes proposées à une connaissance, les propriétés logiques que doit nécessairement présenter, en revanche, l'›espace‹ où la pensée les manipule. Ainsi serait justifiée la nécessité où se trouve par exemple la physique de concevoir des objets à l'échelle quan-

tique comme fondamentalement différents des objets classiques, sans pour autant recourir à une révision déchirante et de toute façon non effectivement réalisable des règles opératoires de la pensée. Ce ne serait donc pas à proprement parler la forme des contenus d'objets qui serait montrée dans le symbolisme logique, mais plutôt, si l'on peut dire, la forme de cette forme. Avant de revenir sur cette expression nous ferons une brève observation sur le rapport de la logique à l'empirie tel qu'il apparaît dans cette perspective.

2.4.2. La logique, si elle ne dessine pas *a priori* les formes mêmes de tout objet de connaissance, dessine cependant une possibilité d'objet, ou plus exactement, la possibilité de *parler de* et de *décrire* une expérience comme objet. Le criticisme kantien reconnaît des formes de la sensibilité comme conditions nécessaires d'une pensée d'objets. Mais le développement postérieur des sciences empiriques a montré la prégnance d'objets abstraits détachés de ces formes empiriques. Il paraît donc qu'il faille, dans l'esprit même de Immanuel Kant, réformer sur ce point la thèse kantienne et abandonner le primat transcendantal des formes de la sensibilité. D'une certaine manière, la logique en tant que condition *a priori* de tout discours sur des objets, relaie la fonction transcendantale dont les formes de la perception semblaient à Kant être la source. Nous n'entendons pas, cependant, affirmer par là que notre connaissance du monde se fonde uniquement sur la structure d'un langage, ni interpréter la science, à la manière de George Berkeley, comme la Grammaire d'une langue divine par laquelle Dieu nous ferait spectateurs d'un théâtre d'illusions. Que les contraintes logiques expriment les conditions *sine quibus non* d'un discours portant sur des objets, ne signifie nullement qu'elle soient antérieures à la réalité que nous décrivons de cette manière. C'est plutôt ici le mot du *Tractatus* qu'il conviendrait de méditer.

«Die ›Erfahrung‹, die wir zum Verstehen der Logik brauchen, ist nicht die, daß sich etwas so und so verhält, sondern, daß etwas *ist* [...]. Die Logik ist *vor* jeder Erfahrung — daß etwas *so* ist. Sie ist vor dem Wie, nicht vor dem Was» [Que l'expérience dont nous avons besoin pour comprendre la logique n'est pas l'expérience que les choses soient dans tel ou tel état, mais que quelque chose soit. La logique précède toute expérience que telle chose est ainsi. Elle précède le comment, non le quoi] (Wittgenstein 1921, 5.552).

Sans monde, pas de logique. La structuration logique en tant que telle est vide, sans doute; mais elle est la forme d'un monde, et ne gouverne tout symbolisme que comme description d'un monde. Que le logique soit immanent à certaines opérations de notre pensée symbolique signifie qu'il y a un monde, qu'il y a des contenus virtuels. Dans une tout autre perspective, c'est aussi ce que nous enseignait Aristote, pour qui la forme syllogistique, quoique vide, est, comme nous le notions plus haut, le reflet d'un univers d'êtres, la forme des rapports les plus généraux possibles entre essences.

2.4.3. Ce qui ramène à la question du contenu non empirique des énoncés de la logique, et à l'expression 'forme d'une forme' que nous avancions plus haut. Si la dualité opération-objet est bien la catégorie fondamentale de toute pensée symbolique, on définira le symbolisme logique comme présentant le *degré zéro* de cette dualité. Seule y subsisterait la virtualité de l'opposition même, sans que soient alors créés des contenus formels tels qu'ils apparaissent dès qu'une inadéquation entre l'opératoire et l'objectal suscite une opacité. Or en logique cette adéquation est totale, c'est à dire que l'objet n'est plus rien que le support des opérations, et les opérations que ce qui évoque, en creux, la place d'un objet. De ce point de vue, seul méritera pleinement le nom de ›logique‹ le calcul des propositions, pour lequel la parfaite adéquation de l'opératoire et de l'objectal se manifeste par les méta-propriétés de non-contradiction, de complétude et de décidabilité. A mesure que l'objet cesse d'être le simple point d'appui d'opérations, qu'il cesse d'être un objet *sans qualités*, ces propriétés se perdent, en même temps que la théorie s'enrichit, qu'on distingue dans l'objet la fonction de prédicat de celle d'individu, que l'infini y prend un sens. On hésitera peut-être à refuser le nom de logique au calcul des prédicats du premier ordre. Pourtant, dans cette théorie, l'objet s'est déjà détaché de l'opératoire, et il dessine non plus seulement la forme d'une forme, mais la forme d'un monde, si abstrait qu'il soit encore. L'Infini y joue un rôle par opposition au fini — antérieurement bien entendu à la notion de nombre — comme en témoigne exemplairement la caractérisation que donne de ce calcul le théorème de Lindstrøm: ce calcul est le seul qui satisfasse au théorème de Lœwenheim-Skølem et au théorème de compacité, parmi ceux qui sont clos pour les opérateurs propositionnels et les quantificateurs, caractérisation qui fait en effet intervenir de façon essentielle l'opposition du fini à l'infini dénombrable. Je dirais, pour ma part, qu'ici commence la mathématique, avec ses objets spécifiques, etc. Ce sont de nouveaux rapports au symbolisme qui s'instituent, alors qu'apparaissent des contenus d'objets, contenus formels ou contenus empiriques. Nous ne séparerons pas leur étude, et examinerons maintenant la signification du symbolisme dans les mathématiques et dans les sciences physiques.

3. Langage, mathématiques et sciences physiques

3.1. Le ›langage‹ des mathématiques

3.1.1. Les systèmes symboliques créés par les mathématiciens au fur et à mesure du développement de leur science et universellement adoptés dans leur communauté après un délai de mise à l'épreuve, souvent très court, ont, dès leur origine, servi de modèle à tout symbolisme formel. Dans quelle mesure sont-ils cependant indispensables en droit à une formation des pensées mathématiques? Peut-on faire des mathématiques et en formuler les concepts avec le seul secours des langues usuelles? Dans la mesure même où, comme on l'a remarqué, il est de la nature des langues naturelles d'être méta-langages universels, la réponse devrait être affirmative. Et l'on voit bien en effet qu'un mathématicien créateur, lorsqu'il possède comme Blaise Pascal une maîtrise souveraine de sa langue, est à la vérité capable de produire dans le symbolisme vernaculaire des concepts d'objets mathématiques nouveaux, assortis des opérations corrélatives, dont la complexité nous étonne. Il suffit de se reporter au texte des écrits sur la Roulette pour se convaincre que Pascal, sans recourir à aucun symbolisme spécifique, invente, avec son concept de 'somme triangulaire', des procédures équivalentes aux intégrations multiples et aux intégrations sur des courbes et des surfaces. Cependant, si la langue naturelle suffit ici au génie, elle n'en constitue pas moins un obstacle à la mise au jour des structures conceptuelles et à leur développement ultérieur. En simplifiant les résultats d'un examen de son fonctionnement on pourrait dire que, tout en donnant à la pensée l'appui d'images sensibles, elle peut dérober la ›raison des effets‹ et rendre malaisée l'application généralisée des concepts, pour deux causes principales. Premièrement, elle présente les structures opératoires abstraites souvent sous forme de métaphores, liées à des situations particulières. En second lieu, fonctionnant comme méta-langue et non directement comme langue objet, elle *décrit* plutôt qu'elle n'*opère*, ne possédant pas les symboles de notions que la pensée mathématique consiste justement à manipuler. Certes, la formulation vernaculaire conserve quelques avantages, qui sont précisément la contre-partie de ces deux inconvénients majeurs, et les essais de ›vulgarisation‹ mathématique, dans les cas les plus réussis, en tirent le meilleur parti. Il nous semble néanmoins que le passage à un symbolisme formel soit requis pour le développement d'une mathématique, non pas seulement comme une commodité pratiquement indispensable, mais bien comme une condition de progrès capitale et essentielle.

3.1.2. Que nous montre à cet égard l'histoire des symbolismes mathématiques? Tout d'abord, que la formation d'un système symbolique formel s'effectue à travers les différentes étapes marquant un détachement progressif de la langue naturelle. D'autre part, que ce mouvement présente toujours la même signification profonde, qui est une explication d'un aspect opératoire, s'opposant dans un rapport de dualité, dont nous savons qu'elle ne peut être parfaite, à un aspect objectal. — L'histoire des symbolismes de numération en serait un exemple à la fois élémentaire et fondamental. On pourrait y distinguer, dans les cas où l'évolution est parvenue à son terme, trois niveaux successifs. Au niveau oral des langues naturelles la systématisation lexicale et syntaxique des noms de nombres est enracinée dans un fonds archaïque d'organisation de l'expérience, dont les traces demeurent le plus souvent apparentes, malgré les réorganisations qu'a pu subir le système aux autres niveaux. Un second niveau en effet serait celui qui se marque surtout dans les notations graphiques, où la systématisation de la combinatoire des signes est plus ou moins unifiée et régulière, mais dépend toujours de règles de regroupement opératoire d'une nature purement formelle dans leur effet, sinon dans leur origine. On le constate à des degrés divers de perfectionnement aussi bien dans les numérations helléniques que dans celle des Romains ou des Mayas. C'est alors qu'apparaissent les procédures qui font jouer à la position des signes dans une sé-

quence le rôle de désignation d'un étage de groupement, et à un signe particulier, le zéro, la fonction des désignation d'une position vide. A un troisième niveau enfin se situerait la structure arithmétique abstraite unifiée du système: représentation décimale, sexagésimale, binaire des entiers et de leurs fractions, structure avec laquelle la figuration symbolique n'est complètement cohérente que dans les systèmes les plus évolués comme l'est notre numéraion décimale écrite, ou les numérations des ›langages‹ d'ordinateur. — La formation du symbolisme de l'Analyse élémentaire montrerait de même ce processus de détachement, si l'on comparait par exemple les modes d'expression des concepts de sommation et de dérivation dans la langue naturelle du *Traité des arcs de cercle* de Pascal, dans les premiers essais de Leibniz, et dans les textes postérieurs où il introduit le signe somme et le signe de différentiation. Mais on y verrait également se manifester de la façon la plus claire la dissociation explicite de l'opératoire et de l'objectal, comme véritable indice de la constitution d'un symbolisme formel. Considérons par exemple ce fragment d'un texte de Gottfried Wilhelm Leibniz (v. art. 23) rédigé fin octobre 1675 en langage ›archaïque‹:

«Differentiarum momenta ex perpendicular, ad axem aequantur complemento summae terminorum, sive omn. $\overline{xw}$ = ult x. $\overline{\text{omn. } w}$ − omn.$\overline{\text{omn. } w}$» [Les moments des différences depuis la perpendiculaire à l'axe sont égaux au complément de la somme des termes, soit ...] (Leibniz 1899, XII).

Leibniz propose ici d'abord une formulation en langue naturelle, usant seulement de quelques vocables techniques: 'moments', 'différences'. Ce qu'il veut dire pourrait être représenté aisément sur une figure: l'aire comprise sous la courbe $x(w)$ est égale à la différence du rectangle des axes borné à leurs intersections avec la courbe, et de l'aire complémentaire au-dessus de celle-ci. La formulation en symboles spécifiques utilise alors avec une cohérence et une précision imparfaites le signe 'omn.$\overline{xw}$' pour désigner la 'somme des termes' produits de l'ordonnée x et du 'moment' qu'il notera lui-même plus tard 'dw'. L'expression 'ult x' désigne la borne d'intégration sur l'axe des x l'expression 'omn.$\overline{\text{omn. } w}$', représente bien maladroitement ce que l'on écrirait: $\int dx \int dw$, c'est-à-dire: $\int wdx$. De sorte que l'expression complète n'est autre qu'une application du théorème d'intégration par parties:

$$\int xdw = xw - \int wdx$$

Le progrès qui apparaîtra plus tard dans la notation de Leibniz tient essentiellement:

(1) à l'introduction du signe '∫' au lieu du symbole semi-naturel 'omn': le nouveau symbole apparaît clairement comme opérateur, et en permettant d'indiquer les bornes d'intégration, il associe sans ambiguïté l'opération à l'objet intégrale définie;

(2) à l'explicitation de la variable d'intégration, au moyen du symbole d'opération d.

On voit donc sur ce bref exemple en quoi consiste essentiellement le privilège d'un symbolisme formel, au sens défini plus haut (cf. 1.1.3.), pour la mathématique. Un autre exemple pourrait du reste être fourni par les notations introduites en théorie des Catégories, où l'on verrait encore se manifester ce jeu de dissociation explicite de l'opératoire, tout à fait essentiel au développement de cette science ›exacte‹ par excellence.

3.1.3. Resterait, sur ce point, à dire un mot des effets de style dans le langage des mathématiques. Contrairement à ce que l'on pourrait croire, eu égard à l'univocité que vise et qu'atteint ce langage, et à la nette distinction du pertinent et du non-pertinent qu'il exige, une stylistique de l'usage d'un symbolisme formel est possible en mathématiques. Nous ne pouvons ici reprendre les essais d'analyse qui ont été présentés par ailleurs (Granger 1968, chap. 2; 3; 4). Et je me bornerai à indiquer les directions dans lesquelles il me semble que sont particulièrement significatifs en ce cas les effets de style. C'est tout d'abord comme variantes dans le découpage et l'assemblage des éléments structuraux, et par conséquent dans la définition des concepts mathématiques: ainsi des différentes façons d'approcher la notion d'"intégration', ou de 'surface', par exemple. D'autre part, le style s'exprime encore dans les variations du point d'application de l'opératoire suggéré par les symbolismes; en comparant par exemple de ce point de vue, les notations des concepts primitifs de l'Analyse chez Leibniz, Isaac Newton, Joseph Louis Lagrange, on mettrait en lumière des orientations différentes quant au rapport des opérations de différentiation et de sommation à leur support fonctionnel. Il y a donc bien, à n'en pas douter, un langage des mathématiques, bien que les mathématiques ne se réduisent nullement à un langage, dans la mesure justement où leurs procédures opératoires ne se referment pas parfaitement sur elles-mêmes, où elles engendrent des ›contenus formels‹. Il n'en est pas moins évident que la mathématique peut être utilisée comme langage par d'autres sciences. Que signifie cette utilisation?

3.2. L'usage des mathématiques comme langage

3.2.1. Il ne s'agit pas seulement, me semble-t-il d'un moyen de communication mais bien, au sens où nous avons introduit ce terme, d'expression pour les structures qui sont proposées comme modèles abstraits des phénomènes. Les mathématiques apparaissent donc en ce sens comme partie intégrante des sciences physiques *lato sensu*: elles sont pour ainsi dire consubstantielles à cette connaissance même. Pour préciser davantage leur apport, on pourrait souligner trois contributions décisives:

(1) Elles libèrent la science empirique d'une exigence sémantique primitive de correspondance terme à terme entre les symboles et les données sensibles. Les constructions abstraites qu'elles autorisent rendent possible d'introduire dans la science des notions qui n'ont pas de sens direct dans l'expérience, sans qu'il s'agisse pour autant de notions mythiques, chargées de connotations non maîtrisées. L'›entropie‹, pour prendre un exemple très connu, n'est pas directement associée à des impressions, ni même à des mesures. Sa définition suppose des conditions abstraites et en toute rigueur irréalisables, exprimables adéquatement dans des systèmes idéaux d'objets dont les relations ne peuvent être que mathématiques.

(2) Elles permettent la dissociation d'éléments dans des constellations confuses et fortement liées de propriétés empiriques. Prenons ici un exemple particulièrement fruste aux yeux des Modernes, mais justement propre à montrer que la mathématique la plus simple obtient déjà cet effet. Dans *Physica* vii, Aristote propose une analyse du rapport du moteur au mouvement d'un mobile: le moteur, dit-il, «meut dans quelque chose» (le temps) et «jusqu'à quelque chose» (la distance parcourue), et il sous-entend que le mû a une «grandeur», s'opposant à la puissance du moteur. La relation de ces trois grandeurs est alors exprimée comme relation mathématique, bien que formulée en langue vernaculaire, au moyen de trois propositions:

(a) «dans un temps égal une puissance (δύναμις) égale mouvra la moitié du corps d'une longueur double: ainsi sera maintenue la proportion»;

(b) «et si la même puissance meut le même corps dans le même temps et de telle longueur, elle le mouvra d'une longueur moitié dans un temps moitié»;

(c) «et une puissance moitié meut un corps moitié d'une longueur égale dans un temps égal» (Aristote, *Physica* 250 a 3 — 7).

La première proposition signifie que la ›puissance‹ du moteur est proportionnelle à la grandeur du mobile et à la distance qu'il lui fait parcourir en un temps donné: la grandeur du mobile ›compense‹ en quelque manière la longueur du parcours; la troisième signifie que la puissance motrice est proportionnelle à la grandeur du mobile, si la distance parcourue et le temps sont fixés. Quant à la seconde, nous l'interprétons comme indiquant que la puissance est inversement proportionnelle au temps de parcours, ce qui ne peut être clairement entendu que si l'on passe à un symbolisme formel, en écrivant:

$$P \cong L.T^{-1}.$$

On voit en effet que pour une ›puissance‹ P constante et pour $L' = L/2$, on a:

$$L.T^{-1} \cong L/2.T'^{-1}, \text{ d'où:}$$
$$T' = T/2.$$

On vérifie donc tout d'abord sur cet exemple que l'expression mathématique dans un symbolisme formel facilite grandement la saisie de la relation, fût-elle très simple; et en second lieu que, même dans sa formulation vernaculaire, l'expression mathématique permet de faire apparaître la *structure* d'un concept, ici celui de ›puissance‹ d'un moteur, dont nous dirions aujourd'hui qu'aux yeux d'Aristote il a la dimension $M.LT^{-1}$, en notant, par abus de langage, M comme la masse, pour la notion vague ici de 'grandeur' du mobile.

(3) Ce sont les mathématiques qui donnent un sens opératoire précis à l'énoncé d'hypothèses limites, fictives, souvent indispensables à la compréhension d'une relation entre concepts. Empruntons encore à Aristote un exemple. Dans *Physica* iv, on trouve une réfutation de l'existence du vide par réduction à l'absurde, dont le schéma est le suivant:

(a) la vitesse d'un mobile est inversement proportionnelle à la résistance du milieu;

(b) les rapports de vitesse dans des milieux différents sont donc inverses des rapports d'›opacité‹ des milieux;

(c) la vitesse dans le vide, d'opacité nulle, dépasserait par conséquent toute proportion finie (cf. *Physica* 215 b 22).

D'où l'on conclut à l'absurdité du vide. C'est bien ici la notion arithmétique de division par une grandeur indéfiniment décroissante qui permet de traiter par la pensée du cas limite d'une résistance nulle. — On s'étonnera peut-être que les deux précédents exemples d'un usage des mathématiques comme langage aient été empruntés à un état proto-scientifique de la physique. Il aurait été pourtant facile de faire référence, entre autres, pour le premier point, au ›langage‹ des espaces de Hilbert en théorie quantique; pour le second, à celui de la théorie des groupes en physique des particules; pour le troisième aux multiples cas où l'Analyse permet d'introduire des hypothèses limites fictives en thermodynamique. Mais nous avons voulu justement montrer les effets de ce langage sous sa forme la plus élémentaire de relation linéaire, et alors même que l'observation des phénomènes dont il exprime la structure en était à un stade excessivement grossier.

3.2.2. Ce pouvoir d'›expression‹ créatrice qu'il faut reconnaître aux mathématiques à l'égard d'une représentation des phénomènes, doit-il être nécessairement interprété en un sens ›platonicien‹, faut-il ainsi comprendre la déclaration célèbre sur l'univers, «livre grandiose», «écrit dans la langue mathématique» que Galilée fait dans son *Saggiatore* (1890 — 1906, *Opere* vi, 232)? Rien ne nous y contraint, croyons-nous, et l'histoire même des sciences nous semble au contraire récuser à la fois l'idée que les concepts mathématiques ne seraient autres que les formes substantielles sous-jacentes aux phénomènes, et l'idée que les mathématiques ne sont qu'un simple système de mots et de relations verbales. Nous écartant aussi bien d'un nominalisme extrême — par la thèse des ›contenus formels‹ —, que d'un réalisme platonisant — par la thèse de la dualité opération-objet —, nous dirions que la mathématique, en tant qu'auxiliaire des sciences empiriques exactes, est l'*outil de saisie d'une réalité* à laquelle elle donne *consistance d'objet* par le travail conceptuel qu'elle exprime, mais sans qu'elle soit pour autant ni la source, ni le but de cette réalité. Il faudrait dans cette perspective commenter la notion bachelardienne de connaissance 'approchée', en en infléchissant quelque peu le sens. L'expression mathématique est en effet, par excellence, dans les sciences empiriques le moyen d'une ›approximation‹. Non pas en tant qu'elle permettrait d'approcher toujours plus près d'une réalité déjà présente et cachée; mais comme processus *convergent*, en un sens métaphoriquement emprunté aux mathématiques elles-mêmes, et qu'il convient de préciser dans chaque cas, sans qu'il faille assimiler au réel la forme limite définie par l'achèvement virtuel du processus. C'est alors cette convergence même des diverses structurations mathématiques successivement appliquées aux phénomènes qui constitue le caractère d'approximation. Mais contrairement à la pratique d'une mathématique pure, prise comme théorie d'un objet qui lui est propre, les formes limites ne sont pas ici constituées en ›réalités‹, en types d'êtres nouveaux, comme peuvent l'être par exemple les nombres réels, hypostasiant comme entités nouvelles des suites infinies de rationnels obtenues par opérations itérées. Et c'est justement l'impossibilité de donner un sens réaliste à cette convergence des mathématisations qui montre que la mathématique ne joue pas ici le rôle de créatrice d'essences, mais celui d'un outil de structuration.

3.2.3. Mais pour n'être alors qu'un outil, la mathématique n'en est pas moins créatrice des formes, sinon des essences, indépendamment desquelles l'empirie ne pourrait être constituée en objet d'un savoir scientifique. Des tentatives nominalistes extrêmes ont cependant vu récemment le jour, qui reformulent avec subtilité et vigueur le projet nominaliste des grands empiristes anglo-saxons classiques: montrer qu'on pourrait se passer des entités mathématiques, en utilisant seulement la logique entendue comme calcul des prédicats du premier ordre. Tel est le dessein poursuivi par Hartry Field dans son livre *Science without Numbers* (1980). Se passer des mathématiques signifie alors exprimer des résultats empiriques équivalents sans utiliser les propriétés des nombres en tant qu'entités abstraites. Seules des relations logiques interviendraient dans la constitution de structures, et le choix d'une correspondance avec des grandeurs numériques apparaîtrait comme étant largement arbitraire. Field expose avec quelque détail la réduction logique d'une théorie ›métrique‹ de l'espace, d'une théorie de la dérivation, et applique ces réductions à une présentation de la gravitation newtonienne. Quelle que soit l'ingéniosité de sa mise en œuvre, il nous semble cependant que le succès relatif de l'entreprise ne signifie nulle-

ment que l'apport des mathématiques à une science exacte de la nature serait nulle, ou réduit à celui d'un langage commode et cohérent. En fait, on peut reprocher à une telle réduction de masquer le moment ›objectal‹ de la structuration des phénomènes, en ramenant finalement toute connaissance physique à la collection des résultats donnés et des résultats anticipés de l'observation. Nous pouvons bien regarder avec sympathie le dessein ockhamien de réduire l'ontologie, s'il s'agit d'une ontologie proprement réaliste et transcendante; nous ne nous laissons pas pour autant entraîner à nier la consistance des *objets de pensée*, corrélatifs obligés de tout système opératoire. Et certes, de ce point de vue, la mathématique joue un rôle essentiel en produisant pour ainsi dire à l'état pur les contenus formels qui constituent le noyau dur d'une pensée en concepts. L'histoire des sciences physique montre du reste que le progrès réel de la connaissance empirique est très souvent associé de façon essentielle à l'›expression‹ créatrice de nouveaux objets mathématiques, ou à l'introduction de tels objets, déjà produits par les mathématiciens, dans l'univers de représentation des phénomènes.

3.3. Théories et langages

3.3.1. Mais l'utilisation des mathématiques dans les sciences exactes se lie au problème plus général du statut et du rôle des éléments théoriques dans un savoir portant sur l'empirie. La formule selon laquelle une science serait une ›langue bien faite‹, interprétée à la rigueur en son sens originaire empiriste, signifierait que cet aspect théorique tend à se réduire au choix des notions, ou pour mieux dire des étiquettes, servant à classer les données de notre expérience. Mais les sciences ›exactes‹ de la nature ne sont pas seulement classificatrices. L'organisation théorique cependant apparaît bien tout d'abord en effet comme un langage, dont les catégories et la grammaire permettent à la pensée de l'objet de se développer en un discours. Dans quelle mesure la structure d'une théorie scientifique est-elle assimilable à une structure linguistique, telle est la question que nous allons évoquer pour finir. — Deux points de vue ont été récemment proposés à cet égard (cf. Scheibe 1982), que l'on caractérisera sommairement. Selon le premier, (cf. Ludwig 1978; Scheibe 1979) une théorie est fondamentalement l'établissement d'un langage formel, dont la syntaxe exprime les relations empiriques connaissables. Dans l'autre perspective (cf. Sneed 1971; Balzer 1985), une théorie est essentiellement un *modèle* ou une famille de modèles, dont les objets abstraits, satisfaisant une axiomatique, imitent plus ou moins fidèlement les propriétés des phénomènes visés. La première proposition insiste donc explicitement sur l'aspect d'organisation linguistique d'une théorie, tandis que la seconde, dans les termes mêmes de l'un de ses promoteurs, «invite à regarder des ensembles de 'modèles' pour des théories plutôt que les entités linguistiques employées pour caractériser ces modèles» (Sneed 1976, 144, note 2). En fait, dans leur développement le plus récent, les deux conceptions se rejoignent dans l'adoption d'un paradigme structural commun, le concept bourbachique d''espèce de structures' (cf. par exemple Scheibe 1979, et Balzer 1983). Rappelons qu'une telle notion, présentée dans un esprit syntaxique, est constituée:

(1) par le ›langage primaire‹ de la théorie des ensembles de Zermelo-Fraenkel, par exemple, avec des noms de constantes désignant des ensembles de base et des ensembles ›auxiliaires‹;

(2) par des formules de ›spécification‹, exprimant certaines constructions ensemblistes correspondant aux types d'objets dont on veut parler dans la théorie;

(3) par un axiome caractérisant par leurs propriétés les objets de ce type dont il sera question, et présentant une invariance convenablement définie relativement aux substitutions sur les ensembles du langage primaire.

Formes linguistiques ou ›modèles‹, les deux conceptions de la théorie reposent du reste l'une et l'autre sur une mathématique des ensembles. Plutôt qu'une opposition radicale, j'y vois pour ma part une dualité de points de vue illustrant encore celle de l'opération et de l'objet. Une théorie scientifique étant alors présentée soit en privilégiant l'aspect opératoire, qui se manifeste dans les règles syntaxiques d'un symbolisme, soit en privilégiant l'aspect objectal, qui se manifeste dans les architectures d'entités abstraites que sont les modèles. Dans l'un et l'autre cas, il s'agit toujours d'une représentation schématique de l'expérience dans un système symbolique (v. art. 99).

3.3.2. La véritable question que doit se poser le philosophe est plutôt alors celle d'une démarcation possible entre le théorique et l'empirique. D'une certaine manière, il est bien

vrai, comme le souligne Hilary Putnam (1962) que toute dichotomie tranchée serait illusoire. L'›observationnel‹ est en quelque sorte lui-même une catégorie ›théorique‹, car il y a des termes observationnels qui s'appliquent à des entités non-observables en fait. C'est que, si la science est bien essentiellement un discours formulé dans un système de symboles, de tels systèmes introduisent par leur nature même le *virtuel* relativement à tout domaine d'empirie. La pure et simple description, fut-elle réduite à une désignation classificatoire, comporte donc un élément non empirique dans la sélection et le rassemblement des traits. Néanmoins, nous pensons qu'une caractérisation de la théoréticité des termes *dans tel langage*, ou tout au moins de son degré, conserve quelque intérêt, car elle fait partie d'une réponse à la question philosophique capitale du rapport de l'expérience au concept. — L'un des tenants de la conception des théories comme ›modèles‹ a proposé des termes théoriques la caractérisation suivante:

«[a] term […] is theoretical in theory T if it can be defined (up to transformations of scale) in a sub-theory of T so that T's invariances are respected» [Un terme est théorique dans T s'il peut être défini (modulo une transformation d'échelle) dans une sous-théorie de T, en respectant les invariances de T] (Balzer 1985, 133),

cette dernière condition constituant, selon lui, le trait nouveau et essentiel. Soit l'exemple, dû à Sneed et repris par Balzer, d'une théorie rudimentaire de la mécanique classique du point: $(P;T,\Re^3,\Re;s,m,f_1 \dots f_n)$, introduisant les mouvements:

$$s: P \times T \to \Re^3$$

où P est l'ensemble des points matériels et T un intervalle de temps; les masses:

$$m: P \to \Re, \text{ et les forces:}$$
$$f_i: P \times T \supset \Re^3$$

avec l'axiome:

$$\wedge\, p\, \varepsilon\, P, t\, \varepsilon\, T\, (m(p) \times d^2s(p,t)/dt^2 = \Sigma f_i(p,t)).$$

On montre alors que les mouvements s sont ›non-théoriques‹ alors que le sont les masses m et les forces f. La distinction, comme le note Balzer,

«reveals the position theory T has in the overall net of theories by showing which of T's terms have to be taken from other theories, and which ones T can "produce" or determine for further use in the net» [révèle la position de la théorie dans le réseau complet des théories, en montrant quels termes de

T doivent être pris d'autres théories, et quels termes la théorie *T* peut «produire» ou déterminer pour être utilisés dans le réseau] (Balzer 1985, 134).

Ainsi, à quelques raffinements près dont il n'est pas interdit de penser qu'ils relèvent quelque fois de l'artifice, les termes et les concepts proprement théoriques d'une discipline empirique sont caractérisés à l'intérieur d'un symbolisme comme appartenant à un faisceau d'interdéfinissables. Il y aurait alors quelque intérêt à rapprocher la notion de 'théorique' de celle de 'définissable' tel qu'elle a été proposée par Tarski dans un mémoire de 1931 (Tarski 1972). Dans leur rapport à l'expérience, d'autre part, on ne saurait je crois mieux préciser le sens des termes théoriques qu'en revenant aux idées de Ramsey: est ›théoriquement dépendante‹ une fonction pour laquelle il existe au moins un individu tel que l'application de la théorie ne contienne aucune méthode de détermination de cette fonction (Ramsey disait: de mesure) qui ne *présuppose le succès* de quelque application de la même théorie (cf. Ramsey 1929). Relativement à la mécanique classique du point, la masse et la force apparaissent bien ici en ce sens comme théoriques, alors qu'il n'en est pas de même, par exemple, dans la même théorie, de la distance de deux points matériels. Un terme purement théorique introduit donc une espèce de cercle. Mais selon l'agencement et l'extension de la théorie, on voit que les liaisons circulaires peuvent s'y déplacer. Les termes non-théoriques, au contraire, ne sont pas circulairement associés à d'autres termes du système, auquel ils sont, en quelque manière, étrangers. Mais on peut se demander si, en fin de compte, ils n'apparaissent pas comme théoriques dans d'autres sytèmes dont ils seraient importés. L'intérêt éveillé par le concept d'"espèce de structures" ne vient-il pas, justement, pour certains épistémologues comme Wolfgang Balzer, de ce que les ›ensembles auxiliaires‹ introduisent des concepts déjà élaborés dans d'autres théories en tant qu'objets tout construits, tel l'ensemble des réels dans l'espèce des espaces vectoriels sur ℜ? Nous tirerons deux conclusions de cette situation complexe. — En premier lieu, il serait assez vain de songer à ›éliminer‹ les termes théoriques des sciences de l'empirie, qu'elles soient ou non ›exactes‹, car le statut de ces termes est éminemment relatif. En second lieu, et ceci renforce la première remarque, la différence entre le théorique et l'empirique correspond à une double fonction épistémologique exercée à différents degrés par tous

les éléments d'un système symbolique: la fonction *référentielle* et la fonction *opératoire*, dont l'indissociable combinaison apparaît clairement dans les fameux termes *dispositionnels* qui ont tellement attiré l'attention des empiristes. Le prédicat 'soluble' fonctionne référentiellement à l'égard des corps qu'on a une fois dissous; il est opératoire sur le plan virtuel à l'égard de ceux qu'on n'a pas dissous, ni peut-être ne dissoudra jamais. Cette combinaison apparaît aussi jusque dans la procédure d'›élimination‹ proposée par Frank Plumpton Ramsey, qui consiste en somme, en introduisant une quantification sur des variables, à restaurer, face à l'aspect opératoire du théorique, un aspect objectal réintégré assez illusoirement au système symbolique en vue de faire apparaître l'aspect non-théorique du concept.

4. Conclusion

Rassemblons en formules trop brèves les thèmes que l'examen des aspects symboliques des sciences exactes nous a conduits à mettre en vedette. Nous avons insisté tout d'abord sur le fait trivial mais essentiel que toute science se produit *dans* un langage, qui n'est pas seulement pour elle un véhicule mais lui est d'une certaine manière consubstantiel. — Dans tout système symbolique, apparaît une double fonction des signes: fonction ›opératoire‹ et fonction ›objectale‹, entre lesquelles règne une relation de dualité dont la perfection caractérise le système de la logique. Dans les systèmes formels par quoi s'exprime la pense mathématique, l'imperfection croissante de cette dualité engendre des ›contenus formels‹. — Les sciences ›exactes‹ peuvent alors être caractérisées par une tendance majeure à substituer à leurs contenus empiriques des contenus formels. La corrélation de l'opératoire et de l'objectal se réalise, dans ces sciences, à différents niveaux et grâce à l'utilisation des mathématiques comme langage, non de simple communication, mais de formation des concepts. Le symbolisme joue donc ici un rôle véritablement transcendantal; mais ce mot de 'transcendantal', contrairement au sens qu'il revêtait dans la perspective kantienne en raison de son rattachement à l'organisation perceptive du monde, ne doit plus faire référence originaire à une subjectivité.

5. Bibliographie sélective

Balzer 1983, Theory and measurement, in *Erkenntnis* 19.

Balzer 1985, On a new definition of theoreticity, in *Dialectica* 39.

Field 1980, *Science without Numbers*.

Frege 1964, *Begriffsschrift und andere Aufsätze*, Angelelli (éd.).

Granger 1954, Langue universelle et formalisation des sciences, in *Revue d'histoire des sciences et de leurs applications* 7.

Granger 1968, *Essai d'une philosophie du style*.

Granger 1976, *La théorie aristotélicienne de la science*.

Husserl 1913 a, *Ideen zu einer reinen Phänomenologie*.

Ockham 1984, *Summa Logicae*, Kuntze (éd.).

Putnam 1962, What theories are not, in *Logic, Methodology and Philosophy of Science*, Nagel/Suppes/Tarski (éd.).

Tarski 1972, *Logique, sémantique, métamathématique*.

Thibaud 1975, *La logique de Ch. S. Peirce*.

Wittgenstein 1921, *Tractatus logico-philosophicus*.

Wittgenstein 1961, *Tagebücher 1914–1916*.

Gilles-Gaston Granger, Paris (France)

101. Sprachphilosophie in den Gesellschaftswissenschaften

1. Vorbemerkung
2. Sprachphilosophie im naturalistischen Paradigma
3. Sprachphilosophie im interpretativen Paradigma
4. Intention und Konvention in den Gesellschaftswissenschaften
5. Literatur in Auswahl

1. Vorbemerkung

Im Zentrum des sozialwissenschaftlichen Unternehmens steht die Aufgabe, soziale Phänomene als oft unbeabsichtigtes Ergebnis individueller menschlicher Aktivitäten zu untersuchen und umgekehrt die Situation von Akteuren oder Gruppen von Akteuren, die sich solchen ›sozialen Tatsachen‹ gegenübersehen, zu beschreiben und zu erklären; der Markt etwa entsteht als Resultat zahlloser individueller Aktivitäten, die von individuellen Motiven unterlegt sind, während er andererseits Einzelnen oder Gruppen von Einzelnen als individuell kaum beeinflußbares Faktum gegenübertritt — ganz ähnlich entsteht Sprache zwar aus Rede, ist aber dem einzelnen Sprecher vorgegeben. Nach dieser Auffassung befaßt sich Gesellschaftswissenschaft mit dem handelnden Menschen im Kontext der von Menschen selbst erzeugten Konsequenzen und Voraussetzungen dieses Handelns; in dieser allgemeinen Formulierung kann die vorgelegte Charakterisierung von Makrotheoretikern ebenso akzeptiert werden, wie von den Befürwortern einer Mikroperspektive. Vor allem letztere haben meist für eine interpretative Ausrichtung der Sozialwissenschaften plädiert — das Handeln, wie auch seine Ergebnisse und seine Voraussetzungen, solle als *sinnhaft* aufgefaßt werden. Damit werden aber etwa Institutionen zu Deutungsschemata, Interaktionen zu symbolisch konstituierten Prozessen, und das ›Verstehen‹ wird gleichzeitig zum Thema und zur Ressource des Sozialwissenschaftlers. Hier haben wir es mit Problemen und Fragestellungen zu tun, die ganz offensichtlich für die Sprachphilosophie zentral sind — der Bereich des Symbolischen, Sinn und Sinnhaftigkeit, das Verstehen von Äußerungen und Sätzen etc. machen ja schließlich den Gegenstand der Sprachphilosophie aus (s. Art. 52, 56, 94, 110, 112). Hinzu kommt, daß sich die Sozialwissenschaften mit sprechenden Wesen befassen; die Sprache der Untersuchungsobjekte wird dann ebenso zum Problem wie jene der Untersuchenden. Hierzu gibt es in den Naturwissenschaften selbstverständlich keine Parallele. Angesichts dieser Gemeinsamkeiten der Fragestellung hätte man erwarten können, daß sich ein recht enges Verhältnis zwischen den modernen Gesellschaftswissenschaften und der modernen Sprachphilosophie herausbilden würde; vor allem die fundamentalen methodologischen Fragen der Sozialwissenschaften und ihrer einzelnen Disziplinen scheinen einen Rückgriff auf sprachphilosophische Methoden und Ergebnisse geradezu zu verlangen. Umgekehrt hätte man wohl auch von der Grundlagenreflexion in den Sozialwissenschaften erwarten können, daß sie Ergebnisse abwirft, die unter Umständen auch bei Sprachphilosophen auf Interesse hätten stoßen können. Lange Zeit hindurch war jedoch von einem derartigen Naheverhältnis wenig zu bemerken. Sozialwissenschaftler übernahmen zwar verschiedene methodologische Grundkanones, deren Begründung unmittelbar auf sprachphilosophisches Terrain geführt hätte; die Argumentation wurde allerdings selten so weit vorangetrieben. Die Geschichte der Sprachphilosophie in den modernen Sozialwissenschaften ist in hohem Ausmaß eine Geschichte der versäumten Gelegenheiten. Einer der Hauptgründe dafür läßt sich ungefähr wie folgt skizzieren. Die erste linguistische Wende, durch die die Erkenntnistheorie als Fundamentaldisziplin der Philosophie von der Sprachphilosophie verdrängt wurde, war vor allem von Gottlob Frege (s. Art. 34) initiiert (vgl. Dummett 1973, 665 ff). Doch während Frege noch ein eigenes ›Reich‹ des ›Sinns‹ oder der ›Gedanken‹ stipuliert hatte (Frege 1967 b, 342 ff), wurden die kognitiven Elemente von Freges Sprachphilosophie vom Ludwig Wittgenstein (s. Art. 39) des ›Tractatus‹ als ›psychologistisch‹ eliminiert (Dummett 1973, 680). Zwar war die Sprache ins Zentrum der Philosophie gerückt, doch begann gleichzeitig eine Epoche der ontologischen Enthaltsamkeit und der sprachphilosophischen Einschränkung des Bereichs sinnvollen Sprechens. Diese Grundhaltung unterlag einer ›naturalistischen‹ Konzeption von Wissenschaft und Erkenntnis, die nicht nur Aspekte der Forschungspraxis von Sozialwissenschaftlern, sondern auch ihr Selbstverständnis zu dominieren begann — Operationalismus, Behaviourismus, Reduktionismus waren die Schlagworte, unter deren Zauber die Gesellschaftswissenschaften die wahre Wissenschaftlichkeit anzustreben hatten. Die idealsprachliche Wende in der analytischen Philosophie (s. Art. 59) machte sich eine Sprache zum Thema, die sich von der lebenden Sprache der Sozialwissenschaften auf wichtigen Dimensionen unterschied. Die Gesellschaftswissenschaften bedienen und bedienten sich der natürlichen Sprache, mit all ihren Mängeln und all ihren reichhaltigen Möglichkeiten. Dies ist auch die Sprache ihrer Untersuchungsobjekte; und viele der methodologischen Probleme der Sozialwissenschaften ergeben sich gerade aus ihrer Verwurzelung in unserer alltäglichen Sprach- und Begriffswelt. Ein revisionistisches Programm, das auf eine Bereinigung der natürlichen Sprache abzielt, muß daher gleichzeitig zur

Angleichung der Sozialwissenschaften an die Naturwissenschaften, die sich von unserer alltäglichen Begrifflichkeit einigermaßen erfolgreich abgelöst haben, aufrufen. Dies ist auch geschehen — ein mächtiges naturalistisches Paradigma der gesellschaftswissenschaftlichen Methodologie entstand, das von der dafür geeigneten Sprachphilosophie unterlegt war. Dabei überwog das revisionistische und programmatische Element; große Teile der Sozialwissenschaften, wie sie tatsächlich betrieben wurden, warfen weiterhin Probleme auf, die von dieser Methodologie und dieser Sprachphilosophie nicht in den Griff zu bekommen waren.

2. Sprachphilosophie im naturalistischen Paradigma

Die mit Frege und Wittgenstein assoziierte linguistische Wende setzte eine jahrhundertealte sprachkritische Tradition fort, die auch von Gesellschaftstheoretikern wie Thomas Hobbes oder Niccolò Machiavelli getragen worden war. Dieser sprachskeptische Strang läßt sich bis zu den Gründungsvätern der modernen Gesellschaftswissenschaften verfolgen, die zwar im Banne des Positivismus standen, von Frege oder Wittgenstein jedoch nichts wußten oder wissen konnten. Emile Durkheim hielt die Aussagen von Handelnden über die eigenen Handlungsgründe für unverläßlich bis völlig irreführend (Durkheim 1897, Introduction), und Vilfredo Pareto meinte, daß menschliche Akteure zwar von denselben Motiven angetrieben wären wie die Tiere, daß sie aber darüber hinaus diese Motivstruktur durch schöne Worte (die ihrerseits derselben Motivstruktur entsprangen) verschleiern könnten (Pareto 1963 I, 88). Dieses Mißtrauen gegenüber Perspektive und Aussagen handelnder Akteure hat sich besonders in der italienisch-französischen Tradition bis heute erhalten; Pierre Bourdieu etwa stellte vor nicht allzu langer Zeit fest, daß Akteure ganz buchstäblich nicht wissen, was sie tun (Bourdieu 1977 b, 79). Auch dies soll uns daran erinnern, daß wir das naturalistische Forschungsprogramm keineswegs als historische Episode auffassen können; es ist so lebendig wie eh und je, bei manchen Ansätzen als methodologisches Gesamtpaket, während es bei anderen — z. B. bei Bourdieu — in Teilaspekten weiterwirkt. Die skeptische Haltung gegenüber den Aussagen von Akteuren ist dem Strukturalismus ebenso essentiell wie

dem Funktionalismus; weit weniger Skepsis
wird dabei den eigenen Behauptungen über
angeblich existierende Strukturen und angeblich vorliegende latente Funktionen entgegen-
gebracht. In diesem Sinn haben diese Makro-
theoretiker nur einen Teil des sprachkritischen
Erbes angetreten (s. Art. 49). Wir haben es
jedenfalls mit einer Konzeption zu tun, bei
der menschliche Akteure — ganz wie bei Sigmund Freud — von undurchschauten Mäch-
ten getrieben sind; äußern sie sich über die
eigenen Motive, so müssen sie zwangsläufig
zumindest irren, wenn sie nicht gar von der
ihnen unbekannten Motivstruktur zur Beschönigung oder Rationalisierung ihres Handelns veranlaßt werden. Damit werden die
Selbstbeschreibungen, Darstellungen und Situationsdefinitionen des Handelnden nicht irrelevant — sie werden zu einem ›Schein‹, der
die psychische und soziale Wirklichkeit verbirgt, gleichzeitig aber auch zum Symptom.
Es ist Aufgabe des Wissenschaftlers, diesen
Schein zu durchdringen und aus den Symptomen aufgrund seiner Theorie die richtigen
Schlußfolgerungen zu ziehen.

2.1. Von ›Sprachphilosophie‹ kann hier allerdings noch kaum die Rede sein. Wir haben
es eher mit einem Bild menschlichen Sprechens zu tun, in dem dieses zum *Symptom*
einer vom Akteur undurchschauten inneren
oder äußeren Realität degeneriert ist. Im
Grunde handelt es sich dabei um empirische
Behauptungen über die Organisation menschlicher Motive und der Sprache über diese
Motive. Die vom Verifikationismus inspirierte
Methodologie hingegen beruht sehr wohl auf
Annahmen über den begrifflichen Zusammenhang zwischen Motiven und Motiverklärungen. Dort finden wir auch kein vergleichbares Mißtrauen — im Gegenteil, Aussagen
von Akteuren in standardisierten Situationen
werden als indikativ für bestimmte zu mes-
sende Dispositionen genommen. Sie werden
damit zu ›verbalen Responsen‹, die uns — wie
das Ausschlagen einer Magnetnadel —
Schlüsse auf nicht direkt Beobachtbares gestatten. Die Idee, daß man an Akteuren so-
zialwissenschaftlich relevante Messungen anstellen könne, könnte man als einfache Übertragung eines Grundprinzips naturwissenschaftlicher Forschung auffassen. Dagegen
wäre wohl kaum etwas einzuwenden — höhere Meßniveaus gestatten exaktere Beschreibungen und Gesetzesformulierungen und damit auch genauere Prognosen. Allerdings
wurzelt die Idee ein wenig tiefer, im Operatio-

nalismus, dem methodologischen Abkömmling des empiristischen Sinnkriteriums. Der
Operationalismus ist eine Doktrin, deren un-
reflektierte Anwendung auf die Sozialwissenschaften nicht unbedenklich ist. Zunächst
wird Sprachhandeln bei der nach operatio-
nalistischer Vorschrift durchgeführten Ein-
stellungsmessung wiederum zum Symptom
degradiert. Darüber hinaus aber stattet der
Operationalismus die Begriffskonstruktion
mit einer Beliebigkeit aus, die zumindest in
den Sozialwissenschaften nicht gegeben ist. Es
war ein Motiv des Operationalismus, essen-
tialistische Fragestellungen wie 'Was ist eigentlich ›Länge‹?' zu vermeiden, ein Motiv,
das für die Naturwissenschaften umso wirksamer und plausibler war, als diese schon
einige wissenschaftliche Revolutionen hinter
sich hatten — und anläßlich solcher Umstürze
wandelt sich bekanntlich der Sinn solcher zentraler wissenschaftlicher Ausdrücke. Von dieser Warte aus waren Fragen wie 'Was ist
eigentlich ›Länge‹?' offensichtlich diskreditiert. Im Gegensatz dazu sind Fragen wie
'Was ist eigentlich ›Macht‹?' keineswegs obsolet geworden; sie sind weiterhin Gegenstand
einer begrifflichen Analyse, die beim alltäglichen Sprachgebrauch beginnen muß. Daher
kann man an ›Macht‹-Skalen stets die Frage
richten, ob sie auch das messen, was sie zu
messen vorgeben. Es ist dies die Frage nach
der Validität der Messung, die sich für den
Operationalisten nicht stellen kann; wenn es
jedoch nicht mehr darauf ankommen soll, was
man im allgemeinen unter bestimmten Ausdrücken versteht oder was mit ihnen gemeint
ist, dann ist die Brücke zwischen Alltagssprache und Wissenschaftssprache gänzlich ab-
gebrochen. Wie immer sich die Situation auch
in den Naturwissenschaften darstellen mag —
in den Gesellschaftswissenschaften kann eine
solche Entkoppelung von unseren alltags-
sprachlich umschriebenen Lebenswelten vermutlich nur um den Preis der theoretischen
und praktischen Irrelevanz erfolgen.

2.2. Der neopositivistische Entwurf war immerhin bereit, die sprachlichen Äußerungen
von Individuen als *Daten* einzubeziehen; der
Ausdruck einer Einstellung zu bestimmten
Dingen mochte etwas ganz anderes sein als
ein ›objektives‹ oder gar ›wissenschaftliches‹
Urteil, doch die Identifikation oder Erklärung
solcher Einstellungen konnte als legitime Aufgabe der Wissenschaft aufgefaßt werden. Voraussetzung war hier, daß die Untersuchenden
nicht in die Fehler der Untersuchten verfielen

und sich sprachlicher Formulierungen bedienten, die dem Metaphysikverdikt zum Opfer gefallen waren. Der Verifikationismus des naturalistischen Paradigmas konstruiert einerseits die Sprache der Akteure als ›verbalen Output‹, andererseits versucht er, der Wissenschaftssprache bestimmte Bedingungen aufzuerlegen, deren Erfüllung erst den wissenschaftlichen Charakter des betreffenden Aussagensystems garantieren soll. Die bekannteste — und abgedroschenste — Forderung ist hier die nach ›Wertfreiheit‹, die aus der angeblichen mangelnden ›Objektivität‹ von Werturteilen abgeleitet wird. In diesem Zusammenhang stellt sich irgendwann einmal die Frage nach dem Wesen des ›normativen‹ oder evaluativen Diskurses. Auf diesem Gebiet war allerdings die Entwicklung auch in der Philosophie selbst nur zäh vorangegangen. Während die Analyse der Sprache der Naturwissenschaften von Rudolf Carnap und anderen stetig vorangetrieben worden war, mußte man auf die ersten systematischen Darstellungen der Beziehung zwischen Sprache und Moral bis zur Mitte des Jahrhunderts warten (Stevenson 1944; Hare 1952). Bis vor kurzem stand daher den Sozialwissenschaftlern wenig zur Verfügung, was man als sprachphilosophisch aufbereitetes ›Werkzeug‹ für die Erörterung eines ihrer methodologischen Zentralprobleme hätte auffassen können. In diesem Bereich entstand daher eine Art Scholastik, mit Max Weber in der Rolle des Aristoteles. Zaghafte sprachanalytische Ansätze zu diesem Thema finden wir erst bei Ernest Nagel, der — obwohl kein Sozialwissenschaftler — methodologische Fragen der Gesellschaftswissenschaften mit oft großer Sensibilität behandelt hat. Nagel (1961, 492) unterschied zwischen verschiedenen Typen von Werturteilen: „appraising" vs. „characterizing"; nur des ersten Typs von Werturteil habe sich der Wissenschaftler zu enthalten, während er ›charakterisierende‹ Werturteile treffen kann, da diese ohnehin nur auf die Einschätzung des Ausprägungsgrads eines Merkmals hinauslaufen. Solche ›Einschätzungen‹ stellen jedoch schlichte Meßbefunde dar — und es ist unklar, warum wir diese als Werturteile auffassen sollten. Der von Nagel hier vorgezeichnete, aber von ihm selbst nicht beschrittene Weg zur Behandlung des Problems hätte wohl zu einer sprechakttheoretischen Perspektive führen müssen — der ihm vorschwebende Unterschied liegt nicht im Inhalt des Werturteils, sondern darin, wie es der Wissenschaftler verwendet; nicht der Sinn der

Äußerung ist hier zu differenzieren, sondern ihre Kraft. — Das hier vorliegende Problem ist offensichtlich nicht auf eine methodologische Detailfrage reduzierbar. Mit den ›Werturteilen‹ gerät das gesamte politisch-moralische Vokabular unter Verdacht, und mit ihm ein Großteil der herkömmlichen sozialwissenschaftlichen Begriffswelt. T. D. Weldon hat diese Begriffswelt einer nominalistisch inspirierten sprachkritischen Analyse unterzogen. Die natürliche Sprache hat für ihn eingebaute Möglichkeiten des Mißverständnisses — sie gaukelt uns Entitäten vor, wo es keine gibt, und verleitet uns zur Formulierung von Fragen, auf die wir niemals eine Antwort finden können. Zu letzteren gehört etwa die Frage nach der „rechten Beziehung zwischen Staat und Einzelnem" (Weldon 1962, 30), immerhin das Grundproblem aller Politik. An Existenzannahmen und Fragestellungen trägt Weldon immer wieder ein verifikationistisches Testverfahren heran — wie, so fragt er, würden wir darüber entscheiden, ob diese Behauptung oder Annahme stimmt oder nicht? Allerdings gelingt es ihm des öfteren, diese im allgemeinen grundvernünftige Vorgangsweise auf dafür nicht geeignete Probleme anzuwenden — so meint er etwa, organizistische Theorien des Staates könnten weder bewiesen noch widerlegt werden (Weldon 1962, 137). Dies schadet allerdings dann nichts, wenn wir solche ›Theorien‹ als mehr oder weniger fruchtbare Metaphern auffassen, die natürlich niemals bewiesen oder widerlegt werden können. Auch hier stößt die vom Verifikationismus inspirierte naturalistische Konzeption der Gesellschaftswissenschaften an ihre Grenzen; es zeigt sich, daß der Bereich sinnvollen oder fruchtbaren Diskurses wesentlich großzügiger gestaltet werden muß, als dies anfangs vorgesehen war. — Dies ist auch einer der Grundgedanken von Wittgensteins *Philosophischen Untersuchungen*, die zur gleichen Zeit erschienen wie Weldons Buch. Während sich Sozialwissenschaftler gerade bereit machten, das naturalistische Paradigma in systematischen methodologischen Schriften zu verewigen, hatte sich in der Philosophie eine zweite linguistische Wende ereignet, die auch für die Sozialwissenschaften Konsequenzen haben sollte, wenn auch wiederum mit der gebührenden Verspätung. An die Stelle des idealsprachlichen Programms trat der Versuch, die Alltagssprache als Ausgangspunkt und häufig auch als Fundament der philosophischen Rekonstruktion einzusetzen — ein Programm, das aus bereits skizzierten Gründen der Vor-

gangsweise und der Zielsetzung der Gesellschaftswissenschaften eher entsprach als das
formalsprachliche. Sehr bald fanden sich Philosophen, die aus Wittgensteins Spätphilosophie und dem ihr verpflichteten analytischen
Schrifttum methodologische Konsequenzen
zogen (Winch 1958; Louch 1966). Die Anhänger der nicht-naturalistischen Tradition —
eine Tradition, die selbstverständlich auch
während der Hochblüte des Naturalismus
weitergewirkt hatte — bekamen nun Bundes-
genossen aus dem Lager der sprachanalytisch
orientierten Philosophie, die die alten Themen
der Nicht-Naturalisten — Sinnhaftigkeit,
Wahlfreiheit, Regelgeleitetheit etc. — neu auf-
rollten. Diese Themen wurden mit den Mitteln der linguistischen Philosophie (s. Art. 60)
behandelt. Darüber hinaus aber begann mit
dem späteren Wittgenstein und mit John
Langshaw Austin die Entwicklung neuer
sprachphilosophischer Ansätze, die für das
nicht-naturalistische Forschungsprogramm
nicht bloß eine leitmotivische Funktion hatten, sondern sich auch tatsächlich zum ›Gebrauch‹ anboten. Die folgenden zwei Abschnitte sollen diese Aussage belegen.

3. Sprachphilosophie im interpretativen Paradigma

3.1. Der logische Empirismus oder Neoposi-
tivismus mochte die Weltherrschaft über die
Lehrbücher der Methodologie der Sozialwissenschaften angetreten haben; das bedeutete
jedoch noch lange nicht, daß er auch die
sozialwissenschaftliche Praxis erobert hätte.
So waren Ethnologen zwar eine Zeitlang bestrebt, vom Akteur abgelöste ›Strukturen‹
und ›Funktionen‹ zu entdecken, waren jedoch
schon von ihrer Vorgangsweise her kaum in
der Lage, das positivistisch-naturalistische
Modell in die Tat umzusetzen. Da man den
Mitgliedern einer fremden Kultur nicht so
ohne weiteres die eigene Perspektive unterstellen konnte, mußte die Sichtweite dieser
Akteure notwendigerweise ernstgenommen
werden. Der ›eingeborene Informant‹ gestattet erst das Eindringen in den fremden Be-
deutungskreis — Probleme des Sinnverste-
hens, der Interpretation und der Übersetzung
stellen sich damit von selbst; und auch wer
geneigt ist, im Banne eines recht vereinfachten
Modells der naturwissenschaftlichen Vorgangsweise die ›eigentliche‹ wissenschaftliche
Arbeit mit dem Überprüfen von Hypothesen
beginnen zu lassen, wird kaum leugnen kön-

nen, daß dieses interpretative Eindringen
einen Großteil der tatsächlichen Arbeit des
Ethnologen ausmacht. Auch die sensibleren
unter den Soziologen sahen ein, daß keineswegs garantiert war, daß sie amerikanische
Tramps oder polnische Einwanderer besser
kannten als die Bewohner der Salomon-In-
seln. Während Pareto von seinem Schreibtisch
aus die ganze Welt interpretiert hatte, ob es
sich nun um sizilianische Wöchnerinnen oder
chinesische Potentaten handelte, orientierte
sich die frühe Chicagoer Schule ausdrücklich
am Vorbild der Ethnologen. Robert Park, der
vom Journalismus herkam, übernahm die Beobachtungsmethoden, die Franz Boas an die
nordamerikanischen Indianer herangetragen
hatte (Madge 1963, 89). Die Einsicht in die
Vielfalt menschlicher Verhaltensweisen und
deren sozialer Organisation motiviert zu
einem empirisch-interpretativen Vorgehen;
dabei trifft der Forscher seine Beforschten
und muß sich mit ihnen verständigen. Daß
konventionelle Wissenschaftstheorie sich mit
der Rekonstruktion dieser Prozesse und Probleme kaum auseinandersetzte, bedeutete
nicht, daß die Vorgangsweise dieser Forscher
›unwissenschaftlich war‹, sondern lediglich,
daß diese Methodologien gravierende Lücken
aufzuweisen hatten.

Diese urbanen Anthropologen erhielten
Schützenhilfe von dem während dieser Zeitspanne ebenfalls an der Universität Chicago
lehrenden George Herbert Mead (s. Art. 52),
der in seinen philosophischen und theoretischen Arbeiten das Fundament des ›Symbolischen Interaktionismus‹ legte. Meads Zen-
tralthema war die Konstitution des Selbst in
einem interaktiven Prozeß, bei dem der Einzelne lernt, sich durch die Augen des anderen zu sehen — Kommunikation führt hier
zur Selbst-Bewußtwerdung. Kommunikation
analysiert Mead stufenweise: Am Anfang
steht die ›Geste‹ — sie ist jener ›Teil einer
Handlung‹, der als ›Reiz‹ auf ein anderes Wesen wirkt, dieses zu einer Reaktion veranlaßt,
die wiederum als Reiz auf den Ersthandelnden
zurückwirkt (vgl. Mead 1968, 81 ff). Für
Mead kann sich eine Reihe solcher Anpas-
sungen zu einer gemeinsamen gesellschaftlichen Handlung zusammenfügen; etwa die Sequenz Schrei des Kindes/elterliche Antwort/
erneuter, modifizierter Schrei des Kindes/etc.
Solche Gesten setzen auch Tiere — die ge-
fletschten Zähne *bedeuten* für uns, daß das
Tier zornig ist; dem Tier jedoch können wir
keine ›bewußte‹ oder ›reflektierte‹ Absicht
zum Angriff zuschreiben. Zum ›signifikanten

Symbol‹ wird die Geste erst, wenn wir annehmen können, daß nicht nur ›eine Haltung ausgedrückt‹ wird, sondern ›daß dahinter auch noch eine Idee steckt‹, daß der handelnde Mensch „in seiner Erfahrung eine Idee hat/ has an idea in his experience" (Mead 1968, 84). Von Symbolen können wir dann sprechen, wenn die Gesten

„im Gesten setzenden Wesen die gleichen Reaktionen implizit auslösen, die sie explizit bei anderen Individuen auslösen oder auslösen sollen — bei jenen Wesen, an die sie gerichtet sind/implicitly arouse in an individual making them the same responses which they explicitly arouse, or are supposed to arouse in other individuals, the individuals to whom they are adressed" (Mead 1968, 86).

Als ›Sozialbehaviourist‹ geht Mead hier über einen plumpen Behaviourismus hinaus. Sprache ist etwas den Sprechern Gemeinsames; diese Gemeinsamkeit wird durch psychisches Erleben gestiftet, seien es Ideen, Reaktionen, Pläne — Mead bedient sich in rascher Folge all dieser Ausdrücke. Werden die Ideen als ›Vorstellungen‹ interpretiert, dann ist er darin Erbe einer unhaltbaren empiristischen Vorstellungstheorie der Sprache und der Kommunikation (vgl. Dummett 1973, 157 ff) (s. Art. 94). Die Theorie, die sich auf Gleichartigkeit der Reaktionen stützt, findet sich auch bei Charles Stevenson; dessen Formulierung nahm Paul Grice zum Anlaß, seine eigene und zweifellos überlegene Konzeption zu entwickeln (Grice 1957, 379). — Zwar war es Mead nicht gelungen, den Bereich des Symbolischen adäquat abzugrenzen, doch konnte er immerhin für sich in Anspruch nehmen, wieder an die Bedeutung dieses Bereichs für Theorie und Metatheorie in den Sozialwissenschaften erinnert zu haben. Darüber hinaus hatte die pragmatistische Grundidee, nach der Sinn in einem interaktiven Prozeß entsteht und Bedeutungen und Situationsdefinitionen nicht von vornherein feststehen, sondern ausgehandelt werden müssen, nachhaltige Implikationen für die Forschungspraxis. Da solche Aushandlungs- und Definitionsleistungen von Akteuren erbracht wurden, mußte deren Weltsicht ernst genommen werden — Menschen handeln aufgrund der Bedeutungen, die sie selbst den Dingen beimessen (Blumer 1973, 134). Will man also etwas über die Welt von polnischen Einwanderern oder städtischen Slum-Bewohnern in Erfahrung bringen, dann muß man dabei sein, wenn sie durch ihre Handlungen und die Reaktionen auf diese Handlungen etc. ihre soziale Welt konstituieren. Ein für unsere Fragestellung besonders interessanter Sproß des symbolischen Interaktionismus ist die Etikettierungstheorie, ein Ansatz der Konzeptualisierung abweichenden Verhaltens, der auch in eine Fülle von empirischen Arbeiten eingebracht wurde; die Theorie liefert ein gutes Beispiel dafür, wie auch vergleichsweise diffuse Intuitionen über die Beziehung zwischen Sprache und sozialer Welt als Triebfeder eines Forschungsparadigmas wirken können. Der Etikettierungstheoretiker entwirft eine Konzeption der Beziehung zwischen bestimmten sprachlichen Ausdrücken und Äußerungen — vor allem Kategorisierungen und Kategorisierungsleistungen — und den angeblichen Merkmalen, Eigenschaften oder Dispositionen von Personen, Situationen oder Institutionen, die sich gegen einen ›naiven‹ Realismus wendet, demzufolge Ausdrücke wie 'geisteskrank' oder 'kriminell' Eigenschaften oder Merkmale bezeichnen (Becker 1973, 12). Damit ist er zunächst nicht mehr als der direkte Erbe jener positivistischen Sprachskeptiker, die diese Probleme anhand des allgemeinsten Wertausdrucks 'gut' durchexerziert hatten. Aus soziologischer Perspektive geht es jedoch um mehr als die Aufstellung einer philosophischen Theorie über Teilbereiche des menschlichen Diskurses; das Hauptaugenmerk der Etikettierungstheoretiker liegt auf den Prozessen, die der erfolgreichen Etikettierung zugrundeliegen, und auf der *realitätsstiftenden* Funktion solcher Kategorisierungen. Dadurch ergeben sich Fragestellungen, die direkt zur Sprachphilosophie des späteren Wittgenstein und Austins hinführen.

3.2. Die radikalste — und naivste — Abkehr von der realistischen Konzeption der betreffenden Ausdrücke rekonstruiert sie nach dem Modell der Taufe — wie die Zuordnung zwischen einem Individuum und einem Namen im Prinzip völlig arbiträr ist, so sollen auch Etikette wie 'geisteskrank' Einzelnen nach Belieben angeheftet werden können. Eine kollektive Variante dieser Idee ist ein wenig plausibler — nicht die einzelne Etikettierungsleistung, sondern die Zuordnung zwischen bestimmten Kriterien und einem bestimmten Typus von Etikett ist hier arbiträr, zum Beispiel könnten Rothaarige durch einen kognitiven Prozeß, dessen Anfänge und mögliche Beweggründe sich im Dunkel der Geschichte verlieren, zu einer Klasse der ›Hexen‹ zusammengefaßt sein. Andererseits könnte man auch in diesen Fällen Mechanismen postulieren, die zwar von den handelnden Akteuren weitgehend undurchschaut sind, jedoch der kollektiven Praxis ein Ausmaß an Intelligibilität verleihen — nach Thomas Szász sind es vor allem Leute, die sich ungern den Instanzen der sozialen Kontrolle unterwerfen, die zu ›Irren‹ erklärt werden (Szász 1973, 15). Wie immer man die Situation auch rekonstruieren möchte — und bei den Etikettierungstheoretikern finden wir sowohl die skizzierten als auch noch weitere Interpretationsmöglichkeiten in oft unentwirrbarer Form vor —, der Tatbestand bleibt bestehen, daß bei aller Beliebigkeit dieser Etikette die *Konsequenzen* der Etikettierung durchaus unzweideutig sein können. Nach der Taufe heißt der Getaufte schließlich so, wie es vom autorisierten Namensgeber vorgesehen war; und wenn der Beklagte für schuldig ›befunden‹ wird, dann ist das eine Entscheidung, die oft von recht vagen Kriterien geleitet ist, dabei aber meist Konsequenzen hat, die keineswegs vage, dafür aber umso einschneidender sind. Auch Etikettierungen haben diese ›performative‹ Komponente — sie sind sprachphilosophisch ganz in der Nähe des Urteilsspruchs angesiedelt, der — wie auch die Äußerungen im Rahmen der Taufzeremonie — zu Austins Lieblingsbeispielen von performativen Äußerungen gehört (Austin 1962 a, 5; 152 ff). — Roy Turner dürfte das Verdienst gebühren, als erster Soziologe auf die Bedeutung der Austinschen Sprachphilosophie für gesellschaftswissenschaftliche Fragestellungen verwiesen zu haben. Auch seine Arbeit bleibt noch im Programmatischen stecken; er erklärt *How to Do Things with Words* zwar zur ›Goldgrube‹, fördert aber kaum nennenswertes Edelmetall zutage (Turner 1970, 197). So kann es nicht überraschen, daß die enge Beziehung zwischen Austins sprachphilosophischen Distinktionen und den weniger expliziten Grundgedanken der Etikettierungstheorie kaum je gesehen wurde. Die Parallelen sind dennoch recht deutlich; wie schon vorher Wittgenstein erinnert Austin daran, daß man mit sprachlichen Mitteln über das Benennen oder Behaupten oder Beschreiben hinaus zahllose verschiedene Dinge tun kann. Der Etikettierungstheoretiker verweist uns darauf, daß das Klassifizieren eines Menschen als z. B. ›geisteskrank‹ weniger eine interessenfreie und objektive Diagnose ist, als ein Verfluchen, ein sprachmagisches Residuum. Und die Schwächen der Austinschen Sprachphilosophie spiegeln jene der Etikettierungstheorie. Schon Austin selbst mußte erkennen, daß ihm bei genauerer Analyse die Distinktion

konstativ/performativ unter den Händen zerrann (s. Art. 95); ebenso ist die oben in epigrammatischer Form skizzierte Zentraleinsicht der Etikettierungstheorie bestenfalls eine Halbwahrheit.

3.3. Während wir in den Arbeiten der symbolischen Interaktionisten sozusagen sprachphilosophische Unterströmungen feststellen können, die eigens ausgelotet werden müssen, vollzieht die Ethnomethodologie eine ganze explizite ›linguistische Wende‹ innerhalb der Soziologie. Wie bei der Etikettierungstheorie stehen zunächst Klassifizierungs- und Kategorisierungsleistungen im Vordergrund der Analyse. Aaron Cicourel zeigte etwa in einer bahnbrechenden Studie, daß die klassifikatorischen Entscheidungen staatlicher Organe von bestimmten Alltagstheorien über den relevanten Bereich geleitet sind — ›jedermann weiß‹ z. B., daß ›Kriminelle‹ aus gestörten Familienverhältnissen kommen, so daß jemand mit einem derartigen familiären Hintergrund eine höhere Chance hat, als Krimineller etikettiert zu werden als andere Gesellschaftsmitglieder: So erzeugen bestimmte Alltagstheorien bestimmte Daten, die ihrerseits wieder zur Untermauerung ebendieser Theorien herangezogen werden können (Cicourel 1968, 22 ff). Bei Harold Garfinkel und seinen Schülern geht es hingegen weniger um solche — wenn schon nicht explizite, dann doch recht leicht explizierbare — Theorien, sondern um die praktischen Kompetenzen, die der Beurteilung von Situationen oder der Entschlüsselung dessen, was ein anderer sagen wollte, zugrundeliegen, um einer chaotischen Alltagserfahrung Sinn und Ordnung aufzuprägen. Eine bündige Darstellung des ethnomethodolischen Programms ist nicht ganz einfach; wir beschränken uns im folgenden auf zwei Zentralbegriffe, jenen der Indexikalität und den der ›Darstellung‹. — Wie wir gesehen haben, hatte der Etikettierungstheoretiker unterstellt, daß die Wahrheitsbedingungen von Sätzen, in denen Ausdrücke wie 'geisteskrank' vorkommen, nicht eindeutig festgelegt sind (oder daß es solche überhaupt nicht gibt). Aus ähnlicher Motivation werden indexikalische Ausdrücke (s. Art. 79) dem Ethnomethodologen zum Problem oder ›Ärgernis‹ — hier verändern sich die Wahrheitsbedingungen von Aussagen, wenn sich z. B. der Zeitpunkt, zu dem die Aussage gemacht wird, verändert. Garfinkel und Harvey Sacks treffen hier eine Gegenüberstellung von ›objektiven‹ und ›indexikalischen‹ Ausdrücken, und sie erweitern den Bereich des Indexikalischen — jene Ergänzungstätigkeit, jenes ›In-Ordnung-Bringen‹, das gegenüber indexikalischen Äußerungen geleistet werden muß, charakterisiert unsere Lebenssituation und motiviert Wissenschaftler zu methodologischen Anstrengungen, das Unbestimmte durch das Bestimmte zu ersetzen (Garfinkel/Sacks 1976, 143 ff). Ethnomethodologen haben versucht, die solcher Deutungsarbeit zugrundeliegende Kompetenz zu charakterisieren. Der Wert dieser — oft subtilen, oft auch sehr dunklen — Arbeiten soll hier nicht bestritten werden; allerdings muß bezweifelt werden, daß der Einbezug des technischen Begriffs der Indexikalität in diese Fragestellung besonders fruchtbar war. Die Wurzel des Übels dürfte wohl die Kontrastierung des Indexikalischen mit dem ›Objektiven‹ sein — die Bedeutung (im Fregeschen Sinn) indexikalischer Ausdrücke variiert zwar mit dem Kontext, doch ihr Sinn ist im allgemeinen recht stabil (s. Art. 81). Wenn jemand von ›seinem Bruder‹ spricht, dann verstehen wir im allgemeinen, was er meint — da ist nicht viel Platz für das ›Subjektive‹, als könnte *A* mit dem Ausdruck etwas anderes *meinen* als *B*. Menschliche Kommunikation mag prekär sein, aber gerade indexikalische Ausdrücke wie 'morgen' oder 'hier' werfen da kaum Probleme auf. Auch ist die theoretische und praktische Relevanz von Indexikalität wiederum kontextabhängig. Einer Wetterprognose 'Morgen wird es regnen', bei der nicht zu entnehmen ist, auf welchen konkreten Tag sie sich bezieht, fehlt tatsächlich etwas Entscheidendes; wenn wir hingegen das Tagebuch eines Schiffbrüchigen lesen, von dem wir nur wissen, daß er in der ersten Hälfte des 17. Jahrhunderts gelebt hat, und das von Sätzen wie 'Morgen geht mein Trinkwasservorrat zur Neige' wimmelt, dann können wir den gesamten Text verstehen, auch wenn wir nicht wissen, auf welchen Kalendertag sich Ausdrücke wie 'morgen' jeweils beziehen; und hätten wir ein solches Wissen, dann ist nur schwer einzusehen, welches kognitive Bedürfnis es in solchen Fällen erfüllen könnte. Zweifellos wirft die Existenz von indexikalischen Ausdrücken in den natürlichen Sprachen faszinierende Probleme auf, die zum Teil aus der Spannung zwischen der Bestimmtheit des Sinns und der Unbestimmtheit der Bedeutung erwachsen. Es ist jedoch einigermaßen unklar, ob dieser technische Begriff der Sprachphilosophie die analytische Last tragen kann, die ihm der Ethnomethodologe aufbürden möchte. — Die interaktionistische

Idee, daß es sich bei ›Sinn‹ um etwas ›Ausgehandeltes‹ handelt, finden wir auch beim ethnomethodologischen Begriff der 'Darstellung' wieder. Akteure sind als Sprecher einer natürlichen Sprache befähigt, Phänomene als ›berichtbar‹ oder ›rational erkennbar‹ wahrzunehmen und als solche durch ihr sprachliches Handeln ›verfügbar‹ zu machen. Der beigelegte oder unterstellte Sinn ist dabei etwas Vorläufiges, der erst durch das Fortschreiten der Konversation und deren Eingebettetheit in einen Kontext präzisiert wird. Die Teilnehmer einer Interaktion haben unablässig Entschlüsselungsarbeit zu leisten — was jemand sagt, wird zum Material, ›das verwendet wird, um herauszufinden, was er sagt‹ (vgl. Garfinkel/Sacks 1976, 137). Hilfestellung leisten dabei die ›Umschreibungspraktiken‹ menschlicher Sprecher, das sind Methoden, ›darstellbares‹ Verstehen ›herzustellen‹ (vgl. Garfinkel/Sacks 1976, 165). Ein Beispiel dafür sind Modelle — ein Plastikmotor, der unter anderem zeigt, wie die Nockenwelle die Verbrennungsabläufe steuert, ist eine ›Darstellung‹ eines wirklichen Automotors. Er liefert ›eine genaue Repräsentation einiger Beziehungen und einiger Merkmale in der beobachtbaren Situation‹ (vgl. Garfinkel/Sacks 1976, 167). Darüber hinaus aber gibt das Modell eine falsche Vorstellung von anderen wesentlichen Merkmalen der Situation — seine ›Zündkerzen‹ werden nie zünden, doch ist dies ein Charakteristikum des Modells, das von dessen Herstellern beabsichtigt ist und von seinen Verwendern durchschaut wird. Ein Hintergrundwissen über die intendierte Reichweite des Modells — seinen ›positiven‹ und ›negativen‹ Bereich sozusagen — ermöglicht gerade seine Darstellungsfunktion. Die Herstellung eines Einverständnisses über Sinn und Zweck einer Darstellung kann wiederum durch *Formulierungen* erleichtert werden — wenn Teilnehmer einer Konversation die Unterhaltung selbst zum Thema ihrer Darstellungen machen, wenn sie erklären oder beschreiben oder charakterisieren, was sie in der Konversation getan haben oder tun oder erreichen möchten (vgl. Garfinkel/Sacks 1976, 146). Wie andere Aktivitäten ist auch diese Meta-Aktivität ein ›darstellbares‹ Phänomen.

3.4. Trotz — oder wegen? — seiner Unklarheit hat das ethnomethodologische Forschungsprogramm eine Reihe interessanter und subtiler empirischer Arbeiten hervorgebracht. Besonders in der *Konversationsanalyse* hat dabei das methodologische Pendel wieder weit in die andere Richtung ausgeschlagen — es geht nun einmal mehr um eine ›naturalistische Beobachtungsdisziplin‹, die sich auf ›strenge, empirische und formale‹ Weise mit den Details des sozialen Handelns auseinandersetzt (vgl. Schegloff/Sacks 1974, 233). Die dabei verwendeten Theorien passen sich wieder in das deduktiv-nomologische Schema ein: An der Spitze stehen einfache Grundpostulate ('Es wird abwechselnd gesprochen'), aus denen Konsequenzen gewonnen werden, die die empirische Mannigfaltigkeit von Konversationsstrategien beschreiben und ordnen können. Damit haben wir theoretische Gebilde, die auf Ethnomethodologen wie erfolgreiche Imitationen, auf Kritiker allerdings wie Parodien der Newtonschen Mechanik wirken mögen. Eine weniger grandiose Interpretation dieser Arbeiten würde schlicht besagen, daß es um die Explikation bestimmter Regelstrukturen geht, die der ›Pragmatik‹ der Konversation zugrundeliegen; so kann man etwa die Bedingungen spezifizieren, unter denen ein Teilnehmer etwas sagen muß, soll sein Nicht-Reden nicht als — bedeutsames — Schweigen interpretiert werden. Es ist dies dieselbe Distinktion wie jene, durch die wir zwischen einem bloßen Nicht-Handeln und einer Unterlassung unterscheiden; auch hier werden wir auf Rechte, Pflichten, Erwartungen, kurz: eine normative Struktur, zurückverwiesen. — Die Ethnomethodologie konfrontiert uns mit einem Forschungsprogramm, bei dem die Sprache und die Organisation der Rede gänzlich ins Zentrum der Aufmerksamkeit getreten sind; der Einbezug sprachphilosophischer Ergebnisse geht jedoch nie über die eine oder andere eklektische Anleihe hinaus — Ethnomethodologie ist ein sprachphilosophisch motiviertes Programm ohne Sprachphilosophie. Sie zeigt sich darin als wirklicher Abkömmling der Phänomenologie, die man — ein wenig lieblos — als analytische Philosophie minus Sprachphilosophie auffassen kann (s. Art. 46). Und in ihrer zyklischen Rückkehr zu einer ›strengen, empirischen und formalen‹ Analyse der interaktiven Konstitution von Sinn führt sie die Tradition jenes Szientismus weiter, der auch an der Wiege der Phänomenologie Pate stand. — Es bedeutet keinen direkten Widerspruch dazu, daß die Ethnomethodologie sich dennoch in konsequenter Weise vom Behaviourismus (s. Art. 50) und Struktur-Funktionalismus abgewendet und den Akteur wieder als kompetenten Handelnden entworfen hat. Diese Wende wird bei einigen Autoren, die nicht unmittelbar dem ethnomethodologischen Lager zuzuzählen sind, noch deutlicher. So haben Marvin Scott und Stanley Lyman eine Typologie von ›Darstellungen‹ entwickelt, die an Austins Unterscheidung zwischen ›Entschuldigungen‹ und ›Rechtfertigungen‹ anknüpft (Scott/Lyman 1968, 46 ff; Austin 1956/57, 1 ff). Hier kommt es zu einer Art Umkehr des strukturalistischen ›Prinzips des Mißtrauen‹ — dieses wird durch die ›Doktrin der offenen Seelen‹ (Harré/Secord 1973, Kap. 2) ersetzt. Statt die Äußerungen von Akteuren als detektivisches Beweismaterial und damit als Symptome oder Indikatoren aufzufassen — wie dies auch in der Ethnomethodologie noch häufig geschieht — wird die Fähigkeit von Akteuren, uns über ihre Wünsche und Ängste und Hoffnungen zu informieren, als Ressource aufgefaßt, die sich der Sozialforscher zunutzemachen kann. In der Tat ist schwer einzusehen, warum man sich dieser Ressource begeben sollte. Probleme der Aufrichtigkeit, des falschen Bewußtseins, der Selbsttäuschung usw. stellen sich natürlich weiterhin — aber diese müssen von Fall zu Fall behandelt werden, statt aufgrund einer apriorischen Generalvermutung à la Pareto. Um einem Akteur zum Beispiel Irrtümer über seine eigenen Wünsche zuschreiben zu können ('Du willst ja gar nicht wirklich heiraten'), muß man die betreffende Zuschreibung in den Gesamtkontext der Biographie und der Motivationsstruktur der betreffenden Person stellen — außerhalb dieses Kontextes sind solche Fragen schlicht unbeantwortbar. Versucht man jedoch, sich diesen Kontext zu erarbeiten, dann wird das Verstehen der Forschungsobjekte jenem Verstehen, das wir im Alltag an unsere Bekannten und Freunde herantragen, immer ähnlicher. Kognitive Abkürzungen sind dann natürlich unvermeidbar; wir arbeiten dann mit typischen Mustern, die jedenfalls Raum lassen für die Unterscheidung zwischen Aufrichtigkeit und Rhetorik. Erst dann jedoch wird der Untersuchte zu jemandem, der im Forschungsprozeß wirklich gehört wird, statt bloß beobachtet zu werden.

4.   Intention und Konvention in den Gesellschaftswissenschaften

4.1. Von impliziten sprachphilosophischen Annahmen war Sozialwissenschaft immer geleitet (s. Art. 56); diese Annahmen können als fundamentale Elemente des jeweiligen ›Paradigmas‹ aufgefaßt werden und üben eine —

wenn auch noch so indirekte — Wirkung auf Theoriebildung und empirische Praxis aus. Wo sich hingegen die explizite Aufmerksamkeit von Sozialwissenschaftlern auf die neuere Sprachphilosophie richtete, da geschah dies meist in wenig systematischer Form; wurden tatsächlich sprachphilosophische Begriffe und Theoriefragmente verwendet, dann gab es häufig Mißverständnisse über die Natur des Angeeigneten. Dies ist umso bedauerlicher, als die Sprachphilosophie gerade in ihrer heutigen Gestalt den Sozialwissenschaften wertvolle Dienste leisten könnte. Der natürlichste Ausgangspunkt eines systematischen Einbezugs der Sprachphilosophie in gesellschaftswissenschaftliche Fragestellungen ist sicherlich jener Strang der Disziplin, der sich mit Sprache als *System menschlicher Aktivitäten* auseinandersetzt, wo Menschen aufgrund bestimmter Konventionen oder Regeln absichts- oder planvoll handeln (s. Art. 67). In Umkehrung einer am häufigsten mit Austin assoziierten Einsicht könne man dann davon ausgehen, daß menschliche Handlungen häufig Taten sind, die wie Botschaften funktionieren — ein klassisches Beispiel ist der Selbstmordversuch, der nicht nur die Zielsetzung hat, dem Leben eines bestimmten Organismus ein Ende zu setzen, sondern auch meist bezweckt, bei bestimmten Anderen bestimmte Wirkungen auszulösen. Die Tat gewinnt dadurch eine kommunikative Komponente, die unter Rückgriff auf die Intentionen des Handelnden einerseits, das Entschlüsseln dieser Intentionen durch ein Auditorium andererseits, analysiert werden kann. Quentin Skinner hat in diesem Zusammenhang den Vorschlag gemacht, bei Handlungserklärungen zwischen Motiverklärungen und jenen Erklärungen, die auf ›illokutionäre Absichten‹ rekurrieren, zu unterscheiden (Skinner 1974, 117). Zwar ist nicht klar, wie man illokutionäre Absichten von Motiven oder Handlungsgründen abgrenzen sollte — die Angabe einer solchen Absicht ist wohl gleichzeitig die Angabe eines Grundes für die Handlung (unter einer genügend sparsamen Beschreibung). Dennoch verweist uns Skinners Anregung auf ein ganzes Bündel von Anwendungsmöglichkeiten sprachphilosophischer Distinktionen im Bereich der Gesellschaftswissenschaften. — Ob ein Akteur ein Hemd anlegt, ob er seiner Frau einen Blick zuwirft oder ob er einen Selbstmordversuch anstellt — eine kommunikative Komponente kann bei all diesen Handlungen vorliegen (bei anderen Arten von Handlungen muß sie vorliegen). Ob ein buntes Hemd an-

gelegt wird, um den Vater zu ärgern oder der Freundin zu imponieren, hängt offensichtlich von den Absichten des Handelnden ab. Damit bietet sich eine intentionalistische Analyse dieser kommunikativen Handlungskomponente an — oder drängt sich geradezu auf, da wir hier zum Beispiel mit der Fregeschen Semantik herzlich wenig anfangen können. Die Gricesche Unterscheidung zwischen ›natürlicher‹ und ›nicht-natürlicher Bedeutung‹ hingegen kann selbstverständlich auch auf non-verbales Handeln angewendet werden. Grice möchte nur dann von nicht-natürlicher Bedeutung sprechen, wenn die Absicht des Handelnden oder Sprechenden eine spezielle Rolle spielt — wenn die Absicht, einen bestimmten Effekt, z. B. eine Glaubensvorstellung, beim Hörer hervorzurufen, verstanden werden muß, damit der intendierte Effekt eintritt (vgl. Grice 1957, 384). Darin unterscheiden sich eine Photographie und eine Zeichnung desselben Vorfalls — es kann dem Zeichnenden nur gelingen, uns etwas mitzuteilen, wenn wir seine Absicht, uns etwas mitzuteilen, erkennen. — Allgemein gesprochen liefert uns Grice eine Distinktion zwischen ›Symptom‹ und ›Symbol‹ (s. Art. 90). Das geschulte Auge des Empfangschefs im Hotel liest an jemandes schäbigem Gepäck dessen Armut ab; der Gast braucht mit seinem Koffer keinerlei expressives Anliegen verbinden, kann es aber natürlich, wenn er durch seine Besitztümer einen bestimmten Eindruck hervorrufen möchte. Meine Heiserkeit ist ein Symptom meiner Erkältung; erst wenn das Symptom unter *intentionale Kontrolle* gestellt wird (s. Art. 93) — ich produziere als Antwort auf die Aufforderung zum Mitsingen ein schreckliches Krächzen — habe ich mit dem Krächzen etwas gemeint, habe ich das Symptom in ein Symbol verwandelt. Zumindest für seine Anhänger war Grice hier erfolgreich, wo vor ihm Mead und zahllose andere gescheitert sind. Die Gricesche Bedeutungstheorie ermöglicht auch eine Abgrenzung zwischen kommunikativen und ›instrumentellen‹ Handlungen — zu letzterer Klasse können wir jene zählen, deren Erfolg unabhängig davon eintritt, ob irgendjemand die der Handlung zugrundeliegende Absicht oder die sie eventuell umschreibenden Konventionen verstanden hat. Ob man den Fisch an Land ziehen kann, hängt davon ab, ob das richtige Angelzeug benutzt wird, ob genügend Kraft aufgewendet wird etc. Es ist hingegen völlig unerheblich für das Eintreten des Erfolges, ob jemand die Absicht des Handelnden versteht, den Fisch zu fangen; und es ist auch keine Sache menschlicher Konvention, ob der Erfolg eintritt oder nicht (vgl. Searle 1969, 37). Allerdings haben sowohl die von Grice ursprünglich verwendeten Beispiele als auch die kritische Reaktion auf seinen epochalen Beitrag deutlich gemacht, daß das so erläuterte ›Kommunikative‹ und das ›Instrumentelle‹ Endpunkte eines Kontinuums markieren. Wenn wir einen Mann als außergewöhnlich geldgierig kennen, und eine Pfundnote aus dem Fenster werfen, um ihn zum Verlassen des Raumes zu bewegen, dann kann der von uns beabsichtigte Erfolg eintreten, oder auch nicht — das Erkennen unserer Absicht, den Mann zum Verlassen des Raumes zu bringen, ist hier jedoch keinesfalls Bedingung des Erfolgs; daher sollte man auch nicht davon sprechen, daß man durch die ›Äußerung‹ — das Hinauswerfen der Pfundnote — gemeint habe, der Mann solle den Raum verlassen (Grice 1957, 384). Das Erkennen der Absicht, den Mann aus dem Zimmer zu bringen, könnte in diesem Fall sogar kontra-produktiv wirken — der geizige Mann durchschaut unsere Absicht und weigert sich gerade deshalb, den Raum zu verlassen. Je besser wir unsere Absicht geheimhalten, den Mann durch dieses Mittel zum Verlassen des Raumes zu bringen, in desto höherem Ausmaß wurde er von uns ›instrumentalisiert‹, desto mehr ›manipulieren‹ wir ihn. Zu ergänzen ist, daß die Episode dennoch als Fall ›nicht-natürlicher‹ Bedeutung rekonstruierbar sein kann. Der Mann ist ein Bettler, der immer wieder kommt; der von ihm Bedrängte hat es sich zur unsympathischen Gewohnheit gemacht, seine Spende dem Mann vor die Füße (oder aus dem Fenster) zu werfen, und dabei zu *meinen* 'Geh jetzt!'. Hier muß es ein erstes Mal gegeben haben, wo der Bettler das Gemeinte verstand; dazu mußte er die Absicht des Spenders, ihn durch das Hinwerfen des Geldes zum Gehen zu bringen, verstanden haben. Bei fortgesetzter Übung können wir hier von einer Spezialkonvention zwischen den beiden Beteiligten sprechen; jedenfalls handelt es sich bei dieser Rekonstruktion um echte Kommunikation, auch wenn uns das Verhalten des Geldgebers nicht gefällt. Der ›Sprecher‹ hatte in dieser Interpretation die Absicht, in bestimmter Weise verstanden zu werden und wurde auch so verstanden; hierin liegt der Unterschied zur Interpretation, die Grice selbst zum Beispiel gegeben hat.

4.2. Gegenbeispiele haben gezeigt, daß die ursprüngliche Gricesche Analyse Fälle zuläßt,

die wir als Fälle von ›meinen‹ und ›nicht-natürlicher Bedeutung‹ ausschließen möchten (z. B. Strawson 1971 b, 28 ff). Bei Peter Frederick Strawsons Beispiel der ›Beweismittelmanipulation‹ sind die Griceschen Bedingungen zwar erfüllt, doch liegt eine Wissensasymmetrie vor — der Beobachter, in dem durch den Griceschen Mechanismus eine Glaubensvorstellung hervorgerufen werden soll, weiß nicht, daß der Beobachtete weiß, daß er beobachtet wird; der Beobachtete präsentiert sich als jemand, der gar nicht weiß, daß er ein Auditorium hat. Daher sind wir in diesem Fall wohl nicht geneigt, von ›Kommunikation‹ zu sprechen. Solche Gegenbeispiele lassen sich nun auf beliebig hoher Stufe konstruieren. Die Gricesche Analyse mußte daher um eine Klausel ergänzt werden, die solche Asymmetrien auf jeder Stufe ausschließt (Bennett 1976, 127; Schiffer 1972, 30). Bei wirklicher Kommunikation darf nicht vorkommen, daß zwar A weiß, daß B weiß, was A beabsichtigt, B aber nicht weiß, daß A weiß, daß B weiß, was A beabsichtigt. Werden die Intentionen des Sprechers in ›wechselseitiges Wissen‹ eingebettet, bei dem auf keiner Stufe eine Wissensasymmetrie vorliegt, dann sind solche Gegenbeispiele mit einem Streich beseitigt (s. Art. 94). Dennoch sind auch jene Situationen, bei denen Asymmetrien des Wissens oder Glaubens vorliegen, von analytischem und soziologischem Interesse. Wir können allgemein Interaktionen, wie sie zwischen mehr oder weniger kommunikativ und mehr oder weniger strategisch handelnden Personen ablaufen, durch Strukturen von einmal offengelegten, einmal halb oder auch ganz verhüllten Intentionen charakterisieren. Diente die Gricesche Bedeutungstheorie zunächst zur Abgrenzung von ›Natur‹ und ›Konvention‹, kann sie nun detaillierte begriffliche Schemata liefern, die wir an die bunte Vielfalt menschlicher Interaktionen herantragen können. Dazu ein Beispiel einer stufenweisen Analyse der Interaktion zwischen einem ›Trickbetrüger‹ und seinem ›Opfer‹:

(1) T beabsichtigt e ($= O$ zu betrügen), O durchschaut diese Absicht nicht und T weiß, daß O diese Absicht nicht durchschaut. Dies ist Asymmetrie auf der niedrigsten möglichen Stufe. Das Geheimhalten der Absicht ist dem Lügen, Betrügen, Irreführen essentiell.

(2) O weiß, daß Te beabsichtigt, und T weiß nicht, daß O weiß, daß Te beabsichtigt. O könnte ein Kriminalpolizist in Zivil sein, der einem nichtsahnenden Betrüger eine Falle stellt.

(3) T weiß, daß O weiß, daß Te beabsichtigt, und O weiß nicht, daß T weiß, daß O weiß, daß Te beabsichtigt.

Es wäre wohl die Krönung einer betrügerischen Laufbahn, könnte TO beschwindeln, obwohl O weiß, daß er eben diese Absicht hat; dies könnte gelingen, wenn sich O über die Art des Tricks, also die genaue Beschreibung von e, im Unklaren ist. Meist wird bei der vorliegenden Wissenssituation T seine Absicht e aufgeben und Situation (3) verwandelt sich in

(3 a) T weiß, daß O glaubt, daß Te beabsichtigt, und O weiß nicht, daß T weiß, daß O glaubt, daß Te beabsichtigt.

O's Glaubensvorstellung ist falsch, und der strategische Vorteil hat sich wieder verlagert. Der Kriminalbeamte ist durchschaut, weiß aber nicht, daß er durchschaut ist; dies gibt T die Chance, mit O zu spielen — so kann T etwa in O die Hoffnung wecken, daß er in die gestellte Falle gehen wird, etc.

(4) O weiß, daß T glaubt, daß O glaubt, daß Te beabsichtigt, und T weiß nicht, daß O weiß, daß T glaubt, daß O glaubt, daß Te beabsichtigt.

Hier kann O die Vorstellung des T auf zwei Ebenen beobachten — das Schauspiel eines durchschauten Betrügers, der irrigerweise annimmt, er könne mit dem Kriminalbeamten auf die beschriebene Weise spielen — weil er nicht weiß, daß der Kriminalbeamte weiß, daß er weiß, daß er durchschaut ist. Stufe 5 sei dem Leser erspart, obwohl auch sie noch interpretierbar ist. Allerdings wird deutlich, daß uns bei immer komplexeren Verschränkungen von Wissenszuständen und Glaubensvorstellungen die Begriffe ausgehen, um die Situation zu charakterisieren. Zwar besteht die theoretische Möglichkeit, solche Verschränkungen auf beliebig hoher Stufe zu beschreiben, doch können wir dann nicht mehr angeben, welche psychologischen und soziologischen Unterschiede etwa zwischen Stufe 15 und Stufe 17 bestehen sollen (vgl. Lewis 1969, 32). Der Kollaps jener Strukturen, die empirisch realisierbar sind, kann jedenfalls auf mancherlei Arten zustandekommen — der Kriminalbeamte kann dem ›Spiel‹ ein Ende machen und den Betrüger verhaften. Die Episode endet dann im wechselseitigen Wissen über die Natur des Vorfalls — O weiß, daß Te beabsichtigte und T weiß, daß O weiß, daß Te beabsichtigte, und O weiß, daß T weiß, daß O weiß, daß Te beabsichtigte, etc. — Wir können solche Strukturen an viele andere Typen der Interaktion herantragen,

wenn wir für 'e' die geeigneten Substitutionen durchführen. So können wir das Gricesche Beispiel vom geldgierigen Mann nicht nur auf die bereits beschriebenen Arten charakterisieren, sondern auch als Spiel — wenn zum Beispiel wechselseitiges Wissen darüber besteht, daß es in der Absicht des Geldgebers liegt, den Mann zum Verlassen des Zimmers zu bewegen und gleichzeitig zu erniedrigen. Das Spiel heißt 'Charaktertest' oder auch 'Versuchung'. William Labov und andere haben uns Beschreibungen von ›The Dozens‹ geliefert, einem Interaktionsritual amerikanischer Jugendlicher; die Spieler ›beleidigen‹ einander abwechselnd in immer kunstvolleren Formen. Es geht dabei einerseits um Geschicklichkeit, andererseits aber auch um das Eintreten eines ›perlokutionären Effekts‹ — wer zuerst beleidigt reagiert, hat verloren (Labov 1972 a, 168). Über diese Spielregeln besteht wechselseitiges Wissen. In ganz ähnlicher Weise können wir das Ausüben von Takt, den Flirt, Schmeichelei, verhüllte Drohungen, das Spotten, das Beeindrucken usw. analysieren. Wechselseitiges Wissen, so Stephen Schiffer, ist ein ganz alltägliches Phänomen (Schiffer 1972, 30). Für unseren Zweck ist von Bedeutung, daß es sich nicht nur auf einfache Tatsachen oder auf die schlichte Absicht, eine Glaubensvorstellung hervorzurufen, beziehen kann, sondern auch auf institutionelle, linguistische und sonstige Fakten von beliebiger Komplexität. Der Schauspieler und sein Publikum haben im allgemeinen wechselseitiges Wissen darüber, daß ein Theaterstück gespielt wird. Ritualisierte Äußerungen mögen ihre Karriere zum Beispiel als der aufrichtige Ausdruck von Gefühlen begonnen haben; sie sind ritualisiert oder zur Floskel erstarrt, wenn diese Beziehung zwischen dem Innenleben des Sprechers und seiner Äußerung zerstört ist. Auch darüber kann wechselseitiges Wissen bestehen — die Jubilarin, die glaubt, daß der Bürgermeister wirklich den Wunsch hegt, sie möge sich guter Gesundheit erfreuen, ist hoffnungslos naiv. Da wir also nicht nur das Mitteilen oder Befehlen, sondern auch das verschleierte Mitteilen und indirekte Befehlen, schließlich auch Spiele im weitesten Sinne unter Rückgriff auf Absichten und ineinander verschränkte Wissens- und Glaubenszustände analysieren können, entsteht ein Modell der sozialen Welt, das wie die bekannten russischen Puppen funktioniert. Dies trägt der Reflexivität menschlicher Akteure Rechnung.

4.3. Da die Begriffe des Sozialwissenschaftlers in der Alltagswelt wurzeln, kann es nicht überraschen, daß eine intentionalistische Analyse des kommunikativen Handelns auch für das Begriffsrepertoire des interpretativen Gesellschaftswissenschaftlers relevant ist. Bei Erving Goffman etwa finden wir ein dramaturgisches Modell menschlichen Handelns, dessen herrschende Metapher anfangs der Komödiant ist, der jedoch allmählich vom Geheimagenten abgelöst wird (vgl. Dawe 1973, 246 f). Während im letzteren Fall Asymmetrie der Wissenszustände und Unvollständigkeit der Kommunikation regieren, stehen bei ersterem noch Kooperation und Koordination im Vordergrund — nicht der Heiratsschwindler und die arglose Witwe, sondern der leichtherzige Papagallo, der mit seinem ›Opfer‹ gemeinsames Wissen über den Unernst der Situationsdefinition teilt, liefert das Paradigma. Diese Unterscheidungen, ebenso wie die zahllosen möglichen Kombinationen, können auf die vorgeschlagene Weise analysiert und präzisiert werden; dies gilt auch für quasi-technische Termini, wie 'Ensemble', 'Claqueur' oder ganz allgemein 'Vorstellung' (Goffman 1971 a, 83 ff; 141 ff). Material für eine Rekonstruktion der dem Goffmanschen Ansatz — und damit wohl auch der interpretativen Soziologie überhaupt — zugrundeliegenden Begrifflichkeit finden wir auch bei Autoren, die für die Gricesche Analyse nicht viel übrig haben. Donald Davidson hat anläßlich einer Erörterung von Freges ›Behauptungszeichen‹ das Beispiel eines Schauspielers präsentiert, dessen Rolle verlangt, daß er vor einem eben ausgebrochenen Feuer warnt — er ruft 'Feuer!', und 'Seht nur den Rauch!' (Davidson 1984 j, 265 ff). Dann bricht ein wirkliches Feuer aus, und der Schauspieler versucht nun, das Auditorium zu warnen. Dies wird nach Davidsons Auffassung nicht gelingen; und die Idee, Freges Behauptungszeichen könnte hier helfen, ist irregeleitet, denn der Schauspieler hätte es, als er noch schauspielerte, ebenfalls verwendet. Wir tragen immer die Bürde des Schauspielers, meint Davidson; und gegen Michael Dummett (vgl. Dummett 1973, Kap. 10) argumentiert er, daß es keine Konvention der Aufrichtigkeit geben könne. Dies mißdeutet das Problem des Schauspielers in Davidsons Beispiel — er muß den ›Rahmen‹ des Stücks verlassen, er muß dem Publikum klarmachen, daß er nun als Mensch und nicht als Heinrich V. handelt. Diese Aufgabe ist schwierig, aber wohl kaum unerfüllbar — vor allem hätte sie der Schauspieler auch zu lösen, wenn er das Publikum über den Ausbruch eines Feuers *belügen*

wollte. Nicht ›Aufrichtigkeit‹ ist in diesem Fall das Problem, sondern der ›Rahmen‹ unseres Handelns; freilich haben wir bei unseren alltäglichen Interaktionen kein Behauptungzeichen zur Verfügung, aber wir beherrschen unzählige Techniken, den Rahmen unserer Aktivitäten zu markieren und damit die Konvention, innerhalb derer wir uns bewegen, und die Absichten, die wir dabei haben. Dies ist das Thema von Goffmans ›Rahmenanalyse‹ (Goffman 1974 b, Kap. 5). — Die hier relevanten offengelegten oder verhüllten Absichten müssen nicht immer voll bewußt und der Reflexion zugänglich sein. Jemand kann sich auf eine bestimmte Art benehmen, weil er damit bestimmte Wirkungen bei anderen hervorruft, die er ›braucht‹ oder die ihn ›belohnen‹. Über das Bestehen dieses Mechanismus kann sich der Akteur einigermaßen im Dunkeln sein; wir werden ihm kein vollausgebildetes Wissen darüber zuschreiben können, aber wir werden unterstellen müssen, daß er den Mechanismus in irgendeiner Form ›bemerkt‹ hat, daß seine Psyche in irgendeiner Form bei der Verarbeitung beteiligt ist — Jonathan Bennett hat in diesem Zusammenhang den Begriff der ›Registrierung‹ eingeführt (Bennett 1976, 46 ff). Handlungsrelevante Absichten können unter diesem Blickwinkel in Abstufungen einherkommen, die bis zum ›Unbewußten‹ führen — die Freudsche Fehlleistung unterscheidet sich von einem bloßen Symptom dadurch, daß sie in Analogie zum bewußten Fall konstruiert wird (s. Art. 109); eine teleologische Rekonstruktion solcher Leistungen sorgt dafür, daß wir zum Beispiel zwischen dem Erröten als Folge einer Bemerkung und dem Erröten als Folge der Sonnenbestrahlung einen Unterschied machen können. Dann können wir auch zwischen Dingen wie einerseits dem Flirt, andererseits dem ›Balzverhalten‹ unterscheiden, zwischen einer durch wechselseitiges Wissen konstituierten Episode und einer auf praktischen Kompetenzen beruhenden Verhaltensroutine. Erst dann können wir die dramaturgische Metapher menschlichen Handelns überhaupt beim Wort nehmen — zwischen dem Heiratsschwindler und dem aufrichtig Liebenden liegen nicht nur moralische Welten. Wenn Anhänger des dramaturgischen Modells dieses lediglich nach dem teleologischen Muster deuten (vgl. Messinger/Sampson/Towne 1962, 105), dann fällt der Heiratsschwindler oder der Trickbetrüger — die Apotheose des Rollenspielers — durch den Rost; aber nicht nur das, auch all jene Episoden, wo die skizzierte Bewußtheit und Reflexivität gegeben ist, werden ignoriert. Führen wir die notwendigen Unterscheidungen ein, dann ist der Weg zur Lösung eines Problems wenigstens skizziert, an dem Vertreter des dramaturgischen Modells immer wieder gescheitert sind, nämlich zwischen Rolle und Selbst, zwischen Maske und Mensch zu unterscheiden. Ohne derartige Distinktionen — wie immer sie im Detail auch getroffen werden — wird schließlich die ganze dramaturgische Metapher unintelligibel.

4.4. Wir haben gezeigt, daß die intentionalistische Sprachphilosophie für die Theorie des Handelns fruchtbar gemacht werden kann; und die Theorie des Handelns bildet nach der hier vertretenen Auffassung das Fundament der Sozialwissenschaften. Auch Jürgen Habermas hat bei seinem Versuch der Grundlegung einer ›kritischen‹ Gesellschaftstheorie der Handlungstheorie eine ähnlich zentrale Rolle zugewiesen und dabei auf sprachphilosophische Ergebnisse zurückgegriffen (vgl. Habermas 1981 I, 369). Eines seiner Ziele ist die Rekonstruktion einer Theorie des kommunikativen Handelns; es überrascht ein wenig, daß er dabei die von Grice, David Lewis, Schiffer, Bennett u. a. entwickelten Ideen als für sein Projekt unbrauchbar zurückweist (Habermas 1981 I, 371). Eine erste Erklärung für diese Diskrepanz läßt sich aus Habermas' Darstellung und Kritik des intentionalistischen Ansatzes ableiten: Beide sind von fundamentalen Mißverständnissen belastet. So wird etwa behauptet, es gehe Grice darum, das Verstehen der Bedeutung eines Ausdrucks auf die Absicht des Sprechers, einem Hörer „mit Hilfe eines Anzeichens etwa zu verstehen zu geben", zurückzuführen (Habermas 1981 I, 371). Dieses angebliche Programm, 'Verstehen' durch 'Verstehen' erläutern zu wollen, findet sich bei Grice selbstverständlich nicht — paradoxerweise nennt Habermas diese trivialisierte Version des Griceschen Ansatzes „kontraintuitiv" (Habermas 1981 I, 371); in Wahrheit ist der begriffliche Zusammenhang zwischen 'beabsichtigen' und 'meinen' so eng, daß Bennett hier von einem ›Gemeinplatz‹ spricht (Bennett 1976, 11) und daran erinnert, daß Grice' Verdienst darin lag, eine haltbare und informative Version der These gefunden zu haben. Habermas kritisiert in diesem Zusammenhang die sinn-nominalistische Konzeption, nach der die Bedeutung sprachlicher Ausdrücke als abgeleitet aufgefaßt wird, das, was ein Sprecher zu einer bestimmten Gele-

genheit meint, hingegen als fundamental. Dieses Programm, so Habermas, ›scheitert‹, weil man nur verstehen könne, was jemand zu einem bestimmten Anlaß meint, wenn man „das Gemeinte (eben die Bedeutung eines entsprechenden symbolischen Ausdrucks) versteht" (Habermas 1981 I, 371). Damit steht jedoch lediglich Behauptung gegen Behauptung; ein wenig ausführlicher hatte da schon John Searle argumentiert, daß die Gricesche Konzeption dem konventionellen Aspekt der Sprache nicht Rechnung tragen könne (Searle 1969, 42 ff). Das sinn-nominalistische Programm ist in der Tat als kontrovers zu beurteilen; die Frage nach seiner Durchführbarkeit ist jedoch eine ganz andere als die nach der Fruchtbarkeit der intentionalistischen Analyse der nicht-natürlichen Bedeutung oder des Meinens und nach dem analytischen Wert der zahlreichen anderen von Grice und seinen Nachfolgern erarbeiteten Ergebnisse. Habermas möchte jedenfalls von kommunikativen Handlungen dort sprechen, wo „die Handlungspläne der beteiligten Aktoren nicht über egozentrische Erfolgskalküle, sondern über Akte der Verständigung koordiniert werden" (Habermas 1981 I, 385). Genau diese ›Akte der Verständigung‹ behandelt Grice; und wenn Habermas fortfährt „Aber wir können das Konzept der Verständigung nur erklären, wenn wir angeben, was es heißt, Sätze in kommunikativer Absicht zu verwenden" (Habermas 1981 I, 387), dann wirft das jene Frage auf, die Grice beantwortet hat oder zumindest zu beantworten versuchte. Schließlich wird es Habermas zum zentralen Anliegen, den „verständigungsorientierten Sprachgebrauch" als „Originalmodus" von der „indirekten Verständigung", dem „Zu-verstehen-geben" oder dem „Verstehen-lassen" abzugrenzen (Habermas 1981 I, 388). Wie hatte Grice 1957 geschrieben:

„What we want to find is the difference between, for example, *deliberately and openly letting someone know* and *telling and between getting someone to think and telling*" (Grice 1957, 382).

Angesichts dieser Gleichartigkeit der Fragestellung wird erklärungsbedürftig, warum Habermas die Antworten der intentionalistischen Sprachphilosophen so unbefriedigend fand. Einer der Gründe dafür wurzelt in einem weiteren, geradezu monströsen Mißverständnis: Habermas siedelt die intentionalistische Sprachphilosophie im Bereich des *strategischen* Handelns an, ein Irrtum, der vielleicht durch die Genese von Lewis' Analyse des Konventionsbegriffs inspiriert ist —

Lewis hat sich bekanntlich Thomas C. Schellings Theorie der Koordinationsprobleme zunutze gemacht (vgl. Lewis 1969, 3). Doch bereits beim Lösen von Koordinationsproblemen wird *Offenheit*, nicht strategisches Verheimlichen prämiiert; ›Erfolge‹ will man dort natürlich haben, jedoch keineswegs über ›egozentrische Kalküle‹, sondern gerade über ›Akte der Verständigung‹. Die Wurzel des Mißverständnisses wird gänzlich bloßgelegt, wenn Habermas meint, die „indirekte Verständigung" verliefe „nach dem Modell der intentionalen Semantik" (Habermas 1981 I, 444); durch solchen „manipulativen Einsatz sprachlicher Mittel" werde der Hörer „für den eigenen Handlungserfolg instrumentalisiert" (Habermas 1981 I, 388). Derartiges sprachliches und nicht-sprachliches Verhalten gibt es natürlich, nur verläuft es nicht ›nach dem Modell der intentionalen Semantik‹. Im Gegenteil, jene asymmetrischen Phänomene, wie Strawsons Beweismanipulation, die im Anschluß an Grice’ Entdeckung beschrieben wurden, sind als Gegenbeispiele gedacht und verstanden worden. Was im Rahmen des Griceschen Ansatzes als Gegenbeispiel fungiert, wird so von Habermas mit dem Wesen der Theorie verwechselt. Schließlich vermeint Habermas, die Antworten auf seine Fragen in der Sprechakttheorie finden zu können — daß letztere und die intentionalistische Sprachphilosophie auf das engste ineinander verwoben sind, scheint er dabei zu übersehen. In der Tat hat Austins bahnbrechende Arbeit wesentlich mehr Fragen hinterlassen, als Antworten; die vielen Unklarheiten, mit denen seine Distinktionen belastet sind, können am ehesten bereinigt werden, wenn man sich die Einsichten der intentionalistischen Bedeutungstheorie zunutze macht (vgl. Skinner 1970, 118 ff). Es liegt eine gewisse Tragik darin, daß ein so monumentales Unterfangen wie das von Habermas, der mit den Grundfragen der Gesellschaftswissenschaften gleichzeitig die Paradoxien ihres Gegenstandsbereiches erhellen möchte, auf einem sprachphilosophischen Fundament steht, dessen Inkonsistenzen zumindest zum Teil behebbar wären, hätte sich Habermas nicht von jener Theorie abgewendet, die sich für sein Projekt am besten geeignet hätte.

4.5. Konventionen und Intentionen können — solange man die Frage der Durchführbarkeit des sinn-nominalistischen Programms suspendiert — als die zwei Seiten ein und derselben Medaille aufgefaßt werden (s. Art.

93). Wie man diese Beziehung genauer fassen könnte, ist einigermaßen umstritten. Lewis etwa räumt ein, daß konventionell umschriebene Kommunikation nicht-natürliche Bedeutung impliziert; umgekehrt jedoch meint er, daß es Fälle von Kommunikation à la Grice gibt, die sich nicht auf Konventionen stützen (Lewis 1969, 158). Er nennt hier das Beispiel eines Wanderers, der an eine Stelle mit Treibsand gerät; um andere zu warnen, vergräbt er eine Vogelscheuche zur Hälfte im Sand. Soll der Versuch der Warnung Erfolg haben, dann muß der nächste Wanderer die Absicht des Handelnden durchschauen — andernfalls könnte er die Vogelscheuche einfach übersehen. Wir lassen hier die Möglichkeit außer acht, die Vogelscheuche als intentionsunabhängiges Beweismaterial für die Beschaffenheit des Sandes aufzufassen. In solchen Fällen, so Lewis, verstehen wir, was der andere gemeint hat; doch gibt es keine Konvention, nach der halb-vergrabene Vogelscheuchen so etwas wie ‚Achtung, Treibsand!‘ bedeuten. Diese Konvention gibt es nun wirkich nicht; doch bleibt fraglich, ob wir den Handelnden überhaupt verstehen könnten, wenn es keine Konventionen gäbe, die der nicht-existierenden Treibsand/Vogelscheuchen-Konvention ähnlich sind. Eine Tafel mit einem durchgestrichenen Elefanten können wir als ‚Elefanten mitbringen verboten‘ interpretieren, nach dem Modell einer anderen solchen Tafel, die einen Hund zeigt. Man vergleiche das Rätselraten, das eine Darstellung eines Elefanten mit einem überlagerten Paragraphenzeichen auslösen würde — was könnte das wohl heißen? ‚*Juristische Beratung für die Besitzer von Elefanten*‘; oder ‚*Ruhe — hier tagt der Oberste Gerichtshof!*‘? — wir können es nicht sagen. Hingegen verstehen wir die schematische graphische Repräsentation bestimmter Warnungen, auch wenn sie neu sind, weil sie trotz ihrer Neuheit auf konventionelle Mittel zurückgreifen und diese nach einem bekannten konventionellen Schema zusammenfügen. Lewis’ Beispiel stellt im Bereich der schematischen graphischen Repräsentation das Korrelat zu Sätzen, die wir noch nie gehört haben, dar — in beiden Fällen können wir verstehen, was gemeint ist, und in beiden Fällen sind Konventionen involviert. Daß wir mit den Konventionen von Sprache und bildlicher Darstellung kreativ umgehen können — wie Lewis’ Wanderer — heißt nicht, daß sie dabei nicht eine unverzichtbare Rolle spielen. — Lewis’ Analyse des Konventionsbegriffs ist somit einerseits wegen ihrer engen Beziehung zur Griceschen Bedeutungstheorie für den Sozialwissenschaftler von einigem Interesse. Andererseits hat sie für analytisch ausgerichtete Theoretiker als Modell gedient, um auch andere ›soziale Tatsachen‹ individualistisch zu rekonstruieren. Genannt sei hier nur Edna Ullmann-Margalit, die versucht hat, Lewis' Ansatz zu generalisieren. Hatte Lewis die Entstehung von arbiträren Konventionen aus reinen Koordinationsproblemen hergeleitet, so möchte Ullmann-Margalit eine allgemeine Theorie der Normenentstehung bieten, bei der verschiedenen spieltheoretischen Grundsituationen verschiedene Typen von sozialen Normen korrespondieren. Eine der wichtigsten dieser Grundsituationen ist das ›prisoner's dilemma‹, wo der Versuch, den jeweils eigenen Nutzen zu maximieren, zu einem schlechteren Ergebnis führt, als die Beteiligten hätten erreichen können, wenn sie ihre Entscheidungen abgesprochen oder sonst irgendwie koordiniert hätten. Da Absprachen allerdings gebrochen werden können — und die Versuchung dazu besteht immer, da einseitiger Verrat dem Abweichenden die höstmögliche Auszahlung bringt — müssen diese durch Normen ›bestärkt‹ werden (Ullmann-Margalit 1977, 10). Die Maschinengewehrstützen des ersten Weltkriegs können in ihren Stellungen angekettet sein, um sie von der Desertion, der individuell vorgezogenen Wahl, abzuhalten (Ullmann-Margalit 1977, 32). Das Band der Ehre kann unter Umständen diese physische Kette ersetzen; ist es zu schwach, können strafrechtliche Sanktionen hinzutreten. Ullmann-Margalit entwickelt an diesen und anderen Beispielen eine Typologie sozialer Normen; damit schließt sie an eine Tradition an, die sich mindestens bis zu Hobbes zurückverfolgen läßt — die Entstehung des Gesellschaftsvertrages kann nach genau demselben Muster gedeutet werden. Gleichzeitig sehen wir hier Anfänge einer analytischen Gesellschaftstheorie; die intellektuelle Vorgeschichte dieser Entwicklung, wo ursprünglich von Ökonomen und Politikwissenschaftlern ausgearbeitete Konzepte in der Sprachphilosophie Verwendung fanden und von dort wieder in die Gesellschaftstheorie zurückkehrten, kann uns nur in der Hoffnung bestärken, daß sich die zukünftigen Beziehungen zwischen Sprachphilosophie und Gesellschaftswissenschaften fruchtbarer gestalten werden, als dies in der Vergangenheit der Fall war.

5.   Literatur in Auswahl

Austin 1962 a, *How to Do Things with Words.*
Klassischer, wenn auch weitgehend programmatischer Entwurf einer Sprechakttheorie, der für die Behandlung von Grundfragen der interpretativen Gesellschaftswissenschaften fruchtbar gemacht werden könnte (vgl. 2. und 4.).

Dummett 1973, *Frege. Philosophy of Language.*
Darstellung und Ausarbeitung der Fregeschen Semantik. Behandelt die Kategorie der ›Kraft‹ und damit Sprache als System menschlicher Aktivitäten mit außergewöhnlicher Subtilität (vgl. 1. und 4.).

Grice 1957, Meaning, in *The Philosophical Review* 66.
Musterbeispiel einer folgenreichen philosophischen Entdeckung (vgl. 4.).

Lewis 1969, *Convention.*
Analyse des Begriffs und der Entstehung von Konventionen, die einer ›analytischen Gesellschaftstheorie‹ als Modell dienen könnte (vgl. 4.).

Schiffer 1972, *Meaning.*
Extrem sorgfältige Ausarbeitung der von Grice (1957) aufgeworfenen Probleme.

Searle 1969, *Speech Acts.*
Verhält sich zu Austin (1962) wie Schiffer zu Grice. Weniger sorgfältig, aber sehr stimulierend.

Skinner 1970, Conventions and the understanding of speech-acts, in *The Philosophical Quarterly* 20.
Versuch einer Synthese von Grice (1957) und Austin (1962 a). Eine Pioniertat, wenn auch nur partiell geglückt (vgl. 4.).

Hans Georg Zilian, Graz (Österreich)

102. Sprachphilosophie in der Jurisprudenz

1. Standortbestimmung von Sprachanalyse und Sprachphilosophie im Reich des Rechts

Für den Juristen und die Jurisprudenz bedarf
es keines Nachweises, daß Sprache und Recht
in der alltäglichen Rechtspraxis — sei es als
gesprochenes, sei es als geschriebenes Wort
der Rechts- und Gesetzessprache — miteinander zu tun haben. Die Beantwortung der
Frage, welche Relevanz der Sprachanalyse
und Sprachphilosophie im Recht und in der
Jurisprudenz zukommen, hängt infolgedessen
davon ab, ob und — bejahendenfalls — welche Aspekte der praktischen juristischen Argumentation, die in Rechtspraxis und praktischer Rechtswissenschaft gepflegt werden,
überhaupt einer sprachphilosophischen Analyse und Behandlung zugänglich sind. In den
weiten Provinzen des Rechts gibt es einen
breiten Bereich, in dem die überkommene juristische Logik (logica iuridica) und eine als
Kunstlehre betriebene Hermeneutik des
Rechts (hermeneutica iuris) seit jeher die Vorherrschaft besitzen, aber heute in methodischer und normentheoretischer Hinsicht mit
logischen und sprachphilosophischen Untersuchungen konkurrieren müssen. Der Grund
hierfür liegt darin, daß das jeweils geltende
Recht zunächst einmal als sprachlicher Ausdruck in seiner normativen Bedeutung und
seinem Sinn verstanden sein muß, bevor es
von Fall zu Fall individualisiert, konkretisiert
und angewandt werden kann.

1.1. Angesichts der Tatsache, daß sich die
praktische juristische Argumentation gewöhnlich an den Worten und Begriffen der
Vorschriften des geltenden Rechts und ihrer
normativen Bedeutung entfaltet, liegen naturgemäß genau hier — neben der juristischen

Logik und Hermeneutik, deren Aufgabe seit
jeher darin besteht, den normativen Sinn des
Rechts zu erschließen und zu deuten — auch
die Ansatzpunkte für einen sprachanalytischen und sprachphilosophischen Umgang
mit den Rechtstexten und Normen des geltenden Rechts und den Normpropositionen der
Jurisprudenz. In den am jeweils geltenden
Recht orientierten praktischen Disziplinen
der Jurisprudenz steht die Frage, was wir tun
sollen, gewöhnlich im Zentrum. Mit ihr eng
verbunden ist das gleichfalls normative Problem der praktischen Rechtsgewinnung im
Einzelfall. Beide Problemstellungen werfen
eine Vielzahl von umgangs-, rechts- und fach-
sprachlichen, aber auch logischen, insbesondere normenlogischen Problemen auf. Infolgedessen erscheint trotz zahlreicher und viel-
fältiger Bemühungen gegenwärtig nicht hinreichend ausgemacht, was Sprachanalyse und
Sprachphilosophie zur Behandlung genuin
rechtlicher Probleme beizutragen vermögen.

1.2. Vom Standpunkt der Jurisprudenz sind
Anregungen und Hilfen sprachphilosophischer Provenienz vor allem dann genehm,
wenn und soweit sie einen Beitrag zur Behandlung der Standardaufgaben praktischer
(dogmatischer) Rechtswissenschaft zu leisten
vermögen. Es geht dabei vor allem um (1) die
Identifikation der Normen des jeweils geltenden Rechts, (2) ihre Auslegung und Anwendung bis hin zur Rechtsgewinnung im Einzelfall, (3) die juristische Begriffs- und Systembildung, die alles geltende Recht in einem
System von Begriffen, Normsätzen und
Normpropositionen darzustellen sucht. Die
Sprachphilosophie und eine an den Möglichkeiten moderner Sprachanalyse orientierte
Analytische Jurisprudenz erscheinen vor allem dort, wo ihre Vertreter logische Analyse
treiben, durchaus in der Lage, mit ihren Mitteln zur Klärung der Begriffe beizutragen, die
im alltäglichen Sprachgebrauch und im Umgang mit dem geltenden Recht beziehungsweise im wissenschaftlichen Sprachgebrauch
der Jurisprudenz eine Rolle spielen. Jedoch
wird von sprachphilosophischer Seite zurecht
darauf aufmerksam gemacht, daß die wissenschaftliche Klärung von Begriffsstrukturen
mit den Mitteln formaler Logik die Frage
aufwirft, (i) ob die Logik insofern „überhaupt
noch als Teil der Philosophie" anzusehen ist
und (ii) „ob die auf diesem Wege erzielten

Einsichten noch als ›philosophisch‹ betrachtet" werden können (von Wright 1992, 18 ff).

1.3. Welche sonstigen Möglichkeiten und Wege für einen analytischen und sprachphilosophischen Zugang zum Recht bestehen, hängt im übrigen davon ab, (1) was wir unter Recht begreifen, (2) was wir unter Jurisprudenz beziehungsweise Rechtswissenschaft verstehen und (3) wie wir das Verhältnis von Sprache, Recht und menschlichem Verhalten (Handeln, Unterlassen) normentheoretisch und sprachphilosophisch deuten. Einmal abgesehen davon, daß das Wesen der Regeln des Rechts und eines regelgeleiteten Rechtshandelns bis auf den heutigen Tag rechtstheoretisch und rechtsphilosophisch umstritten ist, kennt schon die tradierte Jurisprudenz eine weitergehende, durch unterschiedliche Erkenntnisinteressen bestimmte und geprägte, aber bloß fachwissenschaftlich immanente Arbeitsteilung. Im Gegensatz zu der sehr weitgehend an den umgangs- und rechtssprachlichen Konventionen orientierten, nur partiell verwissenschaftlichten Rechtspraxis wird bis in die jüngste Gegenwart hinein innerhalb der Jurisprudenz üblicherweise unterschieden zwischen (i) der praktischen (dogmatischen) Rechtswissenschaft, (ii) der ihr zugehörigen Juristischen Methodenlehre und (iii) der diese beiden Teildisziplinen fundierenden Allgemeinen Rechtslehre. Auf diese Weise wurde die praktische Rechtswissenschaft schon bisher in die Lage versetzt, auf den unterschiedlichen, noch gar nicht sprachphilosophisch fundierten Reflexionsniveaus fortlaufend eine einheitliche, methodische und grundbegriffliche Kontrolle im Umgang mit dem geltenden Recht zu gewährleisten (Krawietz 1993 a, 104 ff). Auch wenn diese älteren, im Rahmen der Juristischen Methodenlehre und der Allgemeinen Rechtslehre praktizierten Denk- und Argumentationsansätze der juristischen Logik und Hermeneutik in umgangs- und rechtssprachlicher Hinsicht keineswegs unreflektiert waren, fehlte ihnen jedoch eine klare und eindeutige logische Strukturierung. Letztere wurde zwar immer schon prätendiert, aber *in praxi* selten erreicht. Demgegenüber hat die Entwicklung der formalen Logik und modernen Sprachphilosophie zum Aufbau einer neuen, weitgehend logisierten Normen- und Strukturtheorie des Rechts geführt. Ihre Basis sind neuartige sprachphilosophische Untersuchungen der Grundlagenprobleme des Rechts und der Rechtswissenschaft. Sie stützen sich auf eine Anwendung der formalen Logik im Recht und in der Jurisprudenz und eine Logik der präskriptiven Sprache, die auch außerhalb der Provinzen des Rechts im Umgang mit Normen verwendet wird. Jedoch vermochten sie bislang die älteren Formen juristischer Methodik und Hermeneutik des Rechts nicht gänzlich zu verdrängen, da die Anwendung der Logik in den verschiedenen Wissenschaftszweigen, vor allem im Recht und in der Jurisprudenz, besondere methodologische und rechtstheoretische Fragen aufwirft, die noch nicht zufriedenstellend gelöst werden konnten. Auch muß auffallen, daß Anfang der 50er Jahre dieses Jahrhunderts — also zur selben Zeit, in der die Begründung der deontischen Logik beziehungsweise der Normenlogik im Recht in ein entscheidendes, neues Stadium traten — auch die überkommenen Denkansätze juristischer Logik und Hermeneutik eine Erneuerung erfuhren. Mit Blick auf das Recht und die Jurisprudenz erscheinen die 50er Jahre aus heutiger Perspektive überhaupt als eine Periode des Umbruchs, in der das Rechtsdenken eine tiefgreifende sprachphilosophische und normentheoretische Erneuerung erfuhr. Durch sie wird auch künftig die auf das Verhältnis von Normen und Handeln gerichtete rechtswissenschaftliche Grundlagenforschung nachhaltig bestimmt und geprägt werden.

2. Juristische Logik und formale Logik im Dienste von Recht und Jurisprudenz

Das Wort und der Begriff 'Juristische Logik' (*lat.* logica iuridica, *frz.* logique juridique, *span.* lógica jurídica) dienten im juristischen Sprachgebrauch seit jeher zur Kennzeichnung derjenigen Themen und Probleme, die sich üblicherweise im alltäglichen Rechtsleben und in der Jurisprudenz bei der an Rechtstexten orientierten begrifflichen Identifikation, Auslegung und Anwendung von Rechtsnormen auf den Einzelfall ergeben. Während der Ausdruck 'juristische Logik' mit Blick auf die Eigenart der juristischen Denk- und Argumentationsweise bis weit ins 19. Jahrhundert hinein nahezu ausschließlich in einem Sinne verstanden wurde, der nicht allein die Logik als solche meinte, sondern die spezifische Methodenlehre der Jurisprudenz als einer fachlich gebundenen Einzelwissenschaft mit einschloß und in diesem Verständnis bis in unsere Tage hinein fortwirkt, hat sich mit der Entwicklung der modernen Logik seit der Mitte des 20. Jahrhunderts der Sprachgebrauch auch in der Jurisprudenz tiefgreifend gewandelt. Im Gegensatz zur klassischen ›juristischen Logik‹, die in ihren Analysen des Rechts und ihrer logischen Grundlegung der Jurisprudenz das Spezifikum einer juristischen Logik in der am jeweils geltenden Recht orientierten, genuin juristischen Denkweise und rechtspraktischen Argumentation erblickte und infolgedessen die Eigenart der juristischen Arbeitsweise und Methodik in einem sehr weiten, unscharfen Sinne als Logik der Rechtspraxis, d. h. des Richters, Rechtsanwalts etc., sowie als ›Logik der Jurisprudenz‹ zu begreifen und darzustellen suchte (Ehrlich 1966, 1 ff; 5; Perelman 1979, 7 f; 131 f), wird vom Standpunkt moderner Logik mit Grund die Auffassung vertreten, daß es eine besondere, arteigene, genuin juristische Logik, d. h. eine nur diesem Fachgebiet eigentümliche Logik, hier verstanden als eigengesetzliche Sonderlogik, nicht gibt und gar nicht geben kann (Klug 1951, 3 f; Kalinowski 1959, 53; Weinberger 1989, 38 f; Cornides 1993, 51 f). Das schließt eine Verwendung der formalen Logik im Recht beziehungsweise in der Jurisprudenz in dem Sinne, daß die moderne Logik und die von ihr entwickelten logischen Systeme auch in diesem Fachgebiet zur Anwendung gelangen, nicht aus, sondern eröffnet ihr — ganz im Gegenteil — den Eintritt in das Recht und in die Jurisprudenz, d. h. in das juristische Denken und Argumentieren.

2.1. Das Verhältnis von juristischer Logik und der modernen formalen Logik ist mit Bezug auf das Recht und die Jurisprudenz zuerst von dem Rechtstheoretiker und Rechtsphilosophen Ulrich Klug (1913–1993) in seiner schon 1939 an der Berliner Fakultät vorgelegten, (aber aus politischen Gründen nicht akzeptierten!) erst 1951 veröffentlichten Habilitationsschrift *Juristische Logik* mit den Mitteln der modernen formalen Logik monographisch behandelt worden. Diese Pionierleistung machte ihn, wie der argentinische Logiker, Rechtstheoretiker und Rechtsphilosoph Bulygin treffend bemerkt hat, zu einem der „bedeutendsten Rechtsgelehrten Deutschlands, der als erster den Versuch unternommen hatte, die Techniken der modernen Logik auf das Recht anzuwenden" (Krawietz 1993 a, 945 f).

2.1.1. Die juristische Logik ist nach Klug „nicht eine Logik [...], für die besondere Gesetze gelten". Es gibt für ihn keine „besondere

autonome Logik der Jurisprudenz", die „von derjenigen anderer Wissenschaftszweige grundsätzlich verschieden" ist. Vielmehr ging es ihm um die „Anwendung der Logik innerhalb der Jurisprudenz", d. h. um die formale Logik, die „in der Rechtswissenschaft Anwendung findet" (Klug 1951, 3; 5 f). Infolgedessen ist für Klug juristische Logik die „Lehre von den im Rahmen der Rechtsfindung zur Anwendung gelangenden Regeln der formalen Logik". Auch dort, wo heute sehr viel treffender und in einem viel weiteren Sinne von Normenlogik und/oder Rechtslogik gesprochen wird, lassen die Autoren keinen Zweifel daran, daß es hier um „keine spezifische juristische Logik" geht (Weinberger 1989, 39). Vielmehr wird deutlich gemacht, daß es sich dabei um formale Logik handelt, die es mit Normen, insbesondere mit denjenigen des Rechts zu tun hat. Letztere muß konzipiert werden unter Rücksichtnahme auf die spezifischen methodologischen Probleme, die mit der Anwendung logischer Operationen im Bereich des Rechts verbunden sind.

2.1.2. Klug war sich durchaus bewußt, mit seinem Werk nicht mehr als einen „ersten Schritt zur Auswertung der modernen Logik für die Jurisprudenz" vollzogen zu haben. Auch machte er darauf aufmerksam, daß es „bei dem meist sehr komplexen Gehalt juristischer Probleme nicht möglich ist, allein mit den Mitteln der logischen Analyse zum Ziel zu gelangen" (Klug 1951, III). In der Tat muß bei der formallogischen Analyse, Bearbeitung und Darstellung von Rechtstexten mit Blick auf ihre normative Bedeutung und ihren Sinn zwangsläufig mit rechtsinhaltlichen Informationsverlusten gerechnet werden, weil bei der Formalisierung des Rechts die nichtformalen (materialen) Gehalte der rechtspraktischen Argumentation naturgemäß ins Hintertreffen geraten. Trotz dieser von Klug selbstkritisch herausgestellten, begrenzten Funktion formaler Vorgehensweisen kann ihre Leistungsfähigkeit beim Aufbau einer modernen Strukturtheorie des Rechts schwerlich überschätzt werden. Sein eigener, höchst originärer Beitrag zur Logik im Dienste des Rechts und der Jurisprudenz wirkt nachhaltig fort in der sprachanalytisch und sprachphilosophisch fundierten rechtswissenschaftlichen Grundlagenforschung und Rechtsphilosophie der Gegenwart, vor allem im Bereich der Rechtstheorie, Normenlogik und Rechtsinformatik.

2.2. Was die Konzeption einer formalen Logik angeht, die es mit Normen, insbesondere mit den Normen des Rechts zu tun hat, so ist höchst umstritten, wie sie beschaffen sein muß, um den rechtspraktischen und rechtstheoretischen Erkenntnisinteressen möglichst gerecht zu werden. Bis auf den heutigen Tag herrscht nicht einmal Einigkeit über die Bezeichnung und den Namen dessen, worum es in gegenständlicher Hinsicht bei der formalen Logik im Recht beziehungsweise in der Jurisprudenz geht (Normenlogik, Deontische Logik), geschweige denn über die Anforderungen, die an ein derartiges Logiksystem zu stellen sind. Keine Einigkeit besteht ferner darüber, ob das für die moderne Logik einschlägige Bezugsfaktum, von dem bei der Anwendung formaler Logik auszugehen ist, das institutionell auf Dauer gestellte, mit formaler Rechtsgeltung ausgestattete Recht selbst ist beziehungsweise seine Normsatzformulierungen oder erst und nur die Rechtswissenschaft (mit ihren Aussagen über das Recht). Strukturtheoretisch betrachtet, erscheint nach von Wright heute vor allem die Lösung dreier Aufgaben vonnöten: (1) muß eine derartige Logik in der Lage sein, eine korrekte Repräsentation der begrifflichen Struktur von Normen, insbesondere von Rechtsnormen, in einer formalisierten Sprache zu bieten; (2) muß eine derartige Repräsentation von Normen auf einer korrekten Repräsentation der begrifflichen Struktur von Handlungen aufbauen und (3) müssen die noch bestehenden Schwierigkeiten behoben werden, „wie in formaler Sprache bedingte Normen korrekt dargestellt werden können, d. h. Normen, die vorschreiben, was getan werden soll, getan werden darf oder nicht getan werden darf, wenn bestimmte Bedingungen erfüllt sind" (1993, 101). Vom Standpunkt der Normen- und Rechtstheorie ist ferner zu fordern, daß ein derartiger Symbolismus in der Lage sein muß auszudrücken, von wem eine gegebene Rechtsnorm erlassen und an wen sie adressiert wurde. Jedoch hat von Wright auch neuerdings mit Blick auf die sprach- und rechtsphilosophischen Probleme einer Logik der Normen, insbesondere des Rechts, sehr treffend daran erinnert, „wie weit eine deontische Logik vom Typ des ›klassischen‹ Systems (in irgendeiner seiner Varianten) von einer adäquaten Repräsentation ›wirklicher‹ normativer Strukturen entfernt ist" (1993, 104).

2.2.1. Gewöhnlich wird die im Recht beziehungsweise in der Jurisprudenz anzuwendende formale Logik, die in moderner Form in den 50er Jahren entstanden ist, nach dem von Georg Henrik von Wright, Georges Kalinowski und Oskar Becker geschaffenen Muster als Analogon der Modallogiken aufgefaßt. Den alethischen Modaloperatoren ‘notwendig’, ‘unmöglich’, ‘möglich’, ‘kontingent’ werden die deontischen Operatoren ‘geboten’, ‘verboten’, ‘erlaubt’ und ‘indifferent’ gegenübergestellt. Die zwischen den beiden Arten von Sätzen bestehende Analogie ist darin zu erblicken, daß sie jeweils aus einem Operator und einem Handlungsnamen (oder einer Sachverhaltsbeschreibung) gebildet werden und daß an beiden Stellen ein Negator auftreten kann, nämlich vor dem Operator und vor dem Handlungsnamen (oder vor der Sachverhaltsbeschreibung). Während jedoch den Modalsätzen Wahrheitswerte zukommen, ist dies bei den Normsätzen nicht der Fall. Normen als Vorschriften für menschliches Verhalten haben keinen Wahrheitswert (Weinberger 1989, 223; von Wright 1993, 101; 107). Die in Recht und Jurisprudenz anzuwendende formale Logik wurde mit einem von C. D. Broad geprägten Ausdruck zunächst als ‘deontische Logik’ bezeichnet und diente seither zur Kennzeichnung und Charakterisierung der Logik des Seinsollenden beziehungsweise der Logik der normativen Begriffe und Sätze. Eine derartige deontische Logik besitzt als Logik der Normen beziehungsweise der Aussagen über Normen auch für das Recht und die Rechtswissenschaft eine ganz erhebliche Relevanz. Jedoch liegt genau hier das konzeptionelle Problem. Geht man davon aus, daß ein Normsatz ein praktischer, auf das menschliche Handeln (Unterlassen) bezogener Satz ist, dessen Bedeutung mit dem Namen ‘Norm’ belegt werden kann, so fragt es sich, wie eine Logik der Normen beschaffen sein muß, damit der normative Charakter von Sätzen und Satzbestandteilen hinreichend klar und möglichst eindeutig ausgedrückt werden kann. Bis heute hat der hierfür verwendete Name ‘deontische Logik’ noch „keine einheitliche Bedeutung" erlangt, da mehrere deontische Logiken diesen Namen für sich beanspruchen (von Wright 1993, 102). Einigkeit besteht nur darüber, daß dieser Ausdruck jedenfalls nicht gleichbedeutend ist mit der Bezeichnung ‘juristische Logik’ im traditionellen, von der Jurisprudenz seit jeher verwendeten, ausschließlich auf die Normen des Rechts beschränkten Sinne. Eine deontische Logik befaßt sich nicht nur mit Rechtsnormen, sondern auch mit sonstigen sozialen

Normen, zum Beispiel mit denjenigen der Religion oder der Moral. Die Ausdrücke 'juristische Logik' und 'deontische Logik' sind auch deswegen keinesfalls als synonym anzusehen, weil es der juristischen Logik im traditionellen Sinne — anders als der deontischen Logik! — gar nicht vorrangig und jedenfalls nicht ausschließlich um die Form des praktischen juristischen Denkens, Argumentierens und Begründens geht.

2.2.2. Die bislang vorgenommenen Bestimmungen und Bedeutungsfestsetzungen des Ausdrucks 'deontische Logik' erscheinen mit Blick auf das Recht und die Jurisprudenz keineswegs als endgültig, weil — wie Kalinowski in seinen Auseinandersetzungen mit von Wright nachgewiesen hat — dieser Ausdruck sowohl als Name für eine Logik der Normen als auch für eine Logik der Aussagen über Normen verwendet wird (1978, 411 f). Dies hat die Anhänger von Wrights beziehungsweise diejenigen, die seinen Denkansatz aufgenommen, aber modifiziert haben, veranlaßt, für jede der beiden Logiken einen eigenen Namen einzuführen. So ist beispielsweise für H. Keuth die Logik der Normen ›Normenlogik‹ und die Logik der Aussagen über Normen ›deontische Logik‹ (1974, 64 f), während für C. E. Alchourrón — genau umgekehrt — die Logik der Normen 'deontische Logik' heißt, die Logik der Aussagen über Normen hingegen als 'Logik der normativen Aussagen' bezeichnet wird (1969, 242—268). Folgt man der wohlbegründeten Empfehlung, künftig nur noch die Logik der Aussagen über Normen als deontische Logik zu bezeichnen, so wird mit dieser Bezeichnung der traditionelle Bedeutungsgehalt des Ausdrucks 'juristische Logik' weder erfaßt noch ausgeschöpft, da letztere es vor allem mit der Gewinnung normativer Entscheidungsprämissen zu tun hat, insbesondere mit der Rechtsgewinnung im Einzelfall. Vom Standpunkt einer Normenlogik wie der juristischen Logik betrachtet, wäre es gänzlich verfehlt, die objektsprachliche Ebene der präskriptiven Normsätze des Rechts zu verlassen, um auf die bloß metasprachliche Ebene deskriptiver Aussagen über derartige Normsätze überzugehen, weil auf diese Weise die Eigenart ihrer Normativität und die aller rechtlichen Normgeltung ignoriert und eingeebnet werden. Normenlogik darf nicht als eine Logik ohne Normen, Rechtslogik nicht als eine Logik ohne Recht betrieben werden.

2.2.3. Ein weiteres, im obigen Zusammenhang schon erwähntes Problem für die Konzeption einer modernen Logik der Normen, insbesondere einer Logik des Rechts, ergibt sich aus der Frage, ob den Rechtsnormen als Vorschriften für menschliches Verhalten Wahrheitswerte zugeschrieben werden können, d. h. ob sie wahr/falsch sein können. Bekanntlich hatten diejenigen Autoren, die in den 50er und frühen 60er Jahren im Anschluß an von Wright im Gebiet der deontischen Logik tätig waren, wie beispielsweise A. N. Prior, A. R. Anderson und E. J. Lemmon, den deontischen Ausdrücken ganz unbekümmert Wahrheitswerte zugeschrieben, ohne zwischen Normen und Aussagen über Normen zu unterscheiden. Erst im Laufe der 60er Jahre wurde die wichtige Unterscheidung zwischen Normen und Normenaussagen klar formuliert, vor allem durch von Wright in seinem 1963 veröffentlichten Werk *Norm and Action*. Diese Unterscheidung geht davon aus, daß die Sätze der Umgangssprache, in denen typisch deontische Termini, wie beispielsweise 'geboten', 'verboten' und 'erlaubt' vorkommen, zweideutig sind, weil sie sowohl präskriptiv, d. h. als Normen ausdrückend und vorschreibend, aber auch deskriptiv als Aussagen über Normen gedeutet werden können. Dies eröffnete zunächst den Weg für den Aufbau einer deontischen Logik im Sinne einer Logik der Normenaussagen. Jedoch erwies diese Konzeption sich im Bereich des Rechts als wenig zufriedenstellend. Offensichtlich gibt es in unserer Rechts- und Gesetzessprache eine Vielzahl genuin normativer Ausdrücke, deren Existenz von der Eigenart der Normsätze zeugt. Auch ist es eine Tatsache, daß in jeder Rechtsordnung Argumentationen und Gedankengänge normativer Natur auftreten, die im Wege des Folgerns weiterverwendet werden. Eine Reflexion auf die Prämissen dieser rechtlichen Sprachverwendungen zeigt, daß zwischen Normsätzen und Aussagesätzen ein ganz wesentlicher Unterschied besteht. Während Aussagesätze Tatsacheninformationen vermitteln und ihrem Inhalte nach eine Sachlage beschreiben, schreiben Normsätze vor, was geboten, verboten oder erlaubt ist, um das menschliche Verhalten in diesem Sinne zu beeinflussen. All dies macht deutlich, daß im modernen Rechtsdenken und Sprachbewußtsein die Normsätze als Kategorie eigener Art fungieren. Sie sind durch Aussagesätze nicht darstellbar und bedürfen hierfür einer eigenständigen Normenlogik (Weinberger 1989, 219; 226 f). Heute besteht weitgehend Einigkeit darüber, daß Normen als Vorschriften für menschliches Verhalten — aus der Perspektive bestimmter Standards, die ihrerseits selbst normativ sind — als gerecht/ungerecht, vernünftig/unvernünftig, richtig/unrichtig beurteilt werden mögen, aber nicht als wahr/falsch angesehen werden können (Bulygin 1994, 36 f; 49; Weinberger 1989, 227; von Wright 1993, 101; 107 f). Auch Rechtsnormen haben, wie Normen überhaupt, keinen Wahrheitswert, d. h. sie sind weder wahr noch falsch.

2.3. Eine sprachphilosophisch fundierte Analyse, die mit den Mitteln formaler Logik im Dienste des Rechts und der Jurisprudenz praktiziert wird, vermag eine Reduktion der Logik der Normen auf eine Logik der deskriptiven Sprache über Normen nur dann zu vermeiden, wenn sie zwischen Normsätzen und Aussagesätzen als kategorial verschiedenen sprachlichen Gebilden unterscheidet. Dieser Unterscheidung, die vor allem von einer sprachanalytisch geläuterten Auffassung der Normen des Rechts und einer erkenntnistheoretisch differenzierten Semantik ausgeht, entspricht auch eine differenzierte Logik der Normen. Ganz in diesem Sinne hat O. Weinberger in seiner schon 1950 beendeten, in tschechischer Sprache als Dissertation eingereichten, aber erst 1958 veröffentlichten Untersuchung der *Sollsatzproblematik in der modernen Logik* für die eigenständige Grundlegung der Sollsatzlogik plädiert. In der Tat ermöglicht die Erkenntnis der semantischen Eigenart der Normsätze, d. h. derjenigen Sätze, die sprachlich eine Norm zum Ausdruck bringen in dem Sinne, daß etwas gesollt wird, d. h. geboten oder verboten, erlaubt oder — weil indifferent — freigestellt sein soll, den Aufbau einer Normenlogik, die nach den Methoden der modernen formalen Logik vorgeht, ohne in eine bloße Übersetzung der Normsätze in Aussagesätze zu verfallen. Die lange Jahre in der Logik der Normen umstrittene Frage, ob das juristische Denken und Argumentieren beim logischen Operieren mit Normen, insbesondere mit den Normen des Rechts, mit dem Formenapparat einer deskriptiven Logik auszukommen vermag oder einer Normenlogik als besonderer logischer Disziplin bedarf, kann damit als hinlänglich beantwortet angesehen werden. Jedenfalls ist mit der kategorialen Unterscheidung von Normsätzen und Aussagesätzen auch die wechselseitige Unübersetzbarkeit verbunden, so daß ein Normsatz nicht durch einen Aussagesatz gleichwertig dargestellt werden kann und umgekehrt. Verbindet man mit Blick auf das jeweils geltende Recht das Programm einer sprachanalytisch geläuterten, erkenntnistheoretisch differenzierten Semantik mit der Frage nach den logischen Grundlagen einer derartigen erkenntniskritischen Jurisprudenz, so erscheint es vom Standpunkt formaler und juristischer Logik aus möglich, aber auch nötig, beim Aufbau einer eigenständigen Normenlogik sehr viel sorgfältiger als bisher zwischen (i) handlungsbezogenen praktischen, d. h. stellungnehmenden und vorschreibenden Sätzen und (ii) theoretischen, d. h. bloß beschreibenden Sätzen zu unterscheiden, so daß in jeder Überlegung bei jedem Satz, jedem Teilsatz, jedem Begriff oder Begriffsmerkmal eines komplexen Satzes eingehend zu prüfen ist, ob die jeweiligen Elemente als volitiv, normativ und evaluativ oder als rein deskriptiv zu verstehen sind.

2.3.1. Geht man beim Aufbau einer Normenlogik von zwei disjunkten Satzkategorien aus, nämlich von Normsätzen und Aussagesätzen, so muß die Aufgabe dieser neuen logischen Disziplin vor allem darin erblickt werden, nicht bloß die Struktur der Normsätze und die logischen Beziehungen zwischen den Normsätzen zu analysieren, sondern vor allem auch die Beziehungen zwischen Normsätzen und Aussagesätzen zu untersuchen. Im Anschluß an Weinberger wird dabei im folgenden innerhalb der Normenlogik unterschieden zwischen der ›Theorie der Normsatzstrukturen und der normenlogischen Deduktion‹, die das ›Hauptstück der Normenlogik‹ bildet, sowie der ›Theorie der Normenbegründung‹ (1989, 220 f). Es ist sehr wichtig zu erkennen (wird aber häufig übersehen!), daß in ihr an vielen Stellen „nicht rein formallogisch, sondern rhetorisch argumentiert" wird, weil hier „rein rationale Schritte mit Willensentscheidungen zusammentreffen". Für die Anwendung der Normenlogik auf das Recht beziehungsweise auf die Jurisprudenz sind beide Teile, nämlich die Struktur- und Folgerungstheorie wie auch die Begründungstheorie, gleichermaßen bedeutsam, doch sind beide gegenwärtig nicht in gleichem Maße entwickelt.

2.3.2. Erst in der jüngsten Entwicklung ist deutlich geworden, daß die semantisch begründete Differenzierung zwischen Normsätzen und deontischen Sätzen auch für die Charakterisierung der Normenlogik von grundlegender Bedeutung ist. Unterscheidet man zwischen Normsätzen, in denen ein Sollen zum Ausdruck gebracht wird, sowie deontischen Sätzen, d. h. Aussagesätzen über ein bestimmtes Normensystem, dann muß eine Normenlogik als ›Logik der Normsätze‹ und nicht als System von deontischen Sätzen aufgebaut werden. Was die Struktur- und Folgerungstheorie angeht, so kann die Normenlogik insofern als ›formallogische Disziplin‹ angesehen werden, weil sie das Schlußfolgern durch formale Regeln bestimmt. Alle Normenfolgerungen sind formallogische Operationen, durch die Normsätze aus Normsatzprämissen und gegebenenfalls aus Aussagesatzprämissen abgeleitet werden. Rein formallogisch wird durch die Ableitung der gefolgerte Normsatz ›begründet‹, doch kann er nur relativ zu den Prämissen als bewiesen gelten. Sind nämlich alle normativen Prämissen gültig und alle indikativen Prämissen wahr, so ist durch die Folgerung der normative Schlußsatz als gültig bewiesen. Infolgedessen kann auch der praktisch für die Jurisprudenz zentrale juristische Syllogismus oder besser: der juristische Subsumtionsschluß durchaus als Beleg für die fundamentale Bedeutung der Normenlogik für die Jurisprudenz gelten. Hier wird aus zwei Prämissen: einer generellen normativen Regel und einem Tatsachensatz, eine individuelle Norm, die den Inhalt der Rechtsentscheidung ausdrückt, abgeleitet. Jedoch erschöpft sich Normenlogik nicht in einer logischen Analyse derjenigen Entscheidungsprobleme, die der juristische Syllogismus aufwirft.

2.3.3. Neben der Struktur- und Folgerungstheorie gewinnt heute vor allem die normenlogische Begründungstheorie an Relevanz für Rechtswissenschaft und Rechtspraxis, soweit es um die Erörterung der Verwendung von Rechtsgrundsätzen und um materiale Rechtsbegründungen geht. Die Aufgabe dieses Teils der Normenlogik muß vor allem darin erblickt werden, auch hier die logische Basis, d. h. die Formen dieser Argumentationen, zu erarbeiten. Gegenwärtig wird die Entwicklung der Normenlogik gekennzeichnet durch eine Reihe von Versuchen, schon ausgearbeitete Logiksysteme für ihre Darstellung zu verwenden. Jedoch stecken sie noch immer im Stadium des Suchens nach adäquaten Wegen der Darlegung dieser normativen Mechanismen. Auch dann und gerade wenn man die Normenlogik als ein überaus nützliches analytisches Instrument und damit als eine höchst

fruchtbare Methode juristischer Logik begreift, darf man nicht ignorieren, daß sich die juristische Logik offensichtlich nicht in Normenlogik erschöpft, weil es ihr hauptsächlich um die Gewinnung normativer Entscheidungsprämissen geht. Das wird von denjenigen Normenlogikern durchaus gesehen, die — wie vor allem Weinberger — der normenlogischen Begründungstheorie seit jeher ihr besonderes Augenmerk gewidmet haben. Sie räumen daher ein, daß die logische Analyse der Normenbegründung zwar wichtige, aber nicht alle Teile der juristischen Begründungsargumentation erfaßt. Letztere enthält auch dialektisch-rhetorische Argumentationselemente, in denen es nicht allein um eine scharfbeweisende Argumentation im normenlogischen Sinne geht, sondern um ein dialektisch-rhetorisches, aber gleichwohl rationales Begründen, das für die juristische Entscheidungspraxis charakteristisch ist. Es ist eben diese Art des juristischen Argumentierens und Begründens, die als juristische Logik — neben und zusammen mit einem normenlogisch begründeten Folgern — dem Umgang mit dem jeweils geltenden Recht, insbesondere der Rechtsauslegung und Rechtsanwendung in Rechtspraxis und Rechtswissenschaft seit jeher geläufig ist.

3. Neue Topik, Rhetorik und Dialektik in der praktischen juristischen Argumentation

Es muß auffallen, daß in den frühen 50er Jahren — parallel zur Entwicklung der deontischen Logik beziehungsweise der Normenlogik und ihrer Anwendung in Recht und Rechtswissenschaft — nahezu gleichzeitig auch die tradierten Denkansätze juristischer Logik und Hermeneutik eine Erneuerung erfuhren. Die Anstöße zu dieser Erneuerung des Rechtsdenkens verdankten sich (1) einer Kritik der überkommenen, zu einseitig am Wortlaut und den Begriffen der Rechtsvorschriften klebenden Begriffsjurisprudenz, die in den dogmatischen Disziplinen der Jurisprudenz mehr oder weniger unreflektiert praktiziert wurde und alles Recht als ein System von Begriffen ansah (Krawietz 1976, 2 f; 432 ff), sowie (2) einer gleichfalls sprachphilosophisch fundierten Auseinandersetzung mit dem Positivismus im Recht. Dieser teils offene, teils latente juristische Positivismus beherrscht und beeinflußt in Gestalt eines Gesetzes- und Rechtspositivismus — neben dem schon weit-

gehend überwundenen Natur- und Vernunft-
rechtsdenken der Nachkriegszeit — die
Rechtspraxis und die mit ihr befaßte Praktische Rechtswissenschaft bis auf den heutigen
Tag (Krawietz 1978, X f; 3 ff; 92 ff; 227 ff). Es
lag daher nahe, zusammen mit dieser Kritik
auch eine Wiederbelebung und Fortentwick-
lung sehr viel älterer, bis in die Antike zurück-
reichender, ebenfalls sprachphilosophisch begründeter Denkansätze zu betreiben, die sich
bei allem juristischen Argumentieren und Begründen nicht bloß formal mit dem Recht
befaßt hatten, sondern dabei vor allem den
materialen (inhaltlichen) Aspekt allen juristischen Entscheidens in den Vordergrund rück-
ten. Die Neuorientierung des Rechtsdenkens
war — philosophiegeschichtlich gesehen —
aufs engste verknüpft mit der Rechtssprache,
vor allem mit der Gerichtsrede, und der schon
in der antiken Topik und Rhetorik entwik-
kelten Technik der Behandlung rechtlicher
Texte und der juristischen Entscheidungsprobleme.

3.1. In seinem am 21. Juli 1950 in Mainz
gehaltenen, leider ungedruckten Vortrag *Topik und Axiomatik in der Jurisprudenz* begriff
Theodor Viehweg (1907—1988) die Topik als
eine von der Rhetorik entwickelte τέχνη des
Problemdenkens, die ihm auch für das Vorgehen der Jurisprudenz charakteristisch und
brauchbar erschien. Im Ausgang von Aristoteles' *Topica* und im Anschluß an die überkommene aristotelische und ciceronische Topik (s. Art. 15) legte er infolgedessen in seiner
im Jahre 1953 veröffentlichten, vielbeachteten
Untersuchung *Topik und Jurisprudenz*, ganz
anders als eine vorwiegend logische, auf strin-
gente Systematisierung des geltenden Rechts
bedachte Rechtswissenschaft, in der praktischen und theoretischen Argumentation sowie der ihr zugrundeliegenden Normentheorie
den Akzent auf die Topik, die seinerzeit in
Vergessenheit geraten und fast unbekannt
war, sowie auf die Beziehung zur Jurisprudenz. Er erblickte in der Topik ein besonderes
Verfahren der Problemerörterung, das demjenigen der Jurisprudenz in den wesentlichen
Punkten entspricht. Die Strukturelemente des
Rechts und der Rechtswissenschaft, ihre Begriffe und Sätze erschienen ihm in spezifischer
Weise an das ihnen jeweils zugrundeliegende
Problem gebunden. Nach seiner Auffassung
muß eine an den jeweiligen rechtlichen Topoi
(lat. Loci) juristischen Redens, Argumentierens und Begründens orientierte topische Jurisprudenz stets ihren Ausgang von diesen

meinungsmäßig fixierten Orientierungsge-
sichtspunkten nehmen. Sie dienen als Prämissen für die weitere dialektisch-rhetorische
Entscheidungstätigkeit des Juristen. Nur auf
diese Weise können die dialektischen Schlüsse
aus diesen Prämissen die Gewähr dafür bieten, wenn schon nicht ihrem Inhalt nach
wahr, so doch wenigstens annehmbar zu sein
aufgrund ihrer Übereinstimmung mit dem
eingelebten Gemeinsinn (sensus communis,
common sense) oder mit angesehenen, durch
Autoritäten gestützten Rechts- und Lehrmei-
nungen.

3.2. Fast zur gleichen Zeit und unabhängig
von Viehweg hat Chaim Perelman (1912—
1984) — von logischen Studien ausgehend —
die juristische Argumentation und die ihr zugrundeliegende juristische Logik in Wiederanknüpfung an die antike Topik und Rhetorik, die das philosophische Denken seit Aristoteles und Cicero maßgeblich bestimmt,
aber auch das juristische Denken nachhaltig
beeinflußt hatte, durch einen konsequenten,
aber stärker juristisch-praktisch orientierten
Rekurs auf die alte, tradierte juristische Logik
und Rhetorik reformuliert, von Grund auf
erneuert und durch eine Neue Rhetorik (Nouvelle Rhétorique) substituiert (s. Art. 112).
Seine wegweisenden sprachanalytischen und
argumentationstheoretischen Untersuchungen finden sich vor allem in Arbeiten, in denen das Verhältnis von Sprache, Recht und
praktischer juristischer Argumentation einen
zentralen Platz einnimmt. Sie wurden von ihm
seit den früheren 50er Jahren zusammen mit
L. Olbrechts-Tyteca durchgeführt und unter
den Titeln *Rhétorique et Philosophie* (1952)
und *Traité de l'Argumentation. La Nouvelle
Rhétorique* (1958) veröffentlicht. Die Forschungen von Perelman kulminierten im Bereich der juristischen Logik (im herkömmlichen Sinne) und ihrer Anwendung auf sämtliche Gebiete der praktischen juristischen Argumentation in seiner im Jahre 1967 veröffentlichten *Logique Juridique*. In diesem Werk
analysierte er nicht bloß die bisherigen, von
ihm reformulierten Theorien praktischer juristischer Argumentation und ihre jeweilige
Einbettung in die alte beziehungsweise neue
Rhetorik, sondern er deutete seine rhetorische
Analytik zugleich als eine juristische Argumentationslehre, die ihre praktische Relevanz
erst in der Anwendung auf das jeweils geltende Recht offenbart.

3.3. Die Eigenart juristischer Argumentation
und die in ihr zum Ausdruck gelangende ju-

ristische Logik, die heute in den vielfältigen Bestrebungen zur Begründung einer neuen Topik beziehungsweise einer neuen Rhetorik in der Jurisprudenz propagiert wird, verdanken sich ihrem Grunde nach dialektischen Argumentationsweisen. In ihnen wird die schon im Altertum in den wesentlichen Zügen ausgearbeitete Topik und Rhetorik wiederaufgenommen, die sich bereits in den Schriften von Aristoteles, Cicero und ihren Nachfolgern, insbesondere bei Quintilian, finden ließ. In Form von Topoikatalogen wurde hier ein stets griffbereites und beliebig vermehrbares Repertoire längst akzeptierter Leitsätze und Gesichtspunkte bereitgestellt, um der argumentativen, dialektisch-rhetorisch geführten Auseinandersetzung einen praktisch verwertbaren, mehr oder weniger verbindlichen Halt zu geben. Bezogen auf das jeweils geltende Recht und die fachliche Perspektive der Jurisprudenz, vermochten derartige Sammlungen bereits akzeptierter Orientierungsgesichtspunkte und zustimmungsfähiger Gemeinplätze, vor allem in Gestalt von Zitaten angesehener Juristen, auch schon dem römischen Recht und der römischen Jurisprudenz als Rechtsquelle zu dienen. Jedoch ging es bei dieser juristischen Argumentation naturgemäß nicht um die Notwendigkeit oder Wahrheit der Prämissen und Schlußfolgerungen sowie die logische Gültigkeit der jeweiligen Ableitungen, sondern vor allem um die normative Plausiblität, praktische Stichhaltigkeit und Annehmbarkeit der argumentativ präsentierten Gründe, die zur Rechtfertigung des jeweiligen juristischen Entscheidungsergebnisses herangezogen wurden.

3.4. Im Verlaufe der Rezeption des römischen Rechts im hohen und späten Mittelalter hatte auch die mittelalterliche Jurisprudenz zunächst im Rahmen der Erläuterungswerke zum *Corpus iuris civilis* bei sich bietender Gelegenheit die für sie charakteristische juristische Logik vor allem in Form von mehr oder weniger detaillierten Argumentationslehren abgehandelt. Jedoch vermochte sich diese juristische Logik schon bald zu eigenständigen Unterrichtsschriften und Monographien zu verselbständigen. Während die mittelalterlichen juristischen Argumentationslehren sich gewöhnlich noch in der alphabetisch angeordneten Aufzählung zulässiger Argumentationsformen erschöpften, ging man schon bald dazu über, der knappen Beschreibung einer derart standardisierten Argumentationsform jeweils Allegationen von *leges* und

canones beizufügen, in denen diese Argumentationsform angewandt, formuliert und akzeptiert worden war.

3.4.1. Besonders charakteristisch für diese Entwicklung ist der von N. Everardus (1462−1532) verfaßte Topoikatalog standardisierter Argumente und Belegstellen, der erstmals 1516 unter dem Titel *Topicorum seu locorum legalium opus de inventione et argumentatione*, später nur noch unter dem Namen *Loci argumentorum legales*, erschien und noch im 17. Jahrhundert in bearbeiteter Fassung gedruckt wurde. Stärker unter dem Einfluß des Humanismus steht die juristische Logik des Bologneser Rechtslehrers P. A. Gammarus (1480−1528), dessen juristische Argumentationslehre zuerst 1507 unter dem Titel *Legalis dialectica, in qua de modo argumentandi et locis argumentorum legaliter disputatur* veröffentlicht wurde, sowie die erstmals 1520 erschienene Schrift von C. Cantiuncula *Topica legalia*, die − anders als noch diejenige des Everardus − eine systematische Darstellung zu geben suchte. Unter dem Eindruck dieser Topikschriften wurden nicht nur die ursprünglich in sich widerspruchsvollen Topoikataloge zunehmend aufeinander abgestimmt, sondern auch die rein autoritären Begründungsweisen im Sinne des *locus ab auctoritate* zugunsten rationaler Begründungsformen nach und nach eingeschränkt, so daß auf diese Weise die Entwicklung der juristischen Logik nachhaltig gefördert wurde.

3.4.2. Den Versuch des Aufbaus einer umfassenden Argumentationslehre unternahm Ch. Hegendorf (1500−1540) in den zuerst 1531 erschienenen *Dialecticae legalis libri quinque*. Zwar ist die Entwicklung der Jurisprudenz des 16. Jahrhunderts in allen Bereichen maßgeblich durch Logikstudien geprägt, doch ist das der juristischen Logik jeweils zugrundeliegende Logikverständnis durchaus nicht einheitlich. Während bei den bisher genannten Autoren noch ein rhetorisch-logischer Ciceronianismus dominierte, dessen rhetorisierendes Logikverständnis seine Herkunft aus der Gerichtspraxis erkennen ließ, in der die Gerichtsrede der Rhetorik entspricht, tritt im Jahrhundert der Glaubensspaltung bei den Lutheranern, insbesondere bei den Vertretern der Melanchthonschule, die humanistisch orientierte, protestantische Schullogik auf aristotelischer Grundlage stärker in den Vordergrund, bei den Calvinisten hingegen der Einfluß der — antiaristotelischen und daher auch antimelanchthonianischen — ramistischen Dialektik. In diesem Sinne handhabt B. Walther *De dialectica ex iure libri tres* seine juristische Logik noch 1546, Cicero folgend, weithin rhetorisch. Hingegen schließt sich M. Stephani in seiner 1610 erschienenen *Dialectica iuris* an Melanchthon an, während J. Th. Freigius in seinem 1582 veröffentlichten Werk *De logica iureconsultorum libri duo* eigentlich keine juristische Logik schreibt, sondern eine ramistische Dialektik für den juristischen Gebrauch verfaßt. Im Titel einer juristischen Logikschrift finden sich das Wort und der Begriff 'juristische Logik' ausdrücklich wohl zuerst im Jahre 1615 bei M. Schickhard *Logica iuridica, hoc est regulae, praecepta et modus argumentandi per inductiones et interpretationes legum*. Durchgängig werden hier Bezeichnungen wie 'dialectica legalis', 'dialectica iuris', 'dialectica iuridica' und schließlich 'logica iuridica' ganz offensichtlich als Synonyme für eine sich rasch entwickelnde ›juristische Logik‹ verwendet, die vor allem durch das Bestreben gekennzeichnet ist, sich in der juristischen Argumentation von der Logik des Aristoteles und der Scholastik zu lösen und den tradierten Schulkonventionalismus zu überwinden.

3.4.3. In dieser auf die juristischen Argumentationserfordernisse und Entscheidungsgegebenheiten zugeschnittenen juristischen Logik wirken die sachlich-inhaltlichen, meinungsmäßig fixierten, aber verallgemeinerungsfähigen Orientierungsgesichtspunkte (τόποι, loci) material wie eine allgemeine Rechtsregel, d.h. als normativer Maßstab für die inhaltliche Beurteilung von Rechtsfällen, doch bieten sie damit zugleich auch formal den Anhaltspunkt für eine formallogisch abgeleitete und begründete juristische Entscheidung. Ausgangspunkt und Basis dieser sich rasch entwickelnden juristischen Logik wird die für die juristische Argumentation und Entscheidung maßgebliche, in ihrem Kern mit der Rhetorik durchaus artverwandte Gerichtsrede. Sie liefert den Ansatzpunkt für den Aufbau einer juristischen Argumentations- und Methodenlehre, die in methodischer Hinsicht nicht bloß aus vermeintlich feststehenden Normen und Prinzipien zu deduzieren sucht, sondern bestrebt ist, im Streit der Meinungen das Für und Wider der meinungsmäßig fixierten Argumente gegeneinander abzuwägen, um zu einer angemessenen und annehm-

baren, gerechten juristischen Entscheidung zu gelangen.

3.5. Seither hat der Ausdruck 'juristische Logik' seinen festen Ort in der Jurisprudenz, wo er unter fortschreitender Verdrängung der übrigen synonymen Bezeichnungen zur Charakterisierung der spezifisch juristischen Methodik des Umgangs mit dem jeweils geltenden Recht beziehungsweise der juristischen Methodenlehre dient, die in praktischer Rechtswissenschaft und Rechtspraxis angewandt wird. Jedoch verdankt sich diese, auch das heutige Verständnis bestimmende Bedeutung einer abermaligen Bedeutungsverschiebung, die das Wort und der Begriff 'juristische Logik' offensichtlich schon am Ausgang des 16. Jahrhunderts erfuhr. In dem Maße, in dem die humanistische Jurisprudenz unter dem allgemeinen Einfluß der geistigen Strömung des Humanismus die bloß konventionellen Begrenzungen durch den bislang als alleinverbindlich angesehenen Quellen- und Problemkreis des römischen Rechts durchbrach und sich demzufolge auch die humanistische Methodenlehre im juristischen Humanismus von den Einschränkungen durch meinungsmäßig fixierte, autoritative Argumentations- und Begründungsweisen zunehmend befreite, konnte sich auch die juristische Logik nicht länger allein mit dem Studium tradierter juristischer Begründungsstile begnügen. Sie mußte bestrebt sein, unter fortschreitender Ausschaltung einer vordergründig bloß auf den Umgang mit τόποι und loci reduzierten Topik in gesteigertem Maße zur systematischen Durchdringung und rationalen Begründung des geltenden Rechts zu gelangen.

3.5.1. Infolgedessen begann schon im 16. Jahrhundert der Zerfall einer auf bloße Topik, Rhetorik und Dialektik reduzierten juristischen Logik. Diese Entwicklung wurde noch verstärkt durch die vernunftrechtliche Jurisprudenz des 17. und 18. Jahrhunderts mit ihren von Descartes, Spinoza und Leibniz (s. Art. 23) beeinflußten Bestrebungen, zu methodisch gesicherter, formallogisch kontrollierter Erkenntnis zu gelangen. Durch diese Kritik der Topik wurde jedoch die genuin juristische Logik nicht berührt. Letztere begreift sich, im Anschluß an die im 18. und 19. Jahrhundert begründete fachwissenschaftliche Tradition der Jurisprudenz, ihrem eigenen Selbstverständnis nach als juristische Methodik der Rechtspraxis beziehungsweise als Methodenlehre der Praktischen Rechtswissenschaft — und nicht als bloß formale, auf die Normen des Rechts anwendbare Logik. Das wird exemplarisch deutlich bei A. F. J. Thibaut (1772—1840), der in seiner zuerst 1799 veröffentlichten *Theorie der logischen Auslegung des Römischen Rechts* Regeln für die ›logische Auslegung des Rechts überhaupt‹ aufzustellen suchte und die ›Arten der logischen Auslegung‹ behandelte, gleichwohl aber ›keine Logik für Juristen‹ bieten wollte, sondern auf diese Weise zur Hermeneutik des Rechts, verstanden als ›juristische Auslegungskunst (hermeneutica iuris)‹, beizutragen suchte, weil ›keine Art der Auslegung der Logik mehr ›bedarf als die andere‹.

3.5.2. In seinen Analysen der historischen Grundlagen und der Mittel der juristischen Logik hat daher E. Ehrlich schon im Jahre 1918 sehr treffend bemerkt, die juristische Logik habe mit der ›wirklichen‹ Logik „nichts gemein als den Namen". Die juristische Logik ist „überhaupt keine Logik, sondern eine Technik, denn sie will gar nicht den Prüfstein für die Richtigkeit der Methoden der juristischen Rechtsfindung liefern, sondern ist selbst nur eine solche Methode, die erst auf ihre Richtigkeit geprüft werden muß" (Ehrlich 1966, 299). In der weiteren Entwicklung dieser juristischen Logik ist die Auseinandersetzung um die richtige juristische Methode seither nicht zum Stillstand gelangt. Sie findet ihren Ausdruck in dem bis auf den heutigen Tag unabgeschlossenen juristischen Methodenstreit, dessen Frontstellungen von der Begriffsjurisprudenz über die freirechtliche und soziologische Jurisprudenz bis hin zur heute dominierenden normativen Interessen- und Wertungsjurisprudenz reichen (Krawietz 1979, 123 ff; 146 f).

3.5.3. Seit den 50er Jahren dieses Jahrhunderts wird die Ausarbeitung einer fachuniversalen juristischen Methodenlehre, d. h. einer auf die Rechtspraxis und die praktische Rechtswissenschaft beschränkten Theorie der praktischen juristischen Argumentation, wie sie in der normativen Interessen- und Wertungsjurisprudenz im Umriß schon vorliegt (Krawietz 1978, 162 f; 174 ff; 180), nachhaltig beeinflußt durch eine Reihe von — fachsystematisch gesehen recht heterogenen — argumentationstheoretischen Bestrebungen. Sie laufen tendenziell darauf hinaus, die genuin fachwissenschaftliche juristische Logik und Methodik des Umgangs mit dem geltenden Recht, insbesondere die konventionelle

Rechtsgewinnung im Einzelfalle, allmählich abzulösen und durch eine neue Theorie juristischer Argumentation zu substituieren. Diese Neuorientierung wurde — einmal abgesehen von der formalen Logik im Dienste des Rechts und der Jurisprudenz — vor allem eingeleitet durch die wegweisenden Studien von Viehweg und Perelman, die in Wiederanknüpfung an die antike Topik und Rhetorik und durch Übertragung der hier ausgebildeten Art und Weise des Redens, Argumentierens und Begründens auf die Jurisprudenz schon um die Mitte des 20. Jahrhunderts maßgeblich zur Neubegründung und Reformulierung der Jurisprudenz beigetragen haben. Genau genommen, geht es hier jedoch gar nicht um eine rhetorische Jurisprudenz, wie von manchen Autoren angenommen wird (Struck 1971; Haft 1978), sondern um Topik und Rhetorik in der Jurisprudenz. Die Art und Weise juristischer Argumentation und die ihr zugrundeliegende, in ihr zum Ausdruck gelangende juristische Logik, die in den vielfältigen Bestrebungen zur Begründung einer neuen Topik beziehungsweise einer neuen Rhetorik in der Jurisprudenz ihren Ausdruck findet, verdanken sich ihrem Grunde nach dialektischen Argumentationsweisen, so daß man insoweit genauer und treffender von einer Dialektik in der Jurisprudenz sprechen kann (Perelman 1979, 7 f). Die argumentationstheoretischen Ansätze einer neuen Topik, Rhetorik und Dialektik in der Jurisprudenz haben somit, was häufig übersehen wird, eine gemeinsame Wurzel in der klassischen philosophischen Dialektik und Sprachphilosophie, die im heutigen Rechtsdenken bis auf Aristoteles zurückführt (Villey 1982, 266 ff; 270 ff). Ganz sicherlich ist durch die spezifische Eigenart einer topischen Argumentation, d. h. durch die Art und Weise der auf noch ältere Traditionen zurückgreifenden Begründung und normativen Rechtfertigung allen rechtlichen Redens und Handelns, wie sie von der Topik in der Jurisprudenz praktiziert wird, das konventionelle Selbstverständnis der Rechtsdogmatik und der von ihr gepflegten und praktizierten juristischen Logik in Frage gestellt und damit relativiert worden, weil hierdurch auf eine andere (wenn auch bloß ältere und im Sinne einer gesteigerten fachwissenschaftlichen Perfektionierung keineswegs bessere!) Möglichkeit des Selbstverständnisses von Jurisprudenz verwiesen wurde. Entsprechendes läßt sich auch von der Rhetorik in der Jurisprudenz sagen. Gleichwohl sind die bislang vorliegenden Untersuchungen juristischer Argumentationszusammenhänge sowohl in der ›neuen‹ Topik als auch in der ›neuen‹ Rhetorik beziehungsweise in der ›neuen‹ Dialektik im wesentlichen auf die Analyse rechtlicher Texte und der in der Rechtspraxis üblichen juristischen Sprachverwendungen beschränkt geblieben. Das gilt auch dort, wo sich diese argumentationstheoretischen Bemühungen — neueren sprachtheoretischen Auffassungen folgend — nicht bloß auf die rechtssprachlich fixierte, syntaktisch-semantische Ebene der Wortnormen des Rechts beziehen, sondern sich vor allem auf die situativ-pragmatische Dimension der rechtlichen Sprachverwendungen erstrecken (Schreckenberger 1978, 45 ff).

3.5.4. Was die Auslegung und Anwendung des geltenden Rechts, insbesondere die Rechtsgewinnung im Einzelfall betrifft, aber auch die in ihren Diensten stehende juristische Begriffs- und Systembildung anbelangt, so geht es der Topik in der Jurisprudenz hauptsächlich darum, in Anknüpfung an die einschlägigen rechtlichen Topoi juristischen Redens, Argumentierens und Begründens diesen zunächst bloß meinungsmäßig fixierten Prämissen rechtlichen Entscheidens normative Gesichtspunkte zu entnehmen, um sie bei den genannten Operationen in der praktischen juristischen Argumentation (Subsumtion, Ableitung, Folgerung) zu verwenden. Auf diese Art und Weise soll die Gewähr dafür geschaffen werden, daß die zu treffenden juristischen Entscheidungen und deren rechtliche Begründung infolge ihrer Übereinstimmung mit dem bereits eingelebten rechtlichen Gemeinsinn (sensus communis, common sense) oder mit angesehenen, durch juristische Autoritäten gestützten Meinungen — wenn sie schon nicht gerecht, geschweige denn wahr sind! — zumindest praktisch annehmbar gemacht werden. Dementsprechend ist auch die Rhetorik und Dialektik in der Jurisprudenz hauptsächlich darauf bedacht, in der praktischen juristischen Argumentation — unbeschadet der formallogischen Korrektheit ihrer jeweiligen Ableitungen — in Wiederanknüpfung an die tradierte juristische Logik vor allem die inhaltliche Richtigkeit und praktische Annehmbarkeit der von ihr präsentierten Gründe zu sichern, die zur Rechtfertigung der jeweiligen juristischen Entscheidung benannt werden. Im Hinblick auf diese Bemühungen zur Neubegründung der juristischen Logik, die hier als juristische Argumentations- und Methodenlehre aufgefaßt wird, wie sie von der prak-

tischen Rechtswissenschaft seit jeher gepflegt wurde (Perelman 1979, 7 f; 131 ff; 182 ff), stellt sich daher die Frage nach dem Verhältnis dieser Bestrebungen zur heutigen juristischen Methodenlehre einer normativen Interessen- und Wertungsjurisprudenz, die in Rechtspraxis und Praktischer Rechtswissenschaft vorherrschend ist. In welchem Sinne letztere als normativ zu charakterisieren ist — zumindest und jedenfalls in dem Sinne, daß die Interessen- und Wertungsjurisprudenz es mit den Normen des jeweils geltenden Rechts zu tun hat! —, kann hier nicht näher erörtert werden. Diese Fragestellungen sind gegenwärtig kaum erforscht.

3.5.5. Angesichts des Bedeutungswandels, den der Ausdruck ›juristische Logik‹ unter dem Einfluß der Entwicklung der formalen Logik, insbesondere der deontischen Logik beziehungsweise der Normenlogik, in den letzten Jahrzehnten erfahren hat, fragt es sich heute, ob es nicht inadäquat ist, diesen Ausdruck auch weiterhin zur Bezeichnung der juristischen Argumentationslehre beziehungsweise der juristischen Methodenlehre zu verwenden. Die Frage ist seit geraumer Zeit umstritten. Ihre Beantwortung hängt ab von der Abgrenzung, was noch und was nicht mehr zur Logik zu rechnen ist. Nach Auffassung von I. Tammelo sollen über die Verwendung des Wortes ›Logik‹ vor allem „diejenigen Gelehrten [entscheiden], die sich heute als Logiker bezeichnen und die auch von anderen Gelehrten gewöhnlich als Logiker betrachtet werden" (1971, 17). Die im Bereich des Rechts anzuwendende Logik ist danach in jedem Falle eine ›formale Disziplin‹, so daß die juristische Logik im Sinne von juristischer Argumentation — und Methodenlehre überhaupt — aus dem Bereich der Logik (im strengen Sinne) auszuscheiden wäre. Infolgedessen stellt für Tammelo die Topik beziehungsweise Rhetorik in der Jurisprudenz „keine besondere Art der Logik" dar, sondern „eine Disziplin, deren Hauptziel die Erstellung von Verfahren ist, durch die die inhaltliche Richtigkeit der in einer Argumentation zu verwendenden Gedanken sichergestellt werden kann" (1971, 125). Demgegenüber macht Perelman darauf aufmerksam, daß der im juristischen Sprachgebrauch seit jeher geläufige Ausdruck ›juristische Logik‹ dann, aber auch nur dann seinen Sinn verliert, wenn man Logik „ausschließlich als formale Logik" auffaßt. Es muß dann als abwegig wirken, „von juristischer Logik zu sprechen, genauso wie es lächerlich wäre, von einer biochemischen oder zoologischen Logik zu reden, wenn man von formallogischen Regeln in einer Abhandlung über Biochemie und Zoologie Gebrauch macht" (Perelman 1979, 7 f; 14). Das Wort und der Begriff 'juristische Logik', hier verstanden im Sinne einer neuen Topik und Rhetorik, dienen den Vertretern einer Theorie und Methodik der praktischen juristischen Argumentation jedoch nicht als Bezeichnung für den Aufbau einer bloß formalen, sondern einer vor allem materialen (inhaltlichen) „Argumentationstheorie, die auf das Recht anzuwenden ist und dazu führen kann, eine Wahl zu verantworten oder eine Entscheidung zu motivieren". Es erscheint deshalb durchaus angebracht und fruchtbringend, im Anschluß an den tradierten juristischen Sprachgebrauch hierfür auch künftig den Ausdruck 'juristische Logik' zu verwenden, da auf diese Weise das komplementäre Verhältnis von Logik und Rhetorik sowie deren Zusammenhang mit der praktischen juristischen Argumentation ihren sprachlichen Ausdruck finden. In dem Maße, in dem sich die logische Analyse der rechtssprachlich fixierten Normen auch pragmatischen Fragestellungen öffnet, dürften nicht nur deontische Logik beziehungsweise Normenlogik als juristische Logik *sensu stricto* das Rechtsdenken bestimmen, sondern auch die juristischen Argumentationslehren einer neuen Topik, Rhetorik und Dialektik im Rahmen der juristischen Methodenlehre als einer juristischen Logik *sensu largo* die ihnen gebührende Beachtung finden.

## 4.	Neue Hermeneutik der Deutung und des Verstehens von Rechtstexten

Wer die Möglichkeiten eines sprachanalytischen und sprachphilosophischen Zugangs zur Hermeneutik im Bereich des Rechts und der Jurisprudenz analysiert, tut gut daran, zwischen der alten juristischen Hermeneutik und der neuen philosophischen Hermeneutik zu unterscheiden (s. Art. 45). Es geht dabei nicht um die immer schon praktizierte Hermeneutik des Rechts, d. h. um die juristische Interpretation, die seit jeher im traditionellen Selbstverständnis der Juristen, gewöhnlich ohne zureichende kritische Reflexion auf die normativen und faktischen Prämissen ihres Umgangs mit Rechtstexten, ausgeübt wurde. Die klassische juristische Hermeneutik, die im Anschluß an die juristische Logik schon im

18. Jahrhundert (Eckhard 1750; Zachariae 1805) hauptsächlich als eine auf die rechtspraktischen Auslegungs- und Entscheidungsbedürfnisse zugeschnittene Argumentations- und Methodenlehre (hermeneutica iuris) betrieben, wenn nicht gar mit der juristischen Logik, hier verstanden als ›logique juridique herméneutique‹ (Kalinowski 1982, 278 ff; 286 f), identifiziert wurde, vermochte nicht, zu einer zufriedenstellenden sprachanalytischen und philosophischen Grundlegung des Rechts und der Jurisprudenz vorzudringen. Die herkömmliche ›alte‹ juristische Hermeneutik war und ist in ihrem Kern kaum mehr als eine recht unvollständige, auf einige wenige Probleme der juristischen Methodik (*canones*, Rangfolge der Auslegungskriterien usf.) beschränkte Auslegungslehre (J. B. M. Vranken 1978, 32 ff; 54 ff; 328 ff; Krawietz 1978; 1983, 363 ff; 377 ff). Auch dort, wo sich ihr Rechtsdenken auf die Begriffs- und Systembildung sowie auf die Rechtsanwendung bis hin zur fallweisen Rechtsgewinnung erstreckte, war die klassische juristische Hermeneutik kaum mehr als eine Kunst (τέχνη, ars) der Auslegung und Anwendung des Rechts, die eben damit die sprachphilosophische Tiefendimension des Rechts verfehlen mußte. Ein vertieftes Verstehen ermöglichte erst die philosophische Hermeneutik der 50er und der 60er Jahre des 20. Jahrhunderts, die einer Erneuerung der tradierten juristischen Hermeneutik den Weg bereitete, aber ihr zugleich auch den Boden entzog, auf dem sie sich angesiedelt hatte. Für die moderne Sprachphilosophie und die zeitgenössische Analytische Hermeneutik, die hieraus hervorgegangen ist, bleibt im Bereich der Rechtstheorie und Rechtsphilosophie noch viel zu tun.

4.1. Die Hermeneutik hat im Recht und in der Jurisprudenz eine Erneuerung vor allem durch Forschungen im Bereich einer Theorie der praktischen juristischen Argumentation erfahren. Sie richteten sich kritisch zunächst ganz allgemein auf die Methodik der Geisteswissenschaften und ihre Methodenlehren, um sodann auch die juristische Methodenlehre zu erfassen. Ihre Renaissance in Rechtspraxis und Jurisprudenz und folgeweise auch in der juristischen Argumentations- und Methodenlehre verdankt die Hermeneutik vor allem den tiefschürfenden vergleichenden Studien von Betti (1954, 78 ff) und Coing (1959, 6 ff; 13 ff; 18 ff), die auf der Grundlage einer allgemeinen Hermeneutik der Geisteswissenschaften, zu denen sie auch die Jurisprudenz zählten, einer Übernahme von Lehren der allgemeinen Hermeneutik (Auslegung, Applikation, Vorverständnis) in der Jurisprudenz den Weg geebnet haben. Jedoch machten beide Autoren auch von Anfang an deutlich, daß es sich um die Rezeption von Lehren handelte, die letztlich in der Philosophie ihren Ursprung haben, so daß ihrer Übertragbarkeit auf die Jurisprudenz wegen der Besonderheiten der praktischen juristischen Argumentation und der ihr zugehörigen juristischen Methodik zugleich auch deutliche Grenzen gezogen waren (Coing 1959, 23 ff). Diese Richtigstellung war durchaus nötig, weil Hans-Georg Gadamer in seinem erstmals 1960 veröffentlichten Werk *Wahrheit und Methode* in seinen Grundzügen einer philosophischen Hermeneutik — genau umgekehrt — die „exemplarische Bedeutung der juristischen Hermeneutik" für die Philosophie betonte (³1972, XXVII f; 307 ff; 481 f). Im übrigen führte er jedoch die philosophische Hermeneutik in ihrer Entwicklung seit dem 19. Jahrhundert auf Schleiermacher und Dilthey zurück, die eine hermeneutische Grundlegung der Geisteswissenschaften betrieben hatten. Die Frage, ob auch die Jurisprudenz — und mit ihr eine Theorie der praktischen juristischen Argumentation — von dieser Grundlagenkonzeption (Gadamer 1978, 257 ff; 265 f) zu profitieren vermag, steht freilich auf einem ganz anderen Blatt. Gegenwärtig kann insoweit jedenfalls nicht von einer hermeneutischen Jurisprudenz, sondern allenfalls von Hermeneutik in Recht und Jurisprudenz die Rede sein.

4.2. Überall dort, wo sich seit dem 19. Jahrhundert die juristische Argumentations- und Methodenlehre als Hermeneutik des Rechts entfaltete, wurde sie zunächst nahezu ausschließlich als juristische Kunstlehre (τέχνη, ars) verstanden. Dies schloß naturgemäß auch ein tiefergreifendes Verstehen des Rechts nicht aus, doch dominierte dabei ein bloß geisteswissenschaftlicher Zugang zum Recht. Auch die überkommene philosophische Hermeneutik, die der juristischen Methode durch ihre kritische Reflexion zu einem gesteigerten Bewußtsein verhelfen wollte, mochte und konnte sie zunächst nicht ändern oder gar erneuern, da ihr selbst eine sprachphilosophisch geläuterte sowie eine zureichende normen- und gesellschaftstheoretische Fundierung fehlte. Nicht von ungefähr bescheinigte Gadamer in *Wahrheit und Methode*, daß für ihn der „Methodenbegriff der modernen Wis-

senschaft" — und das heißt auch derjenige der Jurisprudenz! — „sein begrenztes Recht behält". Jedoch ging es ihm in seiner genuin philosophischen Hermeneutik darum, über diesen Methodenbegriff ›hinauszudenken‹, um „in prinzipieller Allgemeinheit zu denken, was *immer* geschieht". Dies bedeutete für ihn zugleich, mit Blick auf die Methodenlehre der Geisteswissenschaften, insbesondere der Jurisprudenz, „sichtbar zu machen", was diese Disziplinen „über ihr methodisches Selbstbewußtsein hinaus in Wahrheit sind und was sie mit dem Ganzen unserer Welterfahrung verbindet" (³1972, XXVIII f; 484 f). Anders als die juristische Hermeneutik will somit die philosophische Hermeneutik „nicht ein Können zum Regelbewußtsein erheben", sondern sie „reflektiert über dieses Können und über das Wissen, auf dem es beruht" (Gadamer 1971, 287 ff).

4.3. Die zeitgenössische juristische Hermeneutik teilt mit der philosophischen Hermeneutik — im Ergebnis durchaus in Übereinstimmung mit der heute in der dogmatischen Rechtswissenschaft vorherrschenden normativen Interessen- und Wertungsjurisprudenz — die Auffassung, daß der normative Sinn von Rechtsvorschriften (Rechtstexten) und demzufolge auch ihre Auslegung und Anwendung im Einzelfalle sich nur von ihrem jeweiligen Geltungsanspruch her erschließt. Die Geltung des Rechts wird hier verstanden in dem doppelten Sinne (1) einer entstehungszeitlichen und (2) einer anwendungszeitlichen Deutung der institutionell auf Dauer gestellten, mit Verbindlichkeitsanspruch auftretenden, normativen Verhaltenserwartungen. Jedoch schafft „jede Anwendung eines Gesetzes über das bloße Verstehen hinaus [...] eine neue Realität" (Gadamer 1978, 257 ff; 265 f). Infolgedessen besteht stets ein dialektisches Spannungsverhältnis zwischen der generell geltenden, kodifizierten oder auch bloß durch tatsächliche Übung in Rechtsüberzeugung ›gesetzten‹ und rechtssprachlich fixierten oder doch fixierbaren generell abstrakten Rechtsvorschrift und dem individuell-konkreten Fall. Es liegt daher auf der Hand, daß die „konkrete Fällung eines Urteils in einer Rechtsfrage keine theoretische Aussage ist, sondern ein ›Tun von Dingen mit Worten‹ (Gadamer 1978, 266) oder — rechtsrealistisch betrachtet und formuliert — eine praktische juristische Entscheidung des Inhalts, daß etwas Bestimmtes getan/unterlassen werden soll (Krawietz 1978, IX; 84 f; 240 f). Für die

Rechtspraxis und die praktische Rechtswissenschaft bedeutet dies — und auch insoweit stimmen juristische Hermeneutik, philosophische Hermeneutik sowie die Theorie der praktischen juristischen Argumentation, wie sie heute von der normativen Interessen- und Wertungsjurisprudenz vertreten wird, jedenfalls im Ergebnis überein! —, daß jede Anwendung von gesetzlichen Bestimmungen „den Sinn eines Gesetzes konkretisiert und fortbestimmt" (Gadamer 1978, 266). Rechtsrealistisch verstanden, ist in der Tat jede normative Sinndeutung einer Rechtsvorschrift und ihre sich anschließende Anwendung auf einen zu entscheidenden Fall nie ein bloß kognitiver Erkenntnisakt, sondern in erster Linie eine volitive, normative und evaluative praktische Entscheidungstätigkeit, die gewöhnlich von dementsprechenden primären und/oder sekundären Sprechakten begleitet und vermittelt wird. Da es den zu entscheidenden Rechtsfall bei Erlaß des Gesetzes noch nicht gab, leidet jede ihn normativ regulierende Rechtsvorschrift insofern notwendigerweise unter einem Prämissenmangel, der nur im Wege praktischen juristischen Entscheidens behoben werden kann. Auch wenn man konzediert, daß die tradierte juristische Hermeneutik sich in den letzten Jahrzehnten hauptsächlich auf der Grundlage der philosophischen Hermeneutik Gadamers entfaltet hat, kann man sich des Eindrucks nicht erwehren, daß seine ›neue‹ Hermeneutik — trotz aller von ihr an den Tag gelegten Ambitionen und Prätentionen — in ihrem Grunde im wesentlichen die ›alte‹ geblieben ist. Die gemeinsamen Wurzeln aller Hermeneutik liegen, wie Gadamer selbst zugesteht, einerseits in der Rhetorik, andererseits im geistigen ›Erbe der praktischen Philosophie‹. Die Nähe der Hermeneutik zur Rhetorik liegt für ihn in der sehr engen, inneren Beziehung, welche die ›kunstvolle Beherrschung‹ des Reden- und Verstehenkönnens schafft, das sich im schriftlichen Umgang mit und in dem Gebrauch von Texten erweist, das heißt „im Schreiben von ›Reden‹ und im Verstehen von Geschriebenem" (Gadamer 1978, 261). Es ist kein Zufall, daß er genau hier dem thematischen Zusammenhang von Praktischer Rechtswissenschaft, Praktischer Philosophie und Sprachphilosophie sehr nahe kommt, wenn auch nur, um ihn sogleich wieder zu verfehlen: „Hermeneutik läßt sich geradezu als die Kunst definieren, Gesagtes oder Geschriebenes erneut zum Sprechen zu bringen. Was das für eine Kunst ist, können wir von der Rhetorik

lernen". Jedenfalls ist es keine Kunst, die sich in einem normativen Rekonstruktivismus erschöpft.

4.4. Die Hermeneutik im Recht und in der Jurisprudenz hat es heute beim wissenschaftlichen Umgang mit Rechtssprache und Rechtstexten einerseits mit der Frage nach der Interdependenz zwischen juristischer Hermeneutik und philosophischer Hermeneutik zu tun, andererseits mit den nicht ganz einfachen logischen und epistemologischen Problemen, die sich im Bereich normativer Disziplinen, insbesondere der dogmatischen Rechtswissenschaft und der zugehörigen juristischen Argumentations- und Methodenlehre, ergeben. Ferner ist bei der Erforschung der Grundlagen des Rechts und der Rechtswissenschaft nicht nur die Frage nach der Wahrheitsfähigkeit und den Wahrheitskriterien rechtswissenschaftlicher Aussagen zu stellen. Es ist auch eine Untersuchung derjenigen Prozesse vonnöten, durch die mit Bezug auf das geltende Recht und seine Anwendung eine wahre Erkenntnis oder doch zumindest eine gewisse Annäherung an die Wahrheit erreicht werden kann. Ferner ist auch eine Auseinandersetzung mit den unterschiedlichen philosophischen Wahrheitskonzepten nicht länger zu umgehen, wenn der Wahrheitsanspruch im Bereich der Rechtswissenschaft nicht von vornherein auf einen bloß hermeneutisch-verstehenden juristischen Richtigkeitsanspruch der zu fällenden praktischen juristischen Entscheidungen zurückgenommen und unter Verzicht auf sich bietende weitere Erkenntnismöglichkeiten hierauf reduziert werden soll.

4.4.1. Es ist leider zu beklagen, daß die juristische Hermeneutik des Umgangs mit Rechtstexten sich in den letzten Jahrzehnten in einem zu starken Maße von der allgemeinen philosophischen Hermeneutik abhängig gemacht hat. Sie ist deshalb heute in Gefahr, wegen der von ihr mehr oder weniger kritiklos akzeptierten vagen Verstehensdoktrin die empirische Basis des Rechts und der Jurisprudenz zu ignorieren beziehungsweise ohne Not preiszugeben, ohne die eine Theorie der praktischen juristischen Argumentation gar nicht auszukommen vermag. Die unheilvolle Abhängigkeit der juristischen Hermeneutik wird deutlich in ihrer vermeintlichen ›Offenheit‹ gegenüber einem verwaschenen Begriff von ›Text‹, der letztlich die ganze Welt einschließlich des sogenannten *liber naturae* als Text zu erfassen und zu deuten sucht. Sie tritt auch zutage in dem mehr als unklaren Verhältnis von rechtssprachlichem Textverstehen und dem praktischen, mit Mitteln des Rechts gesteuerten Sozialverhalten, d. h. in dem Verhältnis von Rechtssprache und mit Rechtssprache gemeinter ›Sache‹, das auch durch einen bloßen Rekurs auf die ontologischen/deontologischen Implikationen des juristischen Argumentierens weder zureichend erfaßt noch theoretisch bewältigt werden kann.

4.4.2. Es darf ferner nicht länger dem bloßen Zufall oder persönlichen Vorlieben überlassen bleiben, welche rechtstheoretischen Teileinsichten und gedanklichen Errungenschaften in die Theorie der praktischen juristischen Argumentation integriert oder von ihr ignoriert werden. Auf diese Weise werden Erkenntnisfortschritte in der juristischen Argumentations- und Methodenlehre unnötig verzögert, wenn nicht sogar bis auf weiteres verhindert. Angesichts der gegenwärtig zu konstatierenden normentheoretischen Defizite, welche die Hermeneutik bis auf den heutigen Tag nicht zu beheben vermochte, muß man bei nüchterner Einschätzung zu dem Ergebnis gelangen, daß die in den letzten Jahrzehnten angestellten Versuche einer Rehabilitierung der Hermeneutik in Philosophie und Jurisprudenz bislang nicht gelungen sind. Ihr wird nicht nur bescheinigt, „hinter der Entwicklung der modernen Logik, Semantik, Linguistik" herzuhinken (Weinberger/Weinberger 1979, 189). Vielmehr werden die Möglichkeiten der Hermeneutik, der Jurisprudenz beziehungsweise den Juristen als Theorie der Verständigungs- und Deutungsprozesse sowie der Deutungsargumentationen zu dienen, durch Sprachphilosophie und Rechtstheorie eher skeptisch beurteilt.

4.5. Erst in jüngster Zeit haben die neueren Entwicklungen, die sich vor allem im Bereich Analytischer Jurisprudenz und Sprachphilosophie (von Wright 1992, 3 ff; 16 ff; 23 f) vollzogen haben, auch im Bereich der Hermeneutik des Rechts zu einer wirklichen Neuorientierung des Rechtsdenkens geführt. Sie wird dadurch geprägt, daß sich die zeitgenössischen Vertreter einer analytischen Vorgehensweise beim Aufbau einer Theorie der praktischen juristischen Argumentation zunehmend der modernen formalen Logik bedienen. Es geht dabei durchweg um Autoren, die selber durch eigene Forschungen maßgeblich zur Entwicklung einer Logik der Normen beigetragen haben, wie beispielsweise von Wright,

Bulygin oder Weinberger. Die wirklich neuen Denkanstöße, die seit Anfang der 50er Jahre im Recht und in der Rechtsanwendung sowie in der Jurisprudenz von logischen Analysen ausgingen, haben nicht nur, wie dargelegt, zu grundlegend gewandelten Auffassungen von Logik, insbesondere von juristischer Logik, geführt. Sie haben mit der Entwicklung einer deontischen Logik beziehungsweise der Normenlogik im Recht zu einer Neubegründung der Art und Weise juristischen Denkens, Argumentierens und Begründens beigetragen, die dazu nötigt, das Verhältnis zwischen der überkommenen juristischen/philosophischen Hermeneutik und der modernen Theorie praktischer juristischer Argumentation von ihren Grundlagen her neu zu überdenken.

4.5.1. Die am weitesten ausgearbeitete Version einer neuartigen Verbindung von Recht und Normenlogik, insbesondere Rechtslogik, mit dem Prozeß des Denkens und Verstehens, der im Umgang mit dem geltenden Recht — sei es im eigenen Rechtsdenken, sei es in der normativen Kommunikation und sozialen Interaktion — wirklich stattfindet, stammt von Ota Weinberger. Bei der logischen Analyse des am Recht orientierten Deutungs- und Verstehensprozesses stellt er ab auf das rechtssprachliche Erleben und Handeln. Letzteres wird von ihm als Informationsverarbeitungsprozeß verstanden, der einer rationalen Rekonstruktion bedarf. Die von ihm als 'analytische Hermeneutik' bezeichnete Konzeption behandelt die hermeneutische Verstehensproblematik in Recht und Jurisprudenz als Teil eines Informations- und Kommunikationsprozesses (Weinberger 1994, 191 ff; 215 f; 218). Nach ihr erfaßt die logische Normenbegründung zwar wichtige, aber nicht alle Teile der juristischen Normenbegründung. Für den Aufbau einer Theorie der praktischen juristischen Argumentation sind „sprachtheoretische, kommunikationstheoretische und hermeneutische Überlegungen von bestimmender Bedeutung". Für Weinberger erscheint es deshalb „verfehlt, die Rechtsdeutung als eine bloße Anwendung von Logik aufzufassen". Deshalb konzipiert er die von ihm propagierte ›analytische Hermeneutik‹ mit Bezug auf das Recht und die Jurisprudenz als eine „logische Analyse im pragmatischen Kontext". Sie operiert mit dem Ziel, den rechtlichen Prozeß des Verstehens und Deutens „rational zu rekonstruieren" (Weinberger/Weinberger 1979, 163 ff; 167). In der Tat enthält die praktische juristische Argumentation stets auch rhetorisch/dialektische Argumentationselemente, bei deren Verwendung es nicht allein um eine scharf beweisende Argumentation im normenlogischen Sinne geht, sondern eher um ein rhetorisch/dialektisches, aber deswegen nicht weniger rationales Begründen und Plausibelmachen (Weinberger 1989, 382; 396 f).

4.5.2. Neu ist an der Konzeption einer analytischen Hermeneutik im Recht und in der Jurisprudenz nicht bloß die moderne Logik der Normen, sondern der Umstand, daß die zeitgenössische analytische Jurisprudenz und die mit ihr verbundene Theorie der praktischen juristischen Argumentation heute zunehmend auf die moderne Sprachphilosophie selbst rekurriert, insbesondere auf die Spätphilosophie von Ludwig Wittgenstein (1889 – 1951) (s. Art. 39). Bekanntlich hat die pragmatische Wende der sprachanalytischen Philosophie in ihrer vom späten Wittgenstein bis hin zu von Wright führenden Entwicklung zu einer „analytisch orientierten hermeneutischen Philosophie" geführt (von Wright 1974, 160), der auch die zeitgenössische Hermeneutik des Rechts viel zu verdanken hat. So hat beispielsweise der finnische Rechtstheoretiker und Rechtsphilosoph A. Aarnio in Anlehnung an das Spätwerk Wittgensteins und an von Wrights ›analytical hemeneutics‹ in höchst eigenständiger Weise eine analytische Hermeneutik und Theorie des Rechts entwickelt. Sie dient auch seiner Theorie der praktischen juristischen Argumentation als Grundlage (Aarnio 1978 a, 108 f; 110 f; 1987, 67 ff; 213 ff; 231 f). Offensichtlich ist die Spätphilosophie Wittgensteins in ganz besonderem Maße geeignet, die an dem Verhältnis von Normsatz, Norm und Regel orientierten, rechtssprachlich fixierten Rechtsvorstellungen der modernen Normen- und Handlungstheorie anzuleiten, wenn es gilt, das Verhältnis von Regelsetzung und Regelbefolgung in seinem Sprachspielcharakter und in seiner Abhängigkeit von den sozialen Lebensformen zu verstehen (Krawietz 1986, 225 ff; 1991, 9 f; 12 ff).

5. Analytische Jurisprudenz und Sprechakttheorie im Rechtsdenken der Gegenwart

Ihren höchsten Wirkungsgrad entfaltet die moderne Sprachphilosophie und Normentheorie gegenwärtig vor allem dort, wo es

darum geht, den Zusammenhang zwischen Normen und Handeln zu klären. Es geht dabei nicht nur um eine Theorie und Philosophie der Normen, insbesondere des Rechts, sondern vor allem um den performativen Charakter dieser Rechtsnormen und der durch sie festgelegten Sprechakte. John L. Austin (1911–1960) hatte schon in den Jahren 1952–1954 in seinen in Oxford gehaltenen Vorlesungen unter dem Titel 'Words and Deeds' und in seinen 1955 in Harvard gehaltenen William James Lectures 'How to do things with words' dargelegt, daß und wie es möglich ist, Dinge mit Worten zu bewerkstelligen. Offensichtlich kann man auch in der Rechtspraxis ›Dinge mit Worten tun‹. Das geschieht beispielsweise dann, wenn man ein Schiff vor seinem Stapellauf mit den Worten 'Ich taufe Dich auf den Namen 'Königin der Meere'' auf eben diesen Namen tauft oder wenn man – die Kompetenz hierzu einmal vorausgesetzt – jemanden nach den Regeln des Beamtenrechts durch Aushändigung einer dementsprechenden Ernennungsurkunde mit den Worten 'Ich ernenne Sie zum Regierungsrat unter gleichzeitiger Berufung ins Beamtenverhältnis' eben hierdurch zum Beamten macht und zum Regierungsrat ernennt. Offensichtlich geraten hier deontische Logik und/oder Normenlogik an ihre Grenzen. Nicht eine Deontologie, sondern eine neue Ontologie der Normen und des Handelns beziehungsweise eine Sprechakttheorie sind hier gefragt (s. Art. 54). Auch wirft die sprachphilosophische Klärung dieser Vorgänge eine Vielzahl und Vielfalt von Fragen auf, die es nur zum Teil mit der Jurisprudenz, zu weiteren Teilen jedoch mit einer psychologischen und soziologischen Theorie des Rechts zu tun haben, weil es darum geht, die Normativität des Rechts und seine Wirkungen mit Blick auf das menschliche Erleben und Handeln zu deuten und zu verstehen. Es war lange ungeklärt, ob sich diese Aufgabe überhaupt mit Hilfe einer linguistischen Konzeption der Norm bewältigen läßt oder nicht vielmehr einer nicht-linguistischen Konzeption bedarf. Wie neueste Forschungen zur Ontologie und/ oder Deontologie des Rechts beweisen, kann – auch und gerade unter Zugrundelegung einer sprachanalytischen und sprachphilosophischen Theorie der Normenbegründung – die normative Kommunikation im Bereich des Rechts zureichend nur dann verstanden werden, wenn man sich eine nicht-linguistische Auffassung der Norm zu eigen macht. Diese Ansicht wird im Anschluß an Austin,

J. Searle (*Speech Acts: An Essay in the Philosophy of Language*, 1969) und H. L. A. Hart (*The Concept of Law*, 1961) vor allem von dem polnischen Normentheoretiker und Rechtsphilosophen K. Opałek vertreten.

5.1. In seinem 1986 veröffentlichten Hauptwerk *Theorie der Direktiven und der Normen* stellt Opałek seine Rechtstheorie in den größeren Zusammenhang einer umfassenden Theorie sozialer Normen, um beide einzubetten in den Zusammenhang einer Theorie der Direktiven. Letztere kennt — neben den eigentlichen Normen — auch andere Äußerungen, die mit ihnen im Hinblick auf Bedeutung und pragmatische Funktionen eng verwandt sind. Zu denken ist hier beispielsweise an Befehle, Bitten, Empfehlungen, Ratschläge, Warnungen, Wünsche u. a. m., die gleichfalls als verbale Instrumente der Beeinflussung des menschlichen Verhaltens fungieren. Sie ermöglichen deshalb Vergleiche mit der Funktionsweise der Rechtsnormen.

5.1.1. In Anknüpfung an die Philosophie der normalen Sprache (s. Art. 60), an die von Austin entwickelte Theorie der Performative (s. Art. 95) sowie an dessen (leider unvollendet gebliebene) allgemeine Theorie der Sprechakte stellt Opałek mit Bezug auf diejenigen Fachwissenschaften, die sich mit den Normen und ihrer laufenden Anwendung befassen, klar, daß wir es in diesen Disziplinen, insbesondere in Recht und Rechtswissenschaft, mit verschiedenen Arten der Auffassung der Norm zu tun haben. Es geht dabei um Varianten zweier prinzipiell gegensätzlicher Standpunkte. Während nach der einen Auffassung die Norm ein sprachliches Gebilde in der Form des Satzes im grammatischen Sinne darstellt, handelt es sich nach der anderen Auffassung stets um eine im wesentlichen nichtsprachliche Tatsache. In der Tat können Normen, insbesondere Rechtsnormen, einmal abgesehen davon, daß sie sich als sprachliche Äußerungen vom syntaktischen, semantischen und pragmatischen Standpunkt aus höchst unterschiedlich charakterisieren lassen, auch als Faktum mit ganz verschiedenartigen Tatsachen identifiziert werden. So hat es beispielsweise die Norm als Erlebnis mit einer psychischen Tatsache, die Norm als soziales Faktum, d. h. in ihrer Beziehung auf das Sozialverhalten, mit einer sozialen Tatsache zu tun. Mit seinen rechtsmethodologischen und rechtstheoretischen Forschungen hat Opałek nicht nur die grundsätzliche ›Op-

position der linguistischen und der nicht-linguistischen Konzeption der Norm‹ diagnostiziert. Er hat auch zur möglichen Überwindung des Dualismus in der rechtswissenschaftlichen Auffassung der Norm, insbesondere der Rechtsnorm, maßgebend beigetragen. Freilich dauern die rechtstheoretischen Auseinandersetzungen noch an. Sie sind, wenn nicht alles trügt, auch noch längst nicht abgeschlossen.

5.1.2. Im Hinblick auf den performativen Charakter der Normen, insbesondere der Rechtsnormen, kann man sagen, daß derjenige, der ›Dinge mit Worten tun‹ darf, selbst normativ in die soziale Wirklichkeit eingreift. Seine Tätigkeit ist, wie Opałek betont, nicht das Urteilen, daß die Sachen sich so und so verhalten, sondern ein Eingreifen in den Verlauf dieser Sachen. Dieses Eingreifen besteht seinem Wesen nach in einem Normieren. Die nicht-linguistische Konzeption der Norm, so wie er sie rekonstruiert, unterscheidet deshalb zwischen (1) dem Normierungsakt, (2) der Norm als dessen Produkt und (3) der normativen Aussage, die ein ›Ausdruck der Norm‹ ist. Dies bedeutet in der Perspektive seiner Normen-Ontologie/Deontologie, daß der Normierungsakt stets eine ›psycho-physische Handlung‹ ist, die — von irgend jemand erbracht — zu den ›performativen Akten vom Charakter der Dezisionsakte‹ gehört. Die Norm als das Normierte ist selbst ›keine Aussage‹, sondern — verstanden als ›Produkt des dezisionalen Normierungsaktes‹ — stets irgend jemandes ›Dezision‹. Dementsprechend ist allein die normative Aussage, in der ein Sprecher darauf hinweist, daß er selbst oder irgend jemand anderer durch seinen Normierungsakt vorher die Norm erzeugt hat, eine Art der performativen Aussage.

5.1.3. Ganz abgesehen von den Konsequenzen, die diese Konzeption der Norm, insbesondere der Rechtsnorm, für die Frage hat, ob es eine eigenständige Normenlogik gibt, überhaupt geben kann oder geben sollte, oder ob wir uns mit einer deontischen Logik, verstanden als ›Logik der normativen Aussagen‹, begnügen können und müssen, wird es Opałek mit Hilfe dieser Unterscheidungen möglich, der Tatsache Rechnung zu tragen, daß das Recht, rechtssprachlich gesehen, für den Juristen und für die Rechtswissenschaft gewöhnlich als Text ›gegeben‹ ist, aber gleichwohl nicht eine linguistische Auffassung der Norm einzunehmen. Vielmehr sucht er — seiner nicht-linguistischen Auffassung der Norm folgend — die Normativität des Rechts ganz im Sinne seiner Normenontologie in psychischer und sozialer Hinsicht, d. h. mit Blick auf das menschliche Erleben und Handeln, zu würdigen. Für ihn bedeutet, ›Dinge mit Worten tun‹ im Hinblick auf das Recht und seine Anwendung, daß stets ein Eingreifen in den Verlauf dieser Dinge, d. h. eine Dezision konkreter Personen in der realen Welt, eine Dezision über das Verhalten anderer Personen oder über eigenes Verhalten stattfindet. Dies wirft die — bis auf den heutigen Tag nicht zureichend behandelte — Frage auf, welche psychologische beziehungsweise soziologische Theorie des Rechts wir wählen müssen, um das rechtlich konstituierte Erleben und Handeln der Normadressaten sozialadäquat begreifen und beschreiben, deuten und erklären zu können. Auch fragt es sich, ob bei der ontologischen Begründung der Normentheorie von einer psychologischen Theorie des Rechts auszugehen ist oder einer soziologischen Theorie des Rechts der Vorrang gebührt.

5.2. Offensichtlich ist Opałek mit Hilfe seines Denkansatzes in der Lage, einerseits den Erfordernissen moderner Sprachphilosophie in Recht und Jurisprudenz zu genügen, andererseits jedoch den Gefahren zu begegnen, die allem Rechtsdenken von den Extrempositionen eines Psychologismus wie eines Behaviorismus drohen (Krawietz/Wróblewski (Hg.) 1993, XIV). Diese Gefahren bestehen bekanntlich, wie er mit Grund bemängelt, vor allem darin, daß man versucht, die logisch-linguistisch durchaus identifizierbare Normativität allen Rechts einzuebnen oder gar zu ignorieren, um sie zu bloßen Regularitäten psychischer Vorgänge (beispielsweise faktischer Erwartungen) oder zu — statistisch beobachtbaren — Regularitäten des Sozialverhaltens (beispielsweise beobachtbarer Körperbewegungen) zu verflüchtigen. Opałek selbst verficht demgegenüber eine Konzeption, nach der die Norm den ›nicht-linguistischen Charakter der Dezision‹ besitzt. Die Norm als Dezision kann erlassen werden, in Kraft sein und befolgt werden, und eben dies macht ihren nicht-linguistischen Charakter aus.

5.3. Im Zentrum der hier ansetzenden Rechtsforschungen steht somit die sprachphilosophische Frage, was es heißt, eine im Alltags-

leben institutionell auf Dauer gestellte Regel, insbesondere eine Rechtsregel, zu befolgen. In dieser Problemstellung treffen sich die von Opałek in seiner Theorie der Direktiven und Normen verfolgten Erkenntnisinteressen mit denjenigen, die heute in der Normentheorie im Anschluß an die Spätphilosophie von Wittgenstein sowie die Theorie und Soziologie des Rechts von Max Weber bis hin zu den diversen Arten und Formen eines Neuen Institutionalismus im Rechtsdenken der Gegenwart vertreten werden (Krawietz 1985, 706 ff). Es geht somit beim weiteren Aufbau einer Theorie der Normen, insbesondere des Rechts, nicht etwa um die Preisgabe der sprachanalytischen und sprachphilosophischen Methode, deren weitere Verfolgung — ganz im Gegenteil — für die Rechtstheorie unerläßlich erscheint, sondern um die Einlösung der Postulate, die sich aus der mit ihr verbundenen neuen Normenontologie ergeben. Opałek hat hier der modernen Rechtsforschung ganz neue Wege gewiesen. Man darf deshalb darauf gespannt sein, zu welchen Antworten die neue Theorie der Direktiven und Normen im Hinblick auf das — stets rechtssprachlich vermittelte — Rechtserleben und Rechtshandeln derjenigen gelangt, die am Alltagsgeschehen an der praktischen Rechtskommunikation beteiligt sind. Wie Rechtsnormen als Direktiven, die vermöge ihrer ›direktiven Bedeutung‹ das menschliche Verhalten, insbesondere das Rechtshandeln, zu beeinflussen vermögen, auf die menschlichen Verhaltensweisen einwirken, ist eine Frage, die — auch aus den Gründen seiner Normenontologie — jedenfalls nicht ohne Rekurs auf eine Theorie und Soziologie des Rechts behandelt werden kann (Krawietz 1991, 19 f; 25 f; 58 ff). Wie auch immer die Antworten hierauf letzten Endes ausfallen mögen, so ist doch eins nach den Darlegungen von Opałek schon jetzt gewiß: Die zeitgenössische Normen- und Rechtstheorie kann der Frage nach ihrer jeweiligen philosophischen Basis nicht entrinnen. Es gibt keine sprachphilosophisch indifferenten Positionen in der Rechtswissenschaft, schon gar nicht in der Rechtstheorie.

6. Literatur in Auswahl

Aarnio 1979, *Denkweisen der Rechtswissenschaft.*

Aarnio 1987, *The Rational as Reasonable. A Treatise on Legal Justification.*

Aarnio/Paulson/Weinberger/von Wright u. a. (Hg.) 1993, *Rechtsnorm und Rechtswirklichkeit.*

Alchourrón/Bulygin 1991, *Análisis lógico y Derecho.*

Ehrlich 1966, *Die Juristische Logik.*

Hart 1961, *The Concept of Law.*

Kalinowski 1965, *Introduction à la logique juridique.*

Klug 1951, *Juristische Logik.*

Krawietz 1967, *Das positive Recht und seine Funktion.*

Krawietz 1978, *Juristische Entscheidung und wissenschaftliche Erkenntnis.*

Krawietz 1984, *Recht als Regelsystem.*

Krawietz/Ott (Hg.) 1987, *Formalismus und Phänomenologie im Rechtsdenken der Gegenwart.*

Krawietz/von Wright (Hg.) 1992, *Öffentliche oder private Moral? Vom Geltungsgrunde und der Legitimität des Rechts.*

Krawietz/Wróblewski (Hg.) 1993, *Sprache, Performanz und Ontologie des Rechts.*

Krawietz/Pospišil/Steinbrich (Hg.) 1994, *Sprache, Symbole und Symbolverwendungen in Ethnologie, Kulturanthropologie, Religion und Recht.*

Krawietz/MacCormick/von Wright (Hg.) 1994, *Prescriptive Formality and Normative Rationality in Modern Legal Systems.*

MacCormick 1978, *Legal Reasoning and Legal Theory.*

Opałek 1986, *Theorie der Direktiven und der Normen.*

Perelman 1979, *Juristische Logik als Argumentationslehre.*

Viehweg 1953, *Topik und Jurisprudenz.*

von Wright 1963, *Norm and Action* (dt. 1979, *Norm und Handlung*).

von Wright 1977, *Handlung, Norm und Intention.*

von Wright 1988, *Wissenschaft und Vernunft.*

O. Weinberger ²1989, *Rechtslogik.*

Ch. Weinberger/O. Weinberger 1979, *Logik, Semantik, Hermeneutik.*

Werner Krawietz, Münster i. W.
(Deutschland)

103. Sprachphilosophie in der Theologie

1. Das Problem einer Sprache von Gott und zwei Antworten: Analogie (analogia) und Erschließung (disclosure)

Die Theologen haben sich seit jeher eingehend mit der Sprache befaßt. Dafür gibt es verschiedene Gründe. Zum einen ist das Christentum (auf das ich mich beschränke) die Religion eines Buches, nämlich der Bibel, was im Laufe der Zeit zu Interpretationsproblemen führte (Hermeneutik). Zum anderen ist die Welt religiös unterbestimmt, so daß ohne religiöse Sprache religiöse Erfahrung im Re-

gelfall unmöglich ist. Aber dann müssen der Status religiöser Sprache und ihr Erkenntnisanspruch näher untersucht werden. Hinzu kommt, daß der Glaube auch verkündigt und verteidigt (Rhetorik), besonders aber würdig gefeiert (Liturgik) werden mußte. Für all diese Problemkreise ist die Frage grundlegend, ob und wie man in menschlicher Sprache von Gott sprechen kann. Denn bereits die minimale Aussage 'Gott existiert' ist irreführend, wenn Gott, wie die Theologen behaupten, nicht von seiner Existenz unterschieden ist. So sagt etwa Thomas von Aquin (*In Libros Sent.* I, dist. 8 q I a 1 ad 3; vgl. *Summa Theol.* I 13 a 12), daß 'der ist' (qui est) der Zusammensetzung wegen Gott auf mangelhafte Weise (imperfekte) bezeichnet und daß alle anderen Ausdrücke (z. B. 'Gott ist weise') dies auf noch unvollkommenere Weise tun, weil sie zudem noch mit Geschöpflichkeit behaftet sind. — Wie immer daher Theologie näher bestimmt sein mag, sie hat es mit Gott zu tun, und der Prüfstein jeder Theologie ist, ob sie Gottes Transzendenz (sein Über-alles-hinaus-sein) mit seiner Immanenz (sein Zur-Welt-der-Erfahrung-gehören) zusammendenken kann. Dies führt unmittelbar zu einem

sprachphilosophischen Grundproblem: behalten Ausdrücke, auf Gott angewandt, ihre
uns vertraute weltliche Verwendung oder verlieren sie diese? Wenn es heißt, Gott habe zu
Moses gesprochen, so ist nicht gemeint, daß
Gott ein Sprechorgan hat, mit dem er Laut-
wellen produzierte, welche Moses' Ohren be-
rührten. Gott wird 'gut' genannt; aber darin
ist nicht mitgedacht — wie im Fall eines Menschen —, daß er auch nicht gut sein könne
oder daß er Verführungen ausgesetzt gewesen
sei, die er aber überwunden habe. Christen
nennen Gott ihren Vater, ohne damit behaupten zu wollen, Gott sei ein Mann oder er habe
uns mit einer Frau gezeugt. Offensichtlich
stehen Theologen und religiös Sprechende,
wollen sie von Gott sprechen, vor dem gleichen Dilemma: entweder behalten die auf
Gott angewandten Prädikate ihre uns vertraute Verwendung, aber dann sind sie für
Gott, der von allen anderen Gegenständen,
die seine Geschöpfe heißen, grundsätzlich verschieden ist, ungeeignet; oder unsere Ausdrücke werden Gott gerecht, aber dann wissen wir nicht mehr, was sie bedeuten. Es ist
das Dilemma von Anthropomorphismus und
Agnostizismus. — Die Tradition hat das in
diesem Dilemma steckende Problem schon
früh erkannt. In einer im Mittelalter üblichen
Terminologie geht es darum, einen Mittelweg
zu finden zwischen Univozität — ein Wort
behält in seinen verschiedenen Anwendungen
die gleiche Definition, z. B. 'Lebewesen' gegenüber Mensch und Tier (bei Aristoteles:
Synonymie) — und bloßer Äquivozität —
verschiedenen Situationen ist zwar das Wort,
der ›Name‹ gemeinsam, aber die zum Namen
jeweils gehörende Definition der Sache ist verschieden (bei Aristoteles: zufällige Homonymie) (s. Art. 4).

1.1. Die Analogie

Der bekannteste Lösungsvorschlag für den
Mittelweg war die Analogie. Daher könnte
man sie — oder auch Begriffe, die das gleiche
wie die Analogie leisten sollen — als das
Kernstück jeglicher Sprachphilosophie in der
Theologie betrachten. Da 'Analogie' separat
behandelt wird (s. Art. 85), soll hier der theologische Gebrauch der Analogie nur durch
ein Beispiel erläutert werden. Wenn wir Gott
unseren Vater nennen, kann damit gemeint
sein, daß Gott für uns ist, was ein Vater ist
für seine Kinder. In dieser Gestalt ist die
Analogie eine Ähnlichkeit zwischen Verhältnissen (Proportionalität): Wie sich a zu b verhält, so verhält sich — analog — c zu d. Es

kann aber auch gemeint sein, daß ein irdischer
Vater uns ein Bild, eine Abschattung oder
unvollkommene Realisierung ist von dem,
was Gott (für uns) ist. Gott, die Liebe
schlechthin, ist derjenige von dem her „alle
Vaterschaft [...] genannt wird" (*Eph.* 3, 15).
Hier hätten wir eine Benennung (oder Denominierung) ›von Einem her‹ (ab uno), der
beliebig viele ›zweite‹ haben kann. Dies ist die
Proportion oder Attributionsanalogie. Zwar
geschieht auch hier, wie immer, die Benennung semantisch-pragmatisch vom Geschöpf
her (denn nur so sind die Bedeutungen uns
vertraut), aber man ist sich bewußt, daß an
erster Stelle und im vollsten, uns nicht bekannten Sinne nur Gott Vater ist: rechtens
oder ontologisch geht, was wir mit 'Vater'
ausdrücken, von Gott auf die Geschöpfe über.
Thomas, für den die Analogie hauptsächlich
Proportion ist (die Proportionalität nennt er
gewöhnlich 'metaphorice'), beschreibt, was
hier gemeint ist, wo er sagt (*Summa c. Gent.*
I 31, nr. 280): „Sic igitur *sapiens* Deus dicitur
[...] quia, secundum quod sapientes sumus,
virtutem eius, qua sapientes nos facit, aliqua-
tenus imitamur" [So wird Gott weise genannt,
weil, insofern wir weise sind, wir seine Tugend, wodurch er uns weise macht, ein wenig
imitieren] — also doch eine Benennung von
Gott her. — Bei 'Gott ist unser Vater' liegt
also eine gemischte Analogie vor, wobei jedoch die Proportion die bedeutsamere ist, weil
sie die das Verhältnis von Gott zu uns (ab
uno) nachvollziehende Beziehung zu ihm (ad
unum) verkörpert. Dieser positive Weg (Gott
als Ursache, das Geschöpf als Teilhabe) führt
aber nur über einen negativen Weg in die
Richtung Gottes, der auf ›eminente‹ und für
uns unvorstellbare Weise Vater ist: „Ihr sollt
niemand unter euch auf Erden Vater nennen,
denn einer ist euer Vater, der im Himmel"
(*Mt.* 23, 8). Und so ist die Analogie ein Mittelweg zwischen Univozität und reiner Äquivozität; wo dem Wortlaut nach die gleichen
Prädikate auf Gott und Mensch angewandt
werden, handelt es sich um Anwendungen,
die teilweise verschieden (der himmlische Vater ist kein Mann) und teilweise dieselben (er
liebt uns, ohne ihn würden wir nicht existieren) sind — man könnte auch von 'verschiedenen Bedeutungen' sprechen, wenn man dies
nicht nur rein lexikalisch, sondern eher pragmatisch versteht, das heißt, wenn man danach
fragt, was wir mit Wörtern, gegeben ihre semantische Bedeutung, *tun* können. Es findet
hier eine Namensübertragung statt, ohne daß
jeweils nur eine Metapher vorläge. Denn bei

der eigentlichen Proportionalität (die wahrscheinlich nur durch die ›Mischung‹ mit einer Proportion eigentlich ist) und bei der Proportion durch ›innerliche‹ Benennung ist das Ausgesagte in seiner wesentlichen Form in allen ›Analogaten‹ (d. h. Gliedern der Beziehungen) vorhanden. Wenn Achilles metaphorisch 'ein Löwe' genannt wird, ist, was es ist, Löwe zu sein, nicht in ihm, sondern nur im Tier anwesend. 'Achilles ist ein Löwe' ist, buchstäblich genommen, falsch; daß Gott und bestimmte Menschen weise sind, ist buchstäblich wahr, und dies gilt von allen im Geschöpf vorhandenen ›reinen‹ Vollkommenheiten. Wenn die Perfektionen jedoch innerlich mit Beschränktheit, wie etwa Materialität, vermischt sind — die ›perfectiones mixtae‹ —, werden sie vom Geschöpf buchstäblich, von Gott aber metaphorisch gesagt. Ob Gott also buchstäblich, obwohl analog — Buchstäblichkeit ist nicht dasselbe wie Univozität —, unser Vater ist, hängt davon ab, ob man die Männlichkeit, also das Körperhafte, als wesentlich für 'Vater' betrachtet. Wenn man dies tut, wäre Gott nur metaphorisch unser Vater; was allerdings, wie wir eben gesehen haben, nicht sehr biblisch wäre (s. Art. 91).

Ein Vorteil dieser Lösung des Dilemmas von Anthropomorphismus und Agnostizismus ist, daß sie nicht ad hoc erfunden wurde. Denn Aristoteles (s. Art. 15) hatte die Proportionalität und die Proportion, ohne letztere 'Analogie' zu nennen, schon zur Gründung der Möglichkeit und Einheit seiner Metaphysik benützt: 'Sein' besagt etwas, das durch alle Kategorien hindurch proportionell das Gleiche ist, aber vom Sein der Substanz her benannt wird. Jedoch ist dieser Vorteil auch ein Nachteil. Denn durch ihre Verwobenheit mit der aristotelisch-thomistischen Philosophie ist die Analogie für viele etwas Altmodisches geworden. Dazu kommen noch der philosophisch kaum theoretisierbare Begriff 'Teilhabe' (Partizipation) und die für viele (u. a. Burrell 1979, 60; Sherry 1977, 163) zweifelhafte Annahme einer Ähnlichkeit zwischen Ursache und Wirkung. Und so entstand die Lage, die Eberhard Jüngel (1964, 6) als „eine eigenartige Interesselosigkeit für das Phänomen der Analogie" beschrieben hat. Ganz ›eigenartig‹ ist diese Haltung wiederum nicht. Aber es muß zugegeben werden, daß die Herausforderung durch das oben beschriebene Dilemma noch immer da ist und daß man, die Bibel oder die Praxis der Gläubigen betrachtend, kaum um die Analogie als Strategie herumkommt. Denn mit Recht hat Josef de Vries (1980, 34 f) bemerkt:

„So spürt man etwa, daß das Wort Jesu 'Niemand ist gut außer Gott allein' (*Mk.* 10, 18) eine tiefe Wahrheit aussagt, und trotzdem wird man auch weiterhin von ›guten Menschen‹ sprechen (wie auch Jesus selbst: *Mt.* 12, 35 ['Der gute Mensch holt aus dem guten Schatze Gutes hervor']). Der Sinn des Wortes 'gut' ist offenbar kein völlig verschiedener — sonst wäre die Aussage von Gott ohne jeden verständlichen Sinn; aber er ist auch nicht völlig gleich — sonst bestünde zwischen der Bejahung und Verneinung [des Prädikates 'gut' vom Menschen] ein formaler Widerspruch. Das ist gemeint, wenn das Wort 'seiend' bzw. 'gut' „analog" genannt wird".

Es fällt, wenn man die Heilige Schrift betrachtet, namentlich folgendes auf:
(a) Der positive Weg auf Gott hin beruht hier, wie bei Thomas, auf seiner Ursächlichkeit, nämlich auf Gott als Schöpfer. „Denn aus der Großartigkeit und Schönheit der Geschöpfe wird auf analoge Weise (ἀναλόγως) deren Schöpfer gesehen" (*Weisheit* 13, 5). Ja sogar „[s]ein unsichtbares Wesen, seine ewige Macht und Göttlichkeit sind seit Erschaffung der Welt mittels seiner Werke dem Intellekt sichtbar geworden" (*Römer* 1, 20). Es geht hier offensichtlich um ein ›Sehen‹ Gottes in seinen Wirkungen: Gott der sich ›zeigt‹, die Welt als Epiphanie, die Geschöpfe als Spuren Gottes. Stärker rational argumentierend ist die Anwendung der Analogie in der biblischen Regel des ›a minore ad maius‹, wie wir unter 2.2.3. noch sehen werden.
(b) Das der Analogie wesentliche Element der Negativität trat schon in den zitierten Texten über Gott als unseren Vater und als gut zutage. Es sei hier also zusätzlich nur auf eine Bibelstelle (*1. Cor.* 1, 20; 2, 6 f) hingewiesen, wo die Weisheit dieser Welt „Torheit für Gott" genannt wird; wieder das Element der Negativität, aber zugleich ein neuer Gedanke, der uns noch beschäftigen wird (vgl. 2.2.3.).
(c) Sogar die Idee der Partizipation ist in der Bibel enthalten. So werden nach einer anderen Stelle (*2. Petrus* 1, 4) die Gläubigen „an der göttlichen Natur Anteil erlangen", und es heißt für die Kinder Gottes, daß „noch nicht offenbar geworden ist, was wir sein werden. Wir wissen, daß wir, wenn es sich offenbart, ihm ähnlich sein werden, weil wir ihn schauen werden, so wie er ist" (*1. Joh.* 3, 2). — Übrigens, wenn Gott, so wie die Theologie gewöhnlich lehrt, die Gutheit, das Sein usw. ist, können diese Vollkommenheiten im Falle der Geschöpfe kaum anders denn als Partizipationen gesehen werden.

Die Praxis der Gläubigen weist bekanntlich die gleichen Züge wie die eben aufgezählten auf. Für viele rühmen die Himmel noch des Ewigen Ehre, obwohl dies seit Descartes schwieriger geworden ist (vgl. 2.3.2.), und der Schöpfer des Menschen kann für die (christlichen) Gläubigen nicht infrapersonal sein. Auch für sie bleibt Gott der grundsätzlich Andere (der negative Weg), wenn er uns auch in Christus näher gekommen ist. Der Partizipationsgedanke ist weniger ausgeprägt; er gelangte aber in die Theologie durch den Neuplatonismus, der typisch religiös motiviert war; und nach der Lehre der Mystiker sind wir in allem, was wir sind und tun, aufs tiefste mit Gott verbunden. Oder etwas einfacher: alles Gute kommt von Gott, und so kann z. B. die Treue eines Menschen dem religiös Lebenden ein Abbild von Gottes Treue sein. — Die vorläufige Bilanz scheint also zu sein, daß die Theologie oder die Philosophie der christlich-religiösen Sprache nicht auf die Analogie, so wie sie oben besonders als Proportion umschrieben wurde, verzichten kann. In diesem Geiste hat Anton Grabner-Haider (1978, 112) geschrieben: „Jedes religiöse Sprechen ist analog, insofern es Empirisches auf Metaempirisches bezieht bzw. dieses derart zu artikulieren versucht. Wir können in der Analogie eine *Grundstruktur der Glaubenssprache* sehen". Oder, wie es Hubertus Hubbeling (1987, 146) andeutet: ohne Analogie kein Theismus, d. h. kein Gott, der zugleich transzendent und immanent ist. Wenn man also die mit der Analogielehre verbundene Ontologie (Partizipation, Ähnlichkeit der Wirkungen mit der Ursache) vermeiden will, wäre es die Frage, ob die Idee und die Dynamik, aber nicht notwendig das Wort, der Analogie beibehalten werden könnten, und zwar unter Ausklammerung des ontologisch Problematischen und unter Herbeiführung einer moderneren Epistemologie. Letztere ist gefordert, weil in Abwesenheit der alten Ontologie gleichwohl Gründe dafür gegeben werden müssen, warum man Gott bestimmte Prädikate zuspricht und andere verneint. Es ist dies die Frage nach den Kriterien. Eine solche Alternative vorgestellt zu haben, und zwar in einer nicht scholastischen Sprache, scheint mir das Verdienst Ian T. Ramseys zu sein.

1.2. Erschließungssprache

1.2.1. Mit seiner ›disclosure‹ [Erschließungs]-Theorie der religiösen Sprache reagierte Ramsey (u. a. 1963) auf die Herausforderung der logischen Empiristen, Sätze, wenn sie nicht

analytisch sind, seien nur semantisch sinnvoll, wenn sie verifiziert oder falsifiziert werden können. Damit wären ›Sätze‹ der Metaphysik, Theologie oder religiösen Sprache sinnlos, denn die geforderte Verifikation oder Falsifikation sollte mittels sinnlicher Wahrnehmung stattfinden. 'Gott hat die Welt erschaffen', 'Gott liebt die Menschen', 'Es gibt ein ewiges Leben im Himmel' usw. entziehen sich solcher Prüfung, sind also nur scheinbar Behauptungen oder sogar Sätze: sie verstoßen gegen die Logik der Sprache. Ramseys Theorie war aber nicht nur als Reaktion auf diese Herausforderung gemeint. Sie sollte zugleich auch eine Antwort auf die seit Ludwig Wittgenstein (s. Art. 39) aktuelle Frage sein, welche Art von Sprachspiel das religiöse Sprechen ist. Ramseys Theorie (1963) läßt sich in der folgenden These zusammenfassen: religiöse Sprache ist eine Sprache, die in Erschließungssituationen verwurzelt ist und Erschließungen (disclosures) aufrufen will, sie ist evokativ-beschreibend. Dies geschieht gewöhnlich mittels qualifizierter Modelle. Deshalb ist sie vom Standpunkt der Wissenschaft — so wie diese gewöhnlich verstanden wird (aber im Grunde ist das Sehen von Korrelationen schon eine ›Erschließung‹) — oder vom Standpunkt des oberflächlichen täglichen Redens gesehen, eine eigentümliche Sprache, mit ihrer eigenen ›Logik‹, nämlich der ›Logik‹ des betreffenden Sprachspiels. Auf die in dieser These enthaltenen technischen Termini sei hier kurz eingegangen (für eine ausführlichere Darstellung vgl. De Pater 1971, wo man auch Ramsey belegt findet). So hatte (nach *2. Sam.* 12, 1 ff) David, der Urias töten ließ, um dessen Frau Bathseba zu nehmen, eine Erschließung, als Nathan eine Geschichte erzählte (ein reicher Mann mit großen Herden nahm das Lamm des Nachbars, um seine Gäste zu bewirten) und diese auf Davids Verhalten anwandte, oder technisch gesprochen, diese als Modell für die Tat Davids benützte. Das Verstehen dieser Geschichte setzte schon eine Erschließung voraus (oder besser: ist eine Erschließung; ebenso wie das Verstehen einer Metapher): 'Der Schuft', oder wie David sagte: 'Dieser Mann muß sterben'. Wäre er ganz abgestumpft gewesen, hätte er gesagt 'Na und? Der Mann hatte die Macht dazu'. Aber David hatte die, sei es auch endliche, d. h. nicht alles umfassende, Erschließung (finite disclosure) und Nathan benützte sie, um eine ›kosmische Erschließung‹ hervorzurufen: 'Du bist dieser Mann'. Seine ›logische‹ Übung hatte Erfolg (das war aber nicht garantiert): der Groschen fiel, und David fand zu sich selbst vor Gott; er hatte eine kosmische (unendliche) ›Self-disclosure‹. Eine Erschließung ist es, von etwas ›getroffen‹ zu werden, die tiefere Bedeutung zu sehen (wie das ›Zusammensehen‹ von Aristoteles). Sie ist das Durchstoßen zum ›mehr‹ am Beobachtbaren (Ramsey nennt z. B. eine moralische Situation, etwa eines ertrinkenden Kindes, ›observables and more‹). Ein Aha-Erlebnis wäre ein gutes Beispiel. Nun aber ist Religion in kosmischen Erschließungen verwurzelt und religiöse Sprache intendiert, diese auszudrücken und bei anderen hervorzurufen. Sie tut dies mittels ›qualifizierter Modelle‹ (qualified models). Der Terminus ›Modell‹ wird von Ramsey ziemlich lose verwendet; er meint mit ihm, daß eine uns vertraute Situation dazu gebraucht wird, um eine andere Situation zu erreichen, mit der wir nicht so vertraut sind. Die vertraute Situation wird zur Linse, mit der wir einen anderen Zusammenhang sehen. Das Modell gibt die Wegrichtung an, auf der ein Fall von ›disclosure‹ erreicht wird. Ihm wird dabei von einem ›qualifier‹ geholfen, einem Stimulus, um die Modell-Situation weiter zu entwickeln. Die Israeliten waren von Gottes Macht beeindruckt, als er die Ägypter beim Exodus ertränkte oder in Donner und Blitz anwesend war oder den Regenbogen auf das Firmament ausspannte. Aber als sie sagten ›Mächtig ist unser Gott‹, war ›mächtig‹ nur ein Modell, und der vollständige Ausdruck wäre ›allmächtig‹, wo ›all-‹ der ›qualifier‹ oder Funktor ist, eine Einladung, immer mehr Geschichten von immer größerer Macht zu erzählen: ›Weiter, weiter‹ (oder: ›Go on, go on‹). So soll der Ausdruck auch jetzt verstanden werden. Mit Macht sind wir schon vertraut, z. B. mit der Macht der Polizei, die einen Aufruhr niederschlägt: eine Situation, die ziemlich ›rein‹ (flatly) beschrieben werden kann. Aber dann sagt der ›qualifier‹ ›Suche Beispiele größerer Macht‹, und wir denken daran, daß die Feder mächtiger ist als das Schwert. Die Polizei aus Charles Dickens' Zeit ist vergessen worden, aber der Schriftsteller selbst nicht. Immerhin wäre Dickens noch mächtiger gewesen, wenn er ein moralisch musterhaftes Leben geführt hätte. Aber was ist denn die Macht der Ethik? Kant würde sagen, es sei die Pflicht: ›Pflicht aus Pflicht‹. Doch mächtiger als die Pflicht ist die Liebe, sicher die unerschöpfliche. Und so weiter, denn Geschichten über unerschöpfliche Liebe (seinen einzigen Sohn für andere dahingeben,

den Sündern immer vergeben, sich in der seligen Anschauung allen dahingeben) kommen nie zu einem Ende. Demnach wäre Gottes Macht, sei es auch nicht ausschließlich, eine Macht der Liebe, und die Struktur des Erschließungswortes ›allmächtig‹ die folgende:

all!(mächtig) → ↓ Gott

Das Ausrufezeichen deutet den Befehlscharakter des Funktors an, der horizontale Pfeil die Richtung, in der die Geschichten entwickelt werden. Aber um bei Gott anzukommen, muß ein logischer Abgrund überquert werden (deswegen der vertikale Pfeil): Der Geist intendiert Gott in der Verlängerungsachse der Bedeutung unsrer Wörter, über die er aber hinausgreifen muß. Es handelt sich also um die der thomasschen Analogie innere Dynamik, und — in unserem Beispiel — spezifischer um den dritten ›Weg‹, denjenigen des Übertreffens (via eminentiae). Ramsey (1963, 55 ff) in seinem eher analytischen Verfahren führt die drei Wege getrennt auf; man soll sie aber traditionsgemäß immer zusammen denken. Nach ihm dient der negative Weg dazu, Gottes Transzendenz zu betonen. So ist ›unveränderlich‹, auf Gott angewandt, eine Einladung, uns eine Situation des Ganz-Andersseins vorzustellen. Alles um uns herum ändert sich, aber der Glaubende stellt sich die Frage, ob denn wirklich alles ständig in Änderung ist: steckt doch nicht etwas Stabiles hinter den Erscheinungen? Vielleicht ist er gerade einem Freund begegnet, den er seit vierzig Jahren nicht mehr gesehen hatte. Wie hat der sich geändert! Früher ein gesunder Bursche, jetzt aber ist er ergraut, krank und lahm. Und doch ist er derselbe geblieben: das Fünkchen in seinen Augen, die Weise, wie er reagiert, usw. In einem Augenblick der Besinnung könnte der Gläubige diese Erfahrung auf die Natur mit ihren ständig wechselnden Jahreszeiten anwenden: Änderung kann doch nicht das letzte Wort sein? Und die Erfahrung mit dem Freunde könnte als ein Katalysator wirken, um in oder hinter der Natur ein es selbst bleibendes Wesen anzunehmen, dem man vertrauen kann. Obwohl die drei Wege immer zusammen begangen werden müssen, sind bestimmte Wörter charakteristischer für den einen oder den anderen Weg. ›Unveränderlich‹ ist es für den negativen Weg, ›Ursache‹, so wie bei Thomas entwickelt, ist es für den positiven Weg. Das ist es, was Ramsey meint. Aber in seiner Theorie sind bei jeder sprachlichen Evokation einer kosmischen Erschließung die drei Elemente anwesend: der horizontale Pfeil deutet den positiven Weg an, der vertikale den negativen, und der ›qualifier‹, der nicht immer ausgedrückt zu werden braucht, sondern mit dem Kontext gegeben sein kann, zielt auf das Übertreffen.

1.2.2. Daß es sich bei Ramsey tatsächlich um die Analogie handelt, ergibt sich aus dem von ihm seit (1964) gemachten Unterschied zwischen Maßstab-Modellen und ›disclosure‹-Modellen, wobei er auf Max Black (1962) verweist, der aber von 'scale models' bzw. 'analogue models' spricht. Ein Maßstab-Modell ist die genaue Wiedergabe eines Originals; es wurde nur der Maßstab geändert, wie bei einer Modelleisenbahn. Ein ›disclosure‹-Modell aber ist viel abstrakter: es reproduziert nur eine Struktur, oder bestimmte Eigenschaften des Originals, wie etwa ein hydrodynamisches Modell für wirtschaftliche Entwicklungen. In der religiösen Sprache geht es nach Ramsey um ›disclosure‹-Modelle. Auf meine Frage, warum er nicht die Terminologie Blacks beibehalten habe, antwortete Ramsey, daß er die gewöhnlich mit der Analogie verbundene Ontologie vermeiden wolle, aber sonst dasselbe wie Thomas meine: die in der Geschöpflichkeit gegebene Dynamik auf Gott hin. War diese bei Thomas eher verhüllt, bei Ramsey mit seinen ›disclosure stories‹ (wie diejenigen von 'allmächtig') wird sie ganz augenfällig. Zugleich wird deutlich, daß die so verstandene Attributionsanalogie, auch wenn sie nicht immer so genannt wird, Wurzeln hat, die bis auf Platon (s. Art. 14) zurückgehen. In dessen Technik, Sokrates zur Idee des ›Schönen an sich‹ zu führen, tritt zutage, worum es bei dieser Analogie wirklich geht. So sagt er (*Symp.* 210 A ff), daß jemand, der eine Ahnung des wirklich Schönen, des Schönen selbst, haben wolle, einmal mit der Betrachtung körperlicher Schönheit anfangen solle; sie fungiert als Modell. Schaue also zuerst die Schönheit *eines* Leibes an; du sollst ihn lieben und mit schönen Reden befruchten. Mit letzterem ist wahrscheinlich gemeint, was Ramsey die zweite Funktion der qualifizierten Modelle nannte. Ist ihre erste Funktion, auf ›disclosures‹ hinzuführen (hier: den Leib lieben), dann ist die zweite die, eine sprachliche Hilfe zu sein, um das in der Erschließung Gesehene artikulieren zu können. Denn dafür benützt man am besten, was zur ›disclosure‹ führte. Aber — so fährt Platon fort — man solle innewerden, daß die Schönheit eines Leibes derjenigen in jedem anderen verschwistert sei, solle also die Schönheit in allen Leibern liebhaben. Darüber hinaus müsse man die

Schönheit in den Seelen für weit herrlicher halten als die in den Leibern. Dann schaue man das Schöne in den Bestrebungen und in den Sitten an, um auch von diesem zu sehen, daß es überall untereinander verwandt sei. Alsdann fasse man die Schönheit der Erkenntnisse ins Auge ('Go on, go on!'), bis hin zur schönsten Weisheit. Wer aber bis hierher in der Liebe erzogen sei, das mancherlei Schöne in solcher Ordnung und richtig schauend, der werde, indem er nun der Vollendung in der Liebeskunst entgegengehe, plötzlich ein von Natur wunderbar Schönes erblicken, nämlich dasjenige selbst, um dessentwillen er alle bisherigen Anstrengungen gemacht habe, welches immer sei und nicht entstehe oder vergehe, weder wachse noch schwinde, das nicht mit Häßlichem Vermischte, das an und in und für sich selbst ewig überall dasselbe Seiende, woran alles andere Schöne auf irgendeine Weise Anteil habe: das göttliche Schöne. — So weit Platon. Liebe als Weg zu Gott, der die Liebe ist: die christlichen Mystiker haben diesen Aufstieg kaum besser beschrieben. Nur standen sie, durch den Neuplatonismus Plotins gegangen, der körperlichen Liebe etwas reservierter gegenüber.

In Übereinstimmung mit seiner Auffassung bezüglich der doppelten Funktion der ›qualified models‹, hat Ramsey den sogenannten Gottesbeweisen zwei Aufgaben zugesprochen: sie sind Techniken, um Erschließungen von Gott (als Seiendem, bewirkendem Prinzip, Vollkommenheit usw.) aufzurufen, und dann linguistische Hilfsmittel, um etwas über Gott stammeln zu können. Parallel dazu kennt man in der Theologie einen hinführenden Teil (früher die Apologetik, jetzt die Fundamentaltheologie) und die systematische Theologie. Ob die Hinführung gelingt und ob die Artikulation (z. B. die ›Glaubensartikel‹) verstanden wird, ist nicht sicher: das Gegenteil zu behaupten wäre nach Ramsey semantische Magie. Aber die Frage liegt nahe, was man von der Beweiskraft der Gottesbeweise denken soll. Ramsey hielt nicht viel davon. Ihm ging es nicht darum, eine Ontologie mit Gott an der Spitze aufzubauen, sondern, genauso wie in der einen Fundamentalismus vermeidenden Wissenschaftsphilosophie, um die Prüfung bereits aufgestellter Sätze. Er geht von der bereits gesprochenen religiösen Sprache (derjenigen des Christentums) aus, um diese zuerst verständlich zu machen und sie dann — als bestünde sie aus Hypothesen — auf ihre Rationalität zu prüfen. Oder wie unter 1.1. bemerkt: wenn man die gewöhnlich

mit der Analogie verbundene Ontologie ablehnt, sollte man mit anderen weniger deduktiven Kriterien kommen. Ein erstes Kriterium
war für Ramsey, daß man, von Gott redend,
so viele Modelle wie nur möglich benützen
solle, damit sie einander abschleifen und ihre
Einseitigkeiten korrigieren (das Kriterium des
›multi-model discourse‹). Die konkreteren
Modelle (Gott als Regenschenker, Töpfer
oder Gärtner) sind schon wichtig, nicht nur,
weil das eine Modell etwas ausdrückt, was
das andere nicht enthält, sondern auch, weil
sie je mit besonderen Theophanien in Verbindung stehen; denn viele Wege führen zu Gott.
Aber ihre Spezifität sollte uns nicht verhüllen,
daß Gott der Herr des Universums ist; er ist
kein Regengott (vgl. Schmitz 1980, 173 ff).
Zudem müssen die Modelle miteinander konsistent sein, d. h., sie dürfen einander nicht
widersprechen. Nun liegt bei Modellen aber
nicht so leicht ein Widerspruch vor: der christliche Gott kann sowohl ein Hirt als auch eine
Burg sein; aber immerhin als die Liebe
schlechthin kein Folterer. Wenn man eine
Hölle annimmt, wird diese gewöhnlich als
eine Art von Selbstvollzug, d. h. als die Aus-
wirkung eines bösen Lebens gesehen. Religiöse Rede soll auch mit dem, was wir sonst
von der Welt wissen, vereinbar sein (Kohärenz). Das wichtigste Kriterium aber, weil die
Wahrheit als Korrespondenz betreffend, ist
dasjenige der empirischen Tauglichkeit (empirical fit). Religiöse Sprache entzieht sich
wissenschaftlicher Verifikation; das heißt aber
nicht, daß nichts über ihre Zuverlässigkeit
gesagt werden könnte. Diese nimmt nämlich
zu, wenn der Umfang des durch die religiöse
Sprache Erklärten größer wird. War es Gott
oder nur der Ostwind, der Israel durch das
Rote Meer geführt hat? Dies läßt sich isoliert
nicht entscheiden: man muß sehen, ob die
religiöse Interpretation besser auf die ganze
Geschichte dieses Volkes paßt. Der Gläubige
und der Theologe sind wie Detektive, die
überprüfen, welche Theorie die meisten Tatsachen erklärt. Und wenn Gott ein geheim-
nisvolles Wesen ist, wird die Theorie auch
dem Mysterium einen Platz einräumen müssen. Damit wird Gott noch keine Hypothese:
für den Gläubigen ist Gottes Existenz sicher,
nur die Artikulation des ›Gesehenen‹ ist ten-
tativ. Denn in der ›disclosure‹ hat sich ihm
etwas Objektives offenbart; die Rechtfertigung durch die Kriterien ist eher eine nachträgliche Rationalisierung. Es sei mit dem
Glauben wie mit der Liebe, sagte Ramsey mir
einmal: ›We fall in love, we don't scheme

ourselves into love‹. Wahrscheinlich weil die
fundierende Rolle der Ontologie bei ihm aus-
gefallen ist, hat Ramsey sich nicht für den
Unterschied zwischen Analogie und Metapher interessiert (s. Art. 85, 4.1.). Immerhin
betont er, daß Wörter wie 'Person' und 'Aktivität' (oder auch 'Liebe', 'Leben' und
'Macht') mehr für Gott geeignet sind, also
einen zentraleren Stellenwert haben als etwa
'Richter' oder 'Burg'; der Grund dafür ist,
daß jene eine höhere Integrationskraft in der
Artikulation der christlichen und biblischen
Weltansicht besitzen, ohne aber direkt in eine
Metaphysik des absoluten Seins zu führen.
Für Ramsey (1961) ist Ontologie überhaupt
nur ein Hilfsschema für die Organisation (Beleuchtung, Integration) alltäglicher und wissenschaftlicher Sprache. Demnach integriert
das Wort 'Gott' alles, was in ›disclosures‹
bezüglich dieser Welt enthüllt wird, so wie
'ich' das tut in bezug auf das, was von mir
gesagt wird (ich bin mit dem Beobachtbaren
verbunden, transzendiere es aber zugleich):
das ist die Weise wie 'Gott' in der religiösen
Sprache funktioniert (vgl. 2.3.1.). — Ramseys
Antwort auf die empiristische Herausforderung war nur eine der möglichen und faktisch
eingenommenen Positionen. Es sei für diese
auf Flew/MacIntyre (1963; vgl. De Pater
1988, 49 ff; Santoni 1968) verwiesen. Ich er-
wähne hier nur die Position von Richard
Hare, dem zufolge das, was der religiös sprechende Gläubige ausdrücke, seine Art die
Welt zu sehen sei (ein ›blik‹). Jeder hat eine
Weltsicht, auch der Wissenschaftler, der nämlich davon ausgeht, daß unsere Welt eine regelmäßig geordnete Welt ist. Diese Sicht läßt
sich nicht verifizieren oder falsifizieren, sie ist
vielmehr Voraussetzung für solche Prüfungen,
aber sie hat zur Konsequenz, daß die Welt
des Gläubigen eine andere als diejenige des
Ungläubigen ist. Diese Position ist, im Gegensatz zu derjenigen Ramseys, reduktionistisch. Denn der Gläubige behauptet nichts
mehr, wenn er etwa sagt, daß Gott die Menschen liebt. Aber andererseits komplettiert sie
Ramseys Stellungnahme. Es geht hier nicht
darum, die vielen Verdienste von Ramseys
Theorie abzustreiten. Sie hat unter anderem
den Vorteil, daß Gläubige sich in ihr wiedererkennen (interne Verifikation): 'So etwas
meinen wir, wenn wir Gott gut oder unseren
Vater nennen'. Die in der Analogielehre implizierte Dynamik vom Geschöpf auf Gott
hin tritt bei Ramsey klar zutage, wobei auch
er Gottes Transzendenz wahrt (der horizontale Pfeil diente der ersten, der vertikale der

zweiten Funktion). Indem er die ›disclosure‹, und somit die Sprachbenutzer, zum Zentralpunkt seiner Analyse machte, hat Ramsey die pragmatische Dimension dessen, was mit 'Analogie' gemeint ist, hervorgehoben. Aber er hat das eher programmatisch getan. Zwar hat er auch auf die existenzielle Bedeutung der religiösen Sprache hingewiesen, insofern nach ihm eine kosmische ›disclosure‹ nicht nur ein eigenartiges Sehen (odd discernment), sondern auch (und danach) eine totale Hingabe ist (total commitment). Aber diese Hingabe hat er nicht weiter beschrieben, und auf die Frage, ob eine gewisse Hingabe (in Form einer Einstellung oder Rezeptivität) nicht bereits vor dem ›eigenartigen Sehen‹ vorausgesetzt ist, ist er nicht eingegangen. Hier bedeutet Hare mit seiner ›blik‹-Theorie schon eine wichtige Ergänzung. Aber es bleiben bei Ramsey auch noch andere Fragen offen, z. B.: 'Wie kamen bestimmte Leute dazu, Jesus 'den Herrn' zu nennen?', oder 'Wie steht es mit ihren Bewertungen, wenn Gläubige den Gekreuzigten jetzt noch als König betrachten? Was kann hier mit 'König' gemeint sein?' Die seit etwa 1970 gängige ›narrative Theologie‹ hat versucht, auf solche Fragen eingehend, die pragmatische Dimension der religiösen Sprache weiter auszuarbeiten.

2.   Narrative Theologie und ihre Konsequenzen

2.1. Gestalten der narrativen Theologie. Narrativität und Handeln

In gewissem Sinne ist Ramseys Philosophie schon narrativ, weil er für seine Darstellungen ›stories‹ verwendet. Aber in der narrativen Theologie geht es gewöhnlich um mehr. Wenn wir davon ausgehen, daß die von Gott sprechende Theologie eine Verbindung zwischen den christlichen Texten (Bibel — ihr jüdischer Charakter wird hier nicht verneint — und Tradition) und menschlicher Erfahrung (besonders von Christen heute) herstellen soll, dann gibt es drei Hinsichten, in welchen sie narrativ sein kann: die Texte und/oder die menschliche Erfahrung und/oder ihre Verbindung, d. h. die Theologie, werden narrativ aufgefaßt. Letzteres kann bedeuten, daß diese sich für ihre Darlegungen der literarischen Form von Erzählungen bedient — vgl. Ramsey, aber auch die autobiographischen Theologien von Aurelius Augustinus (s. Art. 16) und Theresia von Avila — und/oder daß die von ihr benützten Geschichten Hilfsmittel zur Auffindung von Gegebenheiten bezüglich des Menschen und der Welt sind (Narratologie als Suchmethode). Der Vielschichtigkeit der narrativen Theologie wegen kann 'Geschichte' oder 'story' vieles bedeuten: eine Erzählung, jemandes Lebensgeschichte, die in einer Kultur wirksame Literatur (weil sie die Identität einer Person mitbestimmt; vgl. IJsseling 1987 b, 14 f), Gottes Handeln mit den Menschen usw. Ebenso gibt es viele Arten der Motivation, narrativ vorzugehen: man kann dies zum Beispiel aus pädagogischen, anthropologischen, kulturellen, rhetorischen oder liturgischen Gründen tun. Religiös gesprochen ist die Erzählung die Urform des Bekennens. Eine pastorale Motivation ist, daß Erzählungen zur Aktion anregen. Eine Theorie kann jemanden kalt lassen, bei einer (guten) ›story‹ muß man Partei ergreifen. So etwa in bezug auf eine neue Einkommensverteilung: die Geschichte der frühen Christenheit oder diejenige des Jubeljahres bei den Israeliten macht nicht nur die Idee einer solchen Verteilung glaubwürdig, sondern nötigt auch zu einer Wahl. In diesem sozial-kritischen Kontext spricht man seit Johann Baptist Metz wohl von einer ›gefährlichen Erinnerung‹. Solche Geschichten werden nicht freibleibend erzählt, sie sollen uns ändern. Wenn zum Beispiel die Befreiungstheologie die Geschichte des Exodus auf die heutige Situation überträgt, entdecke ich zu meiner Bestürzung, daß ich (strukturell?) mehr auf der Seite des Pharaos als auf derjenigen von Gottes Volk stehe (Brown 1975, 170 f). Die Bibel dient dem Christen zur Identitätsfindung (Stroup 1984, 252), und das kann beunruhigen. Aber zugleich eröffnen ihre Geschichten eine Zukunft; die Hoffnung ist auf eine ›memoria‹ gegründet und ermöglicht das Durchhalten in schwierigen Zeiten. Der christliche Gläubige weiß, daß die Geschichte Jesu nicht endet, bis auch er auferstanden und das Reich Gottes gegründet worden ist. Er sieht die Dinge anders als die Nicht-Glaubenden; seine Welt ist eine andere, seiner ›stories‹ wegen. Aber seine Sehweise ist nicht selbstverständlich; deswegen muß sie, eben durch wiederholte Lesung der Geschichten, eingeschärft werden. Es geht also wie bei Analogie und Metapher wieder um ein (Zusammen-)Sehen, um eine heuristische Strategie; aber das Eigene der narrativen Theologie ist, daß sie uns besonders in Wertbereichen orientiert. Zudem betont sie, mehr als Ramsey es getan hat, die prinzipielle Verbundenheit des religiösen Sprechens mit dem Handeln. Bereits in diesem Sinne ist die narrative Theologie eine Bereicherung für die semiotisch verstandene Pragmatik der religiösen Sprache. Einige weitere Konsequenzen seien jetzt aufgeführt.

2.2. Sprachphilosophische Konsequenzen

2.2.1. Die Abgrenzung von religiöser und theologischer Rede

Bestimmte Probleme werden durch die narrative Theologie statt gelöst nur schärfer gestellt. So etwa das Verhältnis zwischen Theologie und Ideologie, oder auch das Verhältnis von Narrativität und Argumentation: Herman Parret (1987) hat auch bei letzterer eine narrative Struktur nachgewiesen. Hat Narrativität also noch ein Gegenteil? Das gleiche Problem stellt sich übrigens auch für die ›disclosure‹. Wo hört denn Theologie auf und fängt Religion an? Oder mehr spezifisch: Wie grenzt man religiöse gegen theologische Sprache ab? Ihr Unterschied scheint durch die narrative Theologie eher verwischt zu werden. Aber zugleich zeigt sie, indem sie die Aufmerksamkeit auf die pragmatische Dimension lenkt, wo der Unterschied zu suchen ist, nämlich in der Situation der religiös beziehungsweise theologisch Redenden. Man hat die Eigenheit der religiösen Sprache (oder besser: Rede, ›discourse‹) linguistisch oder sprachphilosophisch nachzuweisen versucht. 'Vergeblich', sagt Ingolf Dalferth (1981, 282), denn die Religiosität der religiösen Sprache kommt von der Religion und muß daher religionstheoretisch bestimmt werden. Tatsächlich wird man nicht nur keine syntaktischen, sondern auch keine semantischen, immer anwesenden Merkmale aufweisen können: 'Es regnet!' könnte schon eine religiöse Äußerung sein, z. B. von Dankbarkeit, wenn man um Regen gebetet hat. Es geht auch nicht, die religiöse Rede als Objektsprache dem theologischen Diskurs als Metasprache gegenüberzustellen. So wird jemand Christ, indem er dem Glaubensbekenntnis beipflichtet, was ein religiöser, aber zugleich metasprachlicher Sprechakt ist. Und Theologie geht nicht nur über Texte, sondern auch über Erlösung, Politik, Tugend usw. Seiner Einfachheit wegen hat der Vorschlag David Burrells (1979, 59) einen gewissen Reiz. Ihm folgend wären (1) 'O Gerechter, hilf mir' religiöser Sprachgebrauch, weil Gott angesprochen wird, (2) 'Gott ist gerecht' ein Glaubensbekenntnis, nämlich Äußerung einer Überzeugung, und (3) 'Wenn Gott gerecht ist, warum gibt es dann Böses?' Theologie, denn hier wird reflektierend weitergefragt. Die zweite Klasse wird gewöhnlich als die philosophisch interessantere angesehen; sie bildet die Brücke zwischen (1) und (3). Dies mag sein. Aber wie steht es mit der Kognitivität der religiösen Sprache? War der Streit gegen die logischen Empiristen, die ihren beschreibenden Charakter verneinten, vergebens? Und war das Glaubensbekenntnis wenigstens ursprünglich (und teilweise auch jetzt wieder, vgl. Krüger 1973) nicht ein spontaner religiöser Sprechakt: 'Jesus, der Herr!'? Und die der Theologie zugeschriebene Frage, wird sie nicht von jedem Gläubigen gestellt? Man kann es dann noch mit ›Wissenschaftlichkeit‹ versuchen: Theologie, nicht die religiöse Sprache, wäre wissenschaftlich. Aber was das ist, weiß seit Paul Karl Feyerabend (u. a. 1975) keiner mehr zu sagen, und was soll man mit Karl Rahners Büchlein *Theologische Gebete*? Und wenn man sagt, es sei der Theologie eigen zu argumentieren, macht man die Gläubigen wieder dumm. Auch sie argumentieren: 'Ich habe gesündigt, also verdiene ich Strafe. Gott aber ist gnädig, also habe ich noch Hoffnung'. Es gibt klare Fälle des Unterschiedes, zum Beispiel wo die Theologie zugunsten einer Grammatik des christologischen Sprechens die Begriffe 'Person' und 'Natur' ausgearbeitet hat (für andere Fälle vgl. Schmitz 1980, 161). Und eine Predigt ist nicht theologische, sondern religiöse Rede, weil sie ein wichtiger Teil des Gottesdienstes ist. Es ist ein Verdienst der narrativen Theologie, auf diese Lösung, nämlich von der religiösen Situation her, hingewiesen zu haben. Wenn die Religiosität der religiösen Sprache von der Religion her kommt, bedeutet dies nicht, daß man ›nur‹ eine Definition von 'Religion' zu geben hätte, um von da aus bestimmte Züge an der religiösen Sprache zu notieren. Gewisse Situationen lassen sich von einer solchen Definition aus als religiös bezeichnen — dies zu tun, ist nicht die Absicht dieses Aufsatzes — und diese könnten der in ihnen verwurzelten Rede ihre Religiosität verleihen. Eine Definition der theologischen Sprache würde andererseits, der Vielförmigkeit der Theologie wegen, derart viele Disjunktionen enthalten, daß sie kaum noch informativ wäre. Der Unterschied zwischen religiöser und theologischer Sprache war im vorhergehenden übrigens unwichtig, weil beide von derselben Problematik, nämlich des Redens von Gott, betroffen werden; und im folgenden scheint der Unterschied auch keine wesentliche Rolle zu spielen. Die Vagheit dieses Unterschiedes wurde nicht von

der jetzt gängigen narrativen Theologie geschaffen, sondern schon durch den Verweis
auf die Existenz biographischer, Gott anre-
dender Theologie (z. B. bei Augustin) ins Bewußtsein gebracht.

2.2.2. Folgen für die Bedeutung des christlichen Sprechens

James F. Ross (1981, 158 ff) hat darauf hingewiesen, daß für die (semantisch-pragmatische) Bedeutung (utterance meaning) des
christlichen Sprechens, genauso wie in der
Physik usw., bestimmte Orientierungspunkte
grundlegend sind. Demnach sind die Schlüs-
selwörter solcher Sprachspiele, er nennt sie
„craftbound discourse" (1981, 167), in bestimmten Grundsituationen oder paradigmatischen Fällen verankert. Solche Fälle sind
für die Medizin ›clinical cases‹, für das Recht
wiederum berühmt gewordene Beispiele der
Rechtspraxis und für die christliche Rede ›fact
stereotypes‹, so wie sie in der Bibel erzählt
werden. Dies bedeutet nicht, daß die Schlüs-
selwörter solcher Sprache nicht auch der Alltagssprache entnommen sind; aber man kann
sie ohne Hinweis auf die paradigmatischen
›stories‹ nicht völlig verstehen. So muß man,
um dem, was mit 'Gott ist der Herr' gemeint
ist, auf die Spur zu kommen, prüfen, warum
und in welcher Situation Gott in der Bibel so
genannt wurde, oder sich fragen — denn für
den Christen ist Jesus der privilegierte Zugang
zu Gott —, wer 'Jesus ist der Herr', warum
gesagt hat. Paul van Buren (1965, 105) hat
sich diese Frage gestellt, und seine Erörterungen sind sowohl im Positiven als auch im
Negativen lehrreich. Wenn ich ihn recht verstehe, hängt dieser Ehrentitel mit dem Oster-
geschehen zusammen (vgl. aber 2.2.3.). Dieses
Geschehen nun wird von Van Buren (1965,
126 ff) wie folgt beschrieben. Jesus war auf
auffallende Weise ein freier Mensch, frei von
Selbstsucht und allem, was damit zusammenhängt, und besonders auch frei für andere.
Wie zu erwarten war — denn solche Leute
sind für verunsicherte und unfreie Menschen
eine Bedrohung —, wurde er liquidiert. Die
Jünger waren bestürzt, ihre messianische
Hoffnung auf Jesus schien verfehlt zu sein.
Aber dann auf einmal leuchtete es dem Petrus,
und dann den anderen ein: er ist nicht gescheitert, im Gegenteil — er ist der Schlüssel
zum Sinn der Geschichte, und wir sollen tun
wie er. Das heißt, die Apostel sahen Jesus auf
eine neue Weise und begannen, an seiner Freiheit teilzuhaben. Ostern ist, daß Jesu Freiheit
ansteckend wurde. — Das Positive an dieser

Wiedergabe ist, daß sie den modernen Menschen anspricht, das Negative aber, daß sie
Gott aus dem Spiel läßt: Van Buren — noch
unter dem Einfluß des logischen Empirismus
stehend — reduziert das Metaphysische und
das Religiöse ausdrücklich auf das Ethische
und das Historische (1965, 197). Ostern wäre
demnach nur ein moralisches Ereignis. Dazu
bemerkt Ross (1981, 176) mit Recht, daß die
bedeutungsverleihenden biblischen Geschichten als in der christlichen Gemeinschaft fun-
gierend verstanden werden sollen, und dort
ist Ostern etwas, das mit Jesus geschah, etwas
das der Gläubige ausdrückt mit 'Er sitzt zur
Rechten des Vaters, um zu richten die Lebenden und die Toten'. Und wenn wir jetzt sagen
'Jesus ist auferstanden' (oder, um dies auszudrücken, 'Jesus ist der Herr'), geht die Bedeutung durch eine Überlieferung bis auf das
so verstandene Evangelium zurück. Ross zitiert zum Vergleich die Theorie von Hilary
Putnam, nach der unsere Verwendung von
'Wasser' durch eine Rückführung auf das,
was von Experten als H_2O identifiziert wurde,
legitimiert wird. So ist auch die Anwendung
religiöser Rede jetzt durch eine Kette der Tradition mit den entscheidenden Mustererzäh-
lungen oder Schlüsselereignissen der Bibel
verbunden, und es spielen auch hier ›Experten‹ ihre Rolle in der Verankerung. Man ist
also — um ein anderes Beispiel zu nehmen
— nicht frei zu sagen, daß in 'Habt den Nächsten lieb', das auf die Bergpredigt zurückgeht,
'liebhaben' eine rein körperliche Bedeutung
hat. Denn die Bedeutung (oder besser: das
Gemeinte) liegt fest durch die Parabel des
guten Samariters, die Auslegung im Korin-
therbrief, die Praxis der frühen Kirche, die
Liturgie und die Kommentare der Kirchenväter. Das *'Fides ex auditu'* (Der Glauben
stammt aus dem Hören) weist auf diese geschichtliche Kette mit den normierenden biblischen Geschichten hin. Neuerungen sind
nicht ausgeschlossen, sollen aber nicht zum
allgemeinen Empfinden der kirchlichen Gemeinschaft in Widerspruch stehen. So kann
man auch nicht 'Bis der Tod uns trennt' auslegen, als ob nur der Tod der Liebe gemeint
wäre. Und so sollen im allgemeinen die Gottesprädikate der religiösen Sprache von den
grundlegenden Situationen her und in Übereinstimmung mit der Tradition verstanden
werden. Berufsmäßig haben Exegeten und
Kirchenhistoriker sich darum bemüht, diese
semantisch-pragmatische Rekonstruktion zu
vollziehen; es kommt aber darauf an, daß ihre
Erkenntnisse eine weitere Verbreitung finden.

2.2.3. Folgen für die Wahrheitsfrage

Nicht nur für den Sinn der Prädikate, sondern auch für deren Zuerkennung, also für die Wahrheitsfrage, kann die narrative Theologie Anweisungen geben. So muß, wenn wir Gott 'Liebe' zuschreiben, dies etwas zu tun haben mit den Gründen, warum wir Menschen 'Liebe' zusprechen: sie helfen uns, verzeihen uns usw. Die Benennung geschieht von den Geschöpfen her. Dies bedeutet für die religiöse Erfahrung, daß das Gute in der Welt jemanden dazu inspirieren kann, etwas von Gott zu sagen. Die Heilige Schrift argumentiert sogar auf diese Weise: „Wenn nun ihr, die ihr böse seid, euren Kindern gute Gaben zu geben wißt, wieviel mehr wird euer Vater im Himmel denen Gutes geben, die ihn bitten" (*Mt.* 7, 11). Dies ist die durch Hubbeling (1987, 222 ff) erwähnte biblische Regel des *›a minore ad maius‹* (sagen wir: ›vom Kleineren zum Größeren‹), gegebenenfalls auch des *›a maiore ad minus‹*. Man erkennt in ihr leicht die Dynamik der Analogie, als Attribution aufgefaßt, und zwar als Begründung bestimmter Gottesprädikate von der konkreten Erfahrung aus. Diese Schlußregel, sehr oft in der Heiligen Schrift angewandt, wurde in der rabbinischen Literatur 'qal waḥomer' (Hubbeling: 'das Leichte und das Schwere') genannt. Sie dient nicht immer dazu, auf ein göttliches Prädikat zu schließen (vgl. *2. Kön.* 5, 13), kann dies aber wohl, auch ohne Benutzung des Ausdrucks 'wieviel mehr': „Der das Ohr eingepflanzt, soll nicht hören? Der das Auge gebildet, nicht sehen?" (*Psalm* 94, 9). So können Geschöpfe ein Anlaß dazu sein, mit einem 'umso mehr' auf Gott zu schließen. John King-Farlow (1984, 219 f) tut dies sogar in Bezug auf die sonst etwas unklare Eigenschaft der Einfachheit (simplicitas). Diese wurde Gott aus ziemlich abstrakten Gründen zugesprochen, nämlich weil Unterschied Beschränkung impliziert; sie fungiert fast als eine Meta-Eigenschaft. Es sieht aber anders aus in der von ihm erzählten Geschichte, wo jemand von ihrer Erfahrung mit Mutter Teresa in Indien berichten soll. Auf die Frage, ob sie sie gütig nennen würde oder liebevoll, aufrichtig, friedlich, stark usw., erwidert sie: 'Ja, das alles ist sie. Aber das Besondere an ihr ist, daß ihre vielen Tugenden eine Einheit bilden. Sie ist eine Person ohne Zerspaltenheit; in ihr ist keine Spur von Zerrissenheit oder Konflikt mit sich selbst; sie ist nie mit sich selber in Widerspruch, sondern aus einem Stück, unkompliziert. Ihr braucht nicht ge-

schmeichelt oder gedroht zu werden, damit sie ihr Versprechen hält. Sie zieht niemanden vor, ist nie egoistisch und verliert nie ihre Ausgeglichenheit'. Könnte man von Gott weniger sagen? Und faßt 'Einfachheit' dies alles nicht zusammen? Man könnte diese ›story‹ von persönlicher Harmonie und Integriertheit als eine ›disclosure‹-Geschichte zur Deutung der Eigenschaft ›Einfachheit‹ betrachten; aber in der ›ad maius‹-Argumentation geht es zudem um die Zusprechung dieses Prädikates, und zwar auf eine konkretere Weise als man dies im Kontext der Analogie gewöhnt ist. Die ›disclosure‹-Theorie beansprucht übrigens auch Realitätswert. Biblische Redeweisen — etwa daß Gott die Menschen liebt wie eine Mutter ihre Kinder (vgl. *Jes.* 66, 13; *Psalm* 27, 10) —, die sonst nur Proportionalitäten zu sein scheinen, lassen sich jetzt auf Attributionen als ›ad maius‹-Argumente zurückführen: wenn Menschen schon andere liebhaben, umso mehr wird Gott dies tun. Wir haben das bereits beim in 1.1. angeführten Beispiel von Gott als unserem Vater gesehen: Väter (und Mütter) können als Muster der Liebe auf Gott verweisen und Beweise für seine Liebe sein. — Gott oder Jesus bestimmte Prädikate zuzuerkennen, kann, besonders wenn man konkret vorgeht, auch seine Rückwirkung für deren Zuschreibung im Falle der Geschöpfe haben. Das bekannte Beispiel von der Weisheit dieser Welt, die für Gott Torheit ist, wurde ebenfalls schon erwähnt (1.1.). Und die in 1.2. gegebene Deutung von 'allmächtig' implizierte bereits, daß zum Beispiel die Polizei doch nicht so mächtig ist. Mit Gott verglichen, sind selbst gute Menschen noch böse. Reflexion auf christliche Rede kann tatsächlich zu einer Revision unserer Prädikatzuweisung führen. Es geht dabei gewöhnlich um Werturteilsprädikate wie 'mächtig', 'weise', 'gut', usw., Gott oder Jesus und den Menschen zugesprochen. So etwa die Zuerkennung der messianischen Titel 'höchste Würdigkeit', 'Macht' und somit auch 'König' an Jesus, und zwar nicht nur dem auferstandenen, sondern bereits an Jesus während seines Ministeriums. Auch in Van Burens Interpretation war Jesus schon vor Ostern der Herr; nur haben die Jünger seine Herrschaft erst an Ostern entdeckt. Wenn Jesus aber besonders in seiner Passion und am Kreuze, wo er sein Leben hingab, der Herr war, stellt sich die Frage, wie es denn mit den Leuten steht, die für gewöhnlich als Herren angesehen werden. War die Macht des Pilatus vielleicht eher Ohnmacht, und war nicht Jesus der wirklich

Mächtige, indem er die Ohnmacht hinnahm?
Denn dadurch hat er die Absolutheit der welt-
lichen Bedingungen und Beschränkungen
durchbrochen. Kajaphas und Pilatus waren
nicht imstande, anders zu handeln als sie es
taten. Sie waren in weltliche Dinge, wo man
seine Hände bisweilen schmutzig macht, verstrickt. Jesus fürchtete sich zwar vor dem
Tode und litt unter seiner Einsamkeit, seinem
Mißerfolg und seiner Verzweiflung. Aber indem er dies alles angenommen hat und sich
dem Drang verweigerte, diesem Geschick zu
entfliehen, war er ihm gegenüber souverän
und mit allen, die Ähnliches erleiden müssen,
solidarisch. Er relativierte den natürlichen
Drang, indem er ihn dem Willen seines Vaters
unterordnete. Sein Zeugnis für die Wahrheit,
das er während seines Prozesses ablegte, ist
für diejenigen, die die Wahrheit lieben, prinzipiell eine Befreiung von der Lüge der Absolutheit dieser Welt. Wenn wir sagen, daß
nicht Cäsar oder Pilatus und in ihrem Gefolge
Tod und Gewalt Herr sind, und dagegen Jesus
den Herrn nennen, reservieren wir den Titel
'König' im vollen Sinne nur für ihn und für
denjenigen, der ihn gesandt hat. Nach diesem
Maß gemessen sind alle anderen Könige nur
weit zurückbleibende Annäherungen an das
Königsein. So gesehen könnte nach Roger
White (1982, 223 f), dem ich hier gefolgt bin,
Karl Barth doch noch damit recht haben, daß
wir, was Menschsein, Liebe, Macht, usw.
wirklich bedeuten, von Gott und Jesus her
ableiten müssen: die christliche Rede als Erläuterung und Norm für die gewöhnliche
Sprache. Dies scheint die Analogielehre auf
den Kopf zu stellen, ist aber nicht mit ihr
unverträglich. Zwar heißt es in ihr, daß in der
Rede von Gott die Bedeutungen (epistemologisch) den Geschöpfen entliehen werden,
aber zugleich ist die Analogie als Attribution
(ontologisch) eine Benennung von einem her,
nämlich von Gott. Dies wird hier nun praktisch durchgeführt. Christliche Rede, ernst genommen, fordert unsere Voraussetzungen auf
der tiefsten Ebene heraus. Wenn George
Stroup (1984, 236) sagt, die menschliche Erfahrung benötige im Lichte der ›Christian
narrative‹ eine neue Bewertung, so hat dies
hier seine tiefere Bedeutung gefunden, und es
ist die Analogielehre mit ihrer Aussageweise
›per prius‹ von Gott existenziell aufgefüllt
worden.

2.3. Fragen der Rezeption

Wenn die christliche Lehre narrativ aufgefaßt
wird, stellen Fragen ihrer Rezeption sich auf
verschärfte Weise. Auf zwei davon sei hier

eingegangen (für die Rezeptionstheorie vgl.
Iser 1976; Eco 1979 a; man findet auch ein
wachsendes Interesse für die Rhetorik bei
Theologen, vgl. Van Beeck 1979; Bastian
1970; und bei Exegeten, z. B. Kennedy 1984;
Bouwman 1980; Betz 1975; Siegert 1985).

2.3.1. Mißtrauen gegen ›macrostories‹

Nach Jean-François Lyotard (1979) sind Religion, wie auch Marxismus oder das Aufklä-
rungsideal oder die Wissenschaft überhaupt,
große Geschichten (›les grands récits‹), die
alles legitimieren wollen; sie haben für alles
eine Erklärung. Die christliche Heilsgeschichte etwa von Schöpfung, Sündenfall, Erlösung und Reich Gottes prätendiert, allum-
fassend zu sein. Solche ›macrostories‹ werden
vom postmodernen Menschen aber nicht
mehr akzeptiert. Sie sind sich dessen bewußt
geworden, daß man nur noch mit ›microsto-
ries‹ leben kann. Denn die menschliche Rede,
so weiß man seit Wittgenstein, besteht aus
einer Vielfalt von Sprachspielen, die je nach
eigenen Regeln beurteilt werden müssen, also
logisch voneinander unabhängig sind; und
kein Mensch ›spielt‹ alle diese Spiele. Es gibt
nur Fragmentation. Der Postmodernismus ist
somit eine Verneinung des Universalitätsan-
spruchs der Vernunft. — Man könnte die
Theorie Lyotards abtun als eine Ideologie der
Analyse zu einem Zeitpunkt, wo die Analytische Philosophie die Synthese wiederentdeckt, und die allgemeine Verbreitung des
Postmodernismus zugunsten eines Holismus
bezweifeln (s. Art. 99). Aber aus meinen Kon-
takten mit Theologen ist hervorgegangen, daß
einige die Heilsgeschichte schon als eine ›macrostory‹, die man nicht mehr erzählen kann,
betrachten. Es soll hier keine Epistemologie
der Religion gegeben werden. Aber meines
Erachtens kann die Religion ihren Anspruch
auf Universalität nicht fallenlassen. Dies bedeutet jedoch noch nicht, daß die Theologie
alles erklärt oder legitimiert; es sei nur an das
Problem des Leidens erinnert. Zum sprachphilosophischen Argument sei bemerkt, daß
nicht nur die Vielheit, sondern auch die Verbundenheit zur Theorie der Sprachspiele gehört: sie weisen Familienähnlichkeiten auf. Es
gibt zum Beispiel gemeinsame Kriterien der
Rationalität und gleichbleibende Wortbedeu-
tungen. Und wenn wir in verschiedenen
Sprachspielen von derselben Welt sprechen,
kann ein Sprachspiel andere integrieren. Metaphysik ist ein Beispiel dafür, aber auch und
besonders die religiöse Rede. Wenn man ein
ertrinkendes Kind zu retten versucht, kann

dies mit 'Dies ist meine Pflicht', aber auch mit 'Dies ist Gottes Wille' beschrieben werden, weil und insofern 'Gott' einen umfassenderen Gebrauch hat als das Wort 'Pflicht', das es aber einschließt. Wäre das Ethische die einzige Erschließungssituation, dann würde etwa ›absoluter Wert‹ unsere tiefste Einsicht in die Welt ausdrücken. Aber es gibt noch andere ›disclosure‹-Situationen, wie diejenigen, von denen die Bibel erzählt, oder solche, auf die die Gottesbeweise sich stützen (Kausalität, Kontingenz, usw.). Und für den Gläubigen drücken diese eine noch tiefere Einsicht in die Welt und in unsere Erfahrung aus. Für ihn hat 'Gott' eine Schlüsselstellung in der Rede von der Welt, ohne daß dies eine Vermischung von Sprachspielen bedeutet. Nach Ramsey sind 'Gott' und 'ich' Integrationswörter in bezug auf alles, was von der Welt beziehungsweise von mir gesagt wird. Sie können mit verschiedenen Beschreibungen verbunden werden, ohne auf diese beschränkt zu sein. Und so sind für den Gläubigen 'Dies ist meine Pflicht' und 'Dies ist Gottes Wille' Komplementärsätze, die von verschiedenen Rahmen her auf dieselbe Situation zielen: wieder ein Zeichen dafür, daß Sprachspiele keine isolierten Größen sind. Wenn trotzdem Theologen behaupten, die Heilsgeschichte sei eine ›macrostory‹, die man nicht mehr erzählen könne, scheint dies eher einen anderen Grund zu haben, nämlich die Säkularisation.

2.3.2. Säkularisation und religiöse Erfahrung

Wenn auch Lyotards sprachphilosophische Argumentation eher schwach zu nennen ist, bleibt doch seine Behauptung stehen, daß der postmoderne Mensch Legitimierungsgeschichten gegenüber mißtrauisch geworden ist. Im Grunde geht es um eine Krise bezüglich der Rezeptivität für Sinnangebote, so wie diese in der Religion vorliegen. Und nicht nur der einfache Gläubige droht in eine solche Krise zu geraten, auch der Glaubensprediger ist von ihr betroffen. Eugen Biser (1980) hat diesbezüglich von religiösen ›Sprachbarrieren‹ gesprochen; man fühlt sich in seinen Redemöglichkeiten beschränkt. Es gibt keine sprachliche Heilsvermittlung mehr, der Wille zum religiös-therapeutischen Sprechen ist versandet, totgelaufen (Biser 1980, 306 f). Er bringt diese — wie er sagt (1980, 363) — ›Sprachnot‹ in Verbindung mit der menschlichen Kontingenzerfahrung und Identitätskrise. Der Mensch von heute, postmodern oder nicht, übernimmt problemlos die empiristische These, daß alle Aussagen über die Wirklichkeit kontingenter Natur sind. Dies bedeutet aber, daß die Frage nach einem notwendigen Grund sinnlos geworden ist. Auch wurde, seitdem bei Martin Heidegger die Zeitlichkeit konstitutiv für das Dasein geworden war, die Idee, daß man von einem ewigen Wesen abhänge, lebensfremd. Eine solche Abhängigkeit würde auch gegen die Autonomie des Menschen verstoßen. Mehr noch als Kontingenz und Zeitlichkeit faßt 'Autonomie' zusammen, worum es letzten Endes geht, wenn wir in einer säkularisierten Welt leben. Daß jedoch eine radikal durchgeführte Autonomie zwangsläufig zu einem totalen Sinnverlust führt, ist noch nicht allgemein ins Bewußtsein getreten, kommt aber bereits in der Ambivalenz der Autonomieerfahrung zur Erscheinung. Denn autonom zu sein heißt, daß man sich in Sinnfragen von niemandem, auch nicht von der Welt, etwas diktieren läßt und selber derjenige ist, der Sinn stiftet. Man läßt sich nichts mehr sagen; die Vernunft ist nur sich selbst, nicht aber dem von außen Kommenden unterworfen. Wenn aber Sinn nur noch vom Subjekt diktierter Sinn sein kann, wird 'Kenntnis' ein anderes Wort für 'Wille zur Macht' (Berger 1987, 17). Die Rede folgt aber der Vernunft. Wenn diese sich also von der Welt unabhängig gemacht hat, riskiert das Sprechen seine Weltbezogenheit zu verlieren (s. Art. 77). Denn an sich gibt es nichts mehr, worauf es bezogen wäre; oder besser: es gibt nur noch die ›Dinge an sich‹; der Sinn kommt von uns. Und so werden Fakten und Bedeutungen oder Werte voneinander getrennt. Was dies für die Theologie heißt, läßt sich an Rudolf Bultmanns Dichotomie zwischen dem historischen — und praktisch ignorierten — Jesus und dem kerygmatischen Christus ersehen. Die sprachphilosophische Konsequenz einer totalen Autonomie ist, daß man von nichts mehr reden kann.

Der Theologe, der sich um die Rezeptivität für seine Botschaft kümmern soll, wird zu dieser fragwürdigen Epistemologie Stellung nehmen müssen. Wenn die in seinen ›disclosure‹-Geschichten enthüllte Bedeutung nicht etwas von der Wirklichkeit, sondern nur Frucht einer subjektiven Sinngebung ist, dann wird im Grunde nichts erschlossen. Damit sei nicht behauptet, daß die Welt uns ihren Sinn diktieren könnte. Aber von Erkenntnis kann erst gesprochen werden, wenn eine zweifache Beziehung vorliegt, nämlich vom wirklichen Sinnangebot zu unserer Rezeptivität einerseits, und von der menschlichen Sinnstiftung zu einer Disposition in der Welt andererseits (Berger 1987, 18). Nicht jeder Realismus braucht naiv zu sein. Und Realismus ist gefordert. Denn bevor vom religiösen Sinn der Welt und der Ereignisse in ihr die Rede sein kann, muß feststehen, daß es überhaupt ein Sinnangebot gibt. Es wird hier übrigens nicht versucht, die Seelsorger zu einer epistemologischen Predigt zu bewegen, sondern die Säkularisation sprachphilosophisch zu diagnostizieren. Wie man diese in der pastoralen Praxis bewältigt, ist eine andere Frage, auf welche zum Beispiel Langdon Gilkey (1969) eingegangen ist. Nach ihm soll der Theologe gerade auf die durch die Säkularisation bedingten Erfahrungen eingehen: die Ambivalenz in der Erfahrung von Freiheit und Autonomie, das Bewußtsein auch eigener Kontingenz, das Gefühl der Öde, wenn einem die Sinngebung fehlt, aber auch die ›trotz allem‹ noch bestehende Hoffnung auf eine bessere Welt. — Aber um diese Erfahrungen soteriologisch — oder: religiös-therapeutisch — deuten zu können, muß der Theologe meines Erachtens nicht nur die seit Kant gängige Idee der in ein Sinndiktat entarteten menschlichen Sinnstiftung, sondern auch die für die religiöse Erfahrung unglückliche cartesische Trennung von Welt und Bewußtsein in Frage stellen. Gerade hier aber trifft die Krise auch den Theologen: ›Wir können nicht mehr hinter Descartes zurückgehen‹. Das kann wahr sein. Aber die Schwierigkeit, Gott noch in der Welt zu erfahren, die manche gegenwärtig empfinden oder zu empfinden behaupten (vgl. Schmitz 1980, 159), geht auf die neuzeitliche Philosophie seit Descartes zurück. Für ihn ist Gottes Existenz zwar evident, nämlich unmittelbar nach der Gewißheit des ›cogito‹. Aber es handelt sich hier um Gott als im privaten Bewußtsein anwesend, wo er den Verstand erleuchtet; seine Anwesenheit in der Welt der Natur ist weit davon entfernt, eine ›klare Idee‹ zu sein. Die Welt der Extension (res extensa) wird von rein mechanischen Gesetzen beherrscht und dementsprechend den Naturwissenschaften überlassen. In dieser düsteren und zweifelhaften Welt kann man Gott kaum auf die Spur kommen. Dies geschieht nur in der Sphäre der Gedanken. Durch Descartes wurde es für viele eine Gewohnheit, die äußere Welt als sich vollkommen von Gott unabhängig entwickelnd zu betrachten. Isaac Newton hatte noch Bewunderung für den Schöpfer der Natur; aber seine Physik brauchte dessen Aktivität nicht mehr. Die meisten Theologen sind dieser Entwicklung

widerstandslos gefolgt. Schon bei Francisco Suárez wird Gott nicht in oder aus der Welt, sondern in seiner unmittelbaren Präsenz im Intellekt erkannt. Die Welt ist dann nicht mehr ein Verweis auf Gott, sondern ein in sich geschlossenes System. Wenn Theologen noch religiöse Erfahrungen verzeichnen, so gibt es diese gewöhnlich nur noch im Umkreis der menschlichen Person: in der ethischen Herausforderung durch ›le visage d'autrui‹, im Gefühl, von anderen angenommen zu sein, oder in der Tiefe des eigenen Bewußtseins, wo man bisweilen in Berührung mit seinem Ursprung zu sein meint. Gottes Reich, das in der Bibel das ganze Universum umfaßt, ist zu einer Gegenwart in der menschlichen Seele eingeschrumpft. Dem mittelalterlichen Menschen zeigte Gott sich noch in einem Grashalm oder in einer Kornähre; aber seit Descartes hat man gelernt, die Natur wissenschaftlich und das heißt im Zusammenhang intersubjektiver Verifizierbarkeit zu betrachten. Dort gibt es für Gott keinen Platz. Und der Gedanke, daß „selbst wenn alle möglichen wissenschaftlichen Fragen beantwortet sind, unsere Lebensprobleme noch gar nicht berührt sind" (Wittgenstein 1921, 6.52), fängt erst langsam an, weitere Verbreitung zu finden. Unterdessen ist Gott aus der Welt der Natur verschwunden, für die meisten wenigstens.

Es geht nicht darum, die Uhr zurückstellen zu wollen. Aber wenn die hier gegebene Diagnose richtig ist, muß die Lehre der Analogie als Attribution schon weltfremd anmuten. Denn für den (post)modernen Menschen sind die Geschöpfe (creaturae) keine Spuren Gottes mehr. Aber wenn die Philosophie nicht alle kulturellen Gegebenheiten einfach hinnimmt, kann die Analogielehre auch befreiend wirken, indem sie lehrt, ›die Welt richtig zu sehen‹ (vgl. Wittgenstein 1921, 6.54). Der Philosoph wird dabei den Wissenschaftstheoretiker Feyerabend (1975) auf seiner Seite haben, der es für möglich erachtet, daß die Mythen den Menschen besser im Leben zu orientieren vermögen, als es die Wissenschaften tun. Wasser ist natürlich H_2O; unter gewissen Umständen mag es jedoch angemessener sein, ein Glas Wasser als Geschenk Gottes zu betrachten. Das ist dann aber eine andere ›Geschichte‹.

3. Realismus und Antirealismus in der religiösen Deutung der Welt

Im bisher Gesagten wurde ein gewisser Realismus vorausgesetzt beziehungsweise (in 2.3.2.) explizit verteidigt. Aber was für eine

Art Realismus ist das? Es wurde nämlich gleich zu Beginn (in 1.) gesagt, daß die Welt religiös unterdeterminiert ist. Das heißt aber, daß auch eine nicht-religiöse Deutung der Welt möglich ist. Zudem ging die Darlegung des Realismus dahin, daß weder die Welt noch das Bewußtsein ihren Sinn diktieren können; der Sinn, also was die Dinge für uns sind, ist das Resultat des Zusammenspiels objektiver und subjektiver Einflüsse. Dies aber sind genau die Thesen des durch Putnam verteidigten Antirealismus (vgl. Putnam 1981, xi). Immerhin geht es da um einen gemäßigten (qualified) Antirealismus, der auch ein interner (internal) Realismus genannt wird. Tatsächlich ist die Terminologie schwebend. So wird jede Theologie, die sich, wie diejenige Ramseys, gegen empiristische Theorien der Bedeutung gewandt hat, antirealistisch genannt (Robinson 1986, 88 f), obwohl der Punkt der ›disclosure‹-Theorie eben die Objektivität des in der ›disclosure‹ Enthüllten ist. Von ganz anderer Art ist der Antirealismus Richard Rortys (1982). Weil die Korrespondenztheorie nicht Wahrheit und Bedeutung begründen kann — denn die Welt ist nicht außersprachlich gegeben —, nimmt er seine Zuflucht zu einer Konsenstheorie der Wahrheit (s. Art. 69), und zwar in einer pragmatischen Fassung: was wahr oder wirklich ist, ist kulturell bedingt; wahr ist, was wirkt (s. Art. 32). Und was heute wirkt, könnte morgen unwirksam sein. Es wäre dann nützlicher, etwas anderes zu glauben und zu sagen. Rorty (1982, xliii f) zieht auch die theologische Konsequenz: verglichen mit der pragmatischen Kultur war der Positivismus in der Entwicklung zu einer gottlosen Welt nur auf halbem Wege. Eben weil er so gut in diese Evolution hineinpaßt, ist Don Cupitt berüchtigt unter Theologen. Nach ihm (1980, 9) ist religiöses Reden nicht wahr durch eine Korrespondenz mit einer etwaigen göttlichen Wirklichkeit. Gott ist nur die Personifikation eines Ideals oder ein praktisches Programm für die eigentliche Erfüllung unserer menschlichen Natur, Religion ist ›wirklich‹ insofern sie ›wirkt‹. Die Frage an Rorty ist natürlich, mit welchen Kriterien er bestimmt, was besser oder nützlicher ist; reiner Konsens reicht dafür nicht aus. Er und Cupitt können sich zudem nicht einmal auf einen Konsens berufen, was für Rorty eine Selbstwiderlegung und für Cupitt den Verstoß gegen die von Ross (vgl. 2.2.2.) angeführte Norm der Kohärenz mit der Tradition bedeutet. Es kommen hier auch die bereits (2.3.2.) anläßlich der verabsolutierten menschlichen Autono-

mie gestellten Probleme zurück, obwohl die Herkunft des Antirealismus eine andere ist. Zwar hat auch hier die Unterscheidung zwischen dem Noumenalen und dem Phänomenalen eine Rolle gespielt, aber wichtiger waren die von Donald Davidson durchgeführte Verwandlung von Alfred Tarskis Wahrheitstheorie in eine Theorie der Satzbedeutung (s. Art. 70) — 'Schnee ist weiß' *bedeutet*, daß Schnee weiß ist — und der von Kant eingeführte und vom Intuitionismus übernommene Konstruktivismus in der Mathematik, wonach das wirklich ist, was mental konstruierbar ist. Demgemäß sind mathematische und anscheinend auch andere Sätze — Mathematik als Modell — nur dann wahr und sinnvoll, d. h., sie haben nur dann Bedeutung, wenn wir wissen können, daß sie wahr sind. Was der Realist behauptet, nämlich daß die Wahrheit der Sätze durch die Wirklichkeit bestimmt ist und daß es deswegen Sätze gibt oder geben könnte, die wahr sind, ohne daß wir das wissen oder sogar wissen könnten, wird in diesen Formen des Antirealismus von Putnam, Rorty und Dummett (vgl. Dummett 1982 c, 55), nicht aber etwa durch Ramsey, entschieden zurückgewiesen. Nach Alvin Plantinga (1982, 68 ff) muß übrigens der Antirealist wegen seiner Identifizierung von Wahrheit mit erkannter Wahrheit ein Theist sein, denn nur Gott kennt alles Wahre: das ist der Trick von George Berkeley. Wegen des technischen Charakters seiner Begründung — durch die wahrheitsfunktionale Semantik und den Konstruktivismus — kann der Antirealismus hier nicht genauer diskutiert werden. Es sei nur die Frage gestellt, ob er notwendig zu einer Skepsis in der Theologie führen muß. Bei Rorty scheint dies der Fall zu sein. Aber bei Putnam, mit Michael Dummett der bekannteste Antirealist, obwohl er früher Realist war (vgl. 2.2.2.), könnte es anders aussehen, weil sein Antirealismus nicht reduzierender Art ist; für ihn ist das Weltbild der Physik nicht Grundlage für Referenz und Bedeutung (Putnam 1981, 145). Obwohl Wahrheit in seinem System theorie-immanent ist (deswegen ›internal realism‹: die Korrespondenz betrifft eine schon von der Theorie geprägte Welt), arbeitet er doch mit einer Art von objektiver Beschaffenheit. Nach Robinson (1986, 102 ff) stützt er sich auf ein rationales Vertrauen. Das heißt, er geht von einem Glauben aus, der weder religiöser Natur noch deduktiv begründet ist, aber mit der Lebenspraxis mitgegeben zu sein scheint. Als ein ›qualified internalist‹ ist seine Strategie von derjenigen Wittgensteins (1969 b) nicht sehr verschieden. Nach diesem wird die theoretische Skepsis durch die Praxis wiederlegt. Mit einem ›Pragmatismus‹ ohne irgendein objektives Element kann Putnam sich nicht zufriedengeben, weil ein solcher sich selbst widerlegt. Denn wenn man mit Rorty behauptet, daß auch Rationalität selber ein nur kulturbedingter Begriff ist, so ist auch diese Behauptung kulturrelativ usw. (vgl. Robinson 1986, 97). Nach Putnam brauchen wir eine Idee des objektiv Guten, um sinnvoll von menschlicher Erfüllung und Rationalität sprechen zu können, auch wenn wir keinen direkten Zugang zu diesem Gut haben. Dies läßt sich wie folgt in die Theologie übersetzen. Obwohl wir Gott nicht direkt kennen — wir haben keinen Begriff von ihm — und die Korrespondenz zwischen unserer Rede und seiner Wirklichkeit uns also nicht einsichtig ist, kann die Theologie sich auf die Wirklichkeit des Transzendenten berufen als auf den Grund für das Vertrauen in die Rationalität des Universums, und zwar, wie Robinson (1986, 103) sagt, als auf den ›focus‹ — vgl. Analogie als ›focal meaning‹ — von Gutheit, Schönheit und Rationalität als Sinngebung für menschliche Selbsttranszendenz. Vielleicht hat diese Epistemologie des Vertrauens, mehr als die angenommene Ähnlichkeit zwischen Effekt und Ursache, dem Menschen historisch den Aufstieg zu Gott mittels Analogie und Erschließung ermöglicht. Philosophisch gesprochen ist es ein Vertrauen, das andere Deutungen der Welt nicht ausschließt. Der Gläubige aber stützt sein Vertrauen letzten Endes auf die Offenbarung, die ihm die in der Analogie verkörperte Dynamik zur ›zweiten Natur‹ macht. Der Gläubige lebt von einem ›Bild‹ (Wittgenstein 1966, 71), und dieses Bild ist mitbestimmend für seine Erfahrung: er sieht die Welt anders. Und wenn in 2.3.2. vorgeschlagen wurde, die Welt wieder sehen zu lernen auf eine Weise, die seit Descartes nicht mehr sehr geläufig ist — Menschen und Dinge als Spuren Gottes —, so ist dies tatsächlich etwas, das gelernt werden muß. Oder, wie es zu Beginn gesagt wurde: ohne religiöse Sprache wäre religiöse Erfahrung kaum möglich. Es geht also um etwas Unmittelbares — das Sehen —, das gleichwohl vermittelt werden muß.

Es war natürlich nicht möglich, hier *alles* Sprachphilosophische in der Theologie zu behandeln. Namentlich der im vorhergehenden angenommene Einfluß der Sprache auf die (religiöse) Erfahrung — die Sapir/Whorf-Hypothese (s. Art. 74) — könnte demnächst eines der wichtigsten sprachphilosophischen Themen für die Theologie werden, vorausgesetzt, die Untersuchung stützt sich auf konkrete Beispiele. Für einen Anfang konsultiere man Helmut Fischer (1974), für die Theorie wird man auf Wilhelm von Humboldt (s. Art. 27) und — theologisch vielleicht interessanter — auf Johann Georg Hamann (s. Art. 25) zurückgreifen müssen. Es wäre auch wichtig, das hier vorausgesetzte Menschenbild (›Observierbares und mehr‹) weiter zu explizieren, wobei als Vorbilder John MacMurray (1968), Wilhelm Lütterfelds (1982) und Wolfhart Pannenberg (1983) dienen könnten; eine anthropologisch ausgeprägte Sprachphilosophie wäre dabei eine wichtige Hilfe (vgl. Simon 1981; Ebeling 1971). — Besonders jetzt, wo eine gewisse Sprachlosigkeit droht, zeigen die Theologen ein reges Interesse an der Sprache. Aber das Interesse war schon immer da. Meistens wurden bestehende Theorien übernommen, die dadurch aber an Prägnanz und Konkretheit gewonnen haben; bisweilen führte die Übernahme auch zu einer Abänderung, die Analogie ist dafür ein klares Beispiel. Man kann hier an die Beiträge zu einer ›Logik der Religion‹, früher (vgl. Evans 1984; 1985) und jetzt (vgl. Bocheński 1965; Hubbeling 1987), denken. Es war nicht meine Absicht, auf die zahlreichen sprachphilosophischen Beiträge einzelner Theologen einzugehen; als Belege dafür, daß es sie gibt, seien lediglich die Namen Augustinus, Anselm von Canterbury, Wilhelm von Ockham (s. Art. 21) und Peter Abaelard (s. Art. 20) erwähnt. Insofern sie ursprünglich Auslegungskunst für die Bibel war, ist die Hermeneutik (s. Art. 45) aus der Theologie entstanden (für ihre Geschichte vgl. Gadamer/Boehm 1976; zum heutigen Stand Geffré 1983). Auch jetzt könnte die Bibelexegese durch ihre Vielfalt an Methoden Anreize für Sprachphilosophie und Literaturwissenschaft geben. Als Stichwörter seien nur diejenigen der historisch-kritischen Methoden: Formgeschichte, Literarkritik oder Quellenkritik und Redaktionskritik genannt (vgl. Müller 1985; Vogels 1982; Richter 1971; Knight/Tucker 1984). Und wenn jetzt daneben auch psychoanalytische und materialistische Weisen, die Bibel zu lesen, vorgeschlagen werden (vgl. Vogels 1982, 47 ff), kann die Sprachphilosophie durch den Einfluß der Theologie eine Wahrung der Dimension der Transzendenz erwarten. Und das wäre in einer sich grundsätzlich empiristisch verstehenden Kultur nicht unwichtig.

4. Literatur in Auswahl

4.1. Bibliographien zur Philosophie der religiösen Sprache

Dalferth (Hg.) 1974, *Sprachlogik des Glaubens. Texte analytischer Religionsphilosophie und Theologie zur religiösen Sprache.* S. 283 ff.

Kaempfert (Hg.) 1983, *Probleme der religiösen Sprache.* S. 373 ff.

4.2. Zur Erschließungsprache

Evans 1980, *Faith, Authenticity and Morality.*
de Pater 1971, *Theologische Sprachlogik.*
Ramsey 1963, *Religious Language.*
Ramsey 1965, *Christian Discourse.*
Ramsey 1973, *Models for Divine Activity.*
Tilley 1978, *Talking of God.*

4.3. Zur narrativen Theologie

Angelet/Herman 1987, Narratologie, in *Méthodes du texte. Introduction aux études littéraires*, Delcroix/Hallyn (Hg.).

Baudler 1982, *Einführung in symbolisch-erzählende Theologie: Der Messias Jesus als Zentrum der christlichen Glaubenssymbole.*

Ritschl/Jones 1976, „Story" als Rohmaterial der Theologie.

Root 1986, The narrative structure of soteriology, in *Modern Theology* 2.

Stroup 1984, *The Promise of Narrative Theology.* [1981]

4.4 Zum Antirealismus

Appiah 1986, *For Truth in Semantics.*

Plantinga 1982, How to be an anti-realist? In *Proceedings and Addresses of the American Philosophical Association* 56.

Robinson 1986, Reason, truth and theology, in *Modern Theology* 2.

Wim A. de Pater, Leuven (België)

104. Philosophy of language in ethics

1. The programme of applying philosophy of language to ethics
2. The formal properties of moral concepts: speech act theory
3. Illocutionary and perlocutionary acts
4. The prescriptivity of moral judgements
5. The universalizability of moral judgements
6. What can formal reasoning do for substantial moral issues?
7. Selected references

1. The programme of applying philosophy of language to ethics

Ethics, or Moral Philosophy, is the point at which philosophers come closest to practical issues in morals and politics. It thus provides a major part of the practical justification for doing philosophy (Hare 1971 b, 98). If, therefore, philosophy of language can be shown to have a crucial contribution to make to ethics, this greatly increases the practical relevance of the discipline. But it is very important to be clear about what the contribution is.

The following programme looks promising at first sight. Philosophy of language is concerned above all with the study of the concept of *meaning* in the various senses of that word (s. art. 68). But the meanings of moral words and sentences, in at least some senses, determine the logic of inferences in which they appear. So a study of the meanings of moral words or sentences, or of what people mean when they utter them, ought to enable us to investigate the logical properties of what they say, and thus decide whether what they say is self-consistent, what it implies, and in general which arguments (in the sense of reasonings) are good ones and which are not. So philosophy of language, applied to moral language, ought to be able to provide a logical structure for our moral thinking. And since our moral thinking often founders for lack of such a structure, that would be no small gain.

1.1. There are a great many pitfalls to be avoided in carrying out this programme; but I shall argue that it is in principle a feasible one. So let us first consider some possible objections to it. I shall be in danger of being misunderstood if I do not make clear at the start that philosophy of language is not the same thing as linguistic philosophy (s. art. 118). The former is a branch of philosophy, coordinate with philosophy of science, philosophy of law, philosophy of history, etc. To say that a philosopher is doing philosophy of language does not presuppose that he is doing it by any particular method, or in accordance with the tenets of any particular school. Philosophers of language can be realists or the opposite, intuitionists or the opposite, and so on. If anybody were to say, like Plato (s. art. 14) on some interpretations, that words have meaning because they *stand for* eternally existing non-sensible entities up in Heaven, he would still be doing philosophy of language, but would obviously not be a linguistic philosopher (but see Hare 1982, esp. chap. 4, for a more ›linguistic‹ interpretation of Plato).

A linguistic philosopher is someone who believes in a particular way of doing philosophy (*any* kind of philosophy, not just philosophy of language), namely that which consists in studying the meanings of words that present philosophical problems, and so unravelling the problems. He will advocate, like Rudolf Carnap (1931), an "Überwindung der Metaphysik durch logische Analyse der Sprache". To make my own position clear: I am a linguistic philosopher of a sort, but not of such an extreme sort as Carnap. I believe that metaphysics does not have to be overcome, nor even superseded; as inherited from Aristotle (s. art. 15), it is a respectable and central branch of philosophy, and only certain bogus impersonations of it are suspect. Ever since Aristotle and before, it has used linguistic methods. A great many problems which are called 'ontological' are in fact to be resolved by careful attention to the words which give rise to them; and this is true above all in ethics. But I regard this, not as a way of overcoming metaphysics, but as a way of doing it competently — of mastering it, if we may so mistranslate 'überwinden'; and I believe that this way of doing it has yielded results when practised by all the great metaphysicians up to the present day. So I am not against metaphysics — only against some wholly spurious ›philosophical‹ and ›theological‹ activities which have in recent times usurped the name; they would be better called 'mephistics', because they are attempts to get philosophers to sell their souls for fantasies.

1.2. I wish to consider two possible objections to the programme I projected at the beginning. The first says 'Facts about particular languages, including facts about how people use words in particular cultures, are contingent facts. They therefore cannot be used to establish necessary truths such as we are looking for in ethics. We do not want to be told how particular people or cultures use the moral words; we want to be shown what *is* right or wrong, and to be shown by secure reasoning that this is necessarily the case'.

The second objection is related to the first: it says 'Moral reasoning has to be concerned with moral facts, which are facts not about words but about the world — facts about the existence of moral values in the world. The study of words could never yield such facts'. Answers to both these objections can be given. For the first, consider the position of ordinary logic. It would be a mistake to suppose that logic discovers only contingent truths about language; but it is also a mistake to think that logic is independent of the study of language. It is a necessary truth that, in one common meaning of 'all' and the other words used, if all the books on the top shelf are by Wittgenstein, and this is a book on the top shelf, then this is by Wittgenstein. But in order to establish that this is a necessary truth, the study of the words is required. There could be, and perhaps are, senses of 'all' and the other words in which the above does *not* express a necessary truth. In order to establish that it does, we have to be assured that the words are being used and understood in the senses that make it do so. Logic is, at least in part, the study of the words which people use in their discourse, to ascertain which of the things that they say are, as they use the words, necessary truths.

This does not make the truths of logic contingent. It is of course a contingent fact that people do use certain sounds with certain senses. But to ask in what senses they use them is to ask according to what rules or conventions, logical and semantical, they use them. And it is not a contingent fact, but a tautology, that anyone who is using the words in those senses will be committing logical errors if he does not observe those rules. To take the same example: it is a contingent fact that someone is using 'all' in the sense that he is. But it is not a contingent fact that, if he is using it in *that* sense (namely the sense in which the above hypothetical is necessarily true), the hypothetical is necessarily true. What makes the sense in which he is using it *that* sense is that it is the sense which makes that hypothetical necessarily true.

1.3. Words, including words like 'all', have their meaning determined by the conventions according to which we use them. And the conventions are in part logical ones, which determine what implies what, what we can consistently say, etc. One is not being a conventionalist in any bad sense if one states the obvious truth that studying what the conventions are for the use of words like 'all' (i. e. what logical rules they are governed by, as people use them) is the basis of the discovery of these logical rules.

To this it may be objected that people do not *have* to use words in accordance with those rules. Humpty Dumpty was quite right (Carroll 1872, chap. 6, 196). 'All' *could* have meant the same as 'some' does now — which is to say that the rules, which determine its meaning and the implications of propositions containing it, might have been different, and like those which now determine the meaning and implications of 'some'. And Englishmen, Frenchmen, Germans and Chinese use different sounds to express the same things. And the inventors of artificial languages like Carnap have a considerable liberty to invent new uses of words and symbols, and to invent, *pari passu* with this, new rules and conventions for their use. Here too, however, it has to be said that *if* a word is being used in any language (natural or artificial) to express the same meaning as a word in some other language, it is bound by the same logical rules. If it were bound by different rules, it would not express the same meaning. A word in Chinese is not the equivalent of 'all' unless, when used in the corresponding Chinese hypothetical, it makes it necessarily true.

1.4. So, if logic as a whole involves the study of words in this way, the same will be true of that branch of logic called theoretical ethics. I call theoretical ethics a branch of logic because its principal aim is the discovery of ways of determining what arguments about moral questions are good ones, or how to tell sound from unsound reasoning in this area. It is, in particular, a branch of modal logic (s. art. 80). 'Ought', which we may take as the simplest example of a word used typically in moral discourse (a moral word, for short), expresses a deontic modality, and this is shown by the fact that deontic logics can be systematized which are in all or nearly all respects analogous to the other kinds of modal logic (Prior 1955, III, i, 6). The same is even more clearly true of the word 'must': its use to express moral statements like 'I must not tell her a lie' is analogous in most ways to its use to express alethic modal statements.

If, as is beginning to happen, viable systems of deontic logic can be discovered which are adequate models of ordinary moral language, they will do as much for the understanding of moral arguments as ordinary logic does for the understanding of other arguments. So, although it is of course a contingent fact that English uses 'ought' to express the meaning that it does, it is not contingent that *any* language that has an equivalent sentence — i. e. a way of expressing the same thought — will be bound by the same rules of reasoning. And what the rules are, as the word is normally used, is discovered by asking how it *is* normally used.

As before, we do not *have* to use it in that way. But when we are arguing about moral problems we are arguing about whether to accept or to reject certain moral judgements. Clearly, whether an argument is a good argument for accepting or rejecting a certain judgement will depend on what the judgement is. But *what* it is depends on what the words used in expressing it are being understood to mean. If they were being understood to mean something different, it would be a different judgement. But once we are committed to discussing whether to accept or reject *that* judgement (i. e. the judgement which those words express when they are taken in *that* way) we are committed to following the rules of reasoning which that way of taking them determines. To take the words in that way is to accept that the judgement (with or without additional premisses) logically implies such and such other judgements, is inconsistent with such and such other judgements, and so on. So the sense of the words, as before, determines which arguments about the questions we are asking are sound ones. Therefore, in order to determine whether they are sound, we have to examine the senses of the words, i. e. the rules for their use in arguments.

We can of course, as before, use words as we wish. But if we decide to use words differently from how we were using them when we posed our original problem, we shall no longer be posing the same problem. We are free to pose different problems; and that is what we shall be doing if the words mean something different. To revert to our original example: if what we had been asking had been, not whether all the books were by Wittgenstein, but whether some of them were, it would not have been a reason for answering 'No' that one of the books was not by Wittgenstein. So if, when we said 'all', we had been using the word in the same sense as 'some' usually has, the reasoning we should have had to use in answering our question would have been different. In the same way, if 'ought' means to us what it does when we are asking our moral questions, we shall have in our moral reasoning to follow the rules (of implication, consistency, etc.) determined by *that* meaning of the word (by the fact that it is *that* question we are asking, and not a different question which would be asked by someone who uttered the same sounds but was using 'ought' in another sense). It is therefore in order, if we wish to determine what rules we have to follow, to ask in what sense the word was being used in our question. Indeed, to ask in what sense it is being used *is* to ask what the rules are.

1.5. All this is peculiarly true of words like 'ought', one of the most general terms used in asking moral questions. Such words, like other modal words, express *formal* concepts, in the sense that the rules for their use are exhausted by the implications and other logical properties that they give to the propositions containing them. This is not true of all words: for example, the formal logical properties of the words 'blue' and 'red' are the same; but 'red' does not mean the same as 'blue'. So their formal logical properties cannot exhaust their meaning. But if 'ought' is a purely formal word, then we should be able to discover all there is to be known about its meaning and the rules for its use by studying its logical properties. This, as we shall see, is, if true, of fundamental importance for ethics. It means that, although in a sense it has semantic properties as well (its ›descriptive meaning‹), these are not part of its meaning in the narrow sense (Hare 1986, 124 ff), and do not affect at all profoundly the rules for reasoning about what we ought to do.

The answer to the second objection mentioned at the beginning is thus that, because the concepts studied by ethics are formal, there do not have to be moral facts in the world in order for us to develop a theory of moral reasoning, any more than there have to be logical facts to substantiate logical reasoning. The necessities which constrain our reasoning are formal necessities — which does not mean, any more than it does in logic and mathematics, that they cannot *in conjunction with* substantial non-moral information about the world, help us in deciding moral questions of substance. How this is to be done, we shall see later.

2. The formal properties of moral concepts: speech act theory

It is now time to ask how we can discover what these formal properties are. The first step requires us to anatomize language as a whole in order to see where in the anatomy such words as 'ought' belong. The most perspicuous way of doing this is by speech act theory (s. art. 54). The term 'speech act' was brought into currency by John L. Austin (1962 a, 41, 149), though he does not himself use the term very much, preferring more specific expressions. He can justly be regarded as the founder of speech act theory; but the idea that not all speech acts are of the same kind or obey the same rules has been used before and after him by Ludwig Wittgenstein, Gilbert Ryle, John Searle, Jürgen Habermas and many others. In order to divide off speech acts of different kinds from one another, we need to articulate the sentences that are used to perform them. The main purpose of this is, if possible, to isolate the features of sentences which perform the various functions necessary for a complete speech act. Then we can see which features of a sentence are peculiar to a particular kind of speech act, and so mark the utterance of it as a performance of that kind of speech act, and which features are common to a number of different kinds of speech act. The best known marker of this sort is the sign of mood (e. g. indicative or imperative), which (to speak generally at first) marks off statements from ›imperations‹ (if we may use that expression for speech acts typically expressed in the imperative).

We also need to be clear that the division of speech acts into kinds takes the form of a tree with genera, species, sub-species, etc. It cannot be assumed, for example, that there are no further subdivisions within the classes of statements and imperations, nor that imperations may not belong, perhaps with moral judgements, within a larger class of prescriptions. Nor can it be assumed that a kind of speech act has to belong to one or other of these classes and cannot belong to more than one. The species and genera may not be mutually exclusive: perhaps moral judgements share some of the properties both of statements and of prescriptions. All this has to be investigated by the study of speech and language (I use these words to mark the distinction made famous by Ferdinand de Saussure (s. art. 36)).

A further necessary clarification can conveniently be made at this point. Austin used the term 'illocutionary force' to connote the property which distinguishes one speech act from another (s. art. 95). Thus the statement that you are going to shut the door has a different illocutionary force from the command that you shut the door. But different writers since Austin have interpreted this distinction in different ways. Consider the two commands, that you open the door, and that you shut the window. Do these have the same illocutionary force, in that they are both commands, or different illocutionary forces because they are different commands? It will make no difference to any argument, provided that we are clear about our use of the terms; but I shall myself in what follows adopt the second of these uses. I shall speak of these two commands as having two different illocutionary forces, though they belong to the same *type* of illocutionary force, namely the imperative. Similarly I can make two different statements, which have different illocutionary forces because their content is different, but have the same type of illocutionary force, namely what Austin called the ›constative‹ (1962, 6 n.). This will be brought out if the sentences are articulated in such a way (as they are in most languages) as to distinguish the feature which marks the mood from the rest; the two commands 'Open the door' and 'Shut the window' share this feature, by which we recognize them as imperatives; but otherwise they differ.

2.1. The articulation of sentences, or the speech acts that they express, has to distinguish at least four functions (Hare 1989 b). The first is the mood, already mentioned. I shall call the sign of mood the *tropic*. That mood is, or can be, part of meaning is evident from the fact that the Latin expressions 'i' and 'ibis' ('Go' and 'You are going to go') have different meanings. They also have different logical implications: the latter implies that you are going to leave this place; the former does not, because a command is not a prediction of its own fulfilment. Next, we have to distinguish the content of the speech act (for example what in particular is being stated to be the case, or commanded to be made the case). Thus the commands 'Open the door' and 'Shut the window' have the same tropic but different *phrastics* (using that term to denote the feature of the sentence, not necessarily a separate part of it, that in-

dicates what is being, e. g., stated or commanded). In a completely and perspicuously articulated language these functions would be assigned to different parts of the sentence.

The remaining two functions, which do not need to be discussed here, are those which would be expressed in a fully articulated language by the *clistic* or sign of completeness of the sentence, and the *neustic* or sign of subscription to a speech act by a speaker or writer. These signs are controversial, and many writers have denied the necessity of the latter in particular; but I shall not need to defend them for the purposes of the present argument (see Hare 1989 b). Nevertheless, it is very important to distinguish between these different functions, as many writers (including myself in early days) have not (Hare 1971 a, 21 ff). In particular the tropic or mood-sign has to be distinguished from the neustic or sign of subscription, because one can mention or embed an indicative or imperative sentence, including its mood-sign, or use it mimetically (Hare 1989 b) without making a statement or giving a command.

2.2. It will be asked at this point whether mood, as I am using the word, is a logical or a grammatical term. The answer is that it is both, but that we have to understand the difference between what are now often called surface and deep grammar, and used to be called grammatical form and logical form (s. art. 59, 2). If there is a difference between these two ways of making the distinction, it will not affect what I am now going to say. In history, grammar and logic grew up together, and metaphysics with them; and it has proved difficult to draw clear distinctions between these three. Even such diverse thinkers as Hegel and Carnap found it hard to distinguish between logic and metaphysics (Hegel assimilating the former to the latter, and Carnap, in effect, the reverse — though he reserved the name 'metaphysics' for what I have called 'mephistics'). And similarly deep grammar and logic are so intimately bound up with one another that it would be foolish to try to prise them apart. The difference between logic and surface grammar is what has made people think that there is a difference between grammar and logic as a whole.

There are indeed grammatical distinctions that have no logical significance, like that between strong and weak forms of the past tense in German. But mood is not like this; the distinction between the mood sign and the rest of a sentence is as important logically as that between subject and predicate. These too have been both grammatical and logical terms, and rightly, because the grammar is a way of expressing the logic. In order to speak grammatically we have to be able to make, at any rate implicitly, the logical distinction; and when structural linguists construct their ›trees‹ (which in my schooldays was called 'parsing'), they are using the logical distinction in order to mark off noun-phrases from verb-phrases. There are complications here into which I shall not be able to go. For example, the false thesis held by many, including Aristotle (*An. Pr.* 43 a, 30), that there are terms which can occupy either subject or predicate places in propositions at will. The truth is that, in 'Red is a primary colour' and 'The book is red', the word 'red' means different things, as is shown by the fact that we could rewrite the first sentence 'The colour red is a primary colour', but could not rewrite the second 'The book is the colour red'. Similarly, in 'Callias is a man' we can substitute 'human' for 'man'; but in 'Man is an animal' we cannot. As we have seen, if we alter the mood of a sentence, then by making the grammatical change we alter both its meaning and its logical properties; and this is enough to show that mood is both a logical and grammatical category, without in this context distinguishing the two functions.

2.3. It is time to turn back to the question of what place moral judgements occupy in the anatomy of language, presuming that we have an adequate one. If it is adequate, it will at least distinguish between two genera of speech acts that I shall call the descriptive and the prescriptive. All kinds of ordinary statements will belong to the former, and all speech acts which are typically expressed in the imperative to the latter. We must not presuppose that nothing except imperations belongs to the latter genus. We must not even presuppose that in order to give a command it is necessary to use the imperative. But let us now ask in a preliminary way whether moral judgements (for example those expressed with 'ought') are prescriptive or descriptive speech acts. The answer is that they are both, but that the distinction needs to be carefully preserved, because otherwise we shall not be able to understand the *different* features of 'ought'-sentences which link them to the two genera.

'Ought'-judgements are prescriptive, and in this respect like imperations, because in their typical uses agreement with them, if genuine, requires action in conformity with them, in situations where the action required is an action by the person agreeing. I deliberately say 'in their typical uses', because, as is well known, there are other uses which have generated a vast literature. Such are uses by the weak-willed person, ›acratic‹ or ›backslider‹ who does not do what he agrees he ought to, because he very much wants not to (Hare 1963 a, chap. 5; 1992 a), and by the ›satanist‹ who does what he agrees he ought not to (Hare 1992 b), just because it is what he ought not to. This is not the place to add to this literature; the point here is just that typical and central uses of 'ought' require compliance if they are to count as sincere. By contrast, constative speech acts require only accordant belief.

However, moral judgements are not just like ordinary imperations. They share with constative speech acts a very important feature, namely that when I say 'I ought to do that', I have to say it because of *something about* the act that I say I ought to do. This is a feature of all uses of 'ought', and not just of moral uses. It is true that imperations too are normally issued for reasons. But they do not have to be. If a drill serjeant is trying to see whether a new recruit will obey him, he may say to him 'Right turn', and may have no reason at all for saying this rather than 'Left turn'. But with 'ought' it is different. To take a non-moral example: suppose that instead they are doing a tactical exercise and the instructor says 'You ought to attack on the right'. There has to be a reason in the facts of the situation why they ought to attack on the right rather than on the left.

It is hard for Germans to appreciate this point, because the German word 'soll' can be used to translate both the English 'is to' (which can be equivalent to an imperative), and the English 'ought to' (which is a moral or other normative expression). Systems of deontic logic have sometimes been set up which fail to make this distinction, using a single symbol (for example 'O') for both 'ought' and the imperative. Since the logical behaviour of these is different (for example a ›square of opposition‹ which works for 'ought' does not work for imperatives — Hare 1967, 37), such systems start on the wrong foot. Confusion on this point can sometimes lead to treating the fact that one is commanded to do something (one *is to* or ›soll‹ act in a certain way) as showing that one *ought* to act in that way. This can have grave political consequences (Hare 1955, 1−8).

Because moral judgements have to be made for reasons, the reasons being the facts of the situation, it is irrational to issue one having no regard for the facts (contrast the serjeant's command in the above example, which in no way convicts the serjeant of irrationality). It is indeed true that the choices expressed by imperative speech acts are normally required to be made for reasons if the chooser is not to be called irrational (Hare 1979, 623), and that even in this unusual case the serjeant *has* a reason for saying what he says (namely the intention to test the obedience of the recruit). But in this case he could have said 'Left turn' instead of 'Right turn' with equal rationality. It is the privilege of serjeants not to have reasons for this kind of choice.

Moral judgements by contrast cannot be arbitrary in this way. They have to be made because of the facts. This does not mean that the moral judgement *follows logically from the facts* (Hare 1963 b, sec. 8). The facts do not *force* us logically to make one moral judgement rather than another; but, if we make one about one situation, we cannot, while admitting that the facts are the same in another situation, in the same breath make a conflicting one about the second situation. In the non-moral tactical example just used, the officer could not say that there might be another tactical situation just like this one in which they ought to attack on the left rather than on the right. If the facts are just the same, they would supply a reason for making the same normative judgement. This is the basis for the feature of normative judgements called *universalizability* (Hare 1963 a, chap. 2), and moral judgements share this feature (see 5. below).

3. Illocutionary and perlocutionary acts

Before assigning to moral judgements their place in this anatomy, there is an important distinction to be made, which in spite of a very clear statement of it by Austin (1962 a, chaps. ix, x), is still neglected by many, especially in connection with imperations. It is encouraged by a too easy use of the term 'pragmatics', and of the Wittgensteinian linking (in itself helpful) of meaning to use, by those who are not very clear about what exactly they mean by 'use' (see Austin 1962 a,

104). Austin distinguished between illocutionary and perlocutionary acts, the first being what we are doing *in* saying something (in locutione), and the second what we are doing or seeking to do *by* saying something (per locutionem). The 'pragmatics' and the 'use' of utterances are easily taken to mean the latter, especially in the case of imperatives; and so people slip into thinking that their meaning can be fully explained by giving their pragmatics or use, understanding by this their intended perlocutionary effect.

Besides the temptation just mentioned, there are others. Many logicians still hold the view, in spite of Austin and Wittgenstein, that there is only one kind of language-game or speech act that is respectable enough to be worthy of their attention, namely the constative. They sometimes cite Aristotle in their support (*De Int.* 16 b 33 f). Others are so attached to truth-table and similar methods for setting up a logic that they cannot see how one could be set up that dealt with anything but true-or-false propositions. Others wish to define 'valid inference' as 'inference of such a form that no inference of that form can have true premises and a false conclusion'.

Such writers exhibit the same sort of prejudice in favour of constative speech acts as has been in evidence in connection with the truth-condition theory of meaning (Hare 1985, 63 ff; 1986, 131). But there are many other ways of setting up logics, in particular that which starts from the notion of inconsistency. If we knew how to tell which speech acts were inconsistent with which, we could construct a logic for that kind of speech acts. And imperations can certainly be logically inconsistent with one another, for example 'Shut the door' and 'Do not shut the door'. The inconsistency lies here within what I have called the phrastic, of which in this case, though not always (Hare 1952, 20 f, Searle/ Vanderveken 1985, 152), the sign of negation is part, and which the imperative shares with its corresponding indicative; so the source of inconsistency is the same for both, and therefore so is the nature of the logical fault. There is nothing here to make us banish imperative speech acts from logic. Indeed, the rules of logic itself, for example formation rules and rules of inference, are imperatives, and *they* have to be consistent.

3.1. But the greatest temptation to this way of thinking about imperations (that they have only pragmatics and no logic) is a confusion between illocutionary and perlocutionary acts. Here it is necessary to depart from Austin's view. He distinguished between *three*, not just two, kinds of act, the third being the locutionary (Austin 1962 a, 108). But if he thought that only the locutionary act had meaning — and I have argued elsewhere that this is a misinterpretation (Hare 1971 a, 115 ff), he was clearly wrong; for, as we have seen, mood is part of meaning ('Go' and 'You are going to go' do not mean the same). Therefore, in order to understand what somebody meant, we have to know what mood his speech act was in. And this is to know something about its illocutionary force. It is therefore incoherent to say, both that locutionary acts are the sole repositories of meaning, and that one can specify the locutionary act without mentioning its illocutionary force. Meaning is, in part, illocutionary act potential (Alston 1964). This does not necessarily imply that other elements in the illocutionary force cannot extend beyond the locutionary act as specified. It has been alleged, for example, that we could know what a person meant when he said 'The ice is thin', and thus know what locutionary act he performed, without knowing whether he intended it with the illocutionary force of a warning or a mere statement of fact. I would dispute this, but it would need too long an excursus into such notions as warning to settle the matter. It can at any rate be granted that, as Austin (1962 a, 32; 69) pointed out, there are often ways of making the illocutionary force of our utterances explicit and thus disambiguating the sentence. We can do this by saying either 'I warn you that the ice is thin' or 'I affirm that the ice is thin'.

3.2. Be that as it may, the locutionary and illocutionary acts lie together on the other side of an important divide from the perlocutionary. For perlocutionary acts there can be no logic in a strict sense. The reason is that, as we have seen, logic is determined by the rules or conventions for the use of words, and perlocutionary acts (what we are doing or trying to do by saying things) need not be controlled by any rules or conventions of a logical sort (cf. Austin 1962 a, 118). It is true that what we can do by saying something depends on what the something is — i. e. on what we are doing in saying it — but it depends on much else; we have to size up the situation and think what would be the likely effects of certain utterances. Telling someone

that the ice is thin may be a way of getting him not to go on the ice; but if he is a daredevil who does not fear cold water it may be a way of getting him to go on it. If he is a normal person who trusts us, it may be a way of getting him to believe that it is thin; if he is untrusting or countersuggestible, it may be a way of getting him to believe that it is not thin. And similarly with imperatives. Say 'Go on the ice' to a trusting child, and he may go; but say it to an untrusting or rebellious one, and it may make him do the opposite. Thus the same illocutionary act with the same meaning may have different perlocutionary effects, and this in itself shows that the perlocutionary effect or intended effect is not part of the meaning.

What may be called the 'verbal shove' theory of the meaning of imperatives has therefore to be rejected (Hare 1952, sec. 1.7; 1971 c, 91 ff). If 'pragmatics' is taken confusedly to cover both illocutionary and perlocutionary acts, we can say that to study the meaning of imperatives is to study their pragmatics; but only the illocutionary part of their pragmatics at the most. If we stray beyond this, we are no longer studying their meaning at all. Once we realize this, we shall not include as imperations speech acts which are clearly statements, such as 'There is dust on the table' said by a demanding lady to her housemaid. It has been alleged that this is really an imperation, because it is intented to *get* the housemaid to dust the table. It may indeed be so intended; but that does not make it an imperation. It is a statement, which, in conjunction with an assumed standing order of the house (which *is* an imperation) that when tables are dusty they are to be dusted, entitles the housemaid to infer the imperation that she is to dust the table. So, if the housemaid is both logical and obedient, saying this will get her to dust the table. But she has understood the meaning of the utterance perfectly well even if she is not obedient, and even if she has not heard of the standing order, and even if she is too stupid to think that there might be one. If she is stupid enough, she may not dust the table even if the tone of her mistress is menacing. She will not know what to do, because she has not been told that (s. art. 93).

3.3. The relevance of all this to ethics is this. Moral judgements are, in a sense to be explained later, prescriptive, and therefore akin in some respects to imperations. The school of moral philosophers called *emotivists* realized this. But, infected with the confusion about pragmatics that I have just been exposing, they were led into the error of thinking that the meaning of moral judgements had to be explained in terms of their perlocutionary effect (Urmson 1968, 29 ff). This is evident from the title of the part of Charles L. Stevenson's *Ethics and Language*: Pragmatic Aspects of Meaning (1944, 37), which sets the tone for the whole book. But the same thought is to be found in Alfred J. Ayer (1936, chap. 6), and seems to be implicit in Carnap (1935, 23). It led people to look for the source of the meaning of imperations, and therefore of part of that of moral judgements, in their power of *getting* people to do things. But the perlocutionary act of getting them to do something is a quite different thing from the illocutionary act of telling them to do it (Hare 1951, secs. 2; 3, 206 ff). As we have seen, the latter may be a means of achieving the former; but this does not make them the same act in the sense relevant here. In particular, the illocutionary act of telling to is subject to logical control, just like the illocutionary act of telling that. In telling to, one must not contradict oneself, any more than in telling that; otherwise one is not telling people to do anything that they can do. But in getting to, including in getting to believe that, one may contradict oneself if that is the most effective way of doing it.

The emotivists thus confused the essentially irrational or arational perlocutionary act with the logic-governed illocutionary act. So they not only thought without good reason that there could be no logic of imperations, but, because of this confusion, tainted moral judgements with the same irrationality. I have even heard it argued that because moral judgements are material for rational thought, and imperatives are not, moral judgements cannot be imperatives. But the boot is on the other foot. Because imperations have to obey logical rules, the fact that moral judgements share some of their properties is no obstacle at all to the rationality of moral thinking. Therefore rejections of non-descriptivist ethical theories, on the ground that moral judgements are not statements in the narrow sense — not constative, to use Austin's term (1962 a, 6 n.). — miss the point entirely. It can be allowed that in certain senses moral judgements can be called true or false (Hare 1976, 202); but even if they could not, their rationality would not be impugned. All the

same, we shall see later that the prescriptivity of moral judgements, so far from being a bar to their rationality, is a vital ingredient in it.

3.4. But before showing this, it is time to ask in what sense moral judgements are prescriptive, and how their prescriptivity combines with their other features. And this cannot be clarified until we have explained what prescriptivity is. We have already used the word to describe the genus of speech acts to which imperations belong; they are the paradigm of it. The simplest way of characterizing this genus is to say that a speech act is prescriptive if someone who assents to it is not being sincere if he does not act accordingly (i. e. at the time and in the way specified), when he is the person whom it charges with fulfilling it, and is physically and psychologically able to do so (Hare 1952, sec. 2.1.). But there are some ambiguities here which need to be unravelled. Expressions like 'the subject' and 'the addressee' (of an imperation) can mean three different things. They may denote the person to whom an imperation is spoken or written. Or they may denote the person or thing to which the grammatical subject of the sentence used refers. Or they may denote the person charged with complying with the imperation. These may all be different people or things. If the grande dame in our previous example says to her butler 'The table is to be dusted', the grammatical subject refers to the table; the person spoken to is the butler; and the person who is charged with complying is the housemaid (butlers do not dust tables).

In the present context it is the person charged that interests us. Let us call her, not the addressee of the subject, but the chargee. A prescriptive speech act is one such that, if I am the chargee, and I assent to the speech act, I cannot be assenting sincerely if I do not act accordingly. For example, if the above command is addressed to the housemaid, who knows that she is the person charged with dusting tables when they are to be dusted, and she assents by saying 'Very good, madam', she is not assenting sincerely if, though she could dust the table, she at once slinks off to bed without dusting it.

4.   The prescriptivity of
moral judgements

Are moral judgements prescriptive in this sense? Certainly not all are. The housemaid can assent to the judgement (even taken in a moral sense) that she ought to dust the table, and still slink off to bed. The question is rather, 'Is there an important class of moral judgements which *is* prescriptive, and if so what is the relation between those that are and those that are not? It can be argued (but not here) that Plato (see Hare 1982, 56; 66), Aristotle (*Eth. Nic.* 1143 a 8; 1147 a 25 ff), David Hume (1739, III, 1, 1), Immanuel Kant (1785, sec. 2, par. 12 f) and John Stuart Mill (1843, VII, 12) (s. art. 30) all thought that moral judgements were typically prescriptive, though probably none of these thought that all were, nor that this exhausted their meaning, any more than I do. I have argued elsewhere that there is a prescriptive use of moral judgements, and that this is central in two senses. The first is that if this use is explained, the others can be explained in terms of it and fall into place (Hare 1952, chap. 11). The second is that, as I have just said and shall explain fully later, their prescriptivity is a vital ingredient in moral reasoning (6.3.; Hare 1981, sec. 6.1.).

It was his recognition, inherited from Socrates and Plato, that moral and other normative judgements are prescriptive, that made acrasia or weakness of will a problem for Aristotle. If they are, how could the housemaid assent to one and then slink off to bed? If Aristotle had been a pure descriptivist, as some of his pretended modern followers seem to themselves to be, there would have been no problem for him in the housemaid's backsliding. He devotes half a book to resolving the Socratic problem (*Eth. Nic.* 1145 b 21 ff), because he, like Socrates, has to explain how one can accept a prescription and then not act on it. His explanation, though not completely adequate, is more subtle than that of Socrates. It consists in pointing out that the prescription in question is universal (the housemaid knows she ought to dust the table because she knows the universal rule of the household, and all households that are as well ordered, that dusty tables ought to be dusted, and knows the particular fact that this table is dusty). Though his example is different, Aristotle could say that she can backslide from the universal rule because she is tired and wants to go to bed, and therefore ignores the particular fact, even though it is evident enough. This summary does not do justice to the subtlety of his solution to his problem, and I have myself suggested a more complex solution (Hare 1963 a, chap. 5, 1992 a). But the important thing is that there is a problem, which there would not be if we were descriptivists.

5. The universalizability of moral judgements

If, in spite of this alleged difficulty, we recognize that central cases of moral judgements are prescriptive, we still have to recognize also that they are not *purely* prescriptive. That indeed is the major part of the more complex solution to the problem of acrasia. As Aristotle (*Eth. Nic.* 1147 a 31) and Kant (1785, sec. 2, par. 31) both saw, moral judgements are not merely prescriptive but *universally* prescriptive. And the universality of the moral prescription easily introduces a non-prescriptive element into its meaning. To explain this: if the housemaid accepts the universal rule that dusty tables ought to be dusted, this rule will assume for her (obedient girl as she normally is) the status of fact. That is, if ever she is tempted (as now) to neglect her duty, she will not be able to avoid thinking of the possibility that her mistress or the butler will notice the omission and punish her; and, if they do, *that* is a real enough fact. And so is the fact that she is frightened by the thought. Some people's attitude to morality is like that of the housemaid to the butler. Even when the housemaid has left that (or all) employment and has a house of her own — even when there is no longer a grande dame and the butler is out of work — she will not be able to escape the feeling of guilt caused in her by the sight of a dusty table for which she is responsible.

It is easy for the irreligious to proceed from this analogy to the thought that God does not exist, or is dead, and that therefore everything is permitted (s. art. 103). They should reflect on two things. The first is that, God or no God, the attitudes that make us revere the laws of morality are a social necessity; we could not live in communities without them. Kant may have carried this reverence to excess, and his moral law was no doubt too simple and rigid. But society would collapse unless children were brought up to feel bad when they do bad things; and we should not let psychologists convince us otherwise without empirical evidence to the contrary. The second is that a reflective critical morality can *justify* these laws or rules or principles and our attitudes to them. So even if there were no grande dame we would have to invent her. Critical moral thinking can also amend the principles if they are seen to be unsuited to our situation (Hare 1981, sec. 3.3.).

5.1. The inescapable factuality or descriptivity of moral principles has a logical as well as a psychological basis (Hare 1963 a, chap. 2). Moral judgements are like factual statements in many respects (on the face of it, they resemble each other more than either of them resembles imperations). It is easy, therefore, to think that they are like them in all respects. It is made easier still by the existence of a large class of moral judgements, referred to above, which are not prescriptive. The similarity is so great that I have thought it right to follow Stevenson (1944, 62 ff) in using the term 'descriptive meaning' for the element in the meaning of moral judgements that makes them like constative speech acts. This is not the same as the *phrastic* referred to above (2.1.); that is something else, which would indeed be a part of moral judgements even if they were plain imperations, which they are not.

The element I am calling descriptive meaning can best be indicated by a non-moral example, borrowed from J. O. Urmson (1968, 133). If you are meeting a girl at the station and do not know her by sight, I may enable you to recognize her by saying, among other things, that she has a good figure. To say this is to describe her, and my purpose has nothing to do with prescribing the acquisition of such figures. We all know what in our society counts as a good figure, so you will know what to look for. If your informant were a member of a society that thought fat girls more nubile, you would look for a different sort of figure. Thus the descriptive meaning of 'good figure' is different in the two societies.

Because the standards or criteria for commendation vary from society to society and from century to century, whether we are speaking of moral or of other kinds of commendation, the descriptive meaning of words like 'good', 'right', 'wrong', and 'ought' can be relied on only within a certain circle; but within that circle it is reliable enough. Other evaluative and normative words have their descriptive meaning so firmly tied to them that it is hard to use them in communication between different societies; so that, if we were confined to the latter class of words (for example 'blasphemous' and 'cruel'), we might not be able to talk about values to those who did not substantially share our own values. We should have to fight one another. It is the existence of shared general value-words like 'ought' that makes peaceful rational discussion between cultures possible (Hare 1986, 132 f).

5.2. Moral judgements acquire a descriptive meaning, even without butlers to enforce them, because of an important logical feature that they share with other value-judgements, called *universalizability* (Hare 1963, 10 ff). One way of approaching this is to say that all such judgements are made for reasons: that is, because of *something about* the subject of the judgement. The girl's figure could not be good if it were not good because of something about her measurements. A man cannot be a good man, if not because of something about the sort of man he is. An act cannot be wrong, if not because of something about it. They cannot be good or wrong just because they are good or wrong; there must be properties other than their goodness or wrongness which make them so. This feature of value-judgements is sometimes called 'supervenience'. Causal statements have it too: if an event causes another, there could not be an otherwise qualitatively identical situation in which the corresponding events were not conjoined and causally linked. This is the basis of the ›covering law‹ theory of causal explanation (Hempel 1965, 345 ff). And the notion has other applications too. But moral philosophers should not be misled by philosophers of mind and others who have borrowed the word and used it in another meaning which they have not made clear (Hare 1984, 15 f).

That moral properties supervene on non-moral properties means simply that acts, etc., have the moral properties because they have the non-moral properties ('It was wrong because it was an act of inflicting pain for fun'), although the moral property is not the same property as the non-moral property, nor even entailed by it. Someone who said that it was an act of inflicting pain for fun but not wrong would not be contradicting himself, though most of us would call him immoral. Logic does not forbid the adoption of different moral standards by different people; it simply prohibits a single person from adopting inconsistent standards at the same time, and says that they *will* be inconsistent if he says conflicting things about situations which he agrees to be identical in their universal non-moral properties.

6. What can formal reasoning do for substantial moral issues?

It has been disputed whether the universalizability of moral judgements is a logical feature of them, or embodies a substantial moral principle. A ground for holding the former view is that we react to breaches of the principle in the same sort of way as to breaches of logical principles. If someone says that there are two situations identical in all their universal properties, but says he thinks that the protagonist in one ought to tell a lie, but the protagonist in the other ought not, we are likely to be as nonplussed as if he had said that he thought that a rotating disc was both stationary and not stationary (cf. Plato *Rep.* 436 d). In either case there could be an explanation. In the second he might mean that the axis of rotation was stationary, so that the disc continued to occupy the same region of space, but that within this region it moved around its axis.

In the first case there could be many explanations, but none of them would impugn the universalizability thesis. The protagonists in the two cases might themselves have different characteristics. But when the thesis speaks of identical situations, it must be understood as ruling out this difference too. Another possibility is that in one case the person to be lied to is the mother of the protagonist, and in the other not. One can only have one (genetic) mother, and it might be thought therefore that this makes a difference, because to tell lies to one's mother is worse than if someone else tells them to a person (perhaps even the same person) who is not his mother, however similar the situations. But relations can be universal properties, and the relation *being the mother of* is one such. The situations are different in respect of a universal relational property, because in one the liar and the person to be lied to are related as mother to son, and in the other not. Examples like this force us to make clear what the thesis means by 'universal property'. A simple, and for our present purposes sufficient, definition is the following. A property is universal if, in order to specify it, it is not necessary to mention any individual (for an apparent exception, in which the expression referring to that individual is preceded by 'like' or its equivalent, see Hare 1963 a, sec. 2.2.).

6.1. It is sometimes claimed that the thesis of universalizability is inconsistent with the principle of the identity of indiscernibles. For it claims that, if there were two situations identical in all their universal properties, the same moral judgement would have to be made about both; but the principle of the identity of indiscernibles holds that there cannot be two situations, numerically different, but identical in all their universal properties (s. art. 83). However, it has been convincingly argued that in this extreme form the principle of identity of indiscernibles is not true (e. g. Strawson 1959, 119). It is true in less extreme forms, e. g. if it claims only that things identical in all their universal properties *and* in their relations to individuals must be numerically identical; but this obviously causes no trouble to the universalizability thesis.

There is a further problem about whether being actual as opposed to merely possible or hypothetical is a universal property (Hare 1981, sec. 6.4). If it were, a form of special pleading would become possible in moral reasoning, by which an aggressor could claim that he would never be actually in the position of his victim, and that this difference was morally relevant. It is perhaps best to follow those (e. g. Lewis 1973 a, 85) who claim that the actual world cannot be distinguished from possible worlds without a reference to individuals, namely those who are actual; but not to follow them into thinking that possible worlds have some real existence in limbo (s. art. 88). In any case it seems that making moral distinctions on the ground of actuality would be rejected on logical grounds as we use words like 'ought'. If someone said 'I ought in the actual case, but someone else ought not in an identical hypothetical case', we should not understand what moral principle he was invoking, because a moral principle which applied to the actual case but not to hypothetical cases exactly like it would not be counted by us as a moral principle, whatever our substantial moral views were, nor as any other sort of normative principle. This problem has analogies with the old one of whether existence is a property.

Clearly those who think that the universalizability thesis is a substantial moral principle and not a logical doctrine will by this time be getting restive. They will think that we have fixed the logic so as to enable us to reach substantial conclusions in moral arguments. We must ask them to be patient until we have explained how the arguments work (see 6.3.). Until then we can only point out that we would object to the above conjunction of moral judgements about the actual and hypothetical cases even if we knew nothing whatever about the substantial moral opinions of the person who made them; so it cannot be anything substantial that we are objecting to. The objection must therefore be logical. Suppose, even, that he also says that on other grounds he believes in complete impartiality between people, himself and others. It is not inconsistent to believe in impartiality between people, and still try to call the difference between actual and hypothetical morally relevant; for if it were relevant, it could be used impartially between people. So we cannot be introducing a substantial moral principle requiring impartiality between people by insisting that actuality is not a morally relevant feature (on the problem of moral relevance in general see Hare 1978, 73; 1981, sec. 3.9).

6.2. We have found reasons for thinking that the universalizability thesis is a logical and not a substantial moral doctrine. The main ground on which people have thought otherwise is that the thesis does seem to have implications of a substantial sort for moral arguments, and there is some suspicion of a conjuring trick — of producing a substantial moral rabbit out of a logical hat. Moral philosophers have so often attempted similar tricks that one is right to be suspicious. For example they have sought to attribute a certain meaning on logical or conceptual grounds to phrases such as 'human needs', and have then gone on to extract substantial moral principles from these definitions. How we can allay this suspicion will not be clear until we have set out more fully the argument from formal logical or philosophy-of-language considerations to an account of substantial morality. Here we must simply note that formal considerations are only one element in moral arguments. Others are the facts about situations, which are substantial, and in particular facts about people's *wills*, to use Kant's word; and these facts too are substantial.

Kant said that we are to treat humanity never merely as a means but always also as an end, and in developing this idea he said that ›the ends of any subject which is an end in himself ought as far as possible to be my ends also‹. He also says that "the natural end which all men have is their own happiness/ der Naturzweck, den alle Menschen haben, ihre eigene Glückseligkeit [ist]" (Kant 1785,

sec. 2, par. 52). More generally, someone's ends are what he wills for their own sakes (cf. Aristotle *Eth. Nic.* 1094 a 18). Given the *fact* that he wills them (we could say, wills them rationally, i. e. prudently, i. e. assigning equal weight to ends which he will later will) and given the *formal* requirement to will universally without distinctions between individuals, this, in so far as we will rationally (in a different sense of the word, i. e. in a way that could be expressed as a universal 'ought'-principle or law) will constrain us to will only those actions which we can will equally for the case in which we are in his position (that of willing the ends which he now wills). So if there is a conjuring trick, Kant too performed it.

6.3. Let us try to set out this essentially Kantian method more clearly, and relate it to its basis in philosophy of language. If moral judgements are prescriptive, as has been argued (4.), then in making one I am asking that it be acted on, and, if sincere, must will this. But if they are also universalizable (5.), I am, in making one, implicitly making identical judgements for all situations identical in their universal properties, no matter what role particular individuals, including myself, occupy in them. The question of what moral prescriptions I am prepared to issue thus resolves itself into that of what I am prepared to will for all situations of a given sort, no matter what role I occupy. Thus to issue a moral prescription I must accept the consequences (even the hypothetical consequences) of its being obeyed whatever role I occupy.

How constrictive this is will depend on what I will should be done to myself, were I in those various roles. The roles include the fact that the wills of the people in them are what they are. If I were in those situations, my will would in each case be the same as the present will of the person who is now in it, since the willing is part of the situation. So the question resolves itself into that of what I now will (N. B. not what I *would* will) should be done to me in those situations, in which I willed what they now will.

6.4. But here another factor enters, also obtainable from the logic of our language. By an argument which does not invoke universalizability, we can see that I must have as much regard to what I would will in those situations, as I do to what I now will. For if I do not, I am either not representing the situations fully to myself, or else not thinking of the person in them as *myself*. To think of him as myself is to identify myself with his will. This is part of what we *mean* by 'myself'. Reflection on the meaning of 'myself' should convince us of this. The case is analogous to what I think about *future* states of myself which I except to be actual. If I know what I shall then will, and am really thinking of the person in the situation as *myself*, and do not irrationally discount the future, my will must be as strongly engaged as that of the future person who will be me. If anybody doubts this, he should arrange for himself to be whipped, and reflect on his state of mind just before it happens (cf. Aristotle *Eth. Nic.* 1115 a 24). Failure to engage my will in this way is always due either to a failure of representation of the situation of the person that I shall be, or to a failure to think of him as *myself*.

Since for moral argument hypothetical identical situations are as relevant as actual (cf. 6.1.), I have to will that the same should be done to me in them too. They will include all the situations in which I would occupy the roles of those affected by proposed actions of mine. I am therefore faced with the problem of finding a universal prescription for situations like that which I am presently in, which I can accept equally for all the identical situations that I could be in, in different roles. This in effect gives equal weight in my moral thinking to the wills of all those affected by my actions. The Kingdom of Ends is not really a kingdom, but a democracy with equality before the law. But if all wills have equal weight in proportion to their strength (for obviously how strong they are must make a difference) then the problem of doing justice between all these wills is to be resolved by choosing the moral prescription which maximally realizes the fulfilment of them, treating all impartially and giving them weight according to their strength.

6.5. This development of Kant's ideas thus turns into a kind of rational-will utilitarianism. He is, admittedly, selective with regard to the kinds of will that he is prepared to enfranchise: they have to be rational; but many utilitarians accept this. This shows the superficiality of the commonly accepted dogma that Kant and the utilitarians need to be at odds. If the two doctrines are sympathetically formulated, they are in agreement (Hare 1993). The disagreement remaining is

one *within* utilitarianism, as to whether any kinds of will are to be excluded from consideration. And such a formulation involves the use of insights from the philosophy of language. There is no space here to develop these insights further, nor to deal with other objections and difficulties, as I have tried to do elsewhere (Hare 1981, chaps. 7−11). This would take us away from the philosophy of language to the philosophy of education, in order to show how in practice we manage to find a level of moral thinking more suited to us humans than the somewhat demanding level in which Holy Wills can engage.

It was Kant's predicament in between these levels (dare we say his insufficient grasp of an important difference between the levels?) that led him to try to justify what are only simple, general, *prima facie* intuitive principles (suitable to our human condition) *directly* by appeal to the Categorical Imperative; and this notoriously got him into trouble. The right way to try to justify them would have been to show that a Holy Will (perhaps God, whom Kant would have liked to believe in) would, by a use of the Categorical Imperative as it would be used by such a supremely rational will, select these simpler principles for the guidance of less rational wills than his own. But "we have no intuition of the divine perfection, but can only deduce it from our own conceptions/ [wir können] seine [i. e., des göttlichen Willens] Vollkommenheit doch nicht anschauen, sondern sie von unseren Begriffen [...] allein ableiten" (Kant 1785, sec. 2, end). We have no direct access to what a good God would will, so we have recourse to our own imperfect reason as the best means available to us.

6.6. In conclusion, we have to ask, in deference to an earlier objector (cf. 6.1.), whether this development of Kantian ideas relies on resources lying beyond the philosophy of language, and in particular on antecedent substantial moral ideas and intuitions. Kant called his most-read work on this subject *Grundlegung zur Metaphysik der Sitten*. What has been sketched in this article is a kind of ›Grundlegung zur Logik der Sitten‹; and, as we have seen (2.2.), logic and metaphysics are hard to tell apart. It certainly does not seem as if we have relied on extra-logical premises. Anyone who doubts this should look for them. The argument has been generated using the following elements: first, the prescriptivity of moral judgements; secondly, their universalizability; and third, the thesis that fully to represent another's situation to oneself one must come to have a will similar to his for a situation in which one occupies his role. The last of these elements was obtained by considering what full representation of a hypothetical situation means, and what it means to think of a person in it as myself. All these are conceptual or logical moves, not involving appeals to substantial moral intuitions. Although, therefore, they can all be disputed, the disputes will be within the philosophy of language, since the theses themselves belong to it. So at least we can claim to have shown the relevance of philosophy of language to ethics.

7. Selected references

Austin 1962 a, *How to Do Things with Words.*
Ayer 1936, *Language, Truth and Logic.*
Hare 1952, *The Language of Morals.*
Hare 1963 a, *Freedom and Reason.*
Hare 1982, *Plato.*

Richard M. Hare,
Oxford (Great Britain) | Gainesville (USA)

105. Sprachphilosophie in der Ästhetik

1. Thema philosophischer Ästhetik: operationale Wissensbildung

1.1. Die Sphäre der Sensualität

Sinnlich wahrnehmend, *sensuell* beginnen wir uns in der Welt zu orientieren, um uns miteinander über die Welt zu verständigen, womit wir schließlich die Sphäre der *Sensualität* überschreiten. Dieser Sachverhalt hat zur Folge, statt vorab Gliederungsleistungen allein an die Welt beziehungsweise an die dazu benötigten Mittel zu delegieren, einen Entfaltungsprozeß beginnen zu müssen, der gliedernde Mittel und mit ihnen zu gliedernde Gegenstände gemeinsam entwickelt, um dann beide allmählich voneinander abzuheben. In der Regel schießen in Handlungsaktualisierungen wie schwimmen, klettern, herunterrutschen Handlungs- mit Gegenstands- und Mittelanteilen zusammen, die sich erst im Zuge der Schemabildung voneinander trennen lassen. Sich in der Welt orientieren weist unser Können als eine Art Wissen aus, insofern derjenige etwas kann, der um etwas weiß, sich auf etwas versteht; sich über die Welt verständigen weist unser Wissen als Wissen darüber aus, daß etwas der Fall ist. Zum Können als *operationalem* Wissen tritt *propositionales* Wissen (Lorenz 1993, 33). Beide Typen von Wissen verwenden Zeichen, die die Trennung zwischen Gegenstand und Zeichen gradweise zu vollziehen erlauben, so daß die Erfahrung ihrer Differenz weniger abrupt als kontinuierlich gemacht werden kann. Nähe beziehungsweise jeweilige Entfernung zwischen Gegenstand und Zeichen wird in der philosophischen Tradition durch die Formel 'klar und deutlich' (lat. (adjektivisch) 'clara et distincta' bzw. (adverbial) 'clare et distincte') beurteilt; operationales Wissen durch 'klar', propositionales Wissen durch 'deutlich' (mit Implikation von 'klar') (Gabriel 1972, 5.2; 1975, 8.3; Markie 1979). Propositionales

Wissen, heißt das, ist nicht selten mit operationalen Wissensanteilen durchsetzt. Unter dem Titel 'Sprachphilosophie in der Ästhetik' gilt es deshalb zu klären, was 'klar' bedeutet im Hinblick auf operationale Wissensbildung. Denn 'klar' ist grundlegendes Beurteilungsprädikat für diesen Bereich des Sich-Verstehens-Auf als sinnliche Erkenntnis (*cognitio sensitiva* bei Baumgarten), dem Untersuchungsgebiet *philosophischer Ästhetik*.

1.2. Wissenschaft von der sinnlichen Erkenntnis und Darstellung

Ausgangspunkt einer Grundlegung der Ästhetik als systematischer philosophischer Disziplin ist für Alexander Gottlieb Baumgarten (1714–1762), operationales Wissen als eigenständige Erkenntnisleistung zu begründen auf dem Weg von der ›cognitio confusa‹ zur ›cognitio sensitiva‹ (Baumgarten 1961 [1750/58]; Schweizer 1973; Baumgarten 1983 b). Dabei wird aus dem in deutscher Übersetzung deutlich negativ besetzten ›verworrenen Erkennen‹ das positiv besetzte ›vermischte‹, ›komplexe Erkennen‹, Darstellen als ›sinnliches Darstellen‹ beziehungsweise ›sinnlicher Ausdruck‹ eingeschlossen (Franke 1972, Kap. III; Cassirer 1989 c [1932]). Eigenständigkeit wird dadurch geprägt, aufgrund eines sensuell erzeugten Sinns einem eigenen Geltungsanspruch genügen zu können, wie er zu jeder Darstellung gehört. Baumgarten in seiner *Metaphysica* (§ 533): „Scientia sentive cognoscendi et proponendi est AESTHETICA" [Die Wissenschaft der sinnlichen Erkenntnis und Darstellung ist die ÄSTHETIK] (Baumgarten 1983 a, 16 f; Formulierungsvarianten, 90 f, Anm. 80). Immanuel Kant, ›Vorstellungen‹ in ›Anschauungen‹ und ›Begriffe‹ einteilend (*KrV*, B 33 ff), setzt hier die besondere Fertigkeit an, nämlich das ›Vermögen‹ der ›sinnlichen Anschauung‹, durch die Gegenstände gegeben werden können. Im Vergleich mit der ›sinnlichen Erkenntnis und Darstellung‹ geht es demzufolge um das Sinnliche-Präsent-Werden(-Lassen) und Sinnliche-Präsent-Machen der Gegenstände. Operationales und propositionales Wissen teilen sich das Erkenntnisterrain auf der Basis unseres Handelns, dem all unser Wissen entstammt.

1.3. Aesthetica utens: erzeugender Gebrauch ästhetischen Handelns

Generell verbinden Handlungen einen aktiverzeugenden, *ausführenden* mit einem passivvernehmenden, *anführenden* Anteil. Als Doppelrolle können Ausführen und Anführen auch vom selben Akteur übernommen werden, nämlich im *Vorführen* als einem aufmerksamen, bedachtsamen Ausführen (Gerhardus 1978). Im Hinblick auf Können heißt das: Im *Handlungsvollzug*, seiner *produktiven* Seite, liegt Können als Einzelnes vor, im *Handlungsverstehen*, seiner *rezeptiven* Seite, liegt Können als Allgemeines vor. Ausführen und Anführen stellen die Perspektiven, in denen wir aufgrund gemeinsamer Fluchtpunkte Weltausschnitte bilden (s. Art. 77). Ohne jeden Hintersinn eines ›Doppelansatzes‹ gebraucht Baumgarten, vor diesem systematischen Hintergrund betrachtet, den Terminus 'Ästhetik' wie wir heutzutage den Terminus 'Wissenschaft' oder 'Theorie' beziehungsweise 'Physik' oder 'Archäologie'. Sinnlich erkennendes Handeln, als Gegenstand der Ästhetik kurz: ästhetisches Handeln, läßt sich produktiv (z. B.: jemand löst ein Problem) ebenso wie rezeptiv (z. B.: jemand versteht die Lösung eines Problems, die man ihm vermittelt) gebrauchen, insofern entweder der aktive oder der passive Anteil dominiert. Wie es in der Wissenschaft *begriffliches* Forschen und Darstellen gibt mit wissenschaftlichen Resultaten, von der Abhandlung bis zum *technischen* Artefakt (zum Beispiel (Meß-)Geräte, Maschinen), gibt es in der Ästhetik *sinnliches* Forschen und Darstellen als ›Entwerfen von schönen Gedanken‹, von der Abhandlung bis zum *künstlerischen* Artefakt (z. B. Architektur, Gedicht, musikalische oder bildliche Komposition) — hier spricht Baumgarten von *aesthetica utens*, vom erzeugenden Gebrauch ästhetischen Handelns. Der semiotische Status in den vorwiegend begrifflichen beziehungsweise vorwiegend sinnlichen Darstellungen ist dabei am ehesten wie eine ›Kippfigur‹ zwischen Sinnlichkeit und Begrifflichkeit, zwischen operationalem und propositionalem Wissen hin und her pendelnd, zu rekonstruieren (am Beispiel von Philosophie und Dichtung: Gabriel/Schildknecht 1990; Lorenz 1993).

1.4. Aesthetica docens: verstehender Gebrauch ästhetischen Handelns

Wie es in der Wissenschaft im wesentlichen verbalsprachlich verfaßte Lehre gibt, von der aneignenden Reproduktion lehrbuchfähigen Wissens, einschließlich der Vermittlung von Theoriestücken, bis zum regelgerechten Gebrauch von Artefakten, gibt es in der Ästhetik ebenfalls verbalsprachlich verfaßte Lehre, aber auch solche unter Verwendung von Zeichen aus anderen Zeichensystemen, von der aneignenden Reproduktion überlieferten Wissens, einschließlich der Vermittlung von Theoriestücken, bis zum verstehenden Gebrauch (›nach allen Regeln der Kunst‹) von künstlerischen Artefakten — hier spricht Baumgarten von *aesthetica docens*, von ästhetischem Verstehen, das Vermitteln dieses Verstehens ausdrücklich eingeschlossen (Poppe 1907, 72, § 2; zum Doppelansatz: Niehues-Pröbsting 1981, 96, der das ›sensitive proponere‹ einfach als ›kunsttheoretischen‹ Ansatz versteht und um den produktiven Erkenntnisanteil verkürzt). Dieser Unterscheidung folgend wird im vorliegenden Artikel aus der *aesthetica utens* heraus *aesthetica docens* in ersten Schritten thematisiert. Nach Baumgarten müßte *aesthetica docens* für sich genommen wiederum als *aesthetica utens* untersucht werden, Grundlage für eine Rekonstruktion des Ausdrucks 'Naturschönes' in der Tradition.

Baumgartens Rede vom ›Nutzen‹ der Ästhetik bezieht sich primär auf Ästhetik als Wissenschaft und deren Tauglichkeit, demnach auf Verhandlungen *über*, allen voran theoriebezogene Rede über die einschlägigen Gegenstände und davon abhängig erst auf die Gegenstände selbst (Poppe 1907, 72, § 3). Auf hier wie dort erforderliche Zeichenverwendung bezogen soll generell gelten: Der ›Ästhetikus‹, der von der ›natürlichen Ästhetik‹, dem ›natürlichen Vermögen schön zu denken‹ zur ›künstlichen Ästhetik‹, der ›Ästhetik nach Regeln gelernet‹ (Poppe 1907, 72, § 2 f), gelangen möchte, muß „die Kenntnis, sich mit den bequemsten Zeichen auf die beste Art auszudrücken, besitzen. Will er sich durch die Sprache schön ausdrücken, so muß er sich mit der Art der Sprache bekannt machen" (Poppe 1907, 109, § 64). Er muß operationale *und* propositionale Zeichenverwendung lernen, die sich zum Erwerb des entsprechenden Wissens eignet, und in der Lage sein, bei all seinen Zeichenverwendungen zwischen Objekt- und (die Beziehung zwischen Objekt- und Metaebene einschließende) Reflexionsebene zu unterscheiden.

1.5. Die Logik der Ästhetik

Das ästhetische Untersuchungsgebiet wird erschlossen in Fragen wie: Auf welchen Gegenstandsbereich richten wir unsere Sinne, um im Erkennen und Darstellen operationales Wissen zu erwerben? Denn Baumgarten möchte keineswegs Sensualität in all ihren Ausprägungen theoretisieren, sondern nur die erkennend gebrauchte. Demnach gehört das Erleben und Beobachten eines aufziehenden Ge-

witters zu den Beispielen, Augenreizung durch Sonnenlicht zu den Gegenbeispielen für sinnliche Erkenntnis. Das Beispiel der nach Lebenshilfe suchenden Lektüre von Dichtung ist hier mehr als eine Probe aufs Exempel.

Baumgarten steht in der aristotelischen, sich gegen Platon wendenden Tradition, die der Sensualität einen eigenen Logos zuspricht: „ἡ δ'αἴσθησις ὁ λόγος" (*De an.* III 2, 426 b7). Das ganze Sinnesgebiet hat praktische und theoretische Relevanz und wird zurecht selbständiger Gegenstand der Philosophie. Der all unser Wissen ordnende Logos schließt ein,

(i) daß erst die Unterscheidung von Empfindung (sensation) und Wahrnehmung (perception), wie sie Thomas Reid (1710—1796) eingeführt hat, es gestattet, einsichtig zu machen, inwiefern Empfindung ohne Wahrnehmung nicht irrtumsfähig, empfindungsfreie Wahrnehmung dagegen kaum vorstellbar ist (Ryle 1949, Kap. VII);

(ii) daß Wahrnehmungen über Invarianzbildungen von Empfindungen Gebrauch machen und daß der *unterscheidende Modus* dieses Gebrauchs der Modus sinnlichen Erkennens ist. Sinnliches Erkennen wird als ein Handeln ausgewiesen, in welchem Gegenstände nicht schlichtweg als gegeben auftreten, womit sich die Rede von 'klar' von vornherein erübrigte. In der Bildung sensueller Schemata muß Gegenstandskonstitution erreicht werden. Die traditionelle Rede von der Affektion durch vorhandene Gegenstände, die dann lediglich noch geeignet wiedergegeben werden müßten, wird obsolet (cf. 3.2.);

(iii) daß die Bestimmung des Verhältnisses von der Einheit des Sinnesgebietes zur Selbständigkeit des Einzelsinnes (z. B. ›reines Sehen‹) sowie die der Kooperation mehrerer Einzelsinne (Intersensualität, Synästhesie) (Steinhardt 1938) für die Ästhetik ausschlaggebend ist (im Hinblick auf die Sinneslehre des Aristoteles: Welsch 1987, Kap. VI; Aristoteles im Vergleich zu neuzeitlichen Positionen: Bernard 1988, Kap. III).

2.   Ästhetik heute: Aufschwung auf Kosten von Grundlegungsanstrengungen?

2.1. Krise und Stagnation der philosophischen Ästhetik

Die 1981 erschienene *Sprachanalytische Ästhetik* von Werner Strube zum Beispiel beginnt mit der Zielbestimmung, ›mittels Analyse der ästhetischen Sprache‹ einige wichtige Probleme zu lösen und so „die Ästhetik aus der mißlichen Lage herauszuführen, in der sie sich gegenwärtig befindet" (Strube 1981, 9). In der heute immer noch lediglich angekündigten *Einführung in die philosophische Ästhetik* von Brigitte Scheer heißt es in der Verlagsmitteilung von 1977: „Diese Einführung soll die Entwicklung bis in unsere Zeit verfolgen, in der eine Krisis und Stagnation der philosophischen Ästhetik herrscht" (Strube 1981, 185, Anm. 1). Schon 1973 erscheint das Themenheft der *neuen hefte für philosophie* mit der solche einhelligen Beurteilungen zusammenfassenden Frage als Titel: ʻIst eine philosophische Ästhetik möglich?ʼ. In diesem Heft macht Rüdiger Bubner für den ›Niedergang der philosophischen Ästhetik‹ die „radikale Selbstbefreiung der künstlerischen Produktion aus dem herkömmlichen ontologischen Gehege" (Bubner 1989 b [1973], 9) verantwortlich. In derselben Publikation beginnt Rudolf Haller seinen Beitrag: „Wer sich mit Fragen der Ästhetik befaßt, tut gut daran, seine Erwartungen auf einen Punkt zu senken, der Enttäuschung nicht zuläßt" (Haller 1986 b [1973], 129).

2.2. Boom des ästhetischen Denkens

Trotz dieser insgesamt kaum mehr als zwanzig Jahre zurückliegenden Nullpunktbewertung boomt gegenwärtig die Ästhetik. Doch es ist ein Verdrängungsboom. Verdrängt wird das Dauerdesiderat der Grundlagendiskussion auf diesem Gebiet, eine überfällige Diskussion, die seit der Jahrhundertwende laufend angemahnt wurde, recht besehen schon seit Ästhetik sich nicht mehr auf systemgeschütztes Philosophieren verlassen kann. Aus ›ästhetischer Reflexion‹ hegelscher Provenienz wird ›ästhetisches Denken‹. Spätestens mit diesem allumfassenden Denken scheinen wieder einmal berechtigte Bedenken verflogen, auf Sand zu bauen. So fragt am Schluß seines Berichtes Josef Früchtl mit unmißverständlicher Skepsis, „ob das ästhetische Denken mehr ist als die Ideologie verwöhnter Wohlstandskinder" (Früchtl 1993, 27). Aus dem falschen Fundamentalismus des ›Universalanspruchs der Hermeneutik‹ (s. Art. 45) (Gadamer 1975 [1960]; dagegen: Becker 1962; Kamlah 1975 b [1973]) wird der ebenso falsche Fundamentalismus des ›Universalanspruchs der Ästhetik‹ (Welsch 1990; dagegen: Seel 1993; Boehm 1993). Sah Moritz Schlick 1909 noch deutlich den konservativen Sachverhalt, daß die Beschäftigung mit Grundle-

gungsfragen auf dem Gebiet der Ästhetik gewöhnlich in Annäherung an die Metaphysik geschieht, so wird im ›nachmetaphysischen Denken‹ die Begründungsproblematik dieser philosophischen Disziplin in die „Betonung der Pluralität der Vernunftformen und Sprachspiele" (Früchtl 1993, 23), statt mit Schlick darauf zu setzen, daß eine solche Selbstbesinnung dazu beitragen kann,

„bei einer Beurteilung, bei einem wertenden Überblick über die verschiedenen Lösungsversuche und ästhetischen Systeme als Leitschnur zu dienen oder sogar die Richtung mancher Untersuchungen selbst zu bestimmen. Vor allem vermag sie Licht zu werfen auf die Frage nach der Möglichkeit und Zweckmäßigkeit bestimmter Theorien und Anschauungsweisen — eine wichtige Frage für eine Disziplin, in welcher über die positiven Resultate im allgemeinen noch keine rechte Einigung hat erzielt werden können" (Schlick 1909, 103).

2.3. Geschmeidiges Denken

Statt zunächst nach dieser ›Leitschnur‹ zu suchen, wird Ästhetik heute kurzerhand zur ›Leitwissenschaft‹ (Welsch) erhoben, bei deren methodologischen Fragen kaum Erklärungsbedarf besteht. In seinem programmatischen Aufsatz *Die Wende der Philosophie* von 1930 geht Schlick davon aus, daß „im Altertum, und eigentlich bis in die neuere Zeit hinein, Philosophie einfach identisch war mit jedweder rein theoretischen wissenschaftlichen Forschung". Das deutet darauf hin, „daß die Wissenschaft sich eben in einem Stadium befand, in welchem sie ihre Hauptaufgabe noch in der Klärung der eigenen Grundbegriffe sehen mußte". Er folgert daraus:

„Wenn [...] auch gegenwärtig noch z. B. Ethik und Ästhetik [...] als Zweige der Philosophie gelten, so zeigen diese Disziplinen damit, daß sie noch nicht über ausreichend klare Grundbegriffe verfügen, daß vielmehr ihre Bemühungen noch hauptsächlich auf den Sinn ihrer Sätze gerichtet sind" (Schlick 1969 b [1930], 37).

Statt um Sinn der Sätze geht es jetzt um ›Geschmeidigkeit des Denkens‹. Eine Rehabilitierung der Ästhetik in der geordneten Gangart einer philosophischen Disziplin, wie sie inzwischen der Ethik gelungen ist (Riedel 1972; 1974), steht nach wie vor aus (Koppe 1983; 1991). Für eine der jüngsten, der Ästhetik entsprungenen Fachwissenschaften, der Kunstwissenschaft, stellt Ernst Cassirer (s. Art. 37) 1942 fest: „Blickt man [...] auf die Grundbegriffe [...] der Kunstwissenschaft [...] hin, so wird man zu seiner Verwunderung gewahr, daß sie gewissermaßen noch immer heimatlos [ist]: sie [hat] im System der Logik [der Fachwissenschaften, D. G.] ihren ›natürlichen Ort‹ noch nicht gefunden" (Cassirer ²1961, 58). Statt den Grundbegriff der ästhetischen Wahrnehmung oder der ästhetischen Bildwahrnehmung zu behandeln, werden aus der Rezeptionsperspektive etwa „drei Formen ästhetischer Wahrnehmung" hervorgehoben, denen je „eine andere Art des ästhetischen Objekts" (des Kunstwerks, D. G.) (Seel 1991, 5; 1993) entsprechen sollen, als ob ausgerechnet für die sich ausdrücklich einem Erzeugungsprozeß verdankende Kunst Wahrnehmung stets zugleich ermöglichend und leitend sei. Um Kant zu paraphrasieren: Wenn all unser Erkennen, allem voraus sinnliches Erkennen, mit der Wahrnehmung anhebt, so entspringt es darum doch nicht, insbesondere künstlerisches Erkennen, der Wahrnehmung. Einerseits ist Kunst nicht nur ein Erkenntnismittel, sondern selbst erkenntnisproduktiv, andererseits sind in der Kunst bereits mimetische Verfahrensweisen hinsichtlich der Wahl dessen, was nachgeahmt werden soll (z. B. Bildformat; Ausschnitt in der Fotografie), nicht mit Wahrnehmung allein zu verrechnen (s. Art. 108; cf. 3.2.).

2.4. Aktualität der Grundlagenforschung im ästhetischen Bereich

Was sich vielerorts an ästhetischen Aktivitäten vordrängt unter dem Stichwort 'Aktualität des Ästhetischen' (Welsch 1993), hat die Sprachphilosophie hinter sich oder gar nicht erst an sich herankommen lassen. Zum Kernbestand dieser ästhetischen Aktivitäten soll hinsichtlich der Geltung von philosophischer Rede gehören,

„daß die Wirklichkeit immer fiktionaler geworden ist. Um eine solche Wahrheit zu fassen, bedarf es dann gerade eines ästhetischen Denkens. [...] Wo Wirklichkeit aus weichen Mäandern und ununterscheidbaren Übergängen von Schein und Realität oder Fiktion und Konstruktion besteht, da braucht es, um solchen Prozessen auf die Spur zu kommen und einigermaßen gewachsen zu sein, ein ähnlich bewegliches und geschmeidiges Denken, da ist nur noch ein ästhetisches Denken navigationsfähig" (Welsch 1990, 57; 59).

Was inzwischen im Zuge sprach- und zeichenphilosophischer Bemühungen als ›reproductive fallacy‹ (R. Rudner) entlarvt wurde, feiert hier fröhliche Urständ. Dazu Seel:

„Weil die Wirklichkeit immer ästhetischer wird, muß auch das Nachdenken über die Wirklichkeit immer ästhetischer werden. Dieser Schluß ist selbst ein gutes Beispiel für ästhetisches Denken. Ein Beispiel für logisches Denken ist es gottseidank nicht. Sonst müßten wir am Ende immer fremdenfeindlicher werden, weil die Wirklichkeit immer fremdenfeindlicher wird" (Seel 1993, 563).

Für eine Behandlung des Themas 'Sprachphilosophie in der Ästhetik' schafft die Aktualität dieses ästhetischen Denkens ein Dilemma. Soll man sich auf den teils bizarren Universalanspruch dieses ästhetischen Denkens bis ins Detail einlassen, um in der Gegenüberstellung von ästhetischem Denken und sprachphilosophischen Anstrengungen Lücken zu markieren und Versäumnisse aufzuzeigen, z. B. daß das Erreichen der semiotischen Ebene im Sinne von Arthur Dantos ›aboutness‹ (Danto 1984 [1981]) zu kurz greift, um mit „Lebensbezug als Bedürfnisvollzug" (Koppe 1993, 205) Front zu machen gegen Nelson Goodmans symboltheoretischen Ansatz, der es ermöglicht, in Praxis und Theorie auf die Einheit des Erkennens durch alle ›symbolischen Formen‹ (Cassirer) hindurch zu setzen (Goodman 1984 a [1978]), über den Kernbereich von Kunst und Wissenschaft hinaus? Eine existentielle Komponente läßt sich wohl erst in der einzelnen symbolischen Form dort ausmachen, wo es gelingt, ausgehend von der Gleichursprünglichkeit von Gegenständen und Zeichen etwa die künstlerische und die wissenschaftliche Seite als Subjektseite und Objektseite aus der Zusammengehörigkeit von Zeichen und Bezeichnetem zu entfalten (Lorenz 1993). Oder gilt es, die inzwischen wohl historisch zu nennenden sprachphilosophischen Anstrengungen auf dem Gebiet der Ästhetik noch einmal zusammenfassend nachzuzeichnen, deren Ergebnisse und Kontroversen, insbesondere auf erweitertem sprachanalytischen Feld, inzwischen eingehend dokumentiert und dargestellt wurden (Elton 1970 [1954]; Weitz 1970 [1959]; Margolis 1978 [1962]; Goodman 1976 [1968]; Osborne 1972; Rudner/Scheffler 1972; Bittner/Pfaff 1977; Zimmermann 1980; Danto 1981; von Kutschera 1988; Lüdeking 1988; Goodman/Elgin 1988). Eine Alternative zu dieser Zwangslage: eine Leitschnur zu befestigen an Anfangsstücken philosophischer Ästhetik, zu der sprach- beziehungsweise zeichenphilosophische Ansätze methodologisch die Fasern liefern.

Zum methodologischen Standard von Sprachphilosophie und Wissenschaftstheorie gehört inzwischen die wiederum von Schlick formulierte, Ludwig Wittgenstein (s. Art. 39) aufrufende Grundeinsicht:

„Daß die Arbeit der Philosophie nicht in der Aufstellung von Sätzen besteht, daß also die Sinngebung von Aussagen nicht wiederum durch Aussagen geschehen kann, ist leicht einzusehen. Denn wenn ich etwa die Bedeutung meiner Worte durch Erläuterungssätze und Definitionen angebe, also mit Hilfe neuer Worte, so muß man weiter nach der Bedeutung dieser anderen Worte fragen, und so fort. Dieser Prozeß kann nicht ins Unendliche gehen, er findet sein Ende immer nur in tatsächlichen Aufweisungen, in Vorzeigungen des Gemeinten, in wirklichen Akten also; nur diese sind keiner weiteren Erläuterung fähig und bedürftig; die letzte Sinngebung geschieht mithin stets durch *Handlungen*, sie machen die philosophische Tätigkeit aus" (Schlick 1969 [1930], 36).

Wo ästhetisches Handeln und ästhetisches Vermitteln, nicht ästhetisches Denken seinen Sitz im durch Handlungen erschlossenen Leben hat bis ins Theoretisieren hinein, verbürgt der historisch detailliert überlieferte paradigmatische Fall des humanistischen Dichters Francesco Petrarca (1304 – 1374). Aufs eindrücklichste läßt sich an diesem Beispiel verfolgen, wie *aesthetica utens* und *aesthetica docens* zu verbinden sind, ohne jedoch miteinander vermischt zu werden. Der Dichter vollzieht eine ästhetische Handlung, um geradezu in einer Art ›ganzkörperlichem Selbstporträt‹ in Erfahrung zu bringen, wozu ästhetisches Handeln führt und welche Schwierigkeiten seine Bewertung mit sich bringt in der Verschränkung von Bericht und Beurteilung, wobei die sich ihm mit diesem Handeln stellenden Begründungs- und Rechtfertigungsprobleme auch heute noch nicht befriedigend gelöst sind. Die Bergbesteigung fand am 26. April 1336 statt.

3. Reflexive Exemplifikation

3.1. Durch Augenschein kennenlernen

Um zu verhindern, daß „durch Ortsveränderung etwa die Gemütsbewegung sich wandele", beginnt Petrarca seine zwischen Erzählung, Bericht und Beurteilung hin und her wechselnden ausführlichen Aufzeichnungen, nach dem Abstieg vom Mont Ventoux wieder zurück in der „bäuerlichen Herberge", von der aus er mit seinem jüngeren Bruder am Morgen aufgestiegen war, „in Eile und aus dem Stegreif" (Petrarca 1968, 261):

„Den höchsten Berg dieser Gegend, den man nicht unverdientermaßen Ventosus, den Windigen, nennt, habe ich am heutigen Tage bestiegen. Dabei trieb mich einzig die Begierde, die ungewöhnliche Höhe dieses Flecks Erde durch Augenschein kennenzulernen. […] Dieser Berg aber, der von allen

Seiten weithin sichtbar ist, steht mir fast immer vor Augen" (Petrarca 1968, 251; Ritter 1974 [1963]; Gerhardus 1979; Seel 1991, IV. 4.).

Das historische Ereignis der Besteigung des Mont Ventoux durch den Dichter mag *spontaner Produktivität* im gesamten Bereich des ästhetischen Handelns zu ihrem Recht verhelfen, aufbewahrt in der Semantik der zum tradierten Bestand von Ästhetik und Kunsttheorie gehörenden Ausdrücke wie (einen Prozeß, ein Werk), 'schaffen', 'gestalten'; (eine Deutung) 'vorschlagen', 'entwerfen'. Petrarca, vom Wunsch beseelt, ›die ungewöhnliche Höhe dieses Flecks Erde durch Augenschein kennenzulernen‹, wartet nicht ab, bis ihm der Rundumblick auf dem Gipfel des Berges beschert wird, er besteigt ihn, um ihn sich selbst zu verschaffen! Er aktualisiert das „Vermögen, einen Zustand von selbst anzufangen" (Kant, *KrV*, B 61; Wittgenstein, *PU* § 612). Dagegen ist es bis heute üblich, einem dem sensualistischen Erbe verpflichteten Urbild-Abbild-Modell zu folgen, das nahelegt, von einem gegebenen Gegenstand zu einer diesen reproduzierenden (nachbildenden, nachahmenden) Wahrnehmung zu gelangen, so daß der Gegenstand in der Wahrnehmung gegenwärtig ist. Bei der Darstellung einer solchen Wahrnehmung (durch gestisch-mimisches Handeln, Zeichnen, Schreiben u. a.) wird Ähnlichkeit als Kriterium der Repräsentation favorisiert (dagegen Goodman 1976 [1968], I.; Scholz 1991, 1.; Gerhardus 1992). Statt zum Beispiel (nach visueller Übertragung) durch Drehungen um die eigene Achse mit ausgestreckten Armen das Rotieren der Drehflügel eines Hubschraubers nachzuahmen (Eco 1972, 206) oder wie eine Ziege, die mit ausgestreckter Zunge Futter aus der Hand schleckt, selbst die Zunge herauszustrecken (Schneider 1991, 104), pointiert unser Beispiel, wie in einer konkreten Handlungsfolge eine ganze Reihe von Handlungsschemata aktualisiert und aufeinander abgestimmt werden, je nach ›Relevanznahme‹ (Alfred Schütz) dominant aktive, passive und perzeptuelle Teilschemata, die sich in der Aktualisierung gegenseitig bedingen und fordern. In diesem Handlungskomplex wird, klimatische Bedingungen, eigene Befindlichkeit u. a. eingeschlossen, Bergsteigen (einen Berg besteigen) *artikuliert*: Ein „langer Tag, schmeichelnde Luft, Lebensfeuer der Gemüter, Kraft und Gewandtheit der Leiber […] stand uns beim Wandern zur Seite" (Petrarca 1968, 253). Das geschieht hier allein mit dem Ziel, für ein „empfindliches Gemüt" eine „an-ständige Vergnügung" (Petrarca 1968, 252) zu schaffen. Nach jahrelanger Planung zettelt der Dichter für sich selbst diese Bergbesteigung an, indem er zugleich im Sinne der Verrichtung einer Arbeit die Mühe mit der „fast unersteiglichen Felsmasse" (Petrarca 1968, 253) auf sich nimmt, „die im zeitlichen Verlauf durch den Dienst des sterblichen und hinfälligen Körpers und unter der schweren Last der Glieder ausgeführt werden muß" (Petrarca 1968, 255). All diese Tätigkeit während der Besteigung sowie auf dem Gipfel bis hin zum Gewahrwerden der „Gebrechlichkeit des menschlichen Sehvermögens" (Petrarca 1968, 258) wird im Wechsel „vom Körperlichen zum Unkörperlichen hinüber" (Petrarca 1968, 254) zu einem Ganzen an Selbsterfahrung.

3.2. Destabilisierung der Richtungsunterschiede

Daß die tagtägliche Existenz des Dichters durch die Gegenwart des „von allen Seiten weithin sichtbaren Berges" beherrscht wird, hat seine *Lebensform* nicht im normativen, durchaus aber im *deskriptiven* Sinn dieses Terminus mitgeprägt, so stark sogar, daß für Petrarca in dem ständigen Anblick von unten zu diesem Berg herauf etwas lebensweltlich Impliziertes (zu dieser Verwendung des Terminus 'Implikation': Gendlin 1993) liegt, nämlich, was man immer wieder nur von unten herauf zu Gesicht bekommt, von oben herunter betrachten zu wollen. Dies macht die ›Begierde‹ des Dichters aus, durch eigene Anstrengung und zum eigenen Vergnügen einen *Sichtwechsel* herbeizuführen aus der Unteransicht, der Froschperspektive, in die Draufsicht, die Vogelperspektive, wodurch *Sicht* im Handeln erschlossen und aus dem Handeln heraus thematisiert wird. Sicht, weit gefaßt, natürlich nicht auf den Gebrauch der Augen, wohl aber auf sensuelle Handlungen beschränkt. Sicht in ihrer Beschränkung auf den sensuellen Bereich bedeutet: Im Vollzug einer Sicht sorgen die Aktualisierungen dafür, daß die Reaktion der in einer Situation (hier: des Bergsteigens) relevanten Komponenten eines Weltausschnitts (hier: der Bergwelt) auf geeignete Handlungen hin erfolgt, so daß ein Widerfahrnis erst in einem entsprechenden Handlungskreis als ein solches anzusprechen ist. Dabei indiziert die sensuelle Sicht die spezifische Zugangsweise (optisch, haptisch, akustisch u. a.) zu den Gegenständen und schränkt den Gegenstandsbereich auf die den sensuellen Handlungen zugänglichen Gegenstände ein. Sicht übernimmt somit die Funk-

tion eines *sensuellen Modifikators*. Die für das Urbild-Abbild-Modell typische Auszeichnung der Richtung von einem vorgegebenen Gegenstand, dem Urbild, zu dem durch Wiedergabe zu gewinnenden Abbild wird durch den sensuellen Modifikator destabilisiert (Gerhardus 1987, 108 ff). Es kommt zu einem Hin und Her der Richtungen in einer Art Richtungschiasmus mit den beiden Grenzfällen, daß einmal überhaupt keine Richtung angegeben werden kann, oder daß, wie im Falle der Wiedergabe (z. B. in der Porträtfotografie), beide Richtungen vom Urbild zum Abbild und zurück möglichst in ein stabiles Gleichgewicht gebracht werden müssen (Goodman 1973 a, II. 2.; Scholz 1991, 31 ff). In der Destabilisierung der Richtungsunterschiede wird die Rede vom *artistischen* als dem künstlerisch-erzeugenden Handeln, zu dem häufig ein *artisanaler*, handwerklicher Anteil dazugehört, als ästhetisch-wahrnehmendem Handeln nachgeordnetes Phänomen obsolet (cf. 2.3.). Die Darstellung dieses Handelns gründet in der Thematisierung seines reflexiven Modus.

3.3. Sich-Ausdrücken als Erwerb operationalen Wissens

Wie früher etwa bei der Besiedlung eines neu entdeckten Kontinents jemandem das an Land gehörte, was er in einer bestimmen Zeit, z. B. von Sonnenaufgang bis Sonnenuntergang, aus eigener Kraft auf eigenen Beinen umrunden konnte, macht der Dichter alles, was sich zum Handlungkomplex Besteigung des Mont Ventoux fügt, zu seinem Besitz. Nicht, um es zu bestellen oder um es gewinnbringend zu veräußern, gebraucht er das durchstiegene Land; diesen Besitz verwendet er, indem er sich selbst zusammen mit ihm darstellt. Ihm liegt an dieser Besteigung als Gelegenheit, sie im Vollzug der einzelnen Ausführungen seinem Bruder (z. B. indem er ihm gegenüber seine ›Feigheit beschönigt‹, (Petrarca 1968, 254)), den Begleitern und sich selbst vorzuführen. Insofern sich bei dieser Art prozessiver Darstellung alles darum dreht, auf das Bezug zu nehmen, was man im Zuge des Auf- und Abstiegs vom Mont Ventoux an Besitz erwirbt, drückt sich Petrarca in und durch diese Bergbesteigung selbst aus. Dieser Selbstausdruck ist Hauptthema seiner Aufzeichnungen. Sich in dieser Art des Besitzerwerbs selbst ausdrückend, erwirbt er in der Verschränkung von Können und Kennen(lernen) operationales Wissen. In ihren Aktualisierungen werden Schemata des *refle-*

xiven Exemplifizierens erworben. Regen und Wind, Farbe und Geräusch können, weil sie von sich aus nicht dazu in der Lage sind, nur im übertragenen Sinn zum Beispiel Traurigkeit ausdrücken; und eine Person etwa durch ihr Mienenspiel im wörtlichen Sinn Zufriedenheit, ja Glück. In reflexiver Exemplifikation kann zum Beispiel eine Berglandschaft mit einem von ihr Besitz ergreifenden Menschen zum *expressiven Zeichen* (Symbol) werden, wenn es ›in leeren Schauspielen sich verzetteln‹ (Petrarca 1968, 260) ausdrückt. Gegenstandsorientiert kann die ›Bergwelt‹ metaphorisch ein ›Leeres-Schauspiel-Sein‹ ausdrücken; subjektorientiert kann der Dichter sich selbst so ausdrücken, als ob er sich in der ›Bergwelt‹ vorkommt wie in ›einem leeren Schauspiel‹. So verstanden zählen Ausdruckswerte insgesamt mit zum sensuellen Phänomenbereich, dem Selbstausdruck des Menschen dienlich. Expressive Zeichen bildend spannt der Mensch den Bogen von der Pantomime bis zur Performance (Goodman 1973 a, II. 3.; 9.; Gerhardus 1994; Kutschera 1988, 1; 3.2.).

An expressiven Zeichenhandlungen lassen sich *Symptome der Klarheit* ausmachen. Der Erwerb von operationalem Wissen, angesiedelt zwischen wörtlichem und metaphorischem Besitz, lebt von der gegenseitigen Beeinflussung von Aktualisierungen und Schemata. Deren Verkörperungen treten in wechselnden Gestalten auf. In dieser Dynamik der Schemabildung, heißt das, verändern die Aktualisierungen die Schemata. Vom aufmerksamen Ausführen, dem Vorführen, ausgehend, sind für diese dynamischen Prozesse Handlungen des *Probierens* und *Erkundens* maßgeblich mit der Pointe, daß Beispiele und Gegenbeispiele stets selbst beschafft beziehungsweise besser noch selbst erzeugt werden müssen (zur ›reflexive exploration‹ vgl. Rao 1994, 212 ff). Ingang gehalten wird die jeweilige Situation durch Übernahme der Doppelrolle, Teilnehmer und Beobachter zu spielen; spielen beide zusammen, artikulieren sie Gegenstände, die zugleich als Mittel zur Artikulation herangezogen werden. Eine solche Dichte des Handlungsgefüges läßt es nicht zu, außerhalb der jeweiligen Situation als Beobachter Posten zu beziehen, einem Touristen vergleichbar, der seinen Stadtplan erst dann mit Erfolg zu benutzen weiß, wenn er sich selbst auf dem Stadtplan und damit auch in der Stadt lokalisiert.

Die Bergbesteigung hat ihre Zeit wie ein Spaziergang oder eine Schneeballschlacht.

Aus sensueller Sicht wiederum läßt sie sich unter geeigneten Umständen personenvariant wiederholen.

3.4. Ästhetisches Handeln verstehen: zwei Stufen sensuellen Zeichengebrauchs

Am Beispiel der Bergbesteigung lassen sich zwei Stufen der nicht-aussageförmigen Gestalt ästhetischer Vermittlung (*aesthetica docens*) skizzieren. Unser Beispiel zeigt, allgemein gesprochen, dreierlei:

(i) wie die Aktualisierung einer Handlung im voranschreitenden Handlungsprozeß zum Zeichen dieser Handlung ausgebildet wird,
(ii) wie weniger Mitteilung, wie 'so geht Handlung *h*', demnach *denotative* Zeichenbildung, im Vordergrund steht, vielmehr dominant expressive, demnach *nicht-denotative* Zeichenbildung, und
(iii) wie diese nicht-denotative Zeichenbildung in den vorgängigen Handlungsverlauf eingebunden bleibt.

Alle Stufen der Vermittlung erheben sich auf dem Boden des Vorführens, das auf einer ersten Stufe zum *Vormachen* systematisiert wird, zum Beispiel durch varianten Rezipientenbezug, wobei expressive Zeichenverwendung auf das gesamte Feld der Exemplifikation ausgedehnt werden kann. Ein Pianist etwa vermittelt seinem Schüler im eigenen Klavierspiel, wie der Auftakt der späten Klaviersonate, Nr. 30, op. 109, von Ludwig van Beethoven zu spielen ist. Dies gelingt ihm, indem er im Verlauf seines Spiels relevante Gliederungsmomente in geeigneter Weise hervorzuheben weiß. Kriterium für die unauflösliche Verbindung von Ausführen und Vormachen der Anfangstakte der Klaviersonate ist die Tatsache, daß Ausführen und Vormachen im strengen Sinne des Wortes zwei Seiten derselben Ausführung sind und im selben *Medium* (Gerhardus 1984) stattfinden, zu dem akustische und visuelle als synästhetische Anteile gehören. Der Rezipient kann, genau genommen, sein Verständnis wiederum nur durch Vormachen unter Beweis stellen.

Auf einer zweiten Stufe heißt es, das Handlungsverstehen als den zunächst noch an die Ausführung gebundenen Vorführaspekt als selbständigen Aspekt, als Anführung, zu behandeln, und zwar so, daß es gilt,

„Handlungsvollzug und Handlungsverstehen, seinerseits zu *verstehen*, und das heißt, die beiden Perspektiven des Ausführenden und des Anführenden in eigenständige Handlungen, in ein erwerbbares Können zu überführen. Erst damit wird das

Anführen selbst zu einer einübbaren Handlung, jetzt aber mit der Originalhandlung als dem Handlungs*objekt* der Anführhandlung" (Lorenz 1993, 35).

Originalhandlung ist hier die vorgängige Bildung expressiver Zeichen, auf die durch der Originalhandlung nicht selbst entnommenen Teilen gezeigt wird. Für solche Akte des Verweisens auf alle Arten exemplifizierenden Handelns hat Goodman den Terminus *Ostension* vorgeschlagen (Goodman 1973, 63, Anm. 5). Die erbrachte Verselbständigungsleistung: statt Rollenwechsel, Rollentrennung, etwa dem Schreiber-Leser-Verhältnis vergleichbar, unter Verwendung eines eigenen (Sub-)Mediums für die ostensive Bezugnahme.

3.5. Handeln im Mußemodus

Eine fehlende Unterscheidung zweier entgegengesetzter Modi unseres Handelns prägt die die Bergbesteigung begleitenden Rechtfertigungsversuche, für die dem Dichter bis in sein religiöses Handeln hinein nur die Mittel-Zweck-Terminologie zu Gebote steht. Lebensmittel in ein abgelegenes Bergdorf zu bringen hätte für Petrarca kaum einer Rechtfertigung bedurft; am Berghang ein Feld zu bestellen ebensowenig wie sich für sein eigenes Seelenheil abzumühen (Petrarca 1968, 259 f). Denn hier liegt *Handeln im Arbeitsmodus* vor, wo das Verfolgen von Zwecken — schon intuitiv — der Rechtfertigung nicht bedarf, und, wie im Falle einer sich verselbständigenden instrumentellen Vernunft, einer rechtfertigenden Diskussion nicht entzogen bleibt. Zwecke verfolgendes Handeln, allein um des eigenen Vergnügens willen eine Bergbesteigung zu wagen, wird durch einen solchen Zweck bloßgestellt, so daß sich der Dichter für sein Vorhaben argumentativ schließlich auf die historische Autorität einer Person des öffentlichen Lebens beruft (Petrarca 1968, 251). Wie Petrarcas Aufzeichnungen zu seiner Bergbesteigung belegen, fällt *Handeln im Mußemodus* aus der Mittel-Zweck-Relation heraus, was dazu führt, daß er dieser aus teleologischer Deutung herrührenden Rechtfertigungsnot zufolge sein eigenes Handeln letztendlich insgesamt mißbilligt. Damit taugt es, wenigstens aus der Sicht des Dichters, nicht für eine historische Begründung ästhetischen Handelns. Doch systematisch betrachtet sind *beide* Gebrauchsweisen, statt vorab die zweckrationale für unser Handeln als schlechthin typisch auszuzeichnen, auf unser Handeln zurückzubeziehen. Beide Sphären, die, das Leben durch Arbeit zu fristen und die, in Muße herauszubekommen, was in einem und zugleich damit in der für uns erreichbaren Umgebung steckt, lassen sich mit zweckrationaler Argumentation nicht miteinander vermitteln. Im Falle des Handelns im Arbeitsmodus werden diese als ›Existenzmittel‹, im Falle des Handelns im Mußemodus werden sie als ›Entwicklungsmittel‹ (Karl Marx) verwendet; als Entwicklungsmittel gebraucht, spielen sie die semiotische Rolle des *Mediums* für reflexive Exemplifikation, als Existenzmittel haben sie mit Erreichen des jeweils bezweckten Gegenstandes (oder der bezweckten Situation) ›ausgespielt‹. Anthropologisch liegt dem Arbeitsmodus *mängelgeleitetes*, dem Mußemodus *ausstattungsgeleitetes* Handeln zugrunde. Mängelgeleitet geht es um das *externe* Interesse (kantisch gesprochen: Interesse), Bedürfnisse zu befriedigen durch Beseitigung von Mängeln; ausstattungsgeleitet geht es um das *interne* Interesse (kantisch gesprochen: Interesselosigkeit), in Handlungsvollzügen nach Möglichkeit alle *Fähigkeiten* im Erwerb von *Fertigkeiten* zu entfalten und sich dieser im Handeln als ›Geschicklichkeiten‹ zu vergewissern, zum Beispiel der, seinen Augen trauen zu können. Bei gelingendem Gebrauch unserer reflexiv exemplifizierenden Fertigkeiten ›zu allen beliebigen Zwecken‹ genießen wir unser Handeln im Mußemodus, ›genießen‹ als sensuelle Fassung der Reflexion verstanden. Solches Handeln „bestimmt also gar keine Zwecke, sondern überläßt das nachher den Umständen". Relativ zu unseren Fertigkeiten wird die „Geschicklichkeit gewissermaßen unendlich" (Kant *AA*, IX (Pädagogik), 449 f). Im Mußemodus genossener Augengebrauch etwa kann demzufolge in ganz unterschiedlichen Sparten dann sogar zweckrational eingesetzt werden. Operationales Wissen und propositionales Wissen müssen in ihrem Verhältnis zueinander dort erneut diskutiert werden, wo beide Gestalten des Wissens hinsichtlich eines internen wie externen Interesses die ihnen jeweils eigenen Formen ihres Gebrauchs überschießen. Die beiden Extreme: operationales Wissen als Kunst — propositionales Wissen als ›Glasperlenspiel‹, das sich beispielsweise im Unterschied zur richtigen in der eleganten Lösung zeigt. Dem Prozeß wie dem Resultat nach ist Handeln im Mußemodus *explorative Praxis*, sowohl als bekannte Schemata (selbst) ausprobierende, wie als neue Schemata (selbst) erkundende Praxis. Ausgezeichnetes Beispiel für explorative Praxis im sensuellen Bereich: einen Handlungsmodus zum selbständigen Schema machen.

4. Literatur in Auswahl

4.1. Zu Baumgartens Ästhetik, deren Voraussetzungen und Wirkungsgeschichte

Baumgarten 1750/58, *Aesthetica*.

Baumgarten 1983 b, *Meditationes philosophicae de nonnullis ad poema pertinentibus*, Paetzold (Hg.).

Bernard 1988, *Rezeptivität und Spontaneität der Wahrnehmung bei Aristoteles. Versuch einer Bestimmung der spontanen Erkenntnisleistung der Wahrnehmung in Abgrenzung gegen die rezeptive Auslegung der Sinnlichkeit bei Descartes und Kant.*

Cassirer 1989 c, *Grundprobleme der Ästhetik*.

Franke 1972, *Kunst als Erkenntnis. Die Rolle der Sinnlichkeit in der Ästhetik des Alexander Gottlieb Baumgarten.*

Poppe 1907, *Alexander Gottlieb Baumgarten. Seine Bedeutung und Stellung in der Leibniz-Wolffischen Philosophie und seine Beziehungen zu Kant. Nebst Veröffentlichung einer bisher unbekannten Handschrift der Ästhetik Baumgartens.*

Schmidt 1982, *Sinnlichkeit und Verstand. Zur philosophischen und poetologischen Begründung von Erfahrung und Urteil in der deutschen Aufklärung.*

Solms 1990, *Disciplina aesthetica. Zur Frühgeschichte der ästhetischen Theorie bei Baumgarten und Herder.*

Welsch 1987, *Aisthesis. Grundzüge und Perspektiven der Aristotelischen Sinneslehre.*

4.2. Zur gegenwärtigen Entwicklung der Ästhetik

Bittner/Pfaff (Hg.) 1977, *Das ästhetische Urteil. Beiträge zur sprachanalytischen Ästhetik.*

Danto 1981, *The Transfiguration of the Commonplace. A Philosophy of Art* (dt. 1984, *Die Verklärung des Gewöhnlichen. Eine Philosophie der Kunst*).

Elton (Hg.) [2]1970, *Aesthetics and Language.*

Gerhardus 1983, Semiotische Ästhetik als Reflexion künstlerischer Gegenstandskonstitution, künstlerischer Darstellungsverfahren und ästhetischer Erfahrung, in *Zeitschrift für Semiotik* 5.

Gerhardus 1994, Die Rolle von Probe und Etikett in Goodmans Theorie der Exemplifikation, in *Analyomen* 1, Meggle/Wessels (Hg.).

Goodman [2]1976, *Languages of Art. An Approach to a Theory of Symbols* (dt. 1973, *Sprachen der Kunst. Ein Ansatz zu einer Symboltheorie*).

Koppe (Hg.) 1991, *Perspektiven der Kunstphilosophie.*

Kutschera 1988, *Ästhetik.*

Lüdeking 1988, *Analytische Philosophie der Kunst.*

Ritter 1963, *Landschaft. Zur Funktion des Ästhetischen in der modernen Gesellschaft.*

Ritter 1974, *Subjektivität.*

Seel 1985, *Die Kunst der Entzweiung. Zum Begriff der ästhetischen Rationalität.*

Seel 1991, *Eine Ästhetik der Natur.*

Weitz (Hg.) [2]1970, *Problems in Aesthetics.*

Zimmermann 1980, *Sprachanalytische Ästhetik.*

Dietfried Gerhardus, Saarbrücken (Deutschland)

106. Sprachphilosophie in der Literaturwissenschaft

1. Einleitung

Sprache ist der Stoff aller Literatur; und insofern ist Sprachphilosophie das fundamentale Medium aller wissenschaftlichen Reflexion auf Literatur. Allerdings läßt sich keine einzige Aufgabe der Literaturwissenschaft — auch keine der ›Allgemeinen Literaturwissenschaft‹ oder der ›Literaturtheorie‹ — allein mit sprachphilosophischen Mitteln bewerkstelligen. Immer müssen sprachphilosophische Grundeinsichten den sehr spezifischen Verhältnissen des empirisch vorfindlichen und dabei sprachlich, national, sozial und historisch ausdifferenzierten Gegenstandsbereichs Poesie angepaßt — und dabei nicht selten erheblich modifiziert werden. Also gilt (um die 1001. Paraphrase von Kants berühmtem Diktum nicht zu scheuen): Literaturwissenschaft ohne sprachphilosophische Reflexion ist blind, sprachphilosophische Literaturreflexion ohne empirische Literaturwissenschaft ist leer. Die Möglichkeiten des Zusammenwirkens beider sollen an ausgewählten Teilbereichen skizziert und in wichtigen Resultaten bisheriger interdisziplinärer Forschung referiert werden.

2. Sprachphilosophie und Methodologie

2.1. Natürlich hat, wie immer, alles schon mit Platon (s. Art. 14) angefangen. Denn in seinem *Ion* beschreibt Sokrates den Rhapsoden, der die Dichtung durch auswählende Rezitation und Zusammenstellung von Parallelstellen auslegt und ›den Zuhörern den Sinn der Dichtung überbringen soll‹ — und entlarvt ihn dabei zugleich mit keineswegs sokratischer, sondern höchst bissiger Ironie als einen Mann, der seine Tätigkeit gerade nicht aufgrund verstandesmäßiger Kenntnis und Ausbildung betreibe. Von den antiken Rhapsoden reicht die Schultradition der Grammatik, Rhetorik und Poetik über die mittelalterliche ›artes‹-Fakultät bis in die Neuzeit; besonders intensiv durchdringen einander Gesichtspunkte der Philologie, der spekulativen Sprachphilosophie und der schulmäßigen Auslegungskunst bei den Gründungsvätern der Hermeneutik (s. Art. 45) wie Georg Friedrich Meier, Johann Martin Chladenius, Karl August Gottlieb Keil, Friedrich August Wolf, Friedrich Ast, Friedrich Daniel Ernst Schleiermacher und August Boeckh (vgl. dazu Birus 1982, 15 ff). Aber wie sich die Literaturwissenschaft erst in der ersten Hälfte des 19. Jahrhunderts zur selbständigen akademischen Disziplin entwickelt, und wie erst gegen Ende dieses Jahrhunderts unter dem Druck der modernen Naturwissenschaft und des historischen Positivismus erste Ansätze zu einer reflektierten Methodologie — als Umsetzung erkenntnis- und wissenschaftstheoretischer Fragestellungen in die spezifischen Anforderungen einer Einzeldisziplin — aufzutreten beginnen, so läßt sich erst nach dem ›linguistic turn‹ in der Philosophie von einem systematischen Zusammenwirken von Sprachphilosophie und wissenschaftstheoretischer Prinzipienreflexion der Literaturwissenschaft reden (zum Zusammenhang vgl. bes. Pfeiffer 1974, 46 ff; Danneberg 1989 b; 1994). Nicht immer der Chronologie nach, wohl aber der sachlichen Reihenfolge nach lassen sich dabei drei Stufen unterscheiden: Philosophische Sprachanalyse — logische Argumentationskritik — rationale Rekonstruktion. — In den letzten Jahrzehnten haben sich eine ganze

Reihe von Autoren zunächst einmal um eine fachspezifische ›philosophical analysis‹, um eine differenzierte Beschreibung des faktischen literaturwissenschaftlichen Redens aus sprachphilosophischer Perspektive bemüht. Naturgemäß stehen diese Autoren durchweg Positionen der Analytischen Philosophie nahe, und hier überwiegend der ›Ordinary Language Philosophy‹ (s. Art. 60) im Geiste des späten Ludwig Wittgenstein (s. Art. 39). So hat vor allem Morris Weitz (1964, 315 ff) am Beispiel der Hamlet-Forschung die große Vielfalt der in literaturwissenschaftlichen Arbeiten nebeneinander vorkommenden ›Sprachspiele‹ wie Beschreiben, Vergleichen, Kommentieren, Deuten, Erklären, Loben usw. aufgewiesen, von denen die meisten nicht auf die wissenschaftstheoretische Grundunterscheidung von 'wahr' und 'falsch' bezogen werden können (weiterentwickelt in Weitz 1977, 9 ff und besonders in Strube 1993, 67 ff). Dabei versteht man die Prinzipien der Philosophie der gewöhnlichen Sprache jedoch falsch, wenn man sie auf die Kunstsprache einer Wissenschaft überträgt und nach dem heimlichen Grundsatz ›Ordinary criticism is all right‹ die Beschreibung literaturwissenschaftlicher Praxis auch gleich für eine Rechtfertigung des Bestehenden hält (so bes. Casey 1966, 11 ff). Deutliche methodologische Konsequenzen aus der Anwendung sprachphilosophischer Überlegungen Wittgensteins zieht hingegen Gunter Gebauer, wenn er im Sinne der Generalthese „Die Rezeptionssituation der literarischen Sprache ist kein ›Sprachspiel‹" (Gebauer 1972, 119 ff) die fehlende Einbettung der Dichtungssprache in praktische Gebrauchssituationen hervorhebt und daraus einen grundlegenden, bis heute unwiderlegten Einwand gegen jede ›übersetzende‹ Interpretation, gegen jede ›deutende‹ Literaturwissenschaft ableitet. Entschieden kritische Akzente mit deutlichen Spuren der Frege-Tradition (s. Art. 34) tragen auch die umfangreichen Begriffsanalysen Karl Aschenbrenners (1974, 13 ff), die dabei allerdings deutlich über den literarischen Bereich hinausreichen und die Gesamtheit kunstkritischer Begrifflichkeit philosophisch zu strukturieren unternehmen. Häufig genannter Kritikpunkt der literaturwissenschaftlichen Beschreibungssprache ist dabei immer wieder ihre Vagheit, Mehrdeutigkeit und gezielt erzeugte rhetorische Uneigentlichkeit, mit der sie sich dem poetischen Sprachgebrauch ihres dichterischen Gegenstandes anzuähneln versucht (vgl. Foster 1959, 100 ff) und damit ihre

Wahrheitsfähigkeit im Sinne von Alfred Tarskis semantischem Adäquatheits-Kriterium aufs Spiel setzt (vgl. Fricke 1977, 51 ff; 187 ff). Im Zielpunkt sprachphilosophischer Aufmerksamkeit steht deshalb zunehmend die Beschaffenheit der gegenwärtigen literaturwissenschaftlichen Terminologie (vgl. Wagenknecht 1989, Kap. I; dort auch die bisher umfangreichste Bibliographie zur fachspezifischen Terminologie-Forschung).

2.2. Ein zweiter, etwas anders gelagerter sprachphilosophischer Ansatz in der Methodologie-Debatte zielt, statt auf die Oberfläche literaturwissenschaftlichen Sprachgebrauchs, auf die Analyse der darunter verborgenen Argumentationsstrukturen beziehungsweise der komplexen Interaktionen in kontroversen Argumentationsverläufen. Erste Schritte zur Entwicklung philosophisch haltbarer Kriterien für die ›validity‹ von Interpretationsargumenten finden sich bei Eric Donald Hirsch (1967, Kap. 5). Noch konsequenter als Hirsch plädiert Heide Göttner (1973, 29 ff; 131 ff) für die strikte methodologische Trennung von ›context of discovery‹ und ›context of justification‹ und erweist damit, in detaillierter Argumentationsanalyse einer literaturwissenschaftlichen Interpretationskontroverse, die verbreitete Berufung auf den ›Hermeneutischen Zirkel‹ als eine unzulässige Vermengung heuristischer und logischer Gesichtspunkte. Auch andere Untersuchungen zur literaturwissenschaftlichen Interpretationspraxis erweisen an vielen Stellen die argumentative Ungenauigkeit und sprachphilosophische Unreflektiertheit der dort üblichen Begründungsweisen (vgl. Kindt/Schmidt 1976, 9 ff). Stärker auf die argumentativen Interaktionen zwischen Literaturwissenschaftlern im Falle der Uneinigkeit über eine Textinterpretation zielt das Forschungsprojekt einer Gruppe deutscher Sprachphilosophen; ihre subtil ermittelten Ergebnisse machen dabei deutlich, daß Literaturwissenschaftler überhaupt kaum einmal unter dem Eindruck von Gegenargumenten eine vorher vertretene Annahme revidieren (Grewendorf 1975, 33 ff); daß es statt dessen immer wieder zu ›blockierten Diskussionen‹ kommt (Meggle/Beetz 1976, 119 ff); und daß allgemein die interpretierenden Sprechakte von Literaturwissenschaftlern nur sehr partiell als ein regelgeleitetes Aufstellen von Behauptungen und von Argumenten für die Richtigkeit solcher Behauptungen beschrieben werden können (v. Savigny 1976, 61 ff).

Die wenig zufriedenstellenden Resultate der meisten philosophischen Analysen der literaturwissenschaftlichen Beschreibungssprache und Argumentationsstruktur drängen dem analytischen Philosophen einen Versuch der rationalen Rekonstruktion literaturwissenschaftlicher Methoden geradezu auf. Solche Versuche, an denen es nicht fehlt, unterscheiden sich naturgemäß stark nach der zum Ausgangspunkt gewählten sprachphilosophischen Grundposition. Vom Standpunkt des Erlanger Konstruktivismus wird der schrittweise methodische Aufbau einer literaturwissenschaftlichen ›Orthosprache‹ empfohlen (Thiel 1973, 95 ff); im Rahmen des Formalsprachen-Programms der Analytischen Philosophie (s. Art. 59) bietet sich die Anwendung des Hempel-Oppenheim-Schemas der deduktiv-nomologischen Erklärung auf literaturwissenschaftliche Problemstellungen an (Göttner 1973, 24 ff); in Anlehnung an die wissenschaftsgeschichtlichen Modelle von Thomas S. Kuhn und Joseph D. Sneed (s. Art. 99) läßt sich ein ›Paradigma-Wechsel‹ für die Literaturwissenschaft zugunsten einer der Physik prinzipiell analogen Theoriestruktur fordern (Göttner/Jakobs 1978, 9 ff) — mit dem kleinen Haken, daß sich die Literaturwissenschaft eigentlich noch in einem völlig vorparadigmatischen Zustand befindet. Gleich von mehreren Seiten ist der Versuch unternommen worden, sprachphilosophische Postulate an die literaturwissenschaftliche Darstellungsweise mit einer wissenschaftstheoretischen Entscheidung für Karl R. Poppers Falsifikationismus zu verbinden: für die literaturwissenschaftliche Methodologie allgemein (Pasternack 1975, 268 ff), für die Textinterpretation (Pasternack 1979, 11 ff) und sogar für die Literaturgeschichte (Eibl 1976, 64 ff). Im Kern spitzt sich die Debatte dabei auf die Frage zu, ob der Literaturwissenschaft mit einer sprachphilosophisch determinierten Neukonstruktion oder aber mit einer sprachphilosophisch kontrollierten Rekonstruktion besser gedient sei (vgl. dazu Finke/Schmidt 1984, 9 ff; 56 ff). Für die Position des Konstruktivismus spricht hier die bessere Aussicht auf systematisch geordnete Forschungsprogramme einer zukünftigen Literaturwissenschaft (Finke 1981, 9 ff); für eine Rekonstruktion, im Sinne von Carnaps ›explication‹ eingeführter Zentralbegriffe, spricht die bessere Aussicht, von den praktizierenden Literaturwissenschaftlern (und von den literarisch interessierten Lesern) verstanden und akzeptiert zu werden (Fricke 1977, 253 ff). — Der Ausgang dieser Debatten ist offen — deutlich geworden dürfte freilich mittlerweile sein: Der Schlüssel zur Klärung, im günstigen Falle wohl auch zur Lösung der nach wie vor unbewältigten methodologischen Probleme der Literaturwissenschaft liegt in ihrer eigenen Fachsprache. Über den Aufbau einer semantisch geklärten Terminologie, über die Wahl einer logisch transparenten Argumentationsweise und über das Verhältnis der beschreibenden Metasprache zur poetischen Gegenstandssprache wird in Zukunft jede methodisch tragfähige Literaturwissenschaft reflektiert zu entscheiden haben.

„En attendant la reforme, qui ne sera pas [encor] prête si tôt, cette incertitude des mots nous devroit apprendre à être modérés, sur tout quand il s'agit d'imposer aux autres le sens que nous attribuons aux anciens auteurs/ Solange diese Reform, welche nicht so bald durchgeführt sein wird, noch nicht besteht, sollte diese Unbestimmtheit der Worte uns lehren, maßvoll zu sein, besonders wenn es sich darum handelt, den Sinn, den wir den alten Schriftstellern beilegen, anderen aufzudrängen" (Leibniz 1923 ff, *Sämtl. Schriften und Briefe* R 6 VI, 339 [= *NE* III, 9, § 22]).

3. Sprachphilosophie und Allgemeine Literaturtheorie

3.1. Daß die Geschichte der abendländischen Literaturtheorie mit dem *De arte poetica liber* des Aristoteles (s. Art. 15) beginnt, ist ein ebenso unausrottbarer wie sachlich unhaltbarer Topos. Das jedenfalls, was uns von diesem Text überliefert ist, stellt nicht mehr dar als eine partielle, nämlich rein wirkungsbezogene Gattungstheorie der Tragödie (und warum wir kein entsprechendes Buch über die Komödie haben, wissen wir durch Umberto Eco inzwischen auch). Den Kern einer aristotelischen Literaturtheorie generellen Zuschnitts wird man deshalb eher in einigen wiederholt geäußerten punktuellen Thesen über die erforderliche ›Verfremdung‹ sehen dürfen, die die poetische wie jede wirkungsvolle Rede von der gewöhnlichen Sprechweise abweichen lasse und dadurch Aufmerksamkeit und Bewunderung bei den Zuhörern errege. Die einschlägigen Stellen aus den Schriften des Aristoteles (bes. *Rhet.* 1404 b; *Poet.* 1458 a) sind wieder und wieder zitiert und besonders innerhalb der quintilianischen Rhetorik-Tradition nachhaltig wirksam geworden (s. Art. 112); seine philosophisch-allgemeine

Dimension erhielt die Verfremdungstheorie jedoch erst wieder in der Literaturtheorie des Russischen Formalismus im frühen 20. Jahrhundert. Unter ausdrücklicher Berufung auf das ἐξαλλάττειν des Aristoteles wird hier das Verfahren aller Poesie als ›priem ostranenija‹, als Kunstgriff der Verfremdung gegenüber der ›ökonomischen‹ Sprache des täglichen Lebens bestimmt (Šklovskij 1969, 31 ff). Diese mit weltweiter Aufmerksamkeit bedachte Literaturtheorie der Russischen Formalisten erwies sich jedoch in der Diskussion als noch zu wenig sprachphilosophisch akzentuiert und zu stark auf gewohnheitspsychologische Gesichtspunkte der ›automatischen Wahrnehmung‹ beschränkt (vgl. H. Anz 1979, 60 ff; Fricke 1981, 85 f). Eine explizit sprachphilosophische Fundierung der Verfremdungstheorie beginnt erst in ihrer Modifikation durch die Prager Strukturalisten entwickelt zu werden, und hier besonders durch den Zentralbegriff der ›ästhetischen Funktion‹ der Sprache (Mukařovský 1967, 47 ff), die nunmehr rein sprachbezogen als ›Aktualisierung‹, ›Desautomatisierung‹ beziehungsweise ›foregrounding‹ bestimmt wird (vgl. bes. Havránek 1964, 8 ff). Der vom Russischen Formalismus über den Prager Strukturalismus in die amerikanische Linguistik gelangte Roman Jakobson hat dann (1979, 88 ff), im Zuge einer Erweiterung von Karl Bühlers (s. Art. 38) drei Sprachfunktionen, sogar eine eigenständige ›poetische Sprachfunktion‹ postuliert; sie soll ebenso unabhängig sein von der referentiellen Sprachfunktion (z. B. 'Dies ist der Hauptbahnhof') wie von der emotiven ('Au!'), der konativen ('Hilfe!'), der phatischen ('Hallo!'), und selbst der metasprachlichen Funktion ('Was heißt das?') und soll durch satzinterne Äquivalenzrelationen eine Konzentration auf ›the message for its own sake‹ erzeugen ('a rose is a rose is a rose').

3.2. Andere sprachphilosophische Ansätze haben gerade aus der Betonung des pragmatischen Aspekts eine umfassende Literaturtheorie zu entwickeln versucht. So hat man durch interessante Vergleiche mit den vielzitierten ›Konversationsmaximen‹ von Paul Grice (1975 a, 45 ff) von einer durch eigene gesellschaftliche Handlungskonventionen bestimmten „Institution Literatur" gesprochen (Saße 1980, 702 ff). In weiterer Verschärfung der pragmatischen Funktion literarischen Sprechens hat Franz Koppe (1977, 48 ff) den ausdrücklich gegen Gottlob Freges wahrheitswertbezogene Semantik (s. Art. 34) ge-

richteten Versuch unternommen, alle Poesie
als im Kern ›bedürfnisbekundend‹ zu erweisen; dies stößt freilich nicht nur auf erhebliche
sprachphilosophische Probleme bei der Abgrenzung von ›Bedürfnissen‹, sondern ebnet
auch die Vielfalt der überwiegend gerade
durch ›interesseloses Wohlgefallen‹ hand-
lungsentlasteten Poesie in einer einzigen unter
vielen poetisch möglichen Funktionen ein.
Die extreme Gegenposition dazu vertritt, bei
gleicher sprachphilosophischer Einseitigkeit,
das Lager derjenigen, die im Anschluß an
verstreute poetische Bemerkungen des späten
Martin Heidegger (bes. 1963, 31 ff) die ur-
schöpferische,   sozusagen   welterzeugende
Kraft poetischen Sprechens hervorheben und
Poesie bestimmen als

„die ursprüngliche Seinsweise von Sprache [...]: das
›Rufen‹ als Entwerfen des Horizontes (von Welt),
aus dem her das jeweils Seiende erscheint" (H. Anz
1979, 120 f).

Einen interessanten Rückgang über Frege
auf Immanuel Kant unternimmt demgegenüber Gottfried Gabriel (1983, 7 ff; 1991, 10 ff;
44 ff; zur Anwendung vgl. Zymner 1991, 96 ff)
mit seiner These einer ›Richtungsänderung
des Bedeutens‹ in der Poesie, derzufolge

„bei der Feststellung des Sinns eines Textes nicht
die bestimmende Urteilskraft, die das Besondere
unter ein vorgegebenes Allgemeines subsumiert,
sondern die reflektierende Urteilskraft, die zu
einem Besonderen Allgemeines entwirft, bemüht
werden muß" (Gabriel 1983, 15).

Während Gabriel damit der ›Erkenntnis
durch Literatur‹ bei andersartiger Beschaffenheit doch eine gleichrangige Dignität wie der
wissenschaftlichen Erkenntnis zugesteht, betonen andere sprachphilosophische Analysen
gerade den fundamentalen Gegensatz zwischen wissenschaftlicher und poetischer Sprache (z. B. Pollock 1942, 11 ff; Marcus 1973,
37 ff). Besonders anregende Wirkungen in der
Literaturtheorie haben schließlich die vielfältigen sprachphilosophischen Bemühungen
um eine Klärung der sprachlichen Normen/
Regeln/Konventionen entfaltet (vgl. bes. Lewis 1969, 99 ff). Auf der einen Seite bietet sich
dabei die Möglichkeit an, auf der Grundlage
eines philosophisch explizierten Sprachnorm-
Begriffes eigene ›literarische Normen‹ zu postulieren (z. B. T. Anz 1984, 130 ff) oder sogar
in einer Art Fundamentalpoetik die Literatur
insgesamt als durch die Befolgung ›ästhetischer Konventionen‹ erzeugt zu rekonstruieren (z. B. S. J. Schmidt 1980, 84 ff). Im Ergebnis nähern sich jedoch all solche Versuche
der irreführenden Vorstellung von einer kon-

ventionell geregelten ›Fachsprache der Dichter‹ an — sei dies nun in Form eines ›ästhetischen Codes‹, einer ›literarischen Kompetenz‹, eines ›poetischen Dialekts‹, einer
›Grammatik der Dichtung‹ oder einer gesellschaftlich normierten ›Institution Literatur‹
— und scheitern durchweg beim Versuch der
Erklärung bestimmter literarischer Phänomene, die sich nicht durch textinterne Regelmäßigkeiten nach dem Muster metrischer
Strukturen oder stilistischer Äquivalenzen erfassen lassen. Bei der bloßen Reduktion der
›poetischen Konventionen‹ auf Regeln der
Aufhebung bestehender Konventionen jedoch
ergeben sich unweigerlich Paradoxien vom
Typ: 'Jeder normgerechte poetische Text ist
nicht normgerecht, weil er die Norm verletzt,
daß poetische Texte eine Norm verletzen müssen'.

3.3. Man wird also wohl besser daran tun,
zu Aristoteles zurückzukehren und eine
sprachphilosophisch geläuterte Form seiner
Abweichungstheorie der Literatur auf dem
heute möglichen explikativen Niveau zu entwickeln. Die ›gewöhnliche Redeweise‹ der aristotelischen Verfremdungspoetik läßt sich dabei im Anschluß an den Regelbegriff von Herbert L. A. Hart (1961, 54 ff) und dessen Weiterentwicklung bei Eike von Savigny (1976,
24 ff) durch den Begriff der implizit gültigen
Sprachnorm explizieren, die über verhängte
und in der Regel auch akzeptierte Sanktionen
zu definieren ist. Im engen Bezug darauf tritt
an die Stelle der ›Verfremdung‹ dann der Begriff einer poetischen Normabweichung, gegen
die ungeachtet des Regelverstoßes Sanktionen gewöhnlich weder verhängt noch akzeptiert werden, weil die Normabweichung
eine erkennbare Funktion erfüllt. Dieser Bezug auf textinterne oder auch textexterne
Funktionen der Abweichung präzisiert dann
zugleich ungenaue wirkungsbezogene Bestimmungen wie das aristotelische Ziel des ›Er-
staunens‹ oder der ›Desautomatisierung‹ (vgl.
3.1.); er kann als Dispositionsbegriff im Sinne
von Gilbert Ryle (1949, 37 ff) rekonstruiert
und gegenenfalls durch Prädikate der Relationenlogik expliziert werden (Fricke 1981,
90 ff). Eine literaturtheoretische Abwei-
chungskonzeption mit einer solchen sprachphilosophischen Fundierung dürfte am ehesten Aussicht haben, die höchst vielfältigen
Ausprägungen poetischer Sprachverwendung, von der Orthographie über Wortschatz
und Syntax bis hin zur Logik, Semantik und

Pragmatik der Sprache, vollständig und einheitlich in einem theoretischen Modell zu erfassen.

4. Sprachphilosophische Fiktionstheorien

Auch die anhaltenden Bemühungen um eine grundlegende Klärung des Wesens poetischer Fiktion reichen in die griechischen Anfänge der abendländischen Philosophie zurück. Etwas zweischneidig stellt sich dabei die Stellung Platons dar: Aus Systemzwang sieht er sich in der *Politeia* zwar gezwungen, die Dichtung als Mimesis der Mimesis politisch-moralisch zu verwerfen, findet es in diesem Zusammenhang aber gleichwohl der Mühe wert, die verschiedenartigen Typen dichterischer Fiktion nach redetechnischen Kriterien zu untergliedern und somit selbst philosophisch zu erhellen (*Pol.* 394 a 5 ff). In einer Art impliziter Platon-Replik hat Aristoteles fiktionale Dichtung gleichfalls mit sprachlichen, nun jedoch eher wahrheits- und modallogischen Kriterien als Darstellung dessen definiert, „was möglich wäre nach dem Gesetz der Wahrscheinlichkeit oder Notwendigkeit" — und er hat dabei seinerseits die Dichtung ausdrücklich aufgewertet, nämlich wegen ihrer größeren modalen Allgemeinheit für ›philosophischer als die Geschichtsschreibung‹ erklärt (*Poet.* 1451 b). Und mit bemerkenswertem Scharfsinn hat dann Aurelius Augustinus (s. Art. 16) — von Wittgenstein sehr zu Unrecht zum sprachphilosophisch naiven Vulgärrealisten stilisiert — als erster jenes Dilemma von ›echter‹ Fiktion versus ›unechtem‹ fiktionalen Objekt thematisiert, das noch — und mit erneuerter Heftigkeit — die lebhafte gegenwärtige Fiktionsdebatte in der Sprachphilosophie bestimmt (*Soliloquia* II,10). Denn neben den sprachanalytischen Ansätzen zu einer philosophischen Fiktionstheorie versuchen sich nach wie vor auf streitbare Weise auch Theorien eigener ›fiktionaler Gegenstände‹ in der Diskussion zu behaupten. Zum einen entfaltet in diesem Bereich die phänomenologische Beschreibung sogenannter intentionaler Akte nach wie vor eine gewisse Wirksamkeit (s. Art. 46); im Anschluß an die von Edmund Husserl (1950, 264 ff) angebotene Möglichkeit der ›Neutralitätsmodifikation‹ setzender Akte hat hier vor allem Roman Ingarden (1965, 169 ff) eine eigentümliche Theorie dichterischer ›Quasi-Urteile‹ ausgearbeitet (zur Kritik vgl. H. Anz 1979, 25 ff). Zum anderen erlebt

neuerdings sogar Alexius Meinongs für längst erledigt gehaltene Theorie ›nichtexistierender Objekte‹ eine unvermutete ontologische Renaissance in der Fiktionstheorie (vgl. bes. Parsons 1980, 11 ff). Gegen jede solche Hypostasierung eigener fiktionaler Objekte neben den sprachimmanenten hat freilich Gabriel (1975, 33 ff) prinzipielle Argumente zugunsten der Maxime 'Semantik statt Ontologie' zusammengestellt und inzwischen auch im Detail die Frege-Kritik Terence Parsons widerlegt (Gabriel 1987, 68 ff; 1991, 133 ff). Eine interessante Vermittlungsposition zwischen sprachphilosophischen und ontologischen Fiktionstheorien nimmt der Versuch von Hector-Neri Castañeda (1979, 33 ff) ein, im Rahmen seiner ›Guise Theory‹ fiktionale Individuen durch Verkettung einer Serie von Minimalkennzeichnungen zu beschreiben. — Aber auch innerhalb des Bereichs entschieden sprachphilosophisch orientierter Autoren sind recht verschiedenartige Zugänge zur Fiktionstheorie anzutreffen. Auf der Grundlage des Bühlerschen Organon-Modells hat Johannes Anderegg (1973, 27 ff) eine Differenzierung von fiktivem und realem Bezugsfeld unternommen. Ähnlich nah an der Praxis literaturwissenschaftlicher Erzählanalyse argumentiert Felix Martinez-Bonati (1973, 185 ff), wenn er explizit gegen Freges These von der wahrheitswertlosen Dichtung gerade bestimmte Teile der Erzähler-Aussagen in epischer Fiktion als ›notwendig wahr‹ im semantischen Raum eines poetischen Werks zu etablieren versucht. Auch die modelltheoretische Semantik von ›possible worlds‹ (s. Art. 88) (in Wiederaufnahme einiger Grundgedanken von Leibniz) hat bereits ihre Anwendung auf die Fiktionstheorie gefunden (z. B. S. J. Schmidt 1975, 170 ff; Finke/Schmidt 1984, 70 ff; Goodman 1978; zur Kritik vgl. Gabriel 1991, 192 ff). Noch einflußreicher — möglicherweise mehr durch seinen Verfasser als durch einen besonders schlüssigen fiktionstheoretischen Ansatz — ist auch ein kleiner Beitrag von John Searle geworden (1974, 319 ff), in dem fiktionale Äußerungen als selbst wieder konventionalisierte Verstöße gegen eine ganze Reihe sprechakttheoretischer Regeln beschrieben werden. Eine wesentlich differenziertere Integration sprachanalytischer, modelltheoretischer und pragmatischer Gesichtspunkte unternimmt die präzise fiktionstheoretische Skizze von Henri Lauener (1986, 346 ff). — Am längsten in der Diskussion bewährt hat sich eine gleichsam nur als ›Nebenprodukt‹ entstandene Fiktionstheorie:

die verstreuten und meist zu Vergleichszwecken eingesetzten Bemerkungen zum semantischen Status der Dichtung in den sprachphilosophischen und metalogischen Schriften von Frege (Zusammenstellungen in Frege 1971, XI ff; Gabriel 1970, 10 ff; Aschenbrenner 1968, 319 ff). Seine Grundannahme, die Sätze erzählender Dichtung hätten nur einen Sinn und keine Bedeutung (s. Art. 81), ihre Welt sei deshalb auch nur metasprachlich in ›ungerader‹ Redeweise für uns erreichbar, ist inzwischen Stück für Stück gegen mögliche Einwände ramifiziert und durch Präzisierungen systematisch zu einer sprachphilosophischen Fiktionstheorie ausgebaut worden (durch behauptungstheoretische Differenzierungen besonders in Gabriel 1975, 42 ff). Gleichwohl bleibt als zusammenfassende Kritik an den bisherigen sprachphilosophischen Fiktionstheorien zu resümieren, daß sie alle der Tendenz nach einzelne historische Ausprägungen fiktionaler Genres mit essentiellen Zügen fiktionaler Rede überhaupt verwechseln; die konstitutiven Funktionen fiktionaler Sprachbesonderheiten sind jedoch zum Beispiel in Märchen, didaktischen Fabeln, realistischen Kriminalromanen, in filmischer science fiction, im naturalistischen Drama und im surrealistischen Theater keineswegs die gleichen. Auch eine um sprachphilosophische Vereinheitlichung bemühte Fiktionstheorie wird also der historischen Vielfalt solcher Verwendungszusammenhänge gegenüber einer vermeintlich gleichartigen ›Bedeutung‹ fiktionaler Sprachverwendung Rechnung tragen müssen.

5. Gattungstheorie in sprachphilosophischer Sicht

Prima vista möchte man gattungstheoretische Probleme gewiß für rein immanente Fragen der Literaturwissenschaft ohne philosophische Tiefendimension halten; gerade hier haben aber sprachphilosophische Begriffe und Konzeptionen in jüngerer Zeit eine recht einflußreiche Rolle gespielt, und dies in zwei Bereichen von sehr unterschiedlicher Allgemeinheitsstufe. Zum einen ist zunehmend deutlicher geworden, daß man den traditionsreichen Streit der Literaturwissenschaftler über das ›Wesen‹ beziehungsweise die ›historische Seinsweise‹ von Gattungen zweckmäßigerweise ablösen sollte durch die Suche nach einer sinnvollen — also zugleich logisch transparenten und heuristisch fruchtbaren —

Struktur von Gattungsbegriffen. Eine besonders wichtige, im Ergebnis jedoch eher unheilvolle Rolle hat in diesem Zusammenhang Wittgensteins Konzeption der ›Familienähnlichkeit‹ (s. Art. 39) gespielt, die zahlreiche Literaturwissenschaftler mittlerweile als eine Art Blankoscheck zur Abwehr gattungstheoretischer Genauigkeitsanforderungen mißbrauchen (explizit unter Bezug auf Wittgenstein z. B. Stern 1974, 73 ff). Eine solche Auffassung — der leider von philosophisch prominenter Seite noch Vorschub geleistet wird (Searle 1974, 320) — kann sich jedoch mitnichten auf Wittgenstein berufen, der seine Familienähnlichkeits-Konzeption ausdrücklich zur Analyse funktionierender Kommunikation in der ›ordinary language‹ und nicht etwa zur Rechtfertigung unklarer wissenschaftlicher Begriffsbildungen entwickelt hat. Eine wesentlich differenziertere Variante hat Werner Strube (1982, 379 ff; von Strube selbst weiter aufgefächert in Wagenknecht 1989, 35 ff) in einer sprachphilosophischen Analyse des Gattungsbegriffs 'Novelle' ausgearbeitet. Denn natürlich kommt es hierbei stark auf die genaue logische Interpretation von 'Familienähnlichkeit' an: Die von Literaturwissenschaftlern in der Regel stillschweigend unterstellte, extrem weiche Interpretation als reiner logischer Alternation (z. B. $Ax \lor Bx \lor Cx \lor \ldots$) ist zur Abgrenzung unbrauchbar, weil zwei Texte immer einzelne Merkmale gemeinsam haben und somit nach Belieben ein- und derselben Gattung zugesprochen werden können. Eher diskutabel wäre hier schon eine Alternationskette aus gebündelten ›clusters‹ (z. B. $(Ax \land Bx \land Cx) \lor (Bx \land Cx \land Dx) \lor (Cx \land Dx \land Ex) \lor \ldots$); sie verlangen zwar kein einziges durchgehendes Gattungsmerkmal, aber ›gehäufte Familienähnlichkeiten‹ und bieten überdies die Möglichkeit einer sprachphilosophisch geklärten Explikation eines ›Idealtyps‹ durch gleichzeitige Erfüllung sämtlicher alternativer Gattungsmerkmale (Finke/Schmidt 1984, 51 ff). Noch besser bewährt jedoch hat sich bei der Rekonstruktion verschiedener literarischer Gattungen durch verschiedene Autoren eine Kombination von notwendigen und alternativen Gattungsmerkmalen (z. B. $Ax \land Bx \land (Cx \lor Dx \lor Ex)$ — gegebenenfalls mit wesentlich komplexeren Einsetzungen), weil sie die erforderliche Trennschärfe mit einem gewissen Spielraum für gattungsgeschichtliche Variationsbreiten verbindet und somit jene systematische ›Textsorte‹ zu konstruieren erlaubt, deren Klarstellung eine notwendige Voraussetzung für die Erforschung historisch begrenzter ›Genres‹ darstellt (vgl. Fricke 1981, 132 ff; dazu Strube 1993, 21 ff). — Außer in solchen Grundfragen der Gattungstheorie haben sich sprachphilosophische Einsichten aber auch bei der konkreten Analyse einzelner literarischer Gattungen des öfteren bewährt. Beispielsweise haben sprachanalytische Untersuchungen zu historiographischem und fiktionalem Erzählen auch die literaturwissenschaftliche Erzählforschung befruchtet (bes. Danto 1965, 236 ff; vgl. auch die Beiträge von Danto, Rüsen u. a. in Lämmert 1982, 519 ff). Besonders erfolgreich hat man verschiedentlich mit sprechakttheoretischen Ansätzen (s. Art. 54) operiert — außer bei Einzelproblemen der Dramen- und Erzählanalyse zum Beispiel auch zur Aufstellung einer Gattungstypologie der in unterschiedlichem Grad fiktionalisierten Autobiographie nach Kriterien wie Verteidigungspflicht, Aufrichtigkeitsbzw. Ernsthaftigkeitsbedingungen (Lehmann 1983, 271 ff).

6. Sprachphilosophisch orientierte Textanalyse

Eine noch detailbezogenere Anwendung sprachphilosophischen Hintergrundwissens ist dem Literaturwissenschaftler zwar nicht überall möglich, bietet sich aber punktuell immer wieder an. Solche Fälle lassen sich naturgemäß nicht im Überblick erfassen, sondern nur exemplarisch darstellen; stellvertretend seien hier deshalb die sprachphilosophischen Implikationen von zwei textanalytischen Spezialproblemen skizziert. Ohne logisch-philosophisches Training auf verlorenem Posten steht ein Literaturwissenschaftler beispielsweise, sobald er es in einem zu analysierenden Text mit einem der zahllosen Fälle zu tun bekommt, in denen logische beziehungsweise tiefensemantische Grundstrukturen der Sprache vom Dichter verletzt oder zumindest spielerisch in Frage gestellt werden. Das beginnt schon bei einfachen rhetorischen Figuren mit partiell kontradiktorischer Struktur wie dem Oxymoron, dem Paradoxon, in bestimmten Formen der Ironie usw., die in literarischen Zusammenhängen gleichwohl nicht einfach als Verstoß gegen Regeln der ›Wohlgeformtheit‹ verworfen werden (s. Art. 112). Paradoxe Formulierungen treten in bestimmten Genres sogar gehäuft auf und müssen auf ihre Funktion in spielerischen Kontexten (wie dem literarischen Rätsel) und in ernsthaften Kontexten (wie in mystischer Dichtung) untersucht werden. Auch der häufige Einsatz pseudo-ontologisch substantivierter Quantoren (von Odysseus' Pseudonym 'Niemand' bis zum gern mit dem Ruch des Nihilismus behafteten 'Nichts' der Moderne) kann in dichterischen Werken schwerlich ohne Berücksichtigung sprachphilosophischer Klärungen analysiert werden. Neben Kontradiktionen gehören nichttriviale Tautologien zum Standardrepertoire des literarischen Nonsens (ohne diesen doch in anderweitig erwartbarer Weise ›sinnlos‹ zu machen); und auch typentheoretische Paradoxien beim theatralischen ›Spiel im Spiel‹ wie beim epischen ›Buch im Buch‹ fallen unter die für sprachphilosophische Betrachtungen ergiebigen, logisch markierten Textstrukturen (eine Übersicht bei Fricke 1981, 54 ff). — Besonderer Aufmerksamkeit bei namhaften Sprachphilosophen erfreuen sich von alters her auch die poetischen Eigennamen, deren Erforschung sich mit den in 4. behandelten fiktionstheoretischen Problemen berührt, aber nicht deckt und als ›literarische Onomastik‹ einen zunehmend florierenden eigenen Forschungszweig darstellt. Waren die Grundzüge der Problemstellung eigentlich schon durch die Frage nach den ›rechtmäßigen‹ Personennamen in Platons sprachtheoretischem Dialog *Kratylos* und durch einige Bemerkungen zur Figuren-Benennung im Rahmen der aristotelischen Tragödien-Theorie abgesteckt, so nimmt die moderne sprachphilosophische Debatte ihren Ausgang von John Stuart Mills (s. Art. 30) Unterscheidung von ›denotation‹ und ›connotation‹, mit deren Hilfe er Personennamen als nicht-konnotative Identifikationsmarken charakterisiert — womit sich besonders für die oft hochgradig konnotativen dichterischen Eigennamen vielfältige Probleme ergeben (Mill 1973, 30 ff). Abwechselnd in engem Zusammenhang mit Freges Unterscheidung von Sinn und Bedeutung (s. Art. 81), Bertrand Russells ›theory of descriptions‹ (s. Art. 59,4.), Peter F. Strawsons einflußreicher Analyse sprachlicher ›Individuals‹ (s. Art. 83), Searles sprechakttheoretischem Regelbegriff und Saul A. Kripkes modelltheoretischer Semantik sind jeweils auch Versuche zur Bestimmung des Sonderstatus poetischer Eigennamen versucht worden (vgl. Birus 1978, 21 ff). Neuere philosophische Beiträge bieten zur Lösung des Problems eine Kausaltheorie von Namen (Pavel 1979, 179 ff) beziehungsweise eine Auflösung der Individualität fiktiver Personen in Personen-Typen an (Wolterstorff 1979, 101 ff). Die eigentliche sprachphilosophische Schwierigkeit der Debatte scheint darin zu liegen, daß poetische Eigennamen gegenüber gewöhnlichen einen geringeren Grad extensionaler Bestimmtheit, hingegen einen höheren Grad intensionaler Bestimmtheit aufzuweisen scheinen. Als vereinfachender Lösungsvorschlag bietet sich hier der Rückgang auf Freges Unterscheidung von Merkmalen und Eigenschaften sprachlicher Ausdrücke an ('zweisilbig' hat das Merkmal der Zweisilbigkeit, aber die Eigenschaft der Dreisilbigkeit): Auch und besonders in dichterischer Namengebung bilden die — oft poetisch wichtigen — assoziativen Qualitäten zum Beispiel ›redender Namen‹ keine (analytisch wahren) semantischen Merkmale, sondern geben dem entsprechenden Namen nur die Eigenschaft, aus entsprechenden Appellativa abgeleitet und in ihrer aktuellen Verwendung durch diese Etymologie motiviert zu sein (vgl. Frege 1975, 73 ff).

7. Sprachphilosophische Aspekte literarischer Wertung

Zu behaupten, daß die äußerst publikationsträchtige literaturwissenschaftliche Wertungsdiskussion durch sprachphilosophische Einsichten in nennenswertem Maße bestimmt sei, wäre eine arge Beschönigung der Lage; allenfalls ließe sich feststellen, daß die Literaturwissenschaft auf diesem Feld interdisziplinäres Zusammenwirken mit der Sprachphilosophie besonders nötig hätte — und daß es gewisse positive Anzeichen für deren Zustandekommen gibt (vgl. Zimmermann 1980, 9 ff). Im allgemeinen freilich wird über dem literaturwissenschaftlichen Streit um die richtigen Begründungsmaßstäbe und um Wertkriterien der Literaturkritik in einträchtiger sprachphilosophischer Naivität die davor liegende Frage, ob und in welcher Weise sich literarische Werturteile überhaupt begründen lassen, so gut wie vollständig übergangen. Dabei bedürfen in diesem Zusammenhang vor allem zwei Fragen vorgängiger philosophischer Reflexion: Worüber wird überhaupt in einem literarischen Werturteil gesprochen, und was wird darin in bezug auf diesen Gegenstand des Werturteils eigentlich gesagt? (vgl. Ellis 1974, 11 ff; Strube 1993, 131 ff). — Während man zum Beispiel auf ein ästhetisch beurteiltes Bild im Museum direkt hinweisen kann, liegen bei literarischen Werturteilen die Dinge viel komplizierter. Als Objekt der Be-

wertung kommen zum Beispiel in Frage: ein Buchexemplar, eine Textausgabe, der in verschiedenen Ausgaben abgedruckte Text, das Leseerlebnis bei der Lektüre, deren Verallgemeinerung zur zeitgenössischen oder späteren ›Rezeption‹, eine Gruppe von Texten, zu der das gelesene Werk gehört (z. B. das Œuvre eines Autors oder die ganze Gattung oder aber die gesamte Literaturproduktion einer Epoche), und schließlich der Autor beziehungsweise sein literarisches Handeln. Analysen praktischer Literaturkritik zeigen, daß besonders dieser letztere Fall durchaus verbreitet ist (vgl. Kienecker 1989, 9 ff); er läßt sich für eine Rekonstruktion literarischer Werturteile zu argumentativen Zwecken jedoch ebensowenig gebrauchen wie die rezeptionsästhetische Kategorie der ›Lektüre‹, die durch ihren subjektiven Bezug auf den Leser oder Lesergruppen gerade die angestrebte Intersubjektivität von vornherein ausschließt. Ähnlich verheerende Folgen für die Gemeinsamkeit des Gegenstands literarischer Werturteile hätte die in mancher Hinsicht naheliegende Annahme, daß man mit jeder scheinbar einfachen Äußerung wie 'Dies ist ein schönes Gedicht' zugleich schon immer andere Texte aus seiner persönlichen literarischen Erfahrung vergleichend mitbeurteilt: denn auch hier würde dann jeder Literaturkritiker über etwas anderes sprechen als sein Kollege. Eine geeignete Rekonstruktion muß also den Gegenstand literarischer Wertung als den einzelnen Text im Sinne einer zwischen zwei Textausgaben übereinstimmenden Abfolge sprachlicher Zeichen bestimmen; und erst in dem, was man wertend über diesen Text sagt, nimmt man Bezug auf andere Texte (vgl. dazu Fricke 1981, 192 ff). — Damit ist jedoch die semantische Struktur und vor allem die illokutionäre Rolle (s. Art. 95) eines literarischen Werturteils noch nicht zureichend beschrieben (Strube 1981, 29 ff). Auch hinter scheinbar einfachen einstelligen Prädikationen wie 'x ist schön' oder 'x ist ein Meisterwerk' verbirgt sich in Wirklichkeit eine komplizierte Äußerung über mehrstellige Beziehungen, die außer auf das beurteilte Objekt mindestens auch noch auf die Person des Sprechers und auf den Angesprochenen Bezug nimmt (vgl. dazu Bittner/Pfaff 1977, 81 ff). Je nach philosophischer Grundposition hat man dabei einen dieser drei Aspekte hervorgehoben oder sogar zentral gesetzt: daß das beurteilte Werk bestimmte objektive Eigenschaften hat; daß es zum Sprecher des Werturteils in einer bestimmten Beziehung steht; oder daß die Gesamtheit der angesprochenen Leserschaft zum Werk in einer gewissen Beziehung steht beziehungsweise stehen sollte. Den im Werturteil steckenden illokutionären Akt der persönlichen Gefallenskundgabe betont die Position des philosophischen Emotivismus (vgl. dazu Stevenson 1945, 11 ff); dagegen sprechen jedoch im ästhetischen Bereich die gleichen Einwände wie gegen die emotivistische Ethik (vgl. Patzig 1971, 70 ff) (s. Art. 104). Ebensowenig mit der Tatsache des bestehenden literaturkritischen Streits verträglich wie eine bloß persönliche Meinungskundgabe ist aber auch die Annahme, in einem literarischen Werturteil würde eine Aussage über die allgemeine Einschätzung eines Werks bei den Lesern aufgestellt — denn dann könnte sich der Sprecher, entgegen der unumstößlichen Semantik bewertender Äußerungen, von diesem selbst behaupteten Werturteil persönlich einfach distanzieren (vgl. Haller 1973, 105 ff). Auch darf der verdeckte deskriptive Gehalt literaturbezogener Wertprädikate wie 'stimmig' oder 'originell' nicht außer acht gelassen werden (vgl. Sibley 1965, 135 ff; Hare 1952, 80 ff).

Es zeigt sich also, daß in einem literarischen Werturteil immer drei Komponenten mit unterschiedlicher pragmatischer Funktion enthalten sind: eine deskriptive Aussage über Eigenschaften des beurteilten Werks; ein expressives Bekenntnis meines persönlichen Gefallens (oder Mißfallens) daran; und als appellative Komponente eine Forderung nach Allgemeingültigkeit dieser Bewertung (vgl. Kraft 1951, 17 ff; 197 ff). Entscheidend dabei ist jedoch, daß zwischen diesen drei integrierten Komponenten kein Begründungsverhältnis besteht: es führt kein logischer Weg von einer objektiven Aussage über einen Text zum Bekenntnis meines subjektiven Gefallens daran oder zu der Forderung nach intersubjektiver Verallgemeinerung dieses Gefallens. Gleichwohl handelt es sich beim Verhältnis der drei Komponenten nicht um eine bloße Addition: Wir drücken sowohl unser persönliches Urteil als auch dessen allgemeinen Geltungsanspruch in der Weise aus, daß wir eine wertende Beschreibung des literarischen Gegenstandes geben. Die Beziehung der Teile kann also besser als ein Motivationsverhältnis beschrieben werden: Der werkbeschreibende Teil einer Wertäußerung vermag das Gefallen des Sprechers oder des Angesprochenen nicht zwingend zu begründen, wohl aber kann er das persönliche Werturteil motivieren und dem Gesprächspartner eine entsprechende persönliche Beurteilung nahelegen. Diese

sprachphilosophisch gewonnene Einsicht in die unaufhebbare expressive und appellative Komponente eines jeden literarischen Werturteils hat jedoch gewichtige Konsequenzen für das Selbstverständnis der Literaturwissenschaftler (vgl. Fricke 1991, 147 ff). Denn so wenig ein Werturteil durch wissenschaftliche Argumente zwingend begründet werden kann, so wenig läßt sich eine persönliche und in der Diskussion offensiv vertretene Bewertung eines anderen durch literaturwissenschaftliche Einsichten zwingend widerlegen. Entscheidend ist dabei, daß in allen Schriften zur Literatur der Unterschied zwischen literaturwissenschaftlicher Analyse und literarischer Wertung nicht verwischt werden dürfte; denn nur die Analyse erfolgt mit der Autorität des Wissenschaftlers, die Wertung dagegen allein mit der legitimen Autorität eines erfahrenen Lesers (vgl. Aschenbrenner 1983, 11 ff).

8. Literaturwissenschaft in der Sprachphilosophie

Am Schluß dieses Überblicks über den vielfältigen Gewinn, den die Literaturwissenschaft aus Einsichten der modernen Sprachphilosophie gezogen hat oder doch ziehen könnte, bietet es sich geradezu an, die Leitfrage einmal umzukehren und zu überlegen, was vielleicht auch die Sprachphilosophie aus der Literaturwissenschaft lernen kann. Für eine mögliche Befruchtung in umgekehrter Richtung gibt es ja deutliche Indizien; wohl nicht ganz zufällig haben sich viele prominente Sprachphilosophen immer wieder veranlaßt gesehen, im Zusammenhang mit ihren Analysen des alltäglichen und gegebenenfalls des wissenschaftlichen Sprachgebrauchs auch die besonderen Sprachverwendungsweisen der Dichtung zu thematisieren oder doch jedenfalls vergleichend heranzuziehen. Dies trifft übrigens nicht nur auf solche hier öfters erwähnten Theoretiker wie Frege, Wittgenstein oder Searle zu, sondern ebenso auf viele außerhalb der analytischen Tradition einflußreich gewordene Sprachphilosophen wie Heidegger, Karl-Otto Apel oder Jacques Derrida. — Ein Blick auf die bevorzugt von der Sprachphilosophie in Augenschein genommenen literarischen Phänomene — wie wahrheitswidrige Fiktion, logikwidrige Paradoxie, semantikwidrige Uneigentlichkeit des Sprechens — macht deutlich, daß es immer wieder die poetischen Regelverstöße sind, die die analysierende Aufmerksamkeit philosophischer Betrachter erregen. Auch im Feld der Sprache gibt es offenbar mehr, als sich die systemhungrige Schulweisheit gern träumen ließe. Es scheint also wenigstens zwei gute Gründe zu geben, aus denen der Sprachphilosoph hin und wieder einen Blick auf das Arbeitsfeld der literaturwissenschaftlichen Kollegen werden sollte: Zum einen bietet sich ihm hier ein nahezu optimaler Kontrastbereich für seine philosophische Analyse ›normaler‹, regelgeleiteter Sprachverwendung — und damit so etwas wie eine unbegrenzte Zahl möglicher Versuchsanordnungen für sprachphilosophische Gedankenexperimente. Zum anderen bildet die Poesie ein besonders gutes — und schönes — Warnschild gegen jede vorschnelle philosophische Verallgemeinerung über ›die‹ Sprache.

9. Literatur in Auswahl

Aschenbrenner 1974, *The Concepts of Criticism*.

Danneberg 1989 b, *Methodologien. Struktur, Aufbau und Evaluation*.

Finke/Schmidt (Hg.) 1984, *Analytische Literaturwissenschaft*.

Fricke 1981, *Norm und Abweichung. Eine Philosophie der Literatur*.

Gabriel 1975, *Fiktion und Wahrheit. Eine semantische Theorie der Literatur*.

Gabriel 1991, *Zwischen Logik und Literatur. Erkenntnisformen von Dichtung, Philosophie und Wissenschaft*.

Kindt/Schmidt (Hg.) 1976, *Interpretationsanalysen. Argumentationsstrukturen literaturwissenschaftlicher Interpretationen*.

S. J. Schmidt 1975, *Literaturwissenschaft als argumentierende Wissenschaft. Zur Grundlegung einer rationalen Literaturwissenschaft*.

Strube 1993, *Analytische Philosophie der Literaturwissenschaft. Definition, Klassifikation, Interpretation, Bewertung*.

Weitz 1977, *The Opening Mind. A Philosophical Study of Humanistic Concepts*.

Harald Fricke, Fribourg (Schweiz)

107. Sprachphilosophie in der Literatur

1. Problemstellung
2. Themen und Schwerpunkte der Forschung
3. Terminologische, methodische und sprachphilosophische Probleme der Forschung
4. Literatur in Auswahl

1. Problemstellung

1.1. Zu den Allgemeinplätzen gehört, daß ein literarisches Werk ein sprachliches Kunstwerk sei und daß seinen Autor besondere sprachliche Sensibilität auszeichne. Ihm wird Sprache deshalb aber noch nicht zum Problem, ihn charakterisiert nicht zwangsläufig ein auffallend problematisches Verhältnis zur Sprache, und Sprache ist nicht schon deshalb das explizite oder implizite Thema jedes literarischen Kunstwerks. Die erfolgreiche Anwendung eines Werkzeugs setzt weder eine Reflexion über die Grenzen und Gründe seines Funktionierens voraus noch über seine Validität und Reliabilität für den vorgesehenen Zweck. Vertrauen in die schriftstellerische Sprachverwendung ist in der Geschichte der Literatur oft genug Voraussetzung für bestimmte literarische Formen, Inhalte und Absichten. Das schließt die grundsätzliche Kritik

anderer (kollektiver) Sprachverwendungen, die Sensibilität gegenüber einer Sprache, welche als kritikwürdig empfundene Verwendungen zuläßt, ebensowenig aus wie eine literarische Kultur- oder Gesellschaftskritik unter sprachskeptischen Vorzeichen. Die Unzufriedenheit mit dem eigenen Sprachgebrauch wird so lange als individuelle Ausdrucksnot gedeutet oder empfunden, wie die Reflexion den Grund nicht in einem grundsätzlichen Ungenügen der Sprache vermutet. — Sprachphilosophie — und das heißt hier im weiteren Sinne Sprachreflexion — in Literatur ist vorab weder thematisch begrenzt noch an eine bestimmte Art des Vorkommens gebunden. Allerdings bezieht sich die Sprachreflexion von Schriftstellern zunächst auf den literarischen Gebrauch von Sprache, und obwohl schriftstellerische Reflexion und literarische Thematisierung von Sprache nicht gleichbedeutend mit Kritik oder Skepsis sind, geht von diesen Formen literaturbezogener Sprachüberlegung die größte Faszination für die literaturwissenschaftliche Forschung aus; ihr Interesse am Thema wächst offenbar proportional zu der vermuteten Radikalität schriftstellerischen Sprachzweifels — ein Interesse, das sich oftmals explizit dichtungstheoretischer Vorannahmen und nicht zuletzt sprachphilosophischer Beeinflussung verdankt. Die Phänomene, die hierdurch mehr oder weniger in den Hintergrund gedrängt werden, reichen von dem Selbstverständnis des Dichters als Sprachmagier bis zu den verschiedenartigen Buchstabenspekulationen, wie beispielsweise in Clemens Brentanos *Romanzen vom Rosenkranz* (1963 ff, *Werke* I, XI, Z. 319/320, 804 [1804–12]): „[...] ich will dich nun belehren,/Wie das Aleph ist geformet. [...]" oder in Arthur Rimbauds bekanntem Gedicht *Voyelles* (1978, 106 [1869–71]): „A noir, E blanc, I rouge, U vert, O Bleu, voyelles,/Je dirai quelque jour vos naissances latentes: [...]", in dem Rimbaud — wie er meint — „la coleur des voyelles" (1978, 298 [1873]) erfand — eine Idee indes, die sich schon bei August Wilhelm Schlegel in der Beschreibung von Vokalen mit den Farben des Regenbogens in seinen *Betrachtungen über Metrik* findet (Schlegel 1962 ff, *Krit. Schr. u. Briefe* I, 199 [ca. 1795]).

Orientiert an der literarischen Sprache oder ihrer Verwendung in literarischer Absicht kann sich die in Zweifel mündende Sprachreflexion auf unterschiedliche Bereiche erstrecken: von der Unzufriedenheit mit einer durch vorliegende literarische Normen und Konventionen gebildeten, von Vorbildern geprägten Literatur oder Dichtersprache — über die an ihrem für große Literatur zu armselig erscheinenden Zustand geübte (Cohen 1977, 81), oftmals kulturpessimistische Kritik, die nicht selten mit dem Bewußtsein literarischer Epigonalität verknüpft ist, — bis hin zur generellen Skepsis gegenüber Sprache. Von der Reichweite dieser Problematisierung sind sowohl die Möglichkeiten der Abhilfe als auch die erwogenen Konsequenzen für den Umgang mit Sprache abhängig. Muß der Versuch einer Erneuerung der Dichtersprache durch die Schaffung exemplarischer Vorbilder, zumeist unterstützt durch theoretische Traktate, auf Sprache vertrauen und oszilliert die Kritik an ihrem ›verbrauchten‹ (Hermann Bahr), ›abgenutzten‹ (Yvan Goll), ›ausgezehrten‹ (Walter Höllerer), ›entwerteten‹ (Hermann Hesse), ›abgegriffnen‹ (Hugo von Hofmannsthal), ›beschmutzten‹ (Francis Ponge), ›zermürbten‹ (Franz Mon) Zustand zwischen selbstzerstörerischer Ablehnung und unerreichbarer Sprachmagie, zwischen Restauration und Neuschöpfung, fehlt der umfassenden Skepsis jegliche Hoffnung auf den erneu-

ernden Gebrauch einer Sprache, deren generelle und zumeist *a fortiori* auch für die Verwendung in literarischer Absicht bestehende Mängel feststehen. — Die radikale, literaturbezogene Sprachskepsis führt in der Regel nicht zum Verstummen des Schriftstellers — Wolfgang Hildesheimer könnte hier eine Ausnahme bilden (Blamberger 1986, 35 ff). Dennoch wird zu den „Paradoxien von Dichtung" gerechnet, daß sie das „Motiv des Verstummens noch in Sprache fassen muß" (Hinck 1985, 62). Da dichterisches Schweigen andere Gründe haben kann, verbietet sich auch der simple Rückschluß. Die gelegentlich als inkonsequent kritisierte, oftmals als Selbstwiderspruch begrüßte Fortsetzung des Schreibens muß weder ohne Folgerichtigkeit sein noch eine unbeabsichtigte Selbstwiderlegung darstellen. Neben programmatischen und theoretischen Äußerungsformen, die zum Dichtungssubstitut avancieren, und Versuchen, die Defizite von Sprache durch eine Verbindung mit Medien wie Musik oder visuellen Darstellungsformen zu mildern, verbleiben dem Schriftsteller eine Reihe weiterer Reaktionsweisen, die als nicht weniger konsequent gelten können: (i) die Thematisierung von Sprachlosigkeit oder Verstummen in literarischer Form unter der Voraussetzung, daß die zur Sprachskepsis führenden literarischen Probleme des Ausdrucks oder der Vermittlung bei ihrer Thematisierung nicht selbst virulent werden — das Problem besitzt zwar keine literaturbezogene Lösung, es kann aber literarisch dargestellt werden; (ii) die Schaffung sprachähnlicher artifizieller Gebilde, die die literaturbezogenen Mängel der Sprache aufzeigen sollen — das Problem ist nicht lösbar, aber Literatur kann es exemplifizieren oder demonstrieren, und sei es in der paradox klingenden Form einer ›Sprache des Schweigens‹, in der die Literatur das „Schweigen der Wörter hörbar" mache (Hildesheimer 1969 b, 83), oder durch „gedruckte Pantomime" (Jean Paul 1927/1952, *Werke* Abt. I, XVIII, 26 [1874]); (iii) der Rückgriff auf literarische Formen oder Gattungen, die mit der problematischen Ausdrucks- und Vermittlungsintention nicht belastet sind — für das Problem besteht keine Lösung, aber betroffen ist nur ein Teil oder eine bestimmte Art von Literatur; (iv) das Abrücken von der problematischen Ausdrucks- und Vermittlungsintention, indem Literatur eine neue, von dem Problem unberührte Bestimmung erfährt, z. B. im Hinblick auf literarische Formvirtuosität, das ungebundene Spiel mit Sprache oder die ›Materialität‹ des Wortes — das Problem bleibt besteht, aber die ihm zugrunde gelegte Auffassung von Literatur wird zurückgewiesen; (v) die Reformulierung des Problems, indem die für Sprache unterstellte Bezeichnungsrelation oder Bedeutungskonzeption durch eine Verweisungsrelation oder durch eine besondere Konzeption der Bedeutungserzeugung ersetzt wird, die durch Antithetik und Paradoxie (u. a. Quint 1953, 76; Zapf 1966; auch Heiler 1954, 165 ff) oder durch ›Metaphorik‹ (Lüers 1926; aber Haug 1986, 498 f), durch einen ›dialogue du second degré‹ (Maeterlinck 1921, 196 [1896]) oder durch die Hervorhebung besonderer sprachlicher Phänomene wie die rhythmische Textgestaltung (u. a. Hering 1979, 16 ff) zu verwirklichen sind (Rinner 1989, 203 ff) — das Problem besteht weiter, aber mit Sprache, insbesondere oder sogar ausschließlich in literarischer Form, läßt sich auf das verweisen, was Sprache (direkt und angemessen) nicht wiederzugeben vermag — „[d]ie Unaussprechlichkeit des Lebens ist der tiefste Grund, aus dem die Dichtung sich nährt" (Muschg 1958, 87); (vi) schließlich besteht die Möglichkeit, aus dem Problem keine Schreibkonsequenzen zu ziehen, sondern mit dem Schreiben fortzufahren, auch „wenn man das höhere Gebot, zu schweigen, ganz deutlich vernimmt" (Kaschnitz 1963, 47), und die Aporie zwischen seiner Unlösbarkeit und dem Schreibbedürfnis mit einer Deutung zu belegen, die in dem heroischen, wenn auch hoffnungslosen Akt des Schreibens eine für den Schriftsteller charakteristische Situation sieht — das Problem ist unlösbar, aber der Akt des Schreibens erfährt eine Deutung, die ihn unausweichlich oder existentiell macht und ihn trotz der Unlösbarkeit des Problems sinnvoll erscheinen läßt.

Von diesen Reaktionsweisen akzeptieren die ersten drei die Problemstellung und versuchen, jenseits der durch die Unlösbarkeit des Problems aufgezeigten sprachlichen Grenzen neue literarische Betätigungsfelder zu erschließen oder zu schaffen. Die nächsten beiden Möglichkeiten lehnen Annahmen der Problemstellung ab und schaffen so die Voraussetzungen des literarischen Schreibens: die eine, indem sie eine Neubestimmung von Literatur vornimmt; die andere, indem für Sprache eine besondere Verweisungsrelation oder Konzeption der Bedeutungserzeugung in Anspruch genommen wird. Die letzte Reaktionsweise schließlich verläßt den Rahmen der Problemstellung und verleiht der Unlösbarkeit des Problems einen exemplarischen Sinn, der

zu keiner Änderung der bisherigen Schreibpraxis führt, sondern diese lediglich neu deutet. Die einzelnen Reaktionsweisen schließen einander aus — und in der Tat haben Schriftsteller verschiedene von ihnen parallel oder sukzessive realisiert. Durch sie wird aber deutlich, daß radikaler Sprachzweifel nicht zwingend zur Sprachlosigkeit führt; sie konterkarieren damit das undifferenzierte, wiewohl literarisch eloquente und professionell sekundierte Reden über die Krise der Literatur als Krise der Sprache, an deren Ende dichterisches Verstummen und Schweigen stehe. Einem solchen Verständnis erscheint (literaturbezogene) Sprachkritik als in ihren Konsequenzen destruktiv, nur als Krisensymptom. — Den aufgeführten Reaktionsmöglichkeiten ist gemeinsam, daß sie eine Vielzahl von Annahmen der Problemstellung akzeptieren, insbesondere eine implizite oder nur sehr vage umschriebene Adäquatheitserwartung an eine Bezeichnungsrelation oder Bedeutungskonzeption. Daß die Klage über die Unzulänglichkeit von Sprache auf Adäquatheitsforderungen beruht, an denen ihre Leistungsfähigkeit gemessen wird, die aber mit Sprache nicht schon vorgegeben sind, ist in unterschiedlichen Zusammenhängen mehr oder weniger deutlich erkannt worden: Das fängt weder mit Gotthold Ephraim Lessing (1970, *Werke* V, 171 [1759]) an noch hört es mit Ernst Cassirer (1923 I, 43; 135) auf (s. Art. 37). In einer Formulierung, die entgegen verbreiteter Ansicht weder paradox noch — folgt man einer Explikation dieses Begriffs (Fricke 1984, Kap. I) — aphoristisch ist, drückt Georg Christoph Lichtenberg (1967 ff, *Schr. u. Briefe* I, F 741 [1777]) den normativen Charakter der Sprachskepsis aus: „Manches Unaussprechliche wäre des Aussprechens kaum wert gewesen, wenn man es aussprechen könnte." Auch die komplizierten Zusammenhänge zwischen den verschiedenen an Sprache herangetragenen Erwartungen, die unvereinbar und gemeinsam nur abgeschwächt erfüllt sein können, sind mitunter erkannt worden. So geht Denis Diderot (1875 ff, *Œuv. compl.* II, 325 [1773/74]) von der Annahme aus: „Les sensations d'un homme sont incommunicables à un autre, parce qu'elles sont diverses"; und er imaginiert und folgert: „Je suppose que Dieu donnâ subitement à chaque individu une langue de tout point analogue à ses sensations, on ne s'entendrait plus." Das Ergebnis wären Sprachen ohne Synonyma — nach Diderot vielleicht mit Ausnahme von 'exister' und 'être'. Demgegenüber erlaube die herkömmliche, hinsichtlich des vollkommenen Ausdrucks defiziente Sprache Kommunikation, allerdings mit der fortwährenden Gefahr des Mißverstehens.

1.2. Die Annahmen über „the deficiencies of language" (Wordsworth 1971, 701 [1800]), die im Verbund mit Adäquatheitserwartungen in literarischer Hinsicht den Anstoß für die sprachreflektierenden, vor allem sprachkritischen Erwägungen liefern, sind kaum weniger komplex und vielfältig als die Reaktionen auf ein radikales Sprachmißtrauen — zumal die Klage über die ›Armut der Sprache‹ weit ins Mittelalter zurückreicht (u. a. Grasser 1970, *passim*), Argumente für die sprachliche Nichtmitteilbarkeit bestimmter Einsichten bereits auf den (umstrittenen) erkenntnistheoretischen Exkurs in Platons VII. Brief (dazu vor allem Graeser 1989, 6 ff) zurückgehen (s. Art. 14); schließlich sind die umfangreichen sprachphilosophischen Erörterungen zu erwähnen, die mit dem theologischen Problem der Rede über Gott zusammenhängen und die entweder in der Zulassung eines ausschließlich negativen Aussagengebrauchs (›negative Theologie‹) mündete oder die zu ausführlichen Analysen der ›uneigentlichen‹ Aussage über Gott (*translatio, transumptio*) führen (s. Art. 103), von denen auch die religiöse Lyrik beeinflußt wurde (u. a. Chenu 1935/36, 5 ff; Schlenker 1938, 13 – 87; Krewitt 1971, 457 ff; Häring 1981, 930 ff; Brinkmann 1966, 37 ff; 1975, 41 ff; Scherner 1970, 66 ff). Zunächst handelt es sich um Ausdrucks- und Darstellungsintentionen, deren adäquate Realisierung in oder durch Sprache zum erstrebten Ziel literarischer Werke wird. Der Anstoß für Kritik und Skepsis ist die Erfahrung, Vermutung oder Belehrung des Schriftstellers, daß die von ihm vorgefundene Sprache den gehegten Adäquatheitserwartungen nicht zu genügen vermag. Die Gründe, die ihn von der Inadäquatheit von Sprache überzeugen, hängen nicht zuletzt von den Leistungen ab, die er von Literatur erwartet, also von seinen poetologischen, literaturtheoretischen oder ästhetischen Vorstellungen. Zwar ist es ebenso möglich, auf die Inadäquatheit etwa der literaturtheoretischen Annahmen zu schließen (so etwa bei Eisendle 1980, 46 ff), doch stellen sich diese — ebenso wie die poetologischen und ästhetischen Annahmen — häufig als stabiler heraus; sie fungieren damit als Filter für die Aufnahme sprachphiloso-

phischer Überlegungen. Die Gründe für die Zweifel an der Sprache, auf die der Schriftsteller angewiesen bleibt, obwohl sie ein „mißbrauchtes" (Lichtenberg 1967 ff, *Schriften* I, B 346 [1770/71]), ein „allzu irdisches und grobes" (Wackenroder 1967, 68 [1797]), ein „elendes Werkzeug" (Hesse 1970, *Ges. Werke* XI, 191 [1717]) sei, lassen sich aufgrund der Unabschließbarkeit literaturtheoretischer Annahmen nur in einer offenen Aufzählung präsentieren: Die schriftstellerische Absicht, etwa ein individuelles, einmaliges Erlebnis oder Gefühl auszudrücken, kann bedroht erscheinen, da Sprache das Individuelle, das Besondere nicht (in der intendierten Weise) wiederzugeben vermöchte — Aussagen „können es nur umgrenzen, möglichst nahe und genau" (Frisch 1976, *Ges. Werke* II, 379 [1947]), oder wie es in Thomas Stearns Eliots *The Family Reunion* heißt: „I talk in general terms/Because the particular has no language" (Eliot 1952, 235 [1939]); der Schriftsteller kann die Dürftigkeit der Sprache gegenüber dem erlebten Reichtum der Wirklichkeit beklagen, die endliche Zahl der Wörter mit der unbegrenzten Zahl der Objekte der Natur konfrontieren (z. B. Ponge 1964, 14; dies verweist offenbar zurück auf Aristoteles *De Soph. El.* 165 a 11 ff; zur Deutung dieser Stelle Coseriu 1979 a, 432 ff); er kann bemerken oder sich in diesem Jahrhundert z. B. durch Überlegungen Henri Bergsons belehrt sehen (u. a. Heimann 1977, 221 ff), daß die Sprache seine kontinuierlich und zusammenhängend, gleich einem ›Erlebnisstrom‹ ihm gegenwärtigen Erlebnisse nur als diskrete Einheiten wiederzugeben erlaube, z. B. weil sie „die Veränderungen nur dürftig *zählen* und *nennen*, nicht die aneinanderhängenden Verwandlungen [...] uns sichtbar vorbilden" kann (Wackenroder 1967, 223 [1799]), oder weil sie nur „zerissene Bruchstücke" (Kleist 1964, *Sämtl. Werke u. Briefe* VI, 152 [1801]) wiedergebe; er kann die Kluft zwischen der verfügbaren, mit überkommenen Vorstellungen verknüpften Sprache, die eine „fertige Ausdrucksform" (Hofmannsthal 1980, *Ges. Werke* X, 324 [1891]) vorgebe, und den neuartigen Erfahrungen, die in der alten Sprache zu vermitteln seien — also den Versuch, „nos pensées d'aujourd'hui par le moyen d'un langage d'hier" (Sartre 1947, 143) auszudrücken —, für unüberbrückbar oder nur mit Hilfe von Neubenennungen für überwindbar halten; die Feststellung, Sprache schematisiere auf andere Weise als die Grenzen in seiner Wahrnehmungs-, Gefühls- oder Erfahrungswelt verliefen, vermag ihn ebenso zur radikalen Unzufriedenheit mit der Sprache führen wie die Ansicht, sie vermöge nicht den qualitativen Gehalt der psychischen und physischen Realität wiederzugeben, sondern komme über die Darlegung struktureller Beziehungen nicht hinaus; zur Enttäuschung kann schließlich die Ansicht führen, die vielfältigen Abstraktionen der Sprache seien gegenüber einer konkreten Wirklichkeit lediglich Hypostasen, Sprache führe zu „willkürlichen Trennungen" (Hofmannsthal 1980, *Ges. Werke* X, 324 [1891]), sie sei unentrinnbar metaphorisch, „nur symbolisch, nur bildlich" und drücke „die Gegenstände niemals unmittelbar, sondern nur im Widerscheine" aus (Goethe 1950, *Gedenkausgabe* XVI, 203 [1808]). Ebenso variantenreich wie die Gründe für das Mißtrauen sind die für das Sprachvertrauen. Im Hinblick auf unterschiedliche Zwecke können für die Mangelhaftigkeit der Sprache zuweilen die gleichen Gründe angeführt werden wie für deren besondere Leistungsfähigkeit.

Weitere Gründe für ihre Unzulänglichkeit finden sich, wenn Sprache als Medium der literarischen Kommunikation betrachtet wird. Die immer wieder erfahrene, dem Schriftsteller fortwährend präsente Gefahr des Mißverstehens kann zu einem grundlegenden Zweifel erhoben werden, auf dem wie von Friedrich Schleiermacher (1977, 75 [1838]) eine das Mißverstehen methodisch begrenzende Hermeneutik als ›Kunst des Verstehens‹ errichtet wird, sie kann aber auch zu einem umfassenden Zweifel an den Möglichkeiten des Verstehens und zur Verzweiflung über die Grenzen gelungener Verständigung führen, für die der Grund vornehmlich in der Sprache gesucht wird und die den Schriftsteller an den Rand des Verstummens bringt. Gilt einer einflußreichen Tradition — zu deren Höhepunkten bei unterschiedlichen Ursprungskonzeptionen (s. Art. 65) und Sprachauffassungen Etienne Bonnot de Condillac (s. Art. 8) und Johann Gottfried Herder (s. Art. 26) zählen — die (menschliche) Sprache als positiv bewertete „great Distinction between Men and Brutes" (Swift 1939—62, *Prose Works* IV, 94 [1710]), heißt es bereits gegen Ende desselben Jahrhunderts in Ludwig Tiecks *Geschichte des Herrn William Lovell* (Tieck, 1965—67, *Werke* I 385 [1795/96]), daß gerade aufgrund der Sprache, dieser „kläglichsten und unsinnigsten Spielerei", der Mensch unter dem Affen stehe — eine Sprachablehnung, die hundert Jahre später auch von Fritz Mauthner (s. Art. 35) nicht

überboten wird, für den „alles Elend der Einsamkeit" (Mauthner 1982 I, 38 [1901]) seine Quelle in der Sprache hat, und die Samuel Beckett in seinem Proust-Essay zur Deutung von Kunst als „apotheosis of solitude" wird: „There is no communication because there are no vehicles of communication" (Beckett 1931, 47). Dieser radikale Sprachzweifel läßt sich in die eingängige und im Hinblick auf die Dichter an den alten Vorwurf erinnernde Wendung bringen: Wer spricht, der lügt (wenn auch nicht unbedingt intentional) und (bei Betonung des kommunikativen Aspekts) — er belügt die anderen. Oder, wie es lakonisch in Arthur Schnitzlers (1979, *Ges. Werke* VII, 32 [1914]) Einakterzyklus *Komödie der Worte* heißt: „Worte lügen." Bei den aufgezählten Beispielen steht die Kritik am instrumentellen Versagen von Sprache im Vordergrund; die vorgefundene Sprache leiste zumindest in ihrer literarischen Verwendung zuwenig. Ihre Kritiker werfen der Sprache aber auch vor, zuviel zu leisten; sie sehen in ihr etwas verwirklicht — z. B. Ordnung oder Vernunft —, das ihnen weder wirklich noch wertvoll erscheint: Die Zerstörung sprachlicher Strukturen soll nicht zuletzt der Entlarvung des falschen Scheins dienen, den Sprache von der Welt vermittle. Die Anzahl der Beispiele für die Gründe der Sprachenttäuschung im Kontext ihrer literarischen Verwendung ließe sich leicht vermehren; vermutlich gibt es keinen Aspekt ihres literarischen Verwendungszusammenhangs, der nicht zum Anlaß der Klage über ihre Insuffizienz werden kann. — Wenn die von Sprache unter literarischem Gesichtspunkt erwarteten Leistungen betrachtet werden, ergeben sich weitere Anknüpfungspunkte für eine differenzierte Beschreibung literarischer oder literaturbezogener Sprachkritik. Dabei lassen sich zwei Varianten unterscheiden. Die von Sprache erwarteten Ausdrucks- und Vermittlungsleistungen beziehen sich zumeist auf Gefühle, Erlebnisse oder Erfahrungen, von denen Schriftsteller zwar häufig der Ansicht sind, sie seien bei ihnen von besonderer Intensität, die aber prinzipiell von den Adressaten nachvollzogen oder geteilt werden, so daß sie zumindest in dieser Hinsicht nicht als ungewöhnlich gelten. Demgegenüber werden aber auch eher ungewöhnliche Wahrnehmungen, Erlebnisse oder Erfahrungen, oftmals als ›mystisch‹ gedeutete Grenzerfahrungen reklamiert. Die in diesem Fall den literaturbezogenen Problematisierungen von Sprache zugrunde gelegte Annahme der Unabhängigkeit von Sprache und dem, was sprachlich ausgedrückt oder vermittelt werden soll, bietet der Verbindung derartiger Mystik und Sprachskepsis zwei Wege: die Verknüpfung von (gottgerichteter oder säkularisierter) Mystik und Sprache kann als Reaktion auf eine radikale Sprachskepsis begriffen werden — die Sprachskepsis bereitet den Weg zur Mystik; sie kann aber auch als eine Reaktion auf mystische Erlebnisse verstanden werden, die sich dem herkömmlichen Ausdruck oder der erfolgreichen Mitteilung anhand von Sprache entziehen — Mystik begründet die Sprachskepsis. Die in beiden Fällen vorliegende Unvereinbarkeit von Sprachvertrauen und Mystik bedarf der Relativierung; sie bezieht sich nicht zwingend auf Sprache generell, sondern auf ein ihr in diesem Kontext abgesprochenes Darstellungs- oder Mitteilungsvermögen. Dieses Versagen impliziert nicht, daß mit ihrer Hilfe nicht in anderer Weise, in Texten, die als Literatur angesehen werden könnten, oder im Zuge besonderer *modi loquendi* auf Erlebnisse, die Sprache weder zu ›beschreiben‹ noch ›mitzuteilen‹ vermag, verwiesen und vielleicht sogar eine Teilhabe an ihnen veranlaßt werden kann (vg. aber Haug 1986, 494 ff). Unabhängig von einer mystischen Deutung des Unsagbaren soll beispielsweise die dichterische Sprache von dem künden, was herkömmliche Sprache nicht zu bezeichnen oder zu benennen vermag. Radikales Mißtrauen auf der einen Seite verwandelt sich auf der anderen in Mystifikation und Überforderung der Sprache, die dem gelungenen oder wahren dichterischen Wort, an eine alte Tradition anknüpfend (Geier 1982, 374 ff), unvergleichliche Zauberkraft attestieren und auf die Suggestivkraft des Wortes oder eine Magie der Sprache bauen. Angestrebt wird nicht ein ›Verstehen‹, sondern eine ›unmittelbare Wirkung‹ — eine Unterscheidung, die im Hinblick auf die Konzeption Karl Bühlers (s. Art. 38) anhand der Symbol- und Signalfunktion von Sprache gefällt werden könnte, deren Explikation im Blick auf andere Sprachkonzeptionen aber weitaus schwieriger sein kann (auch Tambiah 1968, 175 ff).

Eine weitere Dimension zur Analyse unterschiedlicher Sprachproblematisierungen betrifft den Bereich, auf den sich die für das Versagen von Sprache in ihrer literarischen Verwendung vermuteten Gründe beziehen. Es kann sich um Sprache im allgemeinen oder um ihren gegenwärtigen Zustand bzw. ihren Gebrauch, aber auch speziell um eine Literatursprache handeln, die sich als stabiler und veränderungsresistenter als die Umgangssprache erweist. Erscheint allein ihr gegenwärtiger Zustand als unzulänglich, dann findet sich die Sprachskepsis — zumindest prinzipiell — durch die Möglichkeit der Verbesserung von Sprache gemildert; zuweilen ergänzt durch die gegen den Sprachwandel gerichtete Aufforderung zu ihrer Festschreibung oder der Imitation klassischer Sprachen (u. a. Rauter 1970, 33 ff; Hilliard 1987, 273 f). Die Hoffnungen auf eine Verbesserung von Sprache gehen in zwei Richtungen: in eine restaurative und in eine rekreative. Die restaurative Variante beruht auf Vorstellungen der — in der Regel aspekteingeschränkten oder zweckorientierten — Nachbildung oder Nachahmung, des Wiederauffindens einer Sprache bzw. der Annäherung an einen Sprachzustand vor der beklagten Degeneration: sei es als Nachbildung oder Nachahmung ikonisch-symbolisch gedeuteter Sprachen, angeregt durch die als ursprünglich geltenden Hieroglyphen (u. a. David 1965; Dieckmann 1970, Kap. V; Schaber 1973, 37–43), „eine sprechende Bilderschrift, die einen allgemeinen Begriff in einer Zusammenstellung sinnlicher Zeichen verbarg" und damit die „neue gefährliche Wahrheit" mit einem „geheimnisvollen Gewand" umgeben habe (Schiller 1975, *Sämtl. Werke* IV, 744 [1790]); sei es als Annäherung an eine weitgehend unbestimmte poetische Ursprache, an eine „Engelsprache" (Hamann 1967 b, 109 [1762]; dazu aber Weiß 1990, 109 f) oder eine auf Musik zielende „Sprache der Engel" (Wackenroder 1967, 207) — ein Thema mit neutestamentarischem Bezug, das seit Thomas von Aquin (Faes de Mottoni 1988, 140 ff) und Wilhelm von Ockham (s. Art. 21) immer wieder Gegenstand der Deutung war; sei es als Wiederauffinden der mit der babylonischen Sprachverwirrung verlorenen *lingua adamica* (Megill 1975, 23–75; Fraser 1977; Dutz 1989, 207 ff) — die in Mark Twains *Extracts From Adam's Diary* parodiert wird —, als Hinweis auf die historische Priorität bestimmter Sprachen wie des Hebräischen (zum Prioritätsstreit u. a. Dubois 1970, 83–92) mit dem Versuch, die sprachevolutionäre Nähe zu bestimmten Sprachen oder Sprachformen nachzuweisen (Bonfante 1953/54, 679 ff), oder als Orientierung an einer im Rahmen von Ursprungserklärungen beschriebenen und zum Vorbild erhobenen (menschlichen) Ursprache, deren typische Züge den Weg zur Bestimmung von Poesie weise, die damit einer langen Tradition folgend zur ältesten Sprachform avanciert (u. a. Prickett 1986, Kap. 2; auch Newman 1987,

13 ff) (s. Art. 66). Die rekreative Variante umfaßt Vorstellungen der ›Neuschöpfung‹ oder ›Resurrektion‹, der ›Neubeseelung‹ oder ›Reinigung‹ von Sprache. Ziel ist ihre ›Revirginisierung‹: sei es als gesuchte „langue immaculée" (Mallarmé 1945, 257 [1862]), sei es als Ergebnis ihres Gebrauchs: „Meine Sprache ist die Allerweltshure, die ich zur Jungfrau mache" (Kraus 1952 ff, *Werke* III, 293; als Epigramm in Kraus 1952 ff, *Werke* VII, 450 [1924]), sei es als ›neue Sprache‹, zu der kein ›Grammatiker irgendeiner Sprache‹ etwas zu sagen habe, wie es bei Guillaume Apollinaire in dem Gedicht *La Victoire* heißt (Apollinaire 1965, 310): „O bouches l'homme est à la recherche d'un nouveau langage/Auquel le grammairien d'aucune langue n'aura rien à dire." Auch bei dieser Variante bietet sich ein breites Spektrum, das z. B. von Stefan Georges imaginierter, leicht zu entschlüsselnder Phantasiesprache (Bennett 1980, 74 ff; auch Maier 1953; Imholtz 1978) bis zu den vagen Anspielungen Ingeborg Bachmanns auf eine ›neue Sprache‹ reicht, die als utopisches Ziel der ›schlechten Sprache‹ entgegenzusetzen sei (u. a. Angst-Hürlimann 1971, Kap. 4, 5; Oelmann 1980, 34—103; Trojahn 1987, 21 ff; aber auch Hapkemeyer 1982, 95). Ebenso unterschiedlich wie die Wege, auf denen eine Verbesserung des beklagten Sprachzustandes in Aussicht gestellt wird, sind die angenommenen Ursachen des Verfalls von Sprache: Die Kritik des ›abus des mots‹ im 18. (Ricken 1984, 194 ff; auch Guilhaumou 1989), die Journalismus-Kritik im 19. und 20. Jahrhundert (u. a. Arntzen 1984, Kap. XIV, XV) sind Beispiele. Gelten die Mängel von Sprache zudem als symptomatisch, dann nehmen literarische Thematisierungen der Unzulänglichkeiten von Sprache überwiegend kultur- bzw. gesellschaftskritische Züge an.

1.3. Die angeführten Beispiele literaturbezogener Sprachkritik beruhen zumeist auf der Annahme einer Unabhängigkeit von Sprache und dem, was sprachlich ausgedrückt, dargestellt oder vermittelt werden soll. Schriftsteller vornehmlich dieses Jahrhunderts weisen eine solche Annahme unter dem Eindruck sprachphilosophischer Überlegungen und sprachwissenschaftlicher Befunde explizit zurück. Ihr wird eine Auffassung entgegengesetzt, nach der Sprache das Denken präformiere, einen irreduziblen Einfluß auf unsere Wahrnehmungen und Erlebnisse, auf die Strukturierung unserer Sicht von Welt besitze, und es werden aus dieser Einsicht poetologi-

sche, literaturtheoretische, aber auch ästhetische Konsequenzen gezogen. Eine Untersuchung derartiger Überlegungen im Zusammenhang mit der literarischen Sprachproblematisierung macht jedoch deutlich, daß die Entgegensetzung von Sprachauffassungen, ausgerichtet an der Dichotomie von Sprachabhängigkeit und -unabhängigkeit, zunächst nur geringen Unterscheidungswert für das Thema besitzt. Zum einen ist keineswegs sicher, ob sie in ausreichendem Maße historisch zu trennen vermag; denn ebenso wie Sprachabhängigkeit bereits vor Wilhelm von Humboldt (s. Art. 27) ein Thema der Sprachphilosophie war (Weimann 1969, 498 ff; Aarsleff 1975, 430 ff; Haßler 1984, Kap. 2—4), ist sie auch den zeitgenössischen Schriftstellern nicht unbekannt. Zum anderen besitzt diese Dichotomie keine erkennbare systematische Unterscheidungskraft — vermutlich auch ein Grund für ihre zunächst nur geringe historische Relevanz. Nicht die Entgegensetzung, sondern erst die Charakterisierung nach Art und Grad von Sprachabhängigkeit bzw. -unabhängigkeit ist für das Thema aufschlußreich. Auf der einen Seite stehen dann Auffassungen, die das Arbitraritätsprinzip der Sprache zumindest partiell ablehnen wie die diversen, vom Barock (Kayser 1932, 137 ff; Zeller 1988, 371 ff) bis zum Dadaismus reichenden onomatopoetischen φύσει-Vorstellungen oder der Glaube an eine „*Sympathie des Zeichens* mit dem Bezeichneten" (Novalis 1977, *Schriften* III, 266 [1798/99]; dazu u. a. Hugenroth 1967, 42 ff; Senckel 1983, 16 ff). Nach Roland Barthes (1966 a, 52) ist — wenn auch lediglich ›au fond‹ — jeder Schriftsteller auf dieser Seite der mehrdimensionalen Skala zu suchen. Auf der anderen Seite finden sich Positionen, die von dem Mitwirken der Sprache bei der Erkenntnis, ihrer gegenstandskonstitutiven Rolle über die Determinierung durch Sprache zur Gleichsetzung von Sprache und Welt reichen, die „nahezu identisch" geworden seien (Mon 1964, 44); irgendwo dazwischen liegen die Ideen einer ›Versprachlichung von Welt‹ oder vom ›prisonhouse of language‹. Eine solche Aufgliederung soll nicht verbergen, daß die Ansichten, die Schriftsteller zur Sprachabhängigkeit außerhalb und innerhalb von Literatur zum Ausdruck bringen, zumeist — ihren sprachwissenschaftlichen oder sprachphilosophischen Vorbildern mitunter entsprechend — zu inexplizit sind, um markierte, gegeneinander abgehobene Positionen erkennen zu lassen (kritisch etwa Scheffer 1987, 566 ff zu Heißenbüttel). Die Besonderheit der Applikation von Ideen der Sprachabhängigkeit auf Literatur, die als fiktional gilt, kommt als komplizierend hinzu, wenn es etwa heißt: In der dramatischen Dichtung „hören die Worte auf willkürliche Zeichen zu seyn, und werden *natürliche* Zeichen willkürlicher Dinge" (Lessing *Sämtl. Schriften* 1886 ff, XVII, 291 [1769]). Von der Bestimmung der Fiktionalität, mithin von einer weiteren Gruppe sprachphilosophischer Annahmen, hängen Relevanz und Aussagegehalt der Thesen zur Sprachabhängigkeit für Literatur ab (s. Art. 106). Im Zusammenhang mit theoretischen Überlegungen von Schriftstellern können Annahmen zur Sprachabhängigkeit oder -unabhängigkeit sowohl eine generierende als auch eine argumentative Rolle spielen, indem sie einerseits zur Entwicklung, andererseits zur Annahme oder Ablehnung poetologischer oder literaturtheoretischer Konzeptionen führen. Diese Konsequenzen bestehen z. B. in der Problematisierung von Unterscheidungen wie Sujet und sprachlicher Darstellung, in der Ablehnung traditioneller Poetiken und Rhetoriken, etwa in der Kritik der Unabhängigkeit von *inventio* und *elocutio*, von Finden und Ausführen (s. Art. 112). — Gegen eine Sprachkritik, die von der wie auch immer spezifizierten Sprachabhängigkeit ausgeht, ist eingewandt worden, daß sie im Grunde unmöglich sei, da ihr *a limine* der außersprachliche Bezugspunkt zur Kritik fehle. Der Einwand beruht auf der Annahme, daß für die Kritik an Sprache — nicht allein im Zuge ihrer literarischen Verwendung — ein sprachfreies *tertium comparationis* gegeben sein müsse; diese Annahme wiederum erfährt ihre Begründung entweder über die Zielsetzungen der angestrebten Sprachkritik oder über die an die Rechtfertigung sprachkritischer Äußerungen gestellten Anforderungen. Sind diese Voraussetzungen erfüllt, dann ist bei einer entsprechenden Sprachauffassung (literarische) Sprachkritik in der Tat ein problematisches Unternehmen; sie sind allerdings nicht zwingend erforderlich: Ebenso wie sich Theorien ohne theoriefreie Basis, Normen ohne normenfreie Basis kritisieren lassen, ist dies auch mit Sprache möglich. Entscheidend ist, daß die Sprachkritik ein zirkuläres Vorgehen vermeidet, und das ist in der Regel immer möglich — vielleicht mit der Ausnahme von Auffassungen, die eine extreme Determiniertheit durch Sprache annehmen. Prinzipiell bestehen demnach bei Vorstellungen von Sprachabhängigkeit keine größeren Schwie-

rigkeiten oder geringeren Möglichkeiten zur Sprachkritik als bei anderen sprachphilosophischen Auffassungen. Davon bleibt unberührt, daß sich in solchen Fällen besondere Darbietungsformen literarimmanenter Sprachproblematisierung ausbilden können und daß sich die Kritik gegen eine Sprache richtet, die mitunter eher zuviel als zuwenig leistet. — Die letzte, die Analysen weiter differenzierende Unterscheidung bezieht sich auf die Zuweisung von Prioritäten. Sie beruht darauf, daß es keine selbstverständliche Priorität sprachphilosophischer oder poetologischer, literaturtheoretischer und ästhetischer Überlegungen gibt. Nicht nur können die sprachphilosophischen Ansichten zur Entwicklung oder Bestimmung, zur Korrektur oder Stützung poetologischer, literaturtheoretischer oder ästhetischer Konzeptionen beitragen, das gleiche kann auch umgekehrt, nicht nur unter sprachkritischen Gesichtspunkten geschehen. In diesem Fall wird die literarische Verwendung von Sprache aufgrund literaturtheoretischer Annahmen gegenüber anderen Verwendungen in besonderer Weise ausgezeichnet. Als dichterischer Sprache wird ihr ein Sonderstatus eingeräumt, wenn z. B. behauptet wird, sie habe „mit nichts anderem als mit Sprache zu tun" (Heißenbüttel 1966, 219), so daß Literatur in die Nähe von Sprachphilosophie und Sprachwissenschaft rückt, oder wenn Literatur wie in dem Gedicht *Le Pré* von Francis Ponge als ›création métalogique‹ von der eigenen Sprache handle (Greene 1970, 582 ff; auch Higgins 1979, 347 ff). Die literarische Sprache kann durch literaturtheoretisch bestimmte Merkmale privilegiert werden, nach denen sie nicht nur graduell von der herkömmlichen Sprache abweicht: Sie ist weder eine Sub- oder Sondersprache noch ein allein durch den Verwendungskontext charakterisierter differenter Sprachgebrauch. Kaum zu überschauen und noch weniger leicht zu klassifizieren sind die sprachphilosophischen Annahmen, die den literaturtheoretisch ausgewiesenen Sonderstatus dichterischer Sprache — den „Zugewinn" (Blumenberg 1966, 150), den Sprache in Dichtung erfahre — im Verständnis von Schriftstellern positiv beschreiben. Gemeinsam ist einem solchen Verständnis zwar, daß Literatur einen wie auch immer beschriebenen und begründeten autonomen Status zuerkannt erhält und ihre Sprache nicht in herkömmlicher Weise instrumentell gedeutet wird: Sei es im Schluß aus literaturtheoretischen Annahmen, sei es im Rückschluß aus dem konstatierten instrumentellen Versagen von Sprache — „Les poètes sont des hommes qui refusent d'utiliser le langage [...] le poète s'est retiré d'un seul coup du langage-instrument; il a choisi une fois pour toutes l'attitude poétique qui considère les mots comme des choses et non comme des signes" (Sartre 1948 b, 63/64). Darüber hinaus bestehen allerdings kaum Übereinstimmungen. Das belegen Beispiele wie Paul Valérys Charakterisierung der Sprache der „poésie pure" als „un langage dans un langage" (Valéry 1957—60, Œuvres I, 1324; Genette 1972, 601 ff; Wunderli 1977, 118—130); Auffassungen, nach denen Sprache in Dichtung erst zu sich selbst komme, während sie in anderen Verwendungszusammenhängen ihren Dienst ableiste; oder Konzeptionen, nach denen die literarische Sprache als „Sprache schlechthin, als Verwirklichung aller sprachlicher Möglichkeiten", als Ort der „Vollkommenheit der Sprache" (Coseriu 1971, 184 f) gilt. Auch die einflußreichen, auf dem ›Vieldeutigkeitstheorem‹ (Brunemeier 1983, Kap. 2.2; auch Bode 1988; Kurz 1993) beruhenden Auffassungen lassen sich hierzu zählen, für die die Sprache des literarischen Werkes von unbegrenzbarer Bedeutung ist, z. B. weil das Wort im dichterischen Kontext von seinen vorgegebenen, eingegrenzten Bedeutungen befreit werde — eine Auffassung, die ihre literarische Parodie durch eine fiktive Rezension in Stanislaw Lems *Die vollkommene Leere* gefunden hat. Oft dürfte es bei diesen Ansichten unentwirrbar sein, ob die besondere Qualität der Sprache den literarischen Charakter indizieren oder dieser die Qualität der Sprache erkennen lassen soll, und ob die Bestimmungen als deskriptiv oder präskriptiv intendiert sind. Entscheidend sind bei der Priorität literaturtheoretischer Annahmen die gezogenen Konsequenzen. Diese richten sich vornehmlich auf den hermeneutischen Zugang zum literarischen Text (s. Art. 45). Für den genießenden wie meditierenden Leser, nicht zuletzt für den wissenschaftlich ambitionierten Interpreten werden in Übereinstimmung mit den literaturtheoretisch ausgewiesenen sprachphilosophischen Annahmen interpretationstheoretische Konsequenzen formuliert, die von dem Rat, das literarische Werk perspektivisch zu betrachten und insbesondere jede Festlegung seiner Bedeutung zu vermeiden, bis zu der Empfehlung reichen, zumindest im herkömmlichen Sinn auf ein Verstehen oder Interpretieren gänzlich zu verzichten — sei es weil die Sprache eines literarischen Werkes nicht als Träger (seman-

tischer) Bedeutung diene, sondern eine Grenze erreiche, an der ihr „semantischer Dienstwert" (Blumenberg 1966, 150) gleichsam versage, sei es zu seinem Schutz vor nivellierenden oder assimilierenden interpretativen Zugriffen (s. Art. 106). Dem Interpretieren eines literarischen Werkes kann schließlich jegliche Dignität abgesprochen werden, wenn aus den sprachphilosophischen Annahmen gefolgert wird, die Beziehung zwischen Interpretation und Interpretandum sei unaufhebbar arbiträr, da es dem Interpreten keinen Widerstand leiste, der sich gegenüber dem fortwährend inter- und intraindividuell variierenden Gegebenheiten und Umständen isolieren und bestimmen ließe: „un texte est comme un appareil dont chacun se peut servir à sa guise et selon ses moyens" (Valéry 1957-60, Œuvres I, 1507 [1933]).

2. Themen und Schwerpunkte der Forschung

2.1. Sprachphilosophie in der Literatur ist nicht erst seit den sechziger Jahren ein Forschungsthema, auch werden nicht erst seit den fünfziger Jahren diesem Thema einschlägige Untersuchungen gewidmet. In den letzten Jahrzehnten allerdings haben die Untersuchungen zu den sprachphilosophischen Ansichten von Schriftstellern und ihrer Thematisierung in Literatur ein umfangreiches Forschungsfeld entstehen lassen, dessen bibliographische Darstellung allein für die letzten zwanzig Jahre — zumal wenn die einzelnen Nationalliteraturen berücksichtigt würden — einen ehrfurchtgebietenden Umfang annähme. Die institutionelle Visibilität dieses Problemfeldes ist demgegenüber eher gering: Weder gibt es z. B. in der Germanistik thematisch entsprechend ausgeschriebene Lehrstühle, noch bestehen institutionelle Anbindungen wie dies für das überschneidende Problemfeld ›science and/in literature‹ bei der *Modern Language Association of America* der Fall war; schließlich fehlt als wichtiger Indikator für Akzeptanz und Repräsentanz eine themenorientierte Zeitschrift wie sie für das übergreifende Problemfeld ›literature and philosophy‹ in der gleichlautenden Zeitschrift existiert, zu deren zentralen Themen ›philosophy of language in literature‹ allerdings nicht zählt. — Explizit linguistisch orientierte Untersuchungen — Ausnahmen gibt es etwa zu Ernst Jandls Sprachauffassung (Abraham 1982, 540 ff) oder zu Arno Schmidts ›Etym-

Theorie‹ (Althaus 1987; dazu auch Mueller 1975, 37 ff; Nicolaus 1980, Kap. 3) — haben sich ebenso wie sprachphilosophisch orientierte Untersuchungen kaum dieses Themas angenommen, wenn man nicht schon mit der Wahl literarischer Motti oder Exempla das Soll für erreicht hält. Literarische Sprachthematisierungen haben nur selten zu Fragestellungen geführt, die die sprachphilosophische Forschung aufgegriffen und zum Ausgangspunkt weiterführender Reflexionen für wert befunden hat. Als Beispiele für solche Anknüpfungen können Laurence Sternes *The Life and Opinion of Tristram Shandy, Gentleman* (Posner 1982, Kap. VIII), Italo Calvinos *Il Cavaliere inesistente* (z. B. Goodman 1981, 18 ff), Peter Bichsels *Ein Tisch ist ein Tisch* (Bergmann/Pauly/Schaefer 1981, 20—23; Schmitter 1985 b, 145 ff; auch Schmitz-Emans 1986 a, 304 ff) oder Jorge Luis Borges' *Pierre Menard, autor del Quijote* gelten (z. B. Danto 1981, 33 ff; Goodman/Elgin 1988, 61 ff; Danneberg 1994, Kap. II. 1), dessen Problem sich in Borges' zusammen mit Adolfo Bioy Casares verfaßten *Crónicas de Bustos Domecq* (Borges 1981, 339 [1967]) wieder aufgenommen und bereits bei Diderot (1875—77, *Œuvres compl.* XI, 135 [1767]) vorformuliert findet:

„Il n'y a dans la même pensée rendue par les mêmes expressions, dans les deux vers faits sur un même sujet, qu'une identité de phénomène apparente; [...] les deux poètes qui on fait les deux mêmes vers sur le même sujet, n'ont eu aucune sensation commune; et si la langue avait été assez féconde pour répondre à toute la variété de leurs sensations, ils se seraient exprimés tout diversement."

Auch wenn die Werke von Borges eine Fundgrube für sprachphilosophische und hermeneutische Reflexionen sind, steht dennoch allen Beispielen voran die von Humpty Dumpty‹ in Lewis Carrolls *Through the Looking-Glass* geäußerte Sprachauffassung (u. a. Spacks 1961, 91 ff; Pitcher 1964/65, 591 ff; Shibles 1969, 14—45; Muskat-Tabakowska 1970, 483 ff; Nöth 1976, 21 ff; Wolf 1987, 430 ff), die nicht nur zum Anknüpfungspunkt für definitionstheoretische und allgemeine sprachphilosophische Erörterungen geworden ist, sondern auch für Fragen einer Bedeutungskonzeption literarischer Werke (u. a. Martinich 1981, 21 ff; Hancher 1981/82, 52 ff). Umstritten ist allerdings, inwieweit die von Humpty Dumpty geäußerte Sprachauffassung der Carrolls entspricht (u. a. Sutherland 1970, 96—99) oder ob sie nicht eher seine Beunruhigung über die zeitgenössische Entwicklung einer der Interpretation freigestellten symbolischen Algebra Ausdruck verleiht (Pycior 1984, 167 f). — Für die literaturwissenschaftliche Beschäftigung mit literarischen Sprachthematisierungen war neben den Impulsen, die von dem wachsenden Interesse an Sprachphilosophie — in der Bundesrepublik seit den sechziger Jahren — ausgegangen sind, die Ansicht forschungspragmatisch ausschlaggebend, mit der Sprachkrise der Wende vom 19. zum 20. Jahrhundert einem Ereignis auf der Spur zu sein, das nicht allein als markanter Ausdruck einer Epoche zu deuten, sondern dessen Nachwirkung auf die Literatur und ihr Verständnis kaum zu überschätzen sei. Obwohl eine Reihe von Monographien zu Autoren, Werken oder Werkgruppen inzwischen erschienen ist, hat sich nichts Grundsätzliches an der Feststellung zur literaturwissenschaftlichen Forschungslage geändert (Eibl 1970, 7): die „Basis monographischer Voraussetzungen" ist zu schmal für eine „Gesamtdeutung des Phänomens" der Sprachkrise um die Jahrhundertwende — und mehr noch gilt das für jede ausgreifendere Fragestellung zum Thema. Für diesen Befund lassen sich zwei Gründe anführen. Die Schwerpunkte der Forschung haben zu einer systematischen Beschränkung und damit Verzerrung des Untersuchungsbereichs geführt, da das Interesse sich vornehmlich auf Autoren oder Werke der sogenannten Höhenkamm-Literatur oder der Avantgarde richtet. Diese Ausrichtung kennzeichnet zugleich eine symptomatische Ambivalenz: einerseits bereitet die dieser kanonischen Literatur gewidmete Forschung mit ihren etablierten Interpretationsmustern der Integration einer zusätzlichen Sprachkritikproblematik nicht unbeträchtliche Schwierigkeiten, andererseits führt die als epochales Ereignis gedeutete literarische Sprachskepsis dazu, gerade diese Autoren und ihre Werke in die Pflicht sprachphilosophisch ausgerichteter Interpretationen zu nehmen. Der zweite Grund für die im allgemeinen wenig befriedigende Verknüpfung von Einzelforschung und übergreifenden sowie systematisierenden Darstellungen beruht auf konzeptionellen Diskontinuitäten: weder läßt sich ein intensives Bemühen um terminologische Klärung und Konstanz feststellen noch der Versuch erkennen, an bereits eingeführte historische wie systematische Fragestellungen anzuknüpfen. Die terminologischen Probleme beginnen bereits mit der Vielzahl der dem Thema zugedachten, von ›Sprachablehnung‹ bis ›Sprachzweifel‹ reichenden Komposita, deren ungeklärter Gebrauch, mangelnde Abgrenzung und fehlende Explikation sie vornehmlich stilistischer Variation empfiehlt. Das Fehlen eines systematischen Konnexes beruht auf zwei Defiziten. Während in Autoren- oder Werkmonographien der obligate Vorspann allgemeiner Fragestellungen nicht selten aus wenig systematischen oder unverbindlichen Ad-hoc-Formulierungen besteht, finden sich in den historisch übergreifenden und systematischen Untersuchungen die literarischen Belege immer wieder als affirmative Illustrationen in den jeweils vorgegebenen theoretischen Rahmen neu eingepaßt. Seltener noch als Untersuchungen, die übergreifende Fragestellungen mit der — wenn auch nicht unkritischen — Bewahrung von Ergebnissen der Einzelforschung verbinden, sind komparatistische, über verschiedene Nationalliteraturen angelegte Untersuchungen desselben Zuschnitts. Aus diesen Beobachtungen wird erklärbar, was an dem Forschungsstand ersichtlich ist: zum Thema gibt es weder eine zusammenhängende Forschungstradition noch paradigmatische Untersuchungen, die in der monographischen Forschung zu vorbildnachahmenden Folgeuntersuchungen oder die im Bereich übergreifender Fragestellungen zu orientierenden terminologischen wie theoretischen Vorgaben geführt hätten.

2.2. Literaturwissenschaftlicher Ausgangspunkt für übergreifende Fragestellungen zur Sprachproblematisierung ist die weithin geteilte Ansicht, literarische Sprachreflexion und in ihrem Gefolge literarische Sprachskepsis habe in diesem Jahrhundert eine nie zuvor erreichte Verbreitung und Radikalität gewonnen. Dieser Auffassung sind zwei theoretische Problemstellungen inhärent: ein Bestimmungs- und ein Erklärungsproblem. Das Bestimmungsproblem zielt auf eine literaturtheoretische Charakterisierung der literarischen Moderne, zu deren zentralen Aspekten Sprachreflexion und -kritik zählen soll. Das Erklärungsproblem zielt auf ein Verständnis des historischen Charakters der so begriffenen Literatur (dazu 2.3.). Die Auseinandersetzung mit Sprache gilt als kennzeichnende Eigenschaft moderner Literatur (so etwa Noble 1985, 91; zum skeptischen Sprachbewußtsein und zur Stilkrise Göttsche 1990, 33 ff), die sich weitgehend selbst thematisiere, sowie als Ausgangspunkt moderner Schriftstellerexistenz, an deren Anfang die Erfahrung des Zweifelns oder Verzweifelns an Sprache stehe

— darin treffen sich dichterisches Selbstverständnis wie literaturwissenschaftliche Deutung (u. a. Bachmann 1978, *Werke* IV, 60 [1959]; Celan 1968, 128 [1958]; Mähl 1963, 290; Mayer 1969, 14). Gelegentlich gilt überhaupt nur der als moderner Schriftsteller, für den die Sprache ein Problem bildet (u. a. Barthes 1966, 46). Systematische Klassifizierungen zur literarischen Sprachproblematik sind selten: Unterschieden wird anhand einer ›ontologischen‹ und einer ›pragmatischen‹ sprachphilosophischen Konzeption zwischen der ›sprachtraditionellen‹ und der ›sprachdemonstrativen‹ Phase der literarischen Moderne (Saße 1977, 7 f; 64); im Anschluß an Charles Morris zwischen ›pragmatischer‹, ›semantischer‹ und ›syntaktischer‹ Sprachkritik (Berger 1974, 157); zwischen ›metaphysischem‹, ›pragmatischem‹ und ›semantischem‹ Sprachzweifel, der in dieser Reihenfolge literarisch virulent geworden sei (Müller 1966, 225). Auf die literarische Sprachproblematisierung wird zudem zurückgegriffen, um Nationalliteraturen thematisch zu charakterisieren — so wurde das ›Papageno-Problem‹ kreiert, das mit Mozarts *Zauberflöte* anhebe und über diverse Modifikationen den typischen und einzigartigen Zug österreichischer Literatur ausmache (Gross 1984, 38).

Nach verbreiteten literaturhistorischen Entwürfen gilt als herausragendes „Dokument einer allgemeinen Sprachskepsis, die am Beginn des zwanzigsten Jahrhunderts Literatur und Wissenschaft erfaßt hat" (Busch/Schmidt-Bergmann 1986, 213), als „Ausgangspunkt jeder Analyse der neuen Revolution" (Jens 1962, 109), der *Brief* des fiktiven Lord Chandos von 1902, und als exemplarischer Fall sein Autor Hugo von Hofmannsthal. In diesem Text, in dem sich — wie schon früh behauptet wurde — „unter durchsichtiger Hülle" eine Umschreibung der „Krise der Zeit" (Borchardt 1957, *Ges. Werke* I, 86 [1917]) finde und mit dem sich „die permanente Reflexion der Sprachproblematik" für die Literatur des 20. Jahrhunderts ankündige (Schuhmann 1979, 169), sei die epochentypische Sprachskepsis nicht nur in radikaler Weise thematisiert, sondern er besitze zugleich persönlichen Bekenntnischarakter, da er manifester Ausdruck der folgenreichen, generationstypischen Sprachkrise seines Autors sei. Keinem zweiten Text hat die sprachkritisch interessierte literaturwissenschaftliche Forschung vergleichbare Aufmerksamkeit geschenkt — mit dem Resultat, daß ein nennenswerter Konsens allein in seiner Einschätzung als besonderes Ereignis der Thematisierung von Sprachskepsis herrscht. Divergierende Auffassungen bestehen bei der Bestimmung der Gattungszugehörigkeit des Textes (Gerke 1970, 134−141), dessen sprachliche Virtuosität ihn zu einem „paradoxen Dokument" mache (Prang 1957, 139; Pestalozzi 1958, 116; Brinkmann 1961, 80; Kobel 1970, 143 ff; Bennett 1975, 318 ff) und ihm den Vorwurf der Inkonsequenz eingebracht hat (Muschg 1981, 58); bei nahezu jeder Detailfrage seiner Interpretation (u. a. Kuna 1970, 88 ff; Nägele 1970, 721 ff; Steffen 1974 a, 433−444; Pétillon 1975, 885 ff; Krainer 1968, 200 ff; Mauser 1977, 117−126; Pauget 1986, 100 ff); vor allem aber bei der Charakterisierung des in ihm thematisierten Problems, der Bestimmung seiner expliziten und impliziten sprachphilosophischen Annahmen und ihrer Herkunft (u. a. Böschenstein/Pestalozzi 1964, 65−81; Magris 1975, 55 ff; Clark 1979, 262 ff; Luoni 1985, 230 ff; Küpper 1987, 72 ff; Morton 1988, 514 ff); schließlich bei der supponierten Verbindung gestalteter Sprachskepsis mit erlebter Sprachkrise seines Autors − so jüngst bezogen auf Hofmannsthal als Literaturkritiker (Wellek 1985, 65 f; auch Nagel 1974, 492 ff) −, die aufgrund des Werkzusammenhanges (Daviau 1971, 29 ff; 1987, 229 ff) und des stilistischen Werkvergleichs (u. a. Kenkel 1973, 91 ff; Honegger 1978, insbesondere 95 ff) sowie der Deutung des Textes (Tarot 1970, 360−383; Schaber 1970, 53 ff; Lindemann 1979, 150−183) als umstritten gilt. − Die Deutung von Sprachkritik als einer kollektiven Erscheinung in der Literatur um die Jahrhundertwende hat die Forschung allerdings auch mit einer erfolgreichen ›positiven Heuristik‹ versehen. Bei zahlreichen zeitgenössischen Schriftstellern ist die Relevanz der Sprachkritikproblematik für ihr literarisches Selbstverständnis wie ihre literarische Produktion aufgedeckt und zuweilen in ausführlichen Monographien untersucht worden. Die sprachkritische Reflexion hat sich danach auf unterschiedliche Aspekte der literarischen Praxis ausgewirkt: auf die Absage an tradierte Erzähltechniken wie bei Hermann Bahr (Rieckmann 1985, 78 ff), auf die dramatische Formgebung wie bei Hofmannsthal (Wittmann 1966, 171 ff), auf sprachspielerische und -artistische Aspekte wie bei Christian Morgenstern (Liede 1963, 269−272; auch Hiebel 1957, 76 ff; Neumann 1964, 332 ff; Thiele 1967, 200 ff; Walter 1966, 27 ff) oder wie bei einer Reihe von Autoren auf die Verbindung von Aphorismus und Sprachkritik (Arntzen 1971, 323−338; Gray 1984, 460 ff; 1986, 334 ff; 1987, 98 ff; 163 ff). Im Zentrum der Forschung steht jedoch nicht die systematische und beispielgesättigte Untersuchung der Beziehungen zwischen sprachkritischer Reflexion und literarischer Produktion, sondern die Beschäftigung mit den Werken kanonischer Autoren: seit geraumer Zeit die Dichtung Rainer Maria Rilkes (u. a. Storck 1954/ 55, 194−200; Wodtke 1956, 67 ff; Steiner 1971, 175 ff; Sheppard 1973, 577 ff; Meuthen 1983, 133−211; Engel 1986, 151 ff), in jüngerer Zeit das interpretatorisch überfrachtete Werk Franz Kafkas (u. a. Oblau 1979, 209 ff; Sokel 1979, 364 ff; 1980 a, 41 ff; 1980 b, 27 ff; Heintz 1983, 61 ff; Kessler 1983, insbesondere Kap. V; Alt 1985, 454−471; Kittler 1985, 181 ff). Die Beschäftigung mit diesen Autoren überschattet die kaum weniger ergiebige oder aussichtsreiche Behandlung der „sprachskeptischen Dichtung" Gustav Sacks (Eibl 1970, Teil 2), der Lyrik Carl Einsteins (Rumold 1983, 260 ff), der Komödien und Aphorismen Arthur Schnitzlers (Kilian 1972, 101−109; Doppler 1975, 31−52; Köpf 1976, Kap. IV), aber auch der wenig beachteten Theaterstücke Ernst Barlachs (Müller 1981, 571− 584; Heukäufer 1985, Kap. IV) oder des zeitgenössischen Œuvres Hermann Hesses, Paul Ernsts und Ricarda Huchs, in dem sich die kulturkritische Klage über den Sprachverfall, das Vertrauen auf eine Restauration, die Hoffnung auf eine Erneuerung der Sprache und die Kompensation der Sprachkrise durch den Glauben an eine quasiteleologische Geschichtsentwicklung finde (Köhler 1977, Kap. IV, V). Eine Ausnahme bildet die vergleichsweise geringe Beachtung der Sprachthematisierung in Werken wie dem Thomas Manns (Dittmann 1969, 33−66, Kap. III; Maas 1977, Kap. VII; Sicker 1986, 1 ff); eine Sonderstellung nimmt das einflußreiche sprachkritische und literarische Werk Karl Kraus' ein, das nicht nur zur ausgiebigen Beschäftigung mit seiner Sprachauffassung geführt hat − dabei widersprechen jüngere Untersuchungen zunehmend sprachmystischen Deutungen (Quack 1976, 5−176; Bodine 1975, 270 ff; 1981 b, 669 ff; auch Heringer 1967, 256 ff) −, sondern auch mit dependenten Aspekten wie Sprachspiel (Wagenknecht 1965, Kap. VI) oder Sprachsatire (u. a. Pfotenhauer 1983, 330 ff), aber auch wie die Beeinflussung Ludwig Wittgensteins (u. a. Kraft 1961, 812 ff; Engelmann 1970, 101−110; Zorn 1971, 61 ff; Janik/Toulmin 1984, 83 ff; Gabriel 1978, 360 ff; Barnouw 1981, 267 ff; Bodine 1989,

152 ff) (s. Art. 39). Neben einzelnen Autoren, die sich mitunter nur schwer literarischen Strömungen zuordnen lassen, beschäftigt sich die Forschung mit literarischen Gruppen oder Bewegungen, bei denen ein sprachreflexiver oder -kritischer Impuls vermutet wird: mit dem Futurismus z. B. im Zusammenhang mit sprachdestruktiv klingenden Losungen in Filippo Tommaso Marinettis Manifesten wie ›parole in liberta‹, die durch eine ›destruction de la syntaxe‹ zu erreichen sei, oder der ›transmentalen Sprachtheorie‹ — ›zaum‹ (hierzu Scholz 1968, 477 ff; Urban 1972, 590 ff; Hansen-Löve 1978; Lauhus 1982, 142 ff; Vroon 1982, 581 ff) — von Velimir Chlebnikov, dem „Lobacevskij des Wortes" (Tynjanov 1967 b, 70; auch Todorov 1972, 190 ff) oder den im Prinzip kaum weniger sprachgläubigen surrealistischen ›Sprachforschungsstätten‹ (u. a. Kohrts 1980, 145—152), die trotz einer ausgeprägten Rezeption der Bücher Carrolls in ihrer Sprachauffassung hiervon unbeeinflußt geblieben zu sein scheinen (Tiedemann 1982, 78 f; Thody 1958, 427 ff); mit dem Expressionismus z. B. im Blick auf den Kreis um die Zeitschrift *Sturm* und das einflußreiche Werk August Stramms (u. a. Möser 1983, Kap. III; Jones 1981/82, 254 ff); mit den Sprachexperimenten, insbesondere den Lautgedichten des Dadaismus (Kemper 1974, Kap. II; Riha 1981, 284 ff; Kammler 1985/86, 221 ff); zu erwähnen ist schließlich die mit Ausnahme Ferdinand Ebners (Thurnher 1960, 226 ff; Derbolav 1982, 111 ff) vergleichsweise wenig beachtete Sprachtheologie und religiös bestimmte Sprachablehnung des Kreises um die Zeitschrift *Der Brenner* (Bier 1969, 110 ff; Stieg 1976, 150 f; 175 ff; 223 ff). — An diesen Beispielen werden einige charakteristische Aspekte der Sprachreflexion und -kritik in Literatur deutlich: Thematisiert und realisiert in oder demonstriert und exemplifiziert anhand von Literatur sind die Motive und Ergebnisse der Sprachreflexion mit anderen, zum Teil sehr unterschiedlichen, zunächst vornehmlich literarischen Problemen und Themen eng verknüpft; in dieser Verknüpfung ist Sprachreflexion — das jeweilige Œuvre als Kontext zugrunde gelegt — keineswegs immer ein zentrales Problem des Autors oder ein dominierendes Thema des Werkes; Sprachvertrauen und -mißtrauen — oder wie eine solche Opposition auch immer bezeichnet sein mag — gehen komplizierte, zuweilen unvereinbar scheinende Verbindungen ein, die nicht schon durch die Behauptung ihrer ›Komplementarität‹ oder ›Dialektik‹ erhellt

werden; und schließlich entwickeln sich in der Regel weder schriftstellerische Sprachreflexion noch ihre literarische Umsetzung einphasig oder kontinuierlich, wie etwa an Hofmannsthal zu zeigen versucht wurde (u. a. Clark 1979, 149 ff). Auf der Ebene einzelner Autoren und ihrer Werke stellt sich die Sprachkritik nicht als einheitliches, sondern als ein durch die Einbindung in die jeweilige komplexe Problematik und Thematik bestimmtes Phänomen dar. In 1. wurden Unterscheidungen verdeutlicht, die zur differenzierten Beschreibung schriftstellerischer Sprachreflexion erforderlich sind. Die erwähnten Beispiele und mit ihnen eine Vielzahl weiterer Untersuchungen, etwa zur Sprachreflexion im Werk Gottfried Benns (u. a. Wessels 1968, 457 ff; Wirtz 1971, Kap. I; Meyer 1971, 138—186, 212—237; Meister 1983, Kap. I, II; Spoehr 1990, 220 ff; auch Hohendahl 1980, 372 ff) oder Elias Canettis (Burgstaller 1974, 104—116; Pilgerstorfer 1982, 36 ff; Scheichl 1983, 26—42; Wiethölter 1990, 149 ff), belegen ein weiteres Moment, nämlich die systematische Mehrdeutigkeit des Themas. Diese beruht auf der verschiedene, sprachphilosophisch nicht neutrale Antworten zulassenden Frage, auf welche Weise etwas ›in‹ einem (literarischen) Werk sein kann (dazu 3.3.). — Verbreiteten literaturhistorischen Entwürfen zufolge erreicht die sprachthematisierende Literatur nach dem Zweiten Weltkrieg einen (erneuten) Höhepunkt in der Lyrik, für deren besondere Situation und Thematik das Diktum eines Beteiligten autoritativen Charakter erlangt hat: „Das Gedicht heute zeigt eine starke Neigung zum Verstummen" (Celan 1968, 143 [1960]). Eine Fülle von Beiträgen trug zum Bild dieser poetologisch und sprachthematisch gedeuteten Lyrik mit dem Titel „Verstummen, Schweigen, Leere" (Krolow 1961, 147) bei. In den trendverkündenden Beiträgen geriet diese Sicht schnell von der Sprachkritik zu einem aller spezifischer Züge entleerten Begriff der Krise — zunächst der Sprache, dann der Literatur und schließlich zur Ankündigung oder Konstatierung des Endes von Literatur. Neben dieser perennierenden, das Problem homogenisierenden und die destruktiven Auswirkungen exponierenden Krisenbeschwörung hat sich eine Forschung etabliert, die in ihren Untersuchungen der komplexen Problematik und Thematik — zuweilen unbeabsichtigt — illustriert, daß ›die‹ literaturbezogene oder immanente Sprachkritik oder -skepsis eine Chimäre ist: Deutlich wird die Relativierung auf

einen veränderlichen Rahmen sprachphilosophischer wie literaturtheoretischer Annahmen, auf die daraus entwickelten Ad-
ääquatheitserwartungen sowie auf eine Reihe
weiterer Annahmen, die nicht nur für die mitunter recht eigenwillig erscheinenden Auffassungen verantwortlich sind, sondern die auch
die Variabilität der Elemente des Problem-
oder Themengefüges erkennen lassen. Nur
selten werden die produktiven Wirkungen
von Sprachkritik für die Literatur behandelt;
kaum je — und auch erst jüngst — wird diese
Sicht zum theoretischen Ausgangspunkt genommen (Arens 1982, 154; vor allem Göttsche 1987, Kap. I). — Dem Werk Paul Celans
ist in der bis zum Verstummen Sprachskepsis
thematisierenden und demonstrierenden Lyrik die größte literarische Anerkennung, seinen zwischen 1957 und 1967 erschienenen Ge-
dichtbänden *Sprachgitter*, *Niemandsrose* und
Atemwende die breiteste Aufmerksamkeit zu-
teil geworden (u. a. Oelmann 1980, 307–348;
Foot 1982, 192–282; Wolosky 1985/86,
191 ff; Kummer 1987, Teil II; Bollack 1987,
113 ff). Als bedeutende Beispiele der zur
Sprachlosigkeit tendierenden Dichtung gelten
das Œuvre Günter Eichs, in dem sich eine
Entwicklung zeige von einer mystischen
Sprachauffassung — als „Entscheidung, die
Welt als Sprache zu sehen" und als „eigentliche Sprache" diejenige, in der „das Wort
und das Ding zusammenfallen" (Eich 1973,
Ges. Werke IV, 441 [1956]) — zu Überlegungen und zur Praxis einer verschlüsselten Sprache, die im Gegensatz zur schematisierten Gegenwartssprache Sprache so zu erhalten versuche, daß mit ihr „Weltveränderung" (Eich
1973, *Ges. Werke* IV, 408 [1967]) möglich sei
(u. a. Rey 1978, 278 ff; Lennig 1978, Kap. III;
Oelmann 1980, 110–149; Foot 1982, 93–
141); das durch zunehmende Sprachresigna-
tion charakterisierte Werk Marie Luise
Kaschnitz' (Foot 1982, 18–77; Corkhill
1984, 98 ff); die an der Möglichkeit von Kommunikation zweifelnde Lyrik Peter Huchels
(Scher 1976, 53) sowie die Dichtung Nelly
Sachs', in der sich Sprachlosigkeit sowohl der
empirisch gegebenen als auch einer höheren
Welt gegenüber manifestiere (Foot 1982,
145–191; Vaerst 1977). In ein auf normativen
Prämissen beruhendes Krisenszenario, das
sein Paradigma in einer Lyrik der ›Sprachlosigkeit‹ sieht, die zugleich das ›Unaussprechliche‹ zu erahnen erlaube, finden sich leicht
alle sprachreflektierten Verletzungen traditioneller literarischer Normen eingepaßt. Das
geschieht selbst mit der unter dem Sammel-

namen 'Konkrete Poesie' zusammengefaßten
Literatur, obwohl weder ihre sprachexperi-
mentelle Praxis (u. a. Hartung 1975, Kap.
5–7; Kessler 1976, 179 ff) noch die sie begleitenden, keineswegs homogenen sprachphilosophischen Annahmen (Schmidt 1971,
17 ff; Kosler 1978, 6 ff; Heintz 1979, 668 ff;
Steiner 1980/81, 531 ff; Kopfermann 1981,
Kap. 5) eine solche Einordnung sinnvoll erscheinen lassen. Die vergleichsweise umfangreichen, sein literarisches Werk einrahmenden
sprachphilosophischen und literaturtheoretischen Ausführungen Helmut Heißenbüttels
haben — neben Konrad Bayers Werk (Janetzki 1982, 39 ff) — einen Großteil der Kritik, aber auch des Forschungsinteresses an
der Konkreten Poesie auf sich gezogen (u. a.
Rumold 1971, 26 ff; 1975, Kap. II, III; Pätzold 1976, 210–244, Kap. V; Scheffer 1986,
565 ff). Spätestens mit Oswald Wieners
sprach- und gesellschaftskritischem Unikat
Die Verbesserung von Mitteleuropa, Roman
(u. a. Kühn 1975, 6–14; Aspetsberger 1987,
290–316) und dem ›linguistischen Theater‹
Peter Handkes, vor allem seinem sprachphilosophisch ausgedeuteten und kommentierten
Stück *Kaspar* (u. a. Blanke 1972, 285 ff; Herbrandt 1975, 529 ff; Hill 1977, 304 ff; Sergoo-
ris 1979, 95–120; Nägele 1983, 18 ff; Bekes
1984; Herrick 1984, 209–219; Renner 1985,
45 ff), hat sich der Eindruck eines ausgeprägten Gattungsbezuges literarischer Sprachthematisierung verloren. Bei zahlreichen, hauptsächlich vor einem anderen Lektürehinter-
grund rezipierten und anerkannten Schriftstellern wurden in der Folge sprachkritische
Züge und Themen als wichtige Bestandteile
ihres Werkes aufzuzeigen versucht, so z. B. in
den Romanen Max Frischs (Tabah 1980,
164 ff), aber auch in der Literatur der DDR
(u. a. Bernhardt 1981, 276 ff; Fox 1988, 3 ff;
Thulin 1989, 222 ff). Seitdem sprachphilosophische Ideen bei Autoren wie bei Lesern zum
intellektuellen Standardhorizont gehören, besteht bei neuerer Literatur durchweg die Aussicht, ein Exempel sprachphilosophischer
Thematisierung, Demonstration, Realisation
oder Beeinflussung vorzufinden, und bei keiner Leserrezeption lassen sich solche Assoziationen ausschließen (Thiher 1984).

2.3. Aus dem Versuch der Bestimmung der
literarischen Moderne anhand ihres reflektierenden und thematisierenden Umgangs mit
Sprache ergibt sich ein Erklärungsproblem:
Wenn Sprachreflexion, d. h. Sprachkritik und
-skepsis, zur Ausstattung des modernen

Schriftstellers gehört und zum — wie auch immer spezifizierten — Charakteristikum moderner Literatur wird, dann erscheint es als erklärungsbedürftig, weshalb in der Literatur gerade um die Jahrhundertwende eine derart verbreitete und radikale Sprachkritik aufgekommen ist. Die Versuche, zum Verständnis des historischen Charakters dieser Literatur beizutragen, lassen sich zu drei Ansätzen zusammenfassen.

(1) Im Rahmen eines innerliterarisch orientierten Versuchs ließe sich davon ausgehen, daß die Sprachkritikproblematik in der Literatur um die Jahrhundertwende keineswegs unvorbereitet auftritt, sondern im Zusammenhang mit voraufgegangenen literarischen Problemen und ihren tentativen Lösungsversuchen steht. Einen solchen Problemhintergrund bieten zum einen die programmatischen Überlegungen und die literarische Praxis des Naturalismus, insbesondere die des „konsequenten Naturalismus" von Arno Holz (Saße 1977, 48 — 59; auch Cowan 1973, 91): hier seien Probleme formuliert, „die in der Erfahrung und im Bewußtsein von der Grenze und Spannung zwischen Wirklichkeit und Sprache" (Strohschneider-Kohrs 1967, 65) gründeten. Vermuten ließe sich ein solcher Zusammenhang auch bei der wandlungsreichen Entwicklung Hermann Bahrs oder der Sprachskepsis Gerhart Hauptmanns, die zumindest zeitweilig den sprachkritischen Überlegungen Hofmannsthals entsprochen habe (Ziolkowski 1963, 296 ff). Zum anderen bietet sich die Literatur- und Sprachkonzeption des französischen Symbolismus (auch Gesteiger 1971; Perl 1971, 133 ff; Böschenstein 1975, 56 ff; Sondrup 1976, 70 ff), insbesondere die Mallarmés an: Mit der von außersprachlicher ›Referenz‹ und ›Repräsentanz‹ befreiten idealen Sprache des literarischen Kunstwerks (u. a. Bruns 1974, 101 ff) strebe sie eine Autonomie an, die — gelegentlich an Formulierungen einer modelltheoretischen Semantik literarischer Text-Welten erinnernd — das literarische Werk in (expliziter) Parallele zur ›langage mathématique‹ (u. a. Neubauer 1978, 122 ff; Cassedy 1981, 1066 — 1074; ferner Genette 1976, 257 ff; Hardt 1976, 123 ff; Engel 1986, 86 ff) als kombinatorische, autodeterminierte und abgeschlossene (Sinn-)Struktur oder in Parallele zum musikalischen Werk als ein selbstbezogenes, auf nichts anderes als sich selbst verweisendes Gebilde erscheinen läßt (Blumenberg 1966, 151 f).

„Die Worte sind nicht von dieser Welt, sie sind eine Welt für sich, gerade so eine ganze vollständige Welt, wie die Welt der Töne. Man kann alles, was es gibt sagen; und man kann alles, was es gibt, musicieren. *Aber man kann nie etwas ganz so sagen wie es ist*", (Hofmannsthal 1966, 82 [1895]); und „[m]it Sprache sei es wie mit den mathematischen Formeln" (Novalis 1977, *Schriften* II, 672 [1798/ 99]) — „Sie machen eine Welt für sich aus — Sie spielen nur mit sich selbst, drücken nichts als ihre wunderbare Natur aus [...]".

Die zwischen Mallarmé und Novalis (u. a. Kesting 1974, 420 ff) sowie zwischen Novalis und Hofmannsthal (u. a. Schaber 1974, 204 ff; hierzu auch Saul 1985, 26 ff) hervorgehobenen dichtungstheoretischen und sprachphilosophischen Übereinstimmungen können zu einem erweiterten Problemhintergrund verbunden werden (kritisch Mähl 1971, 214 ff). Dieser eröffne sich mit der von Novalis programmatisch verfochtenen ›Befreiung‹ der Sprache aus der Heteronomie von Wirklichkeit und Bewußtsein — eine Programmatik, die er nach verbreiteter Ansicht (u. a. Friedrich 1970, 28) allerdings weder in seiner Dichtung realisiert noch theoretisch konsequent vertreten habe; erst im 20. Jahrhundert finde sie in der Form einer „eigenen, nur mit sich selbst identischen Sprache" (Vietta 1970, 56) ihre dichterische Verwirklichung in der Lyrik Celans und zugleich ihre „kritische Grenze" in den Werken Heißenbüttels (Vietta 1970, 199).

(2) Im Rahmen eines literaturextern orientierten Erklärungsversuchs bieten sich zunächst verschiedene geistesgeschichtliche Bezüge an. Das Thema legt nahe, diese Bezüge in sprachphilosophischen Vorlagen und Einflüssen zu suchen. Für die allgemeine, um die Jahrhundertwende am 19. Jahrhundert ausgerichtete literarische Philosophie-Rezeption kann die Bedeutung Friedrich Nietzsches und Arthur Schopenhauers kaum überschätzt werden. In sprachkritischer Hinsicht gilt der Einfluß Nietzsches als offenkundig. Entsprechungen zu Nietzsches Sprachauffassung werden bei einer Reihe von Schriftstellern vermutet (hierzu u. a. Meyer-Wendt 1973, 114 ff; Steffen 1974 b, 70 — 83; Said 1976, 66 — 71; Willemsen 1986, 117 ff; Trabert 1987, 305 ff; Hüppauf 1988, 30 ff; auch Bridgwater 1974; Grimm 1979, 339 ff; Nicolai 1981, 225 ff; Kusmer 1983, 94 ff; Nagel 1983, 299 — 327; Dresler-Brumme 1987; zu Nietzsches Sprachauffassung und -kritik, insbesondere zu seinem ›sprachlichen Relativitätsprinzip‹ Simon 1972, 1 ff; Schlechta 1972, 353 ff; Hennigfeld 1976, 442 ff; Albrecht 1979, 232 ff; Thurnher 1980, 38 ff; Crawford 1988; zum Einfluß von

Gustav Gerbers *Die Sprache der Kunst* Meigers/Stingelin 1988; Meigers 1988). Weniger offenkundig ist in dieser Hinsicht der Einfluß Schopenhauers, dessen Kunstphilosophie wie vermutlich keine zweite des 19. Jahrhunderts auf die schriftstellerische Selbstdeutung und literarische Produktion gewirkt hat (u. a. Hiebel 1957, 15 ff; Reed 1965, 160 ff; Dierks 1972, 211 ff; Bridgwater 1974, 104; Steffen 1974 b, 72 ff; Kurz 1980, 6 f; 141 f; 146; 162 f; 204 – 214; Frizen 1980; Pothast 1982, 127 ff), ein Grund hierfür liegt darin, daß sprachphilosophische Überlegungen keinen zentralen Teil seines Werkes bilden (kritisch Coseriu 1979, 13 ff) und bislang mit wenigen Ausnahmen (Quack 1976, 204 – 214; Heintz 1983, 49 – 57) vornehmlich unter dem Gesichtspunkt des auf Wittgenstein angenommenen Einflusses Interesse gefunden haben (Ausmus 1977, 170 ff). Die direkte, sprachkritisch folgenreiche Rezeption älterer Philosophie – z. B. die Francis Bacons bei Hofmannsthal (Schultz 1961, 5 ff; Wunberg 1965, 106 – 117; Pauget 1984, 276 ff) – ist bislang ebensowenig detailliert aufgezeigt worden wie die Wirkung sprachphilosophischer Reflexionen der deutschen Romantik, für deren Vermittlung Ricarda Huchs eine Reihe einschlägiger Formulierungen enthaltendes Werk *Die Romantik* eine Rolle gespielt haben dürfte. Die sekundären, über die Rezeption entstandenen Einflüsse sind noch weniger leicht greifbar. Ein Beispiel ist die vermutlich zunächst über sekundäre Rezeption – etwa die Nietzsche-, eventuell auch Schopenhauer-Lektüre – vermittelte Kenntnis der sprachkritischen Aphorismen Georg Christoph Lichtenbergs (Requadt 1955, 258 – 261), für deren Vermittlung auch die Schriften Ernst Machs (1886, 20) in Frage kommen, dessen einflußreiche ›Analyse des Ich‹ von Lichtenberg und nicht etwa von David Hume beeinflußt ist (Mach 1910, 604, Anm. 1; Blackmore/Hentschel (Hg.) 1985, 105 [1912]). – Der wichtigste direkte Einfluß auf die literarische Sprachreflexion dürfte von den sprachskeptischen Schriften Mauthners (s. Art. 35) ausgegangen sein; auch hier kann die Forschung als noch nicht abgeschlossen gelten. Untersucht ist Mauthners Wirkung bei zahlreichen deutschsprachigen Schriftstellern – bei anderen wird er lediglich vermutet – (Liede 1963, 328 – 341, Eibl 1970, 67 ff; Kühn 1975, Kap. III; Eschenbacher 1977, 117 ff; Rumold 1983, 265), ebenso aber auch für Becketts *Watt* (Skerl 1974, 476 – 484; Ben-Zvi 1980, 185 ff; bereits Ellmann 1978, 975), bei Borges (Massuh 1979, 177 – 181) oder für Ja-

mes Joyces *Finnegans Wake* (Ben-Zvi 1982, 144 – 160). In einzelnen Fällen bleiben die thematischen Anschlüsse oder die „tiefere[n] Zusammenhänge" – wie es Gustav Landauer zu Hofmannsthals *Ein Brief* formuliert (Landauer 1923, 72 [1903]; zu Hofmannsthals Beziehung zu Landauer vgl. Altenhofer 1978, 43 ff) – allerdings unklar und der Umfang des Einflusses auf die literarische Sprachthematisierung, wie etwa bei Hofmannsthal (Stern 1978, 21 – 30), umstritten. Der wegen seines literarischen Werkes vor dem Ersten Weltkrieg – auch von Mauthner (1982 I, 118 – 120 [1901]) – stark beachtete Maurice Maeterlinck (u. a. Wais 1962, 129 ff; Riemenschneider 1969, Teil II; Aler 1971, 265 ff; Vanhelleputte 1971, 85 ff; Panthel 1973, Kap. VII; Köhler 1977, Kap. II) bietet einen direkten sprachphilosophischen Anknüpfungspunkt mit dem Einleitungsessay über das Schweigen in seinem *Le trésor des humbles*. – Auch die von der zeitgenössischen Universitätsphilosophie ausgegangenen Einflusse sind wenig erforscht: In jüngerer Zeit wurde zur Interpretation des Werkes von Franz Kafka auf die Psychologie und Philosophie Franz Brentanos und Alexius Meinongs (Jordan 1980, 335 ff; Smith 1981, 113 – 140) zurückgegriffen, die auch – eventuell über Anton Martys Untersuchungen (s. Art. 33) (Heintz 1983, 26 – 35) – für Kafkas Sprachauffassung relevant sei (Neesen 1972, Kap. II; Heidsieck 1986, 13 ff; 1987; 1989 a, 1989 b, 390 ff). Vermutet wird die Rezeption des im ersten Drittel dieses Jahrhunderts stark beachteten Fiktionalismus Hans Vaihingers (Eibl 1973, 546/47) – untersucht findet sie sich bei August Stramm (Bridgwater 1979, 31 ff). Mit dem Umfang des Einflusses Mauthners vergleichbar, wenn auch weniger direkt ist die Wirkung der erkenntniskritischen und methodologischen Reflexion der Sprache wissenschaftlicher Theorien, wie sie sich bei Hermann von Helmholtz und Heinrich Hertz, Pierre Duhem und Henri Poincaré formuliert findet. Diese sprachkritischen Hinweise gerieten schnell zur generellen Skepsis gegenüber einer anschaulichen ›Bildersprache‹, die einer inkommensurablen Welt gegenüberstehe. Während in Frankreich z. B. Valéry von Poincaré beeinflußt wurde (Robinson 1963, 22 ff), wurden Implikationen dieser Kritik für die deutschsprachigen Literaturen vornehmlich über die erkenntniskritischen Analysen Machs und ihre zeitgenössische Diskussion vermittelt (zum Einfluß Machs auf Mauthner u. a. Mauthner 1918, 210; Thiele 1966, 78 ff; Haller/Stadler 1988, 230—243; Arens 1984, 88 ff; zu dem Nietzsches Bredeck 1984, 587 ff; Kampits 1990, 32 ff). Bei unterschiedlicher Thematisierung, sehr verschiedener Verarbeitung und ungleicher Rezeptionsintensität ist der Einfluß u. a. auf Bahr, Schnitzler (Diersch 1977, 46 ff; 83 ff), Hofmannsthal (Wunberg 1965, 30—40; Nehring 1975, 487; Clark 1979, 243 ff), Richard Beer-Hofmann (Hank 1984, 196 ff; Scheible 1980, 151 ff) oder Carl Einstein (Oehm 1976, 11 ff; Martínez-Seekamp 1987, 16) untersucht und bei einigen Autoren — wie Arno Holz (u. a. Strohschneider-Kohrs 1967, 58), Kafka (Ryan 1987, 153; 157) oder Hermann Broch (Ryan 1980 a, 177 f) — vermutet worden. Gegenstand detaillierter Untersuchungen ist die Rezeption der Psychologie und Philosophie Machs durch Robert Musil (u. a. Avron 1970, 203 ff; Luft 1972, 136—165; 1980, 63—88; Monti 1979, 38 ff; auch Desportes 1974, 79 ff; Wallner 1983 a, 93 ff) sowie die literarische Thematisierung seiner Auffassung über die Grenzen der Sprache in seinen Erzählungen und Schriften, insbesondere in *Die Verwirrungen des Zöglings Törleß* (u. a. Schröder 1966, 253 ff; Huber 1973, 91 ff; Varsava 1984, 197 ff; Hüppauf 1988, 26 ff), sowie vor allem in dem Roman *Der Mann ohne Eigenschaften* (u. a. Heydebrand 1963, 253 ff; Schröder 1966, 314 ff; Wicht 1984, 66 ff; auch Desportes 1983, 19 ff). Dennoch dürfte eine Einschätzung wie die Eliots die Ausnahme sein: „The *Principia Mathematica* are perhaps a greater contribution to our language than they are to mathematics" (Shusterman 1982, 167 [1927]; zu Eliots Sprachzweifel Harmon 1976, 450 ff). Berücksichtigt werden muß, daß die Wirkung dieser Wissenschaftsphilosophien auf Schriftsteller durch weitere philosophische Einflüsse bestimmt wurde und komplizierte Verbindungen eingegangen ist. Das gilt auch für die Rezeption und Auseinandersetzung mit der Sprachauffassung und -kritik des logischen Empirismus (s. Art. 59): Beispiele sind die literaturtheoretischen und ästhetischen Überlegungen Musils, die mit den Ansichten des mit ihm befreundeten Richard von Mises übereinstimmten (Heydebrand 1966, 82—86), der dem logischen Empirismus zuzurechnen ist; Hermann Brochs Aufgabenstellung für Literatur vor dem Hintergrund des Wissenschafts- und Philosophieverständnisses des Wiener Kreises (Vollhardt 1986 a, 243 ff; 1986 b, 280 ff; 1988, 85 ff), die ebenso wie seine sprachphilosophischen Überlegungen (u. a. Lorenz 1986 a, 253 ff) offensichtlich an

verschiedene Traditionslinien anknüpft; ähnliches gilt für Bertolt Brechts Realismuskonzeption wie sein Bestreben, „den Wörtern ihre faule Mystik" (Brecht 1967, *Ges. Werke* XVIII, 231 [1939]) zu nehmen, die von Formulierungen zum Verifizierbarkeitskriterium beeinflußt sind (Danneberg/Müller 1987; 1990; Danneberg 1990 a; 1990 b; zur ›frühen‹ Sprachkritik Brechts vgl. Brecht 1967, *Ges. Werke* XX, 13 [1920]; Brauers 1989, 596 ff).

Für spätere Phasen literarischer Sprachthematisierung und schriftstellerischer Sprachreflexion gibt es eine Vielzahl untersuchter Einflüsse sprach- und zeichentheoretischer Vorlagen. Beispiele sind die Rezeption der Sprachauffassung der Romantik (s. Art. 13) bei Eich (u. a. Krispyn 1970, 360—364), der Johann Georg Hamanns (s. Art. 25) bei Johannes Bobrowski (Heydebrand 1969, 432—445; Bischoff 1975, 577 ff), der Signaturlehre Jakob Böhmes bei Lehmann (Schäfer 1969, 188 ff) oder Huchel (Vieregg 1976, 14—20), der kabbalistischen Sprachausdeutung bei Nelly Sachs (Blomster 1969, 219—223). In der Forschung zur sprachthematisierenden Literatur nach dem Zweiten Weltkrieg findet sich eine Konzentration auf im wesentlichen drei sprachphilosophische Vorlagen: auf die Ideen des Sprachrelativismus (s. Art. 74) und ihre literarische Thematisierung (u. a. Heintz 1970, 120 ff; 1971, 51 f; 1979, 668 ff als ›Humboldtianismus‹; Steinmann 1986) — als frühes Exempel wird immer wieder das Gedicht *Das Wort* von Stefan George angeführt (zum Einfluß der ›linguistischen Poesie‹ Georges auf die Konkrete Poesie vgl. Heintz 1979); auf Martin Heideggers Sprachüberlegungen, zu denen ›Parallelen‹ bei der Konkreten Poesie (Söring 1984, 116 ff), aber auch Einflüsse etwa bei Ingeborg Bachmann (u. a. Rauch 1985, 24 ff; Weber 1986, 39—55) gesehen werden. Für das Werk Bachmanns wird allerdings in stärkerem Maße ihre Wittgenstein-Rezeption (u. a. Thiem 1972, 177—212; Crews 1977, Kap. III—V; Seidel 1979, 268 ff; Bartsch 1980, 527 ff) kommentiert, die zumindest zu Beginn von den Auffassungen des Wiener Kreises beeinflußt sei (Lennox 1985, 242—56). Der Forschung zufolge übt die Sprachphilosophie Wittgensteins (s. Art. 39) die größte Wirkung auf die literarische Sprachreflexion aus, und die jüngere österreichische Literatur scheint danach unter ihrem Dauereinfluß zu stehen — Peter Handke (u. a. Hinderer 1982, 471—88) oder Thomas Bernhard (Weber 1981, 95—100) sind zwei Beispiele von vielen. Ohne daß eine Rezeption nachgewiesen ist, sind Analogien und Parallelen zur Sprachphilosophie Wittgensteins für die ältere sprachkritische Literatur vermutet oder sogar behauptet worden, etwa für Musil (Wicht 1984, 52) oder für Hofmannsthals Überlegungen zur Sprache (Brinkmann 1961, 93 ff) sowie für sein Stück *Der Schwierige*, das in der Sicht der Beziehung von Sprache und Ethik ›offensichtliche Parallelen‹ zu Wittgensteins Überlegungen im *Tractatus* aufweise (Bahr 1975, 286 ff). Daß Korrespondenzen und eine Art ›family resemblance‹ im Werk Kafkas entdeckt werden (u. a. Thorlby 1976, 67−82; Bramann 1975, 1 ff), ist in Anbetracht seiner Interpretationsgeschichte kaum überraschend.

(3) Der Hinweis auf ›Analogien‹, ›Parallelen‹ oder ›Übereinstimmungen‹, wenn sie keine Behauptung über eine Beeinflussung implizieren sollen, berührt das Problem der Erklärung des synchronen oder unabhängigen Auftretens bestimmter Sprachthematisierungen in Literatur wie in Philosophie − und damit Versuche einer globalen externen Erklärung. Gelegentlich wird auch eine Kontemporarität zur Sprachwissenschaft hervorgehoben. So ist für Harald Weinrich „die Koinzidenz zwischen dem Beginn der linguistischen Semantik", die er mit Michel Bréals *Essai de sémantique* von 1897 anheben läßt (vgl. aber bereits z. B. Bréal 1868, 295 ff), „und der semantischen Reflexion in der modernen Lyrik nicht zu übersehen" (Weinrich 1968, 40 f). Zwar ist die frühe Rezension des *Essai* durch Valéry (1957−60, *Œuvres compl.* II, 1453 ff [1898]) beachtenswert (zu einem Vergleich der linguistischen Auffassungen Valérys und Saussures vgl. Wunderli 1978, 289 ff; 1977; Schmidt-Radefeldt 1976 a, 16 ff; 1978, 187 ff), doch erscheint es als retrospektive Karikatur nicht nur der Position und Rezeption der Semantikkonzeption Bréals, wenn behauptet wird, die ›linguistische Semantik‹ wie die ›Semantik der Lyriker‹ seien zu dieser Zeit in der ›semantischen Reflexion‹ nahezu ausschließlich auf das ›Wort‹ gerichtet (Weinrich 1968, 41). Für die Erklärung des synchronen oder unabhängigen Auftretens bestimmter Sprachthematisierungen sind im Blick auf Literatur, Philosophie und Literaturwissenschaft globale externe Erklärungsversuche angeboten worden, in denen auf übergreifende, z. B. sozialgeschichtliche oder sprachgeschichtliche Entwicklungen, aber auch auf spezielle kulturelle Konstellationen zurückgegriffen wird. Der Anspruch allerdings, ein räumlich nicht begrenztes Sprachkrisenphänomen auf diese

Weise verständlich zu machen, beinhaltet eine Erweiterung des innerhalb der deutschsprachigen Literatur schon heterogenen Phänomens um so unterschiedliche Werke wie etwa das Borges' (u. a. Caviglia 1974, 219−227; Massuh 1979, 172−209), Ossip Mandelstams (Gogol 1974, 342 ff) oder Valérys (u. a. Schmidt-Radefeldt 1970, 85−130; 1984, 128 ff; Löwith 1971, Kap. II; Schnelle 1979, 2 ff; Lang 1989, 223 ff) und erlaubt nur noch sehr unspezifische erklärende Annahmen. Das führt zu Erklärungsskizzen, die mitunter in kaum mehr als einer Reformulierung der Sprachkritikproblematik bestehen. − Den Ausgangspunkt von Versuchen, das nicht genauer lokalisierte Phänomen zu erhellen, bildet oftmals die Annahme, es sei zu grundlegenden Veränderungen in der Beziehung des Menschen zu Wirklichkeit und Sprache gekommen, so daß die Sprachkrise, gedeutet etwa als „die Entfremdung von der Sprache", zum Bestandteil einer säkularen ›Vertrauenskrise‹ (Steiner 1973, 90) wird, sei es als Vertrauensverlust „gegenüber der Stabilität und Autorität der mitteleuropäischen Zivilisation" (Steiner 1973, 90), sei es als Verlust des „sicheren Wirklichkeitsgefühls früherer Jahrhunderte", den die Reflexion einer „Diskrepanz zwischen Sprache und Wirklichkeit" (Noble 1978, 9) begleite, sei es − Joseph Conrad, Joyce, Eliot und Beckett sollen hierfür Exempel sein − als „Begleiterscheinung der Säkularisierung und des Glaubensverlusts" (Goetsch 1985, 250) oder als Manifestation der „wachsende[n] Entfremdung" zwischen dem Schriftsteller und „der kapitalistischen Wirklichkeit", die dafür verantwortlich sein soll, daß „Wort und Ding" sich „sprachlich nicht mehr zur Deckung bringen" lassen (Schuhmann 1979, 169). Die Ursachen für eine veränderte ›Weltinterpretation‹ werden in verschiedenen Bereichen gesehen und unterschiedlich gewichtet: so in außerordentlichen realitäts- wie sinnzerstörenden Ereignissen, in globalen ökonomischen Veränderungen, in der Entwicklung der modernen Wissenschaften, vornehmlich Mathematik und Physik, daneben Psychologie, oder in der Veränderung schriftstellerischen Selbstverständnisses. Einerseits eine „köstlich ironische Folge der Wissenschaftlichkeit des neunzehnten Jahrhunderts" (Ziolkowski 1961, 598), soll die Sprachskepsis andererseits die „authentische Gestalt des Sprachproblems als des fundamentalen Erkenntnis- und Wirklichkeitsproblems der Neuzeit" (Arntzen 1984, 126) sein, deren Verbreitung die „unbewußte Reaktion auf die Erfahrung des Journalismus als des herrschenden öffentlichen Sprachgebrauchs" (Arntzen 1984, 127; 129—141) darstelle. Die verschiedenen Elemente derartiger Deutungsversuche lassen sich durch unterschiedliche Deutungskonstrukte verknüpfen. Das wird anhand von Erklärungsansätzen deutlich, die eine räumliche Eingrenzung des Sprachkrisenphänomens zugrunde legen und bei denen einzelne Elemente — etwa Journalismus-Kritik, das verstärkte Aufkommen von Trivialliteratur — mit Konstrukten verbunden werden, die auf spezifizierte kulturelle Konstellationen bezogen sind, wie die „bürgerliche Bildungspopularisierung", die zu einer „allgemeinen Krise der bürgerlichen Bildungssprache" geführt habe (Polenz 1983, 6) und die zugleich als „Sprachkrise der Wilhelminischen Zeit" die „Endphase einer sprachsoziologischen Entwicklung der deutschen Sprache" (Polenz 1983, 11) bilde. Die Erklärungsbereiche der entworfenen Erklärungsmuster beziehen sich auf Einheiten wie die Habsburgmonarchie bis zum Ersten Weltkrieg (Höller 1982, 31 ff); auf vergleichsweise lokale, z. B. multilinguale kulturelle Konstellationen, in denen verschiedene Haltungen zur Sprache — Skepsis und Purismus — mit der Bewahrung oder Erringung nationaler Identität verknüpft werden, wie in der sogenannten Prager Sprachsituation; sie können sich aber auch auf den divergierenden, jeweils polyglotten kulturellen Hintergrund einzelner Autoren wie Canetti oder Celan, Beckett oder Bobrowski beziehen. Konzentriert hat sich das Interesse auf den Kulturkreis, der für die Entstehung der Sprachskepsis in der Habsburgmonarchie in Wien das Zentrum findet. Die besondere Situation der Wiener Kultur um die Jahrhundertwende scheint danach nahezu zwangsläufig zur „Berührung mit dem Problem des *Wesens und der Grenze von Sprache, Ausdruck und Kommunikation*" (Janik/Toulmin 1984, 148; 224) geführt zu haben. Das Bild kompliziert sich aber schon dann, wenn verschiedene Phasen der Sprachkritik unterschieden werden (u. a. Bodine 1981 a, 41 ff) und damit die Homogenität dieses lokalen Phänomens zweifelhaft erscheint.

3. Terminologische, methodische und sprachphilosophische Probleme der Forschung

3.1. In der mit dem Thema befaßten Forschung hat der Versuch einer Kennzeichnung moderner Literatur größtenteils den Blick auf Formen der Sprachreflexion eines relativ eng umgrenzten Zeitraums verengt. Ältere Beispiele sprachthematisierender Literatur bilden dabei nur den Hintergrund, vor dem sich Verbreitung und Radikalität moderner literarischer Sprachkritik abhebt. Gelegentlich findet diese Literatur Anerkennung als ›Vorläufer der Moderne‹, wobei der Forschung wenig gedient ist, wenn paradox klingende Formulierungen wie 'die Moderne vor der Moderne' Einsichten in die Sache suggerieren, während sie aus terminologischen Unzulänglichkeiten resultierende Artefakte sind. Die Schwierigkeiten sind nicht bereits behoben, wenn unter der Last der Beispiele die zeitlichen Grenzmarken der literarischen Moderne korrigiert und zurückgesetzt werden. So ist nach Silvio Vietta (1981, 67) die „moderne literarische Sprachkritik" entstanden „im Zusammenhang mit der neuzeitlichen Rationalität", die sie — wenn auch nicht unkritisch und mit wechselnden Zielrichtungen — als Kritik an der „vorgeblichen Geltung traditioneller metaphysischer Begriffe" in der Form einer Kritik der ›Phrase‹ seit Georg Büchner umsetze, der damit den Beginn der „literarischen Moderne in Deutschland" (Vietta 1981, 213) markiere. — Vor dem Hintergrund einer kritischen Analyse der Bestimmung von Epochenkonzepten (Titzmann 1983, 98 ff; Danneberg 1991, 85 ff) besteht eine entscheidende Voraussetzung erfolgreicher Charakterisierung moderner Literatur zunächst in der Annahme der außerordentlichen Verbreitung, die literarische Sprachthematisierung und -reflexion in jüngerer Zeit erfahren habe. Diese Annahme läßt sich mit der, wenn auch im Umfang keineswegs vergleichbaren Forschung zur Literatur der zweiten Hälfte des 18. und des ersten Drittels des 19. Jahrhunderts konfrontieren. Die fragmentarischen, wohl auf keine einheitliche Vorstellung zielenden Äußerungen Novalis' zur Sprache (u. a. Fauteck 1940, 17 ff; Koch 1972, 483—513; Janke 1979, 168 ff; Pott 1987, 66 ff; Pfefferkorn 1988) haben die vermutlich größte Aufmerksamkeit gefunden, vor allem die Ausdeutung des für sein Dichtungsverständnis und seine Sprachauffassung immer wieder herangezogenen, intrikate Interpretationsprobleme aufwerfenden *Monolog* (u. a. Strohschneider-Kohrs 1960, 250—273; Link 1971, 87 ff), aber auch die Thematisierung von Sprache in seinen Dichtungen (u. a. Kudszus 1971, 309 ff; Calhoon 1981, 55 ff) und seine Rezeption etwa der Logosmystik Böhmes (Paschek 1957, 148—169; 1976, 141 ff; auch Konopacki

1977, 97 ff; 105 ff; 1979; Haferland 1989) oder kombinatorischer Sprachkonzeptionen (Neubauer 1978, 44 ff). Untersucht wurden die Sprachreflexionen Jean Pauls, insbesondere im Zusammenhang mit seiner „Theorie des Witzes" (Birznieks 1966, 188 ff; Wilkending 1968, Kap. II; Müller 1983, Kap. IV; Schmitz-Emans 1986 a; Faust 1983, 237 ff); Ludwig Tiecks Zweifel an den Ausdrucks- und Kommunikationsleistungen von Sprache (u. a. Corkhill 1985, 173 ff), Wilhelm Heinrich Wakkenroders radikale Sprachzweifel, die ihn zu einem „Lyriker ohne Lyrik" machten (Dill 1981, 561 ff) sowie die Verknüpfungen von „Identitätskrise und Sprachskepsis" mit den Zweifeln an Kommunikation und Verstehen im Werk Heinrich von Kleists (u. a. Seeba 1970, 78 ff; Turk 1965, 1 ff; Spälti 1975, 19 ff). Auch wenn die Distichen *Sprache* und *An den Dichter* aus den *Tabulae Votivae* häufig kommentiert sind, gehört die Thematisierung von Sprache dennoch zu den weniger beachteten Aspekten in der Schiller-Forschung (u. a. Michel 1905, 25 ff; Jolles 1961, 66 ff; Welzig 1973, 21; Bräutigam 1991, 147 ff), während die Sprachüberlegungen Johann Wolfgang Goethes, sein häufig hervorgehobenes Sprachvertrauen, aber auch seine immer wiederkehrende Klage über die ›Unzulänglichkeiten der Sprache‹, seine Kritik an der Sprache mathematisierter Naturwissenschaften und der naturwissenschaftlichen Metaphorik sowie seine Rezeption der Auffassungen Hamanns und Herders ausführlich behandelt worden sind (u. a. Schweizer 1959, 13—66; Schadewaldt 1970, 117—126; Mori 1980, 332 f; Strolz 1981, 4 ff; Pörksen 1981, 290 ff; Wiesmann 1982, 105 ff; Anderegg 1982, 101 ff; Endermann 1983, 159 ff; Bänsch 1986, 76 ff; Simon 1990, 1 ff; Corkhill 1991, 239 ff). Nicht nur ein unerschöpfliches Reservoir an Motti, sondern auch Gegenstand detaillierter Untersuchungen sind die *posthum* edierten, zum Teil äußerst skeptischen, wiewohl in ihrer Sprachkritik nicht einheitlichen Aphorismen und Äußerungen Lichtenbergs (u. a. Liede 1963, 249—253; Jung 1968, Kap. IV, V; Gockel 1973, 95—127). Die Vielfalt schriftstellerischer Sprachreflexion wird zudem durch die im Anschluß an die zeitgenössischen Sprachdiskussionen vorgetragenen Überlegungen Karl Philipp Moritz' (Boulby 1975/76, 15 ff; 1979, 84 ff; Bezold 1984, 46 ff) oder durch die Motive Johann Peter Hebels für seine Mundartdichtung (Kühn 1978, 128 ff) belegt. — Nicht weniger breit gestreut sind die Belege außerhalb der deutschsprachigen Literatur.

Für die englische Romantik können Untersuchungen zur Sprachthematisierung und Auseinandersetzung mit sprachphilosophischen Auffassungen etwa bei Samuel Taylor Coleridge (u. a. Lentricchia 1973/74, 37 ff; Modiano 1977, 42 ff; Wallace 1980, 338 ff; Havens 1981, 167 ff; Goodsen 1983, 47 ff; Prickett 1986, 133—148), William Wordsworth (u. a. Sharrock 1953, 398 ff; Ruoff 1972, 204 ff; Ferguson 1977, 8 ff; zu Wordsworth' *Real Language Men* und Augustinus vgl. Chivers 1983, 11 ff) und Percey Bysshe Shelley (u. a. Thurston 1976, 126 ff; Brisman 1977, 60 ff) als repräsentativ gelten. Aus der umfangreichen Liste weiterer Beispiele läßt sich exemplarisch verweisen auf die Forschungen zu den Sprachideen William Blakes (u. a. Gleckner 1974, 563 ff; Stempel 1981, 394 ff), zu Carlo Manzonis Ansichten über Wahrheit und Sprachmißbrauch u. a. in seinem Hauptwerk *I promessi sposi* (u. a. Ambrose 1977, 63 ff; Matarrese 1983; Albrecht 1987, 109 ff; Vecchio 1988, 463 ff; Formigari 1989, 323 ff), zu den kritischen Sprachthematisierungen in Alfred de Mussets *Fantasio* und in Alfred de Vignys *Chatterton* (King 1976, 63 ff) und nicht zuletzt zu der Sprachreflexion in der ›Amerikanischen Renaissance‹ des 19. Jahrhunderts bei Ralph Waldo Emerson (Hagenbüchle 1979, 137 ff; Gura 1981, Kap. III; Weißberg 1989, 561 ff), Henry Thoreau (Gura 1981, Kap. IV; Suchoff 1982, 677 ff; West 1984, 767 f) und Walt Whitman (Christadler 1968, 84 ff). Diese Beispiele dokumentieren hinreichend — wenn auch jenseits einer die einzelnen Nationalliteraturen systematisch erfassenden Bestandsaufnahme — Verbreitung und Vielfalt literarischer Sprachthematisierung und schriftstellerischer Sprachreflexion während des genannten Zeitraums und zum Teil über diesen hinaus. Wird zudem berücksichtigt, daß die Bestimmung der modernen Literatur anhand ihrer besonderen Sprachthematisierung nicht die gesamte Literatur einer Epoche charakterisiert (Müller-Seidel 1971, 601), sondern entweder eine bestimmte Art der Literatur für epochentypisch erklärt oder aber Ausdruck ihrer ästhetischen Bewertung ist, dann erscheint die erste Voraussetzung des Bestimmungsproblems als zumindest fragwürdig.

Die Beispiele motivieren aber auch Zweifel an der zweiten Voraussetzung des Bestimmungsproblems, nämlich der besonderen Radikalität moderner literarischer Sprachthematisierung. Diese Annahme ist zudem aus theoretischen Gründen problematisch. Sie setzt die Vergleichbarkeit von Sprachthematisierung und -zweifel sowie die abgestufte Kennzeichnung ihrer Radikalität voraus. Bislang fehlen die Forschungsvoraussetzungen zur Beantwortung der Frage, ob sich in der Geschichte literarischer Sprachthematisierung brauchbare Vergleichsdimensionen zur Feststellung ihrer unterschiedlich ausgeprägten Radikalität durchhalten. Mit nicht geringerer Berechtigung könnte vermutet werden, daß die literaturhistorische Reihe der Sprachthematisierung lediglich in historisch benachbarten Segmenten vergleichbare Problemstellungen aufweist, weiter entfernte Segmente dagegen nur mehr ›Familienähnlichkeit‹ besitzen. Die Radikalitätsannahme ist zunächst nur eine, aus der Interpretation von Beispielen ›moderner Literatur‹ gewonnene, zuweilen durch den Blick auf die Entwicklung der zeitgenössischen Sprachphilosophie ermunterte Perspektive: als heuristische Annahme, auch zur Erforschung früherer Abschnitte, ist sie legitim, vielleicht sogar zweckmäßig; als vorweggenommenes Ergebnis, das nicht seine Korrektur anstrebt, ist sie ebenso unergiebig wie die diversen, hinsichtlich des Sprachbegriffs nicht neutralen Einteilungsversuche, die durch Schemata des Verfalls, die mit Bildern der Zuspitzung Gleichförmigkeit der Entwicklung suggerieren oder die als Endzeitanordnungen literarischen Sprachproblematisierungen mit dem erreichten Zustand *per classificationem* einen Abschluß setzen (auch Klein 1986, 11 ff). Ein Indiz dafür, daß die Radikalitätsannahme eher selbstaffirmierend die Suche ausrichtet und weniger zur Öffnung neuer Untersuchungsbereiche und zur weiteren Differenzierung der literarischen Sprachproblematisierung führt, läßt sich in der geringen Beachtung eines großen Teils der Literatur des 19. Jahrhunderts durch die Forschung sehen. Untersuchungen wie z. B. zur Thematisierung von Sprache und Kommunikation in den Romanen Theodor Fontanes (Mittenzwei 1970, 12 ff; Peck 1979, 146—165), dessen „vielgerühmte Skepsis" in erster Linie eine „Sprachskepsis" sei (Müller-Seidel 1971, 596), zur Kritik am Gebrauch von Sprache in Gustave Flauberts *Bouvard et Pécuchet* (Colwell 1987, 857 ff), zur Darstellung von Kommunikationsproblemen bei Franz Grillparzer (Peck 1979, 121—145; Heine 1972, 656 ff; Porter 1981, 296 ff; Kainz 1939, 368 ff), zur Sprachkritik bei Heinrich Heine (Ederer 1979, 67—115), aber auch zur Sprachauffassung Gerard Manley Hopkins' und zu ihrem Einfluß auf seine Dichtung (Miller 1963,

324 ff; Korg 1977, 978 ff) vor dem Hintergrund der im 18. Jahrhundert unvermindert fortgesetzten Diskussion über den Sprachursprung (Sprinker 1980, 126 ff) etwa in Ernest Renans *De l'Origine du langage* oder in den Schriften Max Müllers (s. Art. 66) können neben bereits erwähnten Untersuchungen als Anzeichen dafür gelten, daß die Annahme, es handle sich um eine an Sprachreflexion und -kritik durchweg desinteressierte Literatur, ebenso irrig ist wie die vergleichbare Annahme zum sprachkritischen Moment der Philosophie dieses Zeitraums (z. B. Cloeren 1988). — In dieselbe Richtung scheint das relativ geringe Interesse, zumindest der deutschsprachigen germanistischen Forschung, an früheren Beispielen des Themas zu weisen. Dabei dürfte die Spannbreite literarischer Sprachthematisierung und schriftstellerischer Sprachreflexion kaum geringer als in den späteren Abschnitten sein. Hierfür sprechen linguistische und sprachphilosophische Untersuchungen zur Sprachkritik und Suche einer neuen Sprache in *Eric et Enide* von Chrétien de Troyes (Archambault 1981, 5 ff), zu der Novelle *Aucassin et Nicolette*, die als ›tragedy of language‹ charakterisiert wird (Vance 1970), zum „Mißtrauen in die Kraft der Sprache" bei Gottfried von Straßburg, die mit „moderner Sprachskepsis vergleichbar wäre" (Huber 1979, 268; 1977, zu Sprachthematisierungen im 13. Jahrhundert), zu den expliziten Überlegungen Dante Alighieris in *De Vulgari Eloquentiae* (u. a. Ewert 1940, 355 ff; Cremona 1965, 138 ff; Scaglione 1978, 252 ff; Corti 1981 a; 1981 b, 31 ff; Pagani 1982) und seinen Hinweisen in der *Divina Commedia*, zu François Rabelais' *Vie inestimable du grand Gargantua, père de Pantagruel* z. B. hinsichtlich der Darstellung gescheiterter Kommunikation (u. a. Kotin 1977, 693 ff), zu der Sprachkonzeption Pedro Calderón de la Barcas in seinen *Autos Sacramentales* (Kurtz 1988, 266 ff), zum Sprachmißtrauen in Dramen William Shakespeares wie *Coriolanus*, *King Lear* oder *Love's Labour's Lost* und in seinen *Sonnets* (u. a. Barton 1971, 23 ff; Sicherman 1972, 190 ff; Danson 1974; Carroll 1976, 11 ff; Farell 1975, 6 ff), zu den Bemühungen in der Barockliteratur um eine Sprache im Blick auf die *lingua adamica* (u. a. Rickerson 1969), zu Quirin Kuhlmanns Sprachschöpfungsversuch im *Kühlpsalter* (Erk 1953, Kap. IV; Browning 1971, 79—87; Gillespie 1971, 136—45) oder zu Georg Philipp Harsdörffers sprachtheoretischen Überlegungen zur Klangmalerei (Kayser 1932,

174 ff). Belege finden sich fernerhin bei der Thematisierung der Unsagbarkeit des Göttlichen, z. B. in den Werken Friedrich Gottlieb Klopstocks (u. a. Jaeger 1962, 282 ff; Hilliard 1987, 278 ff; zu Klopstocks sprachwissenschaftlichen und -philosophischen Überlegungen auch Lühr 1988, 198 ff), bei der Sprachthematisierung in Utopien (u. a. Braungart 1986, 277 ff) oder in Robinsonaden wie Joachim Heinrich Campes *Robinson der Jüngere* (u. a. Hebel 1984, 42 ff; Dobnig-Jülch 1987, 355 ff, Schiewe 1988, 86 ff; 1989, 323 ff). — Das gleiche gilt für die Bezüge zu den zeitgenössischen sprachphilosophischen Annahmen. Analysiert finden sich ›grammatische Metaphern‹ in Allegorien wie Alain de Lilles (Alanus ab Insulis) *De planctu naturae* oder William Langlands *Piers Plowman* vor dem Hintergrund mittelalterlicher Grammatiktheorien, insbesondere der Identifizierung von Grammatik und Natur (Alford 1982, 750 ff; zu Alanus auch Ziolkowski 1985), oder die Übernahme von Teilen dieser Grammatiktheorien in Geoffrey Chaucers *House of Fame* (Irvine 1985, 859 ff); Dantes Auffassung von Sprache und Sprechen in der *Divina Commedia* ist im Blick auf Aurelius Augustinus' Zeichentheorie behandelt worden (Colish 1968, 315 ff) (s. Art. 16). Die Relevanz kombinatorischer Sprachauffassungen für die Barockliteratur (u. a. Neubauer 1978, 28 ff), für die Sprache — häufig im Anschluß an die verzweigte Rezeption der *ars lulliana-kircheriana* — als eine Art Zauberschlüssel die Beherrschung von Natur und Verstand durch ihre Erkenntniskraft erlaube, ist untersucht worden in Beispielen wie der Anknüpfung Kuhlmanns an die Auffassungen Athanasius Kirchers vor dem Hintergrund einer dichtungs- wie sprachtheoretisch inspirierenden *ars combinatoria* (Bühl-Werner 1963, 183 ff; 247 ff; Gillespie 1978, 28 ff; Clark 1987) oder der vermutlichen Rezeption der Sprachüberlegungen Justus Georg Schottelius' durch Harsdörffer (Zeller 1974, 157—187; dazu Seiffert 1990, 241 ff). Die Analyse von John Drydens Sprachansicht vor dem Hintergrund der sprachreformerischen Bestrebungen der *Royal Society* (King 1987, 45 ff), die (implizite) Thematisierung von Fragen des Ursprungs und der Verwendung von Sprache in Voltaires *Le taureau blanc* im Blick auf den zeitgenössischen Diskussionsstand (O'Meara 1976, 115 ff), die Beeinflussung von Klopstocks Sprachauffassung in der *Gelehrtenrepublik* durch Johann Heinrich Lamberts Sprachphilosophie (Ungeheuer 1980, 63 ff)

oder die Untersuchungen zur Relevanz der sprachphilosophischen Auffassungen John Lockes (s. Art. 22) für die Dichtungstheorie und Sprachthematisierung in der englischen Vorromantik, etwa bei der Gegenüberstellung von natürlicher und künstlicher Sprache (Rauter 1970, Kap. II) (s. Art. 62) sind ebenso einschlägige Beispiele wie die Untersuchungen zu den zahlreichen Anspielungen auf den sprachphilosophischen Hintergrund in den Werken Jonathan Swifts, vor allem den *Travels into Several Remote Nations of the World by Lemuel Gulliver* (u. a. Koon 1976, 29 ff; Kelly 1978, 38 ff), zu Sternes Auseinandersetzung mit Lockes Sprachauffassung und der Thematisierung des Mißverstehens in *Tristram Shandy* (u. a. Traugott 1954, 3—61; Griffin 1961/62, 109 ff; Tuveson 1971, 86 ff; Berger 1972, 330 ff; Moglen 1975, 7—30), zu den Bezügen zur sprachreformerischen Diskussion einer *lingua universalis* in imaginierten Reisedarstellungen des 17. und 18. Jahrhunderts (u. a. Cornelius 1965, 25 ff; Knowlson 1975, Kap. 4), zu Condillacs einflußreicher Sprachphilosophie als Hintergrund für die Sprachreflexion Wordsworths (Aarsleff 1980, 372 ff) oder zu Stendhals Beeinflussung durch die ›idéologues‹ (s. Art. 13) vornehmlich durch Destutt de Tracys *Elémens d'Idéologie* (Smith 1956, 512 ff; zur Darstellung nonverbaler Kommunikation in den Romanen Stendhals vor dem Hintergrund zeitgenössischer „Sprachkrise" vgl. Albert 1986). Dem modernen sprachkritischen Bewußtsein werden diese und andere untersuchte Exempel aus der Literaturgeschichte mitunter als wenig akzeptable Mischungen von Sprachproblematisierung und Sprachvertrauen erscheinen, nicht zuletzt dann, wenn der jeweils zeitgenössische Problemkontext unberücksichtigt bleibt. Keine leichte Antwort dürfte die Frage zulassen, ob sich diese literarischen Sprachproblematisierungen in eine sukzessive Abfolge geklärter und überwundener Probleme einfügen, als deren gegenwärtiges Ende das die Untersuchung jeweils anleitende Sprachbewußtsein gelten kann, oder ob es sich um Probleme handelt, die im Laufe der Entwicklung vor dem Hintergrund veränderter Annahmen und Bedingungen als unangemessen erscheinen, weil sie von nicht mehr geteilten Voraussetzungen ausgehen, als selbst problematisch, weil sie auf nunmehr fragwürdigen Annahmen beruhen, oder mittlerweise sogar als sinnlos, weil ein gemeinsames Vokabular zu ihrer Formulierung fehlt — ob sie mithin eher beiseite gelegt denn gelöst worden sind.

Das in der Germanistik verbreitete Urteil, literarische Sprachthematisierung und schriftstellerische Sprachreflexion seien in älteren Abschnitten der Literaturgeschichte nicht so ausgeprägt, daß sie sonderliches Interesse verdienten, scheint seine Herkunft nicht zuletzt sprachphilosophischen Vorlieben zu verdanken: Danach setze das sogenannte neuzeitliche Sprachdenken als Gegenströmung zur herrschenden Philosophie mit Hamann und Herder ein, die der Sprachreflexion gegen Immanuel Kant (vgl. Liebrucks 1964—79, IV; Riedel 1982, 1 ff; Markis 1982, 110 ff; Wilson 1985) erst zur Geltung verholfen hätten — so gilt bereits für Friedrich Hebbel (1904, *Sämtl. Werke* XII, 312 f [1862]), daß Kant „bei dem Medium, dessen er sich bediente, keinen Augenblick verweilte und die Sprache auch nicht der flüchtigsten Prüfung unterzog". In Anbetracht der Ergebnisse neuerer Forschungen zum Hintergrund und zu den Abhängigkeiten etwa von Herders Sprachphilosophie (u. a. Proß 1987, 895 ff; zu Hamann die Hinweise bei Weiß 1990 a, 104 ff) erscheinen solche Vorlieben allerdings zunehmend als Relikt einer an der Überhöhung nationaler Besonderheiten orientierten Literatur- und Philosophiegeschichtsschreibung. Und seit geraumer Zeit (Jones 1932, 315 ff) gilt gerade das 17. Jahrhundert als durch Sprachmißtrauen, Sprachkritik und -reform charakterisiert (u. a. Salmon 1972, 12 ff; Grazia 1980, 319 ff), nicht zuletzt beginnend mit Bacons allgemeinem ›distrust of language‹ (vgl. u. a. Rossi 1957; Formigari 1970).

3.2. Unabhängig von der Anerkennung des Bestimmungsproblems sind Versuche interessant, historische Abschnitte literarischer Sprachthematisierung — nach welchen Erklärungsidealen und -standards auch immer — nachvollziehbar zu machen. Die in 2.3. dargestellten Strategien zur Erhellung des Sprachkrisenphänomens um die Jahrhundertwende konkurrieren erst dann, wenn sie von unvereinbaren forschungsprogrammatischen Annahmen und Erklärungsidealen geleitet werden. Sie lassen sich andernfalls grundsätzlich miteinander verknüpfen. Die innerliterarische Betrachtung kann zur Darstellung von Problemstellungen, entwickelten und gescheiterten Problemlösungen führen, aus denen die alten Probleme in veränderter Form oder neue Probleme entstehen; sie kann aber auch die Rekonstruktion von Problemstellungen anstreben, die mittlerweile als unangemessen, problematisch oder sinnlos gelten. Zu prüfen

wäre, mit welchen relativ grundlegenden literarischen Problemstellungen literarische Sprachreflexion zusammenhängt, wie sie sich auf Thema und Ausführung des literarischen Werkes auswirkt und ob es sich bei ihr um einen durchgehenden Aspekt innerhalb unterschiedlicher Problem- und Themenkomplexe handelt. Ergänzt würde eine solche Untersuchung durch den Rückgriff auf den thematisch zunächst naheliegenden Kontext, von dem eine Beeinflussung, z. B. die Übernahme, die Abwandlung und der Austausch von Problemstellungen, von Lösungsansätzen oder von Kriterien gelungener Problemlösungen ausgeht. Zu untersuchen wären Arten des Kontaktes sowie Formen der Verarbeitung sprachphilosophischer Vorlagen. Schließlich können sich Versuche anschließen, die sowohl die problemstrukturierte literarische ›Reihe‹ als auch die sprachphilosophischen Vorlagen mit nichtliterarischen und nichtsprachphilosophischen Problemstellungen und Lösungsvorschlägen oder aber mit Gegebenheiten verknüpfen, die weder Probleme noch Problemlösungen sind. — Den Gehalt der Vorschläge zum Verständnis des historischen Charakters literarischer Sprachproblematisierungen schmälern zahlreiche theoretische und methodische Defizite erklärender Literaturgeschichtsschreibung. Für die innerliterarisch ausgerichtete Forschung bestehen Desiderate bei der Explikation der zentralen Terminologie und der nur inexpliziten Formulierung der die literarische ›Reihenbildung‹ anleitenden Prinzipien. Literarische Werke lassen sich auf unterschiedliche Art und Weise — unter Wahrung der Chronologie — ordnen und mit Hilfe vorgegebener Relationen zusätzlich aufeinander beziehen. Der Rückgriff auf einen allgemeinen problemtheoretischen Ansatz und die problembezogene Terminologie, die entsprechend der besonderen Anwendungsbedingungen und Anforderungen für den Bereich der Literaturgeschichte zu spezifizieren wäre (Eibl 1976, Kap. 4), ist dabei nur eine, wenn auch vielleicht erfolgversprechende Möglichkeit. — Für die literaturexterne, an der Beziehung zur Sprachphilosophie ausgerichtete Erforschung der literarischen Sprachreflexion bestehen die Desiderate in der durchweg fehlenden Analyse und Explikation der behaupteten intertextuellen Bezüge. Aus dem schier unerschöpflichen Vorrat möglicher intertextueller Relationen (dazu u. a. Genette 1982) wird auf eine Vielzahl in den einschlägigen Untersuchungen zurückgegriffen — etwa Übernahme, Bezugnahme, Hintergrund,

Quelle, Übereinstimmung, Entsprechung, Einfluß, Allusion, Abwandlung, Homologie, Parodie −, ohne daß die grundsätzlichen theoretischen Probleme ihrer Analyse (u. a. Broich/Pfister (Hg.) 1985) reflektiert werden. Soweit überhaupt Explikationsvorschläge vorliegen (z. B. Hermerén 1975, Kap. I, II; Ben-Porat 1976, 107 ff; Perri 1978, 190 ff; Goodman 1984 b, Kap. III; Plett 1986, 293 ff), wird in der Regel hierauf nicht einmal kritisch zurückgegriffen. Allerdings ist zu berücksichtigen, daß sprachphilosophisch reflektierte Explikationsversuche − ein Beispiel sind Studien zum direkten und indirekten Zitieren (u. a. Goodman 1978, Kap. III; Elgin 1983, 127 ff; weiterhin Davidson 1979 b, 27 ff; Brakel 1986; Campagnon 1979) − mitunter nur in erweiterter und modifizierter Form zur Charakterisierung von Beziehungen literarischer Werke zu sprachphilosophischen Vorlagen herangezogen werden können, wenn der literaturwissenschaftliche Sprachgebrauch berücksichtigt werden soll (auch Hernadi 1980/81, 272). Intertextuelle Relationen, die sprachthematisierende Züge aufweisen, können auch zwischen literarischen Werken bestehen; so ist z. B. Jochen Lobes Gedicht *Transformationen* als ›Parodie‹, ›Zitat‹ und ›Umformung‹ des sprachthematisierenden Gedichts *Ein Wort* von Benn gedeutet worden (Pelster 1970, 45 ff); als Aufnahme und Abwandlung der sprachthematisierenden Ode *Das Wunder der Natur* aus Andreas Gryphius' *Leo Armenius* (Bornscheuer 1969, 218 ff) wurde Erich Frieds Gedicht *Die mit der Sprache* gesehen (Bormann 1986, 8 ff); als Beispiel eines Grenzfalls ließe sich in diesem Rahmen Hofmannsthals *Was ist die Welt* auffassen, das, auf Hofmann von Hofmannswaldaus Gedicht *Die Welt* bezogen, eine Sprachthematisierung aber erst explizit vornimmt. Daneben gibt es intertextuelle Relationen, die zwar vornehmlich zwischen literarischen Werken analysiert werden, die aber auch im Hinblick auf sprachphilosophische Vorlagen eine Rolle spielen können, etwa Travestie oder Parodie, Kontradiktion und Kontrafaktur (Verweyen/Witting 1979, 112 ff; 1982; 1987, 75 ff). Diese Relationen sind ein Sonderfall der intertextuellen Kritik, die − obwohl es zahlreiche Beispiele gibt − nur selten untersucht wird: Das reicht von Swifts *Travels*, dessen Kritik sich unter anderem gegen sprachreformerische Ideen wie in Johan Amos Comenius' *Via Lucis* und in John Wilkins' *An Essay Toward a Real Character, and a Philosophical Language* wende (etwa Probyne

1974, 425 ff), über Sternes als Kritik der optimistischeren Sprachauffassung Lockes gedeuteten Roman *Tristram Shandy* und Borges' *Tlön, Uqbar, Orbis Tertius* als Parodie der Annahmen, auf denen Saussures Strukturalismus beruht (Erickson 1982, 3) bis zu Eugène Ionescos als Kritik an der ›referential theory of meaning‹ interpretierten Stück *La Leçon* (Wreen 1983, 237; Lécuyer 1965, 33 ff; Revzina/Revzin 1975, 245 ff; Hill 1976, 14−37; Schlieben-Lange 1980, 251 ff) oder Bichsels *Ein Tisch ist ein Tisch* als Darstellung der Konsequenzen einer Sprachauffassung, die der von Humpty Dumpty in Carrolls *Through the Looking-Glass* entspricht. − Beeinträchtigt werden die Ergebnisse der Erforschung der Beziehungen zwischen sprachphilosophischen Vorlagen und literarischen Werken, wenn nicht zwischen den verschiedenen Zwecken bei dem Rückgriff auf sprachphilosophische Vorlagen unterschieden wird; denn nicht jeder Rückgriff auf eine sprachphilosophische Vorlage erfüllt die Voraussetzungen, um einen literaturexternen Beitrag zur Erhellung des Sprachkrisenphänomens zu liefern. Die sprachphilosophische Vorlage kann (i) als Interpretationsquelle, als ›Folie‹ der Interpretation literarischer Texte dienen − sie bildet eine heuristische Vorgabe zur Generierung (erfolgreicher) Literaturinterpretationen; sie kann (ii) den Rekonstruktionsrahmen für die Formulierung der Interpretation des literarischen Werkes bereitstellen − die sprachphilosophische Konzeption der Vorlage liefert die Interpretationssprache für die Darlegung der Deutung eines Sprache thematisierenden, realisierenden, exemplifizierenden oder demonstrierenden literarischen Werkes; die sprachphilosophische Vorlage kann (iii) als ein relevanter Bestandteil der interpretativ zu ermittelnden Bedeutung des literarischen Werkes gelten − sie ist ein durch die gewählte Bedeutungs- und Interpretationskonzeption gerechtfertigter oder geforderter Bestandteil der Literaturinterpretation; sie kann (iv) zu einem Vergleich mit dem literarischen Werk herangezogen werden − das Ergebnis ist die Feststellung aspektbezogener Übereinstimmungen oder Unterschiede anhand privilegierter Interpretationen sowohl der sprachphilosophischen Vorlage als auch des literarischen Textes; sie kann schließlich (v) unter der Frage der Beeinflussung des sprachthematisierenden literarischen Werkes berücksichtigt werden − die sprachphilosophische Vorlage dient der Erklärung bestimmter, durch eine Interpretation festgestellter Züge eines literarischen Werkes.

Der Unterschied dieser Verwendungsformen besteht vornehmlich in den Anforderungen, die an die Literaturinterpretation wie an die Interpretation und Auswahl der sprachphilosophischen Vorlage gestellt werden. Den Verwendungen sprachphilosophischer Vorlagen als heuristische Quelle und als Rekonstruktionsvorgabe ist gemeinsam, daß sie keinen Anforderungen der literarischen ›Reihenbildung‹ zu genügen brauchen. Für die heuristische Nutzung (i) ist die Frage der Güte ihrer Interpretation nebensächlich, denn es besteht in der Regel kein Zusammenhang mit dem Erfolg oder Mißerfolg der so erstellten Literaturinterpretation, und ihre Wahl ist im Grunde freigestellt, denn der Projektion sprachphilosophischer Vorlagen auf literarische Werke sind keine natürlichen Grenzen gezogen. Demgegenüber ist bei der Verwendung als Rekonstruktionsrahmen oder Interpretationssprache (ii) weder die Auswahl noch die Interpretation der sprachphilosophischen Vorlage freigestellt; eingeschränkt sind sie im Hinblick auf die sprachphilosophische Diskussion sowie die methodischen Anforderungen und Ziele der Literaturinterpretation. Als Bestandteil einer Literaturinterpretation (iii) bemißt sich ihre Wahl und Interpretation an den Anforderungen der leitenden, etwa einer intentionalistischen Bedeutungs- und Interpretationskonzeption. Den Verwendungen einer sprachphilosophischen Vorlage zur Feststellung von Übereinstimmungen (iv) oder zur Feststellung von Einflüssen (v) ist gemeinsam, daß sich die untersuchten intertextuellen Relationen auf bereits interpretierte Texte beziehen; sie unterscheiden sich, da Einflußbeziehungen auf einer expliziten Beeinflussungsannahme beruhen und nicht auf Übereinstimmungen beschränkt sind. Die Mißachtung der Unterschiede dieser Verwendungsformen sprachphilosophischer Vorlagen führt zu Inkongruenzen zwischen dem postulierten Ziel und den erzielten Ergebnissen der Interpretation. Ein Teil der Forschung ist gegenüber einer Einflußforschung skeptisch: sei es aus ästhetischen Bedenken, die eine Reduktion des besonderen Charakters von Literatur befürchten, sei es aus literaturtheoretischen Überlegungen, die das Vorliegen einschlägiger intertextueller Relationen bezweifeln (u. a. Maskell 1973), oder sei es aus interpretationstheoretischen Gründen, die zumeist auf einer Ablehnung intentionalistischer Bedeutungs- und Interpreta-

tionskonzeptionen beruhen (dazu Danneberg/Müller 1983, Teil I). Bevorzugt werden Mischformen, die von den Freiheiten der heuristischen Verwendungsform profitieren, während sie die Erfüllung strengerer Anforderungen simulieren. – Die sich den literaturexternen globalen Erklärungsversuchen stellenden Probleme entstehen, wenn das zu erklärende Sprachkrisenphänomen bzw. die Sprachkritikproblematik auf nicht explizierte Weise vereinheitlicht wird, etwa indem Ergebnisse der Einzelforschung ignoriert werden. Zwar können solche Untersuchungen eventuell den historischen Charakter eines allgemeinen Phänomens verständlich machen, sie lassen aber nicht mehr erkennen, wer von diesem Phänomen betroffen ist. Konsequenzen hat dies nicht zuletzt für die Erörterung der zugrunde gelegten historiographischen Erklärungsannahmen; denn erst die theoretischen Unterscheidungen zur Sprachkritikproblematik und die differenzierten Einzelbefunde liefern den Rahmen und das Material, um die Probleme sowohl der Aggregation der Einzelbefunde zu einem Teil der Literaturgeschichte als auch ihrer Konfrontation mit den zur Konstruktion von Literaturgeschichte erforderlichen, den Zusammenhang erzeugenden und Kontinuität bzw. Diskontinuität stiftenden Annahmen erörtern zu können.

3.3. Untersuchungen zum Thema haben Sprachphilosophie nicht nur – in einem besonderen Medium und Kontext – zum Gegenstand, sondern auch zur Voraussetzung. Gemessen an der Beschäftigung mit den einschlägigen Werken und ihren Autoren ist die Reflexion der bei der Interpretation implizit oder explizit vorausgesetzten sprachphilosophischen Annahmen in der Forschung gering. Zentral ist die – wiewohl unterschiedliche Differenzierungen ansprechende – Frage nach der Art und Weise, wie Sprachphilosophie ›in‹ Literatur sein kann. Nur selten findet sich in Literatur ein Protagonist, der Linguist ist und durch den eine Vielfalt sprachphilosophischer und wissenschaftlicher Thematisierungen eingeführt wird, wie etwa in Louis Aragons *Blanche ou l'oubli* (Babilas 1985, 39 ff; Jakobson 1973, 237 ff). Teilweise sehr schwierige interpretationstheoretische Probleme entstehen, wenn es heißt, Literatur exemplifiziere oder demonstriere sprachphilosophische Ideen; sprachphilosophische Überlegungen seien Teil der schriftstellerischen Reflexion, welche die Realisierung von Literatur begleitet, oder sie bildeten das Problem, für das ein literarisches Werk eine Formulierung oder Lösung bietet. So intuitiv plausibel solche vorexplikativen Unterscheidungen auch erscheinen mögen, sie bedürfen, um den interpretatorischen Bemühungen zur Klärung zu dienen, der näheren Bestimmung durch die fortlaufende Explikation unter Maßgabe der Forschungsprobleme. Obwohl in der sprachphilosophischen Forschung Ansätze zur Erläuterung dieser Voraussetzung bestehen, verhält sich die literaturwissenschaftliche Forschung gegenüber zu entlehnenden Explikationsversuchen ebenso abstinent wie gegenüber eigenen Anstrengungen. — Die Grenzen der Präsentation und kritischen Erörterung der Forschungsergebnisse werden nicht nur durch sprachphilosophische, sondern auch durch interpretationstheoretische Versäumnisse gezogen. Zentral ist hierbei die Frage nach der Art und Weise, wie erkannt werden kann, daß Sprachphilosophie ›in‹ einem literarischen Werk ist. Das ›Indikatorproblem‹ verdeutlicht die Schwierigkeiten der Beantwortung dieser Frage. In einer Fülle von Untersuchungen z. B. zur dramaturgischen Funktion von Szenen werden abgebrochene Dialoge, mißlungene Verständigungsversuche, der Einsatz besonders affektvoller Äußerungen, von Schweigen, Verschweigen, Verstummen und Sprachlosigkeit, die Preisgabe des ›klassischen Dialogs‹ als ›Ausdruck‹ von Sprachkritik oder Sprachskepsis, z. B. an den kommunikativen Leistungen von Sprache, gelegentlich sogar — gegenwärtiger sprachphilosophischer Mode entsprechend (z. B. Rugg 1988, 455) — umstandslos als Ausdruck der Abwesenheit des Signifikats, des endlosen Spiels der Signifikanten, der uneinholbaren Sinnfluktuation gedeutet. Weitere Beispiele finden sich in Untersuchungen zur Funktion von Mimik und Gestik in literarischen Werken, etwa zu den Dramen von Jakob Michael Reinhold Lenz, bei denen der Konflikt von Geste und Rede auf Sprachskepsis verweise (Madland 1984, 550 ff), in den Dramen Kleists, in denen Pantomime Sprachlosigkeit aufgrund der Unzulänglichkeit von Sprache bedeute (u. a. Reske 1969, 38), oder in den Stücken Hofmannsthals (u. a. Doswald 1969, 199 ff; Schwalbe 1971, 81 ff; Austin 1981, 163 ff), vor allem in dem Lustspiel Der Schwierige (u. a. Mauser 1961, 64—78; Heine 1983, 411 ff; Lubich 1985, 55 ff), bei dem in einer ›wortlosen Gestensprache‹ das ›Unaussprechliche zur Wirkung kommt‹ bzw. — in Anspielung auf Wittgenstein — ›sich zeigt‹ (Bahr 1975, 293; 296).

Den Hintergrund für solche Interpretationen bilden die vornehmlich seit dem 17. Jahrhundert erörterten Auffassungen zur besonderen Stellung der ›Gebärdensprache‹ gegenüber der Wortsprache (u. a. Knowlson 1965, 495 ff; Rauter 1970, 97 ff): sie gilt als die eigentliche *lingua humana*, die frei von den Mängeln der Wortsprache einen unwillkürlichen und ›natürlichen‹ Ausdruck von Absichten, Gefühlen oder Gedanken biete — zumindest aber in bestimmten Bereichen Vorrang besitze, sei es beim Ausdruck außerordentlicher Gefühle, sei es bei der Bewunderung des Erhabenen. Den Rückgriff auf einen solchen Interpretationsrahmen von Stummheit, Zeichensprache, Sprachursprungstheorie und Sprachskepsis (auch Gessinger 1989, 348 ff) ermöglichen aber erst verknüpfende und kontextuelle Annahmen, deren Plausibilität der methodischen Prüfung im Einzelfall bedarf. So scheint z. B. die ›Gestensprache‹ in den Erzählungen Alfred Döblins nicht mit diesem Interpretationsrahmen verknüpft zu sein, sondern ihn in der Ablehnung psychologischer Erzähltechniken zu finden (Binneberg 1979, 508 ff), und bei E. T. A. Hoffmann scheint sie sich aus seiner ästhetischen Grundauffassung zu ergeben (Nehring 1970, 211). Nicht nur thematisiert, sondern auch kritisiert wird der Interpretationsrahmen privilegierter Gestensprache in der Erzählung *Gespräch mit einem Soldaten* von Leo Perutz. Vermutlich besteht intuitiv wenig Dissens darüber, daß Schweigen, Verstummen und Sprachlosigkeit in den homerischen Epen (u. a. Beßlich 1966, Kap. II), in der mittelalterlichen Dichtung (u. a. Roloff 1973, Kap. II—VII; Ruberg 1978, Kap. VI; McConeghy 1987, 772 ff), bei Rabelais (Röhrich 1960, 121 ff; Roloff 1974, 99 ff), in Miguel de Cervantes' *El ingenioso Hidalgo Don Quijote de la Mancha* (Trueblood 1968, 417 ff), in Thomas Kyds *The Spanish Tragedy* (McMillin 1972, 28 ff), in den Dramen Friedrich Schillers (u. a. Lamport 1981, 860 ff), in Friedrich Hölderlins *Hyperion* (Siekmann 1980), bei Kleist (Kommerell 1956, 243—317; Grathoff 1988, 221 ff), in Flauberts *Un cœur simple* (Schulz-Buschhaus 1983, 127 ff) anderes indiziert bzw. ›bedeutet‹ als im ›Théatre du silence‹ Maeterlincks, in den Libretti Hofmannsthals (Stenberg 1975, 209 ff) oder in den Dramen Becketts (auch Mayoux 1966, 7 ff; Bruns 1969, 265 ff; Reisinger 1983; Hart-Nibbrig 1981). Mehrsprachigkeit eines Werkes wie Eliots *The Waste Land*, Ezra Pounds *Cantos*, Thomas Manns ›linguistischer Roman‹ *Der Zauberberg* (Gauger

1975, 217 ff), aber auch Shakespeares *All's Well that Ends Well* oder Rabelais' *Gargantua et Pantagruel* (Bastiaensen 1974, 544 ff; Hausmann 1979, 119 ff) mit — wie in der mittelalterlichen Dichtung offenbar nicht selten (Davies 1967, 298 f; Dronke 1986, 47 f) — wohl nur imaginierten Phantasiesprachen (Pons 1931, 185 ff) oder Dantes *Divina Commedia* (u. a. Forster 1970, Ehrentreich 1970, 63 ff; Horn 1981, 226 ff; Kristeller 1984, 7 ff), die polyglotten Lieder Oswald von Wolkensteins (Wachinger 1977, 277 ff) und schließlich Becketts *L'Innommable/The Unnamable* (u. a. Cockerham 1975, 139 ff) ist ein ebenso fragiler Indikator wie die Parodie von Sprachverwendungen, die Darstellung von Leerformeln und Stereotypen. Zweifelhaft ist, ob derartige ›Indikatoren‹ gemeinsam oder isoliert notwendig oder hinreichend sein können, um als Hinweise auf die Thematisierung etwa von Sprachskepsis zu gelten. — Offenkundig sind die Schwierigkeiten, wenn die bei der Indizierung unterstellten Annahmen explizit gemacht werden. In einer Reihe von Untersuchungen (u. a. Waldrop 1971, Kap. III, IV) werden als ›Indikatoren‹ für die Unzufriedenheit mit Sprache stilistische Merkmale des literarischen Werkes gedeutet, die von einem herkömmlichen sprachlichen Gebrauch abzuweichen oder sprachliche Konventionen ausdrücklich zu verletzen scheinen. Die implizite, diese Verknüpfung fundierende Annahme, daß das Abweichen von einem angesetzten sprachlichen Normalzustand nur durch die Unzufriedenheit mit Sprache motiviert sein kann, ist weder ohne Alternative, wie die theoretischen Erörterungen literarischer Abweichung deutlich machen, noch überzeugend. Untersuchungen dieser Art weichen durch eine methodisch fragwürdige Strategie der Gefahr aus, an überraschenden, aber wenig plausiblen Stellen der Literaturgeschichte etwa sprachskeptische Entdeckungen zu machen: Die Untersuchungen werden auf literarische Werke beschränkt, die einer zuvor als sprachskeptisch charakterisierten Literatur der Moderne angehören. Die These von der sprachskeptischen Moderne lizensiert die sprachskeptische Interpretation moderner Literatur. Wird diese Strategie ihres Bezugs zur Charakterisierung moderner Literatur entbunden, dann führt das zu entsprechend aktualisierenden Interpretationen, bei denen etwa in Shakespeares Dramen modernes sprachkritisches Bewußtsein entdeckt wird (dazu Grazia 1978, 374 ff) oder die *Comédie humaine* Honoré de Balzacs gegen die bishe-

rige Interpretationstradition als sprachthematisierende ›Comedy of Words‹ reinterpretiert wird (Kames 1975; dazu Schulz-Buschhaus 1978, 213—224). Das ›Indikatorproblem‹ scheint demnach kaum mit Hilfe besonderer oder besserer Definitionen gelöst werden zu können, sondern allein durch die explizite Festlegung einer zur Interpretation herangezogenen Bedeutungs- und Interpretationskonzeption. — Drei sprachphilosophische und interpretationstheoretische Defizite schmälern die Aussagekraft der Forschungsergebnisse zum Thema. Das ist der Fall, wenn nicht deutlich wird, auf welche Weise nach der Interpretation Sprachphilosophie in Literatur sein soll. So wird die ›Wirkung‹ der ›Gestalt und Theorie‹ Wittgensteins im Werk Thomas Bernhards u. a. durch die Gegenüberstellung von Sätzen beider Autoren belegt. In einem nicht untypischen Beispiel bekommt der Satz 'Der Satz ist eine Wahrheitsfunktion der Elementarsätze.' aus Wittgensteins *Tractatus* die Stelle 'Eine Studie, die einer im Kopf, aber nicht auf dem Papier habe, existiere ja gar nicht [...]' aus Bernhards *Das Kalkwerk* zugeordnet (Weber 1981, 97). Ungeklärt bleibt die entscheidende Frage, auf welche Weise Sprachphilosophie im Sinne der beabsichtigten Interpretation in dem Satz Bernhards sein soll. Zwar ist prinzipiell nicht auszuschließen, daß es eine Bedeutungs- und Interpretationskonzeption gibt, nach der zwischen diesen beiden Sätzen eine für die Fragestellung interessante Beziehung besteht, aber anders als bei Schriftstellern, denen gegenüber Bedenken hinsichtlich des Zusammenhangs ihrer philosophischen Reflexion und literarischen Praxis erst dann erhoben werden sollten, wenn der von interpretativem oder rekonstruktivem Wohlwollen geleitete Versuch einer Adaptation der orientierenden sprachphilosophischen Annahmen an die formulierten Konsequenzen für ihre Literatur gescheitert ist, kann die Wissenschaft auf solche Nachsicht nicht hoffen. — Den Wert der Forschungsergebnisse mindert weiterhin das Fehlen der für die Interpretation erforderlichen verknüpfenden und kontextuellen Annahmen. In den Interpretationen von Eugen Gomringers Text *worte sind schatten* (u. a. Pelster 1970, 47—50; Waldrop 1971, 115—120; Kessler 1976, 207—218; Saße 1977, 24—37) wird die Zeile 'worte sind schatten' unisono auf Platon bezogen. Auch wenn man einräumt, daß Gomringers Text Sprachideen thematisiert, dann verbleibt die von keiner dieser Interpretationen erfüllte Forderung nach verknüpfenden Annahmen und kontextuellen Hinweisen, die die Wahl Platons gegenüber zahlreichen anderen Möglichkeiten auszeichnet, zumal die Verbindung von Schatten und Sprache keineswegs selten ist; sie findet sich etwa bei Bachmann, Celan, Goethe, Hofmannsthal, Jean Paul, Klopstock‹ oder Jan Amos Comenius, aber auch in der Theorie der Bibelexegese wie z. B. bei Philon von Alexandria (zu weiteren Hinweisen Spitz 1972, 46 ff) und in der antiken (römischen) Dichtung (Belege bei Nováková 1964) — und nicht weniger elegant ließe sich auf Demokrits Fragment λόγος γὰρ ἔργου σκιή [Das Wort ist der Schatten der Tat] (Diels 1922 II, 145) hinweisen und von dort — entsprechend der Kombinatorik des Textes von Gomringer — zu Wittgensteins Befund „Worte sind auch Taten" (*PU*, § 546) kommen oder zu Celans „Wahr spricht, wer Schatten spricht" in seinem Gedicht *Sprich auch du* (Celan 1983, *Ges. Werke* I, 135, v. 16 [1955]). Ebenso ließe sich an Adalbert von Chamissos Erzählung *Peter Schlemihls wundersame Geschichte* anknüpfen (zu einer diesen Anschluß vorbereitenden Interpretation Neubauer 1986, 31 ff) oder über John Drydens Anspielung „You know who took the shadow for the meat" (Dryden 1958, II, 2, Z. 49 [1687]) in seinem im Hinblick auf die Transsubstantiation das Problem von literaler und figurativer Sprache thematisierenden Gedicht *The Hind and the Panther, a Defence of the Roman Church* ein Bezug zu Äsops Fabel *De Cane et Carne* herstellen. Beide Assoziationsstränge ließen sich schließlich durch einen isolierenden Bezug zur zweiten Zeile von Hofmannsthals Epigramm *Kunst des Erzählens*: „Zeig mir im Aug von dem Hund gleichfalls den Schatten der That" (Hofmannsthal 1984, 87 [1898]), zusammenfügen. Die Interpretationen zum Thema laufen bei dem illustrierten Versäumnis Gefahr, nicht über eine zumeist weniger gelungene Aktualisierung von Bildungsbruchstücken hinauszukommen; sie verkümmern zu einem ennuyierenden Spiel von Assoziation und Zufallslektüre, dem auch die Beschwörung aufwendiger Konzepte der ›Intertextualität‹ keine Solidität verleiht.

Schließlich gefährden Untersuchungen zum Thema die Erreichung ihres Zieles, die die methodischen und argumentativen Voraussetzungen zur Verhandlung ihrer Geltungsansprüche ungeklärt lassen. In einer übergreifenden Untersuchung zur literarischen Sprachthematisierung der Gegenwartsliteratur (Weiß 1972, 674 ff) findet sich u. a.

die Deutung eines Ausschnitts aus Konrad Bayers *Der Kopf des Vitus Bering*. Im Anschluß an die Interpretation des neben 'kaiser' und 'zar' auftauchenden Ausdrucks 'könig' als die Königsfigur im Schachspiel wird zunächst Ferdinand de Saussures (s. Art. 36) Vergleich zwischen Schachspiel und Sprache, dann Wittgensteins ›Theorie der Sprachspiele‹ assoziiert, ohne daß sich ein Argument dafür findet, weshalb die Assoziation vom Schachspiel über die Sprache zum Sprachspiel gegenüber den zahlreichen anderen Verknüpfungen, die sich assoziieren ließen oder die sich in Texten vorformuliert finden, in irgendeiner Weise Vorrang besitzt. Das Problem besteht nicht darin, daß die interpretatorische Aussage falsch wäre, sondern daß die Voraussetzungen dafür fehlen, um überhaupt Geltungsansprüche dieser Interpretation zu erörtern. Werden für das Interpretieren methodische und argumentative Anforderungen suspendiert, sei es aufgrund des Glaubens an ausreichend selbstevidente Textbefunde, sei es aufgrund des Glaubens an die Überzeugungskraft bestimmter sprachlicher Handlungen, dann fällt die Grenze zwischen literarischen Werken, die Sprachideen thematisieren, exemplifizieren, demonstrieren oder realisieren, und solchen, die das nicht tun, sowie zwischen Sprachideen, die in einem literarischen Werk sind, und solchen, die es nicht sind. — Sprachphilosophische Annahmen sind Voraussetzungen der Interpretation literarischer Werke. Die Untersuchung von Sprachphilosophie in Literatur besitzt jedoch eine beachtenswerte Besonderheit: Die Interpretation literarischer Werke — etwa Dantes (Stillers 1982, 92 ff), Chaucers (Ferster 1985, 23 ff), Kleists (Peck 1979, 92 – 120), Kafkas (Zeller 1987, 558 ff; u. a. auch Strohschneider-Kohrs 1971, 320 ff; Elm 1976, 477 ff; Saße 1978) oder Eichs (Käser 1987, 63 ff) — kann zur Thematisierung ihrer sprachphilosophischen und interpretationstheoretischen Voraussetzungen führen. Eine solche interpretative Selbstthematisierung führt aber erst dann zu Problemen, wenn es zwischen den Voraussetzungen der Interpretation und dem Interpretationsergebnis zu einem Konflikt kommt. So kann z. B. die nach den Standards des Interpreten gelungene oder richtige Interpretation mit ihrer Interpretationsaussage über die literarisch thematisierte Unkommunizierbarkeit und Unverständlichkeit (von Literatur) ihre eigene Möglichkeit bestreiten. Diese paradoxe Situation eines Konflikts zwischen Anspruch und Aussage läßt sich auf verschiedenen Wegen beheben:

Der erste besteht in dem Verzicht, Interpretationen als richtig, gelungen oder dergleichen auszuzeichnen — das Reden über Literatur kann keinen Geltungsanspruch erheben, wohingegen die Literatur als wahr gilt. Der zweite Weg besteht darin, der Literatur mit der Interpretation zu widersprechen, indem der Anspruch der Richtigkeit der Interpretation erhoben und damit die interpretatorisch gewonnene Behauptung kritisiert wird — der Interpret kann nicht vermeiden, über die Richtigkeit der Sache zu entscheiden. An diese paradoxe Situation knüpft implizit eine sich in jüngerer Zeit abzeichnende Entwicklung der Beschäftigung mit dem Thema an. Das entscheidende Moment dieser Entwicklung liegt in der sie orientierenden Fragestellung: Die Beschäftigung mit der literarischen Sprachreflexion erfolgt in der Absicht, im Gegenstand die sprachphilosophischen und hermeneutischen Prinzipien des Interpretierens vorgegeben zu finden. Zu einem Spiel aufwendiger Rhetorik und bescheidener Theorie wird diese Entwicklung in Beispielen ›dekonstruktionistischer‹ Literaturwissenschaft, so etwa in einer Untersuchung, in der in Kleists *Das Erdbeben in Chili* literaturtheoretische und sprachphilosophische Ideen Paul de Mans und Jacques Derridas nicht nur entdeckt und bestätigt gefunden werden, sondern wo dieser Befund zu einem offenkundigen Konflikt zwischen den die Literaturwissenschaft beherrschenden Interpretationsnormen und einem herausragenden Teil ihres Gegenstandes stilisiert wird (Hamacher 1985, 149 ff). Der Befund ist trivial — ohne die Festlegung einer Bedeutungs- und Interpretationskonzeption überrascht er im Rahmen der sprachphilosophischen Überlegungen Derridas ebensowenig wie jeder andere interpretatorische Befund; die angestrebte Kritik ist erschlichen — mit ihr wird etwas vorausgesetzt, nämlich die begründete Auszeichnung von Interpretationen etwa hinsichtlich ihrer Geltung oder Güte, die gerade in Abrede gestellt wird. Nur unter Wahrung der paradoxen Situation von Anspruch und Aussage bei der Interpretation kann der Eindruck fortbestehen, die Erforschung von Sprachphilosophie in Literatur sei in der Lage, Grundlagenprobleme der Forschung zu lösen.

4.   Literatur in Auswahl

Blumenberg 1966, Sprachsituation und immanente Poetik, in *Immanente Ästhetik — ästhetische Reflexion. Lyrik als Paradigma der Moderne*, Iser (Hg.).

Bruns 1974, *Modern Poetry and the Idea of Language. A Critical and Historical Study*.

Dieckmann 1970, *Hieroglyphics. The History of a Literary Symbol*.

Eibl 1970, *Die Sprachskepsis im Werk Gustav Sacks*.

Eibl 1973, Deutsche Literatursprache der Moderne, in *Lexikon der Germanistischen Linguistik* III, Althaus/Henne/Wiegand (Hg.).

Engel 1986, *Rainer Maria Rilkes „Duineser Elegien" und die moderne deutsche Lyrik*. Zwischen Jahrhundertwende und Avantgarde.

Eschenbacher 1977, *Fritz Mauthner und die deutsche Literatur um 1900. Eine Untersuchung zur Sprachkrise der Jahrhundertwende*.

Foot 1982, *The Phenomenon of Speechlessness in the Poetry of Marie Luise Kaschnitz, Günter Eich, Nelly Sachs and Paul Celan*.

Göttsche 1987, *Die Produktivität der Sprachkrise in der modernen Prosa*.

Kayser 1932, *Die Klangmalerei bei Harsdörffer. Ein Beitrag zur Geschichte der Literatur. Poetik und Sprachtheorie der Barockzeit*.

Köhler 1977, *Poetische Sprache und Sprachbewußtsein um 1900. Untersuchungen zum frühen Werk Hermann Hesses, Paul Ernsts und Ricarda Huchs*.

Lange 1971, Language as the topic of modern fiction, in *The Discontinuous Tradition*, Ganz (Hg.).

Mähl 1963, Die Mystik der Worte — Zum Sprachproblem in der modernen deutschen Dichtung, in *Wirkendes Wort* 13.

Müller 1966, Der Verlust der Sprache. Zur linguistischen Krise in der Literatur, in *Germanisch-Romanische Monatsschrift* 47.

Neubauer 1978, *Symbolismus und symbolische Logik. Die Idee der ars combinatoria in der Entwicklung der modernen Dichtung*.

Noble 1978, *Sprachskepsis und Dichtung der Moderne*.

Oelmann 1980, *Deutsche poetologische Lyrik nach 1945: Ingeborg Bachmann, Günter Eich, Paul Celan*.

Rauter 1970, *Die Sprachauffassung der englischen Vorromantik in ihrer Bedeutung für die Literaturkritik und Dichtungstheorie der Zeit*.

Saße 1977, *Sprache und Kritik. Untersuchungen zur Sprachkritik der Moderne*.

Vietta 1970, *Sprache und Sprachreflexion in der modernen Lyrik*.

Vietta 1981, *Neuzeitliche Rationalität und moderne literarische Sprachkritik. Descartes — Georg Büchner — Arno Holz — Karl Kraus*.

Waldrop 1971, *Against Language? „Dissatisfaction with Language" as Theme and as Impulse towards Experiments in Twentieth Century Poetry*.

*Lutz Danneberg, Berlin (Deutschland)/
Bern (Schweiz)*

108. Sprachphilosophie in den nichtwortsprachlichen Künsten

1. Kunst und Wissenschaft als symbolische Formen

1.1. Vorbereitende Unterscheidungen

Handeln im sinnlichen, *sensuellen* Bereich ist *Wahrnehmungshandeln*, das bis zu *hantierenden* Tätigkeiten herunterreicht. Wahrnehmungshandeln fußt auf sensuellen *Fähigkeiten*, nämlich unseren Sinnen, die wir genetisch mitbringen. Indem wir sie unterscheidend gebrauchen lernen, bilden wir sie zu *Fertigkeiten* aus. So kommen wir in die Lage, umgangssprachlich zwischen 'Jemand macht etwas wahrnehmbar (z. B. sichtbar)' und 'Jemand nimmt etwas wahr (z. B. einen Sonnenuntergang, eine Skulptur)' sicher zu unterscheiden. Handlungstheoretisch haben wir es mit zwei verselbständigten Fertigkeitsmodi zu tun, die sich aus dem *aktiven* und *passiven* Handlungsanteil ergeben: die Fertigkeit, etwas zu tun, und die Fertigkeit, etwas aufzufassen, was einem widerfährt. Der *Akteur* (Produzent) betrachtet den *Widerfahrnisaspekt* als zum eigenen Tun gehörend, soweit dieser wie Material im Handlungsvollzug auftaucht (Rao 1991); der *Reakteur* (Rezipient) betrachtet den *Tätigkeitsaspekt* als Leitfaden seines Auffassens,

d. h. als das, was die Gestaltung des Rezeptionsprozesses ermöglicht. *Können* läßt sich so von *Kennen* unterscheiden (Lorenz 1990 a, 3.2.). In rezeptionistischen Ansätzen wird auf dem Gebiet von Kritik, Kunsttheorie und Ästhetik dieser Unterschied nivelliert oder ganz vernachlässigt, als ob es, wenn überhaupt, ohne eigene theoretische Vorkehrungen gelingen könnte, Herstellungsaktivitäten dem Rezeptionsprozeß einzuverleiben. Im verbalsprachlichen Zusammenhang von Kritik und Theorie entsteht dann Verwirrung, wenn etwa grundlegende Ausdrücke wie 'poetische Rede' (die eines Gedichtes oder einer Erzählung) und 'ästhetische Rede' (die des Auffassens einer poetischen Rede) oder 'künstlerische Erziehung' und 'ästhetische Erziehung' synonym gebraucht werden (Koppe 1983; Zima 1991; Giffhorn 1979). Beispielsweise ist ein Gedicht in der Regel keine Literaturkritik und Literaturkritik lyrischer Dichtung kein Gedicht!

Wer etwas macht (›etwas ins Werk setzt‹) und dabei den Wahrnehmungsmodus (z. B. den der Sichtbarkeit) dominant setzt, führt sensuell etwas vor, er *präsentiert* etwas; wer etwas betrachtet und dabei den Wahrnehmungsmodus pointiert, führt sensuell etwas an, er *genießt* es. Insofern Dominant-setzen und Pointieren von *reflexiven* Maßnahmen herrühren, sind Präsentieren und Genießen Handlungen 2. Stufe, und zwar ohne die *Gegenstandsebene* des sensuellen Bereichs letztendlich zu verlassen. Im sensuellen Modus gleich, gehören beide Handlungen dennoch zu zwei verschiedenen Sprach- beziehungsweise Zeichenspielen. Kunst, sensuelles Handeln in seinem ›Spitzencharakter‹ (Becker 1963 b [1929]), ist als *artistisches Handeln* zu kennzeichnen und tritt sowohl *prozessiv* (Tanz, Performance) — Kunst als Praxis — als auch *resultativ* (Bildkunst, Architektur) — Kunst als Poiesis — auf. Artistisches Handeln mißt die Spanne aus zwischen Handeln und *Zeichenhandeln*, insofern im Vorführen *Ausführen* und *Anführen* einer Handlung miteinander verschränkt werden. Zeichenhandlungen, unter ihnen artistische Handlungen, werden nicht ›vorgefunden‹, sie werden vielmehr ›erfunden‹. Als erfundene verdanken sie sich der eigentümlichen *Spontaneität* des Menschen (Mittelstraß 1965/1966; Gerhardus 1991, 5 ff), die ihn aus allen anderen Lebewesen als ›animal symbolicum‹ (Cassirer 1990

[1944], 51) hervorhebt. Insofern das *animal symbolicum* in seiner zeichenerfindenden Spontaneität mannigfache Weisen des Symbolisierens erzeugt, die sich ebenso untereinander ergänzen wie sie miteinander im Streit liegen können, ist Kunst — nach Ernst Cassirer (s. Art. 37) — eine ›*symbolische Form*‹, eine Form unserer *Mittelbarkeit,* der wir nicht entraten können. — Nicht Verstehensweisen der symbolischen Form Kunst sind deshalb in diesem Artikel thematisch, sondern deren eigentümliche Zugangs- als Erfindungsweisen (z. B. die einer Diagonalkomposition im Bild oder die eines Tanzes wie den Lambada), in denen es sprachphilosophisch relevante Aspekte auszumachen gilt. Die einer Urteilstheorie zuzurechnenden ästhetischen Fragen, ihrerseits nur zu einem Teil auf solche Erfindungsweisen bezogen, sind hier nicht das Thema (s. Art. 105).

1.2. Kunst und Wissenschaft als Erkenntnistätigkeiten

Ausgangspunkt eines erfolgversprechenden Versuchs, sprachphilosophische Aspekte in den nichtwortsprachlichen Künsten auszumachen, ist die vernachlässigte Einsicht der Tradition, in Kunst und Kunsttheorie etwa seit Leonardo da Vinci (1452—1519) (Leonardo 1979, Abb. 16 A, B; 17 A, B; 1990, 129 ff), in der Ästhetik seit deren Grundlegung als Theorie durch Alexander G. Baumgarten (1714—1762) (Baumgarten 1983, § 533), daß die symbolischen Formen Kunst und Wissenschaft (Philosophie) in einem doppelten Sinne *erkenntnisorientiert* sind:
(i) Beide bringen *aktiv* (produktiv) Erkenntnis hervor — Kunst und Wissenschaft als Erkenntnis, indem sie Erkenntnisangebote machen;
(ii) mit ihrer Hilfe gelangen wir *passiv* (rezeptiv) zu Erkenntnissen — Erkenntnis durch Kunst und Wissenschaft mithilfe geeigneter Verstehensvorschläge.

Aktiv- und Passivaspekt miteinander verbindend formuliert Pablo Picasso (1881—1973) im Gespräch mit Brassai (= Gyula Halasz): „Was ist Plastik? Was ist Malerei? Immer klammert man sich an altmodische Ideen, an überlebte Definitionen, als ob es nicht gerade die Aufgabe des Künstlers wäre, neue zu finden" (Brassai 1985, 51). Doch in Kunst und Wissenschaft werden Erkenntnisse auf verschiedene Weise gewonnen mit oft sehr unterschiedlichen Resultaten. Beide können — prinzipiell wenigstens — jeden Gegenstand thematisieren und ihn zu diesem Zweck kunst- beziehungsweise wissenschaftsgeeignet konstituieren. Einer noch von Baumgarten, der hierin Gottfried Wilhelm Leibniz (s. Art. 23) folgt, postulierten Rangordnung zufolge zielt Kunst als *sinnliches Erkennen* auf eine untere, Wissenschaft als *begriffliches Erkennen* auf eine höhere Stufe der Erkenntnis. Mit kritischem Blick auf die um eine Theorie der sinnlichen Darstellung verkürzte Wirkungsgeschichte der auf Baumgarten zurückgeführten Gefallensästhetik, ihrerseits um den Erkenntnisanteil verkürzt, plädiert dann insbesondere Konrad Fiedler dafür, die „verschiedenartigen geistigen Tätigkeiten nicht als entgegengesetzt, sondern als nebeneinander geordnet" (Fiedler 1971 II, 258) und damit Kunst und Wissenschaft als eigenständig, nichtsdestoweniger durchaus komplementär zueinander zu verstehen. In Anwendung des Fiedlerschen Ansatzes formuliert Egon Kornmann in der Einführung zu Gustaf Britschs *Theorie der bildenden Kunst* zur Frage nach dem Gegenstand einer ›reinen Kunstwissenschaft‹: „Deshalb ist solche Wissenschaft anzusprechen als eine *Erkenntnistheorie* des künstlerischen Erkennens, entsprechend einer Erkenntnistheorie des begrifflich-wissenschaftlichen Erkennens" (Britsch 1952, 14). Denn für Fiedler und Britsch ist grundlegend, „daß schon die einfachste Anschauung, in der man meinen könnte, nur erst den Stoff für die Operationen der Denktätigkeit zu empfangen, bereits ein geistiges Gebilde ist" (Fiedler 1971 II, 177; cf. Cassirer 1964 b 235; Cassirer 1993, 33 f). Sind nebengeordnete ›geistige Gebilde‹ symbolische Gegenstände, mithilfe semiotischer Mittel erzeugt und erst als solche verständlich, so ist klar, daß künstlerische wie wissenschaftliche Tätigkeit auf der Zeichenebene stattfindet, die Verwandlung der Gegenstände in Zeichen, also Entfaltungsprozesse der Zeichenbildung ausdrücklich eingeschlossen. *Anfangsstücke von Zeichenprozessen,* wo semiotische Mittel bereitgestellt, geeignet gebildet und ihre Verwendungsweisen (aus)probiert werden, scheinen am ehesten das Terrain zu sein, auf dem es lohnt, sprachphilosophische Aspekte in den nichtwortsprachlichen Künsten aufzusuchen. Statt sich allein um ihre ›historische Grammatik‹ (Alois Riehl) zu kümmern, gilt es für den Bereich dieser Künste vor allem, wenigstens ein Stück weit den Entwurf einer systematischen Grammatik künstlerischen Erkennens zu versuchen.

1.3. Wechselbeziehungen zwischen Bild und Wort

Zu den nichtwortsprachlichen Künsten zählen Pantomime, Tanz, Musik ebenso wie Architektur, Performance und insbesondere die breite Palette der Bildkunst. Um geeignete Voraussetzungen für einen überschaubaren argumentativen Rahmen zu schaffen, um ferner der beherrschenden Stellung der Bildpraxis als visueller *Aufzeichnungspraxis* im ›optischen Zeitalter‹ (Karl Pawek) Rechnung zu tragen und um nicht zuletzt den hier thematisch einschlägigen Sachverhalt berücksichtigen zu können, daß im Bereich der Aufzeichnung, der *Notation*, Verbalsprache und Picturalsprache nach traditioneller Auffassung das visuelle Medium miteinander teilen, werden in diesem Artikel sprachphilosophische Aspekte durchweg an Beispielen bilderzeugender und bildgestaltender Kunst, verstanden als Paradigma freier Bildproduktion, erörtert, wobei in der Verschränkung von Hand und Auge planimetrisches Bild, stereometrisches Bildwerk sowie die Zwischenform des (Hoch-)Reliefs die Spanne des Bildhaften ausmachen. Hinzu kommt, daß das Auge seit der Antike nicht nur als wichtigster unserer Sinne (cf. Aristoteles, *Met.* 980 a), sondern als der Sinn angesehen wird, der Funktionen anderer Sinne mit zu übernehmen in der Lage ist. „Der Körper, den das Auge sieht, ist Fläche: die Fläche, die das Gefühl tastet, ist Körper. [...] Wir sehen, als ob wir fühlen, und fühlen, als ob wir sähen" (Herder 1987 b [1770/78], 410). Im übrigen gehört zur relativen Homogenität dieses Beispielbereichs die historische Tatsache, daß alle visuelle Notationspraxis vor der Ära der Kunst, d. h. vor ihrer (gefallens)ästhetischen Bestimmung als schöne Kunst, im Sinne von τέχνη, als Kunstfertigkeit galt. Sie war in der Regel an handwerklich auszuführende, artisanale Herstellungsprozesse gebunden und hatte die Aufgabe, darstellende, d. h. repräsentierende Funktionen vor allem religiöser, sozialer und politischer Art zu übernehmen (Belting ²1991), nicht selten mit der Pointe, literale Defizite, etwa mangelnde Lesefertigkeit, auszugleichen zu helfen. Etwas denotierend vergegenwärtigen zu können ist im Rahmen der Repräsentation semantische Grundlage für die teilweise engen verwandtschaftlichen Beziehungen zwischen Verbal- und Picturalsprache, zwischen Text und Bild (Muckenhaupt 1986; Harms 1990). — Gegenwärtig kann von einer Ära des Bildes nach der schö-

nen Bildkunst gesprochen werden, die sich nun allerdings im wesentlichen technisch-industrieller, in immer noch zunehmendem Maße technisch-elektronischer, computergestützter Kunstfertigkeit verdankt. Dominierte zunächst Schriftlichkeit das vorkünstlerische Bild (nicht zuletzt wegen der christlichen Religion als Schriftreligion), sieht man jetzt die Schriftlichkeit durch das nachkünstlerische, sich der elektronischen Medien bedienende Bild bedrängt, was in den letzten Jahren zu einer verstärkten, deutlich disziplinenübergreifenden Schriftlichkeitsforschung beigetragen hat (Haarman 1990; Günther/Günther 1983). W. J. Thomas Mitchell faßt die Bild und Wort verschränkende Entwicklung zusammen:

„One of the most striking features of modern culture has been the intensive, almost compulsive, collaboration between practitioners of the word and practitioners of the image. We inhabit a world so inundated with composite pictorial-verbal forms (film, television, illustrated books) and with the technology for the rapid, cheap production of words and images (cameras, Xerox machines, tape recorders) that nature itself threatens to become what it was for the Middle Ages: an encyclopedic illuminated book overlaid with ornamentation and marginal glosses, every object converted into an image with its proper label or signature" (Mitchell ⁴1980, 1).

1.4. Intersymbolischer Relativismus

Sprachphilosophie ist — Sprache wörtlich genommen — Philosophie der Verbalsprache und als grundlagenorientiertes Unternehmen, sprachabhängige Tätigkeiten zu untersuchen, im wesentlichen ein Ergebnis unseres Jahrhunderts. Genau hierin der Bildkunst vergleichbar, die ebenso erst im Zuge des 20. Jahrhunderts die symbolabhängige Tätigkeit freier Bilderzeugung zu einem Hauptgegenstand künstlerischer Praxis macht und somit durch eine auf Grundlagenuntersuchungen zugespitzte Praxis ihren Erkenntnisanspruch besonders hervorkehrt. Rechtfertige Sprachphilosophie bisher ihre durchweg auf Wortsprache konzentrierten Reflexionen oft allein schon durch ihren hohen methodischen Standard — hierher gehören natürlich Teile der modernen Sprachwissenschaft oder Linguistik —, so bedarf sie heute jedoch, allerdings unter Wahrung des Niveaus ihres methodischen Besitzstandes, ausdrücklich der thematischen Erweiterung und einer dann damit verbundenen methodischen Ergänzung durch systematische Untersuchungen der verschiedenen Arten und Funktionen von nichtverbalsprachlichen Symbolen, um schließlich zu einem intersymbolischen Verständnis der symbolischen Formen wie ihrer vielfältigen und allgegenwärtigen Verwendung in den verzweigten Verstehensprozessen zu kommen. Zusammen mit Cassirer (s. Art. 37) gehört vor allem Charles S. Peirce (s. Art. 32) zu den Vorreitern dieser Entwicklung, die in der Sprachphilosophie ihren Platz findet, und zwar in einer Zeichenphilosophie als reflexiver Symboltheorie, die es erlaubt, zeichenerzeugende Formen von Praxis als ›ways of worldmaking‹ (Goodman 1978) zu bestimmen, wo Gegenstände (Welten) und Methoden in Abhängigkeit voneinander erzeugt, modifiziert und verbessert werden. Für Sprachphilosophie wie für Bildkunst wird deshalb ein fester Themenkanon einer offenen Themenliste Platz machen müssen. Vorauszusetzen ist dabei — wie von Fiedler über Cassirer zu Goodman erarbeitet — prinzipielle Gleichrangigkeit der Zeichensysteme untereinander bei unterschiedlicher Leistung des einzelnen Systems im Sinne eines wohlverstandenen *intersymbolischen Relativismus* einschließlich des Sonderproblems der Kommentarsprache. Sprachphilosophie wird es in Zukunft verstärkt mit dieser Aufgabe zu tun haben, will sie sich gegenüber einer auf breiter Front empirisch betriebenen Semiotik (s. Art. 114) behaupten. Sprachphilosophisch dominierte Teile des gesamten Problemfeldes liefern jene Aspekte, die auch in den nichtwortsprachlichen Künsten von Belang sein können. Dabei ist indirekte und nicht direkte Beeinflussung, demnach z. B. keine historisch-faktisch zu belegende Übernahme, die Regel, sieht man von wenigen Beispielen unmittelbaren Anknüpfens durch Künstler an sprachphilosophische Theoriestücke oder Autoren ab. Hierher gehören etwa Eduardo Paolozzi (* 1924) und der zur Gruppe *Art & Language* (Maenz/de Vries 1972) gehörende Joseph Kosuth (* 1945), beide mit explizitem Wittgenstein-Bezug. So schuf Paolozzi 1965 eine Serie von Arbeiten mit dem einschlägigen Titel 'As Is When. A series of screen prints based on the Life and Writings of Ludwig Wittgenstein' (Paolozzi 1965). Anläßlich des 100. Geburtstags von Ludwig Wittgenstein (s. Art. 39) konzipierte Kosuth in der Wiener Secession eine Ausstellung. In *A Preface and Ten Remarks On Art and Wittgenstein*, dessen Haupttitel zugleich auch deren Titel ist, '*THE PLAY OF THE UNSAYABLE*', formuliert Kosuth:

„One of the lessons for art which we can derive from the *Philosophical Investigations* is that I believe the later Wittgenstein attempted with his parables and language-games to construct theoretical object-texts which could make recognizable (show) aspects of Language that, philosophically, he could not assert explicitly. This aspect of philosophy, *as a process to be shown*, resists the reification on the direct philosophical assertion" (Kosuth 1989, Vorwort).

Außer Anfangsstücken sind es die Art der Fragestellungen, das Einschätzen der Vorgehensweisen und die Perspektivierungen der Sprachphilosophie, die von Bildkünstlern, die eigene Arbeit inspirierend und orientierend, in Anspruch genommen werden. Insbesondere handelt es sich dabei um solche Künstler, die neben ihrer künstlerischen eine wissenschaftliche Ausbildung erhalten haben. Nicht von der Hand zu weisen ist auch eine wechselseitige Beeinflussung von Wort- und Bildsprache, die Vergleiche zwischen Sprachphilosophie und künstlerischer Bildsprache zuläßt, wie sie auf verbalsprachlichem Feld in jüngster Zeit zwischen Philosophie und Dichtung angestellt werden (Gabriel/Schildknecht 1990; Wiesing 1991). Die Wechselwirkung personifizierend treten Philosophen-Dichter genauso wie Dichter-Philosophen auf; im speziell bildkünstlerischen Bereich sind es die bildnerisch-poetischen Doppelbegabungen, dort Wittgenstein und Broch (Lorenz 1988; Lorenz 1993), hier Barlach oder Kokoschka.

1.5. Von der handelnd erschlossenen Welt zum semiotischen Aufbau von Welt

Nicht nicht tätig sein zu können ist wohl die kürzeste Formel zur Kennzeichnung des Bezugsrahmens, den wir in und mit unserem letztlich körperabhängigen Handeln abstecken, wobei wir mithilfe des Allerweltswortes 'Situation' glauben, uns das Problem des Bezugsrahmens vom theoretischen Leib halten zu können. Im Handeln gewinnen wir den Mutterboden für jede „ungeborene Sprachlichkeit" (von Doderer 1970, 199), indem wir uns im Handeln durch Handlungen orientieren. Der in unserem Handeln, zunächst in bloßen Vollzügen, zur Wirkung kommende Körpergebrauch ist etwas, dessen wir uns zunächst einmal vorbehaltlos gewiß sind, wie Wittgenstein besonders in *Über Gewißheit* klar gemacht hat (Wittgenstein 1969 b, § 7; § 125; § 148; *Tractatus* 5.63; Schneider 1993). Die körperlichen Einrichtungen als unsere Fähigkeiten sind, wie das Auge, das nicht zum Sehfeld gehört, Voraussetzung für die in ihrem Gebrauch zu entfaltenden Fertigkeiten. Innerhalb dieses pragmatischen Bezugsrahmens erschließen wir uns nach und nach einen Spielraum, insoweit wir allmählich Formen des Gebrauchs ausbilden, vom *hantierenden Handeln* unter Einschluß des Werkzeuggebrauchs bis zum *symbolischen Handeln*, vom ›Sinnending‹ (Karl Bühler 1934, s. Art. 38) bis zum ›Sinngebilde‹ (Heinrich Gomperz 1929). So lernt jemand den Gebrauch bis hin zum verbalsprachlichen Zeichen gerade dadurch, „daß er in anderm Sinne schon ein Spiel beherrscht" (Wittgenstein, *Philosophische Untersuchungen* § 31), das Spiel, mit etwas im Gebrauch von etwas auf verschiedene Weise umgehen zu können. Aufgrund solcher sich aufstufender Lernprozesse leben wir in einer handelnd erschlossenen Welt. — Zu reflektieren beginnen wir in dem Augenblick, wo wir einen Blickwechsel vornehmen vom Gegenstand auf die zu seiner Behandlung verwendeten Mittel. Allerdings scheint es bei diesen ersten theoretischen Anstrengungen oft allzu leicht zu fallen, für ihre Verständlichkeit zu sorgen, ein der philosophischen Reflexion der ersten Schritte im Bezugsrahmen der erschlossenen Welt eher abträglicher Tatbestand. Um diesen Blickwechsel zu vollziehen, taugen methodisch erst viel später anzusiedelnde Stör- oder Konfliktfälle kaum als Basis für einsetzende Reflexion; Situationen des (erneuten) Probierens beziehungsweise des Erkundens, des *Explorierens* von den hantierenden Anfängen an (Gerhardus 1984c, 512 ff) sind hier die geeignetsten. Sie werden am allerwenigsten einfach vorgefunden, sondern aus der Gegenstand-Mittel-Ambivalenz heraus erzeugt, etwa unter der Frage: 'Was läßt sich mit welchen Mitteln überhaupt machen beziehungsweise abändern?' Heutige sprachphilosophische Reflexion vollzieht diesen Blickwechsel nach, indem sie, anstatt sich mit Sprachursprungsspekulationen (s. Art. 65) lange abzugeben, Anfangsstücke eines ›welthaften‹ sprachlichen Aufbaus anhand von Spracheinführungshandlungen rekonstruiert, um Sprache als den ›symbolischen Aspekt von Handlungen‹ verständlich zu machen auf dem Weg von der uns gewissen zu der uns gemeinsamen Welt (cf. Lorenz 1977a, XX; Lorenz 1980, 3a). In den dieser Rekonstruktion als Mittel dienenden ›Sprachspielen‹ (Wittgenstein), genommen als Spracheinführungshandlungen (s. Art. 96), vergewissern wir uns der den Handlungsspielraum ausbauenden Kraft unserer Formen des Gebrauchs, indem wir diesen symbolischen Aspekt zum Thema

der Reflexion machen. Dabei können wir nur in einer uns gewissen Welt als erschlossenem Handlungsspielraum Musterbeispiele für die Sprachverwendungshandlungen zur Verfügung stellen. Resultat sind eingeführte, z. B. verbalsprachliche Zeichen, denen auf diese Weise explizit Sinn verliehen wird (Gerhardus/Kledzik/Reitzig 1975, LLS 1 ff). In der Welt als erschlossenem Handlungsspielraum zeigt sich, wie diese im symbolischen Handeln zur „Kernfestung der Wirklichkeit" (von Doderer 1970, 198) wird. Die den Handlungsspielraum als einer uns gewissen Welt ausbauenden Maßnahmen der Beschaffung symbolischer Mittel münden in deren Verwendung. Erst wenn Welt als erschlossener Handlungsspielraum vorliegt, können mit eigens bereitgestellten symbolischen Mitteln Welten erzeugt werden. ›Weltversionen‹ (Nelson Goodman) sind dann gelegentlich schon im Gebrauch eines Symbols vorgeprägt, insofern wir in ihm etwas ›Fluktuierendes‹ sehen (Wittgenstein, *Philosophische Untersuchungen* § 23; § 77). Unterscheidet man die symbolischen Anteile von Welt als deren Sprachlichkeit, so wird Verständlichkeit durch Sprachlichkeit vollzogen, mit eigens erzeugten Zeichen aber als Verständigung bewältigt, insofern deren Verwendung Geltungsansprüchen zu genügen vermag. In der Verschränkung von geborener Sprachlichkeit und welterzeugender Symbolisierung wurzelt die Unhintergehbarkeit unseres symbolischen Handelns in all seinen Ausprägungen (Lorenz/Mittelstraß 1967a).

1.6. Vom Material zum Medium

Wird der symbolische Aspekt an Handlungen so rekonstruiert, daß auf der Stufe der Spracheinführungshandlungen Einzelhandlungen als Aktualisierungen (›token‹) eines Handlungsschemas (›type‹) begriffen werden und mit der einzelnen Aktualisierung auf das Schema verwiesen werden kann, was als dessen *Prägung* aufzufassen ist, sind damit Gliederungen dieses Schemas in schematische Bestandteile verbunden (s. Art. 77). „Vermöge eines sinnlichen Mediums, das zugleich Werk des Menschen und Ausdruck der Welt ist" (Humboldt 1960 ff, *Werke* V, 198), werden diese schematischen Bestandteile relativ zu einer als Handlungsspielraum erschlossenen Welt als Zeichen sinnfällig gemacht, ein Prozeß, den man — relativ zum jeweils gewählten Medium — Artikulation nennt, wobei die schematischen Bestandteile als vokale, visuelle und andere Schemata auftreten. In den Aktualisierungen kommen Artikulationsformen flüchtig wie in aktueller Rede beziehungsweise stabil wie in geschriebener Sprache, d. h. als bestandhafte Dinge, als *Marken* (Kamlah 1967, 427; 430; Gerhardus 1984 a, 768 ff) vor, für die Verbalsprache in der Unterscheidung *Oralität — Literalität* gefaßt, Literalität, die zu den alphabetischen Kulturen der modernen Welt geführt hat und sich heute der Picturalität erwehren muß (Havelock 1990 [1982]). In beiden Fällen kann handlungsmäßig zu erschließendes Material alles werden, was Handlungsweisen mit der Umgebung zuläßt. Das Medium, in dem die Zeichen erzeugt werden, ist demzufolge jeweils semiotisch gegliedertes Material, insofern sich durch Schematisierung grundsätzlich jedes Material semiotisieren läßt. Das bedeutet auch, daß jedes Material, frei von Zeichenanteilen, *vormedial* offen ist für unterschiedliche semiotische Realisierungen, besonders augenfällig etwa im Bereich visueller Markenbildung bei Schreibmarken von Wörtern und freihandgraphischen Marken von Zeichnungen. *Monomedial* können Zeichen aus verschiedenen Zeichensystemen demselben Medium zugehören, *multimedial* verschiedenen Medien entstammend, einen einzigen Zeichenzusammenhang bilden. So übernimmt das Medium die Aufgabe des Mittlers zwischen Material, im Handeln erst als solches verfügbar gemacht, und semiotischer Form, durch Schematisierung gewonnen, sowie semiotischer Form und dem jeweils aufnehmenden Sinn mit seiner durch ihn wahrnehmbaren Umgebung, dem Kontext. Unsere Sinne gelten dann als voll ausgebildet, wenn es gelingt, im zugehörigen Medium, für das sie das Unterscheidungskriterium bilden, Zeichen zu erzeugen, was ein im allgemeinen hinreichender Hinweis darauf ist, daß wir ohne ›Zwischenschaltungen‹ (Cassirer) von der technischen Form bis hinauf zum verbalsprachlichen Symbol nicht auskommen. Zur Unhintergehbarkeit der Symbolisierung gesellt sich die Unhintergehbarkeit medialer Realisierung. Für mediale Realisierung werden heute oft bildende Künstler, spezieller noch Kommunikationsdesigner als Experten herangezogen. Sie kümmern sich um die ›gute Gestalt‹ (gute Zeichengestalt) im gesamten Bereich der Kommunikation. Im Falle der Sprachphilosophie sind die beiden miteinander verquickten Grundbehauptungen,

(i) Sprache ist die Bedingung der Möglichkeit zu philosophieren, und

(ii) Sprache als Gegenstand der Sprachphilosophie sowie die dazu benötigten Mittel stammen aus demselben Medium

etwa so zu verstehen: Gegenstand und die diesen Gegenstand thematisierenden Mittel gehören nicht nur demselben Medium an, sondern sogar einem in seiner semiotischen Strukturierung, nämlich durch ›doppelte Artikulation‹ (Martinet 1960) oder ›duality of structure‹ (Lyons 1968), einzigartigen Medium, insofern es sich der Zuordnung zu nur einem der fünf Sinne entzieht. Medialität in bezug auf Verbalsprache bekommt dadurch einen paradigmatischen Status, sind doch hier alle einzelnen Sinne weder einfach zusammengefaßt, etwa nach Art der Einheit in der Mannigfaltigkeit, noch als eine Art ›Übersinn‹ zu behandeln. Streng genommen ist nämlich keiner der fünf Sinne zuständig für die Sprachlichkeit, sondern im Austausch, in der Interaktion zwischen Schema und Aktualisierung in Realisierungen, bereits systemgestützt zwischen Anschauung und Begriff in bezug auf Einzelgegenstände (Individuen), schafft sich die Sprache ihr — paradox formuliert — sinnlich-nichtsinnliches Medium mit dem dazugehörenden Sprachsinn. Dieses verbalsprachlich am weitesten ausgebildete *Interaktionsmedium*, für den Sprachsinn unsere fünf Sinne jeweils zu seinem Quellgebiet rechnend, ist Grundlage der Diskursivität. In ihm wird es jedem Menschen möglich, über sein Tun und Leiden, seine Stellung in der Welt nachzudenken und zu reden, womit er gleichzeitig seine ihm eigentümliche Selbständigkeit zu entfalten beginnt, die es ihm gestattet, aus sich heraus Handlungen zu beginnen, durchzuführen, zu beenden, sie aufeinander abzustimmen und gegenüber anderen zu vertreten. Diese besondere Leistung stellt Verbalsprache dort unter Beweis, wo sie in sprachphilosophischer Reflexion auf sich selbst angewendet wird und für die Verfahren, ihre Verständlichkeit zu sichern, die Verantwortung übernimmt.

2. Das Bild auf dem Weg zur semiotischen Disziplin im visuellen Medium

2.1. Disziplinstiftende Bildsprache statt bildlicher Bildungssprache

Hatte die Philosophie im Zuge ihrer bildungssprachlichen Ausprägungen, die ohne historisches Bildungswissen (›geistesgeschichtliche Bildung‹) weitgehend unverständlich bleiben, längst die jedermann verständliche Alltagssprache verlassen, so daß die analytische Richtung der Philosophie unseres Jahrhunderts eine ihrer Hauptaufgaben darin sieht, bildungssprachlich verfaßte Philosophie in alltagssprachliches Philosophieren zurückzuholen (s. Art. 59; 60), will Bildkunst *semiotische Disziplin* dadurch werden, daß sie ihre ebenfalls in der abendländischen Tradition als selbstverständlich verankerte bildungssprachliche Verfaßtheit (cf. etwa Böhme 1989) infrage stellt. Nach Erwin Panofsky besteht diese aus der „›primäre[n]‹ Sinnschicht, in die wir auf Grund unserer vitalen Daseinserfahrung eindringen können", dem ›Phänomensinn‹, und dem „erst auf Grund eines literarisch übermittelten Wissens" zu erschließenden ›Bedeutungssinn‹ (Panofsky 1964 b, 85 ff). Statt eine immer verzweigtere Verbindung von Phänomensinn und Bedeutungssinn hinzunehmen, hofft Bildkunst den Status einer semiotischen Disziplin zu erreichen mit eigenem Gegenstand und selbsterarbeiteter Methode, die imstande ist, Sicherung der Verständlichkeit ihrer Resultate innerhalb des selbstgesteckten Rahmens zu gewährleisten, um Zeichengebung und Bezeichnetes und damit Kunst und Leben wieder miteinander zu versöhnen in ›neuer Gestaltung‹ für ›den Menschen der Zukunft‹ (cf. Mondrian 1974; Argan 1977; Wünsche 1989). Dies belegt die historische Tatsache, daß künstlerische Arbeit vor jeder thematischen Änderung das Beschaffen weiterer Mittel sowie Methoden ihrer Verwendung im Blick hat, wofür alle Tendenzen und Richtungen der Moderne die Beispiele liefern. Bildkunst möchte weder die den Phänomensinn ermöglichende bildliche Alltagssprache (im Sinne eines wie auch immer gearteten Realismus), die sie durch die Fotografie hinreichend berücksichtigt glaubt, unkritisch für sich selbst akzeptieren, noch eine bildliche Bildungssprache weiter tradieren, wie dies zuletzt im europäischen Symbolismus, diese allerdings ausdrücklich thematisierend, der Fall war (Gerhardus/Gerhardus 1977 a). Immer mehr liegt ihr daran, auf eine eigens erzeugte, nicht mehr nur den physikalischen Gegenständen ›abgeguckten‹ Bildsprache zu setzen, so daß Zugangs- als Erfindungsweisen von der ›gegenständlichen Sicht‹ weg in die die visuellen Sehweisen überhaupt erst erschließende Ausarbeitung einer Picturalsprache verlegt werden und damit folgerichtig das Bild selbst zum Gegenstand des Bildes gemacht wird. Erst mit Erreichen dieses *reflexiven* Niveaus kann im vollen Wort-

sinn von picturalsprachlicher Welterzeugung die Rede sein. Das Außerkraftsetzen jedes historischen Gegenstandskanons wird zum Gradmesser für den Fortschritt der Bildkunst bei ihrem Bemühen, semiotische Disziplin zu werden. Auf dem eingeschlagenen Weg bedienen sich die Künstler gern jeweils aktueller wissenschaftlicher Forschungen, zum Beispiel solcher auf dem Gebiet der Farbe (cf. Chevreul 1839; Dittmann 1987, 263 ff), wodurch dann etwa im Divisionismus oder Pointillismus aus Farbgesetzen piculare Sprachgesetze werden (Keller 1975, Abb. 178). Die beiden entscheidenden picturalsprachlichen Akzente indessen setzen das die Farbe erstmals als allein bildtragende semantische Form verwendende Verfahren Paul Cézannes (1839—1906) (Badt 1956; Imdahl 1981 b; Boehm 1988; Vukičević 1992; Adriani 1993, Abb. 94) sowie der das Ende der (quasi)wissenschaftlichen Perspektive vollziehende Kubismus (Novotny 1938; Dittmann 1970; Imdahl 1981 a; Gerhardus/Gerhardus 1977 c, Abb. 8; Teubner 1982). Doch bleibt die Kontinuität der Bildkunst im Sinne der Kunst-aus-Kunst- wie Kunst-gegen-Kunst-Genese gewahrt, mit der Verschärfung allerdings, daß ikonographisch vorrangig gegenständliche Motivteile zu übernehmen, auf picturalsprachliche Teile Bezug genommen wird, um das visuelle Medium in seiner bildlichen Ausgestaltung, unabhängig von Tradition und Herkunft der Bildkunst, besser vermessen zu können. So verweist etwa Raimer Jochims (*1935) in seiner Farbformmalerei (Jochims 1966; 1973) auf ein- und ausstülpende, inversive beziehungsweise interferierende Farbgebung bei Cézanne, nicht, um diese im Kontext eigener Arbeit in ähnlicher Weise zu gebrauchen, sondern um solche Farbverwendung zu einem Thema seiner Malerei zu machen. Thematisierung und in eins damit zum Gegenstand-Machen von picturalsprachlichen Teilen aus Bildern mag das große Interesse von Künstlern (und auch von modernen Interpreten) an Velazques' (1599—1660) *Las Meninas* (1656) (Brown 1986, Abb. 323) erklären, da dieses Gemälde das Leistungsvermögen picturalsprachlicher Verfahren auf einem nur selten erreichten Höhepunkt zeigt. Denn „the painting offers an unusually complex network of six representational relationships" (Goodman/Elgin 1988, 77; Schönrich 1990, 46—68). Angesichts solcher picturalsprachlichen Vielfalt im Meisterwerk seines Landsmannes résumiert Picasso in *Les Menines* (1957) in achtundfünfzig Variationen (Gallwitz/Bergamín 1971,

128—133; Abb. 175—217) zu diesem Gemälde picturale Repräsentationsformen, die er eigens in seinem Œuvre entwickelte und in die moderne Bildkunst einbrachte. Ein solches Resümee seiner picturalsprachlichen Erfindungen zieht ebenfalls Wassily Kandinsky (1866—1944) in seiner Arbeit *Trente* (1937) (Kandinsky 1989, Abb. 148). Auguste Herbin (1882—1960), der 1940 mit seinem ›malerischen Alphabet‹ eine eigene farbtheoretische Konzeption entwickelt, charakterisiert allgemein den disziplinstiftenden, reflexiven Status von Bildkunst, für die inzwischen Einführen und Verwenden picturalsprachlicher Mittel unverzichtbar geworden ist:

„Die Probleme, die durch die Entwicklung der Malerei entstehen, nehmen, was die Form und die Farbe betrifft, etwas Wissenschaftliches an, jedoch eine Wissenschaft, die nicht mit der mathematischen Physik zu verwechseln ist. Es geht um ein möglichst genaues Erkennen der Grenzen und der eigenen Mittel der nichtfigürlichen, gegenstandslosen Malerei" (Herbin 1949; Kunsthalle Nürnberg (Hg.) 1971, 260).

2.2. Die Vorreiterrolle der Farbe

Farbe, nicht als Pigment, sondern als ›coloristische Handlung‹ (Carl Schuch), übernimmt beim Ausbau der Bildkunst zur semiotischen Disziplin die Initiative (Hess 1981; Imdahl 1988 b, Dittmann 1987, 261—415). Wird seitens des Künstlers auf eine aus Handlungszusammenhängen zu erzeugende Bildsprache gesetzt, die, ohne sich wie üblich auf außerbildlich erworbene Gegenstandserfahrung verlassen zu können, erst mit dem und anhand des Bildes zu erlernen ist, so werden Ikonographie und Ikonologie zu nachgeordneten interpretativen Zugangsweisen, da beide vornehmlich darauf aus sind, „dasjenige aus den Bildern [zu] erschließen, was ihnen als Wissensinhalte vorgegeben ist" (Imdahl 1988 a, 97). Dagegen rückt ›Ikonik‹ (Max Imdahl) als die dieser Praxis des Erzeugens von Bildsprache adäquate Tätigkeit in den Blick, „die ausschließlich dem Medium des Bildes zugehört und grundsätzlich nur dort zu gewinnen ist" (Imdahl 1980, 97). Mit ihrer Hilfe kommt einerseits der Betrachter in die Lage, angesichts des Bildes nicht nur Eröffnungszüge in einem ›Bildspiel‹ (Gerhardus 1987, 116 ff) machen zu müssen, die im Einzelfall bis zu hantierenden Umgangsformen zurückreichen können, sondern diese auch an Ort und Stelle geeignet auszuarbeiten. Werden auf der Produktionsseite bildgebundene Einführung und Verwendung von picturalsprachli

chen ›Produktionsmitteln‹ angestrebt, so heißt dies für die Rezeptionsseite, streng anschauungsgebundene Einführung und Verwendung von (meistens) verbalsprachlichen ›Rezeptionsmitteln‹ vorzunehmen. Um dieses picturalsprachliche Interesse verfolgen zu können, ist andererseits der Künstler eher bereit, den autonomen Status des Bildes, dessen Werkcharakter, hintanzusetzen (Oelmüller 1983), als auf sein zentrales Anliegen zu verzichten, den Betrachter in die Pflicht zu nehmen, die sinnlichen Prozeduren vor dem Bild von Anfang an jeweils selbst zu vollziehen, um die sich aus der optischen Präsenz des Bildes ergebenden Ansprüche zu erfüllen. Das Bild wird jetzt, recht verstanden, in eine Art Lehr-Lernspiel einbezogen und damit zu einem besonderen visuell-sinnlichen Kommunikationsmittel, dessen ›technische Reproduzierbarkeit‹ (Benjamin 1963 [1936]) das Bild oft Einzigartigkeit und Aura kostet. Zugespitzt formuliert Michael Lingner: „Malerei ist keine Kunst mehr, sondern deren Mittel. [...] Die ›Bilder‹ verlieren infolge des Mittelcharakters der Malerei zwar die Bestimmtheit einer eigenen ästhetischen Verfassung, aber keineswegs ihre künstlerische Funktion" (Lingner 1993, 379 (Titel); 382). Im Sinne eines Kommunikationsmittels erscheint dann der dargestellte Sachverhalt — *post festum* wenigstens — mit anderen geeigneten Mitteln ebenfalls darstellbar, was Kopieren überflüssig macht, Fälschen zu einem Problem des varianten Erfindens werden läßt (cf. die Fälschungsversuche etwa zum Werk von Joseph Beuys, 1921—1985). Zu dieser Entwicklung gehört das bekannte Im-nachhinein-Argument des 'Das-kann-ich-auch' gegenüber Teilen der modernen Kunst, das meines Wissens zuerst auf Handhabung und Resultat des technischen Darstellungsgerätes Fotoapparat angewendet wurde.

Die *koloristische Handlung*, die „allein in der Nursichtbarkeit der Malerei als einer vorzüglich den Augen zugänglichen Kunst erkannt wird" (Imdahl 1988 b, 15 f), weist zurück auf grundlegend veränderte Voraussetzungen für die picturalsprachliche Praxis. Statt der ›die Körper im Raum darstellenden‹ *physikalistischen* Position Gotthold Ephraim Lessings (Lessing 1955 [1766], Kap. XV) dominiert mehr und mehr die *phänomenalistische* Auffassung (Stegmüller 1968 b), wie sie bereits für die Malerei Delacroix' maßgebend wird, die die flächengerechte Gestaltung aus Farbqualia als die das Bild bestimmenden Anfangseinheiten favorisiert, um Monosen sualität im Hinblick auf Gegenstandskonstitution und Differenzierungen zu sichern (Strauss ²1983, 333 ff; Gerhardus 1986). Durch ›sensations colorantes‹ Optizität des Motivs zu garantieren ist Hauptanliegen Cézannes. Als visuell-sinnliches Kommunikationsmittel entzieht sich das in Farbhandlungen gründende Bild nun immer mehr einer gefallensästhetischen Betrachtung, da mithilfe einer solchen Einstellung die optisch gegenstandsbildenden Maßnahmen zum Beispiel nicht zu erfassen sind (Imdahl 1982; dort wird die Diskussion des Autors mit Arbeitern dokumentiert, wie Erkennen-Lernen als Alternative zu Gefallen-Verstehen gelingt). Alltäglich intersensuell ablaufende Wahrnehmung wird, hierin durchaus wissenschaftlichen Sehweisen vergleichbar, monosensuell normiert. Dabei geraten die überkommenen denotativen Formen der Repräsentation mit sich immer mehr durchsetzenden nichtdenotativen Formen in einen auf eine Grundlagenkrise folgenden Grundlagenstreit, dessen systematische Aspekte es aufzuzeigen gilt.

2.3. Der Aufstand der Abstrakt-Konkreten

Unter dem Stichwort 'Grundlagenkrise', dem nicht selten 'an die Wurzeln gehend', demnach 'radikal' hinzugefügt wird, konvergieren um 1900 Kunst und Wissenschaft (Philosophie), wobei die oft verwendete Wurzelmetaphorik auf eine die Problematik des Anfangs betonende Erneuerung in beiden Bereichen zielt. Dieser erklärte Wille zum Neubeginn motiviert ein nachhaltiges Interesse der Kunst an den einfachen Formen der ersten Schritte, wie man sie in vor- und frühgeschichtlicher primitiver Kunst (Rubin 1984), in der Kinderzeichnung (Richter 1987) und den verschiedenen Gestalten der Volkskunst zu erkennen glaubt. 'Aufstand der Abstrakt-Konkreten' ist eine der treffenden Kennzeichnungen, die der Kunsttheoretiker Konrad Farner (Farner 1970), künstlerische und gesellschaftliche Komponente miteinander verbindend, für den grundlagenkritischen Aufbruch vorgeschlagen hat. Im Zuge dieser radikalen Wende insgesamt stellt sich nicht nur Bildkunst gegen alle Versuche der Überfremdung und des Indienstnehmens, das sind besonders solche der Literarisierung, und schickt sich an, gegenüber dem überaus erfolgreichen apparativen bildlichen Darstellungsverfahren der Fotografie (Gernsheim 1955; Newhall 1982) ihren eigenen Weg zu finden, ohne indessen die Leistung der Fotografie schmälern zu wollen. Im Dialog mit der Fotografie weiß das Frei-

handbild zum Beispiel die Errungenschaften der Momentaufnahme zu nutzen (Imdahl 1970), Künstler wechseln das Metier, die Malerei vereinnahmt die Fotografie als legitimes Mittel der planimetrischen Zurichtung des Bildes. In der Landschaftsdarstellung kommt es zur ›wechselseitigen Erhellung‹ (Oskar Walzel) von Malerei und Fotografie (cf. Költzsch/Liesbrock 1992; Städelsches Kunstinstitut (Hg.) 1993). Der Kern der Grundlagenkrise in der (Bild-)Kunst um 1900 hat zwei Hälften: das Bestreben, bildkünstlerische Disziplin zu werden und die rapide voranschreitende Diskreditierung des außerbildlichen Gegenstandes, die die Grundlagenkrise als *Krise bildlichen Repräsentierens* (Boehm 1985; Imdahl 1988 b, Kap. 1.; Franz 1993) ausweist und zum Streit darüber führt, wie künftig die Differenz zwischen Gegenstand und Zeichen im Bereich des Bildes künstlerisch zu behandeln sei. Die einen, nämlich die Abstrakt-Konkreten, betrachten eine Befreiung vom außerbildlichen Gegenstand letztlich als die Befreiung der Malerei *zum Bild*, die anderen, z. B. ein so prominenter Künstler wie Max Beckmann (1884–1950), sehen in der ›neuen Malerei‹ die latente Gefahr, „daß sie den Begriff einer Tapete, eines Plakats nicht mehr von dem eines ›Bildes‹ unterscheidet" (Beckmann 1912 in Erwiderung auf Franz Marcs (1880–1916) Aufsatz *Die neue Malerei*, Beckmann 1990, 13). Die eine Partei hält Nichtdenotation für das Fundament des Bildes, die andere Denotation. Beide eint jedoch die Auffassung, daß Bilder nichtdenotative Anteile haben. Diese Auseinandersetzung, die sich zum *Grundlagenstreit* um die Frage entwickelt, was ein Bild zum Bild macht und welche Bildtypen sich daraus ergeben, wird zum Eckstein für die Disziplinwerdung der Bildkunst. Wichtiges Beispiel ist hier Lucio Fontana (1899–1968), der aus der Planimetrie des Bildes heraus durch Handlungen des Durchlöcherns oder des Aufschlitzens monochrom eingefärbter Leinwände die Unverletzlichkeit des Bildes als ›heilige Fläche‹ (Kurt Leonhard) negiert, um zu einem ›concetto spaziale‹ [räumlichen Entwurf] zu gelangen. Der Punkt ist nicht nur Stelle auf der Fläche, sondern als Loch zugleich Raumstelle; die Linie nicht nur Richtungsangabe auf der Fläche, sie wird zugleich räumliche Richtung. Erste begriffliche Klärungen zu dieser Auseinandersetzung liefert zur gleichen Zeit Hans Jantzen (Jantzen 1951 b [1913/1914]). Er erläutert, daß ein Bild im Kotext seiner ›Darstellungswerte‹ (d. s. denotative Werte) wie im Kotext seiner ›Eigenwerte‹ (d. s. nichtdenotative Werte) eine picturalsprachliche Rolle übernehmen kann. Die letztendlich daraus in der artistischen Praxis resultierenden bildlichen Repräsentationsarten, die zu zwei eigenständigen Bildtypen führen, konnten von Jantzen nicht erfaßt werden, weil er seine Unterscheidung, wohl aus kunsthistorischen Gründen, glaubte, auf Farbe einschränken zu müssen (Gerhardus 1985).

2.4. Kandinskys Schlüsselerlebnis

1895, angesichts der Ausstellung eines Bildes von Claude Monet (1840–1926) zur Schoberthematik (Monet, *Die Schoberserie* [1891], 6 Bilder; Gordon/Forge 1983, Abb. 160–162) in Moskau, beginnt Kandinsky, sich über die *Grenze der bildlichen Denotation* klar zu werden. 1913 hat er sein künstlerisches Schlüsselerlebnis notiert:

„Zu derselben Zeit erlebte ich zwei Ereignisse, die einen Stempel auf mein ganzes Leben drückten und mich damals bis in den Grund erschütterten. Das war die französische impressionistische Ausstellung in Moskau — in erster Linie 'der Heuhaufen' von Claude Monet — und eine Wagneraufführung im Hoftheater — Lohengrin. — Vorher kannte ich nur die realistische Kunst, eigentlich ausschließlich die Russen, blieb oft lange vor der Hand des Franz Liszt auf dem Porträt von Repin stehen [...]. Und plötzlich zum erstenmal sah ich ein *Bild.* Daß das ein Heuhaufen war, belehrte mich der Katalog. Erkennen konnte ich ihn nicht. Dieses Nichterkennen war mir peinlich. Ich fand auch, daß der Maler kein Recht hat, so undeutlich zu malen. Ich empfand dumpf, daß der Gegenstand in diesem Bild fehlt. Und merkte mit Erstaunen und Verwirrung, daß das Bild nicht nur packt, sondern sich unverwischbar in das Gedächtnis einprägt und immer ganz unerwartet bis zur letzten Einzelheit vor den Augen schwebt. Das alles war mir unklar, und ich konnte die einfachen Konsequenzen dieses Erlebnisses nicht ziehen. Was mir aber vollkommen klar war — das war die ungeahnte, früher mir verborgene Kraft der Palette, die über alle meine Träume hinausging. Die Malerei bekam eine märchenhafte Kraft und Pracht. Unbewußt war aber auch der Gegenstand als unvermeidliches Element des Bildes diskreditiert" (Kandinsky 1955 [1913], 14 f).

Kandinsky stößt auf den im Zwischenbereich von Bezugsgegenstand und picturalem Zeichen zu bemerkenden Sachverhalt, daß ein seine Mittel *nichtdenotativ* verwendendes Bild überhaupt erst zu sich selbst zu finden scheint. Für Kandinsky geschieht dies genau dann, wenn das Bild den *Abbild*charakter, ›unvermeidliches Element‹ der Denotation, verliert, ohne den *Bild*charakter dabei einzubüßen. Der Grundlagenstreit wird demnach, übrigens bis heute, ausgetragen zwischen der Partei der *Denotationisten,* die vom Boden des denotativen Bildbegriffs aus eine konservative Bildkritik betreiben, um sich seines Leistungsvermögens zu vergewissern, und den *Nichtdenotationisten,* die zu der Überzeugung kommen, das Bild, den tradierten Bildbegriff in Frage stellend, möglichst von Anfang an aufbauen zu müssen. Mit Blick auf das visuelle Medium heißt das: Bild wird nicht Bild, weil es auf Abbildlichkeit pocht, sondern insofern, als es monosensuell nichtdenotative, in diesem Fall optische Darstellungsverfahren, entwickelt und verwendet. Mit ihren Arbeiten tritt die nichtdenotationistische Position im ersten Jahrzehnt unseres Jahrhunderts in die *Orientierungsphase* (Picassos Programmbild für den Kubismus: *Les Demoiselles d'Avignon* [1907]; Herding 1992, Abb. (Faltblatt); Kandinsky, *Improvisation* 4 [1909]; Kandinsky 1989, Abb. Nr. 32; Kupka, 1871–1957, *Flächen durch Farben (Plans par couleurs)* [1910/ 1911]; Kupka 1976, Abb. Nr. 59). Eine einheitliche Terminologie für ihre Resultate hat sich bis heute nicht durchsetzen können. In alltäglicher, künstlerischer wie wissenschaftlicher Rede sind weiterhin nebeneinander Ausdrücke im Gebrauch wie: 'gegenstandslos', 'gegenstandsfrei', 'ungegenständlich', 'nichtfigürlich', 'abstrakt', 'konkret'. Mit dem bildlichen Grundlagenstreit um Denotation und Nichtdenotation aufs engste verbunden ist die Frage: Sind picturale Zeichen von *Natur aus* oder durch *Konvention* mit den Gegenständen verbunden? Diese Frage muß ausdrücklich den Sachverhalt einschließen, daß ein Zeichen semiotischer Teil seines Bezugsgegenstandes sein kann, wobei dann der gesamte Gegenstand als Gestalt des Zeichens auftritt. Unter dieser Fragestellung holt Bildkunst in der Praxis explizit den φύσει-θέσει-Streit (s. Art. 62) nach, in der Theorie von Goodman am provokanten Beispiel der (Zentral-)Perspektive (Goodman ²1976, Kap. I, 3.) initiiert. Auf die historische Tatsache, in welch hohem Maße oft gerade auch Bilder konventionelle Anteile mit sich führen, hat mit überzeugenden Beispielen Ernst H. Gombrich hingewiesen und die ›Grenzen der Ähnlichkeit‹ (Gombrich 1967 [1959], 53–114) abgesteckt. Aufgrund dieser Ergebnisse ist das Verhältnis von Ikonizität und Konventionalität unterhalb der Verbalsprache neu zu überdenken.

Unter systematischem Gesichtspunkt geht es in Kandinskys Beschreibung — nimmt man einmal eine sprechakttheoretische Unterscheidung zu Hilfe — vorderhand nicht um die

Klärung von lokutionärem bildlichen Akt und illokutionärem bildlichen Akt, sondern

(i) darum, daß diese Unterscheidung im denotativen Bild auf zwei Ebenen, der der *bildlichen Mittel* und der der *bildlichen Bedeutung*, getroffen werden kann und
(ii) darum, daß bei Ebenenwechsel ein Wechsel der bildlichen *Repräsentationsart* vollzogen wird, vom denotativen zum nichtdenotativen Bild.

Im Falle des Gemäldebildes kann eine Bildhandlung sowohl zu einem Bild des Komponisten Liszt beziehungsweise zu einem Mannbild als auch zu einem Bild der Farbe Rot beziehungsweise zu einem Farbbild taugen. Kandinskys bildkünstlerische Entdeckung, ausgehend von der Frage nach der Reichweite bildkünstlerischer Farbverwendung, war praktisch vollzogen schon 1910 in seinem Aquarell, das üblicherweise als das erste von außerbildlichen Gegenständen unabhängige Bild angesehen wird (Kandinsky 1973, Abb. Nr. 2). In weit höherem Maße als denotativ ist nichtdenotativ aufgebauter bildlicher Kotext als monosensuelles Bild zu normieren. Daß das, was für Farbverwendung gilt, auch für Linienverwendung zutrifft, demonstriert Paul Klee in seiner Lehre am Bauhaus (Klee 1968 [1925]; Engelbert 1985). Die semantische Zielsetzung eigenständiger Verwendung denotativer und nichtdenotativer Anteile inzwischen deutlich vor Augen, schreibt Klee: „Je reiner die graphische Arbeit, das heißt, je mehr Gewicht auf die der graphischen Darstellung zu grunde liegenden Formelemente gelegt ist, desto mangelhafter die Rüstung zur realistischen Darstellung sichtbarer Dinge. […] Die Elemente sollen Formen ergeben, nur ohne sich dabei zu opfern. Sich selbst bewahrend" (Klee 1976 b [1920], 118 f). Hinsichtlich des Wechsels der bildlichen Repräsentationsarten ergibt sich somit vom Zeichen aus in Richtung Gegenstand die Stufenfolge: Die denotative verschränkt sich mit der nichtdenotativen Verwendung, die ihrerseits, basierend auf Materialhandlungen, mit der technischen Funktion der Mittelbeschaffung verschränkt, selbständig auftreten kann. An die Stelle des denotativ repräsentierten außerbildlichen Gegenstandes tritt auf seiten nichtdenotativer Repräsentation nun all das, was zu einem Bild gehört unter der auf pragmatische Fundierung zielenden Frage nach dessen Funktion: 'Nicht was, sondern wann ist ein Bild?'. *Bildpraktische* Arbeit findet ihren funktionalen Ort, von dem aus im nichtdenotativen Bereich Wege eröffnet werden zu *bilderschließenden* Verfahren, deren Verwendung den jeweiligen Leistungsbereich im visuellen Medium anzugeben vermag.

3. Bolzanos Theorie der Kunst unterwegs zur Praxis der Kunst im 20. Jahrhundert

3.1. Begriffszergliedernde Theorie auf pragmatischer Basis

Bernard Bolzano (s. Art. 28) verwendet in seinen beiden Arbeiten *Über den Begriff des Schönen. Eine philosophische Abhandlung* (1845) und *Über die Einteilung der schönen Künste. Eine ästhetische Abhandlung* (1851), zusammengefaßt zugänglich unter dem Titel *Untersuchungen zur Grundlegung der Ästhetik* (Bolzano 1972 a, b), eine begriffszergliedernde Methode, die analytische und synthetische Verfahrensanteile so miteinander verbindet, daß gleichzeitig mit den aus der Zergliederung gewonnenen Bestandstücken des Begriffs dessen Zusammensetzung im Sinne einer Rekonstruktion erfolgt (Bolzano 1972 a, Vorwort, § 1). Diese ›Zergliederung des Begriffs‹ regiert einen Aufbau von Theorie, dessen Kennzeichen es ist, durch Vereinfachung der Basis die Theorie zu systematisieren. Für die ›Einteilung der schönen Künste‹ bedeutet das, mit Handlungen *an* beziehungsweise *mit* Materialien zu beginnen und nicht, wie in der kunsttheoretischen Tradition durchgehend üblich, mit dem bildlichen Vergegenwärtigen zuvor wahrgenommener körperlicher Gegenstände, was auf direktem Wege zu Spielarten von Nachahmung und Ähnlichkeitsauffassung führt. Da im sensuellen Handeln das ganze Spektrum des Zeichenhandelns bereits angelegt ist, beginnt Bolzano statt gestaltgebunden *gestaltbildend*. Auf diese Weise bekommen alle Materialien praktisch wie semiotisch funktionalen Charakter mit der Pointe, von hier aus sensuell relevante gegenstandskonstitutive Maßnahmen überhaupt erst ergreifen zu können. Bolzano befreit das den Gegenstand bildende Material zum Bild hin und nicht das Bild vom Gegenstand, indem er zeigt, wie in verschiedenen Handlungskreisen Material allererst entspringt, für die ›Augenkunst‹ (Bolzano) zum Beispiel zur optischen Verwendung geeignetes Material (Schapp 1976, 20; Gerhardus 1989, 22 ff). Material in all seinen Facetten ist Grundproblem der Kunst des 20. Jahrhunderts. „Material verlangt nach Sinnbedürfnis in sich selbst und nicht in seiner Illusion" (Kunst wird Material 1982, 9 Sp b). Unterschiedslos wird damit jedes Material *kunstfähig, kunstbedürftig* wird es jedoch dort, wo es gilt, Material in seiner pragmatischen Phänomenalität verständlich zu machen. Außer von ›*Materialgerechtheit*‹ ist auch von ›*Materialkultur*‹ die Rede (Utitz 1920, Kap. 1, § 6, 52 ff; Hoffmann-Axthelm 1974, Kap. Material, 103 ff; Holz = Kunst-Stoff 1976; Marcadé 1993; Gaßner 1993). Allgemein macht Bolzano klar, was, abhängig von unseren Sinnen, alles zum Zeichen werden kann und wie unsere Sinne im Erzeugen von Zeichen im ihnen entsprechenden Medium (cf. 1.4.), das transsubjektive Kommunikation erlaubt, zu sich selbst kommen. Einfachste Zeichenhandlung im sensuellen Bereich ist für Bolzano das ›Vorführen‹ (Bolzano 1972 b, § 28), zu dem für ihn ausdrücklich das Handeln an beziehungsweise mit Material gehört. Für die ›optischen Künste‹ (Bolzano) lautet hier etwa eine imperativische Rede: (prozessiv) 'Schau, was ich (optisch) an (mit) … mache!' beziehungsweise (resultativ) 'Schau, was ich (optisch) an (mit) … gemacht habe!'. Was im verbalsprachlichen Rahmen imperativ formuliert wird, wird im pictural-sprachlichen Rahmen *präsentativ* gestaltet. Insofern Bolzano nun systematisch die Einteilung der optischen Künste mit Farbhandlungen beginnt, bestätigt er einerseits die historische Vorreiterschaft der Farbe auf dem Weg der Bildkunst zur Bilddisziplin und straft andererseits die wiederum systematische, deutlich konservative Position Immanuel Kants Lügen, daß die „Zeichnung das Wesentliche" in der Bildkunst sei, während die Farben lediglich „den Abriß [d. i. Umriß, D. G.] illuminieren" (Kant, *KU* § 14) und demzufolge nur in Verbindung mit der Linie Schemata (mit Binnengliederung) verkörpern können.

Bolzano argumentiert nicht von oben herab, vom Zeichen(system) zum zu bezeichnenden Gegenstand, vielmehr von unten herauf, vom konstituierenden Gegenstand zu dessen semiotischem Teil bzw. zum Zeichengegenstand. Für die artistische Praxis im 20. Jahrhundert gilt Vergleichbares. Die Künstler reduzieren vom Zeichen auf das Material, um vom Material aus den Gegenstand bis zum Zeichengegenstand selbst herauszubilden und zu gestalten, möglichst ohne weitere Vorgaben, so daß durch die ›Ismen‹ hindurch der Entfaltungsprozeß bis zum Zeichengegenstand im Vordergrund steht. Für Bolzanos Argumentation ist es nicht verwunderlich,

wenn er weder mit der traditionellen Nachahmung eines vorgängig körperlichen Gegenstandes in seiner ihn überhöhenden optischen Darstellung beginnt, noch von dem in seiner *Wissenschaftslehre* (1837) im Zusammenhang mit den Erörterungen der Vorstellung entwickelten, auf dem Ähnlichkeitstheorem basierenden Bildbegriff (*WL* § 52, 230) Gebrauch macht. Statt dessen fängt er mit der Farbe an, dem optischen Material schlechthin, der Farbe in ihrem von selbst entstandenen, und demnach *natürlichen* Pigment. Zunächst genügt ihm nur *eine* Farbe, einschließlich der an ihr beziehungsweise mit ihr vorgenommenen koloristischen Handlungen. Denn Augenkunst ist für Bolzano in der *Monochromie* grundgelegt. Üblicherweise gilt Farbe darüber hinaus als Paradebeispiel für das Amorphe, Ungegliederte; positiv ausgedrückt: Um koloristisch Gegenstände mit geeigneten Unterscheidungen bilden zu können, gibt es für eine Farbe sehr zahlreiche Gliederungsmöglichkeiten. In Wittgensteins Formulierung: „Es gibt nicht *den* reinen Farbbegriff" (Wittgenstein 1977 a, § 73).

Bolzanos Ansatz ist

(i) die erste philosophische Theorie, die von einer nichtdenotativen zur denotativen picturalen Darstellung voranschreitet und damit das historisch-genetisch Spätere als das systematisch-genetisch Frühere erweist; in seiner Zeit bringt Bolzano — implizit wenigstens —
(ii) den sich an der Farbverwendung vollziehenden Paradigmenwechsel in der Bildkunst auf den Begriff; er liefert
(iii) der um Grundlegung ihrer Disziplin bemühten Kunstwissenschaft, die unter anderen Cassirer 1942 einmal mehr anmahnt (Cassirer ²1961 [1942], 58), wesentliche Differenzierungen, etwa zu Heinrich Wölfflins Versuch, ›kunstwissenschaftliche   Grundbegriffe‹ (Wölfflin ¹²1960 [1915]) zu erarbeiten, die die Inanspruchnahme der Psychologie vermeiden helfen; er schafft
(iv) eine tragfähige Basis insbesondere natürlich für die verschiedenen Richtungen der Farbmalerei, die in ihren internationalen Ausprägungen nach 1945 auch als ›Radikale Malerei‹ oder ›Essentielle Malerei‹ gekennzeichnet werden (The Shaped Canvas 1964; Bilder ohne Bilder 1977/78; Color 1982; Präsenz der Farbe 1984; ZEN 49 1986/87; Form und Farbe 1988; Bleyl 1988).

3.2. Picturale Grundlegung der Augenkunst in der Monochromie

Nach Bolzano sind die Künste stets ›Hervorbringungen‹ unter Beteiligung verschiedenster *hantierender* Handlungen. Darunter fallen

Vollzüge, die nicht selten nur *an* den einzelnen Realisierungsprozessen auftreten (z. B. basteln, bosseln, rumprobieren) und erst durch zusätzliche Veranstaltungen schematischen Charakter erhalten. Im ganzen sind solche Artefakte auf Darstellung angelegt, werden durch die Darstellung sensuell zugänglich und somit verständlich gemacht. Sensuell Unzugängliches soll nicht Kunst heißen. Deshalb ist es notwendig, die bis ins Hantierende zurückreichenden Herstellungsprozesse auf den einzelnen Sinn (monosensuell) oder aber auf mehrere Sinne (polysensuell) hin zu organisieren, abzustimmen und unter dieser Zielvorstellung zu systematisieren. ›Optische Künste‹ nennt deshalb Bolzano die Hervorbringungen, die „von dem *Gesichtssinne* aufgefaßt werden" (Bolzano 1972 b, § 28), d. h. sie sind augengerecht herzustellen. Im optischen Bereich liefert allein *Augengerechtheit* für jede Art von Standardisierung das Kriterium; sie bestimmt die Weise der Welterzeugung. Augengerechtes Herstellen ergibt bei Sicherung visueller Sensualität zwei Einteilungsgründe:

(1) den der gegenstandsorientierten Verfügbarkeit der Hervorbringungen für das Auge, einmal
(i) insofern diese „etwas *Bleibendes* (sich wenigstens nicht unseren Augen merkbar Veränderndes) darstellen", zum anderen
(ii) insofern sie „eine vor unseren Augen sich entfaltende *Veränderung* darbieten" (Bolzano 1972 b, § 28) (die uns heute geläufige Unterscheidung: ›stehendes Bild‹ — ›laufendes Bild‹);
(2) den des fertigkeitsabhängigen Leistungsvermögens unseres Auges,
(i) „nicht nur *Farben*,
(ii) sondern auch Formen oder *Gestalten* zu unterscheiden" (Bolzano 1972 b, § 28), demnach ›Massen‹ (Wölfflin) (Füllungen) und Umrisse (Begrenzungen).

Um eine Farbhandlung darzubieten, kann der Künstler „nur *Farben*, eine oder mehrere, […] vorführen, […] lediglich durch Beschaffenheit dieser Farben selbst" (Bolzano 1972 b, § 28). ›Vorführen‹ heißt dann, Farbe — etwa durch ihr bloßes Vertreiben auf der Fläche — in der Weise zu präsentieren, daß deren ›Sichtbarkeitswerte‹ (Fiedler) erlebnismäßig ›ein Gefühl des Schönen in uns‹ (Bolzano) zu erzeugen vermögen. Durch den optischen Modus ihrer Präsentation erhält Farbe ihre Form. Der Künstler wählt aus, zum Beispiel durch Einsammeln, Montieren, Arrangieren, Kom-

binieren. Wolfgang Laib (*1950) etwa sammelt Blütenstaub von Hahnenfuß, Buchen, Erlen usw. als Farbstoffe ein (Kunst wird Material 1982, 60 f, Abb. 5) und weiß sie zu einem optischen Gegenstand mit augengerecht zugänglichen Beschaffenheiten und Einrichtungen zu machen. Artistisches Handeln ist somit Verwirklichung von *Objektkompetenz 2. Stufe*: „Es geht um das Kennen des Kennens […], eine *reflektierte Kenntnis*" (Lorenz 1993, 35, Sp. a). Mit Bolzano läßt sich klären, was sensuelle Bezeichnung mit dem Bezeichneten zu tun hat, was genau „die Fühler der Bildelemente (sind), mit denen das Bild die Wirklichkeit berührt" (Wittgenstein, *Tractatus* 2.1515). Im pragmatischen Zusammenhang werden Material- und Mittelanteile miteinander verschränkt, und zwar so, daß Konstitution des Gegenstandes und die dazu verwendeten Mittel sich demselben im Handeln entsprungenen Material verdanken, insoweit mit der Herstellung des semiotischen Teils des Zeichens zugleich Gegenstand und Zeichengegenstand erzeugt werden, was es beiden verwehrt, sich zu verselbständigen. Diesen Sachverhalt verdeutlicht Barnett Newman (1905 — 1970) an seinem dreieckigen Gemälde *Jericho* (1968 — 69) (Imdahl 1982, 57, Abb. 7): „Ich wollte herausfinden, ob das Dreieck für mich pragmatisch als Objekt und ob es gleichwohl als Vehikel für ein Thema dienen könnte. Würde es mir gelingen, auf dem Dreieck ein Gemälde auszuführen, das gleichzeitig das Format überwinden und bestätigen würde, so wäre mir ein Kunstwerk gelungen und kein Gegenstand" (Newman 1969, 28 f). Zu seinen zwischen 1965 und 1975 entstandenen ›monochrom modulierten Bildern‹ (Geiger) erläutert Rupprecht Geiger (*1908), als habe er das Anfangsstück von Bolzanos theoretischem Ansatz ausprobieren wollen, in einem Brief an Helmut Heißenbüttel: „Ein über Punkt — Linie — Fläche entstandener Farbenaufbau (Modulation) wird bei gefühlsmäßig bestimmbarer Dimension zur ›Farbform‹. In der Farbform manifestiert sich Farbe auf eindeutige Weise. ›Farbform‹ ist dargestellte Farbe, Farbe selbst ist hier das Motiv. Z. B. Blau. Unter Farbform verstehe ich nicht ein vorgegebenes Objekt, das bis an seine Objektbegrenzung mit Farbe bemalt wird, sondern die Dimension der Farbe selbst ist gemeint, der Ablauf einer Modulation von hell nach dunkel auf einem bestimmten Farbweg" (Schuster 1988, 134, Abb. 78: *427/65* [1965] und Abb. 81: *OE 435/65* [1965]). Hinsichtlich der Tatsache, die Gegenstand-Mittelverschränkung aus demselben Farbmaterial, ja aus einer einzigen Farbe heraus zu erzeugen, ist von großer Bedeutung, daß Geiger nicht wie Piet Mondrian (1872–1944) die Naturfarbe auf die Primärfarbe, sondern Farbe überhaupt auf *künstliche* Pigmente reduziert, nämlich auf acryllackgebundene Fluoreszenzpigmente, die er im Verhältnis zur Naturfarbe als ›abstrakte Farben‹ versteht, „weil sie nicht in der Natur vorkommen und geeignet sind, den Begriff ‚Farbe' besonders eindeutig zu dokumentieren". Die Verbindung von handlungsgeleiteter Präsentationsform und Augengerechtheit faßt Geiger in dem einfachen Satz zusammen: „Man muß der Farbe helfen, um sie sichtbar zu machen" (Schuster 1988, 135; 102).

3.3. Newmans Erfindung einer Picturalsprache des Erhabenen

In dem bis auf die Monochromie vereinfachten Beginn seiner Theorie deutet Bolzano eine (sprach)philosophische Argumentation an, die das Theorem des *Erhabenen* grundgelegt sieht in der Exploration des durch den Gesichtssinn wahrnehmbaren Kontextes im Hinblick auf einschlägige Zeichenfindungsprozesse. Nicht erst im Zuge der Postmoderne (Pries 1989; Lyotard 1991), sondern verstärkt in der gesamten auf Disziplinbildung ausgerichteten Bildkunst im nichtdenotativen Bereich kommt dem Erhabenen beziehungsweise dem Sublimen eine bedeutende Rolle zu (Kerber 1971, Kap. IV). Entscheidend ist für unseren Zusammenhang, daß das Erhabene, formbeflissener Idealisierung in der Darstellung vorgängiger Gegenstände abhold, ›amorphe‹ Anfänge in Richtung auf Gegenständliches überhaupt besonders begünstigt. Bolzano geht von einer Situation aus, in der gegenstandsorientiertes Verfügbarmachen für das Auge und sensuelles Leistungsvermögen des Auges auf die durch den Gesichtssinn selbst gezogene Grenze stoßen. Für diese Grenzsituation bilden Quantität der optischen Präsentation und Begrenzung des Gesichtsfeldes den Rahmen, in welchem „unser ganzes Gesichtsfeld mit einer Farbe jederzeit so ausgefüllt ist, daß es für unsere Empfindung dasselbe ist, als ob die Farbe in der Tat unbegrenzt wäre, und wir nur auf den Eindruck, den ihre Aufeinanderfolge hervorbringt, achten" (Bolzano 1972 b, § 28). Während der Philosoph des 19. Jahrhunderts, der, wenn er aufgrund der „Macht der Farben auch als bloßer Farben […] die Erfindung einer Art *Augenmusik*" (Bolzano 1972 b, § 29) für nicht

unmöglich hält, bei einer solchen Überlegung noch Vorsicht walten läßt, konzipieren Künstler des 20. Jahrhunderts, hier zum Beispiel wiederum Newman, eigens picturale Präsentationsformen, um diese Grenzsituation in ihren anschaulichen Aspekten zu erkunden. Sprachphilosophisch betrachtet geht es dabei nicht zuletzt auch um die Frage, in welchen sensuellen Kontext eine pictural-sprachliche Äußerung einzubetten ist, damit sie im Aufeinandertreffen von Optizität (aus Richtung des Gegenstandes) und Visualität (aus Richtung der Rezeption) eine die Grenze des Gesichtssinns auslotende Bedeutung erhält. Unter Berücksichtigung der ausdrücklichen Warnung Bolzanos, „daß die Erscheinung einer Farbe, die keine Gestalt darbietet, […] das ganze Gesichtsfeld des Sehers in völliger Gleichförmigkeit anfüllt" (Bolzano 1972 b, § 29), lassen sich für die artistische Arbeit folgende picturalsprachlichen Mittel erschließen, die sich eignen, Farbe im Sinne des Erhabenen anschaulich werden zu lassen:

(i) Anfüllen der Fläche mit (einer) Farbe,
(ii) Ausbreitung und Auftrag der Farbe auf der Fläche,
(iii) nicht überschaubare Größe der mit Farbe bedeckten Fläche,
(iv) räumliche Nähe des Betrachters zum ›Schauwerk‹ (Bolzano).

In den als Beispiele gewählten vier Versionen Newmans zum Thema mit dem Titel *Who's afraid of red, yellow and blue* sind *Who's afraid … III* (1966/67) und *Who's afraid … IV* (1969/70) Querformate, *Who's afraid … I* und *Who's afraid … II* Hochformate, gemalt 1966 beziehungsweise 1967 (Kerber 1971, Abb. I [*Who's afraid … III*]; Honisch 1992, 12, Abb. [*Who's afraid … IV*]). Um die geeignetste Präsentationsform zu finden, führt Newman — wir konzentrieren uns hier auf die dritte Version (Details bei Imdahl 1971) — seine picturalsprachlichen Mittel, die das Inventar bilden, wie es aus der begriffszergliedernden Arbeit Bolzanos ersichtlich wird, prägnant ein und verwendet sie virtuos. Die mit den Farben Kadmium-Rot, Kadmium-Gelb und Ultramarin-Blau bedeckte Fläche ergibt ein Schauwerk riesigen Ausmaßes: Höhe 2,45 m, Breite 5,44 m! Nach ausdrücklichem Bekunden des Künstlers soll das Riesenbild aus der Nähe angeschaut werden (Imdahl 1971, 4), um zu gewährleisten, daß Größe des Bildes und Nähe des Betrachters zum Bild sich wechselseitig bedingen mit dem Ziel, daß Ausdehnung des Farbkontinuums Anfüllen des ganzen Gesichtsfeldes bewirkt. Den weitaus größten Teil des Riesenformats füllt das Kadmium-Rot, links von einem 15 cm breiten vertikalen Streifen mit dem Ultramarin-Blau, rechts von einem ebenfalls vertikalen, jedoch nur 2,5 cm breiten Streifen mit dem Kadmium-Gelb beendet. Die im Querformat aufeinanderfolgenden, die Fläche füllenden Farben werden quantitativ kontrapunktisch gesetzt, so daß ganz im Sinne der Forderung Bolzanos von den Begrenzungen der Farben untereinander und den Außenbegrenzungen des Riesenformats weitestgehend abgesehen werden kann. Um höchste maltechnische Qualität für ein aufmerksames Auge zu erreichen, ist für Newman Freihandmalen eine im Bild durchgehend sichtbar zu machende Handlung, keinesfalls abzulösen durch alternative Verfahren.

Bolzanos begriffliche Hinweise auf den Grenzfall monochromen Handelns in der Augenkunst entpuppen sich bei Newman als die Eröffnungszüge eines Bildspiels, dessen wenige Teile und Mittel (dazu zählen auch Akteur und Reakteur) *multifunktional* eingesetzt werden. Dabei geht es ihm um den Schwebezustand von ›sicherlich schon Gegenstand — noch nicht Zeichen‹ beziehungsweise ›schon Zeichen — weniger Gegenstand‹ oder eben beides zugleich, ohne letztendlich eine der beiden Funktionen favorisieren zu können. Auf diese Weise werden im Bildspiel das Bezeichnete und der bezeichnende Teil des Bezeichneten bestätigt wie in der Schwebe gehalten. Einerseits ist ein farbiges Objekt mit Riesenausmaßen gegenwärtig, mit entsprechendem Gewicht und bei dieser Größe schwer zu handhaben usw. Andererseits provoziert die riesige Farbfläche Unbegrenztheit der Farbe, um sie ausgerechnet dadurch in ihrer Begrenztheit zu bestätigen, weil das Angefülltsein des Gesichtsfeldes mit einer Farbe gerade auf diese Weise sensuell zu erfahren ist. Jedoch diese Bestätigung ist nur aus der Nahdistanz zu erhalten, insofern der Betrachter, wenn nicht faktisch so doch potentiell, eine besondere Position innehaben muß. In dieser Funktion ist er gegenständlich wie semiotisch relevanter Teil wie Mittel des Bildspiels. Vergleichbares gilt für den Maler selbst. Sein monochrom koloristisches Handeln unterstreicht nach Prozeß und Resultat das Gegenständliche, um semiotisch (›als Malspuren‹) über beide Auskunft zu geben. Teil des hergestellten Gegenstandes zu sein und Pars-pro-toto-Rolle zu übernehmen ist ebenfalls ambig. Ambiguität erfaßt auf die-

sem Wege auch die bloße Gegenwärtigkeit eines Teils oder einer Einrichtung des Artefakts und die Verkörperung eines schematischen Anteils durch solche Beschaffenheiten. Daraus folgt: Hergestellte beziehungsweise einmal ins Auge gefaßte Gliederungen können nicht stabil gehalten werden. Hierin liegt bei Newman die für das Erhabene aus der Unbegrenztheit resultierende, typische Überwältigung, für ihn aber nicht mehr metaphysisch ausgerichtet, sondern semiotisch, insofern anzufangen, im hantierenden wie im semiotischen Sinn, auf schwankendem Boden geschieht, und der zugehörige Rahmen sich erst mit zunehmender Stabilisierung der anfänglichen Schritte zeigt. Statt „das Hinaus-Sein über alle Proportionalität" als „Erfahrung der Grenzenlosigkeit [...], als eine Art der Erhöhung und Befreiung" (Cassirer 1973 a [1932], 440 f) zu empfinden, geht es jetzt um die *vortheoretische Erfahrung* der Labilität des Anfangens. Theodor Adorno spricht hier, in der Formulierung treffend von der „Entfesselung des Elementarischen" (Adorno 1970, 292). Aus seiner künstlerischen Praxis heraus macht Newman einen neuen Vorschlag, das Erhabene zu verstehen, womit er gleichzeitig das Kernstück der Radikalität der modernen Kunst offenlegt. Bolzanos Skizze der optisch-visuellen Grenzsituation, dargestellt im die Labilität des Anfangens vorführenden monochromen Schauwerk, weist der Bildkunst in ihrem Willen, Bilddisziplin zu werden, ihren Platz dort an, wo allein aus dem sensuellen Modus (hier: dem optisch-visuellen) heraus Zeichen erfunden und zur Gestaltung verwendet werden und dieser eben nicht mehr dem Vergegenwärtigungsmodus der verbalen Alltagssprache vergleichbar einzusetzen ist.

3.4. Von der Einfarbigkeit zur Entstehung der Linie aus der Begrenzung mehrerer Farben

Bolzano konfrontiert in seiner Theorie die Auffassung der klassischen Kunstperiode, wie sie etwa Goethe — aus Richtung des nachzuahmenden Gegenstandes — als ›einfache Nachahmung‹ (Goethe 1948—1960, *Werke. Hamburger Ausgabe* XII, 30 ff) vertritt, mit der der klassischen Moderne, wie sie etwa Kandinsky — aus Richtung der Sprache einer picturalen Bilddisziplin — als „Analyse der malerischen Elemente" (Kandinsky 1964 [1926], Untertitel) reflektiert. Bolzano löst die überkommene *Ersetzungstheorie* durch eine moderne *Erzeugungstheorie* ab. Die Ersetzungstheorie folgt im wesentlichen der von Plinius in seiner *Historia naturalis* tradierten Sage (Plinius 1978, Lib. XXXV, Cap. XLIII, 108 f) keineswegs allein über die ›Erfindung der Zeichenkunst‹ (Wille 1960, 274 ff, mit zahlreichen Abbildungen), sondern vielmehr über eine einheitliche Bildkunst, bestehend aus plastischem Bildwerk und flächigem Bild (cf. 1.2.), insofern beide sich dem gleichen Ursprung verdanken. In seiner *Ästhetik* pointiert noch Hegel als Fundament der Malerei die Ersetzung des vorgängig körperlichen Gegenstandes durch dessen flächig markierte Ansicht (Hegel 1965 II, 181 ff). Im Falle der Ersetzungstheorie wird mit direkt auf den Gegenstand gerichteten Sehhandlungen begonnen, um ihn als Objekt des Sehens nachahmen zu können; im Falle der Erzeugungstheorie sind zunächst einmal alle Handlungen zugelassen, die dann unter dem Gesichtspunkt sortiert werden, inwieweit sie zu augengerechten Resultaten führen. Dort bezieht sich zum Beispiel die einschlägige Rede ›gut gesehen‹ auf den gelungenen Nachahmungsbeginn, hier auf die Eignung von Handlungen für die visuelle Rezeption. Zentrales Problem dort: den Kontakt mit dem nachzuahmenden vorgängig körperlichen Gegenstand zu halten, hier das Erkunden der Grenzen des optisch-visuellen Bereichs. Im engeren Sinne semiotisch betrachtet: Die Ersetzungstheorie ist vornehmlich eine Theorie picturalsprachlicher Denotation, die sich mit nichtdenotativen Verfahren bis heute schwertut. In der Denotation nähern sich Verwendungsweisen von Pictural- und Verbalsprache sehr weit an, wie dies im Gebrauch von ›beschreiben‹, ›erzählen‹, ›schildern‹ deutlich zum Ausdruck kommt. Indem sie mit den nichtdenotativen Verfahren beginnt, hat die Erzeugungstheorie keinerlei Schwierigkeiten. Sogar die konventionellen Anteile eines Bildes kann sie problemlos erklären. Kann man etwa Kandinskys Theorie, ja die des Bauhauses insgesamt als *euklidisch* bezeichnen, insofern sie mit den Elementen Punkt, Linie, Fläche beginnt (Klee 1970; Klee ³1971), haben wir mit Bolzanos Ansatz eine *Theorie sensuellen Handelns* vor uns.

Die ›Schattenerzählung‹ (Wille) des Plinius lautet:

„Mit einem Erzeugnis des gleichen Erdenmaterials erfand in Korinth der Töpfer Butades aus Sikyon als erster ähnliche Bilder aus Ton zu formen, und zwar mit Hilfe seiner Tochter, die aus Liebe zu einem jungen Mann, der in die Fremde ging, bei Lampenlicht an der Wand den Schatten seines Gesichtes mit Linien nachzog; den Umriß füllte der Vater mit daraufgedrücktem Ton und machte ein Abbild, das er mit dem übrigen Tonzeug im Feuer brannte und ausstellte" (Plinius 1978, 109).

Die von Plinius überlieferte Sage enthält weniger ein Denotations- als ein *Transformationsmodell* (Gerhardus 1994, 885 f), anhand dessen der Spielraum eines Gegenstandes erweitert werden kann. Mit Wittgensteins Unterscheidung 'sehen — sehen als' (*Philosophische Untersuchungen*, Abschnitt XI; Lorenz 1990) erläutert: Das Mädchen sieht den Schatten des Geliebten an der Wand, konturiert diesen, um ihn zu markieren, und schafft durch diese Transformation eines gegenständlichen Körpers in seine flächige Ansicht einen optischen Ersatzgegenstand, der zunächst einmal zur bloßen Identifikation des visuell wahrgenommenen Gegenstandes dient. Die Identifikation wird durch das Markieren des Schattens handgreiflich vollzogen. In dieser Funktion tritt der Ersatzgegenstand als *Abbild* des *direkten* Objektes (junger Mann) der visuellen Wahrnehmung auf. Der Markierungsmodus (Konturieren auf einer Wand) gibt die Art der Wahrnehmung an. Verwendet das Mädchen den zum Gebrauch der Augen hergestellten Ersatzgegenstand, weil sie den jungen Mann als ihren Geliebten sieht, dazu, den Geliebten gegenwärtig halten zu können, nimmt sie mithilfe des Ersatzgegenstandes ausdrücklich eine gegenständliche Bestimmung des jungen Mannes als Geliebten vor. Der Schattenriß wird zum *Bild* der ›Gegebenheitsweise‹ (Gottlob Frege, s. Art. 34) des jungen Mannes als Geliebter. Methodisch liegt das Abbild dem Bild voraus. „Nach dieser Auffassung gehört also zum Bilde auch noch die abbildende Beziehung, die es zum Bild macht" (Wittgenstein, *Tractatus* 2.1513). Das Abbild ist durch das Verfahren der Transformation kenntlich zu machen, das Bild bedarf der Interpretation (Black 1977 [1972], 115). Nicht schon im Hinblick auf Transformation, erst relativ zur Interpretation kann von Sujet gesprochen werden. Plastisches Bildwerk wie flächiges Bild werden aus der Transformation einmal als Masse, einmal als Umriß gewonnen. Der Schatten ist es, der dabei als ›Mittler‹ auftritt zwischen zu ersetzendem und Ersatzgegenstand. Situationsabhängig tritt er als gegenständlicher Teil des zu ersetzenden Gegenstandes auf, einschließlich Masse und Begrenzung. Mittelcharakter erhält er dort, wo es darum geht, das flächige Lichtgebilde, dieses stabilisierend, ›aufzuzeichnen‹, d. h. unter Zuhilfenahme geeigneter Materialien dem Umriß nach als Linie, der umrissenen Fläche nach als Masse zu markieren. Zwar nicht nach Art des verwendeten Materials, aber nach Oberfläche, Gestalt und Proportion wird es dem gegenständlichen Teil in der einen oder anderen Weise einverleibt.

Kaum über die Transformation vorgängig körperlicher Gegenstände, sondern über das Füllen mindestens zweier Teilflächen mit Farbe, so daß sie sich gegenseitig begrenzen, möchte Bolzano Formen oder, wie er betont, ›Gestalten‹ bilden. Frei von transformativen Maßnahmen ist sein Verfahren am ehesten der Bildung von Buchstaben vergleichbar (Kemp 1979, Kap. V). Die auf diese Weise erzeugten Gestalten sind geeignet, für alles zu stehen, was mithilfe optischer Zeichen repräsentiert werden kann. Sie können für sich selbst wie für anderes stehen. Die Gestalt eines Baumes können sie ebenso vertreten wie eine Märchengestalt. Aus weitgehend ungestalteten Farben entwickelt Bolzano Gestalten und versteht dieses Vorgehen als picturalsprachliche Gestaltung. Statt der spätestens durch Wölfflin verfestigten Dichotomie von Umriß sortierender Schwarzweiß- und Masse sortierender Farbsprache erörtert er am Beispiel der Farbe, wie sich Füllmittel und aus diesen gestaltenbildende Begrenzungsmittel gewinnen lassen mit der begrifflichen Konsequenz, daß Füllen und Begrenzen auf Farbe und Strich als einziges Markierungsmaterial letztlich nicht angewiesen bleiben. Bolzano argumentiert für eine einheitliche Picturalsprache mit eigenem Gegenstandsbereich: Der Künstler kann

„der Farben mehrere zugleich in unser Gesichtsfeld eintreten lassen, sie aber so auswählen, daß sie als bloße Farben uns fast gleichgültig sind, und nur dazu dienen, uns durch die Art, wie sie sich untereinander begrenzen, *Gestalten* erblicken zu lassen […]. Denn, daß Gestalten von unserem Auge nicht könnten wahrgenommen werden, ohne daß eine Farbe […], ja ohne daß von uns der Farben mehrere, wenigstens zwei gleichzeitig angeschaut würden: wird mir bei einigem Nachdenken gewiß jeder zugestehen; denn nur die Linien, in denen zwei von uns gleichzeitig gesehene und unterschiedene Farben aneinander grenzen, haben schon an sich selbst eine Gestalt, und geben auch beiden, dem von ihnen eingeschlossenen sowohl als auch dem von ihnen ausgeschlossenen Flächenraume eine bestimmte Gestalt. Es kann aber bald nur die Linie, die jene Farben trennt, bald der von ihnen eingeschlossene, bald wieder der von ihnen ausgeschlossene Flächenraum die Gestalt sein, die nach der Absicht des Künstlers unsere Aufmerksamkeit auf sich ziehen, und die wir schön finden sollen" (Bolzano 1972 b, § 28).

Wird das ›chromatische Kunstwerk‹ (Bolzano) durch augengerechte Erarbeitung seiner Einrichtungen und Beschaffenheiten dem Betrachter dargeboten, werden mit den an ihm sichtbar gemachten Eigenschaften Gestaltaspekte erzeugt und die Farbe somit zum picturalsprachlichen Bauelement befördert. Einführung und Verwendung solcher Bauelemente treten im Bild eng verschränkt miteinander auf und können deshalb erst zum Zweck ihrer Analyse unterschieden werden. Solche Analysen aus der artistischen Praxis heraus werden vor allem seit Gründung des Bauhauses in der sogenannten 'Grundlehre' (Sehen 1968; Kleint 1980 [1969]; Neu 1978) vorangetrieben. Ihrem Konzept und ihrer Funktion gilt seit den sechziger Jahren eine kontrovers geführte Diskussion (Hartwig 1970; Seitz 1984; Lingner/Seitz 1990). Mindestens zwei Farben werden so auf einer Fläche ausgebreitet, daß ›zwei von uns gleichzeitig gesehene und unterschiedene Farben aneinandergrenzen‹; entlang der sich daraus ergebenden Flächenteile entsteht eine ‹breitelose› (Edgar Rubin) Begrenzung, die sich mithilfe eines Strichs markieren läßt. Gestaltbildend erhält der Strich den Charakter einer *Linie* (Gerhardus 1992 b). Im Einführungsaspekt tritt die Linie als Gegenstand auf, im Verwendungsaspekt als gewonnenes picturalsprachliches Mittel. Ist Linie beziehungsweise Farbe allein thematisch, werden im picturalen Erzeugungsprozeß Gegenstands- und Mittelanteile zugleich herauspräpariert. Bolzano folgend tritt realisierte Farbe ihrer Farbgestalt nach handlungsabhängig prinzipiell farbindifferent auf. Unter dieser Voraussetzung lassen sich drei Fälle unterscheiden, die historisch wie systematisch betrachtet in der artistischen Praxis eine sehr unterschiedliche Rolle spielen:

(i) Farbe wird bis auf ihre Begrenzungsfunktion zurückgenommen (das ›Lineare‹ bei Wölfflin);
(ii) Farbe dominiert als Füllung (das ›Malerische‹ bei Wölfflin);
(iii) das sich wechselseitige Ergänzen von Farbe (Füllung) und Begrenzung (Gestalt) (Ausgangspunkt von Farb- wie Gestaltkunst), „daß wir nicht nur die Gestalten, welche er [der Künstler, D. G.] unserer Aufmerksamkeit empfiehlt, sondern auch die zu ihrer Vorstellung gewählten Farben" (Bolzano 1972 b, § 28) gleichermaßen beachten.

Beeinflussen sich Farbe und Gestalt wechselseitig, führt dies zu Farbgestalten (›Farbformen‹) beziehungsweise Gestaltfarben, die sich in der jeweiligen Realisierung zum Beispiel aufs höchste zu aktivieren vermögen, etwa im Falle von dem Kreis angenäherten Farbgestalten. Die ausdrücklich farberzeugten Kreisgestalten in Ernst Wilhelm Nays (1902–1968) *Scheibenbilder* (Retrospektive E. W. Nay 1991, 75, Abb. 72; Imdahl 1962) sind hierfür Beispiel genug. Unter dem Gesichtspunkt der Farbe als alleinigem picturalsprachlichen Bauelement des Bildes (höchste Ökonomie der Mittel!) möchte Cézanne dagegen die farbgeborene Gestalt als zum Farbschema gehörend erweisen, was in den jeweiligen Realisierungen zum visuell äußerst subtilen Ausbalancieren von Farbwert und Gestaltwert führt auf der Suche nach dem ›reinen Farbbegriff‹ (Adriani 1993, 272, Abb. 94). Cézanne zu Emile Bernard: „Quand la couleur est à sa richesse, la forme est à sa plénitude" (Bernard 1926, 32). Damit wäre ein Optimum an Sichtbarkeit im Sinne der Augenkunst erreicht. Der zwischen Farbe und Form angesiedelten *picturalen Grundlegungsfragen* nimmt sich besonders die *formelle* wie *informelle* Konkrete Kunst an, die sich nicht nur in Deutschland sogar durch eigene öffentliche Institutionen längst etabliert hat (etwa: *Museum für Konkrete Kunst* Ingolstadt, *Stiftung für Konkrete Kunst* Reutlingen), beim breiteren Publikum jedoch nach wie vor wenig Resonanz findet. Bolzanos Theorem von der farberzeugten Gestalt verdankt sich entscheidend seiner Vorwegnahme der erst in der Gestalttheorie (Wertheimer 1922; 1923; 1925; Hamlyn 1957; Weinhandl 1967; Katz 1969; Kanizsa 1979) etwa ein dreiviertel Jahrhundert später erörterten *Figur-Grund-Beziehung* (Rubin 1921; Metzger ³1975 [1936], Kap. I), im picturalsprachlichen Bereich wie die Prädikation im verbalsprachlichen Bereich *unhintergehbar*, Unhintergehbarkeit verstanden als Kriterium für die Eigenständigkeit der verschiedenen symbolischen Formen. Ausgehend von einer begrenzten (in einem ›Rahmen‹ befindlichen), mit mindestens zwei Farben gefüllten Fläche unterscheidet Bolzano: Der ›eingeschlossene Flächenraum‹, gestalttheoretisch: das ›umschlossene Feld‹, ist das ›positive‹, der ›ausgeschlossene Flächenraum‹, gestalttheoretisch: das ›umschließende‹ Feld, ist die ›negative Figur‹ (bzw. der ›Grund‹) (Rubin 1921, 5). Geht Rubin rezeptionstheoretisch vom Erleben aus, argumentiert Bolzano handlungstheoretisch vom produzierenden Künstler aus, der seine gestaltenden Maß-

nahmen so einsetzt, daß er die Aufmerksamkeit des Betrachters wahlweise auf die positive, die negative Figur oder auf die Gleichrangigkeit beider zu lenken vermag, Grundlage aller Täuschungs-, Kipp- und Vexierphänomene (Jastrow 1901; Wittgenstein, *Philosophische Untersuchungen*, Teil II, XI; Frisby 1979). Alle picturalsprachliche Zeichenverwendung geht erst aufgrund der, nicht jedoch ohne die Figur-Grund-Beziehung. An der Figur-Grund-Beziehung erweist sich aufs deutlichste: Alle Kunstpraxis nimmt das Verhältnis von Zeichen und Bezeichnetem, die *Mittelbarkeit*, der wir nicht entrinnen können, nicht einfach hin, ihre Anstrengungen sind vielmehr darauf gerichtet, diese zu gestalten. Mittelbarkeit ist produktiver Anfang aller symbolischen Formen.

4.   Literatur in Auswahl

(Die Angaben beschränken sich auf drei Autoren, zwei Philosophen und einen Kunstwissenschaftler, die sich nach Ansatz und Methode ergänzen. Hinweise auf Abbildungen beziehen sich in aller Regel auf Farbtafeln in heute gut zugänglichen Publikationen.)

Bolzano 1972 a, *Untersuchungen zur Grundlegung der Ästhetik.*

Bolzano 1972 b, *Über den Begriff des Schönen. Eine philosophische Abhandlung.*

Bolzano 1972 c, *Über die Einteilung der schönen Künste. Eine ästhetische Abhandlung.*

Bolzano 1928–1931, *Wissenschaftslehre* [= *WL*, 1837].

Goodman 1972, *Problems and Projects.*

Goodman ²1976, *Languages of Art. An Approach to a Theory of Symbols.*

Goodman ³1977, *The Structure of Appearence* [1951].

Goodman 1978, *Ways of Worldmaking.*

Goodman 1984 b, *Of Mind and Other Matters.*

Goodman/Elgin 1988, *Reconceptions in Philosophy.*

Imdahl 1962, *E. W. Nay. Akkord in Rot und Blau (1958). Einführung.*

Imdahl 1963, Marées, Fiedler, Hildebrand, Riegl, Cézanne. Bilder und Zitate, in *Literatur und Gesellschaft. Vom neunzehnten ins zwanzigste Jahrhundert. Festgabe für Benno von Wiese*, Schrimpf (Hg.).

Imdahl 1970, Die Momentfotografie und 'Le Comte Lepic' von Edgar Degas, in *Festschrift für Gert von der Osten.*

Imdahl 1971, *Barnett Newman. Who's afraid of red, yellow and blue III. Einführung.*

Imdahl 1981 a, *Bildautonomie und Wirklichkeit. Zur theoretischen Begründung moderner Malerei.*

Imdahl 1982, *Arbeiter diskutieren moderne Kunst. Seminare im Bayerwerk Leverkusen.*

Imdahl 1985, *Picassos 'Guernica'. Eine Kunstmonographie.*

Imdahl ²1988 a, *Giotto. Arenafresken. Ikonographie — Ikonologie — Ikonik.*

Imdahl ²1988 b, *Farbe. Kunsttheoretische Reflexionen in Frankreich.*

Kunisch (Hg.) 1990, *Erläuterungen zur modernen Kunst. 60 Texte von Max Imdahl, seinen Freunden und Schülern.*

Dietfried Gerhardus, Saarbrücken (Deutschland)

109. Sprachphilosophie in der Psychoanalyse

1. Die strukturale Psychoanalyse

1.1. Die größte Annäherung zwischen Psychoanalyse und Sprachphilosophie vollzieht sich in der sogenannten ›strukturalen‹ Psychoanalyse. Führend im Werk Jacques Lacans wird deutlich, wie linguistische Modelle für die Erfassung des psychoanalytischen Gegenstandes relevant werden. Für Lacan ist es in erster Linie das System Ferdinand de Saussures (s. Art. 36), das mit seiner fundamentalen Differenzierung des Sprachzeichens in ›signifiant‹ und ›signifié‹ auch für die Erforschung unbewußter Prozesse die theoretische Basis darstellt:

„Un psychanalyste doit aisément s'y introduire à la distinction fondamentale du signifiant et du signifié, et commencer à s'exercer avec les deux réseaux qu'ils organisent de relations qui ne se recouvrent pas" (Lacan 1966, 414).

Diese Spaltung des Zeichens in eine phonetische beziehungsweise graphische Bezeichnungsform und einen dadurch bezeichneten semantischen Vorstellungsinhalt stellt die Struktur der Sprache dar, die für die Ordnung des Unbewußten gilt (vgl. Lacan 1966, 594). Von daher wendet er sich entschieden gegen eine Auffassung, die jenseits des Bewußtseins nur das Wirken präsymbolischer Triebe oder gar Instinkte sieht. Die Primärprozesse stellen einen symbolischen Zusammenhang dar, der durch die beiden Momente der ›Arbitrarität‹ und der ›Differenz‹ gekennzeichnet sind. Mit diesen beiden Begriffen Saussures bringt Lacan zum Ausdruck, daß auch die unbewußten Verknüpfungen eines Bezeichnenden mit einer Vorstellung einerseits beliebig sind, d. h. keiner natürlichen Einheit folgen, und andererseits nur durch den immanenten Zusammenhang aller Zeichen beziehungsweise durch die Verschiedenheit von allen anderen bestimmt sind. Nur im Sinne dieser strukturellen Bestimmung will Lacan seine Analogie, daß das Unbewußte ›wie‹ eine Sprache strukturiert sei (Lacan 1975, 46 f), verstanden wissen, d. h. nicht im Sinne einer inhaltlich konkreten Sprache. Diese beherrscht vielmehr die bewußten Vorgänge, stellt aber mit ihrer Begrenzung und Verfestigung der Ausdrucksmöglichkeiten eine ›parole vide‹ dar, der gegenüber das Unbewußte in der ›parole pleine‹ die Flexibilität des Zeichengebrauchs wiederherstellt (vgl. Lacan 1966, 254 ff). Lacan drückt diese ›Überdeterminiertheit‹ der unbewußten Bezeichnung auch durch das Bild aus, daß das Bezeichnete unaufhörlich unter dem Bezeichnenden gleite (Lacan 1966, 502).

1.2. Mit seiner Reformulierung psychoanalytischer Einsichten in linguistischen Modellen kann sich Lacan auf Sigmund Freud selbst berufen, der bereits in der *Traumdeutung* darauf aufmerksam gemacht hat, daß die Übersetzung der Traumbilder nach ihrer ›Zeichenbeziehung‹ zu erfolgen habe (Freud 1900, 284). Eine genauere Übertragung der Traummechanismen in sprachanalytische Kategorien hat darüber hinaus Roman Jakobson in seinen Untersuchungen zur Aphasie vorgenommen (Jakobson 1971 b, 239—259). An sie anschließend geht auch Lacan davon aus, daß der latente Sinn des unbewußten Textes nach rhetorischen Regeln zu entziffern sei, d. h. die ›Verschiebungs‹- und ›Verdichtungsarbeit‹ des Traumes den ›metaphorischen‹ und ›metonymischen Stilprinzipien‹ folgt (Lacan 1966, 511). Zugleich wird mit dieser Operationalisierung des unbewußten Mechanismus deutlich, in welchem Maße die Vorstellungen von den Signifikanten geprägt sind. In den beiden Fällen der *Metapher* und der *Metonymie* sind es Modifikationen des Zeichenmaterials, die eine Veränderung des Sinns bewirken (s. Art. 91). Von daher sieht Lacan im Signifikat einen bloßen Effekt, mit Wilhelm von Humboldt (s. Art. 27) gesprochen ein bloßes ›ergon‹, während die ›energeia‹ der Ausdrucksgestaltung in den Signifikanten ruht. Mit diesem Rekurs auf das strukturelle Primat des Signifikanten (Lacan 1966, 467) ist aber für Lacan zugleich die Absage an eine Hermeneutik impliziert: Die Psychoanalyse der symbolischen Ordnung ist Interpretation eines Diskurses, dessen Codes im Sinne der überindividuellen Bestimmtheit erklärbar sind (vgl. Lacan 1981, 216), dessen spezifische Sinnwirkung jedoch nicht — wie geschehen (vgl. Laplanche/Leclaire 1961, 113) — axiomatisch beschreibbar oder gar berechenbar sind (vgl. Lacan 1973, 224 f).

1.3. Von einer anderen Seite her gesehen, steht Lacans Bezug auf die Universalität des Signifikanten im Zeichen einer entschiedenen Kritik an aller philosophischen Selbstbewußtseinstheorie (vgl. Wetzel 1984, 184—198; 1985 b, 67 ff). Die Analyse der unbewußten Sprachfunktion soll zeigen, wie das Subjekt vor einer Selbstbezüglichkeit bereits durch die ›symbolische Ordnung‹ bestimmt ist. Von daher gipfelt die Wahrheit der Freudschen Erkenntnis für Lacan in der Aussage: „que c'est l'*ordre symbolique* qui est, pour le sujet, constituant" (Lacan 1966, 12). Alle Versuche, ein Bild seiner selbst vor oder jenseits der Sprache zu gewinnen, führen in die Sackgasse einer ›imaginären Verkennung‹, die nicht auf eine ursprüngliche Selbstgewißheit rekurriert, sondern narzißtisch den Ursprung des „discours de l'Autre" (Lacan 1966, 16) verleugnet. Die Fremdartigkeit des Unbewußten spiegelt die Fremdartigkeit des intersubjektiven Interaktionsgefüges, in das das Subjekt hineingeboren wird. In dem für Lacan von daher zentral bedeutsamen Ödipuskomplex wird das Subjekt gezwungen, die Heterogenität seines eigenen Diskurses zu akzeptieren. Die Alternative ist die Psychose, die wiederum keine vorsprachliche Positivität bedeutet, sondern eine ›Verwerfung des Signifikanten‹, anders gesprochen des ›Namens des Vaters‹ beziehungsweise der damit identifizierten ›phallischen Ordnung‹ darstellt (Lacan 1966, 558).

2. Das Unbewußte als semiotische Ordnung

2.1. Die von Lacan vollzogene negative Bindung der psychotischen Prozesse an die Vorherrschaft der signifikanten Ordnung hat zu vielerlei Kritik Anlaß geboten. Der gewichtigste Einspruch ist in dem unter dem Titel *L'Anti-Œdipe* erschienenen ersten Band des Werks *Capitalisme et schizophrénie* von Gilles Deleuze und Félix Guattari erhoben worden. Hier wird der Versuch unternommen, in den psychotischen Formationen Sinngebilde zu bestimmen, die einer früheren, vorsymbolischen Ordnung entstammen und von der Symbolstruktur des Signifikanten verdrängt worden sind. Dementsprechend versucht die ›Schizoanalyse‹ auf diese basalere Körpersprache als eine semiotische Ordnung des Unbewußten zurückzugehen, die im Gegensatz zum metaphorisch-metonymischen Verweisungszusammenhang eine ›a-signifikante‹, d. h. reale oder materiale Synthese zwischen Zeichen und Bezeichnetem herstellt (Deleuze/Guattari 1972, 43 f). Lacans Begriff des Diskurses wird folglich durch den der ›Schrift‹ ersetzt, die nicht mehr nur bezeichnet, sondern sich in die Körper einschreibt. Die semiotische Ordnung des Unbewußten erweist sich damit zugleich als ein Produktionsverhältnis, als eine Vervielfältigung der Inschriften und ihrer Effekte, die von der ›Ökonomie des Wunsches‹ bewirkt werden, den „machines désirantes" (Deleuze/Guattari 1972, 463 ff), wie es im Anschluß an Lacans eigenen Gebrauch des Maschinenbegriffs (Lacan 1978, 43 f) heißt. Die symbolische Ordnung des Signifikanten spielt hier nur die Rolle eines Zeichenregimes unter anderen, das dennoch versucht, die anderen zu unterdrücken (Deleuze/Guattari 1980, 147 ff).

2.2. Ebenfalls vom Begriff der Schrift geht Jacques Derrida in seiner ›Dekonstruktion‹ der psychoanalytischen Erkenntnis aus (vgl. Wetzel 1985 a, 18 ff). Der unbewußte Text ist aus ›Spuren‹ gewebt, die durch ihre ›Verräumlichung‹ jenseits der Wahrnehmung und Gegenwärtigkeit die Bedeutung konstruieren, indem sie die subjektive Bewußtseinseinheit destruieren: „L'espacement comme écriture est le devenir-absent et le devenir-inconscient du sujet (Derrida 1967 a, 100). Derrida will mit dieser Eigendynamik des Unbewußten zum Ausdruck bringen, daß die Spuren nicht einfach Erlebtes festhalten, sondern dessen Bedeutung erst im Aufschub erzeugen. Diesen produktiven Aufschub nennt er „différance" (Derrida 1967 a, 38; 1972 a, 3 ff), um damit zugleich die Einheit der Differenz von Erinnern und Vergessen anzudeuten, die sich nur dadurch herstellen läßt, daß die ›Schrift‹ den Anwesenheits- und Gegenwartsmodus etwa der Stimme entzogen ist. Andererseits wird damit aber das Primärhafte der unbewußten Prozesse relativiert: Es gibt keinen ursprünglichen Text, sondern auch die Spur ist schon Reproduktion und damit in einen sinnhaften Verweisungszusammenhang gestellt, wie ihn Derrida am Beispiel der ›Bahnung‹ in Freuds Modellen des psychischen Apparates zeigt (vgl. Derrida 1967 b, 293 – 340). Gleichwohl ist in dieser Sinnhaftigkeit nicht schon die universale Geltung eines Signifikanten unterstellt. Der allgemeine Zusammenhang wird bewußt als ›grammatologischer‹ bezeichnet, der dem Unterschied von Signifikat und Signifikant als semiotische Ordnung vorhergeht (vgl. Derrida 1967 a, 92). Lacans Interpretationsansatz ist für Derrida vielmehr reduktionistisch und dogmatisch (vgl. Nancy/ Lacoue-Labarthe 1973, 46 ff). Statt der Streuung, der ›dissémination‹ der Zeichen (vgl. Derrida 1972 b, 32 ff) zu folgen, verengt er die Deutung auf eine Bestätigung der Logik des Signifikanten und seiner Macht (vgl. Derrida 1980, 471). Demgegenüber intendiert Derrida eine unendliche Analyse der als ›Sendungen‹ ohne ursprünglich festgelegte Bestimmung verstandenen Formationen des Unbewußten, die in ihrem zeitlichen Aufschub keiner Identität gehorchen und die unterschiedlichsten Bedeutungskontexte erfüllen können (vgl. Derrida 1980, 72 ff). Die Zeichenhaftigkeit des Unbewußten bewirkt also keine größere Bestimmtheit oder Berechenbarkeit seiner Inhalte, sondern stellt vielmehr in ihrer semiotischen Interpretationserforderung das dar, was Derrida im Anschluß an die epikuräische Schicksalstheorie eine 'chance' nennt (Derrida 1983, 28).

3. Die psychoanalytische Ich-Psychologie

3.1. Die angelsächsische Psychoanalyse, die nach der Vertreibung der ›jüdischen Wissenschaft Psychoanalyse‹ aus dem deutschen Einflußbereich innerhalb der psychoanalytischen Wissenschaftsdiskussion eine führende Rolle einnahm, hat die Entwicklung in Richtung der ›psychoanalytischen Ich-Psychologie‹ weitergetrieben. Ihrer ich-zentrierten Auffassung

gemäß verlagerte sich ihr Interesse von den Triebkonflikten zu den Ich-Leistungen und das heißt für die Sprache: von der Inhaltsproblematik (Freud, 1900, 323; 674; 1905, 199; 1910, 214 – 221; 1913, 403 f; 1916 – 17, 236; 1940, 91) zur Funktionalität von Sprache und Sprechen. Ansatzpunkt bildete jene Eigenart der psychoanalytischen Therapie, die Freud in die knappe Feststellung gefaßt hatte: „Worte […] sind das wesentliche Handwerkszeug der Seelenbehandlung" (1890, 289). Ziel der Bemühungen wurde Psychoanalyse „ins Bezugssystem heutiger Wissenschaft" (Jappe, 1971, XIII) einzufügen. Bei der Einladung zu einer einflußreichen Podiumsdiskussion über „Sprache und Psychoanalyse" auf dem 26. Internationalen Psychoanalytischen Kongress hat Victor Rosen die Richtung dieser Modernisierung inhaltlich eindeutig gemacht: „In my opinion this requires methods that are more analogous to those of linguistics than to those of any other discipline" (1969, 114). Ansätze dazu lagen bereits vor in den Arbeiten von Lilly Peller (1966), H. Edelheit (1969) und Charlotte Balkanyi (1964, 1968), im deutschen Sprachraum schlossen sich vor allem das Ehepaar Goeppert (Goeppert/Goeppert 1973; 1975) dieser Linie an.

3.2. Dieser Anpassungsprozeß ist folgenreich: Die von der ich-psychologischen Psychoanalyse generell schon betriebene Veränderung der psychoanalytischen Perspektive — von Erlebnisanalysen zu der Bestimmung von Funktionsprofilen, von der Interpretation des ›Trieb-Wert-Konfliktes‹ zur Notierung der ›Persönlichkeitsstruktur‹ — wird vervollständigt. Indem die psychoanalytischen Erkenntnisresultate den linguistischen Kategorien subsumiert werden, verliert der psychoanalytische Erkenntnisgegenstand unvermeidlicherweise seine Eigenart. Am wenigsten ist dies der Fall dort, wo die Frage nach der Relevanz von Sprache für das Erleben unmittelbar aus dem Zusammenhang einer konkreten lebensgeschichtlichen Analyse heraus diskutiert wird. Dies ist zum Beispiel in den Untersuchungen von Balkanyi der Fall, deren Arbeit in enger Verbindung mit einer Falldiskussion steht. Zwar wendet sich auch Balkanyi zunächst der ›Entwicklung der Sprachfunktion‹ in entwicklungslogischer Sicht zu, also der Frage nach dem ›triebökonomischen‹ Stellenwert des Sprechens, verlagert ihr Interesse aber doch auf die Sprachbedeutungen als Ausdruck individueller und dabei zugleich sozialer Handlungsanweisung. Die Zuwendung zum Problem der ›Bedeutung der Sprachsymbole‹ wird deutlich am Falle der ›Neologismen‹, also an unverständlich idiosynkratischen Sprachbildungen. „By neologism I mean not only the arbitrary grouping together of sounds and investing these formations with meaning, but also the autistically undisciplined understanding of language" (Balkanyi 1968, 713). Neologismen werden mithin diskutiert als Symbolkomplexe, die aus der allgemeinen sprachlichen Verständigung herausfallen, so daß es deren ›private‹ Bedeutung zu ermitteln gilt. Die Leistung des Analytikers setzt ein am Punkt des Dissenses; es sind die abweichenden Bedeutungen, die auffallen und Aufklärung fordern. In doppelter Hinsicht bringt damit Balkanyi die psychoanalytische Eigensicht auf Sprache zur Geltung. Sprachfiguren werden nämlich in ihrer ›szenischen Bedeutung‹ als ›Lebensentwürfe‹ genommen, und die Psychoanalyse sucht die Spannung zwischen den objektiven und individuellen Bedeutungen zu erfassen. Der individuelle Bedeutungszusammenhang ist in psychoanalytischer Sicht nicht identisch mit der objektiven Sprache und damit den vom Kollektiv geforderten Lebensentwürfen. Mit dieser Feststellung schlägt die methodische Betrachtung der Sprachprozesse in der psychoanalytischen Kur um in deren methodologische Betrachtung in der psychoanalytischen Theorie und damit in die Frage nach der Konstitution von Individualität, von Subjektivität.

4. Psychoanalyse als kritisch-hermeneutisches Verfahren

Im Anschluß an die Bemühungen der Frankfurter Schule, kritische Gesellschaftstheorie und Psychoanalyse zu vermitteln, und in Annäherung an die von Jürgen Habermas (1979, 263) herausgearbeitete Bestimmung der Psychoanalyse als eine hermeneutische Wissenschaft, hat Alfred Lorenzer diese beiden Problemebenen zu verknüpfen gesucht. Seine Deutung der psychoanalytischen Therapie als Wiederaufhebung einer ›Sprachzerstörung‹ (Lorenzer 1970) führte zur Frage nach dem Verhältnis von Sprache und Unbewußtem. Indem Lorenzer das Unbewußtmachen der Verdrängung als Exkommunikation eines Lebensentwurfs aus dem Verband der Sprache interpretierte, stellte sich die Frage nach dem Wesen eines von Sprache abgetrennten Unbewußten. Für die Eigenständigkeit des Un-

bewußten steht Freuds entschiedenes Diktum, daß das Unbewußte nicht als bloße *façon de parler* zu nehmen, sondern als ein eigen-williges System von Lebensentwürfen aufzufassen sei (Lorenzer 1986 b, 49 f). Diese unbewußten Lebensentwürfe bedürfen zwar der Sprache, um bewußt zu werden, aber sie besitzen auch ohne Bewußtsein ihre eigene Inhaltlichkeit und Wirksamkeit. Und weil das Unbewußte mehr ist als das Verdrängte, ist die soziale Gestalt der unbewußten Lebensentwürfe nicht sprachlich entlehnt, sondern vor aller Berührung mit dem verhaltensanweisenden System der Sprache und das heißt vor dem Zusammentreffen von Signifikant und Signifikat entstanden. Positiv gewendet: das Unbewußte ist das System der Triebwünsche, die inhaltlich ausgefüllt und nicht inhaltslos als bloßer Komplex von Lebensenergie zu verstehen sind. Aber weil das Unbewußte nicht inhaltsleer, als bloße Schubkraft menschlichen Strebens, sondern als Gefüge von Lebensentwürfen das soziale Verhalten bestimmt, kann es — folgt man den Grundannahmen kritischer Gesellschaftstheorie — nicht a-historisch unabhängig von den gesellschaftlichen Verhältnissen gedacht werden. Es muß als ein Niederschlag *sinnlich unmittelbarer Praxis* begriffen werden, einsozialisiert vom ersten — intrauterinen — Stadium eines organismischen ›Wechselspiels zwischen mütterlichem und embryonalem Organismus‹ (vgl. Lorenzer 1972) an. Gewiß werden in dieses Wechselspiel sprachliche Verhaltensmuster dadurch übertragen, daß die Mutter ihrerseits Teil einer Sprachgemeinschaft ist. Abgelagert werden diese ›Sprachstrukturen‹ aber in Körperreaktionen (die Lorenzer 'Interaktionsformen' nannte), deren sozialer Inhalt, nämlich sozialer Entwurfscharakter, nicht von der mütterlichen Handlungsstruktur allein bestimmt wird. Diese inhaltliche Füllung ist vielmehr Niederschlag des Wechselspiels zwischen mütterlichen und kindlichen Reaktionen. Die kindlichen Reaktionen ihrerseits aber hängen ab von der individuellen Ausstattung zunächst des Embryonen, dann des Föten und schließlich des Kindes gemäß der Anlage und Aktivierung der Anlage durch Körperreaktionen. Die kindliche Antwort ist mithin niemals nur Abklatsch der mütterlichen Formangebote, sondern bildet eigenständig geformte Funktionskomplexe. Diese individuellen Funktionskomplexe ergeben die Grundlage der Körperbildung und der Erlebnisformen, damit auch der Lebensentwürfe. — Die biologische Genese der unbewußten Lebensentwürfe aus Körperreaktionen, die ihrerseits aus einem sozialen Wechselspiel zwischen Anlageform und gesellschaftlicher Formgebung über die Mutter hervorgehen, also eine soziale Genese haben, begründet die sozio-physische Doppelnatur der unbewußten Lebensentwürfe. Mit diesem Konzept der ›sozio-physischen Doppelnatur‹ des Unbewußten verbindet Lorenzer die neurophysiologische Grundlage des Freudschen Denkens mit der gesellschaftskritischen Interpretation — und nimmt so die auf Paul Ricœur zurückgehende Doppelzurechnung von ›Energetik und Hermeneutik‹ (Ricœur 1969, 79 ff) auf. Das Festhalten am Freudschen ›Biologismus‹ im Sinne einer physiosozialen Doppelnatur sichert die Eigenständigkeit des Unbewußten gegenüber der Auflösung von Subjektivität ins objektive Sprachsystem und damit in objektive Handlungssysteme. — Weil die Interaktionsformen das Resultat der jeweiligen Mutter-Kind-Einheit mit allen kindlichen Anlagebesonderheiten, der individuellen Brechung der objektiven Verhaltensfiguren schon in der mütterlichen Persönlichkeit und allen Zufälligkeiten des Mutter-Kind-Wechselspiels sind, ergeben sich unvermeidlich Differenzen zum objektiven Handlungssystem und zu den geltenden Sprachspielen. Diese Differenzen allein schon würden das Eigenleben des unbewußten Sinnsystems begründen. Dazu kommt aber noch, daß die sinnlich-unmittelbar übertragene Lebenspraxis mehr umfaßt als der rein sprachliche Anteil der Sprachspiele umgreifen kann. Auch die Lebenspraxis unterhalb von Sprache und Bewußtsein enthält Lebensentwürfe, die wegen ihrer subversiv-utopischen Struktur noch-nicht-bewußtseinsfähig (Bloch 1974, 129 ff) und damit noch-nicht-sprachfähig, weil noch-nicht-sozial-tolerabel sind. — Bildet für die strukturale Psychoanalyse das Signifikantennetz der Sprache den Träger des ›Sinns‹, so beharrt die Freud-Exegese Lorenzers darauf, daß es ›zwei Sinnsysteme‹ (1986 a) gibt — ein bewußtseinsfähiges, sprachlich organisiertes System von Lebensentwürfen und das mimetisch unmittelbar einsozialisierte Gefüge der Lebensentwürfe des Unbewußten. Sprache ist da, wo sie sich ereignet — im individuellen Sprechen, Hören, Lesen, Schreiben — ein Abdruck ›subjektiver Sprache‹, gebildet aus dem Zusammentreten von objektiven Sprachfiguren, die lexikalisch faßbar sind, eine objektiv klassifizierbare Syntax besitzen und beobachtbaren Ereignissen

zugeordnet werden können, und *unbewußten Praxisfiguren*. Sprache ist mithin die Synthese zweier Sinnsysteme, wobei die Verbindung der beiden Systeme sich in real ablaufenden wie imaginierten ›Szenen‹ vollzieht. Daraus ergibt sich auch der Konfliktcharakter, der im Zentrum psychoanalytischer Bemühungen steht: sobald sich die evozierten Lebensentwürfe des Unbewußten für das sprachlich ausgewiesene kollektive Wertsystem als unverträglich erweisen, kommt es zur Verdrängung, d. h. zur punktuellen Sprachzerstörung: die ›verpönten‹ Triebwünsche‹, also Interaktionsformen aus dem Unbewußten, werden aus dem Bewußtsein dadurch getilgt, daß sie ihre sprachliche Repräsentanz verlieren. Diese verschwindet zwar nicht aus dem Bewußtsein, sie werden ja vom Sprachsystem insgesamt ›in der Schwebe gehalten‹, aber sie verwandeln sich in reine emotionslose Zeichen, Zeichen, die sich als Teilfigur der ›bewußten‹ sozial akkreditierten Lebenswelt durchaus handlungsbestimmend — in den Verhaltensweisen des Zwangscharakters etwa — durchsetzen können. Das Gegenstück solcher zeichenbestimmten, von den Triebwünschen abgetrennten, gegen die Triebwünsche gerichteten Symptomatik ist die ›Wiederkehr des Verdrängten‹ (Freud) in einer bewußtlos ablaufenden, der Selbstreflexion unzugänglichen Symptomatik, wie sie vom hysterischen Agieren, aber auch von den psychosomatischen Krankheitserscheinungen paradigmatisch vorgeführt werden (Zepf 1976 a; 1976 b). So wie die beiden Sinnsysteme in konkreten Lebensszenen zu ›sprachsymbolischen Interaktionsformen‹ verknüpft und in konkreten Lebensszenen wieder auseinandergerissen werden, so muß auch die psychoanalytische Therapie als Abfolge von konkreten Lebensszenen verlaufen — im analytischen Gespräch, das sein Fundament im Spiel von Übertragung und Gegenübertragung, von gegenseitiger kooperativer Bereitschaft und Empathie hat. Psychoanalyse ist Sprachrekonstruktion in kritischer Wendung gegen den Verfall des sprachlichen Zeichensystems an die gesellschaftlichen Verhältnisse und an deren Dominanz über die Subjekte durch Sprache.

5. Literatur in Auswahl

Balkanyi 1964, On verbalization, in *International Journal of Psycho-Analysis* 45.

Balkanyi 1968, Language, verbalization and superego; some thoughts on the development of the sense of rules, in *International Journal of Psycho-Analysis* 49.

Edelheit 1969, Speech and psychic structure: the vocal auditory organization of the ego, in *Journal of the American Psychoanalytic Association* 17.

Goeppert, S. / Goeppert, H. 1973, *Sprache und Psychoanalyse.*

Jappe 1971, *Über Wort und Sprache in der Psycho-analyse.*

Lorenzer 1972, *Zur Begründung einer materialistischen Sozialisationstheorie.*

Lorenzer 1986 a, *Kultur-Analysen.*

Zepf 1976 b, *Die Sozialisation des psychosomatisch Kranken.*

Alfred Lorenzer, Frankfurt (Deutschland)
Michael Wetzel, Kassel (Deutschland)

110. Philosophy of language and psychology

1. Prefatory remarks

1.1. The most salient truisms about language impose obvious constraints on the psychology of language (s. art. 57). Consider the following: (i) only human societies exhibit natural language aptitude, i. e., the use of language is acquired solely by mere membership and grooming from infancy within language-using communities; (ii) only individual human beings speak and use languages acquired naturally; (iii) no human society lacks a natural language; (iv) the aptitude for every known natural language is effectively bilingual, i. e., may be and has in fact been gained, distributively, by speakers of other natural languages; (v) every natural language exhibits some novel development over time with respect to vocabulary, the construction of phrases and the like, and every natural language exhibits the gradual loss of vocabulary, phrasal practice and the like; (vi) no individual speaker of a natural language masters or can master the whole of the language he shares with other apt speakers of the same language, i. e., there is an effective division of labor within natural languages; (vii) every natural language speaker must be presumed to be generally and widely apt linguistically, i. e., to know his language, to know how to improvise or to ›go on‹ in conversation and other exchange, particularly with respect to

the central, common, core uses of that language; (viii) the aptitude of natural language speakers to ›go on‹ linguistically, to improvise in a spontaneous way in accord with an indefinitely large number and variety of practices does not extend in a correspondingly spontaneous way to any metalinguistic or grammatical analysis of what is thus generated; (ix) natural languages are societal achievements of some kind, rightly possessed by or attributed to whole communities, in spite of the fact that only individual human beings actually speak and can use language; and (x) the conditions for the full emergence of human language from sublinguistic sources, both in terms of the unique aptitude of the human species among terrestrial creatures and in terms of the ubiquitous achievement of linguistic skills distributively within the human species, are, at present, unknown. These truisms are essentially pretheoretical generalizations of as uncontroversial a nature as one may dare to collect. And yet they bear in a decisive way on every speculation linking a scientific psychology with any putatively comprehensive philosophy of language. For the principal questions falling within the intersection of these two disciplines are, without much doubt, drawn from reflecting on the import of such truisms upon the competence of each discipline and upon the rigor with which its supposed findings may be validated. There is, therefore, a peculiarly double challenge that the phenomena of language confront us with, namely: (a) What can psychology contribute (and confirm) regarding language, to an adequate philosophy of language? and (b) In what way do the phenomena of language affect the pretensions of psychology to scientific status and the characterization of science as such — admitting, i. e., the pertinence of language as a suitable topic for scientific description and explanation? Viewing matters thus, it is noticeably difficult to segregate the philosophy and psychology of language. — The sense in which psychological studies of language especially pertinent to the philosophy of language are empirical entails a distinctly attenuated sense of 'empirical'; the methodologically relevant strategies for exploring the actual properties of language are distinctly different from those strategies favored in the physical sciences and favored there as affording exemplars of scientific practice as such; and the theory-dependent nature of the usual questions raised within the psychology of language is such as to encumber psychology in notably philosophical ways. Broadly speaking, contemporary psychology has favored the problems of cognitive psychology; but the problems of cognitive psychology — whether in natural-language contexts or in the context of the artefactual simulation or mastery of language and cognition — are uniquely affected by philosophical complications. For one thing, because of the problem of truth-constraints, cognition is not, on any usual view, a merely natural or psychological phenomenon: it concerns rather the status (the normative or epistemic status) assignable to natural or psychological phenomena or states — beliefs or behavior, for instance. And for a second, at the human level, the paradigms of cognition are also the paradigms of linguistic aptitude (hence, also, of self-knowledge and self-reference — and, at a further remove, of freedom, rational behavior, personhood and the like), so that ascriptions of cognitive competence and performance to both sublinguistic animals and machines are decidedly anthropomorphized or systematically linked with whatever models we may favor in making pertinent ascriptions to human beings (s. art. 116). The study of language cannot be divorced from the study of cognition: linguistic aptitude is the vehicle for and the manifestation of the most advanced form of cognitive power, the very paradigm of what we mean by speaking of cognition, and the source of our best model for representing the actual cognitive achievements of both human and non-human ›agents‹. Thus, e. g., cognitive claims are normally represented propositionally even when speaking of non-languaged animals. But to do that is to favor the human paradigm, the authority of the linguistic model of cognition itself, and the insepara-bility (with respect to the analysis of language) of psychological and philosophical complexities.

1.2. There is an economy in insisting on these linkages. For one thing, the most perspicuous topics regarding the intersection between the psychology and the philosophy of language should, when once broached, be reconciled with our truisms about language and our intuitions about a certain characteristic symbiosis between psychology and philosophy. And for another, the most perceptive and influential discussants within the psychology of language may be readily shown to bring their own topics into line with these same considerations. Our truisms are, effectively, focused (in a pre-theoretical spirit) on the inseparability of psychological and philosophical concerns, for they are focused on the inseparability of the cognitive and the linguistic at the most fundamental level at which we may address whatever is most distinctively human. In short, truisms like those we have collected are readily converted into the principal queries of scientific psychology and philosophy vis-à-vis language: we have only to ask for an explanation of the saliencies there featured. On that condition, we cannot fail to notice that the principal theorists of language in our own century form a distinctive group that can hardly be sorted in a disjunctive way as psychologists rather than philosophers or as philosophers rather than psychologists. In fact, if we confine ourselves to our listed truisms, and if we take these features of language both as a clue to the nature of the larger cultural practices of human societies and as an essential ingredient in (and precondition of) them, then it is very reasonable to suggest that Ludwig Wittgenstein (s. art. 39), the Wittgenstein of the *Philosophische Untersuchungen* (1953), is probably the single thinker within the Western tradition of science and philosophy most usually associated with exploring how adhering to those truisms (more or less) colors (and should color) our sense of what is entailed in exercising our natural language aptitude. This is not necessarily to agree with Wittgenstein or even to be willing to attribute to him determinate theoretical claims. It is only to say that Wittgenstein provides a remarkably accessible, reasonably coherent, ramified, especially familiar, and intuitively arresting first picture of linguistic behavior pared down to what must be close to the minima of language in accord with our truisms. Furthermore, apart from professional harangue, it is not easy to say whether Wittgenstein functions as a psychologist or philosopher. The theoretical peculiarities of language and the symbiosis of the cognitive and the linguistic, already remarked, strongly suggest the distinctive status of what is often called 'cognitive psychology', 'psycholinguistics', 'cognitive science' and the like. These are specialities that seek to consider together, within the same covering theory, the native and acquired aptitudes of aggregated human beings with respect to language (psychology, in a general sense) and the cognitive status of their exercising such aptitudes in different kinds of circumstances (philosophy, in a general sense). Grant that much: one is encouraged to view, collectively, the best-known of the twentieth-century theorists of language as bridging the space between psychology and philosophy. To take a small sample, this is certainly true in the relevant sense of Michel Bréal, Ferdinand de Saussure (s. art. 36), Louis Hjelmslev, Nikolaj Sergeevič Trubeckoj, Roman Jakobson, Emile Benveniste; Franz Boas, Edward Sapir, Leonard Bloomfield, Benjamin Lee Whorf, Zelig S. Harris; Charles Sanders Peirce (s. art. 32), George Herbert Mead; Jean Piaget; Lev Semenovič Vygotskij; Michail Bachtin; John Langshaw Austin, Herbert Paul Grice, John Roger Searle; Noam Chomsky, Eric H. Lenneberg, Morris Halle, Paul M. Postal, Jerrold Katz, Jerry Fodor; Rudolf Carnap, Alfred Tarski, Burrhus Frederic Skinner, Willard Van Orman Quine, Donald Davidson, Hilary Putnam. Merely to have assembled theorists of these remarkably divergent sorts, as ranging rather freely across the familiar boundaries of the psychological and the philosophical, or as demarcating at least implicitly a protean range of phenomena (the linguistic) that on occasion is withdrawn as much from psychology as from philosophy (and for somewhat similar reasons, bearing on the supposed autonomy and rigor of a newly minted discipline), helps to confirm the sense in which we need not attempt to distinguish too narrowly the special concerns of the psychology and philosophy of language. Certainly, the psychological theme centers on central states, the dynamics of language acquisition and performance, relations between individual speakers and their enveloping societies, biological preconditions, individual improvisation and social consensus, contingent personal histories and prevalent practice and tradition, and

modelling the sense in which the use of language constitutes a form of cognitive aptitude and achievement. Equally clearly, the philosophical centers on the specific difference between linguistic and non-linguistic forms of communication, the respect in which language represents the world, the relation between thought and speech, the nature and criteria of truth with respect to linguistic utterances, the conditions of linguistic intelligibility and the conditions for determining the actual meaning of particular utterances, the properties of science as a linguistic activity and the sense in which language itself is a suitable subject for scientific inquiry, the possibility of a unified model of science ranging over disciplines focused on linguistic phenomena and disciplines not thus focused, and the analysis of the nature and conditions of knowledge in the presence and absence of linguistic acquisition. Nevertheless, the critical issues regarding the intersection between the psychology and philosophy of language may be formulated in a clear way not narrowly linked with the pursuit of these disparate questions or with the specialized inquiries of such theorists as have already been mentioned. In very much the same sense in which a set of organizing truisms regarding natural languages may be easily drawn up without first scouring the literature in a detailed way, we may posit a set of the largest, most central, and most debated conceptual issues focused on the intersection of our two disciplines without first scanning the work of any of the discussants mentioned. In fact, we may in this way arm ourselves with an orderly set of initial intuitions about what we should expect the most important contributors to the field to address, if they are to contribute to an adequate philosophy of language from the vantage point of psychological inquiry. Our first schema, of course, will remain subject to revision and enlargement under the pressure of the actual debates in the field; but it is surprising to learn how convenient and comprehensive such an initial tally may yet prove to be.

2.   The essential questions

2.1. Résumé

It may be fairly claimed that any thorough scan of the philosophically pertinent features of natural language must be brought to bear on at least the following four topics: (2.2.)

system; (2.3.) autonomy; (2.4.) sociality; and (2.5.) extensionality. Each harbors questions that inevitably move beyond any reasonably generous compass of the psychology of language; but each poses in a distinctive way psychologically pertinent concerns, and each has in fact played a strong role in the historical development of the intersecting discipline we must, to some extent, trace in passing. As we shall see, these four topics are unusually large ones, possibly the briefest list of the largest philosophical themes that may be extracted from any comprehensive history. Hence, to show the sense in which they are essentially implicated in the psychology of language is to confirm the peculiarly strategic role of psychology in the development of an adequate philosophy of language. By the same token, the four topics mentioned are notoriously controversial. It is, in fact, quite impossible to take a stand on the usual issues linked with each topic — narrowly focused on the theory of language — without at the same time taking a stand (thereby) on the largest prospects of the philosophy of science and of philosophy in general (s. art. 99). This is certainly well perceived by the principal disputants in the field; and in fact, there is good reason to believe that the resolution of the associated issues is quite often managed in a tendentious way, i. e., in such a way as to support larger programmatic commitments of a philosophical nature. What is interesting, here, is just the flexibility with which the pertinent phenomena may be characterized — which confirms once again the peculiarly strategic role of the psychology of language. For what is often presented as such a psychology (or as grounds for affirming the irrelevance of a given psychology) usually conveys a deeper prior philosophical conviction regarding the structure of any bona fide science or the formal properties of any would-be rigorous inquiry or the like. One sees this at once, e. g., in comparing the nativism of Chomsky's linguistics with Saussure's structuralism: Chomsky biologizes the psychology of language, treating the deep structure of natural languages as genetically determined but growing within a living body more or less like an organ system; and Saussure, repudiating the very possibility of a science of ›parole‹ or actual speech manifested by individual human agents, treats the scientific study of language, ›langue‹, as the study of a system loosely abstracted from but cast in terms of psychological notions of the structure of

thought, yet disjoined somewhat from close empirical attention to the actual behavior and mental states of particular linguistic agents. Nevertheless, in spite of these enormous differences, both Saussure and Chomsky, along rather different lines, adhere to much the same model of science, in virtue of which the scientifically pertinent uniformities of language are primarily formal (syntactic or syntagmatic), universal, ordered in the manner of a closed system, and formulable in extensional terms. One has some reason to believe, therefore, that the properties of natural language are perceived by both Saussure and Chomsky in a way that conforms with antecedently recommended canons of science and rigorous inquiry; that a departure from such canons would, on their respective views, threaten the very prospect of a science of language; and that the elastic sense in which their investigations might be said to be ›empirical‹ may well be only weakly sensitive (if sensitive at all) to evidence of complexities opposing the extensionalism each is overwhelmingly disposed to favor. Here, it is useful to remind ourselves of our original set of truisms, for they suggest the likelihood that the very nature of our linguistic aptitude, the very informality with which we admit improvisations to count as acceptable manifestations of natural language aptitude, may strongly and permanently favor an extremely compliant sense of empirical testing — as well as a kind of tendentious reading of pertinent data that might lend support in a non-resolving way to many different and disparate theories. This is not to deny that there is a measure of testing the adequacy of theories. It is only to affirm that that measure is itself decidedly dialectical and possibly incapable of a precision sufficient to revolve decisively the many questions connected with the four topics mentioned. In this sense, the psychology of language — or, alternatively, objections to conceding that language could become the proper subject of a rigorous psychology — must be judged jointly in terms of the prospects of empirical testing and of the ease with which pertinent claims regarding the scientific study of language (a fortiori, the psychology of language) are intended to convey larger programmatic claims of a general philosophical sort. It is also worth noting that the brief comparison between Saussure and Chomsky just provided already draws into play each of the four topics mentioned — which confirms the sensitivity of contending psychological theories when brought to bear on the prospects of the philosophy of language. The question remains, whether psychology affords little more than a convenient or fashionable idiom for philosophical disputes or whether it affords relatively solid and independent findings that the philosophy of language is bound to accommodate.

2.2. System

2.2.1. By 'system', we intend a term of art which, idealized or in its most extreme sense — or, as some would contend, in its most rigorous — designates the complex features of any domain of inquiry that satisfies all, or satisfies in a strong degree, or satisfies the most salient of, the following properties: (i) is determinately structured; (ii) is deterministic; (iii) is homonomic with respect to a match of descriptive and explanatory vocabularies; (iv) is closed with respect to finitely many universal explanatory principles, laws, rules or the like; (v) is totalized with respect to all possible phenomena pertinent to that domain and its explanatory concerns; (vi) is so describable in extensional terms; and (vii) is capable of being thus characterized synchronically. These are very severe constraints, very possibly too difficult to be confirmed empirically. Broadly speaking, there are at least two distinct traditions of theorizing that have formulated strong claims of system or systematicity for natural domains (construed as accommodating language). Both are versions of what is generally termed the unity of science program: one, strongly reductive in physicalist terms; the other, also in its way intended reductively, but noticeably disposed to enlarge the meaning of 'physical' to allow for not actually reducing the linguistic or the cultural or similar strata of phenomena to the terms of the sublinguistic, sub-cultural or the like. If the first is characterized as physicalistic, the second may be said to be Leibnizian — as positing, as fundamental to selected systems, elements or relata that are informationally, intentionally, linguistically, or psychologically encumbered. Strategically, the first would subvert the second if it could; equally strategically, the second is a bold attempt to satisfy the principal objectives of the first, under conditions of a weakened sense of the possibilities of infra-systemic reduction — e. g., with regard to reducing the laws of language or social behavior to the laws of physics. The first is perhaps most familiarly adumbrated in Carnap's well-known essay,

Psychology in physical language (1959), despite in fact that Carnap himself later abandoned the extraordinary translational claims he there advanced, as well as that he later substantially modified the very conception of science he meant it to serve. The second is reasonably well exhibited in a variety of forms that may be loosely termed structuralist, although not all plausible exemplars (notably, Chomsky) would be willing to be called structuralists (and indeed are not, in that sense in which structuralism narrowly designates Saussure's theoretical lineage). But it is exhibited nevertheless, with respect to the notion of system, in Hjelmslev (1963), Trubeckoj (1933) and Chomsky (1957; 1980). In fact, Chomsky himself, reviewing the extension of the unity of science model to his own biologized psychology of language, suggestively remarks (1980, 6):

„Or perhaps principles now unknown enter into the functioning of the human or animal minds, in which case the notion of 'physical body' must be extended, as has often happened in the past, to incorporate entities and principles of hitherto unrecognized character".

If condition (vi), extensionality, is treated, as it should be, as essential to the doctrine of system, then formal programs like that of Wittgenstein's *Tractatus* (1921) belong in a strong sense to the tradition of articulating the unity of science conception of language. This may be seen to achieve a strong programmatic expression, favoring physicalism or a cognate doctrine, in Davidson's sketch of a formal semantics extending Tarski's well-known conception, as in Davidson's *In defense of convention T.* Otherwise, this line of analysis may be taken to constitute a third version of the theory of linguistic systems — again, couched in terms of, or reconciled with, a psychology of human discourse. And indeed, as a distinct third possibility, it serves as the underlying theme of the machine modelling of natural language (and human behavior). For reasons linked to the development of this third possibility, the so-called cognitive sciences, particularly the machine modelling of language, constitute a somewhat inexplicit but nevertheless undeniable extension of the psychology of language increasingly attenuated, to be sure, often idealized as an autonomous discipline, but invariably informed by putative examples drawn from natural discourse and linguistically oriented behavior. — There are many ways of challenging the thesis that natural language is a system. The most powerful involve construing the conditions of acquiring and using actual language — the psychological features of linguistic practice — in accord with the set of truisms originally posited (s. art. 67). Minimally, this is to favor what may be called the Wittgensteinian turn. Its salient theme is, ultimately, the reasoned refusal to view language as more than an idealized abstraction from the prevailing ›forms of life‹ of a given society: habits or institutions of social existence, praxically centered, centered on viable forms of survival, tacitly mastered in terms of sharing such particular forms. The point of resisting systematicity along these lines is to characterize the properties of language as inseparably linked to the nonlinguistic conditions of changing social experience and effective behavior and to deny that there is any privileged or fundamental module of language on which all other (putative) structured modules depend — effectively composing an entire language — a module that, in being fixed in species-specific ways independently of contingent social experience and behavior, could be a candidate for a sufficiently important systematicity. The counterclaim is intended as empirical, in the generous sense already remarked; and the Wittgensteinian epithet is meant as no more than an economy, for Wittgenstein himself has very little to say about social *praxis*, human history, and the actual dynamics of societal and psychological processes.

2.2.2. Nevertheless, what is decisive in any account that could be termed Wittgensteinian (in the sense intended) is the double perception that: (a) the psychological features of individual language behavior are and must be inseparable from the forms of societal practice bearing with equal relevance on the acquisition and continued use of language by apt individual speakers, under conditions of socially generated and socially perceived changes in practice; and (b) the practice of language, viewed either in terms of individual behavior or in terms of any provisional summary of institutionalized regularities, has whatever structure it may be assigned in virtue of its being essentially embedded in viable ›forms of life‹ that cannot themselves be characterized in a sufficiently strong sense as exclusively or perhaps even primarily linguistic. These conditions signify both that language is inherently openended in every respect in which its analysis is thought important: say,

with respect to syntactic structure, vocabulary, conceptual power, meaning, productive activity and the like; and that individual psychology itself cannot be an autonomous discipline, a relatively isolable domain of inquiry that need not be integrated with those of the social or societal sciences. In a word, the would-be systematicity of language viewed along the lines favored by Carnap or by the physicalists generally presupposes the systematicity of individual psychology. The structuralist alternative, as with Saussure and his followers, effectively dismisses the very pertinence of individual psychology — in dismissing the pertinence of ›parole‹ — and, therefore, is free to pretend that language, in some sense segregated from the contingent data of psychology, the social sciences, history itself, is a distinct system. The charge holds with equal force against Chomsky and Saussure; for, where Saussure segregates ›langue‹ from ›parole‹ (for the sake of systematicity), Chomsky segregates the structures of ›deep grammar‹ from the contingencies of the socially acquired local features of particular languages. In fact, reviewing the threat to systematicity posed by challenging the modular isolation of grammatical or ›cognitive structures‹ from contingent societal experiences (the challenge posed by the ›generative semanticists‹), Chomsky (1979 a, 152 f) quite candidly acknowledges:

„The situation grew even worse — if that is possible — when generative semanticists began to incorporate nonlinguistic factors into grammar: beliefs, attitudes, etc. That amounts to a rejection of the initial idealization to language, as an object of study. A priori, such a move cannot be ruled out, it must be empirically motivated. If it proves to be correct, I would conclude that language is a chaos that is not worth studying [...]. Note that the question is not whether belief or attitudes, and so on, play a role in linguistic behavior or linguistic judgments. Of course they do, no one has ever doubted that. The question is whether distinct cognitive structures can be identified, which interact in the real use of language and linguistic judgments, the grammatical system being one of these".

Of course it needs to be added that the rejection of system in the strong sense does not (thus far at least) entail the rejection of concessions in the direction of nativism: whether in terms that permit grammatical generalizations (as with Chomsky) or semantic or conceptual ones (as with Fodor, following Chomsky) or generalizations regarding nonlinguistic psychological preconditions of linguistic acquisition (as with Jerome Bruner, altering Chomsky's emphasis). By the same token, one could continue, as Chomsky has done, to insist on the systematic nature of the module of grammar, by assigning it an ever deeper position in the theory of how the different natural languages are generated, where particular languages are not readily characterizable as systems in the required sense. Thus, Chomsky affirms (1982 b, 7 f):

„But it is hardly to be expected that what are called 'languages' or 'dialects' or even 'idiolects' will conform precisely or perhaps even very closely to the systems determined by fixing the parameters of UG [the universal grammar, said to be a ›characterization of the child's prelinguistic initial state‹]. That could only happen under idealized conditions that are never realized in fact in the real world of heterogeneous speech communities".

One of the obvious consequences of a maneuver like Chomsky's is that speculations about the child's acquisition of a first language itself thereby become hostage to — become at least in part artifacts of — the nativist (or similar) theories they would otherwise be thought to be able to test.

2.3. Autonomy

2.3.1. Challenges to systematicity are by their very nature challenges to autonomy. Certainly, the two notions are not easily distinguished. Nevertheless, autonomy is a relatively weaker notion than system, even an informal notion. For logical reasons, systems must form autonomous domains. But in the practice of the empirical sciences, one thinks of autonomy as a relative matter, a matter of degree — which is already contrary to the thesis of systematicity. Characteristically, individual psychology and economics have been supposed to be relatively autonomous, in the innocuous sense that strong programs of description and explanation, even prediction, are thought to be formulable primarily in terms appropriately fitted to a reasonably well-demarcated domain of inquiry — without supposing that that domain could ever be cast, in real-time terms, as an actual system and without supposing that its regularities would never be subject, in important ways that may remain unarticulated, to forces belonging to another domain of inquiry. So seen, individual psychology may be an abstraction from a larger study of societal life; but if it yields to a relatively autonomous line of inquiry, it need neither form a system nor be completely segregated from occasional reference to the dynamics of other domains. —

The affirmation of autonomy has at least two foci, as far as the psychology of language is concerned: (a) isolation of language as a more or less formal domain, construed in terms of the structure of sentences, or of propositions or the like that take truth-values or meet other kinds of satisfaction-conditions, viewed as relatively independent of the intentional and purposive life of particular agents; and (b) support, on the rejection of (a), for the adequacy of construing language primarily in terms of the intentional and purposive life of individual human agents. (a) need not disallow the human use of language, but treats such use as the contingent, merely occasional application of an already well-ordered instrument, the properties of which need not, in any important respect, be made to depend on such use. In the view of such theorists as Gottlob Frege (s. art. 34), Bertrand Russell, and Quine, in somewhat different ways and for somewhat different reasons, natural language tends to be construed as a defective approximation to some ideal or some somewhat more ideally ›regimented‹ instrument — particularly adjusted to serve the formal and physical sciences (s. art. 59). Such views may be loosely associated with a psychology that attributes to man a characteristic interest in, or a disposition to favor forms of rationality congruent with, the favored features of such an instrument (chiefly, the elimination or neutralizing of intensional complexities); but by and large their motivation emphasizes the autonomy of language (under the conditions of rigorous scientific study) at the expense of a pertinently rich psychology of linguistic behavior. In accord with (a), the study of language is largely a formal discipline. In accord with (b), the study of language features at least what, through the work of Austin and his followers, has come to be called, both loosely and strictly, speech act theory. The sense in which speech act theory affords the psychology of language (s. art. 54) an important role bearing on the philosophy of language is surely meager (as far as its explicit contributions are concerned) but also, more importantly, apt to be missed or misunderstood by too literal a reading of speakers' intentions (as in Searle's or Jürgen Habermas's accounts) or of ›conversational implicatures‹ (as in Grice's account). E. g., accounts of these sorts are remarkably insensitive to complications regarding speakers' intentions in such contexts as have been recently explored in feminist and Marxist inquiries or regarding the pecularities of schizophrenic talk or regarding the apparently multiple voices that may be tacitly at play within what we identify as the actual utterance of a speech act (say, along the lines of what Bachtin characterized as heteroglossia) (s. art. 48). Searle's and Grice's contributions are not negligible in this regard. — But the larger significance of speech act theory must be sought elsewhere. For speech act theory confirms (almost inadvertently) that the theory of language is at best part, an indissoluble part, of a general theory of human action; that the very functioning of language, at every point at which it may be assigned significant structure, depends upon the intentional and purposive life of speaking agents; and that the examination of the life of such agents requires a subtle and ramified psychology, itself informed by the detail of the history and institutional peculiarities of particular societies. Unfortunately, speech act theory is very nearly as vacant regarding the complexities of individual and societal life and history as is the more explicit treatment of language as a well-ordered formal instrument. In fact, some latter-day speech act theorists tend to think of the addition of the agent's role and function in rendering an account of language as something very much like an enlargement of the formal canon intended by champions like Frege and Quine. Certainly, Searle's attempt, in *Speech acts* (1969), to state the necessary and sufficient conditions that particular kinds of speech acts must satisfy — in terms that are, only nominally, psychological — suggests such a reading. Equally certainly, Peter Frederic Strawson's historically decisive criticism of Russell's account of denoting, in *On referring*, provides clear evidence that a purely formal account of language divorced from the intentional concerns and intentionally informed behavior of speaking agents could not possibly capture certain salient properties of language — in particular, reference (s. art. 60). But Strawson's account is itself psychologically quite slim. Even Habermas's application of Searle's theory, which one might have expected to be psychologically and historically rich, proves to be oddly thin — as thin as Strawson's and Searle's accounts — but then, it is really not so much a contribution to the psychology and philosophy of language as to a would-be privileged recovery of the conditions of universal communication and rationality (s. art. 53). No, the truth is that speech act theory is very

nearly the leanest version of a rich psychology of language that the concept of an intentional and purposive agent could possibly contribute.

2.3.2. On the example of Strawson's powerful contribution and on the example of Austin's suggestive schematism of illocutionary acts, one begins to see how, if, as the argument against (a) tends to confirm, language cannot be prised apart from what Chomsky warningly identifies as troublesome nonlinguistic complications (taken as determinants of linguistic structure), then the prospects of a psychology of language must take precedence over the actual themes of speech act theory. This again confirms the point of the Wittgensteinian turn — which itself affords, it must be admitted, only a relatively pale recovery of the complexities of linguistic psychology. Wittgensteinian ›forms of life‹, however, are more promising in this regard than speakers' intentions as developed in speech act theory. For what the notion exposes more perspicuously is both the false autonomy of (a) and the more plausible but still profoundly faulty claim of autonomy associated with (b). Speech act theory, then, confirms that the theory of language cannot fail to be at least a theory of speaking agents, molar human beings, psychologically apt persons. Admittedly, as in Searle's and Grice's accounts, there is some concession to an institutional order within which individual speakers' intentions are operative. But there is no attempt, in contrast with Wittgenstein's emphasis, to capture the complexity of the societal nature of language itself. And even Wittgenstein's account, as has been acknowledged, needs to be enriched by a suitable social psychology and social science in which the actual dynamics of linguistic formations (e. g., even regarding creoles and pidgins — which are still not fine-grained enough to capture schizophrenic and macho discourse and the like) would be supplied. In any case, the advocacy of (b) doubly confirms Chomsky's worst fears, since the structures of language can only be abstracted from the way in which the life of speaking agents is structured and since the structure of the life of such individual agents is already profoundly institutional or societal in nature. — To admit this much is to provide for an enormous enlargement of the psychology of speaking agents beyond the usual resources of speech act theory. The kind of resources involved and the kind of deepening of the psychology of language that now can be seen to be possible are best identified in somewhat eccentric sources — eccentric, i. e., in terms of the standard theories of language. E. g., one can find a sense of pertinent complexity regarding the role of speech agents in Sigmund Freud and Jacques Lacan (s. art. 109), in critical studies of literature (s. art. 107) and in critical theory itself (e. g., in hermeneutics and various forms of reader response theory), in Friedrich Nietzsche and in his somewhat florid following in contemporary France, as in Michel Foucault and Jacques Derrida and Gilles Deleuze. The point of such complication, bearing on the enrichment of the psychology of language — *a fortiori*, on the philosophy of language — concerns the conceptual naïveté of construing speaking agents essentially as no more than fully conscious, ever deliberate, knowingly purposeful, individual agents, always engaged in pursuing their reflexively favored intentions. They are very nearly linguistic caricatures of *laissez-faire* men. This is what these more eccentric sources explode: by deepening the tacit, unconscious, habituated, and otherwise subterranean and allusive import of what speakers utter, below what Anthony Giddens (1979, 98) usefully identifies as "the level of strategic conduct". It is no accident that the potential enrichment of the psychology of language depends not so much on the development of prevailing linguistic theory as on the application of developing social theory to the most salient phenomenon of human societies — language (s. art. 56). For it signifies not merely the rejection of (a) but the interpretation of (b) in such a way that human agents are themselves construed as behaving in institutionally significant respects that are not confined to the model of fully rational, self-controlled, volitional, individual, reflexively aware agents, but function also as speaking voices through which societal (linguistic) forces erupt or issue. Speech act theory, in short, is notably committed to a relatively fixed and primitive theory of agency, which cannot account for the very complexity of language itself. The autonomy thesis, then, is doubly vulnerable: first, because language can be no more than an abstraction from a theory of human action or agency; second, because human agents themselves clearly behave in institutionally freighted ways that cannot reasonably be confined to the agental capacities assigned by the usual speech act theory. From the point of view of agency — once again, by

way of an historically enriched Wittgensteinian turn — it seems not unreasonable to hold that the determinable structures of language are, diachronically, functions in part of actual utterance, and that speech utterances are themselves part of the institutionally pertinent behavior of human agents in a fully human world.

2.4. Sociality

2.4.1. The two most salient facts about language are these: (a) no apt speaker of a natural language has or can have internalized all the structures, rules, vocabulary, possibilities of usage of the language he has mastered; and (b) natural languages are *sui generis* in a particularly important respect, in that they are not analyzable or explicable in sublinguistic terms though they have emerged (somehow) from sublinguistic sources. These two facts convey the double sense in which natural language is a societal ›possession‹ despite the further fact that only individual persons actually speak and use language. It is just this double theme that is captured by holding that, although speech and the use of language are the work only of individual agents, human agency is itself always societally structured in being semiotically or institutionally significant. Whatever is linguistically uttered is, in a sense, an individual's appropriation and use of what only a society can possess. To speak is to act in some way that other members of a given society will spontaneously construe as significant speech, in virtue (as we say) of sharing a common language. But what that involves is hardly clarified by such nearly vacuous pronouncements as this. Furthermore, the irreducibility of language to sublinguistic terms signifies not a discontinuity in independent nature but only a discontinuity within any would-be continuum of explanations of different kinds of phenomena: in effect, it signifies that the emergent properties of human language — hence, also, of human nature, human culture, human history — cannot be described or explained except in terms that include at least some suitable selection of descriptive and explanatory concepts from the same level of emergence at which human language is recognized and practiced as such. This is an enormously important claim. For, it ›dooms‹ or obliges the human sciences to proceed ›top down‹ rather than ›bottom up‹ — factorially rather than compositionally and hierarchically. Once granted, the unity of science program becomes impossible to defend, which is not to say that the natural and human sciences are not, in important respects, continuous, compatible, and capable of a kind of unity. This means that whatever are provisionally conceded to be the psychological complexities of the molar (top down) use of language, in terms of the symbiosis of individual speakers and the languaged societies of which they are the members, cannot be eliminated or neutralized in ways favoring the peculiar strengths of the natural sciences, addressed (only) to physical phenomena that exhibit no linguistic features at all — unless of course it is false that natural languages are *sui generis*. The irreducibility of language infects the irreducibility of human psychology; and the complexities of human psychology (the condition of agency being not restricted to the caricatured, completely volitional agents of ›strategic conduct‹ as well as involving internalizing the constitutive powers of a society well below the level of deliberate intention) profoundly affect the processes of linguistic intelligibility. The symbiosis remarked is a familiar truism, although its proper analysis must count as an essential part of the great problematic of the human sciences: the truism holds that there are no actual societies, in the sense of actual collective agents (manifesting distinct psychological or psychological-like aptitudes); there are only biologically individual creatures that, under appropriate conditions, manifest linguistic ability; but the salient properties of linguistic behavior presuppose and entail the social sharing of complex, diachronically shifting, relatively informal but also relatively conservative, tacit or incompletely explicit habits and intentions, tolerant all the while regarding variant, deviant, and improvisational novelty within inexplicit limits, subject to a great but uncertain variety of local versions of the division of linguistic labor. It is just the marvel of the functional viability of human language under such conditions that persuades us to speak of the societal ›possession‹ of natural languages, in spite of the literal fact that societies lack the biological qualifications for actual linguistic behavior. A society's ›possession‹ of language merely signifies the aptness with which individual agents communicate with one another — granted limitations on internalizing the whole of language infra-psychologically and limitations due to the division of linguistic labor — once we grasp (again by way of the Wittgensteinian turn) that what is linguistically intelligible is of a public, not of a solipsistic, nature, and that what is thus intelligible is individually accessible because it is socially accessible.

2.4.2. Once the puzzle of language is put in these terms, it becomes utterly impossible to ignore or deny the dual societal condition insuring the viability of actual language use: namely, (i) auditors' interpretations of speakers' utterances, and (ii) societally managed constraints on the process of utterance and interpretation in accord with tacit, aggregated consensual options among speakers and auditors. Obviously, these phenomena may be reflexive, and, equally obviously, the roles in question need not be exclusive or even well-defined. To speak is to interpret and to exercise a role affecting consensus; and to interpret is to speak. It is not necessary, either logically or in empirical terms, as Harris and Paul Ziff have usefully shown in different ways, that a language actually have assignable and fixed structures — as of grammatical rules or regarding the meaning of given words or the like. If societies were agents or if the determining modules of linguistic structure were actually genetic, then it would make sense to claim that there were universal fixities natural languages exhibit; but if neither is true, then the sociality of language can still remain viable — which directly subverts Chomskyan and structuralist linguistics. The upshot is that natural languages are intrinsically hermeneutic in nature, i. e., conform with (i) and (ii), although what the proper way of construing hermeneutic processes may be cannot be straightforwardly derived from these concessions alone (s. art. 45). It is but a small step to realize that what holds for language holds for human life and behavior; and that, in a strong sense, there can be no clear demarcation between linguistic and non-linguistic behavior at the human level. There is, consequently, a profound sense — convergently emphasized in the most recent currents in hermeneutics, semiotics, structuralism, deconstruction, and post-structuralism — that human existence itself is text-like or that social behavior forms a distinct language. These are metaphors or extravagances, to be sure, though they are commonplaces in the views of Hans-Georg Gadamer, Claude Lévi-Strauss, Roland Barthes, Derrida, Lacan, and Foucault. But they do serve to confirm the subterranean and socialized complexity of individual speakers, the ubiquity of psycholog ical questions regarding language — though, of psychological questions already institutionally encumbered and (to repeat) operative at subterranean levels of agency not normally or easily accessible at the level at which the usual agents of speech act theory appear to function. — We may collect these themes compendiously in the following tally: first, that language is fundamentally centered on the behavior of speaking agents; second, that linguistically apt agents are socialized agents; third, that the societal regularities of language function not only at the surface of deliberate speech acts but also tacitly, through some deeper internalization of societally regularized habits; fourth, that an informal and inexplicit division of linguistic labor obtains and that there are no fixed, universal rules or laws of language to be internalized by individual speakers; fifth, that the contingent regularities of particular natural languages are a function, diachronically, of socially consensual patterns linking actual utterances and interpretations of utterances; and sixth, that, therefore, the assignable structures of particular languages are synchronically idealized with respect to actual usage and what is then perceived as potentially admissible usage, and are themselves a function of such usage as it changes over time (s. art. 94). These features may be construed, then, as the salient themes of an informed psychology of language: since to feature agency in the theory of language is to treat the analysis of language as an integral part of cognitive psychology; and since to deny the modular priority and independence of syntactic, semantic, syntagmatic, or other formalized aspects of languages — with regard to the actual, complex, contingently socialized behavior of speaking agents — is, effectively, to preclude a principled demarcation between linguistic and nonlinguistic behavior at the human level (s. art. 50). In a word, the social or institutional aspects of language are rightly construed, predicatively, as aspects of the psychological properties and powers of actual speaking agents.

2.5. Extensionality

2.5.1. At least provisionally, to introduce the psychological is to concede intentional phenomena; and, provisionally again, to introduce the linguistic is to concede intensional contexts (s. art. 93). If, therefore, human beings are distinguished primarily by their linguistic aptitudes and by whatever those aptitudes make possible, human intentionality must, at least provisionally, be intensionally complex. In Western philosophy, the characterization of the psychological in intentional terms is largely the result of Franz Brentano's recovery of the medieval conception and of the remarkably different (though originally quite similar) inquiries that led Edmund Husserl to the formulation of phenomenological analysis (s. art. 46). In the Anglo-American tradition and, most specifically, in those philosophical undertakings (whether Anglo-American or Continental) that are either committed to or especially congruent with the unity of science program, it is usually thought essential that intentionality be eliminated by eliminating the psychological or by treating intentionality as an eliminable *façon de parler* with respect to the psychological, or by suitably neutralizing the intensional complexities of linguistically informed intentional phenomena. There is, therefore, a quite noticeable breach between those movements that are strongly attracted to Brentano's and Husserl's themes or even more strongly inclined to favor intensional complexities within the terms of reference of those themes (e. g., the hermeneutic tradition) and those movements that either would eliminate the psychological or treat it in physicalistic or behavioristic terms or by way of various extensionalist strategies (e. g., by fitting more and more comprehensive machine programs to actual linguistic behavior or by the even more ambitious venture of construing the meaning of terms — for the whole of natural language — exhaustively in terms of truth conditions, themselves extensionally mangeable (s. art. 68). If, of course, the psychological could be eliminated (as Paul Feyerabend once urged) or if psychological terms could be translated without remainder by physical terms (as Carnap once supposed) or if the psychological were merely identical with the physical (as J. J. C. Smart once claimed) or if psychological phenomena could be completely analyzed in behaviorist terms without adverting to the intentional (as Skinner once argued) or if psychological discourse were merely an idiom altogether different from physical discourse, convenient and useful in its way but without in the least affecting the adequacy of a physical language for the purposes of science (as thinkers as diverse as Gilbert Ryle and Stephan Körner once claimed), then intentionality would be effectively eliminable, whether the psychological were or were not eliminable. But if intentionality could not be convincingly eliminated and if all of the strategies just mentioned were neither viable nor convincing, then we would have to concede that the best strategy we could adopt (if possible) — i. e., from the point of view of the unity of science — would be to neutralize the complexities intruded into the psychology of language (and into human psychology in general) by intensional contexts. This of course is precisely what is intended by construing language as a system in both structuralist and Chomskyan theories. For what the structuralists and the Chomskyans sought to do was to preserve the minimal conditions for an extensionalist treatment of language (and of language-like phenomena — in accord with the metaphor of the text-like character of human behavior and human history), once the elimination or reduction of the psychological was judged not to be viable. This is the same motivation for attempting to treat language functionally, one way or another, by construing linguistic behavior or some postulated but determinate central capacity for linguistic behavior in terms of formulable machine programs (modelling such behavior and such capacities) or by construing the semantic (and even the so-called pragmatic) dimension of language as open to extensional discipline in accord with syntactically defined truth-functional rules. Thus, Putnam had once (quite influentially) maintained (1960, 384) that the mind/body problem was not "a genuine theoretical problem" and was in fact the "same" problem "in all [...] logical and methodological aspects" as that of affirming the identity of the "logical and structural states in a [Turing] machine". And Quine had (even more influentially) claimed to have demonstrated how all the principal forms of intensional complexity could be eliminated by the formal devices of an extensional logic: so satisfactorily in fact that Quine could affirm (1960, 221),

"If we are limning the true and ultimate structure of reality, the canonical scheme for us is the austere scheme that knows no quotation but direct quotation and no propositional attitudes but only the physical constitution and behavior of organisms".

2.5.2. At the present time, stemming jointly from Quine's efforts and from Tarski's sketch of what might be possible in a formal semantics — adapted to natural languages from what can be fitted to portions of suitably restricted formalized languages — Davidson (1973 c, 67) has proposed a theory of the semantics of natural languages which, with resources richer than but including Tarski's formal account, would support "a positive answer" to the question of whether "there are [...] sufficiently rich [natural] languages" that meet the criterion of Convention T and that have "resources adequate to characterizing the satisfaction relation" (formulated in Tarski's theory) (s. art. 70). Davidson's sketch may well be the most ambitious effort to date to demonstrate the viability of a strongly extensional metalinguistic account of a strongly intensional natural object language. Its details are not altogether needed for the issue at stake, but the following summary remark (Davidson 1973 c, 66) helps considerably to isolate the critical weakness of Davidson's program:

"We may think of a theory of truth for a language L simply as a sentence T containing a predicate t such that T has as logical consequences all the sentences of the form 's is true if and only if p' with 's' replaced by a canonical description of a sentence of L, 'p' replaced by the sentence (or its translation), and 'is true' replaced, if necessary, by t. In essence this is, of course, Tarski's Convention T".

The important point to bear in mind is that Tarski's account was explicitly formal and systematic with respect to the properties of the (uninterpreted) languages it entertained. Davidson wished, quite understandably, to extend the power of the Tarskian model to natural languages and in particular to managing their meanings (not construed in any entitative sense) with respect to effective translation or to translationally adequate truth-conditions. Davidson nowhere shows, however: either (a) how the putatively systematized formal properties of natural languages of whatever sort (construed along the lines of Tarskian criteria) subtend equally systematic rules for determining the meaning of semantically rich sentences from "the meanings of [their] parts" (Davidson 1973 c, 70) — i. e., where the ›parts‹ of semantically rich sentences coincide with the antecedently specifiable parts of the presumed formal structures of those sentences; or (b) how, independently of, but compatibly with, such imputed formal properties, the predicates of natural languages can be favorably construed, on empirical grounds, as yielding to thoroughly extensional treatment (in terms, i. e., of truth conditions) — sufficiently systematic to range over large stretches of the spontaneous use of such languages. Broadly speaking: (a) is essentially (but in a way more carefully worded than before) the project of the eliminative and reductive views already mentioned; and (b) is the project of certain nativists with respect to concepts (like Fodor) or of machine theorists who model merely finite segments of natural language extensionally. A project like Davidson's requires a favorable answer to either (a) or (b). But (a) has never been successfully developed solely in terms of first-order logic, and answers to (b) are both unsystematic and ad hoc and never actually fitted to the open-ended, diachronically shifting processes of natural language. The fact is that seemingly favorable answers to (b), developed piecemeal or for finite segments of speech and behavior, are simply indecisive or irrelevant, for reasons very much like those for which Putnam (1967, 435) once remarked, addressing a related issue, that "everything is a probabilistic automaton under *some* description". Restrict natural-language terms to an explicit, finite range of use: their meanings may be approximated well enough by some extensional rule of truth, whether or not their actual use in the spontaneous processes of an actual language community can be said to conform to the use of such a truth rule. For instance, a strongly hermeneutic view of language, emphasizing an improvisational interpretation and consensus, could hardly be captured by a Davidsonian model. Every set of natural-language specimens suitably restricted in use or meaning or number or the like can (trivially) be generated in accord with some extensionally formulated simulation — after the fact; but that hardly shows that the underlying linguistic aptitudes which they presumably manifest can be similarly modelled in predictively reliable ways, even if they use the same ›parts‹ of the same semantically rich languages said to be thus analyzed. The difficulty at stake is an analogue of the well-known difficulty of the laboratory application of the so-called Turing test (of intelligence). Nevertheless, Davidson's project brings into focus the essential alternatives — (a) and (b) — failing favorable answers to which the entire undertaking of treating natural language extensionally is shown to be either impossible or (contrary to the motives for which it is usually endorsed) reduced to no more than an *ad hoc* or piecemeal, utterly unsystematizable, essentially *a posteriori* device. This is why construing the theory of language as inseparable from the theory of human action (s. art. 77) and construing the psychology of individual

human life as inseparable from the conditions of social structure and history (within which individual lives are groomed and preformed even for deliberate speech acts) effectively undermine Davidson's program: they effectively undermine every sense of sufficient closure and systematic order within which alone the extensionalist's theory of natural language could possibly prosper.

2.5.3. What we may say, finally, redeeming the details of what has here been called the Wittgensteinian turn, is that natural languages defeat the extensionalist strategy by radicalizing the sense in which utterances have whatever meaning they have (whatever meaning may be fairly assigned them) only in virtue of and only within the contexts in which they function as they do. Utterance, interpretation of utterance, and consensus equilibrating utterance and interpretation are all contexted — all contextual phenomena. But context itself, within the space of the human sciences, is diametrically opposed to the notion of a closed system (s. art. 92). The ideal of extensionality is, at bottom, the ideal of an inclusive order of events from which the need to refer to context has been effectively eliminated or within which it is reduced to a merely heuristic function. Context, therefore, is the very principle and engine of ineliminable intensionality. The issue is of strategic importance and can hardly be said to be satisfactorily resolved. But, in Wittgenstein's sense of ›forms of life‹, the admission of natural contexts both defeats the would-be adequacy of a totalized system of rules and accommodates the plain fact that linguistic practices are orderly and effective. At the very least, the opposition between context and system is not incoherent. The ideal of the physical sciences is, in their pursuit of genuinely universal, unrestricted laws, the pursuit of the context-less. The same is true for both branches of the unity of science program applied to the analysis of language. This is precisely the profound locus of dispute fixed (hardly inadvertently) in Wittgenstein's insight (1953, *PU* §§ 240—241), that human speakers agree — not so much in what they take to be true or false, and not importantly insofar as they do or do not thus agree, distributively, but — ›in the *language* they use‹. Wittgenstein adds: "Dies ist keine Übereinstimmung der Meinungen, sondern der Lebensform". Wittgenstein's point (1969 b, § 559) is that "the language-game is so to say something unpredictable [...] not based on grounds [...] It is there — like our life". What this signifies is that the meanings assignable to human utterance are assignable only insofar as utterance is contextualized within the moving practices of societal existence; and that context, tacitly recognized or entailed in the apt behavior of natural language-users, cannot in principle be independently fixed by any rule or law. It is the contingent, shifting, largely subterranean social nature of the psychological aptitudes of natural language-users that ultimately defeats the pretensions of the extensionalist strategy and ideal. Consequently, in demonstrating the defeat or at least the dubious standing of the extensional objective, one cannot fail to grasp the remarkable convergence among the seemingly separate themes of system, autonomy, and sociality toward that which the distinct theme of extensionality most frontally obliges us to consider and appraise.

3. Closing remarks

The bearing of the discipline of psychology on the philosophy of language centers primarily on the double theme: (a) that human nature is inextricably linguistic, and (b) that a scientific psychology must address the entire span of man's linguistic aptitudes. But as soon as we acknowledge these commonplaces, we are forced to concede how problematic they are. For there is no way in which to characterize language in terms confined to the infrapsychological traits of single individuals (no matter how aggregated) and there is no way to confine what is pertinent to linguistic meaning to the conscious, controlled acts of single speakers (no matter how salient such speech acts may be). The complexities of hu-

man psychology and the psychology of language include both the symbiosis of the psychological and the social and the effective spread of that symbiosis from the most explicit and deliberate to the most subterranean and tacit and to the most improvisational and consensually emergent. Collect these within the space of a diachronically shifting societal practice, historicize human language and human nature: language ceases to be a system and the study of language ceases to be an autonomous discipline. But more than this, to admit the legitimacy of such a study within the purview of science is to affect most profoundly our conception of what it is to be a science.

4. Selected references

Carnap 1959, Psychology in physical language, in *Logical Positivism*, Ayer (ed.). [1932/33]

Hjelmslev 1961, *Prolegomena to a Theory of Language*. [1945]

Trubeckoj 1933, La phonologie actuelle, in *Journal de Psychologie Normale et Pathologique* 30.

Chomsky 1957, *Syntactic Structures*.

Chomsky 1979 a, *Language and Responsibility*.

Chomsky 1980, *Rules and Representations*.

Searle 1969, *Speech Acts. An Essay in the Philosophy of Language*.

Giddens 1979, *Central Problems in Social Theory*.

Putnam 1960, Men and machines, in *Dimensions of Mind*, Hook (ed.).

Quine 1960, *Word and Object*.

Davidson 1973 c, In defense of Convention T, in *Dimensions of Mind*, Hook (ed.).

Wittgenstein 1953, *Philosophische Untersuchungen*.

Joseph Margolis, Philadelphia, Penn. (USA)

111. Philosophy of language and logic

1. Introduction

It is extremely difficult, if not impossible, to comment on a topic of that kind within the modest limits of this paper. Almost every branch of philosophical logic, as outlined in the *Handbook of Philosophical Logic* (Gabbay/Guenthner 1983—1989), to mention a representative collection, is deeply concerned with the foundations of language, and there are enormously many other, often loosely connected or even openly concurrent approaches, where a logical methodology has more or less fortunately been applied to different puzzles of natural language. Further, large parts of the foundations of mathematics, in so far as they are concerned with the structure of formal languages, may also be counted to belong to the area in question, and, finally, the steady philosophical challenge to give a general justification of the plausibility of logic as a framework for linguistic studies is lurking in the background. To make things worse, in opposition to mathematical logic, ›linguistic logic‹ has as yet not worked out any strong and commonly accepted theory which could be presented as the core of the subject. Most enterprises in this domain are merely programmatic; striking ideas and fascinating perspectives give rise to rather poor formal developments, and intended applications often go their own way making little use of the underlying theory. Undoubtedly, we are still rather far from attaining a reasonable consensus between linguists and logicians; the growing mediatory role of computer scientists may bring positive effects here. To give the reader a survey of logico-linguistic issues, I have decided to select several topics which seem to be quite characteristic of current research in this discipline. Omitting technical details whenever possible, I will discuss some logical fundamentals together with perspectives of their application. My choice of themes, though sharply limited, is nonetheless intended to follow some of the most typical lines of evolution of the logico-linguistic universe, where a good deal of formal sophistication coexists with enough care for empirical data. Before I mention the topics selected for presentation, I want to comment briefly on the general relations between logic and philosophy of language, as I see them. — Major achievements in the logic of the twentieth century have been connected with the foundations of mathematics. To study mathematical theories logicians elaborated on special formal languages, e. g. first-order languages and type-theoretic languages. In the first half of this century there was a wide-spread tendency among logicians to consider these formal languages as ›ideal‹ languages, the only ones which admit of a strict mathematical analysis (s. art. 59). Natural language was treated as a hopelessly

vague empirical reality, possibly apt to suggest some developments of formal languages, but, in principle, not appropriate for any sound formalization. — From the modern point of view, this ›formalistic‹ position was deficient in several respects. Let us mention two of them. First, formal languages developed for purposes within mathematics reveal quite peculiar features which are not characteristic of language in general and of natural languages in particular; for instance, their syntax is extremely simple, and an advanced syntactic theory has not been worked out within mathematical logic, because their main role is to express truths, whereas communicative roles are missing, and so on. Second, there are no serious reasons to claim an essential inapplicability of logical methods to natural language formalization. Some famous arguments against this possibility, as, e. g., Alfred Tarski's account for semantic antinomies (Tarski 1933), show at most that natural language requires a more subtle formal treatment than, say, Peano arithmetic. Putting things quite generally, to claim a principal discordance between natural language and logic means to reject any possibility of providing a mathematical model of a certain fundamental area of human reality, which is completely unreasonable. — A negative practical consequence of the ›formalistic‹ tendency in logic was the fact that some outstanding initiatives in providing mathematical models of natural language, e. g. Noam Chomsky's transformational-generative grammar and its later offsprings, were developed in opposition to logical dogmas and, by obvious sociological reasons, to the entire logical tradition. On the other hand, those logicians who initiated an advanced logical analysis of natural language, Richard Montague and Max J. Cresswell being the most prominent among them, reacted with an indifference to Chomsky's enterprise making a positive cooperation still more difficult. Only in the last years quite a few enterprises were undertaken which combine some successful methods of mathematical linguistics, a branch of mathematics stimulated by Chomsky's ideas, with standards of logical grammar; examples of this trend are Generalized Phrase-Structure Grammar, Definite Clause Grammar and Dynamic Categorial Grammar (the latter will be discussed in 3.). — As a matter of fact, the approaches of Montague (1974) and Cresswell (1973), though abound with profound ideas of natural language semantics still animating many current research activities, were somewhat conservative in their belief that all semantically interesting natural language phenomena could, in principle, be modelled on the basis of some available formalisms of mathematical logic (Intensional Type Theory in Montague's case and a Higher-Order Possible Worlds Semantics in the case of Cresswell). Accordingly, with the ›formalistic‹ tendency they shared the opinion that formal languages occupy a central position which derives from considering mathematics as the source of the universal paradigms for logically correct language description. We mention two of the numerous disadvantages of this standpoint. First, by sticking to some ready-made formalisms of symbolic logic, it blocks serious study of specifically linguistic phenomena, and hence also the development of new logical systems and methods. In fact, there is not any interesting formal result in classical treatises within this area. Second, the logical systems proposed as universal formalisms for natural language semantics are, in a sense, methodologically sterile just because they are ›omnipotent‹. Systems of type theory, equivalent to large fragments of set theory, are powerful enough in order to be used as the codomain of an interpretation or the domain of reconstruction of practically every useful mathematical structure, hence also of those structures which may emerge from the semantic realm. Now, the problem is to choose linguistically adequate structures and interpretations, but the systems in question provide no clear criteria of selection for that. Of course, this general criticism does not apply to a number of interesting particular constructions and methods of interpretation worked out by Montague, Cresswell and their followers, it only aims at some failures of the commonly accepted methodological paradigm (for further discussion cf. van Benthem 1986). − A realistic attitude to the relation between logic and language, which seems to guide current investigations in philosophical logic and computational linguistics (and which is the author's favourite view) renounced the dream of a single universal formalism presenting a solution for every problem concerned with natural language structure, for the belief that logical methods may illuminate many significant aspects of this subject, yet in each case within the confines of a specific area of application and therefore beyond a chance to provide a satisfactory formalization of the

whole. After all, we should be especially sensitive to these phenomena where natural language reveals its specific nature of a highly efficient communication system and where it differs essentially from standard logical formalisms. Only this way offers a chance of attractive evolution perspectives for an adequate logic and of making the effects really interesting for other scientific disciplines. Incidentally, programming languages reveal some resemblance with natural language structure, and logical analysis of the former has suggested certain devices to logicians which may also fit the latter; for instance, dynamic interpretations of programs yield elegant models for studying various dynamic aspects of natural language.

Following this view, I will discuss certain logical approaches closely related to linguistic issues, and I will put emphasis on mathematically interesting properties of these approaches − I believe that every good mathematical model of reality must lead to nontrivial formal discoveries − and on their empirical adequacy. Limitations of space enforce a very brief style of expositions; therefore references to the literature have to help the reader in getting a deeper insight into the matters under consideration. − First, I discuss two topics from logical grammar: *Lambda-Categorial Languages* and *Categorial Grammar*. The former is a type-theoretic framework for natural language semantics due to Cresswell (1973) which anticipates a variety of current type-theoretic approaches in linguistics. The latter is a rapidly growing area of modern formal linguistics, also based upon type-theoretic principles, which succeeds in joining linguistic concerns with formal tools stemming from several branches of logic, e. g. sentential logics, the lambda-calculus and combinatory logic, logic programming, and others. Contrary to Cresswell's approach, current research in categorial grammar does not abide by the ›formalistic‹ attitude in the afore-mentioned sense but tries to develop new logical systems of practical significance for linguistics − and many of them appear to contribute to logic proper as well. − While logical grammar applies logic to language in a direct way, that means, it uses logic to give an account of syntactic and semantic structures of natural languages expressions, philosophical logic follows a more abstract route: it creates special logical systems which are able to express some particular aspects of natural language, e. g. the meaning of particular expressions, constructions, etc. I will briefly present *Generalized Quantifier Theory* as applied to natural language determiners and noun phrases. This discipline, initiated by Jon Barwise and R. Cooper (Barwise/Cooper 1981), has led to especially elegant formal methods for describing a particular semantic category and to quite extensive logico-linguistic investigations. A more traditional branch of philosophical logic is the *Logic of Questions and Answers*. Here, after discussing some basic concepts and methods, I will focus on those issues which seem to be attractive even to the standard logic of sentences. — *Situation Semantics* is a new field in the philosophy of language; its key ideas are due to Barwise and his collaborators. Since this theory is far apart from the Fregean semantic paradigm characteristic of mathematical logic and also underlying the semantic body of logical grammar, as presented in 2. and 3., I will give a general outline of that new proposal. There is a rather extensive literature on this subject which cannot be surveyed here, so I will mainly comment on certain logically interesting aspects of Barwise's theory. — The last section will contain additional remarks upon the interplay between logic and language and some final conclusions of this survey.

2.   Lambda-categorial languages

Cresswell's (1973) logical analysis of natural language has been accomplished on the basis of lambda-categorial languages, i. e. of type-theoretic languages admitting lambda-abstraction. The general spirit and many particular methods of Cresswell's approach are quite similar to those of Montague Grammar, but there also appear some noteworthy differences, which make Cresswell's account appear closer to modern standards in type-theoretic linguistics (cf. 3.). For instance, Cresswell disregards Montague's sharp distinction between extension and intension, and turns to an intensional setup only in special cases, i. e. whenever the particular objects under consideration, e. g. by their context of use, seem to demand it. For our purposes, however, the most essential advantage of Cresswell's strategy is his direct use of typed lambda-terms for indicating logical structures of natural language expressions; according to Montague (1974), surface expressions of a natural language have to be linked with typed lambda-terms via a certain intermediate level

of ›disambiguated expressions‹ whose relation to surface expressions has not been specified in an explicit way. As a consequence Montague's account of surface syntax is less definite than Cresswell's one. In general, Montague was little sensitive to a type-theoretic syntax of natural language; one realizes easily that his syntactic rules are simply the rules of a Context-Free Grammar, though formulated in a more abstract way. Cresswell, however, deliberately uses type-theoretic principles in both syntax and semantics. We will discuss some leitmotives of his approach which is one of the most elaborated theories within ›orthodox‹ logical grammar (›orthodox‹ means the belief that a natural language can adequately be simulated by a single, sufficiently fine formalism of mathematical logic). — The notion of a *lambda-categorial language*, crucial for the whole approach, can formally be described as follows. *Types* — Cresswell calls them 'syntactic categories' — are formed out of certain primitive types — Cresswell employs natural numbers for that — according to the recursive rule: if a, b_1, ..., b_n are types, then also $(a, b_1, ..., b_n)$ is a type. For each type a, V_a is a set of *constants* of type a, and X_a is a set of variables of type a. The set E_a, of all *terms* of type a, is recursively defined as follows:

(1) $V_a \subseteq E_a$, $X_a \subseteq E_a$,
(2) if $s \in E_{(a, b_1, ... b_n)}$ and $t_i \in E_{b_i}$, for all $i = 1, ..., n$, then $(s, t_1, ..., t_n) \in E_a$,
(3) if $s \in E_a$ and $x \in X_b$, then $(\lambda x .s) \in E_{(a, b)}$.

One fixes a primitive type S of a sentence (or a well-formed formula) and defines E_S as the set of all sentences (sentential formulae). A *model structure* is a pair (D, T), such that $D = (D_a)$ is a family of sets indexed by types (D_a is the ontological category of type a, i. e. the set of possible denotations of terms of type a, hence D_S is the set of propositions), and $T \subseteq D_S$ (one interprets T as the set of true propositions). Further, $D_{(a, b_1, ..., b_n)}$ is supposed to consist of some (possibly all) total or partial functions from $D_{b_1} \times ... \times D_{b_n}$ into D_a. A *model* is a triple (D, T, d), such that (D, T) is a model structure, and d is an assignment, i. e. a mapping of each V_a into D_a.

Given a model (D, T, d) and a variable-assignment h which maps each X_a into D_a, one defines the denotation-mapping d_h, of each E_a into D_a in the following way. For $t \in V_a$, one puts $d_h (t) = d (t)$, and for $x \in X_a$,

$d_h(x) = h(x)$. If $(s, t_1, ..., t_n)$ is constructed according to (2), then $d_h((s, t_1, ..., t_n))$ equals the value of function $d_h(s)$ applied to arguments $d_h(t_1), ..., d_h(t_n)$. If $(\lambda x .s)$ is constructed according to (3), then $d_h((\lambda x .s))$ equals that function from D_b into D_a which to each object $u \in D_b$ assigns $d_{h/u}(s)$, where h/u differs from h only in assigning u to x. Yet, this definition of d_h is correct, only if there are no partial functions in the model structure; otherwise, d_h is, in general, a partial mapping, and some constraints for being definite must be regarded. — The above definitions of the essential notions have been presented at some length, since they play a significant role in our further considerations. The underlying intuitions are, however, quite simple. Expressions of type $(a, b_1, ..., b_n)$ are interpreted as functors which together with arguments of type $b_1, ..., b_n$ form a complex expression of type a (clause (2)); the denotation of the complex expression is given by application of the function denoted by the functor to the objects denoted by the arguments. Lambda-abstraction (clause (3)) introduces bound variables into the picture, which increases the expressibility power of the formalism considerably and makes it compatible with formation rules of natural languages. — Words (or morphemes, in a more refined account) of a natural language (here: English) are treated as constants, to each of them being assigned an appropriate type. Complex expressions are associated with some complex lambda-terms in such a way that the ›horizontal‹ order of constants in the term is the same as the linear order of words in the corresponding English expression (that corresponds to Cresswell's move toward ›surface syntax‹). Since functor in English need not always precede their arguments, Cresswell replaces (2) by a less restricted construction principle according to which functor s may occupy an arbitrary position with respect to $t_1, ..., t_n$; hence also $(t_1, s, t_2, ..., t_n)$ or $(t_1, ..., t_n, s)$ are terms of type a (notice that the types uniquely determine which member of the sequence is the functor.) — Let us assign the primitive type PN (= proper noun) to words like 'John', 'Mary', etc. To intransitive verbs like 'works', 'rests', etc., can be assigned the type (S, PN) of monadic predicates; in a model, they are interpreted as mappings from the category D_{PN} of individuals into the category D_S of propositions. So, for instance, the sentence 'John works' is logically represented as the term:

(4) (John, works) (of type S, according to (2)).

To conjunctions 'and', 'or', etc. type (S, S, S) is assigned, and they are interpreted as propositional functions (according to Cresswell, propositions are sets of possible worlds, hence propositional functions can be treated as boolean operations on these sets). Compound sentences like 'John works and Mary rests' are represented as:

(5) ((John, works), and, (Mary, rests)).

Lambda-abstraction enters the picture, when one deals with sentences like 'John works and rests'. Cresswell's proposal is to represent the latter as:

(6) (John, (λx. ((x, works), and, (x, rests))))),

where $x \in X_{PN}$. Clearly, the subterm ($\lambda x ...$) of (6) is of type (S, PN), since ((x, works), and, (x, rests)) is of type S. The surface form of (6) results from dropping all logical and technical symbols (lambdas, variables, parentheses, points). The semantic interpretation of (6) agrees with the natural interpretation of the surface sentence. Notice that without lambda-abstraction no analysis of the latter sentence would be possible on the basis of the type-assignment given above ('and' could not be a functor acting on intransitive verbs).

Actually, the denotation of (6) is the same as that of:

(7) ((John, works), and, (John, rests)),

which ought to be the case. It is noteworthy that (7) results from (6) by *lambda-conversion* which is the basic reduction procedure for lambda-terms. Lambda-conversion consists in successive reduction of subterms of the form (($\lambda x .s$), t) or (t, ($\lambda x .s$)), where ($\lambda x .s$) is the functor, to the form $s (t/x)$ (i.e. the result of the substitution of t for all free occurrences of x in $.s$), which intuitively corresponds to the process of computation of values of functions given in the form of complex procedures. The reader may apply Cresswell's strategy to the following examples:

(8) John and Mary work
(9) John and some girl work

For (8) assign type (S, PN) to 'work', and use lambda-abstraction for variable $x \in X_{(S, PN)}$. For (9), use type N (= common noun) for 'girl', put $D_N = D_{(S, PN)}$, and assign type ((S, (S, PN)), N) to 'some'. Type (S, (S, PN)) corresponds to full noun phrases like 'some girl', hence type ((S, (S, PN)), N) can be assigned to determiners like 'some'.

Let us summarize the main features of Cresswell's lambda-categorial languages as a framework for linguistic description. Expressions of a natural language are represented by means of typed lambda-terms; words are represented by constants, and the basic formation rules are application (clause (2)) and lambda-abstraction (clause (3)). Surface forms of expressions can be obtained from these representations by dropping all logical symbols. Lambda-terms indicate the logical structures of natural language expressions and determine the semantic interpretation of these expressions. Lambda-conversion provides logical patterns for certain structural transformations (e. g. that of (6) into (7)). In general, Cresswell's approach succeeds in explaining several grammatical mechanisms, discussed in transformational-generative grammar, for example structure transformations, traces, scope ambiguities, etc., on the basis of an elegant and uniform logical formalism. In the next section we point out some interesting developments of this theory within the domain of Categorial Grammar. — The doctrine offered by Cresswell (1973) extends for beyond the idea of a lambda-categorial language as outlined above. After all, Cresswell attempts to formalize a great number of further natural language items, e. g. boolean connectives, noun phrases, determiners, abstract and mass nouns, adverbs and adjectives, pronouns, auxiliary verbs, 'that'-clauses, infinitives, and many others. His approach also incorporates pragmatic aspects like modalities, tense and aspect, performatives, and other puzzles of that kind. Special emphasis is put on the so-called 'metaphysics of language': a theory of possible (and even impossible) worlds which are constructed in a special way and contribute to an explanation of many phenomena (s. art. 88). We have not enough space here to survey the fine-structure of Cresswell's theory. Its constant occupation with possible worlds is contrary to the semantics of situations to be discussed later on (cf. 6.). Let us note, finally, that Cresswell's framework and related ones stemming from Montague Grammar stimulated much work in intensional logics, especially intensional type theory, for example the one of Gallin (1975 b).

3. Categorial grammar

A type theoretic description of language is characteristic of a variety of logico-grammatical theories covered by the name 'Categorial Grammar'. Basic ideas of categorial grammar are functor-argument connection as the principal formation rule in syntax, functional application as the corresponding semantic rule, and type-theoretic hierarchies of syntactic and semantic categories (for a detailed discussion of categorial grammar from a historical and philosophical point of view, cf. Marciszewski 1988; Lehrberger 1974; Levin 1982). One can trace its origins to the very fathers of modern logic. Gottlob Frege's (s. art. 34) philosophy of language is preoccupied with thinking in terms of functions and arguments. Type hierarchies come from Bertrand Russell's theory of types, and their functional variants, commonly used in categorial grammar, are mainly due to Stanisław Leśniewski. Leśniewski's approach to formal syntax, based on an infinite hierarchy of syntactic categories, strongly influenced Polish logicians, and especially Kazimierz Ajdukiewicz (1935), who adapted Leśniewski's doctrine to a rather general pattern of syntactic description. — Categorial languages in the sense of Ajdukiewicz are, approximately, lambda-categorial languages lacking variables and lambda-abstraction. Accordingly, a language is defined by a set of constants (words), each of them being supplied with some logical type, and complex expressions are formed out of simpler ones, as it has been stipulated in clause (2). Yehoshua Bar-Hillel refined this method by discriminating between left and right arguments of a functor (Bar-Hillel 1953); for one-argument functors, instead of type (a, b) one uses two types: a/b (argument on the right) and $a\backslash b$ (argument on the left). For instance, the verb in 'John works' is of type $PN\backslash S$, and the noun phrase in 'some girl rests' is of type $S/(PN\backslash S)$. Clause (2) takes the following form:

(10.1) if s is of type a/b, and t is of type b, then (s, t) is of type a,

(10.2) if s is of type a, and t is of type $a\backslash b$, then (s, t) is of type b.

In (Bar-Hillel/Gaifman/Shamir 1960) one finds a mathematically precise definition of formal grammars based on (10.1), (10.2); usually, structural markers are omitted, and we write st for (s, t). These grammars have later been dubbed 'basic categorial grammars'. The afore-mentioned paper relates several mathematical results about them, the most significant being the weak equivalence of basic categorial grammars and context-free grammars (the Gaifman theorem); for this result, one must admit non-deterministic type-assignments, that means, a word can be assigned finitely many types. — A much more refined notion of categorial grammar is due to Joachim Lambek (1958). Besides Bar-Hillel's type reduction rules:

(11.1) $(a/b)b \to a$,
(11.2) $a(a\backslash b) \to b$,

which directly correspond to (10.1) and (10.2), Lambek admits an infinite collection of new type change rules, as e. g.:

(12.1) $(a/b)(b/c) \to a/c$,
(13.1) $a/b \to (a/c)/(b/c)$,
(14.1) $(a\backslash b)/c \to a\backslash (b/c)$,
(15.1) $a \to b/(a\backslash b)$,
(12.2) $(a\backslash b)(b\backslash c) \to a\backslash c$,
(13.2) $a\backslash b \to (c\backslash a)\backslash (c\backslash b)$,
(14.2) $a\backslash (b/c) \to (a\backslash b)/c$,
(15.2) $a \to (b/a)\backslash b$.

Actually, all the rules admissible in the Lambek calculus can be derived from the identity axioms $a \to a$ and axioms (11), (14) and (15) by means of the following inference rules:

(CUT) from $XaZ \to b$ and $Y \to a$ infer $XYZ \to b$,
(16.1) from $a \to b$ infer $a/c \to b/c$ and $c/b \to c/a$,
(16.2) from $a \to b$ infer $c\backslash a \to c\backslash b$ and $b\backslash c \to a\backslash c$

Hence, rules (16) may be treated as axiom formation rules which are to be applied to (14), (15) a finite number of times to produce new axioms of the system, and the only genuine inference rule is (CUT). Notice that the system based on the identity axioms, (11) and (CUT) coincides with the Ajdukiewicz — Bar-Hillel calculus of basic categorial grammars. — Both calculi mentioned above are typical representatives of type change systems underlying categorial grammars. The formulae of these systems are ›arrows‹ $X \to a$, such that X is a (nonempty) finite string of types, and a is a type. The formula $a_1 \ldots a_n \to a$ is intended to mean: for all expressions $s_1 \ldots s_n$, of type $a_1, \ldots a_n$, respectively, the concatenation $s_1 \ldots s_n$ is of type a. A categorial grammar is determined by two components: (1) an initial type-assignment I which to each word v from a fixed lexicon V assigns a finite set of types $I(v)$, (2) a type change system C. Now, one assigns type a to a complex expression, say, $v_1 \ldots v_n$, if there exist types $a_1 \in I(v_1), \ldots, a_n \in I(v_n)$, such that the formula $a_1 \ldots a_n \to a$

is derivable in C. Component (1) provides the whole linguistic information on the language to be described, and component (2) provides some logic: type change rules which depend on general methodological assumptions about grammatical categories but not on the particular language under consideration. So, categorial grammars are a kind of lexical grammar; linguistic information is given by describing grammatical roles of lexical items.

This framework gives rise to interesting problems of both a linguistic and a logical character. As a matter of fact, categorial grammar seems to be the only species of formal grammar which requires a steady interplay of logical and linguistic methods. This is caused by the special status of type change systems: they are not purely combinatorial ›rewriting machineries‹ like production systems of phrase-structure grammar but genuine logical calculi with their own deduction theory, semantic theory, etc., and they reveal deep connections with other systems of formal logic. — First, we briefly discuss logical problems connected with categorial grammar which, as a rule, are also related directly to linguistic issues.

The motivation to construct an Ajdukiewicz — Bar-Hillel calculus is pretty obvious: the calculus formalizes precisely the application of functor types to argument types. For systems like the Lambek calculus, the matter is not as simple. One justification, which is due to Lambek, refers to a residuation algebra of sets of strings. Given sets A, B of strings over a lexicon V, one defines sets:

(17) $A \cdot B = \{st : s \in A, t \in B\}$,
(18) $A/B = \{s : (\wedge t \in B) \, st \in A\}$,
(19) $A\backslash B = \{t : (\wedge s \in A) \, st \in B\}$.

$A \cdot B$ is the product of sets A and B, and (18), (19) define the right residuation A *over* B and the left residuation A *under* B, respectively. Now, think of A and B as syntactic categories. Then, A/B can be regarded as the set of ›left functors‹ from category B to category A, and $A\backslash B$ as the set of ›right functors‹ from category A to category B. According to Lambek, given an assignment of sets of strings to primitive types (i. e. an interpretation of primitive types as names for some basic syntactic categories), one obtains a unique assignment of sets of strings to all functor types (i. e. an interpretation of the latter types as names of unique functor categories), after one has interpreted the slashes in the types as the corresponding residuations.

Consequently, if the slashes are interpreted in terms of residuation, then each family of basic categories uniquely determines the total family of functor categories. — It has been shown that the Lambek calculus is complete with respect to the semantics described above, that means, the formulae derivable in this calculus are precisely those formulae which are satisfied by each assignment of that kind. If product types $a \cdot b$ are included — as Lambek does —, then the completeness theorem has been established for a more general semantics only (Buszkowski 1986). There and in other papers (cf. e.g. van Benthem 1986; 1991) many related semantic problems have been studied; models entering this picture are often referred to as algebraic models. — There arises the important question of interpreting Lambek-style systems in terms of the Fregean function-argument paradigm. As shown by van Benthem (1986), the formulae derivable in these systems correspond to lambda-definable transformations. For instance, formula (15.1) can be represented by the term:

(20) $\lambda x. (s, x)$,

where x is a variable of type $a\backslash b$, and s is a term of type a. More precisely, van Benthem is considering non-directional types only; the directional version has been suggested by Buszkowski (1988). In this way, Lambek-style systems can be associated with certain families of lambda-terms which provide the semantic transformations corresponding to derivable formulae. — From the linguistic point of view, the Lambek calculus accounts for a type change of expressions appearing in different contexts. By (15.1), each proper noun (type PN) can also be regarded as a full noun phrase (type S/(PN\S)), which is helpful for a semantic interpretation of such complex expressions, as e.g. 'John and some girl', 'every student but John', etc. — one refers to (15) as 'type raising laws' and sometimes credits them to Montague (1974), where proper nouns have been ›lifted up‹ to the type noun phrase. Notice that (20) yields an adequate semantic interpretation of type raising; in particular, an individual (the denotation of a proper noun) is transformed into the family of all sets containing this individual or, equivalently, all monadic predicates holding for this individual (the denotation of the corresponding noun phrase). By (13.1), sentence negation (type S/S) can also be treated as noun phrase negation (type NP/NP), determiner negation (type (NP/N)/(NP/N)), where

NP stands for the afore-mentioned type of noun phrase, and so on. Again, the corresponding lambda-terms yield the required semantic transformations; for instance, the truth-value function of negation is transformed into the boolean complement on families of predicates. Since the significance of (13.1) has first been discussed by Peter Geach (1970), the rule is often referred to as ›the Geach rule‹ (that paper was very influential in the promotion of categorial grammars with type change rules). It is worth noticing that the approach of lambda-definable transformations sticks to the spirit of lambda-categorial languages, discussed in 2. — Nowadays type change systems of Lambek style enjoy much attention of linguists as a tool for grasping a plenitude of ›dynamic‹ phenomena in natural language grammar (type shifts, meaning shifts). In general, they make it possible to build semantically loaded formal grammars fine enough to explain syntactic subtleties of natural languages. One also treats traditional topics concerning generative capacity: while basic categorial grammars are weakly equivalent to context-free grammars, analogous equivalence problems still remain open for many Lambek-style grammars, and some important systems are known even to surpass context-free syntax (Buszkowski 1988). Still more interesting problems turn up when considering structure generation. Linguists extensively use structural completeness of Lambek grammars: depending on particular derivations, each possible functor-argument structure on a given acceptable string may be admitted. Due to this property, one can easily handle phenomena such as non-constituent conjunction:

(21) John loves Mary each Monday and Alice each Tuesday

Since both 'Mary each Monday' and 'Alice each Tuesday' admit of treating them as typed constituents of (21), 'and' (supplied with an appropriate type) may act on them as a functor. Many other linguistic puzzles (cross-serial dependences, parasitic gaps, boundedness and intensionality, word order, etc.) have successfully been considered within this framework (cf. e.g. Moortgat 1988; Oehrle/Bach/ Wheeler 1988). — Another promising perspective is parsing-as-deduction. Here, the fact that the generation procedure in a categorial grammar essentially uses a deductive system of type change makes it possible to employ some genuine proof-theoretic strategies (natural deduction, sequent systems) in the role of parsing algorithms. This query has especially been pursued by M. Moortgat (1988). Unification methods of logic programming have also been implemented in categorial grammar; one assigns type-schemes to some expressions, e. g. to 'and' can be assigned the type-scheme $x\backslash x/x$, where x ranges over a large collection of types like S, NP, (PN\S), N, NP/N, etc., and unification on the level of type reduction is used to find appropriate argument-types for functors (Uszkoreit 1986; van Benthem 1991). Unification can furthermore be used as a kind of discovery procedure for categorial grammars. — Gentzen-style sequent systems for Lambek-style calculi appear to be free of structural rules — Thinning, Contraction, Permutation —, so only the introduction rules for logical constants are represented there. Consequently, they belong to the area of the so-called ›substructural logics‹ quite extensively investigated in recent years. For instance, the commutative Lambek calculus with products is precisely the fragment of J. Y. Girard's linear logic restricted to implication and cartesian conjunction (Girard/Lafont/Taylor 1989). Also the so-called ›action algebras‹ and ›action logics‹ studied by V. Pratt (1991) reveal a close kinship with categorial calculi. Actually, modern approaches to the logic of action essentially rest upon residuation algebras (operations $(17)-(19)$). Actions (or action types) are sets of strings of elementary actions; then, (17) defines the product of actions (e. g. 'I bet on that horse, and it has won'), (18) the post-implication of actions (e. g. 'I'll be rich, if that horse wins'), and (19) the pre-implication of actions (e. g. 'Had I bet on that horse, I'd be rich now'). The same algebras are hidden in the background of some resource logics as developed by Dov Gabbay (1991). Of course, many problems relevant to these residuation logics either have already been solved, or can be solved by methods elaborated within categorial grammar, e. g., completeness, decidability and axiomatizability problems for various systems of substructural logic. — Categorial grammar is undoubtedly an area of friendly and efficient collaboration of logic and linguistics. Not only can logical formalisms be reasonably applied to syntactic and semantic description of natural languages, but also conversely: systems and methods initially designed for linguistic purposes appear to contribute to the development of logic proper. The adven-ture starting with action logics seems to open an even more promising perspective. Since mathematical linguistics, i. e. the theory of formal languages, grammars and automata, as a whole is, after all, a theory of sets of strings and related entities with operations like $(17)-(19)$, one may expect that a great deal of its concepts and results can enter into the service of logic.

4. Quantifiers and determiners

In the preceding sections we have shown how type-theoretic hierarchies can be adapted for the purposes of a natural language grammar. Now, we focus on two particular semantic categories which correspond to noun phrases and determiners. An account of these categories in terms of generalized quantifiers has been given by Jon Barwise and R. Cooper (Barwise/Cooper 1981), and it appears to be quite efficient in explaining the semantics of determiners, their role in natural inference, and other topics. The logico-linguistic literature concerning this area has already become very extensive (for a competent survey cf. Westerståhl 1989; for a discussion of some main issues cf. van Benthem 1986; Gärdenfors 1987). — The first idea of a generalized quantifier is due to Andrzej Mostowski (1957). He had generalized standard universal and existential quantifiers of elementary logic to admit such constructions as, e. g. 'there are finitely many', 'there are uncountably many', 'for all but finitely many', and so on. Mostowski's approach was continued by P. Lindström (1966) towards abstract logics with generalized quantifiers. Both authors initiated an advanced logical theory of generalized quantifiers, dealing with questions such as e. g., expressibility power of formal languages with generalized quantifiers, their model theory, definability and axiomatizability problems, topological quantifiers, branched quantifiers, and others. — The linguistic carreer of generalized quantifiers rests upon their usefulness for a uniform and systematic semantic treatment of noun phrases, given a variety of noun phrases like 'John', 'John and Mary', 'all students but John' or 'most girls', 'an even number of professors', 'each third smoker', etc. While the first three of these examples can easily be defined in elementary logic, though the definition need not agree with their syntactic form in natural language, the remaining ones go beyond elementary logic, insofar as we meet the necessity of introducing generalized quantifiers into the semantics of noun phrases. The generalized quantifier theory of noun phrases follows the idea of Montague (1974) to interpret noun phrases as functors taking monadic predicates (verb phrases) as their arguments, which makes it possible to describe the logical behaviour of noun phrases in a simple and elegant way. Notice that type S/(PN\S), which has been assigned to noun phrases, is an exact mirror of this idea. — A generalized quantifier over the domain D is a family of subsets of D, i. e. of extensional denotations of those monadic predicates which together with the given quantifier form a true sentence. According to this definition, 'all students', for instance, denotes the family of all sets which contain every student; hence, the sentence 'all students passed the exam' is true if and only if the denotation of 'passed the exam', i. e. the set of all individuals who passed the exam, belongs to the family of sets denoted by 'all students'. Similarly, 'most girls' denotes the family of all sets A, such that the number of girls in A is greater than the number of girls beyond A. Of course, all sets under consideration are subsets of some fixed domain D containing students, girls and other entities which belong to the universe of discourse. Proper nouns, like 'John', are interpreted as families of all subsets of D which contain the individual denoted by the given proper noun (according to the standard interpretation of individual names in logic). Consequently, the generalized quantifier theory interprets individuals as sets of all (extensions of) properties of these individuals; this move makes it possible to handle complexes such as, e. g. 'all students but John' or 'Mary and Mary's sister', in terms of boolean operations on families of subsets of D. Typical noun phrases, e. g. 'some logicians', 'the policeman', 'each second American', consist of a determiner ('some', 'the', 'each second') joined with a common noun ('logicians', 'policeman', 'American'). Common nouns are supposed to denote subsets of D (extensions of these nouns). A determiner Q is interpreted as an operation which assigns a quantifier over D to each subset of D. That agrees with our convention to assign type (S/(PN\S))/N to determiners. For instance, 'some' assigns the quantifier 'some A' to any $A \subseteq D$; rendered formally, 'some' denotes the mapping [some] defined as follows:

(22) [some] $(A) = \{B \subseteq D : A \cap B \neq \varnothing\}$,

and, for other basic determiners, we obtain:

(23) [all] $(A) = \{B \subseteq D : A \subseteq B\}$,
(24) [no] $(A) = \{B \subseteq D : A \cap B = \varnothing\}$,
(25) [most] $(A) = \{B \subseteq D : \text{card } (A \cap B) > \text{card } (A - B)\}$.

Since a mapping which assigns families of sets to sets can also be treated as a binary relation between sets, one may interpret determiners as binary relations between subsets of D according to the equivalence:

(26) $A \, Q \, B \Leftrightarrow B \in Q \, (A)$

We will stick to the latter interpretation in what follows. — The linguistic theory of generalized quantifiers is mainly concerned with determiners represented in the way given above. The starting point is an examination of certain constraints which must be fulfilled by each determiner from a linguistically or logically relevant class. Mostowski already pointed out the constraint of permutation invariance: $A \, Q \, B$ if and only if $f(A) \, Q \, f(B)$, for every permutation f of D. This constraint is satisfied by all quantity determiners like 'all', 'some', 'each second', 'most', hence by all determiners considered in mathematical logic, but not by, e. g., possessive determiners like 'John's'. A famous constraint supposed to be satisfied by practically every natural language determiner is conservativity: $A \, Q \, B$ if and only if $A \, Q \, A \cap B$. For instance, 'all students work' and 'all students are working students' are logically equivalent sentences, and similarly for 'the boy smiles at Mary' and 'the boy smiles at Mary and is a boy'. Some authors promote conservativity to a major empirical law characteristic of natural language determiners, but we prefer to derive this constraint from obvious logical properties of restricted quantifiers. For any generalized quantifier Q, one obtains:

(27) $(Q \, x \in A) \, \phi \, (x) \Leftrightarrow (Qx \in A) \, (\phi \, (x) \wedge x \in A)$

In natural languages, such as English, determiners always occur together with some common noun, which corresponds to restricted quantifiers in logic. Other interesting constraints are, for instance, upward monotonicity: $A \, Q \, B$ and $B \subseteq C$ entail $A \, Q \, C$ (it holds for 'all', 'some', 'most'), and downward monotonicity: $A \, Q \, B$ and $C \subseteq B$ entail $A \, Q \, C$ (it holds for 'no', 'not all'). — Many constraints of that kind have been formulated and examined (Barwise/Cooper 1981) in connection with linguistic phenomena, such as, e. g., negative sentences, scope ambiguities, linguistic universals, natural inference, etc.. Further investigations into this subject are due to numerous authors (cf. the survey in Westerståhl 1989). Logical issues concerning natural language determiners and quantifiers have extensively been studied by Johan van Benthem, E. Keenan and D. Westerståhl. Westerståhl provided elegant characterizations of quantifiers fulfilling different constraints of the kind described above and proposed a semantic interpretation of branched generalized quantifiers, the latter following some earlier ideas of Barwise (Westerståhl 1984; 1987). Keenan (1987) considers generalized n-ary quantifiers and their expressibility power. A typical result in this area is the unreducibility of the binary quantifier 'every ... different', as in 'every student reads a different book', to standard unary quantifiers. Van Benthem developed an advanced logical theory of generalized quantifiers over finite domains; on the one hand, finite domains are a reasonable universe of discourse for natural language modelling, and, on the other hand, they reveal many technical properties essentially different from those characteristic of infinite models, being the central focus of mathematical logic (van Benthem 1984 b). Van Benthem (1986) has characterized generalized quantifiers in terms of finite state automata, which initiated a new branch of computational semantics for natural languages. – The paper by E. L. Keenan and Y. Stavi (Keenan/Stavi 1986) is a prominent representative of linguistic approaches to this discipline. Different kinds of natural language determiners are classified with respect to their distributional behaviour and their status in inferences. Much emphasis is put on boolean combinations of determiners like 'all students but John' (a famous result shows that all conservative determiners can be generated from a small collection of them by means of boolean operations). Further attractive linguistic developments can be found in the collection of essays edited by P. Gärdenfors (1987), for instance, a dynamic interpretation of noun phrases (Barwise), a joint theory of generalized quantifiers and plurals which treats plurals as denoting a kind of individuals (Link), connections between generalized quantifiers and situation semantics (Cooper, Rooth), and others. – Some essential restrictions of the generalized quantifier theory as a logic of noun phrases have been discussed in the contribution of S. Loeb-

ner (Gärdenfors 1987). According to Loebner:

"The category of noun phrases is heterogeneous, both syntactically and semantically. It seems reasonable to assume that neither definities nor indefinities are quantifiers. Definities are terms, and the proper distinction between terms and quantifiers is helpful for understanding natural language quantification. Indefinities can occur in quantificational sentences, but in these cases the context must fulfil certain conditions. [...] Quantifiers, then, rather than being the meanings of the expressions belonging to a certain syntactic class should be regarded as operational parts of certain sentence interpretations. Quantifications can be expressed in different ways, some involving expressions typical for that purpose, and others borrowing unspecific devices (e.g. cardinality predicates) and making use of additional contextual constraints" (Gärdenfors 1987, 128 f).

Loebner's opinion points out some weaknesses of the theory of generalized quantifiers, when interpreted in an orthodox way. Actually, the approach follows the Russellian treatment of definite and indefinite descriptions, which leads to well-known troubles in contexts involving negation, modalities, etc. (s. art. 78). Accordingly, we fully agree with Loebner that generalized quantifiers cannot pretend an ultimate paradigm of noun phrase interpretation. We nonetheless believe that they offer a perspective of formally sophisticated and linguistically sound developments of logic, fitting some sufficiently convincing stock of empirical evidence. The approach to noun phrases by means of generalized quantifiers has already resulted in quite an advanced theory; the category of noun phrase has been the most elaborated one logically, as compared with other semantic categories in natural language. Concepts and methods being worked out within this framework can be used also in other areas of semantics. Van Benthem (1986), for instance, applies constraints such as permutation invariance and conservativity, to other semantic categories and throws a new light on sentence connectives, conditionals, etc. Boolean combinations of determiners have suggested a general idea of boolean semantics (Keenan/Faltz 1985): each semantic category, relevant to natural language, can be regarded as a complete, atomic boolean algebra. – The linguistic theory of generalized quantifiers very well exemplifies the realistic attitude to the logics of language, as it has been characterized in the introduction (1.). Not attempting a universal paradigm, it focuses on a sharply restricted piece of language which seems especially suited to be formalized within an appropriate logical framework. Along that route we arrive at an elegant description of some aspects of noun phrases (the linguistic side), and we experience stimulating further developments of generalized quantifier theory (the logical side).

5. Questions and answers

The logic of questions (erotetic logic), dealing with interrogatives, has always been regarded as a significant branch of logico-linguistic investigation but was never treated with enough care to attain a really advanced stage. It seems, however, to exemplify those areas of logic which are relatively far from the mainstream of mathematical logic, though their high randing in the philosophy of language cannot be disputed. Fitting ideas in this domain can essentially enrich conceptual foundations of formal logic and contribute to the philosophy of language as well. In this section we point out some logically attractive issues of erotetic logic which appear in the current literature (for more exhaustive surveys of the subject cf. Belnap/Steel 1976; Hintikka 1976 b; Kubinski 1980; Hiż 1978; Harrah 1984; Kopania 1987; Koj/Wiśniewski 1989). − One of the leitmotives of erotetic logic is the relation between a question and the so-called ›direct answers‹ to that question. One assumes that a question Q determines a set d (Q), of direct answers to Q. The taxonomy of questions refers, as usual, to the form of (declarative) sentences appearing in the latter set. One distinguishes, for instance, *whether*-questions whose direct answers are a finite family $\phi_1, ..., \phi_n$ of sentences (e. g. 'Is John a philosopher, a linguist or a mathematician?'; answers: 'John is a philosopher', 'John is a linguist', 'John is a mathematician') and *which*-questions whose direct answers result from substituting some terms for the variable x in a formula $\phi(x)$ called the ›matrix‹ of the given question (e. g. 'Which city is the capital of Germany?'; answers: 'Berlin is the capital of Germany', 'Bonn is the capital of Germany', 'Munich is the capital of Germany', etc.). A special case of *whether*-questions are *yes-no* questions whose direct answers are ϕ, $\neg\phi$, for a sentence ϕ (e. g. 'Is John handsome?'; answers: 'John is handsome', 'John is not handsome'). A much more ramified taxonomy is given by N. Belnap, T. Steel and T. Kubiński (Belnap/Steel 1976; Kubiński 1980).

There are also so-called ›open‹ questions as, e. g. 'Why does John study logic?', whose direct answers do not fall under any clear common pattern, and we shall not discuss them here. A link between the logic of questions and our earlier concerns has been suggested by Henry Hiż (1978). One considers pairs $(Q\ \phi)$, such that Q is a question, and $\phi \in d(Q)$. Now, the syntactic structure of sentence ϕ can be analysed with the aid of question Q. For instance, the pair (Who likes Ann?, John likes Ann) yields a functor-argument structure of 'John likes Ann' in which '... likes Ann' is the functor and 'John' is its argument, while the pair (Whom does John like?, John likes Ann) indicates 'John likes' as the functor and 'Ann' as its argument. Sentences of this kind can also be represented as pairs $((?x)\ \phi(x),\ a)$, where the first component stands for the question 'Which x is such that $\phi(x)$?', and the second one is a term, such that $\phi(a)$ coincides with the given sentence. Accordingly, one interprets questions as functors which together with an individual name yield declarative sentences (hence the meaning of a question equals to that of its matrix), which seems to offer a reasonable way for the semantics of questions. − While Hiż uses questions to illuminate the logical structure of sentences, most approaches in erotetic logic go the opposite way: well-elaborated methods of the logic of sentences are applied to questions in order to enlighten their formal properties. Starting from Bernard Bolzanos (s. art. 28) *Wissenschaftslehre* (1837), several authors assume a reduction of questions to imperative sentences (e. g. Åqvist 1965): 'Who likes Ann?' is supposed to mean 'Tell me who likes Ann'. A disadvantage of this reduction is the fact that the logic of imperatives is even less developed than erotetic logic, hence we do not profit much from that shift. The set-of-answers-approach simply identifies a question with the set of direct answers to that question (Harrah 1984). Although this move seems too radical for both syntactic and semantic reasons, many fundamental notions concerning questions have nonetheless been introduced in that way: the set $d(Q)$ represents question Q in definitions of concepts such as entailment, satisfaction, generating, etc. in the realm of questions. − Since members of $d(Q)$ can be formalized within any sufficiently rich symbolic language of the logic of sentences (an elementary language, a higher-order language, and so on), standard logical notions, as, e. g., consequence, model, validity, are directly applicable to them. Belnap and Steel (Belnap/Steel 1976), extend these notions to languages containing both sentences and questions (formulae of these languages are referred to as quasiformulae). A question Q is said to be true in a model M, if at least one sentence from $d(Q)$ is true in M (for sentences, the truth predicate is defined in the Tarskian way). Now, the standard definition of entailment: $\Phi \vDash \phi$ if and only if ϕ is true in all models of Φ, is meaningful even in the case in which Φ is an arbitrary set of quasiformulae and ϕ is a quasiformula. − According to the above definition, for questions Q_1, ... Q_n, Q the entailment relation $Q_1, ..., Q_n \vDash Q$ holds if and only if, for any model M, if some sentences $\phi_1 \in d(Q_1), ..., \phi_n \in d(Q_n)$ are true in M, then also some sentence $\phi \in d(Q)$ is true in M. A more definite entailment relation follows the lines of Kubiński (1980): $Q_1, ..., Q_n \vDash_K Q$ if and only if, for any $\phi_1 \in d(Q_1), ..., \phi_n \in d(Q_n)$, there exists an answer $\phi \in d(Q)$, such that $\phi_1, ..., \phi_n \vDash \phi$ (here, $\vDash$ stands for a standard entailment relation between sentences). Interestingly, $\vDash_K$ is closely related to the notion of functional dependence between sets of attributes in databases (Codd 1970; Pawlak 1991). One may think of questions as attributes and of direct answers as possible values of those attributes. Then, $Q_1, ..., Q_n \vDash_K Q$ means, actually, that attribute Q functionally depends on attributes $Q_1, ..., Q_n$ (each sequence of values of the latter determines a value of the former) and the dependence is given by the relation $\vDash$ (to be more precise, by this relation and a mapping which selects ϕ, given $\phi_1, ..., \phi_n$). If $Q_1, ..., Q_n, Q$ are yes-no questions, then the above relation holds if and only if the positive answer to Q is logically equivalent to a boolean combination of positive answers to $Q_1, ..., Q_n$. Other kinds of implication between questions have been studied by A. Wiśniewski (1991). − An important notion of erotetic logic is that of a presupposition of a question. In Ajdukiewicz (1965), the sentence 'at least one answer to Q is true' is called the ›positive presupposition‹ of question Q, and the sentence 'at least one answer to Q is false' is called the ›negative presupposition‹ of Q. According to Belnap/ Steel (1976), a presupposition of question Q is each sentence which is entailed by every answer $\phi \in d(Q)$. So, Ajdukiewicz's presuppositions are metalanguage sentences, while Belnap's belong to the object language. Further, there may be many (even infinitely many) presuppositions of a question in the sense of Belnap, while there is only one positive presupposition in the sense of Ajdukiewicz. We will briefly comment on these notions, since they seem to be presented chaotically in the literature.

By $Pres(Q)$ we denote the set of all presuppositions of Q in the sense of Belnap. $\Phi \vDash_G \Psi$ denotes the Gentzen-Scott entailment relation (multi-conclusion entailment): for any model M, if every sentence from Φ is true in M, then some sentence from Ψ is true in M (a logical analysis of that kind of consequence relations has been given in Shoesmith/ Smiley 1978). A sentence $\phi \in Pres(Q)$ is called ›the presupposition‹ of question Q if $\phi \vDash_G d(Q)$, and it is said to be maximal, if $\phi \vDash \psi$, for every $\psi \in d(Q)$. Of course, the presupposition of Q is always a maximal presupposition of Q, but not conversely; one easily shows that each question admits at most one maximal presupposition (up to logical equivalence), and, consequently, the presupposition of a question is also unique (if it exists). Further, the presupposition of question Q may be regarded as an adequate object language counterpart of Ajdukiewicz's positive presupposition of Q; actually, the presupposition of Q holds in a model M if and only if some direct answer to Q holds in M.

If Q is a whether-question with $d(Q) = \{\phi_1, ..., \phi_n\}$, then the disjunction $\phi_1 \vee ... \vee \phi_n$ is, evidently, the presupposition of Q. Following that line, many authors regard the existential statement $\vee_x \phi(x)$ as ›the presupposition‹ of the which-question $(?x)\,\phi(x)$. In this case, however, some caution is required. As shown by Buszkowski (1989), which-questions, in general, do not admit of a maximal presupposition, hence also the presupposition in the sense defined above does not exist. In fact, for any which-question Q whose matrix is a formula of Peano arithmetic, the following conditions are equivalent:

(i) $Pres(Q) \vDash_G d(Q)$,
(ii) the presupposition of Q exists,
(iii) a maximal presupposition of Q exists,
(iv) the set $Pres(Q)$ is finitely axiomatizable,
(v)   the set $Pres(Q)$ is recursively axiomatizable

It is easy to produce questions which do not fulfil these conditions. For such questions even the total set $Pres(Q)$ does not fully correspond to Ajdukiewicz's positive presupposition, which can be derived from the fact that condition (i) fails, and consequently, the existential statement does not hold, either. These results have been obtained on the basis of elementary logic; in particular, one refers to all possible models of Peano arithmetic. The situation is quite different after having focused on special models (e. g. the standard model of arithmetic), as was done by A. Wiśniewski (Koj/Wiśniewski 1989). Then, ›the existence property‹ holds: $\bigvee_x \phi\ (x)$ $\vDash_G \{\phi\ (0),\ \phi\ (1),\ \phi\ (2),\ ...\}$, hence the existential statement is the presupposition of the corresponding *which*-question, but we have to pay the price of moving to a non-elementary logic, admitting of no effective notion of deduction. — To explain the matter discussed above in more detail, let us consider a *which*-question $(?x)\ \phi\ (x)$ whose direct answers are $\phi\ (a_i)$, $i = 0, 1, 2, ...$, where a_i are certain constant terms. If, for some formula ψ, $\phi\ (a_i)$ entails $\psi\ (a_i)$, for every $i = 0, 1, 2, ...$, but $\phi\ (x)$ does not entail $\psi\ (x)$ that means, $\bigwedge_x (\phi\ (x) \Rightarrow \psi\ (x))$ cannot be proved), then $\bigvee_x (\phi\ (x) \wedge \psi\ (x))$ follows from each $\phi\ (a_i)$, but it does not follow from $\bigvee_x \phi\ (x)$. Consequently, $\bigvee_x (\phi\ (x) \wedge \psi\ (x))$ is a presupposition of $(?x)\ \phi\ (x)$ which is logically stronger than $\bigvee_x \phi\ (x)$, hence the latter is not maximal. Such a state of affairs is rather typical for elementary logic dealing with languages which contain infinitely many constant terms. Only the so-called ω-rule, admissible in non-elementary logics, makes it possible to infer a general statement from the totality of its special instances, hence, in particular, the existential statement $\bigvee_x \phi\ (x)$ takes the role of the maximal presupposition of question $(?x)\ \phi\ (x)$ in logics admitting such an infinitary rule. Further, there are examples of questions Q which admit of a maximal presupposition, but this presupposition is not *the* presupposition of Q in the sense defined above; so, the notions of a maximal presupposition and *the* presupposition should not be confused. — Many other fundamental notions of erotetic logic can be defined by means of the Gentzen-Scott entailment and presuppositions in the sense of Belnap. According to Harrah (1984), a set of sentences Φ validates question Q, if the presupposition of Q follows from Φ (on the basis of some presupposed consequence relation). Since the presupposition of Q exists for particular questions Q only (within the framework of elementary logic), it seems right to modify Harrah's definition by stipulating: $\Phi \vDash \phi$, for all $\phi \in Pres\ (Q)$. Then, for any questions Q, condition (i) holds if and only if, for all Φ, Φ

validates Q in the (modified) sense of Harrah if and only if Φ entails Q in the sense of Belnap. So, questions fulfilling (i) deserve special attention (for a more detailed discussion cf. Buszkowski 1989; Koj/Wiśniewski 1989). The second reference provides a thorough account for different notions of 'rising a question' and 'generating a question' on the basis of a set of sentences, which is crucial for understanding methodological principles that guide rational procedures in science. In the first reference erotetic notions of the kind described above are used to study some completeness properties of elementary theories (it has been shown, for instance, that condition (i) holds for all questions Q if and only if the underlying theory admits only finitely many complete extensions). Quite generally, in mathematical logic the operation $Pres\ (Q)$ can be regarded as an approximation of infinite disjunction (the disjunction of all direct answers to Q), which is not expressible in elementary logic by any single sentence; and this disjunction is better approximated by $Pres\ (Q)$ than by existential quantification usually employed for that job. — Several authors attempted to construct formal deductive systems of the logic of questions with the aim to axiomatize notions such as implication between questions, equivalence between questions, question-answer relations, and others. The best known ones are Kubiński's systems, defined in a semantic way (Kubiński 1980), and Cresswell's systems, based on modal logic (Cresswell 1965). In these systems, questions take the part of terms, while formulae express certain properties of questions. It would be interesting to investigate more direct systems expressing questions by means of formulae, along the lines suggested in (Belnap/Steel 1976). In the author's opinion, however, the analysis of erotetic notions on the level of metalanguage, as it has been outlined above, may appear to be more fruitful for establishing a sound foundation of this discipline. At the end of this very personal sketch of how is dealt with questions and answers, I may express the belief that erotetic logic, due to a revival of interest in philosophical logic to be noticed in the recent years, will reach an essentially higher stage of evolution. Besides its own traditional occupations, it gives rise to some notions which seem to be significant for logic in general, the notion of a presupposition of a question and its connections with the Gentzen-Scott entailment being good representatives here. Applications in computer science and artificial intelligence (s. art. 117) should stimulate practically oriented research, and the usual methodological concern with rational questions and the structure of specific problems will be realized by means of well-elaborated formal techniques.

6. Situation semantics

All the theories presented above assume the Frege-Tarski paradigm of semantics in which a language is interpreted by means of a class of models that assign truth-values to sentences of this language. Models are also referred to as possible worlds, and they are *complete* possible worlds in the sense that a part of reality is completely described by each of them: for any relation expressible in the language and any objects from the universe of the model, it has been decided if the relation holds between the objects or not. — Situation semantics attempts a revision of the very fundamentals of the Frege-Tarski doctrine. The central idea is to interpret a sentence as referring to a *situation* which is described by the sentence. Situations are not models in the above sense, since they need not completely describe any part of reality; they are only necessary to account for the information contained in the sentence in question. The origins of situation semantics can be traced back to Ludwig Wittgenstein's *Tractatus* (1921) (s. art. 39), yet its proper history begins with Barwise (1981) and John Perry (Barwise/Perry 1983). A credit should also be given to R. Suszko who had published in the years 1968—1979 a series of papers on ›non-Fregean logic‹, which is a logic with sentence identity, and his explicit motivation was to formalize some ideas of Wittgenstein (cf. Suszko 1975). An interpretation of Suszko's logic in the framework of situation semantics is due to Ryszard Wójcicki (1984); also B. Wolniewicz (1987) provides a sophisticated description of the totality of situations with a direct reference to Wittgenstein and Suszko. Recent achievements in Barwise-style approaches have been discussed by Barwise and J. Fenstad (cf. Barwise 1989 a; Fenstad/Halvorsen/Langholm/van Benthem 1987), and the linguistic and philosophical literature on this subject has already become quite extensive. — According to (Barwise/Perry 1983), the major aim of situation semantics is to provide a realistic theory of meaning for expressions of a natural language. The logical semantics of the Frege-Tarski style is not able to fulfil this task, since it relies upon highly ideal assumptions about the structure of language and about the reality the language refers to; these assumptions were extracted from the body of mathematical theories at the very beginning of formal logic, and they enforce a picture of language which is both oversimplified and too cumbersome when it is confronted with a natural language. It is oversimplified, because the structure of mathematical expressions usually obeys clearly formulated construction rules, and their meaning can directly be described in extensional terms by a reference to well-defined mathematical universes. It is too cumbersome, because the notion of a model, applied to a natural language, leads to the mysterious idea of a complete interpretation of all possible natural language sentences, yet it is impossible even to imagine a practical accomplishment of such an interpretation. Logical semantics is hopelessly sterile in explaining the way natural languages actually work: their communicative roles, their efficiency — the same expression ›can be used over and over again in different ways, places and times and by different people, to say different things‹ —, their relativity with respect to discourse situations, their ambiguity, their mental significance, and other aspects. On the other hand, if one attempts a semantic description of a natural language within the logical framework, simple linguistic phenomena give rise to pretty involved mathematical constructions, as exemplified by Montague's treatment of intensional and pragmatic problems, and we feel that these constructions are rather far away from how people understand and use language in practice. — Situation semantics offers a relational theory of meaning for natural language expressions. The meaning of sentence ϕ is defined as a binary relation $[\phi]$ that holds between situations σ_1 and σ_2 if and only if σ_1 is a discourse situation in which somebody is uttering ϕ and σ_2 is a situation to which the utterance of ϕ in σ_1 refers. For instance, [John comes tomorrow] will hold between σ_1 and σ_2, if σ_1 is a situation in which Mary is uttering 'John comes tomorrow' to Alice on Monday, December 2nd, 1991, and σ_2 is a situation in which John, a friend of both Mary and Alice, comes to them on Tuesday, December 3rd, 1991. Clearly, this approach can handle many pragmatic aspects of meaning, contexts of usage, the meaning of pronouns, etc., as well as intentional phenomena.

Although John's coming to Mary and Alice on Tuesday, December 3rd, 1991, may be equivalent to John's non-working that day, the meanings of 'John comes tomorrow' and 'John does not work tomorrow' are different (Mary is not uttering the latter sentence in σ_1, hence the relation [John does not work tomorrow] fails to hold between σ_1 and σ_2). — In the above example, the stress has been put on discourse situations: two different sentences cannot be uttered in the same discourse situation. Situation semantics also discriminates between situation σ_2, to which 'John comes tomorrow' refers, and situation ϕ_2', to which 'John does not work tomorrow' refers (if expressed by Mary in σ_1'). The key idea is a non-extensional treatment of predicates and many-argument relations; they are not reduced to their extensions, i. e. sets, sets of pairs, sets of triples, etc., but regarded as primitive objects. Consequently, 'comes tomorrow' and 'does not work tomorrow' refer to different predicates 'coming tomorrow' and 'non-working tomorrow', even if precisely the same people come tomorrow and do not work tomorrow. The departure from the set-theoretic reduction of relations to their extensions seems to be the most radical move made in (Barwise/Perry 1983). It leads beyond logical standards, and it calls for a new ontology of relations and functions, which has not been worked out as yet. — Situations are treated as objects: they may stand in relations to other situations or individuals. Accordingly, sentential attitudes, as e. g. 'sees that', 'knows that', 'believes that', etc., can be analysed in a direct way as relations between situations (s. art. 80). A direct approach to the semantics of attitudes has rather carefully been elaborated in (Barwise/Perry 1983), and it seems to be one of the most successful attempts within this framework. To handle sentential attitudes like 'knows that ϕ', possible worlds semantics interprets 'knows that' as an operation on the intension of ϕ, i. e. the mapping which to any possible world M assigns the truth-value of ϕ in M. The notion of intension, imitating the logical idea of the class of all models of a formal sentence, introduces some unnecessary infinite totalities to natural language semantics. They are needed in the foundations of mathematics (mainly in elementary logic, due to its unability to axiomatize a single, infinite structure), but one may doubt if these foundational subtleties are of any value for explaining the meaning of natural language expres-

sions. — In a (simplified) formal setting, situations are sets of tuples:

(28) $(l, r, a_1, ..., a_n, p)$,

such that l is a spatio-temporal location, r is an n-ary relation, $a_1, ..., a_n$ are objects, and p is 1 or 0 (*yes* or *no*). If $p = 1$, (28) says that, at location l, relation r holds for objects $a_1, ..., a_n$, and if $p = 0$, it says that the relation does not hold. Situations can be collected in larger totalities, called ›structures of situations‹. Formal details of this description are different in various publications on situation semantics, and it would be unreasonable to report all of them here. In (Barwise/Perry 1983), we find a highly developed technical theory of situation-types which arise from situations after having introduced variables into tuples (28); situation-types may be quantified and linked with other situation-types by systems of anchors, constraints, etc. In (Wójcicki 1984), situations are defined as families of sets of elementary situations, and the latter are tuples like (28) and quadruples:

(29) $(=, \sigma_1, \sigma_2, 1), (=, \sigma_1, \sigma_2, 0)$,

such that σ_1 and σ_2 are arbitrary situations (identities between situations serve to model Suszko's identity connective on sentences). Wójcicki's idea of a situation as a family of sets of elementary situations resembles the logical notion of disjunctive formal form: his situations can be understood as disjunctions of conjunctions of elementary situations. Due to this construction, Wójcicki can straightforwardly interpret negative sentences by means of an appropriate operation on situations, and he can account for the non-identity of sentences like $\neg\neg\phi$ and ϕ, $\neg(\phi \wedge \psi)$ and $\neg\phi \vee \neg\psi$, etc., which is characteristic of Suszko's logic. — The universe of situations, in Barwise's setting, is a powerful mathematical structure. Since situations may appear as tuples (28) in the role of objects, and since quite arbitrary relations are admitted, the entire universe of set theory can be embedded into this structure. In (Barwise 1986), the standard world of set theory is even surpassed by the inclusion of non-well-founded sets in the sense of (Aczel 1985); infact, Barwise proposes a system of axioms for the theory of situations which stipulates non-well-foundedness of the underlying universe of sets. Non-well-founded sets are needed to model self-reference and circular situations (utterances like 'This is an embarrassing situation', 'This announcement will not be repeated'). By admitting non-well-founded sets, situation semantics takes a way which cannot be reconciled with type-theoretic approaches, because they rest heavily on the idea that ontological universes have to be built up, step-by-step, out of some initial atoms, which is the very essence of well-foundedness. — At this place, we must finish our general outline of situation semantics, and the reader is referred to the literature quoted above for more information. The rest of this section is reserved for brief comments on its virtues and defects.

In the introduction (1.), we have criticized Montague's doctrine for its omnipotence: almost everything can in a way be modelled using a framework like that. Hence, no clear methodological paradigm emerges from it. Situation semantics commits the same sin, its expressibility power is even greater. Although Barwise often takes issue with Montague-style approaches on their excessive formal machinery, he himself uses unlimited resources of set theory (by admitting non-well-founded sets), which are certainly not less dangerous. Moreover, since no constraints on the nature of objects and relations have been imposed, one could invite ›visitors‹ such as mental states, thoughts, fictions, etc., to take the part of legitimate objects, hence to adjust situation semantics to every possible theory of meaning, from whatever philosophical tradition it may have been derived. — Being confronted with such a great vision, many foundational problems call for a solution without our being able to decide which of them should be attacked at first; so, they remain untouched. During the last ten years of development of situation semantics no formally advanced theory of its principal notions has been put forth from within. Non-well-founded sets had been imported from the outside, and besides I do not believe that they belong to the fundamentals of situation semantics; that much has honestly been acknowledged also by Barwise himself (1989 a). Are there good chances for this theory to be developed in future? It is hard to share Barwise's optimism over this matter. Infact, I believe that Barwise's ideas will continue to stimulate new efforts of research into reconstructing sentence meaning with the aid of situations, but the general theory of situations as an alternative to logical ontology may remain a program only (s. art. 119). — But it is even doubtful whether situation semantics may provide the means to work out a reasonably complete theory of meaning for natural language expressions. Its account for meaning relies upon the reference of sentences to situations, thus yielding a concept of meaning which is, in principle, referential (as in logical semantics), whereas many aspects of meaning seem to require a non-referential treatment.

After these critical remarks, however, it is time to point at the bright sides of situation semantics. First, it pumps a lot of fresh air into semantical debates simply by indicating quite new methods to cope with old puzzles. The spirit of Renaissance manifests itself in this enterprise: no presupposed metaphysics, no nostalgia for well-established traditions, but a very serious reflection on linguistic data, as they appear in language when it fulfils its normal functions. — From a logical point of view, situations can be regarded as partial models, and situation semantics as a model theory for logics admitting incomplete information (Muskens 1989). Another interpretation, which is the author's favourite one, reads situations as a successful junction of two, traditionally opposite, logical notions: that of a *formal expression* and that of a *formal model*. Actually, situation semantics establishes a direct correspondence between sentences of a natural language and situations, whereas logical frameworks usually proceed in two steps: first, sentences of a natural language are translated into expressions of some formal language (so-called logical forms), and second, the latter are interpreted by means of models. That the translation procedure is not necessary for situation semantics is due to the fact that situations are flexible enough to play both roles: they express a partial information (like formal expressions), and they confront this information with an extra-linguistic world (like models). As a consequence, not only typically model-theoretic relations like isomorphism, submodel, satisfaction, etc., are applicable to situations, but also notions such as entailment and consistency, traditionally reserved for sentential expressions and sets of them. Wójcicki (1984) provides good examples: situations represented in a disjunctive normal form and logical connectives defined on them. From this perspective, situation semantics may offer a new program for logic: stop the preoccupation with formal languages and apply logical notions to any objects which are carrying information. This program looks quite attractive and, hopefully, logic will carry it out;

earlier achievements in infinitary logics, especially Barwise's admissible logics, have anticipated such a turn. − Linguistic merits of situation semantics have been discussed above, so only some final remarks may be added. The direct approach to informational content of natural language expressions, underlying situation semantics, seems to be very useful for the purposes of computational semantics. The notational system for situations developed by Barwise and his collaborators can easily be stored in computers, and basic relations between situations, if they are not too sophisticated, can be checked by appropriate computer programs. The alternative of possible worlds semantics with its reference to infinite objects (intensions, sets of possible worlds) cannot be implemented in that way. It should be left to linguists, however, to evaluate Barwise's theory from the point of view of linguistic interests: a rapidly growing linguistic literature on situation semantics seems to give evidence for its importance. For a philosopher, the theory of situations provides new insights into semantical antinomies, descriptions, sentential attitudes, and many other famous topics of semantic investigation.

7. Additions and conclusions

We have discussed some main directions of current research in logic which are of concern to the philosophy of language. The choice was highly subjective, and more emphasis was put on formal foundations than on genuine philosophical issues (the reason is simply the author's mathematical experience and his lack of systematic education in philosophy). Even in the topics considered above, we merely announced some typical notions and queries with no attempt to draw a complete picture. Type theoretic semantics of natural language, for instance, appearing in the background of 2., 3. and 4., is nowadays a large area of logico-linguistic investigations, and we have not been able even to list the most prominent approaches (a more competent guide is, e. g., Dowty/Wall/Peters 1981). Situation semantics is, in this survey, the only representative of non-traditional semantic doctrines, while many others, e. g. game-theoretic semantics of Paul Lorenzen, Kuno Lorenz and Jaakko Hintikka (cf. Lorenzen/Lorenz 1978; Hintikka 1973), or intentional semantics (Meggle 1981), have not been mentioned at all, and similarly for the whole realm of pragmatics (implicature, performatives, speech acts, and

so on). Moreover, no fundamental philosophical problems concerning the relation of syntax to semantics, or grammar to logic, the kinds of truth, linguistic universals, etc., have been explicitly analysed, although the reader may see a trace of them ›between the lines‹ (s. art. 54; 55; 68; 69; 70; 75; 76; 78; 84; 88; 94; 95; 96; 97; 113; 115; 117). − Actually, it was the intention of this essay to show particular methods of logic, as they are applied to language, rather than to describe how a logical theory of language may look like as a whole. In particular, an extensive literature on logical methods in linguistics has been neglected here, although it is full of illuminating considerations. Let us just mention several attempts to reconstruct linguistic theories in the form of axiomatic systems. In phonology, a sophisticated logical theory was set up by T. Batóg (1967): an axiomatic description of certain crucial phonological notions is formulated on the basis of mereology, i. e. a theory of the part-whole relation (mereology was invented by Leśniewski as an alternative to set theory, and Batóg uses its modified version, due to Tarski). Major achievements of the resulting system are a logically subtle definition of the notion of a phoneme, or, rather, a phonemic base of a language, and a clear analysis of the so-called main hypotheses of phonology. Phonology always acted as a field for experimenting with the axiomatic method (cf. Kortlandt 1972), probably due to its relatively limited conceptual apparatus and the clarity of problems to be solved. It is efforts of that kind which issue a challenge to the discussion on a general logical structure of linguistic theories. The Batóg paradigm of a rigorous axiomatic theory, be it even not purely logical but based upon set theory or mereology, seems to be too restrictive for most of the really existing linguistic theories. Yet, some attempts in that direction do nonetheless exist, e. g. in pragmatics (Martin 1959) and in general linguistics (Banczerowski 1980). − As a first conclusion it may be stated that philosophical interest in the structure of language stimulates new developments of logic. As a matter of fact, the influence of mathematics, predominant during several decades of this century, is declining in recent years; research into the foundations of mathematics has already passed its heroic period, and mathematicians now seem to be less interested in a logical reconstruction of ›the queen of sciences‹. Maybe, the idea of an axiomatic system, especially when it is of first order, is not so deeply rooted in mathematics, as logicians believe it to be. On the other hand, several methods of logic turned out to be quite useful outside mathematics, formal linguistics and artificial intelligence representing typical examples. No doubt, logic will exploit these areas. — The question as to the fruitfulness of the ›linguistic turn‹ in logic not only for logicians but also for philosophers of language cannot yet be decided. Of course, there is evidence for a positive answer; it must remain open, however, whether logic may *essentially* contribute to the development of linguistics including the philosophy of language. Is it qualified enough to lay solid foundations of linguistics, at least from the philosophical point of view? A safe answer is: *yes*, it may be so, but far-reaching reforms are necessary in both logic and linguistics. Logic must abandon scholastics and become more sensitive to what is actually the case in the linguistic realm, and linguistics should get rid of its hesitancy in expecting progress from mathematical modelling.

8. Selected references

Ajdukiewicz 1935, Die syntaktische Konnexität, in *Studia Philosophica* 1.

Bar-Hillel 1953, A quasi-arithmetical notation for syntactic description, in *Language* 29.

Barwise/Cooper 1981, Generalized quantifiers and natural language, in *Linguistics and Philosophy* 4.

Barwise/Perry 1983, *Situations and Attitudes*.

Belnap/Steel 1976, *The Logic of Questions and Answers*.

van Benthem 1986, *Essays in Logical Semantics*.

van Benthem 1991, *Language in Action. Categories, Lambdas and Dynamic Logic*.

Buszkowski 1986, Completeness results for Lambek syntactic calculus, in *Zeitschrift für mathematische Logik und Grundlagen der Mathematik* 32.

Buszkowski 1989, Presuppositional completeness, in *Studia Logica* 48.

Cresswell 1973, *Logics and Languages*.

Gabbay 1991, *Labelled Deductive Systems*, Part I.

Gabbay/Guenthner (eds.) 1983—1989, *Handbook of Philosophical Logic* I—IV.

Gärdenfors (ed.) 1987, *Generalized Quantifiers, Linguistic and Logical Approaches*.

Geach 1972 a, A program for syntax, in *Semantics of Natural Language*, Davidson/Harman (eds.).

Girard/Lafont/Taylor 1989, *Proofs and Types*.

Harrah 1984, The logic of questions, in *Handbook of Philosophical Logic* II, Gabbay/Guenthner (eds.).

Hintikka 1976 b, *The Semantics of Questions and the Questions of Semantics*.

Hiż (ed.) 1978, *Questions*.

Keenan/Faltz 1985, *Boolean Semantics for Natural Language*.

Keenan/Stavi 1986, A semantic characterization of natural language determiners, in *Linguistics and Philosophy* 9.

Kubiński 1980, *An Outline of the Logical Theory of Questions*.

Lambek 1958, The mathematics of sentence structure, in *American Mathematical Monthly* 65.

Marciszewski 1988, A chronicle of categorial grammar, in *Categorial Grammar*, Buszkowski/Marciszewski/van Benthem (eds.).

Montague 1974, *Formal Philosophy*.

Mostowski 1957, On a generalization of quantifiers, in *Fundamenta Mathematicae* 44.

Oehrle/Bach/Wheeler (eds.) 1988, *Categorial Grammars and Natural Language Structures*.

Pawlak 1991, *Rough Sets. Theoretical Aspects of Reasoning about Data*.

Suszko 1975, Abolition of the Fregean axiom, in *Logic Colloquium*, Parikh (ed.).

Westerståhl 1989, Quantifiers in formal and natural languages, in *Handbook of Philosophical Logic* IV, Gabbay/Guenthner (eds.).

Wiśniewski 1991, Erotetic arguments. A preliminary analysis, in *Studia Logica* 50.

Wójcicki 1984, Suszko's situational semantics, in *Studia Logica* 43.

Wojciech Buszkowski, Poznań (Poland)

112. Sprachphilosophie und Rhetorik

1.   Einleitende Übersicht

Das theoretische Verhältnis zwischen der Kunst, sprachlich zu überzeugen, und der Reflexion auf das Wesen, die Gestalt und den Zweck menschlicher Rede soll nachfolgend in einer gleichermaßen systematischen wie historischen Perspektive erörtert werden. Zum einen wird ein Begriff der verbindlichen Äußerung entwickelt, der den rhetorischen Aspekt kommunikativer Verhältnisse als eines ihrer konstitutiven Merkmale ernst nimmt. In dieser Hinsicht wird mit sprachphilosophischen Mitteln zu klären sein, in welchem Sinne und in welcher Form Zeichen einen Wert besitzen, mithin als Stadien einer sozialen Bewegung ihren Fortschritt bestimmen. Eine sprachliche oder überhaupt semiotische Leistung soll zu diesem Zweck als Artikulation eines *Anspruchs* beziehungsweise seiner *Erfüllung* begriffen werden. Genauer gesagt, wird sich zunächst ein Begriff kommunikativen Handelns ergeben, der kritisch sowohl Edmund Husserls Unterscheidung zwischen Anzeichen und Zeichen als auch Paul Grices Differenzierung zwischen natürlicher und nicht-natürlicher Bedeutung aufgreift. Während diese beiden deskriptiven Ansätze einzelne sprachliche Akte in ihren wesentlichen Aspekten bestimmen, soll in der hier zu entwickelnden, funktionalistischen Perspektive von vornherein das im Kommunikationsprozeß selbst geregelte Verhältnis der Äuße-

rungen zueinander systematisch erfaßt werden. Diese Konzeption sprachlicher Überzeugungskraft folgt zwar der aristotelischen Tradition eines argumentativen Rhetorikbegriffs (vgl. Aristoteles, *Rhet.* 1354 a 11 ff; 1355 a 2 − 18), variiert sie jedoch insofern, als nicht erst einzelne Formen sprachlicher Darstellung wie Enthymem oder Beispiel den argumentativen Wert öffentlicher Rede verbürgen (s. Art. 15). Er wird im Gegenteil durch die Form einer sprachlichen Äußerung überhaupt gewährleistet, die nicht nur als explizite Mitteilung zählt, sondern auch als Anzeichen eines gegebenenfalls begründeten Anspruchs des Sprechers an den Hörer zur Geltung kommt.

Aufstieg und Blüte der Rhetorik zur Zeit der sophistischen Aufklärung haben die Entwicklung der philosophischen Disziplin als gesellschaftlicher Institution wesentlich provoziert. Zum anderen wird daher zu erörtern sein, inwiefern die antike Kunst der Überredung es durch ihre öffentlich gelehrte, politische Wirksamkeit ermöglicht hat, Wert und Wesen menschlicher Rede systematisch zu bestimmen. Eine erste Antwort auf diese Frage wird sich aus einer Analyse des Verfahrens ergeben, anhand dessen Platon (s. Art. 14) im Dialog *Gorgias* seine kritische Auseinandersetzung mit der Rhetorik einleitet. An dieser politischen Einschätzung der Überredungskunst soll deutlich werden, daß auf dem Hintergrund ihrer Theorie und Praxis nicht nur das für den aristotelischen Rhetorikbegriff zentrale Problem der logischen Form sprachlicher Äußerungen, sondern zugleich auch die Frage nach der Gerechtigkeit als höchstem Gut gesellschaftlichen Handelns maßgebliche philosophische Themen werden. − Die Gleichgültigkeit der rhetorischen Kunst gegenüber politischen Inhalten, denen sie doch zu öffentlicher Anerkennung verhelfen soll, provoziert die philosophische Frage nach ihrer formalen, d. h. sowohl darstellungs- als auch handlungsspezifischen Relevanz. Wenngleich Platon die Allgemeinverbindlichkeit öffentlicher Rede noch in seinem Spätwerk durch die Allgemeingültigkeit der in ihr zu vermittelnden Wahrheit begründen möchte, besitzt seine, im Dialog *Phaidros* dargestellte, konstruktive Würdigung der rhetorischen Kunst einen sprachphilosophisch so wesentlichen Vorrang vor ihrer systematischen Exposition seitens Aristoteles, daß ihr im vorliegenden Artikel besondere Aufmerksamkeit zukommen muß. Im Unterschied zu Verfassern rhetorischer Lehrbücher (vgl. z. B. *Rhet.* 1354 a 3 – 13) vertritt Platon die Auffassung, eine schriftlich niedergelegte, für unterschiedliche Gelegenheiten verfügbare Rede (vgl. *Mex.* 235 d – 236 b; *Phdr.* 275 d – e) könne höchstens die notwendigen Voraussetzungen einer wahrhaft verbindlichen Äußerung erfüllen. Erst in der unmittelbaren Situation eines wechselseitigen Engagements, in dem Sprecher und Hörer einander als solche anerkennen, gewinnt eine Rede die semantische und pragmatische Eindeutigkeit, in der sie als beiderseits maßgebliche Äußerung zählen kann. Auch in dieser zweiten, kosmologischen Grundlegung der rhetorischen Kunst wird Überredung als belehrende Seelenführung anerkannt. Sie resultiert jedoch nicht aus kontextinvarianter, theoretischer Einsicht, deren effiziente Vermittlung sich aus dem geschulten Einsatz sprachlicher Mittel ergeben könnte. Sie erwächst im Gegenteil nach Maßgabe einer *Lebensform*, die das Gespräch zwischen Phaidros und Sokrates exemplifiziert, deren intellektuelle Bewegung ihren Sinn in der Annäherung an das wahrhaft Seiende findet. Das rhetorische Moment sprachlicher Kommunikation charakterisiert Platon, anders gesagt, als ästhetischen Aspekt der dialektischen Form kommunikativer Orientierung.

Die sprachphilosophische Einsicht, daß die Äußerungen einer Person unverbindlich werden, falls sie den Eindruck erweckt, über die ihr eigenen sprachlichen Mittel völlig souverän zu verfügen, findet sich nicht erst in Platons *Phaidros*. Schon Aristophanes ist es in der Komödie *Die Frösche* gelungen, diese Problematik deutlich zu artikulieren. Aus dem Dichterwettstreit, den Dionysos im zweiten Teil des Stücks zu entscheiden hat, geht Aischylos gegenüber Euripides als Sieger hervor. Denn gerade in seiner Betroffenheit über die Vorwürfe des Rivalen, in seiner Unfähigkeit, sich in dieser Lage noch selbstbeherrscht zu äußern, bekundet er ein existentielles Engagement für das Leben. Während die platonische Ästhetik eine analoge Entschiedenheit in der erotisch-manischen Erinnerung und Annäherung an die außerhimmlische Herkunft des Wissens dokumentiert sieht, läßt Aristophanes' Komödie die Sprache des archaischen Tragikers angesichts eines Totenreichs verbindlich werden, dem niemand entrinnt.

Die hier zu entwickelnde Antwort auf die Frage, in welcher Form menschliche Äußerungen Überzeugungskraft besitzen, versucht den angezeigten historischen Perspektiven gerecht zu werden. Einerseits erkennt sie an, daß der rhetorische Aspekt sprachlicher Kommunikation sich im wesentlichen aus ihrem *argumentativen* Zweck ergibt. Andererseits berücksichtigt sie, daß die soziale Verbindlichkeit eines Zeichens unmittelbar, d. h. im kommunikativen Prozeß selbst, anschaulich relevant wird. Eine Theorie der Form, in der sprachliche Äußerungen Wert besitzen, wird daher zumindest im Ansatz als eine Phänomenologie der menschlichen Rede zu entwickeln sein, deren vorrangiges Ziel ein Begriff *öffentlicher Anschauung* ist. Dieses Leitmotiv einer Ästhetik der sprachlichen Gestalt soll hier einleitend entwickelt werden, ohne daß zu diesem Zweck eine Wirklichkeit maßgebend würde, die jenseits kommunikativer Erfahrung und Verantwortung verbürgt wäre.

Angesichts der äußerst zahlreichen Monographien und verläßlichen Handbücher zur Geschichte der Rhetorik, zu ihrer systematischen Rekonstruktion und philosophischen Würdigung wird an dieser Stelle auf eine umfassende Darstellung der aktuellen Literatur verzichtet. Zum Verständnis der antiken Rhetorik sei verwiesen auf die Arbeiten von Clavaud (1980), De Romilly (1988), Duhamel (1965), Dupréel (1948), Hommel (1990), Joly (1986), Kennedy (1963) und Mattioli (1989). Einen allgemeinen historischen Überblick geben Damaschke (1921), IJsseling (1976) und Michel (1982). Für einzelne Zeiträume sind zu berücksichtigen Apel (1963), Baldwin (1959), Chabrier (1887), Curtius (1969), Gauger (1952). Eine systematische Darstellung antiker Rhetorik und Poetik, insbesondere der Figuren und Tropenlehre bietet Lausberg (1973), über die neuere, argumentationstheoretische Rezeption der Rhetorik informieren unter anderen Anderson (1972), Benfield (1971), Carleton (1975), Johnstone (1978), Natanson (1962), Natanson/Johnstone (1965), Perelman/Olbrecht-Tyteca (1958), Toulmin (1958) sowie *Logique et Analyse* (1963). Zum Verhältnis von Rhetorik und Philosophie seien außerdem Waismann (1956) und Zaner (1968) genannt.

2. Die argumentative Form sprachlicher Überzeugungskraft

2.1. Rhetorische Kompetenz als kommunikative Strategie

Die Fähigkeit, einander Zeichen zu geben, erlaubt es uns in vielen Fällen, unseren Willen mit sehr geringem physischen Aufwand durchzusetzen. Vor allem wer anderen körperlich unterlegen ist, wird bestrebt sein, nicht direkt auf sie einzuwirken, sondern sie mittelbar, durch die Kraft der Zeichen zu bewegen (s. Art. 114).

Die englische Maxime 'If you can't join them, beat them — if you can't beat them join them' artikuliert auch für diesen Fall eine Grundregel sozialen Lebens. Wer seinen Willen eher durch Zeichen als mit physischer Gewalt zu verwirklichen sucht, hat ihr zu folgen. Denn er muß sie innerhalb der Grenzen setzen, in denen ihm Konkurrenz und Kooperation möglich sind. Seine Äußerungen bringen Ansprüche zur Geltung. Das Maß, in dem sie erfüllt werden, und der Grad, in dem er selbst Ansprüche erfüllt, die andere äußern, entscheiden über seine soziale Stellung. — Zahlreiche Situationen, die wir miteinander teilen, erlauben uns nicht nur zu wählen, welche Ansprüche wir überhaupt geltend machen. Im besonderen können wir uns zwischen gleichwertigen Ansprüchen entscheiden, die unter genau denselben Umständen erfüllt oder enttäuscht werden. Wenn es möglich ist, sie unterschiedlich zu artikulieren, werden wir äußern, was unser Gegenüber am ehesten dazu bewegt, unserem Verlangen zu entsprechen.

Die *rhetorische Kompetenz* eines Kommunikationspartners besteht, so betrachtet, in einer gegebenenfalls erworbenen Disposition, Zeichen mit Hinblick auf ihre soziale Effizienz zu wählen und einzusetzen. Sie ist jedoch nicht die einzige Kompetenz dieser Art. Auch wer höflich ist oder auf seine Kleidung achtet und überhaupt seine äußere Erscheinung gestaltet, kann auf diese Art Ansprüche an seine Mitmenschen artikulieren. Wir würden sein Verhalten jedoch allenfalls in einem übertragenen Sinne als rhetorisch bezeichnen.

2.2. Der argumentative Sinn sprachlicher Kommunikation

Unter den vielfältigen Möglichkeiten, einen Willen kundzugeben, besitzt die menschliche Sprache besonderen Wert. Denn sie erlaubt es, Ansprüche mit dem Anspruch zu äußern, daß sie berechtigt seien. Wer zum Beispiel sagt: 'Ich habe Schmerzen', verlangt unter der Voraussetzung einer entsprechenden Lebensform wahrscheinlich nach Zuwendung. Einerseits ist es möglich, die Worte nur als unmittelbaren Ausdruck dieses Anspruchs gelten zu lassen. Andererseits läßt sich die Mitteilung als eine Äußerung verstehen, die nicht nur jenen Wunsch, sondern zugleich den An

spruch artikuliert, daß er berechtigt sei. Wer daraufhin fordert, der andere solle beweisen, was er sagt, verpflichtet sich zu tun, was sein Gegenüber verlangt, falls sich dessen Behauptung bewahrheitet. Der eigentliche Anspruch wird mit dieser Reaktion weder erfüllt noch verweigert. Dem argumentativen Anspruch, der ihn begleitet, wird jedoch stattgegeben. Denn mit der Aufforderung, der andere möge beweisen, was er behauptet, ist *ceteris paribus* anerkannt, daß Schmerzen ein hinreichender Grund für Zuwendung sind. — Wie das Beispiel zeigt, läßt sich die inhaltliche Relevanz unserer sprachlichen Äußerungen nicht auf die Sachverhalte beschränken, die wir einander explizit mitteilen und insofern unmittelbar Gegenstand einer Beurteilung werden können. Was wir einander nicht sagen, sondern bezüglich des Gesagten anzeigen, erschöpft sich auch nicht darin, daß wir füreinander als kompetente Kommunikationspartner in Erscheinung treten. Die Art, in der wir uns äußern, soll den Angesprochenen darüber hinaus dazu bewegen, fraglos Grundsätze anzuerkennen, die das, was wir sagen, zu einem Argument für unser Anliegen machen.

Ein Regisseur zum Beispiel, der mit seiner Inszenierung nicht zufrieden ist und zusätzliche Proben durchsetzen will, könnte zu diesem Zweck äußern, das Stück sei außergewöhnlich schwierig. Mit demselben Ziel könnte er behaupten, es sei ihm bisher nicht gelungen, den Schauspielern seine Interpretation verständlich zu machen. Was er sagt und wie er es äußert, wird davon abhängen, an wen er sich wenden muß. Beide Begründungen seiner Forderung können wahr sein. Sie müssen jedoch nicht gleichermaßen nützlich sein. — Der Gegensatz zwischen *expliter Mitteilung* und *impliziter Kundgabe* erweist sich mithin als ein konstitutives Moment unserer sprachlichen Äußerungen. Die Einheit dieser beiden semiotischen Aspekte entscheidet über die Art, in der wir miteinander sprechen. Kommunikation ist nur dann ein argumentativer Prozeß, wenn wir durch die Art, in der wir etwas mitteilen, anzeigen, auf welche Art es im weiteren zählt (s. Art. 94).

Wie Husserl in seiner phänomenologischen Bestimmung der kommunikativen Funktionen eines Ausdrucks betont. „[ist] das Verständnis der Kundgabe nicht etwa ein begriffliches Wissen von der Kundgabe, nicht ein Urteilen von der Art des Aussagens; sondern es besteht bloß darin, daß der Hörende den Sprechenden *anschaulich* als eine Person, die dies und das ausdrückt, auffaßt [...]" (Husserl

²1913 [1900/1901], 34). — Während in dieser Perspektive eine Bedeutungsintention und gegebenenfalls deren Erfüllung „den wesentlichsten Kern der Kundgabe" bilden (Husserl ²1913 [1900/1901], 39), wird aus gegenwärtiger Sicht ein Anspruch beziehungsweise dessen Erfüllung angezeigt. Intentionen richten sich auf Gegenständlichkeiten, Ansprüche beziehen sich auf die Gestaltung der kommunikativen Verhältnisse, in denen sie maßgeblich werden. Kundgabe und Kundnahme sind in dieser Hinsicht als zwei Aspekte eines einzigen kommunikativen Geschehenes aufzufassen, das wechselseitig Konkurrenz und Kooperation ermöglicht. In Husserls Beschreibung der Funktion sprachlicher Zeichen erscheinen Äußerung und Aufnahme einer Mitteilung jedoch nur als Korrelate, deren soziale Relevanz für ihr Verständnis gleichgültig bleibt.

Auch Grice möchte kommunikative Ereignisse als intentionale Leistungen verstehen, die sich für den Hörer am Verhalten des Sprechers zeigen. Die exemplarische Unterscheidung zwischen ›natural meaning‹ und ›nonnatural meaning‹ (Grice 1989 b, 213 f), die seiner Sprachphilosophie auch in ihren späteren Nuancierungen zugrundeliegt (vgl. Grice 1968; 1969; 1975 a; 1989 d, 283), dient wesentlich dieser Aufgabe. Jedes Ereignis, das für den Hörer eine Bedeutung der zweiten Art besitzt, wird als ein Geschehen aufgefaßt, das eine intentionale Verfassung des Sprechers anzeigt, aufgrund derer sein Verhalten kommunikativ relevant ist. Hierin liegt die natürliche, d. h. *symptomatische Bedeutung* des Ereignisses. Im Unterschied zu Husserl versteht Grice unter der Intentionalität des Sprechers keine gegenständliche, sondern eine soziale Ausrichtung seines kommunikativen Handelns (Grice 1989 b, 220). Wie der phänomenologische Ansatz bestimmt aber auch diese Position das Verhältnis zwischen Hörer und Sprecher in einer quasi rezeptiven Perspektive. Der Blickwinkel des Angesprochenen wird erneut mit der theoretischen Einstellung dessen verwechselt, der kommunikative Verhältnisse nur allgemein darstellt, dessen praktische Bindung an sie deshalb anscheinend gleichgültig ist. Auch für Grice ist die Beziehung zwischen den Beteiligten lediglich eine Korrelation. Denn nicht schon die Art, in der ein Inhalt zum Ausdruck kommt, sondern erst die Intention seiner Vermittlung entscheidet über die Relevanz des Mitgeteilten. Die Anschaulichkeit, in der Bedeutung relevant wird, ist somit nur Medium ihrer Darstellung. Die

gegenwärtige Position verzichtet hingegen auf eine intentionale Fassung semantischer Grundbegriffe (s. Art. 68). Der kommunikative Wert der vermittelten Inhalte bildet sich aus dieser Sicht in ihrer Vermittlung selbst. Bedeutung ist anschaulich, Anschauung die Gestalt, in der eine Lebensform öffentlich wird. In ihrem Medium organisiert sich die sachliche Spannung zwischen Anspruch und Erfüllung als soziale Alternative zwischen Konkurrenz und Kooperation.

Der vorliegende Beitrag nähert sich seinem Thema in einer doppelten Perspektive: Zum einen bestimmt er kommunikatives Verhalten mit Hinblick auf seine soziale Effizienz, zum anderen kennzeichnet er sprachliches Handeln durch seinen genuin argumentativen Zweck. Im Schnittpunkt der beiden Perspektiven erweist sich die Kunst der Rhetorik vorläufig als eine Technik sozial effizienter Argumentation. Die gegenwärtige Überlegung beruht vorsätzlich auf einem Kommunikationsbegriff, der die informative Bedeutung eines Zeichens erstens seiner praktischen Relevanz unterordnet und zweitens diese beiden Aspekte seines Wertes ausdrücklich an ein Medium seiner in sich geregelten Artikulation bindet, an eine Sphäre öffentlicher Anschauung, in der wir wechselseitig füreinander in Erscheinung treten. Die kommunikativen Leistungen, in denen Ansprüche zur Geltung kommen, werden hier *nicht* als psychische Ereignisse, sondern als semiotisches Geschehen erörtert. Kommunikative Ansprüche und deren Erfüllung existieren nach Maßgabe ihrer in sich geregelten Äußerung und Aufnahme. Sie organisieren sich im sinnlichen Verhältnis der Kommunikationspartner zueinander. Auch Ansprüche, die mittelbar, auf der Grundlage von Argumenten erhoben werden, bestehen allein unter dieser Voraussetzung einer sinnlich gestalteten Öffentlichkeit. Denn Argumente werden für die betreffenden Personen nur in dem Maße verbindlich, wie sie füreinander als argumentativ kompetente Hörer und Sprecher in Erscheinung treten.

Niemand kann den Anspruch begründen, daß er als argumentierendes und insofern rationales Individuum anzuerkennen sei. Doch jeder, der einer Argumentation folgt oder sie vorträgt, muß so, wie er sich in der sozialen Erfahrung seines Gegenübers darstellt, genau diesen Anspruch stellen und selbst erfüllen. — Durch eine in räumlicher Hinsicht soziale, in zeitlicher Perspektive inhaltliche Bindung der Rede an politische Situationen und Einrichtungen, den Gerichtshof, die Volksversammlung oder die Feier typologisiert die antike, systematisch durch Aristoteles dargestellte Rhetorik elementare Formen öffentlicher Anschauung (vgl. *Rhet.* 1358 a 36 – 1359 a 29). Diese notwendige Bedingung nicht nur der zweckgerichteten Rede, sondern des menschlichen Sprechens überhaupt wird jedoch vorrangig durch die Institution des Theaters exemplifiziert. Denn sie besteht nur in dem Maße, wie der Zuschauer sich und seinesgleichen als einen Kommunikationspartner erfährt, der schweigt, um zu erfahren, was auf der Bühne gesagt wird *und* geschieht. Entsprechendes gilt für den Schauspieler, der schweigen muß, um seine Rolle zu spielen. In der aristotelischen Poetik wird die Anschaulichkeit dramatischer Kunst allerdings zugunsten ihrer begrifflichen Struktur vernachlässigt (vgl. *Poet.* 1450 b 15 – 21).

Als Glaukon und Adeimantos im 2. Buch der *Politeia* Sokrates trotz seiner Bedenken dazu drängen, ihnen Wesen und Wirkung von Gerechtigkeit und Ungerechtigkeit in einer Rede darzulegen, kommentiert er zunächst, daß sie an ihrem Anliegen unerschütterlich festhalten: „[...] etwas Göttliches muß euch begegnet sein, wenn ihr nicht überzeugt seid, daß die Ungerechtigkeit besser ist als die Gerechtigkeit, da ihr doch so habt dafür reden können. Und in Wahrheit, ich glaube nicht, daß ihr davon überzeugt seid; ich schließe es aber aus eurer ganzen übrigen Weise; denn freilich nach den Reden allein würde ich es euch nicht glauben" (*Rep.* 368 a). Der platonische Idealismus ist für das Problem, in welcher Form die Wahrhaftigkeit kommunikativer Leistungen erfahren wird, in hohem Maße empfindlich. Wie nachfolgend darzulegen bleibt, wird diese Thematik im Dialog *Phaidros* in einer kosmologischen Perspektive, wiederum jedoch hinsichtlich der Überzeugungskraft menschlicher Rede erörtert.

2.3. Die argumentative Effizienz des rhetorischen Sprechens

Angesichts der unterschiedlichen semiotischen Aufgaben, die unsere argumentativen Äußerungen zugleich erfüllen, ist es nur selten opportun, einen Anspruch durch falsche Behauptungen begründen zu wollen. Denn sie bestimmen explizit, was ihn hinfällig macht; und wer lügt, verliert schnell seine Anerkennung als verläßlicher Kommunikationspartner. Wer hingegen versucht, nur das zu äußern, was er selbst für wahr hält und sein Gegenüber am ehesten als Berechtigung seines Willens anerkennt, versteht es, seine

Kommunikationsmittel wirkungsvoll einzusetzen. Mit dem Angebot einer Begründung appelliert er stillschweigend an Beurteilungsmaßstäbe seines Gegenübers. Um ihre Anwendbarkeit im aktuellen Fall oder ihren Wert überhaupt in Frage zu stellen, müßte der Angesprochene jedoch seinerseits die Initiative ergreifen und das Thema der Argumentation gezielt verschieben. Dem Regisseur zum Beispiel, der die Notwendigkeit zusätzlicher Proben durch die Schwierigkeit des Stücks begründen will, wird der Intendant des Theaters vielleicht einräumen, daß seine Aufgabe nicht einfach ist. Mit einem Hinweis auf die Qualität des Ensembles könnte er jedoch bestreiten, daß schon allein deshalb jene Forderung berechtigt sei.

In einer ersten Annäherung ist unter Rhetorik mithin die Kunst effizienter Argumentation zu begreifen. Sie besteht darin, einen Anspruch mit Hinblick auf den Adressaten, die Situation, in der man ihn stellt, und die Sachverhalte, die ihn begründen sollen, so zu artikulieren, daß seine Erfüllung in höchstem Maße wahrscheinlich wird. – Nicht jeder Zeichengebrauch, der die Überzeugungen und Verhaltensdispositionen eines Adressaten verändern soll, ist allein rhetorisch bestimmt. So setzt etwa die Werbung ein differenziertes Arsenal semiotischer Strategien ein, um die Kaufgewohnheiten sozialer Gruppen zu beeinflussen. Ihre Wirkung auf die Einstellungen von Menschen resultiert jedoch nur partiell aus einem argumentativen Sprachgebrauch. Ihre Effizienz hängt wesentlicher davon ab, in welchem Umfang es ihr gelingt, die unmittelbaren Erwartungen potentieller Käufer zu prägen. Im besonderen versucht sie, das Produkt des Anbieters so zu präsentieren, daß seine Erwartung an den Käufer, die sich in der Erscheinung der Ware artikuliert, von ihm als ein eigenes Bedürfnis erlebt wird. Mit seinem Anspruch als Käufer wird er zugleich den Wunsch des Anbieters erfüllen, seine Ware zu verkaufen. – Rhetorische Darstellungsmittel, die der sozial effizienten Artikulation eines Anspruchs dienen, kommen auch in literarischen Werken zur Geltung. Es ist daher nicht nur geboten, den eloquenten Einsatz sprachlicher Mittel gegen ihre werbende Verwendung im allgemeinen abzugrenzen. Eine philosophische Bestimmung der rhetorischen Rede erfordert es gleichermaßen, sie vom literarischen und überhaupt ästhetischen Einsatz sprachlicher Mittel zu unterscheiden. Vorläufig – eine vertiefte Bestimmung des Unterschieds wird gegen Ende des Artikels versucht — sei zumindest auf die folgenden Differenzen hingewiesen:

Wenn in einem literarischen Werk rhetorische Figuren verwendet werden, so dient diese Stilisierung doch keinem argumentativen Zweck. Die primäre Bestimmung literarisch geprägter Kunstwerke liegt nicht darin, einen argumentativen Anspruch zu erheben, den ihr Rezipient zu erfüllen hätte (s. Art. 107). Seine Aufnahme des Werks erfordert keine Reaktion an den Produzenten hin. Im Unterschied zum Redner trägt er keine Argumentation für ein Anliegen vor, die den Zuhörer zu einer praktischen Entscheidung oder persönlichen Einstellung bewegen soll; ausgenommen es handelt sich um Erbauungsliteratur oder Propaganda. Schon deshalb ist es nicht erforderlich, die literarische Produktion als vorsätzliche Tätigkeit eines Dichters anzusehen. Selbst ein vermeintlich pädagogischer Wert, wie ihn Platon gezwungenermaßen in der *Politeia* präsupponiert, könnte ihnen keine in einem argumentativen Sinn instrumentelle Bedeutung geben. Denn die ihnen zugeschriebene, erzieherische Aufgabe läge darin, einer sich bildenden Persönlichkeit grundlegende, und daher nicht wiederum zweckgebundene Einstellungen zu vermitteln, die sie für bestimmte Argumentationen empfänglich macht. Pädagogisch relevante Werke der Literatur schaffen im Gegenteil Voraussetzungen, unter denen ein rhetorisch argumentativer Sprachgebrauch überhaupt erst möglich wird.

2.4. Vorsätzlichkeit und Selbstreferenz kommunikativen Handelns

Der rhetorische Sprachgebrauch ist nur eine spezielle Form werbender Zeichenverwendung. Auch in seinem Fall ist jedoch wesentlich zu berücksichtigen, daß Ansprüche, die kommunikativ als Forderungen einer Person zählen und gegebenenfalls auch von ihr selbst als ihre eigenen Bedürfnisse erlebt werden, nicht schon deshalb von ihr gestellt sein müssen. Einen Willen zu haben, bedeutet nicht in jedem Fall, über ihn zu verfügen. Eine Person, in deren Äußerung oder Erscheinung sich ein Anspruch an andere, zum Beispiel ein Verlangen nach Zuwendung artikuliert, muß darum nicht auch Urheber dieser Forderung sein. Insbesondere ist es nicht notwendig vorauszusetzen, daß der betreffende Mensch willkürlich oder vorsätzlich beansprucht, was für andere und vielleicht auch für ihn selbst als sein Verlangen zählt. —

Auch wenn es mit dem Anspruch, begründet zu sein, maßgeblich wird, ist es nicht zwingend, die zu begründende, implizite Forderung als Ergebnis einer gegebenenfalls vorsätzlichen Entscheidung anzusehen. Wie sich nachfolgend zeigen wird, hängt die Wahrhaftigkeit eines Redenden wesentlich davon ab, daß er an seine Zuhörer auch unwillkürliche Ansprüche stellt. Gilt seine Verwendung sprachlicher Zeichen nicht als unmittelbare Äußerung eines Willens, sondern als argumentative Artikulation eines Verlangens, so werden dem Sprecher jedoch zumindest Wahl und Gestaltung seiner Argumentation als vorsätzliches Handeln zugeschrieben. Denn während es für die Erfüllung eines unmittelbaren Verlangens, streng genommen, unerheblich ist, Expedient und Adressat des Anspruchs als Personen zu unterscheiden — die Beteiligten definieren sich ausschließlich durch die Grenzen ihrer Macht —, ist eine argumentativ bedingte Verwirklichung von Ansprüchen essentiell an eine Unterscheidung der kommunizierenden Personen gebunden, die zwischen alternativen Sprechhandlungen wählen, um einander vorsätzlich zu beanspruchen und dementsprechend wechselseitig zu reagieren. Denn ein argumentativer Anspruch muß nicht nur als solcher erkennbar und insoweit verständlich sein, daß es dem Gegenüber möglich ist, darauf spezifisch zu reagieren. Eine derart mittelbare Forderung setzt *a limine* voraus, daß die Kommunikationspartner innerhalb ihrer wechselseitig geregelten Aktivität auch die Grenzen dieser Art Interaktion thematisieren können. Das Beispiel des Intendanten, der die Behauptungen des Regisseurs nicht in Zweifel zieht, ihren argumentativen Wert jedoch bestreitet, illustriert diese notwendige Bedingung verantwortlicher Rede. Der Wechsel der Thematik erfordert eine Initiative des Angesprochenen, die das implizite Begründungsverhältnis in Frage stellt. Formale Aspekte der ursprünglichen Argumentation werden nunmehr inhaltlich relevant. Denn die Reaktion des Adressaten bewegt sich nicht mehr in den ihm vorgezeichneten Bahnen, läßt sie im Gegenteil problematisch werden. Sein Anspruch, die Begründung bedürfe einer Rechtfertigung, eröffnet der Argumentation eine neue Perspektive. Prinzipien, die Handeln und Denken leiten, sind nicht mehr nur vorgegeben, sondern müssen als allgemeinverbindliche Grundsätze nunmehr auch explizit ermittelt werden. Der rhetorische Sprachgebrauch versucht diese Entgrenzung zu vermeiden, in der wechselseitige Verbindlichkeit nicht einfach unterstellt ist, sondern als gemeinsame Aufgabe maßgeblich wird. Allerdings ist ein guter Redner insbesondere fähig, Kritik an den impliziten Voraussetzungen seiner Argumente vorwegzunehmen. Er wird diese Möglichkeit jedoch nicht wählen, um die Berechtigung seines Anspruchs einer wechselseitigen Auseinandersetzung zu überantworten. Auch für diesen Fall bleibt die Argumentation ein Instrument seines impliziten Anspruchs.

Die Abgrenzung des rhetorischen Zeichengebrauchs von werbender Kommunikation im allgemeinen macht ein konstitutives Moment argumentativer Rede deutlich: Kommunikatives Verhalten muß zumindest in dem Maße als ein vorsätzliches Handeln gelten, wie es überhaupt die Berechtigung impliziter Ansprüche artikuliert, wenn nicht gar die Begründung von Prinzipien erforderlich macht, die einer Argumentation zugrundeliegen. Daß vorsätzlich der Anspruch erhoben wird, einen begründeten Anspruch zu stellen, besagt allerdings nicht, daß auch der so begründete Anspruch vorsätzlich erhoben wird. Wer zum Beispiel durch eine Äußerung über sein Befinden Zuwendung beansprucht, muß nicht schon deshalb vorsätzlich danach verlangen, weil er es absichtlich, durch eine Mitteilung über seinen Gesundheitszustand begründet. Der Betreffende ist sich unter Umständen nicht einmal darüber im Klaren, welchen Anspruch er in der maßgeblichen, kommunikativen Situation begründet. Während sich an seine Zuhörer hin ein Anspruch auf Zuwendung stellt, glaubt der Sprecher vielleicht, ein Verlangen seines Gegenübers nach Vertraulichkeit zu befriedigen.

Ansprüche, die sich auch unmittelbar ergeben können, werden hingegen nur dann als vorsätzliche Anforderungen zählen, wenn ihre Artikulation aus einer situationsspezifisch begründeten Wahl zwischen alternativen Ansprüchen resultiert, mithin durch eine differenzierte Beurteilung der Lebensverhältnisse entsteht, unter denen diese Alternativen als solche maßgeblich werden. Jener Regisseur, der mit seiner Inszenierung nicht zufrieden ist, sieht vielleicht unterschiedliche Möglichkeiten, um die Situation zu verbessern. Unter anderem könnte er zusätzliche Proben einplanen, die Besetzung des Stücks oder auch seine Interpretation des Dramas ändern. Wählt er vorsätzlich zwischen diesen einander nicht ausschließenden Möglichkeiten, so wird er versuchen, sich die maßgeblichen Verhältnisse zunehmend genauer vor Augen zu führen, bis

er angesichts der konkreten Situation eine Möglichkeit allen übrigen vorziehen muß.

An den Grenzen, in denen Kommunikation vorsätzlich sein kann, ist deutlich geworden, daß es in ihrem Vollzug ausgeschlossen ist, die Prinzipien dieses Handelns in Frage zu stellen, ohne daß es Gefahr liefe, sich aufzulösen. So ist es zwar möglich, explizit vorauszusetzen, daß man ein rationaler Kommunikationsteilnehmer sei, oder zu versuchen, diese Bestimmung zu definieren — behaupten kann man es jedoch nicht. Es ist nicht einmal möglich, den Bereich von Maßstäben, deren implizite Anerkennung die argumentative Interaktion fraglos voraussetzt, auf ihre formalen Bedingungen zu beschränken. Denn unabhängig von konkreten Lebensverhältnissen, in denen Personen einander unmittelbar beanspruchen, sind Argumentationen gleichgültig. — Ein nahezu paradoxes Beispiel für die Grenzen selbstreferentieller Kommunikation gibt Platon zu Beginn der *Apologie*. Unter den Verleumdungen, gegen die sich Sokrates verteidigen will, bewundert er vor allem die Warnung der Ankläger, man solle sich hüten, von ihm getäuscht zu werden, da er „gewaltig wäre im Reden" (*Ap.* 17 a). Wären die Athener in rhetorischen Fragen inkompetent, so würde Sokrates nicht verurteilt, falls er tatsächlich ein mächtiger Redner wäre. Wenn er unter solchen Umständen jedoch kein mächtiger Redner wäre, würde er verurteilt. Da die Athener jedoch rhetorisch geschult sind, wird er verurteilt, falls er entsprechende Mittel einsetzt. Dann aber bewirkt die rhetorische Kunst das Gegenteil dessen, wozu sie eingesetzt werden soll. Um sich vor einem zumindest partiell rhetorisch geschulten Publikum erfolgreich verteidigen zu können, möchte Sokrates darauf verzichten, in diesem Sinne zu sprechen. Besteht die rhetorische Kunst jedoch wesentlich darin, Argumentationsmittel sozial effizient einzusetzen, so bleibt zu fragen, in welchem anderen Sinne er sein Anliegen denn überhaupt erfolgreich verteidigen könnte. Der platonische Sokrates beschwört eine Alternative, deren Existenz er nicht beweist: „Jedoch, ihr Athener, beim Zeus, Reden aus zierlich erlesenen Worten gefällig zusammengeschmückt und aufgeputzt, wie dieser ihre waren, keineswegs, sondern ganz schlicht werdet ihr mich reden hören in ungewählten Worten. Denn ich glaube, was ich sage, ist gerecht, und niemand unter euch erwarte noch sonst etwas" (*Ap.* 17 b; zur Rhetorik als Schmeichelei vgl. *Gorg.* 263 a — c). Zumindest seine Ankläger werden bestreiten, daß sich die rhetorische Kunst auf täuschende Verzierung des Ausdrucks reduzieren ließe. In welchem Sinne wäre deshalb zu erwarten, daß eine rein inhaltlich angemessene und insofern einfachste Darstellungsweise nicht nur möglich, sondern auch sozial effizient ist? Die konträre Eigenschaft selbstreferentieller Argumentationen, die es nicht nur unterlassen, ihre intersubjektive Relevanz in dieser Form auf ihren inhaltlichen Wert zu reduzieren, sondern im Gegenteil die Grenzen ihrer möglichen Geltung *ad hominem* fixieren — 'Wer mir nicht zustimmt, versteht mich nicht' —, hat P. Suber treffend als ›logical rudeness‹ bezeichnet (Suber 1987, 41 ff).

3. Historische Voraussetzungen der systematischen Frage nach dem Verhältnis zwischen Sprachphilosophie und Rhetorik

In den bisherigen Überlegungen sind historische Voraussetzungen der hier maßgeblichen, systematischen Problematik nur beiläufig zur Sprache gekommen. Ein adäquates Verständnis der wechselseitigen Beziehungen zwischen Rhetorik und Sprachphilosophie hat jedoch zu berücksichtigen, daß diese Art Reflexion zumindest partiell aus der Institutionalisierung jener Kompetenz in Form einer systematisch gelehrten Methode überzeugender Rede hervorging. Aufgrund der bisher leitenden Perspektive wurde deshalb vorrangig nach dem *rhetorischen Aspekt* kommunikativen Handelns und nicht nach dem Zweck oder auch Gehalt einer entsprechenden Technik, beziehungsweise der ihr zugehörigen Theorie gefragt. Um diese Spannung, die nicht Wirkung einer methodischen Nachlässigkeit ist, sondern aus dem Gehalt der hier leitenden Thematik erwächst, in ihrem historischen Ursprung wie in ihrer systematischen Relevanz darzulegen, soll im weiteren Platons Übergang von einem politischen zu einem kosmologischen Verständnis der rhetorischen Kunst nachgezeichnet werden — eine Entwicklung, die sich in einer Konfrontation seines Dialogs *Gorgias* mit dem weitaus später entstandenen *Phaidros* deutlich nachvollziehen läßt. Ohne das Schema, das Goldschmidt seiner Lektüre Platons zugrundelegt, im einzelnen zu übernehmen, wird die nachfolgende Interpretation zu den beiden Dialogen doch das leitende Prinzip seiner Kommentare beachten: „Le dialogue veut former plutôt qu'informer" (Goldschmidt 1947, 3; 5 f). In

diesem Sinne soll insbesondere der Dialog *Phaidros* als Paradigma einer dialektischen Erörterung verstanden werden (vgl. Goldschmidt 1947, 331 f; Bourget 1919).

3.1. Die politische Analyse der Rhetorik im Dialog *Gorgias*

Platons Auseinandersetzung mit den prominentesten Repräsentanten der Rhetorik seiner Zeit, vor allem Gorgias und Lysias, gewinnt ihren philosophischen Sinn zunächst aus der Analyse des politischen Phänomens öffentlicher Rede. Die zentrale Frage nach dem Verhältnis zwischen sachlichem Urteil und sozial relevanter Äußerung wird im Dialog *Gorgias* durch eine systematische Differenzierung ökonomisch relevanter Produktionsformen vorbereitet (*Gorg.* 449 c 9 — 454 a 7). Weil sich die Rhetorik als öffentlich gelehrte Redetechnik etabliert hat, somit als Bestandteil einer politischen Praxis von kontingenten, individuellen Kompetenzen unterschieden ist, wird es möglich zu untersuchen, worauf sich dieses Verfahren anwenden läßt, was mit seiner Hilfe erzeugt wird und welchem Zweck die Methode dient. Im Versuch, sie schrittweise von allen anderen Formen menschlicher Produktivität zu unterscheiden, fragt Sokrates wiederholt nach dem Bezug, dem ›περὶ τί‹, oder auch ›περὶ τινός‹, der zu analysierenden Verfahren (*Gorg.* 449 d 1 — 2; 450 a 11 — 450 b 3). Schon diese mehrfach variierte Redewendung ermöglicht es ihm, durch eine quasi anaphorische Ausdrucksweise, dem Gesprächspartner Gorgias stillschweigend sachliche Zugeständnisse abzugewinnen: Auf die Frage hin, worauf sich die rhetorische Kunst bezieht, gibt Gorgias zunächst eine offensichtlich naive Antwort (*Gorg.* 449 d 14). Ihr Gegenstand sind Reden. Da jedoch zahlreiche Künste strukturierte, sprachliche Äußerungen hervorbringen und sich nicht allein die Rhetorik hierauf beschränkt, fragt Sokrates nunmehr nach dem besonderen Bezug rhetorisch gestalteter Äußerungen (*Gorg.* 450 a 11 — 450 b 3). Gorgias akzeptiert diesen Wandel in der leitenden Fragestellung. Die Reden, die Gegenstand der Rhetorik sind, beziehen sich, wie er sagt, auf die höchsten Güter des Menschen, seine Freiheit und Herrschaft bezüglich dessen, was überzeugt:

„[...] μέγιστον ἀγαθὸν και αἴτιον ἅμα μὲν ἐλευθερίας αὐτοῖς τοῖς ἀνθρώποις, ἅμα δὲ τοῦ ἄλλων ἄρχειν ἐν τῇ αὑτοῦ πόλει ἑκάστῳ. — Τί οὖν δὴ τοῦτο λέγεις; — Τὸ πείθειν [...]" [Was auch in der Tat das größte Gut ist, und kraft dessen die Menschen sowohl selbst frei sind als auch über andere herrschen, jeder in seiner Stadt. — Was meinst du nun also hiermit? — Wenn man durch Worte zu überreden imstande ist [...]] (*Gorg.* 452 d5 — 7).

Die Rhetorik wäre nach dieser Auffassung eine Meisterschaft der Überredung:

„πείθοῦς δημιουργός ἐστιν ἡ ῥητορική" [der Überredung Meisterin sei die Redekunst] (*Gorg.* 453 a 2).

Sokrates greift auf eine Ambivalenz im Begriff der Peitho zurück, um seine Differenzierung voranzutreiben:

„Βούλει οὖν δύο εἴδη θῶμεν πειθοῦς, τὸ μὲν πίστιν παρεχόμενον ἄνευ τοῦ εἰδέναι, τὸ δ' ἐπιστήμην; — Πάνυ γε. — Ποτέραν οὖν ἡ ῥητορικὴ πειθὼ ποιεῖ ἐν δικαστηρίοις τε καὶ τοῖς ἄλλοις ὄχλοις περὶ τῶν δικαίων τε καὶ ἀδίκων; ἐξ ἧς τὸ πιστεύειν γίνεται ἄνευ τοῦ εἰδέναι ἢ ἐξ ἧς τὸ εἰδέναι; — Δῆλον δήπου, ὦ Σώκρατες, ὅτι ἐξ ἧς τὸ πιστεύειν. — Ἡ ῥητορικὴ ἄρα, ὡς ἔοικεν, πειθοῦς δημιουργός ἐστιν πιστευτικῆς, ἀλλ' οὐ διδασκαλικῆς, περὶ τὸ δίκαιόν τε καὶ ἄδικον." [Willst Du also, wir sollen zwei Arten der Überredung setzen, die eine, welche Glauben hervorbringt ohne Wissen, die andere aber welche Erkenntnis? — Allerdings. — Welche von beiden Überredungen also bewirkt die Redekunst an der Gerichtsstätte und in den anderen Volksversammlungen in Beziehung auf das Gerechte und Ungerechte? Aus welcher das Glauben entsteht ohne Wissen? Oder aus welcher das Wissen? — Offenbar doch, Sokrates, aus welcher das Glauben. — Die Redekunst also, Gorgias ist, wie es scheint, Meisterin in einer glaubenmachenden, nicht in einer belehrenden Überredung in bezug auf Gerechtes und Ungerechtes?] (*Gorg.* 454 e — 455 a)

Während Hesiod (*Op.* 73), Pindar (*Pyth.* 9.39) und Sappho (1*D* 18; 90 *LP* frlcol.II.8) ein sinnlich erotisches Verständnis der Göttin beziehungsweise ihres Bereichs (Pötscher 1959; 1960; 1979) artikulieren — Hermann Fränkel spricht treffend von ›Verlockung‹ (Fränkel 1960, 166) —, wird in Parmenides' Lehrgedicht eine intellektuelle Alternative deutlich:

„εἰ δ' ἄγ' ἐγὼν ἐρέω, [...] αἵπερ ὁδοὶ μοῦναι διζήσιός εἰσι νοῆσαι· ἡ μὲν ὅπως ἔστιν τε καὶ ὡς οὐκ ἔστι μὴ εἶναι, Πειθοῦς ἐστι κέλευθος (Ἀληθείῃ γὰρ ὀπηδεῖ) [...]" [Wohlan, ich werde also vortragen [...], welche Wege der Untersuchung einzig zu erkennen sind: die erste, daß es ist und daß nicht ist, daß es nicht ist, ist die Bahn der Überzeugung, denn sie richtet sich nach der Wahrheit [...]] (B2; *VS* I, 231).

Die Überzeugungskraft der Wahrheit liegt — wiederum mit Fränkel gesprochen — in ihrer ›Evidenz‹. Platon übersetzt diese Dichotomie in die Alternative zwischen Reden, die einen Glauben erzeugen, und Äußerungen,

die Wissen vermitteln. Ein sachkundig Redender überzeugt nach Maßgabe der Wahrheit, die in seinen Äußerungen zugänglich wird. Er belehrt seine Zuhörer. Der erfolgreiche Rhetoriker vermittelt seinem Adressaten allenfalls einen Glauben, der Wissen ausschließt. Seine Worte sind insbesondere dann wirksamer als sachliche Darlegungen, wenn die Wahrheit dem Zuhörer nur mit übermäßigem Aufwand zu vermitteln wäre. Vorrangiges Thema des Rhetors sind Recht und Unrecht. Denen, die an Gerichtsversammlungen und überhaupt politischen Zusammenkünften teilnehmen und unter diesen Voraussetzungen nicht darüber belehrt werden können, was in einer gegebenen Situation gerecht oder überhaupt angemessen ist, verschafft er einen den Grenzen ihrer Lage entsprechenden Glauben (vgl. *Gorg.* 456 a 7 — 457 c 4). Gorgias setzt voraus, daß der Redner sich an die Menge derer wendet, die nicht wissen, nicht jedoch an einen Sachverständigen, dessen inhaltliche Kompetenz der Redner gegebenenfalls nicht teilt (vgl. *Gorg.* 459 b 6 — 459 c 5).

Eine detaillierte Auseinandersetzung mit Platons eigener Bestimmung der Rhetorik als einer Form von Schmeichelei, die ein schlechter Ersatz für die Kunst der Rechtspflege ist (vgl. *Gorg.* 465 b; *Phdr.* 270 b), würde von der hier leitenden Frage ablenken, inwiefern Kommunikation überzeugend ist, d. h. auf welche Art Hörer und Sprecher darin füreinander als Personen maßgeblich werden und bleiben. Die referierte Einleitung des platonischen Dialogs spricht nahezu alle wesentlichen Momente dieser Thematik an. Insbesondere wird in ihr deutlich, daß die philosophische Erörterung sprachlicher Form eine institutionalisierte Praxis der Rhetorik voraussetzt und sich kritisch von ihr abgrenzt, um sich ihrerseits als intellektuelle Methode öffentlich zu etablieren. Der gesellschaftliche Stellenwert der Rhetorik wird zunächst in einer informativen Hinsicht ermittelt: Die zwischen Gorgias und Sokrates umstrittene Bedeutung des Verfahrens für öffentliche Entscheidungsprozesse wird erst unter der Voraussetzung deutlich, daß sprachliche Äußerungen entweder der Übermittlung von Wissen oder, vor allem in Ermangelung dieser Möglichkeit, dem Aufbau einer Glaubenshaltung dienen können. Das einleitend entwickelte Kommunikationsverständnis berücksichtigt dieses epistemische Moment im Hinblick auf den genuin argumentativen Charakter sprachlich vermittelter Ansprüche. Während in der platonischen Perspektive jedoch

Glauben *nur* als unvermeidlicher Ersatz für Wissen relevant wird (vgl. *Gorg.* 454 e 4 f), sich das rhetorische Verfahren daher auch leichter als eine Methode zur Verbreitung von Unwahrheiten disqualifizieren läßt, wurde in der hier entworfenen Perspektive der vorrangig begründenden Funktion öffentlicher Rede Rechnung getragen. Auf diesem Wege ließ sich die platonische Subsumption praktisch relevanter Begründungen unter ein Ideal theoretischer Erkenntnis vermeiden, wurde mithin der aristotelischen Tradition eines argumentativen Rhetorikbegriffs entsprochen.

Aus platonischer Sicht bestimmt der Zweck menschlicher Rede, welchen Gegenstand sie im Prinzip zu erörtern trachtet. Die Gerechtigkeit, um derentwillen wir miteinander sprechen, soll im Gespräch als solche zur Sprache gebracht und erkannt werden. Sprecher und Hörer können streng genommen nicht wählen, wozu und worüber sie sich austauschen. Dieser Objektivismus, dessen kommunikativer Widerschein das Ideal einer einfachen Sprache ist, wird erst auf dem Hintergrund des sophistischen Subjektivismus verständlich. Seiner Konzeption öffentlicher Rede, die, inhaltlich betrachtet, eine systematische, politisch gesehen, eine institutionelle Entwicklung der rhetorischen Kunst fördert, liegt dagegen ein sprach- und moralphilosophischer Instrumentalismus zugrunde. Platons dialektisches Verständnis öffentlicher Kommunikation opponiert gegen diese Position in mehrfacher Hinsicht. Während für den Rhetoriker Wahrheit und Wahrscheinlichkeit einander einschließen können (vgl. auch Aristoteles *Rhet.* 1355 a 14 f) und sich die Alternativen seiner kommunikativen Zielsetzung unterordnen, unterstellt die platonische Sicht ein disjunktes Verhältnis der beiden Größen. Die öffentliche Rede soll ausschließlich einer Belehrung über die Wahrheit dienen. Während der rhetorisch geschulte Redner eine politische Initiative ergreift und vorsätzlich ein Ziel zu verwirklichen trachtet, dient das Gespräch mit dem Dialektiker der Annäherung an eine unwandelbare Wirklichkeit. Auch sein kommunikatives Handeln ist vorsätzlich. Doch im Unterschied zu dem des Rhetors vollzieht es sich nicht aus eigenem Antrieb, sondern in Reaktion auf eine Wirklichkeit, die, sofern der Redende hinreichend an ihr teilhat, sein Streben nach Wahrheit provoziert. Im reaktiven Weltverhältnis des platonischen Dialektikers klingt das Ethos der archaischen Helden nach, deren Handeln stets einer ihnen vorgegebenen Aufgabe entspricht. Achill oder Odysseus zum Beispiel verfolgen keine Ziele, die sie sich *selbst* gesetzt hätten. Sie reagieren vielmehr auf göttliches und menschliches Verhalten und versuchen Anforderungen gerecht zu werden, die sie an sich selbst gar nicht hätten stellen können. Platons Verständnis des Menschen und insbesondere desjenigen, der so spricht, wie es sein Wissen erfordert, folgt jener Tradition, mit der, wie sich an der rhetorischen Kunst zeigt, die sophistische Bewegung gebrochen hat. Dennoch ist Platons Reaktion innovativ. Denn seine kritische Auseinandersetzung mit der Kunst der Überredung soll ein alternatives, jedoch gleichermaßen kommunikatives Verfahren legitimieren, das mit demselben Anspruch auf Verbindlichkeit vorgestellt wird. Nicht mit Hinblick auf die bloße Präsentation von Resultaten, sondern um ihrer Aneignung willen konfrontiert Platon die Technik der sophistischen Rhetorik mit einer Methode zur Vermittlung von *Wahrheit*, einer gesellschaftlichen Form wissenschaftlicher Orientierung, die er als Dialektik bezeichnet.

Des weiteren ist mit Gorgias' Darstellung der Rhetorik, die von Sokrates' Fragen nach ihrem Bezug provoziert wird, exemplarisch der Gegensatz zwischen dem Inhalt und der Form einer sprachlichen Äußerung anerkannt. So, wie sich der Rhetoriker ›an die Menge‹ wendet, ist es für ihn gleichgültig, worüber er spricht und welche Entscheidung in der Sache sein Reden begünstigt (*Gorg.* 457 b). Der Grund für die anscheinend unbeschränkte Macht des Redners liegt nach Gorgias' Ansicht vorrangig in der *schematischen* Kompetenz, die ihm seine Ausbildung vermittelt. Er lernt den Zweck einer Rede von ihrer argumentativen und sprachlichen Gestalt zu unterscheiden, um die entsprechenden inhaltlichen und im weitesten Sinne formalen Mittel seiner Darstellung so wirkungsvoll wie nur möglich einzusetzen. Nicht die Allgemeinheit dessen, was der Redner gegebenenfalls propagiert, noch der Argumente, die er zu diesem Zweck vielleicht einsetzt, bestimmen den gesellschaftlichen Wert seiner Kompetenz. Maßgeblich ist im Gegenteil die Allgemeinheit des Verfahrens selbst. Denn nur unter dieser Voraussetzung lassen sich Zweck und Inhalt einer Rede, ja sprachlicher Äußerungen überhaupt als Größen bestimmen, die nicht an sich relevant werden, sondern nur als Momente ihrer Darstellung, somit allein schematisch zu berücksichtigen sind. Die Trennung zwischen dem, was der Redner seinen Hörern mitteilt, und dem Zweck, zu dem es geschieht, gewährleistet, daß sie überhaupt als formale, mithin beliebige, in ihrer kontextuellen Bestimmung gleichgültige Komponenten verständlich werden. Selbst wenn ein platonischer Begriff von Dialektik nur schwer zu ermitteln ist (Stenzel 1961, 106; Kneale 1971; Ackrill 1957), so ist doch zumindest festzuhalten, daß diese Form kommunikativer Orientierung nur unter der Voraussetzung der von Platon zunächst so scharf kritisierten rhetorischen Alternative möglich und verständlich wird. Denn in ihrem Fall werden Zweck und Inhalt der rhetorischen Äußerung streng genommen miteinander identifiziert. Ist die gemeinsame Erkenntnis und *a forteriori* wechselseitige Praxis von Gerechtigkeit Ziel der dialektischen Bewegung, so wird sie erst dann ihren Zweck erfüllt haben, wenn das Wechselspiel der Argumentation in der Tat eine Definition des Begriffs erreicht hat. Die Anschauung der maßgeblichen Idee, die als Ziel der dialektischen Bewegung zugleich ihren Weg bahnt, wird von Platon allerdings nur beschworen. Der Einsatz rhetorischer Mittel, die er sich zu diesem Zweck noch im Gebrauch einfachster Worte auch im Dialog *Gorgias* zugesteht — man denke nur an die zentrale Wendung 'περὶ τινός' —, widerspricht der sich entwickelnden Auffassung. Wesentlicher als diese strukturelle Schwierigkeit der platonischen Position ist jedoch, daß in ihrer Darstellung das Problem der anschaulichen, anders gesagt, der verbindlichen Vermittlung eines Inhalts oder Wertes überhaupt erkennbar wird und als ein elementares Problem menschlicher Weltorientierung philosophisch Anerkennung findet. Die im Dialog *Phaidros* allegorisch dargelegte Theorie der ›μανία‹ kann als eine Adaption und Umwandlung dieser Fragestellung verstanden werden.

3.2. Das kosmologische Verständnis der Rhetorik im Dialog *Phaidros*

Während der Dialog *Gorgias* den doppelten Begriff der Überzeugungskraft mit Hinblick auf den Hörer erörtert, den es zu belehren gilt, betont die im *Phaidros* allegorisch dargestellte Theorie des göttlich inspirierten Wahnsinns die Seite des Sprechers, der Erkenntnisse vermitteln soll. Das Ziel, dem die Seele wissend zustrebt, kann wiederum nicht Resultat einer vorsätzlichen Wahl sein, ist im Gegenteil erneut Voraussetzung der psychischen Bewegung, die es zu erreichen sucht. Der Wert sprachlicher Kommunikation wird zwar schon im Dialog *Gorgias* hinsichtlich

ihrer epistemischen Wirkung erörtert. In Frage steht hier jedoch nur, ob ein Redner die Überzeugungskraft seiner Worte zu einem anderen Zweck als zur Vermittlung von Wissen einsetzen darf. Der Instrumentalismus dieses Modells, das die Verbindlichkeit sprachlicher Kommunikation angesichts ihres Zwecks, mithin vorrangig in ihrer Wirkung für den Rezipienten erörtert, wird somit nicht in Zweifel gezogen. In seiner kritischen Analyse der Rhetorik, die über ihre politische Legitimation zu entscheiden versucht, steht Platon der sophistischen Position weitaus näher als in der konstruktiven Würdigung des rhetorischen Sprachgebrauchs, die er im Dialog *Phaidros* vorträgt. Das Problem, inwieweit sich sprachliche Kommunikation in einem technischen Sinne gestalten läßt und daher überhaupt als Anwendung von Regeln zu begreifen ist, und die Frage, ob es *a forteriori* gelingen kann, entsprechende Methoden sprachlicher, sei es rhetorischer oder dialektischer Darstellung zu institutionalisieren, werden in jener früheren Schrift nicht diskutiert. Seinem eigenen politischen Anspruch nach dokumentiert der Dialog *Gorgias* eine Rivalität, die im *Phaidros* nicht mehr wesentlich ist. An die Stelle der Konkurrenz zwischen Rhetorik und Dialektik tritt der Versuch einer Integration. Die sprachphilosophische Reflexion radikalisiert sich zugunsten jener zunächst gleichgültigen Fragen. Zwar bleibt die ursprüngliche Ablehnung der Rhetorik erhalten. Doch die Souveränität und Konzentration, mit der sie in diesem Zusammenhang wiederholt wird (*Phdr.* 259 e – 264 e), zeigt ihre nunmehr untergeordnete Bedeutung an.

Die Schilderung des Dialogs zwischen Sokrates und Phaidros gewinnt ihre philosophische Überzeugungskraft aus der Form, in der Sokrates Gehalt und Themen ihrer Auseinandersetzung aus einer scheinbar kontingenten Lebenssituation entwickelt. Der gemeinsame Weg hinaus vor die Stadt, die abgeschiedene Rast unter einer Platane am Ilissos und im weiteren Verlauf des Gesprächs Sokrates' vermeintliche Absicht, durch den Fluß zu gehen und das Gespräch vorzeitig zu beenden, prägt darin einen Ort, dessen natürliche Schönheit und mythologische Bestimmung die Unterredung verbindlich werden läßt. An diesem Flußufer, das sie schon ins Gespräch vertieft erreichen, gelingt ihnen die Annäherung an die philosophisch maßgebliche Wahrheit, die zugleich Annäherung aneinander ist, und die sie in dieser Abhängigkeit von einem natürlichen Ort auch darstellen. Auf dem Weg dorthin nennt Sokrates unter Berufung auf einen wiederum kosmologisch bestimmten Ort das philosophische Leitmotiv, das ihre intellektuelle Auseinandersetzung legitimiert. 'Erkenne Dich selbst' — der Spruch des delphischen Orakels bestimmt das Ziel, dem die philosophische Betrachtung dienen soll. Während die sophistisch geprägte Rhetorik politisch, als effiziente Darstellungsform partikulärer Interessen auf dem Hintergrund öffentlicher Willensbildung zu verstehen ist (*Phdr.* 260 a; 261 a — b), soll die philosophisch bestimmte Dialektik als eine Form allgemein verbindlicher Orientierung gelten, deren Sinn und Berechtigung nicht schon aus der Struktur der einzelnen Polis erwächst, sondern von einer übergreifenden Ordnung sanktioniert wird, dem Kosmos der ihnen gemeinsamen Kultur und Religion. Jenes göttliche Gebot allgemein verbindlicher und deshalb sprachlich zu gestaltender Selbsterkenntnis geht von Delphi aus, dem wichtigsten Heiligtum der hellenischen Welt. Die mantische Praxis, mit der es auf das Verhältnis der rivalisierenden Stadtstaaten einwirkt, repräsentiert die ihnen gemeinsame Ordnung (*Phdr.* 244 b; zur antiken Wahrsagekunst und zum Begriff der ›μα-νία‹ vgl. Dodds 1970, 38 ff; über Platons Verhältnis siehe ebenfalls Dodds 1970, 116 ff). Durch die philosophische Aufgabe, die es aufgrund dieser Funktion mit natürlicher Autorität stellt, ist die Entwicklung und Institutionalisierung einer neuen Orientierungsform und Erkenntnismethode vorgezeichnet. Wenn das dialektische Verfahren allgemein verbindlich sein soll, muß es zumindest prinzipiell beanspruchen, ein mantisches Weltverhältnis aufzulösen, das es selbst als legitimen Erben eingesetzt hat. An die Stelle unmittelbarer Ansprüche und Weissagungen — ein Orakel bedarf allenfalls einer Auslegung, jedoch niemals einer Begründung — soll, ohne daß es eine Rechtfertigung für diese Entwicklung geben könnte, eine mittelbare Anforderung des Menschen an sich selbst treten. Die ihm gebotene Selbsterkenntnis ist allgemeinverbindlich. Sie kann deshalb nur argumentativ, im dialektischen Verhältnis von Rede und Gegenrede erworben und vermittelt werden. Jene systematische Unterscheidung von Kommunikationsformen mit Hinblick auf die Berechtigung der in ihnen artikulierten Ansprüche wird in diesem sokratischen Rückverweis auf das delphische Orakel quasi historisch sanktioniert. Die Rhetorik, mit deren Hilfe Sokrates den Eigenwert des dialektischen Verfahrens zur Geltung bringt, ist sowenig argumentativ wie die sophistische Rhetorik, gegen die es sich politisch wendet. Das Zitat reproduziert den unmittelbaren Anspruch des Orakels. Er wird jedoch nicht allein in dieser formalen Hinsicht relevant. Über die Methode des Dialogs hinaus bestimmt er, wie sich zeigen wird, auch den Inhalt, dessen exemplarischer Identifikation die Unterredung dienen soll.

Das mantisch sanktionierte Verfahren philosophischer Dialektik wird der politisch motivierten Kunst einer institutionalisierten Rhetorik zunächst indirekt entgegengesetzt. Vordergründig betrachtet konzentriert sich das Gespräch zwischen Sokrates und dem Jüngling Phaidros auf die Frage, welchen sozialen oder auch persönlichen Wert Päderastie besitzt. Zu diesem Zweck zitieren die Gesprächspartner drei Reden, die sie zeitgenössischen Autoren zuschreiben, die vermutlich jedoch Platon selbst verfaßt hat. Eine erste, angeblich von Lysias geschriebene Rede, die Phaidros einleitend vorliest, verurteilt die Päderastie aus der Sicht eines ungeliebten jungen Mannes, der um die persönliche Freundschaft eines älteren wirbt. Schon der Aufbau der Rede zeigt, daß sie ihr Thema nicht allgemein, sondern aufgrund der genannten Interessenlage erörtert. Sokrates kritisiert deshalb weniger ihren Inhalt als die Form seiner Darstellung. Die Brillianz, mit der Argumente variiert werden, zeigt nach Sokrates' Ansicht, daß dem jungen Mann der sachliche Wert seiner Äußerungen wenig bedeutet. Eher scheint ihm daran gelegen zu sein, um die Gunst des Älteren durch sprachgewandtes, intellektuell souveränes Auftreten zu werben (*Phdr.* 235 a). Um diesen Mangel zu veranschaulichen, hält Sokrates auf Phaidros' entschiedenes Drängen hin eine Rede desselben Tenors, deren Argumentation jedoch erstens einem Prinzip folgt, zweitens einem Interesse dient, das ihrem Gehalt zuwiderläuft. Sie soll einem älteren, listigen Mann dazu dienen, sich einem in Liebesverhältnissen erfahrenen Jüngling anzunähern. Einleitend wird der epistemische Impuls artikuliert, dem jede Erörterung folgen muß, wenn sie ihr Ziel erreichen, d. h. praktische Orientierung vermitteln soll. Redner und Zuhörer müssen gleichermaßen das Wesen des angesprochenen Gegenstandes kennen. Zunächst ist daher zu klären, was Liebe im erotischen Sinne ausmacht (zur platonischen Theorie des Eros vgl. Robin 1908; Erickson 1979; zu ihrer antiken Wirkungsgeschichte vgl. Rist 1964). Nach Maßgabe dieser Wesensbestimmung bleibt dann die Frage zu entscheiden, welchen Wert Päderastie als eine spezielle Form erotischer Zuwendung besitzt. Nachdem sich anscheinend ergeben hat, daß Liebe eine vernunftlose Begierde nach körperlicher Schönheit ist, unterbricht sich Sokrates. Wie ihm Phaidros bestätigt, zeigt sich an seiner Art zu reden eine göttliche, offenbar durch den Ort bedingte Ergriffenheit, die sich in ihrer sprachlichen, nahezu dichterischen Wirkung im weiteren noch steigern könnte. Für Sokrates ist Phaidros Ursache dieser zunehmend emotionaleren Rede, die er verhüllt vorträgt. Denn beim Anblick seines jungen Gesprächspartners könnte er vor Scham in Verwirrung geraten (*Phdr.* 237 a). — Die Ablehnung der Päderastie ergibt sich aus dem vorausgesetzten Liebesbegriff. Eine vernunftlose, mithin schrankenlose Begierde zielt strenggenommen auf die Vernichtung des Gegenstandes, an dem sie sich befriedigt. Die körperliche Ausrichtung des erotischen Begehrens bewirkt nach dieser Ansicht insbesondere, daß dem geliebten Jüngling eine seelische, und insofern philosophische Erziehung und Bildung versagt bleibt. Das zentrale Thema der dritten Rede, die psychische Lebensform des Menschen, prägt schon die Argumentation dieser zweiten Stellungnahme. Das vernünftige Streben der Seele, das hierin jener körperlichen Begierde nur entgegengesetzt, in ihrem Wesen aber noch nicht erörtert wird, bestimmt die Entwicklung des philosophischen Dialogs. Im göttlichen Auftrag der Selbsterkenntnis ist es geheiligt, in der natürlichen Schönheit des Gesprächs kommt es zur Entfaltung. Als Sokrates sein intellektuelles Vergehen wahrnimmt und erkennt, daß er in seiner ersten Rede gegen den Eros, den göttlichen Sohn der Aphrodite, gesprochen hat, bittet ihn Phaidros, den Dialog nicht abzubrechen, sondern die vorgetragenen Überlegungen zu diskutieren, bis es kühler geworden ist. Der Jüngling erscheint Sokrates als Grund für eine weitere, nunmehr gegenteilige Rede zum Begriff der Liebe (zum erotischen Verhältnis zwischen den Gesprächspartnern vgl. Kelley 1979). Nicht allein die Überzeugungskraft seines Bittens provoziert diese Palinodie. Die Erkenntnis des Frevels läßt Phaidros zum Ziel der gebotenen Belehrung werden. An dieser entscheidenden Stelle des Gesprächs, an der wie in einer aristotelisch konzipierten Tragödie Handlungsverlauf und Erkenntnisgeschehen ununterscheidbar werden (*Poet.* 1452 a 29 — 1452 b 2), bezeichnet sich Sokrates als einen

Seher, der allerdings nur in dem Maße zur Weissagung fähig ist, wie er selbst betroffen und daher eine situationsunabhängige, mithin schriftliche Darstellung des so Erkannten gleichgültig ist (*Phdr.* 242 c). Während er, im Begriff vorzeitig umzukehren, über den Fluß schaut, vernimmt er ein göttliches Zeichen, das ihn erstaunen läßt und die Erkenntnis seines Irrtums provoziert. Das dialektische Verfahren der Philosophie, die bewußte Hinwendung zur Gegenrede, wird durch die Kunst der Weissagung somit nicht allein legitimiert. Denn schon die mantische Aufgabe verlangt wesentlich, ein göttliches Zeichen als solches zu erfassen, z. B. im Rauschen einer Eiche (*Phdr.* 275 b) die Stimme eines höheren Wesens zu erkennen und seinen unmittelbaren Anspruch in einer allgemein verständlichen Sprache zu artikulieren. Der Dialektiker hat eine ähnliche Leistung zu erbringen. Denn er muß aus der unmittelbaren Enttäuschung über einen Irrtum, der sein eigener ist oder es hätte sein können, den Gehalt einer mittelbaren, d. h. argumentativen Entgegnung gewinnen. Diese Fähigkeit, einem Gedankengang zu folgen, bis ihn die Erschütterung einer intellektuellen Peripetie in eine gegenläufige Argumentation überführt, kennzeichnet die Seele als ein weissagendes Wesen (*Phdr.* 242 c). Noch ehe er sie zu Beginn der dritten, vermeintlich von Stesichoros verfaßten Rede als Prinzip lebendiger Bewegung bestimmt, ist sie in ihrer göttlichen, an eine sterbliche Existenz gebundenen Natur erfaßt (*Phdr.* 230 a). Nicht an dem, was der Mensch erkennt und sagt, sondern an seinem Erkennen, das ihn befreit, an der logischen Form, in der es sich im ungezwungenen Fortschritt der Unterredung artikuliert, zeigt sich, was sie ist. Der kathartische Sinn der zweiten Rede, die Sokrates hält, ist nur von diesem Umschwung her zu verstehen. Daß er sie unverhüllt vortragen will (*Phdr.* 242 b), wird nun aber nicht allein in dieser epistemischen Hinsicht verständlich. Auch für die erotische Spannung, in der bis zu diesem Augenblick Phaidros und Sokrates umeinander werben, ist sie relevant. Denn im weiteren fehlen zumeist die bis hierhin üblichen wechselseitigen Kommentare zur Gesprächssituation und ihrer Entwicklung. Das sie gemeinsam leitende Thema, die Seele als Prinzip gemeinschaftlicher Weltorientierung, ist als solches identifizierbar geworden und wird, sobald es genannt wurde, den weiteren Dialog bestimmen. Als Sokrates und Phaidros zuletzt in unterschiedliche Richtungen aufbrechen, sind beide entschlossen, zu ihren Liebhabern zurückzukehren, um ihnen im Dialog deutlich werden zu lassen, was sie jeweils sind, ein Redner und ein angehender Philosoph. Die miteinander gewonnene Selbsterkenntnis führt über den philosophischen Dialog hinaus.

Im Vollzug dieser philosophischen Selbsterkenntnis wird Sokrates nicht allein das Vergehen bewußt, der göttlichen Macht des Eros gebührende Anerkennung verweigert zu haben. Zugleich wird ihm deutlich, in welcher *Form* er diesen Umschwung erlebt. Seine Ergriffenheit ist nicht geringer als die eines Verliebten, der nach sexueller Vereinigung strebt. Sie entwickelt sich gleichermaßen im Medium einer unmittelbaren sinnlichen Welterfahrung, führt jedoch im Gegensatz zu jener Form seelischer Erregung nicht zu einer körperlich unmittelbaren Erfahrung des anderen, sondern ermöglicht eine genuin sprachliche Zuwendung. — Was nunmehr sprachlichen Ausdruck findet, ist in seiner Wahrheit durch die Wahrhaftigkeit des Redenden verbürgt. So wie sich an Sokrates zeigt, was ihm geschieht, als er sich unterbricht, seine Umkehr kommentiert und eine zweite Rede beginnt, wird diese Wahrhaftigkeit Gegenstand der Palinodie. Als Sokrates nun einleitend das mantische Sprechen als eine göttliche Form von Manie kennzeichnet und ihr die rein sexuelle Orientierung des verliebten Päderasten als tierische Alternative derselben Art von Emotionalität entgegensetzt, ist aus der philosophischen Erfahrung selbst der leitende Begriff ihrer systematischen Darstellung gewonnen (*Phdr.* 244a; aber auch 250e; 265a). Die literarische Darstellung der Psyche und ihrer Lebensform im ersten Drittel der Rede ist erforderlich, um darlegen zu können, in welchem Sinn prophetische, religiöse und dichterische Manie Formen göttlichen Wahnsinns sind. In den verbleibenden zwei Dritteln der Rede wird unter der Voraussetzung dieser kosmologischen Seelenlehre die erotische Manie als wesentlichste Form göttlichen Wahnsinns dargestellt, der im philosophischen Gespräch seinen gültigsten Ausdruck findet. Der Wert, den Schönheit für diese verhaltene Form erotischer Zuwendung besitzt, entscheidet über die Relevanz der platonischen Rhetorik, die sich im zweiten Teil des Dialogs als eine Ästhetik dialektischer Belehrung erweist. — In der hier maßgeblichen, philosophischen Hinsicht ist unter ›μανία‹ im wesentlichen die Form eines Erlebens zu verstehen, in dem ein Wesen eine Ausrichtung seiner Erfahrung auf

ein soziales Ziel hin erfährt. Auch der Verliebte, der seine sexuell bestimmte Zuneigung als eine Orientierung kennt, die gezwungenermaßen seine Welthaltung im ganzen prägt, erlebt diese Art von Ergriffenheit. Im Unterschied zu den genannten Formen göttlichen Wahnsinns bleibt es in diesem Fall jedoch gleichgültig, das, was betroffen macht, sprachlich zu artikulieren, um es anderen insofern mitzuteilen, als es das Verhältnis zueinander prägt.

Schon in seiner ersten Rede entspricht Sokrates dem argumentativen Gebot, das Wesen ihres Gegenstandes zunächst so zu bestimmen, wie es Redner und Zuhörer fraglos voraussetzen. Noch während er die praktischen Konsequenzen aus seiner Definition von Liebe als einer *körperlichen* Begierde zieht (*Phdr.* 238c), wird ihm allerdings deutlich, daß er dieses Thema noch nicht angemessen identifiziert hat. Wie ihn die glückliche Erfahrung philosophischer Selbsterkenntnis begreifen läßt, wird das erotische Verlangen des Menschen so noch nicht als ein Moment seines *psychischen* Lebens erfaßt. In der nun gebotenen Bestimmung des Themas wird daher vorrangig geklärt, inwiefern schon diese Erfahrung den Begriff der Liebe bestimmt. Der Gegensatz zwischen tierischem und göttlichem Wahnsinn, der die einsetzende, zweite Rede motiviert, zeichnet den Weg vor, auf dem zu bestimmen ist, in welchem Sinn die Psyche des Menschen zu einer wahrhaft erotischen ›μανία‹ fähig ist. Denn im Unterschied zu den genannten Arten göttlichen Wahnsinns, die in politischer, religiöser und literarischer Hinsicht *nützlich* sind, liegt der Wert seiner erotischen Variante darin, daß diese Art Wahnsinn *glücklich* macht (*Phdr.* 245b). Wenn nun alle körperliche Liebe endlich ist — denn strenggenommen verbraucht, d. h. vernichtet sie ihren Gegenstand —, muß ihr göttliches Pendant ein prinzipiell unendliches Verlangen sein, das seinen Adressaten erhält, ja den Vollzug der ihm gleichermaßen wesentlichen Lebensform entscheidend fördert. Zum einen muß sich deshalb erweisen, daß die Seele unsterblich ist. Zum anderen bleibt darzulegen, was ihre Fähigkeit zu lieben ausmacht und auf welche Art sich diese göttliche Kraft des Menschen auswirkt, der in seiner beschränkten, körperlichen Existenz einem Tier gleicht. Während Sokrates die Unsterblichkeit der Seele argumentativ zu erweisen sucht — sie wird als Anfang und Prinzip lebendiger Bewegung, des Kosmos überhaupt bestimmt —, glaubt er ihre Fähigkeiten nur in einem Gleichnis darlegen zu können (*Phdr.* 245 c – e; 246 a f). Um die Kraft, mit der die Seele den Kosmos durchzieht, zu veranschaulichen, wählt er, vielleicht in Erinnerung an den Gesang der *Ilias* (23, 318 – 326), das Bild eines geflügelten Zweigespanns. Während das Motiv der beiden Pferde und ihres Lenkers den Aspekt aktiver Orientierung versinnbildlicht – der Führer versucht durch Zwang oder Überredung zu bestimmen, wohin die Seele strebt (*Phdr.* 246 b; 253 d f; vgl. *Il.* 17, 430 f) –, repräsentiert das Motiv der Flügel und ihres sich entfaltenden Gefieders unter anderem einen passiven Aspekt der Seele, da sie ihre erotische Ergriffenheit und Selbstbeherrschung bedingt (*Phdr.* 246 d; 249 d). Die Lebensform der göttlichen und menschlichen Seelen, die periodisch an den äußersten Himmelsrand aufsteigen, um sich im glücklichen Anblick des wahrhaft Seienden zu kräftigen (*Phdr.* 247 d; 248 b f), kann im gegenwärtigen Kontext nicht detailliert erörtert werden. Um Platons kosmologischen Begriff des Rhetorischen in seiner dialektischen Relevanz zu erfassen, reicht es hin, die Bedeutung des Gefieders für die Bewegung des Seelenwagens darzulegen (*Phdr.* 249 d – 252 c). Eine menschliche Seele unterscheidet sich von einer göttlichen, in deren Gefolge sie ihren Himmelsumlauf vollzieht, durch die Zwiespältigkeit ihrer aktiven Orientierung. In ihrem Fall sind die Pferde, die das Gespann hinaufziehen sollen, unterschiedlicher Abkunft. Das eine ist edler Natur und läßt sich durch Bitten und Befehle lenken, das andere hat ein schlechtes Wesen und wird nur unter Zwang gefügig. Es versucht den Wagen hinab in die körperliche Welt zu lenken und verhindert so den gemeinschaftlichen Aufstieg an den Himmelsrand. Der Wagenlenker, mit anderen Worten die Vernunft (*Phdr.* 247 c), kennt das epistemische Ziel der Seele und muß versuchen, das Zweigespann der Pferde dennoch und gegen die Konkurrenz anderer menschlicher Seelen hinaufzulenken (*Phdr.* 248 a). In dem Maße, wie das Gefieder der Seele wächst und sich ausbreiten kann, steigert sich die Kraft der Flügel, „das Schwere emporhebend hinaufzuführen" (*Phdr.* 246 d). Sie ermöglicht es der Seele eines Menschen, sich dahin mit allem zu wenden, was an ihr nicht von selbst dem wahrhaft Seienden zustrebt. Doch keines der übrigen Wesen, die im Seelengespann zusammenwirken, besitzt so, wie das Gleichnis sie vorstellt, für sich genommen die Kraft, sich selbst aufwärts zu bewegen. Das Bild stellt jede dieser Komponenten allegorisch wie ein

körperliches Objekt dar. Es scheint insoweit gerechtfertigt, das Erfordernis eines aufwärts tragenden Gefieders als Folge der körperlichen Verfassung zu begreifen, in der sich die Seele selbst im Falle der olympischen Götter dem Außerhimmlischen zuwendet (*Phdr.* 246 c ff; 248 c). Um ihre Aufgabe erfüllen zu können, nähert sich das Gefieder der Seele einerseits vom wahrhaft Seienden selbst – wenn es der Führer für einen Augenblick glücklich betrachtet, ehe er das Gespann umwenden muß (*Phdr.* 247 b – 248 c). Nur auf diese Art kann gewährleistet sein, daß der Seelenwagen Flügel besitzt, die ihn wieder hinauftragen werden, wenn ihn seine Bahn in untere Himmelssphären zurückgeführt hat. Das erotische Verlangen nach wahrhaftem Wissen, das im Bild des schwingenden Gefieders anschaulich wird, ist eine ursprüngliche Sehnsucht (*Phdr.* 247 d; 249 d f). – Andererseits – und dies ist für die gegenwärtige, sprachphilosophische Überlegung zentral – nährt sich das Gefieder des Zweigespanns von der Schönheit einer menschlichen Gestalt. Erinnert sich der Wagenlenker bei ihrem Anblick an die Schönheit des wahrhaft Seienden, so beginnt das Gefieder der Seele zu wachsen. Ihr Verlangen, das Außerhimmlische zu schauen, wird lebendig; doch es fehlt die Kraft, sich dorthin aufzuschwingen. Diese Anspannung gilt als vierte und höchste Form göttlichen Wahnsinns. Sokrates beschreibt zunächst, wie sie sich im Liebenden entfaltet, um in der Folge ihre sozialen, insbesondere kommunikativen Auswirkungen darzulegen. Eine derartige Ergriffenheit entsteht nur, wenn die Schönheit der wahrgenommenen Person ein Abglanz jener ursprünglichen Schönheit des wahrhaft Seienden ist. Abgesehen von dieser objektiven Ähnlichkeit muß sich der Führer des Seelengespanns an diese Schönheit jedoch auch erinnern. Denn es bleibt andernfalls möglich, daß anstelle dieser göttlichen ›μανία‹ nur das tierische Verlangen geweckt wird, sich dem anderen körperlich zu nähern. Der erotische Reiz, der von seiner Schönheit ausgeht und als lebhafte Erinnerung diese unruhige Sehnsucht nach dem Geliebten bewirkt (*Phdr.* 251 d), ist als solcher nur dann maßgeblich, wenn die epistemischen Voraussetzungen seiner phänomenalen Wirksamkeit erfüllt sind.

In dieser gleichermaßen ontischen wie epistemischen Bindung der ästhetischen Erfahrung an die ›οὐσία ὄντως οὖσα‹ (*Phdr* 247 e) liegt der Schlüssel zu einer Sprachphilosophie, die erstens verbale Kommunikation überhaupt als ›ψυχαγογία‹ faßt, ohne daß sich die aktiven und passiven Momente dieses Prozesses als Momente instrumentellen Handelns begreifen lassen, und die zweitens den rhetorischen Aspekt eines verbindlichen Sprachgebrauchs als ästhetisches Moment seiner dialektischen Ordnung wertet. — Die erotische ›μανία‹ ist kein epistemischer Impuls (*Phdr.* 249 d). Denn die Kraft der Seele, sich zu erheben, liegt nicht schon in ihrem Verlangen danach. Sie ermöglicht und fördert jedoch Formen sozialen Handelns, in denen sich jene Erkenntnisleistung als kommunikativer, insbesondere dialektischer Prozeß entfalten kann. Die als Reiz verinnerlichte Schönheit des Gegenübers bewirkt, daß der Verliebte ungeachtet seiner gesellschaftlichen Bindung nicht nur die Nähe des Geliebten sucht. Zugleich entsteht der Wunsch, ihn zu beeinflussen oder zu verändern. So wie eine menschliche Seele der göttlichen Seele, der sie in ihrer Lebensform ähnlich ist, folgt, um an den Himmelsrand aufzusteigen, sucht sie die Liebe einer verwandten Seele. Vor allem in ihrer ersten Liebeserfahrung ist sie bestrebt, die Natur des sie führenden Gottes zu erkennen, um den Geliebten nach dem Vorbild dieses gemeinsamen Anführers zu gestalten (*Phdr.* 252 d). Er soll für den Verliebten so in Erscheinung treten, daß sich für beide am anderen die ihnen gemeinsame, göttlich bestimmte Lebensform zeigt. Nicht körperliche Vereinigung sondern seelische Verähnlichung ist das Ziel des erotischen Strebens.

Die Praxis einer *philosophischen Welthaltung* ist denen möglich, deren Seele in ihrer hegemonialen Tendenz dem Zeus vergleichbar ist (*Phdr.* 252 e). In ihrem Fall erscheint die erotische Lebensgestaltung als argumentatives Gespräch unter der Führung des einen in seiner Selbsterkenntnis vorangehenden Partners. Wie sich an Sokrates' intellektueller Peripetie gezeigt hat, darf seine Überlegenheit allerdings nicht als unbedingte Voraussetzung des Dialogs verstanden werden. Sie ist selbst Bestandteil der dialektischen Entwicklung und wird nur in dem Maße für den anderen und *a forteriori* für den Leser des Dialogs glaubwürdig, wie sich der Fortschritt des aktiven Gesprächspartners seinem Gegenüber als ein unwillkürliches Geschehen darstellt. Wer redend die Seele eines anderen führt, muß sich in dieser Entwicklung selbst als Mensch erweisen, der belehrt wird, um seinerseits Wissen zu vermitteln. An dieser höchsten Form erotischer ›μανία‹ wird nun deutlich, was diese vierte Art göttlichen Wahnsinns von tierischer Lust unterscheidet, worin sie ihr dennoch ähnlich ist und für den Menschen an seine körperliche Sinnlichkeit gebunden bleibt. Im Gegensatz zu den drei anderen Arten göttlicher Manie ist die erotische Variante nicht zweckgebunden, sondern trägt ihr Ziel, die Freude gemeinsamer Selbsterkenntnis, in sich. Im Gegensatz zur tierischen Lust der körperlichen Vereinigung führt sie jedoch von der ästhetischen Wahrnehmung zur dialektischen Artikulation dessen, was in Erinnerung an die Schönheit des wahrhaft Seienden anschaulich wurde. In seinem Verlangen nach dem anderen ist der Mensch ein zugleich tierisches und göttliches Wesen. Während das Gefieder der Seele ein Verlangen nach Erkenntnis repräsentiert, das sich in sprachlicher Form als Zuwendung realisiert, wird ihr emotionaler und intellektueller Widerstreit mit seinem Verlangen nach körperlicher Vereinigung durch den Gegensatz zwischen den beiden Pferden des Seelengespanns versinnbildlicht. Während das edle Tier den Befehlen des Führers willig folgt und auch seiner Art nach in Ehrfurcht vor dem Geliebten verharrt, versucht das gewöhnliche Tier ihm lustvoll entgegenzuspringen (*Phdr.* 254 a). Die Erinnerung an das Außerhimmlische und seine ursprüngliche Schönheit gibt dem Wagenlenker zwar hinreichend Kraft, das ungestüme Pferd im Zaum zu halten (*Phdr.* 254 b—e), seine allegorische Funktion erschöpft sich jedoch nicht in einem Hindernis oder einer Gefahr für das genuin erotische Verhältnis zum anderen. Die körperliche Unmittelbarkeit des Geliebten und das Verlangen, sie zu steigern, sind in der maßgeblichen Erinnerung, die sich an seiner Erscheinung belebt, notwendig vorausgesetzt. Dieser sinnlich affektiven Einheit tierischer und göttlicher ›μανία‹ entspricht im Kontext der Rede die Alternative zwischen rhetorischer Schmeichelei und sachlich wie persönlich adäquatem Ausdruck. Mit der hier nachgezeichneten, ästhetischen Bindung des Erkenntnisstrebens an die Sinnlichkeit einer wechselseitig körperlichen Erfahrung (vgl. Robin 1968, 58 ff) ist über das Verhältnis zwischen Rhetorik und Dialektik entschieden, noch ehe es im zweiten Teil des Dialog explizit rekapituliert wird. — Diese abschließende Reflexion der philosophischen Erfahrung wird von der hierin erzielten Erkenntnis geleitet, daß Reden überhaupt Seelenführung ist (*Phdr.* 261 a; 271 c). Sie wird auf der Grundlage eines Wissens möglich, das Redner und Zuhörer teilen. Selbst wenn sich ein Rhetor die Aufgabe stellt, sein Publikum von dem zu überzeugen, was seiner eigenen Auffassung widerspricht, ist er zu diesem Zweck auf eine weitreichende Sachkenntnis angewiesen. Denn er muß zumindest wissen, worin sich entgegengesetzte Ansichten derart ähnlich sind, daß eine Täuschung der Zuhörerschaft gelingen kann (*Phdr.* 262 a). Zu demselben Zweck ist es für ihn unabdingbar zu erkennen, worin Überzeugungen aus Unwissenheit schwanken (*Phdr.* 263 b).

Der rhetorische Sinn der ersten dieser drei Anforderungen wird im Übergang von der Rede des Lysias zur ersten von Sokrates vorgetragenen Rede erkennbar. Nur durch eine explizite Bestimmung des zu erörternden Gegenstands gewinnt eine Rede die argumentative Struktur, auf deren Grundlage sie für den Zuhörer zu einer verbindlichen Äußerung werden kann. Die verbleibenden, epistemischen Voraussetzungen haben sich am Übergang zur zweiten von Sokrates gehaltenen Rede erwiesen. Denn tierischer und göttlicher Eros sind einander darin ähnlich, daß sie sinnliche Freude erzeugen. Daß er zwischen ihnen schwankt und in Überzeugungen, die sie bedingen, unstetig ist, zeigt sich an Sokrates' Umwendung zur Palinodie. Stetige Auffassungen resultieren hingegen aus unvergänglicher Erkenntnis. Am Beispiel der Reden des Philosophen ist ferner deutlich geworden, daß der Schein gleichberechtigter, einander jedoch ausschließender Positionen aus unvollständiger Kenntnis der betreffenden Gegenstände resultiert. Wie sich zeigte, propagieren die beiden Reden nicht gegenteilige Auffassungen, sondern unterschiedliche Bewertungen ähnlicher Gegenstände. Ein Redner wird den drei bislang formulierten, epistemischen Anforderungen somit nur gerecht werden, wenn er viertens den Gegenstand im ganzen kennt. Eine Rhetorik, die sich als eigenständige, von wissenschaftlicher Erkenntnis unabhängige Kunst der Überredung versteht, wird daher ihrer Aufgabe, wahrhaft zu überzeugen, weder theoretisch noch praktisch gerecht: Lysias' Rede fehlt ein sachgerechter und klarer Aufbau (*Phdr.* 264 b). In den Lehrbüchern der Zeit wird die Form einer Rede nur äußerlich erfaßt (*Phdr.* 268 a – 269 c). Im Dialog mit Phaidros wurde hingegen deutlich, daß sich die Struktur einer verbindlichen Rede vorrangig aus ihrer epistemischen Funktion ergibt, mithin die *dialektische* Gestalt des Strebens nach Erkenntnis widerspiegelt. Wie sich an Sokrates' zweiter Rede gezeigt hat, ist der zu behandelnde Gegenstand zunächst seinem Wesen nach zu erfassen, sodann in sei-

nem Vermögen, anderes zu bestimmen beziehungsweise von anderem bestimmt zu werden (*Phdr.* 245 c; 270 d; 271 a).

Reden ist jedoch nicht nur seinem Inhalt nach Seelenführung. Damit eine sprachliche Äußerung ihr Ziel erreicht, muß sie nicht allein der besprochenen Sache, sondern auch der angesprochenen Person als psychischem Wesen gerecht werden (*Phdr.* 270 e). Eine Wissenschaft der Überredung wird deshalb eine Psychologie der Kommunikation einschließen. Ihr Thema ist, wie gleichfalls die zweite Rede des Philosophen gezeigt hat, dialektisch zu bestimmen. Methodisch, aber auch sachlich resultiert sie aus der hierin dargelegten Kosmologie psychosozialer Bewegung (*Phdr.* 245 d; 246 c), in der sich das Gespräch zwischen Sokrates und Phaidros, aber auch die Kommunikation zwischen Platon und seinem Leser entfaltet. Die Psychologie der aristotelischen Rhetorik (*Rhet.* 1377 b 20 – 1391 b 20) säkularisiert diese theologisch begründete, jedoch allgemein zugängliche Wissenschaft zu einer systematischen Beschreibung sozialer Erfahrung (für eine detaillierte Interpretation der platonischen Seelenlehre und ihrer aristotelischen Rezeption vgl. Hellwig 1973, 204 ff). Während in seiner Darstellung rhetorische Kompetenz als ein instrumentelles Wissen erscheint, das dem Aufbau kontextinvarianter Dispositionen von Sprecher und Hörer dient, berücksichtigt Platon ausdrücklich die unüberwindbare Abhängigkeit sprachlicher Leistungen von Umständen, unter denen sie zustandekommen. In Übereinstimmung mit der hier vorgestellten Theorie des göttlichen Eros muß ein Redner nicht nur fähig sein, die Persönlichkeit seiner Zuhörer wahrzunehmen, sondern auch umgekehrt ›sich selbst‹ zu zeigen (*Phdr.* 271 e). Eine sprachliche Äußerung wird nach dieser Auffassung nur dann zur Erkenntnis hinleiten, wenn die ästhetischen Bedingungen erfüllt sind, unter denen sich die Beteiligten als Partner in einem Kommunikationsprozeß anerkennen und ihr im weitesten Sinne erotisches Verhältnis zueinander dem Ziel einer gemeinsamen Erkenntnis, d. h. einer wechselseitigen, intellektuellen Angleichung unterstellen. — Eine Rhetorik, die sich auf diese Art bis hin zur stilistischen Gestaltung des Sprachgebrauchs als eine Ästhetik des dialektischen Verfahrens legitimiert, bleibt in ihrem theoretischen Gehalt wie in ihrer praktischen Relevanz von den epistemischen Dispositionen abhängig, in denen Sprecher und Hörer einander jeweils begegnen. Denn nur in dem

Maße, wie sich die Beteiligten, während sie einander als solche wahrnehmen, unmittelbar und doch unabhängig voneinander an das wahrhaft Seiende erinnern, können sie sich einander verstehend zuwenden. Die hier vorgetragene Interpretation bestätigt somit in einer sprachphilosophischen Perspektive das Resümee von L. Robin: „Aimer, peut-on dire, c'est sortir de soi-même. Platon a magnifiquement interprété et développé cette formule. Pour lui, en effet, l'Amour constitue une méthode philosophique et en même temps une grâce divine [...]" (Robin 1908, 228).

Wenngleich Platon eine Wissenschaft des verbindlichen Sprechens in dem hier dargelegten Sinn für möglich hält und mit diesem Programm einer dialektisch fundierten Rhetorik die aristotelische Konzeption einer argumentativen Rhetorik vorbereitet, weist er durch ihre Begründung als einer Ästhetik der Belehrung auf die praktischen Grenzen dieser Wissenschaft. Die sinnliche Unmittelbarkeit der Rede läßt sich in ihrer epistemischen Relevanz nicht auf die bloße Applikation von Regeln effizienter Kommunikation reduzieren. Sie ist in dieser Funktion im Gegenteil eine notwendige Voraussetzung der Möglichkeit, solche Prinzipien erfolgreich anzuwenden. Auch dieses Moment der platonischen Sprachphilosophie wird zunächst im dialektischen Prozeß selbst augenscheinlich (s. Art. 14). Wie dargelegt, zeigt sich an dieser ästhetischen Unmittelbarkeit des Erkennens, in welchem Maße rhetorische Seelenführung instrumentell zu verstehen ist. Nur wenn der Sprechende sein eigenes Erkennen als eine ihm widerfahrende Belehrung zu erkennen gibt, dem Hörer die epistemische Grenze seiner sprachlichen Souveränität anschaulich wird, ist seine hegemoniale Position sanktioniert. Die Präsenz des erinnerten, den kommunikativen Erkenntnisprozeß leitenden Wissens ist in seiner dialektischen wie rhetorischen Gestaltung nicht verfügbar. Mit einem Gleichnis über die Erfindung der Schrift, die nur mnemotechnischen Wert besitzt, das Gedächtnis jedoch nicht ersetzen kann, hat Platon gegen Ende des Dialogs diese Grenze jeder Wissenschaft rekapituliert, die beansprucht, den Menschen aus Selbsterkenntnis hin zur Selbstgestaltung führen zu können. — In der platonischen Perspektive ist die ästhetische Form, die dem Menschen verbindliches Sprechen ermöglicht, nur als Widerschein einer Ordnung möglich, die ihn jenseits einer kommunikativen Lebensform in Konkurrenz und Kooperation zugänglich wird

(*Phdr.* 247 d f; 250 b f). Die epistemische Struktur des platonischen Kosmos vereinzelt den Menschen. Denn obwohl alle danach streben, erblickt jeder das wahrhaft Seiende für sich. Das intellektuelle Wesen des Menschen ermöglicht seine soziale Existenz.

Der Dialog zwischen Sokrates und Phaidros entwickelt eine Philosophie der Sprache, die das ästhetische Verhältnis zwischen dem rhetorischen Aspekt einer Äußerung und einer Rhetorik als Theorie des überzeugenden Sprachgebrauchs deutlich bestimmt — in der die Gestalt erkenntnisorientierter Kommunikation und der argumentative Aufbau von Rede und Gegenrede uniform als Momente einer dialektischen Entwicklung verstanden werden. Die sachliche und personale Verbindlichkeit sprachlicher Äußerungen wird nach dieser Auffassung durch eine intellektuelle Kompetenz der Gesprächspartner verbürgt, die jenseits ihrer kommunikativen und überhaupt sozialen Erfahrung gewährleistet ist. Platons Antwort auf die Frage, in welcher Form sprachliche Äußerungen wechselseitig verbindlich werden, verweist auf eine Orientierungsform, deren Objektivität sich zwar voraussetzen läßt, in dieser Funktion jedoch nicht aufweisbar ist.

Mit dem anfangs entwickelten Begriff öffentlicher Anschauung wurde nachträglich besehen eine Alternative zu diesem sprachphilosophischen Intellektualismus entworfen, der die ästhetische Organisation verbindlicher Rede zwar anerkennt, ihre Autonomie hingegen bestreitet. Jene tendenziell phänomenologische Position ergab sich im wesentlichen aus der Unterscheidung zwischen unmittelbaren Ansprüchen, die sich schon in der sinnlichen Gestalt gemeinsamer Lebensprozesse organisieren, und mittelbaren Ansprüchen, deren sprachliche Form eine Wertung jener Unmittelbarkeit ermöglicht, sie im Unterschied zu diesem ästhetischen Idealismus jedoch nicht überwinden kann. Es fehlt die platonische Gewißheit, daß die Liebe zur Wahrheit der Seele ihr Maß gibt.

3.3. Die Unverbindlichkeit sprachlicher Souveränität in den *Fröschen* des Aristophanes

Bevor abschließend der grundlegende Problemhorizont erörtert wird, den eine Phänomenologie der öffentlichen Anschauung als Maß ihrer Bewährung eröffnet, ist darauf hinzuweisen, daß schon in der attischen Komödie, die für das Entstehen philosophischer Reflexion wesentlich war, die Frage nach der sozialen Verbindlichkeit von Rede *und* Erfahrung gestellt ist (vgl. Snell 1982). Der Dichterwettstreit, den Aristophanes als zweiten Teil der *Frösche* inszeniert, zielt entschieden auf diese Thematik hin. Nicht Euripides, der seinen Kontrahenten intellektuell und rhetorisch geschult angreift, sondern Aischylos, der vor Verärgerung schweigt oder sich unbeherrscht verteidigt, wird von Dionysos zum Meister der tragischen Kunst gewählt. Eine Zeitlang soll er ihn in die Welt der Lebenden zurückbegleiten, um durch die ethische Kraft seiner Dichtung Athen im Kampf gegen Sparta vor der schon drohenden Niederlage zu bewahren. Auf dem Höhepunkt des absurden Zweikampfes müssen die Gegner Zitate aus ihren Werken auf die Schalen einer Waage sprechen, mit der anhand des Gewichts der Worte über den Wert der Dichter entschieden wird (zum hier maßgeblichen Begriff der Seelenwaage vgl. Pötscher 1960). Euripides zitiert einen Vers, der die Kraft der Rede verherrlicht:

„Οὐκ ἔστι Πειθοῦς ἱερὸν ἄλλο πλὴν Λόγος"
(*Ran.* 1391).

Der Macht der Peitho, deren ›einziges Heiligtum das Wort‹ ist, setzt Aischylos die Unerbittlichkeit des Sterbens entgegen:

„μόνος θεῶν γὰρ Θάνατος οὐ δώρων ἐρᾷ"
[Ein Gott allein: der Tod begehrt Geschenke nicht] (*Ran.* 1392).

In dem erhaltenen Fragment aus der Tragödie *Niobe* heißt es weiter:

„οὐδ' ἄν τι θύων οὐδ' ἐπιρπένδων ἄνοις,
οὐ βωμός ἐστιν οὐδὲ παιωνίζεται·
μόνου δὲ Πειθὼ δαιμόνων ἀποστατεῖ"
[Und nichts erwirkst du, opfernd, spendend nichts bei ihm;
Kein Altar dient ihm, ihm zum Preis ertönt kein Lied;
Von ihm nur hält sich Peitho, keinem Gott sonst, fern] (*Stob. Anth.* IV 52.1 Hense).

Die Antithese verweist in zumindest zweifacher Hinsicht auf den *Zorn des Achill*. Aristophanes war sich zweifellos darüber im klaren, daß Aischylos mit diesen Zeilen einen Gedanken der *Ilias* variiert. Als Agamemnon seinen Entschluß kundgibt, Achill um seine Rückkehr in den Krieg zu bitten, zählt er die Geschenke auf, die er ihm für diesen Fall in Aussicht stellen wird. Am Ende seiner Rede setzt Agamemnon den unerbittlichen Gott Hades dem sterblichen Menschen entgegen, dessen Wille sich beeinflussen läßt: „Alles

bring' ich ihm dar, sobald er den Zorn überwunden. Mög' er sich zähmen! — Hades allein ist hart und unbeugsam, Aber den Sterblichen auch der verhaßteste unter den Göttern" (*Il.* 9, 157). Weder die versprochenen Güter noch Odysseus' Argumente können Achill davon überzeugen, den Kampf um Troia wieder aufzunehmen (vgl. insbesondere *Il* 9, 315; 9, 345). Nur der Tod des Freundes Patroklos, der sich trotz Achills Warnungen in einen Zweikampf mit Hektor verstrickt und dafür von Apollon niedergeschlagen wird (*Il.* 16, 818—822), bewegt ihn so sehr, daß er in die Schlacht zurückkehrt, um Hektor zu töten und seinerseits zu sterben. — Aristophanes hat den Bezug seines Stücks auf den dramatischen Gehalt der *Ilias* auch durch die Art gesichert, in der Aischylos selbst in Erscheinung tritt. Während sich der Streit der Dichter allmählich steigert, vergleicht ihn der Chor mit einem kämpfenden Helden und lobt ihn, in seinem auffahrenden, aber wortkargen Wesen ein Achill zu sein (*Ran.* 814—829; 992 ff).

So wie Aristophanes mit der Figur des Dichters Aischylos auf die Wandlung im Zorn des Peliden anspielt, dokumentiert seine Komödie einen Grundzug verbindlicher Rede, der in Platons epistemischer Konzeption ihrer Dialektik und Rhetorik außer Acht bleibt. Zunächst ist auf einen Aspekt seelischer Entwicklung hinzuweisen, den die Methode der Selbsterkenntnis durch Erinnerung an das wahrhaft Seiende nicht erfaßt: Aus platonischer Sicht unterliegt der Mensch einem Wandel seiner praktisch relevanten Einstellungen, weil er durch Enttäuschung zur Erkenntnis geführt wird. Diese Entwicklung resultiert nicht aus der Situation, in der er handelt. Ihre Anschaulichkeit erlaubt ihm allenfalls ein so distanziertes Verhältnis zu den Ereignissen und Personen, daß eine intellektuelle Lebensgestaltung möglich wird. Die Lage selbst, in der eine Entscheidung zu treffen ist, wird zu diesem Zweck nur inhaltlich, d. h. als Gegenstand einer Erkenntnis relevant. Als anschauliche, soziale Situation, in der sich Ansprüche stellen oder erfüllt werden, Konkurrenz und Kooperation der Beteiligten sich regeln, bleibt sie jedoch gleichgültig. Als Achill Agamemnons Geschenke ablehnt (*Il.* 9, 378) und Odysseus' Argumente zurückweist, begründet er diese Weigerung durch eine grundlegende Einstellung zum Leben: Kein Ding ist ihm so wertvoll wie ›ψυχή‹, mithin das, was ihn lebendig macht, jedoch niemals zurückkehrt, wenn es den Menschen verlassen hat (*Il.* 9, 401—409; zum homerischen Begriff der

›ψυχή‹ vgl. von Wilamowitz-Moellendorf 1952 I, 364 ff; Dodds 1970, 72 ff; Bremmer 1983). Die Endgültigkeit des Todes gibt seiner Existenz einen höheren Wert als alles, was ihm unter ihrer Voraussetzung verfügbar werden könnte. Achill weiß, daß er fallen wird, wenn er sich erneut am Krieg beteiligt. So unerbittlich wie er das Versöhnungsangebot zurückweist, sehen sich die Griechen in ihrer militärisch aussichtslosen Situation genötigt, um seine Gunst zu werben. Beiderseits gilt, was Aischylos im Streit mit Euripides zitiert: Kein Geschenk kann den Gott des Todes bezwingen, und in dieser Unverfügbarkeit beherrscht er die Entscheidungen des Menschen tiefgreifender als jedes Wort. Als der brüderliche Freund Patroklos, zuletzt von Hektor getroffen, stirbt, ist Achill unmittelbar entschieden, den Toten an ihm zu rächen und, wie ihm seine Mutter Thetis weissagte (*Il.* 9, 410 – 416; vgl. andererseits z. B. I, 352), daraufhin selbst zu sterben. Sein Entschluß steht nicht im Widerspruch zu den Gründen für seine ursprüngliche Weigerung, die Griechen zu unterstützen. Denn der Tod des Freundes gehört nicht zu jenen im Leben verfügbaren Dingen, die für Achill geringeren Wert besitzen als ›ψυχή‹. Der Wandel in seiner Haltung ließe sich deshalb sogar als fortschreitende Selbsterkenntnis deuten.

Doch der Gegensatz zwischen jenem platonischem Selbstverständnis des Menschen und dieser homerischen Welthaltung, die Aristophanes in einer sprach- und literaturtheoretischen Auseinandersetzung reflektiert, besteht unabhängig von dieser zumindest logisch zulässigen Konvergenz. Er betrifft das Verhältnis des Menschen zu seiner Sterblichkeit, deren Wert sich im gegenwärtigen Kontext als Einstellung zur Seele dokumentiert. Der Achill der *Ilias* identifiziert sich nicht mit dem, was er als ›ψυχή‹ bezeichnet. Es kommt ihm zu, solange er lebt, und er verliert es, wenn er stirbt. Die menschliche Seele, deren Kraft Platon im Gleichnis des Wagens beschreibt, sucht sich hingegen einen Körper, den sie belebt. Ihre temporäre Einheit mit ihm ist nur sekundär bedeutsam. Denn der Mensch versteht sich in dieser Perspektive als ein vorrangig psychisches, im Prinzip unsterbliches Wesen. In dem Maße, wie er seine psychische Natur erkennt, beherrscht er seine körperlich tierische Existenz. Auch aus dieser platonischen Sicht ist es unmöglich, dem Gott des Todes Geschenke zu machen; nicht jedoch, weil er sich weigert, sie anzunehmen, sondern weil er nichts für sie zu geben hätte.

In der homerischen Sicht des Menschen gibt es jedoch keine Autarkie des Psychischen, die seine Sterblichkeit durch Selbsterkenntnis gleichgültig machte. Was ihm geschieht, ist daher nur sekundär epistemisch relevant. Die Welt seines Lebens ist nicht vorrangig der Raum einer fortschreitenden Selbsterkenntnis, die an ihre Grenze führt. Vielmehr ist sie der Schauplatz einer sozialen Existenz zwischen Fortbestand und Vernichtung. Achills Alternative, entweder erneut zu kämpfen oder in der thessalischen Heimat alt zu werden, veranschaulicht diesen Lebenshorizont.

Dionysos' Wahl, Aischylos und nicht Euripides in die obere Welt heraufzuführen, kann als ideologische Aussage verstanden werden. Ein Dichter, dessen ungestümer Charakter und poetische Vehemenz ihn wie einen „φαίδιμ' Ἀχιλλεῦ" (*Ran.* 992; vgl. *Il.* 9, 434) erscheinen läßt, wird den Athenern aufgrund seines Wesens ein gleichermaßen archaisches Kriegsethos vermitteln, ohne das sie gegen Sparta nicht siegen können. Für die gegenwärtigen Überlegungen zur Verbindlichkeit menschlicher Rede liegt die Bedeutung des Dichterwettstreits, den Aristophanes in Szene setzt, jedoch in ihrer exemplarischen Vermittlung einer sprachphilosophischen Einsicht. Gegenüber dem wortgewandten Euripides wird an Aischylos ein Mangel an sprachlicher Autonomie deutlich. Er spiegelt jene Grenzen existentieller Souveränität wider, die der platonische Intellektualismus nicht anerkennt. Die Überzeugungskraft des archaischen Tragikers besteht wesentlich in der Unfähigkeit, seine Ausdrucksmöglichkeiten unter allen Umständen gezielt einzusetzen. In einer angespannten Situation wie dem Dichterstreit verliert er zuweilen die Kontrolle über sein kommunikatives Verhalten. Doch gerade hierin zeigt sich sein unmittelbares Engagement gegenüber dem Kontrahenten. Wie er selbst aus Verärgerung über Euripides zunächst stumm bleibt und von Dionysos gedrängt wird, gegen ihn Stellung zu nehmen, versagt auch den Protagonisten seiner Stücke in wesentlichen Situationen die Sprache (*Ran.* 907 – 920). — Aristophanes bringt jedoch nicht einfach dieses Phänomen in der Öffentlichkeit des Theaters zur Anschauung. Auch die Reflexion, daß menschliche Rede nur in dem Maße verbindlich wird, wie sich an ihrer Gestaltung die existentiellen Grenzen ihrer Verfügbarkeit zeigen, wird theatralisch, in einem quasi tragischen Bezug auf den Gehalt der *Ilias* so durchgreifend inszeniert, daß allenfalls die Möglichkeit bleibt, dieses kommunikative Selbstverständnis philosophisch zu rekonstruieren — mithin zu sagen, was die absurde Komik des Dramas anschaulich macht.

4. Die Aufgabe verbindlicher Sprachgestaltung

In den hier vorgetragenen, sprachphilosophischen Überlegungen sollte deutlich werden, in welchem Sinne und in welchen Grenzen eine Rhetorik, die sich nicht auf den Entwurf psychologisch und argumentativ effizienter Überzeugungsstrategien beschränkt, durch eine Theorie verbindlicher Kommunikation zu begründen ist. Selbst unter dem Primat einer wissenschaftlich gesicherten oder begründeten Lebensgestaltung sind Erhalt und Vernichtung menschlicher Existenz und *a forteriori* Kooperation und Konkurrenz als notwendige Aspekte der *Form* zu begreifen, in der eine soziale Welt zugänglich wird. Denn jede Art gesellschaftlichen Lebens organisiert sich in diesen Formen wechselseitiger Bezugnahme. Wie Gegenstände anschaulich werden und sprachlich bestimmbar sind, anders gesagt sich darstellen, verweist die gesellschaftlichen Individuen auch dann auf ihre Anspruchs- und Erfüllungsverhältnisse, wenn sie sich selbst in ihrem aktiven und passiven Lebensengagement nicht erkennen. Soweit ihnen jedoch Erziehung und Bildung ein in diesem Sinne soziales Selbstverständnis ermöglicht haben, in dem sie trotz aller gewachsenen Grenzen die Offenheit ihrer Existenz anerkennen, wird sich ihnen im Verhältnis von Rede und Gegenrede wie in allen sinnlich vermittelten Formen gesellschaftlichen Lebens genau dieses Wechselspiel aus Vergeblichkeit und Souveränität zeigen müssen. Denn nur in seinem Ausdruck gelingt und erhält sich eine solchermaßen reflektierte Form sozialer Existenz.

Im Versuch, das Verhältnis von Rhetorik und Sprachphilosophie in einer punktuellen, aber nicht kontingenten historischen Annäherung zu bestimmen, sollte sich erweisen, daß unter Rhetorik nur partiell eine Technik der effizienten Rede beziehungsweise eine Ästhetik des dialektischen Sprachgebrauchs zu verstehen ist, sie statt dessen allgemeiner als eine Theorie des kommunikativen Engagements zu legitimieren ist, die sich im systematischen Teil dieses Essays allerdings nur rudimentär entwickeln ließ. Sofern darin der Zweck sprachlicher Äußerungen allein formal

berücksichtigt wird, sie überhaupt als Mittel der Konkurrenz und Kooperation in Frage stehen, kann Rhetorik als eine formale Theorie der literarischen Produktion im weitesten Sinne aufgefaßt werden. Eine *schematische* Konzeption verbindlicher Rede, wie sie aus Lehrbüchern der Rhetorik bekannt ist, wird in dieser Perspektive nur in dem Maße berechtigt sein, wie für den sprachlich artikulierten Anspruch die individuellen Bedingungen sozialer Existenz gleichgültig sind, unter denen er sich stellt und zu erfüllen wäre. Ein Ankläger oder Verteidiger zum Beispiel, dessen Plädoyer sich an einzelne Personen richtet, die ein öffentliches Amt bekleiden, muß seine Rede individueller gestalten als ein Richter, der sein Urteil gegenüber der Gemeinschaft begründet, in deren Namen er spricht. Ein Arzt, der seine Behandlung erläutert, kann erst im Gespräch mit dem Patienten oder Kollegen definitiv entscheiden, auf welche Art seine Worte und Gesten das Selbstverständnis des Adressaten berücksichtigen und seine eigene Lebenseinstellung zu erkennen geben. In dem Maße, wie der einzelne nicht nur als Repräsentant seiner gesellschaftlichen Rolle, sondern als existierende Person anzusprechen ist, wird es erforderlich, anstatt gezielt eine Sprache einzusetzen, sich *in* ihrem Medium an ihn zu wenden. Nicht *Techniken* effizienter Argumentation und Werbung, sondern eine *Kunst* sprachlicher Selbstdarstellung muß wirksam werden, die erst im unwillkürlichen, aber doch begrenzten Mangel an Beherrschung glaubhaft wird. R. Browning hat diese Grenze ästhetischer Wahrhaftigkeit in seinem Gedicht *Andrea del Sarto* eindrucksvoll markiert (s. Kermode/Hollander/Bloom/Price/Trapp/Trilling 1973, 1328 ff).

Überhaupt bleibt festzuhalten, daß die Anschaulichkeit, in der menschliche Kommunikation sich jeweils organisiert, dazu zwingt, die Verbindlichkeit einer Äußerung anzuzeigen, noch ehe sie inhaltlich bekräftigt wird. Wer sich als glaubwürdig bezeichnen möchte, sollte es schon sein. — Jede Konkretion des gesellschaftlichen Zwecks, dem ein kommunikatives Engagement dient, impliziert die materiale Bestimmung einer Theorie der literarischen Produktion, deren sprachphilosophische Grundlagen an dieser Stelle historisch motiviert wurden. In diesem Sinne wären zum Beispiel politischer, juristischer und journalistischer Sprachgebrauch gegebenenfalls für unterschiedliche Kulturen voneinander abzugrenzen, um eine entsprechend differenzierte, materiale Rhetorik entwickeln zu können. Ihre strategische Effizienz könnte jedoch niemals die individuelle Kompetenz des Redners ersetzen, eine Sprache nicht nur einzusetzen, sondern auch als anschauliche Form gesellschaftlichen Lebens gelten zu lassen. Jenseits von Cliché und modischer Variation des Ausdrucks wird er einen Stil entwickeln, der in seinen ungezwungenen Wandlungen die Kontinuität einer sachlichen und dennoch persönlichen Orientierung zeigt. — Auch Literatur im engeren Sinne kann aus dieser Sicht durch den Zweck ihrer Produktion bestimmt werden (s. Art. 107). Sie bringt ein Selbst- und Weltverständnis zur Sprache, dessen Wert sie nur insoweit vermitteln kann, wie es durch die Art seiner sprachlichen Darstellung anschaulich wird und dennoch eine kritische Beurteilung zuläßt. Die hier vorgetragene Exegese des platonischen Dialogs *Phaidros* sollte nicht zuletzt eine dementsprechend skeptische Faszination dokumentieren, die sich einstellt, wenn die Rhetorik des Textes seinem Adressaten die Freiheit zwangloser Annäherung zugesteht.

5. Literatur in Auswahl

Aristoteles ³1989 *Rhetorik.*

Erickson 1979, *Plato: True and sophistic Rhetoric.*

Hommel 1990, Rhetorik, in *Lexikon der Alten Welt,* Andresen / Erbse / Gigon / Schefold / Stroheker / Zinn (Hg.).

Johnstone 1978, *Validity and Rhetoric in Philosophical Argument. An Outlook in Transition.*

Lausberg ²1973 *Handbuch der literarischen Rhetorik. Eine Grundlegung der Literaturwissenschaft.*

Olbrechts-Tyteca et al. 1963, La Théorie de l'Argumentation, = *Logique et Analyse* N. S. 21 — 24.

Perelman/Olbrechts-Tyteca 1958, *Traité de l'Argumentation.*

Michael Astroh, Saarbrücken (Deutschland)

113. Philosophy of language and linguistics

1. Montague Grammar:
the semantic research paradigm

The relation between philosophy of language in the analytical tradition and theoretical linguistics has gained in significance and importance throughout the twentieth century. At the time of the development of mathematical logic, roughly in the first three decades, logicians and philosophers of language were often rather suspicious of natural languages. Alfred Tarski, for example, contended that natural languages were hopelessly confused because they contain their own truth-predicate. Hence they give rise to self-referential truth-functional paradoxes like the well-known liar-paradox 'I am lying', which express false information, if true, and if false, true information (Tarski 1956). In a similar vein, Bertrand Russell advocated a logical reform of ordinary language to clarify which expressions established reference and which did not (Russell 1912). But once mathematical logic established a firm footing and branched out into recursion theory, model theory and set theory, the attitudes of some logicians and philosophers of language gradually opened up towards a more systematic exploration of some aspects of natural language. The fifties, sixties and seventies saw the development of intensional logics, analyzing forms of reasoning with modalities or tenses. Since the development of formal grammars and the mathematical models of natural languages, some of the traditional concerns of logical analysis and philosophical theories of meaning have merged with empirical linguistic inquiry into a set of common research questions (s. art. 55). This article will discuss a particularly interesting and lively area of interaction — the semantics of natural language — which can be viewed as paradigmatic of how fruitful the interaction is between philosophical questions and linguistic research for the development of scientific models of reasoning, inference with partial information and other cognitive processes.

1.1. Compositionality

1.1.1. Gottlob Frege (s. art. 34), the founder of modern logic, provided the core foundational principle for contemporary semantic theory by requiring that the meaning of an entire expression should be a function from the meaning of its parts and the way in which they are put together. This *Principle of Compositionality* serves as a major methodological constraint on the interface between the syntax, which generates a fragment of a natural language, and its semantics, which takes the form of either a recursive procedure to translate its expressions into formulas of a formal language or a set of rules that specify how its expressions are assigned meaning in a model. For a theory of interpretation to be compositional, the syntax of the language to be interpreted needs to be formulated in such a way that the semantic effects of each syntactic change are completely determined. Given this methodological requirement of compositionality on any theory of meaning and interpretation, the two semantic puzzles which preoccupied Frege still constitute major foundational problems of contemporary linguistic and philosophical theories of meaning and interpretation (s. art. 68). The first puzzle concerns the information expressed in identity statements with coreferential noun phrases (NP) (s. art. 83). The classical discussion is based on the question why

(1)   Hesperus is Phosphorus

would have been an informative identity statement to the Babylonian astronomers who did not know (1) was true, whereas

(2)   Hesperus is Hesperus

would to them be completely uninformative, even though (1) and (2) are both true statements and the NPs, all proper names, corefer to the same object, the planet Venus. The same puzzle is also often formulated with complex referential NPs like definite descriptions, as in the informative

(3)   The Morning Star is the Evening Star

and the uninformative

(4)   The Morning Star is the Morning Star.

If coreferential expressions have the same semantic value, they must be substitutable for each other in any context without changing its semantic value. But how can (1) and (3) then be informative, whereas (2) and (4) in which coreferential expressions are substituted are completely uninformative? If a semantic theory is to account for such facts it must allow coreferential expressions to differ in semantic value. For this purpose Frege introduced the fundamental distinction in our notion of meaning between the *reference* (Bedeutung) of an expression and its *sense* (Sinn) (s. art. 81). Different proper names and other referential NPs may refer to the same object or individual, but they differ in their sense. Since we use natural language to communicate our thoughts, the meaning of any linguistic expression must at least in part be accessible to all its users. This objective part of meaning is what Frege called the sense of an expression. Identity statements are informative when they contain expressions with different senses, and they are true when their NPs are coreferential. Conditions of ›informativeness‹ hence cannot be identified with or reduced to truth-conditions. Perhaps there is more to the semantic value of an expression beyond its sense and reference, like its psychological associative power, connotation or ›color‹, but that part of its meaning will be subjective and should be disregarded in semantics, according to Frege, for it cannot be the source of communicable information. The sense of an expression determines its reference in different situations, but even when the reference of an expression in every situation is determined, this does not fix its sense uniquely. If we assume that the reference of a sentence is its truth-value, two sentences that necessarily have the same truth-value in all situations, e. g.

(5)   Robin won the race
(6)   Everyone who did not compete or lost in the race has done something Robin did not do

still differ in their Fregean sense. Similarly two distinct tautologies which are both always true may have different senses, and convey different information depending on the situation in which they are used. If the semantics of natural language is to account for coreference, inference and reasoning, it should contain a mathematically satisfactory analysis of the Fregean notions of sense and reference and their behavior in compositional semantic procedures.

The second problem Frege presented as a central question to a compositional semantics is related to the first one of informative identity statements. If such statements or any other two statements with the same truth-values are embedded as sentential complements of certain verbs the resulting statements may differ in truth-value. For instance,

(7) Robin believes the Hesperus is Phosphorus

(8) Robin believes that Hesperus is Hesperus.

(7) may be false, whereas (8) must be true even when Robin knows nothing of Babylonian astronomy, or when he is not even aware of what the name 'Hesperus' refers to. For Frege this meant that sentences embedded in 'that'-clauses do not refer, as they ordinarily do, to their truth-value but refer indirectly, i. e. they refer to their customary senses. Substitution of coreferential or extensionally equivalent expressions in such 'that'-clauses does not necessarily preserve the truth-value of the entire sentence. Only if the believer knows that two NPs are coreferential can they be substituted in her belief reports (s. art. 80).

To see why ordinary predicate logic cannot account adequately for opaque contexts we should realize that these contexts are characterized by

(i)   failure of substitution of predicate-logical equivalents with preservation of truth
(ii) failure of existential generalization.

If two sentences differ in their sense, they express different thoughts as Frege would say, but to provide a fullfledged compositional semantic analysis of these differences in terms of their information value is an assignment that still constitutes a major driving force of current research. It requires a mathematically satisfactory account of equivalence of ›semantic value‹ which is sufficiently fine-grained to explain when a statement expresses new information to someone in a particular context, and what that information is depending on the information that is already available to him. — As a first attempt at

approximation of Fregean senses, Rudolf Carnap defined the *intension* of an expression as a function from a set of indices to the extension of the expression (Carnap 1947). The indices could be given various kinds of interpretations — Carnap thought of them as indexing a set of states of affairs —, but the most common current understanding of them is based on Saul Kripke's semantics of modal logic, i. e. as possible worlds (Kripke 1963) (s. art. 88). Carnap introduced the notion of an *individual concept* as intension of proper names and referring expressions, as a solution to the Fregean informative identity puzzle. Coreferring NPs would differ in their meaning if they are interpreted as individual concepts by different functions from indices to individuals. Different occurrences of the same referring expression would, however, have to be interpreted as having the same, constant reference. The problem is now transferred to the problem of telling functions apart, which has a clear set-theoretic criterion: functions are identical if and only if they assign the same values to each argument. One consequence of this set-theoretic criterion of function identity is that all mathematical and logical truths together with all analytical ones are interpreted by the same constant function, hence they have the same intension and are still substitutable in all contexts. This problem leads to the problem of logical omniscience for accounts of belief reports that rely on possible worlds: if you believe any contingent truth, you believe any of its logical consequences, including any tautology or necessary truth. The difficulty is to make precise according to which constraints our imagination creates alternative possible worlds which differ from our actual one in interesting ways, but still resemble it sufficiently in other important ways. It is obvious that our desire to retain the meaning of the descriptive expressions of our language plays an important role here. It is harder to imagine what a world is like if one of the familiar analytical truths is false at that world than it is to imagine a world where a contingent fact fails to hold. The ultimate issue is how to account for the difference we all recognize between a change in the world versus a change in the meaning of an expression, while admitting that both the world and the language are constantly changing.

1.1.2. Montague Grammar provided a major step towards a compositional theory of interpretation of ordinary language, since it specified in all required detail how the semantic value of a sentence could be computed from its syntactic tree. The form compositionality took in the fragments of Montague Grammar is sometimes referred to as rule-by-rule compositionality, as each syntactic rule is accompanied by a semantic one which specifies how the meaning of the input to the syntactic operation determines the meaning of its output.

A central issue for the compositional theory of interpretation was to provide a uniform function argument structure to sentences with quantified NPs and sentences with simple referential ones. Richard Montague's insight was to interpret all NPs, independently of syntactic position, as a set of properties of individuals, doing at once justice to compositionality and still adhering to the familiar Fregean interpretation using standard first-order representations of existential and universal quantifiers. Predicates deriving from the interpretation of verb-phrases (VPs) are then simply interpreted as properties of individuals which either are or are not in the set of properties interpreting the NP in subject position. — Forms of quantification in natural language which are known not to be expressible or definable in terms of the first-order logical quantifiers can be similarly interpreted by this higher-order notion of generalized quantifiers. E. g. 'most students' is not first-order definable, since its interpretation requires a one-to-one mapping between two sets dependent on a well-ordering by cardinality (cf. Barwise/Cooper 1981).

Montague initiated this higher-order analysis of quantification for the logical quantifiers in his famous paper *The Proper Treatment of Quantification in Ordinary English* (abbr. *PTQ*) (Montague 1974, 247—270), and recent research in modeltheoretic semantics has developed his insights considerably for linguistic purposes. Also genuinely new insights on the logical properties of quantifiers have been obtained, e. g. a new notion of first-order definability (van Benthem 1986). — The methodological objectives and goals of the theory of generalized quantifiers are threefold:

(a) to provide a semantical characterization of the class containing all and only the possible determiners of natural language as a proper subset of the logically possible determiners, including a linguistically adequate classification of types of natural language determiners

(b) to explain distributional data of nounphrases in various contexts by notions definable in terms properties of generalized quantifiers

(c) to analyze conditions on binding, scope-dependencies, inference and other informational dependencies between NPs and other categories as semantic constraints on the process of interpretation as modelling human information processing.

These three goals have already proven to set a very fruitful and exciting research program for the semantics of natural language (cf. van Benthem/ter Meulen 1984; Gärdenfors 1987; Groenendijk/de Jongh/Stokhof 1986).

1.2. The dispensability of logical form

In the *PTQ*-article Montague defined the interpretation procedure for any expression of the natural language fragment in two steps: first the translation of the syntactically disambiguated natural language expression to an expression of the formal language of the intensional logic, and second, the interpretation of that formal expression in the modeltheoretic semantics. The formal language hence intervenes in this *PTQ*-framework between the natural language and the specification of meaning in terms of truth-conditions in a possible worlds model. Montague himself emphasized that there is no real need for such an intermediate level of ›logical form‹ representing the meaning of an expression of natural language. In another article, *English as a formal language* (Montague 1974, 188—221), he defined the semantic interpretation directly as a mapping from the syntactic structure of the English expressions to appropriate modeltheoretic objects and functions. The reason why the *PTQ*-approach with indirect interpretation via a formal language has become so much more popular than this direct approach is largely practical, primarily due to the convience and perspicuity of the formal language expressions. It is easier to see, for instance, the quantifier scope-dependencies as differences in the linear order of quantifiers in a formula than to follow the notation of complex modeltheoretic functions assigning values to variables and all of the alternatives of such assignments. It should, however, not be lost out of sight that these formulas merely encode their semantic interpretation in modeltheoretic terms. We can in principle characterize any number of languages which can be used to intervene between the natural language and the modeltheory, as if there were really a continuum of such intermediating levels of representation. The encoding of meaning can start with a language L_0 closely resembling the natural language, which is interpreted in a language L_1 closer to the familiar logical languages, which is again itself interpreted in the next one of languages L_n, which bear increasingly more characteristics of the modeltheory. Thinking of semantic interpretation as constituting such a chain of languages encoding interpretations in terms of the next ›higher‹ language makes it clear that the point at which the formal language is located is partly determined by convenience, tradition and of course by the explanatory goals of the overall theory. — It is well-known that the intensional logic used as the language of ›logical form‹ in *PTQ* could be replaced without loss of expressive power by a language in which quantifiers could range over reference-points (worlds at a certain time) (cf. Gallin 1975 a). This seems to have initiated a research trend of fleshing out the formal language with different parameters which initially belonged to the modeltheoretic realm. In the newest dynamic theories of interpretation elements of the non-linguistic context, as well as variable-assignment functions themselves, may be quantified over (cf. 3.). — The general theoretical question remains at this point whether a multi-sorted first-order predicate logic would ultimately suffice for the semantics of natural language or whether it still needs to be enriched with some tools of a higher order logic. The desiderata of axiomatizability and completeness for the logic of natural language play still an important background role in such new developments.

1.3. The nature of meaning-postulates

In *PTQ* meaning-postulates are formulas of the intensional logic which are true in all possible models. In other words, by defining a set of meaning-postulates one characterizes which among all logically possible models offer a plausible interpretation for the natural language interpreted. Meaning-postulates were, for instance, required to capture the necessary truth of analytic statements, i.e. statements which are always true due to the meaning of their descriptive vocabulary. But in fact meaning-postulates were designed to do a quite diverse number of jobs. They were

necessary to allow reduction to extensional formulas for those contexts where existential generalization and truth-preserving substitutivity of coreferential expressions held. They guaranteed that proper names are Kripkean rigid designators, i.e. referred to the same individual no matter where they occurred in a formula. But they also established meaningful relations like synonymy between expressions of the descriptive vocabulary. — In the subsequent practice of Montague Grammarians meaning-postulates were invoked for anything that needed to be required in the set of plausible models for natural language. This proved to be too much of an *ad hoc* tool for cleaning up whatever was thought to be undesirable in the general modeltheoretic interpretation rules. Although the one constraint on meaning-postulates required that they be well-formed formulas of the intensional logic, there was no boundary on the kinds of semantic tasks they could be designed to perform. — The Montagovian strategy was to ›hardwire‹ all semantic structure one might ever want into the modeltheoretic rules and then weeding it out by meaning-postulates whenever appropriate. For instance, even a most simple extensional sentence like

(9) Mary walks

required higher-order and intensional types of logical expressions, for sake of the universality of the semantic rules which applied to intensional and quantificational sentences as well. By making all functions in *PTQ* total (defined for every argument of the appropriate type), we would have to determine who walked at each reference-point before we could determine whether (9) was true at the actual reference-point. — The inefficiency and computational intractability of admitting only total functions made this strategy rather unattractive for any implementation of the inferences which *PTQ* could otherwise account for so beautifully. In current research the trend is to reverse this Montagovian strategy such that the overall structure is kept as simple as possible and more complexity can be constructed whenever the linguistic input warrants that. This reversal of strategy has far reaching consequences for the semantics of natural language which will be outlined in 3. and 4.

1.4. Anaphora

In *PTQ* pronouns are bound by using rules which replace the first occurrence of an indexed pronoun in a sentence, in a common-noun phrase with a relative clause or in a VP by the antecedent NP which simultaneously binds any subsequent pronoun bearing the same index. These rules of ›quantifying in‹ apply to any kind of noun-phrase — proper name, existential or universal NP —, and any complex sentence, nested relative clause or complex VP. If the NP introduced by such a rule is quantificational, its translation has scope over any scope-bearing expression already present in the sentence, common-noun phrase or VP quantified into. This technique provides a universal compositional method of accounting for scope-ambiguity in natural language by syntactic disambiguation. The traditional ambiguities of universal and existential NPs are thus accounted for on a par with the ambiguities in intensional contexts — the *de re* and *de dicto* readings of NPs. — From a linguistic point of view these rules of quantifying in overgenerate spurious ambiguities and fail to account for some essential differences in anaphoric potential of the three different kinds of NPs. From the very first beginning of Montague Grammar this has been a sore point in many linguistic discussions of this compositional theory of quantifier scope and binding. Since the rules apply to any NP, for each NP in a sentence there are always at least two syntactic derivations of that sentence, one direct and one indirect derivation using a ›quantifying in‹ rule. Semantically these distinct derivations turn out to be logically equivalent, so the syntactic differences do not have any semantic effect. If this is the price one has to pay for the compositionality of the semantic interpretation, it would be relatively harmless. But despite its universality, there are very natural interpretations of NPs in intensional contexts which cannot be accounted for by these quantifying in rules. Examples of such sentences started emerging in the philosophy of language as early as 1962 (Geach 1962) and are based on the fact that it is not possible to evaluate an NP at a possible, non-actual world and retain its value while accessing another world. For instance, in

(10) John tries to catch a fish and wants to eat it

we would like to interpret 'a fish' *de dicto*, and then use that evaluation to determine the referent of the subsequent pronoun. For such a coreferential *de dicto* reading the quantifying in rule would, however, have to be applied after the two intensional VPs are conjoined,

and hence it would produce only a *de re* reading. Further examples which demonstrate essential limitations on the technique of quantifying in are called in the linguistic tradition pronouns of laziness:

(11) If Mary dates a guy her parents disapprove of, they will make his visit miserable

(12) Every woman who loves a man kisses him.

In (11) the pronoun 'his' refers to any guy Mary dates and her parents disapprove of. In (12) 'him' refers to any man loved by a woman. The readings *PTQ* will generate with such coreferential pronouns necessarily give widest scope to the existential antecedent NPs, contrary to our intuitions which tell us that neither (11) nor (12) must be interpreted as being about a specific existing individual. — The final objection already mentioned to the universal treatment of NPs in the quantifying in rules is based on the fact that universal NPs in relative clauses cannot bind pronouns in the VP, but existential ones and pronouns can, as is shown by the following sentences:

(13) A woman who kissed every man left him
(14) A woman who kissed a man left him
(15) A/Every woman who kissed Jim, left him
(16) No woman who kissed a man left him.

Quantifying in universal NPs hence needs to be restricted in a principled way to prevent such bindings as in (13) to arise, but the *PTQ* rules are entirely unrestricted. In the generative linguistic literature a host of facts concerning the difference in anaphoric potential of the three kinds of NPs has been reported, which any proper semantic theory of anaphora should take into account. Just to mention a few of the most interesting facts, consider the anaphoric dependencies in the following examples:

(17) His mother loves John
(18) His mother loves a/every man
(19) Every woman who kissed a man left him.

Proper names allow for backwards anaphora, whereas existential or universal NPs generally do not, as we see in (17) and (18), although the pronoun can still be bound by another antecedent or be interpreted deictically. In (19) it is shown that, in contrast to (13), an existential NP in the relative clause of a universal subject NP which binds the pronoun in the VP receives ›universal force‹, meaning that every man kissed by any woman was left by her. The main question is how a compositional theory will obtain this meaning for (19). Such clear linguistic facts concerning the different anaphoric potential between NPs should be explained in a satisfactory and universal account of anaphoric binding, which departs more radically from some of the fundamental assumptions of variable binding in formal languages which *PTQ* inherited from its logical tradition.

2. Towards a new theory of meaning and interpretation

2.1. Problems of Montague grammar

The problem of spurious ambiguities mentioned above has been tackled by Robin Cooper (1983); he was weakening the requirement of compositionality in a precisely constrained way. His grammar was allowed to generate ambiguous sentences, since it did not include any quantifying in rules. Hence in this account meaning is not completely determined by syntactic form and the grammar does not embody the rule-by-rule compositionality of *PTQ*. Instead, the semantic interpretation must choose for any NP it evaluates whether to determine its semantic value immediately or to put it ›in storage‹, which amounts to placing it on hold in a set of NPs whose interpretation is deferred for later evaluation. When a stored NP is retrieved for evaluation, it receives scope over everything that is already interpreted at that stage of the semantic interpretation. This NP-storage technique circumvented one linguistic objection to quantifying in rules, but it still required overgenerating in the syntax where gaps or empty NPs are generated to be bound by 'wh'-quantifiers, but can be filtered out in the semantics if the quantificational structure is deviant. No appeal is made in Cooper's framework to illformed logical form or to any syntactic notion of illformedness in such semantically uninterpretable strings. The problems with cross-world quantification and the pronouns of laziness remain, however, since this framework has no means to keep track of information already obtained about the referent of a pronoun, lacking any notion of context and dynamic binding. — The problem of logical omniscience (cf. 1.1.) demonstrated that the logical laws from predicate logic would require quite a substantial revision, if they were to simulate how context, prior in-

formation and external situation of use might be used to draw inferences from given information. The characteristic topic-neutrality of logical laws might be one of the causes of the problem of logical omniscience in possible worlds semantics. Anyone who has ever taught a beginners logic course has experienced how difficult it is to convince the students of the validity of the disjunctive law which allows one to form a disjunction of a proven formula with any arbitrary formula which may have absolutely nothing ›to do‹ with the proven one. It remains to be made more precise what it means for two sentences to be about the same topic, or even to be relevant to each other. This requires a much more sensitive notion of the informative content of a sentence in a context. It also asks for abandoning the requirement that all semantic functions be total, for definite referential NPs should be allowed to fail to pick out a referent at some worlds, and sentences with uninterpreted constituents should not be either true or false. — Yet one more problem of a more metaphysical nature faced possible worlds semantics. What are they? If an individual can exist at two different worlds, and have completely disjoint sets of properties at each, what sense does it make to say that it is still one and the same individual? Saul Kripke, along with other possible world semanticists, argued that some properties were essential to the individual, most notably the properties concerning its origin, and hence identity would only break down when such an essential property was lost (cf. Kripke 1980). Other possible worlds semanticists, especially David Lewis (cf. Lewis 1983), took the extreme opposite view and argued that individuals can never be the same across possible worlds, but are rather related by a much weaker counter-part relation and need not have any common properties (s. art. 83). The philosophical debate continues to be lively and provides a plethora of philosophical options on choices of primitives, views on identity of individuals, properties and propositions (cf. Almog/Perry/Wettstein 1989; Stalnaker 1984). But the need for possible worlds in the semantics of natural language is now also disputed by the theories of dynamic interpretation. Although intensional contexts and opacity phenomena obviously require tools beyond mere extensional first-order predicate logic, the essentially Fregean foundation of possible worlds semantics has been called into question. The traditional Tarskian theories of truth in which truth is a predicate of a sentence cannot ever account for the context-dependence of the information expressed by the use of a sentence in a particular situation. By shifting away from the Fregean focus on truth-conditions to a theory of information-content (s. art. 78) which could still characterize inference as truth-preserving operations on given information, the need for possible worlds in the semantics of natural language has at least become less than obvious.

2.2. Anaphora revisited

The *PTQ* technique of quantifying in to obtain wide scope readings with bound pronouns was already shown to have some inherent shortcomings from a linguistic point of view. If we would include anaphoric dependencies that arise between sentences into our consideration, we see that no simple generalization of the quantifying in rules can ever account for such forms of binding in discourse. Binding of pronouns is not postponed until we reach the end of a sequence of sentences. It is rather a more dynamic process, where the interpretation of a sentence in a sequence is constrained by what information is gained from preceding sentences and whatever common background is supposed. Cross-sententially, universal NPs are again more limited in their anaphoric potential than either existential ones or proper names, as in examples (20)−(22):

(20) Every woman kissed a man. She left.

In (20) the pronoun 'she' cannot be referentially dependent upon the universal NP 'every woman' in the preceding sentence. Existential NPs, definite descriptions or proper names may bind pronouns across sentences, as in (21) and (22):

(21) A/The woman kissed a man. She left.
(22) Jane kissed a man. She left.

Since the *PTQ* quantifying in rules do not apply to sequences of sentences, this characteristic difference in anaphoric potential of NPs cannot really constitute an objection to them. But if these rules were generalized to apply to sequences of sentences, quantifying in an antecedent would not always give the desired results. For instance, to generate a bound reading of

(23) Precisely one student is reading. He is sitting at the table

the NP 'precisely one student' should be quantified into the sequence 'he₁ is reading. he₁ is sitting at the reading-table'. But then the interpretation is weaker than intuitively needed, requiring only that there be precisely one student who has both properties of reading and sitting at the reading-table. It does not rule out other reading students, as (23) does seem to require. So such a generalization of the quantifying in rules will not make the correct predictions for bound pronouns in discourse (cf. Gamut 1990, chap. 8). − But the similarity between binding pronouns across sentences as in (20)−(23) and within sentences as in (13)−(16) is striking. Any semantic theory of binding should not only account for the difference in anaphoric potential of the three kinds of NPs, but also admit of generalization to binding of pronouns in discourse. This has been a driving force behind the development of the theories of dynamic interpretation.

2.3. The fallacy of misplaced information

The information one may get from interpreting an expression depends on a host of different parameters. Consider an utterance of the following simple sentence:

(24) My husband and I invited her for dinner today.

The direct situation of use determines for instance the reference of indexical expressions like 'I' and 'today', but common sense knowledge may be necessary to understand what a dinner-invitation means, and linguistic knowledge will help determine who 'her' could refer to (s. art. 79). Informative content arises as a relation between these parameters, the syntactic form of the expression used, its meaning, and the external world. In Barwise/Perry (1983) meaning is considered such a multi-place relation, and they stress that different sentences can be used in different situations to convey different information, which is one of the reasons why communication in natural language is efficient. Sentence (24) could be uttered also in a different situation and express a completely different information. Sentences may be used to describe parts of the world, situations, and the reference of a sentence should be the set of such described situations rather than merely a truth-value as Frege would have it. The meaning of the sentence partially determines which situations it can be used to describe. But other contextual parameters come into play when we interpret the use of the sentence in a particular situation as giving us information about something. To believe that the whole informative content of the use of an expression is determined solely by its interpretation is what Jon Barwise and John Perry call 'the fallacy of misplaced information'. — The performative hypothesis, popularized in pragmatic theories of meaning (e. g., Searle 1970) proposed to analyze any sentence as embedded under a performative first person verb:

(25) It is raining
(26) I inform you that it is raining.

This is a clear example of the fallacy of misplaced information as it attempts to put information about the situation of use overtly into the described situation. Similarly, the Russellian analysis of definite descriptions, which analyzes any definite description as referring to any unique individual who satisfies the describing properties is prone to the fallacy of misplaced information, since definite descriptions can be used to give us information about the situation of use, which is distinct from the described situation. Denying that proper names can be used in contexts to contribute to its interpretation, as many direct reference theorists have claimed along with Kripke, is another instance of the fallacy. If I introduce myself, this is a meaningful communicative act, because whoever it is adressed to gets the information how I am named, and knows henceforth how to refer to me. If names had no meaning beyond referring directly to their bearers, it would not be possible to explain how we do extract useful information from such an introduction. Informative identities are informative because the two coreferring expressions each contribute a different property of being so named. If I report to you Jane's belief that her husband is happy with the sentence

(27) Jane believes Jim is happy

I invite you to draw the inference, which is an implicature revokable upon further information, that Jane herself would report this belief using 'Jim'. If I had used instead of (27)

(28) Jane believes her husband is happy

a different implicature would be invited. But both (27) and (28) can be true even when Jane denies that Jim is her husband. A Fregean theory of reference could not ever account for such a situation, due to its avoidance of context-dependent parameters of language use.

3. Theories of dynamic interpretation

3.1. Discourse representation theory

Discourse Representation Theory was developed by Hans Kamp (1981) in the early eighties partly in response to the anaphora problems Montague Grammar was faced with, but it was also motivated by a more philosophical concern with the nature of reference, meaning and interpretation that has been the traditional assignment of philosophers of language. A very similar theory of dynamic interpretation File Change Semantics was developed independently by Irene Heim (1982). The main ideas and concepts of Discourse Representation Theory are presented here in the context of the presentation of natural language semantics. For a more comprehensive introduction the selected references contain some excellent expositions of the theory. — The core claim of Discourse Representation Theory is that interpretation should be considered a dynamic process, in which discourse representation structures are constructed representing the information and the anaphoric dependencies expressed in a sequence of sentences. Such information is true in a model if there is a structure-preserving embedding of the reference markers and the conditions on them which constitute the representation into that model. The conditions in the representation arise incrementally from the interpretation of the sequence of sentences by application of the construction rules of discourse representation structures. A condition is a property of relation with an appropriate number of reference-markers as arguments, which function in certain respects like referential variables. — The discourse representation structure-construction rules require that a proper name introduces a reference marker in the top level of the representation, which remains accessible to any subordinate level where further conditions introduced for NPs in subsequent sentences, thus capturing the scopelessness of names. An indefinite or ›existential‹ NP introduces a new reference marker into the given level, which may be a subordinate one, and the predicate in its common noun is attached as property of the reference-marker. Definite NPs are treated differently; they pick up an accessible reference-marker present in the given or any superordinate level of the representation. Since pronouns are definite NPs too, their reference-marker is unified with the accessible reference-marker of an antecedent NP. Universal NPs force a split of the discourse representation structure into two levels, where the information in the common noun is represented as a property of a new reference-marker in the antecedent level, but the information expressed in the VP of the sentence as a condition introduced in a new subordinate level, the consequent level. The embedding conditions of such a subordination of levels requires that every verifying embedding of the conditions in the antecedent level can be extended to a verifying embedding of the conditions in the subordinate consequent level. Some illustration of these discourse representation structure-construction rules are given in figures 1 − 3, and its analysis of (12) which constituted a problem for *PTQ*'s account of anaphora is presented.

(29) A man came in. He sat down.

An indefinite NP is represented by introducing a new reference marker x and attaching the common noun as a property of x, and representing the remainder of the sentence as a property of x too. The pronoun which is anaphoric to the indefinite NP is represented by its own reference marker z and identified with x, the marker for its antecedent.

(29 a)

$x\ y$
man (x)
come in (x)
$y = x$
sit down (y)

Fig. 113.1

The discourse representation structure in (29 a) is true in a model $\mathbf{M} = \langle D, I \rangle$ (where D is a domain of individuals and I the usual set-theoretic interpretation-function assigning sets of n-tuples to n-place predicates) if and only if there is a verifying embedding f mapping x and y to the same individual in D, and $f(x)\ \varepsilon\ I$ (man), $f(x)\ \varepsilon\ I$ (come in), $f(y)\ \varepsilon\ I$ (sit down). If the antecedent in (29) would be a singular definite determiner, as in

(30) The man came in. He sat down

the construction of the discourse representation structure would essentially be the same,

with the sole difference that the reference marker for the NP should already be available either in the discourse representation structure already representing preceding sentences, or otherwise as part of the assumed common ground of the discourse.

A universal NP gives rise to a split of the discourse representation structure into a top level containing reference markers for proper names and all referential NPs, if any are so far represented, an antecedent level which represents the common noun in the universal NP, and a subordinate consequent level which represents the VP of the sentence. Sentences to be represented after the split are processed at the level before the split subordinating structure was constructed.

(31) Every man came in. He sat down.

The first sentence in (31) is represented as:

(31 a)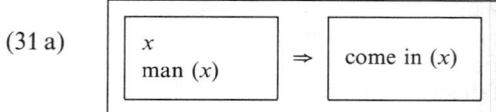

Fig. 113.2

The second sentence should be represented as a condition of x, but due to the structure of the levels x is inaccessible from the top level, where the second sentence is to be processed. So the bound variable reading of the pronoun in (31) is excluded, although a deictic reading is still available.

Indefinite NPs in the scope of universal NPs which bind pronouns in the VP formed a major problem for a *PTQ* style quantifying in account of binding, as we saw in 1.4. In Discourse Representation Theory such anaphora are accounted for by the accessibility conditions between levels of the discourse representation structure. Sentence (12) is represented according to the construction rules for the discourse representation structure as in (12 a):

(12) Every woman who loves a man kisses him

(12 a)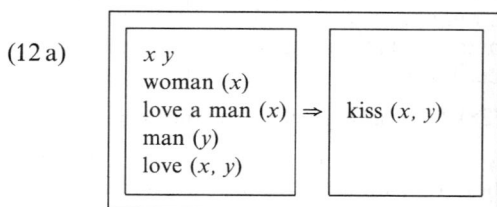

Fig. 113.3

With the embedding conditions for a subordinating construction (12 a) is interpreted as true in any model where any man loved by a woman is kissed by her, no matter how many men each woman loves. — Deictically used referential NPs are directly referential to an individual in the immediate situation of use. In Discourse Representation Theory such a directly referential link is represented by an external anchor, which is an ordered pair consisting of the reference marker for that NP and some object in the immediate situation of use. Such external anchors are themselves not parts of the discourse representation structure but rather constrain the set of verifying embeddings of the discourse representation structure into the model. The semantic content of a deictically used referential NP is completely determined by the associated external anchor, but the information someone may get from the use of such an expression is partly dependent upon the form of the NP itself.

3.2. Situation semantics

Situation semantics is a theory of dynamic interpretation which does not rely on a syntactic level of representation for anaphoric dependencies. Instead, representational structure is constructed from semantic objects, which may or may not be parts of the actual world. Meaning arises as a relation between linguistic expressions, the context of use (including time of utterance, speaker, audience, location), linguistic and logical constraints, and the external world. Despite this important difference with Discourse Representation Theory, the two theories are significantly similar in the insights and logical tools they offer to linguistic analyses. The primitive objects in situation semantics are n-place relations, individuals location and polarities. They are constituents of events or situations, e. g. $\langle l, \langle\langle walk, Mary\rangle, 1\rangle\rangle$ represents a situation of Mary walking at l and, $\langle l, \langle\langle kiss, Mary, John\rangle, O\rangle\rangle$ a situation at l in which Mary does not kiss John. — Indeterminates act like reference-markers for locations, relations, individuals and polarities, and are equally constituents of situations. They are assigned appropriate values by partial assignment functions, or by context-dependent speaker connections to parts of the external world. — For example, a definite description can be interpreted as referring to an individual, determined by the speaker-connection, which is customarily called a referentially used definite description. A definite description which is so used to refer to an individual does not require its descriptive properties to be true of the referent. This is commonly recognized to be possible, when speaker reference is at stake. In situation semantics this usage is called the value-laden use of definite descriptions. But a definite description can also constrain a situation, picking up an individual to contribute to another situation. This is called the value-free, or attributive use of a definite description.

For example, I can use the NP in

(32) The woman in the red skirt is tall

to refer to Mary wearing a red skirt in situation s. For such a value-laden interpretation we fix the resource situation s, the speaker connections c and represent it as $_{d,c}\|$[the woman in the red skirt]$\| (s) =$ Mary. Third party reports of what I said may of course use other NPs to pick up my reference to Mary, e. g. if Mary is also reading in s coreference is established with:

(33) She said that this reader is tall.

In the attributive use of this definite description the interpretation is a relation between situations and individuals, whoever fits the descriptive properties. The condition of being tall is still a constituent of the interpretation of (33), but none of the individuals are. In order to get the attributive use the describing properties are not constituents of the interpretation, and it gets only to an individual if the resource situation contains an individual who fits the bill. — Other uses of definite descriptions are still possible, like in appositive clauses, where their reference is already determined by the context, and the description contributes new properties to it, or functional uses, where reference is made to the role itself, not to whoever plays the role in any given situation. In evaluating the truth-value of any sentence containing a descriptive referential NP, we have to be particularly careful in determining which situation is described, and cannot in general conclude that its truth-value remains the same, if we consider a larger situation of which the situation described is part or another situation which does not contain the individual referred to as constituent. — In situation semantics anaphora and other dependent NPs are interpreted dynamically by incrementally extending partial assignment functions. The core idea here is that the interpretation of an NP in a given context is an action which may affect the context in a systematic way. Current research is focussing on the details of an inductive definition of such dynamic interpretations of expressions of all categories as context-changing actions and its relation to the standard static satisfaction conditions of ordinary predicate logic. Situation semantics relies on indexing rules which operate on parsed sentences before their interpretation, such that every NP bears a unique referential index and every dependent NP is coindexed in subscript with its antecedent superscript. The interpretation of these indices form a crucial part in the dynamics of the procedural interpretations. — An important situation semantics construction of semantic objects needed in the interpretation of universal NPs are the parametrized sets. They are semantic objects in which certain constituents are still undetermined, i. e. the parameters which need to be determined by extensions of a given assignment function. For example, in interpreting our old example of E-type anaphora

(19) [Every woman who kissed [a man$]^j$]^i left [him]$_j^k$

we need to form a parametrized set X which contains all pairs consisting of an individual a and an assignment function g such that leaving holds between a and the object $g(j)$. All such g are supposed to be defined on the same indices. We verify (19) on this parametrized set, given an initial assignment function f, if for each g every a in its set X_g is a woman who kissed the man $g(j)$ (cf. Barwise 1987 for more discussion and details).

3.3. Quantification and anaphora

Further discussion of anaphoric binding for theories of dynamic interpretation leads to the most recent developments and open research problems.

One central issue is the interpretation of plural anaphora. They can be bound by singular universal antecedents, as in

(34) Every woman kissed John. They left him.

The semantic operations with which the group consisting of all the women who kissed John is constructed as an appropriate referent for the plural pronoun in (34) is a central question of research. The converse of this issue is illustrated in (35), where the plural pronoun has a numerically appropriate plural antecedent:

(35) All women gathered in the room. They were wearing a badge.

The antecedent is an argument of a collective verbal predicate, denoting a property which can only be attributed to groups, not to the individuals constituting the group. The pronoun is, however, an argument of a distributive predicate denoting a property true of each member in the group of women. Some semantic operation is required to divide the group of all women as a single unit into the set of individual women. — Binding of plural anaphora by an antecedent in the scope of a universal NP cannot cross sentential boundaries, as (36) shows:

(36) Every father of two children sends them to Montessori school.
 #   They both love it.

And furthermore two occurrences of plural anaphora bound by the same antecedent can be interpreted as referring collectively and distributively within one sentence as (37) illustrates:

(37) Mary and John invited their parents to their place.

The interpretation of (37) which is intended here makes the first anaphoric reference to the parents of each of Mary and John, but the second anaphoric reference to the place where they live together. Such issues of collective and distributive reference and predication (s. art. 77) provide a wealth of new puzzles for natural language semantics, which seem to lend themselves very well for analysis in these dynamic theories of interpretation which allow for a specific part-whole structure on their domains of reference-markers (cf. for further discussion and Discourse Representation Theory analyses esp. Roberts 1987; Kadmon 1987). — A third important problem for theories of anaphoric reference is called the 'proportion problem', illustrated by (38):

(38) Most women who love a man kiss him.

The Discourse Representation Theory analysis seems to predict (38) is true in a situation in which Jane loves Jim but does not kiss him, Paula who loves Peter does not kiss him, but Edith who loves Eric, Eduard and Evert kisses the three of them. The quantification merely counts the cases of a woman and a man loved by her, and counts Edith three times in verifying instances, whereas Jane and Paula are counted each only once in two falsifying instances. — Solutions to this proportion problem have been proposed using the situation semantics notion of parametrized sets, which suggest clearly that the dynamic interpretation should be constructed from the interpretation of expressions and constituents in all syntactic categories.

3.4. Philosophical issues

A legitimate philosophical question may be raised concerning the concept of reference (s. art. 78) in these theories of dynamic interpretation. In Discourse Representation Theory reference markers are assigned as semantic value an individual, and in situation semantics individual indeterminates are anchored to individuals. But anaphoric reference is really a relation between reference markers or individual indeterminates and not a relation between linguistic expressions and elements in an external world. — Perhaps the use dynamic interpretations make of reference markers and indeterminates can be best compared to the use we make of auxiliary constructions in geometrical demonstrations or proofs. If we use the compass to draw two intersecting circles with identical diameter from each of the two angles on the base of an isosceles triangle, we can then determine its altitude, the line from the top intersecting the base at a straight angle. This auxiliary construction is the only systematic procedure available to us to draw the desired line. Had we no recourse to it, we could only experiment at random and try to find it, possibly without ever succeeding. Reference markers and indeterminates are just such auxiliary constructions of dynamic interpretations. We need them to get the interpretation off the floor, since they serve initially to structure parts of the representation. — Indeterminates as abstract, theoretical entities do not just come out of the blue, but they arise as by-products of the interpretation of actual uses of some natural language. We introduce them into a domain for a given interpretation, we can modify or freeze their structure, cancel them, make them (in)accessible to other parts of the interpretation process or identify them with another indeterminate. They are legitimate theoretical entities crucial to semantic theory as long as the theory also offers precise procedures how we can use and manipulate them. Their existence is justified, if they are required for a linguistic theory of meaning, inference and reasoning.

4. The state of the art

4.1. Controversial issues

A major issue of debate is the need for a presemantic representational level at which anaphoric dependencies are captures. Discourse Representation Theory claims such a syntactic representational level is essential, whereas situation semantics claims it does better without. The arguments are far from conclusive and an ultimate assessment of the issue must depend on the development of much more substantive and detailed semantic analyses of various phenomena. But at the foundation is the question of what is left of the Fregean Principle of Compositionality. It is clear that Montague's rule-by-rule compositionality is not adhered to in Discourse Representation Theory, for there is only one syntactic rule putting determiners and common nouns together into noun phrases, but there are at least four different rules of discourse representation structure construction for NPs, depending on whether it is a proper name, a pronoun, an indefinite, existential or a universal NP. Recent research is attempting to recast the insights of Discourse Representation Theory in a compositional Montague Grammar, with a fundamentally altered underlying logic. Some expressions of this logic are interpreted dynamically by incrementing partial assignment functions, i. e. conjunction is not any longer commutative, and scope bearing elements can bind elements outside their static scope. In such dynamic Montague Grammar the step of translation to an intermediate logical language would again be dispensable, although probably heuristically useful and easier to read and understand than a direct semantics in terms of modeltheoretic concepts and operations (cf. Groenendijk/ Stokhof 1989 for dynamic Montague Grammar).

4.2. Open problems

The great deal of attention which has been devoted to anaphora in natural language semantics has spurred generalizations of such informational dependencies in other categories than NPs. Barbara Hall Partee (1973) pointed out that tenses function very much like pronouns, in that their temporal reference can be determined deictically by the non-linguistic context, or depend on a referential, existential or universal antecedent. Sometimes these antecedents are adverbial, but they can also be verbs themselves. — A second analogy between NPs and VPs is commonly recognized. Mass NPs as 'some gold', 'more peace', 'all furniture' are seen to be analogous to certain kinds of descriptions of events, since both may contain parts of the same kind, e. g. part of some gold is gold and part of an event of John walking is also an event of his walking. Count NPs are on a par then with event descriptions which include some inherent endpoint, like the NP, whose denotation does not contain the same man as part, and 'John walking a mile' whose denoted event does not contain another walking of a mile by John. These two analogies play a very important role in developing a compositional semantic theory of tense and aspect, of temporal reference and quantification. Such a theory has obvious consequences for philosophical views on the nature of events and their identity- and individuation-conditions (s. art. 83). Erhard Hinrichs (1986) and Partee (1984) provide accounts of nominal and temporal anaphora using tools of Discourse Representation Theory. — Another important area of current research is the semantics of generic expressions. There is an important distinction between generic statements which refer to a kind as an abstract object and statements which are essentially of quantificational form binding cases by a default operator. The two kinds of generic statements are illustrated in (39) and (40):

(39) Elephants are rare
(40) Elephants have valuable teeth.

The main semantic difference between reference to kinds and default quantification resides in the fact that only the default quantification allows for exceptions, i. e. in the case of (40) an elephant whose teeth have been cut off. A host of linguistic evidence supports the distinction, and it is especially interesting to study the interaction with anaphora. We see that generic statements with universal NPs seem to allow binding of pronouns across sentential boundaries more easily, as in (41) which is a statement of a rule:

(41) Every player chooses a pawn. He puts it on square one.

Further observations which form explananda for natural language semantics are bindings which change the referential type as in

(42) There is a beaver in the creek. They build dams.

In (42) there is first reference to an individual beaver, but this serves as antecedent of a pronoun which refers to the entire species. The converse dependency is possible too, although it appears to be more restricted as in

(43) Beavers build dams. I saw one/him in the creek.

A systematic account of such type-changing bindings is a topic of much current research (cf. Krifka 1988).

4.3. Cognitive science

To conclude this assessment of the developments in natural language semantics some questions about the entire research program should be addressed from a more general perspective. The renewed contact between logical theory and linguistic analysis prompts the question what kind of theory of inference semantics is after. Should it be a theory about the inferential abilities of idealized, competent users of a natural language, or should it be a theory of actual inferences exhibited in linguistic behavior? Frege's abhorrence of psychological interpretations of logical laws had promoted a stark separation of logical and psychological research on inferential processes. Most psychologists nowadays are still apt at pointing out that abstract mathematical laws do not explain their actual data, because ›people are not rational‹, ›human beings are no machines‹ or ›error is only human‹. Yet the program of modelling inferential processes in natural language understanding by abstract logical representations has certain explanatory claims in cognitive science as a substantial contribution to a general theory of human cognitive capacities. — Here the classical Chomskyan distinction between a theory of competence and a theory of performance can clarify this apparent conflict. As a theory of inference, natural language semantics disregards the parameters of individual variation, cases of inferential failure, and normalizes its concepts by abstracting from actual practice and performance. Its empirical base is essentially the intuitive judgements of its users, not measured in a quantitative manner. Psychological theories of cognitive capacities are rooted in experimentally gained evidence from actual, quantitatively measurable inferential behavior (s. art. 57). As in any science, they too make fundamental assumptions about their subject matter, excluding certain parameters in the experimentation as irrelevant to their explanatory goals, and stabilizing the context of their experimentation by a host of *ceteris paribus* clauses which rarely receive any independent justification. Both forms of theorizing are empirical in nature, essentially falsifiable, and have genuine predictive power. But they contribute to our understanding of human cognition at quite distinct levels. A theory of error in linguistic processing is immediately relevant and perhaps even part of a psychological theory of inferential processes, but it would not be of immediate interest to natural language semantics. But like aphasia studies can provide us with arguments concerning the modularity of the brain and its cognitive functions, such a theory of inferential failure may be able to provide evidence concerning the modularity of the brain for inferential processing and the interference with other cognitive functions. — If we see the two kinds of cognitive theory contribute explanatory insights at different levels, they can be considered respectively as characterizing the algorithms of inferential processes and characterizing the actual implementations of such algorithms in the human wetware. — It is however important to emphasize again that both areas of research regard inferential processes as central theme in a theory of human cognitive capacities.

5. Selected references

Asher 1986, Belief in discourse representation theory, in *Journal of Philosophical Logic* 15.

Barwise 1988, *The Situation in Logic*.

Barwise/Cooper 1981, Generalized quantifiers and natural language, in *Linguistics and Philosophy* 4.

Barwise/Perry 1983, *Situations and Attitudes*.

van Benthem/ter Meulen (eds.) 1984, *Generalized Quantifiers in Natural Language*.

Cooper 1983, *Quantification and Syntactic Theory*.

Dowty/Wall/Peters ²1981, *Introduction to Montague Semantics*.

Frege 1952 a, *Translations from the Philosophical Writings of Gottlob Frege*, Geach/Black (eds.).

Gallin 1975 a, Intensional and higher-order modal logic. With applications to Montague semantics, in *Mathematics Studies* 19.

Gärdenfors (ed.) 1987, *Generalized Quantifiers. Linguistic and Logical Approaches*.

Geach 1962, *Reference and Generality*.

Groenendijk/de Jongh/Stokhof (eds.) 1986, *Studies in Discourse Representation Theory and the Theory of Generalized Quantifiers*.

Heim 1982, *The Semantics of Definite and Indefinite Noun-Phrases*.

Hinrichs 1986, Temporal anaphora in discourses of English, in *Linguistics and Philosophy* 9.

Janssen 1986, *Foundations and Applications of Montague Grammar*.

Kadmon 1987, *On Unique and Non-unique Reference and Asymmetric Quantification*.

Kamp 1984, A theory of truth and semantic representation, in *Truth, Interpretation and Information*, Groenendijk/Janssen/Stokhof (eds.). [1981]

Krifka (ed.) 1988, *Genericity in Natural Language*.

Kripke 1980, *Naming and Necessity*. [1972]

Lewis 1983, *Philosophical Papers* I.

Montague 1974, *Formal Philosophy*, Thomason (ed.).

Partee 1973, Some structural analogies between tenses and pronouns in English, in *Journal of Philosophy* 70.

Partee 1984, Nominal and temporal anaphora, in *Linguistics and Philosophy* 7.

Reinhart 1983, Coreference and bound anaphora: a restatement of the anaphora questions, in *Linguistics and Philosophy* 6.

Roberts 1989, Modal subordination and pronominal anaphora in discourse, in *Linguistics and Philosophy* 12.

Stalnaker 1984, *Inquiry*.

Tarski 1931, The concept of truth in formalized languages, in *Logic, Semantics and Metamathematics* (1956).

Zeevat 1989, A compositional approach to discourse representation theory, in *Linguistics and Philosophy* 12.

Alice G. B. ter Meulen, Bloomington, Ind.
(USA)

114. Sprachphilosophie und Semiotik

1. Semiotik und intensionale Logik

Seit Plato (s. Art. 14) und Aristoteles (s. Art. 15) werden zur Beschreibung dessen, was in der Kommunikation geschieht (s. Art. 94), zwei verschiedene Terminologien verwendet. Die eine handelt von Gegenständen außerhalb der Kommunikationspartner: Zeichenträgern, Signalen, Symbolen, Wörtern, Bildern, Tönen und dergleichen. Diese scheinen über magische Kräfte zu verfügen, die ihnen irgendwie dazu verhelfen, sich mit Inhalt zu füllen, Sinn zu haben, Botschaften zu tragen. Was kann man tun, um derartige *organismusexterne* Gegenstände zu untersuchen? Man entwickelt Kriterien zu ihrer Klassifikation und fragt beispielsweise nach dem Medium, in dem diese Gegenstände auftreten, nach dem Kanal, durch den sie übertragen werden, nach der Relation, in der der Zeichenträger zur Botschaft steht, die er trägt, nach der Rolle, die er in komplexeren Gegenständen mit ähnlicher Funktion spielt usw. Dieses Forschungsparadigma hat Semiotiker (vgl. z. B. Eco 1976; Nöth 1985) und Linguisten (vgl. z. B. Schnelle 1973; Lyons 1977) dazu veranlaßt, Taxonomien aufzustellen, die unterscheiden zwischen:

— menschlichen versus tierischen Zeichen,
— visuellen versus auditiven, taktilen, olfaktorischen und gustatorischen Zeichen,
— indexikalischen versus ikonischen und symbolischen Zeichen,
— Nomen, Verben, versus Nominalphrasen, Verbalphrasen, Sätzen, ...

Dieser gegenstandsbezogene Ansatz hat im Laufe der letzten Jahrzehnte eine außerordentliche Vielfalt von Zeichentypen erschlossen; er stagniert aber heute, weil er sich auf die Methoden der Taxonomie und einen allzu simplen algebraischen Beschreibungsapparat beschränkt. Was tatsächlich geschieht, wenn ein intelligentes Wesen Zeichen der verschiedenen Typen zur Kommunikation verwendet, kann er nicht erfassen.

Die zweite Terminologie zur Beschreibung von Kommunikation, die in den europäischen Sprachen fest verankert ist, handelt von *organismusinternen* Vorgängen und Einstellungen wie Denken und Wissen; Annehmen und Glauben; Beabsichtigen, Wollen, Wünschen und Intendieren; Folgern, Schließen und Beweisen. Diese scheinen ohne materielle Grundlage im Innern der Kommunikationspartner abzulaufen. Wer sie erforschen will, muß das Erleben eines Menschen oder Tieres untersuchen. Diesem subjektbezogenen Ansatz stehen Methoden wie die psychologische Introspektion und die logische Analyse von Schlußfolgerungen zur Verfügung (vgl. z. B. Finocchiaro 1989; 1995). Dieses Paradigma hat komplexe Theorien hervorgebracht, zum Beispiel über kognitive Dissonanz oder über Beweisverfahren in 2-, 3- oder n-wertigen Logiken. Doch das, was geschieht, wenn ein intelligentes Wesen im Verlauf eines Kommunikationsprozesses etwas denkt, glaubt, beabsichtigt und folgert, wurde nicht erfaßt. Eine Psychologie und eine Logik, die sich der Analyse tatsächlicher Kommunikation verschließen, liefern sich ebenfalls der Stagnation und Bedeutungslosigkeit aus.

Im subjektbezogenen Ansatz wird häufig davon gesprochen, daß das Denken, Glauben, Annehmen, Folgern, Schließen und Beweisen auf der Grundlage von Mengen unbezweifelter Aussagen vor sich geht, die man 'Evidenz' nennt. Welchen Status diese Evidenz hat, bleibt jedoch meist ungeklärt. Logik und Psychologie sollten berücksichtigen, daß das, was sie 'Evidenz' nennen, dasselbe ist, wie das, was in der Semiotik als Zeichen, Index, Ikon und Symbol analysiert wird (vgl. Chisholm 1966 a, Kap. 4). Semiotik und Linguistik sollten berücksichtigen, daß das, was sie 'Botschaft' nennen, undenkbar ist ohne

— jemanden, der sie aufnimmt,
— jemanden, der will, daß ein anderer sie aufnimmt, glaubt oder erschließt,

— jemanden, der sie erzeugt, weil er will, daß sie einen anderen dazu bringt, etwas Bestimmtes zu tun (vgl. Posner 1992).

Nun gibt es im Englischen ein Wort, das geeignet ist, den Gegensatz zwischen äußeren Zeichen und Botschaften einerseits und inneren Vorgängen und Einstellungen wie Glauben, Beabsichtigen und Folgern andererseits zu überbrücken: das Wort 'meaning'. Es tritt ohne weiteres in beiden Kontexten auf (vgl. Grice 1957; 1982; sowie Schiffer 1982; 1987). Einerseits dient es zur Bezeichnung der geheimnisvollen semantischen Kraft äußerer Gegenstände: bei Symbolen oder Symbolkomplexen wie in 'word meaning' und 'the meaning of this text, picture, symphony', bei Artefakten wie in 'the meaning of the Berlin wall' und 'the meaning of the tunnel under the Channel' und bei Naturerscheinungen wie in 'the meaning of the dark cloud in the sky' und 'the meaning of the high waves on this lake'. Andererseits dient es zur Bezeichnung der geheimnisvollen pragmatischen Kraft persönlicher Handlungen, auf die wir uns beziehen in Beschreibungen wie 'Peter means Mary', 'the hooligan meant to hit you' und 'John meant that you are mistaken'.

Dabei liegt die These nahe, daß sich das Geheimnis in jedem der beiden Bereiche auflöst, wenn man die Verwendung des Wortes 'meaning' als Leitfaden nimmt, die beiden Terminologien zusammenführt und die bedeutungsbildenden Kräfte äußerer Gegenstände und innerer Vorgänge als zwei Seiten ein und derselben Medaille betrachtet. Dies soll hier geschehen.

Im folgenden werden die Zeichenprozesse analysiert, die in verschiedenen Arten menschlicher Interaktion bis hin zur Kommunikation auftreten. Das geschieht mit dem Ziel, einen gemeinsamen begrifflichen Rahmen für die Analyse aller möglichen Zeichenprozesse zu schaffen. Für alle Zeichentypen werden spezielle semiotische Begriffe eingeführt, die definierbar sind mithilfe zentraler Begriffe der intensionalen Logik, nämlich 'Glauben', 'Bewirken' und 'Beabsichtigen'. Dabei wird vorausgesetzt, daß 'Glauben', 'Bewirken' und 'Beabsichtigen' sich auf geeignete Weise durch Axiomensysteme der intensionalen Logik charakterisieren lassen (vgl. dazu von Kutschera 1976; zur Logik des Glaubens [= doxastische Logik] Lenzen 1978; 1980; Stalnaker 1984; Mudersbach 1984; Gärdenfors 1988; zur Logik des Bewirkens [= Kausallogik] Burks 1950; 1963; Lewis 1973 c;

1981; 1986; Beckermann 1979; von Kutschera 1980; 1986; Meixner 1987; Åqvist/Mullock 1989; Heil/Mele 1993; zur Logik des Beabsichtigens [= Intentionslogik] von Wright 1963; 1968, Kap. 2; 1977; Meggle 1981 a; Bealer 1992, Kap. 10; Jones 1983; Davis 1984; Tuomela 1984; Bratman 1987; Cohen/Morgan/Pollack 1990; Coval/Campbell 1992).

Der hier vorgestellte Begriffsapparat soll Definitionen für unendlich viele Typen von Zeichenprozessen erlauben, die zusammen alle Möglichkeiten der Semiose erschöpfen. Er soll als Grundlage für die Rekonstruktion dessen dienen, was in der menschlichen Kommunikation geschieht, und soll sich deshalb auch zur Konstruktion von Kommunikationsverhalten bei künstlichen intelligenten Systemen eignen (s. Art. 117).

2. Eine Hierarchie der Zeichentypen

2.1. Elementare Zeichentypen: Signal, Anzeichen, Ausdruck, Geste

(I) Ausgangspunkt für alle weiteren Überlegungen ist die Annahme, daß Zeichenprozesse eine spezielle Art von Kausalprozessen sind. Ein Kausalprozeß läßt sich charakterisieren als Prozeß, der das Vorkommen eines Ereignisses f mit dem Vorkommen eines Ereignisses e verbindet, wobei (das Vorkommen von) f als Ursache und (das Vorkommen von) e als deren Wirkung bezeichnet wird. Stellen wir uns als Beispiel vor, wir sitzen in einem Zimmer, und ein plötzlicher Knall läßt die Fensterscheiben vibrieren: in dieser Konstellation bezeichnen wir das Auftreten des Knalls f als *Ursache* für das Auftreten der Vibration e in den Fensterscheiben und letzteres als deren *Wirkung*. Oder denken wir an einen schneebedeckten Berghang, wo eine Zunahme im Gewicht des Schnees zum Abgehen einer Lawine führt: hier bezeichnen wir die eingetretene Gewichtszunahme des Schnees f als *Ursache* für das Abgehen der Lawine e, das deren *Wirkung* ist. Oder vergegenwärtigen wir uns einen See, dessen Wassertemperatur unter null Grad sinkt und dadurch das Wasser zum Gefrieren bringt: hier bezeichnen wir die eingetretene Temperaturverminderung f als *Ursache* und das Gefrieren des Wassers e als deren *Wirkung*. — Diese Prozesse laufen ab, ohne daß an ihnen Wahrnehmungsorgane beteiligt sein müssen; weder ist eine Repräsentation des Ereignisses e nötig noch ein Gedächtnis, das diese Repräsentation speichert; auch ein Programm (etwa ein ›Scheiben-Vibrier-Programm‹), das die Wirkung *e* unter den gegebenen Umständen erzeugt, ist nicht erforderlich; erst recht brauchen wir keine Absicht anzunehmen, etwa die Absicht des Knalls, die Fensterscheiben zum Vibrieren zu bringen. Was vorliegt, ist eine einfache Kausalrelation ↝, die das Vorkommen des Ereignisses *f* mit dem Vorkommen des Ereignisses *e* verbindet, ohne daß ein drittes System dazwischentritt.

Kausalprozesse lassen sich durch die Formel '$E(f) \rightarrow E(e)$' beschreiben; darin sind '*f*' und '*e*' Terme, die Ereignisse bezeichnen, '↝' ist ein zweistelliger Satzoperator, der die Ursache-Wirkungs-Beziehung bezeichnet, und '*E*' ist ein einstelliger Prädikator, der die Eigenschaft bezeichnet, daß das von seinem Argumentterm bezeichnete Ereignis (zu einer bestimmten Zeit an einem bestimmten Ort) vorkommt. '$E(f) \rightarrow E(e)$' ist zu lesen als '(das Vorkommen von) *f* bewirkt (das Vorkommen von) *e*'; beziehungsweise ausführlicher 'die Tatsache, daß *f* vorkommt, bewirkt die Tatsache, daß *e* vorkommt'.

(II) Das Szenarium verändert sich, wenn wir uns eine Bergwelt vorstellen, die belebt ist: ein Vogel *a* sitzt auf einem Baum, und ein plötzliches dumpfes Grollen *f* im Schnee unter ihm veranlaßt den Vogel zum Auffliegen *r*. Hier ist das Auftreten des Geräusches *f* Ursache für das Auffliegen *r* des Vogels, und wir sagen: *f* ist ein *Signal* für den Vogel *a*, aufzufliegen (*r*). Der Signalprozeß wird dadurch ermöglicht, daß der Vogel Wahrnehmungsorgane hat, die das Geräusch registrieren, und ein Reaktionsprogramm, das ihn darauf mit einem Flugverhalten antworten läßt. Der Vogel selbst ist ein Verhaltenssystem, das zwischen das Vorkommen der Ursache $E(f)$ und das Vorkommen der Wirkung $E(e)$ tritt. Die Wirkung besteht im Vollzug des Flugverhaltens *r* durch den Vogel *a*: $T(a, r)$. — Wenn es sich bei der Reaktion des Vogels um einen einfachen physiologischen Reflex handelt, brauchen wir nicht anzunehmen, daß dabei das Gedächtnis des Vogels in Aktion tritt und eine innere Repräsentation des Geräusches speichert: der Vogel braucht nichts zu glauben, wenn er auffliegt. Ebensowenig erforderlich ist natürlich auf seiten des Geräusches eine Absicht, den Vogel zum Auffliegen zu bringen.

Signalprozesse lassen sich durch die Formel '$E(f) \rightarrow T(a, r)$' beschreiben; darin ist '*a*' ein Term, der ein Verhaltenssystem bezeichnet, '*r*' ein Term, der sein Verhalten bezeichnet, und '*T*' ein zweistelliger Prädikator,

der die Vollzugs-Beziehung bezeichnet, die zwischen dem Verhaltenssystem (bezeichnet durch den ersten Argumentterm) und dem Verhalten (bezeichnet durch den zweiten Argumentterm) besteht. In dieser Konstellation bezeichnen wir *a* als *reagierendes System* oder *Empfänger*, $T(a, r)$ als seine Reaktion oder seinen *Interpretanten* und *f* als *Signal* für *a*, *r* zu tun.

(III) Reichern wir nun unser Bergszenarium weiter an, und stellen wir uns einen Skifahrer *a* vor, der auf einem schneebedeckten Hang steht, als ein plötzliches dumpfes Geräusch *f* unter ihm auftritt, das ihn zu der Annahme *p* bringt, daß der Schnee unter ihm gleich als Schneebrett talwärts gleiten wird. Hier ist das Vorkommen des Geräusches *f* Ursache für das Vorkommen des Glaubens von *a* an die Proposition *p*, und wir sagen: *f* ist ein *Anzeichen* für den Skifahrer *a*, daß *p* der Fall ist. — Damit der Anzeichenprozeß stattfinden kann, muß der Skifahrer nicht nur verfügen über Wahrnehmungsorgane, die das betreffende Geräusch registrieren, und ein Reaktionsprogramm, das ihn darauf antworten läßt, sondern auch über ein internes Repräsentationssystem, das ihm eine innere Reaktion ermöglicht wie die, *p* zu glauben. Wie in den anderen Beispielen brauchen wir aber auch hier nicht mit der Beteiligung von Absichten zu rechnen, etwa einer Absicht des Berghangs, den Skifahrer vor dem Abgehen des Schneebretts zu warnen.

Anzeichenprozesse lassen sich durch die Formel '$E(f) \rightarrow G(a, p)$' beschreiben; darin ist '*p*' ein Satz, der eine Proposition bezeichnet, und '*G*' ist ein zweistelliger Operator, dessen erstes Argument ein Verhaltenssystem und dessen zweites eine Proposition ist und das eine Glaubens-Beziehung zwischen dem Verhaltenssystem und der Proposition bezeichnet. In dieser Konstellation bezeichnen wir *a* wieder als *reagierendes System* oder *Empfänger*, $G(a, p)$ als seine Reaktion oder seinen *Interpretanten*, *p* als *Botschaft* von *f* für *a* und *f* als *Anzeichen* für *a*, daß *p* der Fall ist.

(IV) Wechseln wir nun das Szenarium, und denken wir an die Wohnung nebenan: eine Tür schlägt zu (*f*), und das bringt einen Nachbarn *a* zu der Annahme *p*, daß der Wohnungsinhaber *b* gerade in Ärger geraten ist (*Z*) (und deshalb die Tür zugeschlagen hat). Hier ist das Vorkommen des Geräusches *f* Ursache für das Vorkommen einer Annahme speziellen Typs in *a*, nämlich des Glaubens, daß es jemanden *b* gibt, der dieses Geräusch erzeugte, und daß diese Person sich in einem bestimmten Zustand Z befindet. In diesem Fall sagen wir: das Geräusch f ist für den Nachbarn a ein *Ausdruck* des Ärgers Z in seinem Verursacher b. Der Ausdrucksprozeß kann stattfinden, weil das reagierende System a nicht nur das Geräusch f wahrnimmt, sondern auch die Existenz eines agierenden Systems b annimmt und ihm einen bestimmten Zustand zuschreibt. — Wichtig ist hier, daß wir weder zu der Voraussetzung verpflichtet sind, daß das von a angenommene agierende System b wirklich existiert noch daß es sich in dem betreffenden Zustand befindet. Damit das Geräusch des Türenschlagens zum Ausdruck wird, genügt es, daß es ein reagierendes System a gibt, in welchem das Geräusch die Annahme herbeiführt, daß es von jemandem in einem bestimmten Zustand produziert wurde. Ausdrücke sind somit Anzeichen für Propositionen spezieller Art. Ausdrücke setzen weder auf seiten des reagierenden noch des agierenden Systems eine Absicht voraus. Der vermeintliche Wohnungsinhaber braucht nicht beabsichtigt zu haben, daß die Tür zuschlug, und er braucht auch nicht beabsichtigt zu haben, daß jemand seinen Ärger mitbekommt; es braucht ihn ja gar nicht zu geben. Ausdrucksprozesse lassen sich durch die Formel '*E(f)* ⟿ *G(a, Z(b))*' beschreiben; diese hat die gleiche Form wie die Formel für Anzeichenprozesse mit der Ausnahme, daß '*Z(b)*' an die Stelle von '*p*' getreten ist; '*b*' ist ein Term, der ein Verhaltenssystem bezeichnet, und '*Z*' ist ein einstelliger Prädikator, der die Eigenschaft seines Arguments bezeichnet, in einem bestimmten Zustand zu sein. In dieser Konstellation bezeichnen wir b als *agierendes* System, a wieder als *reagierendes System* oder *Empfänger*, G(a, Z(b)) als die Reaktion oder den *Interpretanten* von a, Z(b) als *Botschaft* und f als *Ausdruck* des Zustands von b für a.

(V) Das letzte Szenarium, das wir auf dieser Ebene der Darstellung betrachten wollen, besteht aus einer Person a, die über einen Parkplatz geht und plötzlich aus der Nähe das Geräusch f eines startenden Automotors hört. Ist das Vorkommen des Geräusches f Ursache für a zu glauben, daß die Person b, die den Motor startete, die Absicht I hat, wegzufahren (g), dann sagen wir, daß a f auffaßt als *Geste* der Absicht I von b, wegzufahren (g). Eine Geste ist also ein Ausdrucksereignis, dessen Botschaft darin besteht, daß sein Produzent die Absicht hat, ein weiteres Ereignis zu erzeugen. — Wiederum kann es sich bei der Annahme eines Zeichenproduzenten und seiner Absicht um einen Irrtum des reagierenden Systems handeln, so daß das Geräusch für jemanden den Zustand einer Person ausdrückt, ohne daß es überhaupt von dieser Person produziert worden ist (der Motor kann sogar von allein losgegangen sein). Deshalb bezeichnen wir das angenommene agierende System als *virtuelles System*. Der Unterschied zwischen einem einfachen Ausdruck und einer Geste kann in bestimmten Fällen wichtig werden. Stellen wir uns vor, wir befinden uns auf einer Baustelle, und plötzlich kommt eine dieser riesigen unbemannten Baumaschinen auf uns zugefahren. Unser Schreck hält sich in Grenzen, wenn wir ihr ausweichen können; er kann aber ins Unermeßliche wachsen, wenn wir merken, daß die Baumaschine uns folgt, wohin wir auch immer auszuweichen versuchen. Die Fahrt der Baumaschine als Ausdruck des Arbeitsprogramms zu betrachten, auf das sie eingestellt wurde, macht uns keine Schwierigkeiten; doch die Situation wird brenzlig, wenn wir uns gezwungen sehen, der Baumaschine eine besondere Absicht zu unterstellen, insbesondere die, uns zu überfahren.

Gestenprozesse lassen sich durch die Formel '*E(f)* ⟿ *G(a, I(b, T(b, g)))*' beschreiben; diese hat die gleiche Form wie die Formel für Anzeichenprozesse mit der Ausnahme, daß '*I(b, T(b, g))*' an die Stelle von '*p*' getreten ist; '*I*' ist ein zweistelliger Operator, dessen erstes Argument ein Verhaltenssystem und dessen zweites eine Proposition ist und der die Absicht des Verhaltenssystems bezeichnet, die Proposition zu verwirklichen. '*T(b, g)*' ist analog zu '*T(a, r)*' zu interpretieren, wobei '*T*' ein zweistelliger Prädikator und '*g*' ein Term ist, der das Verhalten des ersten Arguments von T bezeichnet. In dieser Konstellation bezeichnen wir b als *agierendes System*, a als *reagierendes System* oder *Empfänger*, G(a, I(b, T(b, g))) als die Reaktion oder den Interpretanten von a, I(b, T(b, g)) als *Botschaft*, T(b, g) als gestisch angezeigtes oder *gestikuliertes Verhalten* und f als *Geste* der Absicht von b für a, dieses Verhalten folgen zu lassen.

Eine Synopse der bisher eingeführten Begriffe findet sich in Abbildung 114.1. Wie der Leser bereits bemerkt haben wird, bilden die Zeichenbegriffe eine Reihe, in der jeder folgende Begriff ein Spezialfall des vorherigen ist; die jeweiligen Unterschiede ergeben sich aus der Struktur der Wirkungen, die in den

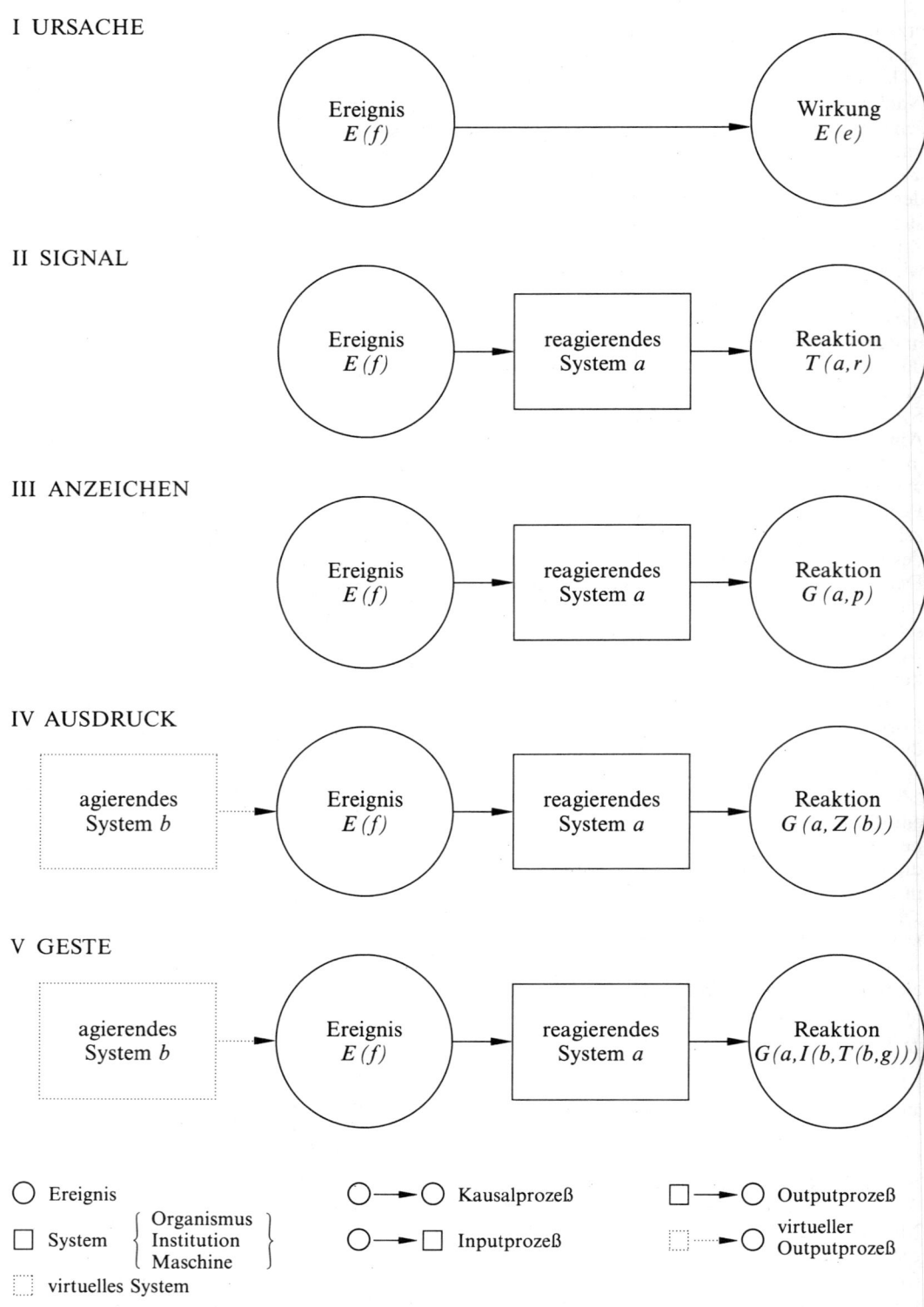

I URSACHE

II SIGNAL

III ANZEICHEN

IV AUSDRUCK

V GESTE

Abb. 114.1: Elementare Zeichentypen: Signal, Anzeichen, Ausdruck, Geste.

Reaktionsformeln der Abbildung dargestellt sind:

(I) Ein Prozeß, an dem kein Verhaltenssystem beteiligt ist, ist ein einfacher Kausalprozeß; darin ist f die Ursache, und das Vorkommen von f bewirkt das Vorkommen von e: $E(e)$.

(II) Ein Prozeß, an dem ein reagierendes System beteiligt ist, das zwischen die Ursache f und die Wirkung e tritt, ist ein Signalprozeß; darin ist f ein Signal für a, r zu tun; das Vorkommen von f bringt a nämlich dazu, r zu tun: $T(a, r)$.

(III) Ein Prozeß, dessen Wirkung nicht irgendein Ereignis ist, sondern darin besteht, daß ein reagierendes System a, das f registriert, an eine Proposition p glaubt, ist ein Anzeichenprozeß; darin ist f ein Anzeichen für a, daß p der Fall ist; das Vorkommen von f bringt a nämlich dazu, p zu glauben: $G(a, p)$.

(IV) Ein Prozeß, dessen Wirkung darin besteht, daß ein reagierendes System a, das f registriert, an die Existenz eines b glaubt, das f produzierte und sich dabei in Zustand Z befand, ist ein Ausdrucksprozeß; darin ist f für a ein Ausdruck des Zustands Z von b; das Vorkommen von f bringt a nämlich zu der Annahme, daß b sich in Zustand Z befand: $G(a, Z(b))$.

(V) Ein Prozeß, dessen Wirkung darin besteht, daß ein reagierendes System a, das f registriert, an die Absicht I eines Produzenten von f glaubt, etwas Bestimmtes g zu tun, ist ein Gestenprozeß; darin ist f für a eine Geste von b, g zu tun; das Vorkommen von f bringt a nämlich zu der Annahme, daß b die Absicht hat, g zu tun: $G(a, I(b, T(b, g)))$.

Zusammenfassend können wir also sagen: Jede Geste ist ein Ausdruck (einer Absicht ihres Produzenten), jeder Ausdruck ist ein Anzeichen (eines Zustands seines Produzenten), jedes Anzeichen ist ein Signal (für den Rezipienten, etwas zu glauben), und jedes Signal ist eine Ursache (einer Reaktion eines Verhaltenssystems).

Diese Beziehung zwischen den Begriffen gilt jedoch nicht in umgekehrter Richtung: nur ganz bestimmte Ursachen gelten als Signale, nur ganz bestimmte Signale gelten als Anzeichen, nur ganz bestimmte Anzeichen gelten als Ausdrücke, und nur ganz bestimmte Ausdrücke gelten als Gesten.

Bei alldem ergibt sich die Frage, welche der besprochenen Arten von Ereignissen als Zeichen anzusehen sind. Die Antwort ist an dieser Stelle nicht schwer: alles, was in einem Verhaltenssystem eine Reaktion bewirkt, kann Zeichen genannt werden. Dieses Kriterium erlaubt es einerseits, Gesten (V), Ausdrücke (IV), Anzeichen (III) und Signale (II) als Arten von Zeichen zu behandeln, und andererseits, einfache Ursachen (I) aus dem Reich der Zeichen auszuschließen. Eine wichtige Konsequenz dieser Antwort ist, daß das Auftreten ein und desselben Ereignisses f einmal als bloße Ursache, ein andermal aber als Zeichen angesehen werden kann; der Unterschied liegt nur darin, in welcher Umgebung es auftritt.

Wenn wir in diesem Kontext von einem Verhaltenssystem gesprochen haben, so war damit jeder Organismus gemeint, sei er eine Pflanze, ein Tier oder ein Mensch. Ein Verhaltenssystem ist dadurch gekennzeichnet, daß es über ein Programm verfügt, welches bestimmt, wie es auf die von ihm registrierten Ereignisse reagiert (s. Art. 116). In den Begriffen der Informatik können wir auch sagen, ein Verhaltenssystem ist ein System, das einen Input akzeptiert und auf ihn entsprechend seinem Programm mit einem Output reagiert. Nimmt man Verhaltenssysteme in diesem allgemeinen Sinn, so fallen darunter auch gesellschaftliche Institutionen, wie etwa ein Verlagshaus, eine Universität, eine Firma, ein Stadtrat oder ein ganzer Nationalstaat (vgl. Posner 1989, § 3). Ebenso lassen sich auch künstlich konstruierte Systeme wie etwa die informationsverarbeitenden Systeme der Informatik als Verhaltenssysteme auffassen, denn sie akzeptieren Ereignisse bestimmter Art als Input und reagieren mit entsprechendem Output (s. Art. 117). Ist ein informationsverarbeitendes System für Aufgaben vorgesehen, die gewöhnlich von Experten ausgeführt werden, so nennen wir es Expertensystem. Unser Ziel ist es, die Bedingungen herauszufinden, unter denen das Verhalten eines solchen Systems als ›intelligentes Verhalten‹ und als ›Kommunikationsverhalten‹ angesehen werden kann.

Weder die Frage, ob ein gegebenes Ereignis ein Zeichen ist, noch die Frage, welche Art von Zeichen es ist, läßt sich beantworten, wenn man nur das Ereignis selbst betrachtet: einfache Ursachen, Signale, Anzeichen, Ausdrücke und Gesten haben alle die gleiche simple Struktur $E(f)$. Nur die Tatsache, daß ein Ereignis f zum Input eines Verhaltenssystems geworden ist, welches seinerseits mit einem inneren oder äußeren Interpretanten reagiert, macht dieses *f* zum Zeichen. Und welcher Art dieses Zeichen ist, ob es als Signal, Anzeichen, Ausdruck oder Geste zu klassifizieren ist, das hängt von der Art der Wirkung ab, die es auf das reagierende System hat: ein Signal bewirkt eine Reaktion beliebiger Art; ein Anzeichen bewirkt eine Annahme; ein Ausdruck bewirkt die Annahme, daß er durch ein agierendes System erzeugt wurde, welches sich dabei in einem bestimmten Zustand befand; eine Geste bewirkt die Annahme, daß sie durch ein agierendes System erzeugt wurde, welches dabei eine bestimmte Absicht hatte. In diesen Unterschieden liegt der Grund, weshalb Signale als Zeichen der einfachsten Art gelten.

Wenn man die Reaktionsweise eines Verhaltenssystems auf ein Ereignis einbezieht, so kann man zwar die Frage beantworten, ob dieses Ereignis ein Zeichen der vier Grundtypen ist, doch besteht auf der bisherigen Analyseebene noch nicht die Möglichkeit, ein natürliches Ereignis (das nur dadurch zum Zeichen wird, daß es in einem reagierenden System ein Verhalten bestimmter Art bewirkt) von einem absichtlich zu bestimmtem Zweck hergestellten Zeichen zu unterscheiden. Selbst Ausdruck und Geste sind ja nur dadurch definiert, daß das reagierende System die Existenz irgendeines agierenden Systems annimmt, dessen Zustand angezeigt wird; die Frage, ob sie wirklich durch ein solches agierendes System hergestellt wurden oder nicht, bleibt offen. Deshalb ist auf dieser Ebene auch noch nicht der Unterschied zu behandeln, der zwischen einem Versuch, etwas zu signalisieren, anzuzeigen, auszudrücken oder zu gestikulieren und der erfolgreichen Ausführung eines solchen Versuchs besteht (vgl. jedoch 3.1.).

Ein ähnlicher Punkt betrifft die weithin übliche Unterscheidung zwischen Zeichenereignissen und Zeichentypen. Auf der gegenwärtigen Analyseebene haben wir es nur mit konkreten Ereignissen zu tun, die entweder als Zeichen fungieren oder aber überhaupt keine Zeichen sind. Ein *f*, das kein Verhaltenssystem dazu bringt, in einer der vier besprochenen Weisen zu reagieren, ist kein Zeichen, selbst wenn es Eigenschaften hat, durch die Ereignisse charakterisiert sind, welche in anderen Kontexten als Zeichen fungieren. Wir sind daher noch nicht in der Lage, zwischen dem Vorliegen eines kodierten Zeichens (welches dann unter den gegebenen Umständen

entweder als Zeichen fungieren kann oder auch nicht) und unkodierten Zeichen zu unterscheiden. Der hier entwickelte Ansatz ist jedoch offen für die Einführung einer solchen Unterscheidung auf einer höheren Analyseebene (vgl. 3.4.).

Eine von Semiotikern häufig gestellte Frage betrifft die Beziehung zwischen dem Zeichenträger *f* und der Botschaft *p* in Anzeichenprozessen. Der Terminus 'Anzeichen' wird häufig mit 'Index' gleichgesetzt, und für Indexzeichen gilt unter anderem, daß *f* sich zu *p* verhält wie die Ursache zur Wirkung: $E(f) \rightsquigarrow p$; beziehungsweise umgekehrt, wie die Wirkung zur Ursache: $p \rightsquigarrow E(f)$. So kann man sagen, daß das Auftreten eines Schattens $E(f)$ unter einem Baum Kühle bewirkt und deshalb für ein reagierendes System als Index dafür dienen kann, daß es unter dem Baum kühl ist (*p*). Doch sollte man Indexzeichen dieser Art nicht mit den Anzeichen gleichsetzen: während bei Indexzeichen die Kausalbeziehung zwischen dem Auftreten des Zeichenträgers und der Botschaft besteht, besteht sie bei Anzeichen zwischen dem Auftreten des Zeichenträgers und dem Interpretanten, das heißt dem Glauben an die Botschaft: $E(f) \rightsquigarrow G(a, p)$. Wie das reagierende System genau zu diesem Glauben kommt, wird für Anzeichen offen gelassen. Der Begriff des Anzeichens ist also weiter als der Begriff des Indexzeichens (zum ›indexical sign‹ vgl. Peirce 1931—1935, *CP* 2.283—2.291). Er entspricht mehr dem, was Edmund Husserl (1900—1901, II/1, § I,2) 'Anzeichen' (s. Art. 46) und was Luis Prieto (1966, Kap. I,2) 'indication' nennt. Dies ist der Grund, weshalb es sowohl indexikalische als auch ikonische und symbolische Anzeichen gibt, je nachdem ob die Beziehung zwischen *f* und *p* eine Kausalrelation, eine Ähnlichkeitsrelation oder keines von beidem ist. Während also die Beziehung zwischen *f* und *p* nicht von kausaler Art sein muß, ist es die zwischen *f* und $G(a, p)$ immer. — Diese Einzelfragen sollten allerdings die Aufmerksamkeit des Lesers nicht von dem zentralen Gedanken ablenken, der hinter der Einführung der vier elementaren Zeichenbegriffe steht. Abgesehen von den Prädikatoren $E(...)$ und $T(..., ---)$, die eine eher technische Rolle spielen, sind nur drei Begriffe der intensionalen Logik erforderlich, um diese Zeichenbegriffe zu definieren: Bewirken $... \rightsquigarrow ---$, Glauben $G(..., ---)$ und Beabsichtigen $I(..., ---)$. Wesentlich ist dabei die jeweilige Konfiguration dieser Vorgänge und Einstellungen. Sie bestimmt die Unterschiede zwischen den Zeichentypen. Die Zeichen der vier elementaren Typen sind also nichts anderes als organismusexterne Korrelate von inneren Vorgängen und Einstellungen. Es soll nun gezeigt werden, daß dies auch für die Zeichen aller anderen Typen gilt. Das Verhältnis zwischen der Terminologie der Semiotik und derjenigen der intensionalen Logik wird uns daher im folgenden weiter beschäftigen.

2.2. Reflexionsstufen: eingebettetes Glauben und Beabsichtigen

Die Unterschiede zwischen den bisher eingeführten Zeichentypen bestehen allein im Verhalten des reagierenden Systems *a*. Nun gilt es, auch das Verhalten eines realen agierenden Systems *b* einzubeziehen. Das soll geschehen, indem wir die bisherigen Zeichentypen als unterste Stufe einer Hierarchie von Zeichentypen behandeln, deren höhere Stufen durch Einbettung in Konfigurationen der Begriffe *Beabsichtigen* und *Glauben* entstehen.

Wenn ein agierendes System *b* ins Spiel kommt, so kann *b* ein gewisses Ereignis *f* produzieren, weil *b* beabsichtigt, daß dieses Ereignis bewirkt, daß *a* etwas Bestimmtes tut oder glaubt. *a* kann dann seinerseits glauben, daß ein gewisses Ereignis *f* von *b* produziert wurde, weil *b* beabsichtigte, daß *f* bewirkt, daß *a* etwas Bestimmtes tut oder glaubt. Dies kann auch *b* selbst wiederum beabsichtigen, d. h. *b* beabsichtigt, daß *a* glaubt, daß ein gewisses Ereignis *f* von *b* produziert wurde, weil *b* beabsichtigte, daß *f* bewirkt, daß *a* etwas Bestimmtes tut oder glaubt. *a* kann seinerseits *f* zum Anlaß nehmen, an diese komplexe Absicht von *b* zu glauben usw. — Was wir hier vor uns haben, ist auf seiten des agierenden Systems *b* eine Reihe von Absichten mit eingebettetem Glauben von zunehmend komplexer Art und auf seiten des reagierenden Systems *a* eine Reihe von Glaubensannahmen mit eingebetteten Absichten von zunehmend komplexer Art. Die geordnete Menge zunehmend komplexer Annahmen und Absichten nennen wir 'Reflexionsstufen':

Stufe 1a $G(a, p)$
Stufe 1b $I(b, G(a, p))$
Stufe 2a $G(a, I(b, G(a, p)))$
Stufe 2b $I(b, G(a, I(b, G(a, p))))$
.   .
.   .
.   .

Auf Stufe 1 glaubt *a* etwas und beabsichtigt *b* etwas. Auf Stufe 2 glaubt *a*, daß *b* beab-

sichtigt, daß *a* etwas glaubt, und *b* beabsichtigt, daß *a* glaubt, daß *b* etwas beabsichtigt. Die iterierten Annahmen und Absichten ließen sich auch ein und demselben Individuum zuschreiben oder auf mehr als zwei Individuen verteilen; doch wollen wir im folgenden aus Gründen der Übersichtlichkeit von zwei Individuen *a* und *b* ausgehen, die in den zu untersuchenden Zeichenprozessen komplementäre Rollen einnehmen. Das erlaubt es uns, jeweils von Stufe 1a, 1b, 2a, 2b, ... zu sprechen. — Durch Anwendung dieser verschiedenen Reflexionsstufen auf die in 2.1. eingeführten elementaren Typen von Zeichenprozessen werden wir nun komplexere Zeichenprozesse konstruieren und uns damit dem nähern, was man (im strengen Sinne des Wortes (s. 3.3.)) 'Kommunikation' nennt. Einen Überblick über die verschiedenen Zeichenbegriffe gibt Abbildung 114.2, in der die Definitionsmerkmale der fünf elementaren Begriffe I bis V auf der untersten Zeile erscheinen, welche die Stufe 1a darstellt: eine Ursache wird durch die Formel in Feld I1a definiert, ein Signal durch die Formel in Feld II1a usw.. Kapitel 3. liefert Beispielszenarien und Erläuterungen für die verschiedenen Formeln auf den oberen Zeilen von Abbildung 114.2, wie etwa I1b, I2a und II1b, II2a.

3.   Die Rekonstruktion von Kommunikation

3.1. Handeln und Anzeigen des Handelns

Betrachten wir die folgende Reihe von Beispielen aus dem Familienleben:

(I1a) In der Küche ist ein Becher mit Joghurt zufällig in die offene Tiefkühltruhe gefallen: $E(f)$. Der Joghurt gefriert: $E(e)$. Unter den gegebenen Umständen ist das erstere Ereignis eine Ursache für das letztere: $E(f) \rightsquigarrow E(e)$. Wir haben es hier also mit einem einfachen *Kausalprozeß* im Sinne von 2.1. zu tun. Stellen wir uns nun vor, Bernd, der Sohn des Hauses, entdeckt den gefrorenen Joghurt in der Kühltruhe, probiert ihn und findet ihn gut. Das kann Konsequenzen haben:

(I1b) Bernd nimmt einen weiteren Becher Joghurt aus dem Kühlschrank und stellt ihn in die Tiefkühltruhe: $T(b, f)$. Er beabsichtigt, daß die Tatsache, daß dieser Joghurt in die Tiefkühltruhe gelangt ist, wiederum dazu führt, daß er gefriert: $I(b, E(f) \rightsquigarrow E(e))$. Wenn jemand etwas mit der Absicht tut, daß es etwas anderes bewirkt, so bezeichnen wir

	I	II	III	IV	V
Stufe 2b_com Sender-Zeichen (Kommunikation)	Deklaration $(f, b, a, e) =_{df}$ Handlung mittels Anzeige einer Handlung $T(b,f) \wedge I(b, E(f) \rightarrow G(a, [T(b,f) \wedge I(b,[E(f) \rightarrow E(e)])])) \wedge G(b, (E(f) \rightarrow G(a, [T(b,f) \wedge I(b,[E(f) \rightarrow E(e)])])) \rightarrow (E(f) \rightarrow E(e)))$	Direktiv $(f, b, a, r) =_{df}$ Signalisier-H. mittels Anzeige einer Signalisier-H. $T(b,f) \wedge I(b, E(f) \rightarrow G(a, [T(b,f) \wedge I(b,[E(f) \rightarrow T(a,r)])])) \wedge G(b, (E(f) \rightarrow G(a, [T(b,f) \wedge I(b,[E(f) \rightarrow T(a,r)])])) \rightarrow (E(f) \rightarrow T(a,r)))$	Assertiv $(f, b, a, p) =_{df}$ Anzeige-H. mittels Anzeige einer Anzeige-H. $T(b,f) \wedge I(b, E(f) \rightarrow G(a, [T(b,f) \wedge I(b,[E(f) \rightarrow G(a,p)])])) \wedge G(b, (E(f) \rightarrow G(a, [T(b,f) \wedge I(b,[E(f) \rightarrow G(a,p)])])) \rightarrow (E(f) \rightarrow G(a,p)))$	Expressiv $(f, b, a, Z) =_{df}$ Ausdrucks-H. mittels Anzeige einer Ausdrucks-H. $T(b,f) \wedge I(b, E(f) \rightarrow G(a, [T(b,f) \wedge I(b,[E(f) \rightarrow G(a,Z(b))])])) \wedge G(b, (E(f) \rightarrow G(a, [T(b,f) \wedge I(b,[E(f) \rightarrow G(a,Z(b))])])) \rightarrow (E(f) \rightarrow G(a,Z(b))))$	Kommissiv $(f, b, a, g) =_{df}$ Gestikulier-H. mittels Anzeige einer Gestikulier-H. $T(b,f) \wedge I(b, E(f) \rightarrow G(a, [T(b,f) \wedge I(b,[E(f) \rightarrow G(a,I(b,T(b,g)))])])) \wedge G(b, (E(f) \rightarrow G(a, [T(b,f) \wedge I(b,[E(f) \rightarrow G(a,I(b,T(b,g)))])])) \rightarrow (E(f) \rightarrow G(a,I(b,T(b,g)))))$
Stufe 2b Sender-Zeichen (Simulation)	Anzeige einer Handlung $(f, b, a, e) =_{df}$ $T(b,f) \wedge I(b, E(f) \rightarrow G(a, [T(b,f) \wedge I(b,[E(f) \rightarrow E(e)])]))$	Anzeige einer Signalisier-H. $(f, b, a, r) =_{df}$ $T(b,f) \wedge I(b, E(f) \rightarrow G(a, [T(b,f) \wedge I(b,[E(f) \rightarrow T(a,r)])]))$	Anzeige einer Anzeige-H. $(f, b, a, p) =_{df}$ $T(b,f) \wedge I(b, E(f) \rightarrow G(a, [T(b,f) \wedge I(b,[E(f) \rightarrow G(a,p)])]))$	Anzeige einer Ausdrucks-H. $(f, b, a, Z) =_{df}$ $T(b,f) \wedge I(b, E(f) \rightarrow G(a, [T(b,f) \wedge I(b,[E(f) \rightarrow G(a,Z(b))])]))$	Anzeige einer Gestikulier-H. $(f, b, a, g) =_{df}$ $T(b,f) \wedge I(b, E(f) \rightarrow G(a, [T(b,f) \wedge I(b,[E(f) \rightarrow G(a,I(b,T(b,g)))])]))$
Stufe 2a Empfänger-Zeichen	Anzeichen einer Handlung $(f, b, a, e) =_{df}$ $E(f) \rightarrow G(a, [T(b,f) \wedge I(b,[E(f) \rightarrow E(e)])])$	Anzeichen einer Signalisier-H. $(f, b, a, r) =_{df}$ $E(f) \rightarrow G(a, [T(b,f) \wedge I(b,[E(f) \rightarrow T(a,r)])])$	Anzeichen einer Anzeige-H. $(f, b, a, p) =_{df}$ $E(f) \rightarrow G(a, [T(b,f) \wedge I(b,[E(f) \rightarrow G(a,p)])])$	Anzeichen einer Ausdrucks-H. $(f, b, a, Z) =_{df}$ $E(f) \rightarrow G(a, [T(b,f) \wedge I(b,[E(f) \rightarrow G(a,Z(b))])])$	Anzeichen einer Gestikulier-H. $(f, b, a, g) =_{df}$ $E(f) \rightarrow G(a, [T(b,f) \wedge I(b,[E(f) \rightarrow G(a,I(b,T(b,g)))])])$
Stufe 1b Sender-Zeichen (Manipulation)	Handlung $(f, b, e) =_{df}$ $T(b,f) \wedge I(b, [E(f) \rightarrow E(e)])$	Signalisier-H. $(f, b, a, r) =_{df}$ $T(b,f) \wedge I(b, [E(f) \rightarrow T(a,r)])$	Anzeige-H. $(f, b, a, p) =_{df}$ $T(b,f) \wedge I(b, [E(f) \rightarrow G(a,p)])$	Ausdrucks-H. $(f, b, a, Z) =_{df}$ $T(b,f) \wedge I(b, [E(f) \rightarrow G(a,Z(b))])$	Gestikulier-H. $(f, b, a, g) =_{df}$ $T(b,f) \wedge I(b, [E(f) \rightarrow G(a,I(b,T(b,g)))])$
Stufe 1a Empfänger-Zeichen	Ursache $(f, e) =_{df}$ $E(f) \rightarrow E(e)$	Signal $(f, a, r) =_{df}$ $E(f) \rightarrow T(a,r)$	Anzeichen $(f, a, p) =_{df}$ $E(f) \rightarrow G(a,p)$	Ausdruck $(f, b, a, Z) =_{df}$ $E(f) \rightarrow G(a,Z(b))$	Geste $(f, b, a, g) =_{df}$ $E(f) \rightarrow G(a,I(b,T(b,g)))$
	I	II	III	IV	V

Abb. 114.2: Zeichentypen höherer Reflexionsstufen bis zum Kommunizieren.

das als *Handeln*. Handlungen beschreibt man mit Bezug auf die mit ihnen beabsichtigten Wirkungen. Deshalb sagen wir, daß Bernd den Joghurt einfriert, obwohl er nichts anderes tut, als den Joghurt in die Tiefkühltruhe zu stellen. Falls die beabsichtigte Wirkung nicht eintritt, ist die betreffende Handlung erfolglos. Nehmen wir jedoch an, daß die Tiefkühltruhe funktioniert und das Hineinstellen des Joghurts diesen wirklich gefrieren läßt: $E(f) \rightsquigarrow E(e)$. Unter diesen Umständen ist Bernds Handlung *erfolgreich*. — Verallgemeinern wir das Beispiel, so können wir sagen: wenn b ein Ereignis f produziert und beabsichtigt, daß das Eintreten von f das Eintreten eines weiteren Ereignisses e bewirkt, so ist f eine *Handlung*. Jede Handlung läßt sich beschreiben durch die Formel: '$T(b, f) \wedge I(b, E(f) \rightsquigarrow E(e))$'. Wenn das Eintreten von f das Eintreten von e bewirkt, wie vom agierenden System b beabsichtigt, dann ist die Handlung f erfolgreich. Dementsprechend bezeichnen wir $E(f) \rightsquigarrow E(e)$ als *Erfolgsbedingung* für die Handlung f.

(I2a) Nehmen wir nun an, daß Bernd ein paar Tage später wiederum einen Becher mit Joghurt in die Tiefkühltruhe stellt. Diesmal ist er jedoch nicht allein. Seine Schwester Astrid sieht zufällig, was er tut, ohne daß er es merkt. Sie wundert sich zunächst, warum er das macht. Doch dann fällt ihr ein, daß er letzthin davon geschwärmt hat, wie gut gefrorener Joghurt schmeckt, und sie kommt zu dem Schluß, daß Bernd das macht, weil er beabsichtigt, daß die Tatsache, daß der Joghurt in die Tiefkühltruhe gelangt ist, dazu führt, daß er gefriert: $G(a, T(b, f) \wedge I(b, E(f) \rightsquigarrow E(e)))$.

In semiotischen Begriffen können wir sagen: Das Ereignis, daß der Joghurt in die Tiefkühltruhe gelangt, wird für Astrid zum Anzeichen der Handlung des Joghurt-Einfrierens von Bernd: $E(f) \rightsquigarrow G(a, T(b, f) \wedge I(b, E(f) \rightsquigarrow E(e)))$. In diesem Anzeichenprozeß ist das Ereignis, daß der Joghurt in die Tiefkühltruhe gelangt, das Zeichen; die Proposition, daß Bernd ihn dorthin tut, weil er beabsichtigt, daß er gefriert, ist die *Botschaft*; Astrid ist *Empfänger* der Botschaft; und Astrids Glaube an die Botschaft ist der *Interpretant*.

Vergleichen wir dieses Beispiel eines Anzeichenprozesses mit dem von 2.1. (III), so können wir feststellen, daß der einzige Unterschied zwischen beiden in der komplexen Struktur der Botschaft p liegt. Ein Anzeichen

f, in dem p die Struktur $T(b, f) \wedge I(b, E(f) \rightsquigarrow E(e))$ hat, nennen wir *Anzeichen einer Handlung (Handlungs-Anzeichen)*. Wichtig ist dabei, daß ein Ereignis für jemanden auch dann Anzeichen einer Handlung sein kann, wenn das agierende System gar nicht beabsichtigt, daß es jemandem als Anzeichen dient, ja wenn es gar kein agierendes System gibt. — Um Handlungs-Anzeichen sein zu können, muß ein Ereignis nicht in irgendeiner Weise kodiert sein. Es reicht aus, daß ein Verhaltenssystem, das es registriert, glaubt, daß sein Produzent beabsichtigt, daß es ein bestimmtes anderes Ereignis bewirkt.

(I2b) Statt ohne Wissen seines Produzenten als Anzeichen für etwas anderes aufgefaßt zu werden, kann ein Ereignis auch mit der Absicht produziert werden, daß es von jemandem als Anzeichen für etwas anderes aufgefaßt wird. Stellen wir uns vor: Bernd und Astrid sind beide in der Küche; Bernd versichert sich, daß Astrid bemerkt, was er tut; er öffnet dann umständlich die Tiefkühltruhe und stellt einen Becher mit Joghurt hinein, weil er will, daß Astrid glaubt, daß er den Joghurt einfriert. Bernd produziert hier ein Ereignis f und beabsichtigt, daß das Eintreten dieses Ereignisses bewirkt, daß Astrid glaubt, daß Bernd dieses Ereignis mit der Absicht produziert, daß es ein anderes Ereignis e bewirkt: $T(b, f) \wedge I(b, E(f) \rightsquigarrow G(a, T(b, f) \wedge I(b, E(f) \rightsquigarrow E(e))))$. Mit anderen Worten, Bernd tut f mit der Absicht, daß f für Astrid ein Anzeichen dessen ist, daß er mit f eine bestimmte Wirkung erreichen will.

Wenn b ein Ereignis f produziert mit der Absicht, daß f für a ein Anzeichen von p ist, dann heißt das semiotisch: b zeigt a mit f p an. Was Bernd tut, ist also, daß er Astrid seine Handlung des Joghurt-Einfrierens anzeigt. Es kommt hier zur *Anzeige einer Handlung (Handlungs-Anzeige)*. Das wird besonders deutlich, wenn wir dieses Beispiel mit der Formel vergleichen, die in Feld III1b von Abbildung 114.2 das Anzeigen (d. h. die Anzeige-Handlung) definiert: '$T(b, f) \wedge I(b, E(f) \rightsquigarrow G(a, p))$'. Sie unterscheidet sich von der komplexen Formel oben nur darin, daß in ihr 'p' steht, während oben stattdessen '$T(b,f) \wedge I(b, E(f) \rightsquigarrow E(e))$' steht, welches die Formel für Handlungen ist (vgl. Abb. 114.2, I2b). — Ein Verhaltenssystem b, das ein Ereignis f produziert mit der Absicht, daß f für ein anderes Verhaltenssystem a ein Anzeichen von p ist, muß damit nicht immer Erfolg haben: a kann zwar, muß aber nicht unbedingt *f* als Anzeichen von *p* auffassen (wie *b* beabsichtigt). Daraus ergibt sich die Frage, ob ein *f*, das unter diesen Umständen auftritt, ein Zeichen im Sinne von 2.1. ist. Ist das Anzeigen erfolgreich, so fungiert *f* für *a* als Anzeichen von *p* und ist somit ein Zeichen; ist das Anzeigen aber erfolglos, so findet gar kein Anzeichenprozeß statt, und *f* kann dann auch nicht als Zeichen im Sinne von 2.1. betrachtet werden. Der beste Weg, um diese unplausible Situation zu vermeiden, ist eine Erweiterung unserer Kriterien für das Vorliegen eines Zeichens. Ein Ereignis gilt ab jetzt als Zeichen sowohl

(1) wenn es bewirkt, daß ein Verhaltenssystem darauf reagiert, indem es etwas tut oder glaubt,

als auch

(2) wenn es ein Verhaltenssystem gibt, welches dieses Ereignis mit der Absicht produziert, daß es ein Zeichen im ersten Sinne ist.

Ein Zeichen im ersten Sinne nennen wir *Empfängerzeichen*, ein Zeichen im zweiten Sinne *Senderzeichen*. Diese Festsetzung erlaubt es insbesondere, jedes Ereignis, das mit der Absicht des Anzeigens produziert wurde, Zeichen zu nennen, gleichgültig ob das Anzeigen erfolgreich ist oder nicht.

Wenn eine Handlungs-Anzeige stattfindet: $T(b, f) \wedge I(b, E(f) \rightarrow G(a, T(b, f) \wedge I(b, E(f) \rightarrow E(e))))$, so bezeichnen wir das agierende System als *Sender*, das Ereignis als *anzeigendes Zeichen* und das reagierende System *a* als beabsichtigten Empfänger, d. h. *Adressaten;* $G(a, T(b, f) \wedge I(b, E(f) \rightarrow E(e)))$ bezeichnen wir als *Interpretanten* und $T(b, f) \wedge I(b, E(f) \rightarrow E(e))$ als *beabsichtigte Botschaft*. Neben Adressaten kann eine Anzeige auch unbeabsichtigte Empfänger haben, neben der beabsichtigten Botschaft können Adressaten oder Empfänger ihr auch unbeabsichtigte Botschaften zuordnen. — Kehren wir nun zu unserem letzten Beispiel zurück und nehmen wir an, daß Bernds Verhalten Astrid wirklich dazu bringt zu glauben, daß Bernd gerade den Joghurt einfriert. In diesem Fall können wir sagen: Der beabsichtigte Empfänger ordnet dem Zeichenträger die beabsichtigte Botschaft zu. Bernds Handlungs-Anzeige ist also erfolgreich. Das würde selbst dann gelten, wenn es einen Stromausfall gäbe und der Joghurt deshalb gar nicht gefrieren würde. Es würde auch gelten, wenn Bernd selbst den Joghurt gar nicht einfrieren wollte

und ihn sofort wieder aus der Tiefkühltruhe herausnähme, nachdem Astrid die Küche verläßt. Diese Eventualitäten machen deutlich, daß die *Erfolgsbedingung* des Anzeigens darin liegt, daß *f* den Adressaten dazu bringt, eine bestimmte Proposition *p* zu glauben: $E(f) \rightarrow G(a, p)$, und nicht darin, daß *p* selbst oder einer seiner Bestandteile wahr ist. Ersetzen wir *p* in der obigen Formel durch die Formel für Handlungen, so erhalten wir die völlig explizite Erfolgsbedingung für Handlungs-Anzeigen: $E(f) \rightarrow G(a, T(b, f) \wedge I(b, E(f) \rightarrow E(e)))$.

Damit sei die erste Reihe von Beispielen höherer Reflexionsstufen abgeschlossen. Sie baute auf einfachen Ursache-Wirkungs-Prozessen auf (siehe Spalte I in Abb. 114.2): Auf Stufe 1a haben wir es mit einem Ursache-Wirkungs-Prozeß ohne Beteiligung irgendeines Verhaltenssystems zu tun. Auf Stufe 1b geht es um den Versuch eines Verhaltenssystems, einen solchen Ursache-Wirkungs-Prozeß herbeizuführen, d. h. um eine Handlung. Auf Stufe 2a bewirkt die Ursache des Ursache-Wirkungs-Prozesses, daß ein Verhaltenssystem glaubt, daß ein anderes Verhaltenssystem diesen Ursache-Wirkungs-Prozeß herbeizuführen versucht. In dieser Konstellation wird die Ursache des Ursache-Wirkungs-Prozesses zum Zeichen: sie ist Anzeichen einer Handlung. Auf Stufe 2b wird dieser Glauben an den Versuch, einen Ursache-Wirkungs-Prozeß herbeizuführen, absichtlich erzeugt. In dieser Konstellation ist das Ausgangsereignis *f* der Versuch einer Handlungs-Anzeige. Nur die Prozesse auf den Stufen 2a und 2b sind Zeichenprozesse. In keinem der beiden Fälle handelt es sich jedoch um Kommunikation im strengen Sinne. — Um eine Konstellation zu erreichen, in der wir angemessen von Kommunikation im strengen Sinne sprechen können, wollen wir nun eine weitere Reihe von Beispielen der Stufen 1a bis 2b besprechen, und zwar solche, die in die Felder der Spalte II von Abbildung 114.2 fallen: Signalprozesse, Signalisier-Handlungen, Anzeichen von Signalisier-Handlungen und Anzeigen von Signalisier-Handlungen.

3.2. Signalisieren und Anzeigen des Signalisierens

(II1a) Stellen wir uns vor, wir befinden uns in einem Kindergarten, in dem die Kindergärtnerin Britta *b* eine Anzahl von Kleinkindern *a* im Alter zwischen drei und fünf Jahren betreut. Plötzlich gibt es einen lauten Knall: $E(f)$, und der bewirkt, daß die Kinder ihr lautes Spiel unterbrechen und dorthin schauen, wo der Knall herkommt: $T(a, r)$. Dies ist ein Kausalprozeß mit dazwischentretenden Verhaltenssystemen: $E(f) \rightsquigarrow T(a, r)$. Es handelt sich um eine Reaktionsweise, die die Biologen als Orientierungsreflex bezeichnen; sie ist ohne Beteiligung von Glauben (innerer Repräsentation) möglich. — In semiotischer Terminologie wird ein Ereignis, das ein Verhaltenssystem dazu bringt, in bestimmter Weise zu reagieren, als *Signal* bezeichnet (vgl. 2.1.); die Reaktion des Verhaltenssystems ist der *Interpretant*. Wir können also sagen: das plötzliche Geräusch ist ein Signal für die Kinder, in die Richtung zu schauen, aus der es kommt. Signale wie dieses gehören zu den einfachsten Zeichentypen.

(II1b) Denken wir nun an Britta und daran, wie sie die Reaktion der Kinder auf den Knall aufnimmt. Sie ist überrascht über die plötzliche Stille, die der Knall in ihrem sonst so lauten Kindergarten bewirkt, und versucht, sich diesen Reflex zunutze zu machen. Das nächstemal, als sie einen Augenblick der Stille und Aufmerksamkeit bei den Kindern erzeugen will, produziert sie selbst ein plötzliches starkes Geräusch, indem sie laut in die Hände klatscht. Erfahrene Eltern wissen, wie gut dieses Verfahren funktioniert, wenn die Kinder jung sind und das Händeklatschen laut genug ist. Wie ist Brittas Verhalten zu analysieren? Es ist eine Handlung, denn Britta produziert ein Ereignis f und beabsichtigt, daß dieses ein anderes Ereignis e bewirkt: $T(b, f) \land I(b, E(f) \rightsquigarrow E(e))$. Es ist jedoch eine Handlung besonderer Art, denn das von Britta produzierte Ereignis ist als Signal gedacht: Britta beabsichtigt, daß f bewirkt, daß die Kinder still sind und aufpassen: $E(f) \rightsquigarrow T(a, r)$. Brittas Händeklatschen ist also eine Handlung der Signal-Produktion: $T(b, f) \land I(b, E(f) \rightsquigarrow T(a, r))$. — Wenn ein Verhaltenssystem b ein Ereignis f produziert mit der Absicht, daß es ein Signal für a ist, r zu tun, so heißt das semiotisch: b vollzieht eine *Signalisier-Handlung*. Das Ereignis f ist das *Signalisieren*, a ist der beabsichtigte Empfänger, d. h. der *Adressat* von f, und daß a r tut, ist der beabsichtigte *Interpretant*. Signalisieren ist häufig nichts anderes als bloße Manipulation: die jüngsten Kinder haben gar keine Wahl; bei ihnen ist die Handlung der Kindergärtnerin fast immer *erfolgreich*: $E(f) \rightsquigarrow T(a, r)$. Trotzdem kann Signalisieren genauso wie jede andere Handlung auch erfolglos sein. Was ein Verhalten zur Handlung macht, ist,

daß eine bestimmte Wirkung beabsichtigt ist, nicht, daß diese wirklich eintritt.

(II2a:c) Nehmen wir nun ein drittes Verhaltenssystem hinzu: eine Besucherin namens Christa, die beobachtet, was in dem Kindergarten geschieht, ohne selbst darauf einzuwirken. Christa hört Britta in die Hände klatschen, und dieses Händeklatschen ist für sie ein Anzeichen, daß Britta beabsichtigt, die Kinder dazu zu bringen, still zu sein und aufzupassen. Expliziter formuliert kann man sagen: das Händeklatschen f bewirkt, daß c glaubt, daß b f produziert, weil b beabsichtigt, daß die Kinder a r tun: $E(f) \rightsquigarrow G(c, T(b, f) \land I(b, E(f) \rightsquigarrow T(a, r)))$; kurz: c glaubt aufgrund von f, daß b f tut, damit a aufgrund von f r tut. Diese Formulierung zeigt, daß das Händeklatschen f auf dieser Reflexionsstufe zwei verschiedene Zeichenfunktionen hat:

(1) f bewirkt, daß die Besucherin c etwas Bestimmtes glaubt (d. h. f wird für c zum Anzeichen).
(2) f bewirkt, daß die Kinder still sind und aufpassen (d. h. f ist für a ein Signal, r zu tun).

Für die Besucherin c ist das Händeklatschen ein *Anzeichen einer Signalisier-Handlung (ein Signalisier-Anzeichen)*; für die beteiligten Kinder ist es ein Signal. Unter diesen Umständen können wir sagen, daß die Besucherin c die Handlung der Kindergärtnerin b *als Signalisieren versteht*.

(II2a:a) Widmen wir uns nun wieder dem Kindergarten ohne Besucherin. Schon kleine Kinder sind in der Lage, Hypothesen zu bilden über das, was um sie herum vorgeht. Je häufiger das Händeklatschen auftritt, um so weniger leicht lassen sie sich in ihrem Spiel unterbrechen. Sie merken, was Britta mit ihrem Händeklatschen zu bewirken beabsichtigt: jedesmal, wenn Britta in die Hände klatscht, glauben sie, daß sie sie dazu bringen will, in diesem Augenblick still zu sein und aufzupassen. Selbst wenn sie nach dem Klatschen weder still sind noch aufpassen, reagieren sie trotzdem auf das Händeklatschen. Ihre Reaktion besteht jetzt nicht mehr in einem äußeren Verhalten, sondern in einem inneren Vorgang: der Interpretant der Kinder für Brittas Händeklatschen ist ihr Glauben, daß Britta sie in diesem Augenblick zum Stillsein und Aufpassen bringen will. Genau wie im vorigen Beispiel die Besucherin Christa fassen nun sie das Händeklatschen als *Anzeichen einer Signalisier-Handlung* auf. Der Unterschied besteht nur darin, daß jetzt der Empfänger des Signals mit dem Empfänger des Signalisier-Anzeichens identisch ist. Die Kinder a sind Empfänger eines Signalisier-Anzeichens, weil f bewirkt, daß sie glauben, daß b deshalb f tut, weil b beabsichtigt, daß f bewirkt, daß sie r tun: $E(f) \rightsquigarrow G(a, T(b, f) \wedge I(b, E(f) \rightsquigarrow T(a, r)))$. Außerdem sind die Kinder Empfänger eines Signals, insofern f bewirkt, daß sie r tun: $E(f) \rightsquigarrow T(a, r)$. Wir können also sagen, daß die Kinder die Handlung der Kindergärtnerin *als* Signalisieren *verstehen*, selbst wenn sie dem Signal nicht folgen.

(II2b:c) Um die nächsthöhere Reflexionsstufe 2b zu erreichen, wollen wir zunächst das Beispiel mit der Besucherin Christa wieder aufgreifen. Nehmen wir an, Britta weiß, daß Christa ihr zusieht, und sie möchte Christa darauf aufmerksam machen, daß sie den Kindern gleich signalisieren wird, daß die Zeit des Spielens abgelaufen ist und sie nun still sein und aufpassen müssen. Das kann Britta erreichen, indem sie ihr Signal f geringfügig modifiziert: anstatt laut in die Hände zu klatschen, wirft sie Christa einen bedeutungsvollen Blick zu und bewegt ihre Hände in einer Weise, die lautes Klatschen visuell simuliert. b produziert also ein lautloses Händeklatschen f_1, weil b beabsichtigt, daß f_1 bewirkt, daß c glaubt, daß b bald ein lautes Händeklatschen f_2 produzieren wird, wobei b beabsichtigt, daß f_2 bewirkt, daß a r tut: $T(b, f_1) \wedge I(b, E(f_1) \rightsquigarrow G(c, T(b, f_2) \wedge I(b, E(f_2) \rightsquigarrow T(a, r))))$; kurz: b produziert f_1 mit der Absicht, daß c glaubt, daß b bald f_2 produziert mit der Absicht, daß a r tut. — In semiotischer Terminologie können wir, aufbauend auf den bisherigen Definitionen, sagen: b produziert für c ein Anzeichen, daß b für a ein Signal produziert, r zu tun: Wie in 3.1. bezeichnen wir die Produktion eines Anzeichens als Anzeigen (bzw. Anzeige-Handlung; vgl. Abb. 114.2, III1b) und die Produktion eines Signals als Signalisieren (bzw. als Signalisier-Handlung; vgl. Abb. 114.2, II1b). Was die Kindergärtnerin hier tut, ist also ein *Anzeigen des Signalisierens (eine Signalisier-Anzeige)*. Sie beabsichtigt, daß ihre Besucherin versteht, daß sie den Kindern etwas Bestimmtes signalisieren wird.

(II2b:a) Das nächste Beispiel, das wir zu besprechen haben, bewegt sich auch auf Reflexionsstufe 2b, doch kommt es ohne die Besucherin Christa aus: Die Kindergärtnerin

Britta hat in der Zwischenzeit bemerkt, daß einige der Kinder ihrem Händeklatschen nicht mehr automatisch folgen, obwohl kein Zweifel besteht, daß sie es hören können. Als erfahrene Pädagogin ändert sie daraufhin auch ihr eigenes Verhalten und hört auf, die Kinder in der bisherigen Weise manipulieren zu wollen. Sie beabsichtigt nun nicht mehr, daß ihr Händeklatschen eine unmittelbare äußere Reaktion bewirkt; sie will nur noch, daß die Kinder — ebenso wie vorher die Besucherin — zur Kenntnis nehmen, daß sie beabsichtigt, daß die Kinder still sind und aufpassen. Dies kann sie ohne plötzliches lautes Händeklatschen erreichen. Statt dessen wartet sie, bis eine genügende Zahl von Kindern zu ihr herüberschauen, wirft ihnen einen bedeutungsvollen Blick zu und simuliert Händeklatschen. Was sie erzeugt, ist eine Anspielung auf das gewohnte Signalisieren. Wieder haben wir es mit *Anzeigen des Signalisierens* zu tun; doch die Stärke des damit verbundenen wirklichen Signalisierens ist variabel geworden: in dem Maße, in dem Britta die Lautstärke ihres Klatschens verringert, nimmt dessen Signalfunktion ab und seine Anzeigefunktion zu. — Was dieses Beispiel von dem vorigen unterscheidet, ist wiederum, daß hier zwischen den Adressaten der Signalisier-Anzeige und den Adressaten des Signalisierens Personalunion besteht. Hinzu kommt, daß der Zeichenträger, der als Signalisier-Anzeige dient, identisch ist mit dem Zeichenträger des Signalisierens.

Wie in der Terminologie der intensionalen Logik beschrieben, geschieht bei der Signalisier-Anzeige folgendes: b produziert f, weil b beabsichtigt, daß f bewirkt, daß a glaubt, daß b f produziert, weil b beabsichtigt, daß f bewirkt, daß a r tut: $T(b, f) \wedge I(b, E(f) \rightsquigarrow G(a, T(b, f) \wedge I(b, E(f) \rightsquigarrow T(a, r))))$; kurz: b tut f mit der Absicht, daß a aufgrund von f glaubt, daß b beabsichtigt, daß a aufgrund von f r tut. Das heißt, b tut f mit der Absicht, daß a *versteht*, daß b beabsichtigt, daß a r tut. — Signalisier-Anzeigen haben *Erfolgsbedingungen*, die sich von denen des Signalisierens stark unterscheiden. Das wird deutlich, wenn wir in Abbildung 114.2 das Feld II1b mit den Feldern III1b und II2b vergleichen: bei erfolgreichem Signalisieren bewirkt f, daß a etwas Bestimmtes tut: $E(f) \rightsquigarrow T(a, r)$; bei erfolgreichem Anzeigen bewirkt f nur, daß a etwas Bestimmtes glaubt: $E(f) \rightsquigarrow G(a, p)$; bei erfolgreicher Signalisier-Anzeige bewirkt f, daß a an den Wunsch von b glaubt, daß a etwas Bestimmtes tut: $E(f) \rightsquigarrow G(a,$

$T(b, f) \wedge I(b, E(f) \rightsquigarrow T(a, r)))$. Erfolgreiche Signalisier-Anzeigen sind möglich ohne erfolgreiches Signalisieren.

3.3. Kommunizieren

Nehmen wir nun an, der reine Signalanteil des Händeklatschens f im letzten Beispiel geht gegen Null. Das läßt f zu einem echten Anzeichen höherer Stufe werden. Indem Britta f produziert, zeigt sie nun ein Signalisieren an, vollzieht dieses aber nicht. Sie informiert die Kinder über einen Wunsch, äußert diesen aber nicht mehr selbst. Sie zeigt den Kindern an, daß sie etwas von ihnen will, und wenn sie Erfolg hat, werden die Kinder verstehen, daß sie etwas von ihnen will, sie werden sich aber nicht notwendigerweise veranlaßt sehen, es auszuführen. — Wie kann Britta trotzdem ihr Ziel erreichen, die Kinder, die zu ihr herüberschauen, dazu zu bringen, daß sie still sind und aufpassen? Genau genommen verfügt sie über keine weiteren Mittel des Verhaltens, die sie für diesen Zweck einsetzen könnte. Sie ist völlig auf die Einsicht und den guten Willen der Kinder angewiesen. Ihr bleibt nichts als zu warten, bis die Kinder ›verständig‹ und ›vernünftig‹ werden, wie sie zu sagen pflegt.

Was geschieht, wenn die Kinder ›verständig‹ und ›vernünftig‹ sind? Nun, sie verstehen, daß Britta sie dazu bringen will, r zu tun, und dieses Verstehen bewirkt, daß sie tatsächlich r tun. Semiotisch gesehen, reagieren sie auf das von Britta produzierte Anzeichen eines Signals, als wäre es selbst das Signal. Das Anzeichen, daß b beabsichtigt, daß sie r tun, wird von ihnen als Signal aufgefaßt, r zu tun. Dies ist genau, was bei einer erfolgreichen Aufforderung geschieht. Eine erfolgreiche Aufforderung besteht darin, daß jemand durch ein Signalisier-Anzeichen (II2a) einen Signalprozeß (II1a) herbeiführt. Eine erfolgreiche Aufforderung ist somit aus zwei Zeichenprozessen zusammengesetzt, einem Anzeichenprozeß und einem Signalprozeß, wobei der erstere den letzteren bewirkt. Der Anzeichenprozeß $E(f) \rightsquigarrow G(a, T(b, f) \wedge I(b, E(f) \rightsquigarrow T(a, r)))$ bewirkt den Signalprozeß $E(f) \rightsquigarrow T(a, r)$. Die Erfolgsbedingung besteht also in folgendem: $(E(f) \rightsquigarrow G(a, T(b, f) \wedge I(b, E(f) \rightsquigarrow T(a, r)))) \rightsquigarrow (E(f) \rightsquigarrow T(a, r))$. Nach dieser Formel ist eine Aufforderung dann erfolgreich, wenn sie den Adressaten aufgrund seines Glaubens, daß der Sender ihn dazu bringen will, etwas Bestimmtes zu tun, dazu bringt, dies wirklich zu tun. Vergleichen wir die Signalisier-Anzeichen-

Formel von II2a mit der Signal-Formel von II1a, so stellen wir fest, daß sie sich nur dadurch von ihr unterscheidet, daß sie eine zusätzliche Glaubens-und-Absichts-Komponente ... $G(a, T(b, f) \wedge I(b, E(f) \rightsquigarrow$ --- enthält. Streichen wir diese Komponente, so fällt die Signalisier-Anzeichen-Formel mit der Signal-Formel zusammen.

Wenn die Kindergärtnerin nicht die Hoffnung aufgibt, daß die Kinder schließlich doch ernstzunehmende Kommunikationspartner werden, wird sie versuchen, das soeben beschriebene positive Verhalten zu verstärken, indem sie so oft wie möglich derartige Interaktionen vollzieht. Semiotisch gesehen, produziert sie ein Signal, indem sie ein Anzeichen dafür produziert, daß sie ein Signal produziert; d. h. sie signalisiert durch Anzeigen des Signalisierens. In der Terminologie der intensionalen Logik heißt das, b produziert f mit der Absicht, daß f a dazu bringt zu glauben, daß b f mit der Absicht produziert, daß f a dazu bringt, r zu tun; und b glaubt, daß wenn f a dazu bringt zu glauben, daß b f mit der Absicht produzierte, daß f a dazu bringt, r zu tun, dann wird f a tatsächlich dazu bringen, r zu tun:

$$T(b, f) \wedge I(b, E(f) \rightsquigarrow G(a, T(b, f) \wedge I(b, \\ E(f) \rightsquigarrow T(a, r)))) \\ \wedge\ G(b, (E(f) \rightsquigarrow G(a, T(b, f) \wedge I(b, E(f) \\ \rightsquigarrow T(a, r)))) \\ \rightsquigarrow (E(f) \rightsquigarrow T(a, r))).$$

Dies ist die Definition eines direktiven Kommunikationsakts. Darin bezeichnen wir f als *direktives Zeichen* oder einfach als *Direktiv*, b als *Sender* und a als *Adressaten*; $G(a, T(b, f) \wedge I(b, E(f) \rightsquigarrow T(a, r)))$ ist der *beabsichtigte sekundäre Interpretant* und $T(a, r)$ der *beabsichtigte primäre Interpretant*; $T(b, f) \wedge I(b, E(f) \rightsquigarrow T(a, r))$ ist die *sekundäre Botschaft*. Eine primäre Botschaft gibt es hier nicht, da der beabsichtigte primäre Interpretant nicht im Glauben sondern im Tun besteht.

Falls f a dazu bringt, (den sekundären Interpretanten zu vollziehen, d. h.) zu glauben, daß b a dazu bringen will, r zu tun, dann hat a f als Aufforderung *verstanden*, und der Kommunikationsakt ist *gelungen*. Die Gelingensbedingung eines Direktivs ist also identisch mit der Erfolgsbedingung seiner Anzeige-Komponente: $E(f) \rightsquigarrow G(a, T(b, f) \wedge I(b, E(f) \rightsquigarrow T(a, r)))$. — Falls f (zusätzlich dazu, daß es a dazu bringt zu glauben, daß b a dazu bringen will, r zu tun) a aufgrund dieses Glaubens dazu bringt, tatsächlich r zu tun, dann ist a der Aufforderung *gefolgt* und der Kommunikationsakt ist *erfolgreich*. Die Erfolgsbedingung eines Direktivs schließt also die Gelingensbedingung mit ein: $(E(f) \rightsquigarrow G(a, T(b, f) \wedge I(b, E(f) \rightsquigarrow T(a, r)))) \rightsquigarrow (E(f) \rightsquigarrow T(a, r))$. — Was eine Signalisier-Anzeige zu einem direktiven Kommunikationsakt macht, ist der Glaube des Senders, daß diese Erfolgsbedingung vom Adressaten verwirklicht wird: $G(b, (E(f) \rightsquigarrow G(a, T(b, f) \wedge I(b, E(f) \rightsquigarrow T(a, r)))) \rightsquigarrow (E(f) \rightsquigarrow T(a, r)))$.

Die Formel zur Definition von direktivem Kommunizieren findet sich im obersten Feld der Spalte II in Abbildung 114.2. Auf der gleichen Zeile stehen auch die Formeln für

— deklarationales Kommunizieren, d. h. Handeln durch Handelns-Anzeige,
— assertives Kommunizieren, d. h. Anzeigen durch Anzeigens-Anzeige,
— expressives Kommunizieren, d. h. Ausdrücken durch Ausdrückens-Anzeige,
— kommissives Kommunizieren, d. h. Gestikulieren durch Gestikulier-Anzeige.

Aus diesen Formeln ergibt sich die These, daß die nicht-direktiven Kommunikationsakte die gleiche Struktur haben wie die direktiven. Der einzige Unterschied scheint in der Wirkung des elementaren Prozesses zu liegen, den sie herbeizuführen versuchen: bei Deklarationen besteht sie in einem Verhalten von *a*, bei Assertiven im Glauben von *a* an die Botschaft *p*, bei Expressiven im Glauben von *a* an einen Zustand von *b* und bei Kommissiven im Glauben von *a* an die Absicht von *b*, *g* zu tun. — Um die Gültigkeit dieser Verallgemeinerung der Struktur direktiven Kommunizierens auf die anderen Typen des Kommunizierens zu prüfen, wollen wir uns einen dieser Kommunikationstypen herausgreifen und deklarationales Kommunizieren untersuchen (vgl. Spalte I in Abb. 114.2).

Wenn irgendwo auf der Erde ein Schamane einen Mann und eine Frau zum Paar erklärt, indem er unter den entsprechenden Umständen deren ineinander liegenden Händen wortlos seine Hand auflegt, vollzieht er die Handauflegung *f*, weil er beabsichtigt, daß diese seine beiden Anhänger *a* zu einem verheirateten Paar macht: $E(f) \rightsquigarrow E(e)$. Mit anderen Worten, er produziert *f* mit der Absicht, daß *f* bewirkt, daß der betreffende Statuswechsel *e* eintritt. Doch wie glaubt er diesen Statuswechsel im einzelnen herbeiführen zu können? Nun, mit dem Handauflegen *f* verbindet er die Absicht, daß *f* seine Anhänger *a* dazu bringt, daß sie glauben, daß er *f* tut, weil er

beabsichtigt, daß *f* dazu führt, daß sie ein Paar werden: $E(f) \rightsquigarrow G(a, T(b, f) \wedge I(b, E(f) \rightsquigarrow E(e)))$. Anders gesagt, er produziert *f* mit der Absicht, daß *f* ein Anzeichen der Handlung zur Durchführung des betreffenden Statuswechsels ist. Und er glaubt, wenn *f* seine Anhänger *a* dazu bringt, daß sie glauben, daß er *f* tut, weil er beabsichtigt, daß *f* dazu führt, daß sie ein Paar werden, dann wird *f* wirklich dazu führen, daß sie ein Paar werden: $(E(f) \rightsquigarrow G(a, T(b, f) \wedge I(b, E(f) \rightsquigarrow E(e)))) \rightsquigarrow (E(f) \rightsquigarrow E(e))$. Anders gesagt, er glaubt, daß der Anzeichenprozeß unter den gegebenen Umständen selbst die Ursache dafür sein wird, daß *f* den betreffenden Statuswechsel bei seinen Adressaten bewirkt.

Das ist genau, was die Formel im obersten Feld der Spalte I in Abbildung 114.2 beschreibt (Feld $I2b_{com}$). Wie bei den anderen Formeln der Abbildung 114.2 sind ihre relevanten Bestandteile eingerahmt, um ihre Struktur anzudeuten. Die beiden großen Rahmen enthalten Vorkommnisse ein und derselben Formel, welche ein Handlungs-Anzeichen beschreibt (vgl. das Vorkommnis dieser Formel in Feld I2a). Das Vorkommnis dieser Formel im obersten Rahmen ist als zweites Argument in den Beabsichtigungs-Operator '$I(b, \ldots)$' eingebettet. Das Vorkommnis dieser Formel im zweiten Rahmen ist Antezedens einer Formel, die eine komplexe Kausalproposition darstellt und als Konsequens '$E(f) \rightsquigarrow E(e)$' hat, welches den in der angezeigten Handlung beabsichtigten elementaren Prozeß beschreibt. Diese komplexe Kausalproposition ist ihrerseits als zweites Argument in den Glaubens-Operator '$G(b, \ldots)$' eingebettet. Der so beschriebene Glaube des Senders *b* legitimiert die Ersetzung der Anzeichen-Formel im obersten Rahmen durch die Formel '$E(f) \rightsquigarrow E(e)$', welche genau den elementaren Prozeß beschreibt, den *b* mit seiner Handlung beabsichtigt (vgl. die Formel in Feld I1b).

In dieser formelbezogenen Überlegung wurde klar, wie es dem Sender gelingt, durch deklarationales Kommunizieren eine Handlung durchzuführen. Er produziert ein Anzeichen dieser Handlung und glaubt, daß der Anzeichenprozeß den Prozeß bewirkt, der in der Handlung beabsichtigt ist: $E(f) \rightsquigarrow E(e)$. Wie sich zeigte, ist dies äquivalent mit der tatsächlichen Durchführung der Handlung. Das rechtfertigt unsere Behauptung, daß deklarationales Kommunizieren nichts anderes ist als Handeln durch Anzeigen dieses Handelns. — Wiederum ist zu betonen, daß die Anzeige einer Handlung andere Erfolgsbedingungen hat als die angezeigte Handlung. Die Handlungs-Anzeige ist erfolgreich, wenn die Adressaten glauben, daß die Handlung vollzogen wird (dies ist die Erfolgsbedingung der Anzeige-Komponente des Kommunizierens, d. h. seine *Gelingensbedingung*). Die Handlung selbst ist erfolgreich, wenn die in ihr beabsichtigte Wirkung eintritt (dies ist die Erfolgsbedingung der Handlungs-Komponente des Kommunizierens). Der Deklarationsakt als ganzer ist nur dann erfolgreich, wenn die Erfüllung der Erfolgsbedingung seiner Anzeige-Komponente (also seiner Gelingensbedingung) die Erfüllung der Erfolgsbedingung seiner Handlungs-Komponente bewirkt. Ähnlich wie bei den direktiven Kommunikationsakten gilt: was eine Handlungs-Anzeige zu einem deklarationalen Kommunikationsakt macht, ist der Glaube des Senders, daß seine komplexe Erfolgsbedingung von den Adressaten verwirklicht wird.

Die obige formelbezogene Überlegung hat uns zu dem Schluß geführt, daß jeder deklarationale Kommunikationsakt eine Handlung ist, die durch das Anzeigen dieser Handlung vollzogen wird. Auf dieser Grundlage läßt sich behaupten, daß auch von den Kommunikationsakten der anderen Typen (wie sie auf der Zeile 2b$_{com}$ in Abb. 114.2 definiert sind) jeder eine Handlung ist, die durch das Anzeigen dieser Handlung vollzogen wird. Um dies zu beweisen, gehen wir von den Stufen 1a und 1b in Abbildung 114.2 aus. Wie in 2.1. gezeigt, ist jede Geste ein Ausdruck, jeder Ausdruck ein Anzeichen, jedes Anzeichen ein Signal und jedes Signal eine Ursache; alle elementaren Zeichenprozesse, die auf Stufe 1a definiert werden, sind also Kausalprozesse. In gleicher Weise gilt auch, daß jedes Gestikulieren ein Ausdrücken, jedes Ausdrücken ein Anzeigen, jedes Anzeigen ein Signalisieren und jedes Signalisieren ein Handeln ist; also sind alle Zeichenprozesse, die auf Stufe 1b definiert werden, Handlungen. In gleicher Weise gilt schließlich, daß alle Anzeige-Prozesse, die auf Stufe 2b definiert werden, Handlungs-Anzeigen sind (und zwar für Handlungen des Typs, der auf Stufe 1b definiert wird). Da nun Signalisieren, Anzeigen, Ausdrücken und Gestikulieren Handlungen sind und Signalisier-Anzeigen, Anzeige-Anzeigen, Ausdrucks-Anzeigen und Gestikulier-Anzeigen Handlungs-Anzeigen, gilt die Formel in I2b$_{com}$, die behauptet, daß ein deklarationaler Kommunikationsakt eine Handlung ist, die durch das Anzeigen dieser Handlung vollzogen wird,

auch für jeden der anderen Kommunikationstypen.

Diese Überlegung rechtfertigt die beiden Theoreme:

(1) Alle Kommissive, Expressive, Assertive und Direktive sind Deklarationen.
(2) Alles Kommunizieren ist Handeln, das durch Anzeigen dieses Handelns vollzogen wird.

Aufgrund dieser Theoreme brauchen wir im folgenden nur deklarationales Kommunizieren zu analysieren, wenn wir die allgemeinen Eigenschaften des Kommunizierens untersuchen.

Die beiden Ergebnisse dieses Abschnitts sind von großer Relevanz für zwei zentrale Behauptungen der Sprechakttheorie (s. Art. 54). Deklarationale, direktive, assertive, expressive und kommissive Kommunikationsakte sind Gegenstücke der fünf Sprechakttypen, die John Searle in *Expression and Meaning* (1979) postuliert hat. Wie Searle behauptet, sind alle menschlichen Sprechakte einem dieser fünf Typen zuzuordnen, doch kann er dies nicht beweisen, da er die Grundlagen seiner Argumentation nicht offenlegt. Wer unsere Definitionen für Deklarationen, Direktive, Assertive, Expressive und Kommissive als Explikationen der Searleschen Sprechakttypen akzeptiert, kann unser Begriffssystem dazu benutzen, die Universalität und Vollständigkeit der Searleschen Typologie zu beweisen. Die Tatsache, daß unser Begriffssystem, welches auf einem unabhängig begründeten System einfacher Zeichenprozeßtypen und einer allgemein notwendigen Hierarchie der Reflexionsstufen beruht, die Searlesche Typologie als Spezialfall enthält, kann als Bestätigung sowohl der philosophischen Darstellung von Searle als auch unseres semiotischen Ansatzes betrachtet werden. — Wie die elementaren Zeichenprozesse bilden die oben definierten Kommunikationsakte eine Reihe von zunehmend spezielleren Zeichenprozessen. Das erlaubt, sie als Spezialfälle der Deklarationen aufzufassen und damit eine Position zu bestätigen, zu der sich John Austin erst spät in seinem Leben durchgerungen hat (vgl. Austin 1968; 1962 c). Sie besteht in der These, daß die Gegenüberstellung von vollziehenden (performativen) und behauptenden (konstativen) Äußerungen irreführend ist, wenn sie als allgemeine Typologie sprachlicher Kommunikationsakte auftritt; jedes Kommunizieren besteht nämlich im Vollziehen einer Handlung. — Ein weiterer

Vorzug unseres Ansatzes ist es, daß er einen systematischen Zugang schafft zu Zeichenprozessen, die keine Sprechakte sind, und damit eine Brücke schlägt von den Sprechakten zu allen Arten nichtkommunikativen Zeichenverhaltens, sei es sprachlich oder nichtsprachlich.

3.4. Gelingen, Offenheit und Erfolg des Kommunizierens

Wie in 3.3. ausgeführt, werden Kommunikationsakte vollzogen, damit der Adressat

— versteht, was der Sender will (Gelingensbedingung des Kommunikationsakts) und
— aufgrund des Verstehens tut, was der Sender will (Erfolgsbedingung des Kommunikationsakts).

Das legt die folgenden beiden Fragen nahe:

(1) Unter welchen Umständen versteht der Adressat, was der Sender will?
(2) Unter welchen Umständen tut der Adressat, was der Sender will?

Um die Beantwortung dieser beiden Fragen vorzubereiten, wenden wir uns noch einmal der Reihe der Kindergartenbeispiele zu.

Ad (1): Auf der Stufe 1a war das Ereignis *f* ein Signal, etwas zu tun, dem automatisch Folge geleistet wurde. Auf der Stufe 2a wurde es zum Anzeichen des Signalisierens, auf das nur mit Glauben reagiert wurde. — Was brachte die Adressaten auf Stufe 2a dazu, tatsächlich zu glauben, daß die Kindergärtnerin wollte, daß die Kinder still sind und aufpassen? Im Fall der Besucherin Christa bestand das Anzeichen in tatsächlichem Händeklatschen, und Christa mag sich gesagt haben: dies ist die normale Wirkung von Händeklatschen; Britta muß das klar sein, und Britta tut gewöhnlich nichts, dessen vorhersehbare Wirkung sie nicht anstrebt; also wird sie diese Wirkung beabsichtigt haben. Im Fall der älteren Kinder können wir von der Fähigkeit zu einer ähnlichen Überlegung ausgehen. — Doch was brachte Christa auch auf der Stufe 2b dazu zu glauben, daß Britta beabsichtigte, daß sie glaubt, daß Britta bald laut in die Hände klatscht? Hier produzierte Britta ein ikonisches Anzeichen des Händeklatsch-Signals und nahm ihm zugleich seine Signalkraft, indem sie vom akustischen Kanal zum optischen wechselte. Christa mag sich gesagt haben: Britta vollzieht das Händeklatschen auf eine Weise, die ihm die Wirkung nimmt, die es gewöhnlich auf die Kinder hat; sie wirft mir zugleich einen bedeutungsvollen

Blick zu, der mich dazu bringt zu glauben, daß sie mir etwas anzuzeigen beabsichtigt; was kann das sein? Die wahrscheinlichste Annahme ist, daß sie mit dem leisen Händeklatschen beabsichtigt, mich dazu zu bringen, zu glauben, daß sie bald eine ähnliche Handbewegung für die Kinder produziert, die dann ihre normale Wirkung auf sie haben soll, d. h. sie wird bald laut in die Hände klatschen. — Die Art, wie die Kinder dann Brittas Anzeige des Signalisierens beziehungsweise in-die-Hände-Klatschens verstehen, läßt sich in ähnlicher Weise rekonstruieren. Die Kinder mögen sich gesagt haben: Britta vollzieht das Händeklatschen auf eine Weise, die ihm die zwingende Wirkung nimmt, die es gewöhnlich auf uns hat; zugleich wirft sie uns einen bedeutungsvollen Blick zu, der uns dazu bringt zu glauben, daß sie uns etwas anzuzeigen beabsichtigt; was kann das sein? Die wahrscheinlichste Annahme ist, daß sie mit dem leisen Händeklatschen beabsichtigt, uns dazu zu bringen, zu glauben, daß sie will, daß wir reagieren, als wäre es das gewohnte laute Händeklatschen, d. h. still sind und aufpassen.

Diese Erklärung bezieht jeweils die *Geschichte der Sender-Empfänger-Kontakte* mit ein. Wenn zwei Personen ein Koordinationsproblem auf gewisse Weise erfolgreich gelöst haben, neigen sie dazu, wenn es wieder auftritt, es in gleicher Weise zu lösen. Auf diese Art bildet sich eine Konvention, die auf der Erinnerung beruht, welche die Interaktionspartner von den früheren Problemlösungen haben (vgl. Lewis 1969, Kap. I3; II1). Die Konvention, einem bestimmten Typ von Zeichenträger einen Interpretanten bestimmten Typs zuzuordnen, beruht häufig auf angenommenen Kausalbeziehungen (Indizes) oder Ähnlichkeitsbeziehungen (Ikons), doch ist dies keine notwendige Bedingung für ihre Entstehung. Das zeigen die Konventionen der natürlichen Sprachen. Selbst wenn sie ursprünglich auf ikonischen und indexikalischen Zeichenrelationen beruhten, so haben sich diese Relationen im Lauf der Sprachgeschichte mehr und mehr verloren. Jeder Kommunikationspartner lernt aus seiner eigenen Kommunikationsgeschichte und läßt sich von seinem Gedächtnis leiten, woimmer die ikonischen und indexikalischen Hinweise nicht ausreichen. Auf diese Weise ist schließlich bei einigen Semiotikern (vgl. Saussure 1916, Teil I Kap. I2) der Eindruck entstanden, daß sprachliche Zeichen im allgemeinen gar nicht ikonisch oder indexikalisch motiviert sind.

Wie das auch sein mag, der Rückgriff auf die Geschichte der Sender-Empfänger-Kontakte ist notwendig für die Erklärung des Übergangs von nichtsprachlichem Signalisieren durch Signalisier-Anzeige zu sprachlichen Äußerungen wie 'Regardez!', 'Look here!' oder 'Aufgepaßt!'. Letztere fungieren als echte Aufforderungen, d. h. als Signalisier-Handlungen mithilfe von Signalisier-Anzeigen. Einen Zwischenschritt in der Entwicklung von nichtsprachlichen zu sprachlichen Aufforderungen kann man in Händeklatschen mit begleitender sprachlicher Äußerung sehen, das dann allmählich in sprachliche Äußerung mit begleitendem Händeklatschen überging, bis schließlich das Händeklatschen ganz wegfiel.

Ad (2): Wenn dies die Art ist, wie Kinder Signalisier-Handlungen der verschiedenen Stufen verstehen lernen, warum sollten sie ihnen aber dann auch noch folgen und tatsächlich tun, was der Zeichenproduzent will? Auch bei dieser Frage spielt die Geschichte der Sender-Empfänger-Kontakte eine wichtige Rolle. Die Kinder sind gewöhnt, daß Britta ihnen viele Wünsche erfüllt, und so neigen sie auch dazu, zu erfüllen, was sie für deren Wünsche halten. Und das tun sie im allgemeinen, ohne daß Britta sie aktiv zu beeinflussen versucht. Wenn Britta nun zum erstenmal ihr leises Händeklatschen vollzieht, kann sie von diesen Gewohnheiten profitieren. Ist das Händeklatschen gelungen, so verstehen die Kinder, daß Britta will, daß sie r tun; und da dies ein Wunsch von ihr ist, neigen sie dazu, tatsächlich r zu tun: das Verstehen des Wunsches bewirkt, daß sie ihn erfüllen. Auf diese Weise wird Brittas leises Händeklatschen, das bloß ein Anzeichen des Signalisierens ist, für sie zum Signal, r zu tun. — Was geschieht nun, wenn Britta dieses Verhalten weiter einzuüben versucht, indem sie weitere Aufforderungen vollzieht? Die Kinder verstehen zunehmend, daß Britta nicht nur will, daß sie r tun, sondern daß Britta auch glaubt, daß sie r tun, sobald sie verstehen, daß Britta will, daß sie r tun. In diesem Falle bringt Brittas leises Händeklatschen sie nicht nur dazu zu glauben, daß sie signalisiert, sondern auch, daß sie kommuniziert. Das Händeklatschen wird zum Anzeichen eines direktiven Kommunikationsaktes. Der direktive Kommunikationsakt des Senders als ganzer wird Gegenstand des Glaubens auf seiten des Adressaten und erscheint somit auf einer höheren Reflexionsstufe. Der Anzeichenprozeß, der diesen Glauben herbeiführt, ist in der Hierarchie der Zeichenprozeßtypen auf Stufe 3a zu lokalisieren. Die höhere Stufe des Verstehens, die auf diese Weise erreicht wird, ist für den Kommunikationserfolg nicht hinderlich; im Gegenteil, sie kann die Motivation der Kinder, r zu tun, erhöhen: der Glaube der Kinder, daß b will, daß sie r tun (Stufe 2a), und ihr Glaube, daß b will, daß sie zur Kenntnis nehmen, daß b will, daß sie r tun (und daß b will, daß sie aufgrund dieser Kenntnisnahme r tun; Stufe 3a) wirken zusammen und bewirken gemeinsam, daß sie tatsächlich r tun. — Als gute Kindergärtnerin entgeht Britta die zunehmende Verstehensfähigkeit der Kinder natürlich nicht; und das veranlaßt sie, ihnen gegenüber möglichst deutlich zu machen, was sie jeweils beabsichtigt und glaubt. Auf diese Weise können sogar noch höhere Stufen des Verstehens und Anzeigens erreicht werden: Britta kann schließlich eine Aufforderung äußern (d. h. etwas durch Anzeigen des Signalisierens signalisieren), indem sie die Äußerung dieser Aufforderung bloß anzeigt (d. h. sie signalisiert durch Anzeigen des Signalisierens, indem sie anzeigt, daß sie durch Anzeigen des Signalisierens signalisiert). Dem Leser sei es überlassen, diese Konfiguration von Zeichenprozessen der Stufe 3b in der Terminologie der intensionalen Logik als Konfiguration von inneren Vorgängen und Einstellungen der beteiligten Personen zu formulieren.

Was von der Kindergärtnerin im Zuge der Anpassung an das jeweilige Entwicklungsstadium der Kinder verlangt wird, ist eine zunehmende Offenheit für höhere Reflexionsstufen und die Bereitschaft, diese Reflexionsstufen mehr und mehr für das Erreichen ihrer Kommunikationsabsichten einzusetzen. Unbeschränkte reflexive Offenheit würde darin bestehen, daß der Sender b in der Lage ist, nicht nur

(2b)   zu beabsichtigen,
        daß a glaubt,

                        daß b f tut, weil
                        b beabsichtigt,
                        daß f zu einer bestimmten Wirkung führt;

        sondern auch
(3b)   zu beabsichtigen,
        daß a glaubt,
        daß b beabsichtigt,
        daß a glaubt,

daß b f tut, weil b beabsichtigt, daß f zu einer bestimmten Wirkung führt;

und

(4b) zu beabsichtigen,
daß a glaubt,
daß b beabsichtigt,
daß a glaubt,
daß b beabsichtigt,
daß a glaubt,

daß b f tut, weil b beabsichtigt, daß f zu einer bestimmten Wirkung führt;

usw.

In Formeln gebracht, ist *unbeschränkte reflexive Offenheit des Senders b* eines Kommunikationsaktes eine Fähigkeit, für die gilt:

(2b) $I(b, G(a, T(b,f) \wedge I(b, E(f) \rightsquigarrow E(e))))$,
(3b) $I(b, G(a,$ „   „ $))$,
(4b) $I(b, G(a,$ „   „   „ $))$,
.   .   .   .   .   .
.   .   .   .   .   .

Die entsprechende *Offenheit des Adressaten a* eines Kommunikationsaktes läßt sich parallel definieren:

(2a) $G(a, T(b,f) \wedge I(b, E(f) \rightsquigarrow E(e)))$,
(3a) $G(a, I(b,$ „   „ $))$,
(4a) $G(a, I(b,$ „   „   „ $))$,
.   .   .   .   .   .
.   .   .   .   .   .

Reflexive Offenheit kommt in realer Kommunikation natürlich niemals unbeschränkt vor. Wegen der Endlichkeit menschlicher und künstlicher Gehirne läßt sich keine unendliche Zahl von Intentionen (auf der Seite des Senders) oder Annahmen (auf der Seite des Adressaten) aktivieren.

Doch selbst wenn dies möglich wäre: es ist gar nicht nötig. Gelungenes Kommunizieren erfordert Absichten und Annahmen der Reflexionsstufen 1 und 2. Reflexive Offenheit besteht nur in der Bereitschaft, in Abhängigkeit von den Stufen, die man beim Kommunikationspartner für aktiviert hält, die Stufen 3 und 4 usw. zu aktivieren. Diese Beschreibung der Vorgänge erspart uns die unrealisti-

sche Annahme, die implizit oder explizit in manch anderem Beschreibungsansatz gemacht wird, daß Kommunikation das Vorkommen unendlich vieler propositionaler Einstellungen erfordere (vgl. Schiffer 1972; Meggle 1981; Sperber/Wilson 1986; Barwise 1989 b).

Neben gegenseitig abgestimmter reflexiver Offenheit gibt es weitere Umstände, die zum Erfolg eines Kommunikationsakts beitragen. Sie sind in der relevanten Fachliteratur bereits umfassend diskutiert worden (vgl. Searle 1969; 1979; 1983; Bennett 1976; Kasher 1976; 1979; 1988; Bach/Harnish 1979; Recanati 1981; Savigny 1983; Searle/Vanderveken 1985; Sperber/Wilson 1986; Grandy/Warner 1986; Burckhardt 1990; Hall et al. 1990; Searle et al. 1992). Es mag daher hier genügen, diese erfolgsfördernden Umstände in unseren eigenen Begriffen zusammenzufassen.

(a) Wenn der Adressat tun soll, was der Sender von ihm will, so muß er überzeugt sein, daß der Sender mit seinem Kommunikationsakt wirklich etwas Bestimmtes von ihm erreichen will, daß es sich also um einen *ernsthaften* Kommunikationsakt handelt. Im Fall des Kindergartenbeispiels heißt das, daß die Kindergärtnerin wirklich will, daß die Kinder still sind und aufpassen, wenn sie einen Direktiv mit dieser Botschaft äußert. Im Fall des Schamanen heißt das, daß der Schamane wirklich will, daß der betreffende Mann und die betreffende Frau ein Paar werden, wenn er die deklarationale Handauflegung vollzieht: $I(b, E(f) \rightsquigarrow$

$E(e)$). Diese Formel beschreibt die primäre Kommunikationsabsicht des Senders und kann somit als *Ernsthaftigkeitsbedingung* des Kommunizierens bezeichnet werden.

(b) Wenn der Adressat tun soll, was der Sender von ihm will, so muß er überzeugt sein, daß dies *kein Fehler* ist. Das heißt im Falle von Direktiven, daß es im (kurz- oder langfristigen) Interesse des Adressaten liegt (vgl. Posner 1979, Kap. 5). Im Falle von Assertiven, Expressiven und Kommissiven ist, was der Sender vom Adressaten will, daß er etwas glaubt, und das ist kein Fehler, wenn das, was geglaubt werden soll, wahr ist. Diese Bedingung kann daher als *Irrtumsausschlußbedingung* assertiven Kommunizierens bezeichnet werden.

(c) Im Falle von Assertiven, Expressiven und Kommissiven ist des Senders eigener psychischer Zustand ein wichtiger Faktor für die Entscheidung des Adressaten, ob er glauben soll, was der Sender ihn glauben machen will. Bei einem Assertiv muß der Adressat überzeugt sein, daß der Sender selbst die Proposition glaubt, von der er will, daß der Adressat sie glaubt: $G(b, p)$. Bei einem Expressiv geht es in dieser Proposition um einen Zustand des Senders, und der Adressat muß somit überzeugt sein, daß der Sender sich in diesem Zustand befindet: $Z(b)$. Bei einem Kommissiv besteht dieser Zustand in der Absicht des Senders, etwas zu tun, und der Adressat muß somit überzeugt sein, daß der Sender diese Absicht hat: $I(b, T(b, g))$. Diese Bedingung wird manchmal als *Aufrichtigkeitsbedingung* bezeichnet.

Alle genannten Bedingungen sind wichtig genug, daß wir sie genauer betrachten und sie in Bezug setzen zu den Bestandteilen der komplexen Formel, welche definiert, was einen Kommunikationsakt ausmacht.

4. Die Anatomie der Kommunikation

In 2. und 3. haben wir eine Hierarchie von Zeichenprozeßtypen eingeführt, die in komplexen Konfigurationen von Glauben, Bewirken und Beabsichtigen bestehen. Auf Stufe 1a besprachen wir Signale, Anzeichen, Ausdrücke und Gesten und zeigten, daß sie jeweils Ursachen sind, die mit Wirkungen von zunehmender Komplexität verbunden sind. Auf Stufe 1b führten wir danach das Signalisieren,

Anzeigen, Ausdrücken und Gestikulieren ein und zeigten, daß diese jeweils Handlungen sind, in denen Wirkungen von zunehmender Komplexität beabsichtigt werden. Wir legten dann dar, wie die Zeichenprozesse der Stufen 1a und 1b kombiniert werden können, um Zeichenprozesse höherer Stufen zu konstruieren. Dies führte uns schließlich zur Definition von fünf Typen des Kommunizierens: Kommunikation tritt auf in der Form der Deklaration, des Direktivs, des Assertivs, des Expressivs oder des Kommissivs, und sie besteht jeweils im Handeln durch Anzeigen dieses Handelns, im Signalisieren durch Anzeigen dieses Signalisierens, im Anzeigen durch Anzeigen dieses Anzeigens, im Ausdrücken durch Anzeigen dieses Ausdrückens und im Gestikulieren durch Anzeigen dieses Gestikulierens. Alles Kommunizieren hat somit die gleiche Struktur: es ist Handeln durch Anzeigen des betreffenden Handelns. Wie bereits gezeigt, unterliegt das Kommunizieren als Zeichenprozeß von hoher Komplexität in seinem Vollzug vielerlei Bedingungen, und es ist nun an der Zeit, diese systematisch darzustellen.

Als Ergebnis des letzten Abschnitts wissen wir: wenn eine Person b einen Kommunikationsakt vollzieht, produziert b ein bestimmtes Ereignis f und beabsichtigt (Primärabsicht), daß f eine bestimmte Wirkung e hat (Primärwirkung); außerdem beabsichtigt b (Sekundärabsicht), daß f bewirkt (Sekundärwirkung), daß jemand anders seine Primärabsicht versteht; schließlich glaubt b, daß dieses Verstehen einen Prozeß bewirkt, der zu der beabsichtigten Primärwirkung führt. Ebenso wissen wir, was vom Adressaten a verlangt wird, wenn der Kommunikationsakt von b auf den verschiedenen Stufen ein Erfolg sein soll: a muß die Primärwirkung realisieren (primäre Erfolgsbedingung); a muß die Sekundärwirkung realisieren (sekundäre Erfolgsbedingung, d. h. Gelingensbedingung); und die Realisierung der Sekundärwirkung muß Ursache für die Realisierung der Primärwirkung sein (Kommunikationsbedingung). Außerdem wissen wir, daß diese komplexe Reaktion gefördert wird, wenn a über die reflexive Offenheit verfügt, bei b Absichten von noch höherer Stufe wahrzunehmen, und wenn a glaubt, daß der Sender b beim Kommunizieren ernsthaft, ohne sich zu irren und aufrichtig handelt.

Besprechen wir diese verschiedenen Bedingungen nun im einzelnen (vgl. Abbildung 114.3).

	Deklaration	Direktiv	Assertiv	Expressiv	Kommissiv
(12) Kommunikationsbedingung	$(E(f) \to G(a,T(b,f) \wedge I(b,E(f)) \to E(e))) \to (E(f) \to E(e))$	$(E(f) \to G(a,T(b,f) \wedge I(b,E(f)) \to T(a,r))) \to (E(f) \to T(b,r))$	$(E(f) \to G(a,T(b,f) \wedge I(b,E(f)) \to G(a,p))) \to (E(f) \to G(a,p))$	$(E(f) \to G(a,T(b,f) \wedge I(b,E(f)) \to G(a,Z(b)))) \to (E(f) \to G(a,Z(b)))$	$(E(f) \to G(a,T(b,f) \wedge I(b,E(f)) \to G(a,I(b,T(b,g))))) \to (E(f) \to G(a,I(b,T(b,g))))$
(11) Sekundärhandlung	$T(b,f) \wedge I(b,E(f)) \to G(a,T(b,f) \wedge I(b,E(f)) \to E(e))$	$T(b,f) \wedge I(b,E(f)) \to G(a,T(b,f) \wedge I(b,E(f)) \to T(a,r))$	$T(b,f) \wedge I(b,E(f)) \to G(a,T(b,f) \wedge I(b,E(f)) \to G(a,p))$	$T(b,f) \wedge I(b,E(f)) \to G(a,T(b,f) \wedge I(b,E(f)) \to G(a,Z(b)))$	$T(b,f) \wedge I(b,E(f)) \to G(a,T(b,f) \wedge I(b,E(f)) \to G(a,I(b,T(b,g))))$
(10) Sekundärabsicht	$I(b,E(f)) \to G(a,T(b,f) \wedge I(b,E(f)) \to E(e))$	$I(b,E(f)) \to G(a,T(b,f) \wedge I(b,E(f)) \to T(a,r))$	$I(b,E(f)) \to G(a,T(b,f) \wedge I(b,E(f)) \to G(a,p))$	$I(b,E(f)) \to G(a,T(b,f) \wedge I(b,E(f)) \to G(a,Z(b)))$	$I(b,E(f)) \to G(a,T(b,f) \wedge I(b,E(f)) \to G(a,I(b,T(b,g))))$
(9) Sekundärprozeß (Gelingensbedingung, sekundäre Erfolgsbedingung)	$E(f) \to G(a,T(b,f) \wedge I(b,E(f)) \to E(e))$	$E(f) \to G(a,T(b,f) \wedge I(b,E(f)) \to T(a,r))$	$E(f) \to G(a,T(b,f) \wedge I(b,E(f)) \to G(a,p))$	$E(f) \to G(a,T(b,f) \wedge I(b,E(f)) \to G(a,Z(b)))$	$E(f) \to G(a,T(b,f) \wedge I(b,E(f)) \to G(a,I(b,T(b,g))))$
(8) Sekundärinterpretant (beabsichtigte Sekundärwirkung)	$G(a,T(b,f) \wedge I(b,E(f)) \to E(e))$	$G(a,T(b,f) \wedge I(b,E(f)) \to T(a,r))$	$G(a,T(b,f) \wedge I(b,E(f)) \to G(a,p))$	$G(a,T(b,f) \wedge I(b,E(f)) \to G(a,Z(b)))$	$G(a,T(b,f) \wedge I(b,E(f)) \to G(a,I(b,T(b,g))))$
(7) Sekundärbotschaft (Primärhandlung)	$T(b,f) \wedge I(b,E(f)) \to E(e)$	$T(b,f) \wedge I(b,E(f)) \to T(a,r)$	$T(b,f) \wedge I(b,E(f)) \to G(a,p)$	$T(b,f) \wedge I(b,E(f)) \to G(a,Z(b))$	$T(b,f) \wedge I(b,E(f)) \to G(a,I(b,T(b,g)))$
(6) Primärabsicht (Ernsthaftigkeitsbedingung)	$I(b,E(f)) \to E(e)$	$I(b,E(f)) \to T(a,r)$	$I(b,E(f)) \to G(a,p)$	$I(b,E(f)) \to G(a,Z(b))$	$I(b,E(f)) \to G(a,I(b,T(b,g)))$
(5) Primärprozeß (primäre Erfolgsbedingung)	$E(f) \to E(e)$	$E(f) \to T(a,r)$	$E(f) \to G(a,p)$	$E(f) \to G(a,Z(b))$	$E(f) \to G(a,I(b,T(b,g)))$
(4) Primärinterpretant (beabsichtigte Primärwirkung)	$E(e)$	$T(a,r)$	$G(a,p)$	$G(a,Z(b))$	$G(a,I(b,T(b,g)))$
(3) Primärbotschaft (Irrtumsausschlußbedingung)	$\varnothing$	$\varnothing$	p	$Z(b)$	$I(b,T(b,g))$
(2) Minimaler Propositionsgehalt	$E(e)$	$T(a,r)$	p	$Z(b)$	$T(b,g)$
(1) Aufrichtigkeitsbedingung	$\varnothing$	$\varnothing$	$G(b,p)$	$Z(b)$	$I(b,T(b,g))$
	I	II	III	IV	V

Abb. 114.3: Bedingungen des Kommunizierens.

(1) *Die Aufrichtigkeitsbedingung.* Wenn jemand eine Proposition behauptet, an die er selbst nicht glaubt, wenn er einen Zustand ausdrückt, in dem er sich gar nicht befindet, oder wenn er etwas verspricht, was er gar nicht zu tun beabsichtigt, so nennt man ihn unaufrichtig. Die Aufrichtigkeitsbedingung eines Assertivs besteht daher in $G(b, p)$, die eines Expressivs in $Z(b)$ und die eines Kommissivs in $I(b, T(b, g))$. Diese Formeln erscheinen auf der untersten Zeile der Liste von Bedingungen des Kommunizierens in Abbildung 114.3. Sie alle beschreiben psychische Zustände des Senders, die mit der Primärbotschaft des betreffenden Kommunikationsaktes verbunden sind. Letztere besteht für Assertive in p, für Expressive in $Z(b)$ und für Kommissive in $I(b, T(b, g))$. Wenn der Sender den Adressaten von der Primärbotschaft überzeugen will, so muß er ihm den Eindruck vermitteln, daß sie wahr ist, oder zumindest, daß er selbst von ihr überzeugt ist. Im Falle der Deklarationen und Direktive gibt es auf dieser Reflexionsstufe nichts, wovon der Sender den Adressaten überzeugen will; er will ja den Adressaten zur Realisierung einer bestimmten äußeren Wirkung bewegen (möglicherweise in Kooperation mit ihm selbst, wie bei vielen Deklarationen). Daher kann es für Deklarationen und Direktive keine Aufrichtigkeitsbedingung geben. Searle (1979, 19 [= 1982, 38]) erkennt, daß es keine Aufrichtigkeitsbedingung für Deklarationen gibt, für Direktive postuliert er allerdings eine Aufrichtigkeitsbedingung des Typs: b will, daß a r tut (vgl. Searle 1979, 14; 44 [= 1982, 32; 65]). Wie aus unserer systematischen Darstellung hervorgeht, liegt diese Forderung jedoch auf einer anderen Stufe als die Aufrichtigkeitsbedingungen für Assertive, Expressive und Kommissive; es handelt sich bei ihr um eine der Ernsthaftigkeitsbedingungen, die unter (6) behandelt werden (vgl. auch Falkenberg 1990).

(2) *Der minimale Propositionsgehalt.* Wenn jemand einen Kommunikationsakt vollzieht, will er eine bestimmte Primärwirkung erzielen, indem er anzeigt, daß er diese Wirkung erzielen will. Ein natürlicher Weg des sprachlichen Kommunizierens besteht daher darin, einen Satz zu äußern, der aufgrund seines kodierten Inhalts auf die beabsichtigte Primärwirkung hinweist. Als Propositionsgehalt einer sprachlichen Deklaration ist daher einfach $E(e)$ zu erwarten, als Propositionsgehalt eines sprachlichen Direktivs $T(a, r)$, eines sprachlichen Assertivs $G(a, p)$, eines sprachlichen Expressivs $G(a, Z(b))$ und eines sprachlichen Kommissivs $G(a, I(b, T(b, g)))$. So mag der Schamane zu seinen Heiratsanwärtern sagen 'Ihr seid jetzt ein Paar'; und die Kindergärtnerin mag sagen 'Seid still und paßt auf!' ('Still und aufgepaßt!'). Bei Assertiven, Expressiven und Kommissiven betrifft die beabsichtigte Primärwirkung allerdings eine propositionale Einstellung des Adressaten (er soll etwas glauben), und so ist es hier auch möglich, die Versprachlichung dieser Einstellung wegzulassen und bloß deren Inhalt anzugeben (s. Art. 80). Bei einem assertiven Kommunikationsakt sagt man daher einfach 'Die Tür ist zu' anstelle von 'Glaube (mir), daß die Tür zu ist'. Bei einem Expressiv sagt man 'Wie froh ich bin!' anstelle von 'Glaube (mir), wie froh ich bin!'. Und bei einem Kommissiv kann man die Verkürzung sogar noch weiter treiben, indem man sagt 'Ich bringe Dir das Buch morgen' anstelle von 'Glaube mir, daß ich beabsichtige, Dir das Buch morgen zu bringen!'. Diese Vereinfachung wird dadurch möglich, daß Kommunizieren Handeln durch Anzeigen der betreffenden Handlung ist. Um den beabsichtigten Anzeichenprozeß zu verwirklichen, reicht es oft aus, eine minimale Proposition zu äußern (vgl. Zeile 2 in Abb. 114.3).

(3) *Die Primärbotschaft (Irrtumsausschlußbedingung).* Bei einem Assertiv, Expressiv und Kommissiv versucht der Sender den Adressaten dazu zu bewegen, eine der Propositionen p, $Z(b)$ oder $I(b, T(b, g))$ zu glauben. Diese Proposition wird als Primärbotschaft des Kommunikationsaktes bezeichnet. Eine Botschaft ist etwas, was der Sender den Adressaten glauben machen will. Bei Deklarationen versucht der Sender jedoch eine Veränderung im Bereich des Gesellschaftlichen zu erreichen, und bei Direktiven versucht er den Adressaten zu einem bestimmten Verhalten zu bewegen (das nicht im Glauben besteht). Daher haben Deklarationen und Direktive keine Primärbotschaften. Glaubt der

Adressat, was ihn der Sender glauben machen will, so fällt er dann keinem Irrtum zum Opfer, wenn die geglaubte Proposition wahr ist. Somit ist die Irrtumsausschlußbedingung für Adressaten von Kommunikationsakten mit ihrer Primärbotschaft identisch. Eine ähnliche Argumentation ließe sich auch für Direktive geben (vgl. den erfolgsfördernden Umstand (b) in 3.4.); sie würde verlangen, daß das Verhalten, zu dem der Sender den Adressaten zu bewegen versucht, im Interesse des Adressaten liegt. Doch ist die Formel, welche dieses Verhalten beschreibt, $T(a, r)$, nicht in einen Glaubens-Operator eingebettet und gibt somit gar keine Botschaft im obigen Sinne wieder. Daher begnügen wir uns damit, die Irrtumsausschlußbedingung nur für Assertive, Expressive und Kommissive zu formulieren, wie dies auf Zeile 3 in Abb. 114.3 festgehalten ist.

(4) *Der Primärinterpretant (beabsichtigte Primärwirkung)*. Als Primärinterpretanten eines Kommunikationsaktes bezeichnen wir das, was der Adressat tun muß, damit der Kommunikationsakt erfolgreich ist. Der Primärinterpretant ist also mit der vom Sender beabsichtigten Primärwirkung des Kommunikationsakts identisch. Er besteht bei Deklarationen in $E(e)$, bei Direktiven in $T(a, r)$, bei Assertiven in $G(a, p)$, bei Expressiven in $G(a, Z(b))$ und bei Kommissiven in $G(a, I(b, T(b, g)))$. Das, worum es dabei geht, ist bei Deklarationen eine Veränderung im gesellschaftlichen Bereich, bei Direktiven ein Verhalten des Adressaten, und bei Assertiven, Expressiven und Kommissiven ein Glaube des Adressaten. Das, woran der Adressat glauben soll, kann seinerseits eine komplexe Einstellung des Senders sein, wie etwa bei den Kommissiven: $I(b, T(b, g))$.

(5) *Der Primärprozeß (primäre Erfolgsbedingung)*. Das Eintreten der beabsichtigten Wirkung allein reicht nicht aus, damit ein Kommunikationsakt erfolgreich ist. Wenn der Adressat die Türe schließt, bevor er dazu aufgefordert wird, so kann dies nicht als Erfüllung dieser Aufforderung gewertet werden. Da Kommunizieren im Produzieren eines Zeichens f besteht, kann es nur dann als erfolgreich angesehen werden, wenn die beabsichtigte Wirkung durch das Auftreten dieses Zeichens verursacht wird. Kausalpro-

zesse dieser Art wurden in 2.1. als elementare Zeichenprozesse beschrieben. Wir bezeichnen sie als Primärprozesse der Kommunikationsakte; ihr Auftreten ist die Bedingung des primären Erfolgs dieser Kommunikationsakte. Allerdings kann, wie in 3.3. ausgeführt, ein Kommunikationsakt vollzogen werden, ohne daß der betreffende Primärprozeß eintritt. Wir sagen dann, daß der Kommunikationsakt seine primäre Erfolgsbedingung verletzt, d. h. in bezug auf sie erfolglos ist. Der Kommunikationsakt kann trotzdem geglückt sein, wie unter (9) behandelt.

(6) *Die Primärabsicht (Ernsthaftigkeitsbedingung)*. Wenn jemand bei einem Kommunikationsakt ein Zeichen f produziert, so beabsichtigt er, daß der betreffende Primärprozeß eintritt (was ja die primäre Erfolgsbedingung ist). Diese Absicht nennen wir Primärabsicht des Senders. Sie besteht bei Deklarationen in $I(b, E(f) \rightsquigarrow E(e))$, bei Direktiven in $I(b, E(f) \rightsquigarrow T(a, r))$, bei Assertiven in $I(b, E(f) \rightsquigarrow G(a, p))$, bei Expressiven in $I(b, E(f) \rightsquigarrow G(a, Z(b)))$ und bei Kommissiven in $I(b, E(f) \rightsquigarrow G(a, I(b, T(b, g))))$. Wenn der Zeichenproduzent keine dieser Absichten hat, ist die Produktion von f durch ihn kein ernsthafter Kommunikationsakt. Unsere Definitionen für die fünf Kommunikationstypen verlangen das Vorhandensein dieser Absichten nicht direkt, sie besagen aber, daß der Sender den Adressaten glauben machen will, daß sie vorhanden sind; dieser Glaube soll jenen ja dazu bringen, den Primärinterpretanten zu verwirklichen.

(7) *Die Sekundärbotschaft (Primärhandlung)*. Wie in (3) ausgeführt, besteht eine Botschaft in dem, was der Sender eines Kommunikationsakts den Adressaten glauben machen will. Die Definitionen aller Kommunikationstypen verlangen, daß der Sender die beabsichtigte Primärwirkung zu erreichen versucht, indem er den Adressaten glauben macht, daß er sie zu erreichen versucht. Alles Kommunizieren erfordert also eine Botschaft auf dieser zweiten Stufe. Die Sekundärbotschaft ist, was der Adressat (aufgrund des Vorkommens von f) verstehen muß, wenn der betreffende Kommunikationsakt gelungen sein soll. In einem gelungenen Deklarationsakt ver-

steht der Adressat, daß der Sender eine Handlung vollzieht, in einem gelungenen Direktiv, daß der Sender ein Signalisieren vollzieht, in einem gelungenen Assertiv, daß der Sender ein Anzeigen vollzieht, in einem gelungenen Expressiv, daß der Sender ein Ausdrücken vollzieht, und in einem gelungenen Kommissiv versteht er, daß der Sender ein Gestikulieren vollzieht. Die Formeln für die Sekundärbotschaften auf Zeile 7 der Abb. 114.3 sind identisch mit den Formeln für die jeweiligen Handlungen auf Stufe 1b in Abb. 114.2. Wir nennen diese Handlungen daher Primärhandlungen.

(8) *Der Sekundärinterpretant (beabsichtigte Sekundärwirkung)*. Wenn jemand ein Zeichen *f* produziert, um etwas zu kommunizieren, so vollzieht er eine Primärhandlung, indem er diese Handlung anzeigt. Die beabsichtigte Wirkung der Primärhandlung ist der Primärinterpretant des Kommunikationsakts, und die beabsichtigte Wirkung des Anzeigens ist der Sekundärinterpretant. Letzterer besteht in dem Glauben des Adressaten, daß der Sender die Primärhandlung vollzieht. Daher beginnen alle Formeln für die jeweiligen Sekundärinterpretanten auf Zeile 8 von Abb. 114.3 mit '*G(a, ...)*', worin das zweite Argument in der betreffenden Primärhandlung besteht. Der Sekundärinterpretant eines Kommunikationsakts ist (anders als der Primärinterpretant unter (4)) immer ein Glaube des Adressaten an die Absicht des Senders, ihn durch die Produktion des Zeichens *f* zur Verwirklichung des Primärinterpretanten zu bringen. Der Sekundärinterpretant umfaßt somit auch den Glauben des Adressaten, daß die Produktion des Zeichens *f* durch den Sender ein ernsthafter Kommunikationsakt ist, wie unter (6) behandelt.

(9) *Der Sekundärprozeß (Gelingensbedingung, sekundäre Erfolgsbedingung)*. Wenn ein Zeichen *f* in einem Kommunikationsakt beim Adressaten dazu führt, daß er versteht, daß der Sender mit dessen Produktion eine bestimmte Primärhandlung vollzogen hat, dann ist der Kommunikationsakt gelungen. Die Gelingensbedingung verlangt also, daß das Zeichen *f* ein Anzeichen der Primärhandlung ist. Diesen Anzeichenprozeß (vgl. Stufe 2a in Abb. 114.2) bezeichnen wir als Sekundärprozeß des betreffenden

Kommunikationsakts. Er wird vom Sender unmittelbar beabsichtigt, wie aus den Formeln zur Definition der verschiedenen Kommunikationstypen (oberer Rahmen auf der Stufe 2b$_{com}$ in Abb. 114.2) ersichtlich ist. Wir können die Gelingensbedingung eines Kommunikationsaktes daher auch als seine sekundäre Erfolgsbedingung bezeichnen. Ein Kommunikationsakt ist nur dann erfolgreich, wenn neben seiner primären, wie unter (5) behandelt, auch seine sekundäre Erfolgsbedingung erfüllt ist.

(10) *Die Sekundärabsicht*. Wenn jemand ein Zeichen *f* produziert, um jemand anderem etwas zu kommunizieren, so beabsichtigt er, daß *f* den Adressaten dazu bringt zu verstehen, daß er eine bestimmte Primärhandlung vollzieht. Diese Absicht nennen wir Sekundärabsicht des Senders beim Kommunizieren. Sie wird durch die Formeln auf Zeile 10 in Abb. 114.3 dargestellt. Wie diese zeigen, läßt sich die Sekundärabsicht des Senders auffassen als Absicht, den Adressaten zur Erfüllung der Gelingensbedingung des Kommunikationsakts zu bringen. Die Sekundärabsicht beim Kommunizieren besteht in der Absicht des Senders, dem Adressaten den Vollzug der Primärhandlung anzuzeigen (vgl. Stufe 2b in Abb. 114.2).

(11) *Die Sekundärhandlung*. Die Sekundärhandlung in einem Kommunikationsakt besteht im Produzieren eines Zeichens *f* mit der Absicht, dem Adressaten den Vollzug einer bestimmten Primärhandlung anzuzeigen. Die Sekundärhandlung besteht also in der Produktion von *f* mit der betreffenden Sekundärabsicht. Ihr Ziel ist die Verwirklichung des Sekundärprozesses (also der Erfüllung der Gelingensbedingung), und die beabsichtigte Wirkung ist der Sekundärinterpretant. Da die Sekundärhandlung eines Kommunikationsaktes im Anzeigen der Primärhandlung besteht, sind die Formeln auf Zeile 11 von Abb. 114.3 identisch mit den Formeln, die in Abb. 114.2 auf Stufe 2b das Anzeigen einer Handlung beschreiben.

(12) *Die Kommunikationsbedingung*. Das wesentliche Merkmal des Kommunizierens besteht darin, daß der Sender einen sekundären Zeichenprozeß (der Stufe 2a) produziert (d. h. eine Sekundärhandlung der Stufe 2b vollzieht) und glaubt, damit

einen Primärprozeß (der Stufe 1a) herbeizuführen: ein Anzeichen dafür, daß er einen Kausalprozeß erzeugt, benutzt er dazu, diesen Kausalprozeß herbeizuführen (in Deklarationen); ein Anzeichen dafür, daß er einen Signalprozeß erzeugt, benutzt er dazu, diesen Signalprozeß herbeizuführen (in Direktiven); ein Anzeichen dafür, daß er einen Anzeichenprozeß erzeugt, benutzt er dazu, diesen Anzeichenprozeß herbeizuführen (in Assertiven); ein Anzeichen dafür, daß er einen Ausdrucksprozeß erzeugt, benutzt er dazu, diesen Ausdrucksprozeß herbeizuführen (in Expressiven); und ein Anzeichen dafür, daß er einen Gestenprozeß produziert, benutzt er dazu, diesen Gestenprozeß herbeizuführen (in Kommissiven). Da es diese Bedingungen sind, die die betreffenden komplexen Zeichenprozesse zu Kommunikationsakten machen, nennen wir sie Kommunikationsbedingungen. Sie sind in den Formeln auf Zeile 12 in Abb. 114.3 festgehalten. Diese haben eine spezielle Struktur, die deutlich wird, wenn man die Wirkung des Sekundärprozesses mit der Wirkung des durch ihn verursachten Primärprozesses vergleicht: die Wirkung des Sekundärprozesses ist $G(a, T(b, f) \wedge I(b, E(f) \rightarrow E(e)))$, wogegen die Wirkung des Primärprozesses einfach $E(e)$ ist. Der Unterschied zwischen den Formeln für diese beiden Wirkungen besteht in '$G(a, \ldots I(b, \text{---}))$', was genau einen Schritt in der Hierarchie der Reflexionsstufen ausmacht. Dies rechtfertigt die Aussage, daß die Hauptpointe des Kommunizierens darin besteht, einen Prozeß höherer Stufe auf den entsprechenden Prozeß der nächstniedrigeren Stufe zu reduzieren. Der Sender eines Kommunikationsakts glaubt, daß diese Reduktion jeweils durch den Adressaten ausgeführt wird; und wo dies der Fall ist, ist der betreffende Kommunikationsakt erfolgreich (im vollen Sinne der Erfüllung sowohl der sekundären als auch der primären Erfolgsbedingung). Aus der Kommunikationsbedingung folgt, daß Verhaltenssysteme, die nicht wenigstens die zweite Reflexionsstufe erreichen, unfähig sind, Kommunikationsakte zu vollziehen beziehungsweise angemessen auf sie zu reagieren. Kommunizieren ist demnach nicht möglich ohne ein Mindestmaß an Intelligenz.

Vergleichen wir nun noch einmal die verschiedenen Formeln, die innere Vorgänge und Einstellungen angeben, welche mit dem Kommunizieren verbunden sind. Folgende Schlußfolgerungen ergeben sich:

(i) Mit Ausnahme der Formeln für die Aufrichtigkeitsbedingung, die Minimalpropositionsbedingung und die Kommunikationsbedingung bilden die Formeln in jeder Spalte eine Reihe, derart, daß jede Formel als Bestandteil der nächstfolgenden Formel vorkommt.

(ii) Die Formeln für den Primärprozeß (die primäre Erfolgsbedingung) sind identisch mit denen auf Stufe 1a in Abb. 114.2; die Formeln für die Primärhandlung (die Sekundärbotschaft) sind identisch mit denen auf Stufe 1b; die Formeln für den Sekundärprozeß (die Gelingensbedingung, sekundäre Erfolgsbedingung) sind identisch mit denen auf Stufe 2a; und die Formeln für die Sekundärhandlung sind identisch mit den Formeln auf Stufe 2b.

(iii) Selbst die erfolgsfördernden Umstände des Kommunizierens lassen sich in dieses Formelsystem einordnen. Wenn die Primärbotschaft wahr ist, besteht *Irrtumsausschluß* beim Adressaten, der sie glaubt. Wenn der Sender selbst die Primärbotschaft glaubt beziehungsweise wenn er sich in dem von ihr behaupteten Zustand befindet, so ist er *aufrichtig*. Wenn der Sender die Primärabsicht hat, die für den Kommunikationsakt erforderlich ist, so kommuniziert er *ernsthaft*.

Da die Formeln in jeder Spalte der Abb. 114.3 von Zeile 3 bis 11 ineinander eingebettet sind und die Formel auf Zeile 11 jeweils ein Bestandteil der Formel ist, welche den betreffenden Kommunikationsakt definiert, kann man sagen, daß all diese Formeln Aspekte des Kommunizierens angeben. Dies darf einen aber nicht dazu verleiten anzunehmen, daß alle diese Formeln wahr sind, wenn ein Kommunikationsakt des betreffenden Typs stattfindet: Wenn ein Kommunikationsakt nicht erfolgreich ist, dann wird die Primärbotschaft (3) nicht geglaubt, der Primärinterpretant (4) tritt nicht auf und der Primärprozeß (5) läuft nicht ab. Wenn ein Kommunikationsakt nicht ernsthaft ist, ist die Primärabsicht (6) nicht gegeben. Wenn ein Kommunikationsakt nicht gelungen ist, wird die Sekundärbotschaft (7) nicht geglaubt, der Sekundärinterpretant (8) tritt nicht auf und der Sekundärprozeß (9) läuft nicht ab. Von all den Vorgängen und

Einstellungen, die in Abb. 114.3 festgehalten sind, sind nur die Sekundärabsicht (10) und die Sekundärhandlung (11) notwendige Bedingungen eines Kommunikationsakts; das folgt aus dem oberen Teil der Definitionen auf der Zeile $2b_{com}$ in Abb. 114.2. Das dritte notwendige Merkmal des Kommunizierens ist der Glaube des Senders an die Gültigkeit der Kommunikationsbedingung (12) unter den betreffenden Umständen; das folgt aus dem unteren Teil der Definitionen auf der Zeile $2b_{com}$ in Abb. 114.2.

Die Schlußfolgerungen (i) und (ii) bestätigen unsere Behauptung, daß das Kommunizieren ein komplexer Zeichenprozeß ist, der mindestens die Reflexionsstufe 2 erfordert und aus Zeichenprozessen der Stufen 1a und 2a aufgebaut ist.

5. Verstehen, Handeln und Benutzen von Zeichen

In 4. haben wir die Bestandteile der Glaubens-und-Absichts-Konfiguration, die das Kommunizieren ausmacht, behandelt. Wir wollen uns nun noch kurz den Bestandteilen der Glaubens-und-Absichts-Konfigurationen bei Zeichenprozessen zuwenden, die keine Kommunikationsakte sind. Kommunizieren wurde wiederholt charakterisiert als Handlung, die verwirklicht wird mit Hilfe einer zweiten Handlung, welche beim Adressaten ein Verstehen der Absicht des Senders zur Durchführung der ersten Handlung bewirkt. Gelungenes Kommunizieren besteht somit in zwei Arten von Handlungen auf seiten des Senders und in (mindestens) einer Art des Verstehens auf seiten des Empfängers. Welche Rolle spielen Handlung und Verstehen in den anderen Arten von Zeichenprozessen der Hierarchie von Abbildung 114.2?

Auf Stufe 1a sind noch keine Handlungen definierbar, und bei einfachen Kausalprozessen und Signalprozessen ist auch kein Verstehen beteiligt. Doch wenn ein Ereignis f ein Anzeichen ist, so bewirkt sein Auftreten in einem reagierenden System einen Glauben: $E(f) \rightsquigarrow G(a, p)$, und dies rechtfertigt es bereits, von *Verstehen* zu sprechen, wenn auch nur in rudimentärem Sinn. Anzeichenprozesse haben sich als zentrale Bausteine des Kommunizierens erwiesen; sie treten nicht nur in Ausdrucks- und Gestenprozesse auf, welche Spezialfälle der Anzeichenprozesse sind; sie konstituieren auch alle Zeichenprozesse der Stufe 2a, was man an den betreffenden

Formeln ablesen kann, die alle die Struktur haben: '$E(f) \rightsquigarrow G(a, \ldots)$'. — Die einfachste Art von *Handlung* in unserer Hierarchie findet sich auf Stufe 1b in Spalte I. Danach vollzieht jemand eine Handlung, wenn er ein Ereignis f produziert und beabsichtigt, daß dieses eine bestimmte Wirkung hat. Der Vollzug einer Handlung ist also dadurch charakterisiert, daß jemand etwas mit einer bestimmten Absicht tut: $T(b, f) \wedge I(b, \ldots)$. Alle anderen Prozesse auf der Stufe 1b sind Spezialfälle von Handlungen, und Handlungsprozesse konstituieren auch die Zeichenprozesse der Stufe 2b, was man an den betreffenden Formeln ablesen kann, die alle die Struktur haben: '$T(b, f) \wedge I(b, \ldots)$'. — Aus diesen Überlegungen folgt, daß, wenn man von den einfachen Kausalprozessen und den einfachen Signalprozessen absieht, alle Prozesse, die in der Hierarchie bis zur Stufe 2b angegeben sind, Konfigurationen von Anzeichenprozessen und Handlungen sind. Die Konstruktion von komplexeren Zeichenprozessen durch Kombination von Anzeichenprozessen und Handlungen läßt sich prinzipiell ohne weiteres über die Reflexionsstufe 2 hinaus fortführen. In der Diskussion von reflexiver Offenheit in 3.4. wurde anhand von Beispielen deutlich, daß es höherstufige Zeichenprozesse dieser Art gibt. Je höher man geht, um so mehr verlieren sie jedoch ihre Pointe, solange ihnen nicht Reaktionen auf niedrigeren Reflexionsstufen folgen. Dies ist allerdings genau das, was (aufgrund der Kommunikationsbedingung) beim *Kommunizieren* geschieht. Höherstufige Zeichenprozesse haben somit vor allem eine Funktion im Zusammenhang mit dem Kommunizieren.

Wie unter (12) in 4. ausgeführt, können wir sagen, daß ein Sender b ein Ereignis f *als Zeichen benutzt*, wenn er f mit der Absicht produziert, daß f für jemanden ein Zeichen ist. In II1b zum Beispiel benutzt b f als Signal, indem b f mit der Absicht produziert, daß f für jemanden ein Signal ist, etwas zu tun. In III1b benutzt b f als Anzeichen, indem b f mit der Absicht produziert, daß f für jemanden ein Anzeichen dafür ist, daß etwas der Fall ist. In II2b benutzt b f als Signalisier-Anzeichen, indem b f mit der Absicht produziert, daß f für jemanden ein Anzeichen ist, daß er ihm etwas signalisiert. — Beim Kommunizieren (z. B. in I2b$_{com}$) produziert b f mit der Absicht, daß f für jemanden ein Handlungs-Anzeichen ist, welches den in der Handlung beabsichtigten Prozeß (den Primärprozeß) bewirkt. Wir können hier in ähnlicher Weise formulieren: *b* benutzt ein Handlungs-Anzeichen als Handlung (bei deklarationalem Kommunizieren), beziehungsweise *b* benutzt ein Signalisier-Anzeichen als Signal (bei direktivem Kommunizieren).

Der Begriff der Zeichenbenutzung erlaubt uns, noch komplexere Zeichenprozesse zu konstruieren, die durch die Kombination ausgewählter Zeichenprozesse verschiedenen Typs aus unserer Hierarchie zustande kommen. So wäre zu analysieren, was im einzelnen abläuft, wenn jemand einen Assertiv als Direktiv benutzt (Vater zum Sohn im Treppenhaus: 'Du gehst jetzt langsam!') oder einen Expressiv als Direktiv (Kind zur Kindergärtnerin, die sich im Nebenraum befindet: 'Aua, aua!'). Das Hauptproblem, das bei derartigen *indirekten Kommunikationsakten* zu klären ist, liegt in der Frage, ob die Koppelung zwischen dem geäußerten Zeichentyp und der Funktion, für die er benutzt wird, manipulativ oder kommunikativ erfolgt. Ersteres ist der Fall, wenn der Sender dem Empfänger keine Möglichkeit läßt, sich zwischen den beiden Interpretationen (in den obigen Beispielen: Assertiv versus Direktiv bzw. Expressiv versus Direktiv) zu entscheiden; der Assertiv wird dann zum Signal, ihn als Direktiv zu verstehen, wie bei vielen automatisierten Sprechakten (vgl. etwa: 'Können Sie mir das Salz reichen?'). Letzteres ist der Fall, wenn auch für die Koppelung der beiden Kommunikationsakttypen eine Bedingung nach Art der Kommunikationsbedingung gilt. Der Adressat versteht dann den betreffenden Kommunikationsakt zunächst wörtlich und interpretiert ihn danach um, weil er (glaubt, daß der Sender will, daß er) glaubt, daß der Sender will, daß er diese Uminterpretation vollzieht. Dies im einzelnen durch Zurückführung der auftretenden Prozesse auf eine Glaubens-und-Absichts-Konfiguration zu belegen, würde hier jedoch zu weit gehen (vgl. Posner 1993 § 4.2; § 4.3).

6. Ausblick

Damit wollen wir unseren Gang durch das Reich der Zeichenprozesse abschließen und unseren zeichentheoretischen Ansatz kurz zusammenfassen.

Wir gingen in 1. davon aus, daß man bei der Beschreibung von Zeichenprozessen zwei verschiedene Perspektiven annehmen kann, die sich in den europäischen Sprachen in der Ausbildung zweier verschiedener Terminologien und wissenschaftlicher Paradigmen niedergeschlagen haben: dem gegenstandsbezogenen Ansatz der organismusexternen Zeichen und dem subjektbezogenen Ansatz der organismusinternen Vorgänge und Einstellungen. Um beiden Ansätzen aus der Sackgasse zu helfen, in die sie durch Überspezialisierung geraten sind, schlugen wir vor, sie zusammenzubringen und die Begriffe der Semiotik definitorisch auf Begriffe der intensionalen Logik zurückzuführen. Als geeignete Basis erwiesen sich einerseits die Ereignis-Prädikatoren '$E(\ldots)$', welcher das Vorkommen eines Ereignisses, und '$T(\ldots, ---)$', welcher die Erzeugung eines Ereignisses durch ein Verhaltenssystem bezeichnet, andererseits die Satzoperatoren '$\ldots \rightarrow ---$', welcher die Ursache-Wirkungs-Beziehung, '$G(\ldots, ---)$', welcher den Glauben eines Verhaltenssystems an eine Proposition, und '$I(\ldots, ---)$', welcher die Absicht eines Verhaltenssystems zur Verwirklichung einer Proposition bezeichnet. Diese wenigen Begriffe reichen aus, um in 2. und 3. eine Menge von potentiell unendlich vielen Zeichenbegriffen zu konstruieren. Wie in 3. und 5. gezeigt, sind die auf dieser Basis definierten Zeichenbegriffe hierarchisch nach Reflexionsstufen geordnet, wobei die nächsthöhere Reflexionsstufe jeweils erreicht wird durch Kombination der bisherigen Begriffe mit

(1) dem *Handlungsbegriff* (betrifft Absichten) bzw.
(2) dem *Anzeichenbegriff* (betrifft Verstehen).

Hinzu kommen

(3) die Anreicherung der Anzeigebegriffe (ab Stufe 2) zu Kommunikationsbegriffen durch Hinzufügung der *Kommunikationsbedingung* und
(4) die Kombination von Zeichenbegriffen verschiedenen Typs (aus den Spalten I bis V) mithilfe des Begriffs der *Zeichenbenutzung*.

Die Begriffe der Handlung und des Anzeichens sind zusammen mit der Kommunikationsbedingung und dem Zeichenbenutzungsbegriff ein leistungsfähiges Instrumentarium zur Rekonstruktion aller Arten von Zeichenprozessen, die in Natur und Kultur vorkommen. Die Tatsache, daß sie sich *per definitionem* auf die obengenannten fünf elementaren Begriffe der intensionalen Logik zurückführen lassen, gibt dem Begriffsapparat eine Geschlossenheit, Explizitheit und Durchsichtigkeit, die unter anderem auch seine Anwendung in der Programmierung von Computern ermöglicht. Dies ist insofern ein Fortschritt, als die Frage bis heute umstritten ist, ob Computer sich so programmieren lassen, daß sie zur Kommunikation im strengen Sinne in der Lage sind. Insofern ist die Rekonstruktion menschlicher Kommunikationsprozesse mithilfe der vorgeschlagenen Hierarchie von Zeichenbegriffen auch ein Beitrag zur Konstruktion intelligenter Verhaltenssysteme und zur Entwicklung von im strengen Sinne kommunikationsfähigen Systemen der künstlichen Intelligenz.

7. Literatur in Auswahl

Andersen 1990, *A Theory of Computer Semiotics. Semiotic Approaches to Construction and Assessment of Computer Systems.*

Bennett 1976, *Linguistic Behaviour.*

Eco 1976, *A Theory of Semiotics.*

Grice 1957, Meaning, in *Philosophical Review* 66.

Grice 1982, Meaning revisited, in *Mutual Knowledge*, Smith (Hg.).

Jorna 1990, *Knowledge Representation and Symbols in the Mind. An Analysis of the Notion of Representation and Symbol in Cognitive Psychology.*

Kutschera 1986, Bewirken, in *Erkenntnis* 24.

Lenzen 1980, *Glauben, Wissen und Wahrscheinlichkeit. Systeme der epistemischen Logik.*

Lewis 1969, *Convention. A Philosophical Study.*

Meggle 1981 a, *Grundbegriffe der Kommunikation.*

Nöth 1985, *Handbuch der Semiotik.*

Posner 1992, Research in pragmatics after Morris, in *L'homme et ses signes*, Balat/Deledalle-Rhodes (Hg.).

Posner 1993, Believing, causing, intending: The basis for a hierarchy of sign concepts in the reconstruction of communication, in *Signs, Search, and Communication. Semiotic Aspects of Artificial Intelligence*, Jorna/van Heusden/Posner (Hg.).

Prieto 1966, *Messages et signaux.*

Saussure 1916, *Cours de linguistique générale*, Bally/Sechehaye/Riedlinger (Hg.).

Searle 1979, *Expression and Meaning. Studies in the Theory of Speech Acts.*

Searle 1983, *Intentionality. An Essay in the Philosophy of Mind.*

v. Wright 1977, *Handlung, Norm und Intention. Untersuchungen zur deontischen Logik*, Poser (Hg.).

Roland Posner, Berlin (Deutschland)

115. Philosophy of language and communication theory

1. Introductory remarks

To some readers the bipartite title of this article might suggest the idea of a demarcation dispute between philosophers of language and representatives of a science of communication. Such demarcation disputes are as well-known as are the strategies traditionally employed in settling them. Philosophers, so one version goes, are interested in *a priori* truths, whereas empirical research in communication results in contingent statements (cf. Vendler 1967, 19). Or, in a similar vein, philosophers concern themselves with conceptual problems, linguists, sociologists and psychologists of language deal with matters of empirical fact. These are rather coarse divisions that hardly do justice to the complexity of the actual process of research in either type of discipline. But in fact demarcations of this kind do play a role in the relationship between organizationally separated intellectual disciplines up to the point where the mutual relevance of methods and results is lost sight of. Philosophers sometimes present analyses of certain aspects of communication that look so different from anything that empirical research will turn up that linguists might find themselves hard put not to consider the picture presented to be misguided. On the other side, practitioners of communication research will build empirical work on such shaky conceptual foundations that a philosopher might be driven to the Quinean assessment that these people "are in the situation of not knowing what they are talking about" (Quine 1961, 47). Such a judgement could be proffered in respect of certain contributions to sociological content analysis (cf. 3.1.) or to psychological comprehensibility research (cf. 3.2.). These are extreme cases and in such cases it might help to simply draw attention to the standard of reflection reached in topically related disciplines. But also in cases where interdisciplinary communication exists it should be useful not to insist on a watertight compartments policy of competences. The paradigm cases for a division of labour along the lines of conceptual analysis versus empirical research are oppositions embodied in questions like 'How can the concept of information content be elucidated?' (s. art. 78) and 'How much information do readers of paper *A* get in comparison with readers of paper *B*?', with questions of a methodological type added in between: 'How can the amount of information content carried in a sample of newspapers be quantified?'. A superficially similar series would be 'What are the basic concepts of a theory of understanding?', 'Which components must a theory of comprehensibility comprise?', 'Which types of comprehensibility problems arise in particular forms of communication (e. g. didactic discourse)?' (s. art. 94). But here questions one and two are much more closely related than the conceptual and the methodological questions in the previous case. Other questions do not seem to fit the paradigmatic model at all without being forced, for example 'What are the basic structures of evaluative discourse and how should one describe the meaning of the central expressions used in evaluative discourse?' This is no doubt a philosophical question since it aims at the elucidation of the concept of evaluation and related concepts. But it is at the same time a linguistic question since it aims at the description of basic structures of a form of communication and the format of semantic description of a certain group of linguistic expressions. It is true, these questions may be posed in different contexts — we already mentioned the difference in aims — which makes them different questions, but they still show a high degree of relatedness. Similarly, questions pertaining to the concept of rules can be shown to be akin in a way that does not allow easy demarcation, although one type of question is dealt with mainly by philosophers and the other one mainly by linguists: 'What are the essential aspects of the concept of rules for communicative acts (regularity, conventionality, normativity etc.)?' (cf. Shwayder 1965, 201 ff) and 'What are the basic aspects of rule-formulations for communicative acts (conditions of acts, commitments, sequentiality, level-generation, utterance forms)?' (cf. Heringer 1974, 66 ff). Both questions are conceptual questions, the second one being somewhat further along on the continuum from very general to very specific and, of course, somewhat closer to practical problems of linguistic description than the first. On this continuum there is considerable overlap of philosophical and linguistic research. To insist on this continuum is certainly not do deny the divide between conceptual problems and problems of fact. On the contrary, it is worth emphasizing that one of the most disconcerting features of many products of mass communication research is the presentation as problems of fact what from the vantage point of a philosophical research tradition distinctly looks like problems of a conceptual nature. And it is also beyond dispute that linguists, for example, will concentrate on the specific properties of individual languages, say English or German, when analysing rules of narrative, as opposed to the philosopher who analyses narrative as the locus of historical explanation (cf. Danto 1965, 233 ff). Nevertheless, in the present state of research on the foundations of theories of communication a relationship-seeking attitude would seem more productive than a demarcation-fixing one. In keeping with this idea the present article will concentrate on common fields of endeavour, with an emphasis on conceptual problems which arise in actual communication analysis and which can be considered fundamental for an adequate understanding of what human communication is about. — Up to the present day no such thing as a unified theory of communication is available. Certain types of theory that seemed to carry promise lost their lustre and declined, e. g. behaviorist theories, which suffered from inherent conceptual weaknesses, and information-theoretic theories (cf. Cherry 1957, 31 ff), which proved both conceptually unsatisfactory and too narrow in scope for a general theory of communication (s. art. 50). Relics of the stimulus-response and information-theoretic approaches are still alive in some areas of mass communication analysis (cf. Merten 1983, 72 ff). Other theories have risen in the last few years. The most productive fields of theory-building in communication research today are the disciplines of artificial intelligence and cognitive science (s. art. 117) and the converging contributions of linguists, psychologists and sociologists under the label of 'discourse analysis' (cf. van Dijk 1985, 1—10). Part of the latter convergence is due to a number of shared conceptual assumptions, amongst them the basic assumption that communication should be considered as a form of human action, an assumption which no doubt gained popularity through the influence of philosophical work on this topic, e. g. speech-act theory (cf. Kasher 1985, 238 ff). This assumption is also shared by some representatives of cognitive science, although their conceptual preference naturally tends towards concepts like cognitive structures and knowledge representations. The present article will emphasize the action-theoretic perspective, but at least one of the favourite concepts of some cognitive scientists, the concept of plan, will be scrutinized.

2. Some essential features of communication: connectedness, sequentiality, and dynamics

2.1. A change of perspective

Individual linguistic utterances rarely appear in isolation from other utterances or non-linguistic activities. They are connected with each other and with such activities. In many cases, successive utterances are produced in turn by the participants of a talk exchange. This much will not be disputed by the most perfunctory observer of everyday communicative practices. It is furthermore uncontroversial that the connections between individual utterances show a fairly high degree of recurrence and regularity, so much so that ordinary language has developed descriptive terms for characteristic types of two-utterance sequences like *question* and *answer*, *reproach* and *apology*, *order* and *refusal* and also for types of longer sequences like *discussion, narrative, description*. Where disagreement may arise is in the question of the nature of this connectedness and the status that this aspect of communication should be awarded in an overall picture of the functioning of language. From the point of view of discourse analysis this topic lies at the core of the whole field of investigation. To quote William Labov: "[...] the major task of discourse analysis is

[...] to show that one sentence follows another in a coherent way" (Labov 1972 a, 121). If, on the other hand, we consult introductions to the philosophy of language the whole topic is virtually non-existent. This does not show that philosophers of language in general lacked the awareness of these aspects of the use of language, but rather that they considered them untractable or not of fundamental importance. — Of course, there are a few notable exceptions to this rule and the number of philosophers interested in these questions seems to be on the increase. A strong motive for such a change of perspective could be seen in the recognition of the view that a theory of communication which focuses on individual communicative acts is not just incomplete but that it will arguably give a fundamentally wrong picture of what is basic to communication. A case in point is the problem of rationality which seems to lie at the bottom of many conceptual problems in communication theory (s. art. 94). Jaakko Hintikka is certainly right in claiming that "the question of rationality cannot in general be raised in relation to individual moves [...] but it can be raised — and must be raised — in relation to strategies" (Hintikka 1986 a, 274). The same can be said — *mutatis mutandis* — of problems of understanding. Therefore the construction of a conceptual framework for the serious analysis of this kind of problem is definitely an important desideratum, a framework of which the foundations have been emerging in the last decade.

2.2. Games and rules

In the attempt to highlight the sequential character of communicative acts philosophers have used all kinds of comparisons and metaphors. The serial performance of a conversation was likened to non-communicative serial operations like whistling a tune (Ryle 1949, 170 f) or to ballroom dancing (Hare 1971 a, 235 f), but the all-time favourite comparison is to games. Now although metaphors may embody important insights they are themselves no substitutes for theories. It is therefore essential to reach a point where the insight expressed by a metaphor can be cast into an explicit theoretical mould. Whereas a ballroom-dancing theory of communication is not forthcoming the concept of game has received extensive attention in different traditions which seem to be gradually converging. The three main traditions which influence the present-day discussion are Ludwig

Wittgenstein's (s. art. 39) method of language-games, the mathematical theory of games (cf. Luce/Raiffa 1957, 39 ff) and related enterprises in philosophical logic (Lorenzen/Lorenz 1978), game-theoretical semantics (Hintikka 1976 a) and formal dialectic (Hamblin 1970) (s. art. 96). Whereas Wittgenstein's notion of language-games and the surrounding concepts of rule-following, connectedness, relevance, meaning and understanding are no doubt a prime source of inspiration for a conceptually sound general theory of communication, the other tradition-lines make up for the lack of systematicity and explicitness in the description of game components and the formulation of rules which has often been mentioned as an objection to the Wittgensteinian approach (cf. Dummett 1978 b, 451 f). — A useful starting point for the questions at hand is Wittgenstein's notion of ›Zusammenhang‹ which plays a central role in his writings from his middle period onwards and which is particularly prominent in *Über Gewißheit*. Wittgenstein's use of the expression 'Zusammenhang' is notoriously difficult to translate into English as it has to be rendered by 'context', 'order', 'connection' or 'connectedness', depending on context. A proof bestows ›Zusammenhang‹ onto propositions (Wittgenstein 1978, 303), to show how a sentence is used is to show in which ›Zusammenhang‹ it is used (Wittgenstein 1978, 315), to understand a sentence is to see its ›Zusammenhang‹ (e. g. Wittgenstein 1953, § 525; 1969 b, § 350). This way of speaking already emphasizes an aspect which is constitutive for the game analogy. A language-game is just a specific type of ›Zusammenhang‹ which is especially well-understood and which has ramifications particularly relevant to a theory of communication. Probably the greatest single attraction of the game analogy is the fact that it provides the basis for a precise explication of a useful concept of rule (s. art. 67). This becomes obvious if one tries the alternative route via the traditional notion of rule of grammar. As can be seen in attempts to construe rules of ›narrative grammar‹ (e. g. Prince 1973, 16 ff), this concept lacks all the interesting specific properties which the alternative inherits from its background. Formulations of game rules refer to types of moves, their conditions and consequences, to sequences of moves, to alternative moves and to strategies. One can differentiate between licensing and prohibiting rules, i. e. rules that relate to open choices (accessible branches in

a game tree) and rules that contain restrictions of choices (e. g. incompatible moves as inaccessible branches in a game tree). The goals of a game can be formulated in terms of outcomes and payoffs. The notion of taking turns in the moves of a game can be considered a basic model of coordination and cooperation in communication. Finally, the difference between a form of communication and a realization of this form is captured by the difference between a game and a play of this game. This useful parcel of ingredients for a theory of communication is of course not yet unwrapped in Wittgenstein's treatment of language-games but it can easily be supplied within a game-theoretical framework and it can also be brought into a formal mode — if that is what one is looking for. Up to this point rules are seen as constitutive of the structure of a game. The decisive step for a theory of human communication is to link the study of the structural properties of games with the study of the practice of playing a game, i. e. the communicative practice itself. This is exactly where Wittgenstein's analysis of rule-following comes in helpful to supply the connection to the notions of communicative ability, meaning and understanding (cf. Baker/Hacker 1980 a, 177 ff). One aspect of Wittgenstein's notion of language-game which is not part of the standard game-theoretical view is that language-games may contain as their constituents both linguistic and non-linguistic activities. For many cases of sequential action this view provides the key to the explanation of the kind of connectedness involved. — A further attractive feature of games as objects of comparison for communications is that the concept of game allows at least a partial explication of notoriously difficult concepts like coherence and relevance. Such an explication could take the following direction. A sequence of utterances is coherent in G if and only if it can be shown to be a sequence of moves covered by the rules of G. The difficult part of this explication is, of course, the ›can-be-shown‹ bit. One would have to go on and explain what counts as showing and one would have to take into account that a sequence of utterances can be shown to be covered by the rules of different games. This is a corollary of the fact that sentences can have different uses. A simple two-utterance sequence could be assigned, depending on certain assumptions, either to a game of compliments or an ironical game of criticism: (A: 'You were wonderful.' — B: 'I am glad you appreciated my performance.'). Having assigned the sequence to one game or the other is the game-theoretical counterpart to the everyday notion of having understood the utterances in one way or the other. In order to be able to solve the problem of how to effect the assignment one would have to specify as part of the rules of G characteristic utterance forms which can be used to make certain moves in G. This particular problem has so far not attracted much philosophical interest but for an empirical theory of communication it is essential. In many cases the fundamental problem for a serious communication analysis will be the hermeneutical task of showing to which game of an open-ended list of them the sequence should be assigned. Conceptually this game-relative explication is quite satisfactory as it is simple, can be given any desired degree of precision, and could be used as the basis for an effective decision procedure if appropriate rule-formulations were provided. Concerning the question of practical applicability the onus of proof is passed on to the person who has to provide realistic game descriptions. The more realistic rule formulations can be delivered the more useful this concept will prove. — A close relative of the concept of coherence is the concept of relevance, a *pièce de résistance* of recent philosophical discussion (e. g. Grice 1975 a, 46; Kasher 1976, 211 f; Dascal 1979, 153 ff; Walton 1982, 56 ff). One of the problems with Paul Grice's treatment of relevance is that he leaves his cooperative participant of a talk exchange completely in the dark as to what counts as following his maxim of relevance. To remedy this deficiency one could proceed in a fashion similar to what we suggested in respect of the concept of coherence. An utterance U_i is relevant to an utterance U_n in G if and only if U_i and U_n can be shown to be moves in one play covered by the rules of G. Relevance, from this point of view, is a weaker relative of coherence. The weakening consists in the relaxation of the requirement of sequentiality. Coherent utterances have to be assigned to sequences of moves within a play of G, relevant utterances may be well apart in a sequence. If the details of the nature of moves in a game are appropriately specified this explication of relevance covers most of the aspects one might want to differentiate, e. g. sequential relevance, topical relevance, propositional relevance. If one feels that this concept is still too restrictive one could go on and relax the requirement that

the utterances in question should be assigned to moves of the same play. This would allow one to mark as relevant two incompatible utterances which by definition cannot be moves in the same play. It would also allow to show the relevance of the omission of a possible choice of move relative to an earlier move, etc. A slight shift of perspective within the game-theoretic model yields a different but related explication. If one focusses on the goals of the game instead of the moves, relevance can be seen as a matter of utility relative to the dialogue aims of the participants and therefore as a matter of optimal strategies (cf. Carlson 1983, 45 f). What makes the latter attempt attractive is the fact that it sets up a link between the concepts of relevance and rationality — for many authors the favourite candidate for an elucidation of the concept of relevance — without losing the specificness that accrues from the connection with explicitly formulated rules. It should be noted, however, that this explication does not exhaust a wider concept of relevance. Relevance judgements apply to a much wider array of objects than just to moves in a game. Theories, assumptions, facts may be relevant to decisions for a certain person under certain circumstances, an experience may be relevant to a belief, etc. One could of course try to subsume these aspects under the aspects of a game, but it is at least not obvious that this would lead to convincing results. — Before drawing attention to some problems and limitations of the game-theoretical approach I shall now outline some applications and practical results of this approach. The game analogy and the concomitant concept of rules are most convincingly applied to closely organised sequences like two-move interchanges, e. g. question/answer pairs, reproaches and apologies or explanations, suggestions and objections to suggestions, communicative routines like greetings and so-called remedial interchanges (cf. Coulmas 1981, 71 ff; Goffman 1971, 124 ff) and monological two-move sequences like making an assertion and giving an argument in favour of this assertion or giving an evaluation and backing up the evaluation by providing reasons, etc. When analysing such closely organised sequences one notices one type of second move in particular that seems to have especially close internal relations to its respective type of predecessor-move: objections which refer to the commitments incurred in making the first move. A typical example is the following sequence: *A*: 'It is raining.' *B*: 'But you don't believe it is raining.'. The tight connection between the two moves can be explained by the presence of a belief-commitment when making an assertoric move. And because there is such a tight connection, the analysis of objection-moves can be used as an heuristic device for the uncovering of the commitments contained in first moves. This is, of course, only a special and particularly striking application of the general principle that the character of a first move is exhibited by the range of admissible successor moves. This kind of relationship is so compact that it could even reasonably be used as a starting-point for a dialogue-semantic description of lexical units (cf. Fritz 1986, 271 f). In view of these properties, which make such close-knit units lend themselves readily to precise dialogue-rule formulation, it is not surprising that such two-move sequences have received considerable attention and have provided a basic methodological model for the description of rules of communication (cf. Heringer 1978, 163—176; Muckenhaupt 1978, 14—28; Fritz 1982, 224—269; Carlson 1983, 107—137).

Apart from the methodological appeal of this model there is also a second kind of benefit which lies in the fact that fairly simple rule-formulations of this type capture interesting properties of actual communications. In other words it is quite easy to reach a considerable degree of realism within the limits of this kind of model. It is therefore rather tempting to view such a game description not just as an object of comparison that is used to highlight basic structures and to contribute to a survey of types of games and their relationships, but as a description of people's actual communicative practice. This temptation is further promoted by the fact that close relatives of the rule-formulations produced within this framework are actually used by speakers in explaining the point of a problematic utterance, in judging the coherence or compatibility of a sequence of utterances, and in teaching correct standard sequences. If anything, these latter practices bear the hallmark of the presence of rules which are actually followed. Nevertheless, it seems to be a sound piece of methodological advice to keep in mind the nature of objects of comparison and not to overdraw the game analogy beyond the confines of its applicability. Bearing in mind this *caveat*, the approach can easily be extended in different directions: (i) the formulation of rules for expanded

versions of the original two-move pairs, e. g. assertion/argument/counter-argument/ concession, (ii) the combination of simple two-move games to complex games, e. g. the combination of evaluative dialogue with descriptive and argumentative dialogue, (iii) the introduction of an additional organizing principle for communications by means of the formulation of rules of topical coherence. There are no doubt obvious cases of topical irrelevance which could be explained by straightforward rules of topic succession capturing the conventional element in topical connections. There are furthermore very subtle practices of topic management which have been the object of recent research (cf. Vuchinich 1975, 146—163) and which show a surprisingly high degree of regularity and normativity. In so far as the games-and-rules perspective encourages the explicit description of such subtle practices the method is a highly useful instrument. However, the fact that rule-formulations which cover these aspects of connected discourse become increasingly open-textured and complex should sound a warning. Certainly not all thematic connections we make in the course of an everyday conversation are conventional, and to those that are not the average objection would probably not be that they violated a rule of sequential well-formedness, but rather that they were surprising and maybe not straightaway intelligible. But they might also be praised on account of their novelty and creativity. Generally speaking, the treatment of non-routine reactions to first moves and the problem of *ad hoc* improvisation and innovation is a field where one gets the feeling of stretching the game analogy a bit and where the usefulness of the concept of rule seems to diminish. In natural communications there is no general prearranged answer to what counts as a move in the game, and there is *a fortiori* no well-defined set of strategies amongst which there is goal-orientated choice. Within an individual communication conditions of play may change quite drastically, e. g. with respect to mutual knowledge or the ability of the participants to perform certain acts, and this may in the long run lead to modifications in the form of communication (cf. 2.4.). Although it is well known that many traditional games have changed in the course of their history and that ›making up the rules as one goes along‹ is a common practice in playing not highly codified games, the notion of permanent innovation is not essential to the concept of game, whereas it is essential to the concept of language use in communication. This is probably related to the natural though not necessary preoccupation with questions of well-formedness, i. e. to the possible underrepresentation of questions of understanding that a rule-orientated perspective may suggest. A comprehensive theory of communication would have to supplement the game approach by a theory of the emergence of rules and a conception of the non-rule-bound resources of communicative action. Some basic elements of such a theory are provided in studies by David Lewis, Jonathan Bennett, and others (Lewis 1969, 36 ff; Bennett 1976, 176 ff). Amongst the concepts that could replace the concept of rule in such a context are the concepts of precedent and pattern which Bruno Strecker (1987) has recently discussed. If participants of a communication have to solve a new coordination problem, e. g. the discussion of an elusive new topic, they may not have at their disposal a conventional solution for pinpointing this topic. They may, however, remember successful moves in their preceding communicative history which helped to solve similar problems, e. g. a certain type of metaphor or the like. They could now use this kind of move as a precedent or pattern on which to model a new move. Going back to a precedent or a pattern is not *ipso facto* following a rule as it may lack the institutional element contained in following a rule. Later on, if the solution proves successful, the original pattern may become a rule. There is so far no full-fledged analysis of this concept extant, but the idea seems to be worth following up. — A weaker concept of a different sort is sometimes resorted to by authors who try to retreat from the seemingly problematic concept of rule, viz. the concept of regularity (e. g. Brown/Yule 1983, 22 f). The trouble with this move is that regularities are mainly seen as a matter of frequency of occurrence of certain sequences. But, quite obviously, that is not the kind of concept that will allow explanation of the sense of order and intelligibility that speakers and hearers have when producing and hearing connected discourse. Rather, it serves to present an explanandum. And even in this function it seems to fail by presenting the explanandum in the wrong form. In the first place it does not cater for those cases where a normative concept is needed, i. e. those cases where judgments of deviation (incoherence, irrelevance) have to

be taken into consideration. Furthermore, such a quantitative concept misses the differentiation between admissible sequences of moves and preferences towards certain strategies which will both show up in a corpus of data as high frequencies of the respective sequences. Typical examples of the confusions ensuing from this unfortunate conceptual choice can be found in the applications of Robert Bales' Interaction Process Analysis. Statistical analysis shows a high act-to-act-frequency between suggestions and agreements, but it precludes a principled answer to the question whether this reflects a rule of suggestion-dialogues or a preferred strategy within this type of dialogue (cf. Bales 1966, 452). This is not to deny that there are interesting empirical questions of a quantitative nature in communication analysis, and very often statements as to the presence of communicative rules and principles within a certain community have to be extracted from quantitative data. But in order to make this extraction process perspicuous the double set of conceptual tools, quantitative and normative, has to be available. — More on the normative side is the concept of orderliness that coexists with a somewhat unspecific concept of rule in writings of the ethnomethodologist school (e. g. Sacks 1972, 339 f). As opposed to regularity which could be described as a spectator-concept orderliness is an actor-concept. Members of a community orient towards orderliness and produce orderliness in acting and interpreting actions of others. Resources for the production of orderliness are knowledge of the conditional relevance of one act in a sequence to the other, member's everyday social knowledge and different kinds of principles of interpretation. Although the ethnomethodologists' conception lacks some of the clarity that can be achieved in a game-theoretical context the basic ideas of this school are fruitful and seem to be compatible with the language-games approach. It is therefore not surprising that authors working in a game-theoretical framework have readily taken up methods and results of ethnomethodologist conversation analysis. — A major advantage of the constructive approach to games, subgames and combinations of games is that it yields descriptions of parts of the complex networks of interrelationships between types of games which are suggestive objects of comparison for the interconnections between parts of the overall institution of communicative practices within a speech community. As a programme for the survey of the complexities of established forms of communication this kind of method compares favourably with the patently unsatisfactory attempts of speech act theorists at classifying types of speech acts (e. g. Searle 1979, 1–29). Even though this perspective counteracts the tendency to isolate individual moves and self-contained small game units game theorists still seem to be prone to see games as fairly autonomous structures (cf. Black 1986, 86 f). This also shows a weakness of some applications of the game analogy that is not inherent in the framework as such. The game-specific goals players aim for can be formulated as outcomes and payoffs, so the concept of goal is available as part of the theory. However, actual game descriptions are often a far cry away from what one would want to describe as the various specific goals of different types of communication and individual sequences within larger units. In this sector there are still obvious desiderata. One could start by specifying the outcomes of information-sharing question/answer-sequences in terms of shared knowledge or of planning-and-decision games in terms of mutual consent to a course of action, etc. As soon as one seriously deals with these questions one has to face the problems of multiple goals and the interrelationship of different goals, notably competing goals of different participants, which can be pursued within one communication. In any case this aspect should be emphasized in future research, if one is not to lose sight of the fundamental idea incorporated in Wittgenstein's dictum that games not only have rules but also a point (1953, § 564).

2.3. Goals and instruments

The preceding section already paved the way for an alternative view that could be considered as a competitor to the games-and-rules approach. One can introduce this alternative by tracing it back to the everyday practice of explaining the point of an utterance. Let us assume that someone is asked to explain an utterance made at a certain stage of a dialogue. One type of explanation would be to refer to a rule which specifies what kind of a move this utterance is in this particular context. If, however, no rule formulation is available for whatever reasons, there is still an alternative. The speaker can explain his utterance and its connections to its context by naming the aim or goal he is attempting to

reach by making the respective utterance in this context. One could call this type of explanation a goal-oriented explanation as opposed to a rule-oriented explanation. One could also call it an instrumental explanation as the utterance explained is presented as instrumental in the attainment of a communicative aim. This kind of explanation can now be taken as the point of departure for a general explication of what counts as the point of an utterance in a certain context and from there to proceed to the explication of the concept of understanding and aspects of the concept of meaning. This is basically the Gricean programme of an intentionalist theory of meaning (cf. Grice 1957; Meggle 1987) (s. art. 94). Whether one considers the wider programme of this intentionalist (or instrumentalist) approach viable or not — the debate on this topic is in full swing —, one will appreciate that the programme contributes to the understanding of a family of concepts that are not foremost on the mind of representatives of the game-theoretical school of thought. Again, Wittgenstein is an exception to the rule. Properly understood, the instrumental type of explanation is not incompatible with the rule-oriented type, where both are available, since the moves and strategies of a game can be conceived as established instruments for the attainment of game-specific goals. What the instrumental conception would look like as a research strategy for the analysis of forms of communication and their relationships is difficult to assess at the present moment as there are no examples of such a procedure available. — Considering the close relation of the concepts of intention and understanding it is not surprising that the Gricean programme came up with a hermeneutical offshoot that makes a valuable contribution to a theory of communication. In cases where no explanation of the point of an utterance is forthcoming the hearer is left to his own devices and may have to apply methods of search for a satisfactory interpretation. To describe such methods is the task of a systematic hermeneutics (s. art. 45). From this point of view the principles and inference chains used by Grice in connection with the explication of his concept of conversational implicature can be seen as the rudiments of a hermeneutical heuristics. Although his examples are generally underdescribed and the results of his exemplary reasonings are underdetermined, the basic idea is fruitful and can be further developed. Both John Searle in his theory of indirect speech acts, which operates with similar inference chains, and Grice in his theory of implicatures tend to underrate the conventional element of everyday communication (e. g. Grice 1975 a, 51; Searle 1979, 30 ff) (s. art. 97). This is partly due to the fact that in spite of avowals to the contrary they never seriously attend to the considerable degree of conventionality in the connectedness of discourse. Therefore, in more cases than these authors are willing to accept, knowledge of rules will be a sufficient explanation of understanding and only where this fails recourse to principles of inference should take over.

2.4. Plans

Like other theoreticians of human action representatives of cognitive psychology find themselves in the situation of having to explain how human beings can perform fairly complex sequences of goal-oriented actions, e. g. in complex communicative activities like discussions or narratives which show all the properties of good organisation: coherence, consistency, even strategic finesse. In some cases of everyday life the answer to this kind of question is simple. In situations where we aim at a high degree of orderliness and precision in our actions we plan ahead and we try to realize our actions according to plan. Planning, which is itself a kind of intentional action, requires knowledge of types of actions, alternatives, conditions of actions, competences and liabilities of the actors involved, etc. Executing a plan includes permanent ›monitoring‹ of the on-going activity, evaluation of results, replacement of one alternative action by another, etc. Even in optimal cases one is, however, rarely fortunate enough to foresee everything and where one's plans fail one may rise to the occasion and improvise on the basis of one's ability and experience. All this is conceptually straightforward and it is fairly easy to describe the fundamental properties of planning simply by analysing planning discourses which are a frequent element of our everyday procedures. There is nothing mysterious here. We have furthermore reason to believe that mental planning is structurally just as alike to dialogical planning as mental arithmetic is to calculating aloud. Things become different when the homely concept of plan is removed from its original field of operation and transposed quasi-metaphorically to the context of psychological theories (cf. Miller/Galanter/Pri-

bram 1960; Schank/Abelson 1977). The first step is to generalize from the uncontroversial cases. Instead of claiming that sometimes complex actions are planned ahead and executed according to plan one makes the stronger claim that all complex action is executed following a plan. Here instant danger of conceptual confusion ensues. As the concept of plan exists in different versions it is necessary to treat them separately. There is a strong version which is hardly tenable but can nevertheless be found in empirical work on communicative abilities (e. g. Quasthoff 1980, 67). This version assumes that verbal action is actually preceded by verbal planning. That such a concept is incoherent can be shown by a *reductio ad absurdum* type of argument that goes back to Gilbert Ryle (1949, 31 f). If acting presupposes planning and if planning itself is a kind of action, the planning action itself would have to be planned and so on *ad infinitum*. According to such a diagnosis of infinite regress this version of a planning theory of human action never gets off the ground. A weaker version assumes that the necessary plans have been acquired at an earlier stage in the experience of the individual and have only to be executed. This concept also has its problems. Executing a plan would seem to entail being able to know the plan. In the case of communicative action it is hard to verify the claim that speakers know the plans they are supposed to execute. This is due to the well-known fact that the reflexive faculties of normal speakers do not equal their communicative faculties. Under pressure, representatives of this kind of theory generally retreat to the position that speakers have a sub-conscious knowledge of these plans. It is not difficult to sympathize with people who find it hard to countenance subconscious knowledge on conceptual grounds. Even if one would for a moment accept the concept as an explanatory device one could show that it is less useful than expected. Let us assume someone tries to explain the sequential orderliness of a certain stretch of narrative by referring to the plans executed in this stretch. Having to specify the content of his plans he can do no better than describe the actions prearranged in his plan. Why not describe the sequence of actions as such without the detour via the plan? Obviously, the concept of plan does no real work in this explanation. It just serves to duplicate the action-description under a plan-operator. — It is not surprising that the concept of plan is welcome in artificial intelligence, for the simple reason that the programming of a computer for a sequence of operations involves a similar survey over the tree of possible operations as the expert planner possesses concerning the tree of possible actions (s. art. 117). Executing a programme is indeed not entirely unlike executing a plan. But this does nothing to show that the execution of a programmed sequence of operations is a hopeful candidate for a realistic model of human sequential action. It is certainly an interesting object of comparison but one that demonstrates just as many dissimilarities as similarities. Intentional action is the exercise of a skill or competence, not the execution of a programme or, at least not generally, the execution of a plan.

2.5. Communication dynamics

A distinction somewhat similar to Ferdinand de Saussure's (s. art. 36) distinction between ›langue‹ and ›parole‹ is the distinction between a form of communication and an actual communication event. Taking into consideration the suggestive power of the structuralist picture of language it is not surprising that within linguistics and related fields the main effort of theoretical work has gone into the description of basic structural properties of forms of communication and not into the development of models for the actual step-by-step course of communication events. A reorientation towards the dynamics of communication is a necessary move if one wants to get a fast hold on a large number of analytical tasks that fall squarely within a theory of communication properly understood: the analysis of the ›life‹ of presuppositions and the emergence of mutual knowledge, the analysis of consistency-management and the vagaries of understanding (partial understanding, growth or loss of understanding through the widening of contexts or the discovery of inconsistencies, reinterpretation of old utterances in the light of new ones etc.), the analysis of the communication history of individuals and groups and finally the explanation of historical change of forms of communication on the basis of individual communication histories. In game-theoretical parlance these phenomena are all related to changes in the conditions of play which either depend on changes of context that are systematically connected with every move in the game or on changes that can be introduced in midplay, thereby opening up new ranges of moves and potentially changing the nature of the game. To further illustrate the kind of problems involved in this area a number of examples are in order. Traditional treatments of presupposition failure, vacuous names and related topics tend to present a rather trivial and bookish view of the subtleties of reference, even in comparison to what children have mastered at the age of five — not to mention the grown-ups. From the point of view of discourse dynamics an important objective of a theory of reference (s. art. 78) would be to answer questions of the following kind: How do speakers introduce, maintain and change referential domains like hypothetical worlds, fictional realms and theoretical contexts and how do they switch from one domain to the other? Incidentally, when seen from this vantage point, opaque contexts lose much of their opacity. A closely related problem is the introduction of topics. It is, for example, quite normal that at the beginning of an advice-seeking and advice-giving communication neither the advisor nor the advisee know what the problem is to which a solution is to be found. So part of the communication consists in pinpointing and formulating the problem, which amounts to the fact that both the main topic and the specific goal of the communication is produced cooperatively on the spot. Once the problem is formulated the field is open for problem-specific advisory acts. In a similar fashion the introduction and mutual acceptance of general propositions opens up new ranges of inferential moves. On the other hand, participants continually incur commitments which cumulate and restrict their possible courses of communicative action. These restrictions are in practice alleviated by the admissibility of retraction moves, by varying degrees of tolerance as to the claiming of commitments and by the simple process of forgetting. Standards of comprehensibility or precision may be changed during a single communication, either explicitly or implicitly, so that points of order concerning the use of technical language or vagueness of description may be warranted relative to some stretches of talk and not relative to others. And finally, the meaning of expressions used may change in midconversation, either by definitory moves or through simple collusion of the participants, as is quite frequent in the case of descriptive expressions that acquire a short-term specialized evaluative use against a background of shared assumptions. This kind of short-term specialization is of course one of the major sources of long-range semantic change. By proceeding from the once-only view of communications to the recognition of the element of repetition involved in the communicative practices of everyday life, one finds additional scope for the inspection of changes of the conditions of play that rely on the acquisition of knowledge and the gaining of experience. Members of a community may change a form of communication not only by inventing new moves along the lines just mentioned, but also by favouring some of the established moves as particularly successful or otherwise satisfactory and by discouraging others. A common denominator of all these phenomena is that they are all based on varying degrees of shared knowledge or assumptions. Shared knowledge or mutual knowledge, as some prefer to call it (Schiffer 1972, 30 ff), is sometimes intentionally aimed at but most of the time it simply emerges as a necessary result of the conversants' understanding the utterances of their respective co-conversants. Therefore the building-up of networks of mutual knowledge is probably the most important single aspect of communication dynamics. — It is one thing to present arguments for the importance of a certain aspect of an object of research but quite another to present a framework whithin which this aspect can reasonably be treated. Not surprisingly these questions did, for example, not even catch the attention of average speech-act theorists, much less could they appear tractable within such a type of theory (s. art. 54). The situation is, however, not hopeless as there is at least a promising starting-point for the kind of analysis envisaged. As part of his construction of dialectical systems, Charles Leonard Hamblin (1970, 263 ff) introduced a device which was meant to mirror the procedures by which speakers monitor their contributions for consistency, circularity or relevance. It is a kind of bookkeeping system which he calls a commitment-store. Commitment-store operations link the moves made in a dialectical game with the commitment-store. For every assertion a participant makes he receives an entry on his commitment-slate marking his commitment to the proposition asserted. For questions asked the presuppositions of the questions are entered as commitments. This procedure produces a list of propositions which can be checked for consistency, entailment-relationships or redundancy. In this simple model the history of the dialogue is represented by the traces it leaves on the commitment-slates. The device has recently been applied by Douglas Walton (1984, 248 ff) and others and similar notions have been introduced by Lewis (1979 a, 172 ff) and Hintikka (1983 b, 171) under the heading of 'scorekeeping'. — As soon as one applies this model to actual communications a number of instructive problems arise. For lack of space I shall confine my observations to a restricted number of characteristic problems: (i) the fixing of commitments incurred with a particular utterance, (ii) commitment to consequences, (iii) specific sets of commitments for different types of speech acts, (iv) cross-reference between commitment-slates, (v) the commitment-store equivalent to mutual knowledge. (i) Logicians like to deal with propositions but participants of dialogue games utter sentences. Therefore, the first step in any empirical dialogue history will have to be the hermeneutical operation of extracting the propositions from the sentences used to express them. For this purpose one might have to make use of earlier entries on the commitment-slate or, in other cases, one might have to be content with a provisional entry, leaving the definitive decision as to what proposition was expressed to a later point in the dialogue. As the decision on what proposition has to be inscribed onto the slate may depend on the position of the respective utterance in a sequence of utterances, it will be necessary to put down the actual sequences and not just a list of propositions. (ii) Hamblin raises a question which is particularly relevant to the assessment of the quality of argumentations, namely whether a participant is committed to all the consequences of his assertions. His answer is that in practice a speaker is only committed to immediate and obvious consequences. Unfortunately, the notions of immediateness and obviousness are speaker-relative and context-relative and the mere stipulation of what counts as immediate and obvious does not help much in the analysis of actual problematic cases. So we find here an incurable case of indexicality in natural communications which cannot be avoided by general preventive therapy. (iii) It is well known from different versions of speech-act theory that in producing a speech act one not only incurs a commitment to a certain proposition but also to a specific range of further assumptions, presuppositions or propositional attitudes. If A blames B for not having closed the door one of the commitments of *A* is the assumption that *B* should have closed the door. In actual communications these commitments are not a well-defined set and they are even negotiable up to a certain point. In any case, it can easily happen that a particular commitment may not be worth noting before one of the participants claims an incompatibility between two speech acts uttered by his partner in dialogue. This raises the question of the completeness of entries, and it also suggests the kind of answer to be given: A judgement of completeness can only be pronounced relative to the specific purpose the entries are used for. (iv) So far the commitment-slates of the participants contain no cross-reference from slate *A* to slate *B* and *vice versa*. But this proves necessary even in simple cases like questions and answers. If *A* asks '*Why p?*' and *B* answers '*Because q*' it will be necessary to transfer the commitment to *p*, which is part of *A*'s commitment in asking the question, to *B*'s commitment-slate, as part of his commitments in answering *A*'s question. (v) In following up the idea of cross-reference between commitment-slates one soon reaches the point where the commitment-store equivalent to mutual knowledge has to be introduced. The responding person *B* not only knows that the questioner *A* is committed to *p* and that he himself is committed to *p*, but he also knows that *A* knows that *B* knows these commitments. This produces a massive increase in complexity, but anything less complex will not capture the subtlety even of fairly mundane everyday conversations. Of course, the introduction of the concept of mutual knowledge does not entail that mutual knowledge is always in fact there. On the contrary, this concept is particularly useful for the analysis of cases where mutual knowledge is lacking to a certain degree and problems of understanding arise. — The methodical path followed in the last section was to start from a comparatively simple version of scorekeeping and by gradually introducing types of commitments and procedures for the fixing of entries to make available objects of comparison of differing complexity and to approximate realistic models of communication history. If students of artificial intelligence want to get anywhere near a reasonably realistic discourse representation they will have to take into account the complexities mentioned. Of course, the complexity required depends on the goals of one's analysis. For the purpose of the simulation of consistency-management Hamblin's com-

mitment-store operations are already a highly useful device, whereas the more sophisticated problems of understanding hinted at in this paragraph call for the development of a model of much higher complexity. Research in communication history will definitely prove to be one of the corner stones of a ›dynamic‹ approach to language study that has recently been advocated as a competitor to basically structuralist approaches (cf. Ballmer 1985, 1 ff).

3. Some conceptual problems in practical communication analysis

3.1. Content analysis

One of the favourite analytical tools of social scientists involved in communication research is content analysis. Content analysis in its different versions basically aims at making "replicable and valid inferences from data to their context" (Krippendorff 1980, 21). Typical data are newspaper articles, television news broadcasts and advertisements. Typical targets of inference are the opinions of communicators, the attitudes and interests of readers and viewers and the effects which political and commercial advertising has on them. Within this tradition of research a great amount of effort is put into securing standards of reliability and validity through sophisticated methods of sampling and statistical correlation. Much less attention is given to the conceptual basis of the whole enterprise, i. e. to questions like 'What is content?' (if there is such a thing). To be fair, recent publications tend to voice a certain uneasiness in this respect, in particular if authors belong to the ›qualitative‹ fraction. But still one cannot help being reminded of Wittgenstein's diagnosis pronounced on the empirical psychology of his day: There exist "experimentelle Methoden und Begriffsverwirrung" (1953, part II, 232). This unfortunate state bears evidence of an exceptional communication barrier between different fields of research, a barrier that can be demonstrated by mere inspection of the bibliographies of content-analytical books which as a rule contain neither titles on the theory of meaning nor on other foundations of the theory of communication. The standard conception of content is a version of what, following Max Black, one could term a bucket theory (Black 1975, 156). Texts, pictures and text-picture combinations ›contain‹ their content as a bucket contains water. If the content is supposed to be information it is contained in a similar fashion. That this is much too crude a picture can be shown by a simple example. Let us assume a journalist attributes a number of properties to an object by using descriptive vocabulary like 'green', 'small' and 'bruised'. If it is shared knowledge that these properties are used as evaluation criteria for this kind of object any reader will understand the text as an evaluation of objects of this kind and the writer will have meant it to be understood that way. Now it is hard to say what the manifest content of the text is supposed to be. The content can neither be equated with the words themselves nor with their meaning — an assumption some content analysts seem to make. A more hopeful candidate for the role of content would be the proposition expressed in using these words. But even this would not suffice as the proposition expressed is only part of what the writer meant and what the reader understood. If one wants to find an adequate basis for any kind of inference one has to take a unit which is itself the proper object of writer's meaning and reader's understanding. A unit which could fill this bill is the speech act or sequence of speech acts performed by using the expressions in question in a certain context and against a background of shared knowledge, in this case the act of evaluation performed by using the relevant descriptive expressions. As 'content' is not a very apposite word for this concept it might be a good idea to try and do without this word for a while. In order to show that this type of conceptual criticism is not just mere pedantry I shall point out some rather far-reaching methodological consequences of the lack of clarity in the conceptual foundations of content analysis. It is a methodological ideal, at least of the ›quantitative‹ fraction, to keep interpretive procedures out of the programme until after the presentation of the statistical correlations. This is a completely untenable position if one accepts speech acts as basic units. Speech acts are not in any sense objectively given to the researcher. His description or classification of such an act is based on his understanding of the words used. Awareness of the latter fact necessarily leads to the methodological principle that interpretive procedures should not only not be deferred as long as possible but, on the contrary, that they should be given high priority as early as in the constitution of the actual ›data‹. Hope of preserving objec-

tivity by neglecting the hermeneutical element involved is a sheer illusion, an illusion cherished by many content analysts. A practical consequence of this anti-hermeneutical attitude is the tendency to base inferences on collections of words, phrases and sentences gleaned in isolation from their respective contexts (s. art. 92). The decision to take content as objectively contained in texts also spills over into research on the effects of media. If a text as such has content it is the text itself that has certain effects. Such a notion could be empirically innocuous if in fact texts were usually uniformly understood. But this is itself an empirical hypothesis which cannot be taken as a theoretically well-founded presupposition but which would have to be empirically validated. And, of course, the hypothesis might easily be falsified for many types of texts. The conceptual connection between text and effect is less direct. There is an intermediary element that has to be taken into account at this point as well. A particular understanding of the text is a necessary condition for the kinds of effect content analysts are after. Incidentally, the cluster of concepts like effects, results and consequences is another group of concepts that has received considerable attention within analytic philosophy, especially its theory of action branch. Content analysts would definitely benefit by availing themselves of the conceptual sophistication reached outside their home field. The fruitful interchange between content analysis and neighbouring fields which was heralded in the late fifties is still in its infancy (cf. Bucher/Fritz 1989).

3.2. Understanding and comprehensibility

Research on comprehensibility is a very active domain of research both in psychology and linguistics (cf. Ballstaedt/Mandl 1988; Heringer 1979, 261 ff; Fritz 1991). Geared towards the solution of practical problems in teaching, journalism and administration comprehensibility research is in the situation of having to create a sound conceptual framework and a workable empirical methodology at the same time. It is therefore not surprising that conceptual problems abound in this field. Just to mention a few: Is understanding a process, a state, an ability? What is the object of understanding — sentences, propositions, texts, uses of sentences or texts (s. art. 87)? How is understanding related to recall? In what sense can two texts be said to contain the same information (one being less comprehensible than the other)? — As for the concept of understanding, psychologists generally prefer a process model (s. art. 110). Understanding is an internal procedure by which an input of sentences is processed to yield an output of knowledge. Such a process consumes time and it is therefore possible to use processing time as an index of difficulty or complexity of an input text. This methodological conception rests on the assumption that processing is an adequate explication of the concept of understanding. But this assumption is not well-founded. There is a very natural concept of understanding that is not a process concept at all. Understanding in this sense is more like finding, which is not a process but an achievement, rather than like seeking, which is a process. Like finding, also understanding is not an act but something that happens spontaneously to someone who knows the language spoken and who shares sufficient knowledge with his interlocutor. There is indeed a counterpart to seeking in this conceptual area, namely interpreting, which is a process, usually a sequence of interpretive moves, that leads from a first unsatisfactory understanding to a different, maybe more adequate understanding. This simple reflection, which has been conducted in much more detail and depth by philosophers like Wittgenstein and Ryle, casts doubt onto the adequacy of the process model as a general model of comprehension and consequently on the soundness of any methodology that is founded on this concept. A related conceptual problem concerns the input for understanding. The processing model favours the notion that the input must be raw linguistic material, so to speak, which is then connected with sequential context, knowledge, etc. As has been similarly argued in the section on content analysis, there is no such thing as raw linguistic data. Even the mere perception of a sequence of sounds as a sentence spoken in English is already a case of understanding. Any input for further processing must already be something that is understood, i. e. a use of a sentence understood in a certain way by a certain person. This follows from the basic assumptions of a theory of linguistic action, of which the theory of understanding is the hearer-relative part. The consequences of this alternative to the psychological model have been explored by Biere (1978, 23 ff) and Muckenhaupt (1986, 245 – 314). A further conceptual problem that causes methodological trouble is the question

of the criteria of understanding. For the purpose of testing comprehensibility one needs criteria of understanding. The psychologist's favourite criterion is recall. This criterion, however, is both too weak and too strong. It is too weak in that it does not exclude cases of parrotlike reproduction and it is too strong in that it excludes cases where someone understands a text perfectly well but simply forgets parts of it after a time. The natural criterion of everyday practice is a communicative criterion. If I utter a question and my partner in dialogue gives me a coherent answer I normally credit him with having understood my question. Similarly with requests. If I ask him to give me a certain book and he hands over the right book I shall be satisfied that he adequately understood my request. Of course, this criterion is not foolproof. He may have completely misunderstood my request and may have decided, for reasons of his own, to hand over to me a certain book which by chance turned out to be the book I wanted. Still, the criterion of being able to continue the dialogue coherently is the fundamental criterion and all other reasonable criteria can be traced back to this one. Part of being able to go on at a certain point in a conversation is to be able to draw inferences, to pinpoint inconsistencies, to locate previous misunderstandings (cf. Dascal 1985 a), to initiate clarification sequences, to continue with the same topic or to change the topic in an accepted fashion, to give a summary of what has been dealt with so far in the conversation, to name the topic that was last being talked about etc. So what we have in fact is a whole battery of criteria. Comprehensibility research should take account of this fact by not restricting its methodology to one type of criterion but by devising flexible methods which allow using the criteria that are best suited to the particular situation at hand. Applying the criteria is a communicative procedure *sui generis* which is itself based on understanding. One should therefore not expect to be released from the circle of understanding into a realm of objective verification. Again, as in the case of content analysis, the elucidation of fundamental concepts has far-reaching consequences as to methodology. It raises scepticism as to the validity of ›hard‹ methods and it speaks out in favour of interpretive, i. e. communicative methods.

3.3. Critique of language use and principles of communication

Critique of language is a many-splendoured subject (s. art. 120). Crisscrossing philosophical traditions lead from the classical analysis of fallacies through Francis Bacon's denunciation of the ›idols of the market place‹, John Locke's (s. art. 22) account of the imperfections of words and the abuses perpetrated in using obscure and ambiguous words and Gottfried Wilhelm Leibniz' (s. art. 23) dissatisfaction with the conceptual apparatus provided by the vocabulary of seventeenth century German up to the critical impact of latter-day ideal-language construction and conceptual analysis (cf. Lorenz 1970, part I). Similarly, in the context of literary and political life, we find various traditions of purism, criticism of the decay of language, battles against foreign words, the disapproval of syntactical and lexical innovations, complaints as to the linguistic malpractices of political adversaries and the general unreliability of language use in ideological contexts (cf. Fowler/Hodge/Kress/Trew 1979, chap. 10; Wimmer 1982, 290 ff). In an attempt to sort out different types of critique of language one could try and show the connections between forms of critique and the respective theories of language, especially theories of meaning, on which the critical efforts are based. This would reveal that some of the shortcomings of the underlying theories invalidate the respective type of critique or at least render it problematic (e. g. Locke's ideational theory of meaning and his search for proper connections between words and ideas or naïve versions of a picture theory that make people complain about the inadequacy of sentences to mirror reality). Structuralists would claim that a critique of language, i. e. of ›la langue‹, does not make sense at all, since language systems as abstract objects are not the kind of thing that can be reasonably criticized, and probably they are right (s. art. 51). What can be profitably criticized, however, is the use people make of their language in communicative action. — In order to place the critique of language use within a theory of communication one could take as a point of departure the scrutiny of principles of communication and their application in actual communicative practice. In discussing communication principles or maxims it is difficult not to pay tribute to Grice although his treatment of maxims is limited to the context of his theory of implicatures and is therefore not primarily meant as a contribution to the foundations of a critique of language use (s. art. 97). Nevertheless, his ideas were suggestive enough to spark off considerable interest in maxims of this sort. Whereas some philosophers think that Grice erred on the side of lack of generality linguists tend to find fault with the lack of specificity and the rather fortuitous character of Grice's collection of principles. In making communication principles the object of empirical research one wants to know which principles are actually recognized and followed — which is not the same thing — by whom and why. One will have to specify applicable principles in terms of forms of communication, social groups and different cultures. Even very general principles can not be considered to be universal, e. g. the principle of informativity. There are well-known cases where holding back scarce information as long as possible is a recognized principle of narrative. Whereas the principle of impartiality is a principle recognized by many newspapers in Western countries, journalists had previously been expected to follow a principle of partiality in some Eastern countries. Examples could easily be multiplied. By concentrating on specific forms of communication one can discriminate different kinds of relevant principles and one can observe their interplay. Very often there is a conflict of principles, and it is possible to account for many strange cross-currents in the flow of communication by showing up the conflicts speakers have to solve when confronted with competing principles, e. g. the principles of brevity and comprehensibility or the principles of truthfulness and successful self-presentation. A typical case for conflicting principles that has recently been described are the political discussions regularly broadcasted before elections in former Western Germany. Whereas the official lore professed by broadcasting companies and politicians alike is that these discussions should be guided by the principles of informativity and rational argumentation viewers tend to be dissatisfied with both information value and quality of discussion. On closer inspection one finds that this divergence is due to an interaction of two forms of communication with partly non-compatible principles, i. e. political propaganda versus rational discussion, a conflict in which propaganda regularly prevails (Holly/Kühn/Püschel 1986, 199—204) (s. art. 49). A theoretically founded critique of language use could be assigned the following tasks: The analysis of different types of communication principles (strategic principles, moral principles, principles of politeness etc.), and the interplay and ranking of different principles, the rational basis, the historical background and the current rationalizations of principles, the development of methods of ascertaining the presence and acceptancy of communication principles and the exemplary analysis of communication conflicts under the aspect of the principles involved. In cases of patent violation of fundamental principles, e. g. the systematic violation of the principle of informativity in the course of the official information on the consequences of the Tschernobyl catastrophe in most European states, the diagnoses reached in such analyses will have a critical impact that goes beyond the mere observation of facts. This is a boundary that social scientists in some quarters would definitely shy away from, but it is a boundary that looks well worth crossing to others.

4.   Selected references

Carlson 1983, *Dialogue Games. An Approach to Discourse Analysis.*
Explorations in discourse analysis from a game-theoretical point of view.

Fritz 1982, *Kohärenz. Grundfragen der linguistischen Kommunikationsanalyse.*
Foundations of linguistic communication analysis.

Hamblin 1970, *Fallacies.*
Contains seminal work on formal dialectic.

Heringer 1978, *Practical Semantics. A Study in the Rules of Speech and Action.*
Action-theoretic foundations for a linguistic theory of communication.

Heringer 1979, Verständlichkeit. Ein genuiner Forschungsbereich der Linguistik? In *Zeitschrift für Germanistische Linguistik* 7.
A state-of-the-art report and programme for comprehensibility research within linguistics.

Hintikka 1976, The semantics of questions and the questions of semantics, in *Acta Philosophica Fennica* 28.
An application of game-theoretical semantics to the analysis of question-answer patterns.

Krippendorff 1980, *Content Analysis. An Introduction to Its Methodology.*
An introduction into the basic tenets and methods of modern content analysis.

Labov 1972 a, Rules for ritual insults, in *Studies in Social Interaction*, Sudnow (ed.).
An early contribution to linguistic discourse analysis.

Muckenhaupt 1986, *Text und Bild. Grundfragen der Beschreibung von Text-Bild-Kommunikationen aus sprachwissenschaftlicher Sicht.*
A contribution to the use-theory of pictures and texts, including the methodology of communication analysis and comprehensibility research.

Van Dijk 1985, Introduction: Discourse analysis as a new cross-discipline, in *Handbook of Discourse Analysis* I, van Dijk (ed.).

Walton 1984, *Logical Dialogue-Games and Fallacies.*
An extension of the work initiated by Hamblin.

Wimmer 1982, Überlegungen zu den Aufgaben und Methoden einer linguistisch begründeten Sprachkritik, in *Holzfeuer im hölzernen Ofen. Aufsätze zur politischen Sprachkritik*, Heringer (ed.).
A programmatic contribution to a useful selection of texts on the critique of language use.

Gerd Fritz, Gießen (Deutschland)

116.   Philosophy of langugage and ethology

1.   Ethology and language philosophy
2.   From Darwin's expressive work
3.   Ethology *as* language philosophy
4.   Towards an ethological critique
5.   The ethological critique
6.   Selected references

1.   Ethology and language philosophy

Ethology is the study of naturally occurring behavior in animals and in humans. In its comparative phase, toward a human ethology, the observer attempts to immerse himself in the study of other species. With these lenses, he then attempts to look back at humans, and see what he now observes: the human viewed as other species likely see us; the ordinary and contextual viewed from the ›outside‹. — In such perspective it becomes clear that humans are unique in their form, their body, but that vocalizations, sociality and communicative propensities of humans appear quite similar to and comparable with other species. — While much of ethology is narrowly descriptive, its comparative outlook creates a way of considering humans which is interesting and informative. Indeed, ethology in some of its aspects, is able to provide a critique of language philosophy; a critique in which the categories or domains occupied by language may be altered, possibly inverted. This is true, especially, of concepts of being and of the individual. Whereas language was presumed to inhere in the individual, ethology suggests that our individual being is somehow emergent. In its study of feral animals, ethology shows that humans evolved as social creatures. Within sociality, verbalization is ›for‹ expression and communication. Prior accounts of human sociality, of language enabling individuals to know objects, to be able to stand outside themselves and see themselves objectively, thence leading to human sociality, are seen to be problematic within the context of ethology. — Language philosophy concerns itself with a limited sense of human being and behavior in which only a small portion of what humans do is accorded the privileged position: partaking in and of language. In this view, language is isolable from the body and behavior. Even though expressed as sound, language is considered to ›use‹ sound as vehicle to express itself: much like the telegraph uses wire as a transmission device. Sound, and sound behavior are, in this context, quite incidental to language. In this sense of language, ethology has no relation to the philosophy of language. — Yet, there is precedent for considering the relation between the body and the philosophy of language. Aurelius Augustinus (s. art. 16) said:

"cum ipsi appellabant rem aliquam et cum secundum eam vocem corpus ad aliquid movebant: videbam et tenebam hac ab eis vocari rem illam, quod sonabant, cum eam vellent ostendere. Hoc autem eos velle ex motu corporis aperiabatur tamquam verbis naturalibus omnium gentium, quae fiunt vultu et nutu oculorum ceterorumque membrorum actu et sonitu vocis indicante affectionem animi" [When they [i. e. my elders] named some object, and accordingly moved towards something, I saw this and I grasped that the thing was called by the sound they uttered when they meant to point it out. Their intention was shewn by their bodily movements, as it were the natural language of all peoples: the expression of the face, the play of the eyes, the movement of other parts of the body, and the tone of voice which expresses our state of mind] (*Confessiones* I, 8).

In spite of Augustinus' insight into gesture and knowing objects, the body and bodily behavior are categorically absent from most of the philosophy of language. Deriving from Plato (*Phaedo*) and Descartes, the body enters into philosophy only secondarily: concern is about ›physicalism‹ or how objects impinge upon the body and the senses; the relation between the ›mental‹ and whatever else there

may be. The body is the locus for the sense organs, the site of entrance, a generally passive ›organ‹. Language and knowing are limited to the mind. Even in the developmental psychology of Jean Piaget (1952), the ›biological‹ is ›replaced‹ by the conceptual. The human infant, a purely biological-reflex creature, gradually becoming rational, is Piaget's view of development. The facticity, development, and ever-presence of the body simply does not appear in the context of language development, except in its pre-language potential. The body ›itself‹, seems to remain outside, somehow, of our being, with respect to language and knowledge.

Ethology directs us to the study of bodily behavior: the body as an active, moving organism (s. art. 50). What is totally obvious upon observing other species, is their bodily movement and behavior. Bodily movement, as Charles Darwin suggested (1872), is expressive, and interpreted by others of that species. Vocalization is also expressive; and is also an aspect of bodily movement. Upon re-looking at humans in ethological perspective, we are directed to observe the human body in its expressive senses, and to consider language as discursive, communicative. — In this endeavor, we discover that human language has been restrictively defined to eliminate its bodily and behavioral aspects, and discursive nature. It becomes clear, in a critical sense, that the behavioral aspects of language — sounds — are not considered to be aspects of language *per se* but merely vehicle or epiphenomenon. Here, ethology broadens our concept of language. — Recently, within the context of the dialogic and discursive study of language, there is indeed some concern with body and behavior, especially within the context of language acquisition (Kuno Lorenz 1985). Ethology suggests that parents in all social species attempt to raise their young to become essentially ›like them‹. Instead of assuming that other species are simpler or more ›concrete‹ than humans, the comparative question of development is more like: How does each new generation become like the previous ones? Here the issue of language is broadened to include body movement, the spatial geometry of discourse, and the developing anatomy.

As we enter this phase of ethological critique, it becomes compelling to study the history of the philosophy of language, to see why and how the body and behavior have been categorically absent from the study of language. As language has been considered to be particularly human, indeed uniquely human, the cross-species comparisons of ethology have been dismissed as not pertaining to language. As ethology provides a critique of the very status of language, however, the impact of comparative behavioral study and thought may be considerable.

2.   From Darwin's expressive work

Following Darwin's late work on the expression of emotions (1872), we may consider that ethology is concerned especially with the bodily behavior which is ›expressive‹. In this sense, behavior of any ›individual‹ is ›for‹ — directed toward — other individuals; or toward others, in some social, semiotic sense. Facial and other bodily behavior is no mere action or response to external stimuli. It is to tell something to some significant other. Whether called discourse, expression, or communication, the notion of expression implies that the behavior expressed by organisms is social in interesting and problematic ways: interesting because the organism or the individual is constructed (constructs itself?) within the context of others (Mead 1934). What we see as individual behavior is no mere expression of a solitary individual, but at least partially for others. This problematizes the concept of individual being, as well as what and how to observe (s. art. 52).

While expression could also mean an outward manifestation of internal processes — e. g., felt pain shows up on the face as a ›grimace‹ — ethology leads us to ask why would it be ›told‹ outwardly unless some other is watching, interpreting, understanding, and responding. — The social nature of expression casts some doubt, as well, on the status of language *per se*: as existing independently of the individual and its body. This raises two linked questions: (1) does language allow each individual to know the world — is knowledge, developmentally, knowing the world? or, (2) is it, in the first instance, learning how others know the world? Do (some) aspects of language pertain exclusively to each individual? Are many aspects of language means of expression and communication? At an extreme, this raises the question of an inversion of the primariness of the individual; e. g., does one exist and know who he is ›because‹ others treat him consistently as that person; or does personal ›identity‹ reside primarily within the individual? Language philosophy, as most of Western thought, assumes that individual constancy, continuity and identity reside primarily within each individual (s. art. 83). The material body is prior, the mind is ›meta-‹ [= after] to ›physics‹.

In many senses, language philosophy attempts to resolve the problem of knowledge, conceived oppositionally: namely, how do we partake simultaneously in both the finite and the indefinite (or infinite)? Body and behavior are evidently finite; language has been held to be the locus of our abilities to know beyond the here and now, partaking of the universal; and has been held to be exclusively human. Whether metaphorically placed within the development of the individual or of human history, there is a deep sense that we have moved from the finite or concrete, to the indefinite and the abstract, a sense of the ›progress‹ of reason (Sarles 1982).

The ethological critique makes problematic the status of language as the locus of our indefinite knowledge, as well as the notion of the individual. Humans are raised by parents to partake simultaneously of the finite and infinite; the sociality of other species dominates in the ethological comparative mode, and leads the human ethologist to see sociality as primary, the individual as emergent or derived. If this critique is considered seriously, then the status of language, its locus in each individual, as well as its ›place‹ in the consideration of human nature, needs to be rethought. — Can the ethological critique be ›heard‹? Language philosophy has been able to resist any redefinition of behavior by ethology because language is granted entity status, occupying an intellectually well-fortified category. In order to see how ethology could affect this category, it is necessary to analyze this groundwork upon which it rests. In the Cartesian formulation for example, it is a response to the cosmological question — not of human existence in the large — but, of whether I (the individual) exist. Language philosophy responds in (at least) these senses: that existence is; that it is the subject, the individual which exists; that thinking or thought is proof.

René Descartes (among others) equated the (human) body with other species and with automata, implying that animals are purely ›reflex‹ creatures. As restated by Noam Chomsky (1968), humans are qualitatively different from all and any other species because they possess language. There is no possible reason for comparison in the realm of language: the human is infinitely ›creative‹, able to create and understand entirely new sentences; not tied to stimuli in the here and now — due to the human brain or mind or ...? Others have the human as unique due to our ability to use ›symbols‹ (Cassirer 1955). Language philosophy thus rejects from the outset, the subject matter and approach of ethology as having any potential effect on language: both the comparative approach, and the notion that the human body has anything important to do with its conception of language.

Language philosophy, as an aspect of Western thought, does accept the idea that we are indeed like animals — in ›juxtaposition‹ with them — because we share ›body‹ with them. It is a philosophy which is intrinsically comparative, and thus is potentially susceptible to any argument or data which claims to extend the grounds of comparability. It is right here, of course, where the ethological critique may have some impact upon the philosophy of language. In spite of notions of humans being unique due to language, all claims of animal ›intelligence‹ affect how we think about being human, thence about the philosophy of language. — The possible effect of ethology on language philosophy rests on questions such as the ›relation‹ between mind and body: whether the mind is already some aspect of the body rather than mind and body being distinct from one another; whether the dualism of language philosophy will be finally ›overthrown‹ and replaced by ethology; whether the observations of interaction, discourse, and sociality will recast the problem of what is human, what is language, and what is legitimate comparison. The ethological critique moves beyond such modern attempts as Gilbert Ryle's (1949) attack on dualism, and asks us to reexamine the very notions of the individual, discourse, being, and experience.

3.   Ethology *as* language philosophy

Some important ethologists also reject any implications of ethology for the philosophy of language. Both Konrad Lorenz (1966) and Edward Wilson (1975) accept the notion of the uniqueness of human language. But, whereas most philosophers of language use the notion of human uniqueness due to language to defend the idea of human ›advance‹ in some universal, rational, scientific sense, where only humans have moved beyond our

bestial roots, these scholars emphasize the limitations of the human condition, by their comparison across species. Where the positivists quest for the universal ›language‹ of science (s. art. 59), these biologist-ethologists demean or reject the rational and conceptual. For them, language has taken us away from nature, from our human nature, and even caused us to lose our way. Language has removed us from the Garden of Eden where we once lived happily (Konrad Lorenz), or has caused us to raise questions such as the possibility of suicide (Wilson), for which our true natures already have provided. Language has caused us to overstep ourselves. — Konrad Lorenz, in accepting the dualism of body and mind, portrays language and rational thought in the context of a species-gone-wrong. He claims that we humans are in deep trouble because we have rejected our ›animal nature‹, and have listened primarily to our rational selves. Instead, language has caused us to ›fall from Eden‹, a negative force which has confused us. We should study the nature of humans primarily by inferring from other species, where language (he presumes) is absent. Here biology-as-ethology is placed within some nature-culture form of dualism, and granted primacy over its opposing disciplines like some types of anthropology and behaviorist psychology. We are exhorted to abandon the quest to understand humans by observing and describing them, trapped as we are by language and its confusions. We should infer about humans only from other species and relearn from them how to hear what our ›genetic knowledge‹ tells us about survival. Here, ethology is survival, and Konrad Lorenz sets out a ›plan‹ by which we may survive. — Paradoxically, Konrad Lorenz is a language philosopher, accepting the uniqueness of humans due to language, and the duality of body and mind; but one who rejects the impact of language as advancing the human condition. By replacing the question of progress and human uniqueness within the context of human survival, he works at making his form of ethology (›ultimate‹ evolutionary survival) into a new philosophy, but takes non-mind, non-language, the ›opposite‹ category, the body, to be the ground of our being. He accepts Immanuel Kant's question: 'What is man?', and recasts any possible solution as located in the ›unconfused‹ data from other (›simpler‹) species. — An ethology of the Konrad Lorenz type attempts to control language philosophy, first by co-opting it (accepting its categories and assumptions), then by diminishing its importance to the vanishing point. He substitutes the politics of control, for progressive enlightenment politics, whereby the human condition has been declared to be intelligent, rational and capable of critically thinking-out techniques for survival. He sees, as an evolutionary biologist, a very dangerous future, and calls for a new kind of global bio-politics. Here, the ethologist becomes a modern form of philosopher king whose inferences from the behavior of other species will help save humankind. In a direct sense, any attempt to ›understand‹ language, to engage in any search for meaning within the human condition is to be abandoned as misguided and dangerous.

Wilson's social biology too proclaims human uniqueness due to language, thus identifying him as a language philosopher. His attack on ›mind‹ is more indirect than the one of Konrad Lorenz. He attempts to co-opt the category ›culture‹ within the nature-culture dualism, by proclaiming it to be within the domain of a ›socio-biology‹. By an examination of the sociality (culture) of other species (especially social insects), he will infer to the ›true‹ sociality of humans (Wilson 1978). By ›capturing‹ the category associated with mind, in the nature (= body)-culture (= mind) duality, his ethology is in a position to claim a proper analysis of the place of mind, thence language, in the human condition. — A number of developmental psychologists also make claim to a biological representation of nature. In the cases of such thinkers as Eric Lenneberg (1960) and Piaget, the assumption of certain aspects of humans being biological, is used, in effect, to justify the uniqueness of humans. In both writers, it seems to support the notion that while human learning is open, the ›stages‹ of human development are fixed in some pre-determinate sense which is embedded in the biological claim to represent nature. The underlying notion that there is some evolutionary ›progress‹ from concrete to abstract, is well within the historical context of the philosophy of language. — A final paradox in considering ethology as language philosophy is that the embedding of body and behavior into the philosophy of language returns us to a quest for a fixity of the human condition: an idealist essentialism which seems opposed to a notion of change inherent in the concept of evolution. Here, ›evolution‹ is invoked to claim that ethology represents nature in the name of biology: more powerful

than its oppositional category, culture. The essential human is already structured and predetermined in his important aspects: the dualism of mind and body still holds true; mind and its associated categories are given little importance, while body reigns. Ethology as language philosophy is deeply pessimistic about these times, and proposes a path towards a solution: a distrust of the human capability to think out the future; a trust in our predeterminate nature, as ascertained by ethologists' examining other species, thence inferring to humans.

4.   Towards an ethological critique

A more optimistic thrust in ethology is also comparative in approach, but is more skeptical about language philosophy. Donald Griffin, Harvey Sarles, and the comparative psychologists who investigate the ›languaging‹ abilities of other primates (cf. Gardner/ Gardner 1969), are skeptical that only humans possess language. At the least, they are dubious that the notion of language is fully explored, defined, and elaborated. As the concept of language has been used as a metaphor for what is human, language has been conceived of narrowly and restrictively. Comparison across species, using such a limited notion of human language, has severely limited new insight into other species, thence into humans.

Varying from anti-dualist to holistic and interactional, these approaches follow Darwin's ›program‹ in his later works, especially in *The Expression of the Emotions* (1872), rather than his earlier *The Origin of Species* (1859), which is primarily survivalistic and historical. Darwin's program includes the observation, description, and analysis of all humans, infants, the aged, art, the insane, and animals. It is directed toward humans as well as toward other species: toward a form of philosophical anthropology. In the later Darwin, biology and anthropology are aspects of the same study; not contradictory or oppositional; certainly not separable into any nature-culture dichotomy.

Darwin did not think human and non-human language to be very different (1871, 86 f), except in the human power of associating together the most diversified sounds and ideas. Similarly, these comparativists attempt to remain open concerning the uniqueness of humans, and the nature of language. What is certainly unique, and definitional, is our bodies. What is perhaps most interesting and useful about comparison across species, is what it teaches us about observing humans. — Sarles (1985) points out, as an anthropological linguist in a long tradition following Ferdinand de Saussure (1972) (s. art. 36), that we must not only do careful description from the observer's perspective (phonetics), but must attempt to ›enter into‹ the significant and meaningful contexts of the observed (phonemics). This applies not only to other human languages, but to other species. It requires an understanding of other species' bodies, particularly in relation to one another. In returning to look at the human body wearing comparative lenses, the relation of the body and intellection becomes newly interesting and problematized. What aspects of language and knowledge are also aspects of the body? Here, the ancient dualism of mind and body needs to be rethought, moving beyond the sense that the body is simply the empty category of the dualism. In fact, we are body, and live in relation to others' bodies. Particularly, we are students of others' faces, and this is important for our developing knowledge. Sarles has suggested recently (1988), that the philosophical use of the category ›body‹ has been used virtually to define the nature of the present here and now. This requires a serious study of the primary categories of space and time, within an interactive or rhetorical framework of thought. He suggests further, that it is useful to examine one's own bodily image and construction in order to examine the nature of our observations of others, rather than assuming that we are all equivalent and objective observers. Inferring from our muscular mimetic abilities to learn the linguistic dialects of those around us, he suggests that the very shaping of the faces is rhetorically influenced by families and neighbors.

In order to enter into the ways of life of other species, one must presume that the observed are intelligent, ›meaningful‹ creatures (much as we consider humans), or at least suspend judgement and remain open concerning the abilities and capabilities of other species (Sarles 1985, chap. 2). We should not focus on differences and uniquenesses before beginning ethological work, but concentrate first on similarities, and let any differences emerge from observation and description, e. g., the symbol-sign distinction is translated uncritically by many would-be animal linguists into words versus ›calls‹. It should re-

main open whether the verbalizations of humans and (some?) non-humans are very similar. What, for example, is the relation of bodily form and expressive modes? The ethological critique suggests that an *a priori* exclusiveness has restricted our knowledge of human languaging, as well as to have suggested that humans are unique due to language. As it is, language philosophy has restricted the definition of language, excluding all or most ›paralinguistic‹ or ›tone-of-voice‹ phenomena, as well as gestures, the geometry of human discourse (proxemics), facial expression, and so on. — Griffin claims (1976) that the co-definition of human and language, has made other species appear to be much simpler than they are. His work has shown that other species are much more capable than had been thought earlier, but that they live in quite different worlds of orientation, navigation, and sensation than do humans. He raises the issue of whether (some) other species may approach human intelligence, that they possess awareness, even consciousness. Granting other species their own perceptual ›Umwelten‹, he shows that comparison has down-graded the complexity of other species, but has tended to oversimplify the notion of human abilities, as well, since comparison has usually begun by assuming other species to be unintelligent. Griffin's work underlies much of the Animal Rights movement in America. — Work done and stimulated by the Gardners attempting to teach sign language of the deaf to other primates (Gardner/Gardner 1969) has been quite powerful in posing a critique of language philosophy, and in forcing responses, most of which attempt to re-draw lines around the category 'language'. The question the Gardners raise is precisely whether other species (primates, in this instance) possess intellection. If they do, then something is incorrect or incomplete about the philosophy of language which holds that humans are unique precisely because we possess language, thus intellection. — At this writing (1988), much of this work has been dismissed by behavioral psychologists (Terrace 1979), and by some linguists (Sebeok/Umiker-Sebeok 1980), on the ground of the definition of language. Behavioral psychology remains Lockean in outlook, associative in principle. The American Sign Language (Stokoe/Casterline/Croneberg 1965) applied by the Gardners and others to teaching other primates to ›talk‹ as deaf persons talk, is not accepted by behaviorists, nor do they conceive of sign language having grammar, syntax, semantics, etc. Their arguments against deaf persons ›speaking‹, are the same as against the apes. Linguists, many of whom have indeed granted Sign Language the same status as language, have argued against the ape studies, on *a priori* grounds of other species being qualitatively different from humans, thus non-comparable in principle. Those of us who have spent time both with deaf persons and with signing apes are more impressed with apes, than those who are attempting to disprove this approach on definitional grounds. — The ›political‹ pragmatic entailments of this work has been considerable in America. As the comparative work has gone on, real social benefits have accrued to those language-handicapped persons who have been invidiously compared with other species: deaf and ›dumb‹ — dumb, like we had considered other species; ›retarded‹ in the direction of other ›simpler‹ species. As other species have been granted more respect, at least in the public domain, for being more intelligent than had been previously thought, the humans who have language deficits or difficulties have been granted more acceptance in ordinary society. Since racism in America has generally been cast in the direction of accusing ›different‹ or ›minority‹ persons of being animal-like, this movement has altered the general perception of what is majority, what is minority; what is racial, what is ethnic.

Accepting this ethological perspective, at least tentatively, attempting to re-look at humans, has suggested a widening of language as an aspect of human sociality and interaction. William Stokoe has used this critique to legitimize Sign Language as having the same or comparable intellectual status as language. This has enabled the teaching of deaf persons primarily by Sign Language. Only this year have some major universities in America accepted Sign Language as fulfilling a second language requirement. — Sarles has reconsidered what is language as an aspect of human interaction and mutual understanding. He has attempted to update Franz Boas' earlier work (1940 b) on human faces, claiming that language is an aspect of human expression, not the other way around. In this context, he has suggested that humans are the creatures who are primarily students of others' faces; that we gain knowledge not directly of the world, but through others. Language development, in his view, is embedded in a dis-

course grammar between parent and infant (question-response system), not merely or principally in learning words and sentences. It is important to remember that humans are not independently survivable. Each individual learns, in the first instance, how others know and understand. This, in turn, implies that humans are primarily social, that individuality is an emergent phenomenon, and that the problem of knowledge can be recast and conjoined with the discursive approach to epistemology which grows out of the work of Michail M. Bachtin (1981) and of Julia Kristeva's (1975) semiotics of the subject. The body in interaction becomes a focus of theoretical attention in critical and comparative studies (Sarles 1985, chaps. 12—14). — In his grammar of discourse, Sarles' ›question-response system‹ shows that the indefiniteness of language lies in the response-sets to questions, rather than (only) in the set of all possible sentences. If, that is, we consider seriously the notion that knowledge is principally concerned with the nature of the finite and the infinite in conceptual thought, this grammar shows how a finite grammar of discourse operates in non-finite modes (Sarles 1985, chaps 9—11). This, in turn, focuses our attention on the nature of context, as we examine the body in discursive situations, reconsidering the boundaries of the categories of sociality and of language qua message and semantics.

5.   The ethological critique

By observing the behavior of other species, ethology urges us to look at ourselves: comparatively, and in depth. Humans are, move, and behave; just as other species. That we talk, how we talk, has been narrowly constructed, leaving out all those variables which the philosophers of language did not consider important within their notions of human uniqueness equalling mind. There is much about human languaging that we do not know, and rarely consider because language philosophy has pointed to the primariness of some features (logical, symbolic, grammatical) and has denied, neglected or obfuscated others (tone-of-voice, a grammar of discourse, gestures). — Is there something essential within the ethological critique of language philosophy, that, once revealed, will oblige a radical change of conception? Since the concept of what is essential in the human condition is already bound up with what is humanly unique, my answer to this question is, of course: Yes. Since, I think, the question of essentiality is connected intimately with philosophical idealism, the question seems to ›reduce‹ to the relation of the finite and the infinite: of being in the particular, and in the universal (s. art. 77). The ethological critique which has led to this formulation, looking at the development of intellection in the sociality of parents and infant, leads us to see that the developing child names things simultaneously in particular and in general; just as his parents. If the essential-existential axis seems paradoxical, all humans partake in it, as an aspect of the discourse between parental representation of the world, and the child's acceptance of that representation. If it is radical to alter our perspectives upon knowledge being due primarily to other humans, thence of the world, then the ethological critique will oblige a radical change of conception. — Much else follows. Rather than considering the problem of meaning to be located in some ›correct‹ analysis of language, we will expand the quest for meaning to sociality and context: to language in a much wider sense. Rather than considering sociality as derived, we will begin anew to examine the nature of individuality, of subjectivity, of our relation to others and to time, itself; to politics, theology. We will focus, for example, on the nature of the teacher-student discourse in pedagogy, rather than upon the student primarily as learner (Sarles 1993). We will extend the quest for the meaning of meaning from some notion of language *per se*, to issues of situation, discourse, and context (s. art. 92). — The ethological critique provides an intellectual framework from which to reconsider our own ways of thinking about language and thinking. The nature of what is human gains a central importance in this era, as we know more about the other species with whom we compare ourselves. Ethology provides a set of critical touchstones: we do not know (yet) whether other species possess language much like humans, yet the philosophy of language has led many thinkers to presume they know more than they do. Many persons who claim to be biologists, even, accept uncritically a view which renders some aspects of human behavior *a priori* non-comparable with other species. Some even infer from their observations of other species, to humans, carrying such surreptitious theories of human uniqueness, hidden even to themselves: "All of man's unique social behavior pivots on his use of Language, which is itself unique" (Wilson 1975, 555) — bio-politics, perhaps, but not a biology of nature! Here, the question of what is human, what is nature, are shown to be problematic, and not merely in the domain of any particular biology which claims to represent nature. In my view, the future of humankind resides in the ability to control the definition of what is human nature. — The effects of ethology upon the philosophy of language may thus range from minor to profound and redefinitional. The potential power, philosophically, of ethology is in its leading us to relook at human nature, an issue which emerges importantly in this era of high technology and a reactive tendency to ›return‹ to simpler times. The issues which are entailed by language philosophy — rationality and logic, the notion of the individual, epistemology, theo- and bio-politics — all these may be affected by ethology's leading us to consider other species, hence humans, in new ways (Sarles unpubl.).

6. Selected references

The comparative study of expression begins with

Darwin 1872, *The Expression of the Emotions in Man and Animals.*

Equally important to his method is the outlook and program for investigation of all humans, animals, infants, insane, the aged and art. It should remind the reader that what is anthropology, what is biology, what is philosophy, and so on, are problematic within this perspective.

In the modern era, the Ethological Critique is most completely elaborated, so far, in

Sarles 1985, *Language and Human Nature,*

where the relation between the metaphysical ideas and theo-politics is made clear. In the realm of behavior it is not clear when our presumed categories of thinking determine what we observe and see, or when observations direct thinking. In addition, this book attempts to make language dynamic, and to point to the importance of context in determining how we think about language. In the rhetorical, expressive or semiotic mode, there is a grammar of language which accounts for the finite-universal paradox, which also attempts to explain mutual understanding: question-response. The original essay of

Gardner/Gardner 1969, Teaching sign language to a chimpanzee, in *Science* 165, show that we have underestimated the intelligence and intellectual abilities of other species. We need to suspend judgement concerning them, and to look anew at the relationship between humans and other species, especially in the realms of sociality, individuality, development, and intellection. The work

Stokoe/Custerline/Croneberg 1965, *A Dictionary of American Sign Language on Linguistic Principles*,

has not only contributed to the legitimating a language of the ›body‹, but it has enabled the deaf community to become more like the hearing. These ideas have all been important in advancing civil rights discussions in America, ranging from race, to feminism, to handicapped and to animal rights.

Work of those interested in animal behavior-ethology is important in its own right, showing that other species are social: entering the history of the ›origin of language‹ debates (s. art. 65) in a way which seems to invert them. But they are, in addition, often more political than biological in any clean and clear sense. The works

Konrad Lorenz 1966, *On Aggression*,
Wilson 1978, *On Human Nature*,

are at once biological and philosophical, and use these to forward essentially political positions. They, as opposed to the more usual progressivist thinkers about the philosophy of language, are pessimistic about the human ability to approach the world thoughtfully and critically. Instead, they accept human uniqueness due to language, only to abandon the idea of human progress as chimerical.

Harvey B. Sarles, Minneapolis, Minn. (USA)

117. Philosophy of language and artificial intelligence

1. Introduction
2. The relation of artificial intelligence to formal calculi
3. Reactions against formal syntactic and semantic calculi in artificial intelligence
4. Chomsky and the role of linguistic representations
5. Philosophical discussions of ›cognitive structure‹
6. Selected references

1. Introduction

There is an intimate relationship between the philosophies of mind and language, and it will be difficult to separate them when concentrating on the significance of artificial intelligence, an area which bears on both (s. art. 71). It is a commonplace of the history of philosophy that for Gottfried Wilhelm Leibniz (s. art. 23) reasoning, not language, was central to the nature of mind, and was, moreover, eminently mechanisable, although for him, too, calculability depended essentially on the availability of a satisfactory notation (cf. Dascal 1987 a). — The notations made available for computational reasoning within artificial intelligence, and their relationship to natural languages, remain constant sources of dispute and will manifest themselves in any attempt to describe artificial intelligence in relation to the philosophy of language. Artificial intelligence is normally described either as an engineering task, one of simulating certain interesting human functions (i. e. not arithmetic) with digital computers or, at a higher level, as an attempt to explicate computationally the nature of intelligence. The history of practice in artificial intelligence owes far more to the Leibnizian goal of a mechanical logic than to, say, robotics, the view of artificial intelligence always taken by cartoonists. — However, at intervals in the brief history of artificial intelligence, the analysis and processing of natural languages, of ›making machines understand English‹, has become a more central concern within artificial intelligence, where by that I mean actual programs, not the theoretical discussion of possible understanding machines to be found in Alan Turing (1950). That shift occurred during the 1970's when certain theories of language structure, as discussed by Roger Schank and Yorick Wilks, were more fashionable in artificial intelligence than now. But at other times natural languages processing recedes to the periphery, while computational logic and machine reasoning occupy the center again. These movements are driven by arguments about whether or not logic has a central role to play in the understanding and representation of natural languages.

Ludwig Wittgenstein (s. art. 39) said that ›Philosophy leaves everything as it is‹ and one might extend that, with no greater respect for philosophy, as ›artificial intelligence leaves philosophy as it is‹, which is to say that no philosophical consequences follow from any piece of research in artificial intelligence and no particular philosophical assumptions are needed to carry out such research. — As far as philosophical assumptions are made by artificial intelligence workers, most are probably naive materialists: they believe, in Marvin Minsky's felicitous phrase, that humans are ›meat machines‹. However, that assumption is not necessary for such a commitment to artificial intelligence research: one could believe that human minds worked with no rules of any kind, conscious or unconscious, and yet still choose to simulate human behavior with a rule-driven programmed machine. There is no mystery here: artificial intelligence is about programming machines to have certain human-like behaviors. The philosophical and psychological assumptions made by the researcher about the basis of human behavior need have no effect whatever on how those programs are written, though they may in fact do so. To say that is not the same as to say that artificial intelligence programs are not relevant to, or even conceivably equivalent to, scientific theories. Claims have been made (e. g. Simon 1990; Wilks 1975 b) that artificial intelligence programs could be viewed as scientific theories themselves. — Again, no results in artificial intelligence need affect any philosophical discussion, though in fact they may by showing how certain results may be obtained on certain computational assumptions, and that can tell against philosophical arguments that such processing cannot, in principle, be done. Thus, for example, a machine demonstration that a visual scene can be analysed by a computer having access only to lower level data, but no prior knowledge (in the sense of explicit, identifiable representations) of the topology of objects (such as the connectivity of edges and vertices of any view of a rectilinear box) would tell against any claim that such ›higher-level‹ knowledge was necessary for any interpretation of a scene as containing such an object. It could always be argued that such higher-level knowledge, analogous perhaps to the conception of space as pure intuition in Immanuel Kant's transcendental aesthetics, was

somehow present in the machine's code, even though it could not be located or identified, but that position would be irrefutable on any evidence.

Demonstrations of that sort might be considerations influencing the intellect about matters such as a phenomenalist theory of perception in philosophy, but they could never convincingly or definitively refute any philosophical theory of vision, since such a theory can always be reformulated, almost effortlessly, so as to be immune to such demonstrations, usually by arguing that the human perceptual mechanism differs in some significant respect from that of the machine processing visual input. Hence, the relationship of artificial intelligence, an empirical programming discipline, to philosophy is ultimately one of complete intellectual independence, even though writing in artificial intelligence tends to be far more littered with naïve philosophical speculation and relics of dead philosophical theories than is the case in a mature experimental science. — Many of the connections in the literature between artificial intelligence and philosophy are concerned with very general metaphysical issues such as mental states, consciousness, the possible self-knowledge of machines, the mentality of machines, etc. which have no direct or necessary connection to the philosophy of language, the topic of this volume. Yet, as noted above, in philosophy considerations from language can come to inform the whole subject, and so too in artificial intelligence very many of its links with philosophy, explicit and implicit, can be made to bear on the philosophy of language. — We shall discuss a range of topics in what follows, taking the relationship between artificial intelligence and philosophy as narrowly as possible. In doing so, we shall touch on what could be said to be the four principal concerns of recent philosophy of language: meaning (s. art. 68), truth (s. art. 69), reference (s. art. 78; 81), and speech acts (s. art. 95). Artificial intelligence has had something to say on all four, but perhaps not in a way that philosophers would recognise as a contribution. Artificial intelligence has had the most to say about meaning, then speech acts, then very much less about reference and about truth.

2. The relation of artificial intelligence to formal calculi

A fundamental topic in artificial intelligence is that of the general formal considerations, drawn from particular calculi, as to the form that machine representations of language and knowledge should take. Here no firm distinction need be made between the formal representation of a language, such as English, and the formal representation of knowledge of the world, independently of what language it is presented to a machine in. The early history of artificial intelligence is grounded in theorem proving by machine, and in particular Alan Robinson's (1965) resolution method for a mechanical logic. — The first substantial claims concerning the use of first order logic as a general representational language for human knowledge are by John McCarthy and Pat Hayes (McCarthy/Hayes 1969). That work established a school in artificial intelligence for which first order predicate calculus was the natural representational device for language and knowledge. In general, that approach acknowledged no particular problems about natural language as such. One could describe that approach, perhaps a little unfairly, as viewing natural language as a side-effect within the general scheme of purposive behavior by intelligent agents: it had no particular interest of its own. That view survives now in the age of expert systems or, more generally, ›knowledge based systems‹, where the view is often articulated that, if only a program had the appropriate representation of knowledge in the particular area of expertise under examination, then no problems of language understanding can arise, because to have the appropriate knowledge, appropriately coded, is *ipso facto* to understand whatever natural language describes the situations in question (cf. Coombs 1984). — A later representational development in artificial intelligence was the advocacy of a more sophisticated representational system: not just first order calculus but the associated Tarskian model theory as well. This was forcefully argued by Drew McDermott for some time (1976) but he later recanted (1987). Some influence was felt in artificial intelligence from the specific proposals of Richard Montague's (1974) model-theoretic semantics for English, and that influence can be seen in the work of Jerry Hobbs and Stan Rosenschein (Hobbs/Rosenschein 1977) and Graene Hirst (1987), though it can be doubted whether their computational/procedural work is actually indeed dependent on the model-theoretic description they use. A persistent problem in artificial intelligence is the difficulty of knowing whether, or the extent to which, a program

actually functions essentially in terms of the representation and notation used by the author to describe it. Or whether, on the other hand, the real functioning notation at the program level is largely independent of the published, ›theoretical‹ descriptions. This problem cannot arise within logic itself: it is the existence of independent levels of formal translation into programming languages, sometimes many of them in a real implementation, that makes this gap possible. In some senses this ›semantic gap‹ is necessary and inevitable, as when Dana Scott and Christopher Strachey (Scott/Strachey 1971) showed that the semantics at different levels of the ›same program‹ were independent and indeed incommensurable. But more serious, and contingent surprises, are found in cases like Chris Riesbeck's program (Schank 1975) to implement Schank's conceptual dependency notation, where in fact the notation used in the program is independent of, and maybe even inconsistent with, the Schank notation it was said to implement. It is facts like these that make it hard to be clear what theory or notation a given program is ›really using‹.

Montague's work was criticised from a computational perspective (e. g. Wilks, in press) but was largely ignored in artificial intelligence even though it had enormous influence on Chomskyan linguistics (cf. 4.). A later development still was the situation semantics of Jon Barwise and John Perry (Barwise/Perry 1983) which was developed partly in response to computational criticisms of Montague, and partly from reflection on the methodology of artificial intelligence itself, particularly work in computer vision. This proposal has received widespread theoretical discussion within philosophy, linguistics and artificial intelligence (e. g. Cooper 1985) but has had little effect as yet on artificial intelligence programs. — It was an assumption of all the approaches noted in this section that, if the calculus proposed was, as its advocates assumed, an appropriate representation for language, then the formal semantics associated with the calculus came with it and provided the required semantic underpinnings for the representation used and, with luck, any associated computations. One could characterise these approaches as having ultimately subsumed the problem of meaning under that of reference, as is conventional in much formal philosophy, whereas the artificial intelligence reactions against formal logic, to be described in the next section, have, in effect subsumed reference under meaning. Critics of the logicist enterprise (e. g. McDermott 1987) questioned both the representational adequacy of particular calculi — the defects of the predicate calculus were already well-known and McCarthy and Hayes (1969) attempted to remedy some of them — and the notion of legitimacy being conferred automatically and uncritically on a representation by the importation of a formal semantics, unconnected with the knowledge or language area in question. — It must be made clear, however, that certain influential developments from the logicist position, and in particular the programming language PROLOG (Clocksin/Mellish 1981), based on an augmented subset of the predicate calculus, carry no commitments on these issues along with their use. It is perfectly possible for a researcher holding views of section 3. to write programs in PROLOG, and many have done so, without any commitment on the semantics of natural languages.

3. Reactions against formal syntactic and semantic calculi in artificial intelligence

A substantial philosophical literature was already available, of course, on the inherent limitations of such formal systems for the expression of knowledge in general and language in particular: the most prominent names are Wittgenstein (1921) and Willard van Orman Quine (1960) as well as most of the school known as ›linguistic philosophy‹ (s. art. 118). Critiques of the logicist approach within artificial intelligence have been set out by Brian Smith (1982), Richard Weyhrauch (1980), Wilks (in press) and, more recently, McDermott (1987) among others. But these are only the explicit critiques; it is important to stress that most work in artificial intelligence on the representation of natural language over the last twenty years has also been an implicit critique in that it has deliberately avoided such formalisms in favor of local ones (often criticised by the logicists as *ad hoc*) such as conceptual dependency (Schank 1975), preference semantics (Wilks in press) as well as many variants on Charles Fillmore's (1968) case grammar representation. — The question may then be asked: if artificial intelligence theories of natural language do, by and large, reject logical formalisms, then what theory of meaning can they have

or express by means of what I have termed 'local formalisms'? In so far as there can be said to be a distinctively artificial intelligence theory of meaning, it would probably be one of:

(1) the claim that there can be no serious theory of meaning at all independent of a (computational) theory of beliefs, goals and plans; or

(2) a contextualist theory of meaning, that symbols used in language or computation are given significance by their symbolic environments and by the processes that manipulate them, and those processes are, in their turn, also part of the symbolic environment.

View (1) would certainly (with the ›computational‹ proviso removed for the two latter authors) not be far from the views of certain contemporary philosophers on an independent theory of meaning: Jerry Fodor (1981 a), Quine (1960) and possibly Stephen Stich (1983). View (2) is rarely expressed in any explicit way, but simply assumed: it certainly underlies almost all work in computational semantics that has not made some explicit appeal to a model theoretic semantics. Schank's (1975) conceptual dependency school has made such an assumption for twenty years, even though Schank himself (1975) sometimes argued that the symbols expressing his ›primitive actions‹ such as TRANS, PROPEL etc. were grounded in, or referred to, particular brain items or areas. This assumption is no more than unexamined Chomskyanism, and does not survive any serious examination. — Much the same contextualist-proceduralist assumptions were present in Wilks's (1975 a) work on preference semantics, which was another ›coherence‹ view of meaning in terms of neighbouring symbols and the strength of network relationships to them. This version was in fact expressed in explicit and philosophical terms as the claims that ›meaning was other words‹ — a notion in direct descent from Ferdinand de Saussure (s. art. 36), where words themselves could always be unpacked endlessly by further explanations and quasi-definitions —, and that to have meaning (for a sentence in context) was to admit of resolution to one and only one interpretation (itself symbolic) (cf. Wilks 1971). This claim had the consequence that radically ambiguous sentences, bearing many interpretations — e. g. Chomsky's 'Colorless green ideas sleep furiously' — were indeed meaningless, though not for the reason Noam Chomsky suggested. Wilks

(1971) related this claim directly to another, namely that the meaningful sentences of a natural language like English were not a decidable or circumscribable set (in the way the well-formed formulas of the propositional calculus were, prior to any conceivable axiomatisation) and so 'meaningful' in natural languages could not be explicated by the same kind of procedures that 'true-in-L' could be for certain formal calculi.

3.1. Procedural semantics

This strand in artificial intelligence theory has developed into what is sometimes called procedural semantics: a theory, in various forms, that the meanings of symbols in computations that express intelligent functions, are themselves procedures, rather than the referential entities declared in conventional formal semantics, whether model-theoretic/situational (e. g. Montague 1974, Barwise/Perry 1983) for natural languages or the formal semantics of the programs themselves (e. g. Scott/Strachey 1971). Less explicitly, such reactions are also against the (non-model theoretic) truth conditional semantics associated with Donald Davidson (1984 a). — Versions of such a theory have been put forward by Terry Winograd (1972), Bill Woods (1968), Philip Johnson-Laird (1977) and Wilks (1981) and the notion has been attacked by Fodor (1975) on the grounds that all such theories are in fact grounded in the bottom level machine code of actual computing engines, which really provide the referential entities in question, though this, of course, is strongly denied by some of the theory's proponents listed above by making use, yet again, of the Scott-Strachey (1971) principle that the semantics of the different ›program levels‹ are independent, and so the semantics of one cannot be a semantics for another.

3.2. Speech acts

Among developments in artificial intelligence opposed to what we have called the logicist tendency must be added research on machine models of human dialogue that owe considerable debt to John Searle's (1969) theory of speech acts. In that theory Searle developed a notion from Wittgenstein (1921), John Langshaw Austin (1962 a), Gilbert Ryle (1951 a), and Paul Grice (1975 a) to produce rules to determine appropriate speech acts in terms of the beliefs of speakers and hearers. Searle's view (given that it had representations and rules) was far less behaviorist in

spirit than Ryle's and Austin's and far more amenable to machine modelling. — The first serious attempt to produce artificial intelligence models of human dialogue making use of speech act notions was by Roy Perrault and his colleagues at Toronto (Allen/Perrault 1980). As is often the case, artificial intelligence modelling does not just involve taking the rules of others and programming them. The analysis of Perrault and his colleagues produced considerable clarifications in Searle's original rules and their typology: particularly in that Searle had not been clear that, for the rules to work, all the beliefs and rules had to be in, or accessible to, the speaker, or utterer. Whereas, in Searle's original formulation, some of the rules were speaker originating, while others were from the point of view of the hearer, with the effect that a speaker could not produce a proper speech act given that he necessarily had no direct access to the contents of a hearer's mind.

3.3. Connectionism

Some mention should be made here of connectionism: the cluster of artificial intelligence theories around the notion of very simple computing units, connected in very large numbers, and ›learning from experience‹ by means of shifting aggregated weights in a network. This development may offer a way forward in many areas of artificial intelligence, including computational semantics of natural language. Connectionism shares many of the differences that distinguish the view of this section from the logicist ones set out earlier: the integration of semantics and syntax (not in the sense of a parallelism of syntax and semantics as in Montague grammar, but of their inseparability); continuity between linguistic and other forms of world knowledge (and again, not in the sense of simply assimilating the former to the latter as some logicist and ›expert-system‹ approaches do); and a type of inference that is not reconciliable with the kind offered by logic-based approaches. Moreover, connectionism has stressed notions such as that of competition between representational structures to ›win out‹ as the stronger, more connected, ones, a notion to be found explicitly in computational semantics systems such as preference semantics. — An important difference, as regards lexical ambiguity resolution in particular, arises here between so-called sub-symbolic approaches within connectionism (Smolensky 1988) and those usually called localist (Cottrell 1985; Waltz/Pollack 1985). This difference, which is yet in no way settled, bears very much on the issue of representation: in a sub-symbolic approach to computational semantics one would not necessarily expect to distinguish representations for particular word senses, they would be simply different patterns of activation over a set of units representing sub-symbolic features, where similar senses would lead to similar patterns. On the other hand, localist approaches to computational semantics have assumed real distinguished word senses in their symbolic representations at the outset and have then given weighting criteria for selecting between them. This difference is crucial in disputes about whether there are or are not mental representations, and whether, if there are, one might expect to construct machine models of them. The whole of mainstream artificial intelligence remains, at the time of writing, firmly committed to the notion of symbol-manipulation and explicit representations as the basis of their craft.

4. Chomsky and the role of linguistic representations

Chomsky is not in any strong sense a philosopher or an artificial intelligence researcher, but there can be no doubt that his views on linguistic representation have affected both artificial intelligence itself, and the debates on the philosophy of language that bear on artificial intelligence. For example, both Searle and Montague explicitly wrote that their motivation in constructing their (very different) systems was to do better than Chomsky's theories. Again, two of his followers, Jerrold Katz (1972) and Fillmore (1968), produced representational formalisms that underlie the majority of natural languages processing systems in artificial intelligence. Chomsky has always been an unrepentant ›representationalist‹ about language: that there is a separable area of study concerned with the formal representation of natural languages. That view aligns him with the majority of artificial intelligence researchers in the area, and against connectionists (cf. 3.3.) and those who were described above as having a wholly ›knowledge based‹ or ›expert system‹ view of language representation. However, Chomsky has never allowed that his views have any direct consequences for either natural language computation nor for the psychology of language representation in humans, except that he has also held (1980) that some ›universal grammar‹ (not to be confused with the grammar of any particular language: it is the general form of all possible language grammars) is coded in the human brain at birth. The key matter at issue between Chomsky and much of artificial intelligence research, as it is between certain groups of artificial intelligence workers, is the modularity of knowledge and whether there is, in any useful sense, a language faculty. There is sometimes a confusion of terms here, in that Chomsky (along with Fodor and others) uses 'module' to distinguish gross faculties, whereas in artificial intelligence the term has a more empirically-founded usage to denote any self-contained body of code that can be evaluated without reference to other such modules. The principal question is not easy to answer, but can be thrown into sharper relief by recalling the extreme position mentioned above, which I described as believing that ›language is a side-effect‹. That is to say, that language is merely one among many alternative ways of achieving human ends, and often no more than a side-effect of other processes, as when we shout 'Ouch' on being hurt. This view is perhaps the strongest of those that fall under the functional view of language, adopted both by philosophers (e. g. Searle 1969) and Schank (1977) among others in artificial intelligence, with his emphasis on the roles of expectation, goals and plans in understanding language. In replying to Schank, Chomsky, in rejecting all functional views of language and insisting on a language function, organ or (in Fodor's 1983 term) a module, finds it necessary to write explicitly that "language is not a task-oriented device" (Chomsky 1980, 53). This is an extraordinary remark, devoid of any general support in that paper or elsewhere in Chomsky's work, and all the more strange coming from one who has recently adopted the manner of speaking of the ›language organ‹ and its similarity to other organs of the human body. For to speak of organs and their development, let alone of genetic endowment, as Chomsky also does, is to speak of their function. However much it may be the case that many humans talk for fun and without purpose, what person who accepts that language has in some clear sense evolved can doubt that language is in its origin and essence task-oriented? — One major importance of Chomsky's claims to the relationship of artificial intelligence to philosophical views is that those claims are found translated to philosophical form in the work of Fodor.

5. Philosophical discussions of ›cognitive structure‹

Under the heading 'Cognitive Science', there has been a great deal of discussion during the last decade of the ›computational structure of the mind‹ by linguists, psychologists, neurophysiologists and philosophers as well as artificial intelligence researchers. The discussion tends to be joined only by those who largely accept the representational and computational theory of mental functions, and the role of artificial intelligence in the construction and testing of such theories (although there are thriving subschools of cognitive science grouped round Chomskyan notions, or neurophysiological ones that reject the dominant artificial intelligence paradigm). Philosophers who have contributed to that discussion from a standpoint sympathetic to artificial intelligence standpoint include John Haugeland (1981), Aaron Sloman (1978) and Zenon Pylyshyn (1978 b). — Discussions among and from those authors often concern such notions as 'general cognitive architecture', and here Fodor occupies a special place, since he has strong and definite views on what that architecture should be, namely a modular structure, which is to say, wholly independent processes, modelling different aspects of human function (linguistic syntax and semantics would be natural candidates for such modules) and which operate semi-autonomously, communicating very little. There is certainly evidence from the structure of the brain that certain functions of this type are localised, and, in that sense, nineteenth century phrenology was not wholly wrong. Fodor's views, it must be said, show a striking similarity to exactly the ›cognitive architecture‹ that would be required to support Chomsky's theories of language and mind, though that is not, in itself, a criticism. — Fodor accepts a mechanistic theory of mind and is a strong defender of the notion of cognitive representations (and even of particular representations: the tree structures required to support a Chomskyan linguistic representation!), and yet he remains, in some sense hard to define, an opponent in the artificial intelligence enterprise as normally practised. He is also a vehement opponent of the current connec-

tionist trend (Fodor 1988) but that is sufficiently explained by his attachment to representational theories: his opposition to representational theories in artificial intelligence is different, and concerns the nature of mental states and their semantics, which as we noted earlier is grounded for him in lower levels of brain or machine operations, and in direct correspondence to the world. This has led him into direct conflict with those researchers in cognitive science (e. g. Johnson-Laird 1977) who adhere to a ›procedural semantics‹ in which the interpretations of programs and mental states are to be found in further procedures rather than a direct mapping to world- or program-denotations. — However, Fodor has not shown any particular attachment to, or attraction for, those parts of artificial intelligence which do advocate the grounding of the semantics of representations in program semantics, or some other form of model-theoretic semantics (e. g. McDermott 1978). Again, Fodor's position is very like Chomsky's in spirit: his commitment to science, empirical activity, and the representational capacity of symbolic systems should lead him to a general sympathy with the aims of artificial intelligence (or at least the older, non-connectionist parts of it). Yet, curiously, he displays a distaste for artificial intelligence in practice that does not follow clearly from any particular intellectual differences with practitioners of the enterprise.

Daniel Dennett's views have been of considerable interest to artificial intelligence researchers, even though he is in no sense a representationalist, as artificial intelligence researchers tend to be, if they are not connectionists. The warm reception his views have found in artificial intelligence rests on the fact that he, like Fodor, has given an account of a descriptive language of folk psychology (containing such terms as belief, goal, motive, intention and so on) and shown how those terms form a coherent explanatory theory of behavior. Unlike Fodor, however, he is also an enthusiastic and positive observer of the artificial intelligence enterprise itself. — Those ›folk psychology‹ terms are, of course, exactly the terms that artificial intelligence researchers use in their models of language and behavior, but they ground them in procedures or models of ›inner workings‹ whereas Dennett never goes beyond behaviorist groundings, even though he never asserts that ›intentional states‹, or any particular representation of them, are actually false of a human or machine. In that sense, his sympathy for the artificial intelligence enterprise does not in fact lead to any strong connection with artificial intelligence, other than a general justification of a certain commonsense descriptive vocabulary. However, Dennett certainly considers himself (1987) a supporter of ›strong artificial intelligence‹, as against Searle (cf. 5.1.). — One of Dennett's original insights was the small part played by consciousness in the analysis and understanding of human language behavior (1987), and he is in fact one of the very few philosophers (but see also Churchland 1984; Wilkes 1980; Sayre 1976) whose work bears upon artificial intelligence who have paid any attention to consciousness as a phenomenon. Although the concept is traditionally one in the philosophy of mind, it has strong connections to language. There have been attempts within artificial intelligence to explicate the notion of consciousness in procedural/functional terms: Minsky's notion of consciousness as a debugging environment (1968), Wilks's (1984) and Alan Bundy's (1983) as levels of procedural language.

5.1. Philosophical arguments against the possibility of artificial intelligence

Some mention must be made here of philosophers who have totally rejected the notion of artificial intelligence, particularly Searle (1984) and Hubert Dreyfus (1979), both of whom presented arguments with strong connections to language. Searle produced what has become known as the ›chinese room argument‹: a situation where someone in a closed room reads Chinese symbols and replaces them by mechanical operations by English symbols and pushes the result out of the door. In some sense a translation is being performed but, argues Searle, in no way can one who performs that task be said to understand Chinese or English or anything, so *a fortiori* a translating machine could not understand. The argument has strong similarities to Leibniz' argument from walking around the inside of an eye (as if it were a turning windmill) and arguing that, although the whole functioned (milled, or saw, as the case might be) nothing could be said to ›see‹. The vehemence of Searle's attack on artificial

intelligence is of particular interest, given his own earlier commitment to rule-based explications of human dialogue behavior as described above (s. art. 93). — Searle puts his attack in terms of 'strong artificial intelligence', as opposed to weaker forms: strong artificial intelligence is one which holds that there is ›nothing essentially biological‹ in our intelligence and hence it is open to a full explanation in terms of, say, software on digital computers. It is this strong version that Searle is concerned to oppose. His argument has close connections with Dreyfus' (1979) position that an artificial intelligence could not be like us unless it was both embodied, as we are, and learned as we do, particularly as regards the learning of language in the context of a real physical world. To a considerable degree Dreyfus' arguments were (after initial and furious rejection, e. g. Wilks 1976) accepted by artificial intelligence researchers, who turned back to notions of machine learning (which they had previously postponed or rejected as to hard or dispensible). This has also, as we saw, become a key ingredient in the current connectionist movement. Indeed Dreyfus' early argument was explicitly against digital computers, and it is not clear that connectionist machines, as vehicles or grounds of artificial intelligence, need come under his strictures at all.

6. Selected references

Barwise/Perry 1983, *Situations and Attitudes.*

Charniak/Wilks 1976, *Computational Semantics. An Introduction to Artificial Intelligence and Natural Language Comprehension.*

Dreyfus 1979, *What Computers Can't Do. The Limits of Artificial Intelligence.*

Fodor 1981 a, *Representations. Philosophical Essays on the Foundations of Cognitive Science.*

Haugeland 1985, *Artificial Intelligence.*

Hookway 1984, *Minds, Machines & Evolution. Philosophical Studies.*

Lehnert/Ringle (eds.) 1982, *Strategies for Natural Language Processing.*

McDermott (and commentators) 1987, A critique of pure reason, in *Computational Intelligence* 3.

Yorick Wilks, Sheffield (England)

118. Philosophy of language and linguistic philosophy

1. Language and philosophy

Philosophy has a peculiar relation to language, unique among the various fields. Of course, all disciplines need language to express themselves, and linguistics has language as its subject matter. Some of the humanities, moreover, study past creations of the human spirit cast in words. But linguistics is not philosophy, and the history of philosophy is not quite either. — The peculiar role of language for the philosopher seems to consist in this: for him language is not just a means of expression, but to a large extent a source of insight as well. He does not merely argue in language, but from language (actual or contrived) in a unique and characteristic way. The awareness of this fact, implicit and latent in past ages, has become manifest in the last century, as the progress of philosophy took a decidedly ›linguistic turn‹. Regardless of their differences in method and purpose, Gottlob Frege (s. art. 34), Bertrand Russell, Ludwig Wittgenstein (s. art. 39), and John Langshaw Austin show this concern, and so do such dominant tendencies as Logical Positivism (s. art. 59), Ordinary Language Philosophy (s. art. 60), and Formal Semantics. — Twenty years ago, in a paper entitled *Linguistics and the A Priori* (Vendler 1967, ch. 1), I tried to account for the role of linguistic data, and of linguistic theories, in philosophical argument. Although I still hold much of what I said there, nevertheless in view of recent developments in philosophy, linguistics, and in my own thinking, my position in this matter needs a restatement, and an updated defense. — The most important thing I overlooked at that time (and I am not alone in this) is the function of the imagination in philosophical reasoning. To put it crudely: whereas the scientist in his experiments creates actual situations and then observes what happens, the philosopher projects imagined situations, and then notes what we would say. It has to be that way: the scientist wants to know more about stuff; the philosopher wants to know more about concepts. And concepts do not float freely in the air: they manifest themselves in language, in what we say. Moreover, as the scientist is not satisfied by simply observing nature's ways, but (as Kant so clearly saw in *KrV*, B XIII) compels nature to answer questions which he himself formulated, so the philosopher is not satisfied by simply listing what people do in fact say, but tries to tease out what we would say in certain situations designed to stress the tolerance of concepts to the limit. Accordingly, it is not the linguistic data to which the philosopher primarily appeals, but to our linguistic competence. This fact does not diminish, however, even for him, the importance of linguistic theory, which accounts for that competence in a systematic and, let us hope, illuminating way. — It is obvious that the procedure just outlined will draw primarily upon our semantic rather than syntactic intuitions. Grammatical features, manifest in the sentences themselves, do not call for the imaginary exercise projecting their use. And since in my old paper I ignored this latter move, it is not surprising that I saw grammar as the most promising ground for supporting philosophical intuitions. I hope to redress the balance in this essay.

The main objections to the value of such conceptual investigations raised in the last decades are inspired by science. They usually proceed along the following lines. The philosopher may be right about our concepts; but for all that, he may be wrong about reality. In other words, his results merely describe how we commonly think about such things as space, time, and causation, about human beings, their minds, and their actions, and so forth. This does not mean, however, that we are right in our thinking. It is up to the scientist to find out how these things really are; it is he, and not the philosopher, who has the right answers, or at least, the first right to answer. — Moreover, some will continue, the whole network of concepts in terms of which we commonly think of the world, and man, and his works, are loaded with the burden of outdated science and past superstition. Therefore, with the progress of science, and the dissemination of its results, these very concepts may be discarded or replaced. Such notions as causality, belief and choice may come to join witches and devils, caloric and vital force, on the trashheap of discarded ideas. Thus the philosophers' efforts to clarify or define them are but attempts to groom a dead or dying horse.

My first task in this essay will be to show in some detail how the philosopher's conceptual investigations proceed, and how they depend on linguistic intuitions. I do not claim that all philosophical work has to follow this path, only that a significant part of it *de facto* does. It is important, therefore, to explain this procedure, and to defend it against the objections I just outlined, which will be my second task. — These reflections themselves will be philosophical. For philosophy has to take care of its own: it cannot ›kick things upstairs‹, since there is no more general discipline to which an appeal could be made. Thus the explanation and defence of ›linguistic philosophy‹ will itself involve some notions of the philosophy of language and the philosophy of mind. — Yet I shall begin with a couple of empirical observations. I am going to mention some obvious facts about philosophers and their work, which are commonly overlooked, yet extremely revealing. It has often been said that in order to understand what a science is about, one important step is to observe what the scientist in that field is actually doing in the course of his research. What I propose, to begin with, is to look at the philosopher from this point of view. What is he doing, and perhaps more importantly, what is he not doing, in trying to advance knowledge in his field?

2. Philosophical claims

Philosophers do not have laboratories. Nor do they make carefully controlled observations. Like mathematicians, they lead a comfortable life: they work in armchairs, while walking on the beach, or indulging in endless discussions with their peers. Yet in their writings they make claims about the structure of reality, about human nature, our duties, and what not. And they offer these findings as true, and give reasons to show that they are. — There are dissenting voices, of course.

Wittgenstein, in the *Philosophische Untersuchungen*, asserts that there can be no theses in philosophy (Wittgenstein 1953, 128), and Richard Rorty envisages the philosopher as a sage-errant facilitating the ›conversation‹ between experts in the various fields, without a turf of his own (Rorty 1979, VII—VIII). But then, Wittgenstein proceeds to work out a sophisticated argument showing the impossibility of a private language, and Rorty arrives at his ›hermeneutic‹ position after 300 pages of careful philosophical argument aimed at some traditional views in epistemology. It is worth noting, too, that even those people who defend a ›naturalized‹ epistemology, or philosophy of mind, use philosophical arguments in doing so. Indeed, what else could they use? — Again, there are philosophers who are so impressed by the progress of science that they do not want to be left out of it. They are willing to go to the laboratory, as it were, for the latest results to be incorporated, in the name of the unity of science, into their own work; there are recent books entitled 'Neurophilosophy' and the like. There is nothing new or unusual in such a tendency: philosophers are just curious, in philosophical matters and beyond. After all, Aristotle (s. art. 15) was a biologist, René Descartes an optician, and Immanuel Kant a cosmologist. Yet Aristotle did not derive his categories from biology, Descartes' reflection on the ›I‹ had nothing to do with the structure of the eye, and Kant did not base the moral law within on the details of the starry heavens above. They had a clear idea of ›First Philosophy‹, or of the ›A Priori‹, and, by and large, they knew when they were doing what. Nevertheless, as history in general, and the history of Positivism in particular, amply show, philosophers tend to be suicidal, and try to plant the kiss of death on the brow of their subject in this way or that. But, as the same history demonstrates, the subject survives, and its practitioners, pontificating about heaven and earth from their armchairs, can look forward to many happy returns. Yet philosophers, by and large, are no mystics or visionaries: they do not appeal to inner voices or divine revelation in support of what they claim. On the contrary, since the times of Socrates, revealed religion had no one more to fear than the philosopher with his appeal to reason. If so, then his arguments cannot amount to inert tautologies. Indeed, philosophers make claims about God and the world, matter and spirit, space, time and causation, knowledge and action, not to speak of the good and the bad and the ugly. And all these assertions are supported by arguments, which, in turn, are heatedly countered with other arguments by their peers. The question is, where do these arguments come from, if not from observation, experiment, divine revelation, or poetic licence? To approach this problem, I shall make my second empirical observation about the philosophers' *modus operandi*.

3. Putting concepts to the question

Anybody who is fated to live with philosophers is bound to be struck by the surrealistic nature of their conversation. They are apt to discuss ›crazy‹ cases interminably, and with utter seriousness. The grotesque and the bizarre are like bread and butter to them; no science fiction can emulate, and no horror story surpass, the outrageousness of some of their examples. Russia is the place where things that don't happen happen, said Peter the Great. The same is true of the realms conjured up in the philosophers' fancy. Think of Descartes' demon whose entire power is devoted to deceiving us (Descartes *Meditationes* II, § 15); think of John Locke (s. art. 22) sending the soul of the prince into the body of the cobbler, and that of Heliogabalus into the hog (Locke 1975, 333; 340); or of David Hume squeezing out the world from the belly of a spider (Hume 1965, 51); think of Russell's idea of the universe created ›as is‹ five minutes ago (Russell 1921, 159); and of Wittgenstein turning into stone while having frightful pains (Wittgenstein 1953, § 283). — And our contemporaries? If anything, the situation has got worse. The progress of science and technology has opened up new vistas for surrealistic flights of imagination: in addition to evil scientists trying to outdo Descartes' demon, Martians and Martian-made cats, robots of all kinds, splitbrains, brains in vats, and brains with remote computer attachments, populate the scene. Not to mention Hilary Putnam's counter-earth, exactly similar to ours except that high-ball replaces water (Putnam 1981, 23); Saul Kripke's vision of Gödel's proof materializing by a random scattering of atoms on a piece of paper (Kripke 1980, 86); David Lewis's infinity of real worlds containing an inexhaustible supply of ›Doppelgänger‹ for all of us (Lewis 1973 a, 39 ff). By the way, do not forget Nelson Goodman's ›grue-bleen‹ speaking people (Goodman 1983, 74 ff), nor Willard Van Or-

man Quine's tribe who mean undetached rabbit part by 'rabbit' (Quine 1960, 52). The catalog of fantastic things continues in moral philosophy. There is Plato's (s. art. 14) perfectly evil tyrant (Plato *Politeia*, 347), and Kant's man of good who will who never succeeds in doing any good (Kant *Grundlegung zur Metaphysik der Sitten*, § 398). There are scenes of shipwrecks, desert islands, and outlandish epidemics, evoked by moralists in the service of their cause. Again, no lawyer searching for a precedent in court-records can match the philosopher's zeal in looking for weird examples: remember J. L. Austin's Finney, who scalded the madman in his bath by a double mistake (Austin 1961, 143 ff); or the sad case of Palsgraf (exploited by a whole generation of legal philosophers) who got blinded because the train gave a jolt. And we have archangels and Spartans, fanatics and wantons, masochists and amnesiacs, not to speak of the usual assortment of mad scientists and wicked hypnotists, tinkering with your neurons, or planting the seeds of evil in your mind. — Are, then, philosophers a truly morbid race, seeking enjoyment in this chamber of horrors? Before condemning them, let us return to the comparison with scientists I mentioned a while ago. Do they not do cruel and unusual things? Of course they do: not in armchairs but in labs, not in fancy but in fact. Fortunately, however, for the most part, their victims do not suffer. The physicist exposes matter to the extremes of temperature, pressure, and fields of force, he bombards atoms with particles of immense energy, and so forth. The biologist turns living matter into slides for his microscope, grows cells in dishes containing nasty brew, and tinkers with the God-given order of the genes. And the psychologist? Rats and pigeons could tell their tales of woe: of Skinner boxes, mazes, treadmills, and electric shocks. Indeed, as we just saw, the philosopher borrows some of his weirdest scenes from the scientists' repertory. Like the dirty old man who appropriates, and embroiders upon, the exploits of the young rake in his fancy. — But, of course, neither the scientist in his lab, nor the philosopher in his armchair, creates these scenes for their sheer enjoyment (although there is some fun in either enterprise; philosophers, for one thing, describe their weird examples with great flair and relish). There is system in the madness on both sides. To begin with the scientist, he cannot be satisfied with simply observing the ways nature works in the ordinary course of events. He has to question nature, and, in many cases, this may involve ›putting her to the question‹, i. e. subjecting her to the ›torture‹ of extreme circumstances. Just think of the giant particle-accelerators which are used to discover her deepest secrets, the ultimate structure of matter. Or of the experiments, often repulsive to the layman, biologists devise to locate the various centers in the animal (and human) brain. Again, in order to test, say, the carcinogenic properties of a substance, rats and mice are exposed to it in enormous amounts. Now I claim that the philosopher's need for extreme, or outrageous situations has an analogous source. He, too, cannot be satisfied with merely observing and registering what people say in the ordinary course of daily life, if he wants to arrive at a deeper understanding of our basic concepts. He has to force the issues by ›putting those concepts to the question‹ in the crucible of extreme and unusual circumstances to show their mettle, and reveal their boundaries and relations through the linguistic breakdowns that ensue. The network of concepts has to be stretched to the limit in order to find what particular burden causes a break and where. 'Imagine such and such' the philosopher will ask 'what would you say? Would you still call it a so and so ... or would it rather be a case of such-and-such?' Wittgenstein spoke of the "Wichtigkeit des Findens und des Erfindens von *Zwischengliedern* / importance of finding and inventing *intermediate cases*" (Wittgenstein 1953, § 122). Indeed, much of the philosopher's ingenuity is spent in creating them. Guided by linguistic intuition, he invents examples which show the boundaries. To coin a slogan, a good deal of philosophy is grammar (in Wittgenstein's sense) in the crucible of the imagination. Research in philosophy, unlike in the sciences, comes cheap, and does not upset the antivivisectionists. But how, exactly, does it proceed?

4. Modus operandi

Let us return, then, to the chamber of horrors just described, and look at some choice items and their use in the philosopher's hands. I do not claim that the moral they drew from such employment is always correct; my aim is not to endorse their philosophical conclusions, but to display their method. We started with Descartes and his demon. This personage is introduced after an equally weird scenario

evoked in the dream-argument. Descartes' aim is clear: he wants to show that knowledge has far stricter criteria than we ordinarily assume. To put it crudely: good intentions, and subjective certainty do not guarantee it. If a person's sincere conviction that he is sitting in front of the fireplace is due to a dream, or the manipulations of a demon, then we would not say that he knows that he is sitting before the fireplace. Again, we would not agree that the mathematician knows that the result of his honest toil is true, if he had been fooled by a capricious God in the process. The weird scenes are needed to drive home this feature of the concept of knowledge. In our age, Edmund Gettier has succeeded in showing that the justified true belief analysis of knowledge is inadequate (Gettier 1963, 121 ff). He did it, in three pages, by producing two ingenious examples in which extraordinary coincidences are coupled with unlikely happenings. The use of weird examples is by no means restricted to epistemology. Zeno entered Achilles in a race with the tortoise to show that motion is not real, and we are all familiar with the example of the ship which remains the same while all of its planks are progressively replaced. Speaking of identity, we mentioned Locke's example of the Prince and the Pauper, which is supposed to show a conceptual distinction between the same man and the same person. Among our contemporaries Putnam projects his fantastic counter-earth to demonstrate that meanings are not in the head, since the word 'water' may mean different things in spite of identical psychological states in the speakers. And, in an analogous way, Kripke separates the reference of names from accompanying descriptions by contemplating the outrageous possibility of Kurt Gödel being an imposter who plagiarized the work of a mythical Schmidt, or copied that random scattering of atoms we mentioned above. Again, think of the almost obsessive popularity of the idea of our being brains in a vat. Although its primary use is to replace Descartes's demon in the service of epistemology in this scientific age, Putnam employs it to show that we in fact cannot be brains in the vat, and thereby draws a distinction between scientific and philosophical (metaphysical?) possibility (Putnam 1981, 15). — I do not have to dwell upon the use of imaginary cases in moral philosophy. It is a standard procedure at least since the dawn of casuistry in the seventeenth century. The merits of any ethical theory have to be tested against our moral intuitions by producing suitable examples in the imagination. Real life, varied as it is, would not suffice; for one thing, much of it, perhaps the most interesting part, remains hidden to the observer and the historian. And for this reason, novels, plays, and similar products of creative imagination, present a perhaps even more happy hunting ground for the moral philosopher in search of examples, than newspapers or books of history. But, if all else fails, his unaided fancy can conjure up the case of Theophrastus and Ludmilla stranded on the desert island — or something like that.

5.   What we would say

Locke gathers the lesson of the prince to cobbler switch in the following terms: "every one *sees*, he would be the same Person with the Prince [...] But who would *say* it was the same Man? The Body too goes to the making the Man, and *would*, I guess, *to every Body determine* the Man in this case [...] he would be the same Cobler *to every one* besides himself" (Locke 1975, 340; my italics). The interesting thing about this passage is the juxtaposition of what people see and determine and what they would say. Quite clearly, he views the latter as an expression of the former. But then he makes two interesting remarks. The first is as follows: "I know that in the *ordinary* way of speaking, the same Person, and the same Man, stand for one and the same thing" (Locke 1975, 340; my italics). But, of course, his example represents an extraordinary situation, explicitly designed to display the difference. The second remark is this: "And indeed every one will always have the liberty to speak, as he pleases, and to apply what articulate Sounds to what *Ideas* he thinks fit, and change them as often as he pleases" (Locke 1975, 340). Indeed, people, as children, say the darnedest things. But Locke is not interested in that. What is important is what they should say, if they mean what they say. And he explains it, invoking his own theory of meaning: "But yet when we will enquire, what makes the same *Spirit, Man*, or *Person*, we must fix the *Ideas* of *Spirit, Man*, or *Person*, in our Minds; and having resolved with our selves what we mean by them, it will not be hard to determine, in either of them, or the like, when it is the *same*, and when not" (Locke 1975, 340). Needless to say, I do not endorse Locke's semantic

theory embedded in this passage. For one thing, it cries out for a corrective dose of Wittgenstein's observations on private language. What is right, and important in these passages is the following: if we are resolved to mean what we say, then reflecting on what we would say in some imagined situations might reveal conceptual relations hitherto unnoticed. — In practical terms, the procedure seems to work in the following way. The philosopher's attention is drawn to a certain concept either in the process of his own thinking, or, more likely, as a result of reflecting on some views commonly held, or proposed by other philosophers. His intuition tells him that there is something wrong with these views, that there is an aspect they overlook, or he himself missed in his previous thinking. But, of course, this intuition, or ›feeling‹ is not enough; he has to offer a proof, accessible to others. So he proceeds to produce some imaginary situations, in which what *we* would say would display the aspect he is after. Gettier ›felt‹ that the justified-true-belief analysis of knowledge is inadequate, so he produced his two weird examples; Putnam ›felt‹ that the similarity account of representation is not right, and proceeded to imagine an ant tracing a likeness of Churchill in the sand (Putnam 1981, 1); Kripke ›felt‹ that names do not stand for descriptions, and then imagined some outrageous possibilities about Moses and Gödel. And what *we* would say in these situations shows that their ›hunch‹ was correct, or at least not unfounded, thus worthy of further inquiry. Then it is not surprising that the examples invoked are usually odd, far-fetched or fantastic: by the very nature of the case, the philosopher is interested in conceptual features that do not show up, do not make a difference, in ordinary circumstances. We normally do not think of the demon, or Gettier, when we use the word 'know'; we do not envision counterearths, when we speak of water; and the victim of crime does not worry about transplanted souls, or brains, when he identifies the man in the lineup as the same person who mugged him. And for the same reason, the philosopher's discoveries will have little effect on the common practice: philosophy, as Hume and Wittgenstein wisely observed, leaves everything as it is. It takes a philosopher to appreciate the work of a philosopher. What is needed, then, for this kind of enterprise is, first, a sensitivity for language to ›spot‹ some features of our conceptual apparatus that has been overlooked, or distorted, and, second, a lively imagination to be able to conjure up examples in which those features will show up on the surface in the form of what we say. "Die Arbeit des Philosophen ist ein Zusammentragen von Erinnerungen zu einem bestimmten Zweck/ The work of the philosopher consists in assembling reminders for a particular purpose", said Wittgenstein (1953, § 127), and the method just outlined is one way of doing it. — In this context it is interesting to reflect upon the difference between poetic and philosophical imagination. As Aristotle noticed, artistic creations by and large remain within the boundaries of the probable and the believable; they may not represent things as they are, but as they ought to be: the aim is not literal, but poetic truth. Surrealistic art, of course, achieves its effect by purposely defying this convention. The philosopher's stories, on the other hand, need not be probable or even believable to be effective — mere possibility and conceivability are enough. Nobody believes in counter-earths, demon-cats, Martians, and the like, but it does not matter for the points to be made. No wonder, then, that many of these examples appear surrealistic to the layman.

6.   What I would say

Locke, as we just saw, is very explicit about the role of what we would say, in his thinking about personal identity. And so are, in all domains, Aristotle, and the philosophers of ordinary language in our age. Others are less outspoken in this matter, yet there are allusions here and there; more as *obiter dicta* than conscious appeals. Just a couple of examples. Descartes, after his imaginary tinkering with the wax, concludes: "Remanetne adhuc eadem cera? Remanere fatendum est, nemo negat; nemo aliter putat./ But does the same wax remain? It must be admittet that it does; no one denies it, no one thinks otherwise" (Descartes *Meditationes*, II, § 20). Notice, once more, the juxtaposition of what one thinks and what one says. Putnam, after giving the example of the ant in the sand, continues: "Has the ant traced the picture of Winston Churchill, a picture that *depicts* Churchill? Most people would say, on a little reflection, that it has not" (Putnam 1981, 1). And then he gives the reason, spelling out a condition commonly overlooked in the notion of representation. But how does Putnam (and Descartes for that matter) know what most

people would or would not say in outrageous situations never before encountered? The answer is that *he*, a competent speaker of the language, would not say that the ant depicted Churchill, hence it follows that other speakers, equally competent, would not say so either. Since language cannot be private language, *my* linguistic intuitions ought to hold for others. Of course, they do not always do. And this is one source of philosophical disagreement. But, short of abandoning language as a means of communication altogether, one cannot object in principle to the method of regarding one's own linguistic intuitions as intuitions about the language at large, and the concepts it embodies. This is not a matter of introspecting concepts in one's mind. What it requires is an exercise of the imagination: what would I say in that situation? ... in similar situations? ... in circumstances slightly different? ..., and so forth. And indeed, Putnam continues:

"Suppose the ant had seen Winston Churchill, and suppose that it had the intelligence and skill to draw a picture of him. Suppose it produced the caricature *intentionally*. Then the line would have represented Churchill. On the other hand, suppose the line had the shape WINSTON CHURCHILL. And suppose that this was just an accident [...]" (Putnam 1981, 2), and so forth.

Notice, in this passage he just bluntly says: 'the line would have represented Churchill'. No appeal to what most people would say. Yet the grounds are the same: *he* would say so; the recourse to others is otiose — a mere rhetorical device. No wonder, then, that philosophers do not commonly make an explicit appeal to other people's actual or hypothetical linguistic responses. The verdict is given by a single juror, the author himself, with the full confidence, however, that it binds all. Consider, for instance, the way Gettier draws the moral of his examples.

"In our example, then, all of the following are true: (1) (e) is true, (2) Smith believes that (e) is true, and (3) Smith is justified in believing that (e) is true. But it is equally clear that Smith does not *know* that (e) is true" (Gettier 1963, 122).

And "If these conditions hold, then Smith does *not* know that (h) is true, even though [...]" (Gettier 1963, 123). How does Gettier know that Smith would not know that (e) and (h) are true in these situations? Well, would *you* say that he would? No, therefore *it is clear* that Smith would not know ...

In many cases, of course, the philosophical verdict is not that firm; the voice of intuition becomes somewhat hesitant when confronted with a really weird possibility. Kripke has a lovely passage illustrating this point. The issue is that of individual essences: could Queen Elizabeth II have been born to other parents, say, to Mr. and Mrs. Truman?

"They might have had a child resembling her in many properties [...] who actually became the Queen of England, and even passed off as the child of other parents [...] Now, one question is, in this possible world, was Elizabeth herself ever born? Let's suppose she wasn't ever born. It would then be a situation in which, though Truman and his wife have a child with many of the properties of Elizabeth, Elizabeth herself did not exist at all. One can only become convinced of this by reflection on how you would describe this situation. (That, I suppose, means in many cases that you won't become convinced of this, at least not at the moment. But it is something of which I personally have been convinced.)" (Kripke 1980, 112 f).

Notice, Kripke, like Locke before him, is very explicit about the manner of acquiring conviction: by reflecting on how you would describe the situation. This may take time and effort: your opinion of the moment may change as a result of refining the example, drawing analogous or contrasting scenarios, and noting what you would say; in other words, doing philosophical research of a very important kind.

7. Concepts

The difficulty inherent in this kind of investigation is due to the fact that, contrary to the ›glassy essence‹ view of the mind, we do not have an introspective grasp of our own concepts. Wittgenstein puts it beautifully: "We do not *command a clear view* of the use of our words. Our grammar is lacking in this sort of perspicuity (Übersichtlichkeit)" (Wittgenstein 1953, § 122). Thus, we have to display that use to become aware of some unnoticed features of some concepts. And one way of doing this is by producing examples, and ›observing‹ as it were our own linguistic responses. There is, no doubt, an element of ›introspection‹ in this procedure, but of a harmless kind. It is but a use of the imagination, analogous to the mental exercise of imagining what would happen, or what I would do, if such and such were to occur. The interesting point is the following. In spite of the fact that saying something is doing something, imagining what I would say given such and such is more like fancying what would happen rather than what I would do. For, clearly, what I would say, in the philosophically interesting sense, is not a matter of free choice: it is ›given‹ to me, and it is exactly this predetermined reaction that I am looking for, because only this kind of response qualifies me as a speaker of the language, and thus lends authority to my findings. Each speaker of a language must have, therefore, an internalized set of causal factors determining, in the relevant respect, his linguistic responses. These factors, moreover, must be at least functionally identical, or closely similar, among all the speakers. I do not want to speculate, at this point, about the physical realization of these causal factors; they may be cast in the structure of the brain, or imprinted by God, or experience, in the subtle matrix of the human soul. − In this discussion I used the term 'concept' to denote some details of this causal machinery. According to what I just said, I do not mean by 'concept' the physical realization but the functional role. As I see it, the whole of our conceptual apparatus is analogous to the program rather than the hardware of a computer. One further clarification. I do not imply that concepts and words are necessarily correlated one to one. Although it makes sense to speak, for instance, of the concept of a circle, or of an animal, or of running, it is obvious that there are concepts the range of which affects the use of many words, and there are words governed by many concepts. The word 'concept' serves a practical convenience: to direct our attention away from the word and focus on the use and the factors behind the use. It would be silly to ask: how many concepts do I have, or how many concepts does the English language need? − What would happen if I dropped a watermelon from the seventh floor? A big splash, that is what. How do I know this? Well, I am sufficiently familiar with melons and the forces of nature to be able to predict the outcome. How many forces are there involved? I could mention a few, but the list is by no means complete. The physicists tell us that there are but four basic forces (or even fewer ...). But I do not have to know this to foresee the melon's tragic end. − What would I say if Putnam's ant in the sand had been trained by a clever psychologist to trace that line on the surface; would it be a picture of Churchill? Yes, I answer. How many concepts play a role in the notion of a representation? I do not know, but the example shows that intentionality (somewhere along the line) and causal nexus are required. The conceptual network, like the forces of nature, operate *in toto* in any given case. But some factors are more prominent in some situations; in other words, some concepts play a key role.

8. Spontaneity of response

A short while ago I drew a contrast between what I would do, and what I would say in some imagined circumstances. I remarked that in the former case I would retain my freedom, whereas in the latter I would be constrained by linguistic intuition. This contrast can be weakened by pointing out that, even in the former case, the exercise of my freedom would be guided by various reasons, and, in some cases at least, by moral intuition. I shall give two examples to illustrate the operation of these factors, in order to compare them with the influence of linguistic intuition. Suppose I lose control of my car on a bridge, and it plunges into the river below. The windows are closed, but the water already seeps in around the doorframes. What would I do? Open a window, so that the pressures equalize, enabling me to open the door, leave the car, and swim to the shore. It would be foolish to try to open the door with the windows closed, or do nothing, and sink to the bottom. How do I know that this is what I should do? Well, I may have read it somewhere that this is the correct procedure; or figure it out for myself, knowing a little physics. In either case, I would have reasons for doing what I would do, and the consideration of these reasons would prompt me to act in that way. Thus it would not be the case that in fancying being in that perilous situation I would just feel like opening the window, and then wonder what possible reasons there could be for doing so. On the contrary, one's gut-feeling would go against opening the window, and letting the water in. My second example is a familiar one in moral philosophy: the case of the Good Samaritan. While driving on a deserted road I see an injured man abandoned on the roadside. I have no doubt what I should do: stop and help him. What are my reasons for doing so? If I am philosophically inclined, I may produce some reasons: the golden rule, categorical imperative, maximizing utility, or what have you. But, clearly, the inclination to help the victim does not arise out of a consideration of these reasons. Indeed, the philosophical reasons just mentioned must conform to our moral intuitions operating in such cases. − Let us now return to the issue of what we would say. Consider, once more, the ant in the sand example. In Putnam's original version we would not say that the ant has drawn Churchill's picture; in his revised version (intelligent ants), and in my version (trained ants) we would. In all these cases the inclination to say this or that comes first, and the search for reasons comes after. For we certainly did not read about such outrageous possibilities in any book, nor do ordinary speakers think of causal chains or intentionality before deciding what to say. No doubt there are reasons that make the answers right, but these reasons are unknown to the common speaker. Thus, whereas the reaction of the agent in the sinking car case is motivated by known reasons, the moral response in the Samaritan case, and the linguistic responses in the ant case, are spontaneous: ›le cœur a ses raisons que la raison ne connaît pas‹. And it is left to the philosopher to find them. These last two examples raise philosophical issues, moral or conceptual; the sinking car example does not. The same spontaneity, and the lack of obvious reasons, mark all the linguistic responses philosophers invoked in the various examples we have previously considered. Whether the issue is knowledge, meaning, names, identity, or representation, linguistic intuition provides us with the data, and the reasons behind them pose the problem.

9. Innate ideas?

What is the origin of this unknown apparatus which to a large extent determines our linguistic responses to situations never before encountered or even conceived of? This question, of course, leads us through the battlefield on which rationalists and empiricists marshalled their forces for centuries, up to the present day (s. art. 72). Is it the case that the development of this equipment is genetically determined in such a way that the words and other devices of a natural language merely come to occupy certain ›niches‹ or ›nodes‹ in this evolving network? Like the stones that have to fit into a preexisting sketch of a mosaic. If this is so, then the linguistic responses we considered may reveal some features of the human mind transcending the variety of languages and enduring through historical change. Or, the other possibility, are these responses but projections based on an acquired system of rules, which is entirely a cultural product, yet which is flexible enough to enable us to cope with new situations? Somewhat like the chessplayer, who encounters, and deals with, new situations on the basis of an acquired skill. — It would be presumptuous to claim that the spontaneity of linguistic reactions I described decides the issue in favor of the rationalist alternative. Yet, I think, it provides us with powerful reasons for holding at least some version of it. Before giving these reasons I shall first briefly mention and ward off two difficulties that might affect the credibility of the rationalist solution from the outset. In the process of dealing with these problems, a ›modest‹ account of our native endowment will emerge, a ›minimum‹ that seems necessary to account for the spontaneity of our linguistic responses in unprecedented circumstances. — The first difficulty for a nativist position stems from the variety of natural languages. Quite obviously no natural language is innate, and all of them are learned. It is a well-known fact, moreover, that there is no one-to-one relation of linguistic media, words and grammatical structures, between languages not closely related. It is perfectly conceivable, however, that the different languages capture and exhibit the innate structure differently, while preserving the essentials. Much the same way as a line-drawing or a pointilist painting may depict the same landscape. As a matter of fact, if linguists are right about ›linguistic universals‹, then the differences between natural languages are much less than this analogy suggests. Accordingly, it is no argument against the nativist view that, for instance, some languages have tenses, but others make do with temporal adverbs, or that some have modal verbs, and others operate with suffixes to the same end. Turning to semantic matters, the fact that, for example, the very important English word 'fair' (as opposed to 'unfair') has no one-word equivalent in other languages does not show that the same idea cannot be expressed by other means. After all, dictionaries have to ›define‹ words in the same language, or in another, and by and large they succeed. — Similarly, the view we are discussing is perfectly compatible with linguistic change or development. Nobody claims that we have innate ideas of cheetahs, microscopes, operas, electrons, or irrational numbers. The point is that they can be introduced to us by using the languages we already possess, that is to say, that our natural languages provide a place for them in their conceptual structure. They represent a refinement on the surface, which leaves the basic framework unaltered. Indeed, these ideas are not fit subjects for the kind of philosophical inquiry outlined above: our linguistic intuition can be used to learn more about identity and change, knowledge and action, but not about insects, television sets, or symphonies. Some concepts, we remarked above, are more basic, and more pervasive than others. They lie ›deeper‹, as it were, more likely to reflect our native endowment. These are the ones to which the ›linguistic‹ approach in philosophy primarily applies.

10. Primacy of intuition

The considerations I just advanced do not prove the correctness of the nativist hypothesis; they merely remove some initial implausibilities. As I mentioned above, however, the spontaneity of linguistic responses in unprecedented situations does provide us with some reasons in its favor. I am going to argue that the manner in which we choose between alternative responses differs significantly from the manner in which we arrive at decisions pertaining to merely acquired skills. This impression will gain in force as we extend our inquiry to linguistic judgements concerning syntax rather than semantics. — Above, I mentioned chess-playing as a typical high-level human skill which, I take it, is entirely acquired. What I mean by this is that the development of this game is but an accidental feature of our culture, and accordingly, its acquisition does not call for a specific native endowment beyond the resources of human intelligence in general, i. e., memory, imagination, perception of analogies, and the like. To play a game well may require, of course, a larger than average share of some of these abilities (e. g., spatial imagination), but nobody would claim that the skill of chess-playing is in any sense innate. It will be instructive, therefore, to compare the exercise of this purely acquired skill with the use of our linguistic abilities; the question is: can they both be accounted for by the same general principles? In dealing with this problem I shall once more start out with an ›empirical‹ observation. Chess-playing, notoriously, is a ›slow‹ activity. A game may take hours to complete, and individual moves too are normally preceded by long periods of intense thought. There are, of course, quick moves, but these are clustered around the opening or the end-game, and follow certain routines, which good chess-players learn by heart and keep in memory. Now recall the linguistic responses our philosophers explicitly or implicitly invoked in arguing for their case. Except in some really marginal instances, once the situation is adequately described, the reaction is prompt and firm: Gettier's man would not know ...; 'Gödel' would not name Schmidt ...; the ant would not have depicted Churchill ...; and so forth. And these, mind you, are by no means routine cases; on the contrary, as far away from the ordinary as one can get. So you cannot argue that the respondent just answers from memory, or follows dead routine. Faced with a difficult move, the chess-player has to think hard to figure out what to do. Nothing is given to him, no ›little voice‹ whispers in his ear to move with the knight. He may have ›hunches‹, indeed, but these hunches carry no authority, and ought to remain subject to reasoned scrutiny. Matters are entirely different with most of the linguistic responses we considered: they are ›given‹ to the speaker without conscious and elaborate reasoning. The ›little voice‹, moreover, speaks with authority in this domain: ›this is what you have to say, and find the reasons if you can‹. As we admitted above, there are cases in which the ›little voice‹ remains silent, at least for a while. Remember Kripke's hesitation about the Queen of England. We just don't know what to say. But, notice, the way of overcoming such perplexity is more empirical than deductive. We slightly change the context, or consider analogies, and once more try to elicit a spontaneous response. For the reasons making a response right are unknown to us. And this ignorance provides the opening for the philosopher. If all speakers knew the criteria of such notions as 'knowledge', 'identity', 'action', 'representation', and so forth, philosophers could close shop — or at least some departments of the store. Take 'knowledge', for instance: we are at it since Plato's *Theaetetus*, and, *pace* Gettier, we are not through yet (s. art. 14). Speakers, however, blithely, and by and large correctly, use the term, and the philosopher himself, in his investigations, has to pretend to be a common speaker, and ›listen‹ to his intuitions first, before trying to discover the reasons behind them. — I have compared linguistic skills with chess-playing, an example of an ability which is certainly not innate. But, obviously, I could have taken hosts of

other such skills for comparison. Generals, engineers, stockbrokers, politicians, and so forth, all have to act according to known reasons, even if routine, or intuition, may facilitate their task here and there. Thus the sphere of language (and, if I am right, of ethics and perhaps aesthetics) stands alone with its primacy of intuition. What is right, in this domain, is what people are inclined to say, and the reasons, offered by linguists and philosophers, have to conform to it. Military theorists may tell you why Hannibal's or Napoleon's intuitions were wrong on certain occasions, but no philosopher and no linguist will have the audacity to fault Jane Austen or Charles Dickens for violating in their prose the rules of language he claims to have discovered. The mastery of the vernacular does not presuppose the ability to produce reasons, linguistic or philosophical, for its correct use.

11. Syntax and semantics

What I have been arguing for in the last pages is the existence of a linguistic competence in semantic matters, shared by all fluent speakers of a given language: they are able to apply certain terms in real or imagined situations correctly, without being aware of the reasons that make these responses the right ones. In the domain of syntax, the operation of such competence is even more obvious: indeed, no one would claim that judgements of grammaticality, routinely made by native speakers, are based on a conscious application of grammatical rules. The history of syntactic studies in the last thirty years or so should convince anyone that we do not have an adequate English grammar — or, which comes to the same thing, we have too many of them. Yet, for centuries, people observed the rules of grammar very well, without knowing what they are; or, in the case of the learned, having a totally inadequate grammar, based on Latin, for a guide. A very important fact to remember is this: the grammar of one's native tongue is learned, if at all, while one is already a fluent speaker. And then compare how one learns chess, or calculus for that matter. — It is generally admitted by this time that no sharp line can be drawn between syntax and semantics. There are syntactic restrictions on words, and, as we are going to see, some of these affect the very meaning of some important words. No wonder, then, that the intuitive linguistic competence, so obvious in matters of grammar, also shows up, as we have demonstrated, in the semantic dimension of language. I am going to give an example in which syntax and semantics complement one another to account for the full understanding of a group of crucial words. A close examination of this case will show the necessity of assuming some innate factors operating in the learning and practice of natural languages. The words in question are the ›epistemic‹ verbs much discussed by philosophers through the ages: 'know', 'believe', and their family. Followed by a 'that'-clause the verb 'to know' is ›semantically factive‹, i. e., the truth of the sentence occurring in the clause is presupposed by the speaker (s. art. 80). 'Jim knows that Jane is in Paris, but she is not' is unacceptable. Not so with 'believe': 'Jim believes that Jane is in Paris, but she is not' is all right. Now try these: 'Paul knows where she is', and 'Paul believes where she is'. The first sentence is fully grammatical, the second is fully and certainly ungrammatical. Why? I don't quite know, and probably nobody else does. What we do know, however, is the following: 'wh'-clauses of the kind

'who he is', 'what he did', 'where he went', 'when it will arive'

go with semantically factive verbs (like 'know', 'discover', 'find out', 'learn', etc.), but not with nonfactive ones (like 'believe', 'think', 'say', etc.) (Vendler 1979, 220 ff). There are overlaps (e. g., 'tell') and dubious cases which require fuller treatment (e. g., 'regret', 'guess'), but, for our purposes, the contrast between the clear cases will suffice. Here we have a relation between an important and wide-spread semantic feature (factivity), and an equally important and wide-spread syntactic feature (tolerance of 'wh'-nominals). How did we learn this connection? Certainly not by learning a rule, since (except for some linguists), nobody has ever heard of factivity or 'wh'-nominals. Is it, then, a matter of ›generalization‹ and ›extension‹? People ›heard‹ sentences like 'He knows where …', 'She discovered what …', etc., but not 'He believes where …', 'She thinks what …'. This is not true, to begin with. 'She thinks what I think' is perfectly correct, but, linguists will tell you, this is another 'what': a relative pronoun equivalent to 'the (same) thing which'. Now, do common folks know that there are 'whats' and 'whats'? — Let us say, people extend the 'wh'-tolerance from 'know' to 'discover', 'find out', etc. What stops them from extending it to 'believe', 'suspect', etc.? Some kind of reasoning? No, because in certain cases the extension would be warranted and desirable. Suppose we are treasure-hunting, and I have an idea where it might be hidden, but I don't know it for sure. What can I say? 'I believe where it is' is indicated, but, contrary to all ›reasonableness‹, it is not right. So I compromise: 'I think I know where it is'. In this way, I use 'know' to crack the 'wh'-clause's resistance to 'think'. For 'know' has no other role in the sentence, since I do not want to say that I know … I mentioned above that the verb 'tell' is ambivalent in this respect: it has factive and nonfactive uses. Clearly, a sentence like 'She told me that she lives in Chicago, but she lied' embodies a nonfactive use. But consider this: 'She told me where she lives, but she lied'. The sentence fails, because the 'where'-clause, which 'tell' permits, requires factive reading, which the sequel contradicts. If she lied then she did *not* tell me where she lives.

12. Unlearned knowledge

Now how do native speakers know all this? By learning a rule? In high school? By figuring out the rule by themselves? Then they should take up linguistics . By ›projecting‹ from what they heard? But the point is they never heard things like 'He thinks where it is'. Then perhaps they know it is wrong because they never heard it. No, they know it is *wrong*, not just unheard of. Yet, as we just saw (in the treasure case) sweet reason speaks for it. The only reasonable explanation is that the 'wh'-prohibition just ›kicks in‹, when non-factives are to be used. How is that possible? In the following way: verbs like 'think', 'believe', etc., are tied to a nonfactive ›node‹ in the subject's makeup, which, unbeknownst to him, is programmed to reject 'wh'-clauses. This solution implies, of course, that such ›nodes‹ as ›factive‹, ›nonfactive‹, ›wh-clause‹, and the like, together with their connections, preexist in the subject, that is to say that he is ›prewired‹ for the learning of certain words and structures. Thus the infant learning his language does not start empty-handed: he has at least the outline of the jigsaw-puzzle he has to put together from the pieces he encounters in hearing people talk. — If this is so, then such connections have to show up in all natural languages. And the study of ›linguistic universals‹ demonstrates that they do. I do not have the space to review these results here. I just give one illustration, which impressed me greatly when I first thought of it. I tried to see if the factive '*wh*'-connection holds up in Hungarian. It does, and in an even more striking way than in English. The Hungarian verb 'mond' ('say' or 'tell') can be used factively and nonfactively, but, unlike in English, these uses are marked:

    azt mondta ('he said', nonfactive)
    megmondta ('he said', factive).

Accordingly:

    Azt mondta hogy Bécsbe ment, de hazudott (He said that he went to Vienna, but he lied)

is grammatical, but

    *Megmondta hogy Bécsbe ment de hazudott (He said that he went to Vienna, but he lied)

is not. And, just like by magic,

    *Azt mondta hogy hova ment (He said where he went)

is firmly ungrammatical, but

    Megmondta hogy hova ment (He said where he went)

is firmly grammatical. I was greatly suprised at discovering a rule, operating in two widely different languages, which I had unwittingly yet unhesitatingly followed *in both languages* through decades. — The conclusion has to be that the speaker of a language knows more than he has learned. And the difference corresponds to the native element underlying the acquisition of any natural language. This assumption accounts for the fact that philosophical conclusions arrived at on the basis of ›what can be said‹ in one language ordinarily survive the translation into another language. The linguistic support may have to be altered, but the conceptual distinctions remain. Consider, for example, the important distinction between processes (like running, calculating, watching, etc.) and states (like believing, knowing, seeing, etc.). In English one powerful argument for this difference is taken from the availability of progressive tenses ('I am running') for the first group of verbs, and their unavailability for the second group ('*I am knowing'). Owing to the lack of progressive tenses in most other languages (e. g., German, French, Latin), this particular argument cannot be matched in them, but others remain to make up a convincing case. Think of the equivalents of such adverbs as 'fast', 'slowly', of such modal verbs as 'start', 'stop', 'resume', 'finish', and so forth. They will be applicable to process verbs but not to state verbs. There can be little doubt that the cluster of concepts marking progressivity be-

longs to the domain of fixed linguistic universals no less than the cluster around factivity.

13. Stability of concepts

With these results in mind, we are able to cope with the objections, mentioned at the beginning of this paper, raised against the philosophical method here outlined. As we recall, these objections were based on two related points. The first is this: our concepts show how we think about reality, but nothing follows from this to the nature of reality. That has to be investigated by science. The second point is a consequence of the first: the march of science, at any given stage, outstrips the conceptual network of common sense, which, accordingly, is but a leftover of outdated science. Hence the results obtained by the linguistic philosophers are, at best, of anthropological interest: a description of our current concepts, on par with the description of our current beliefs, prejudices, superstitions, and the like. — My first reaction to this kind of thinking is the following. If, indeed, the philosopher is a disguised anthropologist, then he must be a bad one. For, in the first place, he does not do empirical research, nor does he pay particular attention to the public's thinking about such things as religion, astrology, communism or the American Way of Life. No, he remains in his armchair, arguing with himself, or with other philosophers, without the benefit of opinion surveys, or interviews with the public. So it appears that if he is an anthropologist, then the only ἄνθρωπος he studies is himself. Indeed, as we repeatedly noted, his typical argument follows the pattern: 'this is so, because *we* would not say ..., since *I* would not say ...'. And why would not he? Because, of course, he *could* not, so long as he wished to remain a speaker of the language. Believers in a religion, superstition, or political ideology, can at least entertain the idea of giving up their religion, doubting their superstition, or changing their political beliefs. And they can discuss, in words, all these possibilities. Not so with language, and its conceptual system. One cannot think about anything without the concepts we actually have, and we cannot discuss anything without adhering to the rules that constitute our languages. Thus there is an a priori, unavoidable framework of speech and thought which imposes itself on our conception of the world and of ourselves. And the philosopher, this ›one-man anthropologist‹ is concerned with this framework: he tries to make explicit what we all ›know‹ in a sense, but have to be reminded of, if we go astray. — I just used the words 'a priori', and 'unavoidable' in describing language, and the concepts it embodies. I did not say unique, or unchangeable. Indeed, without the innateness hypothesis, we cannot make a stronger claim. There is an enormous variety of natural languages, and each of them is subject to change. We should remember, however, that, as far as we know, all natural languages are intertranslatable, and the philosophical conclusions survive the change from one language to another. As I just noted, some arguments may have to be rephrased, but nobody feels the necessity of showing, say, in English, what has been shown in German (e. g., by Wittgenstein). Thus the main conclusions of the linguistic philosopher do not remain language-parochial. Take the example of Gilbert Ryle's *The Concept of Mind* (1949), a typical product of this approach. It has been translated into dozens of languages successfully, in spite of the fact that the very word 'mind' has no one-word equivalent in German, French, Hungarian, etc. A parallel argument shows that linguistic change cannot affect the basic features of language, and consequently the fundamental concepts of our thinking. Science and technology have made enormous strides since Homer and Plato. Yet we understand both (with proper study, of course), and can appreciate Plato's thinking, say, on knowledge voiced in *Theaetetus*. Science indeed, and developments in other fields too, may ›trickle down‹ as it were, and have an effect on the way we think about the world and ourselves. Just recall what mechanism did to the concept of an animal, and what the theory of relativity did to our concept of time. Nobody can deny that science does and should have an influence on our thinking. But even this influence is only possible through our understanding of the scientific results, which has to be achieved by means of the conceptual apparatus we actually have. Even the theory of relativity has to be explained in words (and established symbols), to the student — it is not communicated by osmosis. — To claim that in the future all, or most, of our current conceptual apparatus will be ›evacuated‹, and replaced by something entirely new and ›scientific‹, is to indulge in secular eschatology: the coming revelation of heaven and earth as they really are, basking in the pure light of science, and seen without the blinkers of folk-belief. Such visions of the future may inspire the soul, and may have their place in religion and other orthodoxies, but do not amount to a philosophical theory. The suggestion that philosophers should not spend their time in puzzling out the notions that we now have, but go to the laboratory instead to see how things really are, could be countered by pointing out that what they learn there is but the current state of science soon to be overriden by future development. ›But we need the former in order to reach the latter …‹ True, but so we need our concepts, and words, to understand the whole thing, including the idea of progress.

14. Mind and evolution

Thus far we defended the constancy of our conceptual apparatus on a purely *de facto* basis. Synchronically we appealed to the phenomenon of intertranslatability, and, diachronically, to our ability to understand past documents as far back as they are available. We have not made use, in other words, of the innateness hypothesis, a limited form of which we had advanced in the previous discussion. Given that hypothesis, the constancy of our concepts through space and time appears in a new light: not something that merely happens to be the case, but something that has to be the case, owing to the genetic unity and constancy of the human race. Thus there can be no language which is not intertranslatable with our own, and no development, scientific, cultural, or whatever, that can alter the linguistic universals, and the underlying conceptual system we all share. Accordingly, the conceptual analysis achieved by the linguistic philosopher reveals the fundamental features of the human mind, including the basic categories in terms of which alone we are able to understand the world and ourselves. — It has to be admitted, of course, that even our native endowment is the result of evolution, thus of change. But, as far as we know, the rate of such change is so slow that it is unnoticeable in mankind's cultural history. Homer's Greek is at least as sophisticated as the English of our best writers. We cannot assume, moreover, that it has suddenly arisen full blown, like Athene from Zeus's head. It must be the result of a development going back perhaps to tens of thousands of years. If so, then the essentials of language, and the basic features of the human mind, could not have changed much from the cave to the skyscraper. I have the suspicion that the cavepainters of Lascaux could learn English (and we could learn their language), and, if they did not have more pressing concerns, we could discuss philosophy with them. Aristotle compares the mind to the hand: "as the hand is a tool of tools, so the mind is the form of forms" (*De Anima* 432 a f). The human hand, aided by tools and instruments ultimately fashioned by itself, can do wondrous things in our times. Yet it is the same hand that wielded the stone-axe in the Ice-Age. Similarly the human mind, through the sciences it created, has unraveled many of nature's mysteries. Yet it is the same mind which first wondered about them with awe and curiosity in the age of Thales, and much earlier (s. art. 1). There is no reason to think, therefore, that it is about to change, right now, owing to some new discoveries in neurophysiology. Are we on the threshold of a new mutation? – The linguistic philosopher does not have to worry that his subject stands on shifting sand. And he better continue with his work of exploring concepts by inventing weird examples, and making up funny sentences. After all, it has to be done, and nobody else is around to do it.

15. Selected references

Austin 1961, *Philosophical Papers*.

Churchland 1986, *Neurophilosophy: Toward a Unified Science of the Mind-Brain*.

French/Uehling/Wettstein (eds.) 1979 a, *Contemporary Perspectives in the Philosophy of Language*.

Gettier 1963, Is justified true belief knowledge?, in *Analysis* 23, 6.

Kripke 1980, *Naming and Necessity*.

Lewis 1973 a, *Counterfactuals*.

Putnam 1981, *Reason, Truth, and History*.

Quine 1960, *Word and Object*.

Rorty 1979, *Philosophy and the Mirror of Nature*.

Russell 1921, *The Analysis of Mind*.

Ryle 1949, *The Concept of Mind*.

Vendler 1967, *Linguistics in Philosophy*.

Wittgenstein 1953, *Philosophische Untersuchungen*.

Zeno Vendler, San Diego, Cal. (USA)

119. Philosophy of language and ontology

1. The impact of philosophy of language on the concept of ontology

1.1. Scepticism about ontology as a study of the nature of being

Analytical philosophy has adopted a characteristically specialised conception of ontological enquiry. The term 'ontology' was authoritatively canonised by Christian Wolff (1736, 1) as a name for the science of being *qua* being that Aristotle (s. art. 15) articulated in his *Metaphysica*. This science was supposed to study the nature of being in general, as distinct from particular varieties of being which constituted subject-matters for the special sciences. But many modern philosophers of language have thought the idea of such a science of being *qua* being to be misconceived. Thus Thomas Hobbes (1914, 368 f) pointed out the possibility of a nation's having a language which dispensed with the use of a special verb like 'esse' or 'to be' to function as a copula. So if in that language a direct sequence of noun and adjective, for example, could translate what in Latin or English is expressed by the sequence of noun, 'is' and adjective, it was clear that the verb 'esse' or 'to be' did not name anything and therefore that there is no room for a science of being. Again, Immanuel Kant (1781, 598) insisted that 'being' is not a genuine predicate. The word 'is' may relate a subject to a predicate, but does not itself add anything to the concept of the subject. Bertrand Russell (1920, 164 f) drew a similar conclusion from his analysis of the role of the existential operator in deductive reasoning. In a logically explicit language an existential operator is neither a constant nor a variable of any kind but quantifies over a propositional function: the propositional function is asserted to be satisfied in at least one case. And Rudolf Carnap's (1956, 205 ff) philosophy of language included a neat embodiment of this sceptical attitude towards ontology (in the classical sense of that term). Whenever someone introduces a rule-governed linguistic framework for talking about a certain kind of entity, we have to distinguish, said Carnap, between two different ways in which questions about existence may be asked. Some questions arise within the framework, such as the question 'Are unicorns real?' within the ordinary framework for the system of spatio-temporally ordered things, or 'Is there a prime number greater than a hundred?' within the framework for the system of natural numbers. But such questions do not raise any philosophical issue about the nature of being, because the rules for appraising answers to them are implicit in the appropriate framework. Other questions may be raised about the existence or reality of such a system as a whole, as in 'Does an objective world exist?' or 'Are numbers real?' If these latter questions were asked within the appropriate framework they would be trivial and their answers would have to be affirmative. So, according to Carnap, philosophers who suppose them to be non-trivial (and to exploit some fundamentally unqualified concept of existence, reality or being) must be asking them outside any definite framework. But then, argued Carnap, they must be pseudo-questions because no rules have been specified in accordance with which they may be answered. Questions can indeed arise about a framework as a whole. But such questions are practical ones, not cognitive ones. We have certainly to make the choice whether or not to accept and use the forms of expression in a particular framework. But we do this, according to Carnap, on the basis of practical considerations. For example, the ›thing‹ language may be thought to have greater simplicity, efficiency and fruitfulness than the language of ›sense-data‹ (for a similar conclusion, based on ordinary language analysis, see Ryle 1932). Hence again no philosophical issues arise about the nature of being. Not every analytical philosopher of language — certainly not Willard Van Orman Quine — accepts Carnap's sharp distinction between questions within a linguistic framework and questions about it. But at least they are all agreed that being *qua* being is not a legitimate object of scientific enquiry. They are content instead to discuss the nature of questions about existence.

1.2. Ontology as an analysis of existential assumptions

Consequently in most contemporary philosophy of language the term 'ontology' has shifted its meaning. To call an enquiry ontological is now to imply that it concerns *what* exists, rather than that it concerns the *nature* of existence. And even in this sense an ontological enquiry may be occupied rather with what a particular theory or group of theories assume to exist, than with what in any case has to be supposed to exist. As a historian one can seek to explicate the ontological assumptions of a particular scientific theory, such as Newtonian mechanics, without any commitment as to its truth-value or other merits, or as a philosopher one can seek to explicate the ontological assumptions that a particular branch of science ought to make or to evaluate those that it does make. In other words, in any logically sophisticated reconstruction of a scientific theory an ontology will be imparted, as Quine has emphasised (1953a, 15), by the choice of values for its quantified variables. But in reviewing such an ontology the value of the theory and the optionality of its reconstruction may or may not be also at issue.

2. Ontological issues within the philosophy of language

So much then, for the meaning of the term 'ontology', as it has been affected by developments in the philosophy of language. We must pass now to consideration of the actual ontologies (in the current sense) that have been debated in the course of recent philosophical reflection on the various ways in which we think and reason about language. These debates fall into two main groups. In one group of debates semantic theory is seen to have implications for ontology in every field of human enquiry. Because every ontological claim or its denial has to be spelt out in a meaningful sentence, any constraints that bear on meaningfulness will also bear on ontology, and a realist semantics for scientific theory will need to be backed by appropriate accounts of how the relevant knowledge can be acquired. In the other relevant group of debates the ontological claims involved are those specific to particular linguistic sciences, such as to phonology, morphology, grammar, sociolinguistics, etc. And in this latter context we shall inevitably become concerned with questions about relationships between the linguistic science and neighbouring disciplines — for example, with questions about the closeness of the connection between theories of grammatical universals and the developmental psychology of language-learning.

2.1. General problems about the interpretation of theoretical terminology in science

A debate that dates back to the origins of modern science is the controversy between realists and anti-realists about the interpretation of theoretical terminology in the natural sciences (s. art. 99; 100).

2.1.1. Of course, anybody can assign whatever meanings he pleases to his words. But the question at issue in this debate has not been: what meanings have been intended by the authors of certain sentences? It has been instead: in what meanings is it reasonable to accept that those sentences are true? Are statements about gravitational attraction, for example, to be understood just as statements about the patterns of direction and velocity that are instantiated, within certain limits, by the movements of material particles? Or do they describe a natural force that is distinct from those patterns and causally responsible for them? And similar questions arise in regard to any scientific statements that are not formulated in unproblematically observational terms, e. g. to statements about viruses, sub-atomic particles, protein molecules, electro-magnetic radiation, etc. These are all ontological questions, because they concern what kinds of things are real: does gravitational attraction exist *in addition* to patterns of motion? do viruses exist *in addition to* the pathological conditions (and electronmicroscope phenomena) which their presence is said to explain? and so on. Moreover, there is another question of semantic interpretation that is ontologically relevant. This question is not about the kind of terminology that varies between one scientific theory and another but about terminology that effects all such theories alike, and disputes about how

to answer it echo the traditional three-sided controversy between nominalists, conceptualists and realists (s. art. 61). The question at issue is: what does it mean to say that a particular theory states a law or laws and not just a big-scale coincidence? Everyone agrees that from a law, as distinct from an accidentally true generalisation, we can derive knowledge of what would happen even in situations other than those that actually occur. Laws are crucial for prudent decision. But are they features of reality or of our thought or discourse about reality? On a nominalist view, like that of Frank Plumpton Ramsey (1978, 128 ff), to say that a certain sentence states a law may be to say no more than that it is deducible within a systematically complete description of perceivable happenings. On a conceptualist view, like David Hume's (1888, 155 ff) or Kant's (1781, 126), the necessity asserted when one calls a natural uniformity a law is a necessity in, or deriving from, how we think of events, not a necessity that links events to one another independently of our own minds. On a realist view, like William Kneale's (1949, 70 ff), laws would be different from coincidences even in a sentenceless and mindless universe: their necessity is a feature of objective reality.

2.1.2. Important ontological differences are thus generated by differences of opinion about the meanings of certain sentences, where the truth of these sentences is fully accepted. Clearly, therefore, any philosophy of language that affects these interpretational issues will have ontological implications. And the kind of philosophical principle that is semantically most restrictive is an empiricist one. Thus a verificationist criterion of meaningfulness like Moritz Schlick's (1936), or an operationalist one like Perry Williams Bridgman's (1954), forecloses the possibility of a realist ontology. If the meaning of a proposition is its method of verification and all verification is (directly or indirectly) perceptual, then any entities, relations or processes described by a true proposition must be ones that are in principle perceivable, and a catalogue of distinct items in reality will not list viruses, for example, in addition to the pathological conditions that their presence is said to explain. Similarly, if knowing the meaning of a proposition is identified with knowing the conditions that would warrant its assertion, as in the kind of anti-realism that Michael Dummett (1976 b) has discussed, then even the reality of the past may be called into question. Such an anti-realist may insist that the meanings of statements about the past are tied directly to what we count as evidence for them, so that such a statement, if true at all, can be true only in virtue of something which we should count as evidence for its truth.

2.1.3. Philosophers can, of course, go some way towards achieving an ontologically neutral conception of meaning by adhering instead to Donald Davidson's (1984a) programme for constructing the semantics of a natural language. Our knowledge of the meaning of the English sentence 'Snow is white', for example, may be systematically equated with our knowledge that this sentence is true if and only if snow is white. Correspondingly our knowledge of the meaning of the English sentence 'Influenza is caused by a virus' may be equated with our knowledge that this sentence is true if and only if influenza is caused by a virus. And neither that equation, nor any logically more refined version of it, tells us anything about whether viruses and causation are or are not distinct from their perceivable manifestations. But the philosophy of language achieves that kind of ontological neutrality at a considerable cost. First, there are in any case internal difficulties in Davidson's programme, such as its inability to deal adequately with the polysemy that characterises most items in the vocabulary of a natural language (L. J. Cohen 1985). Secondly, a philosophy of language that is genuinely neutral on ontological issues ought to show *how* sentences about imperceivables can at least be meaningful, so that their truth-value can become a matter for rational discussion. But Davidson's programme elides the problem that is specific to this type of sentence. When he discusses how people learn the truth-conditions of the sentences in their language (Davidson 1984a, 141 ff), he says nothing to answer the challenge from verificationists, operationalists, etc.: how can we learn the reference of terms that purport to denote what is in principle imperceivable?

2.1.4. It follows that not only those who prefer a realist ontology, but also those who wish to preserve a genuinely open-minded neutrality, must find some additional basis for determining meanings, over and above that which a doctrinaire empiricism can allow. And the principle that they need to invoke

for this purpose is that of analogy (s. art. 85). Thomas Aquinas (Ross 1981, 164) found this principle indispensable in any elucidation of how it is possible for human beings to refer to the invisible Person whom they worship. And it is equally indispenable for the task of elucidating how it is possible for scientists to refer to imperceivable entities or processes. For example, certain kinds of physical particles may be thought of as resembling more familiar middle-sized-objects in having parameters of mass, spin, charge, velocity, etc., but as differing from them by not having parameters of colour, temperature, etc. (Hesse 1961, 24), just as 'God' may be said to mean something resembling humans in having attributes of personality, but as differing from them by not being subject to biological processes, or to limitations of power, etc. Or again a law of nature resembles a human law in that it determines a non-accidental uniformity of behaviour but differs from a human law by not issuing from an authority and not admitting of disobedience. Moreover, the thesis that analogy has an important role to play in determining meaning is not just an *ad hoc* assumption that is needed in order to make a realist ontology describable. It is also needed in any plausible account of metaphor (s. art. 91), since metaphorical meaning seems always to depend on an analogy of some kind. If the clouds this evening are said to be made of pure gold, for instance, it is because they have the colour — even though not the other properties — of pure gold. Indeed we must probably now accept that analogical reasoning is crucial to semantic learning at quite an early stage, since there is now experimental evidence of various kinds to support the view that people can learn to name even everyday kinds of objects correctly by drawing analogies with previously observed instances or with mentally constructed prototypes (Rosch/Lloyd, 1978, *passim*; G. Cohen 1983, 81−89). What emerges, therefore, is that if the philosophy of language pays due attention to the ways in which the meanings of words may be determined by analogy, it need not be constrained by empiricist prejudice. It need not be committed to an anti-realist ontology nor yet to a realist one. After all, the philosophy of language ought not to place unnecessary obstacles in the path of rational discussion. So it ought to allow, if possible, the expression of rival ontological doctrines in regard to the presuppositions of scientific enquiry, just as it ought to allow the expression of both theist and atheist doctrines in theology. Then, just as there can be arguments for or against theism on non-linguistic grounds — arguments from design, for instance, or arguments about the difficulty of attributing omnipotence, omniscience and benevolence to a Creator of the world as we know it —, so too there can be arguments for nominalism, conceptualism or realism that relate to internal issues within particular sciences rather than to a general linguistic problem about all theoretical terminology. Thus certain structural continuities with minute but perceivable entities might argue for a realist view of biological microorganisms, while the subtlety of the mathematics affecting quarks and their attributes, along with the non-existence of any obvious analogies with perceivable entities, might favour an anti-realist interpretation of statements about them. Similarly, just as a conservative jurisprudence favours A. W. Blackstone's (1774, 1; 70) view that judges discover the common law and do not make it, and a more liberal inclination favours John Austin's (1869, 66) view that they make and do not find it, so too the conception of scientific progress as an accumulation of discoveries favours a realist view of laws of nature while emphasis on the inventive and revisionary element in scientific progress favours an anti-realist view. Accordingly it is the philosophy of science, not the philosophy of language, that ought to provide a critique of these ontological issues. Discussion of such an issue in linguistic terms may help to clarify what is at stake, but cannot suffice to resolve the problem.

2.2. Problems about the ontology of linguistics

2.2.1. We must turn now to the ontology of linguistics. So far we have been examining how the philosophy of language, and in particular the philosophy of meaning, is or should be related to ontological issues that arise in the natural sciences. But there is another area of ontological debate with which the philosophy of language is more directly concerned. In this area we are concerned with the ontological presuppositions of the linguistic sciences, not with those of the natural sciences. And here it is doubtful whether a wholly neutral stance is either desirable or even possible. Neutrality in the philosophy of *language* is desirable in regard to ontological issues in the natural sciences in order to allow those issues to be discussed within the phi-

losophy of *science* on the basis of their local merits, rather than prejudged on the basis of some global argument about the nature of meaning. But the linguistic sciences — phonology, morphology, syntax, lexicography, comparative historical philology, dialect geography, sociolinguistics, etc. — inevitably raise a wide variety of other ontological issues, which call for mediation or arbitration, rather than neutrality and disengagement, on the part of the philosophy of language. Or instead of using the terms 'philosophy of language' and 'philosophy of science' it might be more appropriate for us to say that the philosophy of the linguistic sciences stands in much the same relationship to those issues about phonology, etc., as does the philosophy of the natural sciences to the corresponding issues about physics, etc. But such issues do not always stand out with equal clarity. And among the linguistic sciences it is to phonology, morphology and syntax that we must turn in order to see the ontological debate at its sharpest. The example provided by the last fifty years' developments in that area will serve to illustrate how different theoretical approaches in linguistics may legitimately come to be categorised, along the lines marked out by Jerrold Katz (1981), as nominalism, conceptualism or realism, as the case may be.

2.2.2. A relatively nominalist ontology is evident in the work of the American structuralists, such as Leonard Bloomfield (1933) and Zelig Harris (1951). Characteristically, the ultimate linguistic realities for them were audible events, and they harshly repudiated traditional assumptions that these events functioned primarily as expressions of ideas or as the surface manifestations of underlying mental processes (which were supposed to explain our ability to classify such manifestations). The task of a grammarian was first to discern similarities and differences between these ultimate events, and then to discern similarities and differences between those similarities and differences. Thus an elaborate system of description and classification was developed, that could transform a motley corpus of utterances into a tidy basis for inductive generalisation. For example, just as a certain sequence of speech-sounds could be classified in the phonological dimension as a sequence of such-or-such phonemes and phonemes themselves were combinations of yet more fundamental features, so too a sequence was classified by Bloomfield in the syntactic dimension as a combination of such-or-such taxemes. A form like 'John ran' was regarded by Bloomfield (1933, 166 f) as combining the taxeme of including a nominative expression, the taxeme of including a finite verb, a taxeme assigning finite verb expressions of certain kinds to nominative expressions of certain kinds; a taxeme of order placing the nominative expression before the finite verb expression, and so on. And Harris's (1965) theory of transformational structure added a further level of classification, which took into account syntactic relations between sentences. Features of distributional regularity that depend on substitutability within such-or-such a frame could now be discerned in relation to longer stretches of discourse than single sentences. But grammatical enquiry did not assume that behind the manifest structure of our descriptions of speech-sounds there lay some corresponding mental structure that explained it. With a characteristically nominalist instrumentalism Bloomfield wrote that

"the descriptive order of grammatical features is a fiction and results simply from our method of describing the forms; it goes without saying, for instance, that the speaker who says 'knives', does not 'first' replace [f] by [v] and 'then' add [-z], but merely utters a form ('knives') which in certain features resembles and in certain features differs from a certain other form (namely, 'knife')" (Bloomfield 1933, 213).

Correspondingly, the structure of the producer was not at issue, only the structure of the product. So there was no room to distinguish between linguistic competence, as the ideal speaker-hearer's knowledge of a language, and linguistic performance, as the actual use of language in concrete situations. The task of grammatical theory was to devise a taxonomy for the corpus of actual utterances and to generalise about relations between those features. It was not to extrapolate a basis for idealisations. There was no interest in contrasting a perfect speaker-hearer with an actual one. So to call a sentence ungrammatical or incorrect was at best to judge it unacceptable within a specified dialectal community, and at worst to reflect some social prejudice against a particular dialect. As viewed by a grammarian with nominalist leanings languages do not have rules.

2.2.3. On the other hand Noam Chomsky's (1965; 1968) insistence on the cardinality of the distinction between linguistic competence

and linguistic performance commits him to a conceptualist ontology. In order to maintain this distinction grammatical theory has to be treated as a branch of psychology, and the primary focus of a grammarian's attention has to be the structure of an ideal speaker's mind rather than the fragmentary and irregular sounds that speakers actually make. The ontology here is conceptualist, in the sense that the language-learner deploys or ingests mental rules and does not just discern similarities. Indeed, alongside his inability to construct a grammar of Hebrew on taxonomic lines, it was a dissatisfaction with the explanatory potential of nominalist linguistics that led Chomsky to his innovatory position in grammatical theory. According to a strict nominalism children had to learn the grammar of their native language by a mechanical procedure for discovering the relevant features of the corpus of utterances that they encountered, where this procedure was limited to a few basic operations that were in no way specific to language, such as substitution and matching. But Chomsky found himself unable to explain how classificatory categories like 'phoneme', 'morpheme', 'noun-phrase', etc., could ever be obtained from a corpus by such a procedure. Moreover, in order to explain how a child could learn from a corpus of already uttered sentences how to construct new ones Chomsky and George Miller (Chomsky/Miller 1963) calculated that the child would have to learn the values of approximately 10^9 parameters in a childhood lasting approximately 10^8 seconds (i. e. three years): only thus could the child come to be able to evaluate the probability of a new sentence's acceptability appropriately. Chomsky came to think that all these difficulties could be resolved by supposing grammars to be generative — i. e. to be formal systems that generate all and only the sentences of a language in such a way that the derivation of a sentence provides an adequate basis for marking its grammatical properties and relations — and that every normal child is born with the ability both to form tacit hypotheses about the generative grammar of its native language and also to evaluate these. So the conceptual resources for grammatical description were innate in the child's mind, along with the standards of correct description. Within such a framework it made good sense to distinguish the competence of an ideal speaker-hearer, within any particular speech-community, from the performance of an actual speaker-hearer. When viewed thus languages have rules and their speaker-hearers have tacit knowledge of these rules.

2.2.4. But, if languages have rules, perhaps it is these rules — rather than the mental mechanisms that embody them — which are the ultimate objects of grammatical study? If so, the ontological implications of grammatical theory would be neither nominalist nor conceptualist but realist. Grammatical markers, on such a view, are not just groupings of utterances by similarity, nor do they voice innate mental dispositions. They represent objective features of linguistic reality. And a theory of this kind has been sketched by Katz (1981). On his view senses are abstract objects, like Fregean thoughts (Frege 1918), and actual language is a system of correlation between sentences and senses, where there are no limits to expressive power (though not every meaningful assertoric sentence need have a truth-value). So the grammarians of a language may be described as studying a system of rules, in that a speaker-hearer who gets a correlation wrong may be described as a deviant performer. But these rules are themselves to be thought of as abstract objects, like Platonic numbers, not as idealisations of mental procedures or physical processes. Indeed, on such a view grammar is a branch of (Platonistically construed) mathematics, not of psychology. And, if grammar relies more on intuitions and less on proofs than do other branches of mathematics, that is to be attributed to its relative immaturity. Moreover, Katz claims, this realist ontology allows grammarians to give a much more plausible account of analyticity than do nominalist or conceptualist theories. The necessity of linguistic truths is not made to depend on social conventions or mental constructions but on a system of mathematical rules that exists outside either time or space. Mathematical truth is not explicated by analyticity, as in the nominalist logical positivism of Alfred Jules Ayer (1946, 74 ff), but vice versa. Perhaps at first such a conception of grammatical enquiry seems intolerably paradoxical because it ignores the seemingly obvious fact that linguists build their theories on, or test them against, empirical date. But do they? Katz's claim is that data about grammaticalness or sense-sentence correlation are given in intuition. He concedes that such a faculty of intuition should not be conceived on the model of perception, since there can be no causal process that links a person to an abstract object about which he has an intuition. But, on his view, people can construct concepts in their minds that may or may not correspond to abstract objects: that is how grammatical intuitions arise. And in order to be able to do this people must be supposed to be innately endowed with the appropriate mechanism. They must be attributed not only, as in Chomsky's conceptualism, everything that is necessary for the construction of the general notion of a sentence of a natural language and of the particular notions 'English sentence', 'French sentence', etc., but also innate mechanisms for self-correction that are based on notions of the ›abstract object‹ and ›knowledge-of‹ relations, in order to compensate for the fact that in practice their representations of the relevant abstract objects may contain errors of omission or of commission or of both (s. art. 72).

2.2.5. Sometimes differences in ontological presupposition affect the practice and textbook content of a science and sometimes they do not. Thus it makes no difference to the laws of classical mechanics whether the term 'gravitational attraction' is given a realist or an instrumentalist interpretation. The laws of motion can be stated by just the same sentences in both cases (even though there may be differences in the finer analysis of their meanings) and technological exploitation of those laws would be quite unaffected by ontological performance. No ship would go off course because the captain calculated his position on realist assumptions and the mate did so on instrumentalist ones. But there are other areas of scientific enquiry that are not ontologically indifferent in this way. Thus, as Quine (1953 a, 14 f) pointed out, the choice between realism and conceptualism makes an essential difference in the amount of classical mathematics to which one is willing to subscribe. Realists, and in particular logicists, by condoning the use of bound variables to refer to abstract entities of any kind — known or unknown, specifiable or unspecifiable — are able to include Georg Cantor's ascending orders of infinity in their mathematics. But conceptualists, known in the philosophy of mathematics as ›intuitionists‹, confine their attention to entities that admit of construction in the human mind and therefore stop at the lowest order of infinity. And nominalist philosophers of mathematics, known as ›formalists‹, because they treat classical mathematics merely as a play of non-significant notation — notation that is not anchored in reference either to abstract entities or to mental constructs — need to devise a proof of consistency for each axiom-system that is to command serious attention. The question arises, therefore, whether the study of natural languages is ontologically indifferent, like mechanics, or ontologically involved, like mathematics. In particular, we may ask: is the agenda for grammatical enquiry affected by ontological commitment? are there sentences that on one such commitment count as being grammatical and on another do not? are there branches of the study of natural language that are likely to be congenial to those who tend to favour one kind of ontology but not to those who favour another?

2.2.6. It is fairly evident that these three questions all require affirmative answers. For example, in regard to the agenda of grammatical enquiry we have already seen that the programme of American structuralism was in keeping with its champions' nominalist ontology. But neither conceptualists nor realists can be satisfied with a programme for just classifying, and generalising about, a corpus of utterances. Equally a sentence may still be grammatical for a conceptualist or realist even though it has so many embedded relative clauses that in normal speech it would never be either uttered or understood. But a sentence that was thus unacceptable in practice would certainly be ungrammatical for a nominalist. Indeed the number of grammatical sentences in a particular natural language might well be infinite both for a conceptualist, because no limit need be set to the number of times certain generative rules are applied, and also for a realist, because abstract entities never crowd us. But the nominalist requirement that grammatical sentences be acceptable in practice could well limit them in length and so make their number finite. On the other hand, though nominalism is much more restrictive than conceptualism or realism in regard to grammaticalness, it associates much more smoothly with historical, geographical or sociological studies of language. We expect diachronic linguistics to be concerned ultimately with the forms and patterns of utterances that have historically occurred, just as art history is concerned with the paintings and sculptures that have actually been created. Similarly dialect geography and sociolinguistics seem to be concerned with the distribution and explanation of certain classifiable features of people's utterances. In the corpus of actual utterances nominalists can readily notice changes over time or space, scattered and disorderly as they may be. But conceptualists and realists cannot notice such changes in their domain of study, since in the one case the relevant mental dispositions or mechanisms are postulated to be inherently orderly rather than observed to be disorderly and in the other the relevant rules are abstract entities that, like Platonic numbers, do not exist in space or time and are therefore changeless. For conceptualists and realists the history, geography and sociology of language are not so much studies of language itself but rather of the mental or physical embodiments of language.

2.2.7. In view of the fact that linguistic enquiry is thus ontologically involved, like mathematics, rather than ontologically indifferent, like classical mechanics, it is tempting to propose that in resolving this ontological conflict linguistics should follow a parallel procedure to that which has in effect been followed in the foundations of mathematics. In regard to mathematics philosophers have largely abandoned the dogmatic stance that one of the three main schools — formalism, intuitionism and logicism — is correct and the others incorrect. Instead they have treated these schools as representing alternative programmes for research, each of which ideally needs to be pursued into all its consequences and ramifications in order to expand our knowledge of the nature of mathematics. And, at least at first sight, a parallel policy seems open to philosophers of language. They seem free to countenance an analogous pragmatism within which ontological assumptions may be varied in accordance with the needs of the enquiry in hand. But there are at least three important differences between the situation in mathematics and the situation in linguistics, so that this irenical strategy may not, in fact, be practicable. One important point of disanalogy is that there is a very large part of mathematics that is common ground to the different schools of philosophy about the nature of mathematics. In this central area, though they may interpret some of the symbolism differently, they all agree to accept both the theorems and the proofs. But it is not clear that there is an analogously large area of common ground between different philosophers of language. Certainly nominalists and conceptualists write their grammars quite differently, even if over a wide area they agree about what is to count as grammatical and what is to count as ungrammatical. And this point of disanalogy between the situation in mathematics and the situation in linguistics is closely connected with another one. In regard to mathematics it was only when questions about foundations were opened up by the work of Gottlob Frege (s. art. 34), David Hilbert, Luitzen Egbertus Jan Brouwer, etc., that ontological differences could be seen to have major implications within the body of the subject. This work on the foundations of the subject disclosed the extent of its ontological involvedness, whereas up to then philosophers might have been excused for supposing it to be for the most part ontologically indifferent and mathematicians to be right in ignoring philosophical disputes about ontology. But in linguistics the work on foundations has been much more closely tied to the substance of enquiry. Pronouncements of a philosophical or methodological kind have tended to function programmatically from the start and to have been closely tied in with substantive research. There has therefore been no line easily drawable between philosophy of language on the one side and theoretical linguistics on the other. A third relevant point is that because there is often much less agreed common ground between different schools of linguistic theory than between different positions in regard to the foundations of mathematics, the controversies are often wilder and more difficult to settle there. The terms of discussion are much more elastic. So, in the light of these three points, we can understand why the irenical, pragmatic strategy that tends to attract researchers in the foundations of mathematics is naturally less attractive to those engaged in linguistic enquiry.

2.2.8. Nevertheless it seems possible to draw up at least a provisional balance-sheet in regard to ontological commitment in the study of natural language. First, a good deal of evidence accumulated in the 1960's — conveniently summarised by Judith Greene (1972) — that the principles and rules of a generative-transformational grammar do not correlate easily or directly with mental procedures (in language-learning, speech-production or speech-comprehension) for which there is independent experimental evidence. This need hardly surprise us, so far as lan-

guage is concerned, if we reflect on familiar differences in other areas between the characterisation of a product, such as a pudding or a musical composition, in terms of its parts and their inter-relations and the characterisation of the processes that engender that product. We should be prepared to find that the various mental or neurological routines that human beings actually operate either in concept-learning, syntax-learning, ethics-learning, etc., or in the exercise of those learned skills, have no obvious one-one correspondance with the best analytically derived descriptions of the end-products that those learned skills achieve. Hence there is quite a strong case for prising generative-transformational grammar (and indeed any other known kind of grammar) away from a conceptualist ontology. We shall certainly have to settle the nature of the innate component in language-learning eventually. But it looks easier to construct grammatical descriptions of natural languages without first having to decide whether this component is a set of language-specific mechanisms or a set of general learning mechanisms. So even transformational grammar need not be a part of psychology, as Harris and Katz have shown; and even the ›competence-performance‹ distinction can be de-psychologized, as Ferdinand de Saussure's (1916) distinction (s. art. 36) between ›langue‹ and ›parole‹ makes evident. Indeed this procedure of abstracting language as a distinct subject-matter is in keeping not only with the general methodology of science, which tends to progress by specialisation and the separation of subject-matters from one another, but also with the non-psychological nature of the evidence upon which normal grammatical descriptions are based. Secondly, it is not easy to treat the study of a language's grammar as a non-empirical enquiry. A grammarian who extracts a native-speaker's intuitions of grammaticalness, either via a corpus of recorded speech or in answer to posed questions, is amassing empirical evidence. So the sources of evidential data for grammatical descriptions are utterances, and thus far the nominalist point of view is unquestionably appropriate. But when the descriptions are constructed it is not easy to prevent realist elements from creeping in, though not necessarily Katzian ones. Indeed even among some structuralists one can find theoretical principles that resist a purely nominalist interpretation. Saussure (1916, 144/ 1959, 102), for example, wrote that "Les signes dont la langue est composée ne sont pas des abstractions mais des objets réels/ the signs that make up language are not abstractions but real objects". But we soon learn that on his view (1916, 149/ 1959, 107) language has no "entités perceptibles de prime abord/ concrete units that are immediately recognisable". Instead the units of language, in any synchronic state, are delimited by the system of paradigmatic and syntagmatic relationships that they bear to one another. The essence of each unit is a value defined by its place in this system, analogous to the value of a piece at a particular stage in a game of chess. So the ultimate reality here is not a sequence of individual sounds at this or that time and place, but rather a pattern of relational properties (which happens to be manifested in speech at a particular time and place). It does not matter whether we call this entity ›concrete‹, as Saussure does, or ›abstract‹, as contemporary philosophers might. What does matter is that, in terms of the traditional dichotomy, the ontology here is realist, not nominalist. A strict nominalist must therefore be willing to dispense with any Saussurean distinction between ›langue‹, as the subject for description, and ›parole‹, as the source of evidential data. So those who think that some such distinction is essential in grammatical theory cannot be thorough-going nominalists. That does not mean that they must treat grammatical theory as a branch of mathematics, since large parts of mathematics have themselves been given anti-realist interpretations. But it looks as though they must accept that the ontology of grammatical descriptions is a realist one, unless they are willing to fall back on the conceptualist view that grammatical theory is a branch of psychology. There is one concession, however, that a realist might make. Traditionally there are two varieties of realism, Platonic and Aristotelian, depending on whether the universals in question are held to exist independently of their instances or only through manifestation in their instances, respectively. Katz himself is a Platonist, but an Aristotelian realism in regard to linguistic entities may seem a more economical ontology. For example, sentences are real in the utterances in which they are actualised. But grammatical sentences that are never uttered exist only potentially, not actually: i. e. their existence can be stated only in counterfactual propositions. In this way grammatical theory can be as rich as the task of linguistic description requires, but without either conceptualist or Platonist implications.

3. Selected references

Bloomfield 1933, *Language.*

Carnap 1956 a, *Meaning and Necessity. A Study in Semantics and Modal Logic.*

Chomsky 1965, *Aspects of the Theory of Syntax.*

Chomsky 1968, *Language and Mind.*

Cohen, G. 1983, *The Psychology of Cognition.*

Cohen, L. J. 1985, A problem about truth-functional semantics, in *Analysis* 45.

Greene 1972, *Psycholinguistics: Chomsky and Psychology.*

Harris 1965, Transformational theory, in *Language* 41.

Hobbes 1914, *Leviathan.* [1651]

Kant 1781, *Kritik der reinen Vernunft.*

Katz 1981, *Language and Other Abstract Objects.*

Quine 1953 a, *From a Logical Point of View.*

Rosch/Lloyd (eds.) 1978, *Cognition and Categorization.*

Russell 1920, *Introduction to Mathematical Philosophy.*

Saussure 1916, *Cours de linguistique générale*, Bally/ Sechehaye (eds.).

Wolff 1736, *Philosophia Prima sive Ontologia.*

L. Jonathan Cohen, Oxford (Great Britain)

120. Sprachphilosophie und die Methode der Sprachanalyse

1. Philosophie der Sprache

1.1. Sprachphilosophie mag sich uns zunächst, neben Natur-, Kunst-, Geschichts-, Religionsphilosophie, Philosophie der Mathematik und dergleichen, als eines der Sondergebiete der Philosophie darbieten, die durch ihren Gegenstand, die Sprache und ihre Erscheinungen, charakterisiert sind. — Andererseits hat sich insbesondere seit der letzten Jahrhundertwende die Erfahrung ausgebreitet, daß die Philosophie ihre wesentlichen Probleme nicht im direkten Sachbezug allein behandeln könne, vielmehr stets zugleich die Verwicklungen der philosophischen Probleme mit unseren Verständnissen und Mißverständnissen der Sprache und ihrer logischen Struktur bedenken müsse. — Eine strenge philosophische Analyse der Sprache, insbesondere der Sprache, deren sich die philosophischen Untersuchungen selbst bedienen, wird damit zu einer Aufgabe, welche offenbar die *ganze* philosophische Tätigkeit durchziehen und begleiten muß, gehört also nicht in die Zuständigkeit einer *speziellen* Disziplin der Philosophie. Ja, der sogenannte ›linguistic turn‹ der Philosophie gibt einer kritischen Sprachanalyse inzwischen den Platz der wichtigsten *Methode* philosophischer Überlegung. Damit rückt die Sprachphilosophie, so scheint es, an die Stelle einer Fundamentaldisziplin der Philosophie. Das ist die Rolle, welche ihr, aus demselben Grunde, z. B. Michael Dummett zuweisen möchte: Philosophische Sprachanalyse stellt sich in dieser Perspektive im wesentlichen als Anwendung der in der Sprachphilosophie ausgearbeiteten *theoretischen* Orientierungen dar. Entsprechend läßt sich ja auch der Sonderfall der *logischen* Analyse der Sprache betrachten, so nämlich, daß hier erst die logischen Theorien die Grundlage einer Rekonstruktion der logischen Struktur unserer Sätze und ihres Gebrauchs abgeben.

1.2. Was müßte nun eine Philosophie der Sprache leisten, um für die geschilderte Fundierungsaufgabe gerüstet zu sein? Müßte sie nicht gegenüber den zu beurteilenden einzelnen Erscheinungen der Sprache rationale Orientierungen geben, (sinnkriteriale) Maßstäbe, welche unsere sprachliche Praxis leiten (können), wo sie gut (richtig) ist, und von denen sie, wo sie der Kritik bedarf, zweckwidrig abweicht? — Es liegt dabei nahe, an sogenannte ›rationale Rekonstruktionen‹ der Bedeutung von Sätzen und Aussagen zu denken, etwa in der Form formalisierter Ausdrucksweisen und schematisierter Schlußregeln. Man würde dann das, was bestimmte Sätze aussagen, dadurch erklären, daß wir sie und dann auch ihre Wahrheits- oder Geltungsbedingungen entweder auf elementarere zurückführen oder durch Differenzierung aus solchen höherer Allgemeinheit gewinnen. Die Wörter 'Analyse' und 'Reduktion' weisen auf solche Vorstellungen hin, besonders wenn man den Blick auf den syntaktischen (konfigurativen) Aufbau der Ausdrucksweisen richtet, die als formale Sprachen oder Satzsysteme entwickelt werden. Im Bilde eines derartigen theoretischen Aufbaus tragen erste Sätze weitere Sätze. Man kann dieses Bild erweitern und etwa sagen: Die Praxis, die Erfahrung, das Leben trage die ersten Sätze und diese tragen weitere Sätze. In einem derartigen Rahmen versucht besonders die ›Konstruktive Wissenschaftstheorie‹ einen methodischen Sprachaufbau formal nachzuzeichnen (vgl. Kamlah/Lorenzen 1967, 6; 27; Lorenzen/Schwemmer 1975, 11 ff; 23 f; 29 ff; 157).

1.3. Diese übliche Vorstellung von einer *logischen Nach-Konstruktion* des Sinnes unserer Sätze und Äußerungen löst die hier auftretenden Beurteilungsprobleme allerdings noch nicht, und zwar insbesondere dann nicht, wenn wir dieser Vorstellung allein das Ziel unterlegen, eine überall verfügbare Bedeutung als intersubjektiv kontrollierbare Gebrauchsweise unserer Worte und Sätze zu etablieren. Schließlich genügen diesem Ziel auch bloße Spielereien, welche auf leicht lehr- und lernbaren und etwa figürlich kontrollierbaren Operationen aufbauen. Wenn es jedoch darum geht, die Arbeit der Sprache als gerechtfertigte, richtige, zu verstehen und vor Mißverständnissen zu bewahren, so wird eine solche Exaktheit allenfalls eines, ein begleitendes, unter vielen anderen, vielleicht wichtigeren und konkurrierenden, Zielen sein können, welche wir in und mit der Sprache verfolgen. Gewinnen wir nicht zumeist das fehlende Verständnis und die es befördernden Erklärungen, indem wir etwas richtig einordnen können, übersehen, was dazugehört, was das Erwartbare ist — und seltener dadurch, daß wir es schematisch auf anderes zurückführen? Es lassen sich offenbar ganz verschiedene Absichten mit unserer Forderung nach einer (Sinn-)Erklärung verbinden; und die Absicht, die uns zum Aufbau von Satz-Systemen führt, ist nicht selbstverständlich.

2. Regeln der Sprache

2.1. Und doch hätte, so scheint es, eine Erklärung dafür, daß wir die Sprache richtig ausüben können, die Regeln der Sprache darzulegen, welche ihren (sinnvollen) Gebrauch leiten und von der Beliebigkeit bloß faktischer Sprachverwendungen, von ungrammatischem Gestammel oder einem un- oder mißverständlichen Gerede unterscheiden. Dabei verlangen wir von einer solchen Erklärung offenbar mehr, als daß sie uns einfach darauf hinweist, wie wir den Gebrauch bestimmter Sätze (und damit der Worte in ihnen) in bestimmten Situationen kennenlernen, und daß wir dann (für diese Worte) über weitere, gemeinsam verständliche Verwendungen verfügen: Dies *sehen* wir ja alles, indem wir es tun. — Was aber nährt die Vorstellung, es gäbe hier einen weitergehenden, regelartigen, Zusammenhang — der über die bloße Folge von Lernen und Ausüben (Können) hinausgeht? — Nun, es kann sein, daß *explizite Kommentare* zum Sprachgebrauch bedeutsam sind für unser weiteres Reden und Verstehen. In der Tat haben wir vielfach ein praktisches Interesse an derartigen Regeln, die auf Formen dieses Gebrauchs aufmerksam machen. — Und zeigt nicht schon der *Aufbau der Ausdrücke* der Sprache, daß ihr ein grammatisches Regelsystem zu Grunde liegt, sie durch dieses bestimmt ist? Gibt dann nicht die Grammatik zugleich ein *Muster* dafür ab, wie nun auch die Situationsabhängigkeit des korrekten Satzgebrauches als eine geregelte zu verstehen ist? Wir sind ja von gut formulierten Regeln einer Grammatik gewohnt, daß sie mögliche Anwendungssituationen genau (genug) festlegen. Dies erst macht, möchte man sagen, den Inhalt des Grammatikbuches zu einem *Regel*system (oder wenigstens zu einer Regelliste). Die explizite Aufführung von Ausnah-

men steht dem nicht im Wege, macht die Regeln nicht vager, allenfalls schwieriger. — Hinreichende Genauigkeit in den durch Regeln getroffenen Festlegungen erwarten wir auch in anderen Fällen einer geregelten Praxis; etwa bei Spielregeln, bei den für Institutionen konstitutiven Regeln, bei technischen Normen; aber auch bei praktischen Regeln, die uns sagen, was wir im gemeinsamen (öffentlichen) oder individuellen praktischen Leben zu tun oder zu lassen haben.

2.2. Dabei sollten wir allerdings zwischen verschiedenen *Regeltypen* unterscheiden. Die Regeln der Rechtschreibung einer Sprache etwa sind — in ihren zentralen Teilen — exakt festgelegt, ebenso die Kalkülregeln des elementaren Rechnens mit Zahlsymbolen. Von *exakt formulierten* Regeln oder Anweisungen sprechen wir, wenn es keine (oder wenigstens kaum eine) Situation gibt, in welcher man noch sinnvoll daran zweifeln könnte, wie sie anzuwenden sind. Paradigmen sind die rein *schematisch* ausführbaren und kontrollierbaren Operationen mit Figuren in der Anschauung. Ein solches Regelfolgen läßt sich erfahrungsgemäß weitgehend unabhängig von Situation und Person in einer Lehr- und Lernpraxis etablieren. Freilich kann, wer nicht Rechnen gelernt hat oder aus gewissen Gründen dies nicht lernen kann, den Rechenregeln nicht folgen. Wären hier aber über solche Fälle hinaus noch sinnvolle Zweifel möglich, wären etwa gar Willkürentscheidungen nötig, so wären entweder die Regeln noch nicht situationsinvariant (genug) formuliert, oder die Erläuterungen ihrer Anwendungen wären noch nicht recht verstanden. In diesem Sinne sollen exakte Regelungen keine Fälle offenlassen. — Gerade von einer wissenschaftlichen Sprache verlangen wir nun, so scheint es, Exaktheit und situationsübergreifende Lernbarkeit. Die Bedeutung ihrer Worte und Sätze darf sich nicht erst in Abhängigkeit von den Situationen ergeben, in denen mit ihnen operiert wird, darf nicht mit ihnen sozusagen hin- und herschwanken. Wir erwarten vielmehr die Angaben *allgemeiner Bedeutungsregeln*, in welchen allfällige Abhängigkeiten ihrer Anwendung von einer Bezugssituation explizit in den Regelprämissen formuliert sind.

Regelungen andererseits, für deren richtige Befolgung immer auch Erfahrung vonnöten ist, wie wir dies etwa im Falle der meisten institutionellen Regeln im Bereich der Gesellschaft, des Staates und der Justiz und auch im Falle der Regeln traditioneller Grammatiken kennen, wollen wir nicht ›exakt‹ nennen. Derartige Regelungen zeigen nur die allgemeine Richtung, wie zu entscheiden ist, sie geben gewissermaßen Hinweise oder Winke dazu, was mit dem Geist ihrer Formulierung zusammenpaßt, was nicht. Wir müssen dabei also immer auch beurteilen, ob die neu auftretenden Umstände schon vollständig durch die Regelung berücksichtigt sind, ob eine neue Anwendung den Sinn einer alten Formulierung faktisch erweitert, ob diese Erweiterung kohärent, angemessen, wünschenswert ist. Dabei gibt es viele Fälle, in denen wegen der unvorhersehbaren Veränderlichkeit der Situationen und der Unmöglichkeit ihrer totalen Klassifizierung Exaktheit nicht zu erreichen ist — so daß wir uns damit zufrieden geben müssen, daß unsere Regelungen im allgemeinen praktisch hinreichend genau sind.

2.3. Im Fall syntaktischer oder semantischer Regelungen ist nun der als funktionsfähig erfahrene Sprachgebrauch einerseits selbst Kriterium der Beurteilung ihrer Adäquatheit; andererseits können wir die in den grammatischen Sprachdarstellungen *vorgeschlagenen* Regeln (in einem begrenzten Rahmen) auch als *normative* Vorschriften verstehen und gebrauchen, die uns sagen, wie wir uns tunlichst auszudrücken haben, um uns verständlich zu machen. Dabei ist in beiden Fällen nicht von vornherein klar, wie weit sich die grammatischen Regeln exakt rekonstruieren lassen, so daß sich der funktionstüchtige Sprachgebrauch durch derartige Regeln adäquat beschreiben oder (wenigstens für gewisse Bereiche oder Interessen) sinnvoll normieren ließe. — Der faktische Sprachgebrauch präsentiert sich keineswegs als schematisch geregelter. Wir müssen für entsprechende Normierungen Entscheidungen treffen und diese im Hinblick auf zugeordnete Zwecke und in Berücksichtigung unserer Erfahrungen mit einem üblichen Sprachgebrauch als angemessen begründen.

2.4. Solange wir nicht konkret an das (möglicherweise zu enge) Bild von einem exakten Aufbau theoretischer Sprachgebäude denken, ist mit der Auskunft, der philosophischen (logischen) *Sprachanalyse* gehe es um eine *rationale Rekonstruktion* unserer Sprache oder ihrer Regeln, noch nichts Wesentliches (Spezifisches) ausgedrückt. Als *allgemeines* Ziel der Analyse bleibt das mit dem Ausdruck 'rationale Rekonstruktion' Gemeinte nämlich eigentümlich leer. Dies liegt insbesondere daran, daß wir mit dem Wort 'rational' nicht außerhalb eines bestimmten Problembezuges und der ihm angemessenen, daher als vernünftig bewerteten, Urteile sinnvoll operieren können: Eine bestimmte Weise der Problemlösung zu unterstellen, welche allen Verständnis- und Beurteilungsproblemen gerecht würde, die wir mit der Sprache haben können — dies erscheint ähnlich absurd wie eine (universelle) Methode der Lebensführung ins Auge zu fassen. Schließlich bleibt die von einer Theorie der Sprache beanspruchte Allgemeinheit der Spracherklärung ohne einen Bezug zu den Situationen, Gesichtspunkten und Problemlagen, unter denen wir unseren Sprachgebrauch darstellen und beurteilen, bloß eine künstliche, die Verwendungen der Theorie zur Sinnanalyse und Sinnkritik und die dabei erhaltenen Urteile im allgemeinen ungerechtfertigt, beliebig. Entsprechendes gälte für Verfahren, die in der Anwendung stets derselben ausgezeichneten (logischen) Analysesprache bestünden.

Ohne eine strenge Klärung der jeweiligen Zielsetzung(en) steht uns in der Regel kein Leitfaden zur Verfügung, der unser Vorgehen methodisch zu beurteilen erlaubt, noch ein Kriterium, nach welchem wir entscheiden können, ob und in welcher Hinsicht ein Bild uns zufriedenstellen kann, das eine der vorgelegten Theorien von der Sprache und ihrem Funktionieren entwirft. Beachtet man diese Tatsache, daß nur spezielle Gesichtspunkte den unterschiedlichen philosophischen, logischen und linguistischen Sprachtheorien ihren je eigenen Sinn geben, so entsteht nicht die Erwartung, ein Theorieansatz oder ein Zusammenfügen von mehreren könne die menschliche Sprache in ihrem Wesen und richtigen Funktionieren vollständig erfassen, wissenschaftlich erklären.

3. Strukturalistische Sprachwissenschaft

3.1. Ist es, andererseits, nicht eine selbstverständliche Perspektive unserer *wissenschaftlichen* Bemühungen um die Welt, und dann auch um die Sprache, daß es hier um eine Forschung geht, welche keinem bestimmten Zwecke dient, außer demjenigen, wissen zu wollen, was der Fall ist, wie etwa unsere Sprache beschaffen ist? Und dieser besondere und doch sehr allgemeine Zweck, gewissermaßen die Befriedigung unserer Neugierde, scheint weder an eine bestimmte Umgebung noch an einen bestimmten Gesichtspunkt gebunden zu sein; so daß wir nichts dabei finden, wenn uns Sprachtheorien mit einem Wahrheitsanspruch gegenübertreten, welcher von externen Problemumgebungen unabhängig sein will. Könnten wir diese nicht sinnvoll als Bemühungen einer wissenschaftlichen Philosophie der Sprache auffassen, so daß zwischen ihr und dem Bereich der allgemeinen Sprachwissenschaft oder auch einer etwas allgemeineren Zeichentheorie, zwischen sprachphilosophischen, linguistischen und semiotischen Analysen, eine scharfe Grenze nicht sinnvoll gezogen werden könnte? Die linguistischen Wissenschaften sind ja, so möchte man meinen, auf das beste geeignet, das Bedürfnis nach einer allgemeinen Darstellung und einer theoretischen Erklärung der Möglichkeit sprachlicher Verständigung zu erfüllen, welche auf den bloßen Zweck des Wissenwollens, wie es ist, und nicht auf konkrete Problemlagen bezogen ist. — Hier möchte eine genaue Vergegenwärtigung und Beurteilung der verschiedenen Ansätze einer wissenschaftlichen oder philosophischen Erforschung der Sprache nötig sein, wobei die linguistische Sprach(en)-beschreibung von theoretischen Erklärungen der menschlichen Sprache und Sprachfähigkeit einerseits, von einer sinnkritischen philosophischen Sprachanalyse andererseits deutlich abzuheben ist.

3.2. Die modernen linguistischen Theorien stehen (im allgemeinen) im Rahmen eines bestimmten Selbstverständnisses der Sprachwissenschaft. Sie beschränken sich nicht auf den Entwurf brauchbarer Grammatiken und Wörterbücher für bestimmte Zwecke, etwa für den Schulunterricht oder als Lese- und Übersetzungshilfen, beanspruchen vielmehr als allgemeine Theorien über die Sprache, deren innere Form und Funktionieren in der menschlichen Kommunikation zu erklären. — Schon der linguistische Strukturalismus zielte dabei auf eine wissenschaftliche Entdeckung allgemeiner Sprachstrukturen, nicht lediglich auf eine *Methode der Darstellung* grammatischer Formen. Er tut dies mit Begriffen, welche der jeweilige Sprachgebrauch selbst ergibt. Es entstehen beim Grundverfahren des Strukturalismus, der Distributionsanalyse, die grammatischen Beschreibungs- und Ordnungskategorien (wie Satz, Wort, Morphem, Phonem usf.) und dann auch die grammatischen Strukturen (Konfigurationen) durch gewisse Operationen mit (gebräuchlichen) Ausdrucksweisen, z. B. durch Erset-

zung, Verschiebung oder Auslassung von Ausdrücken. Indem wir diese durch Platzhalter ersetzen, d. h. durch schematische oder syntaktische Variablen, die ihrerseits wieder durch Ausdrücke einer gewissen zugehörigen Klasse *K* ersetzt werden dürfen, gewinnen wir *grammatische Formen*. So stellt etwa die grammatische Form *NP-VP* eine ganz allgemeine Grundform der Sätze (äußerst grob) dar, da diese sich im allgemeinen (oft auf verschiedene Weisen) in ein (komplexes) Satzsubjekt, d. h. in eine *Nominalphrase*, und in ein (in der Regel ebenfalls komplexes) Satzprädikat, d. h. in eine *Verbalphrase*, zerlegen lassen. Wenn man eine in derartigen Forme(l)n vorkommende Variable wie *NP* durch eine Folge weiterer Variablen ersetzt und diese Ersetzbarkeit etwa in einer Regel der Art *NP* $\Rightarrow$ *Adj-NP* notiert, erhält man eine bestimmte Darstellung der möglichen Zusammensetzung oder Kombination von Ausdrücken: Durch (passende) Hinzufügung von Adjektiven (das sind Ausdrücke einer gewissen Ausdrucksklasse) kann man aus Nominalphrasen weitere Nominalphrasen bilden. Derartige Regeln erzeugen freilich immer auch neue Ausdrücke, die nicht schon einen Gebrauch haben, insofern sind sie kreativ. Und doch ist der Sprachgebrauch, von dem wir ausgehen, Operationsfeld und dann auch gleichzeitig Instanz, an der wir den Sinn bzw. die Sinnlosigkeit der durch eine derartige systematische Variation gewonnenen Ausdrücke messen, also Kriterium der Beurteilung, in welchem Ausmaß oder Grad wir die entstehenden Ausdrücke als rein figurativ oder syntaktisch wohlgeformt und dann auch als semantisch akzeptabel oder sinnvoll betrachten (sollen). Mit anderen Worten, wir kontrollieren dann wieder am Sprachgebrauch die Angemessenheit der durch die Distributionsanalyse erarbeiteten grammatischen Formen und Ausdruckserzeugungsregeln.

Es ist eine verbreitete Selbsteinschätzung der Linguistik, daß sie die wirklichen Strukturen der Sprache ans Licht ziehen will, welche dann Regelmäßigkeiten im faktischen Sprachgebrauch erklären oder gar nach Art eines Produktionsmechanismus hervorbringen. Demgegenüber verdanken wir den strukturalistischen Analysen — im angegebenen Verständnis — die Einsicht, daß die sprachlichen Formen als solche erst in die Welt kommen durch ein mit passenden Kommentaren begleitetes Operieren mit der Sprache und durch die sich aus ihm ergebenden Klassifizierungen. Die durch eine *Grammatik* (gewissermaßen konstruktiv) *erzeugten* Sprach-strukturen bewähren sich dann als Ordnun-gen von Ausdrucks- und Gebrauchsformen an der tradierten und damit schon verfügba-ren Sprachpraxis, sind gerade zu ihrer über-sichtlichen Darstellung entworfen. Insofern sind sie weder einfach empirisch aufzufinden, noch lediglich als existent zu postulieren. Viel-mehr können wir als Spracherfahrene die Richtigkeit bzw. Brauchbarkeit einer gram-matischen Beschreibung beurteilen. Die Fä-higkeit, gewisse Ausdrucksvariationen vor-zunehmen, zu klassifizieren und gegebenen-falls zu kommentieren, ist freilich weitgehend selbst schon praktische (Vor-)Bedingung für die (volle) Beherrschung einer Sprache. Und wir lernen diese Operationen, etwa als Kinder, im gemeinsamen Umgang mit der Sprache, d. h. empraktisch und implizit. Im Anschluß an diese Praxis stellen wissenschaftliche Sy-stematisierungen phonematische, morpholo-gische und syntaktische Formen des Sprach-gebrauchs von Sprachgemeinschaften in einer ausdrucksbezogenen Ordnung dar. Diese steht immer schon im Zusammenhang mit dem gegebenen funktionsfähigen Gebrauch der Formen in Äußerungen. Dabei werden die Erläuterungen der semantischen Rolle der Ausdrucksformen freilich im allgemeinen weit über besondere Gebrauchssituationen und spezielle Bedürfnisse, etwa des Sprach(en)-unterrichts, hinausgehen. Allgemeine Hin-weise, wie besondere Satzteile besondere Mo-mente des Sinns des Satzes artikulieren, daß z. B. in Aussagen Satzsubjekte im allgemeinen Gegenstände *benennen*, die etwa auch als be-kannt unterstellte Themen sein können, wäh-rend in der Verbalphrase für diese oft eine gewisse Eigenschaft oder Klassifikation arti-kuliert ist, liefern zwar grobe, aber durchaus wichtige Informationen. Eine derartige gram-matische Reflexion auf Ausdrucksformen und ihre Gebrauchsweisen in einer Sprache ist in-zwischen längst Teil unserer (Sprach-)Kultur im Ganzen.

3.3. Diesen sinnvollen Orientierungen und Perspektiven einer strukturellen, form- und inhaltsbezogenen, Beschreibung der Sprach-praxis steht nun häufig ein überzogenes Wis-senschaftsideal gegenüber, nach welchem man sich auch in der linguistischen Sprachbe-schreibung nur auf objektiv Erfahrbares stüt-zen dürfe. Dies hat zur *behaviouristischen* Les-art des Strukturalismus (s. Art. 50) geführt, wie sie z. B. schon von Leonard Bloomfield vertreten wurde: Man will hier nur noch mit

hörbaren Lauten und einem sie begleitenden wahrnehmbaren Verhalten der Einzelnen ope-rieren, allein daraus die konfigurativen und semantischen Sprachstrukturen gewinnen. In-dem man davon absieht, daß wir in eine ge-meinsame Sprachpraxis längst eingeführt sind, verkürzt man das zu Beschreibende auf unnötige und unsinnige Weise. Schon vor je-der linguistischen Untersuchung wissen wir nämlich (praktisch) wesentlich mehr über die Sprache, ihre Formen und ihren Gebrauch, als mit der behaviouristischen Methode je ob-jektiv gesichert werden könnte. Obwohl rich-tig ist, daß der (primäre) Gegenstand einer sinnvollen Sprachbeschreibung nur der wirk-liche Sprachgebrauch sein kann, daß willkür-liche Normen und Strukturen hinter dem, was wir kennen und können, nicht einfach postu-liert werden sollten, läßt sich der Sinn der sprachlichen Ausdrücke, ihre Rolle im sinn-vollen Gebrauch, nicht einfach aus Geräu-schen und Bewegungen als den angeblich ein-zigen objektiv erfahrbaren Urphänomenen gewinnen. In den Tatsachen der Sprache tre-ten die Geräusche und Figuren vielmehr im-mer schon gedeutet auf; und das begleitende Verhalten ist mit Sinn und Zweck verbunden; erst das macht es zu *sprachlichen* Lauten oder Zeichen oder auch nur zu (etwa lautlich ar-tikulierten) *Gesten*.

4.   Erklärung der Sprachkompetenz

4.1. Daß sich Sprachwissenschaft nicht auf eine bloße Klassifikation wahrnehmbarer sprachlicher Phänomene beschränken kann, macht nun auch die sogenannte generative Grammatiktheorie Noam Chomskys gegen Bloomfields Version des Strukturalismus gel-tend, und kritisiert zugleich behaviouristische Sprachlerntheorien, etwa in der Psychologie Burrhus Frederic Skinners oder auch in der Philosophie Willard Van Orman Quines (s. Art. 50). Diesen zufolge ist der Gebrauch der Sprache im Grundsatz nicht anders als son-stiges Verhalten, z. B. auch von Tieren, zu beschreiben, nämlich als regelmäßige Ant-wort (response) auf eine typische Situation (stimulus), wobei die Dispositionen dann viel-leicht noch physikalisch zu erklären sind. Chomsky setzt dem entgegen, daß wir offen-bar hochkomplexe grammatische Formen und Strukturen als solche erkennen und für die Erzeugung neuer Sätze gebrauchen kön-nen, was für die Annahme eines (impliziten, daher zu explizierenden) Systems grammati-scher Regeln spreche. Außerdem sei der Begriff einer Sprache als System immer durch eine Grammatik, nicht durch den faktischen Gebrauch (die Performanz) definiert. — Nun ist es zwar richtig, daß unsere Rede über syntaktische oder semantische Strukturen einer Sprache im allgemeinen ein grammatisches Regelsystem unterstellt, das sprachliche Formen erzeugt und welches bestimmt, ob einer der betreffenden Sprache mächtig ist, sie korrekt oder kompetent beherrscht. Aus dieser begrifflichen Verknüpfung, aus diesem üblichen Gebrauch der Worte 'Sprache' und 'Grammatik', läßt sich aber nicht schließen, daß die (funktionale) Modellierung der realen Mechanismen der Sprachproduktion im Gehirn der eigentliche Gegenstand einer theoretischen Wissenschaft von der Sprache sei oder sein sollte, wie die moderne Linguistik annimmt, wenn sie ihre ›Grammatiktheorie‹ als Teil einer umfassenderen psycho-biologischen Kognitionswissenschaft begreift. — Zunächst gilt: Nur für einen intersubjektiven Gebrauch, eine Kultur des gemeinsamen Redens, läßt sich sinnvoll eine Grammatik schreiben. Die Rede von einer Sprache einer Person zu einer gewissen Zeit, einer (dann offenbar rein privaten) ›Punktsprache‹, ist begrifflich unmöglich, hat keinen verstehbaren Sinn, — es sei denn, wir deuten sie als sprachlich nicht allzu glücklichen Hinweis darauf, daß es idiosynkratische Verwendungen von Sprache oder auch individuelle Meinungen zu ihrer grammatischen Struktur gibt. Es gibt, heißt das, keine Introspektion eines Sprachgefühls, auf deren Basis wir eine Grenze zwischen grammatischen und ungrammatischen Ausdrucksformen sinnvoll ziehen könnten. Wir werden vielmehr immer in einen schon bestehenden Sprachgebrauch eingeführt und in die üblichen Beurteilungen der grundsätzlichen Verständlichkeit und dann auch der Gleichheit (Ähnlichkeit) oder Verschiedenheit von Ausdrucksformen. In den Übereinstimmungen dieser Urteile werden wir uns, wie wir sagen, der sprachlichen Formen bewußt, die uns zuvor schon implizit aus Beispielen bekannt sind. Und wir lernen diese Formen produktiv zu gebrauchen. Verschiedene Grammatiken entwickeln dieses Reden über gebrauchsprachliche Formen auf verschiedene Weisen. Für diese gibt nun zunächst nur der Gebrauch selbst ein Kriterium der deskriptiven Adäquatheit ab, wobei sich freilich die verschiedenen Ordnungen etwa auch in expliziten Sprachnormierungen weiter bewähren können und gewisse Darstellungen für den einen oder anderen Zweck brauchbarer

sein können als andere. Wir sehen damit: Jede Erklärung der Fähigkeit, erfolgreich an gemeinsamen Handlungen, etwa Sprechhandlungen, teilzunehmen, setzt diese Praxis selbst schon voraus. Nicht zuletzt daher bleiben für die generative Grammatik die durch Distributionsanalyse erarbeiteten Ergebnisse der strukturalistischen Grammatikschreibung gänzlich unangefochten.

4.2. Da wir nun aber das normalerweise Selbstverständliche nicht immer als gegebene Tatsache ansehen, erscheinen oft weitergehende Erklärungen als notwendig. In unserem Fall mag man darüber staunen, daß wir im allgemeinen tatsächlich zu Übereinstimmungen in unserer Akzeptanz von sprachlichen Formen oder in unseren Beurteilungen von Form- und Bedeutungsgleichheiten gelangen können. Was hier für Menschen selbstverständlich lernbar ist, ist z. B. für Tiere nicht selbstverständlich beziehungsweise lernbar. Ein solcher Vergleich zum Verhalten und zu den Fähigkeiten von Tieren erzeugt daher ein Erklärungsproblem. Die Chomsky-Schule versucht (unter anderem) dieses zu lösen, indem sie ein physiologisch repräsentiertes Regelsystem unterstellt, das sie mit der Sprachkompetenz (zunächst: bloß terminologisch) identifiziert. Die Regeln sollen das faktische Sprachverhalten, die Performanz, auf ähnliche Weise steuern wie die in der Hardware eines Computers repräsentierte Software dessen Verhalten bestimmt. Die Regeln entwickeln sich, so wird weiter angenommen, über ein angeborenes Lernprogramm, eine ›universale Grammatik‹, wenn Kinder mit einer konkreten menschlichen Sprache in Kontakt kommen. Die Grundform dieser universalen Grammatik möchte Chomskys kognitive Linguistik in einem Modell explizit darstellen. — Ein derartiges Vorgehen scheint vor dem Hintergrund der in der Physik vorherrschenden Vorstellung von einer gelungenen kausalen Erklärung in das Methodenparadigma der modernen Wissenschaften zu passen. Genauer besehen unterliegt dem ganzen Programm aber eine rationalistische Sprachmetaphysik, deren Grundthesen weit über die berechtigte Kritik am zu engen Wissenschaftsbegriff des Behaviourismus hinausgehen. Es gibt zwar allerlei biologische oder physiologische Bedingungen für die Teilnahme an einer funktionstüchtigen gemeinsamen Sprachpraxis. Dies erlaubt aber noch lange nicht den sprachlichen Schachzug, der zur These von der Existenz eines individuell angeborenen Regelsystems für das Lernen einer menschlichen Sprache, d. h. der Entwicklung der Kompetenz führt. Insbesondere gibt es Regeln (im Unterschied zu Regelmäßigkeiten der Erfahrung) aus begrifflichen Gründen immer nur als explizit artikulierte, als wenigstens exemplarisch für eine übereinstimmende Praxis des Regelfolgens hinreichend erläuterte. Auch die ›generative Grammatik‹ erschafft ihre Regeln allererst, sie beschreibt nicht etwa vorgegebene Regeln. Ein exakt formuliertes Produktions- oder Erkennungsprogramm sprachlicher Formen oder gar ein Regelsystem, welches derartige Programme je nach Datenbasis generieren könnte, wäre freilich technisch, im Bereich der automatischen Sprachverarbeitung, gut nutzbar. Um aber zu zeigen, daß unsere Fähigkeit, eine Sprache in ihrem gemeinsamen und funktionstüchtigen Gebrauch zu lernen und auszuüben, wirklich analog ist zu den Umformungen der Eingaben in Ausgaben vermöge einer von uns in ein Gerät installierten Software — so daß es sich hier nicht nur um eine oberflächliche Übertragung (›Metapher‹) handelt — bedürfte es am Ende eines tatsächlichen und nicht bloß eines erhofften Wissens über die physiologische Repräsentation sprachlicher Regeln. Ein solches steht uns faktisch nicht zur Verfügung. Daß, wie wir wissen, das normale Funktionieren des Gehirns und des Nervensystems eine notwendige Vorbedingung der normalen Ausübung kognitiver, etwa sprachlicher, Fähigkeiten ist, reicht hier nicht aus. Mit anderen Worten, die generative Grammatik kann gar nichts anderes sein als eine bestimmte Art der *Darstellung* des üblichen Gebrauchs sprachlicher Formen (in einer Sprechergemeinschaft), sie kann keine *Erklärung* für das vorgängige Faktum geben, daß wir diese (syntaktischen und semantischen) Formen (empraktisch) wiedererkennen können. Ähnlich vorsichtig, nämlich als auf gewisse Weise geordnete Darstellungen eines vorgängigen Faktums und nicht als Kausalerklärungen, sind moderne Theorien über die Entwicklung der menschlichen Sprachen oder des menschlichen Denkens zu beurteilen. Dabei mag man sich dann auch um eine Einbettung der rekonstruierten Entwicklungsgeschichte in unsere Gesamtvorstellung von einer biologischen Evolution des Lebens auf der Erde bemühen. Hier ist es dann wiederum noch keine (zureichende) Kausalerklärung, wenn man nur sagen kann, daß etwas (z. B. die menschliche Sprache) wohl nicht (in der uns bekannten Form) ent-

standen wäre, wenn anderes (z. B. die Artikulationsorgane, das Gehör und eine gewisse Art der Wiedererkennbarkeit von figürlichen und akustischen Figuren oder Gestalten) nicht vorhanden gewesen wäre.

5. Formallogische Analyse mathematischer Sprache

5.1. Wie steht es nun mit den *logischen* Formen der Sprache? Können, ja müssen bei der Analyse der rechten Deutung des Gebrauchs von Sätzen und anderen Ausdrucksformen nicht die Einsichten logischer Theorien generell Berücksichtigung finden? Obwohl z. B. Wörter wie 'ißt' oder 'ist grün' (1), und 'existiert' (2), bzw. Wörter wie 'Sokrates' (3), 'ich', 'du' (4), 'dies', 'er' (5), oder 'niemand' (6) in einer *rein syntaktisch* ausgelegten Analyse zunächst in zwei Klassen von Ausdrücken, nämlich die der Verbalphrasen (1)−(2) und der Nominalphrasen (3)−(6), eingeordnet werden können, sind ihre *semantischen* Rollen in Satz und Äußerung sehr verschieden. Z. B. folgt aus dem Satz 'Wenn einer ein Mensch ist, dann ist er sterblich' (1′) und 'Sokrates ist ein Mensch' (2′) der Satz 'Sokrates ist sterblich' (3′), und dies sogar rein formal. Aber natürlich folgt aus (1′) und dem Satz 'Niemand ist ein Mensch' (4′) nicht: 'Niemand ist sterblich' (5′), auch dann nicht, wenn (4′) wahr wäre oder einmal wahr sein sollte. Oder: Es kann das (metastufige) Existenzprädikat nicht eigentlich Merkmal bei einer *Definition* eines (objektstufigen) Prädikats P bzw. $P(x)$ oder des Sinnes einer Kennzeichnung sein. Aus keiner Definition der Gottheit läßt sich daher, wie schon Immanuel Kant bemerkt hat, ein Existenzbeweis (eines) Gottes entwickeln; so daß der ontologische Gottesbeweis (in seiner üblichen Lesart jedenfalls) aus logischen Gründen scheitert. Zu differenzieren ist hier unter anderem zwischen objektstufigen (konstanten, deiktischen, anaphorischen) *Namen* bzw. *Pronomina* oder *Variablen* (3)−(5), *objektstufigen Prädikaten* (1) und *Quantoren* (6) und weiteren *höherstufigen Prädikaten* (2) (s. Art. 78).

5.2. Die Klärung derartiger Unterscheidungen ist Thema logischer Analyse; und solche Unterscheidungen werden besonders deutlich in einem Vergleich mit der Sprache der Arithmetik. Hilfreich ist nämlich, daß es dort schon Regelungen der Satz- und Formelbildung und eigene Zeichen für die Variablen gibt, die an die Stelle von Pronomina der Normalsprache treten. Die begrenzten Formmerkmale des Genus, Kasus und Numerus der Pronomen reichen nämlich nicht aus, um die in der Arithmetik nötige Vielfalt der anaphorischen Rückbezüge auf Benennungen oder Quantoren eindeutig zu artikulieren. Der Gebrauch von Variablen x, y, z zusammen mit Klammerungen erweitert daher die Ausdrucksmöglichkeiten wesentlich, unter Beibehaltung einfacher Satzstrukturen. Indem wir so die Variablen mit Gottlob Frege (s. Art. 34) in seiner *Begriffsschrift* nicht nur als syntaktische Platzhalter für gewisse Ausdrücke metastufig gebrauchen, sondern als Bestandteile einer formalen Sprache ansehen, gelangen wir zu einem gegenüber der Tradition besseren Verständnis der Begriffe der *Relation* beziehungsweise der (semantischen) *Prädikate* und der *Quantoren*. Wir erhalten z. B. aus Sätzen der Art '$2 < 3$' (a), '$2 = 1 + 1$' (b) und '$4 = 2 \cdot 2$' (c) über eine Substitution der *Namen* durch *Variablen* die (elementaren, *ungesättigten*) *Aussageformen* oder *Formeln* '$x < y$' (A), '$x = y$' (B), '$x = y + z$' (C) und '$x = y \cdot z$' (D). Ausgehend von den Sätzen der Formen (a)−(c) bzw. den Formeln (A)−(D) können wir dann komplexe arithmetische Sätze oder Formeln durch Zusammensetzung bilden mit Hilfe aussagenlogischer *Junktoren* wie 'und', 'oder', 'nicht' bzw. ihren formalen Varianten '$\wedge$', '$\vee$', '$\neg$' (1). Aus (ungesättigten) Formeln werden (gesättigte) arithmetische Sätze, wenn wir alle noch freien (d. h. nicht schon ›gebundenen‹) Variablen x, y durch *Quantoren* ›binden‹, d. h., indem wir Ausdrücke der Art 'Für jedes x' bzw. '$\wedge_x$' oder 'Es gibt ein y' bzw. '$\vee_y$' zusammen mit einer Klammer voranstellen (2). Ersetzen wir dann wieder in den neuen, komplexen Sätzen gewisse Namen durch Variablen, so ergeben sich weitere ungesättigte Aussageformen $A(x_1, ..., x_n)$, die entweder über die Operationen der Form (1) und (2) zu weiteren quantifizierten Sätzen führen (3), oder einfach als Darstellungen komplexer arithmetischer *Prädikate* betrachtet werden können. Diese werden damit als die semantischen Korrelate oder Gebrauchsweisen formaler Verbalphrasen begriffen: Es gibt Prädikate zunächst nur auf der Basis der als bekannt unterstellten Wahrheitsbedingungen für die Klasse der Sätze $A(m_1, ... m_n)$, die durch die Substitution von Benennungen m_i für die Variablen x_i entstehen. Dabei werden üblicherweise einstellige Prädikate als Ausdrücke für ›Eigenschaften‹

oder auch ›Begriffe‹, mehrstellige Prädikate als ›Relationsausdrücke‹ verstanden.

Eine Analyse der logischen Form arithmetischer Aussagen besteht dann darin, daß man gewissen Sätzen gewisse Formeln zuordnet, diese auf jene ›projiziert‹. So kann man etwa im Satz 'Zu jeder Zahl gibt es eine nächst größere Primzahl' die gesamte Verbalphrase durch die Formel '$A(x, y)$' ersetzen und erhält die Formel '$\wedge_x \vee_y (A(x, y))$'. Die Formel '$A(x, y)$' läßt sich dann weiter durch spezifischere Formeln ersetzen, etwa durch: '$(x < y) \wedge P(y) \wedge \neg \vee_z (P(z) \wedge (x < z) \wedge (z < y))$', wobei der Ausdruck '$P(z)$' den Ausdruck '$z$ ist eine Primzahl' abkürzt. Schließlich läßt sich $P(z)$ ersetzen durch die Formel '$\neg \vee_v \vee_w ((v < z) \wedge (w < z) \wedge (v \cdot w = z))$'. Wesentliches Ergebnis einer derartigen Darstellung arithmetischer Aussagen ist die Reduktion des Wahrheitsbegriffs parallel zum syntaktischen Aufbau der Sätze. Um nämlich einzusehen, daß jeder gesättigte arithmetische Satz, der über die (gegebenenfalls mehrmalige) Anwendung der Operationen (1), (2) und (3) gebildet ist, *entweder* wahr *oder* falsch ist, muß man neben den Wahrheitsbedingungen der elementaren Sätze der Formen (a)−(c) im Grunde nur die Bedeutungen der logischen Wörter kennen. Diese sind ihrerseits *normalsprachlich* in folgender Weise *definitorisch erläutert*: Unterstellt man, daß den Sätzen p und q genau einer der Werte, das Wahre oder das Falsche, zugeordnet ist, dann werde (*per definitionem*) dem Satz '$p \wedge q$' das Wahre (bzw. dem Satz '$p \vee q$' das Falsche) zugeordnet, genau wenn beiden Sätzen das Wahre (bzw. das Falsche) zugeordnet ist, das Falsche (bzw. das Wahre) sonst. Dem Satz '$\neg p$' werde das Wahre zugeordnet, wenn dem Satz p das Falsche zugeordnet ist und umgekehrt. Weiß man, was es heißt, einen Gegenstand des zu den Variablen x, y, ... gehörigen festen Bereiches G (in unserem Fall: der Zahlen) zu benennen, dann läßt sich eine sogenannte ›Variablenbelegung‹ b vornehmen, welche für x den Namen '$b(x)$' eines derartigen Gegenstandes setzt. Man kann dann festlegen, daß einem *Satz der Form* '$\wedge_x A(x)$' der Wert das Wahre zugeordnet sei genau dann, wenn *jedem möglichen* Satz der Form '$A(b(x))$' der Wert das Wahre zugeordnet ist, das Falsche sonst. Einem Satz der Form '$\vee_x A(x)$' ist dagegen das Wahre zugeordnet, wenn es unter *allen zulässigen* Variablenbelegungen b im unterstellten Bereich G ein b_0 gibt, so daß dem Satz '$A(b_0(x))$' das Wahre zugeordnet ist.

5.3. Ein wesentlicher Zweck einer derartigen reduktiven Analyse mathematischer Aussagen besteht in der Einsicht, daß wahre arithmetische Aussagen zu Folgen unserer Festsetzungen von Wahrheitswerten für die sie artikulierenden Sätze werden, und daß abstrakte Gegenstände durch einen gewissen Umgang mit namenartigen Wörtern (›Benennungen‹) im Rahmen eines Gesamtsystems oder *formalen Redebereiches G* von Sätzen, Satzformen und Namen konstituiert werden können. Damit erweist sich jeder Glaube an einen ›höheren‹ Begriff der arithmetischen Wahrheit als überschwenglich und auch die Vorstellung als irreführend, die Gegenstände der Arithmetik seien irgendwie, etwa als mentale Entitäten, schon gegeben, ›bevor‹ festgelegt ist, wie sie möglicherweise zu benennen sind. Abstrakte Redebereiche *G* oder mathematische ›Modelle‹ sind dabei konstituiert durch die Festlegung, was alles als mögliche Variablenbelegung oder Benennung '$b(x)$' zählt und welche Satzkontexte oder Prädikate in *G* betrachtet werden. Bedingung ist, daß für jedes Paar von in *G* zulässigen Benennungen '$b(x)$' und '$b'(y)$' (die als solche nicht notwendigerweise rein konfigurativ definiert zu sein brauchen, sondern auch deiktische Elemente enthalten dürfen) schon bestimmt ist, was es heißt, daß die Gleichung '$b(x) = b'(y)$' wahr oder falsch ist. Das heißt, der Gleichung muß genau einer der beiden Wahrheitswerte (durch eine vorgängige Erläuterung) schon zugeordnet sein. Darüber hinaus muß ein (im allgemeinen begrenztes) System von Grundprädikaten ^nQ in *G* schon erläutert sein, die alle mit der Gleichheit in *G* verträglich sind. Das heißt, sie müssen das folgende *Leibnizprinzip* erfüllen: Für jede als wahr bewertete Gleichung '$b(x_i) = b'(y_i)$' muß jedem elementaren *Satz* der Form '$^nQ(b(x_1), …, b(x_i), …, b(x_n))$' der Wert das Wahre zugeordnet sein genau dann, wenn auch dem Satz '$^nQ(b(x_1), …, b'(y_i), …, b(x_n))$' das Wahre zugeordnet ist, das Falsche sonst. — Obwohl sich schon Frege im klaren darüber war, daß die genannten Bedingungen bestimmen, wann Gegenstände eines mathematischen Redebereichs *G* als existent, und das heißt: als wohldefiniert gelten können, täuschte er sich in der Annahme, es ließen sich alle möglichen Bereiche abstrakter Gegenstände problemlos in einem einzigen ›dritten Reich‹ von Gegenständen zusammenfügen, genauer: in ein allgemeines, logizistisch verfaßtes System von reinen Mengen, Zahlen und Funktionen einbetten. Die Reinheit des Systems besteht da-

bei darin, daß als Elemente der reinen Mengen oder als Argumente und Werte der reinen Funktionen nur reine Wertverläufe und Mengen (etwa die leere Menge) auftreten, also nicht etwa konkrete Dinge (wie etwa der Eiffelturm). Tatsächlich aber kommen im Ausdruckssystem von Freges *Grundgesetze der Arithmetik* bedeutungslose Zeichenfolgen vor, die nur so aussehen wie Ausdrücke von (reinen) Funktionen oder wie Benennungen von (reinen) Wertverläufen oder Mengen oder wie (wahre oder falsche) Sätze. Denn die Terme t, t' welche bei Frege Namen von Werteverläufen und damit auch von Mengen sein sollen, enthalten Variablen, die sich auf den Gesamtbereich der möglichen (reinen) Gegenstände des Systems beziehen (müßten). Um zu zeigen, daß die Wahrheitswertfestlegungen im Gesamtsystem fundiert sind, wäre es zwar — wie Frege weiß und sagt — ausreichend (gewesen), wenn für je zwei Mengen-Terme t' ($= \{x : A(x)\}$) und t ($= \{y : B(y)\}$) die (Extensions-)Gleichungen '$t' = t$' und die Elementbeziehung '$t' \in t$' wohldefiniert wären, d. h. wenn für diese Sätze immer genau ein Wahrheitswert festgelegt wäre, und zwar so, daß die Gleichheit gerade die Extensionsgleichheit ist und die Elementbeziehung diese Gleichheit respektiert, oder, was dasselbe ist, wenn Freges Grundgesetz V erfüllt wäre. Die Russellsche Antinomie erweist Freges Annahme, die Erfüllung dieser Bedingung für sein Ausdruckssystem in den ersten Paragraphen der *Grundgesetze* gezeigt zu haben, als Irrtum. — Die Auflösung des Problems liegt in einer Unterscheidung zwischen den Gegenständen eines je schon gegebenen (konstituierten) Rede-, Gegenstands- oder Variablenbereiches *G* und den abstraktionstheoretischen Neudefinitionen von Wertverläufen oder Teilmengen in *G*, die im allgemeinen nicht schon *in G* als ›Gegenstände‹ oder ›Elemente‹ enthalten sind. Will man diese zu *G* hinzufügen, muß man *G* und die auf *G* definierten Grundprädikate (besonders die Gleichheit und die Elementbeziehung) zu einem neuen Bereich *G'* auf passende Weise erweitern. Dies ist der Kerngedanke jeder Typentheorie. — Der (vielleicht verzeihliche) Fehler in Freges logisch-linguistischer Konstitutionsanalyse eines Bereichs arithmetischer oder mengentheoretischer Gegenstände hat dann freilich dazu geführt, daß in der folgenden ›Grundlagenkrise‹ der (Philosophie der) Mathematik die trotzdem schon erreichten Ergebnisse weitgehend unterschätzt wurden (jedenfalls wenn man von Bertrand Russell, Ludwig Wittgenstein und Frank Plumpton Ramsey absieht): Bereits der Grundansatz von Freges Analyse zeigt, daß jede platonistische Hypostasierung abstrakter Gegenstände (etwa wie bei Georg Cantor) überflüssig ist, daß mentalistische Annahmen verfehlt und daß dennoch ein finitistischer Verzicht auf den Begriff der unendlichen Menge oder eine axiomatizistische Reduzierung des Wahrheitsbegriffs in der Mathematik nicht nötig sind. Zugleich wird der Fehler eines extrem formalistischen Nominalismus deutlich, der einzelne abstrakte Gegenstände einfach dadurch ›erschaffen‹ oder zu einem Bereich hinzufügen will, daß er gewisse Wörter wie Namen behandeln möchte. Gegenstandsbereiche müssen, wie Frege sieht, immer global oder holistisch, d. h. in einem ganzen System G von Namen, Sätzen und Satzformen definiert werden und zwar so, daß für G die oben genannten Bedingungen als erfüllt bewiesen sind. Vor diesem Hintergrund kritisiert Frege auch die späteren Versuche Giuseppe Peanos oder David Hilberts, Gegenstandsbereiche G und die Grundprädikate auf ihnen durch formale Axiomensysteme implizit zu definieren, da diese bestenfalls Eigenschaften oder Klassen derartiger Redebereiche charakterisieren. Der Axiomatizismus läßt damit das Grundproblem jeder Analyse mathematischer Rede offen, die Frage nämlich, wie die Elemente dieser Klassen, also die Modelle G der formalen Axiomen- und Formelsysteme, und in ihnen der Wahrheitsbegriff der Sätze (nach einer Interpretation der Formeln in G), in ihrer konkreten Identität definitorisch zu bestimmen und nicht bloß durch Konsistenzbeweise der axiomatischen Systeme abstrakt als existent zu beweisen sind (vgl. dazu Kambartel 1968; 1975).

5.4. Daß ein Gegenstand, sei er konkret oder abstrakt, diesen oder jenen Namen hat, zählt natürlich nicht zu seinen normalen (objektstufigen) Eigenschaften. Daher drücken auch Gleichungen keine objektstufigen Relationen aus, sondern metastufige Beziehungen (Bedeutungsgleichheiten) zwischen Wörtern, deren Gebrauch als Namen schon als bekannt unterstellt ist. Diese Tatsache führt uns leicht in die Irre. Denn nichtsdestoweniger gibt es die Gegenstände abstrakter Redebereiche überhaupt nur als Bedeutungen oder Bezüge von Namen oder anderen Repräsentationen, etwa dadurch, daß wir mit gewissen sprachlichen Ausdrücken in einem nach den erläuterten Prinzipien entworfenen System namen-

artig operieren. Dieses Fregesche Verfahren der Gegenstandskonstitution wird sowohl dann unzutreffend wiedergegeben, wenn man glaubt, vorab als existent unterstellte Gegenstände würden nur nachträglich benannt, als auch, wenn man (mit Saul Kripke) von einer ›Cluster Theory of Meaning‹ spricht und meint, die Gegenstände selbst seien als Mengen von Eigenschaften definiert. — Frege selbst unterscheidet gerade in diesem Zusammenhang terminologisch zwischen dem Sinn als der *Bestimmung* (dem ›Gegebensein‹) der Bedeutung oder des Bezugs/der Referenz für einen Namen, und der Kontrolle der diese Bedeutungen bestimmenden Gleichungen. Aus Gründen einer uniformen Artikulation identifiziert er dabei die Bedeutung eines Satzes mit seinem Wahrheitswert. Offene Satzformen haben keine Bedeutung in diesem speziellen Sinn, da zwischen ihnen keine Gleichungen definiert sind. Erst *nachdem* eine Sinnerläuterung die Bedeutungen von Namen und Sätzen bestimmt hat, kann man fragen, *ob* zwei Namen oder zwei Sätze die gleiche Bedeutung haben. Oft weiß man, *daß* eine Bedeutung bestimmt ist, ohne schon schematisch bestimmen zu können, *welche* Bedeutung dies ist. Dies erklärt unter anderem, warum die Kenntnis des Sinnes arithmetischer Namen und Sätze nicht in der unmittelbaren Kenntnis der Bedeutungen besteht (s. Art. 81).

5.5. In der höheren Mengenlehre löst man sich dann sowohl von den Beschränkungen der speziellen arithmetischen Grundrelationen (a) — (c) (cf. 5.2.), als auch von einem rein konfigurativ definierten System der Mengennamen wie es Freges System zunächst noch ist. Stattdessen läßt man über dem Bereich der natürlichen Zahlen alle möglichen Neudefinitionen von elementaren Prädikat- oder Relationswörtern ^nQ $(x_1, ..., x_n)$ zu, wobei die Festlegungen der Wahrheitswerte für die Sätze ^nQ $(m_1, ..., m_n)$ nur die Bedingung erfüllen müssen, mit der Zahlgleichheit verträglich zu sein. Man tut dabei so, als gäbe es diese Zahleigenschaften und Zahlrelationen schon. Und es gibt sie ja auch in einem gewissem Sinne, nämlich als Korrelate ›möglicherweise‹ charakterisierbarer Prädikate. So geht man zur Potenzmenge über, deren Elemente, die Umfänge oder Extensionen beliebiger Zahleigenschaften, als ›irgendwie definierbar‹ unterstellt werden. Dies bedeutet, daß man mit einem höchst liberalen Konzept möglicher Mengenbenennungen operiert:

Diese sollen nicht an ein vorab fixiertes syntaktisches Schema gebunden bleiben. Die einzige einschränkende Bedingung ist, daß das genannte Leibnizprinzip in bezug auf die Extensionsgleichheit der Mengen und die Elementbeziehung zwischen Mengen auch für die durch Mengenabstraktion ›neu‹ definierten Gegenstände immer erfüllt ist (s. Art. 83). Das ›Verfahren‹ setzt man dann so fort: Man betrachtet auf der Potenzmenge der natürlichen Zahlen wieder einen Gesamtbereich ›frei definierbarer‹ Prädikate und deren Extensionen, die Teilmengen, und so fort. — Es läßt sich im Bezug auf diese Vorstellung von einem hierarchisch aufgebauten Bereich V von Mengen von Mengen von Mengen …, der gebildet ist ausgehend von den natürlichen Zahlen oder auch nur von einem einzigen Grundelement (der ›leeren Menge‹), zwar nicht formal beweisen, aber plausibel machen, daß die Axiome der üblichen axiomatischen Mengenlehre formal wahre Sätze über V artikulieren. In jedem Fall aber macht diese Art der Konstitutionsanalyse mengentheoretischer Redebereiche jede platonistische Hypostasierung von Mengen überflüssig.

5.6. Übergänge von logisch zusammengesetzten Sätzen S_1, …, S_n zu einem Satz S einer bestimmten Form werden nun in folgendem Sinne als formal gültige Schlüsse bewertet: Man ersetzt die Prämissen S_i und die Konklusion S durch uninterpretierte Formeln derselben logischen Form, d. h. durch Ausdrücke, die erst durch die Wahl eines Gegenstandsbereichs G für die Variablen und durch Belegungen der elementaren Prädikatwörter Q und der Namenkonstanten in G, also durch eine variable Interpretation I, zu wahren oder falschen Sätzen werden. Auf diese Weise erhält man formale Schlußschemata. *Formal gültig* heißen nun diejenigen Schlußschemata, bei denen jede Interpretation, welche die Prämissen zu wahren Sätzen macht, auch die Konklusion wahr macht. Die oben geschilderten Konstitutionsbedingungen eines Systems abstrakter Gegenstände beschränken dabei den Bereich der zugelassenen Interpretationen. Es ist also der Unterschied zu beachten zwischen einem formallogischen Schluß und einer Folgerung: Beim Folgern müssen wir nur irgendwie einsehen, daß die (durch vorgängige Erläuterungen) festgesetzten Wahrheitsbedingungen oder Kriterien für die Wahrheit eines schon in einem wohlkonstituierten Redebereich G interpretierten Satzes S erfüllt sind, wobei wir uns unter ande-

rem auf einige als wahr bekannte Sätze in (oder ›über‹) G als ›Prämissen‹ stützen mögen. Derartige Folgerungen oder Begründungen von wahren Sätzen (etwa schon im Bereich der natürlichen Zahlen) lassen sich keineswegs immer rein schematisch kontrollieren. Der rein konfigurativ kontrollierbare Deduktionsbegriff in einem der vielen vollständigen Logikkalküle der ersten Stufe charakterisiert dagegen nur diejenigen Schluß- und Satzformen, welche allgemein oder formal gültig sind, das heißt ohne Ansehen der konkreten Interpretation der Prädikate und Namen. Die Vorstellung, es ließe sich der Folgerungs- und der mathematische Wahrheitsbegriff in der Arithmetik oder der Geometrie durch die Deduzierbarkeit von Theoremen in einem Axiomensystem ersetzen, erweist sich damit als begrifflich verwirrt. Die (Selbst-)Beschränkung auf einen schematischen Beweisbegriff ist auch pragmatisch widersprüchlich: Schon die fundamentalen Beweise der Deduktionslogik, die der Korrektheit und Vollständigkeit der Prädikatenkalküle in bezug auf den Begriff der allgemeinen Gültigkeit, und dann auch Gödels Beweise der Unvollständigkeit dieser Kalküle in bezug auf den Wahrheits- und Folgerungsbegriff *in* Interpretationen, lassen sich nicht rein schematisch, nicht ohne partiellen Rückgriff auf einen zum arithmetischen analogen Wahrheitsbegriff führen (s. Art. 69).

Eine Folge dieser Überlegungen zu den Grundlagen formallogischer Analysen ist, daß Rechenmaschinen, die *per definitionem* auf den Begriff des schematischen Beweisens beschränkt bleiben, über einen vollen Begriff der arithmetischen oder mathematischen Folgerung und Wahrheit grundsätzlich nicht verfügen können. Die Behauptung einer prinzipiellen Identität menschlicher und artifizieller Rationalität mißachtet schon im Bereich der Mathematik die genannte Differenz. Daran ändert auch die — systematisch unhaltbare — Stützbehauptung nichts, Begründungen, die nicht exakt kontrollierbar seien, seien (noch) nicht hinreichend streng oder exakt oder vollständig. Schon der Begriff der Wahrheit in der Arithmetik ist nicht so verfaßt, daß seine rein schematische Kontrollierbarkeit gewährleistet wäre. Ohne diese systeminterne Differenz zwischen der Begründung der Wahrheit arithmetisch komplexer Sätze und einem schematischen Regelfolgen oder Rechnen gäbe es am Ende keine Möglichkeit, metastufig über die Eigenschaften von ganzen Regelsystemen zu reden. Gerade an diesen metastufigen Eigenschaften sind wir aber wesentlich interessiert, etwa daß gewisse unerwünschte oder ›falsche‹ Figuren oder Sätze nicht erzeugbar sind. Sinnvolle Mathematik kann daher nicht reduziert werden auf das bloß mechanische Befolgen von vorgegebenen Regeln. Es erweist sich damit auch die Zielsetzung des Finitismus und des Konstruktivismus, mathematische Bedeutungen ausschließlich durch (Begründungs-)Regeln festzulegen, die in ihrer schrittweisen Befolgung schematisch kontrollierbar sein sollten, eher als Rückschritt. Dies führt zu einer allzu weitgehenden Selbstbeschränkung der im allgemeinen metastufigen Methoden der Analyse von Regelsystemen und der Konstitution abstrakter Redebereiche. Ursache für diese Abkehr von der ›klassischen‹ Logik und Mathematik war und ist eine unnötige Furcht vor (in der Tat verbreiteten) metaphysischen Fehldeutungen der Mengentheorie und ihrer Wahrheitsbedingungensemantik. — Allerdings zeigt die sogenannte *effektive* Deutung der logischen Wörter (besonders von 'es gibt' und 'oder'), daß man den Begriff der Bedeutung von Wörtern, Sätzen und Äußerungen auch dann unzulässigerweise einschränkt, wenn man ihn durchweg an die Zweiteilung der Sätze (oder dann auch der Äußerungen) eines Redebereiches *G* in die Klasse der wahren und die der falschen bindet. Man kann z. B. von einer Begründung eines Satzes der Form '$\bigwedge_x \bigvee_y A(x, y)$' auch verlangen, daß ein (effektives) Verfahren angegeben wird, das uns für jede Belegung $b(x)$ eine Belegung $b(y)$ zeigt, und zwar so, daß es dann für die Behauptung $A(b(x), b(y))$ eine Begründung gibt. Derartige begründungstheoretische Festlegungen der Bedeutung logischer Wörter und die zugehörigen formalen Schlußregeln der konstruktiven oder intuitionistischen Logik sind aber keineswegs immer besser oder exakter als die klassischen. Es hängt hier alles an den Zwecken, die man verfolgt. Es ist z. B. nicht vernünftig, auf Untersuchungen von Funktionen zu verzichten, mit deren Beschreibungen zumindest zunächst noch kein Rechenverfahren verbunden ist, gerade auch dann nicht, wenn man um die besondere Bedeutsamkeit der (möglichst einfach und schnell) berechenbaren Funktionen weiß.

6. Logische Form und Sinnkriterien

6.1. Sollte sich nun Freges Analyse der Geltungsbedingungen der mathematischen Sätze nicht auch auf die normale Sprache übertra-

gen lassen? Man könnte zum mindesten hoffen, auf diese Weise allerlei metaphysische Pseudosätze, für die gar keine Erfüllungsbedingungen in der real erfahrbaren Welt festgelegt sind, aus dem Bereich sinnvollen Redens aussondern zu können. Mit Russell haben besonders Wittgenstein im *Tractatus* und dann auch Carnap und seine Nachfolger dieses sinnkritische Programm propagiert (s. Art. 59). Die konstitutiven Erfüllungsbedingungen sinnvoller Aussagen erhalten dabei grundsätzlich eine reduktionistische logische Form, die man im Prinzip als semantische Parallele zum syntaktischen Aufbau der sie artikulierenden Sätze zu begreifen hat, nachdem man zuvor, ähnlich wie schon in der Arithmetik, den Sätzen eine passende semantische Tiefenstruktur explikativ untergeschoben hat. Die Wahrheitswertzuordnungen definieren in dieser Vorstellung die Form der Abbildung oder Darstellung der Welt in der Sprache, und zwar auf der Basis von elementaren Sätzen, in denen die wertsemantische oder funktionale Reduktion ihr Ende beziehungsweise ihre Basis finden soll. Die Basissätze sollen dabei je nach Bezugssituation als wahr oder falsch bestimmt sein, das heißt sie sollen so etwas wie Grundfunktionen artikulieren, welche den möglichen Grundsituationen einen von zwei Wahrheitswerten zuordnen und diese dadurch in zwei Klassen einteilen. Ist ihr Wert das Wahre, dann spricht Wittgenstein von einem *bestehenden* (elementaren) *Sachverhalt* oder einer (elementaren) Tatsache — wobei zu beachten ist, daß die Bezugssituation im allgemeinen in der Äußerungssituation bestimmt ist. Elementare Sachverhalte können bestehen oder nicht, sie sind als die semantischen Korrelate der elementaren Sätze und das heißt als die Möglichkeit bestimmt, daß ihre Äußerung wahr sein könnte. Gegenstände (im sehr weiten Sinne des *Tractatus*) sind zunächst die semantischen Korrelate irgendwelcher syntaktischer Teile oder ›Namen‹ in den (strukturierten) elementaren Sätzen. Nur im Satzzusammenhang haben solche Namen (Wörter) überhaupt Bedeutung. Diese Bedeutungen sind, etwas grob gesagt, die Rollen, welche die Wörter bei der Bestimmung der Wahrheitsbedingungen der (elementaren) Sätze spielen, in denen sie vorkommen, und das heißt: bei der Bestimmung der Klassifikation der Situationen durch diese Sätze. Ein Ausdruck ist dagegen ein Name oder eine Benennung im üblichen, engeren Sinne, wenn für ihn und andere Namen *Gleichungen* definiert sind, die mit gewissen Prädikaten oder Kontexten verträglich sind. Das heißt, Substitutionen von verschiedenen Benennungen ›des gleichen Gegenstandes‹ (wie wir hier zu sagen pflegen) führen in den betreffenden Sätzen zu bloßen Artikulationsvarianten der gleichen Klassifikation der Situationen. Die Unterscheidung zwischen namenartigen und verbartigen Wörtern im engeren Sinne beziehungsweise zwischen den ausgedrückten Gegenständen und Prädikaten hängt also, wie Wittgenstein schon im *Tractatus* sieht, vom kontextuellen Gebrauch der Wörter ab, und dabei besonders von einer als bekannt unterstellten Äquivalenzbeziehung zwischen den Namen, die im Bezug auf die intendierten offenen Satzformen oder Prädikate das Leibnizsche Substitutionsprinzip erfüllen.

Eine mögliche (komplexe) *Sachlage* ist dann in Wittgensteins Modell terminologisch bestimmt als eine Klasse von (elementaren) Sachverhalten, als Teil einer möglichen Welt. Die Variationsmöglichkeiten der Wahrheit oder Falschheit der elementaren Sätze oder möglichen elementaren Sachverhalte definieren dabei den Begriff der möglichen Welt (s. Art. 88). Die Wahrheitsbedingung eines Satzes S, mit dem das Bestehen einer Sachlage (in einer Bezugssituation) behauptet werden kann, ist dementsprechend eine Wahrheitswertfunktion F_S, welche die möglichen Kombinationen elementarer Sachverhalte in zwei Klassen einteilt: in der einen ist S wahr, in der anderen falsch. Eine sinnvolle Behauptung sagt daher in gewissem Sinn immer, daß eine gewisse zunächst bloß mögliche Welt die wirkliche ist, daß eine zunächst bloß mögliche Sachlage besteht. Dabei läßt sich die Funktion F_S definiert denken durch mehrfache Anwendung einer Operation N auf eine gewisse Klasse K_S von ›Teilsätzen‹ von S. Diese Operation N ist als eine Art der komplexen Negation (nach dem Vorbild des Schefferschen Operators) definiert durch folgende Wahrheitsbedingungen: Es ist $S = N(K_S)$ in einer Bezugssituation i wahr, genau wenn alle Sätze aus K_S in i falsch sind. Ist z. B. $K_S = \{S_1, S_2\}$, dann ist der ›Satz‹ $S = N(K_S)$ nur eine andere Schreibweise für den Satz $\neg S_1 \wedge \neg S_2$. Ist K_S die Satzklasse $\{S'(m) : m \in G\}$, dann ist $S = N(K_S)$ oder etwa auch $S = N_x(S(x))$ nur eine andere Ausdrucksweise für das, was man üblicherweise so notiert: $\wedge_x (\neg S'(x))$. Wittgenstein denkt sich offenbar Russells Analyse der Kennzeichnungen als eingebaut in seine allgemeine Skizze einer logischen Form des sachhaltigen Satzes. Eine Äußerung

eines Satzes wie: 'Der gegenwärtige König von Frankreich ist kahlköpfig' besagt demnach, daß es (in der Bezugssituation) weder mehrere, noch keinen, noch einen nicht kahlköpfigen König von Frankreich gibt.

Ein (logisch komplexer) Satz S ist nun *tautologisch* beziehungsweise *kontradiktorisch* genau dann, wenn er in jeder möglichen Kombination der Wahrheitswerte der möglichen Elementaraussagen wahr beziehungsweise falsch ist. Tautologische und dann auch kontradiktorische Sätze sind insofern sinnlos, als sich mit ihrer Äußerung nicht das Bestehen oder Nichtbestehen einer möglichen Sachlage ausdrücken läßt. In Tautologien *zeigt sich* nur die allgemeine Gebrauchsweise von Ausdrucks- und Satzformen, oder vielmehr, wir zeigen diese, indem wir die begrifflich gültigen Sätze als (im engeren oder weiteren Sinne) analytische Folgerungen aus semantischen Festsetzungen aufweisen.

Es geht im *Tractatus* bei diesen Überlegungen nicht darum, einem vorgegebenen formalen Logikkalkül eine Deutung zu geben oder den Begriff der Tautologie zu kalkülisieren, sondern um die Verallgemeinerung einer von Frege für die Mathematik entwickelten Einsicht, nämlich daß *wir* es sind, genauer: daß es unsere Gebrauchsweisen von Symbolen, Worten und Sätzen sind, die den Begriff der möglichen Sachlage und der möglichen Welt als Erfüllung von Satzsystemen definieren, und die damit auch die *Form* der wirklichen Welt, soweit sie sprachlich wiedergegeben werden kann, (Immanuel Kant würde sagen: *transzendental*) festlegen. Es gibt daher keine höhere, keine unser mögliches Wissen prinzipiell transzendierende Wahrheit. Wohl aber gibt es die für jede Semantik zentrale Differenz zwischen den von uns (durch Erläuterungen) festgesetzten Wahrheitsbedingungen und wirklichen, im Grundsatz kontrollierbaren, Erfüllungen dieser Bedingungen. Es gibt also eine immanente Differenz zwischen dem Begriff der sachhaltigen (nicht bloß analytischen) Wahrheit (1), einem schon kontrollierten (nicht bloß mathematischen) Wissen (2), einem kontrollierbaren Glauben (3), und einem sinnlosen, nicht sachhaltigen Gerede (4), in dem gar kein Unterschied zwischen 'möglicherweise wahr' und 'möglicherweise falsch' artikuliert ist. Analoges gilt dann etwa auch für unsere ethischen und ästhetischen Bewertungskriterien: Auch hier gibt es zwar keinerlei höhere Wahrheit, aber auch nicht nur die Beliebigkeit bloß subjektiver, willkürlicher Meinung. Insofern als in der

Ethik und der Ästhetik wie in der Logik auf die Kriterien der jeweiligen Urteile und Meta-urteile (der Formen 'x ist wahr', 'x ist schön' und 'x ist gut') reflektiert werden, sind sie alle ›transzendentale‹ oder sinnanalytische Unter-nehmungen im Sinne Kants oder Wittgen-steins.

Wesentlicher Bestandteil des ›linguistic turn‹ in Wittgensteins *Tractatus* ist die These von der prinzipiellen Isomorphie zwischen der logischen Form des sachhaltigen Satzes und der logischen Form der Welt, welche zugleich den Primat der von uns gesetzten kriterialen Formen, Regeln und Erfüllungsbedingungen des Sprachgebrauchs anerkennt. Auf diese hin ist die Richtigkeit der einzelnen Verwendun-gen von Sprache, etwa in Aussagen oder Be-hauptungen, zu beurteilen. Das *analytische* Vorgehen des *Tractatus* ist daher so zu lesen, daß scheinbare Selbstverständlichkeiten wie 'die (wirkliche) Welt ist alles, was der Fall ist' zunächst durch den Begriff der Gesamtheit der Tatsachen beziehungsweise des Bestehens (oder Nichtbestehens) von Sachverhalten, und diese durch die festgesetzten Wahrheits-bedingungen der sie artikulierenden Sätze er-läutert werden. Diese explikative Reduktion ist allerdings nur eine Leiter, welche zu einer besseren Sicht auf den Begriff der möglichen und wirklichen Welt und der Abbildung von Welt in der Sprache führen soll. Es wird nicht unterstellt, daß sich formallogische Reduktio-nen der Wahrheitsbedingungen normal-sprachlicher Sätze stets vollständig angeben ließen, oder daß sie zu größerer Exaktheit der Ausdrucksweise führen könnten. Es geht viel-mehr darum, daß der Inhalt des Gesagten immer nur so weit hinreichend klar und deut-lich bestimmt ist, als wir die Bedingungen verstehen, unter denen das Gesagte als wahr bzw. als falsch zu gelten hätte — wie schwierig die faktische Kontrolle dieser Bedingungen auch immer sein mag.

6.2. Ein zentrales Problem jeder reduktioni-stischen Bedeutungsanalyse bildet die Identi-fizierung (der Geltungsbedingungen) der ir-gendwie unterstellten Basissätze oder Grund-aussagen. Diese sollen ja die Projektionsre-geln festlegen, welche die mögliche oder wirk-liche Erfüllung von Bedingungen in der Er-fahrung und damit den Weltbezug auch der komplexen Sätze definieren. Es lassen sich aber elementare Sätze beziehungsweise Prä-dikate selten unmittelbar als solche ausma-chen oder direkt deiktisch erläutern. Schon der Gebrauch eines Satzes wie 'es regnet' setzt

ein Vorwissen und ein praktisches Interesse an bestimmten Unterscheidungen des Wetters voraus. Die Kontextbezogenheit der Wahr-heitsbedingungen von Sätzen wird noch deut-licher, wenn wir den Gebrauch ganzer Satz-formen betrachten wie z. B. von 'x liegt zwi-schen y und z' oder Äußerungen wie 'dies ist ein Hund', 'das da ist ein anderer Hund', 'jenes ist kein (wirklicher) Hund, sondern nur ein Bild eines Hundes' miteinander verglei-chen. Oft zeigt sich erst in der konkreten Situation, ob der (intendierte, generische) Be-zug eines deiktischen Wortes (s. Art. 79) wie 'dies' oder 'jenes' (etwa als Dingbezug oder als Bezug auf eine Wahrnehmungsgestalt) schon unmittelbar verstanden ist. Und manchmal ist ein Satz der Art 'dies ist ein *P*' bloße Vergegenwärtigung der intendierten Klassifikation, damit in gewissem Sinne eine analytische Wahrheit und keine sachhaltige oder ›sinnvolle‹ Aussage (im Sinne des *Trac-tatus*). Manchmal aber sagt ein solcher Satz etwas über das aus, worauf sich die Deixis bezieht, etwa daß eine als bekannt vorausge-setzte Klassifikation des Gegenstandes ›rich-tig‹ und der Satz in diesem Sinn ›wahr‹ ist. Seine Äußerung ist dann nicht ›sinnlos‹. Der syntaktischen Form des Satzes kann man aber im allgemeinen weder unmittelbar an-sehen, ob seine Äußerung analytisch oder sachhaltig ist, noch ob sie als logisch elemen-tar oder als logisch komplex aufzufassen ist. Daher lassen sich die möglichen elementaren Sachverhalte nicht einfach durch bestimmte Sätze oder Satzformen dingfest machen, in welchen sie artikuliert sind. Dies ist ein wich-tiger Unterschied zu den Sinnerläuterungen mathematischer Aussagen. Wir wissen nur, daß es hier immer ein faktisches Ende for-mallogischer Reduktionen von Geltungs-oder Begründungsbedingungen geben muß. — Vielfach werden die deiktischen Bezüge nur dadurch deutlich, daß man den inten-dierten Gegenstands- oder Redebereich, das Thema, schon als bekannt unterstellt und dann gegebenenfalls in komplexen deikti-schen Ausdrücken wie 'dieses Ding', 'dieser Hund', 'diese Farbe' usf. mitbenennen kann. Aussagen der Art 'ich meine die geometrische Form, nicht die reale Figur', 'ich spreche von dem (Körper-)Ding als Ganzes, nicht von einem Teil an ihm oder von seiner bloßen Gestalt' müssen dann oft schon verstanden sein. ›Kategorien‹ der genannten Art sind im Zusammenhang mit den in ihnen zulässigen prädikativen Unterscheidungen bestimmt. Außerhalb solcher ›Gattungen‹ oder Redebereiche G sind Prädikate, wie schon Aristoteles (s. Art. 15) weiß, oft überhaupt nicht definiert. Gerade daher *präsupponiert* eine normale Negation der Form 'x ist kein P', daß x schon ein Gegenstand einer als bekannt unterstellten Gattung G ist, in welcher P eine aussondernde Bedingung definiert, die dann aber, wie der Satz sagt, nicht erfüllt ist (s. Art. 97). Dementsprechend ist es nicht einfach falsch, sondern irreführend, ins Leere zu zeigen und zu sagen: 'dies ist eine Hand', und es ist ebenfalls sinnlos zu sagen: 'Zahlen sind nicht grün'. Zurückweisungen von Äußerungen, welche übliche, für das normale Verständnis konstitutive Präsuppositionen nicht erfüllen, sind deswegen keine normalen, sinnvollen, Verneinungen. Besonders hier zeigt sich, inwiefern das, was als relativ elementare Aussagen zu werten ist, von Situation, Kontext und Vorwissen abhängen kann. Eine Reduktion auf elementarste Sätze gibt es außerhalb der Mathematik im allgemeinen nicht.

In diesem Zusammenhang läßt sich dann auch weiter klären, warum eine Ausdrucksform wie 'N existiert' kein normales oder objektstufiges, sondern allenfalls ein metastufiges Prädikat zum Ausdruck bringt: Der eigentliche Gegenstand einer Existenzaussage ist nicht etwa das, was der ›Name‹ N (scheinbar oder wirklich) benennt, sondern im Grunde ein ganzer Redebereich G. Die logische Form des Satzes ist also: 'In G gibt es nichts, was durch N benannt werden könnte'. Sätze der Art 'Einhörner gibt es nicht' oder 'Nessie existiert nicht' sagen demnach, daß der Versuch, mit den betreffenden Worten eine nichtleere Tierklasse oder ein bestimmtes (reales) Tier zu benennen, scheitert. Im allgemeinen unterstellt freilich die bloße Verwendung einer Benennung oder einer Kennzeichnung N die Existenz des Bezeichneten im intendierten, als bekannt vorausgesetzten, Redebereich G. Präsupponiert ist also die Wahrheit des Metaurteils: 'es gibt genau ein x in G, das durch den Ausdruck N benannt werden kann'. Diese Präsupposition wirkt praktisch freilich oft auch als Aufforderung, nach einem zum je geäußerten Namen passenden Gegenstandsbereich zu suchen: Es gibt ja Zentauren und andere Fabelwesen im Reich der (griechischen) Mythologie oder es gibt Sherlock Holmes im Reich der Romangestalten (Conan Doyles).

6.3. Die schon erwähnte faktische Offenheit des deiktischen Bezugs von Pronomina überträgt sich auch auf die Namen, die man an die Stelle der deiktischen Worte in den Sätzen setzt. Man meint zwar, Dingnamen M, N als rigide Designatoren (Kripke) in ihrem situationsübergreifenden Gebrauch durch deiktische Definitionen unmittelbar einführen zu können. Eine derartige Taufe legt für Dingnamen allerdings einen festen Bezug nur insoweit fest, als wir die benannten Körper voneinander unterscheiden und in ihrer Identität wiedererkennen können. Dies hängt selbst schon von allerlei Stabilitäten der Welt ab. Insoweit sind Namengebungen keineswegs bloße konventionelle Zuordnungen. Sie setzen gewisse Möglichkeiten, unsere Welterfahrung gemeinsam zu gliedern, beziehungsweise das dazugehörige Wissen bereits voraus. Es ist daher entgegen einer Überzeugung des *Tractatus* doch so, daß, ob ein Satz Bedeutung hat, oft davon abhängt, ob ein anderer Satz wahr ist. Trotzdem bildet eine relativ unmittelbare Nameneinführung der Art: 'Dieser Hund heißt Fido' die Basis für das situationsübergreifende Verständnis von Sätzen der Art 'Fido hat Flöhe', im Blick darauf, wie wir beurteilen (würden), ob ein Satz der Art 'dieses Tier hat Flöhe' wahr oder falsch ist. Wir können uns so die Bedingungen der Möglichkeit situationsübergreifender Aussagen in Umrissen vorstellen.

Diese Überlegung läuft, wie dann auch Wittgenstein bemerkt, auf die Anerkennung synthetisch-apriorischer Urteile im Sinne Kants hinaus. Derartige Urteile sind präsuppositionale Grundlage für den Gebrauch anderer Worte. Sie artikulieren Grunderfahrungen im sprachlichen Handeln und damit Bedingungen von dessen Möglichkeit. Sogar die Identität und die elementaren Eigenschaften abstrakter oder mathematischer Gegenstände wie der Zahlen oder geometrischen Formen sind z. B. trotz aller Ideations- und Abstraktionsschritte auf der Grundlage der Unterscheidbarkeit realer Repräsentanten und der Wiedererkennbarkeit von deren Eigenschaften definiert. Die hier notwendige faktische Gemeinsamkeit unseres Urteilens und Befolgens von Regeln zeigt dann, daß auch mathematische Wahrheiten keine reinen Folgen absolut formaler Setzungen sind, die nicht selbst schon angewiesen wären auf allerlei faktische Möglichkeiten der Unterscheidung im Bereich realer Dinge und Figuren. Mit anderen Worten: Jede ›objektstufige‹ Rede über abstrakte Entitäten und ihre abstrakten Eigenschaften ist auf der Basis einer ›metastufigen‹ Erläuterung des Umgangs mit Repräsentanten allererst definiert. Dennoch ist es sinnvoll, abstrakte Wahrheiten der Objektstufe (über Formen, etwa auch über Zahlen als vergegenständlichte Momente der Gesamtform arithmetischer Praxis) weiterhin als begriffliche Wahrheiten von Urteilen der Metastufe über die Wiedererkennbarkeit von Figuren und Dingen und diese dann auch von anderen, in einem empirisch relevanten Sinn möglicherweise falschen, Erfahrungurteilen kategorial zu unterscheiden.

Solange Sprachtheorien Bedeutungen bloß als Funktionen repräsentieren, welche Situationen Wahrheitswerte zuordnen, sind sie noch allzu idealistisch oder formalistisch (s. Art. 68). Schon eine rein mathematische Relation $R_f(x, y)$ ist ja nur insoweit konkret definiert, als wir unterstellen, daß wir wenigstens im Grundsatz gemeinsam beurteilen können, wann eine Behauptung, daß $R_f(n, m)$ ›wahr‹ ist, wohlbegründet, also die Bedingung, welche die Relation definiert, für konkrete Werte n, m erfüllt ist. Dabei stützen wir uns im Bereich rein mathematisch definierter Relationen auf eine überwältigende Übereinstimmung, ja auf die Gewißheit, daß ›im Prinzip‹ die Behauptung der Erfülltheit der definitorischen Bedingungen kontrollierbar ist. Genauer: Wir sind uns nicht etwa dessen gewiß, daß wir die Wahrheit oder Falschheit von $R_f(n, m)$ immer entscheiden könnten (das ist gar nicht der Fall), sondern dessen, daß wir Begründungsversuche im Vergleich mit den Bedingungen als hinreichend und überzeugend oder als (noch) unbefriedigend bewerten können. (Mathematische) Relationen und Funktionen gibt es dabei nur auf der Basis einer wirklichen oder möglichen Erläuterung ihrer Erfüllungsbedingungen. Es gibt sie als einzelne, individuierte, nur in einer Praxis, in der wir Funktionswerte irgendwie berechnen und die Richtigkeit unserer Rechnungen oder auch eines geratenen Wertes kontrollieren. — Die Sinnleere der Vorstellung von einer privatsprachlichen Semantik zeigt sich in diesem Zusammenhang (wie der spätere Wittgenstein betont) darin, daß es private Klassifizierungen oder Regelbefolgungen nicht geben kann, zumindest solange mit ihnen keine weitere Praxis verbunden ist, die glücken oder mißglücken kann, und zwar so, daß wir im Prinzip gemeinsam beurteilen können, ob sie geglückt ist, ob also vorab bestimmte Bedingungen erfüllt sind — oder nicht.

6.4. Warum sieht man dennoch die mengen- oder modelltheoretische Methode der Sprach-

analyse (nach Alfred Tarski) etwa auch im Rahmen der Mögliche-Welten-Semantik (Richard Montague, Max Cresswell, David Lewis) als Fortschritt der Sprachphilosophie an? Nun, zunächst richtet sich dieser Ansatz gegen allerlei methodische Begrenzungen, welche die Ersetzung der Wahrheitswertsemantik Freges zugunsten regeltheoretischer oder axiomatisch-impliziter Definitionen, etwa beim frühen Carnap, zur Folge hatte. Bedeutsam wird hier insbesondere die Unterscheidung zwischen rein konfigurativ über einem endlichen Alphabet (›definit‹) aufgebauten Bereichen von Namen und dem indefiniten, stets erweiterbaren, Begriff der Benennung. Benennungen sind Belegungen eines Pronomens oder einer Variable, die sich auch auf kontext- und situationsabhängige deiktische Bezüge stützen dürfen. Die Mengenlehre bietet sich als Modell für eine allgemeine formale Semantik aus mehreren Gründen an. Erstens gibt es in ihr ebenfalls indefinite Benennungen. Denn der Beweis der Überabzählbarkeit der Menge aller Mengen (oder Folgen) natürlicher Zahlen zeigt gerade die Indefinitheit möglicher Folgen- und Mengenbenennungen. Nur indem man Cantors Diagonalverfahren als ›zulässige‹ Methode der ›Benennung‹ einer Folge oder Menge ansieht, entsteht hier ein Existenzbeweis. Außerdem läßt sich in gewissem Sinn jeder denkbare abstrakte Gegenstandsbereich G, und das heißt: jedes Modell eines Satzsystems der ersten Stufe, als isomorph zu einem Teilbereich in ›der‹ Mengenhierarchie auffassen. Diese ist in dem Sinne ›eindeutig‹ bestimmt dadurch, daß man möglichst minimale Einschränkungen für die Möglichkeit der Benennung von Mengen macht. Eine Hypostasierung dieser Hierarchie zu einer sprachunabhängigen ›Ontologie‹ wird in dieser Sicht der Dinge ebenso überflüssig wie die metaphysische Reifizierung der Rede über mögliche Welten (etwa bei Lewis) (s. Art. 119).

In keinem mathematischen Gegenstandsbereich läßt sich jedoch der konkrete Realitätsbezug der Begriffe, die Offenheit der Bedeutungen oder die Art ihrer Abhängigkeit von fundamentalen Gewißheiten auch nur angenähert angemessen modellieren. Deswegen führt eine rein formale Sprachanalyse wegen ihrer Identifikation von Bedeutungen mit Regeln oder Funktionen zu einer neuen Art von Scholastik, zumal wenn unklar bleibt, welche Zwecke man mit der Ausarbeitung exakter Sprachregelsysteme verfolgt und unter welchen Gesichtspunkten sie als befriedigend oder unbefriedigend zu beurteilen sind. Anders als die Mathematisierung der physikalischen Naturwissenschaft, in der Messungen die Verbindung zwischen Modell und Erfahrung herstellen, sind Sprachtheorien als metasprachliche Reflexionen auf einen Sprachgebrauch zu begreifen, die als Erfindung von Analogien in zeigender, nicht schon in behauptender Rede verfaßt sind. Es gibt, heißt das, in aller Regel keine schon vorgefertigten Kriterien, durch die schon klar bestimmt wäre, welche Theorie der Bedeutung ›wahr‹ ist oder ›falsch‹, oder, konkreter, welche Sätze oder Satzformen als analytisch wahr zu gelten haben, welche nicht. — Freilich gibt es praktisch deutliche Unterschiede zwischen *begrifflichen* oder bedeutungskonstitutiven *Wahrheiten* in bezug auf einen funktionstüchtigen Sprachgebrauch und wirklich *sachhaltigen* oder *empirischen* Geltungsansprüchen, in denen die Kenntnis der Geltungskriterien schon unterstellt ist, und zwar auch dann, wenn die Kriterien der Korrektheit und Wahrheit ihrerseits auf einem konkreten Wissen und Können aufruhen. Praktisch sind daher viele fundamentale Gewißheiten unserer allgemeinen Lebenserfahrung und Lebenspraxis eine bestenfalls theoretisch oder scholastisch hintergehbare begriffliche Grundlage unseres Redens, Verstehens und Handelns: Sie sind nur in ganz besonderen Fällen oder Hinsichten als möglicherweise verkehrt oder als veränderungsbedürftig problematisierbar. Die Unterscheidung zwischen begrifflichen (im weiten Sinne analytischen) und empirischen Wahrheiten ist daher in der Regel nicht schematisch, nicht ohne Rückgriff auf ›selbstverständliches‹ Faktenwissen und einen als bekannt unterstellten Situations- und Zweckbezug rekonstruierbar. Die von uns festgelegten Geltungsbedingungen ruhen im allgemeinen auf der Basis relativer Präsuppositionen, welche insbesondere bei der Geltungssicherung durch Beobachtung oder Experiment schon als bekannt und einstweilen unproblematisch vorausgesetzt werden müssen. Auf dieser Grundlage gibt es auch immer gemeinsame (wenn auch relative, kontext- und situationsbezogene) Synonymien, Ersetzbarkeiten von Ausdrücken oder ganzer Sätze ohne wesentliche Beeinträchtigung des Verständnisses. Dieses Verständnis zeigt sich oft einfach im Erfolg der mit den Reden verbundenen Orientierung des Handelns. Damit sind dann auch praktisch ausreichende Klassifizierungen von Bedeutungsfeldern und typischen Gebrauchsweisen von Wörtern und Sätzen, also

auch gute Übersetzungen möglich. — Diese Einsichten widersprechen dem allzu strikten Dogma, die Erfüllungsbedingungen von allen sinnvollen Sätzen oder hinreichend klaren Aussagen müßten immer geregelt auf direkt beobachtbare Basisaussagen reduzierbar sein, wie es den logisch-empiristischen, behaviouristischen, mentalistischen oder physikalistischen Fundamentaltheorien der Bedeutung und Wahrheit gemeinsam ist.

7. Zur Methodik der Sprachspiele

7.1. Indem wir einem Sprachgebrauch ein systematisches Gerüst zur Seite stellen, projizieren wir eine Ordnung in den so dargestellten Sprachausschnitt. Diese bezieht sich in der Grammatik auf die unmittelbare Ausdrucksform, in einer logischen Semantik auf formale Aspekte ihres Gebrauchs, auf eine (logische, semantische) ›Tiefenstruktur‹. Betrachten wir ein solches Gerüst als Praxisform für sich, intern, so konstituiert es ein Sprachspiel im Sinne Wittgensteins. Sein externer Gebrauch ist der eines Vergleichsobjekts, mit dessen Hilfe wir einen Aspekt des Sprachgebrauchs überschaubar machen, gelegentlich auch mit der Absicht, gewisse Gebräuche im Interesse einer besseren Verständigung zu normieren (s. Art. 96). Wenn wir so eine formale Sprache als Vergleichsgegenstand neben das normale ›inhaltliche‹ Verständnis eines Sprachgebrauchs stellen, lassen sich allerlei Mißverständnisse gerade auch in der Philosophie- und Wissenschaftsgeschichte aufweisen. Man denke etwa an kosmologische Hypostasierungen von Unendlichkeiten (z. B. des Raumes und der Zeit) — in verfehlter oder zumindest problematischer Orientierung am Vorbild der innermathematisch sinnvollen Rede über unendliche und endliche Folgen von Zahlen.

7.2. Zu Beginn der *Philosophischen Untersuchungen* schildert Wittgenstein ein ganz anders geartetes, ein nicht mathematisches Sprachspiel. In diesem gibt es Benennungen von Gegenstandstypen wie Platten, Würfel, Säulen, und Anweisungen der Art ʼ(Bring eine) Platte!ʼ. Wir sind aufgefordert, dies als eine ›vollständige‹ Sprache zu betrachten. Damit werden erstens die zulässigen Züge des Spiels begrenzt. Zweitens erkennen wir im Beispiel das Interesse an einer Koordinierung bestimmter Handlungen als bedeutungskonstitutiv. Drittens sehen wir, inwiefern die Bedeutung der Wörter und Sätze in ihrem Gebrauch aufgeht, ähnlich wie die Bedeutung einer Schachfigur ihr Gebrauch in den Zügen des Schachspiels ist (vgl. etwa Wittgenstein 1953, § 563). Der volle Gebrauch der Wörter ist freilich keineswegs auf ein Spiel dieser Art begrenzt: Es gibt für sie immer eine Vielzahl von Sprachspielen, die auf unterschiedliche Weise miteinander zusammenhängen und unterschiedlichen Zwecken dienen.

Warum sollte aber, so mag man sich angesichts der bekannten Skepsis Wittgensteins in bezug auf jede Sprachtheorie fragen, eine Beschreibung einfacher Sprachspiele nicht erweitert werden können zu einer vollständigen Beschreibung eines Systems aller Sprachspiele, in dem dann für die Wörter der Sprache ihre Rolle in verschiedenen Satz-, Äußerungs- und Handlungsformen voll rekonstruiert würde? Nun, jede derartige pragmatische Theorie der Sprache bedürfte im Grunde einer Übersicht über alle Möglichkeiten unseres Sprachgebrauchs und damit auch über alle möglichen Situationen und Artikulationsbedürfnisse, in die wir in unserem Leben geraten können. Die Unübersichtlichkeit dieser Möglichkeiten widerspricht der Aufgabenstellung einer allgemeinen Theorie der Sprache. Eine Theorie kann etwas nur dadurch übersichtlich darstellen, daß sie sich auf überschaubare und damit auf die eine oder andere Weise begrenzte Gebrauchsweisen, Problemlagen und Situationstypen beschränkt. Die ›Regelungen‹ begrenzter Sprachspiele schaffen so überschaubare Analogien, durch die gewisse Momente und Aspekte unseres Sprachgebrauchs deutlicher hervortreten mögen als ohne einen solchen Vergleich. Jede Reflexion auf die implizite Form einer Praxis hat selbst diese Form einer Analogie (s. Art. 85), eines strukturellen Vergleichs.

7.3. In der Analogie zwischen Sprechhandlungen und Spielzügen kommt darüber hinaus das folgende zum Ausdruck: Ähnlich wie wir unter dem Wort 'Spiel' ganze Handlungskomplexe unter wechselnden Gesichtspunkten zusammenfassen, gehen wir mit dem Wort 'Sprache' um. Weder läßt sich ein Prototyp eines Spiels angeben, noch gibt es fertige Standards zur Beurteilung dessen, was ein Spiel ist. Entsprechend gibt es auch keine Definition von Sprache und, anders als es der logische Atomismus in Wittgensteins *Tractatus* noch nahelegt, keine schematischen Kriterien und Regeln, welche ein für allemal bestimmen könnten, wie ein sinnvoller Sprachgebrauch generell verfaßt sein muß. Es gibt nur Familienähnlichkeiten zwischen sprachartigen und

spieleartigen Handlungsformen. Trotzdem lassen sich, bei vorsichtiger Lesart, allgemeine begriffliche Kommentare über Spiele oder über die Sprache geben. So artikuliert etwa ein Satz wie: 'Wir [...] betrachten die Spiele und die Sprache unter dem Gesichtspunkt eines Spiels, das nach Regeln vor sich geht' (Wittgenstein 1969a [*Philosophische Grammatik*], § 26), daß wir oft allzu einfache Vorstellungen haben sowohl in bezug auf das, was ein Spiel ist, als auch in bezug auf das, was zur Sprache gehört, und zwar aus analogen Gründen. In beiden Fällen werden nämlich Regeln oft erst später als zusätzliche Erläuterung und Normierung des exemplarischen Lernens durch Teilnahme formuliert. Sonst stützen wir uns auf vielfältige Weisen der Ausgrenzung unzulässiger Züge und falscher Verständnisse durch Übung, Erfahrung, Urteilskraft, und etwa auch auf je neue Abmachungen im weiteren Verlauf. Zentral ist die Bereitschaft, das (Sprach-)Spiel gemeinsam zu spielen. Verständigungsorientiertes Redehandeln verlangt daher nicht nur das Bemühen des Sprechers um größtmögliche Verständlichkeit, sondern auch ein ›principle of charity‹ auf der Seite des Hörers. Die Bereitschaft zur Gemeinsamkeit, zum kommunikativen Handeln, kann faktisch nicht einfach im (letztlich illusorischen) Versuch bestehen, *alle* Möglichkeiten des Mißverstehens von vornherein durch Einigungen über schematische Spiel-Regelungen auszuschließen, sondern in der Anerkennung der unvermeidbaren Unvollkommenheiten unserer sprachlichen Artikulation, und daß der gute Sinn, der Bezug und der Zweck des Gesagten im allgemeinen erst noch aktiv zu suchen ist. Diese Suche läßt viele Wege offen, oft auch dann noch, wenn sie zunächst nicht zum Ziel führt, also wenn *prima facie* eine Rede als unverständlich oder falsch kritisiert wird. — Eine weitere Ähnlichkeit von Spiel und Sprache haben wir schon gesehen: Wenn wir überprüfen, ob eine konkrete Sprachpraxis die Regeln einer konkreten Grammatik befolgt, so bewerten wir manchmal die Angemessenheit der Grammatik, manchmal machen wir die Grammatik zum Maßstab der Korrektheit unserer Rede. Ähnliches geschieht mit Spielregeln. Auch die Schilderungen sinnexplikativer Sprachspiele dienen zum Teil der (ordnenden) Beschreibung eines funktionstüchtigen Sprachgebrauchs, sie sind zum Teil auch normative Standards bei der Beurteilung der Verständlichkeit und Klarheit einer Sprachverwendung.

Das System der Regeln, welche ein Sprachspiel begrenzen, kann man nun auch seine ›(interne, begriffliche) Grammatik‹ nennen. Eine Sprachverwendung, die einer derartigen Grammatik zuwiderläuft, gehört dann einfach nicht zu den erlaubten Zügen dieses Sprachspiels. Wer *dieses* Sprachspiel spielen will, hat sich an dessen Grammatik zu halten. Begrifflich unmöglich oder ungrammatisch ist demnach eine Sprachverwendung immer nur insoweit, als sich dem Sprecher zu Recht unterstellen läßt, er wolle etwas tun, das sich angemessen als Teilnahme an einem bestimmten Sprachspiel beschreiben läßt. Die zugehörigen Urteile über faktische Sprachverwendungen sind daher von der folgenden Form: Wer das durch den Kommentar charakterisierte (gemeinsame) Sprachspiel (begrifflich richtig) spielen will oder es zu spielen glaubt (also eine bestimmte Darstellung seiner begrifflichen Grammatik explizit oder implizit anerkennt), für den ist ein bestimmtes Reden und Handeln ausgeschlossen, anderes dagegen angemessen. Die Analyse der Sprache durch Sprachspiele verzichtet damit ersichtlich nicht schon relativistisch auf allgemeine Sinnkriterien, beachtet vielmehr nur deren Voraussetzungen und Vielfalt.

7.4. Auch die Regeln, die in einer Theorie der Sprechakte oder der kommunikativen Handlungen (s. Art. 54) formuliert werden, beschreiben (konstitutiv) idealtypische Sprachspiele als Vergleichsgegenstände. Wenn einer z. B. eine Frage stellt, so dürfen wir im allgemeinen annehmen, er wisse die Antwort nicht, sei ernsthaft an einer Antwort interessiert. Ist dies offenkundig nicht der Fall, so können wir seiner Äußerung (oft unmittelbar) eine andere Lesart geben, etwa die einer rhetorischen Frage. Manche Sprachverwendungen werden wir freilich als irreführend bewerten. Gibt z. B. jemand ein Versprechen, so gilt in der Regel, daß die Ausführung des Versprochenen in seiner Macht steht; daß er beabsichtigt, das Versprechen zu halten; daß er sich gegebenenfalls für die Nichteinhaltung zu verantworten hat; daß der Angesprochene an der Einhaltung des Versprechens interessiert ist. Wenn (und nur wenn) die eine oder andere dieser Normalitätsbedingungen der kommunikativen Handlung des Versprechens offenkundig verletzt sind, werden wir eine Äußerung einer Standardformulierung wie: ›Ich verspreche Dir ...‹ (oft unmittelbar) anders, etwa als Vorhersage oder gar als Drohung deuten können. Insoweit wir die Stan-

dardformulierung aber üblicherweise zur Artikulation der kommunikativen Handlung des Versprechens benutzen, rücken deren Konstituenten in die Bedeutung des Satzes ein. Und umgekehrt gilt: Wer den Standardgebrauch kennt, also mit diesem Satz ein Versprechen geben könnte, der weiß, was ein Versprechen ist. Wir können aber unter (für den Zweck des Versprechens) geeigneten Umständen auch vielerlei (ungewöhnliche) Ausdrucksweisen verwenden — und verstanden werden. Es wäre nun denkbar, jemand habe nicht begriffen, daß kommunikative Handlungen auch unabhängig von Standardformulierungen möglich sind. Er würde dann, wenn ein Versprechen mit einer ungewöhnlichen Äußerung oder Gebärde gegeben wird, dies nicht als solches (an)erkennen. Keine der Normalitätsbedingungen weist uns daher zwingend an, etwas (in einer bestimmten praktischen Umgebung) auf eine bestimmte Weise zu tun oder zu sagen.

Ein bedeutsames Beispiel sprechaktbezogener Differenzierung liefern prognostische und gesetzesartige Aussagen. Hier unterstellen wir oft, es seien nicht nur ihre Erfüllungsbedingungen situationsinvariant (auf 'ja' oder 'wahr' und 'nein' oder 'falsch') bestimmt, sondern schon ihre Erfülltheit im Rückblick aus einer abgeschlossenen Zukunft. Doch sinnvolle Äußerungen eines zukunftsbezogenen Satzes sind nicht schon deswegen ›heute schon‹ wahr oder falsch, weil wir über ihre Wahrheit oder Falschheit ›sub specie aeterni‹ sprechen können. Generische Prognosen sind nicht einmal in einem ›objektiven‹ Sinn wahrscheinlich, je nachdem, wie häufig die vorhergesagten Sachlagen eintreffen werden. Prognosen oder situationsinvariant formulierte (Natur-)Gesetze sind nicht undifferenziert in Analogie zu Artikulationen von Tatsachen zu setzen. Zum mindesten die Begründungen von Prognosen sind anders verfaßt als die Kontrolle der Wahrheit einer (historischen) Feststellung (s. Art. 99). Allgemeine Gesetze und Prognosen (etwa auch von Häufigkeiten wiederholt beobachtbarer Ereignisse) spielen außerdem in unserem *Handeln* eine ganz besondere Rolle: Ihre (gegenwärtigen!) Begründungen bestehen im allgemeinen — wie schon David Hume betont — darin, daß eine Orientierung unseres Handelns an dem, was sie vorhersagen, sich bisher gut bewährt hat, und daß es hinreichend viele Testfälle gibt, welche uns ›praktisch‹ berechtigen, uns auf diese Aussagen so zu verlassen, *wie wenn* sie einfachhin (zeitlos) ›wahr‹ wären.

Ansonsten hilft die (bloß emphatische) Auskunft: 'Du wirst schon sehen, daß es so [...] sein wird' nicht weiter. Sie allein sollte uns nicht dazu überreden zu glauben, daß etwas der Fall sein wird oder auch nur (mit einiger ›Wahrscheinlichkeit‹, wie wir sagen) in der Zukunft der Fall sein könnte. Vorsicht ist insbesondere angebracht in Fällen, in denen das, was sein wird, unter anderem auch von unserem eigenen Tun und Lassen abhängt, oder wenn es für den Glauben an das, was vorhergesagt ist, keinen (hinreichenden) Anlaß in unserer Lebenserfahrung gibt.

8. Philosophische Sinnanalyse

8.1. Die philosophische Sprachanalyse erklärt uns die Sprache nicht. Weder sagt sie uns, wie die Sprachpraxis, mit und in der sich unser Leben vollzieht, entstanden ist. Noch unterlegt sie dem Ganzen der Sprache oder allen ihren richtig gebildeten Ausdrücken eine systematische Struktur. In diesem Sinne können wir in der Philosophie nichts über Genese und Konstruktion der Sprache erfahren. — Aber auch eine Beschreibung der (vielfältigen) sprachlichen Erscheinungen nach Art der klassischen Naturgeschichte, eine (mehr oder weniger) geordnete Aufzeichnung dessen, was es gibt, ist keine Unternehmung, die einer philosophischen Einstellung oder Methode verpflichtet sein müßte.

Nun ist es aber doch Aufgabe einer *Begriffsgeschichte* (als gewichtiger Teil der Kulturgeschichte), den Gebrauch der Wörter, ihren Sinn, auf verständliche Weise zu rekonstruieren. Dazu wird man Umgebungen und Sprachspiele schildern, welche die Rolle der Wörter und damit die Begriffe klar und deutlich vor uns hinstellen — was nicht immer am besten durch bloße Vergegenwärtigung ihrer realen historischen Entwicklung geschieht. Eine rein philologisch beschriebene Geschichte der Wortverwendungen gibt uns vielmehr oft nur das Material und die Belegstellen. Eine Begriffsgeschichte wird daraus erst durch eine zusätzliche Reflexion auf die Grundformen und Zwecke, den Sitz im Leben des betreffenden Sprachgebrauchs, der man auch den Titel einer ›hermeneutischen Begriffsrekonstruktion‹ geben könnte. Derartige Begriffsanalysen sind immer dann wichtig, wenn uns das Verständnis einer Sprachverwendung aus irgendwelchen Gründen abhanden gekommen ist, wenn ein sonst üblicher Sprachgebrauch suspekt geworden ist, wir an seiner Funktionstüchtigkeit (möglichst aus benennbaren Gründen) zu zweifeln beginnen. Vielfach machen wir uns ja tatsächlich ein falsches Bild davon, wie bestimmte Ausdrucksweisen gebraucht werden (sollten) — und dies oft nicht so, daß sich dieser Fehler einfach durch eine philologische Auskunft beheben ließe. Gerade die vertrauten Beschreibungen können uns ja in die Irre führen, uns Ähnlichkeiten oder Unterschiede des Sprachgebrauchs oder seiner Umgebungen vermuten lassen, wo keine sind. Die Vorstellung, die Befolgung von Regeln bestimme den richtigen Gebrauch der sprachlichen Ausdrücke, gründet sich z. B. auf ein allzu unmittelbares Verständnis grammatischer Auskünfte und kann daher gerade nicht durch die weitere Ausarbeitung und Verfeinerung syntaktischer und semantischer Regelsysteme zurechtgerückt werden.

8.2. Wenn wir einen gegenwärtigen Sprachgebrauch verstehen, so geben wir ihm die richtigen Aufgaben in unseren Lebenssituationen. Dies setzt immer auch Erfindungsgabe und Erfahrung mit der Sprache voraus. Eine Sprache allgemein richtig verstehen kann nur heißen, sie, das heißt ihren Gebrauch, nicht unter einem einzigen, im allgemeinen zu einfachen, Bilde zu sehen. Wir verwenden die Wörter in Sätzen der Sprache auf unbegrenzt viele Weisen, zu unbegrenzt vielen Zwecken. Und sie erhalten in einem besonderen Kontext und in einzelnen Situationen oft einen besonderen Gebrauch, der nicht einfach in der Anwendung einer situationsinvarianten Regel auf einen bestimmten Kontext oder eine bestimmte Situation zu begreifen ist. In eben diesem Sinn sind Bedeutungen im allgemeinen indefinit, ohne deswegen schon vage zu sein. Vage ist eine Rede nur, wenn Kontext und Situation ihren Sitz und Sinn vor dem Hintergrund als bekannt unterstellter Spracherläuterungen und Erfahrungen nicht hinreichend bestimmen (s. Art. 98).

Die sprachlichen Praktiken lassen sich daher nicht allgemein kennzeichnen; sie sind, wie ihre Zusammenhänge, letztlich Stück für Stück in Erfahrung zu bringen, bis wir uns schließlich in den vielfältigen Landschaften der Sprache auskennen. Ein richtiges Verständnis der Sprache im allgemeinen zu gewinnen, heißt daher im Normalfall, ein falsches allgemein gemeintes Verständnis der Sprache außer Kraft zu setzen, die Grenzen der Bilder und Konstruktionen, mit denen wir die Sprache betrachten, ihre begrenzte Reichweite für bestimmte Gegebenheiten und

Orientierungen, zu erfahren und einzuhalten. Das (vorhandene oder wiedergewonnene) richtige Verständnis wird sich im allgemeinen praktisch, im gelingenden Vollzug der Sprache, zeigen, muß nicht selbst in Worte, etwa die einer Sprachanalyse gekleidet oder einem expliziten Nachdenken über die Sprache (die jeweilige sprachliche Praxis) verdankt sein. Andererseits bedarf es häufig einer eigenen sprachlich gefaßten Denkbemühung, damit wir uns von falschen Verständnissen der Sprache und des Satzgebrauchs befreien können. Und hier ist zunächst jedes Mittel und jede Formulierung recht; wenn sie nur dem Zwecke dient, uns die falschen Vorstellungen zu nehmen, und die *Tat*sachen der Sprache wieder übersehbar zu machen. Insofern läßt sich die kritische (philosophische) Aufklärung über die Sprache nicht durch eine bestimmte Methode der Analyse definieren.

Die Philosophie der Sprache schließt daher keinen Weg aus, wenn er nur geeignet ist, der Sprache in unserem Verständnis ihren jeweils angemessenen Ort zuzuweisen oder zurückzugeben. Die philosophische Sprachanalyse ist also insbesondere nicht durch die Methoden der formalen Logik definierbar. Oft mag uns nämlich die Erfindung einer neuartigen Analogie oder auch nur einer neuen Geschichte gegen ein falsches Bild mehr helfen als Rekonstruktionen im Rahmen von zunächst für die Mathematik etablierten logischen Formen. Man mag es dann als eine Art allgemeine sprachphilosophische Einsicht Wittgensteins werten, daß Reflexionen über den Sprachgebrauch auf der Möglichkeit beruhen, allerlei vereinfachende Darstellungen dieser Gebräuche (und dabei immer wieder neue) zu erfinden. Es gibt keine festgelegte Metasprache, in der wir über Bedeutungen oder einen Sprachgebrauch auf eine Weise reden könnten, wie wir über Dinge und Ereignisse in einer vorhandenen Welt reden, also so, daß die semantischen Bestimmungen als schon fixiert vorausgesetzt werden. Auch die normale Sprache kann nicht als eine solche fungieren. Explikative Rede über die Formen einer sprachlichen und nichtsprachlichen Praxis besteht vielmehr im allgemeinen darin, daß wir den faktischen Gebrauch durch modellartige Sprachspiele oder Handlungsschemata und ihre internen Regeln übersichtlich darstellen. Und hier gibt es immer eine Vielfalt von Problemen, in deren Lichte aus der Vielfalt der möglichen Vergleiche oder Analogien eine begründete und klärende Wahl getroffen werden kann und muß.

9. Literatur in Auswahl

Apel 1973 a, *Transformationen der Philosophie* I/II.

Austin 1962 a, *How to Do Things with Words.*

Ayer 1936, *Language, Truth and Logic.*

Birnbacher/Burkhardt (Hg.) 1985, *Sprachspiel und Methode. Zum Stand der Wittgenstein-Diskussion.*

Bloomfield 1914, *Introduction to the Study of Language.* Revised edition 1933: *Language.*

Blackburn 1984, *Spreading the Word: Groundings in the Philosophy of Language.*

Carnap 1961, *Der Logische Aufbau der Welt.*

Carnap 1934, *Logische Syntax der Sprache.*

Carnap ²1956 a, *Meaning and Necessity.*

Chomsky 1980, *Rules and Representations.*

Dummett 1975, What is a theory of meaning, in *Mind and Language,* Guttenplan (Hg.).

Dummett 1976 b, What is a theory of meaning II, in *Truth and Meaning,* Evans/Mc Dowell (Hg.).

Evans/Mc Dowell (Hg.) 1976, *Truth and Meaning. Essays in Semantics.*

Frege 1879, *Begriffsschrift, eine der arithmetischen nachgebildete Formelsprache des reinen Denkens.*

Frege 1893/1903, *Grundgesetze der Arithmetik I. Grundgesetze der Arithmetik II.*

Geach 1975, Names and identity, in *Mind and Language,* Guttenplan (Hg.).

Gödel 1930, Die Vollständigkeit der Axiome des logischen Funktionen-Kalküls, in *Monatshefte für Mathematik und Physik* 38.

Gödel 1931, Über formal unentscheidbare Sätze der Principia Mathematica und verwandter Systeme, in *Monatshefte für Mathematik und Physik* 38.

Grewendorf 1985, Sprache als Organ und Sprache als Lebensform. Zu Chomskys Wittgenstein-Kritik, in *Sprachspiel und Methode,* Birnbacher/Burkhardt (Hg.).

Guttenplan (Hg.) 1975, *Mind and Language.*

Hahn/Schilpp (Hg.) 1986, *The Philosophy of W. V. Quine.*

Harris 1951, *Methods in Structural Linguistics.*

Kambartel 1968, *Erfahrung und Struktur. Bausteine zu einer Kritik des Empirismus und Formalismus.*

Kambartel 1975, Frege und die axiomatische Methode. Zur Kritik mathematikhistorischer Legitimationsversuche der formalistischen Ideologie, in *Frege und die moderne Grundlagenforschung,* Thiel (Hg.).

Kambartel 1989, *Philosophie der humanen Welt. Abhandlungen.*

Kambartel/Stekeler-Weithofer 1989, Ist der Gebrauch der Sprache ein durch Regeln bestimmtes Handeln? in *Fortschritte in der Semantik. Ergebnisse aus dem Sonderforschungsbereich 99 „Gram-*

matik und sprachliche Prozesse" der Universität Konstanz, v. Stechow/Schepping (Hg.).

Kamlah/Lorenzen 1967, *Logische Propädeutik oder Vorschule des vernünftigen Redens*.

Kripke 1980, *Naming and Necessity*.

Kripke 1982, *Wittgenstein on Rules and Private Language*: an *Elementary Exposition*.

Linsky 1967 (Hg.), *Referring*.

Lorenz 1970, *Elemente der Sprachkritik. Eine Alternative zum Dogmatismus und Skeptizismus in der analytischen Philosophie*.

Lorenzen/Schwemmer 1975, *Konstruktive Logik, Ethik und Wissenschaftstheorie*.

Lyons 1968, *Introduction to Theoretical Linguistics*.

Neurath 1931, Soziologie im Physikalismus, in *Erkenntnis* 2.

Quine 1953 a, *From a Logical Point of View. Logico-philosophical Essays*.

Quine 1960, *Word and Object*.

Ramsey 1990, *Philosophical Papers*. Mellor (Hg.).

Ramsey 1991, *On Truth*, Rescher/Majer (Hg.).

Russell 1905, On Denoting, in *Mind* 14.

Schirn (Hg.) 1976, *Studien zu Frege I—III. I: Logik und Philosophie der Mathematik; III: Logik und Semantik*.

Schneider 1975, *Pragmatik als Basis von Semantik und Syntax*.

Schneider 1992, *Phantasie und Kalkül. Über die Polarität von Handlung und Struktur in der Sprache*.

Searle 1969, *Speech Acts. An Essay in the Philosophy of Language*.

Sellars 1963, *Science, Perception, and Reality*.

Stegmüller 1957, *Das Wahrheitsproblem und die Idee der Semantik. Eine Einführung in die Theorie von A. Tarski und R. Carnap*.

Stekeler-Weithofer 1986, *Grundprobleme der Logik. Elemente einer Kritik der formalen Vernunft*.

Strawson 1950 b, On Referring, in *Mind* 59.

Thiel (Hg.) 1975, *Frege und die moderne Grundlagenforschung. Symposium Bad Homburg 1973*.

Thiel 1976, Wahrheitswert und Wertverlauf. Zu Freges Argumentation im § 10 der 'Grundgesetze der Arithmetik', in *Studien zu Frege* I, Schirn (Hg.).

Tugendhat 1976, *Vorlesungen zur Einführung in die sprachanalytische Philosophie*.

Tugendhat/Wolf 1986, *Logisch-semantische Propädeutik*.

Wittgenstein 1921, *Tractatus logico-philosophicus*.

Wittgenstein 1953, *Philosophical Investigations/Philosophische Untersuchungen*.

Wittgenstein 1969 b, *Über Gewißheit*.

Friedrich Kambartel, Frankfurt a. M.
(Deutschland)
Pirmin Stekeler-Weithofer, Leipzig
(Deutschland)

Bibliographischer Anhang und Register
Bibliographic appendix and indexes
Annexe bibliographique et index

Verzeichnis der Beiträger/List of contributors/Liste des auteurs

Adams, Ernest, Berkeley, Cal., USA
Astroh, Michael, Greifswald, Deutschland
Auroux, Sylvain, Paris, France
Ax, Wolfram, Göttingen, Deutschland
Barth, Else M., Groningen, Nederland
Berg, Jan, München, Deutschland
Berriman, William, Regina, Sasketchewan, Canada
van Bijlert, Victor, Leiden, Nederland
Blackburn, Simon, Chapel Hill, N.C., USA
Bohman, James, St. Louis, Missouri, USA
Bos, Egbert P., Leiden, Nederland
Bühler, Axel, Düsseldorf, Deutschland
Bouveresse, Jacques, Paris, France
Buszkowski, Wojciech, Poznań, Polska
Callaway, Howard, Mainz, Deutschland
Candlish, Stewart, Nedlands, Western Australia, Australien
Cloeren, Hermann J., Worcester, Mass., USA
Cohen, Jonathan, Oxford, Great Britain
Coseriu, Eugenio, Tübingen, Deutschland
Danneberg, Lutz, Berlin, Deutschland / Bern, Schweiz
Dascal, Marcelo, Tel-Aviv, Israel / Campinas, Brazil
Deshpande, Madhav M., Ann Arbor, Michigan, USA
Dummett, Michael, Oxford, Great Britain
Eco, Umberto, Milano, Italia
Ehlich, Konrad, München, Deutschland
Franck, Dorothea, Amsterdam, Nederland
Formigari, Lia, Roma, Italia
Fricke, Harald, Fribourg, Schweiz
Fritz, Gerd, Gießen, Deutschland
Gabriel, Gottfried, Jena, Deutschland
Gaier, Ulrich, Konstanz, Deutschland
Gatzemeier, Matthias, Aachen, Deutschland
Gerhardus, Dietfried, Saarbrücken, Deutschland
Gipper, Helmut, Münster/Westfalen, Deutschland
Glinz, Hans, Wädenswil, Schweiz

Gochet, Paul, Liège, Belgique
Gombocz, Wolfgang L., Graz, Österreich
Goodman, Lenn E., Nashville, Tenn., USA
† Graham, Angus C., Singapore, Singapore
Granger, Gilles-Gaston, Aix-en-Provence, France
Gullvåg, Ingemund, Trondheim, Norge
Güttgemanns, Erhardt, Bonn, Deutschland
Gustafsson, Lars, Austin, Texas, USA
Hankinson, Jim, Austin, Texas, USA
Hare, Richard M., Oxford, Great Britain
Haßler, Gerda, Halle/Saale, Deutschland
† Heinekamp, Albert, Hannover, Deutschland
Hewes, Gordon, Boulder, Col., USA
Hintikka, Jaakko, Boston, Mass., USA
Hülser, Karl-Heinz, Konstanz, Deutschland
Innis, Robert E., Lowell, Mass., USA
Jacobi, Klaus, Freiburg, Deutschland
de Jong, Willem R., Amsterdam, Nederland
Kambartel, Friedrich, Frankfurt/Main, Deutschland
Kledzik, Silke M., Koblenz, Deutschland
Kniesche, Henning, Saarbrücken, Deutschland
Knobloch, Clemens, Siegen, Deutschland
Krawietz, Werner, Münster/Westfalen, Deutschland
Künne, Wolfgang, Hamburg, Deutschland
Kuhlmann, Wolfgang, Erfurt, Deutschland
Langhade, Jacques, Bordeaux, France
Lauener, Henri, Bern, Schweiz
Leinfellner-Rupertsberger, Elisabeth, Wien, Österreich
Lenzen, Wolfgang, Osnabrück, Deutschland
Lorenz, Kuno, Saarbrücken, Deutschland
Lorenzer, Alfred, Frankfurt/Main, Deutschland
Manor, Ruth, San José, Cal., USA
Margolis, Joseph, Philadelphia, Penn., USA
Marras, Ausonio, London, Ontario, Canada
† Matilal, Bimal K., Oxford, Great Britain
Meggle, Georg, Leipzig, Deutschland

ter Meulen, Alice G. B., Bloomington, Ind., USA
Mühlhölzer, Felix, Dresden, Deutschland
Næss, Arne, Oslo, Norge
Nuchelmans, Gabriel, Leiden, Nederland
Olender, Maurice, Paris, France
de Pater, Wim A., Leuven, België
Pariente, Jean-Claude, Clermont-Ferrand, France
Pelc, Jerzy, Warszawa, Polska
Posner, Roland, Berlin, Deutschland
Proust, Joëlle, Paris, France
Raynaud, Savina, Milano, Italia
de Rijk, Lambertus M., Leiden, Nederland
Rosenberg, Jay F., Chapel Hill, N.C., USA
Roth, Volkbert, Konstanz, Deutschland
Salmon, Nathan U., Santa Barbara, Cal., USA
Salmon, Vivian, Oxford, Great Britain
Sarles, Harvey, Minneapolis, Minn., USA
von Savigny, Eike, Bielefeld, Deutschland
Scherer, Bernd Michael, Berlin, Deutschland
Schirn, Matthias, München, Deutschland
Schneider, Hans Julius, Erlangen, Deutschland
Schnelle, Helmut, Bochum, Deutschland
Scholz, Oliver, Marburg, Deutschland

Schwitalla, Johannes, Mannheim, Deutschland
Searle, John R., Berkeley, Cal., USA
Shieh, Sanford., Cambridge, Mass., USA
Siegwart, Geo, Greifswald, Deutschland
Simons, Peter M., Salzburg, Österreich
Sleutels, Jan M., Leiden, Nederland
Smith, David Woodruff, Irvine, Cal., USA
Sosa, Ernest, Providence, R.I., USA
Stekeler-Weithofer, Pirmin, Leipzig, Deutschland
Stetter, Christian, Aachen, Deutschland
Stich, Stephen P., San Diego, Cal., USA
Streminger, Gerhard, Graz, Österreich
Struever, Nancy S., Baltimore, Md., USA
Tennant, Neil, Canberra, Australien
Vanderveken, Daniel, Québec, Canada
Vendler, Zeno, San Diego, Cal., USA
Welter, Rüdiger, Tübingen, Deutschland
Wenzel, Harald, Berlin, Deutschland
Wetzel, Michael, Kassel, Deutschland
White, Nicholas P., Salt Lake City, Utah, USA
Wilks, Yorick, Sheffield, Great Britain
Wolters, Gereon, Konstanz, Deutschland
Wuchterl, Kurt, Stuttgart, Deutschland
Zemb, Jean-Marie, Paris, France
Zilian, Hans G., Graz, Österreich

Sigla/Sigla/Sigles

Allgemeine Abkürzungen

Abh.	=	Abhandlung(en)
Abstr.	=	Abstract
Acad.	=	Academy
Akad.	=	Akademie
allg.	=	allgemeine
Arch.	=	Archiv / Archivio
Art.	=	Artikel / article
Assoc.	=	Association
Bd.	=	Band
Bl.	=	Blätter
bzw.	=	beziehungsweise
ca.	=	circa
Chap.	=	Chapter / Chapitre
Co.	=	Company
Conf.	=	Conference
CPDMA	=	Corpus Philosophorum Danicorum Medii Aevi
d. h.	=	das heißt
Diss.	=	Dissertation
Dt.	=	Deutscher/Deutsche/Deutsches
DTV	=	Deutscher Taschenbuch Verlag
Ed./ed./Éd./éd.	=	Edidit/Edition/Editor/Edited/edited/Édition/Éditeur/Édité/édité
Eds./eds./Éds./éds.	=	Editors/Éditeurs
erl.	=	erläutert (von)
Facs.	=	Facsimile
H.	=	Heft
Hg.	=	Herausgeber
hg.	=	herausgegeben (von)
i.Dr.	=	im Druck
Inst.	=	Institut(e)
Intr.	=	Introduction / introduction
J.	=	Journal
Jb.	=	Jahrbuch / Jahrbücher
Jg.	=	Jahrgang
Kgl.	=	Königlich(e)
Kl.	=	Klasse
Math.	=	Mathematik/Mathematics/Mathématiques/Mathematica(e)
MIT Pr.	=	Massachusetts Institute of Technology Press
Nachf.	=	Nachfolger
Nd.	=	Neudruck
N. F.	=	Neue Folge
o.J.	=	ohne Jahresangabe
o.O.	=	ohne Ortsangabe
o.V.	=	ohne Verlagsangabe
Philos.	=	Philosophical / Philosophy
Pr.	=	Press/Presses
Proc.	=	Proceedings
pt.	=	part
Publ.	=	Publishers / Publishing
PUF	=	Presses Universitaires de France
repr.	=	Reprint / reprinted
Rez.	=	Rezension

s.	= siehe
S.	= Seite
Sb.	= Sitzungsberichte
suppl.	= supplement
trad.	= traduction / traduisé(e)
transl.	= translation / translated
u.	= und
U.	= Universität/University/Université
u. a.	= und andere
usw.	= und so weiter
u. ö.	= und öfter
Übers.	= Übersetzung
UP	= University Press
VEB	= Volkseigener Betrieb
vgl.	= vergleiche
Vlg.	= Verlag
vs.	= versus
Wiss.	= Wissenschaftliche / Wissenschaft(en)
Wiss. Buchges.	= Wissenschaftliche Buchgesellschaft
Z.	= Zeitschrift
z. B.	= zum Beispiel
z. T.	= zum Teil

Sigla für Ausgaben, Buchtitel und Sammelwerke

B
1955−79
Hamann, Johann Georg
Briefwechsel I−VIII. Hg. W. Ziesemer / A. Henkel (IIII), Hg. A. Henkel (IV−VII). Wiesbaden (I−IV), Frankfurt a.M. (V−VII), Wiesbaden/Frankfurt a.M.: Insel

CAG
1892−1900
Commentaria in Aristotelem Graeca. Ed. consilio et auctoritao Academiae Litterarum Regiae Borussicae. Berlin: Reimer

C
1903
Leibniz, Gottfried Wilhelm
Opuscules et fragments inédits. Éd. Couturat. Paris: Alcan

CP
1931−35
Peirce, Charles Sanders
Collected Papers of Charles Sanders Peirce I−VI. Ed. Ch. Hartshorne / P. Weiss. Cambridge, MA: Harvard UP
1958
Collected Papers of Charles Sanders Peirce VII−VIII. Ed. A. W. Burks. Cambridge, MA: Harvard UP

CSEL
1866ff
Corpus scriptorum ecclesiasticorum latinorum, editum consilio et impensis Academiae litterarum Caesareae Vindobonensis 1−80. Wien: apud C. Geroldi filium

CW
1963ff
Mill, John Stuart
Collected Works of John Stuart Mill. London: Routledge & Kegan Paul / Toronto: U. of Toronto Pr.

D
²1935
Diehl, Ernst
Anthologia lyrica graeca I. Leipzig: Teubner

Dialectica
²1970
Abaelard, Peter
Dialectica. First Complete Edition of the Parisian Manuscript with an Introduction by L. M. de Rijk. Assen: Van Gorcum

Discours
1686
Leibniz, Gottfried Wilhelm
Discours de Métaphysique. In GP IV, 427−463

Édition critique   de Saussure, Ferdinand
     1967ff   *Cours de linguistique générale.* Édition critique par R. Engler. Wiesbaden: Harrassowitz

Encyclopédie Méthodique   Beauzeé, Nicolas / Marmontel, Jean-Francois (éds.)
     1782−86   *Grammaire et Belles Lettres. Encyclopédie Méthodique.* Paris: Panckoucke

Epistolaris   Leibniz, Gottfried Wilhelm
     ca. 1712   *Epistolaris de historia etymologica dissertatio.* Hannover, Nieders. Landesbibliothek Ms. IV, 469

FDS   Hülser, Karlheinz (Hg.)
     1987   *Die Fragmente zur Dialektik der Stoiker. Neue Sammlung der Texte mit dt. Übers. und Kommentaren I−IV.* Stuttgart/Bad-Cannstatt: Friedrich Frommann Vlg. (Günther Holzboog)

Gl. Per.   Abaelard, Peter
     1927   *Peter Abaelards Philosophische Schriften. I. Die Logica Ingredientibus. 3. Die Glossen zu Perihermeneias.* Hg. Bernhard Geyer. Münster: Aschendorff (Beiträge zur Geschichte des Mittelalters. Texte und Untersuchungen 21(3))

Gl. Pred.   Abaelard, Peter
     1921   *Peter Abaelards Philosophische Schriften. I. Die Logica Ingredientibus. 2. Die Glossen zu den Kategorien.* Hg. Bernhard Geyer. Münster: Aschendorff (Beiträge zur Geschichte des Mittelalters. Texte und Untersuchungen 21(2))

Gl. Top.   Abaelard, Peter
     [2]1969   *Scritti di logica, Super Topica Glossae editi per la prima volta da Mario dal Pra.* Firenze: La nuova Italia

GM   Leibniz, Gottfried Wilhelm
     1849−63   *Mathematische Schriften I−VII.* Hg. C. I. Gerhardt. Berlin: Verlag von A. Asher und Comp.

GP   Leibniz, Gottfried Wilhelm
     1875−90   *Die philosophischen Schriften I−VII.* Hg. C. I. Gerhardt. Berlin: Weidmannsche Buchhandlung

HSK   Handbücher zur Sprach- und Kommunikationswissenschaft

KrV   Kant, Immanuel
     1781   *Kritik der reinen Vernunft.* Riga: Hartknoch

LP   Lobel, Edgar / Page, Denys
     1955   *Poetarum Lesbiorum Fragmenta.* Oxford: Clarendon

Monadologie   Leibniz, Gottfried Wilhelm
     1714   *Les Principles de la Philosophie ou la Monadologie.* In GP VI, 607−623

Ms   Peirce, Charles Sanders
     Manuskripte. Kopie der Manuskripte im Peirce Edition Project, Indianapolis

MEW   Marx, Karl / Engels, Friedrich
     1956−68   *Werke I−XXXIX.* Hg. Institut für Marxismus-Leninismus beim ZK der SED. Berlin: Dietz Vlg.

MPL   Migne, Jacques-Paul (Ed.)
     1841−64   *Patrologiae cursus completus, Series II: Ecclesia latina 1−221.* Paris: apud J. P. Migne

NE   Leibniz, Gottfried Wilhelm
     1704   *Nouveaux Essais sur l'entendement humain.* In GP V, 39−509

N. S.   Vico, Giambattista
     1968   *New Science.* Ithaca: Cornell UP

Œuvres Complètes   Descartes, René
     1967−75   *Œuvres de Descartes I−XIII.* Éds. Charles Adam / Paul Tannery (1897−1913) / J. Baude / P. Costabel / B. Rochot (1964−1974). Paris: Vrin

OP   Hesiod
     1914   ἔργα καὶ ἡμέραι. *Hesiodus Opera.* Ed. Paul Mazon. Paris: Hachette

Op.Omn.   Leibniz, Gottfried Wilhelm
1768   *Opera omnia I—VI.* Dutens (Hg.). Genevae: Apud fratres de Tournes

PU   Wittgenstein, Ludwig
1953   *Philosophische Untersuchungen / Philosophical Investigations.* Ed. G. E. M. Anscombe / R. Rhees Oxford: Blackwell

RGG   Galling, K. (Hg.)
³1957—62   *Die Religion in Geschichte und Gegenwart I—VI.* Tübingen: J. C. B. Mohr (Paul Siebeck)

S. N. P.   Vico, Giambattista
1725   *Scienza nuova prima.* Napoli: F. Mosca

Théodicée   Leibniz, Gottfried Wilhelm
1710   *Essais de Théodicée sur la Bonté de Dieu, la Liberté de l'Homme et l'Origine du Mal.* In GP VI, 21—375

T   Wittgenstein, Ludwig
1921   *Logisch-Philosophische Abhandlung (Tractatus Logico-Philosophicus).* Annalen der Naturphilosophie

VS   Kranz, Walther (Hg.)
⁶1951   *Die Fragmente der Vorsokratiker. Griechisch und Deutsch I—III* [Diels, H. (Hg.) Berlin 1903]. unveränderte Nachdrucke auch zitiert als Diels-Kranz 1951 und 1964. Berlin/Zürich/Dublin: Weidmann

W   Hamann, Johann Georg
1949—57   *Sämtliche Werke I—VI.* Hg. Josef Nadler. Wien: Thomas Morus Presse im Vlg. Herder

WL   Bolzano, Bernard
1837   *Dr. B. Bolzanos Wissenschaftslehre. Versuch einer ausführlichen und größtenteils neuen Darstellung der Logik mit steter Rücksicht auf deren bisherige Bearbeiter.* Herausgegeben von mehren seiner Freunde I—IV. Sulzbach: Seidel

Abkürzungen für Zeitschriften

A.I. = Artificial Intelligence
Amer.Philos.Quart. = American Philosophical Quarterly
Ann.P.Appl.Log. = Annals of Pure and Applied Logic
Ann.Math.Log. = Annals of Mathematical Logic
Arch.Begriffsgesch. = Archiv für Begriffsgeschichte
Arch.Gesch.Philos. = Archiv für Geschichte der Philosophie
August.Stud. = Augustinian Studies
Australas.J.Philos. = Australasian Journal of Philosophy
Beitr.Philos.Dt.Ideal. = Beiträge zur Philosophie des Deutschen Idealismus
Brit.J.Philos.Sci. = The British Journal for the Philosophy of Science
Brit.J.Soc. = British Journal of Sociology
Can.J.Philos. = Canadian Journal of Philosophy
Cogn.Sci. = Cognitive Science
Comp.Int. = Computational Intelligence
Dt.Z.Philos. = Deutsche Zeitschrift für Philosophie
Dt.Vjschr.Lit.wiss. = Deutsche Vierteljahresschrift für Literaturwissenschaft und Geistesgeschichte
ELH = English literary history
ETC = ETC. A Review of General Semantics
Found.Lang. = Foundations of Language
Germ.Rev. = The Germanic Review
Germ.Roman.Monatsschr. = Germanisch-Romanische Monatsschrift
Graz.Phil.Stud. = Grazer Philosophische Studien
HL = Historiographia Linguistica
Hist.Épistém.Lang. = Histoire Épistémologie Langage

Int.Philos.Quart.	=	International Philosophical Quarterly
Islam.Quart.	=	Islamic Quarterly
Jb.dt.Schillerges.	=	Jahrbuch der deutschen Schillergesellschaft
J.Aesth.Art.	=	Journal of Aesthetics and Art Criticism
J.Hist.Ideas	=	Journal of the History of Ideas
J.Hist.Philos.	=	Journal of the History of Philosophy
J.Philos.	=	The Journal of Philosophy
J.Philos.Log.	=	Journal of Philosophical Logic
J.Pragm.	=	Journal of Pragmatics
J.Symb.Log.	=	The Journal of Symbolic Logic
Kant-St.	=	Kantstudien
Lang.Com.	=	Language and Communication
Ling.Philos.	=	Linguistics and Philosophy
Log.anal.	=	Logique et analyse
Midw.Quart.	=	The Midwest Quarterly
Midw.Stud.Philos.	=	Midwest Studies in Philosophy
Mod.Aust.Lit.	=	Modern Austrian Literature
Mod.Lang.N.	=	Modern Language Notes
Mod.Lang.Review	=	The Modern Language Review
Nietz.Stud.	=	Nietzsche Studien
Notre Dame J.Formal Logic	=	Notre Dame Journal of Formal Logic
Pac.Philos.Quart.	=	Pacific Philosophical Quarterly
Philol.Quart.	=	Philological Quarterly
Philos.Phenomen.Res.	=	Philosophy and Phenomenological Research
Philos.Rev.	=	The Philosophical Review
Philos.Sci.	=	Philosophy of Science
Philos.Stud.	=	Philosophical Studies
Philos.Top.	=	Philosophical Topics
Prag.Cogn.	=	Pragmatics & Cognition
Proc.Arist.Soc.	=	Proceedings of the Aristotelian Society
PTL	=	PTL − A journal for descriptive poetics and theory of lite- rature
Rev.Gen.Sem.	=	A Review of General Semantics
Rev.int.philos.	=	Revue Internationale de Philosophie
Rev.Met.	=	Review of Metaphysics
South.Sp.Com.J.	=	The Southern Speech Communication Journal
South.J. Philos.	=	The Southern Journal of Philosophy
Stud.Islam.	=	Studia Islamica
Stud.Leibn.	=	Studia Leibnitiana
Stud.Log.	=	Studia Logica
Stud.Spinoz.	=	Studia Spinozana
Tijdschr.Filos.	=	Tijdschrift voor Filosofie
Tijdschr.Filos.Theol.	=	Tijdschrift voor Filosofie en Theologie
Z.allg.Wiss.theorie	=	Zeitschrift für allgemeine Wissenschaftstheorie
Z.dt.Philol.	=	Zeitschrift für deutsche Philologie
Z.Kirch.gesch.	=	Zeitschrift für Kirchengeschichte
Z.philos.Forsch.	=	Zeitschrift für philosophische Forschung
Z.Philos.phil.Kritik	=	Zeitschrift für Philosophie und philosophische Kritik
Z.Phon.allg.Sprachw.	=	Zeitschrift für Phonetik und allgemeine Sprachwissenschaft
Z.Phon.Sprachw.Komm.forsch.	=	Zeitschrift für Phonetik, Sprachwissenschaft und Kommu- nikationsforschung
Z.Semiotik	=	Zeitschrift für Semiotik

Publikationen/Publications/Ouvrages

Aarnio, Aulis
  1978a   *Legal Point of View. Six Essays on Legal Philosophy.* Helsinki: Publikationer av Inst.
        för Allmän Rättslära, 3 ⟨102⟩
  1978b   On the so-called hermeneutical trend in Finnish legal theory. In Aarnio 1978a,
        82−145 ⟨102⟩
  1979   *Denkweisen der Rechtswissenschaft.* Wien/New York: Springer ⟨102⟩
  1987   *The Rational as Reasonable. A Treatise on Legal Justification.* Dordrecht/Boston:
        D. Reidel ⟨102⟩

Aarnio, Aulis / Paulson, Stanley L. / Weinberger, Ota / von Wright, Georg Henrik / Wyduckel,
Dieter (Hg.)
  1994   *Rechtsnorm* und *Rechtswirklichkeit.* Berlin: Duncker & Humblot ⟨102⟩

Aaron, Richard Ithamar
  ²1955/³65   *John Locke.* Oxford: Clarendon ⟨13⟩

Aarsleff, Hans
  1967   *The Study of Language in England, 1780−1860.* Princeton: UP ⟨8⟩
  1970   The history of linguistics and Professor Chomsky. *Language* 46, 570−585 / auch in
        Aarsleff 1982a, 101−119 ⟨12⟩
  1974   The tradition of Condillac: The problem of the origin of language in the eighteenth
        century and the debate in the Berlin Academy before Herder. In Hymes (ed.) 1974,
        93−156 ⟨26⟩
  1975   The eighteenth century, including Leibniz. In Sebeok (ed.) 1975, 383−479 ⟨44/107⟩
  1977   Guillaume de Humboldt et la pensée linguistique des Idéologues. In Joly/Stefanini
        (éds.) 1977, 217−241 ⟨44⟩
  1980   Wordsworth, language, and romanticism. *Essays in Criticism* 30, 215−226 ⟨107⟩
  1981   Bréal, la sémantique et Saussure. *Hist.Epistém.Lang.* 3(2), 115−133 ⟨44⟩
  1982a   *From Locke to Saussure. Essays on the Study of Language and Intellectual History.*
        Minneapolis: U. of Minnesota Pr. ⟨8/11/12/23/65/71⟩
  1982b   Condillac, Taine et Saussure. In Sgard (éd.) 1982, 165−174 ⟨44⟩
  1982c   The study and use of etymology in Leibniz. In Aarsleff 1982a, 84−100 ⟨66⟩

Abaelard, Peter / Abélard, Pierre / Petrus Abelardus / Abelardo, Pietro
  1921   *Peter Abaelards Philosophische Schriften. I. Die Logica Ingredientibus. 2. Die Glossen
        zu den Kategorien.* Hg. Bernhard Geyer. Münster: Aschendorf (Beiträge zur Ge-
        schichte des Mittelalters. Texte und Untersuchungen 21(2)) ⟨20⟩
  1927   *Peter Abaelards Philosophische Schriften. I. Die Logica Ingredientibus. 3. Die Glossen
        zu Perihermeneias.* Hg. Bernhard Geyer. Münster: Aschendorff (Beiträge zur Ge-
        schichte des Mittelalters. Texte und Untersuchungen 21(3)) ⟨20⟩
  ²1969   *Scritti di logica, Super Topica Glossae editi per la prima volta da Mario dal Pra.*
        Firenze: La nuova Italia ⟨20⟩
  ²1970   *Dialectica.* First Complete Edition of the Parisian Manuscript with an Introduction
        by L. M. de Rijk. Assen: Van Gorcum ⟨20⟩

Abel, Carl
  1885   *Sprachwissenschaftliche Abhandlung.* Leipzig: Vlg. von Wilhelm Friedrich ⟨9⟩

Abhidharmakośabhāṣya
  1975   *Abhidharmakośabhāṣya of Vasubandhu.* Ed. P. Pradhan. Patna: Tibetan Sanskrit
        Works Series VIII ⟨42⟩

ibn Abi Usaybiᶜa
  1882   *Kitab ᶜUyun al-'Anba' fi Tabaqat al-'Atibba'.* Ed. August Müller. Königsberg: Selbst-
        verlag ⟨19⟩

Abraham, Werner
  1982   Das Konzept der projektiven Sprache bei Ernst Jandl. *Dt.Vjschr.Lit.wiss.* 56,
        539−558 ⟨107⟩

Abrahams, Roger D.
1974   Black talking on the streets. In Bauman/Sherzer (eds.) 1974, 240−262 ⟨56⟩

Abrusci, Vito M. (ed.)
1983   *Atti del Convegno internazionale di storia della logica, San Gimigniano 4−8 decembre 1982.* Bologna: Clueb ⟨20⟩

Abse, David Wilfried
1971   *Speech and Reason: Language Disorder in Mental Disease & A Translation of The Life of Speech Philipp Wegener.* Bristol: John Wright & Sons LTD ⟨9⟩

Acero, J. J.
1980   Verdad para toda la vida. *Teorema* X, 127−155 ⟨79⟩

Achinstein, Peter
1964   Models, analogies, and theories. *Philos.Sci.* 31, 328−350 ⟨85/103⟩
1968   *Concepts of Science.* Baltimore: The John Hopkins UP ⟨71⟩

Ackerman, Diana
1980   Thinking about an object. *Midw.Stud.Philos.* 5, 501−508 ⟨79⟩

Ackrill, J. L.
1957   Plato and the copula: Sophist 251−9. *J. of Hellenistic Studies* 77(1), 1−6 ⟨112⟩

Acosta, Joseph de
1604   *The Naturall and Morall Historie of the East and West Indies.* Transl. E. Grimaton. London: Blount & Aspley ⟨64⟩

Acton, Harry Burrows
1959   The philosophy of language in revolutionary France. *Proc. of the British Acad.* 45, 199−219 ⟨13⟩

Aczel, Peter
1985   *Notes on Non-well-founded Sets.* Stanford: Center for the Study of Language and Information ⟨111⟩

Adam, Alfred
1958   Das Fortwirken des Manichäismus bei Augustin. *Z.Kirch.gesch.* 69, 1−25 ⟨16⟩

Adam, Alfred (Hg.)
1954   Texte zum Manichäismus. Berlin: de Gruyter ⟨16⟩

Adam, Karl
1956   *Die geistige Entwicklung des heiligen Augustinus.* Darmstadt: Gentner [1931] ⟨16⟩

Adams, Ernest
1965   The logic of conditionals. *Inquiry,* 8, 166−197 ⟨89⟩
1966   Probability and the logic of conditionals. In Hintikka/Suppes (eds.) 1966, 265−316 ⟨89⟩
1975   *The Logic of Conditionals: An Application of Probability to Deductive Logic.* Dordrecht: D. Reidel ⟨70/89⟩
1976   Prior probabilities and counterfactual conditionals. *Foundations of Probability Theory. Statistical Inference. and Statistical Theories of Science* 1, 1−21 ⟨89⟩
1977   Note on comparing probabilistic and modal logics of conditionals. *Theoria* 43(3), 186−194 ⟨89⟩
1979   Subjunctive and indicative conditionals. *Found.Lang.* 6, 89−94 ⟨89⟩
1981   Truth, proof, and conditionals. *Pac.Philos.Quart.* 62, 323−339 ⟨89⟩
1983   Probabilistic enthymemes. *J.Pragm.* 7, 283−295 ⟨89⟩
1984   Remarks on convention T's pragmatic and semantic associations, and some of its limitations. *Pac.Philos.Quart.* 65, 124−139 ⟨89⟩
1986   On the logic of high probability. *J.Philos.Log.* 15, 255−279 ⟨89⟩
1987   On the meaning of the conditional. *Philos.Top.* 15, 1, 5−22 ⟨89⟩
1988   Consistency and decision; variations on Ramseyan themes. In Harper/Skyrms (eds.) 1988, 49−69 ⟨89⟩

Adams, Robert Merrihew
1975   Where do our ideas come from? Descartes vs. Locke. In Stich (ed.) 1975, 71−87 ⟨72⟩

Adler, Jeremy D. / White, John J. (Hg.)
   1979   *August Stramm. Kritische Essays und unveröffentliches Quellenmaterial aus dem Nachlaß des Dichters.* Berlin: E. Schmidt ⟨107⟩

Adorno, Theodor Wiesengrund
   1963   *Drei Studien zu Hegel.* Frankfurt a.M.: Suhrkamp ⟨47⟩
   1970   *Ästhetische Theorie. Gesammelte Schriften, Bd. 7.* Hg. von Gretel Adorno / Rolf Tiedemann. Frankfurt a.M.: Suhrkamp ⟨108⟩

Adorno, Theodor Wiesengrund / Frenkel-Brunswik, Else / Levinson, Daniel J. / Sanford, R. Nevitt
   1950   *The Authoritarian Personality.* New York: Harpers ⟨98⟩

Adriani, Götz
   1993   *Cézanne. Gemälde. Mit einem Beitrag zur Rezeptionsgeschichte von Walter Feilchenfeldt.* Köln: DuMont ⟨108⟩

Aebi, Magdalena
   1947   *Kants Begründung der 'dt. Philosophie' — Kants transzendentale Logik: Kritik ihrer Begründung.* Basel: Vlg. für Recht und Ges. ⟨47⟩

Agazzi, Emilio (ed.)
   1985   *Marx centouno. Rivista internazionale di dibattito teoretico.* Catania: Coneditor ⟨48⟩

Agazzi, Evandro (ed.)
   1980   *Modern Logic: A Survey.* Dordrecht: D. Reidel ⟨88⟩

Aischylos
   1959   *Tragödien und Fragmente.* München: Ernst Heimeran Vlg. ⟨112⟩

Ajdukiewicz, Kasimierz
   1935   Die syntaktische Konnexität. *Studia Philosophica* 1, 1−27 ⟨111⟩
   1965   *Logika pragmatyczna (Pragmatic Logic).* Warszawa: Polish Scientific Publ. ⟨111⟩
   1978   *The Scientific World-Perspective and Other Essays 1931−1963.* Ed. Jerzy Giedymin. Dordrecht/Boston: D. Reidel ⟨90⟩

Akten des 13. Linguistischen Kolloquiums Gent
   1978   *Sprachstruktur, Individuum und Gesellschaft. Band 1. Linguistische Arbeiten 76.* Tübingen: Niemeyer ⟨98⟩

Albert, Hans
   1975   *Traktat über kritische Vernunft.* Tübingen: J. C. B. Mohr (Paul Siebeck) [1968] ⟨47⟩
   1982a   *Die Wissenschaft und die Fehlbarkeit der Vernunft.* Tübingen: Mohr ⟨45⟩
   1982b   Münchhausen oder der Zauber der Reflexion. In Albert 1982a, 58−94 ⟨45⟩
   1985   *Treatise on Critical Reason.* Princeton: UP / Übers. von Albert 1975 ⟨47⟩

Albert, Mechthild
   1986   *Unausgesprochene Botschaften. Zur nonverbalen Kommunikation in den Romanen Stendhals.* Tübingen: Stauffenburg (Romanica et Comparatistica 7) ⟨107⟩

Albertsen, Elisabeth / Corino, Karl / Dinklage, Karl (Hg.)
   1970   *Robert Musil: Studien zu seinem Werk.* Reinbek: Rowohlt ⟨107⟩

Albrecht, Erhard
   1975   *Sprache und Philosophie.* Berlin: Dt. Vlg. der Wiss. ⟨8/48⟩
   1991   *Sprachphilosophie.* Berlin: Dt. Vlg. der Wiss.

Albrecht, Jörn
   1979   Friedrich Nietzsche und das 'sprachliche Relativitätsprinzip'. *Nietz.Stud.* 8, 225−244 ⟨107⟩
   1987   Consuetudo, usus, usage, uso: zur Sprachproblematik bei Vaugelas und Manzoni. In Niederehe/Schlieben-Lange (Hg.) 1987, 109−121 ⟨107⟩
   1988   *Europäischer Strukturalismus.* Darmstadt: Wiss. Buchges. ⟨51⟩

Album Professor Fernand van Goethem
   1964   *Album Professor Fernand van Goethem.* Antwerp-Utrecht: Standaardboekhandel ⟨47⟩

Alchourrón, Carlos E.
   1969   Logic of norms and logic of normative propositions. *Log.anal.* 12, 242−268 ⟨102⟩

Alchourrón, Carlos E. / Bulygin, Eugenio
1987   Expressive vs. hyletische Konzeption der Normen? In Krawietz/Ott (Hg.) 1987, 143−172 ⟨102⟩
1991   *Análisis lógico y Derecho.* Madrid: Centro de Estudios Constitucionales ⟨102⟩

Alchourrón, Carlos E. / Gärdenfors, Peter / Makinson, David
1985   On the logic of theory change: partial meet contraction and revision functions. *J.Symb.Log.* 50, 510−53 ⟨75⟩

Alchourrón, Carlos E. / Makinson, David
1982   On the logic of theory change: contraction functions and their associated revision functions. *Theoria* 48, 14−37 ⟨75⟩
1980   Hierarchies of regulations and their logic. In Hilpinen (ed.) 1980, 125−148 ⟨75⟩
1985   On the logic of theory change: safe contraction. *Stud.Log.* 44, 405−422 ⟨75⟩

Aler, Jan
1971   Als Zögling zwischen Maeterlinck und Mach. In Martini (Hg.) 1971, 234−290 ⟨107⟩

Aler, Jan / Enklaar, Jattie (Hg.)
1987   *Zur Wende des Jahrhunderts.* Amsterdam: Rodopi (Duitse Kroniek) ⟨107⟩

Alexander, William M.
1966a   *Johann Georg Hamann: Philosophy and Faith.* The Hague: Nijhoff ⟨25⟩
1966b   Johann Georg Hamann: Metacritic of Kant. *J.Hist.Ideas* 27(1), 137−144 ⟨25⟩

Alexander von Aphrodisias
1891   *Commentaria in Aristotelis Metaphysica* (CAG I). Hg. Michael Hayduck. Berlin: Georg Reimer ⟨77⟩

Alfaric, Prosper
1918   *L'évolution intellectuelle de Saint Augustin 1. Du Manichéisme au Néoplatonisme.* Paris: E. Nourry ⟨16⟩

Alford, John A.
1982   The grammatical metaphor: a survey of its use in the Middle Ages. *Speculum* 75, 728−760 ⟨107⟩

Allen, J. F. / Perrault, C. R.
1980   Analyzing intention in utterances. *A.I.* 15, 143−78 ⟨117⟩

Allen, R. E. / Furley, David J. (eds.)
1975   *Studies in Presocratic Philosophy II: The Eleatics and Pluralists.* London: Routledge & Kegan Paul ⟨1⟩

Allen, Sture (ed.)
1989   *Possible Worlds in Humanities, Arts and Sciences.* Berlin/New York: de Gruyter ⟨99⟩

Allwood, Jens
1987   *Linguistic Communication as Action and Cooperation.* Göteborg: U. of Göteborg ⟨96.1⟩

Almeder, Robert
1980   *The Philosophy of Charles S. Peirce: A Critical Introduction.* Oxford: Blackwell ⟨32⟩

Almog, Joseph / Perry, John / Wettstein, Howard (eds.)
1989   *Themes from David Kaplan.* New York/Oxford: Oxford UP ⟨78/84/113⟩

Alston, Robin C.
1967   *A Bibliography of the English Language from the Invention of Printing to the Year 1800.* Leeds: E. J. Arnold ⟨64⟩

Alston, William P.
1964   *Philosophy of Language.* Englewood Cliffs N. J.: Prentice-Hall ⟨94/104⟩
1967   Art. 'Vagueness'. In Edwards (ed.) 1967, 218−221 ⟨98⟩
1969   Aune on thoughts and language. *Nous* 3, 169−183 ⟨71⟩
1980   Irreducible metaphors in theology. In Long (ed.) 1980, 129−148 ⟨85/103⟩

Alt, Arthur Tilo / Phelps, Leland Richter (eds.)
1978   *Creative Encounter. Festschrift for Herman Salinger.* Chapel Hill: U. of North Carolina Pr. ⟨22⟩

Alt, Peter-André
    1985   Doppelte Schrift, Unterbrechung und Grenze. Franz Kafkas Poetik des Unsagbaren
              im Kontext der Sprachskepsis um 1900. *Jb.dt.Schillerges.* 29, 455−490 ⟨107⟩

Altaner, Berthold / Stuiber, Alfred
    ⁷1966   *Patrologie. Leben, Schriften und Lehre der Kirchenväter.* Freiburg/Basel/Wien: Herder
              ⟨16⟩

Altehenger, Alfons
    1979   Die Frage nach dem Rubikon zwischen Tier und Mensch. *Anthropos* 74, 223−241
              ⟨65⟩

Altenhofer, Norbert
    1978   Hugo von Hofmannsthal und Gustav Landauer. Eine Dokumentation. *Hofmanns-
              thal-Bl.* 19/20, 43−72 ⟨107⟩

Althaus, Hans Peter
    1987   Sprachtheorie und Belletristik. Die Etymtheorien von Emil Winkler und Arno
              Schmidt. In Wimmer (Hg.) 1987, 191−205 ⟨107⟩

Althaus, Hans Peter / Henne, Helmut / Wiegand, Herbert Ernst (Hg.)
    ²1980   *Lexikon der Germanistischen Linguistik.* Tübingen: Niemeyer ⟨32/35/58/87/106/108⟩

Amann, Emile / Mangenot, Eugène / Vacant, Alfred (éds.)
    1903−72 *Dictionnaire de théologie catholique Iff.* Paris: Librairie Letouzey et Ané ⟨21/66⟩

Ambrose, Mary
    1977   Error and the abuse of language in the 'Promessi sposi'. *Mod.Lang.Review* 72, 62−72
              ⟨107⟩

Ambrosini, Maria Grazia
    1984   *Grammatica speculativa: Boezio di Dacia e Tommaso di Erfurt.* Palermo/Sao Paulo:
              Renzo Mazzone ⟨41⟩

Amel, Rodica
    1993   The constitutive rule of a round table. *Prag.Cogn.* 2 (1), 167−190 ⟨96.1⟩

Ammon, Ulrich / Dittmar, Norbert / Mattheier, Klaus J. (eds.)
    1988   *Sociolinguistics. An International Handbook of The Science of Language And Society.*
              Berlin/New York: de Gruyter (HSK) ⟨115⟩

Amselle, J.-L.
    1991   Présentation. *Cahiers d'etudes africaines* 31(1−2), 121−122 ⟨66⟩

Ānandavardhana
    1940   *Dhvānyaloka with Locana.* Benares: Kashi Sanskrit Series, Chowkhamba ⟨5/43⟩

Anawati, Georges C.
    1979   La Notion d'al-Wujud (Existence) dans le Kitab al-Hudud d'al-Farabi. *Actas del V
              Congreso Internacional de Filosofia Medieval I.* Madrid: Ed. Nacional ⟨3⟩

Anderegg, Johannes
    1973   *Fiktion und Kommunikation. Ein Beitrag zur Theorie der Prosa.* Göttingen: Vanden-
              hoeck & Ruprecht ⟨106⟩
    1982   Das Abgesonderte und das Übergängliche. Zu Goethes Konzept von poetischer
              Sprache. *Dt. Vjschr.Lit.wiss.* 56, 101−122 ⟨107⟩

Andersen, P. B.
    1990   *A Theory of Computer Semiotics: Semiotic Approaches to Construction and Assess-
              ment of Computer Systems.* Cambridge: UP ⟨114⟩

Anderson, Alan Ross / Belnap, Noel D.
    1968   *Entailment I.* Princeton: UP ⟨59/75/84/89⟩
    1992   *Entailment II.* Princeton: UP ⟨89⟩

Anderson, C. Anthony / Owens, Joseph (eds.)
    1990   *Propositional Attitudes.* Stanford: Center for the Study of Language and Information
              ⟨78⟩

Anderson, John
    1983   *The Architecture of Cognition.* Cambridge, MA: Harvard UP ⟨57⟩

Anderson, J. R.
1972 The audience as a concept in the philosophic rhetoric of Perelman, Johnstone, and Natanson. *South.Sp.Com.J.* 38, 39−50 ⟨112⟩

Andresen, Carl (Hg.)
1962 *Zum Augustin-Gespräch der Gegenwart I.* Darmstadt: Wiss. Buchges. ⟨16⟩
1981 *Zum Augustin-Gespräch der Gegenwart II.* Darmstadt: Wiss. Buchges. ⟨16⟩

Andresen, Carl / Erbse, H. / Gigon, O. / Schefold, K. / Stroheker, K. F. / Zinn, E. (Hg.)
1990 *Lexikon der Alten Welt III.* Zürich/München: Artemis ⟨112⟩

Angelet, Christian / Herman, Jan
1987 Narratologie. In Delcroix/Hallyn (éds.) 1987, 168−201 ⟨85/103⟩

Angst-Hürlimann, Beatrice
1971 *Im Widerspiel des Unmöglichen mit dem Möglichen. Zum Problem der Sprache bei Ingeborg Bachmann.* Zürich: Juris ⟨107⟩

Anscombe, G. Elizabeth M.
1959 *Wittgenstein's 'Tractatus'.* London: Hutchinson ⟨39⟩
1975 The first person. In Guttenplan (ed.) 1975, 45−65 ⟨79⟩

Antos, Gerd
1982 *Grundlage einer Theorie des Formulierens. Textherstellung in geschriebener und gesprochener Sprache.* Tübingen: Niemeyer ⟨56⟩

Anz, Heiner
1979 *Die Bedeutung poetischer Rede. Studien zur hermeneutischen Begründung und Kritik von Poetologie.* München: Fink ⟨106⟩

Anz, Thomas
1984 Vorschläge zur Grundlegung einer Soziologie literarischer Normen. *Internationales Arch. für Sozialgeschichte der dt. Literatur* 9, 128−144 ⟨106⟩

Āpadeva
1911 *Mīmāṃsānyāyaprakāśa.* Ed. Mahadeva Sarma / Gangadhasa Bakee. Bombay: Nirnayasagar Pr. ⟨5/43⟩

Apel, Friedmar
1988 Sprachordnung und Weltordnung im Zusammenhang von Sprachursprungstheorien und Übersetzungskonzeptionen seit Hamann und Herder. In Gessinger/von Rahden (Hg.) 1988 II, 30−51 ⟨26⟩

Apel, Karl-Otto
1955a Das Verstehen. *Arch.Begriffsgesch.* 1, 142−199 ⟨45⟩
1955b Die Idee der Sprache bei Nicolaus von Cues. *Arch.Begriffsgesch.* 1, 200−221 ⟨7⟩
1963 *Die Idee der Sprache in der Tradition des Humanismus von Dante bis Vico.* Bonn: Bouvier (Arch.Begriffsgesch.) ⟨7/13/26/53/112⟩
1972 From Kant to Peirce: the semiotical transformation of transcendental logic. In Beck (ed.) 1972, 90−104 ⟨47⟩
1973a *Transformation der Philosophie I/II.* Frankfurt a.M.: Suhrkamp ⟨13/47/53/67/120⟩
1973b Charles W. Morris und das Programm einer pragmatisch integrierten Semiotik. In Morris 1973, 9−66 ⟨53⟩
1974a Zur Idee einer transzendentalen Sprachpragmatik. In Simon (Hg.) 1974, 283−326 ⟨53⟩
1974b Sprache. In Wulf (Hg.) 1974, 56−167 ⟨53⟩
1975 *Der Denkweg von Charles Sanders Peirce. Eine Einführung in den amerikanischen Pragmatismus.* Frankfurt a.M.: Suhrkamp [1967,1970] ⟨32⟩
1976a *Transformation der Philosophie II.* Frankfurt a.M.: Suhrkamp ⟨13/54⟩
1976b Das Problem der philosophischen Letztbegründung im Lichte einer transzendentalen Sprachpragmatik. In Kanitscheider (Hg.) 1976, 55−82 ⟨53⟩
1976c Sprechakttheorie und transzendentale Sprachpragmatik zur Frage ethischer Normen. In K. O. Apel (Hg.) 1976, 101−73 ⟨53⟩
1979a *Die 'Erklären-Verstehen' Kontroverse in transzendentalpragmatischer Sicht.* Frankfurt a.M.: Suhrkamp ⟨53⟩

1979b   Transzendentale Semiotik und die Paradigmen der 'prima philosophia'. In von Bü-
         low/Schmitter (Hg.) 1979, 101−38 ⟨53⟩
1980/81 Intentions, conventions, and reference to things: dimensions of understanding mean-
         ing in hermeneutics and in analytic philosophy of language. In Parret/Bouveresse
         (eds.) 1981, 79−111 ⟨53/94⟩
1982   Austin und die Sprachphilosophie der Gegenwart. In Nagl-Docekal (Hg.) 1982,
         183−96 ⟨53⟩
1983   Läßt sich ethische Vernunft von strategischer Zweckrationalität unterscheiden? Zum
         Problem der Rationalität sozialer Kommunikation und Interaktion. *Arch. di Filoso-
         fia* 51, 373−434 ⟨53⟩
1986   Die Logosauszeichnung der menschlichen Sprache. In Bosshardt (Hg.) 1986, 45−87
         ⟨53⟩
1987a   Fallibilismus, Konsenstheorie der Wahrheit und Letztbegründung. In Forum für Phi-
         losophie Bad Homburg (Hg.) 1987, 116−211 ⟨53⟩
1987b   Sprachliche Bedeutung, Wahrheit und normative Gültigkeit. *Arch. di Filosofia* 55,
         51−88 ⟨53⟩
1988a   Pragmatische Sprachphilosophie in transzendentalsemiotischer Begründung. In Sta-
         chowiak (Hg.) 1993, 38−61 ⟨53⟩
1988b   Sprachliche Bedeutung und Intentionalität. 'S'. *European J. for Semiotics* 1, 11−74
         ⟨53⟩
1988c   Läßt sich sprachliche Bedeutung auf Intentionalität reduzieren? In Benedikt/Burger
         (Hg.) 1988, 55−69 ⟨53⟩
1988d   *Diskurs und Verantwortung.* Frankfurt a.M.: Suhrkamp ⟨53⟩
1990   Ist Intentionalität fundamentaler als sprachliche Bedeutung? In Forum für Philoso-
         phie Bad Homburg (Hg.) 1990, 116−211 ⟨53/94⟩

Apel, Karl-Otto et al.
1971   *Hermeneutik und Ideologiekritik.* Frankfurt a.M.: Suhrkamp ⟨102⟩

Apel, Karl-Otto (Hg.)
1976   *Sprachpragmatik und Philosophie.* Frankfurt a.M.: Suhrkamp ⟨53/77⟩

Apel, Karl-Otto / Böhler, Dietrich / Berlich, Alfred / Pumpe, Gerhard (Hg.)
1980   *Praktische Philosophie / Ethik 1.* Frankfurt a.M.: Fischer ⟨45⟩

Apollinaire, Guillaume
1965   *Œuvres poétiques.* Ed. M. Adéma / M. Décaudin. Paris: Gallimard ⟨107⟩

Apostel, Leo
1974   Negation: the tension between ontological positivity (negationless positivity) and
         anthropological negativity (positively described). *Log.anal.* 15, 209−315 ⟨47⟩
1963 (83) Le problème formel des classifications empiriques. In La classification 1963, 157−
         230 ⟨61⟩
1984   Dialogical philosophy in Martin Buber's *Ich und Du* and the recent work of Jürgen
         Habermas, *Theorie des kommunikativen Handelns. Philosophica* 33, 131−132 ⟨47⟩

Appiah, Anthony
1985   *Assertion and Conditionals.* Cambridge: UP ⟨70/89⟩
1986   *For Truth in Semantics.* Oxford: Blackwell ⟨85/103⟩
1987   Why componentiality fails: a case study. *Philos.Top.* 15 (1), 23−45 ⟨89⟩

Åqvist, Lennart
1965   *A New Approach to the Logical Theory of Interrogatives.* Uppsala: Almqvist & Wik-
         sell ⟨111⟩

Åqvist, Lennart / Mullock, P.
1989   *Causing Harm: A Logical-Legal Study.* Berlin/New York: de Gruyter ⟨114⟩

Arbeitsgruppe Bielefelder Soziologen (Hg.)
1973   *Alltagswissen, Interaktion und gesellschaftliche Wirklichkeit.* Reinbek: Rowohlt ⟨92/
         101⟩

Arbeitsgruppe Semiotik (Hg.)
1978   *Die Einheit der semiotischen Dimensionen.* Tübingen: Narr ⟨105⟩

Arberry, Arthur John
    1951   *Avicenna on Theology.* London: Murray ⟨3⟩

Archambault, Paul J.
    1981   Erec's search for a new language. *Symposium* 35, 3–17 ⟨107⟩

Ardener, Edwin (ed.)
    1971   *Social Anthropology and Language.* London/New York: Tavistock Publications ⟨56⟩

Arendt, Hannah
    1929   Der Liebesbegriff bei Augustin. Versuch einer philosophischen Interpretation. *Philosophische Forschungen* 9 ⟨16⟩

Arens, Hans
    1984   *Aristoteles Theory of Language and its Tradition.* Amsterdam/Philadelphia: Benjamins (Studies in the History of Linguistics 29) ⟨15⟩

Arens, Hans (Hg.)
    1955   *Sprachwissenschaft.* Freiburg/München: Alber ⟨44⟩
    ²1969   *Sprachwissenschaft. Der Gang ihrer Entwicklung von der Antike bis zur Gegenwart.* Freiburg/München: Alber [1955] ⟨4/31/65⟩

Arens, Katherine M.
    1982   Linguistic scepticism: towards a productive definition. *Monatshefte* 74, 145–155 ⟨107⟩
    1984   *Functionalism and Fin de siècle: Fritz Mauthner's Critique of Language.* New York/Bern/Frankfurt a.M.: Lang ⟨35/107⟩

Argan, Julio Carlo
    1977   *Die Kunst des 20. Jahrhunderts. 1880–1940. Propyläen Kunstgeschichte in achtzehn Bänden, Bd. 12.* Berlin: Propyläen ⟨108⟩

Aristophane / Aristophanes
    1991   *Les Thesmophories – Les Grenouilles.* Paris: Les Belles Lettres ⟨112⟩

Aristoteles / Aristote / Aristotle
    1831a   *Analytica Priora.* Ed. Academia Regia Borussica. Berlin: Reimer ⟨104⟩
    1831b   *De Interpretatione.* Ed. Academia Regia Borussica. Berlin: Reimer ⟨87/104⟩
    1831c   *Ethica Nicomachea.* Ed. Academia Regia Borussica. Berlin: Reimer ⟨104⟩
    1831d   *De Sophisticis Elenchis.* Ed. Academia Regia Borussica. Berlin: Reimer ⟨98⟩
    1831e   *Ars Rhetorica.* Ed. Academia Regia Borussica. Berlin: Reimer ⟨98⟩
    1844–46 *Organon* [= De interpretatione, Categoriae, Analytica Priora, Analytica Posteriora, Topica, Sophistici elenchi]. Hg. Theodor Waitz. Leipzig: Hahn ⟨63⟩
    1931   *Physique I/II.* Éd. Henri Carteron. Paris: Les Belles Lettres ⟨100⟩
    1938   *The Categories; On Interpretation.* Ed. and transl. Harold P. Cooke. London: Heinemann / Cambridge, MA: Harvard UP ⟨64⟩
    1949   *Prior and Posterior Analytics.* Ed. W. D. Ross. Oxford: Clarendon ⟨100⟩
    1959   *Ars Rhetorica.* Ed. W. D. Ross. Oxford: Clarendon Press ⟨112⟩
    1955/61 *De Anima.* Ed. W. D. Ross. Oxford: Clarendon ⟨118⟩
    1962   Analytica Priora. Aristoteles Latinus, III, 14, ed. L. Minio Paliuello. Leiden: Brill 1962 [Translatio Boethii vermutlich 510–515] ⟨40⟩
    1964   *Analytica Priora.* Ed. W. D. Ross. Oxford: Clarendon ⟨40⟩
    1967   *Ethique à Nicomaque.* Éd. J. Tricot. Paris: Vrin ⟨100⟩
    1974   *Lehre vom Satz (Peri hermeneias) (Organon I/II).* vorangeht: *Porphyrius. Einleitung in die Kategorien.* Hg. Eugen Rolfes. Hamburg: Meiner [²1925=1958] ⟨67⟩
    ²1979   *Aristoteles. Physikvorlesung.* Übers. Hans Wagner. Berlin: Akad.-Vlg. [1967] ⟨15⟩
    1982   *Poetik. Griechisch – Deutsch.* Stuttgart: Reclam ⟨112⟩
    1984   *Aristoteles' Kategorien.* Übers. u. erl. von K. Oehler. Berlin: Akad.-Vlg. ⟨15/85/103⟩
    ³1989   *Rhetorik.* Übers. und hg. Franz G. Sieveke. München: Fink ⟨112⟩

Armstrong, David Malet
    1968   *A Materialist Theory of the Mind.* London: Routledge & Kegan Paul ⟨50/83⟩
    1971   The meaning-nominalist strategy. *Found. Lang.*, 10, 141–168 ⟨94⟩
    1978   *Nominalism and Realism I. A Theory of Universals II.* Cambridge: UP ⟨61⟩
    1980   Identity through time. In van Inwagen (ed.) 1980, 67–78 ⟨83⟩

Arnaldez, Roger
   1977   Pensée et langage dans la philosophie de Farabi (à propos du Kitāb al-Ḥurūf). *Stud.Islam.* 45, 58−65 ⟨3⟩
Arnauld, Antoine
   1964   *The Act of Thinking.* Transl. J. Dickoff / P. James. Indianapolis: Bobbs-Merrill ⟨10⟩
Arnauld, Antoine / Lancelot, Claude
   1660   *Grammaire générale et raisonnée.* Paris: Pierre le Petit ⟨65⟩
   1966   *Grammaire générale et raisonnée. 3ème éd.* Paris: Pierre le Petit [1676]. repr. Hg. H. E. Brekle. Stuttgart/Bad-Cannstatt: Friedrich Frommann Vlg. (Günther Holzboog) [1660] ⟨12/44/71/95⟩
Arnauld Antoine / Nicole, Pierre
   1965   *La logique ou l'art de penser. [La Logique de Port-Royal].* Éds. B. Baron von Freytag-Löringhoff / H. E. Brekle. Stuttgart/Bad-Cannstatt: Friedrich Frommann Vlg. (Günther Holzboog) [1662] ⟨8/10⟩
   1970a   *La logique ou l'art de penser.* Hg. H. E. Brekle. Stuttgart/Bad Cannstatt: Friedrich Frommann Vlg. (Günther Holzboog) [1662] ⟨12⟩
   1970b   *La logique ou l'art de penser.* Éd. Louis Marin. Paris: Flammarion [1662/⁵1683] ⟨30/71⟩⟩
Arndt, Hans Werner
   1979   John Locke: Die Funktion der Sprache. In Speck (Hg.) 1979, 176−210 ⟨22⟩
von Arnim, Johannes (Hg.)
   1964   *Stoicorum veterum fragmenta I−IV.* Stuttgart: Teubner [1903−24] ⟨2⟩
Arnold, Alfred
   1980   *Wilhelm Wundt − Sein Philosophisches System.* Berlin: Akad.-Vlg. ⟨31⟩
Arntzen, Helmut
   1971   *Literatur im Zeitalter der Information. Aufsätze, Essays, Glossen.* Frankfurt a.M.: Athenäum ⟨107⟩
   1984   *Der Literaturbegriff. Geschichte, Komplementärbegriffe, Intention. Eine Einführung.* Münster: Aschendorff (Literatur als Sprache. Literaturtheorie − Interpretation − Sprachkritik. Bd. 1) ⟨107⟩
Arpresjan, J. D.
   1973   *Principles and Methods of Contemporary Structuralist Linguistics.* The Hague/Paris: Mouton ⟨51⟩
Arruda, A. J.
   1980   A survey of paraconsistent logic. In Arruda (ed.) 1980, 1−41 ⟨75⟩
Arruda, A. J. (ed.)
   1980   *Mathematical Logic in Latin America.* Amsterdam: North-Holland ⟨75⟩
Asbach-Schnitker, Brigitte
   1984   Introduction to John Wilkins. In Wilkins 1984, IX−IXXX ⟨64⟩
Asbach-Schnitker, Brigitte / Roggenhofer, Johannes (Hg.)
   1987   *Neuere Forschungen zur Wortbildung und Historiographie der Linguistik. Festgabe für Herbert E. Brekle zum 50. Geburtstag.* Tübingen: Narr ⟨107⟩
Aschenbrenner, Karl
   1968   Implications of Frege's philosophy of language for literature. *The British J. of Aesthetics* 8, 319−334 ⟨106⟩
   1974   *The Concepts of Criticism.* Dordrecht: D. Reidel ⟨106⟩
   1983   *Analysis of Appraisive Characterization.* Dordrecht: D. Reidel ⟨106⟩
Asher, Nicholas
   1986   Belief in discourse representation theory. *J.Philos.Log.* 15, 127−189 ⟨113⟩
Ashworth, Earline Jennifer
   1974   *Language and Logic in the Post-Medieval Period.* Dordrecht: D. Reidel ⟨7/21⟩
   1978   *The Tradition of Medieval Logic and Speculative Grammar, from Anselm to the End of the Seventeenth Century. A Bibliography from 1836 onwards.* Toronto: Pontifical Inst. of Medieval Studies ⟨4/7/41⟩

1981   Do words signify ideas or things? The scholastic sources of Locke's theory of language. *J.Hist.Philos.* 19, 299−326 ⟨22⟩

1982   The eclipse of medieval logic. In Kenny/Kretzmann/Pinborg (eds.) 1982, 787−96 ⟨7⟩

Aspetsberger, Friedbert
1987   *Der Historismus und die Folgen. Studien zur Literatur in unserem Jahrhundert.* Frankfurt a.M.: Athenäum (Literatur der Geschichte 14). ⟨107⟩

Asquith, Peter / Nickles, Thomas (eds.)
1983   *PSA (Philosophy of Science Association) 1982 II.* East Lansing: Philosophy of Science Association ⟨99⟩

Ast, Friedrich
1808   *Grundriss der Philologie.* Landshut: Krüll ⟨45⟩

Astroh, Michael
1995   Konnexe Logik. In Stelzner/Max (Hg.) 1995 ⟨97⟩

Ateš, Ahmet
1951   Farabinin eserlerinin bibliyografyasi. *Belleten* 15, 175−192 ⟨19⟩

Aubenque, Pierre
1967   Aristote et le langage. *Annales De La Faculté Des Lettres Et Sciences Humaines D'Aix-en-Provence, Serie Classique* 43, 85−105 ⟨15⟩

Auer, Peter
1984   Kontextualisierung. *studium linguistik* 19, 22−47 ⟨56⟩

Auer, Peter / di Luzio, Aldo (eds.)
1992   *The Contextualisation of Language.* Amsterdam: Benjamins ⟨56⟩

Augustinus
1861/62   Augustini (Sancti Aurelii) opera omnia. In MPL 1861−1862, 32−47 ⟨16⟩
1887−1956 Augustini opera. In CSEL 1−3, 5−8 ⟨16⟩
1960/61   *St. Augustine's Confessions I−II, with an English translation by William Watts.* Loeb Classical Library ⟨16⟩
³1974   *Der Lehrer − De magistro.* Übers. Carl Johann Perl. Paderborn: Schöningh ⟨16⟩

Aune, Bruce
1967   *Knowledge, Mind, and Nature.* New York: Random House ⟨71⟩

Auroux, Sylvain
1973a   Le rationalisme empiriste. *Dialogue* 12, 475−505 ⟨12⟩
1973b   *L'Encyclopédie 'grammaire' et 'langue' au XVIIIe siècle.* Paris: Maison Mame ⟨12/ 44/66⟩
1979a   *La sémiotique des encyclopédistes. Essai d'épistémologie historique des sciences du langage* Paris: Payot ⟨8/12/44⟩
1979b   La querelle des lois phonétiques. *Linguisticae Investigationes* III/1 1−27 ⟨12⟩
1981   Condillac ou la vertue des signes. In Condillac 1981, IX−XXVIII ⟨11⟩
1982   *Linguistique et anthropologie en France (1600−1900).* Paris: Université Paris VII ⟨8⟩
1982a   Empirisme et theorie linguistique chez Condillac. In Sgard (éd) 1982, 177−219 ⟨11/ 12⟩
1983   La philosophie analytique française, Condillac et les Idéologues. In Philosophie et Culture 1983, 416−427 ⟨9⟩
1984a   Le rationalisme empiriste. *Dialogue* 13, 475−503 ⟨11⟩
1984b   Du nom au verbe: la grammaire generale de Port-Royal à Destutt de Tracy. *Modèles linguistiques* VII/1, 11−21 ⟨11⟩
1984c   D'Alembert et les synonymistes. *Dix-Huitième Siècle* 16, 93−108 ⟨12⟩
1985a   Pour un nouvel empirisme. *Dialogue* 24, 411−426 ⟨11/12⟩
1985b   The analytic and the synthetic as linguistic topics. *Topoi* 4, 193−199 ⟨11/12⟩
1986a   Les parties du discours dans la stratégie cognitive de la grammaire générale. *Z. Phon.Sprachw.Komm.forsch.* 39/6, 685−694 ⟨12⟩

1986b   Actes de pensée et actes linguistiques dans la grammaire générale. *Hist.Épistém.-Lang.* 8(2), 105−120 ⟨12⟩

1988   Beauzée et universalité des parties du discours. In Blanche-Benviste/Chervel/Gross (éds.) 1988, 37−58 ⟨12⟩

1983   La philosophie analytique francaise: Condillac & les Idéologues. Proc. XVIIth World Congress of Philosophy Montreal 1983 ⟨9⟩

1988   Le paradigme lockien et la philosophie du langage. *Rev.int.philos.* 165, 133−149 ⟨12⟩

Auroux, Sylvain (éd.)
1989   *Histoire des idées linguistiques 1.* Liège/Bruxelles: Mardaga ⟨11⟩
1992   *Histoire des idées linguistiques 2.* Liége: Mardaga ⟨64⟩

Auroux, Sylvain / Buzzetti, Dino
1985(b)   Current issues in eighteenth century linguistic historiography. *Topoi* 4, 131−144 ⟨12/64⟩

Auroux, Sylvain / Buzzetti, Dino (eds.)
1985a   *Language and Logic in the Eighteenth Century.* Sonderausgabe von Topoi. Dordrecht/Boston: D. Reidel ⟨12⟩

Auroux, Sylvain / Glatigny, Michel / Joly, André / Nicolas, Anne / Irène, Rosier (éds.)
1984   *Matériaux pour une histoire des théories linguistiques.* Lille: Université de Lille III ⟨8⟩

Auroux, Sylvain / Rosier, Irene
1988   Les sources historiques de la conception des deux types de relatives. *Langages* 88, 9−29 ⟨12⟩

Ausmus, Harry J.
1977   Schopenhauer's philosophy of language. *Midw.Quart.* 18, 169−186 ⟨107⟩

Austin, Gerhard
1981   *Phänomenologie der Gebärde bei Hugo von Hofmannsthal.* Heidelberg: Carl Winter (Frankfurter Beiträge zur Germanistik, Bd. 18) ⟨107⟩

Austin, John
³1869   *Lectures on Jurisprudence.* London: J. Murray ⟨119⟩

Austin, John Langshaw
1946   Other minds. *Proc.Arist.Soc.Suppl.* 20, 148−187 ⟨47⟩
1950   Truth. *Proc.Arist.Soc.Suppl.* 24, 111−128 / auch in Austin 1961, 117−133 / auch in Pitcher (ed.) 1964, 18−31 ⟨59/69⟩
1956   A plea for excuses. *Proc.Arist.Soc.Suppl.* 57, 1−29 ⟨59/95/101⟩
1961   *Philosophical Papers.* Oxford: Clarendon ⟨69/96.3/118⟩
1962a   *How to Do Things with Words.* Oxford: UP ⟨54/60/67/68/87/92/94/95/101/104/114/117/120⟩
1962b   *Sense and Sensibilia.* Ed. G. J. Warnock. Oxford: Clarendon ⟨60/93⟩
1962c   Performatif-Constatif. *La Philosophie Analytique.* Paris: Les Éditions de Minuit, 271−304 ⟨95/114⟩
1966a   *Philosophical Papers.* Oxford: Clarendon [1961] ⟨47⟩
1966b   Other minds. In Austin 1970, 44−84 ⟨47⟩
1968   Performative und konstatierende Äußerungen. In Bubner (Hg.) 1968, 140−153 ⟨114⟩
²1970/79   *Philosophical Papers.* Ed. J. O. Urmson / G. J. Warnock. Oxford: Clarendon [1961] ⟨47/60/87⟩
1972/79   *Zur Theorie der Sprechakte.* Stuttgart: Reclam [1962] / Übers. von Austin 1962a ⟨52/53/54/67/114⟩
²1975   *How To Do Things With Words.* Oxford: Clarendon ⟨36⟩
1977   Wahrheit. In Skirbekk (Hg.) 1977, 226−245 ⟨69/70⟩

Autorenkollektiv unter der Leitung von Wolfdietrich Hartung und Helmut Schönfeld
1986   *Kommunikation und Sprachvariation.* Berlin: Akad.-Vlg. ⟨56⟩

Avicenna / Avicenne / Ibn Sīnā
1951   *Avicenna on Theology.* Transl. A. J. Arberry. London: Murray ⟨3⟩

Avron, Henry
1970   Robert Musil und der Positivismus. In Albertsen/Corino/Dinklage (Hg.) 1970, 200−213 ⟨107⟩

Ax, Wolfram
1978   ψόφος, φωνή und διάλεκτος als Grundbegriffe aristotelischer Sprachreflexion. *Glotta* 56, 245−271 ⟨15⟩
1979   Zum isolierten ῥῆμα in Aristoteles' *De interpretatione* 16 b 19−25. *Arch. Gesch. Philos.* 61, 271−279 ⟨15⟩
1986   *Laut, Stimme und Sprache. Studien zu drei Grundbegriffen der antiken Sprachtheorie.* Göttingen: Vandenhoeck & Ruprecht (Hypomnemata 84) ⟨1/2/15⟩

Ayer, Alfred Jules
1936   *Language, Truth and Logic.* London: Gollancz ⟨10/69/70/71/99/104/120⟩
[2]1946/48   *Language, Truth and Logic.* London: Gollancz ⟨99/119⟩
1959   *Logical Positivism.* Illinois: Glencoe ⟨59⟩
1968   *The Origins of Pragmatism. Studies in the Philosophy of Charles Sanders Peirce and William James.* London/Melbourne/Toronto: MacMillan ⟨32⟩ / San Francisco: Freeman, Cooper & Co. ⟨98⟩
1969   Meaning and intentionality. In Olshewsky (ed.) 1969, 232−241 ⟨50⟩

Ayer, Alfred Jules (ed.)
1959   *Logical Positivism.* New York: Free Pr. [1932] ⟨50/110⟩

Ayers, Robert Hyman
1965   Counterfactuals and subjunctive conditionals. *Mind* 74, 347−364 ⟨89⟩
1980   Language, logic and reason in Calvin's Institutes. *Religious Studies* 16, 283−97 ⟨7⟩

al-Azharī, Abū Manṣūr Muḥammad ibn Aḥmad
1964−68 *Tahḏīb al-luġa* I−XV. Taḥqīq ʿAbd al-Sallām M. Hārūn, Muḥammad ʿAlī an-Naǧ-ǧār. al-Qāhira: al-Dār al-Miṣriyya li-l-Taʾlīf wa-l-Tarǧama ⟨19⟩

Baacke, Dieter / Kübler, Hans Dieter (Hg.)
1989   *Qualitative Medienforschung.* Tübingen: Niemeyer ⟨115⟩

Babilas, Wolfgang
1985   Das Sprachbild in Louis Aragons Roman *Blanche ou l'oubli.* In Heintz/Schmitter (Hg.) 1985, 39−71 ⟨107⟩

Bach, Emmon
1986   The algebra of events. *Ling. Phil.* 9, 5−16 ⟨76⟩

Bach, Emmon / Harms, Robert (eds.)
1968   *Universals in linguistic theory.* New York: Holt, Rinehart & Winston ⟨77⟩

Bach, Kent
1989   Communicative intentions, plan recognition, and pragmatics: comments on Thomason and on Litman and Allen. In Cohen/Morgan/Pollack (eds.) 1989, 389−400 ⟨96.1⟩

Bach, K. / Harnish, R. M
1979   *Linguistic Communication and Speech Acts.* Cambridge, MA: MIT ⟨94/95/114⟩

Bachelard, Gaston
1953   *Le matérialisme rationnel.* Paris: PUF ⟨100⟩

Baches, Herbert (Hg.)
1972   *Festschrift für Hans Eggers zum 65. Geburtstag.* Tübingen: Niemeyer (Beiträge zur Geschichte der dt. Sprache und Literatur 94, Sonderheft) ⟨107⟩

Bachmann, Ingeborg
1978   *Werke I−IV.* Hg. Christine Koschel / Inge von Weidenbaum / Clemens Münster. München/Zürich: Piper ⟨107⟩

Bachtin, Michail (Bakhtin, Mikhail Mikhailovich)
1981   *The Dialogic Imagination.* Austin/London: Univ. of Texas Pr. ⟨48/116⟩
1984   *Problems of Dostoevsky's Poetics.* Ed. and transl. Caryl Emerson. Minneapolis: U. of Minnesota Pr. ⟨48⟩

1985a   *Literatur und Karneval. Zur Romantheorie und Lachkultur.* Frankfurt a.M.: Ullstein [1963] ⟨48⟩

1985b   *Probleme der Poetik Dostoevskijs.* Frankfurt a.M.: Ullstein ⟨48⟩

1986   *Speech Genres and Other Late Essays.* Austin: U. of Texas Pr. ⟨48⟩

1987   *Rabelais und seine Welt. Volkskultur als Gegenkultur.* Frankfurt a.M.: Suhrkamp ⟨48⟩

1990   *Art and Answerability. Early Philosophical Essays.* Austin: U. of Texas Pr. ⟨48⟩

Bacon, Francis

1864−74 *The Works of Francis Bacon.* Eds. J. Spedding / R. L. Ellis / D. D. Heath. London: Longmans & Co. ⟨71⟩

1905   *The Philosophial Works.* Ed. J. M. Robertson. London: Routledge ⟨64⟩
      The profience and advancement of learning. 42−176 [1605] ⟨64⟩
      The new organon. 259−287 [1620] ⟨64⟩
      De dignitate et augmentis scientiarum. 421−635 [1623] ⟨64⟩

1939   *Novum Organum.* Ed. Burtt. New York: The Modern Library [1620] ⟨71⟩

1960   *The New Organon.* Indianapolis: Bobbs-Merrill [1620] ⟨49⟩

Bacon, Roger

1940   *Summa grammatica.* Ed. R. Steele. Oxford: Clarendon ⟨63⟩

Badt, Kurt

1956   *Die Kunst Cézannes.* München: Prestel ⟨108⟩

Baer, Eugen

1988   *Medical Semiotics.* Lanham, Md.: UP of America ⟨38⟩

Baguette, Ch.

1970   Une période stoicienne dans l'évolution de la pensée de S. Augustin. *Revue des Etudes Augustiniennes* 16, 47−77 ⟨16⟩

Bahner, Werner

1978   Zum ideologiegeschichtlichen Kontext von Herders Abhandlung 'Über den Ursprung der Sprache'. In Johann Gottfried Herder zum 175. Todestag am 18. Dezember 1978. *Sb. der Akad. der Wiss. der DDR* 1978 8/G, 93−108 ⟨8⟩

1985   *Aufklärung als europäisches Phänomen.* Leipzig: Reclam ⟨8⟩

Bahnsen, Julius

1881   *Aphorismen zur Sprachphilosophie. Vom Standpunkt der Willensmetaphysik.* Berlin: T. Grieben, Druck von C. H. Schulze in Gräfenhainichen ⟨9⟩

²1882   *Der Widerspruch im Wissen und Wesen der Welt. Princip und Einzelbewährung der Realdialektik.* Leipzig: Th. Grieben's Vlg. (L. Fernau) ⟨9⟩

Bahr, Ehrhard

1975   Dezenz der Rede. Zur Sprachproblematik in Hofmannsthals Lustspiel *Der Schwierige.* In Kudszus/Seeba (Hg.) 1975, 285−297 ⟨107⟩

Bain, Alexander

1864   *The Senses and the Intellect.* London: Longman ⟨71⟩

Bain, Bruce (ed.)

1983   *The Sociogenesis of Language and Human Conduct.* New York/London: Plenum Pr. ⟨56⟩

Baker, Gordon P. / Hacker, Peter Michael Stephen

1980   *Wittgenstein: Understanding and Meaning.* Oxford: Blackwell ⟨39/79⟩

1980a   *An Analytical Commentary On Wittgenstein's Philosophical Investigations I.* Oxford: Blackwell ⟨115⟩

1984a   *Scepticism, Rules & Language.* Oxford: Blackwell ⟨39⟩

1984b   *Language, Sense and Nonsense. A Critical Investigation of Modern Theories of Language.* Oxford: Blackwell ⟨39/68/70⟩

1984c   *Frege: Logical Excavations.* Oxford: Blackwell ⟨120⟩

1985   *Grammar and Necessity.* Oxford: Blackwell ⟨39⟩

Baker, Lynne Rudder

1981   On making and attributing demonstrative reference. *Synthese* 49, 245−273 ⟨79⟩

Bakker, J. W. / van Leeuwen, J. (eds.)
1979   *Foundations of Computer Science III. Third Adv. Course, Amsterdam 1978, Part 2.*
Mathematisch Centrum, Amsterdam ⟨75⟩
Balat, M. / Deledalle-Rhodes, J. (eds.)
1992   *L'homme et ses signes.* Berlin/New York: Mouton de Gruyter ⟨114⟩
Baldwin, Ch. S.
²1959   *Medieval Rhetoric and Poetic.* Gloucester, Mass.: Smith ⟨112⟩
Baldwin, John D.
1986   *George Herbert Mead − A Unifying Theory for Sociology.* Newbury Park: Sage ⟨52⟩
Baldwin, J. F.
1979   Fuzzy logic and its application to fuzzy reasoning. In Gupta/Rammohan/Ragade/
Yager (eds.) 1979, 93−115 ⟨75⟩
Baldwin, J. F. / Guild, N. C. F.
1980   Feasible algorithms for approximate reasoning using fuzzy logic. *Fuzzy Sets and
Systems* 3, 225−251 ⟨75⟩
Baldwin, James Mark (ed.)
1902   *Dictionary of Philosophy and Psychology.* London/New York: Macmillan ⟨98⟩
Baldwin, J. T.
1979   Stability theory and algebra. *J.Symb.Log.* 44, 599−608 ⟨75⟩
Baldwin, Thomas
1979   Wiggins and the de re 'must'. In Dancy (ed.) 1979, 334 ⟨83⟩
1982   Prior and Davidson on indirect speech. *Philos.Stud.* 42, 255−282 ⟨70⟩
1984   Lowe on modalities de re. *Mind* 93, 252−255 ⟨83⟩
Bales, Robert F.
1966   The equilibrium problem in small groups. In Hare/Borgatta/Bales (eds.) 1966,
444−476 ⟨115⟩
Balkanyi, Charlotte
1964   On verbalization. *International J. of Psycho-Analysis* 45, 712−718 ⟨109⟩
1968   Language, verbalization an superego; some thoughts on the development of the
sense of rules. *International J. of Psycho-Analysis* 49, 64−74 ⟨109⟩
Ballard, D.
1985   Independence in higher-order subclassical logic. *Notre Dame J. Formal Logic* 26,
444−454 ⟨75⟩
Ballmer, Thomas T.
1972   *A Pilot Study in Text Grammar.* Ms. Techn. Universität Berlin ⟨92⟩
1985   Introduction. In Ballmer (ed.) 1985, 1−25 ⟨115⟩
Ballmer, Thomas T. (ed.)
1985   *Linguistic Dynamics. Discourses, Procedures and Evolution.* Berlin/New York: de
Gruyter ⟨115⟩
Ballstaedt, Steffen-Peter / Mandl, Heinz
1988   The assessment of comprehensibility. In Ammon/Dittmar/Mattheier (eds.) 1988,
1039−1052 ⟨115⟩
Bally, Charles
1965   *Linguistique générale et linguistique française.* Bern: Francke [1932] ⟨79⟩
Balslev, Anindita Niyogi / Mohanty, J. N. (eds.)
1993(89) *Religion and Time.* Leiden/New York/Köln: Brill ⟨3⟩
Balzer, Wolfgang
1983   Theory and measurement. *Erkenntnis* 19, 3−26 ⟨100⟩
1985   On a new definition of theoreticity. *Dialectica* 39(2), 127−145 ⟨100⟩
Balzer, Wolfgang / Moulines, C. Ulises / Sneed, Joseph D.
1987   *An Architectonic for Science.* Dordrecht: D. Reidel ⟨99⟩
Banczerowski, J.
1980   *System of Semantics and Syntax. A Determinational Theory of Language.* Warszawa:
Państwowe Wydawnictwo Naukowe ⟨111⟩

Bänsch, Hans-Detlef
1986   *Semiologische Paradoxien in Goethes Sprach- und Dichtungsverständnis.* Essen: Vlg.
        die Blaue Eule (Germanistik der Blauen Eule: Bd. 5) ⟨107⟩

Barcan Marcus, Ruth
1946   A functional calculus of first order based on strict implication. *J.Symb.Log.* 11,
        1−16 ⟨59⟩
1947   The identity of individuals in a strict functional calculus of second order. *J.Symb.
        Log.* 12, 12−15 ⟨83⟩
1962   Modalities and intensional languages. *Synthese* 13, 303−322 ⟨59/78⟩

Barendregt, H. P.
1981   *The Lambda Calculus. Its Syntax and Semantics.* Amsterdam-New York: North-Hol-
        land (Studies in Logic and the Foundations of Mathematics 103) ⟨75⟩
1984   Introduction to lambda calculus. *Nieuw Archief voor Wiskunde* 2, 337−372 ⟨75⟩

Barfield, Owen
1977   *The Rediscovery of Meaning and Other Essays.* Hanover: UP Of New England ⟨68⟩

Bar-Hillel, Yehoshua
1950   Bolzano's definition of analytic propositions. *Theoria* 16, 91−117 ⟨28⟩
1953   A quasi-arithmetical notation for syntactic description. *Language* 29, 47−58 ⟨111⟩
1954   Indexical expressions. *Mind* 63, 359−376 ⟨32/79/95⟩
1964   *Language and Information. Selected Essays on their Theory and Application.* Reading/
        Mass./Palo Alto/London: Don Mills / Ontario: Addison-Wesley Publ. Co. ⟨120⟩
1970   *Aspects of Language.* Jerusalem: The Magnes Pr., The Hebrew U. ⟨47⟩

Bar-Hillel, Yehoshua (ed.)
1965   *Logic, Methodology, and Philosophy of Science.* Amsterdam: North-Holland ⟨78⟩
1971   *Pragmatics of Natural Languages.* Dordrecht: D. Reidel ⟨120⟩

Bar-Hillel, Yehoshua / Gaifman, Chaim / Shamir, E.
1960   On categorial and phrase structure grammars, *Bull. Res. Council Israel* F.9, 155−166
        ⟨111⟩

Barion, Jakob
1935   *Plotin und Augustinus. Untersuchungen zum Gottesproblem.* Berlin: Junker & Dünn-
        haupt (Neue Forschungen zur Philosophie 5) ⟨16⟩

Barnes, Jonathan
1981   Boethius and the study of logic. In Gibson (ed.) 1981, 74−89 ⟨4⟩

Barnes, Jonathan (ed.)
1984   *The Complete Works of Aristotle: The Revised Oxford Translation.* Oxford: UP ⟨10⟩

Barnes, Jonathan / Schofield, Malcolm / Sorabji, Richard (eds.)
1979   *Articles on Aristotle. 3. Metaphysics.* New York: St. Martins Pr. ⟨3⟩

Barnouw, Dagmar
1981   Loos, Kraus, Wittgenstein and the problem of authenticity. In Chapple/Schulte (Hg.)
        1981, 249−273 ⟨107⟩

Barreau, Hervé
1978   Cléanthe et Chrysippe face au maître argument de Diodore. In Brunschwig (éd.)
        1976, 21−40 ⟨2⟩

Barrett, R. / Stenner, A.
1971   On the myth of the exclusive 'or'. *Mind* 79, 116−121 ⟨98⟩

Bartels, Andreas
1990   Weshalb implizite Definitionen nicht genug sind. Bedeutungstheorien und das Ver-
        ständnis physikalischer Begriffe. *Erkenntnis* 32, 269−281 ⟨68⟩

Barth, Else M.
1971   *De Logica van de Lidwoorden in de Traditionele Filosofie.* Leiden: Universitaire Pers.
        ⟨47⟩
1974   *The Logic of the Articles in Traditional Philosophy. A Contribution to the Study of
        Conceptual Structures.* Dordrecht: D. Reidel ⟨40/47⟩

1990   In the service of human society: Formal, informal or anti-logical? The philosophy
         of the logician Evert Willem Beth (1908–1964). *Informal Logic* 12, 1–10 ⟨47⟩
1991   Waiting for Godot. On attitudes towards artefacts vs. entities, as related to different
         phases of operation in cognition. *Epistemologia* 14, 77–104 ⟨47⟩

Barth, Else M. / van Dormael, Jan / Vandamme, F. (eds.)
i.Dr.   *From an Empirical Point of View – The empirical turn in logic.* Papers by Else
         M. Barth, Jean Paul van Bendegem, Jan van Dormael, Maurice A. Finocchiaro,
         Arne Næss. Ghent: Communication & Cognition ⟨47⟩

Barth, Else M. / Krabbe. Erik C. W.
1982   *From Axiom to Dialogue. A Philosophical Study of Logics and Argumentation.* Berlin/
         Wien/New York: de Gruyter ⟨47⟩
1992   *Logic and Political Culture. Proc. of the Royal Netherlands Acad. of Arts and Sciences
         Conf. on Logic and Politics.* Koninklijke Nederlandse Akad. van Wetenschappen,
         Verhandelingen, Afdeling Letterkunde, N. R., deel 149. Amsterdam/Oxford/New
         York/Tokyo: North-Holland ⟨47⟩

Barth, Else M. / Martens, J. L.
1977   Argumentum ad hominem: from chaos to formal dialectics. *Log.anal.* 20, 76–96
         ⟨47⟩

Barth, Else M. / Martens, J. L. (eds.)
1982   *Argumentation. Approaches to Theory Formation. With a chronological bibliography
         compiled by A. van Hoof.* Amsterdam: Benjamins ⟨47⟩

Barth, Else M. / Wiche, Robert T. P.
1986   *Problems, Functions and Semantic Roles. A Pragmatist's Analysis of Montague's
         Theory of Sentence Meaning.* Berlin/Wien/New York: de Gruyter ⟨47⟩

Barth, Hans
1966   *Truth and Ideology.* Berkeley: U. of California Pr. ⟨49⟩

Barth, Heinrich
1935   *Die Freiheit der Entscheidung im Denken Augustins.* Basel: Helbling & Lichtenhahn
         ⟨16⟩

Barth, Karl
1932   *Kirchliche Dogmatik I.* Zürich: Evangelischer Vlg. ⟨85/103⟩

Barthes, Roland
1957   *Mythologies.* Paris: Éd. du Seuil ⟨49⟩
1964   *Rhétorique de l'image.* Communications 4. 40–51 ⟨91⟩
1966   *Critique et vérité.* Paris: Éd. du Seuil ⟨107⟩
1967   *Système de la mode.* Paris: Éd. du Seuil ⟨49⟩
1972   *Mythologies.* New York: Hill and Wang ⟨49⟩
1973   *Le plaisir du texte.* Paris: Éd. du Seuil ⟨16⟩
1983   *The Fashion System.* New York: Wang and Hill ⟨49⟩

Bartlett, Steven J. / Suber, Peter
1987   *Self-reference. Reflections on Reflexivity.* Dordrecht/Boston: Nijhoff ⟨112⟩

Barton, Anne
1971   Shakespeare and the limits of language. *Shakespeare Survey* 24, 19–30 ⟨107⟩

Bartsch, Kurt
1980   Ingeborg Bachmanns Wittgenstein- und Musil-Rezeption. In Rupp/Roloff (Hg.)
         1980, 527–532 ⟨107⟩

Bartsch, Renate
1972   *Adverbialsemantik.* Frankfurt a.M.: Athenaeum ⟨92⟩

Bartsch, Renate / Vennemann, Theo
1973   Linguistik. In Bartsch/Vennemann (Hg.) 1973, 9–20 ⟨92⟩

Bartsch, Renate / Vennemann, T. (Hg.)
1973   *Linguistik und Nachbarwissenschaften.* Kronberg/Ts.: Scriptor ⟨92⟩

Bartschat, Brigitte
1982   *Die Emotive bei Anton Marty. Eine methodologische Skizze über Aufforderungsseman-tik und Aufforderungslogik.* Berlin: Linguistische Studien / Zentral Inst. für Sprach-wissenschaft, R. A 91/II ⟨33⟩
1987   Ideengeschichtliche Bezüge zwischen Hajim Steinthal und Aleksandr Afanas'evic Po-tebnja. *Linguistische Arbeitsberichte* 63 ⟨33⟩
1990   Anton Marty (Zur Einordnung seines sprachphilosophischen Werkes). *Z. Phon.-Sprachw. Komm. forsch.* 43, 397−411 ⟨33⟩

Barwick, Karl
1922   *Remmius Palaemon und die römische ars grammatica.* Leipzig: Dietrich'sche Verlags-buchhandlung. Repr. Hildesheim: Olms / New York: Johnson ⟨2⟩
1957   Probleme der stoischen Sprachlehre und Rhetorik. *Abh. d. Akad. d. Wiss. zu Leipzig, Philol. hist. Kl.* 49(3) ⟨2⟩

Barwise, Jon
1974   Axioms for abstract model theory. *Ann. Math. Log.* 7, 221−265 ⟨75⟩
1981   Scenes and other situations. *J. Philos.* 78, 369−397 ⟨111⟩
1986   Situations, sets and the axiom of foundation. In Paris/Wilkie/Wilmers (eds.) 1986, 21−36 ⟨111⟩
1987   Noun phrases, generalized quantifiers and anaphora. In Gärdenfors (ed.) 1987, 1−29 ⟨113⟩
1988   *The Situation in Logic.* Stanford: Center for the Study of Language and Information ⟨113⟩
1989a   *The Situation in Logic.* Stanford/Chicago: Chicago UP ⟨111/114⟩
1989b   On the model theory of common knowledge. In Barwise 1989a, 201−220 ⟨114⟩

Barwise, Jon / Cooper, Robin
1981   Generalized quantifiers and natural language. *Ling. Phil.* 4, 159−219 ⟨76/111/113⟩

Barwise, Jon / Feferman, Solomon (eds.)
1985   *Model-Theoretic Logics.* New York/Berlin: Springer ⟨75⟩

Barwise, Jon / Perry, John
1983   *Situations and Attitudes.* Cambridge, MA: MIT ⟨55/75/76/77/88/98/111/113/117⟩
1987   *Situationen und Einstellungen.* Berlin: de Gruyter / Übers. von Barwise/Perry 1983 ⟨55⟩

Bast, Rainer A.
1991   Einleitung. In Cassirer 1991a, VII−XX ⟨37⟩

Bastiaensen, Michel
1974   La rencontre de Panurge. *Revue Belge de Philologie et d'Histoire* 52, 544−565 ⟨107⟩

Bastian, Hans-Dieter
1970   *Theologie der Frage.* München: Kaiser [1969] ⟨85/103⟩

Bateson, Gregory
1972   *Steps to an Ecology of Mind.* New York: Ballantine Books ⟨92⟩
1979   *Mind and Nature.* New York: E. P. Dutton ⟨92⟩
1985   *Mind and Nature.* London: Fontana Paperbacks ⟨92⟩

Batóg, T.
1967   *The Axiomatic Method in Phonology.* London: Routledge & Kegan Paul ⟨111⟩

Battistini, Andrea
1975   *La degnità della retorica. Studi su G. B. Vico.* Pisa: Picini ⟨24⟩

Baudler, Georg
1970   *„Im Worte sehen". Das Sprachdenken Johann Georg Hamanns.* Bonn: Bouvier ⟨13/25⟩
1982   *Einführung in symbolisch-erzählende Theologie: Der Messias Jesus als Zentrum der christlichen Glaubenssymbole.* Paderborn: Schöningh ⟨85/103⟩

Baudrillard, Jean
1972   *Pour une critique de l'economie politique de signe.* Paris: Gallimard ⟨49⟩
1974   *For a Critique of the Political Economy of the Sign.* St. Louis: Telos Pr. ⟨49⟩

Bäuerle, Rainer / Schwarze, Christoph / von Stechow, Arnim (eds.)
1983   *Meaning, Use, and Interpretation of Language.* Berlin/New York: de Gruyter ⟨68/76/
        113⟩
Bäuerle, Rainer / Egli, Urs / von Stechow, Arnim (eds.)
1979   *Semantics from Different Points of View.* Berlin/Heidelberg: Springer ⟨76/115⟩
Bauman, Roland / Sherzer, Joel (ed.)
1974   *Explanations in the Ethnography of Speaking.* Cambridge: UP ⟨56⟩
Baumgarten, Alexander Gottlieb
1750/58 *Aesthetic*a. Frankfurt/Oder (Nd. 1961, Hildesheim: Olms) ⟨105⟩
1983a   *Meditationes philosophicae de nonnullis ad ad poema pertinentibus. Philosophische Be-
        trachtungen über einige Bedingungen des Gedichtes.* Übersetzt und mit einer Einlei-
        tung hg. von Heinz Paetzold. Hamburg: Felix Meiner Vlg. ⟨105⟩
1983b   *Texte zur Grundlegung der Ästhetik.* Übersetzt und herausgegeben v. Hans Rudolf
        Schweizer. Lateinisch − Deutsch. Hamburg: Felix Meiner Vlg. ⟨105⟩
Bausch, Karl-Heinz / Grosse, Siegfried (Hg.)
1987   *Grammatische Terminologie in Sprachbuch und Unterricht.* Düsseldorf: Schwann
        (Sprache der Gegenwart 69) ⟨58⟩
Bausch, Karl-Richard / Gauger, Hans-Martin (Hg.)
1971   *Interlinguistica. Sprachvergleich und Übersetzung.* Tübingen: Niemeyer ⟨7⟩
Bayer, Oswald
1986   Vernunft ist Sprache. Kerygma und Dogma. *Z. für theologische Forschung und kirch-
        liche Lehre* 32(4), 278−291 ⟨25⟩
1988   *Zeitgenosse im Widerspruch. Johann Georg Hamann als radikaler Aufklärer.* Mün-
        chen: Piper ⟨25⟩
Baynes, Kenneth / Bohman, James / McCarthy, Thomas (eds.)
1987   *After Philosophy: End or Transformation?* Cambridge, MA: MIT ⟨71⟩
Bealer, George
1978   An inconsistency in functionalism. *Synthese* 38, 333−372 ⟨75⟩
1979   Predication and matter. In Pelletier (ed.) 1979, 279−294 ⟨76⟩
1983   Completeness in the theory of properties, relations and propositions. *J.Symb.Log.*
        48, 415−426 ⟨75⟩
1992   *Quality and Concept.* Oxford: UP ⟨114⟩
Beardsley, Monroe C.
1958   *Aesthetics.* New York: Harcourt ⟨91⟩
Beauzée, Nicolas
1767   *Grammaire générale.* Paris: Barbou ⟨12/44⟩
1974   *Grammaire générale ou exposition raisonnée des éléments nécessaires du langage I/
        II.* Stuttgart/Bad Cannstatt: Friedrich Frommann Vlg. (Günther Holzboog) [1767]
        ⟨8/44⟩
Beauzeé, Nicolas / Marmontel, Jean-Francois (éds.)
1782−86 *Grammaire et belles lettres. Encyclopédie méthodique.* Paris: Panckoucke ⟨12⟩
Beccaria, Cesare
1958a   *Opere di Cesare Beccaria I.* Ed. Sergio Romagnoli. Firenze: Sansoni ⟨8⟩
1958b   Frammento sullo stile. In Beccaria 1958a, 167−174 [1764] ⟨8⟩
Becher, Johann Joachim
1661   *Character pro notitia linguarum universali, inventum steganographicum.* Frankfurt:
        Ammon & Serlin ⟨64⟩
Bechtel, P. William
1978   Indeterminacy and intentionality: Quine's purported elimination of propositions.
        J.Philos. 75, 649−661 ⟨73⟩
1980   Indeterminacy and underdetermination. *Philos.Stud.* 38, 309−320 ⟨73⟩
Bechtel, P. William / Abrahamsen, Adele
1991   *Connectionism and the Mind. An Introduction to Parallel Processing in Networks.*
        Oxford: Blackwell ⟨57⟩

Beck, Cave
1657   *The Universal Character, by which All Nations in the World may understand one An-
          other's Conceptions.* London: Weekley ⟨64⟩

Beck, Lewis White (ed.)
1972   *Proc. of the Third International Kant-Congress.* Dordrecht: D. Reidel ⟨44⟩

Becker, Howard Saul
1973   *Außenseiter.* Frankfurt a.M.: Fischer ⟨101⟩

Becker, Lawrence C. (ed.)
1992   *Encyclopedia of Ethics I/II.* New York: Garland ⟨104⟩

Becker, Oskar
1962   Die Fragwürdigkeit der ästhetischen Dimension der Kunst. *Philosophische Rund-
          schau* 10(3/4), 225–238 ⟨105⟩
1963a   *Dasein und Dawesen. Gesammelte philosophische Aufsätze.* Pfullingen: Neske ⟨108⟩
1963b   Von der Hinfälligkeit des Schönen und der Abenteuerlichkeit des Künstlers. In Bek-
          ker 1963a, 11–40 ⟨108⟩

Becker-Makkai, V. / Makkai, A. (eds.)
1975   *The First LACUS Forum 1974.* Columbia: Hornbeam Pr. ⟨98⟩

Becker, Werner / Hübner, Kurt (Hg.)
1976   *Objektivität in Natur- und Geisteswissenschaften.* Hamburg: Hoffmann und Campe
          ⟨107⟩

Beckermann, Ansgar
1979   Intentionale vs. kausale Handlungserklärungen. In Lenk (Hg.) 1979, 445–490 ⟨114⟩

Beckers, Hartmut / Schwarz, Hans (Hg.)
1975   *Gedenkschrift für Jost Trier.* Köln/Wien: Böhlau ⟨107⟩

Beckett, Samuel
1989   *Proust. Essay.* Frankfurt a.M.: Luchterhand [1931] ⟨107⟩

Beckmann, Max
1990   *Die Realität der Träume in den Bildern. Schriften und Gespräche 1911–1950.* Mün-
          chen/Zürich: Piper ⟨108⟩

Beeck, Frans Jozef van
1979   *Christ Proclaimed: Christology as Rhetoric.* New York: Paulist Pr. ⟨85/103⟩

Beer-Hofmann, Richard
1980   *Der Tod Georgs.* Stuttgart: Reclam ⟨107⟩

Beeston, Alfred Felix L. / Johnstone, Thomas Muir / Serjeant, Robert Bertram / Smith, Gerald
Rex (eds.)
1983   *The Cambridge History of Arabic Literature: Arabic Literature to the End of the
          Umayyad Period.* Cambridge: UP ⟨3⟩

Behler, Ernst
1957   Der Stand der Friedrich-Schlegel-Forschung. *Jb.dt.Schillerges.* 1, 253–289 ⟨13⟩
1958   Neue Ergebnisse der Friedrich-Schlegel-Forschung. *Germ.Roman.Monatsschr.* 8,
          350–365 ⟨13⟩
1966   *Friedrich Schlegel in Selbstzeugnissen und Bilddokumenten.* Reinbek: Rowohlt ⟨13⟩
1972   *Die europäische Romantik.* Mit Beiträgen von Ernst Behler, Heinrich Fauteck, Cle-
          mens, Heselhaus, Wolfram Krömer, Wilhelm Lettenbauer, Hans Schkommodau,
          Helmut Viebrock, Kurt Wais. Frankfurt a.M.: Athenäum ⟨13⟩

Behler, Ernst / Hörisch, Jochen (Hg.)
1987   *Die Aktualität der Frühromantik.* Paderborn: Schöningh ⟨107⟩

Beiser, Arthur
1967   *Die Erde (Life: Wunder der Natur).* Niederlande a.O.: Time-Life International ⟨13⟩

Bekes, Peter
1984   *Kaspar. Sprache als Folter. Entstehung – Struktur – Rezeption – Didaktik.* Pader-
          born/München/Wien/Zürich: Schöningh (Modellanalysen: Literatur Bd. 7) ⟨107⟩

Belardi, Walter
  1975   *Il Linguaggio Nella Filosofia Di Aristotele.* Rom: Universita Degli Studi Di Roma/ Libreria Editrice ⟨15⟩
Belke, Ingrid
  1971   *Moritz Lazarus und Heymann Steinthal. Die Begründer der Völkerpsychologie in ihren Briefen Bd. 1.* Tübingen: J. C. B. Mohr ⟨31⟩
  1983   *Moritz Lazarus und Heymann Steinthal. Die Begründer der Völkerpsychologie in ihren Briefen Bd. 2.1.* Tübingen: J. C. B. Mohr ⟨31⟩
  1986   *Moritz Lazarus und Heymann Steinthal. Die Begründer der Völkerpsychologie in ihren Briefen Bd. 2.2.* Tübingen: J. C. B. Mohr ⟨31⟩
Bell, David
  1979   *Frege's Theory of Judgement.* Oxford: UP ⟨34⟩
Belnap, Nuel Dinsmore J.
  1970   Conditional assertion and restricted quantification. *Nous* 4, 1−12 ⟨89⟩
  1973   Restricted quantification and conditional assertion. In Leblanc (ed.) 1973, 48−75 ⟨97⟩
  1977   A useful four-valued logic. In Dunn/Epstein (eds.) 1977, 5−37 ⟨75⟩
  1982   Display logic. *J. Philos. Log.* 11, 375−417 ⟨75⟩
Belnap, Nuel D. / Dunn, M.
  1968   The substitution interpretation of the quantifiers. *Nous* 2, 177−185 ⟨120⟩
Belnap, Nuel D. / Wallace, J. R.
  1965   A decision procedure for the system E_I of entailment with negation. *Z. für mathematische Logik und Grundlagen der Mathematik* 11, 277−289 ⟨75⟩
Belnap, Nuel D. / Steel, Th.B.
  1976   *The Logic of Questions and Answers.* New Haven: Yale UP ⟨111⟩
Belting, Hans
  ²1991   *Bild und Kult. Eine Geschichte des Bildes vor dem Zeitalter der Kunst.* München: C. H. Beck ⟨108⟩
Bencivenga, Ermanno
  1987   A new paradigm of meaning. *Synthese* 73, 599−621 ⟨68⟩
van Bendegem, Jean Paul (ed.)
  1985   *Recent Developments in Dialogue Logics.* Philosophica 35(1) ⟨47/96.3⟩
Benfey, Theodor
  1965   *Geschichte der Sprachwissenschaft und orientalischen Philologie in Deutschland seit dem Anfange des 19. Jahrhunderts mit einem Rückblick auf die früheren Zeiten. Geschichte der Wissenschaften in Deutschland.* München: Cotta [1869] ⟨13⟩
Benfield, D. W.
  1971   Johnstone on the truth of philosophical statements. *Philos. Phenomen. Res.* 32, 96−102 ⟨112⟩
Benjamin, C. A.
  1939   Science and vagueness. *Philos. Sci.* 6, 422−431 ⟨98⟩
Benjamin, Walter
  1963   *Das Kunstwerk im Zeitalter seiner technischen Reproduzierbarkeit. 3 Studien zur Kunstsoziologie.* Frankfurt a.M.: Suhrkamp ⟨108⟩
Bennett, Benjamin
  1975   Chandos and his neighbours. *Dt. Vjschr. Lit. wiss.* 49, 315−331 ⟨107⟩
  1980   „Ursprünge"; the secret language of George's *Der siebte Ring. Germ. Rev.* 55, 74−81 ⟨107⟩
Bennett, Jonathan
  1954   Meaning and implication. *Mind* 63, 451−463 ⟨59⟩
  1973   The meaning-nominalist strategy. *Found. Lang.* 10, 141−168 ⟨70⟩
  1976   *Linguistic Behaviour.* Cambridge: UP ⟨52/68/71/101/114/115⟩
  1982   *Sprachverhalten.* Frankfurt a.M.: Suhrkamp ⟨52/114⟩
  1982a   Even if. *Ling. Phil.* 5, 403−418 ⟨89⟩
  1985   Critical notice of Davidson's inquiries. *Mind* 94, 601−626 ⟨70⟩

Bennett, Michael
  1978   Demonstratives and indexicals in Montague grammar. *Synthese* 39, 1–80 ⟨79⟩

Ben-Portat, Ziva
  1976   The poetics of literary allusion. *PTL* 1, 105–128 ⟨107⟩

van Benthem, Johan F. A. K.
  1977   Tense logic and standard logic. *Log.anal.* 80, 395–437 ⟨79⟩
  1980   Points and periods. In Rohrer (ed.) 1980, 39–58 ⟨76⟩
  1982   *The Logic of Time.* Dordrecht: D. Reidel ⟨76⟩
  1984a   Foundations of conditional logic. *J.Philos.Log.* 13, 303–349 ⟨75⟩
  1984b   Questions about quantifiers. *J.Symb.Log.* 49, 443–466 ⟨75/111⟩
  1984c   Possible worlds semantics: a research programme that cannot fail? *Stud.Log.* 43, 379–393 ⟨75⟩
  1986   *Essays In Logical Semantics.* Dordrecht: D. Reidel ⟨76/111⟩
  1987   Meaning. Interpretation and inference. *Synthese* 73, 451–470 ⟨68⟩
  ²1988   *A Manual of Intensional Logic.* Stanford/Chicago: Chicago UP ⟨113⟩
  1991   *Language in Action. Categories, Lambdas and Dynamic Logic.* Amsterdam: North-Holland ⟨111⟩

van Benthem, Johan / Meulen, Alice ter (eds.)
  1984/85   *Generalized Quantifiers in Natural Language.* Dordrecht: Foris Publications ⟨76/113⟩

Benson, R. L. / Constable, G. / Lanham, C. D. (eds.)
  1982   *Renaissance and Renewal in the Twelfth Century.* Cambridge, MA: Harvard UP ⟨20⟩

Benveniste, Emile
  1939   Nature du signe linguistique. *Acta linguistica* I, 23–29 ⟨51⟩
  1973   Die Natur des sprachlichen Zeichens. In Naumann (Hg.) 1973, 81–88 ⟨51⟩

Benz, Ernst
  1932   *Marius Victorinus und die Entwicklung der abendländischen Willensmetaphysik.* Stuttgart: Kohlhammer (Forschungen zur Kirchen- und Geistesgeschichte I) ⟨16⟩

Ben-Zvi, Linda
  1980   Samuel Beckett, Fritz Mauthner, and the limits of language. *Publications of the Modern Language Associations* 95, 183–200 ⟨107⟩
  1982   Mauthner's „Critique of Language": A forgotten book at the „wake". *Comparative Literature Studies* 19, 142–163 ⟨107⟩

Beonio-Brochieri Fumigalli, Mariateresa
  1970   *The Logic of Abelard I.* Dordrecht: D. Reidel (Synthese Historical Library) ⟨20⟩

Berezin, Fedor Michalovic
  1979   *Istorija russkogo jazykoznanija.* Moskva: Vyssaja skola ⟨8⟩
  1980   *Geschichte der sprachwissenschaftlichen Theorien.* Leipzig: Bibliographisches Inst. / Übers. von Berezin 1979 ⟨8⟩

Berge, Claude
  1957   *Théorie générale des jeux à n personnes.* Paris: Gauthier-Villars ⟨96.3⟩

Berger, Albert
  1974   Sprachthematik in der modernen Lyrik. Bemerkungen zu Gedichten der Bachmann, Celans und Heißenbüttels. Inst. für Österreichkunde (Hg.) 1974, 155–170 ⟨107⟩

Berger, Dieter A.
  1972   Das gezielte Mißverständnis. Kommunikationsprobleme in Laurence Sternes *Tristram Shandy. Poetica* 5, 329–347 ⟨107⟩

Berger, Herman
  1987   Het postmodernisme in de filosofie. In Logister (ed.) 1987, 9–21 ⟨85/103⟩

Berger, Peter L. / Luckmann, Thomas
  1989   *Die gesellschaftliche Konstruktion der Wirklichkeit.* Frankfurt a.M.: Fischer ⟨37⟩

Bergheaud, Patrice
  1984   Tensions paradigmatiques et objets polémiques chez Adam Smith et Lord Monboddo: le pluralisme epistémologique du 18e siècle comme objet d'histoire. In Auroux/Glatigny/Joly/Nicolas/Rosier (éds.) 1984, 31–43 ⟨8⟩

Berghel, Hal / Hübner, Adolf / Köhler, Eckehart (Hg.)
1979   *Wittgenstein, der Wiener Kreis und der kritische Rationalismus.* Wien: Hölder-Pichler-Tempsky ⟨39⟩

Berghel, Hal / Hübner, Adolf / Leinfellner, Elisabeth / Leinfellner, Werner (eds.)
1978   *Wittgenstein and His Impact on Contemporary Thought: Proc. of the Second International Wittgenstein Symposium, 29th August to 4th September 1977, Kirchberg/Wechsel.* Wien: Hölder-Pichler-Tempsky ⟨79⟩

Berglar, Peter
1970   *Wilhelm von Humboldt in Selbstzeugnissen und Bilddokumenten.* Reinbek: Rowohlt ⟨13⟩

Bergmann, Hugo
1909   *Das philosophische Werk Bernard Bolzanos.* Halle: Niemeyer ⟨28⟩

Bergmann, M.
1981   Presupposition and two-dimensional logic. *J. Philos. Log.* 10, 27−53 ⟨97⟩
1982   Expressibility in two-dimensional languages for presupposition. *Notre Dame J. Formal Logic* 23, 459−470 ⟨97⟩

Bergmann, Rolf / Pauly, Peter / Schlaefer, Michael
1981   *Einführung in die dt. Sprachwissenschaft.* Heidelberg: Winter (Germanistische Bibliothek N. F. 5. Reihe: Handbücher und Einführungen) ⟨107⟩

Bergson, Henri
1896   *Matière et mémoire.* Paris: PUF ⟨61⟩

Berka, Karel / Kreiser, Lothar (Hg.)
1971   *Logik-Texte.* Berlin: Akad.-Vlg. ⟨69/70/79⟩
⁴1986   *Logik-Texte.* Berlin: Akad.-Vlg. ⟨68⟩

Berkeley, George
1709   *An Essay towards a New Theory of Vision.* Dublin: Printed by Aaron Rhames for Jeremy Pepyat ⟨29⟩
1713   *Three Dialogues Between Hylas and Philonous.* London: Printed by G. James for Henry Clements ⟨10⟩
1871   *Works I−IV.* Ed. A. C. Fraser. Oxford: Clarendon ⟨8⟩

Berlin, Brent / Kay, Paul
1969   *Basic Colour Terms, Their Universality and Evolution.* Berkeley/Los Angeles: U. of California Pr. ⟨74⟩

Berlin, Isaiah (ed.)
1973   *Essays on J. L. Austin.* Oxford: Clarendon ⟨95⟩

Bermudo, Pedro
1664   Arithmeticus nomenclator mundi; omnes nationes ad linguarum et sermonis unitatem invitans. In Schott 1664, 483−505 ⟨64⟩

Bernand, Marie
1985   'Uṣūl al Fiqh through a Manuscript of al-Gaṣṣās. *J. of the American Oriental Society* 105, 623−635 ⟨3⟩

Bernard, Emile
1917   *Erinnerungen an Paul Cézanne.* Basel: Benno Schwabe ⟨108⟩
1926   *Souvenirs sur Paul Cézanne. Une conversation avec Cézanne.* Paris: R. G. Michel ⟨108⟩

Bernard, Wolfgang
1988   *Rezeptivität und Spontaneität der Wahrnehmung bei Aristoteles. Versuch einer Bestimmung der spontanen Erkenntnisleistung der Wahrnehmung bei Aristoteles in Abgrenzung gegen die rezeptive Auslegung der Sinnlichkeit bei Descartes und Kant.* Baden-Baden: Valentin Koerner ⟨105⟩

Bernhardi, August Friedrich
1800   *Verstand und Erfahrung. Eine Kritik zur Metakritik der Kritik der reinen Vernunft von J. G. Herder. Athenäum* 3 (1. Stck.), 268−283 ⟨13⟩
1805   *Anfangsgründe der Sprachwissenschaft.* Berlin: Frölich ⟨13⟩
1973   *Sprachlehre I: Reine Sprachlehre / Sprachlehre II: Angewandte Sprachlehre.* Hildesheim/New York: Olms [1801−1803] ⟨13⟩

Bernhardt, Rüdiger
1981   Das Wort als poetischer Gegenstand in der Lyrik Erich Arendts. *Z. für Germanistik* 2, 276−286 ⟨107⟩

Bernstein, Basil Bernard
1964   Elaborated and restricted codes. *American Anthropologist* 66, 55−67 ⟨49⟩
1967   *Class, Codes and Control.* London: Blackwell ⟨49⟩
1971   *Class, Codes and Control I. Theoretical Studies towards a Sociology of Language.* London: Routledge & Kegan Paul ⟨56⟩
1972   *Studien zur sprachlichen Sozialisation.* Düsseldorf: Schwann ⟨56⟩
1981   Codes, modalities and the process of cultural reproduction: a model. *Language and Society* 10, 327−369 ⟨56⟩

Berriman, William A.
1967   Strawson's 'Individuals' as Descriptive Metaphysics. *Australasian J. Philos.* 45, 276−292 ⟨74⟩
1978   Alternative conceptual schemes. *Metaphilosophy* 9, 226−232 ⟨74⟩

Berthelot, M. M. et al. (éds.)
1885−   *La Grande Encyclopédie I−XXXI.* Paris: H. Lamirault ⟨66⟩
1902

Bertinetto, Pier Marco
1977   On the inadequateness of a purely linguistic approach to the study of metaphor. *Italian Linguistics* 4, 7−85 ⟨91⟩

Bérubé, Camille
1964   *La connaissance de l'individuel au moyen age.* Paris/Montréal: PUF ⟨21⟩

Besch, Werner / Reichmann, Oskar / Sonderegger, Stefan (Hg.)
1985   *Sprachgeschichte. Ein Handbuch zur Geschichte der dt. Sprache und ihrer Erforschung I.* Berlin/New York: de Gruyter ⟨56⟩

Beßlich, Siegfried
1966   *Schweigen-Verschweigen-Übergehen. Die Darstellung des Unausgesprochenen in der Odyssee. Heidelberg: C. Winter (Bibliothek der klassischen Altertumswissenschaften N. F. 2. Reihe)* ⟨107⟩

Beth, Evert Willem
1959/²65 *The Foundations of Mathematics. A Study in the Philosophy of Science.* Amsterdam: North Holland ⟨49/96.3⟩
1962   *Formal Methods. An Introduction to Symbolic Logic and to the Study of Effective Operations in Arithmetic and Logic.* Dordrecht: D. Reidel ⟨47⟩
1963   Konstanten van het wiskundig denken. *Mededelingen der Koninklijke Nederlandse Akad. van Wetenschappen, Afdeling Letterkunde, N. R.* Deel 26 Nr. 7, 231−256 ⟨47⟩
1964   Het recht op de eigen mening. In Album Professor Fern. van Goethem 1964 / transl. in Beth 1968, Chap. XII ⟨47⟩
1964a   *Door Wetenschap tot Wijsheid.* Assen: Van Gorcum & Comp. ⟨47⟩
1967   *Moderne Logica.* Assen: Van Gorcum & Comp. ⟨47⟩
1968   *Science a Road to Wisdom.* Dordrecht: D. Reidel ⟨47⟩
1970a   Constants of mathematical thought. In Beth 1970b, 140−164 ⟨47⟩
1970b   *Aspects of Modern Logic.* Dordrecht: D. Reidel ⟨47⟩

Betti, Emilio
1954   Zur Grundlegung einer allgemeinen Auslegungslehre. In Festschrift Ernst Rabel 1954, 78−168 ⟨102⟩
1967   *Allgemeine Auslegungslehre als Methodik der Geisteswissenschaften.* Tübingen: Mohr ⟨45⟩

Betz, Hans-Dieter
1979   *Galatians. A Commentary on Paul's Letter to the Churches in Galatia.* Philadelphia: Fortress Pr. ⟨85/103⟩

Bever, Thomas G. / Katz, Jerrold Jacob
1976   The fall and rise of empiricism. In Bever/Katz/Langedoen (eds.) 1976, 11−64 ⟨98⟩

Bever, Thomas G. / Katz, Jerrold Jacob / Langedoen, D. Terence (eds.)
1976   *An Integrated Theory of Linguistic Ability.* New York: Thomas Y. Crowell ⟨98⟩

Beyer, Oswald / Gajek, Bernhard / Simon, Josef (Hg.)
1988   *Insel-Almanach auf das Jahr 1988. Hamann.* Frankfurt a.M.: Insel ⟨26⟩

Bezold, Raimund
1984   *Popularphilosophie und Erfahrungsseelenkunde im Werk von Karl Philipp Moritz.* Würzburg: Königshausen & Neumann (Epistemata. Würzburger wissenschaftliche Schriften. Reihe Literaturwissenschaft. Bd. XIV) ⟨107⟩

Bhartṛhari
1963   *Vākyapadīya Kāṇḍa III with Helārāja's Commentary Prakīrṇaprakāśa Vol.I.* Poona: Deccan College ⟨5/43⟩
1965   *Vākyapadīya.* eds. K. V. Abhyankar/V. P. Limaye. Poona: U. ⟨5/43/63⟩
1966   *Vākyapadīya Kāṇḍa I.* Ed. K. A. Subramania Iyer. Poona: Deccan College ⟨5/43⟩
1977   *Vākyapadīya.* s. Rau (Hg.) 1977 ⟨19⟩

Bhavānanda
1942   *Karakācakra.* Ed. B. S. Sastri. Benares: Chowkhamba ⟨5/43⟩

Biard, Joël
1989   *Logique et théorie du signe au xive siècle.* Paris: Vrin ⟨4⟩

Biardeau, Madeleine
1964   *Théorie de la connaissance et philosophie de la parole dans le brahmanisme classique.* The Hague/Paris: Mouton ⟨5/17/43⟩

Bickerton, Derek
1981   *Roots of Language.* Ann Arbor: Karoma Publishers Inc. ⟨65⟩

Bickhard, Mark H. / Campbell. Robert H.
1992   Some foundational questions concerning language studies: with a focus on categorial grammars and possible world semantics. *J.Pragm.* 17, 401−433 ⟨96.1⟩

Bier, Jean Paul
1969   Die Zeitschrift „Der Brenner" und das Unbehagen am Wort. *Etudes Germaniques* 24, 110−114 ⟨107⟩

Biere, Bernd Ulrich
1978   *Kommunikation unter Kindern.* Tübingen: Niemeyer ⟨115⟩

Bierwisch, Manfred
1966   Strukturalismus. Geschichte, Probleme und Methoden. *Kursbuch* 5, 1966, 77−152 ⟨51⟩

Bierwisch, Manfred / Kiefer, Ferenc
1970   Remarks on definitions in natural languages. In Kiefer (ed.) 1970, 55−79 ⟨91⟩

Bijalwan, C. D.
1977   *Indian Theory of Knowledge Based upon Jayanta's Nyāyamañjarī.* New Delhi ⟨18⟩

van Bijlert, Victor
1989   *Epistemology and Spiritual Authority.* Wien: Arbeitskreis für Tibetanische und Buddhistische Studien (Wiener Studien zur Tibetologie und Buddhismuskunde 20) ⟨9⟩

Bilimoria, Puruṣottama
1988   *Śabdapramāṇa: Word and Knowledge.* Dordrecht: Kluwer ⟨5/62.2⟩

Binkley, Robert et. al. (eds.)
1971   *Agent, Action and Reason.* Toronto: UP ⟨104⟩

Binneberg, Kurt
1979   Die Funktion der Gebärdensprache in Alfred Döblins Erzählungen. *Z.dt.Philol.* 98, 497−514 ⟨107⟩

Binnick, R. I.
1970   Ambiguity and vagueness. *Papers from the 6th Regional Meeting of the Chicago Linguistic Society,* 147−153 ⟨98⟩

Birnbacher, Dieter / Burkhardt, Armin (Hg.)
1985   *Sprachspiel und Methode.* Berlin: de Gruyter ⟨70/120⟩

Biro, John
1982   Intention, demonstratives, and reference. *Philos. Phenomen. Res.* 43, 35−41 ⟨79⟩
Birus, Hendrik
1978   *Poetische Namengebung. Zur Bedeutung der Namen in Lessings „Nathan der Weise".* Göttingen: Vandenhoeck & Ruprecht ⟨106⟩
Birus, Hendrik (Hg.)
1982   *Hermeneutische Positionen. Schleiermacher − Dilthey − Heidegger − Gadamer.* Göttingen: Vandenhoeck & Ruprecht ⟨106⟩
Birznieks, Paul
1966   Jean Paul's early theory of poetic communication. *Germ. Rev.* 41, 186−201 ⟨107⟩
Bischoff, Brigitte
1975   Bobrowski und Hamann. *Z. dt. Philol.* 94, 553−582 ⟨107⟩
Biser, Eugen
1980   *Religiöse Sprachbarrieren. Aufbau einer Logaporetik.* München: Kösel ⟨85/103⟩
Bittner, Rüdiger / Pfaff, Peter (eds.)
1977   *Das ästhetische Urteil. Beiträge zur sprachanalytischen Ästhetik.* Köln: Kiepenheuer & Witsch ⟨106⟩
Black, Max
1937   Vagueness: an exercise in logical analysis. *Philos. Sci.* 4, 427−455 / auch in Black 1949, 23−58 ⟨98⟩
1946a   *Critical Thinking.* Englewood Cliffs/New York: Prentice-Hall ⟨98⟩
1946b   Ambiguity. In Black 1946a, 167−181 ⟨98⟩
1948   The semantic definition of truth. *Analysis* 8, 49−63⟨59⟩
1949   *Language and Philosophy. Studies in Method.* Ithaca: Cornell UP ⟨98⟩
1959   Linguistic relativity. *Philos. Rev.*, 68, 228−238 ⟨74⟩
1962a   *Models and Metaphors.* Ithaca: Cornell U. P ⟨85/91/97/103⟩
1962b   Presupposition and implication. In Black 1962a, 48−63 ⟨97⟩
1962c   Vagueness. In Runes (ed.) 1942, 329 ⟨98⟩
1963a   *Margins of Precision.* Ithaca/New York: Cornell UP ⟨98⟩
1963b   Reasoning with loose concepts. *Dialogue* 2, 1−12 / auch in Black 1963a, 1−13 ⟨98⟩
1979   More about metaphor. In Ortony (ed.) 1979, 19−43 ⟨85/91⟩
1986   Wittgenstein's language-games. In Shanker (ed.) 1986b, 74−88 ⟨115⟩
Black, Max (ed.)
1965   *Philosophy in America.* New York: Ithaca, N. Y.: Cornell UP ⟨94⟩
Black, Max / Geach, Peter (eds.)
1975   Wittgenstein's language-games. In Shanker (ed.) 1986, 74−88 ⟨115⟩
1972/73 Meaning and intention: an examination of Grice's views. *New Literary History* 4, 257−279 ⟨94⟩
Blackburn, Simon
1984   *Spreading the Word.* Oxford: UP ⟨70/71/120⟩
1986   How can we tell whether a commitment has a truth-condition. In Travis (ed.) 1986, 201−232 ⟨70⟩
Blackmore, John / Hentschel, Klaus (Hg.)
1985   *Ernst Mach als Aufklärer. Machs Briefwechsel über Philosophie und Relativitätstheorie mit Persönlichkeiten seiner Zeit.* Wien: Braumüller (Philosophica 3) ⟨107⟩
Blackstone, A. W.
⁶1774   *Commentaries on the Laws of England.* London: Printed for W. Strahan ⟨119⟩
Blackwood, Russell T. / Todd, Charles L. (eds.)
1969   *Language and Value.* New York: Greenwood ⟨29⟩
Blair, Juliet / van Eemeren, Frans / Grootendorst, Rob /Willard, Charles (eds.)
1987   *Argumentation: Analysis and Practice.* Dordrecht: Foris (Pragmatics and Discourse Analysis 3b) ⟨47⟩
Blamberger, Günter
1986   Der Rest ist Schweigen. Hildesheimers Literatur des Absurden. *Text + Kritik* 89/90, 33−44 ⟨107⟩

Blanche-Benviste, Claire / Chervel, Andre / Gross, Maurice (éds.)
  1988   *Grammaire et histoire de la grammaire*. Université de Provence: Service des Publica-
            tions ⟨12⟩

Blanke, Fritz / Gründer, Karlfried (Hg.)
  1963   *Johann Georg Hamanns Hauptschriften Erklärt V. Über den Ursprung der Sprache*.
            Gütersloh: Bertelsmann ⟨25⟩

Blanke, Mechthild
  1972   Zu Handkes *Kaspar*. In Scharang (Hg.) 1972, 256−294 ⟨107⟩

Bleyl, Matthias
  1988   *Essentielle Malerei in Deutschland. Wege zur Kunst nach 1945*. Nürnberg: Vlg. für
            moderne Kunst ⟨108⟩

Bloch, Ernst
  1974   *Das Prinzip Hoffnung*. Frankfurt a.M.: Suhrkamp ⟨109⟩

Block, Ned
  1978   Troubles with functionalism. *Minnesota Studies in the Philosophy of Science* 9,
            261−325 ⟨57⟩

Block, Ned (ed.)
  1981   *Readings in the Philosophy of Psychology II*. Cambridge, MA: Harvard UP ⟨76⟩

Blom, Jan-Petter / Gumperz, John J.
  1972   Social meaning in linguistic structures. In Gumperz/Hymes (eds.) 1972, 407−434
            ⟨56⟩

Blomster, Wesley V.
  1969   A theosophy of the creative word: The *Zohar*-cycle of Nelly Sachs. *Germ.Rev.* 44,
            211−227 ⟨107⟩

Bloomfield, Leonard
  1933   *Language*. New York: H. Holt & Co. [1914] ⟨5/50/51/119/120⟩
  1970a   Sentence and word. In Hockett (ed.) 1970, 61−69 ⟨51⟩
  1970b   A set of postulates for a science of language. In Hockett (ed.) 1970, 128−138 ⟨51⟩
  1970c   Meaning. In Hockett (ed.) 1970, 400−405 ⟨51⟩
  1973   *Language*. London: George Allen & Unwin ⟨67⟩

Blumenberg, Hans
  1960   *Paradigmen zu einer Metaphorologie*. Bonn: Bouvier (Arch.Begriffsgesch. 6) ⟨91⟩
  1966   Sprachsituation und immanente Poetik. In Iser (Hg.) 1966, 145−155 ⟨107⟩
  1981   *Die Lesbarkeit der Welt*. Frankfurt a.M.: Suhrkamp ⟨16⟩

Blumenthal, Arthur L.
  1970   *Language and Psychology: Historical Aspects of Psycholinguistics*. New York: Wiley
            ⟨31⟩
  1974   A historical view of psycholinguistics. In Sebeok (ed.) 1974, 1105−1134 ⟨31⟩
  1975   A reappraisal of Wilhelm Wundt. *American Psychologist* 30, 1081−1088 ⟨31⟩
  1987   The emergence of psycholinguistics. *Synthese* 72(3), 313−323 ⟨31⟩

Blumer, Herbert
  1937   Social Psychology. In Schmidt (ed.) 1937, 144−198 ⟨52⟩
  1969   *Symbolic Interactionism. Perspective and Method*. Englewood Cliffs, N. J.: Prentice-
            Hall ⟨52⟩
  1973   Der methodologische Standort des symbolischen Interaktionismus. In Arbeitsgruppe
            Bielefelder Soziologen (Hg.) 1973, 80−146 ⟨101⟩

Boas, Franz
  1938   Language. In Boas (ed.) 1938, 124−145 ⟨65⟩
  1940a   *Race, Language and Culture*. New York: Macmillan ⟨116⟩
  1940b   Changes in bodily form of descendants of immigrants 1910−1913. In Boas 1940a,
            60−75 ⟨116⟩
  1949   *Race, Language and Culture*. New York: Macmillan ⟨74⟩

Boas, Franz (ed.)
  1938   *General Anthropology*. New York/Boston: D. C. Heath & Co. ⟨65⟩

Bobzien, Susanne
1986   *Die stoische Modallogik.* Würzburg: Königshausen & Neumann ⟨2⟩

Bocheński, Josef M.
1956   *Formale Logik.* Freiburg/München: Alber ⟨97⟩
1959   *Logisch-Philosophische Studien.* Hg. Albert Menne. Freiburg: Alber ⟨85/103⟩
1965   *The Logic of Religion.* New York: Cambridge UP ⟨85/103⟩

Bocheński, Josef M. / Church, Alonzo / Gochet, Paul / Goodman, Nelson
1956   *The Problem of Universals.* Ithaca: Cornell UP ⟨61⟩

Bodammer, Theodor
1969   *Hegels Deutung der Sprache: Interpretationen zu Hegels Äußerungen über die Spra-che.* Hamburg: Meiner ⟨13⟩

Bode, Christoph
1988   *Ästhetik der Ambiguität. Zu Funktion und Bedeutung von Mehrdeutigkeit in der Lite-ratur der Moderne.* Tübingen: Niemeyer (Konzepte der Sprach- und Literaturwissen-schaft 43) ⟨107⟩

Bodine, Jay F.
1975   Karl Kraus's conception of language. *Mod. Aust. Lit.* 8(1/2), 268−314 ⟨107⟩
1981a   Paradigms of truthful literary and artistic expressivity. Karl Kraus and Vienna at the turn of the century. *Germ. Rev.* 56, 41−50 ⟨107⟩
1981b   Die Sprachauffassung und Sprachkritik von Karl Kraus. Ein Forschungsbericht über Untersuchungen der siebziger Jahre. *Revue Belge de Philologie et d'Histoire* 59, 665−683 ⟨107⟩
1989   Karl Kraus, Ludwig Wittgenstein and „Poststructural" paradigms of textual under-standing. *Mod. Aust. Lit.* 22, 143−185 ⟨107⟩

Boehm, Gottfried
1985   Die Krise der Repräsentation. In Dittmann (Hg) 1985, 113−128 ⟨108⟩
1988   *Paul Cézanne. Montagne Sainte-Victoire. Eine Kunstmonographie.* Frankfurt a.M.: Insel ⟨108⟩
1993   Der erste Blick. Kunstwerk − Ästhetik − Philosophie. *Dt. Z. Philos.* 41, 44−53 ⟨105⟩

Boehm, Gottfried / Dorn, Roland / Morat, Franz A. (Hg.)
1986   *Carl Schuch 1846−1903.* Mannheim: Städtische Kunsthalle ⟨108⟩

Böhme, Jakob
1651   *Signatura Rerum.* Transl. J. Ellistone (John Sparrow). London: Calvert ⟨64⟩

Boehner, Philotheus
1946   Ockham's theory of signification. *Franciscan Studies* 6, 143−170 / auch in Boehner 1958, 201−232 ⟨21⟩
1958   *Collected Articles on Ockham.* Ed. Eligius Buytaert. St. Bonaventure N.Y.: The Franciscan Inst. / Louvain: Nauwelaerts / Paderborn: Schöningh ⟨21⟩
1990   Introduction. In Ockham 1990, IX−LI ⟨10⟩

Boër, Stephen / Lycan, William G.
1980   Who, me? *Philos. Rev.* 89, 427−466 ⟨79⟩
1986   *Knowing Who.* Cambridge, MA: MIT ⟨79⟩

Boër, Steven E.
1977   Logical truth and indeterminacy. *Notre Dame J. Formal Logic* 18, 85−94 ⟨73⟩

Boethius Dacus
1969   *Modi significiandi sive quaestiones super Priscianum Maiorem.* CPDMA 6. Kopenha-gen: Gad ⟨41⟩

Boethius, Aricius Manlius
1570   *Opera omnia.* Hg. Basilea ⟨62.1⟩

Boettcher, Wolfgang / Sitta, Horst
1972   *Deutsche Grammatik III. Zusammengesetzter Satz und äquivalente Strukturen.* Frankfurt a.M.: Athenäum ⟨58⟩

Boffa, M. / van Dalen, D. / McAloon, K. (eds.)
1979   *Logic Colloquium 78*. Amsterdam: North-Holland ⟨75⟩

Bogen, James / McGuire, James E.
1985   *How Things Are. Studies in Predication and the History of Philosophy and Science.* Dordrecht: D. Reidel ⟨77⟩

Boh, Ivan
1965   Paul of Pergula on suppositions and consequences. *Franciscan Studies* 25, 30−35 ⟨40⟩
1968   Burleigh and Ockham. An ontological confrontation. *Proc. of the VIIIth Inter-American Conference of Philosophy II.* 255−262 Quebec: Les Pr. de l'Université Laval ⟨40⟩

Böhler, Dietrich
1985   *Rekonstruktive Pragmatik. Von der Bewußtseinsphilosophie zur Kommunikationsreflexion: Neubegründung der praktischen Wissenschaften und Philosophie.* Frankfurt a.M.: Suhrkamp ⟨53⟩

Bohman, James
1986   Formal pragmatics and social criticism. *Philosophy and Social Criticism* 12, 331−353 ⟨49⟩

Böhme, Hartmut
1989   *Albrecht Dürer. Melancolia I. Im Labyrinth der Deutungen.* Frankfurt a.M.: Fischer ⟨108⟩

Bohnen, Alfred
1975   *Individualismus und Gesellschaftstheorie.* Tübingen: J. C. B. Mohr (Siebeck) ⟨51⟩

Bolinger, D.
1972   *Degree Words.* The Hague: Mouton ⟨98⟩

Bollack, Jean
1987   Paul Celan sur sa langue. *International Paul Celan Symposium 1987,* 113−153 ⟨107⟩

Bolzano, Bernard
1837   *Dr. B. Bolzanos Wissenschaftslehre. Versuch einer ausführlichen und größtenteils neuen Darstellung der Logik mit steter Rücksicht auf deren bisherige Bearbeiter. Herausgegeben von mehren seiner Freunde I−IV.* Sulzbach: Seidel ⟨28/30/82/96.3/111⟩
²1928−31 *Wissenschaftslehre in vier Bänden.* Leipzig: Felix Meiner ⟨108⟩
1969ff *Bernard Bolzano-Gesamtausgabe.* Hg. Eduard Winter / Jan Berg / Friedrich Kambartel / Jaromír Louzil / Bob van Rootselaar. Stuttgart/Bad Cannstatt: Fromann-Holzboog ⟨28⟩
1972a   *Untersuchungen zur Grundlegung der Ästhetik.* Mit einer Einl. hg. v. Dietfried Gerhardus. Frankfurt a.M.: Athenäum ⟨108⟩
1972b   *Über den Begriff des Schönen. Eine philosophische Abhandlung.* In Bolzano 1972a, 1−118 ⟨108⟩
1972c   *Über die Einteilung der schönen Künste. Eine ästhetische Abhandlung.* In Bolzano 1972a, 119−173 ⟨108⟩
1975   *Bernard Bolzano-Gesamtausgabe, Reihe A, Band 7: Einleitung zur Größenlehre; Erste Begriffe der allgemeinen Größenlehre.* Hg. Jan Berg. Stuttgart/Bad Cannstatt: Fromann-Holzboog ⟨28⟩

Bonfante, Giuliano
1953/54 Ideas of kinship of the European languages from 1200−1800. *Cahiers d'histoire mondiale* 1, 679−699 ⟨66/107⟩

Bonfantini, Massimo A.
1987a   *La semiotica e l'abduzione.* Milano: Bompiani ⟨91⟩
1987b   *Sulla connotazione.* In Bonfantini 1987b, 103−116 ⟨91⟩

Bonitz, Hermann
1870   *Index Aristotelicus.* Berlin: G. Reimer ⟨15⟩

Bonsiepe, Gui
1965   Visuel/verbal rhetoric. *Ulm* 14−16. 23−40 ⟨91⟩

Bonner, Gerald
1972 *Augustine and Modern Research on Pelagianism.* Villanova, Pa.: Augustinian Institute Villanova U. ⟨16⟩

Boolos, George
1975 On second-order logic. *J.Philos.* LXXII(16), 509–527 ⟨75⟩
1979 *The Unprovability of Consistency: An Essay in Modal Logic.* Cambridge/New York: Cambridge UP ⟨75⟩
1980a Provability in arithmetic and a scheme of Grzegorczyk. *Fundamenta Mathematicae* 106, 41–45 ⟨75⟩
1980b Provability, truth and modal logic. *J.Philos.Log.* 9, 1–7 ⟨75⟩

Boorse, Christopher
1975 The origins of the indeterminacy thesis. *J.Philos.* 72, 369–387 ⟨73⟩

Borbé, Tasso
1973 *Der Mensch — Subjekt und Objekt. Festschrift für Adam Schaff.* Wien: Europavlg. ⟨48⟩

Borbé, Tasso (ed.)
1984 *Semiotics Unfolding. Proc. of the Second Congress of the International Association for Semiotic Studies, Vienna July 1979.* Berlin/New York/Amsterdam: Mouton/de Gruyter ⟨71⟩

Borchardt, Rudolf
1957ff *Gesammelte Werke in Einzelausgaben I–XII.* Stuttgart: Klett ⟨107⟩

Borchmeyer, Dieter (Hg.)
1989 *Poetik und Geschichte.* Tübingen: Niemeyer ⟨107⟩

Borges, Jorge Luis
1981 *Obras completas en collaboración I. Con Adolfo Bioy Casares.* Madrid: Alianza Editorial. [1967] ⟨107⟩

Borgmann, Albert
1974 *The Philosophy of Language. Historical Foundations and Contemporary Issues.* The Hague: Martinus Nijhoff

Boričic, B. R.
1985 On sequence-conclusion natural deduction systems. *J.Philos.Log.* 14, 359–377 ⟨75⟩

von Bormann, Alexander
1986 „Ein Dichter, den Worte zusammenfügen". Versöhnung von Rhetorik und Poesie bei Erich Fried. *Text + Kritik* 91, 5–23 ⟨107⟩

Bornscheuer, Lothar
1969 Sprache als lyrisches Motiv. *Wirkendes Wort* 19, 217–231 ⟨107⟩

Borret, Marcel (éd.)
1967–76 *Origène: Contra Celse I–V.* Paris: Cerf ⟨10⟩

Borsche, Tilman
1981 *Sprachansichten.* Stuttgart: Klett-Cotta ⟨36⟩
1990 *Wilhelm von Humboldt.* München: C. H. Beck ⟨27⟩

Borst, Arno
1957–63 *Der Turmbau zu Babel. Geschichte der Meinung über Ursprung und Vielfalt der Sprachen und Völker IV. Schlüsse und Übersichten.* Stuttgart: Hirsemann ⟨56/65/66⟩

Bos, Egbert Peter
1978 Mental verbs in Terminist Logic (John Buridan, Albert of Saxony, Marsilius of Inghen). *Vivarium* 16, 59–69 ⟨40⟩
1987a The theory of the proposition according to John Duns Scot's two commentaries on Aristotle's Perihermeneias. In Braakhuis/de Rijk (eds.) 1987, 121–139 ⟨21⟩
1987b William of Ockham on the predication of a thing. In Bos/Krop (eds.) 1987, 71–79 ⟨21⟩
1987c Le théorie de la signification de la uox significatiua ad placitum (nomen, uerbum, oratio) dans les introductiones montanae maiores (ms Paris, Bibl. Nat. Lat. 15141, f. 47ra104rb) ⟨21⟩

Bos, Egbert Peter / Krop, H. A. (eds.)
1987   *Ockham and Ockhamists. Acts of the symposium organized by the Dutch Society for Medieval Philosophy Medium Aevum On The Occasion of its 10th Anniversary (Leiden, 10—12 September 1986).* Nijmegen: Ingenium Publ. ⟨21⟩

Bosch, P.
1979   Vagueness, ambiguity and all the rest. An explication and an intuitive test. *Akten des 13. Linguistischen Kolloquiums Gent 1979*, 9—19 ⟨98⟩

Böschenstein, Bernhard
1975   Hofmannsthal, George und die französischen Symbolisten. *Arcadia* 10, 156—170 ⟨107⟩

Böschenstein, Renate / Pestalozzi, Karl
1964   Der Brief eines Lords. Kirchensprache und Sprachkrisis. In Burkhardt (Hg.) 1964, 56—89 ⟨107⟩

Bosshardt, H. G. (Hg.)
1986   *Perspektiven auf Sprache. Interdisziplinäre Beiträge zum Gedenken an Hans Hörmann.* Berlin/New York: de Gruyter ⟨53⟩

Bossong, Georg
1990   *Sprachwissenschaft und Sprachphilosophie in der Romania: Von den Anfängen bis August Wilhelm Schlegel.* Tübingen: Narr ⟨8⟩

Bostock, David
1979   *Logic and Arithmetic II: Rational and Irrational Numbers.* Oxford: Clarendon ⟨76⟩

Boudreaux, J. C. / Hamill, B. W. / Jernigan, R. (eds.)
1987   *The Role of Language in Problem Solving 2.* Amsterdam: Elsevier ⟨71⟩

Boueke, Dietrich / Klein, Wolfgang (Hg.)
1983   *Untersuchungen zur Dialogfähigkeit von Kindern.* Tübingen: Narr ⟨56⟩

Bouissac, Paul / Herzfeld, Michael / Posner, Roland (eds.)
1986   *Iconicity: Essays on the Nature of Culture.* Tübingen: Stauffenburg Vlg. ⟨90⟩

Boulby, Mark
1975/76 Karl-Philipp Moritz and the 'psychological' study of language. *German Life and Letters* 19, 15—26 ⟨107⟩
1979   *Karl Philipp Moritz. At the Fringe of Genius.* Toronto: UP ⟨107⟩

Bourdieu, Pierre
1977a   *Reproduction.* London: Sage ⟨49⟩
1977b   *Outline of a Theory of Practice.* Cambridge: UP ⟨101⟩

Bourel, Dominique
1990   Ernst Cassirer et l'école de Marbourg. In Seidengart (éd.) 1990, 69—80 ⟨37⟩

Bourguet, E.
1919   Sur la composition du Phèdre. *Revue de Métaphysique et de Morale* 26, 335—351 ⟨112⟩

Bouveresse, Jacques
1976   *Mythe de l'intériorité.* Paris: Éditions de Minuit ⟨39⟩

Bouveresse, Jacques / Parrett, Herman (eds.)
1981   *Meaning and Understanding.* Berlin: de Gruyter ⟨79⟩

Bouwman, Gijs
1980   *Paulus aan de Romeinen: Een retorische analyse van Rom. 1—8.* Averbode: Werkgroep van levensverdieping ⟨85/103⟩

Bovillus
1533   *Liber de differentia vulgarium linguarum.* ⟨62.1⟩

Boyer, Carl Benjamin
1959   *The History of the Calculus and its Conceptual Developement.* New York: Dover Publications ⟨47⟩

Braakhuis, Henricus Antonius Giovanni / de Rijk, Lambertus Marie (eds.)
1987   *Logos and Pragma, Essays on the Philosophy of Language in Honour of Professor Gabriel Nuchelmans.* Nijmegen: Ingenium Publ. ⟨21⟩

Braakhuis, Henricus Antonius Giovanni / Kneepkens, C. H. / de Rijk, Lambertus Marie (eds.)
1981/82   *English Logic and Semantics. From the End of the Twelfth Century to the Time of Ockham and Burleigh.* Nijmegen: Ingenium ⟨40/61⟩

Brackert, Helmut / Wefelmeyer, Fritz
1990   *Kultur. Bestimmungen im 20. Jahrhundert.* Frankfurt a.M.: Suhrkamp ⟨37⟩

Bradley, Francis Herbert
²1922   *The Principles of Logic.* Oxford: Clarendon [1883] ⟨83⟩
1935   *Collected Essays I/II.* Oxford: Clarendon ⟨61⟩

Bradley, M. C.
1969   How never to know what you mean. *J. Philos.* 66, 119−124 ⟨73⟩
1976   Quine's argument for the indeterminacy thesis. *Australas. J.P.* 54, 24−49 ⟨73⟩

Brady, Ross T.
1983   The simple consistency of a set theory based on the logic CSQ. *Notre Dame J. Formal Logic* 24, 431−449 ⟨75⟩
1984   Depth relevance of some paraconsistent Logics. *Stud. Log.* 43, 63−73 ⟨75⟩
1989   Non-triviality of dialectical set theory. In Priest/Norman/Routley (eds.) 1989, 437−471 ⟨75⟩

Bräutigam, Bernd
1975   *Reflexion des Schönen − schöne Reflexion. Überlegungen zur Prosa ästhetischer Theorie: Hamann, Nietzsche, Adorno.* Bonn: Bouvier ⟨25⟩
1991   „Generalisierte Individualität". Eine Formel für Schillers philosophische Prosa. In Czucka/Althaus/Spinnen (Hg.) 1991, 147−158 ⟨107⟩

Brakel, J. van
1986   Arguments against quotation-mark-names. *Log. anal.* 29, 275−295 ⟨107⟩

Braken, Harry
1967   Innate ideas then and now. *Dialogue* 6, 334−346 ⟨72⟩
1970   Chomsky's variations on a theme by Descartes. *J. Hist. Philos.* 8, 181−192 ⟨72⟩

Bramann, Jorn Karl
1975   Kafka and Wittgenstein on religious language. *Sophia* 14, 1−9 ⟨107⟩

Branca, Sonia
1982   Theorie de la liaison des idees et syntaxe. In Sgard (éd.) 1982, 289−311 ⟨44⟩

Brands, Hartmut
1989   Die zweifache Einteilung der formalen Supposition bei William von Shyreswood. In Proceedings of the 8th International Congress of Medieval Philosophy 1990, 445−454 ⟨40⟩

Brandt, Reinhard
1965   *Die Aristotelische Urteilslehre. Untersuchungen zur 'Hermeneutik'.* Marburg, Univ. Diss. ⟨62.1⟩

Brang, Peter / Züllig, Monika
1987   *Kommentierte Bibliographie zur Slavischen Soziolinguistik I/II.* Bern/Frankfurt a.M.: Lang ⟨56⟩

Brant, Margareta / Koch, Wolfgang / Motsch, Wolfgang / Rosengren, Inger / Viehweger, Dieter
1983   Der Einfluß der kommunikativen Strategie auf die Textstruktur. In Rosengren (Hg.) 1983, 105−135 ⟨56⟩

Brassai, (Gyula Halasz)
1985   *Gespräche mit Picasso.* Reinbek: Rowohlt ⟨108⟩

Bratman, M.
1987   *Intentions, Plans, and Practical Reason.* Cambridge, MA: Harvard UP ⟨114⟩

Brauers, Claudia
1989   Bertolt Brechts „Diese babylonische Verwirrung". Lektüreangebot im Zeichen des Neostrukturalismus. *Z. dt. Philol.* 108, 596−614 ⟨107⟩

Braun, Hans-Jürg / Holzhey, Helmut / Orth, Wolfgang (Hg.)
1988   *Über Cassirers Philosophie der symbolischen Formen.* Frankfurt a.M.: Suhrkamp ⟨37⟩

Braungart, Wolfgang
    1986   Staatsentwürfe, Sprachentwürfe. Konzeption und Reflexion von Sprache in literarischen Utopien I/II. *Wirkendes Wort* 36, 276−297; 372−384 ⟨107⟩

Bréal, Michel
    1968   Les idées latentes du langage. In Bréal 1968a, 295−322 ⟨107⟩
    1968a   *Mélanges de mythologie et de linguistique.* Paris: Hachette ⟨107⟩
    1977   *Semantics. Studies in the Science of Meaning.* New York: Gordon Pr. ⟨68⟩

Brecht, Bertolt
    1967   *Gesammelte Werke I−XX (4 Supplementbände).* Frankfurt a.M.: Suhrkamp ⟨107⟩

Bredeck, Elizabeth
    1984   Fritz Mauthners Nachlese zu Nietzsches Sprachkritik. *Nietz. Stud.* 13, 587−599 ⟨107⟩
    1992   *Metaphors of Knowledge: Language and Thought in Mauthner's Critique.* Detroit: Wayne State UP ⟨35⟩

Breen, Quirinus
    1955   Marius Nizolius (1488−1567). Ciceronian lexicographer and philosopher. *Arch. für Reformationsgeschichte* 46, 69−87 ⟨7⟩

Bréhier, Emile
    ²1951   *Chrysippe et l'ancien Stoicisme.* Paris/London/New York: Gordon & Breach [1910] ⟨2⟩

Brekle, Herbert E.
    1975   The Seventeenth Century. In Sebeok (ed.) 1975, 277−382 ⟨44⟩

Bremmer, J. N.
    1983   *The Early Greek Concept of the Soul.* Princeton: UP ⟨112⟩

Brentano, Clemens
    1963ff   *Werke I−IV.* München: Hanser ⟨107⟩

Brentano, Franz
    1902   *The Origin of the Knowledge of Right and Wrong.* Westminster: A. Constable ⟨33⟩
    1966   *Die Abkehr vom Nichtrealen. Briefe und Abhandlungen aus dem Nachlass.* Hg. Franziska Mayer-Hillebrand. Bern/München: Francke. ⟨33⟩

Brerewood, Edward
    1640   *Recherches curieuses sur la diversité des langues et religions, en toutes les principales parties du monde.* Paris: Olivier de Varennes ⟨66⟩

Bressan, Aldo
    1973   *A General Interpreted Modal Calculus.* New Haven: Yale UP ⟨89⟩

Breva Claramonte, Manuel
    1983   *Sanctius' Theory of Language. A Contribution to Renaissance Linguistics.* Amsterdam: Benjamins ⟨7⟩

Bricke, John (ed.)
    1976   *Freedom and Morality.* Lawrence: U. of Kansas ⟨104⟩

Bridgman, P. W.
    1954   *The Logic of Modern Physics.* New York: Macmillan ⟨119⟩

Bridgwater, Patrick
    1974   *Kafka and Nietzsche.* Bonn: Bouvier (Studien zur Germanistik, Anglistik und Komparatistik Bd. 23) ⟨107⟩
    1979   Two sources of Stramm's originality. In Adler/White (Hg.) 1979, 14−30 ⟨107⟩

Bringmann, Wolfgang G. / Tweney, Ryan D. (eds.)
    1980   *Wundt-Studies: A Centennial Collection.* Toronto: Hogrefe ⟨31⟩

Brinkmann, Hennig
    1953   *Der Umkreis des persönlichen Lebens im dt. Dativ.* Muttersprache. Wiesbaden ⟨58⟩
    1966   Voraussetzungen und Struktur religiöser Lyrik im Mittelalter. *Mittellateinisches Jb.* 3, 37−54 ⟨197⟩
    1975   Die Sprache als Zeichen im Mittelalter. In Beckers/Schwarz (Hg.) 1975, 23−44 ⟨107⟩

Brinkmann, Richard
  1961   Hofmannsthal und die Sprache. *Dt. Vjschr. Lit. wiss.* 35, 69−95 ⟨107⟩

Briosi, Sandro
  1979/80a *Studi di Estetica.* Università di Bologna ⟨91⟩
  1979/80b Le astuzie del silenzio. Semiosi, significazione e metafora. In Briosi 1979/80a,
            69−128 ⟨91⟩
  1985   *Il senso della metafora.* Roma: Liguori ⟨91⟩

Brisman, Susan Hawk
  1977   „Unsaying his high language": The problem of voice in *Prometheus Unbound. Studies in Romanticism* 16, 51−86 ⟨107⟩

Britsch, Gustav
  ³1952   *Theorie der bildenden Kunst.* Hg. Egon Kornmann. Ratingen: Aloys Henn ⟨108⟩

Brody, Baruch Alter
  1980   *Identity and Essence.* Princeton: UP ⟨83⟩

Broens, Otto
  1913   *Darstellung und Würdigung des sprachphilophischen Gegensatzes zwischen Paul, Wundt und Marty.* Diss. Bonn. Betzdorf: Otto Ebner ⟨31/33⟩

Broich, Ulrich / Pfister, Manfred (Hg.)
  1985   *Intertextualität. Formen, Funktionen, anglistische Fallstudien.* Tübingen: Niemeyer (Konzepte der Sprach- und Literaturwissenschaft 35) ⟨107⟩

Brooke-Rose, Christine
  1958   *A Grammar of Metaphors.* London: Secker and Warburg ⟨91⟩

Broome, John
  1983   Indefiniteness in identity. *Analysis* 44, 55−58 ⟨83⟩

Brough, John
  1951   Theories of general linguistics in the Sanskrit Grammarians. *Transactions of the Philological Society* 1951, 27−46 ⟨5/43⟩
  1952   Audumbarāyaṇa's theory of language. *Bulletin of the School of Oriental and African Studies* 14, 73−77 ⟨5/43⟩
  1953   Some Indian theories of meaning. *Transactions of the Philological Society* 1953, 161−176 ⟨5/43⟩

Brown, D. K. / Simpson, S. G.
  1986   Which set existence axioms are needed to prove the separable Hahn-Banach theorem? *Ann. P. Appl. Log.* 31 (Special issue Second Southeast Asian Logic Conference, Bangkok 1984), 123−144 ⟨75⟩

Brown, Donna Worrall
  1960   Does language structure influence thought? Comments on the psycho-linguistics experiment at Michigan. *ETC* 17, 339−345 ⟨74⟩

Brown, Donna Worrall / Rapoport, Anatol / Horovitz, A.
  1960   The Sapir-Whorf hypothesis: does language structure influence thought, a report and a reply. *ETC* 17, 339−345 ⟨74⟩

Brown, Gillian / Yule, George
  1983   *Discourse Analysis.* Cambridge: UP ⟨115⟩

Brown, Jonathan
  1986   *Velázques. Painter and Courtier.* Yale: Yale UP ⟨108⟩
  1988   *Velázques. Maler und Höfling.* München: Hirmer ⟨108⟩

Brown, Penelope / Levinson, Stephen
  1987   *Politeness. Some Universals in Language Usage.* Cambridge: UP ⟨56⟩

Brown, Peter
  1967   *Augustine of Hippo. A Biography.* London: Faber ⟨16⟩
  1973   *Augustinus von Hippo.* Frankfurt a.M.: Societäts-Verlag ⟨16⟩
  1981   Christliche Lehre und Gelehrsamkeit − „Doctrina christiana". In Andresen (Hg.) 1981, 147−161 ⟨16⟩

Brown, Roger
1958   *Words and Things. An Introduction to Language and Cognition.* New York: The Free Pr. ⟨74⟩

Brown Robert / Rollins, C. D. (eds.)
1969   *Contemporary Philosophy in Australia.* London: Allen & Unwin ⟨89⟩

Brown, Robert McAfee
1975   My story and „The Story". *Theology Today* 32, 166−173 ⟨85/103⟩

Brown, Roger William / Lenneberg, Eric Heinz
1954   A study in language and cognition, *J. of Abnormal and Social Psychology* 49, 454−462 ⟨74⟩

Brown, Stephen F.
1972   Walter Burleigh's treatise 'De suppositionibus' and its influence on William of Ockham. *Franciscan Studies* 32, 15−64 ⟨40⟩

Browning, Robert Marcellus
1971   *German Baroque Poetry, 1618−1723.* University Park / London: Pennsylvania State UP ⟨107⟩

Brouwer, Luitzen Egbertus Jan
1905   *Leven, Kunst en Mystiek.* Delft: J. Waltman Jr. ⟨47⟩
1949   Consciousness, philosophy and mathematics. In *Proc. of the Tenth International Congress of Philosophy* (Amsterdam, Aug. 11−18, 1948) I, 1235−1249 ⟨96.3⟩

Brünner, Gisela / Graefen, Gabriele (Hg.)
1994   *Texte und Diskurse. Methoden und Ergebnisse der Funktionalen Pragmatik.* Opladen: Westdt. Vlg. ⟨67⟩

Brugmann, Karl
1904   *Kurze Vergleichende Grammatik der indogermanischen Sprachen.* Straßburg: Trübner ⟨67⟩
²1930   *Vergleichende Laut, Stammbildungs und Flexionslehre der indogermanischen Sprachen.* Berlin/Leipzig: de Gruyter (Brugmann/Delbrück ²1930 I) ⟨36⟩

Brugmann, Karl / Delbrück, Berthold
²1930   *Grundriss der vergleichenden Grammatik der indogermanischen Sprachen I/II.* Berlin/ Leipzig: de Gruyter ⟨36⟩

Brummack, Jürgen et al. (Hg.)
1981   *Literaturwissenschaft und Geistesgeschichte. Festschrift für Richard Brinkmann.* Tübingen: Niemeyer ⟨107⟩

Brunemeier, Bernd
1983   *Vieldeutigkeit und Rätselhaftigkeit. Die semantische Qualität und Kommunikationsfunktion des Kunstwerks in der Poetik und Ästhetik der Goethezeit.* Amsterdam: B. R. Grüner ⟨107⟩

Bruner, Jerome
1975   The ontogenesis of speech acts. *J. of Child Language* 2, 1−19 ⟨71⟩
1992   *Acts of Meaning.* Cambridge/London: Harvard UP ⟨68⟩

Bruner, J. S. / Jolly, A. / Sylvia, K. (eds.)
1976   *Play.* Harmondsworth: Penguin Books ⟨96.1⟩

Bruns, Gerald L.
1969   The storyteller and the problem of language in Samuel Beckett's fiction. *Modern Language Quarterly* 30, 265−281 ⟨107⟩
1974   *Modern Poetry and the Idea of Language. A Critical and Historical Study.* New Haven/London: Yale UP ⟨107⟩

Brunschwig, Jacques
1984   Remarques sur la théorie Stoicienne du nom propre. *Hist. Epistém. Lang.* 6, 3−19 ⟨2⟩

Brunschwig, Jacques (éd.)
1978   *Les Stoiciens et leur logique. Actes du colloque de Chantilly 1822 sept. 1976.* Paris: J. Vrin ⟨2⟩

Brutian, G. A.
    1984   *Argumentatsija.* Erevan: Acad. of Sc. of the Armenian Soc. Sov. Republic ⟨47⟩

Brutian, G. A. / Narskii, I. C. / Voskanian, A. V. / Djidjian, R. Z. / Lektorskii, B. A. / Malinin, V. A. / Oganecian, S. G. (eds.)
    1986   *Filosofskije Problemi Argumentatsii.* Erevan: Acad. of Sc. of the Armenian Soc. Sov. Republic ⟨47⟩

Brykman, Genevieve
    1984   *Berkeley. Philosophie et apologetique I/II.* Paris: Vrin ⟨11⟩

Buber, Martin
    1954   *Die Schriften über das Dialogische Prinzip.* Heidelberg: Lambert Schneider ⟨47⟩
    1983   *Ich und Du.* Heidelberg: Lambert Schneider ⟨47⟩

Bubner, Rüdiger
    1989a   *Ästhetische Erfahrung.* Frankfurt a.M.: Suhrkamp ⟨105⟩
    1989b   Über einige Bedingungen gegenwärtiger Ästhetik. In Bubner 1989a, 9−51 ⟨105⟩

Bubner, Rüdiger (Hg.)
    1968   *Sprache und Analysis. Texte zur englischen Philosophie der Gegenwart.* Göttingen: Vandenhoeck & Ruprecht ⟨97/114⟩
    1970   *Hermeneutik und Dialektik I.* Tübingen: Mohr ⟨45⟩

Bubner, Rüdiger / Cramer, Konrad / Wiehl, Reiner (Hg.)
    1972   *Neue Hefte für Philosophie, H. 2/3: „Dialog als Methode."* Beiträge von: Karl-Otto Apel, Reiner Wiehl, Richard M. Martin, Kuno Lorenz, Paul K. Feyerabend. Göttingen: Vandenhoeck & Ruprecht ⟨47⟩
    1973   *Neue Hefte für Philosophie, H. 5: „Ist eine philosophische Ästhetik möglich?".* Beiträge von: Georg Lukács, Rüdiger Bubner, Thomas Baumeister, Jens Kulenkampff, Rudolf Haller, Gottfried Boehm. Göttingen: Vandenhoeck & Ruprecht ⟨105⟩

Bucher, Hans Jürgen / Fritz, Gerd
    1989   Sprachtheorie, Komunikationsanalyse, Inhaltsanalyse. In Baacke/Kübler (eds.) 1989, 135−160 ⟨115⟩

Buchheim, Peter / Cierpka, Manfred / Seifert, Theodor (Hg.)
    1991   *Psychotherapie im Wandel. Abhängigkeit. Texte zur psychotherapeutischen Fort- und Weiterbildung.* Berlin/Heidelberg: Springer (Lindauer Texte) ⟨48⟩

Buchler, Justus
    1939   *Charles Peirce's Empiricism.* New York: Hartcourt, Brace and Co. ⟨32⟩

Büchsel, Elfriede
    1963   Einführung. In Blanke/Gründer (Hg.) 1963, 131−26 ⟨25⟩
    1987   Über den göttlichen und menschlichen Ursprung der Sprache. In Beyer/Gajek/Simon (Hg.) 1987, 61−75 ⟨26⟩

Buhl, Günter
    1961   *Ableitbarkeit und Abfolge in der Wissenschaftstheorie Bolzanos.* Köln: Universitäts-Vlg. (Kant-St. Ergänzungshefte 83) ⟨28⟩

Bühler, Karl
    1907   Über Gedanken. *Arch. für die gesamte Psychologie* 9, 297−365 ⟨38⟩
    1908a   Über Gedankenzusammenhänge. *Arch. für die gesamte Psychologie* 12, 1−23 ⟨38⟩
    1908b   Über Gedankenerinnerungen. *Arch. für die gesamte Psychologie* 12, 24−92 ⟨38⟩
    1907−08 Tatsachen und Probleme zu einer Psychologie der Denkvorgänge. Teile 1−III. *Arch. für die gesamte Psychologie* 8(1907), 297−365 / 12(1908), 1−92 ⟨31⟩
    1913   *Die Gestaltwahrnehmungen.* Stuttgart: Spemann ⟨38⟩
    1918   Kritische Musterung der neueren Theorien des Satzes. *Indogermanisches Jb.* 6, 1−20 ⟨31⟩
    1922   *Die Erscheinungsweisen der Farben.* Jena: Fischer ⟨38⟩
    1927   *Die Krise der Psychologie.* Jena: Fischer ⟨31/38⟩
    1931   Phonetik und Phonologie. *Travaux du cercle linguistique de Prague* 4, 22−53 ⟨38⟩
    1932   Das Ganze der Sprachtheorie, ihr Aufbau und ihre Teile. *Bericht über den 12. Kongress der dt. Ges. für Psychologie,* 95−122 ⟨38⟩

1933a   *Ausdruckstheorie.* Jena: Fischer ⟨31/38⟩
1933b   Die Axiomatik der Sprachwissenschaften. *Kant-Stud.* 38, 19–90 ⟨31/38⟩
1934a   *Sprachtheorie.* Jena: Fischer ⟨38⟩
1934b   *Sprachtheorie: Die Darstellungsfunktion der Sprache.* Stuttgart: Gustav Fischer ⟨31/90/108⟩
1936   Das Strukturmodell der Sprache. *Travaux du cercle linguistique de Prague* 6, 3–12 ⟨38⟩
1938   Der dritte Hauptsatz der Sprachtheorie. Anschauung und Begriff im Sprechverkehr. *11e Congres International de Psychologie Paris 1937, Rapports et Comptes Rendus* 196–203 ⟨38⟩
1965   *Sprachtheorie.* Stuttgart: Gustav Fischer [1934] ⟨38/51/67⟩
1969   *Die Axiomatik der Sprachwissenschaften.* Frankfurt a.M.: Klostermann ⟨38/67⟩
1978   *Sprachtheorie.* Berlin: Ullstein [1934] ⟨79⟩
1990   *Theory of Language. The Representational Function of Language.* Transl. Donald Fraser Godwin. Amsterdam: Benjamins / Übers. von Bühler 1978 ⟨38⟩

Bühl-Werner, Birgit
1963   „Himmlische Libes=Küsse" (1671). Untersuchungen zur Sprache und Bildlichkeit im Jugendwerk Quirinus Kuhlmanns. Phil. Diss. Hamburg. ⟨107⟩

Bülow, Edeltraut / Schmitter, Peter (Hg.)
1979   *Integrale Linguistik. Festschrift für Helmut Gipper.* Amsterdam: Benjamins ⟨13/53⟩

Bulygin, Eugenio
1994   Das Problem der Normenlogik. *Rechtstheorie* Beiheft 14, 35–50 ⟨102⟩

Bundy, Alan
1983   *META–Level Inference and Consciousness.* Department of Artificial Intelligence, U. of Edinburgh: Research Paper No. 187 ⟨117⟩

Bunt, Harry C.
1979   Ensembles and the formal semantic properties of mass terms. In Pelletier (ed.) 1979, 249–278 ⟨76⟩

Burckhardt, Christian
1982   *Bedeutung und Satzgrammatik.* Tübingen: Narr ⟨68⟩

Burckhardt, Hans
1980   *Logik und Semiotik in der Philosophie von Leibniz.* München: Philosophia ⟨23⟩
1985   Philosophie und Sprache. Ein Marty-Kolloquium in Freiburg. *Neue Zürcher Zeitung* 7. Januar, 16 ⟨33⟩
1987   The Leibnizian Characteristica Universalis as link between grammar and logic. *Studies in the History of the Language Science* 42, 43–63 ⟨23⟩

Buren, Paul van
1965   *The Secular Meaning of the Gospel Based on an Analysis of its Language.* London: S. C. N. ⟨85/103⟩

Burge, Tyler
1972   Truth and mass terms. *J.Philos.* 69, 263–282 ⟨76⟩
1973   Reference and proper names. *J.Philos.* 70, 425–439 ⟨59⟩
1974   Demonstrative constructions, reference, and truth. *J.Philos.* 71, 205–223 ⟨79⟩
1975   Mass terms, count nouns and change. *Synthese* 31, 459–478 ⟨83⟩
1977a   A theory of aggregates. *Nous* 11, 97–117 ⟨76⟩
1977b   Belief de re. *J.Philos.* 74, 338–362 ⟨14⟩
1978   Belief and synonymy. *J.Philos.* 75, 119–138 ⟨78⟩
1979a   Mass terms, count terms, and change. In Pelletier (ed.) 1979, 199–218 ⟨76⟩
1979b   Individualism and the mental. *Midwest Studies in Philosophy* 4, 73–121 ⟨14/71⟩
1979c   Sinning against Frege. *Philos.Rev.* 88, 398–432 ⟨79⟩
1982   Other bodies. In Woodfield (ed.) 1982, 97–120 ⟨14⟩
1984   Frege on extensions of concepts, from 1884 to 1903. *Philos.Rev.* 93, 3–34 ⟨34⟩

Burgess, J. P.
1979   Logic and time. *J.Symb.Log.* 44, 566–582 ⟨75⟩
1980   Decidability for branching time. *Stud.Log.* 39, 203–218 ⟨75⟩

1981a The completeness of intuitionistic propositional calculus for its intended interpretation. *Notre Dame J. Formal Logic* 22, 17−28 ⟨75⟩

1981b Quick completeness proofs for some logics of conditionals. *Notre Dame J. Formal Logic* 22, 76−84 ⟨75⟩

Burgstaller, Erich
1974 Zur Behandlung der Sprache in Elias Canettis frühen Dramen. In Inst. für Österreichkunde (Hg.) 1974, 101−117 ⟨107⟩

Burkert, Walter
1968 Orpheus und die Vorsokratiker. *Antike und Abendland* 14, 93−114 ⟨1⟩

Burkhardt, Armin (ed.)
1990 *Speech Acts, Meaning and Intentions: Critical Approaches to the Philosophy of John R. Searle*. Berlin/New York: de Gruyter ⟨114⟩

Burkhardt, Joachim (Hg.)
1964 *Kirchensprache − Sprache der Kirche*. Zürich/Stuttgart: Zwingli ⟨107⟩

Burks, Arthur Walter
1946 Empiricism and vagueness. *J. Philos.* 43, 477−486 ⟨98⟩
1948/49 Icon, index and symbol. *Philos. Phenomen. Res.* 9, 673−689 ⟨32/79⟩
1950 The logic of causal propositions. *Mind* 60, 363−382 ⟨114⟩
1963 *Change, Cause, Reason: An Inquiry into the Nature of Scientific Evidence*. Chicago: UP ⟨114⟩

Burnyeat, Myles F. (ed.)
1983 *The Skeptical Tradition*. Berkeley: U. of California Pr. ⟨10⟩

Burrell, David
1979 *Aquinas: God and Action*. London: Routledge & Kegan Paul ⟨85/103⟩

Bursill-Hall, Geoffrey Leslie
1963 Mediaeval grammatical theories. *Canadian Journal of Linguistics* 9, 40−54 ⟨65⟩
1971 *Speculative Grammar in the Middle Ages: the Doctrine of partes orationis of the modistae*. The Hague/Paris: Mouton ⟨4/41⟩

Bursill-Hall, Geoffrey Leslie / Ebbesen, Sten / Koerner, E. F. Konrad (eds.)
1990 *De Ortu Grammaticae*. Amsterdam/Philadelphia: Benjamins ⟨4⟩

Bury, John Bagnell
1933−49 *The Works of Sextus Empiricus I−IV*. Cambridge: Harvard UP ⟨10⟩

Busch, Walter / Schmidt-Bergmann, Hansgeorg
1986 Der Gestus des Verstummens − Hugo von Hofmannsthals Chandos-Brief. *Literatur für Leser* 212−222 ⟨107⟩

Busse, Winfried / Trabant, Jürgen (éds.)
1986 *Les Idéologues. Sémiotique, théories et politiques linguistiques pendant la Révolution française*. Amsterdam/Philadelphia: Benjamins ⟨8/13/71⟩

Bussenius, Arno
1950/51 Zur Problematik der Sprachentstehung. *Z. Phon. allg. Sprachw.* 4, 1−41, 191−219, 296−319; 5, 36−58, 154−181 ⟨65⟩

Buszkowski, Wojciech
1986 Completeness results for Lambek's syntactic calculus. *Z. für mathematische Logik und Grundlagen der Mathematik* 32, 13−28 ⟨111⟩
1988 Generative power of categorial grammars. In Oehrle/Bach/Wheeler (eds.) 1988, 69−94 ⟨111⟩
1989 Presuppositional completeness. *Stud. Log.* 48, 24−34 ⟨111⟩

Buszkowski, Wojciech / Marciszewski, W. / van Benthem, Johan (eds.)
1988 *Categorial Grammar*. Amsterdam: J. Benjamins ⟨111⟩

Butler, Ronald Joseph (ed.)
1965 *Analytical Philosophy, Second Series*. Oxford: Blackwell ⟨83⟩

Büttemeyer, W.
1986 Early approaches to analytic philosophy in Italy. *Scientia* 80, 65−75 ⟨9⟩

Butts, Robert Earl / Hintikka, Jaakko (eds.)
    1977   *Proc. of the Fifth International Congress of Logic, Methodology, and Philosophy of Science I−IV.* Dordrecht/Boston: D. Reidel ⟨2⟩

Butts, Robert Earl / Lennon, Thomas M. (eds.)
    1988   *Thought and Language in the Philosophy of the Enlightenment.* Synthese 75(2) ⟨8⟩

Buyssens, Eric
    1960   La structuralisme et l'arbitraire du signe. *Studii si cercetrari lingvistice* 11, 403−416 ⟨51⟩
    1973   Der Strukturalismus und die Willkür des Zeichens. In Naumann (Hg.) 1973, 296−315 ⟨51⟩
    1967   *La Communication et l'Articulation Linguistique.* Bruxelles: Pr. Universitaires ⟨90⟩

Buytaert, Eligius
    1965/66   The Elementarium logicae of Ockham. *Franciscan Studies* 25, 151−276; 26, 66−173 ⟨40⟩

Cahiers de Royaumonts
    1962   *Philosophie IV. La Philosophie Analytique.* Paris: Éd. de Minuit ⟨95/114⟩

Caietanus, Thomas de Vio
    1907   De nominum analogia. In Thomas Aquinas 1907, 249−283 ⟨85/103⟩

Calhoon, Kenneth S.
    1981   Language and romantic irony in Novalis' *Die Lehrlinge zu Sais. Germ. Rev.* 56, 51−61 ⟨107⟩

Callaway, Howard G.
    1979   Reference, variables and the empty universe. *Log. anal.* 85/86, 86−98 ⟨86⟩
    1981   Semantic theory and language: a perspective. *Philos. Top. Suppl.* Summer 1981 (Proc. of the Southwestern Philosophical Society), 61−70 ⟨86⟩
    1982a   Sense, reference and purported reference. *Log. anal.* 97, 93−101 ⟨86⟩
    1982b   Frege on sense and reference. *The Nigerian J. of Philos.* 2, 1−9 ⟨86⟩
    1985   Meaning without analyticity. *Log. anal.* 109, 41−60 ⟨86⟩

Campagnon, Antoine
    1979   *Le seconde main ou le travail de la citation.* Paris: Éd. du Seuil ⟨107⟩

Campanella, Tomaso
    1638   *Philosophiae Rationalis Partes Quinque.* Paris: apud Joannem du Bray ⟨64⟩

Campbell, Keith
    1976   *Metaphysics.* Encino, CA.: Dickinson ⟨59⟩

Campbell, R.
    1974   The Sorites paradox. *Philos. Stud.* 26, 175−191 ⟨98⟩

Campos, Ramón
    1804   El don de la palabra en órden a las lenguas y al exercicio del pensamiento. Madrid: Gómez Fuentenebro y Compania ⟨8⟩

Candlish, Stewart
    1971   The inexplicability of identity. *Australas. J. Philos.* 49, 23−37 ⟨83⟩
    1982   Die Unerklärbarkeit der Identität. In Lorenz (Hg.) 1982 II, 104−123 ⟨83⟩

Canfield, John V. (ed.)
    1987   *Meaning.* New York: Garland ⟨68⟩

Cannon, G.
    1990   *The Life and Mind of Oriental Jones: Sir William Jones, the Father of Modern Linguistics.* Cambridge: UP ⟨66⟩

Cantiuncula, Claudius
    1545   *Topica legalia.* Basileae [1520] ⟨102⟩

Cantelli, Gianfranco
    1986   *Mente, corpo, linguaggio.* Firenze: Sansoni ⟨24⟩

Capelle, Wilhelm
    1968   *Die Vorsokratiker.* Stuttgart: Kröner ⟨1⟩

Cardona, George
    1976   *Pāṇini: A Survey of Research.* The Hague/Paris: Mouton ⟨5/43⟩

Cargile, J.
    1969   The Sorites paradox. *Brit. J. Philos. Sci.* 20, 193−202 ⟨98⟩

Carleton, W. M.
    1975   Theory transformation in communication: the case of Henry Johnstone. *The Quar-
              terly J. of Speech* 6, 76−88 ⟨112⟩

Carlson, Lauri
    1982   Plural quantifiers and informational independence. *Acta Philosophia Fennica* 35,
              173−174 ⟨96.2⟩
    1983   *Dialogue Games. An Approach To Discourse Analysis.* Dordrecht/Boston/London:
              D. Reidel ⟨96.2/115⟩

Carlson, Lauri / ter Meulen, Alice
    1979   Informational independence in intensional contexts. In Saarinen/Hilpinen/Niini-
              luoto/M. P. Hintikka (eds.) 1979, 61−72 ⟨88/96.2⟩

Carlstrom, I. F. / Hill, C. S.
    1978   Review of Adams 1975. *Philos. Sci.* 45, 155−158 ⟨70⟩

Carnap, Rudolf
    1923   *Die Quasizerlegung.* Unpubliziertes Manuskript − Rudolf Carnap Collection, U. of
              Pittsburgh Libraries ⟨82⟩
    1928   *Der Logische Aufbau der Welt.* Berlin: Weltkreis Vlg. ⟨69/82/86/99⟩
    1931   Überwindung der Metaphysik durch logische Analyse der Sprache. *Erkenntnis* 2,
              219−241 ⟨35/104⟩
    1934   *Logische Syntax der Sprache.* Wien: Springer ⟨39/59/79/120⟩
    1935   *Philosophy and Logical Syntax.* London: Routledge ⟨104⟩
    1936   Wahrheit und Bewährung. *Actes du Congres International de Philosophie Scientifique
              Paris,* fasc. IV. Paris: Hermann (Actualités scientifiques et industrielles), 530−541 /
              auch in Skirbekk 1977, 89−96 ⟨69⟩
    1937   *Logical Syntax of Language.* London: Kegan Paul, Trench, Trubner & Co. ⟨100⟩
    1942   *Introduction to Semantics.* Cambridge, MA: Harvard UP ⟨50/68/120⟩
    1947/²56a/⁶70 *Meaning and Necessity.* Chicago: UP [1947] ⟨34/50/59/87/95/110/119/120⟩
    1950   Empiricism, semantics and ontology. *Rev. int. philos.* II, 20−40⟨53/59⟩
    1952   Meaning postulates. *Philos. Stud.* 3, 65−73 ⟨50⟩
    1955   Meaning and synonymy in natural languages. *Philos. Stud.* 7, 33−47 ⟨50⟩
    1956b   The methodological character of theoretical concepts. In Feigl/Scriven (eds.) 1956,
              38−76 ⟨50⟩
    1959   Psychology in physical language. In Ayer (ed.) 1959, 165−198 [1932/33] ⟨50/110⟩
    ²1961   *Der logische Aufbau der Welt.* Hamburg: Meiner [1928] ⟨45/120⟩
    1966   *Scheinprobleme in der Philosophie. Das Fremdpsychische und das Realismusproblem.*
              Frankfurt a.M.: Suhrkamp [1928] ⟨96.3⟩
    1967   *The Logical Structure of The World.* Berkeley: U. of California Pr. ⟨86⟩
    1969   *Einführung in die Philosophie der Naturwissenschaft.* München: Nymphenburger
              [1966] ⟨99⟩

Carr, G. J. / Sagarra, Eda (ed.)
    1985   *Fin de Siècle Vienna.* Proc. of the Second Irish Symposium in Austrian Studies 1985.
              Dublin: Trinity College ⟨107⟩

Carroll, John Bissell
    1964   *Language and Thought.* Englewood Cliffs, N. J.: Prentice-Hall ⟨74⟩

Carroll, Lewis (Charles Lutwidge Dogson)
    1872   *Through the Looking Glass, and What Alice Found There.* London: Macmillan / zitiert
              nach Carroll 1939 ⟨104⟩
    1939   *The Complete Works of Lewis Carroll.* London: Nonesuch ⟨104⟩

Carroll, William C.
1976   *The Great Feast of Language in Love's Labour's Lost.* Princeton: UP. ⟨107⟩
Carruthers, Peter
1989   *Tractarian Semantics: Finding Sense in Wittgenstein's Tractatus.* Oxford/Cambridge:
          Blackwell ⟨68⟩
Cartan, Henri
1943   Sur la fondement logique des mathématiques. *Revue Scientifique* 81, 3−11 ⟨96.3⟩
Cartwright, Helen Morris
1963   *Classes, Quantities, and Nonsingular Reference.* U. of Michigan, Dissertation ⟨76⟩
1970   Quantities. *Philos. Rev.* 79, 25−42 ⟨76⟩
1984   Parts and Partitives: notes on what things are made of. *Synthese* 58, 251−277 ⟨76⟩
Cartwright, Nancy
1983   *How the Laws of Physics lie.* Oxford: Clarendon ⟨47⟩
Cartwright, Richard
1971   Identity and substitutivity. In Munitz (ed.) 1971, 119−134 ⟨83⟩
1982   Identität und Substitutivität. In Lorenz (Hg.) 1982 II, 30−45
1979   Indiscernibility principles. In French/Uehling/Wettstein (eds.) 1979b, 293−306 ⟨83⟩
Casey, John
1966   *The Language of Criticism.* London: Longman ⟨106⟩
Caso Gonzàlez, Josè M.
1988   *De illustratión y de ilustrados.* Orviedo: Inst. Feijoo de Estudios del Siglo XVIII ⟨8⟩
Cassedy, Steven
1981   Mallarmé and Andrej Belyi: Mathematics and the phenomenality of the literary ob-
          ject. *Mod. Lang. N.* 96, 1066−1083 ⟨107⟩
Cassin, B.
1986   *Positions de la sophistique.* Paris: Vrin ⟨112⟩
Cassirer, Ernst
1914   Die Grundprobleme der kantischen Methodik und ihr Verhältnis zur nachkantischen
          Spekulation. *Die Geisteswissenschaften* 1, 784−87 ⟨37⟩
1922   *Die Begriffsform im mythischen Denken.* Leipzig/Berlin: Teubner (Studien der Bibl.
          Warburg 1) ⟨1⟩
1923a   Die kantischen Elemente in Wilhelm von Humboldts Sprachphilosophie. In Fest-
          schrift Paul Hensel 1923, 105−127. ⟨13/27/37⟩
1923b   *Philosophie der symbolischen Formen. Erster Teil: Die Sprache.* Berlin: Bruno Cassi-
          rer ⟨27/107⟩
1923−29   *Philosophie der Symbolischen Formen I−III.* Berlin: Bruno Cassirer ⟨90⟩
1925a   *Sprache und Mythos.* Leipzig/Berlin: Teubner (Studien der Bibl. Warburg 6) ⟨1⟩
1925b   Paul Natorp. *Kant-St.* 30, 273−98 ⟨37⟩
1925c   Die Philosophie der Griechen von den Anfängen bis Plato. In Dessoir (Hg.) 1925,
          6−139 ⟨37⟩
1927   Die Bedeutung des Sprachproblems für die Entstehung der neueren Philosophie.
          Festschrift Carl Meinhoff 1927, 505−14. ⟨37⟩
1929   Formen und Formwandlungen des philosophischen Wahrheitsbegriffes. In Hambur-
          gische Universität (Hg.) 1929, 17−26 ⟨37⟩
1930   „Geist" und „Leben" in der Philosophie der Gegenwart. *Die Neue Rundschau* 41,
          244−64 ⟨37⟩
1932a   *Goethe und die geschichtliche Welt.* Berlin: Bruno Cassirer ⟨37⟩
1932b   Goethe und Platon. In Cassirer 1932a, 103−148 ⟨37⟩
1932c   Goethe und das achtzehnte Jahrhundert. In Cassirer 1932a, 27−101 ⟨37⟩
1932d   Goethes Idee der Bildung und Erziehung. Pädagogisches Zentralblatt 12, 340−58
          ⟨37⟩
1932e   *Die platonische Renaissance in England und die Schule von Cambridge.* Leipzig/Berlin:
          Teubner ⟨37⟩
1939a   *Axel Hägerström.* Göteborgs Högskolas Årsskrift 45, 1939:1 ⟨37⟩
1939b   Was ist „Subjektivismus"? *Theoria* 5, 111−40 ⟨37⟩

1942   The influence of language upon the developement of scientific thought. *J. Philos.* 39, 309−27 ⟨37⟩

1944   *An Essay on Man: An Introduction to a Philosophy of Human Culture.* New Haven: Yale UP ⟨90⟩

1946a   *Language and Myth.* New York/London: Harper and Bros. ⟨90⟩

1946b   Structuralism in modern linguistics. *Word* 1, 99−120 ⟨37/51⟩

1953   *Philosophie der symbolischen Formen I−III.* Darmstadt: Wiss. Buchges. ⟨31⟩

1955   *The Philosophy of Symbolic Forms, Volume I: Language.* New Haven: Yale UP ⟨116⟩

1961   *Zur Logik der Kulturwissenschaften. Fünf Studien.* Darmstadt: Wiss. Buchges. ⟨105/ 108⟩

1962   *Leibniz' System.* Darmstadt: Wiss. Buchges. ⟨37⟩

1964/   *Philosophie der symbolischen Formen. Erster Teil. Die Sprache.* Darmstadt: Wiss.
1985a   Buchges. ⟨23/37/108⟩

1964a/77   *Philosophie der symbolischen Formen. Zweiter Teil. Das mythische Denken.* Darmstadt: Wiss. Buchges. ⟨37/108⟩

1964b/82   *Philosophie der symbolischen Formen. Dritter Teil. Phänomenologie der Erkenntnis.* Darmstadt: Wiss. Buchges. ⟨37/108⟩

1971   Der Gruppenbegriff und die Theorie der Wahrnehmung. *Philosophische Perspektiven* 3, 12−53 ⟨37⟩

1973   *Das Erkenntnisproblem in der Philosophie und Wissenschaft der neueren Zeit IV.* Darmstadt: Wiss. Buchges. ⟨37⟩

1973a   *Die Philosophie der Aufklärung.* Tübingen: J. C. B. Mohr (Paul Siebeck) ⟨105/108⟩

1974a   *Das Erkenntnisproblem in der Philosophie und Wissenschaft der neueren Zeit I.* Darmstadt: Wiss. Buchges. ⟨37⟩

1974b   *Das Erkenntnisproblem in der Philosophie und Wissenschaft der neueren Zeit II.* Darmstadt: Wiss. Buchges. ⟨37⟩

1974c   *Das Erkenntnisproblem in der Philosophie und Wissenschaft der neueren Zeit III.* Darmstadt: Wiss. Buchges. ⟨37⟩

1975a   *Freiheit und Form.* Darmstadt: Wiss. Buchges. ⟨37⟩

1975b   *Kants Leben und Lehre.* Darmstadt: Wiss. Buchges. ⟨37⟩

1979a   *Symbol, Myth and Culture.* New Haven/London: Yale UP ⟨37⟩

1979b   Critical Idealism as a Philosophy of Culture. In Cassirer 1979a, 64−91 ⟨37⟩

1979c   Language and art I. In Cassirer 1979a, 145−165 ⟨37⟩

1979d   Language and art II. In Cassirer 1979a, 166−195 ⟨37⟩

1979e   The educational value of art. In Cassirer 1979a, 196−215 ⟨37⟩

1980a   *Substanzbegriff und Funktionsbegriff.* Darmstadt: Wiss. Buchges. ⟨37⟩

1980b   *Zur Logik der Kulturwissenschaften.* Darmstadt: Wiss. Buchges. ⟨37⟩

1983a   *Wesen und Wirkung des Symbolbegriffs.* Darmstadt: Wiss. Buchges. ⟨37⟩

1983b   Sprache und Mythos. Ein Beitrag zum Problem der Götternamen. In Cassirer 1983a, 71−167 ⟨37⟩

1983c   Der Begriff der symbolischen Form im Aufbau der Geisteswissenschaften. In Cassirer 1983a, 169−200 ⟨37⟩

1985b   *Symbol, Technik, Sprache.* Hamburg: Meiner ⟨37⟩

1985c   Das Symbolproblem im System der Philosophie. In Cassirer 1985b, 1−25 ⟨37⟩

1985d   Form und Technik. In Cassirer 1985b, 39−91 ⟨37⟩

1985e   Die Sprache und der Aufbau der Gegenstandswelt. In Cassirer 1985b, 121−151 ⟨37⟩

1985f   Psychologie und Philosophie. In Cassirer 1985b, 161−164 ⟨37⟩

1985g   *Der Mythus des Staates.* Frankfurt a.M.: Fischer ⟨37⟩

1989a   *Idee und Gestalt.* Darmstadt: Wiss. Buchges. ⟨37⟩

1989b   Goethe und die mathematische Physik. In Cassirer 1989a, 33−80 ⟨37⟩

1989c   *Grundprobleme der Ästhetik.* Teildruck aus Cassirer 1973a. Berlin: Alexander Vlg. ⟨105⟩

1990   *Versuch über den Menschen.* Frankfurt a.M.: S. Fischer ⟨37/108⟩

1991a   *Rousseau, Kant, Goethe.* Hamburg: Meiner ⟨37⟩

1991b   Goethe und die kantische Philosophie. In Cassirer 1991a, 63−99 ⟨37⟩

1991c   Kant und Goethe. In Cassirer 1991a, 101−105 ⟨37⟩

1993   *Erkenntnis, Begriff, Kultur.* Hg. Rainer Bast. Hamburg: Felix Meiner ⟨108⟩

Cassirer, Toni
1981   *Mein Leben mit Ernst Cassirer.* Hildesheim: Gerstenberg Vlg. ⟨37⟩

Castañeda, Hector-Neri
1966   'He': a study in the logic of self-consciousness. *Ratio* 8, 130−157 ⟨79⟩
1967   Indicators and quasi-indicators. *Amer. Philos. Quart.* 4, 85−100 ⟨32/79⟩
1975   *Thinking and Doing: The Philosophical Foundations of Institutions.* Dordrecht: D. Reidel ⟨79⟩
1979   Fiction and reality: their fundamental connections. *Poetics* 8, 31−62 ⟨106⟩
1980   Reference, reality, and perceptual fields. *Proc. and Addresses of the American Philos. Assoc.* 53, 763−823 ⟨79⟩
1981   The semiotic profile of indexical (experiential) reference. *Synthese* 49, 275−316 ⟨79⟩
1983   Reply to John Perry. In Tomberlin (ed.) 1983, 313−327 ⟨79⟩
1986   Self, thinking and reality. In Tomberlin (ed.) 1986, 91−137 ⟨79⟩
1987   Self-consciousness, demonstrative reference, and the self-ascription view of believing. *Philosophical Perspectives* 1, 405−454 ⟨79⟩

Castañeda, Hector-Neri (ed.)
1975   *Action, Knowledge and Reality: Essays in Honor of Wilfred Sellars.* Indianapolis: The Bobbs-Merrill Co., Inc. ⟨50⟩

Casterline, D. C. / Croneberg C. G. / Stokoe, William C.
1965   *A Dictionary of American Sign Language on Linguistic Principles.* Washington: Gallaudet College Pr. ⟨116⟩

Caton, Charles E. (ed.)
1963   *Philosophy and Ordinary Language.* Urbana, Ill.: U. of Illinois Pr. ⟨60⟩

Caujolle-Zasławsky, Françoise
1978   Le style Stoicien et la „paremphasis". In Brunschwig (éd.) 1978, 425−450 ⟨2⟩

Cavaillès, Jean
1960   *Sur la logique et la théorie de la science.* Paris: PUF [1947] ⟨12/100⟩

Caviglia, John
1974   The tales of Borges: language and the private eye. *Mod. Lang. N.* 89, 219−231 ⟨107⟩

Celan, Paul
1968   *Ausgewählte Gedichte.* Frankfurt a.M.: Suhrkamp ⟨107⟩
1983   *Gesammelte Werke in fünf Bänden.* Hg. Beda Allemann / Stefan Reichert. Frankfurt a.M.: Suhrkamp ⟨107⟩

di Cesare, Donatella
1980   *La semantica nella filosofia greca.* Rom: Bulzoni ⟨62.1⟩
1986   Heraklit und die Sprache. In Mojsisch (Hg.) 1986, 1−16 ⟨1⟩

di Cesare, Donatella / Gensini, Stefano (Hg.)
1990   *Iter Babelicum: Studien zur Historiographie der Linguistik 1600−1800.* Münster: Nodus ⟨8⟩

Cesarotti, Melchior
1788   *Saggio sopra la lingua italiana.* Vicenza: Turra [1785] ⟨8⟩

Chabrier, A.
1887   *Les orateurs politiques de la France.* Paris: Hachette ⟨112⟩

Chafe, Wallace L.
1975   *Meaning and Structure of Language.* Chicago: UP ⟨68⟩

Chandler, Hugh S.
1967   Excluded middle. *J. Philos.* 64, 807−814 ⟨98⟩
1983   Theseus' clothespin. *Analysis* 44, 55−58 ⟨83⟩

Chang, Chen Chung / Keisler, Jerome
³1990   *Model Theory.* Amsterdam: North-Holland ⟨84⟩

Chao, Yuen Ren
1959   How Chinese Logic operates. *Anthropological Linguistics* 1, 1−8 ⟨35⟩

Chapple, Gerald / Schulte, Hans H. (Hg.)
1981   *Turn of the Century: German Literature and Art 1890−1915.* Bonn: Bouvier ⟨107⟩

Charachidzé, G.
    1986   *Prométhée ou le Caucase. Essai de mythologie contrastive.* Paris: Flammarion ⟨66⟩
Charniak, Eugene / Wilks, Yorick
    1976   *Computational Semantics: An Introduction to Artificial Intelligence and Natural Language Comprehension.* New York, NY: Elsevier / North-Holland Inc. ⟨117⟩
Charpa, Ulrich
    1983   *Methodologie der Wissenschaft: Theorie literaturwissenschaftlicher Praxis?* Hildesheim: Olms ⟨106⟩
Chellas, B. F.
    1975   Basic conditional logic. *J. Philos. Log.* 4, 133–53 ⟨75/89⟩
Chemparathi, George
    1972   *An Indian Rational Theology. Introduction to Udayana's Nyāyakusumāñjali.* Wien: Brill ⟨5⟩
Chenu, M.-D.
    1935/36   Grammaire et théologie aux XIIᵉ et XIIIᵉ siècles. *Arch. d'histoire doctrinale et littéraire du moyen âge* 10, 5–29 ⟨107⟩
Cherlin, G.
    1979   Stable algebraic theories. In Boffa/van Dalen/McAloon (eds.) 1979, 53–74 ⟨75⟩
Cherlin, G. / Harrington, L. A. / Lachlan, A. H.
    1985 $\aleph_0$-categorical, $\aleph_0$-stable structures. *Ann. P. Appl. Log.* 28, 103–135 ⟨75⟩
Cherry, Colin
    1957   *On Human Communication.* New York: Wiley ⟨115⟩
Chervel, André
    1977   *… Et il fallut apprendre à écrire à tous les petits Français.* Paris: Payot ⟨44⟩
Chevalier, Jean-Claude
    1968   *Histoire de la syntaxe: Naissance de la notion de complement dans la grammaire française (1530–1750).* Geneve: Droz ⟨44⟩
    1979   Analyse grammaticale et analyse logique. *Langue Française* 41, 20–34 ⟨44⟩
    1982   Nature des pronoms et construction de la syntaxe. *Hist. Épistém. Lang.* 4(2), 55–61 ⟨44⟩
Chevreul, Michael Eugène
    1969   *De la loi du contraste simultané des couleurs et de l'assortiment des objects colorés considéré d'après cette loi dans ses rapports avec la peinture…* Paris: L. Labet [1839/ ²1889] ⟨108⟩
dalla Chiara, M. L.
    1986   Quantum logic. In Gabbay/Guenther (eds.) 1986 III, 427–470 ⟨75⟩
dalla Chiara, M. L. et al. (eds.)
    1983   *Logic in the 20th Century.* Milan: Scientia ⟨75⟩
Chierchia, Gennaro / McConnell-Ginet, Sally
    1990   *Meaning and Grammar. An Introduction to Semantics.* Cambridge, MA: MIT ⟨68⟩
Chihara, Charles S.
    1973   *Ontology and the Vicious Circle Principle.* Ithaca: Cornell UP ⟨61⟩
    1986   *Existence en mathématiques.* nicht publiziert ⟨61⟩
Ching, M. K. L. et al. (eds.)
    1980   *Linguistic Perspectives in Literature.* London: Routledge ⟨91⟩
Chisholm, Roderick Milton
    1946   The contrary-to-fact conditional. *Mind* 55, 289–307 ⟨89⟩
    1955   A note on Carnap's meaning analysis. *Philos. Stud.* 6, 87–89 ⟨50⟩
    1958   Sentences about believing. In Feigl/Maxwell/Scriven (eds.) 1958, 510–520 ⟨50⟩
    1966a   *Theory of Knowledge.* Englewood Cliffs, N. J.: Prentice-Hall ⟨114⟩
    1966b   Freedom and action. In Lehrer (ed.) 1966, 11–44 ⟨93⟩
    1973   Parts as essential to their wholes. *Rev. Met.* 26, 581–603 ⟨76⟩
    1976   *Person and Object: a Metaphysical Study.* London: Allen & Unwin ⟨76/79/83⟩

1977a   *Erkenntnistheorie.* München: Deutscher Taschenbuch Vlg. ⟨114⟩

1977b   Thought and its reference. *Amer. Philos. Quart.* 14(9), 167−172 ⟨71⟩

1978   The self and the world. In Berghel/Hübner/Leinfellner/Leinfellner (eds.) 1978, 407−410 ⟨79⟩

1981   *The First Person: An Essay on Reference and Intentionality.* Brighton: Harvester / Minneapolis, Minn.: U. of Minnesota Pr. ⟨79⟩

Chivers, Frances J.

1983   Wordsworth's „real language of men" and Augustine's theory of language. *August. Stud.* 14, 11−24 ⟨107⟩

Chlebnikov, Velimir

1972   *Werke 2.* Hg. P. Urban. Reinbek: Rowohlt ⟨107⟩

Chomsky, Noam

1957   *Syntactic Structures.* The Hague: Mouton ⟨72/87/110/120⟩

1959   A review of B. F. Skinner's Verbal Behaviour. *Language* 35, 26−58 ⟨50/71⟩

1961   On the notion 'rule of grammar'. In Jakobson (ed.) 1961, 6−24 / auch in *Languages* 4, 1966, 81−104 ⟨12⟩

1965   *Aspects of the Theory of Syntax.* Cambridge, MA: MIT ⟨72/98/119/120⟩

1966   *Cartesian Linguistics: A Chapter in the History of Rationalist Thought.* New York/ London: Harper & Row ⟨12/44/71/72⟩

1968   *Language and Mind.* New York: Harcourt, Brace & World ⟨71/72/116/119⟩

1969a   *Aspekte der Syntaxtheorie.* Frankfurt a.M.: Suhrkamp ⟨36⟩

1969b   Quine's empirical assumptions. In Davidson/Hintikka (eds.) 1969, 53−68 ⟨73⟩

1972   *Language and Mind.* New York: Harcourt Brace Jovanovich ⟨57⟩

1975   *Reflections on Language.* New York: Pantheon Books ⟨72⟩

1977   *Language and Responsibility.* New York: Pantheon Books ⟨86⟩

1979a   *Language and Responsibility.* Brighton: Harvester ⟨110⟩

1979b   Human language and other semiotic systems. *Semiotica* 25 (1/2), 31−44 ⟨90⟩

1980   *Rules and Representations.* Oxford: Blackwell / New York: Columbia UP ⟨55/57/70/ 72/110/120/117⟩

1982a   *The Generative Enterprise.* Dordrecht: Foris ⟨88⟩

1982b   *Some Concepts and Consequences of the Theory of Government and Binding.* Cambridge, MA: MIT ⟨110⟩

1986   *Knowledge of Language.* New York: Praeger ⟨55/99⟩

1988   *Language and Problems of Knowledge.* Cambridge, MA: MIT ⟨55⟩

Chomsky, Noam / Katz, Jerrold

1974   What the linguist is talking about. *J. Philos.* 71, 347−367 ⟨72⟩

1975   On innateness: a reply to Cooper. *Philos. Rev.* 84, 70−87 ⟨12⟩

Chomsky, Noam / Miller, George

1963   Finitary models of language-users. In Luce/Bush/Galanter (eds.) 1963, 424 ff ⟨119⟩

Christadler, Martin

1968   Walt Whitman: Sprachtheorie und Dichtung. *Jb. für Amerikastudien* 13, 84−97 ⟨107⟩

Christensen, Johnny

1962   *An Essay on the Unity of Stoic Philosophy.* Kopenhagen: Munksgaard ⟨2⟩

Christensen, Niels Egmont

1961   *On the Nature of Meanings.* Kobenhagen: Munksgaard ⟨21⟩

Christmann, Hans Helmut

1958   Strukturelle Sprachwissenschaft. Grundlagen und Entwicklungen. *Romanistisches Jb.* 9, 17−40 ⟨51⟩

1961   Strukturelle Sprachwissenschaft. II. Teil: Bericht über neuere Arbeiten. *Romanistisches Jb.* 12, 23−50 ⟨51⟩

1967   Beiträge zur Geschichte der These vom Weltbild der Sprache. *Abh. der geistes und sozialwissenschaftlichen Kl. der Akad. der Wiss. und der Literatur Mainz* 7, 441−469 ⟨8⟩

Christmann, Hans Helmut (Hg.)
1977　　*Sprachwissenschaft des 19. Jahrhunderts.* Darmstadt: Wiss. Buchges. ⟨51⟩

Christol, A.
1986　　*Des Scythes aux Ossètes.* Rouen: Inst. de linguistique ancienne, Faculté des Lettres et sciences humaines de Rouen ⟨66⟩

Church, Alonzo
1936　　A note on the Entscheidungsproblem. *J.Symb.Log.* 1, 40−41 ⟨75⟩
1942　　Vague. In Runes (ed.) 1962, 329 ⟨98⟩
1943　　Besprechung von Quine 1943. *J.Symb.Log.* 8, 45−47 ⟨59⟩
1943a　Review of Carnap's 'Introduction to Semantics'. *Philos.Rev.* 52, 298−304 ⟨78⟩
1951　　A formulation of the logic of sense and denotation. In Henle (ed.) 1951, 3−24 ⟨34⟩
1954　　Intensional isomorphism and identity of belief. *Philos.Stud.* 5, 65−73 auch in Salmon/Soames (eds.) 1988, 159−168 ⟨78⟩
1956a　*Introduction to Mathematical Logic I.* Princeton: UP ⟨78⟩
1956b　Introduction. In Church 1956a, 1−68 ⟨78⟩
1958　　Ontological commitment. *J.Philos.* 55, 1008−1014 ⟨61⟩
1973/74　Outline of a revised formulation of the logic of sense and denotation I/II. *Nous* 7, 24−33; 8, 135−156 ⟨34⟩

Churchland, Paul M.
1981　　Eliminative materialism and the propositional attitudes. *J.Philos.* 78, 67−91 / auch in Lycan (ed.) 1990, 206−223 / auch in Churchland 1989, 1−22 ⟨57⟩
1984　　*Matter and Consciousness. A Contemporary Introduction to the Philosophy of Mind.* Cambridge, MA: MIT ⟨57/117⟩ / Cambridge, MA: Bradford Books ⟨117⟩
1989　　*A Neurocomputational Perspective. The Nature of Mind and the Structure of Science.* Cambridge, MA: MIT ⟨57⟩

Churchland, Patricia M.
1986　　*Neurophilosophy. Toward a Unified Science of the Mind-Brain.* Cambridge, MA: MIT ⟨57/118⟩

Cicourel, Aaron V.
1968　　*The Social Organisation of Juvenile Justice.* New York: John Wiley & Sons ⟨101⟩
1972　　Basic and normative rules in the negotiation of status and role. In Sudnow (ed.) 1972, 229−258 ⟨56⟩
1973　　Basisregeln und normative Regeln im Prozeß des Aushandelns von Rolle und Status. In Arbeitsgruppe Bielefelder Soziologen (Hg.) 1973, 147−188 ⟨56⟩

Cicourel, Aaron V. / Knorr-Cetina, Karin D. (eds.)
1981　　*Advances in Social Theory and Methodology.* Boston: Routledge & Kegan Paul ⟨56⟩

Clark, Herbert H. / Haviland, Susan E.
1974　　Psychological processes as linguistic explanation. In Cohen (ed.) 1974, 91−124 ⟨57⟩

Clark, Jonathan Philip
1987　　From imitation to invention: three newly discovered poems by Quirinus Kuhlmann. *Wolfenbüttler Barock-Nachrichten* 14, 113- 129 ⟨107⟩

Clark, Katerina / Holquist, Michael
1984　　*Mikhail Bakhtin.* Cambridge, MA/London: Harvard UP ⟨48⟩

Clark, Michael
1979　　*Hugo von Hofmannsthal's Conception of Language and Reality in His Lyric Poetry and Theoretical Writings From 1890 to 1907, and Its Relationship to Ernst Mach's Theory of Sensations and Fritz Mauthner's Critique of Language.* Ph.D. U. of East Anglia (Microfiche) ⟨107⟩

Classen, Carl Joachim
1986　　*Ansätze, Beiträge zum Verständnis der frühgriechischen Philosophie.* Würzburg: Königshausen & Neumann ⟨1⟩

Clauss, Sidonie
1982　　John Wilkins' Essay towards a Real Character: its place in the seventeenth-century episteme. *J.Hist.Ideas* 43, 531−553 ⟨64⟩

Clavaud, R.
1980   *Le Ménexène de Platon et la Rhétorique de son Temps.* Paris: Les belles Lettres ⟨112⟩

Clérico, Geneviève
1982   Grammaires et grammairiens. *Hist.Épistém.Lang.* 4(2), 117–138 ⟨44⟩

Clocksin, W. / Mellish, C. S.
1981   *Programming in Prolog.* Berlin: Springer ⟨117⟩

Cloeren, Hermann-Josef
1967   *O. F. Gruppe und die sprachanalytische Philosophie.* Phil. Diss Münster ⟨9⟩
1972   Philosophie als Sprachkritik bei K. L. Reinhold: Interpretative Bemerkungen zu sei-
          ner Spätphilosophie. *Kant-St.* 63, 225–236 ⟨9⟩
1988   *Language and Thought: German Approaches to Analytic Philosophy in the 18th and
          19th Centuries.* Berlin/New York: de Gruyter ⟨9/107⟩

Cloeren, Hermann-Josef (Hg.)
1971   *Philosophie als Sprachkritik im 19. Jahrhundert: Textauswahl I.* Stuttgart/Bad Cann-
          stadt: Fromann-Holzboog ⟨9/35⟩

Cocchiarella, Nino B.
1974   Logical atomism and modal logic. *Philosophia* (Israel) 4, 40–66 ⟨88⟩
1975   On the primary and secondary semantics of logical necessity. *J.Philos.Log.* 4, 13–27
          ⟨88⟩
1978   On the logic of nominalized predicates and its philosophical interpretations. *Er-
          kenntnis* 13, 339–369 ⟨76⟩
1986   *Logical Investigation of Predication Theory and the Problem of Universals.* Napoli:
          Bibliopolis ⟨61/77⟩

Cockerham, Harry
1975   Bilingual playwright. In Worth (ed.) 1975, 139–159 ⟨107⟩

Codd, E. F.
1970   A relational model of data for large shared data banks. *Communications of the Asso-
          ciation for Computing Machinery* 13, 377–387 ⟨111⟩

Cœurdoux, Gaston
1808   *Mémoires de Littérature, tirés des registres de l'Académie Royale des Inscriptions et
          Belles Lettres.* Paris ⟨66⟩

Coffa, J. Alberto
1991   *The Semantic Tradition from Kant to Carnap.* Cambridge: UP ⟨99⟩

Cohen, David (ed.)
1974   *Explaining Linguistic Phenomena.* Washington: Hemisphere Publ. Co. ⟨57⟩

Cohen, David / Wirth, Jessica (eds.)
1975   *The Testing of Linguistic Hypotheses.* Washington: Hemisphere Publ. Co. ⟨76⟩

Cohen, Gillian
²1983   *The Psychology of Cognition.* London: Academic Pr. ⟨119⟩

Cohen, Hermann
1914   *System der Philosophie I: Logik der Reinen Erkenntnis.* Berlin: B. Cassirer [1902]
          ⟨47⟩
1978   *Religion der Vernunft aus den Quellen des Judentums.* Wiesbaden: Fourier [1919] ⟨47⟩

Cohen, Jean
1966   *Structure du Langage Poétique.* Paris: Flammarion ⟨91⟩

Cohen, Lawrence Jonathan
1954   On the project of a universal character. *Mind* 63, 49–63 ⟨64⟩
1985   A problem about ambiguity. *Analysis* 45, 129–134 ⟨119⟩
1986   *The Dialogue of Reason. An Analysis of Analytical Philosophy.* Oxford: Clarendon
          ⟨47⟩

Cohen, Morris Raphael
1956   *A Preface to Logic.* New York: World Publ. Co. ⟨98⟩

Cohen, Murray
    1977   *Sensible Words. Linguistic Practice in England, 1640–1785.* Baltimore: John Hopkins
             UP ⟨107⟩

Cohen, Philip J. / Morgan, Jerry / Pollack, Martha E. (eds.)
    1989/90   *Intentions in Communication.* Cambridge, MA: MIT ⟨71/94/95/96.1/114⟩

Cohen, Robert S. / Wartofsky, Marx W. (eds.)
    1968   *Boston Studies in the Philosophy of Science V.* Dordrecht: D. Reidel ⟨75⟩

Coing, Helmut
    1959   *Die juristischen Auslegungsmethoden und die Lehren der allgemeinen Hermeneutik.*
             Köln/Opladen: Westdt. Vlg. ⟨102⟩

Colby, Kenneth Mark / Schank, Roger C. (eds.)
    1973   *Computer Models of Thought and Language.* San Francisco: Freeman ⟨117⟩

Cole, Peter (ed.)
    1978   *Syntax and Semantics IX: Pragmatics.* New York/San Francisco/London: Academic
             Pr. ⟨35/92/95/97/114⟩
    1981   *Radical Pragmatics.* New York/San Francisco/London: Academic Pr. ⟨97/112⟩

Cole, Peter / Morgan, Jerry L. (eds.)
    1975   *Syntax and Semantics III: Speech Acts.* New York/San Francisco/London: Academic
             Pr. ⟨80/91/92/94/97/106/115⟩

Cole, Thomas
    1967   *Democritus and the Sources of Greek Anthropology.* Cleveland: Western Reserve UP
             ⟨65/90⟩

Colish, Marcia L.
    1968   *The Mirror of Language: A Study in the Medieval Theory of Knowledge.* New Haven/
             London: Yale UP ⟨107⟩

Collingwood, Robin George
    1940   *An Essay on Metaphysics.* Oxford: Clarendon ⟨97⟩

Colwell, D. J.
    1987   The critique of language in *Bouvard et écuchet. Mod. Lang. Review* 82, 854–861 ⟨107⟩

Comenius (Komenský), Jan Amos
    1631   *The Gate of Tongues Unlocked.* Transl. Thomas Horne. London: Sparkes & Slater
             ⟨64⟩
    1938   *The Way of Light.* Ed. E. T. Campagnac. Liverpool: UP / London: Hodder &
             Stoughton [1668] ⟨64⟩
    1966   Novae Harmonicae Linguae tentamen primum. In Comenius 1966a, 189–204 ⟨64⟩
    1966a   *Panglottia. De Rerum Humanarum Emendatione Consultatio Catholica.* Ed. J. Čer-
             venka / V. T. Miškovská-Kozáková. Prague: Academia Scientiarum Bohemoslovaca
             2 ⟨64⟩

Condillac, Etienne Bonnot de
    1827   *Essai sur l'origine des connoissances humaines.* In Condillac 1827a I [1746] ⟨26⟩
    1827a   *Oeuvres complètes I–XVI.* Paris: Baudouin ⟨26⟩
    1947–51   *Oeuvres philosophiques I–III.* Éd. G. Le Roy. Paris: PUF ⟨8/12/44⟩
    1977   *Essai über den Ursprung der menschlichen Erkenntnisse.* Hg. Ulrich Ricken. Leipzig:
             Vlg. Philipp Reclam [1746] ⟨8⟩
    1981   *La langue de calculs.* Éd. A. M. Chouillet. Lille: Pr. Universitaires [1798] ⟨11/13⟩

Confucius
    1979   *The Analects.* Ed. Dim Chenk Lau. Harmondsworth, Middlesex, England: Penguin
             Classics ⟨6⟩

Conte, Maria-Elisabeth
    1981   Textdeixis und Anapher. *Kodikas/Code* 3, 121–132 ⟨79⟩

Conze, Werner
    1951   *Leibniz als Historiker.* Berlin: de Gruyter ⟨23⟩

Cornelius, Paul
1965   *Languages in Seventeenth − and Early Eighteenth − Century Imaginary Voyages.* Geneva: Droz ⟨64⟩

Cook, Gary Alan
1979   Whitehead's influence on the thought of G. H. Mead. *Transactions of the Charles Sanders Peirce Society* 15, 107−131 ⟨52⟩

Cook-Gumperz, Jenny
1986   Caught in a web of words: some considerations on language socialization and language acquisition. In Cook-Gumperz/Corsaro/Streeck (eds.) 1986, 37−64 ⟨56⟩

Cook-Gumperz, Jenny / Gumperz, John J.
1984   *The Politics of a Conversation: Conversational Inference in Discussion.* Berkeley: Paper, U. of California, ⟨56⟩

Cook-Gumperz, Jenny / Corsaro, William / Streeck, Jürgen (eds.)
1986   *Children's Worlds and Children's Language.* Berlin/ New York/Amsterdam: Mouton/ de Gruyter ⟨56⟩

Coombs, M. (ed.)
1984   *Developements in Expert Systems.* London: Academic Pr. ⟨117⟩

Cooper, David
1972   Innateness: Old and new. *Philos. Rev.* LXXXI, 465−483 ⟨12⟩
1975   *Knowledge of Language.* London: Prism Pr. ⟨72⟩

Cooper, Neil / Engel, Pascal (eds.)
1991   *New Inquiries into Meaning and Truth.* New York: Saint Martin's Pr. ⟨68⟩

Cooper, Robin
1983   *Quantification and Syntactic Theory.* Dordrecht: D. Reidel ⟨113⟩

Cooper, Robin (ed.)
1985   Situations and Attitudes. *Ling. Phil.* 8 ⟨117⟩

Cooper, William S.
1978   *Foundations of Logic-Linguistics.* Dordrecht: D. Reidel ⟨89⟩

Copeland, B. J.
1979   On when a semantics is not a semantics: some reasons for disliking the Routley-Meyer semantics for relevance logic. *J. Philos. Log.* 8, 399−413 ⟨75⟩
1980   The trouble Anderson and Belnap have with relevance. *Philos. Stud.* 37, 325−334 ⟨75⟩

Copers, G.
1952   *De analogieleer van Erich Przywara.* Brussel: Paleis der Academiën ⟨85/103⟩

Copilowish (Copi), I. M.
1939   Borderline cases, vagueness, and ambiguity. *Philos. Sci.* 6, 181−195 ⟨98⟩

Copi (Copilowish), I. M. / Gould, J. A. (eds.)
1964   *Readings on Logic.* New York: Macmillan ⟨71⟩

Corcoran, John (ed.)
1974   *Ancient Logic and its Modern Interpretations.* Dordrecht/Boston: D. Reidel ⟨62.1⟩

Cordemoy, Gérauld de
1970   *Discours physique de la parole.* Ed. Herbert E. Brekle. Stuttgart/Bad Cannstadt: Fromann-Holzboog [1677] ⟨8/71⟩

Coreth, Emerich
1969   *Grundfragen der Hermeneutik.* Freiburg/Basel/Wien: Herder ⟨45⟩

Corkhill, Alan
1984   Marie Luise Kaschnitz's perspective on language and the dilemma of writing. *Colloquia Germanica* 17, 98−110 ⟨107⟩
1985   Perspectives on language in Ludwig Tieck's epistolary novel *William Lovell. The German Quarterly* 58, 173−183 ⟨107⟩
1991   Zum Sprachdenken Goethes in beziehungsgeschichtlicher Sicht. *Neophilologus* 75, 239−251 ⟨107⟩

Cornelius, Paul
1965   *Languages in Seventeenth and Early Eighteenth-Century Imaginary Voyages*. Genève:
          Droz ⟨64/107⟩

Cornides, Thomas
1994   Was heißt und zu welchem Ende studiert man Rechtslogik? *Rechtstheorie* Beiheft 14,
          51−60 ⟨102⟩

Corradi Fiumara, Gemma
1985   *Filosofia dell' Ascolto*. Milano: Le Editioni Universitarie Jaca ⟨47⟩

Corti, Maria
1981a   *Dante a un nuovo crocevia*. Firenze: Sansoni ⟨107⟩
1981b   Les notions de 'langue universelle' et de 'langue poétique' chez Dante Alighieri. In
          Trabant (Hg.) 1981, 31−39 ⟨107⟩

Corti, Walter Robert (ed.)
1973   *The Philosophy of George Herbert Mead*. Winterthur: Amriswiler Bücherei ⟨52⟩

Coseriu, Eugenio
1967a   Georg von der Gabelentz et la linguistique synchronique. *Word* 3, 74−100 ⟨51⟩
1967b/68 L'arbitraire du signe. Zur Spätgeschichte eines aristotelischen Begriffs. *Arch. für das
          Studium der neueren Sprachen und Literaturen* 204, 81−112 ⟨8/51/62.1⟩
1969   *Die Geschichte der Sprachphilosophie von der Antike bis zur Gegenwart I*. Autorisierte
          Nachschrift v. Gunter Narr und Rudolf Windisch. Tübinger Beiträger zur Linguistik
          ⟨16/44⟩
1970/²75 *Die Geschichte der Sprachphilosophie von der Antike bis zur Gegenwart. Teil I: Von
          der Antike bis Leibniz*. Tübingen: Narr ⟨1/4/15/62.1⟩
1971a   Zur Sprachtheorie von Juan Luis Vives. In Dierlamm/Drost (Hg.) 1971, 234−255
          ⟨7⟩
1971b   Das Problem des Übersetzens bei Juan Vives. In Bausch / Gauger 1971, 57−182 ⟨7⟩
1971c   Thesen zum Thema „Sprache und Dichtung". In Stempel (Hg.) 1971, 183−188
          ⟨107⟩
1977   Zu Hegels Semantik. *Kwartalnik Neofilologiczny* (Warszawa) 24, 183−193 ⟨13⟩
1977   *Tradición y novedad en la ciencia del lenguaje*. Madrid: Gredos ⟨33⟩
1979   Der Fall Schopenhauer. Ein dunkles Kapitel in der dt. Sprachphilosophie. In Bülow/
          Schmitter (Hg.) 1979, 13−19 ⟨13/107⟩
1979a   Bedeutung und Bezeichnung bei Aristoteles. *Z. Phon. Sprachw. Komm. forsch.* 32,
          432−437 ⟨62.1/107⟩
1982   Naturbild und Sprache. In Zimmermann (Hg.) 1982, 260−284 ⟨62.1⟩
1988   *Einführung in die allgemeine Sprachwissenschaft*. Tübingen: Francke ⟨51⟩
1988a   Die Sprache zwischen φύσει und θέσει. In Erstes Blaubeurer Symposion 1988, 89−
          106 ⟨62.1⟩

da Costa, Newton C. A.
1982   The philosophical import of paraconsistent logic. *J. of Non-Classical-Logic* 1, 1−19
          ⟨75⟩

Cottrell, G.
1985   Connectionist parsing. *Proc. Seventh Annual Cognitive Science Conference*, Irvine,
          Calif. ⟨117⟩

Coudert, Allison
1978   Some theories of a natural language from the Renaissance to the seventeenth cen-
          tury. In Müller/Schepers/Totok (Hg.) 1978, 56−114 ⟨64⟩

Coulmas, Florian
1981   „Poison to your soul". Thanks and apologies contrastiveley viewed. In Coulmas
          (ed.) 1981, 69−91 ⟨115⟩

Coulmas, Florian (ed.)
1981   *Conversational Routine. Explorations In Standardized Communications And Prepat-
          terned Speech*. The Hague: Mouton ⟨115⟩

Coulter, Jeff
1973   Language and the conceptualization of meaning. *Sociology* 7, 173−189 ⟨56⟩

Courcelle, Pierre
  1962   Die Entdeckung des christlichen Neuplatonismus. In Andresen (Hg.) 1962, 125–181
           ⟨16⟩
Courtenay, Baudouin de, Jan
  1893   *Vermenschlichung der Sprache.* Hamburg ⟨62.1⟩
Courtine, Jean-François
  1980   Leibniz et la langue adamique. *Revue des Science Philosophiques et Théologiques*
           64(3), 373–391 ⟨23⟩
Couturat, Louis
  1901   Chap. III: La langue universelle. In Couturat 1901a, 51–80 ⟨64⟩
  1901a   *La logique de Leibniz.* Paris: Alcan ⟨64⟩
Couturat, Louis / Leau, Léopold
  1903   *Histoire de la langue universelle.* Paris: Librairie Hachette ⟨64⟩
Coval, S. C. / Campbell, P. G.
  1992   *Agency in Action: The Practical Rational Agency Machine.* Dordrecht: Kluwer ⟨114⟩
Covington, Michael A.
  1984   *Syntactic Theory in the High Middle Ages. Modistic Models of Sentence Structure.*
           Cambridge: UP ⟨4⟩
Cowan, Roy C.
  1973   *Der Naturalismus. Kommentar zu einer Epoche.* München: Winkler Vlg. ⟨107⟩
Coward, Harold G.
  1980   *The Sphoṭa Theory of Language: A Philosophical Analysis.* Delhi: Motilal Banarsi-
           dass ⟨17⟩
Cowles, J.
  1979   The relative expressive power of some logics extending first-order logic. *J. Sym-
           b.Log.* 44, 129–146 ⟨75⟩
Crable, Richard E.
  1976   *Argumention as Communication: Reasoning With Receivers.* Columbus, Ohio: Char-
           les E. Merill Publ. Co. ⟨47⟩
van de Craen, Pete (ed.)
  1987   *Sociolinguistic Theory.* London: Multi Lingual Matters ⟨56⟩
Craig, Edward
  1982   Meaning, use and privacy. *Mind* 91, 541–564 ⟨70⟩
Cram, David F.
  1980   George Dalgarno on Ars Signorum and Wilkins' Essay. In Koerner (ed.) 1980,
           113–121 ⟨64⟩
  1985(a)   Universal language schemes in seventeenth-century Britain. *Hist.Épistém.Lang.* 7(2),
           35–44 ⟨64/71⟩
  1985b   Language universals and seventeenth-century universal language schemes. In Dutz/
           Katzmarek (Hg.) 1985, 243–257 ⟨64⟩
Cramer, Konrad / Fulda, Hans F. / Horstmann, Rolf-Peter / Pothast, Ulrich (Hg.)
  1987   *Theorie der Subjektivität.* Frankfurt a.M.: Suhrkamp ⟨99⟩
Cramer, Thomas (Hg.)
  1983   *Literatur und Sprache im historischen Prozess. Vorträge des dt. Germanistentages Aa-
           chen 1982* I. Tübingen: Niemeyer ⟨106⟩
Crane, Ronald Salmon (ed.)
  1968   *Critics and Criticism.* Chicago/London: Chicago UP ⟨15⟩
Crawford, C.
  1988   *The Beginnings of Nietzsche's Theory of Language.* Berlin: de Gruyter (Monographien
           und Texte zur Nietzsche-Forschung 19) ⟨107⟩
Crawshay-Williams, Rupert
  1957   *Methods and Criteria of Reasoning. An Inquiry into the Structure of Controversy.*
           London: Routledge & Kegan Paul ⟨47⟩

Cremona, J.
1965   Dante's views on language. In Limentani (ed.) 1965, 138−162 ⟨107⟩

Cresswell, Max J.
1965   The logic of interrogatives. In Crossley/Dummett (eds.) 1965, 8−11 ⟨111⟩
1973   *Logics and Languages.* London: Methuen ⟨111/120⟩
1979   *Die Sprachen der Logik und die Logik der Sprachen.* Berlin: de Gruyter / Übers. von
            Cresswell 1973 ⟨120⟩
1984   An incomplete decidable modal logic. *J.Symb.Log.* 49, 520−527 ⟨75⟩

Crews, Elisabeth Thompson
1977   *Wort und Wahrheit: Das Problem der Sprache in der Prosa Ingeborg Bachmanns.*
            Ph.D. U. of Minnesota ⟨107⟩

Crosland, Maurice P.
1978   *Historical Studies in the Language of Chemistry.* New York: Dover ⟨71⟩

Crossley, John N. / Dummett, Michael A. (eds.)
1965   *Formal Systems and Recursive Functions.* Amsterdam: North-Holland ⟨111⟩

Csirmaz, L.
1985   A completeness theorem for dynamic logic. *Notre Dame J. Formal Logic* 26 51−60
            ⟨75⟩

Cunbur, Müjgân, Ismet Binark, Nejat Sefercioğlu
1973   Fârâbî Bibliografyasi. Kitap − Makale. (Doğumunun 1100 üncü Yıldönümü
            Münasebetiyle). Ankara: Başbakanlık Basımevi ⟨19⟩

Cupitt, Don
1980   *Taking Leave of God.* London: SCM Pr. ⟨85/103⟩

Currie, Gregory
1982   *Frege: An Introduction to his Philosophy.* Brighton: The Harvester Pr. ⟨34⟩

Curry, Haskell B.
1951   *Outlines of a Formalist Philosophy of Mathematics.* Amsterdam: North-Holland
            Publ. Co. ⟨96.3⟩

Curtius, Ernst Robert
[7]1969   *Europäische Literatur und lateinisches Mittelalter.* Bern/München: Francke Vlg.
            ⟨112⟩

Cushman, R. E.
1950   Faith and reason in the thought of St. Augustine. *Church History* 19, 271−294 ⟨16⟩

Cutland, N. J. / Gibbins, P. F.
1982   A regular sequent calculus for quantum logic in which · and ∨ are dual. *Log.anal.*
            25, 221−248 ⟨75⟩

Czucka, Eckehard / Althaus, Thomas / Spinnen, Burkhard (Hg.)
1991   *„Die in dem alten Haus der Sprache wohnen". Beiträge zum Sprachdenken in der
            Literaturgeschichte. Helmut Arntzen zum 60. Geburtstag.* Münster: Aschendorff (Lite-
            ratur als Sprache Suppl.) ⟨107⟩

Dagron, G. / Marin, L.
1971   Discours utopique et récit des origines. *Annales* E. S. C. 26(2) ⟨66⟩

Dahl, Hans Fredrik
1991   *Vidkun Quisling − En förer blir til.* Oslo: Aschehoug ⟨47⟩

Dale, A. I.
1980   Probability, vague statements and fuzzy sets. *Philos.Sci.* 47, 38−55 ⟨98⟩

Dalfen, Joachim
1974   *Polis und Poiesis. Die Auseinandersetzung mit der Dichtung bei Platon und seinen
            Zeitgenossen.* München: Humanistische Bibliothek ⟨107⟩

Dalferth, Ingolf
1981   *Religiöse Rede von Gott.* München: Kaiser ⟨85/103⟩

Dalferth, Ingolf (Hg.)
  1974   *Sprachlogik des Glaubens. Texte analytischer Religionsphilosophie und Theologie zur
          religiösen Sprache.* München: Kaiser ⟨85/103⟩

Dalgarno, George
  1657   *News to the whole world, of the discovery of an universal character, and a new rational
          language.* Facs. in Alston 1967, 7 ⟨64⟩
  1661   *Ars Signorum, vulgo Character Universalis et Lingua Philosophica.* London: Dal-
          garno ⟨64⟩
  1680   *Didascalacophus, or, The Deaf and Dumb Man's Tutor.* Oxford: Dalgarno ⟨64⟩

Damaschke, A.
  1921   *Geschichte der Redekunst.* Jena: Fischer ⟨112⟩

Dąmbska, Izydora
  1973   O konwencjach semiotycznych. *Studia Semiotyczne* IV, 35−45. Ed. Jerzy Pelc. Wro-
          cław: Ossolineum ⟨90⟩

Dancy, J. (ed.)
  1979   *Papers on Language and Logic: Proc. of the Keele Conference on Language and Logic.*
          Keele: U. of Keele ⟨83⟩

Dancy, R. M. (ed.)
  1993   *Kant and Critique.* Dordrecht: Kluwer ⟨104⟩

Danneberg, Lutz
  1989a   Zur Explikation von Epochenbegriffen und zur Rekonstruktion ihrer Verwendung.
          In Garber/van Ingen/Kühlmann/Weiß (Hg.) 1991, 85−93 ⟨107⟩
  1989b   *Methodologien. Struktur. Aufbau und Evaluation.* Berlin: Duncker & Humblot ⟨106⟩
  1990a   Interpretation: Kontextbildung und Kontextverwendung. *Spiel: Siegener Periodicum
          zur Internationalen Empirischen Literaturwissenschaft* 9, 89−130 ⟨107⟩
  1990b   Das Elend der Brecht-Forschung. In *Notate* 13(3), 4−6 ⟨107⟩
  1991   Zur Explikation von Epochenbegriffen und zur Rekonstruktion ihrer Verwendung.
          In Garber/van Ingen/Kühlmann/Weiß (Hg.) 1991, 85−93 ⟨107⟩
  1994   *Hermeneutiken. Bedeutung und Methodologie.* Berlin: Duncker & Humblot ⟨106⟩

Danneberg, Lutz / Müller, Hans-Harald
  1983   Der 'intentionale Fehlschluß' ein Dogma? Systematischer Forschungsbericht zur
          Kontroverse um eine intentionalistische Konzeption in den Textwissenschaften I/II.
          Z.allg.Wiss.theorie 14, 103−137; 376−411 ⟨107⟩
  1987   Wissenschaftliche Philosophie und Literarischer Realismus. Der Einfluß des Logi-
          schen Empirismus auf Brechts Realismuskonzeption in der Kontroverse mit Georg
          Lukács. In Koch/Trapp (Hg.) 1987, 50−63 ⟨107⟩
  1990   Brecht and Logical Empiricism. *The Brecht Yearbook / Brecht-Jb.* 15, 151−163 ⟨107⟩

Danneberg, Lutz / Vollhardt, Friedrich (Hg.)
  1992   *Interpretation und Literaturgeschichtsschreibung. Positionen nach der „Theorie-De-
          batte".* Stuttgart: Metzler ⟨107⟩

Danson, Lawrence
  1974   *Tragic Alphabet: Shakespeare's Drama of Language.* New Haven: Yale UP ⟨107⟩

Danto, Arthur Coleman
  1965   *Analytical Philosophy of History.* Cambridge: UP ⟨106/115⟩
  1981   *The Transfiguration of the Commonplace. A Philosophy of Art.* Cambridge, MA: Har-
          vard UP ⟨105/107⟩
  1984   *Die Verklärung des Gewöhnlichen. Eine Philosophie der Kunst.* Frankfurt a.M.: Suhr-
          kamp ⟨105⟩

van Dantzig, David
  1942   A remark and a problem concerning the intuitionistic form of Cantor's intersection
          theorem. *Indagationes Math.* 4, 147−148 ⟨47⟩
  1947   On the principles of intuitionistic and affirmative mathematics. *Indagationes Math.*
          9, 429−440; 506−517 ⟨47⟩
  1949   Comments on Brouwer's theorem on essentially-negative predicates. *Indagationes
          Math.* 11, 347−355 ⟨47⟩

Darmesteter, James
    1890   Rapport annuel. *J. Asiatique Huitième Série* 16 (juillet-aout), 19−180 ⟨66⟩
Darmstadter, Howard
    1974   Indeterminacy of translation and indeterminacy of belief. *Philos. Stud.* 26, 229−237
                ⟨73⟩
Darwin, Charles
    1859   *The Origin of Species by Means of Natural Selection.* London: D. Appleton ⟨116⟩
    1871   *The Descent of Man and Selection in Relation to Sex.* London: John Murray ⟨8/116⟩
    1872   *Expression of the Emotions in Man and Animals.* London: D. Appleton ⟨116⟩
Dascal, Marcelo
    1977a   Spinoza: pensamento e linguagem. *Revista Latinoamericana de Filosofía* 3, 223−236
                ⟨71⟩
    1977b   Conversational relevance. *J. Pragm.* 1, 309−327 ⟨95⟩
    1978   *La Sémiologie de Leibniz.* Paris: Aubier-Montaigne ⟨23/71⟩
    1978a   Aporia and theoria: Rousseau on language and thought. *Rev. int. philos.* 124/125,
                214−237 ⟨65⟩
    1979   Conversational relevance. In Margalit (ed.) 1979, 153−174 ⟨95/115⟩
    1983   *Pragmatics and the Philosophy of Mind I: Thought in Language.* Amsterdam/Philadel-
                phia: Benjamins ⟨35/71/96.1⟩
    1983a   Signs and cognitive processes: notes for a chapter in the history of semiotics. In
                Eschbach/Trabant (eds.) 1983, 169−190 ⟨71⟩
    1984   Towards psychopragmatics. In Borbé (ed.) 1984, 1119−1126 ⟨71⟩
    1985a   The relevance of misunderstanding. In Dascal (ed.) 1985, 441−459 ⟨92/115⟩
    1985b   Language use in jokes and dreams: sociopragmatics vs. psychopragmatics. *Lang.-
                Com.* 5, 95−106 ⟨71⟩
    1987a   *Leibniz: Language, Signs and Thought.* Amsterdam/Philadelphia: Benjamins ⟨23/71/
                117⟩
    1987b   Defending literal meaning. *Cogn. Sci.* 11, 250−281 ⟨91⟩
    1987c   Language and reasoning: sorting out sociopragmatic and psychopragmatic factors.
                In Boudreaux/Hamill/Jernigan (eds.) 1987, 183−197 ⟨71⟩
    1989   Leibniz: Acerca das partículas-forma linguística e comparatividade. *Análise* 11,
                23−49 ⟨23⟩
    1990a   Leibniz and Spinoza: language and cognition. *Stud. Spinoz.* 6, 103−145 ⟨71⟩
    1990b   Leibniz on particles: linguistic form and comparativism. In De Mauro/Formigari
                (eds.) 1990, 31−60 ⟨71⟩
    1990c   The controversy about ideas and the ideas about controversy. In Gil (ed.) 1990,
                61−100 ⟨71/96.1⟩
    1992a   Models of interpretation. In Stamenov (ed.) 1992, 109−127 ⟨96.1⟩
    1992b   On the pragmatic structure of conversation. In Parret/Verschueren (eds.) 1992,
                35−56 ⟨96.1⟩
    1992c   Pragmatics and foundationalism. *J. Pragm.* 17, 455−460 ⟨96.1⟩
    1992d   Why does language matter to artificial intelligence. *Minds and Machines* 2, 145−174
                ⟨71⟩
Dascal, Marcelo / Berenstein, Isidoro
    1987   Two modes of understanding: comprehending and grasping. *Lang. Com.* 7, 139−151
                ⟨96.1⟩
Dascal, Marcelo / Horowitz, Amir
    1992   Semantics and the psyche. *Philos. Phenomen. Res.* 52, 395−399 ⟨71⟩
Dascal, Marcelo / Senderowitcz, Yaron
    1992   How pure is pure reason? Language, empirical concepts, and empirical laws in
                Kant's theory of knowledge. *Hist. Épistém. Lang.* 14(2), 129−152 ⟨71⟩
Dascal, Marcelo / Weizman, Elda
    1987   Contextual exploitation of interpretation clues in text understanding: an integrated
                model. In Verschueren/Bertucelli-Papi (eds.) 1987, 31−46 ⟨96.1⟩

Dascal, Marcelo (ed.)
1985   *Dialogue: An Interdisciplinary Approach.* Amsterdam/Philadelphia: Benjamins ⟨92/95/115/116⟩

Dascal, Marcelo / Gruengard, Ora (eds.)
1989   *Knowledge and Politics: Case Studies in the Relationship Between Epistemology and Political Philosophy.* Boulder, Colorado: Westview Pr. ⟨71⟩

Daviau, Donald G.
1971   Hugo von Hofmannsthal and the Chandos letter. *Mod. Aust. Lit.* 4(2), 28−44 ⟨107⟩
1987   Hugo von Hofmannsthal, Stefan George und der *Chandos*-Brief. In Polheim (Hg.) 1987, 229−248 ⟨107⟩

David, Claude (Hg.)
1980   *Franz Kafka. Themen und Probleme.* Göttingen: Vandenhoeck & Ruprecht ⟨107⟩

David, Madeleine
1965   *Le Débat sur les écritures et l'hiéroglyphe aux XVIIᵉ et XVIIIᵉ siècles et l'application de la notion de déchiffrement aux écritures mortes.* Paris (Bibliothèque générale de l'École Pratique des hautes Études, Sec 4) ⟨107⟩

Davidson, Donald
1965   Theories of meaning and learnable languages. In Bar-Hillel (ed.) 1965, 383−394 ⟨78⟩
1967a/84e   Truth and meaning. *Synthese* 17, 304−323; in Davidson 1984a, 17−36 ⟨68/69/70/86/89⟩
1967b/80a   The logical form of action sentences. In Rescher (ed.) 1967, 81−95; in Davidson 1980, 105−121 ⟨86⟩
1968/84f   On saying that. *Synthese* 19, 130−146; in Davidson 1984a, 93−108 ⟨86⟩
1969   True to the facts. *J. Philos.* 66, 748−764 ⟨70⟩
1970/84g   Semantics for natural languages. In Visentini et. al. (eds.) 1970, 177−188; in Davidson 1984a, 55−64 ⟨86/120⟩
1973a/84b   Radical interpretation. *Dialectica* 27, 313−328; in Davidson 1984a, 125−140 ⟨10/71/86/107⟩
1973b   Freedom to act. In Honderich (ed.) 1973, 138−156 ⟨93⟩
1973c   In defence of convention T. In Leblanc (ed.) 1973, 76−86 ⟨110⟩
1974a/84d   On the very idea of a conceptual scheme. *Proc. and Addresses of the 70th Annual Meeting of the American Philos. Assoc.*, 5−20; in Davidson 1984a, 183−198 ⟨59/74/86⟩
1974b/84h   Belief and the basis of meaning. *Synthese* 27, 309−323; in Davidson 1984a, 141−154 ⟨86⟩
1975   Thought and talk. In Guttenplan (ed.) 1975, 7−23 ⟨71⟩
1976/84i   Reply to Foster. In Evans/McDowell (eds.) 1976, 33−41; in Davidson 1984a, 171−180 ⟨86⟩
1978   What metaphors mean. *Critical Inquiry* 5, 31−47 ⟨85⟩
1979a/84c   The inscrutability of reference. *Southwest J. Philos.*, 10 7−20; in Davidson 1984a, 227−242 ⟨10/73⟩
1979b   Quotation. *Theory and Decision* 11, 27−40 ⟨107⟩
1979c   Moods and performances. In Margalit (ed.) 1979, 9−20 ⟨95⟩
1980   *Essays on Action and Events.* Oxford: Clarendon ⟨59/86⟩
1980a   The logical form of action sentences. In Davidson 1980, 105−121 ⟨86⟩
1983   A coherence theory of truth and knowledge. In Henrich (Hg.) 1983, 423−438 ⟨99⟩
1984a/85   *Inquiries into Truth and Interpretation.* Oxford: UP ⟨10/55/59/69/70/71/79/86/95/99/101/117/119/120⟩
1984j   Communication and convention. In Davidson 1984a, 265−280 ⟨101⟩
1992   Jusqu'ou va le caractère public d'une langue? In Sebestik/Soulez (eds.) 1992, 133−147 ⟨96.1⟩

Davidson, Donald / Hintikka, Jaakko (eds.)
1969   *Words and Objections: Essays on the Work of W. V. O Quine.* Dordrecht: D. Reidel ⟨59/73/78⟩

Davidson, Donald / Harman, Gilbert (eds.)
1972   *Semantics of Natural Language*. Dordrecht: D. Reidel ⟨30/59/69/70/71/72/86/93/95/ 111/117⟩
1975   *The Logic of Grammar*. Encino, Calif.: Dickinson Publ. Co. ⟨89⟩

Davies, H. Neville
1967   Bishop Godwin's 'Lunatique Language'. *J. of the Warburg and Coutauld Institutes* 30, 296−316 ⟨107⟩

Davies, Martin
1981   *Meaning, Quantification and Necessity*. London: Routledge & Kegan Paul ⟨70⟩
1984   Taylor on meaning theory and theories of meaning. *Mind* 93, 85−90 ⟨68/70⟩

Davis, J. W. / Hockney, D. J. / Wilson, W. K. (eds.)
1969   *Philosophical Logic*. Dordrecht: D. Reidel ⟨88⟩

Davis, M.
1980   The mathematics of nonmonotonic reasoning. *A.I.* 13, 73−80 ⟨75⟩

Davis, M. (ed.)
1965   *The Undecidable*. New York: Raven Pr. ⟨55⟩

Davis, Philip J. / Hersh, Reuben
1981   *The Mathematical Experience*. Boston: Houghton Mifflin ⟨47⟩

Davis, Steven
1967   Translational indeterminacy and private worlds. *Philos. Stud.* 18, 38−45 ⟨73⟩
1976   *Philosophy and Language*. Indianapolis, Ind.: Bobbs-Merrill ⟨73⟩

Davis, Steven / Mithun, Marianne (eds.)
1979   *Linguistics, Philosophy and Montague Grammar*. Austin, Texas: U. of Texas Pr. ⟨88⟩

Davis, W.
1979   Indicative and subjunctive conditionals. *Philos. Rev.* 88, 544−564 ⟨89⟩
1984   A causal theory of intending. *Amer. Philos. Quart.* 21, 43−54 ⟨114⟩

Dawe, Alan
1973   The underworld-view of Erving Goffman. *Brit. J. Soc.* 24, 246−256 ⟨101⟩

Day, Sebastian
1947   *Intuitive Cognition. A Key To The Significance of The Later Scholastics*. St. Bonaventure: The Franciscan Inst. ⟨21⟩

Décsy, Gyula
1977   *Sprachherkunftsforschung I*. Wiesbaden: Harrassowitz ⟨65⟩
1981   *Sprachherkunftsforschung II*. Berlin/Bloomington: Eurasian Linguistic Association ⟨65⟩

De, Sushil Kumar
1925   *Studies in the History of Sanskrit Poetics*. London: Luzac & Co. ⟨43⟩

Deely, John (ed.)
1985   *Semiotics 1984*. Lanham, Md.: UP of America ⟨38⟩

De Lacy, Phillip
1986   Art. 'Plato'. In Sebeok (ed.) 1986, 735 f. ⟨16⟩

Delbrück, Berthold
1901   *Grundfragen der Sprachforschunq mit Rücksicht auf W. Wundts Sprachpsychologie erörtert*. Straßburg: Karl J. Trübner ⟨31⟩

Delcroix, Maurice / Hallyn, Fernand (éds.)
1987   *Methodes du texte. Introduction aux études littèraires*. Paris: Duculot ⟨85/103⟩

Delesalle, Simone / Chevalier, Jean-Claude
1986   *La linguistique, la grammaire et l'école 1750−1914*. Paris: Colin ⟨8⟩

Dellarosa, Denise
1988   A history of thinking. In Sternberg/Smith (eds.) 1988, 1−18 ⟨51⟩

Deleuze, Gilles / Guattari, Felix
1972   *L'Anti Oedipe*. Paris: Les Éditions de Minuit ⟨109⟩
1980   *Mille plateaux*. Paris: Les Éditions de Minuit ⟨109⟩

Demonet-Launay, Marie-Luce
  1985   L'hébreu dans la Rennaisance francaise. *Jewish Language Review* 5, 13–37 ⟨66⟩
  1992   La désacralisation de l'hébreu au XVIème siècle. In Zinguer (éd.) 1992, 154–171
            ⟨66⟩

DeMott, Benjamin
  1955   Comenius and the real character in England. *Publications of the Modern Language
            Association of America* 70, 1068–1081 ⟨64⟩
  1957   Science versus mnemonics. *Isis* 48, 3–12 ⟨64⟩
  1958   The sources and development of John Wilkins' philosophical language. *Journal of
            English and Germanic Philology* 57, 1–13 ⟨64⟩

Dempf, Alois
  1958   *Weltordnung und Heilsgeschehen.* Einsiedeln: Johannes (Horizonte 4) ⟨13⟩

Dennett, Daniel Clement
  1978   *Brainstorms. Philosophical Essays on Mind and Psychology.* Montgomery, Vermont:
            Bradford Books ⟨57⟩
  1987   *The Intentional Stance.* Cambridge, MA: MIT ⟨114/117⟩

Denys Le Thrace / Dionysios Thrax
  1985   Τεχνη Γραμματική, introduction, traduction et notes par Jean Lallot. *Archives des
            documents de la société d'histoire et d'épistémologie des sciences du langage* 6 ⟨12⟩

Denzin, Norman (ed.)
  1986   *Studies in Symbolic Interaction 7.* Greenwich, Conn./London: Jai Press ⟨52⟩

Denzinger, Henricus
  1955   *Enchiridion symbolorum, definitionum et declarationum de rebus fidei et morum.* Ed.
            Karl Rahner. Freiburg: Herder [1854] ⟨85/103⟩

Derbolav, Josef
  1959   Hegel und die Sprache: Ein Beitrag zur Standortbestimmung der Sprachphilosophie
            im Systemdenken des dt. Idealismus. In Gipper (Hg.) 1959, 56–86 ⟨13⟩
  1972   *Platons Sprachphilosophie im Kratylos und in den späteren Schriften.* Darmstadt:
            Wiss. Buchges. ⟨62.1⟩
  1982   Ferdinand Ebners Sprachphilosophie. *Sprachwissenschaft* 7, 101–119 ⟨107⟩

Derrida, Jacques
  1967a   *De la Grammatologie.* Paris: Éd. du Seuil ⟨10/16/109⟩
  1967b   *L'écriture et la différence.* Paris: Éd. du Seuil ⟨10/16/96.1/109⟩
  1967c   La structure, le signe et le jeu dans le discours des sciences humaines. In Derrida
            1967a, 409–436 ⟨96.1⟩
  1972a   *La Dissémination.* Paris: Éd. du Seuil ⟨10/109⟩
  1972b   *Positions.* Paris: Éd. du Seuil ⟨10⟩
  1972c   *Marges de la philosophie.* Paris: Les Éditions de Minuit ⟨109⟩
  1974   *Grammatologie.* Frankfurt a.M.: Suhrkamp ⟨16⟩
  1976   *Die Schrift und die Differenz.* Frankfurt a.M.: Suhrkamp ⟨16⟩
  1980   *La carte postale de Socrate à Freud.* Paris: Flammarion ⟨109⟩
  1983   Mes Chances. *Tijdschr.Filos.* 45/1, 3–40 ⟨109⟩

Descartes, René
  1897–1910 *Œuvres de Descartes I–XII.* Éds. Charles Adam / Paul Tannery. Paris: Cerf ⟨10⟩
  1911/67   *The Philosophical Works of Descartes I/II.* Eds. Elisabeth S. Haldane / G. R. T. Ross.
            Cambridge: UP ⟨10/71⟩
  1957   *Rules for the Direction of the Mind.* Transl. Harold Joachim, Ed. Errol Harris. Lon-
            don: Allen & Unwin ⟨64⟩
  1967–75a *Œuvres de Descartes* I–XI. Éds Charles Adam / Paul Tannery (1897–1913) /
            J. Baude / P. Costabel / B. Rochot (1964–1974). Paris: Vrin ⟨63/71⟩
  1967–75b Remarques de René Descartes sur sur un certain placard / Explicatio mentis hu-
            manae, sive animae rationalis, ubi explicatur quid sit, & quid esse possit. In Descar-
            tes 1967–1975a VIII(2), 340–369 / auch in Descartes 1963–1969 II, 787–820 [Am-
            sterdam: ex Officina Ludovici Elzevirii 1648] ⟨63⟩
  1963–69 *Œuvres philosophiques I–III.* Éd. F. Alquié. Paris: Garnier ⟨63⟩

1984   *The Philosophical Writings of Descartes*. Transl. John Cottingham, Robert Stoothoff, Dugal Murdoch. Cambridge: UP ⟨118⟩

Descombes, Vincent
1983   *Grammaire d'objects en tous genres*. Paris: Minuit ⟨12⟩

Desportes, Yvon
1974   Étude comparative d'un style et d'une philosophie: une œuvre de Musil à la lumière de Mach. *Revue d'Allemagne et des pays de langue allemande* 6, 79−90 ⟨107⟩
1983   La critique du langage, des concepts et des mots dans les 'Tagebücher' et les 'Essais' de Robert Musil. Contribution à l'étude explicative du style. *Musil-Forum* 9, 19−51 ⟨107⟩

Desreumaux, Alain /Schmidt, Francis (éds.)
1988   *Moïse géographe. Recherches sur les représentations juives et chrétiennes de l'espace*. Paris: Vrin ⟨66⟩

Dessoir, Max (Hg.)
1925   *Lehrbuch der Philosophie I. Die Geschichte der Philosophie*. Berlin: Ullstein ⟨37⟩

Destutt de Tracy, Antoine Louis Claude
1798   *Mémoire sur la faculté de pensée*. Paris: Mémoir de l'Inst. National ⟨13⟩
1804−26 *Eléments d'Ideologie I−IV*. Paris: Courcier ⟨13⟩
1970   *Eléments d'Ideologie I/II*. Paris: Vrin ⟨44⟩

Detel, Wolfgang
1982   Zeichen bei Parmenides. *Z. f. Semiotik* 4, 221−239 ⟨1⟩

Deussen, Paul
1914   Yoga-Sutras des Patañjali. In Deussen 1914a, 511−543 ⟨43⟩
²1914a *Allgemeine Geschichte der Philosophie I. Dritte Abteilung. Die nachvedische Philosophie der Inder*. Leipzig: F. A. Brockhaus ⟨43⟩

Devitt, Michael
1984   *Realism and Truth*. Oxford: Blackwell ⟨70⟩

Devitt, Michael / Sterelny, Kim
1987   *Language and Reality*. Cambridge, MA: MIT ⟨51/72⟩

Dewey, John
1921   *Reconstruction in Philosophy*. London: UP ⟨77⟩
1925   *Experience and Nature. Lectures upon the Paul Carus Foundation*. First Series. Chicago: Open Court ⟨52⟩
1938   *Logic. The Theory of Inquiry*. New York: Holt ⟨59⟩
1957   *Human Nature and Conduct. An Introduction to Social Psychology*. New York: The Modern Library [1922] ⟨52⟩
1975   The reflex arc concept in psychology. In Dewey 1975a, 96−109 [1896] ⟨52⟩
1975a   *The Early Works 1882−1895. Volume 5: Early Essays 1895−1898*. Carbondale: Southern Illinois UP [1972] ⟨52⟩

Dharmakīrti
1938/40 *The Pramāṇavārttika by Ācārya Dharmakīrti*. Ed. Rahuda Saṅkṛtyayana. Appendix to *The J. of the Bihar and Orissa Research Society* 24/26 ⟨42⟩
1960   *The Pramāṇavārttika of Dharmakīrti, the first chapter with the Autocommentary*. Ed. Raniero Gnoli. Roma: Serie Orientale Istituto Italiano per il Medio ed Estreme Oriente Roma, vol. 23 ⟨42⟩
1964   *The Pramāṇavārttika of Dharmakīrti*. An English Transl. of the First Chapter with the Autocommentary and with Elaborate Comments by S. Mookerji/H. Nagasaki (Karikas I−LI). Patna: The Nava Nalanda Mahavira Research Publications IV ⟨42⟩
1968   *Pramāṇavārttika of Acarya Dharmakīrti*. Ed. D. Shastri. Varanasi: Banddha Bharati Series 3 ⟨42⟩
1984   Pramāṇavārttika II. In Vetter (Hg.) 1984, 131−285 ⟨42⟩

Dharmottara
1935   Kṣaṇabhaṅgasiddhiḥ. Hg. und übers. Erich Frauwallner. *Wiener Z. für die Kunde des Morgenlandes* 42, 217−258 ⟨42⟩

1937   Apohaprakaraṇa. Hg. und übers. Erich Frauwallner. *Wiener Z. für die Kunde des Morgenlandes* 44, 233–287 ⟨42⟩

Diamond, Arthur Sigismund
1960   *The History and Origin of Language.* London: Methuen & Co. / New York: Philosophical Library ⟨65⟩

Diamond, Stanley
1960   *Essays in Honor of Paul Radin.* New York: Columbia UP ⟨116⟩

Diderichsen, Paul
1974   The foundation of comparative linguistics: revolution or continuation? In Hymes (ed.) 1974, 277–306 ⟨66⟩⟩

Diderot, Denis
1875–77   *Œuvres Completes I–XX.* Paris: Garnier ⟨107⟩
1964   De l'interprétation de la nature [1753]. In Œuvres philosophiques, ed. Paul Vernière. Paris: Garnier ⟨26⟩
1964   *Œuvres philosophiques.* Éd. Paul Vernière. Paris: Garnier ⟨26⟩
1976ff   *Œuvres complètes.* Paris: Hermann ⟨8⟩

Diderot, Denis / d'Alembert, Jean le Rond (éds.)
1751ff   *Encyclopédie, ou Dictionnaire raisonné des sciences, des Arts et des Métiers.* Paris: Briasson/David/Le Breton/Durand (repr. 1966: Stuttgart/Bad Cannstatt: Friedrich Frommann Vlg. (Günther Holzboog) ⟨8/66⟩

Dieckmann, Lieselotte
1970   *Hieroglyphics. The History of a Literary Symbol.* St. Louis: Washington Universitry Pr. ⟨107⟩

Dieckmann, Walther
1981a   *Politische Sprache. Politische Kommunikation. Vorträge, Aufsätze, Entwürfe.* Heidelberg: Winter ⟨56⟩
1981b   Probleme der linguistischen Analyse institutioneller Kommunikation. In Dieckmann 1981a, 208–245 ⟨56⟩

Diels, Hermann / Kranz, Walther
1951/64   *Die Fragmente der Vorsokratiker.* Berlin/Zürich: Weidmann ⟨10/79⟩

Diels, Hermann
1897   Zur Pentemychos des Pherekydes. *Sb. Kgl. Preussische Akad. Wiss. Berlin* 144–156 / auch in Diels 1969, 23–35 ⟨1⟩
⁴1922   *Die Fragmente der Vorsokratiker. Griechisch und deutsch.* Berlin: Weidmannsche Buchhandlung ⟨107⟩
1969   *Kleine Schriften zur Geschichte der antiken Philosophie.* Hg. W. Burkert. Darmstadt: Wiss. Buchges. ⟨1⟩

Dierks, Manfred
1972   *Studien zu Mythos und Psychologie bei Thomas Mann. An seinen Nachlaß orientierte Untersuchungen zum „Tod in Venedig", zum „Zauberberg" und zur „Joseph"-Tetralogie.* Bern/München: Francke (Thomas-Mann-Studien Bd. 2) ⟨107⟩

Dierlamm, W. / Drost, W. (Hg.)
1971   *Aus der französischen Kultur- und Geistesgeschichte.* Heidelberg: Winter ⟨7⟩

Diersch, Manfred
1977   *Empiriokritizismus und Impressionismus. Über Beziehungen zwischen Philosophie, Ästhetik und Literatur um 1900 in Wien.* Berlin: Rütten & Loening ⟨107⟩

Dignāga   s. Hattori 1968, 1982; Jambuvijaya 1966, 1976; Dharmakīrti 1938/40, 1960, 1968.

van Dijk, Teun A.
1975   Formal semantics of metaphorical discourse. *Poetics* 4(2/3), 173–98 ⟨91⟩
1977   *Text and Context.* London/New York: Longman ⟨92⟩
1985   Introduction: Discourse analysis as a new cross-discipline. In Van Dijk (ed.) 1985, 1–10 ⟨115⟩

van Dijk, Teun A. (ed.)
1985   *Handbook of Discourse Analysis I. Disciplines of Discourse.* London/New York: Academic Pr. ⟨115⟩

Dijksterhuis, E. J.
1950   *De mechanisering van het wereldbeeld.* Amsterdam: Meulenhoff ⟨47⟩
1956   *Die Mechanisierung des Weltbildes.* Berlin/Göttingen/Heidelberg: Springer ⟨47⟩
1969   *The Mechanization of the World Picture.* Oxford: UP ⟨47⟩

Dik, Simon C.
1986   On the notion 'functional explanation'. *Belgian J. of Linguistics* I, 11−52 ⟨12⟩

Dill, Heinz J.
1981   Lyriker ohne Lyrik. Konsequenzen der Sprachskepsis bei Wackenroder. *Z.dt.Philol.* 100, 560−575 ⟨107⟩

Diller, Hans
1941   Die philosophiegeschichtliche Stellung des Diogenes von Appolonia. *Hermes* 76, 359−381 ⟨1⟩
1942   Weltbild und Sprache im Heraklitismus. *Das neue Bild der Antike* I, 303−316 / auch in Diller 1971, 187−200 ⟨1⟩
1971   *Kleine Schriften zur antiken Literatur.* Hg. Hans-Joachim Newiger/Hans Seyffert. München: C. H. Beck ⟨1⟩

Dilthey, Wilhelm
1961   *Gesammelte Schriften V* (Die geistige Welt. Einleitung in die Philosophie des Lebens I). Hg. Georg Misch. Stuttgart: Bib. Teubner; Göttingen: Vandenhoeck & Rupprecht ⟨45⟩

Dingwall, William Orr
1987   The evolution of human communicative behavior. In Newmeyer (ed.) 1987 III, 274−313 ⟨65⟩

Dinkler, Erich
1934   *Die Anthropologie Augustins.* Stuttgart: Kohlhammer (Forschungen zur Kirchen- und Geistesgeschichte 4) ⟨16⟩
1954   Augustins Geschichtsauffassung. *Schweizer Monatshefte* 34, 514−526 ⟨16⟩

Diogenes Laërtios
1925   *Lives of Eminent Philosophers. With an English Translation by R. D. Hicks.* London: Loeb Classical Library ⟨98⟩
1964   *Vitae philosophorum.* Ed. H. S. Long. Oxford: Clarendon ⟨1⟩

Dittmann, Jürgen
1979a *Arbeiten zur Konversationsanalyse.* Tübingen: Niemeyer ⟨56⟩
1979b Institution und sprachliches Handeln. In Dittmann 1979a, 198−234 ⟨56⟩

Dittmann, Lorenz
1970   Die Willenform im Kubismus. In Festschrift Kurt Badt 1970, 401−417 ⟨108⟩
1987   *Farbgestaltung und Farbtheorie in der abendländischen Malerei. Eine Einführung.* Darmstadt: Wiss. Buchges. ⟨108⟩

Dittmann, Lorenz (Hg.)
1985   *Kategorien und Methoden der dt. Kunstgeschichte.* Stuttgart-Wiesbaden: Franz Steiner Vlg. ⟨108⟩

Dittmann, Ulrich
1969   *Sprachbewußtsein und Redeformen im Werk Thomas Manns. Untersuchungen zum Verhältnis des Schriftstellers zur Sprachkrise.* Stuttgart/Berlin/Köln/Mainz: Kohlhammer ⟨107⟩

Dittmar, Norbert
1976   *Sociolinguistics. A Critical Survey of Theory and Application.* London: Arnold ⟨56⟩
1982   Soziolinguistik Teil I: Theorie, Methodik und Empirie ihrer Forschungsrichtungen. *studium linguistik* 12, 20−53 ⟨56⟩
1983   Descriptive and explanatory power of rules in sociolinguistics. In Bain (ed.) 1983, 225−255 ⟨56⟩

Dittrich, Ottmar
1913   *Die Probleme der Sprachpsychologie und ihre gegenwärtigen Lösungsmöglichkeiten.* Leipzig: Quelle & Meyer ⟨31⟩

Dixon, Theodore / Horton, David (eds.)
1967   *Verbal Behaviour and S—R Behavior Theory.* Englewood Cliffs, N. J.: Prentice-Hall ⟨50⟩

Dobnig-Jülch, Edeltraud
1987   Von einem, der auszog die Sprache zu ändern. Ein erster Blick auf Johann Heinrich Campes Sprachveränderungsakte. In Asbach-Schnitker/Roggenhofer (Hg.) 1987, 353—365 ⟨107⟩

Dockx, S. / Bernays, Paul (eds.)
1965   *Information and Prediction in Science.* New York: Academic Pr. ⟨61⟩

Dodds, Eric Robertson
1927/28 Augustine's Confessions: A study of spiritual maladjustment. *Hibbert J.* 26, 459—473 ⟨16⟩
1970   *Die Griechen und das Irrationale.* Darmstadt: Wiss. Buchges. ⟨112⟩

von Doderer, Heimito
1970   *Die Wiederkehr der Drachen. Aufsätze — Traktate — Reden.* Hg. Wendelin Schmidt-Dengler. München: Biederstein ⟨108⟩

Doepke, Frederick C.
1982   Spatially coinciding objects. *Ratio* 24, 45—60 ⟨76⟩

Dominicy, Marc
1982   Condillac et les grammaires de dependence. In Sgard (éd.) 1982, 313—343 ⟨44⟩
1984   *La naissance de la grammaire moderne. Langage, logique et philosophie à Port-Royal.* Bruxelles: Mardaga ⟨11/12/44⟩
1985   On abstraction and the doctrine of term in eighteenth century philosophy of language. *Topoi* 4, 201—205 ⟨12⟩

Donath, Joachim / Pape, Ruth / Roloff, Marion / Schönfeld, Helmut
1981   Beschreibung einer empirischen Untersuchung zur Sprachvarianz. In Autorenkollektiv 1981, 308—440 ⟨56⟩

Donnellan, Keith
1966   Reference and definite descriptions. *Philos.Rev.* 75, 281—304 ⟨97⟩
1968   Putting Humpty Dumpty together again. *Philos.Rev.* 77, 203—215 ⟨94⟩
1972   Proper names and identifying descriptions. In Davidson/Harman (eds.) 1972, 356—379 ⟨78/99⟩
1974   Speaking of nothing. *Philos.Rev.* 83, 3—31 ⟨79⟩
1978   Speaker references, descriptions and anaphora. In Cole (ed.) 1978, 47—68 ⟨92⟩

Donovan, J.
1893   The festal origin of human speech. *Mind* 16, 498—506 ⟨65⟩
1899   A new approach to the problem of the origin of language. *The Westminster Review* 151, 197—210 ⟨65⟩

Doppler, Alfred
1975   *Wirklichkeit im Spiegel der Sprache. Aufsätze zur Literatur des 20. Jahrhunderts in Österreich.* Wien: Europavlg. ⟨107⟩

Dorn, Georg / Weingartner, Paul (eds.)
1985   *Foundations of Logic and Linguistics. Problems and Solutions.* New York: Plenum Pr. ⟨75/76⟩

Doroszewski, Witold
1933   Quelques remarques sur les rapports de la sociologie et la linguistique: Durkheim et F. de Saussure. *J. de Psychologie* 30, 82—91 ⟨51⟩
1973   Einige Bemerkungen über die Beziehungen zwischen Soziologie und Linguistik: Durkheim und F. de Saussure. In Naumann (Hg.) 1973, 46—56 / Übers. von Doroszewski 1933 ⟨51⟩

Dörrie, Heinrich
1962   Porphyrius als Mittler zwischen Plotin und Augustin. *Miscellanea Medievalia I* (Antike und Orient im Mittelalter), 26—47 ⟨16⟩

1972   *Der Mythos und seine Funktion in der antiken Philosophie.* Innsbruck: Inst. f. vergl. Sprachwiss. (Innsbrucker Beiträge zu Kulturwiss. 2) ⟨1⟩
1976a   *Platonica Minor*a. München: Fink ⟨1⟩
1976b   Spätantike Symbolik und Allegorese? *Frühmittelalterliche Studien* 3, 1970, 1−12 / auch in Dörrie 1976a, 112−123 ⟨1⟩

Došen, K.
1985   Sequent-systems for modal logic. *J. Symb. Log.* 50, 149−168 ⟨75⟩

Doswald, Herman
1969   Nonverbal expression in Hofmannsthal's Elektra. *Germ. Rev.* 44, 199−210 ⟨107⟩

Douglas, Mary / Isherwood, Baron
1970   *The World of Goods.* London: Blackwell ⟨49⟩

Dowty, David R. / Wall, Robert E. / Peters, Stanley
²1981   *Introduction to Montague Semantics.* Dordrecht: D. Reidel ⟨88/111/113⟩

Dresler-Brumme, Charlotte
1987   *Nietzsches Philosophie in Musils Roman „Der Mann ohne Eigenschaften". Eine vergleichende Betrachtung als Beitrag zum Verständnis.* Frankfurt a.M.: Athenäum (Literatur in der Geschichte, Geschichte in der Literatur Bd. 13) ⟨107⟩

Drexel, Albert
1951/52 *Ursprung und Wesen der Sprache I/II.* Zürich: Akad.-Vlg. ⟨65⟩
1952   Die Sprachen der Naturvölker in ihrer Bedeutung für das Problem vom Ursprung der Sprache. *International Congress of Anthropological and Ethnological Sciences* IV, Wien, Kongreßakten III, 207−212 ⟨65⟩

Dreyfus, Hubert L.
²1979   *What Computers Can't Do: The Limits of Artificial Intelligence.* New York: Harper & Row ⟨117⟩

Dreyfus, Hubert (ed.)
1982   *Husserl, Intentionality and Cognitive Science.* Cambridge, MA: MIT / Bradford Books ⟨46/79⟩

Drieschner, Rudolf
1963   *Untersuchungen zur dialogischen Deutung der Logik.* Diss. Hamburg ⟨96.3⟩

Droescher, Hans-Michael
1980   *Grundlagenstudien zur Linguistik.* Heidelberg: Julius Groos ⟨27⟩

Droit, Roger-Pol
1989   *L'oubli de l'Inde. Une amnésie philosophique.* Paris: PUF ⟨66⟩

Droit, Roger-Pol (éd.)
1991   *Les Grecs, les Romains et nous. L'Antiquité est-elle moderne?* Paris: Les Monde éditions ⟨66⟩

Droixhe, Daniel
1976   Langage et société dans la grammaire philosophique de du Marsais à Michaelis. Proudhon et le rubicon. In Hasquin/Mortier (éds.) 1976, 119−132 ⟨8⟩
1978   *La linguistique et l'appel à l'histoire (1600−1800). Rationalisme et révolutions positivistes.* Genève-Paris: Droz ⟨8/11/44/66⟩
1989   Boxhorn's bad reputation: a chapter in academic linguistics. In Dutz (Hg.) 1989, 359−384 ⟨66⟩
1990   Langues mères, vierges folles. *Le Genre humain* 21, 141−148 ⟨66⟩
1992a   *La République des Lettres et l'histoire du judaisme antique XVIè−XVIIIè siècles.* Paris: Pr. de l'université de Paris ⟨66⟩
1992b   La crise de l'hébreu langue-mère au XVIIè siècle. In Droixhe 1992a, 65−99 ⟨66⟩

Dronke, Peter
1986   *Dante and Medieval Latin Traditions.* Cambridge: UP ⟨107⟩

Druwe, Ulrich / Mikusin, Berit
1992   *Die Dichtungsphilosophie der Renaissance als Antizipation der modernen Sprachphilosophie.* Neuried bei München: ars una

Dryden, John
 1958   *The Poems of John Dryden I–IV*. Ed. James Kinsley. Oxford: Clarendon ⟨107⟩
Dubois, Claude-Gilbert
 1970/71 *Mythe et langage au seizième siècle*. Bordeaux: Ducros ⟨107⟩
Duclow, D. F.
 1977   The analogy of the word. Nicholas of Cusa's theory of language. Bijdragen. *Tijd-schr. Filos. Theol.* 38, 282–99 ⟨7⟩
Ducrot, Oswald
 1980   Pragmatique linguistique: Essai d'application: 'mais' les allusions à l'enonciation. In Parret (éd.) 1980, 487–575 ⟨92⟩
 1984   *Dire et le dit*. Paris: Les Éditions de Minuit ⟨96.1⟩
Duden-Grammatiken
 ¹1959   *Duden, Grammatik der dt. Gegenwartssprache*. Mannheim/Zürich: Bibliographisches Inst. ⟨58⟩
 ²1966   *Duden, Grammatik der dt. Gegenwartssprache*. Mannheim/Zürich: Bibliographisches Inst. ⟨58⟩
 ³1973   *Duden, Grammatik der dt. Gegenwartssprache*. Mannheim/Zürich: Bibliographisches Inst. ⟨58⟩
 ⁴1984   *Duden, Grammatik der dt. Gegenwartssprache*. Mannheim/Zürich: Bibliographisches Inst. ⟨58⟩
Dudman, V.
 1984   Conditional interpretations of if-sentences. *Australian J. of Linguistics* 3, 143–204 ⟨89⟩
Dugundji, J.
 1940   Note on a property of matrices for Lewis' and Langford's calculi of propositions. *J. Symb. Log.* 5, 150–151 ⟨75⟩
Duhamel, P. A.
 1949   The function of rhetoric as effective expression. *J. Hist. Ideas* 10, 344–356 ⟨112⟩
Du Marsais, César Chesneau
 1971   *Œuvres choisies I–III*. Stuttgart/Bad Cannstatt: Friedrich Frommann Vlg. (Günther Holzboog) [1797] ⟨44⟩
Dumézil, Georges
 1950   *Leçon inaugurale à la chaire de civilisation indoeuropéenne du Collège de France*. Paris: Collège de France ⟨66⟩
Dummett, Michael
 1959a   A propositional calculus with denumerable matrix. *J. Symb. Log.* 24, 97–106 ⟨75⟩
 1959b   Truth. *Proc. Arist. Soc.* 59, 141–162 / auch in Dummett 1978a, 124; in Pitcher (ed.) 1964, 93–111 ⟨69/89⟩
 1973/²81 *Frege: Philosophy of Language*. London: Duckworth ⟨34/59/61/63/70/83/84/87/101/120⟩
 1975   What is a theory of meaning? In Guttenplan (ed.) 1975, 97–138 ⟨75/84/87/120⟩
 1976a   What does the appeal to use do for a theory of meaning? In Margalit (ed.) 1976, 120–133 ⟨49⟩
 1976b   What is a theory of meaning (II). In Evans/McDowell (eds.) 1976, 67–137 ⟨70/75/119/120⟩
 1978a/80 *Truth and Other Enigmas*. London: Duckworth ⟨5/39/43/69/70/71/84/99/115/120⟩
 1978b   Can analytical philosophy be systematic, and ought it to be? In Dummett 1978a, 437–458 ⟨115⟩
 1978c   Frege's distinction between sense and reference. In Dummett 1978a, 116–144 ⟨86⟩
 1979   What does the appeal to use do for the theory of meaning? In Margalit (ed.) 1979, 123–135 ⟨95⟩
 1981   *The Interpretation of Frege's Philosophy*. London: Duckworth ⟨34/59/120⟩
 ²1981   *Frege. Philosophy of Language*. London: Duckworth ⟨34/63⟩
 1982a   *Wahrheit*. Stuttgart: Reclam ⟨87⟩
 1982b   Was ist eine Bedeutungstheorie? In Dummett 1982a, 94–155 ⟨87⟩

1982c   Realism. *Synthese* 52, 55–112 ⟨85/103⟩
1991a   *Frege: Philosophy of Mathematics.* Cambridge, MA: Harvard UP ⟨84⟩
1991b   *The Logical Basis of Metaphysics.* London: Duckworth ⟨68⟩

Dumoncel, Jean-Claude
   1985   Esquisse d'une théorie wittgensteinienne du dialogue et de la conversation. *Manuscrito* 8(2), 185–212 ⟨96.1⟩
   1991   *Le jeu et Wittgenstein.* Paris: PUF ⟨96.1⟩

Dunlop, D. M.
   1955   Al-Fārābī's introductory sections on logic. *Islam. Quart.* 2, 264–282 / auch in Türker 1958, 165–286 ⟨19⟩
   1956a   Al-Fārābī's eisagoge. *Islam. Quart.* 3, 117–138 ⟨19⟩
   1956b   Al-Fārābī's introductory risalah on logic. *Islam. Quart.* 3, 224–235 ⟨19⟩
   1958   Al-Fārābī's paraphrase of the categories of Aristotle. *Islam. Quart.* 4, 168–197 ⟨19⟩
   1959   Al-Fārābī's paraphrase of the categories of Aristotle. *Islam. Quart.* 5, 21–54 ⟨19⟩

Dunn, J. Michael
   1975   Axiomatizing Belnap's conditional assertion. *J. Philos. Log.* 4, 383–397 ⟨89⟩
   1979a   Relevant Robinson's arithmetic. *Stud. Log.* 38, 407–418 ⟨75⟩
   1979b   A theorem in 3-valued model theory with connections to number theory, type theory, and relevant logic. *Stud. Log.* 38, 149–169 ⟨75⟩

Dunn, J. Michael / Epstein, G. (eds.)
   1977   *Modern Uses of Multiple-Valued Logic.* Dordrecht/Boston: D. Reidel ⟨75⟩

Dupréel, E.
   1948   *Les Sophistes. Protagoras, Gorgias, Prodicus, Hippias.* Neuchâtel: Éditions du Griffon ⟨112⟩

Düring, Ingemar (ed.)
   1960   *Aristotle and Plato in the Mid-Fourth Century.* Göteborg: Elanders Boktryckeri Aktiebolag ⟨85/103⟩

Durkheim, Émile
   1897   *Le Suicide: étude de sociologie.* Paris: Alcan ⟨101⟩

Dutz, Klaus D.
   1983   *Zeichentheorie und Sprachwissenschaft bei Leibniz. Eine kritisch annotierte Bibliographie der Sekundärliteratur.* Münster: Inst. f. Allg. Sprachwissenschaft (Studium Sprachwissenschaft 7) ⟨23⟩
   1989   „Lingua Adamica nobis certe ignota est." In Gessinger/von Rahden (Hg.) 1989, 204–240 ⟨107⟩

Dutz, Klaus D. / Katzmarek, Ludger (Hg.)
   1985   *Rekonstruktion und Interpretation.* Tübingen: Narr ⟨64⟩

Dutz, Klaus D. / Schmitter, Peter (Hg.)
   1985   *Historiagraphia semioticae.* Münster: Maks Publikationen ⟨11⟩

Dutz, Klaus / Schmitter, Peter (Hg.)
   1986   *Geschichte und Geschichtsschreibung der Semiotik.* Münster: Nodus ⟨37⟩

Dutz, Klaus D. (Hg.)
   1989   *Speculum. Historiographiae linguisticae. Kurzbeiträge der IV. Internationalen Konferenz zur Geschichte der Sprachwissenschaften.* Münster: Nodus ⟨66⟩

Eagleton, Terry
   1982   Wittgenstein's friends. *New Left Review* 135, 64–90 ⟨48⟩

Eames, Elizabeth Ramsden
   1889   *Bertrand Russell's Dialogue with his Contemporaries.* Carbondale Edwardsville, Ill.: South Illinois UP ⟨47⟩

Ebbesen, Sten
   1982   Ancient scholastic logic as the source of medieval scholastic logic. In Kenny/Kretzmann/Pinborg/Stump 1982, 101–127 ⟨4⟩

Ebeling, Gerhard
1971   *Einführung in theologische Sprachlehre.* Tübingen: J. C. B. Mohr/Paul Siebeck ⟨85/
        103⟩
Eberle, Rolf A.
1970   *Nominalistic Systems.* Dordrecht: D. Reidel ⟨61/76⟩
Ebert, Theodor
1974   *Meinung und Wissen in der Philosophie Platons.* Berlin: de Gruyter ⟨14⟩
1987   The origin of the Stoic theory of signs in Sextus Empiricus. *Studies in Ancient Philo-
        sophy* 5, 83−126 ⟨2⟩
Ebner, Ferdinand
1921   *Das Wort und die geistigen Realitäten.* Innsbruck: Brenner
Eckardt, Georg / Sprung, Lothar (eds.)
1983   *Advances in Historiography of Psychology.* Berlin: VEB Dt. Vlg. der Wiss. ⟨31⟩
Eckermann, Johann Peter
²⁵1959 *Gespräche mit Goethe in den letzten Jahren seines Lebens.* Wiesbaden: Brockhaus
        ⟨13⟩
Eckhard, Christian Heinrich
1750   *Hermeneutica iuris.* Jena ⟨102⟩
Eco, Umberto
1971a   *Le forme del contenuto.* Milano: Bompiani ⟨91⟩
1971b   Semantica della metafora. In Eco 1971a, 93−125 ⟨91⟩
1972   *Einführung in die Semiotik.* Autorisierte dt. Ausgabe von Jürgen Trabant. München:
        Fink ⟨32/105⟩
1976   *A Theory of Semiotics.* Bloomington: Indiana UP ⟨91/114⟩
1979a   *The Role of the Reader.* Bloomington: Indiana UP ⟨85/91/103⟩
1979b   The semantics of metaphor. In Eco 1979a, 67−89 ⟨91⟩
1984   *Semiotics and the Philosophy of Language.* Bloomington: Indiana UP ⟨91⟩
1987a   *Semiotik. Entwurf einer Theorie der Zeichen.* München: Fink ⟨114⟩
1987b   Meaning and denotation. *Synthese* 73, 549−568 ⟨68⟩
Eco, Umberto / Sebeok, Thomas Albert (eds.)
1983   *The Sign Of The Three. Dupin, Holmes, Peirce.* Bloomington: Indiana UP ⟨115⟩
Edelheit, H.
1969   Speech and psychic structure: the vocal auditory organization of the ego. *J. of the
        American Psychoanalytic Assoziation* 17, 381−412 ⟨109⟩
Ederer, Hannelore
1979   *Die literarische Mimesis entfremdeter Sprache. Zur sprachkritischen Literatur von
        Heinrich Heine bis Karl Kraus.* Köln: Pahl-Rugenstein ⟨107⟩
Edlow, Robert B.
1975   The Stoics on ambiguity. *J. Hist. Philos.* 13, 423−435 ⟨2⟩
Edmonds, George
1855   *A Universal Alphabet, Grammar and Language.* London/Glasgow: Griffin ⟨64⟩
Edwards, Paul (ed.)
1967   *The Encyclopedia of Philosophy I−VIII.* New York: Macmillan & Free Pr.; London:
        Collier-Macmillan Publ. ⟨1/21/30/35/61/69/98⟩
Eells, Ellery
1982   *Rational Decision and Causality.* Cambridge: UP ⟨89⟩
van Eemeren, Frans / Grootendorst, Rob
1984   *Speech Acts in Argumentative Discussions.* Dordrecht: Foris ⟨47⟩
1987   Fallacies in pragmadialectical perspective. *Argumentation* 1(3), 283−303 ⟨47⟩
van Eemeren, Frans (ed.)
1987   *Argumentation: Across the Lines of Discipline.* Dordrecht: Foris ⟨85/103⟩
van Eemeren, Frans et al. (eds.)
1987   *Argumentation. Proc. of the Conf. on Argumentation 1986 I−III.* Dordrecht: Foris
        ⟨47⟩

Ege, Niels
  1949   Le signe linguistique est arbitraire. *Travaux du cercle linguistique de Copenhague* V,
            11–29 ⟨51⟩
  1953   Das sprachliche Zeichen ist willkürlich. In Naumann (Hg.) 1973, 105–127
Eggenberger, Peter
  1983   Knowledge of meaning. *Nous* 17, 267–279 ⟨68⟩
Egidi, Rosaria
  1992   Anton Marty. Eine Sprachphilosophie in der Nachfolge Brentanos. In Gombocz/
            Fabian/Haller/Henrichs (eds.) 1992, 23–104 ⟨33⟩
Egli, Urs
  1967   *Zur stoischen Dialektik.* Diss. U. Bern ⟨2⟩
  1977   Rezension von Michael Frede 1974. *Gnomon* 49, 784–790 ⟨2⟩
  1979   Kommentierte Bibliographie zur stoischen Sprachwissenschaft (Dialektik). In
            Schmidt, R. 1979, 182–216 ⟨2⟩
  1986   Stoic syntax and semantics. *HL* 13, 281–306 ⟨2⟩
  1989   Präsupposition III. In Ritter/Gründer (Hg.) 1989, 1273–1274 ⟨97⟩
Ehlich, Konrad
  1986   Funktionalpragmatische Kommunikationsanalyse Ziele und Verfahren. In Hartung
            (Hg.) 1986, 15–40 ⟨56⟩
  1991   Funktional-pragmatische Kommunikationsanalyse – Ziele und Verfahren. In Flader
            (Hg.) 1991, 127–143 ⟨67⟩
Ehlich, Konrad / Rehbein, Jochen
  1986   *Muster und Institution.* Tübingen: Narr ⟨67⟩
Ehninger, D. / Brockriede, W.
  1978   *Decision by Debate.* New York: Dodd, Mead & Comp. [1963] ⟨47⟩
Ehrentreich, Alfred
  1970   Künstlerische Integration fremder Sprachen in die eigene. *Germanisch-Romanische
            Monatsschrift* 20, 63–74 ⟨107⟩
Ehrlich, Eugen
  1966   *Die juristische Logik.* Aalen: Scientia [1918] ⟨102⟩
Eibl, Karl
  1970   *Die Sprachskepsis im Werk Gustav Sacks.* München: Fink ⟨107⟩
  1973   Dt. Literatursprache der Moderne. In Althaus/Henne/Wiegand (Hg.) 1973, 545–551
            ⟨107⟩
  1976   *Kritisch-rationale Literaturwissenschaft. Grundlagen zur erklärenden Literaturge-
            schichte.* München: Fink ⟨106/107⟩
  1991   Zurück zu Darwin. Bausteine zur historischen Funktionsbestimmung von Dichtung.
            In Titzmann (Hg.) 1991, 347–366 ⟨107⟩
  1990   *Entwicklungsschwellen im 19. Jahrhundert.* Hamburg: Meiner ⟨8⟩
Eich, Günter
  1973   *Gesammelte Werke I–IV.* Frankfurt a.M.: Suhrkamp ⟨107⟩
van Eijck, J. (ed.)
  1991   *Logics in AI. Lecture Notes in Artificial Intelligence.* Berlin: Springer ⟨111⟩
Eikmeyer, H. J. / Rieser, H. (eds.)
  1981   *Words, Worlds, and Contexts.* Berlin: de Gruyter ⟨91⟩
Einstein, Albert
  1958   Zur Elektrodynamik bewegter Körper. In Einstein/Lorentz/Minkowski (Hg.) 1958,
            26–50 ⟨99⟩
Einstein, Albert / Lorentz, Hendrik Antoon / Minkowski, H. (Hg.)
  1958   *Das Relativitätsprinzip.* Darmstadt: Wiss. Buchges. [1905] ⟨99⟩
Eisen, Walter
  1929   *Fritz Mauthners Kritik der Sprache: Eine Darstellung vom Standpunkt eines kritischen
            Positivismus.* Wien: Braunmüller ⟨35⟩

Eisendle, Helmut
1980   *Das Verbot ist der Motor der Lust. Essays.* Salzburg/Wien: Residenz Vlg. ⟨107⟩

Eisenmeier, Josef / Kastil, Alfred / Kraus, Oskar
1916   Vorwort. In Marty 1916c, V−VIII ⟨33⟩

Elamrani-Jamal
1983   *Logique aristotélicienne et grammaire arabe. Étude et Documents.* Paris: Vrin ⟨19⟩

Eldred, Michael / Hanlon, Marnie / Kleiber, Lucia / Roth, Volkbert M.
1984   *La forma valore.* Manduria/Bari/Roma: Lacaita ⟨48⟩

Elgin, Catherine Z.
1979   Quine's double standard: indeterminacy and quantifying. *Synthese* 42, 353−377 ⟨73⟩
1980   Indeterminacy, underdetermination, and the anomalism of the mental. *Synthese* 45,
          233−256 ⟨73⟩
1983   *With Reference to Reference.* Indianapolis/Cambridge: Hackett ⟨107⟩

Eliot, Thomas Stearns
1952   *Complete Poems and Plays.* New York: Harcourt ⟨107⟩

Ellis, Brian D.
1969   An epistemological concept of truth. In Brown/Rollins (eds.) 1969, 52−72 ⟨89⟩
1979   *Rational Belief Systems.* Oxford: Blackwell; Totowa, N. J.: Rowman and Littlefield
          ⟨70/89⟩
1984   Two theories of indicative conditionals. *Australian J. of Philos.* 62, 50−66 ⟨89⟩

Ellis, John M.
1974   *The Theory of Literary Criticism. A Logical Analysis.* Berkeley: U. of California Pr.
          ⟨106⟩

Ellmann, Richard
1978   *James Joyce.* Frankfurt a.M.: Suhrkamp [1959] ⟨107⟩

Elm, Theo
1976   Problematisierte Hermeneutik. Zur 'Uneigentlichkeit' in Kafkas kleiner Prosa.
          Dt.Vjschr.Lit.wiss. 50, 477−510 ⟨107⟩

Elster, Jon
1983   *Sour Grapes: Studies in the Subversion of Rationality.* Cambridge: UP ⟨49⟩

Elton, William (ed.)
²1970   *Aesthetics and Language.* Oxford: Blackwell ⟨105⟩

Empson, William
1965   *Seven Types of Ambiguity.* Harmondworth, Middlesex: Penguin [1930] ⟨98⟩

Endermann, Heinz
1983   Einige Bemerkungen zu Goethes Ansichten über die Sprache. *Goethe-Jb.* 100,
          159−162 ⟨107⟩

Enders, Carl
1913   *Friedrich Schlegel: Die Quellen seines Wesens und Werdens.* Leipzig: H. Haessel ⟨13⟩

Enders, Heinz Werner
1975   *Sprachlogische Traktate des Mittelalters und der Semantikbegriff: Ein historisch syste-
          matischer Beitrag zur Frage der semantischen Grundlegung formaler Systeme.* Mün-
          chen/Paderborn/Wien: Ferdinand Schöningh ⟨4/41⟩

Enderton, Herbert B.
1972   *A Mathematical Introduction to Logic.* New York/London: Academic Pr. ⟨51⟩

Engdahl, Elisabeth
1986   *Constituent Questions.* Dordrecht: D. Reidel ⟨88⟩

Engel, Manfred
1986   *Rainer Maria Rilkes „Duineser Elegien" und die moderne dt. Lyrik. Zwischen Jahr-
          hundertwende und Avantgarde.* Stuttgart: Metzler (Germanistische Abh. 58) ⟨107⟩

Engelbert, Arthur
1985   *Die Linie in der Zeichnung. Klee − Pollok − Twombly.* Essen: die blaue eule ⟨108⟩

Engeler, E. (ed.)
1981   *Logic of Programs.* Berlin/New York: Springer ⟨75⟩
Engelmann, Paul
1970   *Ludwig Wittgenstein. Briefe und Begegnungen.* Wien/München: Oldenbourg ⟨107⟩
Engels, J.
1963   Origine, sens et survie du terme boécien 'secundum placitum'. *Vivarium* 1 (2), 87–
            114 ⟨62.1⟩
Englefield, F. Ronald H.
1977   *Language: Its Origin and Its Relation to Thought.* London: Elek/Pemberton ⟨65⟩
Engler, Rudolf
1962   Théorie et critique d'un principe saussurien: l'arbitraire du signe. *Cahiers Ferdinand
            de Saussure* 19, 5–66 ⟨36⟩
1964   Compléments à l'arbitraire. *Cahiers Ferdinand de Saussure* 21, 25–31 ⟨36⟩
English, Jane
1973   Underdetermination: Craig and Ramsey. *J.Phil.* 70, 453–462 ⟨99⟩
1978   Partial interpretation and meaning change. *J.Phil.* 75, 57–76 ⟨99⟩
Entwhistle, William James
1949   Pre-grammar? *Archivum Linguisticum* 1, 117–125 ⟨65⟩
Enzweiler, Jo / Rompza, Sigurd (Hg.)
1992   *Klaus Staudt zum 60. Geburtstag.* Saarbrücken: Galerie St. Johann (Schriftenreihe:
            Beiträge zur aktuellen Kunst 7) ⟨108⟩
Epikur / Epicuro
1973   *Opere.* Ed. Arrighetti. Torino: Einaudi ⟨10⟩
Erbse, Hartmut
1977   Aristoteles über Tragödie und Geschichtsschreibung (zum 9. Kapitel der 'Poetik').
            In Lippold/Himmelmann (Hg.) 1977, 127–136 ⟨107⟩
Erdmann, Benno
²1907   *Logik I.* Halle: Niemeyer ⟨87⟩
Eribon, Didier
1992   *Faut-il brûler Dumézil? Mythologie, science et politique.* Paris: Flammarion ⟨66⟩
Erickson, Frederick / Shultz, Jeffrey
1982   *The Counselor as Gatekeeper. Social Interaction in Interviews.* New York: Academic
            Pr. ⟨56⟩
Erickson, Jon
1982   Saussurean reflections of the idealism of Tlön. In Welte (Hg.) 1982, 3–14 ⟨107⟩
Erickson, K. V. (ed.)
1979   *Plato: True and sophistic Rhetoric.* Amsterdam: Rodopi ⟨112⟩
Erk, Heinrich
1953   *Offenbarung und heilige Sprache im „Kühlpsalter" Quirin Kuhlmanns.* Phil. Diss. Göt-
            tingen ⟨107⟩
Erstes Blaubeurer Symposion
1988   *Natur in den Geisteswissenschaften I.* Tübingen: Attempto ⟨62.1⟩
Erwin, E.
1978   Quantum logic and the status of classical logic. *Log.anal.* 21, 279–292 ⟨75⟩
Eschbach, Achim
1984b   Verstehen und Interpretation. Karl Bühler's synchytische Begriffe und Ludwig Witt-
            genstein's Familienähnlichkeiten. In Eschbach (Hg.) 1984, 175–206 ⟨38⟩
1988b   Karl Bühler und Ludwig Wittgenstein. In Eschbach (Hg.) 1988, 385–406 ⟨38⟩
Eschbach, Achim (Hg.)
1984   *Bühlerstudien I/II.* Frankfurt a.M.: Suhrkamp ⟨38⟩
1988   *Karl Bühler's Theory of Language.* Amsterdam: Benjamins ⟨38⟩
Eschbach, Achim / Trabant, Jürgen (eds.)
1983   *History of Semiotics.* Amsterdam/Philadelphia: Benjamins ⟨71⟩

Eschenbacher, Walter
1977   *Fritz Mauthner und die dt. Literatur um 1900: Eine Untersuchung zur Sprachkrise der Jahrhundertwende*. Frankfurt a.M./Bern: Lang ⟨35/107⟩

Esper, Erwin Allen
1968   *Mentalism and Objectivism in Linguistics: The Sources of Leonard Bloomfield's Psychology of Language*. New York: Elsevier ⟨31⟩

Essays Dedicated to Sören Halldan
1973   *Modality, Morality and Other Problems of Sense and Nonsense. Essays Dedicated to Sören Halldan*. Lund: CWK Gleerup Bokförlag ⟨75⟩

Esslin, Martin
1965   *Das Theater des Absurden*. Reinbek: Rowohlt ⟨107⟩

Etchemendy, John
1990   *The Concept of Logical Consequence*. Cambridge, MA: Harvard UP ⟨84⟩

Evans, Donald
1963   *The Logic of Self-Involvement*. London: S. C. I ⟨85/103⟩
1980   *Faith, Authenticity and Morality*. Toronto/London: U. of Toronto Pr. ⟨85/103⟩

Evans, Gareth
1978   Can there be vague objects? *Analysis* 38, 208 ⟨98⟩
1977   Pronouns, quantifiers and relative clauses. *Can.J.Philos.* 7, 467−536 ⟨70⟩
1981a   Reply: semantic theory and tacit knowledge. In Holtzman/Leich (eds.) 1981, 118−137 ⟨54⟩
1981b   Understanding demonstratives. In Bouveresse/Parret (eds.) 1981, 280−303 ⟨79⟩
1982   *The Varieties of Reference*. Ed. John McDowell. Oxford: Clarendon ⟨79/81⟩
1985a   *Collected Papers*. Oxford: Clarendon ⟨81⟩
1985b   The causal theory of names. In Evans 1985a, 1−24 ⟨81⟩

Evans, Gareth / McDowell, John (eds.)
1976   *Truth and Meaning. Essays in Semantics*. Oxford: UP ⟨59/70/75/86/120⟩

Evans, Gillian Rosemary
1984   *The Language and Logic of the Bible. I: The Earlier Middle Ages*. Cambridge: UP ⟨85/103⟩
1985   *The Language and Logic of the Bible. II: The Road to Reformation*. Cambridge: UP ⟨85/103⟩

Evans-Pritchard, Edward E.
1937   *Witchcraft, Oracles and Magic among the Azande*. Oxford: Clarendon ⟨1⟩
1978   *Hexerei, Orakel und Magie bei den Zande*. Frankfurt a.M.: Suhrkamp / gekürzte Übers. von Evans-Pritchard 1937 ⟨1⟩

Even, S. / Kariv, O. (eds.)
1981   *Automata, Languages and Programming*. Berlin/New York: Springer ⟨75⟩

Everardus, Nicolaus
1516   *Topicorum seu locorum legalium opus de inventione et argumentatione Lovanii*. Basileae [1544]; Francofurti [1581]; Reginoburgi [1671] ⟨102⟩

Ewert, A.
1940   Dante's theory of language. *Mod.Lang.Review* 35, 355−366 ⟨107⟩

Ewing, A. C.
1957   *Idealism − A Critical Survey*. Methuen [1934] ⟨61⟩

Ezorsky, G.
1967   Art. 'Performative theory of truth'. In Edwards (ed.) 1967, 88−90 ⟨69⟩

Fabro, Cornelio
1961   *Participation et causalité selon St. Thomas d'Aquin*. Louvain: Publications Univ. de Louvain; Paris: Nauwelaerts ⟨85/103⟩

Faes de Mottoni, Barbara
1988   Thomas von Aquin und die Sprache der Engel. In Zimmermann (Hg.) 1988, 140−155 ⟨107⟩

Fahrenbach, Helmut (Hg.)
1974   *Wirklichkeit und Reflexion*. Pfullingen: Neske ⟨47/53/69⟩

Fahrion, Karl
1913   Die Sprachphilosophie Lockes. *Arch. Gesch. Philos.* 26 (N. F. 19) 56−65 ⟨13⟩

Falkenberg, G.
1990   Searle on sincerity. In Burkhardt (ed.) 1990, 129−148 ⟨114⟩

Fann, K. T. (ed.)
1969   *Symposium on J. L. Austin*. London: Routledge & Kegan Paul ⟨60⟩

Fano, Giorgio
1962   *Saggio sulle origini del linguaggio*. Torino: Giulio Einaudi editore ⟨90⟩

Farell, Kirby
1975   *Shakespeare's Creation*. Amherst: Univ. of Mass. ⟨107⟩

Farner, Konrad
1979   *Der Aufstand der Abstrakt-Konkreten oder die 'Heilung durch den Geist'. Zur Ideologie spätbürgerlicher Zeit*. Neuwied/Berlin: Luchterhand ⟨108⟩

al-Fārābī, Abū Naṣr Muḥammad
1892   *Alfārābī's Philosophische Abhandlungen*. Übers. F. Dieterici. Leiden: Brill ⟨19⟩
o. J.   *Rasā'il al-Fārābī*. Ḥaidarābāt: Matbaʿat Dā'irat al-Maʿārif al-Niẓāmiyya ⟨19⟩
1926   Risāla fī Iṯbāt mufāraqāt. In al-Fārābī o. J. ⟨19⟩
1930   Risālat Maqāla fī aġrād mā baʿd al-ṭabīʿa. In al-Fārābī o. J. ⟨19⟩
1926   Kitāb Taḥṣīl al-Saʿāda. In al-Fārābī o. J. ⟨19⟩
1927   al-Taʿlīqāt. In al-Fārābī o. J. ⟨19⟩
1927   Kitāb al-Tanbīh ʿalā sabīl al-saʿāda. In al-Fārābī o. J. ⟨19⟩
1930   Taġrīd risālat al-daʿāwī al-qalbiyya. In al-Fārābī o. J. ⟨19⟩
1930   Šarḥ risālat zinūn al-kabīr al-yunānī. In al-Fārābī o. J. ⟨19⟩
1927   Kitāb al-Siyāsāt al-madaniyya. In al-Fārābī o. J. ⟨19⟩
1926   Kitāb al-Fuṣūṣ. In al-Fārābī o. J. ⟨19⟩
1921   Risāla fī Faḍīlat al-ʿulūm wa-l-ṣināʿāt. In al-Fārābī o. J. ⟨19⟩
1925   Risāla fī Masā'il mutafarriqa. In al-Fārābī o. J. ⟨19⟩
1938   *Risāla fī l-ʿAql*. Éd. Maurice Bouyges. Beyrouth (Bibliotheca arabica scholasticorum, série arabe 8, 1) ⟨3/19⟩
1958   Kitāb al-Qiyās al-saġīr. In Türker (ed.) 1958, 214−286 ⟨19⟩
1960a   *Šarḥ al-Fārābī li-kitāb Arisṭūṭālīs fī l-ʿibāra* (Alfarabi's Commentary on Aristotle's peri Hermenias (De Interpretatione)). Eds. Wilhelm Kutsch/Stanley Marrow. Beyrouth: Imprimérie Catholique (Recherches publiées sous la direction de l'Institut de Lettres Orientales de Beyrouth, Tome XIII) ⟨3/19⟩
1960b   *Kitāb al-Ǧamʿ baina ra'yai l-ḥakīmain: Aflāṭūn al-ilāhī wa-Arisṭūṭālīs*. Taqdīm Albīr Naṣrī Nādir. Bairūt: Dār al-Mašriq ⟨19⟩
1961a   *Falsafat Arisṭūṭālīs*. Taḥqīq Muḥsin Mahdī. Bairūt ⟨19⟩
1961b   *Fuṣūl al-Madanī* (Aphorisms of the Statesman). Transl. and ed. D. M. Dunlop. Cambridge: UP ⟨3⟩
1963   *Paraphrase of Aristotle's Prior Analytics*. Transl. Nicholas Rescher. London: Pittsburgh UP [Übers. von al-Fārābī 1958] ⟨19⟩
1964   *Kitāb al-Siyāsa al-madaniyya al-mulaqqab bi-mabādī al-mauǧudāt* (Al-Fārābī's The Political Regime Also Known as The Treatise on the Principle of Beings). Taḥqīq Fauzī Mītrī Naǧǧār. Bairūt: al-Maṭbaʿa al-Kāṭūlīkiyya ⟨19⟩
1968a   *Kitāb al-Alfāẓ al-mustaʿmala fī l-manṭiq* (Alfarabi's Utterances Employed In Logic). Taḥqīq Muḥsin Mahdī. Bairūt: Dār al-Mašriq ⟨19⟩
1968b   *Kitāb al-Milla wa-nuṣūṣ uḥrā* (Alfarabi's Book of Religion And Related Texts). Taḥqīq Muḥsin Mahdī. Bairūt: Dār al-Mašriq ⟨19⟩
1969   *Kitāb al-Ḥurūf* (Alfarabi's Book Of Letters. Commentary on Aristotle's *Metaphysics*). Taḥqīq Muḥsin Mahdī. Bairūt: Dār al-Mašriq (Recherches publiées sous la direction de l'Institut de Lettres Orientales de Beyrouth. Série I: Pensée Arabe et Musulmane. Tome XLVI) ⟨19⟩

1971a   *Fuṣūl muntazaʿa* (Selected Aphorisms). Taḥqīq Fauzī Mītrī Naǧǧār. Bairūt: Dār al-
         Mašriq ⟨19⟩
1971b   *Deux ouvrages inédits sur la rhétorique. I Kitāb al-Ḫaṭāba.* Ed. and transl. J. Lang-
         hade. Beyrouth.
         II *Didascalia in rhetoricam Aristotelis ex glosa Alpharabii.* Ed. M Grignaschi. Bey-
         routh ⟨19⟩
1973   *Kitāb Ārāʾ ahl al-Madīna al-fāḍila.* Taḥqīq Albīr Naṣrī Nādir. Bairūt: Dār al-Mašriq
         ⟨19⟩
1976   *Kitāb fī l-Manṭiq. al-ʿIbāra* (al-Fārābīs Kommentar zu: Aristoteles: Organon, Teil-
         ausg., De interpretatione, arab.). Taḥqīq Muḥammad Salīm Sālim. al-Qāhira: Wizā-
         rāt al-Ṯaqāfa. Markaz Taḥqīq al-Turāṯ ⟨19⟩
1980   *Les idées des habitants de la cité vertueuse.* Trad. R. P. Jaussen / Youssef Karam /
         J. Chlala [Yūsuf Shallāla]. Collection Unesco d'œuvres représentatives. Beyrouth:
         Libraires A. Naufal et Frères (ursprünglich. Publ. de l'Institut français d'archéologie
         orientale. Textes et traductions d'auteurs orientaux, 9, Le Caire 1949) [Übers. von
         al Fārābī 1943] ⟨19⟩
1981a   Al-Farabi's Commentary and Short Treatise on Aristotle's *De Interpretatione.* Transl.
         and ed. F. W. Zimmermann. London: Oxford UP ⟨3⟩
1981b   *Kitāb Taḥṣīl al-saʿāda* (The Attainment of Happiness). Taḥqīq Ǧaʿfar Āl-Yāsīn. Bai-
         rūt: Dār al-Andalus ⟨19⟩
1984   *Abū Naṣr al-Fārābī, « le traité de l'harmonie entre les opinions des deux sages, le divin
         Platon et Aristote. »* Éd. et trad. Dominique Mallet. Paris 3 (Thèse 3e cycle: Et.
         arabo-islamiques) [Übers. von al-Fārābī 1960b] ⟨19⟩
1985   *Al-Farabi On The Perfect State. Abū Naṣr al- Fārābī's Mabādīʾ ārāʾ ahl al-Madīna al-
         fāḍila.* Ed. and transl. Richard Walzer. Oxford: Clarendon ⟨3⟩

Farrar, Frederic William
1873   *Chapters on Language.* London: Longmans, Green, and Co. ⟨65⟩

Fass, D. / Guo, C. M. / McDonald, J. / Plate, T. / Slator, B./ Wilks, Y.
1990   Providing machine tractable dictionary tools. In Pustejovsky (ed.) 1990, 99–154
         ⟨117⟩

Faust, Manfred
1983   Jean Paul's essay on word formation. In Faust/Harweg/Lehfeldt/Wienold (Hg.) 1983,
         237–248 ⟨107⟩

Faust, Manfred / Harweg, Rolabd / Lehfeldt, Werner / Wienold, Götz (Hg.)
1983   *Allgemeine Sprachwissenschaft, Sprachtypologie und Textlinguistik. Festschrift für Pe-
         ter Hartmann.* Tübingen: Narr ⟨107⟩

Fauteck, Heinrich
1939   *Die Sprachtheorie Fr. v. Hardenbergs (Novalis).* Berlin: Triltsch & Luther ⟨13⟩
1940   *Die Sprachtheorie Fr.v. Hardenbergs (Novalis).* Berlin: Junker & Dünnhaupt (Neue
         Forschung. Arbeiten zur Geistesgeschichte der germanischen und romanischen Völ-
         ker 34) [1939] ⟨13/107⟩

Faux, Gilbert
1981   L'analogie en architecture. In Lichnerowicz et al. (éds.) 1981, 113–135 ⟨85/103⟩

Fehige, Christoph / Meggle, Georg (Hg.)
1995   *Zum Moralischen Denken.* Frankfurt a.M.: Suhrkamp ⟨104⟩

Feigl, Herbert / Maxwell, Grover / Scriven, Michael (eds.)
1958   *Minnesota Studies in the Philosophy of Science II.* Minneapolis: U. of Minnesota Pr.
         [1956] ⟨50⟩

Feigl, Herbert / Scriven, Michael (eds.)
1956   *Minnesota Studies in the Philosophy of Science I.* Minneapolis: U. of Minnesota Pr.
         ⟨50⟩

Feigl, Herbert / Sellars, W. (eds.)
1949   *Readings in Philosophical Analysis.* New York: Appleton-Century-Crofts ⟨59/69/120⟩

Feijoo y Montenegro, Benito Jerónimo
1923   *Teatro crítico universal I.* Ed. por Agostín Millares Carlo. Madrid: Ediciones de la
         lectura [1726] ⟨8⟩

Feld, Helmut / Häring, Hermann / Krüger, Friedhelm / Nolte, Josef
1973   *Grund und Grenzen des Dogmas*. Freiburg: Herder, ⟨85/103⟩
Feldman, Richard
1980   Saying different things. *Philos. Stud.* 38, 79−84 ⟨79⟩
Fellmann, Ferdinand
1991   *Symbolischer Pragmatismus. Hermeneutik nach Dilthey*. Reinbek: Rowohlt ⟨37⟩
Felscher, Walter
1985   Dialogues, strategies, and intuitionistic provability. *Ann. P. Appl. Log.* 28, 217−254
          ⟨47⟩
1986   Dialogues as a foundation for intuitionistic logic. In Gabbay/Guenthner (eds.) 1986
          III, 341−372 ⟨47⟩
Fenstad, Jens Erik / Halvorsen, P. / Langholm, T. / van Benthem, Johan (eds.)
1987   *Situations, Language and Logic*. Dordrecht: D. Reidel ⟨111⟩
Ferguson, Charles A.
1959   Diglossia. *Word* 15, 325−340 ⟨56⟩
1982   Diglossie. In Steger (Hg.) 1982b, 253−276 ⟨56⟩
Ferguson, Charles A. / Snow, C. (eds.)
1977   *Talking to Children; Language Input and Acquisition*. Cambridge: UP ⟨76⟩
Ferguson, Francis
1977   *Wordsworth: Language as Counter-Spirit*. New Haven/London: Yale UP ⟨107⟩
Ferrante, J. / Rackoff, C. W.
1979   *The Computational Complexity of Logical Theories*. Berlin/New York: Springer (Lec-
          ture Notes in Mathematics Vol. 718) ⟨75⟩
Ferrari, Massimo
1988   Leibnizische Quellen der Philosophie der symbolischen Formen Ernst Cassirers. In
          Gottfried-Wilhelm-Leibniz-Ges. (Hg.) 1988, 239−252 ⟨37⟩
1990   La genèse de 'Das Erkenntnisproblem'. In Seidengart (éd.) 1990, 97−114 ⟨37⟩
Ferrer, Vincent
1977   *Tractatus de suppositionibus*. Crit. ed. with an introd. by J. A. Trentman. Stuttgart/
          Bad Cannstatt: fromann-holzboog (Grammatica speculativa 2) ⟨40⟩
Fester, Judith
1985   *Chaucer on Interpretation*. Cambridge: UP ⟨107⟩
Festgabe Anton Scherer
1978   *Festgabe für Anton Scherer zum 70. Geburtstag*. Heidelberg: Winter ⟨1⟩
Festschrift Archer Taylor
1960   *Humaniora. Essays in Literature, Folklore, Bibliography Honoring Archer Taylor on
          His Seventieth Birthday*. New York: Locust Valley ⟨107⟩
Festschrift Carl Meinhof
1927   *Festschrift für Carl Meinhof*. Hamburg: L. Friedrichsen ⟨37⟩
Festschrift Ernst Rabel
1954   *Festschrift für Ernst Rabel II*. Tübingen: Mohr ⟨102⟩
Festschrift Erich Frauwallner
1968   *Beiträge zur Geistesgeschichte Indiens. Festschrift für Erich Frauwallner*. Hg. Gerhard
          Oberhammer. Wien: Gesold & Co. (Wiener Z. für die Kunde Süd- und Ostasiens
          und Arch. für Indische Philos. 12/13) ⟨42⟩
Festschrift Friedrich Weller
1954   *Asiatica*. Hg. Johannes Schubert. Leipzig: Harrassowitz ⟨42⟩
Festschrift Gert von der Osten
1970   *Festschrift für Gert von der Osten*. Köln: DuMont ⟨108⟩
Festschrift Kurt Badt
1970   *Argo. Festschrift für Kurt Badt*. Köln: DuMont ⟨108⟩
Festschrift Norbert Fuerst
1973   *Texte und Kontexte. Studien zur dt. und vergleichenden Literaturwissenschaft. Fest-
          schrift für Norbert Fuerst*. Bern/München: Francke ⟨107⟩

Festschrift Paul Hensel
  1923   *Festschrift für Paul Hensel.* Greiz: Ohag ⟨13/27/37⟩
Fetz, Reto Luzius
  1981   Genetische Semiologie? Symboltheorie im Ausgang von Ernst Cassirer und Jean Piaget. *Freiburger Z. für Philosophie und Theologie* 28 (3), 434−470 ⟨37⟩
  1988   Ernst Cassirer und der strukturgenetische Ansatz. In Braun/Holzhey/Orth (Hg.) 1988, 156−190 ⟨37⟩
Feyerabend, Paul Karl
  1975   „Science". The myth and its role in society. *Inquiry* 18, 167−181 ⟨85/103⟩
  1978   *Der wissenschaftstheoretische Realismus und die Autorität der Wissenschaften.* Braunschweig: Vieweg ⟨99⟩
  1981   *Probleme des Empirismus.* Braunschweig: Vieweg ⟨99⟩
Fichte, Johann Gottlieb
  1795   Von der Sprachfähigkeit und dem Ursprunge der Sprache. *Philosophisches J.* 1, 225−273; 287−326 / auch in Fichte 1971 VIII, 301−41 ⟨13⟩
  1808   *Reden an die dt. Nation.* Berlin: Realschulbuchhandlung ⟨13⟩
  1971   *Fichtes Werke I−XI.* Hg. Immanuel Hermann Fichte. Berlin: de Gruyter [= Werke] ⟨13⟩
  1975   *Versuch einer neuen Darstellung der Wissenschaftslehre.* Hamburg: Meiner ⟨13⟩
  1977a   *J. G. Fichte-Gesamtausgabe der Bayerischen Akad. der Wiss. Kollegnachschriften Bd. IV.1.* Hg. Reinhard Lauth / Hans Glirnitzky. Stuttgart/Bad Cannstadt: Fromann-Holzboog ⟨13⟩
  1977b   Ueber den Ursprung der Sprache. In Fichte 1977a, 292−327 [1796/98] ⟨13⟩
  1979   *Grundlage der gesamten Wissenschaftslehre als Handschrift für seine Hörer.* Hamburg: Meiner [1794] ⟨13⟩
Fiedler, Konrad
  1971   *Schriften zur Kunst I/II.* Hg. Gottfried Boehm. München: Wilhelm Fink ⟨108
Field, Hartry
  1972   Tarski's theory of truth. *J. Philos.* 69, 347−375 ⟨70⟩
  1974   Quine and the correspondence theory. *Philos. Rev.* 83, 200−228 ⟨70⟩
  1977   Logic, meaning and conceptual role. *J. Philos.* 74, 379−409 ⟨75⟩
  1978   Mental representation. *Erkenntnis* 13, 9−61 ⟨14/71⟩
  1980   *Science without Numbers.* Princeton, N. J.: Princeton UP ⟨75/100⟩
Fiesel, Eva
  1973   *Die Sprachphilosophie der deutschen Romantik.* Hildesheim/New York: Olms ⟨13⟩
Figge, Udo L. (Hg.)
  1986   *Semiotik: Interdisziplinäre und historische Aspekte.* Bochum: U.-Vlg. Brockmeyer ⟨36⟩
Filliozat, P.-S. (trad.)
  1975−80 *Le Mahābhāṣya de Patañjali avec le Pradīpa de Kaiyaṭa et l'Uddyota de Nāgeśa I−IV.* Paris/Pondichéry: Inst. français de l'indologie ⟨5/17/43/62.2⟩
Fillmore Charles J.
  1968   The case for case. In Bach/Harms (eds.) 1968, 1−88 ⟨117⟩
  1972   Ansätze zu einer Theorie der Deixis. In Kiefer (ed.) 1972, 147−174 ⟨79⟩
  1975   *Santa Cruz Lectures on Deixis (1971).* Bloomington: Indiana U. Linguistics Club ⟨79⟩
Fine, Gail
  1979   Knowledge and logos in the Theaetetus. *Philos. Rev.* 88, 366−397 ⟨14⟩
Fine, Kit
  1975   Vagueness, truth and logic. *Synthese* 30, 265−300 ⟨98⟩
  1978a   Model theory for modal logic I. The *de re* / *de dicto* distinction. *J. Philos. Log.* 7, 125−156 ⟨75⟩
  1978b   Model theory for modal logic. II. The elimination of *de re* modality. *J. Philos. Log.* 7, 277−306 ⟨75⟩
  1980   First-order modal theories II. Propositions. *Stud. Log.* 39, 159−202 ⟨75⟩

1981   First-order modal theories I. Sets. *Nous* 15, 177−205 ⟨75⟩
1982a   Acts, events, and things. In Leinfellner/Kraemer/Schank (Hg.) 1982, 97−105 ⟨76⟩
1982b   The problem of nonexistents: internalism I. *Topoi* 1, 97−140 ⟨59⟩
1982c   First-order modal theories III. Facts. *Synthese* 53, 43−122 ⟨75⟩
1985   *Reasoning with Arbitrary Objects*. Oxford: Blackwell ⟨47/75⟩

Fine, Kit / Prior, A. N. (eds.)
1977   *Worlds, Times and Selves*. London: Duckworth ⟨47⟩

Finetti, Bruno de
1964   Foresight: its logical laws, its subjective sources. In Kyburg/Smokler (eds.) 1964, 53−118 ⟨79⟩

Finke, Heinrich
1918   *Über Friedrich Schlegel: Schwierigkeiten seiner Beurteilung. Die Arbeitsgebiete seiner zweiten Lebenshälfte*. Freiburg: Guenther ⟨13⟩

Finke, Peter
1982   *Konstruktiver Funktionalismus. Die wissenschaftstheoretische Basis einer empirischen Theorie der Literatur*. Braunschweig: Vieweg ⟨106⟩

Finke, Peter / Schmidt, Siegfried J. (Hg.)
1984   *Analytische Literaturwissenschaft*. Braunschweig: Vieweg ⟨106⟩

Finocchiaro, Maurice A.
1980   *Galileo and the Art of Reasoning. Rhetorical Foundations of Logic and Scientific Method*. Dordrecht: D. Reidel ⟨47⟩
1989   Methodological problems in empirical logic. *Communication and Cognition* 22, 313−335 ⟨114⟩
1995   Empirische Ansätze zur Erforschung des Argumentierens. *Z. Semiotik* 17 (1/2) ⟨114⟩

Firbas, Jan
1968   On the prosodic features of the modern English finite verb as means of functional sentence perspective (more thoughts on transition proper). *Studies in English* 7, 11−48 ⟨47⟩

Fisch, Max H.
1986   *Peirce, Semeiotic, and Pragmatism. Essays by Max H. Fisch*. Bloomington: Indiana UP ⟨32⟩

Fischer, F.
1948   *Die Völkerwanderung im Urteil der zeitgenössischen Schriftsteller Galliens unter Einbeziehung des hl. Augustinus*. Diss. U. Würzburg ⟨16⟩

Fischer, Helmut (Hg.)
1974   *Fachwissen für Theologen*. Hamburg: Furche ⟨85/103⟩

Fischer, K. R.
1983   *The Roots of Analytic Philosophy in Austria*. XVIIth World Congress of Philosophy Montreal 1983. nicht publiziert ⟨9⟩

Fishman, Joshua A.
1960   A systemization of the Whorfian hypothesis. *Behavioral Science* 5, 323−339 ⟨74⟩
1972a   The sociology of language. In Giglioli (ed.) 1972, 45−58 ⟨56⟩
1972b   *The Sociology of Language. An Interdisciplinary Social Science Approach to Language in Society*. Rowley, Mass.: Newbury House Publ. ⟨56⟩
1975   *Soziologie der Sprache. Eine interdisziplinäre Betrachtung der Sprache in der Gesellschaft*. München: Hueber / Übers. von Fishman 1972b ⟨56⟩

Fishman, Pamela
1978   Interaction: the work women do. *Social Problems* 25, 397−406 ⟨49⟩

Fiske, John
1863   The evolution of language. *The North American Review* 97, 411−450 ⟨65⟩

Fitch, Gregory
1985   On the logic of belief. *Nous* 19, 205−228 ⟨79⟩
1986   *Naming and Believing*. Dordrecht: Kluwer ⟨68⟩

Fitting, M.
   1969   *Intuitionistic Logic, Model Theory and Forcing.* Amsterdam: North-Holland ⟨75⟩
   1986   Notes on the mathematical aspects of Kripke's theory of truth. *Notre Dame J. Formal Logic* 27, 75–88 ⟨75⟩
Fitzgerald, John Joseph
   1966   *Peirce's Theory of Signs as Foundation for his Pragmatism.* The Hague/Paris: Mouton ⟨32⟩
Fiumara, Gemma Corradi
   1990   *The Other Side of Language. A Philosophy of Listening.* London/New York: Routledge ⟨47⟩
Flader, Dieter (Hg.)
   1991   *Studien zur Empirie und Methodologie der Pragmatik.* Stuttgart: Metzler ⟨67⟩
Flasch, Kurt
   1980   *Augustin. Einführung in sein Denken.* Stuttgart: Reclam ⟨16⟩
Flashar, Hellmut
   1983   Aristoteles. In Flashar (Hg.) 1983, 175–457 ⟨15⟩
Flashar, Hellmut (Hg.)
   1983   *Grundriß der Geschichte der Philosophie III.* Basel/Stuttgart: Schwabe & Co ⟨15⟩
Fleischer, Michael
   1990   *Information und Bedeutung. Ein systemtheoretisches Modell des Kommunikationsprozesses.* Bochum: Brockmeyer ⟨68⟩
Flew, Antony G. N. (ed.)
   1951/65   Logic and Language I. Oxford: Blackwell; Garden City, N. Y.: Doubleday & Co. ⟨98/117⟩
   1956   *Essays in Conceptual Analysis.* London: Macmillan [1950] ⟨60/97⟩
Flew, Antony / MacIntyre, Alasdair (ed.)
   1963   *New Essays in Philosophical Theology.* London: S. C. M. Pr. [1955] ⟨85/103⟩
Flexner, Stuart B. / Huack, Leonore C.
   1987   *The Random House Dictionary of the English Language.* New York: Random House ⟨9⟩
Flint, Timothy
   1829   Review of Johnson's „The Philosophy of Human Knowledge". *Western Monthly Review* 2, 575–587, 623–629 ⟨29⟩
Floistad, Guttorm (ed.)
   1981   *Contemporary Philosophy. A New Survey I. Philosophy of Language − Philosophical Logic.* The Hague: Martinus Nijhoff ⟨39⟩
Fluehr-Lobban, Carolyn
   1986   Frederick Engels and Leslie White: The symbol versus the role of labor in the origin of humanity. *Dialectical Anthropology* 11 (1), 119–126 ⟨65⟩
Fodor, Jerry A.
   1969   La signification peut-elle etre une Rm? *Langages* 16, 50–60 [1965] ⟨12⟩
   1975/79   *The Language of Thought.* Cambridge, MA: Harvard UP ⟨12/74/86⟩ / New York: Crowell ⟨14/50/71/99/117⟩
   1980   Methodological solipsism considered as a research strategy in cognitive psychology. *Behavioural and Brain Sciences* 3, 63–110 ⟨70/71⟩
   1981a   *Representations. Philosophical Essays on the Foundations of Cognitive Science.* Cambridge, MA: MIT; Brighton, Sussex: Harvester Pr. ⟨12/57/72/117⟩
   1981b   The present status of the innateness controversy. In Fodor 1981a, 1–31 ⟨72⟩
   1981c   Some notes on what linguistics is about. In Block (ed.) 1981, 197–207 ⟨72⟩
   1983   *The Modularity of Mind. An Essay on Faculty Psychology.* Cambridge, MA: MIT ⟨12/117/120⟩
   1987/88   *Psychosemantics: The Problem of Meaning in the Philosophy of Mind.* Cambridge, MA: MIT ⟨57/71/117⟩
Fodor, Jerry A. / Katz, Jerrold J. (eds.)
   1964   *The Structure of Language: Readings in the Philosophy of Language.* Englewood Cliffs, N. J.: Prentice-Hall ⟨12/35/51⟩

Fodor, Jerry A. / Le Pore, Ernest
1992   *Holism*. Oxford: Blackwell ⟨99⟩

Fogelin, Robert
1987   *Wittgenstein*. London: Routledge & Kegan Paul [1976] ⟨39⟩

Føllesdal, Dagfinn
1971   Quantification into causal contexts. In Linsky (ed.) 1971, 52−62 ⟨93⟩
1973   Indeterminacy of translation and underdetermination of the theory of nature. *Dialectica* 27, 289−301 ⟨73/86⟩
1983   Situation semantics and the 'slingshot' argument. *Erkenntnis* 19, 91−98 ⟨68⟩

Føllesdal, Dagfinn / Walloe, Lars / Elster, Jon
1984   *Argumentasjonsteori, sprak og vitenskapsfilosofi*. Oslo: Universitetsforlaget ⟨98⟩

Foot, Robert
1982   *The Phenomenon of Speechlessness in the Poetry of Marie Luise Kaschnitz, Günter Eich, Nelly Sachs and Paul Celan*. Bonn: Bouvier ⟨107⟩

Forbes, Graeme
1989   Indexicals. In Gabbay/Guenther (eds.) 1989 IV, 463−490 ⟨79⟩

Formey, Jean Henri Samuel
1763   *Anti-Emile*. Berlin: Joachim Pauli ⟨8⟩

Formigari, Lia
1970   *Linguistica ed empirismo nel seicento inglese*. Bari: Editori Laterza ⟨11/107⟩
1977   *La logica del pensiero vivente. Il linguaggio nella filosofia della Romantik*. Bari: Editori Laterza ⟨11/12/13⟩
1985   Théories du langage et théories du pouvoir en France, 1800−1848. *HL* 12, 63−83 ⟨65⟩
1988a   *Language and Experience in 17th-Century British Philosophy*. Amsterdam/Philadelphia: Benjamins ⟨71⟩
1988b   De l'idealisme dans les théories du langage. Histoire d'une transition. *Hist.Épistém. Lang.* 10(1), 59−80 ⟨12/13⟩
1989   Alessandro Manzoni, philosophe du langage. In Schlieben-Lange/Dräxler/Knapstein/Volck-Duffy/Zollna (Hg.) 1989, 323−342 ⟨107⟩
1992   Le langage et la pensée. In Auroux (éd.) 1992, 442−465 ⟨11⟩

Formigari, Lia (ed.)
1971   *Maupertuis, Turgot, Maine de Biran: origine e funzione de linguaggio*. Bari: Editori Laterza ⟨65⟩
1984   *Teorie e pratiche linguistiche nell'Italia del settecento*. Bologna: Il Mulino ⟨8⟩

Formigari, Lia / de Mauro, Tullio (eds.)
1989   *Leibniz, Humboldt, and the Origins of Comparative Linguistics*. Amsterdam/Philadelphia: Benjamins ⟨27⟩

Formigari, Lia / Piparo, Franco Lo (eds.)
1988   *Prospettive di storia della linguistica. Lingua, linguaggio, communicazione sociale*. Roma: Editori Riuniti ⟨107⟩

Forner, Juan Pablo
1925   *Exequias de la lengua castellana*. Madrid: Ediciones de La Lectura ⟨2⟩

Forster, Leonrad
1970   *The Peot's Tongue: Multilingualism in Literature*. Dunedin: UP in association with U. of Otago Pr. ⟨107⟩

Fortunatov, Filip Fedorovič
1901   *Sravnitel'noe jazykovedenie. Obscij kurs* ⟨62.1⟩

Forum für Philosophie Bad Homburg (Hg.)
1983   *Ästhetische Reflexion und kommunikative Vernunft*. Bad Homburg: Forum für Philosophie Bad Homburg (Schriften, Bd. 2) ⟨105⟩
1987   *Philosophie und Begründung*. Frankfurt a.M.: Suhrkamp ⟨53⟩
1990   *Intentionalität und Verstehen*. Frankfurt a.M.: Suhrkamp ⟨53/68/94⟩

Foster, John A.
1976   Meaning and truth theory. In Evans/McDowell (eds.) 1976, 1−32 ⟨70/86⟩

Foster, Richard
1959   Criticism as poetry. *Criticism* 1, 100−122 ⟨106⟩

Foucault, Michel
1966   *Les mots et les choses.* Paris: Gallimard ⟨44⟩
1971   *L'ordre du discours.* Paris: Gallimard ⟨49⟩
1972   *The Archeology of Knowledge and the Discourse on Language.* New York: Tavistock
          Publ. ⟨49⟩

Fowler, Roger / Hodge, Bob / Kress, Gunther / Trew, Tony
1979   *Language and Control.* London/Boston/Henley: Routledge & Kegan Paul ⟨115⟩

Fox, Thomas C.
1988   Sprachskepsis or Sprachkritik? Reflection on GDR Prose. *Colloquia Germanica* 21,
          2−11 ⟨107⟩

van Fraassen, Bas
1966   The completeness of free logic. *Z. für mathematische Logik und Grundlagen der Ma-
          thematik* 12, 219−234 ⟨97⟩
1968   Presupposition, implication and self-reference. *J.Philos.* 65, 136−152 ⟨97⟩
1969   Presuppositions, supervalutations and Free Logic. In Lambert (ed.) 1969, 67−91
          ⟨97⟩
1975   Incomplete assertion and Belnap Connectives. In Hockney (ed.) 1975, 44−70 ⟨89⟩
1976   Probabilities of conditionals. In Harper/Hooker (eds.) 1976, 261−300 ⟨89⟩

Fränkel, Hermann
1951   *Dichtung und Philosophie des frühen Griechentums.* New York: American Philological
          Association ⟨1⟩
²1960   *Wege und Formen frühgriechischen Denkens, Literarische und philosophische Studien.*
          Hg. F. Tietze. München: C. H. Beck [1955] ⟨1⟩

Frake, C. O.
1972   How to ask for a drink in Subanun. In Giglioli (ed.) 1972, 87−94 ⟨56⟩

Franck, Dorothea
1973   Zur Problematik der Präsuppositionsdiskussion. In Franck/Petöfi (Hg.) 1973, 11−41
          ⟨92⟩
1979   *Grammatik und Konversation.* Kronberg, Ts.: Scriptor ⟨92⟩
1985   Das Gespräch im Zeitalter seiner technischen Reproduzierbarkeit. In Gülisch/Kot-
          schi (Hg.) 1985, 19−41 ⟨92⟩

Franck, Dorothea / Franck, Georg
1986   Zwischenmenschliche Verhandlung vs. intersubjektive Norm: Für eine Analytik des
          Sprecherwechsels als nicht regelgeleitete Selbstorganisation des Gesprächs. *Papiere
          zur Linguistik* 35(2), 55−78 ⟨92⟩

Franck, Dorothea / Petöfi, János (Hg.)
1973   *Präsuppositionen in Philosophie und Linguistik.* Frankfurt a.M.: Athenäum ⟨92/97⟩

Frank, Erich
1962   Augustin und das griechische Denken. In Andresen (Hg.) 1962, 182−197 ⟨16⟩

Frank, Luanne
1982   Herder and the maturation of Hamann's metacritical thought: a chapter in the pre-
          history of the metakritik. In Koepke/Knoll (eds.) 1982, 157−189 ⟨26⟩

Frank, Manfred
1983   *Was ist Neostrukturalismus.* Frankfurt a.M.: Suhrkamp ⟨56⟩

Franke, Ursula
1972   *Kunst als Erkenntnis. Die Rolle der Sinnlichkeit in der Ästhetik des Alexander Gottlieb
          Baumgarten.* Stud.Leibn. Supplementa IX. Wiesbaden: Franz Steiner Vlg. ⟨105⟩

Franz, Erich
1993   Die zweite Revolution der Moderne. In Franz (Hg.) 1993, 11−23 ⟨108⟩

Franz, Erich (Hg.)
1993   *Das offene Bild. Aspekte der Moderne in Europa nach 1945.* Münster/Leipzig: Edition Kantz ⟨108⟩

Fraser, Russell A.
1977   *The Language of Adam.* New York: Columbia UP ⟨107⟩

Frauwallner, Erich
1932−37 Beiträge zur Apohalehre. In *Wiener Z. für die Kunde des Morgenlandes* 39, 247−285; 40, 51−94; 42, 93−102; 44 (über Dharmottara), 233−287 ⟨42⟩
1936   Beiträge zur Geschichte des Nyāya. I. Jayanta und seine Quellen. *Wiener Z. für die Kunde des Morgenlandes* 43, 263−278 ⟨18⟩
1954   Die Reihenfolge und Entstehung der Werke Dharmakīrtis. In Festschrift Friedrich Weller 1954, 142−154 ⟨42⟩
1959   Dignāga. Sein Werk und seine Entwicklung. *Wiener Z. für die Kunde Süd- und Ostasiens* 3, 83−164 ⟨42⟩
1960   Sprachtheorie und Philosophie im Mahābhāṣyam des Patañjali. *Wiener Z. für die Kunde Süd- und Ostasiens* 4, 92−118 ⟨42⟩
1961   Landmarks in the history of Indian logic. *Wiener Z. für die Kunde Süd- und Ostasiens* 5, 125−148 ⟨42⟩

Fredborg, Karin Margareta
1973   The dependence of Petrus Helias' *Summa super Priscianum* on William of Conches *Gloses super Priscianum. Cahier de l'Inst. du Moyen Age Grec et Latin* 11, 1−57 ⟨41⟩

Frede, Michael
1967   *Prädikation und Existenzaussage.* Göttingen: Vandenhoeck & Ruprecht ⟨77⟩
1974   *Die stoische Logik.* Göttingen: Vandenhoeck & Ruprecht ⟨2⟩
1977   The origins of traditional grammar. In Butts/Hintikka (eds.) 1977 IV, 51−79 ⟨2⟩
1978   Principles of Stoic grammar. In Rist (ed.) 1978, 27−75 ⟨2⟩

Frederickx, Eduard
1973   *Ioannes Goropius Becanus (1519−1573). Leven en Werk.* Louvain: Katolieke Universiteit te Leuven ⟨66⟩

Freese, Rudolf
1986   *Wilhelm von Humboldt.* Darmstadt: Wiss. Buchges. ⟨27⟩

Frege, Gottlob
1879   *Begriffsschrift, eine der arithmetischen nachgebildete Formelsprache des reinen Denkens.* Halle: Vlg. Nebert ⟨34/69/87/120⟩
1884   *Die Grundlagen der Arithmetik. Eine logisch-mathematische Untersuchung über den Begriff der Zahl.* Breslau: Köbner ⟨82/87/120⟩
1891   Das Trägheitsgesetz. In Frege 1967a, 113−124 ⟨34⟩
1892a   Ueber Sinn und Bedeutung. *Z.Philos.phil.Kritik* 100, 25−50 ⟨14/46/78/81/87/97⟩ / auch in Frege 1967a, 143−162 ⟨34⟩ / auch in Frege 1975, 40−65 ⟨97⟩
1892b   Über Begriff und Gegenstand. *Z.Philos.phil.Kritik* 100, 25−50 ⟨87⟩ / auch in Frege 1967a, 167−178 ⟨34/77⟩
1893   *Grundgesetze der Arithmetik I.* Jena: Vlg. Hermann Pohle ⟨81/87/96.3/97/120⟩
1903   *Grundgesetze der Arithmetik II.* Jena: Vlg. Hermann Pohle ⟨96.3/98/120⟩
1918   Der Gedanke. Eine logische Untersuchung. *Beitr.Philos.Dt.Ideal.* 1, 58−77 ⟨14/46/70/79/81/119⟩ / auch in Frege 1967a, 342−362 ⟨14/101⟩ / auch in Frege 1976a, 30−53 ⟨69/87⟩
1918   Die Verneinung. Eine logische Untersuchung. *Beitr.Philos.Dt.Ideal.* 1, 143−57 ⟨95⟩
1918−26 Logische Untersuchungen. In Frege 1967, 342−394 ⟨34⟩
1919   Aufzeichnungen über Ludwig Darmstaedter. In Frege 1969, 237−277 ⟨34⟩
1924   Tagebucheintragungen über den Begriff der Zahl. In Frege 1969, 282−283 ⟨34⟩
1924/25 Erkenntnisquellen der Mathematik und der mathematischen Naturwissenschaften. In Frege 1969, 286−294 ⟨34⟩
1952a/66 *Translations from the Philosophical Writings of Gottlob Frege.* Ed. Peter Geach / Max Black. Oxford: Blackwell ⟨46/49/78/86/113⟩
1952b/66 On sense and reference. In Frege 1952a, 56−78 ⟨46/49/86⟩
1956   The thought: a logical inquiry. *Mind* 65, 289−311 ⟨70/79/119⟩

1962   *Grundgesetze der Arithmetik, Begriffsschriftlich Abgeleitet I—II*. Hildesheim: Olms /
        Darmstadt: Wiss. Buchges. [1893/1903] ⟨34/47⟩
1964   *Begriffsschrift und andere Aufsätze*. Hg. I. Angelelli. Hildesheim: Olms ⟨34/69/100/
        120⟩
1964a   *The Basic Laws of Arithmetic*. Transl. and ed. Montgomery Furth. Berkeley/Los
        Angeles: U. of California Pr. ⟨79/81⟩
1966a   *Grundgesetze der Arithmetik, Begriffsschriftlich Abgeleitet I*. Hildesheim: Olms [1893]
        ⟨81/97⟩
1966b   Darlegung der Begriffsschrift. In Frege 1966a, 5—64 ⟨81⟩
1967a   *Kleine Schriften*. Hg. I. Angelelli. Darmstadt: Wiss. Buchges. ⟨14/34/77/81/101/120⟩
1967b   Der Gedanke. In Frege 1967a, 342—362 [1918] ⟨14/101⟩
1967c   The thought: a logical inquiry. In Strawson 1967, 17—38 [1918] ⟨46/79/93⟩
1967d   Über Sinn und Bedeutung. In Frege 1967a, 143—162 ⟨81⟩
1969/²83 *Nachgelassene Schriften*. Hg. von Hans Hermes, Friedrich Kambartel, Friedrich
        Kaulbach. Hamburg: Meiner ⟨34/79/81/87/120⟩
1969a   Ausführungen über Sinn und Bedeutung. In Frege 1969, 128—136 [1892—95] ⟨34/
        81⟩
1969b   Logik. In Frege 1969, 1—8 [1897] ⟨34/81⟩
1969c   Einleitung in die Logik. In Frege 1969, 201—212 [1906] ⟨81⟩
1969d   17 Kernsätze zur Logik. In Frege 1969, 189—190 [1906 oder früher] ⟨81⟩
1969e   Über Schoenflies: Die logischen Paradoxien der Mengenlehre. In Frege 1969,
        191—199 [1906] ⟨34⟩
1969f   Kurze Übersicht meiner logischen Lehren. In Frege 1969, 213—218 [1906] ⟨34⟩
1969g   Logik in der Mathematik. In Frege 1969, 219—270 [1914] ⟨34⟩
1969h   Meine grundlegenden logischen Einsichten. In Frege 1969, 271—272 [1915] ⟨34⟩
1969i   Über den Begriff der Zahl. In Frege 1969, 81—127 [1891/92] ⟨34⟩
1969j   Booles rechnende Logik und die Begriffsschrift. In Frege 1969, 9—52 [1880/81] ⟨34⟩
1971   *Schriften zur Logik und Sprachphilosophie*. Aus dem Nachlaß hg. Gottfried Gabriel.
        Hamburg: Meiner ⟨106/120⟩
⁴1975/⁵80 *Funktion, Begriff, Bedeutung. Fünf logische Studien*. Hg. Günther Patzig. Göttingen:
        Vandenhoeck & Ruprecht [1962] ⟨59/78/97/106/120⟩
1975a   Über Sinn und Bedeutung. In Frege ⁴1975, 38—63 ⟨78⟩
1976a   *Logische Untersuchungen*. Hg. G. Patzig. Göttingen: Vandenhoeck [1966] ⟨59/69/79/
        120⟩
1976b   *Wissenschaftlicher Briefwechsel*. Hg. Gottfried Gabriel, Hans Hermes, Friedrich
        Kambartel, Christian Thiel, Albert Veraart. Hamburg: Meiner ⟨34/81/87/97/120⟩
1976c   Frege an Jourdain, undatiert (fragmentarischer Entwurf). In Frege 1976b, 126—129
        [1914] ⟨81⟩
1979   *Posthumous Writings*. Transl. P. Long / R. White with assistance of R. Hargreaves.
        Oxford: Blackwell ⟨81⟩
1980   *Philosophical and Mathematical Correspondence*. Ed. Brian McGuiness, transl.
        H. Kaal. Oxford: Blackwell ⟨81⟩
1984a   *Collected Papers on Mathematics, Logic and Philosophy*. Ed. Brian McGuinness. Ox-
        ford: Blackwell ⟨78/79/84⟩
1984b   Thoughts. In Frege 1984a, 351—372 / auch in Salmon/Soames (eds.) 1988, 33—55
        ⟨78/79⟩
1984c   On sense and Bedeutung. In Frege 1984a, 157—177 ⟨77/78⟩
1986   *Die Grundlagen der Arithmetik. Eine logisch-mathematische Untersuchung über den
        Begriff der Zahl*. Mit ergänzenden Texten herausgegeben von Christian Thiel. Ham-
        burg: Meiner [1884] ⟨34/120⟩
Freigius, Johannes Thomas
1590   *De logica iure consultorum libri duo*. Basilae [1582] ⟨102⟩
French, Peter A. / Uehling, Theodore E. jr. / Wettstein, Howard K. (eds.)
²1979a *Midwest Studies in Philosophy II: Contemporary Perspectives in the Philosophy of
        Language*. Minneapolis: U. of Minnesota Pr. ⟨59/79/118⟩
1979b   *Midwest Studies in Philosophy IV: Studies in Metaphysics*. Minneapolis: U. of Minne-
        sota Pr. ⟨83⟩

1980   *Midwest Studies in Philosophy VI: The Foundations of Analytic Philosophy.* Minneapolis: U. of Minnesota Pr. ⟨34⟩
1989   *Midwest Studies in Philosophy XIV: Contemporary Perspectives in the Philosophy of Language II.* Minneapolis: U. of Minnesota Pr. ⟨77⟩

Frenkel-Brunswik, Else
1949   Intolerance of ambiguity as an emotional and perceptual personality variable. *J. of Personality* 18, 103−43 ⟨98⟩

Fretlöh, Sigrid
1989   *Relativismus vs. Universalismus. Zur Kontroverse über Verstehen und Übersetzen in der angelsächsischen Sprachphilosophie: Winch, Wittgenstein, Quine.* Aachen: Alano ⟨1⟩

Freud, Sigmund
1940−68   *Gesammelte Werke I−XVIII.* London: Imago Publ. Co. ⟨109⟩
1940   Der Witz und seine Beziehung zum Unbewußten. In Freud 1940−68 VI [1905] ⟨109⟩
1941   Abriß der Psychoanalyse. In Freud 1940−68 XVII, 67−138 [1940] ⟨109⟩
1942a   Psychische Behandlung (Seelenbehandlung). In Freud 1940−68 V, 289−315 [1890] ⟨109⟩
1942b   Die Traumdeutung. In Freud 1940−68 II/III [1900] ⟨109⟩
1945a   Über den Gegensinn der Urworte. In Freud 1940−68 VIII, 214−221 [1910] ⟨109⟩
1945b   Das Interesse an der Psychoanalyse. In Freud 1940−68 VIII, 390−420 [1913] ⟨109⟩
1948   Die Verneinung. In Freud 1940−68 XIV, 11−15 [1925] ⟨16⟩
1953   *The Standard Edition of the Complete Psychological Work of Sigmund Freud.* London: Hogarth ⟨90⟩

Freundlieb, Dieter
1978   *Zur Wissenschaftstheorie der Literaturwissenschaft. Eine Kritik der transzendentalen Hermeneutik.* München: Fink ⟨106⟩

Frey, Gerhard / Zelger, Josef (Hg.)
1983   *DER MENSCH und die Wissenschaften vom Menschen. Die Beiträge des XII. dt. Kongresses für Philosophie, Innsbruck 1981.* Innsbruck: Solaris ⟨54⟩

Freytag, Wibke
1972   *Das Oxymoron bei Wolfram, Gottfried und anderen Dichtern des Mittelalters.* München: Fink (Medium Aevum 24) ⟨107⟩

Fricke, Harald
1977   *Die Sprache der Literaturwissenschaft. Textanalytische und philosophische Untersuchungen.* München: C. H. Beck ⟨106⟩
1981   *Norm und Abweichung. Eine Philosophie der Literatur.* München: C. H. Beck ⟨106/ 107⟩
1984   *Aphorismus.* Stuttgart: Metzler ⟨107⟩
1991   *Literatur und Literaturwissenschaft. Beiträge zu Grundfragen einer verunsicherten Disziplin.* Paderborn: Schöningh ⟨106⟩

Friedman, Harvey M.
1973   The consistency of classical set theory relative to intuitionistic set theory. *J. Symb.Log.* 38, 315−319 ⟨75⟩
1975   Some systems of second order arithmetic and their use. *Proc. of the International Congress of Mathematicians* (Twelfth International Congress of Mathematicians, Vancouver, British Columbia 1974) Series 2, 235−242 ⟨75⟩
1976   Beth's theorem in cardinality logics. *Israel J. of Mathematics* 14, 205−212 ⟨75⟩

Friedman, Harvey M. / Simpson, S. G. / Smith, R. L.
1983   Countable algebra and set existence axioms. *Ann.P.Appl.Log.* 25, 141−181 ⟨75⟩
1985   Addendum to „Countable algebra and set existence axioms". *Ann.P. Appl.Log.* 28, 319−320 ⟨75⟩

Friedman, H. R.
1975   The ontic status of linguistic entities. *Found.Lang.* 13, 73−94 ⟨76⟩

Friedman, Michael
1975   Physicalism and the indeterminacy of translation. *Nous* 9, 353−374 ⟨73⟩

1987   Carnap's 'Aufbau' reconsidered. Nous 21, 521−545 ⟨99⟩
1991   The re-evaluation of logical positivism. *J. Philos.* 88, 505−519 ⟨99⟩

Friedrich, Hugo
1935   Die Sprachtheorie der französischen Illuminaten des 18. Jahrhunderts, insbesondere Saint-Martins. *Dt. Vjschr. Lit. wiss.* 13, 293−310 ⟨8/13⟩
1970   *Die Struktur der modernen Lyrik. Von der Mitte des neunzehnten bis zur Mitte des zwanzigsten Jahrhunderts.* Hamburg: Rowohlt ⟨107⟩

Fries, N.
1972   *Ambiguität und Vagheit. Einführung und kommentierte Bibliographie.* Tübingen: Niemeyer ⟨98⟩

Frisby, John P.
²1989   *Optische Täuschungen. Sehen, Wahrnehmen, Gedächtnis.* Augsburg: Weltbild ⟨108⟩
1979   *Seeing, Illusion, Brain and Mind.* London: UP ⟨108⟩

Frisch, Max
1976   *Gesammelte Werke in zeitlicher Folge I−VI.* Frankfurt a.M.: Suhrkamp ⟨107⟩

Fritz, Gerd
1982   *Kohärenz. Grundfragen der linguistischen Kommunikationsanalyse.* Tübingen: Narr ⟨115⟩
1986   Bedeutungsbeschreibung und die Grundstrukturen von Kommunikationsformen. In Hundsnurscher/Weigand (eds.) 1986, 267−280 ⟨115⟩
1991   Comprehensibility and the basic structures of dialogue. In Stati/Hundsnurscher/Weigand (Hg.) 1991, 3−24 ⟨115⟩

von Fritz, Kurt
1958a   *Antike und moderne Tragödie. Neun Abhandlungen.* Berlin: de Gruyter ⟨107⟩
1958b   Entstehung und Inhalt des neunten Kapitels von Aristoteles' Poetik [1958]. In Fritz 1958a, 430−457 ⟨107⟩

Frizen, Werner
1980   *Zaubertrank der Metaphysik. Quellenkritische Überlegungen im Umkreis der Schopenhauer Rezeption Thomas Manns.* Frankfurt a.M./Bern: Peter Lang (Europäische Hochschulschriften. Reihe I: Dt. Sprache und Literatur 342) ⟨107⟩

Fromm, Erich
1952   *The Forgotten Language: An Introduction to the Understanding of Dreams, Fairy Tales and Myths.* London: Victor Gollancz ⟨90⟩

Früchtl, Josef
1993   Die Wiedergeburt des Ästhetischen aus dem Geist des nachmetaphysischen Denkens. *Information Philosophie* 1993(2), 22−27 ⟨105⟩

Fubini, Mario
1965   *Stile e umanità di Giambattista Vico.* Milano/Napoli: R. Ricciardi ⟨24⟩

Fuchs, Catherine
1983   L'ellipse grammaticale. Introduction. *Hist. Épistém. Lang.* 5(1), 57 ⟨44⟩

Fuchs, Gerhard
1990   Fritz Mauthners Sprachkritik − Aspekte ihrer literarischen Rezeption in der österreichischen Gegenwartsliteratur. *Mod. Aust. Lit.* 23, 1−21 ⟨107⟩

Fuhrmann, Manfred
1973   *Einführung in die antike Dichtungstheorie.* Darmstadt: Wiss. Buchges. ⟨107⟩

Fung, Yu-lan
1952   *A History of Chinese Philosophy.* Princeton: UP ⟨6⟩

Funke, Otto
1924   *Innere Sprachform. Eine Einführung in Martys Sprachphilosophie.* Reichenberg in Böhmen: F. Kraus (Prager dt. Studien Nr. 32) ⟨31/33⟩
1940   Einleitung. Anton Martys sprachphilosophischer Nachlass. In Marty 1940, 7−42

Furley, D. J.
1967   Art. 'Parmenides of Elea'. In Edwards (ed) 1967, 47−51 ⟨1⟩

Gabbay, Dov M.
    1976   Two dimensional propositional tense logics. In Kasher (ed.) 1976, 569−583 ⟨88⟩
    1991   *Labelled Deductive Systems I.* U. of Munich: CIS Munich ⟨111⟩
Gabbay Dov M. / Guenthner, Franz (eds.)
    1983−89   *Handbook of Philosophical Logic I−IV.* Dordrecht: D. Reidel ⟨47/75/89/97/111⟩
Gabbay, Dov M. / Moravcsik, Julius M. E.
    1980   Verbs, events, and the flow of time. In Rohrer (ed.) 1980, 59−85 ⟨76⟩
von der Gabelentz, Georg
    1969   *Die Sprachwissenschaft, ihre Aufgaben, Methoden und bisherigen Ergebnisse.* Hg.
                G. Narr, G. Petersen, U. Petersen. Tübingen: Narr [²1901] ⟨51⟩
Gabriel, Gottfried
    1970   G. Frege über semantische Eigenschaften der Dichtung. *Linguistische Berichte* 8,
                10−17 ⟨106⟩
    1972   *Definition und Interesse. Über die praktischen Grundlagen der Definitionslehre.* Stutt-
                gart/Bad-Cannstatt: Friedrich Frommann Vlg. (Günther Holzboog) ⟨105⟩
    1975   *Fiktion und Wahrheit. Eine semantische Theorie der Literatur.* Stuttgart/Bad-Cann-
                statt: Friedrich Frommann Vlg. (Günther Holzboog) ⟨105/106⟩
    1978   Logik als Literatur? Zur Bedeutung des Literarischen bei Wittgenstein. *Merkur* 32,
                353−362 ⟨107⟩
    1983   Über Bedeutung in der Literatur. Zur Möglichkeit ästhetischer Erkenntnis. *Allge-
                meine Z. für Philosophie* 8/2, 7−21 ⟨106⟩
    1984   Fritz Mauthner. In Mittelstraß (ed.) 1984, 814−815 ⟨35⟩
    1986   Frege als Neukantianer. *Kant-St.* 77, 84−101 ⟨37⟩
    1987   „Sachen gibt's, die gibt's gar nicht". Sprachanalytische Bemerkungen zur Wiederent-
                deckung von Meinongs Jenseits durch T. Parsons. *Z.Semiotik* 9, 67−76 ⟨87/106/120⟩
    1991   *Zwischen Logik und Literatur: Erkenntnisformen von Dichtung, Philosophie und Wis-
                senschaft.* Stuttgart: J. B. Metzler ⟨96.3/106⟩
Gabriel, Gottfried / Schildknecht, Christiane (Hg.)
    1990   *Literarische Formen der Philosophie.* Stuttgart: Metzler ⟨105⟩
Gadamer, Hans-Georg
    1960/³72/⁴75   *Wahrheit und Methode. Grundzüge einer philosophischen Hermeneutik.* Tübingen:
                J. C. B. Mohr (Paul Siebeck) ⟨10/45/105/120⟩
    1967   *Kleine Schriften I.* Tübingen: J. C. B. Mohr (Paul Siebeck) ⟨45⟩
    1971   Rhetorik, Hermeneutik und Ideologiekritik. Metakritische Erörterungen zu 'Wahr-
                heit und Methode'. In Apel et al. 1971, 57−82, 282−317 ⟨102⟩
    1978   Hermeneutik als theoretische und praktische Aufgabe. *Rechtstheorie* 9, 257−274
                ⟨102⟩
    1979   *Truth and Method.* London: Sheed & Ward ⟨47⟩
    1980   *Dialogue and Dialectic: Eight Hermeneutical Studies on Plato.* New Haven: Yale UP
                ⟨14⟩
Gadamer, Hans-Georg (Hg.)
    1967   *Das Problem der Sprache. Achter dt. Kongreß für Philosophie. Heidelberg 1966.* Mün-
                chen: Fink ⟨13/108⟩
    1968   *Um die Begriffswelt der Vorsokratiker.* Darmstadt: Wiss. Buchges. ⟨1⟩
    1976   *Seminar: Philosophische Hermeneutik.* Frankfurt a.M.: Suhrkamp ⟨85/103⟩
Gähde, Ulrich
    1983   *T−Theoretizität und Holismus.* Frankfurt a.M./Bern: Peter Lang ⟨99⟩
Gaier, Ulrich
    1984   Nachwirkungen Oetingers in Goethes Faust. *Pietismus und Neuzeit* 10, 90−123 ⟨26⟩
    1987   Poesie als Metatheorie. Zeichenbegriffe des frühen Herder. In Sauder (Hg.) 1987,
                213−234 ⟨26⟩
    1988   *Herders Sprachphilosophie und Erkenntniskritik.* Stuttgart/Bad Cannstadt: Friedrich
                Fromann Vlg. (Günter Holzboog) ⟨13/26⟩
Gaiser, Konrad
    1974   *Name und Sache in Platons Kratylos.* Heidelberg: Winter ⟨62.1⟩

Gajek, Bernhard
    1967   *Sprache beim jungen Hamann.* Bern: Peter Lang ⟨25⟩

Gajek, Bernhard (Hg.)
    1979   *Johann Georg Hamann. Acta des Internationalen Hamann-Colloquiums in Lüneburg 1976.* Frankfurt a.M.: Klostermann ⟨22⟩
    1983   *Johann Georg Hamann. Acta des Zweiten Internationalen Hamann-Colloquiums im Herder-Inst. zu Marburg/Lahn 1980.* Marburg: N. G. Elwert ⟨22⟩

Gál, Gedeon
    1977   Adam of Wodeham's question on the 'complex significabile' as the immediate object of scientific knowledge. *Franciscan Studies* 37, 66−102 ⟨4⟩
    1986   William of Ockham died impenitent in April 1347. *Franciscan Studies* 42, 90−95 ⟨21⟩

Gale, Richard
    1984   Wiggins's thesis D(x). *Philos.Stud.* 45, 239−245 ⟨83⟩

Galen
    1821−33 *Opera Omnia I−XX.* Hg. C. G. Kühn. Leipzig: Knobloch (repr. 1964/65 Hildesheim: Olms) ⟨10⟩

Galerie Bargera (Hg.)
    1973   *Kandinsky 1866−1944.* Köln: J. Bargera ⟨108⟩

Galileo, G.
    1890−   *Editione Opere I−XX.* Ed. Nazionale. Firenze: Le Monnier (repr. 1964−68) ⟨100⟩
    1909

Gallagher, Louis J.
    1953   *China in the Sixteenth Century: the Journals of Matthew Ricci, 1583−1610.* New York: Random House ⟨64⟩

Gallin, Daniel
    1975a   Intensional and higher-order modal logic. With applications to Montague semantics. *Mathematics Studies* 19, Amsterdam/New York: North-Holland / American Elsevier ⟨113⟩
    1975b   *Systems of Intensional and Higher-Order Modal Logic.* Amsterdam: North Holland ⟨111⟩

Gallwitz, Klaus / Bergamin, José
    1971   *Picasso laureatus. Sein malerisches Werk seit 1945. Mit einem Essay von José Bergamin.* Luzern/Frankfurt a.M.: C. J. Bucher ⟨108⟩

Gambarara, Daniele
    1984   *Alle fonti della filosofia del linguaggio. ›Lingua‹ e ›nomi‹ nella cultura greca arcaica.* Rom: Bulzoni ⟨62.1⟩

Gammarus, Petrus Andreas
    1533   *Legalis dialectica, in qua de modo argumentandi et locis argumentorum legaliter disputatur.* Venetiis: Bononiae ⟨102⟩

Gamut, L. T.
    1991   *Logic, Language, and Meaning. I: Introduction to Logic, II: Intensional Logic and Logical Grammar.* Chicago: UP ⟨68/113⟩

Gandy, Robin
    1973   'Structure' in mathematics. In Robey (ed.) 1973, 138−153 ⟨51⟩

Gangauf, Th.
    1850/54 *Das Verhältnis zwischen Glauben und Wissen nach den Prinzipien des Kirchenlehrers Augustinus. Programmschrift.* Augsburg: Kollmann ⟨16⟩

Gaṅgeśa
    1884−1901 *Tattvacintāmaṇi [together with numerous commentaries].* Ed. K. N. Tarkabagisha. Calcutta: Bibliotheca Indica 98 Nd. Delhi 1974 ⟨5/43⟩

Ganz, P. F. (ed.)
    1971   *The Discontinous Tradition.* Oxford: Clarendon ⟨107⟩

Garagalza, Luis
1987   El lenguaje en la filosofia de Cassirer. *Rev. Portug. Filos.* 43, 177−90 ⟨37⟩

Garber, Klaus / van Ingen, Ferdinand / Kühlmann, Wilhelm / Weiß, Wolfgang (Hg.)
1991   *Europäische Barock-Rezeption I. Tagungsbericht vom 6. Jahrestreffen des Internationalen Arbeitskreises für Barockliteratur 1988.* Wiesbaden: Otto Harrassowitz (Wolfenbütteler Arbeiten zur Barockforschung Bd. 20) ⟨107⟩

Gärdenfors, Peter
1982   Rules for rational changes of belief. In Pauli (ed.) 1982, 88−101 ⟨75⟩
1984   Epistemic importance and minimal changes of belief. *Australas. J. Philos.* 62, 136−157 ⟨75⟩
1985a   Epistemic importance and the logic of theory change. In Dorn/Weingartner (eds.) 1985, 345−367 ⟨75⟩
1985b   Propositional logic based on the dynamics of belief. *J. Symb. Log.* 50, 390−394 ⟨75⟩
1986   The dynamics of belief: contractions and revisions of probability functions. *Topoi* 5, 29−37 ⟨75⟩
1988   *Knowledge in Flux: Modelling the Dynamics of Epistemic States.* Cambridge, MA: MIT ⟨75⟩

Gärdenfors, Peter (ed.)
1987   *Generalized Quantifiers. Linguistic and Logical Approaches.* Dordrecht: D. Reidel ⟨111/113⟩
1988   *Knowledge in Flux: Modeling the Dynamics of Epistemic States.* Cambridge, MA: MIT ⟨114⟩

Gardiner, Alan Henderson
1932   *The Theory of Speech and Language.* Oxford: UP [Repr. Westport, Conn. 1979] ⟨38/67⟩

Gardiner, Patrick
1974   *The Philosophy of History.* Oxford: UP ⟨101⟩

Gardner, M. R.
1973   Apparent conflicts between Quine's indeterminacy thesis and his philosophy of science. *Brit. J. Philos. Sci.* 24, 381−393 ⟨73⟩

Gardner, R. Allen / Gardner, Beatrice T.
1969   Teaching sign language to a chimpanzee. *Science* 165, 664−672 ⟨116⟩

Garfield, Jay (ed.)
1987   *Modularity in Knowledge Representation and Natural Language Processing.* Cambridge, MA: MIT ⟨57⟩

Garfield, Jay L. / Kiteley, Murray
1990   *Meaning and Truth. The Essential Readings in Modern Semantics.* New York: Paragon House ⟨68⟩

Garfinkel, Harold
1967   *Studies in Ethnomethodology.* Englewood Cliffs, N. J.: Prentice-Hall ⟨56/92⟩

Garfinkel, Harold / Sacks, Harvey
1970   On formal structures of practical actions. In McKinney/Tiryakian (eds.) 1970, 337−366 ⟨92⟩
1976   Über formale Strukturen praktischer Handlungen. In Sack/Schenkein/Weingarten (Hg.) 1976, 130−176 ⟨101⟩
1972   Zum Phänomen der Indexikalität. In Arbeitsgruppe Bielefelder Soziologen 1972, 210−214 ⟨92⟩

Garin, Eugenio
1970   Da Campanella a Vico. In Garin 1970a, 79−117 ⟨24⟩
1970a   *Dal Rinascimento all'Illuminismo.* Pisa: Nistri-Lischi ⟨24⟩

Garrett, B. J.
1985   Noonan, 'best candidate' theories and the ship of Theseus. *Analysis* 45, 212−215 ⟨83⟩

Garvey, Mary Patricia
1953   *St. Augustine, Christian or Neoplatonist?* Milwaukee, Wisc.: Marquette UP ⟨16⟩

Garvin, Paul L.
1979   Une épistémologie empiriste pour la linguistique. *La Linguistique* 15/1, 65−89 ⟨12⟩

Garvin, Paul L. (ed.)
1964   *A Prague School Reader on Aesthetics, Literary Structure, and Style.* Washington D. C.: Georgetown UP ⟨106⟩

Garza-Cuaron, Beatriz
1991   *Connotation and Meaning.* Berlin/New York: de Gruyter ⟨68⟩

Gasser, Raphaela
1970   Propter lamentabilem vocem hominis. *Freiburger Z. für Philosophie und Theologie* 84, 3−83 ⟨107⟩

Gaßner, Hubertus
1993   Auf der Suche nach Materialgerechtigkeit. Mißverständnisse und gekrümmte Linien. In Harten (Hg.) 1993, 28−36 ⟨108⟩

Gätschenberger, Richard
²1977   *Zeichen, die Fundamente des Wissens.* Stuttgart/Bad Cannstatt: Friedrich Frommann Vlg. (Günther Holzboog) [1932] ⟨108⟩

Gatzemeier, Matthias
1976   Deutung und Wertung des Mythos. In Ions (Hg.) 1976, 5−9 ⟨1⟩
1984   Art. 'Ideenlehre'. In Mittelstraß (Hg.) 1984, 184 ff ⟨1⟩
1985   Wahrheit und Allegorie. Zur Frühgeschichte der Hermeneutik von Theagenes bis Proklos. In Gerhardt/Herold (Hg.) 1985, 27−44 ⟨1⟩

Gauger, Hildegard
1952   *Die Kunst der politischen Rede in England.* Tübingen: Niemeyer ⟨112⟩

Gauger, Hans-Martin
1973   *Die Anfänge der Synonymik.* Tübingen: Narr ⟨12⟩
1975   Der Zauberberg − ein linguistischer Roman. *Neue Rundschau* 86, 217−245 ⟨107⟩
1976   *Sprachbewußtsein und Sprachwissenschaft.* München: Piper ⟨12⟩

Gaulnier, Jean
1951   *L'idéologue Volney 1757−1820: Contribution à l'histoire de l'orientalisme en France.* Beyrouth: Inst. Francais de Damas ⟨13⟩

Gazdar, Gerald
1979   *Pragmatics. Implicature, Presupposition, and Logical Form.* New York/San Francisco/London: Academic Pr. ⟨80/92/97⟩

Geach, Peter Thomas
1950   Subject and predicate. *Mind* 59, 461−482 ⟨77⟩
1957   *Mental Acts: Their Content and Their Objects.* London: Routledge & Kegan Paul ⟨21/71⟩
1957a   On beliefs about oneself. *Analysis* 18, 23−24 ⟨79⟩
1962   *Reference and Generality.* Ithaca: Cornell UP ⟨59/77/83/113⟩
1965   Assertion. *Philos. Rev.* 74, 449−465 ⟨70⟩
1970   *Reference and Generality. An Examination of Some Medieval and Modern Theories.* Ithaca/London: Cornell UP ⟨30⟩
1972   *Logic Matters.* Oxford: Blackwell / Berkeley: U. of California Pr. ⟨30/83/98⟩
1972a   A program for syntax. In Davidson/Harman (eds.) 1972, 483−497 ⟨111⟩
1975   Names and identity. In Guttenplan (ed.) 1975, 139−158 ⟨120⟩
1979   *Truth, Love and Immortality.* Berkeley: U. of California Pr. ⟨83⟩

Gebauer, Gunter
1972   Kritik der Interpretation. Über die Grenzen der Literaturwissenschaft. In Schmidt (Hg.) 1972, 114−123 ⟨106⟩
1981   *Der Einzelne und sein gesellschaftliches Wissen. Untersuchungen zum symbolischen Wissen.* Berlin: de Gruyter ⟨106⟩

Geckeler, Horst (Hg.)
1978   *Strukturelle Bedeutungslehre.* Darmstadt: Wiss. Buchges. ⟨51⟩

Geckeler, Horst et al. (eds.)
1981   *Logos Semantikos. Studia Linguistica In Honorem Eugen Coseriu I.* Berlin/New York/ Madrid: de Gruyter ⟨15⟩

Geertz, Clifford
1973   *The Interpretation of Cultures.* New York: Harper & Row ⟨49⟩

Geffcken, J. (Hg.)
1903   *Oracles Sibyllins.* Leipzig: J. C. Heinrichs ⟨66⟩

Geffré, Claude
1983   *Le christianisme au risque de l'interprétation.* Paris: Cerf ⟨85/103⟩

Geier, Manfred
1982   Die magische Kraft der Poesie. Zur Geschichte, Struktur und Funktion des Zauber- spruchs. *Dt. Vjschr. Lit. wiss.* 56, 359−385 ⟨107⟩

Geiger, Lazarus
1865   *Über Umfang und Quelle der erfahrungsfreien Erkenntnis.* In Bahnsen 1881, 16 ⟨9⟩
1868   *Ursprung und Entwickelung der menschlichen Sprache und Vernunft.* Stuttgart: Vlg. der J. G. Cotta'schen Buchhandlung ⟨9⟩

Gendlin, Eugene T.
1993   Die umfassende Rolle des Körpergefühls im Denken und Sprechen. *Dt. Z. Philos.* 41, 693−706 ⟨105

Genette, Gérard
1966   *Figures I.* Paris: Éd. du Seuil ⟨91⟩
1972   Valéry et la poétique du langage. *Mod. Lang. N.* 87, 600−615 ⟨107⟩
1976   *Mimologiques.* Voyage en Cartylie. Paris: Éd. du Seuil ⟨107⟩
1982   *Palimpsestes. La littérature au second degré.* Paris: Éd. du Seuil ⟨107⟩

Gensini, Stefano
1988   Variety and unity of linguistic inquiries: Leibniz's theory of meaning. In Gottfried- Wilhelm-Leibniz Ges. (Hg.) 1988, 297−304 ⟨23⟩

Gentinetta, Peter M.
1961   *Zur Sprachbetrachtung bei den Sophisten und in der stoisch-hellenistischen Zeit.* Win- terthur: Keller ⟨1⟩

Gentry, George Vincent
1952   Habit and the logical interpretant. In Wiener/ Young (eds.) 1952, 75−90 ⟨32⟩

Gentzen, Gerhard
1934/35 Untersuchungen über das logische Schließen I/II. *Mathematische Z.* 39, 176−210; 405−431 / auch in Berka/Kreiser (Hg.) 1971, 192−253 ⟨69/75⟩
1935   Die Widerspruchsfreiheit der reinen Zahlentheorie. *Mathematische Annalen* 112, 443−565 ⟨96.3⟩
1969   *The Collected Papers of Gerhard Gentzen.* Ed. M. E. Szabó. Amsterdam: North-Hol- land ⟨75⟩

George, Alexander
1986   Whence and whither the debate between Quine and Chomsky? *J. Philos.* 83, 489−499 ⟨73⟩

Georges, Karl Ernst
1992   *Ausführliches Lateinisch-Deutsches Handwörterbuch II.* Darmstadt: Wiss. Buchges. [⁸1913] ⟨67⟩

Georr, Khalil
1945   *Bibliographie critique de Fārābī, suivie de deux traités inédits sur la logique.* Thèse Sorbonne ⟨19⟩

de Gérando, Joseph-Marie
1800   *Des signes ou de l'art de penser considérés dans leurs rapports mutuels.* Paris: Goujon, Fuchs, Henrichs ⟨8/13/71⟩
1804   *Histoire comparée des systèmes de philosophie relativement aux principes des connais- sances humaines.* Paris: Henrichs ⟨13⟩

Gerber, Gustav
  1884   *Die Sprache und das Erkennen*. Berlin: R. Gaertners Verlagsbuchhandlung, Hermann Heyfelder ⟨9⟩
  1961   *Die Sprache als Kunst*. Hildesheim: Georg Olms [1871, ²1885] ⟨9⟩
Gerhardt, Volker / Herold, Norbert (Hg.)
  1985   *Wahrheit und Begründung*. Würzburg: Königshausen & Neumann ⟨1⟩
Gerhardus, Dietfried
  1978   Zur logisch-systematischen Genese visueller Zeichengebung. In Arbeitsgruppe Semiotik (Hg.) 1978, 303−318 ⟨105⟩
  1979   Ästhetisches Handeln. Skizze in konstruktiver Absicht. In Lorenz (Hg.) 1979, 146−183 ⟨105⟩
  1983   Semiotische Ästhetik als Reflexion künstlerischer Gegenstandskonstitution, künstlerischer Darstellungsverfahren und ästhetischer Erfahrung. *Z.Semiotik* 5(3), 252−255 ⟨105⟩
  1984a   Art. 'Marke'. In Mittelstraß (Hg.) 1984, 768−769 ⟨108⟩
  1984b   Art. 'Medium (semiotisch)'. In Mittelstraß (Hg.) 1984, 829−831 ⟨105⟩
  1984c   Art. 'Kunst'. In Mittelstraß (Hg.) 1984, 512−514 ⟨108⟩
  1985   Farbe als Bilderfindung. In Gerhardus/Kledzik (Hg.) 1985, 69−86 ⟨108⟩
  1986   Das 'rein Malerische' als Problem pictoraler Sprachlichkeit bei Carl Schuch. In Boehm/Dorn/Morat (Hg.) 1986, 29−44 ⟨108⟩
  1987   Von der Literarisierung zur Visualisierung. Zeichenphilosophischer Versuch über künstlerische Gegenstandskonstitution. *Jb. für Ästhetik* II (1986), 108−133 ⟨105⟩
  1989   *Bild, Schema, Konstruktion. Zum Begriff des Konstruierens in der Konkreten Kunst am Beispiel der Bodenplastik 'Halbzylinder III' von Diethelm Koch. Mit der Erstveröffentlichung der Werkgruppe 'Halbzylinder I−Xlll'*. St. Ingbert: W. J. Röhrig ⟨108⟩
  1991   Spontaneität und Struktur (deutsch-tschechisch). In Positionen 1991, 5−9 ⟨108⟩
  1992a   Von der Rezeptivität zur Spontaneität. Zu einem Grundlegungsproblem bildlicher Gestaltung. In Gerhardus/Lagerwaard/Rompza (Hg.) 1992, 13−19 ⟨105⟩
  1992b   Vom gemeinen Strich zur Linie als Gegenstand. In Enzweiler/Rompza (Hg.) 1992, 14−15 ⟨108⟩
  1994   Die Rolle von Probe und Etikett in Goodmans Theorie der Exemplifikation. In Meggle/Wessels (Hg.) 1994, 882−891 ⟨105⟩
Gerhardus, Dietfried / Gerhardus, Maly
  1977a   *Symbolismus und Jugendstil. Krisenbewußtsein, Verfeinerung sinnlichen Handelns und die Erneuerung des Lebens in Schönheit*. Freiburg/Basel/Wien: Herder ⟨108⟩
  1977b   *Symbolism and Art Nouveau. Sense of Inpending Crisis, Refinement of Sensibility, and Life Reborn in Beauty*. Oxford: Phaidon ⟨108⟩
  1977c   *Kubismus und Futurismus. Die Entwicklung zum autonomen Bild*. Freiburg/ Basel/ Wien: Herder ⟨108⟩
  1977d   *Cubism and Futurism. The Evolution of the Self-Sufficient Picture*. Oxford: Phaidon ⟨108⟩
Gerhardus, Dietfried / Kledzik, Silke M. (Hg.)
  1985   *Vom Finden und Erfinden in Kunst, Philosophie und Wissenschaft. K(l)eine Denkpause für Kuno Lorenz zum 50. Geburtstag*. Saarbrücken: Universitätsdruckerei ⟨108⟩
  1991   *Schöpferisches Handeln*. Frankfurt a.M./Bern/New York/Paris: Peter Lang ⟨108⟩
Gerhardus, Dietfried/ Kledzik, Silke M./ Reitzig, Gerd Heinrich
  1974   *Schlüssiges Argumentieren. Ein logisch-propädeutisches Lehr- und Arbeitsbuch*. Nachwort v. Kuno Lorenz. Göttingen: Vandenhoeck & Ruprecht ⟨108⟩
Gerhardus, Dietfried / Lagerwaard, Cornelieke / Rompza, Sigurd (Hg.)
  1992   *Bewegung: Versuche mit dem Kopiergerät als Beispiel für Grundlegungsprobleme bildlicher Gestaltung*. Ausstellungskatalog St. Wendel: Museum St. Wendel ⟨105⟩
Gerke, Ernst-Otto
  1970   *Der Essay als Kunstform bei Hugo von Hofmannsthal*. Lübeck/Hamburg: Matthiesen ⟨107⟩

Gerl, Hanna-Barbara
1974   *Rhetorik als Philosophie. Lorenzo Valla.* München: Fink ⟨7⟩
1982a   Humanistische und geometrische Sprachphilosophie Ein Paradigmenwechsel von
         Leonardo Bruni zu Francesco Patrizi. *Z.philos.Forsch.* 36, 189–207 ⟨7⟩
1982b   Abstraktion und Gemeinsinn. Zur Frage des Paradigmenwechsels von der Scholastik
         zum Humanismus in der Argumentationstheorie Lorenzo Vallas. *Tijdschr.Filos.* 44,
         677–706 ⟨7⟩

Gernsheim, Helmut
1983   *Geschichte der Photographie. Die ersten hundert Jahre.* Frankfurt a.M./Berlin/Wien:
         Ullstein/Propyläen ⟨108⟩
²1969   *The History of Photography from the Camara Obscura to the Beginning of the Modern
         Era.* New York: McGraw Hill [1955] ⟨108⟩

Gessinger, Joachim
1989   Der Ursprung der Sprache aus der Stummheit. Psychologische und medizinische
         Aspekte der Sprachursprungsdebatte im 18. Jahrhundert. In Gessinger/von Rahden
         (Hg.) 1989, 345–387 ⟨107⟩

Gessinger, Joachim / von Rahden, Wolfert (Hg.)
1989   *Theorien vom Ursprung der Sprache I/II.* Berlin/New York: de Gruyter ⟨26/107⟩

Gethmann, Carl Friedrich
1979   *Protologik. Untersuchungen zur formalen Pragmatik von Begründungsdiskursen.*
         Frankfurt a.M.: Suhrkamp ⟨47⟩
1987   Vom Bewußtsein zum Handeln. Pragmatische Tendenzen in der dt. Philosophie der
         ersten Jahrzehnte des 20. Jahrhunderts. In Stachowiak (Hg.) 1987, 202–232 ⟨37/52⟩

Gethmann, Carl Friedrich / Siegwart, Geo
1991   Sprache. In Martens/Schnädelbach (Hg.) 1991/II, 549–605 ⟨68⟩

Gethmann, Carl Friedrich (Hg.)
1980   *Theorie des wissenschaftlichen Argumentierens.* Frankfurt a.M.: Suhrkamp ⟨47⟩
1982   *Logik und Pragmatik. Zum Rechtfertigungsproblem logischer Sprachregeln.* Frankfurt
         a.M.: Suhrkamp ⟨47/96.3⟩

Gettier, Edmund
1963   Is justified true belief knowledge? *Analysis* 23(6), 121–123 ⟨117⟩

al-Ghazzālī, Abū Ḥāmid
1961   *Muqaddimat Tahāfut al-falāsifa al-musammā Maqāṣid al-falāsifa.* Taḥqīq Sulaimān
         Dunyā. Miṣr: Dār al-Maʿārif (Ḏaḫāʾir al-ʿArab) ⟨3⟩

Giacon, Carlo (ed.)
1971   *Saggi e ricerche su Aristotele, Marsilio da Padova, M. Eckhart, Rosmini, Spaventa,
         Marty, Tilgher, Omodeo. Metafisica, fenomenologia, estetica.* Padova: Antenore ⟨33⟩

Giambrone, S.
1985   TW₊ and RW₊ are decidable. *J.Philos.Log.* 14, 235–254 ⟨75⟩

Gibb, H. A. R. / Kramers, J. H. / Lévi-Provençal, E. / Schacht, J. (eds.)
1960ff   *The Encyclopedia of Islam I.* Leiden: Brill; London: Luzac & Co. ⟨3⟩

Gibbard, A.
1981   Two recent theories of conditionals. In Harper/Stalnaker/Pearce (eds.) 1981, 211–
         247 ⟨89⟩

Gibbard, A. / Harper, William L.
1981   Counterfactuals and two kinds of expected utility. In Harper/Stalnaker/Pearce (eds.)
         1981, 153–190 ⟨89⟩

Gibson, Margaret (ed.)
1981   *Boethius. His Life, Thought and Influence.* Oxford: Blackwell ⟨4⟩

Gibson, Roger F. Jr.
1982   *The Philosophy of W.V.O. Quine.* Tampa: University Presses of Florida ⟨99⟩

Giddens, Anthony
1979   *Central Problems in Social Theory.* London: Macmillan; Berkeley: The U. of Califor-
         nia Pr. ⟨110⟩

Giddens, Anthony / Turner, Jonathan (ed.)
1987   *Social Theory Today.* Cambridge: Polity Pr. ⟨52⟩

Giffhorn, Hans
1979   *Kritik der Kunstpädagogik. Chancen und Gefahren ästhetischer Erziehung.* Köln: Du-Mont ⟨108⟩

Giglioli, Pier Paolo (ed.)
1972   *Language and Social Context.* Harmondsworth: Penguin ⟨56⟩

Gil, Fernando (ed.)
1990   *Controvérsias Científicas e Filosóficas.* Lisboa: Fragmentos ⟨71/96.1⟩

Gilkey, Langdon
1969   *Naming the Whirlwind: The Renewal of God-Language.* Indianapolis/New York: Bobbs-Merrill ⟨85/103⟩

Gillespie, C. M.
1925   The Aristotelian categories. *The Classical Quarterly* 19, 75−84 / auch in Barnes/Schofield/Sorabji (eds.) 1979, 1−12 ⟨3⟩

Gillespie, Gerald
1971   *German Baroque Poetry.* New York: Twayne ⟨107⟩
1978   Primal utterance: observations on Kuhlmann's correspondence with Kircher, in view of Leibniz' theories. In Riechel (Hg.) 1978, 27−47 ⟨107⟩

Gilligan, Carol
1983   *In a Different Voice.* Cambridge, MA: Harvard UP ⟨49⟩

Gilson, Étienne
1930/⁴69 *Introduction à l'étude de Saint Augustin.* Paris: Vrin [1929] ⟨16⟩
1962   Die christliche Freiheit. In Andresen (Hg.) 1962, 399−441 ⟨16⟩

Gipper, Helmut
1967   Der Beitrag der inhaltlich orientierten Sprachwissenschaft zur Kritik der histori-schen Vernunft. In Gadamer (Hg.) 1966, 407−25 ⟨13⟩
1971   *Denken ohne Sprache?.* Düsseldorf: Pädagogischer Vlg. Schwann ⟨35⟩
1972   *Gibt es ein sprachliches Relativitätsprinzip?: Untersuchungen zur Sapir-Whorf-Hypo-these.* Frankfurt a.M.: Fischer ⟨13/35/58⟩
1981   Schwierigkeiten beim Schreiben der Wahrheit in der Geschichte der Sprachwissen-schaft. Zum Streit um das Verhältnis Wilhelm von Humboldts zu Herder. In Trabant (Hg.) 1981, 101−115 ⟨13⟩
1987   Verstehen als sprachlicher Annäherungsprozeß. Am Beispiel der Übersetzbarkeit des Begriffes Yoga in der indischen Bhagavadgita und der Diskussion zwischen A. W. v. Schlegel, S. A. Langlois, W.v. Humboldt und G. W. F. Hegel. *Sprachwissenschaft* 12, 24−44 ⟨13⟩
1988   *Das Sprachapriori. Sprache als Voraussetzung menschlichen Denkens und Erkennens.* Stuttgart/Bad Cannstatt: Fromann-Holzboog ⟨13⟩

Gipper, Helmut (Hg.)
1959   *Sprache, Schlüssel zur Welt. Festschrift für L. Weisgerber.* Düsseldorf: Schwann ⟨13⟩

Gipper, Helmut / Schmitter, Peter
1985   *Sprachwissenschaft und Sprachphilosophie in der Romantik.* Tübingen: Narr ⟨12⟩

Girard, Gabriel
1747   *Les vrais principes de la langue française ou la parole réduite en méthode I/II.* Paris: Le Bréton ⟨44⟩

Girard, J. Y. / Lafont, Y. / Taylor, P.
1989   *Proofs and Types.* Cambridge: UP ⟨111⟩

Givón, Talmy
1978   Negation in language: pragmatics, function, ontology. In Cole (ed.) 1978, 69−112 ⟨35⟩

Givón, Talmy (ed.)
1979   *Syntax and Semantics XII: Discourse and Syntax.* New York: Academic Pr. ⟨56⟩

Glaser, Barney G.
1978   *Theoretical Sensitivity. Advances in the Methodology of Grounded Theory.* Mill Valley, CA: Sociology Pr. ⟨56⟩

Gleckner, Robert F.
1974   Most holy forms of thought: some observations on Blake and language. *ELH* 41, 555–577 ⟨107⟩

Gleitman, H. / Gleitman, L. R. / Newport, E. L.
1977   Mother, I'd rather do it myself: some effects and noneffects of maternal speech style. In Ferguson/Snow (eds.) 1977, 109–149 ⟨76⟩

Glinz, Hans
1947   *Geschichte und Kritik der Lehre von den Satzgliedern in der deutschen Grammatik.* Bern: Francke ⟨58⟩
⁶1973   *Die innere Form des Deutschen, Eine neue deutsche Grammatik.* Bern: Francke [1952] ⟨58/120⟩
1975   *Deutsche Grammatik I, Satz – Verb – Modus – Tempus.* Wiesbaden: Athenaion ⟨58⟩
1978   *Texttheorie und Verstehenstheorie II, mit Texten erstrebte Erträge, Aufbau der Gesamtkompetenz Sprache, Zeitstrukturierung und Ich.* Wiesbaden: Athenaion ⟨58⟩
1986   Vierzig Jahre Umgang mit dem „Cours" von Saussure. In Jäger/Stetter (Hg.) 1986, 151–184 ⟨58⟩
1987a   Grundsätzliches über grammatische Begriffe und grammatische Termini. In Bausch/Grosse (Hg.) 1987, 21–49 ⟨58⟩
1987b   Sprache – Schrift – Rechtschreibung, Abläufe beim Lesen und Schreiben, Was ist hier wie wichtig? In Glinz/Schaeder/Zabel (Hg.) 1987, 9–62 ⟨58⟩
1987c   Die Sprachtheorien in und hinter den Lehrern und die Entwicklung der Sprachfähigkeiten in den Schülern. In Jb. des Instituts für deutsche Sprache 1986, 221–225 ⟨58⟩
1993   *Grammatiken im Vergleich. Deutsch–Französisch–Englisch–Latein. Formen – Bedeutungen – Verstehen.* Tübingen: Niemeyer

Glinz, Hans / Schaeder, Burkhard / Zabel, Hermann (Hg.)
1987   *Sprache, Schrift, Rechtschreibung.* Sprache der Gegenwart 68. Düsseldorf: Schwann ⟨58⟩

Gliozzi, Guiliano
1976   *Adamo et il nuovo mondo. La nascita dell'antropologia come ideologia coloniale: dalle genealogie bibliche alle teorie razziali (1500–1700).* Firenze: La Nuovo Italia ⟨66⟩
1986   *Le teorie della razza nellétà moderna.* Torino: Loescher ⟨66⟩

Glivenko, V.
1929   Sur quelques points de la logique de M. Brouwer. *Académie Royale de Belgique, Bulletins de la classe des sciences,* ser. 5, vol. 15, 183–188 ⟨75⟩

Gochet, Paul
1980   *Outline of a Nominalist Theory of Propositions.* Dordrecht : D. Reidel ⟨61⟩
1985   Syncategorematic treatment of predicates. In Matilal/Shaw (eds.) 1985, 61–80 ⟨63⟩
1986   *Ascent to Truth.* München: Philosophia Vlg. ⟨61/86⟩

Gochet, Paul / Gribomont, Pascal
1993   *Logique II. Méthodes formelles pour l'étude des programmes.* Paris: Hermès ⟨61⟩

Gockel, Heinz
1973   *Individualisiertes Sprechen. Lichtenbergs Bemerkungen im Zusammenhang von Erkenntnistheorie und Sprachkritik.* Berlin/New York: de Gruyter ⟨107⟩

Godel, Robert
1957   F. de Saussure, Cours de linguistique générale (1908–1909), Introduction (d'après des notes d'étudiants). *Cahiers Ferdinand Saussure* 15, 3–103 ⟨36⟩
1959   *A Geneva School Reader in Linguistics.* Bloomington: Indiana UP ⟨51⟩
²1969   *Les sources manuscrites du Cours de linguistique générale de F. de Saussure.* Genf: Droz ⟨36⟩

Gödel, Kurt
1930   Die Vollständigkeit der Axiome des logischen Funktionen-Kalküls. *Monatshefte für Mathematik und Physik* 38, 213–242 ⟨120⟩

1931   Über formal unentscheidbare Sätze der Principia Mathematica und verwandter Systeme I. *Monatshefte für Mathematik und Physik* 38, 173–198 ⟨59/96.3/120⟩

1932   Zum intuitionistischen Aussagenkalkül. *Akad. der Wiss. in Wien, Mathematisch-naturwissenschaftliche Kl.*, Anzeiger 69, 65f / auch in *Ergebnisse eines mathematischen Kolloquiums* 4 (1933), 40 ⟨75⟩

1944   Russell's mathematical logic. In Schilpp (ed.) 1944, 125–153 ⟨78⟩

Goeppert, Sebastian / Goeppert, Herma C.

1973   *Sprache und Psychoanalyse.* Reinbek: Rowohlt ⟨109⟩

1975   *Redeverhalten und Neurose.* Reinbek: Rowohlt ⟨109⟩

Goethe, Johann Wolfgang

1948–60 *Hamburger Ausgabe in 14 Bänden.* Hamburg: Christian Wegner ⟨108⟩

1953   *Schriften zur Kunst, Schriften zur Literatur – Maximen und Reflexionen.* Hamburg: Christian Wegner (= Goethe 1948–60 Bd. 12) ⟨108⟩
Einfache Nachahmung der Natur, Manier, Stil. In Goethe 1953, 30–34 ⟨108⟩

1950   *Gedenkausgabe der Werke, Briefe und Gespräche I–XXVII.* Zürich: Artemis ⟨107⟩

Goetsch, Paul

1985   Funktionen der Sprachkritik und -skepsis in der modernen englischen Literatur. *Literaturwissenschaftliches Jb.* 26, 227–251 ⟨107⟩

Goffman, Erving

1959   *The Presentation of Self in Everyday Life.* New York: Doubleday ⟨97⟩

1961   *Encounters. Two Studies in the Sociology of Interaction.* Indianapolis/New York: The Bobbs-Merrill Co. ⟨56⟩

1971   *Relations In Public. Microstudies Of The Public Order.* New York: Basic Books / Harmondsworth: Penguin ⟨56/115⟩

1971a   *The Presentation of Self in Everyday Life.* Harmondsworth: Penguin Books [1959] ⟨101⟩

1973   *Interaktion: Spaß am Spiel. Rollendistanz.* München: Piper ⟨56⟩

1974a   *Das Individuum im öffentlichen Austausch. Mikrostudien zur öffentlichen Ordnung.* Frankfurt a.M.: Suhrkamp ⟨56⟩

1974b   *Frame Analysis.* New York: Harper Colophon Books ⟨56/92/101⟩

1977   *Rahmenanalyse.* Frankfurt a.M.: Suhrkamp ⟨56/101⟩

Gogol, John M.

1974   Paul Celan and Ossip Mandelstam: Poetic language as ontological essence. *Revue des Langues Vivantes* 40, 341–354 ⟨107⟩

Goguen, J. A.

1968/69 The logic of inexact concepts. *Synthese* 19, 325–373 ⟨98⟩

Goldblatt, R. I.

1974   Semantic analysis of orthologic. *J.Philos.Log.* 3, 19–35 ⟨75⟩

1975   First-order definability in modal logic. *J.Symb.Log.* 40, 35–40 ⟨75⟩

1978   Arithmetical necessity, provability and intuitionistic logic. *Theoria* 44, 38–46 ⟨75⟩

Goldfarb, Warren

1979   Logic in the twenties: The nature of the quantifier. *J.Symb.Log.* 44, 351–368 ⟨96.2⟩

Goldman, Alvin I.

1986   *Epistemology and Cognition.* Cambridge, MA: Harvard UP ⟨57⟩

Goldman, Alvin I. / Jaegwon, Kim (eds.)

1978   *Values and Morals.* Dordrecht: D. Reidel ⟨104⟩

Goldschmidt, Hermann Levin

1964   *Dialogik. Philosophie auf dem Boden der Neuzeit.* Frankfurt a.M.: Europäische Verlagsanstalt ⟨47⟩

Goldschmidt, Victor

1947   *Les dialogues de Platon. Structure et méthode dialectique.* Paris: PUF ⟨112⟩

1972   Ὑπάρχειν et ὑφιστάναι dans la philosophie stoicienne. *Revue des études grecques* 85, 331–344 ⟨2⟩

Göller, Thomas
    1988   Zur Frage nach der Auszeichnung der Sprache in Cassirers Philosophie der symboli-
            schen Formen. In Braun/Holzhey/Orth (Hg.) 1988, 137–155⟨31/37⟩
Gombocz, Wolfgang L.
    1983   Anselm über Sinn und Bedeutung. *Anselm Studies. An Occasional J.* 1, 125–141 ⟨4⟩
Gombocz, Wolfgang L. / Fabian, R. / Haller, Rudolf / Henrichs, N. (eds.)
    1992   *International Bibliography of Austrian Philosophy 1984/85 – Internationale Bibliogra-
            phie zur österreichischen Philosophie 1984/85 V.* Amsterdam/Atlanta: Rodopi ⟨33⟩
Gombrich, Ernst H.
    1960   *Art and Illusion. A Study in the Psychology of Pictorial Representation.* The A. W.
            Melon Lectures in the Fine Arts 1956, National Gallery of Art. Washington/New
            York: Pantheon Books ⟨108⟩
   ²1967   *Kunst und Illusion. Zur Psychologie der bildlichen Darstellung.* Köln: Phaidon ⟨108⟩
Gombrich, Ernst H. / Hochberg, Julian / Black, Max
    1977   *Kunst, Wahrnehmung, Wirklichkeit.* Frankfurt a.M.: Suhrkamp ⟨108⟩
Gomperz, Heinrich
    1908   *Weltanschauungslehre Bd. 2. Erste Hälfte: Einleitung und Semasiologie.* Jena: Eugen
            Diederichs ⟨31⟩
    1929   *Über Sinn und Sinngebilde. Verstehen und Erklären.* Tübingen: J. C. B. Mohr (Paul
            Siebeck) ⟨108⟩
Goodman, Godfrey
    1616   *The Fall of Man.* London: Lee ⟨64⟩
Goodman, Lenn E.
    1972   Ibn Khaldun and Thucydides. *J. of the American Oriental Society* 92, 250–270 ⟨3⟩
    1976   *RAMBAM, Readings in the Philosophy of Moses Maimonides.* New York: Viking ⟨3⟩
    1983   The Greek impact on Arabic literature. In Beeston/Johnstone/Serjeant/Smith (eds.)
            1983, 460–482 ⟨3⟩
    1988a   Ordinary and extraordinary language in medieval Jewish and Islamic philosophy.
            Manuscrito 11, 57–83 ⟨3⟩
    1988b   Context. *Philosophy East and West* 38, 307–323 ⟨3⟩
    1989   Time in Islam. In Balslev/Mohanty (eds.) 1993, 138–162 ⟨3⟩
Goodman, Nelson
    1947   The problem of counterfactual conditionals. *J.Philos.* 44, 113–129; auch in Good-
            man 1955, 13–34 ⟨89⟩
    1955   *Fact, Fiction and Forecast.* Harvard UP ⟨89⟩
   ²1966   *The Structure of Appearance.* Indianapolis/New York/Kansas City: Bobbs-Merril
            [1951] ⟨61/82/96.3⟩
    1972   *Problems and Projects.* Indianapolis/New York: Bobbs-Merrill ⟨108⟩
    1973   *Fact, Fiction and Forecast.* New York: Bobbs Merrill ⟨10⟩
    1973a   *Sprachen der Kunst. Ein Ansatz zu einer Symboltheorie.* Frankfurt a.M.: Suhrkamp
            (Theorie) ⟨105⟩
   ²1976   *Languages of Art. An Approach to a Theory of Symbols.* Indianapolis: Hackett ⟨32/
            76/77/90/91/105⟩
   ³1977   *The Structure of Appearance.* Dordrecht/Boston: D. Reidel [1951] ⟨32/76⟩
    1978   *Ways of Worldmaking.* Hassocks/Sussex: The Harvester Pr. Limited ⟨59/105/106/
            107⟩
    1981   Wege der Referenz. *Z.Semiotik* 3, 11–22 ⟨107⟩
   ⁴1983   *Fact, Fiction and Forecast.* Cambridge, MA: Harvard UP [1973] ⟨12/99/118⟩
    1984a   *Weisen der Welterzeugung.* Frankfurt a.M.: Suhrkamp ⟨105/106⟩
    1984b   *Of Mind and Other Matters.* Cambridge, MA/London: Harvard UP ⟨107⟩
Goodman, Nelson / Elgin, Catherine Z.
    1988   *Reconceptions in Philosophy and Other Arts and Sciences.* Indianapolis/Cambridge:
            Hackett Publ. Co. ⟨105/107⟩
    1989   *Revisionen. Philosophie und andere Künste und Wissenschaften.* Frankfurt a.M.: Suhr-
            kamp ⟨108⟩

Goodman, Nelson / Leonard, Henry
1940   The calculus of individuals and its uses. *J. Symb. Log.* 5, 45–55 ⟨76/77⟩

Goodman, Nelson / Quine, Willard Van Orman
1947   Steps toward a constructive nominalism. *J. Symb. Log.* 12, 97–122 ⟨59⟩

Goodman, N. D.
1981   The logic of contradiction. *Z. für Mathematische Logik und Grundlagen der Mathematik* 27, 119–126 ⟨75⟩

Goodson, A. C.
1983   Coleridge on language: a poetic paradigma. *Philol. Quart.* 62, 45–68 ⟨107⟩

Gopnik, Irwin / Gopnik, Myrna (eds.)
1986   *From Models to Modules. Studies in Cognitive Science from the McGill Workshops.* Norwood, N. J.: Ablex Publ. Co. ⟨57⟩

Gordon, Robert / Forge, Andrew
1983   *Monet.* New York: Harry N. Abrams ⟨108⟩

Görgemanns Herwig / Schmidt, Ernst A. (Hg.)
1976   *Studien zum antiken Epos.* Meisenheim am Glan: Hain (Beiträge zur klassischen Philologie H.72) ⟨107⟩

Gorp, Hendrik van, u. a. (Hg.)
1981   *Receptie-onderzoek. Mogelijkheden en grenzen. Rezeptionsforschung. Möglichkeiten und Grenzen.* Leuven: Acco ⟨85/103⟩

Gorp, Jan van
1569   *Origines Antwerpianae.* Antwerpiae: Ex officina Christophori Plantini ⟨66⟩

Gottfried-Wilhelm-Leibniz-Ges. (Hg.)
1988   *Leibniz. Tradition und Aktualität. V. Internationaler Leibniz-Kongreß.* Hannover: Schlütersche Verlagsanstalt und Druckerei ⟨23/37⟩

Göttner, Heide
1973   *Logik der Interpretation. Analyse einer literaturwissenschaftlichen Methode unter kritischer Betrachtung der Hermeneutik.* München: Fink ⟨106⟩

Göttner, Heide / Jakobs, Joachim
1978   *Der logische Bau von Literaturtheorien.* München: Fink ⟨106⟩

Göttsche, Dirk
1987   *Die Produktivität der Sprachkrise in der modernen Prosa.* Frankfurt a.M.: Athenäum ⟨107⟩

Goudge, Thomas Anderson
1969   *The Thought of C. S. Peirce.* New York: Dover [1959] ⟨32⟩

Gould, Josiah B.
1970   *The Philosophy of Chrysippus.* Leiden: Brill ⟨2⟩

Gould, Julius / Kolb, William L. (eds.)
1964   *A Dictionary of the Social Sciences.* New York: The Free Pr. of Glencoe ⟨90⟩

Gould, Stephen Jay
1977   *Ontogeny and Phylogeny.* Cambridge/London: Harvard UP ⟨49⟩

Goulet, Richard
1978   La classification stoicienne des propositions simples. In Brunschwig (éd.) 1978, 171–198 ⟨2⟩

Grabmann, Martin
1926a   *Mittelalterliches Geistesleben. Abh. zur Geschichte der Scholastik und Mystik I.* München: Max Hueber [1922] ⟨4⟩
1926b   Die Entwicklung der Mittelalterlichen Sprachlogik (Tractatus de modis significandi). In Grabmann 1926a, 104–146 ⟨4⟩
1943   Thomas von Erfurt und die Sprachlogik des Mittelalterlichen Aristotelismus. *Bayerische Akad. der Wissenschaften, Sitzungsberichte der philosophisch historischen Abteilung H. 2* ⟨41⟩

Grabner-Haider, Anton
  1978   *Vernunft und Religion. Ansätze einer analytischen Religionsphilosophie*. Graz: Styria
            Vlg. ⟨85/103⟩

Graeser, Andreas
  1975   *Zenon von Kition. Positionen und Probleme*. Berlin/New York: de Gruyter ⟨2⟩
  1977   On language, thought and reality in ancient greek philosophy. *Dialectica* 31,
            359—388 ⟨2/15⟩
  1978   Sprache und Ontologie bei Aristoteles. *Freiburger Z. für Philosophie und Theologie*
            25, 443—455 ⟨15⟩
  1978a   The Stoic theory of meaning. In Rist (ed.) 1978, 77—100 ⟨2/15/51⟩
  1978b   The Stoic categories. In Brunschwig (éd.) 1978, 199—221 ⟨2⟩
  1978c   Sprache und Ontologie bei Aristoteles. *Freiburger Z. für Philosophie und Theologie*
            25, 443—455 ⟨15⟩
  1983   Aristoteles. In Graeser 1983a, 192—265 ⟨15⟩
  1983a   *Die Philosophie der Antike 2. Sophistik und Sokratik, Plato und Aristoteles*. München:
            C. H. Beck ⟨15⟩
  1989   *Philosophische Erkenntnis und begriffliche Darstellung. Bemerkungen zum erkenntnis-
            theoretischen Exkurs des VII. Briefs*. Stuttgart: Franz Steiner (Akad. der Wissen-
            schaften und der Literatur. Abh. der Geistes- und Sozialwissenschaftlichen Klasse.
            Jg. 1989. Nr. 4) ⟨107⟩

Grafton, Anthony
  1991   *Defenders of the text. The tradition of scholarship in an age of science, 1450—1800*.
            London/Cambridge, MA: Harvard UP ⟨66⟩

Graham, Angus C.
  1965   Being in linguistics and philosophy: a preliminary inquiry. *Foundations of Language*
            1, 223—231 ⟨3⟩
  1978   *Later Mohist logic, ethics and science*. The Chinese U. of Hong Kong & School of
            Oriental & African Studies, U. of London: Chinese UP ⟨6⟩
  1981   *Zhuangzi. The Seven Inner Chapters and Other Writings from the Book 'Chuang tzu'*.
            Winchester, Mass.: Allen & Unwin ⟨6⟩

Grandegeorge, L.
  1896   *Saint Augustin et le Néoplatonisme*. Paris: Ernest Leroux ⟨16⟩

Grandy, Richard E.
  1973   Reference, meaning, and belief. *J. Philos.* 70, 439—452 ⟨73⟩
  1979   Stuff and things. In Pelletier (ed.) 1979, 219—226 ⟨76⟩
  1987   In defense of semantic fields. In Grandy 1987a, 259—280 ⟨51⟩
  1987a   *New Directions in Semantics*. London: Academic Pr. ⟨51⟩

Grandy, Richard E. / Warner, Richard (eds.)
  1986   *Philosophical Grounds Of Rationality. Intentions, Categories, Ends*. Oxford: Claren-
            don ⟨94/114/115⟩

Granger, Gilles-Gaston
  1954   Langue universelle et formalisation des sciences. *Revue d'histoire des sciences et de
            leurs applications* 7, 197—219 ⟨100⟩
  1968/²88 *Essai sur la philosophie du style*. Paris: A. Colin ⟨100⟩
  1976   *La théorie aristotélicienne de la science*. Paris: Aubier Montaigne ⟨100⟩
  1979   *Langages et épistémologie*. Paris: Klincksiek ⟨100⟩

de la Grasserie, Raoul
  1895   *De l'origine et de l'évolution première des racines des langues*. Paris: J. Maisonneuve
            ⟨65⟩

Grassi, Ernesto
  1980   *Rhetoric as Philosophy*. University Park: Pennsylvania State UP ⟨24⟩

Grathoff, Dirk
  1988   Die Zeichen der Marquise: Das Schweigen, die Sprache und die Schrift. In Grathoff
            (Hg.) 1988, 204—229 ⟨107⟩

Grathoff, Dirk (Hg.)
    1988   *Heinrich von Kleist. Studien zu Werk und Wirkung*. Opladen: Westdt. Vlg. ⟨107⟩

Graumann, Carl Friedrich
    1984   Wundt, Mead, Bühler. Zur Sozialität und Sprachlichkeit menschlichen Handelns. In Graumann/Herrmann (Hg.) 1984, 217−247 ⟨31/52⟩

Graumann, Carl Friedrich / Herrmann, Theo (Hg.)
    1984   *Karl Bühlers Axiomatik*. Frankfurt a.M.: Klostermann ⟨38/52⟩

Graves, C. / Katz, J. / Nishiyama, Y. / Soames, S. / Stecker, R. / Tovey, P.
    1973   Tacit knowledge. *J. Philos.* 70, 318−330 ⟨72⟩

Gray, Richard T.
    1984   Suggestive metaphor: Kafka's aphorisms and crisis of communication. *Dt. Vjschr. Lit. wiss.* 58, 454−469 ⟨107⟩
    1986   Aphorism and „Sprachkrise" in turn-of-the-century Austria. *Orbis Litterarum* 41, 332−354 ⟨107⟩
    1987   *Constructive Destruction. Kafka's Aphorisms: Literary Tradition and Literary Transformation*. Tübingen: Niemeyer (Studien zur dt. Literatur 91) ⟨107⟩

Grazia, Margareta de
    1978   Shakespeare's view of language: an historical perspective. *Shakespeare Quarterly* 29, 374−388 ⟨107⟩
    1980   The secularization of language in the seventeenth century. *J. Hist. Ideas* 41, 319−329 ⟨107⟩

Gredt, Iosephus
    1926   *Elementa philosophiae aristotelico-thomisticae I*. Freiburg: Herder ⟨85/103⟩

Greenberg, Joseph Harold (ed.)
    1966   *Universals of Language*. Cambridge, MA: MIT ⟨12⟩
    1978   *Universals of Human Language I*. Stanford UP ⟨12⟩

Greene, Judith
    1972   *Psycholinguistics: Chomsky and Psychology*. Harmondsworth: Penguin Books ⟨119⟩

Greene, Robert W.
    1970   Francis Ponge, Metapoet. *Mod. Lang. N.* 85, 572−592 ⟨107⟩

Greenlee, Douglas
    1973   *Peirce's Concept of Sign*. The Hague/Paris: Mouton ⟨32⟩

Gregory, J.
    1974   Beth definability in infinitary languages. *J. Symb. Log.*, 39 22−26 ⟨75⟩

Greimas, Algirdas J.
    1966   *Sémantique Structurale*. Paris: Larousse ⟨91⟩

Grewendorf, Günther
    1975   *Argumentation und Interpretation. Wissenschaftstheoretische Untersuchungen am Beispiel germanistischer Lyrikinterpretationen*. Kronberg/Ts.: Scriptor ⟨106⟩
    1985   Sprache als Organ und Sprache als Lebensform. Zu Chomskys Wittgensteinkritik. In Birnbacher/Burkhardt (Hg.) 1985, 89−129 ⟨120⟩

Grewendorf, Günther (Hg.)
    1979   *Sprechakttheorie und Semantik*. Frankfurt a.M.: Suhrkamp ⟨94/114⟩

Grewendorf, Günther / Meggle, Georg (Hg.)
    1974   *Linguistik und Philosophie*. Frankfurt a.M. ⟨94⟩

Grice, Herbert Paul
    1957   Meaning. *Philos. Rev.* 66, 377−88 ⟨54/68/70/71/89/93/94/101/112/114/115⟩
    1957a   *Mental Acts*. London: Routledge & Kegan Paul ⟨71⟩
    1967a   *Logic and Conversation*. The William James Lectures, given at Harvard U. ⟨89⟩
    1967b   *Conditionals. Privately circulated notes*. Berkeley: U. of California ⟨89⟩
    1968   Utterer's Meaning, sentence-meaning, and word-meaning. *Found. Lang.* 4, 1−18 ⟨68/71/94/97/112⟩
    1969   Utterer's meaning and intentions. *Philos. Rev.* 78, 147−177 ⟨70/94/112⟩
    1971   Meaning. In Rosenberg/Travis (eds.) 1971, 436−444 ⟨97⟩

1975a   Logic and conversation. In Cole/Morgan (eds.) 1975, 41−58 ⟨47/80/89/91/92/95/97/
        106/112/115/117⟩
1975b   Logic and conversation. In Davidson/Harman (eds.) 1975, 64−75 ⟨89⟩
1978   Further notes on logic and conversation. In Cole (ed.) 1978, 113−127 ⟨97⟩
1979a   Intendieren, Meinen, Bedeuten. In Meggle (Hg.) 1979, 2−15 ⟨52/114⟩
1979b   Sprecher-Bedeutung und Intentionen. In Meggle (Hg.) 1979, 16−51 ⟨52⟩
1981   Presupposition und conversational implicature. In Cole (ed.) 1981, 183−98 ⟨97/112⟩
1982   Meaning revisited. In Smith (ed) 1982, 223−243 ⟨94/114⟩
1989a   *Studies in the Way of Words*. Cambridge/MA ⟨71/94/96.1/97/112⟩
1989b   Meaning. In Grice 1989a, 213−223 ⟨112⟩
1989c   Utterer's meaning, sentence-meaning, and word-meaning. In Grice 1989a, 117−137
        ⟨97/112⟩
1989d   Utterer's meaning and intentions. In Grice 1989a, 86−116 ⟨112⟩
1989e   Logic and conversation. In Grice 1989a, 22−40 ⟨112⟩
1989f   Presupposition und conversational implicature. In Grice 1989a, 269−282 ⟨97/112⟩
1989g   Indicative conditionals. In Grice 1989a, 58−85 ⟨97⟩

Griffin, Donald R.
1976   *The Question of Animal Awareness*. New York: Rockefeller UP ⟨116⟩
Griffin, Nicholas
1977   *Relative Identity*. Oxford: Clarendon ⟨76/83⟩
Griffin, Robert J.
1961/62 Tristram Shandy and language. *College English* 23, 108−112 ⟨107⟩
Grignaschi, Mario
1972   Les traductions latines des ouvrages de la logique arabe et l'Abrégé d'Alfarabi. *Arch.
        d'histoire Doctrinale et Littéraire du Moyen-Age* XXXIX, 41−107 ⟨19⟩
Grimm, Jacob
1958   *Über den Ursprung der Sprache*. Wiesbaden: Insel-Vlg. [1951] ⟨13⟩
Grimm, Reinhold
1979   Comparing Kafka and Nietzsche. *German Quarterly*, 339−350 ⟨107⟩
Griss, George François Cornelius
1946−51 Negationless intuitionistic mathematics I−III. *Indagationes Math.* 8, 675−681; 12,
        108−115; 13, 41−49 ⟨47⟩
Groenendijk, Jeroen / Stokhof, Martin
1986   Dynamic Montague Grammar. *ITaLI Prepublications* X- 89−04, U. of Amsterdam
        ⟨113⟩
Groenendijk, Jeroen / de Jongh, Dick / Stokhof, Martin (eds.)
1986   *Studies in Discourse Representation Theory and the Theory of Generalized Quantifiers*.
        Dordrecht: Foris ⟨113⟩
Groenendijk, Jeroen A. G. / Janssen, Theo / Stokhof, Martin B. J. (eds.)
1980   *Formal Methods in the Study of Language. Part 1*. Amsterdam: Mathematisch Cen-
        trum, ⟨75⟩
1981   *Formal Methods in the Study of Language*. Amsterdam: The U. of Amsterdam, Math
        Centre Tracts ⟨55/113⟩
1984   *Truth, Interpretation and Information*. Dordrecht: Foris ⟨113⟩
de Grolier, Éric (ed.)
1983   *Glossogenetics: the origin and evolution of language*. Chur/London: Harwood Acade-
        mic Publ. ⟨65⟩
Gross, L. (ed.)
1959   *Symposium on Sociological Theory*. Evanston, Ill., White Plains N. Y.: Row, Peter-
        son & Co. ⟨51⟩
Gross, Maurice
1967   Sur une règle de cacophonie. *Langages* 7, 105−119 ⟨44⟩
Gross, Ruth V.
1984   „In keiner Sprache kann man sich so schwer verständigen wie in der Sprache": Aus-
        trian literature and the papageno problem. *Mod. Aust. Lit.* 17(3/4), 29−40 ⟨107⟩

Groupe, M.
1970   *Rhétorique générale.* Paris: Larousse ⟨91⟩

Grubmüller, K. / Hellgardt, E. / Jellissen, H. / Reis, M. (Hg.)
1979   *Befund und Deutung. Zum Verhältnis von Empirie und Interpretation in Sprach- und Literaturwissenschaft.* Tübingen: Niemeyer ⟨107⟩

Grünbaum, Adolf
²1973   *Philosophical Problems of Space and Time.* Dordrecht: D. Reidel ⟨99⟩

Grünbaum, Adolf / Salmon, Wesley C. (eds.)
1988   *The Limitations of Deductivism.* Berkeley: U. of California Pr. ⟨99⟩

Gründer, Karlfried
1982a   Sprache und Geschichte. Zu J. G. Hamanns *Metakritik über den Purismus der Vernunft.* In Gründer 1982b, 48−54 ⟨25⟩
1982b   *Reflexion der Kontinuitäten. Zum Geschichtsdenken der letzten Jahrzehnte.* Göttingen: Vandenhoeck & Ruprecht [1961] ⟨22⟩

Gruppe, Otto Friedrich
1831   *Antäus: Ein Briefwechsel über speculative Philosophie in ihrem Conflict mit Wissenschaft und Sprache.* Berlin: Nauck ⟨9⟩
1834   *Wendepunkt der Philosophie im neunzehnten Jahrhundert.* Berlin: G. Reimer ⟨9⟩
1855   *Gegenwart und Zukunft der Philosophie in Deutschland.* Berlin: G. Reimer ⟨9⟩

Gsteiger, Manfred
1971   *Französische Symbolisten in der deutschen Literatur der Jahrhundertwende (1869−1914).* Bern/München: Francke ⟨107⟩

Guenther, F. / Guenther-Reutter, M. (eds.)
1978   *Meaning and Translation.* London: Duckworth ⟨12⟩

Guilhaumou, Jacques
1989   *Sprache und Politik in der Französischen Revolution. Vom Ereignis zur Sprache des Volkes (1789 bis 1794).* Frankfurt a.M.: Suhrkamp ⟨107⟩

Guitton, J.
1933   *Le temps et l'éternité chez Plotin et S. Augustin.* Paris: Boisin ⟨16⟩

Guldan, E. (Hg.)
1960   *Beiträge zur Kunstgeschichte. Festgabe für Heinz Rudolf Rosemann.* München: Dt. Kunstvlg. ⟨108⟩

Gülich, Elisabeth / Kotschi, Thomas
1987   Reformulierungshandlungen als Mittel der Textkonstitution. In Motsch (Hg.) 1987, 199−261 ⟨56⟩

Gülich, Elisabeth / Kotschi, Thomas (Hg.)
1985   *Grammatik, Konversation, Interaktion.* Tübingen: Niemeyer ⟨56/92⟩

Gumpel, Liselotte
1984   *Metaphor Reexamined. A Non-Aristotelian Perspective.* Bloomington: Indiana UP ⟨91⟩

Gumperz, John J.
1982   *Discourse Strategies.* Cambridge: UP ⟨56⟩

Gumperz, John J. / Hymes, Dell (eds.)
1972   *Directions in Sociolinguistics. The Ethnography Of Speaking.* New York: Holt, Rinehart and Winston ⟨56/92/115⟩

Gunderson, K. (ed.)
1975   *Language, Mind, and Knowlewdge.* Minneapolis: Univ. of Minnesota Pr. ⟨68/70/78/95⟩

Gunther, A.
1977   *Dialogkonstruktionen auf der Basis logischer Ableitungen.* IKP-Forschungsberichte, Reihe I, Bd. 68 Hamburg ⟨47⟩

Günther, Gotthard
1959   *Idee und Grundriss einer Nicht-Aristotelischen Logik.* Hamburg: Felix Meiner ⟨47⟩

Günther, K. B. / Günther, H. (Hg.)
1983   *Schrift, Schreiben, Schriftlichkeit. Arbeiten zur Struktur, Funktion und Entwicklung schriftlicher Sprache.* Tübingen: Niemeyer ⟨108⟩

Günthner, Franz
  1975   On the semantics of metaphor. *Poetics* IV, 2−3, 199−220 ⟨91⟩
  1987   Linguistic meaning in discourse representation theory. *Synthese* 73, 569−598 ⟨68⟩
Gupta, A.
  1982   Truth and paradox. *J.Philos.Log.* 11, 1−60 ⟨75⟩
Gupta, A. / Martin, R. L.
  1984   A fixed point theorem for the weak Kleene valuation scheme. *J.Philos.Log.* 13,
            131−135 ⟨75⟩
  1985   Correction „A fixed point theorem for the weak Kleene valuation scheme". *J.Philos-
            .Log.* 14, 229 ⟨75⟩
Gupta, B.
  1962   *Die Wahrnehmungslehre in der Nyāyamañjarī.* Diss. U. Bonn ⟨18⟩
Gupta, M. M. / Rammohan, K. / Ragade, K. / Yager, R. R. (eds.)
  1979   *Advances in Fuzzy Set Theory and Applications.* Amsterdam/New York: North-Hol-
            land ⟨75⟩
Gura, Philip F.
  1981   *The Wisdom of Words: Language, Theology, and Literature in the New England Re-
            naissance.* Middletown: Wesleyan UP ⟨107⟩
Gusdorf, Georges
  1973   *L'avènement des sciences humaines au siècle des lumières.* Paris: Payot ⟨44⟩
Gustafsson, Lars
  1980/82   *Sprache und Lüge. Drei sprachphilosophische Extremisten: Friedrich Nietzsche, Alex-
            ander Bryan Johnson, Fritz Mauthner.* München/Wien: Hanser; Frankfurt a.M.: Fi-
            scher [1979] ⟨29/35⟩
Guttenplan, Samuel (ed.)
  1975   *Mind and Language: Wolfson College Lectures 1974.* Oxford: Clarendon ⟨75/79/87/
            120⟩
Güttgemanns, Erhardt
  1978   Sensus historicus und sensus plenior, oder über „historische" und „linguistische"
            Methode. Thesen und Reflexionen zur erkenntnistheoretischen Funktion von Lingui-
            stik und Semiotik in der Theologie. *Linguistica Biblica* 43, 75−112 ⟨85/103⟩
  1983   *fragmenta semiotico-hermeneutica. Eine Texthermeneutik für den Umgang mit der Hl.
            Schrift.* Bonn: Linguistica Biblica (Forum Theologiae Linguisticae 9) ⟨16⟩
  1989   Die „Krankheit zum Tode". *Linguistica Biblica* 63, 5−28 ⟨16⟩
  1991   Die „simulatio" als Aspekt der „Linguistik der Lüge" bei Aurelius Augustinus und
            Thomas Aquinas. In Güttgemanns (Hg.) 1991, 39−70 ⟨16⟩
Güttgemanns, Erhardt (Hg.)
  1991   *Das Phänomen der ›Simulation‹.* Bonn: Linguistica Biblica (Forum Theologiae Lin-
            guisticae 16) ⟨16⟩
Gyekye, Kwame
  1971   The Terms „Prima Intentio" and „Secunda Intentio" in Arabic Logic. *Speculum* 46,
            32−38 ⟨3⟩
  1979   *Arabic Logic: Ibn al-Tayyib's Commentary on Porphry's Eisagoge.* Albany: State U.
            of New York Pr. ⟨3⟩

Haack, Susan
  1974   *Deviant Logic.* Cambridge: UP ⟨75⟩
  1978   *Philosophy of Logics.* Cambridge: UP ⟨75/86/89⟩
Haaparanta, Leila / Hintikka, Jaakko (eds.)
  1986   *Frege Synthesized.* Dordrecht: D. Reidel ⟨34/84⟩
Haarmann, Harald
  1990   *Universalgeschichte der Schrift.* Frankfurt a.M./ New York: Campus Vlg. ⟨108⟩
Habermas, Jürgen
  1970   On systematically distorted communication. *Inquiry* 13, 205−218 ⟨49⟩

1971   Vorbereitende Bemerkungen zu einer Theorie der kommunikativen Kompetenz. In Habermas/Luhmann (Hg.) 1971, 101−141 ⟨47/53⟩
1974   Wahrheitstheorien. In Fahrenbach (Hg.) 1974, 211−265 ⟨47/53/69⟩
³1975/79 *Erkenntnis und Interesse.* Frankfurt a.M.: Suhrkamp [1968] ⟨32/109⟩
1976   Was heißt Universalpragmatik? In Apel (Hg.) 1976, 174−272 ⟨53⟩
1981/82 *Theorie des kommunikativen Handelns I/II.* Frankfurt a.M.: Suhrkamp ⟨47/49/52/53/54/94/101⟩
1984a/85 *Vorstudien und Ergänzungen zur Theorie des kommunikativen Handelns.* Frankfurt a.M.: Suhrkamp ⟨49/94⟩
1984b   Intentionalistische Semantik. In Habermas 1984a, 332−350 ⟨52/94⟩
1987   Philosophy as stand-in and interpreter. In Baynes/Bohman/McCarthy (eds.) 1987, 296−315 ⟨71⟩
1988   *Nachmetaphysisches Denken. Philosophische Aufsätze.* Frankfurt a.M.: Suhrkamp ⟨53⟩

Habermas, Jürgen / Luhmann, Niklas (Hg.)
1971   *Theorie der Gesellschaft oder Sozialtechnologie. Was leistet die Systemforschung?* Frankfurt a.M.: Suhrkamp ⟨47/53⟩

Hacker, Peter
1986   *Insight and Illusion.* Oxford: Clarendon [1972] ⟨39⟩
1990   *Wittgenstein: Meaning and Mind. An Analytical Commentary on the Philosophical Investigations.* Oxford/Cambridge: Blackwell ⟨68⟩

Hacking, Ian
1975a   *Why Does Language Matter to Philosophy?* Cambridge: UP ⟨11/30/71⟩
1975b   *The Emergence of Probability.* Cambridge: UP ⟨24⟩
1979   What is logic? *J. Philos.* 76, 285−319 ⟨75⟩

Haddad, Fuat
1967   Alfarabi's theory of language. In Haddad (ed.) 1967, 327−351 ⟨3⟩

Haddad, Fuat / Tamin, S. (eds.)
1967   *American U. of Beirut Festival Book.* Beirut: American U. ⟨3⟩

Haeflinger, A. / Narasimhan, R. (eds.)
1970   *Essays on Topology and Related Topics.* Berlin: Springer ⟨88⟩

Haenchen, Ernst
1932   *Die Frage nach der Gewißheit bei dem jungen Augustin.* Stuttgart: Kohlhammer ⟨16⟩

Haferland, Harald
1989   Mystische Theorie der Sprache bei Jacob Böhme. In Gessinger/von Rahden (Hg.) 1989, 89−130 ⟨107⟩

Haft, Fritjof
1978   *Juristische Rhetorik.* Freiburg: Alber ⟨102⟩

Hagège, Claude
1985   *L'homme de paroles.* Paris: Fayard ⟨12/44⟩

Hagenbüchle, Roland
1979   Sign and process: the concept of language in Emerson and Dickinson. *Emerson Society Quarterly* 25, 137−159 ⟨107⟩

Hagius, Hugh
1979   *The Stoic Theory of the Parts of Speech.* Diss. Columbia U. 1979. Ann Arbor, Mich.: U. Microfilms International ⟨2⟩

Hahn, Lewis E. / Schilpp, Paul A. (eds.)
1986   *The Philosophy of W. V. Quine.* La Salle, Ill.: Open Court ⟨78/99/120⟩

Hájek, P.
1983   Arithmetical interpretations of dynamic logic. *J. Symb. Log.* 48, 704−713 ⟨75⟩

Halbfass, Wilhelm
1981   *Indien und Europa. Perspektiven ihrer geistigen Bewegung.* Basel/Stuttgart: Schwabe ⟨66⟩

Halevi, Judah
1905   *Kitāb al-Radd wa-l-dalīl fī l-dīn al-ḏalīl (al-Kitāb al-Ḥazarī).*

1977   *The Kuzari, An Argument for the Faith of Israel.* Ed. and tr. by David Baneth. New York ⟨3⟩

Hall, K. et al. (eds.)
1990   *Proc. of the Sixteenth Annual Meeting of the Berkeley Linguistic Society: General Session and Parasession on the Legacy of Grice.* Berkeley, Calif.: Berkeley Linguistics Society ⟨114⟩

Haller, Rudolf
1959   Das 'Zeichen' und die 'Zeichenlehre' in der Philosophie der Neuzeit. *Arch. Begriffs-gesch.* 4, 113–157 ⟨68⟩
1962   Untersuchungen zum Bedeutungsproblem in der antiken und Mittelalterlichen Philosophie. *Arch. Begriffsgesch.* 7, 57–119 ⟨68⟩
1973   Das Problem der Objektivität ästhetischer Wertungen. *Neue Hefte für Philosophie H.* 5, 105–117 ⟨106⟩
1974   Sprachkritik und Philosophie: Wittgenstein und Mauthner. In Inst. für Österreichkunde (Hg.) 1974, 41–56 ⟨35⟩
1978   Brentanos Sprachkritik oder daß 'man unterscheiden muss, was es (hier) zu unterscheiden gibt'. *Graz. Phil. Stud.* 5, 117–130 ⟨33⟩
1986a   *Facta und Ficta.* Stuttgart: Reclam ⟨105⟩
1986b   Das Problem der Objektivität ästhetischer Wertungen. In Haller 1986a, 129–146 ⟨105⟩

Haller, Rudolf / Stadler, Friedrich (Hg.)
1988   *Ernst Mach − Werk und Wirkung.* Wien: Hölder-Pichler-Tempsky ⟨107⟩

Halliday, Michael Alexander Kirkwood
1970   Language structure and language function. In Lyons (ed.) 1970, 140–165 ⟨51⟩
1979   *Logic as Social Semiotic. The Social Interpretation of Language and Meaning.* London: Arnold ⟨56⟩

Hallpike, Christopher Robert
1979   *Foundations of Primitive Thought.* Oxford: Clarendon ⟨37⟩

Halmos, P. R.
1960   *Naive Set Theory.* Princeton: Van Nostrand ⟨120⟩
[2]1969   *Naive Mengenlehre.* Göttingen: Vandenhoeck & Ruprecht ⟨120⟩

Hamacher, Werner
1985   Das Beben der Darstellung. In Wellbery (Hg.) 1985, 149–173; 188–192 ⟨107⟩

Hamann, Johann Georg
1949–57   *Sämtliche Werke I–VI.* Hg. Josef Nadler. Wien: Thomas Morus Presse im Vlg. Herder ⟨25⟩
1967a   *Metakritik über den Purism der Vernunft.* In Hamann 1967b, 219–227 ⟨12⟩
1967b   *Schriften zur Sprache.* Frankfurt a.M.: Suhrkamp ⟨12/25/107⟩
1968   *Sokratische Denkwürdigkeiten. Aesthetica in nuce.* Hg. Sven Aage Jorgensen. [1762] ⟨26⟩
1988   *Briefe.* Hg. Arthur Henkel. Frankfurt a.M.: Insel ⟨25⟩

Hamblin, Charles Leonard
1970   *Fallacies.* London: Methuen & Co. ⟨47/98/115⟩

Hamburg, Carl H.
1964   Symbol. In Gould/Kolb 1964, 710–711 ⟨90⟩

Hamburger, Käte (Hg.)
1971   *Rilke in neuer Sicht.* Stuttgart/Berlin/Köln/Mainz: Kohlhammer ⟨107⟩

Hamburgische Universität (Hg.)
1929   *Reden gehalten bei der Feier des Rektorwechsels am 7. Nov. 1929.* Hamburg: Boysen ⟨37⟩

Hamlyn, D. W.
1957   *The Psychology of Perception. A Philosophical Examination of Gestalt Theory and Derivative Theories of Perception.* New York: Humanities Pr. ⟨108⟩

Hammacher, Klaus
1969   *Die Philosophie Friedrich Heinrich Jacobis.* München: Fink ⟨13⟩

Hammacher, Klaus (Hg.)
1976   *Universalismus und Wissenschaft im Werk und Wirken der Brüder Humboldt.* Frankfurt a.M.: Klostermann ⟨13⟩
1981   *Der transzendentale Gedanke. Die gegenwärtige Darstellung der Philosophie Fichtes.* Hamburg: Meiner ⟨13⟩

Hammacher, Klaus / Mues, Alber (Hg.)
1979   *Erneuerung der Transzendentalphilosophie im Anschluß an Kant und Fichte.* Stuttgart/Bad-Cannstatt: Friedrich Frommann Vlg. (Günther Holzboog) ⟨107⟩

Hampshire, Stuart
1960   *Thought and Action.* New York: Viking Pr. ⟨79⟩

Hancher, Michael
1981/82   Humpty Dumpty and verbal meaning. *J. Aesth. Art.* 40, 49−58 ⟨107⟩

Hank, Rainer
1984   *Mortifikation und Beschwörung. Zur Veränderung ästhetischer Wahrnehmung in der Moderne am Beispiel des Frühwerkes Richard Beer-Hofmanns.* Frankfurt a.M./Bern/New York: Peter Lang ⟨107⟩

Hankamer, J.
1973   Unacceptable ambiguity. *Linguistic Inquiry* 4, 17−68 ⟨98⟩

Hansack, Ernst
1989   *Bedeutung, Begriff, Name.* Hg. Klaus Trost. Regensburg: Roderer und Welz ⟨68⟩

Hansen, Chad
1983   *Language and Logic in Ancient China.* Ann Arbor, Mich.: U. of Michigan Pr. ⟨6⟩

Hansen-Löve, Aage A.
1978   *Der russische Formalismus. Methodologische Rekonstruktion seiner Entwicklung aus dem Prinzip der Verfremdung.* Wien: Vlg. der österr. Akad. der Wiss. (Österr. Akad. der Wissenschaften. Phil.-hist. Klasse. Sitzungsberichte 336.Bd.; Veröffentlichungen der Kommission für Literaturwissenschaft Nr. 5) ⟨107⟩

Hanson, Norwood R.
1958   *Patterns of Discovery.* Cambridge: UP ⟨99⟩

Hapkemeyer, Andreas
1982   *Die Sprachthematik in der Prosa Bachmanns. Todesarten und Sprachformen.* Frankfurt a.M./Bern: Lang ⟨107⟩

Happ, Heinz
1971   *Hyle. Studien zum aristotelischen Materie-Begriff.* Berlin/New York: de Gruyter ⟨15⟩

Haradatta
1981   *Padamañjarī.* Haiḍarābād: Saṃskr̥tapariṣat, Usmānīyāviśvavidyālayaḥ ⟨43⟩

Harbsmeier, C.
1979   *Wilhelm von Humboldts Brief an Abel Rémusat und die philosophische Grammatik des Altchinesischen.* Stuttgart/Bad-Cannstatt: Friedrich Frommann Vlg. (Günther Holzboog) ⟨6⟩

Hardt, Friedrich (Hg.)
1964   *Deutsch − Gefrorene Sprache in einem gefrorenen Land? Polemik Analysen Aufsätze.* Berlin: Literarisches Colloquium ⟨107⟩

Hardt, Manfred
1976   *Poetik und Semiotik. Das Zeichensystem der Dichtung.* Tübingen: Niemeyer (Konzepte der Sprach- und Literaturwissenschaft 20) ⟨107⟩

Hare, A. Paul / Borgatta, Edgar F. / Bales, Robert F. (eds.)
1966   *Small Groups.* New York: Knopf ⟨115⟩

Hare, Richard Mervyn
1952   *The Language of Morals.* Oxford: Clarendon ⟨101/104/106⟩

1955   Ethics and politics I/II. *The Listener* 54 (1389), 593–594 (Can I be blamed for
            obeying orders?) / auch in Hare 1972b, 1–8; *The Listener* 54 (1390), 651–653 (Have
            I a duty to my country as such?) ⟨104⟩
1963a   *Freedom and Reason.* Oxford: UP ⟨104⟩
1963b   Descriptivism. *Proc. of British Acad.* 49, 115–134 / auch in Hare 1972a, 55–75
            ⟨104⟩
1967   Some alleged differences between imperatives and indicatives. In Hare 1971b, 25–43
            [*Mind* 77, 309–326] ⟨104⟩
1971a   *Practical Inferences.* London: Macmillan ⟨104⟩
1971b   *Essays on Philosophical Method.* London: Macmillan ⟨104⟩
1971c   Wanting: some pitfalls. In Binkley (ed.) 1971, 81–127 / auch in Hare 1971b, 44–58
            ⟨104⟩
1971d   Philosophical discoveries. In Lyas (ed.) 1971, 223–240 ⟨115⟩
1972a   *Essays on the Moral Concepts.* London: Macmillan ⟨104⟩
1972b   *Applications of Moral Philosophy.* London: Macmillan ⟨104⟩
1976   Some confusions about subjectivity. In Bricke (ed.) 1976, 191–208 / auch in Hare
            1989a, 14–32 ⟨104⟩
1978   Relevance. In Goldman/Kim (eds.) 1978, 73–90 / auch in Hare 1989a, 191–211
            ⟨104⟩
1979   What makes choices rational? *Rev. Met.* 32, 623–637 / auch in Hare 1989a, 33–48
            ⟨104⟩
1981   *Moral Thinking: Its Levels, Method and Point.* Oxford: UP ⟨104⟩
1982   *Plato.* Oxford: UP ⟨104⟩
1984   Supervenience. *Proc. Arist. Soc. Supp.* 58, 66–81 / auch in Hare 1989a, 66–81 ⟨104⟩
1985   How to decide moral questions rationally. *Critica* 18, 63–78 / auch in Hare 1989a,
            99–112 / italienische Übers. (Come decidere razionalmente le questioni morale) in
            Lecaldano (ed.) 1985, 45–58 ⟨104⟩
1986   A reductio ad absurdum of descriptivism. In Shanker (ed.) 1986a, 118–134 / auch
            in Hare 1989a, 113–130 ⟨104⟩
1989a   *Essays in Ethical Theory.* Oxford: UP ⟨10⟩
1989b   Some subatomic particles of logic. *Mind* 98, 23–37 ⟨104⟩
1992a   Art. 'Weakness of will'. In Becker (ed.) 1992 II, 1304–1307 ⟨104⟩
1992b   Satanism and nihilism. In Hare 1992c, 98–112 ⟨104⟩
1992c   *Essays on Religion and Education.* Oxford: UP ⟨104⟩
1993   Could Kant have been a Utilitarian? In Dancy (ed.) 1993, 91–113 / auch in *Utilitas*
            5, 1–16 / dt. Übers. in Fehige/Meggle (Hg.) 1995, 11–34 ⟨104⟩

Häring, Nikolaus M.
1981   Die theologische Sprachlogik der Schule von Chartres im zwölften Jahrhundert. In
            Kluxen et al. (Hg.) 1981, 930–936 ⟨107⟩

Harl, M.
1986   *La Bible d'Alexandrie, La Genèse.* Paris: Cerf ⟨66⟩

Harman, Gilbert
1967   Quine on meaning and existence I. *Rev. Met.* 21, 124–151 ⟨74/86⟩
1968   Three levels of meaning. *J. Philos.* 65, 590–602 ⟨50⟩
1969   An introduction to 'Translation and Meaning', chapter two of *Word and Object*. In
            Davidson/Hintikka (eds.) 1969, 14–26 ⟨73⟩
1970a   Language learning. *Nous* 4, 33–43 ⟨71⟩
1970b   Sellars' semantics. *Philos. Rev.* 79, 404–419 ⟨71⟩
1970c/73   *Thought.* Princeton, N. J.: UP ⟨71/86⟩
1974   Meaning and semantics. In Munitz/Unger (eds.) 1974, 1–16 ⟨70⟩
1977   How to use propositions. *Amer. Philos. Quart.* 14(2), 173–176 ⟨71⟩
1982   Conceptual role semantics. *Notre Dame J. Formal Logic* 23, 242–256 ⟨70⟩

Harman, Gilbert (ed.)
1972   *On Noam Chomsky: Critical Essays.* New York: Anchor Books ⟨76⟩

Harmon, William
1976   T. S. Eliot's raids on the inarticulate. *Publications of the Modern Language Association* 91, 450−459 ⟨107⟩

Harms, Wolfgang (Hg.)
1990   *Text und Bild. Bild und Text. DFG-Symposium 1988.* Stuttgart: Metzler ⟨108⟩

Harnack, Adolf
⁴1910 *Lehrbuch der Dogmengeschichte III: Die Entwicklung des kirchlichen Dogmas.* Tübingen: J. C. B. Mohr [1891] ⟨16⟩

Harnad, Steven R. / Steklis, Horst D. / Lancaster, Jane (eds.)
1976   Origins and evolution of language and speech. *Annals of the New York Academic of Sciences* 280 ⟨65⟩

Harnik, V.
1985   Stability theory and set existence axioms. *J.Symb.Log.* 50, 123−137 ⟨75⟩

Harnish, Robert / Koj, Leon
1986   Speech acts. In Sebeok (ed.) 1986 II, 964−971 ⟨54⟩

Harnois, Guy
1919   *Les theories du langage en France de 1660 à 1821.* Paris: Belles Lettres ⟨12⟩

Harper, William L. / Hooker, C. (eds.)
1976   *Foundations of Probability Theory, Statistical Inference, and Statistical Theories of Science I.* Dordrecht: D. Reidel ⟨89⟩

Harper, William L. / Skyrms, Brian (eds.)
1988   *Causation in decision, belief change, and statistics. Proc. of the Irvine Conference on Probility and Causation II.* Dordrecht: Kluwer ⟨89⟩

Harper, William L. / Stalnaker, Robert / Pearce, Glenn (eds.)
1981   *Ifs: Conditionals Belief, Decision, Chance and Time.* Dordrecht: D. Reidel. ⟨88/89⟩

Harrah, D.
1984   The logic of questions. In Gabbay/Guenthner (eds.) 1984 II, 715−764 ⟨111⟩

Harré, Rom
1983   Meaning as structure. The sense of social actions. *Conceptus* 17, 133−138 ⟨68⟩

Harré, Rom / Secord, Paul
1973   *The Explanation of Social Behaviour.* Totowa: Littlefield, Adams & Co. ⟨101⟩

Harrington, L. A. / Morley, M. D. / Scedrov, A. / Simpson, S. G. (eds.)
1985   *Harvey Friedmans Research on the Foundations of Mathematics.* Amsterdam/New York: North-Holland ⟨75⟩

Harris, James
1969   *Hermès.* London: Menston, Scolar Pr. [1751] ⟨44⟩
1972   *Hermès ou recherches philosophiques sur la grammaire universelle.* Traduction et remarques par François Thurot (1796). Ed. André Joly. Genève/Paris: Librairie Droz [1796] ⟨8/44⟩

Harris, Roy
1980   *The Language Makers.* London: Duckworth ⟨11⟩
1981   *The Language Myth.* London: Duckworth ⟨11⟩

Harris, Zelig Sabbetai
1951   *Methods of Structural Linguistics.* Chicago: UP ⟨119/120⟩
1952   Discourse analysis. *Language* 28, 1−30 ⟨51⟩
1954   Distributional structure. *Word* 10, 146−62 / auch in Fodor/Katz (eds.) 1964, 33−49 ⟨51⟩
²1960 *Structural Linguistics.* Chicago: UP ⟨51⟩
1965   Transformational theory. *Language* 41, 363−401 ⟨119⟩
1991   *A Theory of Language and Information. A Mathematical Approach.* Oxford: UP ⟨68⟩

Harrison, Bernard
1979   *An Introduction to the Philosophy of Language.* London: Macmillan ⟨59⟩
1972   *Meaning and Structure: An Essay in the Philosophy of Language.* New York: Harper & Row ⟨98⟩

Hart, Herbert L. A.
1961   *The Concept of Law*. Oxford: Clarendon ⟨102/106⟩

Harten, Jürgen (Hg.)
1993   *Vladimir Tatlin. Leben — Werk — Wirkung. Ein Internationales Symposium*. Köln: DuMont ⟨108⟩

Härter, Andreas
1989   *Der Anstand des Schweigens. Bedingungen des Redens in Hofmannsthals „Brief"*. Bonn: Bouvier (Studien zur Germanistik, Anglistik und Komparatistik Bd. 120) ⟨107⟩

Harth, Dietrich (Hg.)
1973   *Propädeutik der Literaturwissenschaft*. München: Fink ⟨106⟩

Hartmann, Peter / Schnelle, Helmut / Strube, Werner
1980   Linguistik, Sprachwissenschaft. In Ritter/Gründer (Hg.) 1980, 329—343 ⟨4⟩

Hart Nibbrig, Christiaan L.
1981   *Rhetorik des Schweigens. Versuch über den Schatten literarischer Rede*. Frankfurt a.M.: Suhrkamp ⟨107⟩

Hartog, F.
1980   *Le miroir d'Herodote. Essai sur la représentation de l'autre*. Paris: Gallimard ⟨66⟩

Hartung, Harald
1975   *Experimentelle Literatur und Konkrete Poesie*. Göttingen: Vandenhoeck & Ruprecht ⟨107⟩

Hartung, Wolfdietrich
1977   Zum Problem des Sprachursprungs in der Geschichte der Akademie. In Schildt (Hg.) 1977, 83—100 ⟨8⟩
1981   Differenziertheit der Sprache als Ausdruck ihrer Gesellschaftlichkeit. In Autorenkollektiv 1981, 26—72 ⟨56⟩
1982   Tätigkeitsorientierte Konzepte in der Linguistik. *Zs. für Germanistik* 4, 389—401 ⟨56⟩
1986   Kommunikationsorientierte Linguistik: Standortbestimmung zwischen Konsolidierung und Übergang. In Hartung (Hg.) 1986, 1—14 ⟨56⟩

Hartung, Wolfdietrich (Hg.)
1986   *Untersuchungen zur Kommunikation. Ergebnisse und Perspektiven*. Berlin: Akademie der Wiss. der DDR (Ling.Studien Reihe A, 149) ⟨56⟩

Hartwig, Helmut
1970   Zur Ideologiekritik von SEHEN—LERNEN. Oskar Holwecks Grundlehre. *Ästhetik und Kommunikation* 2, 6—21 ⟨108⟩

Hasquin, Hervé / Mortier, Roland (éds.)
1976   *Etudes sur le XVIIIe siècle III*. Bruxelles: Éditions de l'Université de Bruxelles ⟨8⟩

Haßler, Gerda
1984   *Sprachtheorien der Aufklärung. Zur Rolle der Sprache im Erkenntnisprozeß*. Berlin: Akad.-Vlg. (Abh. der Sächsischen Akad. der Wissenschaften zu Leipzig. Philologisch-historische Klasse 68,1) ⟨8/26/107⟩
1986   Die These von der Sprachrelativität des Denkens in der Aufklärung und bei Wilhelm von Humboldt. In Welke (Hg.) 1986, 154—177 ⟨8⟩
1989   Sprachtheoretische und politische Gruppierungen innerhalb der französischen Ideologen. In Schlieben-Lange/Dräxler/Knapstein/Volck-Duffy/Zollna (Hg.) 1992 I, 83—108 ⟨13⟩

Hattiangadi, J. N.
1987   *How is Language Possible? Philosophical Reflections on the Evolution of Language and Knowledge*. La Salle, Ill.: Open Court ⟨71⟩

Hattori, Masaaki
1968   *Dignāga, On Perception*, (being the Pratyakṣapariccheda). Cambridge, MA: UP ⟨5/42/43⟩

1977 The Sautrāntika Background of the Apoha Theory. In Kawamura/Scott (eds.) 1977, 47−58 ⟨42⟩

1982 The Pramāṇasamuccayavṛtti of Dignāga. Chapter 5: Anyāpoha-parīkṣā. Tibetan Text with Sanskrit Fragments. *Kyoto U.: Memoirs of the Faculty of Letters* 21, 103−149 ⟨42⟩

Hattori, Shiro (ed.)
1983 *Proc. of the XIIIth Congress of Linguistics*. Tokyo: Tokyo Pr. ⟨95⟩

Hatzfeld, Helmut (Hg.)
1968 *Don Quijote. Forschung und Kritik*. Darmstadt: Wiss. Buchges. ⟨107⟩

Haudry, Jean
1979 *L'indo-européen*. Paris: PUF ⟨66⟩
1981 *Les Indo-Européens*. Paris: PUF ⟨66⟩

Haug, Walter
1986 Zur Grundlegung einer Theorie des mystischen Sprechens. In Ruh (Hg.) 1986, 494−508 ⟨107⟩

Haugeland, John
1981 Semantic engines. In Haugeland (ed.) 1981, 1−34 ⟨117⟩
1985 *Artificial Intelligence: The Very Idea*. Cambridge, MA: MIT ⟨117⟩

Haugeland, John (ed.)
1981 *Mind Design*. Cambridge, MA: MIT ⟨117⟩

Hausmann, Frank-Rutger
1979 *François Rabelais*. Stuttgart: Metzler ⟨107⟩

Havelock, Eric A.
1982 *The Literate Revolution in Greece and its Cultural Consequences*. Princeton: UP ⟨108⟩
1990 *Schriftlichkeit. Das griechische Alphabet als kulturelle Revolution. Mit einer Einleitung von Aleida und Jan Assmann*. Weinheim: VCH Verlagsges. ⟨108⟩

Havens, Michael Kent
1981 Coleridge on the evolution of language. *Studies in Romanticism* 20, 163−183 ⟨107⟩

Havet, Louis
1978 Compte rendu du *Mémoire* [...]. J. de Genève 25.2.1879. *Cahiers Ferdinand de Saussure* 32, 103−122 ⟨36⟩

Havránek, Bohuslav
1964 The functional differentiation of the standard language. In Garvin (ed.) 1964, 3−16 ⟨106⟩

Haym, Rudolf
1880 *Herder. Nach seinem Leben und seinen Werken dargestellt I/II*. Berlin: Gärtner ⟨26⟩
1965 *Wilhelm von Humboldt: Lebensbild und Charakteristik*. Osnabrück: Zeller [1856] ⟨13⟩
1972 *Die romantische Schule: Ein Beitrag zur Geschichte des dt. Geistes*. Darmstadt: Wiss. Buchges. [1870] ⟨13⟩

Hebbel, Friedrich
1904 *Sämtliche Werke*. Historisch-kritische Ausgabe, Hg. Richard Maria Werner. I. Abt., 15 Bde. Berlin: B. Behr's Vlg. ⟨107⟩

Hebblethwaite, Brian / Sutherland, Stewart (eds.)
1982 *Philosophical Frontiers of Christian Theology*. Cambridge: UP ⟨85/103⟩

Hebel, Franz
1984 Grenzen der Aufklärung. Die zwiespältige Wirkung der Literarität in Joachim Heinrich Campes „Robinson der Jüngere". *Der Deutschunterricht* 36/6, 38−50 ⟨107⟩

Heckmann, Heinz-Dieter
1981 *Was ist Wahrheit. Eine systematisch-kritische Untersuchung philosophischer Wahrheitsmodelle*. Heidelberg: Winter ⟨69⟩

Heeschen, Volker
1980 Theorie des sprachlichen Handelns. In Althaus/Henne/Wiegand (Hg.) 1980, 259−267 ⟨56⟩

Heffernan, George
1983   *Bedeutung und Evidenz bei Edmund Husserl.* Bonn: Bouvier ⟨68⟩

Hegel, Georg Wilhelm Friedrich
1952   *Phänomenologie des Geistes.* Hg. Johannes Hoffmeister. Hamburg: Meiner [1807]
          ⟨67⟩
1959   *Enzyklopädie der Philosophischen Wissenschaften im Grundrisse.* Hg. Friedhelm Nico-
          lin / Otto Pöggeler. Hamburg: Meiner [1830] ⟨67⟩
1964   *Sämtliche Werke.* Hg. H. Glockner. Stuttgart: Fromann [1835] ⟨45⟩
1965   *Ästhetik I/II.* Hg. Friedrich Bassenge. Frankfurt a.M.: Europäische Verlagsanstalt
          ⟨108⟩
1967   *Phänomenologie des Geistes.* Berlin: Akad.-Vlg. [1807] ⟨56⟩

Hegendorf, Christophorus
1534   *Dialecticae legalis libri quinque.* Antverpiae; Lugduni [1534]; Parisii [1535] ⟨102⟩

Hegselmann, Rainer
1979   Klassische und konstruktive Theorie des Elementarsatzes. *Z.philos.Forsch.* 33, 89–
          107 ⟨77⟩

Heidegger, Martin
1943   *Vom Wesen der Wahrheit.* Frankfurt a.M.: Klostermann ⟨69⟩
1947   *Über den Humanismus.* Frankfurt a.M.: Klostermann ⟨45⟩
³1963   *Erläuterungen zu Hölderlins Dichtung.* Frankfurt a.M.: Klostermann ⟨106⟩
⁸1957   *Sein und Zeit.* Tübingen: Niemeyer [1927] ⟨45/69/90⟩
1969   *Zur Sache des Denkens.* Tübingen: Niemeyer ⟨69⟩
1977   *Vier Seminare, Le Thor 1966, 1968, 1969, Zähringen 1973.* Frankfurt: Klostermann
          ⟨1⟩
1979   *Herakli*t. Frankfurt a.M.: Klostermann ⟨1⟩
1979a   *Sein und Zeit.* Tübingen: Niemeyer ⟨90⟩
²1992   *Parmenides.* Frankfurt a.M.: Klostermann ⟨1⟩

Heidrich, Carl H.
1977   *Konstituenten dialogischer Kommunikation.* Hamburg: Buske ⟨47⟩

Heidsieck, Arnold
1986   Logic and ontology in Kafka's fiction. *Germ.Rev.* 61, 11–17 ⟨107⟩
1987   Kafka's fictional ontology. *Philosophy and Literatur* 11, 242–257 ⟨107⟩
1989a   Physiological, phenomenological, and linguistic psychology in Kafka's early works.
          German Quarterly 62(4), 489–500 ⟨107⟩
1989b   Kafkas fiktionale Ontologie und Erzählperspektive. Ihre Beziehungen zur österrei-
          chischen Philosophie der Jahrhundertwende. *Poetica* 21, 389–402 ⟨107⟩

Heil, John / Mele, A. R. (eds.)
1993   *Mental Causation.* Oxford: UP ⟨114⟩

Heiler, Friedrich
1954   Der Gottesbegriff der Mystik. *Numen* 1, 161–183 ⟨107⟩

Heim, Irene
1982   *The Semantics of Definite and Indefinite Noun-Phrases.* Ph.D. dissertation, Linguis-
          tics. Amherst, MA: U. of Massachusetts ⟨113⟩
1983   File change semantics and the familiarity theory of definiteness. In Bäuerle/
          Schwarze/von Stechow (eds.) 1983, 164–189 ⟨113⟩

Heimann, Jan
1977   The revolt against language: a critical note on twentieth-century irrationalism with
          special reference to the aesthetico-philosophical views of Virginia Woolf and Clive
          Bell. *Orbis Litterarum* 32, 212–228 ⟨107⟩

Heine, Roland
1972   Ästhetische und existentielle Integration? Ein hermeneutisches Problem des 19. Jahr-
          hunderts in Grillparzers Erzählung 'Der arme Spielmann'. *Dt.Vjschr.Lit.wiss.* 46,
          650–683 ⟨107⟩

Heine, Thomas
1983 The force of gestures: a new approach to the problem of communication in Hofmannsthal's „Der Schwierige". *The German Quarterley* 56, 408−418 ⟨107⟩

Heinekamp, Albert
1972 Ars characteristica und natürliche Sprache. *Tijdschr. Filos.* 34(3), 446−488 ⟨23⟩
1976 Sprache und Wirklichkeit nach Leibniz. In Parret (ed.) 1976, 518−570 ⟨23⟩

Heinekamp, Albert (Hg.)
1980 *Die Literatur über Leibniz bis 1980.* Frankfurt a.M.: Klostermann ⟨23⟩

Heinimann, Felix
1965 *Nomos und Physis. Herkunft und Bedeutung einer Antithese im griechischen Denken
   des 5. Jahrhunderts.* Basel: Reinhardt [1945] ⟨62⟩

Heinrichs, Johannes
1972 Art. 'Dialog, dialogisch'. In Ritter (Hg.) 1972, 226−229 ⟨47⟩

Heintel, Erich
²1957 *Sprachphilosophie. Deutsche Philologie im Aufriß.* Berlin/Bielefeld/München: Schmidt
   ⟨13⟩
1964 Einleitung. In Herder ²1964, XV−LXII ⟨26⟩

Heintz, Günter
1969 Point de vue. Leibniz und die These vom Weltbild der Sprache. *Z. f. dt. Altertum u.
   dt. Literatur* 98(3), 216−40 ⟨23⟩
1970 Die These vom Weltbild der Sprache. *Der Deutschunterricht* 22(1), 117−134 ⟨107⟩
1971 *Peter Handke.* Stuttgart: Klett ⟨107⟩
1979 Geistige Kunst und Konkrete Poesie. Ein Kapitel der literarischen Wirkung Stefan
   Georges. In Bülow / Schmitter (Hg.) 1979, 655−692 ⟨107⟩
1983 *Franz Kafka. Sprachreflexion als dichterische Einbildungskraft.* Würzburg: Königshausen & Neumann ⟨107⟩

Heintz, Günter (Hg.)
1979 *Zu Franz Kafka.* Stuttgart: Klett-Cotta (Literaturwissenschaft − Gesellschaftswissenschaft 42) ⟨107⟩

Heintz, Günter / Schmitter, Peter (Hg.)
1985 *Collectanea Philologica. Festschrift für Helmut Gipper zum 65. Geburtstag I.* Baden-
   Baden: Vlg. Valentin Koerner (Saecula Spiritualia. 14) ⟨107⟩

Heintz, John
1973 *Subjects and Predicables. A Study in Subject-Predicate Asymmetry.* The Hague/Paris:
   Mouton ⟨77⟩

Heißenbüttel, Helmut
1966 *Über Literatur.* Olten/Freiburg i. Br.: Walter ⟨107⟩

Heißenbüttel, Helmut et al. (Hg.)
1974 *Aufklärung über Lichtenberg.* Göttingen: Vandenhoeck & Ruprecht ⟨106⟩

Heitsch, Ernst
1975 Logischer Zwang und die Anfänge der Beweistechnik. *Dialog Schule und Wissenschaft* 9 (Klassische Sprachen und Literaturen), 5−25 ⟨1⟩

Held, Klaus
1980 *Heraklit, Parmenides und der Anfang von Philosophie und Wissenschaft, Eine phänomenologische Besinnung.* Berlin/New York: de Gruyter ⟨1⟩

Helfer, Maria
1990 Herder, Fichte and Humboldt's 'thinking and speaking'. In Müller-Vollmer (ed.)
   1990, 265−273 ⟨27⟩

Hellman, Geoffrey
1974 The new riddle of radical translation. *Philos. Sci.* 41, 227−246 ⟨73⟩

Hellman, Geoffrey / Thompson, F.
1975 Physicalism, ontology, determination, reduction. *J. Philos.* LXXII, 551−564 ⟨75⟩

Hellwig, Antje
1973 *Untersuchungen zur Theorie der Rhetorik bei Platon und Aristoteles.* Göttingen: Vandenhoeck & Ruprecht ⟨112⟩

Hempel, Carl Gustav
  1935   On the logical positivists' theory of truth. *Analysis* II (4), 49–59 / auch in Skirbekk
            1977, 96–108 ⟨59/69⟩
  1939   Vagueness and logic. *Philos. Sci.* 6, 163–180 ⟨98⟩
  1959   The logic of functional analysis. In Gross (ed.) 1959, 271–307 ⟨51⟩
  1965   *Aspects of Scientific Explanation.* New York: The Free Pr. ⟨99/104⟩
  1972   Logical analysis of psychology. In Marras (ed.) 1972, 115–131 [1936] ⟨50⟩
  1988   Provisos: a problem concerning the inferential of scientific theories. In Grünbaum/
            Salmon (eds.) 1988, 19–36 ⟨99⟩

Hempel, Heinrich
  1980   *Bedeutungslehre und allgemeine Sprachwissenschaft. Sprachtheoretisch-linguistische
            Arbeiten 1952–1973.* Tübingen: Narr ⟨68⟩

Henkel, Arthur
  1988   Einleitung. In Hamann 1988, VII–XXXI ⟨25⟩

Henle, Paul (ed.)
  1951   *Essays in honor of Henry Sheffer.* New York: Liberal Arts Pr. ⟨34⟩

Henne, Helmut / Rehbock, Helmut
  1982   *Einführung in die Gesprächsanalyse.* Berlin/New York: de Gruyter ⟨56⟩

Hennigfeld, Jochem
  1976   Sprache als Weltansicht. Humboldt – Nietzsche – Whorf. *Z. philos. Forsch.* 30,
            435–451 ⟨107⟩
  1982   *Die Sprachphilosophie des 20. Jahrhunderts.* Berlin/New York: de Gruyter
  1994   *Geschichte der Sprachphilosophie. Antike und Mittelalter.* Berlin: de Gruyter ⟨62.1⟩

Henrich, Dieter (Hg.)
  1977   *Ist systematische Philosophie möglich?* Bonn: Bouvier ⟨48⟩

Henry, Albert
  1971   *Métonymie et métaphore.* Paris: Klincksieck ⟨91⟩

Henry, Paul Desmond
  1963   The early history of suppositio. *Franciscan Studies* 23, 205–212 ⟨40⟩
  1972   *Medieval Logic and Metaphysics. A Modern Introduction.* London: Hutchinson ⟨77⟩
  1981   Suppositio and significatio in English logic. In Braakhuis/Kneepkens/de Rijk 1981,
            361–387 ⟨40⟩
  1982   Predicables and categories. In Kenny/Kretzmann/Pinborg/Stump (eds.) 1982, 128–
            142 ⟨4⟩

Henry, Paul (S. J.)
  1962   Die Vision zu Ostia. In Andresen (Hg.) 1962, 201–270 ⟨16⟩

Henry, Victor
  1896   *Antinomies linguistiques.* Paris: Alcan ⟨62.1⟩

Herbin, Auguste
  1949   *L'art non figuratif, non objectif.* Paris: Édition Lydia Conti ⟨108⟩

Herbrandt, Lilo
  1975   Peter Handkes *Kaspar*: ein Modell der inhaltsbezogenen Grammatik. *Diskussion
            Deutsch* 6, 26, 529–545 ⟨107⟩

Herde, Heinz
  1971   *Johann Georg Hamann zur Theologie der Sprache.* Bonn: Bouvier ⟨25⟩

Herder, Johann Gottfried
  1877–1913 Sämmtliche Werke I–XXXIII. Hg. Bernhard Suphan. Berlin: Weidmann ⟨26⟩
  1960/²64 *Sprachphilosophische Schriften.* Hg. Erich Heintel. Hamburg: Meiner ⟨13/26⟩
  1966   *Abhandlung über den Ursprung der Sprache.* Hg. H.D. Irmscher. Stuttgart: Reclam
            [1772] ⟨13/26⟩
  1978   *Werke in fünf Bänden.* Berlin/Weimar: Aufbau Vlg. ⟨8⟩
  1985   *Werke I. Frühe Schriften 1764–1772.* Hg. Ulrich Gaier. Werke in 10 Bänden, Bd. 1.
            Frankfurt a.M.: Dt. Klassiker Vlg. ⟨26⟩

1987a   *Werke II. Herder und die Anthropologie der Aufklärung.* Hg. Wolfgang Pross. Mün-
          chen/Wien: Hanser ⟨107/108⟩
1987b   Plastik. In Herder 1987a, 401−542 ⟨108⟩

Herding, Klaus
1992   *Pablo Picasso. Les Demoiselles d'Avignon. Die Herausforderung der Avantgarde.*
          Frankfurt a.M.: Fischer ⟨108⟩

Hering, Christoph
1979   Die Botschaft des Schweigens. Über die Steigerung der Ausdrucksgebärden im Ver-
          stummen der Sprache. In Adler/White (Hg.) 1979, 14−30 ⟨107⟩

Heringer, Hans Jürgen
1967   Karl Kraus als Sprachkritiker. *Muttersprache* 77, 256−262 ⟨107⟩
1974   Eine Regel beschreiben. In Heringer (ed.) 1974, 48−87 ⟨115⟩
1978   *Practical Semantics: A Study in the Rules of Speech and Action.* The Hague: Mouton
          ⟨115⟩
1979   Verständlichkeit. Ein genuiner Forschungsbereich der Linguistik? *Z. für Germanisti-
          sche Linguistik* 7, 255−280 ⟨115⟩

Heringer, Hans Jürgen (Hg.)
1974   *Der Regelbegriff in der praktischen Semantik.* Frankfurt a.M.: Suhrkamp ⟨115⟩
1982   *Holzfeuer im hölzernen Ofen. Aufsätze zur politischen Sprachkritik.* Tübingen: Narr
          ⟨115⟩

Heritage, John
1984   *Garfinkel and Ethnomethodology.* Cambridge: UP ⟨56⟩

Herken, Rolf (ed.)
1988   *The Universal Turing Machine.* Hamburg: Kammerer und Unverzagt ⟨55⟩

Hermerén, Gösta
1975   *Influence in Art and Literature.* Princeton: UP ⟨107⟩

Hernadi, Paul
1980/81   More questions concerning quotation. *J. Aesth. Art.* 39, 271−273 ⟨107⟩

Herrick, Jeffrey
1984   Peter Handke's *Kaspar:* A study in linguistic theory in modern drama. *Philol. Quart.*
          63, 205−221 ⟨107⟩

Hertz, Heinrich
1894   *Die Prinzipien der Mechanik.* Leipzig: J. A. Barth ⟨37⟩

Herzberger, Hans G.
1973   Dimensions of truth. *J. Philos. Log.* 2, 535−556 ⟨97⟩
1982a   Notes on naive semantics. *J. Philos. Log.* 11, 61−102 ⟨75⟩
1982b   Erratum „Notes on naive semantics". *J. Philos. Log.* 11, 371 ⟨75⟩

Herzberger, Radhika
1986   *Bhartṛhari and the Buddhists. An Essay in the Development of Fifth and Sixth Century
          Indian Thought.* Dordrecht: Reidel ⟨17/43⟩

Hesiod
1991   *Theogonie. Werke und Tage. Griechisch und deutsch.* München/Zürich: Artemis &
          Winkler ⟨112⟩

Hess, Walter
1981   *Das Problem der Farbe in den Selbstzeugnissen der Maler von Cézanne bis Mondrian.*
          Mittenwald: Mäander ⟨108⟩

Hesse, Hermann
1970   *Gesammelte Werke I−XII.* Frankfurt a.M.: Suhrkamp ⟨107⟩

Hesse, Mary
1961   *Forces and Fields.* London: Nelson ⟨119⟩
1966   *Models and Analogies in Science.* South Bend, Ind.: U. of Notre Dame Pr. ⟨91⟩

Hess-Lüttich, Ernest W. B. (Hg.)
1980   *Literatur und Konversation. Sprachsoziologie und Pragmatik in der Literaturwissen-
          schaft.* Wiesbaden: Athenaion ⟨56/107⟩

Heukäufer, Margarethe
  1985   *Sprache und Gesellschaft im dramatischen Werk Ernst Barlachs.* Heidelberg: Carl
           Winter ⟨107⟩

Hewes, Gordon W.
  1975   *Language Origins: A Bibliography.* The Hague: Mouton ⟨65⟩

Heydebrand, Renate von
  1963   Zum Thema Sprache und Mystik in Robert Musils Roman „Der Mann ohne Eigen-
           schaften". *Z.dt.Philol.* 82, 249–271 ⟨107⟩
  1966   *Die Reflexionen Ulrichs in Robert Musils Roman Der Mann ohne Eigenschaften.* Ihr
           Zusammenhang mit dem zeitgenössischen Denken. Münster: Aschendorff ⟨107⟩
  1969   Engagierte Esoterik. Die Gedichte Johannes Bobrowskis. In Heydebrand/Just 1969,
           386–450 ⟨107⟩

von Heydebrand, Renate / Just, Klaus Günther (Hg.)
  1969   *Wissenschaft als Dialog. Studien zur Literatur und Kunst seit der Jahrhundertwende.*
           Stuttgart: Metzler ⟨107⟩

Heyer, Gerhard
  1987   *Generische Kennzeichnungen. Zur Logik und Ontologie generischer Bedeutung.* Mün-
           chen/Wien: Philosophia ⟨40⟩

Heyse, Karl Wilhelm Ludwig
  1856   *System der Sprachwissenschaft. Nach dessen Tode herausgegeben von Dr. H. Steinthal.*
           Berlin: Ferd. Dümmler's Verlagsbuchhandlung ⟨9⟩

Heyting, Arend
  1930   Die formalen Regeln der intuitionistischen Logik. *Sb. der Preussischen Akad. der
           Wiss.* 42–56 ⟨75⟩
  1958   Intuitionism in mathematics. In Klibansky (ed.) 1958, 101–115 ⟨47⟩

Hickman, Larry
  1980   *Modern Theories of Higher Level Predicates.* München: Philosophia ⟨61⟩

Hicks, R. D.
  1925   *Diogenes Laertius: Lives of the Eminent Philosophers.* Cambridge: Harvard UP ⟨10⟩

Hiebel, Friedrich
  1957   *Christian Morgenstern.* Wende und Aufbruch unseres Jahrhunderts. Bern: Francke
           ⟨107⟩

Higgins, Ian
  1979   Language, politics and things: the weakness of Ponge's satire. *Neophilologus* 63,
           347–362 ⟨107⟩

Hilberath, Bernd Jochen
  1978   *Theologie zwischen Tradition und Kritik.* Düsseldorf: Patmos ⟨45⟩

Hilbert, David
  ⁹1962   *Grundlagen der Geometrie.* Hg. Paul Bernays. Stuttgart: Teubner ⟨120⟩

Hilbert, David / Bernays, Paul
  ²1968   *Grundlagen der Mathematik I.* Berlin/Heidelberg/New York: Springer ⟨97⟩

Hildebrand-Nilshon, Martin
  1980   *Die Entwicklung der Sprache: Phylogenese und Ontogenese.* Frankfurt a.M.: Campus
           Vlg. ⟨65⟩

Hildesheimer, Wolfgang
  1969a   *Interpretationen.* Frankfurt a.M.: Suhrkamp ⟨107⟩
  1969b   Frankfurter Vorlesungen. In Hildesheimer 1969a, 53–110 ⟨107⟩

Hill, Linda M.
  1976   *Language as Aggression. Studies in the Postwar Drama.* Bonn: Bouvier (Abh. zur
           Kunst-, Musik- und Literaturwissenschaft Bd. 223) ⟨107⟩
  1977   Obscurantism and verbal resistance in Handke's *Kaspar. Germ.Rev.* 52, 304–315
           ⟨107⟩

Hilliard, Kevin
  1987   „Stammelnd Gered" und „der Engel Sprach": Probleme der Rede bei Klopstock.
           Dt. Vjschr. Lit. wiss. 61, 266−297 ⟨107⟩

Hilpinen, Risto
  1969   An analysis of relativised modalities. In Davis/Hockney/Wilson (eds.) 1969, 181−193
           ⟨88⟩

Hilpinen, Risto (ed.)
  1971   *Deontic Logic. Introductory and Systematic Readings.* Dordrecht: D. Reidel ⟨75⟩
  1980   *New Studies in Deontic Logic.* Dordrecht: D. Reidel ⟨75⟩

Hinck, Walter
  1985   *Das Gedicht als Spiegel der Dichter.* Opladen: Westdt. Vlg. (Rheinisch-Westfälische
           Akad. der Wissenschaften. Vorträge G 273) ⟨107⟩
  1989   „Wörter meine Fallschirme". Zum Selbstverständnis der Lyriker in poetologischen
           Gedichten unseres Jahrhunderts. In Borchmeyer (Hg.) 1989, 297−313 ⟨107⟩

Hinderer, Walter
  1982   Wittgenstein für Anfänger? Anmerkungen zu Peter Handkes linguistischem Theater.
           Jb. dt. Schillerges. 26, 467−488 ⟨107⟩

Hindley, R.
  1983a   The completeness theorem for typing λ-terms. *Theoretical Computer Science* 22,
           1−17 ⟨75⟩
  1983b   Currys type-rules are complete with respect to the F-semantics too. *Theoretical Com-
           puter Science* 22, 127−133 ⟨75⟩

Hindley, R. / Longo, G.
  1980   Lambda-calculus models and extensionality. *Z. für Mathematische Logik und Grund-
           lagen der Math.* 26, 289−310 ⟨75⟩

Hinrichs, Erhard
  1986   Temporal anaphora in discourses of English. *Ling. Phil.* 9, 63−82 ⟨113⟩

Hinst, Peter
  1974   *Wahrheit und Bedeutung.* München: unveröffentlichte Habilitationsschrift ⟨68⟩
  1978   Fundamentalsemantische Grundlegung der Logik und strukturtheoretische Rekon-
           struktion der Interpretationssemantik. In Mittelstraß/Riedel (Hg.) 1978, 52−70 ⟨68⟩

Hintikka, Jaakko
  1961   Modality and quantification. *Theoria* 27, 110−128 ⟨75⟩
  1962   *Knowledge and Belief.* Ithaca: Cornell UP ⟨80⟩
  1969a   Behavioral criteria of radical translation. In Davidson/Hintikka (eds.) 1969, 69−81
           ⟨73⟩
  1969b   *Models for Modalities.* Dordrecht: D. Reidel ⟨59⟩
  1970a   Knowledge, belief, and logical consequence. *Ajatus* 32, 32−47 ⟨80⟩
  1970b   Knowledge by acquaintance − individuation by acquaintance. In Pears (ed.) 1970,
           52−79 ⟨88⟩
  1971   Semantics for the propositional attitudes. In Linsky (ed.) 1971, 145−167 ⟨59⟩
  1973   *Logic, Language Games and Information.* Oxford: Clarendon ⟨59/69/75/88/111⟩
  1974a   Practical reason vs. theoretical reason. In Hintikka 1974, 80−97 ⟨24⟩
  1974b   *Knowledge and the Known.* Dordrecht: D. Reidel ⟨24⟩
  1974c   On the proper treatment of quantifiers in Montague semantics. In Stenlund (ed.)
           1974, 45−60 ⟨88⟩
  1974d   Quantifiers vs. quantification theory. *Linguistic Inquiry* 5, 153−177 ⟨96.2⟩
  1975a   Impossible possible worlds vindicated. *J. Philos. Log.* 4, 475−484 ⟨88⟩
  1975b   *The Intentions of Intentionality.* Dordrecht: D. Reidel ⟨88⟩
  1975c   On the limitations of generative grammar. *Proc. of the Scandinavian Seminar on
           Philosophy of Language* 1975, 1−92 ⟨96.2⟩
  1976a   The semantics of questions and the questions of semantics. Case studies in the inter-
           relations of logic, semantics and syntax. *Acta Philosophica Fennica* 28(4) ⟨96.2/115⟩
  1976b   *The Semantics of Questions and the Questions of Semantics.* Amsterdam: North-Hol-
           land ⟨88/111⟩

1980   Standard vs. nonstandard logic. In Agazzi (ed.) 1980, 283–296 ⟨88⟩
1981   Semantics: a revolt against Frege. In Floistad (ed.) 1981, 57–82 ⟨39⟩
1982a   Questions with outside quantifiers. In Schneider/Tute/Chametzky (eds.) 1982, 83–92
          ⟨88/96.2⟩
1982b   Is alethic modal logic possible? *Acta Philosophica Fennica* 35, 89–105 ⟨88⟩
1983a   Situations, possible worlds, and attitudes. *Synthese* 54, 153–162 ⟨88⟩
1983b   Sherlock Holmes formalized. In Eco/Sebeok (eds.) 1983, 170–178 ⟨115⟩
1984   Das Paradox transzendentaler Erkenntnis. In Schaper/Vossenkuhl (Hg.) 1984,
          123–149 ⟨96.2⟩
1986a   Logic of conversation as a logic of dialogue. In Grandy/Warner (eds.) 1986,
          259–276 ⟨115⟩
1986b   The varieties of being in Aristotle. In Knuuttila/Hintikka (eds.) 1986, 81–114 ⟨96.2⟩
1987a   Language understanding and strategic meaning. *Synthese* 73, 497–529 ⟨68⟩
1987b   Game-theoretical semantics as a synthesis of verificationist and truth-conditional
          meaning theories. In Le Pore (ed.) 1987, 235–258 ⟨96.2⟩
1987c   Language understanding and strategic meaning. *Synthese* 73, 497–529 ⟨96.2⟩
1989   Rules, games and experiences: Wittgenstein's discussion of rule-following in the light
          of his development. *Rev.int.philos.* 169, 279–297 ⟨96.1⟩
1992   Independence-friendly logic as a medium of information representation and reaso-
          ning about knowledge. In Ohsuga et al. (eds.) 1992, 258–265 ⟨88/96.2⟩

Hintikka, Jaakko / Hintikka, Merrill
1982   Towards a general theory of individuation and identification. In Leinfellner et al.
          (eds.) 1982, 137–150 ⟨88⟩

Hintikka, Jaakko / Knuuttila, Simo (eds.)
1986   *The Logic of Being. Historical Studies.* Dordrecht: D. Reidel ⟨20⟩

Hintikka, Jaakko / Kulas, Jack
1983   *The Game of Language: Studies in Game-Theoretical Semantics and Its Applications.*
          Dordrecht: D. Reidel ⟨88/96.2⟩
1985   *Anaphora and Definite Descriptions: Two Applications of Game-Theoretical Seman-
          tics.* Dordrecht: D. Reidel ⟨88/96.2⟩

Hintikka, Jaakko / Suppes, Patrick (eds.)
1966   *Aspects of Inductive Logic.* North Holland ⟨89⟩

Hintikka, Jaakko / Moravcsik, Julius M. E. / Suppes, Patrick (eds.)
1970/73   *Approaches to Natural Language: Proc. of the 1970 Stanford Workshop on Grammar
          and Semantics.* Dordrecht: D. Reidel ⟨47/59/93⟩

Hintikka, Jaakko et al. (eds.)
1973   *Approaches to Natural Language.* Dordrecht: D. Reidel ⟨93⟩

Hintikka, Merrill / Hintikka, Jaakko
1986   *Investigating Wittgenstein.* Oxford: Blackwell ⟨10/39/96.1/96.2⟩

Hirsch, Eli
1982   *The Concept of Identity.* New York: UP ⟨83⟩
1988   Rules for a good language. *J.Philos.* 85, 694–717 ⟨68⟩

Hirsch, Erich Donald
1967   *Validity in Interpretation.* New Haven: Yale UP ⟨106⟩

Hirschkop, Ken / Shepherd, David
1989   *Bakhtin and Cultural Theory.* Manchester/New York: Manchester UP ⟨48⟩

Hirst, Graene
1987   *Semantic Interpretation against Ambiguity.* New York: UP ⟨117⟩

Hiż, Henry (ed.)
1978   *Questions.* Dordrecht: D. Reidel ⟨111⟩

Hjelmslev, Louis
1943   *Omkring Sprogteoriens Grundlæggelse.* Copenhagen: Munksgaard ⟨12/91⟩
²1963   *Prolegomena to a Theory of Language.* Madison: U. of Wisconsin Pr. [1945] ⟨51/
          110⟩

1946   Linguistique structural. *Acta linguistica* 1, V–VI, Übers.: Hjelmslev 1974, 56–61 ⟨51⟩
1959a   *Essais Linguistiques.* Copenhagen: Nordisk Sprog-og Kulturforlag ⟨91⟩
1959b   Pour une sémantique structurale. *Travaux du Cercle Linguistique de Copenhague* 19, 96–112 ⟨51⟩
1968   *Prolégomènes à une théorie du langage.* Paris: Éd. de Minuit ⟨12⟩
1973   Für eine strukturale Semantik. In Naumann (Hg.) 1973, 249–269 ⟨51⟩
1974   *Aufsätze zur Sprachwissenschaft.* Stuttgart: Ernst Klett Vlg. ⟨51⟩
1974a   *Prolegomena zu einer Sprachtheorie.* München: Hueber ⟨91⟩

Hjelmslev, Louis / Uldall, Hans Jørgen
1936   *Synopsis of an Outline of Glossematics.* Aarhus: Humanistic Samfund (Skrifter 1) [Sonderdruck] / dt. Übers. in Hjelmslev 1974, 1–6 ⟨51⟩

Hobbes, Thomas
1914   *Leviathan.* London: J. M. Dent [1651] ⟨119⟩
1939   *Leviathan. Or the Matter, Form, and Power of a Commonwealth Ecclesiastical and Civil.* New York: The Modern Library [1651] ⟨71⟩
1951   *Leviathan.* Ed. C. B. Macpherson. Harmondsworth: Penguin [1651] ⟨10⟩

Hobbs, Jerry / Rosenschein, Stan
1977   *Making Computational Sense of Montague's Intensional Logic.* Courant Inst., New York: Computer Science Report No. 1 ⟨117⟩

Hoberg, Rudolf (Hg.)
1987   *Sprache und Dichtung. Beiträge zum 150. Todestag Wilhelm von Humboldts.* Darmstadt: Technische Hochschule ⟨27⟩

Hoche, Hans-Ulrich
1990   *Einführung in das sprachanalytische Philosophieren.* Darmstadt: Wiss. Buchges. ⟨87⟩

Hoche, Hans-Ulrich / Strube, Werner (Hg.)
1985   *Handbuch Philosophie: Analytische Philosophie.* Freiburg: Alber ⟨54⟩

Hockett, Charles F.
1978   In search of Jove's brow. *American Speech* 53, 243–313 ⟨65⟩

Hockett, Charles F. (ed.)
1970   *A Leonard Bloomfield Anthology.* Bloomington: Indiana UP ⟨51⟩

Hockney, Donald J.
1975   The bifurcation of scientific theories and indeterminacy of translation. *Philos. Sci.* 42, 411–427 ⟨73⟩

Hockney, Donald J. / Harper, William / Freed, B. (eds.)
1975   *Contemporary Research in Philosophical Logic and Formal Semantics.* Dordrecht: D. Reidel ⟨98⟩

Hockney, Donald J. (ed.)
1976   *Contemporary Research in Philosophical Logic and Formal Semantics* I. Dordrecht: D. Reidel ⟨89⟩

Hodgen, M. T.
1964   *Early Anthropology in the 16th and 17th Centuries.* University Park: University of Penn. Pr. ⟨65⟩

Hodges, Wilfried
1977   *Logic.* Harmondsworth: Penguin ⟨98⟩

Hoepelman, Jaap / Rohrer, Christian
1980   On the mass-count distinction and the French imparfait and passé simple. In Rohrer (ed.) 1980, 85–112 ⟨76⟩

Hofacker, Erich et al. (eds.)
1963   *Studies in Germanic Languages and Literature. In Memory of Fred O. Nolte. A Collection of Essays.* St. Louis, Miss.: Washington Univ. Pr. ⟨23⟩

Hofer, John R.
1976   Quine on 'translation and meaning': a consideration of the indeterminacy thesis. *Auslegung* 3, 95–114 ⟨73⟩

Höfer, Josef / Rahner, Karl (Hg.)
    1957   *Lexikon für Theologie und Kirche I.* Freiburg: Herder ⟨85/103⟩

Hoffmann, Ernst
    1925   *Die Sprache und die archaische Logik.* Tübingen: Mohr (Heidelberger Abh. zur Philo-
            sophie und ihrer Geschichte) ⟨1⟩

Hoffmann, Ludger
    1983   *Kommunikation vor Gericht.* Tübingen: Narr ⟨56⟩

Hoffmann-Axthelm, Dieter
    1974   *Theorie der künstlerischen Arbeit. Eine Untersuchung anhand der Lage der bildenden
            Kunst in den kapitalistischen Ländern.* Frankfurt a.M.: Suhrkamp ⟨108⟩

Hoffmeister, Johannes (Hg.)
    1955   *Wörterbuch der Philosophischen Begriffe.* Hamburg: Meiner [1944] ⟨67⟩

Hofmann, Friedrich
    1933   *Der Kirchenbegriff des hl. Augustinus in seinen Grundlagen und seiner Entwicklung.*
            München: Hueber ⟨16⟩

von Hofmannsthal, Hugo
    1966   *Hugo von Hofmannsthal und Edgar Karg von Berenberg, Briefwechsel.* Hg. Mary
            E. Gilbert. Frankfurt a.M.: Fischer ⟨107⟩
    1980   *Gesammelte Werke I–X.* Hg. Bernd Schoeller in Beratung mit Rudolf Hirsch. Frank-
            furt a.M.: Fischer ⟨107⟩
    1984   *Sämtliche Werke.* Kritische Ausgabe I: Gedichte 1. Frankfurt a.M.: Fischer ⟨107⟩

Hofstadter, Douglas / Dennett, Daniel Clement (eds.)
    1981   *The Mind's I. Fantasies and Reflections on Self and Soul.* New York: Basic Books
            ⟨57⟩

Hofstee, W. K. B.
    1980   *De empirische discussie.* Meppel: Boom ⟨47⟩
    1984   Methodological decision rules as research policies: A betting reconstruction of empi-
            rical research. *Acta Psychologica* 56, 93–109 ⟨47⟩

Hohendahl, Peter Uwe
    1980   Gottfried Benns Poetik und die dt. Lyriktheorie nach 1945. *Jb.dt.Schillerges.* 24,
            369–398 ⟨107⟩

Hoijer, Harry
    1961   Anthropological linguistics. In Mohrmann/Sommerfelt/Whatmough (eds.) 1961,
            164–195 ⟨74⟩

Hoijer, Harry (ed.)
    1954   *Language in Culture; Conference on the Interrelations of Language and Other Aspects
            of Culture.* Chicago: UP ⟨74⟩

Holdcroft, David
    1978   *Words and Deeds.* Oxford: UP ⟨95⟩

Holdsworth, D. G. / Hooker, C. A.
    1983   A critical survey of quantum logic. In dalla Chiara et al. (eds.) 1983, 127–246 ⟨75⟩

Holenstein, Elmar
    1973   Jakobson und Husserl. Ein Beitrag zur Genealogie des Strukturalismus. *Tijdschr.Fi-
            los.* 35, 560–607 / auch in Holenstein 1976, 13–55 ⟨51/76⟩
    1974   *Roman Jakobson's Approach to Language: Phenomenological Structuralism.* Bloom-
            ington: Indiana UP ⟨51⟩
    1975   *Roman Jakobsons phänomenologischer Strukturalismus.* Frankfurt a.M.: Suhrkamp
            ⟨76⟩
    1976   *Linguistik, Semiotik, Hermeneutik.* Frankfurt a.M.: Suhrkamp ⟨51⟩
    1976   Jakobson und Husserl, Ein Beitrag zur Genealogie des Strukturalismus. In Parret
            (ed.) 1976, 772–810 ⟨33⟩
    1983   Die Bedeutung von „Bedeutung" bei Frege. Ein philologischer Essay. *Conceptus* 17,
            65–74 ⟨68⟩
    1989   Art. 'Phonologie, Phonem'. In Ritter/Gründer (Hg.) 1989, 927–931 ⟨51⟩

Holl, Adolf
    1963   *Die Welt der Zeichen bei Augustin (zu Confessiones XIII)*. Wien: Herder ⟨16⟩
Holl, Karl
    1928a   *Gesammelte Aufsätze III*. Tübingen: J. C. B. Mohr (Paul Siebeck) ⟨16⟩
    1928b   Augustins innere Entwickung. In Holl 1928a, 54−116 ⟨16⟩
Höller, Hans
    1982   Überlegungen zu einem Erklärungsmodell der österreichischen Sprachthematik. In
            Klein/Scheichl (Hg.) 1982, 31−43 ⟨107⟩
Hollis, Martin / Lukes, Steven (eds.)
    1982   *Rationality and Relativism*. Cambridge, MA: MIT ⟨74⟩
Hollowell, A. J.
    o.J.   Objibwa Ontology, behavior and world view. *Culture in History* 178, 19−52 ⟨74⟩
Holly, Werner / Kühn, Peter / Püschel, Ulrich
    1986   *Politische Fernsehdiskussionen. Zur medienspezifischen Inszenierung von Propaganda
            als Diskussion*. Tübingen: Niemeyer ⟨115⟩
Holquist, Michael
    1990   *Dialogism. Bakhtin and his World*. London/New York: Routledge ⟨48⟩
Hölscher, Uvo
    1956   Grammatisches zu Parmenides. *Hermes* 84, 385−397 ⟨1⟩
von Holt, Dirk / Pasero, Ursula / Roth, Volkbert M.
    1974   *Zur Wertformanalyse*. Frankfurt a.M.: Suhrkamp ⟨48⟩
Holte, R.
    1962   *Béatitude et sagesse. Saint Augustin et le problème de la fin de l'homme dans la philo-
            sophie ancienne*. Paris: Etudes augustiniennes ⟨16⟩
Holton, Gerard
    1981   *Thematische Analyse der Wissenschaft*. Frankfurt a.M.: Suhrkamp ⟨99⟩
Holzhey, Helmut
    1986   *Cohen und Natorp I/II*. Basel/Stuttgart: Schwabe ⟨37⟩
Holzkamp, Klaus
    1980   Zu Wundts Kritik an der experimentellen Erforschung des Denkens. In Meischner/
            Metge (Hg.) 1980, 141−153 ⟨31⟩
Holtzmann, Steven / Leich, Christopher (eds.)
    1981   *Wittgenstein: to Follow a Rule*. London: Routledge & Kegan Paul ⟨39/54⟩
Homer
    ⁹1989   *Ilias*. München/Zürich: Artemis ⟨112⟩
Hommel, H.
    1990   Rhetorik. In Andresen/Erbse/Gigon/Schefold/Stroheker/Zinn (Hg.) 1990, 2611−
            2626 ⟨112⟩
Honderich, Ted (ed.)
    1973   *Essays on Freedom of Action*. London/Henley/Boston: Routledge & Kegan Paul ⟨93⟩
Honegger, Andreas
    1978   *Die Entwicklungskrise im Werk Hugo von Hofmannsthals*. Phil. Diss. Zürich ⟨107⟩
Honisch, Dieter
    1992   *Texte*. Stuttgart: edition cantz ⟨108⟩
Honisch, Dieter / Pauseback, Michael / Schmitz, Britta (Hg.)
    1982   *Kunst wird Material*. Berlin: Nationalgalerie Berlin, Staatliche Museen Preußischer
            Kulturbesitz ⟨108⟩
Honsza, Norbert (Hg.)
    1983   *Zu Peter Handke. Zwischen Experiment und Tradition*. Stuttgart: Klett (LGW-Inter-
            pretationen 61) ⟨107⟩
Hook, Sidney (ed.)
    1960   *Dimensions of Mind*. New York: UP ⟨110⟩
    1969   *Language and Philosophy*. New York: UP ⟨72⟩

Hookway, Christopher (ed.)
1984   *Minds, Machines and Evolution.* Cambridge: UP ⟨117⟩

Hopkins, J. / Richardson H. (eds.)
1976   *Anselm of Canterbury. Volume Two: Philosophical Fragments. De Grammatico. On Truth [...].* Toronto−New York: Edwin Melen Pr. ⟨4⟩

Horgan, Terence
1986   Psychologism, semantics, and ontology. *Nous* 20, 21−31 ⟨68⟩

Hörmann, Hans
²1977   *Psychologie der Sprache.* Berlin/Heidelberg/New York: Springer ⟨56⟩

Hornay, W.
1858   *Ursprung und Entwicklung der Sprache.* Berlin: Wagner ⟨65⟩

Horn, András
1981   Ästhetische Funktionen der Sprachmischung in der Literatur. *Arcadia* 16, 225−241 ⟨107⟩

Horne Tooke, John
1929   Ἔπεα πτερότντα, *or the Diversions of Purley.* London: Taylor [1786/1805] ⟨8⟩

Hornstein, Norbert
1984   *Logic As Grammar.* Cambridge, MA: MIT ⟨72⟩

Hornstein, Norbert / Lightfoot, David
1981a   *Explanation in Linguistics.* London: Longman ⟨72⟩
1981b   Introduction. In Hornstein/Lightfoot 1981a, 9−31 ⟨72⟩

Horowitz, Arnold / Rapoport, Anatol
1960   The Sapir-Whorf-Korzybski hypothesis: A report and a reply. *ETC* 17, 346−363 ⟨74⟩

Horwich, Paul (ed.)
1993   *World Changes.* Cambridge, MA: MIT ⟨99⟩

Hourani, George Fadlo (ed.)
1975   *Essays on Islamic Philosophy and Science.* Albany, N. Y.: State U. of New York Pr. ⟨3⟩

Howell, W. S.
1956   *Logic and Rhetoric in England, 1500−1700.* Princeton: UP ⟨47⟩
1971   *Eighteenth-Century British Logic and Rhetoric.* Princeton, NJ: Princeton UP ⟨47⟩

Hubbeling, Hubertus
1956   *Natuur en genade bij Emil Brunner.* Assen: Van Gorcum ⟨85/103⟩
1987   *Principles of the Philosophy of Religion.* Assen: Van Gorcum ⟨85/103⟩

Huber, Christoph
1977   *Wort sint der dinge zeichen. Untersuchungen zum Sprachdenken der mittelhochdt. Spruchdichtung bis Frauenlob.* München: Artemis (Münchener Texte und Untersuchungen zur dt. Literatur des Mittelalters 64) ⟨107⟩
1979   Wort-Ding-Entsprechungen. Zur Sprach- und Stiltheorie Gottfrieds von Straßburg. In Grubmüller/Hellgardt/Jellissen/Reis (Hg.) 1979, 268−302 ⟨107⟩

Huber, Lothar
1973   Robert Musils Törless und die Krise der Sprache. *Sprachkunst* 4, 91−99 ⟨107⟩

Hubien, H.
1982   Ockham and Buridan on the copula. In Braakhuis/Knoopkens (eds.) 1982, 221−241 ⟨61⟩

Hübner, Kurt
1978   *Kritik der wissenschaftlichen Vernunft.* Freiburg, München: Alber ⟨45⟩

Hufnagel, Erwin
1976   *Einführung in die Hermeneutik.* Stuttgart: Kohlhammer ⟨45⟩

Hugenroth, Hermann-Friedrich
1967   *Die dialektischen Grundbegriffe in der Ästhetik des Novalis und ihre Stellung im System.* Phil. Diss. München ⟨107⟩

Hughes, George E. / Cresswell, Max J.
1968   *An Introduction to Modal Logic.* London: Methuen ⟨59⟩

Hugo, Hermannus
    1617   *De Prima Scribendi Origine et Universa rei Literariae Antiquitate.* Antwerp: B. & F. Moretos ⟨64⟩

Hüllen, Werner (ed.)
    1990   *Understanding the Historiography of Linguistics. Problems and Projects.* Münster: Nodus Publikationen ⟨107⟩

Hülser, Karlheinz
    1979   Expression and content in Stoic linguistic theory. In Bäuerle/Egli/v. Stechow (eds.) 1979, 284−303 ⟨2⟩

Humberstone, I. L.
    1981   From worlds to possibilities. *J.Philos.Log.* 10, 313−339 ⟨75⟩

von Humboldt, Wilhelm
    1836   *Über die Verschiedenheit des menschlichen Sprachbaues und ihren Einfluß auf die geistige Entwicklung des Menschengeschlechts.* Berlin: Dümmler ⟨13/38⟩
    1903ff *Gesammelte Schriften.* Hg. Preuß. Akad. der Wiss. I−XVII. Berlin: Behr ⟨27⟩
            Essai sur les langues du nouveau continent. Ges. Schriften III, 300−341 ⟨27⟩
            Grundzüge des allgemeinen Sprachtypus. Ges. Schriften V, 364−475 ⟨27⟩
            Von dem grammatischen Baue der Sprachen. Ges. Schriften VI, 337−486 ⟨27⟩
    1916−18 *Tagebücher.* Hg. von Albert Leitzmann. Berlin: Behr ⟨8⟩
    1960ff *Werke in fünf Bänden.* Hg. A. Flitner / K. Giel. Stuttgart: Cotta / Darmstadt: Wiss. Buchges. ⟨27/36/47/108⟩
            Ideen zu einem Versuch die Gränzen der Wirksamkeit des Staats zu bestimmen. Werke Ia, 56−233 ⟨27⟩
            Theorie der Bildung des Menschen. Werke Ib, 234−240 ⟨27⟩
            Plan einer vergleichenden Anthropologie. Werke Ic, 337−375 ⟨27⟩
            Über den Geist der Menschheit. Werke Id, 506−518 ⟨27⟩
            Ueber die Aufgabe des Geschichtsschreibers. Werke Ie, 585−606 ⟨27⟩
            Latium und Hellas oder Betrachtungen über das classische Alterthum, Werke II, 25−64 ⟨27⟩
            Schriften zur Sprachphilosophie. (= Werke III) ⟨13⟩
            Ueber das vergleichende Sprachstudium in Beziehung auf die verschiedenen Epochen der Sprachentwicklung. Werke IIIa, 1−25 ⟨27/77⟩
            Ueber den Einfluss des verschiedenen Charakters der Sprachen auf Literatur und Geistesbildung. Werke IIIb, 26−30 ⟨27⟩
            Ueber das Entstehen der grammatischen Formen und ihren Einfluss auf die Ideenentwicklung. Werke IIIc, 31−63 ⟨27⟩
            Ueber den Nationalcharakter der Sprachen. Werke IIId, 64−81 ⟨27⟩
            Ueber die Buchstabenschrift und ihren Zusammenhang mit dem Sprachbau. Werke IIIe, 82−112 ⟨27⟩
            Ueber den Dualis. Werke IIIf, 113−143 ⟨27/47⟩
            Ueber die Verschiedenheiten des menschlichen Sprachbaues. Werke IIIg, 144−367 ⟨27⟩
            Ueber die Verschiedenheit des menschlichen Sprachbaues und ihren Einfluss auf die geistige Entwicklung des Menschengeschlechts. Werke IIIh, 368−756 [1830−35] ⟨27/63⟩
    1968a *Wilhelm von Humboldts Gesammelte Schriften I−XVII.* Hg. von der Königlich-Preußischen Akad. der Wissenschaften. Berlin: de Gruyter [1903−1936] ⟨13⟩
    1968b *Ästhetische Versuche. I. Über Goethes Hermann und Dorothea.* In Humboldt 1968a II, 113−323 ⟨13⟩
    1968c Ankündigung einer Schrift über die vaskische Sprache und Nation nebst Angabe des Gesichtspunktes und Inhaltes derselben. In Humboldt 1968a III, 288−299 ⟨13⟩
    1968d Essai sur les langues du nouveau continent. In Humboldt 1968a III, 300−341 ⟨13⟩

Hume, David
    1888   *A Treatise of Human Nature.* Ed. L. A. Selby-Bigge. Oxford: Clarendon [1739] ⟨29/70/104/119⟩
    1955   *An Inquiry Concerning Human Understanding.* New York: The Library of Liberal Arts [³1758] ⟨72⟩
    1965   Dialogues Concerning Natural Religion. Ed. Henry D. Aiken. New York: Hafner ⟨118⟩

Humphries, B. M.
1970   Indeterminacy of translation and theory. *J.Philos.* 67, 167−178 ⟨73⟩
Hundsnurscher, Franz / Weigand, Edda (Hg.)
1986   *Dialoganalyse.* Tübingen: Niemeyer ⟨115⟩
Hungerland, Isabel C. / Vick, George R.
1973   Hobbes' theory of signification. *J.Hist.Philos.* 11, 459−482 ⟨30⟩
Hunter, Geoffrey
1971   *Metalogic.* London: Macmillan ⟨59⟩
Hüppauf, Bernd
1988   Über das Mästen von Begriffen und die Furcht vor der Erfahrung. Bemerkungen
          zur Sprache in Robert Musils „Nachlaß zu Lebzeiten". In Schütze/Treichel/Voss
          (Hg.) 1988, 26−47 ⟨107⟩
Hurrelmann, Klaus / Ulich, Dieter (Hg.)
1980   *Handbuch der Sozialisationsforschung.* Weinheim/Basel: Beltz ⟨56⟩
Husserl, Edmund
1900−01   *Logische Untersuchungen I−III.* Jena: Niemeyer ⟨46/69/81/114⟩
²1913/28 *Logische Untersuchungen. Zweiter Band. 1. Teil. Untersuchungen zur Phänomenologie
          und Theorie der Erkenntnis.* Halle: Niemeyer ⟨12/81/90/112⟩
1913a   *Ideen zu einer reinen Phaenomenologie.* Halle: Niemeyer [trad. française Ricœur] ⟨43/
          100⟩
1929   *Formale und transzendentale Logik.* Halle: Niemeyer ⟨46⟩
1950   *Ideen zu einer reinen Phänomenologie und phänomenologischen Philosophie. Buch 1.*
          Hg. Walter Biemel. The Hague: Nijhoff [1913] ⟨106⟩
1967   *Ideas.* New York: Collier Books / Übers. von Husserl 1913a ⟨46⟩
⁴1968   *Logische Untersuchungen.* Tübingen: Niemeyer [1900/01] ⟨63/69⟩
1968/80   *Logische Untersuchungen.* Tübingen: Niemeyer [1913] ⟨79/81⟩
1969   *Formal and Transcendental Logic.* The Hague: Nijhoff [1929] ⟨46/49⟩
1970   *Logical Investigations.* London: Routledge & Kegan Paul [1900−1901] ⟨46/81⟩
1972   *Recherches Logiques I−III.* Paris. PUF ⟨12⟩
1984   *Logische Untersuchungen. Zweiter Band. 1. Teil.* Den Haag: Nijhoff ⟨76⟩
Hutcheson, Sandy / Laver, John (eds.)
1968   *Communication in Face to Face Interaction.* Harmondsworth: Penguin ⟨56⟩
Hylton, Peter
1991   Translation, meaning, and self-knowledge. *Proc.Arist.Soc.* 91, 269−290 ⟨68⟩
Hyman, Arthur / Walsh, James (eds.)
1983   *Philosophy in the Middle Ages.* Bloomington, Ind.: Hackett ⟨10⟩
Hymes, Dell
1971   Sociolinguistics and the ethnography of speaking. In Ardener (ed.) 1971, 47−93 ⟨47⟩
1972a   Models of the interaction of language and social life. In Gumperz/Hymes 1972,
          35−71 ⟨56⟩
1972b   The scope of sociolinguistics. *Report of the 23rd Annual Round Table Meeting on Lin-
          guistics and Language Studies*, Washington, D. C.: Georgetown UP, 313−333 ⟨56⟩
1977   *Foundations in Sociolinguistics.* London: Tavistock Publications [1974] ⟨67⟩
1975   Der Gegenstandsbereich der Soziolinguistik. In Jäger (Hg.) 1975, 1−21 ⟨56⟩
1982   Soziolinguistik und Ethnographie des Sprechens. In Steger (Hg.) 1982, 142−197 ⟨56⟩
Hymes, Dell (ed.)
1974   *Studies in the History of Linguistics: Traditions and Paradigms.* Bloomington, Ind.:
          Indiana UP ⟨26/66⟩
Hymes, Dell / Fought, John
1971   *American Structuralism.* The Hague/Paris: Mouton ⟨51⟩

Ihwe, Jens (Hg.)
1972   *Literaturwissenschaft und Linguistik. Ergebnisse und Perspektiven.* Frankfurt a.M.:
          Athenäum ⟨67⟩
Ijsseling, Samuel
1976   *Rhetoric and Philosophy in Conflict. An Historical Survey.* Den Haag: Martinus Nij-
          hoff ⟨112⟩

1987a   *Over de mens. Vijf filosofische conferenties.* Leuven: Universitaire Pers Leuven ⟨85/
          103⟩
1987b   Leven met verhalen. In Ijsseling 1987a, 1−21 ⟨85/103⟩

Ikhwān al-Safā' (Sincere Brethren of Basra)
1957   *Rasā'il (Epistles).* Beirut: Dar Ṣādir ⟨3⟩
1978   *The Case of the Animals vs. Man before the King of the Jinn.* Transl. Lenn E. Good-
          man. Boston: Twayne ⟨3⟩

Imbach, Ruedi
1987   Philosophie und Eucharistie bei Wilhelm von Ockham. Ein vorläufiger Entwurf. In
          Bos/Krop (eds.) 1987, 43−51 ⟨21⟩

Imdahl, Max
1962   *E. W. Nay: Akkord in Rot und Blau (1958).* Stuttgart: Reclam ⟨108⟩
1963   Marées, Fiedler, Hildebrand, Riegl, Cézanne. Bilder und Zitate. In Schrimpf (Hg.)
          1963, 142−195 ⟨108⟩
1970   Die Momentfotografie und 'Le Comte Lepic' von Edgar Degas. In Festschrift von
          der Osten 1970, 228−234 ⟨108⟩
1971   *Barnett Newman: Who is afraid of red, yellow and blue III.* Stuttgart: Reclam ⟨108⟩
1981a   *Bildautonomie und Wirklichkeit. Zur theoretischen Begründung moderner Malerei.*
          Mittenwald: Mäander ⟨108⟩
1981b   Cézanne, Braques, Picasso. Zum Verhältnis zwischen Bildautonomie und Gegen-
          standssehen. In Imdahl 1981a, 9−50 ⟨108⟩
1982   *Arbeiter diskutieren moderne Kunst. Seminare im Bayerwerk in Leverkusen.* Berlin:
          Rembrandt Vlg. ⟨108⟩
1985   *Picassos 'Guernica'. Eine Kunstmonographie.* Frankfurt a.M.: Insel ⟨108⟩
1988a   *Giotto − Arenafresken. Ikonographie. Ikonologie. Ikonik.* München: Wilhelm Fink
          [1980] ⟨108⟩
²1988b   *Farbe. Kunsttheoretische Reflexionen in Frankreich.* München: Wilhelm Fink [1987]
          ⟨108⟩

Imholtz, August A.
1978   George's *Urspünge* and *Odyssey* Translation. *Mod.Lang.N.* 93, 498−499 ⟨107⟩

Inciarte, Fernando
1974   Die Suppositionstheorie und die Anfänge der extensionalen Semantik. In Zimmer-
          mann (Hg.) 1974, 126−141 ⟨40⟩

Ineichen, Hans
1987   *Einstellungssätze.* München: Fink ⟨80⟩

Ingarden, Roman
³1965   *Das literarische Kunstwerk.* Tübingen: Niemeyer ⟨106⟩

Inhelder, Bärbel
1978   Language and thought: some remarks on Chomsky and Piaget. *J. of Psycholinguistic
          Research* 7, 263−268 ⟨71⟩

Inhetveen, Rüdiger
1982   Ein konstruktiver Weg zur Semantik der „Möglichen Welten". In Barth/Martens
          (eds.) 1982, 133−141 ⟨47⟩

Innis, Robert E.
1974   Meaning, thought, and language in Polányi's epistemology. *Philosophy Today* 18,
          47−67 ⟨38⟩
1982   *Karl Bühler. Semiotic Foundations of Language Theory.* New York: Plenum ⟨38⟩
1984   Bühler und Gardiner. In Eschbach (Hg.) 1984 II, 116−155 ⟨38⟩
1985   Articulation as emendation. Philipp Wegener's antiformalist theory of language. In
          Deely (ed.) 1985, 577−587 ⟨38⟩
1988   The thread of subjectivity. In Eschbach (Hg.) 1988, 77−106 ⟨38⟩

Inst. für Österreichkunde (Hg.)
1974   *Sprachthematik in der östereichischen Literatur des 20. Jahrhunderts.* Wien: Hirt ⟨35/
          107⟩

International Paul Celan Symposium
1987   *Argumentum e Silentio*. Berlin/New York: de Gruyter ⟨107⟩

van Inwagen, Peter
1980   Indexicality and actuality. *Philos. Rev.* 89(3), 403−426 ⟨93⟩

van Inwagen, Peter (ed.)
1980   *Time and Cause*. Dordrecht: D. Reidel ⟨83⟩

Ioannis a Sancto Thoma
1930   *Cursus Philosophicus Thomisticus*. Hg. Beato Reiser. o. V. ⟨62.1⟩

Ions, Veronica
1976   *Welt der Mythen*. Übers. von Matthias Gatzemeier. Freiburg: Herder ⟨1⟩

Ipsen, G.
1930   *Sprachphilosophie der Gegenwart*. Berlin: Junker & Dünnhaupt

Irmscher, Hans Dietrich
1966   Nachwort. In Herder 1966, 137−175 ⟨26⟩
1973   Grundzüge der Hermeneutik Herders. In Maltusch (Hg.) 1973, 17−57 ⟨26⟩

Irmscher, Hans Dietrich / Keller, Werner (Hg.)
1983   *Drama und Theater im 20. Jahrhundert. Festschrift für Walter Hinck*. Göttingen: Vandenhoeck & Ruprecht ⟨107⟩

Irvine, Judith T.
1974   Strategies of status manipulation in the world of greeting. In Bauman/Sherzer (eds.) 1974, 167−191 ⟨56⟩

Irvine, Martin
1985   Medieval Grammatical Theory and Chaucer's *House of Fame*. *Speculum* 60, 850−876 ⟨107⟩

Iser, Wolfgang
1976   *Der Akt des Lesens. Theorie ästhetischer Wirkung*. München: Fink ⟨85/103⟩

Iser, Wolfgang (Hg.)
1966   *Immanente Ästhetik − ästhetische Reflexion. Lyrik als Paradigma der Moderne*. München: Fink ⟨107⟩

Itkonen, Esa
1972   On Grice's, Strawsons's, and Searle's concept of meaning. *Ajatus* 34, 149−152 ⟨94⟩
1978   *Grammatical Theory and Metascience*. Amsterdam: Benjamins ⟨12⟩
1983   *Causality in Linguistic Theory*. London/Bloomington: Croom Helm / Indiana UP ⟨12/96.1⟩

Ivo, Hubert
1988   Wilhelm von Humboldts Sprache als Diskurs. Zwischen Weltanschauung und allgemeiner Grammatik. In Müller-Sievers/Trabant (Hg.) 1988, 67−104 ⟨27⟩

Iyer, K. A. Subramania
1969   *Bhartṛhari, A Study of the Vākyapadīya in the Light of Ancient Commentaries*. Pune: Deccan College ⟨17/43⟩

Iyer, K. A. Subramania (ed.)
1963   *Vākyapadīya* of Bhartṛhari with the Commentary *Prakīrṇaprakāśa* of Helārāja. Kāṇḍa III. pt.I. Poona: Deccan College (Monograph Series) ⟨5/43⟩
1966   *Vākyapadīya* of Bhartṛhari with the Commentaries of *Vṛtti* and *Paddhati* of Vṛsabhadeva. Kāṇḍa I. Poona: Deccan College ⟨5/43⟩
1973   *Vākyapadīya* of Bhartṛhari with the Commentary *Prakīrṇaprakāśa* of Helārāja. Kāṇḍa III. pt.II. Poona: Deccan College (Monograph Series) ⟨5/43⟩

Jachnow, Helmut
1971   Der Strukturalismus in der sowjetischen Sprachwissenschaft. In Šaumjan 1971, 9−29 ⟨51⟩

Jackson, Frank
1979   On assertion and indicative conditionals. *Philos. Rev.* 88, 565−589 ⟨70/89⟩

1985   On the semantics and logic of obligation. *Mind* 94, 177−195 ⟨75⟩
1988   *Conditionals*. Oxford: Blackwell ⟨89⟩

Jackson, Jean
1974   Language-identity of the Colombian Vaupes indians. In Bauman/Sherzer (eds.) 1974,
        50−64 ⟨56⟩

Jacobi, Friedrich Heinrich
1968a   *Werke IV, 1.Abt.* Hg. F. Roth / F. Köppen. Darmstadt: Wiss. Buchges. [1829] ⟨13⟩
1968b   Über die Lehre des Spinoza, in Briefen an Herrn Moses Mendelssohn. In Jacobi
        1968a, 37−253 ⟨13⟩

Jacobi, Klaus
1979   *Nikolaus von Kues. Einführung in sein philosophisches Denken.* Freiburg/München:
        Alber ⟨7⟩
1980   Diskussion über Prädikationstheorie in den logischen Schriften des Petrus Abaelar-
        dus, Versuch einer Übersicht. In Thomas (Hg.) 1980, 165−179 ⟨20⟩
1980a   *Die Modalbegriffe in den logischen Schriften des Wilhelm von Shyreswood und in ande-
        ren Kompendien des 12. und 13. Jahrhunderts. Funktionsbestimmung und Gebrauch in
        der logischen Analyse.* Leiden-Köln: Brill ⟨40⟩
1981a   Wilhelm von Shyreswood und die Dialectics Monacensis. In Braakhuis/Kneepkens/
        de Rijk (eds.) 1981, 99−130 ⟨40⟩
1981b   Die Semantik sprachlicher Ausdrücke, Ausdrucksfolgen und Aussagen in Abaelards
        Kommentar zu Perihermeneias. *Medioevo* 7, 41−89 ⟨20⟩
1983   Abelard and Frege: The Semantics of Word and Proposition. In Abrusci (ed.)
        1983, 81−96 ⟨20⟩
1986   Peter Abelard's investigations into the meaning and functions of the speech sign
        'est'. In Hintikka/Knuuttila (eds.) 1986, 145−180 ⟨20⟩

Jacobs, Roderick A. / Rosenbaum, Peter S. (eds.)
1970   *Readings in English Transformational Grammar.* Waltham, Mass.: Ginn & Co. ⟨95⟩

Jacobs, Wilhelm G.
1984   *Johann Gottlieb Fichte in Selbstzeugnissen und Bilddokumenten.* Reinbek: Rowohlt
        ⟨13⟩

Jacoby, Friedrich (Hg.)
²1957   *Die Fragmente der griechischen Historiker I.* Leiden: Brill [1923] ⟨1⟩

Jacques, Francis
1979   Logique ou rhetorique de l'argumentation. *Rev.int.philos.* 33, 47−68 ⟨47⟩
1979   *Dialogiques.* Paris: PUF ⟨47⟩
1986   *Über den Dialog.* Berlin: de Gruyter / Übers. von Jacques 1979 ⟨47⟩

Jaeger, Hans
1962   Verstummen und Schweigen in der Dichtung Klopstocks. *Wirkendes Wort* 12,
        281−288 ⟨107⟩

Jäger, Ludwig
1975   *Zu einer historischen Rekonstruktion der authentischen Sprach-Idee F. de Saussures.*
        Phil.Diss. Düsseldorf ⟨36⟩
1976   Saussures historisch hermeneutische Idee der Sprache. *Linguistik und Didaktik* 27,
        210−244 ⟨36⟩
1985   Der saussuresche Begriff des Aposème als Grundlagenbegriff einer hermeneutischen
        Semiologie. In Jäger/Stetter (Hg.), 7−33 ⟨36⟩
1988   Über die Individualität von Rede und Verstehen − Aspekte einer hermeneutischen
        Semiologie bei W. v. Humboldt. *Poetik und Hermeneutik* 13, 76−94 ⟨27⟩

Jäger, Ludwig / Stetter, Christian (Hg.)
1985   *Zeichen und Verstehen.* Aachen: Rader ⟨36/58⟩

Jäger, Siegfried (Hg.)
1975   *Probleme der Soziolinguistik.* Göttingen: Vandenhoeck & Ruprecht ⟨56⟩

Jagadīsá
1934   *Śabdaśaktiprakāśikā.* Ed. with two commentaries by D. Sastri. Benares: Kashi San-
        skrit Series 109 ⟨5/43⟩

Jaggar, Alison
1973   On one of the reasons for the indeterminacy of translation. *Phil. Phenomen. Res.* 34, 257–265 ⟨73⟩

Jakobson, Roman
1956   Two aspects of language and two types of aphasic disturbance. In Jakobson/Halle 1956, II ⟨91⟩
1960/a(b)/64   Closing statement: linguistics and poetics. In Sebeok (ed.) 1960/1964, 350–377 ⟨38/51/91⟩
1961   On the notion 'rule of grammar'. In Jakobson (ed.) 1961, 6–24 ⟨12⟩
1969   *Kindersprache, Aphasie und allgemeine Lautgesetze.* Frankfurt a.M.: Suhrkamp ⟨37⟩
1970   Language in relation to other communication systems. In Linguaggio nella Società e nella Tecnica. Milano: Communità ⟨90⟩
1971   *Selected Writings I/II.* The Hague/Paris: Mouton ⟨51/109⟩
1971a   Article in Czech weekly CIN, Oct. 31, 1939. In Jakobson 1971a II, 711–712 ⟨51⟩ Zur Struktur des Phonems. In Jakobson 1971 I, 280–310 [1939] ⟨51⟩
1971b   Two aspects of language and two types of aphasic disturbances. In Jakobson 1971 II, 239–259 ⟨109⟩
1973a   *Main Trends in the Science of Language.* London: Allen & Unwin ⟨76⟩
1973b   *Selected Writings III: Poetry of Grammar and Grammar of Poetry.* The Hague/Paris/ New York: Mouton ⟨107⟩
1973c   Le métalangage d'Aragon. In Jakobson 1973b, 148–154 [1973] ⟨107⟩
1979   *Poetik. Ausgewählte Aufsätze 1921–1971.* Frankfurt a.M.: Suhrkamp ⟨106⟩
1988   *Semiotik. Ausgewählte Texte 1919–1982.* Frankfurt a.M.: Suhrkamp ⟨67⟩

Jakobson, Roman (ed.)
1961   *Structure of Language and its Mathematical Aspects. Proc. of the Twelfth Symposium in Applied Mathematics XII.* Providence, R. I.: American Mathematical Society ⟨12⟩

Jakobson, Roman / Halle, Morris
1956   *Fundamentals of Language.* The Hague: Mouton ⟨51/91⟩

Jambuvijaya, Muni (ed.)
1961   *Vaiśeṣika Sutra of Kaṇāda with the Commentary of Candrānanda.* Baroda: Gaekwad's Oriental Series 136 ⟨62.2⟩
1966   *Dvādaśāranayacakra of Ācārya Śrī Mallavādi Kṣamāśramaṇa [mit Sanskrit Rekonstruktionen von tibetanischen Textfragmenten Dignāgas] pt. I.* Bhavnagar: Sri Atmanand Jain Granthamala Series 92 ⟨5/43⟩
1976   *Dvādaśāranayacakra of Ācārya Śrī Mallavādi Kṣamāśramaṇa [mit Sanskrit Rekonstruktionen von tibetanischen Textfragmenten Dignāgas] pt. II.* Bhavnagar: Sri Atmanand Jain Granthamala Series 94 ⟨5/43⟩

James, William
1907   *Pragmatism: A New Name for Some Old Ways of Thinking.* Cambridge, MA: Harvard UP ⟨69⟩
1909   *The Meaning of Truth.* London: Longmans, Green, & Co. ⟨69⟩
1920   *Collected Essays and Reviews.* New York: Longmans, Green & Co. ⟨50⟩
1950   *The Principles of Psychology.* Authorized Edition in two volumes. New York: Dover [1890] ⟨52⟩
1977   *Der Pragmatismus.* Hamburg: Meiner ⟨69⟩

Jamme, Christoph / Pöggeler, Otto (Hg.)
1989   *Phänomenologie im Widerstreit.* Frankfurt a.M.: Suhrkamp ⟨37⟩

Janetzki, Ulrich
1982   *Alphabet und Welt. Über Konrad Bayer.* Königstein/Ts.: Hain (Literatur in der Geschichte. Geschichte in der Literatur 7) ⟨107⟩

Janich, Peter
1972   Augustins Zeitparadox und seine Frage nach einem Standard der Zeitmessung. *Arch. Gesch. Philos.* 54, 168–186 ⟨16⟩

Janik, Allan / Toulmin, Stephen
1973   *Wittgenstein's Vienna.* New York, N. Y.: Simon & Schuster ⟨35⟩
1987   *Wittgensteins Wien.* Überarbeitete und autorisierte dt. Fassung von Reinhard Merkel unter Mitwirkung von Allan Janik und Marcel Faust. München/Zürich: Piper ⟨107⟩

Janke, Wolfgang
1979   Enttönter Gesang − Sprache und Wahrheit in den *Fichte-Studien* des Novalis. In Hammacher/Mues (Hg.) 1979, 168−203 ⟨107⟩

Janson, Tore
1979   Lucretius on the origin of language. *HL* 6, 149−157 ⟨65⟩

Janssen, Theo
1983   *Foundations and Applications of Montague Grammar.* Amsterdam: Mathematical Centre ⟨113⟩
1986   *Foundations and Applications of Montague Grammar.* Amsterdam: CWI ⟨113⟩

Jantzen, Hans
1951a   *Über den gotischen Kirchenraum und andere Aufsätze.* Berlin: Gebrüder Mann ⟨108⟩
1951b   Über Prinzipien der Farbengebung in der Malerei. In Jantzen 1951a, 6167 ⟨108⟩

Jantzen, Jörg
1976   *Parmenides zum Verhältnis von Sprache und Wirklichkeit.* München: C. H. Beck ⟨1⟩

Jappe, Gemma
1971   *Über Wort und Sprache in der Psychoanalyse.* Frankfurt a.M.: Fischer ⟨109⟩

Jardine, Lisa
1974   *Francis Bacon. Discovery and the Art of Discourse.* Cambridge: UP ⟨47/71⟩
1977   Lorenzo Valla and the intellectual origins of humanistic dialectic. *J.Hist.Philos.* 15, 143−64 ⟨7⟩
1982   Humanism and the teaching of logic. In Kenny/Kretzmann/Pinborg (eds.) 1982, 797−807 ⟨7⟩

Jaśkowski, Stanisław
1936   Recherches sur le système de la logique intuitionniste. *Actes du Congrès International de Philosophie Scientifique VI. Philosophie des mathematiques, Actualités scientifiques et industrielles* 393, 58−61. Paris: Hermann & Cie ⟨75⟩

Jastrow, Joseph
1901   *Fact and Fable in Psychology.* Freeport, N. Y.: Books for Libraries Pr. (Repr. 1971) ⟨108⟩

Jauß, Hans Robert
1970   *Literaturgeschichte als Provokation.* Frankfurt a.M.: Suhrkamp ⟨85/103⟩

Jayanta Bhaṭṭa
1934   *Nyāyamañjarī.* Ed. Pandit Surya / Narayana Sukla. Benares: Chowkhamba, Kashi Sanskrit Series ⟨18/63⟩
1978ff   *Nyāyamañjarī. The Compendium of Indian Speculative Logic.* Transl. into English with an Introd. by Janaki Vallabha Bhattacharyya Bd. I. Delhi: Motilal Banarsidass ⟨18⟩

Jean Paul
1927/52   *Sämtliche Werke in drei Abteilungen. Historisch-kritische Ausgabe.* Hg. Preußische Akad. der Wiss. Weimar: Böhlau; Berlin: Akad.-Vlg. ⟨107⟩
1968a   *Werke V.* München: Hanser ⟨13⟩
1968b   *Vorschule der Ästhetik.* In Jean Paul 1968a, 7−456 [1804] ⟨13⟩

Jefferson, Gail / Lee, John R. E.
1981   The rejection of advice. *J.Pragm.* 5, 399−422 ⟨56⟩

Jeffrey, Richard C.
1964   If. *J.Philos.* 61, 702−703 ⟨89⟩
1965   *The Logic of Decision.* New York: McGraw-Hill / Chicago: UP [²1984] ⟨89⟩

Jennings, R. E.
1986   Intrinsicality and the conditional. *Can.J.Philos.* 16, 221−238 ⟨89⟩

Jens, Walter
⁵1962   *Statt einer Literaturgeschichte.* Pfullingen: Neske ⟨107⟩

Jesinghausen-Lauster, Martin
1985   *Die Suche nach der symbolischen Form.* Baden-Baden: Vlg. Valentin Koerner ⟨37⟩

Jespersen, Otto
  1922   *Language: Its Nature, Development, and Origin.* London: Allen & Unwin ⟨79⟩
  1924   *The Philosophy of Grammar.* London: Allen & Unwin ⟨76⟩
  1971   *La philosophie de la grammaire.* Paris: Minuit ⟨12⟩

Jewtuschenko, Jewgenij
  1990   zitiert im Spielfilm „Marx & Mels". Sowjetunion 1990 ⟨48⟩

Jha, Ganganatha (transl.)
  1933−36 *Mīmāṃsā-Sūtra and Śābara-Bhāṣya I−III.* Baroda: Gaekwad's Oriental Series 66;
            70; 73 ⟨17/42/43/62.2⟩

Jñānaśrīmitra
  1959   *Jñānaśrīmitranibandhāvalī.* [12 Texte, darunter *Apohaprakaraṇa*] Ed. A. Thakur.
            Patna: K. P. Jayaswal Research Inst. ⟨42⟩

Joas, Hans
  1980   *Praktische Intersubjektivität.* Die Entwicklung des Werkes von G. H. Mead. Frank-
            furt a.M.: Suhrkamp ⟨31⟩
  1983   The intersubjective constitution of the body-image. *Human Studies* 6, 197−204 ⟨52⟩
  1987   Symbolic interactionism. In Giddens/Turner 1987, 82−115 ⟨52⟩
  1992a   *Pragmatismus und Gesellschaftstheorie.* Frankfurt a.M.: Suhrkamp ⟨52⟩
  1992b   *Die Kreativität des Handelns.* Frankfurt a.M.: Suhrkamp ⟨52⟩

Joas, Hans (Hg.)
  1985   *Das Problem der Intersubjektivität. Neuere Beiträge zum Werk George Herbert Meads.*
            Frankfurt a.M.: Suhrkamp ⟨52⟩

Jochims, Raimer
  1966   *Über Methoden der Farbraummalerei und die Möglichkeit ihrer Anwendung in der
            Architektur.* In Die Farbe. Berlin, o.V. ⟨108⟩

Johannes Buridanus
  1985   *Jean Buridans Logic: The Treatise on Supposition. The Treatise of Consequences.* Ed.
            P. King. Dordrecht/Boston/Lancaster/Tokyo: D. Reidel ⟨40⟩

Johannes von Salisbury
  1929   *Metalogicus.* Oxford: Webb ⟨77⟩

John, L.
  1980   Thinking about an object. *Midw. Stud. Philos* 5, 487−500 ⟨79⟩

Johnson, Alexander Bryan
  1836   *A Treatise on Language.* Ed. D. Rynin. New York: Dover 1968 [1947] ⟨29⟩
  1854   *The Meaning of Words, Analysed into Words and Unverbal Things Classified into Intel-
            lections, Sensations and Emotions.* Ed. Irving J. Lee. Milwaukee 1948 [1854] ⟨29⟩

Johnson, R. H. / Blair, Juliet A.
  1983   *Logical Self-Defense.* Toronto: McGraw-Hill Ryerson [1977] ⟨47⟩

Johnson, W. E.
  1921   *Logic, Part I.* Cambridge: UP ⟨79⟩

Johnson-Laird, Peter
  1977   Procedural semantics. *Cognition* 5, 189−214 ⟨117⟩
  1983   *Mental Models. Towards a Cognitive Science of Language, Inference, and Conscious-
            ness.* Cambridge: UP ⟨57⟩

Johnstone jr., Henry W. J.
  1978   *Validity and Rhetoric in Philosophical Argument. An Outlook in Transition.* University
            Park: The Dialogue Pr. of Man & World ⟨112⟩

Johnstone jr., Henry W. J. / Natanson, Maurice
  1965   *Philosophy, Rhetoric, and Argumentation.* University Park: Pennsylvania State UP
            ⟨112⟩

Johnston, William M.
  1972   *The Austrian Mind: An Intellectual and Social History.* Berkeley, Cal.: Univ. of Cali-
            fornia Pr. ⟨35⟩

Jolivet, Jean
    1969   *Arts du langage et théologie chez Abélard.* Études de Philosophie Médiévale 57. Paris: Vrin ⟨20⟩

Jolivet, Jean / De Libera, Alain (éds.)
    1988   *Gilbert de Poitiers et ses contemporains. Actes du septième symposium européen de logique mediévale (Poitiers 17–22 juin 1985).* Napoli: Bibliopolis ⟨20⟩

Jolles, Mattijs
    1961   Toter Buchstabe und lebendiger Geist. Schillers Stellung zu Sprache. In Jolles (Hg.) 1961, 65–108 ⟨107⟩

Jolles, Mattijs (Hg.)
    1961   *Deutsche Beiträge zur geistigen Überlieferung.* Bern/München: Francke ⟨107⟩

Jolley, Nicholas
    1990   *The Light of the Soul. Theories of Ideas in Leibniz, Malebranche, and Descartes.* Oxford: Clarendon ⟨23⟩

Jolley, Nicholas (ed.)
    i.Dr.   *The Cambridge Companion to Leibniz.* ⟨23⟩

Joly, André
    1976   James Harris et la problématique des parties du discours à l'époque classique. In Parret (ed.) 1976, 410–430 ⟨44⟩
    1977   La linguistique cartesienne, une erreur mémorable. In Joly/Stefanini (éds) 1977, 165–199 ⟨12⟩
    1985   Cartesian or Condillacian linguistics. *Topoi* 4, 145–149 ⟨12⟩

Joly, André / Stéfanini, Jean (éds.)
    1977   *La Grammaire générale des modistes aux Idéologues.* Villeneuve d'Ascq: Publications de l'Université de Lille III ⟨12/41/44⟩

Joly, H.
    1986   *Philosophie du langage et grammaire dans l'Antiquité.* Bruxelles: Éditions Ousia ⟨112⟩

Jonas, Hans
    1930   *Augustin und das paulinische Freiheitsproblem. Ein philosophischer Beitrag zur Genesis der christlich- abendländischen Freiheitsidee.* Göttingen: Vandenhoeck & Ruprecht (Forschungen zur Religion und Literatur des Alten und Neuen Testaments 44. Neue Folge 27) ⟨16⟩

Jones, A. J. I.
    1983   *Communication and Meaning. An Essay in Applied Modal Logic.* Dordrecht: D. Reidel ⟨94/114⟩

Jones, M. S.
    1981/82 A study of Otto Nebel's major works: *Zuginsfeld* and the *Runen. German Life & Letters* 35, 253–266 ⟨107⟩

Jones, Rowland F.
    1932   Science and language in England of the mid-seventeenth century. *J. of English and Germanic Philology* 31, 315–331 ⟨107⟩

Jones, William
    1799   On the Hindus. The third discourse. *Asiatic Researches* I, 415–431 ⟨66⟩

de Jong, Willem R.
    1982   *The Semantics of John Stuart Mill.* Dordrecht: D. Reidel ⟨30⟩

Joos, Martin (ed.)
    [4]1971   *Readings in Linguistics I. The Development of Descriptive Linguistics in America 1925–1956.* Chicago/London: Chicago UP ⟨51⟩

Jordan, Robert Welsh
    1980   Das Gesetz, die Anklage und K.s Prozeß. *Jb. der Dt. Schillerges.* 24, 332–356 ⟨107⟩

Jordanes
    1882   *Getica et Romana.* Hg. Th. Mommsen. Berlin: Weidmann ⟨66⟩

Jørgensen, Sven Aage
  1976   *Johann Georg Hamann*. Stuttgart: Metzler ⟨25⟩
Jorna, René J.
  1990   *Knowledge Representation and Symbols in the Mind: An Analysis of the Notion of Representation and Symbol in Cognitive Psychology*. Tübingen: Stauffenburg ⟨114⟩
Jorna, René / van Heusden, Barend / Posner, Roland (eds.)
  1993   *Sign, Search, and Communication. Semiotic Aspects of Artificial Intelligence*. Berlin/New York: de Gruyter ⟨114⟩
Joshi, Shivram Dattatray (ed.)
  1967   *The Sphoṭanirṇaya of Kauṇḍabhaṭṭa*. Poona: Centre of Advanced Study in Sanskrit, U. of Poona ⟨17/43⟩
Joshi, Shivram Dattatray / Roodbergen, J. A. T. (eds.)
  1968−86 *Patañjali's Vyākaraṇa-Mahābhāṣya with transl. & notes, I−X*. Poona: U. of Poona ⟨5/17/43/62.2⟩
Jovellanos, Gaspar Melchior de
  1984ff   *Obras completas*. Oviedo: Inst. Feijoo de Estudios del Siglo XVIII ⟨8⟩
Jowett, B. (ed.)
  1892/⁴1964 *The Dialogues of Plato I−IV*. Oxford: UP ⟨10⟩
Juchem, Johann
  1986   Wegener und Wundt. *Kodikas/Code* 9 (1−2), 155−166 ⟨31⟩
Jung, Carl Gustav
  1943   *Über die Psychologie des Unbewußten*. Zürich: Rascher ⟨90⟩
  1953   *Psychological Reflections: An Anthology of Writings*. Ed. Jolande Jacobi. New York: Harper ⟨90⟩
Jung, Rudolf
  1968   *Studien zur Sprachauffassung Georg Christoph Lichtenbergs*. Diss. Phil. Frankfurt a.M. ⟨107⟩
Jüngel, Eberhard
  1964   *Zum Ursprung der Analogie bei Parmenides und Heraklit*. Berlin: de Gruyter ⟨85/103⟩
Junker, Wolfgang
  1981   Die Wörter 'Sein' und 'Ding'. Überlegungen zu Fichtes Philosophie der Sprache. In Hammacher (Hg.) 1981, 49−67 ⟨13⟩
Juntune, Sarah
  1985   Christoph Hellwigs *Allgemeine Sprachkunst*: one of the first universal grammars. In Dutz/Katzmarek (Hg.) 1985, 91−123 ⟨64⟩

Kadmon, Nirit
  1987   *On Unique and Non-unique Reference and Asymmetric Quantification*. Diss. Amherst: U. of Massachusetts, ⟨113⟩
Kaempfert, Manfred (Hg.)
  1983   *Probleme der religiösen Sprache*. Darmstadt: Wiss. Buchges. ⟨85/103⟩
Kahn, Charles H.
  1966   The Greek Verb 'to be' and the concept of being. *Found. Lang.* 2, 245−265 ⟨1⟩
  1969   The thesis of Parmenides. *Rev. Met.* 22, 700−724 ⟨1⟩
  1973   Language and ontology in the *Cratylus*. In Lee/Morelatos/Rorty (eds.) 1973, 152−176 ⟨14⟩
  1973   *The Verb 'be' in Ancient Greek*. Dordrecht/Boston: D. Reidel Kluwer Academic (Found.Lang.Suppl. 16) ⟨1⟩
  1979   *The Art and Thought of Heraclitus, An Edition of the Fragments with Translation and Commentary*. Cambridge: UP ⟨1⟩
Kahrs, E. (ed.)
  1986   *Kalyāṇamitrarāgaṇam. Essays in Honour of Nils Simonsson*. Oslo: Norwegian UP ⟨5/43⟩

Kainz, Friedrich
    1938   Die Sprachästhetik der Jüngeren Romantik. *Dt. Vjschr. Lit. wiss.* 16, 219−257 ⟨13⟩
    1939   Grillparzer als Sprachtheoretiker. *Germanisch-Romanische Monatsschrift* 27, 368−
                383 ⟨107⟩
    1941   Friedrich Schlegels Sprachphilosophie. *Z. für dt. Geisteswissenschaft* 3, 263−282
                ⟨13⟩
Kaiyaṭa   s. Filliozat 1975−1980
Kajon, Irene
    1988   Das Problem der Einheit des Bewußtseins im Denken Ernst Cassirers. In Braun/
                Holzhey/Orth (Hg.) 1988, 249−273 ⟨37⟩
Kalinowski, Georges
    1959   Ya-t-il une logique juridique? *Log. anal.* 2, 48−53 ⟨102⟩
    1965   *Introduction à la logique juridique. Eléments de sémiotique juridique, logique des nor-
                mes et logique juridique.* Paris: Pichon & Durand-Auzias ⟨102⟩
    1978   Die präskriptive und die deskriptive Sprache in der deontischen Logik. *Rechtstheorie*
                9, 411−420 ⟨102⟩
    1982   La logique juridique et son histoire. *Arch. de Philosophie du Droit* 27, 275−289 ⟨102⟩
    1983   Logique juridique. Conceptions et Recherches. *Rechtstheorie* 14, 1−17 ⟨102⟩
Kallmeyer, Werner
    1985   Handlungskonstitution im Gespräch. In Gülich/Kotschi (Hg.) 1985, 81−122 ⟨56⟩
Kallmeyer, Werner (Hg.)
    1986   *Kommunikationstypologie.* Düsseldorf: Schwann ⟨56⟩
    1994   *Kommunikation in der Stadt. Exemplarische Analysen des Sprachverhaltens in Mann-
                heim.* Berlin/New York: de Gruyter ⟨56⟩
Kallmeyer, Werner / Keim, Inken
    1987a   Phonologische Variation als Mittel der sozialen Symbolisierung in der Filsbachwelt.
                In Kallmeyer (Hg.) 1994, 141−249 ⟨56⟩
    1987b   Formelhaftes Sprechen in der Filsbachwelt. In Kallmeyer (Hg.) 1994, 250−317 ⟨56⟩
Kallmeyer, Werner / Schütze, Fritz
    1975   Konversationsmaximen / Interaktionspostulate. *Linguistik und Didaktik* 21, 81−84
                ⟨56⟩
Kambartel, Friedrich
    1963   *Einleitung zu Bernhard Bolzanos Grundlegung der Logik.* Hamburg: Meiner ⟨28⟩
    1968   *Erfahrung und Struktur. Bausteine zu einer Kritik des Empirismus und Formalismus.*
                Frankfurt a.M.: Suhrkamp ⟨51/120⟩
    1975   Frege und die axiomatische Methode. Zur Kritik mathematikhistorischer Legitima-
                tationsversuche der formalistischen Ideologie. In Thiel (Hg.) 1975, 77−89 ⟨120⟩
    1978   Symbolische Handlungen. Überlegungen zu den Grundlagen einer pragmatischen
                Theorie der Sprache. In Mittelstraß/Riedel (Hg.) 1978, 3−22 ⟨69⟩
    1989   *Philosophie der humanen Welt. Abhandlungen.* Frankfurt a.M.: Suhrkamp ⟨120⟩
Kambartel, Friedrich / Stekeler-Weithofer, Pirmin
    1989   Ist der Gebrauch der Sprache ein durch Regeln bestimmtes Handeln? In Stechow/
                Schepping (Hg.) 1989, 201−223 ⟨120⟩
Kames, Martin
    1975   *Balzac's Comedy of Words.* Princeton: UP ⟨107⟩
Kamlah, Wilhelm
    1967   Sprachliche Handlungsschemata. In Gadamer (Hg.) 1968, 427−434 ⟨108⟩
    1975a   *Von der Sprache zur Vernunft. Philosophie und Wissenschaft in der neuzeitlichen Pro-
                fanität.* Mannheim/Wien/Zürich: Bibliographisches Inst. ⟨105⟩
    1975b   Plädoyer für einen wieder eingeschränkten Gebrauch des Terminus „Hermeneutik".
                In Kamlah 1975a, 164−172 ⟨105⟩
Kamlah, Wilhelm / Lorenzen, Paul
    1967   *Logische Propädeutik.* Mannheim: Bibliographisches Inst. ⟨48/69/77/87/120⟩

Kammler, Dietmar
1985/86   Das sprachliche Be-Stimmen der Welt. Ein Beitrag zur Theorie der Lautdichtung Hugo Balls in der Auseinandersetzung mit Kant, Humboldt und Hamann. *Hugo Ball Almanach 9/10,* 221−245 ⟨107⟩

Kamp, Hans
1971   Formal properties of 'now'. *Theoria* 37, 227−273 ⟨88⟩
1979   Events, instants and temporal reference. In Bäuerle/Egli/Stechow (eds.) 1979, 376−418 ⟨76⟩
1980   Some remarks on the logic I. In Rohrer (ed.) 1980, 135−180 ⟨76⟩
1981   A theory of truth and semantic interpretation. In Groenendijk/Janssen/Stokhof (eds.) 1981, 277−322 / auch in Groenendijk/Janssen/Stokhof (eds.) 1984, 1−41 ⟨55/75/113⟩

Kamp, J. A. W.
1975   Two theories about adjectives. In Keenan (ed.) 1975, 123−155 ⟨98⟩

Kampits, Peter
1990   Der Sprachkritiker Fritz Mauthner: Vorläufer der ordinary-language-theory oder Nachfolger Nietzsches? *Mod. Aust. Lit.* 23, 23−39 ⟨107⟩

Kandinsky, Wassily
⁵1964   *Punkt und Linie zu Fläche. Beitrag zur Analyse der malerischen Elemente.* Bern: Benteli ⟨108⟩
1955   *Rückblicke.* Baden-Baden: Waldemar Klein ⟨108⟩
1989   *Die erste sowjetische Retrospektive. Gemälde, Zeichnungen und Graphik aus sowjetischen und westlichen Museen.* Frankfurt a.M.: Schirn Kunsthalle ⟨108⟩

Kanger, Stig
1957a   A note on quantification and modalities. *Theoria* 23, 133−134 ⟨59⟩
1957b   *Provability in Logic.* Stockholm: Almqvist and Wiksell ⟨75/88⟩

Kanitscheider, Bernulf (Hg.)
1976   *Sprache und Erkenntnis. Festschrift für G. Frey.* Innsbruck: Amoe ⟨53⟩

Kanizsa, Gaetano
1979   *Organisation in Vision. Essays on Gestalt Perception.* New York: Praeger Publ. ⟨108⟩

Kannicht, Richard
1980   „Der alte Streit zwischen Philosophie und Dichtung". Zwei Vorlesungen über die Grundzüge der griechischen Literaturauffassung. *Der altsprachliche Unterricht* 23, 6−36 ⟨107⟩

Kant, Immanuel
1781/²87   *Kritik der reinen Vernunft.* Riga: Hartknoch ⟨77/87/119⟩
1785/²86   *Grundlegung zur Metaphysik der Sitten.* Riga: Hartknoch ⟨104⟩
1800   *Logik.* Hg. G. B. Jäsche. Königsberg: Nicolovius ⟨87⟩
1902ff   *Gesammelte Schriften.* Hg. Königlich Preußische (später: Deutsche) Akad. der Wiss. (zu Berlin). Berlin: Georg Reimer / de Gruyter ⟨69⟩
1908   *Kritik der Urteilskraft.* In Kant, *Gesammelte Schriften* V, 165−485 ⟨108⟩
1911   *Kritik der reinen Vernunft.* In Kant, *Gesammelte Schriften* III, 1−552; IV, 1−252 ⟨69/105⟩
1914   *Kants handschriftlicher Nachlaß Band III: Logik.* Hg. Königlich Preußische (später: Deutsche) Akad. der Wissenschaften (zu Berlin). Berlin: Georg Reimer / de Gruyter ⟨69⟩
⁶1924   *Kritik der Urteilskraft.* Hamburg: Meiner [1902] ⟨70⟩
1938   *The Fundamental Principles of the Metaphysic of Ethics.* New York/London: Appleton-Century Company, Inc. ⟨118⟩
1950   *Prolegomena to Any Future Metaphysics.* Ed. L. W. Beck. Indianapolis: Bobbs-Merrill ⟨86⟩
²1930/56   *Kritik der reinen Vernunft.* Hg. Raymund Schmidt. Hamburg: Meiner ⟨67/105⟩
1965   *Critique of Pure Reason.* Transl. Norman Kemp Smith. New York: St. Martin's Pr. ⟨118⟩
1923/68   *Über Pädagogik.* In Kant, 1902 ff. IX, 437−499. Hg. Königlich Preußische (später: Deutsche) Akad. der Wissenschaften (zu Berlin). Berlin: Georg Reimer / de Gruyter ⟨105⟩

Kantzenbach, Friedrich Wilhelm
1970   *Johann Gottfried Herder in Selbstzeugnissen und Bilddokumenten.* Reinbek: Rowohlt ⟨13⟩

Kaplan, David B.
1964   unpublished dissertation. University of California Los Angeles ⟨88⟩
1969   Quantifying in. In Davidson/Hintikka (eds.) 1969, 206−242 ⟨78⟩
1973   Bob and Carol and Ted and Alice. In Hintikka/Moravcsik/Suppes (eds.) 1973, 490−518 ⟨93⟩
1975   How to russell a frege-church. *J.Philos.* 72, 716−729 ⟨79⟩
1977   *Demonstratives.* Unpublizierter Aufsatz, teilweise gelesen auf dem APA Pacific Division Treffen 1977 / teilw. auch in Kaplan 1989 ⟨79/88⟩
1978   Dthat. In Cole (ed.) 1978, 241−243 / auch in French/Uehling/Wettstein (eds.) 1979a, 383−400 ⟨79/92⟩
1979b   On the logic of demonstratives. In French/Uehling/Wettstein (eds.) 1979a, 401−412 ⟨79⟩ / auch in *J.Philos.Log.* 8, 81−98 ⟨75/79/88/95⟩
1986(b) Opacity. In Hahn/Schilpp (eds.) 1986, 229−294 ⟨78⟩
1989   Demonstratives. In Almog/Perry/Wettstein (eds.) 1989, 481−563 ⟨78/79⟩
1990   Words. *Proc.Arist.Soc.Suppl.* 114, 93−120 ⟨94⟩

Kapp, Ernst
1965   *Der Ursprung der Logik bei den Griechen.* Göttingen: Vandenhoeck & Ruprecht ⟨87⟩

Kappstein, Theodor
1926   *Fritz Mauthner: Der Mann und sein Werk.* Berlin: Gebr. Paetel ⟨35⟩

Karpp, Heinrich
1958   Art. 'Donatismus'. In *RGG* II, 239−241 ⟨16⟩

Karttunen, Lauri
1973   Presuppositions of compound sentences. *Linguistik Inquiry* 4, 169−193 ⟨97⟩
1977   Syntax and semantics of questions. *Ling.Phil.* 1, 3−44 ⟨88⟩

Kaschnitz, Marie Luise
1963   *Wohin denn ich. Aufzeichnungen.* Hamburg: Claassen ⟨107⟩

Käser, Rudolf
1987   Zeichenmagie und Sprachkritik in einem frühen Prosatext Günter Eichs. *Sprache im technischen Zeitalter* 25, 63−80 ⟨107⟩

Kasher, Asa
1976   Conversational maxims and rationality. In Kasher (ed.) 1976, 197−216 ⟨95/114/115⟩
1979   What is a theory of use? In Margalit (ed.) 1979, 197−216 ⟨114⟩
1980   Three kinds of linguistic committments. In Rohrer (ed.) 1980, 207−222 ⟨77⟩
1985   Philosophy and discourse analysis. In van Dijk (ed.) 1985, 231−248 ⟨95/115⟩

Kasher, Asa (ed.)
1976   *Language in Focus. Foundations, Methods and Systems.* Dordrecht: D. Reidel ⟨75/88/89/95/97/114⟩
1988   *Cognitive Aspects of Language Use.* Amsterdam: North-Holland (J. Pragm. 12) ⟨114⟩

Katagiri, Masataka
1992   On privatization of meaning. *Human Studies* 15, 61−75 ⟨68⟩

Katriel, Tamar / Dascal, Marcelo
1984   What do indicating devices indicate? *Philosophy and Rhetoric* 17, 1−15 ⟨96.1⟩

Katz, Bernard
1983   The identity of indiscernibles revisited. *Philos.Stud.* 44, 37−44 ⟨83⟩

Katz, David
⁴1969   *Gestaltpsychologie.* Basel/Stuttgart: Schwabe ⟨108⟩

Katz, Jerrold Jacob
1966   *The Philosophy of Language.* New York: Harper & Row ⟨12⟩
1971   *Linguistic Philosophy.* London: Allen & Unwin ⟨39⟩
1972   *Semantic Theory.* New York: Harper & Row ⟨91/117⟩
1977   A proper theory of names. *Philos.Stud.* 31, 1−80 ⟨30⟩

1978   Effability and translation. In Guenther/Guenther-Reutter (eds.) 1978, 191−234 ⟨12⟩
1981   *Language and Other Abstract Objects*. Totawa, N. J.: Rowman & Littlefield / Oxford: Blackwell ⟨12/57/119⟩
1990   *The Metaphysics of Meaning*. Cambridge, MA: MIT ⟨68⟩
1992   The new intensionalism. *Mind* 101, 689−719 ⟨68⟩

Katz, Jerrold Jacob (ed.)
1985   *The Philosophy of Linguistics*. Oxford: UP ⟨57⟩

Katz, Jerrold Jacob / Fodor, Jerry A.
1963   The structure of a semantic theory. *Language* 39, 170−210 / auch in Fodor/Katz (eds.) 1964, 479−518 ⟨51/98⟩

Kaufmann, Fritz
1966   Das Verhältnis der Philosophie Cassirers zum Neukantianismus und zur Phänomenologie. In Schilpp (Hg.) 1966, 566−612 ⟨37⟩

Kaulbach, Friedrich / Krawietz Werner (Hg.)
1978   *Recht und Gesellschaft*. Berlin: Duncker & Humblot ⟨102⟩

Kawamura, L. S. / Scott, Keith (eds.)
1977   *Buddhist Thought and Asian Civilization, Essays in Honour of Herbert V. Guenther*. California: Dharma Publ. ⟨42⟩

Kay, Paul
1992   The inheritance of presuppositions. *Ling.Phil.* 15, 333−379 ⟨97⟩

Kayser, Wolfgang
1932   *Die Klangmalerei bei Harsdörffer. Ein Beitrag zur Geschichte der Literatur, Poetik und Sprachtheorie der Barockzeit*. Leipzig: Mayer & Müller ⟨107⟩

Kearns, J. T.
1978   Intuitionistic logic, a logic of justification. *Stud.Log.* 37, 243−260 ⟨75⟩
1981   Modal semantics without possible worlds. *J.Symb.Log.* 46, 77−86 ⟨75⟩

Keen, Tom Clifton
1968   *George Herbert Mead's Social Theory of Meaning and Experience*. Diss., Ohio State U. ⟨52⟩

Keenan, Elinor
1974   Normmakers, normbrakers: uses of speech by men and women in a Malagasy community. In Bauman/Sherzer (eds.) 1974, 125−143 ⟨56⟩

Keenan Edward L.
1975   *Formal Semantics of Natural Languages*. Cambridge: UP ⟨98⟩
1987   Unreducible n-ary quantifiers in natural language. In Gärdenfors (ed.) 1987, 109−150 ⟨111⟩

Keenan, Edward L. / Faltz, Leonard M.
1985   *Boolean Semantics for Natural Language*. Dordrecht: D. Reidel ⟨111⟩

Keenan, Edward L. / Stavi, Y.
1986   A semantic charakterization of natural language determiners. *Ling.Phil.* 9, 253−326 ⟨111⟩

Kefer, Michel
1986   On functional explanations of language change, universals and rules. *Belgian J. of Linguistics* I, 53−66 ⟨12⟩

Keith, Arthur Berriedale
1928   *A History of Sanskrit Literature*. Oxford: UP ⟨5/43⟩

Keith Percival, W.
1976a   Deep and surface structure concepts in Renaissance medieval syntactic theory. In Parret (ed.) 1976, 238−253 ⟨7⟩
1976b   The notion of usage in Vaugelas and in the Port Royal Grammar. In Parret (ed.) 1976, 374−382 ⟨44⟩
1982   Changes in the approach to language. In Kenny/ Kretzmann/Pinborg (eds.) 1982, 808−817 ⟨7⟩

Keller, Horst
1975   *Die Kunst der französischen Impressionisten.* Freiburg/Basel/Wien: Herder ⟨108⟩
Keller, Julius
1884   *Der Ursprung der Vernunft: Eine kritische Studie über Lazarus Geigers Theorie von der Entstehung des Menschengeschlechts.* Heidelberg: Carl Winter's Universitäts-buchhandlung ⟨9⟩
Kelley, William G. jr.
1979   Rhetoric as seduction. In Erickson (ed.) 1979, 313—324 ⟨112⟩
Kelly, Ann Cline
1978   After Eden: Gulliver's (linguistic) travels. *ELH* 45, 33—54 ⟨107⟩
Kelly, Louis Gerard
1971   De modis generandi: points of contact between Noam Chomsky and Thomas of Erfurt. *Folia Linguistica* 5, 225—252 ⟨41⟩
1974   Grammar and meaning in the late middle ages. *HL* 1, 203—219 ⟨41⟩
1977   La grammaire a la fin du Moyen-Age et les universaux. In Joly/Stefanini (éds.) 1977, 1—10 ⟨12/44⟩
Kemmerling, Andreas
1975   Gilbert Ryle. Können und Wissen. In Speck (ed.) 1975, 126—166 ⟨60⟩
1976   Kategorienfehler. In Ritter/Gründer (Hg.) 1974, 781—783 ⟨60⟩
1979   Zur Empire der Semantik. *Forschungsberichte des Instituts für Phonetik und sprachliche Kommunikation der Universität München* 12, 65—110 ⟨60⟩
1979a   Was Grice mit 'Meinen' meint. In Grewendorf (Hg.) 1979, 67—118 ⟨94⟩
1986   Utterer's meaning revisited. In Grandy/Warner (eds.) 1986, 131—155 ⟨94⟩
1992   Bedeutung und der Zweck der Sprache. In Vossenkuhl (Hg.) 1992, 99—120 ⟨68⟩
Kemp, Wolfgang
1979   „einen wahrhaft bildenden Zeichenunterricht überall einzuführen". Zeichnen und Zeichenunterricht der Laien 1500—1850. Ein Handbuch. Frankfurt a.M.: Syndikat ⟨108⟩
Kempe, Andreas
1688   *Die Sprachen des Paradises...Aus dem Schwedischen im Teutschen übersetzet von Albrecht Kopmann.* Hamburg ⟨66⟩
Kemper, Hans Georg
1974   *Vom Expressionismus zum Dadaismus. Eine Einführung in die dadaistische Literatur.* Kronberg/Ts.: Scriptor ⟨107⟩
Kempson, Ruth
1977   *Semantic Theory.* Cambridge: UP ⟨86⟩
Kendon, Adam
1979   Some emerging features of face to face interaction studies. *Sign Language Studies* 22, 7—22 ⟨56⟩
Kenkel, Konrad
1973   Die Funktion der Sprache bei Hofmannsthal vor und nach der Chandos-Krise. In Festschrift Norbert Fuerst 1973, 89—101 ⟨107⟩
Kennedy, George A.
1963   *The Art of Persuasion in Greece.* Princeton: UP ⟨112⟩
Kennedy, George
1984   *New Testament Interpretation Through Rhetorical Criticism.* Chapel Hill: The U. of North Carolina Pr. ⟨85/103⟩
Kenny, Anthony
1963   *Action, Emotion and Will.* London: Routledge & Kegan Paul ⟨76⟩
1973   *Wittgenstein.* London: Penguin Pr. ⟨39⟩
Kenny, Anthony (ed.)
1986   *Rationalism, Empirism and Idealism.* Oxford: Clarendon ⟨11⟩
Kenny, Anthony / Kretzmann, Norman / Pinborg, Jan / Stump, Eleonore (eds.)
1982   *The Cambridge History of Later Medieval Philosophy.* Cambridge: UP ⟨4/7/20/21/ 41⟩

Kerber, Bernhard
1971   *Amerikanische Kunst seit 1945. Ihre theoretischen Grundlagen.* Stuttgart: Reclam ⟨108⟩

Kerferd, G. B.
1981   *The Sophistic Movement.* Cambridge: UP ⟨14⟩

Kermode, F. / Hollander, J. / Bloom, H. / Price, M. / Trapp, J. B. / Trilling, L. (eds.)
1973   *The Oxford Anthology of English Literature II.* New York/London/Toronto: UP ⟨112⟩

Kerr, Fergus
1986   *Theology after Wittgenstein.* Oxford: Blackwell ⟨85/103⟩

Kess, J. F. / Hoppe, R. A.
1981   *Ambiguity in Psycholinguistic.* Amsterdam: Benjamins ⟨98⟩

Kessler, Dieter
1976   *Untersuchungen zur Konkreten Dichtung. Vorformen Theorien Texte.* Meisenheim am Glan: Hain ⟨107⟩

Kessler, Susanne
1983   *Kafkas Poetik der sinnlichen Welt. Strukturen sprachkritischen Erzählens.* Stuttgart: Metzler ⟨107⟩

Kesting, Marianne
1974   Aspekte des absoluten Buches bei Novalis und Mallarmé. *Euphorion 68,* 420−436 ⟨107⟩
1983   Sprachterror oder dichterische Sondersprache. Zur Verwandlung der Kaspar-Hauser-Figur in Hofmannsthals *Turm*-Dichtung und Peter Handkes *Kaspar.* In Irmscher/ Keller 1983, 365−380 ⟨107⟩

Ketner, Kenneth L. / Ransdell, J. M. / Eisele, Carolyn / Fisch, Max H. / Hardwick, Charles S. (eds.)
1981   *Proc. of the C. S. Peirce Bicentennial International Congress.* Lubbock, Texas: Texas Tech UP ⟨37⟩

Keuth, Herbert
1974   Deontische Logik und Logik der Normen. In Lenk (Hg.) 1974, 64−88 ⟨102⟩

Khatchadourian, Haig
1962   Vagueness. *Philosophical Quarterly 12,* 138−152 ⟨98⟩

ibn Khaldūn
1958   *The Muqaddimah (An Introduction to History).* New York: Bollingen Foundation / arabischer Text. Cairo: Al-Maktaba 'l-Tajariyyatu 'l-Kubra ⟨3⟩

Kiefer, Ferenc (ed.)
1970   *Studies in Syntax and Semantics.* Dordrecht: D. Reidel [1969] ⟨91⟩
1972   *Semantik und generative Grammatik I.* Frankfurt: Athenäum ⟨79⟩

Kieffer, Bruce
1978   Herder's treatment of Süssmilch's theory of the origin of language in the 'Abhandlung über den Ursprung der Sprache'. *Germanic Review 53,* 96−105 ⟨26⟩

Kienecker, Michael
1989   *Prinzipien literarischer Wertung. Sprachanalytische und historische Untersuchungen.* Göttingen: Vandenhoeck & Ruprecht ⟨106⟩

Kienzle, Bertram (Hg.)
1991   *Dimensionen des Selbst.* Frankfurt a.M.: Suhrkamp ⟨94⟩

Kiesow, K.-F.
1986   Anton Martys Kritik an Husserls phänomenologische Apriorismus. *Kodikas/Code 9,* 167−182 ⟨33⟩

Kilian, Klaus
1972   *Die Komödien Arthur Schnitzlers.* Düsseldorf: Bertelsmann Universitätsvlg. (Literatur in der Gesellschaft Bd. 7) ⟨107⟩

Kimball, J. P. (ed.)
1975 *Syntax and Semantics IV.* New York: Academic Pr. ⟨98⟩

Kimmerle, Heinz
1959 Einleitung. In Schleiermacher 1959, 9−24 ⟨13⟩

Kindlers Literatur Lexikon
1974 *Deutscher Taschenbuch Verlag. Kindlers Literaturlexikon I−XXV.* München: Deutscher Taschenbuch Vlg. ⟨16⟩

Kindt, Walter
1972 *Eine abstrakte Theorie von Dialogspielen.* Diss. Freiburg ⟨96.3⟩

Kindt, Walter / Schmidt, Siegfried J. (Hg.)
1976 *Interpretationsanalysen. Argumentationsstrukturen literaturwissenschaftlicher Interpretationen.* München: Fink ⟨106⟩

King, Peter
1985 Introduction. In Johannes Buridanus 1985, 3−82 ⟨40⟩

King, Robert L.
1987 *Res et verba*: The reform of language in Dryden's *All for Love. ELH* 54, 45−61 ⟨107⟩

King, Russell S.
1976 A crisis in romantic writing: Fantasio's words vs. Chatterton's silence. *Orbis Litterarum* 31, 59−71 ⟨107⟩

King-Farlow, John
1984 Simplicity, analogy and plain religious lives. *Faith and Philosophy* 1, 216−229 ⟨85/103⟩

Kircher, Athanasius
1669 *Ars Magna Sciendi.* Amsterdam: Jansson à Waesberge ⟨64⟩
1652−54 *Oedipus Aegyptiacus I−III.* Rome: Mascardi ⟨64⟩
1663 *Polygraphia Nova et Universalis ex Combinatoria Arte Detecta.* Rome: Typographia Varesij ⟨64⟩
1660 *Novum Inventum Linguarum Omnium ad Unum Reductatum.* Summary in Couturat 1901a, 53 ⟨64⟩

Kirk, Geoffrey Stephan
1951 The Problem of Cratylus. *American J. of Philology* 287, 225−253 ⟨1⟩

Kirk, Robert
1969 Translation and indeterminacy. *Mind* 78, 607 f. ⟨73⟩
1973 Underdetermination of theory and indeterminacy of translation. *Analysis* 33, 195−201 ⟨73⟩
1977 More on Quine's reasons for indeterminacy of translation. *Analysis* 37, 136−141 ⟨73⟩
1982 On three alleged rivals to homophonic translation. *Philos. Stud.* 42, 409−418 ⟨73⟩

Kirshenblatt-Gimblett, Barbara
1974 The concept and varieties of narrative performance in East European culture. In Bauman/Sherzer (eds.) 1974, 283−308 ⟨56⟩

Kitcher, Philip
1978 Theories, theorists and theoretical change. *Philos. Rev.* 87, 519−547 ⟨99⟩
1984 *Mathematical Knowledge.* Oxford: UP ⟨99⟩
1993 *The Advancement of Science.* New York: UP ⟨99⟩

Kittler, Wolf
1985 *Der Turmbau zu Babel und das Schweigen der Sirenen. Über das Reden, das Schweigen, die Stimmen und die Schrift in vier Texten von Franz Kafka.* Erlangen: Palm & Enke (Erlanger Studien 58) ⟨107⟩

Klee, Paul
²1968 *Pädagogisches Skizzenbuch.* Mainz/Berlin: Florian Kupferberg ⟨108⟩
1970 *Unendliche Naturgeschichte. Prinzipielle Ordnung der bildnerischen Mittel, verbunden mit Naturstudium, und konstruktive Kompositionswege. Form und Gestaltungslehre II.* Hg. Jörg Spiller. Basel/ Stuttgart: Schwabe ⟨108⟩

³1971   *Das bildnerische Denken. Form- und Gestaltungslehre I.* Hg. Jörg Spiller. Basel/Stuttgart: Schwabe ⟨108⟩

1976a   *Schriften, Rezensionen und Aufsätze.* Hg. Christian Geelhaar. Köln: DuMont ⟨108⟩
1976b   Beitrag für den Sammelband 'Schöpferische Konfession'. In Klee 1976a, 118—122 ⟨108⟩

Klein, Michael / Scheichl, Sigurd Paul (Hg.)
1982   *Thematisierung der Sprache in der österreichischen Literatur des 20. Jahrhunderts.* Innsbruck: o.V. (Innsbrucker Beiträge zur Kulturwiss. Germanistische Reihe) ⟨107⟩

Klein, Wolfgang
1986   *Der Wahn vom Sprachverfall und andere Mythen.* Z. *für Literaturwissenschaft und Linguistik* 62, 11—28 ⟨107⟩

Klein, Wolfgang / Wunderlich, Dieter (Hg.)
1972   *Aspekte der Soziolinguistik.* Wiesbaden: Athenaion ⟨56⟩

Klein, Wolf Peter
1992   *Am Anfang war das Wort. Theorie- und wissenschaftsgeschichtliche Elemente frühneuzeitlichen Sprachbewußtseins.* Berlin: Akad.-Vlg. ⟨7⟩

Kleinknecht, Reinhard / Wüst, Eckehard
1976   *Lehrbuch der elementaren Logik I/II.* München: Deutscher Taschenbuch Vlg. ⟨28⟩

Kleint, Boris
²1980   *Bildlehre. Der sehende Mensch.* Basel: Schwabe ⟨108⟩

Kleist, Heinrich von
1964   *Sämtliche Werke und Briefe I—VII.* München: Deutscher Taschenbuch Vlg. ⟨107⟩

Klemm, Karl
1937   *Das Paradoxon als Ausdrucksform der spekulativen Mystik Sebastian Francks.* Phil. Diss. Leipzig ⟨107⟩

Klibansky, Raymond (ed.)
1958   *Philosophy in the Mid-Century. A Survey, part I.* Firenze: Nuova Italia Editrice ⟨47⟩
1968   *Contemporary Philosophy / La Philosophie contemporaine.* Firenze: Nuova Italia Editrice ⟨95⟩

Kligerman, Ch.
1957   A psychoanalytic study of the confessions of St. Augustine. *J. of the American Psychoanalytic Association* 5, 469—484 ⟨16⟩

Klima, Otakar
1962   *Manis Zeit und Leben.* Prag: Indogermanistik (Monografie Orientálníko ústavú CSAV), sv. 18) ⟨16⟩

Klin, Eugeniusz
1964   Die frühromantische Literaturtheorie Friedrich Schlegels. *Acta Universitatis Wratislaviensis* 26, (Wrocław) ⟨13⟩
1971   Die hermeneutische und kritische Leistung Friedrich Schlegels in den romantischen Krisenjahren. *Prace Wrocławskiego Towarczystwa Naukowego* Seria A, 143, Wrocław ⟨13⟩

Klostermann, Vittorio (Hg.)
1970   *Durchblicke, Festschrift für M. Heidegger zum 80. Geburtstag* Frankfurt a.M.: Klostermann ⟨1⟩

Klubertanz, George
1960   *St. Thomas Aquinas on Analogy: A Textual Analysis and Systematic Synthesis.* Chicago: Loyola UP ⟨85/103⟩

Klug, Ulrich
1951   *Juristische Logik.* Berlin/Göttingen: Springer ⟨102⟩

Kluge, Friedrich / Mitzka, Walther
1967   *Etymologisches Wörterbuch der dt. Sprache.* Berlin: de Gruyter ⟨13⟩

Kluxen, Wolfgang
1971   Art. 'Analogie'. In Ritter (Hg.) 1971, 214—227 ⟨85/103⟩

Kluxen, Wolfgang et al. (Hg.)
  1981   *Sprache und Erkenntnis im Mittelalter 2. Halbband.* Berlin/New York: de Gruyter
           (Miscellanea Mediaevalia 13/2) ⟨107⟩

Knauer, Georg N.
  1957   Peregrinatio Animae. Zur Frage der Einheit der augustinischen Konfessionen. *Hermes* 85, 216–245 ⟨16⟩

Kneale, Martha / Kneale, William
  1962/68 *The Development of Logic.* Oxford: Clarendon ⟨2/21/40/59/89⟩
  ²1971   *The Development of Logic.* Oxford: Clarendon ⟨87/112⟩

Kneale, William
  1949   *Probability and Induction.* Oxford: Clarendon ⟨119⟩

Kneepkens, C. H. (ed.)
  1982   *Ralph of Beauvais — Glose Super Donatum.* Nijmegen: Ingenium Publ. ⟨21⟩

Knight, Douglas / Tucker, Gene (ed.)
  1984   *The Hebrew Bible and its Modern Interpreters.* Chico, CA: Scholars Pr. ⟨85/103⟩

Knobloch, Clemens
  1984a   *Sprachpsychologie. Ein Beitrag zur Problemgeschichte und Theoriebildung.* Tübingen:
           Niemeyer ⟨31/67⟩
  1984b   Sprache und Denken bei Wundt, Paul und Marty. Ein Beitrag zur Problemgeschichte
           der Sprachpsychologie. *HL* 11(3), 413–448 ⟨31/33⟩
  1988   *Geschichte der psychologischen Sprachauffassung in Deutschland von 1850 bis 1920.*
           Tübingen: Niemeyer ⟨31/33/67⟩
  1989   Philipp Wegener (1848–1916) und die sprachpsychologische Diskussion um 1900.
           ZPSK 42(2), 232–245 ⟨31⟩

Knobloch, Clemens / Schallenberger, Stefan
  1993   Sprechhandlung und Sprachbedeutung in der Sprachpsychologie um 1930. *Hist.Épistém.Lang.* (15)1, 81–109 ⟨67⟩

Knowlson, James
  1965   The idea of gesture as a universal language in the 17th and 18th centuries. *J.Hist.
           Ideas* 26, 495–508 ⟨65/107⟩
  1975   *Universal Language Schemes in England and France, 1600–1800.* Toronto/Buffalo:
           U. of Toronto Pr. ⟨64/71/107⟩

Knorr-Cetina, Karin D.
  1981   Introduction: the microsociological challenge of macrosociology. In Cicourel/Knorr-
           Cetina (eds.) 1981, 1–47 ⟨56⟩

Knuuttila, Simo / Hintikka, Jaakko (eds.)
  1986   *The Logic of Being: Historical Studies.* Dordrecht: D. Reidel ⟨20/96.2⟩

Kobel, Erwin
  1970   *Hugo von Hofmannsthal.* Berlin: de Gruyter ⟨107⟩

Koch, Edita / Trapp, Frithjof (Hg.)
  1987   *Realismuskonzeptionen der Exilliteratur zwischen 1935 und 1940/41.* Maintal: Koch
           ⟨107⟩

Koch, Helmut
  1972   *Der philosophische Stil des Novalis.* Phil. Diss. Münster ⟨107⟩

Koch, Sigmund
  1964   Psychology and emerging conceptions of knowledge as unitary. In Wann (ed.) 1964,
           1–42 ⟨50⟩

Koch, Walter A. (Hg.)
  1979   *Semiotische Versuche zu literarischen Strukturen.* Hildesheim/New York: Olms ⟨107⟩
  1989   *The Nature of Culture.* Bochum: Brockmeyer ⟨114⟩

Koepke, Wulf / Knoll, Samson B. (eds.)
  1982   *Johann Gottfried Herder. Innovator through the Ages.* Bonn: Bouvier ⟨26⟩

Koerfer, Armin
1993   *Handlungsanalyse Institutioneller Kommunikation.* Universität Dortmund (Diss.)
        ⟨67⟩

Koerner, E. F. Konrad
1970   Bloomfieldian linguistics and the problems of 'meaning'. A chapter in the history of
        the theory and study of language. *Jb. für Amerikastudien* 15, 162—183 ⟨51⟩
1978   *Western Histories of Linguistic Thought.* Amsterdam: Benjamins ⟨4⟩
1975   European structuralism: early beginnings. *Current Trends in Linguistics* 13/2,
        717—827 ⟨36⟩
1980   Medieval linguistic thought: A comprehensive bibliography. In Koerner/Niederehe/
        Robins (eds.) 1980, 265—296 ⟨4⟩
1991   Editor's foreword. In Wegener 1991, V

Koerner, E. F. Konrad (ed.)
1980   *Progress in Linguistic Historiography. Papers from the International Conference on
        the History of the Language Sciences.* Amsterdam: Benjamins ⟨12/64⟩

Koerner, E. F. Konrad / Niederehe, Hans J. / Robins, Robert H. (eds.)
1980   *Studies in Medieval Linguistic Thought Dedicated to Geoffrey L. Bursill-Hall.* Amster-
        dam: Benjamins ⟨4⟩

Köhler, Karl-Heinz
1977   *Poetische Sprache und Sprachbewußtsein um 1900. Untersuchungen zum frühen Werk
        Hermann Hesses, Paul Ernsts und Ricarda Huchs.* Stuttgart: Vlg. Hans Dieter Heinz.
        (Stuttgarter Arbeiten zur Germanistik Nr. 36) ⟨107⟩

Köhnke, Klaus Christian
1986   *Entstehung und Aufstieg des Neukantianismus.* Frankfurt a.M.: Suhrkamp ⟨37⟩

Kohrts, Manfred
1980   „Parole in Libertà" und „Liberation du langage". Zur Rolle der Sprache in Futuris-
        mus und Surrealismus. In Weingand/Tschauder (Hg.) 1980, 145—159 ⟨107⟩

Kohut, Heinz
1971   *The Analysis of the Self.* New York: International Universities Pr. ⟨16⟩
1976   *Narzißmus. Eine Theorie der psychoanalytischen Behandlung narzißtischer Persönlich-
        keitsstörungen.* Frankfurt a.M.: Suhrkamp ⟨16⟩

Koj, L. / Wiśniewski, A.
1989   *Inquiries into the Generating and Proper Use of Questions.* Lublin: State U. of Lublin
        ⟨111⟩

Kolenda, K. (ed.)
1972   *A Symposium on Gilbert Ryle.* Rice U. Studies: Houston ⟨60⟩

Koller, Hermann
1954   *Die Mimesis in der Antike. Nachahmung, Darstellung, Ausdruck.* Bern: Francke ⟨1⟩

Kolmogorov, Alexandrej Nikolaevič
1956   *Foundations of the Theory of Probability.* New York: Chelsea ⟨88⟩

Költzsch, Georg-W. / Liesbrock, Heiner
1992   *Die Wahrheit des Sichtbaren. Edward Hopper und die Fotografie.* Essen: Folkwang
        Museum ⟨108⟩

Kommerell, Max
1956   *Geist und Buchstabe der Dichtung. Goethe — Schiller - Kleist — Hölderlin.* Frankfurt
        a.M.: Klostermann. [1942] ⟨107⟩

Komter, Martha
1987   *Conflict and Cooperation in Job Interviews.* Universiteit van Amsterdam (Diss.) ⟨92⟩

König, Eckard
1970   *Augustinus Philosophus. Christlicher Glaube und philosophisches Denken in den Früh-
        schriften Augustins.* München: Fink ⟨16⟩

Konopacki, Steven Alex
1977   *Frustration and Promise: Jacob Boehme's Language Theories in the „Aurora oder Mor-
        gen Röte im Aufgang".* Ph.D. U. of Michigan ⟨107⟩

1979   *The Descent Into Words. Jakob Böhme's Transcendental Linguistics.* Ann Arbor: Karoma. (Linguistica Extranea Studia 7) ⟨107⟩

Kooij, J. C.
1971   *Ambiguity in Natural Language.* Amsterdam: North-Holland Publ. Co. ⟨98⟩

Koon, William
1976   Swift on language: an approach to „A Tale of a Tub". *Style* 10, 28−48 ⟨107⟩

Kopania, J.
1987   Logika pytan (The logic of questions). In Marciszewski (ed.) 1987, 296−310 ⟨111⟩

Köpf, Gerhard
1976   *Skepsis und Verantwortlichkeit. Studien zu Arthur Schnitzlers Tragikkomödie „Das Wort".* Phil. Diss. U. München ⟨107⟩

Kopfermann, Thomas
1981   *Konkrete Poesie − Fundamentalpoetik und Textpraxis einer Neo-Avantgarde.* Frankfurt a.M./Bern: Lang ⟨107⟩

Koppe, Franz
1977   *Sprache und Bedürfnis. Zur sprachphilosophischen Grundlagenwissenschaften.* Stuttgart/Bad-Cannstatt: Friedrich Frommann Vlg. (Günther Holzboog) ⟨106⟩
1983   *Grundbegriffe der Ästhetik.* Frankfurt a.M.: Suhrkamp ⟨105/108⟩
1993   Kunst als alternative Erfahrung. In Schneider/Inthetveen (Hg.) 1993, 193−210 ⟨105⟩

Koppe, Franz (Hg.)
1991   *Perspektiven der Kunstphilosophie. Texte und Diskussionen.* Frankfurt a.M.: Suhrkamp ⟨105⟩

Korg, Jacob
1977   Hopkins' linguistic deviations. *Publications of the Modern Language Association* 92, 977−986 ⟨107⟩

Körner, Stephan
1959   *Conceptual Thinking. A Logical Enquiry.* New York: Dover Publications ⟨77⟩

Kortlandt, F. H. H.
1972   *Modelling the Phoneme.* The Hague/Paris: Mouton ⟨111⟩

Kosler, Hans Christian
1978   Sprachkritik und Spracherotik in der experimentellen Literatur. *Text + Kritik* 60, 4−19 ⟨107⟩

Kosuth, Joseph
1989   *Wittgenstein. Das Spiel des Unsagbaren. The Play of the Unsayable. Eine Ausstellung der Wiener Secession nach einem Konzept von Joseph Kossuth I/II.* Wien: Wiener Secession ⟨108⟩

Kotarbińska, Janina
1957   Pojecie znaku. *Stud.Log.* VI, 57−143 ⟨90⟩

Kotin, Armine
1977   *Pantagruel:* language vs. communication. *Mod.Lang.N.* 92, 691−723 ⟨107⟩

Krabbe, Erik Christian Willem
1982   *Studies in Dialogical Logic.* Diss. Utrecht ⟨96.3⟩
1985   Noncumulative dialectical models and formal dialectics. *J.Philos.Log.* 14, 129−168 ⟨47⟩
1986   A theory of modal dialectics. *J.Philos.Log.* 15, 191−217 ⟨47⟩

Kraemer, Joel L.
1986   *Philosophy in the Renaissance of Islam. Abū Sulaymān al-Sijistānī and his Circle.* Leiden: Brill (Studies in Islamic Culture and History Series. Vol. 8) ⟨3⟩

Krafft, Fritz
1971   *Geschichte der Naturwissenschaft I: Die Begründung einer Wissenschaft von der Natur durch die Griechen.* Freiburg: Rombach ⟨1⟩

Kraft, Viktor
²1951   *Die Grundlagen einer wissenschaftlichen Wertlehre.* Wien: Springer ⟨106⟩

Kraft, Werner
1961 Ludwig Wittgenstein und Karl Kraus. *Die neue dt. Rundschau* 72, 812–844 ⟨107⟩

Krainer, Georg
1968 Hugo von Hofmannsthal: *Ein Brief*. *Wiener Jb. für Philosophie* 1, 200–213 ⟨107⟩

Krämer, Sybille
1991 *Berechenbare Vernunft. Kalkül und Rationalismus im 17. Jahrhundert*. Berlin/New York: de Gruyter ⟨37⟩

Krantz, D. H. / Luce, R. D. / Suppes, Patrick / Tversky, Amon
1971 *Foundations of Measurement I*. New York: Academic Pr. ⟨99⟩

Kraus, Christian Jakob
1955 Rezension des Allgemeinen vergleichenden Wörterbuchs von Pallas. In Arens 1955, 118–127 [1787] ⟨44⟩

Kraus, Karl
1952ff *Werke I–IXX*. Hg. Heinrich Fischer. München: Kösel ⟨107⟩

Kraus, Oskar
1916 Martys Leben und Werke. In Marty 1916b, 1–68 ⟨33⟩

Kraus, Manfred
1987 *Name und Sache. Ein Problem im frühgriechischen Denken*. Amsterdam: Benjamins ⟨62.1⟩

Krauss, Werner
1973 *Die Aufklärung in Spanien, Portugal und Lateinamerika*. München: Fink ⟨8⟩

Krauth, Lothar
1970 *Die Philosophie Carnaps*. Wien: Springer ⟨96.3/99⟩

Krawietz, Werner
1967 *Das positive Recht und seine Funktion. Kategoriale und methodologische Überlegungen zu einer funktionalen Rechtstheorie*. Berlin: Duncker & Humblot ⟨102⟩
1978 *Juristische Entscheidung* und *wissenschaftliche Erkenntnis. Eine Untersuchung zum Verhältnis von dogmatischer Rechtswissenschaft und rechtswissenschaftlicher Grundlagenforschung*. Wien: Springer ⟨102⟩
1979 Zum Paradigmenwechsel im juristischen Methodenstreit. *Rechtstheorie* Beiheft 1, 113–152 ⟨102⟩
1984 *Recht als Regelsystem*. Wiesbaden: Steiner ⟨102⟩
1991 *El Concepto Sociológico del Derecho*. México: Distribuciones Fontamara, S. A. ⟨102⟩
1993a Recht ohne Staat? Spielregeln des Rechts und Rechtssystems in normen- und systemtheoretischer Perspektive. *Rechtstheorie* 24, 81–133 ⟨102⟩
1993b Juristische Logik im Dienste von Recht und Rechtspolitik. *Juristenzeitung* 48, 945 f. ⟨102⟩

Krawietz, Werner (Hg.)
1976 *Theorie und Technik der Begriffsjurisprudenz*. Darmstadt: Wiss. Buchges. ⟨102⟩

Krawietz, Werner / MacCormick, Neil / von Wright, Georg Henrik
1994 *Prescriptive Formality and Normative Rationality in Modern Legal Systems*. Berlin: Duncker & Humblot ⟨102⟩

Krawietz, Werner / Martino, Antonio A. / Winston, Kenneth I. (Hg.)
1991 *Technischer Imperativ und Legitimationskrise des Rechts*. Berlin: Duncker & Humblot ⟨102⟩

Krawietz, Werner / Opałek, Kazimierz u. a. (Hg.)
1979 *Argumentation* und *Hermeneutik in der Jurisprudenz*. Berlin: Duncker & Humblot ⟨102⟩

Krawietz, Werner / Ott, Walter (Hg.)
1987 *Formalismus und Phänomenologie im Rechtsdenken der Gegenwart*. Berlin: Duncker & Humblot ⟨102⟩

Krawietz, Werner / Pospisil, Leopold / Steinbrich, Sabine (Hg.)
1993   *Sprache, Symbole und Symbolverwendungen in Ethnologie, Kulturanthropologie, Religion und Recht.* Berlin: Duncker & Humblot ⟨102⟩

Krawietz, Werner / Schelsky, Helmut / Winkler, Günther u. a.
1984   *Theorie* der *Normen.* Berlin: Duncker & Humblot ⟨102⟩

Krawietz, Werner / von Wright, Georg Henrik (Hg.)
1992   *Öffentliche* oder private *Moral? Vom Geltungsgrunde und der Legitimität des Rechts.* Berlin: Duncker & Humblot ⟨102⟩

Krawietz, Werner / Wróblewski, Jerzy (Hg.)
1993   *Sprache, Performanz und Ontologie des Rechts.* Berlin: Duncker & Humblot ⟨102⟩

Kreiser, Lothar / Gottwald, Siegfried / Stelzner, Werner (Hg.)
1988   *Nichtklassische Logik. Eine Einführung.* Berlin: Akad.-Vlg. ⟨97⟩

Kreling, Petrus
1941   De beteekenis van de analogie in de kennis van God. *Verslag van de achtste algemeene vergadering der Vereeniging voor Thomistische Wijsbegeerte: De Analogie van het Zijn. Bijlage van Studia Catholica* 31−54. Nijmegen: Dekker en Van de Vegt, 31−54 ⟨85/103⟩

Kretzenbacher, Heinz Leonhard
1992   *Wissenschaftssprache.* Heidelberg: Groos ⟨67⟩

Kretzmann, Norman
1967   Art. 'Semantics, History of'. In Edwards (ed.) 1967, 358−406 ⟨21/30/40⟩
1968   The main thesis of Locke's semantic theory. *Philos. Rev.* 77, 175−196 ⟨22⟩
1974   Aristotle on spoken sounds significant by convention. In Corcoran (ed.) 1974, 3−21 ⟨15⟩
1982   The culmination of the old logic in Peter Abelard. In Benson/Constable/Lanham (eds.) 1982, 488−511 ⟨20⟩

Krewitt, Ulrich
1971   *Metapher und tropische Rede in der Auffassung des Mittelalters.* Ratingen/Kastellaun/Wuppertal: A. Henn (Beihefte zum Mittellateinischen Jb. 7) ⟨107⟩

Krieg, M.
1914   *Fritz Mauthners Kritik der Sprache: Eine Revolution der Philosophie.* München: Georg Müller ⟨35⟩

Krifka, Manfred (ed.),
1988   *Genericity in Natural Language.* Universität Tübingen, Seminar für Natürlich-Sprachliche Systeme (SNS) Bericht 42−88 ⟨113⟩

Kripke, Saul
1959   Abstr.: The problem of entailment. *J. Symb. Log.* 24, 324 ⟨75⟩
1963   Semantical considerations on modal logic. *Acta Philosophica Fennica* 19, 83−94 ⟨59/75⟩
1971   Identity and necessity. In Munitz (ed.) 1971, 135−164 ⟨78/83/88⟩
1972   Naming and necessity. In Davidson/Harman (eds.) 1972, 253−355 ⟨30/59/78/81/93/113⟩
1975   Outline of a theory of truth. *J. Philos.* 690−716 ⟨69/75⟩
1976   Is there a problem about substitutional quantification? In Evans/McDowell (eds.) 1976, 325−419 ⟨70⟩
1979a   A puzzle about belief. In Margalit (ed.) 1979, 239−283 ⟨78/81⟩
1979b   Speakers reference and semantic reference. In French/Uehling/Wettstein (eds.) 1979a, 6−27 ⟨59/78⟩
1979c   Identity through time. unpublished paper read at the seventy-sixth meeting of the American Philosphical Association, Eastern Division, New York ⟨88⟩
1980   *Naming and Necessity.* Oxford: Blackwell / Cambridge, MA: Harvard UP ⟨10/71/77/78/81/83/84/88/99/113/118/120⟩ [1972]
1982   *Wittgenstein on Rules and Private Language.* Cambridge: Harvard UP / Oxford: Blackwell ⟨10/39/70/84/99/120⟩

Krippendorff, Klaus
1980   *Content Analysis. An Introduction to its Methodology.* Beverly Hills/London: Sage
            Publications ⟨115⟩

Krispyn, Egbert
1970   Günter Eich und die Romantik. In Schmidt (Hg.) 1970, 359−368 ⟨107⟩

Kristeller, Paul Oskar
1984   Latein und Vulgärsprache im Italien des 14. und 15. Jahrhunderts. *Deutsches-Dante
            Jb.* 59, 7−35 ⟨107⟩

Kristeva, Julia
1975   The system and the speaking subject. In Sebeok (ed.) 1975, 9−17 ⟨116⟩

Krohn, Wolfgang / Küppers, Günter (Hg.)
1992   *Emergenz. Die Entstehung von Ordnung, Organisation und Bedeutung.* Frankfurt
            a.M.: Suhrkamp ⟨68⟩

Krois, John Michael
1981   Peirce and Cassirer: the philosophical importance of a theory of signs. In Ketner/
            Ransdell/Eisele/ Fisch/Hardwick (eds.) 1981, 99−104 ⟨37⟩
1984   Ernst Cassirers Semiotik der symbolischen Formen. *Z.Semiotik* 6(4), 433−444 ⟨37⟩
1987   *Cassirer: Symbolic Forms and History.* New Haven: Yale UP ⟨37⟩

Krolow, Karl
1961   *Aspekte zeitgenössischer deutscher Lyrik.* Gütersloh: Mohn ⟨107⟩

Kṛṣṇamacarya, V. (ed.)
1946   *Nāgeśabhaṭṭa: Sphoṭavāda, with his own commentary Subodhini.* Madras: The Adyar
            Library and Research Centre ⟨43⟩

Krüger, Friedhelm
1973   Strukturen konfessorischer Rede. In Feld/Häring (Hg.) 1973, 27−46 ⟨85/103⟩

Krüger, Manfred
1967   Der menschlich-göttliche Ursprung der Sprache. Bemerkungen zu Herders Sprach-
            theorie. *Wirkendes Wort* 17, 111 ⟨13/26⟩

Kubiński, T.
1980   *An Outline of the Logical Theory of Questions.* Berlin: Akad.-Vlg. ⟨111⟩

Kubismus
1982   *Kubismus. Künstler − Themen − Werke 1907−1920.* Köln: Josef-Haubrich-
            Kunsthalle ⟨108⟩

Kudszus, Winfried
1971   Geschichtsverlust und Sprachproblematik in den *Hymnen der Nacht. Euphorion* 65,
            298−311 ⟨107⟩

Kudszus, Winfried / Seeba, Hinrich C. (Hg.)
1975   *Austriaca. Beiträge zur österreichischen Literatur.* Festschrift für Heinz Politzer zum
            65. Geburtstag. Tübingen: Niemeyer ⟨107⟩

Kuhn, Thomas Samuel
1962/²70   *The Structure of Scientific Revolutions.* Chicago: UP ⟨44/69/99⟩
1973   *Die Struktur wissenschaftlicher Revolutionen.* Frankfurt a.M.: Suhrkamp ⟨69⟩
1977a   *The Essential Tension.* Chicago: UP ⟨99⟩
1977b   Second thoughts on paradigms. In Kuhn 1977a, 293−319 ⟨99⟩
1979   Metaphor in science. In Ortony (ed.) 1979, 409−419 ⟨91⟩
1983   Commensurability, comparability, communicability. In Asquith/Nickles (eds.) 1983,
            669−688 ⟨99⟩
1989   Possible worlds in history of science. In Allen (ed.) 1989, 9−32 ⟨99⟩
1993   Afterwords. In Horwich (ed.) 1993, 311−341 ⟨99⟩

Kuhlmann, Wolfgang
1975   *Reflexion und kommunikative Erfahrung.* Frankfurt a.M.: Suhrkamp ⟨53⟩
1980   Ethik der Kommunikation. In Apel/Böhler/Berlich/Pumpe (Hg.) 1980, 292−308
            ⟨45⟩

1985   *Reflexive Letztbegründung. Untersuchungen zu Transzendentalpragmatik.* Freiburg: Alber ⟨53⟩

Kühn, Joachim
1978   Zur Sprachauffassung Johann Peter Hebels. *Z.dt.Philol.* 97, 126−135 ⟨107⟩
1975   *Gescheiterte Sprachkritik: Fritz Mauthners Leben und Werke.* Berlin/New York: de Gruyter ⟨35/107⟩

Kumar Sen, Pranab
1991   Wittgenstein and the context principle. *J. of the Indian Council of Philosophical Research* 8, 19−28 ⟨68⟩

Kumārila
1898/99   *Ślokavārttika* with Pārthasārathi's Nyāyaratnākara. Ed. Rama Śāstrī Telarig. Varanasi: Chowkhamba Sanskrit Series 3 ⟨43⟩
1983   *Ślokavārtikka.* Transl. Ganganatha Jha. Delhi: Sri Satguru Publications (Bibliotheca Indica 146) ⟨42/43/63⟩
1978   *Ślokavārttika of Śrī Kumārila Bhaṭṭa* with Commentary Nyāyaratnākara by Pārthasārathi Miśra. Ed. D. Shastri. Varanasi: Tara Publications ⟨42/63⟩

Kummer, Irène Elisabeth
1987   *Unlesbarkeit der Welt. Spannungsfelder moderner Lyrik und ihr Zustand im Werk von Paul Celan.* Frankfurt a.M.: Athenäum. (Hochschulschriften. Literaturwissenschaft 73) ⟨107⟩

Kuna, Franz
1970   The expense of silence. Sincerity and strategy in Hofmannsthal's *Chandos Letter. Publications of the English Goethe Society* New Series XL, 69−94 ⟨107⟩

Kuna, Franz (ed.)
1976   *On Kafka. Semi-Centenary Perspectives.* London: Paul Elek ⟨107⟩

Kunisch, Norbert (Hg.)
1990   *Erläuterungen zur modernen Kunst. 60 Texte von Max Imdahl, seinen Freunden und Schülern.* Bochum: Kunstsammlungen der Ruhr-Universität ⟨108⟩

Kunjunni Rāja, K.
1969   *Indian Theories of Meaning.* Madras: Adyar Library ⟨5⟩

Künne, Wolfgang
1983   *Abstrakte Gegenstände, Semantik und Ontologie.* Frankfurt a.M.: Suhrkamp ⟨79⟩
1984   Hybride Eigennamen, Frege und Wittgenstein über indexikalische Ausdrücke. In Oehler (Hg.) 1984, 249−257 ⟨79⟩

Kunsthalle Nürnberg (Hg.)
1971   „*Was die Schönheit sei, das weiß ich nicht". Künstler − Theorie − Werk. Katalog zur zweiten Biennale Nürnberg 1971.* Köln: DuMont Schauberg ⟨108⟩

Kupka, Frank
1976   Kunsthaus Zürich (Hg.): *Frank Kupka 1871−1957.* Zürich: Kunsthaus ⟨108⟩

Küntzel, Gerhard
1936   *J. G. Herder zwischen Riga und Bückeburg. Die Ästhetik und Sprachphilosophie der Frühzeit nach ihren existentiellen Motiven.* Frankfurt a.M.: Diesterweg ⟨26⟩

Kunze, Peter
1980   *Satzwahrheit und sprachliche Verweisung. Walter Burleighs Lehre von der suppositio termini in Auseinandersetzung mit der Mittelalterlichen Tradition und der Logik Wilhelm von Ockhams.* Diss. U. Freiburg ⟨40⟩
1984   Einführung und Anmerkungen. In Ockham 1984, VII−XXV; 131−162 ⟨40⟩
1988   Einführung und Anmerkungen. In Walter Burleigh 1988, VII−XLVII; 183−249 ⟨40⟩

Küpper, Peter
1987   Hugo von Hofmannsthal − *Der Chandos Brief.* In Aler/Enklaar (Hg.) 1987, 72−92 ⟨107⟩

Kuroda, Sige Yuki
1972   Anton Marty and the transformational theory of grammar. *Found.Lang.* 9, 1−37 ⟨33⟩

Kurtz, Barbara E.
1988   'No word without mystery': allegories of sacred truth in the 'Autos Sacramentales'
          of Calderón del la Barca. *Publications of the Modern Language Association* 103,
          262–273 ⟨107⟩

Kurz, Gerhard
1980   *Traum-Schrecken. Kafkas literarische Existenzanalyse.* Stuttgart: Metzler ⟨107⟩
1992   Vieldeutigkeit. Überlegungen zu einem literaturwissenschaftlichen Paradigma. In
          Danneberg/Vollhardt (Hg.) 1992, 315–333 ⟨107⟩

Kusmer, Robert L.
1983   *Language, Poetry, and Nietzsche's Views on Language in its Aesthetic and Philosophi-
          cal Contexts.* Ph.D. Northwestern U. ⟨107⟩

Küthmann, Alfred
1911   *Zur Geschichte des Terminismus: Wilhelm von Occam, Etienne Bonnot de Condillac,
          Hermann von Helmholtz, Fritz Mauthner.* Leipzig: Quelle & Meyer ⟨35⟩

Kutschera, Franz von
1971   *Sprachphilosophie.* München: Fink ⟨87/120⟩
1972   *Wissenschaftstheorie I.* München: Fink ⟨80⟩
1976   *Einführung in die intensionale Semantik.* Berlin / New York: de Gruyter ⟨114⟩
1980   Grundbegriffe der Handlungslogik. In Lenk (Hg.) 1980, 67–106 ⟨80/114⟩
1982   *Grundfragen der Erkenntnistheorie.* Berlin: de Gruyter ⟨80⟩
1984   Eine Logik vager Sätze. *Arch. für Mathematische Logik und Grundlagenforschung* 24,
          101–118 ⟨75⟩
1986   Bewirken. *Erkenntnis* 24, 253–281 ⟨114⟩
1988   *Ästhetik.* Berlin/New York: de Gruyter ⟨105⟩
1989   *Gottlob Frege. Eine Einführung in sein Werk.* Berlin/New York: de Gruyter ⟨34/120⟩

Kvart, Igal
1982   *Toward a Theory of Counterfactuals.* Indianapolis: Hackett ⟨89⟩

Kyburg, H. E. / Smokler, H. E. (eds.)
1964   *Studies in Subjective Probability.* Huntington: N. Y.: R. E. Krieger ⟨80⟩

Labbé, Philippe
1663   *Grammatica lingue universalis...* Paris: J. Roger ⟨64⟩

Laberge, Pierre / Duchesneau, Francois / Morrisey, Bryan E. (éds.)
1979   *Actes du congrès d'Ottawa sur Kant dans les traditions angloaméricaine et continentale
          tenu du 10 au 14 octobre 1974.* Ottawa: U. of Ottawa Pr. ⟨37⟩

Labov, William
1970   The study of language in its social context. *Studium Generale* 29, 30–87 ⟨92⟩
1972a   Rules for ritual insults. In Sudnow (ed.) 1972, 120–169 ⟨101/115⟩
1972b   *Language in the Inner City. Studies in the Black English Vernacular.* Philadelphia: U.
          of Pennsylvania Pr. ⟨56⟩
1972c   Some principles of linguistic methodology. *Language in Society* 1, 97–120 ⟨56⟩
1976/78   *Sprache im sozialen Kontext I/II.* Hg. Dittmar/Rieck. Königstein/Ts.: Scriptor ⟨56⟩

Lacan, Jacques
1966   *Ecrits.* Paris. Éd. du Seuil ⟨109⟩
1973   *Les quatre concepts fondamentaux de la psychanalyse.* Paris: Éd. du Seuil ⟨109⟩
1975   *Encore.* Paris: Éd. du Seuil ⟨109⟩
1978   *Le moi dans la théorie de Freud et dans la technique de la psychanalyse.* Paris: Éd. du
          Seuil ⟨109⟩
1981   *Les psychoses.* Paris: Éd. du Seuil ⟨109⟩

Lach, Donald F.
1945   Leibniz and China. *J.Hist.Ideas* 6, 436–455 ⟨64⟩

Lachmann, Renate (Hg.)
1982   *Dialogizität.* München: Fink (Theorie und Geschichte der Literatur und Schönen
          Künste. Reihe A) ⟨107⟩

La classification
1963   *La classification dans les sciences.* Gembloux: Daculot ⟨61⟩

de Lacy, Phillip
1986   Art. 'Plato'. In Sebeok (ed.) 1986, 735 f. ⟨16⟩

Lakatos, Imre
1963−64 Proofs and refutations I−IV. *Br.J.Philos.Sc.* XIV (53), 1−25; (54), 120−139; (55),
          221−245; (56) 296−342 ⟨47⟩
1978a   *The Methodology of Scientific Research Programmes, Philos. Papers I.* Cambridge:
          UP ⟨99⟩
1978b   *Mathematics, Science and Epistemology, Philos. Papers II.* Cambridge: UP ⟨99⟩

Lakoff, George
1970   A note on vagueness and ambiguity. *Linguistic Inquiry* 1, 357−359 ⟨98⟩
1975   Hedges: a study in meaning criteria and the logic of fuzzy concepts. In Hockney/
          Harper/Freed (eds.) 1975, 221−271 ⟨98⟩

Lakoff, George / Johnson, Mark
1980   *Metaphors We Live By.* Chicago/London: Chicago UP ⟨85/91/103⟩

Lakoff, George / Turner, Mark
1989   *More than Cool Reason. A Guide to Poetic Metaphor.* Chicago: Chicago UP ⟨71⟩

Lalande, André
1951   *Vocabulaire de la Philosophie.* Paris: PUF [1902−1923] ⟨61⟩

Lambek, Joachim
1958   The mathematics of sentence structure, *American Mathematical Monthly* 65,
          154−170 ⟨111⟩

Lambert, A. C. / P. D. Shaw
1971   Quine on meaning and translation. *Mind* 80, 109−115 ⟨73⟩

Lambert, Johann Heinrich
1764   *Neues Organon oder Gedanken über die Erforschung und Bezeichnung des Wahren und
          dessen Unterscheidung von Irrtum und Schein.* Leipzig: Wendler ⟨8⟩

Lambert, Karel
1981   On the philosophical foundations of free logic. *Inquiry* 24, 147−203 ⟨75/97⟩

Lambert, Karel (ed.)
1969   *The Logical Way of Doing Things.* New Haven/London: Yale UP ⟨97⟩

Lamberto d'Auxerre
1971   *Logica (Summa Lamberti).* Ed. Fr. Alessio. Firenze: Nuova Italia Ed. [ca.
          1245−1255] ⟨40⟩

Lämmert, Eberhard (Hg.)
1982   *Erzählforschung. Germanistische Symposien IV.* Stuttgart: Metzler ⟨106⟩

Lamport, F. J.
1981   The silence of Wilhelm Tell. *Mod.Lang.Review* 76, 851−868 ⟨107⟩

Land, Stephen K.
1974   *From Signs to Propositions. The Concept of Form in Eighteenth-Century Semantic
          Theory.* London: Longman ⟨30⟩

Landauer, Gustav
1903   *Skepsis und Mystik: Versuche im Anschluß an Mauthners Sprachkritik.* Berlin: F. Fon-
          tane ⟨35⟩
²1923   *Skepsis und Mystik. Versuche im Anschluß an Mauthners Sprachkritik.* Köln: Marcan-
          Block-Vlg. [1903] ⟨107⟩

Landesman, Charles
1961   Does language embody a philosophical point of view? *Rev.Met.* 14, 617−636 ⟨74⟩
1970   Scepticism about meaning. *Australas.J.Philos.* 48, 320−337 ⟨73⟩
1976   Locke's theory of meaning. *J.Hist.Philos.* 14, 23−35 ⟨22⟩

Landgrebe, Ludwig
1935   *Nennfunktion und Wortbedeutung. Eine Studie über Martys Sprachphilosophie.* Halle:
          Akademischer Vlg. ⟨33⟩

Landman, Fred / Veltman, Frank (eds.)
1984   *Varieties of Formal Semantics.* Dordrecht: Foris ⟨76⟩

Lang, Sabine
1989   „Créer pour créer dans l'autre" − Die Dialektik des Sprechens − semiotische Frage-stellungen bei Valéry. *Kodikas/Code* 12, 223−244 ⟨107⟩

Lange, Victor
1971   Language as the topic of modern fiction. In Ganz (ed.) 1971, 260−272 ⟨107⟩

Lange, Victor / Roloff, Hans-Gert (Hg.)
1971   *Dichtung − Sprache − Gesellschaft. Akten des IV. Internationalen Germanisten-Kon-gresses 1970.* Frankfurt a.M.: Athenäum. (Beihefte zum Jb. für Internationale Ger-manistik 1) ⟨107⟩

Langer, Susanne Katherina Knauth
1946   Translator's preface. In Cassirer 1946a, I−X ⟨90⟩
1957   *Philosophy in a New Key: Study in the Symbolism of Reason, Rite and Art.* Cam-bridge, MA: Harvard UP [1941] ⟨90⟩
1965   *Philosophie auf neuem Wege: Das Symbol im Denken im Ritus und in der Kunst.* Frankfurt a.M.: Fischer ⟨31⟩

Lange-Seidl, Annemarie (Hg.)
1981   *Zeichenkonstitution: Akten des 2. Semiotischen Kolloquiums, Regensburg 1978 I/II.* Berlin: de Gruyter ⟨90⟩

Langfeldt, Gabriel
1969   *Ga'ten Vidkun Quisling.* Oslo: Aschehoug ⟨47⟩

Langhade, Jacques
1985   Mentalité grammairienne et mentalité logicienne au IV siecle. *J. de Linguistique Arabe* 15, 104−117 ⟨19⟩

Langner, Michael
1984   Rezeption der Tätigkeitstheorie und der Sprechtätigkeitstheorie in der Bundesrepu-blik Deutschland. *Dt. Sprache* 12, 239−275 / 326−358 ⟨56⟩

Lankford, E. L.
1986   Principles of critical dialogue. *Journal for Aesthetic Education* 20, 59−65 ⟨47⟩

Laozi
1982   *Chinese Classics, Tao Te Ching.* Hongkong: The Chinese UP ⟨6⟩

Laporte, Jean
1950   *Le Rationalisme de Descartes.* Seconde éd. revue et augmentée. Paris: PUF ⟨12⟩

Laplanche, Jean / Leclaire, Serge
1961   L'inconscient. *Les temps modernes* 183, 81−129 ⟨109⟩

Laporte, Jean
1950   *Le Rationalisme de Descartes.* Seconde éd. revue et augmentée. Paris: PUF ⟨12⟩

Large, Andrew
1985   *The Artificial Language Movement.* Oxford: Blackwell ⟨64⟩

Largeault, Jean
1977   Indétermination de la traduction et indétermination de la référence. *Dialogue* 16(2), 245−273 ⟨73⟩
1971   *Enquête sur le Nominalisme.* Louvain: Nauwelaerts ⟨61⟩

Larkin, Miriam Therese
1971   *Language in the Philosophy of Aristotle.* The Hague/Paris: Mouton ⟨15⟩

Laruelle, François
1979   Pour une linguistique active (la notion de Phonese). *Revue Philosophique de la France et de l'Etranger* 4, 420−431 ⟨12⟩

Laswell, H. D. / Kaplan, A.
1950   *Power and Society.* New Haven: Yale UP ⟨90⟩

Lau, Dim Chenk (ed.)
1982   *Laozi. Chinese Classics, Tao Te Ching.* Harmondsworth, Middlesex, England: Pen-guin Classics ⟨6⟩

Lauchert, Friedrich
1894   Die Anschauungen Herders über den Ursprung der Sprache, ihre Voraussetzungen
            in der Philosophie seiner Zeit und ihr Fortwirken. *Euphorion* 1, 747–771 ⟨13⟩

Lauener, Henri
1962   *Die Sprache in der Philosophie Hegels, mit besonderer Berücksichtigung der Ästhetik.*
            Bern: Haupt (Sprache und Dichtung. Forschungen zur dt. Sprache, Literatur und
            Volkskunde 10) ⟨13⟩
1978   Probleme der Ontologie. *Z.allg.Wiss.theorie* 9, 63–92 ⟨59⟩
1982   *William V. Quine.* München: C. H. Beck ⟨59⟩
1986   Die Sprache der Fiktion. *Erkenntnis* 24, 343–362 ⟨59/106⟩

Lauhus, Angelika
1982   Die Konzeption der Sprache in der Poetik des Russischen Futurismus. *Z. für
            Ästhetik und allg. Kunstwissenschaft* 27, 142–167 ⟨107⟩

Lausberg, Heinrich
1948   Rezension von Walther von Wartburg und Paul Zumthor 'Précis de syntaxe du fran-
            çais contemporain'. *Romanische Forschungen* 61, 159–161 ⟨51⟩
1960/²73   *Handbuch der literarischen Rhetorik. Eine Grundlegung der Literaturwissenschaft I/II.*
            München: Max Hueber Vlg. ⟨16/91/112⟩

Laycock, Henry
1972   Some questions of ontology. *Philos.Rev.* 81, 3–42 ⟨76⟩
1979   Theories of matter. In Pelletier (ed.) 1979, 89–120 ⟨76⟩

Lázaro Carreter, Fernando
1985   *Las ideas lingüísticas en España durante el siglo XVIII.* Prólogo de Manuel Breva
            Claramonte. Barcelona: Crítica [1949] ⟨8⟩

Lazerowitz, Morris / Ambrose, Alice
1984   *Essays in the Unknown Wittgenstein.* Buffalo, N. Y.: Prometheus Books ⟨96.1⟩

Leatherdale, W. H.
1974   *The Role of Analogy, Model and Metaphor in Science.* Amsterdam: North Holland
            Publ. Comp. / Elsevier ⟨85/103⟩

Leblanc, Hughes (ed.)
1971/73   *Truth, Syntax and Modality.* Amsterdam: North-Holland ⟨75/97/110⟩

Lecaldano, Eugenio (ed.)
1985   *Etica e diritto.* Rome: Laterza ⟨104⟩

Lécuyer, Maurice
1965   Le langage dans le théâtre de Eugène Ionesco. *Rice U. Studies* 4, 33–49 ⟨107⟩

Lee, E. N. / Morelatos, A. P. D. / Rorty, R. M. (eds.)
1973   *Exegesis and Argument: Studies in Greek Philosophy Presented to Gregory Vlastos.*
            Assen: van Gorcum ⟨14⟩

Leech, Geoffrey N.
1969   *Towards a Semantic Description of English.* London: Longman ⟨76⟩
1983   *Principles of Pragmatics.* London: Longman ⟨54⟩

Leeds, Stephen
1978   Theories of reference and truth. *Erkenntnis* 13, 111–129 ⟨69/70/73⟩

Leff, Gordon
1975   *William of Ockham. The Metamorphosis of Scholastic Discourse.* Manchester: Man-
            chester UP ⟨21⟩

Lehmann, Jürgen
1983   Sprechhandlung und Gattungsgeschichte. Anmerkungen zur Geschichte der dt.
            Autobiographie zwischen dem Beginn des 18. und dem letzten Drittel des 19. Jahr-
            hunderts. In Cramer (Hg.) 1983, 269–286 ⟨106⟩

Lehnert, Wendy G./ Ringle, Martin H. (eds.)
1981   *Strategies For Natural Language Processing.* Hillsdale, N. J.: Lawrence Erlbaum As-
            sociates ⟨117⟩

Lehrberger, J.
1974   *Functor Analysis of Natural Language*. The Hague/Paris: Mouton ⟨111⟩

Lehrer, Keith (ed.)
1966   *Freedom and Determinism*. New York: Random House ⟨93⟩

Leibniz, Gottfried Wilhelm
1710a   *Miscellanea Berolinensia ad incrementum scientiarum*. Berlin: Sumptibus Johann Christ ⟨66⟩
1710b   Brevis designatio meditationum de Originibus Gentium. In Leibniz 1710a, 1−16 ⟨66⟩
1711   *Epistolaris de historia etymologica dissertatio*. Hannover, Nieders. Landesbibliothek Ms. IV, 469 ⟨23⟩
1718   *Otium Hannoveranum...* Hg. Feller. Lipsiae: Impensis Johann ⟨23⟩
1768   *Opera omnia I− VI*. Hg. L. Dutens. Genevae: Apud fratres de Tournes ⟨23/66⟩
1838   *Leibniz's Deutsche Schriften I*. Hg. G.E. Guhrauer. Berlin: Verlag von Veit & Comp. ⟨66⟩
          Unvorgreiffliche Gedanken, betreffend die Ausübung und Verbesserung der Teutschen Sprache. In Leibniz 1838, 440−486 [1698] / = Leibniz 1916 ⟨66⟩
1849−63 *Mathematische Schriften I− VII*. Hg. C.I. Gerhardt. Berlin: Verlag von A. Asher und Comp. ⟨23⟩
1864−88 *Die Werke I− XI*. Hg. O. Klopp. Hannover: Klindworth ⟨23⟩
1875−90/1970 *Die philosophischen Schriften*. Hg. C.I. Gerhardt. Berlin: Weidmannsche Buchhandlung / repr. Hildesheim: Olms ⟨23/55/71⟩
          Discours de Métaphysique. In GP IV, 427−463 [1686] ⟨23⟩
          Essais de Théodicée sur la Bonté de Dieu, la Liberté de l'Homme et l'Origine du Mal. In GP VI, 21−375 [1710] ⟨23⟩
          Les Principes de la Philosophie ou la Monadologie. In GP VI, 607−623 ⟨23/55⟩
          Nouveaux Essais sur l'entendement humain. In GP V, 39−509 / auch in Leibniz 1923ff, Philos. Schriften VI ⟨8/10/23/55/106⟩
1885   Entwurf der Welfengeschichte vom 1. Juli 1692. *Zeitschr. des Hist. Vereins* 18−58 ⟨23⟩
1899   *Der Briefwechsel von Gottfried Wilhelm Leibniz mit Mathematikern*. Hg. C.I. Gerhardt. Berlin: Mayer & Müller ⟨100⟩
1900   *Œuvres philosophiques I*. Éd. P. Janet. Paris: Félix Alcan ⟨66⟩
          Nouveaux Essais sur l'entendement humain. In Leibniz 1900, 13−490 [1704] ⟨66⟩
1903/66 *Opuscules et fragments inédits*. Éd. L. Couturat. Paris: Alcan / repr. Hildesheim: Olms ⟨23/71⟩
1916   Unvorgreiffliche Gedancken, betreffend die Ausübung und Verbesserung der Teutschen Sprache. Hg. Pietsch. *Wiss. Beihefte zur Z. des Allgemeinen dt. Sprachvereins* R. 4, H. 30, 327−356 ⟨23⟩
1923ff   *Sämtliche Schriften u. Briefe*. Hg. Preuß. (später: Dt.) Akad. d. Wiss.. Darmstadt: Reichl (später: Leipzig: Koehler) zuletzt: Berlin: Akad.-Vlg. ⟨23/82/106⟩
1956/²69 *Philosophical Papers and Letters*. Ed. and transl. Leroy E. Loemker. Chicago: UP / Dordrecht: Reidel ⟨10/71⟩
1970   *Collectanea Etymologica*. Ed. Johann Georg Eccard. Hildesheim: Olms ⟨71⟩
1982ff   *Vorausedition zur Reihe VI − Philosophische Schriften*. Akad. der DDR bearb. v. d. Leibniz-Forschungsstelle der Univ. Münster ⟨23⟩

Leinfellner, Elisabeth
1969   Zur nominalistischen Begründung vom Linguistik und Sprachphilosophie: Fritz Mauthner und Ludwig Wittgenstein. *Studium Generale* 22, 209−251 ⟨35⟩
1986   Sprachkritik und Atheismus bei Fritz Mauthner. In Nyiri 1986, 173−182 ⟨35⟩

Leinfellner, Elisabeth / Leinfellner, Werner
1978   *Ontologie, Systemtheorie und Semantik*. Berlin: Duncker & Humblot ⟨35⟩

Leinfellner, Werner / Kraemer, Eric/ Schank, Jeffrey (eds.)
1982   *Language and Ontology: Proc. of the Sixth International Wittgenstein Symposium*. Wien: Hölder-Pichler-Tempsky ⟨76/88⟩

Leinfellner, Werner / Schleichert, Hubert (Hg.)
  1993   *Fritz Mauthner und die Kritik der Sprache. Beiträge zu einer Kritik der Sprachkritik.*
          noch nicht publiziert ⟨35⟩
Leipold, Georg
  1982   *Bedeutung. Sprachkritische Untersuchung zu Grundlagenproblemen der „Pragmati-
          schen Linguistik".* Erlangen: Palm & Enke ⟨68⟩
Leisi, Ernst
  1975   *Der Wortinhalt. Seine Struktur im Dt. und Englischen.* Heidelberg: Quelle & Meyer
          ⟨15⟩
Leist, Anton
  1975   Zur Intentionalität von Sprechhandlungen. In Wunderlich (Hg.) 1975, 59−98 ⟨52⟩
Leitzmann, Albert
  1908   *Briefwechsel zwischen Wilhelm von Humboldt und August Wilhelm Schlegel.* Halle a.
          d. S.: Niemeyer ⟨13⟩
Leivant, D.
  1985   Syntactic translations and provably recursive functions. *J.Symb.Log.* 50, 682−688
          ⟨75⟩
Lemmon, E. J.
  1963   A theory of attributes based on modal logic. *Acta Philosophica Fennica* 16, 95−122
          ⟨83⟩
  1977   *An Introduction to Modal Logic.* Oxford: Blackwell ⟨80⟩
Lenk, Hans (Hg.)
  1974   *Normenlogik.* Pullach bei München: Uni-Taschenbücher ⟨102⟩
  1977   *Handlungstheorien Interdisziplinär I−IV in 6 Bänden.* München: Fink ⟨67/80/114⟩
Lenneberg, Eric H.
  1960   Language, evolution, and behaviour. In Diamond (ed.) 1960, 869−893 ⟨116⟩
  1967   *Biological Foundations of Language.* New York: John Wiley & Sons ⟨77⟩
Lennig, Hannelore W.
  1978   *Günter Eich und die Sprache: Untersuchung zu Wandel und Entwicklung des Sprach-
          verständnisses in seinem Werke.* Ph.D. State U. of New York at Albany ⟨107⟩
Lennox, Sara
  1985   Bachmann and Wittgenstein. *Mod.Aust.Lit.* 18 (3/4), 239−259 ⟨107⟩
Lentricchia, Frank
  1973/74 Coleridge and Emerson: prophets of silence, prophets of language. *J.Aesth.Art.* 32,
          37−46 ⟨107⟩
Lenzen, Wolfgang
  1978   *Recent Work in Epistemic Logic.* Amsterdam: North Holland Publ. Co. ⟨80⟩
  1979   Epistemologische Betrachtungen zu [S4,S5]. *Erkenntnis* 14, 33−56 ⟨80⟩
  1980   *Glauben, Wissen und Wahrscheinlichkeit: Systeme der epistemischen Logik.* Wien:
          Springer ⟨80/114⟩
  1981   Ist gut. In Morscher/Stranzinger (Hg.) 1981, 165−171 ⟨80⟩
  1983   On the representation of classificatory value-structures. *Theory and Decision* 15,
          351−369 ⟨80⟩
Leonard, Henry
  1930   *Singular Terms.* Harvard U. Dissertation ⟨76⟩
Leonard, Henry / Goodman, Nelson
  1940   The calculus of individuals and its uses. *J.Symb.Log.* 5, 45−55 ⟨61⟩
Leonardo da Vinci
  1979   *Anatomische Zeichnungen aus der königlichen Bibliothek auf Schloß Windsor.* Güte-
          rsloh: Prisma ⟨108⟩
  1990   *Sämtliche Gemälde und die Schriften zur Malerei.* Hg. kommentiert und eingeleitet
          von André Chastel. München: Schirmer/Mosel ⟨108⟩
Leont'ev, Aleksej A.
  1971   *Sprache − Sprechen − Sprechtätigkeit.* Stuttgart: Kohlhammer ⟨56⟩

Le Guern, M.
1973   *Sémantique de la métaphore et de la métonymie.* Paris: Larousse ⟨91⟩

Le Pore, Ernest
1982   Truth and inference. *Erkenntnis* 18, 379−395 ⟨69⟩
1983   The concept of meaning and its role in understanding language. *Dialectica* 37, 133−139 ⟨68⟩

Le Pore, Ernest (ed.)
1987   *New Directions in Semantics.* New York: Academic Pr.. ⟨96.2⟩

Le Pore, Ernest / Van Gulick, Robert (eds.)
1991   *John Searle and his Critics.* Oxford: Blackwell ⟨95⟩

Lepschy, Giulio C.
1969   *Die strukturale Sprachwissenschaft.* Mit einem ergänzenden Kapitel von H. Stammerjohann. München: Nymphenburger Verlags-Handlung ⟨51⟩

Leśniewski, Stanisław
1916   *Podstawy ogólnej teoryi mnogósci I.* Prace Polskiego Kołá Naukowego w Moskwie, Sekcya matematyczno-przyrodnicza, 2. Moscow ⟨76⟩
1983   On the foundations of mathematics. *Topoi* 2, 7−52 ⟨76⟩

Lessing, Gotthold Ephraim
1886−   *Sämtliche Schriften I−XXIII.* Hg. Karl Lachmann. 3. Aufl. hg. F. Muncker. Stutt-
1924   gart/Leipzig: Göschen ⟨107⟩
1954−58   *Gesammelte Werke in 10 Bänden.* Hg. Paul Rilla. Berlin: Aufbau-Vlg. ⟨108⟩
1955   Laokoon. In Lessing 1954−58 Bd. 5, 7−217 ⟨108⟩
1970−79   *Werke I−VIII.* Hg. H. G. Göpfert. München: Hanser ⟨107⟩

Leszl, Walter
1970   *Logic and Metaphysics in Aristotle. Aristotle's Treatment of Types of Equivocity and Its Relevance to his Metaphysical Theories.* Padova: Editrice Antenore ⟨85/103⟩
1985   Linguaggio e discorso. In Vegetti (ed.) 1985, 13−44 ⟨2⟩

Lévi, Sylvain
1885−1902   Aryens II. In Berthelot et al. (éds.) 1885−1902 IV, 45−47 ⟨66⟩

Levin, H.
1982   *Categorial Grammar and the Logical Form of Quantification.* Naples: Bibliopolis ⟨111⟩

Levin, Samuel R.
1977   *The Semantics of Metaphor.* Baltimore: John Hopkins Pr. ⟨91⟩
1979   Standard approaches to metaphor and a proposal for literary metaphor. In Ortony (ed.) 1979, 124−135 ⟨91⟩

Levinas, Emmanuel
1968   *Totalité et infini. Essai sur l'extériorité.* The Hague : Martinus Nijhoff ⟨47⟩
1982   Le dialogue. In Levinas 1982a, 211−230 ⟨47⟩
1982a   *De Dieu qui vient à l'idée.* Paris: J. Vrin ⟨47⟩

Levinson, Steven C.
1983   *Pragmatics.* Cambridge: UP ⟨54⟩

Levy, Siegmund
1868   *Kants Kritik der reinen Vernunft in ihrem Verhältnis zur Kritik der Sprache.* Diss. U. Bonn ⟨13⟩

Lévy-Valensi, Eliane Amado
1967   *La communication.* Paris: PUF ⟨47⟩

Lewin, Kurt
1975   *Field Theory in Social Science. Selected Theoretical Papers.* Westport, Conn.: Greenwood Pr. ⟨47⟩

Lewis, Clarence Irving
1929   *Mind and the World Order.* Harvard: UP ⟨89⟩

Lewis, Clarence Irving / Langford, Cooper Harold
1932/²59 *Symbolic Logic.* New York: Dover / Appleton-Century-Crofts ⟨28/75/89⟩
1946 *An Analysis of Knowledge and Valuation.* La Salle, Ill.: Open Court ⟨89⟩
1970 *Collected Papers.* Ed. J. Goheen / J. Mothershead. Stanford: Stanford UP ⟨84⟩

Lewis, David Kellog
1968 Counterpart theory and quantified modal logic. *J.Philos.* 65, 113−126 ⟨83⟩
1969 *Convention.* Cambridge, MA: Harvard UP ⟨68/69/70/101/106/114/115⟩
1970 How to define theoretical terms. *J.Philos.* 67, 427−446 ⟨99⟩
1972 General semantics. In Davidson/Harman (eds.) 1972, 169−221 ⟨95⟩
1973a *Counterfactuals.* Cambridge, MA: Harvard UP / Oxford: Blackwell ⟨59/75/89/104/118⟩
1973b Counterfactuals and comparative possibility. *J.Philos.Log.* 2, 418−446 ⟨88⟩
1973c Causation. *J.Philos.* 70, 556−567 ⟨114⟩
1974 Radical interpretation. *Synthese* 17, 331−344 ⟨69⟩
1975 *Konventionen. Eine sprachphilosophische Abhandlung.* Berlin/New York: de Gruyter ⟨52/114⟩
1976 Probability of conditionals and conditional probabilities. *Philos.Rev.* 85, 297−315 ⟨89⟩
1979a Scorekeeping in a language game. In Bäuerle/Egli/von Stechow (eds.) 1979, 172−187 ⟨96.1/115⟩
1979b Attitudes de dicto and de re. *Philos.Rev.* 87, 513−543 ⟨78⟩
1979c The prisoner's dilemma is a Newcomb problem. *Philosophy and Public Affairs* 8, 235−240 ⟨89⟩
1981 Causal decision theory. *Australas.J.Philos.* 59, 5−30 / auch in Lewis 1986c, 305−339 ⟨114⟩
1983 *Philosophical Papers Vol.I.* Oxford: UP ⟨83/113⟩
1986a *On the Plurality of Worlds.* Oxford: Blackwell ⟨68/69/83/120⟩
1986b Probabilities of conditionals and conditional probabilities II. *Philos.Rev.* 95, 581−589 ⟨89⟩

Lewis, H. D. (ed.)
1956 *Contemporary British Philosophy.* London: Allen & Unwin ⟨112⟩
1976 *British Contemporary Philosophy IV.* London: Allen & Unwin ⟨83⟩

Lewis, H. R.
1980 Complexity results for classes of quantificational formulas. *J. of Computer and System Sciences* 21, 317−353 ⟨75⟩

Lewry, Osmund
1981 Boethian logic in the medieval west. In Gibson (ed.) 1981, 90−134 ⟨4⟩

Lewy, C.
1977 *Meaning and Modality.* Cambridge/New York: Cambridge UP ⟨68⟩

Libera, Alain de
1982 The Oxford and Paris traditions in logic. In Kenny/Kretzmann/Pinborg/Stump (eds.) 1982, 174−187 ⟨4/40⟩

Lichnerowicz, André et al. (éds.)
1981 *Analogie et connaissance II.* Paris: Maloine ⟨85/103⟩

Lichtenberg, Georg Christoph
1967−92 *Schriften und Briefe I−IV in 6 Teilen.* Hg. Wolfgang Promies. München: Hanser ⟨107⟩

Lieb, Hans Heinrich
1967 „Synchronic" vs. „diachronic" linguistics: A historical note. *Linguistics* 36, 18−28 ⟨36⟩
1978 Universals and linguistic explanation. In Greenberg (ed.) 1978, 158−202 ⟨12⟩
1980 On the history of the axiomatical method in linguistics. In Koerner (ed.) 1980, 297−307 ⟨12⟩
1981 Das „Semiotische Dreieck" bei Ogden und Richards: eine Neuformulierung des Zeichenmodells von Aristoteles. In Geckeler et al. (eds.) 1981, 137−156 ⟨15⟩

Lieberman, Philip
    1984   *The Biology and Evolution of Language.* Cambridge, Mass.: Harvard UP ⟨65⟩
Liebermann, Wolf-Lüder
    1971   Voraussetzungen antiker Sprachbetrachtung, Zur Erkenntnisfunktion der Sprache
              im frühen Griechisch, In Schmitt-Brandt (Hg.) 1971, 130—154 ⟨1⟩
Liebrucks, Bruno
    1964—79 *Sprache und Bewußtsein I—VII.* Frankfurt a.M./Bern: Akademische Verlagsanstalt:
              I 1964, II 1965, III 1966, IV 1968, V 1970 / Frankfurt a.M./Bern: Lang: VI 1—3 1974,
              VII 1979 ⟨13⟩
    1968   *Die erste Revolution der Denkungsart. Kant: Kritik der reinen Vernunft,* = Liebrucks
              1964—1979 Bd. 4. Frankfurt a.M.: Akademische Verlagsges. ⟨107⟩
Liede, Alfred
    1963   *Dichtung als Spiel. Studien zur Unsinnpoesie an den Grenzen der Sprache I.* Berlin:
              de Gruyter ⟨107⟩
Lightfoot, David
    1982   *The Language Lottery.* Cambridge, MA: MIT ⟨72⟩
Limentani, U. (ed.)
    1965   *The Mind of Dante.* Cambridge: UP ⟨107⟩
Lincourt, John M. / Hare, Peter H. (eds.)
    1973   Neglected American philosophers in the history of symbolic interactionism. *J. of the
              History of the Behavioral Sciences* 9, 333—338 ⟨52⟩
Lindemann, Roswitha
    1979   Der junge Hofmannsthal: Sprachtheorie und Dichtungstheorie. In Koch (Hg.) 1979,
              143—279 ⟨107⟩
Lindesmith, A. R. / Strauss, Anselm L.
    1949   *Social Psychology.* New York: Dryden Pr. ⟨90⟩
Lindsay, Peter / Norman, Donald
    ²1977   *Human Information Processing. An Introduction to Psychology.* New York: Academic
              Pr. ⟨57⟩
Lindström, P.
    1966   First-order predicate logic with generalized quantifiers. *Theoria* 32, 186—195 ⟨111⟩
    1973   A characterization of elementary logic. In Essays Dedicated to Sören Halldan 1973,
              189—191 ⟨75⟩
Linell, Per
    1982   *The Written Language Bias in Linguistics.* Linköping: UP ⟨67⟩
Lingner, Michael
    1993   Malerei ist keine Kunst mehr, sondern deren Mittel. *Kunstforum international* 121,
              379—382 ⟨108⟩
Lingner, Michael / Seitz, Fritz
    1990   *Materialien zur Lehre an den Kunsthochschulen. Teil I: Gespräch Seitz — Lingner, Teil
              II: Dresdner Beiträge.* Hamburg (mimeo) ⟨108⟩
Link, Godehard
    1979   *Montague-Grammatik.* München: Wilhelm Fink Vlg. ⟨88⟩
    1983   The logical analysis of plurals and mass terms: a lattice-theoretical approach. In
              Bäuerle/Schwarze/Stechow (eds.) 1983, 302—323 ⟨76⟩
Link, Hannelore
    1971   *Abstraktion und Poesie im Werk des Novalis.* Stuttgart/Berlin/Köln/Mainz: Kohlham-
              mer (Studien zu Poetik und Geschichte der Literatur 15) ⟨107⟩
Linsky, Leonard
    1967   *Referring.* London/New York: Routledge & Kegan Paul ⟨120⟩
Linsky, Leonard (ed.)
    1952   *Semantics and the Philosophy of Language.* Urbana: The U. of Illinois Pr. ⟨59⟩
    1971   *Reference and Modality.* Oxford: UP ⟨59/78/93⟩

Lippold, Adolf / Himmelmann, Nikolaus (Hg.)
1977   *Bonner Festgabe Johannes Straub zum 65. Geburtstag […] dargebracht von Kollegen und Schülern.* Bonn: Rheinland-Vlg./Habelt (Beihefte der Bonner Jahrbücher 39) ⟨107⟩

Lipps, Hans
²1959   *Untersuchungen zu einer hermeneutischen Logik.* Frankfurt a.M.: Klostermann [1938] ⟨45⟩

Lloyd, Antony C.
1971   Grammar and metaphysics in the Stoa. In Long (ed.) 1971, 58−74 ⟨2⟩
1978   Definite propositions and the concept of reference. In Brunschwig (éd.) 1978, 285−295 ⟨2⟩

Loar, Brian
1981   *Mind and Meaning.* Cambridge/New York/New Rochelle/Sidney/Melbourne: Cambridge UP ⟨51⟩

Lock, Andrew (ed.)
1978   *Action, Gesture and Symbol: the Emergence of Language.* London: Academic Pr. ⟨65⟩

Lock, Andrew / Peters, Charles (eds.)
1987   *Handbook of Human Symbolic Communication.* Oxford: UP ⟨65⟩

Locke, John
²1694/   *An Essay Concerning Human Understanding.* London: Printed for A. and J. Churchil,
⁵1706   at the Black Swan ⟨29/87⟩
1894   *An Essay Concerning Human Understanding.* Ed. A. C. Fraser. Oxford: UP [1690] ⟨8/10⟩
1962   *Über den menschlichen Verstand I/II.* Berlin: Akad.-Vlg. [1911/1913] ⟨22⟩
1961/67   *An Essay Concerning Human Understanding.* Ed. John W. Yolton. London/New York: Everyman's Library ⟨71⟩
1975⁵/85   *An Essay Concerning Human Understanding.* Ed. Peter H. Nidditch. Oxford: Clarendon [1689] ⟨22/30/54/63/118⟩

Lockwood, Michael
1975   On predicting proper names. *Philos. Rev.* 84, 471−498 ⟨30⟩

Lodwick, Francis
1647   *A Common Writing.* Facs. In Salmon 1972, 166−202 ⟨64⟩
1652   *The Ground-Work.* Facs. In Salmon 1972, 203−222 ⟨64⟩

Loebner, Sebastian
1987   Natural language and generalized quantifier theory. In Gärdenfors (ed.) 1987, 181−201 ⟨111⟩

Loemker, Leroy E.
1961   Leibniz and the Herborn Encyclopedists. *J. Hist. Ideas* 22, 323−338 ⟨64⟩

Loewenich, Walter von
1965   *Augustin. Leben und Werk.* München: Siebenstern-Taschenbuch-Vlg. ⟨16⟩

Loewer, Barry
1976   Conditionals with disjunctive antecedents. *J. Philos.* 73, 531−536 ⟨89⟩
1982   The role of 'conceptual role semantics'. *Notre Dame J. Formal Logic* 23, 305−315 ⟨69⟩

Loewer, Barry / Rey, Georges (eds.)
1991   *Meaning in Mind. Fodor and his Critics.* Oxford: Blackwell ⟨57⟩

Löffler, Heiner
1985   *Germanistische Soziolinguistik.* Berlin: Schmidt ⟨56⟩

Logister, Wiel (ed.)
1987   Twinitig jaar ontwikkelingen in de theologie; tendensen en perspectieven. Kampen: Kok ⟨85/103⟩

Lohmann, Hans-Martin (Hg.)
1984   *Die Psychoanalyse auf der Couch.* Frankfurt: Qumram ⟨109⟩

Lokhorst, Gert-Jan
  1988   Ontology, semantics and philosophy of mind in Wittgenstein's *Tractatus*. A formal
            reconstruction. *Erkenntnis* 29, 35−75 ⟨68⟩
Lombard, L. B. / Stine, G. C.
  1974   Grice's intentions. *Philos. Stud.* 25, 207−212 ⟨94⟩
Long, Antony A.
  1971   Language and thought in Stoicism. In Long (ed.) 1971, 75−113 ⟨2⟩
  1974   *Hellenistic Philosophy. Stoics, Epicureans, Sceptics.* London: Duckworth ⟨2⟩
  1978a   Dialectic and the Stoic sage. In Rist (ed.) 1978, 101−124 ⟨2⟩
  1978b   The Stoic distinction between truth and the true. In Brunschwig (éd.) 1978, 297−315
            ⟨2⟩
Long, Antony A. (ed.)
  1971   *Problems in Stoicism.* London: The Athlone Pr. ⟨2⟩
Long, Anthony A. / Sedley, D. N.
  1987   *The Hellenistic Philosophers I/II.* Cambridge: UP ⟨2/10⟩
Long, Eugene (ed.)
  1980   *Experience, Reason and God.* Washington D. C.: Catholic U. of America ⟨85/103⟩
Lønning, Jan Tore
  1987   Mass terms and quantifications. *Linguistics and Philos.* 10, 1−52 ⟨75⟩
Loofs-Aland, Friedrich
  ⁵1953   *Leitfaden zum Studium der Dogmengeschichte II.* Hg. Kurt Aland. Tübingen: Nie-
            meyer ⟨16⟩
Lorenz, Konrad
  1966   *On Aggression.* New York: Harcourt, Brace & World ⟨116⟩
Lorenz, Konrad / Wuketis, F. (Hg.)
  1983   *Die Evolution des Denkens.* München: Piper ⟨45⟩
Lorenz, Kuno
  1961   *Arithmetik und Logik als Spiele.* Diss. U. Kiel ⟨47⟩
  1968   Dialogspiele als semantische Grundlage von Logikkalkülen. *Arch. für Mathematische
            Logik und Grundlagenforschung* 11, 32−55; 73−100 / auch in Lorenzen/Lorenz 1978,
            96−162 ⟨96.3⟩
  1971   *Elemente der Sprachkritik. Eine Alternative zum Dogmatismus und Skeptizismus in
            der Analytischen Philosophie.* Frankfurt a.M.: Suhrkamp ⟨32/35/45/47/67/68/69/75/
            77/92/115/120⟩
  1972a   Der dialogische Wahrheitsbegriff. *Neue Hefte für Philosophie H.* 2/3, 111−123 ⟨47/
            68/69/96.3⟩
  1972b   Zur Deutung der Abbildtheorie in Wittgensteins 'Tractatus'. *Teorema* 67−90
            (numéro monografico: Sobre el tractatus-logico-philosophicus) ⟨68/69⟩
  ²1977a   Der Entwurf einer Semiotik bei Richard Gätschenberger. In Gätschenberger 1977,
            VII−XXXII ⟨108⟩
  1977b   On the relation between the partition of a whole into parts and the attribution of
            properties to an object. *Stud. Log.* 36, 351−362 ⟨77⟩
  1980   Sprachphilosophie. In Althaus/Henne/Wiegand (Hg.) 1980, 1−28 ⟨32/35/58/77/87/
            106/108⟩
  1980a   Art. 'Logik, operative'. In Ritter/Gründer (Hg.) 1980, 444−452 ⟨96.3⟩
  1981   Semiotic stages in the genesis of individuals. *Fundamenta Scientiae* 2, 45−53 ⟨32/
            75⟩
  1981a   Dialogic Logic. In Marciszewski (ed.) 1981, 117−125 ⟨96.3⟩
  1982   Die irreführende Gleichsetzung von Begründungen und Argumentationen. Bemer-
            kungen zu einem monologischen Mißverständnis in der dialogischen Logik. In Geth-
            mann (Hg.) 1982, 78−91 ⟨47⟩
  1985   Intentionality and its language-dependency. In Dascal (ed.) 1985, 285−292 ⟨116⟩
  1986a   Brochs erkenntnistheoretisches Programm. In Lützeler (Hg.) 1986, 246−259 ⟨107⟩
  1986b   Dialogischer Konstruktivismus. In Salamun (Hg.) 1986, 335−352 ⟨77⟩
  1988   Philosophische Dichtung. In Lützeler/Kessler (Hg.) 1988, 24−34 ⟨108⟩

1989   Que miden los juegos de lenguaje? *Dianoia* 151−161 ⟨96.1⟩
1990a   *Einführung in die philosophische Anthropologie*. Darmstadt: Wiss. Buchges. ⟨37/77/
            108⟩
1990b   „Sehen" − Wittgensteins Umgang mit der Bildmetapher. *Graz.Phil.Stud.* 38, 35−45
            ⟨108⟩
1993   Was können Philosophie und Dichtung miteinander gemeinsam haben? *magazin for-
            schung* 1 (Universität des Saarlandes Saarbrücken), 33−37 ⟨105⟩

Lorenz, Kuno (Hg.)
1979   *Konstruktionen vs. Positionen. Beiträge zur Diskussion um die Konstruktive Wissen-
            schaftstheorie I/II* . Berlin: de Gruyter ⟨54/105⟩
1982   *Identität und Individuation I/II*. Stuttgart/Bad-Cannstatt: Friedrich Frommann Vlg.
            (Günther Holzboog) ⟨83⟩

Lorenz, Kuno / Mittelstraß, Jürgen
1966   Theaitetos fliegt. Zur Theorie wahrer und falscher Sätze bei Platon. *Arch.Gesch.
            Philos.* 48, 113−152 ⟨96.3⟩
1967   On rational philosophy of language. The programme in Plato's Cratylus reconsider-
            ed. *Mind* 76, 1−20 ⟨14/96.3⟩
1967a   Die Hintergehbarkeit der Sprache. *Kant-St.* 58(2), 187−208 ⟨108⟩

Lorenz, Rudolf
³1961   Art. 'Pelagius'. In *RGG* V, 206−207 ⟨16⟩
1981   Gnade und Erkenntnis bei Augustinus. In Andresen (Hg.)1981, 43−125 ⟨16⟩

Lorenzen, Paul / Lorenz, Kuno
1978   *Dialogische Logik*. Darmstadt: Wiss. Buchges. ⟨47/68/69/75/96.3/111/115⟩

Lorenzen Paul
1955/²69   *Einführung in die operative Logik und Mathematik*. Berlin/Göttingen/Heidelberg:
            Springer ⟨61/96.3⟩
1969   *Normative Logic and Ethics*. Mannheim/Zürich: Bibliographisches Inst. ⟨47⟩

Lorenzen, Paul / Schwemmer, Oswald
1973/²75   *Konstruktive Logik, Ethik und Wissenschaftstheorie*. Mannheim: Bibliographisches
            Inst. ⟨68/69/77/96.3/120⟩

Lorenzer, Alfred
1970   *Sprachzerstörung und Rekonstruktion*. Frankfurt a.M.: Suhrkamp ⟨109⟩
1972   *Zur Begründung einer materialistischen Sozialisationstheorie*. Frankfurt a.M.: Suhr-
            kamp ⟨109⟩
1986a   *Kulturanalysen*. Frankfurt a.M.: Fischer ⟨109⟩
1986b   Das Unbewußte, die Physiologie und der Sadomasochismus. Gespräch mit Ralph
            Butzer. *Diskurs* 3/4, 48−54 ⟨109⟩

Lotze, Rudolf Hermann
1856−64   *Mikrokosmos. Ideen zur Naturgeschichte und Geschichte der Menschheit I−III*. Leip-
            zig: Hirzel ⟨31⟩

Loucel, Henri
1963   L'origine du langage d'après les grammariens arabes. *Arabica* 10, 188−208 ⟨65⟩

Louch, A. R.
1966   *Explanation and Human Action*. Oxford: Blackwell ⟨101⟩

Loux, Michael J.
1972   Recent work in ontology. *Amer.Philos.Quart.* 9, 119−138 ⟨40⟩
1974   The ontology of William von Ockham. In Loux (ed.) 1974, 1−21 ⟨40⟩

Loux, Michael J. (ed.)
1970   *Universals and Particulars*. New York: Doubleday & Co. ⟨77⟩
1974   *Ockham's Theory of Terms. Part I of the Summa Logicae*. Notre Dame: UP ⟨40⟩
1979   *The Possible and the Actual*. Ithaca, N . Y.: Cornell UP ⟨88⟩

Lovejoy, Arthur O.
1955   *The Revolt Against Dualism. An Inquiry Concerning the Existence of Ideas*. La Salle,
            Illinois: Open Court [1929] ⟨52⟩

Löw, Rudolf
    1983   Evolution und Erkenntnis. In Lorenz/Wuketis (Hg.) 1983, 331−360 ⟨45⟩
Lowe, E. J.
    1982   On the alleged necessity of true identity statements. *Mind* 91, 579−584 ⟨83⟩
Löwith, Karl
    1954   Wissen und Glauben. *Augustinus Magister* 1, 403−410 ⟨16⟩
    1971   *Paul Valéry. Grundzüge seines philosophischen Denkens.* Göttingen: Vandenhoeck &
                Ruprecht ⟨107⟩
Lowy, Richard
    1986   George Herbert Mead: A bibliography of the secondary literature with relevant sym-
                bolic interactionist references. In Denzin (ed.) 1986, 459−521 ⟨52⟩
Lubich, Frederick Alfred
    1985   Hugo von Hofmannsthals *Der Schwierige*: Hans Karl Bühl und Antoinette Hechin-
                gen unterm Aspekt der Sprache und Moral. *Monatshefte* 77, 47−59 ⟨107⟩
Luce, R. D. / Bush, R. / Galanter E. (eds.)
    1963   *Handbook of Mathematical Psychology II.* New York: Wiley ⟨119⟩
Luce, R. Duncan / Raiffa, Howard
    1957   *Games and Decisions.* New York: Wiley ⟨115⟩
Luckmann, Thomas
    1984   Language in society. *International Social Science J.* 36, 5−20 ⟨56⟩
    1986   Grundformen der gesellschaftlichen Vermittlung des Wissens: Kommunikative Gat-
                tungen. *Kölner Z. für Soziologie und Sozialpsychologie Sonderheft 27 Kultur und Ge-
                sellschaft*, 191−211 ⟨56⟩
Lüdeking, Karlheinz
    1988   *Analytische Philosophie der Kunst.* Frankfurt a.M.: Athenäum ⟨105⟩
Ludwig, Günther
    1978   *Die Grundstrukturen einer physikalischen Theorie.* Berlin/Heidelberg/New York:
                Springer ⟨100⟩
Lüers, Grete
    1926   *Die Sprache der dt. Mystik des Mittelalters im Werke der Mechthild von Magdeburg.*
                München: Ernst Reinhardt ⟨107⟩
Luft, David S.
    1972   *Robert Musil: An Intellectual Biography, 1880−1942.* Ph.D. Harvard U. ⟨107⟩
    1980   *Robert Musil and the Crisis of European Culture, 1880−1942.* Berkeley/Los Angeles/
                London: U. of California Pr. ⟨107⟩
Lühr, Rosemarie
    1988   F. G. Klopstocks Fragment über die deutsche Sprache. Von der Wortfolge. *Sprach-
                wissenschaft* 13, 198−256 ⟨107⟩
Lukács, Georg
    1968   *Geschichte und Klassenbewußtsein.* Neuwied: Luchterhand [1923] ⟨48⟩
Lumer, Christoph
    1990a   Handlung. In Sandkühler (Hg.) 1990, 499−511 ⟨67⟩
    1990b   Handlungstheorien. In Sandkühler (Hg.) 1990, 511−514 ⟨67⟩
Luoni, Flavo
    1985   Les attentes de Lord Chandos. Les êtres et les mots dans *Ein Brief* de Hugo von
                Hofmannsthal. *Revue métaphysique et de morale* 90, 230−246 ⟨107⟩
Lurija, Alexandr Romanovič
    1973   *The Working Brain. An Introduction to Neuropsychology.* Harmondsworth, Middle-
                sex: Penguin Books ⟨57⟩
    1982   *Sprache und Bewußtsein.* Berlin: Volk & Wissen ⟨48⟩
Lütterfelds, Wilhelm
    1982   *Bin ich nur öffentliche Person? E. Tugendhats Idealismuskritik (Fichte) − ein Anstoß
                zur transzendentalen Sprachanalyse (Wittgenstein).* Königstein/Ts: Anton Hain Mei-
                senheim ⟨85/103⟩

Lützeler, Paul Michael (Hg.)
1986   *Hermann Broch*. Frankfurt a.M.: Suhrkamp ⟨107⟩

Lützeler, Paul Michael / Kessler, Michael (Hg.)
1988   *Brochs theoretisches Werk*. Frankfurt a.M.: Suhrkamp ⟨108⟩

Lyas, Colin (ed.)
1971   *Philosophy and Linguistics*. London: Macmillan ⟨115⟩

Lycan, William G.
1984   *Logical Form in Natural Language*. Cambridge, MA: Bradford Books ⟨69/70/73/86⟩

Lycan, William G. (ed.)
1990   *Mind and Cognition. A Reader*. Oxford: Blackwell ⟨57⟩

Lyons, John
1968/⁴75 *Introduction to Theoretical Linguistics*. London: UP ⟨92/108/120⟩
1971   *Semantics I*. Cambridge: UP ⟨51⟩
1971a   *Einführung in die moderne Linguistik*. München: C. H. Beck ⟨92/108⟩
1980   *Semantik I*. München: C. H. Beck ⟨114⟩
1983   *Semantik II*. München: C. H. Beck ⟨114⟩

Lyons, William
1980   *Gilbert Ryle*. Brighton, Sussex: Harvester Pr. ⟨60⟩
1986   *The Disappearance of Introspection*. Cambridge, MA/London: MIT ⟨51⟩

Lyotard, Jean-Francois
1979   *La condition postmoderne. Rapport sur le savoir*. Paris: Minuit ⟨85/103⟩
1993a   *Kant-Lektionen. Kritik der Urteilskraft*. München: Wilhelm Fink ⟨108⟩
1993b   Die Analytik des Erhabenen. In Lyotard 1993, 2329 ⟨108⟩

Lyttkens, Hampus
1952   *The Analogy between God and the World. An Investigation of its Background and Interpretation of its Use by Thomas of Aquino*. Uppsala: Almqvist & Wiksells Boktryckeri ⟨85/103⟩

Maas, Gary L.
1977   *Vision, Wert und Erkenntnis. Über Thomas Manns Sprachauffassung und Erkenntnistheorie im* Zauberberg *und in dem zwischen 1910 und 1926 entstandenem essayistischen Werk*. Ph.D. U. of Colorado ⟨107⟩

MacCormick, Neil
1978   *Legal Reasoning* and *Legal Theory*. Oxford: Clarendon ⟨102⟩
1981   *H. L. A. Hart*. London: Edward Arnold ⟨102⟩

Mace, C. A.
1966   *British Philosophy in the Mid-Century*. London: Allen & Unwin ⟨30⟩

Macdonald, Graham / Wright, Crispin (eds.)
1986   *Fact, Science and Morality*. Oxford: Blackwell ⟨99⟩

Macdonald, Margaret (ed.)
1954   *Philosophy and Analysis*. Oxford: Blackwell ⟨60/69/120⟩

Mach, Ernst
1886   *Beiträge zur Analyse der Empfindungen*. Jena: Fischer ⟨107⟩
²1906   *Erkenntnis und Irrtum: Skizzen zur Psychologie der Forschung*. Leipzig: J. A. Barth ⟨35⟩
1910   Die Leitgedanken meiner naturwissenschaftlichen Erkenntnislehre und ihre Aufnahme durch die Zeitgenossen. *Physikalische Z.* 11, 599−606 ⟨107⟩

Machina, Kenton F.
1976   Truth, belief and vagueness. *J.Philos.Log.* 5, 47−78 ⟨98⟩

Mackie, John Leslie
1972   *Truth, Probability and Paradox*. Oxford: Clarendon ⟨69⟩
1974   Locke's anticipation of Kripke. *Analysis* 34, 177−180 ⟨22⟩
1977   *Ethics: Inventing Right and Wrong*. London: Penguin Books ⟨70⟩

MacMurray, John
1968 *The Form of the Personal. I: The Self as Agent. II: Persons in Relation.* London : Faber and Faber [1957] ⟨85/103⟩

Madec, Goulven
1974 *Saint Ambroise et la philosophie.* Paris: Etudes augustiennes ⟨16⟩

Madell, Geoffrey
1981 *The Identity of the Self.* Edinburgh: Edinburgh UP ⟨83⟩

Madge, John
1963 *The Rise of Scientific Sociology.* London: Tavistock ⟨101⟩

Mādhava
1924 *Sarvadarśanasaṃgraha.* Ed. V. S. Abhyankar. Poona: Bhandarkar Oriental Research Institute ⟨43⟩
1981 *Sarva-darśana-saṃgraha.* Transl. E. B. Cowell / A. E. Gough, ed. K. L. Joshi. Ahmedabad/Delhi ⟨43⟩

Madkour, Ibrahim
1934 *La Place d'al Farabi dans l'École philosophique musulmane.* Paris ⟨3/19⟩
²1969 *L'Organon d'Aristote dans le monde arabe.* Paris: J. Vrin ⟨3⟩

Madland, Helga Stipa
1984 Gesture as evidence of language scepticism in Lenz's *Der Hofmeister* und *Die Soldaten. The German Quarterly* 57, 546−557 ⟨107⟩

Maengel, Manfred
1988 Zeichen, Sprache, Symbol. Herders semiologische Gratwanderung. Mit einem Seitenblick auf Rousseaus Schlafwandeln. In Gessinger/von Rahden (Hg.) 1988 I, 375−389 ⟨26⟩

Maenz, Paul / de Vries, Gerd (Hg.)
1972 *Art & Language. Texte zum Phänomen Kunst und Sprache.* Köln: DuMont Schauberg ⟨108⟩

Maeterlinck, Maurice
1921 *Le trésor des humbles.* o.O.: Éditions du Sablier ⟨107⟩

Magris, Claudio
1975 Der Zeichen Rost. Hofmannsthal und *Ein Brief. Sprachkunst* 6, 53−74 ⟨107⟩

Mahfuz, Husaynᶜ Ali / Al-Yasin, Gaᶜfar
1975 *Mu'allafāt al-Fārābī.* Bagdad: Wizārat al-Iᶜlām ⟨19⟩

Mähl, Hans Joachim
1963 Die Mystik der Worte − Zum Sprachproblem in der modernen dt. Dichtung. *Wirkendes Wort* 13, 289−303 ⟨107⟩
1971 Friedrich von Hardenberg (Novalis). In v. Wiese (Hg.) 1971, 190−224 ⟨107⟩

Maier, Anneliese
1938 *Die Mechanisierung des Weltbildes im 17. Jahrhundert.* Leipzig: Felix Meiner ⟨47⟩

Maier, Franz Georg
1955 *Augustin und das antike Rom.* Stuttgart: Kohlhammer ⟨16⟩

Maier, Hans Albert
1953 Zu Stefan Georges Versen in erdachter Sprache. *Mod.Lang.N.* 68, 467−471 ⟨107⟩

Maierú, Alfonso
1972 *Terminologia Logica della tarda scolastica.* Roma: Edizioni del Ateneo ⟨40⟩

Maimieux, Joseph de
1797 *Pasigraphie, ou Premiers Elemens du Nouvel Art-Science.* Paris: Bureau de la Pasigraphie ⟨64⟩

Mainberger, Gonsalv K.
1987 *Rhetorica I. Reden mit Vernunft. Aristoteles, Cicero, Augustinus.* Stuttgart/Bad Cannstadt: Fromann-Holzboog ⟨16⟩

Maine de Biran, Marie-Francois-Pierre
1920ff *Œuvres.* Ed. Pierre Tisserand. Paris: Alcan ⟨8⟩

Mainusch, Herbert / Toellner, Richard (Hg.)
    1993   *Einheit der Wissenschaft*. Opladen: Westdt. Vlg. ⟨67⟩

Makinson, David
    1985   How to give it up: A survey of some formal aspects of the logic of theory change. *Synthese* 62, 347−363 ⟨75⟩

Makowsky, J. A. / Shelah, S.
    1979   The theorems of Beth and Craig in abstract model theory I: the abstract setting. *Transactions of the American Mathematical Society* 256, 215−239 ⟨75⟩

Malamoud, Ch.
    1991   Histoire des religions et comparatisme: la question Indo-Européene. *Revue de l'Histoire des Religions* 108, 115−121 ⟨66⟩

Malherbe, Jean-François
    1978   Epistémologie, logique, et ontologie: Une mise en perspective des thèses de Quine. *Revue Philosophie Louvain* 76, ⟨73⟩
    1976   What does the appeal to use do for a theory of meaning? In Margalit (ed.) 1976, 120−133 ⟨49⟩

Malinowski, Bronislaw
    1923   The problem of meaning in primitive languages. In Ogden/Richards 1923, 296−336 ⟨67⟩

Malitz, J.
    1971   Infinitary analogs of theorems from first order model theory. *J.Symb.Log.* 36, 216−228 ⟨75⟩

Mallarmé, Stéphane
    1945   *Œuvres complètes*. Ed. Henri Mondor / Gustave Jean-Aubry. Paris: Gallimard ⟨107⟩

Maltusch, Gerhard (Hg.)
    1973   *Bückeburger Gespräche über J. G. Herder 1971*. Bückeburg: Grimme ⟨26⟩

Mandelbaum, Maurice (ed.)
    1972   *Art, Perception, and Reality. Ernst H. Gombrich − Julian Hochberg − Max Black*. Baltimore/London: The John Hopkins UP ⟨108⟩

Manders, K. L.
    1980   Computational complexity of decision problems. In Pacholski/Wierzejewski/Wilkie (eds.) 1980, 211−227 ⟨75⟩

Manders, K. L. / Daley, R. F.
    1982   The complexity of the validity problem for dynamic logic. *Information and Control* 54, 48−69.

Mangenot, Eugène
    1920   Genèse, prophéties messianiques. In Amann/Mangenot/ Vacant (éds.) 1903ff VI, 1208−1221 ⟨66⟩
    1939   Eucharistie du XIIIe au XVe siécle. In Amann/Mangenot/Vacant (éds.) 1903−72 V, 1302−1326 ⟨21⟩

Manin, Yulig
    1977   *A Course in Mathematical Logic*. New York/Heidelberg/Berlin: Springer [russisch 1974] ⟨47⟩

Mann, Thomas
    1947   *Dr. Faustus. Das Leben des dt. Tonsetzers Adrian Leverkuhn, erzählt von einem Freunde*. Stockholm: Bermann-Fischer ⟨47⟩

Manor, Ruth
    1971   *Conditional forms: assertion, necessity, obligation and commands*. Ph.D. thesis Microfiche ⟨89⟩
    1974a   A semantic analysis of conditional assertion. *J.Philos.Log.* 3, 37−52 ⟨89⟩
    1974b   An analysis of a speech. *Theoretical Linguistics* 3 (1976), 125−143 ⟨89⟩
    1975   On propositional commitment and presupposition. *Amer.Philos.Quart.* 12, 141−149 ⟨89⟩
    1979   A language for questions and answers. *Theoretical Linguistics* 6, 1−21 ⟨89⟩

1981   Dialogues and the logics of questions and of answers. *Linguistische Berichte* 73, 1−28 ⟨89⟩

1982   Pragmatics and the logic of questions and assertions. *Philosophica* 29, 45−96 ⟨89⟩

Mansfeld, Jaap
1978   Zeno of Citium. Critical observations on a recent study. *Mnemosyne* 31, 134−178 ⟨2⟩

Manthey, Franz
1937   *Die Sprachphilosophie des heiligen Thomas von Aquin und ihre Anwendung auf Probleme der Theologie.* Paderborn: Schöningh ⟨4⟩

Marcadé, Jean-Claude
1993   Über die neue Beziehung zum Material bei Tatlin. In Harten (Hg.) 1993, 28−36 ⟨108⟩

Marciszewski, Witold
1988   A chronicle of categorial grammar. In Buszkowski/Marciszewski/van Benthem (eds.) 1988, 7−16 ⟨111⟩

Marciszewski, Witold (ed.)
1981   *Dictionary of Logic.* The Hague/Boston/London: Nijhoff ⟨96.3⟩
1987   *Logika formalna. Zarys encyklopedyczny (Formal logic. An Encyclopaedic Outline).* Warszawa: Polish Scientific Publ. ⟨111⟩

Marcovich, M.
1965   Art. 'Herakleitos'. Paulys Realencyclopädie, Suppl. X, Stuttgart 1965, 246−320 ⟨1⟩

Marcus, Solomon
1973   *Mathematische Poetik.* Frankfurt a.M.: Athenäum ⟨106⟩

Marek, Johann Christian / Smith, Barry
1987   Einleitung zu Anton Martys „Elemente der deskriptiven Psychologie". *Conceptus* 21, 33−47 ⟨33⟩

Marenbon, John
1981   *From the Circle of Alcuin to the School of Auxerre. Logic, Theology and Philosophy in the Early Middle Ages.* Cambridge/London: UP ⟨4⟩

Margalit, Avishai (ed.)
1979   *Meaning and Use.* Jerusalem/Dordrecht: Magnes Pr./D. Reidel [1976] ⟨49/68/71/78/95/114/115⟩

Margoliouth, D. S.
1905   The discussion between Abū Bishr Mattā and Abū Saʿīd al-Sīrāfī on the merits of logic and grammar. *J. of the Royal Asiatic Society of Great Britain and Ireland*, 79−129 ⟨3⟩

Margolis, Joseph (ed.)
²1978   *Philosophy Looks on the Arts. Contemporary Readings in Aesthetics.* Philadelphia: Temple UP [1962] ⟨105⟩

Markie, P.
1979   Clear and distinct perception and metaphysical certainty. *Mind* 88, 97−104 ⟨105⟩

Markis, Dimitros
1982   Das Problem der Sprache bei Kant. In Scheer/Wohlfart (Hg.) 1982, 110−154 ⟨107⟩

Marr, David
1982   *Vision. A Computational Investigation into the Human Representation and Processing of Visual Information.* San Francisco: Freeman & Co. ⟨57⟩

Marras, Ausonio
1978   Rules, meaning and behavior: reflections on Sellars' philosophy of language. In Pitt (ed.) 1978, 163−187 ⟨50⟩

Marras, Ausonio (ed.)
1972   *Intentionality, Mind, and Language.* Urbana, Ill.: U. of Illinois Pr. ⟨50⟩

Marrone, Livia
1984   Proposizione e predicato in Crisippo. *Cronache Ercolanesi* 14, 135−146 ⟨2⟩

Marrou, Henri-Irenée
  1949   *Saint-Augustin et la fin de la culture antique II.* Paris: E. de Boccard [vol. I 1938]
          ⟨16⟩
  1950   L'ambivalence du temps de l'histoire chez Saint Augustin. Montréal: Inst. d'études
          médiévales ⟨16⟩
  1962a   Christliche Beredsamkeit. In Andresen (Hg.) 1962, 45−88 ⟨16⟩
  1962b   Das Janusantlitz der historischen Zeit bei Augustin. In Andresen (Hg.) 1962,
          349−380 ⟨16⟩

Marshall, John C.
  1971   Can humans talk? In Morton (ed.) 1971, 24−52 ⟨71⟩

Marslen-Wilson, William / Tyler, Lorraine
  1987   Against modularity. In Garfield (ed.) 1987, 37−62 ⟨57⟩

Martens, Ekkehard / Schnädelbach, Herbert (Hg.)
  1985   *Philosophie. Ein Grundkurs.* Reinbek: Rowohlt ⟨52⟩
  1991   *Philosophie. Ein Grundkurs I/II.* Reinbek: Rowohlt ⟨68⟩

Martin, J. N.
  1975   Karttunen on possibility. *Linguistic Inquiry* 6, 339−341 ⟨97⟩

Martin Jr., E. / Smith, David Woodruff
  1974   On the nature and relevance of indeterminacy. *Found. Lang.* 12, ⟨73⟩

Martin, Richard Milton
  1943   A homogeneous system for logic. *J. Symb. Log.* 8, 1−23 ⟨76⟩
  1958   *Truth and Denotation. A Study in Semantical Theory.* Chicago: UP ⟨69⟩
  1959   *Towards a Systematic Pragmatics.* Amsterdam: North-Holland ⟨111⟩
  1972   Truth and its illicit surrogates. *Neue Hefte für Philosophie* H. 2/3, 101−110 ⟨69⟩

Martin, R. L. / Woodruff, P. W.
  1975   On representing „true in L" in L. *Philosophia* 5, 217−221 / auch in Kasher (ed.)
          1976, 113−117 ⟨75⟩

Martinet, André
  1960   *Eléments de linguistique général.* Paris: Collection Armand Colin ⟨77/108⟩
  1962   *A Functional View of Language.* Oxford: Clarendon ⟨51⟩
  1963   *Grundzüge der allgemeinen Sprachwissenschaft.* Stuttgart: Kohlhammer ⟨77/108⟩

Martinez-Bonati, Felix
  1973   Die logische Struktur der Dichtung. *Dt. Vjschr. Lit. wiss.* 47, 185−200 ⟨106⟩

Martínez-Seekamp, Matias
  1987   Ferien von der Kausalität? Zum Gegensatz von 'Kausalität' und 'Form' bei Carl
          Einstein. *Text + Kritik* 95, 13−22 ⟨107⟩

Martini, Fritz (Hg.)
  1971   *Probleme des Erzählens in der Weltliteratur.* Festschrift für Käte Hamburger. Stutt-
          gart: Klett ⟨107⟩

Martinich, A. P.
  1981   A theory of communication and humor. *J. of Literary Semantics* 10, 20−31 ⟨107⟩
  1990   Meaning and intention: Black vs. Grice. *Dialectica* 44, 79−98 ⟨94⟩

Martinus de Dacia / Martin von Dacien
  1961   *Modi significandi.* In Martini de Dacia Opera (ed. Roos), 1−118. Kopenhagen: Gad
          ⟨41⟩

Martin-Löf, Per
  1987   Truth of a proposition, evidence of a judgement, validity of a proof. *Synthese* 73,
          407−420 ⟨68⟩

Marty, Anton
  1875a   *Kritik der Theorien über den Sprachursprung. Inauguraldissertation zur Erlangung der
          philosophischen Doktorwürde an der Georg-August-Universität zu Göttinge*n. Würz-
          burg: J. M. Richter ⟨33⟩
  1875b   *Über den Ursprung der Sprache.* Würzburg: A. Stuber ⟨33⟩

1879   *Die Frage nach der geschichtlichen Entwickelung des Farbensinnes.* Nebst zwei Anhängen: 1. Über die Begriffe Helligkeit und Intensität der Gesichtsempfindungen. II. Über Befähigung und Berechtigung der Poesie zur Schilderung von Farben und Formen. Wien: C. Gerold ⟨33⟩

1908   *Untersuchungen zur Grundlegung der allgemeinen Grammatik und Sprachphilosophie I.* Halle a.S.: Niemeyer ⟨12/31/62.1⟩⟩

1909   Über das Problem einer internationalen Sprache. *Dt. Arbeit* 8, 16−19 ⟨33⟩

1910a   Über Begriff und Methode der allgemeinen Grammatik und Sprachphilosophie. *Z. für Psychologie* 55, 257−299 / auch in Ges. Schriften II.2, 129−172 ⟨33⟩

1910b   Entgegnung auf Voßlers „Erklärung". *Z. für Psychologie* 56, 239 ⟨33⟩

1910c   *Zur Sprachphilosophie. Die „logische", „lokalistische" und andere Kasustheorien.* Halle a.S.: Niemeyer. ⟨33⟩

1916a   *Raum und Zeit. Aus dem Nachlasse des Verfassers.* Hg. Josef Eisenmeier, Alfred Kastil, Oskar Kraus. Halle a.S.: Niemeyer. ⟨33⟩

1916−20 *Gesammelte Schriften I−II.* Hg. Josef Eisenmeier / Alfred Kastil / Oskar Kraus. Halle a.S.: Max Niemeyer. 2 Bände in 2 Abteilungen: ⟨31/33⟩

1930   Zur Phänomenognosie des Zeitbewußtseins. Aus dem Briefwechsel Franz Brentanos mit Anton Marty, nebst einem Vorlesungsbruchstück über Brentanos Zeitlehre aus dem Jahre 1895, nebst Einleitung und Anmerkungen veröffentlicht von Oskar Kraus. *Arch. für die gesamte Psychologie* 75, 1−22 ⟨33⟩

1925−40 *Nachgelassene Schriften I−III.* Aus „Untersuchungen zur Grundlegung der allgemeinen Grammatik und Sprachphilosophie". Hg. Otto Funke. Bern: A. Francke ⟨33⟩

²1965   *Nachgelassene Schriften I. Psyche und Sprachstruktur Mit einer Einleitung und Anmerkungen.* Hg. Otto Funke. Bern: A. Francke ⟨33⟩

²1950a   *Nachgelassene Schriften II. Satz und Wort. Eine kritische Auseinandersetzung mit der üblichen Grammatischen Lehre und ihren Begriffsbestimmungen.* Hg. Otto Funke. Bern: A. Francke ⟨33⟩

²1950b   *Nachgelassene Schriften III. Über Wert und Methode einer allgemeinen beschreibenden Bedeutungslehre.* Hg. Otto Funke. Bern: A. Francke ⟨33⟩

1966   Briefwechsel mit Franz Brentano. In Brentano 1966 ⟨33⟩

1971   Briefe. In Thiele (Hg.) 1971, 590−606 ⟨33⟩

1976   *Untersuchungen zur Grundlegung der allgemeinen Grammatik und Sprachphilosophie. I. Band.* Repr. Hildesheim/New York: Georg Olms [1908] ⟨33⟩

1987   Elemente der deskriptiven Psychologie. Zwei Auszüge aus Vorlesungen Anton Martys. Hg. Johann Christian Marek / Barry Smith. *Conceptus* 21, 49−66 ⟨33⟩

Marx, Karl
1859   *Zur Kritik der Politischen Ökonomie.* In *MEW* 13 ⟨48⟩

²1873   *Das Kapital Band I. Der Produktionsprozeß des Kapitals.* In MEW 23 ⟨48⟩

1962−64 *Werke-Schriften I−VI.* Hg. H.-J. Lieber. Darmstadt: Wiss. Buchges. ⟨48⟩

1966   *Texte zu Methode und Praxis II. Pariser Manuskripte 1844.* Reinbek: Rowohlt ⟨48⟩

1967   *Grundrisse.* Frankfurt a.M.: Europäische Verlagsanstalt [1857−58] ⟨48⟩

1970   *The German Ideology.* New York: International Publ. ⟨49⟩

1973   *The Grundrisse.* London: Vintage Pr. [1858] ⟨49⟩

1980   *Das Kapital. Urfassung von 1867.* Hildesheim: Gerstenberg ⟨48⟩

Marx, Karl / Engels, Friedrich
1845−46 Die deutsche Ideologie. In *MEW* 3, 9−530 ⟨48/49⟩

1956−68 *Werke I−XXXIX.* Berlin: Dietz Vlg. ⟨48⟩

Mascall, Eric
1966   *Existence and Analogy.* London: Darton, Longman and Todd [1949] ⟨85/103⟩

Maskell, Duke
1973   Locke and Sterne, or can philosophy influence literature? *Essays in Criticism* 23, 22−40 ⟨107⟩

Mason, Euso C.
³1970   *Deutsche und englische Romantik: Eine Gegenüberstellung.* Göttingen: Vandenhoeck & Ruprecht [1959] ⟨13⟩

Massuh, Gabriela
    1979   *Borges: Eine Ästhetik des Schweigens.* Erlangen: Palm & Enke (Erlanger Studien
                Bd. 25) ⟨107⟩
Matarrese, Tina
    1983   *Il pensiero linguistico di Alessandro Manzoni.* Padova: Liviana ⟨107⟩
Mates, Benson
    1961   *Stoic Logic.* Berkeley/Los Angeles: U. of California Pr. [1953] ⟨2⟩
    1965   *Elementary Logic.* Oxford: UP ⟨87⟩
    1969   *Elementare Logik.* Göttingen: Vandenhoeck & Ruprecht ⟨87⟩
    1986   *The Philosophy of Leibniz. Metaphysics and Languag*e. Oxford: UP ⟨23⟩
Mathesius, Vilém
    1964   On the potentiality of the sign. In Vachek (ed.) 1964, 1–32 ⟨51⟩
Matilal, Bimal K.
    1968   *The Navya-Nyāya Doctrine of Negation.* Cambridge, MA: Harvard UP ⟨5/43⟩
    1971   *Epistemology, Logic and Grammar in Indian Philosophical Analysis.* The Hague:
                Mouton ⟨5/43⟩
    1977   Nyāya-Vaiśeṣika. Wiesbaden: Otto Harrassowitz ⟨18⟩
    1985   *Logic, Language and Reality. An Introduction to Indian Philosophical Studies.* Delhi:
                Motilal Banarsidass ⟨5/18/43/62.2⟩
    1988   Śābdabodha and the problem of knowledge-representation in Sanskrit. *J. of Indian
                Philosophy* 16, 107–122 ⟨18⟩
Matilal, Bimal K. / Sen, P. K.
    1989   The context principle and controversy about some Indian theories of meaning. *Mind*
                98, 73–97 ⟨18⟩
Matilal, Bimal K. / Shaw, J. L. (eds.)
    1985   *Analytical Philosophy in Comparative Perspective.* Dordrecht: D. Reidel ⟨63⟩
Matthews, Gareth B.
    1964   Ockham's supposition theory and modern logic. *Philos. Rev.* 73, 91–99 ⟨40⟩
    1973   Suppositio and quantification. *Nous* 7, 13–24 ⟨40⟩
Matthews, Robert
    1984a   The plausibility of rationalism. *J. Philos.* 81, 492–515 ⟨72⟩
    1984b   Troubles with representationalism. *Social Research* 51, 1065–1097 ⟨72⟩
Mattioli, E.
    1989   La storia dell'estetica antica dopo la rivalutazione della retorica. *Aesthetica* 25,
                21–27 ⟨112⟩
Mattson, Philip
    1972   *Die Dichtung als Medium der Sprachtheorie. Der poetologische Gehalt von Wilhelm
                von Humboldts Sprachphilosophie. Eine historische Studie.* Diss. U. Wien ⟨13⟩
Maupertuis, Pierre-Louis Moreau de
    1768   *Oeuvres I–IV.* Lyon: J. M. Bruyert ⟨13⟩
    1754   *Dissertation sur les différents moyens dont le*s *hommes se sont servis pour exprimer
                leurs idées.* In Maupertuis 1768 III, 435–468 ⟨13⟩
    1756   *Réflexions philosophiques sur l'origine des langues et la signification des mots.* Lyon:
                J. M. Bruyert ⟨13⟩
Maupertuis, Pierre Louis de / Turgot, Anne-Robert-Jacques / Condillac, Etienne Bonnot de u. a.
    1970   *Varia Linguistica. Textes rassemblés et annotés par Charles Porset. Préface par Mi-
                chèle Duchet.* Bordeaux: Ducros ⟨8⟩
De Mauro, Tullio
    1966   *Introduzione alla Semantica.* Bari: Laterza ⟨71⟩
    1967   *Wittgenstein. His Place in the Development of Semantics.* Dordrecht: D. Reidel ⟨39⟩
De Mauro, Tullio / Formigari, Lia (eds.)
    1990   *Leibniz, Humboldt, and the Origins of Comparativism.* Amsterdam/Philadelphia: Ben-
                jamins ⟨71⟩

Mausbach, J.
²1929   *Die Ethik des heiligen Augustinus I/II.* Freiburg: Herder [1909] ⟨16

Mauser, Wolfram
1961   *Bild und Gebärde in der Sprache Hofmannsthals.* Graz/Wien/Köln: Hermann Böhlaus
           Nachf. (Österreichische Akad. der Wiss. Philos.-Hist. Kl., Bd. 238., 1. Abh.) ⟨107⟩
1977   *Hugo von Hofmannsthal. Konfliktbewältigung und Werkstruktur. Eine psychosoziolo-
           gische Interpretation.* München: Fink ⟨107⟩

Mauthner, Fritz
1906   *Die Sprache.* Frankfurt a.M.: Rütten & Löning ⟨35⟩
1914   *Gespräche im Himmel und andere Ketzereien.* München/Leipzig: Georg Müller ⟨35⟩
1918   *Erinnerungen I. Prager Jugendjahre.* München: Georg Müller ⟨107⟩
1920   *Muttersprache und Vaterland.* Leipzig: Dürr & Weber ⟨35⟩
³1923   *Beiträge zu einer Kritik der Sprache I—III. (I: Sprache und Psychologie, II: Zur
           Sprachwissenschaft, III: Zur Grammatik und Logik).* Leipzig: Meiner [1901] ⟨31/35⟩
1922   Selbstdarstellung. In Schmidt (ed.) 1924, 123—146 ⟨35⟩
1925   *Gottlose Mystik .* Dresden: C. Reissner ⟨35⟩
1925   *Die drei Bilder der Welt.* Erlangen: Verlag der Philosophischen Akad. ⟨35⟩
1963   *Der Atheismus und seine Geschichte im Abendlande I—IV.* Hildesheim: Olms
           [1920—23] ⟨35⟩
1980   *Wörterbuch der Philosophie: Neue Beiträge zu einer Kritik der Sprache.* Zürich: Dio-
           genes [1910] ⟨35⟩
1982   *Beiträge zu einer Kritik der Sprache I—III.* Frankfurt a.M./Berlin/Wien: Ullstein
           (Neudruck der zweiten Auflage von 1912) ⟨35/107⟩
1986   *Sprache und Leben: Ausgewählte Texte aus dem philosophischen Werk.* Salzburg/
           Wien: Residenz ⟨35⟩

Max, Ingolf
1988   Präsuppositionen — Ein Überblick über die logischen Darstellungsweisen. In Krei-
           ser/Gottwald/Stelzner (Hg.) 1988, 349—406 ⟨97⟩

Mayer, Hans
1969   *Das Geschehen und das Schweigen. Aspekte der Literatur.* Frankfurt a.M.: Suhrkamp
           ⟨107⟩

Mayer, Sigrid
1986   Die Rezeption Wilhelm von Humboldts in der Sprachphilosophie Ernst Cassirers.
           In Spreu (Hg.) 1986 I, 322—31 ⟨37⟩

Mayoux, Jean-Jacques
1966   *Über Beckett. Mit einer Bibliographie von John Fletcher.* Frankfurt a.M.: Suhrkamp
           ⟨107⟩

Mayrhofer, Manfred / Meid, Wolfgang / Schlerath, Bernfried / Schmitt, Rüdiger (Hg.)
1974   *Antiquitates Indogermanicae. Studien zur indogermanischen Altertumskunde und zur
           Sprach- und Kulturgeschichte der indogermanischen Völker. Gedenkschrift für Her-
           mann Güntert.* Innsbruck (Innsbrucker Beiträge zur Sprachwissenschaft 12) ⟨107⟩

Mazumdar, P. K.
1977   *The Philosophy of Language in the Light of Pāṇinian and the Mīmāṃsaka Schools of
           Indian Philosophy.* Calcutta: Sanskrit Pustak Bhandar ⟨62.2⟩

McCarty, D. C.
1984   *Realizability and Recursive Mathematics* (Diss. U. of Oxford). Technical Report
           CMU—CS-84—131, Department of Computer Science, Carnegie-Mellon U. / auch
           als: Report CST-35—85 of the Department of Computer Science, U. of Edinburgh,
           1985 ⟨75⟩
1987   Variations on a thesis intuitionism and computability. *Notre Dame J. Formal Logic*
           28(4), 536—580 ⟨75⟩
1988   Constructive validity is non-arithmetic. *J.Symb.Log.* 53(4), 1036—1041 ⟨75⟩

McCarty, D. C. / Tennant, Neil
1987   Skolem's paradox and constructivism. *J.Philos.Log.* 16, 165—202 ⟨75⟩

McCarthy, John / Hayes, Pat
1969   Some philosophical problems from the standpoint of Artificial Intelligence. In Melt-
        zer/Michie (eds.) 1969, 463−502 ⟨117⟩
McColl, Hugh
1877−78 The calculus of equivalent statements and integration limits. *Proc. of the London
        Mathematical Society* 1877−1878, 9−20; 177−186; 1878−1879, 16−28 ⟨97⟩
1906   *Symbolic Logic and its Applications.* London: Longmans, Green, & Co ⟨97⟩
McConeghy, Patrick M.
1987   Women's speech and silence in Hartmann von Aue's *Erec. Publications of the Modern
        Language Association* 102, 772−783 ⟨107⟩
McCord Adams, Marilyn
1979   Was Ockham a Humean about efficient causality? *Franciscan Studies* 39, 548 ⟨21⟩
1987   *William Ockham I/II.* Notre Dame, Ind.: U. of Notre Dame Pr. ⟨4/21/40⟩
McCord Adams, Marilyn / Kretzmann, Norman (eds.)
1969   *William of Ockham, Predestination, God's Foreknowledge And Future Contingents.*
        New York: Appleton-Century-Crofts ⟨21⟩
McCracken, George
1948   Athanasius Kircher's universal polygraphy. *Isis* 39, 215−228 ⟨64⟩
McDermott, Drew
1976   Artificial intelligence meets natural stupidity. *SIGART Newsletter* 57, 4−9 / auch in
        Haugeland (ed.) 1976, 143−160 ⟨117⟩
1978   Tarskian semantics, or no notation without denotation. *Cogn.Sci.* 2, 277−282 ⟨117⟩
McDermott and commentators
1987   A critique of pure reason. *Comp.Int.* 3, 1−24 ⟨117⟩
McDermott, Drew / Doyle, J.
1980   Nonmonotonic logic. I. *A.I.* 13 (special issue on nonmonotonic logic), 41−72 ⟨75⟩
McDermott, R. P./ Gospodinoff, Kenneth
1979   Social contexts for ethnic borders and school failure. In Wolfgang (ed.) 1979,
        175−195 ⟨56⟩
McDonough, R.
1989   Towards a non-mechanistic theory of meaning. *Mind* 98, 1−21 ⟨68⟩
McDowell, John
1969   Identity mistakes: Plato and the logical atomists. *Proc.Arist.Soc.* 70, 181−195 ⟨14⟩
1973   *Plato, Theaetetus.* Oxford: Clarendon ⟨14⟩
1981   Anti-Realism and the epistemology of understanding. In Parret/Bouveresse (eds.)
        1981, 225−248 ⟨84⟩
1984   *De re* senses. *Philos.Quart.* 34, 283−294 ⟨79⟩
McGee, Vann
1985   A counterexample to Modus Ponens. *J.Philos.* 82, 462−470 ⟨89⟩
McGinn, Colin
1981   The mechanism of reference. *Synthese* 49, 157−186 ⟨78⟩
1982   The structure of content. In Woodfield (ed.) 1982b, 207−258 ⟨69⟩
1983   *The Subjective View: Secondary Qualities and Indexical Thoughts.* Oxford: UP ⟨79⟩
1984/87 *Wittgenstein on Meaning.* Oxford: Blackwell ⟨39/60/68⟩
McGuigan, F. J.
1966   *Thinking − Studies of Covert Language Processes.* New York: Appleton-Century-
        Crofts ⟨71⟩
McKay, C. G. / Inwagen, P.
1977   Conditionals with disjunctive antecedents. *Philos.Stud.* 31, 353−356 ⟨89⟩
McKeogh, M. J.
1926   *The Meaning of the Rationes Seminales in St. Augustine.* Diss. Cath. Univ. Washing-
        ton ⟨16⟩
McKeon, Richard P.
1968   Aristotele's conception of language. In Crane (ed.) 1968, 176−231 ⟨15⟩

McKinney, J. C. / Tiryakian, E. A. (eds.)
1970   *Theoretical Sociology.* New York: Appleton-Century-Crofts ⟨92⟩
McLellan, David
1986   *Ideology.* Minneapolis: U. of Minnesota Pr. ⟨49⟩
McMillin, Scott
1972   The figure of silence in the Spanish tragedy. *ELH* 39, 27−48 ⟨107⟩
McTaggart, John
1927   Spirit. In McTaggart 1927a, 62−86 ⟨79⟩
1927a   *The Nature of Existence.* Ed. C. D. Broad. Cambridge: UP ⟨79⟩
Mead, George Herbert
1934   *Mind, Self, and Society.* Ed. Charles W. Morris. Chicago: UP ⟨52/90/101/116⟩
1944   *Movements of Thought in the Nineteenth Century.* Ed. Merrit H. Moore. Chicago: UP [1936] ⟨52⟩
1956   *The Social Psychology of George Herbert Mead. Selected Papers.* Ed. Anselm Strauss. Chicago/London: Chicago UP ⟨56⟩
1968   *Geist, Identität und Gesellschaft.* Frankfurt a.M.: Suhrkamp ⟨31/101⟩
1969a   *Philosophie der Sozialität. Aufsätze zur Erkenntnisanthropologie.* Frankfurt a.M.: Suhrkamp ⟨52⟩
1969b   Die einzelnen Phasen der Handlung. In Mead 1969a, 102−129 [1938] ⟨52⟩
1969c   Der soziale Faktor in der Wahrnehmung. In Mead 1969a, 130−146 [1938] ⟨52⟩
1969d   Die Philosophie der Sozialität. In Mead 1969a, 229−324 [1932] ⟨52⟩
1972   *The Philosophy of the Act.* Ed. Charles W. Morris. Chicago: The U. of Pr. [1938] ⟨52/71⟩
1978   Geist, Identität und Gesellschaft aus der Sicht des Sozialbehaviorismus. Frankfurt: Suhrkamp ⟨52⟩
1980a   *Gesammelte Aufsätze I.* Hg. Hans Joas. Frankfurt a.M.: Suhrkamp ⟨52⟩
1980b   Die Definition des Psychischen. In Mead 1980a, 83−148 [1903] ⟨52⟩
1980c   Über tierische Wahrnehmung. In Mead 1980a, 149−158 [1907] ⟨52⟩
1980d   Die Beziehungen von Psychologie und Philologie. In Mead 1980a, 171−189 ⟨52⟩
1980e   Sozialpsychologie als Gegenstück der physiologischen Psychologie. In Mead 1980a, 199−209 [1909] ⟨52⟩
1980f   Soziales Bewußtsein und das Bewußtsein von Bedeutungen. In Mead 1980a, 210−221 [1910] ⟨52⟩
1980g   Welche sozialen Objekte muß die Psychologie voraussetzen? In Mead 1980a, 222−231 [1910] ⟨52⟩
1980h   Der Mechanismus des sozialen Bewußtseins. In Mead 1980a, 232−240 [1912] ⟨52⟩
1980i   Eine behavioristische Erklärung des signifikanten Symbols. In Mead 1980a, 290−298 [1922] ⟨52⟩
1980j   Die Genesis der Identität und die soziale Kontrolle. In Mead 1980a, 299−328 [1925] ⟨52⟩
1980k   Rezension von John Dewey, Human Nature and Conduct. In Mead 1980a, 347−354 ⟨52⟩
1982   *The Individual and the Social Self.* Ed. David L. Miller. Chicago: UP ⟨52⟩
1983a   *Gesammelte Aufsätze II.* Hg. Hans Joas. Frankfurt a.M.: Suhrkamp ⟨52⟩
1983b   Wissenschaft und Lebenswelt (Nachlaß). In Mead 1983a, 14−87 ⟨52⟩
1983c   Körper und Geist (Nachlaß). In Mead 1983a, 88−184 ⟨52⟩
1983d   Die objektive Realität der Perspektiven. In Mead 1983a, 211−224 [1927] ⟨52⟩
1983e   Das physische Ding (Nachlaß). In Mead 1983a, 225−243 ⟨52⟩
Meggle, Georg
1978   Eine Handlung verstehen. In Apel (Hg.) 1978, 234−263 ⟨94⟩
1979   Eine kommunikative Handlung verstehen. In Grewendorf (Hg.) 1979, 13−66 ⟨94⟩
1980   Moon Over Miami (Zugleich ein Abstecher nach Tipperary). *Papiere zur Linguistik* 22/1, 3−22 ⟨94⟩
1981a/²94   *Grundbegriffe der Kommunikation.* Berlin/New York: de Gruyter ⟨80/94/114/120⟩
1981b   *Beweise zu* Grundbegriffe der Kommunikation. Nürnberg: MCS Vlg. (Regensburger Microfiche Materialien) ⟨94⟩

1987   Pragmatische Semantik im Ausgang von Wittgensteins Sprachspielkonzept. In Stachowiak (Hg.) 1987, 279−301 ⟨67⟩
1990   Intention, Kommunikation und Bedeutung − Eine Skizze. In Forum für Philosophie Bad Homburg (Hg.) 1990, 88−108 ⟨94⟩
1991   Kommunikation und Reflexivität. In Kienzle (Hg.) 1991, 375−404 ⟨94⟩
1993   Kommunikation, Bedeutung und Implikatur − Eine Skizze. In Meggle (Hg.) 1993, 483−507 ⟨67⟩
1995   *Handlungstheoretische Semantik*. Berlin/New York: de Gruyter ⟨68/115⟩

Meggle, Georg (Hg.)
1977   *Analytische Handlungstheorie. Band 1: Handlungsbeschreibungen*. Frankfurt a.M.: Suhrkamp ⟨67⟩
1979/²93 *Handlung, Kommunikation, Bedeutung*. Frankfurt a.M.: Suhrkamp ⟨52/67/68/94/114/ 120⟩

Meggle, Georg / Beetz, Manfred
1976   *Interpretationstheorie und Interpretationspraxis*. Kronberg/Ts: Scriptor ⟨106⟩

Meggle, Georg / Ulkan, Maria
1979   Kennst du das Land, wo die Zitronen blühn? (Zu Searles Kritik an Grice). *Papiere zur Linguistik* 20/1, 75−87 ⟨94⟩
1985   *Anti-kommunikative Täuschungsabsichten*. Konstanz SFB-99 Papier Nr. 111 ⟨94⟩

Meggle, Georg / Wessels, Ulla (Hg.)
1994   ἀναλύωμεν. *Analyomen 1. Proc. of the 1st Conference 'Perspectives in Analytical Philosophy'*. Berlin/New York: de Gruyter ⟨105⟩

Megill, Alan Dickson
1975   *The Enlightenment on the Origin of Language and Its Historical Background*. Ph.D. Columbia U.. Ann Arbor: University Microfilms ⟨107⟩

Mei, Tsu-Lin Mei
1961   Subject and predicate: a grammatical preliminary. *Philos. Rev.* 70, 153−175 ⟨35/74⟩

Meigers, Anthonie
1988   Gustav Gerber und Friedrich Nietzsche. Zum historischen Hintergrund der sprachphilosophischen Auffassungen des frühen Nietzsche. *Nietz. Stud.* 17, 369−390 ⟨107

Meigers, Anthonie / Stingelin, Martin
1988   Konkordanz zu den wörtlichen Abschriften und Übernahmen von Beispielen und Zitaten aus Gustav Gerber: *Die Sprache als Kunst* (Bromberg 1871) in Nietzsches Rhetorik-Vorlesung und in *Ueber Wahrheit und Lüge im außermoralischen Sinne*. *Nietz. Stud.* 17, S. 369−390 ⟨107⟩

Meillet, Antoine
1926   *Linguistique historique et linguistique generale*. Paris: Champion ⟨12⟩

Meiner, Johann Werner
1971   *Philosophische und allgemeine Sprachlehre*. Stuttgart/Bad Cannstatt: Friedrich Frommann Vlg. (Günther Holzboog) [1781] ⟨44⟩

Meinhold, Peter
1958   *Luthers Sprachphilosophie*. Berlin: Lutherisches Verlagshaus ⟨7⟩
1979   Hamanns Theologie der Sprache. In Gajek (Hg.) 1979, 53−65 ⟨25⟩

Meinong, Alexius
1904   *Untersuchungen zur Gegenstandstheorie und Psychologie*. Leipzig: Johann Ambrosius Barth ⟨97⟩
1914a   *Gesammelte Abhandlungen II*. Leipzig: Johann Ambrosius Barth ⟨81⟩
1914b   Über Gegenstandstheorie. In Meinong 1914a, 481−530 [1904] ⟨81⟩

Meischner, Wolfram
1977   Wilhelm Wundt (1832−1920). *Berichte aus der Sektion Psychologie der Karl-Marx-Universität Leipzig* H. 9 ⟨31⟩

Meischner, Wolfram / Metge, Anneros (Hg.)
1980   *Wilhelm Wundt (1832−1920) − Progressives Erbe. Wissenschaftsentwicklung und Gegenwart*. Leipzig: Karl-Marx-Universität ⟨31⟩

Meister, Ulrich
    1983   *Sprache und lyrisches Ich. Zur Phänomenologie des Dichterischen bei Gottfried Benn.*
                Berlin: E. Schmidt (Philologische Studien und Quellen 107) ⟨107⟩

Meixner, Uwe
    1987   *Handlung, Zeit, Notwendigkeit: Eine ontologisch-semantische Untersuchung.* Berlin/
                New York: de Gruyter ⟨114⟩

Mélanges à la mémoire de Philippe Marçais
    1985   *Mélanges à la mémoire de Philippe Marçais.* Paris: Libraire d'Amérique et d'Orient
                Adrien Maisonneuve ⟨19⟩

Mellone, Sydney Herbert
    1902   *An Introductory Textbook of Logic.* Edinburgh: Blackwood ⟨98⟩

Mellor, D. H.
    1974   Special relativity and present truth. *Analysis* 35, 74−76 ⟨75⟩

Meltzer, Bernhard / Michie, Donald (eds.)
    1969   *Machine Intelligence 4.* Edinburgh: UP ⟨117⟩

Mendonça, W. P. / Stekeler-Weithofer, Pirmin
    1987   Frege ein Platonist? *Ratio* 29/2, 157−169 (engl. 96−110) ⟨68/69/120⟩

Meng, Katharina
    1985   Zur ethnomethodologischen Gesprächsanalyse. *Z.Phon.Sprachw.Komm.forsch.* 38,
                121−140 ⟨56⟩

Meng, Katharina / Kraft, Barbara / Nitsche, Ulla
    1991   *Kommunikation im Kindergarten, Studien zur Aneignung der kommunikativen Kompe-
                tenz.* Berlin: Akad.-Vlg. ⟨56⟩

Mengaldo, P. V.
    1978   Idee dantesche sulla constructio. *Linguistica e retorica di Dante* (Pisa: Nistri-Lischi),
                281−288 ⟨107⟩

Merker, Nicolao / Formigari, Lia (eds.)
    1973   *Herder − Monboddo: linguaggio e società.* Bari: Editori Laterza ⟨65⟩

Merleau-Ponty, Maurice,
    1948   *Phénoménologie de la perception.* Paris: Gallimard ⟨71⟩

Merrel, F.
    1980   Of metaphor and metonimy. *Semiotica* 31(3/4), 280−307 ⟨91⟩

Mersenne, Marin
    1937   *Correspondance du P. Marin Mersenne II.* Ed. C. De Waard / René Pintard. Paris:
                Beauchesne ⟨64⟩
    1963   *Harmonie Universelle.* Intr. François Lesure. Paris: Centre National de la Recherche
                Scientifique [1636] ⟨64⟩

Merten, Klaus
    1983   *Inhaltsanalyse.* Opladen: Westdt. Vlg. ⟨115⟩

Messinger, Sheldon / Sampson, H. / Towne, R.
    1962   Life as theatre: some notes on the dramaturgic approach to social reality. *Sociometry*
                25−6, 98−110 ⟨101⟩

Metcalf, G. J.
    1974   The Indo-European hypothesis in the sixteenth and seventeenth centuries. In Hymes
                (ed.) 1974, 233−257 ⟨66⟩

Mettler, W.
    1955   *Der junge Friedrich Schlegel und die griechische Literatur. Ein Beitrag zum Problem
                der Historie.* Diss. Zürich ⟨13⟩

Metzger, Wolfgang
    [3]1975   *Gesetze des Sehens.* Hg. Senckenbergische Naturforschende Gesellschaft zu Frank-
                furt a.M. Frankfurt a.M.: Waldemar Kramer [1936] ⟨108⟩

Metzke, Erwin
  1934   *J. G. Hamanns Stellung in der Philosophie des 18. Jahrhunderts.* Halle: Niemeyer ⟨25⟩

ter Meulen, Alice
  1980   *Substances, Quantities and Individuals. A Study in the Formal Semantics of Mass Terms.* Bloomington, Ind.: Indiana U. Linguistics Club (Stanford U. Dissertation) ⟨76⟩
  1981   An intensional logic for mass terms. *Philos. Stud.* 40, 105−125 ⟨75/76⟩
  1983   The representation of time in natural language. In ter Meulen (ed.) 1983, 177−192 ⟨76⟩
  1984   Events, quantities and individuals. In Landmann/Veltmann (eds.) 1984, 259−280 ⟨76⟩
  1985   Homogeneous and individuated quantifiers in natural language. In Dorn/Weingartner (eds.) 1985, 543−562 ⟨76⟩

ter Meulen, Alice (ed.)
  1983   *Studies in Modeltheoretic Semantics.* Dordrecht: Foris ⟨75⟩

Meuthen, Erich
  1983   *Bogengebete. Sprachreflexion und zyklische Komposition in der Lyrik der „Moderne".* Interpretationsansätze zu George, Rilke und Celan. Frankfurt a.M./Bern/New York: Lang. (Europäische Hochschulschriften. Reihe I: Dt. Sprache und Literatur. 737) ⟨107⟩

Mews, C. J.
  1986   On dating the works of Peter Abelard. *Arch. d'histoire doctrinale et littéraire du moyen age, Année 1985,* 73−134 ⟨20⟩
  1988   Aspects of the evolution of Peter Abelard's thought on signification and predication. In Jolivet/De Libero (éds.) 1988, 15−41 ⟨20⟩

Meyer, A. R.
  1982   What is a model of the lambda calculus? *Information and Control* 52, 87−122 ⟨75⟩

Meyer, A. R. / Street, R. S. / Mirkowska, G.
  1981   The deducibility problem in propositional dynamic logic. In Even/Kariv (eds.) 1981, 238−248 ⟨75⟩

Meyer, R. K.
  1966   *Topics in Modal and Many-Valued Logic.* Diss. U. of Pittsburgh ⟨75⟩

Meyer, R. K. / Mortensen, Chris
  1984   Inconsistent models for relevant arithmetics. *J. Symb. Log.* 49, 917−929 ⟨75⟩

Meyer, R. K. / Slaney, J.
  1979   *Abelian Logic (From A to Z).* Research Paper No. 7 („Yellow Series"), Logic Group, Department of Philosophy, Research School of Social Sciences, Australian National U. ⟨75⟩

Meyer, R. K. / Urbas, I.
  1986   Conservative extension in relevant arithmetic. *Z. für Mathematische Logik und Grundlagen der Mathematik* 32, 45−50 ⟨75⟩

Meyer, Theo
  1971   *Kunstproblematik und Wortkombinatorik bei Gottfried Benn.* Köln: Böhlau (Kölner Germanistische Studien 6) ⟨107⟩

Meyer-Wendt, H. Jürgen
  1972   *Der frühe Hofmannsthal und die Gedankenwelt Nietzsches.* Heidelberg: Quelle & Meyer ⟨107⟩

Michaelis, Johann David
  1760   *Beantwortung der Frage von dem Einfluß der Meinungen in die Sprache und der Sprache in die Meinungen.* Berlin: Haude et Spener ⟨8⟩
  1974   *De l'influence des opinions sur le langage et du langage sur les opinions.* Stuttgart/Bad-Cannstatt: Friedrich Frommann Vlg. (Günther Holzboog) [1760, ²1762] ⟨8/26⟩

Michaels, Sarah / Collins, James
    1984   Oral discourse styles: classroom interaction and the acquisition of literacy. In Tan-
              nen (ed.) 1984, 219−244 ⟨56⟩

Michel, A.
    1982   *La parole et la beauté. Rhétorique et esthétique dans la tradition occidentale.* Paris:
              Les belles lettres ⟨112⟩

Michel, Hermann
    1905   Schillers Ansichten über die Sprache. *Euphorion* 12, 25−42 ⟨107⟩

Michelsen, Peter
    1962   *Laurence Sterne und der deutsche Roman des 19. Jahrhunderts.* Göttingen: Vanden-
              hoeck & Ruprecht ⟨107⟩

Miethke, Jürgen
    1969   *Ockhams Weg zur Sozialphilosophie.* Berlin: de Gruyter ⟨21⟩

Mignucci, Mario
    1978   Sur la logique modale des Stoiciens. In Brunschwig (ed.) 1978, 317−346 ⟨2⟩

Mihm, Arend
    1985   Prestige und Stigma des Substandards. In Mihm (Hg.) 1985, 163−193 ⟨56⟩

Mihm, Arend (Hg.)
    1985   *Sprache an Rhein und Ruhr.* Stuttgart: Franz Steiner ⟨56⟩

Mill, John Stuart
    1843/   *A System of Logic. Ratiocinative and Inductive.* London: Savill & Edwards / New
    1911   York: Longmans Green ⟨81/90/104⟩
    ²1862   *System der deductiven und inductiven Logik.* Übers. J. Schiel [1849] Braunschweig:
              Vieweg ⟨45⟩
    1962   *Utilitarianism.* Ed. Mary Warnock. London/Glasgow: Collins (The Fontana Library
              of Philosophy) ⟨98⟩
    1963−83   *Collected Works of John Stuart Mill I−IX.* Ed. J.M. Robson *[CW].* London: Rout-
              ledge & Kegan Paul / Toronto: U. of Toronto Pr. ⟨30⟩
    1971   *Autobiography.* London: UP [1873] ⟨30⟩
    1973/81   *A System of Logic, Ratiocinative and Inductive.* In *CW* VII−VIII ⟨30/78/106⟩

Millar, Alan
    1985   Where's the use in meaning? *Dialectica* 39, 35−51 ⟨68⟩

Miller, D.
    1974a   Popper's qualitative theory of verisimilitude. *Brit.J.Philos.Sci.* 25, 166−177 ⟨75⟩
    1974b   On the comparison of false theories by their bases. *Brit.J.Philos.Sci.* 25, 178−188
              ⟨75⟩
    1976   Verisimilitude redeflated. *Brit.J.Philos.Sci.* 27, 363−380 ⟨75⟩

Miller, David L.
    1973   Mead's theory of universals. In Corti (ed.) 1973, 89−106 ⟨52⟩
    1980   *George Herbert Mead. Self, Language and the World.* Chicago: UP ⟨52⟩

Miller, Georg A. (ed.)
    1978   *Psychology and Biology of Language and Thought Essays in Honour of Eric Lenne-
              berg.* New York: Academic Pr. ⟨47⟩

Miller, Georg A. / Galanter, Eugene / Pribram, Karl H.
    1960   *Plans and the Structure of Behaviour.* New York: Rinehart & Winston ⟨115⟩

Miller, George / Johnson-Laird, Phillip
    1976   *Language and Perception.* Cambridge, MA: Harvard UP ⟨77⟩

Miller, J. Hillis
    1963   *The Disappearance of God: Five Nineteenth-Century Writers.* Cambridge: Belknap Pr.
              ⟨107⟩

Miller, Max
    1980   Sprachliche Sozialisation. In Hurrelmann/Ulich (Hg.) 1980, 649−668 ⟨56⟩

Milner, Jean-Claude
    1982   *Ordres et raisons de langue.* Paris: Éd. du Seuil ⟨12⟩

Mimamsa Sutra, s. Jha 1933−36 ⟨42⟩

Minc, C. E. / Orevkov, V. P.
    1963   An extension of the theorems of Glivenko and Kreisel to a certain class of formulas
                of predicate calculus. *Dokl. Akad. Nauk SSSR* 152, 553−554 (Soviet Math.Dokl. 4,
                1365−1366) ⟨75⟩

Minio Paluello, Laurentius / Verbeke, Gerardus (eds.)
    1965   *Aristoteles Latinus, II, 1, De Interpretatione vel perihermenias, translatio Boethii, spe-
                cimina translationum recentiorum.* Bruges/Paris: Desclée de Brouwer ⟨21⟩

Mininni, G.
    1986   *Il linguaggio trasfigurato.* Bari: Adriatica ⟨91⟩

Mirkowska, G.
    1981   PAL − propositional algorithmic logic. In Engeler (ed.) 1981, 23−101 ⟨75⟩

Minsky, Marvin
    1968a   Matter, mind and models. In Minsky 1968b, 425−432 ⟨117⟩
    1968b   *Semantic Information Processing.* Cambridge, MA: MIT ⟨117⟩

Misch, Georg
    ³1950   *Geschichte der Autobiographie I.* Bern: Francke ⟨16⟩

Mischel, Theodore
    1970   Wundt and the conceptual foundations of psychology. *Philos.Phenomen.Res.* 31,
                1−26 ⟨31⟩

Miškovská, V. T.
    1959   La Panglottie de Jan Amos Komenský. *Philologica Pragensia* 2, 97−106 ⟨64⟩

Mitchell, W. J. Thomas (ed.)
    ⁴1980   *The Language of Images.* Chicago/London: Chicago UP ⟨108⟩

Mittelstaedt, Peter
    1963   *Philosophische Probleme der modernen Physik.* Mannheim: Bibliographisches Inst.
                ⟨47⟩
    1976   *Philosophical Problems of Modern Physics.* Dordrecht: D. Reidel ⟨47⟩
    1978   *Quantum Logic.* Dordrecht: D. Reidel ⟨47⟩
    ²1980   *Der Zeitbegriff in der Physik.* Mannheim: Bibliographisches Inst. ⟨99⟩

Mittelstraß, Jürgen
    1966   Spontaneität. Ein Beitrag im Hinblick auf Kant. *Kant-St.* 56, 474−484 ⟨108⟩
    1970   *Neuzeit und Aufklärung. Studien zur Entstehung der Neuzeitlichen Wissenschaft und
                Philosophie.* Berlin: de Gruyter ⟨1/41⟩
    1974   *Die Möglichkeit von Wissenschaft.* Frankfurt a.M.: Suhrkamp ⟨1⟩

Mittelstraß, Jürgen (Hg.)
    1984   *Enzyklopädie Philosophie und Wissenschaftstheorie 2 H−O.* Mannheim/Wien/Zürich:
                Bibliographisches Inst. ⟨1/35/105/108⟩

Mittelstraß, Jürgen / Riedel, Manfred (Hg.)
    1978   *Vernünftiges Denken. Studien zur praktischen Philosophie und Wissenschaftstheorie.*
                Berlin: de Gruyter ⟨48/68/69⟩

Mittenzwei, Ingrid
    1970   *Die Sprache als Thema. Untersuchungen zu Fontanes Gesellschaftsromanen.* Bad
                Homburg v.d.H./Berlin/Zürich: Gehlen ⟨107⟩

Modenato, Francesca
    1971   Anton Marty: alcuni temi di psicologia e di semasiologia. In Giacon (ed.) 109−165
                ⟨33⟩

Modiano, Raimonda
    1977   Words and „languageless" meanings. Limits of expression in *The Rime of the Ancient
                Mariner. Modern Language Quarterly* 38, 40−61 ⟨107⟩

Moglen, Helene
1975   *The Philosophical Irony of Laurence Sterne.* Gainsville: The U. of Florida Pr. ⟨107⟩
Mohanty, J. N.
1982   *Husserl and Frege.* Bloomington, Ind.: Indiana UP ⟨49⟩
Mohrmann, Christine
1962   Der Schriftsteller Augustin. In Andresen (Hg.) 1962, 89−121 ⟨16⟩
Mohrmann, Christine / Sommerfelt, Alf / Whatmough, Joshua (eds.)
1961   *Trends in European and American Linguistics 1930−1961.* Utrecht: Spektrum ⟨74⟩
Mojsisch, Burkhard
1983   *Meister Eckhart: Analogie, Univozität und Einheit.* Hamburg: Meiner ⟨85/103⟩
Mojsisch, Burkhard (Hg.)
1986   *Sprachphilosophie in Antike und Mittelalter.* Amsterdam: Grüner ⟨1/4/62.1⟩
Momigliano, A.
1955   Cassiodorus and italian culture of his time. *Proc. of the British Acad.* 41, 207−245
           ⟨66⟩
Mon, Franz
1964   Sprache ohne Zukunft? Deutschgefrorene Sprache in einem gefrorenen Land? In
           Hardt (Hg.) 1964, 44−46 ⟨107⟩
Monboddo, James Burnett
1773−92   *Of the Origin and Progress of Language I−VI.* Edinburgh: J. Balfour ⟨13/65⟩
1970   *The Origin and Progress of Language.* New York: Gardland Publishers ⟨65⟩
Mondin, Battista
1968   *The Principle of Analogy in Protestant and Catholic Thought.* The Hague: Nijhoff
           [1963] ⟨85/103⟩
1975   *St. Thomas Aquinas' Philosophy in the Commentary to the Sentences.* The Hague:
           Nijhoff ⟨85/103⟩
Mondrian, Piet
1974   *Neue Gestaltung. Neoplastizismus. Nieuwe Beelding.* Mainz/Berlin: Florian Kupfer-
           berg ⟨108⟩
Monk, Ray
1990   *Ludwig Wittgenstein: The Duty of Genius.* London: Jonathan Cape / New York: The
           Free Pr. ⟨47/48⟩
Mönnich, U. (ed.)
1981   *Aspects of Philosophical Logic.* Dordrecht: D. Reidel ⟨97⟩
Montagnes, Bernard
1963   *La doctrine de l'analogie de l'être d'après Saint Thomas d'Aquin.* Louvain: Publica-
           tions Universitaires ⟨85/103⟩
Montague, Richard
1968   Pragmatics. In Klibansky (ed.) 1968, 102−122 ⟨95⟩
1969   Presupposing. *Philos. Quart.* 19, 98−110 ⟨97⟩
1970   The proper treatment of quantification in ordinary English. In Hintikka/Moravcsik/
           Suppes (eds.) 1970, 221−242 / auch in Montague 1974, 247−270 ⟨47⟩
1974   *Formal Philosophy.* Ed. R. Thomason. New Haven/London: Yale UP ⟨12/55/69/78/
           88/95/111/113/117/120⟩
de Montaigne, Michel Eyquem
1588   *Essais. Œuvres complètes.* Éd. A. Thibaudet/M. Rat 1962. Paris: Gallimard ⟨10⟩
Montanari, Elio
1984/88   *La sezione linguistics del peri hermeneias di Aristotele. I: Il testo, II: Commento.*
           Florenz: Distribuzione Licosa ⟨15⟩
Monti, Claudia
1979   Funktion und Fiktion. Die Mach-Dissertation Robert Musils in den Jahren zwischen
           den *Verwirrungen des Zöglings Törleß* und den Essays. *Musil-Forum* 5, 38−67; 154−
           183 ⟨107⟩

Moody, Ernest A.
1953   *Truth and Consequence in Mediaeval Logic.* Amsterdam: North Holland Publ. Comp. ⟨40/77⟩
1966   The medieval contribution to logic. *Studium Generale* 19(8), 443−452 ⟨40⟩

Mooney, Michael
1985   *Vico in the Tradition of Rhetoric.* Princeton: UP ⟨24⟩

Moore, A. W. (ed.)
1993   *The Theory of Meaning.* Oxford: UP ⟨68⟩

Moortgat, M.
1988   *Categorial Investigations. Logical and Linguistic Aspect of the Lambek Calculus.* Dordrecht: Foris ⟨111⟩

Morgan, C. G. / Leblanc, Hughes
1983   Probabilistic semantics for intuitionistic logic. *Notre Dame J. Formal Logic* 24, 161−180 ⟨75⟩

Morgan, Jerry L.
1978   Two types of convention in indirect speech acts. In Cole (ed.) 1978, 261−280 ⟨114⟩

Mori, Yoshihito
1980   Über Goethes Sprachauffassung. In Rupp/Roloff (Hg.) 1980, 332−337 ⟨107⟩

Morpurgo-Tagliabue, Guido
1967   *Linguistica e stilistica di Aristotele.* Rom: Dell' Ateneo ⟨15⟩

Morscher, Edgar
1974   „Philosophische Logik" bei Bolzano. *Sb. der Östereichischen Akad. der Wiss., philos.-hist. Kl.* 293, Abh. 5, 77−105 ⟨28⟩
1981   Bolzanos Wissenschaftslehre. *Sb. der Österreichischen Akad. d. Wiss., philos.-hist. Kl.* 391, 99−126 ⟨28⟩

Morscher, Edgar / Stranzinger, R. (Hg.)
1981   *Ethik-Grundlagen, Probleme und Anwendungen.* Wien: Hölder-Pichler-Tempsky ⟨80⟩

Morris, Charles
1938a   *Foundations of the Theory of Signs.* In Neurath/Carnap/Morris 1968, 77−137 ⟨53/67/68/89/95⟩
1938b   Peirce, Mead and Pragmatism. *Philos. Rev.* 47, 109−127 ⟨52⟩
1946   *Signs, Language and Behavior.* New York: Prentice-Hall ⟨50/53⟩
1971   *Writings on the General Theory of Signs.* The Hague: Mouton ⟨90⟩
1972   *Grundlagen der Zeichentheorie.* München: Hanser ⟨67⟩
1973   *Zeichen, Sprache und Verhalten.* Frankfurt a.M.: Suhrkamp ⟨53⟩

Morson, Gary Soul / Emerson, Caryl
1990   *Mikhail Bakhtin. Creation of a Prosaics.* Stanford: Stanford UP ⟨48⟩

Mortensen, Chris
1987   Arguing for universals. *Rev. int. philos.* 160, 97−111 ⟨61⟩

Morten, Michael
1989   *Herder and the Poetics of Thought. Unity and Diversity in 'On Diligence in Several Learned Languages'.* London/University Park, Penn.: Pennsylvania State UP ⟨26⟩

Morton, J. (ed.)
1971   *Biological and Social Factors in Psycholinguistics.* London: Logos Pr. ⟨71⟩

Morton, Michael
1988   Chandos and his plans. *Dt. Vjschr. Lit. wiss.* 62, 514−539 ⟨107⟩

Möser, Kurt
1983   *Literatur und die große „Abstraktion". Kunsttheorien, Poetik und „abstrakte Dichtung" im ›Sturm‹ 1910−1930.* Erlangen: Palm & Enke (Erlanger Studien 46) ⟨107⟩

Mostowski, Andrzej
1957   On a generalization of quantifiers. *Fundamenta Mathematica* 44, 12−36 ⟨111⟩

Mothersill, Mary
1984   *Beauty Restored.* Oxford: UP ⟨70⟩

Motsch, Wolfgang (Hg.)
  1987   *Satz, Text, sprachliche Handlung.* Berlin: Akad.-Vlg. ⟨56⟩

Mounin, George
  1975   *Linguistique et philosophie.* Paris: PUF ⟨71⟩

Mourelatos, Alexander P. D.
  1970   *The Route of Parmenides, A Study of Word, Image and Argument in the Fragments.*
            New Haven/London: Yale UP ⟨1⟩
  1978   Events, processes, and states. *Ling.Phil.* 2, 415−434 ⟨76⟩

Muckenhaupt, Manfred
  1978   *Lernziel sprachliches Handeln.* München: Ehrenwirt ⟨115⟩
  1986   *Text und Bild. Grundfragen der Beschreibung von Text-Bild-Kommunikationen aus
            sprachwissenschaftlicher Sicht.* Tübingen: Gunter Narr Vlg. (Tübinger Beiträge zur
            Linguistik 271) ⟨108/115⟩

Mudersbach, K.
  1984   *Kommunikation über Glaubensinhalte: Grundlagen einer epistemischen Logik.* Berlin/
            New York: de Gruyter ⟨114⟩

Mueller, Hugo J.
  1975   Arno Schmidts Etymtheorie. *Wirkendes Wort* 25, 37−44 ⟨107⟩

Mueller, Ian
  1978   An introduction to Stoic logic. In Rist (ed.) 1978, 1−26 ⟨2⟩

Mugnai, Massimo
  1976   *Astazione e realtà. Saggio su Leibniz.* Milano: Feltrinelli ⟨23⟩

Mugnai, Paolo F.
  1979   *Segno e linguaggio in George Berkeley.* Roma: Ateneo e Bizzarri ⟨11⟩

Mühlhölzer, Felix
  1983   *Der Zeitbegriff in der speziellen Relativitätstheorie.* Frankfurt a.M./Bern: Peter Lang
            ⟨99⟩
  1988   On objectivity. *Erkenntnis* 28, 185−230 ⟨99⟩

Mukarovsky, Jan
  1967   *Kapitel aus der Poetik.* Frankfurt a.M.: Suhrkamp ⟨106⟩

Mulder, Jan W. F. / Hervey, Sándor G. J. (eds.)
  1971   Index and signum. *Semiotica* 4, 324−338 ⟨90⟩

Muller, J.-Cl.
  1974   Quelques repères pour l'histoire de la notion de vocabulaire de base dans le précom-
            paratisme. *Hist.Épistém.Lang.* 6(2), 37−43 ⟨66⟩

Müller, Bodo
  1966   Der Verlust der Sprache. Zur linguistischen Krise in der Literatur. *Germanisch-Ro-
            manische Monatsschrift* 47 (N.F. 16), 225−243 ⟨107⟩

Müller, Friedrich Max
  1861−64 *Lectures on the Science of Language.* London: Longmans, Green, & Co. ⟨9⟩
  1870   *Vorlesungen über die Wissenschaft der Sprache.* Leipzig: Klinckhardt ⟨37⟩
  1978   *The Science of Thought.* New York: AMS Pr. ⟨9⟩

Müller, Gerhard
  1975   Platons Dichterkritik und seine Dialogkunst. *Philosophisches Jb.* 82, 285−308 ⟨107⟩

Müller, Götz
  1983   *Jean Pauls Ästhetik und Naturphilosophie.* Tübingen: Niemeyer ⟨107⟩

Müller, Hans-Erich
  1943   *Die Prinzipien der stoischen Grammatik.* Diss. Rostock (masch.) ⟨2⟩

Müller, Klaus
  1983   *Thomas von Aquins Theorie und Praxis der Analogie. Der Streit um das rechte Vorur-
            teil und die Analyse einer aufschlußreichen Diskrepanz in der* Summa Theologiae.
            Bern: Peter Lang ⟨85/103⟩

Müller, Klaus-Detlef
  1981   Zum Problem der ästhetischen Kommunikation in Ernst Barlachs *Der arme Vetter*.
           In Brummack et al. (Hg.) 1981, 564−584 ⟨107⟩
Müller, Kurt / Schepers, Heinrich / Totok, Wilhelm (Hg.)
  1978   *Magia naturalis*. Studia Leibnitiana Sonderheft 7. Wiesbaden: Steiner ⟨64⟩
Müller, Paul-Gerhard
  1985   *Lexikon exegetischer Fachbegriffe*. Stuttgart: Katholisches Bibelwerk ⟨85/103⟩
Müller-Seidel, Walter
  1971   Literatur und Ideologie. Zur Situation des dt. Romans um 1900. In Lange/Roloff
           (Hg.) 1971, 593−602 ⟨107⟩
Müller-Sievers, Helmut / Trabant, Jürgen (Hg.)
  1988   Poetik − Humboldt − Hermeneutik. Studien für Kurt Mueller-Vollmer zum 60.
           Geburtstag. *Kodikas/Code*. 11(1/2), 1−232 ⟨27⟩
Müller-Vollmer, Kurt
  1976   Von der Poetik zur Linguistik. In Hammacher (Hg.) 1976, 224−240 ⟨13⟩
  1981   Fichte und die romantische Sprachtheorie. In Hammacher (Hg.) 1981, 442−459
           ⟨13⟩
Müller-Vollmer, Kurt (ed.)
  1990   *Herder Today*. Berlin: de Gruyter ⟨27⟩
Mulligan, Kevin
  1984   Anton Marty: Ein Schweizer Philosoph in Prag. Rückblick auf den Sprachforscher.
           Neue Zürcher Zeitung 29. November, 40 ⟨33⟩
Mulligan, Kevin (ed.)
  1992   *Mind, Meaning, and Metaphysics: The Philosophy and Theory of Language of Anton
           Marty*. Den Haag: Nijhoff ⟨33⟩
Mulligan, Kevin / Smith, Barry
  1986   A Husserlian theory of indexicality. *Graz.Phil.Stud.* 28, 133−163 ⟨46⟩
Mundici, D.
  1981a   An algebraic result about soft model theoretical equivalence relations with an appli-
           cation to H. Friedman's fourth problem. *J.Symb.Log.* 46, 523−530 ⟨75⟩
  1981b   Robinson's consistency theorem in soft model theory. *Transactions of the American
           Mathematical Society* 263, 231−241 ⟨75⟩
  1982a   Compactness, interpolation and Friedman's third problem. *Ann.Math.Log.* 22,
           197−211 ⟨75⟩
  1982b   Duality between logics and equivalence relations. *Transactions of the American Ma-
           thematical Society* 270, 111−129 ⟨75⟩
  1983a   Compactness = JEP in any logic. *Fundamenta Mathematicae* 116, 99−108 ⟨75⟩
  1983b   Natural limitations of decision procedures for arithmetic with bounded quantifiers.
           Arch. für Mathematische Logik 23, 37−54 ⟨75⟩
Munitz, Milton K. (ed.)
  1971   *Identity and Individuation*. New York: UP ⟨83⟩
  1973   *Logic and Ontology*. New York: UP ⟨83⟩
Munitz, Milton K. / Unger, Peter K. (eds.)
  1974   *Semantics and Philosophy*. New York: UP ⟨70⟩
Murphey, Murray G.
  1961   *The Development of Peirce's Philosophy*. Cambridge, MA: Harvard UP ⟨32⟩
Murphy, James J.
  1978   *Medieval Eloquence: Studies in the Theory and Practice of Medieval Rhetoric*. Berke-
           ley/Los Angeles/London: U. of California Pr. ⟨107⟩
Murr, S.
  1987   *L'indologie du Père Cœurdoux. Stratégies apologétiques et scientificité*. Paris: École
           française d'Extrême-orient ⟨66⟩

Muschg, Adolf
1981 *Literatur als Therapie? Ein Exkurs über das Heilsame und das Unheilsame.* Frankfurt a.M.: Suhrkamp ⟨107⟩

Muschg, Walter
1958 *Pamphlet und Bekenntnis.* Olten: Walter-Vlg. ⟨107⟩

Muskat-Tabakowska, E.
1970 General semantics behind the „looking-glass". *ETC* 27, 483–492 ⟨107⟩

Muskens, R.
1989 *Meaning and Partiality.* Amsterdam: U. of Amsterdam ⟨111⟩

Nadeau, Robert
1979 Les éléments kantiens de la philosophie du langage de Ernst Cassirer. In Laberge/Duchesneau/Morrisey (éds.) 1979, 330–37 ⟨37⟩
1990 Cassirer et le programme d'une épistémologie comparée: trois critiques. In Seidengart (éd.) 1990, 201–218 ⟨37⟩

Nagatomi, M.
1967/68 Arthakriyā. *The Adyar Library Bulletin* 31/32, 52–72 ⟨42⟩

Næss, Arne
1937 *Physikalismus und radikaler Empirismus.* nicht publiziert ⟨47⟩
1947 *En del elementaere logiske emner.* Oslo: Universitetsforlaget [1941] ⟨47⟩
1953 *Interpretation and Preciseness. A Contribution to the Theory of Communication.* Det Norske Videnskaps-Akademi i Oslo, Skrifter II, Hist.-Filos. Klasse, No. 1. I kommisjon hos Jacob Dybwad ⟨47/98⟩
1956 Wie fördert man heute die empirische Bewegung? Eine Auseinandersetzung mit dem Empirismus von Otto Neurath und Rudolf Carnap. *Filosofiske problemer* 19. Oslo: Inst. for Filosofi ⟨47⟩
1966 *Communication and Argument. Elements of Applied Semantics.* Oslo: Universitetsforlaget / London: Allen & Unwin ⟨47/98⟩
1992 How can the empirical movement be promoted today? A discussion of the empiricism of Otto Neurath and Rudolph Carnap. In Barth/van Dormael/Vandamme (eds.) i.Dr. ⟨47⟩

Nagel, Bert
1974 Die Sprachkrise eines Dichters. Zum Chandos-Brief Hugo von Hofmannsthals. In Mayrhofer/Meid/Schlerath/Schmitt (Hg.) 1974, 487–503 ⟨107⟩
1983 *Kafka und die Weltliteratur.* Zusammenhänge und Wechselwirkungen. München: Winkler ⟨107⟩

Nagel, Ernest
1961 *The Structure of Science.* London: Routledge & Kegan Paul ⟨51/101⟩

Nagel, Ernest / Suppes, Patrick / Tarski, Alfred (eds.)
1962 *Logic, Methodology and Philosophy of Science.* Stanford: Stanford UP ⟨100⟩

Nagel, Thomas
1969 Linguistics and epistemology. In Hook (ed.) 1969, 171–182 ⟨72⟩
1986 *The View from Nowhere.* Oxford: UP ⟨79⟩

Nägele, Rainer
1970 Die Sprachkrise und ihr dichterischer Ausdruck bei Hofmannsthal. *The German Quarterly* 43, 720–732 ⟨107⟩
1983 Unbehagen in der Sprache. Zu Peter Handkes *Kaspar.* In Honsza (Hg.) 1983, 16–30 ⟨107⟩

Nāgeśabhaṭṭa
1925 *Laghumañjūṣā.* Ed. M. M. Pathak. Benares: Chowkhamba Sanskrit Series 44 ⟨5/43⟩
1956 s. Kṛṣṇamācārya 1946

Nagl-Docekal, Herta (Hg.)
1982 *Überlieferung und Aufgabe.* Festschrift für E. Heintel I. Wien: Braumüller ⟨53⟩

Nancy, Jean Luc / Lacoue-Labarthe, Philippe
  1973   *Le titre la lettre*. Paris: Edition Galilée ⟨109⟩
Napoli, Donna Jo
  1989   *Predication Theory. A Case Study for Indexing Theory*. Cambridge: UP ⟨77⟩
Natanson, Maurice
  1962   Rhetoric and philosophical argumentation. *The Quarterly J. of Speech* 48, 24−30
            ⟨112⟩
Natanson, Maurice / Johnstone Jr., Henry W. J.
  1965   *Philosophy, Rhetoric and Argumentation*. University Park, Penn.: Pennsylvania State
            UP ⟨112⟩
National Centre for Software Development and Computing Technology (ed.)
  1982   *Foundations of Software Technology and Theoretical Computer Science*. Bombay ⟨75⟩
Naumann, Bernd
  1986   *Grammatik der dt. Sprache zwischen 1781 und 1856. Die Kategorien der dt. Grammatik in der Tradition von Johann Werner Meiner und Johann Christoph Adelung*. Berlin:
            E. Schmidt ⟨13⟩
Naumann, Hans (Hg.)
  1973   *Der moderne Strukturbegriff. Materialien zu seiner Entwicklung*. Darmstadt: Wiss.
            Buchges. ⟨36/51⟩
Needham, Paul
  1981   Temporal intervals and temporal order. *Log.anal.* 24, 49−64 ⟨76⟩
Neesen, Peter
  1972   *Vom Louvrezirkel zum Prozeß. Franz Kafka und die Psychologie Franz Brentanos*.
            Göppingen: Kümmele (Göppinger Arbeiten zur Germanistik Nr. 81) ⟨107⟩
Nef, Frédéric
  1979   La langue universelle et les langues: Leibniz biface? *Critique* 35 (Le Mythe de la
            Langue Universelle), 736−751 ⟨64⟩
Neff, Landolin
  1870−71 *Gottfried Wilhelm Leibniz als Sprachforscher und Etymologe T.1.2.* Heidelberg: Avenarius ⟨23⟩
Nehring, Wolfgang
  1970   Die Gebärdensprache E. T. A. Hoffmanns. *Z.dt.Philol.* 89, 207−221 ⟨107⟩
  1975   Hofmannsthal und der Wiener Impressionismus. *Z.dt.Philol.* 94, 481−498 ⟨107⟩
Neisser, Ulric
  1967   *Cognitive Psychology*. Englewood Cliffs, N. J.: Prentice-Hall ⟨50⟩
Neitzel, Heinz
  1980   Hesiod und die lügenden Musen. Zur Interpretation von Theogonie 27 f. *Hermes*
            108, 387−401 ⟨107⟩
Nelson, Leonard
  1962   *Fortschritte und Rückschritte der Philosophie. Von Hume und Kant bis Hegel und Fries. Gesammelte Schriften VII*. Hamburg: Felix Meiner Vlg. ⟨47⟩
  1970   *Progress and Regress in Philosophy. From Hume and Kant to Hegel and Fries*. Oxford:
            Blackwell ⟨47⟩
Nelson, N. E.
  1947   *Peter Ramus and the Confusion of Logic, Rhetoric and Poetry*. Ann Arbor, Mich.:
            The U. of Michigan Contributions in Modern Philology 2 ⟨47⟩
Nerlich, Graham
  1965   Presupposition and entailment. *Amer.Philos.Quart.* 2, 33−42 ⟨97⟩
  1976   Quine's real ground. *Analysis* 37, 15−19 ⟨73⟩
Nerode, A. / Shore, R. A. (eds.)
  1985   *Recursion Theory*. Providence, R. I.: American Mathematical Society ⟨75⟩
Nestle, Wilhelm
  1907   Metrodors Mythendeutung. *Philologus* 66, 503−510 ⟨1⟩
  1975   *Vom Mythos zum Logos, Die Selbstentfaltung des griechischen Denkens*. Stuttgart:
            Kröner ⟨1⟩

Neu, Till
1978   *Von der Gestaltungslehre zu den Grundlagen der Gestaltung. Von Ittens Vorkurs am Bauhaus zu wissenschaftsorientierten Grundlagenstudien: eine lehr- und wahrnehmungstheoretische Analyse.* Ravensburg: Otto Maier ⟨108⟩

Neubauer, F. / Petöfi, János S.
1981   Word semantics, lexicon systems and text interpretation. In Eikmeyer/Rieser (eds.) 1981, 343−377 ⟨91⟩

Neubauer, John
1978   *Symbolismus und symbolische Logik. Die Idee der ars combinatoria in der Entwicklung der modernen Dichtung.* München: Fink (Humanistische Bibliothek. Reihe I, 28) ⟨107⟩

Neubauer, Wolfgang
1986   Zum Schatten-Problem bei Adelbert von Chamisso oder zur Nicht- Interpretierbarkeit von *Peter Schlemihls wundersamer Geschichte. Literatur für Leser* 24−34 ⟨107⟩

Neuland, Eva
1975   *Sprachbarrieren oder Klassensprache? Untersuchungen zum Sprachverhalten im Vorschulalter.* Frankfurt a.M.: Fischer ⟨56⟩

Neumann, Friedrich
1964   Christian Morgensterns *Galgenlieder.* Spiel mit Sprache. *Wirkendes Wort* 14, 332−350 ⟨107⟩

von Neumann, John
1958   *The Computer and the Brain.* New Haven: Yale UP ⟨96.2⟩

Neumann, Karl
1973   Ernst Cassirer. In Speck (Hg.) 1973, 102−145 ⟨37⟩

Neurath, Otto
1931   Soziologie im Physikalismus. *Erkenntnis* 2, 393−431 ⟨120⟩
1934   Radikaler Physikalismus und „Wirkliche Welt". *Erkenntnis* 4, 346−362 ⟨69⟩

Neurath, Otto / Carnap, Rudolf / Morris, Charles (eds.)
1938   *Toward an International Encyclopedia of Unified Science I.* Chicago/London: Chicago UP ⟨68⟩

Newhall, Beaumont
1982   *History of Photography.* New York: The Museum of Modern Art ⟨108⟩
1989   *Geschichte der Photographie.* München: Schirmer/Mosel ⟨108⟩

Newiger, Hans-Joachim
1973   *Untersuchungen zu Gorgias' Schrift* Über das Nichtseiende. Berlin/New York: de Gruyter ⟨1⟩

Newman, Barnett
1969   Chartres and Jericho. *Art News* 68/2, 28−29 ⟨108⟩

Newman, Jane O.
1987   Redemption in the vernacular: the language of language theory in seventeenth-century Sprachgesellschaften. *Monatshefte* 79, 10−29 ⟨107⟩

Newmeyer, J.
1983   *Grammatical Theory.* Chicago: UP ⟨120⟩

Newmeyer, J. (ed.)
1987   *Linguistics: the Cambridge Survey I−IV.* Cambridge: UP ⟨65⟩

Newport, E. L. / Gleitman, H. / Gleitman, L. R.
1977   Mother, I'd rather do it myself: some effects and non-effects of maternal speech style. In Snow/Ferguson (eds.) 1977, 109−149 ⟨72⟩

Newton-Smith, William
1982   Relativism and the possibility of interpretation. In Hollis/Lukes (eds.) 1982, 106−122 ⟨74⟩

Nicholas of Cusa / Nikolaus von Kues
1937   *Idiota de mente (Opera Omnia, V).* Lipsiae: Meiner ⟨7⟩

Nicolai, Ralf R.
    1981   Wahrheit und Lüge bei Kafka und Nietzsche. *Literaturwissenschaftliches Jb.* 22,
                255–271 ⟨107⟩
Nicolaus Cusanus
    1565   *De beryllo.* Basel [1458] ⟨45⟩
Nicolaus, Norbert
    1980   *Die literarische Vermittlung des Leseprozesses im Werk Arno Schmidts.* Frankfurt
                a.M./Bern/Chichester: Lang (Europäische Hochschulschriften. Reihe I. Dt. Literatur
                und Germanistik 341) ⟨107⟩
Niederehe, Hans-Josef / Schlieben-Lange, Brigitte (Hg.)
    1987   *Die Frühgeschichte der romanischen Philologie: von Dante bis Diez. Beiträge zum
                Romanistentag in Siegen 1985.* Tübingen: Narr ⟨107⟩
Niehues-Pröbsting, Heinrich
    1981   Rhetorische und idealistische Kategorien der Ästhetik. In Oelmüller (Hg.) 1981,
                94–110 ⟨105⟩
Nielsen, Niels C. jr.
    1987   Analogia entis as the basis of Buddhist-Christian dialogue. *Modern Theology* 3,
                345–357 ⟨85/103⟩
Nietzsche, Friedrich
    1884–88   *Gesammelte Werke.* München: Musarion ⟨67⟩
    1926   *Der Wille zur Macht. Versuch einer Umwerthung aller Werthe. Drittes und Viertes
                Buch.* In Nietzsche 1884–88, Bd. 19 ⟨67⟩
Nishimura, H.
    1980   Sequential method in quantum logic. *J.Symb.Log.* 45, 339–352 ⟨75⟩
Nizolius, Maurius
    1956   *De veriis principiis et vera ratione philosophandi.* Romae: Fratelli Bocca [1553] ⟨7⟩
    1980   *Vier Bücher über die wahren Prinzipien und die wahre philosophische Methode gegen
                die Pseudophilosophen.* München: Fink ⟨7⟩
Noble, Cecil A. M.
    1978   *Sprachskepsis und Dichtung der Moderne.* München: Edition Text und Kritik (Zu-
                sammenhänge der dt. Literatur 1) ⟨107⟩
    1985   Möglichkeiten des modernen Stils. *Jb. für Internationale Germanistik* 17, 77–104
                ⟨107⟩
Noiré, Ludwig
    1874   *Die Welt als Entwicklung des Geistes: Bausteine zu einer monistischen Weltanschau-
                ung.* Leipzig: Veit & Co. ⟨9⟩
    1875   *Der monistische Gedanke: Eine Concordanz der Philosophie Schopenhauer's, Darwin's,
                R. Mayer's und L. Geiger's.* Leipzig: Veit & Co. ⟨9⟩
    1877   *Der Ursprung der Sprache.* Mainz: Victor von Zabern ⟨9⟩
    1882   *Die Lehre Kants und der Ursprung der Vernunft.* Mainz: Victor von Zabern ⟨13⟩
    ²1884   *Einleitung und Begründung einer monistischen Erkenntniß-Theorie.* Mainz: Victor von
                Zabern [1877] ⟨9⟩
    1885   *Logos: Ursprung und Wesen der Begriffe.* Leipzig: Wilhelm Engelmann ⟨9⟩
Noonan, Harold
    1980   *Objects and Identity.* The Hague: Martinus Nijhoff ⟨83⟩
    1985   Wiggins, artefact identity and 'best candidate' theories. *Analysis* 45, 4–8 ⟨83⟩
Noreen, Adolf
    1903   *Vart Sprak.* Lund: C. W. K. Gleerup ⟨62.1⟩
Nöth, Winfried
    1976   Alice im Wunderland der Zeichen. *Semiosis* 7/2, 21–34 ⟨107⟩
    1985   *Handbuch der Semiotik.* Stuttgart: Metzler ⟨114⟩
    1990   *Handbook of Semiotics.* Bloomington, Ind.: Indiana UP ⟨114⟩
Nothdurft, Werner
    1986a   Das Muster im Kopf? Zur Rolle von Wissen und Denken bei der Konstitution inter-
                aktiver Muster. In Kallmeyer (Hg.) 1986, 92–116 ⟨56⟩

1986b   Zündstoff. Das Management explosiver Sachverhalte in Schlichtungsgesprächen. In
          Schöne (Hg.) 1985, 12−23 ⟨56⟩

Novack, George
1978   *An Introduction to the Logic of Marxism.* New York: Pathfinder Pr. [1971] ⟨83⟩

Nováková, Julie
1964   *Umbra. Ein Beitrag zur dichterischen Semantik.* Berlin: Akad.-Vlg. (Dt. Akad. der
          Wiss. zu Berlin. Schriften der Sektion für Altertumswissenschaft 36) ⟨107⟩

Novalis
³1977   *Schriften.* Hg. Paul Kluckhohn / Richard Samuel. Stuttgart: Kohlhammer ⟨107⟩

Novotny, Fritz
²1970   *Cézanne und das Ende der wissenschaftlichen Perspektive.* Wien/München: Anton
          Schroll ⟨108⟩

Nowak, Reinhard
1981   *Grenzen der Sprachanalyse.* Tübingen: Gunter Narr Vlg. ⟨120⟩

Nozick, Robert
1969   Newcomb's problem and two principles of choice. In Rescher (ed.) 1969, 114−146
          ⟨89⟩
1981   *Philosophical Explanations.* Cambridge, MA: Harvard UP ⟨79⟩

Nuchelmans, Gabriel
1973   *Theories of the Proposition. Ancient and Medieval Conceptions of the Bearers of Truth
          and Falsity.* Amsterdam/London: North-Holland ⟨2/4/20/21/61/87⟩
1976   *Wijsbegeerte En Taal. Twaalf Studies.* Meppel: Boom ⟨21⟩
1980   *Late Scholastic and Humanist Theories of the Proposition.* Amsterdam/Oxford/New
          York: North-Holland ⟨4/7/61⟩
1982   The semantics of propositions. In Kenny/Kretzmann/Pinborg/Stump (eds.) 1982,
          197−210 ⟨4⟩
1983   *Judgement and Proposition. From Descartes to Kant.* Amsterdam: North-Holland
          ⟨61⟩

Nüsse, Heinrich
1962   *Die Sprachtheorie Friedrich Schlegels.* Heidelberg: Winter (Germanische Bibliothek,
          Dritte Reihe) ⟨13⟩

Nute, Donald
1975   Counterfactuals. *Notre Dame J. Formal Logic* 16, 476−482 ⟨89⟩
1980   *Topics in Conditional Logic.* Dordrecht: D. Reidel
1984   Conditional logic. In Gabbay/Guenther (eds.) 1984 II, 387−439 ⟨89⟩

Nyāya Bhāsya, s. Vātsyāyana 1982; 1984 ⟨5/42/43⟩

Nyāya Sūtra, s. Vātsyāyana 1982; 1984 ⟨5/42/43⟩

Nyiri, J. C. (ed.)
1986   *Von Bolzano zu Wittgenstein: Zur Tradition der österreichischen Philosophie.* Wien:
          Hölder-Pichler Kempski ⟨35⟩

Oblau, Gotthard
1979   Erkenntnis- und Kommunikationsfunktion der Sprache in Franz Kafkas *Der Prozeß.*
          In Heintz (Hg.) 1979, 209−229 ⟨107⟩

O'Brien, Conor Cruise
1985   Virtue and terror. *The New York Review of Books* Sept. 26, 28−31 ⟨47⟩

Ockham, William von
1965   The Elementarium Logicae of Ockham I. Ed. E. M. Buytaert. *Franciscan Studies* 25
          (III), 151−276 ⟨21⟩
1967   *Scriptum In Librum Primum Sententiarum. Ordinatio, Prologus Et Distinctio I.* Ed.
          G. Gál adlaborante S. Brown. St. Bonaventure, N. Y.: St. Bonaventure U. ⟨21⟩
1970   *Scriptum In Librum Primum Sententiarum. Ordinatio, Prologus Et Distinctio II−III.*
          Ed. G. Gál adlaborante S. Brown. St. Bonaventure, N. Y.: St. Bonaventure U. ⟨21⟩

1974   *Summa Logicae*. Ed. Ph. Boehner / G. Gál / St. Brown. St. Bonaventure, New York
          [1324−1327] ⟨21⟩

1978   *Expositionis in libros artis logicae prooemium ert expositio in librum Porphyrii de*
          praedicabilibus. Ed. Ernestus A. Moody. St. Bonaventure, N. Y.: St. Bonaventure U.
          ⟨21⟩

1980   *Quodlibeta Septem*. Ed. J. C. Wey. St. Bonaventure, N. Y: St. Bonaventure U. ⟨21⟩

1984   *Summa Logicae. Summe der Logik. Aus Teil I: Über die Termini*. Hg. P. Kunze. Ham-
          burg: Meiner ⟨40/100⟩

1990   *Philosophical Writings*. Ed. Philotheus Boehner. Indianapolis/Cambridge: Hackett
          ⟨10⟩

O'Connor, D. J.
1975   *The Correspondence Theory of Truth*. London. Hutchinson ⟨69⟩

Oddie, G.
1986   *Likeness to Truth*. Dordrecht: D. Reidel ⟨75⟩

Odegard, D.
1970   Locke and the signification of words. *Locke Newsletter* 1, 11−17 ⟨22⟩

Oden, G. C.
1987   Semantic constraints and judged preference for interpretations of ambiguous senten-
          ces. *Memory and Cognition* 6, 26−37 ⟨98⟩

Oehler, Klaus
1962   *Die Lehre vom noetischen und dianoetischen Denken bei Platon und Aristoteles. Ein*
          Beitrag zur Erforschung der Geschichte des Bewußtseinsproblems in der Antike. Mün-
          chen: C. H. Beck ⟨16⟩

1963   *Ein Mensch zeugt einen Menschen. Über den Mißbrauch der Sprachanalyse in der*
          Aristotelesforschung. Frankfurt a.M.: Klostermann ⟨15⟩

1981   Logic of relations and inference from signs in Aristotele. *Ars Semeiotica* 4(3). 1981,
          103−146 ⟨16⟩

1982a   Die Aktualität der antiken Semiotik. *Z. Semiotik* 4, 215−219 ⟨16⟩

1982b   Die Anfänge der Relationenlogik und der Zeichenschluß bei Aristoteles. *Z. Semiotik*
          4, 259−266 ⟨15⟩

1984   *Aristoteles' Kategorien*. Übersetzt u. erläutert von K. Oehler. Berlin: Akad.-Vlg.
          [²1986 geänderte Paginierung] ⟨15/85/103⟩

1986   Art. 'Aristotle'. In Sebeok (ed.) 1986, 52−54 ⟨16⟩

Oehler, Klaus (Hg.)
1984   *Zeichen und Realität*. Tübingen: Stauffenburg Vlg. ⟨78⟩

Oehm, Heidemarie
1976   *Die Kunsttheorie Carl Einsteins*. München: Fink ⟨107⟩

Oelmann, Ute Maria
1980   *Deutsche poetologische Lyrik nach 1945: Ingeborg Bachmann, Günter Eich, Paul Ce-*
          lan. Stuttgart: Akademischer Vlg. Hans-Dieter Heinz. (Stuttgarter Arbeiten zur Ger-
          manistik Nr. 74) ⟨107⟩

Oelmüller, Willi (Hg.)
1981   *Kolloquium Kunst und Philosophie I: Ästhetische Erfahrung*. Paderborn/München/
          Wien/Zürich: Ferdinand Schöningh Vlg. ⟨105⟩

1982   *Kolloquium Kunst und Philosophie II. Ästhetischer Schein*. Paderborn/München/
          Wien/Zürich: Ferdinand Schöningh Vlg. ⟨108⟩

1983   *Kolloquium Kunst und Philosophie III. Das Kunstwerk*. Paderborn/München/Wien/
          Zürich: Ferdinand Schöningh Vlg. ⟨108⟩

Oehrle, R. T. / Bach, Emmon / Wheeler, D. (eds.)
1988   *Categorial Grammars and Natural Language Structures*. Dordrecht: D. Reidel ⟨111⟩

Oesterreicher, Wulf
1981   Wem gehört Humboldt? Zum Einfluß der französischen Aufklärung auf die Sprach-
          philosophie der dt. Romantik. In Trabant (Hg.) 1981, 117−135 ⟨13⟩

Oevermann, Ulrich
1972   *Sprache und soziale Herkunft*. Frankfurt a.M.: Suhrkamp ⟨56⟩

O'Flaherty, James C.
1966   *Unity and Language. A Study in the Philosophy of Johann Georg Hamann*. New York: AMS Pr. [1952] ⟨25⟩
1978   Language and reason in the thought of Hamann. In Alt/Phelps (eds.) 1978, 86–104 ⟨25⟩
1979   *Johann Georg Hamann*. Boston: Twayne Publ. ⟨25⟩

Ogden, Charles Kay / Richards Ivor Armstrong
1956   *The Meaning of Meaning: A Study of the Influence of Language upon Thought and of the Science of Symbolism*. London: Routledge & Kegan Paul [1923] ⟨50/67/90⟩

Ohsuga, S. et al. (eds.)
1992   *Information Modelling and Knowledge Bases III*. Amsterdam: IOS Pr. ⟨96.2⟩

Olbrechts-Tyteca, Lucie
1974   *Le comique du discours*. Bruxelles: Éditions de l'Université de Bruxelles ⟨47⟩

Olbrechts-Tyteca, Lucie et al.
1963   *La théorie de l'argumentation*. (= Log.anal. N. S. 21–24) ⟨112⟩

Olender, Maurice
1989   *Les langues du Paradis. Aryens et Sémit: un couple providentiel*. Préface de J.-P. Vernant. Paris: Éd. du Seuil ⟨66⟩
1991   Georges Dumézil et les usages 'politiques' de la préhistoire indo-européenne. In Droit (éd.) 1991, 85–97 ⟨66⟩
1993a   Usages 'politiques' de la préhistoire indo-européenne. In Wieviorka (éd.) 1993, 85–97 ⟨66⟩
1993b   L'Europe ou comment échapper à Babel. *L'infini* 44, 106–123 ⟨66⟩
1994   *Die Sprachen des Paradieses*. Frankfurt a.M.: Campus ⟨66⟩

Olivetti, Marco Maria
1970   *L'esito teologico della filosofia del linguaggio di Jacobi*. Padua: Cedam ⟨13⟩

Ollig, Hans-Ludwig
1979   *Der Neukantianismus*. Stuttgart: Metzler ⟨37⟩

Olshewsky, T. M. (ed.)
1969   *Problems in the Philosophy of Language*. New York: Holt, Rinehart & Winston [1960] ⟨50⟩

Olson, Kenneth Russell
1987   *An Essay on Facts*. Stanford: Center for the Study of Language and Information ⟨61⟩

O'Meara, John J.
1954   *The Young Augustine. The Growth of St. Augustine's Mind up to his Conversion*. New York/London: Longmans, Green ⟨16⟩

O'Meara, Maureen F.
1976   *Le Taureau blanc* and the Activity of Language. *Studies on Voltaire and the Eighteenth Century* 148, 115–175 ⟨107⟩

Ong, Walter J.
1958   *Ramus, Method, and the Decay of Dialogue. From the Art of Discourse to the Art of Reason*. Cambridge, MA: Harvard UP ⟨47⟩
1982   *Orality and Literacy. The Technologizing of the Word*. London/New York: Methuen ⟨47⟩

Onians, Richard Broxten
1988   *The Origins of European Thought About the Body, the Mind, the Soul, the World, Time, and Fate: New Interpretations of Greek, Roman & Kindred Evidence. Also Of Some Basic Jewish & Christian Beliefs*. Cambridge/New York: Cambridge UP [1951] ⟨1⟩

Opałek, Kazimierz
1986   *Theorie der Direktiven und der Normen*. Wien/New York: Springer ⟨102⟩

Oppel, Horst
1968   Englische und deutsche Romantik. Gemeinsamkeiten und Unterschiede. Riese/Riesner (Hg.) 1968, 25–44 ⟨13⟩

Orth, Ernst Wolfgang
1985   Zur Konzeption der Cassirerschen Philosophie der symbolischen Formen. In Cassi-
        rer 1985b, 165−201 ⟨37⟩
1988   Operative Begriffe in Ernst Cassirers Philosophie der symbolischen Formen. In
        Braun/Holzhey/Orth (Hg.) 1988, 45−74 ⟨37⟩
1989   Einheit und Vielheit der Kulturen in der Sicht Edmund Husserls und Ernst Cassirers.
        In Jamme/Pöggeler (Hg.) 1989, 332−351 ⟨37⟩
1990   Der Begriff der Kulturphilosophie bei Ernst Cassirer. In Brackert/Wefelmeyer 1990,
        156−191 ⟨37⟩
1991   Philosophische Anthropologie als Erste Philosophie. Ein Vergleich zwischen Ernst
        Cassirer und Helmuth Plessner. *Dilthey-Jb.* 7 (1990/91), 250−274 ⟨37⟩

Ortony, Andrew (ed.)
1979   *Metaphor and Thought.* Cambridge: UP ⟨11/85/91/103⟩

Osborne, Harold (ed.)
1972   *Aesthetics.* London: UP ⟨105⟩

Osherson, Daniel N. / Smith, Edward E. (eds.)
1990   *An Invitation to Cognitive Science I−III.* Cambridge, MA: MIT ⟨71⟩

Oskarson Hood Gallery / Galery Nordenhake (eds.)
1982   *Color: Four Painters.* New York/Malmö: Oskarson Hood Gallery/ Galery Norden-
        hake ⟨108⟩

Osthoff, Hermann / Brugmann, Karl
1977   Vorwort zu *Morphologische Untersuchungen.* In Christmann (Hg.) 1977, 190−208
        ⟨51⟩

Otto, Stephan
1983   Rhetorische Techne oder Philosophie sprachlicher Darstellungskraft? Zur Rekon-
        struktion des Sprachhumanismus der Renaissance. *Z.philos.Forsch.* 37, 497−514 ⟨7⟩

Owen, Gwil E. L.
1960   Eleatic questions. *Classical Quartely* N. S. 10, 84−102 / auch in Allen/Furley (eds.)
        1975, 48−81 ⟨1⟩
1960a   Logic and metaphysics in some earlier works of Aristotle. In Düring (ed.) 1960,
        163−190 ⟨85/103⟩
1970   Plato on not-being. In Vlastos (ed.) 1970, 22−267 ⟨14⟩

Owens, Joseph
1963   *An Elementary Christian Metaphysics.* Milwaukee: The Bruce Publ. Co. ⟨85/103⟩

Pachet, Pierre
1975   La deixis selon Zénon et Chrysippe. *Phronesis* 20, 241−246 ⟨2⟩

Pacholski, L. / Wierzejewski, J. / Wilkie, A. J. (eds.)
1980   *Model Theory of Algebra and Arithmetic.* (Proc. of Conference on Applications of
        Logic to Algebra and Arithmetic, Karpacz, Poland 1979) Berlin: Springer ⟨75⟩

Padley, G. Arthur
1985   Universal grammar. In Padley 1985a, 219−381 ⟨64⟩
1985a   *Grammatical Theory in Western Europe 1500−1700: Trends in Vernacular Grammar
        I.* Cambridge: UP [1976] ⟨64

Paetzold, Heinz
1981   Sprache als symbolische Form. *Philosophisches Jb.* 88, 301−15 ⟨37⟩
1985   Locke und Berkeley über Zeichen. In Dutz/Schmitter (eds.) 1985, 149−181 ⟨11⟩

Pagani, Ileana
1982   *La teoria linguistica di Dante: De vulgari eloquentia. Discussioni, scelte, proposte.*
        Napoli: Liguori ⟨107⟩

Pagliaro, Antonio
1961   Lingua e posia secondo G. B. Vico. In Pagliaro 1961a, 299−444 ⟨24⟩
1961a   *Altri saggi di critica semantica.* Messina/Florenz: G. D'Anna ⟨24⟩

Palmer, Humphrey
1973   *Analogy. A Study of Qualification and Argument in Theology.* London: Macmillan ⟨85/103⟩

Panacchio, Claude
1980   Occam et les démonstratifs. *HL* 7(1/2), 189−200 ⟨21⟩
1988   La question du nominalisme. *Encyclopédie philosophique I.* Paris: PUF ⟨61⟩
1990   Supposition naturelle et signification occamiste. In Bursill-Hall/Ebbesen/Koerner (eds.) 1990, 255−269 ⟨4⟩

Pāṇini
²1966   *Aṣṭādhyāyī: La grammaire de Pāṇini traduite du sanskrit avec des extraits des commentaires indigènes par Louis Renou [1948−54].* Paris: École Française d'Extrême-Orient ⟨5/17/43/62.2/
1977   *The Aṣṭādhyāyī of Pāṇini.* Ed. & transl. Shrisa Chandra Vasu [1891]. Delhi: Motilal Banarsidass ⟨5/62.2⟩

Pannenberg, Wolfhart
1983   *Anthropologie in theologischer Perspektive.* Göttingen: Vandenhoeck & Ruprecht ⟨85/103⟩

Panofsky, Erwin
1964a   *Aufsätze zu Grundfragen der Kunstwissenschaft.* Zusammengestellt und hg. v. Hariol Oberer und Egon Verheyen. Berlin: Bruno Hessling ⟨108⟩
1964b   Zum Problem der Beschreibung und Inhaltsdeutung von Werken der bildenden Kunst. In Panofsky 1964a, 85−97 ⟨108⟩

Panthel, Hans W.
1973   *Rainer Maria Rilke und Maurice Maeterlinck.* Berlin: E. Schmidt (Philologische Studien und Quellen, H. 73) ⟨107⟩

Paolozzi, Eduardo
1965   *As Is When. A Series of Screen Prints of the Life and Writings of Ludwig Wittgenstein.* London: Edition Alecto ⟨108⟩

Pape, Helmut
1980   Peirce und Russell über die Funktion von Logik und Deixis in der Identifikation singulärer Objekte. *Kodikas/Code* 2, 145−154 ⟨32⟩

Paqué, Rupert
1970   *Das Pariser Nominalistenstatut. Zur Entstehung des Realitätsbegriffs der neuzeitlichen Naturwissenschaft (Occam, Buridan und Petrus Hispanus, Nikolaus von Autrecourt und Gregor von Rimini).* Berlin: de Gruyter ⟨40⟩

Parain, Brice
1942a   *Essai sur le logos platonicien.* Paris: Gallimard
1942b   *Recherches sur la nature et les fonctions du langage.* Paris: Gallimard
1969   *Untersuchungen über Natur und Funktion der Sprache.* Stuttgart: Ernst Klett Vlg.

Pareto, Vilfredo
1963   *A Treatise on General Sociology.* New York: Dover ⟨101⟩

Parfit, Derek
1984   *Reasons and Persons.* Oxford: Clarendon ⟨83⟩

Pariente, Jean-Claude
1969   Présentation de l'ouvrage. In Pariente (éd.) 1969, 7−36 ⟨37⟩
1973   *Le langage et l'individuel.* Paris: Librairie Armand Colin ⟨44⟩
1985   *L'analyse du langage à Port Royal.* Paris: Éditions de Minuit ⟨12/44⟩

Pariente, Jean-Claude (éd.)
1969   *Essais sur le langage.* Paris: Les Éditions de Minuit ⟨37⟩

Parikh, R.
1981   Propositional dynamic logics of programs a survey. In Engeler (ed.), 102−144 ⟨75⟩

Parikh, R. (ed.)
1975   *Logic Colloquium.* Berlin: Springer ⟨111⟩

Paris, J. B. / Wilkie, A. J. / Wilmers, G. M. (eds.)
1986   *Logic Colloquium '84.* Amsterdam: North-Holland ⟨111⟩

Park, Robert E. / Burgess, Ernest W.
1921   *Introduction to the Science of Sociology.* Chicago: UP ⟨52⟩

Parkinson, Franck
1972   Linguistic and mathematical infinity. *CFF* 27, 55−64 ⟨12⟩

Parma, Christian
1971   *Pronoia und providentia. Der Vorsehungsbegriff Plotins und Augustins.* Leiden: Brill ⟨16⟩

Parmenides
1985   *Über das Sein. Griechisch und deutsch.* Stuttgart: Philipp Reclam ⟨112⟩

Parret, Herman
1973   Expression et articulation. Une confrontation des points de vue husserlien et saussu-rien concernant la langue et le discours. *Revue Philosophique de Louvain* 71, 72−113 ⟨77⟩
1974   *Discussing Language.* The Hague/Paris: Mouton ⟨56⟩
1976   Le débat de la psychologie et de la logique concernant le langage: Marty et Husserl. In Parret (ed.) 1976, 732−771 ⟨33⟩
1980   Connaissance et contextualité. In Parret et al. (éds.) 1980, 9−189 ⟨92⟩
1982   Les positions paradigmatiques de la linguistique et son idéologie essentielle. *Ideolo-gia, filosofia e linguistica.* Atti del convegno internazionale di studi, Rende 15−17 settembre 1978. Roma: Bulzoni, 69−89 ⟨11⟩
1987   Argumentation and narrativity. In van Eemeren (ed.) 1987, 165−175 ⟨85/103⟩

Parret, Herman (ed.)
1970/76   *History of Linguistic Thought and Contemporary Linguistics.* Berlin/New York: de Gruyter ⟨9/12/33/44⟩
1980   *Meaning and Understanding.* Berlin/New York: de Gruyter ⟨94⟩
1983   *On Believing: Epistemological and Semiotic Approaches.* Berlin/New York: de Gruy-ter ⟨79⟩

Parret, Herman et al. (éds.)
1980   *Le langage en contexte.* Amsterdam: Benjamins ⟨92⟩

Parret, Herman / Bouveresse, Jacques (eds.)
1981   *Meaning and Understanding.* Berlin/New York: de Gruyter ⟨53/84/94⟩

Parret, Herman / Verschueren, Jef (eds.)
1992   *(On) Searle on Conversation.* Amsterdam/Philadelphia: Benjamins ⟨96.1⟩

Parsons, Talcott
1937   *The Structure of Social Action.* New York: McGraw-Hill ⟨49⟩
1951   *The Social System.* Glencoe, Ill.: The Free Press ⟨90⟩

Parsons, Terence D.
1979   An analysis of mass terms and amount terms. In Pelletier (ed.) 1979, 137−166 ⟨76⟩
1980   Frege's hierarchies of indirect senses and the paradox of analysis. In French/Uehling/Wettstein (eds.) 1980, 37−57 ⟨34⟩
1980a   *Nonexistent Objects.* New Haven: Yale UP ⟨75/106/120⟩
1984   Why Frege should not have said „The concept horse is not a concept". In Wechsung (ed.) 1984, 246−252 ⟨34⟩
1987   Frege vs. Meinong. *Z.Semiotik* 9, 51−66 ⟨120⟩

Partee, Barbara Hall
1973   Some structural analogies between tenses and pronouns in English. *J.Philos.* 70, 601−609 ⟨113⟩
1984   Nominal and temporal anaphora. *Ling.Phil.* 7, 243−286 ⟨113⟩

Partee, Barbara Hall (ed.)
1976   *Montague Grammar.* New York: Academic Pr.. ⟨88⟩

Partridge, Derek / Wilks, Yorick (eds.)
1990   *The Foundations of Artificial Intelligence.* Cambridge: UP ⟨117⟩

Paschek, Carl
1967   *Der Einfluß Jakob Böhmes auf das Werk Friedrich von Hardenbergs (Novalis)*. Phil. Diss. U. Bonn ⟨107⟩
1976   Novalis und Böhme. Zur Bedeutung der systematischen Böhmelektüre für die Dichtung des späten Novalis. *Jb. des freien dt. Hochstifts* 1976, 138−167 ⟨107⟩

Pasquino, Pasquale
1978   Le statut ontologique des incorporels. In Brunschwig (éd.) 1978, 375−386 ⟨2⟩

Passkönig, Oswald
1912   *Die Psychologie Wilhelm Wundts*. Leipzig: Sigismund & Volkening ⟨31⟩

Passmore, John
1961   *Philosophical Reasoning*. London: Duckworth ⟨61⟩

Pasternack, Gerhard
1975   *Theoriebildung in der Literaturwissenschaft. Einführung in Grundfragen des Interpretationspluralismus*. München: Fink ⟨106⟩
1979   *Interpretation*. München: Fink ⟨106⟩

Patañjali I, s. Filliozat 1975−80, s. Joshi/Roodbergen 1968−86; Patañjali II, s. Deussen 1914

Pateman, Trevor
1987   *Language in Mind and Language in Society. Studies in Linguistic Reproduction*. Oxford: Clarendon ⟨1⟩

Pater, Wim de
1965   *Les Topiques d'Aristote et la dialectique platonicienne. La méthodologie de la définition*. Fribourg: Ed. St.Paul ⟨85/103⟩
1971   *Theologische Sprachlogik*. München: Kösel ⟨85/103⟩
1976   Wissenschaftstheoretisches zu Theologie und Glauben. Neuere Entwicklungen. *Linguistica Biblica* 37, 69−102 ⟨85/103⟩
²1988   *Reden von Gott. Reflexionen zur analytischen Philosophie der religiösen Sprache*. Bonn: Linguistica Biblica ⟨85/103⟩

Patnaik, Tandra
1994   *Śabda. A Study of Bhartṛhari 's Philosophy of Language*. New Delhi: DK Agencies (P) Ltd. ⟨17/63⟩

Patzig, Günther
1971   *Ethik ohne Metaphysik*. Göttingen: Vandenhoeck & Ruprecht ⟨106⟩

Pätzold, Hartmut
1976   *Theorie und Praxis moderner Schreibweisen. Am Beispiel von Siegfried Lenz und Helmut Heißenbüttel*. Bonn: Bouvier (Literatur und Wirklichkeit Bd. 15) ⟨107⟩

Pauget, Michèle
1984   *L'interrogation sur l'art dans l'œuvre essayistique de Hugo von Hofmannsthal*. Analyse de configurations. Frankfurt a.M./Bern/New York: Peter Lang. (Analysen und Dokumente. Beiträge zur Neueren Literatur 16) ⟨107⟩
1986   Der Brief des Lord Chandos in seinem Verhältnis zum mythischen Denken. Seine Aktualität im Französischen Sprachraum. In Scheichl/Stieg (Hg.) 1986, 99−113 ⟨107⟩

Paul, Hermann
1880   Prinzipien der Sprachgeschichte. Halle ⟨62.1⟩
1910   Über Völkerpsychologie. *Süddt. Monatshefte* 7(10), 363−373 ⟨31⟩
⁵1920   *Prinzipien der Sprachgeschichte*. Halle a.S.: Niemeyer [1880] ⟨31⟩
⁶1960/⁸68 *Prinzipien der Sprachgeschichte*. Tübingen: Niemeyer ⟨36/51⟩

Pauli, T. (ed.)
1982   *Philosophical Essays Dedicated to Lennart Åqvist on his Fiftieth Birthday*. Philosophical Studies No. 34. Philosophy Society and Department of Philosophy: Uppsala U. ⟨75⟩

Paulos, J. A.
1981   Probabilistic, truth-value, and standard semantics and the primacy of predicate logic. *Notre Dame J. Formal Logic* 22, 11−16 ⟨75⟩

Paulsen, Wolfgang (Hg.)
  1980   *Österreichische Gegenwart. Die moderne Literatur und ihr Verhältnis zur Tradition.*
           Bern/München: Francke ⟨107⟩
Paulus Venetus
  1984   *Logica Parva.* Ed. A. R. Perreiah. München/Wien: Philosophia ⟨40⟩
Pavel, Thomas G.
  1979   Fiction and the causal theory of names. *Poetics* 8, 179–191 ⟨106⟩
Pavlov, Ivan P.
  1927   *Conditioned Reflexes.* London: UP ⟨90⟩
Pawlak, Z.
  1991   *Rough Sets. Theoretical Aspects of Reasoning about Data.* Dordrecht: Kluwer Acade-
           mic Publ. ⟨111⟩
Peacocke, Christopher
  1981   Demonstrative thought and psychological explanation. *Synthese* 49, 187–217 ⟨78⟩
  1983   *Sense and Content: Experience, Thought, and their Relations.* Oxford: UP ⟨79⟩
Pearce, David / Rantala, Veikko
  1983   Constructing general models of theory dynamics. *Stud. Log.* 42, 347–362 ⟨75⟩
Pearl, Judea
  1988   *Probabilistic Reasoning in Intelligent Systems.* San Mateo/Calif: Morgan Kaufmann
           Publ. ⟨89⟩
Pears, David
  1979   Wittgenstein's picture theory and Russell's theory of knowledge. In Berghel/Hübner/
           Köhler 1979, 101–107 ⟨39⟩
  1987   *The False Prison.* Oxford: Clarendon ⟨39⟩
Pears, David (ed.)
  1970   *Bertrand Russell: A Collection of Critical Essays.* Garden City, N. J.: Doubleday
           ⟨88⟩
Peck, Jeffrey M.
  1979   *Hermeneutic Theory and Practice: Language and Understanding in Kleist, Grillparzer,
           and Fontane.* Ph. D. U. of California, Berkeley ⟨107⟩
Peirce, Charles Sanders
  1877   The fixation of belief. *Popular Science Monthly* 12, 1–15 / dt. Übers. in Peirce 1967/
           70 I, 293–325 ⟨69⟩
  1902   Vague. In Baldwin (ed.) 1902, 748 ⟨98⟩
  1931–35 *Collected Papers of Charles Sanders Peirce I–VI [CP].* Ed. Ch. Hartshorne /
           P. Weiss. Cambridge, MA: Harvard UP ⟨32/47/50/52/69/77/79/90/91/98/114⟩
  1958   *Collected Papers of Charles Sanders Peirce VII–VIII [CP].* Ed. A. W. Burks. Cam-
           bridge, MA: Harvard UP ⟨32/69⟩
  1967/70 *Schriften I/II.* Hg. K. O. Apel. Frankfurt a.M.: Suhrkamp ⟨53/69⟩
  1976a   *The New Elements of Mathematics IV.* Ed. C. Eisele. The Hague/Paris: Mouton ⟨32⟩
  1976b   *Schriften zum Pragmatismus und Pragmatizismus.* Hg. H. Pape. Frankfurt a.M.:
           Suhrkamp ⟨52⟩
  1977   *Semiotics and Significs. The Correspondance between Charles S. Peirce and Victoria
           Lady Welby.* Bloomington, London: Indiana UP ⟨32⟩
  1982ff   *Writings of Charles Sanders Peirce. A Chronological Edition.* Hg. Max H. Fisch /
           Edward C. Moore / Christian J. W. Kloesel et al.). Bloomington: Indiana UP ⟨32⟩
  1983   *Phänomen und Logik der Zeichen.* Hg. H. Pape. Frankfurt a.M.: Suhrkamp ⟨32⟩
Peixoto, M. M. (ed.)
  1973   *Dynamic Systems.* London: Academic Pr. ⟨88⟩
Pelc, Jerzy
  1981   Prolegomena to a definition of the concept of sign. In Annemarie Lange-Seidl (Hg.)
           1981, 45–52 ⟨90⟩
  1986   Iconicity: iconic signs or iconic uses of signs. In Bouissac/Herzfeld/Posner (eds.)
           1986, 7–15 ⟨90⟩

Pelc, Jerzy (ed.)
1977   *Studia Semiotyczne VII.* Wrocław: Ossolineum ⟨90⟩

Peller, Lilly
1966   Freud's contribution to language theory. *The Psychoanalytic Study of the Child* 21, 448–467 ⟨109⟩

Pelletier, Francis Jeffry
1979   Non-singular reference: some preliminaries. In Pelletier (ed.) 1979, 1–14 ⟨76⟩

Pelletier, Francis Jeffry (ed.)
1979   *Mass Terms: Some Philosophical Problems.* Dordrecht D. Reidel ⟨76⟩

Pelster, Theodor
1970   Das Motiv der Sprachnot in der modernen Lyrik. *Der Deutschunterricht* 22(1), 38–58 ⟨107⟩

Pendlebury, Michael
1982   Indexical reference and the ontology of belief. *South African J. of Philos.* 1, 65–74 ⟨79⟩

Penn, Julia
1972   *Linguistic Relativity vs. Innate Ideas. The Origin of the Sapir-Whorf Hypothesis in German Thought.* The Hague/Paris: Mouton ⟨8⟩

Perelman, Chaim
1976   *Logique juridique − nouvelle rhétorique.* Paris: Dalloz ⟨102⟩
1979   *Juristische* Logik als *Argumentationslehre.* Freiburg/München: Alber ⟨102⟩

Perelman, Chaim / Olbrechts-Tyteca, Lucie
1952   *Rhétorique et Philosophie.* Paris: PUF ⟨102⟩
1958   *La Nouvelle Rhétorique: Traite de l'Argumention.* Paris: PUF ⟨47/102/112⟩
1969   *The New Rhetoric. A Treatise on Argumentation I/II.* Notre Dame, Ind.: Univ. of Notre Dame Pr. ⟨47/112⟩

Perfetti, C. A. / Goodman, D.
1970   Semantic constraints on the decoding of ambiguous words. *J. of Experimental Psychology* 86, 420–427 ⟨98⟩

Perl, Walter H.
1971   Der österreichische Symbolismus 1890–1900. *Duitse Kroniek* 23, 133–143 ⟨107⟩

Perler, Dominik
1990   *Satztheorien. Texte zur Sprachphilosophie und Wissenschaftstheorie im 14. Jahrhundert.* Darmstadt: Wiss. Buchges. ⟨4⟩

Perpillou, Jean-Louis
1981   Compte rendu du livre de J. Haudry − *L'indo-européen. Bulletin de la Société de Linguistique de Paris* 76(2), 113–114 ⟨66⟩

Perreiah, Alan R.
1971   Approaches to supposition theory. *The New Scholasticism* 45(3), 381–408 ⟨40⟩
1984   Introduction. In Paulus Venetus 1984, 17–118 ⟨40⟩

Perri, Carmela
1978   On alluding. *Poetics* 7, 289–307 ⟨107⟩

Perry, John
1977   Frege on demonstratives. *Philos. Rev.* 86, 474–497 ⟨79/93⟩
1979   The problem of the essential indexical. *Nous* 13, 3–21 ⟨79⟩
1983   Castañeda on he and I. In Tomberlin (ed.) 1983, 15–39 ⟨79⟩

Perry, John (ed.)
1975   *Personal Identity.* Berkeley: U. of California Pr. ⟨83⟩

Pestalozzi, Karl
1958   *Sprachskepsis und Sprachmagie im Werk des jungen Hofmannsthal.* Zürich: Atlantis (Zürcher Beiträge zur dt. Sprache und Stilgeschichte 6) ⟨107⟩

Peter of Spain / Petrus Hispanus
1972   *Tractatus, Called Afterwards Summule Logicales.* Ed. L. M. de Rijk. Assen: Van Gorcum ⟨21/40⟩

Peters, F. E.
  1973   *Allah's Commonwealth: A History of Islam in the Near East 600−1100 A. D..* New York: Simon & Schuster ⟨3⟩

Peters, Hans Albert (Hg.)
  1976   *Holz = Kunst-Stoff.* Baden-Baden: Staatliche Kunsthalle ⟨108⟩

Peters, Jens-Peter
  1983   *Cassirer, Kant und Sprache. Ernst Cassirers* Philosophie der symbolischen Formen. Frankfurt a.M./Bern/New York: Peter Lang ⟨31/37⟩

Petersen, Peter
  1925   *Wilhelm Wundt und seine Zeit.* Stuttgart/Bad-Cannstatt: Friedrich Frommann Vlg. (Günther Holzboog) ⟨31⟩

Peterson, Philip L.
  1984   Semantic indeterminacy and scientific underdetermination. *Philos. Sci.* 51, 464−487 ⟨73⟩

Pétillon, Pierre-Yves
  1975   Hofmannsthal ou le règne du silence. Fragments à propos de Lord Chandos. *Critique* 31, 884−908 ⟨107⟩

Petrarca, Francesco
  1968   *Dichtung und Prosa.* Hg. Horst Heintze. Berlin: Rütten & Loening ⟨105⟩

Petras, John W.
  1968   John Dewey and the rise of interactionism in American social theory. *J. of the History of the Behavioral Sciences* 4, 18−27 ⟨52⟩

Pfaffel, Wilhelm
  1981   *Quartus gradus etymologiae. Untersuchungen zur Etymologie Varros in* De lingua Latina. Königstein/Ts.: Anton Hain ⟨2⟩

Pfefferkorn, Kristin
  1988   *Novalis: A Romantic's Theory of Language and Poetry.* New Haven/London: Yale UP ⟨107⟩

Pfeiffer, Karl Ludwig
  1974   *Sprachtheorie, Wissenschaftstheorie und das Problem der Textinterpretation.* Amsterdam: Rodopi ⟨106⟩

Pfeiffer, R.
  1976   *History of Classical Scholarship, from 1300 to 1850.* Oxford: Clarendon ⟨7⟩

Pfersmann, Otto
  1992   Peut-on subsumer les normes enforçables sous les concepts de 'jeu de langage', 'règle'? In Sebestik/Soulez (eds.) 1992, 133−147 ⟨96.1⟩

Pfotenhauer, Helmut
  1983   Sprachsatire als Ursprung und Crux dramatischer Form. Überlegungen zu Karl Kraus. *Jb.dt.Schillerges.* 27, 326−344 ⟨107⟩

Philipse, Herman
  1982   The problem of occasional expressions in Edmund Husserl's *Logical Investigations. J. of the British Society for Phenomenology* 13, 168−185 ⟨79⟩

Philon von Alexandreia / Philon d'Alexandrie
  1961   *De praemiis et poenis.* Éd A. Beckaert. Paris: Cerf ⟨66⟩
  1962   *De sobrietate.* Éd. J. Gorez. Paris: Cerf ⟨66⟩
  1979   *Quaestiones et solutiones in Genesim.* Éd Ch. Mercier Paris: Cerf ⟨66⟩

Philosophie et Culture
  1983   *Philosophie et Culture.* Actes/Proceedings IV. XVIIe Congrès mondial de philosophie. Montreal: Editions Montmorency ⟨9⟩

Piaget, Jean
  1950   *Introduction à l'épistémologie génétique I−III.* Paris: PUF ⟨77⟩
  1952   *The Origin of Intelligence in Children.* New York: W. W. Norton ⟨116⟩
  1973   *Der Strukturalismus.* Olten: Walter ⟨37⟩

1974   *The Origins of Intelligence in Children.* New York: International Universities Pr.
            [1952] ⟨50⟩
1974a   *Understanding Causality.* New York: W. W. Norton ⟨93⟩
Piatelli-Palmarini, Massimo (éd.)
1979   *Théories du langage / Théories de l'apprentissage. Le débat entre Jean Piaget et Noam
            Chomsky.* Paris: Éd. du Seuil ⟨12⟩
1980   *Language and Learning: The Debate Between Jean Piaget and Noam Chomsky.* Cam-
            bridge, MA: Harvard UP ⟨72/99⟩
Pieretti, A.
1970   Argumentatione e filosofia in Johnstone. *Proteus* 1, 143−160 ⟨112⟩
Pilgersdorfer, Karla
1982   *Bemerkungen zu Elias Canettis Sprachauffassung in seinen Aufzeichnungen und in
            ausgewählten Essays.* Diss. Phil. U. Innsbruck ⟨107⟩
Pillay, A.
1983   *An Introduction to Stability Theory.* Oxford: Clarendon (Oxford Logic Guides, vol.
            8) ⟨75⟩
Pinborg, Jan
1962   Das Sprachdenken der Stoa und Augustins Dialektik. *Classica et Mediaevalia* 23,
            148−177 ⟨2/16⟩
1967   *Die Entwicklung der Sprachtheorie im Mittelalter.* Münster: Aschendorff / Kopenha-
            gen: Arne Frost-Hansen ⟨4/41⟩
1972   *Logik und Semantik im Mittelalter. Ein Überblick.* Stuttgart/Bad-Cannstatt: Friedrich
            Frommann Vlg. (Günther Holzboog) ⟨4/21/40/41/77⟩
1975a   Classical antiquity: Greece. In Sebeok (ed.) 1975, 69−126 ⟨2⟩
1975b   Die Logik der Modisten. *Studia Mediewistyczne* 16, 39−97 ⟨41⟩
1982   Speculative grammar. In Kenny/Kretzmann/Pinborg/Stump 1982, 254−269 ⟨4/41⟩
1984   *Medieval Semantics. Selected Studies on Medieval Logic and Grammar.* London: Va-
            riorum ⟨4⟩
Pindar
1992   *Siegeslieder. Griechisch − deutsch.* Hg. Dieter Bremer. München: Artemis & Winkler
            ⟨112⟩
Pinker, Steven / Prince, Alan
1988   On language and connectionism: Analysis of a parallel processing model of language
            acquisition. *Cognition* 28, 73−193 ⟨57⟩
Pinxten, Rik (ed.)
1976   *Universalism vs. Relativism in Language and Thought.* Proc. of a Colloquium on the
            Sapir-Whorf-Hypothesis. The Hague/Paris: Mouton ⟨58⟩
Piske, Irmgard
1989   *Offenbarung − Sprache − Vernunft. Zur Auseinandersetzung Hamanns mit Kant.*
            Frankfurt a.M./Bern/New York: Lang ⟨25⟩
Pitcher, George
1964   *The Philosophy of Wittgenstein.* Englewood Cliffs, N. J.: Prentice-Hall ⟨60⟩
1964/65   Wittgenstein, nonsense, and Lewis Carroll. *Massachusetts Review* 6, 591−611 ⟨107⟩
Pitcher, George (ed.)
1964   *Truth.* Englewood Cliffs, N. J.: Prentice-Hall ⟨69⟩
1966   *Wittgenstein: The Philosophical Investigations.* Garden City, N. Y.: Doubleday ⟨60⟩
Pitcher, George / Wood, Oscar P. (eds.)
1970   *Ryle.* New York: Doubleday ⟨60⟩
Pitt, Joseph (ed.)
1978   *The Philosophy of Wilfrid Sellars: Queries and Extensions.* Dordrecht: D. Reidel ⟨50⟩
Plantinga, Alvin
1969   De re et de dicto. *Nous* 3, 235−258 ⟨88⟩
1973   Transworld identity or worldbound individuals? In Munitz (ed.) 1973, 193−212 ⟨83⟩
1974   *The Natural of Necessity.* Oxford: Clarendon ⟨88⟩
1982   How to be an Anti-Realist? *Proc. and Addresses of the American Philos. Assoc.* 56,
            47−70 ⟨85/103⟩

Platon/Plato
 1978   *The Republic of Plato.* Transl. Francis MacDonald Cornford. London/Oxford/New
            York: UP ⟨118⟩
 ²1990   *Werke in acht Bänden. Griechisch und Deutsch.* Hg. Gunther Eigler. Darmstadt: Wiss.
            Buchges. ⟨104/112⟩
Platts, Mark
 1979   *Ways of Meaning.* London: Routledge & Kegan Paul ⟨70⟩
Platts, Mark (ed.)
 1980   *Reference, Truth and Reality.* London: Routledge & Kegan Paul ⟨78⟩
Pléh, Csaba
 1984   Die Sprachtheorie Karl Bühlers und die moderne Psycholinguistik. In Eschbach
            (Hg.) 1984, 282−316 ⟨31⟩
Plett, Heinrich F.
 1986   The Poetics of Quotation. *Annales Universitatis Scientiarum Budapestinensis.* Sectio
            linguistica 17, 293−313 ⟨107⟩
Plinius Secundus d. Ä., Gaius
 1978   *C. Plinii Secundi naturalis historiae Libri XXXVII. Liber XXXV, Buch XXXV: Natur-*
            kunde. Farben, Malerei, Plastik. Lateinisch-deutsch. Hg. Roderich König. München:
            Heimeran ⟨108⟩
Plot, Robert
 1677   *The Natural History of Oxford-shire.* Oxford: the Theater ⟨64⟩
Pöggeler, Otto (Hg.)
 1972   *Hermeneutische Philosophie.* München: Nymphenburg ⟨45⟩
Pohlenz, Max
 1939   Die Begründung der abendländischen Sprachlehre durch die Stoa. *Nachrichten von*
            der Ges. der Wiss. zu Göttingen, philol.-hist. Kl. I, NF III(6), 151−198 ⟨2⟩
 ⁴1970/72   *Die Stoa. Geschichte einer geistigen Bewegung I/II.* Göttingen: Vandenhoeck & Rup-
            recht [1948/49] ⟨2⟩
Polányi, Michael
 1958   *Personal Knowledge.* London: Routledge & Kegan Paul ⟨38⟩
Polányi, Michael / Prosch, Harry
 1977   *Meaning.* Chicago: UP ⟨68⟩
Polenz, Peter von
 1983   Die Sprachkrise um die Jahrhundertwende und das bürgerliche Bildungsdeutsch.
            Sprache und Literatur 52, 3−13 ⟨107⟩
Polheim, Karl Konrad (Hg.)
 1987   *Sinn und Symbol. Festschrift für Joseph P. Strelka.* Bern/Frankfurt a.M./New York/
            Paris: Peter Lang ⟨107⟩
Poliakov, Léon
 1971   *Le Mythe aryen. Essai sur les sources du racisme et des nationalismes.* Paris: Calmann-
            Lévy ⟨66⟩
 1993   *Der arische Mythos.* Wien: Junius ⟨66⟩
Politzer, Robert L.
 1963   On the linguistic philosophy of Maupertuis and its relation to the history of lingui-
            stic relativism. *Symposium* 17, 5−16 ⟨8⟩
Pollock, John L.
 1976   *Subjunctive Reasoning.* Dordrecht: D. Reidel ⟨89⟩
 1980   Thinking about an object. *Midw.Stud.Philos.* 5, 487−500 ⟨79⟩
 1984   *The Foundations of Philosophical Semantics.* Princeton: UP ⟨68⟩
Pollock, Thomas C.
 1942   *The Nature of Literature.* Princeton: UP ⟨106⟩
Pombo, Olga
 1987   *Leibniz and the Problem of a Universal Language.* Münster: Nodus Publikationen
            ⟨23⟩

Poncinie, Lawrence
1985   Meaning change for natural kind terms. *Nous* 19, 415—427 ⟨68⟩

Ponge, Francis
1964   *Die literarische Praxis.* Olten & Freiburg: Walter ⟨107⟩
1965a   *Tome premier.* Paris: Gallimard ⟨107⟩
1965b   *Proêmes.* In Ponge 1965a, 117—252 ⟨107⟩
1984   *Schreibpraktiken oder Die stetige Unfertigkeit.* München/Wien: Hanser ⟨107⟩

Poniatowski, Michel
1979   *L'avenir n'est écrit nulle part.* Paris: Éd. du Seuil ⟨66⟩

Pons, Émile
1931   Les langues imaginaires dans le voyage utopique. Les „jargons" de Panurge dans Rableais. *Revue de littérature comparée* 11, 185—218 ⟨107⟩

Poppe, Bernhard
1907   *Alexander Gottlieb Baumgarten. Seine Bedeutung und Stellung in der Leibniz-Wolff-schen Philosophie und seine Beziehungen zu Kant. Nebst Veröffentlichung einer bisher unbekannten Handschrift der Ästhetik Baumgartens.* (Diss. Münster i. W.). Borna/Leipzig: Buchdruckerei Robert Noske ⟨105⟩

Popper, Karl
1934   *Logik der Forschung.* Wien: Julius Springer ⟨47/69⟩
1959   *The Logic of Scientific Discovery.* London: Hutchinson ⟨47⟩
1963   *Conjectures and Refutations: The Growth of Scientific Knowledge.* New York: Harper & Row / London: Routledge & Kegan ⟨38/59/69⟩
²1966/⁹89 *Logik der Forschung.* Tübingen: J. C. B. Mohr (Paul Siebeck) [1935] ⟨69/96.3⟩
1972   *Objective Knowledge.* Oxford: Clarendon ⟨38/96.3⟩
1976   *Unended Quest.* Glasgow: Fontana / Collins ⟨99⟩

Pörksen, Uwe
1981   Goethes Kritik naturwissenschaftlicher Metaphorik und der Roman *Die Wahlverwandtschaften. Jb.dt.Schillerges.* 25, 285—315 ⟨107⟩

Porsch, Peter
1975   Sprache und Gesellschaft. Kritik einiger Aspekte von Wilhelm Wundts Sprachtheorie. *Beiträge zur Wundt-Forschung* 1. Leipzig: Karl-Marx-Universität ⟨31⟩
1976   Bemerkungen zur Sprachtheorie Wilhelm Wundts. *ZPSK* 29(5—6), 523—525 ⟨31⟩
1977   Bemerkungen zu Wilhelm Wundts Auffassungen von der Wortbildung. *Beiträge zur Wundt-Forschung* 2. Leipzig: Karl-Marx-Universität ⟨31⟩
1978   Zum Verhaltnis von Weltanschauung, sprachwissenschaftlicher Methode und Politik in bürgerlicher Sprachwissenschaft — Wilhelm Wundt / Noam Chomsky. *ZPSK* 31, 471—475 ⟨31⟩
1979   Bemerkungen zur Kontroverse von Wilhelm Wundt und Hermann Paul. Zur Kritik ihrer Satzkonzeptionen. *Wissenschaftliche Z. der Karl-Marx-Universität Leipzig, gesellschafts- und sprachwissenschaftliche Reihe* 282, 227—233 ⟨31⟩

Porset, Charles
1977   Grammatista philosophans. In Joly/Stefanini (éds.), 1977, 11—95 ⟨44⟩
1979a   Langues universelles, langues philosophiques, langues auxiliaires au XIX siècle. *Romantisme* 25/26, 209—215 ⟨64⟩
1979b   Notes sur les langues artificielles aux XIX siècle. *Romantisme* 25/26, 179—189 ⟨64⟩

Porter, James
1981   Reading representation in Franz Grillparzer's *Der arme Spielmann. Dt.Vjschr.Lit. wiss.* 55, 293—322 ⟨107⟩

Porzeziński, Viktor
1907   *Vvedenie v jazykovedenie.* Moskau ⟨62.1⟩
1910   *Einleitung in die Sprachwissenschaft.* Leipzig/Berlin: Teubner [1907] ⟨62.1⟩

Porzig, Walter
1934   Wesenhafte Bedeutungsbeziehungen. *Beiträge zur Geschichte der dt. Sprache und Literatur* 58, 70—97 ⟨51⟩

Posch, Günter
   1987   Hintikkas spieltheoretische Semantik. Konstruktive und destruktive Kritik zu eini-
             gen Punkten. *Erkenntnis* 26, 249–294 ⟨68⟩
Poschmann, Brigitte (Hg.)
   1984   *Bückeburger Gespräche über Johann Gottfried Herder 1983.* Rinteln: C. Bösendahl
             ⟨26⟩
Poser, Hans
   1979   Signum, notio und idea. Elemente der Leibnizschen Zeichentheorie. *Z. Semiotik* 1,
             309–324 ⟨23⟩
Poser, Hans, (Hg.)
   1982   *Philosophische Probleme der Handlungstheorie.* Freiburg/München: Alber ⟨67⟩
Positionen
   1991   *Positionen Konkreter Kunst.* Prag (CSFR): Galerie Mánes ⟨108⟩
Posner, Roland
   1979   Bedeutung und Gebrauch der Satzverknüpfer in den natürlichen Sprachen. In Gre-
             wendorf (Hg.) 1979, 345–385 ⟨114⟩
   1980   Semantics and pragmatics of sentence connectives in natural language. In Searle/
             Kiefer/Bierwisch (eds.) 1980, 169–204 ⟨114⟩
   1982   *Rational Discourse and Poetic Communication. Methods of Linguistic, Literary, and
             Philosophical Analysis.* Berlin/New York/Amsterdam: Mouton ⟨107⟩
   1989   What is culture? Toward a semiotic explication of anthropological concepts. In Koch
             (ed.) 1989, 240–295 ⟨114⟩
   1992   Research in pragmatics after Morris. In Balat/Deledalle-Rhodes (éds.) 1992,
             1383–1420 ⟨114⟩
   1993   Believing, causing, intending: the basis for a hierarchy of sign concepts in the recon-
             struction of communication. In Jorna/van Heusden/Posner (eds.) 1993, 215270 ⟨114⟩
Post, John F.
   1983   On the determinacy of truth and translation. *South. J. Philos. Suppl.* 22, 117–135 ⟨73⟩
Pothast, Ulrich
   1982   *Die eigentliche metaphysische Tätigkeit. Über Schopenhauers Ästhetik und ihre An-
             wendung durch Samuel Beckett.* Frankfurt a.M.: Suhrkamp ⟨107⟩
Pötscher, Walter
   1959   Das Personen-Bereichdenken in der frühgriechischen Periode. *Wiener Studien*
             LXXII, 5–25 ⟨112⟩
   1960   Moira, Themis und Timé im homerischen Denken. Wiener Studien LXXIII, 5–39
             ⟨112⟩
   1979   Personifikation. In Ziegler/Sontheimer (Hg.) 1979, 661–663 ⟨112⟩
Pott, Hans-Georg
   1987   Der „zarte Maaßstab“ und die „sanfte Sage“. Aspekte einer Metaphysik der Sprache
             bei Novalis und Heidegger. In Behler/Hörisch (Hg.) 1987, 63–74 ⟨107⟩
Prabhākara
   1932   *Bṛhatī on Śabara's Mīmāṃsāsūtrabhāṣya.* Ed. S. K. Ramanatha Sastri. Madras: UP
             ⟨5/43⟩
Pradhan, Ramesh Chandra
   1983   Meaning, experience and understanding. *Int. Philos. Quart.* 23, 291–302 ⟨68⟩
Präsenz der Farbe
   1984   *Präsenz der Farbe – Radical Painting. 13 Maler im Verein für aktuelle Kunst e. V.*
             Oberhausen: Verein für aktuelle Kunst ⟨108⟩
Prang, Helmut
   1957   Der moderne Dichter und das arme Wort. *Germanisch-Romanische Monatsschrift* 7,
             130–145 ⟨107⟩
Prang, Helmut (Hg.)
   1968   *Begriffsbestimmung der Romantik.* Darmstadt: Wiss. Buchges. ⟨13⟩

Pratt, V. R.
  1979   Dynamic logic. In Bakker/van Leeuwen (eds.) 1979, 53−82 ⟨75⟩
  1980   Application of modal logic to programming. *Stud.Log.* 39, 257−274 ⟨75⟩
  1991   Action logic and pure induction. In van Eijck (ed.) 1991, 97−120 ⟨111⟩
Prawitz, Dag
  1965   *Natural Deduction A Proof-Theoretical Study.* Stockholm: Almqvist and Wiksell ⟨69/
            75⟩
  1977   Meaning and proofs: on the conflict between classical and intuitionistic logic. *Theo-
            ria* 43, 2−40 ⟨75⟩
  1987   Some remarks on verificationistic theories of meaning. *Synthese* 73, 471−477 ⟨68⟩
Prawitz, Dag / Malmnäs, P.-E.
  1968   A survey of some connections between classical, intuitionistic and minimal logic. In
            Schmidt/Schütte/Thiele (eds.) 1968, 215−229 ⟨75⟩
Prebensen, Henrik
  1967   La théorie glossématique est-elle une théorie? *Langages* 6, 5−25 ⟨12⟩
du Preez, P.
  1980   *The Politics of Identity. Ideology and the Human Image.* Oxford: Blackwell ⟨47⟩
Premack, David
  1986   *Gavagai or the Future History of the Animal Language Controversy.* Cambridge, MA:
            MIT ⟨12/71⟩
Preston, Dennis R.
  1986   Fifty some-odd categories of language variation. *International J. for the Sociology
            of Language* 57, 9−48 ⟨56⟩
Price, Robert
  1964   Descriptive Metaphysics, Chinese, and the Oxford Common Room. *Mind* 73,
            106−110 ⟨74⟩
  1970   William of Sherwood and suppositio personalis. *Franciscan Studies* 30, 131−140
            ⟨40⟩
Prickett, Stephen
  1986   *Words and the Word. Language, Poetics and Biblical Interpretation.* Cambridge: UP
            ⟨107⟩
Pries, Christiane (Hg.)
  1989   *Das Erhabene. Zwischen Grenzerfahrung und Größenwahn.* Weinheim: VCH Verlags-
            ges. ⟨108⟩
Priest, Graham
  1982   To be and not to be: dialectical tense logic. *Stud.Log.* 41, 249−268 ⟨83⟩
  1984a   Hyper-contradictions. *Log.anal.* 27, 237−243 ⟨75⟩
  1984b   Logic of paradox revisited. *J.Philos.Log.* 13, 153−179 ⟨75⟩
  1985   Contradictions in motion. *Amer.Philos.Quart.* 22, 339−346 ⟨83⟩
Priest, Graham / Norman, Jean / Routley, Richard (eds.)
  1989   *Paraconsistent Logics.* München: Philosophia Vlg. ⟨83⟩
Priest, Graham / Read, Stephen
  1977   Formalization of Ockham's theory of supposition. *Mind* 86, 109−113 ⟨40⟩
Priest, Graham / Routley, Richard
  1984   Introduction: Paraconsistent Logics. *Stud.Log.* 43, 3−16 ⟨83⟩
Prieto, Luis J.
  1966   *Messages et signaux.* Paris: PUF ⟨90/114⟩
  1972   *Nachrichten und Signale.* München: Hueber ⟨114⟩
Prince, Gerard
  1973   *A Grammar of Stories.* The Hague: Mouton ⟨115⟩
Prior, Arthur Norman
  1967   Art. 'The Correspondence theory of truth'. In Edwards (ed.) 1967, 233−232 ⟨69⟩
  1968a   *Papers on Time and Tense.* Oxford: Clarendon ⟨83⟩
  1968b   Time, existence and identity. In Prior 1968a, 78−87 ⟨83⟩

1971 *Objects of Thought*. Oxford: Clarendon ⟨79⟩

²1973 *Formal Logic*. Oxford/London: UP [1955] ⟨30/104⟩

1976 *The Doctrine of Propositions and Terms*. Ed. Peter T. Geach / Anthony J. P. Kenny. Amherst, MA / London: The U. of Massachusetts Pr. ⟨77⟩

1977 Egocentric logic. In Fine/Prior 1977, 28−50 ⟨47⟩

Prior, Arthur Norman / Fine, Kit

1977 *Worlds, Times and Selves*. London: Duckworth ⟨47⟩

Priscian

1961 *Prisciani grammatici caesariensis instituionum grammaticarum libri XVIII*. Hg. M. Hertz. Hildesheim: Olms [1855−59] ⟨21⟩

Probyne, Clive T.

1974 Swift and linguistics: the context behind Lagado and around the fourth voyage. *Neophilologus* 58, 425−439 ⟨107⟩

Proc. of the Scandinavian Seminar on Philosophy of Language

1975 Uppsala, Sweden, 8−9 November 1974. Uppsala: Philosophical Society and the Department of Philosophy, U. of Uppsala ⟨96.2⟩

Proc. of the 8th International Congress of Medieval Philosophy

1990 *Knowledge and the Science in Medieval Philosophy I−III*. Helsinki: Yliopistopaino ⟨40⟩

Proust, Joëlle

1986 *Questions de forme. Logique et proposition analytique de Kant à Carnap*. Paris: Fayard ⟨82⟩

Proß, Wolfgang

1978 *J. G. Herder* Über den Ursprung der Sprache. *Text, Materialien, Kommentar*. München: Hanser ⟨26⟩

1987 Anhang. In Herder 1987a, 845−1229 ⟨107⟩

Przełecki, Marian

1969 *The Logic of Empirical Theories*. London: Routledge & Kegan Paul ⟨98⟩

1976 Fuzziness as multiplicity. *Erkenntnis* 10, 371−380 ⟨98⟩

1977 The concept of truth in empirical languages. *Graz.Phil.Stud.* 3, 1−17 ⟨98⟩

Przywara, Erich

1932 *Analogia entis: Metaphysik*. München: Kösel ⟨85/103

Pseudo-Albertus Magnus

1977 *Quaestiones Alberti de modis significandi*. Ed. L. G. Kelly. Amsterdam: Benjamins ⟨12/41⟩

Puhl, Klaus, (ed.)

1991 *Meaning Scepticism*. Berlin/New York: de Gruyter ⟨68⟩

Pulver, Elsbeth

1968/69 An der Grenze des Sagbaren. *Schweizer Monatshefte* 48, 505−516 ⟨107⟩

Puntel, L. B.

1978 *Wahrheitstheorien in der neueren Philosophie*. Darmstadt: Wiss. Buchges. ⟨69⟩

Puppo, Mario (ed.)

1971 *Discussioni linguistiche del Settecento*. Torino: Unione tipograficoeditrice ⟨8⟩

Pustejovsky, James (ed.)

1990 Special issue on lexical semantics I/II. *Machine Translation* 5(1/2)⟨117⟩

Putnam, Hilary

1954 Synonymy and the analysis of belief sentences. *Analysis* 14, 114−122 ⟨78⟩

1960 Men and machines. In Hook (ed.) 1960, 138−164 ⟨110⟩

1962 What theories are not. In Nagel/Suppes/Tarski (eds.) 1962, 240−251 ⟨100⟩

1967 The 'innateness hypothesis' and explanatory models in linguistics. *Synthese* 17, 2−11 ⟨110⟩

1968 Is logic empirical? In Cohen/Wartofsky (eds.) 1968, 216−241 / auch in Putnam 1975d, 174−197 ⟨75⟩

1971a *Philosophy of Logic*. New York: Harper & Row / London: Allen & Unwin ⟨59/61⟩

1971b   The nature of mental states. In Rosenthal (ed.) 1971, 150−161 ⟨50⟩
1973a   Reductionism and the nature af psychology. *Cognition* 2, 131−146 ⟨71/110⟩
1973b   Meaning and reference. *J.Philos.* 70, 699−711 / auch in Gunderson (ed.) 1975, 131−193 ⟨78⟩
1975a   *Mind, Language, and Reality. Philosophical Papers II.* Cambridge: UP ⟨10/14/30/49/ 57/59/71/78/84/86/93/99⟩
1975b   The meaning of 'meaning'. In Putnam 1975a, 215−271 / auch in Gunderson (ed.) 1975, 131−193 ⟨14/46/59/68/70/71/78/86/93⟩
1975c   The 'corroboration' of theories. In 1975d, 269 ⟨69⟩
1975d   *Mathematics, Matter and Method, Philosophical Papers I.* Cambridge: UP ⟨69/75/99/ 120⟩
1975f   The analytic and the synthetic. In Putnam 1975a, 33−69 ⟨86⟩
1978a   *Meaning and the moral sciences.* London: Routledge & Kegan Paul ⟨86⟩
1978b   Realism and reason. In Putnam 1978a, 123−140 ⟨86⟩
1979   Comments on Saul Kripke's *A Puzzle About Belief.* In Margalit (ed.) 1979, 284−288 ⟨78⟩
1981   *Reason, Truth and History.* Cambridge: UP ⟨70/85/103/118/120⟩
1982   Modell und Wirklichkeit. *Conceptus* 38, 9−30 ⟨68⟩
1983   *Realism and Reason, Philosophical Papers III.* Cambridge: UP ⟨99⟩
1987   Meaning holism and epistemic holism. In Cramer/Fulda/Horstmann/Pothast (Hg.) 1987, 251−277 ⟨99⟩
1988   *Representation and Reality.* Cambridge: UP ⟨71⟩

Putschke, Wolfgang
1969   Zur forschungsgeschichtlichen Stellung der junggrammatischen Schule. *Z. für Dialektologie u. Linguistik* 36, 19−48 ⟨36⟩

Pycior, Helena M.
1984   At the intersection of mathematics and humor: Lewis Carroll's Alices and symbolical algebra. *Victorean Studies* 28, 149−170 ⟨107⟩

Pylyshyn, Zenon
1978   Computational models and empirical constraints. *Behavioral and Brain Sciences* 1(2), 93−99 ⟨117⟩
1984   *Computation and Cognition. Toward a Foundation for Cognitive Science.* Cambridge, MA: MIT ⟨57/71⟩

Quack, Josef
1976   *Bemerkungen zum Sprachverständnis von Karl Kraus.* Bonn: Bouvier ⟨107⟩

Quasthoff, Uta M.
1979   Eine interaktive Funktion von Erzählungen. In Soeffner (Hg.) 1979, 104−126 ⟨56⟩
1980   *Erzählen in Gesprächen.* Tübingen: Narr ⟨115⟩

de Queiroz, Ruy J. G. B.
1991   Meaning as grammar plus consequences. *Dialectica* 45, 83−86 ⟨68⟩

ibn Qutayba
1947   *Ibn Qotaïba. Introduction au Livre de la Poésie et des Poètes, Muqaddimatu Kitābi š-Ši'ri wa š-Su'ara'.* Paris: Les belles Lettres ⟨19⟩
1982   *Adab al-Katib.* Ed. Muhammad al-Dālī Mu'assasa al-Risāla. Beyrouth ⟨19⟩

Quillien, Jean
1987   *Problématique, genèse et fondements anthropologiques de la théorie du langage de Guillaume de Humboldt. Jalons pour une nouvelle interprétation de la philosophie et de son histoire I/II.* Thèse d'Etat U. Lille ⟨27⟩

Quine, Willard Van Orman
1943   Notes on existence and necessity. *J.Philos.* 40, 113−127 ⟨59⟩
1948   On what there is. *Rev.Met.* 2, 21−38 ⟨59⟩
1951   Two dogmas of empiricism. *Philos.Rev.* 60, 20−43 ⟨86⟩
1953a/²61a *From a Logical Point of View.* Cambridge, MA: Harvard UP [1951] ⟨50/51/59/61/ 69/72/73/74/75/79/83/86/99/115/119/120⟩

1953b/61b   Two dogmas of empiricism. In Quine 1953a/1961a, 20−46 ⟨72/73/74/75/86/99⟩
1953c/61d   Notes on the theory of reference. In Quine 1953a/1961a 130−138 ⟨86/99⟩
1953d/61c   The problem of meaning in linguistics. In Quine 1953a/1961a 47−64 ⟨51/86⟩
1958   *Mathematical Logic*. Revised Edition. Cambridge, MA: Harvard UP ⟨89⟩
²1959   *Methods of Logic*. Revised Edition. New York: Henry Holt & Co. [1950] ⟨59/61/87/
             89/99⟩
1960   *Word and Object*. Cambridge, MA: John Wiley & MIT Pr. ⟨10/12/30/50/59/61/63/69/
             73/74/75/76/77/78/79/83/84/86/87/99/110/117/118/120⟩
1961e   Identity, ostension and hypostasis. In Quine 1963a, 65−79 ⟨83⟩
1961f   Reference and modality. In Quine 1961a, 139−159 ⟨83⟩ 1982 / dt. Übersetzung:
             Referenz und Modalität. In Lorenz (Hg.) 1982/II, 9−29
1964   Meaning and translation. In Katz/Fodor (eds.) 1964, 460−478 ⟨35⟩
1966a/76a   *The Ways of Paradox and Other Essays*. New York: Random House ⟨14/50/59/61/
             84/86/93/99⟩
1966b   Three grades of moral involvement. In Quine 1966a, 156−174 ⟨14/59
1966c   Reply to Professor Marcus. In Quine 1966a, 177−184 ⟨59⟩
1966d   Truth by convention. In Quine 1966a, 77−106 ⟨59⟩
1966e   Ontological reduction and the world of numbers. In Quine 1966a, 212−220 ⟨59⟩
1969a   *Ontological Relativity and other Essays*. New York: Columbia UP ⟨10/50/59/61/72/
             73/74/79/99/120⟩
1969b   Reply to Chomsky. In Davidson/Hintikka (eds.) 1969, 302−311 ⟨50/59/73⟩
1969c   Reply to Harman. In Davidson/Hintikka (eds.) 1969, 295−297 ⟨73⟩
1969d   Reply to David Kaplan. In Davidson/Hintikka 1969, 341−345
1969d   Natural kinds. In Quine 1969a, 114−138
1969e   Ontological relativity. In Quine 1969a, 26−68 ⟨73⟩
1970a   On the reasons for the indeterminacy of translation. *J.Philos.* 67, 178−183 ⟨73⟩
1970b   Philosophical progress in language theory. *Metaphilosophy* 1, 2−19 ⟨73⟩
1970c   *Philosophy of Logic*. Englewood Cliffs, N. J.: Prentice-Hall ⟨59/70/86⟩
1972a   Methodological reflections on current linguistic theory. In Davidson/Harman (eds.)
             1972, 442−454 ⟨69/70/71/73/86⟩
1972b   Review of Munitz 1971. *J.Philos.* 69, 488−497 ⟨83/88⟩
1973/74a   *The Roots of Reference*. La Salle, Ill.: Open Court ⟨50/59/76/99/120⟩
1973a   *Philosophie der Logik*. Stuttgart/Berlin/Köln/Mainz: Kohlhammer ⟨87⟩
1974   *Grundzüge der Logik*. Frankfurt a.M.: Suhrkamp ⟨59/87⟩
1975a   On empirically equivalent systems of the World. *Erkenntnis* 9, 313−328 ⟨50⟩
1975b   The nature of natural knowledge. In Guttenplan (ed.) 1975, 67−81 ⟨50/99⟩
1975c   Mind and verbal dispositions. In Guttenplan (ed.) 1975, 83−95 ⟨50⟩
1976b   Linguistics and philosophy. In Quine 1976a, 56−58 ⟨50⟩
1976c   Whither physical objects. *Boston Studies in the Philosophy of Science* 39, 497−504 ⟨59⟩
1976d   Worlds away. *J.Philos.* 73, 859−863 ⟨88⟩
1976e   Carnap on logical truth. In Quine 1976a, 107−132 ⟨86⟩
1977a   Facts of the matter. In Shahan (ed.) 1977, 176−196 ⟨86⟩
1977b   Review of Evans/McDowell (eds.) 1976. *J.Philos.* 74(4), 225−242 ⟨86⟩
1978a   Facts of the Matter. *Southwest J. of Philos.* 9 ⟨73⟩
1981a   *Theories and Things*. Cambridge, MA: Harvard UP ⟨59/63/72/86/99⟩
1981b   What price bivalence? In Quine 1981a ⟨73⟩
1981c   On the very idea of a third dogma. In Quine 1981a, 38−42 ⟨59⟩
1981d   Things and their places in theories. In Quine 1981a, 1−23 ⟨59/86⟩
1983   Gegenstand und Beobachtung. In Henrich (Hg.) 1983, 412−422 ⟨99⟩
1987   Indeterminacy of translation again. *J.Philos.* 84, 5−10 ⟨73/99⟩
1992   *Pursuit of Truth*. Revised Edition. Cambridge, MA: Harvard UP ⟨99⟩

Quine, Willard Van Orman / Ullian, Joseph S.
²1978   *The Web of Belief*. New York: Random House ⟨86/99⟩

Quint, Josef
1953   Mystik und Sprache. Ihr Verhältnis zueinander insbesondere in der spekulativen My-
             stik Meister Eckeharts. *Dt.Vjschr.Lit.wiss.* 27, 48−76 ⟨107⟩

Quintilian
1953−61   *Institutio oratoria I−IV*. Ed. H.E. Butler. London: Heinemann ⟨24⟩

Rabin, C. et al.
1960   'Arabiyya. Arabic Language and Literature. In Gibb/Kramers/Lévi-Provençal/
          Schacht (eds.) 1960 ff. I, 561–603 ⟨3⟩

Rabinowicz, Wlodzimierz
1985   Intuitionistic truth. *J.Philos.Log.* 14, 191–228 ⟨68⟩

Rachid, Amina
1978   Dieu et l'être selon al-Fārābī. Le chapitre de "l'être" dans les Livres de lettres. *Dieu
          et l'être*, Paris, 179–190 ⟨3⟩

Radt, S. L.
1977   Aristoteles und die Tragödie. *Mnemosyne, Quarta Series* 24, 189–205 ⟨107⟩

Radulphus Brito
1980   *Quaestiones super Priscianum Maiorem I/II.* Hg. H. W. Enders / J. Pinborg. Stuttgart/
          Bad-Cannstatt: Friedrich Frommann Vlg. (Günther Holzboog) ⟨41⟩

Rak, M.
1969   Una teoria dell'incertezza (note sulla cultura napoletana del sec. XVII). *Filologia e
          letteratura* 15, 233–297 ⟨24⟩

Ramat, Paolo
1985   *Typologie linguistique.* Paris: PUF ⟨12⟩

Rambosson, Jean
1863   *Langue universelle: Langage mimique, mimé et écrit.* Paris: Garnier frères ⟨65⟩

Ramsey, Frank Plumpton
1926   Truth and probability. In Ramsey 1931, 156–198 ⟨89⟩
1927   Facts and propositions. *Proc.Arist.Soc.Suppl.* 7, 153–170 / auch in Ramsey 1931,
          138–155 / teilweise auch in Pitcher (ed.) 1964, 16f / dt. Übers. in Skirbekk (Hg.)
          1977, 224f ⟨59/69⟩
1929/31   General propositions and causality. In Ramsey 1931, 237–255 ⟨69/89/100⟩
1931   *The Foundations of Mathematics and Other Logical Essays.* Ed. R.B. Braithwaite.
          London: Routledge & Kegan Paul ⟨59/69/70⟩
1978   *Foundations. Philosophy, Logic, Mathematics and Economics.* Ed. D.H. Mellor. Cam-
          bridge: UP / London: Routledge & Kegan Paul ⟨70/119⟩
1990   *Philosophical Papers.* Ed. D.H. Mellor. Cambridge: UP ⟨120⟩
1991   *On Truth.* Ed. N. Rescher / U. Majer. Dordrecht: Kluwer ⟨120⟩

Ramsey, Ian T.
1961   On the possibility and purpose of a metaphysical theology. In Ramsey (ed.) 1961,
          153–177 ⟨85/103⟩
1963   *Religious Language. An Empirical Placing of Theological Phrases.* New York: Mac-
          millan [1957] ⟨85/103⟩
1964   *Models and Mystery.* London: UP ⟨85/103⟩
1965   *Christian Discourse. Some Logical Explorations.* Oxford: UP ⟨85/103⟩
1973   *Models for Divine Activity.* London: S. C. M. ⟨85/103⟩

Ramsey, Ian T. (ed.)
1961   *Prospect for Metaphysics. Essays of Metaphysical Exploration.* London: Allen & Un-
          win ⟨85/103⟩
1971   *Words about God. The Philosophy of Religion.* London: S. C. M. ⟨85/103⟩

Ramus, Petrus
1664   *Aristotelicae animadversiones together with Dialectica institutiones. Facsimile of the
          first edition with an introduction by Wilhelm Risse.* Stuttgart/Bad Cannstadt: Fro-
          mann ⟨98⟩

Ranea, Alberto Guillermo
1986   Zeichen, Symbol, Begriff. Die Leibniz-Rezeption in der Cassirerschen Zeichentheo-
          rie. In Dutz/Schmitter (Hg.) 1986, 303–316 ⟨37⟩

Rantala, Veikko
1975   Urn models. *J.Philos.Log.* 4, 455–474 ⟨88⟩

Rao, Narahari
  1991   Gibt es begriffliche Entdeckungen? In Gerhardus/Kledzik (Hg.) 1991, 1−20 ⟨108⟩
  1994   *A Semiotic Reconstruction of Ryle's Critique of Cartesianism.* Berlin/New York: de
            Gruyter ⟨105/108⟩

Rath, Rainer
  1979   *Kommunikationspraxis.* Göttingen: Vandenhoeck & Ruprecht ⟨56⟩

Rathmann, János
  1984   Die Hamann-Herder-Beziehung und ihre Beeinflussung durch die Deutung des Ur-
            sprungs der Sprache. In Poschmann (Hg.) 1984, 122−125 ⟨26⟩

Rau, Wilhelm (Hg.)
  1977   *Bhartṛhari's Vākyapadīya [kāṇḍa II], die Mūlākarikā nach den Handschriften hg. und
            mit einem Pada-Index versehen.* Wiesbaden: Franz Steiner Vlg. ⟨17⟩

Rauch, Angelika
  1985   Sprache, Weiblichkeit und Utopie bei Ingeborg Bachmann. *Mod. Aust. Lit.* 18(3/4),
            21−38 ⟨107⟩

Rauter, Herbert
  1970   *Die Sprachauffassung der englischen Vorromantik in ihrer Bedeutung für die Literatur-
            kritik und Dichtungstheorie der Zeit.* Bad Homburg v.d.H./Berlin/Zürich: Gehlen
            (Frankfurter Beiträge zur Anglistik und Amerikanistik Bd. 1) ⟨26/107⟩

Ray, John
  1848   *The Correspondence of John Ray.* Ed. Erwin Lankester. London: Ray Society ⟨64⟩

Raynaud, Savina
  1982/   *Anton Marty filosofo del linguaggio. Uno strutturalismo presaussuriano.* Roma: La
  1982a   Goliardica ⟨31/33⟩
  1982b   Intenzionalità e intenzioni: alcune note sul pensiero di Anton Marty. *Verifiche* 11,
            371−379 ⟨33⟩
  1988   Decodificazione e testo: la forma linguistica interna costruttiva. *Verifiche* 17,
            367−384 ⟨33⟩
  1990   *Il Circolo Linguistico di Praga (1926−1939). Radici storiche e apporti teorici.* Mi-
            lano: Vita e Pensiero ⟨33⟩
  1992   Linguistic research, teaching of languages and academic institutions in Prague,
            1882−1914. In Actes du colloque international: Universités européenes, sciences du
            langage et enseignement des langues. Mouvements d'innovation de 1880 à 1914,
            Genève, 26−28 septembre 1991 ⟨33⟩

Read, Stephen
  1983   Quines Privatsprache. *Ratio* 25, 45−53 ⟨68⟩

Recanati, François
  1981   *Les énoncés performatifs: Contribution à la Pragmatique.* Paris: Minuit ⟨114⟩
  1990   Direct reference, meaning and thought. *Nous* 24, 697−722 ⟨68⟩

Reckermann, Alfons
  1979   *Sprache und Metaphysik. Zur Kritik der sprachlichen* Vernunft bei Herder und Hum-
            boldt. München: Fink ⟨107⟩

Redard, Georges
  1978   Deux Saussure? *Cahiers Ferdinand de Saussure* 32, 24−41 ⟨36⟩

Redder, Angelika
  1990   *Grammatiktheorie und Sprachliches Handeln: „denn" und „da".* Tübingen: Niemeyer
            ⟨67⟩

Reddy, Michael J.
  1979   The conduit metaphor. A case of frame conflict in our language about language. In
            Ortony (ed.) 1979, 284−324 ⟨11⟩

Reed, T. J.
  1965   Kafka und Schopenhauer: Philosophisches Denken und dichterisches Bild. *Eupho-
            rion* 59, 160−172 ⟨107⟩

Reeves, A.
1975   Ambiguity and indifference. *Australas.J.Philos.* 53, 220−237 ⟨98⟩

Rehbein, Jochen
1977   *Komplexes Handeln. Elemente einer Handlungstheorie der Sprache.* Stuttgart: Metzler ⟨56/67⟩
1985   Medizinische Beratung türkischer Eltern. In Rehbein (Hg.) 1985, 349−417 ⟨56⟩
1994   Theorien, sprachwissenschaftlich betrachtet. In Brünner/Graefen (Hg.) 1994, 25−71 ⟨67⟩

Rehbein, Jochen (Hg.)
1985   *Interkulturelle Kommunikation.* Tübingen: Narr ⟨56⟩

Rehberg, Karl-Siegbert
1985   Die Theorie der Intersubjektivität als eine Lehre vom Menschen. George Herbert Mead und die dt. Tradition der „Philosophischen Anthropologie". In Joas (Hg.) 1985, 60−92 ⟨52⟩

Rehn, Rudolf
1986   Zur Theorie des Onoma in der griechischen Philosophie. In Mojsisch (Hg.) 1986, 63−119 ⟨1⟩

Reichenbach, Hans
1947   *Elements of Symbolic Logic.* New York: Macmillan ⟨79/96.3⟩
1951a   *The Rise of Scientific Philosophy.* Berkeley: U. of California Pr. / London: UP ⟨85/103⟩
1951b   The verifiability theory of meaning. *Proc. of the American Acad. of Arts and Sciences* 80, 46−60 ⟨99⟩
1954   *Nomological Statements and Admissible Operations.* Amsterdam/London: North-Holland ⟨89⟩
1977a   *Gesammelte Werke II.* Braunschweig: Vieweg ⟨99⟩
1977b   Philosophie der Raum-Zeit-Lehre. In Reichenbach 1977a, 7−380 ⟨99⟩

Reid, Thomas
1941   *Essays on the Intellectual Powers of Man.* Ed. A.D. Woozley. London: Macmillan [1785] ⟨29⟩

Reinhardt, Karl
1968   *Heracliteia.* In Gadamer (Hg.) 1968, 177−208 ⟨1⟩

Reinhart, Tanya
1980   On understanding poetic metaphor. In Ching et al. (eds.) 1980, 91−114 ⟨91⟩
1983   Coreference and bound anaphora: a restatement of the anaphora questions. *Ling. Phil.* 6, 47−88 ⟨113⟩

Reinhold, Karl Leonard
1812   *Grundlegung einer Synonymik für den allgemeinen Sprachgebrauch in den philosophischen Wissenschaften.* Kiel: Schmidt ⟨9/13⟩
1816   *Das menschliche Erkenntnißvermögen aus dem Gesichtspunkte des durch die Wortsprache vermittelten Zusammenhangs zwischen der Sinnlichkeit und dem Denkvermögen.* Kiel: Academische Buchhandlung ⟨9/13⟩

Reisinger, Roman
1983   *Die Rolle des Schweigens in der Dichtungstheorie von Rimbaud bis Valéry.* Salzburg: Inst. für Romanistik der Universität Salzburg (Salzburger Romanistische Schriften VI) ⟨107⟩

Renan, Ernest
1947ff   *Œuvres complètes.* (Éd. H. Psichari). Paris: Calmann-Lévy ⟨66⟩

Renaissance Curiosa
1982   *Renaissance Curiosa.* Binghampton: Center for Medieval and Early Renaissance Studies ⟨64⟩

Renner, Rolf Günter
1985   *Peter Handke.* Stuttgart: Metzler ⟨107⟩

Requadt, Paul
1955   Sprachverleugnung und Mantelsymbolik im Werk Hofmannsthals. *Dt. Vjschr. Lit.-wiss.* 29, 255−283 ⟨107⟩

Rescher, Nicholas
1962   *Al-Fārābī. An Annotated Bibliography.* Pittsburgh: U. of Pittsburgh Pr. ⟨19⟩
1967   Aspects of action. In Rescher (ed.) 1967, 215−219 ⟨77⟩
1969   *Studies in Logical Theory.* Oxford: UP ⟨59⟩
1973   *The Coherence Theory of Truth.* Oxford: Clarendon ⟨59/69⟩
1977   *Dialectics: A Controversy-Oriented Approach to the Theory of Knowledge.* Albany, N. Y.: State Univ. of N. Y. Pr. ⟨47⟩
1979   *Leibniz. An Introduction to his Philosophy.* New York/London: Lanham ⟨23⟩

Rescher, Nicholas (ed.)
1967   *The Logic of Decision and Action.* Pittsburgh: UP ⟨67/86⟩
1969   *Essays in Honor of Carl G. Hempel.* Dordrecht: D. Reidel ⟨89⟩

Reske, Hermann
1969   *Traum und Wirklichkeit im Werk Heinrich von Kleists.* Stuttgart/Berlin/Köln/Mainz: Kohlhammer ⟨107⟩

Révész, Géza
1939   *De l'origine du langage.* Centenaire de Th. Ribot. Paris: Journal de Psychologie ⟨65⟩
1946   *Ursprung und Vorgeschichte der Sprache.* Bern: Francke ⟨65⟩
1950   Thought and language. *Archivum Linguisticum* 2, 122−131 ⟨71⟩

Revzina, O. G. / Revzin, I. I.
1975   A semiotic experiment on stage: the violation of the postulate of normal communication as a dramatic device. *Semiotica* 14, 245−268 ⟨107⟩

Retrospektive
1991   *Retrospektive Ernst Wilhelm Nay.* Köln: DuMont ⟨108⟩

Rey, William H.
1978   *Poesie der Antipoesie. Moderne dt. Lyrik. Genesis − Theorie − Struktur.* Heidelberg: Lothar Stiehm ⟨107⟩

Rhees, Rush (ed.)
1981   *Ludwig Wittgenstein. Personal Recollections.* Oxford: Blackwell ⟨85/103⟩

Rheinisches Landesmuseum (Hg.)
1977/78   *Bilder ohne Bilder.* Bonn: Rheinisches Landesmuseum ⟨108⟩

Richards, Robert J.
1980   Wundt's early theories of unconscious inference and cognitive evolution in their relation to Darwinian biopsychology. In Bringmann/Tweney (eds.) 1980, 42−70 ⟨31⟩

Richards, Ivor Armstrong
1936   *The Philosophy of Rhetoric.* Oxford: UP ⟨91⟩

Richman, R. J.
1959   Ambiguity and intuition. *Mind* 68, 87−92 ⟨98⟩
1960   On a type of 'ambiguity'. *Theoria* 26, 146−150 ⟨98⟩

Richter, Hans-Günther
1987   *Die Kinderzeichnung. Entwicklung. Interpretation. Ästhetik.* Düsseldorf: Schwann-Bagel ⟨108⟩

Richter, Karl / Schönert, Jörg (Hg.)
1983   *Klassik und Moderne. Festschrift W. Müller-Seidel.* Stuttgart: Metzler ⟨107⟩

Richter, Liselotte
1946   *Leibniz und sein Rußlandbild.* Berlin: Akad.-Vlg. ⟨23⟩

Richter, Michael
1987   *Sprache und Gesellschaft im Mittelalter: Untersuchungen zur mündlichen Kommunikation im England von der Mitte des elften bis zum Beginn des vierzehnten Jahrhunderts.* Stuttgart: Hiersemann ⟨4⟩

Richter, Wolfgang
1971   *Exegese als Literaturwissenschaft. Entwurf einer alttestamentlichen Literaturtheorie und Methodologie.* Göttingen: Vandenhoeck & Ruprecht ⟨85/103⟩

Ricken, Ulrich
1978   *Grammaire et philosophie au siècle des Lumières.* Lille: Pr. Universitaire ⟨8/11/44⟩
1984   *Sprache, Anthropologie, Philosophie in der Französischen Aufklärung. Ein Beitrag zur Geschichte des Verhältnisses von Sprachtheorie und Weltanschauung.* Berlin: Akad.-Vlg. ⟨8/13/107⟩
1989   Zur Entwicklung der Problematik Sprache–Denken in der dt. Aufklärung. In Schlieben-Lange/Dräxler/Knapstein/Volck-Duffy/Zollna (Hg.) 1989, 154–177 ⟨23⟩

Ricken, Ulrich (Hg.)
1988   *Sprachtheorie und Weltanschaung in der europäischen Aufklärung.* Berlin: Akad.-Vlg. ⟨8⟩

Rickerson, Earl M.
1969   *The 'lingua adamica': Its historical Developement and its Role in German Baroque Literature.* Diss. U. of California, Berkeley ⟨107⟩

Ricketts, Thomas
1982   Rationality, translation, and epistemologie rationalized. *J. Philos.* 79, 117–136 ⟨73⟩
1986   Objectivity and objecthood: Frege's metaphysics of judgement. In Haaparanta/Hintikka (eds.) 1986, 65–95 ⟨84⟩

Ricœur, Paul
1969   *Die Interpretation.* Frankfurt a.M.: Suhrkamp ⟨109⟩
1969   *Le conflict des interprétations. Essais d'herméneutique.* Paris: Éd. du Seuil ⟨13⟩
1973   *Hermeneutik und Strukturalismus. Der Konflikt der Interpretationen I.* München: Kösel ⟨13⟩
1974   Metaphor and the main problem of hermeneutics. *New Literary History* 6, 95–110 ⟨91⟩
1975   *La Métaphore Vive.* Paris: Éd. du Seuil ⟨90/91⟩
1977   *The Rule of Metaphor.* Toronto: UP ⟨38⟩
1981   Die „Erbsünde" – Eine Bedeutungsstudie. In Andresen (Hg.) 1981, 329–351 ⟨16⟩

Riechel, Donald C. (Hg.)
1978   *Wege der Worte.* Festschrift für Wolfgang Fleischhauer. Köln/Wien: Böhlau ⟨107⟩

Rieckmann, Jens
1985   Hermann Bahr: Sprachskepsis und neue Erzählformen. *Orbis Litterarum* 40, 78–87 ⟨107⟩

Riedel, Manfred
1982   Kritik der reinen Vernunft und Sprache. Zum Kategorienproblem bei Kant. *Allgemeine Z. für Philosophie* 2, 1–15 ⟨107⟩
1986   Sprechen und Hören. Zum dialektischen Grundverhältnis in Humboldts Sprachphilosophie. *Z. philos. Forsch.* 40, 337–351 ⟨27⟩

Riedel, Manfred (Hg.)
1972   *Rehabilitierung der praktischen Philosophie I. Geschichte-Probleme-Aufgaben.* Freiburg: Rombach ⟨105⟩
1974   *Rehabilitierung der praktischen Philosophie II. RezeptionArgumentation-Diskussion.* Freiburg: Rombach ⟨105⟩

Riedl, Rupert
1985   *Die Spaltung des Weltbilds.* Berlin/Hamburg: Parey ⟨45⟩

Rieger, B.
1977   Analysing and representing vague lexical meaning on a generative model of fuzzy structural semantics. Paper presented on the 3. International Conference on Computing in the Humanities 1977. University of Waterloo, August 2–5 ⟨98⟩

Riemenschneider, Hartmut
1969   *Der Einfluß Maurice Maeterlincks auf die dt. Literatur bis zum Expressionismus.* Phil.-Diss. Aachen ⟨107⟩

Ries, John
  1931   *Was ist ein Satz*. Prag: Taussig & Taussig ⟨31⟩
Riese, T. A. / Riesner, D. (Hg.)
  1968   *Versdichtung der englischen Romantik. Interpretationen*. Berlin: E. Schmidt ⟨13⟩
Riezler, Kurt
  1968   Das Homerische Gleichnis und der Anfang der Philosophie. In Gadamer (Hg.) 1968,
            1−20 [1936] ⟨1⟩
Riffaterre, M.
  1979   *La production du texte*. Paris: Éd. du Seuil ⟨91⟩
Riha, Karl
  1981   Die Sprache der Vögel − in der Literatur. *Sprache im technischen Zeitalter* 79,
            275−290 ⟨107⟩
de Rijk, Lambertus Marie
  1962   *Logica Modernorum. A Contribution to the History of Early Terminist Logic I. On
            the Twelfth Century Theories of Fallacy*. Assen: Van Gorcum & Comp. ⟨40⟩
  1967   *Logica Modernorum. A Contribution to the History of Early Terminist Logic II. The
            Origin and Early Development of the Theory of Supposition*. Assen: Van Gorcum &
            Comp. ⟨40⟩
  1971/73   The Developement of suppositio naturalis in mediaeval logic I/II. *Vivarium* 9,
            71−107 / 11, 43−79 ⟨21/40⟩
  1972   Introduction. In Petrus Hispanus 1972, VII−CXXIX ⟨40⟩
  1980   The semantical impact of Abaelard's solution of the problem of universals. In Tho-
            mas (Hg.) 1980, 139−151 ⟨20⟩
  1981   Abailard's semantic views in the light of later developments. *English Logic and Se-
            mantics, from the end of the twelfth century to the time of Ockham and Burleigh. Act
            of the 4th European symposium on Medieval Logic and Semantics*, 1−58 ⟨20⟩
  1982   The origins of the theory of the properties of terms. In Kenny/Kretzmann/Pinborg/
            Stump 1982, 161−173 ⟨4⟩
  1986a   Peter Abelard's semantics and his logic of being. *Vivarium* 24, 85−127 ⟨20⟩
  1986b   Abaelard and moral philosophy. *Medioevo* 12, 2−27 ⟨20⟩
Rijk, Lambertus M. de / Braakhuis, H. A. G. (eds.)
  1987   *Logos and Pragma. Essays in the Philosophy of Language in Honor of Professor
            Gabriel Nuchelmans*. Nijmegen: Ingenium ⟨4⟩
Rijlaarsdam, Jetske C.
  1978   *Platon über die Sprache: ein Kommentar zum Kratylos*. Utrecht/Bonn: Scheltema &
            Holkema ⟨14⟩
Riley, Helen M. Kastinger
  1979   Some German theories on the origin of language from Herder to Wagner. *Mod.
            Lang. Review* 74, 617−632 ⟨65⟩
Rimbaud, Arthur
  [5]1978   *Sämtliche Dichtungen*. Französisch und Deutsch. Hg. und übertragen von Walther
            Küchler. Heidelberg: Lambert Schneider ⟨107⟩
Rinner, Fridrun
  1989   *Modellbildung im Symbolismus. Ein Beitrag zur Methodik der Vergleichenden Litera-
            turwissenschaft*. Heidelberg: Carl Winter (Beiträge zur neueren Literaturgeschichte.
            Dritte Folge 96) ⟨107⟩
Risse, Wilhelm
  1964   *Die Logik der Neuzeit. 1. Band 1500−1640*. Stuttgart/Bad-Cannstatt: Friedrich From-
            mann Vlg. (Günther Holzboog) ⟨7⟩
Rist, John M.
  1964   *Eros and Psyche. Studies in Plato, Plotinus, and Origen*. Toronto: UP ⟨112⟩
  1971   Categories and their uses. In Long (ed.) 1971, 38−57 ⟨2⟩
Rist, John M. (ed.)
  1978   *The Stoics*. Berkeley/Los Angeles/London: U. of California Pr. ⟨2⟩

Ritschl, Dietrich / Jones, Hugh
  1976   „Story" als Rohmaterial der Theologie. München: Kaiser ⟨85/103⟩

Ritter, Joachim
  1930   Ernst Cassirers Philosophie der symbolischen Formen. Neue Jb. für Wiss. und
            Jugendbildung 6, 593−605 ⟨37⟩
  1937   Mundus intelligibilis. Eine Untersuchung zur Aufnahme und Umwandlung der neupla-
            tonischen Ontologie bei Augustinus. Frankfurt a.M.: Klostermann ⟨16⟩
  1963   Landschaft. Zur Funktion des Ästhetischen in der modernen Gesellschaft. Münster
            i.W.: Aschendorffsche Buchdruckerei / auch in Ritter 1974, 141−190 ⟨105⟩
  1974   Subjektivität. Sechs Aufsätze. Frankfurt a.M.: Suhrkamp ⟨105⟩

Ritter, Joachim (Hg.)
  1971   Historisches Wörterbuch der Philosophie I. Basel: Schwabe ⟨55/85/103⟩
  1972   Historisches Wörterbuch der Philosophie II. Basel: Schwabe ⟨47⟩

Ritter, Joachim / Gründer, Karlfried (Hg.)
  1976   Historisches Wörterbuch der Philosophie IV. Basel: Schwabe ⟨60⟩
  1980   Historisches Wörterbuch der Philosophie V. Basel: Schwabe ⟨4⟩
  1989   Historisches Wörterbuch der Philosophie VII. Basel: Schwabe ⟨97⟩

Roberts, Craige
  1987   Modal subordination, anaphora, ond distributivity. Dissertation, U. of Massachusetts,
            Amherst ⟨113⟩
  1989   Modal subordination and pronominal anaphora in discourse. Ling. Phil. 12,
            683−721 ⟨113⟩

Roberts, Lawrence
  1984   Russell on the semantics and pragmatics of indexicals. Philosophia 14, 111−127 ⟨79⟩
  1986   The determination of indexical reference. Synthese 68, 441−486 ⟨78⟩

Robin, L.
  1908   La théorie platonicienne de l'amour. Paris: Félix Alcan, ⟨112⟩
  1968   Platon. Paris: PUF ⟨112⟩

Robinet, André
  1978   Le langage à l'age classique. Paris: Klincksieck ⟨8/23⟩

Robins, Robert Henry
  1975   Theory-orientation vs. data-orientation: a recurrent theme in linguistics. HL 1,
            11−26 ⟨12⟩
  1976/90   A Short History of Linguistics. London: Longman [1967] ⟨21/44/64⟩

Robinson, Abraham
  1974   Non-Standard Analysis. Amsterdam: North-Holland ⟨47⟩

Robinson, Denis
  1982   The Metaphysics of Material Constitution. Ph.D. thesis, Monash U., Melbourne ⟨83⟩
  1985   Can amoebae divide without multiplying? Australas. J. Philos. 63, 299−319 ⟨83⟩

Robinson, Judith
  1963   L'Analyse de l'esprit dans les Cahiers de Valéry. Paris: Corti ⟨107⟩
  1978   Sprache, Physik und Mathematik in Valérys „Cahiers". In Schmidt-Radefeldt (Hg.)
            1978, 7−39 ⟨37⟩

Robinson, J. A.
  1965   A machine-oriented logic based on the resolution principle. Journal of the Associa-
            tion for Computing Machinery 12, 23−41 ⟨117⟩

Robinson, W. D.
  1986   Reason, truth and theology. Modern Theology 2, 87−105 ⟨85/103⟩

Rochelt, Hans
  1969   Das Creditiv der Sprache. Von der Philologie J. G. Hamanns und Ludwig Wittgen-
            steins. Literatur und Kritik 4, 169−176 ⟨25⟩

Röd, Wolfgang
  1976   Die Philosophie der Antike 1: Von Thales bis Demokrit. München: C. H. Beck ⟨1⟩

Rodman, Hyman
1963   The lower-class value stretch. *Social Forces* 42, 205–215 ⟨56⟩

Roeper, P.
1983   Semantics for mass terms with quantifiers. *Nous* 17, 251–265 ⟨76⟩

Rohrer, Christian (ed.)
1980   *Time, Tense, and Quantifiers. Proc. of the Stuttgart Conference on the Logic of Tense and Quantification*. Tübingen: Niemeyer ⟨76/77⟩

Röhrich, Lutz
1960   Gebärdensprache und Sprachgebärde. In Festschrift Archer Taylor 1960, 121–149 ⟨107⟩

Roig, Charles
1980   *La grammaire politique de Lénine. Formes et effets d'un discours politique*. Lausanne: Editions L'Age d'homme ⟨47⟩

Rokeach, M.
1948   Generalized mental rigidity as a factor in ethnocentrism. *J. of Abnormal and Social Psychology* 43, 259–278 ⟨98⟩

Rolf, Bertil
1981   *Topics on Vagueness*. Lund: Filosofiska Institutionen, Lunds Universitet ⟨98⟩

Roloff, Volker
1973   *Reden und Schweigen. Zur Tradition und Gestaltung eines mittelalterlichen Themas in der französischen Literatur*. München: Fink ⟨107⟩
1974   Zeichensprache und Schweigen. Zu Rabelais, Pantagruel XVIII–XIX und Tiers Livre XIX–XX. *Z. für Romanische Philologie* 90, 99–140 ⟨107⟩

Romaine, Suzanne
1984   The status of sociological models and categories in explaining language variation. *Linguistische Berichte* 90, 25–38 ⟨56⟩

Romanos, George D.
1983   *Quine and Analytic Philosophy*. Cambridge, MA: MIT ⟨99⟩

de Romilly, J.
1988   *Les grands sophistes dans l'Athènes de Périclès*. Paris: Éditions de Fallois ⟨112⟩

Roos, Heinrich
1947   Sprachdenken im Mittelalter. *Classica et Medievalia* 9, 200–215 ⟨4⟩
1952   *Die Modi significandi des Martinus de Dacia: Forschungen zur Geschichte der Sprachlogik im Mittelalter*. Münster: Aschendorff/Kopenhagen: Arne Frost-Hansen ⟨41⟩

Roos, Heinrich (ed.)
1961   *Martini de Dacia Opera*. Kopenhagen: Gad ⟨41⟩

Root, Michael
1986   The narrative structure of soteriology. *Modern Theology* 2, 145–158 ⟨85/103⟩

Rooth, Mats
1987   Noun phrase interpretation in Montague grammar, file change semantics, and situation semantics. In Gärdenfors (ed.) 1987, 237–269 ⟨113⟩

Rorty, Amélie (ed.)
1976   *The Identity of Persons*. Berkeley: U. of California Pr. ⟨83⟩

Rorty, Richard
1967/70   Metaphilosophical difficulties of linguistic philosophy. In Rorty (ed.) 1967/1970, 1–39 ⟨52⟩
1972a   The world well lost. *J.Philos.* 69, 649–669 ⟨74⟩
1972b   Indeterminacy of translation and of truth. *Synthese* 23, 443–462 ⟨73⟩
1979/80   *Philosophy and The Mirror of Nature*. Princeton: UP / Oxford: Blackwell ⟨47/74/118⟩
1981   *Der Spiegel der Natur: Eine Kritik der Philosophie*. Frankfurt a.M.: Suhrkamp ⟨45⟩
1982   *Consequences of Pragmatism: Essays 1972–1980*. Minneapolis, Minn.: U. of Minnesota Pr. ⟨47/85/103⟩

Rorty, Richard (ed.)
  1967/70   *The Linguistic Turn. Recent Essays in Philosophical Method.* Chicago/London: Chicago UP ⟨52/59/60⟩

Rorty, Richard / Schneewind, J. B. / Skinner, Quentin (eds.)
  1984   *Philosophy in History.* Cambridge: UP ⟨83⟩

Ros, Arno
  1983   *Die Genetische Epistemologie Jean Piagets. Resultate und offene Probleme.* Tübingen: Mohr (*Philosophische Rundschau* Beiheft 9) ⟨77⟩
  1989   *Begründung und Begriff, Wandlungen des Verständnisses begrifflicher Argumentationen I. Antike, Spätantike und Mittelalter.* Hamburg: Felix Meiner ⟨1⟩

Rosch, Eleanor
  1978   Principles of categorization. In Rosch/Lloyd (eds.) 1978, 27−48 ⟨71⟩

Rosch, Eleanor / Lloyd, Barbara B. (eds.)
  1978   *Cognition and Categorization.* Hillsdale, N. J.: Erlbaum Associates ⟨71/119⟩

Rose, Paul Lawrence
  1990   *Revolutionary Antisemitism in Germany − From Kant to Wagner.* Princeton: UP ⟨47⟩

Rosen, Victor
  1969   Introduction to panel on language and psychoanalysis. *Internationales Jb. der Psychoanalyse* 50, 113−116 ⟨109⟩

Rosenbaum, P. (ed.)
  1971   *English Literature and British Philosophy.* Chicago/London: Chicago UP ⟨107⟩

Rosenberg, Jay Frank
  1967   Synonymy and the epistemologie of linguistics. *Inquiry* 10, 405−420 ⟨73⟩
  1974   *Linguistic Representation.* Dordrecht: D. Reidel ⟨71/73⟩

Rosenberg, Jay Frank / Travis, Charles (eds.)
  1971   *Readings in the Philosophy of Language.* Englewood Cliffs, N. J.: Prentice-Hall ⟨97⟩

Rosengren, Inger (Hg.)
  1983   *Sprache und Pragmatik. Lunder Symposium 1982.* Stockholm: Almquist & Wiksell ⟨56⟩

Rosenkranz, Bernhard
  1961   *Der Ursprung der Sprache. Ein linguistisch-anthropologischer Versuch.* Heidelberg: Winter ⟨65⟩

Rosenthal, David M. (ed.)
  1971   *Materialism and the Mind-Body Problem.* Englewood Cliffs, N. J.: Prentice-Hall [1967] ⟨50⟩

Rosenzweig, Franz
  1921   *Der Stern der Erlösung.* Berlin: Schocken ⟨47⟩
  1937   *Kleinere Schriften.* Berlin: Schocken ⟨47⟩

Rosiello, Luigi
  1961/67   *Linguistica illuminista.* Bologna: Il Mulino ⟨8/11/44⟩

Rosier, Irene
  1983   *La grammaire spéculative des modistes.* Lille: Pr. Universitaires de Lille ⟨12/41⟩
  1985/86   Relatifs et relatives dans les traités terministes de XIIe et XIIIe siécles. *Vivarium* 23, 1−22; 24, 1−21 ⟨40⟩

Röska-Hardy, Louise
  1988   *Die „Bedeutung" in natürlichen Sprachen. Eine philosophische Untersuchung.* Frankfurt a.M.: Hain ⟨68⟩

Rösler, Wolfgang
  1980   Die Entdeckung der Fiktionalität in der Antike. *Poetica* 12, 283−319 ⟨107⟩

Ross, James F.
  1981   *Portraying Analogy.* London: UP ⟨85/103/119⟩

Ross, John R.
1970   On declarative sentences. In Jacobs/Rosenbaum (eds.) 1970, 222—272 ⟨95⟩

Ross, Ralph / van den Haag, Ernest
1962   *Symbols and Civilization: Science, Morals, Religion, Art.* New York: Harcourt, Brace & World [1957] ⟨90⟩

Rossi, Eduard
1962   *Die Entstehung der Sprache und des menschlichen Geistes.* München/Basel: Ernst Reinhardt Verlag ⟨65⟩

Rossi, Paolo
1957   *Francesco Bacone: dalla magia alla scienzia.* Bari ⟨107⟩
1966   La costruzione di una lingua universali. In Rossi 1966a, 201—236 ⟨64⟩
1960/66a *Clavis Universalis Arti Mnemoniche e Logica Combinatoria da Lullo a Leibniz.* Milan Naples: Ricciardi ⟨64⟩

Rossi-Landi, Ferruccio
1972   *Sprache als Arbeit und als Markt.* München/Wien: Hanser ⟨48⟩
1973   *Dialektik und Entfremdung in der Sprache.* Frankfurt a.M.: Makol ⟨48⟩
1975   *Linguistics and economics.* The Hague: Mouton ⟨48⟩
1976   *Semiotik, Ästhetik und Ideologie.* München/Wien: Hanser ⟨48⟩
1977   *Introduction to Semiosis and Social Reproduction.* Working papers 63, serie C. Urbino: Centro Internazionale di Semiotica e di Linguistica ⟨48⟩

Roth, Volkbert M.
1977   Mit Marx an Marx vorbei? Histomat$_1$ und Histomat$_2$. In Henrich (Hg.) 1977, 583—593 ⟨48⟩
1978   Vier Stufen der Spracheinführung.In Mittelstraß/Riedel (Hg.) 1978, 71—86 ⟨48⟩
1984   Aphasietherapie und Sprechen in verteilten Rollen. In Roth (Hg.) 1984, 25—38 ⟨48⟩

Roth, Volkbert M (Hg.)
1984   *Sprachtherapie.* Tübingen: Narr ⟨48⟩

Rothstein, Susan
1983   *The Syntactic Forms of Predication.* Diss. MIT Cambridge ⟨77⟩

Rottmanner, O.
1892   *Der Augustinismus. Eine dogmengeschichtliche Studie.* München: J. J. Lentner ⟨16⟩

Rousseau, Jean Jacques
1954   *Du contrat social au principes du droit politique. Discours, Lettre à d'Alembert.* Paris: Garnier ⟨26⟩
1957   *Émile ou de l'éducation.* Ed. Francois Richard / Pierre Richard. Paris: Garnier [1762] ⟨26⟩
1970   *Essai sur l'origine des langues oú il est parlé de la mélodie et de l'imitation musicale.* Bordeaux: Ducros [1781] ⟨8⟩

Rousseau, Nicolas
1986   *Connaissance et langage chez Condillac.* Genéve: Droz ⟨8⟩

Routley, Richard
1978   Semantics for connexive logics I. *Stud.Log.* 37, 393—412 ⟨75⟩
1980   *Exploring Meinong's Jungle and Beyond.* Canberra Australas. National U. ⟨59/75/83⟩

Routley, Richard / Goddard, Leonard
1973   *The Logic of Significance and Context.* Edinburgh/ London: Scottish Academic Press ⟨59⟩

Routley, Richard / Routley, V. / Meyer, R. K. / Martin, E. P.
1982   On the philosophical bases of relevant logic semantics. *J. of Non-Classial Logic* 1, 71—102 ⟨75⟩

Ruberg, Uwe
1978   *Beredtes Schweigen in lehrhafter und erzählender deutscher Literatur des Mittelalters.* München: Fink ⟨107⟩

Rubin, Edgar
  1921   *Visuell wahrgenommene Figuren. Studien in psychologischer Analyse.* Kopenhagen/
            Christiana/Berlin/London: Verlagsdruckerei Berlin ⟨108⟩
Rubin, William (Hg.)
  1984   *Primitivismus in der Kunst des 20. Jahrhunderts.* München: Prestel ⟨108⟩
Ruch, M.
  1958   *L'Hortensius de Cicéron, histoire et reconstitution.* Paris: Les Belles Lettres ⟨16⟩
Rucker, Darnell
  1969   *The Chicago Pragmatists.* Minneapolis, Minn.: U. of Minnesota Pr. ⟨52⟩
Rudner, Richard / Scheffler, Israel (eds.)
  1972   *Logic and Art. Essays in Honor of Nelson Goodman.* Indianapolis/New York: Bobbs-
            Merrill Inc. ⟨83/105⟩
Ruegg, David Seyfort
  1959   *Contributions à l'histoire de la philosophie linguistique indienne.* Paris: E. de Boccard
            ⟨5⟩
Rugg, Marilyn D.
  1988   *Doña Berta*: Clavín's Allegory of Signification. *Mod. Lang. N.* 103, 449−456 ⟨107⟩
Ruh, Kurt (Hg.)
  1986   *Abendländische Mystik im Mittelalter.* Stuttgart: Metzler (Germanistische Symposien
            Bd. VII) ⟨107⟩
Rumbaugh, Duane M. (ed.)
  1977   *Language Learning by a Chimpanzee: The Lana Project.* New York: Academic Pr.
            ⟨35⟩
Rumelhart, D. E. / McClelland, J. L. et al.
  1986   *Parallel Distributed Processing. Explorations in the Microstructure of Cognition.*
            Cambridge, MA: MIT ⟨57⟩
Rummānī, Abū l-Ḥasan ʿAlī ibn ʿĪsā
  1959   *Kitāb al-Ḥudūd fī l-naḥw.* Taḥqīq Muṣṭafā Ǧawād, Yūsuf Yaʿqūb Maskūnī. Baġdād
            ⟨19⟩
Rumold, Rainer
  1971   Verfremdung und Experiment. Analysen für eine Standortbestimmung der „Demon-
            strationen" Helmut Heißenbüttels. *Sprache im technischen Zeitalter* 37, 26−44 ⟨107⟩
  1975   *Sprachliches Experiment und literarische Tradition. Zu den Texten Helmut Heißen-*
            büttels. Bern/Frankfurt a.M.: Lang ⟨107⟩
  1983   Carl Einstein: Sprachkrise und gescheitertes Experiment „Absoluter" Dichtung. In
            Woodmansee/Lohnes (Hg.) 1983, 254−272 ⟨107⟩
Rundle, Bede
  1990   *Wittgenstein on Language: Meaning, Use and Truth.* Oxford: Blackwell ⟨68⟩
Runes, Dagobert D. (ed.)
  1942   *The Dictionary of Philosophy.* New York: Philosophical Library ⟨90/98⟩
Runggaldier, Edmund
  1990   *Analytische Sprachphilosophie.* Stuttgart/Berlin/Köln: Kohlhammer ⟨68⟩
Runze, Georg
  1886   *Die Bedeutung der Sprache für das wissenschaftliche Erkennen.* Halle a.d.S.: C. E. M.
            Pfeffer (R. Stricker) ⟨9⟩
  1889   *Sprache und Religion.* Berlin: R. Gaertners Verlagsbuchhandlung. Hermann Heyfel-
            der ⟨9⟩
  1905   *Metaphysik.* Leipzig: J. J. Weber ⟨9⟩
Ruoff, Gene
  1972   Wordsworth on language: toward a radical poetics for English Romanticism. *Words-
            worth Circle* 3, 204−211 ⟨107⟩
Rupp, Gerhard / Weigand, Edda (Hg.)
  1986   *Jahrbuch der Deutschdidaktik.* Tübingen: Narr ⟨56⟩

Rupp, Heinz / Roloff, Hans-Gert (Hg.)
    1980   *Akten des VI. Internationalen Germanisten-Kongresses Basel 1980. Teil 4.* Bern/
                Frankfurt a.M./Las Vegas: Peter Lang (Jb. für Internationale Germanistik. Reihe A
                – Kongreßberichte Bd. 8) ⟨107⟩

Russell, Bertrand
    1903   *The Principles of Mathematics.* London: Allen & Unwin ⟨59/82⟩
    1905   On denoting. *Mind* 14, 479–493 / auch in Russell 1956a, 39–56 ⟨59/78/79/81/92/97/
                110/120⟩
    1910a   Knowledge by acquaintance and knowledge by description. *Proc. Arist. Soc.* 11, 108–
                128 ⟨14/78/79⟩ / auch in Russell 1912, 46–59/ auch in Russell 1917a, 202–224 ⟨79/
                81⟩
    1910b   *Philosophical Essays.* London: Allen & Unwin ⟨59⟩
    1910c   William James' conception of truth. In Russell 1910b, 112–130 ⟨59⟩
    1912   *The Problems of Philosophy.* London: Home U. Library ⟨14/29/79/88/113⟩
    1917   *Mysticism and Logic.* London: George Allen & Unwin ⟨79/81/88⟩
    1918/71b   The philosophy of logical atomism. In Russell 1956a/1966/1971a, 175–281 ⟨30/77/
                79⟩
    1920   *Introduction to Mathematical Philosophy.* London: Allen & Unwin ⟨119⟩
    1921   *The Analysis of Mind.* London: G. Allen & Unwin Ltd. ⟨118⟩
    1922   *Introduction to Ludwig Wittgenstein, Tractatus Logico-Philosophicus.* London: Rout-
                ledge & Kegan Paul ⟨53⟩
    1923   Vagueness. *The Australas. J. Philos.* 1, 74–86 ⟨98⟩
    1940/80   *An Inquiry into Meaning and Truth.* London: Allen & Unwin ⟨59/79/99⟩
    1948   *Human Knowledge: Its Scope and Its Limits.* London: Allen & Unwin ⟨79⟩
    1956a/66/71a   *Logic and Knowledge.* Essays 1901–1950. Ed. R. Marsh. London: Allen & Un-
                win / New York: Macmillan ⟨30/77/79/81/97⟩
    1956b   On the nature of acquaintance. In Russell 1956a, 125–174 / auch in *The Monist* 24
                (1914), 1–16; 161–187; 435–453 ⟨79⟩
    1957   Mr. Strawson on referring. *Mind* 66, 385–389 ⟨97⟩
    1984   *Theory of Knowledge: The 1913 Manuscript.* London: Allen & Unwin ⟨88⟩

Russell, Bertrand / Whitehead, Alfred North
    1910–   *Principia Mathematica.* Cambridge: UP ⟨59/85/97/100/103⟩
    1913/²27/60

Rutherford, Donald P.
    i.Dr.   Language and philosophy in Leibniz. In Jolley (ed) i.Dr. ⟨23⟩

Ryan, Judith
    1980a   Die andere Psychologie. Ernst Mach und die Folgen. In Paulsen (Hg.) 1980, 11–24
                ⟨107⟩
    1980b   The vanishing subject: empirical psychology and the modern novel. *Publications of
                the Modern Language Association* 95, 857–869 ⟨107⟩

Ryckman, T. A.
    1991   Conditio sine qua non? Zuordnung in the early epistemology of Cassirer and
                Schlick. *Synthese* 88, 57–95 ⟨37⟩

Ryle, Gilbert
    1932   'Systematically misleading experience'. *Proc. Arist. Soc.* 32, 139–170 ⟨119⟩
    1939   Plato's Parmenides. *Mind* 48, 129–151, 302–325 ⟨14⟩
    1949   *The Concept of Mind.* London: Hutchinson / New York: Barnes & Noble ⟨47/50/60/
                71/76/105/106/115/116/118⟩
    1951a   Categories. In Flew (ed.) 1951, 281–298 ⟨117⟩
    1951b   Thinking and language. *Proc. Arist. Soc. Suppl.* 25, 65–82 ⟨71⟩
    1954   *Dilemmas (The Tarner Lectures 1953).* Cambridge: UP ⟨60⟩
    1961   Use, usage and meaning. *Proc. Arist. Soc. Suppl.* 35, 223–230 / auch in Ryle 1971 II,
                407–414 ⟨48⟩
    1966   The theory of meaning. In Mace (ed.) 1966, 238–264 ⟨30⟩
    1967   Art. 'Plato'. In Edwards (ed.) 1967, 314–333 ⟨61⟩

1969a   Ordinary language. In Olshewsky (ed.) 1969, 56—70 ⟨50⟩
1969b   The theory of meaning. In Olshewsky (ed.) 1969, 131—150 ⟨50⟩
1969c   *Der Begriff des Geistes*. Stuttgart: Philipp Reclam ⟨105⟩
1971   *Collected Papers I/II*. New York: Barnes & Noble / London: Hutchinson ⟨60⟩

Saadiah Gaon
1948   *The Book of Beliefs and Opinions*. New Haven: Yale UP / 1970: arabische Ausgabe
         mit hebräischer Übers.. Hg. J. Kafih. Jerusalem: Sura ⟨3⟩
1988   *The Book of Theodicy*. Ed. L. E. Goodman. New Haven: Yale UP / 1973: arabische
         Ausgabe mit hebräischer Übers.. Hg. J. Kafih. Jerusalem: Sura ⟨3⟩

Saarinen, Esa (ed.)
1979   *Game-Theoretical Semantics: Essays on Semantics by Hintikka, Carlson, Peacocke,
         Rantala, and Saarinen*. Dordrecht: D. Reidel ⟨88/96.2⟩

Saarinen, Esa / Hilpinen, Risto / Niiniluoto, Ilkka / Hintikka, Merrill Province (eds.)
1979   *Essays in Honour of Jaakko Hintikka*. Dordrecht: D. Reidel ⟨88/95⟩

Sack, Fritz / Schenkein, Jim / Weingarten, Elmar (Hg.)
1976   *Ethnomethodologie*. Frankfurt a.M.: Suhrkamp ⟨101⟩

Sacks, Harvey
         Unpublished lecture notes. Irvine Cal., U. of California ⟨92⟩
1972   On the analyzability of stories by children. In Gumperz/Hymes (eds.) 1972, 325—345
         ⟨115⟩

Sacks, Harvey / Schegloff, Emmanuel
1974   Opening up closings. In Turner (ed.) 1974, 233—264 ⟨101⟩

Sacks, Harvey / Schegloff, Emmanuel / Jefferson, Gail
1974   A simplest systematics for the organization of turn-taking for conversation. *Lan-
         guage* 50, 696—735 ⟨56/92⟩

Sacks, S. (ed.)
1979   *On Metaphor*. Chicago: UP ⟨85⟩

Sadock, Jerrold M. / Zwicky, A. M.
1975   Ambiguity tests and how to fail them. In Kimball (ed.) 1975, 1—36 ⟨98⟩

Said, Edward W.
1976   Conrad and Nietzsche. In Sherry (ed.) 1976, 65—76 ⟨107⟩

Salamun, Kurt (Hg.)
1986   *Was ist Philosophie? Neue Texte zu ihrem Selbstverständnis*. Tübingen: Mohr ⟨77⟩

Śālikanātha
1961   *Prakaraṇa-Pañcikā*. Ed. A. Subrahmanya Sastri. Benares: Benares Hindu U. ⟨63⟩

Salimbene of Parma
1290   *Chronicon Monumenta Germaniae, Historica, Scriptores I—XXXII*. ⟨65⟩

Salmon, M.
1984   *Introduction to Logic and Critical Thinking*. New York: Hartcourt Brace Jovanovitch
         ⟨98⟩

Salmon Nathan U.
1981   *Reference and Essence*. Princeton: UP ⟨78⟩
1986   *Frege's Puzzle*. Cambridge, MA: MIT ⟨78⟩
1988   Tense and singular proposition. In Almog/Perry/Wettstein (eds.) 1989, 331—392 ⟨78⟩
1990   A Millian heir rejects the wages of *Sinn*. In Anderson/Owens (eds.) 1990, 217—247
         ⟨78⟩

Salmon Nathan U. / Soames, Scott (eds.)
1988   *Propositions and Attitudes*. Oxford: UP ⟨78/79⟩

Salmon, Paul
1968/68 Herder's essay on the origin of language and the place of man in the animal king-
         dom. *German Life and Letters* 22, 59—70 ⟨13⟩

Salmon, Vivian
    1969   Review of Noam Chomsky's cartesian linguistics. *J. of Linguistics* 5, 165−187 ⟨12⟩
    1972   *The Works of Francis Lodwick: A Study of His Writings in the Intellectual Context of the Seventeenth Century.* London: Longman ⟨64/107⟩
    1979   *The Study of Language in Seventeenth-Century England.* Amsterdam: Benjamins ⟨64⟩
    1979a   The evolution of Dalgarno's *Ars Signorum* (1661). In Salmon 1979, 157−175 ⟨64⟩
    1979b   John Wilkins' 'Essay' (1668). Critics and continuators. In Salmon 1979, 191−206 ⟨64⟩
    1992   Charactéristiques et langues universelles. In Auroux (éd.) 1992, 407−423 ⟨64⟩
Salomon R. Guggenheim Museum (ed.)
    1964   *The Shaped Canvas.* New York: S. R. Guggenheim Museum ⟨108⟩
Salvucci, Roberto
    1982   *Sviluppi della problematica del linguaggio nel XVIII secolo: Condillac, Rousseau, Smith.* Rimini: Maggioli ⟨8⟩
Sampson, Geoffrey
    1978   Linguistics universals as evidence for empiricism. *J. of Linguistics* 14, 183−206 ⟨72⟩
    1980   *School of Linguistics. Competition and Evolution.* London: Hutchinson / Stanford: UP ⟨12/51⟩
Sanctius Brocensis, Franciscus
    1587   *Minerva, seu de causis linguae Latinae.* Salmanticae: Renaut fratres ⟨7⟩
Sandbach, Francis H.
    1971   Ennoia and prolepsis. In Long (ed.) 1971, 22−37 ⟨2⟩
Sandig, Barbara
    1983   Zwei Gruppen von Gesprächsstilen. Ichzentrierter vs. duzentrierter Partnerbezug. In Sandig (Hg.) 1983, 149−198 ⟨56⟩
Sandig, Barbara (Hg.)
    1983   *Stilistik.* Hildesheim: Olms ⟨56⟩
Sandkühler, Jörg (Hg.)
    1990   *Europäische Enzyklopädie zu Philosophie und Wissenschaften Band 2.* Hamburg: Meiner ⟨67⟩
Sanford, D. H.
    1976   Competing semantics of vagueness: many values vs. super-truth. *Synthese* 33, 195−210 ⟨98⟩
Santoni, Ronald (ed.)
    1968   *Religious Language and the Problem of Religious Knowledge.* Bloomington, Ind.: Indiana UP ⟨85/103⟩
Sapir, Edward
    1921   *Language.* New York: Hartcourt-Brace ⟨51⟩
    1925   Sound patterns in language. *Language* 1, 37−51 / auch in Sapir 1925a, 33−45 ⟨51⟩
    1925a   *Selected Writings of Edward Sapir in Language, Culture and Personality.* Ed. David G. Mandelbaum. Berkeley: U. of California Pr. ⟨51⟩
    1957   Art. 'Symbolism'. In Seligmann (ed.) 1957 XIV, 492−495 ⟨90⟩
Saporta Sol (ed.)
    1961   *Psycholinguistics.* New York: Holt, Rinehart & Winston ⟨74⟩
Sappho
    1991   *Lieder. Griechisch und deutsch.* Artemis & Winkler ⟨112⟩
Sarles, Harvey B.
    1982   On the origin of meaning. *Quaderni di Semantica* III(1), 117−122 ⟨116⟩
    1985   *Language and Human Nature.* Minneapolis, Minn.: U. of Minnesota ⟨116⟩
    1993   *Teaching as Dialogue: A Teacher's Study.* Lanham, Md.: UP of America ⟨116⟩
    1993   *The Foundations Project.* nicht publiziert ⟨116⟩
Sarma, E. R. Srikrishna
    1954   *Die Theorien der alten indischen Philosophie über Wort und Bedeutung, ihre Wechselbeziehung, sowie über syntaktische Verbindung.* Diss. U. Marburg ⟨62.2⟩

Sartre, Jean-Paul
1947   *Situations I*. Paris: Gallimard ⟨107⟩
1948a   *Situations II*. Paris: Gallimard ⟨107⟩
1948b   Qu'est-ce que la littérature? In Sartre 1948a, 55−330 ⟨107⟩
1967   *Kritik der dialektischen Vernunft. Band I. Theorie der Gesellschaftlichen Praxis*. Reinbek: Rowohlt ⟨48⟩

Sarup, Lakshman
1921/67 *The Nighaṇṭu and the Nirukta, the oldest Indian treatise on etymology, philology and semantics*. Ed. S. K. Ramanatha Sastri. Oxford: UP / ND Delhi: Motilal Banarsidass ⟨5/43⟩

Sastri, Gaurinath
1959   *The Philosophy of Word and Meaning. Some Indian Approaches with Special Reference to the Philosophy of Bhartṛhari*. Calcutta: Sanskrit College ⟨5/17/43⟩
1980   *A Study in the Dialectics of Sphoṭa*. Delhi: Motilal Banarsidass ⟨17/43⟩

Saße, Günter
1977   *Sprache und Kritik: Untersuchungen zur Sprachkritik der Moderne*. Göttingen: Vandenhoeck & Ruprecht ⟨35/107⟩
1978   Die Sorge des Lesers. Zu Kafkas Erzählung *Die Sorge des Hausvaters*. Poetica 10, 262−284 ⟨107⟩
²1980   Literatursprache. In Althaus/Henne/Wiegand (Hg.) 1980, 698−706 ⟨106⟩

Sauder, Gerhard (Hg.)
1987   *Johann Gottfried Herder (1744−1803)*. Hamburg: Meiner (Studien zum achtzehnten Jahrhundert 9) ⟨26⟩

Šaumjan, Sebastian K.
1971   *Strukturale Linguistik*. Übers. und hg. Wolfgang Girke / Helmut Jachnow. München: Fink ⟨51⟩

Saul, Nicholas
1985   Hofmannsthal and Novalis. In Carr/Sagarra (ed.) 1985, 26−62 ⟨107⟩

de Saussure, Ferdinand
1878   Artikel in *Le Journal de Genève* vom 17. April, 3 ⟨66⟩
1916/49/55/62 *Cours de linguistique générale*. Éd. Charles Bally / Albert Sechehaye. Paris: Payot ⟨10/36/38/44/56/58/62.1/84/114/116/119⟩
1967ff *Cours de linguistique générale*. Éd. critique par R. Engler. Wiesbaden: : Harrassowitz ⟨36/51⟩
²1967a *Grundfragen der allgemeinen Sprachwissenschaft*. Berlin: de Gruyter [1931] ⟨51/114⟩
1968   *Mémoire sur le système primitif des voyelles dans les langues indo-européennes*. Hildesheim: Olms [1879] ⟨36⟩
1972/78/85 *Cours de linguistique générale*. Éd. Tullio de Mauro. Paris: Payot ⟨33/36/67⟩
1989   *Cours de linguistique générale*. Éd. Rudolf Engler, Repr. de l'éd. originale I. Wiesbaden: Harrassowitz [1968] ⟨67⟩
1990   *Cours de linguistique générale*. Éd. Rudolf Engler, Repr. de l'éd. originale II. Appendice. Notes de F. de Saussure sur la linguistique générale. Wiesbaden: Harrassowitz [1974] ⟨67⟩

Savage, Leonard J.
1954   *The Foundations of Statistics*. New York: John Wiley ⟨88⟩
1967   Difficulties in the theory of personal probability *Philos. Sci*. 34, 308−310 ⟨88⟩

Savage-Rumbaugh, E. Sue
1986   *Ape Language: From Conditioned Response to Symbol*. New York: Columbia UP ⟨65⟩

Savan, David
1986   Art. 'Stoicism'. In Sebeok (ed.) 1986, 976−980 ⟨16⟩

Savigny, Eike von
1969   *Philosophie und normale Sprache*. Frankfurt a.M./München: Alber ⟨60⟩
1974   *Die Philosophie der normalen Sprache*. Frankfurt a.M.: Suhrkamp ⟨54/60⟩
1976   *Argumentation in der Literaturwissenschaft. Wissenschaftstheoretische Untersuchungen zu Lyrikinterpretationen*. München: C. H. Beck ⟨106⟩

1981 Das sogenannte 'Paradigm Case Argument': Eine Familie von anti-skeptischen Argumentationsstrategien. *Grazer Philosphische Studien* 14, 37−72 ⟨60⟩

1983 *Zum Begriff der Sprache. Konvention, Bedeutung, Zeichen.* Stuttgart: Reclam ⟨60/68/94/114⟩

Sayre, Kenneth M.
1976 *Cybernetics and the Philosophy of Mind.* Atlantic Highlands NJ: Humanities Pr. / London: Routledge & Kegan Paul ⟨117⟩

Scaglione, Aldo
1978 Dante and the rhetorical theory of sentence structure. In Murphy (ed.) 1978, 252−269 ⟨107⟩

Scaliger, Joseph Juste
1640a Des langages des peuples de l'Europe. In Brerewood 1640, 332−333; 336 / Übers. von Scaliger 1940b ⟨66⟩

1640b *Diatriba de Europaeorum linguis.* [1599] ⟨66⟩

Scarre, Geoffrey F.
1988 *Logic and Reality in the Philosophy of John Stuart Mill.* Dordrecht: D. Reidel ⟨30⟩

Schaber, Steven C.
1970 The Lord Chandos letter in the light of Hofmannsthal's lyric decade. *Germ. Rev.* 45, 52−58 ⟨107⟩

1973 Novalis' theory of a work of art as hieroglyph. *Germ. Rev.* 45, 52−58 ⟨107⟩

1974 Novalis' *Monolog* und Hofmannsthal's *Ein Brief*: Two poets in search of a language. *The German Quarterly* 47, 204−214 ⟨107⟩

Schadewaldt, Wolfgang
1970 *Hellas und Hesperien. Gesammelte Schriften zur Antike und zur neueren Literatur II.* Zürich/Stuttgart: Artemis ⟨107⟩

1978 *Die Anfänge der Philosophie bei den Griechen.* Frankfurt a.M.: Suhrkamp ⟨1⟩

1982 *Die Anfänge der Geschichtsschreibung bei den Griechen. Herodot, Thukydides.* Frankfurt a.M.: Suhrkamp ⟨1⟩

Schäfer, Hans Dieter
1969 *Wilhelm Lehmann. Studien zu seinem Leben und Werk.* Bonn: Bouvier (Abh. zur Kunst-, Musik- und Literaturwissenschaft 66) ⟨107⟩

Schaff, Adam
1973 *Language and Cognition.* Transl. O. Wojtasiewicz, ed. R. Cohen. New York: McGraw Hill ⟨71/74⟩

Schank, Gerd
1981 *Untersuchungen zum Ablauf natürlicher Dialoge.* München: Hueber ⟨56⟩

Schank, Gerd / Schwitalla, Johannes (Hg.)
1987 *Konflikte in Gesprächen.* Tübingen: Narr ⟨56⟩

Schank, Roger Carl / Abelson, Robert P.
1977 *Scripts, Plans, Goals And Understanding.* Hillsdale, N. J.: Erlbaum ⟨56/115/117⟩

Schank, Roger Carl
1975 *Conceptual Information Processing.* Amsterdam: North Holland ⟨117⟩

1982 *Dynamic Memory: A Theory of Reminding and Learning in Computers and People.* Cambridge: UP ⟨35⟩

Schaper, Eva / Vossenkuhl, Wilhelm (Hg.)
1984 *Bedingungen der Möglichkeit: 'Transcendental Arguments' und transzendentales Denken.* Stuttgart: Klett-Cotta ⟨96.2⟩

Schapp, Wilhelm
²1976 *In Geschichten verstrickt. Zum Sein von Mensch und Ding.* Wiesbaden: B. Heymann ⟨108⟩

Scharang, Michael (Hg.)
1972 *Über Peter Handke.* Frankfurt a.M.: Suhrkamp ⟨107⟩

Scharf, Hans-Werner (Hg.)
1989 *Wilhelm von Humboldts Sprachdenken.* Essen: Hobbing ⟨27⟩

Scharfe, Hartmut
  1977   *Grammatical Literature*. A History of Indian Literature V 2, Ed. Jan Gonda. Wies-
            baden: Harrassowitz ⟨5/43⟩

Scheel, Otto
  1901   *Die Anschauung Augustins über Christi Person und sein Werk unter Berücksichtigung
            ihrer verschiedenen Entwicklungsstufen und ihrer dogmengeschichtlichen Stellung*. Tü-
            bingen: J. C. B. Mohr ⟨16⟩

Scheer, Brigitte / Wohlfart, Günter (Hg.)
  1982   *Dimensionen der Sprache in der Philosophie des dteutschen Idealismus II*. Würzburg:
            Königshausen & Neumann ⟨107⟩

Scheerer, Thomas
  1980   *Ferdinand de Saussure. Rezeption und Kritik*. Darmstadt: Wiss. Buchges. ⟨36/51⟩

Scheffer, Bernd
  1986   Moderne Literatur läßt sich nicht länger sprachtheoretisch begründen. Helmut Hei-
            ßenbüttels Theorie als Beispiel. *Merkur* 40, 565−577 ⟨107⟩

Scheffler, Israel
  1955   On synonymy and indirect discourse. *Philos.Sci.* 22, 39−44 ⟨78⟩
  1974   *Four Pragmatists. A Critical Introduction to Peirce, James, Mead and Dewey*. Lon-
            don: Routledge & Kegan Paul ⟨52⟩
  1979   *Beyond the Letter*. London: Routledge & Kegan Paul ⟨98⟩

Schegloff, Emanuel A.
  1968   Sequenzing in conversational openings. *Americam Anthropologist* 70, 1075−1095
            ⟨92⟩ / auch in Hutcheson/Laver (eds.) 1968, 374−405 ⟨56⟩
  1972   Sequenzing in conversational openings. In Gumperz/Hymes (eds.) 1972, 346−380
            ⟨92⟩
  1979   The relevance of repair to syntax-for-conversation. In Givón (ed.) 1979, 261−286
            ⟨56⟩

Schegloff, Emanuel A. / Sacks, Harvey
  1973   Opening up closings. *Semiotica* 8, 289−327 ⟨56⟩

Scheibe, Erhard
  1979   On the structure of physical theories. *Acta philosophica Fennica* 30, 205−224 ⟨100⟩
  1982   A comparison of two recent views on theories. *Metamedicine* 3, 233−254 ⟨100⟩

Scheible, Hartmut
  1980   Nachwort. In Beer-Hofmann 1980, 120−160 ⟨107⟩

Scheichl, Sigurd Paul
  1983   Sprachreflexion in Canettis autobiographischen Büchern. *Mod.Aust.Lit.* 16 (3/4),
            23−46 ⟨107⟩

Scheichl, Sigurd Paul / Stieg, Gerald (Hg.)
  1986   *Österreichische Literatur des 20. Jahrhunderts*. Innsbruck: o.V. (Innsbrucker Beiträge
            zur Kulturwissenschaft. Germanistische Reihe 21) ⟨107⟩

Schelling, Friedrich Wilhelm Joseph
  1856   *Einleitung in die Philosophie der Mythologie. Sämtliche Werke 2. Abt. 1.Bd.*. Stutt-
            gart/Augsburg: Cotta ⟨13⟩
  1959a   *Schellings Werke 4. Erg. Bd.* München: Beck/Oldenbourg ⟨13⟩
  1959b   Vorbemerkungen zu der Frage über den Ursprung der Sprache. In Schelling 1959a,
            503−510 ⟨13⟩

Schenkein, Jim (ed.)
  1978   *Studies in the Organization of Conversational Interaction*. New York: Academic Pr.
            ⟨56⟩

Schenkeveld, Dirk M.
  1984   Studies in the history of ancient linguistics II. Stoic and peripatetic kinds of speech
            act and the distinction of grammatical moods. *Mnemosyne* 37, 291−353 ⟨2/15⟩

Scher, Helene
  1976   Science in the poetry of Peter Huchel. *Germ.Rev.* 51, 52−61 ⟨107⟩

Scherer, Bernd Michael
    1984   *Prolegomena zu einer einheitlichen Zeichentheorie. Ch. S. Peirces Einbettung der Se-
              miotik in die Pragmatik.* Tübingen: Stauffenburg ⟨32/77⟩
Scherner, Maximilian
    1970   *Die sprachlichen Rollen im lateinischen Weihnachtslied des Mittelalters.* Ratingen/Ka-
              stellaun/Wuppertal: Henn (Beihefte zum Mittellateinischen Jb. 4) ⟨107⟩
Schick, Karl
    1972   Indeterminacy of translation. *J. Philos.* 69, 818–832 ⟨73⟩
Schickhard, Martinus
    1615   *Logica iuridica, hoc est regulae, praecepta et modus argumentandi per inductiones et
              interpretationes legum.* Herbornae Nassoviorum ⟨102⟩
Schiewe, Jürgen
    1988   *Sprache und Öffentlichkeit. Carl Gustav Jochmann und die politische Sprachkritik
              der Spätaufklärung.* Berlin: Erich Schmidt (Philologische Studien und Quellen 118)
              ⟨107⟩
Schiewe, Jürgen
    1989   Joachim Heinrich Campes Verdeutschungsprogramm und die Sprachpolitik der
              Französischen Revolution. In Schlieben-Lange/Dräxler/Knapstein/Volck-Duffy/
              Zollna (Hg.) 1989, 323–342 ⟨107⟩
Schiffer, Stephen
    1972/²19   *Meaning.* Oxford: Clarendon ⟨68/71/94/95/101/114/115⟩
    1978   The basis of reference. *Erkenntnis* 13, 171–206 ⟨79⟩
    1981   Indexicals and the theory of reference. *Synthese* 49, 43–100 ⟨79⟩
    1987   *Remnants of Meaning.* Cambridge, MA: MIT ⟨114⟩
    ²1988   *Meaning.* Oxford: Clarendon ⟨71⟩
Schillebeeckx, Edward
    1952   Het niet-begrippelijk kenmoment in onze Godskennis volgens Thomas van Aquino.
              Tijdschr. Filos. 14, 411–453 ⟨85/103
    1965a   *Offenbarung und Theologie. Gesammelte Schriften I.* Mainz: Matthias-Grünewald
              ⟨85/103⟩
    1965b   Das nicht-begriffliche Erkenntnismoment in unserer Gotteserkenntnis nach Thomas
              von Aquin. In Schillebeeckx 1965a, 225–260 ⟨85/103⟩
Schiller, Friedrich
    1975   *Sämtliche Werke I–V.* München: Winkler ⟨107⟩
Schiller, Ferdinand Canning Scott
    1903   *Humanism.* London: Macmillan ⟨69⟩
Schilpp, Paul Arthur (ed.)
    1944   *The Philosophy of Bertrand Russell.* New York: Tudor Publ. ⟨78⟩
Schilpp, Paul Arthur (Hg.)
    1966   *Ernst Cassirer.* Stuttgart/Berlin/Köln/Mainz: W. Kohlhammer Vlg. ⟨37⟩
Schirn, Matthias (Hg.)
    1976   *Studien zu Frege – Studies on Frege I–III.* Stuttgart/Bad-Cannstatt: Friedrich From-
              mann Vlg. (Günther Holzboog) ⟨34/120⟩
Schischkoff, Georgi
    ²¹1982   *Philosophisches Wörterbuch.* Stuttgart: Kröner ⟨13⟩
Schlechta, Karl
    1972   Nietzsche über den Glauben an die Grammatik. *Nietz. Stud.* 1, 353–358 ⟨107⟩
Schlegel, August Wilhelm
    1962ff   *Kritische Schriften und Briefe.* I–VII. Hg. Edgar Lohner. Stuttgart: Kohlhammer
              ⟨107⟩
    1962a   *Sprache und Poetik, Kritische Schriften und Briefe.* Hg. E. Lohner. Stuttgart:
              W. Kohlhammer ⟨13⟩
    1962b   Briefe über Poesie, Silbenmaß und Sprache. In Schlegel 1962a, 141–180 [1795] ⟨13⟩

Schlegel, Friedrich
  1808   *Ueber die Sprache und die Weisheit der Indier. Ein Beitrag zur Begründung der Alterthumskunde. Nebst metrischen Uebersetzungen indischer Gedichte.* Heidelberg: Mohr & Zimmer ⟨13⟩
  1959ff   *Kritische Ausgabe I—XXXV.* Hg. E. Behler. München/Paderborn/Wien: Schöningh / Zürich: Thomas ⟨13⟩
            Philosophische Vorlesungen insbesondere über Philosophie der Sprache und des Wortes. In Schlegel 1959ff X, 309—534 [1830] ⟨13⟩
  1980a   *Werke in zwei Bänden.* Berlin/Weimar: Aufbau-Vlg. ⟨13⟩
  1980b   Gespräch über die Poesie. In F. Schlegel 1980a, 131—195 ⟨13⟩
Schleiermacher, Friedrich Daniel Ernst
  1911   *Werke IV: Hermeneutik.* Leipzig: Meiner [1838] ⟨45⟩
  1959   *Hermeneutik.* Hg. Heinz Kimmerle. Heidelberg: Winter ⟨13⟩
  1963   Ueber die verschiedenen Methoden des Uebersezens. In Störig (Hg.) 1963, 38—70 [1813] ⟨13⟩
  1977   *Hermeneutik und Kritik. Mit einem Anhang sprachphilosophischer Texte Schleiermachers.* Hg. Manfred Frank. Frankfurt a.M.: Suhrkamp ⟨13/107⟩
Schlenker, Ernst
  1938   *Die Lehre von den göttlichen Namen in der Summa Alexanders von Hales.* Freiburg (Freiburger theologische Studien 46) ⟨107⟩
Schlerath, Bernfried (Hg.)
  1986   *Wilhelm von Humboldt. Vortragszyklus zum 150 Todestag.* Berlin: de Gruyter ⟨27⟩
Schlick, Moritz
  1909   Das Grundprobem der Ästhetik in entwicklungsgeschichtlicher Beleuchtung. *Arch. für die gesamte Psychologie* XIV, 102—132 ⟨105⟩
  1935   Facts and propositions. *Analysis* 2(5), 65—70 / auch in Macdonald (ed.) 1954, 232—237 ⟨69⟩
  1936   Meaning and verification. *Philos. Rev.* 45, 339—369 / auch in Feigl/Sellars (eds.) 1949, 146—170 ⟨69/119⟩
  1938a   Form and content. In Schlick 1938b, 151—249 ⟨39⟩
  1938b   *Gesammelte Aufsätze 1926—1936.* Wien: Gerold & Co. ⟨39/105⟩
  1969   Die Wende der Philosophie. In Schlick 1969, 31—39 [1930] ⟨105⟩
Schlieben-Lange, Brigitte
  1973   *Soziolinguistik. Eine Einführung.* Stuttgart: Kohlhammer ⟨56⟩
  1980   *La Cantatrice Chauve* — Ein Lehrstück über gelungene Kommunikation? In Hess-Lüttich (Hg.) 1980, 239—257 ⟨107⟩
  1984   Vom Vergessen in der Sprachwissenschaftsgeschichte. Zu den „Ideologen" und ihrer Rezeption im 19. Jahrhundert. *Z. für Literaturwissenschaft und Linguistik* 14, 18—36 ⟨8⟩
Schlieben-Lange, Brigitte / Dräxler, Hans-Dieter / Knapstein, Franz-Josef / Volck-Duffy, Elisabeth / Zollna, Isabel (Hg.)
  1989—92   *Europäische Sprachwissenschaft um 1800 I—III.* Münster: Nodus Publikationen ⟨8/13/23/107⟩
Schlieben-Lange, Brigitte / Weydt, Harold
  1988   August Ferdinand Bernhardi. *Hist. Épistém. Lang.* 10(1), 81—100 ⟨13⟩
Schmalzriedt, Egidius
  1974   Art. 'Enneades'. In Kindlers Literatur Lexikon 1974 VIII, 3122a-3123b ⟨16⟩
Schmidt, Albert R. (Hg.)
  1970   *Festschrift für Detlev W. Schumann zum 70. Geburtstag.* München: Delp ⟨107⟩
Schmidt, E. D. (ed.)
  1937   *Man and Society.* New York: Prentice-Hall ⟨52⟩
Schmidt, Francis
  1988   Naissance d'une géographie juive. In Desreumaux/Schmidt (éds.) 1988, 13—30 ⟨66⟩
Schmidt, H. Arnold / Schütte, Kurt / Thiele, H. J. (eds.)
  1968   *Contributions to Mathematical Logic.* Amsterdam: North-Holland ⟨75⟩

Schmidt, Horst-Michael
  1982   *Sinnlichkeit und Verstand.* München: Fink ⟨105⟩
Schmidt, Jens Uwe
  1988   Die Aufrichtung der Zeusherrschaft als Modell. Überlegungen zur Theogonie des
            Hesiod. *Würzburger Jahrbücher für Altertumswissenschaft N. F.* 14, 39−69 ⟨107⟩
Schmidt, Lothar (Hg.)
  1973   *Wortfeldforschung. Zur Geschichte und Theorie des sprachlichen Feldes.* Darmstadt:
            Wiss. Buchges. ⟨51⟩
Schmidt, Paul
  1985   *Gebrauchstheorie der Bedeutung und Valenztheorie. Untersuchung zum Problem der
            Hypostasierung von Bedeutungen.* Amsterdam: Rodopi ⟨68⟩
Schmidt, Raymund (Hg.)
  1922   *Die dt. Philosophie der Gegenwart in Selbstdarstellungen III.* Leipzig: Meiner ⟨35⟩
Schmidt, Rudolf T.
  1839/1967 *Stoicorum grammatica.* Amsterdam: Hakkert ⟨2⟩
  1979   *Die Grammatik der Stoiker.* Hg. K. Hülser. Mit einer kommentierten Bibliographie
            zur stoischen Sprachwissenschaft (Dialektik) von Urs Egli. Braunschweig/Wiesba-
            den: Viehweg ⟨2⟩
Schmidt, Siegfried J.
  1968   *Sprache und Denken als sprachphilosophisches Problem von Locke bis Wittgenstein.*
            Den Haag: Nijhoff ⟨9/26⟩
  1970   German philosophy of language in the late 19th century. In Parret (ed.) 1970,
            658−684 ⟨9⟩
  1971   Konkrete Dichtung: Theorie und Konstitution. *Poetica* 4, 13−31 ⟨107⟩
  1975   *Literaturwissenschaft als argumentierende Wissenschaft. Zur Grundlegung einer ratio-
            nalen Literaturwissenschaft.* München: Fink ⟨106⟩
  1976   *Texttheorie.* München: Fink ⟨91⟩
  1980   *Grundriss der empirischen Literaturwissenschaft I.* Braunschweig: Vieweg ⟨106⟩
Schmidt, Siegfried J. (Hg.)
  1971   *Philosophie als Sprachkritik im 19. Jh.: Textauswahl 2.* Stuttgart/Bad Cannstadt: Fro-
            mann-Holzboog ⟨9/35⟩
  1972   *Zur Grundlegung der Literaturwissenschaft.* München: Fink ⟨106⟩
Schmidt-Radefeldt, Jürgen
  1970   *Paul Valéry linguiste dans les* Cahiers. Paris: Klincksieck (Bibliothèque Française et
            Romane. Série C. Études littéraires 26) ⟨107⟩
  1976a   Valéry et les sciences du langage. *Bulletin des Études Valéryennes* 8, 16−33 ⟨107⟩
  1978   Rez. Wunderli 1977. *Romanistisches Jb.* 29, 187−197 ⟨107⟩
  1984   Sémiologie et langage(s). *Œuvres et Critiques* 9(1), 127−153 ⟨107⟩
Schmidt-Radefeldt, Jürgen (Hg.)
  1978   *Paul Valéry.* Darmstadt: Wiss. Buchges. ⟨37⟩
Schmied-Kowarzik, Walther
  1981   *Die Dialektik der gesellschaftlichen Praxis. Zur Genesis und Kernstruktur der Marx-
            schen Theorie.* Freiburg/München: Alber ⟨48⟩
Schmitt-Brandt, Robert (Hg.)
  1971   *Donum Indogermanicum (Festschrift Scherer).* Heidelberg: Carl Winter Universitäts-
            vlg. ⟨1⟩
Schmitt, Franciscus Salesius (Hg.)
  1936   *Ein neues unvollendetes Werk des Hl. Anselm von Canterbury.* Münster: Aschendorff
            ⟨4⟩
Schmitter, Peter
  1977   Zeichentheoretische Erörterungen bei Wilhelm von Humboldt. Vorstudie zum Pro-
            blem der Integrierbarkeit von divergierenden Bedeutungstheorien. *Sprachwissen-
            schaft* 2, 151−180 ⟨13⟩

1985a   *Das sprachliche Zeichen. Studien zur Zeichen- und Bedeutungstheorie in der griechischen Antike sowie im 19. und 20. Jahrhundert.* Münster: Inst. für Allgemeine Sprachwissenschaft. (Studium Sprachwissenschaft Beiheft 7) ⟨107⟩

1985b   Arbitrarität und Zeichenwandel, Polysemie und Homonymie. Überlegungen im Anschluß an die frühe Semasiologie. In Schmitter 1985a, 145−176 ⟨107⟩

Schmitter, Peter (Hg.)

1991   *Sprachtheorien der abendländischen Antike.* Tübingen: Narr ⟨15⟩

Schmitz, Kenneth L.

1980   Natural imagery as a discriminatory element in religious language. In Long (ed.) 1980, 159−176 ⟨85/103⟩

Schmitz-Emans, Monika

1986a   *Schnupftuchsknoten oder Sternbild.* Jean Pauls Ansätze zu einer Theorie der Sprache. Bonn: Bouvier ⟨107⟩

1986b   Ein Dichter ist ein Dichter. Zur Autoreflexivität der *Kindesgeschichte* Peter Bichsels. *Colloquia Germanica* 19, 304−320 ⟨107⟩

Smullyan, Arthur F.

1971   Modality and description. In Linsky (ed.) 1971, 35−43 ⟨78⟩

Schnädelbach, Herbert

1971   *Erfahrung, Begründung und Reflexion. Versuch über den Positivismus.* Frankfurt a.M.: Suhrkamp ⟨120⟩

1977   *Reflexion und Diskurs. Fragen einer Logik der Philosophie.* Frankfurt a.M.: Suhrkamp ⟨120⟩

1985   Philosophie. In Martens/Schnädelbach (Hg.) 1985, 37−76 ⟨52⟩

Schneider, Hans Julius

1975   *Pragmatik als Basis von Semantik und Syntax.* Frankfurt a.M.: Suhrkamp ⟨87/120⟩

1979   Ist die Prädikation eine Sprechhandlung? Zum Zusammenhang zwischen pragmatischen und syntaktischen Funktionsbestimmungen. In Lorenz (ed.) 1979, 23−36 ⟨54/77⟩

1980   On language use and language structure. *Kodikas/Code* 2, 77−85 ⟨54/87⟩

1982   Gibt es eine 'Transzendental bzw. Universalpragmatik'? *Z.philos.Forsch.* 36, 208−226 ⟨54⟩

1983   Komplexität als Eigenschaft von Handlungen und sprachlichen Ausdrücken. In Frey/Zelger (eds.) 1983, 1005−1011 ⟨54⟩

1991   Die Leibhaftigkeit ästhetischer Erfahrung. Ein Hinweis auf John Dewey und Francis Bacon. In Koppe (Hg.) 1991, 104−108 ⟨105⟩

1992   *Phantasie und Kalkül. Über die Polarität von Handlung und Struktur in der Sprache.* Frankfurt a.M.: Suhrkamp ⟨54/120⟩

1993   Die Situiertheit des Denkens, Wissens und Sprechens im Handeln. Perspektiven der Spätphilosophie Wittgensteins. *Dt.Z.Philos.* 41(4), 727−739 ⟨108⟩

Schneider, Hans Julius / Inthetveen, Rüdiger (Hg.)

1993   *Enteignen uns die Wissenschaften? Zum Verhältnis zwischen Erfahrung und Empirie.* München: Wilhelm Fink Vlg. ⟨105⟩

Schneider, Robinson / Tute, Kevin / Chametzky, Robert (eds.)

1982   *Papers from the Parasession on Nondeclaratives.* Chicago: Chicago Linguistic Society ⟨88/96.2⟩

Schnelle, Helmut

1971   Art. 'Automat und Automatentheorie'. In Ritter (Hg.) 1971, 695−698 ⟨55⟩

1973   *Sprachphilosophie und Linguistik: Prinzipien der Sprachanalyse a priori und a posteriori.* Reinbek: Rowohlt ⟨35/92/114⟩

1979   Paul Valéry: Philosophie des Geistes, der Sprache und der Dichtung. *Poetica* 11, 1−37 ⟨107⟩

1988a   Turing naturalized: Von Neumann's unfinished project. In Herken (ed.) 1988, 539−559 ⟨55⟩

1988b   Ansätze zur prozessuralen Linguistik. In Schnelle/Rickheit (Hg.) 1988, 137−190 ⟨55⟩

1991   *Die Natur der Sprache.* Berlin: de Gruyter ⟨55⟩

Schnelle, Helmut / Rickheit, G. (Hg.)
1988   *Sprache in Mensch und Computer. Kognitive und neuronale Sprachverarbeitung.* Opladen: Westdt. Vlg. ⟨55⟩

Schnitzler, Arthur
1979   *Gesammelte Werke in Einzelausgaben. Das dramatische Werk I–VIII.* Frankfurt a.M.: Fischer ⟨107⟩

Schock, Rolf
1980a   A complete system of indexical logic. *Notre Dame J. Formal Logic* 21, 293–315 ⟨79⟩
1980b   A natural deduction system of indexical logic. *Notre Dame J. Formal Logic* 21, 351–364 ⟨79⟩

Schofield, Malcolm (ed.)
1982   *Language and Logos.* Cambridge: Cambridge U. P

Schoenthal, Gisela
1985   Sprache und Geschlecht. *Dt. Sprache* 13. Jg., 143–185 ⟨56⟩

Scholz, Friedrich
1968   Die Anfänge des russischen Futurismus in sprachwissenschaftlicher Sicht. *Poetica* 2, 477–500 ⟨107⟩

Scholz, Heinrich
1937   Die Wissenschaftslehre Bolzanos. *Abh. der Fries'schen Schule* N. F. 6, 399–472 ⟨30⟩
1967   *Abriß der Geschichte der Logik.* Freiburg/München: Alber [1931] ⟨47⟩

Scholz, Oliver R.
1991   *Bild, Darstellung, Zeichen. Philosophische Theorien bildhafter Darstellung.* München: Vlg. Alber ⟨105⟩

Schön, Donald
1967   *Invention and the Evolution of Ideas.* London: Tavistock Publications ⟨85/103⟩

Schöne, Albrecht
1982   *Aufklärung aus dem Geist der Experimentalmetaphysik: Lichtenbergsche Konjunktive.* München: C. H. Beck ⟨27⟩

Schöne, Albrecht (Hg.)
1986   *Kontroversen, alte und neue. Akten des VII. Internationalen Germanisten-Kongresses Göttingen 1985 II.* Tübingen: Niemeyer ⟨56⟩

Schönrich, Gerhard
1990   *Zeichenhandeln. Untersuchungen zum Begriff einer semiotischen Vernunft im Ausgang von Ch. S. Peirce.* Frankfurt a.M.: Suhrkamp ⟨108⟩

Schopenhauer, Arthur
1977   *Parerga und Paralipomena: Kleine philosophische Schriften.* Zürcher Ausgabe, Werke in zehn Bänden, IX/X. Zürich: Diogenes [1851] ⟨13⟩

Schott, Gaspar
1664   *Technica Curiosa.* Nuremberg: Endter [1654] ⟨64⟩

Schrader, Wolfgang M.
1981   Überlegungen zur sprachanalytischen und transzendentalphilosophischen Ich-Theorie. In Hammacher (Hg.) 1981, 107–117 ⟨13⟩

Schreckenberger, Waldemar
1978   *Rhetorische Semiotik.* Freiburg/München: Alber ⟨102⟩

Schreyer, Rüdiger
1978   Condillac, Mandeville, and the origin of language. *HL* 5, 15–43 ⟨65⟩
1984   *Evidence and belief: arguments in the eighteenth century debate on the origin of language.* o. O./o. V. ⟨65⟩

Schrimpf, Hans-Joachim (Hg.)
1963   *Literatur und Gesellschaft. Vom neunzehnten ins zwanzigste Jahrhundert. Festgabe für Benno von Wiese.* Bonn: Bouvier ⟨108⟩

Schröder, Jürgen
1966   Am Grenzwert der Sprache. Zu Robert Musils *Vereinigungen. Euphorion* 60, 311–334 ⟨107⟩

Schroeder-Heister, Peter
1984   A natural extension of natural deduction. *J.Symb.Log.* 49, 1284–1300 ⟨75⟩
1987   *Structural Frameworks with Higher-Level Rules Proof-Theoretic Investigations.* Habilitationsschrift, U. Konstanz, Fachgruppe Philosophie ⟨75⟩

Schütz, Alfred
1974   *Collected Papers I. The Problem of Social Reality.* The Hague: Nijhoff ⟨56⟩

Schütze, Fritz
1975   *Sprache soziologisch gesehen I/II.* München: Fink ⟨56⟩
1980   Interaktionspostulate am Beispiel literarischer Texte. In Hess-Lüttich (Hg.) 1980, 72–94 ⟨56⟩
1987   Symbolischer Interaktionismus. In Ammon/Dittmar/Mattheier (Hg.) 1987, 507–540 ⟨56⟩

Schütze, J. C. / Treichel, H.-U. / Voss, D. (Hg.)
1988   *Die Fremdheit der Sprache. Studien zur Literatur der Moderne.* Hamburg: Argument-Vlg. (Literatur im historischen Prozeß. N. F. 23; Argument-Sonderband AS 177) ⟨107⟩

Schuhmann, Klaus
1979   *Weltbild und Poetik. Zur Wirklichkeitsdarstellung in der Lyrik der BRD bis zur Mitte der siebziger Jahre.* Berlin/Weimar: Aufbau-Vlg. ⟨107⟩

von der Schulenburg, Sigrid
1973   *Leibniz als Sprachforscher.* Frankfurt a.M.: Klostermann ⟨23⟩

Schulte, Joachim
1990a   *Chor und Gesetz.* Frankfurt a.M.: Suhrkamp ⟨37⟩
1990b   Chor und Gesetz. Zur „morphologischen Methode" bei Goethe und Wittgenstein. In Schulte 1990a, 11–42 ⟨37⟩

Schultz, H. Stefan
1961   Hofmannsthal and Bacon: The sources of the Chandos Letter. *Comparative Literature* 13, 1–15 ⟨107⟩

Schulz, Bernd (Hg.)
1988   *Form und Farbe, Farbe und Form. Konkrete Farbformen heute. Festgabe für Lorenz Dittmann.* Saarbrücken: Stadtgalerie ⟨108⟩

Schulz, Walter
1970   Anmerkungen zur Hermeneutik Gadamers. In Bubner (Hg.) 1970, 305–316 ⟨45⟩

Schulz-Buschhaus, Ulrich
1978   Die Sprache der *Comédie humaine* und die Sprache in der *Comédie humaine.* Zu einer neuen Balzac-Interpretation. *Z. für französische Sprache und Literatur* 88, 213–230 ⟨107⟩
1983   Die Sprachlosigkeit der Félicité. Zur Interpretation von Flauberts Conte *Un cœur simple. Z. für französische Sprache und Literatur* 93, 113–130 ⟨107⟩

Schumann, Paul
1940   *Geschichte des Taubstummenwesens vom deutschen Standpunkt aus dargestellt.* Frankfurt a.M.: Diesterweg ⟨13⟩

Schurhammer, G.
1957   Der Marathidichter Thomas Stephens S. I. *Archivum historicum Societatis Iesu* 26, 67–82 ⟨66⟩

Schurz, Gerhard / Dorn, Georg J. W. (eds)
1991   *Advances in Scientific Philosophy. Essays in Honour of Paul Weingartner on the Occasion of the 60th Anniversary of his Birthday.* Amsterdam: Rodopi ⟨68⟩

Schuster, Peter Klaus (Hg.)
1988   *Rupprecht Geiger.* München: Prestel ⟨108⟩

Schwalbe, Jürgen
1971   *Sprache und Gebärde im Werk Hugo von Hofmannsthals.* Freiburg i.Br.: Klaus Schwarz (Studien zur dt. Sprache und Literatur 2) ⟨107⟩

Schwartz, Elisabeth
1982   *Les Idéologues et la fin des grammaires générales raisonnées I–II.* Lille: Atelier de
            reproduction des Thèses ⟨44⟩
Schwartz, Robert
1969   On knowing a grammar. In Hook (ed.) 1969, 183–190 ⟨72⟩
Schwartz, Stephen P. (ed.)
1977   *Naming, Necessity, and Natural Kinds.* Ithaca, N. Y.: Cornell UP ⟨78/88⟩
Schwarz, David
1977   *Naming and Reference. The Semantics and Pragmatics of Singular Terms.* Berlin/New
            York: de Gruyter ⟨59/77⟩
Schweizer, Hans Rudolf
1959   *Goethe und das Problem der Sprache.* Phil. Diss. U. Basel ⟨107⟩
1973   *Ästhetik als Philosophie der sinnlichen Erkenntnis. Eine Interpretation der „Aesthe-
            tica" A. G. Baumgartens. Mit teilweiser Wiedergabe des lateinischen Textes und dt.
            Übers..* Basel/Stuttgart: Schwalbe & Co. Vlg. ⟨105⟩
Schweizer, Herbert
1991   *Bedeutung. Grundzüge einer internalistischen Semantik.* Bern: Haupt ⟨68⟩
Schwerin, Alan
1988   An analysis of two accounts on the sense of singular terms. *Dialectica* 42, 221–231
            ⟨68⟩
Schwinger, Reinhold
1934   *Innere Form: Ein Beitrag zur Definition des Begriffes auf Grund seiner Geschichte von
            Shaftesbury bis W. v. Humboldt.* München: C. H. Beck ⟨13⟩
Schwitalla, Johannes
1976   Was sind Gebrauchstexte? *Dt. Sprache* 5. Jg, 20–40 ⟨56⟩
1986   Sprach- und Redevielfalt in der Literatur und im Alltag. In Rupp/Weigand (Hg.)
            1986, 127–148 ⟨56⟩
1987a   Die Vergegenwärtigung einer Gegenwelt. Sozialsymbolische Formen der Abgrenzung
            in einer Jugendlichengruppe in Vogelstang. In Kallmeyer (Hg.) 1994, 467–509 ⟨56⟩
1987b   Sprachliche Ausdrucksformen für soziale Identität beim Erzählen. In Kallmeyer
            (Hg.) 1994, 510–577 ⟨56⟩
Scott, Dana
1973   Models for various type-free calculi. In Suppes et al. (eds.) 1973, 157–187 ⟨75⟩
1975   Some philosophical issues concerning theories of combinators. In Böhm (ed.) 1975,
            346–366 ⟨75⟩
1976   Data types as lattices. Semantics and correctness of programs. *SIAM J. of Comput-
            ing* 5, 522–587 ⟨75⟩
Scott, Dana / Strachey, Christopher
1971   *Toward a mathematical semantics for computer languages.* Proc. of the Symposium
            on Computers and Automata, Polytechnic Inst. of Brooklyn N. Y. ⟨117⟩
Scott, Marvin / Lyman, Stanley
1968   Accounts. *American Sociological Review* 33, 46–62 ⟨101⟩
Scott, Theodore K.
1966   Introduction. In John Buridan: Sophisms on Meaning and Truth, transl. and with
            an intrd. by Th. K. Scott, 1–60. New York: Meredith ⟨40⟩
van Scrieck, Adriaen
1614   *Van't beghin der eerster Volcken van Europen in-sonderheyt vanden oorspronck ende
            Saecken der Neder-Landren.* t'Ypse: François Bellet ⟨66⟩
1615   *Van't beghin der eerster Volcken van Europen in sonderheyt van der Oorspronck ende
            Saecken der Nederlandren.* t'Ypse: François Bellet ⟨66⟩
Searle, John Roger
1958a   Proper names. *Mind* 67, 166–173 ⟨83⟩
1958b   Russell's rejection of Frege's theory of sense and reference. *Analysis* 18, 137–143
            ⟨97⟩

1965	What is a speech act?. In Black (ed.) 1965, 221−239 ⟨94/97⟩
1969/70	*Speech Acts*. Cambridge: UP ⟨39/46/54/67/77/87/92/93/94/95/97/101/110/113/114/117/120⟩
1971	*Sprechakte. Ein sprachphilosophischer Essay*. Frankfurt a.M.: Suhrkamp ⟨53/54/94/114⟩
1971a	What is a speech act? In Searle (ed.) 1971, 39−53 ⟨87⟩
1972	Chomsky's revolution in linguistics. In Harman (ed.), 2−33 ⟨72⟩
1974	The logical status of fictional discourse. *New Literary History* 6, 319−332 ⟨106⟩
1975	A taxonomy of illocutionary acts. In Gunderson (ed.) 1975, 344−369 ⟨95⟩
1979	*Expression and Meaning. Studies in the Theory of Speech Acts*. Cambridge: UP ⟨54/68/77/91/95/114/115⟩
1979a	Intentionality and the use of language. In Margalit (ed.) 1979, 181−198 ⟨71⟩
1979b	Metaphor. In Searle 1979, 76−116 ⟨91⟩
1980	Minds, brains and programs. *Behavioral and Brain Sciences* 3, 417−457 ⟨57/71⟩
1981	The intentionality of intention and action. *Manuscrito* 4(2), 77−102 ⟨71⟩
1982	*Ausdruck und Bedeutung*. Frankfurt a.M. Suhrkamp ⟨114⟩
1983	*Intentionality. An Essay in the Philosophy of Mind*. Cambridge: UP ⟨46/54/56/57/93/95/114/120⟩
1984	*Minds, Brains and Science*. London: British Broadcasting Corporation ⟨117⟩
1987	*Intentionalität*. Frankfurt a.M.: Suhrkamp ⟨55/114⟩
1992a	Conversation. In Parret/Verschueren (eds.) 1992, 7−29 ⟨96.1⟩
1992b	Conversation reconsidered. In Parret/Verschueren (eds.) 1992, 137−147 ⟨96.1⟩

Searle, John Roger / Vanderveken, Daniel
1985	*Foundations of Illocutionary Logic*. Cambridge: UP ⟨95/104/114⟩

Searle, John Roger (ed.)
1971	*The Philosophy of Language*. Oxford: UP ⟨87/97/101⟩

Searle, John Roger et al.
1992	*(On) Searle on Conversation*. Amsterdam: Benjamins ⟨114⟩

Searle, John Roger / Kiefer, Ferenc / Bierwisch, Manfred (eds.)
1980	*Speech Act Theory and Pragmatics*. Dordrecht: D. Reidel ⟨114⟩

Sebeok, Thomas Albert
1974	Semiotics: a survey of the state of the art. In Sebeok (ed.) 1974, 1105−1134 ⟨31⟩

Sebeok, Thomas Albert (ed.)
1960/64	*Style in Language*. Cambridge: MIT ⟨38⟩
1966	*Current trends in linguistics 3*. The Hague: Mouton ⟨91⟩
1969	*Current trends in linguistics 5*. The Hague: Mouton ⟨5/43/63⟩
1974	*Current trends in linguistics 12(2)*. The Hague: Mouton ⟨31⟩
1975	*Current trends in Linguistics 13. Historiography of Linguistics*. The Hague/Paris: Mouton ⟨2/44/107⟩
1975a	*The Tell-tale Sign: a Survey of Semiotics*. Lisse: Peter de Ridder Pr. ⟨116⟩
1976	*Natural and Conventional Meaning. An Examination of the Distinction*. The Hague: Mouton ⟨62.1⟩
1986	*Encyclopedic Dictionary of Semiotics I−III*. Berlin: Mouton/de Gruyter ⟨16/54⟩

Sebeok, Thomas Albert / Umiker-Sebeok, J.
1980	*Speaking of Apes*. New York: Plenum ⟨116⟩

Sebestik, Jan / Soulez, Antonia (éds.)
1992	*Wittgenstein et la philosophie aujourd'hui*. Paris: Klincksieck ⟨96.1⟩

Secretan, Philibert
1984	*L'analogie*. Paris: PUF ⟨85/103⟩

Sedley, David N.
1977	Diodorus Cronus and Hellenistic philosophy. *Proc. of the Cambridge Philological Society* 203, NS 23, 74−120 ⟨2⟩
1982	Rezension von Rist (ed.) 1978. *Phoenix* 36, 198−200 ⟨2⟩

Seeba, Hinrich C.
1970	Der Sündenfall des Verdachts. Identitätskrise und Sprachskepsis in Kleists *Familie Schroffenstein*. *Dt. Vjschr. Lit. wiss.* 44, 64−100 ⟨107⟩

Seebaß, Gottfried
1981   *Das Problem von Sprache und Denken.* Frankfurt a.M.: Suhrkamp ⟨26/35⟩
Seebohm, H. B.
1970   *Otto Selz. Ein Beitrag zur Geschichte der Psychologie.* Diss. Phil. U. Heidelberg ⟨31⟩
Seebohm, Thomas M.
1972   Der systematische Ort der Herderschen Metakritik. *Kant-St.* 63, 59—73 ⟨26⟩
1984   *Philosophie der Logik.* Freiburg/München: Alber ⟨96.3⟩
Seel, Martin
1983   Versuch über die Artikulation des Kunstwerks. In Forum für Philosophie Bad Homburg (Hg.) 1983, 110—131 ⟨105⟩
1985   *Die Kunst der Entzweiung. Zum Begriff der ästhetischen Rationalität.* Frankfurt a.M.: Suhrkamp ⟨105⟩
1991   Die Einheit des Kunstwerks. *Information Philosophie* H.5, 5—15 ⟨105⟩
1993   Wider das ästhetische Denken. Akzente 40(6), 561—573 ⟨105⟩
Segerberg, Krister
1973   Two-dimensional modal logics. *J.Philos.Log.* 2, 77—96 ⟨88⟩
1980   Applying modal logic. *Stud.Log.* 39, 275—295 ⟨75⟩
Sehen
1968   *Grundlehre von Oskar Holweck an der Staatlichen Werkkunstschule Saarbrücken.* Hg. Mark Buchmann. Zürich: Kunstgewerbemuseum ⟨108⟩
Seidel, Heide
1979   Ingeborg Bachmann und Ludwig Wittgenstein. Person und Werk Ludwig Wittgensteins in den Erzählungen *Das dreißigste Jahr* und *Ein Wildermuth. Z.dt.Philol.* 98, 267—282 ⟨107⟩
Seidel Eugen
1935   *Geschichte und Kritik der wichtigsten Satzdefinitionen.* Jena: Frommannsche Buchhandlung ⟨31⟩
Seidenberg, Mark S. / Tanenhaus, Michael K.
1986   Modularity and lexical access. In Gopnik/Gopnik (eds.) 1986, 135—157 ⟨57⟩
Seidengart, Jean (éd.)
1990   *Ernst Cassirer. De Marbourg à New York.* Paris: Cerf ⟨37⟩
Seiffert, Leslie
1990   The vernacularist and latinist Justus-Georgius Schottelius and the traditions of german linguistic purism. In Hüllen (ed.) 1990, 241—261 ⟨107⟩
Seigel, J. E.
1968   *Rhetoric and Philosophy in Renaissance Humanism. The Union of Eloquence and Wisdom, from Petrarch to Valla.* Princeton: UP ⟨7⟩
Seitz, Fritz
1984   *Nachruf auf die Grundlehre. Vom Aufstieg nach '45 zur Auflösung nach '68. Bemerkungen zum Abschied von einer ungeliebten Einrichtung.* Hamburg (HBK Hamburg): mimeo ⟨108⟩
Seligmann, Edwin R. A. (ed.)
1957   *Encyclopedia of the Social Sciences I—XV.* New York: Macmillan ⟨90⟩
Sellars, Wilfrid
1954   Presupposing. *Philos.Rev.* 63, 197—215 ⟨97⟩
1962   Truth and „correspondence". *J.Philos.* 59, 29—56 / auch in Sellars 1963, 197—224 ⟨69⟩
1977   Wahrheit und 'Korrespondenz'. In Skirbekk (Hg.) 1977, 300—336 ⟨69⟩
1967   Some reflections on thoughts and things. *Nous* 1, 97—121 ⟨71⟩
1963   *Science, Perception and Reality.* London: Routledge & Kegan Paul ⟨50/69/99/120⟩
1968   *Science and Metaphysics: Variations on Kantian Themes.* New York: Humanities Pr. ⟨50⟩
1969   Language as thought and as communication. *Philos.Phenomen.Res.* 29, 506—527 ⟨50⟩

1972   Notes on intentionality. In Marras (ed.) 1972, 321–334 ⟨50⟩
1973   Reply to Marras. *Can.J.Philos.* 2, 485–493 ⟨50⟩
1974a   *Essays in Philosophy and its History.* Dordrecht: D. Reidel ⟨71⟩
1974b   Language as thought and as communication. In Sellars (ed.) 1974a, 93–117 ⟨71⟩
1974c   Reply to Marras. In Sellars (ed.) 1974a, 118–127 ⟨71⟩
1975   The structure of knowledge. In Castañeda (ed.) 1975, 295–347 ⟨50⟩

Selz, Otto
1913   *Über die Gesetze des geordneten Denkverlaufs.* Stuttgart: W. Spemann ⟨31⟩
1922   *Zur Psychologie des produktiven Denkens und des Irrtums. Eine experimentelle Unter-*
            suchung. Bonn: F. Cohen ⟨31⟩

Semmedo, Alvarez
1655   *The History of that Great and Renowned Monarchy of China.* London: Crook ⟨64⟩

Senckel, Barbara
1983   *Individualität und Totalität.* Aspekte zu einer Anthropologie des Novalis. Tübingen:
            Niemeyer (Studien zur dt. Literatur 74) ⟨107⟩

Sergent, B.
1982   Compte rendu du livre de J. Haudry *Les Indo-Européens. Annales Economies, Socié-*
            tés, Civilisations 37, 4 ⟨66⟩

Sergoris, Gunther
1979   *Peter Handke und die Sprache.* Bonn: Bouvier (Abh. zur Kunst-, Musik- und Litera-
            turwissenschaft 270) ⟨107⟩

Serrus, Charles
1933   *Le Parallélisme Logico-Grammatical.* Paris: F. Alcan ⟨71⟩

Sgard, Jean (éd.)
1982   *Condillac et les problèmes du langage.* Genève/Paris: Slatkine ⟨8/11/12/44⟩

Shalin, Dmitri N.
1986   Pragmatism and social interactionism. *American Sociological Review* 51, 9–29 ⟨52⟩

Shahan, Robert W. / Merrill, Kenneth R. (ed.)
1977   *American Philosophy from Edwards to Quine.* Norman, Oklah.: U. of Oklahoma Pr.
            ⟨59⟩

Shanker, Stuart (ed.)
1986a   *Philosophy in Britain Today.* London: Croom Helm ⟨104⟩
1986b   *Ludwig Wittgenstein. Critical Assessments II.* London/Sydney/Dover/New Hamshire:
            Croom Helm ⟨115⟩

Shanks, Niall
1983   Indeterminacy and verificationism. *South.J.Philos.* 21, 301–312 ⟨73⟩

Shapiro, S.
1983   Conservativeness and incompleteness. *J.Philos.* 80(9), 521–531 ⟨75⟩
1985   Second-order languages and mathematical practice. *J.Symb.Log.* 50, 714–742 ⟨75⟩

Sharahdzenidze, T.
1976   On the two trends in modern linguistics and the two sources of these trends. In
            Parret (ed.) 1976, 62–84 ⟨12⟩

Sharma, Direndra
1969   *The Differentiation Theory of Meaning in Indian Logic* [ed. & transl. of Ratnakirti,
            Apohasiddhi]. The Hague/Paris: Mouton ⟨42⟩

Sharrock, Roger
1953   Wordsworth's revolt against literature. *Essays in Criticism* 3, 396–412 ⟨107⟩

Sharvy, Richard
1980   A more general theory of definite descriptions. *Philos.Rev.* 89, 607–624 ⟨75⟩
1983   Mixtures. *Philos.Phenomen.Res.* 44, 227–239 ⟨75/76⟩

Shehadi, Fadlou A.
1969   Arabic and 'To Be'. *The Verb 'Be' and its Synonyms.* In Verhaar (ed.) 1969, 112–125
            ⟨3⟩
1975   Arabic and the concept of being. In Hourani (ed.) 1975, 147–157 ⟨3⟩

Shelah, S.
1978   *Classification Theory and the Number of Nonisomorphic Models.* Amsterdam-New York: North-Holland (Studies in Logic and the Foundations of Mathematics, Vol. 92) ⟨75⟩
1982a   The spectrum problem. I. $\daleth_\varepsilon$-saturated models. The main gap. *Israel J. of Mathematics* 43, 324−356 ⟨75⟩
1982b   The spectrum problem II. Totally transcendental and infinite depth. *Israel J. of Mathematics* 43, 357−364 ⟨75⟩
1985   Classification of first-order theories which have a structure theorem. *Bulletin of the American Mathematical Society* 12, 227−232 ⟨75⟩

Shelah, S. / Harrington, L. / Makkai, M.
1984   A proof of Vaught's conjecture for ω-stable theories. *Israel J. of Math.* 49, 259−280 ⟨75⟩

Sheppard, Richard W.
1973   From the *Neue Gedichte* to the *Duineser Elegien*: Rilkes Chandos Crisis. *Mod. Lang. Review* 68, 577−592 ⟨107⟩

Sherry, Norman (ed.)
1976   *Joseph Conrad. A Commemoration.* Papers from the 1974 International Conference on Conrad. London: Macmillan ⟨107⟩

Sherry, Patrick
1976   Analogy today. *Philosophy* 51, 431−446 ⟨85/103⟩
1977   *Religion, Truth and Language Games.* London: Macmillan ⟨85/103⟩

Shibles, Warren A.
1969   *Wittgenstein, Language and Philosophy.* Dubuque, Iowa: W. C. Brown Book ⟨107⟩

Shibles, Warren A. (ed.)
1971   *Metaphor. An Annotated Bibliography and History.* Whitewater: Language Pr. ⟨91⟩

Shichiji, Yoshinori
1987   Herders Sprachdenken und Goethes Bildlichkeit der Sprache. In Sauder (Hg.) 1987, 194−201 ⟨26⟩

Shimanoff, Susan B.
1980   *Communication Rules: Theory and Research.* Beverly Hills: Sage ⟨47⟩

Shoemaker, Sydney
1963   *Self-Knowledge and Self-Identity.* Ithaca, N. Y.: Cornell UP ⟨79⟩

Shoemaker, Sydney / Swinburne, Richard
1984   *Personal Identity.* Oxford: Blackwell ⟨83⟩

Shorey, Paul
1903   *The Unity of Plato's Thought.* Chicago: UP ⟨14⟩

Shukman, Ann (ed.)
1983   *Bakhtin School Papers.* Essex: Essex U., Dept. of Linguistics ⟨48⟩

Shumaker, Wayne
1982   George Dalgarno's universal language. In Renaissance Curiosa 1982, 132−197 ⟨64⟩

Shusterman, Richard
1982   Eliot and logical atomism. *ELH* 49, 164−178 ⟨107⟩

Shwayder, D. S.
1965   *The Stratification Of Behaviour.* London: Routledge & Kegan Paul ⟨115⟩

Sibley, Frank
1965   Aesthetic and nonaesthetic. *Philos. Rev.* 74, 135−159 ⟨106⟩

Sicard, Roch-Ambroise
1803   *Cours d'instruction d'un sourd-muet de naissance.* Paris: Le Clere / London: Prosper ⟨44⟩

Sicherman, Carol M.
1972   Coriolanus: The Failure of Words. *ELH* 39, 189−207 ⟨107⟩

Sicker, Philip
1986   Babel revisited. Mann's myth of language in *The Magic Mountain*. *Mosaic* 19/2, 1−20 ⟨107⟩

Siderits, Mark
1991   *Indian Philosophy of Language*. Dordrecht/Boston/London: Kluwer Acad. Publ. ⟨5⟩

Siebenhorn, Elmar
1976   *Die Lehre von der Sprachrichtigkeit und ihren Kriterien, Studien zur antiken normativen Grammatik*. Amsterdam: Gruner (Studien zur antiken Philosophie 5) ⟨1⟩

Sieg, W.
1984   Foundations for analysis and proof theory. *Synthese* 60, 159−200 ⟨75⟩
1985   Reductions of theories for analysis. In Dorn/Weingartner (eds.) 1985, 199−231 ⟨75⟩

Siegert, Volker
1985   *Argumentation bei Paulus gezeigt an Röm. 9−11*. Tübingen: J. C. B. Mohr (Paul Siebeck) ⟨85/103⟩

Siegwart, Geo
1994   *Vorfragen zur Wahrheit. Ein Traktat über kognitive Sprachen*. München: Oldenbourg ⟨68⟩

Siekmann, Andreas
1980   Die ästhetische Funktion von Sprache, Schweigen und Musik in Hölderlins *Hyperion*. *Dt. Vjschr. Lit. wiss.* 54, 47−57 ⟨107⟩

Siertsema, Bertha
²1965   *A Study of Glossematics*. Den Haag: Nijhoff ⟨51⟩

Siger von Courtrai / Sigerus de Cortraco
1913   Summa modorum significandi. In Siger von Courtrai 1913a, 91−125 ⟨41⟩
1913a   *Les Œuvres de Siger de Courtrai*. Éd. G. Wallerand. Louvain: Inst. supérieure de Philosophie de l'Université ⟨41⟩
1977   *Summa modorum significandi. Sophismata*. Ed. Jan Pinborg. Amsterdam: Benjamins ⟨41⟩
1977   *Les Œuvres de Siger de Courtrai*. Éd. W. Mieczyslaw. Louvain: Inst. supérieure de Philosophie de l'Université ⟨41⟩

Sills, David L. (ed.)
1968   *International Encyclopedia of the Social Sciences I−XVII*. New York: Macmillan ⟨90⟩

Silvestre de Sacy, Antoine-Isaac
1975   *Principes de grammaire générale, mis à la portée des enfants, et propres à servir d'introduction à l'étude de toutes les langues*. Stuttgart/Bad-Cannstatt: Friedrich Frommann Vlg. (Günther Holzboog) ⟨44⟩

Simmel, Georg
1989   *Philosophie des Geldes*. Frankfurt a.M.: Suhrkamp ⟨48⟩

Simmons, R. F.
1973   Semantic networks: their computation and use for understanding English sentences. In Colby/Schank (eds.) 1973, 63−113 ⟨117⟩

Simon Dacus
1963   *Opera*. Hg. Alfred Otto / Heinrich Roos. CPDMA 3. Kopenhagen: Gad ⟨41⟩

Simon, Josef
1966   *Das Problem der Sprache bei Hegel*. Stuttgart/Berlin/Köln/Mainz: Kohlhammer ⟨13⟩
1967   Einleitung. In Hamann 1967b, 9−80 ⟨25⟩
1972   Grammatik und Wahrheit. *Nietz. Stud.* 1, 1−26 ⟨107⟩
1979   Vernunftkritik und Autorschaft. Reflexionen über Hamanns Kantkritik. In Gajek (Hg.) 1983, 9−20 ⟨25⟩
1981   *Sprachphilosophie*. Freiburg/München: Alber ⟨36/85/103⟩
1987   Herder und Kant. Sprache und historischer Sinn. In Sauder (Hg.) 1987, 3−13 ⟨26⟩
1990   Goethes Sprachansicht. *Jb. des Freien dt. Hochstifts*, 1−27 ⟨107⟩

Simon, Josef (Hg.)
1974   *Aspekte und Probleme der Sprachphilosophie.* Freiburg/München: Alber ⟨53⟩
Simon, Paul
1954   *Aurelius Augustinus. Sein geistiges Profil.* Paderborn: Schöningh ⟨16⟩
Simon, T.
1990   Artificial intelligence meets philosophy. In Partridge/Wilks (eds.) 1990, 155−164
          ⟨117⟩
Simonis, Walter
1981   Heilsnotwendigkeit der Kirche und Erbsünde bei Augustinus. In Andresen (Hg.)
          1981, 301−328 ⟨16⟩
Simons, Peter Murray
1982a   Token resistance. *Analysis* 42, 195−203 ⟨76⟩
1982b   Number and manifolds. In Smith (ed.) 1982, 160−198 ⟨76⟩
1983   Class, mass and mereology. *History and Philosophy of Logic* 4, 157−180 ⟨76⟩
1987   *Parts. A Study in Ontology.* Oxford: Clarendon ⟨76⟩
1991   Inadequacies of intension and extension. In Schurz/Dorn (eds.) 1991, 393−414 ⟨68⟩
1994   Synonymy and other equivalence relations on expressions. *Teoria a metoda*, im
          Druck. ⟨68⟩
Simonsson, T.
1969   *Logical and Semantic Structures in Christian Discourses.* Oslo: Universitetsforlaget
          ⟨47⟩
Simpson, S. G.
1984   Which set existence axioms are needed to prove the Cauchy/Peano theorem for ordi-
          nary differential equations? *J.Symb.Log.* 49, 783−802 ⟨75⟩
1985a   Friedman's research on subsystems of second-order arithmetic. In Harrington/Mor-
          ley/Scedrov/Simpson (eds.) 1985, 137−159 ⟨75⟩
1985b   Reverse mathematics. In Nerode/Shore (ed.) 1985, 461−471 ⟨75⟩
Simpson, William
1669   *Hydrologia Chymica.* London: Chiswell ⟨64⟩
Sinisi, Vito F.
1966   Lesniewskis analysis of Whitehead's theory of events. *Notre Dame J. Formal Logic*
          7, 323−7 ⟨76⟩
1969   Lesniewski and Frege on collective classes. *Notre Dame J. Formal Logic* 10, 239−246
          ⟨76⟩
Sinnott, A. Eduardo
1989   *Untersuchungen zu Kommunikation und Bedeutung bei Aristoteles.* Münster: Nodus-
          Publikationen ⟨15⟩
Sinnot-Armstrong, W. / Moor, J. / Fogelin, R. /
1986   A Defence of Modus Ponens. *J.Philos.* 83, 296−300 ⟨89⟩
Sitta, Horst
1971   *Semanteme und Relationen. Zur Systematik der Inhaltssatzgefüge im Deutschen.*
          Frankfurt a.M.: Athenäum ⟨58⟩
Skagestad, P.
1981   *The Road of Inquiry. Charles Peirce's Realism.* New York: Columbia UP ⟨32⟩
Skerl, Jennie
1974   Fritz Mauthner's *Critique of Language* in Samuel Beckett's *Watt. Contemporary Lite-
          rature* 15, 474−487 ⟨107⟩
Skiadas, Aristoxenos D.
1976   Objektive Wirklichkeit und dichterische Wahrheit (in der antiken Poesie). In Becker/
          Hübner (Hg.) 1976, 52−69 ⟨107⟩
Skinner, Burrhus Frederic
1938   *The Behavior of Organisms: An Experimental Analysis.* New York: Appleton-Cen-
          tury-Crofts ⟨50⟩
1957   *Verbal Behavior.* New York: Appleton-Century-Crofts ⟨50/71⟩
1962   *Walden Two.* New York: Macmillan ⟨72⟩
1974   *About Behaviorism.* New York: Vintage Books ⟨72⟩

Skinner, Quentin
1970   Conventions and the understanding of speech-acts. *Philos. Quart.* 20, 118−138 ⟨101⟩
1974   'Social meaning' and the explanation of action. In Gardiner (ed.) 1974, 106−126 [1972] ⟨101⟩

Skirbekk, Gunnar (Hg.)
1977   *Wahrheitstheorien*. Frankfurt a.M.: Suhrkamp ⟨69⟩

Šklovskij, Viktor
1969   Die Kunst als Verfahren. In Striedter (Hg.) 1969, 2−35 ⟨106⟩

Skoss, S. L.
1955   *Saadiah Gaon, The Earliest Hebrew Grammarian*. Philadelphia: Dropsie College Pr. ⟨3⟩

Skyrms, Brian
1980a   *Causal Necessity*. New Haven: Yale UP ⟨89⟩
1980b   The prior propensity account of subjunctive conditionals. In Harper/Stalnaker/Pearce (eds.) 1981, 259−265 ⟨89⟩

Slagle, Uhlan V.
1974   The Kantian influence on Humboldt's linguistic thought. *HL* 1, 341−350 ⟨13⟩

Slaney, John
1985   Natural deduction formulation of relevant logics and others. Typescript for Seminar ⟨75⟩
1989   RWX is not Curry Paraconsistent. In Priest/Norman/Routley (eds.) 1989, 472−480 ⟨75⟩
1990   A General Logic. *Australas. J. Philos.* 68, 74−88 ⟨75⟩

Slaughter, Mary M.
1982   *Universal Languages and Scientific Taxonomy in the Seventeenth Century*. Cambridge: UP ⟨64⟩

Sloman, Aaron
1978   *The Computer Revolution in Philosophy*. Hassocks, Sussex: Harvester Pr. ⟨117⟩

Sluga, Hans
1977   Frege's alleged realism. *Inquiry* 2, 227−242 ⟨120⟩
1980   *Gottlob Frege*. London/Boston: Routledge & Kegan Paul ⟨34/84/120⟩
1984   Frege: the early years. In Rorty/Schneewind/Skinner (eds.) 1984, 329−356 ⟨83⟩

Smart, Brian
1972   How to reidentify the ship of Theseus. *Analysis* 32, 145−148 ⟨83⟩
1973   The ship of Theseus, the Parthenon, and disassembled objects. *Analysis* 34, 24−27 ⟨83⟩

Smart, J. J. C.
1972   Space-time and individuals. In Rudner/Scheffler (eds.) 1972, 3−20 ⟨76/83⟩

Smiley, T. J. / Shoesmith, D. J.
1978   *Multiple Conclusion Logic*. Cambridge: UP ⟨75/111⟩

Smit, P. A.
1987   An argumentation-theoretical analysis of Lenin's political strategies. In Blair/van Eemeren/Grootendorst/Willard (eds.) 1987, 317−326 ⟨47⟩

Smith, Barry
1981   Kafka and Brentano: A study in descriptive psychology. In Smith (ed.) 1981, 69−111 ⟨107⟩
1988   Gestalt Theory: An essay in philosophy. In Smith (ed.) 1988, 11−81 ⟨51⟩

Smith, Barry (ed.)
1982   *Parts and Moments. Studies in Logic and Formal Ontology*. München: Philosophia ⟨61/76⟩
1981   *Structure and Gestalt: Philosophy and Literature in Austria-Hungary and her Successor States*. Amsterdam: Benjamins ⟨107⟩
1988   *Foundations of Gestalt Theory*. München: Philosophia ⟨51⟩

Smith, Barry / Mulligan, Kevin
   1982   Pieces of a theory. In Smith (ed.) 1982, 15−110 ⟨76⟩
Smith, Brian
   1982   *Reflection and Semantics in A Procedural Language. MIT Laboratory for Computer Science*. Technical Report 272 (Diss. MIT) ⟨117⟩
Smith, Colin
   1956   Aspects of Destutt de Tracy's linguistic analysis as adopted by Stendhal. *Mod. Lang. Review* 51, 512−521 ⟨107⟩
Smith, David Woodruff
   1981   Indexical sense and reference. *Synthese* 49, 101−127 ⟨46⟩
   1982   Husserl on demonstrative reference and perception. In Dreyfus (ed.) 1982, 193213 ⟨46/79⟩
   1984   Content and context in perception. *Synthese* 61, 61−87 ⟨46⟩
Smith, David Woodruff / McIntyre, Ronald
   1982   *Husserl and Intentionality: A Study of Mind, Meaning, and Language*. Boston/Dordrecht: D. Reidel ⟨46⟩
Smith, Edward E.
   1990   Categorization. In Osherson/Smith (eds.) 1990 III, 33−53 ⟨71⟩
Smith, N. V. (ed)
   1982   *Mutual Knowledge*. London/New York: Academic Pr. ⟨94/114⟩
Smolensky, Paul
   1988   On the proper treatment of connectionism. *Behavioral and Brain Sciences* 11, 1−23 ⟨117⟩
Smullyan, Arthur Francis
   1971   Modality and description. In Linsky (ed.) 1971, 35−43 ⟨78⟩
Sneed, Joseph S.
   1971   *The Logical Structure of Mathematical Physics*. Dordrecht: D. Reidel ⟨100⟩
Snell, Bruno
   1926   Die Sprache Heraklits. *Hermes* 61, 353−381 ⟨1⟩
   ³1955a   *Die Entdeckung des Geistes, Studien zur Entstehung des europäischen Denken bei den Griechen*. Hamburg: Claassen ⟨1⟩
   1955b   Gleichnis, Vergleich, Metapher, Analogie. Die Entwicklung vom mythischen zum logischen Denken. In Snell 1955a, 258−298 ⟨1⟩
   1968   Die naturwissenschaftliche Begriffsbildung im Griechischen. In Gadamer 1968, 21−42 / auch in Snell 1955a, 299−319 ⟨1⟩
   1982   *The Discovery of the Mind in Greek Philosophers and Literature*. New York: Dover Publications ⟨112⟩
   1990   *Der Weg zum Denken und zur Wahrheit, Studien zur frühgriechischen Sprache*. Göttingen: Vandenhoeck & Ruprecht [1978] ⟨1⟩
Snow, C.
   1972   Mothers speech to children learning language. *Child Development* 43, 549−566 ⟨72⟩
Snow, C. / Ferguson, C. (eds.)
   1977   *Talking to Children; Language Input and Acquisition*. Cambridge: UP ⟨72⟩
Soames, Scott
   1985   *Direct Reference and Propositional Attitudes*. Paper presented at the meeting of American Philos. Assoc., Pacific Division ⟨88⟩
   1987   Substitutivity. In Thomson (ed.) 1987, 99−132 ⟨78⟩
   1989   Presupposition. In Gabbay/Guenther (eds.) 1989 IV, 553−616 ⟨97⟩
Soeffner, Hans-Georg (Hg.)
   1979   *Interpretative Verfahren in den Sozial- und Textwissenschaften*. Stuttgart: Metzler ⟨56⟩
Sokel, Walter H.
   1979   Language and truth in the two worlds of Franz Kafka. *The German Quarterly* 52, 364−384 ⟨107⟩

1980a   Von der Sprachkrise zu Franz Kafkas Poetik. In Paulsen (Hg.) 1980, 39−58 ⟨107⟩
1980b   Zur Sprachauffassung und Poetik Franz Kafkas. In David (Hg.) 1980, 26−47 ⟨107⟩

Sokolov, A. N.
1972   *Inner Speech and Thought*. Transl. G. T. Onischenko, ed. D. B. Lindley. New York/
           London: Plenum Pr. ⟨71⟩

Solmitz, Walter
1966   Cassirer über Galilei. Ein Beispiel für Cassirers Denkweise. In Schilpp (Hg.) 1966,
           507−531 ⟨37⟩

Solms, Friedhelm
1990   *Disciplina aesthetica. Zur Frühgeschichte der ästhetischen Theorie bei Baumgarten und
           Herder*. Stuttgart: Klett-Cotta ⟨105⟩

Solovay, R.
1976   Provability interpretations of modal logic. *Israel J. of Mathematics* 25, 287−304
           ⟨75⟩

Sombart, Nicolaus
1991   *Die dt. Männer und ihre Feinde. Carl Schmitt − ein deutsches Schicksal zwischen
           Männerbund und Matriarchatsmythos*. München/Wien: Hanser ⟨47⟩

Sommerfelt, Alf
1938   Les formes de la pensée et l'évolution des catégories de la grammaire. *J. de Psycholo-
           gie Normale et Pathologique* 35, 170−184 ⟨65⟩
1944   *Is there a Fundamental Mental Difference between Primitive Man and the Civilized
           European?* Newcastle-upon-Tyne, Earl Grey Memorial Lecture 6 ⟨65⟩

Sondrup, Steven P.
1976   *Hofmannsthal and the French Symbolist Tradition*. Bern/Frankfurt a.M.: Peter Lang
           (Utah Studies in Literature and Linguistics 4) ⟨107⟩

Sorabji, Richard
1982   Myths about non-propositional thought. In Schofield (ed.) 1982, 295−314 ⟨14⟩

Söring, Jürgen
1984   Sprach-Reflexion und Sprach-Denken. Martin Heidegger und die konkrete Poesie.
           Poetica 16, 110−137 ⟨107⟩

Sosa, Ernest
1970   Propositional attitudes de dicto and de re. *J.Philos.* 67, 883−896 ⟨79⟩
1971   Rejoinder to Hintikka. *J.Philos.* 68, 498−501 ⟨79⟩
1979   The status of becoming: what is happening now? *J.Philos.* 76, 26−41, 216 ⟨79⟩
1983a   Propositions and indexical attitudes. In Parret (ed.) 1983, 316−332 ⟨79⟩
1983b   Consciousness of the self and of the present. In Tomberlin (ed.) 1983, 131−145 ⟨79⟩

Sosa, Ernest / Pastin, M.
1981   A rejoinder on actions and de re beliefs. *Can.J.Philos.* XI, 735−739 ⟨79⟩

Soublin, Françoise
1976   Rationalisme et grammaire chez Du Marsais. In Parret (ed.) 1976, 382−409 ⟨44⟩

Spacks, Patricia Meyer
1961   Logic and language in *Through the Looking Glass*. ETC 18, 91−100 ⟨107⟩

Spade, Paul Vincent
1974   Ockhams rule of supposition: two conflicts in his theory. *Vivarium* 12(1) 63−73 ⟨40⟩
1980   Synonymy and equivocation in Ockham's mental language. *J.Hist.Philos.* XVII,
           9−22 ⟨21⟩
1982   The semantics of terms. In Kenny/Kretzmann/Pinborg/Stump 1982, 188−196 ⟨4/40⟩

Spälti, Jakob
1975   *Interpretation zu Heinrich von Kleists Verhältnis zur Sprache*. Bern/Frankfurt a.M.:
           Peter Lang (Europäische Hochschulschriften. Reihe 1: Dt. Literatur und Germani-
           stik 110) ⟨107⟩

Spaemann, Robert
1978   Naturteleologie und Handlung. *Z.philos.Forsch.* 32(4), 481−493 ⟨67⟩

Speck, Josef (Hg.)
1973   *Grundprobleme der großen Philosophen. Philosophie der Gegenwart II.* Göttingen: Vandenhoeck & Ruprecht ⟨37⟩
1979   *Grundprobleme der großen Philosophen. Philosophie der Neuzeit I.* Göttingen: Vandenhoeck & Ruprecht ⟨22⟩

Sperber Dan / Wilson, Deirdre
1986   *Relevance. Communication and Cognition.* Cambridge: Harvard UP ⟨95⟩ / Oxford: Blackwell ⟨47/114⟩

Speroni, Sperone
1975   *Dialogo delle lingue.* Hg. Helene Harth. München: Fink ⟨7⟩

Spinicci, Paolo
1988   Tiedemannus redivivus. Anton Marty e la linguistica settecentesca nell'età del positivismo. *Rivista di storia della filosofia* 2, 307–327 ⟨33⟩
1989   Anton Martys deskriptive Sprachanalyse und die Kasustheorien. *Brentano Studien* 2, 103–116 ⟨33⟩
1991   *Il significato e la forma linguistica. Pensiero, esperienza e linguaggio nella filosofia di Anton Marty.* Milano: Franco Angeli ⟨33⟩

Spinoza, Baruch
1670   *Tractatus Theologico-Politicus.* Hamburg: Künrath ⟨45⟩
1925   *Opera I–IV.* Im Auftrag der Heidelberger Akad. der Wiss. hg. Carl Gebhardt. Heidelberg: Carl Winters Universitätsbuchhandlung ⟨8⟩

Spitz, Hans-Jörg
1972   *Die Metaphorik des geistigen Schriftsinns. Ein Beitrag zur allegorischen Bibelauslegung des ersten christlichen Jahrtausends.* München: Wilhelm Fink (Münstersche Mittelalter-Schriften 12) ⟨107⟩

Spranger, Eduard
1908   Wilhelm von Humboldt und Kant. *Kant-Stud.* 13, 57–129 ⟨13⟩
1925   *Lebensformen.* Halle/Tübingen: Niemeyer ⟨48⟩

Spreu, Arwed (Hg.)
1986   *Humboldt – Grimm – Konferenz (Berlin 22.-25. Okt. 1985) I–III.* Berlin: Humboldt U. Sektion Germanistik ⟨27/37⟩

Sprinker, Michael
1980   Gerard Manley Hopkins on the origin of language. *J.Hist.Ideas* 41, 113–128 ⟨107⟩

Staal, J. Frits
1969   Sanskrit philosophy of language. In Sebeok (ed.) 1969, 494–531 ⟨5/43/63⟩

Staal, J. Frits (ed.)
1972   *A Reader on the Sanskrit Grammarians.* Cambridge, MA: MIT ⟨5/43⟩

Stabler, Edward P.
1983   How are grammars represented? *Behavioral and Brain Sciences* 6, 391–421 ⟨72⟩

Stachow, E.-W.
1976   Completeness of quantum logic. *J.Philos.Log.* 5, 237–280 ⟨75⟩

Stachowiak, Herbert (Hg.)
1987   *Pragmatik. Handbuch Pragmatischen Denkens. Band II. Der Aufstieg Pragmatischen Denkens im 19. und 20. Jahrhundert.* Hamburg: Meiner ⟨37/67⟩
1993   *Pragmatik Handbuch Pragmatischen Denkens. Band IV. Sprachphilosophie, Sprachpragmatik und formative Pragmatik.* Hamburg: Felix Meiner ⟨53⟩

Stackhouse, Thomas
1968   *Reflections on the Nature & Property of Languages.* Menston, Engl.: Scolar Pr. [1731] ⟨71⟩

Städelsches Kunstinst. (Hg.)
1993   *Pioniere der Landschaftsphotographie: Gustave Gray. Charleton E. Watkins am Beispiel der Sammlung des Paul Getty Museums, Malibu.* Frankfurt a.M.: Städtische Galerie im Städelschen Kunstinstitut ⟨108⟩

Stael-Holstein, Anne-Louise-Germaine Baronne de
1958−60 *De l'Allemagne I− V.* Paris: Hachette ⟨13⟩

Stalnaker, Robert
1968   Modality and reference. *Nous* 2, 359−372 ⟨59⟩
1969   A theory of conditionals. In Rescher (ed.) 1969, 98−112 ⟨59/89⟩
1970a   Probability and conditionals. *Philos. Sci.* 37, 64−80 ⟨70/88/89⟩
1970b   Pragmatics. *Synthese* 22, 272−89 / auch in Davidson/Harman (eds.) 1972, 380−397 ⟨95/97⟩
1976   Indicative conditionals. In Kasher (ed.) 1976, 179−196 ⟨89/97⟩
1981   Indexical belief. *Synthese* 49, 129−151 ⟨75/79⟩
1984   *Inquiry.* Cambridge, MA: MIT ⟨14/89/113/114⟩

Stalnaker, Robert / Thomason, Richmond
1970   A semantical analysis of conditional logic. *Theoria* 36, 23−42

Stam, James Henry
1976   *Inquiries into the Origin of Language: The Fate of a Question.* New York: Harper & Row ⟨65⟩

Stamenov, M. (ed.)
1992   *Current Advances in Semantic Theory.* Amsterdam: Benjamins ⟨96.1⟩

Stampe, Dennis W.
1968   Towards a grammar of meaning. *Philos. Rev.* 77, 137−174 ⟨94⟩
1986   Verificationism and a causal account of meaning. *Synthese* 69, 107−137 ⟨68⟩

Stark, Bruce R.
1972   The Bloomfeldian model. *Lingua* 20, 385−421 ⟨51⟩

Stati, Sorin / Hundsnurscher, Franz / Weigand, Edda (Hg.)
1991   *Dialoganalyse I.* Tübingen: Niemeyer ⟨115⟩

Stebbins, Sarah
o.J.   *Modality and mathematical truth.* nicht publiziert ⟨88⟩

von Stechow, Armin
1981   Presupposition and context. In Mönnich (ed.) 1981, 157−224 ⟨97⟩

von Stechow, Armin / Schepping, M.-T. (Hg.)
1989   *Fortschritte in der Semantik. Ergebnisse aus dem Sonderforschungsbereich 99 'Grammatik und sprachliche Prozesse' der Universität Konstanz.* Weinheim: VCH Verlagsges. ⟨120⟩

Stéfanini, Jean
1977   De la grammaire aristotélicienne. In Joly/Stéfanini 1977, 97−106 ⟨44⟩

Steffen, Hans
1974a   „Wahre Sprachliebe ist nicht möglich ohne Sprachverleugnung." Die Kunstform des Chandosbriefes. *Germanisch-Romanische Monatsschrift* 55 (NF 24), 430−445 ⟨107⟩
1974b   Schopenhauer, Nietzsche und die Dichtung Hofmannsthals. In Steffen (Hg.) 1974, 65−90 ⟨107⟩

Steffen, Hans (Hg.)
1974   *Nietzsche. Werk und Wirkung.* Göttingen: Vandenhoeck & Ruprecht ⟨107⟩

Steger, Hugo
1980   Soziolinguistik. In Althaus/Henne/Wiegand (Hg.) 1980, 347−358 ⟨56⟩
1983   Über Textsorten und andere Textklassen. In Vorstand der Vereinigung der dt. Hochschulgermanisten (Hg.) 1983, 25−67 ⟨56⟩
1985   Sprachgeschichte als Geschichte der Textsorten/Texttypen und ihrer kommunikativen Bezugsbereiche. In Besch/Reichmann/Sonderegger 1985, 186−204 ⟨56⟩

Steger, Hugo (Hg.)
1982a   *Soziolinguistik. Ansätze zur soziolinguistischen Theoriebildung.* Darmstadt: Wiss. Buchges. ⟨56⟩
1982b   *Anwendungsbereiche der Soziolinguistik.* Darmstadt: Wiss. Buchges. ⟨56⟩

Stegmüller, Wolfgang
  1957   *Das Wahrheitsproblem und die Idee der Semantik. Eine Einführung in die Theorie von A. Tarski und R. Carnap.* Wien: Julius Springer ⟨69/120⟩
  1964   Remarks on the completeness of logical systems relative to the validity concepts of P. Lorenzen and K. Lorenz. *Notre Dame J. Formal Logic* 5, 81–112 ⟨96.3⟩
  1968a   *Der Phänomenalismus und seine Schwierigkeiten – Sprache und Logik.* Darmstadt: Wiss. Buchges. ⟨108⟩
  1968b   Der Phänomenalismus und seine Schwierigkeiten. In Stegmüller 1968a, 1–65 ⟨108⟩
  1970   *Probleme und Resultate der Wissenschaftstheorie und der Analytischen Philosophie II, 1. Theorie und Erfahrung.* Berlin/Heidelberg/New York: Springer ⟨99⟩
  1975   *Hauptströmungen der Gegenwartsphilosophie I/II.* Stuttgart: Kröner ⟨54⟩
  1979   *The Structuralist View of Theories. A Possible Analogue of the Bourbaki Programme in Physical Science.* Berlin/Heidelberg/New York: Springer ⟨51⟩

Stegmüller, Wolfgang (Hg.)
  1978   *Das Universalienproblem.* Darmstadt: Wiss. Buchges. ⟨61⟩

Stein, Leopold
  1949   *The Infancy of Speech and the Speech of Infancy.* London: Methuen ⟨65⟩

Steinberg, Danny / Jacobovits, Leon (eds.)
  1971   *Semantics: An Interdisciplinary Reader in Philosophy, Linguistics and Psychology.* London: UP ⟨85/103⟩

Steiner, George
  1967   *Language and Silence.* New York: Atheneum ⟨107⟩
  1973   *Sprache und Schweigen. Essays über Sprache, Literatur und das Unmenschliche.* Frankfurt a.M.: Suhrkamp / Übers. von Steiner 1967 ⟨107⟩

Steiner, Jacob
  1971   Die Thematik des Worts im dichterischen Werk Rilkes. In Hamburger (Hg.) 1971, 173–195 ⟨107⟩

Steiner, Peter / Miroslav, Cervenka / Vroon, Ronald (eds.)
  1982   *The Structure of the Literary Process. Dedicated to the Memory of Felix Vodicka.* Amsterdam/Philadelphia: Benjamins (Linguistic & Literary Studies in Eastern Europe 8) ⟨107⟩

Steiner, Wendy
  1980/81 *Res Poetica*: The problematics of the concrete program. *New Literary History* 12, 531–545 ⟨107⟩

Steinhardt, Käthe
  1938   Einige Bemerkungen zum Begriff der Wahrnehmung und zu den Wahrnehmungssätzen. *Synthese* 3, 18–127 ⟨105⟩

Steinkellner, Ernst
  1961   Die Literatur des Älteren Nyāya. *Wiener Z. für die Kunde Süd- und Ostasiens* 5, 149–163 ⟨42⟩
  1968   Die Entwicklung des Kṣaṇikatvānumānam bei Dharmakīrti. In Festschrift Frauwallner, 361–377 ⟨42⟩
  1971   Wirklichkeit und Begriff bei Dharmakīrti. *Wiener Z. für die Kunde Süd- und Ostasiens* 15, 179–211 ⟨42⟩
  1974   On the interpretation of the Svabhāva-hetuḥ. *Wiener Z. für die Kunde Süd- und Ostasiens* 18, 117–129 ⟨42⟩
  1982   The spiritual place of the epistemological tradition in Buddhism. *Nanto Bukkyō* 49, 1–18 ⟨42⟩

Steinmann, Siegfried
  [2]1986   *Sprache, Handlung, Wirklichkeit im dt. Gegenwartsdrama.* Studien zu Thomas Bernhard, Botho Strauß und Bodo Kirchhoff. Frankfurt a.M./Bern/New York: Peter Lang (Trierer Studien zur Literatur 12) ⟨107⟩

Steinschneider, Moritz
  1869   *Al-Farabi (Alfarabius), des arabischen Philosophen Leben und Schriften, mit besonde-*
          rer Rücksicht auf die Geschichte der griechischen Wissenschaft unter den Arabern. St.
          Petersburg (Mémoires de l'Académie Impériale des Sciences de St. Pétersbourg, série
          7, tome 13 (4)) ⟨19⟩

Steinthal, Heymann
  1860   *Charakteristik der hauptsächlichsten Typen des Sprachbaus.* Berlin: Dümmler ⟨31⟩
  1871   *Einleitung in die Psychologie und Sprachwissenschaft.* Berlin: Dümmler ⟨31/62.1⟩
  1888   *Der Ursprung der Sprache. Im Zusammenhang mit den letzten Fragen alles Wissens.*
          Berlin: Dümmler ⟨31⟩
  1971a   *Geschichte der Sprachwissenschaft bei den Griechen und Römern mit besonderer Rück-*
          sicht auf die Logik I/II. Hildesheim: Olms [²1890/91] ⟨15/62.1⟩
  1971b   *Die Sprachwissenschaft Wilhelm von Humboldt's und die Hegel'sche Philosophie.* Hil-
          desheim/New York: Olms [1848] ⟨13⟩

Stekeler-Weithofer, Pirmin
  1986   *Grundprobleme der Logik. Elemente einer Kritik der formalen Vernunft.* Berlin: de
          Gruyter ⟨120⟩
  1992   *Hegels Analytische Philosophie. Die Wissenschaft der Logik als kritische Theorie der*
          Bedeutung. Paderborn/München/Wien/Zürich: Schöningh ⟨120⟩

Stelzner, Werner
  1992   *Relevanz, Konsistenz und Entailment.* Jena: Inst. für Philosophie, Friedrich-Schiller-
          Universität ⟨97⟩

Stelzner, Werner / Max, I. (Hg.)
  1995   *Frege-Kolloquium Jena 1993.* Berlin/New York: de Gruyter ⟨97⟩

Stempel, Daniel
  1981   Blake, Foucault, and the classical episteme. *Publications of the Modern Language*
          Association 96, 388–407 ⟨107⟩

Stempel, Wolf-Dieter (Hg.)
  1971   *Beiträge zur Textlinguistik.* München: Fink ⟨107⟩

Stenberg, Peter A.
  1975   Silence, ceremony, and song in Hofmannsthal's Libretti. *Seminar* 11, 209–224 ⟨107⟩

Stenius, Erik
  1960   *Wittgenstein's* Tractatus. Oxford: Blackwell ⟨39⟩

Stenlund, Sören
  1989   On the concept of language in some recent theories of meaning. *Synthese* 79, 51–98
          ⟨68⟩

Stenlund, Sören (ed.)
  1974   *Logical Theory and Scientific Analysis.* Dordrecht: D. Reidel ⟨88⟩
  1990   *Language and Philosophical Problems.* London/New York: Routledge & Kegan Paul
          ⟨68⟩

Stenzel, Julius
  1921   Über den Einfluß der griechischen Sprache auf die philosophische Begriffsbildung.
          Neue Jb. für das Klassische Altertum 24, Abt. 1, 152–164 ⟨1⟩
  ³1961   *Studien zur Entwicklung der platonischen Dialektik von Sokrates bis Aristoteles.*
          Darmstadt: Wiss. Buchges. ⟨112⟩

Stephani, Matthias
  1610   *Dialectica iuris exactissima et absolutissima, ex omnibus optimorum iurisconsultorum*
          libellis dialecticis et topicis legalibus concinnata. Gryphiswaldi ⟨102⟩

Stern, S. M. / Hourani, Albert / Brown, Vivian (eds.)
  1972   *Islamic Philosophy and the Classical Tradition. Essays by his Friends and Pupils Pre-*
          sented to Richard Walzer on His Seventieth Birthday. Oxford: Bruno Cassirer ⟨3⟩

Stern, Joseph Peter
  1974   Lichtenbergs Sprachspiele. In Heißenbüttel et al. (Hg.) 1974, 60–75 ⟨106⟩

Stern, Martin
  1978   Der Briefwechsel Hofmannsthal-Fritz Mauthner. *Hofmannsthal-Bl.* 19/20, 21−38
            ⟨107⟩

Sternberg, Robert J. / Smith, Edward E. (eds.)
  1988   *The Psychology of Human Thought.* Cambridge: UP ⟨51⟩

Stetter, Christian
  1985   Linguistische Konsequenzen der Semiologie Saussures. In Jäger/Stetter (Hg.) 1985,
            35−52 ⟨36⟩
  1986   Über Denken und Sprechen. Wilhelm von Humboldt zwischen Fichte und Herder.
            In Figge (Hg.) 1986, 257−288 / auch in Scharf (Hg.) 1989, 25−46 ⟨27/36⟩
  1989a   Humboldt und das Problem der Schrift. In Formigari/De Mauro (Hg.) 1989,
            181−197 ⟨27⟩
  1989b   Über Denken und Sprechen. Wilhelm von Humboldt zwischen Fichte und Herder.
            In Scharf (Hg.) 1989, 25−46 ⟨27⟩

Stevenson, Charles L.
  1944   *Ethics and Language.* New Haven: Yale UP ⟨70/101/106/104⟩

Stich, Stephen P.
  1971   What every speaker knows. *Philos. Rev.* 69, 799−818 ⟨72⟩
  1972   Grammar, psychology and indeterminacy. *J. Philos.* 69, 799−818 ⟨72/73⟩
  1975a   Competence and indeterminacy. In Cohen/Wirth (eds.) 1975, 93−109 ⟨72⟩
  1975b   *Innate Ideas.* Berkeley, Cal.: U. of California Pr. ⟨72⟩
  1978   Empiricism, innateness and linguistic universals. *Philos. Stud.* 33, 273−286 ⟨72⟩
  1979   Between Chomskian rationalism and Popperian empiricism. *Brit. J. Philos. Sci.* 30,
            329−347 ⟨72⟩
  1983/85   *From Folk Psychology to Cognitive Science. The Case against Belief.* Cambridge,
            MA: MIT ⟨57/70⟩

Stieg, Gerald
  1976   *Der Brenner und die Fackel. Ein Beitrag zur Wirkungsgeschichte.* Salzburg: Otto Mül-
            ler ⟨107⟩

van Stigt, Walter J.
  1990   *Brouwer's Intuitionism.* Amsterdam: North-Holland ⟨47⟩

Stillers, Rainer
  1982   Zum impliziten Literaturbegriff und Textverstehen in Dantes *Convivio. Dt. Dante-
            Jb.* 57, 85−107 ⟨107⟩

Stoehr, Ingo Roland
  1990   Das Gedicht *Satzbau* als Wendepunkt in Gottfried Benns Lyrik und Sprachreflexion.
            Wirkendes Wort 40, 220−234 ⟨107⟩

Störig, Hans Joachim (Hg.)
  1963   *Das Problem des Übersetzens.* Darmstadt: Wiss. Buchges. ⟨13⟩

Stokoe, William C. / Custerline, Dorothy C. / Croneberg, Carl G.
  1965   *A Dictionary of American Sign Language on Linguistic Principles.* Silver Spring, Md.:
            Linstok Pr. ⟨116⟩

Stolboushkin, A. P. / Taitslin, M. A.
  1983   Deterministic dynamic logic is strictly weaker than dynamic logic. *Information and
            Control* 57, 48−55 ⟨75⟩

Stolzenberg, G.
  1978   Can an inquiry into the foundations of mathematics tell us anything interesting
            about mind? In Miller (ed.) 1978, 221−269 ⟨47⟩

Storck, Joachim W.
  1954/55   Rilkes Dichtung und die Grenzen der Sprache. *German Life & Letters* 8, 192−200
            ⟨107⟩

van Straaten, Z. (ed.)
  1980   *Philosophical Subjects.* Oxford: Clarendon ⟨69⟩

Straub, Johannes
1954   Augustins Sorge um die regeneratio imperii. *Historisches Jb.* 73, 36−60 ⟨16⟩
Strauss, Anselm L.
1974   *Spiegel und Masken. Die Suche nach Identität.* Frankfurt a.M.: Suhrkamp ⟨56⟩
1977   *Mirrors and Masks. The Search for Identity.* London: Martin Robertson ⟨56⟩
Strauss, Erwin
²1983   *Koloritgeschichtliche Untersuchungen zur Malerei seit Giotto und andere Studien.* Hg.
           Lorenz Dittmann. München/Berlin: Dt. Kunstvlg. ⟨108⟩
Strawson, Peter Frederick
1949   Truth. *Analysis* 9(6) 83−97 / auch in Macdonald (ed.) 1954, 260−277 ⟨69⟩
1950a   Truth II. *Proc. Arist. Soc. Suppl.* 24, 129−156 / auch in Pitcher (ed.) 1964, 32−53 ⟨69⟩
1950b   On referring. *Mind* 59, 320−344 / auch in Strawson 1971b, 1−27 ⟨59/81/87/97/110/
           120⟩
1952   *Introduction to Logical Theory.* London: Methuen & Co. / New York: John Wiley
           ⟨97/120⟩
1954   A reply to Mr. Sellars. *Philos. Rev.* 63, 216−231 ⟨97⟩
1959   *Individuals. An Essay in Descriptive Metaphysics.* London: Methuen ⟨61/73/74/75/76/
           77/83/104/120⟩
1964a   Intention and convention in speech acts. *Philos. Rev.* 73, 439−460 / Searle (ed.) 1971,
           23−38 ⟨94/97/101⟩
1964b   Identifying reference and truth-values. *Theoria* 30, 96−118 ⟨97⟩
1968   Bedeuten. In Bubner (Hg.) 1968, 63−95 ⟨97⟩
1971b   *Logico-Linguistic Papers.* London: Methuen ⟨59/84/120⟩
1974   *Subject and Predicate in Logic and Grammar.* Methuen & Co. ⟨77⟩
1976   Entity and identity. In Lewis (ed.) 1976, 193−220 ⟨83⟩
1977   Scruton and Wright on anti-realism etc.. *Proc. Arist. Soc.* 77, 15−21 ⟨70⟩
1977a   Wahrheit. In Skirbekk (Hg.) 1977, 246−275 ⟨68⟩
Strawson, Peter Frederick (ed.)
1967   *Philosophical Logic.* Oxford: UP ⟨49/79/93⟩
Strecker, Bruno
1987   *Grundlagen einer Grammatik der Kommunikation.* Düsseldorf: Schwann ⟨115⟩
Streeck, Jürgen
1980   Speech acts in interaction: a critique of Searle. *Discourse Processes* 3, 133−154 ⟨56⟩
1985   Kulturelle Kodes und ethnische Grenzen. In Rehbein (Hg.) 1985, 103−120 ⟨56⟩
Street, R. S.
1982   Global process logic is undecidable. In Foundations of Software Technology and
           Theoretical Computer Science (National Centre for Software Development and
           Computing Technology, Bombay), 96−105 ⟨75⟩
Streitberg, Wilhelm
1909   Kant und die Sprachwissenschaft: Eine historische Skizze. *Indogermanische For-
           schungen* 26, 382−422 ⟨13⟩
1915   Zur Geschichte der Sprachwissenschaft. *Indogermanische Forschungen* 35, 182−196
           ⟨66⟩
Strich, Fritz
⁴1949   *Deutsche Klassik und Romantik oder Vollendung und Unendlichkeit: Ein Vergleich.*
           Bern: Francke ⟨13⟩
Striedter, Jurij
1969   *Texte der Russischen Formalisten I.* München: Fink ⟨106⟩
Striker, Gisela
1974   Κριτήριον τῆς ἀληθείας. *Nachrichten d. Akad. d. Wiss. in Göttingen, Phil.-Hist. Kl.
           2.* Göttingen: Vandenhoek & Ruprecht ⟨2⟩
Stroh, Wilfried
1976   Hesiods lügende Musen. In Görgemanns/Schmidt (Hg.) 1976, 85−112 ⟨107⟩
Strohschneider-Kohrs, Ingrid
1960   *Die romantische Ironie in Theorie und Gestaltung.* Tübingen: Niemeyer ⟨107⟩

1967   Sprache und Wirklichkeit bei Arno Holz. *Poetica* 1, 44−66 ⟨107⟩
1971   Erzähllogik und Verstehensprozeß in Kafkas Gleichnis *Von den Gleichnissen.* In Martini (Hg.) 1971, 303−329 ⟨107⟩

Strolz, Walter
1981   Goethes versteckte Sprachphilosophie. *Jb. des freien dt. Hochstiftes* 1981, 1−86 ⟨107⟩

Stroud, Barry
1969   Conventionalism and the indeterminacy of translation. *Synthese* 19, 82−96 / auch in Davidson/Hintikka (eds.) 1969, 82−96 ⟨73/74⟩

Stroup, George
1984   *The Promise of Narrative Theology.* London: S. C. M. [1981] ⟨85/103⟩

Strube, Werner
1981   *Sprachanalytische Ästhetik.* München: Wilhelm Fink Vlg. ⟨105/106⟩
1982   Die komplexe Logik des Begriffs „Novelle". *Germ. Roman. Monatsschr.* NF 32, 379−386 ⟨106⟩
1985a   Austin und die linguistisch-phänomenologische Analyse des Sprechens. In Hoche/ Strube (eds.) 1985, 225−251 ⟨54⟩
1985b   Searle und die philosophisch-sprachwissenschaftliche Sprechaktanalyse. In Hoche/ Strube (Hg.) 1985, 280−303 ⟨54⟩
1993   *Analytische Philosophie der Literaturwissenschaft. Definition, Klassifikation, Interpretation, Bewertung.* Paderborn: Schöningh ⟨106⟩

Struck, Gerhard
1971   *Topische Jurisprudenz.* Frankfurt a.M.: Athenäum ⟨102⟩

Sturgeon, Nicholas
1986   What difference does it make whether moral realism is true? *South. J. Philos.* 24, 115−141 ⟨70⟩

Subbiondo, Joseph L. (ed.)
1992   *John Wilkins and 17th-Century British Linguistics.* Amsterdam/Philadelphia: Benjamins ⟨64⟩

Suber, Peter
1987   Logical rudeness. In Bartlett/Suber (eds.) 1987, 41−67 ⟨112⟩

Suchoff, David B.
1982   'A modern conscious science': friendship and language in Thoreau's week. *ELH* 49, 673−688 ⟨107⟩

Sudnow, David (ed.)
1972   *Studies in Social Interaction.* New York: The Free Pr. / London: Collier-Macmillan ⟨56/101/115⟩

Sukale, Michael (Hg.)
1976   *Moderne Sprachphilosophie.* Hamburg: Hoffmann & Campe

Suppes, Patrick / Henkin, Leon / Joja, Athanase / Moisil, Gr. C. (eds.)
1973   *Logic, Methodology and Philosophy of Science IV.* Proc. of Fourth International Congress for Logic, Methodology and Philosophy of Science, Bucharest 1971. Amsterdam: North-Holland ⟨75/100⟩

Süßmilch, Johann Peter
1766   *Versuch eines Beweises, daß die erste Sprache ihren Ursprung nicht vom Menschen, sondern allein vom Schöpfer erhalten habe.* Berlin: Buchladen der Realschule ⟨8/13/ 26⟩

Suszko, R.
1975   Abolition of the Fregean axiom. In Parikh (ed.) 1975, 169−239 ⟨111⟩

Sutherland, Robert D.
1970   *Language and Lewis Carroll.* The Hague/Paris: Mouton ⟨107⟩

Sutter, Gerda
1972   *Wirklichkeit als Verhältnis. Der dialogische Aufstieg bei Martin Buber.* München/Salzburg: Anton Pustet ⟨47⟩

Sütterlin, Ludwig
　1902　　*Das Wesen der sprachlichen Gebilde. Kritische Bemerkungen zu Wilhelm Wundts Sprachpsychologie.* Heidelberg: Carl Winter ⟨31⟩

al-Suyūṭī, ʿAbd al-Raḥmān Ǧalāl al-Dīn
　o. J.　　*al-Muzhir fī ʿulūm al-luġa wa-ʾanwāʾihā I/II.* Taḥqīq M. Ǧād al-Maulā, ʿAlī M. al-Biǧāwī, Muḥammad Abū al-Faḍl Ibrāhīm. al-Qāhira: Dār al-Ḥayāʾ al-Kutub al-ʿArabiyya ⟨19⟩

Svennung, J.
　1967　　*Jordanes und Scandia. Kritisch-exegetische Studien.* Stockholm ⟨66⟩

Swadesh, Morris
　1971　　*The Origin and Diversification of Language.* Chicago/New York: Aldine-Atherton ⟨65⟩

de Swart, H. C. M.
　1976　　Another intuitionistic completeness proof. *J.Symb.Log.* 41, 644−662 ⟨75⟩
　1977　　An intuitionistically plausible interpretation of intuitionistic logic. *J.Symb.Log.* 42, 564−578 ⟨75⟩

Swift, Jonathan
　1939−62　*The Prose Works.* Ed. Herbert Davis. Oxford: Blackwell ⟨107⟩

Swiggers, Pierre
　1984　　Adrianus Schrieckius: de la langue des Scythes à l'Europe linguistique. *Hist. Épistém.Lang.* 6(2), 17−35 ⟨66⟩
　1986　　*Grammaire et théorie du langage au dix-huitième siècle. „Mot", „temps", „mode" dans l'Encyclopédie Méthodique.* Lille: Pr. Universitaires ⟨8⟩

Swiniarski, John
　1970　　A new presentation of Ockham's theory of suppositions with an evaluation of some contemporary criticisms. *Franciscan Studies* 30, 181−217 ⟨40⟩

Szász, Thomas
　1973　　*The Manufacture of Madness.* London: Paladin ⟨101⟩

Szemerényi, Oswald
　1980　　*Einführung in die vergleichende Sprachwissenschaft.* Darmstadt: Wiss. Buchges. ⟨36⟩

Tabah, Mireille
　1980　　La critique du langage dans les romans de Max Frisch. *Études Germaniques* 35, 163−175 ⟨107⟩

Tachau, Katherine H.
　1987　　Wodeham, Crathorn and Holcot: The development of the *complex significabile.* In de Rijk/Braakhuis (eds.) 1987, 161−187 ⟨4⟩
　1988　　*Vision and Certitude in the Age of Ockham. Optics, Epistemology and the Foundations of Semantics.* Leiden/New York: Brill ⟨4⟩

Tacitus, Publius Cornelius
　1946−49　*Annalium ab excessu divi Augusti quae supersunt.* Hg. Harld Fuchs. Frauenfeld: Huber ⟨1⟩

Tagliacozzo, Giorgio (ed.)
　1981　　*Vico. Past and Present.* Atlantic Highlands, N. J.: Humanities Press ⟨24⟩

Tagliacozzo, Giorgio / Verene, Donald Philipp (eds.)
　1976　　*Giambattista Vico's Science of Humanity.* Baltimore-London: The John Hopkins UP ⟨24⟩

Tagliacozzo, Giorgio / White V., Hayden (eds.)
　1969　　*Giambattista Vico. An International Symposium.* Baltimore: The John Hopkins Press ⟨24⟩

Tagliacozzo, Giorgio / Mooney, Michael / Verene, Donald Philipp (eds.)
　1980　　*Vico and Contemporary Thought.* London: Macmillan ⟨24⟩

Tait, W. W.
　1986　　Truth and proof. The platonism of mathematics. *Synthese* 69, 341−370 ⟨68⟩

Tambiah, J.
1968   The magical power of words. *Man* N.S. 3, 175−208 ⟨107⟩

Tammelo, Ilmar
1971   *Rechtslogik und materiale Gerechtigkeit.* Frankfurt a.M.: Athenäum ⟨102⟩

Tanenhaus, Michael K. / Dell, Gary S. / Carlson, Greg
1987   Context effects and lexical processing: a connectionist approach to modularity. In Garfield (ed.) 1987, 83−108 ⟨57⟩

Tannen, Deborah
1990   *You Just Don't Understand. Women and Men in Conversation.* New York: William Morrow & Comp. ⟨47⟩

Tannen, Deborah (ed.)
1984   *Coherence in Spoken and Written Discourse.* Norwood, N. J.: Ablex ⟨56⟩

Tanner, Richard G.
1970   Aristotle as a structural linguist. *Transactions Of The Philological Society* 1969, 99−164 ⟨15⟩

Tappolet, Ernst
1977   Über die Bedeutung der Sprachgeographie mit besonderer Berücksichtigung französischer Mundarten. In Christmann (Hg.) 1977, 294−314 [1905] ⟨51⟩

Tarot, Rolf
1970   *Hugo von Hofmannsthal. Daseinsformen und dichterische Struktur.* Tübingen: Niemeyer ⟨107⟩

Tarski, Alfred
1931   The concept of truth in formalized languages. In Tarski 1956, 152−278 ⟨70/113⟩
1933   Pojęcie prawdy w językach nauk dedukcyjnych (The notion of truth in languages of deductive sciences). Warszawa: Warsaw Scientific Society ⟨111⟩
1935   Der Wahrheitsbegriff in den formalisierten Sprachen. *Studia Philosophica Commentarii Societatis philosophicae Polonorum* I, 261−405 Leopoldi (Lemberg) / auch in Berka/Kreiser (Hg.)1986, 445−546 ⟨69/96.3⟩
1944   The semantic conception of truth. *Philos.Phenomen.Res.* 4, 341−376 / auch in Feigl/ Sellars (eds.) 1949, 52−84 ⟨⟨59/69/89⟩
1953   *Undecidable Theories.* Amsterdam: North-Holland ⟨28⟩
1956/83   *Logic, Semantics, Metamathematics.* Oxford: Clarendon ⟨59/70/76⟩
1971   Der Wahrheitsbegriff in den formalisierten Sprachen. In Berka/Kreiser (Hg.) 1971, 447−559 ⟨79⟩
1972   *Logique, sémantique, métamathématique.* Paris: Colin ⟨100⟩
1986   What are logical notions? *History and Philosophy of Logic* 7, 143−154 ⟨30⟩

Tassi, Aldo
1982   Modernity as the transformation of truth into meaning. *Int.Philos.Quart.* 22, 185−193 ⟨68⟩

al-Tawhidi, Abu Hayyan
1905   Apud Yaqut Mu'jam al-'Udaba'. In Margoliouth 1905, 79−129 ⟨3⟩

Taylor, Barry
1980   Truth-theory for indexical languages. In Platts (ed.) 1980, 182−198 ⟨79⟩
1982   On the need for a meaning theory in the theory of meaning. *Mind* 91, 183−200 ⟨68/70⟩

Taylor, Charles
1985   *Philosophical Papers.* Cambridge: UP ⟨49⟩

Terwilliger, Robert F.
1968   *Meaning and Mind. A Study in the Psychology of Language.* New York: UP ⟨71⟩

Tennant, Neil
1978   *Natural Logic.* Edinburgh: UP ⟨70/75⟩
1979   Language games and intuitionism. *Synthese* 42, 297−314 ⟨75⟩
1980   A proof-theoretic approach to entailment. *J.Philos.Log.* 6, 223−231 ⟨75⟩
1982   Proof and paradox. *Dialectica* 36, 265−296 ⟨75⟩

1984	Perfect validity, entailment and paraconsistency. *Stud.Log.* 43, 179–198 ⟨75⟩
1985	Beths theorem and reductionism. *Pac.Philos.Quart.* 66, 342–354 ⟨75⟩
1987a	*Anti-Realism and Logic. Truth as Eternal.* Oxford: Clarendon ⟨75⟩
1987b	Natural deduction and sequent calculus for intuitionistic relevant logic. *J.Symb.Log.* 52, 665–680 ⟨75⟩
1989	Truth table logic, with a survey of embeddability results. *Notre Dame J. Formal Logic* 30(3), 459–484 ⟨75⟩

Terrace, Herbert S.
1979   *Nim.* New York: Washington Square Pr. ⟨116⟩

Testard, M.
1958   *Saint Augustin et Cicéron I/II.* Paris: Études Augustiniennes ⟨16⟩

Teubner, Marianne L.
1982   Form, Vorstellung und Kubismus oder Pablo Picasso und William James. In Kubismus 1982, 9–57 ⟨108⟩

Thayer, Horace Standish
1981   *Meaning and Action. A Critical History of Pragmatism.* Indianapolis: Hackett [1968] ⟨52⟩

Theiler, Willy
1933   *Prophyrios und Augustin.* Halle: Niemeyer (Schriften der Königsberger Gelehrtenges. 10/1) ⟨16⟩

Theunissen, Michael
1977   *Der Andere. Studien zur Sozialontologie der Gegenwart.* Berlin: de Gruyter [1965] ⟨47⟩

Thibaut, Anton Friedrich Justus
1966   *Theorie der logischen Auslegung des römischen Rechts.* Düsseldorf: Stern-Vlg. [1799, ²1806] ⟨102⟩

Thibaud, Pierre
1975   *La logique de Ch.S. Peirce.* Aix en Provence: U. de Provence ⟨100⟩

Thiel, Christian
1965   *Sinn und Bedeutung in der Logik Gottlob Freges.* Anton Hain: Meisenheim am Glan ⟨34/120⟩
1973   Was heißt „wissenschaftliche Begriffsbildung"? In Harth (Hg.), 95–125 ⟨106⟩
1976   Wahrheitswert und Wertverlauf. Zu Freges Argumentation im § 10 der *Grundgesetze der Arithmetik.* In Schirn (Hg.) 1976 I, 287–299 ⟨120⟩

Thiel, Christian (Hg.)
1975   *Frege und die moderne Grundlagenforschung. Symposium Bad Homburg 1973.* Meisenheim am Glan: Hain ⟨120⟩

Thiele, Joachim
1966   Zur „Kritik der Sprache". Briefe von Fritz Mauthner an Ernst Mach. *Muttersprache* 76, 78–85 ⟨107⟩
1967   Das große Lalula. Bemerkungen zu einem Galgenlied Christian Morgensterns. *Muttersprache* 77, 200–204 ⟨107⟩

Thiele, Joachim (Hg.)
1971   Briefe. In *Zur Analyse der Empfindungen.* Briefe von Anton Marty und Richard Semon an Ernst Mach. *Z.philos.Forsch.* 25, 590–606 ⟨33⟩

Thiem, Ulrich
1972   *Die Bildsprache der Lyrik Ingeborg Bachmanns.* Phil. Diss. U. Köln ⟨107⟩

Thieme, Paul
1971   *Kleine Schriften.* Wiesbaden: Franz Steiner ⟨5⟩

Thiher, Allen
1984   *Words in Reflection. Modern Language Theory and Postmodern Fiction.* Chicago/London: Chicago UP ⟨107⟩

Thijsse, Elias
1983   On some proposed universals of natural language. In ter Meulen (ed.) 1983, 19−36 ⟨76⟩

Thimme, W.
1908   *Augustins geistige Entwicklung in den ersten Jahren nach seiner Bekehrung (386−391).* Berlin: Trowitzsch & Sohn ⟨16⟩
1910a   *Augustin. Ein Lebens- und Charakterbild aufgrund seiner Briefe.* Göttingen: Vandenhoek & Ruprecht ⟨16⟩
1910b   Grundlinien der geistigen Entwicklung Augustins. *Z.Kirch.gesch.* 31, 172−213 ⟨16⟩
1929   *Augustins Selbstbildnis in den Konfessionen. Eine religionspsychologische Studie.* Gütersloh: C. Bertelsmann ⟨16⟩

Thody, Philip
1958   Lewis Carroll and the Surrealists. *Twentieth Century* 163, 427−434 ⟨107⟩

Thom, René
1970   Topologie et linguistique. In Haeflinger/Narasimhan (eds.), 226−248 ⟨88⟩
1973   Langue et catastrophes: eléments pour une sémantique topologique. In Peixoto (ed.) 1973, 619−654 ⟨88⟩

Thomas Aquinas
1873   *In Libros Sententiarum. (Commentum).* Paris: Vivès ⟨85/103⟩
1888   *Summa Theologiae Pars I, questiones 1−49.* Editio Leonina, Tomus IV. Roma: Ex Typographia Polyglotta S. C. de Propaganda Fide ⟨21⟩
1907   S. Thomae Aquinatis (...) opusculum De ente et essentia, commentariis Caietani illustratum; accedit eiusdem Caietani tractatus De nominum analogia, ed. Michael de Maria. Romae: Pontificia Officina Typographica [1498] ⟨85/103⟩
1952   *Summa theologiae.* Editio Leonina. Taurini/Romae: Marietti ⟨85/103⟩
1954   *De ente et essentia.* Eds. P. Fr. M. Raymundi / O. P. Spiazzi. Taurini/Romae: Marietti ⟨21⟩
1961   *Summa contra Gentiles. Sive liber de veritate catholicae fidei contra errores infidelium.* Editio Leonina. Taurini/Romae: Marietti ⟨85/103⟩
1976   *Opera Omnia Tomus XLIII.* Ed. Leonina. Roma: Marietti ⟨21⟩

Thomas von Erfurt
1972   *De modis significandi sive Grammatica speculativa.* Ed. Geoffrey Leslie Bursill-Hall. London: Longman ⟨41⟩

Thomas, Rudolf (Hg.)
1980   *Petrus Abaelardus (1079−1142). Person, Werk und Wirkung.* Trierer theologische Studien 38. Trier: Paulinus Verlag ⟨20⟩

Thomason, Richmond H.
1973   *Semantics, Pragmatics, Conversation and Presupposition.* Pittsburgh: UP ⟨97⟩
1989   Accomodation, meaning, and implicature: interdisciplinary foundations for pragmatics. In Cohen/Morgan/Pollack (eds.) 1989, 325−363 ⟨96.1⟩

Thomason, Richmond H. / Gupta, A.
1980   Theory of conditionals in the context of branching time. In Harper/Stalnaker/Pearce (eds.) 1981, 299−322 ⟨89⟩

Thomassin, Louis
1693   *La Méthode d'étudier et d'enseigner chrestiennement et utilement la Grammaire, ou les Langues par rapport à l'Ecriture sainte en les réduisant toutes à l'Hébreu.* Paris [1690] ⟨66⟩

Thompson, John
1984   *Studies in the Theory of Ideology.* Berkeley: U. of California Pr. ⟨49⟩

Thomson, Clive
1983   *The Work of Mikhail Bakhtin.* U. of Ottawa Quarterly 53/1 ⟨48⟩
1990   *Mikhail Bakhtin and the epistemology of discourse.* Amsterdam: Rodopi (Critical Studies 2(1/2)) ⟨48⟩

Thomson, Judith Jarvis
1983   Parthood and identity across time. *J.Philos.* 80, 201−220 ⟨76⟩

Thomson, Judith Jarvis (ed.)
  1987   *On Being and Saying: Essays for Richard Cartwright.* Cambridge, MA: MIT ⟨78⟩
Thorlby, Anthony
  1976   Anti-Mimesis: Kafka and Wittgenstein. In Kuna (ed.) 1976, 59−82 ⟨107⟩
Thümmel, Wolf
  1985   Linguistique et psychologie vers 1900: le concept de 'phrase' chez Wilhelm Wundt
           et Hermann Paul. *Revue de Linguistique* 33, 133−149 ⟨31⟩
Thulin, Michael
  1989   Die verschwundenen Gegenstände. *Sprache im technischen Zeitalter* 27, 222−228
           ⟨107⟩
Thurnher, Eugen
  1960   Sprache, Denken, Sein. Zu Ferdinand Ebners Philosophie des Wortes. *Literaturwis-
           senschaftliches Jb.* 1, 227−236 ⟨107⟩
Thurnher, Rainer
  1980   Sprache und Welt bei Friedrich Nietzsche. *Nietz.Stud.* 9, 38−60 ⟨107⟩
Thurot, Charles
  1974   *Notices et extraits de divers manuscripts latins pour servir à l'histoire des doctrines
           grammaticales du moyen-âge.* Frankfurt a.M.: Minerva [1868] ⟨41⟩
Thurot, François
  1970   *Tableau des progrès de la science grammaticale.* Ed. A. Joly. Bordeaux: Éditions Duc-
           ros [1796] ⟨44⟩
Thurston, Norman
  1976   The second language of *Prometheus Unbound. Philol.Quart.* 55 126−133 ⟨107⟩
Tichy, Pavel
  1974   On Poppers definitions of verisimilitude. *Brit.J.Philos.Sci.* 25,155−160 ⟨75⟩
  1976   Verisimilitude redefined. *Brit.J.Philos.Sci.* 27, 25−42 ⟨75⟩
  1986   Frege and the case of the missing sense. *Graz.Phil.Stud.* 27, 27−47 ⟨68⟩
  1988   *The Foundations of Frege's Logic.* Berlin/New York: de Gruyter ⟨120⟩
Tieck, Ludwig
  1965−67 *Werke I−IV.* Hg. Marianne Thalmann. München: Winkler ⟨107⟩
von Tiedemann, Rüdiger
  1982   Alice bei den Surrealisten. Zur Rezeption Lewis Carrolls. *Arcadia* 17, 61−80 ⟨107⟩
Titzmann, Michael
  1983   Probleme des Epochenbegriffs in der Literaturgeschichtsschreibung. In Richter/
           Schönert (Hg.) 1983, 98−131 ⟨107⟩
Titzmann, Michael (Hg.)
  1991   *Modelle des literarischen Wandels.* Tübingen: Niemeyer ⟨107⟩
Tilley, Terrence
  1978   *Talking of God. An Introduction to Philosophical Analysis of Religious Language.* New
           York: Paulist Pr. ⟨85/103⟩
Todd, Charles L. / Sonkin, Robert
  1977   *Alexander Bryan Johnson. Philosophical Banker.* Syracuse: Syracuse UP ⟨29⟩
Todd, Robert B.
  1973   The Stoic common notions: A re-examination and re-interpretation. *Symbolae Oslo-
           enses* 48, 47−75 ⟨2⟩
Todorov, Tzvetan
  1972   *Poetik der Prosa.* Frankfurt a.M.: Athenäum (Ars poetica Bd. 16) ⟨107⟩
  1981   *Michail Bakhtine: Le principe dialogique suivi de ecrits du cercle de Bakhtine.* Paris:
           Éd. du Seuil ⟨47⟩
  1984   *The Dialogical Principle.* Manchester: Manchester UP ⟨47⟩
Tomasini Bassols, Alejandro
  1988   *El Pensamiento del Ultimo Wittgenstein: Problemas de Filosofia Contemporanea.* Mé-
           xico, D.F.: Trillas ⟨96.1⟩

Tomberlin, James (ed.)
  1983   *Agent, Language, and the Structure of the World.* Indianapolis: Hackett ⟨78/79⟩
  1986   *Hector-Neri Castaneda.* Dordrecht: D. Reidel ⟨79⟩

Toulmin, Stephen Edelston
  1958   *The Uses of Argument.* Cambridge: UP ⟨47/112⟩
  1975   *Der Gebrauch von Argumenten.* Kronberg: Scriptor ⟨45⟩

Trabant, Jürgen
  1986   *Apeliotes oder Der Sinn der Sprache. Wilhelm von Humboldts Sprach-Bild.* München:
            Fink ⟨8⟩
  1990   *Traditionen Humboldts.* Frankfurt a.M.: Suhrkamp ⟨27⟩

Trabant, Jürgen (Hg.)
  1981   *Logos Semanticos. Festschrift für Eugen Coseriu.* Berlin/New York: de Gruyter / Ma-
            drid: Gredos ⟨13/107⟩

Trabert, Lukas
  1987   Erkenntnis und Sprachproblematik in Franz Kafkas *Beschreibung eines Kampfes* vor
            dem Hintergrund Friedrich Nietzsches *Über Wahrheit und Lüge im außermoralischen
            Sinne. Dt. Vjschr. Lit. wiss.* 61, 298−324 ⟨107⟩

Trapp, Rainer W.
  1976   *Analytische Ontologie.* Frankfurt a.M.: Klostermann ⟨61⟩

Traugott, E. / ter Meulen, Alice / Reilly, J. S. / Ferguson, Charles A. (eds.)
  1986   *On Conditionals.* Cambridge UP ⟨89⟩

Traugott, John
  1954   *Tristram Shandy's World: Sterne's Philosophical Rhetoric.* Berkeley and Los Angeles:
            U. of California Pr. ⟨107⟩

Travis, Charles (ed.)
  1986   *Meaning and Interpretation.* Oxford: Blackwell ⟨70⟩

Treidler, H.
  1979   Art. 'Europe'. In Ziegler/Sontheimer (Hg.) 1979, 446−449 ⟨66⟩

Trentman, John A.
  1970   Ockham on mental. *Mind* 79, 586−590 ⟨21⟩
  1977   Introduction. In Ferrer 1977, 11−82 ⟨40⟩

Trier, Jost
  1931   Über Wort- und Begriffsfelder. In Trier 1931a, 1−26, 310−322 / auch in Schmidt
            (Hg.) 1973, 1−38 ⟨51⟩
  1931a   *Der deutsche Wortschatz im Sinnbezirk des Verstandes.* Die Geschichte eines sprachli-
            chen Felds I. Heidelberg: Carl Winter ⟨51⟩

Du Trieu, Philippus
  1826   *Manuductio ad logicam.* London: Macmillan [1614] ⟨30⟩

Troeltsch, Ernst
  1915   *Augustin, die christliche Antike und das Mittelalter im Anschluß an die Schrift* De
            civitate Dei. München/Berlin: R. Oldenbourg (Historische Bibliothek 36) ⟨16⟩

Trojahn, Ulrich
  1987   „Sprache als Utopie" − Aspekte der Sprachreflexion Ingeborg Bachmanns. *Lingui-
            stische Arbeitsberichte* 63, 21−30 ⟨107⟩

Trost, Pavel
  1981   Die Mythen vom Prager Deutsch. *Z. dt. Philol.* 100, 381−390 ⟨107⟩

Troupeau, Gérard
  1985   Le livre des définitions grammaticales dans la lexicographie arabe. *J. de Linguistique
            Arabe* 15, 146−151 ⟨19⟩
  1985a   Le premier chapitre du *Livre des Définitions* d'al-Rummani. In Mélanges à la mé-
            moire de Philippe Marçais 1985, 185−197 ⟨19⟩

Trubetzkoy, Nikolai
  1933   La phonologie actuelle. *J. de Psychologie* 30, 227−246 ⟨36/51/110⟩

1973   Die gegenwärtige Phonologie. In Naumann (Hg.) 1973, 57–80 ⟨51⟩
1977   *Grundzüge der Phonologie.* Göttingen: Vandenhoeck & Ruprecht [1939] ⟨51⟩

Trudgill, Peter
1987   *Sociolinguistics. Introduction to Language and Society.* Harmondsworth: Penguin ⟨56⟩

Trueblood, Alan S.
1968   Das Schweigen im *Don Quijote.* In Hatzfeld (Hg.) 1968, 416–449 ⟨107⟩

ibn Ṭufayl, Abū Bakr
1983   *Ḥayy Ibn Yaqẓān.* Ed. L. E. Goodman. Los Angeles: Gee Tee Bee ⟨3⟩

Tugendhat, Ernst
1967   *Der Wahrheitsbegriff bei Husserl und Heidegger.* Berlin: de Gruyter ⟨69⟩
1963   Wolfgang Wieland, *Die aristotelische Physik. Gnomon* 35, 543–555 ⟨15⟩
1970   Das Sein und das Nichts. In Klostermann (Hg.) 1970, 132–161 ⟨1⟩
1976   *Vorlesungen zur Einführung in die sprachanalytische Philosophie.* Frankfurt a.M.:
          Suhrkamp ⟨36/69/120⟩
1979   *Selbstbewußtsein und Selbstbestimmung. Sprachanalytische Interpretationen.* Frank-
          furt a.M.: Suhrkamp ⟨52⟩

Tugendhat, Ernst / Wolf, Ursula
1983/86   *Logisch-semantische Propädeutik.* Stuttgart: Reclam ⟨77/87⟩

Tulving, Endel
1983   *Elements of Episodic Memory.* Oxford/New York: UP ⟨35/88⟩

Tuomela, Raimo
1984   *A Theory of Social Action.* Dordrecht/Boston: D. Reidel ⟨114⟩

Turing, Alan Mathison
1936   On computable numbers with an application to the Entscheidungsproblem. *Proc.
          Lond. Math. Soc.* 42(2), 230–265 / auch in Davis (ed.) 1965, 115–151 ⟨55⟩
1950   Computing machinery and intelligence. *Mind* 59, 433–460 ⟨117⟩

Turk, Horst
1965   *Dramensprache als gesprochene Sprache. Untersuchungen zu Kleists* Penthesilea.
          Bonn: Bouvier (Abh. zur Kunst-, Musik- und Literaturwissenschaft 31) ⟨107⟩
1976   Die Wirklichkeit der Gleichnisse. Überlegungen zum Problem der objektiven Inter-
          pretation am Beispiel Kafkas. *Poetica* 8, S. 208–225 ⟨107⟩

Türker, Mubahat
1963   Fârâbî'nin Sera'it ul-Yakin'i. *Arastirma* I, 151–228 ⟨19⟩

Türker, Mubahat (ed.)
1958   Fârâbî'nin Bazi Mantik Eserleri. *Ankara Üniversitesi Dil ve Tarih-Çoğrafya Fakültesi
          Dergisi* 16, 165–286 ⟨19⟩

Turner, Roy
1974   Words, utterances and activities. In Turner (ed.), 1974, 197–215 [1970] ⟨101⟩

Turner, Roy (ed.)
1974   *Ethnomethodology.* Harmondsworth: Penguin Books ⟨101⟩

Tuveson, Ernest
1971   Locke and Sterne. In Rosenbaum (ed.) 1971, 86–108 ⟨107⟩

Tweedale, M. M.
1976   *Abailard on Universals.* Dordrecht: D. Reidel ⟨20⟩
1982   Abailard and the culmination of the old logic. In Kenny/Kretzmann/Pinborg/Stump
          (eds.) 1982, 143–157 ⟨20⟩

Tyler, Edward Burnett
1958   *Primitive Culture: Researches into the Development of Mythology, Philosophy, Reli-
          gion, Art and Custom I/II.* Gloucester, MA: Peter Smith [1871] ⟨90⟩

Tynjanov, Jurij
1967a   *Die literarischen Kunstmittel und die Evolution in der Literatur.* Frankfurt a.M.: Suhr-
          kamp ⟨107⟩
1967b   Velimir Chlebnikov. In Tynjanov 1967a, 61–77 [1928] ⟨107⟩

Udayana
1912   *Nyāyakusumāñjali.* Ed. L. S. Dravid. Varanasi: Kashi Sanserit Series 30 ⟨5⟩

Uddyotakara
1919   *Nyāyavārttika.* Ed. V. P. Dube. Varanasi: Chowkhamba Sanskrit Series, Benares ⟨42⟩

Ulkan, Maria
1992   *Zur Klassifikation von Sprechakten. Eine grundlagentheoretische Fallstudie.* Tübingen: Niemeyer ⟨94⟩

Ullmann, Richard / Gotthard, Helene
1927   *Geschichte des Begriffes 'romantisch' in Deutschland vom ersten Aufkommen des Wortes bis ins dritte Jahrzehnt des 19. Jahrhunderts.* Berlin: E. Ebering (Germanische Studien 50) ⟨13⟩

Ullmann-Margalit, Edna
1977   *The Emergence of Norms.* Oxford: Clarendon ⟨101⟩

Ungeheuer, Gerold
1980   Lambert in Klopstocks *Gelehrtenrepublik. Stud.Leibn.* 12, 52−87 ⟨107⟩
1984   Bühler und Wundt. In Eschbach (Hg.) 1984, 9−67 ⟨31⟩
1987   *Kommunikationstheoretische Schriften I: Sprechen, Mitteilen, Verstehen.* Aachen: Rader ⟨48⟩

Unger, Rudolf
1905   *Hamanns Sprachtheorie im Zusammenhang seines Denkens. Grundlegung zu einer Würdigung der geistesgeschichtlichen Stellung des Magus in Norden.* München: C. H. Beck ⟨13/25⟩

Urban, Peter
1972   Nachwort. In Chlebnikov 1972, 565−618 ⟨107⟩

Urban, Wilbur Marshall
1951   *Language and Reality: The Philosophy of Language and the Principles of Symbolism.* London/New York: George Allen & Unwin / Macmillan [1939] ⟨90⟩

Urmson, James O.
1968   *The Emotive Theory of Ethics.* London: Hutchinson ⟨104⟩

Urquhart, Alasdair
1984   The undecidability of entailment and relevant implication. *J.Symb.Log.* 49, 1059−1073 ⟨75⟩
1986   Many-valued logic. In Gabbay/Guenthner (eds.) 1986 III, 71−116 ⟨75⟩

Urquhart, Thomas
1653   *Logopandecteision.* London: Calvert and Tomlins ⟨64⟩

Usener, Hermann
1896   *Götternamen.* Bonn: Cohen ⟨37⟩

Uszkoreit, Hans
1986   Categorial unification grammars. *Proc. 11th International Conference of Computational Linguistics Bonn 1986*, 187−194 ⟨111⟩

Utitz, Emil
1914   *Grundlegung der allgemeinen Kunstwissenschaft I.* Stuttgart: Ferdinand Enke ⟨108⟩
1920   *Grundlegung der allgemeinen Kunstwissenschaft II.* Stuttgart: Ferdinand Enke ⟨108⟩

Vacaspati Miśra
1938   *Bhāmatī.* Comm. on Śaṃkara's Brahmasūtra-bhāṣya, ed. A. K. Sastri, Bombay: Nirnayasofar Pr. ⟨43⟩

Vachek, Josef
1966   *The Linguistic School of Prague. An Introduction to its Theory and Practice.* Bloomington/London: Indiana UP ⟨51⟩

Vachek, Josef (ed.)
1964   *A Prague School Reader in Linguistics.* Bloomington/London: Indiana UP ⟨51⟩

Vaerst, Christa
1977   *Dichtungs- und Sprachreflexion im Werk von Nelly Sachs.* Frankfurt a.M./Bern/Las
          Vegas: Lang (Europäische Hochschulschriften. Reihe I: Dt. Literatur und Germani-
          stik 199) ⟨107⟩

Vaina, Lucia
1990   'What' and 'where' in the human visual system. *Synthese* 83, 49−91 ⟨88⟩

Vaiśeṣika Sūtra, s. Jambuvijaya 1961

Valéry, Paul
1957−60   *Œuvres I/II.* Édition établie et annotée par Jean Hytier. Paris: Gallimard ⟨107⟩

Valla, Lorenzo
1962   *Disputationes Dialecticae. Opera omnia I.* Ed. E. Garin. Torino: Bottega d'Erasmo
          ⟨7⟩

Vallée, Richard
1985   Jeux de langage, signification non-littérale et théorie de la conversation. *Manuscrito*
          8(2), 233−243 ⟨96.1⟩

Vallini, C.
1969   Probleme di metodo in Ferdinand de Saussure indo-europeista. *Studi e saggi lingui-
          stici* 9, 1−85 ⟨36⟩

Vanberg, Victor
1975   *Die zwei Soziologien. Individualismus und Kollektivismus in der Sozialtheorie.* Tübin-
          gen: J. C. B. Mohr (Paul Siebeck) ⟨51⟩

Vance, Eugene
1970   The word at heart: *Aucassin et Nicolette* as a medieval comedy of language. *Yale
          French Studies* 45, 33−51 ⟨107⟩
1986   Art. 'Augustine'. In Sebeok (ed.) 1986 I, 62−64 ⟨16⟩

Vanderveken, Daniel
1983   A Model-Theoretical semantics for illocutionary forces. *Log.anal.* 103/104, 359−394
          ⟨95⟩
1985   What is an illocutionary force? In Dascal (ed.) 1985, 181−204 ⟨95⟩
1988a   Non literal speech acts and conversational maxims. In Le Pore/Van Gulick (eds.)
          1990, 371−384 ⟨95⟩
1988b/90−91 *Meaning and Speech Acts I/II.* Cambridge: UP ⟨95⟩
1990   On the unification of speech act theory and formal semantics. In Cohen/Morgan/
          Pollack (eds.) 1990, 371−384 ⟨95⟩

Vanhelleputte, Michel
1971   Hofmannsthal und Maeterlinck. *Hofmannsthal-Forschungen* 1, 85−98 ⟨107⟩

Varela, Francisco
1984   Der kreative Zirkel. Skizzen zur Naturgeschichte der Rückbezüglichkeit. In Watzla-
          wick (Hg.) 1984, 294−309 ⟨92⟩

Varro, M. Terentius
1985   *De lingua latina.* Éd. P. Flobert. Paris: Les Belles Lettres ⟨66⟩

Varsava, Jerry A.
1984   Törleß at the limits of language: a revised reading. *Seminar* 20, 188−204 ⟨107⟩

Vasoli, C.
1968   *La dialettica e la retorica dell'Umanesimo.* Milano: Feltrinelli ⟨7⟩

Vasubandhu
1923−31   *L'Abhidharmakośa de Vasubandhu I−VI.* Trad. et annoté Louis de LaVallée Poussin.
          Paris/Louvain: Paul Geuthner/J. B. Istas ⟨42⟩

Vātsyāyana
1982   *Gautama's Nyāya-Sūtra with Vātsyāyana's Commentary.* Transl. M. Gangopadhyaya,
          intr. D. Chattopadhyaya. Calcutta (Indian Philosophy in its Sources, D. Chattopa-
          dhyaya / S. P. Banerjee / M. Gangopadhyaya, eds., vol. 1) ⟨5/42/43⟩
1984   *Gautama-Nyāyadarśana: The Nyāyasūtras with Vātsyāyana Bhāṣya.* Ed. Gaṅgādhara
          Sāstrī Tailaṅga. Delhi: Satguru Publications [Banaras 1896] ⟨5/42/43⟩

Vater, Joachim Sever
  1801   *Versuch einer allgemeinen Sprachlehre.* Halle: Rengerschen Buchhandlung ⟨12⟩
de Vaugelas, Claude Favre
  1738   *Remarques sur la langue francaise utiles à ceux qui veulent bien parler et bien écrire
          I—III.* Paris: Nyon fils [1647] ⟨44⟩
Vecchio, Sebastiano
  1988   Semiotica e grammatica in Manzoni. In Formigari/Lo Piparo (eds.) 1988, 463—493
          ⟨107⟩
Veerhaar, John W. M. (ed.)
  1969   *The Verb 'Be' and its Synonyms.* Dordrecht: Reidel ⟨3⟩
Veggetti, Mario (ed.)
  1985   *Il sapere degli antichi.* Turin: Boringhieri ⟨2⟩
Veldman, W.
  1976   An intuitionistic completeness theorem for intuitionistic predicate logic. *J. Symb. Log.*
          41, 159—166 ⟨75⟩
Veltman, Frank
  1985   *Logics for Conditionals.* Amsterdam: o.V. ⟨88⟩
van Velthoven, Th.
  1977   *Gottesschau und menschliche Kreativität. Studien zur Erkenntnislehre des Nikolaus von
          Kues.* Leiden: Brill ⟨7⟩
Vendler, Zeno
  1957   Verbs and times. *Philos. Rev.* 56, 143—160 ⟨76⟩
  1967   *Linguistics in Philosophy.* Ithaca N. Y.: Cornell UP ⟨76/115/118⟩
  1972   *Res Cogitans.* Ithaca, N. Y.: Cornell UP ⟨71⟩
  1976   Thinking of individuals. *Nous* 10, 35—46 ⟨71⟩
  1979   Telling the facts. In French/Uehling/Wettstein (eds.) 1979a, 220—232 ⟨118⟩
  1981   Ryle's thoughts on thinking. *Midwest Studies in Philosophy* VI, 335—343 ⟨71⟩
Verbeke, Gerard
  1958   Augustin et le stoicisme. *Recherches Augustiniennes* 1, 67—89 ⟨16⟩
Verburg, P. A.
  1952   *Taal en functionaliteit. Een historisch critische studie over de opvattingen aangaande
          de functies der taal.* Wageningen: Veenman ⟨7/62.1⟩
Verene, Donald Phillip
  1979   Introduction. In Cassirer 1979a, 1—45 ⟨37⟩
Verhaar, Jo
  1963   *Some Relations between Perception, Speech and Thought. A Contribution Towards the
          Phenomenology of Speech.* Assen: Van Gorcum ⟨85/103⟩
Verner, Karl
  1877   Eine Ausnahme der ersten Lautverschiebung. *Z. für vergleichende Sprachforschung*
          23, 99 ff. ⟨36⟩
Verschueren, Jef / Bertucelli-Papi, M. (eds.)
  1987   *The Pragmatic Perspective.* Amsterdam/Philadelphia: Benjamins ⟨96.1⟩
Versteegh, Cornelis. H. M.
  1977   *Greek Elements in Arabic Linguistic Thinking.* Leiden: Brill ⟨3⟩
  1980   The Stoic verbal system. *Hermes* 108, 338—357 ⟨2⟩
Verweyen, Theodor / Witting, Gunther
  1979   *Die Parodie in der neueren deutschen Literatur. Eine systematische Einführung.* Darm-
          stadt: Wiss. Buchges. ⟨107⟩
  1982   Parodie, Palinodie, Kontradiktio, Kontrafaktur — Elementare Adaptionsformen im
          Rahmen der Intertextualitätsdiskussion. In Lachmann (Hg.) 1982, 202—236 ⟨107⟩
Vetter, Tilman
  1964   *Erkenntnisprobleme bei Dharmakīrti.* Wien: Böhlaus Nachf. ⟨42⟩

Vetter, Tilman (Hg.)
1984 *Der Buddha und seine Lehre in Dharmakīrtis Pramāṇavārttika.* Wien: Arbeitskreis für tibet. und buddhist. Studien, Universität Wien ⟨42⟩

Vico, Giambattista
1911–41 *Opere.* Ed. G. Gentile / F. Nicolini. Bari: Laterza ⟨24⟩
I: De orazioni inaugurali: De antiquissima Italorum sapientia
III: Scienza nuova prima
IV: Scienza nuova seconda
V: 2–54; 89–91; Vita di Giambattista Vico scritto da se medesimo
1947 *De nostri temporis studiorum ratione. Vom Wesen und Weg der geistigen Bildung.* Godesberg: Küpper ⟨8⟩
1965 *Die neue Wissenschaft über die gemeinschaftliche Natur der Völker.* Berlin: de Gruyter [1725] ⟨45⟩
1968 *New Science.* Ithaca: Cornell UP [1744] ⟨24⟩
1989 *Institutiones oratoria.* Ed. G. Critò. Napoli: Instituto Suor Orsola Benincasa ⟨24⟩

Viehweg, Theodor
1953 *Topik und Jurisprudenz.* München: C. H. Beck ⟨102⟩
1978 Rhetorik, Sprachpragmatik, Rechtstheorie. In Kaulbach/Krawietz (Hg.) 1978, 717–720 ⟨102⟩

Vieregg, Axel
1976 *Die Lyrik Peter Huchels. Zeichensprache und Privatmythologie.* Berlin: Schmidt ⟨107⟩
1979 Wort und Ding bei Wilhelm Lehmann. *Wirkendes Wort* 29, 302–317 ⟨107⟩

Vietta, Silvio
1970 *Sprache und Sprachreflexion in der modernen Lyrik.* Bad Homburg v.d.H./Berlin/ Zürich: Gehlen ⟨107⟩
1981 *Neuzeitliche Rationalität und moderne literarische Sprachkritik. Descartes–Georg Büchner–Arno Holz–Karl Kraus.* München: Fink ⟨107⟩

Villaneix, Nelly
1979 *Ecoute, Kierkegaard: Essai sur la communication de la Parole.* Paris: Cerf ⟨47⟩

Villey, Michel
1982 De la dialectique comme art de la dialogue et sur ses relations au droit. *Arch. de Philosophie de Droit* 27, 263–272 ⟨102⟩

Vischer, Friedrich Theodor
1887 Das Symbol. In Philosophische Aufsätze. Eduard Zeller zu seinem fünfzigjährigen Doctor-Jubiläum gewidmet, Leipzig: Fues's Vlg. 151–193⟨37⟩

Visentini, B. et. al. (eds.)
1970 *Linguaggi nella Società e nella Tecnica.* Milan ⟨86/120⟩

Vives, Juan Luis
1979a *In pseudodialecticos.* Ed. Ch. Fantazzi. Leiden: Brill ⟨7⟩
1979b *Against the Pseudodialecticians.* Ed. R. Guerlac. Dordrecht: D. Reidel ⟨7⟩
1782–90 *Opera omnia.* Ed. G. Majansius. Valentiae: Benedictus Monfort ⟨7⟩

Vlach, Frank
1973 *„Now" and „Then": A Formal Study in the Logic of Tense Anaphora.* Diss. U. of California, Los Angeles ⟨88⟩

Vlastos, Gregory (ed.)
1970 *Plato I: Metaphysics and Epistemology.* Garden City: Doubleday ⟨14⟩

Vogels, Walter
1982 *Bijbellezen nu.* Nechelen: Werkgenootschap voor Katechese ⟨85/103⟩

Vogt, Benjamin
1965 *Mennesket Vidkun og forrae'deren Quisling.* Oslo: Aschehouy ⟨47⟩

Vojshvillo, E. K.
1983 A decision procedure for the system E (of entailment) I. *Stud.Log.* 42, 139–164 ⟨75⟩

Vollhardt, Friedrich
1986a   *Hermann Brochs geschichtliche Stellung. Studien zum philosophischen Frühwerk und zur Romantrilogie* Die Schlafwandler *(1914–1932)*. Tübingen: Niemeyer ⟨107⟩
1986b   Hermann Brochs Literaturtheorie. In Lützeler (Hg.) 1986, 272–288 ⟨107⟩
1988   Philosophische Moderne. In Kessler/Lützeler (Hg.) 1988, 85–97 ⟨107⟩

Vollmer, Gerhard
³1981   *Evolutionäre Erkenntnistheorie*. Stuttgart: Hirzel [1975] ⟨45⟩

Volney, Constantin François
1820   *Discours sur l'étude philosophique des langues*. Paris: Baudoin frères ⟨13⟩

Vološinov, Valentin N. (Bakhtin, Michail)
1973   *Marxism and the Philosophy of Language*. New York: Seminar Pr. [Orig. Russian edition Leningrad 1929] ⟨47⟩
1975   *Marxismus und Sprachphilosophie. Grundlegende Probleme der soziologischen Methode in der Sprachwissenschaft*. Frankfurt a.M.: Ullstein ⟨48/56⟩
1977   *Le marxisme et la philosophie du langage. Essai d'application de la méthode sociologique en linguistique*. Paris: Les Éditions de Minuit ⟨47⟩

Volpi, Franco
1978   Recensione di: Anton Marty, Untersuchungen zur Grundlegung der allgemeinen Grammatik und Sprachphilosophie. *Verifiche* 7, 132–134 ⟨33⟩

Vorstand der Vereinigung der dt. Hochschulgermanisten (Hg.)
1983   *Textsorten und literarische Gattungen. Dokumentation des Germanistentages in Hamburg 1979*. Berlin: Schmidt ⟨56⟩

Vossenkuhl, Wilhelm (Hg.)
1992   *Von Wittgenstein lernen*. Berlin: Akad.-Vlg ⟨68⟩

Vossius, Gerardus
1635   *De Arte Grammatica Libri Septem*. Amsterdam: apud G. Blaeu ⟨64⟩

Vranken, Johannes B. M.
1978   *Kritik en methode in de rechtsvinding. Een onderzoek naar de betekenis van de hermeneutiek van H. G. Gadamer voor de analyse van het rechterlijk beslissingsgebeuren*. Deventer: Kluwer ⟨102⟩

Vries, Josef de
1980   *Grundbegriffe der Scholastik*. Darmstadt: Wiss. Buchges. ⟨85/103⟩

Vroon, Ronald
1982   Four analogous to Xhlebnikov's *Language of the Gods*. In Steiner/Miroslav/Vroon (eds.) 1982, 581–597 ⟨107⟩

Vuchinich, Samuel
1975   *Some Members' Solutions to the Problem of Relevance in Conversation*. Diss. U. of California, Los Angeles ⟨115⟩

Vuillemin, Jules
1969/71   *La logique et le monde sensibl*e. Paris: Flammarion ⟨61/82⟩
1976   Le concept de signification empirique (stimulus-meaning) chez Quine. *Rev.int.philos.* 117/118, 350–375 ⟨12⟩

Vukicevic, Vladimir
1992   *Cézannes Realisation. Die Malerei und die Aufgabe des Denkens*. München: Wilhelm Fink ⟨108⟩

Vygotsky, Lev Semenovič
1962   *Thought and Language*. Transl. E. Hanfmann / G. Vakar. Cambridge, MA: MIT ⟨71⟩

Wachinger, Burghart
1977   Sprachmischung bei Oswald von Wolkenstein. *Z. für dt. Altertum und dt. Literatur* 106, 277–296 ⟨107⟩

Wachtel, Alois
1960   *Beiträge zur Geschichtstheologie Augustins*. Bonn: Röhrscheid ⟨16⟩

Wackenroder, Wilhelm Heinrich
    1967   *Werke und Briefe.* Heidelberg: Lambert Schneider ⟨107⟩

Wagenbach, Klaus
    1958   *Franz Kafka. Eine Biographie seiner Jugend 1883–1912.* Bern: Francke ⟨33⟩

Wagenknecht, Christian Johannes
    1965   *Das Wortspiel bei Karl Kraus.* Göttingen: Vandenhoeck & Ruprecht (Palaestra Bd. 242) ⟨107⟩

Wagenknecht, Christian (Hg.)
    1989   *Zur Terminologie der Literaturwissenschaft. Akten des IX. Germanistische Symposien der DFG.* Stuttgart: Metzler ⟨106⟩

Wagner, David L. (ed.)
    1984   *The Seven Liberal Arts in the Middle Ages.* Bloomington: Indiana UP ⟨4⟩

Wagner, Hans (Übers.)
    ²1979   *Aristoteles. Physikvorlesung.* Berlin: Akad.-Vlg. [1967] ⟨15⟩

Wais, Kurt
    1962   Maurice Maeterlinck initiateur de poètes allemands. *Syntheses* 17, 129–149 ⟨107⟩

Waismann, Friedrich
    1956   How I see philosophy: personal statements. In Lewis (ed.) 1956, 447–490 ⟨112⟩
    1965   Verifiability. In Flew (ed.) 1965, 117–144 ⟨98⟩
    1976   *Logik, Sprache, Philosophie.* Stuttgart: Reclam ⟨87⟩

Wajsberg, Mordechaj
    1938   Untersuchungen über den Aussagenkalkül von A. Heyting. *Wiadomosci matematyczne* 46, 45–101 ⟨75⟩

Waldrop, Rosmarie
    1971   *Against Language? Dissatisfaction with Language as Theme and as Impulse towards Experiments in Twentieth Century Poetry.* The Hague/Paris: Mouton ⟨107⟩

Walgrave, Jan
    1974   Spreken over God en analogie bij Thomas van Aquino. In Walgrave u. a. (eds.) 1974, 393–414 ⟨85/103⟩

Walgrave, Jan u. a. (eds.)
    1974   *Miscellanea Albert Dondeyne: Godsdienstfilosofie; Philosophie de la religion.* Gembloux: Duculot ⟨85/103⟩

Walker, D. P.
    1972   Leibniz and language. *Journal of the Warburg and Courtauld Institutes* 35, 294–307 ⟨64⟩

Walker, Ralph C. S.
    1985   Regelbefolgen und die Kohärenztheorie der Wahrheit. In Birnbacher/Burkhardt (Hg.) 1985, 27–46 ⟨69⟩

Walker, Stephen
    198   *Animal Thought.* London: Routledge & Kegan Paul ⟨71⟩

Wallace, C. Miles
    1980   Coleridge's theory of language. *Philol. Quart.* 59, 338–352 ⟨107⟩

Wallis, Mieczysław
    1977   Uwagi o symbolach. In Pelc (ed.) 1977, 91–99 ⟨90⟩

Wallner, Friedrich
    1983   *Die Grenzen der Sprache und der Erkenntnis. Analysen an und im Anschluß an Wittgensteins Philosophie.* Wien: Wilhelm Braumüller ⟨54⟩
    1983a   Musil als Philosoph. *Musil-Studien* 11, 93–109 ⟨107⟩

Walter Burleigh
    1955   *De Puritate Artis Logicae Tractatus Longior.* Ed. Ph. Boehner. St. Bonaventure, New York: Franciscan Inst. Publications / Louvain: Nauwelarts / Paderborn: Schöningh [ca. 1328] ⟨21/40⟩

1988   *Von der Reinheit der Kunst der Logik, Erster Traktat: Von den Eigenschaften der Termini*. Hg. P. Kunze. Hamburg: Meiner [ca. 1328] ⟨40⟩

Walter, Jürgen
1966   *Sprache und Spiel in Christian Morgensterns Galgenliedern*. Freiburg/München: Alber (Symposium 21) ⟨107⟩

Walther, Bernhardus
1546   *De dialectica ex iure libri tres*. Norimbergae ⟨102⟩

Walton, Douglas N.
1982   *Topical Relevance in Argumentation*. Amsterdam/Philadelphia: Benjamins ⟨115⟩
1984   *Logical Dialogue-Games and Fallacies*. Lanham/New York/London: UP of America ⟨115⟩

Walton, Douglas (ed.)
1985   *The Logic of Dialogue*. Synthese 63/3 ⟨47⟩

Waltz, David L. / Pollack, Jordan B.
1985   Massively parallel parsing: a strongly interactive model of natural language interpretation. *Cogn.Sci.* 9, 51−74 ⟨117⟩

Wann, T. W. (ed.)
1964   *Behaviorism and Phenomenology*. Chicago: UP ⟨50⟩

Wansbrough, J.
1977   *Quranic Studies: Sources and Methods of Scriptural Interpretation*. Oxford: UP ⟨3⟩

Ward, Seth
1654   *Vindiciae Academiarum*. Oxford: Robinson ⟨64⟩

Warmbrod, K.
1981   Counterfactuals and substitution of equivalent antecedents. *J.Philos.Log.* 10, 267−289 ⟨89⟩

Warnock, Geoffrey J.
1958/69   *English Philosophy since 1900*. London: UP [1958] ⟨60/85/103⟩
1964   A problem about truth. In Pitcher (ed.) 1964, 54−67 ⟨69⟩
1973   Some types of performative utterances. In Berlin (ed.) 1973, 69−89 ⟨95⟩

Waswo, R.
1979   The 'Ordinary language philosophy' of Lorenzo Valla. *Bibliothèque d'Humanisme et Renaissance* 41, 255−71 ⟨7⟩
1980   The reaction of Juan Luis Vives to Valla's philosophy of language. *Bibliothèque d'Humanisme et Renaissance* 42, 595−609 ⟨7⟩

Watanabe, Satosi
1965   Une explication mathématique du classement d'objets. In Dockx/Bernays (eds.) 1965, 9−76 ⟨61⟩
1986   Epistemological relativity. *Annals of the Japan Association for Philosophy of Science* 7(1), 1−14 ⟨61⟩

Waterman, John T.
1963   The languages of the world. A classification by G. W. Leibniz. In Hofacker et al. (eds.) 1963, 27−34 ⟨23⟩

Watson, Burton
1963   *Xunzi. Basic Writings*. New York: Columbia UP ⟨6⟩

Watson, Gerard
1966   *The Stoic Theory of Knowledge*. Belfast: The Queen's U. ⟨2⟩

Watson, John Broadus
1913   Psychology as the behaviorist views it. *The Psychological Review* 20, 158−177 ⟨50/67⟩

Watson, John Broadus / McDougall, William
1928   *Battle of Behaviorism: An Exposition and an Exposure*. New York/London: K. Paul, Trench, Trubner & Co. ⟨71⟩

Watzlawick, Paul / Bevin, Janet / Jackson, Don D.
1967   *The Pragmatics of Human Communication*: *A Study of Interactional Patterns, Pathologies, and Paradoxes*. New York: Norton ⟨49/96.1⟩

Watzlawick, Paul (Hg.)
1984   *Die erfundene Wirklichkeit*. München/Zürich: Piper ⟨92⟩

Weber, Albrecht
1981   Wittgenstein Gestalt und Theorie und ihre Wirkung im Werk Thomas Bernhards. *Österreich in Geschichte und Literatur* 25, 86−104 ⟨107⟩

Weber, Hanna
1939   *Herders Sprachphilosophie. Eine Interpretation im Hinblick auf die moderne Sprachphilosophie*. Berlin: Ebering ⟨26⟩

Weber, Heinrich
1904   *Hamann und Kant. Ein Beitrag zur Geschichte der Philosophie im Zeitalter der Aufklärung*. München: C. H. Beck ⟨25⟩

Weber, Heinz-Dieter (Hg.)
1989   *Wandel des modernen Naturbegriffs*. Konstanz: Universitätsvlg. ⟨105⟩

Weber, Hermann
1986   *An der Grenze der Sprache. Religiöse Dimension der Sprache und biblisch-christliche Metaphorik im Werk Ingeborg Bachmanns*. Essen: Vlg. Die blaue Eule (Germanistik in der Blauen Eule 7) ⟨107⟩

Weber, Max
1922   *Wirtschaft und Gesellschaft I/II*. Tübingen: Mohr ⟨94⟩

Webster, John
1654   *Academiarum Examen, or the Examination of Academies*. London: Calvert ⟨64⟩

Webster, John
1985   Eberhard Jüngel on the language of faith. *Modern Theology* 1, 253−276 ⟨85/103⟩

Wechsung, G. (ed.)
1984   *Proc. of the International Frege Conference held at Schwerin, September 10−14 (1984)*. Berlin: Akad.-Vlg. Berlin ⟨34⟩

Weder, Hans
1986   *Neutestamentliche Hermeneutik*. Zürich: Theologischer Vlg. ⟨54⟩

Wegener, Philipp
1885   *Untersuchungen über die Grundfragen des Sprachlebens*. Halle: Max Niemeyer ⟨9/31/38⟩
1902   Anzeige von Delbrück 1901. *Literarisches Zentralblatt* vom 22.3.1902, 401−410 ⟨31⟩
1989/91 *Untersuchungen über die Grundfragen des Sprachlebens*. Einleitung von C. Knobloch. Amsterdam/Philadelphia: Benjamins ⟨31/32/38/67⟩

Wehrli, Fritz
1928   *Zur Geschichte der allegorischen Deutung Homers im Altertum*. Leipzig: Noske ⟨1⟩

Weidemann, Hermann
1979   Wilhelm von Ockhams Suppositionstheorie und die moderne Quantorenlogik. *Vivarium* 17, 43−60 ⟨40⟩
1982a   Ansätze zu einer semantischen Theorie bei Aristoteles. *Z.Semiotik* 4, 241−257 ⟨15⟩
1982b   Aussagesatz und Sachverhalt. *Graz.Phil.Stud.* 18, 75−99 ⟨87⟩
1989   Prädikation I. In Ritter/Gründer (Hg.) 1989, 1194−1208 ⟨77⟩
1991   Grundzüge der aristotelischen Sprachtheorie. In Schmitter (Hg.) 1991, 170−192 ⟨15⟩

Weihrauch, K. (ed.)
1979   *Theoretical Computer Science Fourth GI Conference, Aachen, 1979*. Berlin: Springer, Berlin ⟨75⟩

Weiler, Gershon
1958   On Fritz Mauthners' critique of language. *Mind* 67, 80−87 ⟨35⟩
1967   Art. 'Fritz Mauthner'. In Edwards (ed.) 1967, 221−223 ⟨35⟩
1971   *Mauthner's Critique of Language*. Oxford: UP ⟨35⟩

Weimann, Karl-Heinz
  1965   Vorstufen der Sprachphilosophie Humboldts bei Bacon und Locke. *Z.dt.Philol.* 84,
            498−508 ⟨13⟩
Weinberger, Ota
  1974a   *Studien zur Normenlogik und Rechtsinformatik.* Berlin: J. Schweitzer ⟨102⟩
  1974b   Die Sollsatzproblematik in der modernen Logik In Weinberger 1974a, 59−186 ⟨102⟩
  1979   *Logisch Analyse in der Jurisprudenz.* Berlin: Duncker & Humblot ⟨102⟩
  1981   *Normentheorie als Grundlage der Jurisprudenz und Ethik.* Berlin: Duncker & Hum-
            blot ⟨102⟩
  ²1989   *Rechtslogik.* Berlin: Duncker & Humblot ⟨102⟩
  1991   Das Wesen der Regeln. In Krawietz/Martino/Winston (Hg.) 1991, 169−191 ⟨102⟩
  1994   Grundlagenprobleme des Institutionalistischen Rechtspositivismus und der Gerech-
            tigkeitstheorie. *Rechtstheorie* Beiheft 14, 173−284 ⟨102⟩
Weinberger, Christiane / Weinberger, Ota
  1979   *Logik, Semantik, Hermeneutik.* München: C. H. Beck ⟨102⟩
Weinberger, Ota / Krawietz, Werner (Hg.)
  1988   *Reine Rechtslehre im Spiegel ihrer Fortsetzer und Kritiker.* Wien/New York: Springer
            Vlg. ⟨102⟩
Weingand, Edda / Tschauder, Gerhard (Hg.)
  1980   *Perspektive: textintern. Akten des 14. Linguistischen Kolloquiums I.* Tübingen: Nie-
            meyer ⟨107⟩
Weinhandl, Ferdinand (Hg.)
  1967   *Gestalthaftes Sehen. Ergebnisse und Aufgaben der Morphologie.* Zum hundertjährigen
            Geburtstag von Christian von Ehrenfels. Darmstadt: Wiss. Buchges. ⟨108⟩
Weinreich, Uriel
  1966   Explorations in semantic theory. In Sebeok (ed.) 1966, 395−477 ⟨91⟩
  1968   Art. 'Semantics and semiotics'. In Sills (ed.) 1968 (14), 166−167 ⟨90⟩
  1971   Explorations in semantic theory. In Steinberg/Jacobovits (eds.) 1971, 308−328 ⟨85/
            103⟩
Weinrich, Harald
  1968   Linguistische Bemerkungen zur modernen Lyrik. *Akzente* 15, 29−47 ⟨107⟩
  1976   *Sprache in Texten.* Stuttgart: Ernst Klett Vlg. ⟨85/103⟩
  1976   Der Streit um Metaphern. In Weinrich 1976, 328−341 ⟨91⟩
  1989   Formen der Wissenschaftssprache. *Jb. 1988 der Akad. der Wissenschaften zu Berlin,*
            119−158 ⟨67⟩
  1993   Wissenschaftssprache, Sprachkultur und die Einheit der Wissenschaft. In Mainusch/
            Toellner (Hg.) 1993, 111−138 ⟨67⟩
Weinstein, Scott
  1974   Truth and demonstratives. *Nous* 8, 179−184 ⟨79⟩
Weisgerber, Leo
  1929   *Muttersprache und Geistesbildung.* Göttingen: Vandenhoeck & Ruprecht ⟨58⟩
  1958   *Verschiebungen in der sprachlichen Einschätzung von Menschen und Sachen.* Köln &
            Opladen: Westdt. Vlg. ⟨58⟩
  1963   *Die vier Stufen in der Erforschung der Sprachen.* Düsseldorf: Schwann ⟨58⟩
  1964   *Zur Grundlegung der ganzheitlichen Sprachauffassung, Aufsätze 1925−1933.* Hg.
            H. Gipper. Düsseldorf: Schwann ⟨58⟩
  1974   Erlernen von Bedeutungen oder Ausschöpfen von Geltungen? *Z. für Dialektologie
            und Linguistik* 41(3), 257−270 ⟨58⟩
Weiss, Bernard G.
  1974   Medieval Muslim discussions of the origin of language. *Z. der dt. morgenländischen
            Ges.* 124, 33−41 ⟨3/65⟩
  1985   Subject and predicate in the thinking of the arabic philologists. *J. of the American
            Oriental Society* 105, 605−622 ⟨3⟩
Weiß, Helmut
  1990   *Johann Georg Hamanns Ansichten zur Sprache. Versuch einer Rekonstruktion aus dem
            Frühwerk.* Münster: Nodus ⟨25⟩

1990a   Johann Georg Hamann und die Sprachtheorie der Aufklärung. Methodische und
           wissenschaftstheoretische Voraussetzungen der Rekonstruktion einer Sprachtheorie.
           In Hüllen (ed.) 1990, 99−115 ⟨107⟩

Weiß, Walter
    1972   Zur Thematisierung der Sprache in der Literatur der Gegenwart. In Backes (Hg.)
           1972, 669−693 ⟨107⟩

Weißberg, Liliane
    1987   Natur und Gleichnis: Zum Sprachursprung bei Ralph Waldo Emerson. In Gessinger/
           von Rahden (Hg.) 1987 I, 561−584 ⟨107⟩
    1989   Language's wound: Herder, Philoctetes, and the origin of speech. *Mod. Lang. N.* 104,
           548−579 ⟨26⟩

Weitz, Morris
    1964   *Hamlet and the Philosophy of Literary Criticism.* Chicago: UP ⟨106⟩
   ²1970   *Problems in Aesthetics. An Introductory Book of Readings.* London: Macmillan [1959]
           ⟨105⟩
    1977   *The Opening Mind. A Philosophical Study of Humanistic Concepts.* Chicago: UP
           ⟨106⟩

Lady Welby, Victoria
    1983   *What is Meaning? Studies in the Development of Significance.* Amsterdam: Benjamins
           ⟨68⟩

Weldon, T. D.
    1962   *Kritik der politischen Sprache.* Neuwied: Luchterhand ⟨101⟩

Welke, Klaus (Hg.)
    1986   *Sprache, Bewußtsein, Tätigkeit. Zur Sprachkonzeption Wilhelm von Humboldts.* Ber-
           lin: Akad.-Vlg. ⟨8⟩

Wellbery, D. E. (Hg.)
    1985   *Positionen der Literaturwissenschaft. Acht Modellanalysen am Beispiel von Kleists
           Das Erdbeben von Chili.* München: C. H. Beck ⟨107⟩

Wellek, René
    1963   *Concepts of Criticism.* New Haven/London: Yale UP ⟨13⟩
    1965   German and English romanticism. A confrontation. *Studies in Romanticism* 4,
           35−56 ⟨13⟩
    1985   Hofmannsthal als Literaturkritiker. *Arcadia* 20, 61−71 ⟨107⟩

Wells, G. A.
    1987   *The Origin of Language: Aspects of the Discussion from Condillac to Wundt.* La Salle,
           Illinois: Open Court ⟨65⟩

Wells, Rulon S.
    1947   De Saussure's system of linguistics. *Word* 3, 1−31 / auch in Joos (ed.) 1971, 1−31
           ⟨51⟩

Welsch, Wolfgang
    1987   *Aisthesis. Grundzüge und Perspektiven der Aristotelischen Sinneslehre.* Stuttgart:
           Klett-Cotta ⟨105⟩
    1990   *Ästhetisches Denken.* Stuttgart: Philipp Reclam ⟨105⟩

Welsch, Wolfgang (Hg.)
    1993   *Die Aktualität des Ästhetischen.* München: Wilhelm Fink Vlg. ⟨105⟩

Welte, Werner (Hg.)
    1982   *Sprachtheorie und angewandte Linguistik. Festschrift für Alfred Wollmann zum 60.
           Geburtstag.* Tübingen: Gunter Narr (Tübinger Beiträge zur Linguistik 195) ⟨107⟩

Welter-Enderlin, Rosmarie
    1991   Menschenbild und Therapiekonzept in der Systemtherapie. In Buchheim/Cierpka/
           Seifert (Hg.) 1991, 182−196 ⟨48⟩

Welzig, Werner
    1973   Die Thematisierung der Sprache in Schiller's Dramen. *Sprachkunst* 4, 21−28 ⟨107⟩

Wenzel, Harald
    1990   *George Herbert Mead zur Einführung.* Hamburg: Edition SOAK im Junius Vlg. ⟨52⟩
Wertheimer, Max
    1922   Untersuchungen zur Lehre von der Gestalt I. *Psychologische Forschung* 1, 47−58
            ⟨108⟩
    1923   Untersuchungen zur Lehre von der Gestalt II. *Psychologische Forschung* 4, 301−350
            ⟨108⟩
    1925   *Drei Abhandlungen zur Gestalttheorie.* Erlangen: Vlg. der philosophischen Akad.
            ⟨108⟩
Wescott, Roger (ed.)
    1974   *Language Origins.* Silver Spring, Maryland: Linstok Pr. ⟨65⟩
Wesseler, M.
    1974   *Die Einheit von Wort und Sache. Der Entwurf einer rhetorischen Philosophie bei Ma-
            rius Nizolius.* München: Fink ⟨7⟩
Wessels, P. B.
    1968   Sprachzertrümmerung und Sprachschöpfung in der Lyrik Gottfried Benns. *Z.dt.Phi-
            lol.* 87, 457−469 ⟨107⟩
West, Candace / Zimmerman, Don
    1977   Woman's place in everyday talk: reflections on parentchild interaction. *Social Prob-
            lems* 24, 520−530 ⟨49⟩
West, Michael
    1984   Thoreau and the language theories of the French Enlightenment. *ELH* 51, 747−770
            ⟨107⟩
Westerståhl, D.
    1984   Some results on quantifiers. *Notre Dame J. Formal Logic* 25, 152−170 ⟨111⟩
    1987   Branching generalized quantifiers and natural languages. In Gärdenfors (ed.) 1987,
            269−298 ⟨111⟩
    1989   Quantifiers in formal and natural languages. In Gabbay/Guenthner 1989 IV, 1−132
            ⟨111⟩
Wettstein, Howard
    1979   Indexical reference and propositional content. *Philos.Stud.* 36, 91−100 ⟨79⟩
    1981   Demonstrative reference and definite descriptions. *Philos.Stud.* 40, 241−257 ⟨79⟩
    1990   Frege-Russell semantics? *Dialectica* 44, 113−135 ⟨68⟩
Wetzel, Michael
    1984   „Die Leidenschaft der Seinsenthüllung". Der Psychoanalytiker und das Unbewußte.
            In Lohmann (Hg.) 1984, 184−198 ⟨109⟩
    1985a   *Psychosemiologie.* Kassel: Hochschulschriften der Gesamthochschule Kassel ⟨109⟩
    1985b   *Autonomie und Authentizität.* Frankfurt a.M./Bern/New York: Peter Lang ⟨109⟩
Wexler, Kenneth / Culicover, Peter
    1980   *Formal Principles of Language Acquisition.* Cambridge, MA: MIT ⟨72⟩
Weydt, Harald
    1979   *Die Partikeln der dt. Sprache.* Berlin / New York: de Gruyter ⟨92⟩
    1980   Streitsuche im Nibelungenlied: Die Kooperation der Feinde. In Hess-Lüttich (Hg.)
            1980, 95−114 ⟨56⟩
Weyrauch, Richard W.
    1980   Prolegomena to a theory of mechanized formal reasoning. *A.I.* 13, 133−170 ⟨117⟩
Whately, Richard
    ⁴1831   *Elements of Logic.* London: B. Fellowes ⟨30⟩
Wheelright, Philip
    1954   *The Burning Fountain: A Study in the Language of Symbolism.* Bloomington, Ind.:
            Indiana UP ⟨90⟩
White, A. R.
    1970   *Truth.* New York: Anchor Books ⟨69⟩

White, F. C.
1986   On a proposed refutation of relativism. *Australas.J.Philos.* 64(3), 331–334
            ⟨74⟩
White, Leslie A.
1949   *The Science of Culture: A Study of Man and Civilization.* New York: Farrar, Strauss
            ⟨65/90⟩
White, Nicholas P.
1976   *Plato on Knowledge and Reality.* Indianapolis: Hackett ⟨14⟩
White, Roger
1982   Notes on analogical predication and speaking about God. In Hebblethwaite/Suther-
            land (eds.) 1982, 197–226 ⟨85/103⟩
Whitehead, Alfred North
1919   *An Enquiry Concerning the Principles of Natural Knowledge.* Cambridge: UP ⟨52/76⟩
1929   *Science and the Modern World.* Cambridge: UP ⟨52⟩
1964   The importance of good notation. In Copi/Gould (eds.) 1964, 211–213 ⟨71⟩
1984   *Wissenschaft und moderne Welt.* Frankfurt a.M.: Suhrkamp [1925] ⟨52⟩
Whitney, William Dwight
1867   *Language and the Study of Language.* London ⟨62.1⟩
1875   *Life and the Growth of Language.* New York ⟨62.1⟩
1876   *Language and its Study with Special Reference to the Indoeuropean Family of Lan-
            guage.* London: Trubner ⟨62.1⟩
1893   On recent studies in Hindu grammar. *American J. of Philology* 14, 171–197 ⟨5⟩
Whorf, Benjamin
1956   *Language, Thought and Reality.* Cambridge: MIT ⟨12/74⟩
Wicht, Gérard
1984   *„Gott meint die Welt keineswegs wörtlich". Zum Gleichnisbegriff in Robert Musils
            Roman Der Mann ohne Eigenschaften.* Bern/Frankfurt a.M./New York: Lang (Euro-
            päische Hochschulschriften. Reihe I: Dt. Sprache und Literatur 792) ⟨107⟩
Wichter, Sigurd
1987   Sprache, Sprachen, Zeichenbegriff. In Wimmer (Hg.) 1987, 237–255 ⟨56⟩
Wicker, Brian
1975   *The Story Shaped World: Fiction and Metaphysics. Some Variations on a Theme.*
            London/Notre Dame: Athlone Pr. / Notre Dame UP ⟨85/103⟩
Widengren, Geo
1965   *Die Religionen Irans.* Stuttgart: W. Kohlhammer (Die Religionen der Menschheit 14)
            ⟨16⟩
Widengren, Geo (Hg.)
1977   *Der Manichäismus.* Darmstadt: Wiss. Buchges. ⟨16⟩
Wiebe, Janyce M.
1991   References in narrative text. *Nous* 25, 457–486 ⟨68⟩
Wieland, Wolfgang
²1970   *Die aristotelische Physik.* Göttingen: Vandenhoeck & Ruprecht [1962] ⟨15⟩
1982   *Platon und die Formen des Wissens.* Göttingen: Vandenhoeck & Ruprecht ⟨14⟩
Wiethölter, Waltraud
1990   Spreche-Lesen-Schreiben. Zur Funktion von Sprache und Schrift in Canettis Auto-
            biographie. *Dt.Vjschr.Lit.wiss.* 64, 149–171 ⟨107⟩
Wiener, Philip P. / Young, Frederic H. (eds.)
1952   *Studies in the Philosophy of Charles Sanders Peirce.* Cambridge: Harvard UP ⟨32⟩
von Wiese, Benno (Hg.)
1971   *Deutsche Dichter der Romantik. Ihr Leben und Werk.* Berlin: Erich Schmidt ⟨107⟩
Wiesing, Lambert
1991   *Stil statt Wahrheit. Kurt Schwitters und Ludwig Wittgenstein über ästhetische Lebens-
            formen.* München: Wilhelm Fink ⟨108⟩

Wiesinger, Peter
1980   Sprache, Dialekt und Mundart als sprachliches und terminologisches Problem. *Zs. für Dialektologie und Linguistik Beiheft N. F.* 26, 177−198 ⟨56⟩

Wiesmann, Louis
1982   Goethe und die Grenzen der Sprache. *Muttersprache* 92, 105−108 ⟨107⟩

Wieviorka, M. (éd.)
1993   *Racisme et modernité.* Paris: La Découverte ⟨66⟩

Wiggins, David
1963   The individuation of things and places. *Proc. Arist. Soc. Suppl.* 37, 177−202 ⟨83⟩
1965   Identity-statements. In Butler (ed.) 1965, 40−71 ⟨83⟩
1968   On being at the same place at the same time. *Philos. Rev.* 77, 90−95 ⟨83⟩
1976   *Truth, Invention and the Meaning of Life.* Oxford: UP ⟨70⟩
1979   Contingency, identity, and de re and de dicto necessity. In Dancy (ed.), 1979, 35−53 ⟨83⟩
1980a   *Sameness and Substance.* Oxford: Blackwell ⟨76/83⟩
1980b   What would be a substantial theory of truth? In Van Straaten 1980, 189−221 ⟨69⟩

von Wilamowitz-Moellendorff, Ulrich
²1955   *Der Glaube der Hellenen.* Basel/Stuttgart: Benno Schwabe-Vlg. ⟨112⟩

Wild, Reiner (Hg.)
1978   *Johann Georg Hamann.* Darmstadt: Wiss. Buchges. (Wege der Forschung 511) ⟨25⟩

Wilden, Anthony
1972   *System and Structure. Essays in Communication and Exchange.* London: Tavistock ⟨48⟩

Wilder, Hugh
1975   Quine's arguments for the indeterminacy of translation. *Philosophy Research Arch.* 1, 1−11 ⟨73⟩

Wildgen, Wolfgang
1982   *Catastrophe Theoretical Semantics: An Elaboration and Application of René Thom's Theory.* Amsterdam: Benjamins ⟨88⟩
1985   *Dynamische Sprach- und Weltauffassungen (in ihrer Entwicklung von der Antike bis zur Gegenwart).* Bremen: U., Presse und Informationsamt (Schriftenreihe/Zentrum Philosophische Grundlagen der Wissenschaften, 3) ⟨1⟩

Wilkending, Gisela
1968   *Jean Pauls Sprachauffassung in ihrem Verhältnis zu seiner Ästhetik.* Marburg: Elwert (Marburger Beiträge zur Germanistik 22) ⟨107⟩

Wilkes, K.
1980   Brain States. *Brit. J. Philos. Sci.* 31, 111−129 ⟨117⟩

Wilkins, John
1668   *An Essay towards a Real Character, and a Philosophical Language.* London: Gellibrand and Martyn ⟨64⟩
1984   *Mercury: or the Secret and Swift Messenger.* Amsterdam: Benjamins ⟨64⟩

Wilks, Yorick Alexander
1971   Decidability and natural language. *Mind* 80, 497−520 ⟨117⟩
1975a   A preferential pattern-seeking semantics for natural language inference. *A.I.* 6, 53−74 ⟨117⟩
1975b   One small head − models and theories in linguistics. *Found. Lang.* 11, 77−95 ⟨117⟩
1976   Dreyfus' disproofs. *Brit. J. Philos. Sc.* 27, 177−185 ⟨117⟩
1981   Some thoughts on procedural semantics. In Lehnert/Ringle (eds.) 1981, 495−516 ⟨117⟩
1984   Machines and consciousness. In Hookway (ed.) 1984, 105−128 ⟨117⟩
1990   Form and content in semantics. *Synthese* 82(3), 329−351 ⟨117⟩

Wille, Hans
1960   Die Erfindung der Zeichenkunst. In Guldan (Hg.). 1960, 274−300 ⟨108⟩

Willemsen, Roger
1986   Dionysisches Sprechen. Zur Theorie einer Sprache der Erregung bei Musil und Nietzsche. *Dt.Vjschr.Lit.wiss.* 60, 104−135 ⟨107⟩

William of Sherwood / Wilhelm von Shyreswood
1937   *Die Introductiones in logicam des Wilhelm von Shyreswood.* Hg. M. Grabmann. Sitzungsberichte der Bayrischen Akad. der Wissenschaften, Philosophisch-historische Klasse, Jahrgang 1937, H. 10 . München: Vlg. der Bayrischen Akad. der Wiss. ⟨21⟩
1983   *Introductiones in Logicam.* Ed. Ch. Lohr / P. Kunze / B. Mussler. *Traditio* 39, 219−299 [ca. 1230] ⟨40⟩

Williams, Bernard
1973   *Problems of the Self.* Cambridge: UP ⟨83⟩
1982   Cratylus theory of names and its refutation. In Nussbaum/Schofield (eds.) 1982, 83−93 ⟨14⟩

Williams, James G.
1990   On the formalization of semantic conventions. *J.Symb.Log.* 55, 220−243 ⟨68⟩

Williams, C. J. F.
1976   *What is Truth?* Cambridge: UP ⟨69⟩

Willis, Paul
1981   *„Profane Culture". Rocker, Hippies: Subversive Stile der Jugendkultur.* Frankfurt a.M.: Syndikat ⟨56⟩

Wilson, Edward O.
1975   *Sociobiology.* Cambridge: Harvard UP ⟨116⟩
1978   *On Human Nature.* Cambridge: Harvard UP ⟨116⟩

Wilson, N. L.
1959   Substances without substrata. *Rev.Met.* 12, 521−539 ⟨69⟩

Wilson, Patrick
1965   Quine on translation. *Inquiry* 8, 190−211 ⟨73⟩

Wilson, Th.
1985   *Kant's Philosophy of Language.* Ph.D. Southern Illinois U. at Carbondale ⟨107⟩

Wimmer, Rainer
1982   Überlegungen zu den Aufgaben und Methoden einer linguistisch begründeten Sprachkritik. In Heringer (Hg.) 1982, 290−313 ⟨115⟩

Wimmer, Rainer (Hg.)
1987   *Sprachtheorie. Der Sprachbegriff in Wissenschaft und Alltag. Jb. 1986 des Instituts für dt. Sprache.* Düsseldorf: Schwann (Sprache der Gegenwart 71) ⟨56/107⟩

Winch, Peter
1958   *The Idea of a Social Science.* London: Routledge & Kegan Paul ⟨101⟩

Windelband, Wilhelm
1915   *Präludien I.* Tübingen: Mohr ⟨87⟩

Winograd, Terry
1972   *Understanding Natural Language.* New York: Academic Pr. ⟨117⟩

Wirtz, Ursula
1971   *Die Sprachstruktur Gottfried Benns. Ein Vergleich mit Nietzsche.* Göppingen: Kümmerle (Göppinger Arbeiten zur Germanistik 44) ⟨107⟩

Wirz, Ludwig
1939   *Friedrich Schlegels philosophische Entwicklung.* Bonn: Hanstein ⟨13⟩

Wisdom, John
1965   *Other Minds.* Oxford: Blackwell [1952] ⟨47⟩

Wiśniewski, A.
1991   Erotetic arguments. A preliminary analysis. *Stud.Log.* 50, 261−274 ⟨111⟩

Wittgenstein, Ludwig
1921   *Logisch-Philosophische Abhandlung (Tractatus Logico-Philosophicus).* Annalen der Naturphilosophie. ⟨14/59/69/77/87/95/96.3/99/100/108/117/120⟩

1953   *Philosophische Untersuchungen / Philosophical Investigations.* Eds. G.E.M. Ans-
          combe / R. Rhees. Oxford: Blackwell ⟨10/14/39/50/52/59/61/67/68/69/70/71/74/77/79/
          80/83/87/92/93/95/96.1/96.3/98/99/104/105/107/108/110/115/118/120⟩
1958   *The Blue and Brown Books.* Oxford: Blackwell ⟨39/71⟩
1960   *Schriften* 1. Frankfurt a.M.: Suhrkamp ⟨53/59/60/94⟩
1960a/75 *Philosophische Untersuchungen.* Frankfurt a.M.: Suhrkamp [1953] ⟨32/45/54⟩
1961   *Tractatus Logico-Philosophicus.* London: Routledge & Kegan Paul [1922] ⟨10/76/83/
          100⟩
1961a   *Notebooks 1914−1916.* Eds. G.H. von Wright / G.E.M. Anscombe. Oxford: Black-
          well ⟨96.3/100⟩
1964   *Schriften 2. Philosophische Bemerkungen.* Frankfurt a.M.: Suhrkamp ⟨39⟩
1966   *Lectures and Conversations on Aesthetics, Psychology and Religious Belief.* Oxford:
          Blackwell ⟨85/103⟩
1967a   *Ludwig Wittgenstein und der Wiener Kreis.* Frankfurt a.M.: Suhrkamp / Oxford:
          Blackwell ⟨39/99⟩
1967b   *Zettel.* Eds. G.E.H. Anscombe / G.H. von Wright. Transl. G.E.H. Anscombe. Ox-
          ford: Blackwell ⟨39⟩
1969a   *Philosophische Grammatik.* Oxford: Blackwell ⟨39/49/71⟩
1969b   *Über Gewißheit / On Certainty.* Eds. G.E.H. Anscombe / G.H. von Wright. Oxford:
          Blackwell ⟨39/69/85/103/108/110/115/120⟩
1970a   *Philosophical Grammar.* New York: Macmillan ⟨49⟩
1970b   *Schriften 5. Das blaue Buch. Eine Philosophische Betrachtung. Zettel.* Frankfurt a.M.:
          Suhrkamp ⟨60⟩
1971   *Tractatus.* German Text with English translation by D. Pears and B. McGuinness.
          London: Routledge & Kegan ⟨39/63⟩
1971b   *Carnets.* Éd. G. Granger. Paris: Gallimard ⟨100⟩
1974   *Bemerkungen über die Grundlagen der Mathematik.* Frankfurt a.M.: Suhrkamp ⟨69/
          120⟩
1977   *Bemerkungen über die Farben / Remarks on Colour.* Eds. G.E.H. Anscombe. Oxford:
          Blackwell ⟨39/108⟩
1977   *Vermischte Bemerkungen.* Hg. G.H. von Wright / Heikki Nyman. Frankfurt a.M.:
          Suhrkamp ⟨53⟩
1956/78   *Remarks on the Foundations of Mathematics.* Eds. G.E.H. Anscombe / Rush Rhees /
          G.H. von Wright. New York/London: MacMillan ⟨115⟩
1979   *Wittgenstein's Lectures 1932−1935.* Oxford: Blackwell ⟨39⟩
1980   *Culture and Value (Vermischte Bemerkungen).* Oxford: Blackwell ⟨38/39⟩
1980   *Briefe.* Frankfurt a.M.: Suhrkamp ⟨48⟩
1984   *Werkausgabe 1−8.* Frankfurt a.M.: Suhrkamp ⟨68/107⟩
1990   *Tractatus logico-philosophicus / Philosophische Untersuchungen.* Leipzig: Reclam
          ⟨48⟩

Wittmann, Lothar
1966   *Sprachthematik und dramatische Form im Werke Hofmannsthals.* Stuttgart/Berlin/
          Köln/Mainz: Kohlhammer (Studien zur Poetik und Geschichte der Literatur. Bd. 2)
          ⟨107⟩

Wodak, R.
1987   *Theoretical Development of Sociolinguistic Theory.* Typoskript Wien ⟨56⟩

Wohl, K.
1979   Zur Komplexität der Presburger Arithmetik und des Aquivalenzproblems einfacher
          Programme. In Weihrauch (ed.) 1979, 310−318 ⟨75⟩

Wohlfahrt, Günter
1984   *Denken als Sprache. Sprache und Kunst bei Vico, Hamann, Humboldt und Hegel.*
          Freiburg/München: Alber ⟨25⟩

Wójcicki, Ryszard
1984   R. Suszko's situational semantics. *Stud.Log.* 43, 323−340 ⟨111⟩

Wolf, Werner
    1987   Lewis Carrolls „Alice"-Geschichten als sprach- und erkenntiskritische Metafiktio-
                nen. Ein Beitrag zur Geschichte des metafiktionalen Romans im 19. Jahrhundert.
                Germ. Roman. Monatsschr. 68 (N.F. 37), 423−446 ⟨107⟩
Wölfflin, Heinrich
    ²1960.   *Kunstgeschichtliche Grundbegriffe. Das Problem der Stilentwicklung in der neueren
                Kunst.* Basel/Stuttgart: Benno Schwabe ⟨108⟩
Wolfgang, Aaron (ed.)
    1979   *Nonverbal Behavior. Applications and Cultural Implications.* New York: Academic Pr.
                ⟨56⟩
Wolff, Christian
    1736   *Philosophia prima sive ontologia.* Frankfurt a.M.: Librari Rengeriana ⟨119⟩
    1965   *Deutsche Logik.* Hg. von H. W. Arndt. Hildesheim: Olms ⟨87⟩
Wolniewicz, B.
    1987   *Ontologia sytuacji (The ontology of situations).* Warszawa: Polish Scientific Publ.
                ⟨111⟩
Wolosky, Shira
    1985/86   Paul Celan's linguistic mysticism. *Studies in 20th Century Literature* 10, 191−211
                ⟨107⟩
Wolterstorff, Nicholas
    1979   Characters and their names. *Poetics* 8, 101−127 ⟨106⟩
Woodbury, Leonard
    1958   Parmenides on names. *Harvard Studies in Classical Philology* 63, 145−160 ⟨1⟩
Woodfield, Andrew (ed.)
    1982a   *Thought and Language.* Oxford: Clarendon ⟨14⟩
    1982b   *Thought and Object.* Oxford: UP ⟨70⟩
Woodmansee, Martha / Lohnes, Walter F. M. (Hg.)
    1983   *Erkennen und Deuten. Essays zur Literatur und Literaturtheorie. Edgar Lohner in
                memoriam.* Berlin: Erich Schmidt ⟨107⟩
Woodruff, P. W.
    1984   Paradox, truth and logic I. Paradox and truth. *J. Philos. Log.* 13, 213−232 ⟨75⟩
Woods, John
    1974   *The Logic of Fiction.* The Hague/Paris: Mouton ⟨59⟩
Woods, M. J.
    1965   Identity and individuation. In Butler (ed.) 1965, 120−130 ⟨83⟩
Woods, William A.
    1968   Procedural semantics for a question-answering machine. *Proc. 1968 Fall Joint Com-
                puter Conf.* 457−471 ⟨117⟩
Woodward, W. R.
    1982   *From the Science of Language to Völkerpsychologie: Lotze, Steinthal, Lazarus, and
                Wundt.* Heidelberg: Historische Reihe des Psychologischen Inst. 2 ⟨31⟩
Woolley, D. E.
    1975   Implications of the study of ambiguity and homonymy for grammatical theory. In
                Becker-Makkai/Makkai (eds.) 1975, 329−347 ⟨98⟩
Wordsworth, William
    1971   *Poetical Works.* Ed. Thomas Hutchison / Rev. Ernest de Selincourt. London: UP
                ⟨107⟩
Worth, Katherine (ed.)
    1975   *Beckett the Space Changer.* London and Boston: Routledge & Kegan Paul ⟨107⟩
Wotke, Friedrich Wilhelm
    1956   Das Problem der Sprache beim späten Rilke. *Orbis Litterarum* 11, 64−109 ⟨107⟩
Wren, Michael
    1983   The Logic of Ionesco's „The Lesson". *Philosophy and Literature* 8, 229−239 ⟨107⟩

Wright, Crispin
  1983/87   *Freges Conception of Numbers as Objects.* Aberdeen: UP ⟨84/120⟩
  1986a   *Realism, Meaning and Truth.* Oxford: Blackwell ⟨68/70⟩
  1986b   Scientific realism, observation and the verification principle. In Macdonald/Wright
            (eds.) 1986, 247−274 ⟨99⟩
Wright, Crispin (ed.)
  1984   *Frege: Tradition and Influence.* Oxford: Blackwell ⟨120⟩
von Wright, Georg Henrik
  1951   *An Essay in Modal Logic.* Amsterdam: North-Holland ⟨88⟩
  1957   *Logical Studies.* London: Routledge & Kegan Paul ⟨102⟩
  1963   *Norm and Action. A Logical Inquiry.* London: Routledge ⟨102/114⟩
  1967   The logic of action − a sketch. In Rescher (ed.) 1967, 121−136 ⟨67⟩
  1968   *An Essay in Deontic Logic and the General Theory of Action.* Amsterdam: North-
            Holland ⟨114⟩
  1971   *Explanation and Understanding.* Ithaca/New York: Cornell UP ⟨67/77/93/94⟩
  1974   *Erklären und Verstehen.* Frankfurt a.M.: Athenäum [1971] ⟨36/67/102⟩
  1977   *Handlung, Norm und Intention. Untersuchungen zur deontischen Logik.* Hg. H. Poser.
            Berlin/New York: de Gruyter ⟨67/102/114⟩
  1979   *Norm und Handlung. Eine logische Untersuchung.* Königstein: Scriptor ⟨102⟩
  1982   *Wittgenstein.* Oxford: Blackwell ⟨48⟩
  1988   *Wissenschaft und Vernunft.* Münster: Regensberg & Biermann ⟨102⟩
  1992   Analytische Philosophie. Eine historisch-kritische Betrachtung. *Rechtstheorie* 23,
            3−25 ⟨102⟩
  1993   Gibt es eine Logik der Normen? In Aarnio/Paulson/Weinberger et al. (Hg.) 1993,
            101−123 ⟨102⟩
Wright, R.
  1975   Meaning and conversational implicature. In Cole/Morgan (eds.) 1975, 363−383 ⟨94⟩
Wuchterl, Kurt
  1969   *Struktur und Sprachspiel bei Wittgenstein.* Frankfurt a.M.: Suhrkamp ⟨120⟩
  1982   *Philosophie und Religion.* Bern: Haupt ⟨45⟩
Wuketis, Franz
  1983   Epilog: Eine neue „realistische Philosophie"? In Lorenz/Wuketis (Hg.) 1983,
            361−367 ⟨45⟩
Wulf, Christoph (Hg.)
  1974   *Wörterbuch der Erziehung.* München: Piper ⟨53⟩
Wulff, Michael
  1978   *Konkrete Poesie und sprachimmanente Lüge. Von Ernst Jandl zu Ansätzen einer
            Sprachästhetik.* Stuttgart: Akademischer Vlg. Hans-Dieter Heinz (Stuttgarter Arbei-
            ten zur Germanistik 44) ⟨107⟩
Wunberg, Gotthart
  1965   *Der frühe Hofmannsthal. Schizophrenie als dichterische Struktur.* Stuttgart/Berlin/
            Köln Mainz: Kohlhammer ⟨107⟩
Wunderli, Peter
  1977   *Valéry saussurien. Zur linguistische Fragestellung bei Paul Valéry.* Frankfurt a.M./
            Bern/Las Vegas: Lang (Studia Romanica et Linguistica 4) ⟨107⟩
  1978   Valéry und Saussure. *Z. für französische Sprache und Literatur* 88, 289−312 ⟨107⟩
Wunderlich, Dieter
  1972   Terminologie des Strukturbegriffs. In Ihwe (Hg.) 1972, 91−140 ⟨67⟩
  1976   *Studien zur Sprechakttheorie.* Frankfurt a.M.: Suhrkamp ⟨54/92⟩
Wunderlich, Dieter (Hg.)
  1975   *Linguistische Pragmatik.* Wiesbaden: Akademische Verlagsges. Athenaion ⟨52⟩
Wundt, Eleonore
  1927   *Wilhelm Wundts Werk. Ein Verzeichnis seiner sämtlichen Schriften.* München: C. H.
            Beck ⟨31⟩

1928   Wilhelm Wundt. *Dt. biographisches Jb.* 1917−1920, 626−636. Berlin/Leipzig: Dt.
            Verlagsanstalt ⟨31⟩

Wundt, Wilhelm
1863   *Vorlesungen über die Menschen und Thierseele I/II.* Leipzig: L. Voß ⟨31⟩
1873/74   *Grundzüge der physiologischen Psychologie.* Leipzig: W. Engelmann ⟨31⟩
1883   Über psychologische Methoden. *Philosophische Studien* 1, 1−38 ⟨31⟩
1885   *Essays.* Leipzig: W. Engelmann ⟨31⟩
²1893   *Logik. Bd. 1: Erkenntnislehre.* Stuttgart: Ferdinand Enke ⟨31⟩
1900   *Völkerpsychologie. Eine Untersuchung der Entwicklungsgesetze von Sprache, Mythos
            und Sitte. I. Die Sprache.* Leipzig: Kröner ⟨62.1⟩
²1901   *Sprachgeschichte und Sprachpsychologie. Mit Rücksicht auf B. Delbrücks Grundfra-
            gen der Sprachforschung.* Leipzig: W. Engelmann ⟨31⟩
1911   *Probleme der Völkerpsychologie.* Leipzig: E. Wiegandt ⟨31⟩
1917   *Völkerpsycholoqie Bd. 8: Die Gesellschaft, 2. Teil.* Leipzig: Alfred Kröner ⟨31⟩
1920   *Erlebtes und Erkanntes.* Stuttgart: Alfred Kröner ⟨31⟩
⁴1921   *Völkerpsychologie Bd 1: Die Sprache, erster Halbband* Stuttgart: Alfred Kröner ⟨31⟩
⁴1922   *Völkerpsychologie Bd. 1: Die Sprache, zweiter Halbband* Stuttgart: Alfred Kröner
            ⟨31⟩
¹⁵1922   *Grundriß der Psychologie.* Leipzig: Alfred Kröner [1896] ⟨31⟩
1973   *The Language of Gestures with an Introduction by L. Blumenthal and Additional Es-
            says by G. H. Mead and K. Bühler.* The Hague/Paris: Mouton ⟨31⟩
1975   *Völkerpsychologie. Eine Untersuchung der Entwicklungsgesetze von Sprache, Mythus
            und Sitte I/II.* repr. ³1911/1912. Aalen: Scientia [1900] ⟨52⟩

Wünsche, Konrad
1989   *Bauhaus. Versuche, das Leben zu ordnen.* Berlin: Klaus Wagenbach ⟨108⟩

Wygotski, Lew S.
1971   *Denken und Sprechen.* Stuttgart: S. Fischer [1934/1956] ⟨48⟩

Wyller, Egil A.
1991   Plato's concept of rhetoric in the Phaedrus and its tradition in antiquity. *Symbolae
            Osloenses* 66, 51−69 ⟨112⟩

Xunzi
1963   *Hsun Tzu: Basic writings.* New York: Columbia UP ⟨6⟩

Yablo, S.
1982   Grounding, dependence and paradox. *J.Philos.Log.* 11, 117−137 ⟨75⟩
1985   Truth and reflection. *J.Philos.Log.* 14, 297−349 ⟨75⟩

Yāska
1918   *Nirukta I.* Eds. H.M. / R.G. Bhadkamkar. Bombay: Bombay Sanskrit Series ⟨5/43⟩

Yates, Francis A.
1954   The art of Ramon Lull. *Journal of the Warburg and Courtauld Institutes* 17, 115−173
            ⟨64⟩
1966   *The Art of Memory.* London: Routledge & Kegan Paul ⟨64⟩

Yegermann, H.
1977   Indeterminacy of translation and its critics. *Tijdschr.Filos.* 39, 130−140 ⟨73⟩

Yolton, John William
1975   Ideas and knowledge in seventeenth-century philosophy. *J.Hist.Philos.* 13(2),
            145−65 ⟨11⟩

Young, James O.
1986   Relatively speaking: the coherence of anti-realist relativism. *Can.J.Philos.* 16(3),
            503−510 ⟨74⟩

Young, P.
1985   Gödel theorems, exponential difficulty and undecidability of arithmetic theories: an
            exposition. In Nerode/Shore (eds.) 1985, 503−522 ⟨75⟩

Yourgrau, Palle (ed.)
1990   *Demonstratives.* Oxford: UP ⟨79⟩

Zacharias, Karl Salomo
1805   *Anfangsgründe des philosophischen Criminalrechts.* Leipzig: W. Nauck ⟨102⟩

Zadeh, Lotfi Asker
1965   Fuzzy sets. *Information and Control* 8, 338−353 ⟨35⟩
1975   Fuzzy logic and approximate reasoning. *Synthese* 30, 407−428 ⟨98⟩

Zaefferer, Dietmar
1983   The semantics of sentence mood in typologically differing languages. In Hattori (ed.) 1983, 553−557 ⟨95⟩

Zafiropulo, J.
1956   *Diogène d'Apollonie.* Paris: Les Belles Lettres ⟨1⟩

Zahn, Manfred
1981   Fichtes Sprachproblem und die Darstellung der Wissenschaftslehre. In Hammacher (Hg.) 1981, 49−67 ⟨13⟩

Zaner, R.
1968   Philosophy and rhetoric: a critical discussion. *Philosophy and Rhetoric* 1, 61−77 ⟨112⟩

Zapf, Josef
1966   *Die Funktion der Paradoxie im Denken und sprachlichen Ausdruck bei Meister Eckhart.* Phil. Diss. U. Köln ⟨107⟩

Zarka, Yves-Charles
1985   Empirisme, nominalisme et materialisme chez Hobbes. *Arch. de Philosophie* XLVIII, 177−233 ⟨11⟩

Zeevat, H.
1989   A compositional approach to discourse representation theory. *Ling. Phil.* 12, 95−131 ⟨113⟩

Zeller, Rosmarie
1974   *Spiel und Konversation im Barock. Untersuchungen zu Harsdörffers „Gesprächsspielen".* Berlin/New York: de Gruyter ⟨107⟩
1988   Dichter des Barock auf den Spuren von Kratylos. Theorie und Praxis motivierter Sprache im 17. Jahrhundert. *Germ. Roman. Monatsschr.* 69 (N.F. 38), 371−394 ⟨107⟩

Zemach, Eddy
1972   The reference of I. *Philos. Stud.* 23, 68−75 ⟨79⟩
1985   De se and Descartes: a new semantics for indexicals. *Nous* 19, 181−204 ⟨79⟩

Zepf, Siegfried
1976a   *Grundlinien einer materialistischen Theorie psychosomatischer Erkrankungen.* Frankfurt a.M.: Campus ⟨109⟩
1976b   *Die Sozialisation des psychosomatisch Kranken.* Frankfurt a.M.: Campus ⟨109⟩

Ziff, Paul
1967   On H. P. Grice's account of meaning. *Analysis,* 27, 1−8 ⟨94⟩

Ziegler, K. / Sontheimer, W. (Hg.)
1979   *Der Kleine Pauly. Lexikon der Antike IV.* München: Deutscher Taschenbuch Vlg. ⟨66⟩

Ziehen, Theodor
1920   *Lehrbuch der Logik auf positivistischer Grundlage. Mit Berücksichtigung der Geschichte der Logik.* Bonn: A. Marens & E. Webers Vlg. [repr. de Gruyter: Berlin/New York 1974] ⟨77⟩

Zima, Peter V.
1991   *Literarische Ästhetik. Methoden und Modelle der Literaturwissenschaft.* Tübingen: Franke ⟨108⟩

Zimmermann, F. W.
1972   Some observations on al-Farabi and logical tradition. In Stern/Hourani/Brown (eds.) 1972, 517−546 ⟨3⟩

Zimmermann, A. (Hg.)
   1974   *Antiqui und Moderni. Traditionsbewußtsein und Fortschrittsbewußtsein im Mittelalter.*
            Berlin/New York: de Gruyter ⟨40⟩
Zimmermann, Albert (Hg.)
   1988   *Thomas von Aquin. Werk und Wirkung im Licht neuerer Forschungen.* Berlin/New
            York: de Gruyter (Miscellanea Mediaevalia 19] ⟨107⟩
Zimmermann, Jörg
   1980   *Sprachanalytische Aesthetik.* Ein Überblick. Stuttgart/Bad-Cannstatt: Friedrich
            Frommann Vlg. (Günther Holzboog) ⟨105/106⟩
Zimmermann, Jörg (Hg.)
   1982   *Das Naturbild des Menschen.* München: Fink ⟨62.1⟩
Zimmermann, Thomas
   1983   Bedeutungspostulate in der Montague-Grammatik. *Conceptus* 17, 19−28 ⟨68⟩
Zinguer, I. (éd.)
   1992   *L'hébreu au temps de la Renaissance.* Leiden/New York/Köln: E. J. Brill ⟨66⟩
Ziolkowski, Jan
   1985   *Alan of Lille's Grammar of Sex. The Meaning of Grammar to a Twelfth-Century Intel-
            lectual.* Cambridge/M.A.: Medieval Acad. ⟨107⟩
Ziolkowski, Theodore
   1961   James Joyces Epiphanie und die Überwindung der empirischen Welt in der moder-
            nen deutschen Prosa. *Dt. Vjschr. Lit. wiss.* 35, 594−616 ⟨107⟩
   1963   Gerhart Hauptmann and the problem of language. *Germ. Rev.* 38, 295−306 ⟨107⟩
Zirin, R.
   1980   Aristotle's biology of language. *Transactions and Proc. of the American Philological
            Association* 110, 325−347 ⟨15⟩
Zollna, Isabell
   1990   *Einbildungskraft (imagination) und Bild (image) in den Sprachtheorien um 1800: ein
            Vergleich zwischen Frankreich und Deutschland.* Tübingen: Narr ⟨8⟩
Zobel, Arthur
   1928   Darstellung und kritische Würdigung der Sprachphilosophie John Lockes. *Anglia*
            40, 289−324 ⟨13⟩
Zorn, Harry
   1971   *Karl Kraus.* New York: Twayne ⟨107⟩
Zwarts, Frans
   1983   Determiners: a relational perspective. In ter Meulen (ed.) 1983, 37−62 ⟨76⟩
Zymner, Rüdiger
   1991   *Uneigentlichkeit. Studien zu Semantik und Geschichte der Parabel.* Paderborn: Schö-
            ningh ⟨106⟩

Personenregister / Index of persons / Index des noms

Sachregister / Index of subjects / Index des matières

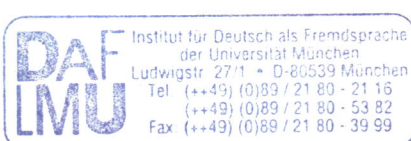